2008年

ZHONGHUA RENMIN GONGHEGUO
HAIGUAN FAGUI
HUIBIAN

中华人民共和国

海关法规汇编

海关总署政策法规司 编

（中册）

中国海关出版社

图书在版编目（CIP）数据

中华人民共和国海关法规汇编. 2008年/海关总署政策法规司编.
—北京：中国海关出版社，2008.10

ISBN 978-7-80165-549-3

Ⅰ. 中…　Ⅱ. 海…　Ⅲ. 海关法-汇编-中国　Ⅳ. D922.221.9

中国版本图书馆CIP数据核字（2008）第108449号

中华人民共和国海关法规汇编（2008年）

ZHONGHUA RENMIN GONGHEGUO HAIGUAN FAGUI HUIBIAN（2008 NIAN）

作　　者：海关总署政策法规司

责任编辑：高传杰　普娜　黄华莉　左桂月　沈楚铃　冯菲

出版发行：中国海关出版社

社　　址：北京朝阳区东土城路14号　**邮政编码**：100013

网　　址：www.haiguanbook.com

编 辑 部：01085271833-681（电话）　01085271536（传真）

发 行 部：01085271608/09/10（电话）　01085271611（传真）

社办书店：01065195616（电话）　01065195127（传真）

北京市建国门内大街6号海关总署东配楼一层

印　　刷：北京市白帆印务有限公司　**经　　销**：新华书店

开　　本：880mm×1230mm　1/16

印　　张：163.25　**字　　数**：5260千字

印　　数：1—10000册

版　　次：2008年10月第1版

印　　次：2008年10月第1次印刷

ISBN 978-7-80165-549-3

定　　价：300.00元（上、中、下册）

目　录

中华人民共和国

海关法规汇编

海关总署公告

HAIGUAN ZONGSHU GONGGAO

2001 年度公告

中华人民共和国海关总署
外　经　贸　部
国家税务总局
国家工商行政管理局
国家外汇管理局
国家质量技术监督局
公　告

2001 年第 1 号

经国务院批准，海关总署、外经贸部、公安部、国家税务总局、人民银行、国家工商行政管理局、国家外汇管理局、出入境检验局、铁道部、交通部、民航总局、信息产业部等部门联合开发建设的口岸电子执法系统部分联网应用项目已于 2000 年 12 月 15 日至今年 3 月开始在北京、天津、上海、广州地区进行试点。根据《国务院办公厅关于做好“口岸电子执法系统”推广工作的通知》（国办明电〔2001〕12 号）要求，口岸电子执法系统计划于今年 6 月 1 日前在全国推广。为保证推广工作的顺利进行，现就进出口企业申领入网 IC 卡有关问题公告如下：

一、口岸电子执法系统是利用现代信息技术，借助国家电信公网，将进出口业务信息流、资金流、货物流的电子底账数据集中存放到一个公共数据中心，使国家行政管理部门可以进行跨部门、跨行业联网数据核查，企业可以上网办理报关、出口退税、结售汇核销等手续。该系统推广使用后，可为企业提供全天候、全方位网上服务，以加快报关通关、出口收汇核销、出口退税速度，减少企业奔波劳累之苦，使进出口业务更方便、更快捷，从而大大提高贸易效率，降低贸易成本。

二、企业申请使用口岸电子执法系统必须经过有关管理部门的用户身份认证及资格审查，以保证国家行政机关和企业在网上开展信息交流和数据交换的安全。为便于企业办理身份认证，海关、外经贸、税务、工商、外汇管理、质量技术监督部门将成立口岸电子执法系统企业用户资格联合审查组，在系统推广初期集中 1 周－2 周工作时间对企业用户进行身份认证和资格审查，并颁发 IC 卡和电子证书。

三、企业办理口岸电子执法系统用户身份认证和资格审查需携带“企业法人营业执照（副本）”或“企业营业执照（副本）”、“税务登记证明（副本）”、“中华人民共和国进出口企业资格证书”或“中华人民共和国外商投资企业批准证书”、“报关单位登记注册证明”和“报关员证”、“中华人民共和国组织机构代码证”以及外汇核销资格证明等文件资料。

四、办理口岸电子执法系统用户身份认证和资格审查的具体时间和地点由当地直属海关商地方外经贸、税务、工商、外汇管理、质量技术监督等部门确定后对外通知。

特此公告。

海关总署
外经贸部
国家税务总局
国家工商行政管理局
国家外汇管理局
国家质量技术监管局
2001 年 3 月 26 日

中华人民共和国海关总署公告

2001 年第 2 号

根据《中华人民共和国反倾销和反补贴条例》的规定，国务院关税税则委员会决定对原产于日本和美国的进口丙烯酸酯征收反倾销税，征税时间从初裁时间 2000 年 11 月 23 日开始，征税期限不超过 5 年。现根据对外贸易经济合作部 2001 年第 5 号公告，就有关问题公告如下：

一、自 2001 年 6 月 9 日起，海关对原产于日本和美国的进口丙烯酸酯（丙烯酸甲酯［MA，化学式 CH = CHCOOCH］、丙烯酸乙酯［EA，化学式 CH = CHCOOCH］、丙烯酸正丁酯［BA，化学式 CH = CHCOOCH］和丙烯酸 2-乙基己酯［又名丙烯酸异辛酯，2EHA，化学式 CHO］）除按现行规定征收法定关税和进口环节增值税外，还将根据不同的供货厂商按照本公告附件所列的反倾销税税率征收反倾销税。

二、进口经营单位申报进口丙烯酸酯时，应按以下规定填报商品编号和商品名称：

29161200.10　丙烯酸甲酯

29161200.20　丙烯酸乙酯

29161200.30　丙烯酸正丁酯

29161200.40　丙烯酸 2-乙基己酯

29161200.90　其他丙烯酸酯

凡进口本通知第一条所列应征收反倾销税的丙烯酸酯必须向海关提交原产地证明，如果原产地为日本或美国，还需提供原厂商发票。

对于不能提供原产地证明，海关无法确定货物的原产地不是日本或美国的，将按本公告附件所列的最高税率征收反倾销税。

对于能够确认原产地为日本或美国，但不能提供原厂商发票的，海关将按本公告附件所列的有关国家其他公司的税率征收反倾销税。

三、有关单位在实施临时反倾销措施之后已经缴纳的现金保证金，其中超出本公告附件所列税率的多征部分，可在外经贸部公告发布之日起 6 个月内向征收地海关申请退还。

实施临时反倾销措施之后对原产于德国的丙烯酸酯所缴纳的现金保证金，有关单位可在公告发布之日起 6 个月内向征收地海关申请全额退还。

实施临时反倾销措施之后对不属于本公告第一条所列应征收反倾销税的丙烯酸酯所缴纳的现金保证金，有关单位可在外经贸部公告发布之日起 6 个月内向征收地海关申请全额退还，同时须向海关提交能够证明原进口的丙烯酸酯确实不属于应征反倾销税的商品范围的有关进口合同、发票、报关单等单证材料。

对于低于附件所列税率的少征部分不再补缴税款。

四、对于伪报品名、原产国或伪造进口丙烯酸酯原产地证明或原厂商发票的行为，海关将按有关规定进行处罚，构成犯罪的，将移交司法机关进行处理。

特此公告。

附件　原产于日本和美国的进口丙烯酸酯反倾销税税率表

海关总署
2001 年 6 月 8 日

附件

原产于日本和美国的进口丙烯酸酯反倾销税税率表

原产国	供货厂商名称（中英文）	税率
日本	日本出光石油化学株式会社（IDEMITSU PETROCHEMICAL CO. LTD.）	49%
	日本出光兴产株式会社（IDEMITSU KOSAN CO. LTD.）	49%
	日本触媒株式会社（NIPPON SHOKUBAI CO. LTD.）	31%
	日本三菱化学株式会社（MITSUBISH CHEMICAL CORPORATION）	35%
	日本东亚合成株式会社（TOAGOSEI CO. LTD.）	60%
	其他日本公司	60%
美国	美国巴斯夫公司（BASF CORPORATION，USA）	67%
	美国联合碳化物公司（UNION CARBIDE CORPORATION）	60%
	美国塞拉尼斯公司（CELANESE）	31%
	其他美国公司	69%

中华人民共和国海关总署公告

2001年第3号

根据《中华人民共和国海关进出口税则》（以下简称《税则》）的规定，钢铁废碎料仅指那些用于熔融回收金属或制化学品的钢铁。可按原用途使用或适于作其他用途使用的钢铁制品及不需先经熔融回收金属即可改作他用的钢铁制品，均不属于《税则》所称的废钢铁。据此规定如下：

一、下述钢铁制品不属于废钢铁：

（一）未经使用或使用过的、规格长短不一的螺纹钢等；

（二）使用过的工字钢、槽钢等钢铁型材、异型材或角材；

（三）未经使用或使用过的建筑施工用钢铁箍件、钢铁模板；

（四）锈蚀、变形、镀层脱落等的钢铁平板轧材（包括卷材、非卷材）；

（五）机械加工所产生的大小、形状不规则但还可作为钢铁材料使用的余料；

（六）旧的机电设备（包括机动车辆）或其钢铁制零部件。

二、上述钢铁制品在境外经以下处理的，可视为废钢铁：

上述第（一）、（二）项货品切割成长度不超过1米或经扭曲；

上述第（三）、（四）、（五）项货品经扭曲、压折、切割或其他破坏性处理成不可再使用状；

上述第（六）项货品经碎裂或压扁成不可复原状。

三、钢铁生产及机械加工所产生的钢铁碎料或上述第二条所述废钢铁与上述第一条所述货品混装进口时，若废钢铁（包括钢铁碎料）所占比例大于80%时，可一并视作废钢铁。

凡符合本公告第二、三条规定的货品，可按废钢铁归入税则税目72.04的有关子目；本公告第一条第（一）至（五）项所述货品应按相关的钢铁制品归类，第（六）项所述货品应按相关的机电产品或其零部件归类；具有放射性的钢铁废碎料应归入税则税目28.44的有关子目。

本公告自2001年8月1日起执行。

海关总署

2001年6月12日

中华人民共和国海关总署公告

2001年第8号

为方便企业通关，规范海关业务管理，决定增列海关监管方式代码，并对报关单填制要求作局部调整，现公告如下：

一、根据出口收汇联网核销工作的需要，决定增列海关监管方式代码0139，简称“旅游购物商品”，适用于旅游者5万美元以下的出口小批量订货。

二、为规范对海关监管年限内的减免税设备在境内企业间的结转，决定增列海关监管方式代码0500，简称“减免设备结转”，适用于监管年限内的减免税设备从一企业结转到另一享受减免税待遇的企业（加工贸易设备结转仍使用监管方式代码0456）。

对减免税设备及加工贸易设备之间的结转，转入和转出企业分别填制进、出口报关单，报关单“贸易方式”栏目根据报关企业所持加工贸易手册或征减免税证明，分别选择填报加工贸易设备结转、减免税设备结转的海关监管方式代码，报关单“备案号”栏目分别填报加工贸易手册编号、征减免税证明编号或为空，报关单其他栏目按现行《报关单填制规范》关于结转货物的要求填报。

三、进出口报关单“规格型号”栏目填报应当足够详细，以能满足海关归类、审价及许可证件管理要求为准。本栏目填报内容包括：牌名、规格、型号、成分、含量、等级等。

新增列的海关监管方式及代码自2001年8月1日起实施。

特此公告。

海关总署

2001年7月20日

中华人民共和国海关总署公告

2001年第9号

根据《中华人民共和国反倾销和反补贴条例》的规定，海关已陆续对原产于韩国、日本、美国、加拿大、德国、俄罗斯等国的某些进口商品征收反倾销税或实施临时反倾销措施。为保证此项工作的顺利进行，现将执行反倾销措施的有关问题公告如下：

一、进口经营单位申报进口与实施反倾销措施的被诉倾销产品（以下简称“被诉倾销产品”）相同的货物时，应向海关提交原产地证明。对于直接从被诉国家（或地区）的生产厂商进口被诉倾销产品的，还必须向海关提交原厂商发票。对于通过境外贸易商间接进口被诉倾销产品的，也应向海关提交原厂商发票，确实无法提交时，向海关提交的由境外贸易商制发的商业发票上必须包括生产厂商名称和原厂商发票的编号。进口属于予以排除征收反倾销税，但在《中华人民共和国海关进口税则》中难以与被诉倾销产品相区分的货物时，须向海关提交国家经贸委出具的“认定证明”。进口达成价格承诺协议的公司的被诉倾销产品时，还须向海关提交由该公司出具的“出口证明信”。

二、对于进口经营单位确实无法提交原产地证明，经海关实际查验不能确定货物的原产地的，海关按与该货物相同的被诉倾销产品的最高反倾销税率或保证金征收比率征收反倾销税或现金保证金。

三、对于能够确认货物原产地为被诉国家（或地区），且能够确定生产厂商的，海关按该生产厂商所适用的反倾销税率或现金保证金征收比率征收反倾销税或现金保证金。如不能提交原厂商发票且商业发票上没有生产厂商名称和原厂商发票的编号，无法确定生产厂商的，海关按该国家（或地区）所适用的最高反倾销税率或保证金征收比率征收反倾销税或现金保证金。

四、对于加工贸易保税进口与被诉倾销产品相同的货物，暂按以下规定办理：

进口经营单位在有关货物实际进口申报时，也应向海关提交本公告第一条规定的有关单证。对不能提交有关单证或进口达成价格承诺协议的公司被诉倾销产品的价格低于协议参考价格，海关认定应征收反倾销税或现金保证金的，在产品因故内销时海关按审定的原进口料件的价格征收反倾销税或现金保证金。对于在反倾销措施实施之前已经申报进口，但因故申报内销是在反倾销措施实施之后的，海关按本公告第二、三条的规定征收反倾销税或现金保证金。

五、对在实施临时反倾销措施之后已经缴纳的现金保证金，其中根据最终确定的反倾销税率可予退还的部分，有关单位必须在对外贸易经济合作部的有关公告规定的期限（一般为该公告发布之日起6个月）内向征收地海关申请退还。除另有规定的以外，对于在规定期限后向海关申请的，海关一律不予退还。

本公告自2001年9月15日起执行。在此之前已实施反倾销措施（包括临时反倾销措施）的，可参照本公告的规定执行。

特此公告。

海关总署

2001年7月10日

中华人民共和国海关总署公告

2001年第10号

为防止过量进口钢坯冲击国内市场和扰乱进口秩序，根据外经贸部《关于外商投资企业钢坯进口管理问题的紧急通知》，对外商投资企业申报进口的钢坯，海关按以下规定办理：

一、从7月30日起，外商投资企业生产内销用钢坯进口，一律凭外经贸部签发的加盖“外商投资企业进口审核专用章”的“外商投资企业特定商品进口登记证明”验放；对7月30日起（含当日）到港无上述合法证明的钢坯，由企业在规定期限内向外经贸部补办加盖“外商投资企业进口审核专用章”的手续，超过规定期限的，海关按无证到货处理。

二、对7月30日前到港的钢坯在滞报期限内能提供外经贸部加盖“外商投资企业进口审核专用章”证明的，海关可办理验放手续；否则，作退运处理。

以上规定不包括加工贸易进口的钢坯。

本公告自2001年7月30日起执行。

海关总署

2001年7月31日

中华人民共和国海关总署公告

2001 年第 11 号

为整顿和规范钢坯经营秩序，防止过量进口钢坯扰乱国内市场，根据国家经贸委和外经贸部关于加强钢坯进口验放管理问题的有关通知，对企业申报进口的钢坯，海关按以下规定办理：

一、自 2001 年 9 月 1 日起，对企业申报进口的钢坯，海关一律凭国家石油和化学工业协会签发的“重要工业品进口登记证明”验放，或凭加盖外经贸部对外贸易司审核签章的“自动登记进口证明”验放。

二、对 9 月 1 日前已签发的“重要工业品进口登记证明”，在规定期限内，海关凭加盖国家经贸委对外经济协调司的审核签章验放。

三、对 9 月 1 日前已签发的“自动登记进口证明”，在规定期限内，海关凭加盖外经贸部对外贸易司的审核签章验放。

无上述合法证明的进口钢坯，海关按无证到货处理。

以上规定不包括外商投资企业生产内销用的进口钢坯。外商投资企业生产内销用的进口钢坯，海关仍按中华人民共和国海关总署公告 2001 年第 10 号的规定办理。

本公告自 2001 年 9 月 1 日起执行。

海关总署

2001 年 8 月 30 日

中华人民共和国海关总署公告

2001 年第 13 号

为配合海关对大型高新技术企业加工贸易实行联网管理，保证海关监管数据的完整性，方便企业办理核销结案，决定增列以下海关监管方式代码：

一、增列海关监管方式代码 0200，简称“料件放弃”，适用于经海关批准的加工贸易企业进口的不再用于加工成品出口，主动放弃交由海关处理的来料或进料加工料件。

二、增列海关监管方式代码 0400，简称“成品放弃”，适用于经海关批准的加工贸易企业不再用于出口，主动放弃交由海关处理的来料及进料加工成品。

上述海关监管方式代码自 2001 年 10 月 1 日起实施。

特此公告。

海关总署

2001 年 9 月 29 日

中华人民共和国海关总署公告

2001 年第 14 号

为统一各海关转关数据的填制标准，保证跨关区快速通关作业系统在全国的顺利实施，现就转关运输货物申报单电子数据填制的规范，以及因货物转关引起变更的进、出口报关单相关栏目的电子数据填制要求公告如下：

一、进口转关申报单

（一）表头录入

“1 境内运输方式”：输入转关货物的境内运输方式代码：1 – 监管；2 – 海运；3 – 铁路；4 – 公路；5 – 空运；6 – 邮运；9 – 其他（如：自带）。

“2 境内运输工具编号”：境内运输方式为海运、公路的，必须输入运输工具海关 10 位编号（旧系统切换的到新系统的运输工具沿用 8 位编号），其他运输方式为空。

“3 境内运输工具名称”：境内运输方式为海运、公路的，根据“2 境内运输工具编号”栏输入的运输工具海关 10 位编号，自动提取备案的运输工具名称；境内运输方式为铁路的输入车厢编号；如果没有运输工具海关 10 位编号的，输入境内运输工具实际名称。

“4 境内运输工具航次”：境内运输方式为海运的，必须输入船舶的实际航次。其他境内运输方式为空。

“5 承运单位编号”：境内运输方式为海运、公路的，必须输入承运企业 9 位组织机构代码（国家标准代码），其他运输方式为空。

“6 承运单位名称”：境内运输方式为海运、公路的，根据“5 承运单位编号”栏输入的承运企业 9 位组织机构代码，自动提取备案的承运企业名称。其他运输方式可输入实际承运企业的名称。

“7 申报单位编号”：必须输入申请人在海关注册的 10 位数编码。

“8 申报单位名称”：根据“7 申报单位编号”输入的 10 位数编码，自动提取企业备案数据库中的申报单位名称。

“9 转关方式”：1 – 提前报关；2 – 直转；3 – 中转；8 – 过境；9 – 沿海内支线。

“10 集装箱总数”（指自然箱）、“11 标箱数”、“12 空箱数”（指自然箱）：有集装箱的输入实际数量，无集装箱的为“0”。

“13 总件数”：由表体自动累加回填。

“14 总重量”：有小数的，小数部分进 1 计算，由表体自动累加回填。

“15 预计运抵指运地日期”：可输入预计运抵指运地海关监管场所的日期。

注：进口提前报关的转关货物在指运地海关预录入表头时，无法确定的数据（件数、重量除外），可以为空，但在进境地海关转关审核前，须按以上填制要求补录入电子数据。

（二）表体录入

1. 进境运输工具及提单

“1 进出境运输”：0 – 非保税区；1 – 监管仓库；2 – 海运；3 – 铁路；4 – 公路；5 – 空运；6 – 邮运；7 – 保税区；8 – 保税仓库；9 – 其他。

“2 运输工具编号”：海运—录入船舶编号；铁路—录入车厢编号；汽车—录入载货清单号；邮运—录入包裹单号；其他进出境运输方式为空。

“3 船舶名称”：海运—录进境船舶名称（英文船名，最长 19 位字符，包括字母之间的空格，对超过 19 位的取最前 19 位）；其他运输方式为空。

“4 航次”：海运—录入进境船舶航次号码（最长 6 位字符，超过 6 位的取最后 6 位）；铁路—录进境日期（8 位日期：年年年年月月日日）；空运—录总运单号（11 位，中间不得以“—”连接。例：不应为 781—45678912，应录入 78145678912）；公路、邮运为空。

“5 提单号”：海运—录正本海运提单号（最长 17 位字符，超过 17 位的取最后 17 位）；铁路—录运单号；空运—录分运单号（8 位字符，无分运单为空；超出 8 位字符时，从后向前截取，即取后 8 位）；进出境运输方式为 0、1、6、7、8、9 的进口提前报关转关货物为空（非实际进出境的转关货物填海关单证号）。

“6 进出境日期”：输入货物实际进口日期，进口提前报关可以免填；对于前 1 –5 项填报正确的进口中转、直转货物，从进口舱单库中自动提取。

“7 件数”、“8 重量”：指提运单的件数、重量。进口提前报关从报关单中自动提取；对于前 1 – 5 项填报正确的进口中转、直转货物，从进口舱单库中自动提取。

“9 商品项数”：为空。

“10 集装箱数”：输入该提单项下集装箱自然箱数。

“11 收货人”：可按提单上的收货人录入。

2. 集装箱及境内运输工具

“1 集装箱号”：输入集装箱号。如果没有集装箱，境内运输方式为海运、公路的输入“#” + “运输工具海关编号”；境内运输方式为铁路的输入“#” + “车厢编号”。

“2 规格”：输入集装箱规格：S – 20 英尺及以下；L – 40 英尺及以上；N – 非集装箱。

“3 封志（关锁）号”：预录入为空。

“4 封志（关锁）个数”：预录入为空。

“5 境内运输工具名称”：境内运输方式为海运、公路的输入运输工具海关 10 位编号；境内运输方式为铁路的输车厢编号；如果没有运输工具海关 10 位编号的，输境内运输工具实际名称。

“6 运输工具实际重量（车重）”：境内运输方式为公路的由运输工具库自动回填，其他境内运输方式为空。

注：（1）对特殊情况下，经海关批准的非集装箱、监管运输工具运输，且不需施加关锁的，此栏可以为空。

（2）对进口提前报关的转关货物，如在指运地海关预录入时无法确定境内运输工具的，预录入时此栏可以为空，但在进境地海关须按以上规定补录入电子数据。

（3）进出境运输方式为海运的直转、中转货物，录入表体的船名、航次、提单号后，集装箱号和规格从舱单数据库中自动提取。

3. 商品

“商品编码”：输入商品 10 位数海关编码。

“品名及规格”：输入商品实际名称及相应的规格型号。

“包装”：输入商品实际外包装：1 – 木箱；2 – 纸箱；3 – 桶装；4 – 散装；5 – 托盘；6 – 包；7 – 其他。

“件数”：输入商品实际外包装件数。

“数量”：输入商品实际数量。

“单位”：输入商品实际数量的单位名称。

“重量”：输入商品实际净重（单位：千克）。

“成交价格”：输入商品实际成交价格。

“币制”：输入成交价格币制代码。

二、出口转关申报单

（一）表头录入

“1 境内运输方式”：必须输入转关货物的境内运输方式代码：1 – 监管；2 – 海运；3 – 铁路；4 – 公路；5 – 空运；6 – 邮运；9 – 其他。

“2 境内运输工具编号”：境内运输方式为海运、公路的，必须输入运输工具海关 10 位编号（旧系统切换的到新系统的运输工具沿用 8 位编号），其他运输方式为空。

“3 境内运输工具名称”：境内运输方式为海运、公路的，根据“2 境内运输工具编号”栏输入的运输工具海关 10 位编号，自动提取备案的运输工具名称；境内运输方式为铁路的输入车厢编号；如果没有运输工具海关 10 位编号的，输入境内运输工具实际名称。

“4 境内运输工具航次”：境内运输方式为海运的，必须输入船舶的实际航次。其他境内运输方式为空。

“5 承运单位编号”：境内运输方式为海运、公路的，必须输入承运企业海关 9 位编号，其他运输方式为空。

“6 承运单位名称”：境内运输方式为海运、公路的，根据“5 承运单位编号”栏输入的承运企业海关 9 位编号，自动提取备案的承运企业名称。其他运输方式可输入实际承运企业的名称。

“7 申报单位编号”：必须输入申请人在海关注册的 10 位数编码。

“8 申报单位名称”：根据“7 申报单位编号”输入的 10 位数编码，自动提取企业备案数据库中的申报单位名称。

“9 转关方式”：1 – 提前报关；2 – 直转；3 – 中转；8 – 过境；9 – 沿海内支线。中转指出境运输方式为海运。

“10 集装箱总数”（指自然箱）、“11 标箱数”、“12 空箱数”（指自然箱）：有集装箱的输入实际数量，无集装箱的为“0”。

“13 总件数”、“14 总重量”（有小数的，小数部分进 1 计算）：出口中转货物由表体自动累加回填；出口提前报关转关货物从报关单中自动提取。

“15 预计运抵指运地日期”：输入预计运抵出境运地海关监管场所的日期。

注：

（1）启运地预录入出口转关货物，报关时未确定运输工具的，可以为空（件数、重量除外），但在启运地海关转关审核前须按以上规定补录入电子数据。

（2）出口中转货物船名、航次必须与“RTX”运输工具参数库中备案的船名、航次相符。

（3）对出境运输方式为海运的中转货物：境内运输方式为铁路的，船名输入4位关别代码+“TRAIN”，航次输入6位启运日期（年年月月日日）；境内运输方式为公路的，船名输入4位关别代码+“TRUCK”，航次输入6位启运日期（年年月月日日）。境内运输工具须在“RTX”运输工具参数库中备案。

（二）表体录入

1. 出境运输工具及提运单

“1进出境运输”：1－监管；2－海运；3－铁路；4－公路；5－空运；6－邮运；7－保税；8－保税；9－其他。

“2运输工具编号”：公路录入载货清单号（13位）；其他进出境运输方式为空。

“3船舶名称”：海运录入出境船舶名称（英文船名，最长19位字符，包括字母之间的空格，对超过19位的取最前19位），其他运输方式为空。

“4航次”：海运录入出境船舶航次号码（最长6位字符，超过6位的取最后6位）；空运录入总运单号（11位，中间不得以“—”连接）；其他运输方式为空。

“5提单号”：海运录入正本海运提单号（最长17位字符，超过17位的取最后17位）；空运录入分运单号（8位字符，超出8位时，从后向前截取，即取后8位）或由出境地海关自编顺序号；进出境运输方式为1、3、5、6、7、8、9的出口转关货物，为空（非实际进出境的转关货物填海关单证号）。

“6进出境日期”：为空。

“7件数”、“8重量”：出口提前报关从报关单中自动提取；出口中转录入该提单货物的包装件数、毛重。

“9商品项数”：为空。

“10集装箱数”：输入该提单的实际自然箱数，拼箱货物或无集装箱的输“0”。

“11发货人”：可输入实际境内发货单位名称。

注：（1）出口中转货物“2运输工具编号”项必须为空。

（2）出口提前报关转关货物，须货物运抵乘钩口岸方办理出口定舱的，启运地报关单预录入时，“3船舶名称”、“4航次”、“5提单号”可以不录，但在出境地海关办理转关结关前，须在出境地按以上规定补录。

2. 集装箱及境内运输工具

“1集装箱号”：输入集装箱号。如果没有集装箱，境内运输方式为海运、公路的输入“#”+“运输工具海关编号”；境内运输方式为铁路的输入“#”+“车厢编号”。

“2规格”：输入集装箱规格：S－20英尺及以下；L－40英尺及以上；N－非集装箱。

“3封志（关锁）号”：为空。

“4封志（关锁）个数”：为空。

“5境内运输工具名称”：境内运输方式为海运、公路的输入运输工具海关10位编号；境内运输方式为铁路的输入车厢编号；如果没有运输工具海关10位编号的，输入境内运输工具实际名称。

“6运输工具实际重量（车重）”：境内运输方式为公路的，由运输工具库自动回填，其他境内运输方式为空。注：对特殊情况下，经海关批准的非集装箱、监管运输工具运输，且不需施加关锁的，此栏可以为空。

3. 商品

“商品编码”：输入商品10位数海关编码。

“品名及规格”：输入商品实际名称及相应的规格型号。

“包装”：输入商品实际外包装：1－木箱；2－纸箱；3－桶装；4－散装；5－托盘；6－包；7－其他。

“件数”：输入商品实际外包装件数。

“数量”：输入商品实际数量。

“单位”：输入商品实际数量的单位名称。

“重量”：输入商品实际净重（单位：千克）。

“成交价格”：输入商品实际成交价格。

“币制”：输入成交价格币制代码。

4. 集装箱及商品

“集装箱”：该商品对应的集装箱号。

“件数”：该商品在该集装箱中的包装件数。

“重量”：该商品在集装箱中的毛重。

三、进口货物报关单

（一）“运输工具名称”

1. “江海”进境运输方式：直转货物填“@”+“16位转关申报单预录入号（或13位载货清单号）”；中转货物填“进境英文船名”（必须与提单、转关单填写完全一致）+“/”+“@”+“进境船舶航次”。

2. “航空”进境运输方式：直转货物填“@”+“16位转关申报单预录入号”；国际空运联程货物填“8位分运单号”，无分运单的为空。

3. “铁路”进境运输方式：直转货物填“@”＋“16位转关申报单预录入号”；中转货物填“车厢编号”＋“/”＋“@”＋“8位进境日期”（年年年年月月日日）。

4. “公路”及其他进境运输方式：填“@”＋“16位转关申报单预录入号（或13位载货清单号）”。

5. 以上各种进境运输方式，在广东省内用公路运输转关的提前报关货物填“@”＋“13位载货清单号”；其他提前报关货物填“@”＋“16位转关申报单预录入号”。

（二）“提运单号”

1. “江海”进境运输方式：填“海运正本提单号”；进口提前报关为空。

2. “航空”进境运输方式：直转货物填“11位总运单号”＋“/”＋“8位分运单号”，无分运单号的填“11位总运单号”；进口提前报关为空；国际空运联程货物填“@”＋“总运单号”。

3. “铁路”进境运输方式：铁路运单号；进口提前报关为空。

4. 其他进境运输方式：为空。

5. 以上各种进境运输方式，在广东省内用公路运输转关的，填“车牌号”。

四、出口货物报关单

（一）“运输工具名称”

1. “江海”出境运输方式：出口非中转货物填“@”＋“16位转关申报单预录入号（或13位载货清单号）”；中转货物：境内江海运输填“驳船船名”＋“/”＋“驳船航次”；境内铁路运输填“车名”（4位关别代码＋TRAIN）＋“/”＋“日期”（6位启运日期）；境内公路运输填“车名”（4位关别代码＋TRUCK）＋“/”＋“日期”（6位启运日期）。

上述“驳船船名”、“驳船航次”、“车名”、“日期”均须事先在海关备案。

2. “铁路”出境运输方式：“@”＋“16位转关申报单预录入号”；多张报关单需要通过一张转关单转关的，填“@”。

3. 其他出境运输方式：“@”＋“16位转关申报单预录入号（或13位载货清单号）”。

（二）“提运单号”

1. “江海”出境运输方式：出口中转货物填“海运正本提单号”；出口非中转货物为空；广东省内提前报关的转关货物填车牌号。

2. 其他出境运输方式：广东省内提前报关的转关货物填车牌号；其他地区为空。

以上没有涉及的报关单栏目，按现行《中华人民共和国海关报关单填制规范》的要求填制。

海关总署

2001年11月7日

中华人民共和国海关总署公告

2001年第15号

为配合我国加入世界贸易组织，根据国务院的统一部署，海关总署对总署制定的规范性文件进行了清理，经过清理，决定下列文件予以废止，自2001年12月11日起停止执行：

一、海关总署、财政部、对外经济贸易部《关于外商投资企业进口货物的税收优惠政策执行中的若干具体问题的掌握原则的通知》（〔1987〕署税字第564号）；

二、海关总署监管一司、经贸部外管局《关于对部分进出口许可证管理商品名称解释的通知》（〔1988〕监一货字第125号）；

三、海关总署监管一司、经贸部贸管司《关于重申对进出口许可证商品管理掌握原则及明确部分出口许可证商品范围的通知》（〔1990〕监一货字第75号）；

四、海关总署《关于颁发〈关于运用税收优惠促进小轿车国产化的暂行规定实施细则〉的通知》（署税〔1992〕第746号）；

五、海关总署、外经贸部《关于执行国务院对外商投资企业税收政策调整的具体实施规定的通知》（署税〔1996〕237号）；

六、海关总署关于下发《中华人民共和国海关总署关于〈摄录一体机国产化关税优惠办法〉的实施细则》的通知（署税〔1997〕603号）。

特此公告。

海关总署

2001年12月7日

中华人民共和国海关总署公告

2001年第16号

2001年11月7日，中华人民共和国海关总署、中华人民共和国对外贸易经济合作部、中华人民共和国国家质量监督检验检疫总局联合发布了《海关总署、外经贸部、质检总局关于进一步明确加工贸易项下外商提供的不作价进口设备解除海关监管有关问题的通知》（署法发〔2001〕420号，以下简称《通知》），进一步明确了外商提供的不作价进口设备的管理规定，现就《通知》中有关管理问题公告如下：

一、外商提供的免税不作价进口设备（以下简称"不作价设备"）属海关监管货物，监管期限为5年。

二、监管期限未满、申请提前解除监管并留在境内的"不作价设备"，企业须补缴关税、进口环节增值税，海关凭相关进口许可证件及其他单证办理解除监管手续。

三、监管期限已满的"不作价设备"应退运出境，因特殊情况不退运出境的，按以下规定办理解除监管手续：

（一）企业不退运出境并向海关申请放弃的"不作价设备"，海关可直接为企业办理解除监管手续，并按有关规定对放弃的"不作价设备"作出处理；

（二）不退运出境并留在境内继续使用的"不作价设备"，企业需提出申请，由机电产品进口管理机构办理进口审批手续，海关凭批件为其办理解除监管手续，并免缴进口关税、进口环节增值税。

对不按上述规定将监管期限已满的"不作价设备"退运出境或留在境内不及时办理解除监管手续的企业，由海关调查部门按违规行为处理，结案前海关不予办理新的加工贸易备案手续。

四、提前解除监管和监管年限已满留在境内继续使用的"不作价设备"，需经检验检疫机构对其安全、环保、卫生等项目进行检验检疫，检验检疫合格并签发"检验检疫证书"后，方能办理解除监管手续，继续使用。

五、提前解除监管和监管年限已满留在境内继续使用的"不作价设备"，视同旧机电产品进口，按《关于家铱旧机电产品进口管理的通知》（国经贸机〔1997〕877号）、《关于加强旧机电产品进口管理的补充通知》（〔1998〕外经贸机电发555号）和《关于重申进口旧机电产品有关管理规定的通知》（国质检联〔2001〕42号）的规定实施管理，但进口时已办理过旧机电产品进口手续的旧"不作价设备"，可不再履行旧机电产品进口审批手续。

本公告上述规定自2002年1月1日起执行。

海关总署

2001年12月7日

中华人民共和国海关总署公告

2001 年第 17 号

为便于进口货物收货人及相关当事人事先确定进口货物的原产地，中国海关自 2001 年 12 月 11 日起实施对进口货物的原产地预确定制度。现将有关事项公告如下：

一、进口货物的收货人及与进口货物直接相关的其他人在有正当理由的情况下，可以申请海关对其将要进口货物的原产地进行预确定。

二、申请人应向直属海关提出对其将要进口货物的原产地进行预确定的申请，并说明申请理由。

三、申请人申请原产地预确定应当填写《进口货物原产地预确定申请书》（见附件）并提交下列文件资料：

（一）申请人的身份证明文件；

（二）说明将要进口货物情况的有关文件资料，包括但不限于：

1. 进口货物的商品名称、规格、型号、税则号列、产品说明书等；

2. 出口国（地区）或者货物原产地的有关机关签发的原产地证书或其他认定证明；

3. 进口货物所使用的原材料的品种、规格、型号、价格、产地等情况的资料；

4. 进口货物的生产加工工序、流程、工艺、加工地点和加工增值等情况的资料。

（三）进口货物交易情况的文件资料，如：进口合同、意向书、询价和报价单、发票等；

（四）海关要求提供的其他文件资料。

因申请人提交文件资料不完备影响海关进行原产地预确定的，申请人应当根据海关的要求进行补正。

四、海关应在接到申请人的书面申请和全部必要文件资料后的 150 天内，依据《中华人民共和国海关关于进口货物原产地的暂行规定》作出对有关货物原产地的预确定决定，并告知申请人。

五、在预确定决定所依据的原产地规则、事实和条件不变的前提下，海关作出的原产地预确定决定在全关境范围内持续有效。

对符合原产地预确定决定的进口货物，海关依预确定决定认定该进口货物的原产地，并确定其适用的税率和执行反倾销、反补贴、进口保障等措施。

六、有下列情况之一的，海关所作的预确定即行失效：

（一）预确定所依据的原产地规则发生变化的；

（二）司法或行政复议程序对预确定决定进行审查并作出不同决定的。

预确定决定如因上述第（一）项原因而失效，对原依据预确定决定已经实施的进口货物原产地认定无溯及力。

七、货物实际进口时的有关情况与申请预确定时提供的文件资料不一致的，预确定决定不适用于该进口货物。由海关依据《中华人民共和国海关关于进口货物原产地的暂行规定》对进口货物的原产地予以认定。

八、申请人对于海关的原产地预确定决定不服，或进口货物的收货人对海关根据原产地预确定决定对实际进口的货物所做的原产地认定不服的，可以依法申请行政复议或者向人民法院提起诉讼。

九、申请人对提供的用于原产地预确定的资料要求保密的，应在提交时申明，海关予以保密。未经申请人同意不予公开披露，但司法程序要求提供的除外。

附件　进口货物原产地预确定申请书（样式）（略）

海关总署

2001 年 12 月 5 日

中华人民共和国海关总署公告

2001 年第 21 号

随着我国加入世界贸易组织和区域性贸易协定，我国国别税率适用情况将发生较大的变化。2002 年的《中华人民共和国海关进出口税则》中进口税率将分普通税率、最惠国税率、协定税率、特惠税率四栏。有关税率适用规定见《关于实施 2002 年〈中华人民共和国海关进出口税则〉的公告》（海关总署公告〔2001〕22 号）。

经商外经贸部、财政部，现将适用进口关税优惠税率的国家和地区清单发布，特此公告。

附件　适用进口关税优惠税率的国家或地区清单

海关总署

2001 年 12 月 7 日

附件

适用进口关税优惠税率的国家或地区清单

国家或地区代码	国家或地区名称	国家或地区代码	国家或地区名称
102	巴林	119	老挝
103	孟加拉国	120	黎巴嫩
105	文莱	121	中国澳门
106	缅甸	122	马来西亚
107	柬埔寨	123	马尔代夫
108	塞浦路斯	124	蒙古
109	朝鲜	125	尼泊尔
110	中国香港	126	阿曼
111	印度	127	巴基斯坦
112	印度尼西亚	129	菲律宾
113	伊朗	130	卡塔尔
114	伊拉克	131	沙特阿拉伯
115	以色列	132	新加坡
116	日本	133	韩国
117	约旦	134	斯里兰卡
118	科威特	135	叙利亚

国家或地区代码	国家或地区名称	国家或地区代码	国家或地区名称
136	泰国	233	莫桑比克
137	土耳其	234	纳米比亚
138	阿联酋	235	尼日尔
139	也门共和国	236	尼日利亚
141	越南	238	卢旺达
142	中国	240	塞内加尔
143	台、澎、金、马单独关税区	242	塞拉利昂
201	阿尔及利亚	243	索马里
202	安哥拉	244	南非
203	贝宁	246	苏丹
204	博茨瓦那	247	坦桑尼亚
205	布隆迪	248	多哥
206	喀麦隆	249	突尼斯
208	佛得角	250	乌干达
209	中非共和国	251	布基纳法索
211	乍得	252	民主刚果
213	刚果	253	赞比亚
214	吉布提	254	津巴布韦
215	埃及	255	莱索托
216	赤道几内亚	257	斯威士兰
217	埃塞俄比亚	258	厄立特里亚
218	加蓬	301	比利时*
219	冈比亚	302	丹麦*
220	加纳	303	英国*
221	几内亚	304	德国*
222	几内亚比绍	305	法国*
223	科特迪瓦	306	爱尔兰*
224	肯尼亚	307	意大利*
226	利比亚	308	卢森堡*
227	马达加斯加	309	荷兰*
228	马拉维	310	希腊*
229	马里	311	葡萄牙*
230	毛里塔尼亚	312	西班牙*
231	毛里求斯	313	阿尔巴尼亚
232	摩洛哥	315	奥地利*

国家或地区代码	国家或地区名称	国家或地区代码	国家或地区名称
316	保加利亚	402	阿根廷
318	芬兰*	405	巴巴多斯
321	匈牙利	406	伯利兹
322	冰岛	408	玻利维亚
323	列支敦士登	410	巴西
324	马耳他	412	智利
325	摩纳哥	413	哥伦比亚
326	挪威	414	多米尼亚共和国
327	波兰	415	哥斯达黎加
328	罗马尼亚	416	古巴
330	瑞典*	418	多米尼加
331	瑞士	419	厄瓜多尔
334	爱沙尼亚	421	格林纳达
335	拉脱维亚	423	危地马拉
336	立陶宛	424	圭亚那
337	格鲁吉亚	425	海地
338	亚美尼亚	426	洪都拉斯
339	阿塞拜疆	427	牙买加
340	白俄罗斯	429	墨西哥
341	哈萨克斯坦	431	尼加拉瓜
342	吉尔吉斯	432	巴拿马
343	摩尔多瓦	433	巴拉圭
344	俄罗斯联邦	434	秘鲁
345	塔吉克斯坦	435	波多黎各
346	土库曼斯坦	437	圣卢西亚
347	乌克兰	439	圣文森特和格林纳丁斯
348	乌兹别克斯坦	441	苏里南
349	南斯拉夫	442	特立尼达和多巴哥
350	斯洛文尼亚	444	乌拉圭
351	克罗地亚	445	委内瑞拉
352	捷克共和国	447	圣基茨和尼维斯
353	斯洛伐克	501	加拿大
354	马其顿	502	美国
355	波斯尼亚和黑塞哥维那	503	格陵兰
401	安提瓜和巴布达	601	澳大利亚

国家或地区代码	国家或地区名称	国家或地区代码	国家或地区名称
602	库克群岛	613	所罗门群岛
603	斐济	614	汤加
608	瓦努阿图	617	萨摩亚
609	新西兰	618	基里巴斯
611	巴布亚新几内亚	620	密克罗尼西亚

注： *代表欧盟成员国。

2002 年度公告

中华人民共和国海关总署公告

2002 年第 2 号

为履行我国加入世界贸易组织的关税减让义务，经国务院批准，自 2002 年 1 月 1 日起，对 21 个税号的科研用胶卷（详见附件）的关税税率按 5% 计征，增值税率照章征收。

享受上述关税税率的科研用胶卷的认定手续按照海关总署关于下发《关于〈科学研究与教学用品免征进口税收暂行规定〉实施办法》的通知（署税〔1997〕585 号）的有关规定执行。

特此公告。

附件　进口科研用胶卷适用税目税率表

海关总署

2002 年 1 月 8 日

附件

进口科研用胶卷适用税目税率表

序号	税则号列	商品描述	进口税率
1	3701.3090	未曝光其他用途的摄影感光硬片及软片，任何一边超过 225 毫米	5%
2	3701.9100	彩色摄影用未曝光硬片及平面软片	5%
3	3701.9990	其他用未曝光软片及硬片	5%
4	3702.3100	彩色摄影用未曝光无齿孔胶片，宽度不超过 105 毫米	5%
5	3702.3290	其他涂卤化银乳液无齿孔胶片，宽度不超过 105 毫米	5%
6	3702.3990	其他无齿孔感光胶片，宽度不超过 105 毫米	5%
7	3702.4100	彩色摄影用未曝光无齿孔胶片，宽度超过 610 毫米，长度超过 200 米	5%
8	3702.4290	非彩色摄影用，其他未曝光无齿孔胶片，宽度超过 610 毫米，长度超过 200 米	5%
9	3702.4390	其他用未曝光无齿孔胶片，宽度超过 610 毫米，长度不超过 200 米	5%

序号	税则号列	商品描述	进口税率
10	3702.4490	其他用未曝光无齿孔胶片，宽度超过105毫米，但不超过610毫米	5%
11	3702.5100	彩色摄影用未曝光胶片，宽度不超过16毫米，长度不超过14米	5%
12	3702.5200	彩色摄影用未曝光胶片，宽度不超过16毫米，长度超过14米	5%
13	3702.5410	非幻灯片用，彩色摄影胶卷，宽度为35毫米，长度不超过2米	5%
14	3702.5490	非幻灯片用，其他彩色摄影用胶片，宽度超过16毫米，但不超过35毫米，长度不超过30米	5%
15	3702.5590	其他未曝光彩色摄影胶片，宽度超过16毫米，但不超过35毫米，长度超过30米	5%
16	3702.5690	其他未曝光的彩色摄影用胶片，宽度超过35毫米	5%
17	3702.9100	未曝光非彩色摄影用胶片，宽度不超过16毫米，长度不超过14米	5%
18	3702.9310	其他未曝光非彩色摄影用胶卷，宽度为35毫米，长度不超过2米	5%
19	3702.9390	其他未曝光非彩色摄影用胶片，宽度超过16毫米，但不超过35毫米，长度不超过30米	5%
20	3702.9490	其他用未曝光非彩色摄影用胶片，宽度超过16毫米，但不超过35毫米，长度超过30米	5%
21	3702.9590	其他用未曝光的非彩色摄影用胶片，宽度超过35毫米	5%

注：以上3702各子目的胶片均为成卷的，用纸、纸板及纺织物以外的任何材料制成。

中华人民共和国海关总署公告

2002年第3号

根据中国政府加入的《协调制度公约》对缔约国权利义务的有关规定，现公告如下：

中国海关进出口税则和统计目录自2002年1月1日起采用世界海关组织制定发布的2002年版《商品名称及编码协调制度》（简称“协调制度”或HS）。

世界海关组织为使各缔约国能够统一理解、执行协调制度，编制了《商品名称及编码协调制度注释》（简称“协调制度注释”或HS注释），该注释是关于协调制度各品目的商品范围及所涉及商品的唯一解释。

根据协调制度，海关总署制定了《海关进出口税则——统计目录商品及品目注释》（简称“税则注释”或“统计目录注释”），作为海关对进出口商品进行税则归类或统计目录归类的法律依据之一。

海关总署

2002年1月28日

中华人民共和国海关总署公告

2002 年第 6 号

为有效实施海关对奥林匹克标志的保护，制止侵犯奥林匹克标志专有权的货物进出境，根据《奥林匹克标志保护条例》、《中华人民共和国海关法》和《中华人民共和国知识产权海关保护条例》，现公告如下：

一、自 2002 年 4 月 1 日起，海关对奥林匹克标志权利人根据《奥林匹克标志保护条例》享有并在海关总署备案的奥林匹克标志专有权（以下简称奥林匹克标志专有权）实施保护。

二、海关发现涉及奥林匹克标志专有权的货物即将进出境的，有权要求收发货人申报其合法使用奥林匹克标志的状况并提交有关文件或者证据。海关认为进出口货物涉嫌侵犯奥林匹克标志专有权的，应当予以扣留。

三、海关经调查，认为进出口货物侵犯了奥林匹克标志专有权的，应当依法予以没收并对收发货人处以罚款。

四、收发货人对海关扣留侵权嫌疑货物或者行政处罚决定不服的，可以根据有关法律法规，向海关提出异议、申请行政复议或者向人民法院提起诉讼。

特此公告。

海关总署

2002 年 4 月 3 日

中华人民共和国海关总署公告

2002 年第 7 号

按照《中华人民共和国海关关于转关货物监管办法》（以下简称《监管办法》）的规定，海关对进出口转关货物施加海关封志。跨关区快速通关作业系统推广全国后，各种方式的转关货物和过境货物均施加海关封志办理转关。考虑到内支线船舶中转和铁路承运的转关、过境方式中，运输工具换驳驶离时限性强、运输途中风险性小的特点，各海关采取了不同程度的便利、简化措施。为保证统一执法，在有效监管的前提下，简化可以简化的环节以提高通关效率，经研究决定，放宽内支线船舶中转、铁路承运的转关和过境集装箱货物的施封要求。现对《监管办法》的第二条补充规定如下：

一、对内支线船舶中转和铁路承运的转关、过境集装箱货物，在其商业封志完好条件下，海关可不必施加封志。

二、为确保有效监管，海关对上述不施封转关作业按以下操作：

（一）转关申报单“关锁号”栏目录入商业封志号；

（二）进境地或启运地海关须确定一定的比例，凭船舶舱单或铁路运单，抽查核对货物商业封志是否完好无误；指运地或出境地海关凭电脑转关申报单记录和船舶舱单或铁路运单，验核商业封志，办理海关手续；

（三）其余操作仍按《监管办法》的相关规定办理。

三、对已经海关开箱查验或做换箱运输的转关货物，仍按现行规定，施加海关封志，办理有关转关手续。

本公告自 2002 年 4 月 25 日起执行。

特此公告。

海关总署

2002 年 4 月 17 日

中华人民共和国海关总署公告

2002 年第 8 号

为实施《奥林匹克标志保护条例》，海关总署已于 2002 年 4 月 3 日发布了《中华人民共和国海关总署公告》（2002 年第 6 号）。国际奥林匹克委员会、第 29 届奥林匹克运动会组织委员会和中国奥林匹克委员会已向海关总署提出了奥林匹克标志专有权保护申请并获核准。为便于社会了解和自觉尊重奥林匹克标志专有权人的有关权利，现将《奥林匹克标志专有权备案目录》予以公布。

特此公告。

附件　奥林匹克标志专有权备案目录

海关总署

2002 年 5 月 20 日

附件

奥林匹克标志专有权备案目录

一、权利人：国际奥林匹克委员会

代理人：第 29 届奥林匹克运动会组织委员会

（一）奥林匹克五环图案标志

A 连接形式

B 套接形式

（二）奥林匹克格言

更快、更高、更强

Citius, Altius, Fortiu

（三）奥林匹克、奥林匹亚、奥林匹克运动会及其简称等专有名称

奥林匹克

奥林匹亚

奥林匹克运动会

奥运会

奥运

Olympic

Olympics

Olympiad

Olympic Games

Olympique

Olympiques

Olympiade

Jeux Olympiques

二、权利人：第 29 届奥林匹克运动会组织委员会

（一）北京 2008 年奥林匹克运动会申办委员会名称

北京 2008 年奥林匹克运动会申办委员会

北京奥林匹克运动会申办委员会

2008 年奥林匹克运动会申办委员会

北京 2008 年奥运会申办委员会

北京奥运会申办委员会

2008 年奥运会申办委员会

北京 2008 年奥运会申办委

北京奥运会申办委

2008 年奥运会申办委

北京 2008 年奥申委

北京奥申委

2008 年奥申委

奥申委

Beijing 2008 Olympic Games Bid Committee

BOBICO

（二）北京 2008 年奥林匹克运动会申办委员会标志

A 仅在北京作为候选城市时使用

B

（三）第 29 届奥林匹克运动会组织委员会名称

第 29 届奥林匹克运动会组织委员会

第 29 届奥运会组织委员会

第 29 届奥运会组委会

北京奥运会组委会

奥运会组委会

北京奥组委

奥组委

Beijing Organizing Committee for the Games of the XXIX Olympiad

BOCOG

（四）第 29 届奥林匹克运动会口号

新北京，新奥运

New Beijing，Great Olympics

绿色奥运，科技奥运，人文奥运

Green Olympics

Hi－Tech Olympics

People's Olympics

（五）北京 2008

北京 2008

Beijing2008

北京二〇〇八

北京二零零八

（六）第 29 届奥林匹克运动会及其简称

第 29 届奥林匹克运动会

第 29 届奥运会

北京奥运会

2008 年奥运会

三、权利人：中国奥林匹克委员会

（一）中国奥林匹克委员会名称

中国奥林匹克委员会

中国奥委会（中文简称）

CHINESE OLYMPIC COMMITTEE

COC

（二）中国奥林匹克委员会会徽

（三）奥林匹克委员会商用徽记

（四）中国体育代表团标志

中华人民共和国海关总署公告

2002 年第 15 号

根据中华人民共和国对外贸易经济合作部公告 2002 年第 30 号第五条和中华人民共和国海关总署公告 2002 年第 9 号第八条的规定，对从乌克兰、白俄罗斯和哈萨克斯坦 3 国进口的钢铁产品实施国别限量管理，超出限量部分暂不予进口。根据海关统计，截至 7 月 18 日，原产于乌克兰的普通中厚板（商品编码 7208.3700、7208.5200）实际进口数量已达到国别进口限定总量。现决定自 2002 年 7 月 20 日零时起，各海关暂停接受上述商品的进口申报。

特此公告。

海关总署

2002 年 7 月 19 日

中华人民共和国海关总署公告

2002 年第 18 号

为规范海关对进出境物品的管理，海关对中韩海运航线进出境物品的监管作如下调整：

一、从 2002 年 9 月 1 日起，对中韩海运航线以快件形式进出境的货物和物品，海关分别按照进出境货物、个人行李物品的规定办理相应的进出口手续。

二、对中韩海运航线的短期内多次进出境旅客（15 日内进出境 2 次或 2 次以上者）免税携带进境的物品，仅限为旅客本人本次旅行自用的物品，即旅客本人在旅行中必需的衣着及日常生活用品。其中，可携带进境香烟 100 支，或雪茄 25 支，或烟丝 125 克。各类酒不允许携带进境。

该类旅客携带旅途自用的照相机、便携式收录音机、小型摄影机、手提式摄录机和便携式微型计算机进境，须报海关核准，并交纳与应税税款等额的保证金后允许携带进境。复带出境时，经海关核实确属原携带进境的，退还其所交纳的保证金。

该类旅客携带或者以托运、分离运输方式进境的物品超出上述范围的，一律予以退运。

三、对中韩海运航线的其他进出境旅客携带的行李物品，按照《中华人民共和国海关对进出境旅客行李物品监管办法》(海关总署令第9号发布)、《中华人民共和国海关关于进出境旅客通关的规定》(海关总署令第55号发布)、《中华人民共和国海关对中国籍旅客进出境行李物品的管理规定》(海关总署令第58号发布)办理验放手续。

四、自2002年9月1日起，下列文件停止执行。

(一)《海关总署关于对来自韩国旅客进境物品加强管理的通知》(署监〔1994〕591号)

(二)《监管司关于中韩航线进出境快件和旅客行李物品监管问题的通知》(监管〔2000〕158号)

(三)《关于执行监管〔2000〕158号通知有关问题的意见》(监管传〔2000〕149号)

(四)监管传〔2000〕153号

(五)《监管司关于对中韩航线短期内多次进出境旅客行李物品和进出境快件有关监管问题的通知》(监管〔2000〕250号)

特此公告。

海关总署

2002年8月9日

中华人民共和国海关总署
国家质量监督检验检疫总局
公　告

2002年第23号

我国于2001年5月23日正式成为《关于亚洲及太平洋经济和社会理事会发展中国家成员国关于贸易谈判的第一协定》(简称《曼谷协定》)成员，这是我国加入的第一个具有实质性优惠关税安排的区域贸易协定。为使我国出口至韩国、斯里兰卡的《曼谷协定》项下的特定产品，享受韩国、斯里兰卡给予的关税优惠待遇，现将韩国、斯里兰卡《曼谷协定》项下的货物原产地规则及关税减让表予以公布。

自2002年10月1日起，国家质量监督检验检疫总局设在各地的出入境检验检疫机构开始签发《曼谷协定》出口货物原产地证明书。有关《曼谷协定》出口货物原产地证明书签证管理规定及要求由国家质量监督检验检疫总局另行公布。

特此公告。

附件1　韩国原产地规则

附件2　韩国减让清单(略)

附件3　斯里兰卡原产地规则

附件4　斯里兰卡减让清单(略)

海关总署

2002年9月6日

附件1

韩国原产地规则

1. 确定进口货物原产地的标准

进口货物的原产国应为以下生产、加工或制造国：

1.1　货物的完全生产国；

1.2　若货物在两个或以上的国家生产、加工或制造，则为完成最后实质性改变的国家。

2. 货物的完全原产国

完全在原产国生产的货物定义如下：

——在该国领土提取的矿产品和在该国收获或采集的农业或蔬菜产品；

——在该国出生或饲养的活动物及其制品；

——在该国通过狩猎或捕捞获得的产品；

——该国船只通过海洋捕捞获得的产品以及从海洋获得的其他产品；

——在该国制造或加工中产生的碎料和废料；

——完全由以上产品在该国或该国船只上制造或加工的货物。

3. 实质性改变

3.1　实质性改变是指通过在该国的制造或加工由原材料生产出归类于不同税目（H.S. 六位数编码）的货物。

3.2　不符合 3.1 规定，只完成以下加工的国家不视为原产国：

——运输或仓储时为保存货物所必需的加工；

——准备出售货物所必需的修理如包装或贴商标；

——货物的简单分类、分割、分离或清洗；

——重新包装及简单装配；

——不改变货物原产属性而与其他货物的混合；

——动物的屠宰。

4. 原产资格的特殊情况

4.1　电影的原产国应为制片国。

4.2　机器、设备、仪器或车辆的配件、零件及与其一起使用的工具，如果与机器、设备、仪器或车辆一起进口并通常一起出售，且种类和数量与正常设备相符，其原产国应为机器、设备、仪器或车辆的原产国。

4.3　包装材料的原产国应视为与其包装的货物原产国相同，除非税则方案要求将其单独归类，在此情况下，其原产国应与货物分开确定。

5. 直运规则

只有在货物由原产国直接运入韩国、不经过任何其他国家的情况下，才须确定货物的原产国。但在下列情况，如果该货物在海关监管下在非原产国转运或暂存且除以下活动外确无其他活动，则该货物应视为直接运入韩国：

——货物因地理或运输原因只是通过一非原产国，在该国转运或暂存；

——货物出口至一非原产国在贸易展销会或展览会或其他类似活动中展出，其后运入韩国。

附件 3

斯里兰卡原产地规则

1. 为履行本协定，各成员国应在批准本协定之日起 6 个月内，对其他各成员国启用该国应用于其给惠产品条目所列给惠产品的原产地规则。本协定自生效之日起 1 年内，对于已经应用根据其他优惠安排采用其他原产地规则的进口产品，应用于本协定的原产地规则所给予的优惠程度应不低于从非成员国进口产品的其他原产地规则。

2. 对进口产品没有采用任何原产地规则的成员国，需在批准或同意本协定之日起 6 个月内，就该国给惠产品条目中所列优惠制定相关规则。

3. 符合某一成员国的原产地规定、原产于其他成员国的产品，或该产品作为原料用于某一成员国生产符合其他成员国优惠待遇的成品产品，如果用于该成品产品的原料中原产于非成员国的成分不超过最终进口成员国的原产地规则许可的最大限度，该产品应被视为原产于该成品产品最后生产或加工工序完成的所在成员国的产品。

4. 为了保障原产地规则的有效实施，成员国的相关机构应在原产地证书的真伪性、有关产品的确切产地信息的准确性等检查工作方面互相合作。

5. 各成员国应通过本协定常委会发布关于第 4 条所提及的相关机构的信息。

6. 成员国应在批准或同意本协定之日起的 3 个月内，向本协定常委会递交一份该国希望用于本协定原产地证书的格式。本协定自生效之日起 1 年内，常委会将力争实现采用统一的原产地证书。

7. 各成员国需制定相关规定，在其他成员国对被作为符合给惠待遇接受后、发现虚假情况的该国产品，提供完备的文件进行控诉后，采取相应的惩罚措施。

8. 为了便利第 3 条规定的实施，本协定自生效之日起 1 年内，各成员国应在用于该国给惠产品条目中所列产品的原产地规则中，采用一定的百分比标准。

9. 本协定自生效之日起 1 年内，本协定常委会应对各成员国所采取的原产地规则的实行情况进行回顾，以确定各国原产地规则是否彼此协调，或在必要的情况下采取统一的原产地规则。

中华人民共和国海关总署公告

2002年第25号

现将经国务院批准，对部分进口税收优惠政策进行适当调整的有关事项公告如下：

一、调整1996年4月1日以前批准的有关投资项目的税收政策

自2002年10月1日（指进口报关日）起，对1996年4月1日以前批准的技术改造项目、基本建设项目（含重大建设项目）、外商投资项目（包括享受外商投资政策的外国政府贷款和国际金融组织贷款项目）在剩余额度内进口的商品，统一按照《国务院关于调整进口设备税收政策的通知》（国发〔1997〕37号）规定的税收政策执行，即在项目额度或投资总额内进口的自用设备及其按照合同随设备进口的技术及配套件、备件，除《国内投资项目不予免税的进口商品目录》、《外商投资项目不予免税的进口商品目录》所列商品外，免征进口关税和进口环节增值税，上述范围之外的货物一律照章征税。

2002年10月1日前对上述项目已按照原政策审核出具征免税证明（以下简称证明）的进口货物，在证明有效期内且货物于2002年12月31日前（含当日）进口并报关的，可按原规定的范围免税，但证明不得再延期。对有效期超过12月31日的证明，签发海关应立即通过减免税管理系统将证明有效期统一截止至12月31日。

二、调整《外商投资产业指导目录》中“产品全部直接出口的允许类外商投资项目”（以下简称“全部出口项目”）政策的实施办法

（一）凡2002年10月1日（含当日）以后批准的（指项目可研性批复日期）的《外商投资产业指导目录》中“全部出口项目”的进口设备，一律先照章征收进口关税和进口环节增值税。自项目投产之日起，由外经贸部会同有关部门组成联合核查小组，对产品直接出口情况进行核查，核查期5年，具体核查办法由外经贸部会同有关部门制定。经核查后如情况属实，每年返还已纳税额的20%，5年内全部返还；如情况不实，当年税款不再返还，同时追缴该项目已返还的税款，并依法予以处罚。

（二）政策调整实施之日前已批准的全部出口项目仍需继续进口该项目项下设备的，仍执行免税政策，但自项目投产之日起5年核查期内，有关部门需对产品直接出口情况进行调查；政策调整实施之日前已批准的“全部出口项目”已完成设备进口的，对政策调整实施之日前的产品出口情况不再核查，在政策调整实施之日后的剩余核查期内，对产品出口情况有选择地进行调查。对于上述核查中发现的问题将依法进行处理。具体办法由外经贸部会同有关部门制定。

（三）新批准的“全部出口项目”进口设备5年内返还税款的办法，按照《财政部 国家经贸委 税务总局 海关总署关于对部分进口商品予以退税的通知》（〔1994〕财预字第42号）的规定执行。

特此公告。

海关总署

国家质检总局

2002年9月23日

中华人民共和国海关总署公告

2002 年第 31 号

经国务院批准，国务院关税税则委员会决定，自2002 年1 月1 日起，对原产于法属波利尼西亚、新喀里多尼亚、圣皮埃和密克隆、瓦利斯和浮图纳的进口货物，适用最惠国关税税率，自 2002 年 1 月 1 日起多征税款准予退还。

特此公告。

海关总署

2002 年 9 月 30 日

中华人民共和国海关总署公告

2002 年第 34 号

为了适应我国加入世界贸易组织和政务公开的要求，增强海关法律、法规的透明度，及时公布涉及管理相对人权利义务的海关法规及规章措施，为社会各界提供权威和易获取的海关规范性文件，经新闻出版总署批准，海关总署自 2002 年 11 月起，定期出版《海关总署文告》，向国内外发行。现将有关事项公告如下：

一、《海关总署文告》系中华人民共和国海关总署对外公布海关规范性文件的权威性官方期刊，发布海关法律、行政法规、规章、行政裁定、行政解释及其他需要管理相对人了解的规范性文件，供社会各界了解、掌握和获取完整的海关法规信息。

二、《海关总署文告》为月刊，每月 10 日出版，第 1 期将于 2002 年 11 月中旬发行。中国标准刊号：ISSN 1672 －0822，CN11 －4930/D。

三、《海关总署文告》由海关总署办公厅主办，《海关总署文告》编辑部编辑，《海关总署文告》发行部发行。

四、《海关总署文告》发行部

地址：北京市朝阳区光华路甲 10 号北京海关

邮政编码：100026

联系人：杨东河　赵黎明　刘银（财务）

联系电话：010 －65396066　010 －65396059　010 －65396223（财务）

传真：010 －65396080

开户银行：中国银行北京市分行建外分理处

户　　名：北京海关机关服务中心

海关总署

2002 年 10 月 31 日

2003年度公告

中华人民共和国海关总署公告

2003年第3号

根据《财政部、海关总署、公安部、工商总局关于取消缉私缉毒办案经费同缉私罚没收入挂钩等有关问题的通知》（财预〔2002〕413号）的精神，取消《2002年政府预算收支科目》中的4313款“缉私补税收入”科目，所有缉私罚没收入全部以“缉私罚没收入”科目上缴中央财政。原根据《关于印发〈关于加强缉私罚没收入缴库和缉私缉毒办案支出管理的若干规定〉的通知》（财预字〔1998〕413号）及《对〈关于加强缉私罚没收入缴库和缉私缉毒办案支出管理的若干规定〉补充规定的通知》（财预字〔1999〕194号）的要求，需从没收的各类走私货物、物品的变价款和追缴的私货价款中，按其价款的30%作为“缉私补税收入”由海关就地缴库，次年1月库款报解整理期结束前由财政部按比例一次性调入有关科目的规定废止。以上已从2002年10月12日起执行。

特此公告。

海关总署

2003年1月23日

中华人民共和国海关总署公告

2003年第17号

为贯彻国务院关于白银管理体制改革有关决定的精神，中华人民共和国财政部颁布了《财政部关于对白银恢复征收进口环节增值税的通知》（财税〔2003〕44号，以下简称《通知》），规定自2003年1月1日起对银精矿含银、其他有色金属精矿含银、冶金中间产品含银及成品银恢复征收进口环节增值税。

根据《通知》规定，原免征进口环节增值税的银（包括镀金、镀铂的银，税则号列7106.1000、7106.9110、7106.9190、7106.9210和7106.9290）一律按17%的税率征收进口环节增值税。鉴于国内生产流通环节已经对银及含银产品征收增值税，公告前已经免征进口环节增值税的，海关不再补征。

特此公告。

海关总署

2003 年 3 月 25 日

中华人民共和国海关总署公告

2003 年第 20 号

根据《中华人民共和国船舶吨税暂行办法》的有关规定，与中华人民共和国签订有条约或协定、相互给予船舶吨税优惠的国家和地区籍的船舶，其吨税按优惠税率计征；其他国家和地区籍的船舶，吨税按普通税率计征。

《适用船舶吨税优惠税率的国家和地区名单》已以海关总署公告（〔2003〕12 号）对外公布。

现经交通部补充确认，土耳其、黎巴嫩、印度、摩洛哥、蒙古、美国为适用船舶吨税优惠税率国家，现将《适用船舶吨税优惠税率的国家和地区名单》修改后重新公布。

特此公告。

附件　适用船舶吨税优惠税率的国家和地区名单

海关总署

2003 年 3 月 28 日

附件

适用船舶吨税优惠税率的国家和地区名单（63）

芬兰、瑞典、丹麦、也门、俄罗斯、突尼斯、德国、阿尔巴尼亚、苏丹共和国、朝鲜、越南、加纳、斯里兰卡、刚果、巴基斯坦、挪威、古巴、智利、缅甸、秘鲁、墨西哥、希腊、塞浦路斯、保加利亚、波兰、日本、菲律宾、新西兰、荷兰、阿尔及利亚、民主刚果（原扎伊尔）、埃塞俄比亚、罗马尼亚、肯尼亚、阿根廷、泰国、新加坡、孟加拉、比利时、卢森堡、南斯拉夫、阿曼苏丹国、巴西、意大利、马来西亚、韩国、克罗地亚、老挝、乌克兰、大不列颠及北爱尔兰（包括泽西岛、百慕大、根西岛、开曼群岛、马恩岛和直布罗陀附属地）、加拿大、马耳他、法国、以色列、格鲁吉亚、土耳其、黎巴嫩、印度、摩洛哥、蒙古、美国、香港、澳门。

中华人民共和国海关总署公告

2003 年第 23 号

根据国家对加工贸易和征收出口关税的有关管理规定，现将加工贸易项下出口应税商品征收出口关税有关问题公告如下：

一、加工贸易项下出口应税商品，如系全部使用进口料件加工的产（成）品，不征收出口关税。

二、加工贸易项下出口应税商品，如系部分使用进口料件加工的产（成）品，则按海关核定的比例征收出口关税。

具体计算公式是：

出口关税＝出口货物完税价格×出口关税税率×出口成品中使用的国产料件占全部料件的价值比例

出口货物完税价格由海关根据《中华人民共和国海关审定进出口货物完税价格办法》的规定审核确定。

三、企业应在向海关备案或变更手册（最迟在成品出口前）时，向海关如实申报出口成品中使用的国产料件占全部料件的价值比例。

四、本公告自2003 年5 月1 日起执行。对在本公告发布前已申领的加工贸易手册，在2003 年5 月1 日后出口应税商品，亦按照本公告执行。

特此公告。

海关总署

2003 年4 月4 日

中华人民共和国海关总署公告

2003 年第24 号

根据《中华人民共和国反倾销条例》的规定，国务院关税税则委员会决定对原产于韩国、马来西亚、新加坡和印度尼西亚的进口丙烯酸酯（税则号2916.1200）征收反倾销税，征税时间从2003 年4 月10 日开始，期限为5 年。现根据商务部2003 年第3 号公告（附件1），就有关问题公告如下：

一、自2003 年4 月10 日起，对原产于韩国、马来西亚、新加坡和印度尼西亚的进口《中华人民共和国海关进出口税则》税号2916.1200 项下的丙烯酸酯，包括丙烯酸甲酯［MA，化学式 $CH_2=CHCOOCH_3$］、丙烯酸乙酯［EA，化学式 $CH_2=CHCOOC_2H_5$］、丙烯酸正丁酯［BA，化学式 $CH_2=CHCOOC_4H_9$］和丙烯酸2－乙基已酯［又名丙烯酸异辛酯，2EHA，化学式 $C_{11}H_{20}O_2$］，除按现行规定征收法定关税和进口环节增值税外，还应区别不同的供货厂商按照本公告所附反倾销税税率表（附件2）征收反倾销税。

反倾销税的计算公式为：

反倾销税税额＝海关完税价格×反倾销税税率

进口环节增值税税额＝（海关完税价格＋关税税额＋反倾销税税额）×进口环节增值税税率

二、凡进口经营单位（收货人或其代理人）申报进口丙烯酸酯必须向海关提交原产地证明，如果原产地为韩国、马来西亚、新加坡或印度尼西亚，还需提供原厂商发票。

对于进口经营单位申报进口丙烯酸酯时不能提供原产地证明，且经查验无法确定货物的原产地不是韩国、马来西亚、新加坡或印度尼西亚的，海关将按照附件2 中所列的其他新加坡公司适用的税率征收反倾销税；对于能够确定货物的原产地是韩国、马来西亚、新加坡或印度尼西亚，但进口经营单位不能提供原厂商发票的，海关将按照附件2 中所列的相应国家的其他公司适用的税率征收反倾销税。

三、有关加工贸易保税进口丙烯酸酯如何征收反倾销税等方面的问题，海关将按照《中华人民共和国海关总署公告》（2001 年第9 号）执行。

四、有关单位在实施临时反倾销措施之后已经缴纳的现金保证金超出附件2 中所列税率的多征部分，可自2003 年4 月10 日起6 个月内向征收地海关申请退还。对低于附件中所列税率的少征部分不予补征。

五、对于伪报原产国或伪造进口丙烯酸酯原产地证明或原厂商发票的行为，海关应按有关规定进行处罚。

特此公告。

附件1　中华人民共和国商务部2003 年第3 号公告（略）

附件2　原产于韩国、马来西亚、新加坡和印度尼西亚的进口丙烯酸酯反倾销税征收比率表

海关总署

2003 年4 月11 日

附件 2

原产于韩国、马来西亚、新加坡和印度尼西亚的进口丙烯酸酯反倾销税征收比率表

原产国	供货厂商名称	征收比率
韩国	株式会社 LG 化学（LG CHEM，LTD.）	2%
	其他韩国公司	20%
马来西亚	巴斯夫石油化学私人有限公司（BASF PETRONAS CHEMICALs SDN BHD）	4%
	其他马来西亚公司	38%
新加坡	新加坡丙烯酸酯私人有限公司（SINGAPORE ACRYLIC ESTER PTE LTD.）	30%
	其他新加坡公司	49%
印度尼西亚	印度尼西亚日本触媒公司（PT. NIPPON SHOKUBAI INDONESIA）	11%
	其他印度尼西亚公司	24%

中华人民共和国海关总署公告

2003 年第 27 号

接《财政部关于调整部分商品边境贸易进口税收政策的通知》（财税〔2003〕100 号），经国务院批准，自 2003 年 6 月 1 日起，对硼酸等 20 种商品（详细商品名称及税则号列见附件）停止执行边境贸易进口税收政策。

特此公告。

附件　停止执行边境贸易进口税收政策商品清单①

（略）

注：①清单已被海关总署公告 2003 年第 39 号重新修订公布。

海关总署

2003 年 5 月 1 日

中华人民共和国海关总署公告

2003 年第 29 号

接财政部通知，自 2003 年 1 月 1 日起，对进口黄金（含标准黄金）和黄金矿砂（含伴生矿）免征进口环节增值税。现就有关问题公告如下：

一、免征进口环节增值税的货品范围：

（一）黄金是指海关商品编号 7108.1100、7108.1200、7108.1300 项下的货物；黄金矿砂是指海关商品编号 2616.9000 项下的部分货物，商品应符合原冶金工业部金精矿标准 YB2430－88 的规定，进口时应按

商品编号26169000.10（黄金矿砂）申报；2616.9000项下的其他货物，按商品编号26169000.90（其他贵金属矿砂及其精矿）申报。

（二）黄金伴生矿仅指海关商品编号2603.0000（铜精矿）的黄金伴生矿，对其中黄金价值部分免征进口环节增值税，非黄金价值部分照章征收进口环节增值税。

前述货品的黄金成分在合同中必须单独作价，进口时应对该批货物按商品编号26030000.10（铜矿砂及其精矿中的黄金价值部分）和26030000.90（铜矿砂及其精矿中的非黄金价值部分）在同一报关单内分项申报，数量也按价值同比例分拆。应计入完税价格的其他费用按两者的价值比例分摊。

二、海关对进口铜精矿所含的黄金伴生矿实行价格预审核制度。进口货物收货人需在进口前填写进口货物价格申报单，并书面说明作价情况，同时向海关提交以下有关单证：

（一）分别列明矿砂所含黄金及其他成分各自比例或含量的商检证书；

（二）单独列明矿砂所含黄金成分价值的合同或发票；

（三）海关需要的其他相关证明文件。

三、进口合同中黄金未单独作价或进口货物收货人提供的文件中无法说明黄金伴生矿价值的铜精矿，按其他铜精矿填报，并按进口总价征收进口环节增值税。进口时暂时无法提供上述第二条所列单证的，可先按其他铜精矿全额征收保证金。

四、对于2003年1月1日后进口应予免征进口环节增值税的黄金矿砂（含伴生矿）已予征税的，海关按本公告有关规定审核属实的，可凭主管税务部门不予抵扣的证明，对不予抵扣黄金的增值税予以退还。

特此公告。

海关总署

2003年4月21日

中华人民共和国海关总署公告

2003年第35号

为使进出口货物的收发货人或其代理人准确理解进出口货物的协调制度商品归类，正确申报，方便货物通关，财政部和海关总署制定了《中华人民共和国海关进出口税则——统计目录本国子目注释》（以下简称《本国子目注释》）。《本国子目注释》是海关及有关政府部门、从事与进出口贸易有关工作的企（事）业或个人进行商品归类的法律依据。《本国子目注释》由经济科学出版社出版发行。

《本国子目注释》自2003年6月1日起生效。

海关总署

2003年5月28日

中华人民共和国海关总署公告

2003年第37号

经国务院批准，自2003年5月1日起，对进口铂金及其制品的税收政策进行调整。现将有关税收政策调整的具体情况公告如下：

一、进口铂金免征进口环节增值税，具体税号范围是7110.1100、7110.1910、7110.1990。

二、进口铂金首饰的消费税由在进口环节征收改为在零售环节征收。具体税号范围是 7113.1991、7113.1999，海关执行时应该按归类原则包括所有铂、铱、锇、钯、铑、钌含量在2%以上的铂族贵金属首饰。

三、5 月 1 日后进口铂金征收的进口环节增值税、进口铂金首饰征收的消费税准予退还。

特此公告。

海关总署

2003 年 6 月 4 日

中华人民共和国海关总署公告

2003 年第 38 号

按照《中华人民共和国反倾销条例》的规定，国务院关税税则委员会决定对原产于日本、比利时、德国、荷兰和俄罗斯的进口己内酰胺征收反倾销税。征税时间从 2003 年 6 月 6 日开始，期限为 5 年。现根据中华人民共和国商务部 2003 年第 22 号公告（见附件 1），现就有关问题公告如下：

一、自 2003 年 6 月 6 日起，对原产于日本、比利时、德国、荷兰和俄罗斯的进口己内酰胺（税则号 2933.7100），除按现行规定征收法定关税和进口环节增值税外，还应区别不同的供货厂商按照本公告附件 2 所列的税率征收反倾销税。

反倾销税的计算公式为：

反倾销税税额 = 海关完税价格 × 反倾销税税率

进口环节增值税税额 = （关税完税价格 + 关税税额 + 反倾销税税额） × 进口环节增值税税率

二、凡进口经营单位（收货人或其代理人）申报进口己内酰胺必须向海关提交原产地证明，如果原产地为日本、比利时、德国、荷兰和俄罗斯，还应提供原厂商发票。

对于进口经营单位申报进口己内酰胺时不能提供原产地证明，且经查验也无法确定货物的原产地不是日本、比利时、德国、荷兰和俄罗斯的，海关应按照附件 2 所列的其他德国公司适用的税率征收反倾销税；对于能够确定货物的原产地是日本、比利时、德国、荷兰和俄罗斯，但进口经营单位不能提供原厂商发票，且通过其他合法、有效的单证和证据也无法确定生产厂商的，海关应按照附件 2 所列的相应国家其他公司适用的税率征收反倾销税。

三、有关加工贸易保税进口己内酰胺如何征收反倾销税等方面的问题，按照中华人民共和国海关总署公告 2001 年第 9 号执行。

四、有关单位在实施临时反倾销措施之后已经缴纳的现金保证金，按附件 2 中所列反倾销税税率转为反倾销税和相应的进口环节增值税，现金保证金超出应征反倾销税和与之相应的进口环节增值税的部分，可自 2003 年 6 月 6 日起 6 个月内向征收地海关申请退还，少征部分不再补征。

五、对于伪报原产国或伪造进口己内酰胺原产地证明或原厂商发票的行为，海关将按有关规定进行处罚。

附件 1　中华人民共和国商务部 2003 年第 22 号公告（略）

附件 2　反倾销税税率表

海关总署

2003 年 6 月 5 日

附件 2

反倾销税税率表

原产国	供货厂商名称	征收税率
日本	住友化学工业株式会社（Sumitomo Chemical Company, Ltd.）	5%
	宇部兴产株式会社（UBE Industries, Ltd.）	8%
	三菱化学株式会社（MITSUBISHI CHEMICAL CORPORATION）	10%
	东丽株式会社（Toray Industries, Inc.）	5%
	其他日本公司	18%
比利时	巴斯夫安特卫普有限公司（BASF ANTWERP N. V.）	6%
	其他比利时公司	16%
德国	道默有限公司（DOMO Caproleuna GmbH）	22%
	其他德国公司	28%
荷兰	DSM 纤维中间体公司（DSM Fiber Intermediates B. V.）	6%
	其他荷兰公司	18%
俄罗斯	古比雪夫氮封闭式股份公司（Kuibishevazot Joint Stock Company）	7%
	克麦罗沃氮开放式股份公司（Kemerovo Joint Stock Company “AZOT”）	9%
	其他俄罗斯公司	16%

中华人民共和国海关总署公告

2003 年第 39 号

根据国务院关税税则委员会办公室《关于〈财政部关于调整部分商品边境贸易进口税收政策的通知〉的补充函》（税委办便函〔2003〕28 号），现对海关总署 2003 年第 27 号公告公布停止执行边境贸易进口税收政策的商品中，冷轧硅钢片、不锈钢冷轧薄板、热轧普薄板、冷轧普薄板（带）的税则号列进行调整。现将停止执行边境贸易进口税收政策商品的清单予以调整，重新公布（见附件），执行日期不变。

特此公告。

附件　停止执行边境贸易进口税收政策商品的调整清单

海关总署

2003 年 6 月 11 日

附件

停止执行边境贸易进口税收政策商品的调整清单

产品名称	关税税则号列
新闻纸	4801. 0000、4802. 6110、4802. 6910
冷轧硅钢片	7225. 1100、7225. 1900、7226. 1100、7226. 1900
聚酯薄膜	3920. 6200
不锈钢冷轧薄板	7219. 3100、7219. 3200、7219. 3300、7219. 3400、7219. 3500、7219. 9000、7220. 2010、7220. 2090
丙烯酸酯	2916. 1200
二氯甲烷	2903. 1200
聚酯切片	3907. 6011、3907. 6019
涤纶短纤维	5503. 2000、5506. 2000
热轧普薄板	7208. 1000、7208. 2610、7208. 2690、7208. 2710、7208. 2790、7208. 3810、7208. 3890、7208. 3910、7208. 3990、7208. 4000、7208. 5310、7208. 5390、7208. 5410、7208. 5490、7208. 9000
冷轧普薄板（带）	7209. 1510、7209. 1590、7209. 1610、7209. 1690、7209. 1710、7209. 1790、7209. 1810、7209. 1890、7209. 2500、7209. 2600、7209. 2700、7209. 2800、7209. 9000
彩涂板	7210. 7000、7212. 4000
无取向硅电钢	7225. 1900、7226. 1900
冷轧不锈薄板（带）	7219. 3200、7219. 3400、7219. 3300、7219. 3500、7220. 2000
硼酸	2528. 9000、2810. 0020
纸浆	4701. 0000、4702. 0000、4703. 1100、4703. 1900、4703. 2100、4703. 2900、4704. 1100、4704. 1900、4704. 2100、4704. 2900、4705. 0000、4706. 1000、4706. 2000、4706. 9100、4706. 9200、4706. 9300
铜矿砂及精矿	2603. 0000
铜材	7403. 1100、7403. 1300、7403. 1900、7407. 1000、7408. 1100、7408. 1900
铜锍	7401. 1000
铅	7801. 1000、7801. 9100、7801. 9900
锌	7901. 1100、7901. 1200、7901. 2000

中华人民共和国海关总署公告

2003年第44号

按照《中华人民共和国反倾销条例》的规定，商务部已对原产于加拿大、韩国和美国的进口新闻纸所适用的反倾销措施开始期终复审调查（附件1）。根据国务院关税税则委员会的决定，在复审期间对原产于加拿大、韩国和美国的进口新闻纸继续征收反倾销税，具体事项如下：

一、自2003年7月10日起，对原产于加拿大、韩国和美国的进口新闻纸（税则号4801.0000、4802.6110、4802.6910，产品规格为每平方米重量45克、46克和48.8克等，宽度为781毫米、787毫米、762毫米、1562毫米等），继续按照反倾销税税率表（新闻纸）（附件2）所列的税率征收反倾销税。

反倾销税的计算公式为：

反倾销税税额 = 海关完税价格 × 反倾销税税率

进口环节增值税税额 = （关税完税价格 + 关税税额 + 反倾销税税额） × 进口环节增值税税率

二、凡进口经营单位（收货人或其代理人）申报进口新闻纸必须向海关提交原产地证明，如果原产地为加拿大、韩国和美国，还需提供原厂商发票。

对于进口经营单位申报进口新闻纸时不能提供原产地证明，且经查验也无法确定货物的原产地不是加拿大、韩国和美国的，海关按照附件2所列的其他加拿大公司适用的比率征收反倾销税；对于能够确定货物的原产地是加拿大、韩国和美国，但进口经营单位不能提供原厂商发票，且通过其他合法、有效的单证、证据也无法确定生产厂商的，海关按附件2所列的相应国家其他公司适用的比率征收反倾销税。

三、有关加工贸易保税进口新闻纸如何征收反倾销税等方面的问题，海关按照《中华人民共和国海关总署公告》（2001年第9号）执行。

四、对于经海关检验归入税则号4801.0000、4802.6110、4802.6910项下的新闻纸，如企业认为其进口的货物并非用于印刷报纸、刊物而不应适用反倾销措施的，应向商务部提出申请，由商务部决定是否对其征收反倾销税。海关总署将根据商务部的决定通知有关海关执行。

特此公告。

附件1　中华人民共和国商务部公告（2003年第28、29号）（略）

附件2　反倾销税税率表（新闻纸）

海关总署

2003年7月9日

附件2

反倾销税税率表（新闻纸）

原产国	供货厂商名称	征收比率
加拿大	豪森纸浆有限公司	61%
	雄师集团	59%
	太平洋纸业公司（原MB/出口销售有限公司）	57%
	阿森纳公司	78%
	芬利森林工业公司	78%
	其他加拿大公司	78%

原产国	供货厂商名称	征收比率
韩国	韩松纸业有限公司	9%
	其他韩国公司	55%
美国	所有美国公司	78%

中华人民共和国海关总署公告

2003 年第 47 号

第 29 届奥林匹克运动会组织委员会最近就北京 2008 年奥林匹克运动会会徽暨第 29 届奥林匹克运动会组织委员会徽记向海关总署提出奥林匹克标志专有权海关保护备案申请并已获海关总署核准。现将北京 2008 年奥林匹克运动会会徽暨第 29 届奥林匹克运动会组织委员会徽记的海关保护备案情况公布如下：

权利人：第 29 届奥林匹克运动会组织委员会

权利名称：北京 2008 年奥林匹克运动会会徽暨第 29 届奥林匹克运动会组织委员会徽记（见附件）

任何未经权利人许可，擅自进出口侵犯上述奥林匹克标志专有权的货物的，海关将根据《奥林匹克标志保护条例》以及相关法律法规予以查处。

特此公告。

附件　北京 2008 年奥林匹克运动会会徽暨第 29 届奥林匹克运动会组织委员会徽记

海关总署

2003 年 8 月 7 日

附件

北京 2008 年奥林匹克运动会会徽暨第 29 届奥林匹克运动会组织委员会徽记

Beijing 2008

中华人民共和国海关总署公告

2003年第48号

根据《中华人民共和国反倾销条例》的规定，国务院关税税则委员会决定对原产于韩国、日本的进口铜版纸征收反倾销税，征税时间从2003年8月6日开始，期限为5年。根据商务部公告（2003年第35号），现就有关问题公告如下：

一、自2003年8月6日起，对申报进口的原产于韩国、日本，商品编号为48101300.10、48101400.10、48101900.10的进口铜版纸，除按现行规定征收法定关税和进口环节增值税外，还应区别不同的供货厂商按照本公告所附反倾销税税率表征收反倾销税。

反倾销税的计算公式为：

反倾销税税额=海关完税价格×反倾销税税率

进口环节增值税税额=（关税完税价格+关税税额+反倾销税税额）×进口环节增值税税率

对征收反倾销税产品的描述如下：

名称：铜版纸

英文名称：Coated Art Paper（or Board），亦称Coated Woodfree

种类：双面铜版纸、单面铜版纸、亚光铜版纸、铜版卡

规格：卷筒、平板

克重范围：70克/平方米-350克/平方米

原材料：铜版纸由铜版纸原纸和涂料组成，铜版原纸是由漂白化学木浆（不含用机械或化学-机械方法制成的纤维或前述纤维不超过全部纤维重量的10%）、造纸填料（高岭土、碳酸钙、滑石粉等）、增强剂、助留剂等原料，采用单层或双层抄造工艺加工而成，涂料则主要包括高岭土、碳酸钙、乳胶、涂布淀粉、分散剂、增白剂以及其他助剂。

制造工艺：铜版纸以铜版原纸为纸基，由涂布机用高岭土、碳酸钙等涂料在铜版原纸双面或单面进行涂布后，经过超级压光机进一步的整饰和加工，复卷后再进行必要的分切和包装。

二、凡进口经营单位（收货人或其代理人）申报进口铜版纸必须向海关提交原产地证明，如果原产地为韩国和日本，还需提供原厂商发票。

对于进口经营单位申报进口铜版纸时不能提供原产地证明，且经查验也无法确定货物的原产地不是韩国和日本的，海关将按照附件2中所列的其他日本公司适用的税率征收反倾销税；对于能够确定货物的原产地是韩国和日本，但进口经营单位不能提供原厂商发票的，海关将按照附件2中所列的相应国家其他公司适用的税率征收反倾销税。

三、有关加工贸易保税进口铜版纸如何征收反倾销税等方面的问题，海关将按照《中华人民共和国海关总署公告》（2001年第9号）执行。

四、对于实施临时反倾销措施之后进口原产于韩国和日本铜版纸已经缴纳的现金保证金，按本公告确定的征收反倾销税的商品范围和反倾销税税率计征并转为反倾销税，与之同时提供的进口环节增值税现金保证金一并转为进口环节增值税。上述现金保证金超出按本公告附件2中所列税率计算的反倾销税及相应的进口环节增值税的部分，有关单位可自2003年8月6日起6个月内向征收地海关申请退还，不足部分，不再补征。

五、原产于美国的进口铜版纸，因调查期间进口量占同期总进口量不足3%，不采取反倾销措施。实施临时反倾销措施之后对原产于美国的进口铜版纸征收的现金保证金，有关单位可在2003年8月6日起6个月内向征收地海关申请退还，并应向海关提供有关书面单证和说明，如有关单位不能提供有关证据的，海关不予退还。

六、对于伪报原产国或伪造进口铜版纸原产地证明或原厂商发票的行为，海关将按有关规定进行处罚。

七、在对铜版纸征收反倾销税期间，出现相同或类似货物而海关无法确定是否对其征收反倾销税时，有关企业应向商务部提出申请，由商务部商有关部门就有关问题作出裁定。海关将根据商务部的裁定执行。

特此公告。

附件1　中华人民共和国商务部公告（2003年第35号）（略）

附件2　铜版纸反倾销税税率表

海关总署

2003年8月7日

附件 2

铜版纸反倾销税税率表

原产国	供货厂商名称	税率
日本	日本制纸株式会社（NIPPON PAPER INDUSTRIES CO.，LTD.）	9%
	日本王子制纸株式会社（OJI PAPER CO.，LTD.）	56%
	其他日本公司	71%
韩国	启星制纸株式会社（KYE SUNG PAPER CO.，LTD）	31%
	南韩制纸株式会社（NAM HAN PAPER CO.，LTD.）	31%
	丰满制纸株式会社（POONG MAN PAPER CO.，LTD.）	31%
	韩松制纸株式会社（HANSOL PAPER CO.，LTD.）	16%
	新湖制纸株式会社（SHINHO PAPER MFG. CO.，LTD.）	9%
	韩国制纸株式会社（HANKUK PAPER MFG. CO.，LTD.）	9%
	茂林制纸株式会社（MOORIM PAPER MFG. CO.，LTD.）	4%
	新茂林制纸株式会社（SHIN MOORIM PAPER MFG. CO.，LTD.）	4%
	其他韩国公司	51%

中华人民共和国海关总署公告

2003 年第 49 号

为实现银行、外汇管理局和海关之间的计算机联网，加强对进口货物报关单和贸易进口付汇核销工作的管理，从源头上防止走私、逃套汇违法犯罪活动，海关总署和国家外汇管理局联合开发了“进口报关单联网核查系统”，并于 1999 年 1 月 1 日正式在全国推广使用。由于该系统推广时，中国电子口岸安全保密子系统和 17999 专网尚未完善，银行和企业均通过 169 网和专用的安全认证设备进入“进口报关单联网核查系统”办理进口付汇手续。鉴于原专用设备现已难以维护更新，同时改进完善后的中国电子口岸安全保密子系统和 17999 专网已正式运行，为保证企业、银行、外汇部门正常办理进口付汇及核销手续，经海关总署和国家外汇管理局研究，决定自 2003 年 10 月 8 日起将“进口付汇报关单联网核查”项目由 169 网迁移到中国电子口岸 17999 专网运行。届时，必须登录中国电子口岸才能办理相关业务。现就企业办理中国电子口岸入网手续公告如下：

一、中国电子口岸入网 IC 卡申领。凡开展进口付汇及核销业务，且尚未办理中国电子口岸入网手续的企业须在 9 月 30 日前携带下列证明材料到当地直属海关数据分中心（以下简称“分中心”）办理中国电子口岸用户入网资格审查手续，凡已取得中国电子口岸入网 IC 卡的企业，可凭已申领的中国电子口岸入网 IC 卡开展进口报关单核查业务。

1. 企业法人营业执照（副本）或企业营业执照（副本）

2. 中华人民共和国组织机构代码证

3. 税务登记证明（副本）

4. 中华人民共和国进出口企业资格证书或中华人民共和国外商投资企业批准证书

5. 报关单位登记注册证明和报关员证

二、迁移时间安排及有关业务操作。为保证迁移工作不影响企业开展正常的进口业务，迁移工作拟分步实施。

（一）9 月 1 日至 10 月 4 日，实行新旧系统并行，即“进口报关单联网核查系统”分别在 169 网（以下简称“旧系统”）和中国电子口岸网（以下简称“新系统”）同时运行，企业可根据需要自行选择使用新系统或旧系统办理进口报关单电子底账核查业务。

（二）10 月 5 日至 7 日旧系统数据切换。在此期间，新旧系统均不能办理进口报关单电子底账核查业务操作，请企业提前做好相关准备。

（三）10 月 8 日起，旧系统正式迁移到新系统运行。即从 10 月 8 日起，旧系统不再受理新的进口报关单核查业务，除尚未结案进口付汇报关数据仍在旧系统内处理外，新开展业务必须在新系统中办理。

三、进口企业办理中国电子口岸入网手续有何问题，请与中国电子口岸数据中心设在当地的分中心联系，联系电话和地址详见附件。

特此公告。

附件　各地数据分中心、制卡分中心联络方式（略）

海关总署

2003 年 8 月 8 日

中华人民共和国海关总署公告

2003 年第 51 号

根据《中华人民共和国反倾销条例》的规定，国务院关税税则委员会决定对原产于欧盟的进口邻苯二酚征收反倾销税，征税时间从 2003 年 8 月 27 日开始，期限为 5 年。根据中华人民共和国商务部公告（2003 年第 41 号），现就有关问题公告如下：

一、自 2003 年 8 月 27 日起，对申报进口的原产于欧盟（包括法国、德国、意大利、英国、荷兰、比利时、卢森堡、爱尔兰、丹麦、希腊、西班牙、葡萄牙、奥地利、芬兰和瑞典）的进口邻苯二酚（税则号列：2907.2910），除按现行规定征收法定关税和进口环节增值税外，还应区别不同的供货厂商按照本公告所附反倾销税税率表征收反倾销税。

反倾销税的计算公式为：

反倾销税税额 = 关税完税价格 × 反倾销税税率

进口环节增值税税额 =（关税完税价格 + 关税税额 + 反倾销税税额）× 进口环节增值税税率

对征收反倾销税产品的描述如下：

名称：邻苯二酚

英文通用名称：catechol

化学分子式：$C_6H_6O_2$

化学结构式：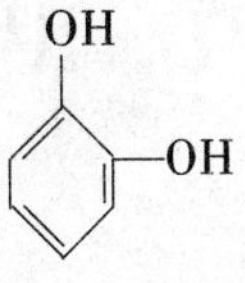

规格：含量≥98%

二、凡进口经营单位（收货人或其代理人）申报进口邻苯二酚，必须向海关提交原产地证明，如果原产地为欧盟，还需提供原厂商发票。

对于进口经营单位申报进口邻苯二酚时不能提供原产地证明，且经查验也无法确定货物的原产地不是欧盟的，海关将按照附件 2 中所列的其他欧盟公司适用的税率征收反倾销税；对于能够确定货物的原产地是欧盟，但进口经营单位不能提供原厂商发票的，海关也将按照附件 2 中所列的其他欧盟公司适用的税率征收反倾销税。

三、有关加工贸易保税进口邻苯二酚如何征收反倾销税等方面的问题，海关将按照《中华人民共和国海关总署公告》（2001年第9号）执行。

四、对于实施临时反倾销措施之后对原产于欧盟的进口邻苯二酚已经缴纳的现金保证金，按本公告确定的征收反倾销税的商品范围和反倾销税税率计征并转为反倾销税，与之同时提供的进口环节增值税现金保证金一并转为进口环节增值税。上述现金保证金超出按本公告附件2中所列税率计算的反倾销税及相应的进口环节增值税的部分，有关单位可自2003年8月27日起6个月内向征收地海关申请退还，不足部分，不再补征。

五、对于伪报原产地或伪造邻苯二酚原产地证明或原厂商发票的行为，海关将按有关规定进行处罚。

六、在对进口邻苯二酚征收反倾销税期间，出现相同或类似货物而海关无法确定是否对其征收反倾销税时，有关企业应向商务部提出申请，由商务部商有关部门就有关问题作出裁定。海关将根据商务部的裁定执行。

特此公告。

附件1　中华人民共和国商务部公告（2003年第41号）（略）

附件2　邻苯二酚反倾销税税率表

海关总署

2003年8月27日

附件2

邻苯二酚反倾销税税率表

供货厂商名称（中英文）	税率
法国罗地亚有机化工股份有限公司（Rhodia Organique SAS）	20%
意大利鲍利葛有限公司（Borregaard Italia SpA）	27%
其他欧盟公司（All Others）	79%

中华人民共和国海关总署公告

2003年第52号

根据《中华人民共和国反倾销条例》规定，国务院关税税则委员会决定对原产于韩国、日本、印度的进口邻苯二甲酸酐征收反倾销税，征税时间从2003年8月31日开始，期限为5年。根据中华人民共和国商务部公告（2003年第40号），现就有关事宜公告如下：

一、自2003年8月31日起，对申报进口的原产于韩国、日本和印度的邻苯二甲酸酐（税则号列：2917.3500），除按现行规定征收法定关税和进口环节增值税外，还应区别不同的供货厂商按照本公告附件2所列的适用税率征收反倾销税。

反倾销税的计算公式为：

反倾销税税额＝关税完税价格×反倾销税税率

进口环节增值税税额＝（关税完税价格＋关税税额＋反倾销税税额）×进口环节增值税税率

二、凡进口经营单位（收货人或其代理人）申报进口邻苯二甲酸酐，必须向海关提交原产地证明，如果原产地为韩国，还需提供原厂商发票。

对于进口经营单位申报进口邻苯二甲酸酐时不能提供原产地证明，且经查验也无法确定货物的原产地不是韩国、日本或印度的，海关将按照附件2中所列的日本公司适用的税率征收反倾销税；对于能够确定货物的原产地是韩国，但进口经营单位不能提供原厂商发票的，海关将按照附件2中所列的其他韩国公司适用的税率征收反倾销税。

三、有关加工贸易保税进口邻苯二甲酸酐如何征收反倾销税等方面的问题，海关将按照《中华人民共和国海关总署公告》(2001 年第 9 号) 执行。

四、对于实施临时反倾销措施之后对原产于韩国、日本和印度的进口邻苯二甲酸酐已经缴纳的现金保证金，按本公告确定的征收反倾销税的商品范围和反倾销税税率计征并转为反倾销税，与之同时提供的进口环节增值税现金保证金一并转为进口环节增值税。上述现金保证金超出按本公告附件 2 中所列税率计算的反倾销税及相应的进口环节增值税的部分，有关单位可自 2003 年 8 月 31 日起 6 个月内向征收地海关申请退还，不足部分，不再补征。

五、对于伪报原产地或伪造邻苯二甲酸酐原产地证明或原厂商发票的行为，海关将按有关规定进行处罚。

六、在对进口邻苯二甲酸酐征收反倾销税期间，出现相同或类似货物而海关无法确定是否对其征收反倾销税时，有关企业应向商务部提出申请，由商务部商有关部门就有关问题作出裁定。海关将根据商务部的裁定执行。

特此公告。

附件 1　中华人民共和国商务部公告（2003 年第 40 号）（略）

附件 2　邻苯二甲酸酐反倾销税税率表

海关总署

2003 年 8 月 29 日

附件 2

邻苯二甲酸酐反倾销税税率表

原产国	供货厂商名称	税率
韩国	株式会社高合化学（KP Chemical Corporation）	4%
	爱敬油化株式会社（Aekyung Petrochemical Co.，Ltd.）	0%
	东洋制铁化学株式会社（DC Chemical Co.，Ltd.）	4%
	其他韩国公司	13%
日本	所有日本公司	66%
印度	所有印度公司	13%

中华人民共和国海关总署公告

2003 年第 53 号

根据《中华人民共和国反倾销条例》的规定，国务院关税税则委员会决定对原产于俄罗斯、韩国和日本的初级形状未作任何加工的丁苯橡胶、初级形状充油丁苯橡胶、其他未列名初级形状丁苯橡胶及羧基丁苯橡胶征收反倾销税，征税时间从 2003 年 9 月 9 日开始，期限为 5 年。根据中华人民共和国商务部公告（2003 年第 49 号），现就有关问题公告如下：

一、自 2003 年 9 月 9 日起，对申报进口的原产于俄罗斯、韩国和日本的进口初级形状未作任何加工的丁苯橡胶、初级形状充油丁苯橡胶、其他未列名初级形状丁苯橡胶及羧基丁苯橡胶（初级形状包括为便于运输，对初级形状进行压缩、挤压等简单成形处理），除按现行规定征收法定关税和进口环节增值税外，还应区别不同的供货厂商按照本公告所附反倾销税税率表征收反倾销税。应征收反倾销税的产品在中华人民共和国海关2003年税则号中列为：初级形状未作任何加工的丁苯橡胶（税则号4002.1911）、初级形状充油丁苯橡胶（税则号4002.1912）、其他未列名初级形状丁苯橡胶及羧基丁苯橡胶（税则号4002.1919）。

反倾销税的计算公式为：

反倾销税税额＝海关完税价格×反倾销税税率

进口环节增值税税额＝（关税完税价格＋关税税额＋反倾销税税额）×进口环节增值税税率

对征收反倾销税产品的描述如下：

名称：初级形状未作任何加工的丁苯橡胶（税则号4002.1911）、初级形状充油丁苯橡胶（税则号4002.1912）、其他未列名初级形状丁苯橡胶及羧基丁苯橡胶（税则号4002.1919）

英文通用名称：styrene butadiene rubber（SBR）

产品分子式：

$$
\begin{array}{l}
-\mathrm{CH}-\mathrm{CH_2}\ -\mathrm{CH_2}-\mathrm{CH}=\mathrm{CH}-\mathrm{CH_2}- \\
\qquad\quad\ \ |\\
\qquad\ \ \mathrm{C_6H_5}
\end{array}
$$

产品形态：固体

二、凡进口经营单位（收货人或其代理人）申报进口初级形状未作任何加工的丁苯橡胶、初级形状充油丁苯橡胶、其他未列名初级形状丁苯橡胶及羧基丁苯橡胶，必须向海关提交原产地证明，如果原产地为俄罗斯、韩国和日本，还需提供原厂商发票。

对于进口经营单位申报进口时不能提供原产地证明，且经查验也无法确定货物的原产地不是俄罗斯、韩国和日本的，海关将按照附件2中所列的其他俄罗斯公司适用的税率征收反倾销税；对于能够确定货物的原产地是俄罗斯、韩国和日本，但进口经营单位不能提供原厂商发票的，海关将按照附件2中所列的相应国家其他公司适用的税率征收反倾销税。

三、有关加工贸易保税进口初级形状未作任何加工的丁苯橡胶、初级形状充油丁苯橡胶、其他未列名初级形状丁苯橡胶及羧基丁苯橡胶如何征收反倾销税等方面的问题，海关将按照《中华人民共和国海关总署公告》（2001年第9号）执行。

四、对于实施临时反倾销措施之后对原产于俄罗斯、韩国和日本的进口初级形状未作任何加工的丁苯橡胶、初级形状充油丁苯橡胶、其他未列名初级形状丁苯橡胶及羧基丁苯橡胶已经缴纳的现金保证金，按本公告确定的征收反倾销税的商品范围和反倾销税税率计征并转为反倾销税，与之同时提供的进口环节增值税现金保证金一并转为进口环节增值税。上述现金保证金超出按本公告附件2中所列税率计算的反倾销税及相应的进口环节增值税的部分，有关单位可自2003年9月9日起6个月内向征收地海关申请退还，不足部分，不再补征。

五、对于伪报原产国或伪造初级形状未作任何加工的丁苯橡胶、初级形状充油丁苯橡胶、其他未列名初级形状丁苯橡胶及羧基丁苯橡胶原产地证明或原厂商发票的行为，海关将按有关规定进行处罚。

六、在对进口初级形状未作任何加工的丁苯橡胶、初级形状充油丁苯橡胶、其他未列名初级形状丁苯橡胶及羧基丁苯橡胶征收反倾销税期间，出现相同或类似货物而海关无法确定是否对其征收反倾销税时，有关企业应向商务部提出申请，由商务部商有关部门就有关问题作出裁定。海关将根据商务部的裁定执行。

特此公告。

附件1　中华人民共和国商务部公告（2003年第49号）（略）

附件2　反倾销税税率表

海关总署

2003年9月11日

附件2

反倾销税税率表

原产国	供货厂商名称	税率
日本	瑞翁株式会社（Zeon Corporation）	19%
	JSR株式会社（JSR Corporation）	10%
	旭化成株式会社（ASAHI KASEI CORPORATION）	0%
	其他日本公司	33%
韩国	现代石油化学株式会社公司（Hyundai Petrochemical Co. Ltd.）	19%
	锦湖石油化学株式会社（Kumho Petrochemical Co. Ltd.）	7%
	其他韩国公司	27%
俄国斯	奥姆斯克公司（OMSK Kauchuk）	23%
	陶丽亚蒂卡丘克有限责任公司（Togliatti Kauchuk Ltd.）	25%
	斯特提拉玛克卡丘克封闭式股份公司（NCHZ Sterlitamak Corporation）	14%
	其他俄罗斯公司	38%

中华人民共和国海关总署公告

2003年第56号

根据《中华人民共和国反倾销条例》的规定，国务院关税税则委员会决定对原产于美国、韩国、日本、俄罗斯和台湾地区的进口聚氯乙烯征收反倾销税，征税时间从2003年9月29日开始，期限为5年。根据中华人民共和国商务部2003年第48号公告，现就有关问题公告如下：

一、自2003年9月29日起，对申报进口的原产于美国、韩国、日本、俄罗斯和台湾地区的进口聚氯乙烯纯粉（商品编号：39041000.10），除按现行规定征收法定关税外，还应区别不同的供货厂商，按照本公告附件2所列的适用税率和下述公式征收反倾销税，并按下述公式计征进口环节增值税。

反倾销税的计算公式为：

反倾销税税额＝关税完税价格×反倾销税税率

进口环节增值税税额＝（关税完税价格＋关税税额＋反倾销税税额）×进口环节增值税税率

对应征收反倾销税产品的详细描述详见本公告附件1。

二、凡申报进口聚氯乙烯的，必须向海关提交原产地证明，如果原产地为美国、韩国、日本、俄罗斯和台湾地区的，还需提供原厂商发票。

对于申报进口聚氯乙烯时不能提供原产地证明，且经查验也无法确定货物的原产地不是美国、韩国、日本、俄罗斯和台湾地区的，海关将按照本公告附件2所列的其他日本公司适用的税率征收反倾销税；对于能够确定货物的原产地是美国、韩国、日本、俄罗斯或台湾地区，但进口经营单位不能提供原厂商发票的，海关将按照附件2所列的相应国家或地区的其他公司适用的税率征收反倾销税。

三、根据中华人民共和国商务部2003年第53号公告，俄罗斯萨彦斯克化学塑料股份公司（Joint Stock Company《SAYANSKCHIMPLAST》）与中华人民共和国商务部于2003年9月27日签署了价格承诺协议，并于29日生效，该公司适用价格承诺协议的有关规定，对原产于该公司的进口聚氯乙烯不征收反倾销税（除非另有规定）。

四、有关加工贸易保税进口聚氯乙烯如何征收反倾销税等方面的问题，海关按照中华人民共和国海关总署2001年第9号公告执行。

五、对于实施临时反倾销措施之后对原产于美国、韩国、日本、俄罗斯和台湾地区的进口聚氯乙烯已经缴纳的现金保证金，按本公告规定的征收反倾销税的商品范围和反倾销税税率计征并转为反倾销税，与之同时提供的进口环节增值税现金保证金一并转为进口环节增值税。上述现金保证金超出按本公告附件2所列税率计算的反倾销税及相应的进口环节增值税的部分，有关单位可自2003年9月29日起6个月内向征收地海关申请退还，不足部分，不再补征。

六、对于伪报原产地或伪造聚氯乙烯原产地证明或原厂商发票的行为，海关将按有关规定进行处罚。

七、在对进口聚氯乙烯征收反倾销税期间，出现相同或类似货物而海关无法确定是否对其征收反倾销税时，有关企业应向商务部提出申请，由商务部商有关部门就有关问题作出裁定。海关将根据商务部的裁定执行。

特此公告。

附件1　中华人民共和国商务部2003年第48号公告（略）

附件2　聚氯乙烯反倾销税税率表

海关总署

2003年9月29日

附件2

聚氯乙烯反倾销税税率表

原产国别或地区	供货厂商名称（中英文）	税率
美国	1. 美国信科有限公司（Shintech Incorporated）	83%
	2. 台湾塑胶工业股份有限公司（德州）（Formosa Plastics Corporation Texas）	11%
	3. 其他美国公司（All Others）	83%
韩国	1. （株）LG化学（LG CHEM，LTD.）	6%
	2. 韩华石油化学株式会社（HANWHA CHEMICAL CORPORATION）	12%
	3. 其他韩国公司（All Others）	76%
日本	1. 日本信越化学工业株式会社（Shin－Etsu Chemical Co.，Ltd.）	17%
	2. 日本V－tech株式会社（V－Tech Corporation）	21%
	3. 大洋聚氯乙烯株式会社（TAIYO VINYL CORPORATION）	7%
	4. 日本新第一聚氯乙烯股份公司（SHIN DAI－ICHI VINYL CORPORATION）	34%
	5. 钟渊化学工业株式会社（KANEKA CORPORATION）	30%
	6. 其他日本公司（All Others）	84%

原产国别或地区	供货厂商名称（中英文）	税率
俄罗斯	1. 俄罗斯考斯第克股份有限公司（J/S Co. KaustiK）	34%
	2. 其他俄罗斯公司（All Others）	47%
台湾地区	1. 华夏海湾塑胶股份有限公司（China General Plastics Corporation）	12%
	2. 台湾塑胶工业股份有限公司	10%
	3. 大洋塑料工业股份有限公司	22%
	4. 其他台湾地区公司（All Others）	25%

中华人民共和国海关总署公告

2003 年第 58 号

根据《中华人民共和国海关进出口税则》的有关规定，对于多功能机电产品的不完整品，如在报验时具有完整品的基本特征，海关应按照其设计功能来确定商品的税则归类，即对能够确定其主要设计功能的，应根据归类总规则三（二）按其主要设计功能归类；对无法确定主要设计功能的，则应根据归类总规则三（三）按税则号列顺序归入其可归入的最末一个税号。

特此公告。

海关总署

2003 年 10 月 23 日

中华人民共和国海关总署公告

2003 年第 61 号

为规范再生金属的进口秩序和企业的进口申报方式，打击价格瞒骗，促进我国再生金属行业的健康发展，海关对部分进口金属废料的分类目录和申报方法作了调整（详见附件），自 2004 年 1 月 1 日起，进口商在申报进口废金属时应按照本公告附件的规定填写报关单，否则海关不接受申报。

特此公告。

附件　部分废金属分类目录及报关方法修改表

海关总署

2003 年 11 月 17 日

附件

部分废金属分类目录及报关方法修改表

部分金属废料分类目录及报关方法（铜部分）

税则号	报关商品名称	质量描述	用途简析	报关单规格型号填报示例
7404.0000	1号废紫铜	铜含量在96%（含96%）以上的紫铜线或紫铜板、管。参照美国ISRI标准，直径或厚度应为1/16英寸以上	品质较好的废铜线可以直接用于加工各种铜材。绝大多数废铜采用回炉重熔、精炼、电解以精铜形式回收。	总97 铜97
	2号废紫铜	含铜量在94%－96%的紫铜线和紫铜板、管。参照美国ISRI标准，直径或厚度应为1/16英寸以下		总95 铜95
	其他废紫铜	低于以上1号废铜、2号废铜含量的紫铜废料，由各种纯铜废料组成，包括废铜线或板、管等，铜含量一般不低于75%。		总80 铜80
	黄铜废料	材质为铜锌合金的铸件和板、管、线、棒等。包括铜片、取暖器材、边角料等。	再生黄铜废碎料一般通过分选、熔炼、成分调整、除渣等工艺配制成符合要求的铜锌合金，然后再熔铸成相应的黄铜管件等制品。	总98 黄铜95 铁3
	黄铜水箱	由混合的黄铜散热器组成。如含有铁翼片等金属，应当注明其含量。	重熔炉料	总95 黄铜85 铁10
	废铜切片	经机械分选后含铜量较高的混合金属碎料，如废水管、铜管、阀门、废电表等碎料。切片中除含铜外，还含有废锌、废铁、废不锈钢等金属。	经过分选后，各种金属分别作为炉料使用。	总95 铜75 锌7 铁5 不锈钢8
	废铜线	不同铜含量的废铜线价格存在很大差异。有一部分电缆中间含铅皮或钢丝。报关时应当注明其中的铜含量。	经拆解产生光亮铜线或火烧铜线，作为铜冶炼炉料使用。	总45 铜45
	废变压器包	混合变压器包。	分类拆解后作为铜铝作为炉料使用。大部分硅钢片或矽钢片作为炉料使用，也有部分优质的钢片直接利用。	总95 铁84 铜11
	废电机	各种混合的废电机	废电机进行拆分后，将其中的铜铁分开后，分别回收再利用。	总95 铁82 铜12 铝1
	以回收铜为主的废五金	以回收废铜为主需拆解、分选的各种铜废料，含有铜、铝、锌、铁、不锈钢、铅及电线头等各种混合金属，为废铜、废铝、废不锈钢、废锌碎料。报关时应注明主要金属含量。	分类拆解后，各种金属分别作为炉料使用。	根据申报的主要金属含量确定价格。

部分金属废料分类目录及报关方法（铝部分）

税则号	报关商品名称	质量描述	用途简析	报关单规格型号填报示例
7602.0000	纯铝废料	废铝材质为纯铝，包括废纯铝线、铝板等。如含铁等其他金属，注明其含量。	绝大部分废铝作为炉料使用，重熔后配制各种合金铝生产不同用途的铝材。	总 97 铝 97
	废合金铝片	铝废料内的铝材质为挤、压、研成形之合金铝材。如铝板、铝门窗料、铝管、铝箔等		总 95 铝 92 铁 3
	6063 废铝材	各种铝材质为 6063 的铝废料，主要包括废旧铝门窗料。		总 97 铝 95 铁 2
	废铝印刷板	主要由废铝印刷板构成，允许带有少量油墨等杂质，其一般铝含量在 90%以上。		总 97 铝 97
	废铝箔	由废铝箔组成，允许带有少量的纸或塑料		总 90 铝 90
	汽车铝水箱	由废汽车散热器组成		总 95 铝 95
	铝罐废料	包括所有铝材质的饮料罐、盖和化妆品罐，包装方式为散装或压包。		总 90 铝 88 铁 1
	熟铝废料	本表列名废铝以外的各种铝废料，应当申报其中的铝含量		
	铝废铸件	通常为铝硅合金材质，其形状为压铸或铸造成形之合金铝件，如铝铸件、铝轮圈等。	作为铝炉料重熔后配制成各种合金，一般用于生产铝压铸产品	总 97 铝 92 铁 2 锌 3
	铝废轮毂			总 98 铝 97
	废铝切片	包括所有经机器破碎过的各种废铝 细碎料，还含有其他的金属废碎料。	直接重熔或分选后重熔作为炉料使用	总 98 铝 96 锌 1 镁 1
	铝屑废料	加工铝制品过程中经车床车削所产生出的铝屑，包装方式为散装或压包。	重熔作为炉料使用	总 80 铝 78 铁 2
	带皮废铝线	包括所有未经拆解的废铝电缆线。含量不同的带皮废铝线价格存在很大差异，企业应当申报带皮废铝线中的铝含量。	分离带皮铝线中的 铝金属，铝作为炉料使用，部分塑料外皮可以回收。	总 65 铝 65
	废铝线	包括所有不带胶皮的室外裸电力线。含量不同价格差异很大。为铝线和钢丝混合搅在一起的电线。	分离铝线中的铝金属，铝作为炉料使用，钢丝可以回收作为炉料。	总 95 铝 30 铁 65
	以回收铝为主的废五金	以回收铝为主需拆解的废料，如汽车废变速箱、煤气表、铝壳马达等。含有铝，铜，锌，铁，不锈钢，铅及电线头等各种混合金属。为废铜，废铝，废不锈钢，废锌碎料，企业应当申报其中废铝的含量。	分类拆解后，各种金属分别作为炉料使用。	根据申报的主要金属含量确定价格。

注： 1. 以上金属废料的各种金属含量允许存在一定程度的误差，原则上控制在 ±3% 之内。

2. 报关单填报示例仅表示举例，企业根据实际进口废金属的含量填写。

部分金属废料分类目录及报关方法（不锈钢部分）

税 则 号	报关商品名称	质量描述	报关单规格型号填报示例
7204.2100	混合不锈钢废料	通常为300系列与400系列的混合物，其价格主要受300系列或400系列不锈钢所占的比例决定，因此企业应当申报混合不锈钢中300系列或400系列的比例	总98，300ss45，400ss53
	400ss不锈钢废料	不含金属镍的不锈钢废料	
	300ss不锈钢废料	含金属镍的不锈钢废料	

部分金属废料分类目录及报关方法（锌部分）

税 则 号	报关商品名称	质量描述	报关单规格型号填报示例
7902.0000	铸锌废料	主要材质为锌合金废料，其中含有部分难以分离的非锌金属	总98 锌95 铁3
	锌板废料	由纯锌废料材质组成	总98 锌98
	全锌切片	不含其他金属的锌切片	总95 锌95
	混合锌切片	主要金属含量为锌，另有铜、不锈钢、铅、铁等废料	总98 锌55 铜30 不锈钢13 铅1

中华人民共和国海关总署公告

2003年第64号

根据《中华人民共和国反倾销条例》的规定，国务院关税税则委员会决定对原产于日本、韩国、美国的进口甲苯二异氰酸酯（TDI，型号为TDI80/20，税则号：2929.1010。下同）征收反倾销税，征税时间从2003年11月22日开始，期限为5年。根据中华人民共和国商务部2003年第61号公告，现就有关问题公告如下：

一、自2003年11月22日起，对申报进口的原产于日本、韩国、美国的进口甲苯二异氰酸酯，除按现行规定征收进口关税外，还应区别不同的供货厂商，按照本公告附件2所列税率及下述公式征收反倾销税和进口环节增值税。

反倾销税的计算公式为：

反倾销税税额＝关税完税价格×反倾销税税率

进口环节增值税税额＝（关税完税价格＋关税税额＋反倾销税税额）×进口环节增值税税率

对应征收反倾销税产品的详细描述详见本公告附件1。

二、凡申报进口甲苯二异氰酸酯的，必须向海关提交原产地证明，如果原产地为日本、韩国、美国的，还需提供原厂商发票。

对于申报进口甲苯二异氰酸酯时不能提供原产地证明，且经查验也无法确定货物的原产地不是日本、韩国、美国的，海关将按照本公告附件2所列的其他日本公司适用的税率征收反倾销税；对于能够确定货物的原产地是日本、韩国、美国，但进口经营单位不能提供原厂商发票的，海关将按照附件2所列的相应国家或地区的其他公司适用的税率征收反倾销税。

三、有关加工贸易保税进口甲苯二异氰酸酯如何征收反倾销税等方面的问题，海关按照中华人民共和国海关总署2001年第9号公告执行。

四、对于实施临时反倾销措施之后对原产于日本、韩国、美国的进口甲苯二异氰酸酯已经缴纳的现金保证金，按本公告规定的征收反倾销税的商品范围和反倾销税税率计征并转为反倾销税，与之同时提供的进口环节增值税现金保证金一并转为进口环节增值税。上述现金保证金超出按本公告附件2所列税率计算的反倾销税及相应的进口环节增值税的部分，有关单位可自2003年11月22日起6个月内向征收地海关申请退还，不足部分，海关不再补征。

五、对于伪报原产地或伪造甲苯二异氰酸酯原产地证明或原厂商发票的行为，海关将按有关规定进行处罚。

六、在对进口甲苯二异氰酸酯征收反倾销税期间，出现相同或类似货物而海关无法确定是否对其征收反倾销税时，有关企业应向商务部提出申请，由商务部商有关部门就有关问题作出裁定。海关将根据商务部的裁定执行。

特此公告。

附件1　中华人民共和国商务部2003年第61号公告（略）

附件2　甲苯二异氰酸酯（型号为TDI80/20）反倾销税税率表

海关总署

2003年11月21日

附件2

甲苯二异氰酸酯（型号为TDI80/20）反倾销税税率表

原产国别或地区	供货厂商名称（中英文）	税率
日本	1. 聚氨酯工业株式会社（NIPPON POLYURETHANE INDUSTRY CO., LTD.）	5%
	2. 三井武田化学株式会社（MITSUI TAKEDA CHEMICALS, INC.）	4%
	3. 其他日本公司	49%
韩国	1. 东洋制铁化学株式会社（DC Chemical Co., Ltd.）	3%
	2. 韩国FINE CHEMICAL株式会社（Korea Fine chemical Co., Ltd.）	3%
	3. 其他韩国公司	5%
美国	1. 美国巴斯夫公司（BASF Corporation）	28%
	2. 美国拜耳聚合物有限责任公司（Bay Polymers LLC）	7%
	3. 其他美国公司	28%

中华人民共和国海关总署公告

2003年第69号

接《财政部 国家税务总局关于防治"非典"工作有关税收政策问题的通知》（财税〔2003〕231号），为进一步支持"非典"防治工作和缓解"非典"对经济的影响，经国务院批准，有关税收问题有所调整，《财政部关于防治非典型肺炎捐赠物资免征进口税收的通知》（财税〔2003〕110号）规定的税收优惠政策统一执行到2003年9月30日。

鉴此，自2003年9月30日起，《中华人民共和国海关总署公告2003年第28号》同时废止。

特此公告。

海关总署

2003年12月15日

中华人民共和国海关总署公告

2003 年第 70 号

接外交部通知，鉴于基里巴斯共和国政府于 2003 年 11 月 7 日宣布与台湾当局建立所谓“外交关系”，我国政府决定中止与基里巴斯的外交关系，两国政府间的一切协议随即停止执行。

自 2003 年 11 月 7 日起，对原产于基里巴斯的进口货物，一律适用普通关税税率征税，本公告发布前已征税款不予调整。

特此公告。

海关总署

2003 年 12 月 17 日

中华人民共和国海关总署公告

2003 年第 73 号

为加强内地海关与香港海关执法互助，促进两地经济发展，方便两地贸易往来，提高载货清单的准确性，内地海关与香港海关共同制定了统一的“内地海关及香港海关陆路进/出境载货清单”（以下简称新版载货清单），自 2004 年 1 月 1 日起在内地、香港同时启用。现就有关事项公告如下：

一、新版载货清单作为进、出口货物报关单应当随附的单证一次填写，分别提交两地海关。

二、新版载货清单为一式六联，无碳复写。第一、二联交内地海关，第三至五联交香港海关，第六联为司机留用副本。

三、新版载货清单试用过渡期为 2004 年 1 月 1 日起至 6 月 30 日。在此期间内，陆路货运汽车进出境可任意选用新旧两种陆路载货清单。

四、新版载货清单使用中如有疑问，可向深圳海关监管处货管科咨询，电话：0755－84398094。

五、新版载货清单样本及填写规范附后。

特此公告。

附件 1　内地海关及香港海关陆路进/出境载货清单（样本）（略）

附件 2　“内地海关及香港海关陆路进/出境载货清单”填写规范

海关总署

2003 年 12 月 23 日

附件 2

“内地海关及香港海关陆路进/出境载货清单”填写规范

为帮助陆路进出境货运汽车司机和运输公司正确填写“内地海关及香港海关陆路进/出境载货清单”（以下简称新版载货清单），保证新版载货清单数据质量，参照《海关进出口货物报关单填制规范》，制定本规范。

一、内地载货清单编号

该编号为 13 位数字的条形码。为便于电子数据的传输及查询，进入内地的货物应选择清单编号第一位数字为 1 至 4 的载货清单（如：1000000000011、3000000000052），出口到香港的货物应选择清单编号第一位数字为 5 至 9 的载货清单（如：6000000000005、8000000000007）。

二、车牌号码

本栏目分别填写货运车辆的内地和香港车牌号码。

三、进/出境日期

第一、二联的“进/出境”与第三至六联的“出/进境”相对应，应根据货物进出境的情况删去不适用的部分。以进入内地的货物为例，在第一联上删去“出”字，则第三至六联的“进”字也同时被删去，表明该车由香港出境到内地，反之亦然。本栏目填写的进出境日期以午夜0时为界。如车辆跨午夜0时过境，需注明。如在午夜0时之前向香港海关递单，午夜0时之后向内地海关递单，必须在向内地海关递交的单证上注明不同的日期。

四、装货地点

本栏目填写本车次装载货物的地点，如：生产工厂、货物包装地、远洋海运转陆运的码头等。

五、卸货地点

本栏目填写本车次卸载货物的地点，如：工厂、陆运转海运码头等。

六、此联载货清单共____页

本栏目填写每一联的页数，如果其中一联有清单或附页，则需填写该联与清单或附页的总页数。如：此份载货清单有2页货运清表，则此栏目填写“此联载货清单共3页”，清单的每一联后面都必须附2页货运清表。

七、项目

一个货柜车载运2种以上的货物时，货物名称必须分别填写。此栏填写阿拉伯数字，即“1、2…”，按顺序填写。

对加工贸易企业货物，本栏目填写货物在加工手册备案时的序号。

如多票货物拼装同一运输工具，栏目空间不足，按商品的类别和实际成交价格（或货值）从高至低依次填写前6项，并随附货运清表（装箱明细表或装箱清单），并需在此联载货清单共____页注明。

八、货物名称及规格

为便于内地与香港海关对进出境商品名称的认可，此栏目必须填写规范的中文商品名称，禁止使用本地方言填写，同时必须填写货物的规格或型号。商品名称及规格型号应据实填写，并与商业发票相符。

九、标记及编号

本栏目填写货物包装上的标记或唛头及编号，包括除图形以外的文字、数字。

十、包装方式及数量

本栏目按实际外包装方式填写，数量按包装的数量填写。

十一、重量/净重（千克）

“重量（千克）”指货物及其包装材料的重量之和（即毛重），计量单位为千克，不足1千克的填写时保留3位小数。“净重（千克）”指货物的毛重减去外包装材料后的重量，即商品本身的实际重量，计量单位为千克，不足1千克的填写时保留3位小数。应同时填写毛重和净重。

十二、价格（港币/人民币）

本栏目按项目逐一填写货物实际成交的商品总价，无实际成交价格的，本栏目填报货值，同时删去栏目标题中不适用的部分。

十三、付货人名称及地址（盖章）

本栏目填写交付货物予运输公司的企业名称及地址。进入内地的货物，付货人不需盖章，出口香港的货物，付货人必须盖章。本栏目内一行填写空间不足的，可逐行填写。

十四、收货人名称及地址（盖章）

本栏目填写最终收取货物的企业名称及地址。进入内地的货物，收货人必需盖章，出口香港的货物，收货人不需盖章。本栏目内一行填写空间不足的，可逐行填写。

十五、总件数

填写有外包装的货物的实际件数，使用中文大写，并用阿拉伯数字附注。特殊情况，如为托盘装入集装箱的，可填写托盘数；散装货物填写为1。

十六、总重量/总体积

本栏目填写所载货物的毛重之和，单位为千克，使用中文大写，并用阿拉伯数字附注。总体积填写货物的实际体积数，单位为立方米，使用中文大写，并用阿拉伯数字附注。同时删去栏目标题中不适用的部分。

十七、货柜箱编号

本栏目填写集装箱号及规格（即集装箱箱体两侧标示的全球唯一的编号）。冷藏货柜，必须注明。一车载运多个集装箱时，集装箱号之间使用“；”符号分隔。

十八、运输公司名称、地址、电话

此三个栏目填写承运该批货物的内地陆路运输公司（该公司必须在内地海关登记备案并具有运输海关监管货物的资格）的详细名称、地址、电话。

十九、合同（协议）号

本栏目填写进出口货物合同（协议）的全部字头和号码。加工贸易货物填写合同手册号。

二十、监管方式

本栏目根据实际情况，并按内地海关规定的监管方式代码表选择填写相应的监管方式。

二十一、原产国（地区）/最终目的国（地区）

“原产国（地区）”填写进口货物的生产、开采或加工制造国家（地区）。“最终目的国（地区）”填写已知的出口货物的最终实际消费、使用或进一步加工制造国家（地区）。

二十二、进（出）境地/指（启）运地

“进（出）境地”填写进、出境货物的进出境口岸海关，“指（启）运地”填写进、出境货物转关运输的内陆海关。

二十三、车辆海关编号

填写车辆备案时海关提供的司机簿上的条形码的编号。

二十四、填写的栏目不得涂改

中华人民共和国海关总署公告

2003 年第 75 号

我国与印度两国政府于 2003 年 2 月就《亚洲及太平洋经济和社会理事会发展中国家成员关于贸易谈判的第一协定》（以下简称《曼谷协定》）中相互适用问题达成一致。经双方政府批准同意，自 2004 年 1 月 1 日起正式实施在《曼谷协定》框架下的关税减让。现就相关事宜公告如下：

一、自 2004 年 1 月 1 日起，海关对原产于印度的进口货物将按照《中华人民共和国进出口税则》中列明的税目所对应的《曼谷协定》税率征收关税。

二、海关对申报适用《曼谷协定》税率，且申报原产地为印度的进口货物，将依照《中华人民共和国海关关于〈亚洲及太平洋经济和社会理事会发展中国家成员关于贸易谈判的第一协定〉项下进口货物原产地的暂行规定》（海关总署令第 94 号公布）审查确定该进口货物的原产地。

特此公告。

海关总署

2003 年 12 月 23 日

中华人民共和国海关总署公告

2003 年第 76 号

根据国务院关税税则委员会的决定和商务部关于终止实施对热轧普薄板、冷轧普薄板（带）、彩涂板、无取向硅电钢、冷轧不锈薄板（带）5 类进口钢铁产品保障措施的公告（2003 年第 76 号），自 2003 年 12 月 26 日起，海关不再对该保障措施项下的进口钢铁产品加征关税。中华人民共和国海关总署 2002 年第 36 号公告、第 38 号公告、2003 年第 32 号公告和中华人民共和国海关总署、中华人民共和国国家质量监督检验检疫总局 2003 年第 63 号公告同时废止。

特此公告。

海关总署

2003 年 12 月 25 日

中华人民共和国海关总署
国家质量监督检验检疫总局
公　告

2003年第77号

《中华人民共和国与东南亚国家联盟全面经济合作框架协议》项下“早期收获”方案，将于2004年1月1日起正式实施。为使我国出口到东盟有关国家的“早期收获”方案项下的产品享受东盟给予的关税优惠待遇，现将有关事宜公告如下：

一、自2004年1月1日起，国家质量监督检验检疫总局设在各地的出入境检验检疫机构，开始签发“早期收获”方案项下出口货物原产地证明书。与之相关的出口货物原产地证明书签证管理规定及要求，由国家质量监督检验检疫总局另行公布。

二、自2004年1月1日起，《中泰蔬菜水果协议》并入“早期收获”方案中继续执行。海关总署和国家质量监督检验检疫总局联合发布的2003年第55号公告中公布的《中泰蔬菜水果协议》项下的货物临时原产地规则停止执行。

特此公告。

海关总署

国家质检总局

2003年12月29日

中华人民共和国海关总署公告

2003年第78号

《中泰蔬菜水果协议》已于2003年10月1日起开始实施，自2004年1月1日起，《内地与香港关于建立更紧密经贸关系的安排》、《内地与澳门关于建立更紧密经贸关系的安排》、《中国—东盟全面经济合作框架协议》下的“早期收获”方案、《中国向老挝、柬埔寨、缅甸提供特殊优惠关税待遇的换文》和《中国与巴基斯坦优惠贸易安排》也将正式实施。除《内地与香港关于建立更紧密经贸关系的安排》不允许香港原产货物经第三方转运外，按照其他优惠贸易协定项下原产地规则中的直接运输标准的规定，经第三方转运的进口货物，进口申报时须向海关交验在转运地未再进行加工的证明文件。

经研究决定，凡经香港或者澳门换装运输工具的上述优惠贸易协定项下的进口货物向海关申报时，须提供中国检验（香港）有限公司或者澳门中国检验有限公司签发的《未再加工证明》和自优惠贸易协定成员国启运后换装运输工具至我国的全程提（运）单；经上述各优惠贸易协定非成员国（或地区）换装运输工具的享受协定优惠进口的货物，向海关申报时，须交验该国家（或地区）海关出具的未再加工证明文件和自优惠贸易协定成员国启运后换装运输工具至我国的全程提（运）单。

特此公告。

海关总署

2003年12月29日

中华人民共和国海关总署公告

2003 年第 80 号

国务院2003 年 11 月 23 日发布的新修订的《中华人民共和国进出口关税条例》（国令〔2003〕392 号，以下简称《关税条例》）将于2004 年1 月1 日起开始施行，为保证《关税条例》的顺利实施，现就执行中的有关问题公告如下：

一、关于税款滞纳金的征收

根据《关税条例》第三十七条的规定，自 2004 年 1 月 1 日起，海关对滞纳税款按日加收万分之五的滞纳金。

对 2003 年 12 月 31 日前发生并持续至 2004 年 1 月 1 日以后的税款滞纳行为，滞纳金分两段计征，2003 年 12 月 31 日前按 1‰计算，2004 年 1 月 1 日起按万分之五计算，累计后征收。

二、关于税费计征汇率的确定

根据《关税条例》第三十八条的规定，自 2004 年 1 月 1 日起，对进出口货物的成交价格及有关费用以外币计价的，海关折合人民币计算完税价格和计征有关税费时，应当采用当月适用的计征汇率计算。每月的计征汇率为上一个月的第三个星期三（第三个星期三为法定节假日的，顺延采用第四个星期三）中国人民银行公布的基准汇率；以基准汇率以外的外币计价的，为同一时间中国银行公布的现汇买入价和现汇卖出价的中间值（人民币元后采用四舍五入法保留 4 位小数）。如上述汇率发生重大波动，海关总署认为必要时，可发布公告，另行规定计征汇率。

进出口货物应按照《关税条例》第十五条至第十七条规定的税率适用日期当日所适用的上述计征汇率计征税费。对于进口转关货物，应按货物到达指运地海关之日适用的上述计征汇率计征税费；提前报关的，按指运地海关接收到进境地海关传输的转关放行信息之日适用的上述计征汇率计征税费。

2004 年 1 月的税费计征汇率，应按本条第一款的规定，采用 2003 年 12 月 17 日的相关汇率。

三、关于暂准进境货物税款的征收

根据《关税条例》第四十二条的规定，自 2004 年 1 月 1 日起，对该条第一款所列的 9 类暂准进境货物在海关规定期限（包括经海关批准的延长期）内，可以暂不缴纳进口关税和进口环节海关代征税；其他暂准进口货物应自暂准进境之日起按月征收进口关税和进口环节海关代征税，税款的计征办法暂按《中华人民共和国海关总署公告》（2003 年第 18 号）的规定执行。

对于 2003 年 12 月 31 日前批准进境的暂时进境货物，其批准期限跨年度至 2004 年的，其中属于《关税条例》第四十二条第一款所列的 9 类货物，按照上述规定执行；其他暂准进口货物，应自规定期限（不包括经海关批准的延长期）届满之日起，按照上述规定征收进口关税和进口环节海关代征税。

四、关于进口环节海关代征税的减免

《关税条例》第四十七条规定，进口货物进口环节海关代征税的减免应按有关法律、行政法规的规定执行。经商财政部同意，对《关税条例》第四十五条规定减免关税的进口货物，在国务院另有规定以前，进口环节海关代征税仍可同时减征或者免征。

五、关于因故退运货物的退税

根据《关税条例》第五十条的规定，自 2004 年 1 月 1 日起，凡符合该条规定退运出境或退运进境的货物，不论是何时退运的，只要纳税义务人自缴纳税款之日起 1 年内申请退税，经海关核实后，均应退还已征收的税款。

六、关于违规补税加收滞纳金

根据《关税条例》第五十一条的规定，自 2004 年 1 月 1 日起，对违规货物补税的同时应加收滞纳金。但对 2003 年 12 月 31 日前纳税义务人违反规定造成少征或者漏征税款的，海关补征税款时仍按原规定执行，不加收滞纳金。

七、关于退税时利息的退还

根据《关税条例》第五十二条第二款的规定，自 2004 年 1 月 1 日起，属于纳税义务人发现多纳税款并在缴纳税款 1 年内申请退还多纳税款及利息的，经海关核实后，应同时退还多征税款部分所产生的利息。应退利息按海关填发收入退还书之日中国人民银行规定的活期储蓄存款利息率计算，计算应退利息的期限从纳税义务人缴纳税款之日起至海关填发收入退还书之日止。

对于2003年12月31日前发生，2004年1月1日以后办理退税手续的，也按上述规定执行。但在2003年12月31日前海关已作出退税决定并通知纳税人，而尚未开具收入退还书的，仍应按原规定执行，不退还利息。

海关总署
2003年12月30日

中华人民共和国海关总署
商　　务　　部
国家质量监督检验检疫总局
公　　告

2003年第81号

《中华人民共和国与东南亚国家联盟全面经济合作框架协议》项下的《中国—东盟自由贸易区原产地规则》已于2003年10月正式签署并将于2004年1月1日起实施。现予以发布。

特此公告。

附件1　中国—东盟自由贸易区原产地规则

附件2　中国—东盟自由贸易区原产地证书格式及背页说明

海关总署
商务部
国家质检总局
2003年12月30日

附件1

中国—东盟自由贸易区原产地规则

根据《中华人民共和国与东南亚国家联盟全面经济合作框架协议》（以下简称《协议》）可享受优惠关税减让的产品，其原产地应遵循下列规则确定：

规则一：定义

在本附约中：

（一）“一成员方”是指《协议》的各单独成员方，即：中华人民共和国、文莱达鲁萨兰国、柬埔寨王国、印度尼西亚共和国、老挝人民民主共和国、马来西亚、缅甸联邦、菲律宾共和国、新加坡共和国、泰王国和越南社会主义共和国。

（二）“材料”应包括组分、零件、部件、半组装件及/或已实际上构成另一货物部分或已用于另一货物生产过程的货物。

（三）“原产货物”是指根据规则二的规定确定为符合原产条件的产品。

（四）“生产”是指获得货物的方法，包括一货物的种植、开采、收获、饲养、繁殖、提取、收集、采集、捕获、捕捞、诱捕、狩猎、制造、生产、加工或装配。

（五）“产品特定原产地标准”是指规定材料已经过税号改变或特定制造或加工工序，或满足某一从价百分比标准，或者混合使用任何这些标准的规则。

规则二：原产地标准

在本《协议》中，如果一成员方进口的产品符合以下任何一项原产地要求，该产品应视为原产货物并享受优惠关税减让：

（一）规则三明确规定的完全获得或生产的产品；或

（二）符合规则四、五或六规定的非完全获得或生产的产品。

规则三：完全获得产品

下列产品应视为规则二（一）所指的“完全在一

成员方获得或生产”：

（一）在该成员方收获、采摘或收集的植物①及植物产品；

（二）在该成员方出生及饲养的活动物②；

（三）在该成员方从上述第（二）项活动物中获得的产品③；

（四）在该成员方狩猎、诱捕、捕捞、水生养殖、收集或捕获所得的产品；

（五）从该成员方领土、领水、海床或海床底土开采或提取的除上述第（一）至（四）项以外的矿物质或其他天然生成的物质；

（六）在该成员方领水以外的水域、海床或海床底土获得的产品，但该成员方须按照国际法规定有权开发上述水域、海床及海床底土；

（七）在该成员方注册或悬挂该成员方国旗的船只在公海捕捞获得的鱼类及其他海产品；

（八）在该成员方注册或悬挂该成员方国旗的加工船上仅加工及/或制造上述第（七）项的产品所得的产品；

（九）在该成员方收集的既不能用于原用途，也不能恢复或修理，仅适于用作弃置或原材料部分品的回收，或者仅适于作再生用途的物品④；

（十）仅用上述第（一）至（九）项所列产品在一成员方加工获得的产品。

规则四：非完全获得或生产

（一）符合下列条件应视为规则二（二）所指的原产产品：

1. 原产于任一成员方的成分应不少于40%；或

2. 原产于一成员方境外（即非中国—东盟自由贸易区）的材料、零件或产物的总价值不超过所获得或生产产品离岸价格的60%，且最后生产工序在成员方境内完成。

（二）在本附约中，规则四（一）2所规定的原产标准称为“中国—东盟自由贸易区成分”。40%中国—东盟自由贸易区成分的计算公式如下：

$$\frac{\text{非中国—东盟自由贸易区的材料价值} + \text{不明原产地的材料价值}}{\text{离岸价格}} \times 100\% < 60\%$$

因此，中国—东盟自由贸易区成分：

100% - 非中国—东盟自由贸易区材料 = 至少40%

（三）非原产材料价值应为：

1. 材料进口时的到岸价格；或

2. 最早确定的在进行制造或加工的成员方境内为不明原产地材料支付的价格；

（四）在本条规则中，“原产材料”应视为根据各条有关规则确定原产国的一种材料，其原产国与使用该材料进行生产的国家为同一国家。

规则五：累计原产地规则

除另有规定的以外，符合规则二原产地要求的产品在一成员方境内用作享受《协议》优惠待遇的制成品的材料，如最终产品的中国—东盟自由贸易区累计成分（即所有成员方成分的完全累计）不低于40%，则该产品应视为原产于制造或加工该制成品的成员方境内。

规则六：产品特定原产地标准

在一成员方经过充分加工的产品应视为该成员方的原产货物。符合附件1-2所列产品特定原产地规则的产品，应视为在一成员方经过了充分的加工。

规则七：微小加工及处理

凡进行下列目的的加工或处理，无论是单独完成还是相互结合完成，均视为微小加工及处理，在确定货物是否在一国完全获得时，应不予考虑：

（一）为运输或贮存货物使货物保持良好状态；

（二）为货物便于装运；

（三）为货物销售而进行包装⑤或展示。

规则八：直接运输

下列情况应视为从出口成员方向进口成员方的直接运输：

（一）产品运输经过任何其他中国—东盟自由贸易区成员国境内；

（二）产品运输未经过任何非中国—东盟自由贸易

---

① 这里的植物是指所有的植物，包括果实、花、蔬菜、树木、海藻、真菌及活植物。

② 第（二）及（三）项所指的动物包含所有的动物，包括哺乳动物、鸟、鱼、甲壳动物、软体动物、爬行动物、细菌及病毒。

③ 产品是指从活动物获得的未经进一步加工的产品，包括乳、蛋、天然蜂蜜、毛发、羊毛、精液及粪便。

④ 这里是指所有的废碎料，包括在该国制造、加工或消耗过程中产生的废碎料，废机器、废弃的包装，以及所有不能再作原用途而仅适于弃置或作原材料回收用的产品。所述的制造或加工作业应包括各种类型的加工，不仅包括工业或化学业，也包括采矿业、农业、建筑业、精炼、焚化和污水处理。

⑤ 这里不包括封装，在电子工业的英文中，封装也有称为“包装”的。

区成员国境内；

（三）产品运输途中经过一个或多个非中国—东盟自由贸易区成员国境内，不论是否在这些国家转换运输工具或作临时储存，如果：

1. 可证明过境运输是由于地理原因或仅出于运输需要的考虑；

2. 产品未在这些国家进入贸易或消费厓域；以及

3. 除装卸或其他为使产品保持良好状态的处理外，产品在这些国家未经任何其他操作。

规则九：包装

（一）一成员方如对产品及其包装分别计征关税，也可对从其他成员方进口的产品及其包装分别确定原产地。

（二）在上述第（一）项不适用的情况下，包装应与产品视为一个整体。运输或贮藏所需的包装在确定产品原产地时应与产品一并考虑，而不应将其视为从中国—东盟自由贸易区外进口。

规则十：附件、备件及工具

与货物一同报验的附件、备件、工具及指导性或其他介绍说明性材料，如进口成员国将其与货物一并归类和征收关税，在确定该货物的原产地时，应忽略不计。

规则十一：中性成分

除另有规定的以外，在确定货物的原产地时，应不考虑在产品生产制造过程中使用的动力及燃料、厂房及设备、机器及工具的原产地，以及未留在货物或未构成货物一部分的材料的原产地。

规则十二：原产地证书

申请享受优惠关税减让的产品，申报时应提交由出口成员方指定并已按附件 1－1 所列签证操作程序的规定通知《协议》其他成员方的政府机构签发的原产地证书。

规则十三：审议及修改

应一成员国要求并经中国商务部及东盟经济部长会议同意，这些规则必要时可以开放供审议及修改。

附件 1－1　中国—东盟自由贸易区原产地规则的签证操作程序

为实施中国—东盟自由贸易区原产地规则，特制订原产地证书（表格 E）的签发、核查操作程序及其他相关管理事务的规定如下：

规则一　原产地证书应由出口成员方的政府机构签发。

规则二

（一）成员方应将其签发原产地证书的政府机构名称及地址通知所有其他成员方，并提供该政府机构使用的签名式样及印章印模。

（二）上述资料及签样（印模）应提供给每个《协议》的成员方，其副本应提交东盟秘书处备案。名称、地址或印章如有任何变化应立即以同样方式通知其他成员方。

规则三　为核查享受优惠待遇的情况，签发原产地证书的指定政府机构有权要求提供任何相关的证明文件或进行适当的核查。如果通过现行的本国法律法规无法获得该权力，应在以下规则四及五所指的申请表格中作为条款列出。

规则四　符合享受优惠待遇条件的产品，其出口人及/或厂商应以书面形式向政府机构提出产品出口前核查原产地的申请。对核查结果应定期或适时进行复查，并将此作为核定该待出口产品原产地的相关证明文件。上述预核查可不适用于自然属性使其原产地容易被确定的产品。

规则五　出口人或其代理人在办理享受优惠待遇产品出口手续时，应提交原产地证书的书面申请，并随附相关证明文件，证明待出口产品符合原产地证书签发要求。

规则六　签发原产地证书的指定政府机构应尽其所能对每一份原产地证书申请进行适当检查以确保：

（一）申请书及原产地证书正确填写并经授权人签名；

（二）产品的原产地符合中国—东盟的原产地规则；

（三）所提交的相关证明文件与原产地证书中的其他说明相符；

（四）所列明的货品名称、数量及重量、唛头及件号、件数及包装与待出口产品相符。

规则七

（一）原产地证书必须依据附件 3 所列格式用国际标准 A4 纸印制，所用文字为英语。

（二）原产地证书应由下列颜色的一份正本及三份复写副本组成：

正本——米黄色（颜色代码：727c）

第二副本——浅绿色（颜色代码：622c）

第三副本——浅绿色（颜色代码：622c）

第四副本——浅绿色（颜色代码：622c）

（三）每份原产地证书应注明其发证单位的单独编号。

（四）出口人应向进口人提供正本及第三副本，以便呈交给进口口岸或进口地的海关。第二副本应由出口成员方发证机构留存。第四副本由出口人留存。产品进口后，应在第三副本第四栏中适当加注并在合理的期限内将第三副本返还发证机构。

规则八　为实施《中国—东盟原产地规则》规则四及五的规定，最后一个出口成员方在签发原产地证书时，应在证书第 8 栏内注明相关的规则及所适用的中国—东盟自由贸易区成分的百分比。

规则九　原产地证书不得涂改及叠印。任何更正必须先将错误项目划去，然后做必要的增改。所作更正应由原签证人认可，并由有关政府机构核定。所有未填空白之处应予划去，以防事后填写。

规则十

（一）原产地证书应由出口成员方的有关政府机构在产品出口时签发，或在认定待出口产品符合中国—东盟原产地规则可视为在该成员方原产后立即签发。

（二）在特殊情况下，如由于非主观故意的差错、疏忽或其他合理原因没有在货物出口时或出口后立即签发原产地证书，原产地证书可以在货物装运之日起 1 年内补发，但要注明“补发”字样。

规则十一　如原产地证书被盗、遗失或毁坏，出口人可以向原政府签证机构书面申请签发原证正本及第三副本的经证实的真实复制本，复制本可根据签证机构存档的有关出口文件制发，并在第 12 栏中注明“经证实的真实复制本”。该复制本应注明原证正本的签发日期。原产地证书的经证实的真实复制本应在出口人向相关发证机构提供了第四副本的情况下，并在其正本签发之日起 1 年之内方可补发。

规则十二　原产地证书的正本应在有关产品进境报关时连同第三副本一并向海关提交。

规则十三　原产地证书应按下列期限提交：

（一）原产地证书应在出口成员方有关政府机构签证之日起 4 个月之内向进口成员方的海关提交；

（二）如产品按照《中国—东盟原产地规则》中的规则八（三）的规定经过一个或多个非成员方境内，上述（一）所规定的原产地证书提交期限延长至 6 个月；

（三）如因不可抗力或其他出口人无法控制的合理原因致使不能遵守提交期限，进口成员方的有关政府机构仍应接受已经超出期限提交的原产地证书；以及

（四）在任何情况下，如果产品在原产地证书提交期限内已经进口，进口成员方有关政府机构可接受该原产地证书。

规则十四　如果原产于出口成员方的每批产品的离岸价格不超过 200 美元，则无需交验原产地证书，而是使用出口人对有关产品原产于该出口成员方的简要声明即可。离岸价格不超过 200 美元的邮递产品也应照此办理。

规则十五　如果发现原产地证书内容与为办理产品进口手续而提交给进口成员方海关的单证内容略有不符，只要原产地证书内容与所报验的货物相符，原产地证书仍应有效。

规则十六

（一）进口成员方可以请求进行后续随机抽查，也可在有理由怀疑有关文件的真实性或有关产品或其某部分真实原产地的准确性时，请求进行后续核查。

（二）核查请求应随附有关原产地证书，并说明申请原因及其他详细情况，列出该原产地证书中可能有问题的内容，但后续随机抽查请求不受此限。

（三）在等待核查结果期间，进口成员方海关可以暂缓执行优惠待遇的规定。如果产品不属于禁止或限制进口的货物，又没有发现有瞒骗嫌疑，海关可以在履行必要的管理手续后将产品放行给进口人。

（四）收到后续核查请求的政府发证机构应及时作出回应，并在收到请求后 6 个月之内作出答复。

规则十七

（一）原产地证书的申请书及其所有相关文件应由发证机构自签发之日起至少保留 2 年。

（二）应进口成员方的请求，应提供与原产地证书正确性有关的资料。

（三）有关成员方之间交流的任何资料应予以保密，只能用于原产地证书的确认。

规则十八　如出口到某指定成员方的全部或部分产品的目的地发生变化，在产品到达该成员方之前或之后，应按下列规则办理：

（一）如果产品已经向指定的进口成员方海关报验，进口人应向该海关提出书面申请，由海关对全部或部分产品改变目的地的情况在原产地证书上签注认可，然后将正本交还进口人。第三副本应返还发证机构。

（二）如果在运往原产地证书所指定的进口成员方途中目的地发生变化，出口人应提出书面申请，并随附已签发的原产地证书，要求对全部或部分产品重新发证。

规则十九　为实施《中国—东盟原产地规则》的规则八（三）的规定，对经过一个或多个非中国—东盟自由贸易区成员国境内运输的产品，应向进口成员国

政府机构提交下列单证：

（一）在出口成员国签发的联运提单；

（二）出口成员国有关政府机构签发的原产地证书；

（三）产品的原始商业发票副本；以及

（四）符合《中国—东盟原产地规则》的规则八（三）1、2 及 3 所规定的条件的证明文件。

规则二十

（一）由出口成员方运至另一成员方展览并在展览期间或展览后销售给一成员方的产品，如其符合《中国—东盟原产地规则》的要求，应享受中国—东盟优惠关税待遇，但应满足进口成员方有关政府机构的下列要求：

1. 出口人已将产品从出口成员方境内运送到展览会举办国并已在该国展出；

2. 出口人已将货物卖给或转让给进口成员方的收货人；以及

3. 产品已经以送展时的状态在展览期间或展览后立即运到进口成员方。

（二）为实施以上规定，必须向进口成员方的有关政府机构提交原产地证书。还必须注明展览会名称及地址，提供展览举办地成员方有关政府机构签发的证明书以及规则十九（四）所列的证明文件。

（三）上述（一）款规定适用于任何以出售外国产品为目的的商贸、农业或手工业展览会、交易会或在商店或商业场所举办的类似展览或展示。展览期间产品应处于海关的监管之下。

规则二十一

（一）当怀疑存在与原产地证书相关的瞒骗行为时，有关成员方政府机构应相互合作，对涉嫌人员在各自境内采取行动。

（二）每个成员方均应对与原产地证书有关的瞒骗行为实施法律制裁。

规则二十二　如果发生关于原产地确定、归类、产品或其他方面的争议，进出口成员国的有关政府机构应本着解决争议的愿望相互进行协商，并将协商结果通报其他成员国。

附件 2

中国—东盟自由贸易区原产地证书格式及背页说明

[正本（第一副本/第二副本/第三副本）]

<table>
<tr><td>1. 货物运自（出口人名称、地址、国家）：</td><td rowspan="2">编号：
中国—东盟自由贸易区
优惠关税
原产地证书
（申报与证书合一）
表格 E
＿＿＿＿签发
（国家）
见背页说明</td></tr>
<tr><td>2. 货物运至（收货人名称、地址、国家）：</td></tr>
<tr><td>3. 运输工具及路线（已知）：
离港日期：
船舶名称/飞机等：
卸货口岸：</td><td>4. 官方使用
□根据中国—东盟自由贸易区优惠关税协议给予优惠待遇
□不给予优惠待遇（请注明原因）

＿＿＿＿＿＿＿＿＿＿
进口国有权签字人签字</td></tr>
</table>

5. 项目编号	6. 包装唛头及编号	7. 包装件数及种类；货品名称（包括相应数量及进口国 HS 编码）	8. 原产地标准（见背页说明）	9. 毛重或其他数量及价格（FOB）	10. 发票编号及日期

11. 出口人声明	12. 证明
下列签字人声明上述资料及申报正确无讹，所有货物产自 ____________ （国家） 且符合中国—东盟自由贸易区优惠关税协议所规定的原产地要求，该货物出口至 ____________ （进口国） ____________ 地点和日期，有权签字人的签字	根据所实施的监管，兹证明出口商所做申报正确无讹。 ____________ 地点和日期，签字和发证机构印章

背页说明

1. 为享受中国—东盟自由贸易区优惠关税协议下优惠待遇而接受本证书的成员国：

文莱、柬埔寨、中国、印度尼西亚、老挝、马来西亚、缅甸、菲律宾、新加坡、泰国、越南。

2. 条件

出口至上述任一成员国的货物，享受中国—东盟自由贸易区优惠关税协议下优惠待遇的主要条件是：

必须是在目的国可享受关税减让的货物；

必须符合货物由任一中国—东盟自由贸易区成员国直接运至一进口成员国的运输条件，但如果过境运输、转换运输工具或临时储存仅是由于地理原因或仅出于运输需要的考虑，运输途中经过一个或多个非中国—东盟自由贸易区成员国境内的运输亦可接受；以及必须符合下述的原产地标准。

3. 原产地标准

出口到上述国家可享受优惠待遇的货物必须符合下列要求之一：

符合原产地规则第三条规定，在出口成员国内完全获得的产品；

除上述第（1）项的规定外，为实施中国—东盟原产地规则第二条（二）款的规定，使用原产于非中国—东盟自由贸易区成员国或无法确定原产地的材料、零件或产物生产和加工产品时，所用材料、零件或产物的总价值不超过生产或获得产品离岸价格的60%，且最后生产工序在该出口成员国境内完成；

符合中国—东盟原产地规则第二条规定的原产地要求的产品，且该产品在一成员国用作生产在其他一个或多个成员国可享受优惠待遇的最终产品的投入品，如最终产品中中国—东盟自由贸易区成分总计不少于最终产品的40%，则该产品应视为原产于对最终产品进行生产或加工的成员国；或

符合中国—东盟原产地规则附件 2 的产品特定原产地标准的产品应视为在一缔约方进行了充分加工的货物。

若货物符合上述标准，出口商必须按照下列表格中规定的格式，在本证书第八栏中标明其货物申报享受优惠待遇所根据的原产地标准：

本表格第 11 栏列名的第一国生产或制造的详情	填入第 8 栏
(a) 出口国完全生产的产品［见上述第 3 款 (1) 项］	"X"
(b) 符合上述第 3 款 (2) 项的规定，在出口成员国加工但并非完全生产的产品	单一国家成分的百分比，例如 40%
(c) 符合上述第 3 款 (3) 项的规定，在出口成员国加工但并非完全生产的产品	中国—东盟累计成分的百分比，例如 40%
(d) 符合产品特定原产地标准的产品	"产品特定原产地标准"

4. 每一项商品都必须符合规定：应注意一批货物中的所有货品都必须各自符合规定，尤其是不同规格的类似商品或备件。

5. 货品名称：货品名称必须详细，以使验货的海关官员可以识别。生产商的名称及任何商标也应列明。

6. 协调制度编码应为进口成员国的编码。

7. 第 11 栏"出口商"可包括制造商或生产商。

8. 官方使用：不论是否给予优惠待遇，进口成员国海关必须在第 4 栏作出相应的标注（√）。

中华人民共和国海关总署公告

2003 年第 82 号

《中国向柬埔寨提供特殊优惠关税待遇的换文》、《中国向缅甸提供特殊优惠关税待遇的换文》和《中国向老挝提供特殊优惠关税待遇的换文》（以下简称三个《换文》）已于 2003 年 11 月分别正式签署。按照三个《换文》的规定，自 2004 年 1 月 1 日起向原产于柬埔寨、缅甸或老挝的部分产品提供特别优惠关税待遇。现将有关事宜公告如下：

一、根据三个《换文》规定，自 2004 年 1 月 1 日起，海关对原产于柬埔寨、缅甸或老挝的部分进口货物，将按照《中华人民共和国进出口税则》中列明的税目所对应的对柬埔寨、缅甸或老挝特惠税率征收关税。

二、海关对申报享受三个《换文》项下的优惠，且申报原产地分别为柬埔寨、缅甸或老挝的进口货物，将按照《中华人民共和国海关关于执行〈中华人民共和国与东南亚国家联盟全面经济合作框架协议〉项下〈中国—东盟自由贸易区原产地规则〉的规定》（海关总署令〔2003〕第108 号，以下简称《规定》）审查确定该进口货物的原产地，其中《规定》的第七条"原产成分累计标准"不适用。

海关总署

2003 年 12 月 31 日

2004 年度公告

中华人民共和国海关总署公告

2004 年第 1 号

为依法保障行政处罚案件当事人的合法权益，进一步提高海关行政执法水平，海关总署制定了《海关关于当事人查阅行政处罚案件材料的暂行规定》，现对外公布。自 2004 年 2 月 1 日起施行。

特此公告。

附件　海关关于当事人查阅行政处罚案件材料的暂行规定

海关总署

2004 年 1 月 14 日

附件

海关关于当事人查阅行政处罚案件材料的暂行规定

第一条　为贯彻行政处罚的公正、公开原则，保护当事人的合法权益，进一步提高行政执法水平，根据《中华人民共和国行政处罚法》和有关法律、行政法规，结合海关工作实际，制定本规定。

第二条　海关送达《海关行政处罚告知单》至海关作出行政处罚决定前，当事人对告知事项有异议，向海关申请查阅案件材料的，适用本规定。

第三条　当事人申请查阅的案件材料指“海关行政处罚告知单”中列明的有关事实、理由、依据的证据材料，但涉及国家秘密、商业秘密、个人隐私的除外。

第四条　当事人、当事人委托的律师可以向海关申请查阅案件材料。

经海关审查有下列情况之一的当事人不得查阅案件材料，但可委托律师查阅：

（一）抗拒海关检查、调查、稽查的；

（二）调查、稽查、检查过程中转移、隐匿有关证据的；

（三）海关认为不宜由当事人查阅案件材料的。

第五条　查阅申请应书面提出，并向海关出示下列文书和证件的原件：

（一）海关行政处罚告知单；

（二）当事人是法人或其他组织的，应有法人或其他组织的营业执照或法定证明；

（三）当事人是自然人的，应持有能证明自己身份的合法有效证件，如身份证、护照等；

（四）律师应有委托书、授权书、律师执业证；

（五）海关认为需要的其他证件。

申请人应同时提交上述相关法律文书和证件的复印件，海关登记留存。

第六条　海关收到查阅申请后，决定同意申请人查阅案件材料的，应当在作出同意决定后3日内安排申请人查阅案件材料。在此期间内，海关应依本规定第三条的规定将提供申请人查阅的案件材料整理准备完毕。

第七条 海关接待查阅时应依本规定第五条的规定，核实查阅人的证件并在查阅单上予以登记。

当事人及其委托的律师对同一案件的案件材料只能查阅一次，应在海关规定时间内查阅。

第八条 查阅人查阅案件材料应在海关指定的时间和场所进行。

第九条 查阅人查阅案件材料时，应有海关工作人员在场。

第十条 海关工作人员将案件材料交查阅人查阅前，应对案件材料仔细检查，并将案件材料的基本情况（如名称、页数等）和关键证据状况在查阅单上予以登记。

对于关键性证据材料，可提供复印件供查阅。

第十一条 查阅人查阅案件材料时，经海关许可可以摘录。

第十二条 查阅人查阅案件材料时，不得涂改、毁损、拆换、取走、增添查阅的上述材料，不得进行复印、翻拍、翻录。

违反前款规定的，海关工作人员应及时制止或收回案件材料，可以取消其查阅资格，造成严重后果的，依有关规定追究其相关责任。

第十三条 查阅人查阅完毕，海关工作人员应认真对照查阅前登记情况检查案件材料、对关键证据逐一核对，并由当事人确认。发现有污损、缺页、撕毁或其他异常情况的应及时向上级汇报处理。

第十四条 本规定由海关总署负责解释。

第十五条 本规定自2004年2月1日起实施。

附件 海关查阅单（格式）（略）

中华人民共和国海关总署公告

2004年第3号

根据《中华人民共和国反倾销条例》的规定，国务院关税税则委员会决定对原产于日本、韩国、美国和台湾地区的进口苯酚征收反倾销税，征税时间从2004年2月1日起开始，期限为5年。根据中华人民共和国商务部2004年第2号公告（附件1），现就有关问题公告如下：

一、自2004年2月1日起，对申报进口的原产于日本、韩国、美国和台湾地区的苯酚（商品编号：2907.1110），除按现行规定征收法定关税外，还应区别不同的供货厂商，按照本公告附件2所列的适用税率和下述公式征收反倾销税，并按下述公式计征进口环节增值税。

反倾销税的计算公式为：

反倾销税税额＝海关完税价格×反倾销税税率

进口环节增值税税额＝（海关完税价格＋关税税额＋反倾销税税额）×进口环节增值税税率

对应征收反倾销税产品的详细描述详见本公告附件1。

二、凡申报进口苯酚的，必须向海关提交原产地证明，如果原产地为日本、韩国、美国和台湾地区的，还需提供原厂商发票。

对于申报进口原产于日本、韩国、美国和台湾地区的苯酚时不能提供原产地证明，且经查验也无法确定货物的原产地不是日本、韩国、美国和台湾地区的，海关将按照本公告附件2所列的其他日本公司适用的税率征收反倾销税；对于能够确定货物的原产地是日本、韩国、美国和台湾地区，但进口经营单位不能提供原厂商发票的，海关将按照附件2所列的相应国家和地区其他公司适用的税率征收反倾销税。

三、有关加工贸易保税进口原产于日本、韩国、美国和台湾地区的苯酚如何征收反倾销税等方面的问题，海关按照中华人民共和国海关总署2001年第9号公告执行。

四、对于实施临时反倾销措施之后进口原产于日本、韩国、美国和台湾地区的苯酚已经缴纳的现金保证金，按本公告规定的征收反倾销税的商品范围和反倾销税税率计征并转为反倾销税，与之同时交纳的进口环节增值税现金保证金一并转为进口环节增值税。上述现金保证金超出按本公告附件2所列税率计算的反倾销税及相应的进口环节增值税的部分，有关单位可在2004年2月1日至2004年7月31日期间向征收地海关申请退还，不足部分，不再补征。

五、对于伪报原产地或伪造原产地证明或原厂商发票的，海关将按有关规定进行处罚。

六、在征收反倾销税期间，出现相同或类似货物而海关无法确定是否对其征收反倾销税时，有关企业应向商务部提出申请，由商务部商有关部门就有关问题作出裁定。海关将根据商务部的裁定执行。

特此公告。

附件1　中华人民共和国商务部2004年第2号公告（略）

附件2　苯酚反倾销税税率表

海关总署

2004年1月30日

附件2

苯酚反倾销税税率表

原产国（地区）	供货厂商名称	税率
日本	日本三井化学株式会社（MITSUI CHEMICALS, INC. JAPAN）	6%
	其他日本公司	144%
韩国	锦湖P&B化学株式会社（KUMHO P&B CHEMICALS, INC.）	5%
	其他韩国公司	16%
美国	美国公司	36%
台湾地区	台湾化学纤维股份有限公司（FORMOSA CHEMICALS & FIBRE CORPORATION）	3%
	台湾信昌化学工业股份有限公司（TAIWAN PROSPERITY CHEMICAL CORPORATION）	5%
	其他台湾公司	19%

中华人民共和国海关总署公告

2004年第4号

根据财政部、国家税务总局关于调整进口卷烟消费税税率的通知规定，自2004年3月1日起，国家将调整进口卷烟消费税税率，现就执行中有关问题公告如下：

一、进口卷烟是指2004年海关税则号列2402.2000项下的“烟草制的卷烟”。

二、对上述卷烟征收进口环节消费税时，应同时征收消费税定额税和从价税。计征从价税时，应首先根据确定消费税适用比例税率的价格确定进口卷烟所适用的消费税税率，然后再根据组成计税价格和所适用的消费税税率，征收应纳税款。具体计税方法如下：

（一）每标准条进口卷烟（200支）确定消费税适用比例税率的价格 =（关税完税价格 + 关税 + 消费税定额税率）/（1 − 消费税税率）。其中，关税完税价格和关税为每标准条的关税完税价格及关税税额；消费税定额税率为每标准条（200支）0.6元（依据现行消费税定额税率折算而成)；消费税税率固定为30%。

（二）每标准条进口卷烟（200支）确定消费税适用比例税率的价格≥50元人民币的，适用比例税率为45%；每标准条进口卷烟（200支）确定消费税适用比例税率的价格<50元人民币的，适用比例税率为30%。

（三）进口卷烟消费税组成计税价格=（关税完税价格+关税+消费税定额税）/（1－进口卷烟消费税适用比例税率）。

（四）应纳消费税税额=进口卷烟消费税组成计税价格×进口卷烟消费税适用比例税率+消费税定额税。其中，消费税定额税=海关核定的进口卷烟数量×消费税定额税率，消费税定额税率为每标准箱（50000支）150元。

三、对3月1日以前海关已经接受申报的进口卷烟，仍应按原规定征收进口消费税。

海关总署

2004年2月27日

中华人民共和国海关总署公告

2004年第5号

为减轻企业负担，促进公平竞争，财政部、国家发展改革委联合印发了《关于同意取消对进口减税、免税和保税货物征收海关监管手续费的复函》（财综〔2004〕3号，以下简称《复函》）。为贯彻落实《复函》规定，经商财政部、国家发展改革委同意，现就有关事项公告如下：

一、自2004年2月12日起，海关停止对进口减税、免税和保税货物征收海关监管手续费。

二、以前有关规定与本公告不一致的，一律以本公告为准。

海关总署

2004年2月25日

中华人民共和国海关总署公告

2004年第6号

为确保《中华人民共和国海关对加工贸易货物监管办法》的施行，现将《废止加工贸易文件目录》对外公布，其中所列文件从2004年4月1日起停止执行。

特此公告。

附件　废止加工贸易文件目录

海关总署

2004年3月11日

附件

废止加工贸易文件目录

（共258份）

1	〔1980〕署货字第373号	关于外商自带货物进出口如何办理手续的通知
2	〔1981〕署税字381号	关于实施《专为制造外销商品而进口的原材料、零部件免税和管理办法》的通知
3	〔1981〕署税字第1028号	关于六机部建造出口船舶进口材料设备征免税问题的通知
4	〔1982〕署货字第53号	关于贯彻执行〔1982〕外经贸关字4号文件几个具体问题的批复
5	〔1982〕署货字第80号	关于对外加工装配和中小型补偿贸易业务中进口台湾产机器设备的管理问题的通知
6	〔1982〕署税字第414号	关于征收出口关税的若干问题的批复
7	〔1982〕署货字第457号	关于来料加工合同国外客商提供吊扇有关验放和征免税问题的批复
8	〔1982〕署货字404号	转发广州海关《关于补偿贸易方式中存在一些问题的情况报告》的通知
9	〔1982〕署税字第670号	关于如何确定来料加工和进料加工贸易性质问题的批复
10	〔1982〕署货联字第1068号	关于贯彻执行对外经济贸易部〔1982〕外经贸关第4号文件有关问题的综合批复
11	〔1982〕署货字第724号	转发经贸部关于严禁通过外商在国内转手倒卖我出口货物的规定的通知
12	〔1982〕署税字第1063号	关于对某些灵活贸易方式进口货物征免税等问题的批复
13	〔1982〕署税字第970号	关于为建造出口船舶而进口的设备、零部件、原材料征免税和管理问题的补充通知
14	〔1983〕税征批第20号	关于外贸公司进料加工成品转售侨汇商店是否可办理核销手续的请示报告
15	〔1983〕署税字第404号	关于中国银行补偿贸易贷款准许用于间接补偿的复函
16	〔1984〕署货字第56号	关于对进料加工业务中从境外进口和经在境外简单加工后进口我原出口产品有关监管征税问题的通知
17	〔1984〕署货字第97号	关于在纺织品进出口公司试行《海关对进料加工进出口货物的管理办法》（草案）的通知
18	（缺文号）	关于在境外加工后进口我原出口产品征免税问题的复函
19	〔1984〕署税字第233号	关于公布《关于中外合资经营企业进出口货物的监管和征免规定》的通知
20	〔1984〕署货字第381号	关于加强对来料加工审批管理制止违法活动的紧急通知
21	〔1984〕署税字第689号	关于进口冷藏设备以其冷藏产品偿还设备价款特准予以免税的通知
22	〔1984〕署货字第1099号	关于转发《关于来料加工皮劳保手套问题的通知》的通知
23	〔1984〕署货字第901号	关于国内麻棉坯布经香港印染后加工服装出口有关问题的批复
24	〔1985〕署货字第229号	关于向香港出口棉纱、棉胚布、棉涤纶纱、棉涤纶胚布须凭出口许可证放行的通知
25	〔1985〕署货字第283号	关于贯彻中共中央、国务院批转的《长江、珠江三角洲和闽南厦漳泉三角地区座谈会纪要》的通知
26	〔1985〕署税字第373号	关于转发《国务院关于华侨投资优惠的暂行规定》的通知

27	〔1986〕货二字第 107 号	关于对中国化工进出口总公司进料加工进口橡胶办理有关海关手续的通知
28	〔1986〕署货字第 113 号	关于转发经贸部《关于补偿贸易产品转销第三方的批复》的通知
29	〔1986〕署货字第 4 号	关于贯彻国发 1990 号文件中有关问题请示的复函
30	〔1986〕税征便字第 5 号	海关总署便函
31	〔1986〕货二字第 120 号	关于专为包装出口商品进口的包装材料办理海关手续问题的复函
32	〔1986〕署税字第 860 号	关于贯彻执行《国务院关于进一步改善外商投资企业生产经营条件的通知》中有关海关问题的通知
33	〔1986〕署货字第 1183 号	关于印发《中华人民共和国海关对外商投资企业履行产品出口合同所需进口料件管理办法》的通知
34	〔1987〕货二字第 63 号	关于专为包装出口商品进口的包装材料办理海关手续问题的复函
35	〔1987〕署货字第 245 号	关于广东省食品进出口分公司引进塘鱼专用运输船按补偿贸易对待问题的复函
36	〔1987〕署货字第 141 号	关于外商承包来料加工厂有关问题的复函
37	〔1987〕署货字第 195 号	关于外商投资企业将国内料、件运往境外加工等有关问题的批复
38	〔1987〕署税字第 281 号	关于进一步简化外商投资企业委托外贸专业进出口总公司订购进口进料加工有关手续的补充通知
39	〔1987〕署货字第 309 号	关于对执行《中华人民共和国海关对外商投资企业履行产品出口合同所需进口料件管理办法》有关问题的批复
40	〔1987〕署税字第 564 号	关于外商投资企业进口货物的税收优惠政策执行中的若干具体问题的掌握原则的通知
41	〔1987〕署货字第 476 号	关于广州洗衣机厂补偿贸易项下进口设备改为技改项目问题的批复
42	〔1987〕署货字第 883 号	关于印发《国务院办公厅转发海关总署等部门关于加强综合管理促进对外加工装配业务发展意见的通知》的通知
43	〔1987〕署货字第 893 号	关于印发《中华人民共和国海关关于对外加工装配业务的管理规定》的通知
44	〔1987〕署货字第 1091 号	关于转发国务院关于《听取广东省关于进一步促进"三来一补"业务发展汇报的会议纪要》的通知
45	〔1987〕署税字第 535 号	关于中国船舶工业总公司"七五"期间为国内部门建造船舶所需进口船用设备和零部件仍准予减税的通知
46	〔1987〕署货字第 1298 号	关于进料加工、来料加工、补偿贸易进出口货物使用专用报关单的通知
47	〔1988〕署货字第 403 号	关于发布《中华人民共和国海关对进料加工进出口货物管理办法》的通知
48	〔1988〕署货字第 414 号	关于贯彻执行《中华人民共和国海关对进料加工进出口货物管理办法》有关问题的通知
49	〔1988〕署货字第 489 号	关于转发经贸部《关于放宽来料加工装配品种限制及有关问题的规定》
50	〔1988〕署监一字第 1237 号	关于印发海关对进料加工和来料加工进出口货物管理操作规程的通知
51	〔1988〕货二字第 115 号	关于执行〔1988〕署货字第 403、414 号文件有关问题的复函
52	〔1988〕署货字第 449 号	关于认真做好对进料加工贸易监管工作的通知
53	〔1988〕署货字第 751 号	关于对外商投资企业用原已征税料、件制成产品出口退税等问题的批复

54	〔1988〕署货字第 897 号	关于对将乐莱森柯大理石有限公司进口消耗工具免税问题的批复
55	〔1988〕署监一字第 286 号	关于对外商投资企业进口国家限制进口物资等有关问题的通知
56	〔1988〕署货字第 643 号	关于实行专用报关单若干问题的批复
57	〔1988〕署货字第 975 号	关于进口饲料喂养牲猪出口不能享受进料加工待遇的批复
58	〔1988〕监一保字第 134 号	关于进口孟加拉黄麻加工复出口按进料加工办法办理的复函
59	〔1989〕监一保字第 1 号	关于对广东省经贸委《关于外商、私人承包对外加工装配补偿贸易企业的管理办法》的意见
60	〔1989〕监一保字第 12 号	关于对来料加工业务方面几个问题的复函
61	〔1989〕监一保字第 44 号	关于明确重要的“三来一补”项目进口生产用车审批权限的通知
62	〔1989〕监一保字第 55 号	关于佛山市纺织工业公司以补偿贸易方式进口吸尘机等设备的批复
63	〔1989〕监一保字第 48 号	关于如何确定来料养殖贸易性质及统计问题的批复
64	〔1989〕监一保字第 22 号	关于内销进料加工节余的属进口许可证管理的料件要否补证问题的批复
65	〔1989〕监一保字第 25 号	关于加工贸易中违反进出口许可证管理制度处理问题的说明
66	〔1989〕监一保字第 34 号	关于单纯进口石墨能否享受进料加工优惠的批复
67	〔1989〕署监一字第 244 号	关于棉花等实行统一经营问题的通知
68	〔1989〕署监一字第 66 号	关于摘要转发《木材进口管理办法》的通知
69	〔1989〕监一保字第 78 号	关于对对外加工贸易管理规定有关问题的请示的复函
70	〔1989〕署监一保字第 81 号	关于进料加工项下进口列为一类管理商品是否统一经营问题的复函
71	〔1989〕署监一保字第 85 号	关于进料加工等几个问题请示的批复
72	〔1989〕署监一保字第 10 号	关于进料加工项下进口羊毛加强管理的通知
73	〔1989〕监一保字第 167 号	关于转发对外经济贸易部文件的通知
74	（1989）署监一保字第 131 号	关于进料加工项下复出口产品管理的通知
75	（1989）署监一保字第 153 号	关于同意试行《天津海关对进料加工成品销往经济特区减免税管理的暂行规定》的批复
76	（1989）署监一保字第 155 号	关于进料加工监管业务问题请示的批复
77	监一特字第 159 号	关于外商投资企业为履行产品出口合同进口羊毛问题的通知
78	（1989）署监一保字第 170 号	关于进料加工项下成品（产品）以易货方式向苏联、东欧国家出口有关问题的说明
79	（1989）署监一保字第 175 号	关于明确执行加强对进料加工项下复出口产品管理通知中有关问题的函
80	〔1989〕监一特字第 96 号	关于对外商投资企业进口机器设备用润滑油等消耗性物料征免税问题的批复
81	〔1989〕监一特字第 117 号	关于中外合资企业进口设备在异地使用问题的批复
82	监管司（1989）传真货 126	关于外商投资企业收购国家限制出口的原材料在国内加工产品出口问题
83	〔1989〕监一特字第 197 号	关于外商投资企业转让进口料件问题的批复
84	〔1989〕监一特字第 204 号	关于外商投资企业进口国产、台湾产原材料问题的批复
85	〔1989〕署监一字第 829 号	关于外商独资企业进口自用物资问题的补充通知
86	〔1989〕署监一字第 396 号	关于转发对外经济贸易部《对外加工装配业务有关问题的规定》

87	〔1989〕署监一字 779 号	关于印发来料加工监管工作现场经验交流座谈会小结的通知
88	〔1989〕署监一字 825 号	关于韶关冶炼厂以补偿贸易方式出口锌锭应征收关税的复函
89	〔1989〕监一保字第 183 号	关于对外加工装配业务中有关问题的复函
90	〔1989〕署监一字第 892 号	关于以易货贸易方式进口钢材加工复出口比照进料加工规定办理的通知
91	〔1990〕监一保字第 10 号	关于外商以我出口商品开展“在外售券”业务问题的复函
92	〔1990〕监一保字第 002 号	关于对江苏省乳胶手套加工贸易状况的调查报告的批复
93	〔1990〕监一保字第 07 号	关于德庆县中密度纤维板厂补偿贸易项下进口复印机照章征税的复函
94	〔1990〕监一特字第 11 号	关于外商投资企业进口水果有关问题的通知
95	监一特〔1990〕第 102 号	关于对外商投资企业经营出料加工业务有关问题的批复
96	（缺文号）	关于下达《海关总署关于贯彻〈国务院关于当前产业政策要点的决定〉的实施办法》的通知
97	〔1990〕监一保字第 38 号	关于补偿贸易方式进口电话设备有关问题的复函
98	〔1990〕监一保便字第 11 号	关于来料加工从事折叠和包装面巾纸项目审批问题的批复
99	〔1990〕监一保便字第 12 号	关于染色棉麻纱是否属不得搞来料加工项目的问题
100	〔1990〕监一保字第 33 号	关于总结进料加工监管工作的通知
101	〔1990〕监一保字第 72 号	关于转发《对外经济贸易部对进料加工复出口申报审批办法的补充通知》的通知
102	〔1990〕监一保字第 129 号	关于对要求退回已征税款问题的复函
103	署监一〔1990〕908 号	关于对文化部外文出版发行局进料加工纸张监管问题的批复
104	署监一〔1990〕927 号	关于修改《中华人民共和国海关关于对外加工装配业务的管理规定》第五条第二款和第六条第一款的通知
105	署监一〔1990〕957 号	关于进料加工中工艺性串料有关问题的补充通知
106	署监一〔1990〕977 号	关于转发甄朴副署长在全国海关进料加工监管工作会议上的讲话的通知
107	署监一〔1990〕985 号	关于海关对外商投资企业抵押贷款问题的批复
108	署监一〔1990〕1085 号	关于广州标致汽车外销问题的批复
109	署监一〔1990〕1309 号	关于改进集中纳税进料加工货物管理办法的通知
110	署监一〔1991〕76 号	关于对外加工装配业务项下进口生产用复印机予以免税的通知
111	监一保〔1991〕77 号	关于转发对外经济贸易部《关于对中药材来料加工业务进行审核的通知》
112	监一保〔1991〕123 号	关于转发对外经济贸易部《关于对中药材来料加工业务进行审核的补充通知》的通知
113	署监一〔1991〕143 号	关于进口孟加拉黄麻按“进料加工”办法管理的通知
114	监一特〔1991〕153 号	关于对外商投资企业监管和征免税工作中若干问题的综合批复
115	监一保〔1991〕157 号	关于进口孟加拉黄麻加工复出口仍按进料加工办法办理的通知
116	署监一〔1991〕184 号	关于明确进口消耗性材料能否按进料加工办理手续的通知
117	署监一〔1991〕240 号	关于进口象牙原料延长核销期的通知
118	署监一〔1991〕262 号	关于对加工贸易监管工作进行清理、整顿、完善的通知
119	署监一〔1991〕1443 号	关于严格审核机电产品进料加工批件的通知

120	署监一〔1991〕1878 号	关于对《中华人民共和国海关对外商投资企业履行产品出口合同所需进口料件管理办法》有关规定予以修正的通知
121	监一保〔1991〕37 号	关于出口成品中含进口料件能否使用一般贸易报关单核销的批复
122	监一保〔1992〕17 号	关于进料加工半成品结转涉及出口许可证问题的批复
123	署监一〔1992〕17 号	关于转发经贸部“关于加强硅锰出口管理有关问题的通知”的通知
124	海关总署令〔1992〕第 33 号	中华人民共和国海关审定进出口货物完税价格办法
125	署监一〔1992〕161 号	关于对署监一〔1991〕1878 号文的补充通知
126	传真电报传〔107〕号	更正通知
127	统二〔1992〕37 号	关于加强对外商投资企业进出口货物报关单审核的通知
128	监一特〔1992〕194 号	关于对成立拆解旧汽车三资企业有关问题的复函
129	署监一〔1992〕281 号	关于署监一〔1991〕184 号通知的补充通知
130	署监一〔1992〕340 号	关于转发对外经济贸易部《关于开展中药材来料加工业务的批复》的通知
131	海关总署第 29 号令	《中华人民共和国海关对外商投资企业进出口货物监管和征免税办法》第十条、第二十条、第二十三条、第二十四条、第二十五条、第二十六条、第二十七条
132	监一保〔1993〕14 号	关于转发《关于继续开展牛皮劳保手套来料加工业务的通知》的通知
133	监一保〔1993〕51 号	关于转发对外贸易经济合作部《关于开展中药材来料加工业务有关问题的通知》的通知
134	监一货〔1993〕78 号	关于转发外经贸部〔1993〕外经贸管制函字第 278 号文件的通知
135	署监一〔1993〕712 号	关于转发对外经济贸易部《关于开展皮制劳保手套来料加工业务有关问题的通知》的通知
136	署监一〔1993〕1162 号	关于加强对从事进口旧汽车翻新的外商投资企业审批和海关监管问题的通知
137	监特〔1994〕49 号	海关总署监管司关于外商投资企业从事翻新、拆解旧汽车和摩托车业务有关问题的通知
138	署监一〔1994〕85 号	海关总署关于摘转《国务院办公厅关于加强锡出口有关问题的复函》的通知
139	署税〔1994〕865 号	海关总署关于开展对出口商品审价和继续做好商品审价工作的通知
140	署传〔1994〕233 号	关于从事油菜籽进料加工问题的通知
141	署监〔1994〕684 号	海关总署关于对加工贸易合同进行全面清查清理的通知
142	监保〔1994〕231 号	监管司关于加工贸易合同清查清理工作情况通报
143	监保〔1995〕24 号	海关总署监管司关于对进料加工进口钢材管理的通知
144	署监〔1995〕传 3 号	海关总署关于重申对外商投资企业进料加工管理有关问题的紧急通知
145	署稽〔1995〕221 号	海关总署关于加强对外商投资企业稽查工作有关问题的通知
146	署监〔1995〕203 号	海关总署关于进口铁矿石加工硅铁出口征收出口税的批复
147	监保〔1995〕270 号	监管司关于对外加工装配企业内销产品监管征税的通知
148	监保传（336）号	关于转发外经贸部《关于暂停审批食糖进料加工和来料加工合同的紧急通知》的通知
149	署监〔1995〕392 号	海关总署关于对进料加工进口氧化铝加强监管的紧急通知

150	署监〔1995〕405 号	海关总署关于加强对进口照相机、复印机整机及散件管理的通知
151	署监〔1995〕406 号	海关总署关于对进料加工进口敏感商品加强审批的紧急通知
152	署监〔1995〕566 号	海关总署关于对加工贸易合同进行全面清理核销的通知
153	署监〔1995〕629 号	海关总署关于转发《国务院办公厅关于钢材进口管理有关问题的复函》的通知
154	署监〔1995〕767 号	海关总署关于转发外经贸部《关于公布橡胶、钢材、木材、胶合板、羊毛、腈纶、棉花等七种进口商品经营公司名单的通知》的通知
155	署监〔1995〕838 号	海关总署关于进一步重申对进料加工进口敏感商品加强审批及有关问题的补充通知
156	署监〔1995〕951 号	海关总署关于转发《加工贸易进口料件试行银行保证金台账制度对外宣传口径》的通知
157	监保传（336）号	关于转发外经贸部《关于暂停审批食糖进料加工和来料加工合同的紧急通知》的通知
158	署监〔1995〕1013 号	海关总署关于对加工贸易进口聚酯纤维丝加强监管的紧急通知
159	监保传（380）号	对加工贸易无法复出口食糖作出的处理意见
160	监特〔1995〕377 号	海关总署监管司关于翁源达进口汽车翻新有限公司承接旧汽车翻新的批复
161	监保〔1995〕386 号	监管司关于加强对加工贸易消耗定额管理的通知
162	署监〔1996〕48 号	海关总署关于编制加工贸易重点商品消耗定额的通知
163	监保〔1996〕65 号	监管司关于转发〔1996〕外经贸政发第 17 号文的通知
164	署监〔1996〕129 号	海关总署关于限期完成加工贸易到期及遗留合同清理核销工作的紧急通知
165	监保传（1965）号	关于转发外经贸部《关于暂停审批食糖进料加工和来料加工合同的补充通知》的通知
166	署监〔1996〕203 号	海关总署关于转发全国海关加工贸易银行保证金台账制度扩大试点工作会议两个文件的通知
167	监保传（1996）206 号	关于报送台账统计报表的通知
168	署监〔1996〕572 号	海关总署、中国银行关于印发《海关总署、中国银行关于在全国推广实行加工贸易进口料件银行保证金台账制度的宣传提纲》的通知
169	监保传 242 号	关于转发经贸部《关于调整部分加工贸易规定的通知》的补充通知
170	（1996）传字（42）号	广东海关分署关于加工贸易进口保税货物跨关区结转加工监管有关问题的通知
171	监保〔1996〕226 号	监管司关于转发《关于启用对外贸易经济合作部进料加工业务批复单和审批专用章的函》的通知
172	署监〔1996〕256 号	海关总署关于对加工贸易进口食用植物油加强监管的紧急通知
173	署监〔1996〕399 号	海关总署关于对加工贸易项下进口重点商品加强监管的通知
174	署监传（27）号	转发外经贸部《关于调整部分加工贸易规定的通知》的通知
175	监保传〔1996〕217 号	监管司关于对广东分署拟定《海关对加工贸易进口保税货物跨关区结转加工监管办法》及有关问题的具体意见
176	署监〔1996〕534 号	海关总署关于执行《加工贸易海关核销人员守则》的通知

177	署监〔1996〕1123 号	海关总署关于转发外经贸部《关于明确进口经营有关问题的通知》的通知
178	署监传〔1996〕33 号	海关总署关于转发国务院税委会〔1996〕19 号文件的通知
179	署监〔1996〕763 号	海关总署关于对因洪灾受损保税货物的处理问题的通知
180	署监〔1996〕555 号	海关总署关于印发刘文杰副署长在全国海关推行加工贸易银行保证金台账制度工作会议上的讲话和孙亚一司长在会议小结时讲话的通知
181	署监〔1996〕1077 号	海关总署关于对加工贸易项下进口羊毛、钢材等七种重点敏感商品进行专项核查核销的紧急通知
182	署监传〔1996〕57 号	海关总署关于对原（白）糖进出口加强海关监管的紧急通知
183	署税〔1996〕237 号	海关总署、对外贸易经济合作部关于执行国务院对外商投资企业税收政策调整的具体实施规定的通知
184	署监传〔1997〕18 号	海关总署关于加强对加工贸易项下进口重点敏感商品审批备案和监管的紧急通知
185	署监传〔1997〕65 号	关于天然橡胶列入重点敏感商品管理的通知
186	署税〔1997〕172 号	海关总署关于下达《中华人民共和国海关审定加工贸易进口货物完税价格暂行办法》的通知
187	监保〔1997〕55 号	监管司关于对加工贸易加强前期管理的通知
188	监保〔1997〕99 号	监管司关于转发《外经贸部贸管司进料加工业务批复单》调整样本的通知
189	署监〔1997〕287 号	海关总署关于下发《重点敏感商品目录》的通知
190	加工办传〔1997〕137 号	关于中外合资企业进口甲苯、乙酮等易制毒化学品配制鞋用胶水加工鞋类出口问题的批复
191	署监〔1997〕204 号	关于明确署监〔1997〕287 号文几个问题的通知
192	监保传（210）号	海关总署传真电报
193	署监〔1997〕511 号	海关总署关于转发中国银行《关于我行保证金台账工作情况的报告》的通知
194	署监〔1997〕581 号文	海关总署、中国银行关于使用加工贸易银行保证金台账计算机对账系统的通知
195	监加传〔1997〕281 号	海关总署监管司传真电报 关于加强对放弃《登记手册》管理的通知
196	监保〔1997〕286 号	监管司关于伊朗德黑兰地铁承包项目部分进口组装件按进料加工办理手续的通知
197	署监〔1997〕637 号	海关总署关于加强对加工贸易遗留合同和到期合同进行清理核销的通知
198	监加传〔1997〕352 号	关于加强以进口棉花为原料的加工贸易业务管理的通知
199	统一〔1997〕34 号	综合统计司关于加强审核保税业务统计报表的通知
200	监加传〔1997〕349 号	关于进一步做好 IC 卡试点工作的通知
201	科防〔1997〕14 号	科技装备司关于加强对 IC 卡管理的通知
202	监货〔1997〕215 号	监管司关于转发外经贸部《关于中加纺织品协议延长的通知》的通知
203	署税〔1997〕955 号	海关总署关于下达《关于审定进出口货物完税价格工作制度》的通知
204	署监〔1997〕784 号	海关总署关于转发《国务院关于切实做好 1997 年度棉花工作的通知》和编发端木君副署长 9 月 19 日在全国鼓励使用新疆棉工作会议期间与海关代表座谈时的讲话（摘要）的通知
205	监加传〔1997〕395 号	关于进一步加强对加工贸易合同核销补税工作的通知

206	署监〔1997〕829 号	海关总署关于进一步加强对加工贸易合同核销补税工作的通知
207	署监〔1997〕927 号	海关总署关于加强对加工贸易产品消耗定额核定工作的通知
208	监保传〔1997〕423 号	关于暂不执行《关于加工贸易跨关区深加工中间产品管理的通知》的通知
209	署监〔1997〕997 号	海关总署关于执行《关于使用新疆棉生产出口产品实行零税率管理办法的通知》的通知
210	署监〔1997〕1007 号	海关总署关于转发《国务院办公厅转发国家计委关于进一步调整食糖生产和流通有关政策意见的通知》的通知
211	监加〔1997〕524 号	监管司关于清理核销加工贸易到期合同遗留合同情况的通报
212	传真电报	对国家产业政策鼓励的国内投资项目和外资项目进口设备准予免征关税和进口环节增值税的通知
213	署税〔1998〕315 号	关于对来料加工项目外商不作价提供设备进口税收遗留问题的通知
214	署监传〔1998〕26 号	海关总署关于对加工贸易内销配额许可证管理商品一律凭有效许可证补税核销的通知
215	署监〔1998〕170 号	海关总署关于进一步加强成品油进口监管、打击成品油走私的紧急通知
216	署监〔1998〕247 号	海关总署关于试行《海关监管工作查验、检查、核销量化标准（试行）》的通知
217	监货〔1998〕157 号	监管司关于转发《关于对〈关于加强维生素 C 生产、出口管理有关事项的通知〉的补充规定的通知》的通知
218	监货〔1998〕263 号	监管司关于转发《关于加强易制毒化学品进口管理的通知》的通知
219	署监〔1998〕699 号	海关总署关于加强对进口不锈钢材监管和打击不锈钢材走私的通知
220	署监〔1998〕261 号	海关总署关于加强对加工贸易合同核销补税工作的通知
221	署监〔1998〕211 号	海关总署关于调整《加工贸易重点敏感商品目录》的通知
222	署税传〔1999〕48 号	海关总署关于执行《关于加工贸易进口棉花、棉纱、棉坯布有关问题的通知》的通知
223	署税传〔1999〕51 号	海关总署关于对新疆棉以出顶进管理有关问题的补充通知
224	署监传〔1999〕63 号	关于执行《关于新疆棉花以出顶进管理暂行办法》中监管问题的通知
225	税管〔1999〕523 号	关税征管司关于转发国家经贸委《关于供应外商投资企业用油加工贸易手册核销问题的通知》的通知
226	署税传〔1999〕79 号	海关总署关于推迟执行国办发〔1999〕35 号文件有关问题的通知
227	署办通〔1999〕142 号	海关总署办公厅关于深加工结转中办理报关单证明联补签问题的通知
228	监传〔1999〕179 号	海关总署关于对被评为 C 类管理的加工贸易企业暂按 B 类管理的通知
229	中华人民共和国 海关总署令 73 号 署税〔1999〕647 号	《中华人民共和国海关审定加工贸易进口货物完税价格办法》 海关总署关于印发《中华人民共和国海关审定加工贸易进口货物完税价格办法》的通知
230	署办法〔1999〕415 号	海关总署办公厅关于执行羊毛等四种加工贸易实转商品监管问题的批复
231	署办税〔1999〕334 号	海关总署办公厅关于 1999 年加工贸易内销补税征收缓税利息适用利率的通知
232	署办税〔1999〕370 号	海关总署办公厅关于合肥四方化工集团有限责任公司进料加工尿素的批复

233	署办税〔2000〕39号	海关总署办公厅关于2000年加工贸易内销补税征收缓税利息适用利率的通知
234	署办税〔2000〕132号	海关总署办公厅关于外商投资企业进口料件进行管理的通知
235	税管〔2000〕190号	关税征管司关于执行反倾销措施若干问题的通知
236	署税〔2000〕651号	海关总署关于不得为“成人玩具”办理加工贸易备案等问题的通知
237	署税〔2000〕231号	海关总署关于实行关税配额税率商品适用税率等有关问题的通知
238	税管函〔2001〕114号	关税征管司关于沈阳筱边机械制造有限公司加工贸易进口废游戏机的复函
239	税管函〔2001〕167号	关税征管司关于对新疆独山子石化进出口贸易公司原油进料加工核销问题的请示的批复
240	税管函〔2001〕162号	关税征管司关于鳄鱼养殖加工贸易合同展期的函
241	税管函〔2001〕214号	关税征管司关于加工贸易进口绵羊皮产生废羊毛征免税问题的复函
242	税管函〔2001〕276号	关税征管司关于加强对加工贸易核销高风险岗位工作管理的通知
243	税管函〔2001〕164号	关税征管司关于青岛海关棉花加工贸易遗留手册展期的函
244	税管函〔2001〕200号	关税征管司关于请广州海关对加工贸易成品返修有关问题开展调研的函
245	税管函〔2001〕205号	关税征管司关于性保健器具加工贸易产品内销问题的复函
246	署税函〔2001〕380号	海关总署关于马其顿科佳水电站项目加工贸易有关问题的通知
247	署税函〔2001〕376号	海关总署关于西北铁合金有限责任公司进口球团矿加工硅铁出口有关问题的批复
248	署税函〔2001〕168号	海关总署关于新疆棉核销问题的批复
249	署税函〔2001〕375号	海关总署关于新疆梧桐维特等六家企业加工贸易合同核销问题的批复
250	署税函〔2001〕218号	海关总署关于成发航空科技股份有限公司免于实行银行保证金台账实转的批复
251	税管函〔2002〕134号	关税征管司关于三立（厦门）汽车配件有限公司从事旧汽车发电机等加工贸易翻新业务善后问题的复函
252	税管函〔2002〕187号	关税征管司关于山东省机械进出口集团公司办理加工贸易手册料件结转的复函
253	税管函〔2002〕106号	关税征管司关于食糖加工贸易合同展期的函
254	署税发〔2002〕143号	海关总署关于进一步加强税收征管工作有关问题的通知
255	署税函〔2002〕229号	海关总署关于友利电电子（深圳）有限公司开展深加工结转业务有关问题的批复
256	税管函〔2002〕222号	关税征管司关于加工贸易项下节余羊毛内销适用税率有关问题的复函
257	税管函〔2002〕255号	关税征管司关于濮阳中原石油化工厂加工贸易合同金额倒挂问题的批复
258	政法函〔2003〕3号	政策法规司关于《重庆海关关于加工贸易项下进口货物内销补税适用法律问题的请示》的批复

中华人民共和国海关总署公告

2004 年第 7 号

根据《国务院批转关税税则委员会、财政部、国家税务总局关于第二步清理关税和进口环节税减免规定的意见的通知》（国发〔1994〕64 号），对 20 种商品，自 1995 年 1 月 1 日起，无论任何地区、企业、单位和个人，以任何贸易方式进口，一律停止减免关税和进口环节增值税。

根据《财政部关于重新明确不予减免税的 20 种商品税号范围的通知》（财关税〔2004〕6 号），对电视机、摄像机、录像机、放像机、音响设备、空调器、电冰箱（电冰柜）、洗衣机、照相机、复印机、程控电话交换机、微型计算机及外设、电话机、无线寻呼系统、传真机、电子计数器、打字机及文字处理机、家具、灯具和餐料 20 种商品税号重新予以明确（详见附件 1、2）。

除根据税则税目改版和调整的税号重新明确外，将数码相机、数码复印机、IC 卡读入器、闪烁存储器、移动硬盘和网络摄像头等新产品也纳入应属于上述商品的税号范围（详见附件 1）。

上述商品进口时，应严格按照《中华人民共和国进出口税则》税号进行认定，并征收进口关税和进口环节增值税。

本公告自 2004 年 4 月 1 日起执行。

特此公告。

附件 1　停止减免税的 20 种商品税号对照表

附件 2　停止减免税的 20 种商品（餐料）税号对照表

海关总署

2004 年 3 月 12 日

附件 1

停止减免税的 20 种商品税号对照表

序号	商品名称	对应 2004 年版税则号列	1996 年版税则号列	备注
1	电视机	8528.1210	8528.1210	
		8528.1221、8528.1239、8528.1249、8528.1290	8528.1291	
		8528.1222、8528.1239、8528.1249、8528.1290	8528.1292	
		8528.1223、8528.1224、8528.1238、8528.1248、8528.1290	8528.1293	
		8528.1310	8528.1310	
		8528.1320	8528.1320	
		8528.1330	8528.1330	
		8528.1340	8528.1340	
		8528.2100	8528.2100	

序号	商品名称	对应 2004 年版税则号列	1996 年版税则号列	备注
1	电视机	8528.2200	8528.2200	
		8528.3010	8528.3010	
		8528.3020	8528.3020	
2	摄像机	8525.3091、8525.3099	8525.3090	
		8525.4042	8525.4020	
		8525.4041、8525.4049	8525.4090	
3	录像机	8521.1011、8521.1019	8521.1010	
		8521.9011、8521.9012、8521.9019、8521.9090	8521.9000	
4	放像机	8521.1020	8521.1020	
		8521.9011、8521.9012、8521.9019、8521.9090	8521.9000	
5	音响设备	8518.1000	8518.1000	
		8518.2100	8518.2100	
		8518.2200	8518.2200	
		8518.2900	8518.2900	
		8518.4000	8518.4000	
		8518.5000	8518.5000	
		8519.1000	8519.1000	
		8519.2100	8519.2100	
		8519.2900	8519.2900	
		8519.3100	8519.3100	
		8519.3900	8519.3900	
		8519.4000	8519.4000	
		8519.9200	8519.9200	
		8519.9300	8519.9300	
		8519.9910	8519.9910	
		8520.3210	8520.3210	
		8520.3300	8520.3300	
		8527.1200	8527.1200	
		8527.1300	8527.1300	
		8527.1900	8527.1900	
		8527.2100	8527.2100	
		8527.2900	8527.2900	
		8527.3100	8527.3100	
		8527.3200	8527.3200	
		8527.3900	8527.3900	

<table>
<tr><th>序号</th><th>商品名称</th><th>对应 2004 年版税则号列</th><th>1996 年版税则号列</th><th>备注</th></tr>
<tr><td rowspan="7">6</td><td rowspan="7">空调器</td><td>8415. 1010、8415. 1021、8415. 1022</td><td>8415. 1000</td><td rowspan="7">不包括中央空调（中央空调的定义：1. 指具有控制系统、空气处理系统和空气分配系统的空调。其主要形式有风机盘管式空调和风道式空调；2. 对于难以判断是否为中央空调，可按其制冷量作为判断标准，即制冷量在 10 万大卡以上的，可作为中央空调处理）。</td></tr>
<tr><td>8415. 2000</td><td>8415. 2000</td></tr>
<tr><td>8415. 8110</td><td>8415. 8110</td></tr>
<tr><td>8415. 8120</td><td>8415. 8120</td></tr>
<tr><td>8415. 8210</td><td>8415. 8210</td></tr>
<tr><td>8415. 8220</td><td>8415. 8220</td></tr>
<tr><td>8415. 8300</td><td>8415. 8300</td></tr>
<tr><td rowspan="10">7</td><td rowspan="10">电冰箱、电冰柜</td><td>8418. 1010</td><td>8418. 1010</td><td rowspan="10">税号 8418. 5000 不包括具有混合、搅拌、制冷功能的现调机。</td></tr>
<tr><td>8418. 1020、8418. 1030</td><td>8418. 1090</td></tr>
<tr><td>8418. 2110、8418. 2120、8418. 2130</td><td>8418. 2100</td></tr>
<tr><td>8418. 2200</td><td>8418. 2200</td></tr>
<tr><td>8418. 2900</td><td>8418. 2900</td></tr>
<tr><td>8418. 3021</td><td>8418. 3021</td></tr>
<tr><td>8418. 3029</td><td>8418. 3029</td></tr>
<tr><td>8418. 4021</td><td>8418. 4021</td></tr>
<tr><td>8418. 4029</td><td>8418. 4029</td></tr>
<tr><td>8418. 5000</td><td>8418. 5000</td></tr>
<tr><td rowspan="5">8</td><td rowspan="5">洗衣机</td><td>8450. 1110、8450. 1120、8450. 1190</td><td>8450. 1100</td><td rowspan="5"></td></tr>
<tr><td>8450. 1200</td><td>8450. 1200</td></tr>
<tr><td>8450. 1900</td><td>8450. 1900</td></tr>
<tr><td>8450. 2000</td><td>8450. 2000</td></tr>
<tr><td>8451. 1000</td><td>8451. 1000</td></tr>
<tr><td rowspan="4">9</td><td rowspan="4">照相机</td><td>9006. 4000</td><td>9006. 4000</td><td rowspan="4"></td></tr>
<tr><td>9006. 5100</td><td>9006. 5100</td></tr>
<tr><td>9006. 5300</td><td>9006. 5300</td></tr>
<tr><td>9006. 5990、8525. 4050*</td><td>9006. 5900</td></tr>
<tr><td rowspan="6">10</td><td rowspan="6">复印机</td><td>9009. 1110</td><td>9009. 1110</td><td rowspan="6">包括落地式数码复印机。</td></tr>
<tr><td>9009. 1190</td><td>9009. 1190</td></tr>
<tr><td>9009. 1210</td><td>9009. 1210</td></tr>
<tr><td>9009. 1290</td><td>9009. 1290</td></tr>
<tr><td>9009. 2110</td><td>9009. 2110</td></tr>
<tr><td>9009. 2190</td><td>9009. 2190</td></tr>
</table>

序号	商品名称	对应 2004 年版税则号列	1996 年版税则号列	备注
10	复印机	9009. 2210	9009. 2210	
		9009. 2290	9009. 2290	
		9009. 3010	9009. 3010	
		9009. 3090	9009. 3090	
11	程控电话交换机	8517. 3011	8517. 3011	
		8517. 3013、8517. 3019	8517. 3012	
		8517. 3091、8517. 3099	8517. 3090	
12	微型计算机及外设	8471. 3000	8471. 3000	不包括工作站。税号 8471. 6090 仅指 IC 卡读入器；8471. 7090 仅指闪烁存储器和移动硬盘；8525. 3099 仅指计算机用网络摄像头。税号 8471. 6032 包括多功能数码机。
		8471. 4140	8471. 4140	
		8471. 4940	8471. 4940	
		8471. 5040	8471. 5040	
		8471. 6011、8471. 6012、8471. 6019	8471. 6010	
		8471. 6031	8471. 6031	
		8471. 6032	8471. 6032	
		8471. 6033	8471. 6033	
		8471. 6039	8471. 6039	
		8471. 6050	8471. 6050	
		8471. 6060	8471. 6060	
		8471. 6070	8471. 6070	
		8471. 6090*		
		8471. 7090*		
		8525. 3099*		
13	电话机	8517. 1100	8517. 1100	
		8517. 1910	8517. 1910	
		8517. 1990	8517. 1990	
		8525. 2022	8525. 2021	
		8525. 2023	8525. 2023	
14	无线寻呼系统	8527. 9010	8527. 9010	税号 8525. 1090 仅指无线寻呼基地台；税号 8525. 2099 仅指移动通讯的收发讯基站；对移动通信设备中的车载电台（不含端机）应归入 8525. 2029。
		8525. 1090	8525. 1090	
		8525. 2092、8525. 2099	8525. 2099	
15	传真机	8517. 2100	817. 2100	

序号	商品名称	对应2004年版税则号列	1996年版税则号列	备注
16	电子计算器	8470.1000	8470.1000	
		8470.2100	8470.2100	
		8470.2900	8470.2900	
17	打字机及文字处理机	8469.1100	8469.1100	
		8469.1200	8469.1200	
		8469.2000	8469.2000	
		8469.3000	8469.3000	
18	家具	9401.3000	9401.3000	
		9401.4000	9401.4000	
		9401.5000	9401.5000	
		9401.6100	9401.6100	
		9401.6900	9401.6900	
		9401.7100	9401.7100	
		9401.7900	9401.7900	
		9401.8000	9401.8000	
		9403.1000	9403.1000	
		9403.2000	9403.2000	
		9403.3000	9403.3000	
		9403.4000	9403.4000	
		9403.5010	9403.5010	
		9403.5091	9403.5091	
		9403.5099	9403.5099	
		9403.6010	9403.6010	
		9403.6091	9403.6091	
		9403.6099	9403.6099	
		9403.7000	9403.7000	
		9403.8010	9403.8010	
		9403.8090	9403.8090	
		9404.1000	9404.1000	
		9404.2100	9404.2100	
		9404.2900	9404.2900	
		9404.3010	9404.3010	
		9404.3090	9404.3090	
		9404.9010	9404.9010	
		9404.9020	9404.9020	

序号	商品名称	对应2004年版税则号列	1996年版税则号列	备注
18	家具	9404.9030	9404.9030	
		9404.9040	9404.9040	
		9404.9090	9404.9090	
19	灯具	9405.1000	9405.1000	
		9405.2000	9405.2000	
		9405.3000	9405.3000	

注：带*号的税号为此次新增。

附件2

停止减免税的20种商品（餐料）税号对照表

序号	商品名称	2004版税则号列
一、酒、饮料		
1	酒、饮料	税目22.01至22.08项下全部税号
2	未发酵及未加酒精的水果汁、蔬菜汁	税目20.09项下全部税号
二、水果		
序号	商品名称	2004版税则号列
1	各种干、鲜水果及坚果	第八章全部税号
2	用各种方法制作或保藏的水果、蔬菜	税目20.01至20.08项下全部税号
三、调味品		
序号	商品名称	2004版税则号列
1	人造黄油等	税目15.17项下全部税号
2	汤料及其制品	2104.1000
3	调味汁及其制品；混合调味品；芥子粉及其调制品	税目21.03项下全部税号
4	胡椒、辣椒粉、肉桂、丁香、肉豆蔻、八角、茴香、咖喱等调味香料	税目09.04至09.10项下全部税号
5	天然蜂蜜	0409.0000
6	醋	2209.0000
四、水产品、肉禽蛋菜		
序号	商品名称	2004版税则号列
1	肉及食用杂碎	第二章全部税号
2	鱼、甲壳动物、软体动物等	第三章全部税号
3	食用蔬菜、根及块茎	第七章全部税号
4	肉、鱼、甲壳动物等制品	第十六章全部税号

一、酒、饮料		
5	带壳禽蛋等	税目 04.07 项下全部税号
6	去壳禽蛋及蛋黄等	税目 04.08 项下全部税号
7	燕窝等其他食用动物产品	税目 04.10 项下全部税号
8	蔬菜制品及其罐头	税目 20.01 至 20.08 项下全部税号
五、乳制品		
序号	**商品名称**	**2004 版税则号列**
1	乳、奶油、乳精黄油等各种乳制品	税目 04.01 至 04.06 项下全部税号
2	冰淇淋及其制品	2105.0000
3	浓缩蛋白质及人造蛋白物质	2106.1000
4	其他以黄油或其他乳脂、乳油为基料的制品	2106.9090（不以黄油、乳脂、乳油为基料的制品，不在此范围内）

中华人民共和国海关总署公告

2004 年第 8 号

按照《中华人民共和国反倾销条例》的规定，商务部根据对原产于日本、美国、伊朗、马来西亚、墨西哥和台湾地区的进口乙醇胺的反倾销调查结果，决定对原产于日本、美国、伊朗、马来西亚、墨西哥和台湾地区的进口乙醇胺（税则号列 2922.1100，2922.1200）实施临时反倾销措施并对外公告（中华人民共和国商务部 2004 年第 8 号公告，见附件 1）。现就海关在实施临时反倾销措施中的有关问题公告如下：

一、自 2004 年 3 月 25 日起，对原产于日本、美国、伊朗、马来西亚、墨西哥和台湾地区的进口乙醇胺（税则号列 2922.1100，2922.1200 项下的单乙醇胺盐和二乙醇胺盐不在本次临时反倾销措施执行范围之内），海关除按现行规定征收关税和进口环节增值税外，还应区别不同的供货厂商按照本公告附件 2（反倾销现金保证金征收比率表）所列的征收比率征收反倾销现金保证金。

现金保证金的计算公式为：

现金保证金金额 =（海关完税价格 × 征收比率）× （1 + 进口环节增值税税率）

对实施临时反倾销措施产品的详细描述详见本公告附件 1。

二、凡申报进口乙醇胺的，必须向海关提交原产地证明，如果原产地为日本、美国、伊朗、马来西亚、墨西哥和台湾地区还需提供原厂商发票。对于申报进口乙醇胺时不能提供原产地证明，且经查验也无法确定货物的原产地不是日本、美国、伊朗、马来西亚、墨西哥和台湾地区的，海关按照本公告附件 2 所列的日本公司适用的比率征收现金保证金；对于能够确定货物的原产地是日本、美国、伊朗、马来西亚、墨西哥和台湾地区，但进口经营单位不能提供原厂商发票，且通过其他合法、有效的单证等证据也无法确定生产厂商的，海关按本公告附件 2 所列的相应国家其他公司适用的比率征收现金保证金。

三、有关加工贸易保税进口乙醇胺如何征收反倾销现金保证金等方面的问题，海关按照中华人民共和国海关总署 2001 年第 9 号公告执行。

四、对于伪报原产国或伪造进口乙醇胺原产地证明或原厂商发票的行为，海关应按有关规定进行处罚。

五、对于所征收的现金保证金的处理，海关总署将根据终裁结果另行公告。

六、对在实施临时反倾销措施期间，出现相同或类似货物而海关无法确定是否采取实施临时反倾销措施时，有关企业应向商务部提出申请，由商务部商有关部门就有关问题作出裁定。海关将根据商务部的裁定执行。

特此公告。

附件1　中华人民共和国商务部2004年第8号公告（略）

附件2　反倾销现金保证金征收比率表

海关总署

2004年3月24日

附件2

反倾销现金保证金征收比率表

原产国（地区）	生产厂商	征收比率
日本	所有日本公司	137%
美国	英力士有限公司（INEOS LLC）	32%
	陶氏化学公司（The Dow Chemical Company）	59%
	其他美国公司（All Others）	112%
伊朗	伊朗阿拉克石油化学公司（Arak Petrochemical Company）	26%
	其他伊朗公司（All Others）	27%
马来西亚	奥伯帝莫马来西亚化学公司［OPTIMAL Chemicals（Malaysia）Sdn Bhd］	9%
	其他马来西亚公司（All Others）	40%
台湾地区	台湾东联化学股份有限公司（Oriental Union Chemical Corporation）	23%
	其他台湾地区公司（All Others）	43%
墨西哥	所有墨西哥公司	21%

中华人民共和国海关总署公告

2004年第9号

按照《中华人民共和国反倾销条例》的规定，商务部根据对原产于欧盟、韩国、美国、印度的进口三氯甲烷的反倾销调查结果，决定对原产于欧盟、韩国、美国、印度的进口三氯甲烷（税则号列2903.1300）实施临时反倾销措施并对外公告（中华人民共和国商务部2004年第9号公告，见附件1）。现就实施临时反倾销措施中的有关问题公告如下：

一、自2004年4月8日起，对原产于欧盟（包括法国、德国、意大利、英国、荷兰、比利时、卢森堡、爱尔兰、丹麦、希腊、西班牙、葡萄牙、奥地利、芬兰和瑞典）、韩国、美国、印度的进口三氯甲烷，海关除按现行规定征收关税和进口环节增值税外，还将区别不同的供货厂商按照本公告附件2（反倾销现金保证金征收比率表）所列的征收比率征收反倾销现金保证金。

现金保证金的计算公式为：

现金保证金金额 =（海关完税价格 × 现金保证金征收比率）×（1 + 进口环节增值税税率）

对实施临时反倾销措施产品的详细描述详见本公告附件 1。

二、凡申报进口三氯甲烷的，必须向海关提交原产地证明，如果原产地为欧盟、韩国、美国和印度的，还须提供原厂商发票。对于申报进口三氯甲烷时不能提供原产地证明，且经查验也无法确定货物的原产地不是欧盟、韩国、美国和印度的，海关按照本公告附件 2 所列的其他印度公司适用的现金保证金比率征收现金保证金；对于能够确定货物的原产地是欧盟、韩国、美国和印度的，但进口经营单位不能提供原厂商发票，且通过其他合法、有效的单证等证据也无法确定生产厂商的，海关按本公告附件 2 所列的相应国家“其他公司”适用的现金保证金比率征收现金保证金。

三、有关加工贸易保税进口三氯甲烷如何征收反倾销现金保证金等方面的问题，海关按照中华人民共和国海关总署 2001 年第 9 号公告执行。

四、对于伪报原产国或伪造进口三氯甲烷原产地证明或原厂商发票的，海关将按有关规定进行处罚。

五、对于所征收的现金保证金的处理，海关总署将根据终裁结果另行公告。

六、在实施临时反倾销措施期间，如果出现与实施临时反倾销措施产品类似进口货物，而海关无法确定是否采取实施临时反倾销措施时，有关企业应向商务部提出申请，由商务部商有关部门就有关问题作出裁定，海关将根据商务部的裁定执行。

特此公告。

附件 1　中华人民共和国商务部 2004 年第 9 号公告（略）

附件 2　反倾销现金保证金征收比率表

海关总署

2004 年 4 月 6 日

附件 2

反倾销现金保证金征收比率表

原产国（地区）	厂商名称	征收比率
欧盟	法国阿托菲纳（ATOFINA）	16%
	英国英力士氯化有限公司（Ineos Chlor Limited）	32%
	德国 LII 欧洲有限公司（LII Europe GmbH）	59%
	其他欧盟公司	59%
韩国	韩国三星精密化学株式会社（Samsung Fine Chemicals）	62%
	其他韩国公司	62%
美国	美国陶氏化学公司（The Dow Chemical Company）	45%
	美国瓦尔坎材料公司（Vulcan Materials Company）	65%
	其他美国公司	65%
印度	印度钱普拉斯有限公司（Chemplast Sanmar Limited）	96%
	其他印度公司	96%

中华人民共和国海关总署公告

2004年第10号

根据《国务院办公厅关于同意上海外高桥保税区与外高桥港区联动试点的复函》（国办函〔2003〕81号），在外高桥港区设立外高桥保税区的物流园区（以下简称为保税物流园区），开展保税区与港区联动试点。现就有关事项公告如下：

一、保税物流园区专门发展仓储和物流产业，区内不得开展加工贸易业务。

二、保税物流园区享受保税区相关政策，在进出口税收方面，比照实行出口加工区的相关政策，即国内货物进入园区视同出口，办理报关手续，实行退税；园区货物内销按货物进口的有关规定办理报关手续，货物按实际状态征税；区内货物自由流通，不征增值税和消费税。

三、本公告自2004年4月15日起施行。

海关总署

2004年4月12日

中华人民共和国海关总署公告

2004年第12号

根据《财政部、国家税务总局关于对宫内节育器免征进口环节增值税的通知》（财关税〔2003〕17号），自2004年5月1日起，对宫内节育器（税则号列：9018.9080）免征进口环节增值税。

特此公告。

海关总署

2004年4月27日

中华人民共和国海关总署公告

2004年第13号

《海关总署关于优惠贸易协定项下转运进口货物〈未再加工证明〉的规定的公告》（2003年第78号，以下简称第78号公告）发布之后，各优惠贸易协定项下经第三方转运进口货物已陆续凭《未再加工证明》通关并享受关税优惠。《曼谷协定》项下经由香港转运进口的货物，由于第78号公告没有明确，中国检验（香港）有限公司无法对此类转运进口货物签发《未再加工证明》，因此未能享受优惠协定税率。

经研究决定，自2004年5月10日起对经由香港和澳门转运进口的《曼谷协定》项下货物，可比照第78号公告执行。对于经其他第三方转运的《曼谷协定》项下进口货物，应提交该第三方海关出具的未再加工证明文件。

特此公告。

海关总署

2004年4月29日

中华人民共和国海关总署公告

2004年第14号

海关总署于2003年12月5日以海关总署令第105号发布的《中华人民共和国海关对保税仓库及所存货物的管理规定》（以下简称《管理规定》）已于2004年2月1日起施行。为保证《管理规定》顺利实施，现就执行中的有关问题公告如下：

一、《管理规定》第二十三条规定保税仓储货物出库的免税范围不包括用于国际航行船舶和航空器维修用零部件。但中华人民共和国参加的国际条约或者与外国政府签订的双边协定中，规定对外国的运输工具维修用零部件予以免税的除外。

二、《管理规定》不适用于各类免税店及其经营和存放的免税品。对此类免税店及免税品的监管，另按海关有关规定办理。

三、中华人民共和国海关保税仓库注册登记证书（附件1）和保税仓库申请书（附件2）采用固定标准格式。申请企业可向主管海关领取保税仓库申请书。

附件1　中华人民共和国海关保税仓库注册登记证书（略）

附件2　保税仓库申请书（略）

海关总署

2004年5月21日

中华人民共和国海关总署公告

2004年第15号

根据《中华人民共和国知识产权海关保护条例》第三十二条的规定，知识产权权利人将其知识产权向海关总署备案的，应当按照国家有关规定缴纳备案费。现就备案费的收取事项公告如下：

一、知识产权权利人向海关总署申请知识产权海关保护备案的，申请人应当为每件备案申请缴纳备案费人民币800元。

二、申请人应当通过银行将备案费转入海关总署的备案费专用账户。海关总署不接受申请人通过邮局汇款或以现金、支票等其他形式缴纳备案费。

海关总署知识产权海关保护备案费专用账户：

开户银行：北京市工商银行王府井分理处

银行号：工商7

账号：090144070－44

户名：海关总署知识产权收费专户

三、申请人应当在向海关总署提交备案申请前预先缴纳备案费，并在备案申请书中随附备案费银行转账单的复印件。对未随附银行转账单复印件的备案申请，海关总署不予受理。

四、海关总署准予知识产权海关保护备案的，应当向申请人出具备案费收据；海关总署不予备案的，应当向申请人退还备案费。

五、申请人在备案有效期内申请备案续展或变更的，不再缴纳备案费。申请人在备案失效后再次申请备案的，应当重新缴纳备案费。

知识产权海关保护备案被海关总署依法注销、撤销或者因其他原因失效的，申请人已缴纳的备案费不予退还。

六、本公告自2004年7月1日起施行。1997年7月1日起实施的《海关总署关于知识产权海关保护备案的收费规定》同时废止。

特此公告。

海关总署

2004年5月25日

中华人民共和国海关总署公告

2004 年第 18 号

为便于海关对药品进行商品归类，自公告之日起，除《中华人民共和国进出口税则》及相关注释另有规定以外，国家食品药品监督管理局核发的《进口药品注册证》作为海关商品归类的依据之一。在海关需要时，进出口货物的收发货人应提供该证的复印件。此前有关货物所征收税款不予调整。

特此公告。

海关总署

2004 年 5 月 31 日

中华人民共和国海关总署
商　　务　　部
公　告

2004 年第 19 号

为全面贯彻落实党的十六届三中全会精神，积极推动和引导加工贸易转型升级，促进我国加工贸易继续发展，必须在规范加工贸易管理的同时，解决由于历史原因形成的加工贸易逾期手册积案。现就加工贸易逾期未核销手册处理问题公告如下：

一、对在公告施行之日前，因企业已破产、解散、倒闭等产生的逾期手册，有关企业或当事人应在公告施行后 1 个月内主动向海关提供法院、工商、商务等有关主管部门的相关证明材料，海关凭以办理核销手续。对公告施行之日以后宣布破产、解散，进入清算程序的，有关企业或当事人应及时向海关和商务主管部门报告，否则不予核销。

二、对于确已认定是“三无企业”（无工厂、无加工设备、无工人）产生的逾期手册，海关凭有关主管部门的证明材料办理手册核销。

三、对企业涉嫌走私违规，被海关立案调查，或因涉嫌其他违法行为，被其他执法部门立案调查或处理而产生的逾期手册，若已经结案、保税货物已作处理的，企业应在公告施行后 1 个月内提供有关证明材料，海关会同商务部门向有关办案部门核实后办理核销手续；对企业无法提供有关证明材料的，海关凭办案部门出具的证明材料办理核销；若尚未结案的，待结案后办理核销手续，办案期间暂停受理该类企业一切新的加工贸易业务申请。

四、对因无法提供内销批件和内销进口许可证件而产生的逾期手册，企业应在公告施行后 1 个月内提交商务部门的内销批件和有关进口许可证件，并按规定补缴税款后，海关办理手册核销手续。若企业无法在限期内提交有关进口许可证件，海关按《国务院办公厅转发国家经贸委等部门〈关于进一步完善加工贸易银行保证金台账制度意见〉的通知》（国办发〔1999〕35 号）和《中华人民共和国海关关于违法内销或者转让加工贸易保税货物处罚办法》（海关总署令第 76 号）的有关规定进行处罚，并待企业按规定补缴税款后，为企业办理手册核销手续。

若企业提出放弃有关保税货物的，海关按规定受理，凭企业申请放弃的有关材料办理核销手续，对企业放弃的货物，按照《中华人民共和国海关关于超期未报关进口货物、误卸或者溢卸的进境货物和放弃进口货物的处理办法》（海关总署令第 91 号）第十三条的规定，由海关提取依法变卖处理。对逾期不办理相关手续的企业，海关通知商务主管部门，商务主管部门对该企业开展新的加工贸易业务不予审批，海关不予备案。

五、对因企业改制产生的逾期手册，改制后承受原企业权利义务的企业要继续履行原企业义务，在公告施行后1个月内申请办理手册报核手续。逾期不办理的，海关通知商务主管部门，商务主管部门对该企业开展新的加工贸易业务不予审批，海关不予备案。

六、对因无电子底账、核销单证不全而产生的逾期手册，企业应在公告施行后1个月内提供其他有关单证，海关核查确已出口、无违法违规情事的，凭企业提供的其他有关单证予以核销；若涉嫌走私违法行为的，将其移送缉私部门查处，待处理或结案后，海关凭缉私部门出具的有关证明材料办理核销手续。

七、上述逾期手册已向海关交缴保证金的，有关企业应在公告施行后1个月内申请办理核销手续的同时，申请退还保证金；海关按上述规定办结手续后尚有余额的，予以退还；如保证金不足以抵缴税、罚款的，有关企业应尽快补缴；逾期不补缴的，海关对该企业开展新的加工贸易业务不予备案。对破产、解散、倒闭以及"三无"企业的保证金，由海关全部上缴国库。

本公告自6月10日起施行。

特此公告。

海关总署

2004年5月31日

中华人民共和国海关总署公告

2004年第20号

《内地与澳门关于建立更紧密经贸关系的安排》已于2004年1月1日起正式实施，海关总署已于2003年12月31日将《享受货物贸易优惠措施的澳门货物原产地标准表》（以下简称《标准表》）以海关总署2003年第83号公告对外发布。

现经内地与澳门政府部门磋商同意，对《标准表》中第22项商品"其他硅酸盐水泥，不论是否着色"（2004年税则号2523.2900）的原产地判定标准修改为"加工工序标准"，即："从水泥熟料制造。主要制造工序为熟料均化、配料、研磨、选粉"。上述原产地标准自2004年6月15日起执行。

特此公告。

海关总署

2004年6月7日

中华人民共和国海关总署公告

2004年第21号

按照《中华人民共和国反倾销条例》的规定，商务部根据对原产于美国、日本、韩国的进口非色散位移单模光纤（G652A、G652B、G652C）的反倾销调查结果，决定对上述进口非色散位移单模光纤实施临时反倾销措施并对外公告（中华人民共和国商务部2004年第28号公告，见附件1）。现就实施临时反倾销措施中的有关问题公告如下：

一、自2004年6月16日起，对原产于美国、日本、韩国的进口非色散位移单模光纤（G652A、G652B、G652C），海关除按现行规定征收关税和进口环节增值税外，还将区别不同的供货厂商，按照本公告附件2（反倾销现金保证金征收比率表）所列的征收比率征收反倾销现金保证金。

现金保证金的计算公式为：

现金保证金金额 =（关税完税价格 × 现金保证金征收比率）×（1 + 进口环节增值税税率）

对实施临时反倾销措施产品的详细描述详见本公告附件1。

二、进口货物的收货人办理商品编号9001.1000项下的光导纤维进口申报手续时，非色散位移单模光纤（G652A、G652B、G652C）应填报90011000.11，其他光导纤维应填报90011000.19申报，光导纤维束和光缆应填报90011000.90。

进口货物的收货人进口其他光导纤维（商品编号90011000.19）的，应提供质检部门的检验报告，海关根据检验报告确定其是否属于实施临时反倾销措施的产品，对于无法提供检验报告的，海关将根据本公告的有关规定，按照实施临时反倾销措施产品征收保证金。

三、凡申报进口非色散位移单模光纤（G652A、G652B、G652C）的，必须向海关提交原产地证明，如果原产地为美国、日本、韩国的，还需提供原厂商发票。对于申报进口非色散位移单模光纤（G652A、G652B、G652C）时不能提供原产地证明，且经查验也无法确定货物的原产地不是美国、日本、韩国的，海关按照本公告附件2所列的其他美国公司适用的现金保证金比率征收现金保证金；对于能够确定货物的原产地是美国、日本、韩国，但进口货物的收货人不能提供原厂商发票，且通过其他合法、有效的单证等证据也无法确定生产厂商的，海关按照本公告附件2所列的相应国家“其他公司”适用的现金保证金比率征收现金保证金。

四、有关加工贸易保税进口非色散位移单模光纤（G652A、G652B、G652C）如何征收反倾销现金保证金的问题，海关按照中华人民共和国海关总署2001年第9号公告执行。

五、对于伪报原产国或伪造进口非色散位移单模光纤（G652A、G652B、G652C）原产地证明或原厂商发票的，海关按有关规定进行处罚。

六、对于所征收的现金保证金的处理，海关总署将根据终裁结果另行公告。

七、在实施临时反倾销措施期间，如果出现与实施临时反倾销产品类似的进口货物，而海关无法确定是否属于实施临时反倾销措施的产品时，有关企业应向商务部提出申请，由商务部商有关部门作出裁定，海关将根据商务部的裁定执行。

特此公告。

附件1　中华人民共和国商务部2004年第28号公告（略）

附件2　反倾销现金保证金征收比率表

海关总署

2004年6月15日

附件2

反倾销现金保证金征收比率表

原产国（地区）	厂商名称	征收比率
美国	美国康宁公司（Corning Incorporated）	16%
	美国OFS—费特有限责任公司（OFS Fitel LLC）	46%
	其他美国公司	46%
韩国	韩国LG电线株式会社（LG Cable Ltd.）	7%
	韩国株式会社OPTOMAGIC（OPTOMAGIC CO.，LTD.）	32%
	其他韩国公司	46%
日本	所有日本公司	46%

中华人民共和国海关总署公告

2004 年第 22 号

商务部、国家发展改革委、海关总署、国家外汇管理局《关于加工贸易成品油形式出口复进口试点有关问题的通知》（商机电函〔2004〕6 号），决定对部分原油加工贸易经营企业炼制的成品油以形式出口，再形式进口方式开展试点工作，现将有关问题公告如下：

一、试点企业以加工贸易方式进口原油炼制的成品油原则上应加工复出口，如需转国内市场销售，由国内企业按照一般贸易的有关规定，凭自动进口许可证明以及入境货物通关单向原油加工贸易经营企业主管海关先办理形式进口报关和纳税手续，海关按一般贸易进口方式对成品油进行估价征税。原油加工贸易经营企业凭国内购油企业的进口报关单和进口合同等单证办理形式出口手续，形式出口报关单与形式进口报关单商品名称、商品编码和数量必须一致。办理形式进口和形式出口企业填制海关进出口报关单监管方式代码均为 0642。海关凭有关出口报关单等单证按规定为企业办理加工贸易手册核销手续。

二、试点成品油产品范围包括柴油（商品编码 2710. 1921）、航空煤油（商品编码 2710. 1911）和石脑油（商品编码 2710. 1120）。

三、试点企业为中国石油化工集团公司所属镇海炼化公司、广州分公司、茂名分公司、高桥分公司和中国石油天然气集团公司所属大连西太平洋石油化工有限公司。

四、自本公告发布之日起，《关税征管司关于中国镇海炼油化工股份有限公司原油来料加工有关问题的批复函》（税管函〔2002〕161 号）和《加贸司关于中国石化镇海炼油化工股份有限公司原油来料加工产品形式进出口有关问题的批复》（加贸函〔2003〕67 号）停止执行，对此前已经商务部门审批、海关备案的加工贸易合同，仍可按原办法执行完毕。

海关总署

2004 年 6 月 18 日

中华人民共和国海关总署公告

2004 年第 24 号

根据《中华人民共和国反倾销条例》有关规定，国务院关税税则委员会依据商务部对原产于加拿大、韩国、美国的进口新闻纸适用反倾销措施的期终复审调查结果和建议，决定保留原新闻纸反倾销税，商务部为此发布了 2004 年第 30 号公告，现就有关问题公告如下：

一、自 2004 年 6 月 30 日起，海关对申报进口原产于加拿大、韩国、美国的新闻纸继续征收反倾销税，实施期限为 5 年。

反倾销税的计算公式为：

反倾销税税额 = 关税完税价格 × 反倾销税税率

进口环节增值税税额 = （关税完税价格 + 关税税额 + 反倾销税税额）× 进口环节增值税税率

征税范围及适用税率与原对外贸易经济合作部 1999 年第 4 号公告的规定相同。

二、凡进口经营单位申报进口新闻纸必须向海关提交原产地证明，如果原产地为加拿大、韩国或美国，还需提供原厂商发票。

对于进口经营单位申报进口新闻纸时不能提供原产地证明，且经查验也无法确定货物的原产地不是加拿大、韩国和美国的，海关按照其他加拿大公司适用的反倾销税税率征收反倾销税；对于能够确定货物的原产地是加拿大、韩国或美国，但进口经营单位不能提供原厂商发票，且通过其他合法、有效的单证、证据也无法确定生产厂商的，海关按相应国家其他公司适用的反倾销税税率征收反倾销税。

三、有关加工贸易保税进口新闻纸如何征收反倾销税等方面的问题，海关按照中华人民共和国海关总署2001年第9号公告和中华人民共和国海关总署第111号令的规定执行。

四、对于经海关审核确定应归入税则号列4801.0000项下的新闻纸，如进口经营单位认为其进口的货物不属于实施反倾销措施产品范围的，应向商务部提出申请，由商务部确定该货物是否属于实施反倾销措施的产品。海关总署将根据商务部的决定通知有关海关执行。

特此公告。

附件　中华人民共和国商务部2004年第30号公告（略）

海关总署

2004年6月29日

中华人民共和国海关总署公告

2004年第27号

按照《中华人民共和国反倾销条例》的规定，根据对原产于日本、韩国、美国和法国的进口水合肼的反倾销调查结果，商务部决定对原产于日本、韩国、美国和法国的进口水合肼实施临时反倾销措施并对外公告（中华人民共和国商务部2004年第38号公告，见附件1）。现就海关在实施临时反倾销措施中的有关问题公告如下：

一、自2004年8月3日起，对原产于日本、韩国、美国和法国的进口水合肼（税则号列2825.1010），海关除按现行规定征收关税和进口环节增值税外，还将区别不同的供货厂商，按照本公告附件2（反倾销保证金征收比率表）所列的征收比率征收反倾销保证金。

反倾销保证金的计算公式为：

反倾销保证金金额＝（海关完税价格×反倾销保证金征收比率）×（1＋进口环节增值税税率）

对实施临时反倾销措施产品的详细描述详见本公告附件1。

二、凡申报进口水合肼的，必须向海关提交原产地证明，如果原产地为日本、韩国、美国和法国的，还需提供原厂商发票。对于申报进口水合肼时不能提供原产地证明，且经查验也无法确定货物的原产地不是日本、韩国、美国和法国的，海关按照本公告附件2所列的美国公司适用的反倾销保证金比率征收保证金；对于能够确定货物的原产地是日本、韩国、美国和法国，但进口货物的收货人不能提供原厂商发票，且通过其他合法、有效的单证等证据也无法确定生产厂商的，海关按照本公告附件2所列的相应国家其他公司适用的反倾销保证金比率征收保证金。

三、有关加工贸易保税进口水合肼如何征收反倾销保证金的问题，海关按照中华人民共和国海关总署2001年第9号公告执行。

四、对于伪报原产国或伪造进口水合肼原产地证明或原厂商发票的，海关按有关规定进行处罚。

五、对于所征收的反倾销保证金的处理，海关总署将根据终裁结果另行公告。

六、在实施临时反倾销措施期间，如果出现与实施临时反倾销产品类似的进口货物，而海关无法确定是否属于实施临时反倾销措施的产品时，有关企业可向商务部提出申请，由商务部商有关部门作出裁定，海关将根据商务部的裁定执行。

特此公告。

附件1　中华人民共和国商务部2004年第38号公告（略）

附件2　反倾销保证金征收比率表

海关总署

2004年7月30日

附件2

反倾销保证金征收比率表

（水合肼）

原产国	厂商名称	征收比率
日本	所有日本公司	108%
韩国	KOC株式会社（KOC Co.，Ltd.）	28%
	其他韩国公司	35%
美国	所有美国公司	184%
法国	阿托菲纳股份有限公司（ATOFINA S. A.）	118%
	其他法国公司	120%

中华人民共和国海关总署
国家质量监督检验检疫总局
公　　告

2004年第28号

根据《中华人民共和国反倾销条例》的规定，中华人民共和国商务部发布2004年第28号公告，决定对原产于美国、日本、韩国的进口非色散位移单模光纤实施临时反倾销措施，海关总署就具体实施临时反倾销措施的有关问题发布了中华人民共和国海关总署2004年第21号公告。现就执行中的有关问题补充公告如下：

一、国家质检总局将原产于美国、日本、韩国的其他光导纤维（商品编号90011000.19）实施法定检验，进口货物收货人在进口原产于美国、日本、韩国的其他光导纤维时，应按法定检验程序办理检验手续。

二、进口货物收货人在办理原产于美国、日本、韩国的其他光导纤维（商品编号90011000.19）的进口报关手续时，应向海关提交出入境检验检疫机构签发的《入境货物通关单》，海关可先凭《入境货物通关单》放行货物，并同时按中华人民共和国海关总署2004年第21号公告的有关规定征收保证金；在企业向海关提交出入境检验检疫机构签发的检验证书后，海关凭出入境检验检疫机构签发的检验证书确定是否属于实施临时反倾销的产品，对于不属于临时反倾销产品的，海关应及时办理退还保证金手续。

三、在实施临时反倾销措施期间，上述进口光导纤维经检测后，海关仍无法确定是否属于实施临时反倾销措施的产品，有关企业应向商务部提出申请，由商务部商有关部门作出裁定，海关将根据商务部的裁定执行。

海关总署
质检总局
2004年8月6日

中华人民共和国海关总署公告

2004 年第 29 号

为贯彻实施《中华人民共和国行政许可法》，保障海关法律体系的统一、协调，海关总署对以往制发的规范性文件进行了清理。经过清理，决定对以下 381 件文件予以废止（目录见附件 1），自本公告公布之日起停止执行。另有 39 件规范性文件（目录见附件 2）已过期失效，同时予以公告。

特此公告。

附件 1　废止的规范性文件目录

附件 2　因过期失效的规范性文件目录

海关总署

2004 年 8 月 25 日

附件 1

废止的规范性文件目录

序号	发文字号	规范性文件名称
1	〔1987〕署调字第 652 号	关于使用处罚通知书和复议决定书的通知
2	〔1989〕署调字第 128 号	关于海关行政处罚决定执行期限问题的通知
3	〔1989〕署调字第 563 号	关于海关移送办理走私案件若干问题的通知
4	〔1990〕调字第 28 号	关于涉及限制进出境物品案件定性处理问题的通知
5	调查〔1999〕114 号	调查局关于申领“没收走私汽车、摩托车证明书”有关问题的通知
6	调查传〔2000〕205 号	海关总署调查局关于修改“处罚决定书”等法律文书的通知
7	署调〔1995〕227 号	关于执行公安部、海关总署、国家工商行政管理局联合启用新版“没收走私汽车摩托车证明书”的通知
8	署调〔1996〕1058 号	海关总署关于从重处罚走私汽车案件的通知
9	署调〔2000〕61 号	海关总署关于携带外币支付凭证、外币有价证券出境案处理意见的批复
10	署稽〔1997〕340 号	海关总署发布实施《报关员资格全国统一考试暂行规定》的通知
11	〔1980〕署税字第 201 号	关于从香港澳门地区进口的货物改按进出口税则中的最低税税率征税的通知
12	〔1980〕署税字第 408 号	关于实行集中纳税的货物发生溢、短卸时征、退税问题的规定
13	〔1980〕署税字第 633 号	关于从葡萄牙进口货物适用最低税率的通知
14	〔1980〕署税字第 7 号	关于调整海关进出口税则部分进口税率和取消出口税率的通知
15	〔1980〕署税字第 839 号	关于从苏联进口冰箱申请免税问题的复函
16	〔1981〕署货通字 91 号	对已进口的电影拍摄器材征税结案的通知
17	〔1981〕署货字 103 号	关于实施中华人民共和国海关征收规费暂行办法的通知

序号	发文字号	规范性文件名称
18	［1981］署税字第219号	关于实行新的完税价格表的通知
19	［1981］署税字第37号	关于执行中古贸易协定有关问题的通知
20	［1981］署税字第984号	关于对广东省边境小额贸易进口烟酒恢复征税的通知
21	［1982］署税处字第38号	关于实行集中纳税的进口货物应如何交验货物发票的补充通知
22	［1983］署税字第576号	关于调整集中纳税分类税率表的通知
23	［1985］署税176号	关于实施《关税条例》及《进出口税则》的有关问题的通知
24	［1985］署税字221号	关于实施对国营企业出口商品征收利润调节税有关事项的通知
25	［1985］税征616号	关于用华侨及进口供应侨户商品的税收问题的补充通知
26	［1985］税征856号	关于对经济特区和海南岛进口的二十四种国家限制进口产品应予照章征税的通知
27	［1986］署税字1046号	关于下达《关于审定进出口货物完税价格的办法》的通知
28	［1986］署税字5号	关于经济特区和经济技术开发区内资企业进出口租汽车的税收问题的批复
29	［1986］署税字600号	关于从苏联及东欧五国进口机电产品税收问题的补充通知
30	［1986］署税字795号	关于从苏联及东欧七国进口汽车零部件、配件等的税收问题的通知
31	［1986］税征字7号	关于调整苏联东欧进口汽车的车辆购置附加费率的函
32	［1986］征二字703号	关于按违章案件处理的进口货物补税时应适用何种税率的通知
33	［1987］署税字702号	关于贯彻执行《国务院批转国家经委等部门〈关于压缩机电设备进口报告〉的通知》的通知
34	［1988］署税字第3号	关于进口印尼产尿素特准减税的复函
35	［1989］署税字第239号	关于下达修改后的《关于计划内出口丝、绸征收出口税实行退税的规定》的通知
36	［1990］署税字第623号	关于从古巴易货进口食糖特准减免税的通知
37	［1989］税减字第544号	关于减免税进口货物管理年限如何计算的函
38	［1980］署税1032号	关于从日本进口钢材同意减税的复函（外贸中心）
39	［1980］署税157号	关于从伊拉克、伊朗进口椰枣准予免税的批复
40	［1980］署税158号	关于从罗进口化纤制品准予减免税的批复
41	［1980］署税225号	关于从捷克进口制革、制鞋设备不同意减免关税的复函
42	［1980］署税255号	关于从朝鲜进口卷烟准予减免税的函
43	［1980］署税289号	关于从东欧进口针织设备申请减免税问题的复函
44	［1980］署税324号	关于从匈牙利进口化纤制品申请减免税问题的复函
45	［1980］署税39号	关于进口建筑用钢材同意退税的函
46	［1980］署税200号	关于进口勘察设备暂准免税的函
47	［1980］署税450号	关于从巴基斯坦进口纺织品申请免税问题的复函
48	［1980］署税463号	关于从朝鲜进口尼龙衫、腈纶衫申请免税问题的复函

序号	发文字号	规范性文件名称
49	〔1980〕署税 659 号	关于从东德、保加利亚进口化纤织物同意减税的复函
50	〔1980〕署税 821 号	关于进口供试验用电讯设备申请免税问题的复函
51	〔1981〕署税 148 号	对合资经营企业作为投资进口的生产设备减免关税的意见
52	〔1981〕署税 631 号	关于广东省用外汇贷款进口货物征免税问题
53	〔1985〕署税字第 372 号	关于代征车辆购置附加费有关问题的通知
54	〔1985〕署税字第 574 号	关于贯彻执行《国务院关于对若干商品开征进口调节税的通知》的通知
55	〔1986〕署税字第 230 号	关于贯彻执行《国务院批转国家经委等部门关于发展与苏联、东欧国家贸易和经济技术合作若干政策措施的请示的通知》的通知
56	署税〔1997〕662 号	海关总署关于摘要转发《中华人民共和国政府和马耳他共和国政府贸易和经济合作协定》的通知
57	〔1987〕署税 1005 号	关于下达修订的《关于审定进出口货物完税价格的办法》的通知
58	〔1987〕署税 267 号	关于贯彻执行《国务院关于推进科研设计单位进入大中型企业的规定》中有关税收待遇问题的通知
59	〔1988〕署税 1083 号	关于下达实施《关于计划内出口丝绸征收出口税实行退税的规定》的通知
60	〔1989〕署税 106 号	关于从苏东进口商品征税用的外汇折合率的通知
61	公告 2001 年第 4 号	海关总署公告（对原产于日本的汽车、手持和车载无线电话、空调加征特别关税）
62	公告 2001 年第 6 号	海关总署公告（对移动通信基站设备零件实行暂定税率）
63	公告 2002 年第 11 号	海关总署公告（归类原因引起退补税问题）
64	公告 2002 年第 12 号	海关总署公告（对从乌克兰等三国进口钢铁实施国别限量管理）
65	公告 2002 年第 14 号	海关总署公告（调整租赁进口货物适用税率）
66	公告 2002 年第 16 号	海关总署公告（对临保钢坯征收特别关税）
67	公告 2002 年第 17 号	海关总署公告（对临保冷轧普通条杆征收特别关税）
68	公告 2002 年第 19 号	海关总署公告（对临保热轧普薄板等征收特别关税）
69	公告 2002 年第 20 号	海关总署公告（对临保彩涂板征收特别关税）
70	公告 2002 年第 21 号	海关总署公告（对临保镀锡板征收特别关税）
71	公告 2002 年第 24 号	海关总署公告（对临保不锈中厚板征收特别关税）
72	公告 2002 年第 26 号	海关总署公告（对临保冷弯普通型材征收特别关税）
73	公告 2002 年第 27 号	海关总署公告（对印刷电路板制造用宽光致抗蚀干膜等实行最惠国税率）
74	公告 2002 年第 28 号	海关总署公告（对临保冷轧普薄板征收特别关税）
75	公告 2002 年第 29 号	海关总署公告（暂停乌克兰等 3 国钢铁进口申报）
76	公告 2002 年第 30 号	海关总署公告（对临保热轧普通型材征收特别关税）
77	公告 2002 年第 32 号	海关总署公告（对马约特岛进口货物适用最惠国税率）

序号	发文字号	规范性文件名称
78	公告 2002 年第 33 号	海关总署公告（对临保硅电钢征收特别关税）
79	公告 2002 年第 35 号	海关总署公告（对临保无缝管加征特别关税）
80	公告 2003 年第 54 号	海关总署公告（《中泰蔬菜水果协议》项下的货物原产地暂行规定）
81	公告 2003 年第 55 号	海关总署公告（《中泰蔬菜水果协议》项下货物临时原产地规则的联合公告）
82	署办函〔2001〕8 号	海关总署办公厅关于转发中国机电产品进出口商会出口价格预核专用章印模的通知
83	署办函〔2001〕109 号	海关总署办公厅关于调整海关参考价格管理规定的通知
84	署办函〔2003〕205 号	海关总署办公厅关于直接退运货物退税问题的批复
85	署办税〔2000〕90 号	海关总署办公厅转发财政部《关于 2000 年度享受废船进口环节增值税先征后返政策的拆船企业名单》的通知
86	署财〔1983〕388 号	关于办理关税和海关代征工商（统一）税退税的若干规定的通知
87	署法〔1998〕788 号	海关总署关于进一步加强特种车辆归类审批和验放的通知
88	署法〔2000〕675 号	海关总署关于进一步明确进口饲料添加剂适用税率的通知
89	署税〔1988〕1310 号	海关审定进出口货物完税价格办法
90	署税〔1991〕568 号	关于分期缴税时如何处理滞纳金与缓税利息问题的通知
91	署税〔1985〕1191 号	关于内地去港澳加工运回的印刷品应予征税的通知
92	署税〔1985〕871 号	海关总署关于补税和退税所适用的税率的规定
93	署税〔1987〕825 号	关于下发《关于处理因税则归类引起的退税补税的具体规定》的通报
94	署税〔1988〕660 号	关于我在苏联、东欧国家的承包劳务费用购进货物特准减免税问题的复函
95	署税〔1991〕428 号	关于下达《中华人民共和国海关关于进口货物实行海关估价的规定》的通知
96	署税〔1991〕574 号	缓税货物在批准前发生的滞纳金应如何处理的通知
97	署税〔1992〕474 号	海关总署关于转发国务院第 96 号令的通知
98	署税〔1993〕15 号	海关总署关于下达实施《中华人民共和国海关关于进口货物软件费征免税暂行办法》的通知
99	署税〔1994〕125 号	海关总署关于对阿联酋科威特进口货物按优惠税率计征关税的通知
100	署税〔1994〕871 号	关于执行《国务院关于西藏地区进口货物税收问题的通知》的通知
101	署税〔1995〕505 号	关于经济特区进口自用免税物资管理暂行办法具体执行问题的通知
102	署税〔1996〕375 号	海关总署关于加强特种车辆归类审批的通知
103	署税〔1997〕1060 号	海关总署关于调整《中华人民共和国海关进出口税则》税目和部分商品适用税率等有关问题的通知
104	署税〔1997〕172 号	关于下达中国海关审定加工贸易进口货物完税价格暂行办法的通知
105	署税〔1998〕424 号	海关总署关于对原产于尼日尔的进口货物按优惠税率计征关税的通知
106	署税〔1999〕712 号	海关总署关于进口原产于科威特和阿联酋的货物以及进口原产于圭亚那和苏里南的原木、锯材按优惠税率计征关税的通知

序号	发文字号	规范性文件名称
107	署税〔2000〕231 号	海关总署关于实行关税配额税率商品适用税率等有关问题的通知
108	署税〔2000〕512 号	海关总署关于美属波多黎各适用税率有关问题的通知
109	署税〔1996〕423 号	海关总署关于缴税期限内扣除节假日的通知
110	署税〔1996〕479 号	海关总署关于对铁矿砂实行暂定进口关税税率的通知
111	署税〔1986〕144 号	关于内地去港澳加工运回的印刷品税收问题的补充通知
112	署税〔1991〕84 号	关于苏联、东欧等国政府协议的易货贸易使用记账瑞士法郎时如何计征税费的通知
113	署税〔1992〕1354 号	关于从原苏联、东欧国家贸易进口伏尔加轿车临时调低进口关税税率的通知
114	署税〔1995〕527 号	关于对朝贸易有关税收问题的通知
115	署税〔1997〕68 号	海关总署关于对大不列颠及北爱尔兰联合王国政府船舶适用优惠船舶吨税的通知
116	署税〔1998〕30 号	海关总署关于转发《中华人民共和国政府和斐济主权民主共和国政府贸易协定》的通知
117	署税〔1998〕535 号	海关总署关于转发财政部、国家税务总局《关于拆船业进口废船有关税收问题的通知》的通知
118	署税〔1998〕84 号	海关总署关于从科威特、阿联酋两国进口石油、化工品适用优惠税率的通知
119	署税〔2000〕122 号	海关总署关于对正构烷烃等商品实行暂定税率的通知
120	署税〔1995〕568 号	关于实施《关于对进口货物实行具保跟踪审价的规定》的通知
121	署税传〔1998〕68 号	海关总署关于对部分铜材实行暂定出口关税税率的通知
122	署税传〔2001〕50 号	海关总署关于对原产于日本的汽车征收特别关税执行中有关问题的通知
123	署税传〔2001〕79 号	海关总署关于进口农药和农药原药免征进口环节增值税有关问题的批复
124	署税传〔1999〕51 号	海关总署关于对新疆棉以出顶进管理有关问题的补充通知
125	署税发〔2001〕328 号	海关总署关于进口铜原料有关税收问题的通知
126	署税发〔2003〕109 号	海关总署关于转发《财政部进口农药（成药和原药）税收政策问题的通知》的通知
127	署税发〔2003〕170 号	海关总署关于转发《财政部 国家税务总局关于农业部 2003 年度种子（苗）种畜（禽）鱼种（苗）免税进口计划的通知》的通知
128	署税函〔2002〕449 号	海关总署关于执行海关总署公告 2002 年第 11 号有关问题的通知
129	署税函〔2002〕140 号	海关总署关于转发《财政部 国家税务总局关于农业部 2002 年度种子（苗）种畜（禽）鱼种（苗）免税进口计划的通知》的通知
130	署税函〔2002〕232 号	海关总署关于执行海关总署公告 2002 年第 11 号有关问题的通知
131	署税函〔2002〕532 号	海关总署关于执行海关总署公告 2002 年第 11 号有关问题的补充通知
132	税〔1997〕传 22 号	关税司关于对《海关总署关于加强对进口不锈钢材、彩色胶卷、相纸审价的通知》的补充通知

序号	发文字号	规范性文件名称
133	税管函〔2001〕226号	海关总署关于转发财政部、国家税务总局《关于农业部、国家林业局2001年度进口种子（苗）种畜（禽）鱼苗和非赢利性种用野生动植物进口计划的函》
134	税价〔1997〕362号	关税司关于转发“出口价格预核专用章”印模的通知
135	税价〔1997〕27号	关于重新确定进口废铜最低含量的通知
136	税价〔1997〕433号	关税司关于对集装箱出口价格实行商会“预核签章”管理办法的通知
137	税征〔1986〕703号	关税司关于按违章案件处理的进口货物补税适应适用何种税率的通知
138	税征二〔1998〕122号	关税司《关于国家定点生产汽车企业进口的汽车关键件执行降低关税税率有关问题的通知》
139	税征二〔1991〕48号	关于对伏尔加、拉达轿车恢复按章计征车辆购置附加费的函
140	税征一〔1990〕106号	关于与苏联、东欧等国贸易进出口货物征税用外汇折合率的补充规定的函
141	税征一〔1992〕48号	关于对伏尔加、拉达轿恢复按率计征车辆购置附加费的函
142	税征一〔1990〕399号	关于抄告《中华人民共和国和老挝人民民主共和国政府贸易协定》的函
143	税征一〔1991〕40号	关于走私案件补税时所适用汇率的复函
144	税征一〔1992〕245号	关于调整从苏联、东欧国家进口小轿车特别消费税税额的函
145	〔1980〕署税字第100号	关于执行《中华人民共和国美利坚合众国贸易协定》中最惠国待遇条款问题的通知
146	〔1980〕署税字第87号	关于执行中、新（加坡）贸易协定中有关最惠国待遇的问题的通知
147	〔1981〕署税字第224号	关于执行中塞贸易协定最惠国待遇的通知
148	〔1981〕署税字第318号	关于执行中多贸易协定最惠国待遇的通知
149	〔1981〕署税字第319号	关于执行中阿（曼）贸易协定最惠国待遇的通知
150	〔1981〕署税字第981号	关于执行中尼（日利亚）贸易协定最惠国待遇的通知
151	〔1982〕署税字第596号	关于执行中、尼（日尔）两国政府贸易协定最惠国待遇的通知
152	〔1982〕署税字第619号	关于执行中、贝宁政府贸易协定中最惠国待遇的通知
153	〔1982〕署税字第620号	关于执行中、挪长期贸易协定中最惠国待遇的通知
154	〔1982〕署税字第738号	关于执行中国和芬兰政府长期贸易协定中最惠国待遇的通知
155	〔1982〕署税字第843号	关于执行中斯贸易协定最惠国待遇的通知
156	〔1982〕署税字第933号	关于执行中、利比亚贸易协定中最惠国待遇的通知
157	〔1981〕署税字973号	关于执行中尼（尼泊尔）贸易和支付协定中最惠国待遇的通知
158	〔1981〕署税字981号	关于执行中尼（尼日利亚）贸易和支付协定中最惠国待遇的通知
159	〔1982〕署税271号	关于执行中国上海贸易协定中最惠国待遇的通知
160	〔1996〕署税132号	关于对阿联酋、科威特两国1996年进口货物继续按优惠税率计征关税的通知
161	署办税〔1999〕333号	海关总署办公厅关于对原产于列支敦士登公国的进口货物适用优惠税率的通知
162	署办税〔2000〕11号	海关总署办公厅关于刚果民主共和国适用优惠税率的通知
163	署税〔1996〕244号	海关总署关于重新修订下发适用优惠税率国家名单的通知

序号	发文字号	规范性文件名称
164	署税〔1996〕473号	海关总署关于对南非给予最惠国待遇的通知
165	署税〔1992〕746号	关于颁发《关于运用税收优惠促进小轿车国产化的暂行规定实施细则》的通知
166	署税〔1998〕587号	海关总署关于对进口原产于摩纳哥的产品按优惠税率征税的通知
167	署税〔2000〕108号	海关总署关于对进口原产于文莱的原油适用优惠税率的通知
168	署税〔2000〕517号	海关总署关于对进口原产于格陵兰和法罗群岛的产品按税则优惠税率计征关税的通知
169	署税字第25号	关于执行中、津政府贸易协定最惠国待遇的通知
170	税管〔2000〕260号	关税征管司关于转发交通部海事局《关于格鲁吉亚共和国船舶享受船舶吨税优惠税率的函》的通知
171	税征〔1987〕97号	贯彻执行《国务院关于加快黄金生产的决定》中有关关税优惠政策的函
172	税征二〔1991〕440号	关于沿海开放城市和开放地区部分税收优惠政策执行继续延长执行的通知
173	税征一〔1998〕321号	关税司关于以色列、波兰和法国船舶吨税适用优惠税率的通知
174	税征一〔1993〕81号	关于从沙特、阿联酋、卡塔尔、科威特四国进口货物按优惠税率计征关税的通知
175	公告2002年第9号	海关总署公告（进口钢铁产品采取临时保障措施）
176	公告2002年第36号	海关总署公告（对部分钢铁产品实施最终保障措施有关问题）
177	公告2002年第38号	海关总署公告（对热轧普薄板等5类进口钢铁产品实施最终保障措施）
178	公告2003年第4号	海关总署 国家质量监督检验检疫总局公告（执行保障措施部分钢铁产品不加征特别关税有关问题）
179	公告2003年第15号	海关总署公告（对原产于日本的热轧普薄板加征关税）
180	公告2003年第1号	海关总署公告（对部分钢铁产品实施最终保障措施）
181	公告2003年第32号	海关总署公告［对热轧普薄板、冷轧普薄板（带）、彩涂板、无取向硅电钢、冷轧不锈薄板（带）等5类进口钢铁产品实施最终保障措施］
182	公告2003年第60号	海关总署公告（暂缓对四国进口冷轧板卷采取反倾销措施）
183	署税传〔1999〕212号	海关总署关于对原产于韩国的进口聚酯薄膜实施临时反倾销措施的通知
184	署税传〔1999〕213号	海关总署关于对原产于俄罗斯的进口冷轧硅钢片实施临时反倾销措施的通知
185	署税传〔2000〕106号	海关总署关于原产于日本、德国和美国的进口丙烯酸酯实施临时反倾销措施的通知
186	署税传〔2000〕42号	海关总署关于对原产于日本和韩国的进口不锈钢冷轧薄板实施临时反倾销措施的通知
187	署税传〔2001〕1号	海关总署关于进一步明确对原产于日本、德国、美国的丙烯酸酯实施临时反倾销措施有关问题的通知
188	署税传〔2001〕48号	海关总署关于对原产于英国、美国、荷兰、法国、德国和韩国的进口二氯甲烷实施临时反倾销措施的通知

序号	发文字号	规范性文件名称
189	署税传〔2002〕75 号	海关总署关于对原产于韩国的进口涤纶短纤维实施临时反倾销措施的通知
190	署税传〔2002〕78 号	海关总署关于对原产于韩国的进口聚酯切片实施临时反倾销措施的通知
191	署税传〔2002〕81 号	海关总署关于对原产于欧盟的进口邻苯二酚实施临时反倾销措施的通知
192	署税传〔2002〕91 号	海关总署关于对原产于韩国、日本、美国的进口铜版纸实施临时反倾销措施的通知
193	署税传〔2002〕95 号	海关总署关于对原产于韩国、马来西亚、新加坡和印度尼西亚的进口丙烯酸酯实施临时反倾销措施的通知
194	署税传〔2003〕3 号	海关总署关于对原产于韩国、日本、印度的进口苯酐实施临时反倾销措施的通知
195	署税传〔2003〕32 号	对原产俄罗斯、韩国、日本的进口初级形状未作任何加工的丁苯橡胶、充油丁苯橡胶等实施临时反倾销措施通知
196	署税传〔2003〕38 号	海关总署关于对原产于美国、韩国、日本、俄罗斯和台湾地区的进口聚氯乙烯实施临时反倾销措施的通知
197	署税传〔2003〕45 号	海关总署关于对原产于俄罗斯、韩国、乌克兰、哈萨克斯坦等四国和台湾地区的进口冷轧板卷暂缓实施临时反倾销措施的通知
198	署税传〔2003〕46 号	海关总署关于对原产于日本、韩国、美国和台湾地区进口苯酚实施临时反倾销措施的通知
199	署税传〔2003〕48 号	海关总署关于对原产于日本、韩国和美国的进口甲苯二异氰酸酯（TDI）（型号 TDI80/20）实施临时反倾销措施的通知
200	署税发〔2002〕166 号	海关总署关于征收钢铁产品临时保障措施特别关税的紧急通知
201	署税发〔2002〕347 号	海关总署关于对部分进口钢铁产品实施最终保障措施有关问题的通知
202	署税发〔2002〕211 号	海关总署关于对部分进口钢铁产品实施临时保障措施有关问题的通知
203	税管传〔2000〕197 号	关税征管司关于对原产于韩国的聚酯薄膜实施临时反倾销措施有关问题的批复
204	税管传〔2002〕394 号	海关总署关税征管司关于钢铁临时保障措施特别关税退税问题的通知
205	公告 2003 年第 63 号	海关总署、国家质检总局公告（公布新增加的钢铁保障措施配额到量后不再加征特别关税产品品种有关执行问题）
206	公告 2003 年第 2 号	海关总署公告（对实施钢铁产品最终保障措施项下的彩涂板、冷轧不锈薄板加征关税）
207	公告 2003 年第 6 号	海关总署公告（对申报进口的原产于俄罗斯的热轧普薄板加征关税）
208	公告 2003 年第 7 号	海关总署公告（申报进口的原产于中国台湾地区的热轧普薄板加征关税）
209	公告 2003 年第 8 号	海关总署公告［对申报进口的原产于中国台湾地区的冷轧不锈薄板（带）加征关税］
210	公告 2003 年第 11 号	海关总署公告［对申报进口的原产于俄罗斯的冷轧普薄板（带）加征关税］
211	公告 2003 年第 13 号	海关总署公告［对申报进口的原产于中国台湾地区的冷轧普薄板（带）加征关税］

序号	发文字号	规范性文件名称
212	公告2003年第14号	海关总署公告（对申报进口的原产于乌克兰的热轧普薄板按照10.3%的加征关税税率加征关税）
213	公告2003年第19号	海关总署公告［对申报进口的原产于德国的冷轧不锈薄板（带）加征关税］
214	公告2003年第21号	海关总署公告［对申报进口的原产于乌克兰的冷轧普薄板（带）加征关税］
215	公告2003年第22号	海关总署公告（对申报进口的原产于韩国的热轧普薄板加征关税）
216	公告2003年第25号	海关总署公告［对申报进口的原产于日本的冷轧不锈薄板（带）及对申报进口原产于所有适用最终保障措施的国家（地区）的无取向硅电钢加征关税］
217	公告2003年第26号	海关总署公告［对申报进口的原产于日本的冷轧普薄板（带）加征关税］
218	公告2003年第30号	海关总署公告［对申报进口原产于适用全球配额的国家（地区）的热轧普薄板加征关税］
219	公告2003年第31号	海关总署公告［对申报进口原产于韩国的冷轧普薄板（带）加征关税］
220	公告2003年第33号	海关总署公告［对申报进口原产于韩国的冷轧不锈薄板（带）加征关税］
221	公告2003年第41号	海关总署、国家质量监督检验检疫总局公告（对实施最终保障措施的部分钢铁产品在配额到量后不再加征特别关税有关执行问题）
222	公告2003年第43号	海关总署公告［对申报进口适用全球配额的国家（地区）的热轧普薄板按照9.5%的加征关税税率加征关税］
223	公告2003年第46号	海关总署公告［对申报进口适用全球配额的国家（地区）的冷轧普薄板（带）加征关税］
224	公告2003年第57号	海关总署公告［对申报进口适用全球配额的国家（地区）的冷轧不锈薄板（带）按照16.7%的加征关税税率加征关税］
225	公告2003年第59号	海关总署公告［对申报进口原产于俄罗斯的上述热轧普薄板按照9.5%的加征关税税率加征关税］
226	公告2003年第65号	海关总署公告（对申报进口的原产于中国台湾地区的上述热轧普薄板按照9.5%的加征关税税率加征关税）
227	公告2003年第68号	海关总署公告［申报进口的原产于俄罗斯的上述冷轧普薄板（带）按照20.6%的加征关税税率加征关税］
228	公告2003年第71号	海关总署公告［对申报进口的原产于我国台湾地区的冷轧普薄板（带）按照20.6%的加征关税税率加征关税］
229	署税传〔2001〕83号	海关总署关于停止对原产于日本的若干进口商品征收特别关税的通知
230	署税传〔2002〕2号	海关总署关于以欧元区原货币成交的进出口货物在过渡时期内海关征税适用汇率问题的紧急通知
231	税征一〔1990〕676号	关于产自利比里亚的进口货物应按普通税率计征关税的通知
232	税征一〔1991〕71号	关于产自尼加拉瓜的进口货物应接普通税率计征关税的通知
233	税征一〔1992〕327号	关于原产于尼日尔的进口商品按普通税率征税的通知

序号	发文字号	规范性文件名称
234	侦查〔1999〕113 号	走私犯罪侦查局关于对涉嫌走私犯罪的外国人采取强制措施执行程序有关问题的紧急通知
235	侦查〔2000〕32 号	走私犯罪侦查局关于转发《海关总署关于确定走私进口国产香烟计税价格的批复》的通知
236	侦查〔2000〕80 号	走私犯罪侦查局关于下发“扣押货物、物品现行变卖决定书”（式样）的通知
237	〔1982〕署货联字第 1068 号	关于贯彻执行对外经济贸易部〔1982〕外经贸关第 4 号文件有关问题的综合批复
238	〔1983〕署税 645 号	关于贯彻中外合资经营企业进口货物的征免税和管理规定几个问题的批复
239	〔1984〕署税字第 233 号	关于公布《关于中外合资经营企业进出口货物的监管和征免规定》的通知
240	〔1981〕署税字 184 号	关于对外商免费提供加工装配设备予以免税的通知
241	〔1988〕署货字第 375 号	中华人民共和国海关对保税仓库及所存货物的管理办法
242	1992 署监一 829 号	关于批准《黄埔海关对进出广州保税区货物物品和运输工具的监管实施细则》通知
243	1992 署监一 949 号	关于批准中华人民共和国大连海关对进出大连保税区货物物品和运输工具的监管实施细则的通知
244	1992 署监一 1943 号	关于批准中华人民共和国海口海关对进出口保税区货物物品和运输工具的监管实施细则通知
245	1992 署监一 1982 号	关于批准中华人民共和国南京海关对进出张家港保税区货物物品和运输工具的细则通知
246	1993 署监一 0294 号	批准杭州海关对进出宁波保税区货物物品和运输工具监管实施细则通知
247	1993 署监一 0470 号	关于批准青岛保税区货物物品和运输工具的监管实施细则的通知
248	1993 署监一 1406 号	批准厦门海关对进出厦门象屿保税区货物物品和运输工具的监管和征免税实施细则通知
249	1994 监特 49 号	关于外商投资企业从事翻新拆解旧汽车和摩托车业务有关问题的通知
250	署办函〔2003〕254 号	海关总署办公厅关于转发《商务部办公厅关于加工贸易进口钢铁产品转内销管理有关问题的通知》的通知
251	署监一〔1993〕1513 号	关于批准《中华人民共和国汕头海关对进出汕头经济特区保税区货物、物品和运输工具的监管实施细则》通知
252	署监一〔1993〕64 号	关于批准“对进出福州保税区货、物运输工具的监管实施细则”的通知
253	署税〔1999〕227 号	海关总署关于报送《海关总署关于执行〈关于新疆棉花以出顶进管理暂行办法〉的通知》的函
254	署税〔1999〕342	海关总署关于印发《中华人民共和国海关审定加工贸易进口货物完税价格办法》的通知
255	署税〔1999〕383 号	海关总署关于下发《中华人民共和国海关关于加工贸易保税货物跨关区结转深加工的管理办法》的通知

序号	发文字号	规范性文件名称
256	署税〔1999〕190 号	海关总署关于执行暂停进口柴油、汽油后国内油品供应有关海关监管操作办法的通知
257	署税〔1999〕382 号	海关总署关于下发《中华人民共和国海关关于异地加工贸易的管理办法》的通知
258	署税〔1999〕649 号	海关总署关于下发《中华人民共和国海关关于加工贸易保税货物跨关区深加工结转的管理办法》的通知
259	署税传〔2002〕69 号	海关总署关于对加工贸易关税配额外进口部分临保钢铁产品加征特别关税部分实行银行保证金台账“空转”有关问题的紧急通知
260	署税函〔2002〕372 号	海关总署关于面粉生产企业进料加工面粉副产品麸皮内销税收问题的复函
261	署税函〔2002〕378 号	海关总署关于执行海关总署 2002 年第 22 号公告有关问题的通知
262	税管传〔2002〕389 号	海关总署关税征管司关于加工贸易羊毛内销有关问题的函
263	税管函〔2001〕201 号	关税征管司关于加工贸易进口糖蜜出口酵母有关问题的函
264	税管函〔2002〕54 号	关税征管司关于加工贸易副产品内销有关问题的复函
265	署办函〔2002〕421 号	海关总署办公厅关于加工贸易内销边角料征收反倾销税有关问题的补充通知
266	署办函〔2002〕402 号	海关总署办公厅关于加工贸易企业内销不锈钢冷轧卷板边角料征收反倾销税有关问题的批复
267	〔1958〕关货胡字第 787 号	海关对来自和开往香港澳门小型船舶及所载货物、物品监管办法
268	〔1958〕关货林字第 1025 号	海关对铁路进出口国境列车和所载货物、车员、行李、包裹监管办法
269	〔1958〕关货林字第 1159 号	海关对进出国际航行船舶及其所载货物、物品监管办法
270	〔1963〕贸货林字第 509 号	海关对在国境和与外国相通河流上的国际航行船舶及其所载货物、物品监管试行办法
271	〔1974〕贸关货联字第 62 号	关于印发《海关对进出口集装箱和所装货物监管试行办法》的通知
272	〔1975〕贸关字货第 125 号	关于发布《中华人民共和国海关对进口展览品监管办法》的通知
273	〔1978〕贸货联 157 号	关于实施《民航机组人员携带进出口自用物品监管办法》的通知
274	〔1979〕贸关查字第 292 号	关于印发国务院批转外贸部关于我国个人进出口自用印刷品管理的暂行规定的通知
275	〔1979〕贸关货字第 529 号	关于对执行《中华人民共和国海关对进口展览品监管办法》的补充规定
276	〔1980〕署税 137 号	关于来我国勘探石油的外国公司进出口货物和行李物品管理的通知
277	〔1980〕署税处 966 号	关于空运、邮寄进口小件样品征税问题的通知
278	〔1981〕署货字 538 号	关于印发《海关对进出口集装箱和所装货物监管暂行办法》的通知
279	〔1982〕署税字第 403 号	关于执行《科教用品报运进口免税办法》的有关问题的通知
280	〔1982〕署行字第 235 号	关于外国文教专家进口自用物品管理有关事宜的通知
281	〔1982〕署行字第 381 号	关于出国人员为公家购买物品问题的批复
282	〔1984〕署行 603 号	关于《海关对我远洋船舶船员携带进出口自用物品监管办法》的补充通知
283	〔1985〕署行字第 54 号	关于下达《海关对城乡个体工商业者进口小型生产工具的管理规定》的通知

序号	发文字号	规范性文件名称
284	〔1985〕行一字 171 号	关于对《带进免税限量表》第四、五项部分物品的解释的通知
285	〔1985〕行一字 219 号	关于对我驻外机构长期出国人员携带进口物品的通知
286	〔1986〕行二字 123 号	关于出国人员携、寄进口录像制品问题的函
287	〔1987〕货一字第 179 号	关于执行《中华人民共和国海关征收进口货物滞报金办法》有关问题的通知
288	〔1987〕署货字第 650 号	关于发布《中华人民共和国海关查验货物、物品造成损坏的赔偿办法》的通知
289	〔1987〕署行字 314 号	关于对出国人员进出境行李物品管理的补充规定的通知
290	〔1987〕行一字 1 号	关于《海关对我国国际运输工具服务人员进出境行李物品的管理规定》执行中若干具体问题的规定
291	〔1988〕署行 131 号	关于对短期内多次进出境的台湾同胞行李物品验放事宜的通知
292	〔1988〕署行字第 551 号	关于公布实施《海关对个人携带和邮寄印刷品进出境管理规定》的通知
293	〔1989〕监一字第 187 号	关于制定海关对进出口货物监管作业程序的通知
294	〔1989〕署监一字 895 号	关于实施《海关对来往港澳地区运输工具服务人员携带自用物品管理办法》的通知
295	〔1989〕署监一字 950 号	关于实施《中华人民共和国海关对境内汽车载运海关监管货物的管理办法》的通知
296	〔1989〕署监字 1011 号	关于实施《海关对我国从事国际间运营的运输工具服务人员携带自用物品的管理规定》的通知
297	〔1990〕署监二 770 号	关于对我派驻泰国人员进出境行李物品验放问题的通知
298	〔1990〕署监二字第 249 号	关于对持因私普通护照的劳务人员行李物品验放问题的复函
299	〔1990〕署监二字第 364 号	关于对我长期出国人员和从事国际间运营的运输工具服务人员进境行李物品验放事宜的通知
300	〔1990〕署监一 810 号	关于明确对运输工具服务人员携带自用物品验放问题的通知
301	〔1995〕监行 86 号	对在外劳务人员、远洋船员带进行李物品验放问题的通知
302	1986 署货 802 号	关于批准《厦门海关对进出厦门特区货物、运输工具、行李物品和邮递物品的监管和征免税实施细则》的通知
303	1986 署货 803 号	关于批准《汕头海关对进出汕头特区货物、运输工具、行李物品和邮递物品的监管和征免税实施细则》的通知
304	1986 署货 824 号	印发《中华人民共和国海关对暂时进口货物监管办法》的通知
305	1986 署货 830 号	关于批准《拱北海关对进出珠海特区货物、运输工具、行李物品和邮递物品的监管和征免税实施细则》的通知
306	1986 署行 602 号	关于批准广州、九龙海关对外公布实施《通告》的通知
307	1987 署行 1064 号	发布实施"海关对台湾同胞进出境行李物品的监管规定"的通知
308	1987 署行 1210 号	关于对旅客行李物品"限量表"中部分物品的解释和有关验放问题的通知
309	1987 署行 969 号	关于实施"海关对台湾同胞进出境行李物品的管理规定"的通知

序号	发文字号	规范性文件名称
310	1987 行一 2 号	发放使用“运输工具服务人员出入境携带物品登记证”的通知
311	1988 署货 6 号	关于发布实施《中华人民共和国海关对来往香港、澳门汽车及所载货物监管办法》、《中华人民共和国海关对境内载运对外加工装配保税货物车辆及所载货物管理办法》的通知
312	1988 署货 998 号	关于批准《中华人民共和国对海南经济特区进出境货物、运输工具、行李物品和邮递物品的监管和征免税实施细则》的通知
313	1988 署行 641 号	关于下发《海关对“在外售券、境内取货”业务管理的补充规定》的通知
314	1989 监二综 399 号	关于对“出国人员带进物品限量表”第一项物品管理问题的通知
315	1989 署监二 719 号	关于实施《海关对我出国人员进出境行李物品的管理规定》的通知
316	1989 署监二 723 号	关于加强对自费留学人员携带进境行李物品管理的通知
317	1989 署监二 735 号	关于限制旅客行李物品“限量表”中部分物品的规格和有关验放问题的通知
318	1989 署监二 854 号	关于对“出国人员带进物品限量表”内第一项物品管理问题的补充通知
319	1989 署监二 877 号	关于执行《关于台湾记者来大陆采访的管理办法》的通知
320	1990 署监二 138 号	关于对赴苏旅游旅客出入境行李物品验放事宜的通知
321	1990 署监二 1302 号	关于实施《海关对出境旅游人员出入境行李物品的管理规定》的通知
322	1990 署监一 958 号	关于对《海关对境内汽车载运海关监管货物的管理办法》适用范围问题的批复
323	1991 监二综 76 号	关于实施《免税外汇商品监管作业试行规程》的通知
324	1991 监一综 72 号	关于批转《关于对从公路口岸进口作为货物的汽车的转关和验放手续问题的意见》
325	1991 署监二 486 号	关于实施《中华人民共和国海关对免税外汇商品业务的管理规定》的通知
326	1992 署监二 372 号	关于出国人员携带进境摄像机等物品按第四项物品验放的通知
327	1994 传 347 号	总署关于明确执行入境旅客行李物品和个人邮递物品完税价格表的有关问题的通知
328	署监〔1994〕406 号	海关总署转发税委会《关于实施〈中华人民共和国海关关于入境旅客行李物品和个人邮递物品征收进口税办法〉的通知》
329	署监〔1995〕459 号	海关总署关于转发《国务院关于调低出口退税率加强出口退税管理的通知》的通知
330	署信〔1997〕598 号	海关总署关于发布《中华人民共和国海关进出口货物报关单填制规范》的通知
331	署法〔1998〕609 号	海关总署关于发布《中华人民共和国海关关于来往香港、澳门小型船舶及所载货物、物品监管规定》和《中华人民共和国海关关于来往香港、{m 门小型船舶登记备案管理办法》的通知
332	1998 署监 624 号	海关总署关于印发《海关对来往港澳小型船舶监管操作规程（试行）》的通知
333	监通〔1998〕9 号	监管司关于下发《实施 ATA 单证册制度的海关内部联系配合办法》的通知
334	署办〔1998〕582 号	海关总署关于印发《国务院关于对来往香港、澳门小型船舶监管操作的规程（试行）》的通知
335	署监〔1994〕685 号	关于调整“旅客进出境行李物品分类表”和部分旅客行李物品“限量表”的通知

序号	发文字号	规范性文件名称
336	署监〔1994〕855 号	海关总署关于转发《中共中央办公厅国务院办公厅关于加强书报刊影视音像市场管理的通知》的通知
337	署监〔1996〕618 号	海关总署关于调整《入境旅客行李物品和个人邮递物品征收进口税税率表》、《入境旅客行李物品和个人邮递物品进口税税则归类表》和《入境旅客行李物品和个人邮递物品完税价格表》的通知
338	署监〔1997〕863 号	海关总署关于发布《中华人民共和国海关暂准进口单证册项下进出口货物监管办法》的通知
339	署监〔1999〕336 号	海关总署关于调整部分入境旅客行李物品和个人邮递物品完税价格的通知
340	署监〔2000〕467 号	海关总署关于调整部分入境旅客行李物品和个人邮递物品完税价格的通知
341	署监〔2001〕19 号	海关总署关于执行《中华人民共和国海关关于在广东地区载运海关监管货物的境内汽车运输企业及其车辆的管理办法》的通知
342	署监〔2001〕20 号	海关总署关于下发《中华人民共和国海关关于广东地区陆路转关运输货物监管方法的操作规程》的通知
343	署监〔2001〕21 号	海关总署关于下发《中华人民共和国海关关于广东地区陆路转关运输货物监管办法》的通知
344	署监〔2001〕22 号	海关总署关于下发《中华人民共和国海关关于长江沿线转关运输货物监管办法》的通知
345	署监〔2001〕23 号	海关总署关于下发《中华人民共和国海关关于长江沿线转关运输货物监管方法的操作规程》的通知
346	署监〔1995〕97 号	海关总署关于下发《中华人民共和国海关关于转关运输计算机网络管理系统操作规程》的通知
347	署监〔1997〕736 号	关于加强对来往港澳小型船舶监管的紧急通知
348	署监传〔2000〕120 号	关于下发《入境旅客行李物品和个人邮递物品征收进口税调整表》的通知
349	署监二〔1992〕1063 号	关于旅客携带外币进出境验放问题的通知
350	署监二〔1992〕1773 号	关于进一步简化进出境旅客通关手续的通知
351	署监二〔1992〕410 号	关于调整华侨、台胞带进免税物品“限量表”第一项和第五项物品范围的通知
352	署监二〔1992〕496 号	关于对我公派留学人员进境行李物品验放事宜的通知
353	署监二〔1992〕6 号	关于实施《中华人民共和国海关对中国籍居民出入境行李物品管理规定》的通知
354	署监二〔1992〕810 号	关于对华侨、台胞带进限量表第五项物品验放问题的通知
355	署监二〔1993〕584 号	关于对国家货币票据及证券出入境管理的通知
356	署监二〔1993〕642 号	关于对广东省出国人员服务公司要求恢复售券业务的复函
357	署监二〔1993〕75 号	关于实施《中华人民共和国海关对进出境快件监管办法》有关问题的通知
358	署监二 1708 号	关于出国人员在国内免税店购买全（半）自动照相机验放问题的通知
359	署监一〔1992〕1377 号	关于发布《海关关于转关运输监管办法》的通知
360	署监一〔1990〕1086 号	关于重新公布《中华人民共和国海关征收进口货物滞报金办法》的通知

序号	发文字号	规范性文件名称
361	署监一〔1990〕958 号	关于对《中华人民共和国海关对境内汽车载运海关监管货物的管理办法》适用范围问题的批复
362	署监一〔1993〕1200 号	关于发布海关关于转关运输货物监管作业规程的通知
363	署监一〔1993〕240 号	关于对来往港澳小型船舶监管问题的通知
364	署税〔1990〕1077 号	关于对“在外售券、境内取货”业务剩余积压商品税收问题的通知
365	署税〔1999〕238 号	海关总署关于下发《中华人民共和国海关对新疆棉以出顶进监管仓库及所存货物管理暂行规定》的通知
366	署行〔1984〕631 号	关于下达《对回国和回内地学习的华侨、港澳学生携带和邮寄进出口物品管理规定》的通知
367	署行〔1986〕905 号	对我常驻港澳机构人员的配偶赴港澳探亲进出境行李物品问题的通知
368	署行〔1988〕979 号	关于加强对前往港澳地区探亲、旅游人员携带行李物品管理的通知
369	1992 署监二 1480 号	对在外留学人员回国携带进境行李物品给予优惠的通知
370	署税函〔2003〕4 号	关于对原产日本、比利时、德国、荷兰和俄罗斯进口已内酰胺实施临时反倾销措施通知
371	1987 统一 35 号	关于确定经营单位统计代号等问题的补充通知
372	1988 统一 1 号	关于补充收发货单位所在地统计代号的通知
373	1989 统二 23 号	关于补充“进出口机电产品商品目录”的通知
374	1990 统三 16 号	关于印发“日用消费品目录”的通知
375	1992 统二 32 号	对外籍船舶或飞机在我国境内添加燃料作单项统计通知
376	1992 统二 37 号	加强对外商投资企业进出口货物报关单审核的通知
377	署税〔1992〕1231 号	关于下达《中华人民共和国海关审定进出口货物完税价格办法》的通知
378	税管〔2000〕190 号	关税征管司关于对执行反倾销措施若干问题的通知
379	署监一〔1992〕86 号	关于发布《中华人民共和国海关对中缅边境民间贸易的监管和税收优惠办法》的通知
380	监一货〔1992〕45 号	关于《中华人民共和国海关对中缅边境民间贸易的监管和税收优惠办法》印刷错误的更正通知
381	统计函〔2001〕17 号	综合统计司关于明确涉及多国（地区）加工的输美纺织品服装原产地判定有关事宜的通知

附件 2

因过期失效的规范性文件目录

序号	发文字号	规范性文件名称
1	〔1983〕署税字第 996 号	关于 1984 年进口鱼粉特准减税的通知
2	1988 署税 1330 号	关于 1989 年临时调低部分商品进口税率的通知
3	署税〔1996〕279 号	关于 1996 年进口粮食、植物油、化肥、农药、食糖、棉花税收问题的通知
4	署税〔1996〕746 号	关于对化工部 1996 年进口化肥包装原料返还进口增值税的通知
5	署税〔2001〕42 号	海关总署关于 2001 年部分商品实行限定用途、限定数量的暂定税率有关问题的通知
6	署税〔1998〕82 号	海关总署关于 1998 年进口部分品种化肥、农药和粮食进口环节增值税征免问题的通知
7	署税〔1999〕114 号	海关总署关于 1999 年进口粮食、化肥、农膜原料进口环节增值税征免问题的通知
8	署税〔1999〕169 号	海关总署关于 1999 年进口农药进口环节增值税征免问题的通知
9	署税〔1999〕536 号	海关总署关于 1999 年进口化肥等物资免增值税问题的补充通知
10	署税〔2000〕126 号	海关总署关于 2000 年化肥、农药进口环节增值税征免等问题的通知
11	署税〔2000〕192 号	海关总署关于国家林业局 2000 年度计划进口种子（苗）税收问题的通知
12	署税〔2000〕193 号	海关总署关于国家濒管办 2000 年度计划进口种用野生动植物税收问题的通知
13	署税〔2000〕348 号	海关总署、财政部关于 2000 年农药成药和农药原药进口环节增值税征免问题的通知
14	署税〔1997〕46 号	海关总署关于 1997 年新闻出版用纸实行限定用途、限定数量暂定税率问题的通知
15	署税〔1990〕1280 号	关于部分商品 1991 年实行临时调低税率的通知
16	署税〔1992〕173 号	关于 1992 年部分进口原材料实行临时调低税率的通知
17	署税〔1992〕2012 号	关于 1992 年临时调低部分进口原材料税率准予延期的通知
18	署税〔1992〕444 号	关于 1992 年部分商品实行内部临时调低税率执行中有关问题的通知
19	署税〔1992〕697 号	关于 1992 年对定点企业进口计算机以及其外围设备关键件和集散控制系统散件实行内部临时调低进口关税税率的通知
20	署税〔1992〕73 号	关于 1992 年对部分货物实行内部临时调低进口税率的通知
21	署税〔1994〕149 号	关于明确 1994 年对部分进口商品实施暂定税率商品范围的通知
22	署税〔1995〕13 号	关于执行 1995 年暂定税率有关问题的通知
23	署税〔1995〕347 号	关于执行 1994 年市场物资税收政策有关问题的通知
24	署税〔1995〕88 号	关于 1995 年进口粮油棉糖和化肥税收等问题的通知
25	署税〔1996〕485 号	关于对化工部 1996 年进口农药中间体和原料返还进口增值税的通知
26	署税〔1997〕357 号	海关总署关于 1997 年农用塑料原料进口环节增值税税收问题的通知
27	署税〔1997〕663 号	海关总署关于 1997 年粮食进口环节增值税征免税问题的通知

序号	发文字号	规范性文件名称
28	署税〔1998〕260号	海关总署关于转发《国家税务总局关于1997年度部分外商投资企业进口环节超税负返还问题的函》的通知
29	署税〔1998〕541号	海关总署关于1998年进口农药原料及中间体等农资进口环节增值税政策的通知
30	署税函〔2002〕38号	海关总署关于2002年铜原料进口增值税有关问题的通知
31	署税〔2001〕33号	海关总署关于2001年加工贸易内销补税征收缓税利息适用利率的通知
32	税管传〔2001〕88号	关于2001年第五批外商投资企业购油凭证继续延期的通知
33	〔1997〕传23号	关于1997年进口市场物资增值税征收问题的通知
34	署税〔1996〕1148号	关于执行1997年调整进出口税率方案有关问题的通知
35	署税〔1997〕1061号	海关总署关于1998年部分商品实行限定用途、限定数量的暂定税率有关问题的通知
36	署税〔1996〕1152号	关于1997年部分商品实行限定用途、限定数量的暂定税率有关问题的通知
37	署税〔1996〕8号	关于1996年进口配额和限量登记商品税收问题的紧急通知
38	署税发〔2003〕127号	海关总署关于2003年进口农药原料及中间体进口环节增值税先征后返问题的通知
39	署税发〔2003〕100号	海关总署关于转发《财政部 国家税务总局关于下达国家林业局2003年度种子（苗）种用野生动植物免税进口计划的通知》的通知

中华人民共和国海关总署公告

2004年第33号

根据《中华人民共和国反倾销条例》的有关规定，国务院关税税则委员会依据商务部对原产于俄罗斯、韩国、乌克兰、哈萨克斯坦4国和我国台湾地区的进口冷轧板卷适用反倾销措施的复审调查结果和建议，决定对原产于上述国家和地区的进口冷轧板卷中止征收反倾销税，并对用于马口铁生产的进口冷轧板卷中止进口认证。商务部为此发布了2004年第53号公告（详见附件）。现将有关问题公告如下：

一、自2004年9月10日起，中华人民共和国海关总署2004年第2号公告中止执行。

二、自2004年9月10日起，对申报进口原产于俄罗斯、韩国、乌克兰、哈萨克斯坦4国和我国台湾地区的冷轧板卷（2004年海关税则号列：7209.1510、7209.1590、7209.1610、7209.1690、7209.1710、7209.1790、7209.1810、7209.1890、7209.2500、7209.2600、7209.2700、7209.2800、7209.9000、7211.2300、7211.2900、7211.9000）中止征收反倾销税。

三、自2004年9月10日起，凡申报进口原产于俄罗斯、韩国、乌克兰、哈萨克斯坦4国和我国台湾地区的用于马口铁生产的冷轧板卷（2004年海关税则号列：7209.1810、7209.1890），不再需要进口经营单位提供商务部配额许可证事务局发放的许可凭证。

特此公告。

附件 中华人民共和国商务部2004年第53号公告（略）

海关总署

2004年9月9日

中华人民共和国海关总署公告

2004年第34号

自2004年10月1日起，修订后的《中华人民共和国海关进出口货物报关单填制规范》（以下简称《规范》）正式执行。现将有关修订内容公告如下：

一、根据《中华人民共和国进出口关税条例》（国务院第392号令）、新修订的《中华人民共和国对外贸易法》、《中华人民共和国海关进出口货物申报管理规定》（海关总署第103号令）、《关于优惠贸易协定项下进口货物的报关单填制规范》（海关总署2003年第72号公告）、《关于对外贸易经营者办理报关注册登记事项的公告》（海关总署2004年第25号公告）、《关于报关企业注册登记相关事项的公告》（海关总署2004年第26号公告）等文件，本次修订对《规范》中“申报日期”、“备案号”、“经营单位”、“随附单据”和“标记唛码及备注”等栏目填制内容作了相应调整。

二、根据海关通关作业规范化需要和新一代海关通关计算机管理系统（H2000通关系统）在报关单填制方面的设计，本次修订新增加了部分内容，主要包括新增“航次号”、“关联备案”和“关联报关单”等栏目。

鉴于海关正在逐步完成新旧通关计算机管理系统的切换，两套系统还将并行使用一段时间，因此，本次修订针对新旧系统的不同情况，对下述栏目分别作了规范，主要包括“海关编号”、“进口日期/出口日期”、“申报日期”、“运输工具名称”、“提运单号”、“集装箱号”、“运费”、“保费”、“杂费”、“随附单据”、“标记唛码及备注”和“填制日期”等。

三、根据海关通关作业管理要求和信息化管理需要，本次修订还对《规范》中部分内容作了相应的修改、调整和补充。主要包括“预录入编号”、“经营单位”、“收货单位/发货单位”、“申报单位”、“项号”、“商品编号”、“数量及单位”、“单价”、“总价”、“录入员”和“录入单位”等。

特此公告。

附件　中华人民共和国海关进出口货物报关单填制规范

海关总署

2004年9月21日

附件

中华人民共和国海关进出口货物报关单填制规范

为统一进出口货物报关单填制要求，保证报关单数据质量，根据《中华人民共和国海关法》及有关法规，制定本规范。

本规范在一般情况下采用“报关单”或“进口报关单”、“出口报关单”的提法，需要分别说明不同要求时，则分别采用以下用语：

1. 报关单录入凭单：指申报单位按海关规定的格式填写的凭单，用作报关单预录入的依据。

2. 预录入报关单：指预录入单位录入、打印，由申报单位向海关申报的报关单。

3. 报关单证明联：指海关在核实货物实际入、出境后按报关单格式提供的证明，用作企业向税务、外汇管理部门办结有关手续的证明文件。

进出口货物报关单各栏目的填制规范如下：

一、预录入编号

指预录入单位预录入报关单的编号，用于申报单位与海关之间引用其申报后尚未接受申报的报关单。

预录入编号由接受申报的海关决定编号规则。报关单录入凭单的编号规则由申报单位自行决定。

二、海关编号

指海关接受申报时给予报关单的编号，应标识在报关单的每一联上。

（一）H883/EDI通关系统

报关单海关编号为9位数码，其中1－2位为接受申报海关的编号（《关区代码表》中相应海关代码的后2位），第3位为海关接受申报公历年份4位数字的最后1位，后6位为顺序编号。

进口报关单和出口报关单应分别编号，确保在同一公历年度内，能按进口和出口唯一地标识本关区的每一份报关单。

（二）H2000通关系统

报关单海关编号为18位数字，其中第1－4位为接受申报海关的编号（《关区代码表》中相应海关代码），第5－8位为海关接受申报的公历年份，第9位为进出口标志（“1”为进口，“0”为出口），后9位为顺序编号。

在海关H883/EDI通关系统向H2000通关系统过渡期间，后9位的编号规则同H883/EDI通关系统的要求。

三、进口口岸/出口口岸

指货物实际进出我国关境口岸海关的名称。

本栏目应根据货物实际进出关境的口岸海关填报《关区代码表》中相应的口岸海关名称及代码。

进口转关运输货物应填报货物进境地海关名称及代码，出口转关运输货物应填报货物出境地海关名称及代码。按转关运输方式监管的跨关区深加工结转货物，出口报关单填报转出地海关名称及代码，进口报关单填报转入地海关名称及代码。

在不同出口加工区之间转让的货物，填报对方出口加工区海关名称及代码。

其他无实际进出境的货物，填报接受申报的海关名称及代码。

四、备案号

指进出口企业在海关办理加工贸易合同备案或征、减、免税审批备案等手续时，海关给予进料加工登记手册、来料加工及中小型补偿贸易登记手册、外商投资企业履行产品出口合同进口料件及加工出口成品登记手册、电子账册及其分册（以下均简称加工贸易手册）、进出口货物征免税证明（以下简称征免税证明）或其他有关备案审批文件的编号。

一份报关单只允许填报一个备案号。备案号栏目为12位字符，其中第1位是标记代码。

无备案审批文件的报关单，本栏目免予填报。

具体填报要求如下：

（一）加工贸易合同项下货物，除少量低价值辅料按规定不使用加工贸易手册的外，填报加工贸易手册编号。

（二）涉及征、减、免税备案审批的报关单，填报征免税证明编号。

（三）出入出口加工区的保税货物，应填报标记代码为“H”的电子账册备案号；出入出口加工区的征免税货物、物品，应填报标记代码为“H”、第六位为“D”的电子账册备案号。

（四）使用异地直接报关分册和异地深加工结转出口分册在异地口岸报关的，本栏目应填报分册号；本地直接报关分册和本地深加工结转分册限制在本地报关，本栏目应填报总册号。

（五）加工贸易成品凭征免税证明转为享受减免税进口货物的，进口报关单填报征免税证明编号，出口报关单填报加工贸易手册编号。

（六）对减免税设备及加工贸易设备之间的结转，转入和转出企业分别填制进、出口报关单，在报关单“备案号”栏目分别填报加工贸易手册编号、征免税证明编号或免予填报。

（七）优惠贸易协定项下实行原产地证书联网管理的货物，应填报原产地证书代码“Y”和原产地证书编号；未实行原产地证书联网管理的货物，本栏目免予填报。

五、合同协议号

本栏目应填报进（出）口货物合同（协议）的全部字头和号码。

六、进口日期/出口日期

（一）进口日期

指运载所申报货物的运输工具申报进境的日期。本栏目填报的日期必须与相应的运输工具进境日期一致。

进口申报时无法确知相应的运输工具的实际进境日期时，本栏目免予填报。

（二）出口日期

指运载所申报货物的运输工具办结出境手续的日期。本栏目供海关打印报关单证明联用，在申报时免予填报。

无实际进出境的报关单填报办理申报手续的日期，以海关接受申报的日期为准。

（三）在H883/EDI通关系统中，本栏目为6位数，顺序为年、月、日各2位；在H2000通关系统中，本栏目为8位数字，顺序为年（4位）、月（2位）、日（2位）。

七、申报日期

指海关接受进出口货物的收、发货人或受其委托的报关企业申请的日期。

以电子数据报关单方式申报的，申报日期为海关计算机系统接受申报数据时记录的日期。以纸质报关单方式申报的，申报日期为海关接受纸质报关单并对报关单进行登记处理的日期。

在H883/EDI通关系统中，本栏目为6位数，顺序为年、月、日各2位；在H2000通关系统中，本栏目为8位数字，顺序为年（4位）、月（2位）、日（2位）。

八、经营单位

经营单位指对外签订并执行进出口贸易合同的中国

境内企业、单位或个体工商户。

本栏目应填报经营单位名称及经营单位编码。

经营单位编码是经营单位在海关办理注册登记手续时，海关给予的注册登记10位编码。

特殊情况下确定经营单位原则如下：

（一）援助、赠送、捐赠的货物，填报直接接受货物的单位。

（二）进出口企业之间相互代理进出口的，填报代理方。

（三）外商投资企业委托进出口企业进口投资设备、物品的，填报外商投资企业，并在标记唛码及备注栏注明“委托某进出口企业进口”。

（四）有代理报关权的进出口企业在本企业进出口或代理其他企业进出口时，填报本企业的经营单位编码；代理其他企业办理进出口报关手续时，填报委托方经营单位编码。

九、收货单位/发货单位

（一）收货单位

指已知的进口货物在境内的最终消费、使用单位，包括：

1. 自行从境外进口货物的单位。

2. 委托进出口企业进口货物的单位。

（二）发货单位

指出口货物在境内的生产或销售单位，包括：

1. 自行出口货物的单位。

2. 委托进出口企业出口货物的单位。

（三）备有海关注册编号或加工生产企业编号的收、发货单位，本栏目必须填报其经营单位编码或加工生产企业编号；否则填报其中文名称。加工贸易报关单的收、发货单位应与加工贸易手册的“货主单位”一致；减免税货物报关单的收、发货单位应与征免税证明的“申请单位”一致。

十、申报单位

指对申报内容的真实性直接向海关负责的企业或单位。自理报关的，应填报进（出）口货物的经营单位名称及编码；委托代理报关的，应填报经海关批准的报关企业名称及编码。

本栏目还包括报关单左下方用于填报申报单位有关情况的相关栏目，包括报关员、报关单位地址、邮政编码和电话号码等栏目。

十一、运输方式

指载运货物进出关境所使用的运输工具的分类，包括实际运输方式和海关规定的特殊运输方式。

本栏目应根据实际运输方式按海关规定的运输方式代码表选择填报相应的运输方式。

特殊情况下运输方式的填报原则如下：

（一）非邮政方式进出口的快递货物，按实际运输方式填报。

（二）进出境旅客随身携带的货物，按旅客所乘运输工具填报。

（三）进口转关运输货物，按载运货物抵达进境地的运输工具填报；出口转关运输货物，按载运货物驶离出境地的运输工具填报。

（四）出口加工区与区外之间进出的货物，区内企业填报“9”，区外企业填报“Z”。

（五）其他无实际进出境的，根据实际情况选择填报运输方式代码表中运输方式“0”（非保税区运入保税区和保税区退区）、“1”（境内存入出口监管仓库和出口监管仓库退仓）、“7”（保税区运往非保税区）、“8”（保税仓库转内销）或“9”（其他运输）。

（六）同一出口加工区内或不同出口加工区的企业之间相互结转、调拨的货物、出口加工区与其他海关特殊监管区域之间、不同保税区之间、同一保税区内不同企业之间、保税区与出口加工区等海关特殊监管区域之间转移、调拨的货物，填报“9”（其他运输）。

十二、运输工具名称

指载运货物进出境的运输工具的名称或运输工具编号。

本栏目填报内容应与运输部门向海关申报的载货清单所列相应内容一致。

一份报关单只允许填报一个运输工具名称。

具体填报要求如下：

（一）直接在进出境地办理报关手续的报关单具体填报要求

1. H883/EDI通关系统：

（1）江海运输填报船名或船舶呼号（来往港澳小型船舶为监管簿编号）+“/”+航次号。

（2）汽车运输填报该跨境运输车辆的国内行驶车牌号+“/”+进出境日期［8位数字，顺序为年（4位）、月（2位）、日（2位），下同］。

（3）铁路运输填报车次（或车厢号）+“/”+进出境日期。

（4）航空运输填报航班号+进出境日期+“/”+总运单号。

（5）邮政运输填报邮政包裹单号+“/”+进出境日期。

（6）其他运输填报具体运输方式名称，例如：管道、驮畜等。

2. H2000通关系统：

（1）江海运输填报船舶编号（来往港澳小型船舶为监管簿编号）或者船舶英文名称。

（2）汽车运输填报该跨境运输车辆的国内行驶车牌号，深圳提前报关模式填报国内行驶车牌号＋“/”＋“提前报关”（4个汉字）。

（3）铁路运输填报车厢编号或交接单号。

（4）航空运输填报航班号。

（5）邮政运输填报邮政包裹单号。

（6）其他运输填报具体运输方式名称，例如：管道、驮畜等。

（7）对于“清单放行，集中报关”的货物填报“集中报关”（4个汉字）。

（二）转关运输货物报关单填报要求

1. 进口

（1）H883/EDI通关系统：

①江海运输：直转填报“@”＋16位转关申报单预录入号（或13位载货清单号）；中转填报进境英文船名（必须与提单、转关单填写完全一致）＋“/”＋“@”＋进境船舶航次。

②铁路运输：直转填报“@”＋16位转关申报单预录入号；中转填报车厢编号＋“/”＋“@”＋8位进境日期。

③航空运输：直转填报“@”＋16位转关申报单预录入号；中转填报8位分运单号，无分运单的免予填报。

④公路及其他各类运输：填报“@”＋16位转关申报单预录入号（或13位载货清单号）。

⑤以上各种运输方式使用广东地区载货清单转关的提前报关填报“@”＋13位载货清单号；其他地区提前报关免予填报。

（2）H2000通关系统：

①江海运输：直转、提前报关填报“@”＋16位转关申报单预录入号（或13位载货清单号）；中转填报进境英文船名。

②铁路运输：直转、提前报关填报“@”＋16位转关申报单预录入号；中转填报车厢编号。

③航空运输：直转、提前报关填报“@”＋16位转关申报单预录入号（或13位载货清单号）；中转填报“@”。

④汽车及其他运输：填报“@”＋16位转关申报单预录入号（或13位载货清单号）。

⑤以上各种运输方式使用广东地区载货清单转关的提前报关货物填报“@”＋13位载货清单号；其他地区提前报关货物免予填报。

2. 出口

（1）H883/EDI通关系统：

①江海运输：出口非中转填报“@”＋16位转关申报单预录入号（或13位载货清单号）；中转：境内江海运输填报驳船船名＋“/”＋“驳船航次”；境内铁路运输填报车名［4位关别代码＋“TRAIN”（英文单词）］＋“/”＋6位启运日期；境内公路运输填报车名［4位关别代码＋“TRUCK”（英文单词）］＋“/”＋6位启运日期；境内公路运输填报车名［4位关别代码＋“TRUCK”（英文单词）］＋“/”＋6位启运日期。

上述“驳船船名”、“驳船航次”、“车名”、“日期”均须事先在海关备案。

②铁路运输：填报“@”＋16位转关申报单预录入号；多张报关单需要通过一张转关单转关的，填报“@”。

③其他运输方式：填报“@”＋16位转关申报单预录入号（或13位载货清单号）。

上述规定以外无实际进出境的，本栏目为空。

（2）H2000通关系统：

①江海运输：非中转填报“@”＋16位转关申报单预录入号（或13位载货清单号）。如多张报关单需要通过一张转关单转关的，运输工具名称字段填报“@”。

中转，境内江海运输填报驳船船名；境内铁路运输填报车名［主管海关4位关别代码＋“TRAIN”（英文单词）］；境内公路运输填报车名［主管海关4位关别代码＋“TRUCK”（英文单词）］。

②铁路运输：填报“@”＋16位转关申报单预录入号（或13位载货清单号），如多张报关单需要通过一张转关单转关的，填报“@”。

③航空运输：填报“@”＋16位转关申报单预录入号（或13位载货清单号），如多张报关单需要通过一张转关单转关的，填报“@”。

④其他各类出境运输方式：填报“@”＋16位转关申报单预录入号（或13位载货清单号）。

（三）无实际进出境货物报关单

1. 在H883/EDI通关系统下：

加工贸易深加工结转及料件结转货物，加工贸易成品凭征免税证明转为享受减免税进口的货物，保税区与区外之间进出的货物、同一保税区内或不同保税区的企业之间转移（调拨）的货物、出口加工区与区外之间进出的货物，同一出口加工区内或不同出口加工区的企业之间相互结转、调拨的货物，应先办理进口报关，并在出口报关单本栏目填报转入方关区代码（前两位）及进口报关单号，即“转入××（关区代码）×××××××××（进口报关单/备案清单号）”。按转关运输货物办理结转手续的，按转关运输有关规定填报。

2. 在H2000通关系统下，本栏目免予填报。

上述规定以外无实际进出境的，本栏目免予填报。

十三、航次号

指载运货物进出境的运输工具的航次编号。本栏目仅限H2000通关系统填报，使用H883/EDI通关系统的，本栏目内容与运输工具名称合并填报。

具体填报要求如下：

（一）直接在进出境地办理报关手续的报关单

1. 江海运输：填报船舶的航次号。

2. 汽车运输：填报该跨境运输车辆的进出境日期[8位数字，顺序为年（4位）、月（2位）、日（2位），下同]。

3. 铁路运输：填报进出境日期。

4. 航空运输：免予填报。

5. 邮政运输：填报进出境日期。

6. 其他各类运输方式：免予填报。

（二）转关运输货物报关单

1. 进口

（1）江海运输：中转转关方式填报“@”+进境干线船舶航次。直转、提前报关免予填报。

（2）公路运输：免予填报。

（3）铁路运输：“@”+进出境日期。[8位数字，顺序为年（4位）、月（2位）、日（2位）]。

（4）航空运输：免予填报。

（5）其他各类运输方式：免予填报。

2. 出口

（1）江海运输：非中转货物免予填报。中转货物：境内江海运输填报驳船航次号；境内铁路、公路运输填报6位启运日期，顺序为年、月、日各2位。

（2）铁路拼车拼箱捆绑出口：免予填报。

（3）航空运输：免予填报。

（4）其他运输方式：免予填报。

（三）上述规定以外无实际进出境的，本栏目免予填报。

十四、提运单号

指进出口货物提单或运单的编号。

本栏目填报的内容应与运输部门向海关申报的载货清单所列相应内容一致。

一份报关单只允许填报一个提运单号，一票货物对应多个提运单时，应分单填报。

具体填报要求如下：

（一）直接在进出境地办理报关手续的报关单

1. H883/EDI通关系统：

（1）江海运输：填报进口提单号。

（2）汽车运输：免予填报。

（3）铁路运输：填报运单号。

（4）航空运输：填报分运单号，无分运单的填报总运单号。

（5）邮政运输：免予填报。

（6）无实际进出境的，本栏目免予填报。

2. H2000通关系统：

（1）江海运输：填报进出口提运单号。如有分提运单的，填报进出口提运单号+“*”+分提运单号。

（2）汽车运输：免予填报。

（3）铁路运输：填报运单号。

（4）航空运输：填报总运单号+“_”（下划线）+分运单号，无分运单的填报总运单号。

（5）邮政运输填报邮运包裹单号。

（6）无实际进出境的，本栏目免予填报。

（二）转关运输货物报关单

1. 进口

（1）H883/EDI通关系统：

①江海运输：直转、中转填报提单号，提前报关免予填报。

②铁路运输：直转货物直转货物填报11位总运单号+“/”+8位分运单号，无分运单号的填报11位总运单号，中转填报“@”+总运单号，提前报关免予填报。

③航空运输：直转货物填报11位总运单号+“/”+8位分运单号，无分运单号的填报11位总运单号；中转填报“@”+总运单号，提前报关免予填报。

④其他运输方式，本栏目免予填报。

⑤以上各种运输方式进境货物，在广东省内用公路运输转关的，填报车牌号。

（2）H2000通关系统：

①江海运输：直转、中转填报提单号，提前报关免

予填报。

②铁路运输：直转、中转填报铁路运单号，提前报关免予填报。

③航空运输：直转、中转货物填报总运单号＋“_”＋分运单号、提前报关免予填报。

④其他运输方式，本栏目免予填报。

⑤以上各种运输方式进境货物，在广东省内用公路运输转关的，填报车牌号。

2. 出口

（1）H883/EDI 通关系统：

①江海运输：中转货物填报提单号；非中转货物免予填报；广东省内提前报关的转关货物填报车牌号。

②其他运输方式：广东省内提前报关的转关货物填报车牌号；其他地区免予填报。

（2）H2000 通关系统：

①江海运输：中转货物填报运单号；非中转免予填报；广东省内提前报关的转关货物填报车牌号。

②其他运输方式：广东省内提前报关的转关货物填报车牌号；其他地区免予填报。

十五、贸易方式（监管方式）

本栏目应根据实际情况按海关规定的贸易方式代码表选择填报相应的贸易方式简称或代码。

出口加工区内企业填制的出口加工区进（出）境货物备案清单应选择填报适用于出口加工区货物的监管方式简称或代码。

一份报关单只允许填报一种贸易方式。

加工贸易报关单特殊情况填报要求如下：

（一）少量低值辅料（即 5000 美元以下，78 种以内的低值辅料）按规定不使用加工贸易手册的，辅料进口报关单填报“低值辅料”。使用加工贸易手册的，按加工贸易手册上的贸易方式填报。

（二）外商投资企业按内外销比例为加工内销产品而进口的料件或进口供加工内销产品的料件，进口报关单填报“一般贸易”。

外商投资企业为加工出口产品全部使用国内料件的出口合同，成品出口报关单填报“一般贸易”。

（三）加工贸易料件结转或深加工结转货物，按批准的贸易方式填报。

（四）加工贸易料件转内销货物（及按料件补办进口手续的转内销成品、残次品、半成品）应填制进口报关单，本栏目填报“（来料或进料）料件内销”；加工贸易成品凭征免税证明转为享受减免税进口货物的，应分别填制进、出口报关单，本栏目填报“（来料或进料）成品减免”。

（五）加工贸易出口成品因故退运进口及复出口、加工贸易进口料件因换料退运出口及复运进口的，填报与加工贸易手册备案相应的退换监管方式简称或代码。

（六）备料加工贸易手册中的料件结转入加工出口加工贸易手册的填报相应的来料或进料加工贸易方式。

（七）保税工厂加工贸易进出口货物，根据加工贸易手册填报相应的来料或进料加工贸易方式。

（八）加工贸易边角料内销和副产品内销，进口报关单应填报“（来料或进料）边角料内销”。

（九）加工贸易料件或成品放弃，进口报关单应填报“（进料料件或成品）放弃”。

十六、征免性质

指海关对进出口货物实施征、减、免税管理的性质类别。

本栏目应按照海关核发的征免税证明中批注的征免性质填报，或根据实际情况按海关规定的征免性质代码表选择填报相应的征免性质简称或代码。

加工贸易报关单本栏目应按照海关核发的加工贸易手册中批注的征免性质填报相应的征免性质简称或代码。特殊情况填报要求如下：

（一）保税工厂经营的加工贸易，根据加工贸易手册填报“进料加工”或“来料加工”。

（二）外商投资企业按内外销比例为加工内销产品而进口料件，填报“一般征税”或其他相应征免性质。

（三）加工贸易转内销货物，按实际应享受的征免性质填报（如一般征税、科教用品、其他法定等）。

（四）料件退运出口、成品退运进口货物填报“其他法定”（代码 0299）。

（五）加工贸易结转货物本栏目为空。

一份报关单只允许填报一种征免性质。

十七、征税比例/结汇方式

（一）征税比例

仅用于“非对口合同进料加工”（代码 0715）贸易方式下进口料件的进口报关单，填报海关规定的实际应征税比率，例如 5% 填报“5”，15% 填报“15”。

（二）结汇方式

出口报关单应填报结汇方式，即出口货物的发货人或其代理人收结外汇的方式。本栏目应按海关规定的结汇方式代码表选择填报相应的结汇方式名称或代码。

十八、许可证号

应申领进（出）口许可证的货物，必须在此栏目填报商务部及其授权发证机关签发的进（出）口货物许可证的编号。

一份报关单只允许填报一个许可证号。

十九、启运国（地区）/运抵国（地区）

启运国（地区）指进口货物直接运抵或者在运输中转国（地）未发生任何商业性交易的情况下运抵我国的起始发出的国家（地区）。

运抵国（地区）指出口货物离开我国关境直接运抵或者在运输中转国（地）未发生任何商业性交易的情况下最后运抵的国家（地区）。

对发生运输中转的货物，如中转地未发生任何商业性交易，则起、抵地不变，如中转地发生商业性交易，则以中转地作为启运/运抵国（地区）填报。

本栏目应按海关规定的《国别（地区）代码表》选择填报相应的启运国（地区）或运抵国（地区）中文名称或代码。

无实际进出境的，本栏目填报“中国”（代码0142）。

二十、装货港/指运港

装货港指进口货物在运抵我国关境前的最后一个境外装运港。

指运港指出口货物运往境外的最终目的港；最终目的港不可预知的，可按尽可能预知的目的港填报。

本栏目应根据实际情况按海关规定的港口航线代码表选择填报相应的港口中文名称或代码。

无实际进出境的，本栏目填报“中国境内”（代码0142）。

二十一、境内目的地/境内货源地

境内目的地指已知的进口货物在国内的消费、使用地或最终运抵地。

境内货源地指出口货物在国内的产地或原始发货地。

本栏目应根据进口货物的收货单位、出口货物生产厂家或发货单位所属国内地区，并按海关规定的国内地区代码表选择填报相应的国内地区名称或代码。

二十二、批准文号

出口报关单本栏目用于填报出口收汇核销单编号。

二十三、成交方式

本栏目应根据实际成交价格条款按海关规定的成交方式代码表选择填报相应的成交方式代码。

无实际进出境的，进口填报 CIF 价，出口填报 FOB 价。

二十四、运费

本栏目用于成交价格中不包含运费的进口货物或成交价格中含有运费的出口货物，应填报该份报关单所含全部货物的国际运输费用。可按运费单价、总价或运费率三种方式之一填报，同时注明运费标记，并按海关规定的货币代码表选择填报相应的币种代码。

运保费合并计算的，运保费填报在本栏目。

运费标记“1”表示运费率，“2”表示每吨货物的运费单价，“3”表示运费总价。

（一）H883/EDI 通关系统

1. 运费率：直接填报运费率的数值，如 5% 的运费率填报为“5”。

2. 运费单价：填报运费币值代码 + “/” + 运费单价的数值 + “/” + 运费单价标记，如：24 美元的运费单价填报为“502/24/2”。

3. 运费总价：填报运费币值代码 + “/” + 运费总价的数值 + “/” + 运费总价标记，如：7000 美元的运费总价填报为“502/7000/3”。

（二）H2000 通关系统

1. 运费标记填写在运费标记处。

2. 运费价格填写在运费价格处。

3. 运费币制填写在运费币制处。

二十五、保费

本栏目用于成交价格中不包含保险费的进口货物或成交价格中含有保险费的出口货物，应填报该份报关单所含全部货物国际运输的保险费用。可按保险费总价或保险费率两种方式之一填报，同时注明保险费标记，并按海关规定的货币代码表选择填报相应的币种代码。

运保费合并计算的，运保费填报在运费栏目中，本栏目免予填报。

保险费标记“1”表示保险费率，“3”表示保险费总价。

（一）H883/EDI 通关系统

1. 保费率：直接填报保费率的数值，如：3‰的保险费率填报为“0.3”。

2. 保费总价：填报保费币值代码 + “/” + 保费总价的数值 + “/” + 保费总价标记，如：10000 港元保险费总价填报为“110/10000/3”。

（二）H2000 通关系统

1. 保费标记填写在保费标记处。

2. 保费总价填写在保费总价处。

3. 保费币制填写在保费币制处。

二十六、杂费

指成交价格以外的，按照《中华人民共和国进出口关税条例》相关规定应计入完税价格或应从完税价格中扣除的费用，可按杂费总价或杂费率两种方式之一填报，同时注明杂费标记，并按海关规定的《货币代码表》选择填报相应的币种代码。

应计入完税价格的杂费填报为正值或正率，应从完税价格中扣除的杂费填报为负值或负率。

杂费标记“1”表示杂费率，“3”表示杂费总价。

（一）H883/EDI 通关系统

1. 杂费率：直接填报杂费率的数值，如：应计入完税价格的1.5%的杂费率填报为“1.5”；应从完税价格中扣除的1%的回扣率填报为“-1”。

2. 杂费总价：填报杂费币值代码+“/”+杂费总价的数值+“/”+杂费总价标记，如：应计入完税价格的500英镑杂费总价填报为“303/500/3”。

（二）H2000 通关系统

1. 杂费标记填写在杂费标记处。

2. 杂费总价填写在杂费总价处。

3. 杂费币制填写在杂费币制处。

二十七、件数

本栏目应填报有外包装的进（出）口货物的实际件数。特殊情况填报要求如下：

（一）舱单件数为集装箱的，填报集装箱个数。

（二）舱单件数为托盘的，填报托盘数。

本栏目不得填报为零，裸装货物填报为“1”。

二十八、包装种类

本栏目应根据进出口货物的实际外包装种类，按海关规定的包装种类代码表选择填报相应的包装种类代码。

二十九、毛重（千克）

指货物及其包装材料的重量之和。

本栏目填报进（出）口货物实际毛重，计量单位为千克，不足1千克的填报为“1”。

三十、净重（千克）

指货物的毛重减去外包装材料后的重量，即商品本身的实际重量。

本栏目填报进（出）口货物的实际净重，计量单位为千克，不足1千克的填报为“1”。

三十一、集装箱号

集装箱号是在每个集装箱箱体两侧标示的全球唯一的编号。

本栏目用于填报和打印集装箱编号及数量。集装箱数量四舍五入填报整数，非集装箱货物填报为“0”。

（一）H883/EDI 通关系统

填报：一个集装箱号+“*”+集装箱数+“（折合标准集装箱数）”。

如：TEXU3605231 * 1（1）表示1个标准集装箱。

TEXU3605231 * 2（3）表示2个集装箱，折合为3个标准集装箱，其中一个箱号为TEXU3605231。

在多于一个集装箱的情况下，其余集装箱编号打印在备注栏或随附清单上。

（二）H2000 通关系统

填报在集装箱表中，一个集装箱填一条记录，分别填报集装箱号、规格和自重。

三十二、随附单据

指随进（出）货物报关单一并向海关递交的单证或文件。合同、发票、装箱单、进出口许可证等必备的随附单证不在本栏目填报。

（一）H883/EDI 通关系统

本栏目按海关规定的监管证件名称代码表选择填报相应证件的代码，证件编号填报在“标记唛码及备注”栏后半部分。

（二）H2000 通关系统

本栏目分为随附单据代码和随附单据编号两项，其中代码栏应按海关规定的监管证件名称代码表选择填报相应证件的代码填报；编号栏应填报许可证件编号。

（三）优惠贸易协定项下进出口货物

“Y”为原产地证书代码。优惠贸易协定代码选择“01”、“02”、“03”或“04”填报：

“01”为“曼谷协定及中巴优惠贸易安排”项下的进口货物；

“02”为“中国与东盟全面经济合作框架协定项下‘早期收获’方案”（简称“中国东盟早期收获”），包括“中泰蔬菜水果协定”项下的进口货物以及对原产于老挝、柬埔寨、缅甸的进口货物；

“03”为“内地与香港紧密经贸关系安排”（香港CEPA）项下的进口货物；

“04”为属于“内地与澳门紧密经贸关系安排”（澳门CEPA）项下的进口货物。

具体填报要求如下：

1. 实行原产地证书联网管理的，H2000 通关系统下，在本栏随附单证代码项下填写“Y”，在随附单证编号项下的“< >”内填写优惠贸易协定代码。例如香港CEPA项下进口商品，应填报为：“Y”和“<03>”；H883/EDI 系统下，此栏不填报原产地证书相关内容。

2. 未实行原产地证书联网管理的，H2000 通关系统下，在报关单“随附单据”栏随附单证代码项下填写“Y”，在随附单证编号项下“< >”内填写优惠贸易协定代码+“:”+需证商品序号。例如《曼谷协定》项下进口报关单中第1到第3项和第5项为优惠贸易协定项下商品，应填报为：“<01：1－3，5>”；H883/EDI通关系统下，此栏不填报原产地证书相关内容。

优惠贸易协定项下出口货物，本栏目填报原产地证书代码和编号。

三十三、用途/生产厂家

进口货物填报用途，应根据进口货物的实际用途按海关规定的用途代码表选择填报相应的用途代码，如“以产顶进”填报“13”。

生产厂家指出口货物的境内生产企业。本栏目供必要时手工填写。

三十四、标记唛码及备注

（一）H883/EDI通关系统

1. 本栏目上部用于打印以下内容，具体填报如下：

（1）标记唛码中除图形以外的文字、数字。

（2）受外商投资企业委托代理其进口投资设备、物品的进出口企业名称。

（3）加工贸易结转货物及凭征免税证明转内销货物，其对应的备案号应填报在本栏目，即“转至（自）×××××××××××××手册”。

（4）实行原产地证书联网管理的优惠贸易协定项下进口货物，填写“<”+“协”+“优惠贸易协定代码”+“>”，例如香港CEPA项下进口报关单应填为：“<协03>”；未实行原产地证书联网管理的优惠贸易协定项下进口货物，填写“<”+“协”+“优惠贸易协定代码”+“:”+“需证商品序号”+“>”，例如《曼谷协定》项下进口报关单中第1项到第3项和第5项为优惠贸易协定项下商品，应填为：“<协01：1－3，5>”。

（5）其他申报时必须说明的事项。

2. 本栏目下部供填报随附单据栏中监管证件的编号，具体填报如下：

（1）监管证件代码+“:”+监管证件号码。一份报关单多个监管证件的，连续填写。

（2）一票货物多个集装箱的，在本栏目打印其余的集装箱号（最多160字节，其余集装箱号手工抄写）。

（二）H2000通关系统

1. 标记唛码中除图形以外的文字、数字。

2. 受外商投资企业委托代理其进口投资设备、物品的进出口企业名称。

3. 与本报关单有关联关系的，同时在业务管理规范方面又要求填报的备案号，如加工贸易结转货物及凭征免税证明转内销货物，其对应的备案号应填报在“关联备案”栏。

4. 与本报关单有关联关系的，同时在业务管理规范方面又要求填报的报关单号，应填报在“关联报关单”栏。

加工贸易结转类的报关单，应先办理进口报关，并将进口报关单号填入出口报关单的关联报关单号栏。

三十五、项号

本栏目分两行填报及打印。

第一行打印报关单中的商品排列序号。

第二行专用于加工贸易等已备案的货物，填报和打印该项货物在加工贸易手册中的项号。

加工贸易合同项下进出口货物，必须填报与加工贸易手册一致的商品项号，所填报项号用于核销对应项号下的料件或成品数量。特殊情况填报要求如下：

（一）深加工结转货物，分别按照加工贸易手册中的进口料件项号和出口成品项号填报。

（二）料件结转货物（包括料件、成品和半成品折料），出口报关单按照转出加工贸易手册中进口料件的项号填报；进口报关单按照转进加工贸易手册中进口料件的项号填报。

（三）料件复出货物（包括料件、边角料、来料加工半成品折料），出口报关单按照加工贸易手册中进口料件的项号填报；料件退换货物（包括料件、不包括半成品），出口报关单按照加工贸易手册中进口料件的项号填报。

（四）成品退运货物，退运进境报关单和复运出境报关单按照加工贸易手册原出口成品的项号填报。

（五）加工贸易料件转内销货物（及按料件补办进口手续的转内销成品、半成品、残次品）应填制进口报关单，本栏目填报加工贸易手册进口料件的项号。加工贸易边角料、副产品内销，本栏目填报加工贸易手册中对应的料件项号。当边角料或副产品对应一个以上料件项号时，填报主要料件项号。

（六）加工贸易成品凭征免税证明转为享受减免税进口货物的，应先办理进口报关手续。进口报关单本栏目填报征免税证明中的项号，出口报关单本栏目填报加工贸易手册原出口成品项号，进、出口报关单货物数量应一致。

（七）加工贸易料件、成品放弃，本栏目应填报加工贸易手册中的项号。半成品放弃的应按单耗折回料件，以料件放弃申报，本栏目填报加工贸易手册中对应的料件项号。

（八）加工贸易副产品退运出口、结转出口或放弃，本栏目应填报加工贸易手册中新增的变更副产品的出口项号。

（九）经海关批准实行加工贸易联网监管的企业，对按海关联网监管要求企业需申报报关清单的，应在向海关申报货物进出口（包括形式进出口）报关单前，向海关申报“清单”。一份报关清单对应一份报关单，报关单商品由报关清单归并而得。加工贸易电子账册报关单中项号、品名、规格等栏目的填制规范比照加工贸易手册。

优惠贸易协定项下实行原产地证书联网管理的报关单分两行填写。第一行填写报关单中商品排列序号，第二行填写对应的原产地证书上的“商品项号”。

三十六、商品编号

指按商品分类编码规则确定的进出口货物的商品编号。此栏目分为商品编号和附加编号两栏，其中商品编号栏应填报《中华人民共和国海关进出口税则》8位税则号列，附加编号栏应填报商品编号附加的第9、10位附加编号。加工贸易手册中商品编号与实际商品编号不符的，应按实际商品编号填报。

三十七、商品名称、规格型号

本栏目分两行填报及打印。

第一行打印进出口货物规范的中文商品名称，第二行打印规格型号，必要时可加注原文。

具体填报要求如下：

（一）商品名称及规格型号应据实填报，并与所提供的商业发票相符。

（二）商品名称应当规范，规格型号应当足够详细，以能满足海关归类、审价及许可证件管理要求为准。根据商品属性，本栏目填报内容包括：品名、牌名、规格、型号、成分、含量、等级、用途、功能等。

（三）加工贸易等已备案的货物，本栏目填报录入的内容必须与备案登记中同项号下货物的名称与规格型号一致。

（四）对需要海关签发货物进口证明书的车辆，商品名称栏应填报“车辆品牌＋排气量（注明cc）＋车型（如越野车、小轿车等）”。进口汽车底盘可不填报排气量。车辆品牌应按照进口机动车辆制造厂名称和车辆品牌中英文对照表中“签注名称”一栏的要求填报。规格型号栏可填报“汽油型”等。

（五）同一收货人使用同一运输工具同时运抵的进口货物应同时申报，视为同一报验状态，据此确定其归类。成套设备、减免税货物如需分批进口，货物实际进口时，应按照实际报验状态确定归类。

（六）加工贸易边角料和副产品内销，边角料复出口，本栏目填报其报验状态的名称和规格型号。属边角料、副产品、残次品、受灾保税货物且按规定需加以说明的，应在本栏目中填注规定的字样。

三十八、数量及单位

指进出口商品的实际数量及计量单位。

本栏目分三行填报及打印。

具体填报要求如下：

（一）进出口货物必须按海关法定计量单位填报，法定第一计量单位及数量打印在本栏目第一行。

（二）凡海关列明第二计量单位的，必须报明该商品第二计量单位及数量，打印在本栏目第二行。无第二计量单位的，本栏目第二行为空。

（三）成交计量单位及数量应当填报并打印在第三行。

（四）法定计量单位为“千克”的数量填报，特殊情况下填报要求如下：

1. 装入可重复使用的包装容器的货物，按货物的净重填报，如罐装同位素、罐装氧气及类似品等，应扣除其包装容器的重量。

2. 使用不可分割包装材料和包装容器的货物，按货物的净重填报（即包括内层直接包装的净重重量），如采用供零售包装的酒、罐头、化妆品及类似品等。

3. 按照商业惯例以公量重计价的商品，应按公量重填报，如未脱脂羊毛、羊毛条等。

4. 采用以毛重作为净重计价的货物，可按毛重填报，如粮食、饲料等价格较低的农副产品。

5. 成套设备、减免税货物如需分批进口，货物实际进口时，应按照实际报验状态确定数量。

6. 根据HS归类规则，零部件按整机归类的，法定第一数量填报“0.1”，有法定第二数量的，按照货物实际净重申报。

7. 具有完整品或制成品基本特征的不完整品、未制成品，按照HS归类规则应按完整品归类的，申报数量按照构成完整品的实际数量申报。

（五）加工贸易等已备案的货物，成交计量单位必须与加工贸易手册中同项号下货物的计量单位一致，加工贸易边角料和副产品内销、边角料复出口，本栏目填报其报验状态的计量单位。

三十九、原产国（地区）/最终目的国（地区）

原产国（地区）指进口货物的生产、开采或加工制造国家（地区）。

最终目的国（地区）指已知的出口货物的最终实际消费、使用或进一步加工制造国家（地区）。

本栏目应按海关规定的国别（地区）代码表选择填报相应的国家（地区）名称或代码。

加工贸易报关单特殊情况填报要求如下：

（一）料件结转货物，出口报关单填报“中国”（代码0142），进口报关单填报原料件生产国。

（二）深加工结转货物，进出口报关单均填报“中国”（代码0142）。

（三）料件复运出境货物，填报实际最终目的国；加工出口成品因故退运境内的，填报“中国”（代码0142），复运出境时填报实际最终目的国。

（四）加工贸易转内销时，最终目的国（地区）需区分两种情况：

1. 料件内销时，原产国（地区）按料件的生产国（即料件进口时的原产国）填报；

2. 加工成品转内销时，填报“中国”（代码0142）。

（五）料件内销货物，属加工成品、半成品、残次品、副产品状态内销的，进口报关单本栏目均填报“中国”（代码0142）。属剩余料件状态内销的，进口报关单填报原料件生产国。

四十、单价

本栏目应填报同一项号下进出口货物实际成交的商品单位价格。

海关估价时，应在H2000通关系统“海关单价”栏修改。

无实际成交价格的，本栏目填报货值。

四十一、总价

本栏目应填报同一项号下进出口货物实际成交的商品总价。

海关估价时，应在H2000通关系统“海关总价”栏修改。

无实际成交价格的，本栏目填报货值。

四十二、币制

指进出口货物实际成交价格的币种。

本栏目应根据实际成交情况按海关规定的货币代码表选择填报相应的货币名称或代码，如货币代码表中无实际成交币种，需转换后填报。

四十三、征免

指海关对进出口货物进行征税、减税、免税或特案处理的实际操作方式。

本栏目应按照海关核发的征免税证明或有关政策规定，对报关单所列每项商品选择填报海关规定的征减免税方式代码表中相应的征减免税方式。

加工贸易报关单应根据加工贸易手册中备案的征免规定填报。

加工贸易手册中备案的征免规定为“保金”或“保函”的，不能按备案的征免规定填报，而应填报“全免”。

四十四、税费征收情况

本栏目供海关批注进（出）口货物税费征收及减免情况。

四十五、录入员

本栏目用于记录预录入操作人员的姓名并打印。

四十六、录入单位

本栏目用于记录并打印电子数据报关单的录入单位名称。

四十七、填制日期

指报关单的填制日期。电子数据报关单的填制日期由计算机自动打印。

（一）在H883/EDI通关系统中，本栏目为6位数，顺序为年、月、日各2位。

（二）在H2000通关系统中，本栏目为8位数字，顺序为年（4位）、月（2位）、日（2位）。

四十八、海关审单批注栏

本栏目指供海关内部作业时签注的总栏目，由海关关员手工填写在预录入报关单上。

其中“放行”栏填写海关对接受申报的进出口货物作出放行决定的日期。

本规范所述尖括号（< >）、逗号（,）、连接符（-）、冒号（:）等标点符号及数字都必须使用非中文状态下的半角字符。

中华人民共和国海关总署公告

2004 年第 36 号

根据《中华人民共和国反倾销条例》的规定，国务院关税税则委员会决定对原产于日本、美国、伊朗、马来西亚、台湾地区和墨西哥的进口乙醇胺征收反倾销税，征税时间从 2004 年 11 月 14 日起开始，期限为 5 年。根据中华人民共和国商务部 2004 年第 57 号公告（见附件 1），现就有关问题公告如下：

一、自 2004 年 11 月 14 日起，对申报进口的原产于日本、美国、伊朗、马来西亚、台湾地区和墨西哥的进口乙醇胺（海关商品编号及商品名称：29221100.10 单乙醇胺、29221200.10 二乙醇胺，但下述商品不在本次反倾销措施执行范围之内：29221100.90 单乙醇胺盐、29221200.90 二乙醇胺盐），除按现行规定征收法定关税外，还应区别不同的供货厂商，按照本公告附件 2 所列的适用税率和下述公式征收反倾销税，并按下述公式计征进口环节增值税。

反倾销税的计算公式为：

反倾销税税额 = 海关完税价格 × 反倾销税税率

进口环节增值税税额 = （海关完税价格 + 关税税额 + 反倾销税税额） × 进口环节增值税税率

对应征收反倾销税产品的详细描述详见本公告附件 1。

二、凡申报进口乙醇胺的，必须向海关提交原产地证明，如果原产地为日本、美国、伊朗、马来西亚、台湾地区和墨西哥的，还需提供原厂商发票。

对于申报进口原产于日本、美国、伊朗、马来西亚、台湾地区和墨西哥的乙醇胺时不能提供原产地证明，且经查验也无法确定货物的原产地不是日本、美国、伊朗、马来西亚、台湾地区和墨西哥的，海关将按照本公告附件 2 所列的其他美国公司适用的税率征收反倾销税；对于能够确定货物的原产地是日本、美国、伊朗、马来西亚、台湾地区和墨西哥，但进口经营单位不能提供原厂商发票的，海关将按照附件 2 所列的相应国家和地区其他公司适用的税率征收反倾销税。

三、有关加工贸易保税进口原产于日本、美国、伊朗、马来西亚、台湾地区和墨西哥的乙醇胺如何征收反倾销税等方面的问题，海关按照中华人民共和国海关总署 2001 年第 9 号公告执行。

四、对于实施临时反倾销措施之后进口原产于日本、美国、伊朗、马来西亚、台湾地区和墨西哥的乙醇胺已经缴纳的现金保证金，按本公告规定的征收反倾销税的商品范围和反倾销税税率计征并转为反倾销税，与之同时交纳的进口环节增值税现金保证金一并转为进口环节增值税。上述现金保证金超出按本公告附件 2 所列税率计算的反倾销税及相应的进口环节增值税的部分，有关单位可在 2004 年 11 月 14 日至 2005 年 5 月 13 日期间向征收地海关申请退还，不足部分，不再补征。

五、对于伪报原产地或伪造原产地证明或原厂商发票的，海关将按有关规定进行处罚。

六、在征收反倾销税期间，出现相同或类似货物而海关无法确定是否对其征收反倾销税时，有关企业应向商务部提出申请，由商务部商有关部门就有关问题作出裁定。海关将根据商务部的裁定执行。

特此公告。

附件 1　中华人民共和国商务部 2004 年第 57 号公告（略）

附件 2　乙醇胺反倾销税税率表

海关总署

2004 年 11 月 12 日

附件2

乙醇胺反倾销税税率表

原产国（地区）	供货厂商名称	税率
日本	日本公司	74%
美国	英力士美国有限公司（INEOS Americas LLC） [2004年1月前为英力士有限公司（Ineos LLC）]	20%
	陶氏化学公司（The Dow Chemical Company）	74%
	其他美国公司（All Others）	74%
伊朗	伊朗阿拉克石油化学公司（Arak Petrochemical Company）	26%
	其他伊朗公司（All Others）	32%
马来西亚	奥伯帝莫马来西亚化学公司［OPTIMAL Chemicals（Malaysia）Sdn Bhd］	9%
	其他马来西亚公司（All Others）	74%
墨西哥	墨西哥公司	74%
台湾地区	台湾东联化学股份有限公司（Oriental Union Chemical Corporation）	20%
	其他台湾地区公司（All Others）	74%

中华人民共和国海关总署公告

2004年第37号

根据《中华人民共和国反倾销条例》的规定，国务院关税税则委员会决定对原产于欧盟、韩国、美国、印度的进口三氯甲烷征收反倾销税，征税时间从2004年11月30日开始，期限为5年。根据中华人民共和国商务部2004年第81号公告（见附件1），现就有关问题公告如下：

一、自2004年11月30日起，对申报进口原产于欧盟、韩国、美国、印度的三氯甲烷（税则号列：2903.1300），除按现行规定征收法定关税外，还应区别不同的供货厂商，按照本公告附件2所列的适用税率和下述公式征收反倾销税，并按下述公式计征进口环节增值税。

反倾销税的计算公式为：

反倾销税税额＝海关完税价格×反倾销税税率

进口环节增值税税额＝（海关完税价格＋关税税额＋反倾销税税额）×进口环节增值税税率

对应征收反倾销税产品的详细描述详见本公告附件1。

二、德国LII欧洲有限公司（LII Europe GmbH）、美国陶氏化学公司（The Dow ChemicalCompany）、美国瓦尔坎材料公司（Vulcan Materials Company）、法国阿托菲纳公司［现更名为阿科玛股份有限公司（ARKEMA）］和韩国三星精密化学株式会社（Samsung Fine Chemicals）与中华人民共和国商务部签署了价格承诺协议，上述公司的产品适用价格承诺协议的有关规定，不适用反倾销税措施。有关如何执行价格承诺的问题海关将另行通知。

三、凡申报进口三氯甲烷的，必须向海关提交原产地证明，如果原产地为欧盟、韩国、美国、印度的，还需提供原厂商发票。

对于申报进口三氯甲烷时不能提供原产地证明，且经查验也无法确定货物的原产地不是欧盟、韩国、美国、印度的，海关将按照本公告附件2所列的最高反倾销税率征收反倾销税；对于能够确定货物的原产地是欧盟、韩国、美国、印度，但进口经营单位不能提供原厂商发票的，海关将按照附件2所列的相应国家和地区其他公司适用的税率征收反倾销税。

四、有关加工贸易保税进口三氯甲烷如何征收反倾销税等方面的问题，海关按照中华人民共和国海关总署2001年第9号公告执行。

五、对于实施临时反倾销措施之后进口申报进口原产于欧盟、韩国、美国、印度的进口三氯甲烷已经缴纳的反倾销保证金，按本公告规定的征收反倾销税的商品范围和反倾销税税率计征并转为反倾销税，与之同时交纳的进口环节增值税现金保证金一并转为进口环节增值税。上述现金保证金超出按本公告附件2所列税率计算的反倾销税及相应的进口环节增值税的部分，有关单位可在6个月内向征收地海关申请退还，不足部分，不再补征。

签署了价格承诺协议的公司缴纳的反倾销保证金如何转税的问题，海关将在商务部作出决定后另行通知。

六、对于伪报原产地或伪造原产地证明或原厂商发票的，海关将按有关规定进行处罚。

七、在征收反倾销税期间，出现相同或类似货物而海关无法确定是否对其征收反倾销税时，有关企业应向商务部提出申请，由商务部商有关部门作出裁定。海关将根据商务部的裁定执行。

特此公告。

附件1　中华人民共和国商务部2004年第81号公告（略）

附件2　反倾销税税率表

海关总署

2004年11月29日

附件2

反倾销税税率表

原产国（地区）	厂商名称	税率
欧盟	英国英力士氯化有限公司（Ineos Chlor Limited）	32%
	其他欧盟公司（All Others）	96%
韩国	其他韩国公司（All Others）	96%
美国	其他美国公司（All Others）	96%
印度	印度钱普拉斯有限公司（Chemplast Sanmar Limited）	96%
	其他印度公司（All Others）	96%

中华人民共和国海关总署公告

2004 年第 38 号

按照《中华人民共和国反倾销条例》的规定，商务部根据对原产于日本、美国和欧盟的进口氯丁橡胶的反倾销调查结果，决定对原产于日本、美国和欧盟的进口氯丁橡胶实施临时反倾销措施并对外公告（中华人民共和国商务部 2004 年第 69 号公告，见附件 1）。现就实施临时反倾销措施中的有关问题公告如下：

一、自 2004 年 12 月 1 日起，对申报进口的原产于日本、美国和欧盟的进口氯丁橡胶（税则号列：4002.4910、4002.4990），海关除按现行规定征收关税和进口环节增值税外，还将区别不同的供货厂商，按照本公告附件 2（反倾销保证金征收比率表）所列的征收比率征收反倾销保证金。

反倾销保证金的计算公式为：

保证金金额 =（关税完税价格 × 保证金征收比率）×（1 + 进口环节增值税税率）

对实施临时反倾销措施产品的详细描述详见本公告附件 1。

二、凡申报进口实施临时反倾销措施产品的，进口货物的收货人必须向海关提交原产地证明，如果原产地为日本、美国和欧盟的，还需提供原厂商发票。对于申报进口上述产品时不能提供原产地证明，且经查验也无法确定货物的原产地不是日本、美国和欧盟的，海关按照本公告附件 2 所列的最高反倾销保证金比率征收保证金；对于能够确定货物的原产地是日本、美国和欧盟的，但进口货物的收货人不能提供原厂商发票，且通过其他合法、有效的单证等证据也无法确定生产厂商的，海关按照本公告附件 2 所列相应国家和地区其他公司适用的反倾销保证金比率征收保证金。

三、有关加工贸易保税进口氯丁橡胶如何征收反倾销保证金的问题，海关按照中华人民共和国海关总署 2001 年第 9 号公告执行。

四、对于伪报原产国、伪造原产地证明或原厂商发票的，海关按有关规定进行处罚。

五、对于所征收的反倾销保证金的处理，海关总署将根据终裁结果另行公告。

六、在实施临时反倾销措施期间，如果出现与实施临时反倾销产品类似的进口货物，而海关无法确定是否属于实施临时反倾销措施的产品时，有关企业可向商务部提出申请，由商务部商有关部门作出裁定，海关将根据商务部的裁定执行。

特此公告。

附件 1　中华人民共和国商务部 2004 年第 69 号公告（略）

附件 2　反倾销保证金征收比率表

海关总署

2004 年 11 月 29 日

附件 2

反倾销保证金征收比率表

原产国（地区）	厂商名称	征收比率
日本	日本电气化学工业株式会社（DENKI KAGAKU KOGYO KABUSHIKI KAISHA）	2%
	日本东曹株式会社（TOSOH CORPORATION）	0%
	其他日本公司	151%
美国	所有美国公司	151%
欧盟	朗盛德国责任有限公司（LANXESS Deutschland GmbH）	32%
	埃尼橡胶法国有限公司（Polimeri Europa Elastomères France S. A.）	53%
	其他欧盟公司	151%

中华人民共和国海关总署公告

2004 年第 40 号

为加强海关统计的信息、咨询与服务，方便公众对海关统计数据的使用，海关总署现向社会公布“2005年海关统计数据发布时间表”，并就有关事宜公告如下：

一、中国海关统计是中国进出口货物贸易统计。统计数据的收集、整理编制和发布均由中国海关负责。中国海关采用国际通用的贸易统计标准，其数据具有全面性、可靠性和国际可比性。

二、2002 年 4 月，我国正式加入由国际货币基金组织（IMF）建立并推行的“国际数据公布通用系统（General Data Dissemination System）”（以下简称GDDS）。作为中国对外贸易统计数据编制和发布的主管部门，海关总署按照 GDDS 系统的要求，就我国对外贸易统计数据的概念、数据质量、数据的完整性、公众对数据的可获得性及改进计划等方面作出解释并予以公布。公众可在 IMF 网站上查询有关详细内容。

特此公告。

附件　2005 年中国海关统计数据发布时间表

海关总署

2004 年 12 月 2 日

附件

2005 年中国海关统计数据发布时间表

时间	快报	月度初步数据	月度咨询数据	中文月报	英文月报	中文年鉴	英文年鉴
1 月	10 日	13 日	25 日	25 日	30 日		
2 月	8 日	13 日	25 日	25 日	28 日		
3 月	8 日	13 日	25 日	25 日	30 日		
4 月	8 日	13 日	25 日	25 日	30 日		
5 月	12 日	17 日	28 日	28 日	30 日		
6 月	8 日	13 日	25 日	25 日	30 日	30 日	
7 月	8 日	13 日	25 日	25 日	30 日		30 日
8 月	8 日	13 日	25 日	25 日	30 日		
9 月	8 日	13 日	25 日	25 日	30 日		
10 月	12 日	17 日	28 日	28 日	30 日		
11 月	8 日	13 日	25 日	25 日	30 日		
12 月	8 日	13 日	25 日	25 日	30 日		

注：发布的月度数据指上一个月的当月数据及累计数据。

说明：

1. 快报（月度初步汇总数据）：

仅向国务院及有关部门提供

2. 月度初步数据：

由海关总署通过新闻媒体对外公布

3. 月度咨询数据：

海关总署对外咨询服务部提供数据咨询

电话：010－65195623，传真：010－65195884

4. 中文月报、中文年鉴：

发行单位：海关总署杂志社

联系地址：中国北京朝阳区东土城路甲 9 号中国海关杂志社

电话：010－64281003　　传真：010－64227190

邮编：100013　　邮箱：fx@ zghgzz. sina. net

5. 英文月报：

发行单位：香港经济导报社

联系地址：香港轩尼诗道 342 号 16 字楼

电话：852－25722289　　传真：852－28342985

网址：www. eiahk. com　　邮箱：eiaet@ pacific. net. hk

6. 英文年鉴：

发行单位：香港方誉信息有限公司

联系地址：香港轩尼诗道 139 号中国海外大厦四楼 B 室

电话：852－29739133　　传真：852－25309820

网址：www. b2bchina. com. hk　　邮箱：info@ goodwill. com. hk

中华人民共和国海关总署公告

2004 年第 41 号

为了保障海关法律体系的统一、协调，推进海关依法行政，海关总署对以往制发的规范性文件进行了清理，并以海关总署公告 2004 年第 29 号公布了第一批废止的规范性文件目录。现将决定废止的第二批规范性文件目录 37 件予以公布（废止目录见附件），上述 37 件规范性文件自本公告公布之日起停止执行。特此公告。

附件 第二批废止的规范性文件目录

海关总署

2004 年 12 月 10 日

附件

第二批废止的规范性文件目录

序号	发文字号	规范性文件名称
1	署财〔1995〕168 号	海关总署关于调整施封锁价格的通知
2	调审〔1995〕390 号	调查局关于转发《九龙海关对部分扣留私货实行结案前先行变卖的管理办法》的通知
3	署调〔1990〕1194 号	海关总署关于收集进出境人员走私违规案件证据有关问题的通知
4	〔1989〕署调字第 713 号	关于下达《关于走私违规大要案审理监督制度的暂行规定》的通知
5	〔1987〕署调字第 656 号	关于行使海关权力问题的若干规定
6	署调〔1992〕1318 号	关于印发《查获走私、违规案件报告制度》、《关于走私违规大要案审理报告制度的规定》的通知
7	〔1989〕署调字第 926 号	海关总署关于印发《走私、违规案件审理工作规则》等文件的通知
8	署调〔1997〕401 号	海关总署关于调整各关报送总署审批案件办法的通知
9	署税〔2000〕619 号	海关总署关于对冻鸡产品实行暂定税率的通知
10	署监一〔1993〕147 号	关于办理补签出口产品退税报关单有关问题的通知
11	〔1980〕署货字第 895 号	关于查验放行旅游宣传品的通知
12	署监二〔1991〕507 号	关于调整部分行邮品完税价的通知
13	署监二〔1993〕1441 号	关于调整部分行邮物品完税价格的通知
14	〔1986〕征二字 261 号	关于调整电冰箱、打字机等物品行邮完税价格和税则归类问题的通知
15	署监一〔1989〕27 号	关于调整个人进口微波炉进口税税率和完税价格的通知
16	署监二〔1989〕853 号	关于调整个人进口微波炉完税价格的通知
17	署监二〔1992〕1406 号	关于调整进出境个人邮递物品限值和免税额的通知
18	1987 署行 1246 号	关于调整进出境个人邮递物品限值和限量的通知

序号	发文字号	规范性文件名称
19	署税〔1993〕1559号	关于调整进口小汽车关税税率和减免税政策的紧急通知
20	署行二〔1985〕200号	关于调整来华外籍留学生进口邮包免税额的通知
21	署监二〔1992〕852号	关于调整录像机、摩托车行邮税税率的通知
22	署监二〔1989〕669号	关于调整行李物品和个人邮递物品完税价格表的通知
23	署监二〔1993〕1438号	关于调整行邮税率的通知
24	〔1987〕署行字274号	关于对出国人员携带进境的摄像机、激光唱机等物品验放问题的通知
25	〔1981〕署税处字第24号	关于更正行邮物品完税价格表的通知
26	署监二通〔1989〕12号	关于核定个人进口电磁炉、加湿机完税价格的通知
27	署监〔1994〕645号	关于修订“入境旅客行李物品和个人邮递物品完税价格表”的通知
28	〔1987〕署行字第927号	关于修订《海关对“在外售券、境内取货”业务的管理规定》的通知
29	署行〔1984〕768号	关于修订海关对进出口邮递物品监管办法的通知
30	署信筹〔1997〕298号	海关总署关于调整贸易方式及代码的通知
31	1992统二44号	关于对保税区进出境货物统计办法通知
32	1991统二4号	关于更改海关统计经营单位代号的通知
33	1989署统722号	关于修改、调整海关统计指标和关别代号的通知
34	1987署统1161号	关于修改海关统计贸易方式经营单位指标分组的通知
35	1987署统1095号	关于进料、来料加工贸易“以产顶进”、“转内销”货物统计办法的通知
36	1990统二18号	关于转发《关于对苏联东欧等国地方易货贸易以瑞士法郎记账业务应使用人民币对记账瑞士法郎汇价结算的通知》的通知
37	统计函〔2001〕20号	综合统计司关于转关运输业务统计数据统计方法的通知

中华人民共和国海关总署公告

2004年第42号

根据中华人民共和国海关总署2004年第23号公告，自2004年1月1日起，在内地、香港统一试用“内地海关及香港海关陆路进/出境载货清单”。“内地海关及香港海关陆路进/出境载货清单”的试用，对促进两地经济发展，方便两地经贸往来，加强两地海关的执法互助起到了积极作用，收到了良好效果。经过一年试用过渡，并在广泛征求运输业界、现场海关意见的基础上，现对“内地海关及香港海关陆路进/出境载货清单”进行了修改和完善，并就有关事项公告如下：

一、自2005年1月1日起，对两地陆路货运车辆启用修订完善后的《内地海关及香港海关陆路进/出境载货清单》（见附件1）进行申报。

二、自2005年1月1日起，对两地陆路货运空车启用一式两联空车专用《内地海关及香港海关陆路进/

出境载货清单》（见附件2）进行申报。

三、启用《内地海关及香港海关陆路进/出境载货清单》可获取运输车辆的车牌、车架和集装箱号码等申报信息，进出境运输车辆的拖头、拖架和集装箱不需要“捆绑”运输。

四、考虑到部分运输企业仍剩有2004年试用版《内地海关及香港海关陆路进/出境载货清单》，为避免造成企业经济损失，决定将2004年试用版《内地海关及香港海关陆路进/出境载货清单》延长使用至2005年3月31日，逾期不再准予使用。

五、自2005年1月1日起，对来往内地与香港之间货运车辆（含空车），停止使用《中华人民共和国海关进境载货清单》和《中华人民共和国海关出境载货清单》进行申报。

特此公告。

附件1 “内地海关及香港海关陆路进/出境载货清单”样本（略）

附件2 空车专用“内地海关及香港海关陆路进/出境载货清单”样本（略）

附件3 “内地海关及香港海关陆路进/出境载货清单”及空车专用“内地海关及香港海关陆路进/出境载货清单”填写规范说明

海关总署

2004年12月15日

附件3

“内地海关及香港海关陆路进/出境载货清单”及空车专用“内地海关及香港海关陆路进/出境载货清单”填写规范说明

一、关于“内地海关及香港海关陆路进/出境载货清单”的填写

（一）如“项目”栏空间不足，可自行扩大复印“项目”栏，填写后附在清单上。

（二）“付货人或货物转运代理名称及地址（盖章）”栏，该栏目既可填写货物付货人包括海外付货人名称，也可填写香港货物转运代理人名称。

（三）“货柜箱数量/规格/编号”栏。如承载两个以上集装箱时，必须全部填写相关内容。

（四）“（香港）承运公司名称”栏，为保证香港有关部门的作业需要，该栏目必须填写。

（五）“内地运输公司（盖章）”栏，该栏目由在内地注册的从事该票货物内地与香港两地运输的运输公司盖章确认。

二、关于空车专用“内地海关及香港海关陆路进/出境载货清单”的填写

（一）空车用“内地海关及香港海关陆路进/出境载货清单”一式两联，是专门用于“空车”申报的载货清单。

（二）空车的类型包括：载有空集装箱的集装箱牵引车、无集装箱的空架牵引车、空拖头车以及箱式货柜空车。

（三）“项目”、“合同协议号”、“转运货物”等栏目由左下角至右上角划斜线，表明该栏目不需填写。

（四）装载空集装箱的空车需填写“货柜箱数量/规格/编号”栏目，“总件数”、“总重量/总体积”两栏目不需填写。

中华人民共和国海关总署公告

2004 年第 43 号

根据《中华人民共和国反倾销条例》有关规定，商务部发布公告决定，对原产于韩国的进口聚酯薄膜所适用的反倾销措施进行期终复审立案审查（详见附件）。按照国务院关税税则委员会的决定，复审期间，对原产于韩国的进口聚酯薄膜继续征收反倾销税。现就有关问题公告如下：

一、自 2004 年 12 月 28 日起，海关对申报进口的原产于韩国的聚酯薄膜继续征收反倾销税。

反倾销税的计算公式为：

反倾销税税额 = 关税完税价格 × 反倾销税税率

进口环节增值税税额 = （关税完税价格 + 关税税额 + 反倾销税税额） × 进口环节增值税税率

征税范围及适用税率详见附件（中华人民共和国商务部 2004 年第 84 号公告）。

二、凡进口经营单位申报进口聚酯薄膜，必须向海关提交原产地证明，如果原产地为韩国，还需提供原厂商发票。

对于进口经营单位不能提供原产地证明，且经查验也无法确定货物的原产地不是韩国的，海关按照韩国公司适用的最高反倾销税税率征收反倾销税；对于能够确定货物的原产地是韩国，但进口经营单位不能提供原厂商发票，且通过其他合法、有效的单证、证据也无法确定生产厂商的，海关按韩国公司适用的最高反倾销税税率征收反倾销税。

三、有关加工贸易保税进口聚酯薄膜如何征收反倾销税等问题，海关按照中华人民共和国海关总署 2001 年第 9 号公告和中华人民共和国海关总署令第 111 号的规定执行。

特此公告。

附件　中华人民共和国商务部 2004 年第 84 号公告（略）

海关总署

2004 年 12 月 27 日

中华人民共和国海关总署公告

2004 年第 45 号

根据 2004 年 1 月 1 日起正式实施的《内地与香港关于建立更紧密经贸关系的安排》和《内地与澳门关于建立更紧密经贸关系的安排》，以及 2005 年 1 月 1 日起将正式实施的《〈内地与香港关于建立更紧密经贸关系的安排〉补充协议》和《〈内地与澳门关于建立更紧密经贸关系的安排〉补充协议》，现将“第一批享受货物贸易优惠措施的香港货物原产地标准表（2005 年版）”和“第一批享受货物贸易优惠措施的澳门货物原产地标准表（2005 年版）”，以及“第二批享受货物贸易优惠措施的香港货物原产地标准表（2005 年版）”和“第二批享受货物贸易优惠措施的澳门货物原产地标准表（2005 年版）”予以公布。

特此公告。

附件 1　第一批享受货物贸易优惠措施的香港货物原产地标准表（2005 年版）

附件 2　第一批享受货物贸易优惠措施的澳门货物原产地标准表（2005 年版）

附件3　第二批享受货物贸易优惠措施的香港货物原产地标准表（2005年版）
附件4　第二批享受货物贸易优惠措施的澳门货物原产地标准表（2005年版）

海关总署
2004年12月30日

附件1

第一批享受货物贸易优惠措施的香港货物原产地标准表（2005年版）

序号	内地2005年税则号列	商品名称	原产地标准
1	2105.0000	冰淇淋及其他冰制食品不论是否含可可	从奶或代奶用品、甜料、添加剂制造。主要制造工序为混合及冷冻。如冰制食品附有外层，则外层亦须在香港制造。
2	2710.1991	润滑油	以化学变化处理工业用油。主要制造工序为石油提炼程序，包括分隔、脱水、蒸馏以及混合其他添加物。
3	2842.1000	硅酸复盐及硅酸络盐（包括不论是否已有化学定义的硅铝酸盐）	税号改变标准。
4	2843.3000	金化合物，不论是否已有化学定义	税号改变标准。
5	3004.1011	氨苄青霉素制剂（混合，治病或防病用，已配定剂量或制成零售包装）	从化学成分制造。主要制造工序为按比例调控的溶解及混合，以制成药片、乳剂或软膏、内服药液制剂（酏剂、口服剂、悬浮液）、涂剂、胶囊或其他形式的药用制品。
6	3004.1012	羟氨苄青霉素制剂（两种或两种以上成分混合而成的，治病或防病用，已配定剂量或制成零售包装）	从化学成分制造。主要制造工序为按比例调控的溶解及混合，以制成药片、乳剂或软膏、内服药液制剂（酏剂、口服剂、悬浮液）、涂剂、胶囊或其他形式的药用制品。
7	3004.1013	青霉素V制剂（两种或两种以上成分混合而成的，治病或防病用，已配定剂量或制成零售包装）	从化学成分制造。主要制造工序为按比例调控的溶解及混合，以制成药片、乳剂或软膏、内服药液制剂（酏剂、口服剂、悬浮液）、涂剂、胶囊或其他形式的药用制品。
8	3004.1019	其他青霉素制剂（混合或非混合，治病或防病用，已配定剂量或制成零售包装）	从化学成分制造。主要制造工序为按比例调控的溶解及混合，以制成药片、乳剂或软膏、内服药液制剂（酏剂、口服剂、悬浮液）、涂剂、胶囊或其他形式的药用制品。
9	3004.1090	含有其他青霉素及具有青霉烷酸结构的青霉素衍生物或链霉素及其衍生物的药品（混合或非混合，治病或防病用，已配定剂量或制成零售包装）	从化学成分制造。主要制造工序为按比例调控的溶解及混合，以制成药片、乳剂或软膏、内服药液制剂（酏剂、口服剂、悬浮液）、涂剂、胶囊或其他形式的药用制品。
10	3004.9051	中药酒（混合或非混合，治病或防病用已配定剂量或零售包装）	从化学成分制造。主要制造工序为按比例调控的溶解及混合，以制成药片、乳剂或软膏、内服药液制剂（酏剂、口服剂、悬浮液）、涂剂、胶囊或其他形式的药用制品。

序号	内地2005年税则号列	商品名称	原产地标准
11	3004.9052	片仔癀（混合或非混合，治病或防病用已配定剂量或零售包装）	从化学成分制造。主要制造工序为按比例调控的溶解及混合，以制成药片、乳剂或软膏、内服药液制剂（酡剂、口服剂、悬浮液）、涂剂、胶囊或其他形式的药用制品。
12	3004.9053	白药（混合或非混合，治病或防病用已配定剂量或零售包装）	从化学成分制造。主要制造工序为按比例调控的溶解及混合，以制成药片、乳剂或软膏、内服药液制剂（酡剂、口服剂、悬浮液）、涂剂、胶囊或其他形式的药用制品。
13	3004.9054	清凉油（混合或非混合，治病或防病用已配定剂量或零售包装）	税号改变标准。
14	3004.9059	其他中式成药（混合或非混合，治病或防病用已配定剂量或零售包装）	从化学成分制造。主要制造工序为：（a）按比例调控的溶解及混合，以制成药片、乳剂或软膏、内服药液制剂（酡剂、口服剂、悬浮液）、涂剂、胶囊或其他形式的药用制品；或（b）煎煮及混合及碾磨。如碾磨后的制造工序中涉及溶解及/或燥干及/或过滤，则溶解及/或燥干及/或过滤亦须在香港进行。
15	3004.9060	已配剂量含有青蒿素及其衍生物的药品	从化学成分制造。主要制造工序为：（a）按比例调控的溶解及混合，以制成药片、乳剂或软膏、内服药液制剂（酡剂、口服剂、悬浮液）、涂剂、胶囊或其他形式的药用制品；或（b）煎煮及混合及碾磨。如碾磨后的制造工序中涉及溶解及/或燥干及/或过滤，则溶解及/或燥干及/或过滤亦须在香港进行。
16	3004.9090	其他药品（混合或非混合，治病或防病用已配定剂量或零售包装）	从化学或草药成分制造。主要制造工序为：（a）按比例调控的溶解及混合，以制成药片、乳剂或软膏、内服药液制剂（酡剂、口服剂、悬浮液）、涂剂、胶囊或其他形式的药用制品；或（b）煎煮及混合及碾磨。如碾磨后的制造工序中涉及溶解及/或燥干及/或过滤，则溶解及/或燥干及/或过滤亦须在香港进行。
17	3006.7000	专用于人类或作兽药用的凝胶制品，作为外科手术或体检时躯体部位的润滑剂，或者作为躯体和医疗器械之间的耦合剂	从化学或草药成分制造。主要制造工序为：（a）按比例调控的溶解及混合，以制成药片、乳剂或软膏、内服药液制剂（酡剂、口服剂、悬浮液）、涂剂、胶囊或其他形式的药用制品；或（b）煎煮及混合及碾磨。如碾磨后的制造工序中涉及溶解及/或燥干及/或过滤，则溶解及/或燥干及/或过滤亦须在香港进行。
18	3006.8000	废药物	（1）在香港收集的在香港消费过程中产生的仅适于原材料回收的废旧物品；或（2）在香港加工制造过程中产生的仅适于原材料回收的废碎料。
19	3204.1600	活性染料及以其为基本成分的制品（不论是否已有化学定义）	从化学品或其他着色剂制造。主要制造工序为混合化学品或其他着色剂。

序号	内地 2005 年税则号列	商品名称	原产地标准
20	3204.1700	颜料及以其为基本成分的制品（不论是否已有化学定义）	从化学品或其他着色剂制造。主要制造工序为混合化学品或其他着色剂。
21	3206.4900	其他着色料及其制品；32 章注释三所述的制品，但税目 32.03、32.04 及 32.05 的货品除外面	从化学品或其他着色剂制造。主要制造工序为混合化学品或其他着色剂。
22	3208.1000	分散或溶于非水介质的聚酯油漆及清漆等	从并非油漆、瓷漆或同类产品的原料制造。主要制造工序为（a）混合原料；及（b）乳化（如适用）；及（c）合成。
23	3208.9090	分散或溶于非水介质其他油漆、清漆溶液	从并非油漆、瓷漆或同类产品的原料制造。主要制造工序为（a）混合原料；及（b）乳化（如适用）；及（c）合成。
24	3210.0000	其他油漆及清漆（包括瓷漆、大漆及水浆涂料）；皮革用水性颜料	从并非油漆、瓷漆或同类产品的原料制造。主要制造工序为（a）混合原料；及（b）乳化（如适用）；及（c）合成。
25	3215.1900	其他印刷油墨（不论是否固体或浓缩），黑色印刷油墨除外	从颜料和化学溶剂制造。主要制造工序为溶解及混合。
26	3302.9000	其他工业用混合香料及以香料为基本成分的混合物和制品	从天然或化学成分制造。主要制造工序为借混合令制造物料产生化学变化。
27	3303.0000	香水及花露水	从天然或化学成分制造。主要制造工序为按特定配方进行混合、高温处理和搅拌，使基本化学品产生实质变化。
28	3304.1000	唇用化妆品	从天然或化学成分制造。主要制造工序为按特定配方进行混合、高温处理和搅拌，使基本化学品产生实质变化。
29	3304.2000	眼用化妆品	从天然或化学成分制造。主要制造工序为按特定配方进行混合、高温处理和搅拌，使基本化学品产生实质变化。
30	3304.3000	指（趾）甲化妆品	从天然或化学成分制造。主要制造工序为按特定配方进行混合、高温处理和搅拌，使基本化学品产生实质变化。
31	3304.9900	其他美容品或化妆品及护肤品	从天然或化学成分制造。主要制造工序为按特定配方进行混合、高温处理和搅拌，使基本化学品产生实质变化。
32	3506.9900	其他调制胶、粘合剂	从化学成分制造。主要制造工序为借搅拌或混合化学物料，产生物理或化学变化。
33	3809.9100	纺织工业及类似工业用其他税号未列名整理剂、染料加速着色剂或固色助剂及其他产品和制剂	税号改变标准。
34	3824.9040	聚合 MDI	从化学成分制造，且符合从价百分比标准。
35	3824.9090	其他税目未列名的化学工业及其相关工业的化学产品及配制品	从化学成分制造，且符合从价百分比标准。

序号	内地 2005 年税则号列	商品名称	原产地标准
36	3825.1000	城市垃圾	(1) 在香港收集的在香港消费过程中产生的仅适于原材料回收的废旧物品；或 (2) 在香港加工制造过程中产生的仅适于原材料回收的废碎料。
37	3825.2000	下水道淤泥	(1) 在香港收集的在香港消费过程中产生的仅适于原材料回收的废旧物品；或 (2) 在香港加工制造过程中产生的仅适于原材料回收的废碎料。
38	3825.3000	医疗废物	(1) 在香港收集的在香港消费过程中产生的仅适于原材料回收的废旧物品；或 (2) 在香港加工制造过程中产生的仅适于原材料回收的废碎料。
39	3825.4100	含卤化物的废有机溶剂	(1) 在香港收集的在香港消费过程中产生的仅适于原材料回收的废旧物品；或 (2) 在香港加工制造过程中产生的仅适于原材料回收的废碎料。
40	3825.4900	其他废有机溶剂	(1) 在香港收集的在香港消费过程中产生的仅适于原材料回收的废旧物品；或 (2) 在香港加工制造过程中产生的仅适于原材料回收的废碎料。
41	3825.5000	废的金属酸洗液、液压油、制动油及防冻液	(1) 在香港收集的在香港消费过程中产生的仅适于原材料回收的废旧物品；或 (2) 在香港加工制造过程中产生的仅适于原材料回收的废碎料。
42	3825.6100	主要含有机成分的化工及相关工业废物	(1) 在香港收集的在香港消费过程中产生的仅适于原材料回收的废旧物品；或 (2) 在香港加工制造过程中产生的仅适于原材料回收的废碎料。
43	3825.6900	其他税目未列名的化工及相关工业废物	(1) 在香港收集的在香港消费过程中产生的仅适于原材料回收的废旧物品；或 (2) 在香港加工制造过程中产生的仅适于原材料回收的废碎料。
44	3825.9000	其他税目未列名的化学工业及相关工业的副产品	(1) 在香港收集的在香港消费过程中产生的仅适于原材料回收的废旧物品；或 (2) 在香港加工制造过程中产生的仅适于原材料回收的废碎料。
45	3903.1900	初级形状的其他聚苯乙烯	(1) 从聚合物、强化或催化物料及其他化学成分制造。主要制造工序为搅拌或混合、熔化或聚变、压制及制粒；或 (2) 从塑胶废料制造。主要制造工序为制粒、拉压及切割。
46	3904.2200	初级形状已塑化的聚氯乙烯	(1) 从聚合物、强化或催化物料及其他化学成分制造。主要制造工序为搅拌或混合、熔化或聚变、压制及制粒；或 (2) 从塑胶废料制造。主要制造工序为制粒、拉压及切割。
47	3915.1000	乙烯聚合物的废碎料及下脚料	(1) 在香港收集的在香港消费过程中产生的仅适于原材料回收的废旧物品；或 (2) 在香港加工制造过程中产生的仅适于原材料回收的废碎料。

序号	内地 2005 年税则号列	商品名称	原产地标准
48	3915. 2000	苯乙烯聚合物的废碎料及下脚料	(1) 在香港收集的在香港消费过程中产生的仅适于原材料回收的废旧物品；或（2）在香港加工制造过程中产生的仅适于原材料回收的废碎料。
49	3915. 3000	氯乙烯聚合物的废碎料及下脚料	(1) 在香港收集的在香港消费过程中产生的仅适于原材料回收的废旧物品；或（2）在香港加工制造过程中产生的仅适于原材料回收的废碎料。
50	3915. 9010	聚对苯二甲酸乙二酯的塑料废碎料及下脚料	(1) 在香港收集的在香港消费过程中产生的仅适于原材料回收的废旧物品；或（2）在香港加工制造过程中产生的仅适于原材料回收的废碎料。
51	3915. 9090	其他塑料的废碎料及下脚料	(1) 在香港收集的在香港消费过程中产生的仅适于原材料回收的废旧物品；或（2）在香港加工制造过程中产生的仅适于原材料回收的废碎料。
52	3920. 4300	按重量计增塑剂含量不小于6%的聚氯乙烯板、片、膜、箔及扁条	(1) 从橡胶或塑料制造。主要制造工序为模塑；或（2）从聚氯乙烯片制造。主要制造工序为压制及切割。
53	3920. 4900	按重量计增塑剂含量小于6%的聚氯乙烯板、片、膜、箔及扁条	(1) 从橡胶或塑料制造。主要制造工序为模塑；或（2）从聚氯乙烯片制造。主要制造工序为压制及切割。
54	3920. 9990	其他塑料制的非泡沫塑料板片	(1) 从橡胶或塑料制造。主要制造工序为模塑；或（2）从聚氯乙烯片制造。主要制造工序为压制及切割。
55	3921. 1210	泡沫聚氯乙烯人造革及合成革	(1) 从橡胶或塑料制造。主要制造工序为模塑；或（2）从聚氯乙烯片制造。主要制造工序为压制及切割。
56	3923. 1000	塑料制盒、箱及类似品	(1) 从橡胶或塑料制造。主要制造工序为模塑；或（2）从塑料粒料或塑料片制造。主要制造工序为压制及切割。
57	3923. 2900	其他塑料制的袋及包	(1) 从橡胶或塑料制造。主要制造工序为模塑；或（2）从塑料粒料或塑料片制造。主要制造工序为（a）塑形及切割；或（b）切割及吹拉、密封或车缝。如车缝后的制造工序中涉及装配，则装配亦须在香港进行。
58	3923. 9000	供运输或包装货物用其他塑料制品	(1) 从橡胶或塑料制造。主要制造工序为模塑；或（2）从塑料粒料或塑料片制造。主要制造工序为（a）塑形及切割；或（b）切割及吹拉、密封或车缝。如车缝后的制造工序中涉及装配，则装配亦须在香港进行。
59	3926. 9010	塑料制机器及仪器用零件	(1) 从橡胶或塑料制造。主要制造工序为模塑；或（2）从塑料粒料或塑料片制造。主要制造工序为（a）塑形及切割；或（b）切割及吹拉、密封或车缝。如车缝后的制造工序中涉及装配，则装配亦须在香港进行。

序号	内地 2005 年税则号列	商品名称	原产地标准
60	3926.9090	其他塑料制品	(1) 从橡胶或塑料制造。主要制造工序为模塑；或 (2) 从塑料粒料或塑料片制造。主要制造工序为 (a) 塑形及切割；或 (b) 切割及吹拉、密封或车缝。如车缝后的制造工序中涉及装配，则装配亦须在香港进行。
61	4101.2011	规定重量范围内的整张生牛皮，经逆鞣处理的	(1) 从在香港屠宰的动物的毛皮制造。主要制造工序为去皮及盐渍；或 (2) 从进口毛皮制造。主要制造工序为浸泡或滚鼓漂染、鞣制及燥干。如燥干工序后涉及刮毛，则刮毛亦须在香港进行。
62	4101.2019	规定重量范围内的整张生牛皮，经逆鞣处理的除外	(1) 从在香港屠宰的动物的毛皮制造。主要制造工序为去皮及盐渍；或 (2) 从进口毛皮制造。主要制造工序为浸泡或滚鼓漂染、鞣制及燥干。如燥干工序后涉及刮毛，则刮毛亦须在香港进行。
63	4101.2020	规定重量范围内的整张生马皮	(1) 从在香港屠宰的动物的毛皮制造。主要制造工序为去皮及盐渍；或 (2) 从进口毛皮制造。主要制造工序为浸泡或滚鼓漂染、鞣制及燥干。如燥干工序后涉及刮毛，则刮毛亦须在香港进行。
64	4104.1119	其他全粒面未剖层或粒面剖层湿牛皮革	(1) 从在香港屠宰的动物的毛皮制造。主要制造工序为去皮及盐渍；或 (2) 从进口毛皮制造。主要制造工序为浸泡或滚鼓漂染、鞣制及燥干。如燥干工序后涉及刮毛，则刮毛亦须在香港进行。
65	4104.1120	全粒面未剖层或粒面剖层马皮革	(1) 从在香港屠宰的动物的毛皮制造。主要制造工序为去皮及盐渍；或 (2) 从进口毛皮制造。主要制造工序为浸泡或滚鼓漂染、鞣制及燥干。如燥干工序后涉及刮毛，则刮毛亦须在香港进行。
66	4104.1919	其他湿牛皮革	(1) 从在香港屠宰的动物的毛皮制造。主要制造工序为去皮及盐渍；或 (2) 从进口毛皮制造。主要制造工序为浸泡或滚鼓漂染、鞣制及燥干。如燥干工序后涉及刮毛，则刮毛亦须在香港进行。
67	4104.1920	其他湿马皮革	(1) 从在香港屠宰的动物的毛皮制造。主要制造工序为去皮及盐渍；或 (2) 从进口毛皮制造。主要制造工序为浸泡或滚鼓漂染、鞣制及燥干。如燥干工序后涉及刮毛，则刮毛亦须在香港进行。
68	4104.4100	全粒面未剖层或粒面剖层干革（坯革）	(1) 从在香港屠宰的动物的毛皮制造。主要制造工序为去皮及盐渍；或 (2) 从进口毛皮制造。主要制造工序为浸泡或滚鼓漂染、鞣制及燥干。如燥干工序后涉及刮毛，则刮毛亦须在香港进行。

序号	内地 2005 年税则号列	商品名称	原产地标准
69	4104.4990	其他干革（坯革）	（1）从在香港屠宰的动物的毛皮制造。主要制造工序为去皮及盐渍；或（2）从进口毛皮制造。主要制造工序为浸泡或滚鼓漂染、鞣制及燥干。如燥干工序后涉及刮毛，则刮毛亦须在香港进行。
70	4107.1110	已鞣全粒面未剖层整张牛皮革	（1）从在香港屠宰的动物的毛皮制造。主要制造工序为去皮及盐渍；或（2）从进口毛皮制造。主要制造工序为浸泡或滚鼓漂染、鞣制及燥干。如燥干工序后涉及刮毛，则刮毛亦须在香港进行。
71	4107.1120	已鞣全粒面未剖层整张马皮革	（1）从在香港屠宰的动物的毛皮制造。主要制造工序为去皮及盐渍；或（2）从进口毛皮制造。主要制造工序为浸泡或滚鼓漂染、鞣制及燥干。如燥干工序后涉及刮毛，则刮毛亦须在香港进行。
72	4107.1210	已鞣粒面剖层整张牛皮革	（1）从在香港屠宰的动物的毛皮制造。主要制造工序为去皮及盐渍；或（2）从进口毛皮制造。主要制造工序为浸泡或滚鼓漂染、鞣制及燥干。如燥干工序后涉及刮毛，则刮毛亦须在香港进行。
73	4107.1220	已鞣粒面剖层整张马皮革	（1）从在香港屠宰的动物的毛皮制造。主要制造工序为去皮及盐渍；或（2）从进口毛皮制造。主要制造工序为浸泡或滚鼓漂染、鞣制及燥干。如燥干工序后涉及刮毛，则刮毛亦须在香港进行。
74	4107.1990	其他已鞣整张牛马皮革	（1）从在香港屠宰的动物的毛皮制造。主要制造工序为去皮及盐渍；或（2）从进口毛皮制造。主要制造工序为浸泡或滚鼓漂染、鞣制及燥干。如燥干工序后涉及刮毛，则刮毛亦须在香港进行。
75	4107.9990	其他已鞣非整张牛马皮革	（1）从在香港屠宰的动物的毛皮制造。主要制造工序为去皮及盐渍；或（2）从进口毛皮制造。主要制造工序为浸泡或滚鼓漂染、鞣制及燥干。如燥干工序后涉及刮毛，则刮毛亦须在香港进行。
76	4802.2010	照相原纸	从废纸或木浆和涂层物料制造。主要制造工序为塑形、燥干、轧光和涂层。
77	4802.2090	光敏、热敏、电敏纸，纸板的原纸、板	从废纸或木浆和涂层物料制造。主要制造工序为塑形、燥干、轧光和涂层。
78	4802.3000	碳化原纸	从废纸或木浆和涂层物料制造。主要制造工序为塑形、燥干、轧光和涂层。
79	4802.4000	墙壁纸原纸	从废纸或木浆和涂层物料制造。主要制造工序为塑形、燥干、轧光和涂层。

序号	内地 2005 年税则号列	商品名称	原产地标准
80	4802. 5400	书写、印刷等用未涂布薄纸及纸板，不含用机械方法制得的纤维或所含前述纤维不超过全部纤维重量的 10%	从废纸或木浆和涂层物料制造。主要制造工序为塑形、燥干、轧光和涂层。
81	4802. 5500	其他书写印刷等用未涂中厚纸（板），不含用机械方法制得的纤维或所含前述纤维不超过全部纤维重量的 10%，成卷	从废纸或木浆和涂层物料制造。主要制造工序为塑形、燥干、轧光和涂层。
82	4802. 5600	书写、印刷等用未涂布中厚纸及纸板，不含用机械方法制得的纤维或所含前述纤维不超过全部纤维重量的 10%，成张，一边≤435 毫米，另一边≤297 毫米	从废纸或木浆和涂层物料制造。主要制造工序为塑形、燥干、轧光和涂层。
83	4802. 5700	其他书写印刷等用未涂中厚纸（板），不含用机械方法制得的纤维或所含前述纤维不超过全部纤维重量的 10%，其他成张	从废纸或木浆和涂层物料制造。主要制造工序为塑形、燥干、轧光和涂层。
84	4802. 5800	书写、印刷等用未涂布厚纸及纸板，不含用机械方法制得的纤维或所含前述纤维不超过全部纤维重量的 10%	从废纸或木浆和涂层物料制造。主要制造工序为塑形、燥干、轧光和涂层。
85	4802. 6190	其他书写、印刷等用未涂布纸及纸板，所含用机械方法制得的纤维超过全部纤维重量的 10%，成卷的其他纸	从废纸或木浆和涂层物料制造。主要制造工序为塑形、燥干、轧光和涂层。
86	4802. 6200	其他书写、印刷等用未涂布纸及纸板，所含用机械方法制得的纤维超过全部纤维重量的 10%，成张的，一边≤435 毫米、另一边≤297 毫米（以未折叠计）	从废纸或木浆和涂层物料制造。主要制造工序为塑形、燥干、轧光和涂层。
87	4802. 6990	其他书写、印刷等用未涂布纸及纸板，所含用机械方法制得的纤维超过全部纤维重量的 10%，成张的其他纸	从废纸或木浆和涂层物料制造。主要制造工序为塑形、燥干、轧光和涂层。
88	4805. 1100	半化学的瓦楞纸（瓦楞原纸）	从废纸或木浆和涂层物料制造。主要制造工序为塑形、燥干、轧光和涂层。
89	4805. 1200	草浆瓦楞原纸	从废纸或木浆和涂层物料制造。主要制造工序为塑形、燥干、轧光和涂层。

序号	内地 2005 年税则号列	商品名称	原产地标准
90	4805. 1900	其他瓦楞原纸	从废纸或木浆和涂层物料制造。主要制造工序为塑形、燥干、轧光和涂层。
91	4805. 2400	薄强韧箱纸板	从废纸或木浆和涂层物料制造。主要制造工序为塑形、燥干、轧光和涂层。
92	4805. 2500	厚强韧箱纸板	从废纸或木浆和涂层物料制造。主要制造工序为塑形、燥干、轧光和涂层。
93	4805. 9110	每平方米重量在 150 克及以下的电解电容器原纸	从废纸或木浆和涂层物料制造。主要制造工序为塑形、燥干、轧光和涂层。
94	4805. 9190	每平方米重量在 150 克及以下的薄纸及纸板	从废纸或木浆和涂层物料制造。主要制造工序为塑形、燥干、轧光和涂层。
95	4805. 9300	其他未经涂布厚纸及纸板	从废纸或木浆和涂层物料制造。主要制造工序为塑形、燥干、轧光和涂层。
96	4810. 1300	涂无机物书写（印刷）纸（板），不含用机械方法制得的纤维或所含前述纤维不超过全部纤维重量的 10%，成卷的	从废纸或木浆和涂层物料制造。主要制造工序为塑形、燥干、轧光和涂层。
97	4810. 1400	涂无机物书写（印刷）纸（板），不含用机械方法制得的纤维或所含前述纤维不超过全部纤维重量的 10%，成张的，一边≤435 毫米，另一边≤297 毫米（以未折叠计）	从废纸或木浆和涂层物料制造。主要制造工序为塑形、燥干、轧光和涂层。
98	4810. 1900	其他涂无机物书写（印刷）纸（板），不含用机械方法制得的纤维或所含前述纤维不超过全部纤维重量的 10%，成张的	从废纸或木浆和涂层物料制造。主要制造工序为塑形、燥干、轧光和涂层。
99	4810. 2900	其他涂无机物的书写、印刷纸及纸板，所含用机械方法制得的纤维超过全部纤维重量的 10%	从废纸或木浆和涂层物料制造。主要制造工序为塑形、燥干、轧光和涂层。
100	4810. 3100	涂无机物的薄漂白牛皮纸及纸板，书写、印刷或类似用途的除外	从废纸或木浆和涂层物料制造。主要制造工序为塑形、燥干、轧光和涂层。
101	4810. 3200	涂无机物的厚漂白牛皮纸及纸板，书写、印刷或类似用途的除外	从废纸或木浆和涂层物料制造。主要制造工序为塑形、燥干、轧光和涂层。
102	4810. 3900	涂无机物的其他牛皮纸及纸板，书写、印刷或类似用途的除外	从废纸或木浆和涂层物料制造。主要制造工序为塑形、燥干、轧光和涂层。
103	4810. 9200	其他涂无机物的多层纸及纸板	从废纸或木浆和涂层物料制造。主要制造工序为塑形、燥干、轧光和涂层。

序号	内地2005年税则号列	商品名称	原产地标准
104	4810.9900	其他涂无机物的纸及纸板	从废纸或木浆和涂层物料制造。主要制造工序为塑形、燥干、轧光和涂层。
105	4811.1000	焦油纸及纸板、沥青纸及纸板	从废纸或木浆和涂层物料制造。主要制造工序为塑形、燥干、轧光和涂层。
106	4811.4100	自粘的胶粘纸及纸板	从废纸或木浆和涂层物料制造。主要制造工序为塑形、燥干、轧光和涂层。
107	4811.4900	其他胶粘纸及纸板	从废纸或木浆和涂层物料制造。主要制造工序为塑形、燥干、轧光和涂层。
108	4811.5110	漂白的彩色相纸用双面涂塑厚纸	从废纸或木浆和涂层物料制造。主要制造工序为塑形、燥干、轧光和涂层。
109	4811.5190	漂白的其他涂、浸、盖厚纸及纸板	从废纸或木浆和涂层物料制造。主要制造工序为塑形、燥干、轧光和涂层。
110	4811.5910	绝缘纸及纸板	从废纸或木浆和涂层物料制造。主要制造工序为塑形、燥干、轧光和涂层。
111	4811.5990	用塑料涂布、浸渍的其他纸及纸板	从废纸或木浆和涂层物料制造。主要制造工序为塑形、燥干、轧光和涂层。
112	4811.6010	用蜡或油等涂布的绝缘纸及纸板	从废纸或木浆和涂层物料制造。主要制造工序为塑形、燥干、轧光和涂层。
113	4811.6090	用蜡或油等涂布的其他纸及纸板	从废纸或木浆和涂层物料制造。主要制造工序为塑形、燥干、轧光和涂层。
114	4811.9000	其他经涂布、浸渍、覆盖的纸及纸板	从废纸或木浆和涂层物料制造。主要制造工序为塑形、燥干、轧光和涂层。
115	4819.1000	瓦楞纸或纸板制的箱、盒、匣	从纸制造。主要制造工序为制版、印刷、切割及订装。如制版后的制造工序中涉及排字，则排字亦须在香港进行。
116	4819.2000	非瓦楞纸或纸板制可折叠箱、盒、匣	从纸制造。主要制造工序为制版、印刷、切割及订装。如制版后的制造工序中涉及排字，则排字亦须在香港进行。
117	4821.1000	纸或纸板印制的各种标签	从塑胶或纸制造。主要制造工序为印刷或涂上胶水，及切割。
118	4823.9090	其他纸及纸制品	（1）从纸制造。主要制造工序为切割及压制。如压制后的制造工序中涉及塑形及/或装配，则塑形及/或装配亦须在香港进行；或（2）从纸制造。主要制造工序为制版、印刷及切割。如制版后的制造工序中涉及排字，则排字亦须在香港进行；或（3）从纤维或醋酸盐，及纸制造。主要制造工序为切割、压模、包装及粘合。如压模后的制造工序中涉及卷绕及/或塑形，则卷绕及/或塑形亦须在香港进行；或（4）从纸及/或塑胶片制造。主要制造工序为印刷、切割。如切割后的制造工序中涉及热封，则热封亦须在香港进行。

序号	内地 2005 年税则号列	商品名称	原产地标准
119	4911.1090	其他商业广告品及类似印刷品	从纸制造。主要制造工序为制版、印刷及订装。如制版后的制造工序中涉及排字，则排字亦须在香港进行。如印刷后的制造工序中涉及切割，则切割亦须在香港进行。
120	4911.9900	其他印刷品	从纸制造。主要制造工序为制版、印刷及订装。如制版后的制造工序中涉及排字，则排字亦须在香港进行。如印刷后的制造工序中涉及切割，则切割亦须在香港进行。
121	5007.2019	其他纯桑蚕丝机织物	(1) 由纱线制造。主要制造工序为纺织或针织；或 (2) 装饰进口或本地制造的织物，且符合从价百分比标准；或 (3) 整理进口或本地制造的坯布。主要制造工序为 (a) 煮炼；及 (b) 漂白或丝光处理；及 (c) 印花或染色（包括光白漂染）；及 (d) 以下任何一种工序：树脂整理，预缩，刮布，刷毛，上光，电光处理，织上云纹，压印永久浮雕花纹。
122	5107.1000	非供零售用精梳纯羊毛纱线	从纤维或化学原料制造。主要制造工序为纺纱。
123	5112.1900	重量＞200 克/平米精梳全毛布	(1) 由纱线制造。主要制造工序为纺织或针织；或 (2) 整理进口或本地制造的坯布。主要制造工序为 (a) 煮炼；及 (b) 染色或印花（用已染色纱线所织的织物除外）；及 (c) 绣绒；及 (d) 烘干；及 (e) 拉幅；及 (f) 刮布或起绒或刷毛；及 (g) 蒸煮。
124	5205.1100	非零售粗梳粗支纯棉单纱	从纤维或化学原料制造。主要制造工序为纺纱。
125	5205.1200	非零售粗梳中支纯棉单纱	从纤维或化学原料制造。主要制造工序为纺纱。
126	5205.2200	非零售精梳中支纯棉单纱	从纤维或化学原料制造。主要制造工序为纺纱。
127	5205.3200	非零售粗梳中支纯棉多股纱	从纤维或化学原料制造。主要制造工序为纺纱。
128	5205.4200	非零售精梳中支纯棉多股纱	从纤维或化学原料制造。主要制造工序为纺纱。
129	5208.3200	染色的较轻质全棉平纹布	(1) 由纱线制造。主要制造工序为纺织或针织；或 (2) 整理进口或本地制造的坯布。主要制造工序为 (a) 煮炼；及 (b) 漂白或丝光处理；及 (c) 印花或染色（包括光白漂染）；及 (d) 以下任何一种工序：树脂整理，预缩，刮布，刷毛，上光，电光处理，织上云纹，压印永久浮雕花纹。
130	5208.3300	染色的轻质全棉三、四线斜纹布	(1) 由纱线制造。主要制造工序为纺织或针织；或 (2) 整理进口或本地制造的坯布。主要制造工序为 (a) 煮炼；及 (b) 漂白或丝光处理；及 (c) 印花或染色（包括光白漂染）；及 (d) 以下任何一种工序：树脂整理，预缩，刮布，刷毛，上光，电光处理，织上云纹，压印永久浮雕花纹。
131	5208.3900	染色的轻质其他全棉机织物	(1) 由纱线制造。主要制造工序为纺织或针织；或 (2) 整理进口或本地制造的坯布。主要制造工序为 (a) 煮炼；及 (b) 漂白或丝光处理；及 (c) 印花或染色（包括光白漂染）；及 (d) 以下任何一种工序：树脂整理，预缩，刮布，刷毛，上光，电光处理，织上云纹，压印永久浮雕花纹。

序号	内地2005年税则号列	商品名称	原产地标准
132	5208.4200	色织的较轻质全棉平纹布	(1)由纱线制造。主要制造工序为纺织或针织；或(2)整理进口或本地制造的坯布。主要制造工序为(a)煮炼；及(b)漂白或丝光处理；及(c)印花或染色(包括光白漂染)；及(d)以下任何一种工序：树脂整理，预缩，刮布，刷毛，上光，电光处理，织上云纹，压印永久浮雕花纹。
133	5208.4900	色织的轻质其他全棉机织物	(1)由纱线制造。主要制造工序为纺织或针织；或(2)整理进口或本地制造的坯布。主要制造工序为(a)煮炼；及(b)漂白或丝光处理；及(c)印花或染色(包括光白漂染)；及(d)以下任何一种工序：树脂整理，预缩，刮布，刷毛，上光，电光处理，织上云纹，压印永久浮雕花纹。
134	5209.1200	未漂白重质全棉三、四线斜纹布	(1)由纱线制造。主要制造工序为纺织或针织；或(2)整理进口或本地制造的坯布。主要制造工序为(a)煮炼；及(b)漂白或丝光处理；及(c)印花或染色(包括光白漂染)；及(d)以下任何一种工序：树脂整理，预缩，刮布，刷毛，上光，电光处理，织上云纹，压印永久浮雕花纹。
135	5209.3100	染色的重质全棉平纹布	(1)由纱线制造。主要制造工序为纺织或针织；或(2)装饰进口或本地制造的织物，且符合从价百分比标准；或(3)整理进口或本地制造的坯布。主要制造工序为(a)煮炼；及(b)漂白或丝光处理；及(c)印花或染色(包括光白漂染)；及(d)以下任何一种工序：树脂整理，预缩，刮布，刷毛，上光，电光处理，织上云纹，压印永久浮雕花纹。
136	5209.3200	染色的重质全棉三、四线斜纹布	(1)由纱线制造。主要制造工序为纺织或针织；或(2)整理进口或本地制造的坯布。主要制造工序为(a)煮炼；及(b)漂白或丝光处理；及(c)印花或染色(包括光白漂染)；及(d)以下任何一种工序：树脂整理，预缩，刮布，刷毛，上光，电光处理，织上云纹，压印永久浮雕花纹。
137	5209.3900	染色的重质其他全棉机织物	(1)由纱线制造。主要制造工序为纺织或针织；或(2)整理进口或本地制造的坯布。主要制造工序为(a)煮炼；及(b)漂白或丝光处理；及(c)印花或染色(包括光白漂染)；及(d)以下任何一种工序：树脂整理，预缩，刮布，刷毛，上光，电光处理，织上云纹，压印永久浮雕花纹。
138	5209.4100	色织的重质全棉平纹布	(1)由纱线制造。主要制造工序为纺织或针织；或(2)整理进口或本地制造的坯布。主要制造工序为(a)煮炼；及(b)漂白或丝光处理；及(c)印花或染色(包括光白漂染)；及(d)以下任何一种工序：树脂整理，预缩，刮布，刷毛，上光，电光处理，织上云纹，压印永久浮雕花纹。
139	5209.4200	色织的重质全棉粗斜纹布(劳动布)	(1)由纱线制造。主要制造工序为纺织或针织；或(2)整理进口或本地制造的坯布。主要制造工序为(a)煮炼；及(b)漂白或丝光处理；及(c)印花或染色(包括光白漂染)；及(d)以下任何一种工序：树脂整理，预缩，刮布，刷毛，上光，电光处理，织上云纹，压印永久浮雕花纹。

序号	内地2005年税则号列	商品名称	原产地标准
140	5209.4300	色织的重质全棉三、四线斜纹布	（1）由纱线制造。主要制造工序为纺织或针织；或（2）整理进口或本地制造的坯布。主要制造工序为（a）煮炼；及（b）漂白或丝光处理；及（c）印花或染色（包括光白漂染）；及（d）以下任何一种工序：树脂整理，预缩，刮布，刷毛，上光，电光处理，织上云纹，压印永久浮雕花纹。
141	5210.3100	与化纤混纺染色的轻质平纹棉布	（1）由纱线制造。主要制造工序为纺织或针织；或（2）整理进口或本地制造的坯布。主要制造工序为（a）煮炼；及（b）漂白或丝光处理；及（c）印花或染色（包括光白漂染）；及（d）以下任何一种工序：树脂整理，预缩，刮布，刷毛，上光，电光处理，织上云纹，压印永久浮雕花纹。
142	5309.1900	其他全亚麻机织物	（1）由纱线制造。主要制造工序为纺织或针织；或（2）整理进口或本地制造的坯布。主要制造工序为（a）煮炼；及（b）漂白或丝光处理；及（c）印花或染色（包括光白漂染）；及（d）以下任何一种工序：树脂整理，预缩，刮布，刷毛，上光，电光处理，织上云纹，压印永久浮雕花纹。
143	5309.2900	其他混纺亚麻机织物	（1）由纱线制造。主要制造工序为纺织或针织；或（2）整理进口或本地制造的坯布。主要制造工序为（a）煮炼；及（b）漂白或丝光处理；及（c）印花或染色（包括光白漂染）；及（d）以下任何一种工序：树脂整理，预缩，刮布，刷毛，上光，电光处理，织上云纹，压印永久浮雕花纹。
144	5401.1010	非供零售用合成纤维长丝缝纫线	从连续长纤维纱制造。主要制造工序为并线、搓捻、加热定型、上油及卷绕。
145	5407.4200	染色的纯尼龙布	（1）由纱线制造。主要制造工序为纺织或针织；或（2）整理进口或本地制造的坯布。主要制造工序为（a）煮炼；及（b）漂白或丝光处理；及（c）印花或染色（包括光白漂染）；及（d）以下任何一种工序：树脂整理，预缩，刮布，刷毛，上光，电光处理，织上云纹，压印永久浮雕花纹。
146	5407.4300	色织的纯尼龙布	（1）由纱线制造。主要制造工序为纺织或针织；或（2）整理进口或本地制造的坯布。主要制造工序为（a）煮炼；及（b）漂白或丝光处理；及（c）印花或染色（包括光白漂染）；及（d）以下任何一种工序：树脂整理，预缩，刮布，刷毛，上光，电光处理，织上云纹，压印永久浮雕花纹。
147	5407.5200	染色的纯聚酯变形长丝布	（1）由纱线制造。主要制造工序为纺织或针织；或（2）整理进口或本地制造的坯布。主要制造工序为（a）煮炼；及（b）漂白或丝光处理；及（c）印花或染色（包括光白漂染）；及（d）以下任何一种工序：树脂整理，预缩，刮布，刷毛，上光，电光处理，织上云纹，压印永久浮雕花纹。

序号	内地 2005 年税则号列	商品名称	原产地标准
148	5407.6100	其他纯聚酯非变形长丝布	(1) 由纱线制造。主要制造工序为纺织或针织；或 (2) 整理进口或本地制造的坯布。主要制造工序为 (a) 煮炼；及 (b) 漂白或丝光处理；及 (c) 印花或染色 (包括光白漂染)；及 (d) 以下任何一种工序：树脂整理，预缩，刮布，刷毛，上光，电光处理，织上云纹，压印永久浮雕花纹。
149	5407.7200	染色的其他纯合成纤维长丝布	(1) 由纱线制造。主要制造工序为纺织或针织；或 (2) 整理进口或本地制造的坯布。主要制造工序为 (a) 煮炼；及 (b) 漂白或丝光处理；及 (c) 印花或染色 (包括光白漂染)；及 (d) 以下任何一种工序：树脂整理，预缩，刮布，刷毛，上光，电光处理，织上云纹，压印永久浮雕花纹。
150	5407.9200	染色的其他混纺合成纤维长丝布	(1) 由纱线制造。主要制造工序为纺织或针织；或 (2) 整理进口或本地制造的坯布。主要制造工序为 (a) 煮炼；及 (b) 漂白或丝光处理；及 (c) 印花或染色 (包括光白漂染)；及 (d) 以下任何一种工序：树脂整理，预缩，刮布，刷毛，上光，电光处理，织上云纹，压印永久浮雕花纹。
151	5508.1000	合成纤维短纤纺制的缝纫线	从香港制纱制造。主要制造工序为 (a) 搓捻及卷绕；或 (b) (i) 染色或丝光处理或漂白及 (ii) 上蜡或上油及 (iii) 卷绕。
152	5509.3200	非零售纯聚丙烯腈短纤多股纱线	从纤维或化学原料制造。主要制造工序为纺纱。
153	5512.1900	其他纯聚酯布	(1) 由纱线制造。主要制造工序为纺织或针织；或 (2) 整理进口或本地制造的坯布。主要制造工序为 (a) 煮炼；及 (b) 漂白或丝光处理；及 (c) 印花或染色 (包括光白漂染)；及 (d) 以下任何一种工序：树脂整理，预缩，刮布，刷毛，上光，电光处理，织上云纹，压印永久浮雕花纹。
154	5512.9900	其他纯合成纤维布	(1) 由纱线制造。主要制造工序为纺织或针织；或 (2) 整理进口或本地制造的坯布。主要制造工序为 (a) 煮炼；及 (b) 漂白或丝光处理；及 (c) 印花或染色 (包括光白漂染)；及 (d) 以下任何一种工序：树脂整理，预缩，刮布，刷毛，上光，电光处理，织上云纹，压印永久浮雕花纹。
155	5513.2100	与棉混纺染色的轻质聚酯平纹布	(1) 由纱线制造。主要制造工序为纺织或针织；或 (2) 整理进口或本地制造的坯布。主要制造工序为 (a) 煮炼；及 (b) 漂白或丝光处理；及 (c) 印花或染色 (包括光白漂染)；及 (d) 以下任何一种工序：树脂整理，预缩，刮布，刷毛，上光，电光处理，织上云纹，压印永久浮雕花纹。
156	5516.1200	染色的纯人造纤维短纤布	(1) 由纱线制造。主要制造工序为纺织或针织；或 (2) 整理进口或本地制造的坯布。主要制造工序为 (a) 煮炼；及 (b) 漂白或丝光处理；及 (c) 印花或染色 (包括光白漂染)；及 (d) 以下任何一种工序：树脂整理，预缩，刮布，刷毛，上光，电光处理，织上云纹，压印永久浮雕花纹。

序号	内地2005年税则号列	商品名称	原产地标准
157	5801.2200	割绒的棉制灯芯绒	(1) 由纱线制造。主要制造工序为纺织或针织；或 (2) 整理进口或本地制造的坯布。主要制造工序为 (a) 煮炼；及 (b) 漂白或丝光处理；及 (c) 印花或染色（包括光白漂染）；及 (d) 以下任何一种工序：树脂整理，预缩，刮布，刷毛，上光，电光处理，织上云纹，压印永久浮雕花纹。
158	5804.2100	化纤机制花边	由纱线制造。主要制造工序为梭织或针织。
159	5806.2000	含弹性纱线≥5%的狭幅织物	由纱线制造。主要制造工序为梭织或针织。
160	5807.1000	机织非绣制纺织材料标签、徽章等	(1) 从纱制造。主要制造工序为梭织或针织；或 (2) 从布匹、织带或丝带制造。主要制造工序为剪裁（若用布匹制造）及印色或刺绣。
161	5903.1020	用聚氯乙烯浸、涂的人造革	(1) 由纱线制造。主要制造工序为纺织或针织；或 (2) 整理进口或本地制造的坯布。主要制造工序为 (a) 煮炼；及 (b) 漂白或丝光处理；及 (c) 印花或染色（包括光白漂染）；及 (d) 以下任何一种工序：树脂整理，预缩，刮布，刷毛，上光，电光处理，织上云纹，压印永久浮雕花纹。
162	5903.1090	用聚氯乙烯浸、涂的其他纺织物	(1) 由纱线制造。主要制造工序为纺织或针织；或 (2) 整理进口或本地制造的坯布。主要制造工序为 (a) 煮炼；及 (b) 漂白或丝光处理；及 (c) 印花或染色（包括光白漂染）；及 (d) 以下任何一种工序：树脂整理，预缩，刮布，刷毛，上光，电光处理，织上云纹，压印永久浮雕花纹。
163	5903.2090	用聚氨基甲酸酯浸、涂的其他纺织物	(1) 由纱线制造。主要制造工序为纺织或针织；或 (2) 整理进口或本地制造的坯布。主要制造工序为 (a) 煮炼；及 (b) 漂白或丝光处理；及 (c) 印花或染色（包括光白漂染）；及 (d) 以下任何一种工序：树脂整理，预缩，刮布，刷毛，上光，电光处理，织上云纹，压印永久浮雕花纹。
164	5903.9090	用其他塑料浸、涂的其他纺织物	(1) 由纱线制造。主要制造工序为纺织或针织；或 (2) 整理进口或本地制造的坯布。主要制造工序为 (a) 煮炼；及 (b) 漂白或丝光处理；及 (c) 印花或染色（包括光白漂染）；及 (d) 以下任何一种工序：树脂整理，预缩，刮布，刷毛，上光，电光处理，织上云纹，压印永久浮雕花纹。
165	6001.9200	化纤制针织或钩编起绒织物	(1) 由纱线制造。主要制造工序为纺织或针织；或 (2) 整理进口或本地制造的坯布。主要制造工序为 (a) 煮炼；及 (b) 漂白或丝光处理；及 (c) 印花或染色（包括光白漂染）；及 (d) 以下任何一种工序：树脂整理，预缩，刮布，刷毛，上光，电光处理，织上云纹，压印永久浮雕花纹。
166	6004.1010	宽>30厘米，弹性纱线≥5%棉针织、钩编织物	(1) 由纱线制造。主要制造工序为纺织或针织；或 (2) 整理进口或本地制造的坯布。主要制造工序为 (a) 煮炼；及 (b) 漂白或丝光处理；及 (c) 印花或染色（包括光白漂染）；及 (d) 以下任何一种工序：树脂整理，预缩，刮布，刷毛，上光，电光处理，织上云纹，压印永久浮雕花纹。

序号	内地 2005 年税则号列	商品名称	原产地标准
167	6004.1030	宽>30 厘米，弹性纱线≥5% 合成纤维制针织、钩编织物	(1) 由纱线制造。主要制造工序为纺织或针织；或 (2) 整理进口或本地制造的坯布。主要制造工序为 (a) 煮炼；及 (b) 漂白或丝光处理；及 (c) 印花或染色 (包括光白漂染)；及 (d) 以下任何一种工序：树脂整理，预缩，刮布，刷毛，上光，电光处理，织上云纹，压印永久浮雕花纹。
168	6004.1040	宽>30 厘米，弹性纱线≥5% 人造纤维制针织、钩编织物	(1) 由纱线制造。主要制造工序为纺织或针织；或 (2) 整理进口或本地制造的坯布。主要制造工序为 (a) 煮炼；及 (b) 漂白或丝光处理；及 (c) 印花或染色 (包括光白漂染)；及 (d) 以下任何一种工序：树脂整理，预缩，刮布，刷毛，上光，电光处理，织上云纹，压印永久浮雕花纹。
169	6004.1090	宽>30 厘米，弹性纱线≥5% 其他纺织材料针织、钩编织物	(1) 由纱线制造。主要制造工序为纺织或针织；或 (2) 整理进口或本地制造的坯布。主要制造工序为 (a) 煮炼；及 (b) 漂白或丝光处理；及 (c) 印花或染色 (包括光白漂染)；及 (d) 以下任何一种工序：树脂整理，预缩，刮布，刷毛，上光，电光处理，织上云纹，压印永久浮雕花纹。
170	6004.9010	宽>30 厘米含橡胶线的棉针织、钩编织物	(1) 由纱线制造。主要制造工序为纺织或针织；或 (2) 整理进口或本地制造的坯布。主要制造工序为 (a) 煮炼；及 (b) 漂白或丝光处理；及 (c) 印花或染色 (包括光白漂染)；及 (d) 以下任何一种工序：树脂整理，预缩，刮布，刷毛，上光，电光处理，织上云纹，压印永久浮雕花纹。
171	6004.9030	宽>30 厘米含橡胶线的合成纤维制针织、钩编织物	(1) 由纱线制造。主要制造工序为纺织或针织；或 (2) 整理进口或本地制造的坯布。主要制造工序为 (a) 煮炼；及 (b) 漂白或丝光处理；及 (c) 印花或染色 (包括光白漂染)；及 (d) 以下任何一种工序：树脂整理，预缩，刮布，刷毛，上光，电光处理，织上云纹，压印永久浮雕花纹。
172	6004.9040	宽>30 厘米含橡胶线的人造纤维制针织、钩编织物	(1) 由纱线制造。主要制造工序为纺织或针织；或 (2) 整理进口或本地制造的坯布。主要制造工序为 (a) 煮炼；及 (b) 漂白或丝光处理；及 (c) 印花或染色 (包括光白漂染)；及 (d) 以下任何一种工序：树脂整理，预缩，刮布，刷毛，上光，电光处理，织上云纹，压印永久浮雕花纹。
173	6004.9090	宽>30 厘米含橡胶线的其他纺织材料针织、钩编织物	(1) 由纱线制造。主要制造工序为纺织或针织；或 (2) 整理进口或本地制造的坯布。主要制造工序为 (a) 煮炼；及 (b) 漂白或丝光处理；及 (c) 印花或染色 (包括光白漂染)；及 (d) 以下任何一种工序：树脂整理，预缩，刮布，刷毛，上光，电光处理，织上云纹，压印永久浮雕花纹。
174	6005.2100	未漂白或漂白棉制的其他经编织物	(1) 由纱线制造。主要制造工序为纺织或针织；或 (2) 整理进口或本地制造的坯布。主要制造工序为 (a) 煮炼；及 (b) 漂白或丝光处理；及 (c) 印花或染色 (包括光白漂染)；及 (d) 以下任何一种工序：树脂整理，预缩，刮布，刷毛，上光，电光处理，织上云纹，压印永久浮雕花纹。

序号	内地 2005 年税则号列	商品名称	原产地标准
175	6005.2200	染色棉制的其他经编织物	（1）由纱线制造。主要制造工序为纺织或针织；或（2）整理进口或本地制造的坯布。主要制造工序为（a）煮炼；及（b）漂白或丝光处理；及（c）印花或染色（包括光白漂染）；及（d）以下任何一种工序：树脂整理，预缩，刮布，刷毛，上光，电光处理，织上云纹，压印永久浮雕花纹。
176	6005.2300	色织棉制的其他经编织物	（1）由纱线制造。主要制造工序为纺织或针织；或（2）整理进口或本地制造的坯布。主要制造工序为（a）煮炼；及（b）漂白或丝光处理；及（c）印花或染色（包括光白漂染）；及（d）以下任何一种工序：树脂整理，预缩，刮布，刷毛，上光，电光处理，织上云纹，压印永久浮雕花纹。
177	6005.2400	印花棉制的其他经编织物	（1）由纱线制造。主要制造工序为纺织或针织；或（2）整理进口或本地制造的坯布。主要制造工序为（a）煮炼；及（b）漂白或丝光处理；及（c）印花或染色（包括光白漂染）；及（d）以下任何一种工序：树脂整理，预缩，刮布，刷毛，上光，电光处理，织上云纹，压印永久浮雕花纹。
178	6006.2100	未漂白或漂白棉制的其他针织、钩编织物	（1）由纱线制造。主要制造工序为纺织或针织；或（2）整理进口或本地制造的坯布。主要制造工序为（a）煮炼；及（b）漂白或丝光处理；及（c）印花或染色（包括光白漂染）；及（d）以下任何一种工序：树脂整理，预缩，刮布，刷毛，上光，电光处理，织上云纹，压印永久浮雕花纹。
179	6006.2200	染色棉制的其他针织、钩编织物	（1）由纱线制造。主要制造工序为纺织或针织；或（2）整理进口或本地制造的坯布。主要制造工序为（a）煮炼；及（b）漂白或丝光处理；及（c）印花或染色（包括光白漂染）；及（d）以下任何一种工序：树脂整理，预缩，刮布，刷毛，上光，电光处理，织上云纹，压印永久浮雕花纹。
180	6006.2300	色织棉制的其他针织、钩编织物	（1）由纱线制造。主要制造工序为纺织或针织；或（2）整理进口或本地制造的坯布。主要制造工序为（a）煮炼；及（b）漂白或丝光处理；及（c）印花或染色（包括光白漂染）；及（d）以下任何一种工序：树脂整理，预缩，刮布，刷毛，上光，电光处理，织上云纹，压印永久浮雕花纹。
181	6006.2400	印花棉制的其他针织、钩编织物	（1）由纱线制造。主要制造工序为纺织或针织；或（2）整理进口或本地制造的坯布。主要制造工序为（a）煮炼；及（b）漂白或丝光处理；及（c）印花或染色（包括光白漂染）；及（d）以下任何一种工序：树脂整理，预缩，刮布，刷毛，上光，电光处理，织上云纹，压印永久浮雕花纹。
182	6006.3100	未漂白或漂白合成纤维制的其他针织、钩编织物	（1）由纱线制造。主要制造工序为纺织或针织；或（2）整理进口或本地制造的坯布。主要制造工序为（a）煮炼；及（b）漂白或丝光处理；及（c）印花或染色（包括光白漂染）；及（d）以下任何一种工序：树脂整理，预缩，刮布，刷毛，上光，电光处理，织上云纹，压印永久浮雕花纹。

序号	内地2005年税则号列	商品名称	原产地标准
183	6006.3200	染色合成纤维制的其他针织、钩编织物	(1) 由纱线制造。主要制造工序为纺织或针织；或 (2) 整理进口或本地制造的坯布。主要制造工序为 (a) 煮炼；及 (b) 漂白或丝光处理；及 (c) 印花或染色 (包括光白漂染)；及 (d) 以下任何一种工序：树脂整理，预缩，刮布，刷毛，上光，电光处理，织上云纹，压印永久浮雕花纹。
184	6006.3300	色织合成纤维制的其他针织、钩编织物	(1) 由纱线制造。主要制造工序为纺织或针织；或 (2) 整理进口或本地制造的坯布。主要制造工序为 (a) 煮炼；及 (b) 漂白或丝光处理；及 (c) 印花或染色 (包括光白漂染)；及 (d) 以下任何一种工序：树脂整理，预缩，刮布，刷毛，上光，电光处理，织上云纹，压印永久浮雕花纹。
185	6006.3400	印花合成纤维制的其他针织、钩编织物	(1) 由纱线制造。主要制造工序为纺织或针织；或 (2) 整理进口或本地制造的坯布。主要制造工序为 (a) 煮炼；及 (b) 漂白或丝光处理；及 (c) 印花或染色 (包括光白漂染)；及 (d) 以下任何一种工序：树脂整理，预缩，刮布，刷毛，上光，电光处理，织上云纹，压印永久浮雕花纹。
186	6006.4100	未漂白或漂白人造纤维制的其他针织、钩编织物	(1) 由纱线制造。主要制造工序为纺织或针织；或 (2) 整理进口或本地制造的坯布。主要制造工序为 (a) 煮炼；及 (b) 漂白或丝光处理；及 (c) 印花或染色 (包括光白漂染)；及 (d) 以下任何一种工序：树脂整理，预缩，刮布，刷毛，上光，电光处理，织上云纹，压印永久浮雕花纹。
187	6006.4200	染色人造纤维制的其他针织、钩编织物	(1) 由纱线制造。主要制造工序为纺织或针织；或 (2) 整理进口或本地制造的坯布。主要制造工序为 (a) 煮炼；及 (b) 漂白或丝光处理；及 (c) 印花或染色 (包括光白漂染)；及 (d) 以下任何一种工序：树脂整理，预缩，刮布，刷毛，上光，电光处理，织上云纹，压印永久浮雕花纹。
188	6006.4300	色织人造纤维制的其他针织、钩编织物	(1) 由纱线制造。主要制造工序为纺织或针织；或 (2) 整理进口或本地制造的坯布。主要制造工序为 (a) 煮炼；及 (b) 漂白或丝光处理；及 (c) 印花或染色 (包括光白漂染)；及 (d) 以下任何一种工序：树脂整理，预缩，刮布，刷毛，上光，电光处理，织上云纹，压印永久浮雕花纹。
189	6006.4400	印花人造纤维制的其他针织、钩编织物	(1) 由纱线制造。主要制造工序为纺织或针织；或 (2) 整理进口或本地制造的坯布。主要制造工序为 (a) 煮炼；及 (b) 漂白或丝光处理；及 (c) 印花或染色 (包括光白漂染)；及 (d) 以下任何一种工序：树脂整理，预缩，刮布，刷毛，上光，电光处理，织上云纹，压印永久浮雕花纹。

序号	内地 2005 年税则号列	商品名称	原产地标准
190	6104.6200	棉制针织或钩编女长裤、工装裤等	裁剪及车缝类 从车缝部件制造。主要制造工序为将部件车缝，制成成衣。如制造工序中涉及连接及/或挑撞工序，则连接及/或挑撞工序亦须在香港进行。 成形织片类 （1）从纱制造。主要制造工序为将纱线编织为成形针织衫片；或（2）从成形针织衫片制造。主要制造工序为将成形针织衫片连接，制成成衣。如制造工序中涉及挑撞工序，则挑撞工序亦须在香港进行。
191	6105.1000	棉制针织或钩编男衬衫	裁剪及车缝类 从车缝部件制造。主要制造工序为将部件车缝，制成成衣。如制造工序中涉及连接及/或挑撞工序，则连接及/或挑撞工序亦须在香港进行。 成形织片类 （1）从纱制造。主要制造工序为将纱线编织为成形针织衫片；或（2）从成形针织衫片制造。主要制造工序为将成形针织衫片连接，制成成衣。如制造工序中涉及挑撞工序，则挑撞工序亦须在香港进行。
192	6105.2000	化纤制针织或钩编男衬衫	裁剪及车缝类 从车缝部件制造。主要制造工序为将部件车缝，制成成衣。如制造工序中涉及连接及/或挑撞工序，则连接及/或挑撞工序亦须在香港进行。 成形织片类 （1）从纱制造。主要制造工序为将纱线编织为成形针织衫片；或（2）从成形针织衫片制造。主要制造工序为将成形针织衫片连接，制成成衣。如制造工序中涉及挑撞工序，则挑撞工序亦须在香港进行。
193	6105.9000	其他纺织材料制针织或钩编男衬衫	裁剪及车缝类 从车缝部件制造。主要制造工序为将部件车缝，制成成衣。如制造工序中涉及连接及/或挑撞工序，则连接及/或挑撞工序亦须在香港进行。 成形织片类 （1）从纱制造。主要制造工序为将纱线编织为成形针织衫片；或（2）从成形针织衫片制造。主要制造工序为将成形针织衫片连接，制成成衣。如制造工序中涉及挑撞工序，则挑撞工序亦须在香港进行。

序号	内地 2005 年税则号列	商品名称	原产地标准
194	6106.1000	棉制针织或钩编女衬衫	裁剪及车缝类 从车缝部件制造。主要制造工序为将部件车缝，制成成衣。如制造工序中涉及连接及/或挑撞工序，则连接及/或挑撞工序亦须在香港进行。 成形织片类 （1）从纱制造。主要制造工序为将纱线编织为成形针织衫片；或（2）从成形针织衫片制造。主要制造工序为将成形针织衫片连接，制成成衣。如制造工序中涉及挑撞工序，则挑撞工序亦须在香港进行。
195	6106.2000	化纤制针织或钩编女衬衫	裁剪及车缝类 从车缝部件制造。主要制造工序为将部件车缝，制成成衣。如制造工序中涉及连接及/或挑撞工序，则连接及/或挑撞工序亦须在香港进行。 成形织片类 （1）从纱制造。主要制造工序为将纱线编织为成形针织衫片；或（2）从成形针织衫片制造。主要制造工序为将成形针织衫片连接，制成成衣。如制造工序中涉及挑撞工序，则挑撞工序亦须在香港进行。
196	6106.9000	其他纺织材料制针织或钩编女衬衫	裁剪及车缝类 从车缝部件制造。主要制造工序为将部件车缝，制成成衣。如制造工序中涉及连接及/或挑撞工序，则连接及/或挑撞工序亦须在香港进行。 成形织片类 （1）从纱制造。主要制造工序为将纱线编织为成形针织衫片；或（2）从成形针织衫片制造。主要制造工序为将成形针织衫片连接，制成成衣。如制造工序中涉及挑撞工序，则挑撞工序亦须在香港进行。
197	6107.1100	棉制针织或钩编男内裤及三角裤	裁剪及车缝类 从车缝部件制造。主要制造工序为将部件车缝，制成成衣。如制造工序中涉及连接及/或挑撞工序，则连接及/或挑撞工序亦须在香港进行。 成形织片类 （1）从纱制造。主要制造工序为将纱线编织为成形针织衫片；或（2）从成形针织衫片制造。主要制造工序为将成形针织衫片连接，制成成衣。如制造工序中涉及挑撞工序，则挑撞工序亦须在香港进行。

序号	内地 2005 年税则号列	商品名称	原产地标准
198	6108.3100	棉制针织或钩编女睡衣及睡衣裤	裁剪及车缝类 从车缝部件制造。主要制造工序为将部件车缝，制成成衣。如制造工序中涉及连接及/或挑撞工序，则连接及/或挑撞工序亦须在香港进行。 成形织片类 （1）从纱制造。主要制造工序为将纱线编织为成形针织衫片；或（2）从成形针织衫片制造。主要制造工序为将成形针织衫片连接，制成成衣。如制造工序中涉及挑撞工序，则挑撞工序亦须在香港进行。
199	6109.1000	棉制针织或钩编 T 恤衫、汗衫等	裁剪及车缝类 从车缝部件制造。主要制造工序为将部件车缝，制成成衣。如制造工序中涉及连接及/或挑撞工序，则连接及/或挑撞工序亦须在香港进行。 成形织片类 （1）从纱制造。主要制造工序为将纱线编织为成形针织衫片；或（2）从成形针织衫片制造。主要制造工序为将成形针织衫片连接，制成成衣。如制造工序中涉及挑撞工序，则挑撞工序亦须在香港进行。
200	6109.9090	其他纺织材料制针织或钩编 T 恤衫、汗衫等	裁剪及车缝类 从车缝部件制造。主要制造工序为将部件车缝，制成成衣。如制造工序中涉及连接及/或挑撞工序，则连接及/或挑撞工序亦须在香港进行。 成形织片类 （1）从纱制造。主要制造工序为将纱线编织为成形针织衫片；或（2）从成形针织衫片制造。主要制造工序为将成形针织衫片连接，制成成衣。如制造工序中涉及挑撞工序，则挑撞工序亦须在香港进行。
201	6110.1100	羊毛制针织或钩编套头衫等	裁剪及车缝类 从车缝部件制造。主要制造工序为将部件车缝，制成成衣。如制造工序中涉及连接及/或挑撞工序，则连接及/或挑撞工序亦须在香港进行。 成形织片类 （1）从纱制造。主要制造工序为将纱线编织为成形针织衫片；或（2）从成形针织衫片制造。主要制造工序为将成形针织衫片连接，制成成衣。如制造工序中涉及挑撞工序，则挑撞工序亦须在香港进行。

序号	内地 2005 年税则号列	商品名称	原产地标准
202	6110.1200	喀什米尔山羊细毛制针织或钩编套头衫等	裁剪及车缝类 从车缝部件制造。主要制造工序为将部件车缝，制成成衣。如制造工序中涉及连接及/或挑撞工序，则连接及/或挑撞工序亦须在香港进行。 成形织片类 （1）从纱制造。主要制造工序为将纱线编织为成形针织衫片；或（2）从成形针织衫片制造。主要制造工序为将成形针织衫片连接，制成成衣。如制造工序中涉及挑撞工序，则挑撞工序亦须在香港进行。
203	6110.1910	其他山羊细毛制针织或钩编套头衫等	裁剪及车缝类 从车缝部件制造。主要制造工序为将部件车缝，制成成衣。如制造工序中涉及连接及/或挑撞工序，则连接及/或挑撞工序亦须在香港进行。 成形织片类 （1）从纱制造。主要制造工序为将纱线编织为成形针织衫片；或（2）从成形针织衫片制造。主要制造工序为将成形针织衫片连接，制成成衣。如制造工序中涉及挑撞工序，则挑撞工序亦须在香港进行。
204	6110.1920	兔毛制针织或钩编套头衫等	裁剪及车缝类 从车缝部件制造。主要制造工序为将部件车缝，制成成衣。如制造工序中涉及连接及/或挑撞工序，则连接及/或挑撞工序亦须在香港进行。 成形织片类 （1）从纱制造。主要制造工序为将纱线编织为成形针织衫片；或（2）从成形针织衫片制造。主要制造工序为将成形针织衫片连接，制成成衣。如制造工序中涉及挑撞工序，则挑撞工序亦须在香港进行。
205	6110.1990	其他毛制针织或钩编套头衫等	裁剪及车缝类 从车缝部件制造。主要制造工序为将部件车缝，制成成衣。如制造工序中涉及连接及/或挑撞工序，则连接及/或挑撞工序亦须在香港进行。 成形织片类 （1）从纱制造。主要制造工序为将纱线编织为成形针织衫片；或（2）从成形针织衫片制造。主要制造工序为将成形针织衫片连接，制成成衣。如制造工序中涉及挑撞工序，则挑撞工序亦须在香港进行。

序号	内地 2005 年税则号列	商品名称	原产地标准
206	6110.2000	棉制针织或钩编套头衫等	裁剪及车缝类 从车缝部件制造。主要制造工序为将部件车缝，制成成衣。如制造工序中涉及连接及/或挑撞工序，则连接及/或挑撞工序亦须在香港进行。 成形织片类 （1）从纱制造。主要制造工序为将纱线编织为成形针织衫片；或（2）从成形针织衫片制造。主要制造工序为将成形针织衫片连接，制成成衣。如制造工序中涉及挑撞工序，则挑撞工序亦须在香港进行。
207	6110.3000	化纤制针织或钩编套头衫等	裁剪及车缝类 从车缝部件制造。主要制造工序为将部件车缝，制成成衣。如制造工序中涉及连接及/或挑撞工序，则连接及/或挑撞工序亦须在香港进行。 成形织片类 （1）从纱制造。主要制造工序为将纱线编织为成形针织衫片；或（2）从成形针织衫片制造。主要制造工序为将成形针织衫片连接，制成成衣。如制造工序中涉及挑撞工序，则挑撞工序亦须在香港进行。
208	6110.9010	丝及绢丝制针织或钩编套头衫等	裁剪及车缝类 从车缝部件制造。主要制造工序为将部件车缝，制成成衣。如制造工序中涉及连接及/或挑撞工序，则连接及/或挑撞工序亦须在香港进行。 成形织片类 （1）从纱制造。主要制造工序为将纱线编织为成形针织衫片；或（2）从成形针织衫片制造。主要制造工序为将成形针织衫片连接，制成成衣。如制造工序中涉及挑撞工序，则挑撞工序亦须在香港进行。
209	6110.9090	其他纺织材料制针织或钩编套头衫等	裁剪及车缝类 从车缝部件制造。主要制造工序为将部件车缝，制成成衣。如制造工序中涉及连接及/或挑撞工序，则连接及/或挑撞工序亦须在香港进行。 成形织片类 （1）从纱制造。主要制造工序为将纱线编织为成形针织衫片；或（2）从成形针织衫片制造。主要制造工序为将成形针织衫片连接，制成成衣。如制造工序中涉及挑撞工序，则挑撞工序亦须在香港进行。

序号	内地2005年税则号列	商品名称	原产地标准
210	6111.2000	棉制针织或钩编婴儿服装及附件	裁剪及车缝类 从车缝部件制造。主要制造工序为将部件车缝，制成成衣。如制造工序中涉及连接及/或挑撞工序，则连接及/或挑撞工序亦须在香港进行。 成形织片类 （1）从纱制造。主要制造工序为将纱线编织为成形针织衫片；或（2）从成形针织衫片制造。主要制造工序为将成形针织衫片连接，制成成衣。如制造工序中涉及挑撞工序，则挑撞工序亦须在香港进行。 附件 （1）从纱制造。主要制造工序为针织；或（2）从布匹制造。只要制造工序为裁剪布匹，并将裁片缝制成产品。
211	6117.9000	其他针织或钩编衣着零件	（1）车缝部件为衣服部件。主要制造工序为将裁片缝成衣服部件；或（2）从纱制造。主要制造工序为针织。
212	6203.4210	棉制男式阿拉伯裤	车缝部件为成衣。主要制造工序为以车缝工序将部件制成成衣。
213	6203.4290	棉制男式长裤、工装裤等	车缝部件为成衣。主要制造工序为以车缝工序将部件制成成衣。
214	6204.3200	棉制女式上衣	车缝部件为成衣。主要制造工序为以车缝工序将部件制成成衣。
215	6204.3300	合纤制女式上衣	车缝部件为成衣。主要制造工序为以车缝工序将部件制成成衣。
216	6204.5200	棉制裙子及裙裤	车缝部件为成衣。主要制造工序为以车缝工序将部件制成成衣。
217	6204.6200	棉制女式长裤、工装裤等	车缝部件为成衣。主要制造工序为以车缝工序将部件制成成衣。
218	6204.6300	合纤制女式长裤、工装裤等	车缝部件为成衣。主要制造工序为以车缝工序将部件制成成衣。
219	6205.2000	棉制男衬衫	车缝部件为成衣。主要制造工序为以车缝工序将部件制成成衣。
220	6205.3000	化纤制男衬衫	车缝部件为成衣。主要制造工序为以车缝工序将部件制成成衣。
221	6205.9090	其他纺织材料制男衬衫	车缝部件为成衣。主要制造工序为以车缝工序将部件制成成衣。

序号	内地2005年税则号列	商品名称	原产地标准
222	6206.3000	棉制女衬衫	车缝部件为成衣。主要制造工序为以车缝工序将部件制成成衣。
223	6206.4000	化纤制女衬衫	车缝部件为成衣。主要制造工序为以车缝工序将部件制成成衣。
224	6206.9000	其他纺织材料制女衬衫	车缝部件为成衣。主要制造工序为以车缝工序将部件制成成衣。
225	6208.2200	化纤制女式睡衣及睡衣裤	车缝部件为成衣。主要制造工序为以车缝工序将部件制成成衣。
226	6217.9000	非针织非钩编服装或衣着零件	（1）从纱制造。主要制造工序为梭织或针织；及剪裁；或（2）车缝部件为衣服部件。主要制造工序为将裁片缝制成衣服部件；或（3）车缝部件为成衣。主要制造工序为以车缝工序将部件制成成衣。
227	6302.5110	棉制刺绣其他餐桌用织物制品	从纱制造。主要制造工序为梭织或针织。
228	6302.5190	棉制其他餐桌用织物制品	从纱制造。主要制造工序为梭织或针织。
229	6406.9900	其他材料制鞋靴、护腿等零件	税号改变标准。
230	7019.5900	其他玻璃纤维机织物	税号改变标准。
231	7020.0011	导电玻璃	（1）从玻璃片及化学品制造。主要制造工序为蚀刻及磨光；或（2）从玻璃、铅线及化学品制造。主要制造工序为切割玻璃片、装配及焊接。
232	7102.3100	未加工或简单加工非工业用钻石	（1）未加工工业用钻石：在香港开采；或（2）简单加工非工业用钻石：从未加工及未分类钻石制造，且符合从价百分比标准。
233	7113.1110	镶嵌钻石的银首饰及其零件	从珍贵金属制造。主要制造工序为模塑，如制造工序中涉及装配，则装配亦须在香港进行。
234	7113.1190	其他银首饰及其零件	从珍贵金属制造。主要制造工序为模塑，如制造工序中涉及装配，则装配亦须在香港进行。
235	7113.1911	镶嵌钻石的黄金制首饰及其零件	从珍贵金属制造。主要制造工序为模塑，如制造工序中涉及装配，则装配亦须在香港进行。
236	7113.1919	其他黄金制首饰及其零件	从珍贵金属制造。主要制造工序为模塑，如制造工序中涉及装配，则装配亦须在香港进行。
237	7113.1991	镶嵌钻石的其他贵金属制首饰及其零件	从珍贵金属制造。主要制造工序为模塑，如制造工序中涉及装配，则装配亦须在香港进行。
238	7113.1999	其他贵金属制首饰及其零件	从珍贵金属制造。主要制造工序为模塑，如制造工序中涉及装配，则装配亦须在香港进行。

序号	内地2005年税则号列	商品名称	原产地标准
239	7113.2010	镶嵌钻石的以贱金属为底的包贵金属制首饰	从珍贵金属制造。主要制造工序为模塑，如制造工序中涉及装配，则装配亦须在香港进行。
240	7113.2090	其他以贱金属为底的包贵金属制首饰	从珍贵金属制造。主要制造工序为模塑，如制造工序中涉及装配，则装配亦须在香港进行。
241	7114.1100	银器及零件	从珍贵金属制造。主要制造工序为模塑，如制造工序中涉及装配，则装配亦须在香港进行。
242	7114.1900	其他贵金属制金银器及零件	从珍贵金属制造。主要制造工序为模塑，如制造工序中涉及装配，则装配亦须在香港进行。
243	7114.2000	以贱金属为底的包贵金属制金银器	从珍贵金属制造。主要制造工序为模塑，如制造工序中涉及装配，则装配亦须在香港进行。
244	7115.1000	金属丝布或格栅状的铂催化剂	从珍贵金属制造。主要制造工序为模塑，如制造工序中涉及装配，则装配亦须在香港进行。
245	7115.9010	工业或实验室用贵或包贵金属制品	从珍贵金属制造。主要制造工序为模塑，如制造工序中涉及装配，则装配亦须在香港进行。
246	7115.9090	其他用途的贵或包贵金属制品	从珍贵金属制造。主要制造工序为模塑，如制造工序中涉及装配，则装配亦须在香港进行。
247	7116.1000	天然或养殖珍珠制品	从珍贵金属及珍贵或半珍贵玉石制造。主要制造工序为模塑及镶嵌，如镶嵌后的制造工序中涉及装配，则装配亦须在香港进行。
248	7116.2000	宝石或半宝石制品	从珍贵金属及珍贵或半珍贵玉石制造。主要制造工序为模塑及镶嵌，如镶嵌后的制造工序中涉及装配，则装配亦须在香港进行。
249	7117.1100	贱金属制袖扣、饰扣	从金属制造。主要制造工序为压铸、塑形及装配。如压铸后的制造工序中涉及冲切，则冲切亦须在香港进行。
250	7117.1900	其他贱金属制仿首饰	塑胶珠宝 从塑胶粒料或化合物制造。主要制造工序为模塑及装配； 金属珠宝 从金属制造。主要制造工序为切割（包括冲切）、塑形及装配。
251	7117.9000	未列名材料制仿首饰	塑胶珠宝 从塑胶粒料或化合物制造。主要制造工序为模塑及装配； 金属珠宝 从金属制造。主要制造工序为切割（包括冲切）、塑形及装配。

序号	内地 2005 年税则号列	商品名称	原产地标准
252	7318.1500	其他螺钉及螺栓	从金属制造。主要制造工序为切割、冲切、塑形及车床刨削。如车床刨削后的制造工序中涉及钻孔及/或螺纹及/或铣削，则钻孔及/或螺纹及/或铣削亦须在香港进行。
253	7326.9010	其他工业用钢铁制品	从金属及部件（例如带、绳、链或镶板）制造。主要制造工序为切割。如制造工序中涉及装配，则装配亦须在香港进行。
254	7326.9090	其他非工业用钢铁制品	从金属及部件（例如带、绳、链或镶板）制造。主要制造工序为切割。如制造工序中涉及装配，则装配亦须在香港进行。
255	7404.0000	铜废碎料	（1）在香港收集的在香港消费过程中产生的仅适于原材料回收的废旧物品；或（2）在香港加工制造过程中产生的仅适于原材料回收的废碎料。
256	7408.1900	截面尺寸≤6 毫米的精炼铜丝	从金属制造。主要制造工序为熔解及塑形。如塑形后的制造工序中涉及压制，则压制亦须在香港进行。
257	7409.2100	成卷的黄铜板、片、带	从金属制造。主要制造工序为将金属物料塑形（包括溶解、拉压及切割），如制造工序中涉及打孔及/或冲切，则打孔及/或冲切亦须在香港进行。
258	7409.2900	其他黄铜板、片、带	从金属制造。主要制造工序为将金属物料塑形（包括溶解、拉压及切割）。如制造工序中涉及打孔及/或冲切，则打孔及/或冲切亦须在香港进行。
259	7409.9000	其他铜合金板、片、带	税号改变标准。
260	7410.1100	无衬背的精炼铜箔	从铜、树脂及化学溶剂制造。主要制造工序为混合、涂层及压片。
261	7410.2100	有衬背的精炼铜箔	从铜、树脂及化学溶剂制造。主要制造工序为混合、涂层及压片。
262	7601.1000	未锻轧纯铝	从金属制造。主要制造工序为熔炼、物理或化学分离、混合及铸造。
263	7602.0000	铝废碎料	（1）在香港收集的在香港消费过程中产生的仅适于原材料回收的废旧物品；或（2）在香港加工制造过程中产生的仅适于原材料回收的废碎料。
264	7606.1190	纯铝制矩形的其他板、片及带	从金属制造。主要制造工序为将金属物料塑形（包括溶解、拉压及切割），如制造工序中涉及打孔及/或冲切，则打孔及/或冲切亦须在香港进行。
265	7606.1240	厚度>0.35 毫米的铝合金制矩形铝板片带	从金属制造。主要制造工序为将金属物料塑形（包括溶解、拉压及切割），如制造工序中涉及打孔及/或冲切，则打孔及/或冲切亦须在香港进行。
266	7606.9100	纯铝制非矩形的板、片及带	从金属制造。主要制造工序为塑形，如制造工序中涉及打孔及/或冲切，则打孔及/或冲切亦须在香港进行。

序号	内地2005年税则号列	商品名称	原产地标准
267	7606.9200	铝合金制非矩形的板、片及带	从金属制造。主要制造工序为塑形，如制造工序中涉及打孔及/或冲切，则打孔及/或冲切亦须在香港进行。
268	8003.0000	锡及锡合金条、杆、型材、丝	从金属制造。主要制造工序为塑形，如制造工序中涉及打孔及/或冲切，则打孔及/或冲切亦须在香港进行。
269	8308.9000	贱金属制珠子及亮晶片	从金属制造。主要制造工序为压铸、塑形及装配。如压铸后的制造工序中涉及冲切，则冲切亦须在香港进行。
270	8414.9090	税号84.14其他所列机器零件	税号改变标准。
271	8415.9010	制冷量≤4千大卡/时等空调的零件	税号改变标准。
272	8419.9090	税号84.19的其他机器设备用零件	税号改变标准。
273	8422.9090	税号84.22其他未列名机器零件	税号改变标准。
274	8424.9090	其他喷雾器具及喷气机等用的零件	税号改变标准。
275	8443.5990	其他印刷机	在香港进行金属制作（对进口组合零件进行的金属制作工序也适用）及装配，且符合从价百分比标准。
276	8451.4000	洗涤、漂白或染色机器	在香港进行金属制作（对进口组合零件进行的金属制作工序也适用）及装配，且符合从价百分比标准。
277	8451.8000	税号84.51所列其他未列名的机器	在香港进行金属制作（对进口组合零件进行的金属制作工序也适用）及装配。主要制造工序为金属制作、装配及测试。
278	8467.9110	电动链锯用零件	税号改变标准。
279	8467.9910	其他手提式电动工具用零件	税号改变标准。
280	8479.8962	自动贴片机	在香港进行金属制作（对进口组合零件进行的金属制作工序也适用）及装配，且符合从价百分比标准。
281	8480.4100	金属、硬质合金用注模或压模	从金属块制造。主要制造工序为用车床刨削、铣削、钻孔及打磨。
282	8480.7900	塑料或橡胶用其他型模	从金属块制造。主要制造工序为用车床刨削、铣削、钻孔及打磨。
283	8481.8010	其他阀门	在香港进行金属制作（对进口组合零件进行的金属制作工序也适用）及装配，且符合从价百分比标准。
284	8482.1000	滚珠轴承	在香港进行金属制作（对进口组合零件进行的金属制作工序也适用）及装配，且符合从价百分比标准。
285	8501.1010	输出功率≤37.5瓦玩具电动机	在香港装配，且符合从价百分比标准。
286	8501.1091	机座20毫米≤直径<39毫米微电机	在香港装配，且符合从价百分比标准。
287	8501.1099	其他输出功率≤37.5瓦微电机	在香港装配，且符合从价百分比标准。
288	8501.3100	输出功率≤750瓦直流电动机、发电机	在香港装配，且符合从价百分比标准。

序号	内地 2005 年税则号列	商品名称	原产地标准
289	8503.0010	玩具用电动机微电机零件	税号改变标准。
290	8503.0020	输出功率 >350 毫伏安交流发电机零件	税号改变标准。
291	8503.0030	风力驱动发电机组的零件	税号改变标准。
292	8503.0090	其他电动机、发电机（组）零件	税号改变标准。
293	8504.3190	额定容量≤1 千伏安的其他变压器	在香港装配，且符合从价百分比标准。
294	8504.4091	具有变流功能的半导体模块	在香港装配，且符合从价百分比标准。
295	8504.4099	其他未列名静止式变流器	在香港装配，且符合从价百分比标准。
296	8504.9011	额定容量 >400 千伏安液体介质变压器零件	税号改变标准。
297	8504.9019	其他变压器零件	税号改变标准。
298	8504.9020	稳压电源及不间断供电电源零件	税号改变标准。
299	8504.9090	其他静止式变流器及电感器零件	税号改变标准。
300	8505.1190	其他金属的永磁体	税号改变标准。
301	8505.1900	非金属永磁体	税号改变标准。
302	8506.1010	碱性锌锰电池	在香港装配，且符合从价百分比标准。
303	8506.1090	其他二氧化锰的原电池及原电池组	在香港装配，且符合从价百分比标准。
304	8506.8000	其他原电池及原电池组	在香港装配，且符合从价百分比标准。
305	8507.3000	镍镉蓄电池	在香港装配，且符合从价百分比标准。
306	8507.8010	镍氢电池	在香港装配，且符合从价百分比标准。
307	8507.9010	铅酸蓄电池零件	税号改变标准。
308	8507.9090	其他蓄电池零件	税号改变标准。
309	8509.9000	家用电动器具的零件	税号改变标准。
310	8513.9010	手电筒零件	税号改变标准。
311	8513.9090	其他自供能源手提式电灯零件	税号改变标准。
312	8515.2110	直缝焊管机	在香港装配，且符合从价百分比标准。
313	8515.2190	其他全自动或半自动电阻焊接机	在香港装配，且符合从价百分比标准。
314	8515.8000	其他焊接机器及装置	在香港装配，且符合从价百分比标准。
315	8516.9010	土壤加热器及加热电阻器零件	税号改变标准。
316	8516.9090	税号 85.16 所列货品的其他零件	税号改变标准。
317	8518.1000	传声器（麦克风）及其座架	在香港装配，且符合从价百分比标准。
318	8518.9000	税号 85.18 所列货品的零件	税号改变标准。
319	8522.1000	拾音头	税号改变标准。
320	8522.9010	转盘或唱机用零附件	税号改变标准。
321	8522.9021	录音机走带机构（机芯）	税号改变标准。

序号	内地2005年税则号列	商品名称	原产地标准
322	8522.9022	磁头	税号改变标准。
323	8522.9023	磁头零件	税号改变标准。
324	8522.9029	盒式磁带录音机或放声机其他零件	税号改变标准。
325	8522.9031	激光视盘机的机芯	税号改变标准。
326	8522.9039	其他视频信号录放设备的零件、附件	税号改变标准。
327	8522.9090	税号85.19至85.21所列设备其他零件	税号改变标准。
328	8523.9000	其他供录制声音等信息未录制媒体	(1)从磁带及塑胶粒料制造。主要制造工序为卷绕磁带、铸造外壳及装配；或(2)从塑胶片及/或粒料及磁盘制造。主要制造工序为磨光、制造外壳及装配；或(3)从聚碳酸酯及涂层物料制造。主要制造工序为喷注模塑、涂上反射涂层及保护涂层(如为可记录光碟，则并须进行染色涂层工序)。
329	8529.1010	雷达及无线电导航设备天线及零件	税号改变标准。
330	8529.9030	对讲机零件	税号改变标准。
331	8529.9041	特种用途电视摄像机、静像视频摄像机及其他视频摄录一体机，数字相机零件	税号改变标准。
332	8529.9042	非特种用途的取像模块	税号改变标准。
333	8529.9049	其他电视摄像机、静像视频摄像机及其他视频摄录一体机、数字相机零件	税号改变标准。
334	8529.9060	收音机及其组合机的其他零件	税号改变标准。
335	8529.9090	税号85.25至85.28所列设备的零件	税号改变标准。
336	8531.8010	蜂鸣器	在香港装配，且符合从价百分比标准。
337	8536.1000	熔断器(电压≤1000伏)	从电木粉及金属制造。主要制造工序为切割(包括冲切)及装配。如切割后的制造工序中涉及塑形及/或模塑，则塑形及/或模塑亦须在香港进行。
338	8536.4900	电压>60伏的继电器	从电木粉及金属制造。主要制造工序为切割(包括冲切)及装配。如切割后的制造工序中涉及塑形及/或模塑，则塑形及/或模塑亦须在香港进行。
339	8537.1010	其他数控装置	在香港装配，且符合从价百分比标准。
340	8537.1090	其他电力控制或分配的装置	在香港装配，且符合从价百分比标准。
341	8537.2090	其他电力控制或分配装置	在香港装配，且符合从价百分比标准。
342	8538.9000	税号85.35、85.36或85.37装置的零件	税号改变标准。

序号	内地 2005 年税则号列	商品名称	原产地标准
343	8539.2991	电压≤12 伏未列名的白炽灯泡	(1) 从本地玻璃灯泡制造。主要制造工序为安装钨丝、抽出空气及将灯泡焊接于灯泡座上；或 (2) 从玻璃管制造。主要制造工序为涂层及装配。
344	8540.4000	点距＜0.4 毫米彩色数据/图形显示管	在香港装配，且符合从价百分比标准。
345	8544.1100	铜制绕组电线	从金属线制造。主要制造工序为包覆。
346	8544.4190	耐压≤80 伏有接头电导体	在香港装配，且符合从价百分比标准。
347	8544.5190	1000 伏≥耐压＞80 伏有接头电导体	在香港装配，且符合从价百分比标准。
348	8544.5990	1000 伏≥耐压＞80 伏无接头电导体	在香港装配，且符合从价百分比标准。
349	9001.1000	光导纤维束及光缆	税号改变标准。
350	9001.2000	偏振材料制的片及板	税号改变标准。
351	9001.9000	税号 90.01 未列名的其他光学元件	从镜片坯件制造。主要制造工序为打磨或磨光折射弯曲部分。
352	9002.1990	税号 90.02 未列名的其他物镜	税号改变标准。
353	9006.9110	特种用途照相机的零附件	税号改变标准。
354	9006.9120	一次成像照相机的零附件	税号改变标准。
355	9006.9191	照相机自动调焦组件	税号改变标准。
356	9006.9192	其他照相机的快门组件	税号改变标准。
357	9006.9199	其他照相机的其他零附件	税号改变标准。
358	9013.8010	放大镜	税号改变标准。
359	9013.8030	液晶显示板	从未经加工玻璃或涂层玻璃；以及液晶材料及起偏器制造，且符合从价百分比标准。
360	9013.8090	其他液晶装置及光学仪器	从未经加工玻璃或涂层玻璃；以及液晶材料及起偏器制造，且符合从价百分比标准。
361	9013.9010	激光器、望远镜等装置的零附件	税号改变标准。
362	9013.9090	税号 90.13 所列其他货品的零附件	税号改变标准。
363	9031.8020	坐标测量仪	在香港装配，且符合从价百分比标准。
364	9031.8090	未列名测量、检验仪器器具及机器	在香港装配，且符合从价百分比标准。
365	9102.1100	机械指示式的其他电子手表	从手表零件及配件装配成手表，并进行测试、校准及品质检定，且符合从价百分比标准。
366	9102.1200	光电显示式的其他电子手表	从手表零件及配件装配成手表，并进行测试、校准及品质检定，且符合从价百分比标准。
367	9103.1000	以表芯装成的电子钟	(1) 制造表芯及装配，且符合从价百分比标准；或 (2) 制造钟壳及装配，且符合从价百分比标准。

序号	内地2005年税则号列	商品名称	原产地标准
368	9105.1100	电子闹钟	(1)制造表芯及装配，且符合从价百分比标准；或(2)制造钟壳及装配，且符合从价百分比标准。
369	9108.1100	已组装的机械指示式完整电子表芯	表芯装配、测试及校准，且符合从价百分比标准。
370	9108.1200	已组装的光电显示式完整电子表芯	表芯装配、测试及校准，且符合从价百分比标准。
371	9108.1900	其他已组装的完整电子表芯	表芯装配、测试及校准，且符合从价百分比标准。
372	9108.9090	其他已组装完整机械表芯	表芯装配、测试及校准，且符合从价百分比标准。
373	9111.2000	贱金属制的表壳	(1)从粗坯制造。主要制造工序为车床刨削、钻孔及装配；或(2)从金属片或板制造。主要制造工序为切割、塑形及装配。
374	9113.2000	贱金属制的表带及其零件	制造金属零件(但次要附件，如弹簧等可属进口)及装配。主要制造工序为制造零件及装配(包括拴珠工序)。
375	9114.9000	钟、表的其他零件	从金属或从橡胶或塑胶制造。主要制造工序为切割(包括冲切)。如切割后的制造工序中涉及以车床刨削及/或模塑及/或装配，则以车床刨削及/或模塑及/或装配亦须在香港进行。
376	9503.9000	其他未列名玩具	(1)从塑胶粒或化合物制造。主要制造工序为模塑及装配。如模塑后的制造工序中涉及切割及/或封密特有组合零件，则切割及/或封密特有组合零件亦须在香港进行；或(2)从纺织布匹制造。主要制造工序为剪裁及装配。如剪裁后的制造工序中涉及缝制及/或填料及/或植发，则切缝制及/或填料及/或植发亦须在香港进行；或(3)从塑胶片制造。主要制造工序为切割塑料片，以热封方法连接塑料片及装上气嘴；或(4)从金属制造。主要制造工序为压铸及装配。如压铸后的制造工序中涉及冲切及/或塑造特有组合零件，则冲切及/或塑造特有组合零件亦须在香港进行；或(5)从原色胶片或纸板或海绵制造。主要制造工序为印刷及切割。如切割后的制造工序中涉及热封，则热封亦须在香港进行。
377	9606.2200	金属制钮扣，未用纺织材料包裹	从金属制造。主要制造工序为压铸、塑形及装配。如压铸后的制造工序中涉及冲切，则冲切亦须在香港进行。
378	9607.1100	装有贱金属齿的拉链	从金属或布制造。主要制造工序为将链齿装于链带上及装配。
379	9607.1900	其他拉链	从金属或塑胶部件及布匹制造。主要制造工序为将链齿装于链带上及装配。

注： 1. 表中所列货物必须同时符合《安排》下货物贸易的原产地规则和本表原产地标准的规定，才能视为《安排》下可享受关税优惠的原产于香港的货物。

2. 表中的“税号改变标准”必须符合《安排》附件2第五条第(三)款的规定。

3. 表中的“从价百分比”标准必须符合《安排》附件2第五条第(四)款的规定。

附件2

第一批享受货物贸易优惠措施的澳门货物原产地标准表（2005年版）

序号	内地2005年税则号列	商品名称	原产地标准
1	1704.9000	其他不含可可的糖食	混合加入香味、煮沸及塑形。
2	1901.2000	供焙烘面包糕点用的调制品及面团	税号改变标准。
3	1901.9000	其他麦精制的其他税号未列名食品	税号改变标准。
4	1902.1100	未包馅或未制作的含蛋生面食	混合、塑形及烘焙。
5	1902.1900	其他未包馅或未制作的生面食	混合、塑形及烘焙。
6	1902.3010	米粉干	混合、塑形及烘焙。
7	1902.3030	即食或快熟面条	混合、塑形及烘焙。
8	1902.3090	其他面食	混合、塑形及烘焙。
9	1905.3100	甜饼干	混合、塑形及烘焙。
10	1905.3200	华夫饼干及圣餐饼	混合、塑形及烘焙。
11	1905.4000	面包干、吐司及类似的烤面包	混合、塑形及烘焙。
12	1905.9000	其他面包、糕点、饼干及其焙烘糕饼	混合、煮沸、塑形及切割。
13	2008.9990	未列名制作或保藏的水果、坚果	税号改变标准。
14	2101.1100	咖啡浓缩精汁	从咖啡豆制造或税号改变标准。
15	2105.0000	冰淇淋及其他冰制食品不论是否含可可	从奶或代奶用品、甜料、添加剂制造。主要制造工序为混合及冷冻。如冰制食品附有外层，则外层亦须在澳门制造。
16	2106.1000	浓缩蛋白质及人造蛋白物质	税号改变标准。
17	2106.9010	制造碳酸饮料的浓缩物	税号改变标准。
18	2106.9020	制造饮料用的复合酒精制品	税号改变标准。
19	2106.9091	调味紫菜	税号改变标准。
20	2106.9099	其他编号未列名的食品	税号改变标准。
21	2206.0000	其他发酵饮料	发酵及酿制。
22	2207.1000	浓度≥80%的未改性乙醇	发酵及酿制。
23	2523.2900	其他硅酸盐水泥，不论是否着色	税号改变标准。
24	2933.6910	三聚氰氯	化学变化，包括高温处理、搅拌、蒸馏、萃取、离心作用及过滤。
25	2933.6921	二氯异氰脲酸	化学变化，包括高温处理、搅拌、蒸馏、萃取、离心作用及过滤。
26	2933.6922	三氯异氰脲酸	化学变化，包括高温处理、搅拌、蒸馏、萃取、离心作用及过滤。

序号	内地2005年税则号列	商品名称	原产地标准
27	2933.6929	其他异氰脲酸氯化衍生物	化学变化，包括高温处理、搅拌、蒸馏、萃取、离心作用及过滤。
28	2933.6990	其他结构上含非稠合三嗪环化合物（不论是否氢化）	化学变化，包括高温处理、搅拌、蒸馏、萃取、离心作用及过滤。
29	2941.3011	四环素	化学变化，包括高温处理、搅拌、蒸馏、萃取、离心作用及过滤。
30	2941.3012	四环素盐	化学变化，包括高温处理、搅拌、蒸馏、萃取、离心作用及过滤。
31	2941.3020	四环素衍生物及其盐	化学变化，包括高温处理、搅拌、蒸馏、萃取、离心作用及过滤。
32	2941.5000	红霉素及其衍生物，及它们的盐	化学变化，包括高温处理、搅拌、蒸馏、萃取、离心作用及过滤。
33	3003.9010	含磺胺类的混合药品（两种或两种以上成分混合而成的，治病或防病用未配定剂量或非零售包装）	从原料提取或税号改变标准。
34	3003.9020	含有青蒿素及其衍生物药品	从原料提取或税号改变标准。
35	3003.9090	含其他成分混合药品（两种或两种以上成分混合而成的，治病或防病用未配定剂量或非零售包装）	从原料提取或税号改变标准。
36	3004.1011	氨苄青霉素制剂（混合，治病或防病用，已配定剂量或制成零售包装）	从化学成分制造。主要制造工序为按比例调控的溶解及混合，以制成药片、乳剂或软膏、内服药液制剂（酏剂、口服剂、悬浮液）、涂剂、胶囊或其他形式的药用制品。
37	3004.1012	羟氨苄青霉素制剂（两种或两种以上成分混合而成的，治病或防病用，已配定剂量或制成零售包装）	从化学成分制造。主要制造工序为按比例调控的溶解及混合，以制成药片、乳剂或软膏、内服药液制剂（酏剂、口服剂、悬浮液）、涂剂、胶囊或其他形式的药用制品。
38	3004.1013	青霉素V制剂（两种或两种以上成分混合而成的，治病或防病用，已配定剂量或制成零售包装）	从化学成分制造。主要制造工序为按比例调控的溶解及混合，以制成药片、乳剂或软膏、内服药液制剂（酏剂、口服剂、悬浮液）、涂剂、胶囊或其他形式的药用制品。
39	3004.1019	其他青霉素制剂（混合或非混合，治病或防病用，已配定剂量或制成零售包装）	从化学成分制造。主要制造工序为按比例调控的溶解及混合，以制成药片、乳剂或软膏、内服药液制剂（酏剂、口服剂、悬浮液）、涂剂、胶囊或其他形式的药用制品。
40	3004.1090	含有其他青霉素及具有青霉烷酸结构的青霉素衍生物或链霉素及其衍生物的药品（混合或非混合，治病或防病用，已配定剂量或制成零售包装）	从化学成分制造。主要制造工序为按比例调控的溶解及混合，以制成药片、乳剂或软膏、内服药液制剂（酏剂、口服剂、悬浮液）、涂剂、胶囊或其他形式的药用制品。

序号	内地 2005 年税则号列	商品名称	原产地标准
41	3004.2090	含有其他抗菌素的药品（混合或非混合，治病或防病用，已配定剂量或制成零售包装）	从化学成分制造。主要制造工序为按比例调控的溶解及混合，以制成药片、乳剂或软膏、内服药液制剂（酏剂、口服剂、悬浮液）、涂剂、胶囊或其他形式的药用制品。
42	3004.9054	清凉油（混合或非混合，治病或防病用已配定剂量或零售包装）	税号改变标准。
43	3004.9059	其他中式成药（混合或非混合，治病或防病用已配定剂量或零售包装）	从化学或草药成分制造。主要制造工序为：(a) 按比例调控的溶解及混合，以制成药片、乳剂或软膏、内服药液制剂（酏剂、口服剂、悬浮液）、涂剂、胶囊或其他形式的药用制品；或 (b) 煎煮及混合及碾磨。如碾磨后的制造工序中涉及溶解及/或燥干及/或过滤，则溶解及/或燥干及/或过滤亦须在澳门进行。
44	3004.9060	已配剂量含有青蒿素及其衍生物的药品	从化学或草药成分制造。主要制造工序为：(a) 按比例调控的溶解及混合，以制成药片、乳剂或软膏、内服药液制剂（酏剂、口服剂、悬浮液）、涂剂、胶囊或其他形式的药用制品；或 (b) 煎煮及混合及碾磨。如碾磨后的制造工序中涉及溶解及/或燥干及/或过滤，则溶解及/或燥干及/或过滤亦须在澳门进行。
45	3004.9090	其他药品（混合或非混合，治病或防病用已配定剂量或零售包装）	从化学或草药成分制造。主要制造工序为：(a) 按比例调控的溶解及混合，以制成药片、乳剂或软膏、内服药液制剂（酏剂、口服剂、悬浮液）、涂剂、胶囊或其他形式的药用制品；或 (b) 煎煮及混合及碾磨。如碾磨后的制造工序中涉及溶解及/或燥干及/或过滤，则溶解及/或燥干及/或过滤亦须在澳门进行。
46	3209.1000	分散或溶于水介质的丙烯酸聚合物或乙烯聚合物油漆及清漆	从并非油漆、瓷漆或同类产品的原料制造。主要制造工序为 (a) 混合原料；及 (b) 乳化（如适用）；及 (c) 合成。
47	3210.0000	其他油漆及清漆（包括瓷漆、大漆及水浆涂料）；皮革用水性颜料	从并非油漆、瓷漆或同类产品的原料制造。主要制造工序为 (a) 混合原料；及 (b) 乳化（如适用）；及 (c) 合成。
48	3215.1900	其他印刷油墨（不论是否固体或浓缩），黑色印刷油墨除外	从颜料和化学溶剂制造。主要制造工序为溶解及混合。
49	3301.9010	提取的油树脂	从天然或化学成分制造。主要制造工序为借混合令制造物料产生化学变化。
50	3301.9020	柑桔属果实的精油脱萜所得的萜烯副产品	从天然或化学成分制造。主要制造工序为借混合令制造物料产生化学变化。

序号	内地2005年税则号列	商品名称	原产地标准
51	3301.9090	用花香吸取法或浸渍法制定的含浓缩精油的脂肪、固定油、蜡及类似品；精油脱萜所得的萜烯副产品（柑橘属果实的除外）；精油水溶液及水馏液	从天然或化学成分制造。主要制造工序为借混合令制造物料产生化学变化。
52	3302.9000	其他工业用混合香料及以香料为基本成分的混合物和制品	从天然或化学成分制造。主要制造工序为借混合令制造物料产生化学变化。
53	3303.0000	香水及花露水	从天然或化学成分制造。主要制造工序为按特定配方进行混合、高温处理和搅拌，使基本化学品产生实质变化。
54	3304.1000	唇用化妆品	从天然或化学成分制造。主要制造工序为按特定配方进行混合、高温处理和搅拌，使基本化学品产生实质变化。
55	3304.2000	眼用化妆品	从天然或化学成分制造。主要制造工序为按特定配方进行混合、高温处理和搅拌，使基本化学品产生实质变化。
56	3304.3000	指（趾）甲化妆品	从天然或化学成分制造。主要制造工序为按特定配方进行混合、高温处理和搅拌，使基本化学品产生实质变化。
57	3304.9900	其他美容品或化妆品及护肤品	从天然或化学成分制造。主要制造工序为按特定配方进行混合、高温处理和搅拌，使基本化学品产生实质变化。
58	3506.9110	以聚酰胺为基本成分的粘合剂	从化学成分制造。主要制造工序为借搅拌或混合化学物料，产生物理或化学变化。
59	3506.9120	以环氧树脂为基本成分的粘合剂	从化学成分制造。主要制造工序为借搅拌或混合化学物料，产生物理或化学变化。
60	3506.9190	以其他橡胶或塑料为基本成分的粘合剂	从化学成分制造。主要制造工序为借搅拌或混合化学物料，产生物理或化学变化。
61	3506.9900	其他调制胶、粘合剂	从化学成分制造。主要制造工序为借搅拌或混合化学物料，产生物理或化学变化。
62	3815.9000	其他未列名的反应引发剂、促进剂	从天然或化学成分制造。主要制造工序为借混合令制造物料产生化学变化。
63	3907.9900	初级形状的其他聚酯	税号改变标准。
64	3909.5000	初级形状的聚亚氨酯	税号改变标准。
65	3915.9010	聚对苯二甲酸乙二酯的塑料废碎料及下脚料	（1）在澳门收集的在澳门消费过程中产生的仅适于原材料回收的废旧物品；或（2）在澳门加工制造过程中产生的仅适于原材料回收的废碎料。
66	3915.9090	其他塑料的废碎料及下脚料	（1）在澳门收集的在澳门消费过程中产生的仅适于原材料回收的废旧物品；或（2）在澳门加工制造过程中产生的仅适于原材料回收的废碎料。

序号	内地 2005 年税则号列	商品名称	原产地标准
67	3923.1000	塑料制盒、箱及类似品	（1）从橡胶或塑料制造。主要制造工序为模塑；或（2）从塑料粒料或塑料片制造。主要制造工序为压制及切割。
68	3923.2100	乙烯聚合物制袋及包	（1）从橡胶或塑胶制造。主要制造工序为模塑；或（2）从塑胶粒料或塑胶片制造。主要制造工序为压制及切割。
69	3923.2900	其他塑料制的袋及包	（1）从橡胶或塑料制造。主要制造工序为模塑；或（2）从塑料粒料或塑料片制造。主要制造工序为（a）塑形及切割；或（b）切割及吹拉、密封或车缝。如车缝后的制造工序中涉及装配，则装配亦须在澳门进行。
70	3923.9000	供运输或包装货物用其他塑料制品	（1）从橡胶或塑料制造。主要制造工序为模塑；或（2）从塑料粒料或塑料片制造。主要制造工序为（a）塑形及切割；或（b）切割及吹拉、密封或车缝。如车缝后的制造工序中涉及装配，则装配亦须在澳门进行。
71	3926.9010	塑料制机器及仪器用零件	（1）从橡胶或塑料制造。主要制造工序为模塑；或（2）从塑料粒料或塑料片制造。主要制造工序为（a）塑形及切割；或（b）切割及吹拉、密封或车缝。如车缝后的制造工序中涉及装配，则装配亦须在澳门进行。
72	3926.9090	其他塑料制品	（1）从橡胶或塑料制造。主要制造工序为模塑；或（2）从塑料粒料或塑料片制造。主要制造工序为（a）塑形及切割；或（b）切割及吹拉、密封或车缝。如车缝后的制造工序中涉及装配，则装配亦须在澳门进行。
73	4201.0000	各种材料制成的鞍具及挽具，适合各种动物用	裁剪布匹，并缝制成产品。
74	4810.3100	涂无机物的薄漂白牛皮纸及纸板，书写、印刷或类似用途的除外	从废纸或木浆和涂层物料制造。主要制造工序为塑形、燥干、轧光和涂层。
75	4810.3200	涂无机物的厚漂白牛皮纸及纸板，书写、印刷或类似用途的除外	从废纸或木浆和涂层物料制造。主要制造工序为塑形、燥干、轧光和涂层。
76	4810.3900	涂无机物的其他牛皮纸及纸板，书写、印刷或类似用途的除外	从废纸或木浆和涂层物料制造。主要制造工序为塑形、燥干、轧光和涂层。
77	4810.9200	其他涂无机物的多层纸及纸板	从废纸或木浆和涂层物料制造。主要制造工序为塑形、燥干、轧光和涂层。
78	4810.9900	其他涂无机物的纸及纸板	从废纸或木浆和涂层物料制造。主要制造工序为塑形、燥干、轧光和涂层。
79	4811.1000	焦油纸及纸板、沥青纸及纸板	从废纸或木浆和涂层物料制造。主要制造工序为塑形、燥干、轧光和涂层。
80	4811.4100	自粘的胶粘纸及纸板	从废纸或木浆和涂层物料制造。主要制造工序为塑形、燥干、轧光和涂层。

序号	内地2005年税则号列	商品名称	原产地标准
81	4811.4900	其他胶粘纸及纸板	从废纸或木浆和涂层物料制造。主要制造工序为塑形、燥干、轧光和涂层。
82	4811.5110	漂白的彩色相纸用双面涂塑厚纸	从废纸或木浆和涂层物料制造。主要制造工序为塑形、燥干、轧光和涂层。
83	4811.5190	漂白的其他涂、浸、盖厚纸及纸板	从废纸或木浆和涂层物料制造。主要制造工序为塑形、燥干、轧光和涂层。
84	4811.5910	绝缘纸及纸板	从废纸或木浆和涂层物料制造。主要制造工序为塑形、燥干、轧光和涂层。
85	4811.5990	用塑料涂布、浸渍的其他纸及纸板	从废纸或木浆和涂层物料制造。主要制造工序为塑形、燥干、轧光和涂层。
86	4811.6010	用蜡或油等涂布的绝缘纸及纸板	从废纸或木浆和涂层物料制造。主要制造工序为塑形、燥干、轧光和涂层。
87	4811.6090	用蜡或油等涂布的其他纸及纸板	从废纸或木浆和涂层物料制造。主要制造工序为塑形、燥干、轧光和涂层。
88	4811.9000	其他经涂布、浸渍、覆盖的纸及纸板	从废纸或木浆和涂层物料制造。主要制造工序为塑形、燥干、轧光和涂层。
89	4819.1000	瓦楞纸或纸板制的箱、盒、匣	从纸制造。主要制造工序为制版、印刷、切割及订装。如制版后的制造工序中涉及排字，则排字亦须在澳门进行。
90	4819.2000	非瓦楞纸或纸板制可折叠箱、盒、匣	从纸制造。主要制造工序为制版、印刷、切割及订装。如制版后的制造工序中涉及排字，则排字亦须在澳门进行。
91	4821.1000	纸或纸板印制的各种标签	从塑胶或纸制造。主要制造工序为印刷或涂上胶水，及切割。
92	4823.9090	其他纸及纸制品	(1) 从纸制造。主要制造工序为切割及压制。如压制后的制造工序中涉及塑形及/或装配，则塑形及/或装配亦须在澳门进行；或 (2) 从纸制造。主要制造工序为制版、印刷及切割。如制版后的制造工序中涉及排字，则排字亦须在澳门进行；或 (3) 从纤维或醋酸盐，及纸制造。主要制造工序为切割、压模、包装及粘合。如压模后的制造工序中涉及卷绕及/或塑形，则卷绕及/或塑形亦须在澳门进行；或 (4) 从纸及/或塑胶片制造。主要制造工序为印刷、切割。如切割后的制造工序中涉及热封，则热封亦须在澳门进行。
93	5205.1100	非零售粗梳粗支纯棉单纱	从纤维或化学原料制造。主要制造工序为纺纱。
94	5209.4200	色织的重质全棉粗斜纹布（劳动布）	(1) 由纱线制造。主要制造工序为纺织或针织；或 (2) 整理进口或本地制造的坯布。主要制造工序为 (a) 煮炼；及 (b) 漂白或丝光处理；及 (c) 印花或染色（包括光白漂染）；及 (d) 以下任何一种工序：树脂整理，预缩，刮布，刷毛，上光，电光处理，织上云纹，压印永久浮雕花纹。

序号	内地 2005 年税则号列	商品名称	原产地标准
95	5401.1010	非供零售用合成纤维长丝缝纫线	从连续长纤维纱制造。主要制造工序为并线、搓捻、加热定型、上油及卷绕。
96	5402.4910	非零售用聚丙烯未捻单纱	从连续长纤维纱制造。主要制造工序为并线、搓捻、加热定型、上油及卷绕。
97	5402.4920	非零售用氨纶未捻单纱	从连续长纤维纱制造。主要制造工序为并线、搓捻、加热定型、上油及卷绕。
98	5402.4990	非零售未捻的其他合成纤维长丝单纱	从连续长纤维纱制造。主要制造工序为并线、搓捻、加热定型、上油及卷绕。
99	5402.6910	非零售用聚丙烯多股纱线	从连续长纤维纱制造。主要制造工序为并线、搓捻、加热定型、上油及卷绕。
100	5402.6920	非零售用氨纶多股纱线	从连续长纤维纱制造。主要制造工序为并线、搓捻、加热定型、上油及卷绕。
101	5402.6990	非零售其他合成纤维长丝多股纱线	从连续长纤维纱制造。主要制造工序为并线、搓捻、加热定型、上油及卷绕。
102	5407.4200	染色的纯尼龙布	(1) 由纱线制造。主要制造工序为纺织或针织；或 (2) 整理进口或本地制造的坯布。主要制造工序为 (a) 煮炼；及 (b) 漂白或丝光处理；及 (c) 印花或染色（包括光白漂染）；及 (d) 以下任何一种工序：树脂整理，预缩，刮布，刷毛，上光，电光处理，织上云纹，压印永久浮雕花纹。
103	5407.6100	其他纯聚酯非变形长丝布	(1) 由纱线制造。主要制造工序为纺织或针织；或 (2) 整理进口或本地制造的坯布。主要制造工序为 (a) 煮炼；及 (b) 漂白或丝光处理；及 (c) 印花或染色（包括光白漂染）；及 (d) 以下任何一种工序：树脂整理，预缩，刮布，刷毛，上光，电光处理，织上云纹，压印永久浮雕花纹。
104	5508.1000	合成纤维短纤纺制的缝纫线	从澳门制纱制造。主要制造工序为 (a) 搓捻及卷绕；或 (b) (i) 染色或丝光处理或漂白及 (ii) 上蜡或上油及 (iii) 卷绕。
105	5509.3200	非零售纯聚丙烯腈短纤多股纱线	从纤维或化学原料制造。主要制造工序为纺纱。
106	5512.9900	其他纯合成纤维布	(1) 由纱线制造。主要制造工序为纺织或针织；或 (2) 整理进口或本地制造的坯布。主要制造工序为 (a) 煮炼；及 (b) 漂白或丝光处理；及 (c) 印花或染色（包括光白漂染）；及 (d) 以下任何一种工序：树脂整理，预缩，刮布，刷毛，上光，电光处理，织上云纹，压印永久浮雕花纹。
107	5513.2100	与棉混纺染色的轻质聚酯平纹布	(1) 由纱线制造。主要制造工序为纺织或针织；或 (2) 整理进口或本地制造的坯布。主要制造工序为 (a) 煮炼；及 (b) 漂白或丝光处理；及 (c) 印花或染色（包括光白漂染）；及 (d) 以下任何一种工序：树脂整理，预缩，刮布，刷毛，上光，电光处理，织上云纹，压印永久浮雕花纹。

序号	内地2005年税则号列	商品名称	原产地标准
108	5804.2100	化纤机制花边	由纱线制造。主要制造工序为梭织或针织。
109	5806.2000	含弹性纱线≥5%的狭幅织物	由纱线制造。主要制造工序为梭织或针织。
110	5807.1000	机织非绣制纺织材料标签、徽章等	(1)从纱制造。主要制造工序为梭织或针织；或(2)从布匹、织带或丝带制造。主要制造工序为剪裁(若用布匹制造)及印色或刺绣。
111	6001.9200	化纤制针织或钩编起绒织物	(1)由纱线制造。主要制造工序为纺织或针织；或(2)整理进口或本地制造的坯布。主要制造工序为(a)煮炼；及(b)漂白或丝光处理；及(c)印花或染色(包括光白漂染)；及(d)以下任何一种工序：树脂整理，预缩，刮布，刷毛，上光，电光处理，织上云纹，压印永久浮雕花纹。
112	6004.1030	宽>30厘米，弹性纱线≥5%合成纤维制针织、钩编织物	(1)由纱线制造。主要制造工序为纺织或针织；或(2)整理进口或本地制造的坯布。主要制造工序为(a)煮炼；及(b)漂白或丝光处理；及(c)印花或染色(包括光白漂染)；及(d)以下任何一种工序：树脂整理，预缩，刮布，刷毛，上光，电光处理，织上云纹，压印永久浮雕花纹。
113	6004.1040	宽>30厘米，弹性纱线≥5%人造纤维制针织、钩编织物	(1)由纱线制造。主要制造工序为纺织或针织；或(2)整理进口或本地制造的坯布。主要制造工序为(a)煮炼；及(b)漂白或丝光处理；及(c)印花或染色(包括光白漂染)；及(d)以下任何一种工序：树脂整理，预缩，刮布，刷毛，上光，电光处理，织上云纹，压印永久浮雕花纹。
114	6004.1090	宽>30厘米，弹性纱线≥5%其他纺织材料针织、钩编织物	(1)由纱线制造。主要制造工序为纺织或针织；或(2)整理进口或本地制造的坯布。主要制造工序为(a)煮炼；及(b)漂白或丝光处理；及(c)印花或染色(包括光白漂染)；及(d)以下任何一种工序：树脂整理，预缩，刮布，刷毛，上光，电光处理，织上云纹，压印永久浮雕花纹。
115	6004.9030	宽>30厘米含橡胶线的合成纤维制针织、钩编织物	(1)由纱线制造。主要制造工序为纺织或针织；或(2)整理进口或本地制造的坯布。主要制造工序为(a)煮炼；及(b)漂白或丝光处理；及(c)印花或染色(包括光白漂染)；及(d)以下任何一种工序：树脂整理，预缩，刮布，刷毛，上光，电光处理，织上云纹，压印永久浮雕花纹。
116	6004.9040	宽>30厘米含橡胶线的人造纤维制针织、钩编织物	(1)由纱线制造。主要制造工序为纺织或针织；或(2)整理进口或本地制造的坯布。主要制造工序为(a)煮炼；及(b)漂白或丝光处理；及(c)印花或染色(包括光白漂染)；及(d)以下任何一种工序：树脂整理，预缩，刮布，刷毛，上光，电光处理，织上云纹，压印永久浮雕花纹。
117	6004.9090	宽>30厘米含橡胶线的其他纺织材料针织、钩编织物	(1)由纱线制造。主要制造工序为纺织或针织；或(2)整理进口或本地制造的坯布。主要制造工序为(a)煮炼；及(b)漂白或丝光处理；及(c)印花或染色(包括光白漂染)；及(d)以下任何一种工序：树脂整理，预缩，刮布，刷毛，上光，电光处理，织上云纹，压印永久浮雕花纹。

序号	内地 2005 年税则号列	商品名称	原产地标准
118	6006. 2100	未漂白或漂白棉制的其他针织、钩编织物	（1）由纱线制造。主要制造工序为纺织或针织；或（2）整理进口或本地制造的坯布。主要制造工序为（a）煮炼；及（b）漂白或丝光处理；及（c）印花或染色（包括光白漂染）；及（d）以下任何一种工序：树脂整理，预缩，刮布，刷毛，上光，电光处理，织上云纹，压印永久浮雕花纹。
119	6006. 2200	染色棉制的其他针织、钩编织物	（1）由纱线制造。主要制造工序为纺织或针织；或（2）整理进口或本地制造的坯布。主要制造工序为（a）煮炼；及（b）漂白或丝光处理；及（c）印花或染色（包括光白漂染）；及（d）以下任何一种工序：树脂整理，预缩，刮布，刷毛，上光，电光处理，织上云纹，压印永久浮雕花纹。
120	6006. 2300	色织棉制的其他针织、钩编织物	（1）由纱线制造。主要制造工序为纺织或针织；或（2）整理进口或本地制造的坯布。主要制造工序为（a）煮炼；及（b）漂白或丝光处理；及（c）印花或染色（包括光白漂染）；及（d）以下任何一种工序：树脂整理，预缩，刮布，刷毛，上光，电光处理，织上云纹，压印永久浮雕花纹。
121	6006. 2400	印花棉制的其他针织、钩编织物	（1）由纱线制造。主要制造工序为纺织或针织；或（2）整理进口或本地制造的坯布。主要制造工序为（a）煮炼；及（b）漂白或丝光处理；及（c）印花或染色（包括光白漂染）；及（d）以下任何一种工序：树脂整理，预缩，刮布，刷毛，上光，电光处理，织上云纹，压印永久浮雕花纹。
122	6006. 3100	未漂白或漂白合成纤维制的其他针织、钩编织物	（1）由纱线制造。主要制造工序为纺织或针织；或（2）整理进口或本地制造的坯布。主要制造工序为（a）煮炼；及（b）漂白或丝光处理；及（c）印花或染色（包括光白漂染）；及（d）以下任何一种工序：树脂整理，预缩，刮布，刷毛，上光，电光处理，织上云纹，压印永久浮雕花纹。
123	6006. 3200	染色合成纤维制的其他针织、钩编织物	（1）由纱线制造。主要制造工序为纺织或针织；或（2）整理进口或本地制造的坯布。主要制造工序为（a）煮炼；及（b）漂白或丝光处理；及（c）印花或染色（包括光白漂染）；及（d）以下任何一种工序：树脂整理，预缩，刮布，刷毛，上光，电光处理，织上云纹，压印永久浮雕花纹。
124	6006. 3300	色织合成纤维制的其他针织、钩编织物	（1）由纱线制造。主要制造工序为纺织或针织；或（2）整理进口或本地制造的坯布。主要制造工序为（a）煮炼；及（b）漂白或丝光处理；及（c）印花或染色（包括光白漂染）；及（d）以下任何一种工序：树脂整理，预缩，刮布，刷毛，上光，电光处理，织上云纹，压印永久浮雕花纹。
125	6006. 3400	印花合成纤维制的其他针织、钩编织物	（1）由纱线制造。主要制造工序为纺织或针织；或（2）整理进口或本地制造的坯布。主要制造工序为（a）煮炼；及（b）漂白或丝光处理；及（c）印花或染色（包括光白漂染）；及（d）以下任何一种工序：树脂整理，预缩，刮布，刷毛，上光，电光处理，织上云纹，压印永久浮雕花纹。

序号	内地 2005 年税则号列	商品名称	原产地标准
126	6006.4100	未漂白或漂白人造纤维制的其他针织、钩编织物	(1) 由纱线制造。主要制造工序为纺织或针织；或 (2) 整理进口或本地制造的坯布。主要制造工序为 (a) 煮炼；及 (b) 漂白或丝光处理；及 (c) 印花或染色 (包括光白漂染)；及 (d) 以下任何一种工序：树脂整理，预缩，刮布，刷毛，上光，电光处理，织上云纹，压印永久浮雕花纹。
127	6006.4200	染色人造纤维制的其他针织、钩编织物	(1) 由纱线制造。主要制造工序为纺织或针织；或 (2) 整理进口或本地制造的坯布。主要制造工序为 (a) 煮炼；及 (b) 漂白或丝光处理；及 (c) 印花或染色 (包括光白漂染)；及 (d) 以下任何一种工序：树脂整理，预缩，刮布，刷毛，上光，电光处理，织上云纹，压印永久浮雕花纹。
128	6006.4300	色织人造纤维制的其他针织、钩编织物	(1) 由纱线制造。主要制造工序为纺织或针织；或 (2) 整理进口或本地制造的坯布。主要制造工序为 (a) 煮炼；及 (b) 漂白或丝光处理；及 (c) 印花或染色 (包括光白漂染)；及 (d) 以下任何一种工序：树脂整理，预缩，刮布，刷毛，上光，电光处理，织上云纹，压印永久浮雕花纹。
129	6006.4400	印花人造纤维制的其他针织、钩编织物	(1) 由纱线制造。主要制造工序为纺织或针织；或 (2) 整理进口或本地制造的坯布。主要制造工序为 (a) 煮炼；及 (b) 漂白或丝光处理；及 (c) 印花或染色 (包括光白漂染)；及 (d) 以下任何一种工序：树脂整理，预缩，刮布，刷毛，上光，电光处理，织上云纹，压印永久浮雕花纹。
130	6101.2000	棉制针织或钩编男式大衣、防风衣	裁剪及车缝类 从车缝部件制造。主要制造工序为将部件车缝，制成成衣。如制造工序中涉及连接及/或挑撞工序，则连接及/或挑撞工序亦须在澳门进行。 成形织片类 (1) 从纱制造。主要制造工序为将纱线编织为成形针织衫片；或 (2) 从成形针织衫片制造。主要制造工序为将成形针织衫片连接，制成成衣。如制造工序中涉及挑撞工序，则挑撞工序亦须在澳门进行。
131	6101.3000	化纤制针织或钩编男式大衣等	裁剪及车缝类 从车缝部件制造。主要制造工序为将部件车缝，制成成衣。如制造工序中涉及连接及/或挑撞工序，则连接及/或挑撞工序亦须在澳门进行。 成形织片类 (1) 从纱制造。主要制造工序为将纱线编织为成形针织衫片；或 (2) 从成形针织衫片制造。主要制造工序为将成形针织衫片连接，制成成衣。如制造工序中涉及挑撞工序，则挑撞工序亦须在澳门进行。

序号	内地 2005 年税则号列	商品名称	原产地标准
132	6102. 2000	棉制针织或钩编女式大衣、防风衣	裁剪及车缝类 从车缝部件制造。主要制造工序为将部件车缝，制成成衣。如制造工序中涉及连接及/或挑撞工序，则连接及/或挑撞工序亦须在澳门进行。 成形织片类 （1）从纱制造。主要制造工序为将纱线编织为成形针织衫片；或（2）从成形针织衫片制造。主要制造工序为将成形针织衫片连接，制成成衣。如制造工序中涉及挑撞工序，则挑撞工序亦须在澳门进行。
133	6102. 3000	化纤制针织或钩编女式大衣等	裁剪及车缝类 从车缝部件制造。主要制造工序为将部件车缝，制成成衣。如制造工序中涉及连接及/或挑撞工序，则连接及/或挑撞工序亦须在澳门进行。 成形织片类 （1）从纱制造。主要制造工序为将纱线编织为成形针织衫片；或（2）从成形针织衫片制造。主要制造工序为将成形针织衫片连接，制成成衣。如制造工序中涉及挑撞工序，则挑撞工序亦须在澳门进行。
134	6103. 4200	棉制针织或钩编男长裤、工装裤等	裁剪及车缝类 从车缝部件制造。主要制造工序为将部件车缝，制成成衣。如制造工序中涉及连接及/或挑撞工序，则连接及/或挑撞工序亦须在澳门进行。 成形织片类 （1）从纱制造。主要制造工序为将纱线编织为成形针织衫片；或（2）从成形针织衫片制造。主要制造工序为将成形针织衫片连接，制成成衣。如制造工序中涉及挑撞工序，则挑撞工序亦须在澳门进行。
135	6103. 4300	合纤制针织或钩编男长裤等	裁剪及车缝类 从车缝部件制造。主要制造工序为将部件车缝，制成成衣。如制造工序中涉及连接及/或挑撞工序，则连接及/或挑撞工序亦须在澳门进行。 成形织片类 （1）从纱制造。主要制造工序为将纱线编织为成形针织衫片；或（2）从成形针织衫片制造。主要制造工序为将成形针织衫片连接，制成成衣。如制造工序中涉及挑撞工序，则挑撞工序亦须在澳门进行。

序号	内地 2005 年税则号列	商品名称	原产地标准
136	6104.3200	棉制针织女式上衣	裁剪及车缝类 从车缝部件制造。主要制造工序为将部件车缝，制成成衣。如制造工序中涉及连接及/或挑撞工序，则连接及/或挑撞工序亦须在澳门进行。 成形织片类 （1）从纱制造。主要制造工序为将纱线编织为成形针织衫片；或（2）从成形针织衫片制造。主要制造工序为将成形针织衫片连接，制成成衣。如制造工序中涉及挑撞工序，则挑撞工序亦须在澳门进行。
137	6104.3300	合纤制针织女上衣	裁剪及车缝类 从车缝部件制造。主要制造工序为将部件车缝，制成成衣。如制造工序中涉及连接及/或挑撞工序，则连接及/或挑撞工序亦须在澳门进行。 成形织片类 （1）从纱制造。主要制造工序为将纱线编织为成形针织衫片；或（2）从成形针织衫片制造。主要制造工序为将成形针织衫片连接，制成成衣。如制造工序中涉及挑撞工序，则挑撞工序亦须在澳门进行。
138	6104.4200	棉制针织或钩编连衣裙	裁剪及车缝类 从车缝部件制造。主要制造工序为将部件车稿 g 制成成衣。如制造工序中涉及连接及/或挑撞工序，则连接及/或挑撞工序亦须在澳门进行。 成形织片类 （1）从纱制造。主要制造工序为将纱线编织为成形针织衫片；或（2）从成形针织衫片制造。主要制造工序为将成形针织衫片连接，制成成衣。如制造工序中涉及挑撞工序，则挑撞工序亦须在澳门进行。
139	6104.4300	合纤制针织或钩编连衣裙	裁剪及车缝类 从车缝部件制造。主要制造工序为将部件车缝，制成成衣。如制造工序中涉及连接及/或挑撞工序，则连接及/或挑撞工序亦须在澳门进行。 成形织片类 （1）从纱制造。主要制造工序为将纱线编织为成形针织衫片；或（2）从成形针织衫片制造。主要制造工序为将成形针织衫片连接，制成成衣。如制造工序中涉及挑撞工序，则挑撞工序亦须在澳门进行。

序号	内地 2005 年税则号列	商品名称	原产地标准
140	6104.5200	棉制针织裙子及裙裤	裁剪及车缝类 从车缝部件制造。主要制造工序为将部件车缝，制成成衣。如制造工序中涉及连接及/或挑撞工序，则连接及/或挑撞工序亦须在澳门进行。 成形织片类 （1）从纱制造。主要制造工序为将纱线编织为成形针织衫片；或（2）从成形针织衫片制造。主要制造工序为将成形针织衫片连接，制成成衣。如制造工序中涉及挑撞工序，则挑撞工序亦须在澳门进行。
141	6104.5300	合纤制针织或钩编裙子及裙裤	裁剪及车缝类 从车缝部件制造。主要制造工序为将部件车缝，制成成衣。如制造工序中涉及连接及/或挑撞工序，则连接及/或挑撞工序亦须在澳门进行。 成形织片类 （1）从纱制造。主要制造工序为将纱线编织为成形针织衫片；或（2）从成形针织衫片制造。主要制造工序为将成形针织衫片连接，制成成衣。如制造工序中涉及挑撞工序，则挑撞工序亦须在澳门进行。
142	6104.6200	棉制针织或钩编女长裤、工装裤等	裁剪及车缝类 从车缝部件制造。主要制造工序为将部件车缝，制成成衣。如制造工序中涉及连接及/或挑撞工序，则连接及/或挑撞工序亦须在澳门进行。 成形织片类 （1）从纱制造。主要制造工序为将纱线编织为成形针织衫片；或（2）从成形针织衫片制造。主要制造工序为将成形针织衫片连接，制成成衣。如制造工序中涉及挑撞工序，则挑撞工序亦须在澳门进行。
143	6104.6300	合纤制针织或钩编女长裤等	裁剪及车缝类 从车缝部件制造。主要制造工序为将部件车缝，制成成衣。如制造工序中涉及连接及/或挑撞工序，则连接及/或挑撞工序亦须在澳门进行。 成形织片类 （1）从纱制造。主要制造工序为将纱线编织为成形针织衫片；或（2）从成形针织衫片制造。主要制造工序为将成形针织衫片连接，制成成衣。如制造工序中涉及挑撞工序，则挑撞工序亦须在澳门进行。

序号	内地 2005 年税则号列	商品名称	原产地标准
144	6104.6900	其他纺织材料制针织或钩编女长裤等	裁剪及车缝类 从车缝部件制造。主要制造工序为将部件车缝，制成成衣。如制造工序中涉及连接及/或挑撞工序，则连接及/或挑撞工序亦须在澳门进行。 成形织片类 (1) 从纱制造。主要制造工序为将纱线编织为成形针织衫片；或 (2) 从成形针织衫片制造。主要制造工序为将成形针织衫片连接，制成成衣。如制造工序中涉及挑撞工序，则挑撞工序亦须在澳门进行。
145	6105.1000	棉制针织或钩编男衬衫	裁剪及车缝类 从车缝部件制造。主要制造工序为将部件车缝，制成成衣。如制造工序中涉及连接及/或挑撞工序，则连接及/或挑撞工序亦须在澳门进行。 成形织片类 (1) 从纱制造。主要制造工序为将纱线编织为成形针织衫片；或 (2) 从成形针织衫片制造。主要制造工序为将成形针织衫片连接，制成成衣。如制造工序中涉及挑撞工序，则挑撞工序亦须在澳门进行。
146	6105.2000	化纤制针织或钩编男衬衫	裁剪及车缝类 从车缝部件制造。主要制造工序为将部件车缝，制成成衣。如制造工序中涉及连接及/或挑撞工序，则连接及/或挑撞工序亦须在澳门进行。 成形织片类 (1) 从纱制造。主要制造工序为将纱线编织为成形针织衫片；或 (2) 从成形针织衫片制造。主要制造工序为将成形针织衫片连接，制成成衣。如制造工序中涉及挑撞工序，则挑撞工序亦须在澳门进行。
147	6105.9000	其他纺织材料制针织或钩编男衬衫	裁剪及车缝类 从车缝部件制造。主要制造工序为将部件车缝，制成成衣。如制造工序中涉及连接及/或挑撞工序，则连接及/或挑撞工序亦须在澳门进行。 成形织片类 (1) 从纱制造。主要制造工序为将纱线编织为成形针织衫片；或 (2) 从成形针织衫片制造。主要制造工序为将成形针织衫片连接，制成成衣。如制造工序中涉及挑撞工序，则挑撞工序亦须在澳门进行。

序号	内地2005年税则号列	商品名称	原产地标准
148	6106.1000	棉制针织或钩编女衬衫	裁剪及车缝类 从车缝部件制造。主要制造工序为将部件车缝，制成成衣。如制造工序中涉及连接及/或挑撞工序，则连接及/或挑撞工序亦须在澳门进行。 成形织片类 （1）从纱制造。主要制造工序为将纱线编织为成形针织衫片；或（2）从成形针织衫片制造。主要制造工序为将成形针织衫片连接，制成成衣。如制造工序中涉及挑撞工序，则挑撞工序亦须在澳门进行。
149	6106.2000	化纤制针织或钩编女衬衫	裁剪及车缝类 从车缝部件制造。主要制造工序为将部件车缝，制成成衣。如制造工序中涉及连接及/或挑撞工序，则连接及/或挑撞工序亦须在澳门进行。 成形织片类 （1）从纱制造。主要制造工序为将纱线编织为成形针织衫片；或（2）从成形针织衫片制造。主要制造工序为将成形针织衫片连接，制成成衣。如制造工序中涉及挑撞工序，则挑撞工序亦须在澳门进行。
150	6106.9000	其他纺织材料制针织或钩编女衬衫	裁剪及车缝类 从车缝部件制造。主要制造工序为将部件车缝，制成成衣。如制造工序中涉及连接及/或挑撞工序，则连接及/或挑撞工序亦须在澳门进行。 成形织片类 （1）从纱制造。主要制造工序为将纱线编织为成形针织衫片；或（2）从成形针织衫片制造。主要制造工序为将成形针织衫片连接，制成成衣。如制造工序中涉及挑撞工序，则挑撞工序亦须在澳门进行。
151	6107.1100	棉制针织或钩编男内裤及三角裤	裁剪及车缝类 从车缝部件制造。主要制造工序为将部件车缝，制成成衣。如制造工序中涉及连接及/或挑撞工序，则连接及/或挑撞工序亦须在澳门进行。 成形织片类 （1）从纱制造。主要制造工序为将纱线编织为成形针织衫片；或（2）从成形针织衫片制造。主要制造工序为将成形针织衫片连接，制成成衣。如制造工序中涉及挑撞工序，则挑撞工序亦须在澳门进行。

序号	内地 2005 年税则号列	商品名称	原产地标准
152	6107.2200	化纤制针织或钩编男睡衣裤	裁剪及车缝类 从车缝部件制造。主要制造工序为将部件车缝，制成成衣。如制造工序中涉及连接及/或挑撞工序，则连接及/或挑撞工序亦须在澳门进行。 成形织片类 (1) 从纱制造。主要制造工序为将纱线编织为成形针织衫片；或 (2) 从成形针织衫片制造。主要制造工序为将成形针织衫片连接，制成成衣。如制造工序中涉及挑撞工序，则挑撞工序亦须在澳门进行。
153	6108.2100	棉制针织或钩编女三角裤及短衬裤	裁剪及车缝类 从车缝部件制造。主要制造工序为将部件车缝，制成成衣。如制造工序中涉及连接及/或挑撞工序，则连接及/或挑撞工序亦须在澳门进行。 成形织片类 (1) 从纱制造。主要制造工序为将纱线编织为成形针织衫片；或 (2) 从成形针织衫片制造。主要制造工序为将成形针织衫片连接，制成成衣。如制造工序中涉及挑撞工序，则挑撞工序亦须在澳门进行。
154	6108.2200	化纤制针织或钩编女三角裤及短衬裤	裁剪及车缝类 从车缝部件制造。主要制造工序为将部件车缝，制成成衣。如制造工序中涉及连接及/或挑撞工序，则连接及/或挑撞工序亦须在澳门进行。 成形织片类 (1) 从纱制造。主要制造工序为将纱线编织为成形针织衫片；或 (2) 从成形针织衫片制造。主要制造工序为将成形针织衫片连接，制成成衣。如制造工序中涉及挑撞工序，则挑撞工序亦须在澳门进行。
155	6108.3100	棉制针织或钩编女睡衣及睡衣裤	裁剪及车缝类 从车缝部件制造。主要制造工序为将部件车缝，制成成衣。如制造工序中涉及连接及/或挑撞工序，则连接及/或挑撞工序亦须在澳门进行。 成形织片类 (1) 从纱制造。主要制造工序为将纱线编织为成形针织衫片；或 (2) 从成形针织衫片制造。主要制造工序为将成形针织衫片连接，制成成衣。如制造工序中涉及挑撞工序，则挑撞工序亦须在澳门进行。

序号	内地2005年税则号列	商品名称	原产地标准
156	6108.3200	化纤制针织或钩编女睡衣及睡衣裤	裁剪及车缝类 从车缝部件制造。主要制造工序为将部件车缝，制成成衣。如制造工序中涉及连接及/或挑撞工序，则连接及/或挑撞工序亦须在澳门进行。 成形织片类 （1）从纱制造。主要制造工序为将纱线编织为成形针织衫片；或（2）从成形针织衫片制造。主要制造工序为将成形针织衫片连接，制成成衣。如制造工序中涉及挑撞工序，则挑撞工序亦须在澳门进行。
157	6108.9100	棉制针织或钩编女浴衣、晨衣	裁剪及车缝类 从车缝部件制造。主要制造工序为将部件车缝，制成成衣。如制造工序中涉及连接及/或挑撞工序，则连接及/或挑撞工序亦须在澳门进行。 成形织片类 （1）从纱制造。主要制造工序为将纱线编织为成形针织衫片；或（2）从成形针织衫片制造。主要制造工序为将成形针织衫片连接，制成成衣。如制造工序中涉及挑撞工序，则挑撞工序亦须在澳门进行。
158	6109.1000	棉制针织或钩编T恤衫、汗衫等	裁剪及车缝类 从车缝部件制造。主要制造工序为将部件车缝，制成成衣。如制造工序中涉及连接及/或挑撞工序，则连接及/或挑撞工序亦须在澳门进行。 成形织片类 （1）从纱制造。主要制造工序为将纱线编织为成形针织衫片；或（2）从成形针织衫片制造。主要制造工序为将成形针织衫片连接，制成成衣。如制造工序中涉及挑撞工序，则挑撞工序亦须在澳门进行。
159	6109.9090	其他纺织材料制针织或钩编T恤衫、汗衫等	裁剪及车缝类 从车缝部件制造。主要制造工序为将部件车缝，制成成衣。如制造工序中涉及连接及/或挑撞工序，则连接及/或挑撞工序亦须在澳门进行。 成形织片类 （1）从纱制造。主要制造工序为将纱线编织为成形针织衫片；或（2）从成形针织衫片制造。主要制造工序为将成形针织衫片连接，制成成衣。如制造工序中涉及挑撞工序，则挑撞工序亦须在澳门进行。

序号	内地 2005 年税则号列	商品名称	原产地标准
160	6110.1100	羊毛制针织或钩编套头衫等	裁剪及车缝类 从车缝部件制造。主要制造工序为将部件车缝，制成成衣。如制造工序中涉及连接及/或挑撞工序，则连接及/或挑撞工序亦须在澳门进行。 成形织片类 (1) 从纱制造。主要制造工序为将纱线编织为成形针织衫片；或 (2) 从成形针织衫片制造。主要制造工序为将成形针织衫片连接，制成成衣。如制造工序中涉及挑撞工序，则挑撞工序亦须在澳门进行。
161	6110.1200	喀什米尔山羊细毛制针织或钩编套头衫等	裁剪及车缝类 从车缝部件制造。主要制造工序为将部件车缝，制成成衣。如制造工序中涉及连接及/或挑撞工序，则连接及/或挑撞工序亦须在澳门进行。 成形织片类 (1) 从纱制造。主要制造工序为将纱线编织为成形针织衫片；或 (2) 从成形针织衫片制造。主要制造工序为将成形针织衫片连接，制成成衣。如制造工序中涉及挑撞工序，则挑撞工序亦须在澳门进行。
162	6110.1910	其他山羊细毛制针织或钩编套头衫等	裁剪及车缝类 从车缝部件制造。主要制造工序为将部件车缝，制成成衣。如制造工序中涉及连接及/或挑撞工序，则连接及/或挑撞工序亦须在澳门进行。 成形织片类 (1) 从纱制造。主要制造工序为将纱线编织为成形针织衫片；或 (2) 从成形针织衫片制造。主要制造工序为将成形针织衫片连接，制成成衣。如制造工序中涉及挑撞工序，则挑撞工序亦须在澳门进行。
163	6110.1920	兔毛制针织或钩编套头衫等	裁剪及车缝类 从车缝部件制造。主要制造工序为将部件车缝，制成成衣。如制造工序中涉及连接及/或挑撞工序，则连接及/或挑撞工序亦须在澳门进行。 成形织片类 (1) 从纱制造。主要制造工序为将纱线编织为成形针织衫片；或 (2) 从成形针织衫片制造。主要制造工序为将成形针织衫片连接，制成成衣。如制造工序中涉及挑撞工序，则挑撞工序亦须在澳门进行。

序号	内地2005年税则号列	商品名称	原产地标准
164	6110.1990	其他毛制针织或钩编套头衫等	裁剪及车缝类 从车缝部件制造。主要制造工序为将部件车缝，制成成衣。如制造工序中涉及连接及/或挑撞工序，则连接及/或挑撞工序亦须在澳门进行。 成形织片类 （1）从纱制造。主要制造工序为将纱线编织为成形针织衫片；或（2）从成形针织衫片制造。主要制造工序为将成形针织衫片连接，制成成衣。如制造工序中涉及挑撞工序，则挑撞工序亦须在澳门进行。
165	6110.2000	棉制针织或钩编套头衫等	裁剪及车缝类 从车缝部件制造。主要制造工序为将部件车缝，制成成衣。如制造工序中涉及连接及/或挑撞工序，则连接及/或挑撞工序亦须在澳门进行。 成形织片类 （1）从纱制造。主要制造工序为将纱线编织为成形针织衫片；或（2）从成形针织衫片制造。主要制造工序为将成形针织衫片连接，制成成衣。如制造工序中涉及挑撞工序，则挑撞工序亦须在澳门进行。
166	6110.3000	化纤制针织或钩编套头衫等	裁剪及车缝类 从车缝部件制造。主要制造工序为将部件车缝，制成成衣。如制造工序中涉及连接及/或挑撞工序，则连接及/或挑撞工序亦须在澳门进行。 成形织片类 （1）从纱制造。主要制造工序为将纱线编织为成形针织衫片；或（2）从成形针织衫片制造。主要制造工序为将成形针织衫片连接，制成成衣。如制造工序中涉及挑撞工序，则挑撞工序亦须在澳门进行。
167	6110.9010	丝及绢丝制针织或钩编套头衫等	裁剪及车缝类 从车缝部件制造。主要制造工序为将部件车缝，制成成衣。如制造工序中涉及连接及/或挑撞工序，则连接及/或挑撞工序亦须在澳门进行。 成形织片类 （1）从纱制造。主要制造工序为将纱线编织为成形针织衫片；或（2）从成形针织衫片制造。主要制造工序为将成形针织衫片连接，制成成衣。如制造工序中涉及挑撞工序，则挑撞工序亦须在澳门进行。

序号	内地 2005 年税则号列	商品名称	原产地标准
168	6110.9090	其他纺织材料制针织或钩编套头衫等	裁剪及车缝类 从车缝部件制造。主要制造工序为将部件车缝，制成成衣。如制造工序中涉及连接及/或挑撞工序，则连接及/或挑撞工序亦须在澳门进行。 成形织片类 （1）从纱制造。主要制造工序为将纱线编织为成形针织衫片；或（2）从成形针织衫片制造。主要制造工序为将成形针织衫片连接，制成成衣。如制造工序中涉及挑撞工序，则挑撞工序亦须在澳门进行。
169	6111.2000	棉制针织或钩编婴儿服装及附件	裁剪及车缝类 从车缝部件制造。主要制造工序为将部件车缝，制成成衣。如制造工序中涉及连接及/或挑撞工序，则连接及/或挑撞工序亦须在澳门进行。 成形织片类 （1）从纱制造。主要制造工序为将纱线编织为成形针织衫片；或（2）从成形针织衫片制造。主要制造工序为将成形针织衫片连接，制成成衣。如制造工序中涉及挑撞工序，则挑撞工序亦须在澳门进行。
170	6111.3000	合纤制针织婴儿服装及附件	裁剪及车缝类 从车缝部件制造。主要制造工序为将部件车缝，制成成衣。如制造工序中涉及连接及/或挑撞工序，则连接及/或挑撞工序亦须在澳门进行。 成形织片类 （1）从纱制造。主要制造工序为将纱线编织为成形针织衫片；或（2）从成形针织衫片制造。主要制造工序为将成形针织衫片连接，制成成衣。如制造工序中涉及挑撞工序，则挑撞工序亦须在澳门进行。
171	6112.1200	合纤制针织或钩编运动服	裁剪及车缝类 从车缝部件制造。主要制造工序为将部件车缝，制成成衣。如制造工序中涉及连接及/或挑撞工序，则连接及/或挑撞工序亦须在澳门进行。 成形织片类 （1）从纱制造。主要制造工序为将纱线编织为成形针织衫片；或（2）从成形针织衫片制造。主要制造工序为将成形针织衫片连接，制成成衣。如制造工序中涉及挑撞工序，则挑撞工序亦须在澳门进行。

序号	内地 2005 年税则号列	商品名称	原产地标准
172	6114.2000	棉制针织或钩编的其他服装	裁剪及车缝类 从车缝部件制造。主要制造工序为将部件车缝，制成成衣。如制造工序中涉及连接及/或挑撞工序，则连接及/或挑撞工序亦须在澳门进行。 成形织片类 （1）从纱制造。主要制造工序为将纱线编织为成形针织衫片；或（2）从成形针织衫片制造。主要制造工序为将成形针织衫片连接，制成成衣。如制造工序中涉及挑撞工序，则挑撞工序亦须在澳门进行。
173	6114.3000	化纤制针织或钩编的其他服装	裁剪及车缝类 从车缝部件制造。主要制造工序为将部件车缝，制成成衣。如制造工序中涉及连接及/或挑撞工序，则连接及/或挑撞工序亦须在澳门进行。 成形织片类 （1）从纱制造。主要制造工序为将纱线编织为成形针织衫片；或（2）从成形针织衫片制造。主要制造工序为将成形针织衫片连接，制成成衣。如制造工序中涉及挑撞工序，则挑撞工序亦须在澳门进行。
174	6117.9000	其他针织或钩编衣着零件	（1）车缝部件为衣服部件。主要制造工序为将裁片缝成衣服部件；或（2）从纱制造。主要制造工序为针织。
175	6201.1310	化纤制男式羽绒服	车缝部件为成衣。主要制造工序为以车缝工序将部件制成成衣。
176	6201.1390	化纤制男式大衣、斗篷及类似品	车缝部件为成衣。主要制造工序为以车缝工序将部件制成成衣。
177	6201.9210	棉制男式其他羽绒服	车缝部件为成衣。主要制造工序为以车缝工序将部件制成成衣。
178	6201.9290	棉制男式带风帽防寒短上衣、防风衣	车缝部件为成衣。主要制造工序为以车缝工序将部件制成成衣。
179	6201.9310	化纤制男式其他羽绒服	车缝部件为成衣。主要制造工序为以车缝工序将部件制成成衣。
180	6201.9390	化纤制男式防寒短上衣、防风衣	车缝部件为成衣。主要制造工序为以车缝工序将部件制成成衣。
181	6202.1210	棉制女式羽绒服	车缝部件为成衣。主要制造工序为以车缝工序将部件制成成衣。
182	6202.1290	棉制女式大衣、斗篷及类似品等	车缝部件为成衣。主要制造工序为以车缝工序将部件制成成衣。
183	6202.1310	化纤制女式羽绒服	车缝部件为成衣。主要制造工序为以车缝工序将部件制成成衣。

序号	内地2005年税则号列	商品名称	原产地标准
184	6202.1390	化纤制女式大衣、斗篷及类似品	车缝部件为成衣。主要制造工序为以车缝工序将部件制成成衣。
185	6202.9210	棉制女式其他羽绒服	车缝部件为成衣。主要制造工序为以车缝工序将部件制成成衣。
186	6202.9290	棉制女式带风帽防寒短上衣、防风衣	车缝部件为成衣。主要制造工序为以车缝工序将部件制成成衣。
187	6202.9310	化纤制女式其他羽绒服	车缝部件为成衣。主要制造工序为以车缝工序将部件制成成衣。
188	6202.9390	化纤制女式防风衣等	车缝部件为成衣。主要制造工序为以车缝工序将部件制成成衣。
189	6203.4210	棉制男式阿拉伯裤	车缝部件为成衣。主要制造工序为以车缝工序将部件制成成衣。
190	6203.4290	棉制男式长裤、工装裤等	车缝部件为成衣。主要制造工序为以车缝工序将部件制成成衣。
191	6203.4390	合纤制男式长裤、工装裤等	车缝部件为成衣。主要制造工序为以车缝工序将部件制成成衣。
192	6203.4990	其他纺织材料制男童裤、工装裤	车缝部件为成衣。主要制造工序为以车缝工序将部件制成成衣。
193	6204.3200	棉制女式上衣	车缝部件为成衣。主要制造工序为以车缝工序将部件制成成衣。
194	6204.3300	合纤制女式上衣	车缝部件为成衣。主要制造工序为以车缝工序将部件制成成衣。
195	6204.4200	棉制连衣裙	车缝部件为成衣。主要制造工序为以车缝工序将部件制成成衣。
196	6204.4300	合纤制女式连衣裙	车缝部件为成衣。主要制造工序为以车缝工序将部件制成成衣。
197	6204.4400	人纤制女式连衣裙	车缝部件为成衣。主要制造工序为以车缝工序将部件制成成衣。
198	6204.5200	棉制裙子及裙裤	车缝部件为成衣。主要制造工序为以车缝工序将部件制成成衣。
199	6204.5300	合纤制裙子及裙裤	车缝部件为成衣。主要制造工序为以车缝工序将部件制成成衣。
200	6204.6200	棉制女式长裤、工装裤等	车缝部件为成衣。主要制造工序为以车缝工序将部件制成成衣。

序号	内地 2005 年税则号列	商品名称	原产地标准
201	6204.6300	合纤制女式长裤、工装裤等	车缝部件为成衣。主要制造工序为以车缝工序将部件制成成衣。
202	6204.6900	其他纺织材料制女式长裤、工装裤等	车缝部件为成衣。主要制造工序为以车缝工序将部件制成成衣。
203	6205.2000	棉制男衬衫	车缝部件为成衣。主要制造工序为以车缝工序将部件制成成衣。
204	6205.3000	化纤制男衬衫	车缝部件为成衣。主要制造工序为以车缝工序将部件制成成衣。
205	6205.9090	其他纺织材料制男衬衫	车缝部件为成衣。主要制造工序为以车缝工序将部件制成成衣。
206	6206.3000	棉制女衬衫	车缝部件为成衣。主要制造工序为以车缝工序将部件制成成衣。
207	6206.4000	化纤制女衬衫	车缝部件为成衣。主要制造工序为以车缝工序将部件制成成衣。
208	6206.9000	其他纺织材料制女衬衫	车缝部件为成衣。主要制造工序为以车缝工序将部件制成成衣。
209	6207.1100	棉制男式内裤及三角裤	车缝部件为成衣。主要制造工序为以车缝工序将部件制成成衣。
210	6208.2100	棉制女式睡衣及睡衣裤	车缝部件为成衣。主要制造工序为以车缝工序将部件制成成衣。
211	6208.2200	化纤制女式睡衣及睡衣裤	车缝部件为成衣。主要制造工序为以车缝工序将部件制成成衣。
212	6208.9100	棉制女式背心、内衣、浴衣及类似品	车缝部件为成衣。主要制造工序为以车缝工序将部件制成成衣。
213	6209.2090	棉制婴儿服装及衣着附件	裁剪及车缝类 从车缝部件制造。主要制造工序为将部件车缝，制成成衣。如制造工序中涉及连接及/或挑撞工序，则连接及/或挑撞工序亦须在澳门进行。 成形织片类 （1）从纱制造。主要制造工序为将纱线编织为成形针织衫片；或（2）从成形针织衫片制造。主要制造工序为将成形针织衫片连接，制成成衣。如制造工序中涉及挑撞工序，则挑撞工序亦须在澳门进行。
214	6211.1100	男式游泳服	车缝部件为成衣。主要制造工序为以车缝工序将部件制成成衣。

序号	内地2005年税则号列	商品名称	原产地标准
215	6211.3390	化纤制男式运动服及其他服装	车缝部件为成衣。主要制造工序为以车缝工序将部件制成成衣。
216	6211.4200	棉制女式运动服及其他服装	车缝部件为成衣。主要制造工序为以车缝工序将部件制成成衣。
217	6211.4300	化纤制女式运动服及其他服装	车缝部件为成衣。主要制造工序为以车缝工序将部件制成成衣。
218	6212.1090	其他纺织材料制胸罩	（1）从纱制造。主要制造工序为梭织或针织；及剪裁；或（2）车缝部件为衣服部件。主要制造工序为钭将裁片缝制成衣服部件；或（3）车缝部件为成衣。主要制造工序为以车缝工序将部件制成成衣。
219	6212.9010	化纤制吊裤带、吊袜带等	（1）从纱制造。主要制造工序为梭织或针织；及剪裁；或（2）车缝部件为衣服部件。主要制造工序为钭将裁片缝制成衣服部件；或（3）车缝部件为成衣。主要制造工序为以车缝工序将部件制成成衣。
220	6212.9090	其他纺织材料制吊裤带、吊袜带等	（1）从纱制造。主要制造工序为梭织或针织；及剪裁；或（2）车缝部件为衣服部件。主要制造工序为钭将裁片缝制成衣服部件；或（3）车缝部件为成衣。主要制造工序为以车缝工序将部件制成成衣。
221	6216.0000	非针织非钩编手套	（1）从纱制造。主要制造工序为梭织或针织；及剪裁；或（2）车缝部件为手套部件。主要制造工序为钭将裁片缝制成手套部件；或（3）车缝部件为手套。主要制造工序为以车缝工序将部件制成手套。
222	6217.9000	非针织非钩编服装或衣着零件	（1）从纱制造。主要制造工序为梭织或针织；及剪裁；或（2）车缝部件为衣服部件。主要制造工序为将裁片缝制成衣服部件；或（3）车缝部件为成衣。主要制造工序为以车缝工序将部件制成成衣。
223	6302.5190	棉制其他餐桌用织物制品	从纱制造。主要制造工序为梭织或针织。
224	6402.9100	其他橡胶、塑料短统靴（过踝）	税号改变标准。
225	6402.9900	其他橡胶、塑料鞋靴	税号改变标准。
226	6403.1900	皮革制鞋面的其他运动鞋靴	税号改变标准。
227	6403.2000	皮革条带为鞋面的皮底鞋	税号改变标准。
228	6403.9100	其他皮革制面的短统靴（过踝）	税号改变标准。
229	6403.9900	皮革制面的其他鞋靴	税号改变标准。
230	6404.1100	纺织材料制鞋面的运动鞋靴	税号改变标准。
231	6404.1900	纺织材料制鞋面胶底的其他鞋靴	税号改变标准。
232	6406.9900	其他材料制鞋靴、护腿等零件	税号改变标准。

序号	内地 2005 年税则号列	商品名称	原产地标准
233	6505.9090	针织或成匹织物制成的帽类	裁剪布匹，并缝制成帽子
234	6507.0000	帽类附件	（a）针织及缝制；或（b）剪裁及缝制。
235	7014.0010	光学仪器用光学元件毛坯	税号改变标准。
236	7019.1900	玻璃纤维、梳条、纱线	税号改变标准。
237	7019.5900	其他玻璃纤维机织物	税号改变标准。
238	7019.9000	其他玻璃纤维及其制品	税号改变标准。
239	7113.1110	镶嵌钻石的银首饰及其零件	从珍贵金属制造。主要制造工序为模塑，如制造工序中涉及装配，则装配亦须在澳门进行。
240	7113.1190	其他银首饰及其零件	从珍贵金属制造。主要制造工序为模塑，如制造工序中涉及装配，则装配亦须在澳门进行。
241	7113.1911	镶嵌钻石的黄金制首饰及其零件	从珍贵金属制造。主要制造工序为模塑，如制造工序中涉及装配，则装配亦须在澳门进行。
242	7113.1919	其他黄金制首饰及其零件	从珍贵金属制造。主要制造工序为模塑，如制造工序中涉及装配，则装配亦须在澳门进行。
243	7113.1991	镶嵌钻石的其他贵金属制首饰及其零件	从珍贵金属制造。主要制造工序为模塑，如制造工序中涉及装配，则装配亦须在澳门进行。
244	7113.1999	其他贵金属制首饰及其零件	从珍贵金属制造。主要制造工序为模塑，如制造工序中涉及装配，则装配亦须在澳门进行。
245	7113.2010	镶嵌钻石的以贱金属为底的包贵金属制首饰	从珍贵金属制造。主要制造工序为模塑，如制造工序中涉及装配，则装配亦须在澳门进行。
246	7113.2090	其他以贱金属为底的包贵金属制首饰	从珍贵金属制造。主要制造工序为模塑，如制造工序中涉及装配，则装配亦须在澳门进行。
247	7114.1100	银器及零件	从珍贵金属制造。主要制造工序为模塑，如制造工序中涉及装配，则装配亦须在澳门进行。
248	7114.1900	其他贵金属制金银器及零件	从珍贵金属制造。主要制造工序为模塑，如制造工序中涉及装配，则装配亦须在澳门进行。
249	7114.2000	以贱金属为底的包贵金属制金银器	从珍贵金属制造。主要制造工序为模塑，如制造工序中涉及装配，则装配亦须在澳门进行。
250	7115.9010	工业或实验室用贵或包贵金属制品	从珍贵金属制造。主要制造工序为模塑，如制造工序中涉及装配，则装配亦须在澳门进行。
251	7115.9090	其他用途的贵或包贵金属制品	从珍贵金属制造。主要制造工序为模塑，如制造工序中涉及装配，则装配亦须在澳门进行。
252	7116.1000	天然或养殖珍珠制品	从珍贵金属及珍贵或半珍贵玉石制造。主要制造工序为模塑及镶嵌，如镶嵌后的制造工序中涉及装配，则装配亦须在澳门进行。

序号	内地2005年税则号列	商品名称	原产地标准
253	7116.2000	宝石或半宝石制品	从珍贵金属及珍贵或半珍贵玉石制造。主要制造工序为模塑及镶嵌，如镶嵌后的制造工序中涉及装配，则装配亦须在澳门进行。
254	7117.1100	贱金属制袖扣、饰扣	从金属制造。主要制造工序为压铸、塑形及装配。如压铸后的制造工序中涉及冲切，则冲切亦须在澳门进行。
255	7117.1900	其他贱金属制仿首饰	塑胶珠宝 从塑胶粒料或化合物制造。主要制造工序为模塑及装配； 金属珠宝 从金属制造。主要制造工序为切割（包括冲切）、塑形及装配。
256	7117.9000	未列名材料制仿首饰	塑胶珠宝 从塑胶粒料或化合物制造。主要制造工序为模塑及装配； 金属珠宝 从金属制造。主要制造工序为切割（包括冲切）、塑形及装配。
257	7323.9300	餐桌、厨房等家用不锈钢器具	压铸/冲切、塑形及装配。
258	7410.2100	有衬背的精炼铜箔	从铜、树脂及化学溶剂制造。主要制造工序为混合、涂层及压片。
259	8451.4000	洗涤、漂白或染色机器	在澳门进行金属制作（对进口组合零件进行的金属制作工序也适用）及装配，且符合从价百分比标准。
260	8501.3100	输出功率≤750瓦直流电动机、发电机	在澳门装配，且符合从价百分比标准。
261	8504.1010	电子镇流器	在澳门装配，且符合从价百分比标准。
262	8504.1090	其他放电灯或放电管用镇流器	在澳门装配，且符合从价百分比标准。
263	8504.3110	额定容量≤1千伏安的互感器	在澳门装配，且符合从价百分比标准。
264	8504.3190	额定容量≤1千伏安的其他变压器	在澳门装配，且符合从价百分比标准。
265	8504.3210	1千伏安＜额定容量≤16千伏安的互感器	在澳门装配，且符合从价百分比标准。
266	8504.3290	1千伏安＜额定容量≤16千伏安其他变压器	在澳门装配，且符合从价百分比标准。
267	8504.3300	16千伏安＜额定容量≤500千伏安其他变压器	在澳门装配，且符合从价百分比标准。
268	8504.3400	额定容量＞500千伏安的其他变压器	在澳门装配，且符合从价百分比标准。
269	8504.4091	具有变流功能的半导体模块	在澳门装配，且符合从价百分比标准。
270	8504.4099	其他未列名静止式变流器	在澳门装配，且符合从价百分比标准。
271	8513.1010	手电筒	税号改变标准。

序号	内地 2005 年税则号列	商品名称	原产地标准
272	8513.1090	其他自供能源手提式电灯	税号改变标准。
273	8513.9010	手电筒零件	税号改变标准。
274	8513.9090	其他自供能源手提式电灯零件	税号改变标准。
275	8516.3100	电吹风机	税号改变标准。
276	8516.3200	其他电热理发器具	税号改变标准。
277	8516.3300	电热干手器	税号改变标准。
278	8516.4000	电熨斗	税号改变标准。
279	8516.6010	电磁炉	税号改变标准。
280	8516.6030	电饭锅	税号改变标准。
281	8516.6040	电炒锅	税号改变标准。
282	8516.6090	其他电热炉	税号改变标准。
283	8516.7100	电热咖啡壶或茶壶	税号改变标准。
284	8516.7200	电热烤面包器	税号改变标准。
285	8516.7910	电热饮水机	税号改变标准。
286	8516.7990	其他电热器具	税号改变标准。
287	8523.2090	其他用途的空磁盘	税号改变标准。
288	8523.9000	其他供录制声音等信息未录制媒体	（1）从磁带及塑胶粒料制造。主要制造工序为卷绕磁带、铸造外壳及装配；或（2）从塑胶片及/或粒料及磁盘制造。主要制造工序为磨光、制造外壳及装配；或（3）从聚碳酸酯及涂层物料制造。主要制造工序为喷注模塑、涂上反射涂层及保护涂层（如为可记录光碟，则并须进行染色涂层工序）。
289	8537.1090	其他电力控制或分配的装置	在澳门装配，且符合从价百分比标准。
290	8544.1100	铜制绕组电线	从金属线制造。主要制造工序为包覆。
291	8544.5190	1000 伏≥耐压＞80 伏有接头电导体	在澳门装配，且符合从价百分比标准。
292	8544.5990	1000 伏≥耐压＞80 伏无接头电导体	在澳门装配，且符合从价百分比标准。
293	9013.2000	激光器	税号改变标准。
294	9013.8010	放大镜	税号改变标准。
295	9013.8030	液晶显示板	从未经加工玻璃或涂层玻璃；以及液晶材料及起偏器制造，且符合从价百分比标准。
296	9013.8090	其他液晶装置及光学仪器	从未经加工玻璃或涂层玻璃；以及液晶材料及起偏器制造，且符合从价百分比标准。
297	9013.9010	激光器、望远镜等装置的零附件	税号改变标准。
298	9013.9090	税号 90.13 所列其他货品的零附件	税号改变标准。
299	9020.0000	其他呼吸器具及防毒面具	税号改变标准。

序号	内地 2005 年税则号列	商品名称	原产地标准
300	9102.1100	机械指示式的其他电子手表	从手表零件及配件装配成手表，并进行测试、校准及品质检定，且符合从价百分比标准。
301	9102.1200	光电显示式的其他电子手表	从手表零件及配件装配成手表，并进行测试、校准及品质检定，且符合从价百分比标准。
302	9103.1000	以表芯装成的电子钟	（1）制造表芯及装配，且符合从价百分比标准；或（2）制造钟壳及装配，且符合从价百分比标准。
303	9105.1100	电子闹钟	（1）制造表芯及装配，且符合从价百分比标准；或（2）制造钟壳及装配，且符合从价百分比标准。
304	9108.1100	已组装的机械指示式完整电子表芯	表芯装配、测试及校准，且符合从价百分比标准。
305	9108.1200	已组装的光电显示式完整电子表芯	表芯装配、测试及校准，且符合从价百分比标准。
306	9108.1900	其他已组装的完整电子表芯	表芯装配、测试及校准，且符合从价百分比标准。
307	9108.9090	其他已组装完整机械表芯	表芯装配、测试及校准，且符合从价百分比标准。
308	9111.2000	贱金属制的表壳	（1）从粗坯制造。主要制造工序为车床刨削、钻孔及装配；或 （2）从金属片或板制造。主要制造工序为切割、塑形及装配。
309	9113.2000	贱金属制的表带及其零件	制造金属零件（但次要附件，如弹簧等可属进口）及装配。主要制造工序为制造零件及装配（包括拴珠工序）。
310	9114.9000	钟、表的其他零件	从金属或从橡胶或塑胶制造。主要制造工序为切割（包括冲切）。如切割后的制造工序中涉及以车床刨削及/或模塑及/或装配，则以车床刨削及/或模塑及/或装配亦须在澳门进行。
311	9201.1000	竖式钢琴	制造外壳和装配。
312	9405.4010	探照灯	税号改变标准。
313	9405.4020	聚光灯	税号改变标准。
314	9405.4090	其他电灯及照明装置	税号改变标准。
315	9506.9900	其他未列名的 95 章用品及设备	税号改变标准。
316	9606.2200	金属制钮扣，未用纺织材料包裹	从金属制造。主要制造工序为压铸、塑形及装配。如压铸后的制造工序中涉及冲切，则冲切亦须在澳门进行。
317	9607.1100	装有贱金属齿的拉链	从金属或布制造。主要制造工序为将链齿装于链带上及装配。
318	9607.1900	其他拉链	从金属或塑胶部件及布匹制造。主要制造工序为将链齿装于链带上及装配。

注：1. 表中所列货物必须同时符合《安排》下货物贸易的原产地规则和本表原产地标准的规定，才能视为《安排》下可享受关税优惠的原产于香港的货物。

2. 表中的“税号改变标准”必须符合《安排》附件 2 第五条第（三）款的规定。

3. 表中的“从价百分比”标准必须符合《安排》附件 2 第五条第（四）款的规定。

附件 3

第二批享受货物贸易优惠措施的香港货物原产地标准表（2005 年版）

序号	内地 2005 年税则号列	商品名称	原产地标准
1	0301.9991	活罗非鱼	（1）在香港出生并饲养；或（2）在香港从鱼苗起饲养。如鱼类品种为珊瑚鱼（包括龙趸及各种活海斑），鱼苗重量须不超过 150 克，而在香港的饲养期不得少于 12 个月；如属其他品种，则鱼苗重量须不超过 50 克，而在香港的饲养期不得少于 10 个月；或（3）在香港水域或南海中国管辖水域（北部湾除外）捕捞获得的鱼类和其他海产品；或（4）持香港牌照并经中央政府渔业主管部门批准的船只在公海捕捞获得的鱼类和其他海产品。
2	0301.9992	活鲀	（1）在香港出生并饲养；或（2）在香港从鱼苗起饲养。如鱼类品种为珊瑚鱼（包括龙趸及各种活海斑），鱼苗重量须不超过 150 克，而在香港的饲养期不得少于 12 个月；如属其他品种，则鱼苗重量须不超过 50 克，而在香港的饲养期不得少于 10 个月；或（3）在香港水域或南海中国管辖水域（北部湾除外）捕捞获得的鱼类和其他海产品；或（4）持香港牌照并经中央政府渔业主管部门批准的船只在公海捕捞获得的鱼类和其他海产品。
3	0301.9999	其他活鱼	（1）在香港出生并饲养；或（2）在香港从鱼苗起饲养。如鱼类品种为珊瑚鱼（包括龙趸及各种活海斑），鱼苗重量须不超过 150 克，而在香港的饲养期不得少于 12 个月；如属其他品种，则鱼苗重量须不超过 50 克，而在香港的饲养期不得少于 10 个月；或（3）在香港水域或南海中国管辖水域（北部湾除外）捕捞获得的鱼类和其他海产品；或（4）持香港牌照并经中央政府渔业主管部门批准的船只在公海捕捞获得的鱼类和其他海产品。
4	0302.3200	鲜、冷黄鳍金枪鱼	（1）在香港出生并饲养；或（2）在香港从鱼苗起饲养。如鱼类品种为珊瑚鱼（包括龙趸及各种活海斑），鱼苗重量须不超过 150 克，而在香港的饲养期不得少于 12 个月；如属其他品种，则鱼苗重量须不超过 50 克，而在香港的饲养期不得少于 10 个月；或（3）在香港水域或南海中国管辖水域（北部湾除外）捕捞获得的鱼类和其他海产品；或（4）持香港牌照并经中央政府渔业主管部门批准的船只在公海捕捞获得的鱼类和其他海产品。
5	0302.6500	鲜、冷角鲨及其他鲨鱼	（1）在香港出生并饲养；或（2）在香港从鱼苗起饲养。如鱼类品种为珊瑚鱼（包括龙趸及各种活海斑），鱼苗重量须不超过 150 克，而在香港的饲养期不得少于 12 个月；如属其他品种，则鱼苗重量须不超过 50 克，而在香港的饲养期不得少于 10 个月；或（3）在香港水域或南海中国管辖水域（北部湾除外）捕捞获得的鱼类和其他海产品；或（4）持香港牌照并经中央政府渔业主管部门批准的船只在公海捕捞获得的鱼类和其他海产品。
6	0302.6600	鲜冷鳗鱼	（1）在香港出生并饲养；或（2）在香港从鱼苗起饲养。如鱼类品种为珊瑚鱼（包括龙趸及各种活海斑），鱼苗重量须不超过 150 克，而在香港的饲养期不得少于 12 个月；如属其他品种，则鱼苗重量须不超过 50 克，而在香港的饲养期不得少于 10 个月；或（3）在香港水域或南海中国管辖水域（北部湾除外）捕捞获得的鱼类和其他海产品；或（4）持香港牌照并经中央政府渔业主管部门批准的船只在公海捕捞获得的鱼类和其他海产品。

序号	内地2005年税则号列	商品名称	原产地标准
7	0302.6910	鲜冷带鱼	(1) 在香港出生并饲养；或 (2) 在香港从鱼苗起饲养。如鱼类品种为珊瑚鱼（包括龙趸及各种活海斑），鱼苗重量须不超过150克，而在香港的饲养期不得少于12个月；如属其他品种，则鱼苗重量须不超过50克，而在香港的饲养期不得少于10个月；或 (3) 在香港水域或南海中国管辖水域（北部湾除外）捕捞获得的鱼类和其他海产品；或 (4) 持香港牌照并经中央政府渔业主管部门批准的船只在公海捕捞获得的鱼类和其他海产品。
8	0302.6920	鲜冷黄鱼	(1) 在香港出生并饲养；或 (2) 在香港从鱼苗起饲养。如鱼类品种为珊瑚鱼（包括龙趸及各种活海斑），鱼苗重量须不超过150克，而在香港的饲养期不得少于12个月；如属其他品种，则鱼苗重量须不超过50克，而在香港的饲养期不得少于10个月；或 (3) 在香港水域或南海中国管辖水域（北部湾除外）捕捞获得的鱼类和其他海产品；或 (4) 持香港牌照并经中央政府渔业主管部门批准的船只在公海捕捞获得的鱼类和其他海产品。
9	0302.6930	鲜冷鲳鱼	(1) 在香港出生并饲养；或 (2) 在香港从鱼苗起饲养。如鱼类品种为珊瑚鱼（包括龙趸及各种活海斑），鱼苗重量须不超过150克，而在香港的饲养期不得少于12个月；如属其他品种，则鱼苗重量须不超过50克，而在香港的饲养期不得少于10个月；或 (3) 在香港水域或南海中国管辖水域（北部湾除外）捕捞获得的鱼类和其他海产品；或 (4) 持香港牌照并经中央政府渔业主管部门批准的船只在公海捕捞获得的鱼类和其他海产品。
10	0302.6950	鲜、冷鲀	(1) 在香港出生并饲养；或 (2) 在香港从鱼苗起饲养。如鱼类品种为珊瑚鱼（包括龙趸及各种活海斑），鱼苗重量须不超过150克，而在香港的饲养期不得少于12个月；如属其他品种，则鱼苗重量须不超过50克，而在香港的饲养期不得少于10个月；或 (3) 在香港水域或南海中国管辖水域（北部湾除外）捕捞获得的鱼类和其他海产品；或 (4) 持香港牌照并经中央政府渔业主管部门批准的船只在公海捕捞获得的鱼类和其他海产品。
11	0302.6990	其他鲜、冷鱼	(1) 在香港出生并饲养；或 (2) 在香港从鱼苗起饲养。如鱼类品种为珊瑚鱼（包括龙趸及各种活海斑），鱼苗重量须不超过150克，而在香港的饲养期不得少于12个月；如属其他品种，则鱼苗重量须不超过50克，而在香港的饲养期不得少于10个月；或 (3) 在香港水域或南海中国管辖水域（北部湾除外）捕捞获得的鱼类和其他海产品；或 (4) 持香港牌照并经中央政府渔业主管部门批准的船只在公海捕捞获得的鱼类和其他海产品。
12	0303.3110	冻格陵兰庸鲽鱼	(1) 在香港出生并饲养；或 (2) 在香港从鱼苗起饲养。如鱼类品种为珊瑚鱼（包括龙趸及各种活海斑），鱼苗重量须不超过150克，而在香港的饲养期不得少于12个月；如属其他品种，则鱼苗重量须不超过50克，而在香港的饲养期不得少于10个月；或 (3) 在香港水域或南海中国管辖水域（北部湾除外）捕捞获得的鱼类和其他海产品；或 (4) 持香港牌照并经中央政府渔业主管部门批准的船只在公海捕捞获得的鱼类和其他海产品。

序号	内地 2005 年税则号列	商品名称	原产地标准
13	0303. 3190	其他冻庸鲽鱼	(1) 在香港出生并饲养；或 (2) 在香港从鱼苗起饲养。如鱼类品种为珊瑚鱼（包括龙趸及各种活海斑），鱼苗重量须不超过 150 克，而在香港的饲养期不得少于 12 个月；如属其他品种，则鱼苗重量须不超过 50 克，而在香港的饲养期不得少于 10 个月；或 (3) 在香港水域或南海中国管辖水域（北部湾除外）捕捞获得的鱼类和其他海产品；或 (4) 持香港牌照并经中央政府渔业主管部门批准的船只在公海捕捞获得的鱼类和其他海产品。
14	0303. 4400	冻大眼金枪鱼，但鱼肝及鱼卵除外	(1) 在香港出生并饲养；或 (2) 在香港从鱼苗起饲养。如鱼类品种为珊瑚鱼（包括龙趸及各种活海斑），鱼苗重量须不超过 150 克，而在香港的饲养期不得少于 12 个月；如属其他品种，则鱼苗重量须不超过 50 克，而在香港的饲养期不得少于 10 个月；或 (3) 在香港水域或南海中国管辖水域（北部湾除外）捕捞获得的鱼类和其他海产品；或 (4) 持香港牌照并经中央政府渔业主管部门批准的船只在公海捕捞获得的鱼类和其他海产品。
15	0303. 7600	冻鳗鱼	(1) 在香港出生并饲养；或 (2) 在香港从鱼苗起饲养。如鱼类品种为珊瑚鱼（包括龙趸及各种活海斑），鱼苗重量须不超过 150 克，而在香港的饲养期不得少于 12 个月；如属其他品种，则鱼苗重量须不超过 50 克，而在香港的饲养期不得少于 10 个月；或 (3) 在香港水域或南海中国管辖水域（北部湾除外）捕捞获得的鱼类和其他海产品；或 (4) 持香港牌照并经中央政府渔业主管部门批准的船只在公海捕捞获得的鱼类和其他海产品。
16	0303. 7700	冻尖吻鲈鱼	(1) 在香港出生并饲养；或 (2) 在香港从鱼苗起饲养。如鱼类品种为珊瑚鱼（包括龙趸及各种活海斑），鱼苗重量须不超过 150 克，而在香港的饲养期不得少于 12 个月；如属其他品种，则鱼苗重量须不超过 50 克，而在香港的饲养期不得少于 10 个月；或 (3) 在香港水域或南海中国管辖水域（北部湾除外）捕捞获得的鱼类和其他海产品；或 (4) 持香港牌照并经中央政府渔业主管部门批准的船只在公海捕捞获得的鱼类和其他海产品。
17	0303. 7910	冻带鱼	(1) 在香港出生并饲养；或 (2) 在香港从鱼苗起饲养。如鱼类品种为珊瑚鱼（包括龙趸及各种活海斑），鱼苗重量须不超过 150 克，而在香港的饲养期不得少于 12 个月；如属其他品种，则鱼苗重量须不超过 50 克，而在香港的饲养期不得少于 10 个月；或 (3) 在香港水域或南海中国管辖水域（北部湾除外）捕捞获得的鱼类和其他海产品；或 (4) 持香港牌照并经中央政府渔业主管部门批准的船只在公海捕捞获得的鱼类和其他海产品。
18	0303. 7920	冻黄鱼	(1) 在香港出生并饲养；或 (2) 在香港从鱼苗起饲养。如鱼类品种为珊瑚鱼（包括龙趸及各种活海斑），鱼苗重量须不超过 150 克，而在香港的饲养期不得少于 12 个月；如属其他品种，则鱼苗重量须不超过 50 克，而在香港的饲养期不得少于 10 个月；或 (3) 在香港水域或南海中国管辖水域（北部湾除外）捕捞获得的鱼类和其他海产品；或 (4) 持香港牌照并经中央政府渔业主管部门批准的船只在公海捕捞获得的鱼类和其他海产品。

序号	内地 2005 年税则号列	商品名称	原产地标准
19	0303.7930	冻鲳鱼	(1) 在香港出生并饲养；或 (2) 在香港从鱼苗起饲养。如鱼类品种为珊瑚鱼（包括龙趸及各种活海斑），鱼苗重量须不超过 150 克，而在香港的饲养期不得少于 12 个月；如属其他品种，则鱼苗重量须不超过 50 克，而在香港的饲养期不得少于 10 个月；或 (3) 在香港水域或南海中国管辖水域（北部湾除外）捕捞获得的鱼类和其他海产品；或 (4) 持香港牌照并经中央政府渔业主管部门批准的船只在公海捕捞获得的鱼类和其他海产品。
20	0303.7990	其他未列名冻鱼	(1) 在香港出生并饲养；或 (2) 在香港从鱼苗起饲养。如鱼类品种为珊瑚鱼（包括龙趸及各种活海斑），鱼苗重量须不超过 150 克，而在香港的饲养期不得少于 12 个月；如属其他品种，则鱼苗重量须不超过 50 克，而在香港的饲养期不得少于 10 个月；或 (3) 在香港水域或南海中国管辖水域（北部湾除外）捕捞获得的鱼类和其他海产品；或 (4) 持香港牌照并经中央政府渔业主管部门批准的船只在公海捕捞获得的鱼类和其他海产品。
21	0304.1000	鲜、冷的鱼片及其他鱼肉	在香港加工下列第 (1) 至第 (4) 任何一项所得的产品；或在持香港牌照并经中央政府渔业主管部门批准的船只上加工下列第 (4) 项所得的产品： (1) 在香港出生并饲养； (2) 在香港从鱼苗起饲养。如鱼类品种为珊瑚鱼（包括龙趸及各种活海斑），鱼苗重量须不超过 150 克，而在香港的饲养期不得少于 12 个月；如属其他品种，则鱼苗重量须不超过 50 克，而在香港的饲养期不得少于 10 个月； (3) 在香港水域或南海中国管辖水域（北部湾除外）捕捞获得的鱼类和其他海产品； (4) 持香港牌照并经中央政府渔业主管部门批准的船只在公海捕捞获得的鱼类和其他海产品。
22	0304.2010	冻罗非鱼片	在香港加工下列第 (1) 至第 (4) 任何一项所得的产品；或在持香港牌照并经中央政府渔业主管部门批准的船只上加工下列第 (4) 项所得的产品： (1) 在香港出生并饲养； (2) 在香港从鱼苗起饲养。如鱼类品种为珊瑚鱼（包括龙趸及各种活海斑），鱼苗重量须不超过 150 克，而在香港的饲养期不得少于 12 个月；如属其他品种，则鱼苗重量须不超过 50 克，而在香港的饲养期不得少于 10 个月； (3) 在香港水域或南海中国管辖水域（北部湾除外）捕捞获得的鱼类和其他海产品； (4) 持香港牌照并经中央政府渔业主管部门批准的船只在公海捕捞获得的鱼类和其他海产品。

序号	内地2005年税则号列	商品名称	原产地标准
23	0304.2090	其他冻鱼片	在香港加工下列第（1）至第（4）任何一项所得的产品；或在持香港牌照并经中央政府渔业主管部门批准的船只上加工下列第（4）项所得的产品： （1）在香港出生并饲养； （2）在香港从鱼苗起饲养。如鱼类品种为珊瑚鱼（包括龙趸及各种活海斑），鱼苗重量须不超过150克，而在香港的饲养期不得少于12个月；如属其他品种，则鱼苗重量须不超过50克，而在香港的饲养期不得少于10个月； （3）在香港水域或南海中国管辖水域（北部湾除外）捕捞获得的鱼类和其他海产品； （4）持香港牌照并经中央政府渔业主管部门批准的船只在公海捕捞获得的鱼类和其他海产品。
24	0306.1311	冻小虾仁	下列第（1）至第（3）项的产品；或在香港加工下列第（1）至第（3）任何一项所得的产品；或在持香港牌照并经中央政府渔业主管部门批准的船只上加工下列第（3）项所得的产品：（1）在香港出生并饲养；（2）在香港水域或南海中国管辖水域（北部湾除外）捕捞获得的鱼类和其他海产品；（3）持香港牌照并经中央政府渔业主管部门批准的船只在公海捕捞获得的鱼类和其他海产品。
25	0306.1312	冻北方长额虾	下列第（1）至第（3）项的产品；或在香港加工下列第（1）至第（3）任何一项所得的产品；或在持香港牌照并经中央政府渔业主管部门批准的船只上加工下列第（3）项所得的产品：（1）在香港出生并饲养；（2）在香港水域或南海中国管辖水域（北部湾除外）捕捞获得的鱼类和其他海产品；（3）持香港牌照并经中央政府渔业主管部门批准的船只在公海捕捞获得的鱼类和其他海产品。
26	0306.1319	其他冻小虾	下列第（1）至第（3）项的产品；或在香港加工下列第（1）至第（3）任何一项所得的产品；或在持香港牌照并经中央政府渔业主管部门批准的船只上加工下列第（3）项所得的产品：（1）在香港出生并饲养；（2）在香港水域或南海中国管辖水域（北部湾除外）捕捞获得的鱼类和其他海产品；（3）持香港牌照并经中央政府渔业主管部门批准的船只在公海捕捞获得的鱼类和其他海产品。
27	0306.1321	冻对虾仁	下列第（1）至第（3）项的产品；或在香港加工下列第（1）至第（3）任何一项所得的产品；或在持香港牌照并经中央政府渔业主管部门批准的船只上加工下列第（3）项所得的产品：（1）在香港出生并饲养；（2）在香港水域或南海中国管辖水域（北部湾除外）捕捞获得的鱼类和其他海产品；（3）持香港牌照并经中央政府渔业主管部门批准的船只在公海捕捞获得的鱼类和其他海产品。
28	0306.1329	其他冻对虾	下列第（1）至第（3）项的产品；或在香港加工下列第（1）至第（3）任何一项所得的产品；或在持香港牌照并经中央政府渔业主管部门批准的船只上加工下列第（3）项所得的产品：（1）在香港出生并饲养；（2）在香港水域或南海中国管辖水域（北部湾除外）捕捞获得的鱼类和其他海产品；（3）持香港牌照并经中央政府渔业主管部门批准的船只在公海捕捞获得的鱼类和其他海产品。

序号	内地2005年税则号列	商品名称	原产地标准
29	0306.2190	未冻的龙虾	(1) 在香港出生并饲养；或 (2) 在香港水域或南海中国管辖水域（北部湾除外）捕捞获得的鱼类和其他海产品；或 (3) 持香港牌照并经中央政府渔业主管部门批准的船只在公海捕捞获得的鱼类和其他海产品。
30	0306.2290	其他未冻的大螯虾	(1) 在香港出生并饲养；或 (2) 在香港水域或南海中国管辖水域（北部湾除外）捕捞获得的鱼类和其他海产品；或 (3) 持香港牌照并经中央政府渔业主管部门批准的船只在公海捕捞获得的鱼类和其他海产品。
31	0306.2391	鲜、冷对虾	(1) 在香港出生并饲养；或 (2) 在香港水域或南海中国管辖水域（北部湾除外）捕捞获得的鱼类和其他海产品；或 (3) 持香港牌照并经中央政府渔业主管部门批准的船只在公海捕捞获得的鱼类和其他海产品。
32	0306.2399	其他未冻小虾及对虾	(1) 在香港出生并饲养；或 (2) 在香港水域或南海中国管辖水域（北部湾除外）捕捞获得的鱼类和其他海产品；或 (3) 持香港牌照并经中央政府渔业主管部门批准的船只在公海捕捞获得的鱼类和其他海产品。
33	0306.2492	未冻的梭子蟹	(1) 在香港出生并饲养；或 (2) 在香港水域或南海中国管辖水域（北部湾除外）捕捞获得的鱼类和其他海产品；或 (3) 持香港牌照并经中央政府渔业主管部门批准的船只在公海捕捞获得的鱼类和其他海产品。
34	0306.2499	未冻的其他蟹	(1) 在香港出生并饲养；或 (2) 在香港水域或南海中国管辖水域（北部湾除外）捕捞获得的鱼类和其他海产品；或 (3) 持香港牌照并经中央政府渔业主管部门批准的船只在公海捕捞获得的鱼类和其他海产品。
35	0306.2990	其他带壳或去壳的未冻的甲壳动物	下列第 (1) 至第 (3) 项的产品；或在香港加工下列第 (1) 至第 (3) 任何一项所得的产品；或在持香港牌照并经中央政府渔业主管部门批准的船只上加工下列第 (3) 项所得的产品：(1) 在香港出生并饲养；(2) 在香港水域或南海中国管辖水域（北部湾除外）捕捞获得的鱼类和其他海产品；(3) 持香港牌照并经中央政府渔业主管部门批准的船只在公海捕捞获得的鱼类和其他海产品。
36	0307.1090	其他牡蛎（蚝）	(1) 在香港出生并饲养；或 (2) 在香港饲养超过24个月；或 (3) 在香港水域或南海中国管辖水域（北部湾除外）捕捞获得的鱼类和其他海产品；或 (4) 持香港牌照并经中央政府渔业主管部门批准的船只在公海捕捞获得的鱼类和其他海产品。
37	0307.2190	其他活、鲜、冷扇贝	(1) 在香港出生并饲养；或 (2) 在香港水域或南海中国管辖水域（北部湾除外）捕捞获得的鱼类和其他海产品；或 (3) 持香港牌照并经中央政府渔业主管部门批准的船只在公海捕捞获得的鱼类和其他海产品。
38	0307.3190	其他活、鲜、冷贻贝	(1) 在香港出生并饲养；或 (2) 在香港水域或南海中国管辖水域（北部湾除外）捕捞获得的鱼类和其他海产品；或 (3) 持香港牌照并经中央政府渔业主管部门批准的船只在公海捕捞获得的鱼类和其他海产品。
39	0307.4190	其他活、鲜或冷墨鱼及鱿鱼	(1) 在香港出生并饲养；或 (2) 在香港水域或南海中国管辖水域（北部湾除外）捕捞获得的鱼类和其他海产品；或 (3) 持香港牌照并经中央政府渔业主管部门批准的船只在公海捕捞获得的鱼类和其他海产品。

序号	内地 2005 年税则号列	商品名称	原产地标准
40	0307.4900	其他冻、干、盐制的墨鱼及鱿鱼	下列第（1）至第（3）项的产品；或在香港加工下列第（1）至第（3）任何一项所得的产品；或在持香港牌照并经中央政府渔业主管部门批准的船只上加工下列第（3）项所得的产品：（1）在香港出生并饲养；（2）在香港水域或南海中国管辖水域（北部湾除外）捕捞获得的鱼类和其他海产品；（3）持香港牌照并经中央政府渔业主管部门批准的船只在公海捕捞获得的鱼类和其他海产品。
41	0307.5100	活、鲜、冷章鱼	（1）在香港出生并饲养；或（2）在香港水域或南海中国管辖水域（北部湾除外）捕捞获得的鱼类和其他海产品；或（3）持香港牌照并经中央政府渔业主管部门批准的船只在公海捕捞获得的鱼类和其他海产品。
42	0307.5900	其他冻、干、盐制的章鱼	下列第（1）至第（3）项的产品；或在香港加工下列第（1）至第（3）任何一项所得的产品；或在持香港牌照并经中央政府渔业主管部门批准的船只上加工下列第（3）项所得的产品：（1）在香港出生并饲养；（2）在香港水域或南海中国管辖水域（北部湾除外）捕捞获得的鱼类和其他海产品；（3）持香港牌照并经中央政府渔业主管部门批准的船只在公海捕捞获得的鱼类和其他海产品。
43	0307.9191	活、鲜、冷鲍鱼	（1）在香港出生并饲养；或（2）在香港水域或南海中国管辖水域（北部湾除外）捕捞获得的鱼类和其他海产品；或（3）持香港牌照并经中央政府渔业主管部门批准的船只在公海捕捞获得的鱼类和其他海产品。
44	0307.9192	沙蚕	（1）在香港出生并饲养；或（2）在香港水域或南海中国管辖水域（北部湾除外）捕捞获得的鱼类和其他海产品；或（3）持香港牌照并经中央政府渔业主管部门批准的船只在公海捕捞获得的鱼类和其他海产品。
45	0307.9199	其他活、鲜、冷软体动物、水生无脊椎动物	（1）在香港出生并饲养；或（2）在香港水域或南海中国管辖水域（北部湾除外）捕捞获得的鱼类和其他海产品；或（3）持香港牌照并经中央政府渔业主管部门批准的船只在公海捕捞获得的鱼类和其他海产品。
46	0307.9910	冻、干、盐腌或盐渍的鲍鱼	下列第（1）至第（3）项的产品；或在香港加工下列第（1）至第（3）任何一项所得的产品；或在持香港牌照并经中央政府渔业主管部门批准的船只上加工下列第（3）项所得的产品：（1）在香港出生并饲养；（2）在香港水域或南海中国管辖水域（北部湾除外）捕捞获得的鱼类和其他海产品；（3）持香港牌照并经中央政府渔业主管部门批准的船只在公海捕捞获得的鱼类和其他海产品。
47	0401.2000	脂肪含量在 1% -6% 未浓缩及未加糖的乳及奶油	从鲜奶加工。主要加工工序为混合、消毒及冷冻。
48	0402.1000	脂肪含量≤1.5% 固状乳及奶油	从鲜奶加工。主要加工工序为混合、凝固及消毒。
49	0402.2100	脂肪量 >1.5% 未加糖固状乳及奶油	从鲜奶加工。主要加工工序为混合、凝固及冷冻。

序号	内地2005年税则号列	商品名称	原产地标准
50	0402.2900	脂肪量>1.5%的加糖固状乳及奶油	从鲜奶加工。主要加工工序为混合、凝固及消毒。
51	0403.1000	酸乳	从鲜奶或奶粉加工。主要加工工序为混合、发酵或酸化、消毒及冷冻。
52	0403.9000	酪乳及其他发酵或酸化的乳及奶油	从鲜奶或奶粉加工。主要加工工序为混合、发酵或酸化、消毒及冷冻。
53	0406.1000	鲜乳酪（未熟化或未固化的）	从鲜奶或奶粉加工。主要加工工序为混合、发酵或酸化、消毒及冷冻。
54	0408.9900	其他去壳禽蛋	从蛋类制造。主要制造工序为混合及烹煮。
55	0508.0010	珊瑚及水产品壳、骨的粉末及废料	完全从香港获得的珊瑚或贝壳及其类似原料。
56	0508.0090	珊瑚及介、贝、棘皮动物的壳、骨	完全从香港获得的珊瑚或贝壳及其类似原料。
57	0901.2100	未浸除咖啡碱的已焙炒咖啡	从咖啡豆制造。主要制造工序为烘焙及碾磨。如制造工序中涉及混合，则混合亦须在香港进行。
58	0902.3010	每件净重≤3千克的乌龙茶	从茶叶加工。主要制作工序为发酵、揉捻、干燥、调和。
59	0902.3020	每件净重≤3千克的普洱茶	从茶叶加工。主要制作工序为发酵、揉捻、干燥、调和。
60	0902.3090	每件净重≤3千克的其他发酵、半发酵红茶	从茶叶加工。主要制作工序为发酵、揉捻、干燥、调和。
61	0902.4010	每件净重>3千克的乌龙茶	从茶叶加工。主要制作工序为发酵、揉捻、干燥、调和。
62	0902.4020	每件净重>3千克的普洱茶	从茶叶加工。主要制作工序为发酵、揉捻、干燥、调和。
63	0902.4090	每件净重>3千克的其他红茶（已发酵）及半发酵茶	从茶叶加工。主要制作工序为发酵、揉捻、干燥、调和。
64	0910.9900	其他调味香料	从植物或化学物料制造。主要制造工序为混合、碾磨及燥干。
65	1211.2091	其他鲜人参	（1）在香港收获或采集的人参；或（2）从人参制造。主要制造工序为切割及碾磨。
66	1211.2099	其他干人参	（1）在香港收获或采集的人参；或（2）从人参制造。主要制造工序为切割及碾磨。
67	1602.3291	鸡胸肉	从活鸡或鲜、冷、冻的整鸡制造。主要制造工序为切割、防腐、调味及烹煮。

序号	内地2005年税则号列	商品名称	原产地标准
68	1602.3292	鸡腿肉	从活鸡或鲜、冷、冻的整鸡制造。主要制造工序为切割、防腐、调味及烹煮。
69	1602.3299	其他鸡肉	从活鸡或鲜、冷、冻的整鸡制造。主要制造工序为切割、防腐、调味及烹煮。
70	1602.4990	制作或保藏的其他猪肉、杂碎及血	从未经加工的猪肉制造。主要制造工序为切割、防腐、调味及烹煮。
71	1602.5090	其他制作或保藏的牛肉、杂碎及血	从未经加工的牛肉制造。主要制造工序为切割、防腐、调味及烹煮。
72	1603.0000	肉及水产品的精、汁	从肉及水产品制造。主要制造工序为碾磨、烹煮及混合。
73	1604.1400	制作或保藏的金枪鱼、鲣鱼，整条或切块，但未绞碎	从海产类制造。主要制造工序为混合、搅拌、塑形、烹煮及冷冻。
74	1604.1910	制作或保藏的河鳗鱼，整条或切块，但未绞碎	从海产类制造。主要制造工序为混合、搅拌、塑形、烹煮及冷冻。
75	1604.1920	制作或保藏的罗非鱼，整条或切块，但未绞碎	从海产类制造。主要制造工序为混合、搅拌、塑形、烹煮及冷冻。
76	1604.1990	制作或保藏的其他鱼，整条或切块，但未绞碎	从海产类制造。主要制造工序为混合、搅拌、塑形、烹煮及冷冻。
77	1604.2011	鱼翅罐头	从海产类制造。主要制造工序为混合、搅拌、塑形、烹煮及冷冻。
78	1604.2019	其他制作或保藏的鱼罐头	从海产类制造。主要制造工序为混合、搅拌、塑形、烹煮及冷冻。
79	1604.2091	鱼翅	从海产类制造。主要制造工序为混合、搅拌、塑形、烹煮及冷冻。
80	1604.2099	其他制作或保藏的鱼	从海产类制造。主要制造工序为混合、搅拌、塑形、烹煮及冷冻。
81	1605.1000	制作或保藏的蟹	从海产类制造。主要制造工序为混合、搅拌、塑形、烹煮及冷冻。
82	1605.2000	制作或保藏的小虾及对虾	从海产类制造。主要制造工序为混合、搅拌、塑形、烹煮及冷冻。
83	1605.3000	制作或保藏的龙虾	从海产类制造。主要制造工序为混合、搅拌、塑形、烹煮及冷冻。
84	1605.9010	制作或保藏的海蜇	从海产类制造。主要制造工序为混合、搅拌、塑形、烹煮及冷冻。
85	1605.9090	其他制作或保藏的软体动物及其他水生无脊椎动物	从海产类制造。主要制造工序为混合、搅拌、塑形、烹煮及冷冻。
86	1702.9000	其他固体糖；人造蜜；焦糖	从糖制造。主要工序为混合及烹煮。

序号	内地2005年税则号列	商品名称	原产地标准
87	1704.9000	其他不含可可的糖食	混合加入香味、煮沸及塑形。
88	1806.3100	其他夹心块状或条状的含可可食品	从糖制造。主要制造工序为混合、煮沸及塑形。如制造工序中涉及加入香味，则加入香味亦须在香港进行。
89	1806.3200	其他不夹心块状或条状含可可食品	从糖制造。主要制造工序为混合、煮沸及塑形。如制造工序中涉及加入香味，则加入香味亦须在香港进行。
90	1806.9000	其他巧克力及含可可的食品	从糖制造。主要制造工序为混合、煮沸及塑形。如制造工序中涉及加入香味，则加入香味亦须在香港进行。
91	1901.2000	供焙烘面包糕点用的调制品及面团	税号改变标准。
92	1901.9000	其他麦精制的其他税号未列名食品	税号改变标准。
93	1902.1900	其他不含蛋未包馅或未制作的生面食	从谷类、面粉、淀粉制造。主要制造工序为混合及塑形。如制造工序中涉及烘焙，则烘焙亦须在香港进行。
94	1902.2000	包馅面食	从肉类、海产、蔬菜或面粉制造。主要制造工序为混合、调味、塑形/烹煮。
95	1902.3030	即食或快熟面条	从谷类或面粉制造。主要制造工序为混合、烹煮及塑形。如制造工序中涉及烘焙，则烘焙亦须在香港进行。
96	1905.3100	甜饼干	混合、塑形及烘焙。
97	1905.3200	华夫饼干及圣餐饼	混合、塑形及烘焙。
98	1905.9000	其他面包、糕点、饼干及其焙烘糕饼	从面粉制造。主要制造工序为混合、塑形、烹煮或烘焙。
99	2005.5110	非用醋制作的脱荚豇豆及菜豆罐头	从豆类制造。主要制造工序为过滤及防腐。如制造工序中涉及烹煮及/或调味，则烹煮及/或调味亦须在香港进行。
100	2005.5190	非用醋制作的其他脱荚豇豆及菜豆	从豆类制造。主要制造工序为过滤及防腐。如制造工序中涉及烹煮及/或调味，则烹煮及/或调味亦须在香港进行。
101	2006.0010	蜜枣	从鲜果加工。主要加工工序为防腐及调味。
102	2006.0020	糖渍制橄榄	从植物制造。主要制造工序为防腐及调味。
103	2006.0090	其他糖渍蔬菜、水果、坚果、果皮	从植物制造。主要制造工序为防腐及调味。
104	2008.1110	花生米罐头	从未经加工的花生制造。主要制造工序为调味、烹煮及烘焙。如制造工序中涉及涂层，则涂层亦须在香港进行。
105	2008.1120	烘焙花生	从未经加工的花生制造。主要制造工序为调味、烹煮及烘焙。如制造工序中涉及涂层，则涂层亦须在香港进行。

序号	内地 2005 年税则号列	商品名称	原产地标准
106	2008.1190	用其他方法制作或保藏的花生	从未经加工的花生制造。主要制造工序为调味及烹煮。如制造工序中涉及涂层，则涂层亦须在香港进行。
107	2008.1910	核桃仁罐头	从未经加工的果仁及种籽制造。主要制造工序为烘焙或烹煮。如制造工序中涉及调味及/或涂层，则调味及/或涂层亦须在香港进行。
108	2008.1920	其他果仁罐头	从未经加工的果仁及种籽制造。主要制造工序为烘焙或烹煮。如制造工序中涉及调味及/或涂层，则调味及/或涂层亦须在香港进行。
109	2008.1991	栗仁	从未经加工的果仁及种籽制造。主要制造工序为烘焙或烹煮。如制造工序中涉及调味及/或涂层，则调味及/或涂层亦须在香港进行。
110	2008.1999	其他坚果及子仁	从未经加工的果仁及种籽制造。主要制造工序为烘焙或烹煮。如制造工序中涉及调味及/或涂层，则调味及/或涂层亦须在香港进行。
111	2008.9910	荔枝罐头	税号改变标准。
112	2008.9920	龙眼罐头	税号改变标准。
113	2008.9990	未列名制作或保藏的水果、坚果	税号改变标准。
114	2009.1100	冷冻的橙汁	从水果加工。主要制造工序为榨汁、混合、防腐、调味及溶解。
115	2009.1200	非冷冻的，白利糖度值不超过 20 的橙汁	从水果加工。主要制造工序为榨汁、混合、防腐、调味及溶解。
116	2009.2100	白利糖度值不超过 20 的柚汁	从水果加工。主要制造工序为榨汁、混合、防腐、调味及溶解。
117	2009.4100	白利糖度值不超过 20 的菠萝汁	从水果加工。主要制造工序为榨汁、混合、防腐、调味及溶解。
118	2009.6100	白利糖度值不超过 20 的葡萄汁，包括酿酒葡萄汁	从水果加工。主要制造工序为榨汁、混合、防腐、调味及溶解。
119	2009.7100	白利糖度值不超过 20 的苹果汁	从水果加工。主要制造工序为榨汁、混合、防腐、调味及溶解。
120	2009.9010	混合水果汁	从水果加工。主要制造工序为榨汁、混合、防腐、调味及溶解。
121	2009.9090	混合蔬菜汁、水果与蔬菜的混合汁	从蔬菜或水果加工。主要制造工序为榨汁、混合、防腐、调味及溶解。
122	2101.1100	咖啡浓缩精汁	从咖啡豆制造或税号改变标准。
123	2101.1200	以咖啡浓缩精汁或咖啡为基本成分的制品	从咖啡豆制造或税号改变标准。
124	2101.2000	茶、马黛茶浓缩精汁及其制品	从茶叶或马黛茶叶制造或税号改变标准。

序号	内地 2005 年税则号列	商品名称	原产地标准
125	2103.1000	酱油	从黄豆或调味料制造。主要制造工序为烹煮及混合。如制造工序中涉及碾磨及/或发酵，则碾磨及/或发酵亦须在香港进行。
126	2103.2000	番茄沙司及其他番茄调味汁	从蕃茄或调味料制造。主要制造工序为烹煮及混合。如制造工序中涉及碾磨，则碾磨亦须在香港进行。
127	2103.9010	味精	从谷物制造。主要制造工序为发酵、中和和结晶。
128	2103.9020	别特酒（Aromatic bitters）	从调味料制造。主要制造工序为烹煮及混合。如制造工序中涉及碾磨及/或发酵，则碾磨及/或发酵亦须在香港进行。
129	2103.9090	其他调味品	从调味料制造。主要制造工序为烹煮及混合。如制造工序中涉及碾磨及/或发酵，则碾磨及/或发酵亦须在香港进行。
130	2104.1000	汤料及其制品	从食物材料制造。主要制造工序为烹煮及混合。
131	2106.9010	制造碳酸饮料的浓缩物	税号改变标准。
132	2106.9020	制造饮料用的复合酒精制品	税号改变标准。
133	2106.9030	蜂王浆制剂	税号改变标准。
134	2106.9091	调味紫菜	税号改变标准。
135	2106.9099	其他税号未列名的食品	税号改变标准。
136	2201.1010	未加糖及未加味的矿泉水	a）从天然形态的水制造。主要制造工序为净化、消毒及加入矿物质；及 b）从价百分比标准。
137	2202.1000	加味、加糖或其他甜物质的水	a）从浓缩香料或相类物料制造。主要制造工序为混合、溶解及碳化；及 b）从价百分比标准。
138	2202.9000	其他无酒精饮料	a）从浓缩香料或相类物料制造。主要制造工序为混合、溶解。如制造过程中涉及碳化，则碳化亦须在香港进行；及 b）从价百分比标准。
139	2206.0000	其他发酵饮料	发酵及酿制。
140	2209.0000	醋及醋酸制得的醋代用品	从调味料制造。主要制造工序为烹煮及混合。如制造工序中涉及发酵，则发酵亦须在香港进行。
141	2301.2010	饲料用鱼粉	从鱼或甲壳动物、软件动物或其他水生无脊椎动物制造。主要制造工序为碾磨、混合、烹煮及烘干。
142	2301.2090	其他水产品渣粉及团粒	从鱼或甲壳动物、软件动物或其他水生无脊椎动物制造。主要制造工序为碾磨、混合、烹煮及烘干。
143	2302.5000	豆类植物糠、麸及其他残渣	从豆制造。主要制造工序为烹煮，发酵及燥干。
144	2521.0000	石灰石助熔剂；通常用于制造石灰或水泥的石灰石及其他钙质石	税号改变标准。

序号	内地 2005 年税则号列	商品名称	原产地标准
145	2523.2900	其他硅酸盐水泥，不论是否着色	从水泥熟料制造。主要制造工序为熟料均化、配料、研磨、选粉。
146	2621.9000	其他矿渣及矿灰	在香港开采或提取的矿产品。
147	2804.1000	氢	从水制造。主要制造工序为电解及压缩。
148	2804.2100	氩	从空气制造。主要制造工序为分馏、压缩及液化。
149	2804.2900	其他稀有气体	从空气制造。主要制造工序为抽真空、分馏和压缩。
150	2804.3000	氮	从空气制造。主要制造工序为分馏、压缩及液化。
151	2804.4000	氧	从空气制造。主要制造工序为分馏、压缩及液化。
152	2811.2100	二氧化碳	从二氧化碳制造。主要制造工序为净化及液化。
153	2811.2900	其他非金属无机氧化物	从天然物质或化学原料经化学反应制得。
154	2843.2100	硝酸银	从天然物质或化学原料经化学反应制得。
155	2843.2900	其他银化合物，不论是否已有化学定义	从天然物质或化学原料经化学反应制得。
156	2843.9000	其他贵金属化合物，不论是否已有化学定义；贵金属汞齐	从天然物质或化学原料经化学反应制得。
157	2850.0000	氢化物、氮化物、迭氮化物、硅化物及硼化物，不论是否已有化学定义	从天然物质或化学原料经化学反应制得。
158	2851.0010	饮用蒸馏水	从天然水制造。主要制造工序为过滤、蒸馏及消毒。
159	2851.0090	其他无机化合物、液态空气、压缩空气，汞齐，但贵金属汞齐除外	由天然物质或化学原料经化学反应制得。
160	2904.1000	仅含磺基的衍生物及其盐和乙酯	由天然物质或化学原料经化学反应制得。
161	2922.4220	谷氨酸钠	从有机化合物或化合物制造。主要制造工序为中和及结晶。
162	3002.9090	人血；治病、防病或诊断用动物血制品；其他毒素、培养微生物（不包括酵母）及类似产品	从未配方的丙种球蛋白制造。主要制造工序为配方、净化及消毒。
163	3004.2011	头孢噻肟制剂（混合或非混合，治病或防病用已配定剂量或制成零售包装）	从化学成分制造。主要制造工序为按比例调控的溶解及混合，以制成药片、乳剂或软膏、内服药液制剂（酏剂、口服剂、悬浮液）、涂剂、胶囊或其他形式的药用制品。

序号	内地 2005 年税则号列	商品名称	原产地标准
164	3004.2012	头孢他啶制剂（混合或非混合，治病或防病用，已配定剂量或制成零售包装）	从化学成分制造。主要制造工序为按比例调控的溶解及混合，以制成药片、乳剂或软膏、内服药液制剂（酏剂、口服剂、悬浮液）、涂剂、胶囊或其他形式的药用制品。
165	3004.2013	头孢西丁制剂（混合或非混合，治病或防病用，已配定剂量或制成零售包装）	从化学成分制造。主要制造工序为按比例调控的溶解及混合，以制成药片、乳剂或软膏、内服药液制剂（酏剂、口服剂、悬浮液）、涂剂、胶囊或其他形式的药用制品。
166	3004.2014	头孢替唑制剂（混合或非混合，治病或防病用，已配定剂量或制成零售包装）	从化学成分制造。主要制造工序为按比例调控的溶解及混合，以制成药片、乳剂或软膏、内服药液制剂（酏剂、口服剂、悬浮液）、涂剂、胶囊或其他形式的药用制品。
167	3004.2015	头孢克罗制剂（混合或非混合，治病或防病用，已配定剂量或制成零售包装）	从化学成分制造。主要制造工序为按比例调控的溶解及混合，以制成药片、乳剂或软膏、内服药液制剂（酏剂、口服剂、悬浮液）、涂剂、胶囊或其他形式的药用制品。
168	3004.2016	头孢呋辛制剂（混合或非混合，治病或防病用，已配定剂量或制成零售包装）	从化学成分制造。主要制造工序为按比例调控的溶解及混合，以制成药片、乳剂或软膏、内服药液制剂（酏剂、口服剂、悬浮液）、涂剂、胶囊或其他形式的药用制品。
169	3004.2017	头孢三嗪（头孢曲松）制剂（混合或非混合，治病或防病用，已配定剂量或制成零售包装）	从化学成分制造。主要制造工序为按比例调控的溶解及混合，以制成药片、乳剂或软膏、内服药液制剂（酏剂、口服剂、悬浮液）、涂剂、胶囊或其他形式的药用制品。
170	3004.2018	头孢哌酮制剂（混合或非混合，治病或防病用，已配定剂量或制成零售包装）	从化学成分制造。主要制造工序为按比例调控的溶解及混合，以制成药片、乳剂或软膏、内服药液制剂（酏剂、口服剂、悬浮液）、涂剂、胶囊或其他形式的药用制品。
171	3004.2019	含有其他头孢菌素制剂（混合或非混合，治病或防病用，已配定剂量或制成零售包装）	从化学成分制造。主要制造工序为按比例调控的溶解及混合，以制成药片、乳剂或软膏、内服药液制剂（酏剂、口服剂、悬浮液）、涂剂、胶囊或其他形式的药用制品。
172	3004.2090	含有其他抗菌素的药品（混合或非混合，治病或防病用，已配定剂量或制成零售包装）	从化学成分制造。主要制造工序为按比例调控的溶解及混合，以制成药片、乳剂或软膏、内服药液制剂（酏剂、口服剂、悬浮液）、涂剂、胶囊或其他形式的药用制品。

序号	内地2005年税则号列	商品名称	原产地标准
173	3004.3200	含肾上腺皮质激素但不含抗菌素的药品（混合或非混合，治病或防病用已配定剂量或零售包装）	从化学成分制造。主要制造工序为按比例调控的溶解及混合，以制成药片、乳剂或软膏、内服药液制剂（酏剂、口服剂、悬浮液）、涂剂、胶囊或其他形式的药用制品。
174	3004.3900	含有税目29.37其他产品但不含抗菌素的药品（混合或非混合，治病或防病用已配定剂量或零售包装）	从化学成分制造。主要制造工序为按比例调控的溶解及混合，以制成药片、乳剂或软膏、内服药液制剂（酏剂、口服剂、悬浮液）、涂剂、胶囊或其他形式的药用制品。
175	3004.4010	含有奎宁或其盐，但不含抗菌素及税目29.37的产品的药品（混合或非混合，治病或防病用已配定剂量或零售包装）	从化学成分制造。主要制造工序为按比例调控的溶解及混合，以制成药片、乳剂或软膏、内服药液制剂（酏剂、口服剂、悬浮液）、涂剂、胶囊或其他形式的药用制品。
176	3004.4090	含有其他生物碱及其衍生物，但不含抗菌素及税目29.37的产品的药品（混合或非混合，治病或防病用已配定剂量或零售包装）	从化学成分制造。主要制造工序为按比例调控的溶解及混合，以制成药片、乳剂或软膏、内服药液制剂（酏剂、口服剂、悬浮液）、涂剂、胶囊或其他形式的药用制品。
177	3005.9010	药棉、纱布、绷带（经药物浸涂或制定零售包装供医疗、外科、牙科或兽医用）	税号改变标准。
178	3005.9090	其他医用软填料及类似物品（经药物浸涂或制定零售包装供医疗、外科、牙科或兽医用）	税号改变标准。
179	3202.1000	有机合成鞣料	由天然物质或化学原料经化学反应制得。
180	3202.9000	无机鞣料；鞣料制剂等，不论是否含有天然鞣料；预鞣用酶制剂	由天然物质或化学原料经化学反应制得。
181	3204.1200	酸性染料（不论是否预金属络合）及以其为基本成分的制品（不论是否已有化学定义）；媒染染料及以其为基本成分的制品（不论是否已有化学定义）	由天然物质或化学原料经化学反应制得。

序号	内地2005年税则号列	商品名称	原产地标准
182	3204.2000	用作萤光增白剂的有机合成产品（不论是否已有化学定义）	由天然物质或化学原料经化学反应制得。
183	3206.1900	二氧化钛为基料的颜料及制品，干量计二氧化钛<80%	由天然物质或化学原料经化学反应制得。
184	3307.4100	神香及其他通过燃烧散发香气制品	从香粉制造。主要制造工序为溶化及模塑。
185	3401.2000	其他形状的肥皂	由天然物质或化学原料经化学反应制得。
186	3402.1100	阴离子型有机表面活性剂	由天然物质或化学原料经化学反应制得。
187	3402.1200	阳离子型有机表面活性剂	由天然物质或化学原料经化学反应制得。
188	3402.1300	非离子型有机表面活性剂	由天然物质或化学原料经化学反应制得。
189	3402.2090	零售包装表面活性剂制品（合成洗涤粉除外）	由天然物质或化学原料经化学反应制得。
190	3402.9000	非零售包装表面活性剂制品、洗涤剂及清洁剂	由天然物质或化学原料经化学反应制得。
191	3403.1100	用于纺织材料、皮革、毛皮或其他材料油脂处理的制剂（含有石油或从沥青矿物提取的油类且按重量计<70%）	由天然物质或化学原料经化学反应制得。
192	3403.9100	用于纺织、皮革、毛皮或其他材料油脂处理的制剂（不含有石油或从沥青矿物提取的油类）	由天然物质或化学原料经化学反应制得。
193	3405.2000	保养木制品的上光剂及类似制品	由天然物质或化学原料经化学反应制得。
194	3405.9000	玻璃或金属用的光洁剂	由天然物质或化学原料经化学反应制得。
195	3502.9000	其他白蛋白及白蛋白盐及其衍生物	从未配方的丙种球蛋白制造。主要制造工序为配方、净化及消毒。
196	3505.1000	糊精及其他改性淀粉	从淀粉制造。主要制造工序为混合、冷却及/或燥干。

序号	内地 2005 年税则号列	商品名称	原产地标准
197	3506.1000	适于作胶或粘合剂的产品，零售包装每件净重≤1 千克	由天然物质或化学原料经化学反应制得。
198	3506.9110	以聚酰胺为基本成分的粘合剂	从化学成分制造。主要制造工序为藉搅拌/混合化学物料，产生物理/化学变化。
199	3506.9120	以环氧树脂为基本成分的粘合剂	从化学成分制造。主要制造工序为藉搅拌/混合化学物料，产生物理/化学变化。
200	3506.9190	以其他橡胶或塑料为基本成分的粘合剂	从化学成分制造。主要制造工序为藉搅拌/混合化学物料，产生物理/化学变化。
201	3606.1000	灌注打火机等用的液体或液化气体燃料，其包装容器的容积≤300 立方厘米	从化学成分或气体制造。主要制造工序为藉混合化学物料而产生化学变化。
202	3706.1090	已曝光已冲洗的电影胶片，宽度≥35 毫米，不论是否配有声道或仅有声道，教学专用除外	从胶卷制造。主要制造工序为显影及冲印，并需经内地主管部门批准进口。
203	3706.9090	已曝光已冲洗的电影胶片，宽度＜35 毫米，不论是否配有声道或仅有声道，教学专用除外	从胶卷制造。主要制造工序为显影及冲印，并需经内地主管部门批准进口。
204	3707.9010	冲洗胶卷及相片用化学制剂或摄影用未混合品（定量包装或零售包装可立即使用的）	从化学成分制造。主要制造工序为借搅拌或混合化学物料，产生化学变化。
205	3707.9020	复印机用化学制剂或摄影用未混合品（定量包装或零售包装可立即使用的）	从化学成分制造。主要制造工序为借搅拌或混合化学物料，产生化学变化。
206	3707.9090	其他摄影用化学制剂或摄影用未混合品（定量包装或零售包装可立即使用的）	从化学成分制造。主要制造工序为借搅拌或混合化学物料，产生化学变化。
207	3801.1000	人造石墨	从化学物料制造。主要工序为借混合化学物料而产生化学变化。
208	3808.1019	其他零售包装杀虫剂	由天然物质或化学原料经化学反应制得。
209	3808.1090	非零售包装杀虫剂	由天然物质或化学原料经化学反应制得。
210	3808.4000	消毒剂	由天然物质或化学原料经化学反应制得。

序号	内地 2005 年税则号列	商品名称	原产地标准
211	3809.9200	造纸工业用其他税号未列名整理剂、染料加速着色剂或固色助剂及其他产品和制剂	由天然物质或化学原料经化学反应制得。
212	3809.9300	制革工业用其他税号未列名整理剂、染料加速着色剂或固色助剂及其他产品和制剂	由天然物质或化学原料经化学反应制得。
213	3810.1000	金属表面酸洗剂；金属及其他材料制成的焊粉或焊膏	由天然物质或化学原料经化学反应制得。
214	3811.9000	抗氧剂、防胶剂、粘度改良剂、防腐剂配制添加剂，用于矿物油或与矿物油同样用途的其他液体	由天然物质或化学原料经化学反应制得。
215	3812.3010	橡胶的防老剂	由天然物质或化学原料经化学反应制得。
216	3812.3090	其他橡胶、塑料用抗氧剂及其他稳定剂	由天然物质或化学原料经化学反应制得。
217	3823.1900	其他工业用单羧脂肪酸；精炼所得的酸性油	从未提炼的油制造。主要制造工序为提炼。
218	3824.4000	水泥、灰泥及混凝土用添加剂	由天然物质或化学原料经化学反应制得。
219	3902.1000	初级形状的聚丙烯	税号改变标准。
220	3903.3000	初级形状的丙烯腈－丁二烯－苯乙烯共聚物	税号改变标准。
221	3903.9000	初级形状的其他苯乙烯聚合物	税号改变标准。
222	3904.2100	初级形状未塑化的聚氯乙烯	税号改变标准。
223	3906.9000	其他初级形状的丙烯酸聚合物	税号改变标准。
224	3907.3000	初级形状的环氧树脂	税号改变标准。
225	3907.4000	初级形状的聚碳酸酯	税号改变标准。
226	3908.1011	聚酰胺－6，6 切片	税号改变标准。

序号	内地 2005 年税则号列	商品名称	原产地标准
227	3908.1019	聚酰胺 -6、-11、-12、-6，9、-6，10 或 -6，12 切片	税号改变标准。
228	3908.1090	其他初级形状的聚酰胺	税号改变标准。
229	3909.5000	初级形状的聚氨基甲酸酯	税号改变标准。
230	3910.0000	初级形状的聚硅氧烷	税号改变标准。
231	3917.2300	氯乙烯聚合物制的硬管	（1）从橡胶或塑料制造。主要制造工序为模塑；或（2）从塑料/粒料或塑料片制造。主要制造工序为压制及切割。
232	3917.3100	塑料制的软管	（1）从橡胶或塑料制造。主要制造工序为模塑；或（2）从塑料/粒料或塑料片制造。主要制造工序为压制及切割。
233	3918.9010	其他塑料制的糊墙品	（1）从橡胶或塑料制造。主要制造工序为模塑；或（2）从塑料/粒料或塑料片制造。主要制造工序为压制及切割。
234	3918.9090	其他塑料制的铺地制品	（1）从橡胶或塑料制造。主要制造工序为模塑；或（2）从塑料/粒料或塑料片制造。主要制造工序为压制及切割。
235	3920.1010	乙烯聚合物制电池隔膜	（1）从橡胶或塑料制造。主要制造工序为模塑；或（2）从塑料/粒料或塑料片制造。主要制造工序为压制及切割。
236	3920.1090	其他非泡沫聚乙烯板、片、膜、箔及扁条	（1）从橡胶或塑料制造。主要制造工序为模塑；或（2）从塑料/粒料或塑料片制造。主要制造工序为压制及切割。
237	3920.2010	丙稀聚合物制电池隔膜	（1）从橡胶或塑料制造。主要制造工序为模塑；或（2）从塑料/粒料或塑料片制造。主要制造工序为压制及切割。
238	3920.2090	其他非泡沫聚丙烯板、片、膜、箔及扁条	（1）从橡胶或塑料制造。主要制造工序为模塑；或（2）从塑料/粒料或塑料片制造。主要制造工序为压制及切割。
239	3920.3000	非泡沫聚苯乙烯板、片、那 W 2.ə 氨馓	（1）从橡胶或塑料制造。主要制造工序为模塑；或（2）从塑料/粒料或塑料片制造。主要制造工序为压制及切割。
240	3920.6200	聚对苯二甲酸乙二酯板、片、膜、箔及扁条	（1）从橡胶或塑料制造。主要制造工序为模塑；或（2）从塑料/粒料或塑料片制造。主要制造工序为压制及切割。
241	3920.7300	乙酸纤维素制板、片、膜、箔及扁条	（1）从橡胶或塑料制造。主要制造工序为模塑；或（2）从塑料/粒料或塑料片制造。主要制造工序为压制及切割。
242	3921.1310	泡沫聚氨酯制人造革及合成革	（1）从橡胶或塑料制造。主要制造工序为模塑；或（2）从塑料/粒料或塑料片制造。主要制造工序为压制及切割。
243	3921.1390	泡沫聚氨酯板、片、带、箔及扁条	（1）从橡胶或塑料制造。主要制造工序为模塑；或（2）从塑料/粒料或塑料片制造。主要制造工序为压制及切割。

序号	内地 2005 年税则号列	商品名称	原产地标准
244	3921.9020	嵌有玻璃纤维的聚乙烯板、片	(1) 从橡胶或塑料制造。主要制造工序为模塑；或 (2) 从塑料/粒料或塑料片制造。主要制造工序为压制及切割。
245	3921.9030	聚异丁烯为基本成分的附有人造毛毡的板、片、卷材	(1) 从橡胶或塑料制造。主要制造工序为模塑；或 (2) 从塑料/粒料或塑料片制造。主要制造工序为压制及切割。
246	3921.9090	未列名塑料板、片、膜、箔及扁条	(1) 从橡胶或塑料制造。主要制造工序为模塑；或 (2) 从塑料/粒料或塑料片制造。主要制造工序为压制及切割。
247	3923.2100	乙烯聚合物制袋及包	(1) 从橡胶或塑胶制造。主要制造工序为模塑；或 (2) 从塑胶/粒料或塑胶片制造。主要制造工序为压制及切割。
248	3923.3000	塑料制坛、瓶及类似品	(1) 从橡胶或塑料制造。主要制造工序为模塑；或 (2) 从塑胶/粒料或塑胶片制造。主要制造工序为压制及切割。
249	3923.5000	塑料制塞子、盖子及类似品	(1) 从橡胶或塑料制造。主要制造工序为模塑；或 (2) 从塑料/粒料或塑料片制造。主要制造工序为压制及切割。
250	3925.9000	其他未列名的建筑用塑料制品	(1) 从橡胶或塑料制造。主要制造工序为模塑；或 (2) 从塑料/粒料或塑料片制造。主要制造工序为压制及切割。
251	3926.2000	塑料制衣服及衣着附件	从塑料粒料或塑料片制造。主要制造工序为模塑及切割。如制造工序中涉及车缝及/或上扣，则车缝及/或上扣亦须在香港进行。
252	4002.1110	羧基丁苯橡胶胶乳	税号改变标准。
253	4002.1190	丁苯橡胶胶乳	税号改变标准。
254	4002.1911	初级形状未经任何加工的丁苯橡胶	税号改变标准。
255	4002.1912	初级形状的充油丁苯橡胶	税号改变标准。
256	4002.1913	初级形状的热塑丁苯橡胶	税号改变标准。
257	4002.1914	初级形状的充油热塑丁苯橡胶	税号改变标准。
258	4002.1919	初级形状的其他丁苯橡胶及羧基丁苯橡胶	税号改变标准。
259	4002.1990	丁苯橡胶及羧基丁苯橡胶板、片、带	税号改变标准。
260	4003.0000	初级形状或板、片、带状再生橡胶	(1) 在香港收集的在香港消费过程中产生的仅适于原材料回收的废旧物品，经低温冷冻粉碎或超细粉碎成的胶粉或经造粒而成再生胶粒及制品；或 (2) 在香港加工制造过程中产生的仅适于原材料回收的废碎料，经低温冷冻粉碎或超细粉碎成的胶粉或经造粒而成再生胶粒及制品。

序号	内地 2005 年税则号列	商品名称	原产地标准
261	4004.0000	橡胶（硬质橡胶除外）废碎料及下脚料及其粉、粒	（1）在香港收集的在香港消费过程中产生的仅适于原材料回收的废旧物品，经低温冷冻粉碎或超细粉碎成的胶粉或经造粒而成再生胶粒及制品；或（2）在香港加工制造过程中产生的仅适于原材料回收的废碎料，经低温冷冻粉碎或超细粉碎成的胶粉或经造粒而成再生胶粒及制品。
262	4012.1200	机动大客车或货运机动车用翻新轮胎	在香港收集的在香港消费或加工制造过程中产生的仅适于原材料回收的废旧物品，经磨削、修理、贴胎面胶、硫化等工序制得。
263	4012.1300	航空器用翻新轮胎	在香港收集的在香港消费或加工制造过程中产生的仅适于原材料回收的废旧物品，经磨削、修理、贴胎面胶、硫化等工序制得。
264	4012.2010	汽车用旧的充气橡胶轮胎	在香港收集的在香港消费或加工制造过程中产生的仅适于原材料回收的废旧物品。
265	4012.2090	其他用途旧的充气橡胶轮胎	在香港收集的在香港消费或加工制造过程中产生的仅适于原材料回收的废旧物品。
266	4016.9100	硫化橡胶制铺地制品及门垫	（1）从橡胶或塑料制造。主要制造工序为模塑；或（2）从塑料/粒料或塑料片制造。主要制造工序为压制及切割。
267	4016.9310	硫化橡胶制机器、仪器用垫片、垫圈及其他密封垫	（1）从橡胶或塑料制造。主要制造工序为模塑；或（2）从塑料/粒料或塑料片制造。主要制造工序为压制及切割。
268	4016.9390	硫化橡胶制其他用垫片、垫圈及其他密封垫	（1）从橡胶或塑料制造。主要制造工序为模塑；或（2）从塑料/粒料或塑料片制造。主要制造工序为压制及切割。
269	4112.0000	已鞣进一步加工的不带毛绵羊或羔羊皮革	（1）从在香港屠宰的动物的毛皮制造。主要制造工序为去皮及盐渍；或（2）从进口毛皮制造。主要制造工序为浸泡或滚鼓漂染、鞣制及燥干。如燥干工序后涉及刮毛，则刮毛亦须在香港进行。
270	4113.1000	已鞣进一步加工的不带毛山羊或小山羊皮革	（1）从在香港屠宰的动物的毛皮制造。主要制造工序为去皮及盐渍；或（2）从进口毛皮制造。主要制造工序为浸泡或滚鼓漂染、鞣制及燥干。如燥干工序后涉及刮毛，则刮毛亦须在香港进行。
271	4113.2000	已鞣进一步加工的不带毛猪皮革	（1）从在香港屠宰的动物的毛皮制造。主要制造工序为去皮及盐渍；或（2）从进口毛皮制造。主要制造工序为浸泡或滚鼓漂染、鞣制及燥干。如燥干工序后涉及刮毛，则刮毛亦须在香港进行。
272	4202.2100	以皮革、再生皮革、漆皮作面的手提包	从皮革、再生皮革或漆皮制造。主要制造工序为切割及车缝。
273	4203.1000	皮革或再生皮革制的衣服	从皮革或再生皮革制造。主要制造工序为裁剪皮革及车缝。如制造工序中涉及上扣，则上扣亦须在香港进行。
274	4203.2100	皮革或再生皮革制专供运动用手套	从皮革或再生皮革制造。主要制造工序为裁剪皮革及车缝。

序号	内地2005年税则号列	商品名称	原产地标准
275	4203.2910	皮革或再生皮革制的劳保手套	从皮革或再生皮革制造。主要制造工序为裁剪皮革及车缝。
276	4203.2990	皮革或再生皮革制的其他手套	从皮革或再生皮革制造。主要制造工序为裁剪皮革及车缝。
277	4203.3010	皮革或再生皮革制腰带	从皮革或再生皮革制造。主要制造工序为裁剪皮革及车缝。
278	4203.3020	皮革或再生皮革制子弹带	从皮革或再生皮革制造。主要制造工序为裁剪皮革及车缝。
279	4203.4000	皮革或再生皮革制的其他衣着附件	从皮革或再生皮革制造。主要制造工序为裁剪皮革及车缝。如制造工序中涉及上扣，则上扣亦须在香港进行。
280	4205.0010	皮革或再生皮革制坐具套	从皮革或再生皮革制造。主要制造工序为裁剪皮革及车缝。如制造工序中涉及上扣，则上扣亦须在香港进行。
281	4205.0090	其他皮革或再生皮革制品	从皮革或再生皮革制造。主要制造工序为裁剪皮革及车缝。如制造工序中涉及上扣，则上扣亦须在香港进行。
282	4301.1000	整张生水貂皮，不论是否带头、尾或爪	(1) 从在香港屠宰的动物的毛皮制造。主要制造工序为去皮及盐渍；或 (2) 从进口毛皮制造。主要制造工序为浸泡或滚鼓漂染、鞣制及燥干/刮毛。
283	4301.3000	阿斯特拉罕等羔羊的整张生毛皮，不论是否带头、尾或爪	(1) 从在香港屠宰的动物的毛皮制造。主要制造工序为去皮及盐渍；或 (2) 从进口毛皮制造。主要制造工序为浸泡或滚鼓漂染、鞣制及燥干/刮毛。
284	4301.6000	整张生狐皮，不论是否带头、尾或爪	(1) 从在香港屠宰的动物的毛皮制造。主要制造工序为去皮及盐渍；或 (2) 从进口毛皮制造。主要制造工序为浸泡或滚鼓漂染、鞣制及燥干/刮毛。
285	4301.7000	整张生海豹皮，不论是否带头、尾或爪	(1) 从在香港屠宰的动物的毛皮制造。主要制造工序为去皮及盐渍；或 (2) 从进口毛皮制造。主要制造工序为浸泡或滚鼓漂染、鞣制及燥干/刮毛。
286	4301.8010	整张生兔皮，不论是否带头、尾或爪	(1) 从在香港屠宰的动物的毛皮制造。主要制造工序为去皮及盐渍；或 (2) 从进口毛皮制造。主要制造工序为浸泡或滚鼓漂染、鞣制及燥干/刮毛。
287	4301.8090	整张的其他生毛皮，不论是否带头、尾或爪	(1) 从在香港屠宰的动物的毛皮制造。主要制造工序为去皮及盐渍；或 (2) 从进口毛皮制造。主要制造工序为浸泡或滚鼓漂染、鞣制及燥干/刮毛。
288	4301.9010	黄鼠狼尾	(1) 从在香港屠宰的动物的毛皮制造。主要制造工序为去皮及盐渍；或 (2) 从进口毛皮制造。主要制造工序为浸泡或滚鼓漂染、鞣制及燥干/刮毛。

序号	内地 2005 年税则号列	商品名称	原产地标准
289	4301.9090	适合加工皮货用的其他未鞣头、尾、爪	（1）从在香港屠宰的动物的毛皮制造。主要制造工序为去皮及盐渍；或（2）从进口毛皮制造。主要制造工序为浸泡或滚鼓漂染、鞣制及燥干/刮毛。
290	4302.1100	已鞣未缝制的整张水貂皮	（1）从在香港屠宰的动物的毛皮制造。主要制造工序为去皮及盐渍；或（2）从进口毛皮制造。主要制造工序为浸泡或滚鼓漂染、鞣制及燥干/刮毛。
291	4302.1300	已鞣未缝制阿斯特拉罕等羔羊皮，不论是否带头、尾或爪	（1）从在香港屠宰的动物的毛皮制造。主要制造工序为去皮及盐渍；或（2）从进口毛皮制造。主要制造工序为浸泡或滚鼓漂染、鞣制及燥干/刮毛。
292	4302.1910	已鞣未缝制的贵重毛皮（貂皮、狐皮、水獭及旱獭等）	（1）从在香港屠宰的动物的毛皮制造。主要制造工序为去皮及盐渍；或（2）从进口毛皮制造。主要制造工序为浸泡或滚鼓漂染、鞣制及燥干/刮毛。
293	4302.1920	已鞣未缝制的整张兔皮	（1）从在香港屠宰的动物的毛皮制造。主要制造工序为去皮及盐渍；或（2）从进口毛皮制造。主要制造工序为浸泡或滚鼓漂染、鞣制及燥干/刮毛。
294	4302.1990	已鞣未缝制的其他整张毛皮	（1）从在香港屠宰的动物的毛皮制造。主要制造工序为去皮及盐渍；或（2）从进口毛皮制造。主要制造工序为浸泡或滚鼓漂染、鞣制及燥干/刮毛。
295	4302.2000	已鞣未缝制的头、尾、爪及其他块片	（1）从在香港屠宰的动物的毛皮制造。主要制造工序为去皮及盐渍；或（2）从进口毛皮制造。主要制造工序为浸泡或滚鼓漂染、鞣制及燥干/刮毛。
296	4302.3010	已鞣已缝制的贵重毛皮及其块、片	（1）从在香港屠宰的动物的毛皮制造。主要制造工序为去皮及盐渍；或（2）从进口毛皮制造。主要制造工序为浸泡或滚鼓漂染、鞣制及燥干/刮毛。
297	4302.3090	已鞣已缝制的其他整张毛皮及块片	（1）从在香港屠宰的动物的毛皮制造。主要制造工序为去皮及盐渍；或（2）从进口毛皮制造。主要制造工序为浸泡或滚鼓漂染、鞣制及燥干/刮毛。
298	4303.1010	毛皮衣服	从皮草成衣部件或毛皮片制造。主要制造工序为将皮草成衣部件修剪成形及车缝及缝上衬里。
299	4303.1020	毛皮衣着附件	从皮草成衣部件或毛皮片制造。主要制造工序为将皮草成衣部件修剪成形及车缝及缝上衬里。
300	4303.9000	毛皮制其他物品	从经精制的动物毛皮制造。主要制造工序为裁剪及车缝。
301	4304.0010	人造毛皮	从经精制的动物毛皮制造。主要制造工序为裁剪及车缝。
302	4304.0020	人造毛皮制品	从经精制的动物毛皮制造。主要制造工序为裁剪及车缝。

序号	内地 2005 年税则号列	商品名称	原产地标准
303	5106.1000	非供零售用粗梳纯羊毛纱线	从纤维或化学原料制造。主要制造工序为纺纱。
304	5106.2000	非供零售用粗梳混纺羊毛纱线	从纤维或化学原料制造。主要制造工序为纺纱。
305	5112.1100	重量≤200 克/平方米精梳全毛布	(1) 由纱线制造。主要制造工序为纺织或针织；或 (2) 整理进口或本地制造的坯布。主要制造工序为 (a) 煮炼；和 (b) 漂白或丝光处理；和 (c) 印花或染色（包括光白漂染）；和 (d) 以下任何一种工序：树脂整理、预缩、刮布、刷毛、上光、电光处理、织上云纹、压印永久浮雕花纹。
306	5205.1300	非零售粗梳细支纯棉单纱	从纤维或化学原料制造。主要制造工序为纺纱。
307	5205.1400	非零售粗梳较细支纯棉单纱	从纤维或化学原料制造。主要制造工序为纺纱。
308	5205.2100	非零售精梳粗支纯棉单纱	从纤维或化学原料制造。主要制造工序为纺纱。
309	5205.2300	非零售精梳细支纯棉单纱	从纤维或化学原料制造。主要制造工序为纺纱。
310	5205.2400	非零售精梳较细支纯棉单纱	从纤维或化学原料制造。主要制造工序为纺纱。
311	5205.2600	非零售精梳较特细支纯棉单纱	从纤维或化学原料制造。主要制造工序为纺纱。
312	5205.2700	非零售精梳特细支纯棉单纱	从纤维或化学原料制造。主要制造工序为纺纱。
313	5205.2800	非零售精梳超细支纯棉单纱	从纤维或化学原料制造。主要制造工序为纺纱。
314	5205.3100	非零售粗梳粗支纯棉多股纱	从纤维或化学原料制造。主要制造工序为纺纱。
315	5205.3300	非零售粗梳细支纯棉多股纱	从纤维或化学原料制造。主要制造工序为纺纱。
316	5205.3400	非零售粗梳较细支纯棉多股纱	从纤维或化学原料制造。主要制造工序为纺纱。
317	5205.4100	非零售精梳粗支纯棉多股纱	从纤维或化学原料制造。主要制造工序为纺纱。
318	5205.4300	非零售精梳细支纯棉多股纱	从纤维或化学原料制造。主要制造工序为纺纱。

序号	内地 2005 年税则号列	商品名称	原产地标准
319	5205.4400	非零售精梳较细支纯棉多股纱	从纤维或化学原料制造。主要制造工序为纺纱。
320	5205.4600	非零售精梳较特细支纯棉多股纱	从纤维或化学原料制造。主要制造工序为纺纱。
321	5205.4700	非零售精梳特细支纯棉多股纱	从纤维或化学原料制造。主要制造工序为纺纱。
322	5205.4800	非零售精梳超细支纯棉多股纱	从纤维或化学原料制造。主要制造工序为纺纱。
323	5206.1100	非零售粗梳粗支混纺棉单纱	从纤维或化学原料制造。主要制造工序为纺纱。
324	5206.1200	非零售粗梳中支混纺棉单纱	从纤维或化学原料制造。主要制造工序为纺纱。
325	5206.1300	非零售粗梳细支混纺棉单纱	从纤维或化学原料制造。主要制造工序为纺纱。
326	5206.1400	非零售粗梳较细支混纺棉单纱	从纤维或化学原料制造。主要制造工序为纺纱。
327	5206.1500	非零售粗梳特细支混纺棉单纱	从纤维或化学原料制造。主要制造工序为纺纱。
328	5206.2100	非零售精梳粗支混纺棉单纱	从纤维或化学原料制造。主要制造工序为纺纱。
329	5206.2200	非零售精梳中支混纺棉单纱	从纤维或化学原料制造。主要制造工序为纺纱。
330	5206.2300	非零售精梳细支混纺棉单纱	从纤维或化学原料制造。主要制造工序为纺纱。
331	5206.2400	非零售精梳较细支混纺棉单纱	从纤维或化学原料制造。主要制造工序为纺纱。
332	5206.2500	非零售精梳特细支混纺棉单纱	从纤维或化学原料制造。主要制造工序为纺纱。
333	5206.3100	非零售粗梳粗支混纺棉多股纱	从纤维或化学原料制造。主要制造工序为纺纱。
334	5206.3200	非零售粗梳中支混纺棉多股纱	从纤维或化学原料制造。主要制造工序为纺纱。
335	5206.3300	非零售粗梳细支混纺棉多股纱	从纤维或化学原料制造。主要制造工序为纺纱。

序号	内地2005年税则号列	商品名称	原产地标准
336	5206.3400	非零售粗梳较细支混纺棉多股纱	从纤维或化学原料制造。主要制造工序为纺纱。
337	5206.3500	非零售粗梳特细混纺棉多股纱	从纤维或化学原料制造。主要制造工序为纺纱。
338	5206.4100	非零售精梳粗支混纺棉多股纱	从纤维或化学原料制造。主要制造工序为纺纱。
339	5206.4200	非零售精梳中支混纺棉多股纱	从纤维或化学原料制造。主要制造工序为纺纱。
340	5206.4300	非零售精梳细支混纺棉多股纱	从纤维或化学原料制造。主要制造工序为纺纱。
341	5206.4400	非零售精梳较细支混纺棉多股纱	从纤维或化学原料制造。主要制造工序为纺纱。
342	5206.4500	非零售精梳特细混纺棉多股纱	从纤维或化学原料制造。主要制造工序为纺纱。
343	5208.1100	未漂白轻质全棉平纹布	(1) 由纱线制造。主要制造工序为纺织或针织；或 (2) 整理进口或本地制造的坯布。主要制造工序为 (a) 煮炼；和 (b) 漂白或丝光处理；和 (c) 印花或染色（包括光白漂染）；和 (d) 以下任何一种工序：树脂整理、预缩、刮布、刷毛、上光、电光处理、织上云纹、压印永久浮雕花纹。
344	5208.1200	未漂白较轻质全棉平纹布	(1) 由纱线制造。主要制造工序为纺织或针织；或 (2) 整理进口或本地制造的坯布。主要制造工序为 (a) 煮炼；和 (b) 漂白或丝光处理；和 (c) 印花或染色（包括光白漂染）；和 (d) 以下任何一种工序：树脂整理、预缩、刮布、刷毛、上光、电光处理、织上云纹、压印永久浮雕花纹。
345	5208.1300	未漂白轻质全棉三、四线斜纹布	(1) 由纱线制造。主要制造工序为纺织或针织；或 (2) 整理进口或本地制造的坯布。主要制造工序为 (a) 煮炼；和 (b) 漂白或丝光处理；和 (c) 印花或染色（包括光白漂染）；和 (d) 以下任何一种工序：树脂整理、预缩、刮布、刷毛、上光、电光处理、织上云纹、压印永久浮雕花纹。
346	5209.1100	未漂白重质全棉平纹布	(1) 由纱线制造。主要制造工序为纺织或针织；或 (2) 整理进口或本地制造的坯布。主要制造工序为 (a) 煮炼；和 (b) 漂白或丝光处理；和 (c) 印花或染色（包括光白漂染）；和 (d) 以下任何一种工序：树脂整理、预缩、刮布、刷毛、上光、电光处理、织上云纹、压印永久浮雕花纹。
347	5209.1900	未漂白重质其他全棉机织物	(1) 由纱线制造。主要制造工序为纺织或针织；或 (2) 整理进口或本地制造的坯布。主要制造工序为 (a) 煮炼；和 (b) 漂白或丝光处理；和 (c) 印花或染色（包括光白漂染）；和 (d) 以下任何一种工序：树脂整理、预缩、刮布、刷毛、上光、电光处理、织上云纹、压印永久浮雕花纹。

序号	内地2005年税则号列	商品名称	原产地标准
348	5210.1100	与化纤混纺未漂白轻质平纹棉布	（1）由纱线制造。主要制造工序为纺织或针织；或（2）整理进口或本地制造的坯布。主要制造工序为（a）煮炼；和（b）漂白或丝光处理；和（c）印花或染色（包括光白漂染）；和（d）以下任何一种工序：树脂整理、预缩、刮布、刷毛、上光、电光处理、织上云纹、压印永久浮雕花纹。
349	5210.1200	与化纤混纺未漂白轻质三线或四线斜纹棉布	（1）由纱线制造。主要制造工序为纺织或针织；或（2）整理进口或本地制造的坯布。主要制造工序为（a）煮炼；和（b）漂白或丝光处理；和（c）印花或染色（包括光白漂染）；和（d）以下任何一种工序：树脂整理、预缩、刮布、刷毛、上光、电光处理、织上云纹、压印永久浮雕花纹。
350	5210.3200	与化纤混纺染色的轻质三线或四线斜纹棉布	（1）由纱线制造。主要制造工序为纺织或针织；或（2）整理进口或本地制造的坯布。主要制造工序为（a）煮炼；和（b）漂白或丝光处理；和（c）印花或染色（包括光白漂染）；和（d）以下任何一种工序：树脂整理、预缩、刮布、刷毛、上光、电光处理、织上云纹、压印永久浮雕花纹。
351	5210.4200	与化纤混纺色织的轻质三线或四线斜纹棉布	（1）由纱线制造。主要制造工序为纺织或针织；或（2）整理进口或本地制造的坯布。主要制造工序为（a）煮炼；和（b）漂白或丝光处理；和（c）印花或染色（包括光白漂染）；和（d）以下任何一种工序：树脂整理、预缩、刮布、刷毛、上光、电光处理、织上云纹、压印永久浮雕花纹。
352	5211.1100	与化纤混纺未漂白重质平纹棉布	（1）由纱线制造。主要制造工序为纺织或针织。或（2）整理进口或本地制造的坯布。主要制造工序为（a）煮炼；和（b）漂白或丝光处理；和（c）印花或染色（包括光白漂染）；和（d）以下任何一种工序：树脂整理、预缩、刮布、刷毛、上光、电光处理、织上云纹、压印永久浮雕花纹。
353	5211.1200	与化纤混纺未漂白重质三线或四线斜纹棉布	（1）由纱线制造。主要制造工序为纺织或针织；或（2）整理进口或本地制造的坯布。主要制造工序为（a）煮炼；和（b）漂白或丝光处理；和（c）印花或染色（包括光白漂染）；和（d）以下任何一种工序：树脂整理、预缩、刮布、刷毛、上光、电光处理、织上云纹、压印永久浮雕花纹。
354	5211.1900	与化纤混纺未漂白重质其他棉布	（1）由纱线制造。主要制造工序为纺织或针织；或（2）整理进口或本地制造的坯布。主要制造工序为（a）煮炼；和（b）漂白或丝光处理；和（c）印花或染色（包括光白漂染）；和（d）以下任何一种工序：树脂整理、预缩、刮布、刷毛、上光、电光处理、织上云纹、压印永久浮雕花纹。
355	5211.3100	与化纤混纺染色的重质平纹棉布	（1）由纱线制造。主要制造工序为纺织或针织；或（2）整理进口或本地制造的坯布。主要制造工序为（a）煮炼；和（b）漂白或丝光处理；和（c）印花或染色（包括光白漂染）；和（d）以下任何一种工序：树脂整理、预缩、刮布、刷毛、上光、电光处理、织上云纹、压印永久浮雕花纹。
356	5211.3200	与化纤混纺染色的重质三线或四线斜纹棉布	（1）由纱线制造。主要制造工序为纺织或针织；或（2）整理进口或本地制造的坯布。主要制造工序为（a）煮炼；和（b）漂白或丝光处理；和（c）印花或染色（包括光白漂染）；和（d）以下任何一种工序：树脂整理、预缩、刮布、刷毛、上光、电光处理、织上云纹、压印永久浮雕花纹。

序号	内地2005年税则号列	商品名称	原产地标准
357	5211.3900	与化纤混纺染色的重质其他棉布	(1)由纱线制造。主要制造工序为纺织或针织；或(2)整理进口或本地制造的坯布。主要制造工序为(a)煮炼；和(b)漂白或丝光处理；和(c)印花或染色(包括光白漂染)；和(d)以下任何一种工序：树脂整理、预缩、刮布、刷毛、上光、电光处理、织上云纹、压印永久浮雕花纹。
358	5211.4200	与化纤混纺色织的重质粗斜纹棉布	(1)由纱线制造。主要制造工序为纺织或针织；或(2)整理进口或本地制造的坯布。主要制造工序为(a)煮炼；和(b)漂白或丝光处理；和(c)印花或染色(包括光白漂染)；和(d)以下任何一种工序：树脂整理、预缩、刮布、刷毛、上光、电光处理、织上云纹、压印永久浮雕花纹。
359	5212.1100	未漂白的其他混纺轻质棉布	(1)由纱线制造。主要制造工序为纺织或针织；或(2)整理进口或本地制造的坯布。主要制造工序为(a)煮炼；和(b)漂白或丝光处理；和(c)印花或染色(包括光白漂染)；和(d)以下任何一种工序：树脂整理、预缩、刮布、刷毛、上光、电光处理、织上云纹、压印永久浮雕花纹。
360	5212.1200	漂白的其他混纺轻质棉布	(1)由纱线制造。主要制造工序为纺织或针织；或(2)整理进口或本地制造的坯布。主要制造工序为(a)煮炼；和(b)漂白或丝光处理；和(c)印花或染色(包括光白漂染)；和(d)以下任何一种工序：树脂整理、预缩、刮布、刷毛、上光、电光处理、织上云纹、压印永久浮雕花纹。
361	5212.1300	染色的其他混纺轻质棉布	(1)由纱线制造。主要制造工序为纺织或针织；或(2)整理进口或本地制造的坯布。主要制造工序为(a)煮炼；和(b)漂白或丝光处理；和(c)印花或染色(包括光白漂染)；和(d)以下任何一种工序：树脂整理、预缩、刮布、刷毛、上光、电光处理、织上云纹、压印永久浮雕花纹。
362	5212.2100	未漂白的其他混纺重质棉布	(1)由纱线制造。主要制造工序为纺织或针织；或(2)整理进口或本地制造的坯布。主要制造工序为(a)煮炼；和(b)漂白或丝光处理；和(c)印花或染色(包括光白漂染)；和(d)以下任何一种工序：树脂整理、预缩、刮布、刷毛、上光、电光处理、织上云纹、压印永久浮雕花纹。
363	5212.2200	漂白的其他混纺重质棉布	(1)由纱线制造。主要制造工序为纺织或针织；或(2)整理进口或本地制造的坯布。主要制造工序为(a)煮炼；和(b)漂白或丝光处理；和(c)印花或染色(包括光白漂染)；和(d)以下任何一种工序：树脂整理、预缩、刮布、刷毛、上光、电光处理、织上云纹、压印永久浮雕花纹。
364	5212.2300	染色的其他混纺重质棉布	(1)由纱线制造。主要制造工序为纺织或针织；或(2)整理进口或本地制造的坯布。主要制造工序为(a)煮炼；和(b)漂白或丝光处理；和(c)印花或染色(包括光白漂染)；和(d)以下任何一种工序：树脂整理、预缩、刮布、刷毛、上光、电光处理、织上云纹、压印永久浮雕花纹。
365	5306.1000	亚麻单纱	从纤维或化学原料制造。主要制造工序为纺纱。
366	5306.2000	亚麻多股纱线或缆线	从纤维或化学原料制造。主要制造工序为纺纱。
367	5402.3111	非零售用聚酰胺-6纺制的细弹力丝	卷曲进口或本地制造的聚酰胺长纱为纱线。主要制造工序为纤维卷曲工序。

序号	内地 2005 年税则号列	商品名称	原产地标准
368	5402.3112	非零售用聚酰胺－66纺制的细弹力丝	卷曲进口或本地制造的聚酰胺长纱为纱线。主要制造工序为纤维卷曲工序。
369	5402.3113	非零售用芳香族聚酰胺纺制的细弹力丝	卷曲进口或本地制造的聚酰胺长纱为纱线。主要制造工序为纤维卷曲工序。
370	5402.3119	非零售其他细尼龙弹力丝	卷曲进口或本地制造的聚酰胺长纱为纱线。主要制造工序为纤维卷曲工序。
371	5402.3190	非零售其他细尼龙变形纱线	卷曲进口或本地制造的聚酰胺长纱为纱线。主要制造工序为纤维卷曲工序。
372	5402.3211	非零售用聚酰胺－6纺制的粗弹力丝	卷曲进口或本地制造的聚酰胺长纱为纱线。主要制造工序为纤维卷曲工序。
373	5402.3212	非零售用聚酰胺－66纺制的粗弹力丝	卷曲进口或本地制造的聚酰胺长纱为纱线。主要制造工序为纤维卷曲工序。
374	5402.3213	非零售用芳香族聚酰胺纺制的粗弹力丝	卷曲进口或本地制造的聚酰胺长纱为纱线。主要制造工序为纤维卷曲工序。
375	5402.3219	非零售其他粗尼龙弹力丝	卷曲进口或本地制造的聚酰胺长纱为纱线。主要制造工序为纤维卷曲工序。
376	5402.3290	非零售其他粗尼龙变形纱线	卷曲进口或本地制造的聚酰胺长纱为纱线。主要制造工序为纤维卷曲工序。
377	5402.4920	非零售用氨纶未捻单纱	从纤维纱或片制造。主要制造工序为搓捻、切割、气淬溶渣、上油及卷绕。
378	5404.1000	细度≥67分特、截面尺寸≤1毫米的合成纤维单丝	从纤维纱或片制造。主要制造工序为搓捻、切割、气淬溶渣、上油及卷绕。
379	5501.9000	其他合成纤维长丝丝束	（1）从橡胶、塑料或其他纤维物料制造。主要制造工序为模塑；或（2）从塑料/粒料、塑料片或其他纤维物料制造。主要制造工序为压制及切割。
380	5505.2000	人造纤维废料	（1）在香港收集的在香港消费过程中产生的仅适于原材料回收的废旧物品；或（2）在香港加工制造过程中产生的仅适于原材料回收的废碎料。
381	5509.1100	非零售纯尼龙短纤单纱	从纤维或化学原料制造。主要制造工序为纺纱。
382	5509.1200	非零售纯尼龙短纤多股纱线	从纤维或化学原料制造。主要制造工序为纺纱。
383	5509.2100	非零售纯聚酯短纤单纱	从纤维或化学原料制造。主要制造工序为纺纱。
384	5509.2200	非零售纯聚酯短纤多股纱线	从纤维或化学原料制造。主要制造工序为纺纱。

序号	内地2005年税则号列	商品名称	原产地标准
385	5509.3100	非零售纯聚丙烯腈短纤单纱	从纤维或化学原料制造。主要制造工序为纺纱。
386	5509.4100	非零售纯其他合成纤维短纤单纱	从纤维或化学原料制造。主要制造工序为纺纱。
387	5509.4200	非零售纯其他合成纤维短纤多股纱线	从纤维或化学原料制造。主要制造工序为纺纱。
388	5509.5100	非零售与人造纤维短纤混纺聚酯短纤纱	从纤维或化学原料制造。主要制造工序为纺纱。
389	5509.5200	非零售与毛混纺聚酯短纤纱线	从纤维或化学原料制造。主要制造工序为纺纱。
390	5509.5300	非零售与棉混纺聚酯短纤纱线	从纤维或化学原料制造。主要制造工序为纺纱。
391	5509.5900	非零售其他混纺聚酯短纤纱线	从纤维或化学原料制造。主要制造工序为纺纱。
392	5509.6100	非零售与毛混纺腈纶短纤纱线	从纤维或化学原料制造。主要制造工序为纺纱。
393	5509.6200	非零售与棉混纺腈纶短纤纱线	从纤维或化学原料制造。主要制造工序为纺纱。
394	5509.6900	非零售与其他混纺腈纶短纤纱线	从纤维或化学原料制造。主要制造工序为纺纱。
395	5509.9100	非零售与毛混纺其他合成纤维短纤纱线	从纤维或化学原料制造。主要制造工序为纺纱。
396	5509.9200	非零售与棉混纺其他合成纤维短纤纱线	从纤维或化学原料制造。主要制造工序为纺纱。
397	5509.9900	非零售与其他混纺合成纤维短纤纱线	从纤维或化学原料制造。主要制造工序为纺纱。
398	5510.1100	非零售纯人造纤维短纤单纱	从纤维或化学原料制造。主要制造工序为纺纱。
399	5510.1200	非零售纯人造纤维短纤多股纱线	从纤维或化学原料制造。主要制造工序为纺纱。
400	5510.2000	非零售与毛混纺人造纤维短纤纱线	从纤维或化学原料制造。主要制造工序为纺纱。
401	5510.3000	非零售与棉混纺人造纤维短纤纱线	从纤维或化学原料制造。主要制造工序为纺纱。

序号	内地 2005 年税则号列	商品名称	原产地标准
402	5510.9000	非零售与其他混纺人造纤维短纤纱线	从纤维或化学原料制造。主要制造工序为纺纱。
403	5513.1110	与棉混纺未漂白的轻质聚酯平纹布	（1）由纱线制造。主要制造工序为纺织或针织；或（2）整理进口或本地制造的坯布。主要制造工序为（a）煮炼；和（b）漂白或丝光处理；和（c）印花或染色（包括光白漂染）；和（d）以下任何一种工序：树脂整理、预缩、刮布、刷毛、上光、电光处理、织上云纹、压印永久浮雕花纹。
404	5513.1120	与棉混纺漂白的轻质聚酯平纹布	（1）由纱线制造。主要制造工序为纺织或针织；或（2）整理进口或本地制造的坯布。主要制造工序为（a）煮炼；和（b）漂白或丝光处理；和（c）印花或染色（包括光白漂染）；和（d）以下任何一种工序：树脂整理、预缩、刮布、刷毛、上光、电光处理、织上云纹、压印永久浮雕花纹。
405	5513.1210	与棉混纺未漂白的轻质聚酯斜纹布	（1）由纱线制造。主要制造工序为纺织或针织；或（2）整理进口或本地制造的坯布。主要制造工序为（a）煮炼；和（b）漂白或丝光处理；和（c）印花或染色（包括光白漂染）；和（d）以下任何一种工序：树脂整理、预缩、刮布、刷毛、上光、电光处理、织上云纹、压印永久浮雕花纹。
406	5513.1220	与棉混纺漂白的轻质聚酯斜纹布	（1）由纱线制造。主要制造工序为纺织或针织；或（2）整理进口或本地制造的坯布。主要制造工序为（a）煮炼；和（b）漂白或丝光处理；和（c）印花或染色（包括光白漂染）；和（d）以下任何一种工序：树脂整理、预缩、刮布、刷毛、上光、电光处理、织上云纹、压印永久浮雕花纹。
407	5513.2200	与棉混纺染色的轻质聚酯斜纹布	（1）由纱线制造。主要制造工序为纺织或针织；或（2）整理进口或本地制造的坯布。主要制造工序为（a）煮炼；和（b）漂白或丝光处理；和（c）印花或染色（包括光白漂染）；和（d）以下任何一种工序：树脂整理、预缩、刮布、刷毛、上光、电光处理、织上云纹、压印永久浮雕花纹。
408	5513.3300	与棉混纺色织的其他轻质聚酯布	（1）由纱线制造。主要制造工序为纺织或针织；或（2）整理进口或本地制造的坯布。主要制造工序为（a）煮炼；和（b）漂白或丝光处理；和（c）印花或染色（包括光白漂染）；和（d）以下任何一种工序：树脂整理、预缩、刮布、刷毛、上光、电光处理、织上云纹、压印永久浮雕花纹。
409	5514.1210	与棉混纺未漂白的重质聚酯斜纹布	（1）由纱线制造。主要制造工序为纺织或针织；或（2）整理进口或本地制造的坯布。主要制造工序为（a）煮炼；和（b）漂白或丝光处理；和（c）印花或染色（包括光白漂染）；和（d）以下任何一种工序：树脂整理、预缩、刮布、刷毛、上光、电光处理、织上云纹、压印永久浮雕花纹。
410	5514.1220	与棉混纺漂白的重质聚酯斜纹布	（1）由纱线制造。主要制造工序为纺织或针织；或（2）整理进口或本地制造的坯布。主要制造工序为（a）煮炼；和（b）漂白或丝光处理；和（c）印花或染色（包括光白漂染）；和（d）以下任何一种工序：树脂整理、预缩、刮布、刷毛、上光、电光处理、织上云纹、压印永久浮雕花纹。
411	5514.2200	与棉混纺染色的重质聚酯斜纹布	（1）由纱线制造。主要制造工序为纺织或针织；或（2）整理进口或本地制造的坯布。主要制造工序为（a）煮炼；和（b）漂白或丝光处理；和（c）印花或染色（包括光白漂染）；和（d）以下任何一种工序：树脂整理、预缩、刮布、刷毛、上光、电光处理、织上云纹、压印永久浮雕花纹。

序号	内地2005年税则号列	商品名称	原产地标准
412	5603.9210	25克＜每平方米≤70克浸渍其他无纺织物	税号改变标准。
413	5603.9290	25克＜每平方米≤70克其他无纺织物	税号改变标准。
414	5603.9310	70克＜每平方米≤150克浸渍其他无纺织物	税号改变标准。
415	5603.9390	70克＜每平方米≤150克的其他无纺织物	税号改变标准。
416	5603.9410	每平方米＞150克经浸渍其他无纺织物	税号改变标准。
417	5603.9490	每平方米＞150克的其他无纺织物	税号改变标准。
418	5608.9000	其他纤维制成的渔网及其他网	由纱线制造。主要制造工序为纺织或针织。
419	6101.1000	毛制针织或钩编男式大衣、防风衣等	裁剪及车缝类 从车缝部件制造。主要制造工序为将部件车缝，制成成衣。如制造工序中涉及连接及/或挑撞工序，则连接及/或挑撞工序亦须在香港进行。 成形织片类 （1）从纱制造。主要制造工序为将纱线编织为成形针织衫片；或（2）从成形针织衫片制造。主要制造工序为将成形针织衫片连接，制成成衣。如制造工序涉及挑撞工序，则挑撞工序亦须在香港进行。
420	6101.2000	棉制针织或钩编男式大衣、防风衣等	裁剪及车缝类 从车缝部件制造。主要制造工序为将部件车缝，制成成衣。如制造工序中涉及连接及/或挑撞工序，则连接及/或挑撞工序亦须在香港进行。 成形织片类 （1）从纱制造。主要制造工序为将纱线编织为成形针织衫片；或（2）从成形针织衫片制造。主要制造工序为将成形针织衫片连接，制成成衣。如制造工序涉及挑撞工序，则挑撞工序亦须在香港进行。
421	6101.3000	化纤制针织或钩编男式大衣、防风衣等	裁剪及车缝类 从车缝部件制造。主要制造工序为将部件车缝，制成成衣。如制造工序中涉及连接及/或挑撞工序，则连接及/或挑撞工序亦须在香港进行。 成形织片类 （1）从纱制造。主要制造工序为将纱线编织为成形针织衫片；或（2）从成形针织衫片制造。主要制造工序为将成形针织衫片连接，制成成衣。如制造工序涉及挑撞工序，则挑撞工序亦须在香港进行。

序号	内地 2005 年税则号列	商品名称	原产地标准
422	6101.9000	其他纺织材料制针织或钩编男式大衣、防风衣等	裁剪及车缝类 从车缝部件制造。主要制造工序为将部件车缝，制成成衣。如制造工序中涉及连接及/或挑撞工序，则连接及/或挑撞工序亦须在香港进行。 成形织片类 （1）从纱制造。主要制造工序为将纱线编织为成形针织衫片；或（2）从成形针织衫片制造。主要制造工序为将成形针织衫片连接，制成成衣。如制造工序涉及挑撞工序，则挑撞工序亦须在香港进行。
423	6102.1000	毛制针织或钩编女式大衣、防风衣等	裁剪及车缝类 从车缝部件制造。主要制造工序为将部件车缝，制成成衣。如制造工序中涉及连接及/或挑撞工序，则连接及/或挑撞工序亦须在香港进行。 成形织片类 （1）从纱制造。主要制造工序为将纱线编织为成形针织衫片；或（2）从成形针织衫片制造。主要制造工序为将成形针织衫片连接，制成成衣。如制造工序涉及挑撞工序，则挑撞工序亦须在香港进行。
424	6102.2000	棉制针织或钩编女式大衣、防风衣等	裁剪及车缝类 从车缝部件制造。主要制造工序为将部件车缝，制成成衣。如制造工序中涉及连接及/或挑撞工序，则连接及/或挑撞工序亦须在香港进行。 成形织片类 （1）从纱制造。主要制造工序为将纱线编织为成形针织衫片；或（2）从成形针织衫片制造。主要制造工序为将成形针织衫片连接，制成成衣。如制造工序涉及挑撞工序，则挑撞工序亦须在香港进行。
425	6102.3000	化纤制针织或钩编女式大衣、防风衣等	裁剪及车缝类 从车缝部件制造。主要制造工序为将部件车缝，制成成衣。如制造工序中涉及连接及/或挑撞工序，则连接及/或挑撞工序亦须在香港进行。 成形织片类 （1）从纱制造。主要制造工序为将纱线编织为成形针织衫片；或（2）从成形针织衫片制造。主要制造工序为将成形针织衫片连接，制成成衣。如制造工序涉及挑撞工序，则挑撞工序亦须在香港进行。
426	6102.9000	其他纺织材料制针织或钩编女式大衣、防风衣等	裁剪及车缝类 从车缝部件制造。主要制造工序为将部件车缝，制成成衣。如制造工序中涉及连接及/或挑撞工序，则连接及/或挑撞工序亦须在香港进行。 成形织片类 （1）从纱制造。主要制造工序为将纱线编织为成形针织衫片；或（2）从成形针织衫片制造。主要制造工序为将成形针织衫片连接，制成成衣。如制造工序涉及挑撞工序，则挑撞工序亦须在香港进行。
427	6103.3100	毛制针织或钩编男式上衣	裁剪及车缝类 从车缝部件制造。主要制造工序为将部件车缝，制成成衣。如制造工序中涉及连接及/或挑撞工序，则连接及/或挑撞工序亦须在香港进行。 成形织片类 （1）从纱制造。主要制造工序为将纱线编织为成形针织衫片；或（2）从成形针织衫片制造。主要制造工序为将成形针织衫片连接，制成成衣。如制造工序涉及挑撞工序，则挑撞工序亦须在香港进行。

序号	内地2005年税则号列	商品名称	原产地标准
428	6103.3200	棉制针织或钩编男式上衣	裁剪及车缝类 从车缝部件制造。主要制造工序为将部件车缝，制成成衣。如制造工序中涉及连接及/或挑撞工序，则连接及/或挑撞工序亦须在香港进行。 成形织片类 （1）从纱制造。主要制造工序为将纱线编织为成形针织衫片；或（2）从成形针织衫片制造。主要制造工序为将成形针织衫片连接，制成成衣。如制造工序涉及挑撞工序，则挑撞工序亦须在香港进行。
429	6103.3300	合纤制针织或钩编男式上衣	裁剪及车缝类 从车缝部件制造。主要制造工序为将部件车缝，制成成衣。如制造工序中涉及连接及/或挑撞工序，则连接及/或挑撞工序亦须在香港进行。 成形织片类 （1）从纱制造。主要制造工序为将纱线编织为成形针织衫片；或（2）从成形针织衫片制造。主要制造工序为将成形针织衫片连接，制成成衣。如制造工序涉及挑撞工序，则挑撞工序亦须在香港进行。
430	6103.3900	其他纺织材料制针织或钩编男式上衣	裁剪及车缝类 从车缝部件制造。主要制造工序为将部件车缝，制成成衣。如制造工序中涉及连接及/或挑撞工序，则连接及/或挑撞工序亦须在香港进行。 成形织片类 （1）从纱制造。主要制造工序为将纱线编织为成形针织衫片；或（2）从成形针织衫片制造。主要制造工序为将成形针织衫片连接，制成成衣。如制造工序涉及挑撞工序，则挑撞工序亦须在香港进行。
431	6104.3100	毛制针织或钩编女式上衣	裁剪及车缝类 从车缝部件制造。主要制造工序为将部件车缝，制成成衣。如制造工序中涉及连接及/或挑撞工序，则连接及/或挑撞工序亦须在香港进行。 成形织片类 （1）从纱制造。主要制造工序为将纱线编织为成形针织衫片；或（2）从成形针织衫片制造。主要制造工序为将成形针织衫片连接，制成成衣。如制造工序涉及挑撞工序，则挑撞工序亦须在香港进行。
432	6104.3200	棉制针织或钩编女式上衣	裁剪及车缝类 从车缝部件制造。主要制造工序为将部件车缝，制成成衣。如制造工序中涉及连接及/或挑撞工序，则连接及/或挑撞工序亦须在香港进行。 成形织片类 （1）从纱制造。主要制造工序为将纱线编织为成形针织衫片；或（2）从成形针织衫片制造。主要制造工序为将成形针织衫片连接，制成成衣。如制造工序涉及挑撞工序，则挑撞工序亦须在香港进行。
433	6104.3300	合纤制针织或钩编女上衣	裁剪及车缝类 从车缝部件制造。主要制造工序为将部件车缝，制成成衣。如制造工序中涉及连接及/或挑撞工序，则连接及/或挑撞工序亦须在香港进行。 成形织片类 （1）从纱制造。主要制造工序为将纱线编织为成形针织衫片；或（2）从成形针织衫片制造。主要制造工序为将成形针织衫片连接，制成成衣。如制造工序涉及挑撞工序，则挑撞工序亦须在香港进行。

序号	内地2005年税则号列	商品名称	原产地标准
434	6104.3900	其他纺织材料制针织或钩编女上衣	裁剪及车缝类 从车缝部件制造。主要制造工序为将部件车缝，制成成衣。如制造工序中涉及连接及/或挑撞工序，则连接及/或挑撞工序亦须在香港进行。 成形织片类 （1）从纱制造。主要制造工序为将纱线编织为成形针织衫片；或（2）从成形针织衫片制造。主要制造工序为将成形针织衫片连接，制成成衣。如制造工序涉及挑撞工序，则挑撞工序亦须在香港进行。
435	6104.4100	毛制针织或钩编连衣裙	裁剪及车缝类 从车缝部件制造。主要制造工序为将部件车缝，制成成衣。如制造工序中涉及连接及/或挑撞工序，则连接及/或挑撞工序亦须在香港进行。 成形织片类 （1）从纱制造。主要制造工序为将纱线编织为成形针织衫片；或（2）从成形针织衫片制造。主要制造工序为将成形针织衫片连接，制成成衣。如制造工序涉及挑撞工序，则挑撞工序亦须在香港进行。
436	6104.4200	棉制针织或钩编连衣裙	裁剪及车缝类 从车缝部件制造。主要制造工序为将部件车缝，制成成衣。如制造工序中涉及连接及/或挑撞工序，则连接及/或挑撞工序亦须在香港进行。 成形织片类 （1）从纱制造。主要制造工序为将纱线编织为成形针织衫片；或（2）从成形针织衫片制造。主要制造工序为将成形针织衫片连接，制成成衣。如制造工序涉及挑撞工序，则挑撞工序亦须在香港进行。
437	6104.4300	合纤制针织或钩编连衣裙	裁剪及车缝类 从车缝部件制造。主要制造工序为将部件车缝，制成成衣。如制造工序中涉及连接及/或挑撞工序，则连接及/或挑撞工序亦须在香港进行。 成形织片类 （1）从纱制造。主要制造工序为将纱线编织为成形针织衫片；或（2）从成形针织衫片制造。主要制造工序为将成形针织衫片连接，制成成衣。如制造工序涉及挑撞工序，则挑撞工序亦须在香港进行。
438	6104.4900	其他纺织材料制针织或钩编连衣裙	裁剪及车缝类 从车缝部件制造。主要制造工序为将部件车缝，制成成衣。如制造工序中涉及连接及/或挑撞工序，则连接及/或挑撞工序亦须在香港进行。 成形织片类 （1）从纱制造。主要制造工序为将纱线编织为成形针织衫片；或（2）从成形针织衫片制造。主要制造工序为将成形针织衫片连接，制成成衣。如制造工序涉及挑撞工序，则挑撞工序亦须在香港进行。
439	6104.5100	毛制针织或钩编裙子及裙裤	裁剪及车缝类 从车缝部件制造。主要制造工序为将部件车缝，制成成衣。如制造工序中涉及连接及/或挑撞工序，则连接及/或挑撞工序亦须在香港进行。 成形织片类 （1）从纱制造。主要制造工序为将纱线编织为成形针织衫片；或（2）从成形针织衫片制造。主要制造工序为将成形针织衫片连接，制成成衣。如制造工序涉及挑撞工序，则挑撞工序亦须在香港进行。

序号	内地 2005 年税则号列	商品名称	原产地标准
440	6104.5200	棉制针织或钩编裙子及裙裤	裁剪及车缝类 从车缝部件制造。主要制造工序为将部件车缝，制成成衣。如制造工序中涉及连接及/或挑撞工序，则连接及/或挑撞工序亦须在香港进行。 成形织片类 （1）从纱制造。主要制造工序为将纱线编织为成形针织衫片；或（2）从成形针织衫片制造。主要制造工序为将成形针织衫片连接，制成成衣。如制造工序涉及挑撞工序，则挑撞工序亦须在香港进行。
441	6104.5300	合纤制针织或钩编裙子及裙裤	裁剪及车缝类 从车缝部件制造。主要制造工序为将部件车缝，制成成衣。如制造工序中涉及连接及/或挑撞工序，则连接及/或挑撞工序亦须在香港进行。 成形织片类 （1）从纱制造。主要制造工序为将纱线编织为成形针织衫片；或（2）从成形针织衫片制造。主要制造工序为将成形针织衫片连接，制成成衣。如制造工序涉及挑撞工序，则挑撞工序亦须在香港进行。
442	6104.5900	其他纺织材料制针织或钩编裙子及裙裤	裁剪及车缝类 从车缝部件制造。主要制造工序为将部件车缝，制成成衣。如制造工序中涉及连接及/或挑撞工序，则连接及/或挑撞工序亦须在香港进行。 成形织片类 （1）从纱制造。主要制造工序为将纱线编织为成形针织衫片；或（2）从成形针织衫片制造。主要制造工序为将成形针织衫片连接，制成成衣。如制造工序涉及挑撞工序，则挑撞工序亦须在香港进行。
443	6108.2100	棉制针织或钩编女三角裤及短衬裤	裁剪及车缝类 从车缝部件制造。主要制造工序为将部件车缝，制成成衣。如制造工序中涉及连接及/或挑撞工序，则连接及/或挑撞工序亦须在香港进行。 成形织片类 （1）从纱制造。主要制造工序为将纱线编织为成形针织衫片；或（2）从成形针织衫片制造。主要制造工序为将成形针织衫片连接，制成成衣。如制造工序涉及挑撞工序，则挑撞工序亦须在香港进行。
444	6108.2200	化纤制针织或钩编女三角裤及短衬裤	裁剪及车缝类 从车缝部件制造。主要制造工序为将部件车缝，制成成衣。如制造工序中涉及连接及/或挑撞工序，则连接及/或挑撞工序亦须在香港进行。 成形织片类 （1）从纱制造。主要制造工序为将纱线编织为成形针织衫片；或（2）从成形针织衫片制造。主要制造工序为将成形针织衫片连接，制成成衣。如制造工序涉及挑撞工序，则挑撞工序亦须在香港进行。
445	6108.3200	化纤制针织或钩编女睡衣及睡衣裤	裁剪及车缝类 从车缝部件制造。主要制造工序为将部件车缝，制成成衣。如制造工序中涉及连接及/或挑撞工序，则连接及/或挑撞工序亦须在香港进行。 成形织片类 （1）从纱制造。主要制造工序为将纱线编织为成形针织衫片；或（2）从成形针织衫片制造。主要制造工序为将成形针织衫片连接，制成成衣。如制造工序涉及挑撞工序，则挑撞工序亦须在香港进行。

序号	内地 2005 年税则号列	商品名称	原产地标准
446	6112.3100	合纤制针织或钩编男式游泳服	裁剪及车缝类 从车缝部件制造。主要制造工序为将部件车缝，制成成衣。如制造工序中涉及连接及/或挑撞工序，则连接及/或挑撞工序亦须在香港进行。 成形织片类 （1）从纱制造。主要制造工序为将纱线编织为成形针织衫片；或（2）从成形针织衫片制造。主要制造工序为将成形针织衫片连接，制成成衣。如制造工序涉及挑撞工序，则挑撞工序亦须在香港进行。
447	6112.4100	合纤制针织或钩编女式游泳服	裁剪及车缝类 从车缝部件制造。主要制造工序为将部件车缝，制成成衣。如制造工序中涉及连接及/或挑撞工序，则连接及/或挑撞工序亦须在香港进行。 成形织片类 （1）从纱制造。主要制造工序为将纱线编织为成形针织衫片；或（2）从成形针织衫片制造。主要制造工序为将成形针织衫片连接，制成成衣。如制造工序涉及挑撞工序，则挑撞工序亦须在香港进行。
448	6201.1100	毛制男式大衣、斗篷及类似品	车缝部件为成衣。主要制造工序为以车缝工序将部件制成成衣。
449	6201.1210	棉制男式羽绒服	车缝部件为成衣。主要制造工序为以车缝工序将部件制成成衣。
450	6201.1290	棉制男式大衣、斗篷及类似品	车缝部件为成衣。主要制造工序为以车缝工序将部件制成成衣。
451	6201.1310	化纤制男式羽绒服	车缝部件为成衣。主要制造工序为以车缝工序将部件制成成衣。
452	6201.1390	化纤制男式大衣、斗篷及类似品	车缝部件为成衣。主要制造工序为以车缝工序将部件制成成衣。
453	6201.1900	其他纺织材料制男式大衣、斗篷及类似品	车缝部件为成衣。主要制造工序为以车缝工序将部件制成成衣。
454	6201.9100	毛制男式带风帽防寒短上衣、防风衣等	车缝部件为成衣。主要制造工序为以车缝工序将部件制成成衣。
455	6201.9210	棉制男式其他羽绒服	车缝部件为成衣。主要制造工序为以车缝工序将部件制成成衣。
456	6201.9290	棉制男式带风帽防寒短上衣、防风衣等	车缝部件为成衣。主要制造工序为以车缝工序将部件制成成衣。
457	6201.9310	化纤制男式其他羽绒服	车缝部件为成衣。主要制造工序为以车缝工序将部件制成成衣。
458	6201.9390	化纤制其他男式防寒短上衣、防风衣等	车缝部件为成衣。主要制造工序为以车缝工序将部件制成成衣。
459	6201.9900	其他纺织材料制男式防寒短上衣、防风衣等	车缝部件为成衣。主要制造工序为以车缝工序将部件制成成衣。
460	6202.1100	毛制女式大衣、斗篷及类似品等	车缝部件为成衣。主要制造工序为以车缝工序将部件制成成衣。

序号	内地2005年税则号列	商品名称	原产地标准
461	6202.1310	化纤制女式羽绒服	车缝部件为成衣。主要制造工序为以车缝工序将部件制成成衣。
462	6202.1390	化纤制女式大衣、斗篷及类似品	车缝部件为成衣。主要制造工序为以车缝工序将部件制成成衣。
463	6202.9100	毛制女式带风帽防寒短上衣、防风衣等	车缝部件为成衣。主要制造工序为以车缝工序将部件制成成衣。
464	6202.9210	棉制女式其他羽绒服	车缝部件为成衣。主要制造工序为以车缝工序将部件制成成衣。
465	6202.9290	棉制女式带风帽防寒短上衣、防风衣等	车缝部件为成衣。主要制造工序为以车缝工序将部件制成成衣。
466	6202.9310	化纤制女式其他羽绒服	车缝部件为成衣。主要制造工序为以车缝工序将部件制成成衣。
467	6202.9390	化纤制女式防风衣等	车缝部件为成衣。主要制造工序为以车缝工序将部件制成成衣。
468	6202.9900	其他纺织材料制女式防风衣、防风短上衣等	车缝部件为成衣。主要制造工序为以车缝工序将部件制成成衣。
469	6203.1100	毛制男式西服套装	车缝部件为成衣。主要制造工序为以车缝工序将部件制成成衣。
470	6203.1200	合纤制男式西服套装	车缝部件为成衣。主要制造工序为以车缝工序将部件制成成衣。
471	6203.1910	丝及绢丝制男式西服套装	车缝部件为成衣。主要制造工序为以车缝工序将部件制成成衣。
472	6203.1990	其他纺织材料制男式西服套装	车缝部件为成衣。主要制造工序为以车缝工序将部件制成成衣。
473	6203.3100	毛制男式上衣	车缝部件为成衣。主要制造工序为以车缝工序将部件制成成衣。
474	6203.3200	棉制男式上衣	车缝部件为成衣。主要制造工序为以车缝工序将部件制成成衣。
475	6203.3300	合纤制男式上衣	车缝部件为成衣。主要制造工序为以车缝工序将部件制成成衣。
476	6203.3910	丝及绢丝制男式上衣	车缝部件为成衣。主要制造工序为以车缝工序将部件制成成衣。
477	6203.3990	其他纺织材料制男式上衣	车缝部件为成衣。主要制造工序为以车缝工序将部件制成成衣。
478	6203.4100	毛制男式长裤、工装裤等	车缝部件为成衣。主要制造工序为以车缝工序将部件制成成衣。
479	6203.4310	合成纤维制男式阿拉伯裤	车缝部件为成衣。主要制造工序为以车缝工序将部件制成成衣。
480	6203.4390	合纤制男式长裤、工装裤等	车缝部件为成衣。主要制造工序为以车缝工序将部件制成成衣。
481	6203.4910	其他纺织材料制男式阿拉伯裤	车缝部件为成衣。主要制造工序为以车缝工序将部件制成成衣。
482	6203.4990	其他纺织材料制男式裤、工装裤等	车缝部件为成衣。主要制造工序为以车缝工序将部件制成成衣。

序号	内地 2005 年税则号列	商品名称	原产地标准
483	6204.3100	毛制女式上衣	车缝部件为成衣。主要制造工序为以车缝工序将部件制成成衣。
484	6204.3910	丝及绢丝制女式上衣	车缝部件为成衣。主要制造工序为以车缝工序将部件制成成衣。
485	6204.3990	其他纺织材料制女式上衣	车缝部件为成衣。主要制造工序为以车缝工序将部件制成成衣。
486	6204.4300	合纤制女式连衣裙	车缝部件为成衣。主要制造工序为以车缝工序将部件制成成衣。
487	6204.4990	其他纺织材料制连衣裙	车缝部件为成衣。主要制造工序为以车缝工序将部件制成成衣。
488	6204.5100	毛制裙子及裙裤	车缝部件为成衣。主要制造工序为以车缝工序将部件制成成衣。
489	6204.5300	合纤制裙子及裙裤	车缝部件为成衣。主要制造工序为以车缝工序将部件制成成衣。
490	6204.5990	其他纺织材料制裙子及裙裤	车缝部件为成衣。主要制造工序为以车缝工序将部件制成成衣。
491	6204.6100	毛制女式长裤、工装裤等	车缝部件为成衣。主要制造工序为以车缝工序将部件制成成衣。
492	6204.6900	其他纺织材料制女式长裤、工装裤等	车缝部件为成衣。主要制造工序为以车缝工序将部件制成成衣。
493	6207.9100	棉制男式浴衣、晨衣及类似品	车缝部件为成衣。主要制造工序为以车缝工序将部件制成成衣。
494	6207.9910	丝及绢丝制男浴衣、晨衣及类似品	车缝部件为成衣。主要制造工序为以车缝工序将部件制成成衣。
495	6207.9990	其他纺织材料制男浴衣、晨衣及类似品	车缝部件为成衣。主要制造工序为以车缝工序将部件制成成衣。
496	6211.3210	棉制男式阿拉伯袍	车缝部件为成衣。主要制造工序为以车缝工序将部件制成成衣。
497	6211.3290	棉制男式运动服及其他服装	车缝部件为成衣。主要制造工序为以车缝工序将部件制成成衣。
498	6211.3310	化纤制男式阿拉伯袍	车缝部件为成衣。主要制造工序为以车缝工序将部件制成成衣。
499	6211.3390	化纤制男式运动服及其他服装	车缝部件为成衣。主要制造工序为以车缝工序将部件制成成衣。
500	6212.1010	化纤制胸罩	车缝部件为成品。主要制造工序为以车缝工序将部件制成成品。
501	6212.1090	其他纺织材料制胸罩	(1) 从纱制造。主要制造工序为梭织或针织；及剪裁；或 (2) 车缝部件为胸罩部件。主要制造工序为将裁片缝制成胸罩部件；或 (3) 车缝部件为成品。主要制造工序为以车缝工序将部件制成成品。
502	6212.2010	化纤制束腰带及腹带	车缝部件为成品。主要制造工序为将裁片及部件缝制成成品。
503	6212.2090	其他纺织材料制束腰带及腹带	车缝部件为成品。主要制造工序为将裁片及部件缝制成成品。
504	6212.3010	化纤制紧身胸衣	车缝部件为成品。主要制造工序为将裁片及部件缝制成成品。

序号	内地 2005 年税则号列	商品名称	原产地标准
505	6212.3090	其他纺织材料制紧身胸衣	车缝部件为成品。主要制造工序为将裁片及部件缝制成成品。
506	6212.9010	化纤制吊裤带、吊袜带等	（1）从纱制造。主要制造工序为梭织或针织；及剪裁；或（2）车缝部件为吊裤带、吊袜带部件。主要制造工序为将裁片缝制成吊裤带、吊袜带部件；或（3）车缝部件为成品。主要制造工序为以车缝工序将部件制成成品。
507	6212.9090	其他纺织材料制吊裤带、吊袜带等	（1）从纱制造。主要制造工序为梭织或针织；及剪裁；或（2）车缝部件为吊裤带、吊袜带部件。主要制造工序为将裁片缝制成吊裤带、吊袜带部件；或（3）车缝部件为成品。主要制造工序为以车缝工序将部件制成成品。
508	6302.9300	化纤制其他盥洗及厨房织物制品	（1）从布匹制造。主要制造工序为裁剪布匹，并将布片缝制成产品；或（2）从纱制造。主要制造工序为梭织或针织。
509	6303.9200	合纤制非针织非钩编窗帘等	从布匹制造。主要制造工序为裁剪布匹，并将布片缝制成产品。
510	6506.9200	毛皮制帽类	从毛皮制造。主要制造工序为裁剪布匹或毛皮，并将裁片缝制成帽子或便帽。
511	6810.1100	水泥制建筑用砖及石砌块	从沙及水泥制造。主要制造工序为混合，模塑，硬化及燥干。
512	6810.9110	钢筋混凝土和预应力混凝土管、杆、板、桩等	从砂、石、水泥制造。主要制造工序为搅拌、成形、养护。
513	6810.9190	其他水泥制建筑或土木工程用预制构件	从砂、石、水泥制造。主要制造工序为搅拌、成形、养护。
514	7007.1110	航空航天器及船舶用钢化安全玻璃	从玻璃片及制框架物料制造。主要制造工序为钢化处理，切割及将配件装配成产品。
515	7007.1190	车辆用钢化安全玻璃	从玻璃片及制框架物料制造。主要制造工序为钢化处理，切割及将配件装配成产品。
516	7012.0000	保温瓶或其他保温器用玻璃胆	从石英及硼砂制造。主要制造工序为吹拉、密封及涂层。
517	7110.1990	其他半制成铂	从金属制造。主要制造工序为藉混合化学物料而产生化学变化。
518	7110.2990	其他半制成钯	从金属制造。主要制造工序为藉混合化学物料而产生化学变化。
519	7210.7000	涂漆或涂塑的铁或非合金钢宽板材	从金属制造。主要制造工序为塑形、涂漆或涂塑。如制造工序中涉及打孔及/或冲切，则打孔及/或冲切亦须在香港进行。
520	7212.4000	涂漆或涂塑的铁或非合金钢窄板材	从金属制造。主要制造工序为塑形、涂漆或涂塑。如制造工序中涉及打孔及/或冲切，则打孔及/或冲切亦须在香港进行。

序号	内地 2005 年税则号列	商品名称	原产地标准
521	7214.2000	热加工带有轧制花纹的条、杆	从金属制造。主要制造工序为高温处理、塑形及切割。
522	7217.9000	其他铁丝或非合金钢丝	从铜或铁制造。主要制造工序为制造钢丝及塑形。如制造工序中涉及压制，则压制亦须在香港进行。
523	7219.3300	1 毫米 < 厚度 < 3 毫米冷轧不锈钢板材	从金属制造。主要制造工序为塑形、焊接及切割。
524	7219.3400	0.5 毫米≤厚度≤1 毫米冷轧不锈钢板材	从金属制造。主要制造工序为塑形、焊接及切割。
525	7219.3500	厚度 < 0.5 毫米冷轧不锈钢板材	从金属制造。主要制造工序为塑形、焊接及切割。
526	7223.0000	不锈钢丝	从金属制造。主要制造工序为制造钢丝及塑形。如制造工序中涉及压制，则压制亦须在香港进行。
527	7304.3910	非冷轧的铁制（或非合金钢）无缝锅炉管	从金属制造。主要制造工序为塑形。如制造过程涉及打孔及/或冲切，则打孔及/或冲切亦须在香港进行。
528	7304.3920	非冷轧的铁制无缝地质钻管套管	从金属制造。主要制造工序为塑形。如制造过程涉及打孔及/或冲切，则打孔及/或冲切亦须在香港进行。
529	7304.3990	非冷轧的铁制其他无缝管	从金属制造。主要制造工序为塑形。如制造过程涉及打孔及/或冲切，则打孔及/或冲切亦须在香港进行。
530	7308.3000	钢铁制门窗及其框架、门槛	从金属制造。主要制造工序为塑形。如制造过程涉及打孔及/或冲切，则打孔及/或冲切亦须在香港进行。
531	7308.9000	其他钢铁结构体及部件	从金属制造。主要制造工序为塑形。如制造过程涉及打孔及/或冲切，则打孔及/或冲切亦须在香港进行。
532	7310.2100	容积 < 50L 焊边或卷边接合钢铁罐	从金属制造。主要制造工序为塑形、烧焊及切割。如制造工序中涉及装配，则装配亦须在香港进行。
533	7314.2000	交点焊接的粗钢铁丝网、篱及格栅	从金属制造。主要制造工序为制造钢丝及塑形。如制造工序中涉及压制，则压制亦须在香港进行。
534	7314.3100	交点焊接的镀或涂锌细钢铁丝网	从金属制造。主要制造工序为制造钢丝及塑形。如制造工序中涉及压制，则压制亦须在香港进行。
535	7314.3900	交点焊接的其他细钢铁丝网、篱	从金属制造。主要制造工序为塑形、焊接及切割。
536	7314.5000	网眼钢铁板	从金属制造。主要制造工序为塑形。
537	7315.1110	自行车滚子链	从金属制造。主要制造工序为切割、冲压及电镀加工。
538	7315.1120	摩托车滚子链	从金属制造。主要制造工序为切割、冲压及电镀加工。
539	7315.1190	其他滚子链	从金属制造。主要制造工序为切割、冲压及电镀加工。

序号	内地2005年税则号列	商品名称	原产地标准
540	7318.2100	弹簧垫圈及其他防松垫圈	从金属制造。主要制造工序为切割、冲压及电镀加工。
541	7318.2300	铆钉	从金属制造。主要制造工序为切割、冲压及电镀加工。
542	7323.9300	餐桌、厨房等家用不锈钢器具	从金属制造。主要制造工序为压铸/冲切、塑形及装配
543	7324.1000	不锈钢制洗涤槽及脸盆	从金属制造。主要制造工序为压铸、塑形及装配。
544	7405.0000	铜母合金	从金属制造。主要制造工序为藉混合化学物料而产生化学变化。
545	7411.2100	铜锌合金（黄铜）管	从金属制造。主要制造工序为塑形、钻孔及切割。
546	7415.2100	铜垫圈（包括弹簧垫圈）	从金属制造。主要制造工序为切割、冲压及电镀加工。
547	7415.2900	铜制其他无螺纹制品	从金属制造。主要制造工序为切割、冲压及电镀加工。
548	7415.3310	铜制木螺钉	从金属制造。主要制造工序为切割、塑形、钻孔及螺纹。
549	7415.3390	铜制其他螺钉、螺栓、螺母	从金属制造。主要制造工序为切割、塑形、钻孔及螺纹。
550	7415.3900	其他铜制螺纹制品	从金属制造。主要制造工序为切割、塑形、钻孔及螺纹。
551	7419.1000	铜链条及其零件	从金属制造。主要制造工序为切割、冲压及电镀加工。
552	7605.1900	其他纯铝制的细丝	从金属制造。主要制造工序为制造铝丝及塑形。如制造工序中涉及压制，则压制亦须在香港进行。
553	7606.1220	厚度<0.28毫米的铝合金制矩形铝板片带	从金属制造。主要制造工序为轧制（压延）、塑形。
554	7606.1230	0.28毫米≤厚度≤0.35毫米的铝合金制矩形铝板片带	从金属制造。主要制造工序为轧制（压延）、塑形。
555	7607.2000	有衬背铝箔	从金属制造。主要制造工序为轧制（压延）、涂层、覆合。
556	7616.1000	铝钉、螺钉、螺母、垫圈等紧固件	从金属制造。主要制造工序为切割、冲压及电镀加工。
557	8207.3000	锻压或冲压工具	从金属制造。主要制造工序为切割、按压及测试。
558	8215.9900	其他非成套的厨房或餐桌用具	从金属制造。主要制造工序为冲切、塑形及装配。如制造工序中涉及压铸，则压铸亦须在香港进行。
559	8301.5000	带锁的扣环及扣环框架	从金属制造。主要制造工序为压铸、螺纹及装配。
560	8302.1000	铰链（折叶）	从金属制造。主要制造工序为压铸、螺纹及装配。
561	8304.0000	贱金属档案柜、文件箱等办公用具	从金属制造。主要制造工序为表面处理、切割、装配及电镀/喷涂/涂层。

序号	内地 2005 年税则号列	商品名称	原产地标准
562	8305.9000	贱金属信夹、信角、文件夹等办公用品	从金属制造。主要制造工序为表面处理、切割、装配及电镀/喷涂/涂层。
563	8308.1000	贱金属制钩、环及眼	从金属制造。主要制造工序为切割、冲压及电镀加工。
564	8308.2000	贱金属制管形铆钉及开口铆钉	从金属制造。主要制造工序为切割、冲压及电镀加工。
565	8309.1000	贱金属制冠形瓶塞	从金属制造。主要制造工序为塑形及冲切。如制造工序中涉及装配，则装配亦须在香港进行。
566	8309.9000	贱金属盖子瓶帽螺口塞封志等包装用配件	从金属制造。主要制造工序为塑形。如制造工序中涉及打孔及/或冲切，则打孔及/或冲切亦须在香港进行。
567	8413.4000	混凝土泵	a）在香港进行金属制作（对进口组合零件进行的金属制作工序亦适用）及装配。主要制造工序为切割、烧焊、磨光、装配及测试；及 b）从价百分比标准。
568	8413.9100	液体泵用零件	税号改变标准。
569	8414.3011	功率≤0.4KW 的冷藏、冷冻箱用压缩机	a）在香港进行金属制作（对进口组合零件进行的金属制作工序亦适用）及装配。主要制造工序为金属零件切削加工、切割、焊接、装配及测试；及 b）从价百分比标准。
570	8414.3012	0.4＜功率≤5KW 的冷藏、冷冻箱用压缩机	a）在香港进行金属制作（对进口组合零件进行的金属制作工序亦适用）及装配。主要制造工序为金属零件切削加工、切割、焊接、装配及测试；及 b）从价百分比标准。
571	8414.3013	0.4＜功率≤5KW 的空气调节器用压缩机	a）在香港进行金属制作（对进口组合零件进行的金属制作工序亦适用）及装配。主要制造工序为金属零件切削加工、切割、焊接、装配及测试；及 b）从价百分比标准。
572	8414.3014	功率＞5KW 的空气调节器用压缩机	a）在香港进行金属制作（对进口组合零件进行的金属制作工序亦适用）及装配。主要制造工序为金属零件切削加工、切割、焊接、装配及测试；及 b）从价百分比标准。
573	8414.3015	冷冻或冷藏设备用，功率＞5KW 的电动机驱动压缩机	a）在香港进行金属制作（对进口组合零件进行的金属制作工序亦适用）及装配。主要制造工序为金属零件切削加工、切割、焊接、装配及测试；及 b）从价百分比标准。
574	8414.3019	其他电动机驱动的制冷设备用压缩机	a）在香港进行金属制作（对进口组合零件进行的金属制作工序亦适用）及装配。主要制造工序为金属零件切削加工、切割、焊接、装配及测试；及 b）从价百分比标准。
575	8414.3090	非电机驱动的制冷设备用压缩机	a）在香港进行金属制作（对进口组合零件进行的金属制作工序亦适用）及装配。主要制造工序为金属零件切削加工、切割、焊接、装配及测试；及 b）从价百分比标准。

序号	内地2005年税则号列	商品名称	原产地标准
576	8415.2000	机动车辆上供人使用的空气调节器	a）在香港进行金属制作（对进口组合零件进行的金属制作工序亦适用）及装配。主要制造工序为金属零件切削加工、切割、焊接、装配及测试；及b）从价百分比标准。
577	8415.9090	制冷量>4千大卡/小时等空调的零件	税号改变标准。
578	8418.5000	其他冷藏或冷冻柜、箱、展示台等	税号改变标准。
579	8419.5000	热交换装置	a）在香港进行金属制作（对进口组合零件进行的金属制作工序亦适用）及装配。主要制造工序为切割、焊接、装配及测试；及b）从价百分比标准。
580	8419.6011	制氧量≥15000立方米/小时制氧机	a）在香港进行金属制作（对进口组合零件进行的金属制作工序亦适用）及装配。主要制造工序为冲切、切割、焊接、装配及测试；及b）从价百分比标准。
581	8419.6019	制氧量<15000立方米/小时制氧机	a）在香港进行金属制作（对进口组合零件进行的金属制作工序亦适用）及装配。主要制造工序为冲切、切割、焊接、装配及测试；及b）从价百分比标准。
582	8419.6090	其他液化空气或其他气体的机器	a）在香港进行金属制作（对进口组合零件进行的金属制作工序亦适用）及装配。主要制造工序为冲切、切割、焊接、装配及测试；及b）从价百分比标准。
583	8421.2300	内燃发动机的燃油过滤器	a）在香港制作及装配。主要制造工序为过滤元件的成形、冲压、焊接、塑形及装配；及b）从价百分比标准。
584	8421.2910	其他压滤机	税号改变标准。
585	8421.2990	其他液体的过滤、净化机器及装置	税号改变标准。
586	8421.3100	内燃发动机的进气过滤器	a）在香港制作及装配。主要制造工序为过滤元件的成形、冲压、焊接、塑形及装配；及b）从价百分比标准。
587	8421.3910	家用型气体过滤、净化机器及装置	税号改变标准。
588	8421.3921	工业用静电除尘器	税号改变标准。
589	8421.3922	工业用袋式除尘器	税号改变标准。
590	8421.3923	工业用旋风式除尘器	税号改变标准。
591	8421.3929	工业用其他除尘器	税号改变标准。
592	8421.3990	其他气体的过滤、净化机器及装置	税号改变标准。

序号	内地 2005 年税则号列	商品名称	原产地标准
593	8421.9910	家用型过滤、净化装置用零件	税号改变标准。
594	8421.9990	其他过滤、净化装置用零件	税号改变标准。
595	8422.3011	电动手提式饮料及液体食品灌装设备	a）在香港进行金属制作（对进口组合零件进行的金属制作工序亦适用）及装配。主要制造工序为金属切削、烧焊、研磨、装配及测试；及 b）从价百分比标准。
596	8422.3019	其他饮料及液体食品灌装设备	a）在香港进行金属制作（对进口组合零件进行的金属制作工序亦适用）及装配。主要制造工序为金属切削、烧焊、研磨、装配及测试；及 b）从价百分比标准。
597	8422.3021	水泥全自动灌包机	a）在香港进行金属制作（对进口组合零件进行的金属制作工序亦适用）及装配。主要制造工序为金属切削、烧焊、研磨、装配及测试；及 b）从价百分比标准。
598	8422.3029	其他水泥包装机	a）在香港进行金属制作（对进口组合零件进行的金属制作工序亦适用）及装配。主要制造工序为金属切削、烧焊、研磨、装配及测试；及 b）从价百分比标准。
599	8422.3030	其他包装机	a）在香港进行金属制作（对进口组合零件进行的金属制作工序亦适用）及装配。主要制造工序为金属切削、烧焊、研磨、装配及测试；及 b）从价百分比标准。
600	8422.3090	其他装填密封等包封机器	a）在香港进行金属制作（对进口组合零件进行的金属制作工序亦适用）及装配。主要制造工序为金属切削、烧焊、研磨、装配及测试；及 b）从价百分比标准。
601	8422.4000	其他包装或打包机器	税号改变标准。
602	8424.8100	农业或园艺用喷射、喷雾机械器具	a）在香港制造喷雾器器具或容器。主要制造工序为冲切，塑形及装配；及 b）从价百分比标准。若产品需要汽油机，则汽油机需要在香港制造。
603	8425.3900	其他非电动卷扬机及绞盘	税号改变标准。
604	8428.1010	载客电梯	a）在香港进行金属制作（对进口组合零件进行的金属制作工序亦适用）及装配。主要制造工序为金属切割、冲压、烧焊、装配及测试；及 b）从价百分比标准。
605	8428.1090	其他升降机及倒卸式起重机	a）在香港进行金属制作（对进口组合零件进行的金属制作工序亦适用）及装配。主要制造工序为金属切割、冲压、烧焊、装配及测试；及 b）从价百分比标准。
606	8430.4111	钻探深度≥6000 米的自推进石油及天然气钻探机	税号改变标准。

序号	内地 2005 年税则号列	商品名称	原产地标准
607	8430. 4119	其他自推进石油及天然气钻探机	税号改变标准。
608	8430. 4121	钻探深度≥6000 米的其他钻探机	税号改变标准。
609	8430. 4122	钻探深度<6000 米履带式自推进钻机	税号改变标准。
610	8430. 4129	钻探深度<6000 米的其他自推进钻机	税号改变标准。
611	8430. 4190	其他自推进的凿井机械	税号改变标准。
612	8431. 4310	石油或天然气钻探机用零件	税号改变标准。
613	8431. 4320	其他钻探机用零件	税号改变标准。
614	8431. 4390	其他凿井机用零件	税号改变标准。
615	8442. 5000	活字、印刷用版、片及其他部件	a）从金属制造。主要制造工序为塑形如压纹、通电及涂层。如制造工序中涉及装配，则装配亦须在香港进行；及 b）从价百分比标准。
616	8452. 2900	其他非自动缝纫机	a）在香港进行金属制作（对进口组合零件进行的金属制作工序亦适用）及装配。主要制造工序为金属制作、装配及测试；及 b）从价百分比标准。
617	8465. 9100	加工木材等材料的锯床	a）在香港进行金属制作（对进口组合零件进行的金属制作工序亦适用）及装配。主要制造工序为冲切、切割、折弯、焊接、车刨及铣削、装配及测试；及 b）从价百分比标准。
618	8467. 2910	电动砂磨工具	a）在香港进行金属制作（对进口组合零件进行的金属制作工序亦适用）及装配。主要制造工序为切割、焊接、装配及测试；及 b）从价百分比标准。
619	8467. 2920	电刨	a）在香港进行金属制作（对进口组合零件进行的金属制作工序亦适用）及装配。主要制造工序为切割、焊接、装配及测试；及 b）从价百分比标准。
620	8467. 2990	其他本身装有电动动力装置的手提式工具	a）在香港进行金属制作（对进口组合零件进行的金属制作工序亦适用）及装配。主要制造工序为切割、焊接、装配及测试；及 b）从价百分比标准。
621	8477. 2010	塑料造粒机	a）在香港进行金属制作（对进口组合零件进行的金属制作工序亦适用）及装配。主要制造工序为镗、钻孔、装配、烧焊、加工配件及测试；及 b）从价百分比标准。
622	8477. 2090	其他加工橡胶或塑料的挤出机	a）在香港进行金属制作（对进口组合零件进行的金属制作工序亦适用）及装配。主要制造工序为镗、钻孔、装配、烧焊、加工配件及测试；及 b）从价百分比标准。

序号	内地 2005 年税则号列	商品名称	原产地标准
623	8477.8000	其他橡胶或塑料加工机器	a）在香港进行金属制作（对进口组合零件进行的金属制作工序亦适用）及装配。主要制造工序为镗、钻孔、装配、烧焊、加工配件及测试；及 b）从价百分比标准。
624	8479.8110	绕线机	a）在香港进行金属制作（对进口组合零件进行的金属制作工序亦适用）及装配。主要制造工序为车床刨削、铣削、烧焊、研磨、装配及测试；及 b）从价百分比标准。
625	8479.8190	其他处理金属的机械	a）在香港进行金属制作（对进口组合零件进行的金属制作工序亦适用）及装配。主要制造工序为车床刨削、铣削、烧焊、研磨、装配及测试；及 b）从价百分比标准。
626	8481.8090	未列名龙头、旋塞及类似装置	a）从金属制造。主要制造工序为塑形，烧焊及切割；及 b）从价百分比标准。
627	8483.1010	船舶用传动轴	a）在香港进行金属制作（对进口组合零件进行的金属制作工序亦适用）及装配。主要制造工序为切割、烧焊、磨光、装配及测试；及 b）从价百分比标准。
628	8483.1090	其他传动轴及曲柄	a）在香港进行金属制作（对进口组合零件进行的金属制作工序亦适用）及装配。主要制造工序为切割、烧焊、磨光、装配及测试；及 b）从价百分比标准。
629	8483.4010	滚子螺杆传动装置	a）在香港进行金属制作（对进口组合零件进行的金属制作工序亦适用）及装配。主要制造工序为切割、烧焊、磨光、装配及测试；及 b）从价百分比标准。
630	8483.4020	行星齿轮减速器	a）在香港进行金属制作（对进口组合零件进行的金属制作工序亦适用）及装配。主要制造工序为切割、烧焊、磨光、装配及测试；及 b）从价百分比标准。
631	8483.4090	其他齿轮及齿轮传动装置	a）在香港进行金属制作（对进口组合零件进行的金属制作工序亦适用）及装配。主要制造工序为切割、烧焊、磨光、装配及测试；及 b）从价百分比标准。
632	8483.9000	单独报验的带齿的轮及其他传动元件；零件	税号改变标准。
633	8485.9000	84 章其他税号未列名机器零件	税号改变标准。
634	8504.4020	不间断供电电源（UPS）	a）在香港装配。主要制造工序为塑形，装配及测试；及 b）从价百分比标准。
635	8507.8020	锂离子电池	装配电池。主要制造工序为组装电池、密封及测试。
636	8507.8090	其他蓄电池	装配电池。主要制造工序为组装电池、密封及测试。
637	8510.2000	电动毛发推剪	从金属制造。主要制造工序为切割及塑形。

序号	内地 2005 年税则号列	商品名称	原产地标准
638	8515.9000	电气等焊接机器及装置零件	从金属制造。主要制造工序为切割及塑形。
639	8516.2910	电气土壤加热器	在香港进行金属制作（对进口组合零件进行的金属制作工序亦适用）及装配。主要制造工序为切割、焊接、车刨及铣削、装配及测试。
640	8516.2990	电气空间加热器	在香港进行金属制作（对进口组合零件进行的金属制作工序亦适用）及装配。主要制造工序为切割、焊接、车刨及铣削、装配及测试。
641	8523.3000	未录制的磁条卡	从塑料制造。主要制造工序为制板、制造插卡及装配。
642	8524.3290	其他重放声音的光盘	从未录制激光唱片或激光阅读系统用的圆盘制造。主要制造工序为加载并整理声音数据。
643	8524.6000	已录制的磁条卡	从塑料制造。主要制造工序为制板、制造插卡及装配。
644	8531.1090	其他防盗或防火报警器及类似装置	从电子组件制造。主要制造工序为焊接、校准及测试。
645	8531.8090	其他电气音响或视觉信号装置	从电子组件制造。主要制造工序为焊接、校准及测试。
646	8535.4000	避雷器、电压限幅器及电涌抑制器	a）在香港进行金属制作（对进口组合零件进行的金属制作工序亦适用）及装配。主要制造工序为镗、钻孔、装配、烧焊、加工配件及测试；及 b）从价百分比标准。
647	8535.9000	其他电压 >1000 伏电路开关等电气装置	a）在香港进行金属制作（对进口组合零件进行的金属制作工序亦适用）及装配。主要制造工序为镗、钻孔、装配、烧焊、加工配件及测试；及 b）从价百分比标准。
648	8536.2000	电压≤1000 伏自动断路器	关键零部件动静触头、拉杆、灭弧室及操作机构等在香港本地制造并进行产品组装和调试。
649	8544.5910	1000 伏≥耐压 >80 伏无接头电缆	从金属线制造。主要制造工序为包覆。
650	8544.6011	耐压 >35 千伏的电缆	从金属线制造。主要制造工序为包覆。
651	8544.6019	耐压在 1 千伏 －35 千伏的电缆	从金属线制造。主要制造工序为包覆。
652	8544.6090	耐压 >1 千伏的其他电导体	从金属线制造。主要制造工序为包覆。
653	9001.3000	隐形眼镜片	从聚合物制造。主要制造工序为车床切割及打磨。
654	9001.5010	非玻璃材料制变色镜片	从眼镜坯件制造，主要制造工序为打磨或磨光折射弯曲部分。
655	9001.5091	非玻璃材料制太阳镜片	从眼镜坯件制造，主要制造工序为打磨或磨光折射弯曲部分。

序号	内地 2005 年税则号列	商品名称	原产地标准
656	9001.5099	非玻璃材料制其他眼镜片	从眼镜坯件制造，主要制造工序为打磨或磨光折射弯曲部分。
657	9002.9010	照相机用未列名光学元件	从空白光掩膜版、光罩制造。主要制造工序为蚀刻、冲晒、检查及清理。如加工工序中涉及镀膜工序，则镀膜工序亦须在香港进行。
658	9002.9090	其他光学仪器用未列名光学元件	从空白光掩膜版、光罩制造。主要制造工序为蚀刻、冲晒、检查及清理。如加工工序中涉及镀膜工序，则镀膜工序亦须在香港进行。
659	9010.1010	电影用胶卷的自动显影装置及设备	从金属制造。主要制造工序为电子零件的焊接、组装及测试。
660	9010.1020	特种照相胶卷自动显影装置及设备	从金属制造。主要制造工序为电子零件的焊接、组装及测试。
661	9010.1091	彩色胶卷用自动显影及设备	从金属制造。主要制造工序为电子零件的焊接、组装及测试。
662	9010.1099	其他胶卷的自动显影装置及设备	从金属制造。主要制造工序为电子零件的焊接、组装及测试。
663	9018.9010	听诊器	税号改变标准。
664	9018.9020	血压测量仪器及器具	税号改变标准。
665	9018.9030	内窥镜	税号改变标准。
666	9018.9040	肾脏透析设备（人工肾）	税号改变标准。
667	9018.9050	透热疗法设备	税号改变标准。
668	9018.9060	输血设备	税号改变标准。
669	9018.9070	麻醉设备	税号改变标准。
670	9018.9080	宫内节育器	税号改变标准。
671	9018.9090	税号 90.18 中未列名的医疗仪器及装置	税号改变标准。
672	9019.1010	按摩器具	a）从金属片/塑料粒/电器或电子部件制造。主要制造工序为装配及测试；及 b）从价百分比标准。
673	9019.1090	机械疗法器具、心理功能测验装置	a）从金属片/塑料粒/电器或电子部件制造。主要制造工序为装配及测试；及 b）从价百分比标准。
674	9027.1000	气体或烟雾分析仪	从金属片/塑料粒/电器或电子部件制造。主要制造工序为主板的焊接、装配、整机全性能测试、调校及试验。

序号	内地 2005 年税则号列	商品名称	原产地标准
675	9028.3010	电度表	a）制造电力表。主要制造工序为塑形，校准及装配；及 b）从价百分比标准。
676	9028.3090	其他电量计	a）制造电力表。主要制造工序为塑形，校准及装配；及 b）从价百分比标准。
677	9030.3910	量程≤五位半的数字电流、电压表	税号改变标准。
678	9030.3920	电阻测试仪	税号改变标准。
679	9030.3990	检测电压、电流及功率的其他仪器	税号改变标准。
680	9030.9000	税号 90.30 所属货品的零件及附件	税号改变标准。
681	9031.8010	光纤通信及光纤性能测试仪	外壳加工及装配。主要制造工序为主板的焊接及测试、加工外壳（如钻孔、铣削及焊接）、校准及装配。
682	9032.1000	恒温器	从塑料粒料或制造内胆物料制造。主要制造工序为制造外壳或制造内胆、主板的焊接及测试。如制造工序中涉及装配，则装配亦须在香港进行。
683	9401.3000	可调高度的转动坐具	从木、金属或塑料制造。主要制造工序为切割、装配及打磨。
684	9401.4010	皮革或再生皮革面的能作床用的两用椅	从木、金属或塑料制造。主要制造工序为切割、装配及打磨。
685	9401.4090	非皮革或再生皮革面的能作床用的两用椅	从木、金属或塑料制造。主要制造工序为切割、装配及打磨。
686	9401.6110	皮革或再生皮革面的装软垫的木框架其他坐具	从木、金属或塑料制造。主要制造工序为切割、装配及打磨。
687	9401.6190	非皮革或再生皮革面的装软垫的木框架其他坐具	从木、金属或塑料制造。主要制造工序为切割、装配及打磨。
688	9401.6900	其他木框架的坐具	从木、金属或塑料制造。主要制造工序为切割、装配及打磨。
689	9401.7110	皮革或再生皮革面的装软垫的金属框架其他坐具	从木、金属或塑料制造。主要制造工序为切割、装配及打磨。
690	9401.7190	非皮革或再生皮革面的装软垫的金属框架其他坐具	从木、金属或塑料制造。主要制造工序为切割、装配及打磨。

序号	内地 2005 年税则号列	商品名称	原产地标准
691	9401.7900	其他金属框架的坐具	从木、金属或塑料制造。主要制造工序为切割、装配及打磨。
692	9401.8010	石制坐具	从塑料、木或金属等物料制造。主要制造工序为切割、装配及打磨。
693	9401.8090	其他坐具	从塑料、木或金属等物料制造。主要制造工序为切割、装配及打磨。
694	9401.9011	机动车辆的座椅调角器	从木、金属、塑料制造。主要制造工序为切割及打磨。
695	9401.9019	机动车辆用坐具的其他零件	从木、金属、塑料制造。主要制造工序为切割及打磨。
696	9401.9090	其他用途坐具的零件	从木、金属、塑料制造。主要制造工序为切割及打磨。
697	9403.1000	办公室用金属家具	从金属制造。主要制造工序为切割、装配及打磨。
698	9403.2000	其他金属家具	从金属制造。主要制造工序为切割、装配及打磨。
699	9403.3000	办公室用木家具	从木制造。主要制造工序为切割、装配及打磨。
700	9403.4000	厨房用木家具	从木制造。主要制造工序为切割、装配及打磨。
701	9403.5010	卧室用红木制家具	从木制造。主要制造工序为切割、装配及打磨。
702	9403.5091	卧室用漆木家具	从木制造。主要制造工序为切割、装配及打磨。
703	9403.5099	卧室用其他木家具	从木制造。主要制造工序为切割、装配及打磨。
704	9403.6010	其他红木制家具	从木制造。主要制造工序为切割、装配及打磨。
705	9403.6091	其他漆木家具	从木制造。主要制造工序为切割、装配及打磨。
706	9403.6099	其他木家具	从木制造。主要制造工序为切割、装配及打磨。
707	9403.7000	塑料家具	从塑料制造。主要制造工序为切割、装配及打磨。
708	9403.9000	税号 94.03 所列物品的零件	从木、金属、塑料制造。主要制造工序为切割及打磨。
709	9404.2100	海绵橡胶或泡沫塑料制褥垫，不论是否包面	从布匹及/或其他褥垫物料制造。主要制造工序为塑形。如制造工序中涉及车缝、绗缝及填塞物料，则车缝、绗缝及填塞物料亦须在香港进行。
710	9404.2900	其他材料制褥垫	从布匹及/或其他褥垫物料制造。主要制造工序为切割、车缝、绗缝及填塞物料。
711	9404.9010	羽绒或羽毛填充的寝具及类似品	从羽毛/绒毛及布匹制造。主要制造工序为切割、车缝、绗缝及填塞物料。
712	9404.9020	兽毛填充的寝具及类似品	从兽毛及布匹制造。主要制造工序为切割、车缝、绗缝及填塞物料。
713	9404.9030	丝棉填充的寝具及类似品	从丝棉及布匹制造。主要制造工序为切割、车缝、绗缝及填塞物料。
714	9404.9040	化纤棉填充的寝具及类似品	从化纤棉及布匹制造。主要制造工序为切割、车缝、绗缝及填塞物料。

序号	内地2005年税则号列	商品名称	原产地标准
715	9404.9090	其他材料制的寝具及类似品	从其他纺织材料及布匹制造。主要制造工序为切割、车缝、绗缝及填塞物料。
716	9504.9021	保龄球自动分瓶机	从塑料制造。主要制造工序为切割、装配及打磨。
717	9504.9022	保龄球	从塑料制造。主要制造工序为切割、装配及打磨。
718	9504.9023	保龄球瓶	从塑料制造。主要制造工序为切割、装配及打磨。
719	9504.9029	其他保龄球自动球道设备及器具	从塑料制造。主要制造工序为切割、装配及打磨。
720	9504.9030	中国象棋、国际象棋、跳棋等棋类用品	从塑料制造。主要制造工序为切割、装配及打磨。
721	9504.9090	其他游艺场、桌上或室内游戏用品	从塑料制造。主要制造工序为切割、装配及打磨。
722	9506.9110	健身及康复器械	从金属或塑料制造。主要制造工序为切割、装配及打磨。
723	9506.9120	滑板	从金属或塑料制造。主要制造工序为切割、装配及打磨。
724	9506.9190	其他一般的体育活动、体操或竞技用品	从金属或塑料制造。主要制造工序为切割、装配及打磨。
725	9506.9900	其他未列名的95章用品及设备	税号改变标准。
726	9606.2900	其他纽扣	从贝壳或其他制造纽扣原料制造。主要制造工序为塑形及打磨。
727	9606.3000	纽扣芯及纽扣的其他零件；纽扣坯	从制造纽扣零件物料制造。主要制造工序为切割。
728	9617.0010	保温瓶及零件	从金属或其他原料制造。主要制造工序为制造外壳或制造内胆。如制造工序中涉及装配，则装配亦须在香港进行。
729	9617.0090	其他真空容器及零件	从金属或其他原料制造。主要制造工序为制造外壳或制造内胆。如制造工序中涉及装配，则装配亦须在香港进行。

注： 1. 表中所列货物必须同时符合《安排》下货物贸易的原产地规则和本表原产地标准的规定，才能视为《安排》下可享受关税优惠的原产于香港的货物。

2. 表中的“税号改变标准”必须符合《安排》附件2第五条第（三）款的规定。

3. 表中的“从价百分比标准”必须符合《安排》附件2第五条第（四）款的规定。

附件 4

第二批享受货物贸易优惠措施的澳门货物原产地标准表（2005 年版）

序号	内地 2005 年税则号列	商品名称	原产地标准
1	0305.5920	干鱼翅	从鲜、冷、冻鱼翅制造，主要工序为切割、洗涤及煮沸。
2	0901.2100	未浸除咖啡碱的已焙炒咖啡	从咖啡豆制造。主要制造工序为烘焙及研磨。如制造工序中涉及混合，则混合亦须在澳门完成。
3	0901.2200	已浸除咖啡碱的已焙炒咖啡	从咖啡豆制造。主要制造工序为除碱、烘焙、调配及/或研磨。
4	1604.2011	鱼翅罐头	从海产类制造，主要制造工序为烹煮及调味。
5	1604.2091	鱼翅	从海产类制造，主要制造工序为烹煮及调味。
6	2103.9090	其他调味汁及其制品	从调味料制造。主要制造工序为烹煮及混合。如制造工序中涉及碾磨及/或发酵，则碾磨及/或发酵亦须在澳门进行。
7	2710.1991	润滑油	以化学变化处理工业用油。主要制造工序为石油提炼程序，包括分隔、脱水、蒸馏以及混合其他添加物。
8	2909.4300	乙二醇或二甘醇的单丁醚	从化学成分制造。主要制造工序为（a）混合原料；及（b）乳化（如适用）；及（c）合成。
9	2927.0000	重氮化合物、偶氮化合物及氧化偶氮化合物	由天然物质或化学原料经化学反应制得，包括高温处理、搅拌、蒸馏、萃取、离心作用及过滤。
10	3208.1000	分散或溶于非水介质的聚酯油漆及清漆等	从并非油漆、瓷漆或同类产品的原料制造。主要制造工序为（a）混合原料；及（b）乳化（如适用）；及（c）合成。
11	3215.1100	黑色印刷油墨（不论是否固体或浓缩）	从颜料和化学溶剂制造。主要制造工序为溶解及混合。
12	3215.9010	书写墨水（不论是否固体或浓缩）	从颜料和化学溶剂制造。主要制造工序为溶解及混合。
13	3215.9090	绘图墨水及其他墨类（不论是否固体或浓缩）	从颜料和化学溶剂制造。主要制造工序为溶解及混合，如工序涉及组装，组装亦须在澳门完成。
14	3402.9000	非零售包装有机表面活性剂制品、洗涤剂及清洁剂	由天然物质或化学原料经化学反应制得。
15	3403.9900	润滑剂（不含有石油或从沥青矿物提取的油类）	由天然物质或化学原料经化学反应制得。
16	3701.3021	激光照排片（任何一边超过 255 毫米），用纸、纸板及纺织物以外任何材料制成	从化学成分制造感光乳剂开始，主要工序为感光乳剂制造，涂布干燥，整理分切。

序号	内地2005年税则号列	商品名称	原产地标准
17	3701.3022	PS版	从原料制造。主要工序为电解、氧化、涂布及烘干。
18	3701.3023	CTP版（计算机直接制版的热敏版材）	从化学成分制造感光乳剂开始，主要工序为感光乳剂制造，涂布干燥，整理分切。
19	3701.3029	其他未曝光照相制版用感光硬片及软片（任何一边超过255毫米），用纸、纸板及纺织物以外任何材料制成	从化学成分制造感光乳剂开始，主要工序为感光乳剂制造，涂布干燥，整理分切。
20	3707.1000	摄影用感光乳液	从天然或化学成分制造。主要制造工序为借混合令制造物料产生化学变化。
21	3707.9090	其他摄影用化学制剂或摄影用未混合品（定量包装或零售包装可立即使用的）	从化学成分制造。主要制造工序为借混合令制造物料产生化学变化。
22	3811.2900	不含石油或从沥青矿物提取的油类的润滑油添加剂	由天然物质或化学原料经化学反应制得。
23	3811.9000	抗氧剂、防胶剂、粘度改良剂、防腐剂配制添加剂，用于矿物油或与矿物油同样用途的其他液体	由天然物质或化学原料经化学反应制得。
24	3814.0000	其他税号未列名的有机复合溶剂及稀释剂；除漆剂	从并非油漆、瓷漆或同类产品的原料制造。主要制造工序为（a）混合原料；及（b）乳化（如适用）；及（c）合成。
25	3819.0000	闸用液压油及其他液压传动用液体，不含石油或从沥青矿物提取的油类，或者按重量计石油或从沥青矿物提取的油类含量低于70%	由天然物质或化学原料经化学反应制得。
26	3820.0000	防冻剂及解冻剂	由天然物质或化学原料经化学反应制得。
27	3824.9090	其他税目未列名的化学工业及其相关工业的化学产品及配制品	从化学成分制造，且符合从价百分比标准。
28	4203.1000	皮革或再生皮革制的衣服	从皮革或再生皮革制造。主要制造工序为裁剪皮革及车缝。如制造工序中涉及上扣，则上扣亦须在澳门进行。

序号	内地 2005 年税则号列	商品名称	原产地标准
29	4203.2100	皮革或再生皮革制专供运动用的手套	从皮革或再生皮革制造。主要制造工序为裁剪皮革及车缝。
30	4203.2910	皮革或再生皮革制的劳保手套	从皮革或再生皮革制造。主要制造工序为裁剪皮革及车缝。
31	4203.2990	皮革或再生皮革制的其他手套	从皮革或再生皮革制造。主要制造工序为裁剪皮革及车缝。
32	4203.3010	皮革或再生皮革制腰带	从皮革或再生皮革制造。主要制造工序为裁剪皮革及车缝。
33	4203.4000	皮革或再生皮革制的其他衣着附件	从皮革或再生皮革制造。主要制造工序为车缝。如制造工序中涉及上扣，则上扣亦须在澳门进行。
34	5004.0000	非供零售用丝纱线	从纤维或化学原料制造。主要制造工序为纺纱。
35	5101.3000	未梳碳化羊毛	从羊毛制造。主要制造工序为：洗水、加酸、碳化、除碳、中和及清理。
36	5106.1000	非供零售用粗梳纯羊毛纱线	从纤维或化学原料制造。主要制造工序为纺纱。
37	5106.2000	非供零售用粗梳混纺羊毛纱线	从纤维或化学原料制造。主要制造工序为纺纱。
38	5206.1100	非零售粗梳粗支混纺棉单纱	从纤维或化学原料制造。主要制造工序为纺纱。
39	5306.1000	亚麻单纱	从纤维或化学原料制造。主要制造工序为纺纱。
40	5306.2000	亚麻多股纱线或缆线	从纤维或化学原料制造。主要制造工序为纺纱。
41	5308.9011	未漂白或漂白的全苎麻纱线	从纤维或化学原料制造。主要制造工序为纺纱。
42	5308.9012	全苎麻色纱线	从纤维或化学原料制造。主要制造工序为纺纱。
43	5308.9013	未漂白或漂白的混纺苎麻纱线	从纤维或化学原料制造。主要制造工序为纺纱。
44	5308.9014	混纺苎麻色纱线	从纤维或化学原料制造。主要制造工序为纺纱。
45	5402.1010	非零售用聚酰胺－6纺制的长丝高强力纱	从连续长纤维纱制造。主要制造工序为并线、搓捻、加热定型、上油及卷绕。
46	5402.1020	非零售用聚酰胺－6,6纺制的长丝高强力纱	从连续长纤维纱制造。主要制造工序为并线、搓捻、加热定型、上油及卷绕。
47	5402.1030	非零售用芳香族聚酰胺纺制的长丝高强力纱	从连续长纤维纱制造。主要制造工序为并线、搓捻、加热定型、上油及卷绕。
48	5402.1090	非零售用其他尼龙长丝高强纱	从连续长纤维纱制造。主要制造工序为并线、搓捻、加热定型、上油及卷绕。

序号	内地2005年税则号列	商品名称	原产地标准
49	5402.2000	非零售聚酯长丝高强力纱	从连续长纤维纱制造。主要制造工序为并线、搓捻、加热定型、上油及卷绕。
50	5402.3990	非零售其他合成纤维长丝变形纱线	从连续长纤维纱制造。主要制造工序为并线、搓捻、加热定型、上油及卷绕。
51	5402.4110	非零售用聚酰胺-6纺制的未捻单纱	从连续长纤维纱制造。主要制造工序为并线、搓捻、加热定型、上油及卷绕。
52	5402.4120	非零售用聚酰胺-6,6纺制的未捻单纱	从连续长纤维纱制造。主要制造工序为并线、搓捻、加热定型、上油及卷绕。
53	5402.4130	非零售用芳香族聚酰胺纺制的未捻单纱	从连续长纤维纱制造。主要制造工序为并线、搓捻、加热定型、上油及卷绕。
54	5402.4190	非零售其他尼龙未捻单纱	从连续长纤维纱制造。主要制造工序为并线、搓捻、加热定型、上油及卷绕。
55	5402.5110	非零售用聚酰胺-6纺制的加捻单纱	从连续长纤维纱制造。主要制造工序为并线、搓捻、加热定型、上油及卷绕。
56	5402.5120	非零售用聚酰胺-6,6纺制的加捻单纱	从连续长纤维纱制造。主要制造工序为并线、搓捻、加热定型、上油及卷绕。
57	5402.5130	非零售用芳香族聚酰胺纺制的加捻单纱	从连续长纤维纱制造。主要制造工序为并线、搓捻、加热定型、上油及卷绕。
58	5402.5190	非零售用其他尼龙加捻单纱	从连续长纤维纱制造。主要制造工序为并线、搓捻、加热定型、上油及卷绕。
59	5402.5200	非零售加捻的其他聚酯单纱	从连续长纤维纱制造。主要制造工序为并线、搓捻、加热定型、上油及卷绕。
60	5402.6110	非零售用聚酰胺（尼龙-6）制多股纱线	从连续长纤维纱制造。主要制造工序为并线、搓捻、加热定型、上油及卷绕。
61	5402.6120	非零售用聚酰胺-6,6制多股纱线	从连续长纤维纱制造。主要制造工序为并线、搓捻、加热定型、上油及卷绕。
62	5402.6130	非零售用芳香族聚酰胺制多股纱线	从连续长纤维纱制造。主要制造工序为并线、搓捻、加热定型、上油及卷绕。
63	5402.6190	非零售用其他尼龙制多股纱线	从连续长纤维纱制造。主要制造工序为并线、搓捻、加热定型、上油及卷绕。
64	5403.3200	非零售加捻的粘胶纤维单纱	从连续长纤维纱制造。主要制造工序为并线、搓捻、加热定型、上油及卷绕。
65	5806.3200	化纤制其他狭幅机织物	由纱线制造。主要制造工序为梭织或针织。

序号	内地 2005 年税则号列	商品名称	原产地标准
66	6101.1000	毛制针织或钩编男式大衣、防风衣等	裁剪及车缝类 从车缝部件制造。主要制造工序为将部件车缝，制成成衣。如制造工序中涉及连接及/或挑撞工序，则连接及/或挑撞工序亦须在澳门进行。 成形织片类 （1）从纱制造。主要制造工序为将纱线编织为成形针织衫片；或（2）从成形针织衫片制造。主要制造工序为将成形针织衫片连接，制成成衣。如制造工序中涉及挑撞工序，则挑撞工序亦须在澳门进行。
67	6101.9000	其他纺织材料制针织或钩编男式大衣、防风衣等	裁剪及车缝类 从车缝部件制造。主要制造工序为将部件车缝，制成成衣。如制造工序中涉及连接及/或挑撞工序，则连接及/或挑撞工序亦须在澳门进行。 成形织片类 （1）从纱制造。主要制造工序为将纱线编织为成形针织衫片；或（2）从成形针织衫片制造。主要制造工序为将成形针织衫片连接，制成成衣。如制造工序中涉及挑撞工序，则挑撞工序亦须在澳门进行。
68	6102.1000	毛制针织或钩编女式大衣、防风衣等	裁剪及车缝类 从车缝部件制造。主要制造工序为将部件车缝，制成成衣。如制造工序中涉及连接及/或挑撞工序，则连接及/或挑撞工序亦须在澳门进行。 成形织片类 （1）从纱制造。主要制造工序为将纱线编织为成形针织衫片；或（2）从成形针织衫片制造。主要制造工序为将成形针织衫片连接，制成成衣。如制造工序中涉及挑撞工序，则挑撞工序亦须在澳门进行。
69	6102.9000	其他纺织材料制针织或钩编女式大衣、防风衣等	裁剪及车缝类 从车缝部件制造。主要制造工序为将部件车缝，制成成衣。如制造工序中涉及连接及/或挑撞工序，则连接及/或挑撞工序亦须在澳门进行。 成形织片类 （1）从纱制造。主要制造工序为将纱线编织为成形针织衫片；或（2）从成形针织衫片制造。主要制造工序为将成形针织衫片连接，制成成衣。如制造工序中涉及挑撞工序，则挑撞工序亦须在澳门进行。
70	6103.1100	毛制针织或钩编男式西服套装	裁剪及车缝类 从车缝部件制造。主要制造工序为将部件车缝，制成成衣。如制造工序中涉及连接及/或挑撞工序，则连接及/或挑撞工序亦须在澳门进行。 成形织片类 （1）从纱制造。主要制造工序为将纱线编织为成形针织衫片；或（2）从成形针织衫片制造。主要制造工序为将成形针织衫片连接，制成成衣。如制造工序中涉及挑撞工序，则挑撞工序亦须在澳门进行。
71	6103.1200	合纤制针织或钩编男西服套装	裁剪及车缝类 从车缝部件制造。主要制造工序为将部件车缝，制成成衣。如制造工序中涉及连接及/或挑撞工序，则连接及/或挑撞工序亦须在澳门进行。 成形织片类 （1）从纱制造。主要制造工序为将纱线编织为成形针织衫片；或（2）从成形针织衫片制造。主要制造工序为将成形针织衫片连接，制成成衣。如制造工序中涉及挑撞工序，则挑撞工序亦须在澳门进行。

序号	内地 2005 年税则号列	商品名称	原产地标准
72	6103.1900	其他纺织材料制针织或钩编男式西服套装	裁剪及车缝类 从车缝部件制造。主要制造工序为将部件车缝，制成成衣。如制造工序中涉及连接及/或挑撞工序，则连接及/或挑撞工序亦须在澳门进行。 成形织片类 （1）从纱制造。主要制造工序为将纱线编织为成形针织衫片；或（2）从成形针织衫片制造。主要制造工序为将成形针织衫片连接，制成成衣。如制造工序中涉及挑撞工序，则挑撞工序亦须在澳门进行。
73	6103.2100	毛制针织或钩编男式便服套装	裁剪及车缝类 从车缝部件制造。主要制造工序为将部件车缝，制成成衣。如制造工序中涉及连接及/或挑撞工序，则连接及/或挑撞工序亦须在澳门进行。 成形织片类 （1）从纱制造。主要制造工序为将纱线编织为成形针织衫片；或（2）从成形针织衫片制造。主要制造工序为将成形针织衫片连接，制成成衣。如制造工序中涉及挑撞工序，则挑撞工序亦须在澳门进行。
74	6103.2200	棉制针织或钩编男式便服套装	裁剪及车缝类 从车缝部件制造。主要制造工序为将部件车缝，制成成衣。如制造工序中涉及连接及/或挑撞工序，则连接及/或挑撞工序亦须在澳门进行。 成形织片类 （1）从纱制造。主要制造工序为将纱线编织为成形针织衫片；或（2）从成形针织衫片制造。主要制造工序为将成形针织衫片连接，制成成衣。如制造工序中涉及挑撞工序，则挑撞工序亦须在澳门进行。
75	6103.2300	合纤制针织或钩编男便服套装	裁剪及车缝类 从车缝部件制造。主要制造工序为将部件车缝，制成成衣。如制造工序中涉及连接及/或挑撞工序，则连接及/或挑撞工序亦须在澳门进行。 成形织片类 （1）从纱制造。主要制造工序为将纱线编织为成形针织衫片；或（2）从成形针织衫片制造。主要制造工序为将成形针织衫片连接，制成成衣。如制造工序中涉及挑撞工序，则挑撞工序亦须在澳门进行。
76	6103.2900	其他纺织材料制针织或钩编男式便服套装	裁剪及车缝类 从车缝部件制造。主要制造工序为将部件车缝，制成成衣。如制造工序中涉及连接及/或挑撞工序，则连接及/或挑撞工序亦须在澳门进行。 成形织片类 （1）从纱制造。主要制造工序为将纱线编织为成形针织衫片；或（2）从成形针织衫片制造。主要制造工序为将成形针织衫片连接，制成成衣。如制造工序中涉及挑撞工序，则挑撞工序亦须在澳门进行。
77	6103.3100	毛制针织或钩编男式上衣	裁剪及车缝类 从车缝部件制造。主要制造工序为将部件车缝，制成成衣。如制造工序中涉及连接及/或挑撞工序，则连接及/或挑撞工序亦须在澳门进行。 成形织片类 （1）从纱制造。主要制造工序为将纱线编织为成形针织衫片；或（2）从成形针织衫片制造。主要制造工序为将成形针织衫片连接，制成成衣。如制造工序中涉及挑撞工序，则挑撞工序亦须在澳门进行。

序号	内地 2005 年税则号列	商品名称	原产地标准
78	6103. 3200	棉制针织或钩编男式上衣	裁剪及车缝类 从车缝部件制造。主要制造工序为将部件车缝，制成成衣。如制造工序中涉及连接及/或挑撞工序，则连接及/或挑撞工序亦须在澳门进行。 成形织片类 （1）从纱制造。主要制造工序为将纱线编织为成形针织衫片；或（2）从成形针织衫片制造。主要制造工序为将成形针织衫片连接，制成成衣。如制造工序中涉及挑撞工序，则挑撞工序亦须在澳门进行。
79	6103. 3300	合纤制针织或钩编男式上衣	裁剪及车缝类 从车缝部件制造。主要制造工序为将部件车缝，制成成衣。如制造工序中涉及连接及/或挑撞工序，则连接及/或挑撞工序亦须在澳门进行。 成形织片类 （1）从纱制造。主要制造工序为将纱线编织为成形针织衫片；或（2）从成形针织衫片制造。主要制造工序为将成形针织衫片连接，制成成衣。如制造工序中涉及挑撞工序，则挑撞工序亦须在澳门进行。
80	6103. 3900	其他纺织材料制针织或钩编男式上衣	裁剪及车缝类 从车缝部件制造。主要制造工序为将部件车缝，制成成衣。如制造工序中涉及连接及/或挑撞工序，则连接及/或挑撞工序亦须在澳门进行。 成形织片类 （1）从纱制造。主要制造工序为将纱线编织为成形针织衫片；或（2）从成形针织衫片制造。主要制造工序为将成形针织衫片连接，制成成衣。如制造工序中涉及挑撞工序，则挑撞工序亦须在澳门进行。
81	6103. 4100	毛制针织或钩编男长裤、工装裤等	裁剪及车缝类 从车缝部件制造。主要制造工序为将部件车缝，制成成衣。如制造工序中涉及连接及/或挑撞工序，则连接及/或挑撞工序亦须在澳门进行。 成形织片类 （1）从纱制造。主要制造工序为将纱线编织为成形针织衫片；或（2）从成形针织衫片制造。主要制造工序为将成形针织衫片连接，制成成衣。如制造工序中涉及挑撞工序，则挑撞工序亦须在澳门进行。
82	6103. 4900	其他纺织材料制针织或钩编男长裤等	裁剪及车缝类 从车缝部件制造。主要制造工序为将部件车缝，制成成衣。如制造工序中涉及连接及/或挑撞工序，则连接及/或挑撞工序亦须在澳门进行。 成形织片类 （1）从纱制造。主要制造工序为将纱线编织为成形针织衫片；或（2）从成形针织衫片制造。主要制造工序为将成形针织衫片连接，制成成衣。如制造工序中涉及挑撞工序，则挑撞工序亦须在澳门进行。
83	6104. 1100	毛制针织或钩编女式西服套装	裁剪及车缝类 从车缝部件制造。主要制造工序为将部件车缝，制成成衣。如制造工序中涉及连接及/或挑撞工序，则连接及/或挑撞工序亦须在澳门进行。 成形织片类 （1）从纱制造。主要制造工序为将纱线编织为成形针织衫片；或（2）从成形针织衫片制造。主要制造工序为将成形针织衫片连接，制成成衣。如制造工序中涉及挑撞工序，则挑撞工序亦须在澳门进行。

序号	内地2005年税则号列	商品名称	原产地标准
84	6104.1200	棉制针织或钩编女式西服套装	裁剪及车缝类 从车缝部件制造。主要制造工序为将部件车缝，制成成衣。如制造工序中涉及连接及/或挑撞工序，则连接及/或挑撞工序亦须在澳门进行。 成形织片类 （1）从纱制造。主要制造工序为将纱线编织为成形针织衫片；或（2）从成形针织衫片制造。主要制造工序为将成形针织衫片连接，制成成衣。如制造工序中涉及挑撞工序，则挑撞工序亦须在澳门进行。
85	6104.1300	合纤制针织或钩编女西服套装	裁剪及车缝类 从车缝部件制造。主要制造工序为将部件车缝，制成成衣。如制造工序中涉及连接及/或挑撞工序，则连接及/或挑撞工序亦须在澳门进行。 成形织片类 （1）从纱制造。主要制造工序为将纱线编织为成形针织衫片；或（2）从成形针织衫片制造。主要制造工序为将成形针织衫片连接，制成成衣。如制造工序中涉及挑撞工序，则挑撞工序亦须在澳门进行。
86	6104.1900	其他纺织材料制针织或钩编女式西服套装	裁剪及车缝类 从车缝部件制造。主要制造工序为将部件车缝，制成成衣。如制造工序中涉及连接及/或挑撞工序，则连接及/或挑撞工序亦须在澳门进行。 成形织片类 （1）从纱制造。主要制造工序为将纱线编织为成形针织衫片；或（2）从成形针织衫片制造。主要制造工序为将成形针织衫片连接，制成成衣。如制造工序中涉及挑撞工序，则挑撞工序亦须在澳门进行。
87	6104.2100	毛制针织或钩编女式便服套装	裁剪及车缝类 从车缝部件制造。主要制造工序为将部件车缝，制成成衣。如制造工序中涉及连接及/或挑撞工序，则连接及/或挑撞工序亦须在澳门进行。 成形织片类 （1）从纱制造。主要制造工序为将纱线编织为成形针织衫片；或（2）从成形针织衫片制造。主要制造工序为将成形针织衫片连接，制成成衣。如制造工序中涉及挑撞工序，则挑撞工序亦须在澳门进行。
88	6104.2200	棉制针织或钩编女式便服套装	裁剪及车缝类 从车缝部件制造。主要制造工序为将部件车缝，制成成衣。如制造工序中涉及连接及/或挑撞工序，则连接及/或挑撞工序亦须在澳门进行。 成形织片类 （1）从纱制造。主要制造工序为将纱线编织为成形针织衫片；或（2）从成形针织衫片制造。主要制造工序为将成形针织衫片连接，制成成衣。如制造工序中涉及挑撞工序，则挑撞工序亦须在澳门进行。
89	6104.2300	合纤制针织或钩编女便服套装	裁剪及车缝类 从车缝部件制造。主要制造工序为将部件车缝，制成成衣。如制造工序中涉及连接及/或挑撞工序，则连接及/或挑撞工序亦须在澳门进行。 成形织片类 （1）从纱制造。主要制造工序为将纱线编织为成形针织衫片；或（2）从成形针织衫片制造。主要制造工序为将成形针织衫片连接，制成成衣。如制造工序中涉及挑撞工序，则挑撞工序亦须在澳门进行。

序号	内地 2005 年税则号列	商品名称	原产地标准
90	6104.2900	其他纺织材料制针织或钩编女式便服套装	裁剪及车缝类 从车缝部件制造。主要制造工序为将部件车缝，制成成衣。如制造工序中涉及连接及/或挑撞工序，则连接及/或挑撞工序亦须在澳门进行。 成形织片类 （1）从纱制造。主要制造工序为将纱线编织为成形针织衫片；或（2）从成形针织衫片制造。主要制造工序为将成形针织衫片连接，制成成衣。如制造工序中涉及挑撞工序，则挑撞工序亦须在澳门进行。
91	6104.3100	毛制针织或钩编女式上衣	裁剪及车缝类 从车缝部件制造。主要制造工序为将部件车缝，制成成衣。如制造工序中涉及连接及/或挑撞工序，则连接及/或挑撞工序亦须在澳门进行。 成形织片类 （1）从纱制造。主要制造工序为将纱线编织为成形针织衫片；或（2）从成形针织衫片制造。主要制造工序为将成形针织衫片连接，制成成衣。如制造工序中涉及挑撞工序，则挑撞工序亦须在澳门进行。
92	6104.3900	其他纺织材料制针织或钩编女上衣	裁剪及车缝类 从车缝部件制造。主要制造工序为将部件车缝，制成成衣。如制造工序中涉及连接及/或挑撞工序，则连接及/或挑撞工序亦须在澳门进行。 成形织片类 （1）从纱制造。主要制造工序为将纱线编织为成形针织衫片；或（2）从成形针织衫片制造。主要制造工序为将成形针织衫片连接，制成成衣。如制造工序中涉及挑撞工序，则挑撞工序亦须在澳门进行。
93	6104.4100	毛制针织或钩编女士连衣裙	裁剪及车缝类 从车缝部件制造。主要制造工序为将部件车缝，制成成衣。如制造工序中涉及连接及/或挑撞工序，则连接及/或挑撞工序亦须在澳门进行。 成形织片类 （1）从纱制造。主要制造工序为将纱线编织为成形针织衫片；或（2）从成形针织衫片制造。主要制造工序为将成形针织衫片连接，制成成衣。如制造工序中涉及挑撞工序，则挑撞工序亦须在澳门进行。
94	6104.4400	人纤制针织或钩编女士连衣裙	裁剪及车缝类 从车缝部件制造。主要制造工序为将部件车缝，制成成衣。如制造工序中涉及连接及/或挑撞工序，则连接及/或挑撞工序亦须在澳门进行。 成形织片类 （1）从纱制造。主要制造工序为将纱线编织为成形针织衫片；或（2）从成形针织衫片制造。主要制造工序为将成形针织衫片连接，制成成衣。如制造工序中涉及挑撞工序，则挑撞工序亦须在澳门进行。
95	6104.4900	其他纺织材料制针织或钩编女士连衣裙	裁剪及车缝类 从车缝部件制造。主要制造工序为将部件车缝，制成成衣。如制造工序中涉及连接及/或挑撞工序，则连接及/或挑撞工序亦须在澳门进行。 成形织片类 （1）从纱制造。主要制造工序为将纱线编织为成形针织衫片；或（2）从成形针织衫片制造。主要制造工序为将成形针织衫片连接，制成成衣。如制造工序中涉及挑撞工序，则挑撞工序亦须在澳门进行。

序号	内地2005年税则号列	商品名称	原产地标准
96	6104.5100	毛制针织或钩编女士裙子及裙裤	裁剪及车缝类 从车缝部件制造。主要制造工序为将部件车缝，制成成衣。如制造工序中涉及连接及/或挑撞工序，则连接及/或挑撞工序亦须在澳门进行。 成形织片类 （1）从纱制造。主要制造工序为将纱线编织为成形针织衫片；或（2）从成形针织衫片制造。主要制造工序为将成形针织衫片连接，制成成衣。如制造工序中涉及挑撞工序，则挑撞工序亦须在澳门进行。
97	6104.5900	其他纺织材料制针织或钩编女士裙子及裙裤	裁剪及车缝类 从车缝部件制造。主要制造工序为将部件车缝，制成成衣。如制造工序中涉及连接及/或挑撞工序，则连接及/或挑撞工序亦须在澳门进行。 成形织片类 （1）从纱制造。主要制造工序为将纱线编织为成形针织衫片；或（2）从成形针织衫片制造。主要制造工序为将成形针织衫片连接，制成成衣。如制造工序中涉及挑撞工序，则挑撞工序亦须在澳门进行。
98	6104.6100	毛制针织或钩编女长裤、工装裤等	裁剪及车缝类 从车缝部件制造。主要制造工序为将部件车缝，制成成衣。如制造工序中涉及连接及/或挑撞工序，则连接及/或挑撞工序亦须在澳门进行。 成形织片类 （1）从纱制造。主要制造工序为将纱线编织为成形针织衫片；或（2）从成形针织衫片制造。主要制造工序为将成形针织衫片连接，制成成衣。如制造工序中涉及挑撞工序，则挑撞工序亦须在澳门进行。
99	6109.9010	丝及绢丝制针织或钩编T恤衫、汗衫等	裁剪及车缝类 从车缝部件制造。主要制造工序为将部件车缝，制成成衣。如制造工序中涉及连接及/或挑撞工序，则连接及/或挑撞工序亦须在澳门进行。 成形织片类 （1）从纱制造。主要制造工序为将纱线编织为成形针织衫片；或（2）从成形针织衫片制造。主要制造工序为将成形针织衫片连接，制成成衣。如制造工序中涉及挑撞工序，则挑撞工序亦须在澳门进行。
100	6116.9200	棉制其他针织或钩编手套	裁剪及车缝类 车缝部件为手套。主要制造工序为以车缝工序将部件制成手套。 成形织片类 从纱制造。主要制造工序为将纱线编织为成形针织片及将成形针织片连接，制成手套。
101	6116.9300	合纤制其他针织或钩编手套	裁剪及车缝类 车缝部件为手套。主要制造工序为以车缝工序将部件制成手套。 成形织片类 从纱制造。主要制造工序为将纱线编织为成形针织片及将成形针织片连接，制成手套。
102	6201.1100	毛制男式大衣、斗篷及类似品	车缝部件为成衣。主要制造工序为以车缝工序将部件制成成衣。
103	6201.1210	棉制男式羽绒服	车缝部件为成衣。主要制造工序为以车缝工序将部件制成成衣。

序号	内地 2005 年税则号列	商品名称	原产地标准
104	6201.1290	棉制男式大衣、斗篷及类似品	车缝部件为成衣。主要制造工序为以车缝工序将部件制成成衣。
105	6201.9100	毛制男式带风帽防寒短上衣、防风衣等	车缝部件为成衣。主要制造工序为以车缝工序将部件制成成衣。
106	6201.9900	其他纺织材料制男式防寒短上衣、防风衣等	车缝部件为成衣。主要制造工序为以车缝工序将部件制成成衣。
107	6202.1100	毛制女式大衣、斗篷及类似品等	车缝部件为成衣。主要制造工序为以车缝工序将部件制成成衣。
108	6202.1900	其他纺织材料制女式大衣、斗篷及类似品等	车缝部件为成衣。主要制造工序为以车缝工序将部件制成成衣。
109	6202.9100	毛制女式带风帽防寒短上衣、防风衣等	车缝部件为成衣。主要制造工序为以车缝工序将部件制成成衣。
110	6202.9900	其他纺织材料制防风衣、防风短上衣等	车缝部件为成衣。主要制造工序为以车缝工序将部件制成成衣。
111	6203.1100	毛制男式西服套装	车缝部件为成衣。主要制造工序为以车缝工序将部件制成成衣。
112	6203.1200	合纤制男式西服套装	车缝部件为成衣。主要制造工序为以车缝工序将部件制成成衣。
113	6203.1910	丝及绢丝制男式西服套装	车缝部件为成衣。主要制造工序为以车缝工序将部件制成成衣。
114	6203.1990	其他纺织材料制男式西服套装	车缝部件为成衣。主要制造工序为以车缝工序将部件制成成衣。
115	6203.2100	毛制男式便服套装	车缝部件为成衣。主要制造工序为以车缝工序将部件制成成衣。
116	6203.2200	棉制男式便服套装	车缝部件为成衣。主要制造工序为以车缝工序将部件制成成衣。
117	6203.2300	合纤制男式便服套装	车缝部件为成衣。主要制造工序为以车缝工序将部件制成成衣。
118	6203.2910	丝及绢丝制男式便服套装	车缝部件为成衣。主要制造工序为以车缝工序将部件制成成衣。
119	6203.2990	其他纺织材料制男式便服套装	车缝部件为成衣。主要制造工序为以车缝工序将部件制成成衣。
120	6203.3100	毛制男式上衣	车缝部件为成衣。主要制造工序为以车缝工序将部件制成成衣。
121	6203.3200	棉制男式上衣	车缝部件为成衣。主要制造工序为以车缝工序将部件制成成衣。
122	6203.3300	合纤制男式上衣	车缝部件为成衣。主要制造工序为以车缝工序将部件制成成衣。
123	6203.3910	丝及绢丝制男式上衣	车缝部件为成衣。主要制造工序为以车缝工序将部件制成成衣。
124	6203.3990	其他纺织材料制男式上衣	车缝部件为成衣。主要制造工序为以车缝工序将部件制成成衣。
125	6203.4100	毛制男式长裤、工装裤等	车缝部件为成衣。主要制造工序为以车缝工序将部件制成成衣。

序号	内地2005年税则号列	商品名称	原产地标准
126	6203.4310	合成纤维制男式阿拉伯裤	车缝部件为成衣。主要制造工序为以车缝工序将部件制成成衣。
127	6203.4910	其他纺织材料制男式阿拉伯裤	车缝部件为成衣。主要制造工序为以车缝工序将部件制成成衣。
128	6204.1100	毛制女式西服套装	车缝部件为成衣。主要制造工序为以车缝工序将部件制成成衣。
129	6204.1200	棉制女式西服套装	车缝部件为成衣。主要制造工序为以车缝工序将部件制成成衣。
130	6204.1300	合纤制女式西服套装	车缝部件为成衣。主要制造工序为以车缝工序将部件制成成衣。
131	6204.1910	丝及绢丝制女式西服套装	车缝部件为成衣。主要制造工序为以车缝工序将部件制成成衣。
132	6204.1990	其他纺织材料制女式西服套装	车缝部件为成衣。主要制造工序为以车缝工序将部件制成成衣。
133	6204.2100	毛制女式便服套装	车缝部件为成衣。主要制造工序为以车缝工序将部件制成成衣。
134	6204.2200	棉制女式便服套装	车缝部件为成衣。主要制造工序为以车缝工序将部件制成成衣。
135	6204.2300	合纤制女式便服套装	车缝部件为成衣。主要制造工序为以车缝工序将部件制成成衣。
136	6204.2910	丝及绢丝制女式便服套装	车缝部件为成衣。主要制造工序为以车缝工序将部件制成成衣。
137	6204.2990	其他纺织材料制女式便服套装	车缝部件为成衣。主要制造工序为以车缝工序将部件制成成衣。
138	6204.3100	毛制女式上衣	车缝部件为成衣。主要制造工序为以车缝工序将部件制成成衣。
139	6204.3910	丝及绢丝制女式上衣	车缝部件为成衣。主要制造工序为以车缝工序将部件制成成衣。
140	6204.3990	其他纺织材料制女式上衣	车缝部件为成衣。主要制造工序为以车缝工序将部件制成成衣。
141	6204.4100	毛制连衣裙	车缝部件为成衣。主要制造工序为以车缝工序将部件制成成衣。
142	6204.4910	丝及绢丝制连衣裙	车缝部件为成衣。主要制造工序为以车缝工序将部件制成成衣。
143	6204.4990	其他纺织材料制连衣裙	车缝部件为成衣。主要制造工序为以车缝工序将部件制成成衣。
144	6204.5100	毛制裙子及裙裤	车缝部件为成衣。主要制造工序为以车缝工序将部件制成成衣。
145	6204.5910	丝及绢丝制裙子及裙裤	车缝部件为成衣。主要制造工序为以车缝工序将部件制成成衣。
146	6204.5990	其他纺织材料制裙子及裙裤	车缝部件为成衣。主要制造工序为以车缝工序将部件制成成衣。
147	6204.6100	毛制女式长裤、工装裤等	车缝部件为成衣。主要制造工序为以车缝工序将部件制成成衣。
148	6205.1000	毛制男衬衫	车缝部件为成衣。主要制造工序为以车缝工序将部件制成成衣。
149	6205.9010	丝及绢丝制男衬衫	车缝部件为成衣。主要制造工序为以车缝工序将部件制成成衣。

序号	内地 2005 年税则号列	商品名称	原产地标准
150	6206.1000	丝及绢丝制女式衬衫	车缝部件为成衣。主要制造工序为以车缝工序将部件制成成衣。
151	6206.2000	毛制女衬衫	车缝部件为成衣。主要制造工序为以车缝工序将部件制成成衣。
152	6701.0000	已加工羽毛、羽绒及其制品	从羽毛制造。主要制造工序为漂白、装配及修剪。
153	6802.2110	大理石及其制品	从原材料制造。主要制造工序为切割、打磨、抛光及装配（如适用）。
154	6802.2120	石灰华及其制品	从原材料制造。主要制造工序为切割、打磨、抛光及装配（如适用）。
155	6802.2300	花岗岩及其制品	从原材料制造。主要制造工序为切割、打磨、抛光及装配（如适用）。
156	6802.2900	具有一个平面的其他石及制品	从原材料制造。主要制造工序为切割、打磨、抛光及装配（如适用）。
157	6803.0010	板岩制品	从原材料制造。主要制造工序为切割、打磨、抛光及装配（如适用）。
158	6810.1910	人造石制砖、瓦、扁平石及类似品	从砂、石、水泥制造。主要制造工序为搅拌、成形、养护。
159	7403.2100	未锻轧的铜锌合金（黄铜）	从在澳门收集的，在澳门消费过程中产生的或在澳门加工制造过程中产生的废铜、锌制造，主要制造工序为加添合金元素熔炼、浇铸或铸造。
160	7407.2100	黄铜条、杆及型材及异型材	从在澳门收集的，在澳门消费过程中产生的或在澳门加工制造过程中产生的废铜制造，主要制造工序为加添合金元素熔炼、浇铸或铸造。
161	7601.2000	未锻轧铝合金	从在澳门收集的，在澳门消费过程中产生的或在澳门加工制造过程中产生的废铝制造，主要制造工序为加添合金元素熔炼、浇铸或铸造。
162	8418.3010	制冷温度≤－40℃，容积≤800L 柜式冷冻箱	在澳门进行金属制作（对进口组合零件进行的金属制作工序亦适用）及装配，且符合从价百分比标准。
163	8418.3021	制冷温度＞－40℃，容积 500L－800L 柜式冷冻箱	在澳门进行金属制作（对进口组合零件进行的金属制作工序亦适用）及装配，且符合从价百分比标准。
164	8418.3029	制冷温度＞－40℃，容积≤500L 柜式冷冻箱	在澳门进行金属制作（对进口组合零件进行的金属制作工序亦适用）及装配，且符合从价百分比标准。
165	8418.4010	制冷温度≤－40℃，容积≤900L 立式冷冻箱	在澳门进行金属制作（对进口组合零件进行的金属制作工序亦适用）及装配，且符合从价百分比标准。
166	8418.4021	制冷温度＞－40℃，容积 500L－900L 立式冷冻箱	在澳门进行金属制作（对进口组合零件进行的金属制作工序亦适用）及装配，且符合从价百分比标准。
167	8418.4029	制冷温度＞－40℃，容积≤500L 立式冷冻箱	在澳门进行金属制作（对进口组合零件进行的金属制作工序亦适用）及装配，且符合从价百分比标准。
168	8418.5000	其他冷藏或冷冻柜、箱、展示台等	在澳门进行金属制作（对进口组合零件进行的金属制作工序亦适用）及装配，且符合从价百分比标准。
169	8418.6190	热交换器压缩式其他制冷设备	在澳门进行金属制作（对进口组合零件进行的金属制作工序亦适用）及装配，且符合从价百分比标准。

序号	内地 2005 年税则号列	商品名称	原产地标准
170	8418.9991	制冷温度≤-40℃冷冻设备零件	税号改变标准。
171	8418.9992	制冷温度>-40℃，容积>500L 冷藏设备零件	税号改变标准。
172	8418.9999	税号 84.18 其他制冷设备用零件	税号改变标准。
173	8516.2100	电气储存式散热器	在澳门进行金属制作（对进口组合零件进行的金属制作工序亦适用）及装配。主要制造工序为切割、焊接、车刨及铣削、装配及测试。
174	8516.2910	电气土壤加热器	在澳门进行金属制作（对进口组合零件进行的金属制作工序亦适用）及装配。主要制造工序为切割、焊接、车刨及铣削、装配及测试。
175	8516.2990	电气空间加热器	在澳门进行金属制作（对进口组合零件进行的金属制作工序亦适用）及装配。主要制造工序为切割、焊接、车刨及铣削、装配及测试。
176	8528.1238	显示屏幕超过 52 厘米的液晶显示器的彩色电视接收装置	制造经澳门与内地主管部门共同认定的澳门自有品牌（包括内地自有品牌）模拟制式彩色电视接收装置。a）从信号处理模块、电源模块（包含贴片、插件）开始制造，制造电视机外壳及组件装配；及 b）符合从价百分比标准。
177	8528.1239	其他液晶显示器的彩色电视接收装置	制造经澳门与内地主管部门共同认定的澳门自有品牌（包括内地自有品牌）模拟制式彩色电视接收装置。a）从信号处理模块、电源模块（包含贴片、插件）开始制造，制造电视机外壳及组件装配；及 b）符合从价百分比标准。
178	8528.1248	显示屏幕超过 52 厘米等离子显示器的彩色电视接收装置	制造经澳门与内地主管部门共同认定的澳门自有品牌（包括内地自有品牌）模拟制式彩色电视接收装置。a）从信号处理模块、电源模块（包含贴片、插件）开始制造，制造电视机外壳及组件装配；及 b）符合从价百分比标准。
179	8528.1249	其他等离子显示器的彩色电视接收装置	制造经澳门与内地主管部门共同认定的澳门自有品牌（包括内地自有品牌）模拟制式彩色电视接收装置。a）从信号处理模块、电源模块（包含贴片、插件）开始制造，制造电视机外壳及组件装配；及 b）符合从价百分比标准。
180	8528.1310	屏幕尺寸≤16 厘米的单色电视机	制造外壳、装配及检测。
181	8528.1320	屏幕尺寸 16 厘米-42 厘米的单色电视机	制造外壳、装配及检测。
182	8528.1330	屏幕尺寸 42 厘米-52 厘米的单色电视机	制造外壳、装配及检测。

序号	内地 2005 年税则号列	商品名称	原产地标准
183	8528.1340	屏幕尺寸 > 52 厘米的单色电视机	制造外壳、装配及检测。
184	8528.2100	彩色视频监视器	a）从制造主机板（包含贴片、插件）开始，制造外壳、装配及检测；及 b）符合从价百分比标准。
185	8528.2200	黑白或其他单色视频监视器	制造外壳、装配及检测。
186	8528.3010	彩色视频投影机	a）制造光学成像组件（光学引擎）及照明光源，制造外壳、装配及检测；及 b）符合从价百分比标准。
187	8528.3020	黑白或其他单色视频投影机	制造外壳、装配及检测。
188	9401.8010	石制坐具	从原材料（石质）制造。主要制造工序为切割、打磨、抛光及装配。
189	9403.8091	石制的家具	从原材料制造。主要制造工序为切割、打磨、抛光及装配。
190	9603.1000	用枝条或其他植物材料捆扎成的帚	从原材料制造。主要工序为装配。
191	9612.1000	打字机色带或类似色带	从原材料制造。主要工序为上油或经其他方法处理着色、切割、卷带及装配。

注：1. 表中所列产品必须同时符合《安排》下货物贸易的原产地规则和本表原产地标准的规定，才能视为《安排》下可享受关税优惠的原产于澳门的产品。

2. 表中的“税号改变标准”必须符合《安排》附件 2 第五条第（三）款的规定。

3. 表中的“从价百分比标准”必须符合《安排》附件 2 第五条第（四）款的规定。

中华人民共和国海关总署
国家质量监督检验检疫总局
公　　告

2004 年第 47 号

根据《中华人民共和国反倾销条例》的规定，国务院关税税则委员会决定对原产于美国、日本、韩国的进口非色散位移单模光纤征收反倾销税，征税时间自 2005 年 1 月 1 日起，期限为 5 年。根据中华人民共和国商务部 2004 年第 96 号公告（详见附件 1），现就有关问题公告如下：

一、自 2005 年 1 月 1 日起，对申报进口原产于美国、日本、韩国的非色散位移单模光纤（海关商品编号：9001.1000，范围仅包括 G652 系列非色散位移单模光纤，不包括该税号下的其他型号的光纤以及光导纤维束和光缆），除按现行规定征收法定关税外，还应区别不同的供货厂商，按照本公告附件 2 所列的适用税率和下述公式征收反倾销税，并按下述公式计征进口环节增值税。

反倾销税的计算公式为：

反倾销税税额=海关完税价格×反倾销税税率

进口环节增值税税额=（海关完税价格+关税税额+反倾销税税额）×进口环节增值税税率

对应征收反倾销税产品的详细描述详见本公告附件1。

二、凡申报进口非色散位移单模光纤（G652）的，必须向海关提交原产地证明，如果原产地为美国、日本、韩国的，还需提供原厂商发票。

对于申报进口非色散位移单模光纤（G652）不能提供原产地证明，且经查验也无法确定货物的原产地不是美国、日本、韩国的，海关将按照本公告附件2所列的其他美国公司适用的税率征收反倾销税；对于能够确定货物的原产地是美国、日本、韩国，但进口经营单位不能提供原厂商发票的，海关将按照附件2所列的相应国家其他公司适用的税率征收反倾销税。

三、有关加工贸易保税进口原产于美国、日本、韩国的非色散位移单模光纤（G652）如何征收反倾销税等方面的问题，海关按照中华人民共和国海关总署2001年第9号公告执行。

四、对于实施临时反倾销措施之后进口原产于美国、日本、韩国的非色散位移单模光纤（G652）已经缴纳的现金保证金，按本公告规定的征收反倾销税的商品范围和反倾销税税率计征并转为反倾销税，与之同时交纳的进口环节增值税现金保证金一并转为进口环节增值税。上述现金保证金超出按本公告附件2所列税率计算的反倾销税及相应的进口环节增值税的部分，以及对于实施临时反倾销措施之后进口美国康宁公司的G652系列的单模光纤已缴纳保证金的，海关予以退还，不足部分，不再补征。有关单位可在2005年1月1日至2005年6月30日期间向征收地海关申请退还。

五、对于伪报原产地或伪造原产地证明或原厂商发票的，海关将按有关规定进行处罚。

六、在征收反倾销税期间，进口货物收货人在办理商品编号9001.1000项下的光导纤维进口申报手续时，非色散位移单模光纤（G652）应填报90011000.11，其他光导纤维应填报90011000.19，光导纤维束和光缆应填报90011000.90。

七、国家质检总局将对原产于美国、日本、韩国的其他光导纤维（商品编号：90011000.19）实施法定检验，进口货物收货人在进口原产于美国、日本、韩国的其他光导纤维时，应按法定检验程序办理检验手续。

八、进口货物收货人在办理原产于美国、日本、韩国的其他光导纤维（商品编号：90011000.19）的进口报关手续时，应向海关提交出入境检验检疫机构签发的《入境货物通关单》，海关可先凭《入境货物通关单》放行货物，并同时按附件2所列的相应国家相应公司适用的税率征收保证金；在企业向海关提交入境检验检疫机构签发的检验证书后，海关凭出入境检验检疫机构签发的检验证书确定是否属于实施反倾销的产品，对于不属于反倾销产品的，海关应及时办理退还保证金手续。

九、在征收反倾销税期间，出现相同或类似货物而海关无法确定是否对其征收反倾销税时，有关企业应向商务部提出申请，由商务部商有关部门就有关问题作出裁定。海关将根据商务部的裁定执行。

特此公告。

附件1　中华人民共和国商务部2004年第96号公告（略）

附件2　非色散位移单模光纤（G652）反倾销税税率表

海关总署

国家质量监督检验检疫总局

2004年12月31日

附件 2

非色散位移单模光纤（G652）
反倾销税税率表

原产国	厂商名称	税率
美国	美国 OTS—费特有限责任公司（OFS Fitel，LLC）	46%
	其他美国公司	46%
	美国康宁公司（Corning Incorporated）	免于征收反倾销税
韩国	韩国 LG 电线株式会社（LG Cable Ltd.）	7%
	韩国株式会社 OPTOMAGIC（OPTOMAGIC CO.，LTD.）	13%
	其他韩国公司	46%
日本	所有日本公司	46%

2005年度公告

中华人民共和国海关总署公告

2005年第1号

按照《中华人民共和国反倾销条例》的规定，根据对原产于俄罗斯和日本的进口三氯乙烯的反倾销调查结果，商务部决定对原产于俄罗斯和日本的进口三氯乙烯实施临时反倾销措施并对外公告（中华人民共和国商务部公告2004年第101号，详见附件1）。现就海关在实施上述临时反倾销措施中的有关问题公告如下：

一、自2005年1月7日起，对原产于俄罗斯和日本的进口三氯乙烯（税则号列2903.2200），海关除按现行规定征收关税和进口环节增值税外，还将区别不同的供货厂商，按照反倾销现金保证金征收比率表（详见附件2）所列的征收比率征收反倾销现金保证金。

反倾销现金保证金的计算公式为：

反倾销现金保证金金额＝（海关完税价格×反倾销现金保证金征收比率）×（1＋进口环节增值税税率）

对实施临时反倾销措施产品的详细描述详见附件1。

二、凡申报进口三氯乙烯的，必须向海关提交原产地证明，如果原产地为俄罗斯和日本，还需提供原厂商发票。对于申报进口三氯乙烯时不能提供原产地证明，且经查验也无法确定货物的原产地不是俄罗斯和日本的，海关按照附件2所列的最高反倾销现金保证金比率征收保证金；对于能够确定货物的原产地是俄罗斯和日本，但进口货物的收货人不能提供原厂商发票，且通过其他合法、有效的单证等证据也无法确定原生产厂商的，海关按照附件2所列的相应国家其他公司适用的反倾销现金保证金比率征收保证金。

三、有关加工贸易保税进口三氯乙烯如何征收反倾销现金保证金的问题，海关按照中华人民共和国海关总署公告2001年第9号执行。

四、对于伪报原产国或伪造进口三氯乙烯原产地证明或原厂商发票的，海关按有关规定进行处罚。

五、对于所征收的反倾销现金保证金的处理，海关总署将根据终裁结果另行公告。

六、在实施临时反倾销措施期间，如果出现与实施临时反倾销措施产品类似的进口货物，而海关无法确定是否属于实施临时反倾销措施的产品时，有关企业可向商务部提出申请，由商务部商有关部门作出裁定，海关将根据商务部的裁定执行。

特此公告。

附件1　中华人民共和国商务部公告2004年第101号（略）

附件2　反倾销现金保证金征收比率表

海关总署

2005年1月6日

附件 2

反倾销现金保证金征收比率表

原产国	生产厂商	征收比率
日本	所有日本公司	159%
俄罗斯	乌苏里耶化工有限责任公司（“KhimpromUsolie” LLC）	5%
	其他俄罗斯公司（All Others）	159%

中华人民共和国海关总署公告

2005 年第 2 号

总署 2004 年第 46 号公告明确对未锻轧铝（税号 7601.0000）征收出口关税。根据政策实施过程中反映的问题，现补充公告如下：

一、对一般贸易、加工贸易、边境小额贸易等监管方式项下出口的未锻轧铝均征收出口关税（监管方式见附件）。

二、加工贸易项下出口的未锻轧铝，不适用总署 2003 年第 23 号公告以及相关通知的征税规定。

三、出口未锻轧铝的完税价格应根据《中华人民共和国海关审定进出口货物完税价格办法》第四章的有关规定确定。

四、保税区、出口加工区与境内境外之间进出的未锻轧铝，除本公告规定以外，仍按《保税区海关监管办法》（国函〔1997〕48 号）和《中华人民共和国海关对出口加工区监管的暂行办法》（国务院令第 389 号）的规定办理。

附件　征税涉及的监管方式表

海关总署

2005 年 2 月 24 日

附件

征税涉及的监管方式表

监管方式代码	监管方式简称	监管方式全称
0110	一般贸易	一般贸易
0130	易货贸易	易货贸易
0214	来料加工	来料加工装配贸易进口料件及加工出口货物
0513	补偿贸易	补偿贸易
0615	进料对口	进料加工（对口合同）
0715	进料非对口	进料加工（非对口合同）
1215	保税工厂	保税工厂
4019	边境小额	边境小额贸易（边民互市贸易除外）
9739	其他贸易	其他贸易

中华人民共和国海关总署公告

2005 年第 3 号

为促进我国集装箱运输事业的发展，提高口岸通关效率，更好地服务对外贸易，海关总署决定，自 2005 年 4 月 1 日起，开展内外贸集装箱同船运输以及中国籍国际航行船舶承运转关运输货物试点工作。现将有关事项公告如下：

一、港口企业、船运公司拟开展同船运输试点业务，需事先分别向主管地直属海关提出书面申请，试点期间主管地海关参照海关对监管场所及承运海关监管货物的运输工具监管的相关要求对申请企业及其监管场所和船舶进行认真审核，并实地考察，提出是否同意开展同船运输试点业务的书面答复意见。港口企业和船运公司根据海关审核同意的意见向交通部提出开展同船运输试点业务的备案申请，主管地直属海关凭交通部核准备案的文件，为其办理备案登记相关手续后，准予开展同船运输的试点业务。

二、中国籍国际航行船舶拟开展承运转关运输货物试点业务，需事先向主管地直属海关提出书面申请，主管地海关按照《中华人民共和国海关关于转关货物的监管办法》（海关总署令第 89 号）和《中华人民共和国海关关于转关货物监管办法的操作规程》（署监发〔2001〕392 号）的要求，对申请船运公司及其船舶进行认真审核，提出是否同意开展承运转关运输货物试点业务的书面答复意见。船运公司根据海关审核同意的意见向交通部提出开展承运转关运输货物试点业务的备案申请，主管地直属海关凭交通部核准备案的文件，参照《中华人民共和国海关关于境内公路承运海关监管货物的运输企业及其车辆、驾驶员的管理办法》（海关总署令第 121 号）的要求，为其办理备案登记的相关手续，并在《国际航行船舶进出境（港）海关监管簿》的“船舶情况登记表”备注栏内批注登记编号后，准予开展承运转关运输货物的试点业务。

三、港口企业在存储内贸和外贸集装箱货物时，应划分区域、分别堆存、不得混放，并设置明显标志；对于装卸同船运输集装箱货物的港区码头，应按照海关对监管场所的管理要求，实施封闭式卡口管理，并与海关计算机联网传输相关数据。

四、同船运输集装箱箱体应当符合《中华人民共和国海关对用于装载海关监管货物的集装箱和集装箱式货车车厢的监管办法》（海关总署令第 110 号）的标准。

特此公告。

海关总署
2005 年 3 月 8 日

中华人民共和国海关总署公告

2005 年第 4 号

为配合《构成整车特征的汽车零部件进口管理办法》的实施，规范进口汽车零部件构成整车特征的核定工作，确保核定工作公开、公正、公平和透明，海关总署制定了《进口汽车零部件构成整车特征核定规则》，自 2005 年 4 月 1 日起施行。

特此公告。

附件 《进口汽车零部件构成整车特征核定规则》

海关总署
2005 年 3 月 28 日

附件

进口汽车零部件构成整车特征核定规则

第一章　总　　则

第一条　为规范进口汽车零部件构成整车特征的核定工作，确保核定工作公开、公正、公平、透明，依据《汽车产业发展政策》、《构成整车特征的汽车零部件进口管理办法》（以下简称《进口管理办法》）的规定和《中华人民共和国进出口关税条例》及其税则归类总规则，特制定本规则。

第二条　构成整车特征的汽车零部件进口管理领导小组办公室（以下简称领导小组办公室）设在海关总署，负责组织、协调、指导构成整车特征进口汽车零部件的核定工作。

第三条　整车特征国家专业核定中心（以下简称核定中心）接受海关总署委托，负责具体实施进口汽车零部件整车特征的核定。

第四条　核定中心在领导小组办公室的指导下开展以下工作：

（一）对已生产组装成整车的备案车型进行现场核定，并出具核定报告；

（二）对汽车生产企业自测不构成整车特征的结果进行简单复审或现场复审，并出具复审意见；

（三）对其他需要核定的车型实施核定；

（四）对企业开展自测进行指导、帮助；

（五）建立和维护进口汽车零部件整车特征核定工作数据库；

（六）完成领导小组办公室交办的其他相关工作。

第五条　整车特征核定工作由核定中心组织专项核定小组实施。每个专项核定小组应当由3或5名汽车行业技术专家组成，汽车行业技术专家由领导小组办公室从核定专家库中随机选定。

海关可派遣2－3名关税技术专家了解核定工作的进展情况，并对核定小组的工作提供必要的协助。

第二章　核定程序

第六条　使用进口汽车零部件生产汽车的企业，应当根据《进口管理办法》所确定的整车特征的核定标准，并参照车身本体结构名称及示意图（附件1）、汽车关键件或分总成税则税目表（附件2）进行自测。

自测结果构成整车特征的，汽车生产企业应当在车型公告后汽车零部件进口前，向领导小组办公室备案。

自测结果不构成整车特征的，汽车生产企业应当填写整车特征复审申请表（附件3），随附整车特征核定（复审）零部件明细表（附件4）向领导小组办公室申请复审。

核定中心依据领导小组办公室的指令，应当在12个工作日内完成简单复审或现场复审，并出具整车特征复审报告（附件5）。复审结果为构成整车特征的，汽车生产企业应当在复审结果公布后7个工作日内向领导小组办公室补充备案。

因进口零部件的构成发生变化引起整车特征状况发生变化的，应当将有关车型作为新的车型进行备案。

第七条　汽车生产企业在备案的新车型生产组装成整车后10个工作日内，应当向领导小组办公室提出核定申请，并提交以下资料：

（一）整车特征核定申请表（详见附件6）；

（二）备案车型自测报告；

（三）车型零部件采购清单；

（四）整车特征核定资料清单（附件7）；

（五）其他所需资料。

第八条　领导小组办公室接受汽车生产企业核定申请后，应当在7个工作日内下达核定通知，并将有关资料转核定中心。核定中心收到通知后，应当在7个工作日内完成核定方案的制定，并将有关情况报领导小组办公室。领导小组办公室通知有关海关选派海关关税技术专家对专项核定小组的工作予以协助，同时将核定安排通知企业。

第九条　核定中心接到领导小组办公室的新车型核定通知后，应当于1个月内完成核定工作，出具整车特征核定报告（详见附件8）和整车特征核定（复审）零部件明细表（附件4），并向领导小组办公室报备。

第十条　《进口管理办法》实施之前已经投入生产的车型的核定按下述程序进行：

（一）汽车生产企业应当在《进口管理办法》实施后1个月内完成自测。

（二）自测构成整车特征的，汽车生产企业应当在完成自测后7个工作日内向领导小组办公室备案，并申请进行整车特征核定。

自测不构成整车特征的，汽车生产企业应当填写整车特征复审申请报告（附件5），随附整车特征核定

（复审）零部件明细表（附件4），向领导小组办公室申请复审。复审结果构成整车特征的，汽车生产企业应当在复审结果公布后7个工作日内向领导小组办公室补充备案，并申请进行整车特征核定。

（三）核定中心接到领导小组办公室的指令后，应当在3个月内完成核定工作，出具整车特征核定报告（附件8）和整车特征核定（复审）零部件明细表（附件4），并向领导小组办公室报备。

第十一条 领导小组办公室的复审意见和核定中心的核定结果应当及时在整车特征汽车零部件管理网（http://autoadmin.chinaport.gov.cn）和中国汽车工业信息网（http://www.autoinfo.gov.cn）上予以公告。

第十二条 领导小组办公室负责召开会议对整车特征核定结果进行评议和监督。汽车生产企业对核定结果提出异议时，由领导小组办公室召开会议进行评议。参会人员主要由相关汽车生产企业代表、汽车行业技术专家和海关关税技术专家组成。评议结果认为需进行复核的，领导小组办公室通知核定中心进行复核。

复核小组三分之二以上的成员应当与原核定小组成员不同，复核小组组长不能由原核定小组成员担任。

核定中心应当在收到通知之日起1个月内完成复核，复核结果经向领导小组办公室报备后对外公布。

第三章 核定标准

第十三条 有下列情形之一的，进口汽车零部件构成整车特征：

（一）进口全散件（CKD）或半散件（SKD）组装汽车的；

（二）在《进口管理办法》第四条规定的认定范围内：

1. 进口车身（含驾驶室）、发动机两大总成装车的；

2. 进口车身（含驾驶室）和发动机两大总成之一及其他3个总成（系统）（含）以上装车的；

3. 进口除车身（含驾驶室）和发动机两大总成以外其他5个总成（系统）（含）以上装车的。

（三）进口零部件的价格总和达到该车型整车总价格的60%及以上的。本项整车特征核定标准自2006年7月1日起开始生效。

第十四条 有下列情形之一的，进口汽车零部件构成汽车总成（系统）特征：

（一）进口整套散件组装总成（系统）的；

（二）进口关键零部件或分总成组装总成（系统），其进口关键零部件或分总成达到及超过规定数量标准的（详见《进口管理办法》附件1、2）；

（三）进口零部件的价格总和达到该总成（系统）总价格的60%及以上的。

第十五条 国内汽车总成（系统）生产企业生产的总成（系统）所使用的进口零部件不构成总成（系统）特征的，该总成（系统）视为国产总成（系统）。

第十六条 国内汽车及零部件生产企业，对进口零部件（不含总成、分总成）及生产零部件用的毛坯件进行实质性加工的，所生产的配套零部件视为国产件。

第十七条 “实质性加工”的判定标准是指《中华人民共和国进出口货物原产地条例》中确定的实质性改变标准。

第十八条 适用进口汽车零部件实质性改变标准的原则如下：

以税则归类改变为基本标准。税则归类改变不能反映实质性改变的，以从价百分比、制造或者加工工序等为补充标准。

（一）税则归类改变标准是指在国内对进口材料进行制造、加工后，所得货物在《中华人民共和国进出口税则》中的4位数级税目归类发生了变化。仅经简单组装、切割等简单工序后改变4位税目的，不适用税则改变标准。

（二）从价百分比标准（即实质性加工比率）是指在国内对进口的中间品进行制造、加工后的增值部分达到或超过了所得货物价值的30%。用公式表示如下：

$$\frac{\text{工厂交货价}-\text{进口的中间品价值}}{\text{工厂交货价}}\times 100\% \geqslant 30\%$$

其中，“工厂交货价”是指零部件配套供应商交付给整车或总成（系统）生产企业的成品价格，或者整车、总成（系统）生产企业自行加工的零部件的工厂内部核算价格。

“进口的中间品价值”是指直接用于制造或装配最终产品而进口原料、零部件（含毛坯）的价值，以其进口CIF价格计算。

上述“从价百分比”的计算应当符合公认的会计

原则及《中华人民共和国进出口关税条例》的有关规定。

（三）制造、加工工序标准是指在国内进行制造、加工后赋予所得货物基本特征的主要工序。

第十九条 车身、发动机、变速器的关键件或分总成分成A类件、B类件两类。进口A类件、B类件之和达到或超过进口件总界定数量即视为构成总成（系统）特征；但是，如果进口A类件的数量达到或超过A类件界定数量亦视为构成总成（系统）特征。

从2005年4月1日至2006年6月30日，A、B类关键件合并在一起按照总界定数量进行考核。

自2006年7月1日起，所有车型均按照区分了A、B类关键件的标准进行考核。

第二十条 当关键件或分总成中的进口件价格比率超过60%时，则该关键件或分总成按进口件计算。生产企业应当提供所需零部件价格比率清单。

关键件或分总成原则上只计算到整车厂的第二级供应商。

由国内配套企业或贸易公司采购的进口零部件按进口件计算。

第二十一条 如果某车型中未含有《进口管理办法》附件1“总成（系统）界定表”中规定的功能相符的关键件或分总成，则相应地减少其总界定数量或总成（系统）数量。

第二十二条 对于全轮驱动车辆，“总成（系统）界定表”中的非驱动桥用分动器总成代替。

第二十三条 两个驱动桥及多桥车辆按照实际桥数分别判定总成特征，并相应增加整车特征总成界定数量。

第二十四条 进口比率的计算公式：

用部分进口零部件装车的，按下列公式计算进口比率：

$$\text{进口比率} = \frac{\text{进口单位产品散件总价}}{\text{单位产品散件总价}} \times 100\%$$

其中：“单位产品”是指单台份整车或总成（系统）。

“单位产品散件总价”是指：该产品有引进或进口的原车型或总成（系统）时，以原车型或总成（系统）CKD的CIF价格计算；该产品无进口的参考车型或总成（系统）时，按照进口件价格（CIF价格）加上国内配套零件、部件价格（扣除增值税）来计算。

“进口单位产品散件总价”是指所有进口件的价格（CIF价格）总和。

总成（系统）及整车的装配费不计入单位产品散件总价。

车身的涂装、焊装的加工费用不计入车身总成的价格。

整车和总成（系统）所使用的油料、液料等不计入单位产品散件总价。已封装入成品、半成品内的油料、液料等可计入单位产品散件总价。生产、加工过程中使用的消耗性材料，如果最终固化为产品的一部分，其价值可以计入单位产品散件总价。

第四章　附　　则

第二十五条 本规则所称的车型是指以生产厂家、品牌、发动机排量以及型号、变速箱类型为划分标准的M类和N类机动车辆类型。在原车型基础上增加配置导致其所用进口零部件构成整车特征的，应将增加配置的车型作为新的车型向领导小组办公室备案。

第二十六条 现场复审结果为构成整车特征的，并且汽车生产企业的生产状况、进口汽车零部件价格等已经核实，同时复审结果满足核定报告要求的，经生产企业同意，并经领导小组办公室核准，核定小组可凭复审结果出具核定报告，不再组织核定。

第二十七条 领导小组成员单位工作人员、核定中心工作人员、汽车行业技术专家以及海关关税技术专家等参与核定工作、进口管理有关人员应当按照国家有关法律法规规定对企业提供的有关资料予以保密。

第二十八条 因编造虚假资料造成自测结果不构成整车特征，复审结果构成整车特征的，属于《进口管理办法》第三十七条规定的未如实申报行为。

第二十九条 本规则自2005年4月1日起施行。

附件1　车身本体结构名称及示意图
附件2　汽车关键件或分总成税则税目表
附件3　整车特征复审申请表（样式）（略）
附件4　整车特征核定（复审）零部件明细表（样式）（略）
附件5　整车特征复审报告（样式）（略）
附件6　整车特征核定申请表（样式）（略）
附件7　整车特征核定资料清单（样式）（略）
附件8　整车特征核定报告（样式）（略）

附件 1

车身本体结构名称及示意图

一、车身本体结构名称

前围——是车室内的前部构件，包括前围挡板、前风窗框、风窗支柱（A 柱）、前围覆盖外板等。

前围挡板是隔绝车室与发动机、车室与外界的一个构件。

侧围——指车室侧面的部分，有分装式和整体式两种结构。在分装式结构中，侧围包括中支柱（B 柱）及门上梁等部件。

后围——是车室的后面部分，包括后围板、后支柱、后风窗框等部分。

后围板是连接地板和左右支柱并与行李舱隔开的构件。

顶盖——指车顶，有一体的，有从纵向流水槽分成三片的。顶盖侧梁因其构成门上梁，有的将顶盖侧梁归入侧围，根据具体结构和组焊的分总成而定。

车门——有旋转门、旋翼式车门、推拉式滑动门等三种。车门板件部分主要有车门外板、车门内板、车门框、铰链及门锁加强板、玻璃导轨等。

地板——指客厢与行李箱下部的地板，由地板和地板梁组成。

翼子板——指遮盖车轮的车身外板。如果为非独立件则将它归入侧围。

二、轿车车身构成示意图

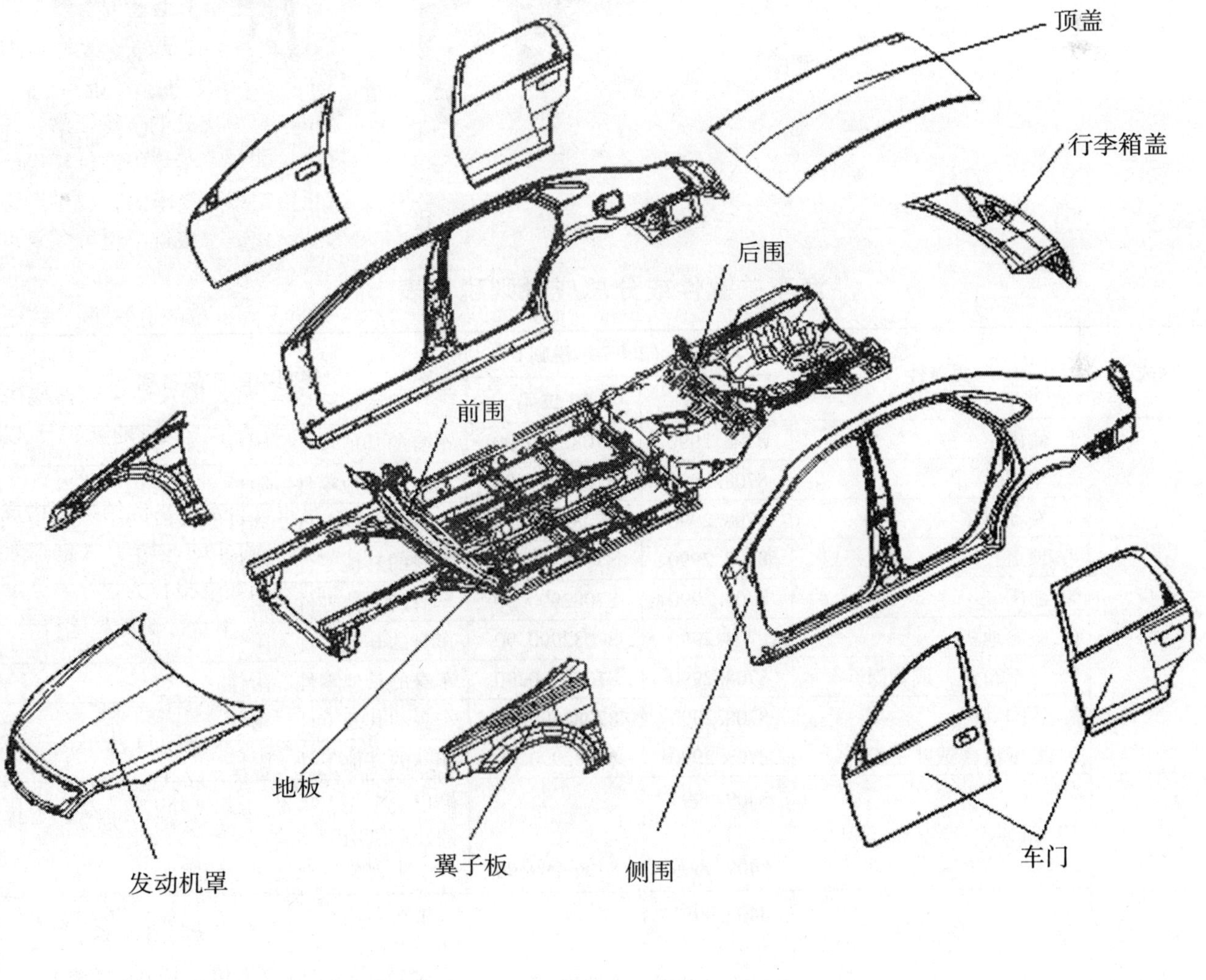

三、客车车身结构示意图

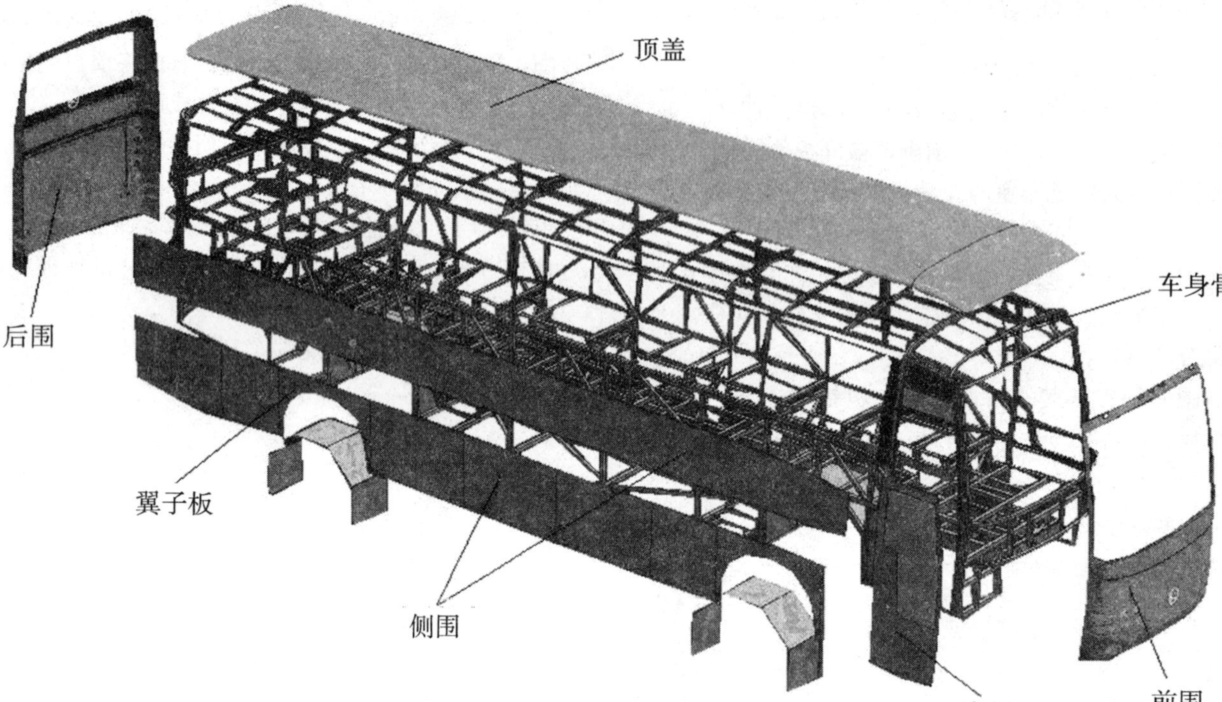

附件 2

汽车关键件或分总成税则税目表

总成	关键件	税则号（2005 年税则）		税则中的商品名称
		8 位码	10 位码	
车身	1. 侧围	8708.2990	87082990.90	车身的其他零件、附件
	2. 车门	8708.2990	87082990.90	车身的其他零件、附件
	3. 发动机罩盖	8708.2990	87082990.90	车身的其他零件、附件
	4. 顶盖	8708.2990	87082990.90	车身的其他零件、附件
	5. 前围	8708.2990	87082990.90	车身的其他零件、附件
	6. 座舱地板	8708.2990	87082990.90	车身的其他零件、附件
	7. 行李箱盖（或背门）	8708.2990	87082990.90	车身的其他零件、附件
	8. 后围	8708.2990	87082990.90	车身的其他零件、附件
	9. 翼子板（或叶子板）	8708.2990	87082990.90	车身的其他零件、附件
发动机（柴油机）	10. 缸体	8409.9991		输出功率在 132.39 千瓦（180）马力及以上的发动机用
		8409.9999	84099999.90	其他未列名发动机的专用零件
	11. 缸盖	8409.9991		输出功率在 132.39 千瓦（180）马力及以上的发动机用
		8409.9999	84099999.90	其他未列名发动机的专用零件
	12. 曲轴	8483.1090		其他传动轴（包括凸轮轴及曲柄轴）

总成	关键件	税则号（2005年税则）		税则中的商品名称
		8位码	10位码	
发动机（柴油机）	13. 高压油泵	8413.3021 8413.3029		输出功率在132.39千瓦（180）马力及以上的发动机用燃油泵 其他燃油泵
	14. 增压器	8414.8090	84148090.50 84148090.90	轿车用增压器 其他车用增压器
	15. 凸轮轴	8483.1090		其他传动轴（包括凸轮轴及曲柄轴）
	16. 连杆	8409.9991 8409.9999	 84099999.90	输出功率在132.39千瓦（180）马力及以上的发动机用 其他未列名发动机的专用零件
	17. 起动机	8511.4091 8511.4099		输出功率在132.39千瓦（180）马力及以上的发动机用启动电机 其他起动电机及两用起动电机
	18. 发电机	8511.5090		其他发电机
	19. 柴油喷射器	8409.9991 8409.9999	 84099999.90	输出功率在132.39千瓦（180）马力及以上的发动机用 其他未列名发动机的专用零件
发动机（汽油机）	20. 缸体	8409.9199	84099199.90	其他点燃式活塞内燃发动机用零件
	21. 缸盖	8409.9199	84099199.90	其他点燃式活塞内燃发动机用零件
	22. 曲轴	8483.1090		其他传动轴（包括凸轮轴及曲柄轴）
	23. 凸轮轴	8483.1090		其他传动轴（包括凸轮轴及曲柄轴）
	24. EFI装置（包括ECU、节流阀体、喷油器、传感器）	8409.9191		电控燃油喷射装置
	25. 燃油泵	8413.3021		输出功率在132.39千瓦（180）马力及以上的发动机用燃油泵
		8413.3029		其他燃油泵
	26. 连杆	8409.9199	84099199.30	其他点燃式活塞内燃发动机用零件——连杆
	27. 起动机	8511.4091 8511.4099		输出功率在132.39千瓦（180）马力及以上的发动机用启动电机 其他起动电机及两用起动电机
	28. 发电机	8511.5090		其他发电机
	29. 增压器	8414.8090	84148090.50 84148090.90	轿车用增压器 其他车用增压器

总成	关键件	税则号（2005 年税则） 8 位码	10 位码	税则中的商品名称
变速器（手动）	30. 壳体	8708.9910		牵引车及拖拉机用其他零件、附件
			87089929.90	大型客车用其他零件、附件
		8708.9939 8708.9949		非公路自卸车用其他零件、附件 中小型货车用其他零件、附件
			87089959.90 87089959.20	其他变速箱、分动箱零部件［8704.2240、2300、3240 所列车辆用］ 变速箱分动箱零部件（扭矩≥90 千克）［8704.2240、2300、3240 所列车辆用］
		8708.9960 8708.9999		特种车用其他未列名零件、附件 机动车辆用其他未列名零件、附件
	31. 齿轮	8708.9910		牵引车及拖拉机用其他零件、附件
			87089929.90	大型客车用其他零件、附件
		8708.9939 8708.9949		非公路自卸车用其他零件、附件 中小型货车用其他零件、附件
			87089959.90 87089959.20	其他变速箱、分动箱零部件［8704.2240、2300、3240 所列车辆用］ 变速箱分动箱零部件（扭矩≥90 千克）［8704.2240、2300、3240 所列车辆用］
		8708.9960 8708.9999		特种车用其他未列名零件、附件 机动车辆用其他未列名零件、附件
	32. 离合器	8708.9310		牵引车及拖拉机用离合器及其零件
		8708.9320 8708.9330		座位≥30 座的客车用离合器及其零件 非公路自卸车用离合器及其零件
		8708.9340		柴、汽油轻型货车用离合器及其零件
			87089350.10	总重≥14 吨的柴油货车用离合器及其零件
			87089350.90	总重＞8 吨的汽油货车用离合器及其零件
		8708.9360 8708.9390		特种车辆用离合器及其零件 未列名机动车辆用离合器及其零件
	33. 轴类	8708.9910		牵引车及拖拉机用其他零件、附件
			87089929.90	大型客车用其他零件、附件
		8708.9939 8708.9949		非公路自卸车用其他零件、附件 中小型货车用其他零件、附件
			87089959.90 87089959.20	其他变速箱、分动箱零部件［8704.2240、2300、3240 所列车辆用］ 变速箱分动箱零部件（扭矩≥90 千克）［8704.2240、2300、3240 所列车辆用］
		8708.9960 8708.9999		特种车用其他未列名零件、附件 机动车辆用其他未列名零件、附件

总成	关键件	税则号（2005年税则）		税则中的商品名称
		8位码	10位码	
变速器（手动）	34. 换挡机构组件	8708.9910		牵引车及拖拉机用其他零件、附件
			87089929.90	大型客车用其他零件、附件
		8708.9939 8708.9949		非公路自卸车用其他零件、附件 中小型货车用其他零件、附件
			87089959.90	其他变速箱、分动箱零部件［8704.2240、2300、3240所列车辆用］
			87089959.20	变速箱分动箱零部件（扭矩≥90千克）［8704.2240、2300、3240所列车辆用］
		8708.9960 8708.9999		特种车用其他未列名零件、附件 机动车辆用其他未列名零件、附件
	35. 同步器	8708.9910		牵引车及拖拉机用其他零件、附件
			87089929.90	大型客车用其他零件、附件
		8708.9939 8708.9949		非公路自卸车用其他零件、附件 中小型货车用其他零件、附件
			87089959.90	其他变速箱、分动箱零部件［8704.2240、2300、3240所列车辆用］
			87089959.20	变速箱分动箱零部件（扭矩≥90千克）［8704.2240、2300、3240所列车辆用］
		8708.9960 8708.9999		特种车用其他未列名零件、附件 机动车辆用其他未列名零件、附件
	36. 分动器	8708.9910		牵引车及拖拉机用其他零件、附件
			87089929.90	大型客车用其他零件、附件
		8708.9939 8708.9949		非公路自卸车用其他零件、附件 中小型货车用其他零件、附件
			87089959.20	变速箱分动箱零部件（扭矩≥90千克）［8704.2240、2300、3240所列车辆用］
			87089959.90	其他变速箱、分动箱零部件［8704.2240、2300、3240所列车辆用］
		8708.9960 8708.9999		特种车用其他未列名零件、附件 机动车辆用其他未列名零件、附件
变速器（自动）	37. 壳体	8708.9910		牵引车及拖拉机用其他零件、附件
			87089929.90	大型客车用其他零件、附件
		8708.9939 8708.9949		非公路自卸车用其他零件、附件 中小型货车用其他零件、附件
			87089959.90	其他变速箱、分动箱零部件［8704.2240、2300、3240所列车辆用］
			87089959.20	变速箱分动箱零部件（扭矩≥90千克）［8704.2240、2300、3240所列车辆用］
		8708.9960 8708.9999		特种车用其他未列名零件、附件 机动车辆用其他未列名零件、附件

总成	关键件	税则号（2005年税则）		税则中的商品名称
		8位码	10位码	
变速器（自动）	38. 自动变速器用液体偶合器	8708.9910		牵引车及拖拉机用其他零件、附件
			87089929.90	大型客车用其他零件、附件
		8708.9939 8708.9949		非公路自卸车用其他零件、附件 中小型货车用其他零件、附件
			87089959.90 87089959.20	其他变速箱、分动箱零部件［8704.2240、2300、3240所列车辆用］ 变速箱分动箱零部件（扭矩≥90千克）［8704.2240、2300、3240所列车辆用］
		8708.9960 8708.9999		特种车用其他未列名零件、附件 机动车辆用其他未列名零件、附件
	39. 自动变速器控制模块（ECU）	9032.8900	90328900.90	其他自动调节或控制仪器及装置
	40. 分动器	8708.9910		牵引车及拖拉机用其他零件、附件
			87089929.90	大型客车用其他零件、附件
		8708.9939 8708.9949		非公路自卸车用其他零件、附件 中小型货车用其他零件、附件
			87089959.20	变速箱分动箱零部件（扭矩≥90千克）［8704.2240、2300、3240所列车辆用］
			87089959.90	其他变速箱、分动箱零部件［8704.2240、2300、3240所列车辆用］
		8708.9960 8708.9999		特种车用其他未列名零件、附件 机动车辆用其他未列名零件、附件
	41. 齿轮（摩擦轮与钢带）	8708.9910		牵引车及拖拉机用其他零件、附件
			87089929.90	大型客车用其他零件、附件
		8708.9939 8708.9949		非公路自卸车用其他零件、附件 中小型货车用其他零件、附件
			87089959.90 87089959.20	其他变速箱、分动箱零部件［8704.2240、2300、3240所列车辆用］ 变速箱分动箱零部件（扭矩≥90千克）［8704.2240、2300、3240所列车辆用］
		8708.9960 8708.9999		特种车用其他未列名零件、附件 机动车辆用其他未列名零件、附件

总成	关键件	税则号（2005 年税则）		税则中的商品名称
		8 位码	10 位码	
变速器（自动）	42. 轴类	8708.9910		牵引车及拖拉机用其他零件、附件
			87089929.90	大型客车用其他零件、附件
		8708.9939 8708.9949		非公路自卸车用其他零件、附件 中小型货车用其他零件、附件
			87089959.90	其他变速箱、分动箱零部件［8704.2240、2300、3240 所列车辆用］
			87089959.20	变速箱分动箱零部件（扭矩≥90 千克）［8704.2240、2300、3240 所列车辆用］
		8708.9960 8708.9999		特种车用其他未列名零件、附件 机动车辆用其他未列名零件、附件
	43. 换挡机构组件	8708.9910		牵引车及拖拉机用其他零件、附件
			87089929.90	大型客车用其他零件、附件
		8708.9939 8708.9949		非公路自卸车用其他零件、附件 中小型货车用其他零件、附件
			87089959.90	其他变速箱、分动箱零部件［8704.2240、2300、3240 所列车辆用］
			87089959.20	变速箱分动箱零部件（扭矩≥90 千克）［8704.2240、2300、3240 所列车辆用］
		8708.9960 8708.9999		特种车用其他未列名零件、附件 机动车辆用其他未列名零件、附件
车桥（驱动桥）	44. 桥壳	8708.9910		牵引车及拖拉机用其他零件、附件
			87089929.10	轴荷≥10 吨的中后驱动桥的零件
			87089929.90	大型客车用其他零件、附件
		8708.9939 8708.9949		非公路自卸车用其他零件、附件 中小型货车用其他零件、附件
			87089959.90	总重≥14 吨的柴油货车用其他零部件
		8708.9960 8708.9999		特种车用其他未列名零件、附件 机动车辆用其他未列名零件、附件
	45. 左右半轴（等速万向节）	8708.9910		牵引车及拖拉机用其他零件、附件
			87089929.10	轴荷≥10 吨的中后驱动桥的零件
			87089929.90	大型客车用其他零件、附件
		8708.9939 8708.9949		非公路自卸车用其他零件、附件 中小型货车用其他零件、附件
			87089959.90	总重≥14 吨的柴油货车用其他零部件
		8708.9960 8708.9999		特种车用其他未列名零件、附件 机动车辆用其他未列名零件、附件

总成	关键件	税则号（2005年税则）		税则中的商品名称
		8位码	10位码	
车桥（驱动桥）	46. 转向节	8708.9910		牵引车及拖拉机用其他零件、附件
			87089929.10 87089929.90	轴荷≥10吨的中后驱动桥的零件 大型客车用其他零件、附件
		8708.9939 8708.9949		非公路自卸车用其他零件、附件 中小型货车用其他零件、附件
			87089959.90	总重≥14吨的柴油货车用其他零部件
		8708.9960 8708.9999		特种车用其他未列名零件、附件 机动车辆用其他未列名零件、附件
	47. 差速器	8708.9910		牵引车及拖拉机用其他零件、附件
			87089929.90	大型客车用其他零件、附件
		8708.9939 8708.9949		非公路自卸车用其他零件、附件 中小型货车用其他零件、附件
			87089959.90	总重≥14吨的柴油货车用其他零部件
		8708.9960 8708.9999		特种车用其他未列名零件、附件 机动车辆用其他未列名零件、附件
	48. 摆臂	8708.9910		牵引车及拖拉机用其他零件、附件
			87089929.10	轴荷≥10吨的中后驱动桥的零件
			87089929.90	大型客车用其他零件、附件
		8708.9939 8708.9949		非公路自卸车用其他零件、附件 中小型货车用其他零件、附件
			87089959.90	总重≥14吨的柴油货车用其他零部件
		8708.9960 8708.9999		特种车用其他未列名零件、附件 机动车辆用其他未列名零件、附件
	49. 轮毂	8708.7090		其他车轮零件及其附件
	50. 轴承		84821000.10	汽车用滚珠轴承
			84822000.10	汽车用锥形滚子轴承
			84823000.10	汽车用其他鼓形滚子轴承
			84824000.10	汽车用滚针轴承
			84825000.10 84828000.10	汽车用其他圆柱形滚子轴承 其他，包括球柱混合轴承

总成	关键件	税则号（2005 年税则）		税则中的商品名称
		8 位码	10 位码	
车桥（驱动桥）	51. 主减速器	8708.9910		牵引车及拖拉机用其他零件、附件
			87089929.10	轴荷≥10 吨的中后驱动桥的零件
			87089929.90	大型客车用其他零件、附件
		8708.9939 8708.9949		非公路自卸车用其他零件、附件 中小型货车用其他零件、附件
			87089959.90	总重≥14 吨的柴油货车用其他零部件
		8708.9960 8708.9999		特种车用其他未列名零件、附件 机动车辆用其他未列名零件、附件
	52. 悬架弹簧	8708.9910		牵引车及拖拉机用其他零件、附件
			87089929.90	大型客车用其他零件、附件
		8708.9939 8708.9949		非公路自卸车用其他零件、附件中小型货车用其他零件、附件
			87089959.90	总重≥14 吨的柴油货车用其他零部件
		8708.9960 8708.9999		特种车用其他未列名零件、附件 机动车辆用其他未列名零件、附件
	53. 减振器	8708.8010		税目 87.03 所列车辆用悬挂减震器
			87088090.10	座位≥30 座的客车用悬挂减震器
			87088090.90	机动车辆用的其他悬挂减震器
车桥（非驱动桥）	54. 车轴（拖臂总成）	8708.6010		牵引车及拖拉机用非驱动桥及零件
		8708.6020 8708.6030		大型客车用非驱动桥及零件 非公路自卸车用非驱动桥及零件
		8708.6040		总重≤14 吨的柴油货车用非驱动桥及零件
		8708.6050		柴汽油重型货车用非驱动桥及零件
		8708.6060 8708.6090		特种车辆用非驱动桥及零件 未列名机动车辆用非驱动桥及零件
		8708.7090		其他车轮零件及其附件
	55. 轮毂		84821000.10	汽车用滚珠轴承
	56. 轴承		84822000.10	汽车用锥形滚子轴承
			84823000.10	汽车用其他鼓形滚子轴承
			84824000.10	汽车用滚针轴承
			84825000.10	汽车用其他圆柱形滚子轴承
		8482.8000		其他，包括球柱混合轴承

总成	关键件	税则号（2005年税则）		税则中的商品名称
		8位码	10位码	
车桥（非驱动桥）	57. 悬架弹簧	8708.6010		牵引车及拖拉机用非驱动桥及零件
		8708.6020 8708.6030		大型客车用非驱动桥及零件 非公路自卸车用非驱动桥及零件
		8708.6040		总重≤14吨的柴油货车用非驱动桥及零件
		8708.6050		柴汽油重型货车用非驱动桥及零件
		8708.6060 8708.6090		特种车辆用非驱动桥及零件 未列名机动车辆用非驱动桥及零件
	58. 转向节	8708.6010		牵引车及拖拉机用非驱动桥及零件
		8708.6020 8708.6030		大型客车用非驱动桥及零件 非公路自卸车用非驱动桥及零件
		8708.6040		总重≤14吨的柴油货车用非驱动桥及零件
		8708.6050		柴汽油重型货车用非驱动桥及零件
		8708.6060 8708.6090		特种车辆用非驱动桥及零件 未列名机动车辆用非驱动桥及零件
	59. 摆臂	8708.6010		牵引车及拖拉机用非驱动桥及零件
		8708.6020 8708.6030		大型客车用非驱动桥及零件 非公路自卸车用非驱动桥及零件
		8708.6040		总重≤14吨的柴油货车用非驱动桥及零件
		8708.6050		柴汽油重型货车用非驱动桥及零件
		8708.6060 8708.6090		特种车辆用非驱动桥及零件 未列名机动车辆用非驱动桥及零件
	60. 减振器	8708.8010		税目87.03所列车辆用悬挂减震器
			87088090.10	座位≥30座的客车用悬挂减震器
			87088090.90	机动车辆用的其他悬挂减震器
车架	61. 纵梁（或前副车架及发动机托架）	8708.9910		牵引车及拖拉机用其他零件、附件
			87089929.90	大型客车用其他零件、附件
		8708.9939 8708.9949		非公路自卸车用其他零件、附件 中小型货车用其他零件、附件
			87089959.90	总重≥14吨的柴油货车用其他零部件
		8708.9960 8708.9999		特种车用其他未列名零件、附件 机动车辆用其他未列名零件、附件

总成	关键件	税则号（2005年税则）		税则中的商品名称
		8位码	10位码	
车架	62. 横梁（承载式车身的副车架）	8708.9910		牵引车及拖拉机用其他零件、附件
			87089929.90	大型客车用其他零件、附件
		8708.9939 8708.9949		非公路自卸车用其他零件、附件 中小型货车用其他零件、附件
			87089959.90	总重≥14吨的柴油货车用其他零部件
		8708.9960 8708.9999		特种车用其他未列名零件、附件 机动车辆用其他未列名零件、附件
制动系统	63. 制动主缸（气制动阀）	8708.3910		牵引车、拖拉机用制动器及其零件
		8708.3920 8708.3930		大型客车用制动器及其零件 非公路自卸车用制动器及其零件
		8708.3940		柴、汽油轻型货车用制动器及零件
		8708.3950		柴油型重型货车用制动器及其零件
		8708.3960		特种车用制动器及其零件
		8708.3999	87083999.90	未列名机动车辆用制动器及零件
	64. 助力器总成	8708.3910		牵引车、拖拉机用制动器及其零件
		8708.3920 8708.3930		大型客车用制动器及其零件 非公路自卸车用制动器及其零件
		8708.3940		柴、汽油轻型货车用制动器及零件
		8708.3950		柴油型重型货车用制动器及其零件
		8708.3960		特种车用制动器及其零件
		8708.3999	87083999.90	未列名机动车辆用制动器及零件
	65. 前制动器总成	8708.3910		牵引车、拖拉机用制动器及其零件
		8708.3920 8708.3930		大型客车用制动器及其零件 非公路自卸车用制动器及其零件
		8708.3940		柴、汽油轻型货车用制动器及零件
		8708.3950		柴油型重型货车用制动器及其零件
		8708.3960		特种车用制动器及其零件
		8708.3999	87083999.90	未列名机动车辆用制动器及零件
	66. 后动制器总成	8708.3910		牵引车、拖拉机用制动器及其零件
		8708.3920 8708.3930		大型客车用制动器及其零件 非公路自卸车用制动器及其零件
		8708.3940		柴、汽油轻型货车用制动器及零件
		8708.3950		柴油型重型货车用制动器及其零件
		8708.3960		特种车用制动器及其零件
		8708.3999	87083999.90	未列名机动车辆用制动器及零件

总成	关键件	税则号（2005 年税则）		税则中的商品名称
		8 位码	10 位码	
制动系统	67. 防抱制动系统（ABS）的阀体和 ECU 总成	8708.3910		牵引车、拖拉机用制动器及其零件
		8708.3920		大型客车用制动器及其零件
		8708.3930		非公路自卸车用制动器及其零件
		8708.3940		柴、汽油轻型货车用制动器及零件
		8708.3950		柴油型重型货车用制动器及其零件
		8708.3960		特种车用制动器及其零件
			87083999.20	液压调节器（ABS 用），由 ECU 控制模块、电磁阀、电机、传感器等组成
			87083999.30	驱动防滑（ASR）装置（ABS 用），结构与 ABS 液压调节器相似，具有驱动防滑功能
			87083999.10	制动力分配（EBD）装置（ABS 用），结构与 ABS 液压调节器相似，具有调整车轮制动力分配功能
转向器系统 动力转向	68. 转向器总成	8708.9410		牵引车、拖拉机用转向盘、转向柱及转向器
		8708.9420	87089420.10	座位≥30 座的客车用转向器
			87089420.90	大型客车用转向器
		8708.9430		非公路自卸车用转向盘、转向柱及转向器
		8708.9440		柴、汽油轻货车用转向盘、转向柱及转向器
		8708.9450		柴油型重型货车用转向盘、转向柱及转向器
		8708.9460		特种车用转向盘、转向柱及转向器
		8708.9490		未列名机动车辆用转向盘、转向柱及转向器
	69. 转向控制阀总成	8481.2010		油压传动装置
		8481.2020		气压传动装置
		8481.3000	84813000.90	止回阀
		8481.4000		安全阀或溢流阀
	70. 转向助力油泵	8413.6090	84136090.90	回转式叶片泵
	71. 转向轴及万向节	8708.9410		牵引车、拖拉机用转向盘、转向柱及转向器的零件
			87089420.10	座位≥30 座的大型客车用转向盘、转向柱及转向器的零件
			87089420.90	大型客车用转向盘、转向柱及转向器的零件
		8708.9430		非公路自卸车用转向盘、转向柱及转向器的零件
		8708.9440		柴、汽油轻货车用转向盘、转向柱及转向器的零件
		8708.9450		柴油型重型货车用转向盘、转向柱及转向器的零件
		8708.9460		特种车用转向盘、转向柱及转向器的零件
		8708.9490		未列名机动车辆用转向盘、转向柱及转向器的零件

总成		关键件	税则号（2005年税则）		税则中的商品名称
			8位码	10位码	
转向器系统	动力转向	72. 转向轴及万向节	8708.9910		牵引车及拖拉机用其他零件、附件
				87089929.20	座位≥30的客运车用转向器的零件
				87089929.90	大型客车用其他零件、附件
			8708.9939 8708.9949		非公路自卸车用转向盘、转向柱及转向器 柴、汽油轻货车用转向盘、转向柱及转向器
				87089959.10	总重≥14吨的柴油货车转向器零件
				87089959.90	总重≥14吨的柴油货车用其他零部件
			8708.9960 8708.9999		特种车用其他未列名零件、附件 机动车辆用其他未列名零件、附件
转向器系统	非动力转向	73. 转向器总成	8708.9410		牵引车、拖拉机用转向盘、转向柱及转向器
			8708.9420	87089420.10	座位≥30座的客车用转向器
				87089420.90	大型客车用转向器及其零件
			8708.9430 8708.9440		非公路自卸车用转向盘、转向柱及转向器 柴、汽油轻货车用转向盘、转向柱及转向器
			8708.9450		柴油型重型货车用转向盘、转向柱及转向器
			8708.9460 8708.9490		特种车用转向盘、转向柱及转向器 未列名机动车辆用转向盘、转向柱及转向器
		74. 转向轴及万向节	8708.9910		牵引车及拖拉机用其他零件、附件
				87089929.20	座位≥30座的客运车用转向器的零件
				87089929.90	大型客车用其他零件、附件
			8708.9939 8708.9949		非公路自卸车用转向盘、转向柱及转向器的零件 柴、汽油轻货车用转向盘、转向柱及转向器的零件
				87089959.10	总重≥14吨的柴油货车转向器的零件
			8708.9960 8708.9999		特种车用其他未列名零件、附件 机动车辆用其他未列名零件、附件
		75. 转向盘	8708.9410		牵引车、拖拉机用转向盘、转向柱及转向器的零件
				87089420.10	座位≥30座的大型客车用转向盘、转向柱及转向器的零件
				87089420.90	大型客车用转向盘、转向柱及转向器的零件
			8708.9430 8708.9440		非公路自卸车用转向盘、转向柱及转向器的零件 柴、汽油轻货车用转向盘、转向柱及转向器的零件

总成		关键件	税则号（2005年税则）		税则中的商品名称
			8位码	10位码	
转向器系统	非动力转向	75. 转向盘	8708.9450		柴油型重型货车用转向盘、转向柱及转向器的零件
			8708.9460		特种车用转向盘、转向柱及转向器的零件
			8708.9490		未列名机动车辆用转向盘、转向柱及转向器的零件

中华人民共和国海关总署公告

2005年第6号

按照《内地与香港关于建立更紧密经贸关系的安排》（以下简称《安排》）规定的程序，经内地与香港政府部门共同确认，《〈安排〉补充协议》中第二批原产香港的进口货物中共有25个税号的拟生产产品（产品清单随附）已正式生产。自2005年4月1日起，海关将对上述25个税号的原产于香港的产品进口实施零关税。

特此公告。

附件　补充实施零关税香港原产产品清单

海关总署

2005年3月30日

附件

补充实施零关税香港原产产品清单

（自2005年4月1日起实施）

序号	内地2005年税则号列	商品名称
1	2206.0000	其他发酵饮料
2	3005.9090	其他医用软填料及类似物品（经药物浸涂或制定零售包装供医疗、外科、牙科或兽医用）
3	3206.1900	二氧化钛为基料的颜料及制品，干量计二氧化钛<80%
4	4203.1000	皮革或再生皮革制的衣服
5	5205.2800	非零售精梳超细支纯棉单纱
6	5205.4100	非零售精梳粗支纯棉多股纱
7	5205.4600	非零售精梳较特细支纯棉多股纱
8	5205.4700	非零售精梳特细支纯棉多股纱

序号	内地2005年税则号列	商品名称
9	5205.4800	非零售精梳超细支纯棉多股纱
10	5206.1300	非零售粗梳细支混纺棉单纱
11	5206.4100	非零售精梳粗支混纺棉多股纱
12	5206.4500	非零售精梳特细支混纺棉多股纱
13	5208.1100	未漂白轻质全棉平纹布
14	5208.1200	未漂白较轻质全棉平纹布
15	5509.5100	非零售与人造纤维短纤混纺聚酯短纤纱
16	5509.6900	非零售与其他混纺腈纶短纤纱线
17	6202.9290	棉制女式带风帽防寒短上衣、防风衣等
18	6202.9390	化纤制女式防风衣等
19	6202.9900	其他纺织材料制女式防风衣、防风短上衣等
20	6204.5100	毛制裙子及裙裤
21	8422.4000	其他包装或打包机器
22	8535.9000	其他电压>1000伏电路开关等电气装置
23	9018.9090	税号90.18中未列名的医疗仪器及装置
24	9019.1010	按摩器具
25	9606.3000	钮扣芯及钮扣的其他零件；钮扣坯

中华人民共和国海关总署公告

2005年第8号

2000年12月18日，国务院关税税则委员会决定对原产于日本和韩国的进口不锈钢冷轧薄板征收反倾销税，征税时间从初裁时间2000年4月13日开始，征税时间5年。在征税时间届满之际，商务部根据《中华人民共和国反倾销条例》的有关规定发布公告，将对原产于日本和韩国的不锈钢冷轧薄板所适用的反倾销措施进行期终复审立案审查（详见附件1）。根据商务部建议，国务院关税税则委员会决定，在反倾销复审立案后调查期间内，对原产于日本和韩国的不锈钢冷轧薄板继续征收反倾销税。现就有关问题公告如下：

一、自2005年4月13日起，海关对申报进口的原产于日本和韩国的不锈钢冷轧薄板（税则号列7219.3100、7219.3200、7219.3300、7219.3400、7219.3500、7219.9000、7220.2010、7220.2090），继续按照本公告附件2所列的适用税率和下述公式征收反倾销税和进口环节增值税。

反倾销税的计算公式为：

反倾销税税额＝关税完税价格×反倾销税税率

进口环节增值税税额＝（关税完税价格＋关税税额＋反倾销税税额）×进口环节增值税税率

二、下列用途及型号、规格的不锈钢冷轧薄板不包括在继续征收反倾销税的产品范围内：

（一）制造彩色显像管电子枪帽类零件用不锈钢带，规格为0.32毫米×110毫米、0.32毫米×120毫米、0.15毫米×10毫米、0.40毫米×110毫米等。

（二）用于生产剃须刀片的不锈钢，规格为：厚度0.1毫米±0.0076毫米；宽度22.2毫米±0.030毫米；不直度在1200毫米长度内，小于3.175毫米；每卷重量17千克－30千克，中间无接头。

（三）洗衣机、微波炉用不锈钢板，日本钢号SUS430BA NO.4，规格0.5毫米；日本钢号SUS430 NO.4，规格0.6毫米；日本钢号SUS430BA，规格0.4毫米、0.8毫米、1.0毫米。

（四）汽车排气系统用不锈钢薄板，日本钢号为SUS409（409L）、SUS436，规格为0.4毫米、0.5毫米、0.6毫米、0.7毫米、0.9毫米、1.0毫米、1.1毫米、1.4毫米、1.5毫米、1.8毫米、2毫米、2.5毫米。

凡申报进口原产于日本和韩国（包括已达成价格承诺协议的日本和韩国公司）的上述用途及型号、规格的不锈钢冷轧薄板，应先经商务部认定，海关凭商务部认定证明不征收反倾销税。

三、凡申报进口不锈钢冷轧薄板必须向海关提交原产地证明，如果原产地为日本或韩国，还需提供原厂商发票。

对于进口经营单位不能提供原产地证明，且经查验也无法确定货物的原产地不是日本或韩国的，海关按照本公告附件2所列的最高反倾销税税率征收反倾销税；对于能够确定货物的原产地是日本或韩国，但进口经营单位不能提供原厂商发票，且通过其他合法、有效的单证、证据也无法确定生产厂商的，海关将按照本公告附件2所列的相应国家适用的最高反倾销税税率征收反倾销税。

四、对于签订价格承诺协议的有关出口商，海关继续执行原对外贸易经济合作部2000年第15号公告中有关价格承诺协议的规定。

五、有关加工贸易保税进口不锈钢冷轧薄板如何征收反倾销税等问题，海关按照中华人民共和国海关总署2001年第9号公告和中华人民共和国海关总署令第111号的规定执行。

特此公告。

附件1　中华人民共和国商务部2005年第15号公告（略）

附件2　原产于日本和韩国的进口不锈钢冷轧薄板反倾销税税率表

海关总署

2005年4月12日

附件2

原产于日本和韩国的进口不锈钢冷轧薄板反倾销税税率表

原产国	供货厂商名称（中英文）	税率
日本	新日铁住金不锈钢株式会社（Nippon Steel & Sumikin Stainless Steel Corporation）	24%
	日本金属工业株式会社（NIPPON METAL INDUSTRY CO.，LTD.）	26%
	日新制钢株式会社（NISSHIN STEEL CO.，LTD.）	17%
	日本冶金工业株式会社（NIPPON YAKIN KOGYO CO.，LTD.）	27%
	日本金属株式会社（NIPPON KINZOKU CO.，LTD.）	58%
	高砂铁工株式会社（TAKASAGO TEKKO K.K.）	58%
	NAS钢带株式会社（NAS STAINLESS STEEL STRIP MFG CO.，LTD.）	58%
	其他日本公司（达成价格承诺协议的除外）	58%
韩国	其他韩国公司（达成价格承诺协议的除外）	57%

中华人民共和国海关总署公告

2005 年第 9 号

为保证海关对加工贸易货物实施有效监管，根据《中华人民共和国海关法》、《中华人民共和国海关对加工贸易货物监管办法》（海关总署令第 113 号）及其他相关法律、行政法规、规章，现将海关加工贸易监管中有关问题公告如下：

一、经营企业应当在手册有效期内办理保税料件或者成品内销、结转、放弃、退运等海关手续。

二、经营企业申请开展外发加工业务，应当向海关提交下列单证：

（一）经营企业签章的加工贸易货物外发加工申请审批表（见附件 1）；

（二）经营企业与承揽企业签订的加工合同或者协议；

（三）承揽企业营业执照复印件；

（四）经营企业签章确认的承揽企业生产能力状况；

（五）海关需要收取的其他单证和材料。

经营企业申请开展外发加工业务，应当如实填写加工贸易货物外发加工申请审批表及加工贸易外发加工货物外发清单，经海关审核批准后，方可进行外发加工。外发加工完毕，加工贸易货物应当运回经营企业，并如实填写加工贸易外发加工货物运回清单。

三、经营企业因加工出口产品急需，申请本企业内部进行料件串换的，需提交书面申请并符合下列条件：

（一）保税料件和保税料件之间以及保税料件和进口非保税料件之间的串换，必须符合同品种、同规格、同数量的条件。

（二）保税料件和国产料件（不含深加工结转料件）之间的串换必须符合同品种、同规格、同数量、关税税率为零，且商品不涉及进出口许可证件管理的条件。

经海关批准，经营企业因保税料件与非保税料件之间发生串换，串换下来同等数量的保税料件，由企业自行处置。

四、经营企业申请办理加工贸易货物内销手续，应当向海关提交下列单证：

（一）商务主管部门签发的加工贸易保税进口料件内销批准证；

（二）经营企业申请内销加工贸易货物的书面材料；

（三）提交与归类和审价有关的材料。

经营企业申请办理加工贸易货物内销手续，应当如实填写加工贸易货物内销征税联系单（见附件 2），经海关审核批准后，凭以办理通关手续。

五、经营企业申请放弃加工贸易货物，应当向海关提交下列单证：

（一）经营企业申请放弃加工贸易货物的书面材料；

（二）经营企业拟放弃加工贸易货物的清单；

（三）海关需要收取的其他单证和材料。

经营企业申请放弃加工贸易货物，应当如实填写加工贸易企业放弃加工贸易货物交接单（见附件 3），经海关审核批准后，凭以办理通关手续。

经海关核定属于《中华人民共和国海关关于加工贸易边角料、剩余料件、残次品、副产品和受灾保税货物的管理办法》第十一条（一）有使用价值的放弃货物，经营企业应当将拟放弃货物运至海关指定仓库。

六、经营企业申请办理剩余料件结转，应当向海关提交下列单证：

（一）经营企业申请剩余料件结转的书面材料；

（二）经营企业拟结转的剩余料件清单；

（三）海关需要收取的其他单证和材料。

经营企业申请办理剩余料件结转，应当如实填写加工贸易剩余料件结转联系单（见附件 4），经海关审核批准后，凭以在转出手册的主管海关办理出口通关手续，在转入手册的主管海关办理进口通关手续。

七、经营企业遗失加工贸易手册的，应当及时向海关报告，并提交下列单证：

（一）经营企业关于加工贸易手册遗失的书面报告；

（二）加工贸易货物进出口报关单（无进出口货物的免于提交）；

（三）海关需要收取的其他单证和材料。

八、海关派员对加工贸易企业实施核查时，被核查企业应当提供有关纸质资料和电子数据，并进行确认。

被核查企业的负责人应当对海关加工贸易核查记录

表附表（见附件5）内容予以签字并加盖企业印章确认。

九、经营企业应当在规定期限内进行报核。对经营企业到期手册未报核的，经海关审查，按照《中华人民共和国海关行政处罚实施条例》的有关规定进行处理。

十、本公告自公告之日起执行。

附件1　加工贸易货物外发加工申请审批表（略）

附件2　加工贸易货物内销征税联系单（略）

附件3　加工贸易企业放弃加工贸易货物交接单（略）

附件4　加工贸易剩余料件结转联系单（略）

附件5　海关加工贸易核查记录表（略）

海关总署

2005年4月20日

中华人民共和国海关总署公告

2005年第10号

为防止和纠正收受“红包”的行为，促进海关单位及其工作人员廉洁从政、公正执法，海关总署将于2005年6月1日开始对送收“红包”行为予以公布，现就有关事项公告如下：

一、严禁海关单位及其工作人员接受工作对象以各种名义和方式赠送的“红包”（现金、有价证券和支付凭证等）。

二、海关对查实的送“红包”者，初次将致函其所在单位并通报其上级主管部门，说明所送“红包”的处理情况，宣传海关廉政纪律，告诫其严禁再次发生类似情事，并建议其加强教育和管理；两次以上的，将在海关的业务现场、报关大厅等场所或海关互联网站公布所送“红包”有关情况，内容可包括送“红包”人员的姓名、单位、“红包”金额及处理情况等，公布时间不少于10个工作日，同时致函其所在单位并通报其上级主管部门。

三、对查实的向海关单位及其工作人员送“红包”的企业，海关将把有关情况纳入风险管理指标体系，作为业务监控的参考依据。

四、海关关员被检举有刁难卡压、收受“红包”行为的，一经查实，海关将依照有关规定严肃处理。

特此公告。

海关总署

2005年5月19日

中华人民共和国海关总署公告

2005年第11号

根据《中华人民共和国反倾销条例》的有关规定，并依据商务部对韩国晓星公司生产的进口聚酯切片所适用的反倾销措施的复审结果，国务院关税税则委员会决定调整该公司生产的进口聚酯切片的反倾销税税率，并由商务部对外公告（详见附件）。现就海关执行中的有关问题公告如下：

一、自2005年4月26日起，向海关申报进口的原产于韩国晓星公司（英文名称：HYOSUNG CORPORATION）的聚酯切片，其所适用的反倾销税税率由52%调整为26%；对于反倾销税及进口环节增值税的计征公式等，仍按照海关总署2003年第10号公告的规定执行。

二、对于原产于其他韩国企业的进口聚酯切片的反倾销税及进口环节增值税的计征，继续按照海关总署2003年第10号公告的规定执行。

特此公告。

附件 中华人民共和国商务部2005年第18号公告（略）

海关总署

2005年4月25日

中华人民共和国海关总署公告

2005年第12号

根据海关总署2004年第35号公告，自2004年12月1日起，在全国试行规范统一的代理报关委托书/委托报关协议。代理报关委托书/委托报关协议明确了委托双方法律地位和各自责任；为报关企业做好“合理审查”、填制报关单准备工作创立了规范统一的提示性范本；为报关企业提高管理水平和报关员提高执业素质提供了自律性业务支持；为优化报关市场秩序打下一个良好基础。试行取得了较好成效，得到了委托双方的普遍认可。在广泛征求各方意见的基础上，中国报关协会对试行期间的代理报关委托书/委托报关协议进行了修改完善。现决定正式启用修订后的代理报关委托书/委托报关协议（见附件1），并就有关事宜通知如下：

一、修订后的代理报关委托书/委托报关协议自2005年5月1日起在全国正式启用。

二、考虑到部分企业仍剩有试行版的代理报关委托书/委托报关协议。为避免造成企业的经济损失，2005年5月1日后，试行版的代理报关委托书/委托报关协议仍可与修订后的代理报关委托书/委托报关协议并行使用至2005年12月31日，逾期不再准予使用。

三、修订后的代理报关委托书/委托报关协议可由中国报关协会负责向企业提供，也可由企业按照修订后规范格式在A4空白纸上打印自用。

特此公告。

附件1 代理报关委托书/委托报关协议（样式）

附件2 代理报关委托书/委托报关协议填写说明

海关总署

2005年4月25日

附件1

代理报关委托书

编号：□□□□□□□□□□□□□□□

：

我单位现　　　　（A逐票、B长期）委托贵公司代理　　　　等通关事宜。（A填单申报 B辅助查验 C垫缴税款 D办理海关证明联 E审批手册 F核销手册 G申办减免税手续 H其他）详见《委托报关协议》。

我单位保证遵守《海关法》和国家有关法规，保证所提供的情况真实、完整、单货相符。否则，愿承担相关法律责任。

本委托书有效期自签字之日起至　　年　　月　　日止。

委托方（盖章）：

法定代表人或其授权签署《代理报关委托书》的人（签字）

年　　月　　日

委托报关协议

为明确委托报关具体事项和各自责任，双方经平等协商签订协议如下：

委托方	
主要货物名称	
HS 编码	□□□□□□□□□□
进出口日期	年　月　日
提单号	
贸易方式	
原产地/货源地	
传真电话	
其他要求：	
背面所列通用条款是本协议不可分割的一部分，对本协议的签署构成了对背面通用条款的同意。	
委托方业务签章： 经办人签章： 联系电话：　　　　年　月　日	

被委托方		
*报关单编码	No.	
收到单证日期	年　月　日	
收到单证情况	合同□	发票□
	装箱清单□	提（运）单□
	加工贸易手册□	许可证件□
	其他	
报关收费	人民币：　　元	
承诺说明：		
背面所列通用条款是本协议不可分割的一部分，对本协议的签署构成了对背面通用条款的同意。		
委托方业务签章： 经办人签章： 联系电话：　　　　年　月　日		

（白联：海关留存、黄联：被委托方留存、红联：委托方留存）　　中国报关协会监制

委托报关协议通用条款

委托方责任　委托方应及时提供报关报检所需的全部单证，并对单证的真实性、准确性和完整性负责。

委托方负责在报关企业办结海关手续后，及时、履约支付代理报关费用，支付垫支费用，以及因委托方责任产生的滞报金、滞纳金和海关等执法单位依法处以的各种罚款。

负责按照海关要求将货物运抵指定场所。

负责与被委托方报关员一同协助海关进行查验，回答海关的询问，配合相关调查，并承担产生的相关费用。

在被委托方无法做到报关前提取货样的情况下，承担单货相符的责任。

被委托方责任

负责解答委托方有关向海关申报的疑问。

负责对委托方提供的货物情况和单证的真实性、完整性进行“合理审查”，审查内容包括：（一）证明进出口货物实际情况的资料，包括进出口货物的品名、规格、用途、产地、贸易方式等；（二）有关进出口货物的合同、发票、运输单据、装箱单等商业单据；（三）进出口所需的许可证件及随附单证；（四）海关要求的加工贸易（纸质或电子数据的）及其其他进出口单证。

因确定货物的品名、归类等原因，经海关批准，可以看货或提取货样。

在接到委托方交付齐备的随附单证后，负责依据委托方提供的单证，按照《中华人民共和国海关进出口报关单填制规范》认真填制报关单，承担“单单相符”

的责任，在海关规定和本委托报关协议中约定的时间内报关，办理海关手续。

负责及时通知委托方共同协助海关进行查验，并配合海关开展相关调查。

负责支付因报关企业的责任给委托方造成的直接经济损失，所产生的滞报金、滞纳金和海关等执法单位依法处以的各种罚款。

负责在本委托书约定的时间内将办结海关手续的有关委托内容的单证、文件交还委托方或其指定的人员（详见委托报关协议“其他要求”栏）。

赔偿原则　被委托方不承担因不可抗力给委托方造成损失的责任。因其他过失造成的损失，由双方自行约定或按国家有关法律法规的规定办理。由此造成的风险，委托方可以投保方式自行规避。

不承担的责任　签约双方各自不承担因另外一方原因造成的直接经济损失，以及滞报金、滞纳金和相关罚款。

收费原则　一般货物报关收费原则上按当地《报关行业收费指导价格》规定执行。特殊商品可由双方另行商定。

法律强制　本委托报关协议的任一条款与《海关法》及有关法律、法规不一致时，应以法律、法规为准。但不影响委托报关协议其他条款的有效。

协商解决事项　变更、中止本协议或双方发生争议时，按照《中华人民共和国合同法》有关规定及程序处理。因签约双方以外的原因产生的问题或报关业务需要修改协议条款，应协商订立补充协议。双方可以在法律、行政法规准许的范围内另行签署补充条款，但补充条款不得与本协议的内容相抵触。

附件2

代理报关委托书/委托报关协议
填写说明

一、代理报关委托书是进出口货物收发货人根据《海关法》和相关法律法规要求提交报关企业的具有法律效力的授权证明。

代理报关委托书由进出口货物收发货人认真填写，并加盖单位行政公章和法定代表人或被授权人签字。

二、《委托报关协议》是进出口货物收发货人（或单位）与报关企业按照《海关法》的要求签署的明确具体委托报关事项和双方责任的具有法律效力的文件，分正文表格和通用条款两大部分。

三、规范统一的代理报关委托书、委托报关协议纸质格式，是将两个独立的文件印制在一张A4无碳复写纸上，一式三联，由中国报关协会监制。

四、根据《中华人民共和国海关进出口货物申报管理规定》要求，代理报关委托书/委托报关协议作为代理报关时报关单的必备随附单证使用。其编号为11位阿拉伯数字，是代理报关业务的流水号。

五、双方经办人员应在开始委托报关操作前认真填写格式化代理报关委托书/委托报关协议，并按照格式提示签字、加盖章后生效。

六、其中委托报关协议正文表格分必填项、补填项。没有标记的各项为必填项，应在签署前填写；标明“*”的各项为补填项，应在本文本作为报关单随附单证递交海关前填写。

七、委托方是关税的纳税义务人，应承担HS编码的填写责任。但因被委托方业务熟悉，故也可在“其他要求”一栏中委托被委托方帮助填写。

八、如遇两种以上的货物在同一票报关单申报时，“主要货物名称”一栏请填写涉税额最多的一种货物品名。

九、填写“收到单证情况”一栏时，可用“√”表示收到，否则表示没有收到。

十、委托方“其他要求”一栏，是对被委托方服务内容的具体要求和代理报关委托书中C、D、E、F项委托事项的进一步描述。被委托方“服务承诺”一栏，是被委托方对能否满足委托方“其他要求”的承诺。

十一、填写代理报关委托书/委托报关协议应使用签字笔，字迹工整。涂改处盖章后才能有效。

中华人民共和国海关总署公告

2005 年第 14 号

根据《中华人民共和国反倾销条例》的规定，中华人民共和国商务部发布2005年第24号公告，决定终止对原产于台澎金马单独关税区（以下简称台湾地区）的进口锦纶6、66长丝的反倾销调查，现将有关问题公告如下：

一、自2005年4月29日起，对于原产于台湾地区的进口锦纶6、66长丝（税则号列：5402.3111、5402.3112、5402.4110、5402.4120），海关停止实施临时反倾销措施，海关总署2004年第30号公告停止执行。

二、此前已经按照海关总署2004年第30号公告征收的反倾销保证金，有关进口经营者可以在本公告发布之日起6个月内向征收地海关申请退还。

特此公告。

海关总署

2005 年 4 月 28 日

中华人民共和国海关总署公告

2005 年第 17 号

根据《海关总署关于更正总署2005年第17号公告中有关日期的通知》（署税函〔2005〕195号）对第一段“税时间从2004年5月10日开始，期限为5年”更正为“征税时间从2005年5月10日开始，期限为5年”。

根据《中华人民共和国反倾销条例》的规定，国务院关税税则委员会决定对原产于日本、美国、欧盟的进口氯丁橡胶征收反倾销税，征税时间从2004年5月10日开始，期限为5年。根据中华人民共和国商务部2005年第23号公告（详见附件1），现就有关问题公告如下：

一、自2005年5月10日起，对申报进口原产于日本、美国、欧盟的氯丁橡胶（税则号列：4002.4910、4002.4990），除按现行规定征收进口关税外，还应区别不同的供货厂商，按照本公告附件2所列的适用税率和下述计算公式征收反倾销税及进口环节增值税。

反倾销税税额＝海关完税价格×反倾销税税率

进口环节增值税税额＝（海关完税价格＋关税税额＋反倾销税税额）×进口环节增值税税率

对应征收反倾销税产品的详细描述详见本公告附件1。

二、凡申报进口氯丁橡胶的，必须向海关提交原产地证明，如果原产地为日本、美国或欧盟的，还需提供原厂商发票。

对于申报进口氯丁橡胶时不能提供原产地证明，且经查验也无法确定货物的原产地不是日本、美国或欧盟的，海关将按照本公告附件2所列的最高反倾销税率征收反倾销税；对于能够确定货物的原产地是日本、美国或欧盟，但进口经营单位不能提供原厂商发票的，海关将按照附件2所列的相应国家其他公司适用的反倾销税率征收反倾销税。

三、有关加工贸易保税进口原产于日本、美国、欧盟的氯丁橡胶如何征收反倾销税等方面的问题，海关按照中华人民共和国海关总署2001年第9号公告和中华人民共和国海关总署第111号令的规定执行。

四、对于实施临时反倾销措施之后进口原产于日本、美国、欧盟的氯丁橡胶已经缴纳的反倾销现金保证金，按本公告规定的征收反倾销税的商品范围和反倾销税税率计征并转为反倾销税，与之同时缴纳的进口环节增值税现金保证金一并转为进口环节增值税。上述现金保证金超出按本公告附件2所列税率计算的反倾销税及相应的进口环节增值税的部分，有关单位可自2005年5月10日起，6个月内向征收地海关申请退还，不足部分，不再补征。

五、对于伪报原产地或伪造原产地证明或原厂商发票的，海关将按有关规定进行处罚。

六、在征收反倾销税期间，出现相同或类似货物而海关无法确定是否应对其征收反倾销税时，有关企业应向商务部提出申请，由商务部商有关部门就有关问题作出裁定。海关将根据商务部的裁定执行。

特此公告。

附件1　中华人民共和国商务部2005年第23号公告

附件2　反倾销税税率表

海关总署

2005年5月9日

附件1

中华人民共和国商务部公告

2005年第23号

根据《中华人民共和国反倾销条例》的规定，商务部于2003年11月10日发布公告，决定对原产于日本、美国、欧盟的进口氯丁橡胶（以下称“被调查产品”）进行反倾销调查。该被调查产品在中华人民共和国海关进口税则号中列为：4002.4910其他初级形状的氯丁二烯（氯丁）橡胶、4002.4990未列名氯丁二烯（氯丁）橡胶。

商务部对倾销及倾销幅度、损害及损害程度进行了调查。根据调查结果，2004年12月1日，商务部发布初裁公告，初步裁定存在倾销和实质损害，并且认定倾销和实质损害之间存在因果关系，决定自公告之日起对原产于日本、美国、欧盟的进口氯丁橡胶实施临时反倾销措施。

初裁公告后，商务部对倾销和倾销幅度、损害及损害程度继续进行调查，现对本案的调查已经结束，根据《中华人民共和国反倾销条例》第二十五条的规定，商务部作出终裁决定（附件）。现将有关事项公告如下：

一、终裁决定

经过调查，商务部终裁决定被调查产品存在倾销，中国国内氯丁橡胶产业存在实质损害，且倾销和实质损害之间存在因果关系。

二、征收反倾销税

根据《中华人民共和国反倾销条例》的有关规定，国务院关税税则委员会决定，自2005年5月10日起，对原产于日本、美国、欧盟的进口到中华人民共和国境内的氯丁橡胶征收反倾销税。

应征收反倾销税的产品为中华人民共和国海关进口税则号4002.4910其他初级形状的氯丁二烯（氯丁）橡胶、4002.4990未列名氯丁二烯（氯丁）橡胶。对应征收的反倾销税的产品的描述如下：

产品名称：氯丁橡胶，又称氯丁二烯（氯丁）橡胶

英文名称：Chloroprene Rubber（CR）

产品种类：有机化工产品

化学结构式：（略）

海关税则号：被调查产品在中华人民共和国海关进出口税则中税则号为：4002.4910其他初级形状的氯丁二烯（氯丁）橡胶、4002.4990未列名氯丁二烯（氯丁）橡胶。

具体描述：外观呈乳白色至米黄色或浅棕色片状或块状物，不含滑石粉以外的机械杂物，无焦烧粒子。其物理及化学特性为：由2－氯－1，3－丁二烯经乳液聚合制成的均聚物。其分子量一般为10万－20万，相对密度1.15－1.25，玻璃化温度－45℃，有极性，具有规整的分子排布和可逆的结晶性能。

主要用途：氯丁橡胶主要用做电线电缆护套、胶管、耐油橡胶制品、耐热传送带、印刷胶棍、胶皮水坝、建筑用密封条、公路填缝密封胶、桥梁支座、油田用电线防水帽、阻燃橡胶制品、各种密封圈垫以及化工设备防腐衬里和氯丁橡胶胶粘剂等，以及用于建筑防水材料、密封材料、粘合剂、海洋开发、医疗卫生、能源开发等方面。

对各公司征收的反倾销税的税率如下：

（一）日本公司

1. 日本电气化学工业株式会社（DENKI KAGAKU KOGYO KABUSHIKI KAISHA）　3%

2. 日本东曹株式会社（TOSOH CORPORATION）　2%

3. 其他日本公司　151%

（二）美国公司　151%

（三）欧盟公司

1. 朗盛德国责任有限公司（LANXESS Deutschland GmbH）　11%

2. 埃尼橡胶法国有限公司（Polimeri Europa Elastomères France S. A.）　53%

3. 其他欧盟公司　151%

三、征收反倾销税

进口经营者自2005年5月10日起，在进口原产于日本、美国、欧盟的氯丁橡胶的，应向中华人民共和国海关缴纳相应的反倾销税。反倾销税以海关审定的成交价格为基础的到岸价格作为计价价格从价计征，计征的公式为：反倾销税额 = 海关完税价格 × 反倾销税税率。进口环节增值税以海关审定的成交价格为基础的到岸价格加上关税和反倾销税作为计税价格从价计征。

四、反倾销税的追溯征收

对自2004年12月1日起至本裁定公告之日止有关进口经营者依初裁决定向中华人民共和国海关所提供的现金保证金，按照本裁定所确定的征收反倾销税的商品范围和反倾销税税率计征并转为反倾销税，与之同时提供的进口环节增值税现金保证金一并转为进口环节增值税。对此期间有关进口经营者所提供的现金保证金超出反倾销税和与之对应的进口环节增值税的部分，海关予以退还，少征部分不再补征。

对实施临时反倾销措施决定公告之日前原产于日本、美国、欧盟的进口氯丁橡胶不再征收反倾销税。

五、征收反倾销税的期限

对原产于日本、美国、欧盟的进口氯丁橡胶征收反倾销税，实施的期限自2005年5月10日起5年。

六、新出口商复审

对于上述国家在调查期内未向中华人民共和国出口被调查产品的新出口商，符合条件的，可依据《中华人民共和国反倾销条例》第四十七条的规定，向商务部书面申请新出口商复审。

七、期中复审

在征收反倾销税期间，有关利害关系方可依据《中华人民共和国反倾销条例》第四十九的规定，向商务部书面申请期中复审。

八、行政复议和行政诉讼

对本案终裁决定及征收反倾销税决定不服的，根据《中华人民共和国反倾销条例》第五十三条规定，可以依法申请行政复议，也可以依法向人民法院提起诉讼。

特此公告。

附件　中华人民共和国商务部关于对原产于日本、美国、欧盟的进口氯丁橡胶反倾销调查的终裁决定（略）

商务部

2005年5月10日

附件2

反倾销税税率表

原产国（地区）	厂商名称	征收比率
日本	日本电气化学工业株式会社（DENKI KAGAKU KOGYO KABUSHIKI KAISHA）	3%
	日本东曹株式会社（TOSOH CORPORATION）	2%
	其他日本公司	151%
美国	所有美国公司	151%
欧盟	朗盛德国责任有限公司（LANXESS Deutschland GmbH）	11%
	埃尼橡胶法国有限公司（Polimeri Europa Elastomères France S. A.）	53%
	其他欧盟公司	151%

中华人民共和国海关总署公告

2005年第18号

《中华人民共和国海关对报关单位注册登记管理规定》（海关总署令第127号，以下简称《规定》）将自2005年6月1日起施行。现就有关事宜公告如下：

一、关于原自理报关单位注册登记

2005年1月1日至2005年5月31日在海关办理完注册登记或已通过今年年审的原自理报关单位，其《自理报关单位注册登记证明书》的有效期自动延长至2008年，具体日期以证书封二所标注的日期为准（即“×年×月×日起，你单位可按海关批准的范围开展自理报关业务”）。

对不按期参加年审或年审未通过的单位，不再受理其办理报关业务。若要再办理的，应当按照《规定》的要求，重新至海关办理进出口货物收发货人注册登记。

重新办理注册登记的企业，沿用原注册登记编码，企业类别按新注册企业对待。但其中适用C、D类管理的，则按原类别对待。企业注册日期以原注册日期为准。

二、关于原专业报关企业和原代理报关企业注册登记许可期限

已通过今年年审的原专业报关企业，视为取得报关企业注册登记许可，许可期限为2年。其专业报关企业注册登记证书的有效期自动延长至2007年，具体日期以证书封二所标注的日期为准（即“×年×月×日起，你企业可按批准的范围开展报关业务”）。

2005年1月1日至2005年5月31日在海关办理完注册登记或已通过今年年审的原代理报关企业，视为取得报关企业注册登记许可，许可期限为2年。其代理报关企业注册登记证书的有效期自动延长至2007年，具体日期以证书封二所标注的日期为准（即“×年×月×日起，你企业可按批准的范围开展报关业务”）。

对不按期参加年审或年审未通过的原专业报关企业、代理报关企业，视为未取得报关企业注册登记许可，不再受理其办理报关业务。

原专业报关企业、代理报关企业自2年许可期满后再次申请许可延续的应当符合《规定》中报关企业的条件，不符合条件的不予办理许可延续。

原专业报关企业、代理报关企业已在海关办理异地备案的跨关区分支机构，总公司通过今年年审的，视为取得报关企业跨关区分支机构注册登记许可，期限2年。其代理报关单位报关备案证明书或专业报关企业报关备案证书的有效期自动延长至2007年，具体日期以证书封二所标注的日期为准。总公司未参加年审或年审未通过的，其分支机构视为未取得报关企业跨关区分支机构注册登记许可，海关不予受理其办理报关业务。

三、关于补充提交注册登记材料

报关单位中的外商投资企业办理注册登记时应当提交“中华人民共和国外商投资企业批准证书”。

国际货运代理企业按照《国际货运代理企业备案（暂行）办法》（商务部令2005年第9号）应当办理国际货运代理企业备案的，到海关办理注册登记时，应当提交国际货运代理企业备案表（复印件）。

四、关于报关企业名称

报关企业（名称中含有“国际货运代理”字样的除外）的企业名称中应当含有“报关”字样。

五、关于报关企业申请跨关区分支机构注册登记许可增资

《规定》施行后，原报关企业注册资本超过150万元人民币的，其申请新的跨关区分支机构注册登记许可，仍需要增资50万元人民币。但国际货运代理企业在设立该分支机构时已经依法增加过注册资本的除外。

六、关于报关企业证书换发

《规定》施行后，原专业报关企业、代理报关企业可持有效的专业报关企业注册登记证书或代理报关企业注册登记证书至注册地海关办理换发新证手续。

原专业报关企业、代理报关企业已在海关办理异地备案的跨关区分支机构，可持有效的专业报关企业报关备案证书或代理报关单位报关备案证明书至海关办理换证手续。

换证时间及程序由各直属海关对外公告。

七、关于原海关总署审批的报关企业办理变更等手续

原海关总署审批的报关企业的变更、许可延续、撤销、注销等手续均统一由各直属海关办理。

八、关于保税区、出口加工区等海关特殊监管区域内企业注册登记

保税区、出口加工区等区内企业若取得对外贸易经营者备案登记表的，注册登记后可按有关规定办理报关业务。

已在海关办理注册登记的区内企业又领取对外贸易经营者备案登记表的，可持该表和相关材料至海关补办报关注册登记手续，海关开通其进出口货物收发货人应当享有的报关功能。

保税区、出口加工区等海关特殊监管区域与境外或区外（境内）之间的货物往来，在上述区域海关办理报关手续；对特殊区域内的企业在区外从事国际贸易业务且货物不实际进出特殊区域的，企业可以在非特殊区域海关办理报关手续。

九、关于进出口货物收发货人分支机构不得注册登记

进出口货物收发货人的分支机构无论其是否取得对外贸易经营者备案登记表，都不能在海关办理注册登记。若分支机构需要报关的，应使用总公司的注册登记编码在全国各口岸报关。

对于原来是子公司改制为分公司的，一律取消其子公司注册登记编码，改用其总公司的注册登记编码，分公司名下的报关员转至总公司。

十、关于双重身份禁止

一个报关单位不得以进出口货物收发货人或报关企业名义在海关重复注册登记，也不得同时在海关注册登记为进出口货物收发货人和报关企业。

企业在申请报关企业注册登记许可（含跨关区的分支机构注册登记许可）后再至海关办理进出口货物收发货人报关注册登记的，海关先注销其报关企业注册登记许可（含跨关区的分支机构注册登记许可），再为其办理进出口货物收发货人报关注册登记。

企业已经办理进出口货物收发货人注册登记后申请报关企业注册登记许可的，海关在办结海关相关业务手续后，注销其“中华人民共和国海关进出口货物收发货人报关注册登记证书”及注册登记编码，再受理其申请。

《规定》实施前已在海关同时有进出口货物收发货人和报关企业两个注册登记编码的报关单位，海关给予两年的过渡期。

十一、关于报关专用章样式

报关专用章应为椭圆形，长50毫米，宽36毫米，包含企业名称全称。报关企业的报关专用章还应当包含口岸地或者海关监管业务集中地名称。

具体样式、办理及换制印章的手续由各直属海关对外公告。

十二、关于临时报关单位注册登记证明

临时报关单位办理进出口业务时可至海关办理临时报关单位注册登记证明（样式见附件）。

《规定》第四十一条所列单位，如果符合报关单位注册登记条件的，可办理正式的报关注册登记。

十三、《规定》施行后下列文件依法废止：

（一）《海关总署关于对外贸易经营者和报关企业办理报关注册登记事项有关公告执行问题的通知》（署调函〔2004〕251号）；

（二）《海关总署关于处理专业报关企业股权变更有关问题的通知》（署监〔2001〕61号）；

（三）《海关总署监管司关于企业年审工作事宜的通知》（监管〔2001〕2号，其中涉及报关员年审内容除外）；

（四）《海关总署办公厅关于做好1999年度企业年审工作的通知》（署办监〔2000〕1号）；

（五）《监管司关于转发外经贸部〈关于建立进出口企业（外商投资企业除外）资格证书年审制度的通知〉的通知》（监管函〔1999〕6号）；

（六）《海关总署关于特区注册进出口企业异地报关备案问题的通知》（署监〔1999〕338号）；

（七）《海关总署关于下发〈海关对报关企业和报关员年审的规程〉的通知》（署稽〔1997〕969号，其中涉及报关员年审内容除外）；

（八）《关于支持促进有进出口经营权的生产企业做好对外贸易工作的通知》（署监一〔1993〕1026号）。

特此公告。

附件　临时报关单位注册登记证明

海关总署

2005年5月13日

附件

临时报关单位注册登记证明

________（单位名称）：

你单位于　年　月　日，因______（事由）______，至我关办理临时报关单位注册登记，并提交了下列委派证明或授权证明及非贸易性活动证明材料：

1. ____________________
2. ____________________
3. ____________________

经审核，符合《中华人民共和国海关对报关单位注册登记管理规定》，给予办理临时注册登记，编码为________。

本临时注册登记编码的有效期为七（天/长期），超过有效期自动失效。你单位若仍需办理进出口业务，请重新至海关办理临时报关单位注册登记。

________海关

（注册登记印章）

年 月 日

中华人民共和国海关总署公告

2005年第20号

广东分署，天津、上海特派办，各直属海关，国家发展改革委、财政部、商务部、质检总局：

按照《内地与澳门关于建立更紧密经贸关系的安排》规定的程序，经内地与澳门政府部门共同确认，《〈内地与澳门关于建立更紧密经贸关系的安排〉补充协议》附件"第二批内地对原产澳门的进口货物实施零关税的产品清单（拟生产产品）"中，税则号列3215.9090的绘图墨水及其他墨类（不论是否固体或浓缩）已正式生产。自2005年6月1日起，海关对原产于澳门的上述进口货物实施零关税。

特此公告。

海关总署

2005年5月25日

中华人民共和国海关总署公告

2005年第21号

广东分署，天津、上海特派办，各直属海关，财政部、商务部：

按照《中华人民共和国反倾销条例》的规定，根据对原产于美国、泰国、韩国和我国台湾地区的进口未漂白牛皮箱纸板的反倾销调查结果，商务部决定对原产于上述国家和地区的进口未漂白牛皮箱纸板实施临时反倾销措施并对外公告（中华人民共和国商务部公告2005年第28号，详见附件1）。现就海关实施上述临时反倾销措施的有关事项公告如下：

一、自2005年5月31日起，对原产于美国、泰国、韩国和我国台湾地区的进口未漂白牛皮箱纸板（税则号列：4804.1100、4804.3100、4804.4100、4804.5100、4805.2400、4805.2500），海关除按现行规定征收关税和进口环节增值税外，还将区别不同的供货厂商，按照反倾销现金保证金征收比率表（详见附件2）所列的征收比率征收反倾销现金保证金。

反倾销现金保证金的计算公式为：

反倾销现金保证金金额=（海关完税价格×反倾销现金保证金征收比率）×（1+进口环节增值税税率）

对实施临时反倾销措施产品的详细描述详见附件1。

二、税号4804.1100、4804.3100、4804.4100、4804.5100、4805.2400、4805.2500项下的以下产品不

在征收反倾销现金保证金范围内：每平方米小于115克或者大于360克的未漂白牛皮箱纸板；普通箱纸板，即全部采用回收（废碎）的纸或者纸板制得的浆制成的箱纸板；全部或主要用漂白的硫酸盐木浆制得的纸或者纸板，或者用染色纸或漂白的非再生浆制的纸做表层，其他层以采用回收（废碎）的纸或者纸板制得的浆制成的纸板；饱和牛皮纸。

三、凡申报进口未漂白牛皮箱纸板的，必须向海关提交原产地证明，如果原产地为美国、泰国、韩国或我国台湾地区的，还需提供原厂商发票。对于申报进口未漂白牛皮箱纸板时不能提供原产地证明，且经查验也无法确定货物的原产地不是美国、泰国、韩国或我国台湾地区的，海关按照本公告附件2所列的最高反倾销现金保证金比率征收保证金；对于能够确定货物的原产地是美国、泰国、韩国或我国台湾地区，但进口货物的收货人不能提供原厂商发票，且通过其他合法、有效的单证等证据也无法确定原生产厂商的，海关按照本公告附件2所列的相应国家或地区其他公司适用的反倾销现金保证金比率征收保证金。

四、有关加工贸易保税进口未漂白牛皮箱纸板如何征收反倾销现金保证金的问题，海关按照中华人民共和国海关总署2001年第9号公告和中华人民共和国海关总署令第111号的规定执行。

五、对于伪报原产国（地区）或伪造进口未漂白牛皮箱纸板原产地证明或原厂商发票的，海关按有关规定进行处罚。

六、对于所征收的反倾销现金保证金的处理，我署将根据终裁结果另行公告。

七、在实施临时反倾销措施期间，如果出现与实施临时反倾销措施产品类似的进口货物，而海关无法确定是否属于实施临时反倾销措施的产品时，有关企业可向商务部提出申请，由商务部商有关部门作出裁定，海关将根据商务部的裁定执行。

特此公告。

附件1　中华人民共和国商务部公告2005年第28号

附件2　反倾销现金保证金征收比率表

海关总署

2005年5月30日

附件1

商务部公告2005年第28号

根据《中华人民共和国反倾销条例》的规定，中华人民共和国商务部于2004年3月31日发布立案公告，决定对原产于美国、泰国、韩国和台湾地区的进口未漂白牛皮箱纸板（以下简称被调查产品）进行反倾销调查。

商务部对倾销和倾销幅度、损害及损害程度进行了调查。根据调查结果和《中华人民共和国反倾销条例》第二十四条的规定，商务部作出初裁决定（见附件）。现将有关事项公告如下：

一、初裁决定

商务部初裁决定确定被调查产品存在倾销，中国大陆的未漂白牛皮箱纸板产业遭受了实质损害，而且倾销与实质损害之间存在因果关系。

二、征收保证金

根据《中华人民共和国反倾销条例》第二十八条和二十九条的规定，商务部决定采用保证金形式实施临时反倾销措施。自2005年5月31日起，进口经营者在进口美国、泰国、韩国和台湾地区的未漂白牛皮箱纸板时，应依据本初裁决定所确定的各公司的倾销幅度向中华人民共和国海关提供相应的保证金。

本案被调查产品在《中华人民共和国海关进出口税则》现行版本中列为4804.1100、4804.3100、4804.4100、4804.5100、4805.2400、4805.2500。对该被调查产品的描述如下：

调查范围：原产于美国、泰国、韩国和台湾地区的进口未漂白牛皮箱纸板

被调查产品名称：未漂白牛皮箱纸板（英文为Unbleached Kraft Liner/Linerboard）

产品种类：纸及纸板

产品描述：未漂白牛皮箱纸板是指全部或主要用未经漂白的硫酸盐木浆抄造，或者表层以未经漂白的硫酸盐木浆，其他层以其他浆种（如废纸浆）抄造、未经涂布的、主要用于制造瓦楞纸板或纸箱的纸板。

产品规格：每平方米重量115克-360克

物理指标或特性：紧度（单位体积的重量）不小于0.68（g/cm^3），耐破指数不小于2.60（$kpa \cdot m^2/g$），（横向）环压指数不小于7.5（$N/m \cdot m^2/g$），（横向）耐折度不小于60（次）。

主要用途：主要用于制造重型或者精细、贵重和冷藏物品包装用的瓦楞纸板、瓦楞纸箱。

以下产品不在本次反倾销调查产品范围之内：每平方米小于 115 克或者大于 360 克的未漂白牛皮箱纸板；普通箱纸板，即全部采用回收（废碎）的纸或者纸板制得的浆制成的箱纸板；全部或主要用漂白的硫酸盐木浆制得的纸或者纸板，或者用染色纸或漂白的非再生浆制的纸做表层，其他层以采用回收（废碎）的纸或者纸板制得的浆制成的纸板；饱和牛皮纸。

对各公司征收的保证金比率如下：

（一）美国公司

1. 米德维实伟克公司（Mead Westvaco Corporation） 24.9%

2. 美国惠好公司（Weyerhaeuser Company） 16.0%

3. Stone Container Corporation 22.2%

4. Georgia - Pacific Corporation 21.6%

5. 美国国际纸业公司（International Paper Company） 21.6%

6. 龙威纤维公司（Longview Fibre Company） 21.6%

7. 美国包装公司（Packing Corporation of America） 21.6%

8. Inland Paperboard and Packaging Inc. 65.2%

9. 其他美国公司（All Others） 65.2%

（二）泰国公司

1. 帮助丰纸业有限公司（PANJAPOL PAPER INDUSTRY CO., LTD.） 25.4%

2. 宪成纸厂有限公司（HIANG SENG FIBRE CONTAINER CO., LTD.） 33.5%

3. 泰坎纸业公司（Thai Cane Paper Public Company Limited）和泰国纸板工业有限公司（Siam Kraft Industry Company Limited） 12.8%

4. 其他泰国公司（All Others） 65.2%

（三）韩国公司

1. 和承制纸株式会社（Hwaseung Paper Co., Ltd.） 11.0%

2. 新大洋制纸株式会社（Shindaeyang Paper Co., Ltd.） 11.0%

3. 朝日制纸株式会社（Choil Paper Mfg Co., Ltd.） 11.0%

4. 斗林制纸株式会社（Dreampatech Co., Ltd.） 11.0%

5. 亚细亚制纸株式会社（Asia Paper Mfg Co., Ltd.） 11.0%

6. 东日制纸株式会社（DONG IL PAPER MFG. CO., LTD.） 11.0%

7. 月山制纸株式会社（Wolsan Co., Ltd.） 11.0%

8. 其他韩国公司（All Others） 65.2%

（四）台湾地区公司

1. 永丰余造纸股份有限公司（YUEN FOONG YU PAPER MFG. CO., LTD.） 7.2%

2. 荣成纸业股份有限公司（Long Chen Paper Co., Ltd.） 14.4%

3. 正隆股份有限公司（Cheng Loong Corporation） 12.6%

4. 其他台湾地区公司（All Others） 65.2%

三、征收保证金的方法

自 2005 年 5 月 31 日起，进口经营者在进口原产于美国、泰国、韩国和台湾地区的未漂白牛皮箱纸板时，应依据本初裁决定所确定的各公司的倾销幅度向中华人民共和国海关提供相应的保证金。保证金以海关审定的完税价格从价计征，计算公式为：

保证金金额 =（海关审定的完税价格 × 保证金征收比率）×（1 + 进口环节增值税税率）

四、评论

各利害关系方在本公告发布之日起 20 天内，可向商务部提出书面评论并附相关证据，商务部将依法予以考虑。

特此公告。

附件 2

反倾销现金保证金征收比率表

原产国（地区）	厂商名称	征收比率
美国	米德维实伟克公司（MeadWestvaco Corporation）	24. 90%
	美国惠好公司（Weyerhaeuser Company）	16. 00%
	Stone Container Corporation	22. 20%
	Georgia-Pacific Corporation	21. 60%
	美国国际纸业公司（International Paper Company）	21. 60%
	龙威纤维公司（Longview Fibre Company）	21. 60%
	美国包装公司（Packing Corporation of America）	21. 60%
	Inland Paperboard and Packaging Inc.	65. 20%
	其他美国公司（All Others）	65. 20%
泰国	帮助丰纸业有限公司（PANJAPOL PAPER INDUSTRY CO.，LTD.）	25. 40%
	宪成纸厂有限公司（HIANG SENG FIBRE CONTAINER CO.，LTD.）	33. 50%
	泰坎纸业公司（Thai Cane Paper Public Company Limited）	12. 80%
	泰国纸板工业有限公司（Siam Kraft Industry Company Limited）	12. 80%
	其他泰国公司（All Others）	65. 20%
韩国	和承制纸株式会社（Hwaseung Paper Co.，Ltd.）	11. 0%
	新大洋制纸株式会社（Shindaeyang Paper Co.，Ltd.）	11. 0%
	朝日制纸株式会社（Choil Paper Mfg Co.，Ltd.）	11. 0%
	斗林制纸株式会社（Dreampatech Co.，Ltd.）	11. 0%
	亚细亚制纸株式会社（Asia Paper Mfg Co.，Ltd.）	11. 0%
	东日制纸株式会社（DONG IL Paper Mfg Co.，Ltd.）	11. 0%
	月山制纸株式会社（Wolsan Co.，Ltd.）	11. 0%
	其他韩国公司（All Others）	65. 2%
台湾地区	永丰余造纸股份有限公司（Yuen Fong Yu Paper Mfg Co.，Ltd.）	7. 2%
	荣成纸业股份有限公司（Long Chen Paper Co.，Ltd.）	14. 4%
	正隆股份有限公司（Cheng Loong Corporation）	12. 6%
	其他台湾地区公司（All Others）	65. 2%

中华人民共和国海关总署公告

2005年第25号

按照《中华人民共和国反倾销条例》的规定，根据对原产于日本、欧盟和美国的进口呋喃酚的反倾销调查结果，商务部决定对原产于日本、欧盟和美国的进口呋喃酚实施临时反倾销措施并对外公告（中华人民共和国商务部公告2005年第32号，详见附件1）。现就海关实施上述临时反倾销措施的有关事宜公告如下：

一、自2005年6月16日起，对原产于日本、欧盟和美国的进口呋喃酚（税则号列：2932.9910），海关除按现行规定征收关税和进口环节增值税外，还将区别不同的供货厂商，按照反倾销现金保证金征收比率表（详见附件2）所列的征收比率征收反倾销现金保证金。

反倾销现金保证金的计算公式为：

反倾销现金保证金金额＝（海关完税价格×反倾销现金保证金征收比率）×（1＋进口环节增值税税率）

对实施临时反倾销措施产品的详细描述详见本公告附件1。

二、凡申报进口呋喃酚的，必须向海关提交原产地证明，如果原产地为日本、欧盟或美国的，还需提供原厂商发票。对于申报进口呋喃酚时不能提供原产地证明，且经查验也无法确定货物的原产地不是日本、欧盟或美国的，海关按照本公告附件2所列的最高反倾销现金保证金比率征收保证金；对于能够确定货物的原产地是日本、欧盟或美国，但进口货物的收货人不能提供原厂商发票，且通过其他合法、有效的单证等证据也无法确定原生产厂商的，海关按照本公告附件2所列的相应国家其他公司适用的反倾销现金保证金比率征收保证金。

三、有关加工贸易保税进口呋喃酚如何征收反倾销现金保证金的问题，海关按照中华人民共和国海关总署2001年第9号公告和中华人民共和国海关总署令第111号的规定执行。

四、对于伪报原产国或伪造进口呋喃酚原产地证明或原厂商发票的，海关按有关规定进行处罚。

五、对于所征收的反倾销现金保证金的处理，海关总署将根据终裁结果另行公告。

六、在实施临时反倾销措施期间，如果出现与实施临时反倾销措施产品类似的进口货物，而海关无法确定是否属于实施临时反倾销措施的产品时，有关企业可向商务部提出申请，由商务部商有关部门作出裁定，海关将根据商务部的裁定执行。

特此公告。

附件1　中华人民共和国商务部公告2005年第32号

附件2　反倾销现金保证金征收比率表

海关总署

2005年6月15日

附件1

中华人民共和国商务部公告

2005年第32号

根据《中华人民共和国反倾销条例》的规定，商务部于2004年8月12日发布公告，决定对原产于日本、欧盟和美国的进口呋喃酚（以下简称被调查产品）进行反倾销调查。

商务部对被调查产品是否存在倾销和倾销幅度、被调查产品是否对国内产业造成损害及损害程度，以及倾销与损害之间的因果关系进行了调查。根据调查结果和《中华人民共和国反倾销条例》第二十四条的规定，商务部作出初裁决定（见附件）。现将有关事项公告如下：

一、初裁决定

商务部初裁决定，原产于日本、欧盟和美国的进口呋喃酚存在倾销，中国国内呋喃酚产业遭受了实质损害，而且倾销与实质损害之间存在因果关系。

二、征收保证金

根据《中华人民共和国反倾销条例》第二十八条和二十九条的规定，商务部决定采用保证金形式实施临时反倾销措施。自2005年6月16日起，进口经营者在进口原产于日本、欧盟和美国的呋喃酚时，应依据本初裁决定所确定的各公司的倾销幅度向中华人民共和国海关提供相应的保证金。

本案被调查产品在《中华人民共和国海关进出口税则》（2004年版）中的税则号列为2932.9910。对该被调查产品的描述如下：

产品名称：呋喃酚（或称7－羟基苯并呋喃）

英文名称：Benzofuranol，7－Hydroxy或Furan phenol

产品种类：有机杂环化合物

产品规格：一般为呋喃酚主含量≥98%，水分≤0.1%，但是根据客户的不同要求，呋喃酚含量和水分会有所不同。

分子式：$C_{10}H_{12}O_2$

化学结构式：（略）

物理化学特征：呋喃酚一般为无色或淡黄色或淡红色透明油状粘稠液体。分子量为164，沸点133.6℃/2665.8Pa、104℃/533.2Pa，密度d4201.103g/cm^3，d4251.0988g/cm^3。常温下易溶于苯、甲苯、甲醇、乙醇、三氯甲烷等有机溶剂，微溶于水，但溶于强碱溶液。一般情况下较稳定，但长期暴露于空气中则被氧化。

主要用途：可作为合成农药克百威、丁硫克百威、丙硫克百威、呋线威等产品的中间体，同时可作为医药中间体。

对各公司征收的保证金比率如下：

（一）美国公司

1. 美国FMC公司　74.6%

2. 其他美国公司　113.2%

（二）日本公司　113.2%

（三）欧盟公司　113.2%

三、征收保证金的方法

自2005年6月16日起，进口经营者在进口原产于日本、欧盟和美国的呋喃酚时，应依据本初裁决定所确定的各公司的倾销幅度向中华人民共和国海关提供相应的保证金。保证金以海关审定的完税价格从价计征，计算公式为：

保证金金额＝（海关审定的完税价格×保证金征收比率）×（1＋进口环节增值税税率）

四、评论

各利害关系方在本公告发布之日起20天内，可向商务部提出书面评论并附相关证据，商务部将依法予以考虑。

特此公告。

附件　中华人民共和国商务部关于对原产于日本、欧盟和美国的进口呋喃酚反倾销调查的初裁决定

商务部

2005年6月16日

附件

中华人民共和国商务部关于对原产于日本、欧盟和美国的进口呋喃酚反倾销调查的初裁决定

根据《中华人民共和国反倾销条例》的规定，中华人民共和国商务部于2004年8月12日发布第41号公告，决定对原产于日本、欧盟和美国的进口呋喃酚（以下简称被调查产品）进行反倾销调查。商务部对被调查产品是否存在倾销和倾销幅度、被调查产品是否对国内产业造成损害及损害程度，以及倾销和损害之间的因果关系进行了调查。根据《中华人民共和国反倾销条例》的规定，商务部作出初裁决定如下：

一、调查程序

（一）立案

2004年6月16日，湖南海利株洲精细化工有限公司代表国内呋喃酚产业向商务部正式提交了对原产于日本、欧盟和美国的进口呋喃酚进行反倾销调查的申请书。

商务部审查了申请材料之后，认为申请人符合《中华人民共和国反倾销条例》第十一条及第十三条和第十七条有关中国产业提出反倾销调查申请的规定，有资格代表中国国内呋喃酚产业提出申请，且申请书中包含了《中华人民共和国反倾销条例》第十四条、第十五条规定启动反倾销调查所要求的内容和证据。中华人民共和国商务部于2004年8月12日发布立案公告，决定开始对原产于日本、欧盟和美国的进口呋喃酚产品进行反倾销调查。商务部确定的本案倾销调查期为2003年4月1日至2004年3月31日，产业损害调查期为2001年1月1日至2004年3月31日。

（二）倾销及倾销幅度的初步调查

1. 立案通知

2004年8月4日，商务部向涉案的日本、美国驻

华大使馆和欧盟委员会驻中国代表团正式通报了受理反倾销调查申请；2004 年 8 月 12 日，商务部主管调查官员约见了日本、美国驻华大使馆和欧盟委员会驻中国代表团代表，向其递交了立案公告和申请书的公开部分，请其通知所在国家和地区内的相关出口商和生产商。同日，商务部将本案立案情况通知了本案的申请人。

2. 登记应诉

根据立案公告的要求，上述国家和地区生产商和出口商应在本案立案公告之日起 20 天内向商务部申请参加应诉。截至应诉登记截止日，日本农药株式会社、鲍利葛意大利有限公司、美国 FMC 公司等 3 家国外生产商向商务部登记应诉，其中日本农药株式会社、鲍利葛意大利有限公司登记应诉后没有递交答卷。

3. 发放问卷和收取答卷

2004 年 9 月 13 日，商务部向所有应诉企业发放了反倾销调查问卷，并要求其在 37 天内按规定提交准确、完整的答卷。在该期间内，美国 FMC 公司在问卷规定的期限内向商务部申请延期递交答卷并陈述了相关理由，经审查，商务部同意申请公司的延期要求。至答卷递交截止之日，商务部收到美国 FMC 公司一家公司的答卷。2005 年 2 月 6 日，商务部针对 FMC 公司已提交答卷仍需补充的部分发放了补充问卷，该公司在规定的时间内提交了补充问卷的答卷。商务部对上述答卷进行了审查并在初裁决定中依法予以了考虑。

4. 听取各利害关系方意见，召开下游企业陈述会

2004 年 9 月 1 日，商务部接待了来访的日本农药株式会社的代表，听取了有关意见陈述。

2004 年 9 月 8 日，商务部接收了日本三菱化学株式会社递交的《关于三菱化学株式会社对日本农药株式会社的生物化学品营业转让的说明》。

2004 年 12 月 8 日，商务部接收了本案下游企业太仓鲍利葛化工有限公司递交的《关于呋喃酚反倾销案下游产业需向商务部陈述的主要问题》。

2005 年 1 月 31 日、2005 年 2 月 1 日，商务部分别接收了本案下游企业太仓鲍利葛化工有限公司、江苏常隆化工有限公司递交的《关于召开呋喃酚反倾销案下游企业陈述会的申请》，并于 2005 年 3 月 15 日召开了下游企业陈述会，听取有关意见的陈述。

商务部在初裁决定中对上述利害关系方的意见和评述依法给予了考虑，初裁后，商务部将继续进行调查，听取各利害关系方意见。

（三）产业损害及损害程度调查

1. 应诉登记

2004 年 8 月 12 日，商务部发布《关于参加呋喃酚反倾销案产业损害调查应诉登记的通知》（商调查函〔2004〕165 号）。在规定的应诉期限内，美国 FMC 公司、日本农药株式会社等两家国外（地区）生产者企业向商务部递交了应诉登记表及相关证明材料，商务部经审查后接受了上述利害关系方的应诉登记。

2. 成立产业损害调查组

2004 年 10 月 15 日，商务部成立了呋喃酚反倾销案产业损害调查组，负责案件的具体调查工作。

3. 发放和收回调查问卷

2004 年 9 月 2 日，商务部向已知的所有中国国内生产者、国内进口商和国外（地区）生产者（出口商）发放了《国内生产者调查问卷》、《国内进口商调查问卷》和《国外（地区）生产者/出口商调查问卷》。

在规定的时间内，湖南海利株洲精细化工有限公司递交了《国内生产者调查问卷》答卷；湖南海利化工股份有限公司递交了《国内进口商调查问卷》答卷；美国 FMC 公司在规定的延期期限内递交了《国外（地区）生产者/出口商调查问卷》答卷。

4. 召开申请人陈述会

2004 年 10 月 22 日，商务部召开了本案申请人意见陈述会，听取申请人的意见。

5. 听取利害关系方意见陈述，接收书面材料。

2004 年 9 月 1 日，商务部接待了来访的日本农药株式会社的代表，听取了有关意见陈述。

2004 年 9 月 8 日，商务部接收了日本农药株式会社递交的《关于呋喃酚反倾销调查案件申请人资格的异议书》；日本三菱化学株式会社递交的《关于三菱化学株式会社对日本农药株式会社的生物化学品营业转让的说明》。

6. 实地核查

2004 年 11 月和 2005 年 1 月，商务部对申请企业湖南海利株洲精细化工有限公司及支持企业江苏神农化工有限责任公司分别进行了初裁前实地核查。

商务部对申请书及所附证据、收回的调查问卷答卷和实地核查结果进行了认真分析和全面评估，对利害关系方的意见依法给予了充分考虑。

二、被调查产品及调查范围

商务部在立案公告中确定的本案被调查产品及调查范围描述如下：

调查范围：原产于日本、欧盟和美国的进口呋喃酚

产品名称：呋喃酚（或称7－羟基苯并呋喃）

英文名称：Benzofuranol，7－Hydroxy 或 Furan phenol

产品种类：有机杂环化合物

产品规格：一般为呋喃酚主含量≥98%，水分≤0.1%，但是根据客户的不同要求，呋喃酚含量和水分会有所不同。

分子式：$C_{10}H_{12}O_2$

化学结构式：（略）

物理化学特征：呋喃酚一般为无色或淡黄色或淡红色透明油状粘稠液体。分子量为164，沸点133.6℃/2665.8Pa、104℃/533.2Pa，密度 d4201.103g/cm^3，d4251.0988g/cm^3。常温下易溶于苯、甲苯、甲醇、乙醇、三氯甲烷等有机溶剂，微溶于水，但溶于强碱溶液。一般情况下较稳定，但长期暴露于空气中则被氧化。

主要用途：可作为合成农药克百威、丁硫克百威、丙硫克百威、呋线威等产品的中间体，同时可作为医药中间体。

三、国内同类产品和国内产业

（一）国内同类产品的认定

商务部对中国国内生产的呋喃酚与被调查产品的相同或相似性进行了调查，证据显示：

1. 被调查产品与国内产业生产的呋喃酚产品的物理特性和技术性能相同或相似。两者在分子式、化学结构式和分子量等基本物化指标上没有区别。

2. 被调查产品与国内产业生产的呋喃酚产品在包装方式上基本相同，通常采用铁桶包装。

3. 被调查产品与国内产业生产的呋喃酚产品在用途方面基本相同。主要可作为合成农药克百威、丁硫克百威、丙硫克百威、呋线威等产品的中间体，同时可作为医药中间体。

4. 被调查产品与国内产业生产的呋喃酚产品在制造过程和生产工艺上基本相同或相似。目前世界上呋喃酚的生产工艺主要有两种形式：即邻苯二酚工艺路线和环已酮工艺线路。欧盟、美国和国内产业采用的生产工艺相同，日本生产工艺与国内产业采用的生产工艺虽有所区别，但其最终产品为呋喃酚，产品的物理特征、技术指标和最终用途基本相同，两者之间存在直接竞争并可相互替代。

5. 被调查产品与国内产业生产的呋喃酚产品所使用的原材料基本相同，主要原料为邻苯二酚、甲代烯丙基氯。虽然日本生产呋喃酚所使用的主要原料为环已酮，但其最终产品为呋喃酚，产品的物理特征、技术指标和最终用途基本相同，两者之间存在直接竞争并可相互替代。

6. 被调查产品与国内产业生产的呋喃酚产品在销售渠道、销售市场区域、客户群体等方面上是相同或相似的。两者均主要通过直销或代理的方式在中国市场进行销售，客户群体主要为克百威、丁硫克百威等农药产品的生产企业。

综上所述，国内生产的呋喃酚的产品在物理特性、化学性能、生产设备和工艺、产品用途、销售渠道等方面与被调查产品具有可比性，二者属于同类产品。

（二）中国国内产业的认定

调查期内，中国国内呋喃酚生产者共2家，其中1家为本案申请企业湖南海利株洲精细化工有限公司，另1家为支持本次调查申请的企业江苏神农化工有限责任公司。

商务部对申请企业湖南海利株洲精细化工有限公司调查时发现，该企业母公司湖南海利化工股份有限公司在调查期内从被调查国日本和意大利进口过呋喃酚产品。本案被诉方日本农药株式会社提出，由于申请企业湖南海利株洲精细化工有限公司与其母公司存在关联交易，应将申请企业排除在国内产业之外。对此，商务部作了进一步调查和分析。商务部注意到以下事实：

第一，湖南海利株洲精细化工有限公司为中国的独立法人企业，从未进口过被调查产品，不是被调查产品的进口经营者，也没有参与被调查产品的倾销行为。

第二，湖南海利化工股份有限公司进口被调查产品，全部直接用于本企业生产下游产品，从未再转售营利。进口被调查产品的目的是为了保证其生产下游产品的需要，并非是谋求从不公平贸易行为中获得利益。同时，该公司在提交给商务部的问卷中明确表示，支持本次反倾销调查。

第三，虽然湖南海利株洲精细化工有限公司同进口商湖南海利化工股份有限公司是关联方，但是湖南海利株洲精细化工有限公司的财务状况显示，这种关联关系并未使其避免被调查进口产品倾销的影响。

第四，在调查期内，湖南海利株洲精细化工有限公司的呋喃酚产量占中国呋喃酚总产量的绝大部分，该企业的利益完全来自呋喃酚产品的生产经营，而不是经营进口被调查产品。该企业的状况体现了中国呋喃酚产业的客观情况。

因此，商务部在对中国呋喃酚产业进行评估时，决定不将湖南海利株洲精细化工有限公司排除在国内产业之外。

商务部对江苏神农化工有限责任公司调查时发现，该企业于2003年12月被江苏省铜山县人民法院依法宣告破产，企业名称已被依法注销，目前处于企业破产清算阶段。由于原企业人员变动、财务资料被依法封存等原因，江苏神农化工有限责任公司未向商务部提交《国内生产者调查问卷》答卷，并且向商务部明确表示，无法按照商务部的要求提供本企业在调查期内生产经营情况的完整、准确的证据材料。

商务部对中国国内2家呋喃酚生产企业进行调查后认定，由于申请企业湖南海利株洲精细化工有限公司的呋喃酚产量，在2001年、2002年、2003年和2004年1-3月均占中国同类产品总产量的主要部分，同时，商务部无法获得江苏神农化工有限责任公司调查期内必要的证据材料。根据反倾销条例的有关规定，商务部认定，申请企业湖南海利株洲精细化工有限公司的相关数据可以代表中国呋喃酚产业的情况。

四、倾销和倾销幅度

商务部审查了各应诉公司的答卷，对各公司的倾销幅度作出如下认定：

（一）正常价值、出口价格及价格调整项目的认定

美国公司

FMC公司（FMC Corporation）

1. 正常价值

商务部审查了该公司的答卷，该公司汇报没有国内销售且出口到第三国的销售存在特殊的价格安排。根据《中华人民共和国反倾销条例》第四条的规定，商务部暂决定依据该公司被调查产品的同类产品的生产成本加合理费用、利润确定的结构价格来确定该公司被调查产品同类产品的正常价值。

商务部对该公司答卷及其补充问卷报告的成本数据进行了审查。

关于生产成本，该公司主张，调查期内个别月份由于原材料供应不足，生产故障等原因，导致生产极不正常，生产成本极高。因此，请求商务部排除上述非正常月份的生产成本，以合理的生产成本作为计算正常价值的依据。经审查，商务部认为，该公司计算上述生产成本的方法不合理，且缺乏足够的证据支持。在初裁决定中，商务部暂不接受公司调整主张，以该公司实际发生的调查期加权平均生产成本作为确定结构价格的基础。

关于合理费用，公司根据标准成本中的利润比分摊出了出口到中国及其出口到第三国被调查产品及其同类产品的费用，并主张用此作为确定结构价格的基础。经审查，商务部认为，该公司费用分摊方法不合理，分摊出来的出口销售被调查产品及其同类产品的费用也不能作为确定结构价格的合理费用。因此，在初裁决定中，商务部暂不接受公司主张，以该公司汇报的部门收入与费用为基础重新确定了该公司合理费用。

关于利润的确定，由于该公司没有在正常贸易过程中生产和销售同类产品的实际数据，在初裁决定中，商务部在合理的基础上确定了该公司的利润率，并以此作为确定结构价格的基础。

2. 出口价格

商务部对该公司的出口价格进行了审查。该公司对中国的出口销售一部分是由公司直接销售给最终用户，一部分由公司通过最终用户指定的非关联进口商进行，一部分由公司通过位于中国的关联进口商进行。根据《中华人民共和国反倾销条例》第五条的规定，在初裁决定中，商务部暂分别依据以下价格来确定出口价格：

（1）对于公司直接出口给中国非关联最终客户的交易，依据该公司直接出口的价格。

（2）对于公司通过非关联进口商进行的销售，依据该公司销售给非关联进口商的价格。

（3）对于公司通过关联进口商进行的销售，依据其关联进口商转售给中国非关联客户的价格。

3. 调整项目

商务部对该公司的价格调整部分逐一进行了审查。

（1）关于正常价值

商务部暂决定依据该公司被调查产品的同类产品的生产成本加合理费用、利润确定的结构价格来确定该公司被调查产品同类产品的正常价值。

（2）关于出口价格

关于通过关联公司转售时发生的进口海关关税、销售利润及其他间接费用，该公司在答卷中没有主张调整。经审查，商务部认为，关联公司转售所发生关税、利润及其他间接费用应当进行调整，因此，在初裁决定中，商务部暂不接受该公司主张。

在初裁决定中，对该公司报告的其他调整项目，商务部认为暂可接受，对其调整要求暂予以支持，在计算倾销幅度时，对出口价格进行了调整。

（二）价格比较

根据《中华人民共和国反倾销条例》第六条的规定，商务部对进口产品的出口价格和正常价值，考虑了影响价格的各种可比性因素，按照公平、合理的方式进行了比较。商务部在应诉公司提交的证明材料基础上，

将各应诉公司的正常价值和出口价格在出口国（地区）出厂价的基础上予以比较。在计算倾销幅度时，商务部将加权平均正常价值和加权平均出口价格进行比较，得出倾销幅度。

对于日本、欧盟和美国未应诉或应诉后未提交答卷的公司的倾销幅度，根据《中华人民共和国反倾销条例》第二十一条的规定，商务部根据已经获得的事实和可获得的最佳信息作出裁定。

（三）倾销幅度

经过计算，各公司的倾销幅度分别为：

美国公司

1. 美国 FMC 公司　74.6%

2. 其他美国公司　113.2%

日本公司　113.2%

欧盟公司　113.2%

五、产业损害及损害程度

（一）累积评估的适当性

调查证据显示，来自日本、欧盟和美国的被调查产品的进口数量和被诉倾销幅度不属于可忽略不计的范围，且被调查产品之间以及被调查产品与中国国内同类产品之间在物理和化学特性、产品用途、销售渠道等方面的竞争条件基本相同。

根据反倾销条例的有关规定，商务部认为，对来自上述国家（地区）的被调查产品对中国国内产业造成的影响进行累积评估是适当的。

（二）被调查产品进口量及所占国内市场份额

1. 被调查产品的进口数量

调查期内，被调查产品的进口数量呈快速增长趋势。根据中国海关统计数据，2001 年从日本、欧盟和美国进口的呋喃酚产品数量为 1274.46 吨，2002 年为 1391.02 吨，比 2001 年增长 9.15%；2003 年从上述被调查三国（地区）进口量急剧增加，达到 1956.14 吨，比 2002 年增长 40.63%；2004 年 1－3 月继续保持增长势头，进口量为 732.66 吨，比上年同期增长 26.93%。

2. 被调查产品在中国国内市场所占的份额

调查期内，虽然国内呋喃酚表观消费量增长较快，但由于日本、欧盟和美国向中国市场出口呋喃酚数量快速增长，被调查产品在中国呋喃酚市场的占有率始终维持在较高水平，市场份额由 2001 年的 62.43% 上升至 2004 年 1－3 月的 84.21%，呈现出逐年快速增长的趋势。

（三）被调查产品进口价格及其对国内国类产品价格的影响

1. 被调查产品进口价格

根据中国海关统计数据，调查期内，日本、欧盟和美国呋喃酚产品对中国市场的出口价格持续下降。2001 年日本、美国和欧盟出口到中国的呋喃酚产品的平均价格（含关税）为 8892.04 美元/吨；2002 年下降至 7569.62 美元/吨，比 2001 年每吨下降了 1322.42 美元，降幅为 14.87%；2003 年继续下降至 7406.91 美元/吨，比 2002 年每吨下降了 162.71 美元，降幅为 2.15%；2004 年 1－3 月比上年同期又下降了 1.09%，价格降至 7406.45 美元/吨。另有证据显示，在调查期内，被调查产品在中国国内市场上的平均销售价格始终低于国内产业同类产品的价格。

2. 国内同类产品价格

由于被调查产品占中国国内市场份额较大，且呈逐年上升趋势，其价格的不断下降，对国内产业同类产品价格产生了明显的抑制作用。国内产业生产的呋喃酚产品价格不仅没有随着市场需求的增加而上升，反而受被调查产品的影响呈逐年下降趋势。其中：2002 年比 2001 年下降 8.95%；2003 年比 2002 年下降 7.08%；2004 年 1－3 月比 2003 年同期下降 1.56%。

上述证据表明，调查期内，由于被调查产品价格下降，且始终低于国内同类产品的价格，对国内同类产品价格产生了明显的抑制作用，导致国内同类产品市场价格在调查期内总体呈现下降趋势。

（四）产业相关经济因素和指标的评估

商务部对影响国内产业的相关经济因素和指标进行了调查，主要证据事实如下：

1. 产能

调查期内，虽然国内呋喃酚市场需求持续增长，但国内产业的生产能力却没有得到相应的增长，各年度均为 1500 吨。

2. 产量

调查期内，国内产业呋喃酚产量不仅没有随着国内呋喃酚市场需求的持续增长而相应地增长，反而出现了总体下降的趋势。2001 年至 2003 年，产量年均下降 12.94%，其中：仅 2002 年比 2001 年产量略增加 4.76%；2003 年比 2002 年大幅下降 27.65%；2004 年 1－3 月比上年同期又下降了 11.96%。

3. 开工率

调查期内，国内产业的产能不仅未能增长，而且已有的生产能力也没有得到充分利用，生产设备严重闲置，开工率处于很低水平，各年度的开工率均不足 50%。其中：2001 年为 47.35%；2002 年为 49.60%；

2003 年为 35.89%；2004 年 1－3 月为 43.20%。

4. 销售量

调查期内，国内产业同类产品的销售量年均下降 8.99%。其中，2002 年和 2004 年 1－3 月，国内产业同类产品的销售量比上年同期有所增长，分别增长了 15.02% 和 44.60%；2003 年比 2002 年销售量下降了 27.99%。由于国内产业同类产品的开工率在调查期各年度内均不足 50%，处于较低水平，国内同类产品的产量受到了严重抑制，销售数量的增长也相应受到严重压制。

5. 市场份额

在调查期内，国内产业同类产品占国内市场份额始终处于较低水平。2002 年比 2001 年上升 1.99 个百分点；2003 年比 2002 年下降 12.99 个百分点；2004 年 1－3 月比上年同期上升 2.13 个百分点。

6. 销售收入

调查期内，由于国内产业的产量和销售量总体均呈现下降趋势，特别是国内同类产品的市场价格持续下降，使国内产业呋喃酚销售收入总体呈下降趋势，销售收入年均下降 16.29%。其中：2002 年和 2004 年 1－3 月比上年同期有所上升，分别上升 4.72% 和 42.34%，但上升幅度均小于同期销售数量的增长幅度；2003 年比 2002 年大幅下降 33.09%，下降幅度大于同期销售数量的下降幅度。

7. 税前利润

调查期内，由于国内产业同类产品产量、销售量、销售价格、销售收入均总体呈现下降趋势。税前利润在调查期内各年度均为负数，年均下降 48.7%。国内产业的盈利能力未能提高，调查期内各年度均处于严重亏损状态。2002 年和 2004 年 1－3 月税前利润比上年同期均大幅下降，分别下降 211.86% 和 132.29%；2003 年比 2002 年减亏 91.56%，但仍处于亏损状态。

8. 投资收益率

调查期内，由于国内产业同类产品的销售收入受到严重抑制，税前利润均为负数，国内产业处于严重亏损状态，导致国内产业呋喃酚产品投资收益率在调查期内各年度均为负，巨额投资无法收回。2002 年和 2004 年 1－3 月比上年同期分别下降 1.29 个百分点和 1.68 个百分点；2003 年比 2002 年上升 1.73 个百分点。

9. 就业人数

调查期内，国内呋喃酚产业为了减少人员成本支出，改善不良的财务状况，被迫减少就业人数，同时，生产工艺的不断改进也相应减少了管理部门的岗位。调查期内，就业人数年均下降 17.52%。2002 年比 2001 年下降 12.33%；2003 年比 2002 年下降 22.40%；2004 年 1－3 月比上年同期下降 19.43%。

10. 劳动生产率

调查期内，国内产业同类产品产量及就业人数总体均呈下降趋势，因此，劳动生产率总体变化不大，年均增长 5.56%，但国内产业的劳动生产率仍处于较低水平。2002 年和 2004 年 1－3 月分别比上年同期增长 19.75% 和 9.52%；2003 年比 2002 年下降 6.96%。

11. 人均工资

调查期内，由于国内产业劳动生产率有所提高，职工年均工资水平也有一定程度的增长，年均增长 16.22%，但工资水平仍处于较低水平。2002 年和 2003 年分别比上年同期增长 12.91% 和 25.02%；2004 年 1－3月比上年同期下降 31.23%。

12. 期末库存

调查期内，国内产业呋喃酚产量总体呈下降趋势，尤其是 2003 年和 2004 年 1－3 月产量下降幅度较大。国内产业为了维持一定的市场份额和公司的运转，只能在降低销售价格的基础上进行同类产品的销售。这使得国内产业期末库存总体上呈现下降趋势，年均降幅为 20.94%。2002 年比 2001 年下降 23.08%；2003 年比 2002 年下降 18.75%；2004 年 1－3 月比上年同期下降 57.06%。

13. 投融资能力

调查期内，国内产业各项财务指标呈现恶化趋势，生产和销售受到抑制，亏损严重，企业偿债能力、盈利能力及运营能力不断下降，导致企业信用等级降低，筹措资金困难；企业扩大生产能力的计划无法实施，投资能力下降。

14. 现金流量

调查期内，由于国内产业同类产品的销售价格持续下降，销售收入不断减少，调查期内各年度均严重亏损，导致企业资金回笼变缓，库存产品难以变现，国内产业同类产品现金净流量大大减少。2002 年现金净流量比 2001 年下降 23.36%；特别是 2004 年 1－3 月比上年同期下降 170.54%；现金流量净额出现现金净流出。2003 年现金净流量比 2002 年上升 325.82%，主要原因是当年国内产业生产同类产品的大部分原材料是赊购而来，未支付赊购物品占用资金的利息费用，从而减少了当年现金流出量。

上述证据表明，调查期内，中国国内产业在国内同类产品市场需求呈增长趋势的情况下，生产能力未能相应地增加，生产扩建计划被迫搁置，生产经营受到严重影响；产量和销售受到巨大抑制并总体呈下降趋势；销售价格持续下滑，销售收入、税前利润大幅下降，亏损严重；投资收益、就业情况等指标不断恶化，开工率和市场份额处于极低水平，产业成长受到明显抑制。

因此，商务部认定，中国国内呋喃酚产业受到了实质损害。

六、因果关系

（一）被调查产品大量低价进口造成了国内产业的实质损害

证据显示，调查期内，从日本、欧盟和美国进口的呋喃酚数量占中国同类产品各年度总进口数量的99.99%以上，且该进口数量呈快速增长趋势，占中国呋喃酚市场份额也大幅增长，从2001年的62.43%逐年增长至2004年1－3月的84.21%，增长了22个百分点。与此同时，日本、欧盟和美国不断降低出口到中国市场的呋喃酚产品价格，被调查产品的价格在调查期内始终低于国内同类产品的价格，其平均进口价格（含关税）从2001年的8892.04美元/吨逐年下降至2004年1－3月的7406.45美元/吨，每吨降幅达到1485.59美元。

由于被调查产品进口数量和中国国内市场份额很大，其价格对国内同类产品市场价格有很强的影响力。进口被调查产品价格的不断降低，使国内产业同类产品的价格被迫进行相应的调整，从而造成中国同类产品市场价格持续下降。

在调查期内，国内呋喃酚市场需求呈加速增长的趋势，为正在成长的国内产业提供了良好的发展环境。在正常贸易条件下和公平竞争的市场环境中，国内产业经济效益理应同步呈现良好态势。但是，由于日本、欧盟和美国向中国大量低价出口呋喃酚产品，导致国内产业的生产经营受到严重影响，市场份额处于较低水平并持续下降，产能无法得到应有的扩大，开工严重不足，正常销售受到严重影响，销售收入增长受到抑制并总体出现大幅下滑，税前利润锐减，亏损严重，巨额投资无法收回，企业的生产和经营陷入困境。

因此，被调查产品大量低价进口造成了国内产业的实质损害。

（二）其他因素分析

商务部对除被调查产品外可能使国内产业受到损害的其他因素进行了调查。调查结果表明，国内产业受到损害并非由以下因素造成：

1. 其他国家进口产品影响的因素

根据中国海关统计数据，调查期内，日本、欧盟和美国呋喃酚进口数量年均占中国同类产品总进口数量的99.99%以上，不存在其他国家（地区）进口产品对国内产业产生影响。

2. 中国国内同类产品需求变化的因素

近年来，随着中国经济的发展，以呋喃酚为原料的一批低毒高效的氨基甲酸酯类产品也得到迅速发展，直接带动了中国呋喃酚产品需求的不断增长。调查期内，国内呋喃酚表观消费量呈加速增长趋势，其中：2002年比2001年增长8.44%；2003年比2002年增长14.92%；2004年1－3月比2003年同期增长28.45%。快速增长的市场需求为国内产业提供了良好的发展机遇。因此，国内产业受到的损害不是由于国内市场需求因素造成的。

3. 中国国内同类产品消费模式变化的因素

调查期内，中国国内没有限制使用呋喃酚的政策变化，也没有出现由于其他替代产品等消费模式变化而导致国内呋喃酚市场需求萎缩，使国内产业受到损害的情况。

4. 国内外竞争状况和技术进步

国内产业呋喃酚生产采用国际先进的邻苯二酚生产工艺路线并采用国际先进的生产装置和设备，经过不断的技术改造，国内产业呋喃酚的生产工艺和技术日趋成熟，产品质量已达到国际先进水平。同时，国内产业的产品单位销售成本、期间费用总体呈下降趋势，经营管理状况良好。不存在国内产业经营管理不善或者生产工艺和技术落后对国内产业造成负面影响的情况。如果日本、欧盟和美国的进口产品与国内产业同类产品进行公平竞争，国内产业完全具备本土优势，不应当受到目前如此严重的损害。

5. 中国国内产业经营管理状况的因素

调查期内，国内产业的单位销售成本和期间费用下降，劳动生产率提高，国内产业经营管理状况良好，各项企业管理制度健全，不存在经营管理不善导致国内产业遭受损害的情况。

6. 贸易政策的因素

调查期内，国内产业呋喃酚产品完全实行市场化的价格机制，生产经营完全受市场规律调节。国内产业同类产品在销售渠道、销售区域方面基本与被调查进口产品相同，在商业流通领域并不存在其他阻碍国内同类产品销售或造成国内产业损害的因素。

7. 不可抗力因素

中国国内产业在调查期内未发生自然灾害及其他不

可抗力事件，生产装置运行正常，未受到意外影响。

上述可能使国内产业受到损害的其他有关因素的证据事实表明，这些因素在调查期内没有对国内产业造成损害。

七、初裁决定

根据上述调查结果，商务部初裁决定：在本案调查期内，原产于日本、欧盟和美国的进口呋喃酚存在倾销；原产于日本、欧盟和美国的进口呋喃酚对中国呋喃酚产业造成了实质损害，且倾销与实质损害之间存在因果关系。

附件2

反倾销现金保证金征收比率表

原产国（地区）	厂商名称	征收比率
美国	美国FMC公司	74.6%
	其他美国公司	113.2%
欧盟	欧盟公司	113.2%
日本	日本公司	113.2%

中华人民共和国海关总署公告

2005年第26号

根据《中华人民共和国反倾销条例》的规定，国务院关税税则委员会决定对原产于日本、韩国、美国和法国的进口水合肼征收反倾销税，征税时间从2005年6月17日开始，期限为5年。根据中华人民共和国商务部2005年第36号公告（详见附件1），现就有关问题公告如下：

一、自2005年6月17日起，对申报进口原产于日本、韩国、美国和法国的水合肼（税则号列：2825.1010），除按现行规定征收进口关税外，还应区别不同的供货厂商，按照本公告附件2所列的适用税率和下述计算公式征收反倾销税及进口环节增值税。

反倾销税税额＝海关完税价格×反倾销税税率

进口环节增值税税额＝（海关完税价格＋关税税额＋反倾销税税额）×进口环节增值税税率

对应征收反倾销税产品的详细描述详见本公告附件1。

二、凡申报进口水合肼的，必须向海关提交原产地证明，如果原产地为日本、韩国、美国或法国的，还需提供原厂商发票。对于申报进口水合肼时不能提供原产地证明，且经查验也无法确定货物的原产地不是日本、韩国、美国或法国的，海关将按照本公告附件2所列的最高反倾销税率征收反倾销税；对于能够确定货物的原产地是日本、韩国、美国或法国，但进口经营单位不能提供原厂商发票的，海关将按照本公告附件2所列的相应国家其他公司适用的反倾销税率征收反倾销税。

三、有关加工贸易保税进口原产于日本、韩国、美国和法国的水合肼如何征收反倾销税等方面的问题，海关按照中华人民共和国海关总署2001年第9号公告和中华人民共和国海关总署令第111号的规定执行。

四、对于实施临时反倾销措施之后进口原产于日本、韩国、美国和法国的水合肼已经缴纳的反倾销保证金，按本公告规定的征收反倾销税的商品范围和反倾销税税率计征并转为反倾销税，与之同时缴纳的进口环节增值税保证金一并转为进口环节增值税。上述保证金超出按本公告附件2所列税率计算的反倾销税及相应的进口环节增值税的部分，有关单位可自2005年6月17日起，6个月内向征收地海关申请退还，不足部分，不再补征。

由于法国阿托菲纳股份有限公司在调查期间更名，该公司在本次反倾销调查中的权利和义务由法国ARKEMA公司承继，对于实施临时反倾销措施之后，对进口原产于法国阿托菲纳股份有限公司生产的水合肼已经缴纳的反倾销保证金，按本公告附件2规定的法国ARKEMA公司适用的反倾销税税率转为反倾销税，与之同时缴纳的进口环节增值税保证金一并转为进口环节增值税。

五、对于伪报进口水合肼原产地或伪造原产地证明或原厂商发票的行为，海关将按有关规定进行处罚。

六、在对进口水合肼征收反倾销税期间，出现相同或类似货物而海关无法确定是否应对其征收反倾销税时，有关企业应向商务部提出申请，由商务部商有关部门就有关问题作出裁定。海关将根据商务部的裁定执行。

特此公告。

附件1　中华人民共和国商务部2005年第36号公告

附件2　水合肼反倾销税税率表

海关总署

2005年6月16日

附件1

中华人民共和国商务部公告

2005年第36号

根据《中华人民共和国反倾销条例》的规定，中华人民共和国商务部（以下简称商务部）于2003年12月17日发布第68号公告，决定对原产于日本、韩国、美国和法国的进口水合肼（以下简称被调查产品）进行反倾销立案调查。

商务部对被调查产品是否存在倾销和倾销幅度、被调查产品是否对中国国内产业造成损害及损害程度，以及倾销与损害之间的因果关系进行了调查。根据调查结果和《中华人民共和国反倾销条例》第二十四条的规定，商务部于2004年8月3日发布初步裁定，认定被调查产品存在倾销，中国国内产业存在实质损害，同时认定倾销和实质损害之间存在因果关系。

初裁决定公告后，商务部对倾销及倾销幅度、损害及损害程度继续进行了调查，根据调查结果，并根据《中华人民共和国反倾销条例》第二十五条的规定，作出终裁决定。现将有关事项公告如下：

一、终裁决定

经过调查，商务部最终裁定原产于日本、韩国、美国和法国的进口被调查产品存在倾销，并对中国国内产业造成实质损害，且倾销与实质损害之间存在因果关系。

二、征收反倾销税

依据《中华人民共和国反倾销条例》的有关规定，国务院关税税则委员会决定，自2005年6月17日起，对原产于日本、韩国、美国和法国的进口水合肼征收反倾销税。原由法国阿托菲纳股份有限公司在本次反倾销调查中的权利和义务从2004年10月4日起由法国ARKEMA公司承继。

被调查产品为原产于日本、韩国、美国和法国的进口水合肼，该产品归于《中华人民共和国进出口税则》2825.1010项下。

对该产品的描述如下：

产品种类：有机化学品中的肼类含水化合物

英文名称：Hydrazine Hydrate

结构式：H　H

　　H－N－N－H·H_2O

物理及化学特征：

无色发烟强碱性液体，熔点小于－40℃，沸点为118.5℃，相对密度为1.032（21/4℃，指21℃的水合肼与4℃的水的密度比），折光率1.4284，闪点73℃。能与水、乙醇混溶，不溶于乙醚和氯仿。在空气中发烟，有淡氨味，对玻璃、橡胶、软木等有腐蚀性。

主要用途：水合肼是重要的化工原料，是生产农药、医药、中间体、染料、显像剂、抗氧剂的原料，还用于制造高纯度金属、合成纤维及稀有元素分离，此外还是生产火箭燃料和炸药的原料。

对各公司征收的反倾销税税率如下：

（一）日本公司　184%

（二）韩国公司

KOC株式会社（KOC Co.，Ltd.）　28%

其他韩国公司　184%

（三）美国公司　184%

（四）法国公司

法国ARKEMA公司（ARKEMA）　68%

其他法国公司　184%

三、征收反倾销税的方法

进口经营者自2005年6月17日起，进口原产于日本、韩国、美国和法国的水合肼时，应向中华人民共和国海关缴纳相应的反倾销税。反倾销税以海关审定的完税价格从价计征，计算公式为：反倾销税额 = 海关完税价格 × 反倾销税税率。进口环节增值税以海关审定的完税价格加上关税和反倾销税作为计税价格从价计征。

四、反倾销税的追溯征收

对自2004年8月3日起至本决定公告之日止，有关进口经营者依初裁决定向中华人民共和国海关所提供的保证金，按终裁所确定的征收反倾销税的商品范围和反倾销税税率计征并转为反倾销税，并按相应的增值税税率计征进口环节增值税。对在此期间有关进口经营者所提供的保证金超出反倾销税和与之相应的进口环节增值税的部分，海关予以退还，少征部分则不再补征。

对实施临时反倾销措施决定公告之日前，原产于日本、韩国、美国和法国的进口水合肼不再追溯征收反倾销税。

五、征收反倾销税的期限

对原产于日本、韩国、美国和法国的进口水合肼征收反倾销税，实施期限自2005年6月17日起5年。

六、新出口商复审

对于上述地区在调查期内未向中华人民共和国出口被调查产品的新出口经营者，符合条件的，可依据《中华人民共和国反倾销条例》第四十七条的规定，向商务部书面申请新出口商复审。

七、期中复审

在征收反倾销税期间，有关利害关系方可根据《中华人民共和国反倾销条例》第四十九条的规定，向商务部书面申请期中复审。

八、行政复议和行政诉讼

对本案终裁决定及征收反倾销税的决定不服的，根据《中华人民共和国反倾销条例》第五十三条的规定，可以依法申请行政复议，也可以依法向人民法院提起诉讼。

特此公告

附件　中华人民共和国商务部关于对原产于日本、韩国、美国和法国的进口水合肼反倾销调查的终裁决定

商务部

2005年6月17日

附件

中华人民共和国商务部关于对原产于日本、韩国、美国和法国的进口水合肼反倾销调查的终裁决定

根据《中华人民共和国反倾销条例》（以下简称《反倾销条例》）的规定，中华人民共和国商务部（以下简称调查机关）于2003年12月17日发布立案公告，决定对原产于日本、韩国、美国和法国的进口水合肼（以下简称被调查产品）进行反倾销调查。调查机关对被调查产品是否存在倾销和倾销幅度、被调查产品是否对中国国内产业造成损害及损害程度，以及倾销与损害之间的因果关系进行了调查。根据调查结果和《反倾销条例》第二十四条的规定，商务部于2004年8月3日发布初裁公告，认定被调查产品存在倾销，中国国内产业存在实质损害，同时认定倾销和实质损害之间存在因果关系。

初步裁定后，调查机关继续对倾销和倾销幅度、损害及损害程度进行调查。现本案调查结束，根据本案的调查结果，并依据《反倾销条例》第二十五条的规定，作出最终裁定如下：

一、调查程序

（一）公告立案及立案通知

2003年10月17日，湖南株洲化工集团翔宇精细化工有限公司和宜宾天原股份有限公司代表国内水合肼产业向商务部正式提交了对原产于日本、韩国、美国和法国的进口水合肼进行反倾销调查的申请书。

商务部依据《中华人民共和国反倾销条例》的有关规定对申请人的资格、申请调查产品的有关情况、国内同类产品的有关情况、申请调查产品对国内产业的影响、申请调查国家的有关情况等进行了审查。同时，商务部就申请书中提供的涉及倾销、损害及倾销与损害之间的因果关系等方面的证据进行了审查。申请人提出的初步证据表明，上述2家申请企业2002年度和2003年1－6月的水合肼产量之和分别占全国同期总产量的100%，符合《中华人民共和国反倾销条例》第十一条、第十三条和第十七条有关国内产业提出反倾销调查申请的规定。同时，申请书中包含了《中华人民共和国反倾销条例》第十四、十五条规定的反倾销调查立案所要求的内容及有关的证据。

根据上述审查结果及《中华人民共和国反倾销条例》第十六条规定，商务部于2003年12月17日发布

立案公告，决定对原产于日本、韩国、美国和法国的进口水合肼进行反倾销立案调查。商务部确定的本案倾销调查期为2002年10月1日至2003年9月30日，产业损害调查期为2000年1月1日至2003年6月30日。

在决定立案调查前，根据《中华人民共和国反倾销条例》第十六条规定，调查机关于2003年12月12日就收到国内水合肼产业反倾销调查申请书一事通知了日本、韩国、美国和法国驻中国大使馆官员。

2003年12月17日，商务部发布立案公告，调查机关约见了日本、韩国、美国和法国驻中国大使馆官员，向他们提供了立案公告和申请书的公开部分，请其通知所在国家和地区内的相关出口商和生产商。同日，调查机关将本案立案情况通知了本案申请人。

（二）初步调查

1. 倾销及倾销幅度的初步调查

（1）登记应诉

根据公告要求，自公告发布之日起20天的登记应诉期内，韩国KOC CO.，LTD，日本三菱瓦斯化学株式会社、美国拜耳化学品公司和法国阿托菲纳股份有限公司等4家国外生产商向调查机关登记应诉。其中一家生产商在递交答卷后申请撤回其登记应诉并退出了本次反倾销调查。

（2）发放和回收调查问卷

2004年1月9日，调查机关向已知的、报名应诉的生产商和出口商发出了反倾销调查问卷，并要求其在37天内按规定提交准确、完整的答卷。在该期间内，部分应诉公司在问卷规定的期限内向调查机关申请延期递交答卷并陈述了相关理由。经审查，调查机关同意申请公司的延期要求。截至答卷递交截止之日，调查机关共收到2家生产商的答卷，另外日本大塚化学株式会社作为KOC株式会社的关联贸易商提交了答卷的相应部分。

（3）进一步收集证据

为公平公正地进行本案的调查工作，调查机关于2004年8月2日至6日前往申请人企业了解被调查产品的生产、运输、包装和储存等情况。

调查机关对应诉公司的答卷进行了初步审查，针对答卷中某些表述和含义不清楚及需要解释的部分向有关应诉公司发放了补充问卷。各公司在补充问卷要求的时间内提交了补充答卷。调查机关对上述答卷进行了审查并在初步裁定中依法予以了考虑。

（4）各利害关系方进行评述

调查机关听取了各利害关系方包括下游企业对本案调查的陈述和意见，并依法给予充分考虑。

下游企业向调查机关提出进口被调查产品及其同类产品在价格、质量标准、用途等各方面与中国同类产品的区别，以及实施反倾销措施以后可能会给他们带来的影响，调查机关对上述意见予以考虑。

法国阿托菲纳股份有限公司对本案申请书倾销幅度的计算方法以及被调查产品与中国同类产品比较等问题提出意见，但并未就其意见进行深入阐述，也未提出具体的主张，因此调查机关对上述意见不予采纳。

2. 产业损害及损害程度的初步调查

（1）产业损害调查期

本案产业损害调查期（以下简称调查期）为2000年1月1日至2003年6月30日。

（2）应诉登记

2003年12月17日，调查机关发布《关于参加水合肼反倾销案产业损害调查应诉登记的通知》（商调查函〔2003〕191号）。在规定时间内，申请参加应诉的企业有法国阿托菲纳股份有限公司、美国拜耳化学品公司、日本三菱瓦斯株式会社和韩国KOC公司。

（3）成立产业损害调查组

2004年1月12日，调查机关成立了水合肼反倾销案产业损害调查组（以下简称调查组）。

（4）发放和回收调查问卷

2004年1月7日，调查机关发放了水合肼反倾销案《国内生产者调查问卷》、《国内进口商调查问卷》和《国外生产者调查问卷》。在规定时间内，湖南株洲化工集团翔宇精细化工有限公司和四川宜宾天原股份有限公司通过其代理人递交了《国内生产者调查问卷》答卷。经调查机关同意，法国阿托菲纳股份有限公司和美国拜耳化学品公司在规定的延期期限内递交了《国外生产者调查问卷》答卷。上海润南科技贸易有限公司、南京润迪实业有限公司、济南神州冠威经贸有限公司和上海医药工业有限公司共4家企业向调查机关递交了《国内进口商调查问卷》答卷。

（5）听取和接收利害关系方意见

2004年2月21日和4月7日，本案申请人湖南株洲化工集团翔宇精细化工有限公司和四川宜宾天原股份有限公司及其代理人先后两次向调查机关陈述了意见，并递交相关书面证据材料。2004年4月13日，美国拜耳化学品公司的代理人向我局提交了《关于拜耳化学品公司退出水合肼反倾销调查的函》，申明其代理的美国拜耳化学品公司退出本案应诉。2004年7月21日，法国阿托菲纳股份有限公司拜会调查机关，陈述了对本案的意见。

（6）实地核查

2004 年 3 月，本案调查组对湖南株洲化工集团翔宇精细化工有限公司和四川宜宾天原股份有限公司进行了实地核查。

（三）初步裁定及公告

2004 年 8 月 3 日，商务部就本案调查发布了初步裁定，认定原产于日本、韩国、美国和法国的进口水合肼存在倾销和实质损害，同时认定倾销和实质损害之间存在因果关系。根据初步裁定结果，商务部发布公告，决定自 2004 年 8 月 3 日起，中华人民共和国对原产于日本、韩国、美国和法国的进口水合肼开始实施临时反倾销措施。进口经营者在进口原产于日本、韩国、美国和法国的进口水合肼时，必须向中华人民共和国海关提供与初步裁定所确定的倾销幅度相应的现金保证金。

（四）发布延期公告

2004 年 12 月 16 日，调查机关发布延期公告，决定将本案的调查期限延长 6 个月，即截止日期为 2005 年 6 月 17 日。

（五）初裁后的继续调查

1. 对倾销和倾销幅度的继续调查

（1）进一步调查和搜集证据。根据初步裁定公告的要求，各利害关系方在初步裁定发布之日起 20 天之内可以就初步裁定向调查机关提出书面评论并附相关证据。同时，本案初裁后，调查机关依据《反倾销调查信息披露暂行规则》的规定，向各提交答卷的应诉公司披露并说明了初步裁定中计算各公司倾销幅度时所依据的基本事实，并给予各应诉公司提出评论意见的机会。

调查机关在规定的时间内收到申请人、上述国家和地区各应诉公司等有关利害关系方对初步裁定和初裁倾销幅度计算的书面评论。对于所递交的书面评论，调查机关在最终裁定中依法予以了考虑。

（2）实地核查。为进一步核实各应诉公司提交材料的真实性和准确性，调查机关组成水合肼反倾销调查实地核查小组，于 2004 年 10 月 14 日至 28 日赴法国阿托菲纳股份有限公司、韩国 KOC 株式会社及其贸易公司阿托菲纳大中国有限公司、日本大塚株式会社进行了实地核查；核查期间，被核查公司的财务人员、销售人员和管理人员接受了核查小组的询问，并根据要求提供了有关的证明材料。核查小组全面核查了各公司的整体情况、被调查产品同类产品的国内销售情况、被调查产品出口到中国的销售情况、生产被调查产品及同类产品的成本及相关费用情况，对公司提交材料的完整性、真实性和准确性进行了调查，并进一步搜集了相关证据。对于实地核查中收集的材料和信息，调查机关进行了核对和整理，并在最终裁定中依法予以了考虑。

（3）关于阿托菲纳股份有限公司（ATOFINA. S. A.）名称的变更

2004 年 11 月 17 日，法国阿托菲纳股份有限公司向调查机关递交了《关于在水合肼反倾销案中进行更名的申请》，提出阿托菲纳股份有限公司自 2004 年 10 月 4 日开始，更名为法国 ARKEMA 公司（ARKEMA）。经进一步调查及实地核查，调查机关决定同意该公司的更名申请，自终裁之日起，原由法国阿托菲纳股份有限公司在本次反倾销调查中的权利和义务将由法国 ARKEMA 公司承继。

（4）关于价格承诺

法国阿托菲纳股份有限公司于 2004 年 9 月 17 日向调查机关提交了商签价格承诺协议的申请和具体价格承诺协议建议书，申请人就价格承诺的商签及建议价格也提出了评论意见。

根据法国阿托菲纳股份有限公司提出的承诺价格水平以及调查机关获得的其他信息，鉴于该被调查产品特殊的化学特性，商签价格承诺可能会存在监管和执行上的困难，同时，在承诺价格上也难以达成一致的意见。根据《中华人民共和国反倾销条例》第三十三条和《反倾销价格承诺暂行规则》的规定，调查机关决定不接受法国阿托菲纳股份有限公司提出的价格承诺。

（5）最终裁定前的信息披露。本案终裁前，调查机关依据《中华人民共和国反倾销条例》第二十五条第二款和《反倾销调查信息披露暂行规则》的规定，向各提交答卷的应诉公司披露并说明了计算各公司倾销幅度时所依据的基本事实，并给予各应诉公司提出评论意见的机会。在最终裁定中，调查机关对应诉公司提出的意见和评论依法进行了考虑。

2. 对产业损害及损害程度的继续调查

（1）初裁后接受书面评论和相关材料

自初步裁定公告发布之日起 20 天内，调查机关收到法国阿托菲纳股份有限公司《关于水合肼反倾销调查初裁决定的评论》。其他利害关系方没有对初裁提交书面评论意见。

此后的终裁前调查期间，调查机关陆续收到了利害关系方的多份书面材料。法国阿托菲纳股份有限公司先后提交了《关于调整水合肼反倾销调查案中产品范围的申请书》、《关于水合肼反倾销案产品范围调整申请的补充材料》、《关于在水合肼反倾销案中签订价格承诺协议的申请》、《关于水合肼反倾销案价格承诺的修正建议书》等。2004 年 11 月 17 日，法国 ARKEMA 公司提交了《关于在水合肼反倾销案中进行更名的申请》，提出法国阿托菲纳股份有限公司在本案中更名为法国 ARKEMA 公司。

本案申请人提交了《中华人民共和国水合肼产业对法国阿托菲纳公司〈关于调整水合肼反倾销调查案中产品范围的申请书〉书面意见及其附件》、《申请人对法国阿托菲纳股份有限公司〈关于在水合肼反倾销案中签订价格承诺协议的申请〉的意见》以及《申请人对法国阿托菲纳股份有限公司〈关于水合肼反倾销案价格承诺的修正建议书〉的评论意见》等。

进口商也向调查机关提交了书面意见，其中包括上海润南科技贸易有限公司《关于水合肼市场情况的反映信》、南京润迪实业有限公司《关于进口水合肼反倾销调查的深切担忧》。

（2）上下游企业意见陈述

2004 年 11 月上旬，调查机关分别赴上海、浙江和湖南等地听取上下游企业意见。湖南株洲化工集团翔宇精细化工有限公司、四川宜宾天原股份有限公司、法国阿托菲纳股份有限公司、秦山核电站、嘉兴市汇通化工有限公司、上海试四赫维化工有限公司、张家港东方农化有限公司、金坛市茅麓溶剂厂、江苏长青化工集团有限公司、长沙鑫本化工有限公司向调查机关陈述了意见，并提交了书面材料。

2004 年 11 月 26 日，调查机关召开水合肼反倾销上下游企业意见陈述会。湖南株洲化工集团翔宇精细化工有限公司、四川宜宾天原股份有限公司、法国 ARKEMA 公司等 13 家上下游企业在会议上陈述了意见。

（3）终裁前信息披露

根据《中华人民共和国反倾销条例》第二十五条的规定，调查机关向本案利害关系方披露了本案终裁决定所依据的基本事实和理由，并给予其提出评论意见的机会。

在最终裁定中，调查机关对有关利害关系方提出的评论和意见依法进行了考虑。

二、被调查产品及被调查产品范围

（一）被调查产品范围描述

调查范围：原产于日本、韩国、美国和法国的进口水合肼产品种类：有机化学品中的肼类含水化合物

英文名称：Hydrazine Hydrate

结构式：（略）

税则号：被调查产品为《中华人民共和国进出口税则》2825.1010 项下原产于日本、韩国、美国和法国的进口水合肼。

物理及化学特征：

无色发烟强碱性液体，熔点小于 -40℃，沸点为 118.5℃，相对密度为 1.032（21/4℃，指 21℃的水合肼与 4℃的水的密度比），折光率 1.4284，闪点 73℃。能与水、乙醇混溶，不溶于乙醚和氯仿。在空气中发烟，有淡氨味，对玻璃、橡胶、软木等有腐蚀性。

主要用途：水合肼是重要的化工原料，是生产农药、医药、中间体、染料、显像剂、抗氧剂的原料，还用于制造高纯度金属、合成纤维及稀有元素分离，此外还是生产火箭燃料和炸药的原料。

（二）关于被调查产品范围问题

法国 ARKEMA 公司（原法国阿托菲纳股份有限公司，下同）先后向调查机关提交了《关于调整水合肼反倾销调查案中产品范围的申请书》、《关于在水合肼反倾销案产品范围调整申请的补充材料》，提出将部分特定用途和规格的水合肼产品排除在本次反倾销调查产品之外。为进一步深入明确本案被调查产品范围，充分考虑各个利害关系方的意见，同时也给各利害关系方提供进一步陈述意见的机会，以客观公正地作出裁定。调查机关于 2004 年 8 月 26 日就水合肼产品范围调整问题召开了意见陈述会，听取了利害关系方关于该案被调查产品在产品范围方面的陈述，并于 9 月 20 日至 24 日赴水合肼下游企业进行了实地调查。调查机关认为没有充分证据表明公司申请排除的特定用途的水合肼产品不属于被调查产品范围，其在物理特性、化学性能、产品用途、产品可替代性等方面与国内产业生产的同等规格产品没有实质性差异，因此，调查机关对于法国 ARKEMA 公司提出的产品范围调整申请不予接受。

（三）其他利害关系方的评论

商务部 2003 年 12 月 17 日发布的水合肼反倾销立案公告和 2004 年 8 月 3 日发布的初裁公告均明确规定，自公告发布之日起 20 天内，有关利害关系方，可向商务部提出书面评论意见。

天津华柏企业有限公司、浙江金华市染料化工有限公司、常州药物研究所、嘉兴市汇通化工有限公司、常州武进精细化工有限公司、上海试四赫维化工有限公司、江苏建农农药化工有限公司、秦山第三核电有限公司，在初裁前后，向调查机关提出应当考虑下游产业利益，如果征税将不符合公共利益。

经调查，调查机关认为被调查产品的倾销行为是造

成中产业实质损害的直接原因，反倾销针对的是以倾销这种不公平贸易方式进口产品，并不会对公平和正当的进口造成任何限制和障碍，从长远看，被调查产品的下游企业与申请调查进口产品的中国国内产业的最终利益是一致的。因此，征收反倾销税是符合公共利益的。

三、国内同类产品和国内产业

（一）国内同类产品的认定

根据《中华人民共和国反倾销条例》第十二条的规定，调查机关对中国国内生产的水合肼与被调查产品的相同或相似性进行了调查。调查证据显示：

1. 中国国内生产的水合肼与被调查产品在物理特性和化学特性方面没有区别。

2. 中国国内生产的水合肼采用改进型尿素法生产工艺，进口被调查产品采用过氧化氢法或酮连氮法生产工艺。证据表明，水合肼在不同工艺的生产过程中，产生的杂质种类及其含量略有差异，但无论是采用上述哪种生产工艺，衡量水合肼产品质量的标准及其主要指标是基本一致的，生产出来的水合肼产品的物理性质和化学性质是相同的。

3. 中国国内生产的水合肼广泛用作农药中间体、染料中间体、化工助剂、医药中间体、水处理等，与进口被调查产品用途基本一致。

4. 中国国内生产的水合肼主要通过直销和代理销售方式进行销售，被调查产品在中国市场主要通过代理商销售。

调查机关经过对上述证据的分析比较后认为，虽然中国国内水合肼产品与进口被调查产品采用了不同生产工艺，但是物理特性和化学特性相同，产品用途基本一致，面向相同的消费群体，具有可比性和可替代性；中国国内生产的水合肼与进口被调查产品在销售方式上有所不同，但是没有证据表明销售渠道和销售环节的不同对产品的竞争性产生实质性的影响。调查机关认定，中国国内生产的水合肼产品与被调查产品属于同类产品。

初裁公告后，法国阿托菲纳股份有限公司于 2004 年 8 月 23 日和 9 月 1 日先后提交了《关于调整水合肼反倾销调查案中产品范围的申请书》和《关于水合肼反倾销案产品范围调整申请的补充材料》，提出将部分特定用途和规格的水合肼产品排除在本次反倾销调查产品范围以外，对这些产品不予适用反倾销措施。法国阿托菲纳股份有限公司声称，申请排除产品与国内产业生产的水合肼产品存在本质的不同，二者应用到不同的领域，相互之间不存在竞争，不属于同类产品。

调查机关对此进行了调查。没有证据表明申请排除产品与国内产业生产的同等规格水合肼产品在物理特性和化学性能、产品用途、产品可替代性等方面有实质性差异。因此，调查机关认定申请排除产品与国内产业生产的同等规格水合肼产品属于同类产品。对于法国阿托菲纳股份有限公司提出的将部分特定用途和规格的水合肼产品排除在本次反倾销调查产品范围以外的意见，调查机关不予接受。

（二）国内产业的认定

根据《中华人民共和国反倾销条例》第十一条的规定，调查机关对申请人湖南株洲化工集团翔宇精细化工有限公司和四川宜宾天原股份有限公司的产业代表资格进行了审查。调查证据显示，申请人产量之和占国内同类产品的 100%。调查机关认定，申请人有资格代表国内水合肼产业。

四、倾销和倾销幅度

调查机关审查了各应诉公司提交的证据材料，对各公司的正常价值和出口价格作出如下认定：

（一）正常价值和出口价格

法国 ARKEMA 公司（ARKEMA）

1. 正常价值

（1）对数量要求的审查

初裁后，公司提出其对中国出口的各种型号被调查产品在同一条生产线上生产，成本上没有明显差异，主张在终裁调查中不分型号对出口价格和正常价值进行比较。经审查，调查机关认为公司提交的证据材料能够充分支持公司所提的主张，因此决定在终裁计算中，不分型号对出口价格和正常价值进行比较。

在初裁后的进一步调查中，调查机关调查了该公司的国内销售情况，认定调查期内该公司国内销售被调查产品的同类产品总量占同期向中国出口销售总量的比例大于 5%，符合作为确定正常价值基础的数量要求。

（2）关联公司交易的审查

在初裁中，调查机关决定在确定正常价值时暂排除该部分关联公司之间的交易。在实地核查中，公司补充递交了关联公司的证据材料，调查机关经过核查认为该证据材料能够反映该公司与其关联公司交易的正常状况，决定在终裁中予以接受。调查机关认为，该公司销售产品至关联公司的价格没有受到其关联关系的影响，因此调查机关决定采用所有的国内销售作为计算正常价值的基础。

（3）低于成本销售的测试

在初裁后的实地核查中，调查机关对该公司报告的成本和费用数据及分摊办法进行了重点审查及实地核查。经核查，调查机关认定，调查期内该公司的生产成本数据准确，分摊合理，决定接受该公司提供的数据来计算成本。

调查机关根据上述认定的成本数据对国内销售交易分型号是否存在低于成本销售进行了审查，发现国内销售中各型号均有交易是低于成本进行的，但其低于成本销售的交易数量比例均不足20%，因此，调查机关认为这部分低于成本销售的交易仍属于正常贸易过程中的交易，在确定正常价值时不予排除。

2. 关于出口价格

调查机关对该公司的出口价格进行了审查。该公司对中国的出口销售全部通过关联贸易公司进行，初裁后，调查机关对该公司及其关联贸易公司均进行了实地核查。根据《中华人民共和国反倾销条例》第五条的规定，在最终裁定中，调查机关决定采用关联贸易公司出口到中国的价格作为确定出口价格的基础。

3. 确定调整项目

调查机关对阿托菲纳公司的价格调整部分逐一进行了审查。

（1）关于正常价值

关于售后服务费用，公司主张应将技术部门人员对国内销售客户在销售后进行访问而发生的相关费用进行调整，调查机关认为，该部分费用实际上属于公司发生的固定费用，公司没有提供充分的证据证明该部分费用的发生与销售直接相关并影响了价格的公平比较，因此，调查机关决定，在初裁中对该调整主张暂不予支持。在初裁后的核查中，调查机关认为公司所提供的证据仍然不足以证明该部分的费用的发生与销售直接相关并影响了价格的公平比较，因此在最终裁定中对此项调整不予支持。

公司在其答卷中主张其对中国的出口销售是给中间贸易商，但其国内销售中所有销售都是给零售商和最终用户，因此要求对因环节不同而对价格产生的影响进行调整。经对有关证据的审查，调查机关认为由于贸易环节的不同影响了正常价值和出口价格的比较，因此在初裁计算中，调查机关对此差异予以考虑，对国内销售的价格进行相关调整。在初裁后的核查中，公司进一步提供了计算调整金额的详细证据材料，调查机关经审查认为，公司提供的调整证据基本可信，决定在最终裁定中接受公司的此项调整主张。

调查机关在初步裁定中暂对该公司报告的其他折扣、回扣、退款及赔偿、火车租金、内陆运费（工厂—分销仓库）、售前仓储费用、内陆运费（工厂/仓库—客户）、其他需要调整项目等国内销售调整主张予以了支持。初裁后，调查机关对上述项目进行了进一步审查及实地核查，认定该公司提供的资料和证据可信，并对调整项目具有证明作用，因此调查机关决定在最终裁定中维持初裁时的认定，采用公司报告的数据确定上述调整项目的金额。

（2）关于出口价格

同时在初裁中，对于公司主张在出口销售中进行调整的其他贸易环节调整项目，由于部分费用在不同发货方式下的区别计算没有提供合理的说明和证据，因此调查机关对该部分调整主张不予支持，并按照统一的标准进行了该部分费用的调整。在核查中，调查机关详细调查了公司在出口销售中主张的其他贸易环节调整项目的计算理由和依据，公司也递交了进一步的证明文件，调查机关认为，公司主张的调整理由和依据是合理的，予以接受。

关于该公司对出口价格所主张的其他调整项目，调查机关在初步裁定中对其调整要求暂予以支持。初裁后，调查机关进行了进一步审查及实地核查，认定该公司提供的资料和证据可信，因此调查机关决定在最终裁定中维持初裁时的认定，采用公司报告的数据确定上述调整项目的金额。

KOC 株式会社（KOC Co.，Ltd.）

1. 正常价值

在初裁后的进一步调查中，调查机关重新审查了KOC 株式会社的国内销售情况，认定调查期内该公司在韩国国内销售被调查产品的同类产品总量及各型号销售数量占同期向中国大陆出口销售总量及对应型号数量的比例大于5%，符合作为确定正常价值基础的数量要求。

KOC 株式会社国内销售中的部分交易是对关联公司进行的。调查机关在初裁后进一步审查了关联公司之间交易的情况，认为公司销售至关联公司的价格与销售至非关联公司的价格之间没有太大差异，该价格没有受到关联关系的影响，因此调查机关决定在终裁中维持初裁的决定，没有排除这部分关联公司之间的交易。

调查机关对公司报告的成本数据进行了进一步审查和实地核查，认定公司提供的生产成本和销售、管理、财务及其他费用数据准确，分摊合理，决定在终裁时接受公司提供的数据计算成本。

调查机关根据认定的成本数据对国内销售交易是否存在低于成本销售进行了审查，发现调查期内 KOC 株式会社 80% 规格水合肼产品的国内销售中有超过 20%

的交易是低于月平均成本进行的，同时，调查机关审查了这部分低于月平均成本的交易在调查期内能否回收成本，认定其中低于调查期平均成本的部分交易不属于正常贸易过程中的交易，决定在计算正常价值时将其予以排除。根据《中华人民共和国反倾销条例》第四条的规定，在终裁决定中，调查机关决定依据排除上述低于成本销售后剩余的国内交易作为确定同类产品正常价值的基础。

2. 出口价格

调查机关对KOC株式会社对中国出口交易情况进行了进一步审查和实地核查。在调查期内，KOC株式会社通过日本的关联公司大塚化学株式会社对中国进行出口，大塚化学株式会社作为KOC株式会社的关联贸易商提交了答卷的相应部分。大塚化学株式会社通过日本的非关联贸易公司对中国进行出口，KOC株式会社和大塚化学株式会社均知道货物最终销往中国。根据《中华人民共和国反倾销条例》第五条的规定，调查机关决定在终裁中维持初裁决定，采用大塚化学株式会社销售给日本非关联贸易商的价格作为确定出口价格的基础。

3. 调整项目

调查机关对公司的价格调整部分进行了进一步审查和实地核查。

（1）关于正常价值

KOC株式会社在初裁后的评论意见中对数量折扣调整项目提出了意见，主张应根据出口销售中不同数量交易之间的价格差异计算出的调整比例对国内销售价格进行数量折扣调整。调查机关经进一步审查认为，公司未能证明在其同类产品的国内销售中存在严格执行的、依销售数量进行折扣销售的一贯政策；同时，在实地核查中，公司也未能在初裁所提交材料基础上提供出更充分的证据，调查机关决定在终裁中维持初裁的认定和结论，对其国内销售进行数量折扣调整的主张不予接受。

KOC株式会社在初裁后的评论意见中对贸易环节调整项目提出了意见，主张被调查产品的国内销售与出口销售之间在销售活动上存在较大差异，要求对国内销售进行贸易环节调整。调查机关经过进一步审查认为，公司提供的证据不能证明其出口销售客户与内销中相应环节的客户在销售行为上存在实质性的不同，不能证明其处于不同的贸易环节；尽管公司提出不同的内销客户处于不同的贸易环节，但公司提交的答卷及相关证据均表明，该种贸易环节的不同并未对其价格产生一贯及明显的影响，因此内销中贸易环节的不同不会影响与出口价格的比较，公司正常贸易过程中的80%规格水合肼的国内销售均可作为与出口销售进行比较的基础；同时，在实地核查中，公司也未能在初裁所提交材料基础上提供出更充分的证据。调查机关决定在终裁中维持初裁的认定和结论，对其国内销售进行贸易环节调整的主张不予接受。

关于公司报告的国内交易的其他调整项目，如包装费用、信用费用等，调查机关进行了进一步的审查和实地核查，认为其所提供的数据和材料真实，在终裁决定中对这些调整主张予以支持。

（2）关于出口销售

关于信用费用，KOC株式会社在出口交易部分答卷的“信用费用”项下仅报告了在出口交易过程中发生的银行手续费用，而未反映公司销售中从发货日到贴现日之间的信用费用情况。在实地核查中，调查机关对上述情况进行了核实，决定维持初裁决定，在终裁中除对上述已报告的银行手续费用进行调整外，还根据每笔销售的实际信用期来计算信用费用。由于公司在补充答卷中报告没有可提交的韩国国内美元短期利率，因此调查机关根据可获得的最佳材料确定该部分费用的利率并计算了应调整的信用费用。

关于公司报告的出口交易的其他调整项目，如包装费用、出口退税等，调查机关进行了进一步的审查和实地核查，认为其所提供的数据和材料真实，在终裁决定中对这些调整主张予以支持。

对于日本、韩国、美国和法国未提交答卷的公司的倾销幅度，根据《中华人民共和国反倾销条例》第二十一条的规定，调查机关根据已经获得的事实和可获得的最佳信息作出裁定。

（二）比较及价格调整

根据《中华人民共和国反倾销条例》第六条的规定，调查机关对进口产品的出口价格和正常价值，在考虑了影响价格可比性的各种因素之后，按照公平、合理的方式进行了比较。调查机关在当事人提交的证明材料基础上，将各应诉公司的正常价值和出口价格在出口国出厂价的基础上予以比较。在计算倾销幅度时，调查机关将加权平均正常价值和加权平均出口价格进行比较，得出倾销幅度。

（三）倾销幅度

经过计算，各公司的倾销幅度分别为：

日本公司　184%

韩国公司

KOC株式会社（KOC Co., Ltd.）28%

其他韩国公司　184%

美国公司　184%

法国公司

法国 ARKEMA 公司（ARKEMA）68%

其他法国公司　184%

五、产业损害及损害程度

（一）累积评估的适当性

根据《中华人民共和国反倾销条例》第九条的规定，调查机关就原产于日本、韩国、美国和法国的进口被调查产品对国内产业造成的影响进行累积评估的适当性进行了审查。

证据表明，原产于日本、韩国、美国和法国的被调查产品的进口数量和倾销幅度不属于可忽略不计的范围。原产于日本、韩国、美国和法国的被调查产品的生产工艺不完全相同，但是产品物理特性和化学特性没有区别，产品用途基本一致，销售渠道基本相同，因此，被调查产品之间竞争条件相同。被调查产品与国内同类产品物理特性和化学特性相同，产品用途基本一致，客户群体趋同，具有相同的竞争条件。

调查机关认定，就原产于日本、韩国、美国和法国的进口被调查产品对国内产业造成的影响进行累积评估是适当的。

（二）被调查产品进口数量和国内市场份额

调查期内，被调查产品进口数量呈快速增长趋势。根据中国海关统计数据，2001 年，从日本、韩国、美国和法国进口的水合肼产品数量为6043.40 吨，比2000 年的6351.70 吨略有减少，但此后数量迅速增加，2002 年达到了7509.80 吨，比 2001 年增加 1466.40 吨，增幅 24.26%。2003 年 1－6 月比 2002 年同期增长 29.46%，进口量达到5469.22 吨。

日本、韩国、美国和法国向中国市场出口水合肼数量快速增长的同时，其在中国水合肼市场占有率也维持在较高水平。但是由于调查期内表观消费量增长更快，因此被调查产品在中国的市场份额略有下降，其中 2001 年和 2002 年分别比上年下降了6.11 个百分点和 3.34 个百分点，2003 年上半年比 2002 年同期下降了 7.70 个百分点。

（三）被调查产品进口价格及其对国内同类产品价格的影响

根据中国海关统计，调查期内，日本、韩国、美国和法国水合肼产品对中国市场的出口价格持续走低。2000 年，日本、韩国、美国和法国出口到中国的水合肼产品价格为 1459.65 美元/吨。2001 年，此价格下降到 1347.24 美元/吨，比 2000 年每吨下降了 112.41 美元，降幅为 7.70%。2002 年又比 2001 年每吨降低 122.53 美元，下降了 9.09%，降低到 1224.71 美元/吨。2003 年 1－6 月比 2002 年同期下降 2.09%，降至 1215.19 美元/吨。

同时，证据显示，在中国市场上，2000 年从日本、韩国、美国和法国进口水合肼产品价格高于国内产业同类产品价格，但是 2001 年以后的调查期内，被调查产品在中国市场上削低价格销售，使被调查产品价格始终低于国内产业同类产品价格。

由于被调查产品在国内市场份额较大，其价格的持续降低，对国内产业同类产品价格产生了明显的压低作用。国内产业生产的水合肼产品价格非但没有因市场需求增加而上升，反而受进口被调查产品影响，呈连续降低趋势。其中，2001 年比 2000 年下降了 0.83%，2002 年比 2001 年下降了 9.37%，2003 年上半年又比 2002 年同期下降了 5.01%。

证据表明，由于被调查产品价格下降，对国内同类产品价格产生了明显的压低作用，导致国内市场价格在调查期内有较大幅度下降。

（四）国内产业相关经济因素和指标评估

调查机关对影响国内产业的相关经济因素和指标进行了调查，主要证据事实如下：

1. 产能

在国内水合肼市场需求持续增长的形势下，调查期内，国内产业的生产能力相应扩大，其中，2001 年比 2000 年增长 11.90%，2002 年比 2001 年增长 10.64%，2003 年 1－6 月比 2002 年同期增长 15.38%。

2. 产量

国内产业在生产能力扩大的同时，水合肼的产量也有较大幅度增加。2002 年国内产业水合肼产品的产量比 2000 年翻了一番多，其中，2001 年比 2000 年上升 41.47%，2002 年比 2001 年上升 49.43%。2003 年 1－6 月，国内产业产量保持高速增长，比 2002 年同期增加 57.50%。

3. 开工率

由于国内产业水合肼产量的增速超过生产能力的扩大速度，因此开工率得以在调查期初很低的水平上有所提高，呈现上升趋势，但总体上仍处于较低水平。2000 年国内产业开工率仅为 39.19%，2003 年 1－6 月上升到 70.32%，其中，2001 年比 2000 年上升 10.35 个百分点，2002 年比 2001 年上升 17.37 个百分点，2003 年 1－6 月比 2002 年同期上升 18.80 个百分点。

4. 销售量

受益于中国快速增长的水合肼市场需求，国内产业水合肼的销售量相应快速增长。2001年国内产业销售量比2000年增长21.97%，2002年比2001年增长43.11%，2003年1－6月比2002年同期增长76.01%。证据显示，国内产业同类产品销售量的增幅高于同期被调查产品进口量增幅，但是销售数量在调查期内的前两年仍小于被调查产品的进口数量。

5. 市场份额

由于国内水合肼产业的销售量保持比较高的增长速度，在调查期内，国内产业占国内市场份额总体呈小幅上升趋势。2001年比2000年上升5.48个百分点，2002年比2001年上升3.92个百分点。2003年1－6月比2002年同期上升7.90个百分点。

6. 销售收入

由于销售量大幅增加，国内产业水合肼产品的销售收入相应也有较大幅度增加。2002年国内产业水合肼产品的销售收入比2000年增加了56.88%。分年度相比较，2001年比2000年增长20.97%，2002年比2001年增长29.70%。2003年1－6月比2002年同期又增长67.19%。虽然销售收入的增长较快，但是由于国内水合肼市场价格持续走低，使调查期内国内产业水合肼销售收入增长的幅度要低于同期销售量的增长幅度。

7. 税前利润

由于国内市场价格在调查期内持续走低，所以虽然国内产业销售量和销售收入增加，但是国内产业的盈利能力并未同步提高，税前利润在调查期内均为负数，始终处于严重亏损状态。调查期内，2001年国内产业亏损额比2000年减少了49.45%，2002年比2001年亏损额增加了17.40%。2003年1－6月国内产业亏损额比上年同期增长了40.03%。

8. 投资收益率

调查期内，尽管国内产业不断改进生产工艺，提升产品规模效益，降低单位生产成本，一定程度上改善了投资收益率状况，但是由于国内水合肼产业连年亏损，导致了投资收益率相应始终为负数。2001年和2002年国内产业投资收益率绝对值分别比上年降低了13.27和0.55个百分点，2003年上半年国内产业投资收益率绝对值比2002年同期提高0.90个百分点。

9. 就业人数

国内水合肼产业为了减少成本支出，改善不良的财务状况，采取了控制就业人数的措施，另一方面，技术进步也相应减少了管理部门的岗位，因此，国内产业就业人数并没有随产销量的快速增长而增加，调查期末与调查期初相比就业人数没有变化。2001年国内产业就业人数比2000年减少了7.35%，2002年比2001年增加了1.59%，2003年上半年恢复到2000年的水平。

10. 劳动生产率

由于国内产业产量快速增长而就业人数没有增加，所以劳动生产率有较大提高，2001年比2000年提高了54.77%，2002年比2001年提高了45.33%，2003年1－6月比2002年同期提高44.86%。在调查期内，国内产业劳动生产率提高了近3倍。

11. 人均工资

调查期内，随着劳动生产率的大幅度提高，职工年均工资水平也有了一定程度的上升。国内产业人均工资水平2001年比2000年增长5.93%，2002年比2001年增长11.37%，2003年1－6月比2002年同期增长6.21%。

12. 期末库存

国内产业期末库存量2001年比2000年增加26.83%，2002年比2001年增加235.86%，2003年1－6月年比2002年同期增加1.69%。

13. 投融资能力

由于国内水合肼产业长期亏损，无法从金融机构或其他渠道融资，资金周转比较困难。

调查机关没有采集到国内产业现金流量的完整数据。

（五）被调查产品出口国家的生产能力、出口能力及其对国内产业可能产生的进一步影响

根据可获得的证据，日本、韩国、美国和法国具有较大的水合肼生产能力，有进一步向中国市场大量出口水合肼产品的能力和倾向，并将对国内产业产生进一步的影响。近年来，国外大量水合肼下游产品的生产已经或正在向具有廉价劳动力成本优势和旺盛市场需求的中国转移，另一方面，中国强劲增长的水合肼消费需求，为全球水合肼生产商提供了市场空间。因此，日本、韩国、美国和法国水合肼生产企业可能会进一步向中国市场扩大出口，并对国内产业造成不利影响。

上述证据事实表明，调查期内，国内产业虽然得益于快速增长的国内水合肼市场需求，产量、销售量、销售收入等指标有不同程度增长，市场份额、开工率等指标有所提高，但是由于日本、韩国、美国和法国向中国市场大量并逐年增加出口水合肼产品，不断压低中国国内水合肼市场价格，造成国内产业销售收入与销售量不能同步增长，成本和费用却因销售量的快速增长而大幅

度增加，国内产业陷入连年亏损的困境，投资得不到相应回报，资金周转困难，开工率处于较低水平，产业成长受到明显抑制。此外，日本、韩国、美国和法国具有较大的水合肼生产能力，有进一步向中国市场大量出口水合肼产品的能力和倾向，并将对国内产业产生进一步的影响。因此，调查机关认定，原产于日本、韩国、美国和法国的进口水合肼产品对国内产业造成实质损害。

初步裁定后，法国阿托菲纳股份有限公司在向调查机关提交的《关于水合肼反倾销调查初裁决定的评论》中提出，在国内产业经济指标中，有多个指标显示中国水合肼产业发展良好，中国水合肼产业没有受到实质损害。对于国内产业税前利润、投资收益率等指标反映出的财务困难，法国阿托菲纳股份有限公司认为不是由于被调查产品造成的，而是由于国内产业错误的投资战略和相应的财务计划等自身行为造成的。

对此，调查机关在初裁后进行了进一步调查。调查证据表明，国内产业的投资战略和财务计划适应市场需求的增长和市场竞争的要求，不是造成国内产业财务困难的原因。而被调查产品向中国大量低价倾销品，压低中国国内市场价格，才是造成国内产业的财务困难的真正原因。另外，虽然国内产业部分经济指标趋好，但是税前利润、投资收益率等评价产业状况的关键指标显示，国内产业在调查期内始终陷于十分困难的状态。根据《中华人民共和国反倾销条例》第八条和第二十五条的规定，在进一步调查后，调查机关认定，维持初裁关于国内产业受到被调查产品实质损害的意见。

六、因果关系

（一）被调查产品大量低价进口造成了国内产业的实质损害

调查了解到，在调查期内，国内水合肼表观消费量快速增长，为国内产业发展提供了良好的环境，另一方面国内产业也不断提高技术水平，改进生产工艺，提高生产规模和产品质量，努力降低生产成本，完善售后服务。这样一个快速成长的产业，在正常贸易条件下和公平竞争的市场环境中，应该有相对丰厚的利润回报，实现可观的资本收益率，资本也会积极投入，然而，调查结果显示，受大量低价进口被调查产品的影响，国内水合肼产业长期亏损，投资得不到相应回报，融资发生严重困难，产业成长受到抑制。有证据表明，被调查产品的大量低价进口，造成了国内产业的实质损害，是国内产业陷入目前的这种困境的原因。

首先，在价格方面，日本、韩国、美国和法国不断削低出口到中国市场的水合肼产品价格，并压低国内产业的水合肼价格持续下滑。2000 年，被调查产品在中国市场价格高于国内产业同类产品的价格。2001 年，被调查产品价格下调了 7.70%，开始低于国内产业的价格。国内产业水合肼产品价格也随之调整，2001 年比 2000 年下调了 0.83%。2002 年，被调查产品价格又下调 9.09%，继续保持相对于国内产业同类产品更低的价格水平。国内同类产品不得不作出相应幅度的降低，2002 年比 2001 年降幅达到 9.37%。2003 年 1－6 月，进口被调查产品平均价格再次下调，国内产业同类产品价格又被拖动下调 5.01%。

由于水合肼市场价格持续下降，尽管国内水合肼产业采取了很多控制成本的措施，降低了单位生产成本，但是仍然连年亏损。2002 年，国内产业水合肼产品的销售量比 2000 年增长了 74.56%，但是由于销售价格降低 5.06%，国内产业销售收入只增长 56.88%。同期，尽管国内产业单位生产成本降低了 27.60%，但因销售量的大幅度增长，销售成本和期间费用分别增加了 26.12% 和 39.27%。因此，水合肼市场价格的不断降低，导致了国内产业在调查期内入不敷出，难以摆脱连年亏损的困境。

其次，在进口数量方面，被调查产品进口数量逐年增长，从 2000 年的 6351.71 吨迅速增加到 2002 年的 7509.80 吨，2003 年上半年的进口量已经达到 5469.22 吨，维持了其在中国较高的市场占有率。由于被调查产品进口数量和市场份额较大，因此其价格对中国市场价格有足够的带动能力。进口被调查产品价格的不断降低，使国内产业水合肼产品的价格也不得不相应调整，进而把中国水合肼市场价格压低。另一方面，进口被调查产品的大量增加，使国内产业的市场份额始终没有显著扩大，无法充分利用生产能力。

证据表明，被调查产品的大量低价进口是国内产业实质损害的原因。日本、韩国、美国和法国向中国大量低价出口水合肼，使中国国内水合肼产业长期亏损，投资得不到收益，融资发生困难，开工率较低，部分生产能力闲置，产业成长受到明显抑制。

（二）其他因素分析

调查机关还对除被调查产品外可能使国内产业受到损害的其他有关因素进行了调查。主要证据如下：

1. 原产于其他国家（地区）的进口水合肼产品的影响

根据中国海关统计数据，调查期内，自日本、韩国、美国和法国进口的水合肼占我国水合肼总进口量的绝大部分，而上述国家以外的其他国家（地区）向我国出口的水合肼产品占我国同类产品总进口量的比例则很小，在调查期内的2000年、2001年和2002年分别为0.09%、1.30%和0.21%，2003年1－6月为0.03%。证据表明，在调查期内，原产于其他国家（地区）的水合肼对中国市场出口的数量是微量的，没有对中国国内产业造成实质性影响。

2. 中国国内水合肼需求状况

调查期内，由于中国经济的快速增长和国际水合肼下游产品的生产向中国转移，中国市场对水合肼的需求量一直保持旺盛的增长势头，为国内产业提供了良好的发展机遇。因此，国内水合肼产业所受的损害不是由于国内市场需求因素所造成的。

3. 中国国内水合肼消费模式的变化

根据可获得的证据材料，在中国国内以水合肼为主要原料的下游产品，如医药、农药、染料、发泡剂等，在调查期内生产快速增长，对水合肼的需求也相应增加。因此，中国国内水合肼消费模式没有根本变化，对国内水合肼产业没有不利影响。

4. 国内外水合肼生产者之间的竞争状况

虽然日本、韩国、美国和法国在调查期内向中国低价出口水合肼，但是国内产业与国外生产者之间没有采取限制贸易的措施。国内外水合肼生产者都在利用中国迅速增长的需求拓展各自的市场，他们在产品销售和售后服务等方面的正当竞争，没有对国内产业造成损害。

5. 水合肼产业技术发展状况

水合肼产品自诞生以来，技术更新发展较快，生产工艺从早先的拉西法和尿素法逐步发展到酮连氮法和过氧化氢法。进口被调查产品的生产主要采用酮连氮法和过氧化氢法，国内产业主要采用改进型尿素法。国内产业经过技术改造，扩大了生产规模，回收利用副产品，降低了生产成本，提高了产品质量和竞争力。调查证据表明，水合肼产业技术的发展不是国内产业遭受损害的因素。

6. 国内水合肼产业同类产品出口

调查期内，国内产业同类产品有微量出口，占国内产业销售量的比重在3%以下，没有证据表明其对国内产业产生实质性影响。

7. 国内水合肼产业的管理状况

调查期内，国内水合肼产业的生产、经营、质量、安全等管理状况良好，各项规章制度健全，劳动生产率有较大幅度提高。国内水合肼产业的管理水平的提高非但没有损害国内产业，相反有助于提高国内产业的国际竞争力。

8. 不可抗力因素

调查期内，国内产业在生产运营中，没有自然灾害和其他不可抗力灾害事件的发生对国内产业造成影响。

上述可能使国内产业受到损害的其他有关因素的证据事实表明，这些因素在调查期内没有对国内产业造成损害。

七、最终裁定

根据以上调查结果，调查机关最终裁定，在本案调查期内，原产于日本、韩国、美国和法国的进口水合肼存在倾销，并对国内水合肼产业造成了损害，且倾销与实质损害之间存在因果关系。

附件2

水合肼反倾销税税率表

原产国	厂商名称	税率
日本	所有日本公司	184%
韩国	KOC株式会社（KOC Co.，Ltd.）	28%
	其他韩国公司	184%
美国	所有美国公司	184%
法国	法国ARKEMA公司（ARKEMA）	68%
	其他法国公司	184%

中华人民共和国海关总署
国家质量监督检验检疫总局
公　　告

2005 年第 28 号

为规范进出境旅客申报，加强对进出境旅客行李物品的监管，维护国家政治、经济、文化和生物安全，自2005 年7 月1 日起，在航空口岸实行进出境旅客行李物品书面申报制度。为了方便进出境旅客正确填写“中华人民共和国海关进/出境旅客行李物品申报单”，现就有关事项补充公告如下：

自 2005 年 7 月 1 日起，在航空口岸使用《中华人民共和国出入境检验检疫入境健康检疫申明卡》新版本，有关动物、动物产品、动物尸体、标本、植物、植物繁殖材料、植物产品、土壤、微生物、人体组织、生物制品、血液或血液制品的申报项目，调整到“中华人民共和国海关进/出境旅客行李物品申报单”（以下简称“申报单”）中。凡携带有动植物及其产品、微生物、生物制品、人体组织、血液及其制品的入境旅客均应按照规定填写“申报单”。

特此公告。

海关总署
国家质检总局
2005 年 6 月 30 日

中华人民共和国海关总署公告

2005 年第 29 号

根据国务院关税税则委员会的决定，自 2003 年 4 月 10 日起，对原产于韩国、马来西亚、新加坡和印度尼西亚的进口丙烯酸酯征收反倾销税。我署为此发布了海关总署 2003 年第 24 号公告。根据商务部期中复审调查结果，国务院关税税则委员会决定对印度尼西亚日本触媒公司生产的丙烯酸酯适用的反倾销税率进行调整。根据商务部 2005 年第 40 号公告（详见附件），现就有关问题公告如下：

一、自 2005 年 7 月 5 日起，对原产于印度尼西亚，由印度尼西亚日本触媒公司（PT. NIPPON SHOKUBAI INDONESIA）生产的丙烯酸酯适用的反倾销税率由11% 调整为 3%。

二、对原产于韩国、马来西亚、新加坡和印度尼西亚的进口丙烯酸酯征收反倾销税的事宜，仍按照海关总署 2003 年第 24 号公告的规定执行。

三、自 2005 年 7 月 5 日起，对进口原产于印度尼西亚，由印度尼西亚日本触媒公司（PT. NIPPON SHOKUBAI INDONESIA）生产的丙烯酸酯，海关仍按照 11% 的反倾销税率征收反倾销税而造成的多征税款，准予退还。

特此公告。

附件　中华人民共和国商务部 2005 年第 40 号公告

海关总署
2005 年 7 月 7 日

中华人民共和国海关总署公告

2005年第30号

为使进出口货物的收发货人及其代理人准确理解和掌握2005年版《中华人民共和国进出口税则》新增及调整子目的商品范围，正确申报，方便货物通关，现将《2005年版中华人民共和国进出口税则——统计目录新增本国子目注释》（详见附件）予以公布，《2005年版中华人民共和国进出口税则—统计目录新增本国子目注释》作为海关和有关政府部门以及从事与进出口贸易有关工作的企（事）业单位或个人进行商品归类的法律依据。

特此公告。

附件 《2005年版中华人民共和国进出口税则——统计目录新增本国子目注释》（略）

海关总署

2005年7月7日

中华人民共和国海关总署公告

2005年第31号

因海关系统内部职能调整，全国海关自2005年8月1日起，停止使用《中华人民共和国海关调查证》。海关总署1999年12月24日印发的《中华人民共和国海关调查证管理规定》（署调〔1999〕839号）同时废止。

特此公告。

海关总署

2005年7月13日

中华人民共和国海关总署
商务部
国家质量监督检验检疫总局
公告

2005年第32号

《中华人民共和国与东南亚国家联盟全面经济合作框架协议》项下的《中国—东盟自由贸易区原产地规则》已以海关总署、商务部、质检总局公告2003年第81号予以发布，并于2004年1月1日起实施。经中国与东盟双方谈判达成一致，现将《中国—东盟自由贸易区原产地规则》的产品特定原产地标准（详见附件）（第一批）予以发布，自2005年7月20日起正式实施。

特此公告。

附件　产品特定原产地标准（第一批）

海关总署
商务部
国家质量监督检验检疫总局
2005 年 7 月 15 日

附件

产品特定原产地标准（第一批）

根据《中国—东盟自由贸易区原产地规则》的规则六（产品特定原产地标准），本附件二列明的原产地标准应当视为实质性改变标准。在一成员国经过该实质性改变的产品或材料应当视为该成员国的原产产品。

如果产品经过本附件规定的加工或工序制得，则为原产产品。

产品的原产国应为产品最后实质性改变发生的成员国。如果产品的生产涉及两个或多个成员国，则产品的原产国为发生了最后实质性改变的成员国。

一、唯一标准

下列产品的原产地只能依据下列产品特定原产地标准确定。

序号	HS 编码	货品名称	原产地标准
1	5103.20	羊毛及动物细毛的其他废料，但不包括回收纤维	从中国—东盟自由贸易区内饲养的羊、羔羊或其他动物获得
2	5103.30	动物粗毛废料	从中国—东盟自由贸易区内饲养的羊、羔羊或其他动物获得
3	5104.00	羊毛及动物细毛或粗毛的回收纤维	从中国—东盟自由贸易区内饲养的羊、羔羊或其他动物获得
4	5105.31	已梳喀什米尔山羊细毛	从中国—东盟自由贸易区内饲养的羊、羔羊或其他动物获得
5	5105.39	其他已梳动物细毛	从中国—东盟自由贸易区内饲养的羊、羔羊或其他动物获得
6	5105.40	已梳动物粗毛	从中国—东盟自由贸易区内饲养的羊、羔羊或其他动物获得

二、选择性标准

以下原产地标准应当作为《中国—东盟自由贸易区原产地规则》中规则四（基本标准）的选择性标准适用。申请中国—东盟自由贸易区原产地证书（Form E）时，可选择适用《中国—东盟自由贸易区原产地规则》中的规则四或本附件规定的选择性标准。

（一）税则归类改变

序号	HS 编码	货品名称	原产地标准
1	1604.11	鲑鱼，整条或切块，但未绞碎	从任何其他章改变到子目 1604.11
2	1604.12	鲱鱼，整条或切块，但未绞碎	从任何其他章改变到子目 1604.12
3	4201.00	各种材料制成的鞍具及挽具（包括缰绳、挽绳、护膝垫、口套、鞍褥、马褡裢、狗外套及类似品），适合各种动物用	从任何其他品目改变到品目 4201

序号	HS 编码	货品名称	原产地标准
4	4202.11	以皮革、再生皮革或漆皮作面的衣箱、提箱、小手袋、公文箱、公文包、书包及类似容器	从任何其他品目改变到品目4202
5	4202.12	以塑料或纺织材料作面的衣箱、提箱、小手袋、公文箱、公文包、书包及类似容器	从任何其他品目改变到品目4202
6	4202.19	其他衣箱、提箱、小手袋、公文箱、公文包、书包及类似容器（例如，以钢纸或纸板作面）	从任何其他品目改变到品目4202
7	4202.21	以皮革、再生皮革或漆皮作面的手提包，无论是否有背带，包括无把手的	从任何其他品目改变到品目4202
8	4202.22	以塑料片或纺织材料作面的手提包，无论是否有背带，包括无把手的	从任何其他品目改变到品目4202
9	4202.29	以其他材料作面的手提包，无论是否有背带，包括无把手的	从任何其他品目改变到品目4202
10	4202.31	以皮革、再生皮革或漆皮作面的物品（指通常置于口袋或手提包内的物品）	从任何其他品目改变到品目4202
11	4202.32	以塑料片或纺织材料作面的物品（指通常置于口袋或手提包内的物品）	从任何其他品目改变到品目4202
12	4202.39	以其他材料作面的通常置于口袋或手提包内的物品	从任何其他品目改变到品目4202
13	4202.91	以皮革、再生皮革或漆皮作面的工具包、刀叉餐具盒及其他容器	从任何其他品目改变到品目4202
14	4202.92	以塑料片或纺织材料作面的工具包、刀叉餐具盒及其他容器	从任何其他品目改变到品目4202
15	4202.99	以其他材料作面的工具包、刀叉餐具盒及容器	从任何其他品目改变到品目4202
16	4203.10	皮革或再生皮革制的衣服	从任何其他品目改变到品目4203
17	4203.21	专供运动用的皮革或再生皮革制的手套，包括连指或露指的	从任何其他品目改变到品目4203
18	4203.29	其他皮革或再生皮革制的手套，包括连指或露指的	从任何其他品目改变到品目4203
19	4203.30	皮革或再生皮革制的腰带及子弹带	从任何其他品目改变到品目4203
20	4203.40	皮革或再生皮革制的其他衣着附件	从任何其他品目改变到品目4203
21	4204.00	机器、机械器具或其他专门技术用途的皮革或再生皮革制品	从任何其他品目改变到品目4204
22	4205.00	皮革或再生皮革的其他制品	从任何其他品目改变到品目4205
23	4206.10	羊肠线	从任何其他品目改变到品目4206
24	4206.90	其他肠线（蚕胶丝除外）、肠膜、膀胱或筋腱制品	从任何其他品目改变到品目4206

序号	HS 编码	货品名称	原产地标准
25	4301.10	整张水貂生毛皮，不论是否带头、尾或爪	从任何其他品目改变到品目 4301
26	4301.30	下列羔羊的整张生毛皮，不论是否带头、尾或爪：阿斯特拉罕、喀拉科尔、波斯羔羊及类似羔羊、印度、中国或蒙古羔羊	从任何其他品目改变到品目 4301
27	4301.60	整张狐生毛皮，不论是否带头、尾或爪	从任何其他品目改变到品目 4301
28	4301.70	整张海豹生毛皮，不论是否带头、尾或爪	从任何其他品目改变到品目 4301
29	4301.80	整张的其他生毛皮，不论是否带头、尾或爪	从任何其他品目改变到品目 4301
30	4301.90	适合加工皮货用的头、尾、爪及其他块、片	从任何其他品目改变到品目 4301
31	4302.11	已鞣未缝制的整张水貂皮，不论是否带头、尾或爪	从任何其他品目改变到品目 4302
32	4302.13	已鞣未缝制下列羔羊皮：阿斯特拉罕、喀拉科尔、波斯羔羊及类似羔羊、印度、中国或蒙古羔羊	从任何其他品目改变到品目 4302
33	4302.19	已鞣未缝制的其他整张毛皮，不论是否带头、尾或爪	从任何其他品目改变到品目 4302
34	4302.20	已鞣未缝制的头、尾、爪及其他块、片	从任何其他品目改变到品目 4302
35	4302.30	已鞣已缝制的整张毛皮及其块、片	从任何其他品目改变到品目 4302
36	4303.10	毛皮制衣服及衣着附件	从任何其他品目改变到品目 4303
37	4303.90	毛皮制其他制品	从任何其他品目改变到品目 4303
38	4304.00	人造毛皮及其制品	从任何其他品目改变到品目 4304
39	6406.10	鞋面及其零件，但硬衬除外	从任何其他品目改变到品目 6406
40	6406.20	橡胶或塑料制的外底及鞋跟	从任何其他品目改变到品目 6406
41	6406.91	木制其他鞋靴零件（不包括鞋面，外底及鞋跟）	从任何其他品目改变到品目 6406
42	6406.99	木以外的其他材料制鞋靴零件（不包括鞋面，外底及鞋跟）	从任何其他品目改变到品目 6406

（二）纺织原料及纺织制品的加工工序标准—非原产材料需经过的赋予产品原产资格的生产或加工

1. 纤维和纱线

从以下任何一种或几种材料经过纤维制造（聚合、缩聚及挤压）、纺纱、捻线、卷曲或编织工序制造：

－丝

－羊毛，动物细毛/粗毛

－棉纤维

－植物纺织纤维

－合成或人造纤维长丝/化学纤维长丝

－合成或人造纤维短丝/化学纤维短丝

序号	HS编码	货品名称
43	5204.11	非零售用棉制缝纫线，按重量计含棉量在85%及以上
44	5204.19	其他非零售棉制缝纫线
45	5204.20	零售用棉制缝纫线
46	5205.11	非零售未精梳纯棉单纱（缝纫线除外），单纱细度≥714.29分特，按重量计含棉量≥85%
47	5205.12	非零售未精梳纯棉单纱（缝纫线除外），232.56分特≤单纱细度<714.29分特，按重量计含棉量≥85%
48	5205.13	非零售未精梳纯棉单纱（缝纫线除外），192.31分特≤单纱细度<232.56分特，按重量计含棉量≥85%
49	5205.14	非零售未精梳纯棉单纱（缝纫线除外），125分特≤单纱细度<192.31分特，按重量计含棉量≥85%
50	5205.15	非零售未精梳纯棉单纱（缝纫线除外），单纱细度<125分特，按重量计含棉量≥85%
51	5205.21	非零售精梳纯棉单纱（缝纫线除外），单纱细度≥714.29分特，按重量计含棉量≥85%
52	5202.22	非零售精梳纯棉单纱（缝纫线除外），232.56分特≤单纱细度<714.29分特，按重量计含棉量≥85%
53	5205.23	非零售精梳纯棉单纱（缝纫线除外），192.31分特≤单纱细度<232.56分特，按重量计含棉量≥85%
54	5205.24	非零售精梳纯棉单纱（缝纫线除外），125分特≤单纱细度<192.31分特，按重量计含棉量≥85%
55	5205.26	非零售精梳纯棉单纱（缝纫线除外），106.38分特≤单纱细度<125分特，按重量计含棉量≥85%
56	5205.27	非零售精梳纯棉单纱（缝纫线除外），83.33分特≤单纱细度<106.38分特，按重量计含棉量≥85%
57	5205.28	非零售精梳纯棉单纱（缝纫线除外），单纱细度<83.33分特，按重量计含棉量≥85%
58	5205.31	非零售未精梳纯棉多股纱线或缆线（缝纫线除外），每根单纱细度≥714.29分特，按重量计含棉量≥85%
59	5205.32	非零售未精梳纯棉多股纱线或缆线（缝纫线除外），232.56分特≤每根单纱细度<714.29分特，按重量计含棉量≥85%
60	5205.33	非零售未精梳纯棉多股纱线或缆线（缝纫线除外），192.31分特≤每根单纱细度<232.56分特，按重量计含棉量≥85%
61	5205.34	非零售未精梳纯棉多股纱线或缆线（缝纫线除外），125分特≤每根单纱细度<192.31分特，按重量计含棉量≥85%
62	5205.35	非零售未精梳纯棉多股纱线或缆线（缝纫线除外），每根单纱细度<125分特，按重量计含棉量≥85%
63	5205.41	非零售精梳纯棉多股纱线或缆线（缝纫线除外），每根单纱细度≥714.29分特，按重量计含棉量≥85%

序号	HS 编码	货品名称
64	5205.42	非零售精梳纯棉多股纱线或缆线（缝纫线除外），232.56 分特≤每根单纱细度<714.29 分特，按重量计含棉量≥85%
65	5205.43	非零售精梳纯棉多股纱线或缆线（缝纫线除外），192.31 分特≤每根单纱细度<232.56 分特，按重量计含棉量≥85%
66	5205.44	非零售精梳纯棉多股纱线或缆线（缝纫线除外），125 分特≤每根单纱细度<192.31 分特，按重量计含棉量≥5%
67	5205.46	非零售精梳纯棉多股纱线或缆线（缝纫线除外），106.38 分特≤每根单纱细度<125 分特之间，按重量计含棉量≥85%
68	5205.47	非零售精梳纯棉多股纱线或缆线（缝纫线除外），在 83.33 分特≤每根单纱细度<106.38 分特，按重量计含棉量≥85%
69	5205.48	非零售精梳纯棉多股纱线或缆线（缝纫线除外），每根单纱细度<83.33 分特，按重量计含棉量≥85%
70	5206.11	非零售未精梳混纺棉单纱（缝纫线除外），单纱细度≥714.29 分特，按重量计含棉量<85%
71	5206.12	非零售未精梳混纺棉单纱（缝纫线除外），单纱细度 232.56 分特≥714.29 分特，按重量计含棉量<85%
72	5206.13	非零售未精梳混纺棉单纱（缝纫线除外），192.31 分特≤单纱细度<232.56 分特，按重量计含棉量<85%
73	5206.14	非零售未精梳混纺棉单纱（缝纫线除外），125 分特≤单纱细度<192.31 分特，按重量计含棉量<85%
74	5206.15	非零售未精梳混纺棉单纱（缝纫线除外），单纱细度<125 分特，按重量计含棉量<85%
75	5206.21	非零售精梳混纺棉单纱（缝纫线除外），单纱细度≥714.29 分特，按重量计含棉量<85%
76	5206.22	非零售精梳混纺棉单纱（缝纫线除外），232.56 分特≤单纱细度<714.29 分特，按重量计含棉量<85%
77	5206.23	非零售精梳混纺棉单纱（缝纫线除外），192.31 分特≤单纱细度<232.56 分特，按重量计含棉量<85%
78	5206.24	非零售精梳混纺棉单纱（缝纫线除外），125 分特≤单纱细度<192.31 分特之间，按重量计含棉量<85%
79	5206.25	非零售精梳混纺棉单纱（缝纫线除外），单纱细度为<125 分特，按重量计含棉量<85%
80	5206.31	非零售未精梳混纺棉多股纱线或缆线（缝纫线除外），每根单纱细度≥714.29 分特，按重量计含棉量<85%
81	5206.32	非零售未精梳混纺棉多股纱线或缆线（缝纫线除外），232.56 分特≤每根单纱细度<714.29 分特，按重量计含棉量<85%
82	5206.33	非零售未精梳混纺棉多股单纱线或缆线（缝纫线除外），192.31 分特≤每根单纱细度<232.56 分特之间，按重量计含棉量<85%
83	5206.34	非零售未精梳混纺棉多股纱线或缆线（缝纫线除外），125 分特≤每根单纱细度<192.31 分特，按重量计含棉量<85%

序号	HS 编码	货品名称
84	5206.35	非零售未精梳混纺棉多股纱线或缆线（缝纫线除外），每根单纱细度<125分特，按重量计含棉量<85%
85	5206.41	非零售精梳混纺棉多股纱线或缆线（缝纫线除外），每根单纱细度≥714.29分特，按重量计含棉量<85%
86	5206.42	非零售精梳混纺棉多股纱线或缆线（缝纫线除外），232.56分特≤每根单纱细度<714.29分特，按重量计含棉量<85%
87	5206.43	非零售精梳混纺棉多股纱线或缆线（缝纫线除外），192.31分特≤每根单纱细度<232.56分特，按重量计含棉量<85%
88	5206.44	非零售精梳混纺棉多股纱线或缆线（缝纫线除外），125分特≤每根单纱细度<192.31分特，按重量计含棉量<85%
89	5206.45	非零售精梳混纺棉多股纱线或缆线（缝纫线除外），每根单纱细度<125分特，按重量计含棉量<85%
90	5207.10	供零售用纯棉纱线（按重量计含棉量≥85%，缝纫线除外）
91	5207.90	供零售用混纺棉纱线（按重量计含棉量<85%，缝纫线除外）

2. 织物/地毯及纺织材料的其他铺地制品；特种纱线、线、绳、索、缆及其制品

从以下材料制造：

－聚合物（未纺）

－纤维（未纺）

－纱线（织物）

－未经加工的或未漂白的织物（整理加工布）

经过以下任一实质性改变加工工序：

－针刺/旋转粘合/化学粘合；

－纺织或编织；

－钩编、填料或裁绒；或

－染色或印花及整理；或浸染、涂层、覆盖、层压

序号	HS 编码	货品名称
92	5208.11	未漂白全棉平纹机织物，每平方米重量不超过100克，按重量计含棉量在85%及以上
93	5208.12	未漂白全棉平纹机织物，100克<每平方米重量≤200克，按重量计含棉量在85%及以上
94	5208.13	未漂白全棉三线或四线斜纹布，包括双面斜纹机织物，每平方米重量不超过200克，按重量计含棉量在85%及以上
95	5208.19	未漂白其他全棉机织物，每平方米重量不超过200克，按重量计含棉量在85%及以上
96	5208.21	漂白全棉平纹机织物，每平方米重量不超过100克，按重量计含棉量在85%及以上
97	5208.22	漂白全棉平纹机织物，100克<每平方米重量≤200克，按重量计含棉量在85%及以上
98	5208.23	漂白全棉三线或四线斜纹布，包括双面斜纹机织物，每平方米重量不超过200克，按重量计含棉量在85%及以上
99	5208.29	漂白其他全棉机织物，每平方米重量不超过200克，按重量计含棉量在85%及以上
100	5208.41	色织全棉平纹机织物，每平方米重量不超过100克，按重量计含棉量在85%及以上
101	5208.42	色织全棉平纹机织物，100克<每平方米重量≤200克，按重量计含棉量在85%及以上
102	5208.43	色织全棉三线或四线斜纹布，包括双面斜纹机织物，每平方米重量不超过200克，按重量计含棉量在85%及以上

序号	HS 编码	货品名称
103	5208.49	色织的其他全棉机织物，每平方米重量不超过 200 克，按重量计含棉量在 85% 及以上
104	5209.11	未漂白全棉平纹机织物，每平方米重量超过 200 克，按重量计含棉量在 85% 及以上
105	5209.12	未漂白全棉三线或四线斜纹机织物，包括双面斜纹机织物，每平方米重量超过 200 克，按重量计含棉量在 85% 及以上
106	5209.19	未漂白其他全棉机织物，每平方米重量超过 200 克，按重量计含棉量在 85% 及以上
107	5209.21	漂白全棉平纹机织物，每平方米重量超过 200 克，按重量计含棉量在 85% 及以上
108	5209.22	漂白全棉三线或四线斜纹机织物，包括双面斜纹机织物，每平方米重量超过 200 克，按重量计含棉量在 85% 及以上
109	5209.29	漂白其他全棉机织物，每平方米重量超过 200 克，按重量计含棉量在 85% 及以上
110	5209.41	色织全棉平纹机织物，每平方米重量超过 200 克，按重量计含棉量在 85% 及以上
111	5209.42	色织全棉粗斜纹布（劳动布），每平方米重量超过 200 克，按重量计含棉量在 85% 及以上
112	5209.43	色织全棉三线或四线斜纹物，包括双面斜纹机织物，每平方米重量超过 200 克，按重量计含棉量在 85% 及以上
113	5209.49	色织的其他全棉机织物，每平方米重量超过 200 克，按重量计含棉量在 85% 及以上
114	5210.11	未漂白主要或仅与化学纤维混纺的平纹棉机织物，每平方米重量不超过 200 克，按重量计含棉量在 85% 以下，含平细布
115	5210.12	未漂白主要或仅与化学纤维混纺的三线或四线斜纹棉机织物，包括双面斜纹机织物，每平方米重量不超过 200 克，按重量计含棉量在 85% 以下
116	5210.19	其他未漂白主要或仅与化学纤维混纺的棉机织物，每平方米重量不超过 200 克，按重量计含棉量在 85% 以下
117	5210.21	漂白主要或仅与化学纤维混纺的平纹棉机织物，每平方米重量不超过 200 克，按重量计含棉量在 85% 以下
118	5210.22	漂白主要或仅与化学纤维混纺的三线或四线斜纹棉机织物，包括双面斜纹机织物，每平方米重量不超过 200 克，按重量计含棉量在 85% 以下
119	5210.29	其他漂白主要或仅与化学纤维混纺的棉机织物，每平方米重量不超过 200 克，按重量计含棉量在 85% 以下
120	5210.41	色织主要或仅与化学纤维混纺的平纹机织物，每平方米重量不超过 200 克，按重量计含棉量在 85% 以下
121	5210.42	色织主要或仅与化学纤维混纺的三线或四线斜纹棉机织物，包括双面斜纹机织物，每平方米重量不超过 200 克，按重量计含棉量在 85% 以下
122	5210.49	色织主要或仅与其他化学纤维混纺的棉布，每平方米重量不超过 200 克，按重量计含棉量在 85% 以下
123	5211.11	未漂白主要或仅与化学纤维混纺的平纹机织物，每平方米重量超过 200 克，按重量计含棉量在 85% 以下
124	5211.12	未漂白主要或仅与化学纤维混纺的三线或四线斜纹棉机织物，包括双面斜纹机织物，每平方米重量超过 200 克，按重量计含棉量在 85% 以下

序号	HS 编码	货品名称
125	5211.19	其他未漂白主要或仅与化学纤维混纺的棉机织物，每平方米重量超过200克，按重量计含棉量在85%以下
126	5211.21	漂白主要或仅与化学纤维混纺的平纹机织物，每平方米重量超过200克，按重量计含棉量在85%以下
127	5211.22	漂白主要或仅与化学纤维混纺的三线或四线斜纹机织物，包括双面斜纹机织物，每平方米重量超过200克，按重量计含棉量在85%以下
128	5211.29	其他漂白主要或仅与化学纤维混纺的棉机织物，每平方米重量超过200克，按重量计含棉量在85%以下
129	5211.41	色织主要或仅与化学纤维混纺的平纹棉机织物，每平方米重量超过200克，按重量计含棉量在85%以下
130	5211.42	色织主要或仅与化学纤维混纺的粗斜纹棉布，每平方米重量超过200克，按重量计含棉量在85%以下
131	5211.43	色织主要或仅与化学纤维混纺的三线或四线斜纹棉机织物，包括双面斜纹机织物，粗斜纹除外，每平方米重量超过200克，按重量计含棉量在85%以下
132	5211.49	其他色织主要或仅与化学纤维混纺的棉机织物，每平方米重量超过200克，按重量计含棉量在85%以下
133	5212.11	未漂白的其他混纺棉机织物，每平方米重量不超过200克
134	5212.12	漂白的其他混纺棉机织物，每平方米重量不超过200克
135	5212.14	色织其他混纺棉机织物，每平方米重不超过200克
136	5212.21	未漂白的其他混纺棉机织物，每平方米重量超过200克
137	5212.22	漂白的其他混纺棉机织物，每平方米重量超过200克
138	5212.24	色织其他混纺棉机织物，每平方米重量超过200克
139	6001.10	针织或钩编的“长毛绒”织物
140	6001.21	棉制针织或钩编的毛圈绒头织物
141	6001.22	化学纤维制针织或钩编的毛圈绒头织物
142	6001.29	其他纺织材料制针织或钩编的毛圈绒头织物
143	6002.40	宽度不超过30厘米的针织或钩编的织物，按重量计弹性纱线含量在5%及以上，但不含橡胶线，但税目60.01的货品除外
144	6002.90	宽度不超过30厘米的针织或钩编的其他织物，按重量计弹性纱线或橡胶线含量在5%及以上，但税目60.01的货品除外
145	6003.10	羊毛或动物细毛制宽度不超过30厘米针织或钩编的织物，但税目60.01或60.02的货品除外
146	6003.20	棉制宽度不超过30厘米针织或钩编的织物，但税目60.01或60.02的货品除外
147	6003.30	合成纤维制宽度不超过30厘米针织或钩编的织物，但税目60.01或60.02的货品除外
148	6003.40	人造纤维制宽度不超过30厘米针织或钩编的织物，但税目60.01或60.02的货品除外
149	6003.90	其他纺织材料制宽度不超过30厘米针织或钩编的织物，但税目60.01或60.02的货品除外

序号	HS 编码	货品名称
150	6004.10	宽度超过 30 厘米的针织或钩编的织物，按重量计弹性纱线含量在 5% 及以上且不含橡胶线，但税目 60.01 的货品除外
151	6004.90	宽度超过 30 厘米的针织或钩编的织物，按重量计弹性纱线或橡胶线含量在 5% 及以上，但税目 60.01 的货品除外
152	6005.10	羊毛或动物细毛制经编织物（包括由花边针织机织成的），但税目 60.01 至 60.04 的货品除外
153	6005.21	未漂白或漂白棉制经编织物（包括由花边针织机织成的），但税目 60.01 至 60.04 的货品除外
154	6005.22	染色棉制经编织物（包括由花边针织机织成的），但税目 60.01 至 60.04 的货品除外
155	6005.23	色织棉制经编织物（包括由花边针织机织成的），但税目 60.01 至 60.04 的货品除外
156	6005.24	印花棉制经编织物（包括由花边针织机织成的），但税目 60.01 至 60.04 的货品除外
157	6005.31	未漂白或漂白合成纤维制经编织物（包括由花边针织机织成的），但税目 60.01 至 60.04 的货品除外
158	6005.32	染色合成纤维制经编织物（包括由花边针织机织成的），但税目 60.01 至 60.04 的货品除外
159	6005.33	色织合成纤维制经编织物（包括由花边针织机织成的），但税目 60.01 至 60.04 的货品除外
160	6005.41	未漂白或漂白人造纤维制经编织物（包括由花边针织机织成的），但税目 60.01 至 60.04 的货品除外
161	6005.42	染色人造纤维制经编织物（包括由花边针织机织逞蔌），但税目 60.01 至 60.04 的货品除外
162	6005.43	色织人造纤维制经编织物（包括由花边针织机织成的），但税目 60.01 至 60.04 的货品除外
163	6005.44	印花人造纤维制经编织物（包括由花边针织机织成的），但税目 60.01 至 60.04 的货品除外
164	6005.90	其他纺织材料制经编织物（包括由花边针织机织成的），但税目 60.01 至 60.04 的货品除外
165	6006.10	羊毛或动物细毛制其他针织或钩编织物
166	6006.31	未漂白或漂白合成纤维制其他针织或钩编织物
167	6006.32	染色合成纤维制其他针织或钩编织物
168	6006.33	色织合成纤维制其他针织或钩编织物
169	6006.34	印花合成纤维制其他针织或钩编织物
170	6006.41	漂白或未漂白人造纤维制其他针织或钩编织物
171	6006.42	染色人造纤维制其他针织或钩编织物
172	6006.43	色织人造纤维制其他针织或钩编织物
173	6006.44	印花人造纤维制其他针织或钩编织物
174	6006.90	其他纺织材料制其他针织或钩编织物

3. 针织或钩编的服装及其他纺织制成品

从下列材料经过裁剪和部件车缝制成成品（对于服装和帐篷）并经过刺绣、修饰或印花工序（对于制成品）：

－未经加工或未漂白的织物

－经整理的织物

序号	HS 编码	货品名称
175	6101.10	羊毛或动物细毛制针织或钩编的男式大衣、短大衣、斗篷、短斗篷、带风帽的防寒短上衣（包括滑雪短上衣）、防风衣、防风短上衣及类似品，但税目61.03的货品除外
176	6101.20	棉制针织或钩编的男式大衣、带风帽的防寒短上衣等，但税目61.03的货品除外
177	6101.30	化学纤维制针织或钩编的男式大衣、短大衣、斗篷、短斗篷、带风帽的防寒短上衣（包括滑雪短上衣）、防风衣、防风短上衣及类似品，但税目61.03的货品除外
178	6101.90	其他纺织料制针织或钩编的男式大衣、短大衣、斗篷、短斗篷、带风帽的防寒短上衣（包括滑雪短上衣）、防风衣、防风短上衣及类似品，但税目61.03的货品除外
179	6102.10	羊毛或动物细毛制针织或钩编的女式大衣、短大衣、斗篷、短斗篷、带风帽的防寒短上衣（包括滑雪短上衣）、防风衣、防风短上衣及类似品，但税目61.04的货品除外
180	6102.20	棉制针织或钩编的女式大衣、短大衣、斗篷、短斗篷、带风帽的防寒短上衣（包括滑雪短上衣）、防风衣、防风短上衣及类似品，但税目61.04的货品除外
181	6102.30	化学纤维制针织或钩编的女式大衣、短大衣、斗篷、短斗篷、带风帽的防寒短上衣（包括滑雪短上衣）、防风衣、防风短上衣及类似品，但税目61.04的货品除外
182	6102.90	其他纺织料制针织或钩编的女式大衣、短大衣、斗篷、短斗篷、带风帽的防寒短上衣（包括滑雪短上衣）、防风衣、防风短上衣及类似品，但税目61.04的货品除外
183	6103.11	羊毛或动物细毛制针织或钩编的男式西服套装
184	6103.12	合成纤维制针织或钩编的男式西服套装
185	6103.19	其他纺织料制针织或钩编的男式西服套装
186	6103.21	羊毛或动物细毛制针织或钩编的男式便服套装
187	6103.22	棉制针织或钩编的男式便服套装
188	6103.23	合成纤维制针织或钩编的男式便服套装
189	6103.29	其他纺织料制针织或钩编的男式便服套装
190	6103.31	羊毛或动物细毛制针织或钩编男式上衣
191	6103.32	棉制针织或钩编的男式上衣
192	6103.33	合成纤维制针织或钩编的男式上衣
193	6103.39	其他纺织料制针织或钩编的男式上衣
194	6103.41	羊毛或动物细毛制针织或钩编的男式裤子和短裤
195	6103.42	棉制针织或钩编的男式裤子和短裤
196	6103.43	合成纤维制针织或钩编的男式裤子和短裤
197	6103.49	其他纺织料制针织或钩编的男式裤子和短裤
198	6104.11	羊毛或动物细毛制针织女式或钩编的西服套装
199	6104.12	棉制针织或钩编的女式西服套装
200	6104.13	合成纤维制针织或钩编的女式西服套装
201	6104.19	其他纺织料制针织或钩编的女式西服套装

序号	HS 编码	货品名称
202	6104.21	羊毛或动物细毛制针织或钩编的女式便装
203	6104.22	棉制针织或钩编的女式便装
204	6104.23	合成纤维制针织或钩编的女式便装
205	6104.29	其他纺织料制针织或钩编的女式便装
206	6104.31	羊毛或动物细毛制针织女式或钩编的上衣
207	6104.32	棉制针织女式或钩编的上衣
208	6104.33	合成纤维制针织或钩编的女式上衣
209	6104.39	其他纺织料制针织或钩编的女式上衣
210	6104.41	羊毛或动物细毛制针织或钩编的女式连衣裙
211	6104.42	棉制针织或钩编的女式连衣裙
212	6104.43	合成纤维制针织或钩编的女式连衣裙
213	6104.44	人造纤维制针织或钩编的女式连衣裙
214	6104.49	其他纺织料制针织或钩编的女式连衣裙
215	6104.51	羊毛或动物细毛制针织或钩编的女式裙子及裙裤
216	6104.52	棉制针织或钩编的女式裙子及裙裤
217	6104.53	合成纤维制针织或钩编的女式裙子及裙裤
218	6104.59	其他纺织料制针织或钩编的女式裙子及裙裤
219	6104.61	羊毛或动物细毛制针织或钩编的女式裤子和短裤
220	6104.62	棉制针织或钩编的女式裤子和短裤
221	6104.63	合成纤维制针织或钩编的女式裤子和短裤
222	6104.69	其他纺织料制针织或钩编的女式裤子和短裤
223	6105.10	棉制针织或钩编的男衬衫
224	6105.20	化学纤维制针织或钩编的男衬衫
225	6105.90	其他纺织料制针织或钩编的男衬衫
226	6106.10	棉制针织或钩编的女衬衫
227	6106.20	化学纤维制针织或钩编的女衬衫
228	6106.90	其他纺织料制或钩编的女衬衫
229	6107.11	棉制针织或钩编的男内裤及三角裤
230	6107.12	化学纤维制针织或钩编的男内裤及三角裤
231	6107.19	其他纺织料制针织或钩编的男内裤及三角裤
232	6107.21	棉制针织或钩编的男长睡衣及睡衣裤
233	6107.22	化学纤维制针织或钩编的男长睡衣及睡衣裤
234	6107.29	其他纺织料制针织或钩编的男长睡衣及睡衣裤
235	6107.91	棉制针织或钩编的男浴衣、晨衣等
236	6107.92	化学纤维制针织或钩编的男浴衣、晨衣等

序号	HS 编码	货品名称
237	6107.99	其他纺织料制针织后钩编的男浴衣、晨衣等
238	6108.11	化学纤维制针织或钩编女式长衬裙及衬裙
239	6108.19	其他纺织料制针织或钩编女式长衬裙及衬裙
240	6108.21	棉制针织或钩编女三角裤及短衬裤
241	6108.22	化学纤维制针织或钩编女三角裤及短衬裤
242	6108.29	其他纺织料制针织或钩编女三角裤及短衬裤
243	6108.31	棉制针织或钩编女睡衣及睡衣裤
244	6108.32	化学纤维制针织或钩编女睡衣及睡衣裤
245	6108.39	其他纺织料制针织或钩编女睡衣及睡衣裤
246	6108.91	棉制针织或钩编女浴衣、晨衣
247	6108.92	化学纤维制针织或钩编女浴衣、晨衣
248	6108.99	其他纺织料制针织或钩编女浴衣、晨衣
249	6109.10	棉制针织或钩编 T 恤衫、汗衫及其他背心
250	6109.90	其他纺织料制针织或钩编 T 恤衫、汗衫及其他背心
251	6110.11	羊毛制针织或钩编套头衫、开襟衫、背心及类似品
252	6110.12	喀什米山羊细毛制针织或钩编套头衫、开襟衫、背心及类似品
253	6110.19	其他动物细毛制针织或钩编套头衫、开襟衫、背心及类似品
254	6110.20	棉制针织或钩编套头衫、开襟衫、背心及类似品
255	6110.30	化学纤维制针织或钩编套头衫、开襟衫、背心及类似品
256	6110.90	其他纺织料制针织或钩编套头衫、开襟衫、背心及类似品
257	6111.10	羊毛或动物细毛制针织或钩编婴儿服装及衣着附件
258	6111.20	棉制针织或钩编婴儿服装及衣着附件
259	6111.30	合成纤维制针织或钩编婴儿服装及衣着附件
260	6111.90	其他纺织料制针织或钩编婴儿服装及衣着附件
261	6112.11	棉制针织或钩编运动套装
262	6112.12	合成纤维制针织或钩编运动套装
263	6112.19	其他纺织料制针织或钩编运动套装
264	6112.20	纺织材料制针织或钩编滑雪服
265	6112.31	合成纤维制针织或钩编男式游泳服
266	6112.39	其他纺织料制针织或钩编男式游泳服
267	6112.41	合成纤维制针织或钩编女式游泳服
268	6112.49	其他纺织料制针织或钩编女式游泳服
269	6113.00	用税目 59.03、59.06 或 59.07 的针织物或钩编织物制成的服装
270	6114.10	羊毛或动物细毛制针织或钩编的其他服装
271	6114.20	棉制针织或钩编的其他服装

序号	HS 编码	货品名称
272	6114.30	化学纤维制针织或钩编的其他服装
273	6114.90	其他纺织料制针织或钩编的其他服装
274	6115.11	每根单丝细度在 67 分特以下合成纤维制针织或钩编连裤袜及紧身裤袜
275	6115.12	每根单丝细度在 67 分特及以上合成纤维制针织或钩编连裤袜及紧身裤袜
276	6115.19	其他纺织材料制针织或钩编的连裤袜及紧身裤袜
277	6115.20	每根单丝细度在 67 分特以下的纺织材料制针织或钩编女式长统袜及中统袜
278	6115.91	羊毛或其他动物细毛制针织或钩编其他袜类
279	6115.92	棉制针织或钩编其他袜类
280	6115.93	合成纤维制针织或钩编其他袜类
281	6115.99	纺织材料制针织或钩编其他袜类
282	6116.10	用塑料或橡胶浸渍、涂布或包覆的针织或钩编的手套
283	6116.91	羊毛或动物细毛制针织或钩编的手套
284	6116.92	棉制其他针织或钩编的手套
285	6116.93	合成纤维制其他针织或钩编的手套
286	6116.99	其他纺织材料制其他针织或钩编的手套
287	6117.10	纺织材料制针织或钩编的披巾、头巾、围巾、披纱、面纱及类似品
288	6117.20	纺织材料制针织或钩编的领带及领结
289	6117.80	纺织材料制针织或钩编的其他衣着附件
290	6117.90	纺织材料制针织或钩编的服装或衣着附件的零件
291	6201.11	羊毛或动物细毛制男式大衣、雨衣、短大衣、斗篷、短斗篷及类似品
292	6201.12	棉制男式大衣、雨衣、短大衣、斗篷、短斗篷及类似品
293	6201.13	化学纤维制男式大衣、雨衣、短大衣、斗篷、短斗篷及类似品
294	6201.19	其他纺织材料制男式大衣、雨衣、短大衣、斗篷、短斗篷及类似品
295	6201.91	羊毛或动物细毛制男式防寒上衣及类似品
296	6201.92	棉制男式防寒上衣及类似品
297	6201.93	化学纤维制男式防寒上衣及类似品
298	6201.99	其他纺织材料制男式防寒上衣及类似品
299	6202.11	羊毛或动物细毛制女式大衣、雨衣、短大衣、斗篷、短斗篷及类似品，但税目 62.04 的货品除外
300	6202.12	棉制女式大衣、雨衣、短大衣、斗篷、短斗篷及类似品，但税目 62.04 的货品除外
301	6202.13	化学纤维制女式大衣、雨衣、短大衣、斗篷、短斗篷及类似品，但税目 62.04 的货品除外
302	6202.19	其他纺织材料制女式大衣、雨衣、短大衣、斗篷、短斗篷及类似品，但税目 62.04 的货品除外
303	6202.91	羊毛或动物细毛制女式防寒上衣及类似品，但税目 62.04 的货品除外
304	6202.92	棉制女式防寒上衣及类似品，但税目 62.04 的货品除外

序号	HS 编码	货品名称
305	6202.93	化学纤维制女式防寒上衣及类似品，但税目 62.04 的货品除外
306	6202.99	其他纺织材料制女式防寒上衣及类似品，但税目 62.04 的货品除外
307	6203.11	羊毛或动物细毛制男式西服套装
308	6203.12	合成纤维制男式西服套装
309	6203.19	其他纺织材料制男式西服套装
310	6203.21	羊毛或动物细毛制男式便服套装
311	6203.22	棉制男式便服套装
312	6203.23	合成纤维制男式便服套装
313	6203.29	其他纺织材料制男式便服套装
314	6203.31	羊毛或动物细毛制男式上衣
315	6203.32	棉制男式上衣
316	6203.33	合成纤维制男式上衣
317	6203.39	其他纺织材料制男式上衣
318	6203.41	羊毛或动物细毛制男式长裤、护胸背带工装裤、马裤及短裤
319	6203.42	棉制男式长裤、护胸背带工装裤、马裤及短裤
320	6203.43	合成纤维制男式长裤、护胸背带工装裤、马裤及短裤
321	6203.49	其他纺织材料制男式长裤、护胸背带工装裤、马裤及短裤
322	6204.11	羊毛或动物细毛制女式西服套装
323	6204.12	棉制女式西服套装
324	6204.13	合成纤维制女式西服套装
325	6204.19	其他纺织材料制女式西服套装
326	6204.21	羊毛或动物细毛制女式便服套装
327	6204.22	棉制女式便服套装
328	6204.23	合成纤维制女式便服套装
329	6204.29	其他纺织材料制女式便服套装
330	6204.31	羊毛或动物细毛制女式上衣
331	6204.32	棉制女式上衣
332	6204.33	合成纤维制女式上衣
333	6204.39	其他纺织材料制女式上衣
334	6204.41	羊毛或动物细毛制女式连衣裙
335	6204.42	棉制女式连衣裙
336	6204.43	合成纤维制女式连衣裙
337	6204.44	人造纤维制女式连衣裙
338	6204.49	其他纺织材料制女式连衣裙
339	6204.51	羊毛或动物细毛制女式裙子及裙裤

序号	HS 编码	货品名称
340	6204.52	棉制女式裙子及裙裤
341	6204.53	合成纤维制女式裙子及裙裤
342	6204.59	其他纺织材料制女式裙子及裙裤
343	6204.61	羊毛或动物细毛制女式长裤、护胸背带工装裤、马裤及短裤
344	6204.62	棉制女式长裤、护胸背带工装裤、马裤及短裤
345	6204.63	合成纤维制女式长裤、护胸背带工装裤、马裤及短裤
346	6204.69	其他纺织材料制女式长裤、护胸背带工装裤、马裤及短裤
347	6205.10	羊毛或动物细毛制男衬衫
348	6205.20	棉制男衬衫
349	6205.30	化学纤维制男衬衫
350	6205.90	其他纺织材料制男衬衫
351	6206.10	丝及绢丝制女衬衫
352	6206.20	羊毛或动物细毛制女衬衫
353	6206.30	棉制女衬衫
354	6206.40	化学纤维制女衬衫
355	6206.90	其他纺织材料制女衬衫
356	6207.11	棉制男式内裤及三角裤
357	6207.19	其他纺织材料制男式内裤及三角裤
358	6207.21	棉制男式长睡衣及睡衣裤
359	6207.22	化学纤维制男式长睡衣及睡衣裤
360	6207.29	其他纺织材料制男式长睡衣及睡衣裤
361	6207.91	棉制男式背心及其他内衣、浴衣、晨衣及类似品
362	6207.92	化学纤维制男式背心及其他内衣、浴衣、晨衣及类似品
363	6207.99	其他纺织材料制男式背心及其他内衣、浴衣、晨衣及类似品
364	6208.11	化学纤维制长衬裙及衬裙
365	6208.19	其他纺织材料制长衬裙及衬裙
366	6208.21	棉制女式睡衣及睡衣裤
367	6208.22	化学纤维制女式睡衣及睡衣裤
368	6208.29	其他纺织材料制女式睡衣及睡衣裤
369	6208.91	棉制女式背心及其他内衣、三角裤、短衬裤、浴衣、晨衣及类似品
370	6208.92	化学纤维制女式背心及其他内衣、三角裤、短衬裤、浴衣、晨衣及类似品
371	6208.99	其他纺织材料制女式背他心及其内衣、三角裤、短衬裤、浴衣、晨衣及类似品
372	6209.10	羊毛或动物细毛制婴儿服装及衣着附件
373	6209.20	棉制婴儿服装及衣着附件
374	6209.30	合成纤维制婴儿服装及衣着附件

序号	HS编码	货品名称
375	6209.90	其他纺织材料制婴儿服装及衣着附件
376	6210.10	用税目56.02或56.03的织物制成的服装
377	6210.20	子目6201.11至6201.19所列类型的其他服装
378	6210.30	子目6202.11至6202.19所列类型的其他服装
379	6210.40	用税目59.03、59.06或59.07的织物制成的其他男式服装
380	6210.50	用税目59.03、59.06或59.07的织物制成的其他女式服装
381	6211.11	纺织材料制男式游泳服
382	6211.12	纺织材料制女式游泳服
383	6211.20	纺织材料制滑雪服
384	6211.31	羊毛或动物细毛制其他男式服装
385	6211.32	棉制其他男式服装
386	6211.33	化学纤维制其他男式服装
387	6211.39	其他纺织材料制其他男式服装
388	6211.41	羊毛或其他动物细毛制其他女式服装
389	6211.42	棉制其他女式服装
390	6211.43	化学纤维制其他女式服装
391	6211.49	其他纺织材料制其他女式服装
392	6212.10	纺织材料制胸罩及其零件
393	6212.20	纺织材料制束腰带及腹带及其零件
394	6212.30	纺织材料制束腰胸衣及其零件
395	6212.90	纺织材料制紧身衣、吊裤带及类似品及其零件
396	6213.10	丝及绢丝制手帕
397	6213.20	棉制手帕
398	6213.90	其他纺织材料制手帕
399	6214.10	丝及绢丝制披巾、领巾、围巾、披纱、面纱及类似品
400	6214.20	羊毛或动物细毛制披巾、领巾、围巾、披纱、面纱及类似品
401	6214.30	合成纤维制披巾、领巾、围巾、披纱、面纱及类似品
402	6214.40	人造纤维制披巾、领巾、围巾、披纱、面纱及类似品
403	6214.90	其他纺织材料制披巾、领巾、围巾、披纱、面纱及类似品
404	6215.10	丝及绢丝制领带及领结
405	6215.20	化学纤维制领带及领结
406	6215.90	其他纺织材料制领带及领结
407	6216.00	纺织材料制分指手套、连指手套及露指手套
408	6217.10	纺织材料制其他衣着附件
409	6217.90	其他纺织材料制服装或衣着附件

序号	HS 编码	货品名称
410	6301.10	电暖毯
411	6301.20	羊毛或动物细毛制的毯子（电暖毯除外）及旅行毯
412	6301.30	棉制的毯子（电暖毯除外）及旅行毯
413	6301.40	合成纤维制的毯子（电暖毯除外）及旅行毯
414	6301.90	其他毯子及旅行毯
415	6302.10	针织或钩编的床上用织物制品
416	6302.21	棉制印花的非针织或钩编的床上用织物制品
417	6302.22	化学纤维制印花的非针织或钩编的床上用织物制品
418	6302.29	其他纺织材料制印花的非针织或钩编的床上用织物制品
419	6302.31	其他棉制床上用织物制品
420	6302.32	其他化学纤维制床上用织物制品
421	6302.39	其他纺织材料制床上用织物制品
422	6302.40	针织或钩编的餐桌用织物制品
423	6302.51	棉制非针织的餐桌用织物制品
424	6302.52	亚麻制非针织的餐桌用织物制品
425	6302.53	化学纤维制非针织的餐桌用织物制品
426	6302.59	其他纺织材料制非针织的餐桌用织物制品
427	6302.60	盥洗及厨房用棉制毛巾织物或类似的毛圈织物的制品
428	6302.91	棉制其他盥洗及厨房织物制品
429	6302.92	亚麻制其他盥洗及厨房织物制品
430	6302.93	化学纤维制其他盥洗及厨房织物制品
431	6302.99	其他纺织材料制盥洗及厨房织物制品
432	6303.11	棉制针织的窗帘（包括帷帘）及帐幔；帘帷或床帷
433	6303.12	合成纤维制针织的窗帘（包括帷帘）及帐幔；帘帷或床帷
434	6303.19	其他纺织材料制针织的窗帘（包括帷帘）及帐幔；帘帷或床帷
435	6303.91	棉制非针织的窗帘（包括帷帘）及帐幔；帘帷或床帷
436	6303.92	合成纤维制非针织的窗帘（包括帷帘）及帐幔；帘帷或床帷
437	6303.99	其他纺织材料制非针织的窗帘（包括帷帘）及帐幔；帘帷或床帷
438	6304.11	针织或钩编的床罩
439	6304.19	其他非针织或钩编的床罩
440	6304.91	针织或钩编的其他装饰用织物制品，但税目 94.04 的货品除外
441	6304.92	非针织或非钩编的棉制其他装饰用织物制品，但税目 94.04 的货品除外
442	6304.93	非针织或非钩编的合成纤维制其他装饰用织物制品，但税目 94.04 的货品除外
443	6304.99	非针织或非钩编的其他纺织材料制装饰用织物制品，但税目 94.04 的货品除外
444	6305.10	黄麻或税目 53.03 的其他韧皮纺织纤维制货物包装用袋

序号	HS 编码	货品名称
445	6305.20	棉制货物包装用袋
446	6305.32	化学纤维制的散装货物储运软袋
447	6305.33	其他聚乙烯、聚丙烯扁条或类似材料制货物包装用袋
448	6305.39	其他化学纤维制货物包装袋
449	6305.90	其他纺织材料制货物包装袋
450	6306.11	棉制油苫布、天篷及遮阳篷
451	6306.12	合成纤维制油苫布、天篷及遮阳篷
452	6306.19	其他纺织材料制油苫布、天篷及遮阳篷
453	6306.21	棉制帐篷
454	6306.22	合成纤维制帐篷
455	6306.29	其他纺织材料制帐篷
456	6306.31	合成纤维制风帆
457	6306.39	其他纺织材料制风帆
458	6306.41	棉制充气褥垫
459	6306.49	其他纺织材料制充气褥垫
460	6306.91	棉制其他野营用品
461	6306.99	其他纺织材料制其他野营用品
462	6307.10	纺织材料制擦地布、擦碗布、抹布及类似擦拭用布
463	6307.20	纺织材料制救生衣及安全带
464	6307.90	其他纺织材料制成品，包括服装裁剪样
465	6308.00	由机织物及纱线构成的零售包装成套物品，不论是否带附件，用以制作小地毯、装饰毯、绣花台布、餐巾或类似的纺织物品
466	6309.00	旧衣物

中华人民共和国海关总署公告

2005年第33号

为促进加工贸易健康发展，规范加工贸易内销货物审价，简化审价程序，提高工作效率，根据《中华人民共和国海关审定进出口货物完税价格办法》和《中华人民共和国海关关于加工贸易边角料、剩余料件、残次品、副产品和受灾保税货物的管理办法》的有关规定，现对加工贸易内销货物审价的有关问题公告如下：

一、进料加工进口料件或其制成品（包括残次品）申报内销时，海关以料件的原进口成交价格为基础审查确定完税价格。料件的原进口成交价格不能确定的，海关按照接受内销申报的同时或大约同时进口的，与料件相同或类似的货物的进口成交价格为基础审查确定完税价格。

二、来料加工进口料件或其制成品（包括残次品）申报内销时，海关按照接受内销申报的同时或大约同时进口的，与料件相同或类似的货物的进口成交价格为基础审查确定完税价格。

三、加工贸易企业加工过程中产生的边角料或副产品申报内销时，海关以其内销价格为基础审查确定完税价格。

四、海关总署或直属海关可以根据市场行情，定期公布有关边角料和副产品的内销计税参考价格（以下简称计税参考价格）。

加工贸易企业可以选择按照内销价格或者计税参考价格向海关申报。加工贸易企业按照计税参考价格申报的，海关按照计税参考价格确定完税价格。

五、保税区、出口加工区内的加工贸易企业申报内销加工贸易制成品时，海关按照接受内销申报的同时或大约同时进口的，与制成品相同或类似的货物的进口成交价格为基础审查确定完税价格。

保税区内的加工贸易企业内销的进料加工制成品中，如果含有从境内采购的料件，海关以制成品所含从境外购入料件的原进口成交价格为基础审查确定完税价格。料件的原进口成交价格不能确定的，海关按照接受内销申报的同时或大约同时进口的，与料件相同或类似的货物的进口成交价格为基础审查确定完税价格。

保税区内的加工贸易企业内销的来料加工制成品中，如果含有从境内采购的料件，海关按照接受内销申报的同时或大约同时进口的，与制成品所含从境外购入的料件相同或类似的货物的进口成交价格为基础审查确定完税价格。

六、加工贸易内销货物的完税价格按照上述规定仍不能确定的，由海关按合理的方法审查确定。

七、加工贸易企业向海关申报内销时，应当提交原进口报关单或备案清单复印件，海关认为必要时，还应提供与成交价格或内销价格有关的资料。

八、鉴于加工贸易内销货物的特殊性，海关在审查确定加工贸易内销货物完税价格时，可以不进行价格质疑和价格磋商。

九、本公告自 2005 年 8 月 1 日起施行。

特此公告。

海关总署

2005 年 7 月 18 日

中华人民共和国海关总署公告

2005 年第 34 号

根据我国与东盟国家签署的《中国—东盟全面经济合作框架协议货物贸易协定》，经国务院批准，我国自 2005 年 7 月 20 日起对文莱、印度尼西亚、马来西亚、缅甸、新加坡、泰国等 6 个国家（以下简称六国）实施中国—东盟自由贸易区协定税率。现就有关事项公告如下：

一、本次对六国实施的协定税率共计 3408 种商品（含 37 种从量税及复合税商品），涵盖了现行对六国已经实施的“早期收获”商品的协定税率。其中有 2810 种商品的协定税率对六国统一适用（不含从量税及复合税商品，详见附件 1），561 种商品的协定税率对六国分别适用（不含从量税及复合税商品，详见附件 2）。从量税及复合税商品按附件 3 所标明的协定税率执行，其他商品统一按照 2005 年最惠国税率执行协定税率。详细内容可查阅中国财政经济出版社出版的 2005 年版《中华人民共和国进出口税则（中国—东盟自贸区分册）》。

二、海关自 2005 年 7 月 20 日起凭六国政府指定的原产地证书签发机构在 2005 年 7 月 1 日以后签发的原产地证书（FORM E），按照中国—东盟协定税率征税验放。

三、企业申报进口享受中国—东盟自由贸易区协定税率的进口货物时，报关单“随附单据”栏按照“02”填报“优惠贸易协定代码”，其他具体填制要求，仍按海关总署 2004 年第 34 号公告执行。

特此公告。

附件 1　中国—东盟自由贸易区 2005 年六国协定税率统一执行表

附件 2　中国—东盟自由贸易区 2005 年六国协定税率分国别执行表

附件 3　中国—东盟自由贸易区 2005 年六国从量税、复合税商品协定税率统一执行表

海关总署

2005 年 7 月 19 日

附件 1

中国—东盟自由贸易区 2005 年六国协定税率统一执行表

序号	税则号列	货品名称	协定税率	最惠国税率
1	0101. 9010	其他马	0	10
2	0101. 9090	其他驴、骡	0	10
3	0102. 9000	其他牛	0	10
4	0103. 9110	重量 < 10 千克的猪	0	10
5	0103. 9120	重量在 10 千克 – 50 千克的猪，包括 10 千克	0	10
6	0103. 9200	重量≥50 千克的猪	0	10
7	0104. 1090	其他绵羊	0	10
8	0104. 2090	其他山羊	0	10
9	0105. 1190	重量≤185 克的其他鸡	0	10
10	0105. 1290	重量≤185 克的其他火鸡	0	10
11	0105. 1990	重量≤185 克的其他家禽	0	10
12	0105. 9290	重量≤2000 克的其他鸡	0	10
13	0105. 9390	重量 > 2000 克的其他鸡	0	10
14	0105. 9991	重量 > 185 克的非改良种用鸭	0	10
15	0105. 9992	重量 > 185 克的非改良种用鹅	0	10
16	0105. 9993	重量 > 185 克的非改良种用珍珠鸡	0	10
17	0105. 9994	重量 > 185 克的非改良种用火鸡	0	10
18	0106. 1190	其他灵长目动物	0	10
19	0106. 1200	鲸、海豚及鼠海豚；海牛及儒艮	0	10
20	0106. 1920	食用哺乳动物	0	10
21	0106. 1990	其他哺乳动物	0	10
22	0106. 2020	食用爬行动物	0	10
23	0106. 2090	其他爬行动物	0	10
24	0106. 3190	其他猛禽	0	10
25	0106. 3290	其他鹦形目鸟	0	10

序号	税则号列	货品名称	协定税率	最惠国税率
26	0106.3921	乳鸽	0	10
27	0106.3922	鸵鸟	0	10
28	0106.3923	野鸭	0	10
29	0106.3929	其他食用鸟	0	10
30	0106.3990	其他鸟	0	10
31	0106.9020	其他食用动物	0	10
32	0106.9090	其他动物	0	10
33	0201.1000	整头及半头鲜、冷牛肉	5	20
34	0201.2000	鲜、冷的带骨牛肉	5	12
35	0201.3000	鲜、冷的去骨牛肉	5	12
36	0202.1000	冻的整头及半头牛肉	5	25
37	0202.2000	冻的带骨牛肉	5	12
38	0202.3000	冻的去骨牛肉	5	12
39	0203.1110	鲜、冷的整头及半头乳猪肉	5	20
40	0203.1190	其他鲜、冷的整头及半头猪肉	5	20
41	0203.1200	鲜、冷的带骨猪前腿、后腿及其肉块	5	20
42	0203.1900	其他鲜、冷猪肉	5	20
43	0203.2110	冻整头及半头乳猪肉	0	12
44	0203.2190	其他冻整头及半头猪肉	0	12
45	0203.2200	冻的带骨猪前腿、后腿及其肉块	0	12
46	0203.2900	其他冻猪肉	0	12
47	0204.1000	鲜或冷的整头及半头羔羊	5	15
48	0204.2100	鲜或冷的整头及半头绵羊肉	5	23
49	0204.2200	鲜或冷的带骨绵羊肉	5	15
50	0204.2300	鲜或冷的去骨绵羊肉	5	15
51	0204.3000	冻的整头及半头羔羊	5	15
52	0204.4100	冻的整头及半头绵羊肉	5	23
53	0204.4200	冻的其他带骨绵羊肉	0	12
54	0204.4300	冻的其他去骨绵羊肉	5	15
55	0204.5000	鲜、冷、冻的山羊肉	5	20
56	0205.0000	鲜、冷、冻的马、驴、骡肉	5	20
57	0206.1000	鲜、冷的牛杂碎	0	12
58	0206.2100	冻牛舌	0	12
59	0206.2200	冻牛肝	0	12
60	0206.2900	其他冻牛杂碎	0	12

序号	税则号列	货品名称	协定税率	最惠国税率
61	0206.3000	鲜、冷的猪杂碎	5	20
62	0206.4100	冻猪肝	5	20
63	0206.4900	其他冻猪杂碎	0	12
64	0206.8000	鲜、冷的羊、马、驴、骡杂碎	5	20
65	0206.9000	冻的羊、马、驴、骡杂碎	5	18
66	0207.1100	整只，鲜或冷的鸡	5	20
67	0207.1311	鲜或冷的带骨鸡块	5	20
68	0207.1319	鲜或冷的其他鸡块	5	20
69	0207.1321	鲜或冷的鸡翼（不包括翼尖）	5	20
70	0207.1329	鲜或冷的其他鸡杂碎	5	20
71	0207.2400	整只，鲜或冷的火鸡	5	20
72	0207.2500	整只，冻的火鸡	5	20
73	0207.2600	鲜或冷的火鸡块及杂碎	5	20
74	0207.2700	冻的火鸡块及杂碎	0	10
75	0207.3210	整只，鲜或冷的鸭	5	20
76	0207.3220	整只，鲜或冷的鹅	5	20
77	0207.3230	整只，鲜或冷的珍珠鸡	5	20
78	0207.3310	整只，冻的鸭	5	20
79	0207.3320	整只，冻的鹅	5	20
80	0207.3330	整只，冻的珍珠鸡	5	20
81	0207.3400	鲜或冷的税目的0105所列家禽的肥肝	5	20
82	0207.3510	鲜或冷的鸭块及杂碎	5	20
83	0207.3520	鲜或冷的鹅块及杂碎	5	20
84	0207.3530	鲜或冷的珍珠鸡块及杂碎	5	20
85	0207.3610	冻的鸭块及杂碎	5	20
86	0207.3620	冻的鹅块及杂碎	5	20
87	0207.3630	冻的珍珠鸡块及杂碎	5	20
88	0208.1010	鲜或冷藏的家兔肉或野兔，不包括兔头	5	20
89	0208.1020	冻家兔或野兔，不包括兔头	5	20
90	0208.1090	鲜、冷、冻的家兔及野兔食用杂碎	5	20
91	0208.2000	鲜、冷、冻的田鸡腿	5	20
92	0208.3000	鲜、冷、冻的灵长目动物的肉及其食用杂碎	5	23
93	0208.4000	鲜、冷、冻的鲸、海豚及鼠海豚；海牛及儒艮的肉及其食用杂碎	5	23
94	0208.5000	鲜、冷、冻的爬行动物的肉及其食用杂碎	5	23

序号	税则号列	货品名称	协定税率	最惠国税率
95	0208.9010	鲜、冷、冻的乳鸽肉及其食用杂碎	5	20
96	0208.9090	其他鲜、冷、冻肉及食用杂碎	5	23
97	0209.0000	鲜、冷、冻、干、熏、盐制的猪或家禽脂肪	5	20
98	0210.1110	干、熏、盐制的带骨猪腿	5	25
99	0210.1190	干、熏、盐制的带骨猪腿肉块	5	25
100	0210.1200	干、熏、盐制的猪腹肉	5	25
101	0210.1900	干、熏、盐制的其他猪肉	5	25
102	0210.2000	干、熏、盐制的牛肉	5	25
103	0210.9100	干、熏、盐制的灵长目动物肉及食用杂碎	5	25
104	0210.9200	干、熏、盐制的鲸、海豚及鼠海豚；海牛及儒艮肉及食用杂碎	5	25
105	0210.9300	干、熏、盐制的爬行动物肉及食用杂碎	5	25
106	0210.9900	干、熏、盐制的其他肉及食用杂碎	5	25
107	0301.1000	观赏鱼	5	17.5
108	0301.9190	其他活鳟鱼	0	10.5
109	0301.9290	其他活鳗鱼	0	10
110	0301.9390	其他活鲤鱼	0	10.5
111	0301.9991	活罗非鱼	0	10.5
112	0301.9992	活鲀	0	10.5
113	0301.9999	其他活鱼	0	10.5
114	0302.1100	鲜、冷鳟鱼	0	12
115	0302.1210	鲜、冷的大西洋鲑鱼	0	10
116	0302.1220	鲜、冷的大马哈鱼及多瑙哲罗鱼	0	10
117	0302.1900	其他鲜、冷鲑鱼	0	12
118	0302.2100	鲜、冷庸鲽鱼	0	12
119	0302.2200	鲜、冷鲽鱼	0	12
120	0302.2300	鲜、冷鳎鱼	0	12
121	0302.2900	其他鲜、冷比目鱼	0	12
122	0302.3100	鲜、冷长鳍金枪鱼	0	12
123	0302.3200	鲜、冷黄鳍金枪鱼	0	12
124	0302.3300	鲜、冷鲣鱼	0	12
125	0302.3400	鲜、冷大眼金枪鱼	0	12
126	0302.3500	鲜、冷蓝鳍金枪鱼	0	12
127	0302.3600	鲜、冷南金枪鱼	0	12
128	0302.3900	其他鲜、冷金枪鱼	0	12

序号	税则号列	货品名称	协定税率	最惠国税率
129	0302. 4000	鲜、冷鲱鱼	0	12
130	0302. 5000	鲜、冷鳕鱼	0	12
131	0302. 6100	鲜、冷沙丁鱼、黍鲱鱼	0	12
132	0302. 6200	鲜、冷黑线鳕鱼	0	12
133	0302. 6300	鲜、冷绿青鳕鱼	0	12
134	0302. 6400	鲜、冷鲭鱼	0	12
135	0302. 6500	鲜、冷角鲨及其他鲨鱼	0	12
136	0302. 6600	鲜、冷鳗鱼	0	12
137	0302. 6910	鲜、冷带鱼	0	12
138	0302. 6920	鲜、冷黄鱼	0	12
139	0302. 6930	鲜、冷鲳鱼	0	12
140	0302. 6940	鲜、冷罗非鱼	0	12
141	0302. 6950	鲜、冷鲀	0	12
142	0302. 6990	其他鲜、冷鱼	0	12
143	0302. 7000	鲜、冷鱼肝及鱼卵	0	12
144	0303. 1100	冻红大马哈鱼，但鱼肝及鱼卵除外	0	10
145	0303. 1900	其他冻大马哈鱼，但鱼肝及鱼卵除外	0	10
146	0303. 2100	冻鳟鱼	0	12
147	0303. 2210	冻大西洋鲑鱼	0	10
148	0303. 2220	冻多瑙哲罗鱼	0	10
149	0303. 2900	其他冻鲑鱼	0	10
150	0303. 3110	冻格陵兰庸鲽鱼	0	10
151	0303. 3190	冻庸鲽鱼	0	10
152	0303. 3200	冻鲽鱼	0	12
153	0303. 3300	冻鳎鱼	0	12
154	0303. 3900	其他冻比目鱼	0	10
155	0303. 4100	冻长鳍金枪鱼	0	12
156	0303. 4200	冻黄鳍金枪鱼	0	12
157	0303. 4300	冻鲣鱼	0	12
158	0303. 4400	冻大眼金枪鱼，但鱼肝及鱼卵除外	0	12
159	0303. 4500	冻蓝鳍金枪鱼，但鱼肝及鱼卵除外	0	12
160	0303. 4600	冻南金枪鱼，但鱼肝及鱼卵除外	0	12
161	0303. 4900	其他冻金枪鱼，但鱼肝及鱼卵除外	0	12
162	0303. 5000	冻鲱鱼（大西洋、太平洋鲱鱼），但鱼肝及鱼卵除外	0	10
163	0303. 6000	冻鳕鱼	0	10

序号	税则号列	货品名称	协定税率	最惠国税率
164	0303. 7100	冻沙丁鱼、黍鲱鱼	0	12
165	0303. 7200	冻黑线鳕鱼	0	12
166	0303. 7300	冻绿青鳕鱼	0	12
167	0303. 7400	冻鲭鱼	0	10
168	0303. 7500	冻角鲨及其他鲨鱼	0	12
169	0303. 7600	冻鳗鱼	0	12
170	0303. 7700	冻尖吻鲈鱼	0	12
171	0303. 7800	冻鳕鱼（无须鳕鱼，长鳍鳕鱼）	0	12
172	0303. 7910	冻带鱼	0	10
173	0303. 7920	冻黄鱼	0	10
174	0303. 7930	冻鲳鱼	0	10
175	0303. 7940	冻罗非鱼	0	10
176	0303. 7990	其他未列名冻鱼	0	10
177	0303. 8000	冻鱼肝及鱼卵	0	10
178	0304. 1000	鲜、冷的鱼片及其他鱼肉	5	12
179	0304. 2010	冻罗非鱼片	5	10
180	0304. 2090	其他冻鱼片	5	10
181	0304. 9000	其他冻鱼肉	5	10
182	0305. 1000	供人食用的鱼粉及团粒	5	10
183	0305. 2000	干、熏、盐制的鱼肝及鱼卵	0	10
184	0305. 3000	干或盐制的鱼片	5	10
185	0305. 4110	熏大西洋鲑鱼	5	14
186	0305. 4120	熏大马哈鱼及多瑙哲罗鱼	5	14
187	0305. 4200	熏制鲱鱼（大西洋鲱鱼、太平洋鲱鱼）及鱼片	5	16
188	0305. 4900	其他熏鱼及鱼片	5	14
189	0305. 5100	干鳕鱼	5	16
190	0305. 5910	干海马、干海龙	0	2
191	0305. 5920	干鱼翅	0	15
192	0305. 5990	其他干鱼	5	16
193	0305. 6100	盐腌及盐渍的鲱鱼（大西洋、太平洋鲱鱼）	5	16
194	0305. 6200	盐腌及盐渍的鳕鱼	5	16
195	0305. 6300	盐腌及盐渍的 Anchovies（醍鱼）	5	16
196	0305. 6910	盐腌及盐渍的带鱼	5	16
197	0305. 6920	盐腌及盐渍的黄鱼	5	16
198	0305. 6930	盐腌及盐渍的鲳鱼	5	16

序号	税则号列	货品名称	协定税率	最惠国税率
199	0305.6940	盐腌及盐渍的罗非鱼	5	16
200	0305.6990	盐腌及盐渍的其他鱼	5	16
201	0306.1100	冻龙虾	5	10
202	0306.1200	冻大螯虾	5	10
203	0306.1311	冻小虾仁	0	8
204	0306.1312	冻北方长额虾	0	5
205	0306.1319	其他冻小虾	0	5
206	0306.1321	冻对虾仁	0	8
207	0306.1329	其他冻对虾	0	5
208	0306.1410	冻梭子蟹	5	10
209	0306.1490	其他冻蟹	5	10
210	0306.1911	冻淡水小龙虾仁	5	16
211	0306.1919	冻带壳淡水小龙虾	5	16
212	0306.1990	其他冻甲壳动物	5	16
213	0306.2190	未冻的龙虾	5	15
214	0306.2290	其他未冻的大螯虾	5	15
215	0306.2391	鲜、冷对虾	5	15
216	0306.2399	其他未冻小虾及对虾	5	12
217	0306.2491	未冻的中华绒毛蟹（大闸蟹）	0	14
218	0306.2492	未冻的梭子蟹	5	14
219	0306.2499	未冻的其他蟹	0	14
220	0306.2990	其他带壳或去壳的未冻的甲壳动物	5	14
221	0307.1090	其他牡蛎（蚝）	5	14
222	0307.2190	其他活、鲜、冷扇贝	5	14
223	0307.2900	其他冻、干、盐腌或盐渍的扇贝	5	14
224	0307.3190	其他活、鲜、冷贻贝	5	14
225	0307.3900	其他冻、干、盐制的贻贝	5	14
226	0307.4190	其他活、鲜或冷墨鱼及鱿鱼	0	12
227	0307.4900	其他冻、干、盐制的墨鱼及鱿鱼	0	12
228	0307.5100	活、鲜、冷章鱼	5	17
229	0307.5900	其他冻、干、盐制的章鱼	5	17
230	0307.6090	其他蜗牛及螺	5	14
231	0307.9191	活、鲜、冷鲍鱼	5	14
232	0307.9192	活、鲜或冷的沙蚕	5	14
233	0307.9199	其他活、鲜、冷软体动物、水生无脊椎动物	5	14

序号	税则号列	货品名称	协定税率	最惠国税率
234	0307.9910	冻、干、盐腌或盐渍的鲍鱼	5	10
235	0307.9920	冻、干、盐腌或盐渍的海参	5	10
236	0307.9990	其他冻、干、盐制软体动物、水生无脊椎动物	5	10
237	0401.1000	脂肪含量未超1%未浓缩及未加糖的乳及奶油	5	15
238	0401.2000	脂肪含量在1% -6%未浓缩及未加糖的乳及奶油	5	15
239	0401.3000	脂肪含量>6%未浓缩及未加糖的乳及奶油	5	15
240	0402.1000	脂肪含量≤1.5%固状乳及奶油	0	10
241	0402.2100	脂肪量>1.5%未加糖固状乳及奶油	0	10
242	0402.2900	脂肪量>1.5%的加糖固状乳及奶油	0	10
243	0402.9100	浓缩但未加糖的非固状乳及奶油	5	10
244	0402.9900	浓缩并已加糖的非固状乳及奶油	5	10
245	0403.1000	酸乳	5	10
246	0403.9000	酪乳及其他发酵或酸化的乳及奶油	5	20
247	0404.1000	乳清及改性乳清	0	6
248	0404.9000	其他编号未列名的含天然乳的产品	5	20
249	0405.1000	黄油	5	10
250	0405.2000	乳酱	5	10
251	0405.9000	其他从乳中提取的脂和油	5	10
252	0406.1000	鲜乳酪（未熟化或未固化的）	5	12
253	0406.2000	各种磨碎或粉化的乳酪	5	12
254	0406.3000	经加工的乳酪，但磨碎或粉化的除外	5	12
255	0406.4000	蓝纹乳酪	5	15
256	0406.9000	其他乳酪	5	12
257	0407.0021	带壳鲜鸡蛋	5	20
258	0407.0022	带壳鲜鸭蛋	5	20
259	0407.0023	带壳鲜鹅蛋	5	20
260	0407.0029	其他带壳鲜禽蛋	5	20
261	0407.0091	咸蛋	5	20
262	0407.0092	皮蛋	5	20
263	0407.0099	其他腌制或煮过的带壳禽蛋	5	20
264	0408.1100	干蛋黄	5	20
265	0408.1900	其他蛋黄	5	20
266	0408.9100	干的其他去壳禽蛋	5	20
267	0408.9900	其他去壳禽蛋	5	20
268	0409.0000	天然蜂蜜	5	15

序号	税则号列	货品名称	协定税率	最惠国税率
269	0410.0010	燕窝	5	25
270	0410.0020	鲜蜂王浆	5	15
271	0410.0030	鲜蜂王浆粉	5	15
272	0410.0090	其他编号未列名的食用动物产品	5	20
273	0501.0000	未经加工的人发；废人发	0	15
274	0502.1010	猪鬃	5	20
275	0502.1020	猪毛	5	20
276	0502.1030	猪鬃或猪毛的废料	5	20
277	0502.9011	山羊毛	5	20
278	0502.9012	黄鼠狼尾毛	5	20
279	0502.9019	獾毛及其他制刷用兽毛	5	20
280	0502.9020	獾毛及其他制刷用兽毛的废料	5	20
281	0503.0010	马鬃、马尾	0	15
282	0503.0090	其他马毛及废马毛	0	15
283	0504.0011	整个或切块的盐渍猪肠衣（猪大肠头除外）	5	20
284	0504.0012	整个或切块的盐渍绵羊肠衣	5	18
285	0504.0013	整个或切块的盐渍山羊肠衣	5	18
286	0504.0014	整个或切块的盐渍猪大肠头	5	20
287	0504.0019	整个或切块的其他动物肠衣	5	18
288	0504.0029	鲜、冷、冻、干、盐制的其他动物胃	5	20
289	0504.0090	鲜、冷、冻、干、盐制的其他动物肠、膀胱、胃	5	20
290	0505.1000	填充用羽毛；羽绒	0	10
291	0505.9010	羽毛或不完整羽毛的粉末及废料	0	10
292	0505.9090	其他羽毛，羽绒，带有羽毛，羽绒的鸟皮及鸟体其他部分	0	10
293	0506.1000	经酸处理的骨胶原及骨	0	12
294	0506.9011	含牛羊成分的骨粉及骨废料	0	12
295	0506.9019	骨粉及骨废料	0	12
296	0506.9090	其他骨及角柱	0	12
297	0507.1000	兽牙；兽牙粉末及废料	0	10
298	0507.9010	羚羊角及其粉末和废料	0	3
299	0507.9020	鹿茸及其粉末	0	11.2
300	0507.9090	龟壳、鲸须、鲸须毛、鹿角及其他角	0	10
301	0508.0010	珊瑚及水产品壳、骨的粉末及废料	0	12
302	0508.0090	珊瑚及介、贝、棘皮动物的壳、骨	0	12

序号	税则号列	货品名称	协定税率	最惠国税率
303	0509.0000	动物质天然海绵	0	15
304	0510.0010	黄药	0	3
305	0510.0020	龙涎香、海狸香、灵猫香	0	7
306	0510.0030	麝香	0	7
307	0510.0040	斑蝥	0	7
308	0510.0090	胆汁，配药用腺体及其他动物产品	0	6
309	0511.9111	受精鱼卵	0	12
310	0511.9119	其他鱼产品	0	12
311	0511.9190	其他未列名水产品；第三章的死动物	0	12
312	0511.9990	其他编号未列名的动物产品；不适合供人食用的第一章的死动物	0	12
313	0601.1010	休眠的番红花球茎	0	4
314	0601.1099	其他休眠的鳞茎、块茎、块根等	0	5
315	0601.2000	生长或开花的鳞茎等及菊苣植物	0	15
316	0602.2090	其他食用水果及坚果树及灌木	0	10
317	0602.3090	其他杜鹃	0	15
318	0602.4090	其他玫瑰	0	15
319	0602.9092	兰花	0	10
320	0602.9093	菊花	0	10
321	0602.9094	百合	0	10
322	0602.9095	康乃馨	0	10
323	0602.9099	其他非种用活植物	0	10
324	0603.1000	鲜的插花及花蕾	0	10
325	0603.9000	干的及经过染色等加工的插花及花蕾	5	23
326	0604.1000	苔藓及地衣	5	23
327	0604.9100	鲜的植物枝、叶或其他部分；草	0	10
328	0604.9900	染色或经加工的枝、叶、草等	0	10
329	0701.1000	种用马铃薯	0	13
330	0701.9000	其他鲜或冷的马铃薯	0	13
331	0702.0000	鲜或冷藏的番茄	0	13
332	0703.1010	鲜或冷的洋葱	0	13
333	0703.1020	鲜或冷的青葱	0	13
334	0703.2010	鲜或冷藏的大蒜头	0	13
335	0703.2020	鲜或冷藏的大蒜蒜苔及蒜苗（青蒜）	0	13
336	0703.2090	其他鲜或冷藏的大蒜	0	13

序号	税则号列	货品名称	协定税率	最惠国税率
337	0703.9010	鲜或冷的韭葱	0	13
338	0703.9020	鲜或冷的大葱	0	13
339	0703.9090	鲜或冷的其他葱属蔬菜	0	13
340	0704.1000	鲜或冷的菜花及硬花甘蓝	0	10
341	0704.2000	鲜或冷的抱子甘蓝	0	13
342	0704.9000	鲜或冷的其他食用芥菜类蔬菜	0	13
343	0705.1100	鲜或冷的结球莴苣（包心生菜）	0	10
344	0705.1900	鲜或冷的其他莴苣	0	10
345	0705.2100	鲜或冷的维特罗夫菊苣	0	13
346	0705.2900	鲜或冷的其他菊苣	0	13
347	0706.1000	鲜或冷的胡萝卜及萝卜	0	13
348	0706.9000	鲜或冷的小萝卜及类似食用根茎	0	13
349	0707.0000	鲜或冷的黄瓜及小黄瓜	0	13
350	0708.1000	鲜或冷的豌豆	0	13
351	0708.2000	鲜或冷的豇豆及菜豆	0	13
352	0708.9000	鲜或冷的其他豆类蔬菜	0	13
353	0709.1000	鲜或冷的洋蓟	0	13
354	0709.2000	鲜或冷的芦笋	0	13
355	0709.3000	鲜或冷的茄子	0	13
356	0709.4000	鲜或冷的芹菜，但块根芹除外	0	10
357	0709.5100	鲜或冷的其他伞菌属蘑菇	0	13
358	0709.5200	鲜或冷的块菌	0	13
359	0709.5910	鲜或冷的松茸	0	13
360	0709.5920	鲜或冷的香菇	0	13
361	0709.5930	鲜或冷的金针菇	0	13
362	0709.5940	鲜或冷的草菇	0	13
363	0709.5950	鲜或冷的口蘑	0	13
364	0709.5990	鲜或冷的其他蘑菇	0	13
365	0709.6000	鲜或冷的辣椒，包括甜椒	0	13
366	0709.7000	鲜或冷的菠菜	0	13
367	0709.9010	鲜或冷的竹笋	0	13
368	0709.9090	鲜或冷的其他蔬菜	0	13
369	0710.1000	冷冻马铃薯	0	13
370	0710.2100	冷冻豌豆	0	13
371	0710.2210	冷冻红小豆	0	13

序号	税则号列	货品名称	协定税率	最惠国税率
372	0710. 2290	其他冷冻豇豆及菜豆	0	13
373	0710. 2900	冷冻其他豆类蔬菜	0	13
374	0710. 3000	冷冻菠菜	0	13
375	0710. 4000	冷冻甜玉米	0	10
376	0710. 8010	冷冻松茸	0	13
377	0710. 8020	其他蒜苔及蒜苗（青蒜）	0	13
378	0710. 8030	蒜头	0	13
379	0710. 8090	冷冻未列名蔬菜	0	13
380	0710. 9000	冷冻什锦蔬菜	0	10
381	0711. 2000	暂时保藏的油橄榄	0	13
382	0711. 3000	暂时保藏的刺山柑	0	13
383	0711. 4000	暂时保藏的黄瓜及小黄瓜	0	13
384	0711. 5112	盐水小白蘑菇	0	13
385	0711. 5119	盐水的其他伞菌属蘑菇	0	13
386	0711. 5190	其他伞菌属蘑菇	0	13
387	0711. 5911	盐水松茸	0	13
388	0711. 5919	盐水其他蘑菇及菌块	0	13
389	0711. 5990	暂时保藏的其他蘑菇及菌块	0	13
390	0711. 9031	盐水竹笋	0	13
391	0711. 9034	盐水大蒜	0	13
392	0711. 9039	盐水其他蔬菜；什锦蔬菜	0	13
393	0711. 9090	暂时保藏的其他蔬菜；什锦蔬菜	0	13
394	0712. 2000	干制洋葱	0	13
395	0712. 3100	干伞菌属蘑菇	0	13
396	0712. 3200	干木耳	0	13
397	0712. 3300	干银耳	0	13
398	0712. 3910	干香菇	0	13
399	0712. 3920	干金针菇	0	13
400	0712. 3930	干草菇	0	13
401	0712. 3940	干口蘑	0	13
402	0712. 3950	干牛肝菌	0	13
403	0712. 3990	其他干制蘑菇及块菌	0	13
404	0712. 9010	笋干丝	0	13
405	0712. 9020	紫萁（薇菜干）	0	13
406	0712. 9030	干金针菜（黄花菜）	0	13

序号	税则号列	货品名称	协定税率	最惠国税率
407	0712.9040	蕨菜干	0	13
408	0712.9050	干制的大蒜	0	13
409	0712.9060	干甜椒	0	13
410	0712.9090	干制的其他蔬菜及什锦蔬菜	0	13
411	0713.1090	其他干豌豆	0	5
412	0713.2090	其他干鹰嘴豆	0	7
413	0713.3190	其他干绿豆	0	3
414	0713.3290	其他干赤豆	0	3
415	0713.3390	其他干芸豆	0	7.5
416	0713.3900	干豇豆及菜豆	0	7
417	0713.4090	其他干扁豆	0	7
418	0713.5090	其他干蚕豆	0	7
419	0713.9090	其他干豆	0	7
420	0714.1010	鲜木薯	0	10
421	0714.1020	干木薯	0	5
422	0714.1030	冷或冻的木薯	0	10
423	0714.2019	其他鲜甘薯	0	13
424	0714.2020	干甘薯	0	13
425	0714.2030	冷或冻的甘薯	0	13
426	0714.9010	鲜、干或冷、冻的荸荠	0	13
427	0714.9029	其他藕	0	13
428	0714.9090	含有高淀粉或菊粉的其他类似根茎	0	13
429	0801.1100	干的椰子	0	12
430	0801.1990	其他鲜椰子	0	12
431	0801.2100	鲜或干的未去壳巴西果	0	10
432	0801.2200	鲜或干的去壳巴西果	0	10
433	0802.1200	鲜或干的去壳巴旦杏	0	10
434	0802.2200	鲜或干的去壳榛子	0	10
435	0802.5000	鲜或干的阿月浑子果（开心果）	0	10
436	0802.9010	鲜或干的槟榔	0	10
437	0803.0000	鲜或干的香蕉，包括芭蕉	0	10
438	0804.1000	鲜或干的椰枣	0	15
439	0804.3000	鲜或干菠萝	0	12
440	0808.1000	鲜苹果	0	10
441	0808.2019	其他鲜梨	0	10

序号	税则号列	货品名称	协定税率	最惠国税率
442	0809.2000	鲜樱桃	0	10
443	0809.3000	鲜桃，包括鲜油桃	0	10
444	0908.1000	肉豆蔻	5	8
445	0908.2000	肉豆蔻衣	5	8
446	1104.2910	经其他加工的大麦	20	65
447	1205.1090	其他低芥子酸油菜子	5	9
448	1205.9090	其他油菜子	5	9
449	1208.1000	大豆粉	5	9
450	1211.1010	鲜或干的新疆胀果甘草	5	6
451	1211.1090	鲜或干的其他甘草	5	6
452	1211.3000	古柯叶	5	9
453	1211.4000	罂粟杆	5	9
454	1211.9011	鲜或干的当归	5	6
455	1211.9012	鲜或干的田七	5	6
456	1211.9013	鲜或干的党参	5	6
457	1211.9014	鲜或干的黄连	5	6
458	1211.9015	鲜或干的菊花	5	6
459	1211.9016	鲜或干的冬虫夏草	5	6
460	1211.9017	鲜或干的贝母	5	6
461	1211.9018	鲜或干的川芎	5	6
462	1211.9019	鲜或干的半夏	5	6
463	1211.9021	鲜或干的白芍	5	6
464	1211.9022	鲜或干的天麻	5	6
465	1211.9023	鲜或干的黄芪	5	6
466	1211.9024	鲜或干的大黄、籽黄	5	6
467	1211.9025	鲜或干的白术	5	6
468	1211.9026	鲜或干的地黄	5	6
469	1211.9027	鲜或干的槐米	5	6
470	1211.9028	鲜或干的杜仲	5	6
471	1211.9029	鲜或干的茯苓	5	6
472	1211.9031	鲜或干的枸杞	5	6
473	1211.9032	鲜或干的大海子	5	6
474	1211.9034	鲜或干的沙参	5	6
475	1211.9035	青蒿	5	6
476	1211.9039	其他主要用作药料的鲜或干的植物	5	6

序号	税则号列	货品名称	协定税率	最惠国税率
477	1211.9050	主要用作香料的植物	5	8
478	1211.9099	其他鲜或干的杀虫、杀菌用植物	5	9
479	1212.9999	鲜、干的其他供人食用的植物产品	20	30
480	1213.0010	未经处理的稻草的茎、杆	10	12
481	1213.0090	其他未经处理的谷类植物茎、杆及谷壳	10	12
482	1214.9000	芜菁甘蓝、饲料甜菜等其他植物饲料	5	9
483	1302.1200	甘草液汁及浸膏	5	6
484	1502.0010	未炼制的牛、羊脂肪	5	8
485	1502.0090	已炼制的牛、羊脂肪	5	8
486	1504.1000	鱼肝油及其分离品	10	12
487	1504.2000	其他鱼油、脂及其分离品	10	12
488	1504.3000	海生哺乳动物的油、脂及其分离品	10	14.4
489	1512.1100	初榨葵花油或红花油的分离品	5	9.1
490	1512.1900	精制的葵花油或红花油及其分离品	5	9.1
491	1515.5000	芝麻油及其分离品	10	12
492	1517.1000	人造黄油，非液态	20	30
493	1603.0000	肉及水产品的精、汁	20	23.3
494	1604.1110	制作或保藏的大西洋鲑鱼，整条或切块，但未绞碎	10	12
495	1604.1190	制作或保藏的其他鲑鱼，整条或切块，但未绞碎	10	12
496	1604.1200	制作或保藏的鲱鱼，整条或切块，但未绞碎	10	12
497	1604.1500	制作或保藏的鲭鱼，整条或切块，但未绞碎	10	12
498	1604.1600	制作保藏的 Anchovies（醍鱼），整条或切块，但未绞碎	10	12
499	1604.1910	制作或保藏的（河）鳗鱼，整条或切块，但未绞碎	10	12
500	1604.1920	制作或保藏的罗非鱼，整条或切块，但未绞碎	10	12
501	1604.1990	制作或保藏的其他鱼，整条或切块，但未绞碎	10	12
502	1604.2011	鱼翅罐头	10	12
503	1604.2019	其他制作或保藏的鱼罐头	10	12
504	1604.2091	鱼翅	10	12
505	1604.2099	其他制作或保藏的鱼	10	12
506	1604.3000	鲟鱼子酱及鲟鱼子酱代用品	10	12
507	1702.2000	槭糖及槭糖浆	20	30
508	1702.3000	低果糖含量的葡萄糖及糖浆	20	30
509	1702.4000	中果糖含量的葡萄糖及糖浆	20	30
510	1702.5000	化学纯果糖	20	30

序号	税则号列	货品名称	协定税率	最惠国税率
511	1702.6000	其他果糖及糖浆	20	30
512	1702.9000	其他固体糖；人造蜜；焦糖	20	30
513	1703.1000	甘蔗糖蜜	5	8
514	1703.9000	其他糖蜜	5	8
515	1901.2000	供焙烘面包糕点用的调制品及面团	20	25
516	1902.4000	古斯古斯面食	20	25
517	1904.1000	谷物或谷物产品经膨化或烘炒制的食品	20	25
518	1904.2000	未烘炒谷物片制成的食品	20	30
519	1904.3000	碾碎的干小麦	20	30
520	1904.9000	其他谷物制品	20	30
521	2003.9010	蘑菇罐头	20	25
522	2003.9090	非用醋制作的其他蘑菇	20	25
523	2007.1000	烹煮制成的果子均化食品	20	30
524	2007.9100	烹煮制成的柑桔属水果	20	30
525	2009.1200	非冷冻的，白利糖度值不超过20的橙汁	20	30
526	2101.2000	茶、马黛茶浓缩精汁及其制品	20	32
527	2101.3000	烘焙咖啡代用品及其浓缩精汁	20	32
528	2102.1000	活性酵母	20	25
529	2102.2000	非活性酵母；已死的其他单细胞微生物	20	25
530	2102.3000	发酵粉	20	25
531	2103.1000	酱油	28	
532	2103.9010	味精	20	21
533	2103.9020	别特油（Aromatic bitters）	20	21
534	2103.9090	其他调味品	20	21
535	2104.2000	均化混合食品	20	32
536	2106.9010	制造碳酸饮料的浓缩物	20	35
537	2523.3000	矾土水泥，不论是否着色	5	6
538	2701.1290	未制成型的其他烟煤，不论是否粉化	5	6
539	2706.0000	从煤、褐煤、或泥煤蒸馏所得的焦油及矿物焦油，不论是否脱水或部分蒸馏，包括再造焦油	5	6
540	2707.1000	粗苯	5	6
541	2707.2000	粗甲苯	5	6
542	2707.3000	粗二甲苯	5	6

序号	税则号列	货品名称	协定税率	最惠国税率
543	2707.4000	萘	5	7
544	2707.5000	其他芳烃混合物，温度在250℃时蒸馏出的芳烃含量以体积计（包括损耗）在65%及以上（以美国标准实验法D86为准）	5	7
545	2707.6000	酚	5	7
546	2707.9100	杂酚油	5	7
547	2707.9900	蒸馏煤焦油所得的其他产品；芳族成分重量超过非芳族成分的类似产品	5	7
548	2708.1000	从煤焦油或其他矿物焦油所得的沥青	5	7
549	2708.2000	从煤焦油或其他矿物焦油所得的沥青焦	5	6
550	2710.1120	石脑油	5	6
551	2710.9100	含多氯联苯（PCBs）、多氯三联苯（PCTs）或多溴联苯（PBBs）的废油	5	6
552	2710.9900	其他废油	5	6
553	2711.1310	直接灌注香烟打火机及类似打火器用，其包装容器的容积超过300立方厘米的液化丁烷	10	11
554	2711.2900	其他气态石油气及烃类气	5	6
555	2712.1000	凡士林	5	8
556	2712.2000	石蜡，不论是否着色，按重量计含油小于0.75%	5	8
557	2712.9010	微晶石蜡，不论是否着色	5	8
558	2712.9090	其他矿物蜡及用合成或其他方法制得的类似产品，不论是否着色	5	8
559	2713.2000	石油沥青	5	8
560	2713.9000	其他石油或从沥青矿物提取油类的残渣	5	6
561	2714.1000	沥青页岩、油页岩及焦油砂	5	6
562	2714.9010	天然沥青（地沥青）	5	8
563	2715.0000	以天然沥青（地沥青）、石油沥青、矿物焦油或矿物焦油沥青为基本成分的沥青混合物	5	8
564	2801.2000	碘	5	5.5
565	2801.3010	氟	5	5.5
566	2801.3020	溴	5	5.5
567	2802.0000	升华、沉淀、胶态硫磺	5	5.5
568	2804.1000	氢	5	5.5
569	2804.2100	氩	5	5.5
570	2804.2900	其他稀有气体	5	5.5

序号	税则号列	货品名称	协定税率	最惠国税率
571	2804.3000	氮	5	5.5
572	2804.4000	氧	5	5.5
573	2804.5000	硼、碲	5	5.5
574	2804.7010	黄磷（白磷）	5	5.5
575	2804.7090	其他磷	5	5.5
576	2804.8000	砷	5	5.5
577	2804.9090	其他硒	5	5.5
578	2805.1100	钠	5	5.5
579	2805.1200	钙	5	5.5
580	2805.1900	其他碱金属及碱土金属	5	5.5
581	2805.3011	钕	5	5.5
582	2805.3012	镝	5	5.5
583	2805.3019	其他未相互混合或熔合的稀土金属、钪及钇	5	5.5
584	2805.3021	已相互混合或熔合的稀土金属、钪及钇，电池级	5	5.5
585	2805.3029	其他已相互混合或熔合的稀土金属、钪及钇	5	5.5
586	2805.4000	汞	5	5.5
587	2806.2000	氯磺酸	5	5.5
588	2807.0000	硫酸、发烟硫酸	5	5.5
589	2808.0000	硝酸及磺硝酸	5	5.5
590	2810.0010	硼的氧化物	5	5.5
591	2810.0020	硼酸	5	5.5
592	2811.1100	氟化氢（氢氟酸）	5	5.5
593	2811.1910	氢氰酸	5	5.5
594	2811.1990	其他无机酸	5	5.5
595	2811.2100	二氧化碳	5	5.5
596	2811.2200	二氧化硅	5	5.5
597	2811.2300	二氧化硫	5	5.5
598	2811.2900	其他非金属无机氧化物	5	5.5
599	2812.1010	氯化亚砜	5	5.5
600	2812.1020	氧氯化磷（磷酰氯；三氯氧磷）	5	5.5
601	2812.1030	碳酰二氯（光气）	5	5.5
602	2812.1041	一氯化硫（氯化硫）	5	5.5
603	2812.1042	二氯化硫	5	5.5
604	2812.1043	三氯化磷	5	5.5
605	2812.1044	三氯化砷	5	5.5

序号	税则号列	货品名称	协定税率	最惠国税率
606	2812.1045	五氯化磷	5	5.5
607	2812.1049	其他非金属氯化物	5	5.5
608	2812.1090	其他非金属氯化物及氯氧化物	5	5.5
609	2812.9000	其他非金属卤化物及卤氧化物	5	5.5
610	2813.1000	二硫化碳	5	5.5
611	2813.9000	其他非金属硫化物，商品三硫化二磷	5	5.5
612	2814.1000	氨	5	5.5
613	2814.2000	氨水	5	5.5
614	2815.2000	氢氧化钾（苛性钾）	5	5.5
615	2815.3000	过氧化钠及过氧化钾	5	5.5
616	2816.1000	氢氧化镁及过氧化镁	5	5.5
617	2816.4000	锶或钡的氧化物、氢氧化物及过氧化物	5	5.5
618	2818.1000	人造刚玉，不论是否已有化学定义	5	5.5
619	2818.3000	氢氧化铝	5	5.5
620	2819.1000	三氧化铬	5	5.5
621	2819.9000	其他铬的氧化物及氢氧化物	5	5.5
622	2820.1000	二氧化锰	5	5.5
623	2820.9000	其他锰的氧化物	5	5.5
624	2821.1000	铁的氧化物及氢氧化物	5	5.5
625	2821.2000	土色料	5	5.5
626	2822.0010	四氧化三钴	5	5.5
627	2822.0090	其他钴的氧化物及氢氧化物；商品氧化钴	5	5.5
628	2824.1000	一氧化铅（铅黄、黄丹）	5	5.5
629	2824.2000	铅丹及铅橙	5	5.5
630	2824.9000	其他铅的氧化物	5	5.5
631	2825.1010	水合肼	5	5.5
632	2825.1090	其他肼、胲及其无机盐	5	5.5
633	2825.2010	氢氧化锂	5	5.5
634	2825.2090	锂的氧化物	5	5.5
635	2825.3010	五氧化二钒	5	5.5
636	2825.3090	其他钒的氧化物及氢氧化物	5	5.5
637	2825.4000	镍的氧化物及氢氧化物	5	5.5
638	2825.5000	铜的氧化物及氢氧化物	5	5.5
639	2825.6000	锗的氧化物及二氧化锆	5	5.5
640	2825.7000	钼的氧化物及氢氧化物	5	5.5

序号	税则号列	货品名称	协定税率	最惠国税率
641	2825.8000	锑的氧化物	5	5.5
642	2825.9011	钨酸	5	5.5
643	2825.9012	三氧化钨	5	5.5
644	2825.9019	其他钨的氧化物及氢氧化物	5	5.5
645	2825.9090	其他无机碱；其他金属的氧化物及氢氧化物及过氧化物	5	5.5
646	2826.1100	氟化铵及氟化钠	5	5.5
647	2826.1200	氟化铝	5	5.5
648	2826.1900	其他氟化物	5	5.5
649	2826.2000	氟硅酸钠及氟硅酸钾	5	5.5
650	2826.3000	六氟铝酸钠（人造冰晶石）	5	5.5
651	2826.9000	其他氟硅酸盐、氟铝酸盐及其他氟络盐	5	5.5
652	2827.1090	非肥料用氯化铵	5	5.5
653	2827.2000	氯化钙	5	5.5
654	2827.3100	氯化镁	5	5.5
655	2827.3200	氯化铝	5	5.5
656	2827.3300	铁的氯化物	5	5.5
657	2827.3400	氯化钴	5	5.5
658	2827.3500	氯化镍	5	5.5
659	2827.3600	氯化锌	5	5.5
660	2827.3910	氯化锂	5	5.5
661	2827.3920	氯化钡	5	5.5
662	2827.3990	其他未列名氯化物	5	5.5
663	2827.4100	铜的氯氧化物及氢氧基氯化物	5	5.5
664	2827.4900	其他氯氧化物及氢氧基氯化物	5	5.5
665	2827.5100	溴化钠及溴化钾	5	5.5
666	2827.5900	其他溴化物及溴氧化物	5	5.5
667	2827.6000	碘化物及碘氧化物	5	5.5
668	2828.1000	商品次氯酸钙及其他钙的次氯酸盐	10	12
669	2829.1100	氯酸钠	10	12
670	2829.1910	氯酸钾（洋硝）	5	5.5
671	2829.1990	其他氯酸盐	5	5.5
672	2829.9000	高氯酸盐；溴酸盐及过溴酸盐；碘酸盐及高碘酸盐	5	5.5
673	2830.1010	硫化钠	5	5.5
674	2830.1090	其他钠的硫化物	5	5.5

序号	税则号列	货品名称	协定税率	最惠国税率
675	2830.2000	硫化锌	5	5.5
676	2830.3000	硫化镉	5	5.5
677	2830.9010	硫化汞	5	5.5
678	2830.9020	硫化锑	5	5.5
679	2830.9030	硫化钴	5	5.5
680	2830.9090	其他硫化物、多硫化物	5	5.5
681	2831.1000	钠的连二亚硫酸盐及次硫酸盐	5	5.5
682	2831.9000	其他连二亚硫酸盐及次硫酸盐	5	5.5
683	2832.1000	钠的亚硫酸盐	5	5.5
684	2832.2000	其他亚硫酸盐	5	5.5
685	2832.3000	硫代硫酸盐	5	5.5
686	2833.1100	硫酸钠	5	5.5
687	2833.1900	钠的其他硫酸盐	5	5.5
688	2833.2100	硫酸镁	5	5.5
689	2833.2300	铬的硫酸盐	5	5.5
690	2833.2400	镍的硫酸盐	5	5.5
691	2833.2500	铜的硫酸盐	5	5.5
692	2833.2600	硫酸锌	5	5.5
693	2833.2700	硫酸钡	5	5.5
694	2833.2910	硫酸亚铁	5	5.5
695	2833.2990	其他硫酸盐	5	5.5
696	2833.4000	过硫酸盐	5	5.5
697	2834.1000	亚硝酸盐	5	5.5
698	2834.2190	非肥料用硝酸钾	5	5.5
699	2834.2910	硝酸钴	5	5.5
700	2834.2990	其他硝酸盐	5	5.5
701	2835.1000	次磷酸盐及亚磷酸盐	5	5.5
702	2835.2200	磷酸一钠及磷酸二钠	5	5.5
703	2835.2300	磷酸三钠	5	5.5
704	2835.2400	钾的磷酸盐	5	5.5
705	2835.2500	正磷酸氢钙（磷酸二钙）	5	5.5
706	2835.2600	其他磷酸钙	5	5.5
707	2835.2900	其他磷酸盐	5	5.5
708	2835.3100	三磷酸钠（三聚磷酸钠）	5	5.5
709	2835.3900	其他多磷酸盐	5	5.5

序号	税则号列	货品名称	协定税率	最惠国税率
710	2836.1000	商品碳酸铵及其他铵的碳酸盐	5	5.5
711	2836.2000	碳酸钠（纯碱）	5	5.5
712	2836.3000	碳酸氢钠（小苏打）	5	5.5
713	2836.4000	钾的碳酸盐	5	5.5
714	2836.5000	碳酸钙	5	5.5
715	2836.6000	碳酸钡	5	5.5
716	2836.7000	铅的碳酸盐	5	5.5
717	2836.9100	锂的碳酸盐	5	5.5
718	2836.9200	锶的碳酸盐	5	5.5
719	2836.9910	碳酸镁	5	5.5
720	2836.9930	碳酸钴	5	5.5
721	2836.9990	其他碳酸盐；过碳酸盐	5	5.5
722	2837.1110	氰化钠	5	5.5
723	2837.1120	氧氰化钠	5	5.5
724	2837.1910	氰化钾	5	5.5
725	2837.1990	其他氰化物及氧氰化物	5	5.5
726	2837.2000	氰络合物	5	5.5
727	2838.0000	雷酸盐、氰酸盐及硫氰酸盐	5	5.5
728	2839.2000	钾的硅酸盐；商品硅酸钾	5	5.5
729	2839.9000	其他硅酸盐；商品碱金属硅酸盐	5	5.5
730	2840.1100	无水四硼酸钠	5	5.5
731	2840.1900	其他四硼酸钠	5	5.5
732	2840.2000	其他硼酸盐	5	5.5
733	2840.3000	过硼酸盐	5	5.5
734	2841.1000	铝酸盐	5	5.5
735	2841.2000	锌的铬酸盐及铅的铬酸盐	5	5.5
736	2841.3000	重铬酸钠	5	5.5
737	2841.5000	其他铬酸盐及重铬酸盐；过铬酸盐	5	5.5
738	2841.6100	高锰酸钾	5	5.5
739	2841.6900	其他亚锰酸盐、锰酸盐及其他高锰酸盐	5	5.5
740	2841.7010	钼酸铵	5	5.5
741	2841.7090	其他钼酸盐	5	5.5
742	2841.8010	仲钨酸铵	5	5.5
743	2841.8020	钨酸钠	5	5.5
744	2841.8030	钨酸钙	5	5.5

序号	税则号列	货品名称	协定税率	最惠国税率
745	2841.8040	偏钨酸铵	5	5.5
746	2841.8090	其他钨酸盐	5	5.5
747	2841.9000	其他金属酸盐及过金属酸盐	5	5.5
748	2842.1000	硅酸复盐及硅酸络盐（包括不论是否已有化学定义的硅铝酸盐）	5	5.5
749	2842.9000	其他无机酸盐及过氧酸盐，迭氮化物除外	5	5.5
750	2843.1000	胶态贵金属	5	5.5
751	2843.2100	硝酸银	5	5.5
752	2843.2900	其他银化合物，不论是否已有化学定义	5	5.5
753	2843.3000	金化合物，不论是否已有化学定义	5	5.5
754	2843.9000	其他贵金属化合物，不论是否已有化学定义；贵金属汞齐	5	5.5
755	2844.1000	天然铀及其化合物（包括其合金，分散体，陶瓷产品及混合物）	5	5.5
756	2844.2000	U235浓缩铀、钚及它们的化合物（包括其合金，分散体，陶瓷产品及混合物）	5	5.5
757	2844.3000	U235贫化铀、钍及它们的化合物（包括其合金，分散体，陶瓷产品及混合物）	5	5.5
758	2844.4090	其他放射性元素同位素及其化合物（包括其合金，分散体，陶瓷产品及混合物）；放射性残渣	5	5.5
759	2844.5000	核反应堆已耗尽的燃料元件	5	5.5
760	2845.1000	重水（氧化氘）	5	5.5
761	2845.9000	其他同位素及其化合物，不论是否已有化学定义	5	5.5
762	2846.1010	氧化铈	5	5.5
763	2846.1020	氢氧化铈	5	5.5
764	2846.1030	碳酸铈	5	5.5
765	2846.1090	铈的其他化合物	5	5.5
766	2846.9011	氧化钇	5	5.5
767	2846.9012	氧化镧	5	5.5
768	2846.9013	氧化钕	5	5.5
769	2846.9014	氧化铕	5	5.5
770	2846.9019	其他氧化稀土	5	5.5
771	2846.9028	混合氯化稀土	5	5.5
772	2846.9029	未混合氯化稀土	5	5.5
773	2846.9030	氟化稀土	5	5.5

序号	税则号列	货品名称	协定税率	最惠国税率
774	2846.9048	混合碳酸稀土	5	5.5
775	2846.9049	未混合碳酸稀土	5	5.5
776	2846.9090	稀土金属、钇、钪的其他化合物	5	5.5
777	2847.0000	过氧化氢（不论是否用尿素固化）	5	5.5
778	2848.0000	磷化物，不论是否已有化学定义，但不包括磷铁	5	5.5
779	2849.2000	碳化硅，不论是否已有化学定义	5	5.5
780	2849.9010	碳化硼，不论是否已有化学定义	5	5.5
781	2849.9020	碳化钨，不论是否已有化学定义	5	5.5
782	2849.9090	其他碳化物，不论是否已有化学定义	5	5.5
783	2850.0000	氢化物、氮化物、迭氮化物、硅化物及硼化物，不论是否已有化学定义	5	5.5
784	2851.0010	饮用蒸馏水	5	5.5
785	2851.0020	氯化氰	5	5.5
786	2851.0090	其他无机化合物、液态空气、压缩空气，汞齐，但贵金属汞齐除外	5	5.5
787	2903.1100	一氯甲烷及氯乙烷	5	5.5
788	2903.1200	二氯甲烷	5	8
789	2903.1400	四氯化碳	5	8
790	2903.1910	1，1，1－三氯乙烷（甲基氯仿）	5	8
791	2903.1990	其他无环烃的饱和氯化衍生物	5	5.5
792	2903.2100	氯乙烯	5	5.5
793	2903.2200	三氯乙烯	5	8
794	2903.2300	四氯乙烯	5	5.5
795	2903.2900	其他无环烃的不饱和氯化衍生物	5	5.5
796	2903.3010	全氟异丁烯（八氟异丁烯）	5	5.5
797	2903.3090	其他无环烃的氟化、溴化或碘化衍生物	5	5.5
798	2903.4100	三氯氟甲烷	5	5.5
799	2903.4200	二氯二氟甲烷	5	5.5
800	2903.4300	三氯三氟乙烷（所有异构体）	5	5.5
801	2903.4400	二氯四氟乙烷（所有异构体）及氯五氟乙烷	5	5.5
802	2903.4510	氯三氟甲烷	5	5.5
803	2903.4520	五氯氟乙烷	5	5.5
804	2903.4530	四氯二氟乙烷（所有异构体）	5	5.5
805	2903.4540	七氯氟丙烷	5	5.5
806	2903.4550	六氯二氟丙烷（所有异构体）	5	5.5

序号	税则号列	货品名称	协定税率	最惠国税率
807	2903.4560	五氯三氟丙烷（所有异构体）	5	5.5
808	2903.4570	四氯四氟丙烷（所有异构体）	5	5.5
809	2903.4580	三氯五氟丙烷（所有异构体）	5	5.5
810	2903.4591	二氯六氟丙烷（所有异构体）	5	5.5
811	2903.4592	氯七氟丙烷	5	5.5
812	2903.4599	其他仅含氟氯的无环烃全卤化衍生物	5	5.5
813	2903.4600	溴氯二氟甲烷、溴三氟甲烷及二溴四氟乙烷	5	5.5
814	2903.4700	其他无环烃全卤化衍生物	5	5.5
815	2903.4910	其他仅含氟氯的甲烷、乙烷、丙烷的卤化衍生物	5	5.5
816	2903.4920	其他仅含氟溴的甲烷、乙烷、丙烷的卤化衍生物	5	5.5
817	2903.4990	其他无环烃卤化衍生物	5	5.5
818	2903.5100	1，2，3，4，5，6－六氯环已烷	5	5.5
819	2903.5900	其他环烷烃或环烯烃等卤化衍生物	5	5.5
820	2903.6110	邻二氯苯	5	5.5
821	2903.6190	氯苯及对二氯苯	5	5.5
822	2903.6200	六氯苯及滴滴涕	5	5.5
823	2903.6910	对氯甲苯	5	5.5
824	2903.6920	3，4－二氯三氟甲苯	5	5.5
825	2903.6990	其他芳烃卤化衍生物	5	5.5
826	2904.1000	仅含磺基的衍生物及其盐和乙酯	5	5.5
827	2904.2010	硝基苯	5	5.5
828	2904.2020	硝基甲苯	5	5.5
829	2904.2030	二硝基甲苯	5	5.5
830	2904.2040	三硝基甲苯（TNT）	5	5.5
831	2904.2090	其他仅含硝基或亚硝基衍生物	5	5.5
832	2904.9010	硝基氯化苯	5	5.5
833	2904.9020	二硝基氯化苯	5	5.5
834	2904.9030	三氯硝基甲烷（氯化苦；硝基氯仿）	5	5.5
835	2904.9090	其他烃的磺化、硝化、亚硝化衍生物，不论是否卤化	5	5.5
836	2905.1100	甲醇	5	5.5
837	2905.1210	丙醇	5	5.5
838	2905.1220	异丙醇	5	5.5
839	2905.1300	正丁醇	5	5.5
840	2905.1400	其他丁醇	5	5.5
841	2905.1500	戊醇及其异构体	5	5.5

序号	税则号列	货品名称	协定税率	最惠国税率
842	2905.1600	辛醇及其异构体	5	5.5
843	2905.1700	十二醇、十六醇及十八醇	5	7
844	2905.1910	3，3－二甲基丁－2－醇（频哪基醇）	5	5.5
845	2905.1990	其他饱和一元醇	5	5.5
846	2905.2210	香叶醇、橙花醇	5	5.5
847	2905.2220	香茅醇	5	5.5
848	2905.2230	芳樟醇	5	5.5
849	2905.2290	其他无环萜烯醇	5	5.5
850	2905.2900	其他不饱和一元醇（无环萜烯醇除外）	5	5.5
851	2905.3200	丙二醇	5	5.5
852	2905.3990	其他二元醇	5	5.5
853	2905.4100	三羟甲基丙烷	5	5.5
854	2905.4200	季戊四醇	5	5.5
855	2905.4300	甘露糖醇	5	8
856	2905.4400	山梨醇	10	14
857	2905.4500	丙三醇（甘油）	10	14
858	2905.4900	其他多元醇	5	5.5
859	2905.5100	乙氯维诺	5	5.5
860	2905.5900	无环醇的卤化、磺化、硝化或亚硝化的衍生物（乙氯维诺除外）	5	5.5
861	2906.1200	环己醇、甲基环己醇、二甲基环己醇	5	5.5
862	2906.1310	固醇	5	5.5
863	2906.1320	肌醇	5	5.5
864	2906.1400	萜品醇	5	5.5
865	2906.1900	其他环烷醇、环烯醇及环萜烯醇	5	5.5
866	2906.2900	其他芳香醇及它们的衍生物	5	5.5
867	2907.1110	苯酚	5	5.5
868	2907.1190	苯酚的盐	5	5.5
869	2907.1211	间甲酚	5	5.5
870	2907.1212	邻甲酚	5	5.5
871	2907.1219	其他甲酚（对甲酚）	5	5.5
872	2907.1290	甲酚的盐	5	5.5
873	2907.1310	壬基酚	5	5.5
874	2907.1390	辛基酚及其异构体的盐和壬基酚盐	5	5.5
875	2907.1400	二甲苯酚及其盐	5	5.5

序号	税则号列	货品名称	协定税率	最惠国税率
876	2907.1510	β-萘酚（2-萘酚）	5	5.5
877	2907.1590	其他萘酚及其盐	5	5.5
878	2907.1990	其他一元酚	5	5.5
879	2907.2100	间苯二酚及其盐	5	5.5
880	2907.2210	对苯二酚	5	5.5
881	2907.2290	对苯二酚的盐	5	5.5
882	2907.2300	4，4′-异亚丙基联苯酚（双酚A）及其盐	5	5.5
883	2907.2990	其他多元酚；酚醇	5	5.5
884	2908.1090	其他仅含卤素取代基的酚及酚醇衍生物及其盐	5	5.5
885	2908.2000	仅含磺基的酚及酚醇衍生物及其盐和酯	5	5.5
886	2908.9010	对硝基酚、对硝基酚钠	5	5.5
887	2908.9090	其他酚及酚醇的卤化、磺化、硝化或亚硝化的等衍生物	5	5.5
888	2909.1100	乙醚	5	5.5
889	2909.1900	其他无环醚及其卤化、磺化、硝化或亚硝化的等衍生物	5	5.5
890	2909.2081	1，8-桉树脑	5	5.5
891	2909.2089	其他环萜烯醚	5	5.5
892	2909.2090	环烷醚、环烯醚或环萜烯醚及其卤化、磺化、硝化或亚硝化的衍生物	5	5.5
893	2909.3000	芳香醚及其卤化、磺化、硝化或亚硝化的衍生物	5	5.5
894	2909.4100	2，2′-氧联二乙醇（二甘醇）	5	5.5
895	2909.4200	乙二醇或二甘醇的单甲醚	5	5.5
896	2909.4300	乙二醇或二甘醇的单丁醚	5	5.5
897	2909.4400	乙二醇或二丁醇的其他单烷基醚	5	5.5
898	2909.4990	其他醚醇及其卤化、磺化、硝化或亚硝化的衍生物	5	5.5
899	2909.5000	醚酚、醚醇酚及其卤化、磺化、硝化或亚硝化的衍生物	5	5.5
900	2909.6000	过氧化醇、过氧化醚、过氧化酮及其卤化、磺化、硝化或亚硝化的衍生物	5	5.5
901	2910.1000	环氧乙烷（氧化乙烯）	5	5.5
902	2910.2000	甲基环氧乙烷（氧化丙烯）	5	5.5
903	2910.3000	1-氯-2，3-环氧丙烷（表氯醇）	5	5.5
904	2910.9000	三节环环氧化物，环氧醇（酚、醚）及其卤化、磺化、硝化或亚硝化的衍生物	5	5.5

序号	税则号列	货品名称	协定税率	最惠国税率
905	2911.0000	缩醛、半缩醛，不论是否含有其他含氧基，及其卤化、磺化、硝化或亚硝化的衍生物	5	5.5
906	2912.1100	甲醛	5	5.5
907	2912.1200	乙醛	5	5.5
908	2912.1300	丁醛	5	5.5
909	2912.1900	其他无环醛（不含其他含氧基）	5	5.5
910	2912.2100	苯甲醛	5	5.5
911	2912.2910	铃兰醛（对叔丁基－α－甲基－氧化肉桂醛）	5	5.5
912	2912.2990	其他环醛（不含其他含氧基）	5	5.5
913	2912.3000	醛醇	5	5.5
914	2912.4100	香草醛（3－甲氧基－4－羟基苯甲醛）	5	5.5
915	2912.4200	乙基香草醛	5	5.5
916	2912.4900	其他醛醚、醛酚、其他含氧基的醛	5	5.5
917	2912.5000	环聚醛	5	5.5
918	2912.6000	多聚甲醛	5	5.5
919	2913.0000	税目29.12所列产品的卤化、磺化、硝化或亚硝化的衍生物	5	5.5
920	2914.1100	丙酮	5	5.5
921	2914.1200	丁酮	5	5.5
922	2914.1300	4－甲基－2－戊酮	5	5.5
923	2914.1900	其他不含其他含氧基的无环酮	5	5.5
924	2914.2100	樟脑	5	5.5
925	2914.2200	环已酮及甲基环已酮	5	5.5
926	2914.2300	芷香酮及甲基芷香酮	5	5.5
927	2914.2900	其他不含含氧基环烷酮、环烯酮或环萜烯酮	5	5.5
928	2914.3100	苯丙酮（苯基丙－2－酮）	5	5.5
929	2914.3990	其他不含其他含氧基的芳香酮	5	5.5
930	2914.4000	酮醇及酮醛	5	5.5
931	2914.5011	覆盆子酮	5	5.5
932	2914.5019	其他酮酚	5	5.5
933	2914.5090	酮酚及含其他含氧基酮	5	5.5
934	2914.6100	蒽醌	5	5.5
935	2914.6900	其他醌	5	5.5
936	2914.7000	其他酮及醌的卤化、磺化、硝化或亚硝化的衍生物	5	5.5
937	2915.1100	甲酸	5	5.5

序号	税则号列	货品名称	协定税率	最惠国税率
938	2915.1200	甲酸盐	5	5.5
939	2915.1300	甲酸酯	5	5.5
940	2915.2110	冰乙酸（冰醋酸）	5	5.5
941	2915.2190	其他乙酸	5	5.5
942	2915.2200	乙酸钠	5	5.5
943	2915.2300	钴的乙酸盐	5	5.5
944	2915.2400	乙酸酐	5	5.5
945	2915.2900	其他乙酸盐	5	5.5
946	2915.3100	乙酸乙酯	5	5.5
947	2915.3200	乙酸乙烯酯	5	5.5
948	2915.3300	乙酸正丁酯	5	5.5
949	2915.3400	乙酸异丁酯	5	5.5
950	2915.3500	乙酸-2-乙氧基乙酯	5	5.5
951	2915.3900	其他乙酸酯	5	5.5
952	2915.4000	一、二、三氯代乙酸及其盐和酯	5	5.5
953	2915.5010	丙酸	5	5.5
954	2915.5090	丙酸盐和酯	5	5.5
955	2915.6000	丁酸、戊酸及其盐和酯	5	5.5
956	2915.7010	硬脂酸	5	7
957	2915.7090	棕榈酸及其盐和酯、硬脂酸盐、酯	5	5.5
958	2915.9000	其他饱和无环一元羧酸及其酸酐	5	5.5
959	2916.1100	丙烯酸及其盐	5	6.5
960	2916.1200	丙烯酸酯	5	6.5
961	2916.1300	甲基丙烯酸及其盐	5	6.5
962	2916.1400	甲基丙烯酸酯	5	6.5
963	2916.1500	油酸、亚油酸或亚麻酸及其盐和酯	5	6.5
964	2916.1900	其他不饱和无环一元羧酸（包括其酸酐，酰卤化物，过氧化物和过氧酸及它们的衍生物）	5	6.5
965	2916.2090	其他（环烷、环烯、环萜烯）一元羧酸（包括其酸酐，酰卤化物，过氧化物和过氧酸及它们的衍生物）	5	6.5
966	2916.3100	苯甲酸及其盐和酯	5	6.5
967	2916.3200	过氧化苯甲酰及苯甲酰氯	5	6.5
968	2916.3400	苯乙酸及其盐	5	6.5
969	2916.3500	苯乙酸酯	5	6.5
970	2916.3910	邻甲基苯甲酸	5	6.5

序号	税则号列	货品名称	协定税率	最惠国税率
971	2916.3920	布洛芬	5	6.5
972	2916.3990	其他芳香一元羧酸（包括其酸酐，酰卤化物，过氧化物和过氧酸及它们的衍生物）	5	6.5
973	2917.1110	草酸	5	6.5
974	2917.1120	草酸钴	5	9
975	2917.1190	其他草酸盐和酯	5	6.5
976	2917.1200	己二酸及其盐和酯	5	6.5
977	2917.1310	癸二酸及其盐和酯	5	6.5
978	2917.1390	壬二酸及其盐和酯	5	6.5
979	2917.1400	马来酐	5	6.5
980	2917.1900	其他无环多元羧酸（包括其酸酐，酰卤化物，过氧化物和过氧酸及它们的衍生物）	5	6.5
981	2917.2090	其他（环烷、环烯、环萜烯）多元羧酸（包括其酸酐，酰卤化物，过氧化物和过氧酸及它们的衍生物）	5	6.5
982	2917.3100	邻苯二甲酸二丁酯	5	6.5
983	2917.3200	邻苯二甲酸二辛酯	5	6.5
984	2917.3690	对苯二甲酸盐	5	6.5
985	2917.3700	对苯二甲酸二甲酯	5	6.5
986	2917.3900	其他芳香多元羧酸（包括其酸酐，酰卤化物，过氧化物和过氧酸及它们的衍生物）	5	6.5
987	2918.1100	乳酸及其盐和酯	5	6.5
988	2918.1200	酒石酸	5	6.5
989	2918.1300	酒石酸盐及酒石酸酯	5	6.5
990	2918.1600	葡糖酸及其盐和酯	5	6.5
991	2918.1910	2，2－二苯基－2－羟基乙酸	5	6.5
992	2918.1990	其他含醇基但不含其他含氧基的羧酸（包括其酸酐，酰卤化物，过氧化物和过氧酸及它们的衍生物）	5	6.5
993	2918.2110	水杨酸、水杨酸钠	5	6.5
994	2918.2190	其他水杨酸盐	5	6.5
995	2918.2210	邻乙酰水杨酸（阿斯匹林）	5	6
996	2918.2290	邻乙酰水杨酸盐和酯	5	6.5
997	2918.2300	水杨酸其他酯及其盐	5	6.5
998	2918.3000	含醛基或酮基不含其他含氧基羧酸及其酸酐（酰卤化物，过氧化物和过氧酸及它们的衍生物）	5	6.5

序号	税则号列	货品名称	协定税率	最惠国税率
999	2918.9000	其他含其他附加含氧基羧酸及其酸酐（酰卤化物，过氧化物和过氧酸及它们的衍生物）	5	6.5
1000	2919.0000	磷酸酯及其盐（包括乳磷酸盐），及它们的卤化、磺化、硝化或亚硝化的衍生物	5	6.5
1001	2920.1000	硫代磷酸酯及其盐，及它们的卤化、磺化、硝化或亚硝化的衍生物	5	6.5
1002	2920.9011	亚磷酸三甲酯	5	6.5
1003	2920.9012	亚磷酸三乙酯	5	6.5
1004	2920.9013	亚磷酸二甲酯	5	6.5
1005	2920.9014	亚磷酸二乙酯	5	6.5
1006	2920.9019	其他亚磷酸酯	5	6.5
1007	2920.9090	其他无机酸酯（不包括卤化氢的酯）及其盐，及它们的卤化、磺化、硝化或亚硝化的衍生物	5	6.5
1008	2921.1100	甲胺、二甲胺或三甲胺及其盐	5	6.5
1009	2921.1200	二乙胺及其盐	5	6.5
1010	2921.1920	异丙胺	5	6.5
1011	2921.1930	N，N－二（2－氯乙基）乙胺	5	6.5
1012	2921.1940	N，N－二（2－氯乙基）甲胺	5	6.5
1013	2921.1950	三（2－氯乙基）胺	5	6.5
1014	2921.1960	二烷氨基乙基－2－氯及其质子化盐	5	6.5
1015	2921.1990	其他无环单胺及其衍生物，及它们的盐	5	6.5
1016	2921.2110	乙二胺	5	6.5
1017	2921.2190	乙二胺盐	5	6.5
1018	2921.2210	已二酸已二胺盐（尼龙－66盐）	5	6.5
1019	2921.2290	六亚甲基二胺及其他盐	5	6.5
1020	2921.2900	其他无环多胺及其衍生物，及它们的盐	5	6.5
1021	2921.3000	环（烷、烯、萜烯）单胺或多胺及衍生物，及它们的盐	5	6.5
1022	2921.4110	苯胺	5	6.5
1023	2921.4190	苯胺盐	5	6.5
1024	2921.4200	苯胺衍生物及其盐	5	6.5
1025	2921.4300	甲苯胺及其衍生物，及它们的盐	5	6.5
1026	2921.4400	二苯胺及其衍生物，及它们的盐	5	6.5
1027	2921.4500	1－萘胺、2－萘胺及其衍生物及盐	5	6.5

序号	税则号列	货品名称	协定税率	最惠国税率
1028	2921.4600	安非他明、苄非他明、右苯丙胺、乙非他明、芬坎法明、利非他明、左苯丙胺、美芬雷司、芬特明以及它们的盐	5	6.5
1029	2921.4920	二甲基苯胺	5	6.5
1030	2921.4940	2，6－二乙基苯胺	5	6.5
1031	2921.4990	其他芳香单胺及衍生物及它们的盐	5	6.5
1032	2921.5190	间－、对－苯二胺、二氨基甲苯及其衍生物及它们的盐	5	6.5
1033	2921.5900	其他芳香多胺及衍生物及它们的盐	5	6.5
1034	2922.1100	单乙醇胺及其盐	5	6.5
1035	2922.1200	二乙醇胺及其盐	5	6.5
1036	2922.1310	三乙醇胺	5	6.5
1037	2922.1320	三乙醇胺盐	5	6.5
1038	2922.1400	右丙氧吩及其盐	5	6.5
1039	2922.1910	乙胺丁醇	5	6.5
1040	2922.1921	二甲氨基乙醇及其质子化盐	5	6.5
1041	2922.1922	二乙氨基乙醇及其质子化盐	5	6.5
1042	2922.1929	其他二烷氨基乙－2－醇及其质子化盐	5	6.5
1043	2922.1930	乙基二乙醇胺	5	6.5
1044	2922.1940	甲基二乙醇胺	5	6.5
1045	2922.1990	其他氨基醇及其醚、酯和它们的盐（但含有一种以上含氧基的除外）	5	6.5
1046	2922.2100	氨基羟基萘磺酸及其盐	5	6.5
1047	2922.2200	茴香胺、二茴香胺、氨基苯乙醚及其盐	5	6.5
1048	2922.2900	其他氨基（萘酚、酚）及醚、酯、盐（但含有一种以上含氧基的除外）	5	6.5
1049	2922.3100	安非拉酮、美沙酮和去甲美沙酮以及它们的盐	5	6.5
1050	2922.3900	其他氨基醛、氨基酮、氨基醌及其盐（但含有一种以上含氧基的除外）	5	6.5
1051	2922.4190	赖氨酸酯和赖氨酸盐	5	6
1052	2922.4310	邻氨基苯甲酸（氨茴酸）	5	6.5
1053	2922.4390	邻氨基苯甲酸（氨茴酸）盐	5	6.5
1054	2922.4400	替利定及其盐	5	6.5
1055	2922.4910	其他氨基酸	5	6.5
1056	2922.4991	普鲁卡因	5	6

序号	税则号列	货品名称	协定税率	最惠国税率
1057	2922.4999	其他氨基酸及其酯及它们的盐（但含有一种以上含氧基的除外）	5	6.5
1058	2922.5000	氨基醇酚、氨基酸酚及其他含氧基氨基化合物	5	6.5
1059	2923.1000	胆碱及其盐	5	6.5
1060	2923.2000	卵磷脂及其他磷氨基类脂	5	6.5
1061	2923.9000	其他季铵盐及季铵碱	5	6.5
1062	2924.1100	甲丙氨酯	5	6.5
1063	2924.2100	酰脲及其衍生物，及它们的盐	5	6.5
1064	2924.2300	2－乙酰氨基苯甲酸（N－乙酰邻氨基苯甲酸）及其盐	5	6.5
1065	2924.2400	炔已蚁胺	5	6.5
1066	2925.1100	糖精及其盐	5	9
1067	2925.1200	格鲁米特	5	6.5
1068	2925.1900	其他酰亚胺及其衍生物、盐	5	6.5
1069	2925.2000	亚胺及其衍生物以及它们的盐	5	6.5
1070	2926.2000	1－氰基胍（双氰胺）	5	6.5
1071	2926.3000	芬普雷司及其盐；美沙酮中间体（4－氰基－2－二甲氨基－4，4－二苯基丁烷）	5	6.5
1072	2926.9020	间苯二甲腈	5	6.5
1073	2926.9090	其他腈基化合物	5	6.5
1074	2927.0000	重氮化合物、偶氮化合物及氧化偶氮化合物	5	6.5
1075	2928.0000	肼（联氨）及胲（羟胺）的有机衍生物	5	6.5
1076	2929.1010	2，4和2，6甲苯二异氰酸酯混合物（甲苯二异氰酸酯TDI）	5	6.5
1077	2929.1020	二甲苯二异氰酸酯（TODI）	5	6.5
1078	2929.1030	二苯基甲烷二异氰酸酯（纯MDI）	5	6.5
1079	2929.1040	六亚甲基二异氰酸酯	5	6.5
1080	2929.1090	其他异氰酸酯	5	6.5
1081	2929.9020	二烷（甲、乙、正丙或异丙）氨基膦酰二卤	5	6.5
1082	2929.9030	二烷氨基膦酸二烷酯	5	6.5
1083	2929.9090	其他含氮基化合物	5	6.5
1084	2930.1000	二硫代碳酸酯（或盐）［黄原酸酯（或盐）］	5	6.5
1085	2930.2000	其他硫代氨基甲酸盐（或酯）	5	6.5
1086	2930.3000	（一硫化、二硫化、三硫化）二烃氨基硫羰	5	6.5
1087	2930.4000	甲硫氨酸（蛋氨酸）	5	6.5
1088	2930.9010	双巯丙氨酸（胱氨酸）	5	6.5

序号	税则号列	货品名称	协定税率	最惠国税率
1089	2930.9090	其他有机硫化合物	5	6.5
1090	2931.0000	其他有机－无机化合物	5	6.5
1091	2932.1100	四氢呋喃	5	6
1092	2932.1200	2－糠醛	5	6
1093	2932.1300	糠醇及四氢糠醇	5	6
1094	2932.1900	其他结构上有非稠合呋喃环化合物（不论是否氢化）	5	6.5
1095	2932.2100	香豆素、甲基香豆素及乙基香豆素	5	6.5
1096	2932.2900	其他内酯	5	6.5
1097	2932.9100	4－丙烯基－1，2－亚甲二氧基苯	5	6.5
1098	2932.9200	1－（1，3－苯并二恶茂－5－基）丙－2－酮	5	6.5
1099	2932.9300	3，4－亚甲二氧基苯甲醛（胡椒醛）	5	6.5
1100	2932.9400	4－烯丙基－1，2－亚甲二氧基苯（黄樟脑）	5	6.5
1101	2932.9500	四氢大麻酚（所有异构体）	5	6.5
1102	2932.9920	联苯双酯	5	6.5
1103	2932.9990	其他仅含氧杂原子的杂环化合物	5	6.5
1104	2933.1100	二甲基苯基吡唑酮（安替比林）及其衍生物	5	6.5
1105	2933.1920	安乃近	5	6
1106	2933.1990	其他结构上有非稠合吡唑环化合物（不论是否氢化）	5	6.5
1107	2933.2100	乙内酰脲及其衍生物	5	6.5
1108	2933.2900	其他结构上有非稠合咪唑环化合物（不论是否氢化）	5	6.5
1109	2933.3100	吡啶及其盐	5	6
1110	2933.3220	哌啶（六氢吡啶）盐	5	6.5
1111	2933.3300	阿芬太尼、阿尼利定、氰苯双哌酰胺、溴西泮、地芬诺新、地芬诺酯、地匹哌酮、芬太尼、凯托米酮、哌醋甲酯、喷他左辛、哌替啶、哌替啶中间体A、苯环利定、苯哌利定、哌苯甲醇、哌氰米特、丙吡兰和三甲利定以及它们的盐	5	6.5
1112	2933.3910	二苯乙醇酸－3－奎宁环脂	5	6.5
1113	2933.3920	奎宁环－3－醇	5	6.5
1114	2933.3990	其他结构上有非稠合吡啶环化合物（不论是否氢化）	5	6.5
1115	2933.4100	左非诺及其盐	5	6.5
1116	2933.4910	环丙氟哌酸	5	6.5
1117	2933.4990	其他含喹琳或异喹啉环系的化合物（但未经进一步稠合）	5	6.5
1118	2933.5200	丙二酰脲（巴比土酸）及其盐	5	6.5

序号	税则号列	货品名称	协定税率	最惠国税率
1119	2933.5300	阿洛巴比妥、异戊巴比妥、巴比妥、布他比妥、正丁巴比妥、环己巴比妥、甲苯巴比妥、戊巴比妥、苯巴比妥、仲丁巴比妥、司可巴比妥和乙烯比妥以及他们的盐	5	6.5
1120	2933.5400	其他丙二酰脲的衍生物以及它们的盐	5	6.5
1121	2933.5500	氯普唑仑、甲氯喹酮等以及它们的盐	5	6.5
1122	2933.5900	其他结构上有嘧啶环或哌嗪环的化合物（不论是否氢化）	5	6.5
1123	2933.6100	三聚氰胺（蜜胺）	5	6.5
1124	2933.6910	三聚氰氯	5	6
1125	2933.6921	二氯异氰脲酸	5	6.5
1126	2933.6922	三氯异氰脲酸	5	6.5
1127	2933.6929	其他异氰脲酸氯化衍生物	5	6.5
1128	2933.6990	其他结构上含非稠合三嗪环化合物（不论是否氢化）	5	6.5
1129	2933.7200	氯巴占和甲乙哌酮	5	9
1130	2933.7900	其他内酰胺	5	9
1131	2933.9100	阿普唑仑、卡马西泮等以及它们的盐	5	6.5
1132	2933.9900	其他仅含氮杂原子的杂环化合物	5	6.5
1133	2934.1000	结构上含有非稠合噻唑环的化合物（不论是否氢化）	5	6.5
1134	2934.2000	含一个苯并噻唑环系的化合物（但未经进一步稠合，不论是否氢化）	5	6.5
1135	2934.3000	含一个吩噻嗪环系的化合物（但未经进一步稠合，不论是否氢化）	5	6.5
1136	2934.9100	阿米雷司、溴替唑仑、氯噻西泮等以及它们的盐	5	6.5
1137	2934.9910	磺内酯及磺内酰胺	5	6.5
1138	2934.9920	呋喃唑酮	5	6
1139	2934.9930	核酸及其盐	5	6.5
1140	2934.9990	其他杂环化合物	5	6.5
1141	2935.0010	磺胺嘧啶	5	6.5
1142	2935.0020	磺胺双甲基嘧啶	5	6.5
1143	2935.0030	磺胺甲恶唑	5	6.5
1144	2935.0090	其他磺（酰）胺	5	6.5
1145	2938.1000	芸香苷及其衍生物	5	6.5
1146	2938.9000	其他天然或合成再制的苷及其盐、醚、酯和其他衍生物	5	6.5

序号	税则号列	货品名称	协定税率	最惠国税率
1147	2940.0000	化学纯糖，但蔗糖、乳糖、麦芽糖、葡萄糖及果糖除外；糖醚、糖酯及其盐，但不包括税目 29.37、29.38、29.39 的产品	5	6
1148	2941.1011	氨苄青霉素	5	6
1149	2941.1012	氨苄青霉素三水酸	5	6
1150	2941.1019	其他氨苄青霉素盐	5	6
1151	2941.9051	7 氨基头孢烷酸，7 氨基脱乙酰氧基头孢烷酸	5	6
1152	2941.9052	头孢氨苄及其盐	5	6
1153	2941.9053	头孢唑啉及其盐	5	6
1154	2941.9054	头孢拉啶及其盐	5	6
1155	2941.9055	头孢三嗪（头孢曲松）及其盐	5	6
1156	2941.9056	头孢哌酮及其盐	5	6
1157	2941.9057	头孢噻肟及其盐	5	6
1158	2941.9058	头孢克罗及其盐	5	6
1159	2941.9059	其他先锋霉素及其衍生物，及它们的盐	5	6
1160	2941.9060	麦迪霉素及其衍生物，及它们的盐	5	6
1161	2941.9090	其他抗菌素	5	6
1162	2942.0000	其他有机化合物	5	6.5
1163	3003.2011	含有头孢噻肟的混合药品（两种或两种以上成分混合而成的，治病或防病用，未配定剂量或非零售包装）	5	6
1164	3003.2012	含有头孢他啶的混合药品（两种或两种以上成分混合而成的，治病或防病用，未配定剂量或非零售包装）	5	6
1165	3003.2013	含有头孢西丁的混合药品（两种或两种以上成分混合而成的，治病或防病用，未配定剂量或非零售包装）	5	6
1166	3003.2014	含有头孢替唑的混合药品（两种或两种以上成分混合而成的，治病或防病用，未配定剂量或非零售包装）	5	6
1167	3003.2015	含有头孢克罗的混合药品（两种或两种以上成分混合而成的，治病或防病用，未配定剂量或非零售包装）	5	6
1168	3003.2016	含有头孢呋辛的混合药品（两种或两种以上成分混合而成的，治病或防病用，未配定剂量或非零售包装）	5	6
1169	3003.2017	含有头孢三嗪（头孢曲松）的混合药品（两种或两种以上成分混合而成的，治病或防病用，未配定剂量或非零售包装）	5	6
1170	3003.2018	含有头孢哌酮的混合药品（两种或两种以上成分混合而成的，治病或防病用，未配定剂量或非零售包装）	5	6

序号	税则号列	货品名称	协定税率	最惠国税率
1171	3003.2019	含有其他头孢菌素的混合药品（两种或两种以上成分混合而成的，治病或防病用，未配定剂量或非零售包装）	5	6
1172	3003.2090	其他含有其他抗菌素的混合药品（两种或两种以上成分混合而成的，治病或防病用，未配定剂量或非零售包装）	5	6
1173	3003.3900	含激素（胰岛素除外）或税目 29.37 其他产品，但不含抗菌素的混合药品（两种或两种以上成分混合而成的，治病或防病用，未配定剂量或非零售包装）	5	6
1174	3003.9010	含磺胺类的混合药品（两种或两种以上成分混合而成的，治病或防病用，未配定剂量或非零售包装）	5	6
1175	3004.1011	氨苄青霉素制剂（混合，治病或防病用，已配定剂量或制成零售包装）	5	6
1176	3004.1012	羟氨苄青霉素制剂（两种或两种以上成分混合而成的，治病或防病用，已配定剂量或制成零售包装）	5	6
1177	3004.1013	青霉素 V 制剂（两种或两种以上成分混合而成的，治病或防病用，已配定剂量或制成零售包装）	5	6
1178	3004.1019	其他青霉素制剂（混合或非混合，治病或防病用，已配定剂量或制成零售包装）	5	6
1179	3004.1090	含有其他青霉素及具有青霉烷酸结构的青霉素衍生物或链霉素及其衍生物的药品（混合或非混合，治病或防病用，已配定剂量或制成零售包装）	5	6
1180	3004.2011	头孢噻肟制剂（混合或非混合，治病或防病用，已配定剂量或制成零售包装）	5	6
1181	3004.2012	头孢他啶制剂（混合或非混合，治病或防病用，已配定剂量或制成零售包装）	5	6
1182	3004.2013	头孢西丁制剂（混合或非混合，治病或防病用，已配定剂量或制成零售包装）	5	6
1183	3004.2014	头孢替唑制剂（混合或非混合，治病或防病用，已配定剂量或制成零售包装）	5	6
1184	3004.2015	头孢克罗制剂（混合或非混合，治病或防病用，已配定剂量或制成零售包装）	5	6
1185	3004.2016	头孢呋辛制剂（混合或非混合，治病或防病用，已配定剂量或制成零售包装）	5	6
1186	3004.2017	头孢三嗪（头孢曲松）制剂（混合或非混合，治病或防病用，已配定剂量或制成零售包装）	5	6

序号	税则号列	货品名称	协定税率	最惠国税率
1187	3004.2018	头孢哌酮制剂（混合或非混合，治病或防病用，已配定剂量或制成零售包装）	5	6
1188	3004.2019	含有其他头孢菌素制剂（混合或非混合，治病或防病用，已配定剂量或制成零售包装）	5	6
1189	3004.2090	含有其他抗菌素的药品（混合或非混合，治病或防病用，已配定剂量或制成零售包装）	5	6
1190	3004.5000	含有维生素或税目29.36其他产品的其他药品（混合或非混合，治病或防病用，已配定剂量或零售包装）	5	6
1191	3004.9010	含有磺胺类的药品（两种或两种以上成分混合而成的，治病或防病用，已配定剂量或零售包装）	5	6
1192	3006.7000	专用于人类或作兽药用的凝胶制品，作为外科手术或体检时躯体部位的润滑剂，或者作为躯体和医疗器械之间的偶合剂	5	6.5
1193	3101.0019	未经化学处理的其他动植物肥料	5	6.5
1194	3201.2000	荆树皮浸膏	5	6.5
1195	3201.9010	其他植物鞣料浸膏	5	6.5
1196	3201.9090	鞣酸及其盐、醚、酯和其他衍生物	5	6.5
1197	3202.1000	有机合成鞣料	5	6.5
1198	3202.9000	无机鞣料；鞣料制剂等，不论是否含有天然鞣料；预鞣用酶制剂	5	6.5
1199	3203.0011	天然靛蓝及以其为基本成分的制品，包括染料浸膏（不论是否已有化学定义）	5	6.5
1200	3203.0019	其他植物质着色料及以其为基本成分的制品包括染料浸膏（不论是否已有化学定义）；32章注释3所述的以植物质着色料为基本成分的制品	5	6.5
1201	3203.0020	动物质着色料及以其为基本成分的制品包括染料浸膏（不论是否已有化学定义，但动物炭黑除外）；32章注释3所述的以动物质着色料为基本成分的制品	5	6.5
1202	3204.1100	分散染料及以其为基本成分的制品（不论是否已有化学定义）	5	8.3
1203	3204.1200	酸性染料（不论是否预金属络合）及以其为基本成分的制品（不论是否已有化学定义）；媒染染料及以其为基本成分的制品（不论是否已有化学定义）	5	8.3
1204	3204.1300	碱性染料及以其为基本成分的制品（不论是否已有化学定义）	5	6.5

序号	税则号列	货品名称	协定税率	最惠国税率
1205	3204.1400	直接染料及以其为基本成分的制品（不论是否已有化学定义）	5	6.5
1206	3204.1510	合成靛蓝（还原靛蓝）(不论是否已有化学定义)	5	6.5
1207	3204.1590	其他瓮染料（包括颜料用的）及以其为基本成分的制品（不论是否已有化学定义）	5	6.5
1208	3204.1600	活性染料及以其为基本成分的制品（不论是否已有化学定义）	5	8.3
1209	3204.1700	颜料及以其为基本成分的制品（不论是否已有化学定义）	5	6.5
1210	3204.1911	硫化黑（硫化青）及以其为基本成分的制品（不论是否已有化学定义）	5	6.5
1211	3204.1919	其他硫化染料及以其为基本成分的制品（不论是否已有化学定义）	5	6.5
1212	3204.1990	由子目号3204.11至3204.19中两个或多个子目所列着色料组成的混合物，(不论是否已有化学定义)	5	6.5
1213	3204.2000	用作萤光增白剂的有机合成产品（不论是否已有化学定义）	5	6.5
1214	3204.9010	生物染色剂及染料指示剂（不论是否已有化学定义）	5	6.5
1215	3204.9090	其他用作发光体的有机合成产品（不论是否已有化学定义）	5	6.5
1216	3205.0000	色淀及32章注释3所述的以色淀为基本成分的制品	5	6.5
1217	3206.1110	钛白粉	5	6.5
1218	3206.1190	干量计二氧化钛≥80%的颜料及制品，钛白粉除外	5	6.5
1219	3206.2000	铬化合物为基本成分的颜料及制品	5	6.5
1220	3206.3000	镉化合物为基本成分的颜料及制品	5	6.5
1221	3206.4100	群青及以其为基本成分的制品	5	6.5
1222	3206.4210	锌钡白	5	6.5
1223	3206.4290	其他以硫化锌为基本成分的颜料和制品	5	6.5
1224	3206.4300	六氰合高铁酸盐（氰亚铁酸盐及氰亚铁酸盐）为基本成分的颜料及制品	5	6.5
1225	3206.4900	其他着色料及其制品；32章注释3所述的制品，但税目32.03，32.04及32.05的货品除外	5	6.5
1226	3206.5000	用作发光体的无机产品，不论是否已有化学定义	5	6.5
1227	3215.1100	黑色印刷油墨（不论是否固体或浓缩）	5	6.5
1228	3215.1900	其他印刷油墨（不论是否固体或浓缩)，黑色印刷油墨除外	5	6.5

序号	税则号列	货品名称	协定税率	最惠国税率
1229	3215.9010	书写墨水（不论是否固体或浓缩）	5	6.5
1230	3402.1100	阴离子型有机表面活性剂	5	6.5
1231	3402.1200	阳离子型有机表面活性剂	5	6.5
1232	3402.1300	非离子型有机表面活性剂	5	6.5
1233	3402.1900	其他有机表面活性剂	5	6.5
1234	3407.0010	牙科用蜡及造型膏	5	6.5
1235	3407.0020	以熟石膏为成分的牙科用其他制品	5	6.5
1236	3503.0010	明胶及其衍生物	10	12
1237	3503.0090	鱼胶；其他动物胶	10	12
1238	3504.0090	其他税号未列名蛋白质及其衍生物，皮粉	5	8
1239	3505.1000	糊精及其他改性淀粉	10	12
1240	3507.1000	粗制凝乳酶及其浓缩物	5	6
1241	3507.9010	碱性蛋白酶	5	6
1242	3507.9020	碱性脂肪酶	5	6
1243	3507.9090	其他酶及未列名的酶制品	5	6
1244	3601.0000	发射药	5	9
1245	3602.0010	硝铵炸药，但发射药除外	5	9
1246	3602.0090	其他配制炸药，但发射药除外	5	9
1247	3603.0000	安全导火索、导爆索；火帽或雷管；引爆器；电雷管	5	9
1248	3604.1000	烟花、爆竹	5	6
1249	3604.9000	信号弹、降雨火箭、浓雾信号弹及其他烟火制品	5	6
1250	3606.9011	已切成型可直接使用的铈铁及其他引火合金	5	9
1251	3606.9019	未切成型不可直接使用的铈铁及其他引火合金	5	9
1252	3606.9090	其他易燃材料制品	5	9
1253	3701.9100	彩色摄影用未曝光彩色硬片及平面软片，用纸、纸板及纺织物以外任何材料制成，任何一边≤255毫米	20	22
1254	3701.9990	其他用未曝光软片及硬片，用纸、纸板及纺织物以外任何材料制成，任何一边≤255毫米	20	25
1255	3705.9090	已曝光已冲洗的其他摄影硬片及软片	15	18
1256	3707.1000	摄影用感光乳液	5	8
1257	3801.1000	人造石墨	5	6.5
1258	3801.2000	胶态或半胶态石墨	5	6.5
1259	3801.3000	电极用碳糊及炉衬用的类似糊	5	6.5
1260	3801.9000	其他以石墨或其他碳为基料的糊状、块状、板块状、板状制品或半制品	5	6.5

序号	税则号列	货品名称	协定税率	最惠国税率
1261	3802.1000	活性碳	5	6.5
1262	3803.0000	妥尔油，不论是否精炼	5	6.5
1263	3804.0000	木浆残余碱液，不论是否浓缩、脱糖或经化学处理，包括木素磺酸盐，但不包括税目 38.03 的妥尔油	5	6.5
1264	3805.1000	脂松节油、木松节油和硫酸松节油	5	6.5
1265	3805.2000	以 α 萜品醇为基本成分的松油，用蒸馏或其他方法从针叶木制得	5	6.5
1266	3805.9000	粗制二聚戊烯；亚硫酸盐松节油及其他粗制对异丙基苯甲烷；其他萜烯油，用蒸馏或其他方法从针叶木制得	5	6.5
1267	3806.2010	松香盐及树脂酸盐	5	6.5
1268	3806.2090	松香或树脂酸衍生物的盐，但松香加合物的盐除外	5	6.5
1269	3806.3000	酯胶	5	6.5
1270	3806.9000	其他松香和树脂酸的衍生物；松香精及松香油；再熔胶	5	6.5
1271	3807.0000	木焦油；精制木焦油；木杂酚油；粗木精；植物沥青；以松香、树脂酸或植物沥青为基本成分的啤酒桶沥青及类似制品	5	6.5
1272	3808.1090	非零售包装杀虫剂	5	6
1273	3808.2010	零售包装的杀菌剂	5	9
1274	3808.2090	非零售包装的杀菌剂	5	6
1275	3808.9010	零售包装的杀鼠剂及其他类似产品	5	9
1276	3808.9090	非零售包装的杀鼠剂及其他类似产品	5	9
1277	3809.9100	纺织工业及类似工业用其他税号未列名整理剂、染料加速着色剂或固色助剂及其他产品和制剂	5	6.5
1278	3809.9200	造纸工业用其他税号未列名整理剂、染料加速着色剂或固色助剂及其他产品和制剂	5	6.5
1279	3809.9300	制革工业用其他税号未列名整理剂、染料加速着色剂或固色助剂及其他产品和制剂	5	6.5
1280	3810.1000	金属表面酸洗剂；金属及其他材料制成的焊粉或焊膏	5	6.5
1281	3810.9000	焊接用的焊剂及其他辅助剂；作焊条芯子或焊条涂料用的制品	5	6.5
1282	3811.1100	以铅化合物为基本成分的抗震剂，用于矿物油或与矿物油同样用途的其他液体	5	6.5

序号	税则号列	货品名称	协定税率	最惠国税率
1283	3811.1900	抗震剂（以铅化合物为基本成分的除外），用于矿物油或与矿物油同样用途的其他液体	5	6.5
1284	3811.2100	含有石油或从沥青矿物提取的油类的润滑油添加剂	5	6.5
1285	3811.2900	不含石油或从沥青矿物提取的油类的润滑油添加剂	5	6.5
1286	3811.9000	抗氧剂、防胶剂、粘度改良剂、防腐剂配制添加剂，用于矿物油或与矿物油同样用途的其他液体	5	6.5
1287	3812.1000	配制的橡胶促进剂	5	6
1288	3812.2000	橡胶或塑料用复合增塑剂	5	6.5
1289	3812.3010	橡胶的防老剂	5	6
1290	3812.3090	其他橡胶、塑料用抗氧剂及其他稳定剂	5	6.5
1291	3813.0010	灭火器的装配药	5	6.5
1292	3815.1100	以镍及其化合物为活性物的载体催化剂	5	6.5
1293	3815.1200	以贵金属及其化合物为活性物的载体催化剂	5	6.5
1294	3815.1900	其他载体催化剂	5	6.5
1295	3815.9000	其他未列名的反应引发剂、促进剂	5	6.5
1296	3816.0000	耐火水泥、灰泥、混凝土及类似耐火材料，但税目38.01的产品除外	5	6.5
1297	3817.0000	混合烷基苯及混合烷基萘，但税目27.07及29.02的产品除外	5	6.5
1298	3819.0000	闸用液压油及其他液压传动用液体，不含石油或从沥青矿物提取的油类，或者按重量计石油或从沥青矿物提取的油类含量低于70%	5	6.5
1299	3823.1200	油酸	15	16
1300	3823.1300	妥尔油脂肪酸	15	16
1301	3823.1900	其他工业用单羧脂肪酸；精炼所得的酸性油	15	16
1302	3823.7000	工业用脂肪醇	10	13
1303	3824.1000	铸模及铸芯用粘合剂	5	6.5
1304	3824.2010	环烷酸钴	5	6.5
1305	3824.2090	其他环烷酸及其水不溶性的盐和酯	5	6.5
1306	3824.3000	自身混合或与金属粘合剂混合的未烧结金属碳化物	5	6.5
1307	3824.4000	水泥、灰泥及混凝土用添加剂	5	6.5
1308	3824.5000	非耐火的灰泥及混凝土	5	6.5
1309	3824.6000	子目号2905.44以外的山梨醇	10	14
1310	3824.7100	仅含氟、氯的无环烃全卤化衍生物的混合物	5	6.5
1311	3824.7900	其他含有两种或两种以上不同卤素的无环烃全卤化衍生物的混合物	5	6.5

序号	税则号列	货品名称	协定税率	最惠国税率
1312	3825.1000	城市垃圾	5	6.5
1313	3825.2000	下水道淤泥	5	6.5
1314	3825.3000	医疗废物	5	6.5
1315	3825.4100	含卤化物的废有机溶剂	5	6.5
1316	3825.4900	其他废有机溶剂	5	6.5
1317	3825.6100	主要含有机成分的化工及相关工业废物	5	6.5
1318	3825.6900	其他税目未列名的化工及相关工业废物	5	6.5
1319	3825.9000	其他税目未列名的化学工业及相关工业的副产品	5	6.5
1320	3901.3000	初级形状乙烯－乙酸乙烯酯共聚物	5	6.5
1321	3903.2000	初级形状苯乙烯－丙烯腈共聚物	10	12
1322	3904.4000	初级形状的其他氯乙烯共聚物	10	12
1323	3904.6900	初级形状的其他氟聚合物	5	6.5
1324	3905.3000	初级形状的聚乙烯醇（不论是否含有未水解的乙酸酯基）	10	14
1325	3906.1000	初级形状的聚甲基丙烯酸甲酯	5	6.5
1326	3906.9000	其他初级形状的丙烯酸聚合物	5	6.5
1327	3907.4000	初级形状的聚碳酸酯	5	6.5
1328	3907.6090	其他初级形状聚对苯二甲酸乙二酯	5	6.5
1329	3907.9900	初级形状的其他聚酯	5	6.5
1330	3908.1090	其他初级形状的聚酰胺	5	6.5
1331	3909.1000	初级形状的尿素树脂及硫尿树脂	5	6.5
1332	3909.2000	初级形状的蜜胺树脂	5	6.5
1333	3909.3000	初级形状的其他氨基树脂	5	6.5
1334	3909.4000	初级形状的酚醛树脂	5	6.5
1335	3910.0000	初级形状的聚硅氧烷	5	6.5
1336	3911.1000	初级形状的石油树脂、苯并呋喃－茚树脂、多萜树脂	5	6.5
1337	3911.9000	其他初级形状的多硫化物、聚砜及39章注释3所规定的其他税号未列名新产品	5	6.5
1338	3912.1100	初级形状的未塑化醋酸纤维素	5	6.5
1339	3912.1200	初级形状的已塑化醋酸纤维素	5	6.5
1340	3912.2000	初级形状的硝酸纤维素	5	6.5
1341	3912.3100	初级形状的羧甲基纤维素及其盐	5	6.5
1342	3912.3900	初级形状的其他纤维素醚	5	6.5
1343	3912.9000	初级形状的其他未列名的纤维素（包括化学衍生物）	5	6.5
1344	3913.9000	初级形状的其他未列名天然聚合物（包括改性天然聚合物）	5	6.5

序号	税则号列	货品名称	协定税率	最惠国税率
1345	3914.0000	初级形状的离子交换剂	5	6.5
1346	3920.1010	乙烯聚合物制电池隔膜	5	6.5
1347	3920.1090	其他乙烯聚合物制板、片、带	5	6.5
1348	4002.1110	羧基丁苯橡胶胶乳	5	7.5
1349	4002.1190	丁苯橡胶胶乳	5	7.5
1350	4002.1911	初级形状未经任何加工的丁苯橡胶	5	7.5
1351	4002.1912	初级形状的充油丁苯橡胶	5	7.5
1352	4002.1913	初级形状的热塑丁苯橡胶	5	7.5
1353	4002.1914	初级形状的充油热塑丁苯橡胶	5	7.5
1354	4002.1990	丁苯橡胶及羧基丁苯橡胶板、片、带	5	7.5
1355	4002.2010	初级形状的丁二烯橡胶	5	7.5
1356	4002.2090	丁二烯橡胶板、片、带	5	7.5
1357	4002.3110	初级形状的异丁烯－异戊二烯橡胶	5	6
1358	4002.3190	异丁烯－异戊二烯橡胶板、片、带	5	7.5
1359	4002.3910	初级形状的其他卤代丁基橡胶	5	7.5
1360	4002.3990	卤代丁基橡胶板、片、带	5	7.5
1361	4002.4100	氯丁二烯橡胶胶乳	5	7.5
1362	4002.4910	初级形状的氯丁二烯橡胶	5	7.5
1363	4002.4990	氯丁二烯橡胶板、片、带	5	7.5
1364	4002.5100	丁腈橡胶胶乳	5	7.5
1365	4002.5910	初级形状的丁腈橡胶	5	7.5
1366	4002.5990	丁腈橡胶板、片、带	5	7.5
1367	4002.7010	初级形状的乙丙非共轭二烯橡胶	5	7.5
1368	4002.7090	乙丙非共轭二烯橡胶板、片、带	5	7.5
1369	4002.8000	天然橡胶与合成橡胶的混合物	5	7.5
1370	4002.9100	其他未列名的合成橡胶胶乳	5	7.5
1371	4002.9911	其他初级形状的合成橡胶	5	7.5
1372	4002.9919	其他合成橡胶板、片、带	5	7.5
1373	4003.0000	初级形状或板、片、带状再生橡胶	5	8
1374	4004.0000	橡胶（硬质橡胶除外）废碎料及下脚料及其粉、粒	5	8
1375	4005.1000	与碳黑等混合的未硫化复合橡胶	5	8
1376	4005.2000	未硫化的复合橡胶溶液及分散体	5	8
1377	4005.9100	其他未硫化的复合橡胶板、片、带	5	8
1378	4005.9900	其他未硫化的初级形状复合橡胶	5	8
1379	4006.1000	未硫化轮胎翻新用胎面补料胎条	5	8

序号	税则号列	货品名称	协定税率	最惠国税率
1380	4006.9010	未硫化橡胶的杆、管或型材及异型材	5	8
1381	4006.9020	未硫化橡胶制品	10	14
1382	4007.0000	硫化橡胶线及绳	10	14
1383	4008.1100	海绵硫化橡胶制的板、片及带	5	8
1384	4008.1900	海绵硫化橡胶制型材、异型材及杆	5	8
1385	4008.2100	非海绵硫化橡胶制板、片及带	5	8
1386	4008.2900	非海绵硫化橡胶型材、异型材及杆	5	8
1387	4014.9000	硫化橡胶制其他卫生及医疗用品	15	17.5
1388	4015.1100	硫化橡胶制外科用手套	5	8
1389	4015.1900	硫化橡胶制其他手套	15	18
1390	4015.9010	医疗用硫化橡胶衣着用品及附件	5	8
1391	4016.1010	硫化海绵橡胶制机器及仪器用零件	5	8
1392	4016.9100	硫化橡胶制铺地制品及门垫	15	18
1393	4016.9310	硫化橡胶制机器、仪器用垫片、垫圈及其他密封垫	5	8
1394	4016.9400	硫化橡胶制船舶或码头的碰垫	15	18
1395	4016.9500	硫化橡胶制其他可充气制品	15	18
1396	4017.0010	各种形状的硬质橡胶（包括废碎料）	5	8
1397	4101.2011	规定重量范围内的整张生牛皮，经逆鞣处理的	5	8
1398	4101.5011	经逆鞣处理的重量>16千克的整张生牛皮	5	8.4
1399	4101.9011	其他（包括整张或半张的背皮及腹皮）经逆鞣处理的生牛皮	5	8.4
1400	4102.1000	带毛的绵羊或羔羊生皮	5	7
1401	4102.2110	浸酸的不带毛绵羊或羔羊生皮，经逆鞣处理的	10	14
1402	4102.2190	浸酸的不带毛绵羊或羔羊生皮，经逆鞣处理的除外	5	9
1403	4102.2910	其他不带毛的绵羊或羔羊生皮，经逆鞣处理的	10	14
1404	4102.2990	其他不带毛的绵羊或羔羊生皮，经逆鞣处理的除外	5	7
1405	4103.1011	经逆鞣处理的山羊板皮	10	14
1406	4103.1019	山羊板皮，经逆鞣处理的除外	5	9
1407	4103.1091	经逆鞣处理的其他山羊或小山羊皮	10	14
1408	4103.1099	其他山羊或小山羊皮，经逆鞣处理的除外	5	9
1409	4103.2000	爬行动物的生皮	5	9
1410	4103.3000	生猪皮	5	9
1411	4103.9000	其他生皮	5	9
1412	4104.1111	全粒面未剖层或粒面剖层蓝湿牛皮	5	7
1413	4104.1119	其他全粒面未剖层或粒面剖层湿牛皮革	5	8

序号	税则号列	货品名称	协定税率	最惠国税率
1414	4104.1911	其他蓝湿牛皮	5	7
1415	4104.1919	其他湿牛皮革	5	7
1416	4104.1920	其他湿马皮革	5	7
1417	4104.4990	其他干革（坯革）	5	7
1418	4105.1010	蓝湿绵羊或羔羊皮	10	14
1419	4105.3000	绵羊或羔羊干革（坯革）	5	8
1420	4106.2100	山羊或小山羊皮湿革	10	14
1421	4106.2200	山羊或小山羊皮干革（坯革）	10	14
1422	4106.3110	蓝湿猪皮	10	14
1423	4106.3190	其他猪皮湿革	10	14
1424	4106.3200	猪皮干革（坯革）	10	14
1425	4106.4000	爬行动物皮革	10	14
1426	4106.9100	其他未列名动物皮湿革（包括蓝湿皮革）	10	14
1427	4106.9200	其他未列名动物皮干革（坯革）	10	14
1428	4107.1110	已鞣全粒面未剖层整张牛皮革	5	8
1429	4107.1210	已鞣粒面剖层整张牛皮革	5	8
1430	4107.1990	其他已鞣整张牛马皮革	5	7
1431	4107.9990	其他已鞣非整张牛马皮革	5	7
1432	4112.0000	已鞣进一步加工的不带毛绵羊或羔羊皮革	5	8
1433	4113.1000	已鞣进一步加工的不带毛山羊或小山羊皮革	10	14
1434	4113.2000	已鞣进一步加工的不带毛猪皮革	10	14
1435	4113.3000	已鞣进一步加工的不带毛爬行动物皮革	10	14
1436	4113.9000	其他已鞣进一步加工的不带毛动物皮革	10	14
1437	4114.1000	油鞣皮革	10	14
1438	4115.1000	以皮革或皮革纤维为基本成分的再生皮革，成块、成张或成条，不论是否成卷	10	14
1439	4115.2000	皮革或再生皮革边角料；皮革粉末	10	14
1440	4204.0000	机器、机械器具或其他专门技术用途的皮革或再生皮革制品	5	8
1441	4205.0010	皮革或再生皮革制坐具套	10	12
1442	4205.0090	皮革或再生皮革的其他制品	10	12
1443	4303.1010	毛皮衣服	20	23
1444	4303.1020	毛皮衣着附件	15	18
1445	4303.9000	毛皮制其他物品	15	18
1446	4304.0010	人造毛皮	15	18

序号	税则号列	货品名称	协定税率	最惠国税率
1447	4304.0020	人造毛皮制品	15	18
1448	4402.0000	木炭	10	10.5
1449	4404.1000	针叶木的箍木、木劈条、木桩、木棒及类似品，木片条	5	8
1450	4405.0000	木丝及木粉	5	8
1451	4409.1010	针叶木地板条（块）	5	7.5
1452	4409.1090	一边或面制成连续形状的针叶木材，不论是否刨平、砂光或指榫结合	5	7.5
1453	4413.0000	强化木	5	6
1454	4501.1000	未加工或简单加工的天然软木	5	6
1455	4502.0000	除去表皮或粗切成方形或成块、板、片或条状的天然软木	5	8
1456	4503.1000	天然软木塞子	5	8
1457	4503.9000	其他天然软木制品	10	10.5
1458	4504.1000	块、板、片及条状压制软木；任何形状的砖、瓦；实心圆柱体，包括原片	5	8.4
1459	4601.2010	藤制的席子、席料及帘子	5	9
1460	4601.2021	蔺草制的席子、席料及帘子	5	9
1461	4601.2029	其他草制的席子、席料及帘子	5	9
1462	4601.2031	苇帘	5	9
1463	4601.2039	芦苇制的席子、席料	5	9
1464	4601.2040	竹制的席子、席料、帘子	5	9
1465	4601.2090	其他植物材料制席子、席料及帘子	5	9
1466	4601.9111	藤制的缏条及类似产品，不论是否缝合成宽条	5	9
1467	4601.9119	藤制的其他编结材料产品	5	9
1468	4601.9191	其他植物编结材料的缏条及类似产品，不论是否缝合成宽条	5	9
1469	4601.9199	其他植物编结材料产品	5	9
1470	4601.9910	其他非植物编结材料的缏条及类似产品，不论是否缝合成宽条	5	9
1471	4601.9990	其他非植物编结材料产品	5	9
1472	4602.1010	藤编制的篮筐及其他制品	5	9
1473	4602.1020	草编制的篮筐及其他制品	5	9
1474	4602.1030	竹编制的篮筐及其他制品	5	9
1475	4602.1040	玉米皮编制的篮筐及其他制品	5	9

序号	税则号列	货品名称	协定税率	最惠国税率
1476	4602.1050	柳条编制的篮筐及其他制品	5	9
1477	4602.1090	其他植物材料编制篮筐及其他制品	5	9
1478	4602.9000	其他编结材料制品及其他制品	5	9
1479	5001.0010	适于缫丝的桑蚕茧	5	6
1480	5001.0090	适于缫丝的其他蚕茧	5	6
1481	5003.1000	未梳废丝	5	9
1482	5003.9000	其他废丝	5	9
1483	5005.0010	非供零售用䌷丝纱线	5	6
1484	5005.0090	非供零售用其他绢纺纱线	5	6
1485	5006.0000	零售用丝纱线、绢纺纱线；蚕胶丝	5	6
1486	5102.1100	未梳喀什米尔山羊毛	5	9
1487	5102.1910	未梳兔毛	5	9
1488	5102.1920	未梳其他山羊绒	5	9
1489	5102.1930	未梳骆驼毛、骆驼绒	5	9
1490	5102.1990	未梳的其他动物细毛	5	9
1491	5102.2000	未梳的动物粗毛	5	9
1492	5103.1090	其他动物细毛落毛	5	9
1493	5103.2010	羊毛废料	10	13.5
1494	5103.2090	其他动物细毛废料	5	9
1495	5103.3000	动物粗毛废料	5	9
1496	5109.1000	零售用纯羊毛或动物细毛纱线	5	6
1497	5109.9000	零售用混纺羊毛或动物细毛纱线	5	6
1498	5110.0000	动物粗毛或马毛的纱线	5	6
1499	5207.1000	供零售用纯棉纱线	5	6
1500	5207.9000	供零售用混纺棉纱线	5	6
1501	5208.2300	漂白的轻质全棉三线或四线斜纹布	10	12
1502	5209.2100	漂白的重质全棉平纹布	10	12
1503	5209.2200	漂白的重质全棉三线或四线斜纹布	10	12
1504	5209.2900	漂白的重质其他全棉机织物	10	12
1505	5210.1100	与化纤混纺未漂白轻质平纹棉布	10	12
1506	5210.1200	化纤混纺未漂白轻质三线或四线斜纹棉布	10	12
1507	5210.1900	与化纤混纺未漂白轻质其他棉布	10	12
1508	5211.1100	与化纤混纺未漂白重质平纹棉布	10	12
1509	5211.1200	化纤混纺未漂白重质三线或四线斜纹棉布	10	12
1510	5211.1900	与化纤混纺未漂白重质其他棉布	10	12

序号	税则号列	货品名称	协定税率	最惠国税率
1511	5212.1100	未漂白的其他混纺轻质棉布	10	12
1512	5212.1200	漂白的其他混纺轻质棉布	10	14
1513	5212.2100	未漂白的其他混纺重质棉布	10	12
1514	5212.2200	漂白的其他混纺重质棉布	10	14
1515	5301.1000	生的或沤制的亚麻	5	6
1516	5301.2100	破开或打成的亚麻	5	6
1517	5301.2900	栉梳或经其他加工未纺制的亚麻	5	6
1518	5301.3000	亚麻短纤及废麻	5	6
1519	5302.1000	生的或沤制的大麻	5	6
1520	5302.9000	经加工、未纺的大麻、大麻短纤及废麻	5	6
1521	5306.1000	亚麻单纱	5	6
1522	5307.1000	黄麻及其他纺织用韧皮纤维单纱	5	6
1523	5307.2000	黄麻及其他纺织用韧皮纤维多股纱或缆线	5	6
1524	5308.1000	椰壳纤维纱线	5	6
1525	5308.2000	大麻纱线	5	6
1526	5308.9011	未漂白或漂白的全苎麻纱线	5	6
1527	5308.9012	全苎麻色纱线	5	6
1528	5308.9013	未漂白或漂白的混纺苎麻纱线	5	6
1529	5308.9014	混纺苎麻色纱线	5	6
1530	5308.9091	纸纱线	5	6
1531	5308.9099	其他植物纺织纤维纱线	5	6
1532	5311.0013	其他全苎麻机织物	10	12
1533	5311.0015	其他混纺苎麻机织物	10	12
1534	5701.9010	化纤结织栽绒地毯及其他铺地制品	15	16
1535	5702.3200	未制成的化纤起绒地毯及铺地制品	15	16
1536	5702.5200	未制成化纤非起绒地毯及铺地制品	15	16
1537	5702.9200	制成的化纤非起绒地毯及铺地制品	15	16
1538	5801.2100	不割绒的棉制纬起绒织物	10	12
1539	5802.1100	未漂白棉毛巾织物及类似毛圈机织物	10	12
1540	5904.1000	列诺伦（亚麻油地毡）	10	14
1541	5909.0000	纺织材料制水龙软管及类似管子	5	8
1542	5910.0000	纺织材料制的传动带或输送带及带料	5	8
1543	5911.1090	其他涂胶等针布及专门技术用途的纺织物起绒狭幅织物	5	8
1544	5911.2000	筛布	5	8

序号	税则号列	货品名称	协定税率	最惠国税率
1545	5911.3100	造纸等机器用轻的环状或有连接装置的布或毡呢	5	8
1546	5911.3200	造纸等机器用重的环状或有连接装置的布或毡呢	5	8
1547	5911.4000	用于榨油机器或类似机器的滤布	5	8
1548	5911.9000	其他专门技术用途纺织产品及制品	5	8
1549	6101.1000	毛制针织或钩编男式大衣、防风衣	20	25
1550	6101.2000	棉制针织或钩编男式大衣、防风衣	15	17.5
1551	6102.1000	毛制针织或钩编女式大衣、防风衣	20	25
1552	6102.2000	棉制针织或钩编女式大衣、防风衣	15	17.5
1553	6103.1100	毛制针织或钩编男式西服套装	20	25
1554	6103.1200	合纤制针织或钩编男西服套装	20	25
1555	6103.2100	毛制针织或钩编男式便服套装	20	25
1556	6103.2300	合纤制针织或钩编男便服套装	20	25
1557	6103.2900	其他纺织材料制针织或钩编男式便服套装	20	25
1558	6103.3200	棉制针织或钩编男式上衣	15	16
1559	6104.2200	棉制针织或钩编女式便服套装	15	17.5
1560	6104.2300	合纤制针织或钩编女便服套装	20	25
1561	6107.2200	化纤制针织或钩编男睡衣裤	15	16
1562	6107.9200	化纤制针织或钩编男浴衣、晨衣	15	16
1563	6108.1100	化纤制针织或钩编长衬裙及衬裙	15	16
1564	6108.3200	化纤制针织或钩编女睡衣及睡衣裤	15	16
1565	6108.9200	化纤制针织或钩编女浴衣、晨衣	15	16
1566	6110.2000	棉制针织或钩编套头衫等	10	14
1567	6110.3000	化纤制针织或钩编套头衫等	15	16
1568	6112.1100	棉制针织或钩编运动服	15	16
1569	6112.2010	棉制针织或钩编滑雪服	15	16
1570	6114.1000	毛制针织或钩编的其他服装	15	16
1571	6114.2000	棉制针织或钩编的其他服装	15	16
1572	6115.1100	单丝<67 分特合纤制连裤袜等	15	16
1573	6115.1200	单丝≥67 分特合纤制连裤袜等	15	16
1574	6115.9300	合纤制针织或钩编短袜及其他袜类	15	16
1575	6116.9300	合纤制其他针织或钩编手套	15	16
1576	6201.1210	棉制男式羽绒服	15	16
1577	6201.1290	棉制男式大衣、斗篷及类似品	15	16
1578	6201.9210	棉制男式其他羽绒服	15	16
1579	6201.9290	棉制男式带风帽防寒短上衣、防风衣	15	16

序号	税则号列	货品名称	协定税率	最惠国税率
1580	6202.1210	棉制女式羽绒服	15	16
1581	6202.1290	棉制女式大衣、斗篷及类似品等	15	16
1582	6202.9210	棉制女式其他羽绒服	15	16
1583	6202.9290	棉制女式带风帽防寒短上衣、防风衣	15	16
1584	6203.2200	棉制男式便服套装	15	17.5
1585	6203.3200	棉制男式上衣	15	16
1586	6204.2200	棉制女式便服套装	15	17.5
1587	6204.6900	其他纺织材料制女式长裤、工装裤等	15	16
1588	6207.2200	化纤制男式长睡衣及睡衣裤	15	16
1589	6207.9200	化纤制男浴衣、晨衣及类似品	15	16
1590	6208.1100	化纤制长衬裙及衬裙	15	16
1591	6208.2200	化纤制女式睡衣及睡衣裤	15	16
1592	6208.9200	化纤制女式背心、内衣及类似品	15	16
1593	6210.1020	棉或麻制毡呢或无纺织物服装	15	16
1594	6210.1090	其他纺织材料制毡呢或无纺织物服装	15	16
1595	6211.2010	棉制滑雪服	15	16
1596	6211.3210	棉制男式阿拉伯袍	15	16
1597	6211.3290	棉制男式运动服及其他服装	15	16
1598	6211.4200	棉制女式运动服及其他服装	15	16
1599	6212.1010	化纤制胸罩	15	16
1600	6212.2010	化纤制束腰带及腹带	15	16
1601	6212.3010	化纤制紧身胸衣	15	16
1602	6212.9010	化纤制吊裤带、吊袜带等	15	16
1603	6214.3000	合纤制披巾、头巾及类似品	15	16
1604	6215.2000	化纤制领带及领结	15	16
1605	6301.1000	电暖毯	15	16
1606	6301.2000	毛制毯子及旅行毯	15	16
1607	6301.3000	棉制毯子及旅行毯	15	16
1608	6301.9000	其他纺织材料制毯子及旅行毯	15	16
1609	6302.5390	化纤制其他餐桌用织物制品	15	16
1610	6302.9300	化纤制其他盥洗及厨房织物制品	15	16
1611	6303.9200	合纤制非针织非钩编窗帘等	15	16
1612	6304.9210	棉制非针织、非钩编的其他刺绣装饰制品	10	14
1613	6304.9290	棉制非针织或钩编的其他装饰制品	10	14
1614	6304.9310	合纤制非针织、非钩编其他刺绣装饰制品	15	16

序号	税则号列	货品名称	协定税率	最惠国税率
1615	6304.9390	合纤制其他非针织、非钩编装饰制品	15	16
1616	6305.2000	棉制货物包装袋	15	16
1617	6305.3200	化纤制的散装货物储运软袋	15	16
1618	6305.3300	聚乙烯或聚丙烯扁条制其他货物包装袋	15	16
1619	6305.3900	其他化纤制货物包装袋	15	16
1620	6306.1200	合纤制油苫布、天篷及遮阳篷	15	16
1621	6306.2200	合纤制帐篷	15	16
1622	6306.3100	合纤制风帆	15	16
1623	6306.4910	化纤制充气褥垫	15	16
1624	6306.9920	化纤制其他野营用品	15	16
1625	6307.2000	救生衣及安全带	10	14
1626	6310.1000	经分拣的纺织材料制碎织物等	10	14
1627	6310.9000	纺织材料制其他碎织物等	10	14
1628	6405.1000	皮革或再生皮革制面的其他鞋靴	20	24
1629	6501.0000	毡呢制帽坯及圆帽片	20	22
1630	6503.0000	成品毡呢帽类	20	22
1631	6506.9990	其他材料制的未列名帽类	20	24
1632	6507.0000	帽类附件	20	24
1633	6601.1000	庭园用伞及类似品	10	14
1634	6603.1000	伞、手杖及鞭子的把柄	10	14
1635	6603.2000	伞骨	10	14
1636	6603.9000	伞、手杖及鞭子的其他零件及饰品	10	14
1637	6702.9020	丝或绢丝制花、叶、果实及其制品	20	24
1638	6702.9030	化学纤维制花、叶、果实及其制品	20	24
1639	6704.1100	合成纺织材料制整头假发	20	25
1640	6704.1900	合成纺织材料制其他假发、须等	20	25
1641	6704.9000	其他材料制假发、须眉及类似品	20	25
1642	6801.0000	长方砌石、路缘石、扁平石	10	12
1643	6804.1000	碾磨或磨浆用石磨、石碾	5	8
1644	6804.2100	金刚石制石磨、石碾及砂轮	5	8
1645	6804.2210	其他砂轮	5	8
1646	6804.2290	其他石磨、石碾及类似品	5	8
1647	6804.2310	天然石料制的砂轮	5	8
1648	6804.2390	天然石料制其他石磨、石碾等	5	8
1649	6804.3010	手用琢磨油石	5	8

序号	税则号列	货品名称	协定税率	最惠国税率
1650	6804.3090	手用其他磨石及抛光石	5	8
1651	6805.1000	砂布	5	8
1652	6805.2000	砂纸	5	8
1653	6805.3000	其他材料为底的天然或人造研磨料	5	8
1654	6806.1000	矿渣棉、岩石棉及类似矿质棉	10	10.5
1655	6806.2000	页状硅石、膨胀粘土、泡沫矿渣	10	10.5
1656	6807.1000	成卷的沥青或类似原料的制品	10	12
1657	6807.9000	其他形状的沥青或类似原料的制品	10	12
1658	6808.0000	镶板、平板、瓦、砖及类似品	10	10.5
1659	6809.1100	纸贴面未饰的石膏板、片、砖、瓦及类似品	20	28
1660	6809.1900	以其他材料贴面加强的未饰石膏板	20	25
1661	6809.9000	其他石膏制品	20	25
1662	6810.1100	水泥制建筑用砖及石砌块	10	10.5
1663	6810.1910	人造石制砖、瓦、扁平石及类似品	10	10.5
1664	6810.1990	水泥制其他砖、瓦、扁平石	10	10.5
1665	6810.9110	钢筋混凝土和预应力混凝土管、杆、板、桩等	10	10.5
1666	6810.9190	其他水泥制建筑或土木工程用预制构件	10	10.5
1667	6810.9910	铁道用水泥枕	5	8
1668	6810.9990	水泥、混凝土或人造石制其他制品	10	10.5
1669	6811.2000	石棉水泥制片、板、砖、瓦及类似品	10	10.5
1670	6811.3000	石棉水泥制管子及管子配件	5	8
1671	6811.9000	石棉水泥制其他制品	5	8.4
1672	6812.5000	石棉或石棉混合物制的服装	10	10.5
1673	6812.6000	石棉或石棉混合物制的纸、麻丝板	10	10.5
1674	6812.7000	成片成卷的压缩石棉纤维接合材料	10	10.5
1675	6813.9000	磨擦料及其他用于制动等用途制品	10	12
1676	6814.1000	粘聚或复制云母制的板、片、带	10	10.5
1677	6814.9000	其他已加工的云母及其制品	10	10.5
1678	6815.9900	其他未列名石制品及矿物制品	15	17.5
1679	6901.0000	硅质化石粉或类似硅土制的砖、瓦	5	8
1680	6902.1000	含>50%镁、钙、铬耐火砖及类似品	5	8
1681	6902.2000	含>50%氧化铝、硅耐火砖及类似品	5	8
1682	6902.9000	其他耐火砖及耐火陶瓷建材制品	5	8
1683	6903.1000	含>50%石墨其他耐火陶瓷制品	5	8
1684	6903.2000	含>50%氧化铝其他耐火陶瓷制品	5	8

序号	税则号列	货品名称	协定税率	最惠国税率
1685	6903. 9000	其他耐火陶瓷制品	5	8
1686	6904. 9000	陶瓷制铺地砖、支撑或填充用砖	20	24. 5
1687	6905. 1000	陶瓷制屋顶瓦	20	24. 5
1688	6905. 9000	其他建筑用陶瓷制品	20	24. 5
1689	6909. 1100	实验室、化学或其他技术用瓷器	5	8
1690	6909. 1200	莫氏硬度≥9 的技术用陶瓷器	5	8
1691	6909. 1900	其他实验室、化学用陶瓷器	5	8
1692	6909. 9000	农业用、运输或盛装货物用陶瓷容器	20	21
1693	7001. 0000	废碎玻璃及玻璃块料	10	12
1694	7002. 1000	未加工的玻璃球	10	12
1695	7002. 2010	光导纤维预制棒	5	6
1696	7002. 2090	其他未加工的玻璃棒	10	12
1697	7002. 3190	熔融石英或熔融硅石制其他玻璃管	10	14
1698	7002. 3200	其他未加工的玻璃管	10	12
1699	7002. 3900	未列名、未加工的玻璃管	10	12
1700	7007. 1900	其他钢化安全玻璃	10	14
1701	7007. 2900	其他层压安全玻璃	10	14
1702	7008. 0010	中空或真空隔温、隔音玻璃	10	14
1703	7008. 0090	其他多层隔温、隔音玻璃组件	10	14
1704	7010. 1000	玻璃安瓿	10	14
1705	7010. 2000	玻璃制的塞、盖及类似封口器	10	14
1706	7010. 9010	装运货物或保藏用的玻璃大容器	10	14
1707	7010. 9020	装运货物或保藏用的玻璃中容器	10	14
1708	7010. 9030	装运货物或保藏用的玻璃小容器	10	14
1709	7010. 9090	装运货物或保藏用的玻璃特小容器	10	14
1710	7011. 1000	电灯用未封口玻璃外壳及玻璃零件	20	21
1711	7011. 9010	电子管用未封口玻璃外壳及玻璃零件	5	8
1712	7011. 9090	其他类似品用未封口玻璃外壳零件	20	21
1713	7012. 0000	保温瓶或其他保温器用玻璃胆	20	21
1714	7013. 1000	玻璃陶瓷制玻璃器皿	20	24. 5
1715	7013. 2100	铅晶质玻璃杯	20	24. 5
1716	7013. 3100	铅晶质玻璃制餐桌、厨房用器皿	20	24. 5
1717	7014. 0090	其他未经光学加工的信号玻璃器	15	17. 5
1718	7015. 1010	视力矫正眼镜用变色镜片坯件	20	21
1719	7015. 1090	其他视力矫正眼镜用镜片坯件	15	17. 5

序号	税则号列	货品名称	协定税率	最惠国税率
1720	7015.9010	钟表玻璃	15	17.5
1721	7015.9020	平光变色镜片坯件	15	18
1722	7015.9090	税号70.15的其他未经光学加工玻璃	10	12
1723	7016.1000	供镶嵌或装饰用玻璃马赛克	20	22
1724	7016.9010	花饰铅条窗玻璃及类似品	20	24
1725	7016.9090	建筑用压制或模制铺面玻璃块、砖	15	18
1726	7017.2000	其他玻璃制实验室等用玻璃器	5	8
1727	7017.9000	其他实验室、卫生及配药用玻璃器	5	8
1728	7019.1100	长度≤50毫米的短切玻璃纤维	10	12
1729	7019.1200	玻璃纤维粗纱	10	12
1730	7019.3200	玻璃纤维（包括玻璃棉）制的薄片	10	14
1731	7019.3900	玻璃纤维制的网及类似无纺产品	10	10.5
1732	7019.4000	玻璃纤维粗纱机织物	10	12
1733	7019.5100	宽度≤30毫米的玻璃纤维机织物	10	12
1734	7019.5200	每平方米≤250克的玻璃长丝平纹织物	10	12
1735	7019.5900	其他玻璃纤维机织物	10	12
1736	7019.9000	其他玻璃纤维及其制品	5	7
1737	7020.0011	导电玻璃	10	10.5
1738	7020.0012	绝缘子用玻璃伞盘	10	10.5
1739	7020.0019	其他工业用玻璃制品	10	10.5
1740	7101.1011	未分级的天然黑珍珠	20	21
1741	7101.1019	其他未分级的天然珍珠	20	21
1742	7101.1091	其他天然黑珍珠	20	21
1743	7101.1099	其他天然珍珠	20	21
1744	7101.2110	未分级、未加工的养殖珍珠	20	21
1745	7101.2190	其他未加工的养殖珍珠	20	21
1746	7101.2210	未分级、已加工的养殖珍珠	20	21
1747	7101.2290	其他已加工的养殖珍珠	20	21
1748	7102.3900	其他非工业用钻石	5	8
1749	7103.9100	经其他加工的红、蓝、绿宝石	5	8
1750	7103.9910	经其他加工的翡翠	5	8
1751	7103.9990	经其他加工的其他宝石或半宝石	5	8
1752	7104.1000	压电石英	5	6
1753	7104.9011	其他工业用合成或再造的钻石	5	6
1754	7104.9019	其他工业用合成或再造的其他宝石或半宝石	5	6

序号	税则号列	货品名称	协定税率	最惠国税率
1755	7104.9091	其他非工业用合成钻石	5	8
1756	7104.9099	其他非工业用合成其他宝石或半宝石	5	8
1757	7107.0000	以贱金属为底的包银材料	10	10.5
1758	7109.0000	以贱金属或银为底的包金材料	10	10.5
1759	7112.3010	含银或银化合物的灰	5	8
1760	7112.3090	其他含贵金属或贵金属化合物的灰	5	6
1761	7112.9120	其他含金或金化合物的废碎料	5	6
1762	7112.9220	其他含铂或铂化合物的废碎料	5	6
1763	7112.9910	含银及银化合物的废碎料	5	8
1764	7112.9920	含有其他贵金属或贵金属化合物的废碎料	5	6
1765	7113.1991	镶嵌钻石的其他贵金属制首饰及其零件	20	35
1766	7113.1999	其他贵金属制首饰及其零件	20	35
1767	7113.2010	镶嵌钻石的以贱金属为底的包贵金属制首饰	20	35
1768	7113.2090	其他以贱金属为底的包贵金属制首饰	20	35
1769	7114.1100	银器及零件	20	35
1770	7114.1900	其他贵金属制金银器及零件	20	35
1771	7114.2000	以贱金属为底的包贵金属制金银器	20	35
1772	7115.9090	其他用途的贵或包贵金属制品	20	35
1773	7116.1000	天然或养殖珍珠制品	20	35
1774	7116.2000	宝石或半宝石制品	20	35
1775	7117.1100	贱金属制袖扣、饰扣	20	35
1776	7202.9210	按重量计含钒量在75%及以上的钒铁	5	9
1777	7202.9290	其他钒铁	5	9
1778	7215.5000	冷加工或冷成型的其他条、杆	5	7
1779	7216.2100	热加工截面高度<80毫米角钢	5	6
1780	7216.2200	热加工截面高度<80毫米丁字钢	5	6
1781	7216.5010	热加工乙字钢	5	6
1782	7225.1900	其他硅电钢宽板	5	6
1783	7225.9100	电镀锌的其他合金钢宽平板轧材	5	7
1784	7225.9200	其他镀或涂锌的其他合金钢宽板材	5	7
1785	7225.9900	宽度≥600毫米的其他合金钢平板轧材	5	7
1786	7226.9300	电镀锌的其他合金钢窄平板轧材	5	7
1787	7226.9400	其他镀或涂锌的其他合金钢窄板材	5	7
1788	7226.9900	宽度<600毫米的其他合金板材	5	7
1789	7227.2000	硅锰钢的热轧盘条	5	6

序号	税则号列	货品名称	协定税率	最惠国税率
1790	7228.2000	其他硅锰钢的条、杆	5	6
1791	7228.7010	履带板型钢	5	6
1792	7228.7090	其他合金钢角材、型材及异型材	5	6
1793	7228.8000	其他合金钢空心钻钢	5	7
1794	7229.2000	硅锰钢丝	5	7
1795	7229.9000	其他合金钢丝	5	7
1796	7301.2000	焊接的钢铁角材、型材及异型材	5	7
1797	7302.1000	钢轨	5	6
1798	7302.3000	道岔尖轨、辙叉、尖轨拉杆	5	8
1799	7302.4000	钢铁制鱼尾板、钢轨垫板	5	7
1800	7302.9010	钢铁轨枕	5	6
1801	7302.9090	其他铁道电车道铺轨用钢铁材料	5	7
1802	7304.3120	冷轧的铁制无缝地质钻管、套管	5	8
1803	7307.1900	可锻性铸铁及铸钢管子附件	5	8
1804	7307.2100	不锈钢制法兰	5	8.4
1805	7307.2200	不锈钢制螺纹肘管、弯管、管套	5	8.4
1806	7307.2300	不锈钢制对焊件	5	8.4
1807	7307.2900	不锈钢制其他管子附件	5	8.4
1808	7307.9100	未列名钢铁制法兰	5	7
1809	7307.9300	未列名钢铁制对焊件	5	7
1810	7308.1000	钢铁制桥梁及桥梁体段	5	8
1811	7308.2000	钢铁制塔楼及格构杆	5	8.4
1812	7308.4000	钢铁制脚手架模板坑凳用支柱及类	5	8.4
1813	7309.0000	容积>300 升钢铁制盛物容器	10	10.5
1814	7310.1000	容积 50 升－300 升钢铁制盛物容器	10	10.5
1815	7310.2100	容积<50 升焊边或卷边接合钢铁罐	15	17.5
1816	7310.2900	其他容积<50 升的盛物容器	15	17.5
1817	7311.0010	装压缩或液化气的钢铁容器	15	17.5
1818	7311.0090	其他装压缩或液化气的容器	5	8
1819	7313.0000	带刺钢铁丝、围篱用钢铁绞带	5	7
1820	7314.1210	不锈钢制的工业用机器环形带	10	12
1821	7314.1290	不锈钢制的其他机器环形带	10	12
1822	7314.1310	其他工业用机器环形带	5	8
1823	7314.1390	其他机器环形带	10	12
1824	7314.1410	不锈钢制的工业用其他机织品	10	12

序号	税则号列	货品名称	协定税率	最惠国税率
1825	7314.1490	不锈钢制的其他机织品	10	12
1826	7314.1910	工业用其他钢丝制机织品	5	7
1827	7314.1990	非工业用钢丝制机织品	10	12
1828	7314.2000	交点焊接的粗钢铁丝网、篱及格栅	5	7
1829	7314.3100	交点焊接的镀或涂锌细钢铁丝网	5	7
1830	7314.3900	交点焊接的其他细钢铁丝网、篱	5	7
1831	7314.4110	镀锌的工业用钢铁丝网	5	8
1832	7314.4210	涂塑的工业用钢铁丝网	5	8
1833	7314.4910	其他工业用钢铁丝网	5	8
1834	7314.5000	网眼钢铁板	5	8
1835	7315.1200	其他铰接链	10	12
1836	7315.1900	铰接链零件	10	12
1837	7315.2000	防滑链	10	12
1838	7315.8100	日字环节链	10	12
1839	7315.8200	其他焊接链	10	12
1840	7315.8900	未列名链	10	12
1841	7320.9010	铁道车辆用其他弹簧	5	6
1842	7320.9090	其他弹簧	10	12
1843	7321.1210	煤油炉	20	21
1844	7321.1290	其他使用液体燃料的家用炉灶	20	21
1845	7321.1300	使用固体燃料的家用炉灶	20	21
1846	7321.8100	可使用气体燃料的其他家用器具	20	23
1847	7321.8200	使用液体燃料的其他家用器具	20	21
1848	7321.8300	使用固体燃料的其他家用器具	20	21
1849	7321.9000	非电热家用器具零件	10	12
1850	7322.1100	非电热铸铁制集中供暖用散热器	20	21
1851	7322.1900	非电热钢制集中供暖用散热器	20	21
1852	7323.1000	钢铁丝绒、擦锅器、洗擦用块垫等	10	14
1853	7324.1000	不锈钢制洗涤槽及脸盆	15	18
1854	7324.2900	其他钢铁制浴缸	20	30
1855	7324.9000	其他钢铁制卫生器具及零件	20	25
1856	7325.1010	工业用无可锻性制品	5	7
1857	7325.9100	可锻性铸铁及铸钢研磨机的研磨球	10	10.5
1858	7325.9910	工业用未列名可锻性铸铁制品	10	10.5
1859	7326.1100	钢铁制研磨机用研磨球及类似品	10	10.5

序号	税则号列	货品名称	协定税率	最惠国税率
1860	7326. 1910	工业用未列名钢铁制品	10	10. 5
1861	7326. 2090	非工业用钢铁丝制品	15	18
1862	7326. 9010	其他工业用钢铁制品	10	10. 5
1863	7406. 1020	白铜或德银制非片状粉末	5	6
1864	7406. 1030	铜锌合金（黄铜）制非片状铜粉粉末	5	6
1865	7406. 1040	铜锡合金（青铜）制非片状铜粉粉末	5	6
1866	7406. 1090	其他铜合金制非片状粉末	5	6
1867	7406. 2020	白铜或德银制片状粉末	5	6
1868	7406. 2090	其他铜合金制片状粉末	5	6
1869	7407. 2100	黄铜条、杆及型材及异型材	5	7
1870	7407. 2200	白铜条、杆及型材及异型材	5	7
1871	7407. 2900	其他铜合金条杆、型材及异型材	5	7
1872	7408. 2100	黄铜丝	5	7
1873	7408. 2200	白铜丝或德银（铜镍锌合金）丝	5	8
1874	7408. 2900	其他铜合金丝	5	7
1875	7409. 2100	成卷的黄铜板、片、带	5	7
1876	7409. 2900	其他黄铜板、片、带	5	7
1877	7409. 3100	成卷的青铜板、片、带	5	7
1878	7409. 3900	其他青铜板、片、带	5	7
1879	7409. 4000	白铜或德银制板、片、带	5	7
1880	7409. 9000	其他铜合金板、片、带	5	7
1881	7410. 1210	无衬背的白铜或德银铜箔	5	7
1882	7410. 1290	无衬背的其他铜合金箔	5	7
1883	7410. 2210	有衬背的白铜或德银铜箔	5	7
1884	7410. 2290	有衬背的其他铜合金箔	5	7
1885	7411. 2100	铜锌合金（黄铜）管	5	7
1886	7411. 2200	白铜或德银管	5	7
1887	7411. 2900	其他铜合金管	5	7
1888	7412. 2010	白铜或德银管子配件	5	7
1889	7412. 2090	其他铜合金管子配件	5	7
1890	7414. 2010	工业用铜丝制的布	5	7
1891	7414. 9010	工业用其他铜丝制的网、格栅	5	8
1892	7415. 1000	铜钉、平头钉、图钉 U 型钉及类似品	5	8
1893	7415. 3310	铜制木螺钉	5	8
1894	7415. 3390	铜制其他螺钉螺栓螺母	5	8

序号	税则号列	货品名称	协定税率	最惠国税率
1895	7418.1100	擦锅器及洗刷擦光用的块垫、手套	15	18
1896	7418.1900	餐桌厨房等家用铜制器具及其零件	15	18
1897	7418.2000	铜制卫生器具及其零件	15	18
1898	7419.1000	铜链条及其零件	10	14
1899	7505.1100	纯镍条、杆、型材及异型材	5	6
1900	7505.1200	合金镍条、杆、型材及异型材	5	6
1901	7505.2100	纯镍丝	5	6
1902	7505.2200	镍合金丝	5	6
1903	7506.1000	纯镍板、片、带、箔	5	6
1904	7506.2000	镍合金板、片、带、箔	5	6
1905	7507.1100	纯镍管	5	6
1906	7507.1200	镍合金管	5	6
1907	7507.2000	镍及镍合金管子附件	5	6
1908	7508.1010	镍丝制的布	5	6
1909	7508.1080	工业用镍丝制的网及格栅	5	6
1910	7508.1090	其他镍丝制的网及格栅	5	6
1911	7508.9080	其他工业用镍制品	5	6
1912	7508.9090	其他非工业用镍制品	5	6
1913	7601.2000	未锻轧铝合金	5	7
1914	7603.1000	非片状铝粉	5	6
1915	7603.2000	片状铝粉末	5	7
1916	7605.1100	纯铝制的粗丝	5	8
1917	7605.1900	纯铝制的细丝	5	8
1918	7605.2100	铝合金制的粗丝	5	8
1919	7605.2900	铝合金制的细丝	5	8
1920	7606.1120	0.3毫米≤厚度＜0.36毫米的非合金铝制矩形铝板片带	5	6
1921	7606.1190	纯铝制矩形的其他板、片及带	5	6
1922	7606.1220	厚度＜0.28毫米的铝合金制矩形铝板片带	5	6
1923	7606.1230	0.28毫米≤厚度≤0.35毫米的铝合金制矩形铝板片带	5	6
1924	7606.1240	厚度＞0.35毫米的铝合金制矩形铝板片带	5	6
1925	7606.9100	纯铝制非矩形的板、片及带	5	6
1926	7607.1110	厚度不超过0.007毫米的无衬背铝箔	5	6
1927	7607.1190	轧制后未进一步加工的无衬背铝箔	5	6
1928	7607.1900	其他无衬背铝箔	5	6

序号	税则号列	货品名称	协定税率	最惠国税率
1929	7607.2000	有衬背铝箔	5	6
1930	7608.1000	纯铝管	5	8
1931	7608.2000	铝合金管	5	8
1932	7609.0000	铝制管子附件	5	8
1933	7610.1000	铝制门窗及其框架、门槛	20	25
1934	7610.9000	其他铝制结构体及其部件	5	6
1935	7611.0000	容积>300升的铝制囤、罐等容器	10	12
1936	7612.1000	铝制软管容器	10	12
1937	7612.9010	铝制易拉罐及罐体	20	30
1938	7612.9090	容积≤300升的铝制囤、罐等容器	10	12
1939	7613.0010	零售包装装压缩、液化气体铝容器	10	12
1940	7613.0090	非零售装装压缩、液化气体铝容器	5	6
1941	7614.1000	带钢芯的铝制绞股线、缆、编带	5	6
1942	7614.9000	不带钢芯的铝制绞股线、缆、编带	5	6
1943	7615.1100	擦锅器及洗刷擦光用的块垫、手套	15	18
1944	7615.2000	铝制卫生器具及其零件	15	18
1945	7616.9190	其他铝丝制的布、网、篱及格栅	15	18
1946	7803.0000	铅及铅合金条、杆、丝、型材	5	6
1947	7804.1100	铅片、带及厚度≤0.2毫米的箔	5	6
1948	7804.1900	铅及铅合金板、厚度>0.2毫米的箔	5	6
1949	7804.2000	铅及铅合金粉末、片状粉末	5	6
1950	7805.0010	铅管	5	6
1951	7805.0020	铅制管子附件（例如，接头、肘管、管套）	5	6
1952	7806.0010	工业用铅制品	5	6
1953	7806.0090	非工业用铅制品	5	6
1954	7903.1000	锌末	5	6
1955	7903.9000	锌粉及片状粉末	5	6
1956	7904.0000	锌及锌合金条、杆、型材、丝	5	6
1957	7905.0000	锌板、片、带、箔	5	6
1958	7906.0010	锌管	5	6
1959	7906.0020	锌制管子附件（例如，接头、肘管、管套）	5	6
1960	7907.0011	电池壳体坯料（锌饼）	5	6
1961	7907.0019	其他工业用锌制品	5	6
1962	7907.0090	其他非工业用锌制品	5	6
1963	8003.0000	锡及锡合金条、杆、型材、丝	5	8

序号	税则号列	货品名称	协定税率	最惠国税率
1964	8004.0000	锡及锡合金板、片及带，厚度>0.2毫米	5	8
1965	8005.0000	锡箔、锡粉及片状粉末	5	8
1966	8006.0000	锡及锡合金管、管子附件	5	8
1967	8007.0010	工业用锡制品	5	8
1968	8007.0090	非工业用锡制品	15	18
1969	8101.1000	钨粉	5	6
1970	8101.9600	钨丝	5	8
1971	8101.9900	其他钨制品	5	8
1972	8102.1000	钼粉	5	6
1973	8102.9500	锻轧钼条杆、型材、板片带箔	5	8
1974	8102.9600	钼丝	5	8
1975	8102.9900	钼制品	5	8
1976	8103.2000	未锻轧钽；粉末	5	6
1977	8103.3000	钽废碎料	5	6
1978	8103.9000	锻轧钽及其制品	5	8
1979	8104.1100	含镁量≥99.8%的未锻轧镁	5	6
1980	8104.1900	其他未锻轧的镁及镁合金	5	6
1981	8104.3000	已分级的镁锉屑、车屑、颗粒；粉末	5	8
1982	8104.9010	锻轧镁	5	8
1983	8104.9020	镁制品	5	8.4
1984	8105.9000	其他钴及制品	5	8
1985	8106.0090	其他铋及铋制品	5	8
1986	8107.9000	其他镉及镉制品	5	8
1987	8108.9010	钛条、杆、型材及异型材	5	8
1988	8108.9020	钛丝	5	8
1989	8108.9031	厚度≤0.8毫米钛板、片、带、箔	5	8
1990	8108.9032	厚度>0.8毫米钛板、片、带、箔	5	8
1991	8108.9040	钛管	5	8
1992	8108.9090	其他钛及钛制品	5	8
1993	8109.9000	锻轧锆及锆制品	5	8
1994	8110.9000	其他锑及锑制品	5	8
1995	8111.0090	其他锰及制品	5	8
1996	8112.1900	其他铍及其制品	5	8
1997	8112.5900	其他铊制品	5	8
1998	8112.9900	锻轧的未列名贱金属及其制品	5	8

序号	税则号列	货品名称	协定税率	最惠国税率
1999	8113.0000	金属陶瓷及其制品，包括废碎料	5	8.4
2000	8201.1000	锹及铲	5	8
2001	8201.2000	农用叉	5	8
2002	8201.3000	镐、锄、耙	5	8
2003	8201.4000	斧子、钩刀及类似砍伐工具	5	8
2004	8201.5000	修枝剪等单手操作农用剪	5	8
2005	8201.6000	修枝等双手操作农用剪	5	8
2006	8201.9000	其他农业、园艺、林业用手工工具	5	8
2007	8202.1000	手工锯	5	8.4
2008	8202.2000	带锯片	5	8
2009	8202.3100	带有钢制工作部件的圆锯片	5	8
2010	8202.3900	其他圆锯片，包括部件	5	8
2011	8202.4000	链锯片	5	8
2012	8202.9110	加工金属用的机械锯的直锯片	5	8
2013	8202.9190	加工金属用的非机械锯的直锯片	5	8
2014	8202.9910	机械锯用的其他锯片	5	8.4
2015	8202.9990	非机械锯用的其他锯片	10	10.5
2016	8203.1000	钢锉、木锉及类似工具	10	10.5
2017	8203.2000	钳子、镊子及类似工具	10	10.5
2018	8203.3000	白铁剪及类似工具	10	10.5
2019	8203.4000	切管器、螺栓切头器、打孔冲子等	10	10.5
2020	8204.1100	固定式的手动扳手及板钳	10	10.5
2021	8205.3000	木工用刨子、凿子及类似切削工具	10	10.5
2022	8205.4000	手工螺丝刀	10	10.5
2023	8205.5100	其他家用手工工具	10	10.5
2024	8205.7000	台钳、夹钳及类似品	10	10.5
2025	8205.8000	砧、轻便锻炉、手摇或脚踏砂轮	10	10.5
2026	8205.9000	成套手工工具	10	10.5
2027	8206.0000	成套工具组成的零售包装货品	10	10.5
2028	8207.1300	带金属陶瓷工作部件的凿岩工具	5	8
2029	8207.1910	带超硬材料部件的凿岩或钻探工具	5	8
2030	8207.1990	带其他材料工作部件的凿岩工具	5	8
2031	8207.2010	带超硬部件的金属拉拔或挤压用模	5	8
2032	8207.2090	其他金属拉拔或挤压用模	5	8
2033	8207.3000	锻压或冲压工具	5	8

序号	税则号列	货品名称	协定税率	最惠国税率
2034	8207.4000	攻丝工具	5	8
2035	8207.5010	带超硬材料部件的钻孔工具	5	8
2036	8207.5090	带其他材料工作部件的钻孔工具	5	8
2037	8207.6010	带超硬材料部件的镗孔或铰孔工具	5	8
2038	8207.6090	其他镗孔或铰孔工具	5	8
2039	8207.7000	铣削工具	5	8
2040	8207.8000	车削工具	5	8
2041	8207.9010	带超硬材料部件的其他可互换工具	5	8
2042	8207.9090	其他可互换工具	5	8
2043	8208.1000	金工机械用刀及刀片	5	8
2044	8208.2000	木工机械用刀及刀片	5	8
2045	8208.3000	厨房或食品加工机器用刀及刀片	5	8
2046	8208.4000	农、林业机器用刀及刀片	5	8
2047	8208.9000	其他机器或机械器具用刀及刀片	5	8
2048	8209.0000	未装配的工具用金属陶瓷刀头	5	8
2049	8210.0000	加工调制食品、饮料用手动机械	15	18
2050	8211.1000	以刀为主的成套货品	15	18
2051	8211.9100	刃面固定的餐刀	15	18
2052	8211.9200	刃面固定的其他刀	10	12
2053	8211.9300	可换刃面刀	15	18
2054	8211.9400	税号 82.11 所列刀的刀片	10	14
2055	8211.9500	贱金属制的刀柄	10	12
2056	8212.1000	剃刀	10	12
2057	8212.2000	安全剃刀片	10	14
2058	8212.9000	剃刀零件	10	12
2059	8213.0000	剪刀、裁缝剪刀及类似品、剪刀片	10	12
2060	8214.1000	裁纸刀、信刀、铅笔刀及刀片	10	12
2061	8214.2000	修指甲及修脚用具（包括指甲锉）	15	18
2062	8214.9000	理发推子、切菜刀等其他利口器	15	18
2063	8215.1000	成套含镀贵金属制厨房或餐桌用具	15	18
2064	8215.2000	成套的其他厨房或餐桌用具	15	18
2065	8215.9100	非成套镀贵金属制厨房或餐桌用具	15	18
2066	8215.9900	其他非成套的厨房或餐桌用具	15	18
2067	8301.1000	挂锁	10	14
2068	8301.3000	家具用锁	10	14

序号	税则号列	货品名称	协定税率	最惠国税率
2069	8301.4000	其他锁	10	14
2070	8301.5000	带锁的扣环及扣环框架	10	14
2071	8301.6000	锁零件	10	12
2072	8302.2000	用贱金属支架的小脚轮	10	12
2073	8302.4100	建筑用贱金属配件及架座	10	14
2074	8302.4200	家具用贱金属配件及架座	10	12
2075	8302.4900	其他用贱金属配件及架座	10	12
2076	8302.5000	帽架、帽钩、托架及类似品	10	14
2077	8302.6000	自动闭门器	10	12
2078	8303.0000	保险箱、柜、保险库的门	10	14
2079	8304.0000	贱金属档案柜、文件箱等办公用具	10	10.5
2080	8305.1000	活页夹或宗卷夹的附件	10	10.5
2081	8305.2000	成条钉书钉	10	10.5
2082	8305.9000	信夹、信角、文件夹等办公用品	10	10.5
2083	8306.1000	非电动铃、钟、锣及其类似品	5	8
2084	8307.1000	钢铁制软管、可有配件	5	8.4
2085	8307.9000	其他贱金属软管，可有配件	5	8.4
2086	8308.1000	贱金属制钩、环及眼	10	10.5
2087	8308.2000	贱金属制管形铆钉及开口铆钉	10	10.5
2088	8308.9000	贱金属制珠子及亮晶片	10	10.5
2089	8309.1000	贱金属制冠形瓶塞	15	18
2090	8309.9000	盖子瓶帽螺口塞封志等包装用配件	10	12
2091	8310.0000	标志牌、铭牌、号码、字母等标志	15	18
2092	8311.1000	焊剂涂面的贱金属电极、电弧焊用	5	8
2093	8311.2000	以焊剂为芯的贱金属制焊丝	5	8
2094	8311.3000	以焊剂涂面或作芯的贱金属条或丝	5	8
2095	8311.9000	贱金属粘聚成的丝或条	5	8
2096	8402.1190	蒸发量 >45t/hr，<900t/hr 发电锅炉	10	14
2097	8402.2000	过热水锅炉	15	16
2098	8403.9000	集中供暖用热水锅炉的零件	5	6
2099	8404.1010	蒸汽锅炉、过热水锅炉的辅助设备	5	7
2100	8404.2000	水及其他蒸汽动力装置的冷凝器	10	14
2101	8404.9090	其他辅助设备用零件	5	7
2102	8405.1000	煤气、乙炔及类似水解气体发生器	10	14
2103	8405.9000	煤气、乙炔等气体发生器的零件	5	8

序号	税则号列	货品名称	协定税率	最惠国税率
2104	8406. 8130	输出功率 > 350MW 的汽轮机	5	6
2105	8407. 2100	船舶用舷外点燃式发动机	5	8
2106	8407. 2900	船舶用其他未列名点燃式发动机	5	8
2107	8407. 9010	沼气发动机	10	12
2108	8407. 9090	其他点燃往复或旋转式内燃发动机	15	18
2109	8410. 9010	水轮机及水轮的调节器	5	6
2110	8410. 9090	水轮机及水轮的其他零件	5	6
2111	8412. 2100	直线作用的液压动力装置（液压缸）	10	12
2112	8412. 2990	其他液压动力装置	10	14
2113	8412. 3100	直线作用的气压动力装置（气压缸）	10	14
2114	8412. 3900	其他气压动力装置	10	14
2115	8412. 9090	其他发动机及动力装置的零件	5	8
2116	8413. 4000	混凝土泵	5	8
2117	8413. 8100	其他液体泵	5	8
2118	8413. 8200	液体提升机	5	8
2119	8413. 9200	液体提升机用零件	5	6
2120	8414. 1000	真空泵	5	8
2121	8414. 2000	手动或脚踏式空气泵	5	8
2122	8414. 4000	装在拖车底盘上的空气压缩机	5	8
2123	8414. 8010	燃气轮机用的自由活塞式发生器	5	8
2124	8414. 8020	二氧化碳压缩机	5	7
2125	8414. 8090	其他气体压缩机及通风罩或循环气罩	5	7
2126	8414. 9011	用于制冷设备的压缩机进、排气阀片	5	8
2127	8414. 9019	其他用于制冷设备的压缩机零件	5	8
2128	8414. 9020	风机、风扇、通风罩及循环气罩零件	10	12
2129	8414. 9090	税号 84. 14 其他所列机器零件	5	7
2130	8416. 2011	使用天然气的燃烧器	10	10. 5
2131	8416. 2019	其他使用气体燃料的炉用燃烧器	10	10. 5
2132	8416. 2090	使用粉状固体燃料的炉用燃烧器	10	10. 5
2133	8416. 3000	机械加煤机及类似装置	5	8. 4
2134	8416. 9000	炉用燃烧器、机械加煤机等的零件	5	6
2135	8417. 9010	海绵铁回转窑的零件	5	7
2136	8417. 9020	炼焦炉的零件	5	7
2137	8417. 9090	其他非电热工业用炉及烘箱的零件	5	7
2138	8418. 2900	其他家用型冷藏箱	20	30

序号	税则号列	货品名称	协定税率	最惠国税率
2139	8418.9100	冷藏或冷冻设备用特制家具零件	15	18
2140	8418.9991	制冷温度≤-40℃冷冻设备零件	5	9.5
2141	8419.1100	燃气快速热水器	20	35
2142	8419.1900	其他非电热的快速或贮备式热水器	20	35
2143	8419.3100	农产品干燥器	5	8
2144	8419.3200	木材、纸浆、纸或纸板用干燥器	5	9
2145	8419.3910	微空气流动陶瓷坯件干燥器	5	9
2146	8419.3990	其他用途的干燥器	5	9
2147	8419.6011	制氧量≥15000立方米/小时制氧机	10	12
2148	8419.6019	制氧量<15000立方米/小时制氧机	10	13
2149	8420.1000	砑光机或其他滚压机器	5	8.4
2150	8420.9100	砑光机或其他滚压机器的滚筒	5	8
2151	8420.9900	砑光机或其他滚压机的未列名零件	5	8
2152	8421.1100	奶油分离器	5	8.4
2153	8421.1210	干衣量≤10千克的离心干衣机	15	17.5
2154	8421.1290	干衣量>10千克的离心干衣机	5	8
2155	8421.2110	家用型过滤或净化水的机器及装置	20	25
2156	8421.2200	过滤或净化饮料的机器及装置	10	12
2157	8422.1900	非家用型洗碟机	10	14
2158	8422.3019	其他饮料及液体食品灌装设备	10	12
2159	8422.3021	水泥全自动灌包机	10	12
2160	8422.3029	其他水泥包装机	10	12
2161	8422.9010	洗碟机用零件	10	10.5
2162	8422.9020	饮料及液体食品灌装设备用零件	5	8.5
2163	8422.9090	税号84.22其他未列名机器零件	5	8.5
2164	8423.1000	体重计、婴儿秤及家用秤	10	10.5
2165	8423.3010	定量包装秤	10	10.5
2166	8423.3020	定量分选秤	10	10.5
2167	8423.3030	配料秤	10	10.5
2168	8423.3090	其他恒定秤、物料定量装袋或容器用秤	10	10.5
2169	8423.8110	最大称量≤30千克的计价秤	10	10.5
2170	8423.8120	最大称量≤30千克的弹簧秤	10	10.5
2171	8423.8190	最大称量≤30千克的其他衡器	10	10.5
2172	8423.8210	最大称量30千克-5000千克的地中衡	10	10.5
2173	8423.8290	最大称量30千克-5000千克的其他衡器	10	10.5

序号	税则号列	货品名称	协定税率	最惠国税率
2174	8424.1000	灭火器	5	8.4
2175	8424.2000	喷枪及类似器具	5	8.4
2176	8424.3000	喷汽机、喷砂机及类似喷射机	5	8.4
2177	8424.8100	农业或园艺用喷射、喷雾机械器具	5	8
2178	8425.1100	电动滑车及提升机	5	6
2179	8426.1200	胶轮移动式吊运架及跨运车	5	6
2180	8426.3000	门座式起重机及座式旋臂起重机	5	6
2181	8426.4990	其他不带胶轮的自推进起重机	10	13
2182	8426.9900	其他起重设备	5	6
2183	8427.2090	其他机动叉车及有类似装置工作车	5	9
2184	8427.9000	其他叉车及可升降的工作车	5	9
2185	8428.6010	货运架空索道	5	8
2186	8428.6021	单线循环式客运架空索道	5	8
2187	8428.6029	其他客运架空索道	5	8
2188	8428.6090	其他缆车、座式升降机用牵引装置	5	8
2189	8431.2000	叉车及装有升降装置工作车用零件	5	6
2190	8432.8010	草坪及运动场地滚压机	5	7
2191	8433.1100	机动旋转式割草机	5	6
2192	8433.1900	草坪、公园等用其他割草机	5	6
2193	8433.5100	联合收割机	5	8
2194	8433.5200	其他脱粒机	5	8
2195	8433.5300	根茎或块茎收获机	5	8
2196	8433.5910	甘蔗收获机	5	8
2197	8433.5990	其他收割机	5	8
2198	8434.2000	乳品加工机器	5	6
2199	8435.9000	制酒、果汁等压榨、轧碎机零件	5	6
2200	8436.1000	动物饲料配制机	5	7
2201	8436.9100	家禽饲养机、孵卵器及育雏器零件	5	6
2202	8436.9900	税号 84.36 所列其他机器的零件	5	6
2203	8437.9000	税号 84.37 所列机械的零件	5	6
2204	8438.1000	糕点、通心粉、面条的生产加工机器	5	7
2205	8438.2000	生产糖果、可可粉、巧克力的机器	5	8
2206	8438.4000	酿酒机器	5	7
2207	8438.5000	肉类或家禽加工机器	5	7
2208	8438.8000	84 章其他未列名食品等加工机器	5	8.5

序号	税则号列	货品名称	协定税率	最惠国税率
2209	8439. 1000	制造纤维素纸浆的机器	5	8. 4
2210	8439. 2000	纸或纸板的抄造机器	5	8. 4
2211	8439. 3000	纸或纸板的整理机器	5	8. 4
2212	8439. 9100	制造纤维素纸浆的机器零件	5	6
2213	8439. 9900	制造或整理纸及纸板的机器零件	5	6
2214	8440. 1020	胶订机	10	12
2215	8440. 1090	其他书本装订机器	10	12
2216	8440. 9000	书本装订机器的零件	5	8
2217	8441. 1000	切纸机	10	12
2218	8441. 2000	制造包、袋或信封的机器	10	12
2219	8441. 3010	纸塑铝复合罐生产设备	10	13. 5
2220	8441. 3090	其他制造箱、盒、桶及类似容器的机器	10	13. 5
2221	8441. 4000	纸浆、纸或纸板制品模制成型机器	10	12
2222	8441. 8010	制造纸塑铝软包装的生产设备	10	12
2223	8441. 8090	其他制造纸浆制品、纸制品的机器	10	12
2224	8441. 9010	切纸机零件	5	8
2225	8441. 9090	其他制造纸浆、纸制品的机器零件	5	8. 4
2226	8442. 1000	照像排版及排字机器	5	9
2227	8442. 2000	其他方法排字的机器及器具	5	9
2228	8442. 3010	铸字机	5	9
2229	8442. 3020	制版机器、器具及设备	5	9
2230	8442. 3090	其他铸字、制版用机器、器具及设备	5	9
2231	8442. 4000	铸字、排字、制版机器的零件	5	7
2232	8442. 5000	活字、印刷用版、片及其他部件	5	7
2233	8443. 1200	办公室用片取进料式胶印机	10	12
2234	8443. 2100	卷取进料式凸版印刷机	10	12
2235	8443. 2900	其他凸版印刷机	10	12
2236	8443. 4000	照像凹版印刷机	15	18
2237	8443. 5990	其他印刷机	5	8
2238	8443. 6000	印刷用辅助机器	10	12
2239	8443. 9000	印刷机及其辅助机器的零件	5	6
2240	8445. 2041	棉环锭细纱机	10	10. 5
2241	8446. 1000	所织织物宽度≤30厘米的织机	5	8
2242	8446. 2110	所织织物宽度>30厘米的梭织动力地毯织机	10	12
2243	8446. 3020	所织织物宽度>30厘米的剑杆织机	5	8

序号	税则号列	货品名称	协定税率	最惠国税率
2244	8446.3030	所织织物宽度＞30 厘米的片梭织机	5	8
2245	8446.3040	所织织物宽度＞30 厘米的喷水织机	5	8
2246	8446.3050	所织织物宽度＞30 厘米的喷气织机	5	8
2247	8446.3090	所织织物宽度＞30 厘米的其他无梭织机	5	8
2248	8447.1100	圆筒直径≤165 毫米的圆型针织机	5	8
2249	8447.1200	圆筒直径＞165 毫米的圆型针织机	5	8
2250	8447.2010	经编机	5	8
2251	8447.2020	其他平型针织机	5	8
2252	8447.2030	缝编机	5	8
2253	8447.9011	地毯织机	5	7
2254	8447.9019	其他簇绒机	5	8
2255	8447.9020	绣花机	5	8
2256	8448.1100	多臂机或提花机	5	8
2257	8448.1900	税号 84.44 至 84.47 所列的其他辅助机器	5	8
2258	8448.2020	喷丝头或喷丝板	5	6
2259	8448.2090	纤维挤压机及其辅助机器的其他零附件	5	6
2260	8448.3100	钢丝针布	5	6
2261	8448.3200	纺织纤维预处理机器的其他零附件	5	6
2262	8448.3310	络筒锭	5	6
2263	8448.3390	其他锭子、锭壳、纺丝环、钢丝圈	5	6
2264	8448.3910	气流杯	5	6
2265	8448.3920	电子清纱器	5	6
2266	8448.3930	空气捻接器	5	6
2267	8448.3990	税号 84.45 所机器的其他零附件	5	6
2268	8448.4100	梭子	5	6
2269	8448.4200	织机用筘、综丝及综框	5	6
2270	8448.4910	接、投梭箱	5	6
2271	8448.4920	引纬、送经装置	5	6
2272	8448.4990	织机及其辅助机器用其他零附件	5	6
2273	8448.5120	针织机用 28 号以下的弹簧针、钩针及复合针	5	6
2274	8448.5190	沉降片、其他织针及成圈机件	5	6
2275	8448.5900	税号 84.47 机器用的其他零附件	5	6
2276	8449.0000	成匹、成型的毡呢制造或整理机器	5	8
2277	8451.1000	干洗机	20	21
2278	8451.2900	干衣量＞10 千克的干燥机	5	8

序号	税则号列	货品名称	协定税率	最惠国税率
2279	8451.4000	洗涤、漂白或染色机器	5	8.4
2280	8451.5000	纺织物卷绕、退绕、折叠、剪切或剪齿边机器	5	8
2281	8451.8000	税号84.51所列其他未列名的机器	10	12
2282	8451.9000	税号84.51所列机器的零件	5	8
2283	84521.000	家用型缝纫机	20	21
2284	84522.110	平缝机	10	12
2285	8452.2190	其他自动缝纫机	10	12
2286	8452.2900	其他非自动缝纫机	10	12
2287	8452.3000	缝纫机针	10	14
2288	8452.4000	缝纫机专用特制家具及其零件	10	14
2289	8452.9011	家用型缝纫机用旋梭	10	14
2290	8452.9019	家用型缝纫机用其他零件	10	14
2291	8452.9091	其他缝纫机用旋梭	10	14
2292	8452.9099	其他缝纫机用其他零件	10	14
2293	8453.1000	生皮、皮革的处理、鞣制或加工机器	5	8.4
2294	8453.2000	鞋靴制作或修理机器	5	8.4
2295	8453.8000	毛皮及其他皮革的制作或修理机器	5	8.4
2296	8453.9000	税号84.53所列机器的零件	5	8
2297	8454.1000	金属冶炼及铸造用转炉	5	8.4
2298	8454.2010	炉外精炼设备	5	8.4
2299	8454.2090	其他金属冶炼及铸造用锭模及浇包	5	8.4
2300	8454.3010	冷室压铸机	10	12
2301	8454.3022	板坯连铸机	10	12
2302	8454.3029	其他钢坯连铸机	10	12
2303	8454.3090	其他金属冶炼及铸造用铸造机	10	12
2304	8454.9010	炉外精炼设备用零件	5	8
2305	8454.9021	结晶器	5	8
2306	8454.9022	振动装置	5	8
2307	8454.9029	其他钢坯连铸机用零件	5	8
2308	8454.9090	其他冶炼等用转炉及铸造机的零件	5	8
2309	8455.1010	热轧管机	10	12
2310	8455.1020	冷轧管机	10	12
2311	8455.1030	定、减径轧管机	10	12
2312	8455.1090	其他金属轧管机	10	12
2313	8455.3000	金属轧机用轧辊	5	8.4

序号	税则号列	货品名称	协定税率	最惠国税率
2314	8455. 9000	金属轧机的其他零件	5	8
2315	8456. 3010	数控的用放电处理各种材料的加工机床	5	9. 7
2316	8457. 1010	立式加工中心	5	9. 7
2317	8457. 1020	卧式加工中心	5	9. 7
2318	8457. 1030	龙门式加工中心	5	9. 7
2319	8457. 1090	其他加工金属的加工中心	5	9. 7
2320	8457. 2000	加工金属的单工位组合机床	5	8
2321	8458. 1100	切削金属的数控卧式车床	5	9. 7
2322	8458. 1900	切削金属的非数控卧式车床	10	12
2323	8458. 9900	切削金属的其他车床	10	12
2324	8459. 2100	切削金属的数控钻床	5	9. 7
2325	8459. 3100	切削金属的数控镗铣机床	5	9. 7
2326	8459. 4010	切削金属的数控镗床	5	9. 7
2327	8459. 5100	切削金属的升降台式数控铣床	5	9. 7
2328	8459. 6910	切削金属的非数控龙门铣床	10	12
2329	8459. 6990	切削金属的其他铣床	10	12
2330	8459. 7000	切削金属的其他攻丝机床	10	12
2331	8460. 1100	数控平面磨床	5	9. 7
2332	8460. 2110	数控外圆磨床	5	9. 7
2333	8460. 2120	数控内圆磨床	5	9. 7
2334	8460. 2190	其他数控磨床	5	9. 7
2335	8460. 2930	非数控轧辊磨床	10	13
2336	8460. 2990	其他磨床	10	13
2337	8460. 3100	数控刃磨（工具或刀具）机床	5	9. 7
2338	8460. 4010	珩磨机床	10	13
2339	8460. 4020	研磨机床	10	13
2340	8461. 3000	拉床	10	12
2341	8461. 4010	数控切齿机、齿轮磨床或齿轮精加工机床	5	9. 7
2342	8461. 5000	锯床或切断机	10	12
2343	8461. 9090	税号 84. 61 的未列名机床	10	12
2344	8462. 1010	数控锻造或冲压机床及锻锤	5	9. 7
2345	8462. 1090	非数控锻造或冲压机床及锻锤	10	12
2346	8462. 2110	数控矫直机	5	9. 7
2347	8462. 2190	数控的其他弯曲、折叠、矫直或矫平机床	5	9. 7
2348	8462. 3110	数控的板带纵剪机	5	7

序号	税则号列	货品名称	协定税率	最惠国税率
2349	8462.3120	数控的板带横剪机	5	7
2350	8462.3190	数控的其他剪切机床	5	7
2351	8462.4111	自动换模式数控步冲压力机	5	9.7
2352	8462.4119	其他数控冲床	5	9.7
2353	8462.4190	其他数控冲孔、开槽机、冲剪两用机	5	9.7
2354	8466.1000	工具夹具及自启板牙切头	5	7
2355	8466.2000	工件夹具	5	7
2356	8466.3000	分度头及其他专用于机床的附件	5	7
2357	8466.9200	税号84.65所列机器用的零附件	5	6
2358	8466.9400	税号84.62、84.63机器用其他零附件	5	6
2359	8467.1100	旋转式手提风动工具	5	8
2360	8467.1900	其他手提式风动工具	5	8
2361	8467.8100	手提式液压或其他动力链锯	5	8
2362	8467.8900	其他手提式液压或其他动力工具	5	8
2363	8467.9110	电动链锯用零件	5	6
2364	8467.9190	其他链锯用零件	5	6
2365	8467.9200	风动工具零件	5	6
2366	8467.9990	其他手提式工具用零件	5	6
2367	8468.1000	手提喷焊器	10	12
2368	8468.2000	其他气体焊或表面回火机器及装置	10	12
2369	8468.8000	其他焊接机器及装置	10	12
2370	8468.9000	焊接机器用零件	5	7
2371	8469.1200	自动打字机	10	12
2372	8469.2000	其他电动打字机	10	12
2373	8469.3000	其他非电动打字机	10	12
2374	8472.1000	胶版复印机、油印机	10	14
2375	8472.2000	地址印写机及地址铭牌压印机	10	14
2376	8472.3090	其他信件分类、折叠、信封装封机等机器	10	14
2377	8473.1000	打字机、文字处理机的零附件	5	8
2378	8473.4010	自动柜员机用出钞器	10	10.5
2379	8473.4090	税号84.72所列其他办公室用机器零附件	10	10.5
2380	8474.3100	混凝土或砂浆混合机器	5	7
2381	8474.3200	矿物与沥青的混合机器	5	7
2382	8475.1000	白炽灯炮、灯管等的封装机	5	8
2383	8475.9000	税号84.75所列机器的零件	5	8

序号	税则号列	货品名称	协定税率	最惠国税率
2384	8479.1022	稳定土摊铺机	5	8
2385	8479.1029	其他摊铺机	5	8
2386	8479.1090	其他公共工程用的机器	5	8
2387	8479.4000	绳或缆的制造机器	5	7
2388	8479.8110	绕线机	5	9.5
2389	8479.8190	其他处理金属的机械	5	9.5
2390	8479.8200	其他混合、研磨、筛选、均化等机器	5	7
2391	8480.2000	型模底板	5	8
2392	8480.4100	金属、硬质合金用注模或压模	5	8
2393	8480.4900	金属、硬质合金用其他型模	5	8
2394	8480.5000	玻璃用型模	5	8.4
2395	8480.6000	矿物材料用型模	5	8.4
2396	8481.8010	其他阀门	5	7
2397	8481.9010	阀门用零件	5	8
2398	8481.9090	龙头、旋塞及类似装置的零件	5	8
2399	8482.1000	滚珠轴承	5	8
2400	8482.2000	锥形滚子轴承	5	8
2401	8482.3000	鼓形滚子轴承	5	8
2402	8482.4000	滚针轴承	5	8
2403	8482.5000	其他圆柱形滚子轴承	5	8
2404	8482.8000	其他滚动轴承及球、柱混合轴承	5	8
2405	8482.9100	滚珠、滚针及滚柱	5	8
2406	8482.9900	滚动轴承的其他零件	5	6
2407	8483.1010	船舶用传动轴	5	6
2408	8483.1090	其他传动轴及曲柄	5	6
2409	8483.2000	装有滚珠或滚子轴承的轴承座	5	6
2410	8483.3000	未装滚珠或滚子轴承的轴承座	5	6
2411	8483.4010	滚子螺杆传动装置	5	8
2412	8483.4020	行星齿轮减速器	5	8
2413	8483.4090	其他齿轮及齿轮传动装置	5	8
2414	8483.5000	飞轮、滑轮及滑轮组	5	8
2415	8483.6000	离合器及联轴器（包括万向节）	5	8
2416	8483.9000	单独报验的带齿的轮及其他传动元件；零件	5	8
2417	8484.1000	金属片密封垫或类似接合衬垫	5	8
2418	8484.2000	机械密封件	5	8

序号	税则号列	货品名称	协定税率	最惠国税率
2419	8484.9000	其他材料制密封垫及类似接合衬垫	5	8
2420	8485.1000	船用推进器及桨叶	5	6
2421	8485.9000	本章其他税号未列名机器零件	5	8
2422	8501.1010	输出功率≤37.5瓦玩具电动机	20	24.5
2423	8501.2000	输出功率>37.5瓦交直流两用电动机	10	12
2424	8501.3100	输出功率≤750瓦直流电动机、发电机	10	12
2425	8501.3400	输出功率>375千瓦直流电动机、发电机	10	12
2426	8501.4000	单相交流电动机	10	12
2427	8501.5300	输出功率>75千瓦多相交流电动机	10	12
2428	8501.6200	75千伏安<输出功率≤375千伏安交流发电机	10	12
2429	8501.6300	375千伏安<输出功率≤750千伏安交流发电机	10	12
2430	8501.6420	350千伏安≤输出功率<665毫伏安交流发电机	5	5.8
2431	8501.6430	输出功率≥665毫伏安交流发电机	5	6
2432	8502.3100	风力驱动的发电机组	5	8
2433	8503.0010	玩具用电动机微电机零件	10	12
2434	8503.0090	其他电动机、发电机（组）零件	5	8
2435	8504.9019	其他变压器零件	5	8
2436	8504.9020	稳压电源及不间断供电电源零件	5	8
2437	8504.9090	其他静止式变流器及电感器零件	5	8
2438	8505.1110	稀土永磁体	5	7
2439	8505.1190	其他金属的永磁体	5	7
2440	8505.1900	非金属永磁体	5	7
2441	8505.2000	电磁联轴节、离合器及制动器	5	8
2442	8505.3000	电磁起重吸盘	5	8
2443	8505.9000	电磁夹具等及税号85.02的零件	5	8
2444	8506.3000	氧化汞的原电池及原电池组	10	14
2445	8506.4000	氧化银的原电池及原电池组	10	14
2446	8506.5000	锂的原电池及原电池组	10	14
2447	8506.6000	锌空气的原电池及原电池组	10	14
2448	8509.2000	地板打蜡机	20	30
2449	8509.8000	其他家用电动器具	20	30
2450	8510.1000	电动剃须刀	20	30
2451	8510.2000	电动毛发推剪	20	30
2452	8510.9000	税号85.10所列货品的零件	20	24.5
2453	8511.3090	其他用途用分电器、点火线圈	5	8.4

序号	税则号列	货品名称	协定税率	最惠国税率
2454	8511.4091	输出功率≥132.39千瓦启动电机	5	8.4
2455	8511.4099	其他用途的启动电机	5	8.4
2456	8511.5090	其他附属于内燃发动机的发电机	5	8.4
2457	8511.8000	发动机用电点火、起动的其他装置	5	8.4
2458	8512.1000	自行车用照明或视觉信号装置	10	10.5
2459	8512.9000	税号85.12所列装置的零件	5	8
2460	8514.9010	炼钢电炉用零件	5	8
2461	8515.8000	其他焊接机器及装置	5	8
2462	8515.9000	电气等焊接机器及装置零件	5	6
2463	8516.2100	电气储存式散热器	20	35
2464	8516.3200	其他电热理发器具	20	35
2465	8516.3300	电热干手器	20	35
2466	8516.7100	电热咖啡壶或茶壶	20	32
2467	8516.7200	电热烤面包器	20	32
2468	8516.9010	土壤加热器及加热电阻器零件	5	8
2469	8516.9090	税号85.16所列货品的其他零件	10	12
2470	8518.4000	音频扩大器	10	12
2471	8518.9000	税号85.18所列货品的零件	10	10.5
2472	8519.1000	投币式唱机	20	30
2473	8519.2100	不带扬声器的其他唱机	20	30
2474	8519.2900	带扬声器的其他唱机	20	30
2475	8519.3100	装有自动换片装置转盘（唱机唱盘）	20	30
2476	8519.3900	无自动换片装置的转盘（唱机唱盘）	20	30
2477	8519.9910	激光唱机	20	30
2478	8520.1000	需外接电源的口授记录机	20	25
2479	8522.1000	拾音头	20	35
2480	8522.9010	转盘或唱机用零附件	20	25
2481	8522.9021	录音机走带机构（机芯）	20	25
2482	8522.9022	磁头	20	25
2483	8522.9029	盒式磁带录音机或放声机其他零件	20	30
2484	8522.9031	激光视盘机的机芯	20	30
2485	8522.9039	其他视频信号录放设备的零件、附件	20	30
2486	8523.3000	未录制的磁条卡	15	17.5
2487	8527.9090	其他无线电话、电报、广播接收设备	5	9
2488	8530.8000	其他用电气信号、安全、交通设备	5	8

序号	税则号列	货品名称	协定税率	最惠国税率
2489	8530.9000	税号85.30所列设备的零件	5	8
2490	8535.1000	电路熔断器（电压>1000伏）	10	14
2491	8535.2100	电压<72.5千伏自动断路器	10	14
2492	8535.4000	避雷器、电压限幅器及电涌抑制器	15	18
2493	8536.2000	电压≤1000伏自动断路器	5	9
2494	8536.3000	电压≤1000伏其他电路保护装置	5	9
2495	8538.9000	税号85.35、85.36或85.37装置的零件	5	7
2496	8539.2110	科研、医疗专用卤钨灯	5	8
2497	8539.2120	火车、航空器及船舶用卤钨灯	5	8
2498	8539.2190	其他卤钨灯	10	10.5
2499	8539.3210	科研医疗用汞或钠蒸汽灯	5	8
2500	8539.3220	火车、飞机及船舶用汞或钠蒸汽灯	5	8
2501	8539.3290	其他用途的汞或钠蒸汽灯	5	8
2502	8539.4100	弧光灯	5	8
2503	8539.4900	紫外线或红外线灯	5	8
2504	8539.9000	税号85.39所列货品的零件	5	8
2505	8540.1100	彩色阴极射线电视显像管	10	12
2506	8540.2010	电视摄像管	10	12
2507	8540.2090	变像管、图像增强管及光阴极管	5	8
2508	8540.4000	点距<0.4毫米彩色数据/图形显示管	5	8
2509	8540.5000	黑白或其他单色数据/图形显示管	5	8
2510	8540.6010	雷达显示管	5	6
2511	8540.6090	其他阴极射线管	5	8
2512	8540.7100	磁控管	5	8
2513	8540.7200	速调管	5	8
2514	8540.7900	其他微波管	5	8
2515	8540.8100	接收管或放大管	5	8
2516	8540.8900	其他电子管	5	8
2517	8540.9110	电视显像管零件	5	6
2518	8540.9190	其他阴极射线管零件	5	8
2519	8540.9910	电视摄像管零件	5	8
2520	8540.9990	其他热电子管、冷阴极管零件	5	8
2521	8543.2090	输出信号频率≥1500MHZ的通用信号发生器	5	8
2522	8545.1100	炉用碳电极	5	8
2523	8545.1900	其他碳电极	10	10.5

序号	税则号列	货品名称	协定税率	最惠国税率
2524	8545.2000	碳刷	10	10.5
2525	8545.9000	灯碳棒、电池碳棒及其他石墨制品	10	10.5
2526	8546.1000	玻璃制绝缘子	10	10.5
2527	8546.2010	输变电线路绝缘瓷套管	5	6
2528	8546.2090	其他陶瓷制绝缘子	10	12
2529	8547.1000	陶瓷制绝缘零件	5	8
2530	8547.2000	塑料制绝缘零件	5	8
2531	8547.9090	其他材料制绝缘配件	5	8
2532	8548.1000	电池废碎料及废电池	5	8
2533	8548.9000	85 章其他未列名的电气零件	10	12
2534	8604.0099	铁道及电车道用其他维修或服务车	5	7
2535	8609.0010	20 英尺的集装箱	10	10.5
2536	8609.0020	40 英尺的集装箱	10	10.5
2537	8609.0030	45、48、53 英尺的集装箱	10	10.5
2538	8609.0090	其他集装箱	10	10.5
2539	8701.1000	手扶拖拉机	5	9
2540	8701.3000	履带式牵引车、拖拉机	5	6
2541	8701.9011	轮式拖拉机	5	8
2542	8701.9019	其他拖拉机	5	8
2543	8701.9090	其他牵引车	5	8
2544	8708.5010	牵引车、拖拉机用驱动桥	5	6
2545	8708.5030	非公路自卸车用驱动桥	5	6
2546	8709.9000	短距离运货车、站台牵引车用零件	5	8.4
2547	8713.1000	非机械驱动的残疾人用车	5	6
2548	8901.1090	非机动巡航船、游览船及各式渡船	5	8
2549	8901.3000	冷藏船	5	9
2550	8901.9080	其他机动货运船舶	5	9
2551	8901.9090	非机动货运船舶及客货兼运船舶	5	8
2552	8902.0010	机动捕鱼船	5	7
2553	8902.0090	非机动捕鱼船	5	8
2554	8903.9100	帆船	5	8
2555	8903.9200	汽艇	10	10.5
2556	8904.0000	拖轮及顶推船	5	9
2557	8905.2000	浮动或潜水式钻探或生产平台	5	6
2558	8906.9090	其他未列名非机动船舶	5	8

序号	税则号列	货品名称	协定税率	最惠国税率
2559	8907.1000	充气筏	5	8
2560	8907.9000	其他浮动结构体	5	8
2561	9001.2000	偏振材料制的片及板	5	8
2562	9001.9000	税号 90.01 未列名的其他光学元件	5	8
2563	9002.1110	特殊用途照相机用物镜	5	8
2564	9002.1120	缩微阅读机用物镜	5	8
2565	9003.1100	塑料制眼镜架	15	18
2566	9004.9010	变色镜	15	16
2567	9005.8090	其他光学望远镜	10	12
2568	9005.9090	其他望远镜零附件	5	8
2569	9006.1010	电子分色机	10	12
2570	9006.2000	缩微照相机	5	9
2571	9006.3000	特种用途的照相机	5	9
2572	9006.5100	通过镜头取景的照相机	20	25
2573	9006.5200	使用胶片宽 <35 毫米的其他照相机	20	25
2574	9006.5990	其他照相机	20	25
2575	9006.6100	放电式（电子式）闪光灯装置	15	18
2576	9006.6200	闪光灯泡、方形闪光灯及类似品	15	18
2577	9006.6900	其他照相闪光灯装置	15	18
2578	9006.9110	特种用途照相机的零附件	5	8
2579	9006.9900	照相闪光灯装置及闪光灯泡的零件	10	12
2580	9007.1100	胶片宽度 <16 毫米的摄影机	10	14
2581	9007.1910	胶片宽度≤16 毫米的高速电影摄影机	10	14
2582	9007.1990	胶片宽度≥16 毫米的其他电影摄影机	10	14
2583	9007.2000	放映机	10	14
2584	9007.9100	电影摄影机用零附件	5	8.4
2585	9007.9200	电影放映机用零附件	5	8.4
2586	9008.1000	幻灯机	10	14
2587	9008.3010	正射投影仪	15	18
2588	9008.3090	其他影像投影仪	15	18
2589	9008.9010	缩微阅读机的零附件	5	8
2590	9008.9020	照片放大机及缩片机的零附件	10	14
2591	9008.9090	其他影像投影仪的零附件	10	14
2592	9010.1010	电影用胶卷的自动显影装置及设备	10	14
2593	9010.1020	特种照相胶卷自动显影装置及设备	5	8.4

序号	税则号列	货品名称	协定税率	最惠国税率
2594	9010.1091	彩色胶卷用自动显影及设备	20	25
2595	9010.5010	负片显示器	10	14
2596	9010.5021	电影用的洗印装置	10	14
2597	9010.5022	特种照相用的洗印装置	5	8.4
2598	9010.5029	其他照相用的洗印装置	15	17
2599	9010.6000	银幕及其他投影屏幕	10	14
2600	9011.8000	其他显微镜	5	7
2601	9013.1000	武器用望远镜瞄准具及其他望远镜	5	8
2602	9013.2000	激光器	5	6
2603	9013.8010	放大镜	10	12
2604	9013.8020	光学门眼	10	12
2605	9013.9010	激光器、望远镜等装置的零附件	5	6
2606	9013.9090	税号90.13所列其他货品的零附件	5	8
2607	9015.1000	测距仪	5	9
2608	9015.2000	经纬仪及视距仪	5	9
2609	9015.3000	水平仪	5	9
2610	9015.4000	摄影测量用仪器及装置	5	9
2611	9016.0010	感量为0.1毫克或更精密的天平	5	9
2612	9016.0090	0.1毫克<感量≤50毫克的天平	10	10.5
2613	9017.1000	绘图台及绘图机，不论是否自动	5	8
2614	9017.3000	千分尺、卡尺及量规	5	8
2615	9017.8000	其他手用测量长度的器具	5	8
2616	9018.1210	B型超声波诊断仪	5	7
2617	9018.3100	注射器	5	8
2618	9018.3210	管状金属针头	5	8
2619	9020.0000	其他呼吸器具及防毒面具	5	8
2620	9022.2900	其他非医疗用α、β、γ射线设备	5	6
2621	9022.9010	X射线影像增强器	5	6
2622	9022.9090	税号90.22所列其他设备及零件	5	6
2623	9023.0000	专供示范的仪器、装置及模型	5	7
2624	9024.1000	金属材料的试验用机器及器具	5	7
2625	9024.9000	各种材料的试验用机器零附件	5	6
2626	9025.1910	非液体的工业用温度计及高温计	5	8.4
2627	9025.1990	非液体的其他温度计、高温计	5	8.4
2628	9025.8000	其他温度计、比重计、湿度计等仪器	10	11

序号	税则号列	货品名称	协定税率	最惠国税率
2629	9025.9000	比重计、温度计等类似仪器的零件	5	8
2630	9027.1000	气体或烟雾分析仪	5	7
2631	9027.4000	曝光表	10	14
2632	9028.9010	工业用计量仪表零附件	5	8.4
2633	9028.9090	非工业用计量仪表零附件	5	8.4
2634	9029.9000	转数计、车费计及类似仪表零件	5	6
2635	9030.3920	电阻测试仪	10	14
2636	9030.3990	检测电压、电流及功率的其他仪器	5	9
2637	9030.8390	其他电量的测量或检验仪器及装置	5	8
2638	9030.8910	其他电感及电容测试仪	10	14
2639	9030.8990	其他电量的测量或检验仪器及装置	5	8
2640	9030.9000	税号90.30所属货品的零件及附件	5	7
2641	9031.1000	机械零件平衡试验机	5	7
2642	9031.2000	试验台	5	7
2643	9032.2000	恒压器	5	7
2644	9032.8100	液压或气压的其他仪器及装置	5	7
2645	9032.8900	非液压或气压的其他仪器及装置	5	7
2646	9033.0000	90章未列名零附件	5	6
2647	9101.1100	机械指示式的贵金属电子手表	10	11
2648	9101.1200	光电显示式的贵金属电子手表	15	16
2649	9101.2100	自动上弦的贵金属机械手表	10	11
2650	9102.1200	光电显示式的其他电子手表	20	23
2651	9102.2100	其他自动上弦的机械手表	10	11
2652	9103.1000	以表芯装成的电子钟	20	23
2653	9105.1100	电子闹钟	20	23
2654	9105.2100	电子挂钟	20	23
2655	9105.9190	其他电子钟	20	23
2656	9105.9900	其他机械钟	15	16
2657	9106.1000	考勤钟、时刻记录器	15	16
2658	9106.2000	停车计时表	15	16
2659	9106.9000	其他时间记录器及其他类似装置	15	16
2660	9107.0000	定时开关	10	12
2661	9108.1100	已组装的机械指示式完整电子表芯	15	16
2662	9108.1200	已组装的光电显示式完整电子表芯	15	16
2663	9108.1900	其他已组装的完整电子表芯	15	16

序号	税则号列	货品名称	协定税率	最惠国税率
2664	9108.2000	已组装的自动上弦完整表芯	15	16
2665	9108.9010	已组装表面≤33.8毫米机械完整表芯	15	16
2666	9108.9090	其他已组装完整机械表芯	15	16
2667	9109.1100	已组装的电子完整闹钟芯	15	16
2668	9109.1900	已组装的其他完整电子钟芯	15	16
2669	9109.9000	已组装的完整机械钟芯	15	16
2670	9110.1100	未组装的完整表机芯	15	16
2671	9110.1200	已组装的不完整表机芯	15	16
2672	9110.1900	未组装的不完整表机芯	15	16
2673	9110.9010	未组装的完整的钟机芯	15	16
2674	9110.9090	不完整的钟机芯	15	16
2675	9111.1000	贵金属或包贵金属制的表壳	10	14
2676	9111.2000	贱金属制的表壳	10	14
2677	9111.8000	非金属制的表壳	10	14
2678	9111.9000	表壳的零件	10	14
2679	9112.2000	钟壳	10	14
2680	9112.9000	钟壳零件	10	12
2681	9113.2000	贱金属制的表带及其零件	10	14
2682	9113.9000	非金属制的表带及其零件	10	14
2683	9114.1000	钟、表的发条	10	14
2684	9114.2000	钟、表的宝石轴承	10	14
2685	9114.3000	钟面或表面	10	14
2686	9114.4000	钟、表的夹板及横担（过桥）	10	14
2687	9114.9000	钟、表的其他零件	10	14
2688	9202.1000	弓弦乐器	15	17.5
2689	9202.9000	其他弦乐器	15	17.5
2690	9204.1000	手风琴及类似乐器	20	21
2691	9204.2000	口琴	20	21
2692	9205.1000	铜管乐器	15	17.5
2693	9205.9000	其他管乐器	15	17.5
2694	9206.0000	打击乐器	15	17.5
2695	9207.1000	通过电产生或扩大声音的键盘乐器	20	30
2696	9207.9000	其他通过电产生或扩大声音的乐器	20	30
2697	9208.1000	百音盒	20	22
2698	9208.9000	92章未列名的其他乐器	20	22

序号	税则号列	货品名称	协定税率	最惠国税率
2699	9209.1000	节拍器、音叉及定音管	15	17.5
2700	9209.2000	百音盒的机械装置	15	17.5
2701	9209.3000	乐器用的弦	15	17.5
2702	9209.9100	钢琴的零附件	15	17.5
2703	9209.9200	税号92.02所列乐器的零附件	15	17.5
2704	9209.9300	税号92.03所列乐器的零附件	15	17.5
2705	9209.9400	税号92.07所列乐器的零附件	15	17.5
2706	9209.9900	本章其他编号未列名的乐器零件	15	17.5
2707	9301.1100	自动推进的火炮武器	10	13
2708	9301.1900	其他火炮武器	10	13
2709	9301.2000	火箭发射装置、火焰喷射器等	10	13
2710	9301.9000	其他军用武器	10	13
2711	9302.0000	左轮手枪及其他手枪	10	13
2712	9303.1000	前装枪	10	13
2713	9303.2000	其他运动、狩猎或打靶用滑膛枪	10	13
2714	9303.3000	其他运动、狩猎或打靶用步枪	10	13
2715	9303.9000	其他火器及类似装置	10	13
2716	9304.0000	其他武器（如弹簧枪、气枪、警棍等）	10	13
2717	9305.1000	左轮手枪或其他手枪的零件及附件	10	13
2718	9305.2100	滑膛枪筒	10	13
2719	9305.2900	滑膛枪或步枪用其他零件及附件	10	13
2720	9305.9100	军用武器的零附件	10	13
2721	9305.9900	其他武器的零附件	10	13
2722	9306.1000	铆接机或类似工具的子弹及其零件	10	13
2723	9306.2100	猎枪弹	10	13
2724	9306.2900	猎枪弹的零件及气枪弹丸	10	13
2725	9306.3000	其他子弹及其零件	10	13
2726	9306.9000	其他弹药和射弹及其零件	10	13
2727	9307.0000	剑、刀、长矛和类似的武器及其零件	10	13
2728	9405.3000	圣诞树用的成套灯具	15	16
2729	9405.4010	探照灯	15	17.5
2730	9405.4020	聚光灯	15	17.5
2731	9506.1100	滑雪屐	10	14
2732	9506.1200	滑雪屐扣件（滑雪屐带）	10	14
2733	9506.1900	其他滑雪用具	10	14

序号	税则号列	货品名称	协定税率	最惠国税率
2734	9506.2100	帆板	10	12
2735	9506.2900	其他水上运动用具	10	14
2736	9506.3100	完整的高尔夫球棍	10	14
2737	9506.3200	高尔夫球	10	12
2738	9506.3900	其他高尔夫球用具	10	14
2739	9506.4010	乒乓球	10	12
2740	9506.4090	其他乒乓球运动用品及器械	10	14
2741	9506.5100	草地网球拍	10	14
2742	9506.5900	其他网球拍、羽毛球拍或类似球拍	10	14
2743	9506.6900	其他球	10	12
2744	9506.7010	溜冰鞋	10	14
2745	9506.7020	旱冰鞋	10	14
2746	9506.9110	健身及康复器械	10	12
2747	9506.9120	滑板	10	12
2748	9506.9190	一般的体育活动、体操或竞技用品	10	12
2749	9506.9900	其他未列名的95章用品及设备	10	12
2750	9507.1000	钓鱼竿	20	21
2751	9507.2000	钓鱼钩	20	21
2752	9507.3000	钓线轮	20	21
2753	9507.9000	其他钓鱼用品	20	21
2754	9602.0010	装药用胶囊	10	10.5
2755	9602.0090	已加工植物或矿物质雕刻料及制品	20	25
2756	9603.1000	用枝条或其他植物材料捆扎成的帚	20	25
2757	9603.2100	牙刷，包括齿板刷	20	25
2758	9603.3010	画笔	20	25
2759	9603.3090	化妆用的类似笔	20	25
2760	9603.4019	其他材料制漆刷及类似刷	20	23
2761	9603.4020	油漆块垫及滚筒	20	23
2762	9603.5011	作为机器、器具零件的金属丝刷	10	14
2763	9603.5019	作为车辆零件的金属丝刷	10	14
2764	9603.5091	作为机器、器具零件的其他刷	10	14
2765	9603.5099	作为车辆零件的其他刷	10	14
2766	9603.9010	羽毛掸	20	21
2767	9604.0000	手用粗筛、细筛	20	21
2768	9606.1000	揿扣及其零件	20	21

序号	税则号列	货品名称	协定税率	最惠国税率
2769	9606.2100	塑料制钮扣，未用纺织材料包裹	20	21
2770	9607.1100	装有贱金属齿的拉链	20	21
2771	9607.1900	其他拉链	20	21
2772	9607.2000	拉链零件	20	21
2773	9608.2000	毡尖和其他渗水式笔尖笔及唛头笔	20	21
2774	9608.3100	墨汁画笔	20	21
2775	9608.3910	自来水笔	20	21
2776	9608.3990	其他钢笔	20	21
2777	9608.4000	活动铅笔	20	21
2778	9608.5000	含有≥两种笔的成套货品	20	21
2779	9608.6000	圆珠笔芯	20	21
2780	9608.9100	钢笔头及笔尖粒	10	12
2781	9608.9910	机器、仪器用笔	15	17.5
2782	9608.9920	蜡纸铁笔、钢笔杆、铅笔杆等	20	21
2783	9608.9990	其他笔零件	20	21
2784	9609.1010	铅笔	20	21
2785	9609.1020	颜色铅笔	20	21
2786	9609.2000	铅笔芯，黑的或其他颜色的	20	21
2787	9611.0000	手用日期戳、封缄戳、编号戳及类似印戳	20	21
2788	9612.1000	打字机色带或类似色带	10	10.5
2789	9612.2000	印台	20	25
2790	9613.1000	一次性袖珍气体打火机	20	25
2791	9613.2000	可充气袖珍气体打火机	20	25
2792	9613.8000	其他打火器	20	25
2793	9613.9000	打火机及打火器零件	20	25
2794	9614.2000	烟斗及烟斗头	20	25
2795	9614.9000	烟嘴及其零件	20	25
2796	9615.1100	硬质橡胶或塑料制梳子、发夹及类似品	15	18
2797	9615.1900	其他材料制梳子、发夹及类似品	15	18
2798	9615.9000	其他发夹、卷发器等及其零件	15	18
2799	9616.1000	香水喷雾器或类似的化妆用喷雾器	15	18
2800	9616.2000	施敷脂粉或化妆品用粉扑及粉拍	15	18
2801	9617.0010	保温瓶及零件	20	24
2802	9617.0090	其他真空容器及零件	15	18
2803	9618.0000	裁缝用人体模型及其他人体模型	20	21

序号	税则号列	货品名称	协定税率	最惠国税率
2804	9701.1010	手绘油画、粉画及其他画的原件	10	12
2805	9701.1020	手绘油画、粉画及其他画的复制品	10	14
2806	9701.9000	拼贴画及类似装饰板	10	14
2807	9702.0000	雕版画、印制画、石印画的原本	10	12
2808	9703.0000	各种材料制的雕塑品原件	10	12
2809	9704.0010	使用或未使用的，邮票	5	8
2810	9704.0090	其他使用或未使用的邮票、印花税票及类似票证	10	14

附件2

中国—东盟自由贸易区2005年六国协定税率分国别执行表

序号	税则号列	货品名称	文莱	印尼	马来西亚	缅甸	新加坡	泰国	最惠国税率
1	0801.3100	鲜或干的未去壳腰果	5	5	5	5	0	0	20
2	0801.3200	鲜或干的去壳腰果	5	5	5	5	0	0	10
3	0802.1100	鲜或干的未去壳巴旦杏	5	5	5	5	0	0	24
4	0802.2100	鲜或干的未去壳榛子	5	5	5	5	0	0	25
5	0802.3100	鲜或干的未去壳核桃	5	5	5	5	0	0	25
6	0802.3200	鲜或干的去壳核桃	5	5	5	5	0	0	20
7	0802.4010	鲜或干板栗	5	5	5	5	0	0	25
8	0802.4090	其他鲜或干栗子	5	5	5	5	0	0	25
9	0802.9020	鲜或干的白果	5	5	5	5	0	0	25
10	0802.9030	鲜或干的松子仁	5	5	5	5	0	0	25
11	0802.9049	鲜或干的其他夏威夷果	5	5	5	5	0	0	24
12	0802.9090	其他鲜或干坚果	5	5	5	5	0	0	24
13	0804.2000	鲜或干的无花果	5	5	5	5	0	0	30
14	0804.4000	鲜或干鳄梨	5	5	5	5	0	0	25
15	0804.5010	鲜或干番石榴	5	5	5	5	0	0	15
16	0804.5020	鲜或干芒果	5	5	5	5	0	0	15
17	0804.5030	鲜或干山竹果	5	5	5	5	0	0	15
18	0805.1000	鲜或干橙	5	5	5	5	0	0	11
19	0805.2010	鲜或干蕉柑	5	5	5	5	0	0	12
20	0805.2020	阔叶柑橘	5	5	5	5	0	0	12
21	0805.2090	其他鲜或干的柑桔及杂交柑桔	5	5	5	5	0	0	12

序号	税则号列	货品名称	文莱	印尼	马来西亚	缅甸	新加坡	泰国	最惠国税率
22	0805.4000	鲜或干柚	5	5	5	5	0	0	12
23	0805.5000	鲜或干的柠檬及酸橙	5	5	5	5	0	0	11
24	0805.9000	其他鲜或干的柑桔属水果	5	5	5	5	0	0	30
25	0806.1000	鲜葡萄	5	5	5	5	0	0	13
26	0806.2000	葡萄干	5	5	5	5	0	0	10
27	0807.1100	鲜西瓜	5	5	5	5	0	0	25
28	0807.1910	鲜哈密瓜	5	5	5	5	0	0	12
29	0807.1920	鲜罗马甜瓜及加勒比甜瓜	5	5	5	5	0	0	12
30	0807.1990	其他鲜甜瓜	5	5	5	5	0	0	12
31	0807.2000	鲜木瓜	5	5	5	5	0	0	25
32	0808.2012	鲜鸭梨、雪梨	5	5	5	5	0	0	12
33	0808.2013	鲜香梨	5	5	5	5	0	0	12
34	0808.2020	鲜榅桲	5	5	5	5	0	0	16
35	0809.1000	鲜杏	5	5	5	5	0	0	25
36	0809.4000	鲜梅及李	5	5	5	5	0	0	10
37	0810.1000	鲜草莓	5	5	5	5	0	0	21.3
38	0810.2000	鲜的木莓、黑莓、桑椹及罗甘莓	5	5	5	5	0	0	25
39	0810.3000	鲜的黑、白或红的醋栗及鹅莓	5	5	5	5	0	0	25
40	0810.4000	鲜蔓越桔及越桔	5	5	5	5	0	0	30
41	0810.5000	鲜猕猴桃	5	5	5	5	0	0	20
42	0810.6000	鲜榴莲	5	5	5	5	0	0	20
43	0810.9010	鲜荔枝	5	5	5	5	0	0	30
44	0810.9030	鲜龙眼	5	5	5	5	0	0	12
45	0810.9040	鲜红毛丹	5	5	5	5	0	0	20
46	0810.9050	鲜蕃荔枝	5	5	5	5	0	0	20
47	0810.9060	鲜杨桃	5	5	5	5	0	0	20
48	0810.9070	莲雾	5	5	5	5	0	0	20
49	0810.9080	火龙果	5	5	5	5	0	0	20
50	0810.9090	其他鲜果	5	5	5	5	0	0	20
51	0811.1000	冷冻草莓	5	5	5	5	0	0	30
52	0811.2000	冷冻其他浆果	5	5	5	5	0	0	30
53	0811.9010	未去壳的冷冻栗子	5	5	5	5	0	0	30
54	0811.9090	其他冷冻水果及坚果	5	5	5	5	0	0	30
55	0812.1000	暂时保藏的樱桃	5	5	5	5	0	0	30

序号	税则号列	货品名称	文莱	印尼	马来西亚	缅甸	新加坡	泰国	最惠国税率
56	0812.9000	暂时保藏的其他水果及坚果	5	5	5	5	0	0	29.5
57	0813.1000	杏干	5	5	5	5	0	0	25
58	0813.2000	梅干及李干	5	5	5	5	0	0	25
59	0813.3000	苹果干	5	5	5	5	0	0	25
60	0813.4010	龙眼干、肉	5	5	5	5	0	0	20
61	0813.4020	柿饼	5	5	5	5	0	0	25
62	0813.4030	干红枣	5	5	5	5	0	0	25
63	0813.4040	荔枝干	5	5	5	5	0	0	25
64	0813.4090	其他干果	5	5	5	5	0	0	25
65	0813.5000	本章的什锦坚果或干果	5	5	5	5	0	0	18
66	0814.0000	柑桔属水果或甜瓜的果皮	5	5	5	5	0	0	25
67	0901.2200	已浸除咖啡碱的已焙炒咖啡	15	5	5	15	5	15	15
68	0901.9020	含咖啡的咖啡代用品	20	20	20	20	20	30	30
69	1513.1100	初榨椰子油分离品	0	0	0	9.5	0	9.5	9.5
70	1513.1900	椰子油及其分离品	0	0	9.5	9.5	0	9.5	9.5
71	1513.2100	初榨棕榈仁油或巴巴苏棕榈果油及其分离品	0	0	0	10	0	10	10
72	1513.2900	精制的棕榈仁油或巴巴苏棕榈果油及其分离品	0	0	0	10	0	10	10
73	1516.2000	氢化、酯化或反油酸化植物油、脂及其分离品，但未进一步加工的	5	5	5	20	5	20	25
74	1517.9000	混合制成的食用油脂或制品	5	5	5	20	5	20	25
75	1602.5010	牛肉及牛杂碎罐头	10	10	10	12	10	10	12
76	1602.5090	其他制作或保藏的牛肉、杂碎及血	10	10	10	12	10	10	12
77	1704.1000	口香糖，不论是否裹糖	10	10	10	12	10	10	12
78	1801.0000	生或焙炒的整颗或破碎的可可豆	0	5	0	5	0	5	8
79	1803.1000	未脱脂可可膏	0	10	0	10	0	10	10
80	1803.2000	全脱脂或部分脱脂的可可膏	0	10	0	10	0	10	10
81	1804.0000	可可油，可可脂	5	20	5	20	5	20	22
82	1805.0000	未加糖或其他甜物质的可可粉	5	15	5	15	5	15	15
83	1806.1000	含糖或其他甜物质的可可粉	0	0	0	10	0	10	10
84	1806.3100	其他夹心块状或条状的含可可食品	5	5	5	8	5	5	8

序号	税则号列	货品名称	文莱	印尼	马来西亚	缅甸	新加坡	泰国	最惠国税率
85	1806.9000	其他巧克力及含可可的食品	5	5	5	8	5	5	8
86	2001.1000	用醋或醋酸制作的黄瓜及小黄瓜	20	20	20	25	20	20	25
87	2001.9010	用醋制作的大蒜	20	20	20	25	20	20	25
88	2001.9090	用醋制作的其他果、菜及食用植物	20	20	25	20	20	25	
89	2002.1010	非用醋制作的整个或切片番茄罐头	15	15	15	19	15	15	19
90	2002.1090	非用醋制作的其他整个或切片番茄	20	20	20	25	20	20	25
91	2003.1011	伞菌属小白蘑菇罐头	20	20	20	25	20	20	25
92	2003.1019	其他非用醋制作的伞菌属蘑菇罐头	20	20	20	25	20	20	25
93	2003.1090	非用醋制作的其他伞菌属蘑菇	20	20	20	25	20	20	25
94	2003.2000	非用醋制作的块菌	20	20	20	25	20	20	25
95	2004.9000	非用醋制作的其他冷冻蔬菜	20	20	20	25	20	20	25
96	2005.1000	非用醋制作的未冷冻均化蔬菜	20	20	20	25	20	20	25
97	2005.4000	非用醋制作的未冷冻豌豆	20	20	20	25	20	20	25
98	2005.5110	非用醋制作的脱荚豇豆及菜豆罐头	20	20	20	25	20	20	25
99	2005.5190	非用醋制作的其他脱荚豇豆及菜豆	20	20	20	25	20	20	25
100	2005.5910	非用醋制作的其他豇豆及菜豆罐头	20	20	20	25	20	20	25
101	2005.5990	非用醋制作的其他豇豆及菜豆	20	20	20	25	20	20	25
102	2005.6010	非用醋制作的芦笋罐头	20	20	20	25	20	20	25
103	2005.6090	非用醋制作的其他芦笋	20	20	20	25	20	20	25
104	2005.9010	清水马蹄罐头	20	20	20	25	20	20	25
105	2005.9020	蚕豆罐头	20	20	20	25	20	20	25
106	2005.9031	水煮竹笋罐头，容积≥8升	20	20	20	25	20	20	25
107	2005.9039	其他竹笋罐头	20	20	20	25	20	20	25
108	2005.9040	榨菜	20	20	20	25	20	20	25
109	2005.9050	咸蕨菜	20	20	20	25	20	20	25
110	2005.9060	咸荞头	20	20	20	25	20	20	25
111	2005.9091	其他蔬菜及什锦蔬菜罐头	20	20	20	25	20	20	25

序号	税则号列	货品名称	文莱	印尼	马来西亚	缅甸	新加坡	泰国	最惠国税率
112	2005.9092	赤豆馅	20	20	20	25	20	20	25
113	2005.9099	非用醋制作的其他蔬菜及什锦蔬菜	20	20	20	25	20	20	25
114	2006.0010	蜜枣	20	20	20	30	20	20	30
115	2006.0020	糖渍制橄榄	20	20	20	30	20	20	30
116	2006.0090	其他糖渍蔬菜、水果、坚果、果皮	20	20	20	30	20	20	30
117	2008.1110	花生米罐头	20	20	20	30	20	20	30
118	2008.1120	烘焙花生	20	20	20	30	20	20	30
119	2008.1130	花生酱	20	20	20	30	20	20	30
120	2008.1190	其他非用醋制作的花生	20	20	20	30	20	20	30
121	2009.1100	冷冻的橙汁	5	5	5	7.5	5	5	7.5
122	2009.1900	其他橙汁	20	20	20	30	20	20	30
123	2009.5000	番茄汁	20	20	20	30	20	20	30
124	2101.1200	以咖啡浓缩精汁或咖啡为基本成分的制品	20	20	20	20	20	30	30
125	2202.9000	其他无酒精饮料	20	20	20	20	20	35	35
126	2204.3000	其他酿酒葡萄汁	20	20	20	30	20	20	30
127	2205.1000	小包装的味美思酒及类似酒	20	20	20	65	20	20	65
128	2205.9000	其他包装的味美思酒及类似酒	20	20	20	65	20	20	65
129	2206.0000	其他发酵饮料	20	20	20	51.4	20	20	51.4
130	2207.1000	浓度≥80%的未改性乙醇	20	40	20	40	20	20	40
131	2207.2000	任何浓度的改性乙醇及其他酒精	20	30	20	20	20	20	30
132	2309.9090	其他配制的动物饲料	5	5	5	5	5	6.7	6.7
133	2523.1000	水泥熟料，不论是否着色	5	5	5	5	5	8	8
134	2523.2100	白水泥，不论是否人工着色	5	5	6	5	5	6	6
135	2523.2900	其他硅酸盐水泥，不论是否着色	5	5	8	5	5	8	8
136	2523.9000	其他水凝水泥，不论是否着色	5	5	8	5	5	8	8
137	2701.1100	未制成型的无烟煤，不论是否粉化	0	3	0	3	0	0	3
138	2704.0010	煤制焦炭及半焦炭不论是否成型	0	5	0	5	0	0	5
139	2710.1911	航空煤油	5	9	5	5	5	5	9
140	2710.1919	其他煤油馏分产品	5	6	5	5	5	5	6
141	2710.1922	5-7号燃料油	5	6	5	5	5	5	6

序号	税则号列	货品名称	文莱	印尼	马来西亚	缅甸	新加坡	泰国	最惠国税率
142	2710.1929	其他柴油及其他燃料油	5	6	5	5	5	5	6
143	2710.1991	润滑油	5	6	5	5	5	5	6
144	2710.1992	润滑脂	5	6	5	5	5	5	6
145	2710.1993	润滑油基础油	5	6	5	5	5	5	6
146	2710.1994	液体石蜡和重质液体石蜡	5	6	5	5	5	5	6
147	2710.1999	其他重油及重油制品	5	6	5	5	5	5	6
148	2801.1000	氯	5	5	5.5	5	5	5	5.5
149	2803.0000	碳（碳黑及其他税号未列名的其他形状的碳）	5	5	5.5	5	5	5	5.5
150	2806.1000	氯化氢（盐酸）	5	5	5.5	5	5	5	5.5
151	2809.2090	其他多磷酸	5	5	5.5	5	5	5	5.5
152	2817.0010	氧化锌	5	5	5.5	5	5	5	5.5
153	2817.0090	过氧化锌	5	5	5.5	5	5	5	5.5
154	2823.0000	钛的氧化物	5	5	5.5	5	5	5	5.5
155	2828.9000	次氯酸盐；亚氯酸盐及次溴酸盐	5	5	5.5	5	5	5	5.5
156	2833.2200	硫酸铝	5	5	5.5	5	5	5	5.5
157	2833.3010	钾铝矾	5	5	5.5	5	5	5	5.5
158	2833.3090	其他矾	5	5	5.5	5	5	5	5.5
159	2839.1100	偏硅酸钠	5	5	5.5	5	5	5	5.5
160	2839.1900	其他钠的硅酸盐；商品硅酸钠	5	5	5.5	5	5	5	5.5
161	2849.1000	碳化钙，不论是否已有化学定义	5	5.5	5.5	5	5	5	5.5
162	2917.3300	邻苯二甲酸二壬酯，邻苯二甲酸二癸酯	5	6.5	5	5	5	5	6.5
163	2917.3400	其他邻苯二甲酸酯	5	6.5	5	5	5	5	6.5
164	2917.3500	邻苯二甲酸酐（苯酐）	5	6.5	5	5	5	5	6.5
165	2918.1400	柠檬酸	5	6.5	5	5	5	5	6.5
166	2918.1500	柠檬酸盐及柠檬酸酯	5	6.5	5	5	5	5	6.5
167	2918.2900	其他含酚基但不含其他含氧基羧酸及其酸酐（酰卤化物，过氧化物和过氧酸及它们的衍生物）	5	6.5	5	5	5	5	6.5
168	2922.4290	其他谷氨酸盐	5	5	6.5	5	5	5	6.5
169	2924.1910	二甲基甲酰胺	5	6.5	5	5	5	5	6.5
170	2924.1990	其他无环酰胺及其衍生物以及他们的盐	5	6.5	5	5	5	5	6.5

序号	税则号列	货品名称	文莱	印尼	马来西亚	缅甸	新加坡	泰国	最惠国税率
171	2924.2910	对乙酰氨基苯乙醚（非那西丁）	5	6	5	5	5	5	6
172	2924.2920	对乙酰氨基酚（扑热息痛）	5	6	5	5	5	5	6
173	2924.2990	其他环酰胺（包括环氨基甲酸酯）	5	6.5	5	5	5	5	6.5
174	3003.1011	含有氨苄青霉素的混合药品（两种或两种以上成分混合而成的，治病或防病用，未配定剂量或非零售包装）	5	6	5	5	5	5	6
175	3003.1012	含有羟氨苄青霉素的混合药品（两种或两种以上成分混合而成的，治病或防病用，未配定剂量或非零售包装）	5	6	5	5	5	5	6
176	3003.1013	含有青霉素V的混合药品（两种或两种以上成分混合而成的，治病或防病用，未配定剂量或非零售包装）	5	6	5	5	5	5	6
177	3003.1019	含有其他青霉素及具有青霉烷酸结构的青霉素衍生物的混合药品（两种或两种以上成分混合而成的，治病或防病用，未配定剂量或非零售包装）	5	6	5	5	5	5	6
178	3003.1090	含有含有链霉素的混合药品（两种或两种以上成分混合而成的，治病或防病用，未配定剂量或非零售包装）	5	6	5	5	5	5	6
179	3214.1000	安装玻璃用油灰、接缝用油灰、树脂胶泥、嵌缝胶及其他类似胶粘剂；漆工用填料	5	5	5	5	5	9	9
180	3214.9000	非耐火涂面制剂，涂门面、内墙、地板、天花板等用	5	5	5	5	5	9	9
181	3401.1990	其他用肥皂及有机表面活性产品，条状、块状或模制形状的，以及用肥皂或洗涤剂浸渍、涂面或包覆的纸、絮胎、毡呢及无纺织物	15	5	5	15	5	15	15
182	3401.2000	其他形状的肥皂	15	5	5	15	5	15	15
183	3605.0000	火柴，但税目36.04的烟火制品除外	5	6	5	5	5	5	6

序号	税则号列	货品名称	文莱	印尼	马来西亚	缅甸	新加坡	泰国	最惠国税率
184	3707.9010	冲洗胶卷及相片用化学制剂或摄影用未混合品（定量包装或零售包装可立即使用的）	15	15	16	15	15	15	16
185	3707.9090	其他摄影用化学制剂或摄影用未混合品（定量包装或零售包装可立即使用的）	5	5	8	5	5	5	8
186	3808.3011	零售包装的除草剂	5	9	5	5	5	5	9
187	3808.3091	零售包装抗萌剂及植物生长调节剂	5	9	5	5	5	5	9
188	3808.3099	非零售抗萌剂及植物生长调节剂	5	6	5	5	5	5	6
189	3808.4000	消毒剂	5	9	5	5	5	5	9
190	3823.1100	硬脂酸	5	5	5	15	5	15	16
191	3824.9010	杂醇油	5	6.5	5	5	5	5	6.5
192	3824.9030	增炭剂	5	6.5	5	5	5	5	6.5
193	3824.9040	聚合MDI	5	6.5	5	5	5	5	6.5
194	3824.9090	其他税目未列名的化学工业及其相关工业的化学产品及配制品	5	6.5	5	5	5	5	6.5
195	3904.3000	氯乙烯－乙酸乙烯酯共聚物	5	9	5	5	5	5	9
196	3917.3200	其他未装有附件的塑料制管子	5	6.5	5	5	5	5	6.5
197	3917.3300	其他装有附件的塑料管子	5	6.5	5	5	5	5	6.5
198	3919.1010	丙烯酸树脂为基本成分的成卷胶粘板片条等，宽度≤20厘米	5	5	6.5	5	5	5	6.5
199	3919.1091	宽度≤20厘米成卷的胶囊型反光膜	5	5	6.5	5	5	5	6.5
200	3919.1099	其他材料制的，宽度≤20厘米的其他成卷塑料胶粘板片等	5	5	6.5	5	5	5	6.5
201	3919.9010	其他胶囊型反光膜	5	5	6.5	5	5	5	6.5
202	3919.9090	其他自粘塑料板、片、膜等材料	5	5	6.5	5	5	5	6.5
203	3920.2010	丙烯聚合物制电池隔膜	5	6.5	6.5	5	5	5	6.5
204	3920.2090	其他丙烯聚合物制板、片、带	5	6.5	6.5	5	5	5	6.5
205	3920.3000	非泡沫聚苯乙烯板、片、膜、箔及扁条	5	5	6.5	5	5	5	6.5
206	3920.4900	按重量计增塑剂含量小于6%的聚氯乙烯板、片、膜、箔及扁条	5	9	5	5	5	5	9

序号	税则号列	货品名称	文莱	印尼	马来西亚	缅甸	新加坡	泰国	最惠国税率
207	3920.5100	聚甲基丙烯酸甲酯板片膜箔及扁条	5	6.5	5	5	5	5	6.5
208	3920.5900	其他丙烯酸聚合物板片膜箔及扁条	5	6.5	5	5	5	5	6.5
209	3920.6100	聚碳酸酯制板、片、膜、箔及扁条	5	5	6.5	5	5	5	6.5
210	3920.6200	聚对苯二甲酸乙二酯板、片、膜、箔及扁条	5	6.5	6.5	5	5	5	6.5
211	3920.7100	再生纤维素制板、片、膜、箔及扁条	5	6.5	5	5	5	5	6.5
212	3920.7300	醋酸纤维素制板、片、膜、箔及扁条	5	6.5	5	5	5	5	6.5
213	3920.9100	聚乙烯醇缩丁醛板、片、膜、箔及扁条	5	6.5	6.5	5	5	5	6.5
214	3920.9300	氨基树脂板、片、膜、箔及扁条	5	5	6.5	5	5	5	6.5
215	3920.9910	聚四氟乙烯制的非泡沫塑料板片	5	6.5	6.5	5	5	5	6.5
216	3920.9990	其他塑料制的非泡沫塑料板片	5	6.5	6.5	5	5	5	6.5
217	3921.1290	泡沫聚氯乙烯板、片、带、箔及扁条	5	6.5	6.5	5	5	5	6.5
218	3921.1390	泡沫聚氨酯板、片、带、箔及扁条	5	6.5	5	5	5	5	6.5
219	3921.1990	其他泡沫塑料板、片、膜、箔及扁条	5	6.5	6.5	5	5	5	6.5
220	3921.9020	嵌有玻璃纤维的聚乙烯板、片	5	5	6.5	5	5	5	6.5
221	3921.9030	聚异丁烯为基本成分的附有人造毛毡的板、片、卷材	5	5	6.5	5	5	5	6.5
222	3921.9090	未列名塑料板、片、膜、箔及扁条	5	5	6.5	5	5	5	6.5
223	4009.1100	未加强或未与其他材料合制硫化橡胶管，未装有附件	10	10	10.5	10	10	10	10.5
224	4009.2100	用金属加强或只与金属合制的硫化橡胶管，未装有附件	10	10	10.5	10	10	10	10.5
225	4009.3100	用纺织材料加强或只与纺织材料合制硫化橡胶管，未装有附件	10	10	10.5	10	10	10	10.5

序号	税则号列	货品名称	文莱	印尼	马来西亚	缅甸	新加坡	泰国	最惠国税率
226	4009.4100	用其他材料加强或与其他材料合制硫化橡胶管，未装有附件	10	10	10.5	10	10	10	10.5
227	4010.3100	梯形截面的环形传动带（三角带），V形肋状的，外周长超过60厘米，但不超过180厘米	5	5	8	5	5	5	8
228	4010.3200	梯形截面的环形传动带（三角带），V形肋状的除外，外周长超过60厘米，但不超过180厘米	5	5	8	5	5	5	8
229	4010.3300	180厘米＜外周长≤240厘米的三角带，V形肋状的	5	5	8	5	5	5	8
230	4010.3400	180厘米＜外周长≤240厘米的三角带，V形肋状的除外	5	5	8	5	5	5	8
231	4010.3900	其他硫化橡胶制的传动带及带料	5	5	8	5	5	5	8
232	4011.6100	农业或林业车辆及机器用人字型胎面或类似胎面的新充气橡胶轮胎	15	17.5	17.5	15	15	15	17.5
233	4011.6200	辋圈尺寸不超过61厘米的建筑或工业搬运车辆及机器用人字型胎面或类似胎面的新充气橡胶轮胎	15	17.5	17.5	15	15	15	17.5
234	4011.6300	辋圈＞61厘米建筑或工业搬运车辆及机器用人字型胎面或类似胎面的新充气橡胶轮胎	15	17.5	17.5	15	15	15	17.5
235	4011.6900	其他人字型胎面或类似胎面的新充气橡胶轮胎	15	17.5	15	15	15	15	17.5
236	4011.9200	农业或林业车辆及机器用非人字型胎面或类似胎面的新充气橡胶轮胎	20	25	25	20	20	20	25
237	4011.9300	辋圈尺寸不超过61厘米的建筑或工业搬运车辆及机器用非人字型胎面或类似胎面的新充气橡胶轮胎	20	25	25	20	20	20	25
238	4011.9400	辋圈＞61厘米建筑或工业搬运车辆及机器用非人字型胎面或类似胎面的新充气橡胶轮胎	20	25	20	20	20	20	25
239	4011.9900	其他新的充气橡胶轮胎	20	25	20	20	20	20	25

序号	税则号列	货品名称	文莱	印尼	马来西亚	缅甸	新加坡	泰国	最惠国税率
240	4012.2010	汽车用旧的充气橡胶轮胎	20	25	25	20	20	20	25
241	4012.2090	其他用途旧的充气橡胶轮胎	20	25	25	20	20	20	25
242	4012.9020	汽车用实心或半实心橡胶轮胎	20	20	20	20	20	22	22
243	4012.9090	其他用实心或半实心橡胶轮胎	20	20	20	20	20	22	22
244	4016.9200	硫化橡胶制橡皮擦	5	5	5	15	5	15	18
245	4016.9910	硫化橡胶制机器及仪器用其他零件	5	5	8	5	5	5	8
246	4404.2000	非针叶木箍木、木劈条、木桩、木棒及类似品，木片条	5	5	5	8	5	5	8
247	4415.1000	木箱及类似的包装容器；电缆卷筒	5	5	5	7.5	5	5	7.5
248	4418.5000	木瓦及盖屋板	5	5	5	7.5	5	5	7.5
249	5002.0011	厂丝	5	5	5	5	5	9	9
250	5002.0012	土丝	5	5	5	5	5	9	9
251	5002.0013	双宫丝	5	5	5	5	5	9	9
252	5002.0019	其他未加捻桑蚕丝	5	5	5	5	5	9	9
253	5002.0020	未加捻柞蚕丝	5	5	5	5	5	9	9
254	5002.0090	未加捻其他生丝	5	5	5	5	5	9	9
255	5004.0000	非供零售用丝纱线	5	5	5	5	5	6	6
256	6103.4200	棉制针织或钩编男长裤、工装裤等	15	16	16	15	15	15	16
257	6104.1200	棉制针织或钩编女式西服套装	15	17.5	17.5	15	15	15	17.5
258	6104.1300	合纤制针织或钩编女西服套装	20	25	25	20	20	20	25
259	6104.3200	棉制针织女式上衣	15	16	15	15	15	15	16
260	6104.4200	棉制针织或钩编连衣裙	15	16	16	15	15	15	16
261	6104.6200	棉制针织或钩编女长裤、工装裤等	15	16	15	15	15	15	16
262	6104.6900	其他纺织材料制针织或钩编女长裤等	15	15	16	15	15	15	16
263	6105.1000	棉制针织或钩编男衬衫	15	16	16	15	15	15	16
264	6106.1000	棉制针织或钩编女衬衫	15	16	16	15	15	15	16
265	6107.1200	化纤制针织或钩编男内裤及三角裤	15	16	15	15	15	15	16
266	6108.2200	化纤制针织或钩编女三角裤及短衬裤	15	15	16	15	15	15	16

序号	税则号列	货品名称	文莱	印尼	马来西亚	缅甸	新加坡	泰国	最惠国税率
267	6111.3000	合纤制针织婴儿服装及附件	15	16	15	15	15	15	16
268	6203.4210	棉制男式阿拉伯裤	15	16	16	15	15	15	16
269	6203.4290	棉制男式长裤、工装裤等	15	16	16	15	15	15	16
270	6204.1200	棉制女式西服套装	15	17.5	15	15	15	15	17.5
271	6204.3200	棉制女式上衣	15	16	15	15	15	15	16
272	6204.4200	棉制连衣裙	15	16	15	15	15	15	16
273	6204.6200	棉制女式长裤、工装裤等	15	16	15	15	15	15	16
274	6205.2000	棉制男衬衫	15	16	16	15	15	15	16
275	6206.3000	棉制女衬衫	15	16	15	15	15	15	16
276	6207.1920	化纤制男式内裤及三角裤	15	15	16	15	15	15	16
277	6209.3000	合纤制婴儿服装及衣着附件	15	15	16	15	15	15	16
278	6302.1010	棉制针织或钩编的床上用织物制品	10	14	10	10	10	10	14
279	6302.2210	化纤制印花床单	15	16	15	15	15	15	16
280	6302.2290	化纤制印花床上用织物制品	15	16	15	15	15	15	16
281	6302.3210	化纤制刺绣其他床上用织物制品	15	16	15	15	15	15	16
282	6302.3290	化纤制其他床上用织物制品	15	16	15	15	15	15	16
283	6303.1210	合纤制针织的窗帘等	15	16	15	15	15	15	16
284	6303.1220	合纤制钩编的窗帘等	15	16	15	15	15	15	16
285	6304.1910	丝及绢丝制非针织非钩编床罩	10	14	10	10	10	10	14
286	6304.1921	棉或麻制非针织非钩编刺绣床罩	10	14	10	10	10	10	14
287	6304.1929	棉或麻制其他非针织非钩编床罩	10	14	10	10	10	10	14
288	6304.1931	化纤制非针织非钩编刺绣床罩	15	16	15	15	15	15	16
289	6304.1939	化纤制其他非针织非钩编床罩	15	16	15	15	15	15	16
290	6304.1991	其他纺织材料制非针织、非钩编刺绣床罩	10	14	10	10	10	10	14
291	6304.1999	其他材料制其他非针织非钩编床罩	10	14	10	10	10	10	14
292	6401.1000	装金属护头的塑料、橡胶制防水鞋靴	20	20	20	20	20	24	24
293	6401.9100	橡胶、塑料底及鞋面的过膝高统靴	20	24	20	20	20	24	24
294	6401.9200	橡胶、塑料底及面的中、短统防水靴	20	24	20	20	20	24	24

序号	税则号列	货品名称	文莱	印尼	马来西亚	缅甸	新加坡	泰国	最惠国税率
295	6401.9900	其他橡胶、塑料制外底及鞋面防水靴	20	20	20	20	20	24	24
296	6402.1900	橡胶、塑料制底及面的其他运动靴	20	20	20	20	20	24	24
297	6402.2000	橡胶、塑料的将鞋面条带栓塞在鞋底上的鞋	20	20	20	20	20	24	24
298	6402.3000	其他装金属护鞋头的橡、塑鞋靴	20	20	20	20	20	24	24
299	6402.9100	其他橡胶、塑料短统靴（过踝）	20	24	20	20	20	24	24
300	6402.9900	其他橡胶、塑料鞋靴	20	20	24	20	20	24	24
301	6403.1200	皮革制鞋面的滑雪靴	20	20	20	20	20	24	24
302	6403.2000	皮革条带为鞋面的皮底鞋	20	20	20	20	20	24	24
303	6403.3000	不带内底或金属护鞋头的皮面木屐	20	20	20	20	20	24	24
304	6403.4000	装有金属护鞋头的其他皮革面鞋靴	20	20	20	20	20	24	24
305	6404.1100	纺织材料制鞋面的运动鞋靴	20	24	20	20	20	24	24
306	6404.1900	纺织材料制鞋面胶底的其他鞋靴	20	24	20	20	20	24	24
307	6404.2000	纺织材料制鞋面皮革底的鞋靴	20	24	24	20	20	24	24
308	6405.2000	纺织材料制面的其他鞋靴	20	22	20	20	20	20	22
309	6802.1010	大理石制砖、瓦、方块及类似品	20	20	20	20	20	24	24
310	6802.2120	石灰华	20	20	20	20	20	24	24
311	6802.2190	具有一个平面石灰华及蜡石及制品	20	20	20	20	20	24	24
312	6802.2200	具有一个平面的其他石灰石及制品	20	20	20	20	20	24	24
313	6802.9110	大理石、石灰华及蜡石制石刻	20	20	20	20	20	24	24
314	6802.9210	其他石灰石制石刻	20	20	20	20	20	24	24
315	6802.9310	其他花岗岩制石刻	20	20	20	20	20	24	24
316	6802.9910	其他石制成的石刻	20	20	20	20	20	24	24
317	6802.9990	其他石及制品	20	20	20	20	20	24	24
318	6907.1000	未上釉的小陶瓷砖、瓦、块及类似品	20	24.5	24.5	20	20	20	24.5
319	6907.9000	未上釉的大陶瓷砖、瓦、块及类似品	10	12	12	10	10	10	12

序号	税则号列	货品名称	文莱	印尼	马来西亚	缅甸	新加坡	泰国	最惠国税率
320	6911.9000	其他家用或盥洗用瓷器	20	24.5	24.5	20	20	24.5	24.5
321	6914.1000	其他瓷制品	20	24.5	20	20	20	20	24.5
322	7003.1900	铸、轧制的其他非夹丝玻璃板、片	15	15	17.5	15	15	17.5	17.5
323	7004.2000	拉、吹制的着色玻璃板、片	15	15	15	15	15	17.5	17.5
324	7004.9000	拉、吹制的其他玻璃板、片	15	15	15	15	15	17.5	17.5
325	7005.3000	夹丝浮法玻璃板、片	15	15	17.5	15	15	15	17.5
326	7009.9100	其他未镶框玻璃镜（包括后视镜）	20	20	20	20	20	21	21
327	7009.9200	其他镶框玻璃镜（包括后视镜）	10	10	10	10	10	12	12
328	7011.2010	显象管玻壳及其零件	0	0	0	10	0	10	10
329	7011.2090	阴极射线管用玻壳及零件	0	0	0	10	0	10	10
330	7117.9000	未列名材料制仿首饰	20	35	20	20	20	20	35
331	7208.3600	厚度>10 毫米的其他热轧卷材	5	5	6	5	5	6	6
332	7208.4000	轧有凸起花纹的热轧非卷材	5	5	6	5	5	6	6
333	7208.5110	厚度>50 毫米的其他热轧非卷材	5	5	6	5	5	6	6
334	7208.5120	厚度>20 毫米，但不超过 50 毫米的其他热轧非卷材	5	5	6	5	5	6	6
335	7208.5190	其他厚度>10 毫米的其他热轧非卷材	5	5	6	5	5	6	6
336	7208.5200	4.75 毫米≤厚度≤10 毫米的热轧非卷材	5	5	6	5	5	6	6
337	7208.5310	屈服强度大于 355 牛顿/平方毫米，3 毫米≤厚度<4.75 毫米的热轧非卷材	5	5	6	5	5	6	6
338	7208.5390	其他 3 毫米≤厚度<4.75 毫米的热轧非卷材	5	5	6	5	5	6	6
339	7208.5410	厚度<1.5 毫米的热轧非卷材	5	5	6	5	5	6	6
340	7208.5490	其他厚度<3 毫米的热轧非卷材	5	5	6	5	5	6	6
341	7208.9000	其他热轧铁或非合金钢宽平板轧材	5	5	6	5	5	6	6
342	7209.1510	屈服强度大于 355 牛顿/平方毫米，厚度≥3 毫米的冷轧卷材	5	5	6	5	5	6	6
343	7209.1590	其他厚度≥3 毫米的冷轧卷材	5	5	6	5	5	6	6
344	7209.1610	屈服强度大于 275 牛顿/平方毫米，1 毫米<厚度<3 毫米的冷轧卷材	5	6	6	5	5	6	6

序号	税则号列	货品名称	文莱	印尼	马来西亚	缅甸	新加坡	泰国	最惠国税率
345	7209.1690	其他1毫米<厚度<3毫米的冷轧卷材	5	6	6	5	5	6	6
346	7209.1810	厚度<0.3毫米的冷轧卷材	5	6	6	5	5	6	6
347	7209.1890	其他厚度<0.5毫米的冷轧卷材	5	6	6	5	5	6	6
348	7209.2500	厚度≥3毫米的冷轧非卷材	5	5	6	5	5	6	6
349	7209.2600	1毫米<厚度<3毫米的冷轧非卷材	5	6	6	5	5	6	6
350	7209.2700	0.5毫米≤厚度≤1毫米的冷轧非卷材	5	6	6	5	5	6	6
351	7209.2800	厚度<0.5毫米的冷轧非卷材	5	6	6	5	5	6	6
352	7209.9000	其他冷轧铁或非合金钢宽平板轧材	5	5	6	5	5	6	6
353	7210.3000	电镀锌的铁或非合金钢宽板材	5	5	8	5	5	8	8
354	7210.4100	镀锌的瓦楞形铁或非合金钢宽板材	5	8	8	5	5	5	8
355	7210.5000	镀氧化铬的铁或非合金钢宽板材	5	8	5	5	5	8	8
356	7210.6100	镀或涂铝锌合金的铁宽平板轧材	5	8	8	5	5	5	8
357	7210.6900	其他镀或涂铝的铁宽平板轧材	5	8	5	5	5	5	8
358	7210.9000	涂镀其他材料铁或非合金钢宽板材	5	5	8	5	5	5	8
359	7211.1300	未轧花纹的四面轧制的热轧非卷材	5	5	6	5	5	6	6
360	7211.1400	厚度≥4.75毫米的其他热轧板材	5	5	6	5	5	6	6
361	7211.1900	其他热轧铁或非合金钢窄板材	5	5	6	5	5	6	6
362	7211.2300	冷轧含炭量<0.25%的板材	5	6	6	5	5	6	6
363	7211.2900	冷轧其他铁或非合金钢窄板材	5	6	5	5	5	6	6
364	7211.9000	冷轧的铁或非合金钢其他窄板材	5	5	6	5	5	5	6
365	7212.2000	电镀锌的铁或非合金钢窄板材	5	5	8	5	5	8	8
366	7212.3000	其他镀或涂锌的铁窄板材	5	8	8	5	5	5	8
367	7212.5000	涂镀其他材料铁或非合金钢窄板材	5	5	8	5	5	5	8
368	7212.6000	经包覆的铁或非合金钢窄板材	5	5	8	5	5	5	8
369	7214.1000	锻造的铁或非合金钢条、杆	5	5	7	5	5	7	7
370	7214.3000	热加工易切削钢的条、杆	5	5	7	5	5	5	7
371	7215.1000	冷加工其他易切削钢制条、杆	5	5	7	5	5	5	7

序号	税则号列	货品名称	文莱	印尼	马来西亚	缅甸	新加坡	泰国	最惠国税率
372	7216.3100	热加工截面高度≥80毫米槽型钢	5	5	5	5	5	6	6
373	7216.3210	截面高度在200毫米以上的工字钢	5	5	5	5	5	6	6
374	7216.3290	热加工截面高度≥80毫米工字型钢	5	5	5	5	5	6	6
375	7216.3311	截面高度在800毫米以上的H型钢	5	5	5	5	5	6	6
376	7216.3319	截面高度≥200毫米H型钢	5	5	5	5	5	6	6
377	7216.3390	其他截面高度≥80毫米H型钢	5	5	5	5	5	6	6
378	7217.1000	未镀或涂层的铁或非合金钢丝	5	8	5	5	5	8	8
379	7217.2000	镀或涂锌的铁或非合金钢丝	5	8	5	5	5	8	8
380	7217.3000	镀或涂其他贱金属铁或非合金钢丝	5	8	5	5	5	5	8
381	7217.9000	其他铁丝或非合金钢丝	5	8	5	5	5	5	8
382	7301.1000	钢铁板桩	5	5	5	5	5	7	7
383	7305.1100	纵向埋弧焊接石油、天然气粗钢管	5	7	7	5	5	5	7
384	7305.1900	其他石油、天然气粗钢管	5	7	7	5	5	5	7
385	7305.2000	其他钻探石油、天然气用粗套管	5	7	5	5	5	5	7
386	7305.3100	纵向焊接的其他粗钢铁管	5	6	6	5	5	5	6
387	7305.3900	其他方法焊接其他粗钢铁管	5	6	6	5	5	6	6
388	7305.9000	未列名圆形截面粗钢铁管	5	6	6	5	5	5	6
389	7306.1000	其他石油、天然气管道管	5	7	7	5	5	5	7
390	7306.4000	不锈钢其他圆形截面细焊缝管	5	5	6	5	5	6	6
391	7306.9000	未列名其他钢铁管及空心异型材	5	6	6	5	5	6	6
392	7315.1110	自行车滚子链	10	12	10	10	10	10	12
393	7315.1120	摩托车滚子链	10	12	10	10	10	10	12
394	7315.1190	其他滚子链	10	12	10	10	10	10	12
395	7318.1500	其他螺钉及螺栓	5	5	5	5	5	8	8
396	7318.1600	螺母	5	5	5	5	5	8	8
397	7320.1010	铁道车辆用片簧及簧片	5	6	5	5	5	5	6
398	7320.2010	铁道车辆用螺旋弹簧	5	6	5	5	5	6	6
399	7323.9300	餐桌、厨房等家用不锈钢器具	10	10	10	10	10	12	12
400	8408.9010	机车用柴油发动机	5	6	5	5	5	5	6
401	8409.9110	船舶用点燃式发动机专用零件	5	5	5	5	5	6	6

序号	税则号列	货品名称	文莱	印尼	马来西亚	缅甸	新加坡	泰国	最惠国税率
402	8409.9999	其他未列名发动机的专用零件	5	5	5	5	5	8.4	8.4
403	8413.7010	转速≥10000 转/分离心泵	5	5	5	5	5	8	8
404	8413.7090	转速＜10000 转/分离心泵	5	5	5	5	5	8	8
405	8414.5130	功率≤125 瓦，有旋转导风轮的风扇	10	10	10	10	10	12	12
406	8414.5910	其他吊扇	5	5	5	5	5	8	8
407	8414.5920	其他换气扇	5	5	5	5	5	8	8
408	8414.5990	其他扇，风机	5	5	5	5	5	8	8
409	8418.3021	制冷温度＞－40℃，容积 500 升－800 升柜式冷冻箱	20	20	20	20	20	23	23
410	8418.3029	制冷温度＞－40℃，容积≤500 升柜式冷冻箱	20	20	20	20	20	30	30
411	8418.4029	制冷温度＞－40℃，容积≤500 升立式冷冻箱	20	20	20	20	20	30	30
412	8426.1120	通用桥式起重机	5	5	8	5	5	5	8
413	8426.1190	其他固定支架的高架移动式起重机	5	5	8	5	5	5	8
414	8428.1090	其他升降机及倒卸式起重机	5	5	5	5	5	6	6
415	8429.1110	功率＞235.36 千瓦的履带式推土机	5	5	7	5	5	5	7
416	8429.1190	功率≤235.36 千瓦的履带式推土机	5	5	7	5	5	5	7
417	8429.1910	功率＞235.36 千瓦的其他推土机	5	5	7	5	5	5	7
418	8429.1990	功率≤235.36 千瓦的其他推土机	5	5	7	5	5	5	7
419	8429.4011	机重≥18 吨的震动式压路机	5	5	7	5	5	5	7
420	8429.4019	其他机动压路机	5	5	8	5	5	5	8
421	8429.4090	其他未列名捣固机械及压路机	5	5	6	5	5	5	6
422	8429.5900	其他机械铲、挖掘机及机铲装载机	5	5	8	5	5	5	8
423	8430.3900	其他非自推进截煤机、采石机及掘进机	5	5	6	5	5	5	6
424	8430.5020	矿用电铲	5	5	7	5	5	5	7
425	8430.6100	非自推进捣固或压实机械	5	5	6	5	5	5	6
426	8430.6911	钻筒直径＞3 米的工程钻机	5	5	6	5	5	5	6
427	8430.6919	钻筒直径≤3 米的工程钻机	5	5	6	5	5	5	6
428	8430.6920	非自推进铲运机	5	5	6	5	5	5	6

序号	税则号列	货品名称	文莱	印尼	马来西亚	缅甸	新加坡	泰国	最惠国税率
429	8430.6990	其他非自推进未列名机械	5	5	6	5	5	5	6
430	8431.4100	戽斗、铲斗、抓斗及夹斗	5	5	6	5	5	5	6
431	8431.4200	推土机或侧铲推土机用铲	5	5	6	5	5	5	6
432	8450.1200	装有离心甩干机的非全自动洗衣机	20	20	20	20	20	30	30
433	8450.1900	干衣量≤10千克的其他洗衣机	20	20	20	20	20	30	30
434	8450.9090	干衣量>10千克的洗衣机零件	15	15	15	15	15	16	16
435	8501.1099	其他输出功率≤37.5瓦微电机	5	5	5	5	5	9	9
436	8504.2100	额定容量≤650千伏安液体介质变压器	10	10	10	10	10	10.5	10.5
437	8504.2200	650千伏安<额定容量≤10毫伏安液体介质变压器	10	10	10	10	10	12.6	12.6
438	8504.2321	400毫伏安≤液体变压器额定容量<500毫伏安	5	5	5	5	5	6	6
439	8504.2329	其他额定容量≥500毫伏安液体变压器	5	5	5	5	5	6	6
440	8504.3400	额定容量>500千伏安的其他变压器	10	10	10	10	10	14	14
441	8504.4014	功率<1千瓦高精度直流稳压电源	5	5	5	5	5	7	7
442	8506.8000	其他原电池及原电池组	10	10	10	10	10	14	14
443	8506.9010	二氧化锰原电池或原电池组的零件	14	10	10	10	10	10	14
444	8507.4000	镍铁蓄电池	10	10	10	10	10	12	12
445	8507.8010	镍氢电池	10	10	10	10	10	12	12
446	8507.8020	锂离子电池	10	10	10	10	10	12	12
447	8507.8090	其他蓄电池	10	10	10	10	10	12	12
448	8507.9090	其他蓄电池零件	5	5	5	5	5	8	8
449	8509.9000	家用电动器具的零件	10	10	10	10	10	12	12
450	8513.1090	其他自供能源手提式电灯	17.5	15	15	15	15	17.5	17.5
451	8513.9010	手电筒零件	10	10	10	10	10	14	14
452	8513.9090	其他自供能源手提式电灯零件	10	10	10	10	10	14	14
453	8516.4000	电熨斗	20	20	20	20	20	35	35
454	8516.7910	电热饮水机	20	20	20	20	20	32	32
455	8516.7990	其他电热器具	20	20	20	20	20	32	32
456	8520.3210	数字音频式盒式磁带录音机	20	30	20	20	20	20	30

序号	税则号列	货品名称	文莱	印尼	马来西亚	缅甸	新加坡	泰国	最惠国税率
457	8520.3290	其他数字音频式磁带录音机	20	25	20	20	20	20	25
458	8520.3300	其他盒式磁带录音机	20	30	20	20	20	20	30
459	8520.3910	开盘式录音机	20	25	20	20	20	20	25
460	8527.3900	其他收音机	20	27	20	20	20	20	27
461	8528.1290	其他彩色电视机	20	30	30	30	20	30	30
462	8528.2100	彩色视频监视器	20	30	20	20	20	20	30
463	8528.3010	彩色视频投影机	20	30	20	20	20	20	30
464	8529.9030	对讲机零件	5	5	5	5	5	8	8
465	8529.9041	特种用途电视摄像机、静像视频摄像机及其他视频摄录一体机，数字相机零件	5	5	5	5	5	8	8
466	8529.9042	非特种用途的取像模块	10	10	10	10	10	12	12
467	8529.9049	其他电视摄像机、静像视频摄像机及其他视频摄录一体机、数字相机零件	10	10	10	10	10	12	12
468	8537.1090	其他电力控制或分配的装置	8.4	5	5	5	5	8.4	8.4
469	8537.2010	电压≥500千伏高压开关装置	5	5	5	5	5	8.4	8.4
470	8537.2090	其他电力控制或分配装置	5	5	5	5	5	8.4	8.4
471	8538.1010	子目号8537.2010所列装置的零件	5	5	5	5	5	8.4	8.4
472	8538.1090	税号85.37货品用的其他盘、板等	5	5	5	5	5	7	7
473	8539.2210	科研、医疗用功率≤200瓦白炽灯泡	10.5	10	10	10	10	10	10.5
474	8539.2920	火车、航空及船舶用其他白炽灯泡	10.5	10	10	10	10	10	10.5
475	8539.2991	电压≤12伏未列名的白炽灯泡	12	10	10	10	10	10	12
476	8539.2999	其他未列名的白炽灯泡	12	10	10	10	10	10	12
477	8539.3110	科研、医疗专用热阴极荧光灯	8	5	5	5	5	5	8
478	8539.3120	火车、航空器、船舶用热阴极荧光灯	8	5	5	5	5	5	8
479	8539.3190	其他用途用热阴极荧光灯	8	5	5	5	5	5	8
480	8539.3910	科研、医疗专用其他放电灯	8	5	5	5	5	5	8
481	8539.3920	火车、航空器、船舶用其他放电灯	8	5	5	5	5	5	8

序号	税则号列	货品名称	文莱	印尼	马来西亚	缅甸	新加坡	泰国	最惠国税率
482	8539.3990	其他用途的其他放电灯管	8	5	5	5	5	5	8
483	8544.5910	1000伏≥耐压>80伏无接头电缆	5	5	6	5	5	5	6
484	8544.5990	1000伏≥耐压>80伏无接头电导体	10	10	12	10	10	10	12
485	8544.6011	耐压>35千伏的电缆	8.4	5	8.4	5	5	8.4	8.4
486	8544.6090	耐压>1千伏的其他电导体	21	20	21	20	20	21	21
487	8703.1000	雪地行走专用车；高尔夫球车及类似车辆	25	25	20	20	20	20	25
488	8703.2335	2.5升<排气量≤3升的越野车	30	30	30	30	20	30	30
489	8703.2336	2.5升<排气量≤3升，≤9座的小客车	30	30	30	30	20	30	30
490	8703.2339	2.5升<排气量≤3升的其他车辆	30	30	30	30	20	30	30
491	8703.3190	排气量≤1500毫升的柴油型其他车辆	30	30	30	30	20	30	30
492	8703.3330	排气量>2500毫升柴油型的小轿车	30	30	30	30	20	30	30
493	8703.3340	排气量>2500毫升的柴油型越野车	30	30	30	30	20	30	30
494	8703.3350	排气量>2.5升，≤9座的柴油型小客车	30	30	30	30	20	30	30
495	8703.3390	排气量>2500毫升的柴油型其他车辆	30	30	30	30	20	30	30
496	8703.9000	装有压燃式内燃发动机的其他载人机动车辆	30	30	30	30	20	20	30
497	8704.1030	非公路用电动轮货运自卸车	6	6	6	5	5	5	6
498	8704.1090	其他非公路用货运自卸车	6	6	6	5	5	5	6
499	8704.9000	装有其他发动机的货车	25	25	25	20	20	20	25
500	8705.2000	机动钻探车	12	10	10	10	10	10	12
501	8705.9020	机动放射线检查车	9	5	5	5	5	5	9
502	8705.9030	机动环境监测车	12	10	10	10	10	10	12
503	8705.9040	机动医疗车	12	10	10	10	10	10	12
504	8705.9051	航空电源车（频率为400赫兹）	12	10	10	10	10	10	12
505	8705.9059	其他机动电源车	12	10	10	10	10	10	12
506	8705.9060	飞机加油车、调温车、除冰车	12	10	10	10	10	10	12
507	8705.9070	道路（包括跑道）扫雪车	12	10	10	10	10	10	12
508	8705.9080	石油测井车、压裂车、混沙车	12	10	10	10	10	10	12
509	8705.9090	其他特殊用途的机动车辆	12	10	10	10	10	10	12

序号	税则号列	货品名称	文莱	印尼	马来西亚	缅甸	新加坡	泰国	最惠国税率
510	8706.0010	非公路用货运自卸车底盘	8	8	5	8	5	5	8
511	8706.0090	其他机动车辆底盘	20.7	20.7	20	20.7	20	20	20.7
512	8707.1000	税号 87.03 所列车辆用车身（含驾驶室）	22.9	22.9	20	20	20	20	22.9
513	8708.3910	牵引车、拖拉机用制动器及其零件	5	6	5	5	5	6	6
514	8708.3930	非公路自卸车用制动器及其零件	5	6	5	5	5	6	6
515	8708.4010	牵引车、拖拉机用变速箱	5	6	5	5	5	5	6
516	8708.4030	非公路自卸车用变速箱	5	6	5	5	5	5	6
517	8708.6010	牵引车、拖拉机用非驱动桥及零件	5	5	5	5	5	6	6
518	8708.6030	非公路自卸车用非驱动桥及零件	5	5	5	5	5	6	6
519	8708.7010	牵引车及拖拉机用车轮及其零附件	5	6	5	5	5	5	6
520	8708.7030	非公路货运自卸车用车轮及其零件	5	6	5	5	5	5	6
521	8708.9310	牵引车、拖拉机用离合器及其零件	5	6	5	5	5	6	6
522	8708.9330	非公路自卸车用离合器及其零件	5	6	5	5	5	6	6
523	8708.9410	牵引车、拖拉机用转向盘、转向柱及转向器	5	5	5	5	5	6	6
524	8708.9430	非公路自卸车用转向盘、转向柱及转向器	5	5	5	5	5	6	6
525	8708.9910	牵引车及拖拉机用其他零附件	5	6	5	5	5	6	6
526	8708.9921	税号 8702.1091 及 8702.9010 所列车辆用车架	20	25	20	20	20	25	25
527	8708.9929	大型客车用其他零附件	20	25	20	20	20	25	25
528	8708.9931	税号 8704.1030 及 8704.1090 所列车辆用车架	5	6	5	5	5	6	6
529	8708.9939	非公路货运自卸车用其他零附件	5	6	5	5	5	6	6
530	8708.9941	税号 8704.2100、8704.2230、8704.3100 及 8704.3230 所列车辆用车架	20	25	20	20	20	25	25
531	8708.9949	中小型货车用其他零附件	20	25	20	20	20	25	25

序号	税则号列	货品名称	文莱	印尼	马来西亚	缅甸	新加坡	泰国	最惠国税率
532	8709.1910	短距离运输货物其他牵引车	10	10.5	10	10	10	10	10.5
533	8709.1990	其他非电动短矩离运货车	10	10.5	10	10	10	10	10.5
534	8711.1000	汽油型微马力摩托车及脚踏两用车	45	45	45	20	20	45	45
535	8711.2010	装有往复式活塞发动机，气缸容量超过50毫升，但不超过100毫升的汽油型小马力摩托车及脚踏两用车	45	45	45	20	20	45	45
536	8711.2020	装有往复式活塞发动机，气缸容量超过100毫升，但不超过125毫升的汽油型小马力摩托车及脚踏两用车	45	45	45	20	20	45	45
537	8711.2030	装有往复式活塞发动机，气缸容量超过125毫升，但不超过150毫升的汽油型小马力摩托车及脚踏两用车	45	45	45	20	20	45	45
538	8711.2040	装有往复式活塞发动机，气缸容量超过150毫升，但不超过200毫升的汽油型小马力摩托车及脚踏两用车	45	45	45	20	20	45	45
539	8711.2050	装有往复式活塞发动机，气缸容量超过200毫升，但不超过250毫升的汽油型小马力摩托车及脚踏两用车	45	45	45	20	20	45	45
540	8711.3010	汽油型中小马力摩托车及脚踏两用车	45	45	45	20	20	45	45
541	8711.3020	汽油型中大马力摩托车及脚踏两用车	45	45	45	20	20	45	45
542	8711.4000	汽油型大马力摩托车及脚踏两用车	40	40	40	20	20	40	40
543	8711.5000	汽油型超大马力摩托车及类似车	30	30	30	20	20	30	30
544	8711.9000	装有其他发动机的摩托车及边车	45	45	45	20	20	45	45
545	8712.0090	其他非机动脚踏车	23	23	20	20	20	20	23
546	8714.1100	摩托车及机动脚踏两用车用鞍座	30	30	20	20	20	30	30
547	8714.1900	摩托车其他零附件	30	30	20	20	20	30	30
548	8714.9100	非机动脚踏车车架、轮叉及其零件	12	10	10	10	10	10	12

序号	税则号列	货品名称	文莱	印尼	马来西亚	缅甸	新加坡	泰国	最惠国税率
549	8714.9200	非机动脚踏车轮圈及辐条	12	10	10	10	10	10	12
550	8714.9310	非机动脚踏车的轮毂	12	10	10	10	10	10	12
551	8714.9320	飞轮	12	10	10	10	10	10	12
552	8714.9390	其他非机动脚踏车的飞轮	12	10	10	10	10	10	12
553	8714.9400	非机动脚踏车的制动器及其零件	12	10	10	10	10	10	12
554	8714.9500	非机动脚踏车的鞍座	12	10	10	10	10	10	12
555	8714.9610	非机动脚踏车脚蹬及其零件	12	10	10	10	10	10	12
556	8714.9620	非机动脚踏车曲柄、链轮及其零件	12	10	10	10	10	10	12
557	8714.9900	非机动脚踏车的其他零附件	12	10	10	10	10	10	12
558	9032.1000	恒温器	5	5	5	5	5	7	7
559	9506.6100	草地网球	10	12	10	10	10	10	12
560	9506.6210	篮球、足球、排球	10	12	10	10	10	10	12
561	9506.6290	其他可充气的球	10	12	10	10	10	10	12

附件3

中国—东盟自由贸易区2005年六国从量税、复合税商品协定税率统一执行表

序号	税则号列	商品名称	最惠国税率	协定税率
1	0207.1200	冻的整只鸡	1.3元/千克	0.33元/千克
2	0207.1411	冻的带骨鸡块（包括鸡胸脯、鸡大腿等）	0.6元/千克	0
3	0207.1419	冻的不带骨鸡块（包括鸡胸脯、鸡大腿等）	1.0元/千克	0
4	0207.1421	冻的鸡翼（不包括翼尖）	0.9元/千克	0
5	0207.1422	冻的鸡爪	0.5元/千克	0
6	0207.1429	冻的其他鸡杂碎（包括鸡翼尖、鸡肝等）	0.5元/千克	0
7	0504.0021	冷、冻的鸡肫（即鸡胃）	1.4元/千克	0.35元/千克
8	2203.0000	麦芽酿造的啤酒	0	0
9	2709.0000	石油原油（包括从沥青矿物提取的原油）	0	0
10	3701.3021	未曝光照相制版用激光照排片（任何一边>255毫米）	4.3元/平方米	4.3元/平方米
11	3701.3022	未曝光照相制版用PS版（任何一边>255毫米）	2.9元/平方米	2.9元/平方米

序号	税则号列	商品名称	最惠国税率	协定税率
12	3701.3023	未曝光照相制版用 CTP 版（任何一边 > 255 毫米）	6.8 元/平方米	5.1 元/平方米
13	3701.3029	其他未曝光照相制版用感光硬软片（任何一边 > 255 毫米）	6.8 元/平方米	6.8 元/平方米
14	3702.3100	未曝光无齿孔彩色窄胶卷（窄胶卷指宽度≤105 毫米，彩色摄影用）	67.7 元/平方米	50.8 元/平方米
15	3702.3220	照相制版涂卤化银液无齿孔窄胶卷（成卷未曝光感光胶片，窄胶卷指宽度≤105 毫米）	5.3 元/平方米	3.98 元/平方米
16	3702.3290	其他涂卤化银乳液无齿孔窄胶卷（成卷未曝光感光胶片，窄胶卷指宽度≤105 毫米）	36.8 元/平方米	27.6 元/平方米
17	3702.3920	照相制版用其他无齿孔窄感光胶卷（成卷未曝光感光胶片，窄胶卷指宽度≤105 毫米）	3.7 元/平方米	2.78 元/平方米
18	3702.3990	其他用无齿孔窄感光胶卷（成卷未曝光感光胶片，窄胶卷指宽度≤105 毫米）	36.9 元/平方米	27.7 元/平方米
19	3702.4100	未曝光无齿孔宽长彩色胶卷（宽长胶卷指宽度 > 610 毫米，长度 > 200 米）	30.7 元/平方米	30.7 元/平方米
20	3702.4221	印刷电路板制造用光致抗蚀干膜（指宽度 > 610 毫米，长度 > 200 米）	2.1 元/平方米	1.58 元/平方米
21	3702.4229	照相制版其他未曝光无齿宽长胶卷（宽长胶卷指宽度 > 610 毫米，长度 > 200 米）	3.7 元/平方米	2.78 元/平方米
22	3702.4291	红外或氦氖激光胶片	34 元/平方米	25.5 元/平方米
23	3702.4299	黑白其他未曝光无齿孔宽长胶卷（宽长胶卷指宽度 > 610 毫米，长度 > 200 米）	34 元/平方米	25.5 元/平方米
24	3702.4321	照相制版用激光照排片（宽度 > 610 毫米，长度≤200 米）	2.7 元/平方米	2.03 元/平方米
25	3702.4329	其他照相制版用未曝光无齿孔胶卷（指宽度 > 610 毫米，长度≤200 米）	3.7 元/平方米	2.78 元/平方米
26	3702.4390	彩色或黑白其他用未曝光无齿孔中长胶卷（中长胶卷指宽度 > 610 毫米，长度≤200 米）	33.2 元/平方米	24.9 元/平方米
27	3702.4421	照相制版用未曝光激光照排片（宽度大于 105 毫米，小于等于 610 毫米）	2.7 元/平方米	2.03 元/平方米
28	3702.4422	印刷电路板制造用光致抗蚀干膜（宽度大于 105 毫米，小于等于 610 毫米）	2.1 元/平方米	1.58 元/平方米

序号	税则号列	商品名称	最惠国税率	协定税率
29	3702.4429	其他照相制版用无齿孔未曝光胶卷（宽度大于105毫米，小于等于610毫米）	3.7元/平方米	2.78元/平方米
30	3702.4490	彩色或黑白其他用无齿孔未曝光中宽胶卷（中宽胶卷指宽度>105毫米，但≤610毫米）	33.5元/平方米	25.1元/平方米
31	3702.5100	未曝光窄短彩色胶卷（窄短胶卷指宽度≤16毫米，长度≤14米）	128.6元/平方米	96.5元/平方米
32	3702.5200	未曝光中窄彩色胶卷（中窄胶卷指宽度≤16毫米，长度>14米）	95.6元/平方米	71.7元/平方米
33	3702.5300	幻灯片用未曝光彩色摄影胶卷（宽度>16毫米，但≤35毫米，长度≤30米）	128.6元/平方米	96.5元/平方米
34	3702.5410	非幻灯片用彩色摄影胶卷（宽度=35毫米，长度≤2米）	96元/平方米	96元/平方米
35	3702.5490	其他非幻灯片用彩色摄影胶卷（宽度>16毫米，但≤35毫米，长度≤30米）	65.6元/平方米	65.6元/平方米
36	3702.5520	未曝光的窄长彩色电影胶卷（窄长胶卷指宽度>16毫米，但≤35毫米，长度>30米）	13.8元/平方米	13.8元/平方米
37	3702.5590	其他未曝光窄长彩色胶卷（窄长胶卷指宽度>16毫米，但≤35毫米，长度>30米）	81.4元/平方米	81.4元/平方米
38	3702.5620	未曝光的中宽彩色电影胶卷（中宽胶卷指宽度>35毫米）	13.8元/平方米	10.4元/平方米
39	3702.5690	其他未曝光的中宽彩色胶卷（中宽胶卷指宽度>35毫米）	78.2元/平方米	58.7元/平方米
40	3702.9100	未曝光窄短黑白胶卷（窄短胶卷指宽度≤16毫米）	54.7元/平方米	41元/平方米
41	3702.9310	未曝光中长黑白胶卷（宽度=35毫米，长度≤2米）	65元/平方米	65元/平方米
42	3702.9390	其他未曝光中长黑白胶卷（中长胶卷指宽度>16毫米，但≤35毫米，长度≤30米）	54.7元/平方米	54.7元/平方米
43	3702.9420	未曝光的窄长黑白电影胶卷（窄长胶卷指宽度>16毫米，但≤35毫米，长度>30米）	9元/平方米	9元/平方米
44	3702.9490	其他用未曝光窄长黑白胶卷（窄长胶卷指宽度>16毫米，但≤35毫米，长度>30米）	49.2元/平方米	49.2元/平方米

序号	税则号列	商品名称	最惠国税率	协定税率
45	3702.9520	未曝光的中宽黑白电影胶卷（中宽胶卷指宽度>35毫米）	10.4元/平方米	7.8元/平方米
46	3702.9590	其他用未曝光的中宽黑白胶卷（中宽胶卷指宽度>35毫米）	35.1元/平方米	26.3元/平方米
47	8521.1011	广播级录像机	每台完税价格低于或等于2000美元：执行单一从价税，税率为30%；每台完税价格高于2000美元：每台征收从量税，税额4482元，加上3%从价税	每台完税价格低于或等于2000美元：执行单一从价税，税率为20%；每台完税价格高于2000美元：每台征收从量税，税额2822元，加上3%从价税
48	8521.1019	其他录像机	每台完税价格低于或等于2000美元：执行单一从价税，税率为30%；每台完税价格高于2000美元：每台征收从量税，税额4482元，加上3%从价税	每台完税价格低于或等于2000美元：执行单一从价税，税率为20%；每台完税价格高于2000美元：每台征收从量税，税额2822元，加上3%从价税
49	8521.1020	放像机	每台完税价格低于或等于2000美元：执行单一从价税，税率为30%；每台完税价格高于2000美元：每台征收从量税，税额4482元，加上3%从价税	每台完税价格低于或等于2000美元：执行单一从价税，税率为20%；每台完税价格高于2000美元：每台征收从量税，税额2822元，加上3%从价税
50	8525.3091	非特种用途的广播级电视摄像机	每台完税价格低于或等于5000美元，执行单一从价税，税率为35%；每台完税价格高于5000美元：每台征收从量税，税额13280元，加上3%从价税	每台完税价格低于或等于5000美元，执行单一从价税，税率为20%；每台完税价格高于5000美元：每台征收从量税，税额7055元，加上3%从价税

序号	税则号列	商品名称	最惠国税率	协定税率
51	8525.3099	非特种用途的其他电视摄像机	每台完税价格低于或等于5000美元，执行单一从价税，税率为35%；每台完税价格高于5000美元：每台征收从量税，税额13280元，加上3%从价税	每台完税价格低于或等于5000美元，执行单一从价税，税率为20%；每台完税价格高于5000美元：每台征收从量税，税额7055元，加上3%从价税
52	8525.4041 8525.4049	非特种用途的静像视频摄像机及其他视频摄像一体机，家用型摄录一体机除外	0	0
53	8525.4050	数字方式存储图像的照相机	0	0

中华人民共和国海关总署公告

2005年第35号

根据《中华人民共和国反倾销条例》的规定，国务院关税税则委员会决定对原产于俄罗斯和日本的进口三氯乙烯征收反倾销税，征税时间从2005年7月22日开始，期限为5年。现就有关问题公告如下：

一、自2005年7月22日起，对申报进口原产于俄罗斯、日本的三氯乙烯（税则号列：2903.2200），除按现行规定征收进口关税外，还应区别不同的供货厂商，按照本公告附件2所列的适用税率和下述计算公式征收反倾销税及进口环节增值税。

反倾销税税额 = 海关完税价格 × 反倾销税税率

进口环节增值税税额 = （海关完税价格 + 关税税额 + 反倾销税税额） × 进口环节增值税税率

对应征收反倾销税产品的详细描述详见本公告附件1。

二、凡申报进口三氯乙烯的，应当向海关提交原产地证明，如果原产地为俄罗斯、日本的，还应当提供原厂商发票。

凡申报进口三氯乙烯不能提供原产地证明，且经查验也无法确定货物的原产地不是俄罗斯或日本的，海关将按照本公告附件2所列的最高反倾销税税率征收反倾销税；能够确定货物的原产地是俄罗斯或日本，但进口经营单位不能提供原厂商发票的，海关将按照本公告附件2所列的相应国家其他公司适用的反倾销税税率征收反倾销税。

三、有关加工贸易保税进口原产于俄罗斯、日本的三氯乙烯如何征收反倾销税等方面的问题，海关按照中华人民共和国海关总署2001年第9号公告和《中华人民共和国海关关于加工贸易边角料、剩余料件、残次品、副产品和受灾保税货物的管理办法》（中华人民共和国海关总署令第111号公布）的有关规定执行。

四、对于实施临时反倾销措施之后进口原产于俄罗斯和日本的三氯乙烯已经缴纳的反倾销保证金，按本公告规定的征收反倾销税的商品范围和反倾销税税率计征并转为反倾销税，与之同时缴纳的进口环节增值税保证金一并转为进口环节增值税。

由于俄罗斯乌苏里耶化工有限责任公司（“Usoliekhimprom” LLC）继承“KhimpromUsolie” LLC在反倾

销案中的应诉地位，自2005年7月22日起，“Usoliekhimprom”LLC适用3%的反倾销税税率，“KhimpromUsolie”LLC适用其他俄罗斯公司159%的反倾销税税率。对于实施临时反倾销措施之后，进口原产于俄罗斯“KhimpromUsolie”LLC生产的三氯乙烯已经缴纳的反倾销保证金，按本公告附件2规定的“Usoliekhimprom”LLC适用的反倾销税税率转为反倾销税，与之同时缴纳的进口环节增值税保证金一并转为进口环节增值税。

上述保证金超出按本公告附件2所列税率计算的反倾销税及相应的进口环节增值税的部分，可自2005年7月22日起6个月内，向征收地海关申请退还。保证金不足应征税款部分，不再补征。

五、对于伪报进口三氯乙烯原产地或伪造原产地证明或原厂商发票的行为，海关将按有关规定进行处罚。

六、在对进口三氯乙烯征收反倾销税期间，出现相同或类似货物而海关无法确定是否应对其征收反倾销税时，有关企业应向商务部提出申请，由商务部商有关部门作出裁定。海关将根据商务部的裁定执行。

特此公告。

附件1　中华人民共和国商务部2005年第37号公告
附件2　三氯乙烯反倾销税税率表

海关总署
2005年7月21日

附件1

中华人民共和国商务部公告

2005年第37号

根据《中华人民共和国反倾销条例》的规定，商务部于2004年4月16日发布公告，决定对原产于俄罗斯和日本的进口三氯乙烯（以下简称被调查产品）进行反倾销调查。该被调查产品归在《中华人民共和国进出口税则》2903.2200项下。

商务部对被调查产品是否存在倾销和倾销幅度、被调查产品是否对国内产业造成损害及损害程度，以及倾销与损害之间的因果关系进行了调查。根据调查结果，商务部于2005年1月7日发布初裁公告，初步裁定存在倾销和实质损害，并且认定倾销和实质损害之间存在因果关系，决定自公告之日起对原产于俄罗斯和日本的进口三氯乙烯实施临时反倾销措施。

初裁公告后，商务部对倾销和倾销幅度、损害及损害程度继续进行调查，现对本案的调查已经结束，根据《中华人民共和国反倾销条例》第二十五条的规定，商务部作出最终裁定（见附件）。现将有关事项公告如下：

一、终裁裁定

经过调查，商务部终裁裁定原产于俄罗斯和日本的进口三氯乙烯存在倾销，中国三氯乙烯产业遭受了实质损害，而且倾销与实质损害之间存在因果关系。

二、被调查产品

应征收反倾销税的产品归在《中华人民共和国进出口税则》2903.2200项下，对该被调查产品的描述如下：

产品名称：三氯乙烯

英文名称：Trichloroethylene（TCE）

产品种类：有机化工产品

化学分子式：C_2HCl_3

化学结构式：$CHCl=CCl_2$

具体描述：一种性能优良、用途广泛的有机氯溶剂。常温下为无色透明重质油状液体，易流动，易挥发，不易燃，具有类似氯仿的气味。分子量为131.39，熔点-86.7℃--87.1℃，沸点86.7℃-87.2℃，相对密度1.455-1.475，闪点32.2℃，自燃点410℃-420℃。可微溶于水，能与大多数有机溶剂自由混溶，与普通金属不发生化学反应。具有麻醉性，是一种有毒的化学品。

主要用途：是C_2有机氯溶剂中溶解力最强的一种，是优良的金属脱脂洗剂，主要用于彩电、电冰箱、汽车、空调、精密机械、微电子等行业作金属部件、电子元件的清洗剂，其主要优点是脱脂彻底。用在化工原料上可生产氯乙酸、二氯乙酰氯、八氯二丙醚、六氯乙烷等产品，还可以用作溶剂和萃取剂，在农药和医药行业也有一定用途。还可用于生产氯氟烃的替代品：HFC-134a、HFC-100、HCFC-123、HCFC-124、HCFC-125，并取代1.1.1-TCA的大部分用途。

生产方法：主要有乙炔法、乙烯氯化法和乙烯氧氯化法等3种方法。

三、征收反倾销税

根据《中华人民共和国反倾销条例》的有关规定，国务院关税税则委员会决定，自2005年7月22日起，对原产于俄罗斯和日本的进口到中华人民共和国境内的三氯乙烯征收反倾销税。

对各公司征收的反倾销税率如下：

（一）所有日本公司　159%

（二）俄罗斯公司

1. 乌苏里耶化工有限责任公司（“Usoliekhimprom” LLC）3%

2. 其他俄罗斯公司（All others）159%

本案调查过程中，应诉的“KhimpromUsolie” LLC将三氯乙烯业务转让给“Usoliekhimprom” LLC。经审查认定，由“Usoliekhimprom” LLC 继承“KhimpromUsolie” LLC 的本案中的应诉地位。自本公告发布之日起，“KhimpromUsolie” LLC 适用本公告及终裁所确定的其他俄罗斯公司的反倾销税率。在此之前进口“KhimpromUsolie” LLC 的三氯乙烯所提供的保证金的处理方法依本公告第五条规定。

四、征收反倾销税的方法

进口经营者自2005年7月22日起，进口原产于俄罗斯和日本的三氯乙烯的，应向中华人民共和国海关缴纳相应的反倾销税。反倾销税以海关审定的完税价格从价计征，计征的公式为：反倾销税额 = 海关完税价格 × 反倾销税税率。进口环节增值税以海关审定的完税价格加上关税和反倾销税作为计税价格从价计征。

五、反倾销税的追溯征收

对自2005年1月7日起至本裁定公告之日止有关进口经营者依初裁决定向中华人民共和国海关所提供的保证金，按照本裁定所确定的征收反倾销税的商品范围和反倾销税税率计征并转为反倾销税，与之同时提供的进口环节增值税现金保证金一并转为进口环节增值税。对在此期间有关进口经营者所提供的现金保证金超出反倾销税和与之对应的进口环节增值税的部分，海关予以退还，少征部分不再补征。

有关进口经营者自2005年1月7日起至本裁定公告之日止，进口“KhimpromUsolie” LLC 三氯乙烯所提供的保证金，适用本公告及终裁所确定的“Usoliekhimprom” LLC 的反倾销税率，并按上款原则予以相应处理。

对实施临时反倾销措施决定公告之日前原产于俄罗斯和日本的进口三氯乙烯不再征收反倾销税。

六、征收反倾销税的期限

对原产于俄罗斯和日本的进口三氯乙烯征收反倾销税，实施的期限自2005年7月22日起5年。

七、新出口商复审

对于上述国家在调查期内未向中华人民共和国出口被调查产品的新出口商，符合条件的，可依据《中华人民共和国反倾销条例》第四十七条的规定，向商务部书面申请新出口商复审。

八、期中复审

在征收反倾销税期间，有关利害关系方可依据《中华人民共和国反倾销条例》第四十九的规定，向商务部书面申请期中复审。

九、行政复议和行政诉讼

对本案终裁决定及征收反倾销税决定不服的，根据《中华人民共和国反倾销条例》第五十三条规定，可以依法申请行政复议，也可以依法向人民法院提起诉讼。

特此公告。

附件　中华人民共和国商务部关于对原产于俄罗斯和日本的进口三氯乙烯反倾销调查的最终裁定

商务部

2005年7月22日

附件

中华人民共和国商务部关于对原产于俄罗斯和日本的进口三氯乙烯反倾销调查的最终裁定

根据《中华人民共和国反倾销条例》的规定，商务部（以下称调查机关）于2004年4月16日正式发布立案公告，决定对原产于俄罗斯和日本的进口三氯乙烯进行反倾销调查。2005年1月7日，调查机关就本案调查发布了初裁公告，初步裁定存在倾销和实质损害，并且认定倾销和实质损害之间存在因果关系。

初裁公告后，调查机关继续对倾销和倾销幅度、损害及损害程度进行调查，现本案调查结束，根据本案的调查结果，并依据《中华人民共和国反倾销条例》第二十五条的规定，作出最终裁定如下：

一、调查程序

（一）立案

2004年2月16日，调查机关正式收到无锡格林艾普化工股份有限公司和锦化化工集团氯碱股份有限公司代表国内三氯乙烯产业提交的反倾销调查申请，申请人请求对原产于俄罗斯和日本的进口三氯乙烯进行反倾销调查。

调查机关审查了申请材料之后，认为申请人符合《中华人民共和国反倾销条例》第十一条及第十三条和第十七条有关中国产业提出反倾销调查申请的规定，有资格代表中国三氯乙烯产业提出申请，且申请书中包含了《中华人民共和国反倾销条例》第十四条、第十五条规定启动反倾销调查所要求的内容和证据。调查机关于2004年4月16日发布立案公告，决定对原产于俄罗斯和日本的进口三氯乙烯进行反倾销立案调查。调查机关确定的本案倾销调查期为2003年1月1日至2003年12月31日，产业损害调查期为1999年1月1日至2003年12月31日。

（二）初步调查

1. 倾销及倾销幅度的调查

（1）立案通知

在决定立案调查前，根据《中华人民共和国反倾销条例》第十六条规定，调查机关于2004年4月8日就收到国内三氯乙烯产业反倾销调查申请书一事分别通知了俄罗斯和日本驻中国大使馆。

2004年4月16日，调查机关发布立案公告，调查机关约见了俄罗斯和日本驻中国大使馆官员，向他们正式递交了立案公告和申请书的公开部分，请其通知所在国家的相关出口商和生产商。同日，调查机关将本案立案情况通知了本案申请人及申请书中列明的国外企业。

（2）登记应诉

根据公告要求，自公告发布之日起20天的登记应诉期内，只有俄罗斯的乌苏里耶化工有限责任公司一家企业向调查机关登记倾销应诉。

（3）发放问卷和收取答卷

2004年5月17日，调查机关向应诉的国外生产商发出了反倾销调查问卷，并要求其在37天内按规定提交准确、完整的答卷。应诉公司在规定的期限内向调查机关申请延期递交答卷并陈述了相关理由。经审查，调查机关同意申请公司的延期要求。答卷递交截止之日，调查机关收到了俄罗斯乌苏里耶化工有限责任公司的答卷。

针对原始答卷内容存在的问题，调查机关向应诉公司发放了补充问卷，并在规定的时间内收到了公司的补充答卷。

（4）听取各利害关系方的意见

调查期内，调查机关听取了各利害关系方对本案调查的陈述和意见，并依法给予了充分考虑。

2. 产业损害及损害程度初步调查

（1）产业损害调查期

本案产业损害调查期（以下简称调查期）为1999年1月1日至2003年12月31日。

（2）应诉登记

2004年4月16日，调查机关发布了《关于参加三氯乙烯反倾销案产业损害调查应诉登记的通知》。在规定时间内，俄罗斯的乌苏里耶化工有限责任公司参加了应诉登记，日本企业没有应诉。

（3）成立产业损害调查组

2004年5月6日，调查机关成立了三氯乙烯反倾销案产业损害调查组（以下简称调查组）。

（4）发放和收回调查问卷

2004年5月16日，调查机关向已知的利害关系方发放了三氯乙烯反倾销案《国内生产者调查问卷》、《国内进口商调查问卷》和《国外（地区）生产者/出口商调查问卷》。在规定的时间内，本案申请人无锡格林艾普化工股份有限公司和锦化化工集团氯碱股份有限公司通过其代理人递交了《国内生产者调查问卷》答卷，国内其他两家生产三氯乙烯的企业——内蒙古三联化工股份有限公司和宁夏鑫尔特化学有限公司没有回答调查问卷。经调查机关同意，俄罗斯乌苏里耶化工有限责任公司在规定的延期期限内递交了《国外（地区）生产者/出口商调查问卷》答卷。日本企业和国内进口商没有回答调查问卷。

（5）听取申请人陈述

2004年5月18日，本案申请人无锡格林艾普化工股份有限公司和锦化化工集团氯碱股份有限公司及其代理人向调查机关陈述了申请理由及对本案的意见。调查机关认真听取了申请人的意见并询问了有关问题。

（6）听取和接收利害关系方意见

2004年6月18日，调查机关听取了俄罗斯乌苏里耶化工有限责任公司代理人的意见。2004年7月21日，调查机关收到西安金珠近代化工有限责任公司“关于三氯乙烯反倾销对下游生产企业的影响”的传真；2004年8月2日收到常州康泰化工有限公司“关于三氯乙烯反倾销对下游生产企业影响的报告”的传真。

（7）实地核查

2004年7月下旬和8月中旬，本案调查组分别对无锡格林艾普化工股份有限公司和锦化化工集团氯碱股份有限公司进行了实地核查。调查组通过座谈会、实地察看生产装置和生产流程、查对财务账册、核对原始材料等方式，重点对申请书、调查问卷以及其他书面材料中提供的信息进行了核实，包括同类产品情况以及企业收入、成本、费用、税金、利润等，并对其他问题进行了核查取证。调查机关对核查中所了解的情况和其他相关证据，进行了认真的分析研究。

调查机关对申请书及所附证据、收回的调查问卷答卷、实地核查情况、各利害关系方书面或其他形式的意见进行了认真审查和分析，在裁决时给予了充分的考虑。

（三）初步裁定及公告

2005年1月7日，调查机关就本案调查发布了初步裁定，认定原产于俄罗斯和日本的进口三氯乙烯存在倾销和实质损害，同时认定倾销和实质损害之间存在因果关系。根据初步裁定结果，调查机关发布公告，决定自2005年1月7日起，中华人民共和国对原产于俄罗斯和日本的进口三氯乙烯开始实施临时反倾销措施。进口经营者在进口原产于俄罗斯和日本的三氯乙烯时，必须向中华人民共和国海关提供与初步裁定所确定的倾销幅度相对应的保证金。

（四）延期公告

2005年4月16日，调查机关发布2005年第17号公告，将本案调查期延长至2005年10月16日。

（五）初裁后的继续调查

1. 对倾销和倾销幅度继续调查

（1）进一步调查和搜集证据

根据初步裁定公告的要求，各利害关系方在初步裁定发布之日起20天之内可以就初步裁定向调查机关提出书面评论并附相关证据。同时，本案初裁后，调查机关依据《反倾销调查信息披露暂行规则》的规定，向各提交答卷的应诉公司披露并说明了初步裁定中计算各公司倾销幅度时所依据的基本事实，并给予各应诉公司提出评论意见的机会。

调查机关在规定的时间内收到上述国家应诉公司等有关利害关系方对初步裁定和初裁倾销幅度计算的书面评论。对于所递交的书面评论，调查机关在最终裁定中依法予以了考虑。

（2）实地核查

为进一步核实应诉公司提交材料的真实性和准确性，调查机关组成三氯乙烯反倾销调查实地核查小组，于2005年1月28日-2月3日赴俄罗斯乌苏里耶化工有限责任公司进行了实地核查。

核查期间，被核查公司的财务人员、销售人员和管理人员接受了核查小组的询问，并根据要求提供了有关的证明材料。核查小组全面核查了公司的整体情况、被调查产品出口中国销售情况、生产被调查产品、同类产品的成本及相关费用情况及公司变更情况等，对公司提交材料的完整性、真实性和准确性进行了调查，并进一步搜集了相关证据。对于实地核查中收集的材料和信息，调查机关进行了核对和整理，并在最终裁定中依法予以了考虑。

（3）听取其他利害关系方的意见

本案调查过程中，有下游产业反映国内三氯乙烯产量不足以满足国内需求，反倾销措施将会损害下游产业。经过调查和研究，调查机关认为，采取反倾销措施并非禁止进口，只是针对低价倾销的不公平贸易行为，不会对下游产业产生实质性影响。

（4）倾销幅度的继承

初裁后，“Usoliekhimprom” LLC（中文名称仍为乌苏里耶化工有限责任公司）向调查机关提交材料称，因业务重组，应诉的“KhimpromUsolie” LLC（乌苏里耶化工有限责任公司）于2004年6月将三氯乙烯的生产和销售活动转让给“Usoliekhimprom” LLC，因此，申请由“Usoliekhimprom” LLC继承“KhimpromUsolie” LLC的倾销幅度。经审查，调查机关要求公司补充提交了有关资料。根据对有关资料的审查，调查机关认定，自本终裁发布之日起，由“Usoliekhimprom” LLC继承“KhimpromUsolie” LLC的倾销幅度，“KhimpromUsolie” LLC适用本案其他俄罗斯公司的倾销幅度。

（5）最终裁定前的信息披露

本案终裁前，调查机关依据《中华人民共和国反倾销条例》第二十五条第二款和《反倾销调查信息披露暂行规则》的规定，向俄罗斯乌苏里耶化工有限责任公司披露并说明了计算公司倾销幅度时所依据的基本事实，并给予应诉公司提出评论意见的机会。在最终裁定中，调查机关对应诉公司提出的意见和评论依法进行了考虑。

2. 对损害和损害程度的进一步调查

（1）初裁后接受书面评论和相关材料

2005年3月7日，在规定时间内，调查机关收到了俄罗斯乌苏里耶化工有限责任公司递交的《关于三氯乙烯反倾销案初步裁决的书面评论》，其他利害关系人没有提交书面评论意见。调查机关对利害关系方的上述意见依法给予了充分考虑，并对提出的有关问题进行了进一步调查核实。

乌苏里耶化工有限责任公司递交的评论中有关产业损害裁定部分的意见认为，“倾销与损害之间的因果关系的论证分析缺乏客观性”，具体是对国内产业的销售收入、利润和市场份额提出了评论意见；同时提出采取反倾销措施“不符合下游产业利益”。

对于乌苏里耶化工有限责任公司提出的上述评论，调查机关予以了充分考虑，接受了其所提意见的合理内容。但对于该公司在评论中对利润、市场份额指标的评论以及对被调查产品征收反倾销税不符合下游企业利益的评论，调查机关认为初裁决定正确，故未予采纳。

（2）终裁前的实地核查

初裁公告发布后，调查机关继续对国内三氯乙烯产业所受损害及损害程度、因果关系以及有关利害关系方提供的新情况进行了调查取证。2005年3月，调查机关对无锡格林艾普化工股份有限公司进行了终裁前实地核查，进一步收集了相关证据和材料。

（3）终裁前的信息披露

根据《中华人民共和国反倾销条例》第二十五条的规定，本案终裁前，调查机关向本案有关利害关系方披露了产业损害调查终裁决定所依据的基本事实和理由，并给予其提出评论意见的机会，且在终裁中依法进行了考虑。

二、被调查产品

调查机关在立案公告中确定的本案被调查产品及调查范围描述如下：

调查范围：原产于俄罗斯和日本的进口三氯乙烯

产品名称：三氯乙烯

英文名称：Trichloroethylene（TCE）

税则号：被调查产品归在《中华人民共和国进出口税则》2903.2200项下

产品种类：有机化工产品

化学分子式：C_2HCl_3

化学结构式：$CHCl=CCl_2$

具体描述：一种性能优良、用途广泛的有机氯溶剂。常温下为无色透明重质油状液体，易流动，易挥发，不易燃，具有类似氯仿的气味。分子量为131.39，熔点-86.7℃--87.1℃，沸点86.7℃-87.2℃，相对密度1.455-1.475，闪点32.2℃，自燃点410℃-420℃。可微溶于水，能与大多数有机溶剂自由混溶，与普通金属不发生化学反应。具有麻醉性，是一种有毒的化学品。

主要用途：是C2有机氯溶剂中溶解力最强的一种，是优良的金属脱脂洗剂，主要用于彩电、电冰箱、汽车、空调、精密机械、微电子等行业作金属部件、电子元件的清洗剂，其主要优点是脱脂彻底。用在化工原料上可生产氯乙酸、二氯乙酰氯、八氯二丙醚、六氯乙烷等产品，还可以用作溶剂和萃取剂，在农药和医药行业也有一定用途。还可用于生产氯氟烃的替代品：HFC-134a、HFC-100、HCFC-123、HCFC-124、HCFC-125，并取代1.1.1-TCA的大部分用途。

生产方法：主要有乙炔法、乙烯氯化法和乙烯氧氯化法等3种方法。

三、国内同类产品和国内产业

（一）国内同类产品的认定

调查机关对中国国内生产的三氯乙烯和被调查产品的物理和化学特性、生产过程、产品用途、销售渠道等因素进行了调查：

1. 物理、化学性质

国内生产的三氯乙烯与被调查产品分子量一样，流动性、挥发性、易燃性和气味相同，熔点、沸点、闪点、自燃点和相对密度相同，均可微溶于水，能与大多数有机溶剂自由混溶，与普通金属不发生化学反应，具有麻醉性，是一种有毒的化学品。因此，国内生产的三氯乙烯与被调查产品物理、化学性质相同。

2. 产品用途及可替代性

国内生产的三氯乙烯与被调查产品均用于工业清洗剂、化工原料、农药医药等领域，不同国家的产品可以相互替代，同一个用户可根据市场情况选择购进各国产品使用。

3. 生产设备和工艺

国内企业和俄罗斯企业生产三氯乙烯产品均采用乙炔法，生产工艺相同。日本企业生产三氯乙烯采用乙烯氯化法或乙烯氧氯化法，生产设备和工艺与国内企业有所不同。但不管采用何种生产设备与工艺，对生产出来的三氯乙烯产品特性并无实质影响。

4. 产品的包装及销售渠道

国内生产的三氯乙烯与被调查产品大都以桶装或槽装，并且通过直销、经销商经销或其他方式销售到最终用户，销售渠道基本相同。

综上所述，调查机关认定国内生产的三氯乙烯与被调查产品物理、化学性质相同，用途基本相同且可相互替代，包装及销售渠道也基本相同，属于同类产品。

（二）中国国内产业的认定

调查表明，本案申请人无锡格林艾普化工股份有限公司和锦化化工集团氯碱股份有限公司是国内两家主要生产三氯乙烯的企业。调查期内，这两家企业与被调查产品的出口经营者或者进口经营者没有关联，也不是进口经营者；它们生产的三氯乙烯总产量占国内同类产品全部总产量的主要部分。根据《中华人民共和国反倾销条例》第十一条规定，调查机关认定无锡格林艾普化工股份有限公司和锦化化工集团氯碱股份有限公司两家企业构成本案国内产业。

四、倾销和倾销幅度

调查机关审查了应诉公司的答卷，对其正常价值和出口价格作如下认定：

（一）正常价值、出口价格及价格调整项目的认定

俄罗斯乌苏里耶化工有限责任公司（“KhimpromUsolie” LLC）

乌苏里耶化工有限责任公司（以下简称乌苏里耶）调查期间受某公司委托加工生产三氯乙烯，乌苏里耶收取加工费用。产品转交后，乌苏里耶回购该产品，并全部通过某贸易公司代理出口销售。上述两公司均为乌苏里耶的非关联公司。

1. 正常价值

乌苏里耶答卷报告其调查期内没有内销交易，出口销售中，除出口中国外，仅有少量出口印度。经核查，乌苏里耶调查期内确实不存在内销交易，调查机关最终决定采用结构价格来确定正常价值。

关于生产成本，经核查，调查机关认定乌苏里耶报告的成本数据准确，并最终决定采纳该生产成本数据来计算正常价值。

关于管理、销售、财务及其他费用等3项费用，经核查，调查机关认定该数据准确，并最终决定采纳该数据来计算正常价值。

关于利润率，经核查，调查机关最终决定采用公司调查期内的利润率。

2. 出口价格

乌苏里耶通过某代理商代理对中国的出口销售，该代理商收取中国进口商货款后向乌苏里耶支付货款，并扣除佣金。经核查，调查机关最终决定以答卷报告的公司销售给中国客户的价格作为确定出口价格的基础。

关于运输费用，经核查认定答卷数据准确，调查机关决定接受公司答卷中报告的数据。

关于信用费用，初裁时，因表格所填写的信用期、乌苏里耶与代理商合同及代理商与进口商合同规定的信用期各不同，调查机关初步决定根据乌苏里耶与代理商合同规定的收款信用期来计算信用费用。初裁后，公司提交评论称，应当按实际的付款日期，而不是合同规定的信用期。经核查，调查机关发现公司表格所填写日期即为实际的收款日期，并最终决定据此日期来计算信用费用。

关于佣金，初裁时，调查机关初步决定根据调整后的佣金比例重新计算11－12月交易的佣金金额。初裁后，经实地核查，调查机关决定维持初裁决定。

关于报关代理费，初裁时调查机关暂接受公司数据。初裁后，经实地核查，调查机关决定维持初裁决定。

关于出口退税，初裁时，调查机关认为出口退税不影响成本，不应纳入出口价格的调整项目中。初裁后，公司提交评论称，表格中半成品材料和直接材料的总成本包含增值税数据，且反映在三氯乙烯的生产成本中，此外，由于乌苏里耶回购三氯乙烯用于出口，其得到的增值税直接按照缴纳的增值税发票数目之和确定。经核查，调查机关发现公司评论中所称退税反映在三氯乙烯的生产成本中的提法不符合事实，并最终决定维持初裁决定。

（二）价格比较

根据《中华人民共和国反倾销条例》第六条的规定，调查机关对进口产品的出口价格和正常价值，考虑了影响价格的各种可比性因素，按照公平、合理的方式进行了比较。调查机关在当事人提交的证明材料基础上，将应诉公司的正常价值和出口价格在出口国出厂价的基础上予以比较。在计算倾销幅度时，调查机关将加权平均正常价值和加权平均出口价格进行比较，得出倾销幅度。

对于俄罗斯和日本未应诉的公司的倾销幅度，根据《中华人民共和国反倾销条例》第二十一条的规定，调查机关根据已经获得的事实和可获得的最佳信息作出裁定。

（三）倾销幅度

经过计算，各公司的倾销幅度分别为：

日本公司 159%

俄罗斯公司

1. 乌苏里耶化工有限责任公司（“KhimpromUsolie” LLC）3%

2. 其他俄罗斯公司（All others）159%

五、产业损害及损害程度

（一）累积评估的适当性

根据《中华人民共和国反倾销条例》第九条和《反倾销产业损害调查规定》第十六第的规定，调查机关考察相关证据材料后认定：

1. 原产于俄罗斯、日本的进口三氯乙烯的倾销幅度均不小于2%，其进口量均超过中国三氯乙烯总进口量的3%，不属于可忽略不计。

2. 被调查产品之间及被调查产品与国内同类产品之间存在相互竞争关系，而且竞争条件基本相同。依据是：

（1）被调查产品之间及被调查产品与国内同类产品之间物理、化学性质相同、用途基本相同且可以相互

替代；

（2）调查期内，原产于俄罗斯、日本的进口三氯乙烯在中国市场上一直存在较大数量的销售量，被调查产品与国内同类产品在国内市场上同时出现；

（3）被调查产品与国内同类产品均通过直销、经销商经销或其他方式销售到最终用户，销售渠道基本相同。

因此，调查机关认为就原产于俄罗斯、日本的进口三氯乙烯对国内产业造成的影响进行累积评估是适当的。

（二）被调查产品进口量及所占国内市场份额

根据中国海关统计数据，1999年，原产于俄罗斯和日本的被调查产品进口量为7552.756吨，但2000年即迅猛增长到17589.74吨，增幅达132.89%。2001年至2003年，被调查产品进口量继续快速增长，分别达到22750.87吨、25633.47吨和34629.21吨，增幅分别为29.34%、12.67%、35.09%。调查期内，被调查产品进口量年均增长幅度高达46.33%。

与此同时，原产于俄罗斯和日本的被调查产品在中国市场上的份额也大幅增加。1999年被调查产品在中国市场上的份额为24.61%，2000年、2001年分别增长到42.23%和50.05%，2002年市场份额虽略有下降，为47.15%，但2003年又继续增长到53.85%。调查期内，被调查产品的国内市场份额年平均增长7.31个百分点。

（三）被调查产品进口价格及其对国内同类产品价格的影响

调查期内，被调查产品进口价格总体呈下降趋势。据中国海关统计，1999年至2003年，被调查国家向中国出口的被调查产品加权平均价格分别为678.94美元/吨、546.99美元/吨、516.38美元/吨、502.11美元/吨和548.27美元/吨。2000、2001和2002年分别比上年下降19.44%、5.60%和2.76%，2003年虽比2002年上涨9.19%，但与1999年相比，下降幅度仍高达19.25%。

1999年，进口被调查产品价格比国内同类产品价格高7.46%，但其后有关涉案国家的出口商即采取大幅降价的策略，与我国国内同类产品价格相比，进行削价销售。被调查产品进口价格的削价销售迫使我国同类产品价格也呈下降趋势。2000至2002年，国内同类产品销售价格分别比上年下降3.78%、3.01%和9.12%。2003年虽然比2002年上涨14.75%，但与1999年相比，仍下降2.67%。

调查机关调查后认为，2003年国内外三氯乙烯产品价格上涨主要是由于国内外生产三氯乙烯的主要原材料价格上涨所致，剔除这些原材料价格上涨的因素，2003年国内外生产的三氯乙烯的价格与2002年相比变化不大。

根据商务部《反倾销产业损害调查规定》第六条关于调查机关应当审查“倾销进口产品是否大幅削价销售”的规定，调查机关将2003年被调查产品调整后的到岸价和国内同类产品价格置于同一贸易水平，即中国国内销售环节进行了对比。两者在加权平均基础上对比的结果表明，被调查产品对国内同类产品的削价幅度为12.87%。

以上调查表明，国内同类产品销售价格的下降是由于进口被调查产品有针对性地对我国国内同类产品进行削价销售引起的。

（四）国内产业有关经济因素和指标的评估

1. 国内产业同类产品产能、产量保持增长

调查期内，国内产业的产能呈现增长趋势。1999年至2003年，国内三氯乙烯的产能分别为17500吨、19500吨、21900吨、23100吨和23100吨，2000年、2001年和2002年分别比上年增长11.43%、12.31%和5.48%，2003年没有增长。调查期内国内产能的平均增长幅度为7.19%。

随着国内产业产能的增长，国内产业产量总体上也保持了增长态势。2000年比1999年减少11.19%，2001年、2002年和2003年分别比上年增长14.26%、30.03%和8.36%。调查期内国内产业产量平均增长幅度为9.35%，略高于国内产业产能的增长幅度。

2. 国内产业同类产品销量、销售收入总体呈现增长趋势

调查期内，国内产业的销量与产量基本保持了一致的增减趋势。2000年比1999年减少6.12%，2001年和2002年分别比上年增长3.99%和49.08%，2003年比2002年减少0.87%。调查期内国内产业销量年均增长幅度为9.60%。

调查期内，国内产业销售收入先减后增，总体上呈现增长趋势。2000年比1999年减少10.11%，2001年、2002年和2003年分别比上年增加0.43%、35.79%和14.42%。但由于国内产业的销售价格受到抑制，故调查期内其销售收入的年均增长幅度只有8.83%，低于其销量年均9.60%的增长幅度。

3. 国内产业税前利润下降并出现亏损，投资收益率为负

与销售收入呈现总体增长趋势相反，国内产业税前利润明显下降，总体上处于亏损状态。调查期内，只有1999年和2002年有一定盈利，其他3年均处于亏损状态。调查表明，虽然调查期内国内三氯乙烯的期间费用有一定程度的上升，但2003年的毛利率仍比1999年下降14.98%，这说明销售价格的总体下滑是造成税前利润下降的主要原因。

由于国内产业税前利润下降，因此其投资收益率也处于下降趋势。投资收益率变动趋势与税前利润变动趋势一致。调查期内，只有1999年和2002年的投资收益率为正值，其余3年均为负值。国内产业的投资收益率2000年比1999年下降12.78个百分点，2003年比2002年下降7.35个百分点。

4. 国内产业同类产品期末库存呈现减少趋势

调查期内，国内产业期末库存总体上呈现了减少趋势。2000年比1999年减少32.70%，2001年比2000年增加80.92%，2002年比2001年减少92.04%，2003年继续出现了减少势头。

5. 国内产业同类产品开工率总体处于较低水平

调查期内，国内产业的开工率先降后升，但总体上仍处于较低水平。从1999到2003年，国内产业各年开工率分别为66.96%、53.37%、54.30%、66.93%、72.53%。2000年比1999年降低13.59个百分点；从2001年开始，开工率有所上升。

6. 国内产业同类产品市场份额较低且处于下降趋势

调查期内，国内产业在国内市场上的份额总体上处于下降趋势。从1999到2003年，国内产业在国内市场上的份额分别为37.37%、25.84%、24.63%、30.70%、25.73%。2003年比1999年下降11.64个百分点。国内产业的市场份额严重下降。

7. 国内产业现金流量下降

调查期内，除2000年外，其余年份国内产业现金流入量大于流出量，现金流量净额为正值。但是，国内产业现金流量净额总体处于下降趋势，调查期内的平均下降幅度达到44.59%。

8. 国内产业就业人数减少，劳动生产率处于上升趋势

调查期内，国内产业就业人数处于不断下降趋势。2000年至2003年，各年就业人数分别比上年下降4.94%、0.87%、12.23%和10.45%。

调查期内国内产业劳动生产率总体上处于上升趋势。除2000年比1999年降低6.58%外，其余年份均出现了增长，2001年、2002年和2003年分别比上年增长15.26%、48.14%和21.00%。

9. 国内产业人均工资增长

调查期内，由于国内产业劳动生产率呈现了上升趋势，就业人数减少，因此国内产业的人均工资也出现了增长势头。2000年、2001年、2002年和2003年分别比上年增长27.87%、1.42%、8.14%和26.75%。

10. 国内产业投融资能力减弱

调查期内，由于国内产业总体上处于亏损状态，因此造成国内企业无法按原计划进行投资和扩产。调查表明，无锡格林艾普化工股份有限公司原有的投资扩产计划被迫搁置，无法按期实现。在投资收益状况较差的情况下，国内产业的融资能力减弱。

（五）国内产业受到了较为严重的损害

对上述所有影响国内产业有关经济因素和指标的分析表明，调查期内，国内产业国内产能、产量、销量和销售收入虽呈增长趋势，但与需求增长相比严重不足。调查期内，国内三氯乙烯产品的市场需求高速增长。根据中国氯碱工业协会提供的数据，2000年、2001年、2002年和2003年的表观消费量分别比上年增长35.75%、9.12%、19.61%和18.28%。调查期内平均增长幅度达到20.32%。在调查期内国内市场需求高速增长的情况下，国内产业产能、产量、销量和销售收入虽实现了一定增长，但其平均增长幅度分别只有7.19%、9.35%、9.60%和8.83%，远远低于20.32%的国内表观消费量的年均增长幅度。这表明，调查期内国内产业产能、产量、销量和销售收入的增长受到了严重抑制。由于国内产业价格持续下降，导致国内产业利润和投资收益率降低，并出现亏损。同时，国内产业市场份额、就业人数、开工率、现金流量、投融资能力等重要指标也呈现恶化趋势或不良状态。上述情况表明，国内产业受到了实质损害。

根据《反倾销产业损害调查规定》第六条规定，调查机关应当审查倾销进口产品是否“在很大程度上抑制国内同类产品本应发生的价格增长”。为准确评估被调查产品大量低价进口对国内产业造成的损害在多大程度上抑制了国内产业的价格增长，调查机关对在没有被调查产品大量低价进口影响下国内产业应该实现的价格增长，即目标价格进行了确认，并将此价格与被调查产品调整后的到岸价进行了比较。据此，认定国内产业受到了较为严重的损害。

（六）被调查产品出口国的生产能力、出口能力及对国内产业可能产生的进一步影响

调查表明，俄罗斯和日本三氯乙烯产能很大。2002年，全球三氯乙烯总产能约63万吨，俄罗斯和日本的产能都分别达到了10万吨，两国相加相当于全球总产能的31.75%。2002年，全球三氯乙烯总需求量约为40万吨，俄罗斯和日本当年产量分别为4.13万吨和7.22万吨，占全球总需求的28.36%。而2002年俄罗斯和日本的国内需求量分别只有1.70万吨和5.42万吨，因此两国的出口能力分别达到2.43万吨和1.8万吨。调查表明，中国是俄罗斯和日本三氯乙烯的主要出口市场，尤其是俄罗斯的三氯乙烯，出口能力中的绝大部分都指向中国。由于中国国内三氯乙烯的需求呈现高速增长趋势，而中国国内产业的产能受到抑制，无法按计划扩产，国内产业产能不能满足国内市场的需求，这也为被调查产品出口到中国市场提供了越来越大的空间。总之，被调查国三氯乙烯的产能大量过剩，出口能力很强，因此，如不及时采取措施，国内产业的实质损害有进一步加深的可能。

六、倾销与损害之间的因果关系

（一）被调查产品大量低价进口造成了国内产业的实质损害

调查表明，国内三氯乙烯产业是一个处于成长期的产业，随着三氯乙烯用途的不断开发，国内市场需求呈现出了高速增长趋势，调查期内国内产业的产能远远不能满足国内市场的需求。正常情况下，国内产业应该有一个很好的外部成长环境并取得较好的利润回报，企业的经营和财务状况应该处于良好的状态。但是，调查期内在来自俄罗斯和日本的被调查产品进口总量迅猛增长和大量低价进口的严重冲击下，国内产业受到了实质性损害。

1. 被调查产品进口数量增长对国内产业造成的影响

调查期内，被调查产品进口迅猛增长，年平均增长幅度高达46.33%。该比例远远高于20.69%的国内表观消费量的年均增长幅度，更高于国内产业产能、产量和销量的平均增长幅度。国内产业产能、产量和销量的平均增长幅度分别只有7.31%、9.35%和9.60%。调查期内，被调查产品进口增长幅度是国内表观消费量增长幅度的2.2倍，严重挤占了国内同类产品的市场份额，使其持续下降。国内产业的市场份额由1999年的37.37%下降到2003年的25.73%，相反，被调查产品的市场份额则由1999年的24.61%迅速增长到2003年的53.85%。这也同时导致国内产业开工率、就业人数等指标的恶化。

2. 被调查产品进口价格下降对国内产业造成的影响

调查期内，被调查产品进口价格总体呈下降趋势，2003年比1999年下降19.25%，平均下降幅度为5.20%；同期国内同类产品的销售价格被迫下降了2.67%，平均下降幅度为0.68%。调查还表明，除1999年外，进口被调查产品的价格都大大低于国内同类产品价格，对国内同类产品削价销售。扣除2003年原材料价格上涨的因素，调查期内国内外三氯乙烯产品价格下降幅度将更大。

调查表明，调查期内国内同类产品期间费用平稳，说明国内产业管理水平较高；国内同类产品销售价格与单位销售成本变化曲线交错，说明国内产业利润很低或亏本销售。在国内表观消费量急剧增长、国内同类产品与被调查产品质量相近的情况下，造成这一情形的原因只能是被调查产品大量低价进口的冲击。

由于国内同类产品价格增长受到抑制并出现下降，导致国内产业销售收入增长缓慢。调查期内国内同类产品销售收入的年均增长幅度只有8.83%，低于其销量年均9.60%的增长幅度，更低于国内表观消费量20.32%的年均增长幅度。这就必然造成国内产业税前利润和投资收益急剧下降并出现较为严重的亏损，现金流量净额明显减少，投融资能力日益减弱。

（二）其他可能对国内产业造成损害的因素分析

1. 其他国家（地区）三氯乙烯的进口

根据中国海关统计数据表明，调查期内，来自俄罗斯、日本进口的三氯乙烯产品占中国总进口量的大部分，1999年至2003年，两国合计向中国出口的三氯乙烯产品占中国三氯乙烯总进口量的比例分别为50.23%、64.68%、75.94%、79.24%、83.24%，逐年增长，而其他国家（地区）三氯乙烯产品向我国的出口比例在逐年降低，对我国同类产品的影响越来越小。调查表明，其他国家（地区）的进口三氯乙烯在调查期内价格一直较高且处于上升趋势，没有证据表明对国内产业造成了实质性不利影响。

2. 国内需求和消费模式的变化

证据表明，调查期内，国内三氯乙烯需求呈高速增长态势。2000年、2001年、2002年和2003年分别比上年增长35.75%、9.12%、19.61%和18.28%。调查期内平均增长幅度达到20.32%。由此可知，国内市场对三氯乙烯的强劲需求给国内产业带来的是非常积极的影响，而非不利影响。

调查表明，调查期内国内对三氯乙烯的消费及对三氯乙烯下游产品的需求将不断增长。因为氯氟烃（CFC）对大气臭氧层有破坏作用，其生产和应用受到《蒙特利尔公约》的约束。为消除或减少大气层的破坏，三氯乙烯将用于生产氯氟烃的替代品，因此三氯乙烯的需求将会越来越大。目前国内没有出现其他替代三氯乙烯的产品而影响其市场需求的情况，国内对三氯乙烯的消费模式没有变化。

3. 国内外生产者之间的竞争状况及技术发展

调查期内，国内三氯乙烯生产者有锦化化工集团氯碱股份有限公司、无锡格林艾普化工股份有限公司、内蒙古三联化工股份有限公司、宁夏鑫尔特化学有限公司四家企业。调查表明，国内生产者之间一直在完全的市场经济条件下进行着充分和正常的竞争，且相互之间的正常竞争对其经济和财务指标没有不良影响。同时，由于国内同类产品与被调查产品在技术性能和质量方面基本相同，因此国内与国外产品之间的正常竞争也不会导致国内产业遭受损害。此外，调查期内，中国没有出台限制国内产业贸易行为和生产行为的政策，国内产业因此没有受到这些特定政策的影响。

目前国际上三氯乙烯的生产工艺主要有 3 种：乙炔法、乙烯氯化法和乙烯氧氯化法。调查表明，中国和俄罗斯企业生产的三氯乙烯采用乙炔法；日本企业生产的三氯乙烯主要采用乙烯氯化法和乙烯氧氯化法。国内外的生产工艺虽不完全相同，但各有优劣。国内外生产者采用的质量标准也基本相同。面对国内需求的强劲增长，在原有扩产计划被迫搁置的情况下，国内生产者通过改进生产装置，产能得到了增长；通过改进工艺水平，产品质量得到了提高；通过加强管理，提高营销能力，企业竞争力得到了提升。因此，国内外生产者的技术发展水平相近，技术水平不是影响国内产业的消极因素。

4. 国内产业的出口情况

调查表明，国内生产者是在完全的市场经济条件下进行自主经营，国内生产者生产的三氯乙烯产品绝大部分用于内销，有的年份有少量出口，但出口量一直在其总销量的5%以下。因此，国内产业的出口对本案没有实质影响。

5. 国内产业的管理状况

调查期内，国内生产者完全按照现代企业制度对企业进行管理和运营，并不断提高管理水平和营销能力，以销定产，完善服务质量，推进技术装备的改造升级。在这种情况下，国内产业劳动生产率不断提高，供销平衡，库存下降。调查表明，国内产业的管理状况良好，没有给国内产业带来消极影响。

6. 不可抗力

调查表明，调查期内国内产业的生产和销售没有受到自然灾害及其他不可抗力事件的影响。

综上所述，被调查产品倾销造成了国内产业实质损害；其他可能对国内产业造成损害的因素并没有给国内产业带来不利影响。

七、最终裁定

根据以上调查结果，调查机关最终裁定：原产于俄罗斯和日本的进口三氯乙烯存在倾销，原产于俄罗斯和日本的进口三氯乙烯对中国国内三氯乙烯产业造成了实质损害，且倾销与实质损害之间存在因果关系。

附件 2

三氯乙烯反倾销税税率表

原产国	供货厂商名称	税率
俄罗斯	乌苏里耶化工有限责任公司（“Usoliekhimprom” LLC）	3%
	其他俄罗斯公司（All others）	159%
日本	所有日本公司	159%

中华人民共和国海关总署公告

2005 年第 36 号

经国务院批准，决定自 2005 年 8 月 1 日起对 17 种 8 位税目项下的纺织品停止征收出口关税。具体品种详见附件。

特此公告。

附件 2005 年 8 月 1 日起停止征收出口关税的纺织品

海关总署

2005 年 7 月 26 日

附件

2005 年 8 月 1 日起停止征收出口关税的纺织品

序号	税则号列	商品名称
1	6102. 1000	毛制针织或钩编女式大衣、防风衣
2	6102. 2000	棉制针织或钩编女式大衣、防风友
3	6102. 3000	化纤制针织或钩编女式大衣等
4	6104. 4100	毛制针织或钩编连衣裙
5	6104. 4200	棉制针积或钩编连衣裙
6	6104. 4300	合纤制针织或钩编连衣裙
7	6104. 4400	人纤制针织或钩编连衣裙
8	6110. 1100	羊毛制针织或钩编套头衫等
9	6203. 4100	毛制男式长裤、工装裤等
10	6204. 4100	毛制连衣裙
11	6204. 4200	棉制连衣裙
12	6204. 4300	合纤制女式连衣裙
13	6204. 4400	人纤制女式连衣裙
14	6204. 6100	毛制女式长裤、工装裤等
15	6206. 2000	毛制女衬衫
16	6206. 3000	棉制女衬衫
17	6206. 4000	化纤制女衬衫

中华人民共和国海关总署公告

2005 年第 37 号

经国务院批准，自 2005 年 8 月 1 日起对原产于台湾地区的 15 种进口鲜水果实施零关税。现就有关事项公告如下：

一、实施零关税的台湾地区水果共计 15 种，均为鲜（包括冷藏）水果（详见附件 1）。

二、海关凭经海关总署认可的台湾地区签发水果产地证明文件的有关机构和民间组织（第一批）（详见附件 2）于 2005 年 8 月 1 日后签发的、能够证明水果原产于台湾地区的产地证明文件，办理享受零关税水果的征税验放手续。原产于台湾地区水果的原产地标准为在台湾地区完全获得，即在台湾地区收获、采摘或采集。

三、享受零关税的台湾地区水果，应符合如下运输要求：

（一）直接从台湾本岛、澎湖、金门或马祖运输到大陆关境口岸。

（二）经过香港、澳门或日本石垣岛转运到大陆关境口岸。

经过上述地点转运到大陆关境口岸的，在进口申报时须向海关提交在台湾地区签发的，并以台湾地区为启运地的运输单证。

四、企业申报进口享受零关税的台湾地区水果时，报关单“随附单据”栏“优惠贸易协定代码”填报“06”，其他具体填制要求，仍按海关总署 2004 年第 34 号公告执行。

特此公告。

附件 1　大陆对原产于台湾地区的进口鲜水果实施零关税的产品清单

附件 2　海关总署认可的台湾地区签发水果产地证明文件的有关机构和民间组织（第一批）

海关总署

2005 年 7 月 29 日

附件 1

大陆对原产于台湾地区的进口鲜水果实施零关税的产品清单

序号	税则号列	货品名称	最惠国税率（%）	对台湾地区的税率（%）
1	0801. 1990	鲜椰子	12	0
2	0802. 9010	鲜槟榔	10	0
3	0804. 3000	鲜菠萝	12	0
4	0804. 5010	鲜番石榴	15	0
5	0804. 5020	鲜芒果	15	0
6	0805. 4000	鲜柚	12	0
7	0807. 2000	木瓜	25	0
8	0809. 3000	桃	10	0
9	0809. 4000	梅	10	0
10	0810. 9050	番荔枝	20	0

序号	税则号列	货品名称	最惠国税率（%）	对台湾地区的税率（%）
11	0810.9060	杨桃	20	0
12	0810.9070	莲雾	20	0
13	0810.9090	枣	20	0
14	0810.9090	柿子	20	0
15	0810.9090	枇杷	20	0

附件 2

海关总署认可的台湾地区签发水果产地证明文件的有关机构和民间组织（第一批）

1. 台湾省商业会
2. 台北市商业会
3. 台北县商业会
4. 台中市商业会
5. 台中县商业会
6. 彰化县商业会
7. 台南市商业会
8. 高雄市商业会
9. 高雄县商业会
10. 屏东县商业会
11. 金门县商业会

中华人民共和国商务部
海　　关　　总　　署
公　　告

2005 年第 38 号

自 2005 年 6 月 20 日起，对从香港运往内地实施外发加工的列入《纺织品出口自动许可目录》的纺织品，出口返回香港时，对已获得《内地加工纺织品 OPA 证明》的，不需向商务部门申领纺织品出口自动许可证，海关凭香港工业贸易署签发的《内地加工纺织品 OPA 证明》办理验放手续。

附件　内地加工纺织品 OPA 证明（略）

商务部
海关总署
2005 年 6 月 19 日

中华人民共和国海关总署公告

2005 年第 39 号

按照《中华人民共和国反倾销条例》的规定，根据对原产于日本、韩国的进口核苷酸类食品添加剂的反倾销调查结果，商务部决定对原产于日本、韩国的进口核苷酸类食品添加剂实施临时反倾销措施并对外公告（中华人民共和国商务部公告 2005 年第 48 号，详见附件 1）。现就海关实施上述临时反倾销措施的有关事宜公告如下：

一、自 2005 年 8 月 4 日起，对原产于日本、韩国的进口核苷酸类食品添加剂（税则号列：2934.9930、3824.9090），海关除按现行规定征收关税和进口环节增值税外，还将区别不同的供货厂商，按照反倾销保证金征收比率表（详见附件 2）所列的征收比率征收反倾销保证金。

反倾销保证金的计算公式为：

反倾销保证金金额 =（海关完税价格 × 反倾销保证金征收比率）×（1 + 进口环节增值税税率）

对实施临时反倾销措施产品的详细描述详见本公告附件 1。

二、凡申报进口核苷酸类食品添加剂的，必须向海关提交原产地证明，如果原产地为日本或韩国的，还需提供原厂商发票。对于申报进口核苷酸类食品添加剂不能提供原产地证明，且经查验也无法确定货物的原产地不是日本或韩国的，海关按照本公告附件 2 所列的最高反倾销保证金比率征收保证金；对于能够确定货物的原产地是日本或韩国，但进口货物的收货人不能提供原厂商发票，且通过其他合法、有效的单证也无法确定原生产厂商的，海关按照本公告附件 2 所列的相应国家其他公司适用的反倾销保证金比率征收保证金。

三、有关加工贸易保税进口核苷酸类食品添加剂如何征收反倾销保证金的问题，海关按照中华人民共和国海关总署 2001 年第 9 号公告和中华人民共和国海关总署令第 111 号的规定执行。

四、对于伪报原产国、伪造核苷酸类食品添加剂原产地证明或原厂商发票的，海关按有关规定进行处罚。

五、对于所征收的反倾销保证金的处理，海关总署将根据终裁结果另行公告。

六、在实施临时反倾销措施期间，如果出现与实施临时反倾销措施产品类似的进口货物，而海关无法确定是否属于实施临时反倾销措施的产品时，有关企业可向商务部提出申请，由商务部商有关部门作出裁定，海关将根据商务部的裁定执行。

特此公告。

附件 1　中华人民共和国商务部公告 2005 年第 48 号

附件 2　核苷酸类食品添加剂反倾销保证金征收比率表

海关总署

2005 年 8 月 3 日

附件 1

中华人民共和国商务部公告

2005 年第 48 号

根据《中华人民共和国反倾销条例》的规定，中华人民共和国商务部于 2004 年 11 月 12 日发布立案公告，决定对原产于日本、韩国的进口核苷酸类食品添加剂（以下简称被调查产品）进行反倾销调查。

商务部对被调查产品是否存在倾销和倾销幅度、被调查产品是否对国内产业造成损害及损害程度以及倾销与损害之间的因果关系进行了调查。根据调查结果和《中华人民共和国反倾销条例》第二十四条的规定，商务部作出初裁决定（见附件）。现将有关事项公告如下：

一、初步裁定

商务部初步裁定，被调查产品存在倾销，国内核苷酸类食品添加剂产业遭受了实质损害，而且倾销与实质损害之间存在因果关系。

二、征收保证金

根据《中华人民共和国反倾销条例》第二十八条和二十九条的规定，商务部决定采用保证金形式实施临时反倾销措施。自2005年8月4日起，进口经营者在进口原产于日本、韩国的核苷酸类食品添加剂时，应依据本初裁决定所确定的各公司的倾销幅度向中华人民共和国海关提供相应的保证金。

本案被调查产品列在《中华人民共和国进出口税则》2934.9930、3824.9090项下。对该被调查产品的描述如下：

调查范围：原产于日本和韩国的进口核苷酸类食品添加剂

被调查产品名称：核苷酸类食品添加剂，包括3种产品，即5´-肌苷酸二钠、5´-鸟苷酸二钠和呈味核苷酸二钠，分别可简称为IMP、GMP和I加G（英文分别为Disodium 5´-Inosinate、Disodium 5´-Guanylate和Disodium 5´-Ribonucleotide）

产品种类：食品添加剂

产品描述：

（一）关于5´-肌苷酸二钠。其分子式为$C_{10}H_{11}N_4Na_2O_8P \cdot 7 \cdot 5H_2O$（不含水分子的化学分子式为：$C_{10}H_{11}N_4Na_2O_8P$），分子量为527.25（不含水分子的分子量为392.17），结构式（略）。

（二）关于5´-鸟苷酸二钠。其分子式为$C_{10}H_{12}N_5Na_2O_8P \cdot 7H_2O$（不含水分子的化学分子式为：$C_{10}H_{12}N_5Na_2O_8P$），分子量为533.26（不含水分子的分子量为407.19），结构式（略）。

（三）关于呈味核苷酸二钠（即I加G）。其中含有不低于97%、不高于102%的$C_{10}H_{11}N_4Na_2O_8P$和$C_{10}H_{12}N_5Na_2O_8P$当量。IMP和GMP在I加G中所占的比例在48%和52%之间。

物理化学特性：IMP、GMP和I加G均为无色或白色结晶，或白色结晶粉末；PH值均在7.0-8.5之间；均易溶于水，微溶于乙醇，几乎不溶于乙醚。

主要用途：食品增鲜剂，用于味精、鸡精、酱油等调味品中以提高鲜度。

对各公司征收的保证金比率如下：

（一）日本公司

日本所有公司　144%

（二）韩国公司

1. 大象株式会社（Daesang Corporation）25%

2. 其他韩国公司　144%

三、征收保证金的方法

自2005年8月4日起，进出口经营者在进口原产于日本、韩国的核苷酸类食品添加剂时，应依据本初裁决定所确定的各公司的倾销幅度向中华人民共和国海关提供相应的保证金。保证金以海关审定的完税价格从价计征，计算公式为：

保证金金额＝（海关审定的完税价格×保证金征收比率）×（1＋进口环节增值税税率）

四、评论

各利害关系方在本公告发布之日起20天内，可向商务部提出书面评论并附相关证据，商务部将依法予以考虑。

特此公告。

附件　中华人民共和国商务部关于对原产于日本、韩国的进口核苷酸类食品添加剂反倾销调查的初步裁定

商务部

2005年8月4日

附件

中华人民共和国商务部关于对原产于日本、韩国的进口核苷酸类食品添加剂反倾销调查的初步裁定

根据《中华人民共和国反倾销条例》的规定，中华人民共和国商务部（以下称调查机关）于2004年11月12日发布公告，决定对原产于日本、韩国的进口核苷酸类食品添加剂（以下简称被调查产品）进行反倾销调查。

调查机关对被调查产品是否存在倾销和倾销幅度、是否对国内产业造成损害及损害程度，以及倾销和损害之间的因果关系进行了调查。根据《中华人民共和国反倾销条例》的规定，调查机关作出初步裁定如下：

一、调查程序

（一）立案

2004年9月13日，调查机关正式收到广东肇庆星湖生物科技股份有限公司代表中国核苷酸类食品添加剂产业提交的反倾销调查申请，申请人请求对原产于日本和韩国的进口核苷酸类食品添加剂进行反倾销调查。

调查机关审查了申请材料后，认为申请人符合《中华人民共和国反倾销条例》第十一条及第十三条和

第十七条有关中国产业提出反倾销调查申请的规定。同时，申请书中包含了《中华人民共和国反倾销条例》第十四条、第十五条规定的反倾销调查立案所要求的内容及有关的证据。

根据上述审查结果及《中华人民共和国反倾销条例》第十六条的规定，调查机关于2004年11月12日发布立案公告，决定对原产于日本、韩国的进口核苷酸类食品添加剂进行反倾销调查。调查机关确定的倾销调查期为2003年7月1日至2004年6月30日，产业损害调查期为2001年1月1日至2004年6月30日。

（二）立案通知

在决定立案调查前，根据《中华人民共和国反倾销条例》第十六条规定，调查机关于2004年11月9日就收到国内核苷酸类食品添加剂产业反倾销调查申请书一事分别通知了日本、韩国驻中国大使馆。

2004年11月12日，调查机关发布立案公告，并向日本、韩国驻中国大使馆正式提供了立案公告和申请书的公开部分，请其通知其所在国家的相关出口商和生产商。同日，调查机关将本案立案情况通知了本案申请人及申请书中列明的国外企业。

（三）倾销及倾销幅度的初步调查

1. 登记应诉

根据公告要求，自公告发布之日起20天的登记应诉期内，日本味之素株式会社、韩国大象株式会社、韩国CJ株式会社3家企业向调查机关登记倾销应诉。

2. 发放问卷和收取答卷

2004年12月7日，调查机关向应诉的国外生产商发出了反倾销调查问卷，并要求其在37天内按规定提交准确、完整的答卷。在该期间内，1家应诉公司在问卷规定的期限内向调查机关申请延期递交答卷并陈述了相关理由。经审查，调查机关同意申请企业的延期要求。至答卷递交截止之日，调查机关收到了韩国大象株式会社的递交的有关倾销部分问卷的答卷。

在随后的调查进程中，调查机关针对公司递交的倾销部分原始答卷中存在的问题，向韩国大象株式会社发放了补充问卷，并在规定的时间内收到了公司的补充答卷。

3. 听取各利害关系方的意见

调查期间内，涉案国日本政府代表向调查机关陈述了对本案调查的观点，并就被调查产品进口数量和金额向调查机关提交了评述意见和相关的证据材料。日本味之素株式会社和韩国大象株式会社向调查机关提交了有关案件评述意见和相关的证据材料。调查机关将上述评述意见的公开文本向申请人进行了披露，申请人针对上述评述意见向调查机关提出了评论和抗辩。调查机关在初裁决定中依法考虑了上述利害关系方的意见和评述。

（四）产业损害及损害程度调查

1. 应诉登记

2004年11月12日，调查机关发出应诉登记通知。在规定的有效应诉期间内，日本味之素株式会社、韩国大象株式会社和CJ株式会社进行了应诉登记。

2. 成立产业损害调查组

2004年11月25日，调查机关成立了核苷酸类食品添加剂反倾销案产业损害调查组，负责该案的国内产业损害调查。

3. 发放和收回调查问卷

2004年12月7日，调查机关向广东肇庆星湖生物科技股份有限公司发放了《核苷酸类食品添加剂反倾销案产业损害调查问卷（国内生产者调查问卷）》；向应诉的三家外国生产者发放了《核苷酸类食品添加剂反倾销案产业损害调查问卷［国外（地区）生产者/出口商调查问卷］》。国内生产者调查答卷按时收回；国外生产者调查问卷只收到韩国大象株式会社的答卷。

4. 听取利害关系方陈述

2004年12月27日，调查机关就核苷酸类食品添加剂反倾销案听取了申请人的陈述。

5. 接收利害关系方书面评论意见

调查机关接收了以下利害关系方的书面陈述意见：2004年12月1日韩国大象株式会社提交了《核苷酸类食品添加剂反倾销调查案立案评论意见》；2004年12月30日，日本味之素株式会社递交了《关于终止进口核苷酸类食品添加剂反倾销调查的申请》；嗣后收到了国内产业代理人对上述内容发表的评论。2005年2月18日日本驻华使馆递交了《关于日本产核苷酸类食品添加剂对贵国的出口数量及金额》。

二、被调查产品

调查机关在立案公告中确定的本案被调查产品及调查范围描述如下：

调查范围：原产于日本和韩国的进口核苷酸类食品添加剂

被调查产品名称：核苷酸类食品添加剂，包括3种产品，即5′-肌苷酸二钠、5′-鸟苷酸二钠和呈味核苷酸二钠，分别可简称为IMP、GMP和I加G（英文分别为Disodium 5′-Inosinate、Disodium 5′-Guanylate和Disodium 5′-Ribonucleotide）

产品种类：食品添加剂

产品描述：

（一）关于5′-肌苷酸二钠。其分子式为$C_{10}H_{11}N_4Na_2O_8P \cdot 7.5H_2O$（不含水分子的化学分子式为：$C_{10}H_{11}N_4Na_2O_8P$），分子量为527.25（不含水分子的分子量为392.17），结构式（略）。

（二）关于5′-鸟苷酸二钠。其分子式为$C_{10}H_{12}N_5Na_2O_8P \cdot 7H_2O$（不含水分子的化学分子式为：$C_{10}H_{12}N_5Na_2O_8P$），分子量为533.26（不含水分子的分子量为407.19），结构式（略）。

（三）关于呈味核苷酸二钠（即I加G）。其中含有不低于97%、不高于102%的$C_{10}H_{11}N_4Na_2O_8P$和$C_{10}H_{12}N_5Na_2O_8P$当量。IMP和GMP在I加G中所占的比例在48%和52%之间。

物理化学特性：IMP、GMP和I加G均为无色或白色结晶，或白色结晶粉末；PH值均在7.0－8.5之间；均易溶于水，微溶于乙醇，几乎不溶于乙醚。

主要用途：食品增鲜剂，用于味精、鸡精、酱油等调味品中以提高鲜度。

税则号：本案被调查产品归在《中华人民共和国进出口税则》2934.9930、3824.9090项下。

三、国内同类产品和国内产业

（一）国内同类产品的认定

综合已获得的信息，调查机关认定国内同类产品在以下各方面与被调查进口产品具有相似性：

1. 物理、化学特性的相似性。

国内同类产品和被调查进口产品的物理、化学特征包括外观、分子式、分子量、结构式、PH值、相溶性等都是相同的。

2. 用途上的相似性。

国内同类产品和被调查进口产品的主要用途均为食品增鲜剂，具有增强食物滋味的作用。

3. 质量的相似性。

国内同类产品和被调查进口产品的产品质量相当。

4. 原材料、生产工艺上的相似性。

生产国内同类产品和被调查进口产品的生产原材料完全相同；生产工艺相同，都采用发酵合成法。

5. 销售渠道上的相似性。

国内同类产品和被调查进口产品的销售渠道相似，均是采用对工业用户直接销售或通过分销商销售的方式。

通过对利害关系方提供的证据的对比，调查机关认为中国国内生产的核苷酸类食品添加剂产品与进口被调查产品属于同类产品。

（二）中国国内产业的认定

广东肇庆星湖生物科技股份有限公司（以下简称星湖科技）于1999年9月投产生产核苷酸类食品添加剂。在此之前，中国国内没有企业生产上述产品。到目前为止，中国只有广东肇庆星湖生物科技股份有限公司生产核苷酸类食品添加剂，其产量即为全国总产量。因此，该企业核苷酸类食品添加剂产量占全国的100%，可以代表中国核苷酸类食品添加剂产业，本案裁决依据的国内产业数据，均来自星湖科技。

四、倾销和倾销幅度

调查机关审查了各应诉公司的答卷，对各公司的正常价值和出口价格作如下认定：

（一）正常价值、出口价格及价格调整项目的认定

大象株式会社（Daesang Corporation）

1. 正常价值

调查机关对大象株式会社所销售被调查产品及其同类产品的型号进行了审查，决定暂采用公司报告的分类方式作为型号划分的基础。经审查，大象株式会社在国内销售各型号产品的数量占同期向中国出口销售该型号数量的比例均大于5%，符合作为确定正常价值基础的数量要求。

大象株式会社的部分国内销售是通过关联公司进行的，调查机关对这部分关联公司交易价格进行了审查，认为这部分关联交易价格可以反映市场价格情况，在初裁阶段予以接受。

调查机关对公司的成本数据进行了审查，初步认定大象株式会社提供的生产成本和销售、管理、财务及其他费用数据准确，分摊合理，决定暂时接受该公司提供的数据来计算成本。

调查机关根据认定的成本数据对国内销售交易是否存在低于成本销售进行了审查，由于公司报告的成本中不包含折扣，因此调查机关将发票价格扣除折扣后与调查期平均成本进行了比较，发现调查期内大象株式会社各型号产品的国内销售中有部分交易是低于调查期平均成本进行的，但低于成本销售数量比例没有超过20%，根据《中华人民共和国反倾销条例》第四条的规定，在初裁决定中，调查机关暂采用全部国内销售作为确定正常价值的基础。

2. 出口价格

调查机关审查了大象株式会社对中国的出口交易。在调查期内，该公司自行向中国出口或通过非关联贸易公司向中国出口，调查机关决定采用大象株式会社自行出口的销售价格以及与非关联贸易公司之间的销售价格

确定出口价格。

3. 调整项目

调查机关对公司的价格调整部分逐一进行了审查。

（1）关于正常价值

关于数量差异调整，公司首先主张某型号被调查产品在国内销售时，大部分客户进行小批量采购，公司对这部分小批量采购设定了较高的销售价格。而在对中国出口销售中，大部分客户采购量数量较大，公司对采购数量较大的销售设定了较低的价格。据此，公司主张，基于进行公平比较原则，应该对韩国国内销售中小批量采购的客户的销售价格进行数量差异调整。

经审查公司提交的证明材料，调查机关认为没有证据表明公司存在严格执行的、对所有销售客户统一适用的、依销售数量进行折扣销售的一贯政策，因此，调查机关决定暂不接受公司国内销售中，对小批量销售进行数量差异调整的主张。

关于大象株式会社报告的国内交易的其他调整项目，如回扣、内陆运费、包装费用、信用费用，调查机关认为其所提供的数据和材料较充分，在初裁决定中对其调整主张暂予接受。

（2）关于出口销售

关于公司所报告出口交易的调整项目，如内陆运输、国际运输费用、国际运输保险费、包装费用、信用费用等，调查机关认为其所提供的数据和材料较充分，在初裁决定中对其调整主张暂予接受。

（二）价格比较

根据《中华人民共和国反倾销条例》第六条的规定，调查机关对进口产品的出口价格和正常价值，考虑了影响价格的各种可比性因素，按照公平、合理的方式进行了比较。调查机关在当事人提交的证明材料基础上，将各应诉公司的正常价值和出口价格在出口国出厂价的基础上予以比较。在计算倾销幅度时，调查机关将加权平均正常价值和加权平均出口价格进行比较，得出倾销幅度。

对于日本、韩国未应诉以及应诉而未递交答卷的公司的倾销幅度，根据《中华人民共和国反倾销条例》第二十一条的规定，调查机关根据已经获得的事实和可获得的最佳信息作出裁定。

（三）倾销幅度

经过计算，各公司的倾销幅度分别为：

日本公司

日本所有公司　144.86%

韩国公司

1. 大象株式会社（Daesang Corpora-tion）25.27%

2. 其他韩国公司　144.86%

五、产业损害及损害程度

（一）累积评估的适当性

1. 倾销幅度和进口量不属于微量或可忽略不计

调查数据显示，日韩两国是世界上主要的核苷酸类食品添加剂的生产国，是向中国出口的主要国家，应诉方也表明其进口量占中国进口的大部分且其所占市场份额较大。来自日本和韩国的被调查产品的进口量占中国进口同类产品的比例超过3%，倾销幅度均大于2%。根据《反倾销条例》第九条的规定，不属于可以忽略不计或微量的范围。

2. 被调查产品之间以及被调查产品与中国国内同类产品之间的竞争条件评估

根据现有证据，调查机关认为被调查产品的生产商虽然不同，但是被调查产品之间以及与国内同类产品之间的物理特点及用途无差异，具有可替代性；且生产及销售条件相同，具有竞争性。

所以，对被调查产品对国内产业造成的影响进行累积评估是适当的。

（二）被调查产品进口量及所占国内市场份额

1. 被调查产品进口数量

申请人根据中国海关相关税号下的逐笔交易资料，按照日本、韩国核苷酸食品添加剂出口到中国的价格进行筛选的方法，推算出被调查产品进口数量总体呈增长趋势，2002年的进口数量同比下降48%，2003年同比增长119%，2004年上半年同比增长131%。

本案日韩两国部分生产商/出口商，对申请人推算的被调查产品进口数量提出异议。调查机关对应诉方提供的信息予以了充分考虑。但由于应诉方提供的信息不完整，调查机关不能从应诉方获得进口被调查产品完整准确的数量统计结果。根据可获得的最佳信息，调查机关决定采用申请人提供的进口数据进行产业损害初步裁决。

2. 被调查产品在中国国内市场所占的份额

按申请人提供的被调查产品进口数量计算，被调查产品在中国国内市场所占的份额呈增长趋势，2002年的市场份额为46%，2003年的市场份额为61%，2004上半年的市场份额为64%。被调查产品在中国国内市场所占的市场份额较高，对国内市场一直保有很强的影响力。

（三）被调查产品进口价格及其对国内同类产品价格的影响

1. 被调查产品进口价格

申请人提供的来自日韩两国的被调查产品平均进口价格呈下降趋势，2002年同比增长84%，2003年同比下降15%，2004年上半年同比下降26%。

由于应诉方只有一家提供被调查产品价格信息且与申请人提供的数据差距不大，而申请人提供的被调查产品价格信息来自中国海关统计，所以，调查机关决定采信申请人提供的价格信息。

2. 国内同类产品价格

调查期内，国内同类产品价格呈下降趋势，2002年同比增长42%，2003年同比下降18%，2004年上半年同比下降34%。

国内同类产品虽与被调查产品质量相当，但由于国内产业于1999年才开始投产，品牌知名度逊于对方，在定价上只能被动地采取跟随战略，保持价格低于被调查产品是一种必然的选择。在产业损害调查期内，进口被调查产品对中国市场进行倾销且后期价格不断下调，迫使国内同类产品价格向下调整，抑制了国内同类产品价格可能的回升或增长。

（四）国内产业相关经济因素和指标的评估

1. 国内产业生产情况的分析

（1）表观消费量

在调查期内，国内市场核苷酸类食品添加剂的表观消费量，2002年同比下降18%，2003年同比增长64%，2004年上半年同比增长94%，总体呈增长趋势。

（2）市场份额

在调查期内，国内同类产品的市场份额2002年同比增长96%，2003年同比下降28%，2004年上半年同比下降22%。

（3）产能

在调查期内，国内同类产品的产能2002年同比增长64%，2003年同比增长44%，2004年上半年国内同类产品的产能停止了增长。

（4）产量

在调查期内，国内同类产品的产量2002年同比增长61%，2003年同比增长59%，2004年上半年同比增长9%。

（5）销量

在调查期内，国内同类产品的销量保持增长，2002年同比增长61%，2003年同比增长18%，2004年上半年同比增长52%。

（6）开工率

在调查期内，国内同类产品的开工率2002年为74%，2003年为82%，2004年上半年为94%。

（7）产销率

在调查期内，国内同类产品的产销率2002年为102%，2003年为75%，2004年上半年为86%。

（8）库存

在调查期内，国内同类产品2002年期末库存同比下降14%，2003年同比增长260%，2004年上半年同比增长11%，库存量上升到调查期内最高水平。

综合上述指标对国内产业生产情况进行分析，调查期内国内同类产品的市场份额从2003年开始呈不断减少的趋势，到2004年上半年国内同类产品市场份额累计减少了18%，与快速增长的表观消费量呈相反的变动趋势。这是由于销量的增长相对于表观消费量的增长速度较低，2003年和2004年上半年两者平均增长速度相差达40%以上。

在调查期内，由于销量增长与市场增长拉开了差距，国内同类产品的产量增长速度也逐年回落，到2004年上半年产量和表观消费量平均增长速度相差达86%以上。

由于2003年产量增速比销量增速高41个百分点，导致库存激增。其原因是2003年进口量突然放大，增长119%，进口产品市场份额增长了15%，使国内同类产品销售受阻。2004年上半年国内产业虽然努力将销售的增长速度提高到52%，将产量的增长速度大大压低到9%，使产销率比2003年上半年增加了25个百分点，但是仍然不足以消化偏大的库存，造成产品积压。

产销落后于表观消费量的增长，使国内产业没有充分地分享到市场增长的成果；产能停止增长、库存增大，影响到国内产业的继续发展。

2. 国内产业效益的分析

（1）价格

调查期内，国内同类产品价格呈下降趋势，2002年同比增长42%，2003年同比下降18%，2004年上半年同比下降34%。

（2）销售收入

在调查期内，国内同类产品销售收入2002年同比增长128%，2003年同比下降3.37%，2004年上半年增长1.27%。

（3）生产成本

在调查期内，国内同类产品的单位生产成本呈下降趋势，2002年同比下降14%，2003年同比下降19%；2004年上半年同比下降14%。

（4）税前利润

在调查期内，国内产业同类产品的税前利润2002年同比增长187%，2003年同比减少22%；2004年上半年同比减少102%，国内产业出现亏损。

（5）经营现金净流量

在调查期内，国内产业经营现金净流量2002年同比增长82%，2003年同比下降26%，2004年上半年同比下降84%。

（6）投资收益率

在调查期内，国内产业投资收益率2002年同比增长189%，2003年同比下降34%，2004年上半年同比下降102%。

综合上述指标对国内产业效益进行分析，2002年由于销量和价格的增长，国内产业同类产品的销售收入大幅上升，同比增长128%，同时当年生产成本也下降了14%，使得税前利润大幅上升，同比增长187%。2003年销量虽然增长18%，但价格下降了18%，致使销售收入下降了3.37%；尽管同期成本下降了19%，受价格下降的影响，仍然导致税前利润下降22%。2004年上半年国内同类产品价格下降了34%，而销售收入却增加了1.27%，主要是因为同期销量增长了52%；尽管同期成本同比下降了14%，却无法抵消价格下降导致的恶性影响，国内产业因此发生亏损。

受税前利润下降的影响，国内产业经营性现金流量2003年同比下降26%，2004年上半年同比下降84%；投资收益率2003年同比下降34%，2004年上半年同比下降102%。上述情况表明国内产业经营现金流恶化、投资收益率降低，国内产业的投融资能力已受到了严重的影响，国内产业再生产的投资能力减弱。

3. 国内产业就业的分析

（1）就业

在调查期内，国内产业生产同类产品的就业人数2002年同比增长6.2%，2003年同比增长6.1%，2004年上半年就业人数同比下降3.2%。

（2）劳动生产率

在调查期内，国内产业劳动生产率不断提高，2002年同比增长52%，2003年同比增长50%，2004年上半年同比增长12%。

（3）人均工资

在调查期内，国内产业年人均工资2002年同比增长58.6%，2003年同比增长4.1%，2004年上半年人均工资同比下降18.6%。

对上述就业相关指标进行综合分析，国内产业就业增长在2004年上半年出现转折，同比下降了3.2%，这是企业产能增长趋于停止、产量增长下降和劳动生产率的提高几方面因素共同作用的结果。但是，随着劳动生产率的不断提高，国内产业职工的年均工资增长率由增长而转为下降，却是效益下降导致的。

综合以上分析，中国国内核苷酸类食品添加剂产业受到了实质损害。

六、因果关系

（一）进口被调查产品造成了国内产业的实质损害

1. 被调查产品的大量低价进口造成国内产业的实质损害

在调查期内，国内产业的税前利润呈下降趋势，到2004年上半年发生亏损，国内产业受到了实质损害。

在调查期内，国内产业劳动生产率不断提高，2002、2003年同比增长50%以上，2004年上半年同比增长12%；国内产业同类产品的单位生产成本因此不断下降，2002年以来每年下降的速度不低于14%。因此，生产成本不是造成税前利润下降的因素。

调查期内，国内产业同类产品销售量每年以不低于18%的速度增长，与此相比的销售收入的增长则差距很大。导致销售收入萎缩的原因就是销售价格的下降。2002年国内同类产品销售价格上升了42%，这一年的销售收入和税前利润等经济指标都有良好的增长。但是，2003和2004年，国内同类产品销售价格同比下降18%和34%以上，是税前利润下降和其他经济指标恶化的主要原因。

国内同类产品销售价格下降的主要原因，是被调查产品的低价进口所致。2003和2004年被调查产品进口价格分别下降了15%和26%以上。进口被调查产品的低价销售，压低了国内同类产品的价格，抑制了国内同类产品价格可能的回升或增长。

2. 被调查产品的进口量足以对国内产业造成实质损害

在调查期内，被调查产品的市场份额，2003同比增长15%；2004年上半年同比增长10%，市场份额已占到64%以上。同期，被调查产品的进口量增长119%、130%以上。因此，被调查产品的进口大量增长。

综上所述，被调查产品的倾销进口量足以给国内产业造成实质损害。

（二）其他因素分析

调查机关对有可能给国内产业造成损害的其他已知因素进行了调查和分析。

1. 其他国家进口同类产品的影响

日本和韩国是核苷酸类食品添加剂的主要进口国，二者的合计进口数量占中国总进口量的绝大部分。其他国家和地区进口数量很少。中国核苷酸类食品添加剂的市场价格实际上是由日本和韩国的出口价格和政策决定的。因此，国内产业的损害主要是日本和韩国的核苷酸类食品添加剂产品的大量进口造成的。

2. 国内市场需求的变化

国内市场对核苷酸类食品添加剂的总需求在逐年上升。随着我国食品行业的发展和人们对饮食要求的提高，国内市场对核苷酸类食品添加剂的需求还将增大。因此，国内产业遭受的损害不是由于市场萎缩、需求不旺造成的。

3. 消费方式的变化

核苷酸类食品添加剂作为方便食品、复合调味品和高级酱油等的增鲜添加剂，是食品调味料的高级形态，市场前景相当广阔，不会因新的替代品的出现而致使国内需求量减少。因此，国内产业遭受的损害不是由于消费方式的变化造成的。

4. 国内外正常竞争

调查机关尚未发现国内外生产者限制贸易的做法。申请调查的日本和韩国进口产品与国内同类产品在品质上相同，如果来自日本和韩国的进口产品与国内产业同类产品在正常贸易中公平竞争，不会给中国国内产业造成实质损害。

5. 技术和管理水平

国内产业核苷酸类食品添加剂生产的发酵产率、发酵周期、提取精制技术、产品成本都达到了国际先进水平，生产采用的生产装置都达到了日本和韩国的水平，有的装置更为现代化；国内产业有完善的科学规范管理系统，保证了产品的质量；由于核苷酸类食品添加剂的成本处于良好的受控状态，因此近年来产品成本大幅度下降，国内核苷酸产业的生产技术已具有国际先进水平。因此，国内产业遭受的损害不是由技术、设备和管理落后造成的。

6. 不可抗力因素

国内核苷酸类食品添加剂生产厂家没有遭受到自然灾害或其他不可抗力因素，生产运营正常。

依据以上分析，调查机关认为被调查产品的倾销和中国国内产业受到的实质损害存在因果关系。

七、初步裁定

根据以上调查结果，调查机关初步裁定：在本案调查期内，原产于日本、韩国的进口核苷酸类食品添加剂存在倾销；原产于日本、韩国的进口核苷酸类食品添加剂对中国的核苷酸类食品添加剂产业造成了实质损害，且倾销与实质损害之间存在因果关系。

附件2

核苷酸类食品添加剂反倾销保证金征收比率表

原产国（地区）	厂商名称	征收比率
韩国	大象株式会社（Daesang Corporation）	25%
	其他韩国公司	144%
日本	日本公司	144%

中华人民共和国海关总署公告

2005 年第 40 号

为促进税费网上支付业务的发展，提高通关效率，确保海关税费安全，根据《中华人民共和国海关法》、《中华人民共和国进出口关税条例》、《中华人民共和国海关进出口货物征税管理办法》等规定，现就网上支付银行担保的有关事宜公告如下：

一、网上支付是指纳税义务人、银行、中国电子口岸数据中心和海关按照《海关网上支付项目管理规定》等的规定，通过中国电子口岸数据平台办理进出口税费缴纳手续的付税方式。

网上支付银行担保是指根据进出口税费担保的有关规定，由银行对纳税义务人在一定时期内通过网上支付方式申请缴纳的进出口税费提供的总担保。

二、已办理网上支付手续并按海关要求提供了网上支付银行担保的纳税义务人，在海关审结报关单证后规定的纳税期限内，可以在实际支付税费前要求海关先放行货物。

三、纳税义务人应当在海关税款缴款书上注明的缴款期限内向指定银行支付税费。缴款期限届满日遇星期六、星期日等休息日或者法定节假日的，应当顺延至休息日或者法定节假日之后的第一个工作日。

四、提供网上支付银行担保的银行由海关认可并应与海关总署签订相关协议。签订协议的银行以及银行授权的分支机构，可以作为担保人提供网上支付银行担保。

五、银行提供网上支付银行担保时，应当出具以纳税义务人指定的海关为唯一受益人的担保文书（文书格式详见附件 1）。担保文书应当载明担保的额度、担保义务和担保的有效期限。担保文书有效期不得少于 180 天。

纳税义务人未按规定履行税费缴纳义务的，担保银行应当履行相应的担保义务。担保银行履行担保义务的，并不免除纳税义务人办理海关手续的义务。

六、纳税义务人向海关办理担保备案手续时，应当提交备案申请和银行担保文书。

纳税义务人提供的材料经海关审核真实有效后，应当予以备案并通知纳税义务人。必要时，海关可以要求纳税义务人提供其他相关资料，并与银行核对。

七、纳税义务人、担保人和海关应按照《网上支付银行担保业务操作程序》（详见附件 2）的规定，办理有关担保、纳税、放行等手续。

八、对国家禁止或限制进出口的货物，法律、行政法规规定不得提供担保的进出口货物，以及海关规定不得通过网上支付方式缴纳的税费，纳税义务人不得办理网上支付担保业务。

九、银行决定终止担保的，应在终止前书面告知有关海关和中国电子口岸数据中心。银行未及时告知造成税款滞纳的，应当承担相应的税款及滞纳金缴纳义务。

十、本公告自 2005 年 9 月 1 日起施行。

附件 1　银行网上支付担保文书（格式）
附件 2　网上支付银行担保业务操作程序

海关总署
2005 年 8 月 22 日

附件 1

______银行网上支付担保文书（格式）

编号：

纳税义务人：　　　　　担　保　人：
法定代表人：　　　　　法定代表人：
或授权代理人：　　　　或授权代理人：
地　　址：　　　　　　地　　址：
联系电话：　　　　　　联系电话：

______海关：

应______________（纳税义务人法定名称及其在海关注册的经营单位编码）申请，我行兹开立以贵关为唯一受益人，担保总金额为不超过人民币______元的不可撤销的担保文书。

我行保证按照海关网上支付税费担保业务的有关规定，办理纳税义务人通过中国电子口岸网上支付系统缴纳税费的担保手续，并保证纳税义务人在海关规定的纳税期限内缴纳税费。如果纳税义务人未能在规定期限内缴纳有关税费，我行承诺在纳税期限届满前代纳税义务人缴纳相应的税费。

本担保文书从______年______月______日开始生效，有效期至______年______月______日。担保文书有效期满前已经发生的担保义务在期满后 180 天内仍然有效。

担保人（公章）

法定代表人或授权代理人（签字或签印）

附件 2

网上支付银行担保业务操作程序

第一条 选择网上支付银行担保方式缴纳税费的纳税义务人，应是现行网上支付企业，并应向银行申请担保。

银行按照规范的资信评定标准和审批程序，对纳税义务人的申请予以审核，确定相应的网上支付税费担保额度。

第二条 银行同意向纳税义务人提供担保的，应按海关要求的格式出具银行担保文书。

银行决定终止对纳税义务人提供担保的，应在终止前 5 日书面告知有关海关和中国电子口岸数据中心。

银行应每季度向海关总署和中国电子口岸数据中心提供纳税义务人名单、担保额度和担保有效期限。

第三条 纳税义务人应至少在担保文书生效前 5 日向有关直属海关的关税职能部门申请进行网上支付银行担保业务的备案。海关审核真实有效后，应当予以备案。

纳税义务人未按照本条第一款规定及时申请备案的，海关可以不予受理。

经海关核实，纳税义务人不具备网上支付资格或银行担保文书不符合规定的，海关不予备案，并应在担保文书生效前通知纳税义务人和担保银行。

纳税义务人在某一海关只能办理一份担保的备案手续。

第四条 实行网上支付担保的税费种类与现行网上支付的税费种类相同。

第五条 审单环节。海关对审结后有税费的进出口报关单，通过计算机跟踪向中国电子口岸网上支付系统发送税费缴纳通知，由纳税义务人自行选择办理网上支付或柜台支付。

税费缴纳通知因故无法自动送达时，海关应根据纳税义务人的要求选择再次发送或改为柜台支付，新的税费缴纳通知覆盖原有数据。

第六条 网上支付环节。纳税义务人登录中国电子口岸网上支付系统，查询税费缴纳通知。如对通知内容无异议，可选择网上支付方式向银行发送“税费支付”指令进行支付；如有异议，应向海关提出重新处理申请。

纳税义务人对税费有异议，海关经核实需重新计征税费的，重新计征后计算机再次自动发送税费缴纳通知。

第七条 银行担保环节。中国电子口岸数据中心将纳税义务人的“税费支付”指令送达银行，银行系统根据接收到的“税费支付”指令，自动判断纳税义务人是否为本行网上支付担保业务的被担保人。

如银行未向纳税义务人提供网上支付银行担保，银行系统按现行无担保的网上支付业务流程进行处理。

如银行已经向纳税义务人提供了网上支付银行担保，银行系统不扣减纳税义务人账户资金，而是扣减其担保额度，并将“担保成功”的回执反馈给中国电子口岸数据中心，银行的担保义务同时发生；如纳税义务人的担保额度不足，银行系统应自动转按无担保网上支付业务流程进行处理。

中国电子口岸数据中心通过中国电子口岸系统将银行预扣处理结果（担保成功）向纳税义务人公布，同时送达海关。

第八条 海关通关环节。纳税义务人通过网上支付系统查询获知“担保成功”后，可准备有关纸质单证到海关现场办理交单、验放手续。海关按规定办结接单、复核后，打印出税费缴款书（税费缴款书右上角应标注“网上担保”字样），并办理货物的验放手续。

对确定不需查验的货物，海关应在打印税费缴款书当日或次日放行货物。

海关放行后，海关计算机系统自动通过中国电子口岸网上支付系统向银行发送税费实际扣缴通知（简称实扣通知）。中国电子口岸网上支付系统应立即将该实扣通知指令传送给银行。在银行实际扣款后，海关系统根据实扣成功回执自动核注税费缴款书，核注日期为实扣日期。

实扣通知因故未发送至银行，海关经核实报关单已作放行且税费已完成网上支付的，应根据银行的要求重新发送实扣通知。

海关计算机系统收到银行扣款成功回执与税单库不一致时，系统将自动向中国电子口岸网上支付系统发送核注失败通知。银行应向海关再次发送实扣成功回执。

网上支付银行担保项下打印的税费缴款书，应按无担保网上支付的相同程序进行流转和交接。

第九条 银行扣缴环节。银行在纳税期限内收到纳税义务人税费缴纳请求的，应立即（收到税费缴纳请求当日，最迟不得超过次日）进行税费扣缴处理，并将实扣成功回执传送给中国电子口岸数据中心，同时中国电子口岸数据中心将实扣成功回执送达海关。

若纳税义务人未能在规定期限内提交税费缴纳请求，银行应在该笔税费的纳税期限期满前无条件履行支付该笔税费的义务，并将实扣成功指令传送给中国电子口岸数据中心。

第十条 税费入库环节。银行应在税费扣缴当日将纸质税费缴款书与电子数据进行核对。核对无误后，应立即（一般应为税费扣缴当日，最迟不得超过次日）将税款划转国库，费款划转入海关行政性收费账户。银行在完成划转操作后，将入库结果回执传送给中国电子口岸数据中心。银行将入库回执结果传送给中国电子口岸数据中心时，相应的担保义务同时终止，已经核减的担保额度同时恢复。

银行应对完成入库处理的税款缴纳书进行核对，加盖有效签章后，按规定进行流转处理。

对于核对不符的凭证，银行退回海关，由海关重新开具税款缴纳书。银行领取该税款缴纳书后，应在领取当日或次日完成税款入库划转工作。

第十一条 因操作失误，对同一份报关单同时进行了网上支付和柜台支付作业的，若报关单未放行，海关计算机系统自动向中国电子口岸网上支付系统发送取消网上支付通知；若报关单已放行且柜台支付已完成，银行应协助纳税义务人撤销对担保额度的预扣，必要时海关应提供帮助。

第十二条 网上支付银行担保业务中涉及的网上支付其他事宜仍按现行网上支付的有关规定或协议办理。

中华人民共和国海关总署公告

2005 年第 41 号

经国务院批准，我驻外使领馆车辆管理制度自2005年2月1日起试行改革，新管理制度允许驻外使领馆人员离任回国时将所购自用车辆携带回国，并给予适当税收优惠。现将《驻外使领馆工作人员离任回国所携自用车辆进口税收的暂行规定》（见附件1，以下简称《暂行规定》）予以公告，并就我驻外使领馆人员离任回国进境自用车辆有关具体事宜公告如下：

一、《暂行规定》仅适用于参加车辆管理制度改革试点驻外使领馆（见附件2）中享受常驻人员待遇的工作人员（以下简称馆员），不包括驻港澳地区内派机构的工作人员和其他我常驻境外机构的工作人员。

二、根据《暂行规定》的有关规定，馆员在第一至第二个任期内，且累计任职时间2年以上（含2年，以下同），可进境1辆小轿车（含越野车，下同）；自第三个任期开始，每个标准任期（4年）任满离任可进境1辆小轿车。

考虑到实际情况，对2005年2月1日前外派任职的馆员，如在2006年2月1日前离任回国，并且在本任期内任职时间2年以上，准其进境1辆小轿车，同时不受车辆在外使用1年年限的限制；如在2006年2月1日后离任回国，有关进境车辆则受使用年限的限制（1年）。上述馆员如在外任职时间未满2年，离任回国时不准进境车辆，但其在外任职时间与本人下一任期（第二任期）任职时间累计计算2年以上的，准其于第二个任期期满回国时进境1辆小轿车，有关车辆受在外使用1年年限的限制。

对2005年2月1日后外派任职的馆员，一律按照《暂行规定》第四条规定办理。

三、馆员离任回国进境自用车辆免征进口关税，但进口环节增值税、消费税照章征收。海关以购车发票价格（驻在国外交人员免税价格）为基础，依据《暂行规定》第六条规定对车辆折旧后计算出计征税款的完税价格。但对2005年1月1日前到任，2006年12月31日前离任回国的馆员运回的二手车，如馆员无法提供二手车的新车成交价格原始发票，也可以二手车实际成交价格作为计征税款的完税价格，但不再予以折旧。

四、馆员离任回国进境自用车辆，应当按照以下规定办理有关手续：

（一）馆员应当自本人入境后6个月内向其国内居住地的直属海关或者经直属海关授权的隶属海关（以下简称主管海关）提交书面申请，并提交下列单证：

1. 护照、居民身份证；

2. 我驻外使领馆出具的驻外使领馆人员身份证明（样式见附件3，外交部统一印制）；

3. 国内外派主管部门出具的我国驻外使领馆人员离任回国证明书（样式见附件4，各单位自行印制）；

4. 提（运）单、购车发票、装箱单等相关单证；

5. “中华人民共和国海关进出境自用物品申请表”（见附件5，以下简称“申请表”）。

主管海关自接受申请之日起5个工作日内审核批准。

（二）主管海关审核批准后，进境地海关凭主管海关的审批单证和其他相关单证办理验放手续，并将车辆放行结果批注于“申请表”回执联后，退主管海关备核。

（三）馆员应当自进境地海关放行车辆之日起20个工作日内，向主管海关申领“中华人民共和国海关监管车辆进/出境领/销牌照通知书”（见附件6，以下简称“领/销牌照通知书”），依法在公安机关交通管理部门办理机动车注册登记手续，公安机关交通管理部门核发小型汽车号牌。

五、馆员离任回国进境的免税自用车辆属于海关监管车辆，监管期限为自海关放行之日起6年。在监管期限内，馆员进境的海关监管车辆不得擅自转让、出售或者进行其他处置。如馆员需转让、出售或者处置其进境的海关监管车辆，应报经主管海关批准，并持本人身份证和“机动车行驶证”向主管海关提交书面申请。主管海关审核并对有关车辆依法补征税款后，开具“中华人民共和国海关监管车辆解除监管证明书”（见附件7，以下简称“解除监管证明书”），馆员凭此依法在公安机关交通管理部门办理有关手续。

六、馆员进境自用车辆的海关监管期限届满的，应持“中华人民共和国海关公/自用车辆解除监管申请表”（见附件8）、本人身份证件和机动车行驶证向主管海关提出解除监管的申请。主管海关核准后，开具“解除监管证明书”，馆员凭此依法在公安机关交通管理部门办理有关手续。

七、馆员擅自转让、出售进境监管车辆，或者有其他走私、违反海关监管规定行为的，海关依照《中华人民共和国海关法》、《中华人民共和国海关行政处罚实施条例》予以处罚。

特此公告。

附件1 《驻外使领馆工作人员离任回国所携自用车辆进口税收的暂行规定》
附件2 参加车改试点的驻外使领馆名单
附件3 驻外使领馆人员身份证明
附件4 我国驻外使领馆人员离任回国证明书
附件5 “中华人民共和国海关进出境自用物品申请表”（略）
附件6 “中华人民共和国海关监管车辆进/出境领/销牌照通知书”（略）
附件7 “中华人民共和国海关监管车辆解除监管证明书”
附件8 “中华人民共和国海关公/自用车辆解除监管申请表”

海关总署
2005年6月2日

附件1

驻外使领馆工作人员离任回国所携自用车辆进口税收的暂行规定

第一条 经国务院批准，为配合《驻外使领馆车辆管理体制改革方案》的顺利实施，鼓励我驻外馆员在任期内自主购车，保障我驻外使领馆正常公务活动，特制定本规定。

第二条 本规定所指馆员是我驻外使领馆享受常驻人员待遇的工作人员。

第三条 本规定中“标准任期”按馆员在国外累计任职时间满四年计。

第四条 本规定中“进境车辆”是指，在使用右舵车的国家或地区工作的馆员，其任内所用右舵车处置后所购的左舵小轿车；在使用左舵车的国家或地区工作的馆员，其任内使压一年及以上的左舵小轿车，但自本规定生效起一年内离任回国的馆员所携上述车辆，不受在任内使用年限的限制。

第五条 对满足以下条件之一的离任回国馆员，携带的一辆进境车辆，免征进口关税，但进口环节增值税、消费税照章征收。

（一）在国外累计任职时间满两年，但不超过两个标准任期的；

（二）从第三个标准任期开始，每一标准任期任满离任约。

第六条 上述进境车辆的价格从车辆购买之日起至进境之日止，按年折旧。不足一年但超过6个月的，按1年折算；不超过6个月的不予折算。但折旧后的价格最低不能低于新车价值的40%。具体折旧率如下：

（一）非洲地区按每年15%计算；

（二）其他国家或地区按每年12.5%计算。

第七条 馆员离任回国后，国内主管部门应为满足条件的馆员出具相关证明，馆员凭此证明以及购车单据和本人有效护照等有效文件提出车辆进境申请。

第八条 海关在接到馆员申请后，按本规定办理车辆的征免税手续。具体征免税和监管办法由海关总署会同有关部门另行制订。

第九条 本规定自2005年2月1日起执行。

附件2

参加车改试点的驻外使领馆名单

朝鲜、清津、釜山、蒙古、越南、胡志明市、印度、孟买、缅甸、曼德勒、巴基斯坦、卡拉奇、尼泊尔、斯里兰卡、老挝、菲律宾、宿务、塞浦路斯、土耳其、伊斯坦布尔、札幌、大阪、长崎、古晋、泰国、清迈、宋卡、新加坡、印尼、柬埔寨、文莱、阿富汗、东帝汶、德国、汉堡、波恩、慕尼黑、瑞典、哥德堡、丹麦、苏黎世、日内瓦代表团、驻世贸组织代表团、芬兰、挪威、曼彻斯特、爱丁堡、爱尔兰、马赛、斯特拉斯堡、意大利、米兰、佛罗伦萨、比利时、欧盟使团、卢森堡、马耳他、希腊、荷兰、禁止化学武器代表团、西班牙、巴塞罗那、葡萄牙、叙利亚、约旦、也门、亚丁、伊朗、科威特、黎巴嫩、阿曼、阿联酋、迪拜、沙特、吉达、巴林、卡塔尔、阿尔及利亚、摩洛哥、突尼斯、利比亚、毛里塔尼亚、亚历山大、苏丹、埃塞俄比亚、吉布提、肯尼亚、乌干达、布隆迪、卢旺达、厄立特里亚、几内亚、塞拉利昂、几内亚比绍、加纳、利比里亚、多哥、拉各斯、科特迪瓦、加蓬、圣普、喀麦隆、杜阿拉、赤道几内亚、坦桑尼亚、桑给巴尔、刚果（金）、刚果（布）、赞比亚、津巴布韦、毛里求斯、纳米比亚、马达加斯加、南非、开普敦、德班、莱索托、佛得角、中非、多伦多、卡尔加里、美国、旧金山、休斯敦、纽约、洛杉矶、联合国代表团、古巴、智利、秘鲁、圭亚那、墨西哥、蒂华纳、阿根廷、乌拉圭、特多、牙买加、巴西、圣保罗、里约热内卢、苏里南、厄瓜多尔、瓜亚基尔、哥伦比亚、玻利维亚、圣克鲁斯、委内瑞拉、巴拿马、巴哈马、俄罗斯、圣彼得堡、哈巴罗夫斯克、海参崴、白俄罗斯、拉脱维亚、立陶宛、哈萨克斯坦、吉尔吉斯斯坦、乌兹别克斯坦、乌克兰、土库曼斯坦、亚美尼亚、阿塞拜疆、格鲁吉亚、爱沙尼亚、保加利亚、罗马尼亚、康斯坦察、摩尔多瓦、匈牙利、捷克、斯洛伐克、波兰、革但斯克、阿尔巴尼亚、波德戈里察、克罗地亚、斯洛文尼亚、波黑、澳大利亚、墨尔本、珀斯、悉尼、巴布亚新几内亚、新西兰、奥克兰、斐济、马其顿、萨摩亚、密克罗尼西亚、安提瓜和巴布达、基里巴斯、瓦努阿图、科摩罗、布基纳法索、塞内加尔、汤加、瑙鲁、韩国、多米尼克、埃及、福冈、圣卢西亚、芝加哥、奥地、马来西亚、加拿大、贝宁、莫桑比克、孟加拉、巴巴多斯、维也纳代表团、约翰内斯堡、塞黑、塔吉克斯坦、温哥华、塞舌尔、巴勒斯坦、英国、马里、尼日尔、尼日利亚、冰岛、法国、博茨瓦纳、日本、以色列、瑞士、多米尼加、安哥拉、巴兰基亚、塔马塔夫、马绍尔。

附件3

驻外使领馆人员身份证明

兹证明______先生/女士系我国在______洲______国家______使/领馆任职并享受常驻人员待遇的工作人员，其护照号码为：______，其任职期间购买自用车辆1辆，购车日期______年______月______日，购车发票号码为：______，在国外使用时间约______年。

（驻在国是/否为使用右舵车的国家）

馆员本人签字：

使领馆负责人签字：

使领馆印章：

_____年_____月_____日

（该身份证明共3联，第一联为海关留存联，第二联为本人留存联，第三联为使领馆留存联）

附件4

我国驻外使领馆人员离任回国证明书

兹证明_____先生/女士系_____（主管单位名称）派出的我国驻外使领馆人员，其在_____使/领馆任职，护照号码为：_____，居民身份证号码为：_____。

该先生/女士在外常驻时间具体如下：

第一标准任期自____年____月____日至____年____月____日，是/否离任，离任回国入境日期____年____月____日；

第二标准任期自____年____月____日至____年____月____日，是/否离任，离任回国入境日期____年____月____日；

第三标准任期自____年____月____日至____年____月____日，是/否离任，离任回国入境日期____年____月____日；

第四标准任期自____年____月____日至____年____月____日，是/否离任，离任回国入境日期____年____月____日；

第五标准任期自____年____月____日至____年____月____日，是/否离任，离任回国入境日期____年____月____日；

该同志现离任回国，将申请进境自用车辆1辆，请海关协助其办理相关手续。

馆员本人签字：

经办人签字：

主管单位人事部门印章：

____年____月____日

（该证明书共3联，第一联为海关留存联，第二联为本人留存联，第三联为主管单位留存联）

附件7

中华人民共和国海关
监管车辆解除监管证明书存根

海关编号：（　　）__关____号

车辆牌名		发动机号	
车辆型号		车架号	
车辆颜色		行驶证号码	
进口日期		进口批件号	

海关签章：　　　　经办人：　　　　年　　月　　日

骑缝章处

中华人民共和国海关

监管车辆解除监管证明书

海关编号：（　　）__关____号

根据海关现行规定，______________________经我关批准进境的机动车辆已满海关监管期限，现准予解除监管，特此证明。

车辆牌名		发动机号	
车辆型号		车架号	
车辆颜色		行驶证号码	
进口日期		进口批件号	

经办关员签章：______________　海关印章：______________　年　月　日

附件8

中华人民共和国海关
公/自用车辆解除监管申请表

申请日期：________海关注册号码：________

车辆牌照	厂牌型号	发动机号	车架号码

申请方： 签字或印章	
海关批注：	经办关员： 批准日期： 海关印章

中华人民共和国海关总署公告

2005年第42号

为配合海关对保税物流中心管理的需要，方便企业通关，规范海关业务管理，决定增列海关监管方式代码，现将有关规定公告如下：

一、增列海关监管方式代码6033，全称“保税物流中心与境外之间进出仓储货物”，简称“物流中心进出境货物”，适用于保税物流中心与境外之间仓储货物的进出口。

二、扩大海关监管方式“保税间货物（代码1200）”的适用范围，适用于保税物流中心（A、B型）、保税区、出口加工区、保税物流园区、保税仓库、出口监管仓库等海关保税场所及保税区域之间往来的货物。

三、对于物流中心外企业运输货物进出物流中心，物流中心外企业应按海关规定填制进出口货物报关单，进出口货物报关单“运输方式”栏填写代码“W”，适用于“境内进出保税物流中心货物”。

上述规定自2005年9月1日起实施。

特此公告。

海关总署

2005年8月22日

中华人民共和国海关总署公告

2005年第43号

为加强对特定减免税进口货物的管理，规范申请办理进口货物减免税审批手续的程序，提高办事效率，根据《中华人民共和国进出口关税条例》和《中华人民共和国海关进出口货物征税管理办法》的有关规定，现就办理海关减免税备案、审批手续的有关事项公告如下：

一、享受进口税收优惠政策的单位（以下简称进口单位）需要向海关申请办理进口货物减免税手续的，应当按照该项进口税收优惠政策的实施规定，以及国家对项目管理和对进口货物管理的有关规定，预先在国家或地方政府主管部门办妥有关的审批、核准、备案、登记等手续。

二、按照规定需要向海关登记备案的，进口单位应当在首批货物进口前，持有关文件或证明，向主管海关申请办理登记备案手续。

进口单位应当在每次进口货物前，按照规定持有关文件或证明，向主管海关申请办理进口货物减免税审批手续。

经审核符合海关办理减免税备案、审批条件的，主管海关应当予以受理。

三、进口单位向海关提出减免税备案申请或者办理进口货物减免税审批手续的申请时，不能按规定向海关提供有效文件或证明，以及出现以下情况的，海关不予受理，并应向申请人说明理由：

（一）提供的文件或证明不能表明进口单位符合享受减免税政策条件的；

（二）有关主管部门超越权限出具“国家鼓励发展的内外资项目确认书”（以下简称“项目确认书”）或者其他证明的；

（三）有关主管部门出具的“项目确认书”中，项目单位为项目施工企业等非该项目的直接投资经营单位的；

（四）有关主管部门审批、核准的项目及出具的相应“项目确认书”属于明显分拆项目的；

（五）不能按照规定提供进口货物清单或者技术资料的；

（六）其他不符合国家有关规定的情况。

四、海关受理的登记备案或者减免税申请，以海关接受申请材料之日作为受理之日。经审核符合登记备案条件或者减免税政策规定的，海关应当自受理之日起10个工作日内予以登记备案或者签发进出口货物征免税证明（以下简称征免税证明）。

为明确政策规定、审批权限、技术指标等原因需要请示海关总署的，或者因其他特殊情况海关不能在规定时限内完成登记备案手续或者签发征免税证明的，经主管关长或其授权人批准可以酌情延长时间，并应向进口单位说明原因。

五、进口单位或其代理人应凭征免税证明及有关报关单证在进口地海关办理减免税货物进口报关手续。

六、进口单位已经向海关申请办理减免税备案、审批手续，在主管海关按规定受理期间（包括经批准延长的期限）货物到达进口口岸的，进口单位可以向海关申请凭税款担保办理货物验放手续。

进口单位需要办理税款担保手续的，应当在货物申报进口前向主管海关提出申请，主管海关审核后出具“海关同意按减免税货物办理税款担保手续证明”（格式详见附件1，以下简称“担保证明”），进口地海关审核符合担保条件的，凭“担保证明”按规定办理货物的担保和验放手续。

七、主管海关因特殊情况经批准延长办理减免税备案、审批手续的时间的，减免税担保时限可以相应延长，并应当及时通知进口单位向海关申请办理延长税款担保期限的手续。

进口单位应当在“担保证明”规定期限届满之日15天前向主管海关提出延长税款担保期限的申请，主管海关确认后出具延长担保期限的“海关同意办理减免税货物税款担保延期手续证明”（格式详见附件2，以下简称“延期证明”），进口地海关凭“延期证明”按规定办理税款担保延期手续。

八、进口单位未按上述规定申请办理减免税备案、审批手续或者未申请办理税款担保手续的，货物申报进口时，海关予以照章征税。

货物征税放行后，进口单位申请补办减免税审批手续的，海关不再受理。进口单位未如实说明情况，致使主管海关补办“征免税证明”的，进口地海关不予据此办理退税手续，并应当将有关证明收缴，退回原签发海关核销。

进口单位未按规定申请办理税款担保延期手续的，在“担保证明”规定期限届满时，海关应当按规定将税款保证金转为税款入库或要求担保人履行相应的纳税义务。

九、进口单位发生违反海关规定的行为，在海关查处期间，进口单位不得向海关申请办理涉案减免税货物的转让、抵押等手续。海关发现进口单位申请对涉案减免税货物办理有关手续的，不得受理。

进口单位未如实向海关说明情况，致使海关对涉案减免税货物办理相关手续的，海关发现后，应当立即予以撤销。

十、国务院已经批准的税收优惠政策，国家有关部门正在制定具体实施办法期间，符合条件的进口单位申报进口可以享受税收优惠政策的货物需要办理税款担保手续的，应当在货物进口前通过其主管部门或者上级单位向海关总署提出申请，海关总署核准后，通知有关海关办理。

十一、进口税收优惠政策分年度实施，并且需要国家有关主管部门每年核定进口计划或者进口数量的，在当年计划数量未下达前，进口地海关可以直接凭进口单位的申请，按规定办理税款担保手续。待计划数量下达，进口单位补办减免税审批手续后，海关按规定办理货物减免税进口和解除税款担保的相关手续。

十二、主管海关应当严格执行国家税收优惠政策规定，对不符合国家税收优惠政策规定的减免税备案申请或不属于国家税收优惠政策规定范围的商品，一律不得审批减免税。

十三、本公告自2005年10月1日起执行。

特此公告。

附件1　海关同意按减免税货物办理税款担保手续证明

附件2　海关同意办理减免税货物税款担保延期手续证明

海关总署

2005年8月30日

附件1

______海关同意按减免税货物办理税款担保手续证明

编号：

主送海关		进口口岸	
进口单位			
减免税依据			
批准文件			
担保原因			
担保期限	自　年　月　日至　年　月　日止		

减免税进口货物

序　号	货物名称	数　量	价　值	备　注

说明：本证明自主管海关签发之日起6个月内有效。在担保届满之日仍未办妥有关手续的，进口单位可向主管海关申请办理延期手续，否则进口地海关予以办理保证金结案手续。

________海关（印章）

年　月　日

海关同意按减免税货物办理税款担保手续证明有关项目填写说明

1. 主送海关：填写减免税货物进口口岸直属海关；

2. 进口口岸：填写减免税货物直接进口的口岸；

3. 进口单位：填写享受减免税优惠政策的项目单位名称；

4. 减免税依据：填写海关审批该项目减免税的文件依据。如“鼓励项目”应该填写“《国务院关于调整进口设备税收政策的通知》（国发〔1997〕37号）”；

5. 批准文件：填写有关主管部门批准该项目减免税的文件，如“鼓励项目”应该填写“《国家鼓励发展的内外资项目确认书》（编号：#######）”。

6. 担保原因：填写同意凭税款担保办理验放手续的主要原因。如已经接受进口单位申请，主管海关正在办理中，可以填写“减免税申请已经我关接受正在审批中”；如已经接受进口单位申请，因政策规定不明确等原因需要或者已经上报请示海关总署的，可以填写“减免税申请已经我关接受，因故需要上报请示海关总署”。

附件 2

______海关同意办理减免税货物税款担保延期手续证明

编号：

<table>
<tr><td>主送海关</td><td colspan="2"></td><td>进口口岸</td><td></td></tr>
<tr><td>进口单位</td><td colspan="4"></td></tr>
<tr><td>原同意办理税款担保手续证明编号</td><td colspan="4"></td></tr>
<tr><td>延长担保原因</td><td colspan="4"></td></tr>
<tr><td>担保期限</td><td colspan="4">自　年　月　日至　年　月　日止</td></tr>
<tr><td colspan="5">减免税进口货物</td></tr>
<tr><td>序　号</td><td>货物名称</td><td>数　量</td><td>价　值</td><td>备　注</td></tr>
<tr><td></td><td></td><td></td><td></td><td></td></tr>
<tr><td></td><td></td><td></td><td></td><td></td></tr>
<tr><td></td><td></td><td></td><td></td><td></td></tr>
<tr><td></td><td></td><td></td><td></td><td></td></tr>
<tr><td></td><td></td><td></td><td></td><td></td></tr>
<tr><td></td><td></td><td></td><td></td><td></td></tr>
</table>

说明：本证明自主管海关签发之日起 6 个月内有效。在担保届满之日仍未办妥有关手续的，进口单位可向主管海关申请办理延期手续，否则进口地海关予以办理保证金结案手续。

________海关（印章）

年　月　日

中华人民共和国海关总署
国家发展和改革委员会
中　　商　　务　　部
公　告

2005 年第 44 号

为贯彻落实《汽车产业发展政策》的有关规定，现将有关执行问题公告如下：

一、关于实行指定进口口岸管理的汽车范围问题

除《中华人民共和国进出口税则》货品名称为手扶拖拉机（8701.1000）、履带式牵引车、拖拉机（8701.3000）、轮式拖拉机（8701.9011）、其他拖拉机（8701.9019）、其他牵引车（8701.9090）、雪地行走专用车及高尔夫球车（8703.1000）、非公路用电动轮货运自卸车（8704.1030）的整车外，列入税则号列 8701－8706 和 8716 的汽车及 8429 的轮式自行机械整车，实行指定进口口岸管理。

汽车零部件、关键件进口不实行指定进口口岸管

理；汽车生产企业进口全散件（CKD）或半散件（SKD）的，可在国家指定进口口岸外的企业所在地海关办理报关手续；汽车生产企业进口的构成整车特征的汽车零部件应当在企业所在地海关办理进口报关手续。

二、关于进口汽车海关签发“货物进口证明书”问题

除挂车、半挂车和轮式自行机械车外，对实行指定进口口岸管理的汽车整车，进口时，海关签发“一车一证”的汽车用“货物进口证明书”，“货物进口证明书”数据与公安部实行电子联网。

对进口挂车、半挂车、轮式专用机械车，海关签发“一批一证”的非汽车用“货物进口证明书”；其他未列入第一条实行指定进口口岸管理范围的车辆，应进口经营者要求，海关可签发“一批一证”的非汽车用“货物进口证明书”。非汽车用“货物进口证明书”数据与公安部不实行电子联网。

对从非指定进口口岸进口的以展览为目的的进口汽车，展览后需留在国内的，海关可按转关方式从指定进口口岸凭商务部门签发的进口口岸为该口岸的“自动进口许可证”办理进口手续，并签发“一车一证”的汽车用“货物进口证明书”，“货物进口证明书”数据与公安部电子联网。

三、关于海关对指定进口口岸保税区内汽车管理问题

为实现政策平稳过渡，并尽快妥善处理保税区内存放的以进入国内市场为目的的汽车，现规定如下：

（一）办理海关登记备案与确认手续

对2005年9月30日前运抵保税区以进入国内市场为目的的进口汽车，经营者可凭仓库存储清单和原始合同向所在地海关办理登记备案（登记备案表见附件，可复印），海关审核确认后在登记备案表上加盖印章。2004年12月31日前和2005年1月1日至9月30日间运抵保税区的车辆应当分别登记。

（二）办理进口许可手续

经海关审核确认后，如经营者具备小轿车经营资格，该经营者可凭登记备案表，按现行申请程序向商务部办理“自动进口许可证”；如经营者不具备小轿车经营资格，须与具备小轿车经营资格的企业签订协议，由具备小轿车经营资格的企业凭协议和登记备案表，按现行申请程序向商务部办理“自动进口许可证”。

（三）办理进口报关手续

2004年12月31日前运抵保税区以进入国内市场为目的的进口汽车，须在2005年12月31日前向海关办理进口报关、纳税等手续；2005年1月1日至2005年9月30日间运抵保税区以进入国内市场为目的的进口汽车，须在2005年10月31日前向海关办理进口报关、纳税等手续。

（四）保税区内存放的以进入国内市场为目的进口汽车在上述规定时间内不能办理进口报关手续的，应当全部实际退运出境。自2005年10月1日起，以进入国内市场为目的的汽车应直接在口岸海关办理进口报关、纳税等手续，保税区不得再存放以进入国内市场为目的的进口汽车，保税区海关将不再为此类汽车办理进口报关、纳税等手续。

特此公告。

附件1　______保税区仓储汽车（2004年12月31日前）存放登记备案表

附件2　______保税区仓储汽车（2005年1月1日-9月30日）存放登记备案表

海关总署
国家发展和改革委员会
商务部
2005年9月14日

附件1

______保税区仓储汽车（2004年12月31日前）存放登记备案表

企业名称				（盖章）	是否具备小轿车经营资格			是（ ）	否（ ）
原始合同号	品牌名称	车型	排气量（毫升）	发动机号	车架号	数量（台）	商品编码	原产地	存储仓库名称
备注：请按品牌归类填写，表格不够可另附。				______保税区海关（盖章） 年　月　日					

附件2

______保税区仓储汽车（2005年1月1日－9月30日）存放登记备案表

企业名称				（盖章）	是否具备小轿车经营资格			是（ ）	否（ ）
原始合同号	品牌名称	车型	排气量（毫升）	发动机号	车架号	数量（台）	商品编码	原产地	存储仓库名称
备注：请按品牌归类填写，表格不够可另附。				______保税区海关（盖章） 年　月　日					

中华人民共和国海关总署公告

2005年第45号

自2005年10月1日起，各海关将陆续启用第三版“货物进口证明书”，届时，第二版“货物进口证明书”仍可继续使用。

第三版“货物进口证明书”分为普通货物用和汽车用两种，样式详见附件。

特此公告。

附件1　普通货物用“货物进口证明书”（普通）样式（略）

附件2　汽车用“货物进口证明书”样式（略）

海关总署

2005年9月14日

中华人民共和国海关总署公告

2005年第46号

按照《中华人民共和国反倾销条例》的规定，根据对原产于俄罗斯、韩国、日本和美国的进口环氧氯丙烷的反倾销调查结果，商务部决定对原产于上述国家的进口环氧氯丙烷实施临时反倾销措施并对外公告（中华人民共和国商务部公告2005年第57号，详见附件1）。现就海关实施上述临时反倾销措施的有关事项公告如下：

一、自2005年9月21日起，对原产于俄罗斯、韩国、日本和美国的进口环氧氯丙烷（税则号列：2910.3000），海关除按现行规定征收关税和进口环节增值税外，还将区别不同的供货厂商，按照环氧氯丙烷反倾销保证金征收比率表（详见附件2）所列的征收比率征收反倾销现金保证金。

反倾销现金保证金的计算公式为：

反倾销现金保证金金额＝（海关完税价格×反倾销现金保证金征收比率）×（1＋进口环节增值税税率）

对实施临时反倾销措施产品的详细描述详见本公告附件1。

二、凡申报进口环氧氯丙烷的，必须向海关提交原产地证明，如果原产地为俄罗斯、韩国、日本或美国的，还需提供原厂商发票。对于申报进口环氧氯丙烷时不能提供原产地证明，且经查验也无法确定货物的原产地不是俄罗斯、韩国、日本或美国的，海关按照本公告附件2所列的最高反倾销现金保证金比率征收保证金；对于能够确定货物的原产地是俄罗斯、韩国、日本或美国，但进口货物的收货人不能提供原厂商发票，且通过其他合法、有效的单证等证据也无法确定原生产厂商的，海关按照本公告附件2所列的相应国家其他公司适用的反倾销现金保证金比率征收保证金。

三、有关加工贸易保税进口环氧氯丙烷如何征收反倾销现金保证金的问题，海关按照中华人民共和国海关总署2001年第9号公告和中华人民共和国海关总署令第111号的规定执行。

四、对于伪报原产国或伪造进口环氧氯丙烷原产地证明或原厂商发票的，海关按有关规定进行处罚。

五、对于所征收的反倾销现金保证金的处理，海关总署将根据终裁结果另行公告。

六、在实施临时反倾销措施期间，如果出现与实施临时反倾销措施产品类似的进口货物，而海关无法确定是否属于实施临时反倾销措施的产品时，有关企业可向商务部提出申请，由商务部商有关部门作出裁定，海关将根据商务部的裁定执行。

特此公告。

附件 1　中华人民共和国商务部公告 2005 年第 57 号

附件 2　环氧氯丙烷反倾销保证金征收比率表

海关总署

2005 年 9 月 20 日

附件 1

中华人民共和国商务部公告

2005 年第 57 号

根据《中华人民共和国反倾销条例》的规定，中华人民共和国商务部于 2004 年 12 月 28 日发布公告，决定对原产于俄罗斯、韩国、日本和美国的进口环氧氯丙烷进行反倾销调查。

商务部对被调查产品是否存在倾销和倾销幅度、被调查产品是否对国内产业造成损害及损害程度，以及倾销与损害之间的因果关系进行了调查。根据调查结果和《中华人民共和国反倾销条例》第二十四条的规定，商务部作出初裁决定（见附件）。

现将有关事项公告如下：

一、初裁决定

商务部初裁决定，原产于俄罗斯、韩国、日本和美国的进口环氧氯丙烷存在倾销，中国环氧氯丙烷产业遭受了实质损害，同时倾销和实质损害之间存在因果关系。

二、征收保证金

根据《中华人民共和国反倾销条例》第二十八条和第二十九条的规定，商务部决定采用保证金形式实施临时反倾销措施。自 2005 年 9 月 21 日起，进口经营者在进口原产于俄罗斯、韩国、日本和美国的环氧氯丙烷时，应依据本初裁决定所确定的各公司的倾销幅度向中华人民共和国海关提供相应的保证金。

本案被调查产品在《中华人民共和国进出口税则》中列为 2910.3000。对该被调查产品的描述如下：

被调查产品名称：环氧氯丙烷，又名 1－氯－2，3－环氧丙烷、表氯醇（英文名为 Epichlorohydrin，简称 ECH）

产品种类：有机化工产品

产品规格：环氧氯丙烷含量≥99%

分子式：C_3H_5OCl

化学结构式：（略）

物理及化学特征：环氧氯丙烷常温下是一种透明、有刺激性气味的低粘度、易挥发、不稳定的无色油状液体，其相对分子质量为 92.53，熔点 －25.6℃，沸点 117.9℃，相对密度 1.1812（20/4℃），闪点 33℃，可混溶于乙醇、乙醚、氯仿、三氯乙烯等。环氧氯丙烷在水中的溶解度为 6.58%（20℃），与水共沸于 88℃，所含水的质量分数为 28%。由于其分子结构中具有不对称 C 原子，一般以含有等量左旋和右旋结构的外消旋混合物形式存在。

主要用途：环氧氯丙烷主要用于生产环氧树脂，还可用于生产合成甘油、硝化甘油炸药、玻璃钢、电绝缘品、表面活性剂、医药、农药、涂料、胶料、离子交换树脂、增塑剂、（缩水）甘油衍生物、氯醇橡胶等多种产品。此外，环氧氯丙烷还用作纤维素酯、树脂、纤维素醚的溶剂。

对各公司征收的保证金比率如下：

（一）俄罗斯公司

1. 考斯迪克封闭式股份公司（The Joint Stock Company Kaustik）23.0%

2. 乌苏里耶化工有限责任公司（Limited Liability Company “Usoliekhimprom”）8.6%

3. 其他俄罗斯公司（All Others）71.5%

（二）韩国公司

1. 韩华石油化学株式会社（HAN WHA CHEMICAL CORPORATION）4.5%

2. 三星精密化学株式会社（Samsung Fine Chemicals CO.，LTD.）4.3%

3. 其他韩国公司（All Others）71.5%

（三）日本公司

1. 日本鹿岛化学株式会社（Kashima Chemical Co.，Ltd.）7.8%

2. 其他日本公司（All Others）71.5%

3. 日本大曹株式会社（DAISO CO.，LTD.）0%

经调查，日本大曹株式会社（DAISO CO.，LTD.）初裁倾销幅度为 0.9%，根据《中华人民共和国反倾销条例》第二十七条规定，属于微量倾销幅度，免于征收反倾销税。

（四）美国公司

1. 陶氏化学公司（The Dow Chemical Company）4.3%

2. 其他美国公司（All Others）71.5%

三、征收保证金的方法

自2005年9月21日起，进口经营者在进口原产于俄罗斯、韩国、日本和美国的环氧氯丙烷时，应向中华人民共和国海关提供相应的保证金。保证金以海关审定的完税价格从价计征，计算公式为：

保证金金额＝（海关审定的完税价格×保证金征收比率）×（1＋进口环节增值税税率）

四、评论

各利害关系方在本公告发布之日起20天内，可向商务部提出书面评论并附相关证据，商务部将依法予以考虑。

特此公告

附件 中华人民共和国商务部关于对原产于俄罗斯、韩国、日本和美国的进口环氧氯丙烷反倾销调查的初裁决定（略）

商务部

2005年9月21日

附件2

环氧氯丙烷反倾销保证金征收比率表

原产国（地区）	厂商名称	征收比率
俄罗斯	考斯迪克封闭式股份公司（The Joint Stock Company Kaustik）	23.0%
	乌苏里耶化工有限责任公司（Limitied Liability Company "Usoliekhimprom"）	8.6%
	其他俄罗斯公司（All Others）	71.5%
韩国	韩华石油化学株式会社（HAN WHA CHEMICAL CORPORATION）	4.5%
	三星精密化学株式会社（Samsung Fine Chemicals CO.，LTD.）	4.3%
	其他韩国公司（All Others）	71.5%
日本	日本鹿岛化学株式会社（Kashima Chemical Co.，Ltd.）	7.8%
	其他日本公司（All Others）	71.5%
	日本大曹株式会社（DAISO CO.，LTD.）	0%
美国	陶氏化学公司（The Dow Chemical Company）	4.3%
	其他美国公司（All Others）	71.5%

中华人民共和国海关总署公告

2005年第47号

为进一步明确出口加工区货物报关单和备案清单中监管方式的适用，现对中华人民共和国海关总署2005年第42号公告补充如下：

监管方式“保税间货物”（代码1200）适用于保税物流中心（A、B型）、保税区、出口加工区、保税物流园区、保税仓库、出口监管仓库等海关保税场所及保税区域之间往来的货物。但对出口加工区企业之间结转（调拨）的成品和料件，监管方式仍填报“出口加工区成品进出区”（代码5100）和“出口加工区料件进出区”（代码5000）。

上述规定自2005年9月1日起实施。

特此公告。

海关总署

2005年9月21日

中华人民共和国海关总署公告

2005年第48号

为有效实施《中华人民共和国海关法》和《中华人民共和国知识产权海关保护条例》，禁止侵犯受我国法律、行政法规保护的知识产权的货物、物品进出境，现就有关事项公告如下：

对《中华人民共和国海关行政处罚实施条例》第二十五条和《中华人民共和国知识产权海关保护条例》第二十八条规定应当予以没收的侵犯我国法律、行政法规保护的知识产权的货物、物品，经海关调查，货物、物品的侵权事实基本清楚，但当事人无法查清，自海关公告之日起满3个月的，由海关予以收缴。

特此公告。

海关总署

2005年9月21日

中华人民共和国海关总署公告

2005年第49号

按照《中华人民共和国反倾销条例》的规定，根据对原产于日本、美国、英国和德国的进口初级形态二甲基环体硅氧烷的反倾销调查结果，商务部决定对原产于日本、美国、英国和德国的进口初级形态二甲基环体硅氧烷实施临时反倾销措施并对外公告（中华人民共和国商务部公告2005年第46号，详见附件1）。现就海关实施上述临时反倾销措施的有关事项公告如下：

一、自2005年9月29日起，对原产于日本、美国、英国和德国的进口初级形态二甲基环体硅氧烷（税则号列：2931.0000、3824.9090），海关除按现行规定征收关税和进口环节增值税外，还将区别不同的供货厂商，按照反倾销保证金征收比率表（详见附件2）所列的征收比率征收反倾销保证金。

反倾销保证金的计算公式为：

反倾销保证金金额＝（海关完税价格×反倾销保证金征收比率）×（1＋进口环节增值税税率）

对实施临时反倾销措施产品的详细描述详见本公告附件1。

二、凡申报进口初级形态二甲基环体硅氧烷的，必须向海关提交原产地证明，如果原产地为日本、美国、英国或德国的，还需提供原厂商发票。对于申报进口初级形态二甲基环体硅氧烷不能提供原产地证明，且经查验也无法确定货物的原产地不是日本、美国、英国或德国的，海关按照本公告附件2所列的最高反倾销保证金征收比率征收保证金；对于能够确定货物的原产地是日本、美国、英国或德国，但进口货物的收货人不能提供原厂商发票，且通过其他合法、有效的单证也无法确定原生产厂商的，海关按照本公告附件2所列的相应国家其他公司适用的反倾销保证金征收比率征收保证金。

三、有关加工贸易保税进口初级形态二甲基环体硅氧烷如何征收反倾销保证金的问题，海关按照中华人民共和国海关总署2001年第9号公告和中华人民共和国海关总署令第111号的规定执行。

四、对于伪报原产国、伪造初级形态二甲基环体硅氧烷原产地证明或原厂商发票的，海关按有关规定进行处罚。

五、对于所征收的反倾销保证金的处理，海关总署将根据终裁结果另行公告。

六、在实施临时反倾销措施期间，如果出现与实施临时反倾销措施产品类似的进口货物，而海关无法确定是否属于实施临时反倾销措施的产品时，有关企业可向商务部提出申请，由商务部商有关部门作出裁定，海关将根据商务部的裁定执行。

特此公告。

附件1　中华人民共和国商务部公告2005年第46号

附件2　初级形态二甲基环体硅氧烷反倾销保证金征收比率表

海关总署

2005年9月28日

附件1

中华人民共和国商务部公告

2005年第46号

根据《中华人民共和国反倾销条例》的规定，中华人民共和国商务部于2004年7月16日发布立案公告，决定对原产于日本、美国、英国和德国的进口初级形态二甲基环体硅氧烷（以下简称被调查产品）进行反倾销调查。

商务部对被调查产品是否存在倾销和倾销幅度、被调查产品是否对国内产业造成损害及损害程度以及倾销与损害之间的因果关系进行了调查。根据调查结果和《中华人民共和国反倾销条例》第二十四条的规定，商务部作出初裁决定（见附件）。现将有关事项公告如下：

一、初步裁定

商务部初步裁定，被调查产品存在倾销，国内初级形态二甲基环体硅氧烷产业遭受了实质损害，而且倾销与实质损害之间存在因果关系。

二、征收保证金

根据《中华人民共和国反倾销条例》第二十八条和二十九条的规定，商务部决定采用保证金形式实施临时反倾销措施。自2005年9月29日起，进口经营者在进口原产于日本、美国、英国和德国的初级形态二甲基环体硅氧烷时，应依据本初裁决定所确定的各公司的倾销幅度向中华人民共和国海关提供相应的保证金。

本案征收保证金的产品列在《中华人民共和国进出口税则》2931.0000、3824.9090项下。具体描述如下：

调查范围：原产于日本、美国、英国和德国的进口初级形态二甲基环体硅氧烷

产品名称：初级形态二甲基环体硅氧烷

英文名称：dimethyl cyclosiloxane 或 cyclic dimethyl siloxane

分子结构式：（略）

产品种类：有机硅中间体

产品描述：初级形态二甲基环体硅氧烷是以二甲基二氯硅烷为主要原料，经过水解合成，以硅氧（Si－O）键为主链，硅原子上直接连接有机基的有机—无机化合物。初级形态二甲基环体硅氧烷分子结构呈现环状，主要包括六甲基环三硅氧烷（D3）、八甲基环四硅氧烷（D4）、十甲基环五硅氧烷（D5）、十二甲基环六硅氧烷（D6），以及六甲基环三硅氧烷（D3）及或八甲基环四硅氧烷（D4）及或十甲基环五硅氧烷（D5）及或十二甲基环六硅氧烷（D6）含量达到50%以上的无色透明或乳白色液体，可燃，无异味，不溶于水，溶于苯等有机溶剂。

具体而言，被调查产品范围包括：

1. 二甲基二氯硅烷水解物（简称水解物或水解料），其是一种以二甲基二氯硅烷为主要原料，经过水解合成工序制得的或者在此基础上再经过分离、裂解、精馏后制得的一种以六甲基环三硅氧烷（D3）、八甲基环四硅氧烷（D4）、十甲基环五硅氧烷（D5）和十二甲基环六硅氧烷（D6）为主的混合物，其中六甲基环三硅氧烷（D3）及或八甲基环四硅氧烷（D4）及或十甲基环五硅氧烷（D5）及或十二甲基环六硅氧烷（D6）的含量达到50%以上。

2. 二甲基硅氧烷混合环体（DMC），其是一种以二甲基二氯硅烷为主要原料，在经过水解合成工序制得的水解物基础上，再经过分离或者裂解、精馏工序制得的一种以D3、D4、D5、D6为主的混合物，其中（D4＋D5）含量≥80%。

3. 六甲基环三硅氧烷（D3），其是一种以二甲基二氯硅烷为主要原料，在经过水解合成工序制得的水解物基础上经过分离、精馏，或者是在水解物经过裂解后或在DMC基础上再进行分离、精馏后制得的有单独定义的化合物。

4. 八甲基环四硅氧烷（D4），其是一种以二甲基二氯硅烷为主要原料，在经过水解合成工序制得的水解物基础上经过分离、精馏，或者是在水解物经过裂解后或在DMC基础上再分离、精馏后制得的有单独定义的化合物。

5. 十甲基环五硅氧烷（D5），其是一种以二甲基二氯硅烷为主要原料，在经过水解合成工序制得的水解物基础上经过分离、精馏，或者是在水解物经过裂解后或在DMC基础上再分离、精馏后制得的有单独定义的化合物。

6. 十二甲基环六硅氧烷（D6），其是一种以二甲基二氯硅烷为主要原料，在经过水解合成工序制得的水解物基础上经过分离、精馏，或者是在水解物经过裂解后或在DMC基础上再分离、精馏后制得的有单独定义的化合物。

产品规格：根据最终加工程度的不同以及实际市场销售的规格，初级形态二甲基环体硅氧烷主要包括水解料、二甲基硅氧烷混合环体（DMC）、八甲基环四硅氧烷（D4）等。其中八甲基环四硅氧烷产品中主要成分D4的含量≥95.0%；二甲基硅氧烷混合环体（DMC）主要成分为D3（六甲基环三硅氧烷）、D4、D5（十甲基环五硅氧烷）、D6（十二甲基环六硅氧烷）等，其中（D4+D5）含量≥80%，可进一步精馏成D4；水解料为二甲基二氯硅烷直接水解后的混合物，其中环体（D3、D4、D5、D6）总含量≥50%，可进一步分离或者裂解、精馏成DMC或D4。

物理化学特征如下表所示：

初级形态二甲基环体硅氧烷物理化学特征表

	水解料	DMC	D3	D4	D5	D6
外观	无色透明液体	无色透明液体	无色，常温下可成结晶状	无色透明液体	无色透明液体	无色透明液体
色度（黑曾）	≤20	≤10	≤10	≤10	≤10	≤10
气味	无异味	无异味	无异味	无异味	无异味	无异味
密度（20℃，克/立方厘米）	0.956－0.966	0.949－0.958	0.940－1.120	0.950－0.958	0.940－0.990	0.940－0.990
折光率（20℃）	1.3940－1.3980	1.3910－1.3960		1.3960－1.3970	1.390－1.410	1.390－1.410
环体总含量（%）	≥50	（D4+D5）≥80	（D3）≥90	（D4）≥95	（D5）≥95	（D6）≥95
粘度（25℃，平方毫米/秒）	≤10	2.10－3.50		2.10－2.80	≤5－10	≤5－10

主要用途：初级形态二甲基环体硅氧烷主要用于进行开环聚合成不同聚合度的硅油、硅橡胶和硅树脂等。这些聚合物进一步加工成制品广泛应用于建筑、电子、纺织、汽车、个人护理、食品、机械加工等各个领域，也有少量直接应用。

对各公司征收的保证金比率如下：

（一）日本公司

1. 通用电气东芝有机硅有限公司（GE Toshiba Silicones Co.，Ltd.） 16%

2. 其他日本公司（All Others） 35%

（二）美国公司

1. 道康宁公司（Dow Corning Corporation） 13%

2. 其他美国公司（All Others） 35%

（三）英国公司

1. 道康宁有限公司（Dow Corning Limited） 13%

2. 其他英国公司（All Others） 35%

（四）德国公司

1. 瓦克化学有限责任公司（Wacker - Chemie GmbH） 35%

2. 其他德国公司（All Others） 35%

三、征收保证金的方法

自2005年9月29日起，进出口经营者在进口原产于日本、美国、英国和德国的初级形态二甲基环体硅氧烷时，应依据本初裁决定所确定的各公司的倾销幅度向中华人民共和国海关提供相应的保证金。保证金以海关审定的完税价格从价计征，计算公式为：

保证金金额＝（海关审定的完税价格×保证金征收比率）×（1＋进口环节增值税税率）

四、评论

各利害关系方在本公告发布之日起20天内，可向商务部提出书面评论并附相关证据，商务部将依法予以考虑。

特此公告。

附件　中华人民共和国商务部关于对原产于日本、美国、英国和德国的进口初级形态二甲基环体硅氧烷反倾销调查的初步裁定（略）

商务部

2005年9月29日

附件2

初级形态二甲基环体硅氧烷反倾销保证金征收比率表

原产国（地区）	厂商名称	征收比率
日本	通用电气东芝有机硅有限公司（GE Toshiba Silicones Co., Ltd.）	16%
	其他日本公司（All Others）	35%
美国	道康宁公司（Dow Corning Corporation）	13%
	其他美国公司（All Others）	35%
英国	道康宁有限公司（Dow Corning Limited）	13%
	其他英国公司（All Others）	35%
德国	瓦克化学有限责任公司（Wacker - Chemie GmbH）	35%
	其他德国公司（All Others）	35%

中华人民共和国海关总署公告

2005年第50号

根据《中华人民共和国反倾销条例》的规定，国务院关税税则委员会决定对原产于美国、泰国、韩国和我国台湾地区的进口未漂白牛皮箱纸板征收反倾销税，征税时间从2005年9月30日开始，期限为5年。根据中华人民共和国商务部2005年第60号公告（详见附件1），现就有关问题公告如下：

一、自2005年9月30日起，对申报进口原产于美国、泰国、韩国和我国台湾地区的进口未漂白牛皮箱纸板（税则号列：4804.1100、4804.3100、4804.4100、4804.5100），除按现行规定征收进口关税外，还应区别不同的供货厂商，按照本公告附件2所列的适用税率和下述计算公式征收反倾销税及进口环节增值税。

反倾销税税额 = 海关完税价格 × 反倾销税税率

进口环节增值税税额 =（海关完税价格 + 关税税额 + 反倾销税税额）× 进口环节增值税税率

对应征收反倾销税产品的详细描述详见本公告附件1。

二、以下产品不在本次反倾销税征收产品范围之内：

（一）每平方米小于115克或者大于360克的未漂白牛皮箱纸板；

（二）普通箱纸板，即全部采用回收（废碎）的纸或者纸板制得的浆制成的箱纸板；

（三）全部或主要用漂白的硫酸盐木浆制得的纸或者纸板，或者用染色纸或漂白的非再生浆制的纸做表层，其他层以采用回收（废碎）的纸或者纸板制得的浆制成的纸板；

（四）饱和牛皮纸。

三、按照本公告附件1对反倾销产品范围的描述，附件1所列出的6个税则号列中4805.2400和4805.2500项下的产品已经全部被排除在反倾销产品范围之外，因此上述两税号不再列入反倾销税征收范围。

进口经营单位进口上述反倾销产品时，应根据商品归类原则，按本公告附件3所列的10位海关商品编码和商品描述向海关申报。

四、凡申报进口反倾销产品的，必须向海关提交原产地证明，如果原产地为美国、泰国、韩国或我国台湾地区的，还需提供原厂商发票。对于申报进口反倾销税产品时不能提供原产地证明，且经查验也无法确定货物的原产地不是美国、泰国、韩国或我国台湾地区的，海关将按照本公告附件2所列的最高反倾销税率征收反倾销税；对于能够确定货物的原产地是美国、泰国、韩国或我国台湾地区，但进口经营单位不能提供原厂商发票的，海关将按照本公告附件2所列的相应国家或地区其他公司适用的反倾销税率征收反倾销税。

五、有关加工贸易保税进口原产于美国、泰国、韩国和我国台湾地区的进口未漂白牛皮箱纸板如何征收反倾销税的问题，海关按照中华人民共和国海关总署2001年第9号公告和中华人民共和国海关总署令第111号的规定执行。

六、对于实施反倾销措施之后进口原产于美国、泰国、韩国和我国台湾地区的进口未漂白牛皮箱纸板已经缴纳的反倾销保证金，按本公告规定的征收反倾销税的商品范围和反倾销税税率计征并转为反倾销税，与之同时缴纳的进口环节增值税保证金一并转为进口环节增值税。上述保证金超出按本公告附件2所列税率计算的反倾销税及相应的进口环节增值税的部分，有关单位可自2005年9月30日起，6个月内向征收地海关申请退还，不足部分，不再补征。

进口美国Stone Container Corporation和美国Smurfit－Stone Container Enterprise，Inc. 生产的反倾销产品的进口经营单位依初裁决定向海关缴纳的保证金，按终裁所确定的Smurfit－Stone Container Enterprise，Inc. 适用的反倾销税税率计征并转为反倾销税，超过部分可以向征收地海关申请退还，不足部分不再补征。

进口台湾永丰余造纸股份有限公司和台湾永丰余工业用纸股份有限公司生产的反倾销产品的进口经营单位依初裁决定向海关缴纳的保证金，按终裁所确定的台湾永丰余工业用纸股份有限公司（YFY PACKAGING INC.）适用的反倾销税税率计征并转为反倾销税，超过部分可以向征收地海关申请退还，不足部分不再补征。

International Paper Company和International Paper均是美国国际纸业公司的英文名称，从该公司进口反倾销产品的进口经营单位依初裁决定向海关缴纳的保证金，按终裁所确定的美国国际纸业公司（International Paper Company/International Paper）适用的反倾销税税率计征并转为反倾销税，超过部分可以向海关申请退还，不足部分不再补征。

七、对于伪报进口未漂白牛皮箱纸板原产地或者伪造原产地证明或原厂商发票的行为，海关将按有关规定进行处罚。

八、在对进口未漂白牛皮箱纸板征收反倾销税期间，出现相同或类似货物而海关无法确定是否应对其征收反倾销税时，进口经营单位应向商务部提出申请，由商务部商有关部门就有关问题作出裁定。海关将根据商务部的裁定执行。

特此公告。

附件1　中华人民共和国商务部2005年第60号公告

附件2　反倾销税税率表

附件3　反倾销未漂白牛皮箱纸板海关十位税号申报格式

海关总署

2005年9月30日

附件1

中华人民共和国商务部公告

2005年第60号

根据《中华人民共和国反倾销条例》的规定，中华人民共和国商务部于2004年3月31日发布立案公告，决定对原产于美国、泰国、韩国和台湾地区的进口未漂白牛皮箱纸板（以下简称“被调查产品”）进行反倾销调查。

商务部对倾销和倾销幅度、损害及损害程度，以及倾销和损害之间的因果关系进行了调查。根据调查结果和《中华人民共和国反倾销条例》第二十四条的规定，调查机关于2005年5月31日发布初裁公告，认定被调查产品存在倾销，中国大陆产业遭受了实质损害，而且倾销与实质损害之间存在因果关系。

初步裁定后，调查机关继续对倾销和倾销幅度、损害和损害程度进行调查。现本案调查结束，根据本案调查结果，并依据《中华人民共和国反倾销条例》第二十五条的规定，商务部作出终裁决定（见附件）。现将有关事项公告如下：

一、终裁决定

经过调查，商务部最终裁定原产于美国、泰国、韩国和台湾地区进口的未漂白牛皮箱纸板存在倾销，并对中国大陆未漂白牛皮箱纸板产业造成实质损害，且倾销与实质损害之间存在因果关系。

二、征收反倾销税

根据《中华人民共和国反倾销条例》的有关规定，国务院关税税则委员会决定，自2005年9月30日起，对原产于美国、泰国、韩国和台湾地区进口的未漂白牛皮箱纸板征收反倾销税。

本案被调查产品归在税则号：4804.1100、4804.3100、4804.4100、4804.5100、4805.2400、4805.2500。

调查范围：原产于美国、泰国、韩国和台湾地区的进口未漂白牛皮箱纸板

被调查产品名称：未漂白牛皮箱纸板（英文为Unbleached Kraft Liner/Linerboard）

产品种类：纸及纸板

产品描述：未漂白牛皮箱纸板是指全部或主要用未经漂白的硫酸盐木浆抄造，或者表层以未经漂白的硫酸盐木浆，其他层以其他浆种（如废纸浆）抄造、未经涂布的、主要用于制造瓦楞纸板或纸箱的纸板。

产品规格：每平方米重量115－360克

物理指标或特性：紧度（单位体积的重量）不小于0.68（g/cm^3），耐破指数不小于2.60（$kpa \cdot m^2/g$），（横向）环压指数不小于7.5（$N/m \cdot m^2/g$），（横向）耐折度不小于60（次）。

主要用途：主要用于制造重型或者精细、贵重和冷藏物品包装用的瓦楞纸板、瓦楞纸箱。

以下产品不在本次反倾销调查产品范围之内：（1）每平方米小于115克或者大于360克的未漂白牛皮箱纸板；（2）普通箱纸板，即全部采用回收（废碎）的纸或者纸板制得的浆制成的箱纸板；（3）全部或主要用漂白的硫酸盐木浆制得的纸或者纸板，或者用染色纸或漂白的非再生浆制的纸做表层，其他层以采用回收（废碎）的纸或者纸板制得的浆制成的纸板；（4）饱和牛皮纸。

对各公司征收的反倾销税税率如下：

（一）美国公司

1. 米德维实伟克公司（MeadWestvaco Corporation）16.6%

2. 美国惠好公司（Weyerhaeuser Company）12.9%

3. Smurfit－Stone Container Enterprise, Inc.　22.7%

4. Georgia－Pacific Corporation　17.9%

5. 美国国际纸业公司（International Paper Company/International Paper）　17.9%

6. 龙威纤维公司（Longview Fibre Company）17.9%

7. 美国包装公司（Packing Corporation of America）17.9%

8. Inland Paperboard and Packaging Inc.　65.2%

9. 其他美国公司（All Others）　65.2%

（二）泰国公司

1. 帮助丰纸业有限公司（PANJAPOL PAPER INDUSTRY CO., LTD.）　25.1%

2. 泰坎纸业公司（Thai Cane Paper Public Company Limited）和泰国纸板工业有限公司（Siam Kraft Industry Company Limited）　13.2%

3. 其他泰国公司（All Others）　65.2%

（三）韩国公司

1. 和承制纸株式会社（Hwaseung Paper Co., Ltd.）11.0%

2. 新大洋制纸株式会社（Shindaeyang Paper Co., Ltd.）　11.0%

3. 朝日制纸株式会社（Choil Paper Mfg. Co., Ltd.） 11.0%

4. 斗林制纸株式会社（Dreampatech Co., Ltd.） 11.0%

5. 亚细亚制纸株式会社（Asia Paper Mfg Co., Ltd.） 11.0%

6. 东日制纸株式会社（DONG IL PAPER MFG. CO., LTD.） 11.0%

7. 株式会社月山（Wolsan Co., Ltd.） 11.0%

8. 其他韩国公司（All Others） 65.2%

（四）台湾地区公司

1. 永丰余工业用纸股份有限公司（YFY PACKAGING INC.） 7.0%

2. 荣成纸业股份有限公司（Long Chen Paper Co., Ltd.） 12.1%

3. 正隆股份有限公司（Cheng Loong Corporation） 9.0%

4. 其他台湾地区公司（All Others） 65.2%

三、征收反倾销税的方法

自2005年9月30日起，进口经营者在进口原产于美国、泰国、韩国和台湾地区的未漂白牛皮箱纸板时，应向中华人民共和国海关缴纳相应的反倾销税。反倾销税以海关审定的完税价格从价计征，计算公式为：反倾销税额＝海关完税价格×反倾销税税率。进口环节增值税以海关审定的完税价格加上关税和反倾销税作为计税价格从价计征。

四、反倾销税的追溯征收

对自2005年5月31日起至本决定公告之日止，有关进口经营者依初裁决定向中华人民共和国海关所提供的保证金，按终裁所确定的征收反倾销税的商品范围和反倾销税税率计征并转为反倾销税，并按相应的增值税税率计征进口环节增值税。对在此期间有关进口经营者所提供的保证金超出反倾销税和与之相应的进口环节增值税的部分，海关予以退还，少征部分则不再补征。

自美国Stone Container Corporation和美国Smurfit－Stone Container Enterprise, Inc. 进口被调查产品的进口经营者依初裁决定向中华人民共和国海关所提供的保证金，按终裁所确定的Smurfit－Stone Container Enterprise, Inc. 的税率计征并转为反倾销税，超过部分海关按照上述方法予以退还，少征部分不再补征。

自台湾永丰余造纸股份有限公司和台湾永丰余工业用纸股份有限公司进口被调查产品的进口经营者依初裁决定向中华人民共和国海关所提供的保证金，按终裁所确定的台湾永丰余工业用纸股份有限公司（YFY PACKAGING INC.）的税率计征并转为反倾销税，超过部分海关按照上述方法予以退还。

International Paper Company和International Paper均是美国国际纸业公司的英文名称，自该公司进口被调查产品的进口经营者依初裁决定向中华人民共和国海关所提供的保证金，按终裁所确定的美国国际纸业公司（International Paper Company/International Paper）的税率计征并转为反倾销税，超过部分海关按照上述方法予以退还。

对实施临时反倾销措施决定公告之日前，原产于美国、泰国、韩国和台湾地区的进口未漂白牛皮箱纸板不再追溯征收反倾销税。

五、征收反倾销税的期限

对原产于美国、泰国、韩国和台湾地区的未漂白牛皮箱纸板征收反倾销税，实施期限自2005年9月30日起5年。

六、新出口商复审

对于上述国家和地区在调查期内未向中华人民共和国出口被调查产品的新出口经营者，符合条件的，可依据《中华人民共和国反倾销条例》第四十七条的规定，向商务部书面申请新出口商复审。

七、期中复审

在征收反倾销税期间，有关利害关系方可根据《中华人民共和国反倾销条例》第四十九条的规定，向商务部书面申请期中复审。

八、行政复议和行政诉讼

对本案终裁决定及征收反倾销税的决定不服的，根据《中华人民共和国反倾销条例》第五十三条的规定，可以依法申请行政复议，也可以依法向人民法院提起诉讼。

特此公告。

附件　中华人民共和国商务部关于对原产于美国、泰国、韩国和台湾地区的进口未漂白牛皮箱纸板反倾销调查的终裁决定（略）

商务部

2005年9月30日

附件 2

反倾销税税率表

原产国（地区）	厂商名称	税率
美国	米德维实伟克公司（MeadWestvaco Corporation）	16.6%
	美国惠好公司（Weyerhaeuser Company）	12.9%
	Smurfit－Stone Container Enterprise，Inc.	22.7%
	Georgia－Pacific Corporation	17.9%
	美国国际纸业公司（International Paper Company/International Paper）	17.9%
	龙威纤维公司（Longview Fibre Company）	17.9%
	美国包装公司（Packing Corporation of America）	17.9%
	Inland Paperboard and Packaging Inc.	65.2%
	其他美国公司（All Others）	65.2%
泰国	帮助丰纸业有限公司（PANJAPOL PAPER INDUSTRY CO.，LTD.）	25.1%
	泰坎纸业公司（Thai Cane Paper Public Company Limited）	13.2%
	泰国纸板工业有限公司（Siam Kraft Industry Company Limited）	13.2%
	其他泰国公司（All Others）	65.2%
韩国	和承制纸株式会社（Hwaseung Paper Co.，Ltd.）	11.0%
	新大洋制纸株式会社（Shindaeyang Paper Co.，Ltd.）	11.0%
	朝日制纸株式会社（Choil Paper Mfg. Co.，Ltd.）	11.0%
	斗林制纸株式会社（Dreampatech Co.，Ltd.）	11.0%
	亚细亚制纸株式会社（Asia Paper Mfg Co.，Ltd.）	11.0%
	东日制纸株式会社（DONG IL PAPER MFG. CO.，LTD.）	11.0%
	株式会社月山（Wolsan Co.，Ltd.）	11.0%
	其他韩国公司（All Others）	65.2%
台湾地区	永丰余工业用纸股份有限公司（YFY PACKAGING INC.）	7.0%
	荣成纸业股份有限公司（Long Chen Paper Co.，Ltd.）	12.1%
	正隆股份有限公司（Cheng Loong Corporation）	9.0%
	其他台湾地区公司（All Others）	65.2%

附件3

反倾销未漂白牛皮箱纸板海关十位税号申报格式

商品编号	商品名称	商品备注
48041100.10	每平方米重115－360g未漂白、成卷或成张未涂布牛皮挂面纸	紧度不小于0.68g/cm³，耐破指数不小于2.6kPa·m²/g，横向环压指数不小于7.5N/m·m²/g，横向耐折度不小于60次，饱和牛皮纸除外。
48043100.10	每平方米重115－150g未漂白、成卷或成张未涂布其他牛皮纸	紧度不小于0.68g/cm³，耐破指数不小于2.6kPa·m²/g，横向环压指数不小于7.5N/m·m²/g，横向耐折度不小于60次，饱和牛皮纸除外。
48044100.10	150g<每平方米重<225g未漂白、成卷或成张未涂布其他牛皮纸	紧度不小于0.68g/cm³，耐破指数不小于2.6kPa·m²/g，横向环压指数不小于7.5N/m·m²/g，横向耐折度不小于60次，饱和牛皮纸除外。
48045100.10	每平方米重225－360g未漂白、成卷或成张未涂布其他牛皮纸	紧度不小于0.68g/cm³，耐破指数不小于2.6kPa·m²/g，横向环压指数不小于7.5N/m·m²/g，横向耐折度不小于60次，饱和牛皮纸除外。

中华人民共和国海关总署公告

2005年第51号

根据国务院关税税则委员会的决定，自2003年8月27日起，对原产于欧盟的进口邻苯二酚征收反倾销税。我署为此发布了海关总署2003年第51号公告。根据商务部期中复审调查结果，国务院关税税则委员会决定对原产于欧盟的进口邻苯二酚适用的反倾销税税率进行调整。现就有关问题公告如下：

一、自2005年10月14日起，将由法国罗地亚有机化工股份有限公司（Rhodia Organique SAS）生产的进口邻苯二酚适用的反倾销税税率从20%调整为50%；将由意大利鲍利葛有限公司（Borregaard Italia SPA）生产的进口邻苯二酚适用的反倾销税税率从27%调整为41%。欧盟内其他公司适用79%的反倾销税税率不变。

二、对原产于欧盟的进口邻苯二酚征收反倾销税的其他事宜，仍按照海关总署2003年第51号公告的规定执行。

特此公告。

海关总署

2005年10月13日

中华人民共和国海关总署公告

2005年第52号

根据海关总署公告2003年第84号以及财政部、国务院关税税则委员会办公室关于边境小额贸易进口货物税收的有关规定，经商财政部，现就边境小额贸易项下进口货物适用税率的有关问题公告如下：

一、当边境小额贸易项下进口货物可适用特惠税率、协定税率、进口暂定最惠国税率、最惠国税率等一种以上税率形式时，应先在最惠国税率基础上计算出减半的税率，再与相应的特惠税率、协定税率、进口暂定最惠国税率进行比较，取低税率计征进口关税。但对于进口暂定最惠国税率高于最惠国税率的情况，一律按暂定最惠国税率计征进口关税，不再享受关税减半的税收优惠政策。

二、对于实行关税配额管理的货物，在配额内进口的，按关税配额税率减半计征关税。

三、对正在实施贸易救济措施的进口货物，不再执行边境贸易进口税收政策，一律照章征收进口关税和进口环节税；贸易救济措施终止后，恢复按法定税率减半计征进口关税。

四、进口环节增值税按现行边贸政策规定执行。

五、本公告自公布之日起执行，已征收税款保证金的按照本公告规定转税入库，已征收税款的不予调整。

特此公告。

海关总署

2005年10月19日

中华人民共和国海关总署公告

2005年第53号

为适应人民币汇率形成机制改革的需要，现将进出口环节税费计征所适用汇率的确定办法调整如下：

进出口货物的价格及有关费用以外币计价的，海关按照该货物适用税率之日所适用的计征汇率折合为人民币计算完税价格。完税价格采用四舍五入法计算至分。

海关每月使用的计征汇率为上一个月第三个星期三（第三个星期三为法定节假日的，顺延采用第四个星期三）中国银行的外汇折算价（简称中行折算价）。其中，人民币对港元、美元、日元和欧元的中行折算价与中国人民银行公布的前一日的收盘价相同。

本公告自11月1日起施行。11月份海关所采用的计征汇率详见附件。

特此公告。

附件　中国银行人民币外汇汇率表

海关总署

2005年10月31日

附件

中国银行人民币外汇汇率表

汇率日期	代码	货币种类		外管局中间	现汇买入	现钞买入	卖出价	中行折算价
20051019	2	国内四九金	AUA	0	0	0	0	12196. 53
20051019	3	国内三九五金	AUB	0	0	0	0	12191. 6
20051019	5	台币	TWD	0	0	23. 42	24. 39	24. 01
20051019	12	英镑	GBP	0	1412. 68	1382. 9	1424. 03	1413. 62
20051019	13	港币	HKD	104. 24	104. 08	103. 24	104. 47	104. 27
20051019	14	美元	USD	809. 24	807. 62	801. 15	810. 7	809. 1
20051019	15	瑞士法郎	CHF	0	620. 29	607. 21	625. 27	620. 21
20051019	18	新加坡元	SGD	0	475. 21	465. 19	479. 03	476. 92
20051019	21	瑞典克朗	SEK	0	101. 67	99. 53	102. 49	101. 72
20051019	22	丹麦克朗	DKK	0	128. 99	126. 27	130. 03	129
20051019	23	挪威克朗	NOK	0	123. 09	120. 49	124. 08	123. 1
20051019	27	日元	JPY	6. 9844	6. 9766	6. 8295	7. 0326	7. 0118
20051019	28	加拿大元	CAD	0	683. 23	668. 82	688. 71	685. 33
20051019	29	澳大利亚元	AUD	0	602. 65	589. 94	607. 49	603. 22
20051019	34	黄金	XAU	0	0	0	0	379387
20051019	35	国内黄金	GLD	0	0	0	0	12197. 67
20051019	36	白银	XAG	0	0	0	0	6246. 25
20051019	38	欧元	EUR	961. 38	962. 65	942. 35	970. 38	971. 08
20051019	81	澳门元	MOP	0	101. 05	100. 2	101. 43	101. 19
20051019	82	菲律宾比索	PHP	0	14. 45	14. 15	14. 57	14. 51
20051019	84	泰国铢	THB	0	19. 69	19. 28	19. 85	19. 77
20051019	87	新西兰元	NZD	0	560. 66	0	565. 16	561. 52
20051019	88	韩国元	KRW	0	0	0. 725	0. 7825	0. 767
20051019	94	记账美元	CL $	0	807. 62	801. 15	810. 7	809. 1
20051019	95	清算瑞士法州	ASF	0	488. 8	0	492. 73	488. 74

生成日期：2005 - 10 - 28

中华人民共和国海关总署公告

2005年第54号

根据《内地与香港关于建立更紧密经贸关系的安排》（CEPA）的附件2《关于货物贸易的原产地规则》、《内地与澳门关于建立更紧密经贸关系的安排》（CEPA）的附件2《关于货物贸易的原产地规则》有关规定，经内地与香港CEPA联合指导委员会第五次高层会议、内地与澳门CEPA联合指导委员会第三次高层会议同意，现对《海关总署关于对2005年版第一批和第二批〈享受货物贸易优惠措施的香港货物原产地标准表〉、〈享受货物贸易优惠措施的澳门货物原产地标准表〉予以公布的公告》（公告〔2004〕45号）中"9102.1100，机械指示式的其他电子手表"和"9102.1200，光电显示式的其他电子手表"的原产地标准作如下修改：

一、关于香港手表原产地标准的修改

香港手表原产地新标准是：

"从手表零件及配件装配成手表。主要工序为将表芯装嵌在表体内，并将零件及配件包括表扣带、表带、表面及电池等装配成手表，并进行测试、校准及品质检定，且符合从价百分比标准；

或

从手表零件及配件装配成手表。主要工序为将表芯装嵌在表体内，并将零件及配件包括表扣带、表带、表面及电池等装配成手表，并进行测试、校准及品质检定，且外观设计在香港完成并属香港与内地主管部门共同认定的香港自有品牌的手表。该香港自有品牌手表须在表壳上刻有明显的香港原产标记，如"'香港制造'、'Made in Hong Kong'或'Hong Kong'等字样。"

上述标准所称"香港自有品牌"是指：

1. 品牌拥有人必须为香港注册公司，并持有有效的香港商业登记且工厂登记满一年；及

2. 品牌拥有人根据香港《商标条例》（特区法例第559章）申请注册为钟表类产品的商标，并成为有关商标的注册拥有人；及

3. 商标/品牌的注册包括香港原创品牌或由香港注册公司收购的外国品牌。

确认"香港自有品牌"手表名单程序为：

香港特区工业贸易署（以下简称工贸署）核实申请人提交的资料，包括申请人的商标拥有人资格、商标注册处处长发出的注册证明书及刊登于"香港知识产权公报"的注册公告，以确定有关品牌在CEPA框架下属香港自有品牌。香港海关应实地到工厂视察并核实有关生产情况。

经工贸署和香港海关核实后，工贸署将香港自有品牌手表清单通知商务部。商务部在收到清单后60天内完成对香港自有品牌的认定。清单经商务部逐批认定后，书面通知工贸署，同时抄送海关总署，香港发证机构即可签发CEPA原产地证书，而内地则准予有关产品按照CEPA零关税进口。

获得确认为香港自有品牌手表产品，须将品牌名称清楚打印于CEPA原产地证书上，以便内地海关在货物进口时核实。

二、关于澳门手表原产地标准的修改

澳门手表原产地新标准是：

"从手表零件及配件装配成手表。主要工序为将表芯装嵌在表体内，并将零件及配件包括表扣带、表带、表面及电池等装配成手表，并进行测试、校准及品质检定，且符合从价百分比标准；

或

从手表零件及配件装配成手表。主要工序为将表芯装嵌在表体内，并将零件及配件包括表扣带、表带、表面及电池等装配成手表，并进行测试、校准及品质检定，且外观设计在澳门完成并属澳门与内地主管部门共同认定的澳门自有品牌的手表。该澳门自有品牌手表须在表壳上刻有明显的澳门原产标记，如"'澳门制造'、'Made in Macao'、'Made in Macau'、'Macao'或'Macau'等字样。"

上述标准所称"澳门自有品牌"是指：

1. 品牌拥有人必须在澳门商业及动产登记局登记和工业登记满一年；及

2. 品牌拥有人根据澳门《工业产权法律制度》申请注册为钟表类产品的商标，并成为有关商标的注册拥有人；及

3. 商标/品牌的注册包括澳门原创品牌或由澳门已登记公司收购的外国品牌。

确定“澳门自有品牌”手表名单程序为：

澳门特区经济局（以下简称经济局）核实申请人提交的资料，包括申请人的商标拥有人资格、经济局发出的商标注册证明书及刊登于“澳门特别行政区公报”的注册公告，以确定有关品牌在CEPA框架下属澳门自有品牌。经济局应实地到工厂视察并核实有关生产情况。

经经济局核实后，将澳门自有品牌手表清单通知商务部。商务部在收到清单后60天内完成对澳门自有品牌的认定。清单经商务部逐批认定后，书面通知经济局，同时抄送海关总署，经济局即可签发CEPA原产地证书，而内地则准予有关产品按照CEPA零关税进口。

获得确认为澳门自有品牌手表产品，须将品牌名称清楚打印于CEPA原产地证书上，以便内地海关在货物进口时核实。

上述原产地标准自2005年11月15日起执行。

特此公告。

海关总署

2005年11月14日

中华人民共和国海关总署公告

2005年第55号

按照《中华人民共和国反倾销条例》的规定，根据对原产于美国、韩国和荷兰的进口三元乙丙橡胶的反倾销调查结果，商务部决定对原产于上述国家的进口三元乙丙橡胶实施临时反倾销措施并对外公告（中华人民共和国商务部公告2005年第76号，详见附件1）。现就海关实施上述临时反倾销措施的有关事项公告如下：

一、自2005年11月16日起，对原产于美国、韩国和荷兰的进口三元乙丙橡胶（税则号列：4002.7010、4002.7090），海关除按现行规定征收关税和进口环节增值税外，还将区别不同的供货厂商，按照反倾销保证金征收比率表（详见附件2）所列的征收比率征收反倾销现金保证金。

反倾销现金保证金的计算公式为：

反倾销现金保证金金额＝（海关完税价格×反倾销现金保证金征收比率）×（1＋进口环节增值税税率）

对实施临时反倾销措施产品的详细描述详见本公告附件1。

二、凡申报进口三元乙丙橡胶的，必须向海关提交原产地证明，如果原产地为美国、韩国和荷兰的，还需提供原厂商发票。对于申报进口三元乙丙橡胶时不能提供原产地证明，且经查验也无法确定货物的原产地不是美国、韩国和荷兰的，海关按照本公告附件2所列的最高反倾销现金保证金征收比率征收保证金；对于能够确定货物的原产地是美国、韩国或荷兰，但进口货物的收货人不能提供原厂商发票，且通过其他合法、有效的单证等证据也无法确定原生产厂商的，海关按照本公告附件2所列的相应国家其他公司适用的反倾销现金保证金征收比率征收保证金。

三、根据商务部2005年第76号公告对本次实施临时反倾销措施的三元乙丙橡胶产品规格和充油含量的规定，凡申报进口原产于美国、韩国或荷兰的三元乙丙橡胶的，海关需凭商务部认定的检验机构出具的鉴定证明确定是否属于实施临时反倾销措施产品范围。具体检验机构名单由商务部另行公布。另行公布之前，海关对原产于上述3个国家的进口三元乙丙橡胶一律先按照附件2所列的相应征收比率征收保证金。经检验机构鉴定证明进口产品的规格和充油含量不属于商务部2005年第76号公告规定范围的，海关凭企业出具的检验机构鉴定证明办理保证金退还手续。

四、有关加工贸易保税进口三元乙丙橡胶如何征收反倾销现金保证金的问题，海关按照中华人民共和国海关总署2001年第9号公告和中华人民共和国海关总署令第111号的规定执行。

五、对于伪报原产国或伪造进口三元乙丙橡胶原产地证明或原厂商发票的，海关按有关规定进行处罚。

六、对于所征收的反倾销现金保证金的处理，海关总署将根据终裁结果另行公告。

七、在实施临时反倾销措施期间，如果出现与实施临时反倾销措施产品类似的进口货物，而海关无法确定是否属于实施临时反倾销措施的产品时，有关企业可向商务部提出申请，由商务部商有关部门作出裁定，海关将根据商务部的裁定执行。

特此公告。

附件1　中华人民共和国商务部公告2005年第76号
附件2　反倾销保证金征收比率表

海关总署
2005年11月16日

附件1

中华人民共和国商务部公告

2005年第76号

根据《中华人民共和国反倾销条例》的规定，商务部于2004年8月10日发布公告，决定对原产于美国、韩国和荷兰的进口三元乙丙橡胶（以下简称被调查产品）进行反倾销调查。

商务部对被调查产品是否存在倾销和倾销幅度、被调查产品是否对国内产业造成损害及损害程度，以及倾销与损害之间的因果关系进行了调查。根据调查结果，并根据《中华人民共和国反倾销条例》第二十四条的规定，商务部作出初步裁定。现将有关事项公告如下：

一、初步裁定

商务部初步裁定原产于美国、韩国和荷兰的进口三元乙丙橡胶存在倾销，中国三元乙丙橡胶产业遭受了实质损害，而且倾销与实质损害之间存在因果关系。

二、征收保证金

根据《中华人民共和国反倾销条例》第二十八条和第二十九条的规定，商务部决定采用保证金形式实施临时反倾销措施。自2005年11月16日起，进口经营者在进口原产于美国、韩国和荷兰的三元乙丙橡胶时，应根据初裁决定所确定的各公司的倾销幅度向中华人民共和国海关提供相应的保证金。

该被调查产品在《中华人民共和国进出口税则》中列于4002.7010、4002.7090项下。对该被调查产品的描述如下：

调查范围：原产于美国、韩国和荷兰的进口三元乙丙橡胶

被调查产品名称：三元乙丙橡胶（英文为Ethylene－Propylene－non－conjugated Diene Rubber，简称EPDM）

产品种类：有机合成橡胶产品

化学结构式：（略）

物理化学特征：三元乙丙橡胶以乙烯、丙烯为主要原材料，在常温下为白色或者微黄色固体，易于混合，相对密度为0.85－0.86。三元乙丙橡胶的物理性能、化学特征和加工性主要因聚合体的分子结构不同而异，而决定分子结构的要素则有门尼粘度和充油含量等各种要素。三元乙丙橡胶具有较好的耐老化性、耐化学品性、耐低温性及介电性能。

产品规格：门尼粘度ML1＋4（100℃）＜100，ML1＋4（120℃）＜90，ML1＋4（125℃）＜80，ML1＋8（150℃）＜65，充油含量＜80份的三元乙丙橡胶。

主要用途：三元乙丙橡胶用途比较广泛，主要应用于房屋建筑、电线电缆、汽车工业等领域。房屋建筑方面，主要用于屋顶单层防水卷材等；电线电缆方面，主要用于民用和商用建筑的输入线、建筑用电线、矿用电缆、核电站用电线、汽车点火线、控制及信号电缆等；汽车工业方面，主要用于汽车、卡车和公共汽车轮胎和非轮胎部件，包括汽车的水箱及加热软管、密封条、橡胶带、车身及底盘的部件、挡雨条、底板和环管等。

对各公司征收的保证金比率如下：

（一）美国公司

1. DuPont Dow Elastomers L. L. C.　39%

2. LANXESS Corporation　43%

3. Exxon Mobil Corporation　3%

4. 其他美国公司（All Others）　43%

（二）韩国公司

1. 锦湖Polychem株式会社（KUMHO POLYCHEM CO., LTD.）　11%

2. 其他韩国公司（All Others）　43%

（三）荷兰公司

1. 荷兰DSM弹性体欧洲公司（DSM Elastomers Europe B. V.）　6%

2. 其他荷兰公司（All Others）　43%

2004年7月1日，原美国拜尔材料科学有限公司因业务重组，不再生产和销售三元乙丙橡胶产品，该部分业务转由新成立的美国LANXESS Corporation承担。在本案立案后，美国LANXESS Corporation参加应诉并答卷，并请求在初裁中给予美国LANXESS Corporation单

独税率。经审查，商务部决定在初裁时暂接受该请求，给予美国 LANXESS Corporation 单独税率 43%，不再给予原美国拜尔材料科学有限公司单独税率，如美国拜尔材料科学有限公司对中国出口被调查产品，应适用“其他美国公司”税率，即 43%。

2005 年 7 月 18 日，美国 DuPont Dow Elastomers L. L. C. 向商务部提出《关于 DuPont Dow Elastomers L. L. C. 在三元乙丙橡胶反倾销调查案件中的权利、义务由陶氏化学继承的申请》。2005 年 6 月 30 日，美国 DuPont Dow Elastomers L. L. C. 将其乙烯人造橡胶等业务转让给美国陶氏化学公司（The Dow Chemical Company）。特申请将 DuPont Dow Elastomers L. L. C. 在本次反倾销调查中的权利、义务由美国陶氏化学公司继承。经审查公司提交的答卷及证据资料，商务部决定在初裁中暂接收该请求，以美国陶氏化学公司（The Dow Chemical Company）接替美国 DuPont Dow Elastomers L. L. C. 的应诉地位，给予美国陶氏化学公司（The Dow Chemical Company）单独税率 39%，不再给予作为原应诉企业的 DuPont Dow Elastomers L. L. C. 单独税率，DuPont Dow Elastomers L. L. C. 若对中国出口被调查产品适用“其他美国公司”税率，即 43%。

三、征收保证金的方法

进口经营者自 2005 年 11 月 16 日起，进口原产于美国、韩国和荷兰的三元乙丙橡胶时，应向中华人民共和国海关提供相应的保证金。保证金以海关审定的成交价格为基础的到岸价格作为计税价格从价计征，计算公式为：

保证金金额 =（海关完税价格 × 保证金征收比率）×（1 + 进口环节增值税税率）

四、评论

各利害关系方在本公告发布之日起 20 天内，可向商务部提出书面评论并附相关证据，商务部将依法予以考虑。

特此公告

附件　中华人民共和国商务部关于对原产于美国、韩国和荷兰的进口三元乙丙橡胶反倾销调查的初步裁定（略）

商务部

2005 年 11 月 16 日

附件 2

反倾销保证金征收比率表

原产国	厂商名称	征收比率
美国	美国陶氏化学公司（The Dow Chemical Company）	39%
	LANXESS Corporation	43%
	Exxon Mobil Corporation	3%
	其他美国公司（All Others）	43%
韩国	锦湖 Polychem 株式会社（KUMHO POLYCHEM CO.，LTD.）	11%
	其他韩国公司（All Others）	43%
荷兰	荷兰 DSM 弹性体欧洲公司（DSM Elastomers Europe B. V.）	6%
	其他荷兰公司（All Others）	43%

中华人民共和国海关总署公告

2005年第56号

法罗群岛（英文名称：the Faroe Islands，国别代码：357）作为丹麦的单独关税区，享有世界贸易组织（WTO）成员同等地位。对原产于法罗群岛的进口货物，适用最惠国关税税率。

本公告自2005年11月20日起执行。

特此公告。

海关总署

2005年11月15日

中华人民共和国海关总署公告

2005年第57号

为适应加工贸易新形势的发展需要，进一步规范加工贸易管理，简化企业办理加工贸易手续，经研究，决定从2006年1月1日起，启用“中华人民共和国海关加工贸易手册”（以下简称“加工贸易手册”），原“加工装配和中小型补偿贸易进出口货物登记手册”、“中华人民共和国海关进料加工登记手册”和“中华人民共和国海关对外商投资企业履行产品出口合同所需进口料件加工复出口登记手册”（上述3种，以下简称“登记手册”）同时停止使用。2006年1月1日前已备案核发的“登记手册”可继续使用至核销完毕。现将有关事项公告如下：

一、加工贸易企业在申请备案时要认真阅读“加工贸易手册”中“加工贸易企业须知”，并如实填写相应表格和栏目。

二、“加工贸易手册”分为普通型和加厚型两个版本，主要区别为进出口报关登记页数不同，进出口次数、项目条数较多的企业应选用加厚型。

三、经营企业需在“加工贸易手册”封面上填写企业名称和海关注册编码。

四、关于“加工贸易手册”中“经营企业情况表”：经营期限，指营业执照经营期限；注册地址，指营业执照所批准的地址；加工厂厂址，指实际加工地点；年加工能力，指该公司主要产品年生产量；年进出口额，指公司上一年进出口值；企业管理类别是指海关对企业管理的分类类别，新注册企业为B类。

五、关于“加工贸易手册”中“加工企业情况表”：若加工企业与经营企业相同，可不填此表。

六、关于“加工贸易手册”中“货物进口/结转转入报关登记表”和“货物出口/结转转出报关登记表”：填写内容应与报关单相应项目一致；深加工结转与余料结转需在“运提单号”栏目填写相应转出、转入手册号。

七、关于“加工贸易手册”中“货物内销/放弃登记表”：应在备注栏注明货物处理方式“内销”或“放弃”。

八、关于“加工贸易手册”中“核销申请表”：“项号”是指该料件在手册中的项号；如多于4个成品，企业可按照需要复印申请表后顺序填写；“剩余料件和残次品情况”应注明结转、退运、放弃等处理方式；“边角料/副产品/受灾物资”应注明结转、退运、放弃等处理方式。

九、“核销申请表”一式两份，一份企业自行留存备查，一份交海关办理核销手续。

十、“加工贸易手册”应妥善保管，不得买卖、转借或者交与他人非法持有，对违反规定造成违法后果的，经营企业应承担法律责任。对遗失加工贸易手册的，应当及时向海关报告，并承担相应责任。

十一、“加工贸易手册”由海关总署负责统一印制，各海关对外出售时按规定每本售价5元。

特此公告

附件 “中华人民共和国加工贸易手册”、“核销申请表”样本（略）

海关总署

2005年11月18日

中华人民共和国海关总署公告

2005年第58号

因全国海关调查机构职能发生变化，海关总署对原中华人民共和国海关稽查证进行了改版。新版中华人民共和国海关稽查证（详见附件）外部为黑色皮夹，上面镶有一枚银灰色中华人民共和国海关徽志，皮夹内左侧写有银灰色“中华人民共和国海关稽查证”字样，右侧透明夹内插有浅绿色全PET塑胶卡稽查证，其正面写有黑色“中华人民共和国海关稽查证”字样，并印有海关徽志，背面印有持证人着海关制服的彩色免冠照片及姓名、性别、单位、职务、编号及颁证日期，照片下方印有中华人民共和国海关总署的红色印章。

中华人民共和国海关稽查证由海关总署统一制发，是海关工作人员依法行使稽查职权的执法证件。持证海关人员执行公务时有权行使《中华人民共和国海关法》、《中华人民共和国海关稽查条例》所规定的权力，有关当事人应依法接受稽查。

新版中华人民共和国海关稽查证于2006年1月1日起启用，旧版中华人民共和国海关稽查证同时作废。

特此公告。

附件 新版中华人民共和国海关稽查证式样（略）

海关总署

2005年12月1日

中华人民共和国海关总署公告

2005年第59号

按照《中华人民共和国反倾销条例》的规定，根据对原产于美国和日本的进口邻苯二酚的反倾销调查结果，商务部决定对原产于美国和日本的进口邻苯二酚实施临时反倾销措施并对外公告（中华人民共和国商务部公告2005年第82号，详见附件1）。现就海关实施上述临时反倾销措施的有关事项公告如下：

一、自2005年12月2日起，对申报进口原产于美国和日本的邻苯二酚（税则号列：2907.2910），海关除按现行规定征收关税和进口环节增值税外，还应区别不同的供货厂商，按照反倾销保证金征收比率表（详见附件2）所列的征收比率征收反倾销保证金。

反倾销保证金的计算公式为：

反倾销保证金金额＝（海关完税价格×反倾销保证金征收比率）×（1＋进口环节增值税税率）

对实施临时反倾销措施产品的详细描述详见本公告附件1。

二、凡申报进口邻苯二酚的，应当向海关提交原产地证明，如果原产地为美国的，还需提供原厂商发票。对于申报进口邻苯二酚时不能提供原产地证明，且经查验也无法确定货物的原产地不是美国或日本的，海关按照海关总署2005年第51号公告规定的其他欧盟公司适用的79%税率征收反倾销税；对于能够确定货物的原产地是美国，但进口货物的收货人不能提供原厂商发票，且通过其他合法、有效的单证也无法确定原生产厂商的，海关按照本公告附件2所列的其他美国公司适用的反倾销保证金征收比率征收保证金。

三、有关加工贸易保税进口邻苯二酚如何征收反倾销保证金的问题，海关按照海关总署2001年第9号公告和海关总署令第111号的规定执行。

四、对于伪报原产国、伪造邻苯二酚原产地证明或原厂商发票的，海关按有关规定进行处罚。

五、对于所征收的反倾销保证金的处理，海关总署将根据终裁结果另行公告。

六、在实施临时反倾销措施期间，如果出现与实施临时反倾销措施产品类似的进口货物，而海关无法确定是否属于实施临时反倾销措施的产品时，有关企业可向商务部提出申请，由商务部商有关部门作出裁定，海关将根据商务部的裁定执行。

特此公告。

附件1　中华人民共和国商务部公告2005年第82号

附件2　反倾销保证金征收比率表

海关总署

2005年12月1日

附件1

中华人民共和国商务部公告

2005年第82号

根据《中华人民共和国反倾销条例》的规定，中华人民共和国商务部于2005年5月31日发布第29号公告，决定对原产于美国和日本进口的邻苯二酚（以下简称被调查产品）进行反倾销调查。

商务部对被调查产品是否存在倾销和倾销幅度、被调查产品是否对国内产业造成损害及损害程度，以及倾销与损害之间的因果关系进行了调查。根据本案调查结果和《中华人民共和国反倾销条例》第二十四条的规定，商务部做出初裁决定（见附件）。现将有关事项公告如下：

一、初步裁定

商务部初步裁定，原产于美国和日本的进口邻苯二酚存在倾销，中国邻苯二酚产业遭受了实质损害，而且倾销与实质损害之间存在因果关系。

二、征收保证金

根据《中华人民共和国反倾销条例》第二十八条和第二十九条的规定，商务部决定采用保证金形式实施临时反倾销措施。自2005年12月2日起，进口经营者在进口原产于美国和日本的被调查产品时，应依据本初裁决定所确定的各公司的倾销幅度向中华人民共和国海关提供相应的保证金。

本案被调查产品在《中华人民共和国进出口税则》中列为2907.2910。对该被调查产品的描述如下：

产品名称：邻苯二酚

英文名称：o－Dihydroxybenzene（Catechol，Pyrocatechol）

化学分子式：$C_6H_6O_2$

化学结构式：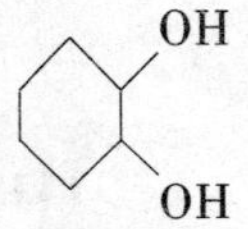

物理及化学特征：常温下为固态，为无色单斜晶体，有毒，能升华，可燃，暴露在空气中易氧化为棕褐色。

主要用途：邻苯二酚是一种化学中间体，可用作橡胶硬化剂、电镀添加剂、皮肤防腐杀菌剂、染发剂、照相显影剂、彩照抗氧化剂、毛皮染色显色剂、油漆和清漆抗起皮剂，是合成树脂、鞣酸，农药克百威、残杀威，医药黄连素、肾上腺素、香料香兰素、黄樟素、胡椒醛等的原料之一。

对各公司征收的保证金比率如下：

（一）美国公司

1. 罗地亚公司（RHODIA INC）　6%

2. 其他美国公司　46.81%

（二）日本公司　42.86%

三、征收保证金的方法

自2005年12月2日起，进口经营者在进口原产于美国和日本的邻苯二酚时，应依据本初裁决定所确定的各公司的倾销幅度向中华人民共和国海关提交相应的保证金。保证金以海关审定的完税价格从价计征，计算公式为：

保证金金额＝（海关审定的完税价格×保证金征收比率）×（1＋进口环节增值税税率）

四、评论

各利害关系方在本公告发布之日起20天内，可向商务部提出书面评论并附相关证据，商务部将依法予以考虑。

特此公告。

附件　中华人民共和国商务部关于对原产于美国和日本的进口邻苯二酚反倾销调查的初裁决定（略）

商务部

2005年12月2日

附件2

反倾销保证金征收比率表

原产国	厂商名称	征收比率
美国	罗地亚公司（RHODIA INC）	6%
	其他美国公司	46.81%
日本	所有日本公司	42.86%

中华人民共和国海关总署公告

2005年第60号

2004年1月30日，海关总署发布了中华人民共和国海关总署2004年第3号公告，规定自当年2月1日起，对申报进口的原产于日本、韩国、美国和台湾地区的苯酚征收反倾销税。2005年10月，韩国LG石油化学株式会社（LG Petrochemical Co., Ltd.）向我商务部提交了关于苯酚新出口商复审申请。根据《中华人民共和国反倾销条例》的规定，商务部决定对原产于韩国LG石油化学株式会社的进口苯酚所适用的反倾销措施进行新出口商复审调查并发布公告（详见附件）。现就海关执行中的有关事项公告如下：

一、自2005年12月5日起，对申报进口的原产于韩国，由韩国LG石油化学株式会社生产的苯酚，不再按照海关总署2004年第3号公告的规定征收反倾销税。

二、自2005年12月5日起，对申报进口的原产于韩国，由韩国LG石油化学株式会社生产的苯酚，除按现行规定征收关税和进口环节增值税外，还应按照16%的比率征收反倾销保证金。反倾销保证金的计算公式为：

反倾销保证金金额＝（海关完税价格×反倾销保证金征收比率）×（1＋进口环节增值税税率）

三、对于申报进口其他厂商生产的苯酚的，仍按照海关总署2004年第3号公告的规定执行。

四、对于所征收的反倾销保证金的处理，海关总署将根据商务部复审裁决另行公告。

特此公告。

附件　中华人民共和国商务部2005年第88号公告

海关总署

2005年12月2日

附件

中华人民共和国商务部公告

2005 年第 88 号

2004 年 2 月 1 日，商务部发布 2004 年第 2 号公告，决定对原产于日本、韩国、美国和台湾地区的进口苯酚征收反倾销税。

根据《中华人民共和国反倾销条例》、商务部《反倾销新出口商复审暂行规则》的相关规定，进口产品被征收反倾销税后，在调查期内未向中华人民共和国出口该产品的新出口经营者，能证明其与被征收反倾销税的出口经营者无关联的，可以向商务部申请单独确定其倾销幅度。新出口商复审申请人必须在原反倾销调查期后曾向中华人民共和国实际出口过被调查产品。该出口应达到一定的数量，足以构成确定正常出口价格的基础。该数量按被调查产品的正常商业交易量予以确定。

2005 年 10 月 25 日，韩国 LG 石油化学株式会社（LG Petrochemical Co.，Ltd.）向我局提交了关于苯酚新出口商复审申请。申请人主张，其在原反倾销调查期内未向中国大陆出口过被调查产品，与在原反倾销调查期内向中国大陆出口过被调查产品的出口商、生产商没有关联关系；作为生产商，申请人在原反倾销调查期后对中国大陆实际出口过被调查产品，符合新出口商的条件。请求商务部确定其单独反倾销税率。

商务部对申请书进行了审查，认为，韩国 LG 石油化学株式会社的申请提出了新出口商复审的初步证据，基本符合《中华人民共和国反倾销条例》第四十七条规定及商务部《反倾销新出口商复审暂行规则》第三条至第十条的要求。商务部决定自本公告发布之日起对原产于韩国 LG 石油化学株式会社的进口苯酚所适用的反倾销措施进行新出口商复审调查。

现将有关事项公告如下：

一、产品范围：

本次复审调查产品范围与原反倾销调查的产品范围一致，即苯酚，该产品归在《中华人民共和国进出口税则》税则号列：2907.1110。

二、复审调查期和复审范围：

（一）复审调查期：2005 年 4 月 1 日至 2005 年 9 月 30 日。

（二）复审范围：申请人被调查产品的正常价值、出口价格和倾销幅度等。

三、复审程序

（一）利害关系方评论

任何利害关系方均可在本公告发布之日起 20 日内以书面形式对本次复审提出意见，并提供相应的证据。

（二）问卷发放

商务部为获得其认为调查所需的信息，将根据需要发送调查问卷给相关利害关系方。对调查问卷所作的答卷应当在调查问卷发送之日后的 37 日内按问卷规定的要求提交。

（三）听证会

利害关系方可以按照商务部《反倾销调查听证会暂行规则》规定提出举行听证会的书面请求，商务部认为必要时也可主动举行听证会。

（四）实地核查

商务部在必要时将派出工作人员赴有关国家进行实地核查；利害关系方提交的任何材料均应包括同意接受核查的声明；核查前，商务部将提前通知有关国家和企业。

四、调查时限

根据商务部《反倾销新出口商复审暂行规则》第二十四条的规定，本次新出口商复审调查自立案之日起，不超过 9 个月，即于 2006 年 9 月 5 日之前结束。

五、不合作

依据《中华人民共和国反倾销条例》第二十一条规定，调查机关进行调查时，利害关系方应当如实反映情况，提供有关资料。利害关系方不如实反映情况、提供有关资料的，或者没有在合理时间内提供必要信息的，或者以其他方式严重妨碍调查的，调查机关可以根据已经获得的事实和可获得的最佳信息作出裁定。

六、保证金

自本公告发布之日起，中国大陆的进口商在进口原产于韩国由 LG 石油化学株式会社生产的苯酚产品时，应根据《中华人民共和国反倾销条例》第四十七条及商务部《反倾销新出口商复审暂行规则》第十五条的相关规定，按照原反倾销裁决中适用于“其他韩国公司”的反倾销税率提交保证金。

复审裁决确定存在倾销的，应对复审立案之后作出裁决之前复审申请人出口的被调查产品追溯征收反倾销税。复审裁决的反倾销税，高于已付保证金的，差额部分不予收取；低于已付保证金的，差额部分应予退还。

七、联系方式：
商务部的联系地址：
北京市东城区东长安街2号
邮编：100731
商务部进出口公平贸易局
联系人：陈贵华　姜成森　梁　杰
电话：010－65198197，65198439，65198915
传真：010－65198915，65198172
特此公告

商务部
2005年12月5日

中华人民共和国海关总署公告

2005年第62号

根据国务院关税税则委员会的决定，自2003年9月9日起，对原产于俄罗斯、韩国和日本的丁苯橡胶征收反倾销税，我署为此发布了2003年第53号公告。根据商务部期中复审调查结果，国务院关税税则委员会决定调整部分韩国企业生产的进口丁苯橡胶反倾销税税率，为此商务部发布了2005年第81号公告（详见附件）。现就有关问题公告如下：

一、自2005年12月13日起，由韩国LG大山油化株式会社（LG Daesan Petrochemical Ltd.）继承原韩国现代石油化学株式会社（Hyundai Petrochemical Co., Ltd.）所适用的被调查产品反倾销措施，对申报进口由韩国LG大山油化株式会社（LG Daesan Petrochemical Ltd.）生产的丁苯橡胶，海关按照4.15%的反倾销税税率征收反倾销税。

二、自2005年12月13日起，对申报进口由韩国现代石油化学株式会社（Hyundai Petrochemical Co., Ltd.）生产的丁苯橡胶，海关按照“其他韩国公司”适用的27%的反倾销税税率征收反倾销税。

三、对原产于俄罗斯、韩国和日本的进口丁苯橡胶征收反倾销税的其他事宜，仍按照海关总署2003年第53号公告的规定执行。

附件　中华人民共和国商务部2005年第81号公告

海关总署
2005年12月12日

附件

中华人民共和国商务部公告

2005年第81号

中华人民共和国商务部于2003年9月9日发布2003年第49号公告，决定对原产于俄罗斯、韩国和日本的进口丁苯橡胶征收反倾销税。其中，对韩国现代石油化学株式会社征收的反倾销税税率为19%。

2004年10月9日韩国现代石油化学株式会社就其所适用的丁苯橡胶反倾销措施向商务部提出倾销及倾销幅度期中复审申请，并随后按商务部要求提交了申请书的相关补充材料。

商务部经审查认为，申请书提出了倾销幅度降低的初步证据。2004年12月13日商务部发布立案公告，决定对韩国现代石油化学株式会社所适用的丁苯橡胶反倾销措施进行倾销及倾销幅度期中复审。

复审调查范围是申请人被调查产品的正常价值、出口价格和倾销幅度。复审调查的被调查产品与原反倾销调查相同，即初级形状未作任何加工的丁苯橡胶、初级形状充油丁苯橡胶、其他未列名初级形状丁苯橡胶及羧基丁苯橡胶（初级形状包括为便于运输，对初级形状进行压缩、挤压等简单成型处理）。该产品归在《中华人民共和国进出口税则》税则号：4002.1911、4002.1912、4002.1919。

本案立案后，申请人发生公司分立。申请人主张由分立后新成立的LG大山油化株式会社继承原现代石油化学株式会社在丁苯橡胶反倾销措施中的权利与义务。

商务部对申请人的更名情况和倾销及倾销幅度进行了复审调查，并根据调查结果向国务院关税税则委员会提出修改反倾销税的建议。

根据《中华人民共和国反倾销条例》第五十条规定、商务部《倾销及倾销幅度期中复审暂行规则》的规定及国务院关税税则委员会的决定，现将有关事项公告如下：

一、同意由LG大山油化株式会社（LG Daesan Petrochemical Ltd.）继承原现代石油化学株式会社（Hyundai Petrochemical Co.，Ltd.）所适用的被调查产品反倾销措施，并根据复审结果将其所适用的反倾销税税率调整为4.15%。

二、本公告生效后韩国出口商以“现代石油化学株式会社”名义向中国大陆出口被调查产品将适用原反倾销调查最终裁定中的“其他韩国公司”税率，即27%。

三、反倾销税的计征

进口经营者自2005年12月13日起进口原产于韩国上述公司的丁苯橡胶时，应向中华人民共和国海关缴纳相应的反倾销税。反倾销税以海关审定的完税价格从价计征，计征的公式为：反倾销税税额＝海关完税价格×反倾销税税率。进口环节增值税以海关审定的完税价格加上关税和反倾销税作为计税价格从价计征。

四、行政复议和行政诉讼

对本复审裁定不服的，根据《中华人民共和国反倾销条例》第五十三条的规定，可以依法申请行政复议，也可以依法向人民法院提起诉讼。

本决定由中华人民共和国海关自2005年12月13日起执行。

特此公告。

附件　中华人民共和国商务部关于对原产于韩国的进口丁苯橡胶的期中复审裁定（略）

商务部

2005年12月13日

中华人民共和国海关总署公告

2005年第63号

为便于进出口货物的收发货人、经营单位或其代理人正确确定其申报进出口货物的商品归类，保证《商品名称及编码协调制度公约》（以下简称《协调制度公约》）顺利执行，减少因商品归类差异而引发的国际贸易纠纷，根据《协调制度公约》的有关规定及世界海关组织（WCO）的要求，海关总署决定将《中华人民共和国海关总署商品归类决定汇编（世界海关组织1988－2000年归类决定）》公开出版发行。

该汇编中所列商品归类决定自本公告发布之日起执行，海关总署2002年第10号公告同时废止。

特此公告。

海关总署

2005年12月23日

中华人民共和国海关总署公告

2005 年第 65 号

根据《中华人民共和国反倾销条例》的规定，商务部对原产于韩国的进口聚酯薄膜进行了期终复审调查，根据调查结果，国务院关税税则委员会决定对原产于韩国的进口聚酯薄膜继续征收反倾销税，征税时间自2005 年 12 月 28 日开始，期限为 5 年。根据中华人民共和国商务部 2005 年第 109 号公告（见附件），现就有关问题公告如下：

一、自 2005 年 12 月 28 日起，海关对申报进口原产于韩国的聚酯薄膜（税则号列：3920. 6200）继续征收反倾销税。

反倾销税的计算公式为：

反倾销税税额 = 关税完税价格 × 反倾销税税率

进口环节增值税税额 =（关税完税价格 + 关税税额 + 反倾销税税额）× 进口环节增值税税率

征税范围及适用税率继续按照原对外贸易经济合作部 2000 年第 7 号和 2003 年第 1 号公告执行。

二、凡进口经营单位申报进口聚酯薄膜的，必须向海关提交原产地证明，如果原产地为韩国的，还需提供原厂商发票。

对于进口经营单位不能提供原产地证明，且经查验也无法确定货物的原产地不是韩国的，海关按照韩国公司适用的最高反倾销税税率征收反倾销税；对于能够确定货物的原产地是韩国，但进口经营单位不能提供原厂商发票，且通过其他合法、有效的单证、证据也无法确定生产厂商的，海关按韩国公司适用的最高反倾销税税率征收反倾销税。

三、有关加工贸易保税进口聚酯薄膜如何征收反倾销税等问题，海关按照中华人民共和国海关总署 2001 年第 9 号公告和中华人民共和国海关总署令第 111 号的规定执行。

特此公告。

附件　中华人民共和国商务部 2005 年第 109 号公告

海关总署

2005 年 12 月 27 日

附件

中华人民共和国商务部公告

2005 年第 109 号

根据《中华人民共和国反倾销条例》的规定，商务部于 2004 年 12 月 28 日发布 2004 年第 84 号公告，决定对原产于韩国的进口聚酯薄膜所适用的反倾销措施进行期终复审立案调查。

复审调查范围为适用于韩国聚酯薄膜生产商或出口商的反倾销措施。复审调查的被调查产品与原反倾销调查相同，即聚酯薄膜，该产品归在《中华人民共和国进出口税则》税则号列：3920. 6200。

依据《中华人民共和国反倾销条例》规定，商务部对终止征收聚酯薄膜反倾销税后倾销和损害继续或再度发生的可能性进行了调查，并根据调查结果向国务院关税税则委员会提出了维持反倾销措施的建议。

依据《中华人民共和国反倾销条例》第四十八条、第五十条规定，根据调查结果，及国务院关税税则委员会的决定，现将有关事项公告如下：

一、裁定

经调查，商务部裁定，如果终止原反倾销措施，原产于韩国的进口聚酯薄膜对中国的倾销有可能继续发生，对中国国内产业造成的损害有可能再度发生。

二、征收反倾销税

依据《中华人民共和国反倾销条例》第五十条规定，根据商务部的建议，国务院关税税则委员会决定维持聚酯薄膜反倾销措施。即自 2005 年 12 月 28 日起，对原产于韩国的进口聚酯薄膜继续按照原对外贸易经济合作部 2000 年第 7 号和 2003 年第 1 号公告公布的征税范围和税率征收反倾销税，实施期限为5 年。

三、行政复议和行政诉讼

对本裁定及征收反倾销税的决定不服的，根据《中华人民共和国反倾销条例》第五十三条规定，利害关系方可以依法申请行政复议，也可以依法向人民法院提起诉讼。

审裁定（略）

特此公告

附件 中华人民共和国商务部关于对原产于韩国的进口聚酯薄膜所适用的反倾销措施的期终复审裁定（略）

商务部
2005年12月28日

中华人民共和国海关总署 国家质量监督检验检疫总局 公告

2005年第66号

《中华人民共和国政府与巴基斯坦伊斯兰共和国政府关于自由贸易协定早期收获计划的协议》（以下简称《协议》）将于2006年1月1日起正式实施。为使我国出口到巴基斯坦的《协议》项下产品享受巴基斯坦给予的关税优惠待遇，现就有关事宜公告如下：

一、自2006年1月1日起，质检总局设在各地的出入境检验检疫机构，开始签发《协议》项下出口货物原产地证明书。与之相关的出口货物原产地证明书签证管理规定及要求，由质检总局另行公布。

二、自2006年1月1日起，原《中华人民共和国与巴基斯坦伊斯兰共和国优惠贸易安排》将根据《协议》第四条规定予以废止，2003年12月30日海关总署和质检总局联合发布的2003年第79号公告也将同时废止。

特此公告。

海关总署
国家质检总局
2005年12月29日

中华人民共和国海关总署 商务部 国家质量监督检验检疫总局 公告

2005年第67号

《中华人民共和国政府与巴基斯坦伊斯兰共和国政府关于自由贸易协定早期收获计划的协议》项下的《中国—巴基斯坦自由贸易区原产地规则》已于2005年12月正式签署并将于2006年1月1日起实施，现予以发布。

特此公告。

附件1 中国—巴基斯坦自由贸易区原产地规则

附件2 中国—巴基斯坦自由贸易区原产地规则签证操作程序

附件3 中国—巴基斯坦自由贸易区原产地证书格式及填制说明

海关总署
商务部
国家质检总局
2005年12月29日

附件1

中国—巴基斯坦自由贸易区原产地规则

根据《中华人民共和国政府与巴基斯坦伊斯兰共和国政府关于自由贸易协定早期收获计划的协议》（以下简称《协议》）可享受优惠关税减让的产品，其原产地应遵循下列规则确定：

规则一：定义

本规则中：

（一）“一成员方”是指中华人民共和国（中国）或巴基斯坦伊斯兰共和国（巴基斯坦）。

（二）“成本、保险费加运费价格（CIF）”是指实付或应付给出口人的货物在进口港从运输工具卸下后的价格。它包括货物的成本和将货物运至指定目的港所需的保险费和运费。

（三）“海关估价协议”指WTO协议中《关于实施1994年关税与贸易总协定第七条的协定》。

（四）“船上交货价格（FOB）”是指实付或应付给出口人的货物在指定出口港装上运输工具后的价格。它包括货物的成本和将货物运至运输工具所需的所有成本。

（五）“材料”包括组成成分、零件、部件、组件及/或已实际上构成另一个货物部分或已用于另一货物生产过程的货物。

（六）“原产货物”是指根据规则二的规定确定为原产的货物。

（七）“产品特定原产地标准”是指规定材料已经过税号改变或特定制造或加工工序，或满足某一从价百分比标准，或者混合使用任何这些标准的规则。

（八）“间接材料”是指用于某一货物的生产、测试和检查，但没有实际性地组成到这一货物中的物品，又或者是一种用于与某一货物的生产有关的厂房维护或设备操作的物品，包括：

1. 燃料与能源；

2. 工具、模具及铸模；

3. 用于设备及厂房维护的零件和材料；

4. 用于生产或设备操作和厂房的润滑剂、润滑油、混合材料及其他材料；

5. 手套、眼镜、鞋、衣服、安全装置及用品；

6. 用于货物的测试或检查的设备、装置和用品；

7. 催化剂和溶剂；及其他任何可被证明用于货物的生产但未构成货物组成部分的货物。

（九）“非原产材料”是指用于货物生产中的非任何一成员方原产的材料，以及不明原产地的材料。

（十）“生产”是指获得货物的方法，包括制造、生产、装配、加工、饲养、种植、繁殖、开采、提取、收获、捕捞、诱捕、采集、收集、狩猎和捕获。

规则二：原产地标准

本《协议》中，从一成员方进口的符合以下任何一项原产地要求的产品，应视为原产并可以享受优惠关税减让：

（一）规则三明确规定的完全获得或生产的产品；或

（二）符合规则四、五或六规定的非完全获得或生产的产品。

规则三：完全获得或生产的产品

下列产品应当视为符合规则二（一）所指的完全在一成员方获得或生产：

（一）在一成员方收获、采摘或收集的植物及植物产品；

（二）在一成员方出生和饲养的活动物；

（三）在一成员方从上述第（二）项活动物中获得的产品；

（四）在一成员方狩猎、诱捕、捕捞、水生养殖、收集或捕获所得的产品；

（五）从一成员方领土、领水、海床或海床底土开采或提取的除上述第（一）至（四）项以外的矿物或其他天然生成物；

（六）在一成员方领水以外的水域、海床或海床底土获得的产品，但该成员方须按照国际法规定有权开发上述水域、海床及海床底土；

（七）在一成员方注册或悬挂该成员方国旗的船只在公海捕捞获得的鱼类及其他海产品；

（八）在一成员方注册或悬挂该成员方国旗的加工船上仅从第（七）项产品中加工和/或制造所得的产品；

（九）在一成员方从既不能用于原用途，也不能恢复或修理的物品上回收的零件或原材料；

（十）在一成员方收集的既不能用于原用途，也不能恢复或修理，仅适于用作弃置或部分原材料的回收，或者仅适于作再生用途的物品；

（十一）在一成员方境内生产加工过程中产生的废碎料；和

（十二）仅用上述第（一）至（十一）项所列产品在一成员方加工获得的产品。

规则四：非完全获得或生产的产品

（一）规则二（二）中，如原产于一成员方的成分在产品中不少于40%，则该产品应视为该方原产。

（二）计算本地增值成分应适用以下方法：

$$\frac{\text{非原产材料的价格}}{\text{船上交货价格（FOB）}} \times 100\% < 60\%$$

（三）非原产材料价值应为：

1. 材料进口时的成本、运费加保险费价格（CIF）；或

2. 在进行制造或加工的成员方境内最早确定的为不明原产地材料支付的价格。

规则五：累计原产地规则

除另有规定外，符合规则二原产地要求的产品在一成员方境内用作生产享受《协议》优惠待遇的制成品的原材料，如果最终产品的中国—巴基斯坦累计成分不低于40%的，则该产品应视为原产于制造或加工该制成品的成员方境内。

规则六：产品特定原产地标准

在一成员方经过充分加工的产品应视为该成员方的原产货物。符合本规则附件所列产品特定原产地标准的产品，应视为在一成员方经过了充分的加工。

规则七：微小加工及处理

下列的加工或处理均视为微小加工及处理，在按照规则二确定货物原产地时，应不予考虑：

（一）为运输或贮存货物使货物保持良好状态的处理（例如干燥、冷冻、盐水保存、通风、摊开、冷却、置于盐、二氧化硫或其他水溶液中、去除已损害部分等类似处理）；

（二）除尘、筛选、分类、分级、匹配（指示组成成套物品），洗涤、涂抹和切割；

（三）改变包装及为发货而进行的拆分、装配；

（四）简单的切割、切片和再包装，或者装瓶、入袋、进箱、固定在硬纸板或木板上，以及其他所有的简单包装操作；

（五）在产品或包装上粘贴标志、标签或其他类似的区别标记；

（六）简单混合不论是否同种类的产品，而且该混合而得的一个或多个组成部分不得因满足本章规定的条件而获得原产地资格；

（七）简单组装产品的各部件以组成一个完整品；

（八）拆装；

（九）屠宰动物；

（十）仅用水或其他物质稀释，而不改变货物的性质；以及

（十一）上述（一）到（十）项中的两项或多项操作的组合。

规则八：直接运输

下列情况应视为从出口成员方向进口成员方的直接运输：

（一）货物运输未经过中国和巴基斯坦以外的任何其他国家或地区境内；

（二）货物运输途中经过中国—巴基斯坦自由贸易区成员方之外的一个或多个国家境内，不论是否在这些国家转换运输工具或作临时储存，如果：

1. 可证明过境运输是由于地理原因或仅出于运输需要的考虑；

2. 货物未在这些国家进入贸易或消费领域；以及

3. 除装卸或其他为使货物保持良好状态的处理外，货物在这些国家未经任何其他操作。

规则九：包装

（一）一成员方如对货物及其包装分别计征关税，就可对从另一成员方进口的货物及其包装分别确定原产地。

（二）在上述第（一）项不适用的情况下，包装应与货物视为一个整体，运输或贮藏所需的包装在确定货物原产地时应与货物一并考虑，而不应将其视为从中国—巴基斯坦自由贸易区外进口。

规则十：附件、备件及工具

如进口成员方将与货物一同报验的附件、备件、工具及指导性或其他介绍说明性材料同货物一并归类和征收关税，在确定该货物的原产地时，这些附件、备件及工具等应忽略不计。

规则十一：间接材料

除另有规定外，在确定货物的原产地时，应不考虑在规则一（八）中定义的间接材料的原产地，对在制造过程中未留在货物里或未构成货物一部分的材料的原产地也不予考虑。

规则十二：原产地证书

申请享受优惠关税减让的产品，申报时应提交由出口成员方指定并已按附件2所列签证操作程序的规定通知《协议》另一成员方的政府机构签发的原产地证书。

规则十三：审议及修改

应一成员方要求并经谈判委员会（部长委员会）同意，这些规则必要时可以开放供审议及修改。

附件 2

中国—巴基斯坦自由贸易区原产地规则签证操作程序

为实施中国—巴基斯坦自由贸易区原产地规则，特制订本原产地证书签发、核查操作程序及其他相关行政管理规定如下：

签发机构

规则一

原产地证书应由出口成员方的政府机构签发。

规则二

（一）双方应将其签发原产地证书的政府机构名称及地址通知对方，并提供该政府机构使用的签名式样及签证印鉴样本。

（二）双方应互相提供上述资料及样本。名称、地址或印章如有任何变化，应立即以双方同意的方式通知对方。

规则三

为核查享受优惠待遇的情况，签发原产地证书的指定政府机构有权要求提供任何相关的证明文件或进行适当的核查。如果通过现行的本国法律法规无法获得该权力，应在以下规则四及五所指的申请表格中作为条款列出。

规则四

符合享受优惠待遇条件的产品，其出口人及/或厂商应以书面形式向政府机构提出产品出口前原产地的预调查申请。对调查结果应定期或适时地进行复查，并将此作为核定该待出口产品原产地的相关证明文件。上述预调查程序不适用于通过自然属性容易被确定原产地的产品。

规则五

出口人或其代理人在办理享受优惠待遇产品出口手续时，应提交原产地证书的书面申请，并随附相关证明文件，证明待出口产品符合原产地证书签发要求。

出口前检查

规则六

签发原产地证书的政府机构应尽其所能对每一份原产地证书的申请进行适当检查以确保：

（一）申请书及原产地证书正确填写并经授权签署人签名；

（二）产品的原产地符合中国—巴基斯坦自由贸易区原产地规则；

（三）所提交的相关证明文件与原产地证书中的其他说明相符；

（四）所列明的货品名称、数量及重量、唛头及件号、件数及包装与待出口产品相符。

原产地证书的签发

规则七

（一）原产地证书必须依据附件 3 所列格式用国际标准 A4 纸印制，所用文字为英语。

（二）原产地证书应由一份正本及两份复写副本组成。

（三）每份原产地证书应注明其签证单位的单独编号。

（四）出口人应向进口人提供正本，以便呈交给进口口岸的海关。第一副本应由出口成员方签证机构留存。第二副本由出口人留存。

正本——米黄色

第一副本——白色

第二副本——白色

规则八

为实施《中国—巴基斯坦自由贸易区原产地规则》规则四、五及六的规定，出口成员方签发的原产地证书的第 8 栏内应注明相关的规则及所适用的中国—巴基斯坦自由贸易区成分的百分比。

规则九

原产地证书不得涂改及叠印。任何更正必须先将错误项目划去，然后做必要的增改。所做更正应由原签证人认可，并由有关政府机构核定。所有未填空白之处应予划去，以防事后填写。

规则十

（一）原产地证书应由出口成员方的相关政府机构根据《中国—巴基斯坦自由贸易区原产地规则》在产品出口前、出口时或在出口后 15 天内签发。

（二）在特殊情况下，如由于非主观故意的差错、疏忽或其他合理原因没有在货物出口前、出口时或出口后立即签发原产地证书，原产地证书可以在货物装运之日起一年内补发，但要注明“补发”字样。

规则十一

如原产地证书被盗、遗失或毁坏，出口人可以向原政府签证机构书面申请签发原证正本及第二副本的经证实的真实复制本，复制本可根据签证机构存档的有关出口文件制发，并在第 12 栏中注明“经证实的真实复制本”。该复制本应注明原证正本的签发日期。原产地证书的经证实的真实复制本应在出口人向原签证机构提供了第二副本的情况下，并在其正本签发之日起 1 年之内方可补发。

提交

规则十二

进口人应在向进口成员方的海关申报货物进口时，主动向海关申明要求享受优惠待遇。原产地证书的正本应在有关产品进境报关时向海关提交。

规则十三

原产地证书应按下列期限提交：

（一）原产地证书应在出口成员方有关政府机构签证之日起6个月之内向进口成员方的海关提交；

（二）如产品按照《中国—巴基斯坦自由贸易区原产地规则》中的规则八（二）的规定经过一个或多个非成员方境内，上述（一）所规定的原产地证书提交期限延长至8个月；

（三）如因不可抗力或其他出口人无法控制的合理原因致使不能遵守提交期限，进口成员方海关仍应接受已经超出期限提交的原产地证书；以及

（四）在任何情况下，如果货物在原产地证书提交期限内已经进口，进口成员方有关政府机构可接受该原产地证书。

规则十四

如果原产于出口成员方的每批产品的船上交货价格（FOB）不超过200美元，则无需交验原产地证书，而是使用出口人对有关产品原产于该出口成员方的简要声明即可。离岸价格不超过200美元的邮递品也应照此办理。

规则十五

如果发现原产地证书内容与为办理货物进口手续而提交给进口成员方海关的单证内容略有不符，只要原产地证书内容与所报验的货物相符，原产地证书仍应有效。

规则十六

（一）进口成员方可以要求进行后续随机抽查，也可在有理由怀疑有关文件的真实性或有关货物真实原产地的准确性时，要求进行后续核查。

（二）核查要求应随附有关原产地证书，并阐明原因及其他详细情况，列出该原产地证书中可能有问题的内容，但后续随机抽查请求不受此限。

（三）在等待核查结果期间，进口成员方海关可以暂缓执行优惠待遇的规定。如果该货物不属于禁止或限制进口的，又没有发现有瞒骗嫌疑，海关可以在履行必要的管理手续后将货物放行给进口人。

（四）收到后续核查请求的政府签证机构应及时作出回应，并在收到请求后6个月之内作出答复。

规则十七

（一）原产地证书的申请书及其所有相关文件应由签证机构自签发之日起至少保留2年。

（二）应进口成员方的请求，应提供与原产地证书正确性有关的资料。

（三）有关成员方之间交流的任何资料应予以保密，只能用于原产地证书的确认。

特殊情况

规则十八

如出口到一成员方的全部或部分货物的目的地发生变化，在货物到达该成员方之前或之后，应按下列规则办理：

（一）如果货物已经向指定的进口成员方海关申报，进口人应向该海关提出书面申请，由海关对全部或部分货物改变目的地的情况在原产地证书上签注认可，然后将正本交还进口人，第二副本应返还签证机构。

（二）如果在运往原产地证书所指定的进口成员方途中目的地发生变化，出口人应提出书面申请，并随附已签发的原产地证书，要求对全部或部分产品重新发证。

规则十九

为实施《中国—巴基斯坦自由贸易区原产地规则》的规则八（二）的规定，对经过一个或多个非中国—巴基斯坦自由贸易区成员方境内运输的产品，应向进口成员方政府机构提交下列单证：

（一）在出口成员方签发的联运提单；

（二）出口成员方有关政府机构签发的原产地证书；

（三）产品的原始商业发票副本；以及

（四）符合《中国—巴基斯坦自由贸易区原产地规则》的规则八（二）项下的第1、2及3项所规定条件的证明文件。

规则二十

（一）由出口成员方运至另一成员方展览并在展览期间或展览后销售给一成员方的产品，如该产品符合《中国—巴基斯坦自由贸易区原产地规则》的规定，应享受中国—巴基斯坦自由贸易优惠关税待遇，但应满足进口成员方相关政府机构的下列要求：

1. 出口人已将产品从出口成员方境内运送到展览会举办国并已在该国展出；

2. 出口人已将货物卖给或转让给进口成员方的收货人；以及

3. 该产品已经以送展时的状态在展览期间或展览后立即运到进口成员方。

（二）为实施以上规定，必须向进口成员方的有关政府机构提交原产地证书。还必须注明展览会名称及地址，提供展览举办地成员方有关政府机构签发的证明书以及规则十九（四）所列的证明文件。

（三）上述（一）款规定的适用于任何以出售外国产品为目的的商贸、农业或手工业展览会、交易会或在商店或商业场所举办的类似展览或展示。展览期间产品应处于海关的监管之下。

反瞒骗行为

规则二十一

（一）当怀疑存在与原产地证书相关的瞒骗行为时，有关成员方政府机构应相互合作，对涉嫌人员在各自境内采取行动。

（二）每个成员方均应对与原产地证书有关的瞒骗行为实施法律制裁。

争端磋商

规则二十二

如果发生关于原产地确定、产品归类或其他方面的争议，进出口成员方的有关政府机构应本着解决争议的愿望相互进行协商。

<table>
<tr><td colspan="3">1. 出口人名称、地址、国家：</td><td colspan="3" rowspan="3">编号
签发日期
中国—巴基斯坦自由贸易区
原产地证书
（申报与证书合一）
签发在：</td></tr>
<tr><td colspan="3">2. 收货人名称、地址、国家：</td></tr>
<tr><td colspan="3">3. 生产商名称、地址、国家：</td></tr>
<tr><td colspan="3">4. 运输工具及路线（如已知）：
离港日期
船舶/飞机/火车/汽车号
装货口岸
卸货口岸</td><td colspan="3">5. 官方使用
根据中华人民共和国政府与巴基斯坦伊斯兰共和国政府关于自由贸易协定早期收获计划的协议
给予优惠待遇
不给予优惠待遇（请注明原因）
进口国有权签字人签字</td></tr>
<tr><td>6. 项目编号</td><td>7. 包装唛头及编号；包装件数及种类；货物名称；进口国 HS 编码</td><td>8. 原产地标准</td><td>9. 毛重、数量、船上交货价格（FOB）</td><td>10. 发票编号及日期</td><td>11. 备注</td></tr>
<tr><td></td><td></td><td></td><td></td><td></td><td></td></tr>
<tr><td colspan="3">12. 出口人声明
下列签字人声明上述资料及申报正确无讹，所有货物产自____________（国家）
且符合中华人民共和国政府与巴基斯坦伊斯兰共和国政府关于自由贸易协定早期收获计划的协议所规定的原产地要求，该货物出口至____________（进口国）
____________地点和日期，授权签字人的签字</td><td colspan="3">13. 证明
根据所实施的监管，兹证明出口商所做申报正确无讹。
地点和日期，签字和签证机构印章</td></tr>
</table>

附件3

中国—巴基斯坦自由贸易区原产地证书说明

第1栏：注明出口人的合法的全称、地址（包括国家）。

第2栏：注明收货人的合法的全称、地址（包括国家）。

第3栏：注明生产商的合法的全称、地址（包括国家）。如果证书上的货物生产商不止一个时，其他的生产商的全称、地址（包括国家）也必须列明。如果出口人或者生产商希望该信息保密时，也可以接受在该栏注明“应要求向海关提供”（Available to Customs upon request）。如果生产商与出口商相同时，该栏只需填写“相同”（SAME）。

第4栏：注明运输方式和路线，并详细说明离港日期、运输工具编号、装货港和卸货港。

第5栏：由进口成员方海关在该栏简要说明根据协议是否给予优惠待遇。

第6栏：注明项目编号。

第7栏：该栏的货品名称必须详细，以使验货的海关官员可以识别，并使其能与发票上的货名及HS编码的货名对应。包装上的运输唛头及编号、包装件数和种类也应当列明。每一项货物的HS编码应当为货物进口国的6位HS编码。

第8栏：从一成员方出口到另一成员方可享受优惠待遇的货物必须符合下列要求之一：（根据特定原产地规则可做调整）

1. 符合原产地规则规定，在出口成员方内完全获得的产品；

2. 为实施中国—巴基斯坦自由贸易区原产地规则的规定，使用非原产于中国、巴基斯坦或者无法确定原产地的原材料生产和加工产品时，所用这种原材料的总价值不超过由此生产或者获得的产品的离岸价格的40%，且最后生产工序在该出口成员方境内完成；

3. 符合中国—巴基斯坦自由贸易区原产地规则规则五的产品，且该产品在一成员方被用于生产可享受另一成员方优惠待遇的最终产品时，如在最终产品中原产于中国、巴基斯坦成分总计不少于最终产品的40%，则该产品应当视为原产于对最终产品进行生产或加工的成员方；或者

4. 符合原产地规则产品特定原产地标准的产品，应当视为在一成员方进行了充分加工的货物。

若货物符合上述标准，出口商必须按照下列表格中规定的格式，在本证书第8栏中标明其货物申报享受优惠待遇所根据的原产地标准：

本表格第12栏列名的原产国生产或制造的详情	填入第8栏
出口国完全生产的产品（见上述第8款1项）	“P”
符合上述第8款2项的规定，在出口成员方加工但并非完全生产的产品	单一国家成分的百分比，例如40%
符合上述第8款3项的规定，在出口成员方加工但并非完全生产的产品	累计成分的百分比，例如40%
符合产品特定原产地标准的产品	“PSR”

第9栏：该栏应当注明毛重的千克数。其他的按惯例能准确表明数量的计量单位，如体积、件数也可用于该栏。离岸价格应该是出口人向签证机构申报的发票价格。

第10栏：该栏应当注明发票号和发票日期。

第11栏：如有要求，该栏可注明订单号，信用证号等。

第12栏：该栏必须由出口人填制、签名、签署日期和加盖印章。

第13栏：该栏必须由签证机构经授权的签证人员签名、签署日期和加盖签证印章。

中华人民共和国海关总署公告

2005 年第 69 号

为保证优惠贸易协定项下进口货物顺利通关，根据2006 年《中华人民共和国进出口税则》，现将优惠贸易协定项下进口货物的报关单填制规范公告如下：

一、报关单填制规范中的“原产地证书代码”和“优惠贸易协定代码”

“原产地证书代码”为“Y”。

“优惠贸易协定代码”目前为：“01”、“02”、“03”、“04”、“05”、“06”、“07”、“08”。

填制要求：

属于“亚太贸易协定”项下的进口货物填“01”；

属于“中国—东盟自贸区”项下的进口货物填“02”；

属于“内地与香港紧密经贸关系安排”（香港 CEPA）项下的进口货物填“03”；

属于“内地与澳门紧密经贸关系安排”（澳门 CEPA）项下的进口货物填“04”；

属于“对非洲特惠待遇”项下的进口货物填“05”；

属于“台湾水果零关税措施”项下的进口货物填“06”；

属于“中巴自贸区”项下的进口货物填“07”；

属于“中智自贸区”项下的进口货物填“08”。

二、实行原产地证书联网管理的具体填制要求

（一）“备案号”栏：填写“Y”＋原产地证书编号。香港、澳门 CEPA 项下进口报关单填写“Y”＋11 位原产地证书编号。

（二）“随附单据”栏：使用海关 H2000 通关系统申报的，在本栏随附单证代码项下填写“Y”，在随附单证编号项下的“< >”内填写“优惠贸易协定代码”。使用海关 H883/EDI 通关系统申报的，此栏不填报原产地证书相关内容。

（三）“备注”栏：使用海关 H883/EDI 通关系统申报的，填写“<”＋“协”＋“优惠贸易协定代码”＋“>”。例如香港 CEPA 项下进口报关单应填为：“<协 03 >”。使用海关 H2000 通关系统申报的，此栏不填报原产地证书相关内容。

（四）“项号”栏：分两行填写。第一行填写报关单中商品排列序号，第二行填写对应的原产地证书上的“商品项号”。

三、未实行原产地证书联网管理的具体填制要求

（一）“备案号”栏：未实行原产地证书联网管理的货物本栏目免予填报。

（二）“随附单据”栏：使用海关 H2000 通关系统申报的，在报关单“随附单据”栏随附单证代码项下填写“Y”，在随附单证编号项下“< >”内填写“优惠贸易协定代码”＋“：”＋“需证商品序号”。例如“亚太贸易协定”项下进口报关单中第 1 项到第 3 项和第 5 项为优惠贸易协定项下商品，应填为：“<01：1－3，5 >”。使用海关 H883/EDI 通关系统申报的，此栏不填报原产地证书相关内容。

（三）“备注”栏：使用海关 H883/EDI 通关系统申报的，在报关单“备注”栏中填“<”＋“协”＋“优惠贸易协定代码”＋“：”＋“需证商品序号”＋“>”。例如“亚太贸易协定”项下进口报关单中第 1 项到第 3 项和第 5 项为优惠贸易协定项下商品，应填为：“<协 01：1－3，5 >”。使用海关 H2000 通关系统申报的，此栏不填报原产地证书相关内容。

四、其他填制要求

（一）一份原产地证书只能对应一份报关单。同一份报关单上的商品不能同时享受协定税率和减免税。

（二）在一票进口货物中，对于实行原产地证书联网管理的，如涉及多份原产地证书或含非原产地证书商品，应分单填报。

（三）原产地证书实行“一批一证”，不能重复使用和逐次扣减。

（四）报关单上申报商品的计量单位必须与原产地证书上对应商品的计量单位一致。

（五）上述所有尖括号“< >”、逗号“，”、连接符“－”及数字都必须使用非中文状态下的半角字符。

（六）其他栏目填制要求，仍按海关总署 2004 年第 34 号公告《中华人民共和国海关进出口货物报关单填制规范》填制。

五、本公告中“优惠贸易协定”的具体名称如下：

（一）“亚太贸易协定”是指《曼谷协定》，《曼谷协定》第一届部长级理事会上正式更名为“亚太贸易协定”。

（二）“中国—东盟自贸区”是指《中国—东盟全面经济合作框架协议货物贸易协议》。

（三）“内地与香港紧密经贸关系安排”是指《内地与香港关于建立更紧密经贸关系的安排》。

（四）“内地与澳门紧密经贸关系安排”是指《内地与澳门关于建立更紧密经贸关系的安排》。

（五）“对非洲特惠待遇”是指中国给予非洲最不发达国家部分输华商品免关税待遇。

（六）“台湾水果零关税措施”是指自2005年8月1日起对原产于台湾地区的15种进口鲜水果实施零关税的措施。

（七）“中巴自贸区”是指《中国—巴基斯坦关于自由贸易协定早期收获计划的协议》。

（八）“中智自贸区”是指《中国—智利自由贸易协定》。

本公告自2006年1月1日起执行，2003年12月18日海关总署发布的2003年第72号公告同时废止。

特此公告。

海关总署

2005年12月31日

中华人民共和国海关总署公告

2005年第70号

根据《内地与香港关于建立更紧密经贸关系的安排》和《内地与澳门关于建立更紧密经贸关系的安排》及其补充协议，现将“享受货物贸易优惠措施的香港货物原产地标准表（2006年版）”和“享受货物贸易优惠措施的澳门货物原产地标准表（2006年版）”（以下简称“标准表”，见附件1、2）予以公布，自2006年1月1日起执行。“标准表”中使用了简化的货物名称，其范围与2006年《中华人民共和国进出口税则》中相应税号的货品一致。

特此公告。

附件1　享受货物贸易优惠措施的香港货物原产地标准表（2006年版）

附件2　享受货物贸易优惠措施的澳门货物原产地标准表（2006年版）

海关总署

2005年12月31日

中华人民共和国海关总署公告

2005年第71号

为适应海关对“保税物流园区”监管要求，全面掌握“保税物流中心园区”货物的流向、流量，根据《中华人民共和国海关对保税物流园区的管理办法》（海关总署第134号令），现就保税物流园区货物的统计办法公告如下：

一、增设“物流园区”代码

增设海关经营单位代码第五位“7”，表示“物流园区”。凡设在物流园区内、在海关注册登记并经营物流园区业务的企业，其经营单位的编码第五位必须为“7”。国务院已批准的保税物流园区（国办函〔2003〕

81 号、〔2004〕58 号）统计代码见附件。

二、保税物流园区进出境货物

（一）货物从境外运入保税物流园区或从保税物流园区运往境外时，海关作进、出口统计（海关统计制度规定不列入统计范围的除外）。保税物流园区进出境货物的监管方式及代码按照保税区进出境货物的监管方式填报。

（二）“物流园区进出境货物”统计的原始资料是“中华人民共和国海关保税区进境货物备案清单”或“中华人民共和国海关保税区出境货物备案清单”，运输方式、原产国、最终目的国、启运国、运抵国等按实际填报。

三、保税物流园区与境内之间进出的货物

（一）增设运输方式“X”，表示“从境内（指国境内特殊监管区域之外）运入园区或从保税物流园区运往境内的货物”，简称“物流园区”。

（二）当保税物流园区与境内之间的货物进出时，由境内企业填制“中华人民共和国海关进口货物报关单”或“中华人民共和国海关出口货物报关单”，贸易方式根据海关实际监管方式填报；运输方式栏为“物流园区”，代码为“X”；启运国或运抵国为“中国”；原产国或最终目的国按照实际国别填报。海关作单项统计。

四、保税物流园区与其他保税物流园区、保税区、出口加工区、保税仓库、出口监管仓库及保税物流中心（A、B 型）等海关特殊监管区域或监管场所之间往来的货物。

保税物流园区与其他保税物流园区、保税区、保税仓库、出口监管仓库及保税物流中心（A、B 型）等海关特殊监管区域或监管场所之间往来的货物，货物出口（转出）企业和货物进口（转入）企业均应同时填制“中华人民共和国海关出口货物报关单”或“中华人民共和国海关进口货物报关单”，监管方式应填报为“保税间货物”（代码 1200）；运输方式为“其他”（代码 9）；启运国或运抵国为“中国”；原产国或最终目的国按照实际国别填报。海关不作统计。

对于保税物流园区与出口加工区之间往来货物的监管方式，保税物流园区企业应填报“保税间货物”（代码 1200），出口加工区企业按照出口加工区进出区的有关规定填报。

五、本办法自 2006 年 1 月 1 日起执行。

特此公告。

附件　保税物流园区代码表

海关总署

2005 年 12 月 31 日

附件

保税物流园区代码表

名称	代码
天津保税物流园区	12077
大连保税物流园区	21027
上海外高桥保税物流园区	31227
张家港保税物流园区	32157
宁波保税物流园区	33027
厦门象屿保税物流园区	35027
青岛保税物流园区	37027
深圳盐田港保税物流园区	44037

2006年度公告

中华人民共和国海关总署公告

2006年第1号

根据国务院关税税则委员会的决定，自2003年11月22日起，对原产于日本、韩国、美国的进口甲苯二异氰酸酯（TDI，型号为TDI80/20，税则号列：2929.1010。下同）征收反倾销税。我署为此发布了海关总署2003年第64号公告。根据商务部期中复审调查结果，国务院关税税则委员会决定对原产于日本、韩国的进口甲苯二异氰酸酯适用的反倾销税税率进行调整。根据商务部2005年第115号公告（详见附件），现就有关问题公告如下：

一、自2006年1月10日起，将原产于日本、韩国的进口甲苯二异氰酸酯所适用的反倾销税税率调整为：

（一）日本公司

1. 三井武田化学株式会社（MITSUI TAKEDA CHEMICALS，INC.） 12.45%

2. 其他日本公司 60.02%

（二）韩国公司

1. 东洋制铁化学株式会社（DC Chemical Co.，Ltd.） 4.05%

2. 韩国FINE CHEMICAL株式会社（Korea Fine Chemical Co.，Ltd.） 5.08%

3. 巴斯夫有限公司（BASF Company Ltd.） 15.78%

4. 其他韩国公司 61.14%

二、除上述反倾销税税率调整外，对原产于日本、韩国、美国的进口甲苯二异氰酸酯征收反倾销税的其他事宜，仍按照海关总署2003年第64号公告的规定执行。

特此公告。

附件 中华人民共和国商务部2005年第115号公告（略）

海关总署

2006年1月9日

中华人民共和国海关总署公告

2006 年第 2 号

经国务院批准，自 2006 年 1 月 1 日起对原产于乌干达的“未浸除咖啡碱的已焙炒咖啡”（税号 0901.2100）实施进口特惠零关税。其原产地标准按《中华人民共和国海关关于执行〈中华人民共和国给予非洲最不发达国家特别优惠关税待遇的货物原产地规则〉的规定》（海关总署令第 123 号）执行。对 2006 年 1 月 1 日以后已经办理通关手续并缴纳关税的，凡符合上述规定的，可办理退税手续。

上述货物进口申报时应当按照海关总署 2005 年第 69 号公告中“未实行原产地证书联网管理的具体填制要求”填制报关单，其“优惠贸易协定代码”为“05”。

特此公告。

海关总署

2006 年 1 月 12 日

中华人民共和国海关总署公告

2006 年第 3 号

根据《中华人民共和国反倾销条例》的规定，国务院关税税则委员会决定对原产于日本、美国、英国和德国的进口初级形态二甲基环体硅氧烷征收反倾销税，征税时间从 2006 年 1 月 16 日开始，期限为 5 年。根据中华人民共和国商务部 2005 年第 123 号公告（详见附件 1），现就有关问题公告如下：

一、自 2006 年 1 月 16 日起，对申报进口原产于日本、美国、英国和德国的初级形态二甲基环体硅氧烷（税则号列：2931.0000、3824.9090），除按现行规定征收进口关税外，还应区别不同的供货厂商，按照本公告附件 2 所列的适用税率和下述计算公式征收反倾销税及进口环节增值税。

反倾销税税额 = 海关完税价格 × 反倾销税税率

进口环节增值税税额 =（海关完税价格 + 关税税额 + 反倾销税税额）× 进口环节增值税税率

对应征收反倾销税产品的详细描述详见本公告附件 1。

二、凡申报进口初级形态二甲基环体硅氧烷的，必须向海关提交原产地证明，如果原产地为日本、美国、英国或德国的，还需提供原厂商发票。对于申报进口初级形态二甲基环体硅氧烷时不能提供原产地证明，且经查验也无法确定货物的原产地不是日本、美国、英国或德国的，海关将按照本公告附件 2 所列的最高反倾销税税率征收反倾销税；对于能够确定货物的原产地是日本、美国、英国或德国，但进口经营单位不能提供原厂商发票的，海关将按照本公告附件 2 所列的相应国家其他公司适用的反倾销税税率征收反倾销税。

三、在征收反倾销税期间，进口货物收货人在办理税则号列 2931.0000、3824.9090 项下初级形态二甲基环体硅氧烷进口申报手续时，如果进口货物属于本公告附件 1 中产品描述所称的 D3、D4、D5、D6 中的任何一种化合物，应填报 29310000.22；如果属于由 D3、D4、D5、D6 之中任何两种、三种或四种组成的混合物（本公告附件 1 中的简称为：水解物或水解料、DMC），应填报 38249090.40。

四、有关加工贸易保税进口原产于日本、美国、英国或德国的初级形态二甲基环体硅氧烷如何征收反倾销税等方面的问题，海关按照中华人民共和国海关总署 2001 年第 9 号公告和中华人民共和国海关总署令第 111

号的规定执行。

五、对于实施临时反倾销措施之后进口原产于日本、美国、英国和德国的初级形态二甲基环体硅氧烷已经缴纳的反倾销现金保证金，按本公告规定的征收反倾销税的商品范围和反倾销税税率计征并转为反倾销税，与之同时缴纳的进口环节增值税保证金一并转为进口环节增值税。上述保证金超出按本公告附件2所列税率计算的反倾销税及相应的进口环节增值税的部分，有关单位可在6个月内向征收地海关申请退还，不足部分，不再补征。

六、对于伪报进口初级形态二甲基环体硅氧烷原产地或伪造原产地证明或原厂商发票的行为，海关将按有关规定进行处罚。

七、在对进口初级形态二甲基环体硅氧烷征收反倾销税期间，出现相同或类似货物而海关无法确定是否应对其征收反倾销税时，有关企业应向商务部提出申请，由商务部商有关部门就有关问题作出裁定。海关将根据商务部的裁定执行。

特此公告。

附件1　中华人民共和国商务部2005年第123号公告

附件2　初级形态二甲基环体硅氧烷反倾销税税率表

海关总署

2006年1月13日

附件

中华人民共和国商务部公告

2005年第123号

根据《中华人民共和国反倾销条例》的规定，中华人民共和国商务部于2004年7月16日发布立案公告，决定对原产于日本、美国、英国和德国的进口初级形态二甲基环体硅氧烷（以下简称被调查产品）进行反倾销调查。

商务部对被调查产品是否存在倾销和倾销幅度、被调查产品是否对国内产业造成损害及损害程度以及倾销与损害之间的因果关系进行了调查。根据调查结果和《中华人民共和国反倾销条例》第二十四条的规定，调查机关于2005年9月29日发布初裁公告认定原产于日本、美国、英国和德国的进口初级形态二甲基环体硅氧烷存在倾销，中国大陆产业遭受了实质损害，并且倾销与实质损害之间存在因果关系。

初步裁定后，调查机关对倾销和倾销幅度、损害和损害程度进行了进一步的调查。现本案调查结束，根据本案调查结果，并依据《中华人民共和国反倾销条例》第二十五条的规定，商务部作出最终裁定（见附件）。现将有关事项公告如下：

一、最终裁定

经过调查，商务部最终裁定，原产于日本、美国、英国和德国的进口初级形态二甲基环体硅氧烷存在倾销，中国大陆初级形态二甲基环体硅氧烷产业遭受了实质损害，而且倾销与实质损害之间存在因果关系。

二、征收反倾销税

根据《中华人民共和国反倾销条例》的有关规定，国务院关税税则委员会决定，自2006年1月16日起，对原产于日本、美国、英国和德国的进口初级形态二甲基环体硅氧烷征收反倾销税。

本案征收反倾销税的产品列在《中华人民共和国进出口税则》税则号2931.0000、3824.9090。具体描述如下：

调查范围：原产于日本、美国、英国和德国的进口初级形态二甲基环体硅氧烷

产品名称：初级形态二甲基环体硅氧烷

英文名称：dimethyl cyclosiloxane或cyclic dimethyl siloxane

分子结构式：$[(CH_3)_2SiO]_n$（n = 3 - 6）

产品种类：有机硅中间体

产品描述：初级形态二甲基环体硅氧烷是以二甲基二氯硅烷为主要原料，经过水解合成，以硅氧（Si－O）键为主链，硅原子上直接连接有机基的有机—无机化合物。初级形态二甲基环体硅氧烷分子结构呈现环状，主要包括六甲基环三硅氧烷（D3）、八甲基环四硅氧烷（D4）、十甲基环五硅氧烷（D5）、十二甲基环六硅氧烷（D6），以及六甲基环三硅氧烷（D3）及或八甲基环四硅氧烷（D4）及或十甲基环五硅氧烷（D5）及或十二甲基环六硅氧烷（D6）含量达到50%以上的无色透明或乳白色液体，可燃，无异味，不溶于水，溶于苯等有机溶剂。

具体而言，被调查产品范围包括：

1. 二甲基二氯硅烷水解物（简称水解物或水解料），其是一种以二甲基二氯硅烷为主要原料，经过水解合成工序制得的或者在此基础上再经过分离、裂解、

精馏后制得的一种以六甲基环三硅氧烷（D3）、八甲基环四硅氧烷（D4）、十甲基环五硅氧烷（D5）和十二甲基环六硅氧烷（D6）为主的混合物，其中六甲基环三硅氧烷（D3）及或八甲基环四硅氧烷（D4）及或十甲基环五硅氧烷（D5）及或十二甲基环六硅氧烷（D6）的含量达到50%以上。

2. 二甲基硅氧烷混合环体（DMC），其是一种以二甲基二氯硅烷为主要原料，在经过水解合成工序制得的水解物基础上，再经过分离或者裂解、精馏工序制得的一种以D3、D4、D5、D6为主的混合物，其中（D4+D5）含量≥80%。

3. 六甲基环三硅氧烷（D3），其是一种以二甲基二氯硅烷为主要原料，在经过水解合成工序制得的水解物基础上经过分离、精馏，或者是在水解物经过裂解后或在DMC基础上再进行分离、精馏后制得的有单独定义的化合物。

4. 八甲基环四硅氧烷（D4），其是一种以二甲基二氯硅烷为主要原料，在经过水解合成工序制得的水解物基础上经过分离、精馏，或者是在水解物经过裂解后或在DMC基础上再分离、精馏后制得的有单独定义的化合物。

5. 十甲基环五硅氧烷（D5），其是一种以二甲基二氯硅烷为主要原料，在经过水解合成工序制得的水解物基础上经过分离、精馏，或者是在水解物经过裂解后或在DMC基础上再分离、精馏后制得的有单独定义的化合物。

6. 十二甲基环六硅氧烷（D6），其是一种以二甲基二氯硅烷为主要原料，在经过水解合成工序制得的水解物基础上经过分离、精馏，或者是在水解物经过裂解后或在DMC基础上再分离、精馏后制得的有单独定义的化合物。

以上产品范围的描述并未改变立案公告中所述被调查产品的范围。

产品规格：根据最终加工程度的不同以及实际市场销售的规格，初级形态二甲基环体硅氧烷主要包括水解料、二甲基硅氧烷混合环体（DMC）、八甲基环四硅氧烷（D4）等。其中八甲基环四硅氧烷产品中主要成分D4的含量≥95.0%；二甲基硅氧烷混合环体（DMC）主要成分为D3（六甲基环三硅氧烷）、D4、D5（十甲基环五硅氧烷）、D6（十二甲基环六硅氧烷）等，其中（D4+D5）含量≥80%，可进一步精馏成D4；水解料为二甲基二氯硅烷直接水解后的混合物，其中环体（D3、D4、D5、D6）总含量≥50%，可进一步分离或者裂解、精馏成DMC或D4。

物理化学特征：

	水解料	DMC	D3	D4	D5	D6
外观	无色透明液体	无色透明液体	无色，常温下可成结晶状	无色透明液体	无色透明液体	无色透明液体
色度（黑曾）	≤20	≤10	≤10	≤10	≤10	≤10
气味	无异味	无异味	无异味	无异味	无异味	无异味
密度（20℃，克/立方厘米）	0.956－0.966	0.949－0.958	0.940－1.120	0.950－0.958	0.940－0.990	0.940－0.990
折光率（20℃）	1.3940－1.3980	1.3910－1.3960		1.3960－1.3970	1.390－1.410	1.390－1.410
环体总含量（%）	≥50	（D4+D5）≥80	（D3）≥90	（D4）≥95	（D5）≥95	（D6）≥95
粘度（25℃，平方毫米/秒）	≤10	2.10－3.50		2.10－2.80	≤5－10	≤5－10

主要用途：初级形态二甲基环体硅氧烷主要用于进行开环聚合成不同聚合度的硅油、硅橡胶和硅树脂等。这些聚合物进一步加工成制品广泛应用于建筑、电子、纺织、汽车、个人护理、食品、机械加工等各个领域，也有少量直接应用。

对各公司征收的反倾销税税率如下：

（一）日本公司

1. 通用电气东芝有机硅有限公司（GE Toshiba Silicones Co., Ltd.） 14%

2. 其他日本公司（All Others） 22%

（二）美国公司

1. 道康宁公司（Dow Corning Corporation） 13%

2. 其他美国公司（All Others） 22%

（三）英国公司

1. 道康宁有限公司（Dow Corning Limited） 13%

2. 其他英国公司（All Others） 22%

（四）德国公司

1. 瓦克化学有限责任公司（Wacker－Chemie GmbH） 22%

2. 其他德国公司（All Others） 22%

三、征收反倾销税的方法

自2006年1月16日起，进口经营者在进口原产于日本、美国、英国和德国的初级形态二甲基环体硅氧烷时，应向中华人民共和国海关缴纳相应的反倾销税。反倾销税以海关审定的完税价格从价计征，计算公式为：反倾销税额＝海关审定的完税价格×反倾销税税率。进口环节增值税以海关审定的完税价格加上关税和反倾销税作为计税价格从价计征。

四、反倾销税的追溯征收

对自2005年9月29日起至本决定公告之日止，有关进口经营者依初裁决定向中华人民共和国海关所提供的保证金，按终裁所确定的征收反倾销税的商品范围和反倾销税税率计征并转为反倾销税，并按相应的增值税税率计征进口环节增值税。对在此期间有关进口经营者所提供的保证金超出反倾销税和与之相应的进口环节增值税的部分，海关予以退还，少征部分则不再补征。

对实施临时反倾销措施决定公告之日前，原产于日本、美国、英国和德国的进口初级形态二甲基环体硅氧烷不再追溯征收反倾销税。

五、征收反倾销税的期限

对原产于日本、美国、英国和德国的进口初级形态二甲基环体硅氧烷征收反倾销税，实施期限自2006年1月16日起5年。

六、新出口商复审

对于上述国家在调查期内未向中华人民共和国出口被调查产品的新出口经营者，符合条件的，可依据《中华人民共和国反倾销条例》第四十七条的规定，向商务部书面申请新出口商复审。

七、期中复审

在征收反倾销税期间，有关利害关系方可以根据《中华人民共和国反倾销条例》第四十九条的规定，向商务部书面申请期中复审。

八、行政复议和行政诉讼

对本案终裁决定及征收反倾销税的决定不服的，根据《中华人民共和国反倾销条例》第五十三条的规定，可以依法申请行政复议，也可以依法向人民法院提起诉讼。

特此公告。

附件　中华人民共和国商务部关于对原产于日本、美国、英国和德国的进口初级形态二甲基环体硅氧烷反倾销调查的最终裁定（略）

商务部

2006年1月16日

附件2

初级形态二甲基环体硅氧烷反倾销税税率表

原产国（地区）	厂商名称	税率
日本	通用电气东芝有机硅有限公司（GE Toshiba Silicones Co., Ltd.）	14%
	其他日本公司（All Others）	22%
美国	道康宁公司（Dow Corning Corporation）	13%
	其他美国公司（All Others）	22%

原产国（地区）	厂商名称	税率
英国	道康宁有限公司（Dow Corning Corporation）	13%
	其他英国公司（All Others）	22%
德国	瓦克化学有限责任公司（Wacker - Chemie GmbH）	22%
	其他德国公司（All Others）	22%

中华人民共和国海关总署公告

2006 年第 4 号

根据海关总署公告 2005 年第 54 号有关确认“香港自有品牌”手表名单程序的规定，第一批香港自有品牌手表清单（见附件）已经有关部门确认，现予公布。对申报进口清单所列香港自有品牌的手表，海关凭香港原产地证书签发机构出具的原产地证书按照《内地与香港关于建立更紧密经贸关系的安排》的规定验放。

特此公告。

附件　第一批香港自有品牌手表清单

海关总署

2006 年 1 月 24 日

附件

第一批香港自有品牌手表清单

序号	香港自有品牌名称	香港公司名称	品牌性质
1	INTIMA	顺隆（香港）有限公司	香港原创品牌
2	盈天码	顺隆（香港）有限公司	香港原创品牌
3	FRANCIS DELON	大华钟表有限公司	香港原创品牌
4	DAIWA	大华钟表有限公司	香港原创品牌
5	诗朗	大华钟表有限公司	香港原创品牌
6	大华	大华钟表有限公司	香港原创品牌

中华人民共和国海关总署公告

2006年第5号

根据《中华人民共和国反倾销条例》的规定，国务院关税税则委员会决定自2006年1月16日起，对原产于日本、美国、英国和德国的进口初级形态二甲基环体硅氧烷征收反倾销税。商务部于当日就此发布了商务部2005年第123号公告（以下简称商务部第123号公告）。按照《中华人民共和国反倾销条例》的规定，海关总署就该公告的具体执行问题随后发布了海关总署2006年第3号公告（以下简称海关总署第3号公告）。

鉴于海关总署对商务部第123号公告相关进口货物的10位数商品编号进行了调整，现就海关对初级形态二甲基环体硅氧烷实施反倾销措施的有关问题补充公告如下：

一、自本公告发布之日起，进口货物收货人在办理税则号列2931.0000、3824.9090项下初级形态二甲基环体硅氧烷进口申报手续时，如果进口货物属于商务部第123号公告中产品描述所称的D3、D4、D5、D6中的任何一种化合物，不再按照海关总署第3号公告规定填报为29310000.22，而应填报为29310000.50。

二、除上述申报商品编号调整外，对原产于日本、美国、英国和德国的进口初级形态二甲基环体硅氧烷征收反倾销税的其他事宜，仍按照海关总署第3号公告的规定执行。

特此公告。

海关总署

2006年1月27日

中华人民共和国海关总署公告

2006年第6号

根据《中华人民共和国反倾销条例》的有关规定，商务部接受三元乙丙橡胶反倾销案申请人提出的撤诉申请，决定终止对原产于美国、韩国、荷兰的进口三元乙丙橡胶的反倾销调查。商务部为此发布了2006年第9号公告（详见附件）。现就有关问题公告如下：

一、自2006年2月9日起，海关停止执行海关总署2005年第55号公告，对申报进口原产于美国、韩国和荷兰的三元乙丙橡胶（税则号列：4002.7010、4002.7090），不再征收反倾销现金保证金。

二、在实施临时反倾销措施期间，进口货物收货人进口原产于美国、韩国和荷兰的三元乙丙橡胶已经缴纳的反倾销现金保证金，海关予以退还。有关单位可自2006年2月9日起6个月内向征收地海关提出退还上述反倾销现金保证金的申请，并办理相关手续。

特此公告。

附件　中华人民共和国商务部2006年第9号公告

海关总署

2006年2月8日

附件

中华人民共和国商务部公告

2006年第9号

根据《中华人民共和国反倾销条例》的规定，商务部于2004年8月10日发布公告，决定对原产于美国、韩国、荷兰的进口三元乙丙橡胶（以下简称被调查产品）进行反倾销调查。本案被调查产品在《中华人民共和国进出口税则》中列为 4002.7010、4002.7090。商务部对被调查产品是否存在倾销和倾销幅度、被调查产品是否对国内产业造成损害及损害程度进行了调查。

根据调查结果和《中华人民共和国反倾销条例》第二十四条的规定，商务部于 2005 年 11 月 16 日发布初步裁定，认定被调查产品存在倾销，国内产业存在实质损害，同时认定倾销和实质损害之间存在因果关系。

2006 年 1 月 23 日，本案申请人——吉林化学工业股份有限公司向商务部提出撤销其三元乙丙橡胶反倾销调查申请，并请求终止三元乙丙橡胶反倾销调查。根据《中华人民共和国反倾销条例》第二十七条的规定，商务部接受申请人提出的撤诉申请，并决定自本公告发布之日起终止对原产于美国、韩国、荷兰的进口三元乙丙橡胶的反倾销调查。有关进口经营者根据初步裁定，就进口原产于美国、韩国、荷兰的被调查产品向中华人民共和国海关所提供的保证金，海关予以退还。

特此公告。

商务部

2006 年 2 月 9 日

中华人民共和国海关总署公告

2006 年第 7 号

经国务院批准，国家发展和改革委员会以《中华人民共和国国家发展和改革委员会令（第 40 号）》发布了《产业结构调整指导目录（2005 年本）》（以下简称《产业指导目录》，详见附件），并规定自 2005 年 12 月 2 日起执行。现就海关执行中的有关问题公告如下：

一、自 2005 年 12 月 2 日起，对属于《产业指导目录》鼓励类范围的国内投资项目，在投资总额内进口的自用设备，除《国内投资项目不予免税的进口商品目录》所列商品外，可凭投资主管部门出具的项目确认书，按照《国务院关于调整进口设备税收政策的通知》（国发〔1997〕37 号）及其他相关规定办理免征进口关税和进口环节增值税手续。

二、《产业指导目录》实施后，项目确认书中的“项目产业政策审批条目”编码为“I”，例如，《产业指导目录》中鼓励类的第一类第 1 项应填写为：粮食中低产田综合治理与稳产高产基本农田建设（I0101）；第六类第 2 项应填写为：天然气水合物勘探开发（I0602）。

三、为保持政策的连续性，对 2005 年 12 月 2 日（不含 12 月 2 日）以前审批、核准或备案的国内投资项目（以项目的审批、核准或备案日期为准），符合《当前国家重点鼓励发展的产业、产品和技术目录（2000 年修订）》的，可按照原有关规定继续办理免征进口关税和进口环节增值税手续。有关项目单位须于 2006 年 12 月 31 日前，持投资主管部门出具的项目确认书（其中“项目产业政策审批条目”仍按原审批条目及编码填写）等有关资料向海关申请办理减免税备案手续。逾期，海关不再受理上述减免税备案申请。

四、有关投资主管部门已出具的国内投资项目的项目确认书需要变更的，应由原项目确认书的出具单位以函的形式进行变更，不再采取在原项目确认书复印件上变更的方式。对于仍在原项目确认书复印件上进行变更的，海关不予认可。

特此公告。

附件　产业结构调整指导目录（2005 年本）（略）

海关总署

2006 年 2 月 9 日

中华人民共和国海关总署公告

2006年第8号

根据《中华人民共和国反倾销条例》的规定，国务院关税税则委员会决定对原产于日本、欧盟和美国的进口呋喃酚征收反倾销税，征税时间从2006年2月12日开始，期限为5年。商务部为此发布中华人民共和国商务部2006年第7号公告（详见附件1）。现将执行中的有关问题公告如下：

一、自2006年2月12日起，对申报进口原产于日本、欧盟和美国的呋喃酚（税则号列：2932.9910），除按现行规定征收进口关税外，还应区别不同的供货厂商，按照本公告2所列的适用税率和下述计算公式征收反倾销税及进口环节增值税。

反倾销税税额＝海关完税价格×反倾销税税率

进口环节增值税税额＝（海关完税价格＋关税税额＋反倾销税税额）×进口环节增值税税率

对应征收反倾销税产品的详细描述详见本公告附件1。

二、凡申报进口呋喃酚的，必须向海关提交原产地证明，如果原产地为日本、欧盟或美国的，还需提供原厂商发票。对于申报进口呋喃酚时不能提供原产地证明，且经查验也无法确定货物的原产地不是日本、欧盟或美国的，海关将按照本公告附件2所列的最高反倾销税税率征收反倾销税；对于能够确定货物的原产地是日本、欧盟或美国，但进口经营单位不能提供原厂商发票的，海关将按照本公告附件2所列的相应国家其他公司适用的反倾销税税率征收反倾销税。

三、美国FMC公司和日本农药株式会社与中华人民共和国商务部签署了价格承诺协议。在价格承诺协议执行期间，对产自上述公司的进口呋喃酚不征收反倾销税。申报进口由上述公司生产的呋喃酚，应向海关提交该公司按照价格承诺协议的规定出具的“对华出口证明信”。对不能提交“对华出口证明信”或申报价格低于价格承诺协议规定的协议参考价格的，或上述公司出现违反价格承诺协议以及其他终止价格承诺协议的情况，应按本公告的规定征收反倾销税。

四、有关加工贸易保税进口原产于日本、欧盟和美国的呋喃酚如何征收反倾销税等方面的问题，海关按照中华人民共和国海关总署2001年第9号公告和中华人民共和国海关总署令第111号的规定执行。

五、对于实施临时反倾销措施之后进口原产于日本、欧盟和美国的呋喃酚已经缴纳的反倾销现金保证金，按本公告规定的征收反倾销税的商品范围和反倾销税税率计征并转为反倾销税，与之同时缴纳的进口环节增值税保证金一并转为进口环节增值税。上述保证金超出按本公告附件2所列税率计算的反倾销税及相应的进口环节增值税的部分，有关单位可在6个月内向征收地海关申请退还，不足部分，不再补征。

六、对伪报进口呋喃酚原产地或伪造原产地证明、原厂商发票、“对华出口证明信”，偷逃应纳税款的，海关将按有关规定进行处罚。

七、在对进口呋喃酚征收反倾销税期间，出现相同或类似货物而海关无法确定是否应对其征收反倾销税时，有关企业应向商务部提出申请，由商务部商有关部门就有关问题作出裁定。海关将根据商务部的裁定执行。

特此公告。

附件1　中华人民共和国商务部2006年第7号公告
附件2　呋喃酚反倾销税税率表

海关总署
2006年2月10日

附件1

中华人民共和国商务部公告

2006年第7号

根据《中华人民共和国反倾销条例》的规定，中华人民共和国商务部（以下称调查机关）于2004年8月12日发布公告，决定对原产于日本、欧盟和美国的进口呋喃酚（以下简称被调查产品）进行反倾销立案调查。

调查机关对倾销和倾销幅度、损害及损害程度，以及倾销和损害之间的因果关系进行了调查。根据调查结果和《中华人民共和国反倾销条例》第二十四条的规定，调查机关于2005年6月16日发布初裁公告，认定被调查产品存在倾销，中国大陆呋喃酚产业遭受了实质损害，而且倾销与实质损害之间存在因果关系。

初步裁定后，调查机关继续对倾销和倾销幅度、损害和损害程度，以及倾销和损害之间的因果关系进行调查。现本案调查结束，根据本案调查结果，并依据《中华人民共和国反倾销条例》第二十五条的规定，调查机关作出终裁决定（见附件1）。现将有关事项公告如下：

一、终裁决定

经过调查，调查机关最终裁定原产于日本、欧盟和美国的进口呋喃酚存在倾销，并对中国呋喃酚产业造成实质损害，且倾销与实质损害之间存在因果关系。

二、征收反倾销税和价格承诺协议

根据《中华人民共和国反倾销条例》的有关规定，国务院关税税则委员会决定，自2006年2月12日起，对原产于日本、欧盟和美国进口呋喃酚征收反倾销税。

本案被调查产品归在税则号：2932.9910。

调查范围：原产于日本、欧盟和美国的进口呋喃酚。

被调查产品名称：呋喃酚（或称7－羟基苯并呋喃，英文为Benzofuranol，7－Hydroxy或Furan phenol）。

产品种类：有机杂环化合物

产品规格：一般为呋喃酚主含量≥98%，水分≤0.1%，但是根据客户的不同要求，呋喃酚含量和水分会有所不同。

分子式：$C_{10}H_{12}O_2$

化学结构式：（略）

物理化学特征：呋喃酚一般为无色或淡黄色或淡红色透明油状粘稠液体。分子量为164，沸点133.6℃/2665.8Pa、104℃/533.2Pa，密度d4201.103g/cm³，d4251.0988g/cm³。常温下易溶于苯、甲苯、甲醇、乙醇、三氯甲烷等有机溶剂，微溶于水，但溶于强碱溶液。一般情况下较稳定，但长期暴露于空气中则被氧化。

主要用途：可作为合成农药克百威、丁硫克百威、丙硫克百威、呋线威等产品的中间体，同时可作为医药中间体。

对各公司征收的反倾销税税率如下：

（一）美国公司

1. 美国FMC公司　44%

2. 其他美国公司　113.2%

（二）日本公司　113.2%

（三）欧盟公司　113.2%

美国FMC公司和日本农药株式会社与中华人民共和国商务部签署了价格承诺协议（见附件2、附件3），该协议与本终裁决定同时生效。在价格承诺协议执行期间，自上述公司进口的被调查产品不征收反倾销税；如出现违反价格承诺协议或其他终止价格承诺协议的情况，则按上述税率征收反倾销税。

三、征收反倾销税的方法

自2006年2月12日起，进口经营者在进口原产于日本、欧盟和美国的进口呋喃酚时，应向中华人民共和国海关缴纳相应的反倾销税。反倾销税以海关审定的完税价格从价计征，计算公式为：

反倾销税额＝海关完税价格×反倾销税税率

进口环节增值税以海关审定的完税价格加上关税和反倾销税作为计税价格从价计征。

四、反倾销税的追溯征收

对自2005年6月16日起至本决定公告之日止，有关进口经营者依初裁决定向中华人民共和国海关所提供的保证金，按终裁所确定的征收反倾销税的商品范围和反倾销税税率计征并转为反倾销税，并按相应的增值税税率计征进口环节增值税。对在此期间有关进口经营者所提供的保证金超出反倾销税和与之相应的进口环节增值税的部分，海关予以退还，少征部分则不再补征。

对实施临时反倾销措施决定公告之日前，原产于日本、欧盟和美国的进口呋喃酚不再追溯征收反倾销税。

五、征收反倾销税的期限

对原产于日本、欧盟和美国的进口呋喃酚征收反倾销税，实施期限自2006年2月12日起5年。

六、新出口商复审

对于上述国家和地区在调查期内未向中华人民共和国出口被调查产品的新出口经营者，符合条件的，可依据《中华人民共和国反倾销条例》第四十七条的规定，向调查机关书面申请新出口商复审。

七、期中复审

在征收反倾销税期间，有关利害关系方可根据《中华人民共和国反倾销条例》第四十九条的规定，向调查机关书面申请期中复审。

八、行政复议和行政诉讼

对本案终裁决定及征收反倾销税的决定不服的，根据《中华人民共和国反倾销条例》第五十三条的规定，可以依法申请行政复议，也可以依法向人民法院提起诉讼。

特此公告。

附件1　中华人民共和国商务部关于对原产于日本、欧盟和美国的进口呋喃酚反倾销调查的终裁决定（略）

附件2　中华人民共和国商务部与美国FMC公司关于终止呋喃酚反倾销调查的价格承诺协议（略）

附件3　中华人民共和国商务部与日本农药株式会社关于终止呋喃酚反倾销调查的价格承诺协议（略）

商务部

2006年2月12日

附件2

呋喃酚反倾销税税率表

原产国（地区）	厂商名称	征收比率
美国	美国FMC公司	44%
	其他美国公司	113.20%
欧盟	欧盟公司	113.20%
日本	日本公司	113.20%

中华人民共和国海关总署公告

2006年第9号

根据国务院关税税则委员会关于撤销对原产于美国、泰国、韩国和台湾地区的进口未漂白牛皮箱纸板征收反倾销税的决定，商务部发布了2006年第8号公告（以下简称商务部2006年第8号公告，详见附件）。现就有关问题公告如下：

根据商务部2006年第8号公告，海关停止执行海关总署2005年第50号公告，对原产于美国、泰国、韩国和台湾地区的进口未漂白牛皮箱纸板不再征收反倾销税。本公告发布前，海关对原产于上述国家和地区的进口未漂白牛皮箱纸板已征收的反倾销税，予以退还。有关单位可自本公告发布之日起6个月内向征收地海关提出退还上述反倾销税的申请，并办理相关手续。

特此公告。

附件　中华人民共和国商务部2006年第8号公告

海关总署

2006年2月16日

附件

中华人民共和国商务部公告

2006年第8号

2006年1月9日，商务部发布《行政复议决定书》（商法函〔2006〕1号），决定撤销商务部公告〔2005〕第60号。鉴此，国务院关税税则委员会决定撤销对原产于美国、泰国、韩国和台湾地区的进口未漂白牛皮箱纸板征收反倾销税的决定。

根据国务院关税税则委员会的决定，自2006年1月9日起，终止对原产于美国、泰国、韩国和台湾地区的进口未漂白牛皮箱纸板征收反倾销税。

特此公告。

商务部

2006年2月13日

中华人民共和国海关总署公告

2006 年第 10 号

全国海关行政执法职能调整后，海关缉私部门承担了行政案件调查职能。为进一步规范执法行为，明确从事行政案件调查工作的海关工作人员的执法身份，保护执法相对人的合法权益，特制发“中华人民共和国海关查缉证”。

“中华人民共和国海关查缉证”的尺寸规格为信用卡国际标准尺寸，卡基采用了与第二代居民身份证相同的 PETG 材料，以蓝绿彩虹过渡色为基色，内嵌海关总署大楼底纹图案，证件底纹采用了不规则网状条纹。证件的正面中间位置是中华人民共和国海关关徽标志；标志下方印有“中华人民共和国海关查缉证”的字样，在正常光线下为黑色，紫外光下为红色；字样下方印有“持证海关人员有权行使《中华人民共和国海关法》规定的查缉权力，任何单位和个人均不得阻挠。”的说明性文字。证件的背面右上方印有证件流水号码，由“HG”字母和 5 位阿拉伯数字构成；背面左侧印有持证人员着制服的小二寸彩色免冠相片，右侧印有持证人员姓名、性别、单位、职务、编号及发证日期等人员信息，背景是由“中华人民共和国海关总署”英文防伪缩微文字构成的海关关徽图案；正下方印有“中华人民共和国海关总署”和“General Administration of Customs of the People’s Republic of China”中英文对照字样。

“中华人民共和国海关查缉证”由海关总署统一制发，是海关工作人员依法行使调查职权的执法证件。持证海关人员执行公务时有权行使《中华人民共和国海关法》所规定的权力，有关当事人应依法接受调查。

“中华人民共和国海关查缉证”于 2006 年 2 月 28 日起启用。

特此公告。

附件　“中华人民共和国海关查缉证”式样（略）

海关总署
2006 年 2 月 21 日

中华人民共和国海关总署公告

2006 年第 11 号

为适应国际贸易中存在的以定价公式约定货物价格的贸易实际，规范对公式定价进口货物的海关完税价格审定工作，便利企业通关，根据《中华人民共和国进出口关税条例》和《中华人民共和国海关审定进出口货物完税价格办法》（以下简称《审价办法》）的规定，现将海关审定公式定价进口货物完税价格的有关规定公告如下：

一、本公告所称的公式定价，是指在向中华人民共和国境内销售货物所签订的合同中，买卖双方未以具体明确的数值约定货物价格，而是以约定的定价公式来确定货物结算价格的定价方式。

按照定价公式确定的结算价格是指买方为购买该货物支付的价款总额。

二、对同时符合下列条件的进口货物，海关以买卖双方约定的定价公式所确定的结算价格为基础审定完税价格：

（一）在货物运抵中华人民共和国境内前买卖双方已书面约定定价公式；

（二）结算价格取决于买卖双方均无法控制的客观条件和因素；

（三）自货物申报进口之日起 6 个月内能够根据定价公式确定结算价格；

（四）结算价格符合《审价办法》中成交价格的有关规定。

三、纳税义务人进口列入公式定价进口货物常见商品名单（详见附件1，以下简称商品名单）中的货物，应当在公式定价合同签订后10个工作日内，向进口地直属海关提出合同备案申请，并提供相关材料。

经审核，海关向纳税义务人出具公式定价合同海关备案表（详见附件2，以下简称备案表）。对于符合本公告第二条规定的，海关在备案表中注明以结算价格为基础审定完税价格；不符合本公告第二条规定的，海关在备案表中注明不符合公告第二条规定。

四、对已经海关备案的合同，如纳税义务人需要进行修改的，应当在修改合同后的10个工作日内，报备案海关重新审核。

五、纳税义务人申报进口商品名单所列公式定价进口货物时，应当在报关单备注栏目内填报备案表中给出的备案号，并向海关提供备案表和确定货物完税价格所需的各项资料。

六、对于经海关备案且符合本公告第二条规定的公式定价进口货物，在进口申报时，结算价格已根据定价公式确定的，海关以结算价格为基础审定完税价格；结算价格尚未确定的，纳税义务人在向海关提供税款担保后，可以先行提取货物，待结算价格确定后，海关以结算价格为基础审定完税价格。

对于经海关备案，但不符合本公告第二条规定的公式定价进口货物，海关按照《审价办法》的相关规定，依次按照相同或类似货物成交价格方法、倒扣价格方法、计算价格方法、合理方法等估定完税价格。

七、对于未列入商品名单的公式定价进口货物，海关可比照本公告第二条和第六条的规定审定完税价格。

八、海关总署将根据实际情况不定期调整商品名单，并对外公告。

九、本公告自2006年4月1日起施行。

特此公告。

附件1　公式定价进口货物常见商品名单

附件2　公式定价合同海关备案表

海关总署

2006年3月6日

附件1

公式定价进口货物常见商品名单

序号	商品名称	税则号列
1	黄大豆	1201.0091
2	铁矿砂及其精矿	2601.1110，2601.1120，2601.1190，2601.1200
3	铜矿砂及其精矿	2603.0000
4	石油原油及从沥青矿物提取的原油	2709.0000
5	其他柴油及其他燃料油	2710.1929
6	5－7号燃料油	2710.1922
7	液化丙烷	2711.1200
8	液化丁烷	2711.1390
9	液化丙烷、丁烷的混合物	2711.1200或2711.1390
10	氧化铝（冶炼级）	2818.2000
11	苯	2902.2000
12	甲苯	2902.3000
13	对二甲苯	2902.4300
14	苯乙烯	2902.5000

序号	商品名称	税则号列
15	异辛醇	2905.1600
16	1，2－乙二醇	2905.3100
17	对苯二甲酸	2917.3610
18	丙烯腈	2926.1000
19	二苯基甲烷二异氰酸酯（纯 MDI）	2929.1030
20	多次甲基多苯基异氰酸酯（聚合 MDI）	3824.9040
21	未锻轧的精炼铜阴极及阴极型材	7403.1100
22	未锻轧的非合金铝	7601.1010，7601.1090

附件 2

公式定价合同海关备案表

备案海关：##（公章）　　　　　　　　　　　　　　　　　　　　备案号：公式定价　号

<table>
<tr><td>商品名称</td><td></td><td>商品编号</td><td></td><td>贸易方式</td><td></td></tr>
<tr><td>规格型号</td><td colspan="3"></td><td>原产地</td><td></td></tr>
<tr><td>合同号</td><td></td><td>签约日期</td><td></td><td>合同执行期</td><td>自：
至：</td></tr>
<tr><td>合同总进口数量</td><td></td><td>进口口岸</td><td></td><td>本关区进口数量</td><td></td></tr>
<tr><td>合同签约方</td><td colspan="5"></td></tr>
<tr><td>成交方式</td><td colspan="2"></td><td>结算价格确定时间</td><td colspan="2"></td></tr>
<tr><td colspan="6">定价公式及说明</td></tr>
<tr><td colspan="6">根据《中华人民共和国海关总署　号公告》有关规定，经审核你单位提交资料，（填写：“海关以结算价格为基础审定以上货物的完税价格”或“以上货物不符合公告第二条规定”），你单位在进口申报时，应一并提供本备案表。

（盖章）

年　月　日</td></tr>
</table>

注意事项：

1. 本表一式三联，第一联直属海关关税职能部门留存；第二联进口口岸海关留存；第三联申请备案单位留存，在货物申报进口时交海关。
2. 应在表中“定价公式及说明”栏目完整填写定价公式，如有必要，可另附页。
3. 本表自签发之日起至公式定价合同执行期内有效。如遇政策调整，请按有关规定办理。
4. 本表由各关自行印制。

中华人民共和国海关总署公告

2006年第12号

根据《中华人民共和国反倾销条例》的规定和对原产于日本和台湾地区的进口PBT树脂反倾销调查结果，商务部决定对原产于日本和台湾地区的进口PBT树脂实施临时反倾销措施并对外公告（中华人民共和国商务部公告2006年第15号，详见附件1）。现就海关实施上述临时反倾销措施的有关事项公告如下：

一、自2006年3月22日起，对原产于日本和台湾地区的进口PBT树脂（税则号列：3907.9900，该税号下的增强或改性的PBT树脂除外），海关除按现行规定征收关税和进口环节增值税外，还应区别不同的供货厂商，按照反倾销保证金征收比率表（详见附件2）所列的征收比率征收反倾销保证金。

反倾销保证金的计算公式为：

反倾销保证金金额＝（海关完税价格×反倾销保证金征收比率）×（1＋进口环节增值税税率）

对实施临时反倾销措施产品的详细描述详见本公告附件1。

二、凡申报进口PBT树脂的，应当向海关提交原产地证明，如果原产地为日本或台湾地区的，还需提供原厂商发票。对于申报进口PBT树脂时不能提供原产地证明，且经查验也无法确定货物的原产地不是日本或台湾地区的，海关按照本公告附件2所列的最高反倾销保证金征收比率征收保证金；对于能够确定货物的原产地是日本或台湾地区，但进口货物的收货人不能提供原厂商发票，且通过其他合法、有效的单证也无法确定原生产厂商的，海关按照本公告附件2所列的相应国家或地区其他公司适用的反倾销保证金征收比率征收保证金。

三、关于对加工贸易保税进口PBT树脂征收反倾销保证金的问题，按照海关总署2001年第9号公告和海关总署令第111号的有关规定执行。

四、对于伪报原产国、伪造PBT树脂原产地证明或原厂商发票的，海关按有关规定进行处罚。

五、对于所征收的反倾销保证金的处理，海关总署将根据终裁结果另行公告。

六、在实施临时反倾销措施期间，如果出现与实施临时反倾销措施产品类似的进口货物，而海关无法确定是否属于实施临时反倾销措施的产品时，有关企业可向商务部提出申请，由商务部商有关部门作出裁定，海关将根据商务部的裁定执行。

特此公告。

附件1　中华人民共和国商务部公告2006年第15号

附件2　反倾销保证金征收比率表

海关总署

2006年3月21日

附件1

中华人民共和国商务部公告

2006年第15号

根据《中华人民共和国反倾销条例》的规定，中华人民共和国商务部于2005年6月6日发布立案公告，决定对原产于日本、台湾地区的进口PBT树脂进行反倾销调查。

商务部对被调查产品是否存在倾销和倾销幅度、被调查产品是否对中国大陆产业造成损害及损害程度以及倾销与损害之间的因果关系进行了调查。根据调查结果和《中华人民共和国反倾销条例》第二十四条的规定，商务部作出初裁决定（见附件）。现将有关事项公告如下：

一、初步裁定

商务部初步裁定，被调查产品存在倾销，中国大陆PBT树脂产业遭受了实质损害，而且倾销与实质损害之间存在因果关系。

二、征收保证金

根据《中华人民共和国反倾销条例》第二十八条和二十九条的规定，商务部决定采用保证金形式实施临时反倾销措施。自2006年3月22日起，进口经营者在进口原产于日本、台湾地区的PBT树脂时，应依据本初裁决定所确定的各公司的倾销幅度向中华人民共和国海关提供相应的保证金。

本案征收保证金的产品列在《中华人民共和国进出口税则》税则号3907.9900，但不包括该税则号下的增强或改性的PBT树脂。具体描述如下：

调查范围：原产于日本、台湾地区的PBT树脂

产品名称：聚对苯二甲酸丁二醇酯，也称聚对苯二甲酸四亚甲基酯或聚丁烯对苯二甲酸酯，业界通常称之为PBT树脂。

英文名称：Polybutylene Terephthalate Resin（简称PBT、PBTP或PTMP）

分子式：$\left[C_{12}H_8O_4 \right]_n$

化学结构式：（略）

PBT树脂是一种热塑性饱和聚酯，在常温下一般为乳白色、颗粒状固体；主要用于PBT改性、PBT抽丝、拉膜、光纤护套等领域，在增强改性后可广泛应用于汽车制造、电子电气、仪表仪器、照明用具、家电、纺织、机械工业和通讯等领域。

对各公司征收的保证金比率如下：

（一）台湾地区公司

1. 长春人造树脂厂股份有限公司（Chang Chun Plastics Co., Ltd.）12.78%

2. 其他台湾公司17.31%

（二）所有日本公司17.31%

三、征收保证金的方法

自2006年3月22日起，进出口经营者在进口原产于日本、台湾地区的进口PBT树脂时，应依据本初裁决定所确定的各公司的倾销幅度向中华人民共和国海关提供相应的保证金。保证金以海关审定的完税价格从价计征，计算公式为：

保证金金额＝（海关审定的完税价格×保证金征收比率）×（1＋进口环节增值税税率）

四、评论

各利害关系方在本公告发布之日起20天内，可向商务部提出书面评论并附相关证据，商务部将依法予以考虑。

特此公告。

附件　中华人民共和国商务部关于对原产于日本、台湾地区的进口PBT树脂反倾销调查的初步裁定（略）

商务部

2006年3月22日

附件2

反倾销保证金征收比率表

原产国（地区）	厂商名称	征收比率
日本	所有日本公司	17.31%
台湾地区	长春人造树脂厂股份有限公司（Chang Chun Plastics Co., Ltd.）	12.78%
	其他台湾公司	17.31%

中华人民共和国商务部
海　关　总　署
公　告

2006年第14号

根据《中华人民共和国反倾销条例》的有关规定，经国务院关税税则委员会决定，并由商务部发布中华人民共和国商务部2003年第49号公告，规定自2003年9月9日起，对原产于俄罗斯、韩国和日本的进口初级形状未作任何加工的丁苯橡胶、初级形状充油丁苯橡胶、其他未列名初级形状丁苯橡胶及羧基丁苯橡胶（初级形状包括为便于运输，对初级形状进行压缩、挤压等简单成型处理）征收反倾销税，涉及的海关税则号列为4002.1911、4002.1912、4002.1919（上述产品以下简称为丁苯橡胶）。

按照《中华人民共和国进出口税则》和海关归类规则，商务部2003年第49号公告中所述"为便于运输，对初级形状进行压缩、挤压等简单成型处理"的丁苯橡胶，根据其形态，有些虽应归入税则号列4002.1990，但仍属于商务部2003年第49号公告规定应征收反倾销税的产品范围。为此，特就有关问题公告如下：

一、自本公告发布之日起，海关对属于商务部2003年第49号公告规定征收反倾销税的产品范围，但按海关归类规则应归入税则号列4002.1990的进口丁苯橡胶，按照海关总署2003年第53号公告的规定征收反倾销税。进口货物收货人在办理上述产品（为便于运输，对初级形状进行压缩、挤压等简单成型处理的丁苯橡胶）进口申报手续时，商品编号应填报40021990.10。商品编号（税则号列）4002.1990项下的其他进口产品（包括为便于运输对初级形状进行压缩、挤压等简单成型处理的热塑丁苯橡胶、充油热塑丁苯橡胶）应填报40021990.90。

二、本公告发布前，进口货物收货人进口应归入税则号列4002.1990项下，属于应征收反倾销税范围的原产于俄罗斯、韩国和日本，且为便于运输对初级形状进行压缩、挤压等简单成型处理的丁苯橡胶，海关未予征收反倾销税的，不再补征。

三、商务部2003年第49号公告规定应征收反倾销税的其他丁苯橡胶，仍按照海关总署2003年第53号公告的规定执行。

特此公告。

商务部
海关总署
2006年3月23日

中华人民共和国海关总署公告

2006年第15号

经国务院批准，自2006年4月1日起，对进口环节消费税税目、税率及相关政策进行调整。现将有关消费税政策调整和执行问题公告如下：

一、新增对高尔夫球及球具、高档手表、游艇、木制一次性筷子、实木地板、石脑油、溶剂油、润滑油、燃料油、航空煤油等产品征收消费税；停止对护肤护发品征收消费税；调整汽车、摩托车、汽车轮胎、白酒的消费税税率；石脑油、溶剂油、润滑油、燃料油暂按应纳消费税税额的30%征收；航空煤油暂缓征收消费税；子午线轮胎免征消费税。

其中，对进口白酒类征收复合消费税时，应按20%的税率计征从价消费税，同时按1元/千克的税率计征从量消费税。对进口卷烟（包括烟草制的卷烟和烟草代用品制的卷烟，10位商品编码分别为：24022000.00、24029000.10）仍按海关总署2004年第4号公告规定的计税方法计征复合消费税。

调整后征收进口环节消费税的商品共14类，具体税目税率见附件。

二、在海关调整有关程序和参数前，进口上述商品时，纳税义务人应在报关单"征免方式"栏填写"特案"；海关采用手工处理方式征收税款。相关程序和参数调整后，海关总署将另行通知。

三、进口环节消费税的征收管理仍应按《中华人民共和国海关法》第六十五条规定，适用关税征收管理的规定。

本公告自2006年4月1日起执行。

特此公告。

附件 进口环节消费税应税税目税率表

海关总署

2006年4月3日

附件

进口环节消费税应税税目税率表

商品编码	商品名称	税率	备注
21069020.00	制造饮料用的复合酒精制品	5%	
22030000.00	麦芽酿造的啤酒	进口完税价格≥370美元/吨的麦芽酿造啤酒，税率为250元/吨	1千克=0.988升
		进口完税价格<370美元/吨的麦芽酿造啤酒，税率为220元/吨	
22041000.00	葡萄汽酒	10%	
22042100.00	小包装的鲜葡萄酿造的酒（小包装指装入两升及以下容器的）	10%	
22042900.00	其他包装鲜葡萄酿造的酒（其他包装指装入两升以上容器的）	10%	
22043000.00	其他酿酒葡萄汁（税号20.09以外的）	10%	
22051000.00	小包装的味美思酒及类似酒（两升及以下容器包装，加植物或香料的用鲜葡萄酿造的酒）	10%	
22059000.00	其他包装的味美思酒及类似酒（两升以上容器包装，加植物或香料的用鲜葡萄酿造的酒）	10%	
22060000.10	黄酒	240元/吨	1千克=0.962升
22060000.90	其他发酵饮料（未列名的发酵饮料混合物及发酵饮料与无酒精饮料的混合物）	10	

<table>
<tr><th>商品编码</th><th>商品名称</th><th>税率</th><th>备注</th></tr>
<tr><td>22071000.00</td><td>酒精浓度在80%及以上的未改性乙醇</td><td>5%</td><td></td></tr>
<tr><td>22072000.10</td><td>任何浓度的改性乙醇</td><td>5%</td><td></td></tr>
<tr><td>22072000.90</td><td>任何浓度的其他酒精</td><td>5%</td><td></td></tr>
<tr><td>22082000.00</td><td>蒸馏葡萄酒制得的烈性酒</td><td>20% +1元/千克</td><td rowspan="7">1升=0.912千克</td></tr>
<tr><td>22083000.00</td><td>威士忌酒</td><td>20% +1元/千克</td></tr>
<tr><td>22084000.00</td><td>朗姆酒及其他甘蔗蒸馏酒</td><td>20% +1元/千克</td></tr>
<tr><td>22085000.00</td><td>杜松子酒</td><td>20% +1元/千克</td></tr>
<tr><td>22086000.00</td><td>伏特加酒</td><td>20% +1元/千克</td></tr>
<tr><td>22087000.00</td><td>利口酒及柯迪尔酒</td><td>20% +1元/千克</td></tr>
<tr><td>22089010.00</td><td>龙舌兰酒</td><td>20% +1元/千克</td></tr>
<tr><td>22089090.10</td><td>酒精浓度在80%以下的未改性乙醇</td><td>5%</td><td></td></tr>
<tr><td>22089090.20</td><td>薯类蒸馏酒</td><td>20% +1元/千克</td><td rowspan="3">1升=0.912千克</td></tr>
<tr><td>22089090.90</td><td>其他蒸馏酒及酒精饮料</td><td>20% +1元/千克</td></tr>
<tr><td>24021000.00</td><td>烟草制的雪茄烟</td><td>40%</td></tr>
<tr><td rowspan="2">24022000.00</td><td>烟草制的卷烟，每标准条进口消费税适用比例税率的价格≥50元人民币</td><td>45% +150元/标准箱</td><td rowspan="4">1标准条=200支；
1标准箱=5万支</td></tr>
<tr><td>烟草制的卷烟，每标准条进口消费税适用比例税率的价格<50元人民币</td><td>30% +150元/标准箱</td></tr>
<tr><td rowspan="2">24029000.10</td><td>烟草代用品制的卷烟，每标准条进口消费税适用比例税率的价格≥50元人民币</td><td>45% +150元/标准箱</td></tr>
<tr><td>烟草代用品制的卷烟，每标准条进口消费税适用比例税率的价格<50元人民币</td><td>30% +150元/标准箱</td></tr>
<tr><td>24029000.90</td><td>烟草代用品制的雪茄烟</td><td>40%</td><td></td></tr>
<tr><td>24031000.00</td><td>供吸用的烟草（不论是否含有任何比例的烟草代用品）</td><td>30%</td><td></td></tr>
<tr><td>24039100.10</td><td>再造烟草</td><td>30%</td><td></td></tr>
<tr><td>24039100.90</td><td>均化烟草</td><td>30%</td><td></td></tr>
<tr><td>24039900.90</td><td>其他烟草及烟草代用品的制品</td><td>30%</td><td>烟草精汁除外</td></tr>
<tr><td>27101110.00</td><td>车用汽油及航空汽油</td><td>0.2元/升</td><td>1千克=1.388升</td></tr>
<tr><td>27101120.00</td><td>石脑油</td><td>0.2元/升，减按0.06元/升征收</td><td>1千克=1.385升</td></tr>
<tr><td>27101130.00</td><td>橡胶溶剂油、油漆溶剂油、抽提溶剂油</td><td>0.2元/升，减按0.06元/升征收</td><td>1千克=1.282升</td></tr>
</table>

商品编码	商品名称	税率	备注
27101911.00	航空煤油	0.1元/升，暂缓征收	1千克=1.246升
27101921.00	轻柴油	0.1元/升	1千克=1.176升
27101922.00	5-7号燃料油	0.1元/升，减按0.03元/升征收	1千克=1.015升
27101929.20	重柴油	0.1元/升，减按0.03元/升征收	1千克=1.015升
27101929.90	其他柴油及燃料油	0.1元/升，减按0.03元/升征收	1千克=1.015升蜡油：350℃以下馏出物体积百分比小于20%，550℃以下馏出物体积百分比大于80%
27101991.00	润滑油	0.2元/升，减按0.06元/升征收	1千克=1.126升
33021090.10	生产食品、饮料用混合香料及制品（含以香料为基本成分的混合物，按容量计酒精浓度>0.5%）	5%	
33030000.00	香水及花露水	30%	
33041000.00	唇用化妆品	30%	
33042000.00	眼用化妆品	30%	
33043000.00	指（趾）甲化妆品	30%	
33049100.00	香粉，不论是否压紧	30%	
33049900.91	其他含濒危植物成分美容化妆品	30%	不包括护肤品
33049900.99	其他美容化妆品	30%	
36041000.00	烟花，爆竹	15%	
40111000.90	机动小客车用新充气非子午线轮胎（橡胶轮胎，包括旅行小客车及赛车用）	3%	
40112000.19	断面宽度≥24英寸的客或货车用新的非子午线充气橡胶轮胎	3%	
40112000.99	客或货车用新的其他非子午线充气橡胶轮胎	3%	
40114000.00	摩托车用新的充气橡胶轮胎	3%	
40116100.19	断面宽≥24英寸人字型非子午线轮胎（新充气橡胶轮胎，含胎面类似人字型的，农林车辆机械用）	3%	

商品编码	商品名称	税率	备注
40116100.99	其他人字型胎面非子午线轮胎（新充气橡胶轮胎，含胎面类似人字型的，农林车辆机械用）	3%	
40116200.19	断面宽≥24英寸人字型非子午线轮胎（建筑业，工业用，辋圈≤61厘米，新充气橡胶胎，含类似人字型）	3%	
40116200.99	其他人字型胎面非子午线轮胎（建筑业，工业用，辋圈≤61厘米，新充气橡胶胎，含类似人字型）	3%	
40116300.19	断面宽≥24英寸人字型非子午线轮胎（建筑业，工业用，辋圈>61厘米，新充气橡胶胎，含类似人字型）	3%	
40116300.99	其他人字型胎面非子午线轮胎（建筑业，工业用，辋圈>61厘米，新充气橡胶胎，含类似人字型）	3%	
40116900.19	断面宽≥24英寸人字型非子午线轮胎（其他用途，新充气橡胶轮胎，含胎面类似人字型的）	3%	
40116900.99	其他人字型胎面非子午线轮胎（其他用途，新充气橡胶轮胎，含胎面类似人字型的）	3%	
40119200.19	其他断面宽≥24英寸非子午线轮胎（新充气橡胶轮胎，非人字型胎面，农林车辆机械用）	3%	
40119200.99	其他新的充气橡胶非子午线轮胎（新充气橡胶轮胎，非人字型胎面，农林车辆机械用）	3%	
40119300.19	其他断面宽≥24英寸非子午线轮胎（建筑业，工业用，辋圈≤61厘米，新充气橡胶胎，非人字型胎面）	3%	
40119300.99	其他新的充气橡胶非子午线轮胎（建筑业，工业用，辋圈≤61厘米，新充气橡胶胎，非人字型胎面）	3%	
40119400.19	其他断面宽≥24英寸非子午线轮胎（建筑业，工业用，辋圈>61厘米，新充气橡胶胎，非人字型胎面）	3%	

<table>
<tr><th>商品编码</th><th>商品名称</th><th>税率</th><th>备注</th></tr>
<tr><td>40119400.99</td><td>其他新的充气橡胶非子午线轮胎（建筑业，工业用，辋圈>61 厘米，新充气橡胶胎，非人字型胎面）</td><td>3%</td><td rowspan="7">子午线轮胎是指在轮胎结构中，胎体帘子线按子午线方向排列，并有钢丝帘线排列几乎接近圆周方向的带束层束紧胎体的轮胎</td></tr>
<tr><td>40119900.19</td><td>其他断面宽≥24 英寸非子午线轮胎（其他用途，新充气橡胶轮胎，非人字型胎面 ）</td><td>3%</td></tr>
<tr><td>40119900.99</td><td>其他新的充气橡胶非子午线轮胎（其他用途，新充气橡胶轮胎，非人字型胎面 ）</td><td>3%</td></tr>
<tr><td>40122010.90</td><td>汽车用旧的充气橡胶非子午线轮胎</td><td>3%</td></tr>
<tr><td>40122090.90</td><td>其他用旧的充气橡胶非子午线轮胎</td><td>3%</td></tr>
<tr><td>40129020.90</td><td>汽车用实心或半实心非子午线轮胎（还包括可互换橡胶胎面及橡胶轮胎衬带）</td><td>3%</td></tr>
<tr><td>40129090.90</td><td>其他用实心或半实心非子午线轮胎（还包括可互换橡胶胎面及橡胶轮胎衬带）</td><td>3%</td></tr>
<tr><td>40131000.00</td><td>汽车用橡胶内胎（机动小客车（包括旅行小客车及赛车）、客运车或货运车用）</td><td>3%</td><td></td></tr>
<tr><td>40139090.00</td><td>其他用橡胶内胎</td><td>3%</td><td></td></tr>
<tr><td>44091010.10</td><td>一边或面制成连续形状的濒危针叶木制地板条、块（包括未装拼的拼花地板用板条及缘板）</td><td>5%</td><td></td></tr>
<tr><td>44091010.90</td><td>一边或面制成连续形状的其他针叶木地板条，块（包括未装拼的拼花地板用板条及缘板）</td><td>5%</td><td></td></tr>
<tr><td>44092019.10</td><td>一边或面制成连续形状的拉敏木地板条、块（包括未装拼的拼花地板用板条及缘板）</td><td>5%</td><td></td></tr>
<tr><td>44092019.20</td><td>一边或面制成连续形状的桃花心木地板条、块（包括未装拼的拼花地板用板条及缘板）</td><td>5%</td><td></td></tr>
<tr><td>44092019.30</td><td>一边或面制成连续形状的其他濒危木地板条、块（包括未装拼的拼花地板用板条及缘板）</td><td>5%</td><td></td></tr>
</table>

商品编码	商品名称	税率	备注
44092019.90	一边或面制成连续形状的其他非针叶木地板条、块（包括未装拼的拼花地板用板条及缘板）	5%	
44190031.00	木制一次性筷子	5%	
71011011.00	未分级的天然黑珍珠（不论是否加工，但未制成制品）	10%	
71011019.00	其他未分级的天然珍珠（不论是否加工，但未制成制品）	10%	
71011091.00	其他天然黑珍珠（不论是否加工，但未制成制品）	10%	
71011099.00	其他天然珍珠（不论是否加工，但未制成制品）	10%	
71012110.00	未分级，未加工的养殖珍珠（未制成制品）	10%	
71012190.00	其他未加工的养殖珍珠（未制成制品）	10%	
71012210.00	未分级，已加工的养殖珍珠（未制成制品）	10%	
71012290.00	其他已加工的养殖珍珠（未制成制品）	10%	
71031000.00	未加工宝石或半宝石（经简单锯开或粗制成型，未成串或镶嵌）	10%	
71039100.00	经其他加工的红，蓝，绿宝石（未成串或镶嵌）	10%	
71039910.00	经其他加工的翡翠（未成串或镶嵌）	10%	
71039990.00	经其他加工的其他宝石或半宝石（未成串或镶嵌）	10%	
71042090.00	未加工合成或再造其他宝石半宝石（经简单锯开或粗制成形，未成串或镶嵌）	10%	
71049019.00	其他工业用合成或再造宝石半宝石（包括宝石或半宝石）	10%	
71049099.00	其他非工业用合成宝石或半宝石（未成串或镶嵌）	10%	
71059000.00	其他天然或合成宝石或半宝石粉末	10%	

商品编码	商品名称	税率	备注
71132090.10	镶嵌濒危物种制品以贱金属为底的包贵金属制首饰（包括零件）	10%	
71132090.90	其他以贱金属为底的包贵金属制首饰（包括零件）	10%	
71161000.00	天然或养殖珍珠制品	10%	
71162000.10	钻石制品（包括天然，合成或再造的）	10%	
71162000.90	其他宝石或半宝石制品（包括天然，合成或再造的）	10%	
87021092.10	20≤座≤23 装有压燃式活塞内燃发动机的客车	5%	
87021093.00	10≤座≤19 装有压燃式活塞内燃发动机的客车	5%	
87029020.10	20≤座≤23 装有非压燃式活塞内燃发动机的客车	5%	
87029030.00	10≤座≤19 装有非压燃式活塞内燃发动机的客车	5%	
87032130.10	排气量≤1 升的装有点燃往复式活塞内燃发动机的小轿车	3%	
87032190.10	排气量≤1 升的装有点燃往复式活塞内燃发动机的其他车辆	3%	
87032230.10	1 升＜排气量≤1.5 升的装有点燃往复式活塞内燃发动机的小轿车	3%	
87032240.10	1 升＜排气量≤1.5 升的装有点燃往复式活塞内燃发动机的四轮驱动越野车	3%	
87032250.10	1 升＜排气量≤1.5 升的装有点燃往复式活塞内燃发动机的小客车（≤9 座）	3%	
87032290.10	1 升＜排气量≤1.5 升的装有点燃往复式活塞内燃发动机的其他载人车	3%	
87032314.11	1.5 升＜排气量≤2 升的装点燃往复式活塞内燃发动机的小轿车	5%	
87032314.19	2 升＜排气量≤2.5 升的装点燃往复式活塞内燃发动机的小轿车	9%	
87032315.11	1.5 升＜排气量≤2 升的装点燃往复式活塞内燃发动机四轮驱动越野车	5%	

商品编码	商品名称	税率	备注
87032315. 19	2升＜排气量≤2. 5升的装点燃往复式活塞内燃发动机四轮驱动越野车	9%	
87032316. 11	1. 5升＜排气量≤2升的装点燃往复式活塞内燃发动机小客车（指≤9座）	5%	
87032316. 19	2升＜排气量≤2. 5升的装点燃往复式活塞内燃发动机的小客车（指≤9座）	9%	
87032319. 11	1. 5升＜排气量≤2升的装点燃往复式活塞内燃发动机其他载人车辆	5%	
87032319. 19	2升＜排气量≤2. 5升的装点燃往复式活塞内燃发动机其他载人车辆	9%	
87032334. 10	2. 5升＜排气量≤3升的装点燃往复式活塞内燃发动机小轿车	12%	
87032335. 10	2. 5升＜排气量≤3升的装点燃往复式活塞内燃发动机越野车	12%	
87032336. 10	2. 5升＜排气量≤3升的装点燃往复式活塞内燃发动机旅行小客车（≤9座）	12%	
87032339. 10	2. 5升＜排气量≤3升的装点燃往复式活塞内燃发动机其他载人车（≤9座）	12%	
87032430. 11	3升＜排气量≤4升的装有点燃往复式活塞内燃发动机小轿车	15%	
87032430. 19	排气量＞4升的装有点燃往复式活塞内燃发动机小轿车	20%	
87032440. 11	3升＜排气量≤4升的装有点燃往复式活塞内燃发动机越野车	15%	
87032440. 19	排气量＞4升的装有点燃往复式活塞内燃发动机越野车	20%	
87032450. 11	3升＜排气量≤4升的装有点燃往复式活塞内燃发动机的小客车（≤9座）	15%	
87032450. 19	排气量＞4升的装有点燃往复式活塞内燃发动机的小客车（≤9座）	20%	
87032490. 11	3升＜排气量≤4升的装有点燃往复式活塞内燃发动机的其他载人车辆	15%	
87032490. 19	排气量＞4升的装有点燃往复式活塞内燃发动机其他载人车辆	20%	

商品编码	商品名称	税率	备注
87033130.10	排气量≤1.5升的装有压燃式活塞内燃发动机小轿车	3%	
87033140.10	排气量≤1.5升的装有压燃式活塞内燃发动机越野车	3%	
87033150.10	排气量≤1.5升的装有压燃式活塞内燃发动机小客车（≤9座）	3%	
87033190.10	排气量≤1.5升的装有压燃式活塞内燃发动机其他载人车	3%	
87033230.11	1.5升<排气量≤2升装有压燃式活塞内燃发动机小轿车	5%	
87033230.19	2升<排气量≤2.5升装有压燃式活塞内燃发动机小轿车	9%	
87033240.11	1.5升<排气量≤2升装有压燃式活塞内燃发动机四轮驱动越野车	5%	
87033240.19	2升<排气量≤2.5升装有压燃式活塞内燃发动机四轮驱动越野车	9%	
87033250.11	1.5升<排气量≤2升装有压燃式活塞内燃发动机小客车（指≤9座）	5%	
87033250.19	2升<排气量≤2.5升装有压燃式活塞内燃发动机小客车（指≤9座）	9%	
87033290.11	1.5升<排气量≤2升的装有压燃式活塞内燃发动机其他载人车辆	5%	
87033290.19	2升<排气量≤2.5升的装有压燃式活塞内燃发动机其他载人车辆	9%	
87033330.11	2.5升<排气量≤3升装有压燃式活塞内燃发动机小轿车	12%	
87033330.12	3升<排气量≤4升装有压燃式活塞内燃发动机小轿车	15%	
87033330.19	排气量>4升装有压燃式活塞内燃发动机小轿车	20%	
87033340.11	2.5升<排气量≤3升装有压燃式活塞内燃发动机四轮驱动越野车	12%	
87033340.12	3升<排气量≤4升装有压燃式活塞内燃发动机四轮驱动越野车燃发动机）	15%	

商品编码	商品名称	税率	备注
87033340.19	排气量>4升装有压燃式活塞内燃发动机四轮驱动越野车	20%	
87033350.11	2.5升<排气量≤3升装有压燃式活塞内燃发动机的小客车（≤9座）	12%	
87033350.12	3升<排气量≤4升装有压燃式活塞内燃发动机的小客车（≤9座）	15%	
87033350.19	排气量>4升装有压燃式活塞内燃发动机的小客车（≤9座）	20%	
87033390.11	2.5升<排气量≤3升的装有压燃式活塞内燃发动机的其他载人车辆	12%	
87033390.12	3升<排气量≤4升的装有压燃式活塞内燃发动机的其他载人车辆	15%	
87033390.19	排气量>4升的装有压燃式活塞内燃发动机的其他载人车辆	20%	
87039000.11	其他型排气量≤1.5升的其他载人车辆	3%	
87039000.12	其他型1.5升<排气量≤2升的其他载人车辆	5%	
87039000.13	其他型2升<排气量≤2.5升的其他载人车辆	9%	
87039000.14	其他型2.5升<排气量≤3升的其他载人车辆	12%	
87039000.15	其他型3升<排气量≤4升的其他载人车辆	15%	
87039000.16	其他型4升<排气量的其他载人车辆	20%	
87111000.10	排气量=50毫升的装有往复式活塞内燃发动机摩托车及脚踏两用车	3%	
87111000.90	排气量<50毫升的装有往复式活塞内燃发动机摩托车及脚踏两用车	3%	

商品编码	商品名称	税率	备注
87112010.00	50 毫升＜排气量≤100 毫升的装有往复式活塞内燃发动机摩托车及脚踏两用车	3%	
87112020.00	100 毫升＜排气量≤125 毫升的装有往复式活塞内燃发动机摩托车及脚踏两用车摩托车	3%	
87112030.00	125 毫升＜排气量≤150 毫升的装有往复式活塞内燃发动机摩托车及脚踏两用车摩托车	3%	
87112040.00	150 毫升＜排气量≤200 毫升的装有往复式活塞内燃发动机摩托车及脚踏两用车摩托车	3%	
87112050.00	200 毫升＜排气量≤250 毫升的装有往复式活塞内燃发动机摩托车及脚踏两用车摩托车	3%	
87113010.00	250 毫升＜排气量≤400 毫升的装有往复式活塞内燃发动机摩托车及脚踏两用车摩托车	10%	
87113020.00	400 毫升＜排气量≤500 毫升的装有往复式活塞内燃发动机摩托车及脚踏两用车摩托车	10%	
87114000.00	500 毫升＜排气量≤800 毫升的装有往复式活塞内燃发动机摩托车及脚踏两用车摩托车	10%	
87115000.00	排气量＞800 毫升的装有往复式活塞内燃发动机摩托车及脚踏两用车摩托车	10%	
87119090.11	排气量≤250 毫升摩托车及脚踏两用车	3%	
87119090.12	排气量＞250 毫升摩托车及脚踏两用车	10%	
87119090.19	其他无法区分排气量的摩托车及脚踏两用车	3%	
89039100.10	8 米＜长度＜90 米的机动帆船（不论是否装有辅助发动机）	10%	
89039200.10	8 米＜长度＜90 米的汽艇（装有舷外发动机的除外）	10%	

商品编码	商品名称	税率	备注
89039900.10	8米<长度<90米的娱乐或运动用其他机动船舶或快艇（包括划艇及轻舟）	10%	
9101.1100、9101.1200、9101.1900、9101.2100、9101.2900、9102.1100、9102.1200、9102.1900、9102.2100、9102.2900	上述税号中每块进口关税完税价格在10000元人民币及以上的手表	20%	
95063100.00	完整的高尔夫球棍	10%	
95063200.00	高尔夫球	10%	

注：电动汽车及其他无法区分排气量的载人车辆不征收消费税。

中华人民共和国海关总署公告

2006年第16号

为了规范进出口企业申报行为，提高申报数据质量，促进贸易便利化，海关总署制定了《中华人民共和国海关进出口商品规范申报目录》（以下简称《目录》，中国海关出版社出版）。

本《目录》自2006年5月1日起施行。进出口货物收发货人及其代理人在报关时应当严格按照《目录》中关于规范申报商品品名、规格的要求，认真填制报关单并依法办理通关手续。

特此公告。

海关总署

2006年4月7日

中华人民共和国海关总署公告

2006年第17号

新修订的《中华人民共和国海关审定进出口货物完税价格办法》已于2006年3月28日以海关总署令第148号公布，并将于2006年5月1日起实施。海关总署2003年第66号公告和第67号公告自2006年5月1日起同时废止。

特此公告。

海关总署

2006年4月7日

中华人民共和国海关总署公告

2006 年第 18 号

根据《中华人民共和国反倾销条例》的规定，商务部对原产于日本、韩国的进口不锈钢冷轧薄板进行了期终复审调查。根据调查结果，国务院关税税则委员会决定对原产于日本、韩国的进口不锈钢冷轧薄板继续征收反倾销税，征税时间自 2006 年 4 月 8 日开始，期限为 5 年。商务部为此发布了中华人民共和国商务部 2006 年第 18 号公告。

自 2006 年 4 月 8 日起，海关对申报进口原产于日本、韩国的不锈钢冷轧薄板，继续按照中华人民共和国海关总署 2005 年第 8 号公告规定的产品范围、税率和公式等征收反倾销税。

特此公告。

海关总署
2006 年 4 月 7 日

中华人民共和国海关总署公告

2006 年第 19 号

为了规范汽车成套散件进口管理，现就持汽车成套散件许可证进口的汽车成套散件的认定问题公告如下：

一、汽车各大总成（系统）中，车身总成（车门须与车体分离）、发动机总成、变速箱总成（或发动机与变速箱共同组成动力总成）、前后桥总成、车架总成、转向系统、制动系统以独立总成（系统）或者以独立总成（系统）的散件方式进口的，方可视为汽车成套散件。

二、对持凭成套散件许可证的进口汽车散件，海关应当严格按照其报验状态，根据本公告第一条的规定办理归类、征税和验放等手续。

本公告自公布之日起施行。对本公告公布之前已经由境外发运并于 2006 年 7 月 1 日前报关进口的汽车成套散件，仍按照原做法办理。

特此公告。

海关总署
2006 年 4 月 24 日

中华人民共和国海关总署公告

2006 年第 20 号

《中华人民共和国海关报关员执业管理办法》（海关总署令第 146 号，以下简称《办法》）将自 2006 年 6 月 1 日起施行。现就有关事宜公告如下：

一、关于《办法》生效前报关员证的有效期

（一）2006 年 5 月 31 日之前（含当日），在海关取得 8 位报关员注册编码的报关员，其报关员证有效期延至 2008 年，具体时间以报关员证发证日期标注的月日为准。

（二）持上述报关员证的报关员，在有效期届满前，均可凭以办理报关业务，不需要到海关办理报关员证延长有效期的签注手续。

二、关于缴纳社会保险证明

申请人申请报关员注册时提交的缴纳社会保险证明，应当符合所在地劳动和社会保障行政主管部门关于险种的规定。

三、关于逾期提出报关员注册延续申请

按照《办法》第十八条规定，报关员逾期提出报关员注册延续申请的，海关不予受理。但是，报关员在有效期届满后仍然需要从事报关业务的，应当重新申请海关办理报关员注册。

四、关于考核及出具考核合格证明

报关员注册有效期届满之日起连续2年未注册再次申请报关员注册的人员，应当通过拟注册地海关的考核。考核合格的，海关予以出具考核合格的证明材料。

五、关于报关员培训

海关鼓励报关员参加报关协会组织的相关培训。

六、关于报关员证

（一）自2006年6月1日起，海关启用新版报关员证。有效期已经延至2008年的旧版报关员证，在有效期内不需要换发新版报关员证。

（二）自2006年6月1日起，申请人提交制作报关员证的照片应为蓝底（或白底）彩色免冠小2寸照片。

七、关于《办法》所涉及报关员注册行政许可项目法律文书的统一格式样本

（一）报关员注册变更申请书（见附件1）。

（二）申请人申请办理报关员注册、注册变更、注册延续，提交相关材料的同时，应当填写报关员注册（延续、变更）材料签收表（见附件2），一式两份。

（三）“中华人民共和国××海关行政许可申请告知书”（见附件3）。

（四）“中华人民共和国××海关行政许可申请受理决定书”（见附件4）。

（五）“中华人民共和国××海关行政许可申请不予受理决定书”（见附件5）。

（六）“中华人民共和国××海关准予报关员注册决定书”（见附件6）。

（七）“中华人民共和国××海关准予报关员注册延续决定书”（见附件7）。

（八）“中华人民共和国××海关准予报关员注册变更决定书”（见附件8）。

（九）“中华人民共和国××海关不准予行政许可决定书”（见附件9）。

（十）“中华人民共和国××海关撤销报关员注册决定书”（见附件10）。

（十一）“中华人民共和国××海关行政许可法律文书送达回证”（见附件11）。

八、《办法》施行后下列文件废止

（一）1992年9月9日下发的《关于发布〈中华人民共和国海关对报关单位和报关员管理规定〉的通知》（署监一〔1992〕1417号）；

（二）1995年7月3日下发的《海关总署关于清理整顿报关企业和报关员队伍有关问题的通知》（署稽〔1995〕518号）；

（三）1996年7月19日下发的《海关总署关于加强对报关行为管理问题的通知》（署监〔1996〕610号）；

（四）1996年12月31日下发的《海关总署关于对未年审报关单位及报关员实施行政处罚的法律依据问题的通知》（署法〔1996〕1021号）；

（五）1997年4月8日下发的《海关总署关于发布〈中华人民共和国海关对报关员管理规定〉的通知》（署稽〔1997〕307号）；

（六）1997年12月5日下发的《海关总署关于下发〈海关对报关企业和报关员年审的规程〉的通知》（署稽〔1997〕969号）；

（七）1998年8月27日下发的《稽查司关于为供港鲜活商品报关的报关员制发报关员卡有关问题的通知》（稽管〔1998〕42号）；

（八）1998年12月24日下发的《监管司关于做好海关对企业年审工作的通知》（监管〔1998〕31号）；

（九）2000年1月5日下发的《海关总署监管司关于企业年审工作事宜的通知》（监管〔2001〕2号）。

特此公告。

附件1　报关员注册变更申请书
附件2　报关员注册（延续、变更）材料签收表
附件3　“中华人民共和国××海关行政许可申请告知书”
附件4　“中华人民共和国××海关行政许可申请受理决定书”
附件5　“中华人民共和国××海关行政许可申请不予受理决定书”
附件6　“中华人民共和国××海关准予报关员注册决定书”
附件7　“中华人民共和国××海关准予报关员注册延续决定书”
附件8　“中华人民共和国××海关准予报关员注册变更决定书”

附件9　“中华人民共和国××海关不准予行政许可决定书”
附件10　“中华人民共和国××海关撤销报关员注册决定书”
附件11　“中华人民共和国××海关行政许可法律文书送达回证”

海关总署
2006年4月29日

附件1

报关员注册变更申请书

______海关：

本人因故申请变更下列报关员注册内容：

项目	现为	拟变更为
姓名		
身份证件号码		
报关单位名称		
报关单位海关编码		

现提交下列材料的原件及复印件：

1. 报关员资格证书；
2. 报关员证；
3. 其他：

本人承诺所提交的材料真实、合法、有效。现向你关提出报关员注册变更申请，请予以受理。

联系电话：

申请人签章

年　月　日

附件2

报关员注册（延续、变更）材料签收表

项目	名称	确认（√）	备注
许可申请	报关员注册申请书		
	报关单位的报关注册登记证书复印件		
	报关员资格证书复印件		
	劳动合同复印件		
	身份证件复印件		
	缴纳社会保险证明复印件		
	报关业务实习证明材料（首次申请用）		
	海关报关业务岗位考核合格的证明材料		
	台港澳人员就业证复印件（台港澳人员申请用）		

项目	名称	确认（√）	备注
许可延续申请	报关员注册延续申请书		
	报关单位的报关注册登记证书复印件		
	报关员资格证书复印件		
	劳动合同复印件		
	身份证件复印件		
	报关员证复印件		
	缴纳社会保险证明复印件		
许可变更	报关员注册变更申请书		
	报关员资格证书（已变更的）		
	报关员证		

注：1. 申请人所在报关单位为非企业性质的，注册（延续）申请时可以提交聘用合同复印件或者人事证明；2. 申请人为台湾居民或者香港、澳门居民中的中国公民的，注册（延续）时还应提交台港澳人员就业证复印件。

提交人：　　　　　　　　　　接收海关：（行政许可专用章）

联系电话：　　　　　　　　　海关经办关员：

接收时间：　　　　　　　　　年　月　日

附件 3

中华人民共和国××海关
行政许可申请告知书

【　】　号

______：

你关于报关员注册（注册延续、注册变更）的申请，我关于　年　月　日收悉。经审查，有下列第　项情形，

（1）申请事项依法不需要取得海关行政许可；

（2）申请材料不齐全；

（3）申请材料不符合法定形式。

根据《中华人民共和国行政许可法》、《中华人民共和国海关实施〈中华人民共和国行政许可法〉办法》和《中华人民共和国海关报关员执业管理办法》的规定，

（具体告知事项）

特此告知。

（海关行政许可专用章）

年　月　日

附件 4

中华人民共和国××海关
行政许可申请受理决定书

【　】　号

______：

你关于报关员注册（注册变更、注册延续）的申请，我关于　年　月　日收悉。经审查，根据《中华人民共和国行政许可法》、《中华人民共和国海关实施〈中华人民共和国行政许可法〉办法》和《中华人民共和国海关报关员执业管理办法》的规定，我关予以受理。

（海关行政许可专用章）

年　月　日

附件 5

中华人民共和国××海关
行政许可申请不予受理决定书

【　】　号

______：

你关于报关员注册（注册变更、注册延续）的申请，我关于　年　月　日收悉。经审查，有下列第　项

情形，

（一）申请依法不属本海关职权范围；

（二）不具备报关员注册申请资格；

（三）存在《中华人民共和国海关报关员执业管理办法》第九条第一款第（ ）项规定的情形；

（四）其他。

根据《中华人民共和国行政许可法》、《中华人民共和国海关实施〈中华人民共和国行政许可法〉办法》和《中华人民共和国海关报关员执业管理办法》的规定，我关决定不予受理。

应当依法向　　海关申请。

对本决定不服的，可以自收到本决定书之日起六十日内向海关总署申请行政复议，也可以自知道海关作出不予受理决定之日起三个月内向　　市中级人民法院起诉。

（海关行政许可专用章）

年　月　日

附件6

中华人民共和国××海关
准予报关员注册决定书

【　】　号

______：

你关于报关员注册的申请，符合报关员注册许可的条件。根据《中华人民共和国行政许可法》、《中华人民共和国海关实施〈中华人民共和国行政许可法〉办法》和《中华人民共和国海关报关员执业管理办法》的规定，我关决定准予报关员注册。姓名为：　　，报关员注册编码为：　　，身份证编号为：　　，所在报关单位名称为：　　，所在报关单位海关编码为：　　。

在办理海关注册登记后，应当在所在报关单位的报关地域执业，有效期至　年　月　日。

（海关行政印章）

年　月　日

附件7

中华人民共和国××海关
准予报关员注册延续决定书

【　】　号

______：

你关于报关员注册延续的申请，符合报关员注册延续的条件。根据《中华人民共和国行政许可法》、《中华人民共和国海关实施〈中华人民共和国行政许可法〉办法》和《中华人民共和国海关报关员执业管理办法》的规定，我关决定准予报关员注册延续。有效期延续至　年　月　日。

（海关行政印章）

年　月　日

附件8

中华人民共和国××海关
准予报关员注册变更决定书

【　】　号

______：

你关于报关员注册变更的申请，符合报关员注册变更的条件。根据《中华人民共和国行政许可法》、《中华人民共和国海关实施〈中华人民共和国行政许可法〉办法》和《中华人民共和国海关报关员执业管理办法》的规定，我关决定准予报关员注册变更。（此处具体列明变更前内容）　　变更为：（此处具体列明变更后内容）　　。

（海关行政印章）

年　月　日

附件9

中华人民共和国××海关
不准予行政许可决定书

【　】　号

______：

你关于报关员注册（注册变更、注册延续）的申请，不符合（具体列明不符合条件）

根据《中华人民共和国行政许可法》、《中华人民共和国海关实施〈中华人民共和国行政许可法〉办法》和《中华人民共和国海关报关员执业管理办法》的规定，我关决定不准予行政许可。

对本决定不服的，可以自收到本决定书之日起六十日内向海关总署申请行政复议，也可以自知道海关作出不准予许可决定之日起三个月内向　　市中级人民法院起诉。

（海关行政印章）

年　月　日

附件 10

中华人民共和国××海关
撤销报关员注册决定书

【 】 号

______：

经审查，我关作出的准予你报关员注册的行政行为（[ ] 号），有（此处列明撤销原因）的情形。根据《中华人民共和国行政许可法》、《中华人民共和国海关实施〈中华人民共和国行政许可法〉办法》和《中华人民共和国海关报关员执业管理办法》的规定，我关决定：撤销你的报关员注册。自本决定作出之日起，不得从事报关业务。

对本决定不服的，可以自收到本决定书之日起六十日内向海关总署申请行政复议；也可以自知道海关作出撤销你报关员注册决定之日起三个月内向　　市中级人民法院起诉。

（海关行政印章）

年　月　日

附件 11

中华人民共和国××海关
行政许可法律文书送达回证

【 】 号

受送达人：______

代 理 人：______

送达方式：（具体列明送达方式）______

送达地点：______

送达文书：（具体列明法律文书名称及文号）______

签收人签名：______

年　月　日

签收人非受送达人的，请注明与受送达人关系：______

经办关员签名：______

年　月　日

受送达人拒签情况：（此处由经办关员填写）______

见证人签字：______

年　月　日

中华人民共和国海关总署公告

2006 年第 21 号

2005 年 3 月 28 日，海关总署 2005 年第 4 号公告发布了《进口汽车零部件构成整车特征核定规则》（以下简称核定规则）。鉴于 2006 年税则对部分税目作了调整，现根据税则将核定规则附件 2（汽车关键件或分总成税则税目表）的相应内容调整后重新发布（见附件），原附件 2 中的印刷错误一并予以更正。今后遇有税则税目调整，核定规则附件 2 同时按调整后的税目执行。

特此公告。

附件　汽车关键件或分总成税则税目表

海关总署

2006 年 4 月 30 日

附件

汽车关键件或分总成税则税目表

总成	关键件	税则号列		货品名称
		2005 年	2006 年	
车身	1. 侧围	8708.2990	8708.2951	侧围
	2. 车门	8708.2990	8708.2952	车门
	3. 发动机罩盖	8708.2990	8708.2953	发动机罩盖
	4. 顶盖	8708.2990	8708.2959	车身的其他零件、附件
	5. 前围	8708.2990	8708.2954	前围
	6. 座舱地板	8708.2990	同左	车身的其他零件、附件
	7. 行李箱盖（或背门）	8708.2990	8708.2955	行李箱盖（或背门）
	8. 后围	8708.2990	8708.2956	后围
	9. 翼子板（或叶子板）	8708.2990	8708.2957	翼子板（或叶子板）
发动机（柴油机）	10. 缸体	8409.9991	同左	输出功率在132.39千瓦（180马力）及以上的发动机用
		8409.9999	同左	其他未列名发动机的专用零件
	11. 缸盖	8409.9991	同左	输出功率在132.39千瓦（180马力）及以上的发动机用
		8409.9999	同左	其他未列名发动机的专用零件
	12. 曲轴	8483.1090	同左	其他传动轴（包括凸轮轴及曲柄轴）
	13. 高压油泵	8413.3021	同左	输出功率在132.39千瓦（180马力）及以上的发动机用燃油泵
		8413.3029	同左	其他燃油泵
	14. 增压器	8414.8090	8414.8030	发动机增压器
	15. 凸轮轴	8483.1090	同左	其他传动轴（包括凸轮轴及曲柄轴）
	16. 连杆	8409.9991	同左	输出功率在132.39千瓦（180马力）及以上的发动机用
		8409.9999	同左	其他未列名发动机的专用零件
	17. 起动机	8511.4091	同左	输出功率在132.39千瓦（180马力）及以上的发动机用启动电机
		8511.4099	同左	其他起动电机及两用起动电机
	18. 发电机	8511.5090	同左	其他发电机
	19. 柴油喷射器	8409.9991	同左	输出功率在132.39千瓦（180马力）及以上的发动机用
		8409.9999	同左	其他未列名发动机的专用零件

总成	关键件	税则号列		货品名称
		2005 年	2006 年	
发动机（汽油机）	20. 缸体	8409.9199	同左	其他点燃式活塞内燃发动机用零件
	21. 缸盖	8409.9199	同左	其他点燃式活塞内燃发动机用零件
	22. 曲轴	8483.1090	同左	其他传动轴（包括凸轮轴及曲柄轴）
	23. 凸轮轴	8483.1090	同左	其他传动轴（包括凸轮轴及曲柄轴）
	24. EFI 装置（包括 ECU、节流阀体、喷油器、传感器）	8409.9191	同左	电控燃油喷射装置
	25. 燃油泵	8413.3021	同左	输出功率在 132.39 千瓦（180 马力）及以上的发动机用燃油泵
		8413.3029	同左	其他燃油泵
	26. 连杆	8409.9199	同左	其他点燃式活塞内燃发动机用零件——连杆
	27. 起动机	8511.4091	同左	输出功率在 132.39 千瓦（180 马力）及以上的发动机用启动电机
		8511.4099	同左	其他起动电机及两用起动电机
	28. 发电机	8511.5090	同左	其他发电机
	29. 增压器	8414.8090	8414.8030	发动机用增压器
变速器（手动）	30. 壳体	8708.9910	同左	牵引车及拖拉机（税号 87.09 的牵引车除外）用其他零件、附件
		8708.9929	同左	大型客车用其他零件、附件
		8708.9939	同左	非公路自卸车用其他零件、附件
		8708.9949	同左	8704.2100、8704.2230、8704.3100 及 8704.3230 所列车辆用零件、附件
		8708.9959	同左	8704.2240、8704.2300、8704.3240 所列车辆用其他零件、附件
		8708.9960	同左	特种车用其他未列名零件、附件
		8708.9999	同左	其他机动车辆用未列名零件、附件
	31. 齿轮	8708.9910	同左	牵引车及拖拉机（税号 87.09 的牵引车除外）用其他零件、附件
		8708.9929	同左	大型客车用其他零件、附件
		8708.9939	同左	非公路自卸车用其他零件、附件
		8708.9949	同左	8704.2100、8704.2230、8704.3100 及 8704.3230 所列车辆用零件、附件
		8708.9959	同左	8704.2240、8704.2300、8704.3240 所列车辆用其他零件、附件

总成	关键件	税则号列		货品名称
		2005 年	2006 年	
变速器（手动）	31. 齿轮	8708.9960	同左	特种车用其他未列名零件、附件
		8708.9999	同左	其他机动车辆用未列名零件、附件
	32. 离合器	8708.9310	同左	牵引车及拖拉机（税号 87.09 的牵引车除外）用离合器及其零件
		8708.9320	同左	座位≥30 的客车用离合器及其零件
		8708.9330	同左	非公路自卸车用离合器及其零件
		8708.9340	同左	8704.2100、8704.2230、8704.3100 及 8704.3230 所列车辆用零件、附件
		8708.9350	同左	8704.2240、8704.2300、8704.3240 所列车辆用其他零件、附件
		8708.9360	同左	特种车辆用离合器及其零件
		8708.9390	同左	其他机动车辆用离合器及其零件
变速器（手动）	33. 轴类	8708.9910	同左	牵引车及拖拉机（税号 87.09 的牵引车除外）用其他零件、附件
		8708.9929	同左	大型客车用其他零件、附件
		8708.9939	同左	非公路自卸车用其他零件、附件
		8708.9949	同左	8704.2100、8704.2230、8704.3100 及 8704.3230 所列车辆用零件、附件
		8708.9959	同左	8704.2240、8704.2300、8704.3240 所列车辆用其他零件、附件
		8708.9960	同左	特种车用其他未列名零件、附件
		8708.9999	同左	其他机动车辆用未列名零件、附件
	34. 换挡机构组件	8708.9910	同左	牵引车及拖拉机（税号 87.09 的牵引车除外）用其他零件、附件
		8708.9929	同左	大型客车用其他零件、附件
		8708.9939	同左	非公路自卸车用其他零件、附件
		8708.9949	同左	8704.2100、8704.2230、8704.3100 及 8704.3230 所列车辆用零件、附件
		8708.9959	同左	8704.2240、8704.2300、8704.3240 所列车辆用其他零件、附件
		8708.9960	同左	特种车用其他未列名零件、附件
		8708.9999	同左	其他机动车辆用未列名零件、附件
	35. 同步器	8708.9910	同左	牵引车及拖拉机（税号 87.09 的牵引车除外）用其他零件、附件

总成	关键件	税则号列		货品名称
		2005年	2006年	
变速器（手动）	35. 同步器	8708.9929	同左	大型客车用其他零件、附件
		8708.9939	同左	非公路自卸车用其他零件、附件
		8708.9949	同左	8704.2100、8704.2230、8704.3100及8704.3230所列车辆用零件、附件
		8708.9959	同左	8704.2240、8704.2300、8704.3240所列车辆用其他零件、附件
		8708.9960	同左	特种车用其他未列名零件、附件
		8708.9999	同左	其他机动车辆用未列名零件、附件
	36. 分动器	8708.9910	同左	牵引车及拖拉机（税号87.09的牵引车除外）用其他零件、附件
		8708.9929	同左	大型客车用其他零件、附件
		8708.9939	同左	非公路自卸车用其他零件、附件
		8708.9949	同左	8704.2100、8704.2230、8704.3100及8704.3230所列车辆用零件、附件
		8708.9959	同左	8704.2240、8704.2300、8704.3240所列车辆用其他零件、附件
		8708.9960	同左	特种车用其他未列名零件、附件
		8708.9999	同左	其他机动车辆用未列名零件、附件
变速器（自动）	37. 壳体	8708.9910	同左	牵引车及拖拉机（税号87.09的牵引车除外）用其他零件、附件
		8708.9929	同左	大型客车用其他零件、附件
		8708.9939	同左	非公路自卸车用其他零件、附件
		8708.9949	同左	8704.2100、8704.2230、8704.3100及8704.3230所列车辆用零件、附件
		8708.9959	同左	8704.2240、8704.2300、8704.3240所列车辆用其他零件、附件
		8708.9960	同左	特种车用其他未列名零件、附件
		8708.9999	同左	其他机动车辆用未列名零件、附件
	38. 自动变速器用液体偶合器	8708.9910	同左	牵引车及拖拉机（税号87.09的牵引车除外）用其他零件、附件
		8708.9929	同左	大型客车用其他零件、附件
		8708.9939	同左	非公路自卸车用其他零件、附件
		8708.9949	同左	8704.2100、8704.2230、8704.3100及8704.3230所列车辆用零件、附件

总成	关键件	税则号列		货品名称
		2005 年	2006 年	
变速器（自动）	38. 自动变速器用液体偶合器	8708.9959	同左	8704.2240、8704.2300、8704.3240 所列车辆用其他零件、附件
		8708.9960	同左	特种车用其他未列名零件、附件
		8708.9999	同左	其他机动车辆用未列名零件、附件
变速器（自动）	39. 自动变速器控制模块（ECU）	9032.8900	同左	其他自动调节或控制仪器及装置
		8708.9910	同左	牵引车及拖拉机（税号 87.09 的牵引车除外）用其他零件、附件
	40. 分动器	8708.9929	同左	大型客车用其他零件、附件
		8708.9939	同左	非公路自卸车用其他零件、附件
		8708.9949	同左	8704.2100、8704.2230、8704.3100 及 8704.3230 所列车辆用零件、附件
		8708.9959	同左	8704.2240、8704.2300、8704.3240 所列车辆用其他零件、附件
		8708.9960	同左	特种车用其他未列名零件、附件
		8708.9999	同左	其他机动车辆用未列名零件、附件
	41. 齿轮（摩擦轮与钢带）	8708.9910	同左	牵引车及拖拉机（税号 87.09 的牵引车除外）用其他零件、附件
		8708.9929	同左	大型客车用其他零件、附件
		8708.9939	同左	非公路自卸车用其他零件、附件
		8708.9949	同左	8704.2100、8704.2230、8704.3100 及 8704.3230 所列车辆用零件、附件
		8708.9959	同左	8704.2240、8704.2300、8704.3240 所列车辆用其他零件、附件
		8708.9960	同左	特种车用其他未列名零件、附件
		8708.9999	同左	其他机动车辆用未列名零件、附件
	42. 轴类	8708.9910	同左	牵引车及拖拉机（税号 87.09 的牵引车除外）用其他零件、附件
		8708.9929	同左	大型客车用其他零件、附件
		8708.9939	同左	非公路自卸车用其他零件、附件
		8708.9949	同左	8704.2100、8704.2230、8704.3100 及 8704.3230 所列车辆用零件、附件
		8708.9959	同左	8704.2240、8704.2300、8704.3240 所列车辆用其他零件、附件
		8708.9960	同左	特种车用其他未列名零件、附件
		8708.9999	同左	其他机动车辆用未列名零件、附件

总成	关键件	税则号列		货品名称
		2005年	2006年	
变速器（自动）	43. 换挡机构组件	8708.9910	同左	牵引车及拖拉机（税号87.09的牵引车除外）用其他零件、附件
		8708.9929	同左	大型客车用其他零件、附件
		8708.9939	同左	非公路自卸车用其他零件、附件
		8708.9949	同左	8704.2100、8704.2230、8704.3100及8704.3230所列车辆用零件、附件
		8708.9959	同左	8704.2240、8704.2300、8704.3240所列车辆用其他零件、附件
		8708.9960	同左	特种车用其他未列名零件、附件
		8708.9999	同左	其他机动车辆用未列名零件、附件
车桥（驱动桥）	44. 桥壳	8708.9910	同左	牵引车及拖拉机（税号87.09的牵引车除外）用其他零件、附件
		8708.9929	同左	大型客车用其他零件、附件
		8708.9939	同左	非公路自卸车用其他零件、附件
		8708.9949	同左	8704.2100、8704.2230、8704.3100及8704.3230所列车辆用零件、附件
		8708.9959	同左	8704.2240、8704.2300、8704.3240所列车辆用其他零件、附件
		8708.9960	同左	特种车用其他未列名零件、附件
		8708.9999	同左	其他机动车辆用未列名零件、附件
	45. 左右半轴（等速万向节）	8708.9910	同左	牵引车及拖拉机（税号87.09的牵引车除外）用其他零件、附件
		8708.9929	同左	大型客车用其他零件、附件
		8708.9939	同左	非公路自卸车用其他零件、附件
		8708.9949	同左	8704.2100、8704.2230、8704.3100及8704.3230所列车辆用零件、附件
		8708.9959	同左	8704.2240、8704.2300、8704.3240所列车辆用其他零件、附件
		8708.9960	同左	特种车用其他未列名零件、附件
		8708.9999	同左	其他机动车辆用未列名零件、附件
	46. 转向节	8708.9910	同左	牵引车及拖拉机（税号87.09的牵引车除外）用其他零件、附件
		8708.9929	同左	大型客车用其他零件、附件
		8708.9939	同左	非公路自卸车用其他零件、附件

总成	关键件	税则号列		货品名称
		2005 年	2006 年	
车桥（驱动桥）	46. 转向节	8708.9949	同左	8704.2100、8704.2230、8704.3100 及 8704.3230 所列车辆用零件、附件
		8708.9959	同左	8704.2240、8704.2300、8704.3240 所列车辆用其他零件、附件
		8708.9960	同左	特种车用其他未列名零件、附件
		8708.9999	同左	其他机动车辆用未列名零件、附件
	47. 差速器	8708.9910	同左	牵引车及拖拉机（税号 87.09 的牵引车除外）用其他零件、附件
		8708.9929	同左	大型客车用其他零件、附件
		8708.9939	同左	非公路自卸车用其他零件、附件
		8708.9949	同左	8704.2100、8704.2230、8704.3100 及 8704.3230 所列车辆用零件、附件
		8708.9959	同左	8704.2240、8704.2300、8704.3240 所列车辆用其他零件、附件
		8708.9960	同左	特种车用其他未列名零件、附件
		8708.9999	同左	其他机动车辆用未列名零件、附件
	48. 摆臂	8708.9910	同左	牵引车及拖拉机（税号 87.09 的牵引车除外）用其他零件、附件
		8708.9929	同左	大型客车用其他零件、附件
		8708.9939	同左	非公路自卸车用其他零件、附件
		8708.9949	同左	8704.2100、8704.2230、8704.3100 及 8704.3230 所列车辆用零件、附件
		8708.9959	同左	8704.2240、8704.2300、8704.3240 所列车辆用其他零件、附件
		8708.9960	同左	特种车用其他未列名零件、附件
		8708.9999	同左	其他机动车辆用未列名零件、附件
	49. 轮毂	8708.7010	同左	牵引车及拖拉机（税号 87.09 的牵引车除外）用其他零件、附件
		8708.7020	同左	大型客车用其他零件、附件
		8708.7030	同左	非公路自卸车用其他零件、附件
		8708.7040	同左	8704.2100、8704.2230、8704.3100 及 8704.3230 所列车辆用零件、附件
		8708.7050	同左	8704.2240、8704.2300、8704.3240 所列车辆用其他零件、附件

总成	关键件	税则号列		货品名称
		2005年	2006年	
车桥（驱动桥）	49. 轮毂	8708.7060	同左	特种车用其他未列名零件、附件
		8708.7090	同左	其他机动车辆用未列名零件、附件
	50. 轴承	8482.1000	同左	滚珠轴承
		8482.2000	同左	锥形滚子轴承
		8482.3000	同左	鼓形滚子轴承
		8482.4000	同左	滚针轴承
		8482.5000	同左	其他圆柱形滚子轴承
		8482.8000	同左	其他，包括球、柱混合轴承
	51. 主减速器	8708.9910	同左	牵引车及拖拉机（税号87.09的牵引车除外）用其他零件、附件
		8708.9929	同左	大型客车用其他零件、附件
		8708.9939	同左	非公路自卸车用其他零件、附件
		8708.9949	同左	中小型货车用其他零件、附件
		8708.9959	同左	8704.2240、8704.2300、8704.3240所列车辆用其他零件、附件
		8708.9960	同左	特种车用其他未列名零件、附件
		8708.9999	同左	其他机动车辆用未列名零件、附件
	52. 悬架弹簧	8708.9910	同左	牵引车及拖拉机（税号87.09的牵引车除）用其他零件、附件
		8708.9929	同左	大型客车用其他零件、附件
		8708.9939	同左	非公路自卸车用其他零件、附件
		8708.9949	同左	8704.2100、8704.2230、8704.3100及8704.3230所列车辆用零件、附件
		8708.9959	同左	8704.2240、8704.2300、8704.3240所列车辆用其他零件、附件
		8708.9960	同左	特种车用其他未列名零件、附件
		8708.9999	同左	其他机动车辆用未列名零件、附件
	53. 减振器	8708.8010	同左	税目87.03所列车辆用悬挂减震器
		8708.8090	同左	其他机动车辆用的悬挂减震器
车桥（非驱动桥）	54. 车轴（拖臂总成）	8708.6010	同左	牵引车及拖拉机（税号87.09的牵引车除外）用非驱动桥及零件
		8708.6020	同左	大型客车用非驱动桥及零件
		8708.6030	同左	非公路自卸车用非驱动桥及零件
		8708.6040	同左	8704.2100、8704.2230、8704.3100及8704.3230所列车辆用零件、附件

总成	关键件	税则号列		货品名称
		2005 年	2006 年	
车桥（非驱动桥）	54. 车轴（拖臂总成）	8708.6050	同左	8704.2240、8704.2300、8704.3240 所列车辆用其他零件、附件
		8708.6060	同左	特种车辆用非驱动桥及零件
		8708.6090	同左	其他机动车辆用非驱动桥及零件
	55. 轮毂	8708.7010	同左	牵引车及拖拉机（税号 87.09 的牵引车除外）用其他零件、附件
		8708.7020	同左	大型客车用其他零件、附件
		8708.7030	同左	非公路自卸车用其他零件、附件
		8708.7040	同左	8704.2100、8704.2230、8704.3100 及 8704.3230 所列车辆用零件、附件
		8708.7050	同左	8704.2240、8704.2300、8704.3240 所列车辆用其他零件、附件
		8708.7060	同左	特种车用其他未列名零件、附件
		8708.7090	同左	其他机动车辆用未列名零件、附件
	56. 轴承	8482.1000	同左	滚珠轴承
		8482.2000	同左	锥形滚子轴承
		8482.3000	同左	鼓形滚子轴承
		8482.4000	同左	滚针轴承
		8482.5000	同左	其他圆柱形滚子轴承
		8482.8000	同左	其他，包括球、柱混合轴承
	57. 悬架弹簧	8708.6010	同左	牵引车及拖拉机（税号 87.09 的牵引车除外）用非驱动桥及零件
		8708.6020	同左	大型客车用非驱动桥及零件
		8708.6030	同左	非公路自卸车用非驱动桥及零件
		8708.6040	同左	8704.2100、8704.2230、8704.3100 及 8704.3230 所列车辆用零件、附件
		8708.6050	同左	8704.2240、8704.2300、8704.3240 所列车辆用其他零件、附件
		8708.6060	同左	特种车辆用非驱动桥及零件
		8708.6090	同左	未列名机动车辆用非驱动桥及零件

总成	关键件	税则号列		货品名称
		2005年	2006年	
车桥（非驱动桥）	58. 转向节	8708.6010	同左	牵引车及拖拉机用非驱动桥及零件
		8708.6020	同左	大型客车用非驱动桥及零件
		8708.6030	同左	非公路自卸车用非驱动桥及零件
		8708.6040	同左	8704.2100、8704.2230、8704.3100及8704.3230所列车辆用零件、附件
		8708.6050	同左	8704.2240、8704.2300、8704.3240所列车辆用其他零件、附件
		8708.6060	同左	特种车辆用非驱动桥及零件
		8708.6090	同左	其他机动车辆用非驱动桥及零件
	59. 摆臂	8708.6010	同左	牵引车及拖拉机（税号87.09的牵引车除外）用非驱动桥及零件
		8708.6020	同左	大型客车用非驱动桥及零件
		8708.6030	同左	非公路自卸车用非驱动桥及零件
		8708.6040	同左	8704.2100、8704.2230、8704.3100及8704.3230所列车辆用零件、附件
		8708.6050	同左	8704.2240、8704.2300、8704.3240所列车辆用其他零件、附件
		8708.6060	同左	特种车辆用非驱动桥及零件
		8708.6090	同左	未列名机动车辆用非驱动桥及零件
	60. 减振器	8708.8010	同左	税目87.03所列车辆用悬挂减震器
		8708.8090	同左	其他机动车辆用的悬挂减震器
车架	61. 纵梁（或前副车架及发动机托架）	8708.9910	同左	牵引车及拖拉机（税号87.09的牵引车除外）用其他零件、附件
		8708.9929	同左	大型客车用其他零件、附件
		8708.9939	同左	非公路自卸车用其他零件、附件
		8708.9949	同左	8704.2100、8704.2230、8704.3100及8704.3230所列车辆用零件、附件
		8708.9959	同左	8704.2240、8704.2300、8704.3240所列车辆用其他零件、附件
		8708.9960	同左	特种车用其他未列名零件、附件
		8708.9999	同左	其他机动车辆用未列名零件、附件

总成	关键件	税则号列		货品名称
		2005 年	2006 年	
车架	62. 横梁（承载式车身的副车架）	8708.9910	同左	牵引车及拖拉机（税号 87.09 的牵引车除外）用其他零件、附件
		8708.9929	同左	大型客车用其他零件、附件
		8708.9939	同左	非公路自卸车用其他零件、附件
		8708.9949	同左	8704.2100、8704.2230、8704.3100 及 8704.3230 所列车辆用零件、附件
		8708.9959	同左	8704.2240、8704.2300、8704.3240 所列车辆用其他零件、附件
		8708.9960	同左	特种车用其他未列名零件、附件
		8708.9999	同左	其他机动车辆用未列名零件、附件
制动系统	63. 制动主缸（气制动阀）	8708.3910	同左	牵引车、拖拉机（税号 87.09 的牵引车除外）用制动器及其零件
		8708.3920	同左	大型客车用制动器及其零件
		8708.3930	同左	非公路自卸车用制动器及其零件
		8708.3940	同左	8704.2100、8704.2230、8704.3100 及 8704.3230 所列车辆用零件、附件
		8708.3950	同左	8704.2240、8704.2300、8704.3240 所列车辆用其他零件、附件
		8708.3960	同左	特种车用制动器及其零件
		8708.3999	同左	其他机动车辆用制动器及零件
	64. 助力器总成	8708.3910	同左	牵引车、拖拉机（税号 87.09 的牵引车除外）用制动器及其零件
		8708.3920	同左	大型客车用制动器及其零件
		8708.3930	同左	非公路自卸车用制动器及其零件
		8708.3940	同左	8704.2100、8704.2230、8704.3100 及 8704.3230 所列车辆用零件、附件
		8708.3950	同左	8704.2240、8704.2300、8704.3240 所列车辆用其他零件、附件
		8708.3960	同左	特种车用制动器及其零件
		8708.3999	同左	其他机动车辆用制动器及零件

总成	关键件	税则号列		货品名称
		2005 年	2006 年	
制动系统	65. 前制动器总成	8708.3910	同左	牵引车、拖拉机（税号 87.09 的牵引车除外）用制动器及其零件
		8708.3920	同左	大型客车用制动器及其零件
		8708.3930	同左	非公路自卸车用制动器及其零件
		8708.3940	同左	8704.2100、8704.2230、8704.3100 及 8704.3230 所列车辆用零件、附件
		8708.3950	同左	8704.2240、8704.2300、8704.3240 所列车辆用其他零件、附件
		8708.3960	同左	特种车用制动器及其零件
		8708.3999	同左	其他机动车辆用制动器及零件
制动系统	66. 后制动器总成	8708.3910	同左	牵引车、拖拉机（税号 87.09 的牵引车除外）用制动器及其零件
		8708.3920	同左	大型客车用制动器及其零件
		8708.3930	同左	非公路自卸车用制动器及其零件
		8708.3940	同左	8704.2100、8704.2230、8704.3100 及 8704.3230 所列车辆用零件、附件
		8708.3950	同左	8704.2240、8704.2300、8704.3240 所列车辆用其他零件、附件
		8708.3960	同左	特种车用制动器及其零件
		8708.3999	同左	其他机动车辆用制动器及零件
	67. 防抱制动系统（ABS）的阀体和 ECU 总成	8708.3910	同左	牵引车、拖拉机（税号 87.09 的牵引车除外）用制动器及其零件
		8708.3920	同左	大型客车用制动器及其零件
		8708.3930	同左	非公路自卸车用制动器及其零件
		8708.3940	同左	8704.2100、8704.2230、8704.3100 及 8704.3230 所列车辆用零件、附件
		8708.3950	同左	8704.2240、8704.2300、8704.3240 所列车辆用其他零件、附件
		8708.3960	同左	特种车用制动器及其零件
		8708.3999	同左	其他机动车辆用制动器及零件

总成	关键件	税则号列		货品名称
		2005 年	2006 年	
转向器系统（动力转向）	68. 转向器总成	8708.9410	同左	牵引车、拖拉机（税号 87.09 的牵引车除外）用转向盘、转向柱及转向器及其零件
		8708.9420	同左	座位≥30 座的客车用转向器及其零件
		8708.9430	同左	非公路自卸车用转向盘、转向柱及转向器及其零件
		8708.9440	同左	8704.2100、8704.2230、8704.3100 及 8704.3230 所列车辆用零件、附件
		8708.9450	同左	8704.2240、8704.2300、8704.3240 所列车辆用其他零件、附件
		8708.9460	同左	特种车用转向盘、转向柱及转向器及其零件
		8708.9490	同左	其他机动车辆用转向盘、转向柱及转向器及其零件
	69. 转向控制阀总成	8481.2010	同左	油压传动阀
		8481.2020	同左	气压传动阀
		8481.3000	同左	止回阀
		8481.4000	同左	安全阀或溢流阀
	70. 转向助力油泵	8413.6090	同左	其他回转式排液泵
	71. 转向盘	8708.9410	同左	牵引车、拖拉机（税号 87.09 的牵引车除外）用转向盘、转向柱及转向器及其零件
		8708.9420	同左	座位≥30 座的客车用转向器及其零件
		8708.9430	同左	非公路自卸车用转向盘、转向柱及其零件
		8708.9440	同左	8704.2100、8704.2230、8704.3100 及 8704.3230 所列车辆用零件、附件
		8708.9450	同左	8704.2240、8704.2300、8704.3240 所列车辆用其他零件、附件
		8708.9460	同左	特种车用转向盘、转向柱及转向器的零件
		8708.9490	同左	其他机动车辆用转向盘、转向柱及转向器的零件
	72. 转向轴及万向节	8708.9910	同左	牵引车及拖拉机（税号 87.09 的牵引车除外）用其他零件、附件
		8708.9929	同左	座位≥30 座的客车用转向器及其零件
		8708.9939	同左	非公路自卸车用转向盘、转向柱及转向器及其零件
		8708.9949	同左	8704.2100、8704.2230、8704.3100 及 8704.3230 所列车辆用零件、附件

总成	关键件	税则号列		货品名称
		2005 年	2006 年	
转向器系统（动力转向）	72. 转向轴及万向节	8708.9959	同左	8704.2240、8704.2300、8704.3240 所列车辆用其他零件、附件
		8708.9960	同左	特种车用其他未列名零件、附件
		8708.9999	同左	其他机动车用未列名零件、附件
	73. 转向器总成	8708.9410	同左	牵引车、拖拉机（税号 87.09 的牵引车除外）用转向盘、转向柱及转向器
		8708.9420	同左	座位≥30 座的客车用转向器及其零件
		8708.9430	同左	非公路自卸车用转向盘、转向柱及转向器
		8708.9440	同左	8704.2100、8704.2230、8704.3100 及 8704.3230 所列车辆用零件、附件
		8708.9450	同左	8704.2240、8704.2300、8704.3240 所列车辆用其他零件、附件
		8708.9460	同左	特种车用转向盘、转向柱及转向器
		8708.9490	同左	其他机动车辆用转向盘、转向柱及转向器
	74. 转向轴及万向节	8708.9910	同左	牵引车、拖拉机（税号 87.09 的牵引车除外）用转向盘、转向柱及转向器
		8708.9929	同左	座位≥30 座的客车用转向器及其零件
		8708.9939	同左	非公路自卸车用转向盘、转向柱及转向器
		8708.9949	同左	8704.2100、8704.2230、8704.3100 及 8704.3230 所列车辆用零件、附件
		8708.9959	同左	8704.2240、8704.2300、8704.3240 所列车辆用其他零件、附件
		8708.9960	同左	特种车用转向盘、转向柱及转向器
		8708.9999	同左	其他机动车辆用转向盘、转向柱及转向器
	75. 转向盘	8708.9410	同左	牵引车、拖拉机（税号 87.09 的牵引车除外）用转向盘、转向柱及转向器
		8708.9420	同左	座位≥30 座的客车用转向器及其零件
		8708.943	同左	非公路自卸车用转向盘、转向柱及转向器
		8708.9440	同左	8704.2100、8704.2230、8704.3100 及 8704.3230 所列车辆用零件、附件
		8708.9450	同左	8704.2240、8704.2300、8704.3240 所列车辆用其他零件、附件
		8708.9460	同左	特种车用转向盘、转向柱及转向器
		8708.9490	同左	其他机动车辆用转向盘、转向柱及转向器

中华人民共和国海关总署公告

2006 年第 23 号

根据《中华人民共和国反倾销条例》的规定，国务院关税税则委员会决定对原产于日本和韩国的进口核苷酸类食品添加剂征收反倾销税，征税时间从2006年5月12日开始，期限为5年。商务部为此发布了中华人民共和国商务部2006年第24号公告（详见附件1）。现将执行中的有关问题公告如下：

一、自2006年5月12日起，对申报进口原产于日本和韩国的核苷酸类食品添加剂（税则号列：2934.9990、3824.9090），除按现行规定征收进口关税外，还应区别不同的供货厂商，按照本公告附件2所列的适用税率和下述计算公式征收反倾销税及进口环节增值税。

反倾销税税额＝海关完税价格×反倾销税税率

进口环节增值税税额＝（海关完税价格＋关税税额＋反倾销税税额）×进口环节增值税税率

对应征收反倾销税产品的详细描述详见本公告附件1。

进口经营单位在申报进口上述产品时，税则号列应填报为29349990.40或38249090.50。

二、凡申报进口核苷酸类食品添加剂的，必须向海关提交原产地证明，如果原产地为日本或韩国的，还需提供原厂商发票。对于申报进口核苷酸类食品添加剂时不能提供原产地证明，且经查验也无法确定货物的原产地不是日本或韩国的，海关将按照本公告附件2所列的最高反倾销税税率征收反倾销税；对于能够确定货物的原产地是日本或韩国，但进口经营单位不能提供原厂商发票的，海关将按照本公告附件2所列的相应国家其他公司适用的反倾销税税率征收反倾销税。

三、有关加工贸易保税进口原产于日本和韩国的核苷酸类食品添加剂如何征收反倾销税等方面的问题，海关按照中华人民共和国海关总署2001年第9号公告和中华人民共和国海关总署令第111号的规定执行。

四、对于实施临时反倾销措施之后进口原产于日本和韩国的核苷酸类食品添加剂已经缴纳的反倾销保证金，按本公告规定的征收反倾销税的商品范围和反倾销税税率计征并转为反倾销税，与之同时缴纳的进口环节增值税保证金一并转为进口环节增值税。上述保证金超出按本公告附件2所列税率计算的反倾销税及相应的进口环节增值税的部分，有关单位可自2006年5月12日起6个月内向征收地海关申请退还，不足部分，不再补征。

五、商务部经调查核实，被调查产品应归入税则号列2934.9990，而不应归入税则号列2934.9930，税则号列2934.9930项下的产品不属于征收反倾销税范围。为此，商务部在最终裁定中对被调查产品涉及的税则号列作了调整。

对于实施临时反倾销措施期间申报进口税则号列2934.9930项下产品已经缴纳的反倾销保证金，如进口货物属于核苷酸类食品添加剂反倾销案调查范围的，反倾销保证金按照本公告第四条的规定转税；进口货物不属于核苷酸类食品添加剂反倾销案调查范围的，有关单位可自2006年5月12日起6个月内向征收地海关申请退还反倾销保证金并提供有关证明材料，海关经审核确认后予以退还。

实施临时反倾销措施期间，进口经营单位按照税则号列2934.9990申报进口属于反倾销案调查范围的核苷酸类食品添加剂，而未缴纳反倾销保证金的，不再补征。

六、对伪报进口核苷酸类食品添加剂原产地或伪造原产地证明、原厂商发票，偷逃应纳税款的，海关将按照有关规定进行处罚。

七、在对进口核苷酸类食品添加剂征收反倾销税期间，出现相同或类似货物而海关无法确定是否应对其征收反倾销税时，有关单位应向商务部提出申请，由商务部商有关部门就有关问题作出裁定。海关将根据商务部的裁定执行。

特此公告。

附件1　中华人民共和国商务部2006年第24号公告

附件2　核苷酸类食品添加剂反倾销税税率表

海关总署

2006年5月12日

附件1

中华人民共和国商务部公告

2006年第24号

根据《中华人民共和国反倾销条例》的规定，中华人民共和国商务部于2004年11月12日发布立案公告，决定对原产于日本、韩国的进口核苷酸类食品添加剂（以下简称被调查产品）进行反倾销调查。

商务部对被调查产品是否存在倾销和倾销幅度、被调查产品是否对国内产业造成损害及损害程度以及倾销与损害之间的因果关系进行了调查。商务部根据调查结果和《中华人民共和国反倾销条例》第二十四条的规定，于2005年8月4日发布初裁公告认定原产于日本、韩国的进口核苷酸类食品添加剂存在倾销，中国大陆产业遭受了实质损害，并且倾销与实质损害之间存在因果关系。

初步裁定后，商务部对倾销和倾销幅度、损害和损害程度进行了进一步的调查。现本案调查结束，根据本案调查结果，并依据《中华人民共和国反倾销条例》第二十五条的规定，商务部作出最终裁定（见附件）。现将有关事项公告如下：

一、最终裁定

经过调查，商务部最终裁定，原产于日本、韩国的进口核苷酸类食品添加剂存在倾销，中国大陆核苷酸类食品添加剂产业遭受了实质损害，而且倾销与实质损害之间存在因果关系。

二、征收反倾销税

根据《中华人民共和国反倾销条例》的有关规定，国务院关税税则委员会决定，自2006年5月12日起，对原产于日本、韩国的进口核苷酸类食品添加剂征收反倾销税。

本案征收反倾销税的产品归在《中华人民共和国进出口税则》税则号：2934.9990、3824.9090。具体描述如下：

调查范围：原产于日本和韩国的进口核苷酸类食品添加剂

产品名称：核苷酸类食品添加剂，包括3种产品，即5'－肌苷酸二钠、5'－鸟苷酸二钠和呈味核苷酸二钠，分别可简称为IMP、GMP和I加G（英文分别为Disodium 5' – Inosinate、Disodium 5' – Guanylate和Disodium 5' – Ribonucleotide）

产品种类：食品添加剂

产品描述：

1. 关于5′－肌苷酸二钠。其分子式为$C_{10}H_{11}N_4Na_2O_8P \cdot 7.5H_2O$（不含水分子的化学分子式为：$C_{10}H_{11}N_4Na_2O_8P$），分子量为527.25（不含水分子的分子量为392.17），结构式（略）。

2. 关于5′－鸟苷酸二钠。其分子式为$C_{10}H_{12}N_5Na_2O_8P \cdot 7H_2O$（不含水分子的化学分子式为：$C_{10}H_{12}N_5Na_2O_8P$），分子量为533.26（不含水分子的分子量为407.19），结构式（略）。

3. 关于呈味核苷酸二钠（即I加G）。其中含有不低于97%、不高于102%的$C_{10}H_{11}N_4Na_2O_8P$和$C_{10}H_{12}N_5Na_2O_8P$当量。IMP和GMP在I加G中所占的比例在48%和52%之间。

物理化学特性：IMP、GMP和I加G均为无色或白色结晶，或白色结晶粉末；PH值均在7.0－8.5之间；均易溶于水，微溶于乙醇，几乎不溶于乙醚。

主要用途：食品增鲜剂，用于味精、鸡精、酱油等调味品中以提高鲜度。

对各公司征收的反倾销税税率如下：

（一）所有日本公司　119%

（二）韩国公司

1. 大象株式会社（Daesang Corporation）　25%

2. 其他韩国公司（All Others）　119%

三、征收反倾销税的方法

自2006年5月12日起，进口经营者在进口原产于日本、韩国的核苷酸类食品添加剂时，应向中华人民共和国海关缴纳相应的反倾销税。反倾销税以海关审定的完税价格从价计征，计算公式为：反倾销税额＝海关审定的完税价格×反倾销税税率。进口环节增值税以海关审定的完税价格加上关税和反倾销税作为计税价格从价计征。

四、反倾销税的追溯征收

对自2005年8月4日起至本决定公告之日止，有关进口经营者依初裁决定向中华人民共和国海关所提供的保证金，按终裁所确定的征收反倾销税的商品范围和反倾销税税率计征并转为反倾销税，并按相应的增值税税率计征进口环节增值税。对在此期间有关进口经营者所提供的保证金超出反倾销税和与之相应的进口环节增值税的部分，海关予以退还，少征部分则不再补征。

对实施临时反倾销措施决定公告之日前，原产于日本、韩国的进口核苷酸类食品添加剂不再追溯征收反倾销税。

五、关于税则号调整和退还保证金

商务部调查发现，调查期内有被调查产品通过《中华人民共和国进出口税则》税则号2934.9930报关，但是，经调查核实，被调查产品不应归入税则号2934.9930，而应归入税则号2934.9990，因此，前一税则号不属于适用反倾销措施的被调查产品的税则号。

对于本案初裁之日起至本公告之日前，进口经营者在报关时归入税则号2934.9930，且不满足被调查产品描述的产品，已征收的保证金应予全额退还。

对于本案初裁之日起至本公告之日前，进口经营者在报关时归入税则号2934.9990，且满足被调查产品描述的产品，应缴纳保证金而未缴纳的，不予补征。

六、征收反倾销税的期限

对原产于日本、韩国的进口核苷酸类食品添加剂征收反倾销税，实施期限自2006年5月12日起5年。

七、新出口商复审

对于上述国家在调查期内未向中华人民共和国出口被调查产品的新出口经营者，符合条件的，可依据《中华人民共和国反倾销条例》第四十七条的规定，向商务部书面申请新出口商复审。

八、期中复审

在征收反倾销税期间，有关利害关系方可以根据《中华人民共和国反倾销条例》第四十九条的规定，向商务部书面申请期中复审。

九、行政复议和行政诉讼

对本案终裁决定及征收反倾销税的决定不服的，根据《中华人民共和国反倾销条例》第五十三条的规定，可以依法申请行政复议，也可以依法向人民法院提起诉讼。

特此公告。

附件　中华人民共和国商务部关于对原产于日本、韩国的进口核苷酸类食品添加剂反倾销调查的最终裁定（略）

商务部

2006年5月12日

附件2

核苷酸类食品添加剂反倾销税税率表

原产国（地区）	厂商名称	征收比率
日本	所有日本公司	119%
韩国	大象株式会社（Daesang Corporation）	25%
	其他韩国公司	119%

中华人民共和国海关总署公告

2006年第24号

根据《中华人民共和国反倾销条例》的规定，国务院关税税则委员会决定对原产于美国和日本的进口邻苯二酚征收反倾销税。征税时间从2006年5月22日开始，期限为5年。商务部为此发布了中华人民共和国商务部2006年第32号公告（详见附件1）。现将执行中的有关问题公告如下：

一、自2006年5月22日起，对申报进口原产于美国和日本的邻苯二酚（税则号列：2907.2910），除按现行规定征收进口关税外，还应区别不同的供货厂商，按照本公告附件2所列的适用税率和下述计算公式征收反倾销税及进口环节增值税。

反倾销税税额 = 海关完税价格 × 反倾销税税率

进口环节增值税税额 = （海关完税价格 + 关税税额 + 反倾销税税额） × 进口环节增值税税率

对应征收反倾销税产品的详细描述详见本公告附件1。

二、凡申报进口邻苯二酚的，必须向海关提交原产地证明，如果原产地为美国或日本的，还需提供原厂商发票。对于申报进口邻苯二酚时不能提供原产地证明，且经查验也无法确定货物的原产地不是美国或日本的，海关按现行对邻苯二酚实施的反倾销措施中的最高税率（即海关总署 2003 年第 51 号公告中规定的对其他欧盟公司适用的 79% 的税率）征收反倾销税；对于能够确定货物的原产地是美国或日本，但进口经营单位不能提供原厂商发票的，海关将按照本公告附件 2 所列的相应国家其他公司适用的反倾销税税率征收反倾销税。

三、有关加工贸易保税进口原产于美国和日本的邻苯二酚如何征收反倾销税等方面的问题，海关按照中华人民共和国海关总署 2001 年第 9 号公告和中华人民共和国海关总署令第 111 号的规定执行。

四、对于实施临时反倾销措施之后进口原产于美国和日本的邻苯二酚已经缴纳的反倾销保证金，按本公告规定的征收反倾销税的商品范围和反倾销税税率计征并转为反倾销税，与之同时缴纳的进口环节增值税保证金一并转为进口环节增值税。上述保证金超出按本公告规定的税率计算的反倾销税及相应的进口环节增值税的部分，有关单位可自 2006 年 5 月 22 日起 6 个月内向征收地海关申请退还，不足部分，不再补征。

五、对伪报进口邻苯二酚原产地或伪造原产地证明、原厂商发票，偷逃应纳税款的，海关将按照有关规定进行处罚。

六、在对进口邻苯二酚征收反倾销税期间，出现相同或类似货物而海关无法确定是否应对其征收反倾销税时，有关单位应向商务部提出申请，由商务部商有关部门作出裁定。海关将根据商务部的裁定执行。

特此公告。

附件 1　中华人民共和国商务部 2006 年第 32 号公告

附件 2　邻苯二酚反倾销税税率表

海关总署

2006 年 5 月 19 日

附件 1

中华人民共和国商务部公告

2006 年第 32 号

根据《中华人民共和国反倾销条例》的规定，中华人民共和国商务部于 2005 年 5 月 31 日发布立案公告，决定对原产于美国和日本的进口邻苯二酚（以下简称被调查产品）进行反倾销调查。

商务部对被调查产品是否存在倾销和倾销幅度、被调查产品是否对国内产业造成损害及损害程度以及倾销与损害之间的因果关系进行了调查。根据调查结果和《中华人民共和国反倾销条例》第二十四条的规定，商务部于 2005 年 12 月 2 日发布初裁公告，认定原产于美国和日本的进口邻苯二酚存在倾销，中国邻苯二酚产业遭受了实质损害，而且倾销与实质损害之间存在因果关系。

初步裁定后，商务部对倾销和倾销幅度、损害和损害程度进行了进一步的调查。现本案调查结束，根据本案调查结果，并依据《中华人民共和国反倾销条例》第二十五条的规定，商务部作出最终裁定（见附件）。现将有关事项公告如下：

一、最终裁定

经过调查，商务部最终裁定，原产于美国和日本的进口邻苯二酚存在倾销，中国邻苯二酚产业遭受了实质损害，而且倾销与实质损害之间存在因果关系。

二、征收反倾销税

根据《中华人民共和国反倾销条例》的有关规定，国务院关税税则委员会决定，自 2006 年 5 月 22 日起，对原产于美国和日本的进口邻苯二酚征收反倾销税。

被调查产品为邻苯二酚，归在税则号：2907. 2910。具体描述如下：

调查范围：原产于美国和日本的进口邻苯二酚

产品名称：邻苯二酚

英文名称：o – Dihydroxybenzene （Catechol，Pyrocatechol）

化学分子式：$C_6H_6O_2$

化学结构式：（略）

物理及化学特征：常温下为固态，为无色单斜晶体，有毒，能升华，可燃，暴露在空气中易氧化为棕褐色。

主要用途：邻苯二酚是一种化学中间体，可用作橡胶硬化剂、电镀添加剂、皮肤防腐杀菌剂、染发剂、照相显影剂、彩照抗氧化剂、毛皮染色显色剂、油漆和清漆抗起皮剂，是合成树脂、鞣酸，农药克百威、残杀威，医药黄连素、肾上腺素，香料香兰素、黄樟素、胡椒醛等的原料之一。

对各公司征收的反倾销税税率如下：

（一）美国公司

1. 罗地亚公司（RHODIA INC） 4%

2. 其他美国公司 46.81%

（二）日本公司 42.86%

如果进口经营者未能提供进口原产地证明，且海关无法确定原产地的进口邻苯二酚，按有效执行的反倾销措施中的最高税率征收反倾销税。

三、征收反倾销税的方法

自2006年5月22日起，进口经营者在进口原产于美国和日本的邻苯二酚时，应向中华人民共和国海关缴纳相应的反倾销税。反倾销税以海关审定的完税价格作为计税价格从价计征，计算公式为：

反倾销税额＝海关审定的完税价格×反倾销税税率

进口环节增值税以海关审定的完税价格加上关税和反倾销税作为计税价格从价计征。

四、反倾销税的追溯征收

对自2005年12月2日起至本决定公告之日止，有关进口经营者依初裁决定向中华人民共和国海关所提供的保证金，按终裁所确定的征收反倾销税的商品范围和反倾销税税率计征并转为反倾销税，并按相应的增值税税率计征进口环节增值税。对在此期间有关进口经营者所提供的保证金超出反倾销税和与之相应的进口环节增值税的部分，海关予以退还，不足部分则不再补征。

对实施临时反倾销措施决定公告之日前，原产于美国和日本的进口邻苯二酚不再追溯征收反倾销税。

五、征收反倾销税的期限

对原产于美国和日本的进口邻苯二酚征收反倾销税，实施期限为自2006年5月22日起5年。

六、新出口商复审

对于上述国家在调查期内未向中华人民共和国出口被调查产品的新出口经营者，符合条件的，可依据《中华人民共和国反倾销条例》第四十七条的规定，向商务部书面申请新出口商复审。

七、期中复审

在征收反倾销税期间，有关利害关系方可以根据《中华人民共和国反倾销条例》第四十九条的规定，向商务部书面申请期中复审。

八、行政复议和行政诉讼

对本案终裁决定及征收反倾销税的决定不服的，根据《中华人民共和国反倾销条例》第五十三条的规定，可以依法申请行政复议，也可以依法向人民法院提起诉讼。

特此公告。

附件 中华人民共和国商务部关于对原产于美国和日本的进口邻苯二酚反倾销调查的最终裁定（附件略）

商务部

2006年5月22日

附件2

邻苯二酚反倾销税税率表

原产国	厂商名称	征收比率
美国	罗地亚公司（RHODIA INC）	4%
	其他美国公司	46.81%
日本	所有日本公司	42.86%

中华人民共和国海关总署公告

2006年第25号

《中华人民共和国海关报关员执业管理办法》（海关总署令第146号，以下简称《办法》）将于2006年6月1日起施行。现就首次申请报关员注册实习的有关事宜公告如下：

一、海关对首次申请报关员注册人员（以下称实习人员）的实习实行备案制度。

二、报关单位在实习人员实习前，应当到海关办理实习备案手续。办理实习备案时，应当提交实习备案单（附件1）一式两份。

三、海关接收实习备案单后，应当签注海关接受备案的日期并签章。签注后的实习备案单一份退还报关单位，一份海关留存，在报关员注册后归入报关员档案案卷。

四、报关单位应当从报关员权利、义务和实际业务操作等方面安排实习内容。

报关单位可以指定本单位一名报关员作为实习人员报关业务实习的辅导员。

五、实习人员在报关单位实习期间不能以报关员名义办理报关业务。

六、实习人员的实习单位与首次申请注册的单位应当为同一报关单位。

七、实习期间报关单位或者实习人员要求终止实习的，报关单位应当向海关书面申请终止实习备案，并将海关签注的实习备案单原件交回备案海关。

八、实习的起始日期以海关在实习备案单上签注的日期为准。

九、报关单位出具的实习证明应当采用海关提供的实习证明（附件2）格式文本。

本公告自2006年6月1日起施行。

特此公告。

附件1　实习备案单

附件2　实习证明

海关总署

2006年5月22日

附件1

实习备案单

______海关：

______已经通过报关员资格全国统一考试，取得报关员资格证书，开始在我单位进行报关业务实习。我单位负责指导其报关业务知识学习和实际操作练习，______的基本情况如下：

身份证件号：______；报关员资格证书编号：______。

特此向你关申请备案

（报关单位公章）

年　月　日

海关备案记录

备案日期：　年　月　日

经办关员（签章）：

备注：

说明：

1. 本备案单一式两份，由报关单位在申请实习备案时向备案海关提交，海关审核签注后，一份退回报关单位，一份海关留存。

2. 实习起始日期以海关签注的接受备案日期为准。

3. 报关单位出具实习证明材料的，应当将本备案单作为证明材料的附件同时提供。

4. 报关单位申请终止实习备案的，应当将本备案单原件交回海关。

5. 终止备案的，海关在本备案单“备注”栏签注终止日期并签章。

附件2

实习证明

______海关：

______自　年　月　日在你关实习备案以来已经在我单位实习满3个月。

实习期间，我单位指导其进行了报关业务知识学习和实际操作练习。______已经具备报关员执业所需的技能和业务知识。

特此证明。

附　实习备案单。

（报关单位公章）
年　月　日

中华人民共和国海关总署公告

2006年第26号

根据《中华人民共和国反倾销条例》的规定和对原产于日本、新加坡、韩国、台湾地区和美国的进口氨纶反倾销调查结果，商务部决定对原产于日本、新加坡、韩国、台湾地区和美国的进口氨纶实施临时反倾销措施并对外公告（中华人民共和国商务部公告2006年第33号，详见附件1）。现就海关实施上述临时反倾销措施的有关事项公告如下：

一、自2006年5月24日起，对原产于日本、新加坡、韩国、台湾地区和美国的进口氨纶（税则号列：5402.4920、5402.6920），海关除按现行规定征收关税和进口环节增值税外，还应区别不同的供货厂商，按照反倾销保证金征收比率表（详见附件2）所列的征收比率征收反倾销保证金。

反倾销保证金的计算公式为：

反倾销保证金金额＝（海关完税价格×反倾销保证金征收比率）×（1＋进口环节增值税税率）

对实施临时反倾销措施产品的详细描述详见本公告附件1。

二、凡申报进口氨纶的，应当向海关提交原产地证明，如果原产地为日本、新加坡、韩国、台湾地区和美国的，还需提供原厂商发票。对于申报进口氨纶时不能提供原产地证明，且经查验也无法确定货物的原产地不是日本、新加坡、韩国、台湾地区或美国的，海关按照本公告附件2所列的最高反倾销保证金征收比率征收保证金；对于能够确定货物的原产地是日本、新加坡、韩国、台湾地区或美国，但进口货物的收货人不能提供原厂商发票，且通过其他合法、有效的单证也无法确定原生产厂商的，海关按照本公告附件2所列的相应国家或地区其他公司适用的反倾销保证金征收比率征收保证金。

三、关于对加工贸易保税进口原产于日本、新加坡、韩国、台湾地区和美国的氨纶征收反倾销保证金的问题，按照海关总署2001年第9号公告和海关总署令第111号的有关规定执行。

四、对于所征收的反倾销保证金的处理，海关总署将根据终裁结果另行公告。

五、在实施临时反倾销措施期间，如果出现与实施临时反倾销措施产品类似的进口货物，而海关无法确定是否属于实施临时反倾销措施的产品时，有关企业可向商务部提出申请，由商务部商有关部门作出裁定，海关将根据商务部的裁定执行。

特此公告。

附件1　中华人民共和国商务部公告2006年第33号
附件2　氨纶反倾销保证金征收比率表

海关总署
2006年5月23日

附件

中华人民共和国商务部公告

2006年第33号

根据《中华人民共和国反倾销条例》的规定，中华人民共和国商务部（以下简称“调查机关”）于2005年4月13日发布公告，决定对原产于日本、新加坡、韩国、台湾地区和美国的进口氨纶进行反倾销调查。该被调查产品归在《中华人民共和国进出口税则》税则号：5402.4920、5402.6920。

调查机关对被调查产品是否存在倾销和倾销幅度、被调查产品是否对中国大陆产业造成损害及损害程度，以及倾销与损害之间的因果关系进行了调查。根据调查结果和《中华人民共和国反倾销条例》第二十四条的规定，调查机关作出初裁决定。

现将有关事项公告如下：

一、初裁决定

调查机关初裁决定，原产于日本、新加坡、韩国、台湾地区和美国的进口氨纶存在倾销，中国大陆氨纶产业遭受了实质损害，同时倾销和实质损害之间存在因果关系。

二、征收保证金

根据《中华人民共和国反倾销条例》第二十八条和第二十九条的规定，调查机关决定采用现金保证金形式实施临时反倾销措施。自2006年5月24日起，进口经营者在进口原产于日本、新加坡、韩国、台湾地区和美国的氨纶时，应根据本初裁决定所确定的各公司的倾销幅度向中华人民共和国海关提供相应的保证金。

该被调查产品归在《中华人民共和国进出口税则》税则号：5402.4920、5402.6920。

对该被调查产品的描述如下：

产品名称：氨纶（或称：聚氨基甲酸酯纤维、聚氨脂弹性纤维，或称斯潘得克斯）。

英文名称：polyurethane；或spandex；或elastane。

规格：包括各种规格的进口氨纶。

物理化学特性：氨纶是一种主要成分为聚氨基甲酸酯的、具有线性链段结构的合成弹性纤维。氨纶具有纤度细、强度高、比重小、弹性模量大等特点，并有优良的耐化学药品、耐疲劳性、耐热性、耐光老化等性能。

主要用途：主要用于高级休闲服、游泳衣、运动装、针织衫、内衣裤、袜子、医用绑带等领域。

对各公司征收的保证金比率如下：

（一）日本公司

日本OPELONTEX公司（OPELONTEX Co., Ltd.） 13.87%；

其他日本公司（All Others） 61.00%。

（二）新加坡公司

英威达（新加坡）［INVISTA（Singapore）Fibres Pte. Ltd.］ 11.50%；

其他新加坡公司（All Others） 61.00%。

（三）韩国公司

韩国晓星株式会社（Hyosung Corporation） 0%；

韩国东国贸易公司（TongKook Corporation） 0%；

韩国泰光产业株式会社（Taekwang Industrial Co., Ltd.） 0%；

其他韩国公司（All Others） 61.00%。

（四）台湾地区公司

台湾台塑旭弹性纤维股份有限公司（FORMOSA ASAHI SPANDEX CO., LTD.） 5.09%；

其他台湾公司（All Others） 61.00%。

（五）美国公司 61.00%

三、征收保证金的方法

自2006年5月24日起，进口经营者在进口原产于日本、新加坡、韩国、台湾地区和美国的氨纶时，应向中华人民共和国海关提供相应的保证金。保证金以海关审定的完税价格从价计征，计算公式为：

保证金金额＝（关税完税价格×保证金征收比率）×（1＋进口环节增值税税率）

四、评论

各利害关系方在本公告发布之日起20天内，可向调查机关提出书面评论并附相关证据，调查机关将依法予以考虑。

特此公告。

附件　中华人民共和国调查机关关于对原产于日本、新加坡、韩国、台湾地区和美国的进口氨纶反倾销调查的初裁决定（略）

商务部

2006年5月24日

附件 2

氨纶反倾销保证金征收比率表

原产国（地区）	厂商名称	征收比率
日本	日本 OPELONTEX 公司（OPELONTEX Co.，Ltd.）	13.87%
	其他日本公司	61.00%
新加坡	英威达（新加坡）[INVISTA（Singapore）Fibres Pte. Ltd.]	11.50%
	其他新加坡公司	61.00%
韩国	韩国晓星株式会社（Hyosung Corporation）	0%
	韩国东国贸易公司（TongKook Corporation）	0%
	韩国泰光产业株式会社（Taekwang Industrial Co.，Ltd.）	0%
	其他韩国公司	61.00%
台湾地区	台湾台塑旭弹性纤维股份有限公司（FORMOSA ASAHI SPANDEX CO.，LTD.）	5.09%
	其他台湾公司	61.00%
美国	所有美国公司	61.00%

中华人民共和国海关总署公告

2006 年第 27 号

依据《中华人民共和国海关关于报关员资格考试及资格证书管理办法》（海关总署令第 135 号，以下简称《办法》）的有关规定，现就《办法》施行前已取得的报关员资格证书的效力及补发、换发报关员资格证书有关事项公告如下：

一、《办法》施行前已取得报关员资格并符合下列条件之一的人员，其报关员资格证书继续有效：

（一）现在海关注册的；

（二）2003 年 1 月 1 日以后取得报关员资格，尚未在海关注册的；

（三）2004 年 1 月 1 日以后注销注册的。

二、报关员资格证书因姓名、身份证号等个人信息有误或者发生变更，影响正常使用的，可以向原发证地直属海关申请换证。

（一）申请换证的，应当符合本公告第一条规定的条件。

（二）申请人应当向海关提交以下材料：

1. 报关员资格证书换证申请表（见附件 1）；

2. 原有效资格证书复印件；

3. 有效身份证件复印件；

4. 近 3 个月内正面免冠小 2 寸蓝底彩色证件照 1 张；

5. 公安机关出具的相关证明；

6. 海关认为需要的其他相关证明材料。

三、报关员资格证书损毁、遗失的，可向原发证地直属海关申请补证。

（一）申请补证的，应当符合本公告第一条规定的条件。

（二）补证申请人应当向海关提交以下材料：

1. 报关员资格证书补证申请表（见附件 2）；

2. 有效身份证件复印件；

3. 近 3 个月内正面免冠小 2 寸蓝底彩色证件照 1 张；

4. 登发遗失证书声明的省级报刊原件；

5. 已取得报关员资格且申请补证时资格仍然有效的证明文件；

6. 海关认为需要的其他相关证明材料。

四、申请人委托他人代为办理换证、补证事宜的，应当出具授权委托书。

被委托人应当同时向海关提交本人的有效身份证件复印件。

五、按照上述规定提交复印件的，申请人应当在复印件上签署复印件与原件相符的声明，并签注日期，同时向海关交验原件。

六、直属海关审核换证或者补证申请材料无误后，应当在受理换证或者补证申请之日起 30 个工作日内制发报关员资格证书。

换发报关员资格证书的，原资格证书应当收回并销毁。

七、申请补证的，经海关核查，无法查实申请人曾取得报关员资格，或者虽可查实申请人曾取得报关员资格，但无法查实申请时其资格仍然有效的，不予补发。

八、申请人申请补证并同时要求更改个人信息的，海关应当同时按照换证的有关规定办理。

九、换证、补证，暂不收费。

十、本公告自 2006 年 6 月 1 日起执行。

特此公告。

附件 1　报关员资格证书换证申请表

附件 2　报关员资格证书补证申请表

海关总署

2006 年 5 月 23 日

附件 1

报关员资格证书换证申请表

<table>
<tr><td>姓名</td><td></td><td>性别</td><td></td><td>身份证号码</td><td></td></tr>
<tr><td>工作单位</td><td colspan="3"></td><td>联系电话</td><td></td></tr>
<tr><td colspan="6">报关员资格证书：</td></tr>
<tr><td>证书号码</td><td></td><td>原发证机关</td><td></td><td>原发证日期</td><td></td></tr>
<tr><td colspan="6">报关员证书：（请在选框内划勾）□已注册　□未注册　□未年审　□已注销</td></tr>
<tr><td>证书号码</td><td></td><td>发证海关</td><td></td><td>发证日期</td><td></td></tr>
<tr><td>最近年审时间</td><td colspan="3"></td><td>注销注册时间</td><td></td></tr>
<tr><td>申请换证理由</td><td colspan="5">申请人签名：
年　月　日</td></tr>
<tr><td colspan="6">申请人随附：
□本人有效身份证件复印件；
□报关员资格证书原件及复印件；
□公安机关出具的相关证明；
□近期免冠小 2 寸蓝底彩色证件照 1 张；
□海关认为需要的其他证明文件：
1. ____________________；
2. ____________________；
3. ____________________。</td></tr>
</table>

附件2

报关员资格证书补证申请表

<table>
<tr><td>姓名</td><td></td><td>性别</td><td></td><td colspan="2">身份证号码</td><td colspan="2"></td></tr>
<tr><td>工作单位</td><td colspan="3"></td><td colspan="2">联系电话</td><td colspan="2"></td></tr>
<tr><td colspan="8">报关员资格证书：</td></tr>
<tr><td>证书号码</td><td></td><td>原发证机关</td><td></td><td>原发证日期</td><td colspan="3"></td></tr>
<tr><td colspan="8">报关员证书：（请在选框内划勾）□已注册 □未注册 □未年审 □已注销</td></tr>
<tr><td>证书号码</td><td></td><td>发证海关</td><td></td><td>发证日期</td><td colspan="3"></td></tr>
<tr><td>最近年审时间</td><td colspan="3"></td><td colspan="2">注销注册时间</td><td colspan="2"></td></tr>
<tr><td>申请补证理由</td><td colspan="7">申请人签名：
年 月 日</td></tr>
<tr><td colspan="8">申请人随附：
□本人有效身份证件复印件；
□登发证书遗失声明的省级报刊原件；
□近期免冠小2寸蓝底彩色证件照1张；
□已取得报关员资格且申请补发时仍有效的证明文件：
1. ____________；
2. ____________；
3. ____________。</td></tr>
</table>

中华人民共和国海关总署公告

2006年第28号

为了规范报关员资格全国统一考试考生应试行为，海关总署制定了《报关员资格全国统一考试应试规则》。现予发布，自2006年6月1日起施行。

特此公告。

海关总署

2006年5月24日

报关员资格全国统一考试应试规则

一、考生应当凭准考证主证、副证和有效身份证件进入指定考场参加考试。

二、考生应当在考试前15分钟进入考场。

考试开始30分钟后，考生不得进入考场。

考试开始后60分钟内，考生不得交卷离开考场。

三、除必备的考试用文具和考试工具书外，考生不得携带手机、传呼机等任何通讯工具和具有信息存储、读取功能的任何电子产品，以及其他无关物品进入考场。

必备的考试用文具包括：蓝黑、蓝、黑色墨水（油芯）的钢笔、签字笔、圆珠笔，2B 铅笔，橡皮，卷笔刀。

考试工具书仅限中国海关出版社出版的《进出口商品名称与编码》，书中不得有除印刷内容以外的任何文字、标记。

四、考生进入考场后应当对号入座，并将准考证主证、副证和身份证件放在桌面左上角备查。

五、考试开始铃响后方可答题。

六、考生应当在考试开始后 30 分钟内，在答题卡上用钢笔或者签字笔、圆珠笔，填写自己的姓名、准考证号；在答题卡“准考证号填涂栏”内，用 2B 铅笔填涂准考证号。

考生不得在答题卡非署名处署名或者作其他任何标记。

七、考生答题时，应当用 2B 铅笔在答题卡“答案填涂栏”内填涂答案。

考试中如需计算时，可以将试卷空白页或反页作为演算草稿纸。

八、因未按本规则第六条、第七条规定填写、填涂答题卡，或者填写、填涂不清，以及不填或者错填姓名和准考证号，导致无法判读成绩或者成绩失准的，责任由考生自行承担。

九、考生应试时应当遵守以下考试纪律：

（一）考生在考场内应当保持安静，不得吸烟、喧哗或者有其他影响他人的行为；

（二）不得交头接耳、互打手势或者传递暗号；

（三）不得旁窥、抄袭或者有意让他人抄袭；

（四）不得传抄答案或交换试卷、答题卡；

（五）不得在规定时间以外答题；

（六）不得将试卷、答题卡带出考场；

（七）不得有其他扰乱考场秩序的行为。

十、考生遇试卷分发错误或者字迹模糊等问题，可举手并经监考人员同意后询问。但对试题内容有疑问时，不得要求监考人员进行解释。

十一、考生提前交卷的，应当举手示意，经监考人员同意后，方可离开考场，离开考场后不得在考场附近逗留、喧哗。

十二、考试结束铃响后，考生应当立即停止答题，并把试卷、答题卡正面朝下排放在桌面上，待监考人员收齐试卷、答题卡后，有秩序地离开考场。

十三、考生应自觉服从监考人员的管理，不得以任何理由妨碍监考人员履行职责。

十四、违反考试纪律的，依据《报关员资格全国统一考试考生违纪行为处理规则》给予相应处理。

中华人民共和国海关总署公告

2006 年第 30 号

为规范海关对常驻人员进境机动车辆的监管，照顾其合理需要，现就常驻人员转让征税进境机动车辆有关事宜公告如下：

一、常驻人员征税进境的机动车辆自向公安交通管理部门办结车辆登记手续之日起 1 年后，方可准予转让过户。

二、常驻人员机动车辆转让过户时，应当向其主管海关提出书面申请，并交验下列单证：

（一）身份证件；

（二）长期居留证件；

（三）进境机动车辆机动车辆行驶证；

（四）所在常驻机构的中华人民共和国海关常驻机构备案证或者所在外商投资企业的自理报关单位注册登记证明书。

三、主管海关核准后，开具中华人民共和国海关监管车辆解除监管证明书，常驻人员凭此向公安交通管理部门办理有关车辆转让过户手续。

对于常驻人员进境自用车辆的其他要求，按照《中华人民共和国海关对非居民长期旅客进出境自用物品监管办法》（海关总署第 116 号令）有关规定执行。

本公告自发布之日起执行。

特此公告。

海关总署

2006 年 5 月 29 日

中华人民共和国海关总署公告

2006 年第 31 号

根据《中华人民共和国知识产权海关保护条例》（以下简称《条例》）第十四条和《中华人民共和国海关关于〈中华人民共和国知识产权海关保护条例〉的实施办法》（以下简称《实施办法》）第二十二条的规定，知识产权权利人可以依法向海关提供总担保。为实施《实施办法》的有关规定，方便知识产权权利人向海关申请采取知识产权保护措施，现就知识产权海关保护总担保的有关事宜公告如下：

一、知识产权权利人在一定时间内根据《条例》第十六条的规定多次向海关提出扣留涉嫌侵犯其已在海关总署备案商标专用权的进出口货物（以下简称侵权嫌疑货物）申请的，可以向海关总署申请提供知识产权海关保护总担保（以下简称总担保）。

二、知识产权权利人申请提供总担保的，应当向海关总署提交书面申请（样式见附件 1），并随附以下材料：

（一）已获准在中国大陆境内开展金融业务的银行（以下统称担保人）出具的为知识产权权利人申请总担保承担连带责任的总担保保函（样式见附件 2）；

（二）知识产权权利人上一年度向海关申请扣留侵权嫌疑货物后发生的仓储处置费的清单（样式见附件 3）。

三、总担保的担保金额应相当于知识产权权利人上一年度向海关申请扣留侵权嫌疑货物后发生的仓储、保管和处置等费用（以下简称仓储处置费）之和；知识产权权利人上一年度未向海关申请扣留侵权嫌疑货物或者仓储处置费不足人民币 20 万元的，总担保的担保金额为人民币 20 万元。

总担保保函的有效期为担保人签发之日起至第二年 6 月 30 日。

四、自海关总署核准其使用总担保之日起至当年 12 月 31 日止的期间内，知识产权权利人请求海关扣留侵权嫌疑货物，无需再向海关提供担保。但是，有关的仓储处置费仍应由知识产权权利人按照《实施办法》第三十一条的规定支付；对因申请不当给收货人或者发货人造成损失的，知识产权权利人应当自行承担民事赔偿责任。

五、有以下情形之一的，海关总署可以书面通知担保人在 10 个工作日内向有关海关支付不超过担保金额的款项：

（一）知识产权权利人未能在海关要求其支付仓储处置费的书面通知送达之日起 10 个工作日内，按照《实施办法》第三十一条的规定支付有关费用；

（二）知识产权权利人未能按照《条例》第二十九条的规定承担赔偿责任且人民法院在总担保保函有效期内要求海关协助执行有关判决的。

自海关总署向担保人发出履行担保责任的通知之日起，知识产权权利人向海关申请扣留侵权嫌疑货物，应当同时向海关提供担保。

六、本公告自 2006 年 7 月 1 日起施行。

特此公告。

附件 1　知识产权海关保护总担保申请书（样式）

附件 2　总担保保函（样式）

附件 3　仓储处置费清单（样式）

海关总署

2006 年 5 月 30 日

附件1

知识产权海关保护总担保申请书（样式）

中华人民共和国海关总署：

依照中华人民共和国海关总署2006年第______号公告，现向你署申请提供知识产权海关保护总担保。

本知识产权权利人保证本申请中的内容以及随附的文件真实有效，并严格履行相关法定义务。

请予以核准。

申请人：______________________　　代理人：________________________

担保人：______________________　　法定代表人：____________________

地址：________________________　　邮编：__________________________

（签章）：

申请日期：年　月　日

附件2

总担保保函（样式）

开立日期：××××年××月××日　　编号：

受益人：中华人民共和国海关总署

北京市建国门内大街6号（邮编：100730）

我行，即法定地址位于×××市×××路×××号的×××银行，应×××（以下简称“知识产权权利人”）的要求，开立以贵方为受益人的本保证函，为知识产权权利人履行《中华人民共和国知识产权海关保护条例》（以下简称《条例》）第十四条规定的义务提供保证。

我行承诺，对于在本保证函有效期内申请人按照《条例》第十六条向海关提出扣留涉嫌侵犯其商标专用权的进出口货物申请的，若知识产权权利人在收到海关要求其支付《条例》第二十五条规定的费用的书面通知后10个工作日内未能支付有关费用，或者未能根据人民法院的判决履行《条例》第二十九条的规定承担赔偿责任的，我行保证在收到贵方索偿通知书后10个工作日内将所索款项汇至贵方指定的账号。

本保证函的担保金额不超过人民币（××××大写）万元整（RMB××××小写）。

本保证函自签发之日起生效，有效期截至××××年12月31日。对贵署未能在本保证函有效期满后180日内向本行发出索偿通知书的，本行不再承担本保证函规定的付款责任。

担保人：××银行　　保函签发人：×××

（签章）　　（签章）

××××年××月××日

附件 3

仓储处置费清单（样式）

金额单位：（人民币元）

序号	口岸海关	扣留日期	货物和商标名称	案值	仓储费金额

制表日期：　年　月　日　　　　知识产权权利人：

（签章）

仓储处置费清单填写说明

一、本清单用于核算知识产权海关保护总担保申请人应当提供的总担保金额，知识产权权利人应当认真填写，保证填写内容真实和准确。

二、清单中的“仓储费”，指知识产权海关保护总担保申请人在上一年度内因向海关申请依职权扣留涉嫌侵犯其商标专用权货物而实际支付的仓储、保管和处置等费用。上一年度未向海关提出申请的，应当提交由申请人签章后的空白清单。

三、本清单栏目不足的可以加附表。

中华人民共和国海关总署公告

2006年第32号

第29届奥林匹克运动会组织委员会最近就第29届奥林匹克运动会口号、吉祥物向海关总署提出海关保护备案申请并已获海关总署核准。现将备案情况公布如下：

权利人：第29届奥林匹克运动会组织委员会

权利名称：1. 第29届奥林匹克运动会口号（见附件1）

2. 第29届奥林匹克运动会吉祥物（见附件2）

未经权利人许可，擅自进出口侵犯上述奥林匹克标志专有权的货物的，海关根据《奥林匹克标志保护条例》以及相关法律法规予以查处。

特此公告。

附件1　第29届奥林匹克运动会口号

附件2　第29届奥林匹克运动会吉祥物（略）

海关总署

2006年5月31日

附件1

同一个世界，同一个梦想

One World，One Dream

中华人民共和国海关总署公告

2006年第34号

根据《中华人民共和国反倾销条例》的规定和对原产于美国和欧盟的进口耐磨纸反倾销调查结果，商务部决定对原产于美国和欧盟的进口耐磨纸实施临时反倾销措施并对外公告（中华人民共和国商务部公告2006年第45号，详见附件1）。现就海关实施上述临时反倾销措施的有关事项公告如下：

一、自2006年6月16日起，对原产于美国和欧盟的进口耐磨纸（税则号列：4806.4000），海关除按现行规定征收关税和进口环节增值税外，还应区别不同的供货厂商，按照反倾销保证金征收比率表（详见附件2）所列的征收比率征收反倾销保证金。

反倾销保证金的计算公式为：

反倾销保证金金额＝（海关完税价格×反倾销保证金征收比率）×（1＋进口环节增值税税率）

税则号列4806.4000项下的产品，凡添加三氧化二铝的，均属于本反倾销案的被调查产品范围，详细产品描述见本公告附件1。进口经营单位在申报进口上述产品时，商品编号应填报为48064000.10，申报进口税则号列4806.4000项下其他产品时，商品编号应填报为48064000.90。

二、凡申报进口耐磨纸的，应当向海关提交原产地证明，如果原产地为美国或欧盟的，还需提供原厂商发票。对于申报进口耐磨纸时不能提供原产地证明，且经查验也无法确定货物的原产地不是美国或欧盟的，海关按照本公告附件2所列的最高反倾销保证金征收比率征收保证金；对于能够确定货物的原产地是美国或欧盟，但进口经营单位不能提供原厂商发票，且通过其他合法、有效的单证也无法确定原生产厂商的，海关按照本公告附件2所列的相应国家或地区其他公司适用的反倾销保证金征收比率征收保证金。

三、关于对加工贸易保税进口原产于美国和欧盟的耐磨纸征收反倾销保证金的问题，按照海关总署2001年第9号公告和海关总署令第111号的有关规定执行。

四、对于所征收的反倾销保证金的处理，海关总署将根据终裁结果另行公告。

五、在实施临时反倾销措施期间，如果出现与实施临时反倾销措施产品类似的进口货物，而海关无法确定是否属于实施临时反倾销措施的产品时，有关企业可向商务部提出申请，由商务部商有关部门作出裁定，海关将根据商务部的裁定执行。

特此公告。

附件1　中华人民共和国商务部公告2006年第45号

附件2　耐磨纸反倾销保证金征收比率表

海关总署

2006年6月15日

附件1

中华人民共和国商务部公告

2006年第45号

根据《中华人民共和国反倾销条例》的规定，中华人民共和国商务部（以下简称调查机关）于2005年6月13日发布第34号公告，决定对原产于美国和欧盟的进口耐磨纸（以下简称被调查产品）进行反倾销调查。

调查机关对被调查产品是否存在倾销和倾销幅度、被调查产品是否对中国国内产业造成损害及损害程度以及倾销与损害之间的因果关系进行了调查。根据调查结果和《中华人民共和国反倾销条例》第二十四条的规定，调查机关作出初裁决定（见附件）。

现将有关事项公告如下：

一、初裁决定

调查机关初裁决定，原产于美国和欧盟的进口耐磨纸存在倾销，中国耐磨纸产业遭受了实质损害，同时倾销和实质损害之间存在因果关系。

二、征收保证金

根据《中华人民共和国反倾销条例》第二十八条和第二十九条的规定，调查机关决定采用现金保证金形式实施临时反倾销措施。自2006年6月16日起，进口经营者在进口原产于美国和欧盟的耐磨纸时，应根据本初裁决定所确定的各公司的倾销幅度向中华人民共和国海关提供相应的保证金。

对该被调查产品的描述如下：

调查范围：原产于美国和欧盟的进口耐磨纸产品。

产品名称：耐磨纸。

英文名称：Wear Resistant Overlay。

税则号：本案被调查产品归在《中华人民共和国进出口税则》税则号：4806.4000。

产品描述：耐磨纸是一种添加了耐磨材料三氧化二铝的成卷或成张的高光泽透明或半透明纸。

主要用途：主要用于强化木地板、防火板等装饰板材表层。

对各公司征收的保证金比率如下：

（一）美国公司

1. 美国美德维实伟克造纸有限公司（MW Custom Papers，LLC）　10.35%。

2. 其他美国公司（All Others）　42.79%。

（二）欧盟公司

1. 德国舒豪纸业有限公司（Papierfabrik Schoeller & Hoesch GmbH & Co. KG）　24.64%。

2. 其他欧盟公司（All Others）　42.79%。

三、征收保证金的方法

自2006年6月16日起，进口经营者在进口原产于美国和欧盟的耐磨纸时，应向中华人民共和国海关提供相应的保证金。保证金以海关审定的完税价格从价计征，计算公式为：

保证金金额＝（关税完税价格×保证金征收比率）×（1＋进口环节增值税税率）

四、评论

各利害关系方在本公告发布之日起20天内，可向调查机关提出书面评论并附相关证据，调查机关将依法予以考虑。

特此公告

附件　中华人民共和国商务部关于对原产于美国和欧盟的进口耐磨纸反倾销调查的初裁决定（略）

商务部

2006年6月16日

附件2

耐磨纸反倾销保证金征收比率表

原产国（地区）	厂商名称	征收比率
美国	美国美德维实伟克造纸有限公司（MW Custom Papers，LLC）	10.35%
	其他美国公司	42.79%
欧盟	德国舒豪纸业有限公司（Papierfabrik Schoeller & Hoesch GmbH & Co. KG）	24.64%
	其他欧盟公司	42.79%

中华人民共和国海关总署公告

2006年第35号

根据《中华人民共和国反倾销条例》的规定，国务院关税税则委员会决定自2006年6月28日起，对原产于俄罗斯、韩国、日本和美国的进口环氧氯丙烷征收反倾销税，期限为5年。商务部为此发布了中华人民共和国商务部2006年第44号公告（详见附件1）。现将执行中的有关问题公告如下：

一、自2006年6月28日起，对申报进口原产于俄罗斯、韩国、日本和美国的环氧氯丙烷（又名1－氯－2，3－环氧丙烷、表氯醇，税则号列：2910.3000），除按现行规定征收进口关税外，还应区别不同的供货厂商，按照本公告附件2所列的适用税率和下述计算公式征收反倾销税及进口环节增值税。

反倾销税税额＝海关完税价格×反倾销税税率

进口环节增值税税额＝（海关完税价格＋关税税额＋反倾销税税额）×进口环节增值税税率

对应征收反倾销税产品的详细描述详见本公告附件1。

二、凡申报进口环氧氯丙烷的，必须向海关提交原产地证明，如果原产地为俄罗斯、韩国、日本或美国的，还需提供原厂商发票。对于申报进口环氧氯丙烷时不能提供原产地证明，且经查验也无法确定货物的原产地不是俄罗斯、韩国、日本或美国的，海关将按照本公告附件2所列的最高反倾销税税率征收反倾销税；对于能够确定货物的原产地是俄罗斯、韩国、日本或美国，但进口经营单位不能提供原厂商发票的，海关将按照本公告附件2所列的相应国家其他公司适用的反倾销税税率征收反倾销税。

三、有关加工贸易保税进口原产于俄罗斯、韩国、日本和美国的环氧氯丙烷如何征收反倾销税等方面的问题，海关按照中华人民共和国海关总署2001年第9号公告和中华人民共和国海关总署令第111号的规定执行。

四、对于实施临时反倾销措施之后进口原产于俄罗斯、韩国、日本和美国的环氧氯丙烷已经缴纳的反倾销保证金，按本公告规定的征收反倾销税的商品范围和反倾销税税率计征并转为反倾销税，与之同时缴纳的进口环节增值税保证金一并转为进口环节增值税。上述保证金超出按本公告规定的税率计算的反倾销税及相应的进口环节增值税的部分，有关单位可自2006年6月28日起6个月内向征收地海关申请退还，不足部分，不再补征。

五、在对进口环氧氯丙烷征收反倾销税期间，出现相同或类似货物而海关无法确定是否应对其征收反倾销税时，有关单位应向商务部提出申请，由商务部商有关部门作出裁定。海关将根据商务部的裁定执行。

特此公告。

附件1　中华人民共和国商务部2006年第44号公告
附件2　环氧氯丙烷反倾销税税率表

海关总署
2006年6月27日

附件 1

中华人民共和国商务部公告

2006 年第 44 号

根据《中华人民共和国反倾销条例》的规定，中华人民共和国商务部于 2004 年 12 月 28 日发布公告，决定对原产于俄罗斯、韩国、日本和美国的进口环氧氯丙烷进行反倾销调查。

商务部对倾销和倾销幅度、损害及损害程度，以及倾销和损害之间的因果关系进行了调查。根据调查结果和《中华人民共和国反倾销条例》第二十四条的规定，商务部于 2005 年 9 月 21 日发布初裁公告，认定被调查产品存在倾销，中国产业遭受了实质损害，而且倾销与实质损害之间存在因果关系。

初步裁定后，商务部继续对倾销和倾销幅度、损害和损害程度以及倾销和损害之间的因果关系进行调查。现本案调查结束，根据本案调查结果，并依据《中华人民共和国反倾销条例》第二十五条的规定，商务部做出终裁决定（见附件）。现将有关事项公告如下：

一、最终裁定

经过调查，商务部最终裁定，原产于俄罗斯、韩国、日本和美国的进口环氧氯丙烷存在倾销，中国环氧氯丙烷产业遭受了实质损害，同时倾销和实质损害之间存在因果关系。

二、征收反倾销税

根据《中华人民共和国反倾销条例》的有关规定，国务院关税税则委员会决定，自 2006 年 6 月 28 日起，对原产于俄罗斯、韩国、日本和美国的环氧氯丙烷征收反倾销税。

本案征收反倾销税的产品归在《中华人民共和国进出口税则》税则号：2910.3000。

调查范围：原产于俄罗斯、韩国、日本和美国的环氧氯丙烷。

被调查产品名称：环氧氯丙烷，又名 1－氯－2，3－环氧丙烷、表氯醇（英文名为 Epichlorohydrin，简称 ECH）。

产品种类：有机化工产品。

分子式：C_3H_5OCl。

化学结构式：（略）。

物理及化学特征：环氧氯丙烷常温下是一种透明、有刺激性气味的低粘度、易挥发、不稳定的无色油状液体，其相对分子质量为 92.53，熔点－25.6℃，沸点 117.9℃，相对密度 1.1812（20/4℃），闪点 33℃，可混溶于乙醇、乙醚、氯仿、三氯乙烯等。环 PC 氯丙烷在水中的溶解度为 6.58%（20℃），与水共沸于 88℃，所含水的质量分数为 28%。由于其分子结构中具有不对称 C 原子，一般以含有等量左旋和右旋结构的外消旋混和物形式存在。

主要用途：环氧氯丙烷主要用于生产环氧树脂，还可用于生产合成甘油、硝化甘油炸药、玻璃钢、电绝缘品、表面活性剂、医药、农药、涂料、胶料、离子交换树脂、增塑剂、（缩水）甘油衍生物、氯醇橡胶等多种产品。此外，环氧氯丙烷还用作纤维素酯、树脂、纤维素醚的溶剂。

对各公司征收的反倾销税税率如下：

（一）俄罗斯公司

1. 考斯迪克封闭式股份公司（The Joint Stock Company Kaustik）　17.9%；

2. 乌苏里耶化工有限责任公司（Limited Liability Company“Usoliekhimprom”）　5.4%；

3. 其他俄罗斯公司（All Others）　71.5%。

（二）韩国公司

1. 韩华石油化学株式会社（HAN WHA CHEMICAL CORPORATION）　4.0%；

2. 三星精密化学株式会社（Samsung Fine Chemicals CO.，LTD.）　3.8%；

3. 其他韩国公司（All Others）　71.5%。

（三）日本公司

1. 日本鹿岛化学株式会社（Kashima Chemical Co.，Ltd.）　4.7%；

2. 其他日本公司（All Others）　71.5%；

3. 日本大曹株式会社（DAISO CO.，LTD.）　0%。

［经调查，日本大曹株式会社（DAISO CO.，LTD.）终裁倾销幅度为 0.9%，根据《中华人民共和国反倾销条例》第二十七条的规定，属于微量倾销幅度，免于征收反倾销税］。

（四）美国公司

1. 陶氏化学公司（The Dow Chemical Company）　4.3%；

2. 其他美国公司（All Others）　71.5%。

三、征收反倾销税的方法

自 2006 年 6 月 28 日起，进口经营者在进口原产于俄罗斯、韩国、日本和美国的环氧氯丙烷时，应向中华人民共和国海关提供相应的反倾销税。反倾销税以海关审定的完税价格从价计征，计算公式为：

反倾销税额＝海关完税价格×反倾销税税率

进口环节增值税以海关审定的完税价格加上关税和反倾销税作为计税价格从价计征。

四、反倾销税的追溯征收

对自2005年9月21日起至本决定公告之日止，有关进口经营者依初裁决定向中华人民共和国海关所提供的保证金，按终裁所确定的征收反倾销税的商品范围和反倾销税税率计征并转为反倾销税，并按相应的增值税税率计征进口环节增值税。对在此期间有关进口经营者所提供的保证金超出反倾销税和与之相应的进口环节增值税的部分，海关予以退还，少征部分则不再征收。

对实施临时反倾销措施决定公告之日前，原产于俄罗斯、韩国、日本和美国的环氧氯丙烷不再追溯征收反倾销税。

五、征收反倾销税的期限

对原产于俄罗斯、韩国、日本和美国的环氧氯丙烷征收反倾销税，实施期限自2006年6月28日起5年。

六、新出口商复审

对于上述国家在调查期内未向中华人民共和国出口被调查产品的新出口经营者，符合条件的，可依据《中华人民共和国反倾销条例》第四十七条的规定，向调查机关书面申请新出口商复审。

七、期中复审

在征收反倾销税期间，有关利害关系方可根据《中华人民共和国反倾销条例》第四十九条的规定，向调查机关书面申请期中复审。

八、行政复议和行政诉讼

对本案终裁决定及征收反倾销税的决定不服的，根据《中华人民共和国反倾销条例》第五十三条的规定，可以依法申请行政复议，也可以依法向人民法院提起诉讼。

特此公告。

附件　中华人民共和国商务部关于对原产于俄罗斯、韩国、日本和美国的进口环氧氯丙烷产品反倾销调查的终裁决定（略）

商务部

2006年6月28日

附件2

环氧氯丙烷反倾销税税率表

原产国	厂商名称	反倾销税税率
俄罗斯	考斯迪克封闭式股份公司（The Joint Stock Company Kaustik）	17.9%
	乌苏里耶化工有限责任公司（Limited Liability Company “Usoliekhimprom”）	5.4%
	其他俄罗斯公司	71.5%
韩国	韩华石油化学株式会社（HAN WHA CHEMICAL CORPORATION）	4.0%
	三星精密化学株式会社（Samsung Fine Chemicals CO.，LTD.）	3.8%
	其他韩国公司	71.5%
日本	日本鹿岛化学株式会社（Kashima Chemical Co.，Ltd.）	4.7%
	日本大曹株式会社（DAISO CO.，LTD.）	0%
	其他日本公司	71.5%
美国	陶氏化学公司（The Dow Chemical Company）	4.3%
	其他美国公司	71.5%

中华人民共和国海关总署公告

2006 年第 36 号

根据《内地与香港关于建立更紧密经贸关系的安排》和《内地与澳门关于建立更紧密经贸关系的安排》及其补充协议，现将有关事宜公告如下：

一、《2006 年上半年香港享受零关税货物原产地标准表》和《2006 年上半年澳门享受零关税货物原产地标准表》（以下简称《标准表》，见附件 1、2）现予以公布，自 2006 年 7 月 1 日起执行。其中，除"汽车天窗的玻璃总成、汽车天窗的线路板"为具体列名，并按此列名执行外，《标准表》中所列其他商品使用了简化的货物名称，其范围与 2006 年《中华人民共和国进出口税则》中相应税号的货品一致。

二、经内地与香港、澳门有关部门磋商并同意，修改海关总署 2005 年第 70 号公告所公布的《享受货物贸易优惠措施的香港货物原产地标准表》和《享受货物贸易优惠措施的澳门货物原产地标准表》中的"即食或快熟面条"（税号 1902.3030）的原产地标准。修改后的原产地标准为"（1）从谷类或面粉制造。主要制造工序为混和、烹煮及塑形。如制造工序中涉及烘焙，则烘焙亦须在香港进行；或（2）从干面条、肉类及蔬菜制造。主要制造工序为烹煮、调味、混合及冷冻"。

该标准自 2006 年 7 月 1 日起执行。

三、根据海关总署 2005 年第 54 号公告规定的有关确认"香港自有品牌"手表清单的程序，第二批香港自有品牌手表清单（见附件 3）已经确认，现予以公布。

特此公告。

附件 1　2006 年上半年香港享受零关税货物原产地标准表

附件 2　2006 年上半年澳门享受零关税货物原产地标准表

附件 3　第二批香港自有品牌手表清单

海关总署

2006 年 6 月 28 日

附件 1

2006 年上半年香港享受零关税货物原产地标准表

序号	内地 2006 年税则号列	货品名称	原产地标准
1	0301.1000	活观赏鱼	在香港出生并饲养。
2	0904.1200	已磨胡椒	从植物制造。主要制造工序为混和、碾磨及燥干。
3	0904.2010	辣椒干	从植物制造。主要制造工序为混和、碾磨及燥干。
4	0904.2020	辣椒粉	从植物制造。主要制造工序为混和、碾磨及燥干。
5	0906.2000	已磨肉桂及肉桂花	从植物制造。主要制造工序为混和、碾磨及燥干。
6	0910.3000	姜黄	从植物制造。主要制造工序为混和、碾磨及燥干。
7	0910.5000	咖喱	从植物制造。主要制造工序为混和、碾磨及燥干。
8	0910.9100	混合调味香料	从植物制造。主要制造工序为混和、碾磨及燥干。

序号	内地2006年税则号列	货品名称	原产地标准
9	1501.0000	猪及家禽脂肪	从生猪肉制造。主要制造工序为收取生猪脂，切割、压榨及煮沸。
10	2301.1020	油渣	从生猪肉制造。主要制造工序为收取生猪脂，切割、压榨及煮沸。
11	2903.3090	其他未列名无环烃的氟化、溴化或碘化衍生物	从天然物质或化学原料经化学反应制得。
12	3105.1000	制成片状及类似形状或每包毛重不超过10千克的31章各货品	由天然物质或化学原料经化学反应制得。
13	3105.9000	其他未列名肥料	由天然物质或化学原料经化学反应制得。
14	3815.1200	以贵金属及其化合物为活性物的载体催化剂	由天然物质或化学原料经化学反应制得。
15	3901.1000	初级形状比重<0.94的聚乙烯	(1) 从聚合物、强化或催化物料及其他化学成分制造。主要制造工序为搅拌或混和、熔化或聚变、压制及制粒；或 (2) 从塑料废料制造。主要制造工序为制粒、拉压及切割。
16	3901.2000	初级形状比重≥0.94的聚乙烯	(1) 从聚合物、强化或催化物料及其他化学成分制造。主要制造工序为搅拌或混和、熔化或聚变、压制及制粒；或 (2) 从塑料废料制造。主要制造工序为制粒、拉压及切割。
17	4002.9911	其他未列名的初级形状合成橡胶	税号改变标准。
18	4002.9919	其他未列名的合成橡胶板、片、带	税号改变标准。
19	8413.7090	转速在10000转/分以下的其他离心泵	(a) 在香港进行金属制作（对进口组合零件进行的金属制作工序亦适用）及装配。主要制造工序为切割、烧焊、磨削、磨光、装配及测试；及 (b) 从价百分比标准。
20	8414.4000	装在拖车底盘上的空气压缩机	(a) 在香港进行金属制作（对进口组合零件进行的金属制作工序亦适用）及装配。主要制造工序为金属零件切削加工、切割、焊接、装配及测试；及 (b) 从价百分比标准。
21	8414.8090	其他气体压缩机	(a) 在香港进行金属制作（对进口组合零件进行的金属制作工序亦适用）及装配。主要制造工序为金属零件切削加工、切割、焊接、装配及测试；及 (b) 从价百分比标准。
22	8443.2100	卷取进料式凸板印刷机	在香港进行金属制作（对进口组合零件进行的金属制作工序也适用）及装配，且符合从价百分比标准。

序号	内地 2006 年税则号列	货品名称	原产地标准
23	8458.1100	切削金属的数控卧式车床	在香港进行金属制作（对进口组合零件进行的金属制作工序也适用）及装配，且符合从价百分比标准。
24	8458.1900	切削金属的非数控卧式车床	在香港进行金属制作（对进口组合零件进行的金属制作工序也适用）及装配，且符合从价百分比标准。
25	8502.1100	输出功率≤75 千伏安柴油发电机组	在香港装配，且符合从价百分比标准。
26	8502.1200	75 千伏安＜输出功率≤375 千伏安柴油发电机组	在香港装配，且符合从价百分比标准。
27	8502.1310	375 千伏安＜输出功率≤2 毫伏安柴油发电机组	在香港装配，且符合从价百分比标准。
28	8502.1320	输出功率＞2 毫伏安柴油发电机组	在香港装配，且符合从价百分比标准。
29	8536.3000	电压≤1000 伏其他电路保护装置	从电木粉及金属制造。主要制造工序为切割（包括冲切）及装配。如切割后的制造工序中涉及塑形及/或模塑，则塑形及/或模塑亦须在香港进行。
30	8708.2990	汽车天窗线路板、汽车天窗玻璃总成	（a）税号改变标准；及（b）从价百分比标准。
31	9032.2000	恒压器	从塑料粒料或制造内胆物料制造。主要制造工序为制造外壳或制造内胆、主板的焊接及测试。如制造工序中涉及装配，则装配亦须在香港进行。
32	9032.8100	液压或气压的其他未列名自动调节或控制仪器及装置	（a）税号改变标准；及（b）从价百分比标准。
33	9608.6000	圆珠笔芯	（1）从笔芯制造。主要制造工序为填入墨水及装上笔尖；或（2）税号改变标准。
34	9608.9100	钢笔头及笔尖粒	（1）从笔珠制造。主要制造工序为将笔珠放进笔珠载体中，并连接上杆枝；或（2）税号改变标准。
35	9608.9910	机器、仪器用笔	从笔珠制造。主要制造工序为将笔珠放进笔珠载体中，并连接上杆枝。
36	9608.9920	蜡纸铁笔、钢笔杆、铅笔杆等	从笔珠制造。主要制造工序为将笔珠放进笔珠载体中，并连接上杆枝。
37	9608.9990	其他笔零件	（1）从笔珠制造。主要制造工序为将笔珠放进笔珠载体中，并连接上杆枝；或（2）税号改变标准。

附件2

2006年上半年澳门享受零关税货物原产地标准表

序号	内地2006年税则号列	货品名称	原产地标准
1	0506.9090	未经加工或经脱脂、简单整理的其他未列名骨及角柱	烹煮、脱皮、脱肉、脱脂及烘干。
2	2710.1929	其他未列名柴油及燃料油	从在澳门收集的在澳门消费过程中产生的废油中制造。主要制造工序为过滤、脱水、蒸馏及冷却。
3	3301.1100	香柠檬油（佛手油）	从天然成分制造。主要制造工序为萃取（包括浸出、分离）、提纯或浓缩。
4	3301.1200	橙油	从天然成分制造。主要制造工序为萃取（包括浸出、分离）、提纯或浓缩。
5	3301.1300	柠檬油	从天然成分制造。主要制造工序为萃取（包括浸出、分离）、提纯或浓缩。
6	3301.1400	白柠檬油（酸橙油）	从天然成分制造。主要制造工序为萃取（包括浸出、分离）、提纯或浓缩。
7	3301.1900	其他柑桔属果实的精油	从天然成分制造。主要制造工序为萃取（包括浸出、分离）、提纯或浓缩。
8	3301.2100	老鹳草油（香叶油）	从天然成分制造。主要制造工序为萃取（包括浸出、分离）、提纯或浓缩。
9	3301.2200	茉莉油	从天然成分制造。主要制造工序为萃取（包括浸出、分离）、提纯或浓缩。
10	3301.2300	熏衣草（包括杂种熏衣草）油	从天然成分制造。主要制造工序为萃取（包括浸出、分离）、提纯或浓缩。
11	3301.2400	胡椒薄荷油	从天然成分制造。主要制造工序为萃取（包括浸出、分离）、提纯或浓缩。
12	3301.2500	其他薄荷油	从天然成分制造。主要制造工序为萃取（包括浸出、分离）、提纯或浓缩。
13	3301.2600	岩兰草油	从天然成分制造。主要制造工序为萃取（包括浸出、分离）、提纯或浓缩。
14	3301.2910	樟脑油	从天然成分制造。主要制造工序为萃取（包括浸出、分离）、提纯或浓缩。
15	3301.2920	香茅油	从天然成分制造。主要制造工序为萃取（包括浸出、分离）、提纯或浓缩。

序号	内地2006年税则号列	货品名称	原产地标准
16	3301.2930	茴香油	从天然成分制造。主要制造工序为萃取（包括浸出、分离）、提纯或浓缩。
17	3301.2940	桂油	从天然成分制造。主要制造工序为萃取（包括浸出、分离）、提纯或浓缩。
18	3301.2950	山苍子油	从天然成分制造。主要制造工序为萃取（包括浸出、分离）、提纯或浓缩。
19	3301.2960	桉叶油	从天然成分制造。主要制造工序为萃取（包括浸出、分离）、提纯或浓缩。
20	3301.2990	其他非柑桔属果实的精油	从天然成分制造。主要制造工序为萃取（包括浸出、分离）、提纯或浓缩。
21	3301.3010	鸢尾凝脂	从天然成分制造。主要制造工序为萃取（包括浸出、分离）、提纯或浓缩。
22	3301.3090	其他香膏	从天然成分制造。主要制造工序为萃取（包括浸出、分离）、提纯或浓缩。
23	3302.1010	生产饮料用的混合香料以及以香料为基本成分的制品，按容量计酒精浓度≤0.5%	从天然或化学成分制造。主要制造工序为借混合令制造物料产生化学变化。
24	3302.1090	其他食品或饮料工业用混合香料以及以香料为基本成分的制品	从天然或化学成分制造。主要制造工序为借混合令制造物料产生化学变化。

附件3

第二批香港自有品牌手表清单

序号	香港自有品牌名称	香港公司名称	品牌性质
1	TEMPORIS 天普时	运年表业有限公司	香港原创品牌
2	A AMUNDSEN	生态表业有限公司	香港原创品牌
3	瑞宝	宜进利有限公司	香港原创品牌
4	es +	宜进利有限公司	香港原创品牌

中华人民共和国海关总署公告

2006年第37号

经国务院批准，2006年7月1日起对《中华人民共和国进出口税则》中汽车等商品的进口关税税率进行调整，同时对相关国家和地区实施协定税率、特惠税率。现将有关事项公告如下：

一、按照我国加入世界贸易组织承诺，降低小轿车等42个税目的最惠国税率。其中，31个税目为小轿车、越野车、小客车整车，税率由28%降至25%；11个税目为车身、底盘、中低排量汽油发动机等汽车零部件，税率由13.8–16.4%降至10%（见附件1）。

二、根据我国签订的相关协定，对有关国家或地区实施协定税率：

（一）在中国—东盟自由贸易区框架下，对原产于菲律宾的2838个税目的商品实施相关协定税率（见附件2）；

（二）对原产于香港的37个税目的商品进入内地实施零关税（见附件3）；

（三）对原产于澳门的24个税目的商品进入内地实施零关税（见附件4）。

三、根据国务院决定，对以下最不发达国家实施税率为零的特惠税率：

（一）对原产于安哥拉、塞内加尔的部分商品实施零关税，具体商品与我国已给予贝宁共和国等非洲26个国家零关税待遇的商品范围相同（详见《中华人民共和国进出口税则（2006年）》附表3《进口关税特惠税率表》）。申报进口享受特惠税率的原产于上述两国货物时，应按海关总署2005年第69号公告中“未实行原产地证书联网管理的具体填制要求”填制报关单，其“优惠贸易协定代码”按照“05”填报。

（二）对原产于也门、马尔代夫、阿富汗、萨摩亚和瓦努阿图的部分商品实施零关税（简称“对也门等国特惠待遇”），商品范围见本公告附件5，新增“优惠贸易协定代码”为“09”。申报进口享受特惠税率的原产于上述国家货物时，应按海关总署2005年第69号公告中“未实行原产地证书联网管理的具体填制要求”填制报关单。

四、本公告自2006年7月1日起执行。

特此公告。

附件1　进口商品最惠国税率调整表（略）

附件2　中国—东盟自由贸易区协定对菲律宾“正常降税”协定税目税率表（略）

附件3　内地与香港更紧密经贸关系安排第四批商品税目税率表（略）

附件4　内地与澳门更紧密经贸关系安排第四批商品税目税率表（略）

附件5　对也门等国特惠待遇税目税率表（略）

海关总署

2006年6月30日

中华人民共和国海关总署
国家发展改革委
财政部
商务部
公告

2006年第38号

《构成整车特征的汽车零部件进口管理办法》（海关总署、国家发展改革委、财政部、商务部令第125号）发布了进口汽车零部件构成整车特征及构成汽车总成（系统）特征的界定标准。经研究决定，原定于自2006年7月1日起实施的有关整车特征的进口价格百分比界定标准以及有关汽车总成（系统）特征的A、B类关键件的区分标准，推迟到2008年7月1日实施。

特此公告。

海关总署
国家发展改革委
财政部
商务部
2006年7月5日

中华人民共和国海关总署公告

2006年第39号

根据《中华人民共和国反倾销条例》的规定和对原产于印度和台湾地区的进口壬基酚反倾销调查结果，商务部决定对原产于印度和台湾地区的进口壬基酚实施临时反倾销措施并对外公告（中华人民共和国商务部公告2006年第51号，详见附件1）。现就海关实施上述临时反倾销措施的有关事项公告如下：

一、自2006年7月10日起，对原产于印度和台湾地区的进口壬基酚（也称壬基苯酚，税则号列：2907.1310），海关除按现行规定征收关税和进口环节增值税外，还应区别不同的供货厂商，按照反倾销保证金征收比率表（详见附件2）所列的征收比率征收反倾销保证金。

反倾销保证金的计算公式为：

反倾销保证金金额 =（海关完税价格 × 反倾销保证金征收比率）×（1 + 进口环节增值税税率）

对实施临时反倾销措施产品的详细描述详见本公告附件1。

二、凡申报进口壬基酚的，应当向海关提交原产地证明，如果原产地为印度或台湾地区的，还需提供原厂商发票。对于申报进口壬基酚时不能提供原产地证明，且经查验也无法确定货物的原产地不是印度或台湾地区的，海关按照本公告附件2所列的最高反倾销保证金征收比率征收保证金；对于能够确定货物的原产地是印度或台湾地区，但进口经营单位不能提供原厂商发票，且通过其他合法、有效的单证也无法确定原生产厂商的，海关按照本公告附件2所列的相应国家或地区其他公司适用的反倾销保证金征收比率征收保证金。

三、关于对加工贸易保税进口原产于印度和台湾地区的壬基酚征收反倾销保证金的问题，按照海关总署2001年第9号公告和海关总署令第111号的有关规定执行。

四、对于所征收的反倾销保证金的处理，海关总署将根据终裁结果另行公告。

五、在实施临时反倾销措施期间，如果出现与实施临时反倾销措施产品类似的进口货物，而海关无法确定是否属于实施临时反倾销措施的产品时，有关企业可向商务部提出申请，由商务部商有关部门作出裁定，海关将根据商务部的裁定执行。

特此公告。

附件1　中华人民共和国商务部2006年第51号公告

附件2　壬基酚反倾销保证金征收比率表

海关总署

2006年7月7日

附件1

中华人民共和国商务部公告

2006年第51号

根据《中华人民共和国反倾销条例》的规定，调查机关于2005年12月29日发布公告，决定对原产于印度和台湾地区的进口壬基酚进行反倾销调查。该被调查产品在《中华人民共和国进出口税则》中列为：2907.1310。

调查机关对被调查产品是否存在倾销和倾销幅度、被调查产品是否对中国大陆产业造成损害及损害程度，以及倾销与损害之间的因果关系进行了调查。根据调查结果和《中华人民共和国反倾销条例》第二十四条的规定，调查机关做出初裁决定（见附件）。

现将有关事项公告如下：

一、初裁决定

调查机关初裁决定，原产于印度和台湾地区的进口壬基酚存在倾销，中国大陆壬基酚产业遭受了实质损害，同时倾销和实质损害之间存在因果关系。

二、征收保证金

根据《中华人民共和国反倾销条例》第二十八条和第二十九条的规定，调查机关决定采用保证金形式实施临时反倾销措施。自2006年7月10日起，进口经营者在进口原产于日本和台湾地区的壬基酚时，应根据本初裁决定所确定的各公司的倾销幅度向中华人民共和国海关提供相应的保证金。

该被调查产品在《中华人民共和国进出口税则》中列为：2907.1310。对该被调查产品的描述如下：

产品名称：壬基酚，也称壬基苯酚。

英文名称：Nonyl Phenol（简称NP）。

分子式：$C_{15}H_{24}O$。

物理化学特性：壬基酚是一种重要的精细化工原料和中间体，外观在常温下为无色或淡黄色液体，略带苯酚气味，不溶于水，溶于丙酮。

主要用途：主要用于生产表面活性剂，也用于抗氧剂、纺织印染助剂、润滑油添加剂、农药乳化剂、树脂改性剂、树脂及橡胶稳定剂等领域。

对各公司征收的保证金比率如下：

（一）印度公司

印度十拿—赫蒂利亚有限公司（Schenectady Herdillia Limited）　17.96%；

其他印度公司（All Others）　20.38%。

（二）台湾地区公司

和益化学工业股份有限公司（Formosan Union Chemical Corporation）　9.78%；

中国人造纤维股份有限公司（China Man－Made Fiber Corporation）　9.07%；

其他台湾地区公司（All Others）　20.38%。

三、征收保证金的方法

自2006年7月10日起，进口经营者在进口原产于印度和台湾地区的壬基酚时，应向中华人民共和国海关提供相应的保证金。保证金以海关审定的完税价格从价计征，计算公式为：

保证金金额＝（关税完税价格×保证金征收比率）×（1＋进口环节增值税税率）

四、评论

各利害关系方在本公告发布之日起20天内，可向调查机关提出书面评论并附相关证据，调查机关将依法予以考虑。

特此公告。

附件　中华人民共和国商务部关于对原产于印度和台湾地区的进口壬基酚反倾销调查的初裁决定（略）

商务部

2006年7月10日

附件 2

壬基酚反倾销保证金征收比率表

原产地（地区）	厂商名称	征收比率
印度	印度十拿—赫蒂利亚有限公司（Schenectady Herdillia Limited）	17.96%
	其他印度公司（All Others）	20.38%
台湾	和益化学工业股份有限公司（Formosan Union Chemical Corporation）	9.78%
	中国人造纤维股份有限公司（China Man – Made Fiber Corporation）	9.07%
	其他台湾地区公司（All Others）	20.38%

中华人民共和国海关总署公告

2006 年第 40 号

根据《中华人民共和国反倾销条例》的规定，国务院关税税则委员会决定自 2003 年 11 月 22 日起对原产于日本、韩国、美国的进口甲苯二异氰酸酯（TDI，型号为 TDI80/20，税则号列为 2929.1010，下同）征收反倾销税，期限为 5 年。为此，商务部发布了 2003 年第 61 号公告，海关总署就具体实施的有关问题发布了 2003 年第 64 号公告。2006 年 1 月，根据商务部期中复审调查结果，国务院关税税则委员会决定对原产于日本、韩国的进口甲苯二异氰酸酯适用的反倾销税税率进行调整，其中日本三井武田化学株式会社（MITSUI TAKEDA CHEMICALS，INC.）适用的税率为 12.45%，其他日本公司适用的税率为 60.02%，海关总署为此发布了 2006 年第 1 号公告。最近，商务部根据日本三井武田化学株式会社的申请，经审查后决定，由日本三井化学聚氨酯株式会社（MITSUI CHEMICALS POLYURE-THANE，INC.）继承三井武田化学株式会社所适用的被调查产品反倾销税税率，并发布了 2006 年第 53 号公告（详见附件）。现将海关执行中的有关问题公告如下：

一、自 2006 年 7 月 13 日起，对原产于日本三井化学聚氨酯株式会社的进口甲苯二异氰酸酯，海关按照 12.45% 的税率征收反倾销税；对原产于日本三井武田化学株式会社的进口甲苯二异氰酸酯，海关按照其他日本公司 60.02% 的税率征收反倾销税。

二、对原产于日本、韩国、美国的进口甲苯二异氰酸酯征收反倾销税的其他事项，仍按照中华人民共和国海关总署 2003 年第 64 号公告和 2006 年第 1 号公告的有关规定执行。

特此公告。

附件　中华人民共和国商务部 2006 年第 53 号公告

海关总署

2006 年 7 月 12 日

附件

中华人民共和国商务部公告

2006 年第 53 号

中华人民共和国商务部于 2003 年 11 月 22 日发布 2003 年第 61 号公告，决定自即日起对原产于日本、韩国、美国的进口甲苯二异氰酸酯（TDI，型号为 TDI80/20）（以下称被调查产品）征收反倾销税。其中日本三井武田化学株式会社（MITSUI TAKEDA CHEMICALS，INC.）适用的反倾销税税率为 4%。

应国内产业申请，商务部于 2005 年 2 月 3 日发布 2005 年第 5 号公告，决定对原产于日本、韩国的进口被调查产品所适用的反倾销措施进行倾销及倾销幅度期中复审。经调查，商务部于2006年1月10日发布2005年第115号公告，决定对原产于日本、韩国的进口被调查产品所适用的反倾销税税率进行调整，其中日本三井武田化学株式会社的税率调整为12.45%，其他日本公司的税率调整为60.02%。

2006年3月9日，日本三井武田化学株式会社向商务部提出申请，称该公司将于2006年4月1日起更名为三井化学聚氨酯株式会社（MITSUI CHEMICALS POLYURETHANES，INC.），并请求由三井化学聚氨酯株式会社继承三井武田化学株式会社所适用的被调查产品反倾销税税率。根据调查机关要求，该公司提交了申请书补充材料。

对有关更名申请，调查机关通知了原申请人。国内产业作为原申请人提交了有关评论意见，三井化学聚氨酯株式会社对评论意见进行了答辩。

经调查，商务部认为现有证据材料表明三井武田化学株式会社的股权已被并购，名称也已经发生变更，且更名前后公司关于被调查产品的原材料供应、生产设备、销售客户以及经营管理未发生变化。据此，商务部决定，自即日起由三井化学聚氨酯株式会社（MITSUI CHEMICALS POLYURETHANES，INC.）继承三井武田化学株式会社所适用的被调查产品反倾销税税率，即12.45%；自即日起以三井武田化学株式会社（MITSUI TAKEDA CHEMICALS，INC.）名称出口的公司适用“其他日本公司”所适用的反倾销税税率，即60.02%。

特此公告。

商务部

2006年7月13日

中华人民共和国海关总署公告

2006年第41号

根据《中华人民共和国反倾销条例》的规定，国务院关税税则委员会决定自2006年7月22日起，对原产于日本和台湾地区的进口PBT树脂征收反倾销税，期限为5年。商务部为此发布了中华人民共和国商务部2006年第42号公告（详见附件1）。现将执行中的有关问题公告如下：

一、自2006年7月22日起，对申报进口原产于日本和台湾地区的PBT树脂（税则号列：3907.9900，该税则号列下的增强或改性的PBT树脂除外），除按现行规定征收进口关税外，还应区别不同的供货厂商，按照本公告附件2所列的适用税率和下述计算公式征收反倾销税及进口环节增值税。

反倾销税税额＝海关完税价格×反倾销税税率

进口环节增值税税额＝（海关完税价格＋关税税额＋反倾销税税额）×进口环节增值税税率

对应征收反倾销税产品的详细描述详见本公告附件1。

进口经营单位在申报进口税则号列3907.9900项下未经增强或改性的PBT树脂时，商品编号应填报为39079900.10，申报进口税则号列3907.9900项下增强或改性的PBT树脂及其他产品时，商品编号应填报为39079900.90。

二、凡申报进口PBT树脂的，应当向海关提交原产地证明，如果原产地为日本或台湾地区的，还需提供原厂商发票。对于申报进口PBT树脂时不能提供原产地证明，且经查验也无法确定货物的原产地不是日本或台湾地区的，海关将按照本公告附件2所列的最高反倾销税税率征收反倾销税；对于能够确定货物的原产地是日本或台湾地区，但进口经营单位不能提供原厂商发票的，海关将按照本公告附件2所列的相应国家或地区其他公司适用的反倾销税税率征收反倾销税。

三、有关加工贸易保税进口原产于日本和台湾地区的PBT树脂如何征收反倾销税等方面的问题，海关按照中华人民共和国海关总署2001年第9号公告和中华人民共和国海关总署令第111号的规定执行。

四、对于实施临时反倾销措施之后进口原产于日本和台湾地区的PBT树脂已经缴纳的反倾销保证金，按本公告规定的征收反倾销税的商品范围和反倾销税税率计征并转为反倾销税，与之同时缴纳的进口环节增值税保证金一并转为进口环节增值税。上述保证金超出按本公告规定的税率计算的反倾销税及相应的进口环节增值税的部分，有关单位可自2006年7月22日起6个月内向征收地海关申请退还，不足部分，不再补征。

五、在对进口PBT树脂征收反倾销税期间，出现相同或类似货物而海关无法确定是否应对其征收反倾销税时，有关单位应向商务部提出申请，由商务部商有关部门作出裁定。海关将根据商务部的裁定执行。

特此公告。

附件1　中华人民共和国商务部2006年第42号公告

附件2　PBT树脂反倾销税税率表

海关总署

2006年7月20日

附件

中华人民共和国商务部公告

2006年第42号

根据《中华人民共和国反倾销条例》的规定，中华人民共和国商务部于2005年6月6日发布立案公告，决定对原产于日本和台湾地区的进口PBT树脂（以下简称被调查产品）进行反倾销调查。

商务部对被调查产品是否存在倾销和倾销幅度、被调查产品是否对中国大陆产业造成损害及损害程度以及倾销与损害之间的因果关系进行了调查。根据调查结果和《中华人民共和国反倾销条例》第二十四条的规定，商务部于2006年3月22日发布初裁公告认定原产于日本和台湾地区的进口PBT树脂存在倾销，中国大陆产业遭受了实质损害，并且倾销与实质损害之间存在因果关系。

初步裁定后，商务部对倾销和倾销幅度、损害和损害程度进行了进一步的调查。现本案调查结束，根据本案调查结果，并依据《中华人民共和国反倾销条例》第二十五条的规定，商务部做出最终裁定（见附件）。现将有关事项公告如下：

一、最终裁定

经过调查，商务部最终裁定，原产于日本和台湾地区的进口PBT树脂存在倾销，中国大陆PBT树脂产业遭受了实质损害，而且倾销与实质损害之间存在因果关系。

二、征收反倾销税

根据《中华人民共和国反倾销条例》的有关规定，国务院关税税则委员会决定，自2006年7月22日起，对原产于日本和台湾地区的进口PBT树脂征收反倾销税。

本案征收反倾销税的产品归在《中华人民共和国进出口税则》税则号：3907.9900，但不包括该税则号下的增强或改性的PBT树脂。具体描述如下：

调查范围：原产于日本和台湾地区的进口PBT树脂

产品名称：聚对苯二甲酸丁二醇酯，也称聚对苯二甲酸四亚甲基酯或聚丁烯对苯二甲酸酯，业界通常称之为PBT树脂

英文为Polybutylene Terephthalate Resin（简称PBT、PBTP或PTMP）；归在《中华人民共和国进出口税则》税则号：3907.9900。

分子式：（略）

化学结构式：（略）

PBT树脂是一种热塑性饱和聚酯，在常温下一般为乳白色、颗粒状固体；主要用于PBT改性、PBT抽丝、拉膜、光纤护套等领域，在增强改性后可广泛应用于汽车制造、电子电气、仪表仪器、照明用具、家电、纺织、机械工业和通讯等领域。

对各公司征收的反倾销税税率如下：

台湾地区公司

1. 长春人造树脂厂股份有限公司（Chang Chun Plastics Co., Ltd.）　6.24%；

2. 其他台湾地区公司　17.31%；

所有日本公司　17.31%。

三、征收反倾销税的方法

自2006年7月22日起，进口经营者在进口原产于日本和台湾地区的PBT树脂时，应向中华人民共和国海关缴纳相应的反倾销税。反倾销税以海关审定的完税价格从价计征，计算公式为：

反倾销税额＝海关审定的完税价格×反倾销税税率

进口环节增值税以海关审定的完税价格加上关税和反倾销税作为计税价格从价计征。

四、反倾销税的追溯征收

对自2006年3月22日起至本决定公告之日止，有关进口经营者依初裁决定向中华人民共和国海关所提供的保证金，按终裁所确定的征收反倾销税的商品范围和反倾销税税率计征并转为反倾销税，并按相应的增值税

税率计征进口环节增值税。对在此期间有关进口经营者所提供的保证金超出反倾销税和与之相应的进口环节增值税的部分，海关予以退还，少征部分则不再补征。

对实施临时反倾销措施决定公告之日前，原产于日本和台湾地区的进口PBT树脂不再追溯征收反倾销税。

五、征收反倾销税的期限

对原产于日本和台湾地区的进口PBT树脂征收反倾销税，实施期限自2006年7月22日起5年。

六、新出口商复审

对于上述国家在调查期内未向中华人民共和国出口被调查产品的新出口经营者，符合条件的，可依据《中华人民共和国反倾销条例》第四十七条的规定，向商务部书面申请新出口商复审。

七、期中复审

在征收反倾销税期间，有关利害关系方可以根据《中华人民共和国反倾销条例》第四十九条的规定，向商务部书面申请期中复审。

八、行政复议和行政诉讼

对本案终裁决定及征收反倾销税的决定不服的，根据《中华人民共和国反倾销条例》第五十三条的规定，可以依法申请行政复议，也可以依法向人民法院提起诉讼。

特此公告。

附件　中华人民共和国商务部关于对原产于日本和台湾地区的进口PBT树脂反倾销调查的最终裁定（略）

商务部

2006年7月22日

附件2

PBT树脂反倾销税税率表

原产国（地区）	厂商名称	反倾销税税率
日本	所有日本公司	17.31%
台湾地区	长春人造树脂厂股份有限公司（Chang Chun Plastics Co., Ltd.）	6.24%
	其他台湾地区公司	17.31%

中华人民共和国海关总署公告

2006年第42号

根据国务院关税税则委员会办公室的决定，修改税则号列8211.9300商品名称。同时，自2006年8月1日起，对享受暂定税率的“覆铜箔板玻璃纤维布”的税目进行调整。现就有关事项公告如下：

一、将《中华人民共和国进出口税则（2006年）》附表6《进口商品暂定税率表》第133项“覆铜箔板玻璃纤维布”的税目7019.5900调整为7019.5200，商品名称不变，暂定税率仍为6%。

二、2006年8月1日前在税目7019.5900、7019.5200项下已进口的覆铜箔板玻璃纤维布所征税款不退不补。

三、将税则号列8211.9300的中文商品名称修改为“刃面不固定的刀”。

特此公告。

海关总署

2006年7月28日

中华人民共和国海关总署公告

2006 年第 43 号

为进一步适应区域经济发展的要求，充分体现守法便利的原则，简化海关手续，提高通关效率，海关总署决定实施跨关区“属地申报，口岸验放”通关模式。现将有关事项公告如下：

一、“属地申报，口岸验放”是指符合海关规定条件的企业进出口货物时，可自主选择向属地海关任一海关单位申报，在货物实际进出境地的口岸海关（以下简称口岸海关）办理货物验放手续的一种通关方式。

二、凡进出口企业拟采用“属地申报，口岸验放”通关模式的，需向所在地直属海关提出书面申请（详见附件 1）。直属海关参照海关对企业分类管理标准等对申请企业进行审核，并提出是否同意的书面答复意见（详见附件 2）。

三、口岸海关接受并确认进境运输工具负责人或其代理人申报的舱单电子数据后，进口货物的收货人或其代理人即可选择“属地申报，口岸验放”方式，录入进口货物报关单电子数据，向属地海关进行申报。

四、除海关另有规定的以外，出口货物的发货人或其代理人在出口口岸订舱后，即可选择“属地申报，口岸验放”方式，录入出口货物报关单电子数据，向属地海关进行申报。

五、出口货物运抵口岸海关监管场所后发生退关的，由发货人或其代理人向属地海关申请。属地海关审核无误后，出具出口退关证明，交发货人提交口岸海关办理退关手续。

六、对因海关规定或国家许可证件管理，须在属地或口岸进行申报并办理验放手续的进出口货物，不适用于“属地申报，口岸验放”通关模式。

“许可证件”不包括“入（出）境货物通关单”。

本公告自 2006 年 9 月 1 日起实施。

特此公告。

附件 1　采用“属地申报，口岸验放”通关模式企业申请书

附件 2　中华人民共和国海关告知书

海关总署

2006 年 8 月 8 日

附件 1

采用“属地申报，口岸验放”
通关模式企业申请书

________海关：

本企业现为海关评定 A 类企业，符合海关相关管理规定，并备齐申请材料，承诺所提交的材料真实、合法、有效。现向你关提出采用“属地申报，口岸验放”通关模式的申请，请予以受理。

附件　公司基本情况

申请企业签章

年　　月　　日

附件

公司基本情况

企业名称：________________

所属地区：________________

批准机关：________________

批准文号：________________

营业执照编号：________________

企业性质：________________

投资额：（万元）________________

企业地址：________________

邮政编码：________________

企业法定代表人：________________

法定代表人联系电话：________________

税务登记证书编号：________________

组织机构代码：________________

开户银行：________________

银行账号：________________

本公司保证上述所填各项内容属实，向海关递交的相关文件真实无讹，遵守海关法规，并承担相应法律责任。

法定代表人（签名）：

申请单位（公章）：

年　月　日

附件2

中华人民共和国　海关告知书

海关告知（　）号

______：

你（单位）关于______的申请，我关于______年______月______日收悉。经审查，你（单位）提交的申请材料齐全（不齐全），符合（不符合）法定形式。根据《中华人民共和国海关法》及相关法律和行政法规的规定，______（具体告知事项）。

特此告知。

年　月　日

中华人民共和国海关总署公告

2006年第44号

2002年6月20日，国务院关税税则委员会决定对原产于英国、美国、荷兰、德国和韩国的进口二氯甲烷征收反倾销税，征税时间从初裁时间2001年8月16日开始，期限为5年。在征税时间届满之际，商务部根据《中华人民共和国反倾销条例》的有关规定发布了2006年第56公告，对原产于英国、美国、荷兰、德国和韩国的进口二氯甲烷所适用的反倾销措施进行期终复审调查（详见附件1）。根据商务部建议，国务院关税税则委员会决定，在反倾销措施期终复审期间，对原产于英国、美国、荷兰、德国和韩国的进口二氯甲烷继续征收反倾销税。现就有关问题公告如下：

一、自2006年8月15日起，海关对申报进口原产于英国、美国、荷兰、德国和韩国的二氯甲烷（税则号列：2903.1200），继续征收反倾销税及相应的进口环节增值税，征收反倾销税税率详见本公告附件2。

反倾销税的计算公式为：

反倾销税税额＝关税完税价格×反倾销税税率

进口环节增值税税额＝（关税完税价格＋关税税额＋反倾销税税额）×进口环节增值税税率

征收反倾销税产品的范围与中华人民共和国原对外贸易经济合作部2002年第20号公告规定的产品范围一致。

二、凡申报进口二氯甲烷的，应当向海关提交原产地证明，如果原产地为英国、美国、荷兰、德国或韩国的，还需提供原厂商发票。对于申报进口二氯甲烷时不能提供原产地证明，且经查验也无法确定货物的原产地不是英国、美国、荷兰、德国或韩国的，海关将按照本公告附件2所列的最高反倾销税税率征收反倾销税；对于能够确定货物的原产地是英国、美国、荷兰、德国或韩国，但进口经营单位不能提供原厂商发票的，海关将按照本公告附件2所列的相应国家或地区其他公司适用的反倾销税税率征收反倾销税。

三、有关加工贸易保税进口原产于英国、美国、荷兰、德国和韩国的二氯甲烷如何征收反倾销税等方面的问题，海关按照中华人民共和国海关总署2001年第9号公告和中华人民共和国海关总署令第111号的规定执行。

四、在对进口二氯甲烷征收反倾销税期间，出现相同或类似货物而海关无法确定是否应对其征收反倾销税时，有关单位应向商务部提出申请，由商务部商有关部门作出裁定。海关将根据商务部的裁定执行。

特此公告。

附件1 中华人民共和国商务部2006年第56号公告

附件2 二氯甲烷反倾销税税率表

海关总署

2006年8月14日

附件1

中华人民共和国商务部公告

2006年第56号

中华人民共和国原对外贸易经济合作部于2002年6月20日发布公告，根据《中华人民共和国反倾销条例》的规定，原对外贸易经济合作部与原国家经济贸易委员会对原产于英国、美国、荷兰、法国、德国和韩国的进口二氯甲烷反倾销调查做出最终裁定（原外经贸部公告2002年第20号及附件），公布对原产于英国、美国、荷兰、德国和韩国的进口二氯甲烷征收反倾销税，实施期限自2001年8月16日起为5年。其中，本案倾销调查期内自法国进口的二氯甲烷数量占该类产品中国进口总量的2.6%。根据《中华人民共和国反倾销条例》第九条及第二十七条的规定，对外贸易经济合作部认定，该出口数量属可忽略不计，对外贸易经济合作部经商国家经济贸易委员会后，决定终止对原产于法国的进口被调查产品的调查。

2003年3月，经中华人民共和国第十届全国人民代表大会第一次会议批准，由新组建的商务部承担反倾销调查职能。

2006年2月16日，商务部发布2006年第3号公告，根据《中华人民共和国反倾销条例》规定，经复审确定终止征收反倾销税有可能导致倾销和损害的继续或者再度发生的，反倾销税的征收期限可以适当延长；自该公告发布之日起，国内产业可在原反倾销措施终止日60天前，向商务部提出书面复审申请。

2006年6月15日，中华人民共和国商务部收到四川鸿鹤精细化工有限责任公司、浙江衢化氟化学有限公司等两家企业代表中国二氯甲烷产业正式递交的反倾销期终复审调查申请，申请人请求商务部对原产于英国、美国、荷兰、德国和韩国的进口二氯甲烷所适用的反倾销措施进行期终复审并裁定维持该反倾销措施。申请人的理由为如果终止反倾销措施，原产于英国、美国、荷兰、德国和韩国的进口二氯甲烷对中国的倾销有可能继续或再度发生，倾销对中国二氯甲烷产业造成的损害有可能继续发生。

商务部依据《中华人民共和国反倾销条例》的有关规定对申请人的资格、被调查产品和国内同类产品的有关情况、在反倾销措施实施期间被调查产品的进口情况、倾销继续或再度发生的可能性情况、损害继续或再度发生的可能性情况及相关证据等进行了审查。申请人提出的初步证据表明，提出申请的两家国内企业以及支持申请的其他国内企业2005年、2006年第一季度二氯甲烷产量之和占同期全国总产量的比例分别为71.79%和60.77%，符合《中华人民共和国反倾销条例》第十一条、第十三条和第十七条规定，申请人有资格代表国内产业提出申请；申请书中包含了《中华人民共和国反倾销条例》第四十八条、第四十九条规定的反倾销复审调查立案所要求的内容及有关的证据。

根据上述审查结果及《中华人民共和国反倾销条例》第十六条、第四十八条、第四十九条和第五十一条规定，商务部决定，自2006年8月15日起，对原产于英国、美国、荷兰、德国和韩国的进口二氯甲烷所适用的反倾销措施进行期终复审调查。现将有关事项公告如下：

一、继续实施反倾销措施

依据《中华人民共和国反倾销条例》第五十二条的规定，根据商务部建议，国务院关税税则委员会决定，在反倾销措施期终复审期间，对原产于英国、美国、荷兰、德国和韩国的进口二氯甲烷仍然按照中华人民共和国原对外贸易经济合作部2002年第20号公告公布的征税范围和反倾销税税率，继续征收反倾销税。

二、复审调查期

本次复审的倾销调查期为2005年4月1日至2006年3月31日，产业损害调查期为2001年1月1日至2006年3月31日。

三、复审调查产品范围

本次复审产品范围是原反倾销措施所适用于的产品，与原对外贸易经济合作部2002年第20号公告规定的产品范围一致，该产品归在《中华人民共和国进出口税则》税则号：2903.1200。

四、复审程序

（一）登记应诉

就倾销调查，任何利害关系方可于本公告发布之日起20天内，向商务部进出口公平贸易局申请参加应诉，同时被调查国家的有关出口商或生产商应提供2005年4月至2006年3月对中国及其他市场出口该产品的数量及金额。“倾销调查应诉登记参考格式”可在中华人民共和国商务部网站公平贸易局子网站（网址为http：//gpj.mofcom.gov.cn）“公告”栏目下载。

就产业损害调查，任何利害关系方可自本公告发布之日起20天内向商务部产业损害调查局申请参加调查活动，同时应提供产业损害调查期内的生产能力、产量、库存以及在建和扩建的计划、向中国及其他市场出口该产品的数量及金额。“参加产业损害调查活动申请表”可在“中国贸易救济信息网”（网址为：www.cacs.gov.cn）“应诉登记”栏目下载。

（二）不登记应诉

如果利害关系方未在本公告规定的时间内向商务部登记应诉，则商务部有权拒绝接受其递交的有关材料，并有权根据掌握的现有材料做出裁定。

（三）利害关系方的权利

利害关系方对本次调查的产品范围、申请人资格、被调查国家和地区及其他相关问题如有异议，可以于本公告发布之日起20天内将意见书面提交商务部。

利害关系方可以到商务部反倾销公开信息查阅室查阅申请人提交的申请书的非保密文本。

（四）问卷发放

商务部为获得其认为调查所需的信息，将根据需要发送调查问卷给相关利害关系方。对调查问卷所作的答卷应当按照调查问卷规定的时间和方式提交。

（五）听证会

利害关系方可以按照商务部《反倾销调查听证会暂行规则》和《产业损害调查听证规则》规定提出举行听证会的书面请求，商务部认为必要时也可主动举行听证会。

（六）实地核查

商务部在必要时将派出工作人员赴境内外进行实地核查；利害关系方提交的任何材料均应包括同意接受核查的声明；核查前，商务部将提前通知有关国家和企业。

（七）调查时限

本次调查自2006年8月15日开始，通常应于2007年8月15日前结束。

五、不合作

依据《中华人民共和国反倾销条例》第二十一条规定，调查机关进行调查时，利害关系方应当如实反映情况，提供有关资料。利害关系方不如实反映情况、提供有关资料的，或者没有在合理时间内提供必要信息的，或者以其他方式严重妨碍调查的，调查机关可以根据已经获得的事实和可获得的最佳信息作出裁定。

六、商务部联系方式

商务部进出口公平贸易局

地址：北京市东长安街2号

邮编：100731

联系人：陈贵华、杨文雄、梁杰

电话：（8610）65198197；65198924；65198915

传真：（8610）65198915

商务部产业损害调查局

地址：北京市东长安街2号

邮编：100731

联系人：杨广元、于伟毅、窦爱东

电话：（8610）65197590；65198083；65198066

传真：（8610）65197578

特此公告。

商务部

2006年8月15日

附件 2

二氯甲烷反倾销税税率表

原产国	厂商名称	反倾销税税率
英国	英力士氯化有限公司（Ineos Chlor Limited.）	6%
	其他英国公司	39%
美国	VULCAN 物资公司（Vulcan Materials Company）	53%
	VULCAN 物资公司（生产商）/英国化工贸易有限公司（BP Chemical Trading Company）（贸易商）、	49% 此税率只适用于英国化工贸易有限公司销售Vulcan物资公司的被调查产品时适用，英国化工贸易有限公司销售其他供货生产商被调查产品时，适用其他供货生产商的税率。
	其他美国公司	58%
荷兰	阿克苏诺贝尔基础化学品有限公司（Akzo Nobel Base Chemicals BV）	9%
	其他荷兰公司	57%
德国	德国公司	66%
韩国	三星精密化学株式会社（SAMSUNG Fine Chemicals Co.，Ltd.）	4%
	其他韩国公司	28%

中华人民共和国海关总署公告

2006 年第 45 号

根据《中华人民共和国反倾销条例》的规定，国务院关税税则委员会决定自 2006 年 4 月 8 日开始对原产于日本、韩国的进口不锈钢冷轧薄板继续征收反倾销税，期限为 5 年。为此，商务部发布了商务部 2006 年第 18 号公告，海关总署就具体实施的有关问题发布了海关总署 2006 年第 18 号公告。近期，根据韩国现代制铁株式会社（HYUNDAI STEEL COMPANY）的申请，商务部经审查后决定，由韩国现代制铁株式会社（HYUNDAI STEEL COMPANY）继承韩国 INI STEEL 株式会社在被调查产品价格承诺中的权利和义务，并发布了 2006 年第 62 号公告（详见附件）。现将海关执行中的有关问题公告如下：

一、自 2006 年 8 月 16 日起，对原产于韩国现代制铁株式会社（HYUNDAI STEEL COMPANY）的进口不锈钢冷轧薄板，海关按价格承诺的有关规定执行；对原产于韩国 INI STEEL 株式会社的进口不锈钢冷轧薄板，海关按照其他韩国公司 57% 的税率征收反倾销税。

二、对原产于日本、韩国的进口不锈钢冷轧薄板征收反倾销税的其他事项，仍按照中华人民共和国海关总署2006年第18号公告的有关规定执行。

特此公告。

附件 中华人民共和国商务部2006年第62号公告

海关总署

2006年8月15日

附件

中华人民共和国商务部公告

2006年第62号

原中华人民共和国对外贸易经济合作部（以下称原外经贸部）于2000年12月18日发布2000年第15号公告，决定对原产于日本、韩国的进口不锈钢冷轧薄板（以下称被调查产品）实施最终反倾销措施。其中，韩国仁川制铁株式会社与原外经贸部签订价格承诺协议。2002年1月22日，原外经贸部同意由韩国INI STEEL株式会社继承韩国仁川制铁株式会社在被调查产品价格承诺协议中的权利和义务。

2006年4月8日，中华人民共和国商务部（以下称调查机关）发布2006年第18号公告，公布期终复审裁定。根据调查机关建议，国务院关税税则委员会决定自2006年4月8日起，继续按照原外经贸部2000年第15号公告规定的产品范围，对原产于日本、韩国的进口被调查产品征收反倾销税，实施期限为5年。其中，韩国INI STEEL株式会社继续适用原价格承诺协议的有关规定。

2006年4月27日，韩国现代制铁株式会社（HYUNDAI STEEL COMPANY）向调查机关提交申请，称INI STEEL株式会社已于2006年3月10日更名为现代制铁株式会社，且更名前后公司的股东、股权比例、生产和客户关系均未发生变化。据此，公司申请由现代制铁株式会社承继INI STEEL株式会社在被调查产品价格承诺协议中的全部权利和义务。

调查机关要求该公司提交了申请书补充材料，并就有关更名申请通知了原申请人。国内产业作为原申请人未提交评论意见。

调查机关经调查认为，现有证据材料表明原INI STEEL株式会社的名称已经变更为现代制铁株式会社，且更名前后公司关于被调查产品的原材料供应、生产设备、销售客户以及经营管理未发生变化。据此，调查机关决定：自即日起由现代制铁株式会社（HYUNDAI STEEL COMPANY）继承INI STEEL株式会社（INI STEEL COMPANY）在被调查产品价格承诺协议中的权利和义务，以INI STEEL株式会社（INI STEEL COMPANY）名称出口的公司不再适用价格承诺协议，适用“其他韩国公司”所适用57%的反倾销税税率。

特此公告。

商务部

2006年8月16日

中华人民共和国海关总署公告

2006年第46号

根据《中华人民共和国反倾销条例》的规定和对原产于欧盟的进口马铃薯淀粉反倾销调查结果，商务部决定对原产于欧盟的进口马铃薯淀粉实施临时反倾销措施并对外公告（中华人民共和国商务部2006年第60号公告，详见附件1）。现就海关实施上述临时反倾销措施的有关事项公告如下：

一、自2006年8月18日起，对原产于欧盟的进口马铃薯淀粉（税则号列：1108.1300），海关除按现行规定征收关税和进口环节增值税外，还应区别不同的供货厂商，按照反倾销保证金征收比率表（详见附件2）所列的征收比率征收反倾销保证金。

反倾销保证金的计算公式为：

反倾销保证金金额＝（海关完税价格×反倾销保证金征收比率）×（1＋进口环节增值税税率）

对实施临时反倾销措施产品的详细描述详见本公告附件1。

二、凡申报进口马铃薯淀粉的，应当向海关提交原产地证明，如果原产地为欧盟的，还需提供原厂商发票。对于申报进口马铃薯淀粉时不能提供原产地证明，且经查验也无法确定货物的原产地不是欧盟的，或者对于能够确定货物的原产地是欧盟，但进口经营单位不能提供原厂商发票，且通过其他合法、有效的单证也无法确定原生产厂商的，海关按照本公告附件2所列的其他欧盟公司适用的反倾销保证金征收比率征收保证金。

三、关于对加工贸易保税进口原产于欧盟的马铃薯淀粉征收反倾销保证金的问题，按照海关总署2001年第9号公告和海关总署令第111号的有关规定执行。

四、对于所征收的反倾销保证金的处理，海关总署将根据终裁结果另行公告。

五、在实施临时反倾销措施期间，如果出现与实施临时反倾销措施产品类似的进口货物，而海关无法确定是否属于实施临时反倾销措施的产品时，有关企业可向商务部提出申请，由商务部商有关部门作出裁定，海关将根据商务部的裁定执行。

特此公告。

附件1　中华人民共和国商务部2006年第60号公告

附件2　马铃薯淀粉反倾销保证金征收比率表

海关总署

2006年8月17日

附件1

中华人民共和国商务部公告

2006年第60号

根据《中华人民共和国反倾销条例》的规定，中华人民共和国商务部（以下简称“调查机关”）于2006年2月6日发布2006年第4号公告，决定对原产于欧盟的进口马铃薯淀粉（以下简称“被调查产品”）进行反倾销调查。

调查机关对被调查产品是否存在倾销和倾销幅度、被调查产品是否对中国国内产业造成损害及损害程度以及倾销与损害之间的因果关系进行了调查。根据调查结果和《中华人民共和国反倾销条例》第二十四条的规定，调查机关作出初裁决定（见附件）。

一、初裁决定

调查机关初裁决定，原产于欧盟的进口马铃薯淀粉存在倾销，中国马铃薯淀粉产业遭受了实质损害，同时倾销和实质损害之间存在因果关系。

二、征收保证金

根据《中华人民共和国反倾销条例》第二十八条和第二十九条的规定，调查机关决定采用现金保证金形式实施临时反倾销措施。自2006年8月18日起，进口经营者在进口原产于欧盟的马铃薯淀粉时，应根据本初裁决定所确定的各公司的倾销幅度向中华人民共和国海关提供相应的保证金。

对该被调查产品和调查范围描述如下：

调查范围：原产于欧盟的进口被调查产品。

被调查产品为马铃薯淀粉，也称马铃薯原淀粉、马铃薯精制淀粉、马铃薯生粉、土豆淀粉或洋芋淀粉等；英文名称为 Potato Starch；列在《中华人民共和国海关进出口税则》1108.1300税号项下。

马铃薯淀粉是以马铃薯为原料加工而成的由多葡萄糖分子组成的一种白色粉状物，其理化指标为：白度（457nm 蓝光反射率）≥90%，水分≤20%，粘度（4%浓度，700cmg）≥1100BU，蛋白质（干物质中含量）≤0.15%。主要用于食品、医药、石油化工、造纸、纺织、饲料、发酵、铸造、建材等各工业领域。

对各公司征收的保证金比率如下：

1. 荷兰艾维贝公司（AVEBE U.A.）　44%

2. 德国艾维贝马铃薯淀粉工厂（Avebe Kartoffelstarkefabrik Prignitz/Wendland GmbH）　44%

3. 法国罗盖特公司（ROQUETTE FRERES）　35%

4. 其他欧盟公司（All Others）　57.1%

三、征收保证金的方法

自2006年8月18日起，进口经营者在进口原产于欧盟的马铃薯淀粉时，应向中华人民共和国海关提供相应的保证金。保证金以海关审定的完税价格从价计征，计算公式为：

保证金金额＝（关税完税价格×保证金征收比率）×（1＋进口环节增值税税率）

四、评论

各利害关系方在本公告发布之日起20天内，可向调查机关提出书面评论并附相关证据，调查机关将依法予以考虑。

特此公告。

附件　中华人民共和国商务部关于对原产于欧盟的进口马铃薯淀粉反倾销调查的初裁决定

商务部

2006年8月18日

附件2

马铃薯淀粉反倾销保证金征收比率表

原产国（地区）	厂商名称	征收比率
欧盟	荷兰艾维贝公司（AVEBE U. A.）	44%
	德国艾维贝马铃薯淀粉工厂（Avebe Kartoffelstarkefabrik Prignitz/Wendland GmbH）	44%
	法国罗盖特公司（ROQUETTE FRERES）	35%
	其他欧盟公司（All Others）	57.1%

中华人民共和国海关总署公告

2006年第47号

根据国务院关税税则委员会的决定，自2003年9月9日起，对原产于俄罗斯、韩国和日本的丁苯橡胶征收反倾销税，海关总署为此发布了2003年第53号公告。根据商务部期中复审调查结果，国务院关税税则委员会决定调整部分企业生产的进口丁苯橡胶反倾销税税率，为此商务部发布了2006年第65号公告（详见附件）。现就海关执行中的有关问题公告如下：

一、自2006年8月22日起，对申报进口的由俄罗斯陶丽亚蒂卡丘克有限公司（Togliatti Kauchuk Ltd.）生产的丁苯橡胶，海关按照6.81%的反倾销税税率征收反倾销税，对申报进口的由俄罗斯瓦罗涅士卡丘克开放式股份公司（Voronezhsintezkauchuk）生产的丁苯橡胶，海关按照4.02%的反倾销税税率征收反倾销税。

二、对原产于俄罗斯、韩国和日本的进口丁苯橡胶征收反倾销税的其他事宜，仍按照海关总署2003年第53号公告、2005年第62号公告和2006年第14号公告的规定执行。

特此公告。

附件　中华人民共和国商务部2006年第65号公告

海关总署

2006年8月22日

附件

中华人民共和国商务部公告

2006年第65号

中华人民共和国商务部于2003年9月9日发布2003年第49号公告，决定对原产于俄罗斯、韩国和日本的进口丁苯橡胶征收反倾销税。其中，俄罗斯陶丽亚蒂卡丘克有限公司的反倾销税税率为25%，俄罗斯瓦罗涅士卡丘克开放式股份公司的反倾销税税率为38%。

2005年10月9日，俄罗斯陶丽亚蒂卡丘克有限公司、俄罗斯瓦罗涅士卡丘克开放式股份公司就其所适用的丁苯橡胶反倾销措施向商务部提出倾销及倾销幅度的期中复审申请，并按商务部要求提交了申请书的相关补充材料。

商务部经审查认为，申请书提出了倾销幅度降低的初步证据。2005年12月6日商务部发布立案公告，决定对适用于俄罗斯陶丽亚蒂卡丘克有限公司、俄罗斯瓦洛涅士卡丘克开放式股份公司所生产被调查产品的反倾销措施进行复审。

复审调查范围是申请人的正常价值、出口价格和倾销幅度。复审调查的被调查产品与原反倾销调查相同，即初级形状未作任何加工的丁苯橡胶、初级形状充油丁苯橡胶、其他未列名初级形状丁苯橡胶及羧基丁苯橡胶（初级形状包括为便于运输，对初级形状进行压缩、挤压等简单成型处理）。该产品归在《中华人民共和国进出口税则》税则号：4002.1911、4002.1912、4002.1919（进口货物收货人在办理上述产品进口申报手续时，应按照商务部和海关总署2006年第14号公告的规定执行）。

商务部对申请人倾销及倾销幅度进行了复审调查，并根据调查结果向国务院关税税则委员会提出修改反倾销税的建议。

根据《中华人民共和国反倾销条例》第五十条规定、商务部《倾销及倾销幅度期中复审暂行规则》的规定及国务院关税税则委员会的决定，现将有关事项公告如下：

一、将俄罗斯陶丽亚蒂卡丘克有限公司、俄罗斯瓦罗涅士卡丘克开放式股份公司所适用的反倾销税税率分别调整为：

1. 俄罗斯陶丽亚蒂卡丘克有限公司（Togliatti Kauchuk Ltd.）：6.81%

2. 俄罗斯瓦罗涅士卡丘克开放式股份公司（Voronezhsintezkauchuk）：4.02%

二、反倾销税的计征

进口经营者自2006年8月22日起进口原产于俄罗斯由陶丽亚蒂卡丘克有限公司、瓦罗涅士卡丘克开放式股份公司生产的丁苯橡胶时，应按照调整后的反倾销税税率向中华人民共和国海关缴纳反倾销税。反倾销税以海关审定的完税价格从价计征，计征的公式为：反倾销税税额＝海关完税价格×反倾销税税率。进口环节增值税以海关审定的完税价格加上关税和反倾销税作为计税价格从价计征。

三、行政复议和行政诉讼

根据《中华人民共和国反倾销条例》第五十三条的规定，利害关系方可以依法申请行政复议，也可以依法向人民法院提起诉讼。

本决定由中华人民共和国海关自2006年8月22日起执行。

特此公告。

附件　中华人民共和国商务部关于对原产于俄罗斯的进口丁苯橡胶的期中复审裁定

商务部

2006年8月22日

中华人民共和国海关总署公告

2006年第48号

根据《中华人民共和国反倾销条例》的规定，国务院关税税则委员会决定自2003年9月9日起对原产于俄罗斯、韩国和日本的进口初级形状未作任何加工的丁苯橡胶、初级形状充油丁苯橡胶、其他未列名初级形状丁苯橡胶及羧基丁苯橡胶（以下简称丁苯橡胶）征收反倾销税，期限为5年。为此，商务部发布了2003年第49号公告，海关总署就具体实施的有关问题发布了2003年第53号公告。2005年12月，根据商务部期中复审决定，韩国LG大山油化株式会社（LG Daesan Petrochemical Ltd.）继承原韩国现代石油化学株式会社（Hyundai Petrochemical Co., Ltd.）在反倾销措施中的权利和义务，其所适用的反倾销税税率调整为4.15%。海关总署为此发布了2005年第62号公告。最近，商务部根据LG化学株式会社（LG Chem, Ltd.）的申请，经审查后决定，由LG化学株式会社继承原LG大山油化株式会社所适用的反倾销税税率，并发布了2006年第68号公告（详见附件）。现将海关执行中的有关问题公告如下：

一、自2006年8月28日起，对原产于韩国LG化学株式会社的进口丁苯橡胶，海关按照4.15%的税率征收反倾销税；对原产于韩国LG大山油化株式会社的进口丁苯橡胶，海关按照其他韩国公司27%的税率征收反倾销税。

二、对原产于俄罗斯、韩国和日本的进口丁苯橡胶征收反倾销税的其他事项，仍按照海关总署2003年第53号公告、2005年第62号公告、2006年第14号公告和2006年第47号公告的有关规定执行。

特此公告。

附件　中华人民共和国商务部2006年第68号公告

海关总署

2006年8月25日

附件

中华人民共和国商务部公告

2006年第68号

中华人民共和国商务部（以下称调查机关）于2003年9月9日发布2003年第49号公告，决定自即日起对原产于俄罗斯、韩国和日本的进口初级形状未作任何加工的丁苯橡胶、初级形状充油丁苯橡胶、其他未列名初级形状丁苯橡胶及羧基丁苯橡胶（以下称被调查产品）征收反倾销税。其中，韩国现代石油化学株式会社（Hyundai Petrochemical Co., Ltd.）适用的反倾销税税率为19%。

应韩国现代石油化学株式会社申请，调查机关于2004年12月13日发布2004年第86号公告，决定对该公司所适用的被调查产品反倾销措施进行倾销及倾销幅度期中复审。复审调查过程中，韩国现代石油化学株式会社更名为LG大山油化株式会社（LG Daesan Petrochemical Ltd.），并向调查机关申请更名，请求由LG大山油化株式会社继承原现代石油化学株式会社在反倾销措施中的权利和义务。

经调查，调查机关于2005年12月13日发布2005年第81号公告，同意由LG大山油化株式会社继承原现代石油化学株式会社所适用的被调查产品反倾销措施，并根据复审结果将其所适用的反倾销税税率调整为4.15%。

2006年4月20日，LG化学株式会社（LG Chem, Ltd.）向调查机关提交申请，称该公司已于2006年1月4日将其全资子公司LG大山油化株式会社吸收合并，且吸收合并前后关于被调查产品的生产、销售、经营等方面未发生变化。据此，LG化学株式会社申请继承LG大山油化株式会社所适用的被调查产品反倾销措施。根据调查机关要求，该公司提交了申请书补充材料。

就有关更名申请，调查机关通知了原申请人。国内产业作为原申请人未提交评论意见。

经调查，调查机关认为现有证据材料表明LG大山油化株式会社已被LG化学株式会社吸收合并，且合并前后关于被调查产品的原材料供应、生产设备、销售客户以及经营管理未发生变化。据此，调查机关决定：自即日起由LG化学株式会社（LG Chem, Ltd.）继承原LG大山油化株式会社（LG Daesan Petrochemical Ltd.）所适用的4.15%的被调查产品反倾销税税率，以LG大山油化株式会社（LG Daesan Petrochemical Ltd.）名称出口的公司适用"其他韩国公司"所适用的反倾销税税率，即27%。

特此公告。

商务部

2006年8月28日

中华人民共和国海关总署公告

2006 年第 49 号

经国务院批准，《亚太贸易协定》第三轮关税减让谈判就相关产品所达成的协定税率和特惠税率将于2006年9月1日起正式实施，现将有关事宜公告如下：

一、自2006年9月1日起，对原产于韩国、印度、斯里兰卡、孟加拉和老挝的1717个税号项下的进口货物实行协定税率（见附件1）。海关总署2005年第64号公告公布的“亚太贸易协定税目税率表”，即《中华人民共和国进出口税则》（2006年版）中的亚太贸易协定税率，同时停止执行。

二、自2006年9月1日起，对原产于老挝、孟加拉的162个税号项下的进口货物实行特惠税率（见附件2）。

海关总署2005年第64号公告公布的“进口特惠（柬埔寨、缅甸、老挝和孟加拉）税目税率表”，即《中华人民共和国进出口税则》（2006年版）附表3，其中适用老挝特惠税率的商品未列入本公告附件2的，为我国在中国－东盟自由贸易区框架下给予老挝享受特惠税率的商品，其特惠税率继续执行。该表中给予孟加拉的特惠税率，同时停止执行。

三、自2006年9月1日起，进口经营单位申报进口原产于上述国家并享受本公告附件所列协定税率或特惠税率的货物时，仍按照海关总署2005年第69号公告的规定填制进口货物报关单；海关仍按照2001年海关总署令第94号规定的原产地规则审核确定所申报货物的原产地。

特此公告。

附件1　亚太贸易协定税目税率表

附件2　亚太贸易协定特惠商品税目税率表（老挝、孟加拉）

海关总署

2006年8月29日

附件1

亚太贸易协定税目税率表

序号	税则号列	商品名称（简称）	最惠国税率（%）	协定税率（%）
1	0106.9020	其他食用动物	10	9
2	0106.9090	其他动物	10	9
3	0301.9190	其他活鳟鱼	10.5	8
4	0301.9290	其他活鳗鱼	10	6.7
5	0301.9390	其他活鲤鱼	10.5	8
6	0301.9992	活鲀	10.5	8
7	0301.9999	其他活鱼	10.5	8
8	0302.1900	其他鲜、冷鲑鱼	12	8
9	0302.2100	鲜、冷庸鲽鱼	12	9
10	0302.2200	鲜、冷鲽鱼	12	9
11	0302.2300	鲜、冷鳎鱼	12	9

序号	税则号列	商品名称（简称）	最惠国税率（%）	协定税率（%）
12	0302.2900	其他鲜、冷比目鱼	12	6
13	0302.3100	鲜、冷长鳍金枪鱼	12	9
14	0302.3200	鲜、冷黄鳍金枪鱼	12	9
15	0302.3300	鲜、冷鲣鱼	12	8
16	0302.3900	其他鲜、冷金枪鱼	12	8
17	0302.4000	鲜、冷鲱鱼	12	8
18	0302.5000	鲜、冷鳕鱼	12	8
19	0302.6100	鲜、冷沙丁鱼、黍鲱鱼	12	8
20	0302.6200	鲜、冷黑线鳕鱼	12	8
21	0302.6300	鲜、冷绿青鳕鱼	12	8
22	0302.6400	鲜、冷鲭鱼	12	8
23	0302.6500	鲜、冷角鲨及其他鲨鱼	12	9
24	0302.6600	鲜、冷鳗鱼	12	8
25	0302.6910	鲜、冷带鱼	12	8
26	0302.6920	鲜、冷黄鱼	12	8
27	0302.6930	鲜、冷鲳鱼	12	8
28	0302.6950	鲜、冷鲀	12	8
29	0302.6960	鲜、冷剑鱼	12	8
30	0302.6990	其他鲜、冷鱼	12	8
31	0303.1100	冻红大马哈鱼，但鱼肝及鱼卵除外	10	6.7
32	0303.1900	其他冻大马哈鱼，但鱼肝及鱼卵除外	10	6.7
33	0303.2900	其他冻鲑鱼	10	6.7
34	0303.3110	冻格陵兰庸鲽鱼	10	6.7
35	0303.3190	冻庸鲽鱼	10	6.7
36	0303.3200	冻鲽鱼	12	8
37	0303.3300	冻鳎鱼	12	8
38	0303.3900	其他冻比目鱼	10	8
39	0303.4100	冻长鳍金枪鱼	12	9
40	0303.4200	冻黄鳍金枪鱼	12	9
41	0303.4300	冻鲣鱼	12	9
42	0303.4900	其他冻金枪鱼，但鱼肝及鱼卵除外	12	9
43	0303.5000	冻鲱鱼（大西洋、太平洋鲱鱼），但鱼肝及鱼卵除外	10	6.7

序号	税则号列	商品名称（简称）	最惠国税率（%）	协定税率（%）
44	0303.6000	冻鳕鱼	10	6.7
45	0303.7100	冻沙丁鱼、黍鲱鱼	12	8
46	0303.7200	冻黑线鳕鱼	12	8
47	0303.7300	冻绿青鳕鱼	12	8
48	0303.7400	冻鲭鱼	10	6.7
49	0303.7500	冻角鲨及其他鲨鱼	12	9
50	0303.7600	冻鳗鱼	12	8
51	0303.7700	冻尖吻鲈鱼	12	8
52	0303.7910	冻带鱼	10	5
53	0303.7920	冻黄鱼	10	5
54	0303.7930	冻鲳鱼	10	5
55	0303.7940	冻罗非鱼	10	5
56	0303.7950	冻剑鱼	10	5
57	0303.7990	其他未列名冻鱼	10	5
58	0303.8000	冻鱼肝及鱼卵	10	9
59	0304.1000	鲜、冷的鱼片及其他鱼肉	12	9
60	0305.3000	干或盐制的鱼片	10	7.8
61	0305.6100	盐腌及盐渍的鲱鱼（大西洋、太平洋鲱鱼）	16	11.1
62	0305.6200	盐腌及盐渍的鳕鱼	16	12
63	0305.6300	盐腌及盐渍的醍（Anchovies）鱼	16	12
64	0306.1200	冻大螯虾	10	7.2
65	0306.1311	冻小虾仁	8	4
66	0306.1312	冻北方长额虾	5	2.5
67	0306.1319	其他冻小虾	5	2.5
68	0306.1321	冻对虾仁	8	4
69	0306.1329	其他冻对虾	5	2.5
70	0307.3900	其他冻、干、盐制的贻贝	14	9.8
71	0307.4900	其他冻、干、盐制的墨鱼及鱿鱼	12	10
72	0402.1000	脂肪含量≤1.5%的固状乳及奶油	10	7
73	0402.2100	脂肪量>1.5%的未加糖固状乳及奶油	10	7
74	0405.2000	乳酱	10	8.1
75	0504.0011	整个或切块的盐渍猪肠衣（猪大肠头除外）	20	10
76	0504.0012	整个或切块的盐渍绵羊肠衣	18	9
77	0504.0013	整个或切块的盐渍山羊肠衣	18	9
78	0504.0014	整个或切块的盐渍猪大肠头	20	10

序号	税则号列	商品名称（简称）	最惠国税率（%）	协定税率（%）
79	0504.0019	整个或切块的其他动物肠衣	18	9
80	0504.0021	冷和冻的鸡肫	1.3元/千克	0.65元/千克
81	0504.0029	鲜、冷、冻、干、盐制的其他动物胃	20	10
82	0504.0090	鲜、冷、冻、干、盐制的其他动物肠、膀胱、胃	20	10
83	0505.1000	填充用羽毛；羽绒	10	7.5
84	0601.1010	休眠的番红花球茎	4	2
85	0601.1099	其他休眠的鳞茎、块茎、块根等	5	2.5
86	0601.2000	生长或开花的鳞茎等及菊苣植物	15	7.5
87	0602.2090	其他食用水果及坚果树及灌木	10	5
88	0602.9099	其他非种用活植物	10	5
89	0603.1000	鲜的插花及花蕾	10	5
90	0603.9000	干的及经过染色等加工的插花及花蕾	23	11.5
91	0701.9000	其他鲜或冷的马铃薯	13	9
92	0703.1010	鲜或冷的洋葱	13	6.5
93	0703.1020	鲜或冷的青葱	13	6.5
94	0703.2010	鲜或冷藏的大蒜头	13	6.5
95	0703.2020	鲜或冷藏的大蒜蒜苔及蒜苗（青蒜）	13	6.5
96	0703.2090	其他鲜或冷藏的大蒜	13	6.5
97	0707.0000	鲜或冷的黄瓜及小黄瓜	13	6.5
98	0708.1000	鲜或冷的豌豆	13	6.5
99	0708.2000	鲜或冷的豇豆及菜豆	13	6.5
100	0708.9000	鲜或冷的其他豆类蔬菜	13	6.5
101	0709.2000	鲜或冷的芦笋	13	6.5
102	0709.3000	鲜或冷的茄子	13	6.5
103	0709.6000	鲜或冷的辣椒，包括甜椒	13	6.5
104	0711.9031	盐水竹笋	13	6.5
105	0711.9034	盐水大蒜	13	6.5
106	0711.9039	盐水其他蔬菜；什锦蔬菜	13	6.5
107	0711.9090	暂时保藏的其他蔬菜；什锦蔬菜	13	6.5
108	0712.3100	干伞菌属蘑菇	13	9
109	0712.3910	干香菇	13	9
110	0712.3920	干金针菇	13	9
111	0712.3930	干草菇	13	9
112	0712.3940	干口蘑	13	9
113	0712.3950	干牛肝菌	13	9

序号	税则号列	商品名称（简称）	最惠国税率（%）	协定税率（%）
114	0712.3990	其他干制蘑菇及块菌	13	9
115	0713.3190	其他干绿豆	3	1.5
116	0713.3900	干豇豆及菜豆	7	3.5
117	0714.2019	其他鲜甘薯	13	6.5
118	0714.2020	干甘薯	13	6.5
119	0714.2030	冷或冻的甘薯	13	6.5
120	0714.9010	鲜、干或冷、冻的荸荠	13	6.5
121	0714.9029	其他藕	13	6.5
122	0714.9090	含有高淀粉或菊粉的其他类似根茎	13	6.5
123	0801.1100	干的椰子	12	6
124	0801.1990	其他鲜椰子	12	6
125	0802.9010	鲜或干的槟榔	10	5
126	0803.0000	鲜或干的香蕉，包括芭蕉	10	6.9
127	0804.3000	鲜或干菠萝	12	7.9
128	0804.4000	鲜或干鳄梨	25	12.5
129	0804.5010	鲜或干番石榴	15	7.5
130	0804.5020	鲜或干芒果	15	10.6
131	0804.5030	鲜或干山竹果	15	7.5
132	0805.5000	鲜或干的柠檬及酸橙	11	5.5
133	0805.9000	其他鲜或干的柑桔属水果	30	15
134	0807.1100	鲜西瓜	25	12.5
135	0807.1910	鲜哈密瓜	12	6
136	0807.1920	鲜罗马甜瓜及加勒比甜瓜	12	6
137	0807.1990	其他鲜甜瓜	12	6
138	0808.2012	鲜鸭梨、雪梨	12	10
139	0808.2013	鲜香梨	12	10
140	0810.5000	鲜猕猴桃	20	16.5
141	0810.9010	鲜荔枝	30	20
142	0810.9070	莲雾	20	16.4
143	0810.9080	火龙果	20	16.4
144	0810.9090	其他鲜果	20	16.4
145	0902.1010	每件净重≤3千克的花茶	15	7.5
146	0902.1090	每件净重≤3千克的其他绿茶	15	7.5
147	0902.2010	每件净重>3千克的花茶	15	7.5
148	0902.2090	每件净重>3千克的其他绿茶	15	7.5

序号	税则号列	商品名称（简称）	最惠国税率（%）	协定税率（%）
149	0902.3010	每件净重≤3千克的乌龙茶	15	7.5
150	0902.3020	每件净重≤3千克的普洱茶	15	7.5
151	0902.3090	每件净重≤3千克的其他发酵、半发酵红茶	15	7.5
152	0902.4010	每件净重>3千克的乌龙茶	15	7.5
153	0902.4020	每件净重>3千克的普洱茶	15	7.5
154	0902.4090	每件净重>3千克的其他红茶（已发酵）及半发酵茶	15	7.5
155	0904.1200	已磨胡椒	20	10
156	0904.2010	辣椒干	20	10
157	0904.2020	辣椒粉	20	10
158	0909.3000	枯茗子	15	7.5
159	0910.1000	姜	15	7.5
160	0910.3000	姜黄	15	7.5
161	0910.9100	混合调味香料	15	7.5
162	1003.0090	其他大麦	3	0
163	1106.3000	水果及坚果的细粉、粗粉及粉末	20	10
164	1201.0091	黄大豆	3	0
165	1201.0092	黑大豆	3	0
166	1201.0093	青大豆	3	0
167	1201.0099	其他大豆	3	0
168	1203.0000	干椰子肉	15	7.5
169	1205.1090	其他低芥子酸油菜子	9	0
170	1205.9090	其他油菜子	9	0
171	1207.4090	其他芝麻	10	9
172	1211.2020	鲜或干的野山参（西洋参除外）	20	16.4
173	1211.9011	鲜或干的当归	6	3
174	1211.9012	鲜或干的田七	6	3
175	1211.9013	鲜或干的党参	6	3
176	1211.9014	鲜或干的黄连	6	3
177	1211.9015	鲜或干的菊花	6	3
178	1211.9016	鲜或干的冬虫夏草	6	3
179	1211.9017	鲜或干的贝母	6	3
180	1211.9018	鲜或干的川芎	6	3
181	1211.9019	鲜或干的半夏	6	3
182	1211.9021	鲜或干的白芍	6	3

序号	税则号列	商品名称（简称）	最惠国税率（%）	协定税率（%）
183	1211.9022	鲜或干的天麻	6	3
184	1211.9023	鲜或干的黄芪	6	3
185	1211.9024	鲜或干的大黄、籽黄	6	3
186	1211.9025	鲜或干的白术	6	3
187	1211.9026	鲜或干的地黄	6	3
188	1211.9027	鲜或干的槐米	6	3
189	1211.9028	鲜或干的杜仲	6	3
190	1211.9029	鲜或干的茯苓	6	3
191	1211.9031	鲜或干的枸杞	6	3
192	1211.9032	鲜或干的大海子	6	3
193	1211.9033	鲜或干的沉香	3	1.5
194	1211.9034	鲜或干的沙参	6	3
195	1211.9039	其他主要用作药料的鲜或干的植物	6	3
196	1211.9050	主要用作香料的植物	8	4
197	1211.9091	鲜或干的鱼藤根、除虫菊	3	1.5
198	1211.9099	其他鲜或干的杀虫、杀菌用植物	9	4.5
199	1212.1000	鲜、冷、冻或干的刺槐豆，包括刺槐豆子	20	10
200	1212.2010	鲜、冷、冻或干的海带	20	10
201	1212.2020	鲜、冷、冻或干的发菜	20	10
202	1212.2031	干的裙带菜	15	7.5
203	1212.2032	鲜的裙带菜	15	7.5
204	1212.2039	其他裙带菜	15	7.5
205	1212.2041	干紫菜	15	7.5
206	1212.2042	鲜紫菜	15	7.5
207	1212.2049	鲜、冷、冻或干紫菜	15	7.5
208	1212.2050	鲜、冷、冻或干马尾藻	15	7.5
209	1212.2090	鲜、冷、冻或干的其他海草及其他藻类	15	7.5
210	1302.1990	其他植物液汁及浸膏	20	15
211	1302.3200	刺槐豆、刺槐豆子或瓜尔豆制得的胶液及增稠剂	15	10
212	1404.1000	主要供染料或鞣料用的植物原料	5	4.3
213	1502.0010	未炼制的牛、羊脂肪	8	0
214	1502.0090	已炼制的牛、羊脂肪	8	0
215	1513.1100	初榨椰子油分离品	9	4.5

序号	税则号列	商品名称（简称）	最惠国税率（%）	协定税率（%）
216	1513.1900	椰子油及其分离品	9	4.5
217	1604.1910	制作或保藏的（河）鳗鱼，整条或切块，但未绞碎	12	9.9
218	1604.1990	制作或保藏的其他鱼，整条或切块，但未绞碎	12	9.9
219	1604.2011	鱼翅罐头	12	9.9
220	1604.2019	其他制作或保藏的鱼罐头	12	9.9
221	1604.2091	鱼翅	12	9.9
222	1604.2099	其他制作或保藏的鱼	12	9.9
223	1605.9020	制作或保藏的蛤	5	3.9
224	1605.9090	其他制作或保藏的软体动物及其他水生无脊椎动物	5	3.9
225	1704.1000	口香糖，不论是否裹糖	12	9.5
226	1704.9000	其他不含可可的糖食	10	8.2
227	1806.2000	每件净重>2千克的含可可食品	10	7.7
228	1806.3100	其他夹心块状或条状的含可可食品	8	6.4
229	1806.3200	其他不夹心块状或条状含可可食品	10	7.7
230	1806.9000	其他巧克力及含可可的食品	8	6.4
231	1902.3030	即食或快熟面条	15	13.1
232	1902.3090	其他面食	15	13.1
233	1905.3100	甜饼干	15	12.4
234	1905.3200	华夫饼干及圣餐饼	15	12.4
235	1905.9000	其他面包、糕点、饼干及其焙烘糕饼	20	17.1
236	2008.1910	核桃仁罐头	20	10
237	2008.1920	其他果仁罐头	13	6.5
238	2008.1991	栗仁	10	5
239	2008.1992	用其他方法制作或保藏的芝麻	10	5
240	2008.1999	其他坚果及子仁	10	5
241	2009.3110	白利糖度不超过20的柠檬汁	18	16.8
242	2009.3190	其他未混合的白利糖度值不超过20的桔汁属水果汁	18	16.8
243	2009.3910	白利糖度超过20的柠檬汁	18	16.8
244	2009.3990	其他未混合的柑桔属水果汁，白利糖度值不超过20	18	16.8
245	2009.8011	椰子汁	10	9
246	2009.8012	芒果汁	20	17.4
247	2009.8013	西番莲果汁	20	17.4

序号	税则号列	商品名称（简称）	最惠国税率（%）	协定税率（%）
248	2009.8014	番石榴果汁	20	17.4
249	2009.8019	其他未混合的水果汁	20	10
250	2009.8020	其他未混合的蔬菜汁	20	10
251	2009.9010	混合水果汁	20	17.4
252	2101.2000	茶、马黛茶浓缩精汁及其制品	32	16
253	2103.9010	味精	21	18.2
254	2103.9090	其他调味品	21	18.4
255	2106.9091	烤制紫菜	20	18.4
256	2106.9099	其他编号未列名的食品	20	18.4
257	2202.9000	其他无酒精饮料	35	29.5
258	2208.6000	伏特加酒	10	8.8
259	2208.7000	利口酒及柯迪尔酒	10	8.8
260	2208.9010	龙舌兰酒	10	8.8
261	2208.9090	其他蒸馏酒及酒精饮料	10	8.8
262	2301.2010	饲料用鱼粉	2	0
263	2301.2090	其他不适于供人食用的水产品渣粉	5	0
264	2304.0010	提炼豆油所得的油渣饼（豆饼）	5	0
265	2304.0090	提炼豆油所得的其他固体残渣	5	0
266	2306.5000	椰子或干椰肉油渣饼及固体残渣	5	2.5
267	2309.9010	制成的饲料添加剂	5	2.5
268	2309.9090	其他配制的动物饲料	6.5	3.3
269	2401.1010	未去梗的烤烟	10	9.4
270	2403.1000	供吸用的烟丝	57	50
271	2516.1100	原状或粗加修整的花岗岩	4	2
272	2516.1200	矩形或正方形的花岗岩	4	2
273	2516.2100	原状或粗加修整的砂岩	3	2.1
274	2516.9000	其他碑用或建筑用石，不论是否粗加修整或切割成矩形板块	3	2.1
275	2523.2100	白水泥，不论是否人工着色	6	4.5
276	2523.2900	其他硅酸盐水泥，不论是否着色	8	6
277	2701.1900	未制成型的其他煤，不论是否粉化	5	3.5
278	2704.0010	煤制焦炭及半焦炭，不论是否成形	5	2.5
279	2704.0090	甑炭	5	2.5
280	2707.4000	萘	7	6
281	2710.1120	石脑油	6	5.4

序号	税则号列	商品名称（简称）	最惠国税率（%）	协定税率（%）
282	2710.1991	润滑油	6	5.4
283	2710.1992	润滑脂	6	5.4
284	2710.1994	液体石蜡和重质液体石蜡	6	5.4
285	2711.1200	液化丙烷	5	3.5
286	2711.1910	直接灌注香烟打火机及类似打火器用，其包装容器的容积超过300立方厘米的其他液化燃料	10	7
287	27111.990	其他液化石油气及烃类气	3	2.1
288	2713.2000	石油沥青	8	5.6
289	2803.0000	碳（碳黑及其他税号未列名的其他形状的碳）	5.5	4.4
290	2815.1100	固体氢氧化钠	10	7
291	2815.1200	氢氧化钠水溶液及液体烧碱	8	5.6
292	2827.3910	氯化锂	5.5	4.4
293	2827.3920	氯化钡	5.5	4.4
294	2827.3990	其他未列名氯化物	5.5	4.4
295	2828.1000	商品次氯酸钙及其他钙的次氯酸盐	12	8.4
296	2837.1120	氧氰化钠	5.5	5
297	2846.1010	氧化铈	5.5	3.9
298	2846.1020	氢氧化铈	5.5	3.9
299	2846.1030	碳酸铈	5.5	3.9
300	2846.1090	铈的其他化合物	5.5	3.9
301	2850.0000	氢化物、氮化物、迭氮化物、硅化物及硼化物，不论是否已有化学定义	5.5	3.9
302	2902.5000	苯乙烯	2	1.4
303	2903.1300	氯仿（三氯甲烷）	10	9
304	2903.2100	氯乙烯	5.5	3.9
305	2905.4500	丙三醇（甘油）	14	11.2
306	2917.3610	对苯二甲酸	8.6	8
307	2922.4210	谷氨酸	10	8.6
308	2933.1100	二甲基苯基吡唑酮（安替比林）及其衍生物	6.5	6
309	2933.4910	环丙氟哌酸	6.5	6
310	2933.5900	其他结构上有嘧啶环或哌嗪环的化合物（不论是否氢化）	6.5	4.6
311	2941.1011	氨苄青霉素	6	5
312	2941.1012	氨苄青霉素三水酸	6	5
313	2941.1019	其他氨苄青霉素盐	6	5

序号	税则号列	商品名称（简称）	最惠国税率（%）	协定税率（%）
314	2941.9051	7氨基头孢烷酸，7氨基脱乙酰氧基头孢烷酸	6	5
315	2941.9052	头孢氨苄及其盐	6	5
316	2941.9053	头孢唑啉及其盐	6	5
317	2941.9054	头孢拉啶及其盐	6	5
318	2941.9055	头孢三嗪（头孢曲松）及其盐	6	5
319	2941.9056	头孢哌酮及其盐	6	5
320	2941.9057	头孢噻肟及其盐	6	5
321	2941.9058	头孢克罗及其盐	6	5
322	2941.9059	其他先锋霉素及其衍生物，及它们的盐	6	5
323	2941.9060	麦迪霉素及其衍生物，及它们的盐	6	4.2
324	2941.9090	其他抗菌素	6	5
325	3003.1011	含有氨苄青霉素的混合药品（两种或两种以上成分混合而成的，治病或防病用，未配定剂量或非零售包装）	6	4.5
326	3003.1012	含有羟氨苄青霉素的混合药品（两种或两种以上成分混合而成的，治病或防病用，未配定剂量或非零售包装）	6	4.5
327	3003.1013	含有青霉素V的混合药品（两种或两种以上成分混合而成的，治病或防病用，未配定剂量或非零售包装）	6	4.5
328	3003.1019	含有其他青霉素及具有青霉烷酸结构的青霉素衍生物的混合药品（两种或两种以上成分混合而成的，治病或防病用，未配定剂量或非零售包装）	6	4.5
329	3003.1090	含有链霉素的混合药品（两种或两种以上成分混合而成的，治病或防病用，未配定剂量或非零售包装）	6	4.5
330	3003.2011	含有头孢噻肟的混合药品（两种或两种以上成分混合而成的，治病或防病用，未配定剂量或非零售包装）	6	5.4
331	3003.2012	含有头孢他啶的混合药品（两种或两种以上成分混合而成的，治病或防病用，未配定剂量或非零售包装）	6	5.4
332	3003.2013	含有头孢西丁的混合药品（两种或两种以上成分混合而成的，治病或防病用，未配定剂量或非零售包装）	6	5.4

序号	税则号列	商品名称（简称）	最惠国税率（%）	协定税率（%）
333	3003.2014	含有头孢替唑的混合药品（两种或两种以上成分混合而成的，治病或防病用，未配定剂量或非零售包装）	6	5.4
334	3003.2015	含有头孢克罗的混合药品（两种或两种以上成分混合而成的，治病或防病用，未配定剂量或非零售包装）	6	5.4
335	3003.2016	含有头孢呋辛的混合药品（两种或两种以上成分混合而成的，治病或防病用，未配定剂量或非零售包装）	6	5.4
336	3003.2017	含有头孢三嗪（头孢曲松）的混合药品（两种或两种以上成分混合而成的，治病或防病用，未配定剂量或非零售包装）	6	5.4
337	3003.2018	含有头孢哌酮的混合药品（两种或两种以上成分混合而成的，治病或防病用，未配定剂量或非零售包装）	6	5.4
338	3003.2019	含有其他头孢菌素的混合药品（两种或两种以上成分混合而成的，治病或防病用，未配定剂量或非零售包装）	6	5.4
339	3003.2090	其他含有其他抗菌素的混合药品（两种或两种以上成分混合而成的，治病或防病用，未配定剂量或非零售包装）	6	4.2
340	3003.3100	含有胰岛素但不含抗菌素的混合药品（两种或两种以上成分混合而成的，治病或防病用，未配定剂量或非零售包装）	5	3.5
341	3003.3900	含激素（胰岛素除外）或税目 29.37 其他产品，但不含抗菌素的混合药品（两种或两种以上成分混合而成的，治病或防病用，未配定剂量或非零售包装）	6	4.2
342	3003.9010	含磺胺类的混合药品（两种或两种以上成分混合而成的，治病或防病用，未配定剂量或非零售包装）	6	4.2
343	3004.1011	氨苄青霉素制剂（混合，治病或防病用，已配定剂量或制成零售包装）	6	4.5
344	3004.1012	羟氨苄青霉素制剂（两种或两种以上成分混合而成的，治病或防病用，已配定剂量或制成零售包装）	6	4.5

序号	税则号列	商品名称（简称）	最惠国税率（%）	协定税率（%）
345	3004.1013	青霉素V制剂（两种或两种以上成分混合而成的，治病或防病用，已配定剂量或制成零售包装）	6	4.5
346	3004.1019	其他青霉素制剂（混合或非混合，治病或防病用，已配定剂量或制成零售包装）	6	4.5
347	3004.1090	含有其他青霉素及具有青霉烷酸结构的青霉素衍生物或链霉素及其衍生物的药品（混合或非混合，治病或防病用，已配定剂量或制成零售包装）	6	4.5
348	3004.2011	头孢噻肟制剂（混合或非混合，治病或防病用，已配定剂量或制成零售包装）	6	5
349	3004.2012	头孢他啶制剂（混合或非混合，治病或防病用，已配定剂量或制成零售包装）	6	5
350	3004.2013	头孢西丁制剂（混合或非混合，治病或防病用，已配定剂量或制成零售包装）	6	5
351	3004.2014	头孢替唑制剂（混合或非混合，治病或防病用，已配定剂量或制成零售包装）	6	5
352	3004.2015	头孢克罗制剂（混合或非混合，治病或防病用，已配定剂量或制成零售包装）	6	5
353	3004.2016	头孢呋辛制剂（混合或非混合，治病或防病用，已配定剂量或制成零售包装）	6	5
354	3004.2017	头孢三嗪（头孢曲松）制剂（混合或非混合，治病或防病用，已配定剂量或制成零售包装）	6	5
355	3004.2018	头孢哌酮制剂（混合或非混合，治病或防病用，已配定剂量或制成零售包装）	6	5
356	3004.2019	含有其他头孢菌素制剂（混合或非混合，治病或防病用，已配定剂量或制成零售包装）	6	5
357	3004.2090	含有其他抗菌素的药品（混合或非混合，治病或防病用，已配定剂量或制成零售包装）	6	4.2
358	3004.3100	含有胰岛素但不含抗菌素的药品（混合或非混合，治病或防病用已配定剂量或零售包装）	5	3.5
359	3004.3200	含肾上腺皮质激素但不含抗菌素的药品（混合或非混合，治病或防病用，已配定剂量或零售包装）	5	3.5
360	3004.3900	含有税目29.37其他产品但不含抗菌素的药品（混合或非混合，治病或防病用，已配定剂量或零售包装）	5	3.5

序号	税则号列	商品名称（简称）	最惠国税率（%）	协定税率（%）
361	3004.4010	含有奎宁或其盐，但不含抗菌素及税目29.37的产品的药品（混合或非混合，治病或防病用，已配定剂量或零售包装）	5	4
362	3004.5000	含有维生素或税目29.36其他产品的其他药品（混合或非混合，治病或防病用，已配定剂量或零售包装）	6	5
363	3004.9010	含有磺胺类的药品（两种或两种以上成分混合而成的，治病或防病用，已配定剂量或零售包装）	6	4.2
364	3004.9020	含联苯双酯的药品（混合或非混合，治病或防病用，已配定剂量或零售包装）	4	2.8
365	3004.9051	中药酒（混合或非混合，治病或防病用，已配定剂量或零售包装）	3	2
366	3004.9052	片仔癀（混合或非混合，治病或防病用，已配定剂量或零售包装）	3	2
367	3004.9053	白药（混合或非混合，治病或防病用，已配定剂量或零售包装）	3	2
368	3004.9054	清凉油（混合或非混合，治病或防病用，已配定剂量或零售包装）	3	2
369	3004.9059	其他中式成药（混合或非混合，治病或防病用，已配定剂量或零售包装）	3	2
370	3004.9090	其他药品（混合或非混合，治病或防病用，已配定剂量或零售包装）	4	2.8
371	3005.9010	药棉、纱布、绷带（经药物浸涂或制定零售包装供医疗、外科、牙科或兽医用）	5	3
372	3102.1000	尿素（不论是否水溶液）	50	40
373	3204.1100	分散染料及以其为基本成分的制品（不论是否已有化学定义）	7.7	6.9
374	3204.1200	酸性染料（不论是否预金属络合）及以其为基本成分的制品（不论是否已有化学定义）；媒染染料及以其为基本成分的制品（不论是否已有化学定义）	7.7	6.9
375	3204.1300	碱性染料及以其为基本成分的制品（不论是否已有化学定义）	6.5	6
376	3204.1400	直接染料及以其为基本成分的制品（不论是否已有化学定义）	6.5	6

序号	税则号列	商品名称（简称）	最惠国税率（%）	协定税率（%）
377	3204.1510	合成靛蓝（还原靛蓝）（不论是否已有化学定义）	6.5	6
378	3204.1590	其他瓮染料（包括颜料用的）及以其为基本成分的制品（不论是否已有化学定义）	6.5	6
379	3204.1600	活性染料及以其为基本成分的制品（不论是否已有化学定义）	7.7	6.9
380	3204.1700	颜料及以其为基本成分的制品（不论是否已有化学定义）	6.5	4.6
381	3204.1911	硫化黑（硫化青）及以其为基本成分的制品（不论是否已有化学定义）	6.5	6
382	3204.1919	其他硫化染料及以其为基本成分的制品（不论是否已有化学定义）	6.5	6
383	3204.1990	由子目号3204.11至3204.19中两个或多个子目所列着色料组成的混合物（不论是否已有化学定义）	6.5	6
384	3204.2000	用作荧光增白剂的有机合成产品（不论是否已有化学定义）	6.5	6
385	3204.9010	生物染色剂及染料指示剂（不论是否已有化学定义）	6.5	6
386	3204.9090	其他用作发光体的有机合成产品（不论是否已有化学定义）	6.5	6
387	3206.4900	其他着色料及其制品；32章注释三所述的制品，但税目32.03、32.04及32.05的货品除外面	6.5	3.3
388	3206.5000	用作发光体的无机产品，不论是否已有化学定义	6.5	5.9
389	3208.1000	分散或溶于非水介质的聚酯油漆及清漆等	10	9
390	3208.2010	分散或溶于非水介质的丙烯酸聚合物油漆及清漆	10	9
391	3208.2020	分散或溶于非水介质的乙烯聚合物油漆及清漆	10	9
392	3208.9010	分散或溶于非水介质的聚胺酯类油漆及清漆	10	9
393	3208.9090	分散或溶于非水介质其他油漆、清漆溶液	10	9
394	3209.1000	分散或溶于水介质的丙烯酸聚合物或乙烯聚合物油漆及清漆	10	9
395	3210.0000	其他油漆及清漆（包括瓷漆、大漆及水浆涂料）；皮革用水性颜料	10	9
396	3213.9000	非成套颜料、调色料及类似品（艺术家、学生和广告美工用的，片状、管装、罐装、瓶装、扁盒装等类似形状或包装的）	10	9
397	3215.1100	黑色印刷油墨（不论是否固体或浓缩）	6.5	4.6

序号	税则号列	商品名称（简称）	最惠国税率（%）	协定税率（%）
398	3215.1900	其他印刷油墨（不论是否固体或浓缩），黑色印刷油墨除外	6.5	4.6
399	3301.2500	其他薄荷油（包括浸膏及净油）	15	14
400	3301.9010	提取的油树脂	20	18
401	3301.9020	柑桔属果实的精油脱萜所得的萜烯副产品	20	18
402	3301.9090	用花香吸取法或浸渍法制定的含浓缩精油的脂肪、固定油、蜡及类似品；精油脱萜所得的萜烯副产品（柑桔属果实的除外）；精油水溶液及水馏液	20	18
403	3302.1010	生产饮料用的混合香料以及以香料为基本成分的制品，按容量计酒精浓度≤0.5%	15	12.8
404	3303.0000	香水及花露水	10	8.2
405	3305.1000	洗发剂（香波）	10.6	8.8
406	3305.9000	其他护发品	10	8.5
407	3306.1010	牙膏	10	7
408	3306.1090	其他洁齿品	10	7
409	3306.2000	牙线	10	9.2
410	3307.1000	剃须用制剂	10	7
411	3307.2000	人体除臭剂及止汗剂	10	7
412	3307.3000	香浴盐及其他沐浴用制剂	10	8.5
413	3307.9000	脱毛剂、其他编号未列名的芳香料制品及化妆盥洗品	9	6.3
414	3401.1100	盥洗用肥皂及有机表面活性产品，条状、块状或模制形状的，以及用肥皂或洗涤剂浸渍、涂面或包覆的纸、絮胎、毡呢及无纺织物	10	8.3
415	3401.2000	其他形状的肥皂	15	12.4
416	3402.1100	阴离子型有机表面活性剂	6.5	6
417	3402.1200	阳离子型有机表面活性剂	6.5	6
418	3402.1300	非离子型有机表面活性剂	6.5	5.9
419	3402.1900	其他有机表面活性剂	6.5	6
420	3402.2010	零售包装的合成洗涤粉	10	8.5
421	3402.2090	零售包装有机表面活性剂制品（合成洗涤粉除外）	10	8.5
422	3402.9000	非零售包装有机表面活性剂制品、洗涤剂及清洁剂	9	7.8
423	3403.1100	用于纺织材料、皮革、毛皮或其他材料油脂处理的制剂（含有石油或从沥青矿物提取的油类且按重量计<70%）	10	9.5

序号	税则号列	商品名称（简称）	最惠国税率（%）	协定税率（%）
424	3405.9000	玻璃或金属用的光洁剂	10	8.5
425	3506.1000	适于作胶或粘合剂的产品，零售包装每件净重≤1千克	10	9.2
426	3506.9110	以聚酰胺为基本成分的粘合剂	10	7
427	3506.9120	以环氧树脂为基本成分的粘合剂	10	7
428	3506.9190	以其他橡胶或塑料为基本成分的粘合剂	10	7
429	3506.9900	其他调制胶、粘合剂	10	8.6
430	3802.1000	活性碳	6.5	5.5
431	3808.1011	蚊香	10	0
432	3808.1019	零售包装杀虫剂	10	7
433	3808.1090	非零售包装杀虫剂	6	4.2
434	3808.3019	非零售包装的除草剂	5	4.5
435	3808.3091	零售包装抗萌剂及植物生长调节剂	9	8.3
436	3808.3099	非零售抗萌剂及植物生长调节剂	6	5.5
437	3809.9100	纺织工业及类似工业用其他税号未列名整理剂、染料加速着色剂或固色助剂及其他产品和制剂	6.5	6
438	3810.1000	金属表面酸洗剂；金属及其他材料制成的焊粉或焊膏	6.5	6
439	3811.2900	不含石油或从沥青矿物提取的油类的润滑油添加剂	6.5	5.5
440	3812.3090	其他橡胶、塑料用抗氧剂及其他稳定剂	6.5	4.6
441	3814.0000	其他税号未列名的有机复合溶剂及稀释剂；除漆剂	10	9
442	3815.1900	其他载体催化剂	6.5	4.6
443	3815.9000	其他未列名的反应引发剂、促进剂	6.5	6
444	3824.9010	杂醇油	6.5	5.5
445	3824.9020	除墨剂、蜡纸改正液及类似品	9	8.3
446	3824.9040	聚合 MDI	6.5	6
447	3824.9090	其他税目未列名的化学工业及其相关工业的化学产品及配制品	6.5	6
448	3901.1000	初级形状比重<0.94 的聚乙烯	9.1	8.6
449	3901.2000	初级形状比重≥0.94 的聚乙烯	9.1	8.6
450	3901.3000	初级形状乙烯－乙酸乙烯酯共聚物	6.5	6
451	3901.9090	其他初级形状的乙烯聚合物	6.5	6.3
452	3902.3010	初级形状的乙烯丙烯共聚物（乙丙橡胶丙烯单体单元的含量大于乙烯单体单元）	8.6	8
453	3902.3090	初级形状的其他丙烯共聚物	8.6	8

序号	税则号列	商品名称（简称）	最惠国税率（%）	协定税率（%）
454	3903.1100	初级形状的可发性聚苯乙烯	8.6	8
455	3903.1900	初级形状的其他聚苯乙烯	8.6	8
456	3903.3000	丙烯腈－丁二烯－苯乙烯共聚物	8.6	8
457	3903.9000	初级形状的其他苯乙烯聚合物	8.6	8.4
458	3904.1000	初级形状的纯聚氯乙烯	8.6	8
459	3904.3000	氯乙烯－乙酸乙烯酯共聚物	9	8.6
460	3904.4000	初级形状的其他氯乙烯共聚物	12	11.4
461	3906.1000	初级形状的聚甲基丙烯酸甲酯	6.5	6
462	3906.9010	聚丙稀酰胺	6.5	6
463	3906.9090	其他初级形状的丙烯酸聚合物	6.5	6
464	3907.1010	初级形状的聚甲醛	8.6	8.1
465	3907.1090	其他初级形状的聚缩醛	8.6	8.1
466	3907.2000	初级形状的其他聚醚	8.6	8.1
467	3907.3000	初级形状的环氧树脂	8.6	8.1
468	3907.4000	初级形状的聚碳酸酯	6.5	6.1
469	3907.5000	初级形状的醇酸树脂	10	9.5
470	3907.9900	初级形状的其他聚酯	6.5	6.2
471	3909.1000	初级形状的尿素树脂及硫尿树脂	6.5	6.1
472	3909.2000	初级形状的蜜胺树脂	6.5	6.1
473	3909.4000	初级形状的酚醛树脂	6.5	6.1
474	3909.5000	初级形状的聚亚氨酯	8.6	8.1
475	3910.0000	初级形状的聚硅氧烷	6.5	6.1
476	3911.1000	初级形状的石油树脂、苯并呋喃－茚树脂、多萜树脂	6.5	6.1
477	3916.2000	氯乙烯聚合物制单丝、条、杆及型材	10	7
478	3917.3100	塑料制的软管	10	7
479	3917.3200	其他未装有附件的塑料制管子	6.5	4.6
480	3917.3300	其他装有附件的塑料管子	6.5	4.6
481	3917.3900	塑料制的其他管子	8.6	6
482	3917.4000	塑料制的管子附件	10	7
483	3919.9010	其他胶囊型反光膜	6.5	4.6
484	3919.9090	其他自粘塑料板、片、膜等材料	6.5	4.6
485	3920.1010	乙烯聚合物制电池隔膜	6.5	4.6
486	3920.1090	其他乙烯聚合物制板、片、带	6.5	4.6
487	3920.3000	非泡沫聚苯乙烯板、片、膜、箔及扁条	6.5	4.6

序号	税则号列	商品名称（简称）	最惠国税率（%）	协定税率（%）
488	3920.4300	按重量计增塑剂含量不小于6%的聚氯乙烯板、片、膜、箔及扁条	8.6	6
489	3920.4900	按重量计增塑剂含量小于6%的聚氯乙烯板、片、膜、箔及扁条	9	6.3
490	3920.5100	聚甲基丙烯酸甲酯板、片、膜、箔及扁条	6.5	4.6
491	3920.6100	聚碳酸酯制板、片、膜、箔及扁条	6.5	4.6
492	3920.6200	聚对苯二甲酸乙二酯板、片、膜、箔及扁条	6.5	4.6
493	3920.6900	其他聚酯板、片、膜、箔及扁条	10	9
494	3920.9400	酚醛树脂板、片、膜、箔及扁条	10	7
495	3921.1100	泡沫聚苯乙烯板、片、带、箔及扁条	10	9
496	3921.1310	泡沫聚氨酯制人造革及合成革	9	6.3
497	3921.1390	泡沫聚氨酯板、片、带、箔及扁条	6.5	4.6
498	3921.1910	其他泡沫塑料制人造革及合成革	9	6.3
499	3921.1990	其他泡沫塑料板、片、膜、箔及扁条	6.5	4.6
500	3921.9020	嵌有玻璃纤维的聚乙烯板、片	6.5	4.6
501	3921.9030	聚异丁烯为基本成分的附有人造毛毡的板、片、卷材	6.5	4.6
502	3921.9090	未列名塑料板、片、膜、箔及扁条	6.5	4.6
503	3923.1000	塑料制盒、箱及类似品	10	7
504	3923.4000	塑料制卷轴、纡子、筒管及类似品	10	7
505	3923.9000	供运输或包装货物用其他塑料制品	10	7
506	3925.2000	塑料制门、窗及其框架、门槛	10	7
507	3926.4000	塑料制小雕塑品及其他装饰品	10	8.3
508	3926.9010	塑料制机器及仪器用零件	10	9
509	3926.9090	其他塑料制品	10	9.2
510	4001.2100	天然橡胶烟胶片	20	17
511	4001.2900	其他初级形状的天然橡胶	20	17
512	4002.1990	丁苯橡胶及羧基丁苯橡胶板、片、带	7.5	7.1
513	4002.2090	丁二烯橡胶板、片、带	7.5	7
514	4002.3110	初级形状的异丁烯-异戊二烯橡胶	6	5.6
515	4002.3190	异丁烯-异戊二烯橡胶板、片、带	7.5	7.1
516	4002.3990	卤代丁基橡胶板、片、带	7.5	7.1
517	4002.4100	氯丁二烯橡胶胶乳	7.5	7.1
518	4002.4990	氯丁二烯橡胶板、片、带	7.5	7.1
519	4002.5100	丁腈橡胶胶乳	7.5	7.1

序号	税则号列	商品名称（简称）	最惠国税率（%）	协定税率（%）
520	4002.6090	异戊二烯橡胶板、片、带	5	4.5
521	4002.7090	乙丙非共轭二烯橡胶板、片、带	7.5	7.1
522	4004.0000	橡胶（硬质橡胶除外）废碎料及下脚料及其粉、粒	8	7.6
523	4010.3900	其他硫化橡胶制的传动带及带料	8	7.6
524	4011.1000	机动小客车用新的充气橡胶轮胎	10	9.4
525	4011.2000	客或货运车用新的充气橡胶轮胎	10	9.4
526	4013.1000	汽车用橡胶内胎	15	13
527	4016.9910	硫化橡胶制机器及仪器用其他零件	8	7.6
528	4016.9990	其他未列名硫化橡胶制品	10	9.5
529	4101.2011	规定重量范围内的整张生牛皮，经逆鞣处理的	8	6
530	4101.5011	经逆鞣处理的重量>16千克的整张生牛皮	8.4	7
531	4101.9011	其他（包括整张或半张的背皮及腹皮）经逆鞣处理的生牛皮	8.4	7
532	4102.2190	浸酸的不带毛绵羊或羔羊生皮，经逆鞣处理的除外	9	8
533	4102.2990	其他不带毛的绵羊或羔羊生皮，经逆鞣处理的除外	7	6
534	4104.1111	全粒面未剖层或粒面剖层蓝湿牛皮	7	3.5
535	4104.1119	其他全粒面未剖层或粒面剖层湿牛皮革	8	4
536	4104.1120	全粒面未剖层或粒面剖层马皮革	5	2.5
537	4104.1911	其他蓝湿牛皮	7	3.5
538	4104.1919	其他湿牛皮革	7	3.5
539	4104.1920	其他湿马皮革	7	3.5
540	4104.4100	全粒面未剖层或粒面剖层干革（坯革）	5	3.5
541	4104.4910	其他机器带用干革（坯革）	5	3.5
542	4104.4990	其他干革（坯革）	7	4.9
543	4105.1010	蓝湿绵羊或羔羊皮	14	7
544	4105.1090	其他绵羊或羔羊湿皮革	10	5
545	4105.3000	绵羊或羔羊干革（坯革）	8	5.6
546	4106.2100	山羊或小山羊皮湿革	14	12
547	4106.2200	山羊或小山羊皮干革（坯革）	14	9.8
548	4112.0000	已鞣进一步加工的不带毛绵羊或羔羊皮革	8	5.6
549	4113.1000	已鞣进一步加工的不带毛山羊或小山羊皮革	14	9.8
550	4114.2000	漆皮及层压漆皮；镀金属皮革	10	9
551	4201.0000	各种材料制成的鞍具及挽具，适合各种动物用	20	12
552	4202.1210	以塑料或纺织材料作面的衣箱	20	17

序号	税则号列	商品名称（简称）	最惠国税率（%）	协定税率（%）
553	4202.1290	塑料或纺织材料作面的其他箱包	20	17
554	4202.2100	以皮革、再生皮革、漆皮作面的手提包	10	6.9
555	4202.2200	以塑料片或纺织材料作面的手提包	10	8.2
556	4202.2900	以钢纸或纸板作面的手提包	20	14
557	4202.3100	以皮革、再生皮革作面的钱包等物品	10	6.9
558	4202.3200	以塑料或纺织品作面的钱包等物品	20	14
559	4202.3900	以钢纸或纸板作面的钱包等物品	20	14
560	4202.9100	皮革、再生皮革或漆皮作面的其他容器	10	8.5
561	4202.9200	以塑料或纺织材料作面的其他容器	10	8.5
562	4203.2100	皮革或再生皮革制专供运动用手套	20	14
563	4602.9000	其他编结材料制品及其他制品	9	8
564	5007.2011	未漂白或漂白的纯桑蚕丝机织物	10	9
565	5007.2019	其他纯桑蚕丝机织物	10	9
566	5007.2021	未漂白或漂白的纯柞蚕丝机织物	10	9
567	5007.2029	其他纯柞蚕丝机织物	10	9
568	5007.2031	未漂白或漂白的纯绢丝机织物	10	9
569	5007.2039	其他纯绢丝机织物	10	9
570	5007.2090	其他纯丝机织物	10	9
571	5007.9010	未漂白或漂白其他丝机织物	10	8.5
572	5007.9090	其他丝机织物	10	8.5
573	5107.1000	非供零售用精梳纯羊毛纱线	5	2.5
574	5108.1000	非供零售用粗梳动物细毛纱线	5	4.3
575	5111.1100	重量≤300 克/平方米的粗梳全毛布	10	8.5
576	5111.1900	重量>300 克/平方米的粗梳全毛布	10	8.5
577	5111.3000	与化纤短纤混纺粗梳毛布	10	8.5
578	5112.1100	重量≤200 克/平方米的精梳全毛布	10	5
579	5112.1900	重量>200 克/平方米的精梳全毛布	10	5
580	5205.1100	非零售粗梳粗支纯棉单纱	5	3.5
581	5205.1200	非零售粗梳中支纯棉单纱	5	3.5
582	5205.1300	非零售粗梳细支纯棉单纱	5	3.5
583	5205.1400	非零售粗梳较细支纯棉单纱	5	3.5
584	5205.1500	非零售粗梳特细支纯棉单纱	5	3.5
585	5205.2100	非零售精梳粗支纯棉单纱	5	3.5
586	5205.2200	非零售精梳中支纯棉单纱	5	3.5
587	5205.2300	非零售精梳细支纯棉单纱	5	3.5

序号	税则号列	商品名称（简称）	最惠国税率（%）	协定税率（%）
588	5205.2400	非零售精梳较细支纯棉单纱	5	3.5
589	5205.3100	非零售粗梳粗支纯棉多股纱	5	4.5
590	5205.3200	非零售粗梳中支纯棉多股纱	5	3.5
591	5205.4100	非零售精梳粗支纯棉多股纱	5	4.5
592	5205.4200	非零售精梳中支纯棉多股纱	5	3.5
593	5205.4600	非零售精梳较特细支纯棉多股纱	5	4.5
594	5205.4700	非零售精梳特细支纯棉多股纱	5	4.5
595	5205.4800	非零售精梳超细支纯棉多股纱	5	4.5
596	5206.1100	非零售粗梳粗支混纺棉单纱	5	3.5
597	5206.1200	非零售粗梳中支混纺棉单纱	5	3.5
598	5206.1500	非零售粗梳特细支混纺棉单纱	5	3.5
599	5206.2100	非零售精梳粗支混纺棉单纱	5	4.5
600	5207.1000	供零售用纯棉纱线	6	5
601	5208.1300	未漂白轻质全棉三、四线斜纹布	10	8.5
602	5208.3200	染色的较轻质全棉平纹布	10	8.5
603	5208.3300	染色的轻质全棉三、四线斜纹布	10	8.5
604	5208.3900	染色的轻质其他全棉机织物	10	8.5
605	5208.4200	色织的较轻质全棉平纹布	10	7
606	5208.4900	色织的轻质其他全棉机织物	10	9
607	5208.5200	印花的较轻全棉平纹布	10	8.5
608	5208.5900	印花的轻质其他全棉机织物	10	8.5
609	5209.1200	未漂白重质全棉三、四线斜纹布	10	7
610	5209.3100	染色的重质全棉平纹布	10	8.5
611	5209.3200	染色的重质全棉三、四线斜纹布	10	8.5
612	5209.3900	染色的重质其他全棉机织物	10	8.5
613	5209.4200	色织的重质全棉粗斜纹布（劳动布）	10	8.5
614	5209.4300	色织的重质全棉三、四线斜纹布	10	9.3
615	5209.5100	印花的重质全棉平纹布	10	9.3
616	5209.5900	印花的重质其他全棉机织物	10	8.5
617	5210.1100	与化纤混纺未漂白轻质平纹棉布	12	10.2
618	5210.3100	与化纤混纺染色的轻质平纹棉布	10	8.5
619	5210.3200	化纤混纺染色的轻质三线或四线斜纹棉布	10	8.5
620	5210.3900	与化纤混纺染色的轻质其他棉布	10	8.5
621	5211.3100	与化纤混纺染色的重质平纹棉布	10	8.5
622	5211.3200	化纤混纺染色的重质三线或四线斜纹棉布	10	8.5

序号	税则号列	商品名称（简称）	最惠国税率（%）	协定税率（%）
623	5211.3900	与化纤混纺染色的重质其他棉布	10	8.5
624	5211.5900	与化纤混纺印花的重质其他棉布	10	8.5
625	5305.1100	生的椰壳纤维	5	4
626	5309.1900	其他全亚麻机织物	10	9.3
627	5309.2900	其他混纺亚麻机织物	10	8.5
628	5311.0090	其他纺织用植物纤维机织物	10	9.3
629	5402.3290	非零售其他粗尼龙变形纱线	5	4.5
630	5402.4110	非零售用聚酰胺－6纺制的未捻单纱	5	4.7
631	5402.4120	非零售用聚酰胺－66纺制的未捻单纱	5	4.7
632	5402.4130	非零售用芳香族聚酰胺纺制的未捻单纱	5	4.7
633	5402.4190	非零售其他尼龙未捻单纱	5	4.7
634	5402.4300	非零售未捻的其他聚酯单纱	5	4.7
635	5402.5200	非零售加捻的其他聚酯加捻单纱	5	4.3
636	5407.4200	染色的纯尼龙布	10	9.5
637	5407.4300	色织的纯尼龙布	10	7
638	5407.5100	未漂白或漂白纯聚酯变形长丝布	10	7
639	5407.5200	染色的纯聚酯变形长丝布	10	9.5
640	5407.6100	其他纯聚酯非变形长丝布	10	9.5
641	5407.6900	其他纯聚酯长丝布	10	9.5
642	5407.7100	未漂白或漂白其他纯合成纤维长丝布	10	8.8
643	5407.7200	染色的其他纯合成纤维长丝布	10	9.5
644	5407.7400	印花的其他纯合成纤维长丝布	10	9.5
645	5408.3200	染色的人纤长丝混纺布	10	9.5
646	5501.3000	聚丙烯腈长丝丝束	5	4.5
647	5502.0010	二醋酸纤维丝束	3	2.1
648	5502.0090	其他人造纤维长丝丝束	5	3.5
649	5503.2000	未梳的聚酯合成纤维短纤	5	4.5
650	5503.3000	未梳的聚丙烯腈合成纤维短纤	5	4.5
651	5506.2000	已梳的聚酯纤维短纤	5	4.5
652	5506.3000	已梳的聚丙烯腈及其变性纤维短纤	5	4.5
653	5508.1000	合成纤维短纤纺制的缝纫线	5	4.5
654	5509.3200	非零售纯聚丙烯腈短纤多股纱线	5	4.8
655	5509.5300	非零售与棉混纺聚酯短纤纱线	5	3.5
656	5509.6200	非零售与棉混纺腈纶短纤纱线	5	4.8
657	5510.1100	非零售纯人造纤维短纤单纱	5	4.5

序号	税则号列	商品名称（简称）	最惠国税率（%）	协定税率（%）
658	5510.3000	非零售与棉混纺人造纤维短纤纱线	5	3.5
659	5510.9000	非零售与其他混纺人造纤维短纤纱线	5	4.5
660	5512.1100	未漂或漂白的纯聚酯布	18	12.6
661	5512.2900	其他纯腈纶布	10	9.3
662	5513.2100	与棉混纺染色的轻质聚酯平纹布	10	9.1
663	5513.3200	与棉混纺色织的轻质聚酯斜纹布	10	8.8
664	5514.1110	与棉混纺未漂白的重质聚酯平纹布	16	14.4
665	5514.1900	与棉混纺未漂白或漂白的重质其他合成纤维布	16	15.2
666	5515.1100	与粘胶纤维短纤混纺的聚酯布	10	8.8
667	5515.1200	与化纤长丝混纺的聚酯布	10	9
668	5515.1900	与其他纤维混纺的聚酯布	10	9
669	5515.9900	与其他纤维混纺的其他合成纤维短纤布	10	9
670	5516.2200	与化纤长丝混纺的染色人造纤维布	10	9.5
671	5516.9400	与其他纤维混纺的印花人造纤维布	10	9.4
672	5603.1110	每平方米≤25克的经浸渍化纤长丝无纺织物	10	8.5
673	5603.1190	每平方米≤25克的其他化纤长丝无纺织物	10	8.5
674	5603.1210	25克＜每平方米≤70克的浸渍化纤长丝无纺织物	10	8.5
675	5603.1310	70克＜每平方米≤150克的浸渍化纤长丝无纺织物	10	8.5
676	5603.1410	每平方米＞150克的经浸渍化纤长丝无纺织物	10	8.5
677	5603.1490	每平方米＞150克的其他化纤长丝无纺织物	10	7
678	5603.9110	每平方米≤25克的经浸渍其他无纺织物	10	8.5
679	5603.9190	每平方米≤25克的其他无纺织物	10	8.5
680	5603.9210	25克＜每平方米≤70克的浸渍其他无纺织物	10	8.5
681	5603.9290	25克＜每平方米≤70克的其他无纺织物	10	9.3
682	5603.9310	70克＜每平方米≤150克的浸渍其他无纺织物	10	8.5
683	5603.9390	70克＜每平方米≤150克的其他无纺织物	10	9.3
684	5603.9410	每平方米＞150克的经浸渍其他无纺织物	10	8.5
685	5603.9490	每平方米＞150克的其他无纺织物	10	9.3
686	5702.4900	制成的其他纺织材料起绒铺地制品	14	9.3
687	5804.1010	丝及绢丝网眼薄纱及其他网眼织物	10	7
688	5804.1020	棉制网眼薄纱及其他网眼织物	10	7
689	5804.1030	化纤制网眼薄纱及其他网眼织物	12	8.4
690	5804.1090	其他纺织材料网眼薄纱及其他网眼织物	10	7
691	5806.1090	其他材料狭幅起绒织物及绳绒织物	10	9.1
692	5806.3200	化纤制其他狭幅机织物	10	7

序号	税则号列	商品名称（简称）	最惠国税率（%）	协定税率（%）
693	5807.1000	机织非绣制纺织材料标签、徽章等	10	8.5
694	5902.1000	尼龙等高强力纱制的帘子布	10	9
695	5902.2000	聚酯高强力纱制的帘子布	10	9
696	5903.1010	用聚氯乙烯浸、涂的绝缘布或带	10	8.5
697	5903.1020	用聚氯乙烯浸、涂的人造革	10	8.5
698	5903.1090	用聚氯乙烯浸、涂的其他纺织物	10	8.5
699	5903.2010	用聚氨基甲酸酯浸、涂的绝缘布或带	10	8.5
700	5903.2020	用聚氨基甲酸酯浸、涂的人造革	10	8.5
701	5903.2090	用聚氨基甲酸酯浸、涂的其他纺织物	10	8.5
702	5903.9010	用其他塑料浸、涂的绝缘布或带	10	8.5
703	5903.9020	用其他塑料浸、涂的人造革	10	8.5
704	5903.9090	用其他塑料浸、涂的其他纺织物	10	8.5
705	5907.0010	用其他材料浸、涂的绝缘布或带	10	8.5
706	5907.0020	用其他材料浸、涂的已绘制画布	10	8.5
707	5907.0090	用其他材料浸、涂的其他纺织物	10	8.5
708	5911.1010	包覆纺锤用浸胶的起绒狭幅织物	8	7.2
709	6001.1000	针织或钩编的长毛绒织物	10	8.5
710	6001.2100	棉制针织或钩编的毛圈绒头织物	10	8.5
711	6001.2200	化纤制针织或钩编的毛圈绒头织物	10	8.5
712	6001.9100	棉制针织或钩编的起绒织物	10	7
713	6001.9200	化纤制针织或钩编的起绒织物	10	8.5
714	6002.4010	宽≤30厘米，弹性纱线≥5%的棉针织、钩编织物	10	8.5
715	6002.4020	宽≤30厘米，弹性纱线≥5%的丝及绢丝制针织、钩编织物	10	8.5
716	6002.4090	宽≤30厘米，弹性纱线≥5%的其他纺织材料针织、钩编织物	10	7
717	6002.9010	宽≤30厘米，含橡胶线的棉针织、钩编织物	10	8.5
718	6002.9020	宽≤30厘米，含橡胶线的丝及绢丝制针织、钩编织物	10	8.5
719	6002.9030	宽≤30厘米，含橡胶线的合成纤维制针织、钩编织物	10	5
720	6002.9040	宽≤30厘米，含橡胶线的人造纤维制针织、钩编织物	10	5
721	6002.9090	宽≤30厘米，含橡胶线的其他纺织材料针织、钩编织物	10	8.5

序号	税则号列	商品名称（简称）	最惠国税率（%）	协定税率（%）
722	6003.3000	宽≤30 厘米，合成纤维制的针织、钩编织物	10	9.4
723	6003.4000	宽≤30 厘米，人造纤维制的针织、钩编织物	10	9.4
724	6004.1010	宽＞30 厘米，弹性纱线≥5%的棉针织、钩编织物	10	7
725	6004.1020	宽＞30 厘米，弹性纱线≥5%的丝及绢丝制针织、钩编织物	10	8.5
726	6004.1090	宽＞30 厘米，弹性纱线≥5%的其他纺织材料针织、钩编织物	10	8.5
727	6004.9010	宽＞30 厘米，含橡胶线的棉针织、钩编织物	10	8.5
728	6004.9020	宽＞30 厘米，含橡胶线的丝及绢丝制针织、钩编织物	10	8.5
729	6004.9090	宽＞30 厘米，含橡胶线的其他纺织材料针织、钩编织物	10	7
730	6005.3100	未漂白或漂白合成纤维制的其他经编织物	10	8.5
731	6005.3200	染色合成纤维制的其他经编织物	10	8.5
732	6005.3300	色织合成纤维制的其他经编织物	10	8.5
733	6005.3400	印花合成纤维制的其他经编织物	10	8.5
734	6005.4100	未漂白或漂白人造纤维制的其他经编织物	10	8.5
735	6005.4200	染色人造纤维制的其他经编织物	10	8.5
736	6005.4300	色织人造纤维制的其他经编织物	10	8.5
737	6005.4400	印花人造纤维制的其他经编织物	10	8.5
738	6006.2100	未漂白或漂白棉制的其他针织、钩编织物	10	7
739	6006.2200	染色棉制的其他针织、钩编织物	10	8.5
740	6006.2300	色织棉制的其他针织、钩编织物	10	7
741	6006.2400	印花棉制的其他针织、钩编织物	10	8.5
742	6006.3100	未漂白或漂白合成纤维制的其他针织、钩编织物	10	8.5
743	6006.3200	染色合成纤维制的其他针织、钩编织物	10	8.5
744	6006.3300	色织合成纤维制的其他针织、钩编织物	10	8.5
745	6006.3400	印花合成纤维制的其他针织、钩编织物	10	8.5
746	6006.4100	未漂白或漂白人造纤维制的其他针织、钩编织物	10	8.5
747	6006.4200	染色人造纤维制的其他针织、钩编织物	10	8.5
748	6006.4300	色织人造纤维制的其他针织、钩编织物	10	8.5
749	6006.4400	印花人造纤维制的其他针织、钩编织物	10	8.5
750	6006.9000	未列名针织、钩编织物	12	10.2
751	6101.1000	毛制针织或钩编男式大衣、防风衣	25	18
752	6101.2000	棉制针织或钩编男式大衣、防风衣	17.5	14

序号	税则号列	商品名称（简称）	最惠国税率（%）	协定税率（%）
753	6101.3000	化纤制针织或钩编男式大衣等	17.5	12.3
754	6101.9000	其他纺织材料制针织或钩编男式大衣、防风衣	17.5	12.3
755	6102.1000	毛制针织或钩编女式大衣、防风衣	25	18
756	6102.2000	棉制针织或钩编女式大衣、防风衣	17.5	14
757	6102.3000	化纤制针织或钩编女式大衣等	17.5	12.3
758	6102.9000	其他纺织材料制针织或钩编女式大衣、防风衣	20	13.8
759	6103.1100	毛制针织或钩编男式西服套装	25	18
760	6103.1200	合纤制针织或钩编男西服套装	25	18
761	6103.1900	其他纺织材料制针织或钩编男式西服套装	17.5	12.3
762	6103.2100	毛制针织或钩编男式便服套装	25	18
763	6103.2200	棉制针织或钩编男式便服套装	20	14.8
764	6103.2300	合纤制针织或钩编男便服套装	25	18
765	6103.2900	其他纺织材料制针织或钩编男式便服套装	25	18
766	6103.3100	毛制针织或钩编男式上衣	16	11.7
767	6103.3200	棉制针织或钩编男式上衣	16	12
768	6103.3300	合纤制针织或钩编男式上衣	19	13.6
769	6103.3900	其他纺织材料制针织或钩编男式上衣	16	11.7
770	6103.4100	毛制针织或钩编男长裤、工装裤等	16	11.7
771	6103.4200	棉制针织或钩编男长裤、工装裤等	16	13.6
772	6103.4300	合纤制针织或钩编男长裤等	17.5	12.3
773	6103.4900	其他纺织材料制针织或钩编男长裤等	16	11.7
774	6104.1100	毛制针织或钩编女式西服套装	17.5	12.3
775	6104.1200	棉制针织或钩编女式西服套装	17.5	14
776	6104.1300	合纤制针织或钩编女西服套装	25	18
777	6104.1900	其他纺织材料制针织或钩编女式西服套装	17.5	12.3
778	6104.2100	毛制针织或钩编女式便服套装	17.5	12.3
779	6104.2200	棉制针织或钩编女式便服套装	17.5	14
780	6104.2300	合纤制针织或钩编女便服套装	25	18
781	6104.2900	其他纺织材料制针织或钩编女式便服套装	15	10.4
782	6104.3100	毛制针织女式上衣	16	11.7
783	6104.3200	棉制针织女式上衣	16	13.6
784	6104.3300	合纤制针织女上衣	19	13.6
785	6104.3900	其他纺织材料制针织女上衣	16	11.7
786	6104.4100	毛制针织或钩编连衣裙	16	11.7
787	6104.4200	棉制针织或钩编连衣裙	16	13.6

序号	税则号列	商品名称（简称）	最惠国税率（%）	协定税率（%）
788	6104.4300	合纤制针织或钩编连衣裙	17.5	12.3
789	6104.4400	人纤制针织或钩编连衣裙	16	11.7
790	6104.4900	其他纺织材料制针织或钩编连衣裙	16	11.7
791	6104.5100	毛制针织或钩编裙子及裙裤	14	10.8
792	6104.5200	棉制针织裙子及裙裤	14	10.3
793	6104.5300	合纤制针织或钩编裙子及裙裤	16	11.7
794	6104.5900	其他纺织材料制针织或钩编裙子及裙裤	14	10.8
795	6104.6100	毛制针织或钩编女长裤、工装裤等	16	11.7
796	6104.6200	棉制针织或钩编女长裤、工装裤等	16	13.6
797	6104.6300	合纤制针织或钩编女长裤等	17.5	12.3
798	6104.6900	其他纺织材料制针织或钩编女长裤等	16	12
799	6105.1000	棉制针织或钩编男衬衫	16	13.6
800	6105.2000	化纤制针织或钩编男衬衫	17.5	12.3
801	6105.9000	其他纺织材料制针织或钩编男衬衫	16	11.7
802	6106.1000	棉制针织或钩编女衬衫	16	13.6
803	6106.2000	化纤制针织或钩编女衬衫	17.5	12.3
804	6106.9000	其他纺织材料制针织或钩编女衬衫	16	11.7
805	6107.1200	化纤制针织或钩编男内裤及三角裤	16	10.9
806	6107.1910	丝及绢丝制针织或钩编男内裤及三角裤	14	9.3
807	6107.1990	其他纺织材料制针织或钩编男内裤及三角裤	14	9.3
808	6107.2200	化纤制针织或钩编男睡衣裤	16	10.9
809	6107.2910	丝及绢丝制针织或钩编男长睡衣及睡衣裤	14	9.3
810	6107.2990	其他纺织材料制针织或钩编男长睡衣及睡衣裤	14	9.3
811	6107.9200	化纤制针织或钩编男浴衣、晨衣	16	10.9
812	6107.9900	其他纺织材料制针织或钩编男浴衣、晨衣	14	9.3
813	6108.1100	化纤制针织或钩编长衬裙及衬裙	16	10.9
814	6108.1990	其他纺织材料制针织或钩编女式长衬裙及衬裙	14	9.3
815	6108.2200	化纤制针织或钩编女三角裤及短衬裤	16	10.9
816	6108.2910	丝及绢丝制针织或钩编女三角裤及短衬裤	14	9.3
817	6108.2990	其他纺织材料制针织或钩编女三角裤及短衬裤	14	9.3
818	6108.3200	化纤制针织或钩编女睡衣及睡衣裤	16	10.9
819	6108.3910	丝及绢丝制针织或钩编女睡衣及睡衣裤	14	9.3
820	6108.3990	其他纺织材料制针织或钩编女睡衣及睡衣裤	14	9.3
821	6108.9200	化纤制针织或钩编女浴衣、晨衣	16	10.9
822	6108.9900	其他纺织材料制针织或钩编女浴衣、晨衣	14	9.3

序号	税则号列	商品名称（简称）	最惠国税率（%）	协定税率（%）
823	6109.1000	棉制针织或钩编T恤衫、汗衫等	14	9.4
824	6109.9010	丝及绢丝制针织或钩编T恤衫、汗衫等	14	9.3
825	6109.9090	其他纺织材料制针织或钩编T恤衫、汗衫等	14	9.3
826	6110.1100	羊毛制针织或钩编套头衫等	14	9.3
827	6110.1200	喀什米尔山羊细毛制针织或钩编套头衫等	14	9.3
828	6110.1910	其他山羊细毛制针织或钩编套头衫等	14	9.3
829	6110.1920	兔毛制针织或钩编套头衫等	14	9.3
830	6110.1990	其他毛制针织或钩编套头衫等	14	9.3
831	6110.2000	棉制针织或钩编套头衫等	14	11
832	6110.3000	化纤制针织或钩编套头衫等	16	10.9
833	6110.9010	丝及绢丝制针织或钩编套头衫等	14	9.3
834	6110.9090	其他纺织材料制针织或钩编套头衫等	14	9.3
835	6111.1000	毛制针织或钩编婴儿服装及附件	14	9.3
836	6111.3000	合纤制针织婴儿服装及附件	16	10.9
837	6111.9000	其他纺织材料制针织或钩编婴儿服装及附件	14	9.3
838	6112.1100	棉制针织或钩编运动服	16	13.6
839	6112.1200	合纤制针织或钩编运动服	17.5	12.3
840	6112.1900	其他纺织材料制针织或钩编运动服	16	11.7
841	6112.2010	棉制针织或钩编滑雪服	16	13.6
842	6112.2090	其他纺织材料制针织或钩编滑雪服	19	13.6
843	6112.3100	合纤制针织或钩编男式游泳服	17.5	12.3
844	6112.3900	其他纺织材料制针织或钩编男式游泳服	16	11.7
845	6112.4100	合纤制针织或钩编女式游泳服	17.5	12.3
846	6112.4900	其他纺织材料制针织或钩编女式游泳服	16	11.7
847	6113.0000	涂层经处理针织或钩编织物制服装	16	11.7
848	6115.1100	单丝<67分特合纤制连裤袜等	16	14.4
849	6115.1200	单丝≥67分特合纤制连裤袜等	16	10.9
850	6115.1990	其他纺织材料制针织连裤袜及紧身裤袜	14	9.3
851	6115.2000	单丝<67分特制针织或钩编女统袜	14	9.3
852	6115.9300	合纤制针织或钩编短袜及其他袜类	16	10.9
853	6115.9900	其他纺织材料制针织或钩编短袜及其他袜类	14	9.3
854	6116.9300	合纤制其他针织或钩编手套	16	10.9
855	6116.9900	其他纺织材料制针织或钩编手套	14	9.3
856	6117.1000	针织或钩编披巾、头巾等	14	9.3
857	6117.2000	针织或钩编领带及领结	14	9.3

序号	税则号列	商品名称（简称）	最惠国税率（%）	协定税率（%）
858	6117.8000	针织或钩编其他衣着附件	14	9.3
859	6117.9000	其他针织或钩编衣着零件	14	7
860	6201.1100	毛制男式大衣、斗篷及类似品	16	11.7
861	6201.1310	化纤制男式羽绒服	17.5	12.3
862	6201.1390	化纤制男式大衣、斗篷及类似品	17.5	12.3
863	6201.1900	其他纺织材料制男式大衣、斗篷及类似品	16	11.7
864	6201.9100	毛制男式带风帽防寒短上衣、防风衣	16	11.7
865	6201.9310	化纤制男式其他羽绒服	17.5	12.3
866	6201.9390	化纤制男式防寒短上衣、防风衣	17.5	12.3
867	6201.9900	其他纺织材料制男式防寒短上衣、防风衣	16	11.7
868	6202.1100	毛制女式大衣、斗篷及类似品等	16	11.7
869	6202.1310	化纤制女式羽绒服	19	13.6
870	6202.1390	化纤制女式大衣、斗篷及类似品	19	13.6
871	6202.1900	其他纺织材料制女式大衣、斗篷及类似品	16	11.7
872	6202.9100	毛制女式带风帽防寒短上衣、防风衣	16	11.7
873	6202.9310	化纤制女式其他羽绒服	17.5	12.3
874	6202.9390	化纤制女式防风衣等	17.5	12.3
875	6202.9900	其他纺织材料制防风衣、防风短上衣等	16	11.7
876	6203.1100	毛制男式西服套装	17.5	12.3
877	6203.1200	合纤制男式西服套装	17.5	12.3
878	6203.1910	丝及绢丝制男式西服套装	17.5	12.3
879	6203.1990	其他纺织材料制男式西服套装	17.5	12.3
880	6203.2100	毛制男式便服套装	17.5	12.3
881	6203.2300	合纤制男式便服套装	17.5	12.3
882	6203.2910	丝及绢丝制男式便服套装	17.5	12.3
883	6203.2990	其他纺织材料制男式便服套装	17.5	12.3
884	6203.3100	毛制男式上衣	16	11.7
885	6203.3200	棉制男式上衣	16	14.4
886	6203.3300	合纤制男式上衣	17.5	12.3
887	6203.3910	丝及绢丝制男式上衣	16	11.7
888	6203.3990	其他纺织材料制男式上衣	16	11.7
889	6203.4100	毛制男式长裤、工装裤等	16	11.7
890	6203.4210	棉制男式阿拉伯裤	16	12.9
891	6203.4290	棉制男式长裤、工装裤等	16	12.9
892	6203.4310	合成纤维制男式阿拉伯裤	17.5	13.1

序号	税则号列	商品名称（简称）	最惠国税率（%）	协定税率（%）
893	6203.4390	合纤制男式长裤、工装裤等	17.5	13.1
894	6203.4910	其他纺织材料制男式阿拉伯裤	16	11.7
895	6203.4990	其他纺织材料制男童裤、工装裤	16	11.7
896	6204.1100	毛制女式西服套装	17.5	12.3
897	6204.1300	合纤制女式西服套装	17.5	12.3
898	6204.1910	丝及绢丝制女式西服套装	17.5	12.3
899	6204.1990	其他纺织材料制女式西服套装	17.5	12.3
900	6204.2100	毛制女式便服套装	17.5	12.3
901	6204.2300	合纤制女式便服套装	20	13.8
902	6204.2910	丝及绢丝制女式便服套装	20	13.8
903	6204.2990	其他纺织材料制女式便服套装	14	9.9
904	6204.3100	毛制女式上衣	16	11.7
905	6204.3300	合纤制女式上衣	17.5	12.3
906	6204.3910	丝及绢丝制女式上衣	16	11.7
907	6204.3990	其他纺织材料制女式上衣	16	11.7
908	6204.4100	毛制连衣裙	16	11.7
909	6204.4300	合纤制女式连衣裙	17.5	12.3
910	6204.4400	人纤制女式连衣裙	16	11.7
911	6204.4910	丝及绢丝制连衣裙	16	11.7
912	6204.4990	其他纺织材料制连衣裙	16	11.7
913	6204.5100	毛制裙子及裙裤	14	9.3
914	6204.5300	合纤制裙子及裙裤	16	11.7
915	6204.5910	丝及绢丝制裙子及裙裤	14	9.3
916	6204.5990	其他纺织材料制裙子及裙裤	14	9.3
917	6204.6100	毛制女式长裤、工装裤等	16	11.7
918	6204.6200	棉制女式长裤、工装裤等	16	14.4
919	6204.6300	合纤制女式长裤、工装裤等	17.5	12.3
920	6204.6900	其他纺织材料制女式长裤、工装裤等	16	12
921	6205.1000	毛制男衬衫	16	11.7
922	6205.2000	棉制男衬衫	16	8
923	6205.3000	化纤制男衬衫	16	11.7
924	6205.9010	丝及绢丝制男衬衫	16	11.7
925	6205.9090	其他纺织材料制男衬衫	16	11.7
926	6206.1000	丝及绢丝制女式衬衫	16	11.7
927	6206.2000	毛制女衬衫	16	11.7

序号	税则号列	商品名称（简称）	最惠国税率（%）	协定税率（%）
928	6206.3000	棉制女衬衫	16	13.6
929	6206.4000	化纤制女衬衫	17.5	12.3
930	6206.9000	其他纺织材料制女衬衫	16	11.7
931	6207.1100	棉制男式内裤及三角裤	14	10.3
932	6207.9910	丝及绢丝制男浴衣、晨衣及类似品	14	12.6
933	6207.9990	其他纺织材料制男浴衣、晨衣及类似品	14	12.6
934	6208.2100	棉制女式睡衣及睡衣裤	14	10.3
935	6208.9910	丝制女式背心、内衣及类似品	14	12.6
936	6208.9990	其他纺织材料制女式背心、内衣及类似	14	12.6
937	6210.1010	毛制毡呢或无纺织物服装	16	11.7
938	6210.1030	化纤制毡呢或无纺织物服装	17.5	12.3
939	6210.2000	用塑料、橡胶等处理的织物制男大衣等	16	11.7
940	6210.3000	用塑料、橡胶等处理的织物制女大衣等	16	11.7
941	6210.4000	用塑料、橡胶等处理的织物制的其他男式服装	16	11.7
942	6210.5000	用塑料、橡胶等处理的织物制的其他女式服装	16	11.7
943	6211.1100	男式游泳服	16	11.7
944	6211.1200	女式游泳服	16	11.7
945	6211.2090	其他纺织材料制滑雪服	19	13.6
946	6211.3100	毛制男式运动服及其他服装	16	11.7
947	6211.3310	化纤制男式阿拉伯袍	17.5	12.3
948	6211.3390	化纤制男式运动服及其他服装	17.5	12.3
949	6211.3910	丝及绢丝制男式运动服及其他服装	16	11.7
950	6211.3990	其他纺织材料制男式运动服及其他服装	16	11.7
951	6211.4100	毛制女式运动服及其他服装	16	11.7
952	6211.4300	化纤制女式运动服及其他服装	17.5	12.3
953	6211.4910	丝及绢丝制女式运动服及其他服装	16	11.7
954	6211.4990	其他纺织材料制女式运动服及其他服装	16	11.7
955	6212.1010	化纤制胸罩	16	14.4
956	6212.1090	其他纺织材料制胸罩	14	12.6
957	6212.9010	化纤制吊裤带、吊袜带等	16	14.4
958	6212.9090	其他纺织材料制吊裤带、吊袜带等	14	12.6
959	6215.2000	化纤制领带及领结	16	14.4
960	6217.1010	非针织非钩编袜子及袜套	14	12.2
961	6217.1020	非针织非钩编和服腰带	14	12.2
962	6217.1090	非针织非钩编服装或衣着附件	14	12.2

序号	税则号列	商品名称（简称）	最惠国税率（%）	协定税率（%）
963	6217.9000	非针织非钩编服装或衣着零件	14	12.6
964	6305.3300	聚乙烯或聚丙烯扁条制其他货物包装袋	16	13.6
965	6307.1000	擦地布、擦碗布等	14	11.9
966	6401.1000	装金属护头的塑料、橡胶制防水鞋靴	24	12
967	6401.9100	橡胶、塑料底及鞋面的过膝高统靴	24	12
968	6401.9200	橡胶、塑料底及面的中、短统防水靴	24	12
969	6401.9900	其他橡胶、塑料制外底及鞋面防水靴	24	12
970	6402.1200	橡胶、塑料底及面的滑雪靴	10	5
971	6402.1900	橡胶、塑料制底及面的其他运动靴	24	12
972	6402.2000	橡胶、塑料的将鞋面条带栓塞在鞋底上的鞋	24	12
973	6402.3000	其他装金属护鞋头的橡、塑鞋靴	24	12
974	6402.9100	其他橡胶、塑料短统靴（过踝）	24	12
975	6402.9900	其他橡胶、塑料鞋靴	24	12
976	6403.9900	皮革制面的其他鞋靴	10	8.5
977	6404.1100	纺织材料制鞋面的运动鞋靴	24	12
978	6404.1900	纺织材料制鞋面胶底的其他鞋靴	24	12
979	6404.2000	纺织材料制鞋面皮革底的鞋靴	24	12
980	6405.1000	皮革或再生皮革制面的其他鞋靴	24	12
981	6405.2000	纺织材料制面的其他鞋靴	22	11
982	6405.9000	其他材料制面的鞋靴	15	10.5
983	6406.1000	鞋面及其零件，硬衬除外	15	13.2
984	6406.9100	木制鞋靴零件，活动式鞋内底等	15	10.5
985	6406.9900	其他材料制鞋靴、护腿等零件	15	10.5
986	6505.9010	钩编的帽类	20	19
987	6505.9090	针织或成匹织物制成的帽类	20	19
988	6703.0000	经梳理、稀疏等方法加工的人发及假发材料	20	18
989	6802.1010	大理石制砖、瓦、方块及类似品	24	19.2
990	6802.1090	其他石料制砖瓦、方块及类似品	20	16
991	6802.2300	具有一个平面的花岗岩及制品	10	9.2
992	6802.9390	其他加工形式花岗岩制品	10	9.2
993	6804.3010	手用琢磨油石	8	6.4
994	6804.3090	手用其他磨石及抛光石	8	6.4
995	6807.9000	其他形状的沥青或类似原料的制品	12	9.6
996	6810.1100	水泥制建筑用砖及石砌块	10.5	8.4
997	6810.1910	人造石制砖、瓦、扁平石及类似品	10.5	8.4

序号	税则号列	商品名称（简称）	最惠国税率（%）	协定税率（%）
998	6810.1990	水泥制其他砖、瓦、扁平石	10.5	8.4
999	6901.0000	硅质化石粉或类似硅土制的砖、瓦	8	6.4
1000	6908.1000	上釉的小陶瓷砖、瓦、块及类似品	12	10.4
1001	6910.1000	瓷制脸盆、浴缸及类似卫生器具	10	9
1002	6911.1010	瓷餐具	12	10
1003	6911.1020	瓷厨房器具	15	12.5
1004	6911.9000	其他家用或盥洗用瓷器	24.5	20
1005	7009.9200	其他镶框玻璃镜（包括后视镜）	12	10.8
1006	7011.2010	显像管玻壳及其零件	10	7
1007	7011.2090	阴极射线管用玻壳及零件	10	7
1008	7019.5900	其他玻璃纤维机织物	12	8.4
1009	7020.0012	绝缘子用玻璃伞盘	10.5	9.5
1010	7020.0019	其他工业用玻璃制品	10.5	8.9
1011	7020.0090	其他非工业用玻璃制品	15	12.8
1012	7102.3900	其他非工业用钻石	8	0
1013	7103.1000	未加工宝石或半宝石	3	2.8
1014	7103.9100	经其他加工的红、蓝、绿宝石	8	4
1015	7103.9910	经其他加工的翡翠	8	4
1016	7103.9990	经其他加工的其他宝石或半宝石	8	4
1017	7113.1110	镶嵌钻石的银首饰及其零件	20	16.5
1018	7113.1190	其他银首饰及其零件	20	16.5
1019	7113.1911	镶嵌钻石的黄金制首饰及其零件	20	14
1020	7113.1919	其他黄金制首饰及其零件	20	16
1021	7113.1991	镶嵌钻石的其他贵金属制首饰及其零件	35	28
1022	7113.1999	其他贵金属制首饰及其零件	35	28
1023	7113.2010	镶嵌钻石的以贱金属为底的包贵金属制首饰	35	30
1024	7113.2090	其他以贱金属为底的包贵金属制首饰	35	30
1025	7117.1900	其他贱金属制仿首饰	17	15.3
1026	7117.9000	未列名材料制仿首饰	35	30
1027	7208.5310	屈服强度大于355牛顿/平方毫米，3毫米≤厚度<4.75毫米的热轧非卷材	6	5.1
1028	7208.5390	其他3毫米≤厚度<4.75毫米的热轧非卷材	6	5.1
1029	7208.5410	厚度<1.5毫米的热轧非卷材	6	5.1

序号	税则号列	商品名称（简称）	最惠国税率（%）	协定税率（%）
1030	7208.5490	其他厚度<3毫米的热轧非卷材	6	5.1
1031	7209.1610	屈服强度大于275牛顿/平方毫米，1毫米<厚度<3毫米的冷轧卷材	6	4.2
1032	7209.1690	其他1毫米<厚度<3毫米的冷轧卷材	6	4.2
1033	7209.1710	屈服强度大于275牛顿/平方毫米，0.5毫米≤厚度≤1毫米的冷轧卷材	3	2.1
1034	7209.1790	其他0.5毫米≤厚度≤1毫米的冷轧卷材	3	2.1
1035	7209.1810	厚度<0.3毫米的冷轧卷材	6	4.2
1036	7209.1890	其他厚度<0.5毫米的冷轧卷材	6	4.2
1037	7209.2700	0.5毫米≤厚度≤1毫米的冷轧非卷材	6	4.2
1038	7209.9000	其他冷轧铁或非合金钢宽平板轧材	6	4.2
1039	7213.9100	直径<14毫米圆截面的其他热轧盘条	5	4.3
1040	7214.2000	热加工带有轧制花纹的条、杆	3	0
1041	7217.3000	镀或涂其他贱金属铁或非合金钢丝	8	6.4
1042	7219.2100	厚度>10毫米热轧不锈钢平板	10	9.3
1043	7219.2200	4.75毫米≤厚度≤10毫米热轧不锈钢平板	10	9.3
1044	7219.2300	3毫米≤厚度<4.75毫米热轧不锈钢平板	10	9.3
1045	7219.2410	1毫米<厚度<3毫米热轧不锈钢平板	10	9.3
1046	7219.2420	0.5毫米≤厚度≤1毫米热轧不锈钢平板	10	9.3
1047	7219.2430	厚度<0.5毫米热轧不锈钢平板	10	9.3
1048	7221.0000	不锈钢热轧条、杆	10	8
1049	7222.1100	热加工的圆形截面不锈钢条、杆	10	9
1050	7222.1900	热加工其他截面形状不锈钢条杆	10	9
1051	7222.3000	其他不锈钢条、杆	10	8.9
1052	7225.1100	取向性硅电钢宽板	3	2.1
1053	7301.1000	钢铁板桩	7	6.3
1054	7302.9010	钢铁轨枕	6	5.1
1055	7302.9090	其他铁道电车道铺轨用钢铁材料	7	6
1056	7304.2900	钻探石油及天然气用的套管及导管	4	2
1057	7307.2100	不锈钢制法兰	8.4	6.7
1058	7313.0000	带刺钢铁丝、围篱用钢铁绞带	7	6.3
1059	7314.4100	其他镀锌的钢铁丝网、篱及格栅	8	6
1060	7318.1500	其他螺钉及螺栓	8	4
1061	7320.2090	其他螺旋弹簧	10	8.5
1062	7321.8100	可使用气体燃料的其他家用器具	23	13.8

序号	税则号列	商品名称（简称）	最惠国税率（%）	协定税率（%）
1063	7321.9000	非电热家用器具零件	12	9.6
1064	7323.9300	餐桌、厨房等家用不锈钢器具	12	8.4
1065	7325.9910	工业用未列名可锻性铸铁制品	10.5	8.9
1066	7325.9990	非工业用未列名可锻性铸铁制品	20	12
1067	7326.2010	工业用钢铁丝制品	10	5
1068	7326.2090	非工业用钢铁丝制品	18	12.6
1069	7326.9010	其他工业用钢铁制品	10.5	8.9
1070	7326.9090	其他非工业用钢铁制品	8	6.8
1071	7408.1100	最大截面尺寸>6毫米的精炼铜丝	4	2.8
1072	7408.1900	截面尺寸≤6毫米的精炼铜丝	4	3.4
1073	7410.1100	无衬背的精炼铜箔	4	2.8
1074	7410.2100	有衬背的精炼铜箔	4	3.4
1075	7411.1000	精炼铜管	4	2.8
1076	7412.2010	白铜或德银管子配件	7	6
1077	7412.2090	其他铜合金管子配件	7	6
1078	7419.9910	工业用其他铜制品	10	8.5
1079	7419.9990	非工业用其他铜制品	20	17
1080	7601.2000	未锻轧铝合金	7	6
1081	7604.2900	铝合金制条、杆、其他型材	5	3.5
1082	7605.1900	纯铝制的细丝	8	6.8
1083	7606.1120	0.3毫米≤厚度<0.36毫米的非合金铝制矩形铝板片带	6	4.2
1084	7606.1190	纯铝制矩形的其他板、片及带	6	4.2
1085	7606.1220	厚度<0.28毫米的铝合金制矩形铝板片带	6	4.2
1086	7606.1230	0.28毫米≤厚度≤0.35毫米的铝合金制矩形铝板片带	6	4.2
1087	7606.1240	厚度>0.35毫米的铝合金制矩形铝板片带	6	4.2
1088	7607.1110	厚度不超过0.007毫米的无衬背铝箔	6	5.7
1089	7607.1190	轧制后未进一步加工的无衬背铝箔	6	5.7
1090	7607.1900	其他无衬背铝箔	6	5.1
1091	7616.1000	铝钉、螺钉、螺母、垫圈等紧固件	10	8.5
1092	7616.9910	其他工业用铝制品	10	8.5
1093	7616.9990	其他非工业用铝制品	15	12.8
1094	8104.1100	含镁量≥99.8%的未锻轧镁	6	4.2
1095	8202.9110	加工金属用的机械锯的直锯片	8	7

序号	税则号列	商品名称（简称）	最惠国税率（%）	协定税率（%）
1096	8205.5900	其他手工工具	10	8.5
1097	8207.3000	锻压或冲压工具	8	6.8
1098	8207.8000	车削工具	8	6.8
1099	8207.9010	带超硬材料部件的其他可互换工具	8	6.8
1100	8207.9090	其他可互换工具	8	6.8
1101	8208.9000	其他机器或机械器具用刀及刀片	8	7.2
1102	8209.0000	未装配的工具用金属陶瓷刀头	8	7.2
1103	8210.0000	加工调制食品、饮料用手动机械	18	16.2
1104	8213.0000	剪刀、裁缝剪刀及类似品、剪刀片	12	10.8
1105	8214.1000	裁纸刀、信刀、铅笔刀及刀片	12	10.8
1106	8214.2000	修指甲及修脚用具（包括指甲锉）	18	16.2
1107	8311.9000	贱金属粘聚成的丝或条	8	5.6
1108	8402.1110	蒸发量≥900吨/小时发电锅炉	3	2.5
1109	8402.1190	蒸发量>45吨/小时，<900吨/小时发电锅炉	14	13.3
1110	8402.1200	蒸发量≤45吨/小时水管锅炉	5	3.9
1111	8403.1010	家用型集中供暖用热水锅炉	10	9.5
1112	8403.1090	其他集中供暖用的热水锅炉	10	9.5
1113	8404.1010	蒸汽锅炉、过热水锅炉的辅助设备	7	3.5
1114	8404.1020	集中供暖用热水锅炉的辅助设备	10	5
1115	8404.9010	集中供暖热水锅炉辅助设备的零件	10	0
1116	8404.9090	其他辅助设备用零件	7	0
1117	8407.3410	排气量1000毫升－3000毫升往复式活塞发动机	10	7
1118	8407.3420	排气量>3000毫升往复式活塞发动机	10	7
1119	8408.1000	船舶用压燃式内燃发动机	5	2.5
1120	8408.2010	输出功率≥132.39千瓦车用柴油发动机	9	6.3
1121	8408.2090	输出功率<132.39千瓦车用柴油发动机	25	17.5
1122	8408.9010	机车用柴油发动机	6	5.4
1123	8408.9091	功率≤14千瓦其他用柴油发动机	5	4.5
1124	8408.9092	14千瓦<功率<132.39千瓦其他柴油发动机	8.4	7.6
1125	8408.9093	功率≥132.39千瓦其他用柴油发动机	5	4.5
1126	8409.9110	船舶用点燃式发动机专用零件	6	4.2
1127	8409.9191	电控燃油喷射装置	5	3.5
1128	8409.9199	其他点燃式活塞内燃发动机用零件	5	3.5
1129	8409.9910	其他船舶发动机专用零件	5	4.5
1130	8409.9920	其他机车发动机专用零件	2	1.5

序号	税则号列	商品名称（简称）	最惠国税率（%）	协定税率（%）
1131	8409.9991	功率≥132.39 千瓦发动机的专用零件	2	1.5
1132	8409.9999	其他未列名发动机的专用零件	8.4	8
1133	8411.1210	推力>25 千牛顿的涡轮风扇发动机	1	0
1134	8411.1290	推力>25 千牛顿的其他涡轮喷气发动机	1	0.5
1135	8412.3100	直线作用的气压动力装置（气压缸）	14	13.3
1136	8413.3021	输出功率在 132.39 千瓦（180 马力）及以上的发动机用燃油泵	3	2.5
1137	8413.3090	其他燃油泵、润滑油泵或冷却剂泵	3	2.5
1138	8413.7010	转速≥10000 转/分离心泵	8	7.6
1139	8413.7090	转速<10000 转/分离心泵	8	7.6
1140	8413.8100	其他液体泵	8	4
1141	8413.9100	液体泵用零件	5	2.5
1142	8414.3011	功率≤0.4 千瓦的冷藏、冷冻箱用压缩机	8	5.9
1143	8414.3012	功率 0.4 千瓦 -5 千瓦的冷藏、冷冻箱用压缩机	10	8.5
1144	8414.3013	功率 0.4 千瓦 -5 千瓦的空气调节器用压缩机	10	8.5
1145	8414.3014	功率>5 千瓦的空气调节器用压缩机	10	8.5
1146	8414.3015	冷冻或冷藏设备用，电动机额定功率超过 5 千瓦的电动机驱动压缩机	10	9.2
1147	8414.3019	其他制冷设备用压缩机	10	9
1148	8414.3090	非电机驱动的压缩机	9	8.1
1149	8414.5910	其他吊扇	8	7.2
1150	8414.5920	其他换气扇	8	7.2
1151	8414.5930	离心通风机	10	9.5
1152	8414.5990	其他扇，风机	8	7.2
1153	8414.8010	燃气轮机用的自由活塞式发生器	8	5.6
1154	8414.8020	二氧化碳压缩机	7	4.9
1155	8414.8030	发动机用增压器	7	4.9
1156	8414.8090	其他气体压缩机及通风罩或循环气罩	7	4.9
1157	8414.9011	用于制冷设备的压缩机进、排气阀片	8	7.2
1158	8414.9019	其他用于制冷设备的压缩机零件	8	7.2
1159	8414.9020	风机、风扇、通风罩及循环气罩零件	12	11.4
1160	8414.9090	税号 84.14 其他所列机器零件	7	6.5
1161	8415.1010	独立窗式或壁式空气调节器	15	13.5
1162	8415.1021	分体式制冷量制冷量≤4 千大卡/时窗式或壁式空气调节器	15	13.5

序号	税则号列	商品名称（简称）	最惠国税率（%）	协定税率（%）
1163	8415.1022	分体式制冷量制冷量 >4 千大卡/时窗式或壁式空气调节器	15	13.5
1164	8415.9010	制冷量≤4 千大卡/时等空调的零件	10	8
1165	8415.9090	制冷量 >4 千大卡/时等空调的零件	10	8
1166	8416.1000	使用液体燃料的炉用燃烧器	10	9.5
1167	8418.2120	50L < 容积≤150L 压缩式家用型冷藏箱	10	9
1168	8418.2130	容积≤50L 压缩式家用型冷藏箱	10	9
1169	8418.6110	热交换器压缩式制冷机组及热泵	10	7
1170	8418.6190	热交换器压缩式其他制冷设备	10	7
1171	8418.9100	冷藏或冷冻设备用特制家具零件	18	17.1
1172	8419.3910	微空气流动陶瓷坯件干燥器	9	4.5
1173	8419.3990	其他用途的干燥器	9	4.5
1174	8419.5000	热交换装置	10	9.5
1175	8419.8910	加氢反应器	0	0
1176	8419.8990	其他利用温度变化处理材料的机器	0	0
1177	8421.2110	家用型过滤或净化水的机器及装置	25	17.5
1178	8421.2190	其他过滤或净化水的装置	5	3.5
1179	8421.2910	其他压滤机	5	3.5
1180	8421.2990	其他液体的过滤、净化机器及装置	5	3.5
1181	8421.3910	家用型气体过滤、净化机器及装置	15	10.5
1182	8421.3921	工业用静电除尘器	5	3.5
1183	8421.3922	工业用袋式除尘器	5	3.5
1184	8421.3923	工业用旋风式除尘器	5	3.5
1185	8421.3929	工业用其他除尘器	5	3.5
1186	8421.3990	其他气体的过滤、净化机器及装置	5	3.5
1187	8421.9910	家用型过滤、净化装置用零件	10	9
1188	8421.9990	其他过滤、净化装置用零件	5	4.5
1189	8422.3010	饮料及液体食品罐装设备	12	8.4
1190	8422.3021	水泥全自动灌包机	12	8.4
1191	8422.3029	其他水泥包装机	12	8.4
1192	8422.3030	其他包装机	10	7
1193	8422.3090	其他装填密封等包封机器	10	7
1194	8422.4000	其他包装或打包机器	10	9.5
1195	8424.2000	喷枪及类似器具	8.4	8
1196	8424.8100	农业或园艺用喷射、喷雾机械器具	8	7.6

序号	税则号列	商品名称（简称）	最惠国税率（%）	协定税率（%）
1197	8424.8910	家用型喷射、喷雾机械器具	0	0
1198	8424.8991	船用洗舱机	0	0
1199	8425.4100	车库中使用的固定千斤顶系统	3	2.5
1200	8426.1910	装船机	5	2.5
1201	8426.1921	抓斗式卸船机	5	3.5
1202	8426.1929	其他卸船机	5	3.5
1203	8426.1930	龙门式起重机	10	7
1204	8426.1941	门式装卸桥	10	7
1205	8426.1942	集装箱装卸桥	10	7
1206	8426.1943	其他动臂式装卸桥	10	7
1207	8426.1949	其他装卸桥	10	7
1208	8426.1990	其他高架移动式起重机等	10	7
1209	8427.2010	集装箱叉车	9	8.6
1210	8427.2090	其他机动叉车及有类似装置工作车	9	8.6
1211	8428.1010	载客电梯	8	5.6
1212	8428.1090	其他升降机及倒卸式起重机	6	4.2
1213	8428.3300	其他带式连续运货升降、输送机	5	4.3
1214	8428.3910	链式连续运送货物的升降机及输送机	5	3.5
1215	8428.3920	辊式连续运送货物的升降机及输送机	5	3.5
1216	8428.3990	其他未列名连续运货升降、输送机	5	3.5
1217	8429.5211	轮胎式挖掘机	8	7.2
1218	8429.5219	其他挖掘机	8	7.2
1219	8429.5290	其他上部结构可转360度的挖掘机类似机械	8	7.2
1220	8431.2000	叉车及装有升降装置工作车用零件	6	5.4
1221	8431.3900	税号84.28所列其他机械的零件	5	2.5
1222	8431.4100	戽斗、铲斗、抓斗及夹斗	6	5.4
1223	8431.4310	石油或天然气钻探机用零件	4	2.8
1224	8431.4320	其他钻探机用零件	4	2.8
1225	8431.4390	其他凿井机用零件	5	3.5
1226	8431.4910	矿用电铲用零件	5	4.5
1227	8431.4990	税号84.26，84.29，84.30的其他零件	5	4.5
1228	8432.3000	播种机、种植机及移植机	4	3.5
1229	8433.5100	联合收割机	8	7.6
1230	8437.8000	谷物磨粉业加工机器	10	8.5
1231	8438.8000	84章其他未列名食品等加工机器	8.5	8.1

序号	税则号列	商品名称（简称）	最惠国税率（%）	协定税率（%）
1232	8439. 9900	制造或整理纸及纸板的机器零件	6	3
1233	8441. 2000	制造包、袋或信封的机器	12	11. 4
1234	8441. 3010	纸塑铝复合罐生产设备	13. 5	12. 8
1235	8441. 3090	其他制造箱、盒、桶及类似容器的机器	13. 5	12. 8
1236	8441. 8010	制造纸塑铝软包装的生产设备	12	11. 4
1237	8441. 8090	其他制造纸浆制品、纸制品的机器	12	11. 4
1238	8443. 1100	卷取进料式胶印机	10	7
1239	8443. 1910	平张纸进料式胶印机	10	7
1240	8443. 1990	其他胶印机	10	7
1241	8443. 4000	照相凹版印刷机	18	16. 2
1242	8443. 5911	圆网印刷机	10	9
1243	8443. 5912	平网印刷机	10	9
1244	8443. 5919	其他网式印刷机	10	9
1245	8443. 5990	其他印刷机	8	7. 2
1246	8444. 0010	合成纤维长丝纺丝机	10	7
1247	8444. 0020	合成纤维短丝纺丝机	10	7
1248	8444. 0030	人造纤维纺丝机	10	7
1249	8444. 0040	化学纤维变形机	10	7
1250	8444. 0050	化学纤维切断机	10	7
1251	8444. 0090	其他化学纤维挤压、拉伸、变形或切割机器	10	7
1252	8445. 1111	棉纤维清梳联合机	10	9
1253	8445. 1112	棉纤维自动抓棉机	10	9
1254	8445. 1113	棉纤维梳棉机	10	9
1255	8445. 1119	其他棉纤维梳理机	10	9
1256	8445. 1120	毛纤维梳理机	10	9
1257	8445. 1190	其他纺织纤维梳理机	10	9
1258	8445. 1900	纺织纤维的其他预处理机器	10	9
1259	8445. 2031	转杯纺纱机	10	9
1260	8445. 2041	棉环锭细纱机	10. 5	9. 5
1261	8445. 2090	其他纺纱机	10	9
1262	8445. 3000	并线机或加捻机	10	9
1263	8445. 4010	自动络筒机	10	9
1264	8445. 4090	其他络纱机（包括卷纬机）或摇纱机	10	9
1265	8445. 9010	整经机	10	9
1266	8445. 9020	浆纱机	10	9

序号	税则号列	商品名称（简称）	最惠国税率（%）	协定税率（%）
1267	8445.9090	其他生产及处理纺织纱线的机器	10	9
1268	8446.1000	所织织物宽度≤30厘米的织机	8	7.2
1269	8446.2110	所织织物宽度>30厘米的梭织动力地毯织机	12	10.8
1270	8446.2190	所织织物宽度>30厘米的其他梭织动力织机	10	9
1271	8446.3020	所织织物宽度>30厘米的剑杆织机	8	6.8
1272	8446.3030	所织织物宽度>30厘米的片梭织机	8	5.6
1273	8446.3040	所织织物宽度>30厘米的喷水织机	8	6.8
1274	8446.3050	所织织物宽度>30厘米的喷气织机	8	6.8
1275	8446.3090	所织织物宽度>30厘米的其他无梭织机	8	6.8
1276	8447.1100	圆筒直径≤165毫米的圆型针织机	8	7
1277	8447.2010	经编机	8	6.8
1278	8447.2020	其他平型针织机	8	6.8
1279	8447.2030	缝编机	8	6.8
1280	8447.9011	地毯织机	7	4.9
1281	8447.9019	其他簇绒机	8	5.6
1282	8447.9020	绣花机	8	6.8
1283	8447.9090	税号84.47其他未列名机器	10	5
1284	8450.1110	干衣量≤10千克的波轮式全自动洗衣机	10	8.7
1285	8450.1120	干衣量≤10千克的滚筒式全自动洗衣机	10	8.7
1286	8450.1190	干衣量≤10千克的其他全自动洗衣机	10	8.7
1287	8450.1200	装有离心甩干机的非全自动洗衣机	30	24.9
1288	8450.9010	干衣量≤10千克的洗衣机零件	5	4.2
1289	8450.9090	干衣量>10千克的洗衣机零件	16	14.4
1290	8451.1000	干洗机	21	16
1291	8451.2100	干衣量≤10千克的干燥机	15	13.5
1292	8451.2900	干衣量>10千克的干燥机	8	7.2
1293	8451.3000	熨烫机及挤压机（包括熔压机）	8	7.2
1294	8451.4000	洗涤、漂白或染色机器	8.4	7
1295	8451.5000	纺织物卷绕、退绕、折叠、剪切或剪齿边机器	8	7.2
1296	8451.8000	税号84.51所列其他未列名的机器	12	10.8
1297	8451.9000	税号84.51所列机器的零件	8	7.2
1298	8452.1010	多功能家用缝纫机	21	17
1299	8452.1090	其他家用型缝纫机	21	17
1300	8452.2110	平缝机	12	10.7
1301	8452.2190	其他自动缝纫机	12	10.7

序号	税则号列	商品名称（简称）	最惠国税率（%）	协定税率（%）
1302	8452.2900	其他非自动缝纫机	12	10.8
1303	8452.3000	缝纫机针	14	12.6
1304	8452.9011	家用型缝纫机用旋梭	14	9.8
1305	8452.9019	家用型缝纫机用其他零件	14	9.8
1306	8452.9091	其他缝纫机用旋梭	14	9.8
1307	8452.9099	其他缝纫机用其他零件	14	9.8
1308	8453.1000	生皮、皮革的处理、鞣制或加工机器	8.4	8
1309	8453.2000	鞋靴制作或修理机器	8.4	8
1310	8454.3010	冷室压铸机	12	11.4
1311	8454.3021	方坯连铸机	10	9.5
1312	8454.3022	板坯连铸机	12	11.4
1313	8454.3029	其他钢坯连铸机	12	11.4
1314	8454.3090	其他金属冶炼及铸造用铸造机	12	11.4
1315	8455.1010	热轧管机	12	8.4
1316	8455.1020	冷轧管机	12	8.4
1317	8455.1030	定、减径轧管机	12	8.4
1318	8455.1090	其他金属轧管机	12	8.4
1319	8455.2110	板材热轧机	15	10.5
1320	8455.2120	型钢轧机	15	10.5
1321	8455.2130	线材轧机	15	10.5
1322	8455.2190	其他金属热轧或冷热联合轧机	15	10.5
1323	8455.9000	金属轧机的其他零件	8	4
1324	8457.1010	立式加工中心	9.7	6.8
1325	8457.1020	卧式加工中心	9.7	6.8
1326	8457.1030	龙门式加工中心	9.7	6.8
1327	8457.1090	其他加工金属的加工中心	9.7	6.8
1328	8459.6910	切削金属的非数控龙门铣床	12	10
1329	8459.6990	切削金属的其他铣床	12	11
1330	8462.1010	数控锻造或冲压机床及锻锤	9.7	6.8
1331	8462.1090	非数控锻造或冲压机床及锻锤	12	8.4
1332	8462.3910	非数控板带纵剪机	10	9.5
1333	8462.3920	非数控板带横剪机	10	9.5
1334	8462.3990	其他剪切机床	10	9.5
1335	8462.9110	金属型材挤压机	10	9.2
1336	8462.9190	其他液压压力机	10	9.2

序号	税则号列	商品名称（简称）	最惠国税率（%）	协定税率（%）
1337	8462.9910	其他机械压力机	10	9.5
1338	8462.9990	税号84.62的未列名机床	10	9.5
1339	8466.2000	工件夹具	7	4.9
1340	8467.2100	电动钻	10	9
1341	8467.2210	电动链锯	10	9
1342	8467.2290	其他电动锯	10	9
1343	8467.2910	电动砂磨工具	10	8
1344	8467.2920	电刨	10	8
1345	8467.2990	其他电动工具	10	8
1346	8467.9110	电动链锯用零件	6	4.8
1347	8467.9910	其他手提式电动工具用零件	10	9
1348	8469.2000	其他电动打字机	12	10.8
1349	8471.3000	便携式数字自动数据处理设备	0	0
1350	8471.4140	微型机	0	0
1351	8471.4190	其他数字式数据处理设备	0	0
1352	8471.4940	以系统形式进口的微型机	0	0
1353	8471.4991	分散型工业过程控制设备	0	0
1354	8471.4999	以系统形式报验的其他计算机	0	0
1355	8471.6011	液晶的显示器	0	0
1356	8471.6012	阴极射线管的显示器	0	0
1357	8471.6019	其他自动数据处理设备的显示器	0	0
1358	8471.6031	自动数据处理设备的针式打印机	0	0
1359	8471.6071	键盘	0	0
1360	8471.6072	鼠标器	0	0
1361	8472.9010	自动柜员机	0	0
1362	8472.9021	打洞机	0	0
1363	8472.9022	订书机	0	0
1364	8472.9029	其他装订用机器	0	0
1365	8472.9030	碎纸机	0	0
1366	8472.9090	其他办公室用机器	0	0
1367	8474.8010	固体矿物的辊压成型机	5	4.5
1368	8474.8020	模压成型机	5	4.5
1369	8474.8090	税号8474所列的其他机器	5	4.5
1370	8477.1010	注塑机	0	0
1371	8477.1090	其他加工橡胶或塑料的注射机	0	0

序号	税则号列	商品名称（简称）	最惠国税率（%）	协定税率（%）
1372	8477. 2010	塑料造粒机	5	4. 5
1373	8477. 2090	其他加工橡胶或塑料的挤出机	5	4. 5
1374	8477. 4010	塑料中空成型机	5	4. 5
1375	8477. 4020	塑料压延成型机	5	4. 5
1376	8477. 4090	其他真空模塑及热成型机器	5	4. 5
1377	8477. 5900	其他橡胶或塑料的模塑机、成型机	5	3. 5
1378	8477. 8000	其他橡胶或塑料加工机器	5	4. 5
1379	8478. 1000	其他未列名的烟草加工及制作机器	5	2. 5
1380	8479. 1021	沥青混凝土摊铺机	8	5. 6
1381	8479. 1022	稳定土摊铺机	8	5. 6
1382	8479. 1029	其他摊铺机	8	5. 6
1383	8479. 1090	其他公共工程用的机器	8	5. 6
1384	8479. 6000	蒸发式空气冷却器	10	9
1385	8479. 8110	绕线机	9. 5	9
1386	8479. 8190	其他处理金属的机械	9. 5	9
1387	8479. 8200	其他混合、研磨、筛选、均化等机器	7	4. 9
1388	8479. 8920	空气增湿器及减湿器	0	0
1389	8479. 8961	自动插件机	0	0
1390	8479. 8962	自动贴片机	0	0
1391	8479. 8969	印刷电路电路板的其他加工设备	0	0
1392	8479. 8990	本章其他税号未列名机器及机械器具	0	0
1393	8479. 9020	空气增湿器及减湿器零件	0	0
1394	8480. 4100	金属、硬质合金用注模或压模	8	5. 6
1395	8480. 4900	金属、硬质合金用其他型模	8	5. 6
1396	8480. 7100	塑料或橡胶用注模或压模	0	0
1397	8480. 7900	塑料或橡胶用其他型模	5	3. 5
1398	8481. 8010	其他阀门	7	4. 9
1399	8482. 1000	滚珠轴承	8	7. 6
1400	8482. 8000	其他滚动轴承及球、柱混合轴承	8	5. 6
1401	8483. 1010	船舶用传动轴	6	5. 1
1402	8483. 1090	其他传动轴及曲柄	6	5. 4
1403	8483. 4010	滚子螺杆传动装置	8	5. 6
1404	8483. 4020	行星齿轮减速器	8	5. 6
1405	8483. 4090	其他齿轮及齿轮传动装置	8	5. 6
1406	8501. 1010	输出功率≤37. 5W 玩具电动机	24. 5	23. 3

序号	税则号列	商品名称（简称）	最惠国税率（%）	协定税率（%）
1407	8501.1091	机座20毫米≤直径<39毫米微电机	9	8.6
1408	8501.1099	其他输出功率≤37.5瓦微电机	9	8.6
1409	8501.3100	输出功率≤750瓦直流电动机、发电机	12	11
1410	8501.5300	输出功率>75千瓦多相交流电动机	12	11.4
1411	8502.1310	375千伏安<输出功率≤2毫伏安柴油发电机组	10	7
1412	8502.1320	输出功率>2毫伏安柴油发电机组	10	7
1413	8503.0010	玩具用电动机微电机零件	12	11.4
1414	8503.0020	输出功率>350毫伏安交流发电机零件	3	2.5
1415	8503.0030	风力驱动发电机组的零件	3	2.5
1416	8503.0090	其他电动机、发电机（组）零件	8	7.6
1417	8504.2311	10毫伏安<额定容量≤220毫伏安液体变压器	10	7
1418	8504.2312	200毫伏安≤额定容量<330毫伏安液体变压器	10	7
1419	8504.2313	330毫伏安≤额定容量<400毫伏安液体变压器	10	7
1420	8504.2321	400毫伏安≤液体变压器额定容量<500毫伏安	6	4.2
1421	8504.2329	其他额定容量≥500毫伏安液体变压器	6	4.2
1422	8504.3110	额定容量≤1千伏安的互感器	5	4.3
1423	8504.3190	额定容量≤1千伏安的其他变压器	5	4.3
1424	8504.4013	税号84.71所列机器用的稳压电源	0	0
1425	8504.4014	功率<1千瓦高精度直流稳压电源	7	5.6
1426	8504.4015	功率<10千瓦高精度交流稳压电源	0	0
1427	8504.4019	其他稳压电源	0	0
1428	8504.4020	不间断供电电源（UPS）	10	8.5
1429	8504.9011	额定容量>400千伏安液体介质变压器零件	5	4.5
1430	8504.9019	其他变压器零件	8	4.5
1431	8504.9020	稳压电源及不间断供电电源零件	8	5.6
1432	8504.9090	其他静止式变流器及电感器零件	8	5.6
1433	8505.1900	非金属永磁体	7	6.7
1434	8505.2000	电磁联轴节、离合器及制动器	8	7.6
1435	8505.9000	电磁夹具等及税号85.02的零件	8	7.6
1436	8507.1000	起动活塞式发动机用铅酸蓄电池	10	6.9
1437	8507.2000	其他铅酸蓄电池	10	6.9
1438	8507.3000	镍镉蓄电池	10	8
1439	8507.4000	镍铁蓄电池	12	9.6

序号	税则号列	商品名称（简称）	最惠国税率（%）	协定税率（%）
1440	8507.8010	镍氢电池	12	9.6
1441	8507.8020	锂离子电池	12	9.6
1442	8507.8090	其他蓄电池	12	9
1443	8509.1000	真空吸尘器；包括干式及湿式	10	8.2
1444	8512.3011	机动车辆用喇叭、蜂鸣器	10	8.5
1445	8512.3019	其他机动车辆用音响信号装置	10	8.5
1446	8512.3090	其他车辆用音响信号装置	10	8.5
1447	8513.1010	手电筒	15	13.2
1448	8514.3000	工业、实验室用其他电炉及电烘箱	0	0
1449	8515.2900	其他电阻焊接机器及装置	10	9.5
1450	8515.8000	其他焊接机器及装置	8	7.6
1451	8515.9000	电气等焊接机器及装置零件	6	5.7
1452	8516.5000	微波炉	15	13.5
1453	8517.1100	无绳电话机	0	0
1454	8517.3011	容量≥5 千门局用电话交换机	0	0
1455	8517.5021	光端机及脉冲编码调制设备	0	0
1456	8517.5022	波分复用光传输设备	0	0
1457	8517.5029	其他光通讯设备	0	0
1458	8517.5031	通信网络时钟同步设备	0	0
1459	8517.5032	以太网络交换机	0	0
1460	8517.5033	IP 电话信号交换机	0	0
1461	8517.5036	调制解调器	0	0
1462	8517.5039	其他有线数字通信设备	0	0
1463	8517.8000	有线电话或电报用其他设备	0	0
1464	8519.9910	激光唱机	30	26
1465	8519.9990	其他声音重放设备	20	16.4
1466	8521.1011	广播级录像机	每台完税价格低于或等于 2000 美元：执行单一从价税，税率为 30%；每台完税价格高于 2000 美元：每台征收从量税，税额 4374 元，加上 3% 从价税	每台完税价格低于或等于 2000 美元：执行单一从价税，税率为 16%；每台完税价格高于 2000 美元：每台征收从量税，税额 2333 元，加上 1.6% 从价税

序号	税则号列	商品名称（简称）	最惠国税率（%）	协定税率（%）
1467	8521.1019	其他磁带录像机	每台完税价格低于或等于2000美元：执行单一从价税，税率为30%；每台完税价格高于2000美元：每台征收从量税，税额4374元，加上3%从价税	每台完税价格低于或等于2000美元：执行单一从价税，税率为24.5%；每台完税价格高于2000美元：每台征收从量税，税额3572元，加上2.5%从价税
1468	8521.1020	磁带放像机	每台完税价格低于或等于2000美元：执行单一从价税，税率为30%；每台完税价格高于2000美元：每台征收从量税，税额4374元，加上3%从价税	每台完税价格低于或等于2000美元：执行单一从价税，税率为18%；每台完税价格高于2000美元：每台征收从量税，税额2624元，加上1.8%从价税
1469	8521.9011	视频高密光盘机VCD	20	16
1470	8521.9012	数字化视频光盘机DVD	20	16
1471	8521.9019	其他激光视盘放像机	20	16
1472	8521.9090	其他视频信号录制或重放设备	20	16
1473	8522.9010	转盘或唱机用零附件	25	20
1474	8522.9021	录音机走带机构（机芯）	25	22.5
1475	8522.9022	磁头	25	22.5
1476	8522.9023	磁头零件	20	18
1477	8522.9029	盒式磁带录音机或放声机其他零件	30	27
1478	8522.9031	激光视盘机的机芯	30	21
1479	8522.9039	其他视频信号录放设备的零件附件	30	21
1480	8522.9090	税号85.19至85.21所列设备其他零件	20	16
1481	8523.1320	宽度>6.5毫米的未录制录音带	0	0
1482	8523.1330	宽度>6.5毫米的未录制录像带	0	0
1483	8523.1390	宽度>6.5毫米其他的未录制磁带	0	0
1484	8523.2090	其他用途的空磁盘	0	0
1485	8524.3990	其他已录制的光盘	0	0
1486	8524.9990	其他已录制媒体	0	0
1487	8525.2022	手持（包括车载）式无线电话机	0	0
1488	8525.2023	对讲机	0	0

序号	税则号列	商品名称（简称）	最惠国税率（%）	协定税率（%）
1489	8525.3010	特种用途电视摄像机	10	9
1490	8525.3091	广播级电视摄像机	每台完税价格低于或等于5000美元：执行单一从价税，税率35%；每台完税价格高于5000美元：每台征收从量税，税额12960元，加上3%从价税	每台完税价格低于或等于5000美元：执行单一从价税，税率29.8%；每台完税价格高于5000美元：每台征收从量税，税额11035元，加上2.6%从价税
1491	8525.3099	其他电视摄像机	每台完税价格低于或等于5000美元：执行单一从价税，税率35%；每台完税价格高于5000美元：每台征收从量税，税额12960元，加上3%从价税	每台完税价格低于或等于5000美元：执行单一从价税，税率29.8%；每台完税价格高于5000美元：每台征收从量税，税额11035元，加上2.6%从价税
1492	8528.1210	彩色卫星电视接收机	30	24
1493	8528.1221	显示屏幕不超过42厘米的阴极射线显像管的彩色电视接收装置	30	21
1494	8528.1222	显示屏幕超过42厘米不超过52厘米的阴极射线显像管的彩色电视接收装置	30	21
1495	8528.1223	显示屏幕超过52厘米不超过74厘米的阴极射线显像管的彩色电视接收装置	30	21
1496	8528.1224	显示屏幕超过74厘米的阴极射线显像管的彩色电视接收装置	30	21
1497	8528.1238	显示屏幕超过52厘米的液晶显示器的彩色电视接收装置	30	21
1498	8528.1239	其他液晶显示器的彩色电视接收装置	30	21
1499	8528.1248	显示屏幕超过52厘米等离子显示器的彩色电视接收装置	30	21
1500	8528.1249	其他等离子显示器的彩色电视接收装置	30	21
1501	8528.1290	其他彩色电视机	30	21
1502	8528.2100	彩色视频监视器	30	26
1503	8528.2200	黑白或其他单色视频监视器	19	15.2
1504	8528.3010	彩色视频投影机	30	25.5

序号	税则号列	商品名称（简称）	最惠国税率（%）	协定税率（%）
1505	8529.1020	收音机、电视机天线及其零件	0	0
1506	8529.9010	电视发送、差转等设备零件	0	0
1507	8529.9030	对讲机零件	8	5.6
1508	8529.9041	特种用途电视摄像机、静像视频摄像机及其他视频摄录一体机，数字相机零件	8	6.8
1509	8529.9042	非特种用途的取像模块	12	10.8
1510	8529.9049	其他电视摄像机、静像视频摄像机及其他视频摄录一体机、数字相机零件	12	10.8
1511	8529.9050	雷达及无线电导航设备零件	1.5	1.4
1512	8529.9060	收音机及其组合机的其他零件	15	12
1513	8529.9070	无线寻呼机零件	0	0
1514	8529.9081	彩色电视机零件	15	12
1515	8529.9082	等离子显像组件及其零件	15	12
1516	8529.9089	其他电视机零件	0	0
1517	8529.9090	税号 85.25 至 85.28 所列设备的零件	0	0
1518	8531.1010	机动车辆防盗装置	10	9
1519	8531.2000	有液晶装置或发光管的显示板	0	0
1520	8531.9010	防盗、防火及类似装置用零件	0	0
1521	8531.9090	其他音响或视觉信号装置用零件	0	0
1522	8532.1000	固定电容器（电力电容器）	0	0
1523	8532.2200	铝（固定）电介电容器	0	0
1524	8532.2490	其他多层瓷介电容器	0	0
1525	8532.2900	其他固定电容器	0	0
1526	8535.9000	其他 >1000 伏电路开关等电气装置	10	9.5
1527	8536.5000	电压≤1000 伏的其他开关	0	0
1528	8536.6900	电压≤1000 伏的插头及插座	0	0
1529	8536.9000	其他≤1000 伏电路开关等电气装置	0	0
1530	8537.1011	可编程序控制器	5	2.5
1531	8537.1019	其他数控装置	5	2.5
1532	8537.1090	其他电力控制或分配的装置	8.4	4.2
1533	8537.2010	电压≥500 千伏高压开关装置	8.4	4.2
1534	8537.2090	其他电力控制或分配装置	8.4	4.2
1535	8538.1010	子目号 8537.2010 所列装置的零件	8.4	4.2
1536	8538.1090	税号 85.37 货品用的其他盘、板等	7	3.5
1537	8543.3000	电镀、电介或电泳设备及装置	0	0

序号	税则号列	商品名称（简称）	最惠国税率（%）	协定税率（%）
1538	8543.8910	金属、矿藏探测器	0	0
1539	8543.8920	高、中频放大器	0	0
1540	8543.8990	未列名的电气设备及装置	0	0
1541	8543.9021	输出信号频率 < 1500MHZ 通用信号发生器零件	0	0
1542	8544.1100	铜制绕组电线	10	7
1543	8544.2000	同轴电缆及其他同轴电导体	10	9
1544	8544.4110	耐压≤80 伏有接头电缆	0	0
1545	8544.4190	耐压≤80 伏有接头电导体	0	0
1546	8544.4910	耐压≤80 伏无接头电缆	0	0
1547	8544.4990	耐压≤80 伏无接头电导体	0	0
1548	8544.5110	1000 伏≥耐压 > 80 伏有接头电缆	0	0
1549	8544.5190	1000 伏≥耐压 > 80 伏有接头电导体	0	0
1550	8544.5910	1000 伏≥耐压 > 80 伏无接头电缆	6	4.2
1551	8544.5990	1000 伏≥耐压 > 80 伏无接头电导体	12	8.4
1552	8544.6013	额定电压超过 35 千伏，但不超过 110 千伏的电缆	8.4	8
1553	8544.6014	额定电压超过 110 千伏，但不超过 220 千伏的电缆	8.4	8
1554	8544.6019	其他额定电压超过 1000 伏的电缆	8.4	8
1555	8544.6012	额定电压不超过 35 千伏的电缆	10	8.9
1556	8544.6090	耐压 > 1 千伏的其他电导体	21	20
1557	8703.2130	排气量≤1000 毫升的小轿车	25	22.5
1558	8703.2190	排气量≤1000 毫升的其他车辆	25	22.5
1559	8703.2230	1 升 < 排气量≤1.5 升的小轿车	25	22.5
1560	8703.2240	1 升 < 排气量≤1.5 升的越野车	25	22.5
1561	8703.2250	1 升 < 排气量≤1.5 升，≤9 座的小客车	25	22.5
1562	8703.2290	1 升 < 排气量≤1.5 升的其他车辆	25	22.5
1563	8703.2314	1.5 升 < 排气量≤2.5 升的小轿车	25	22.5
1564	8703.2315	1.5 升 < 排气量≤2.5 升的越野车	25	22.5
1565	8703.2316	1.5 升 < 排气量≤2.5 升，≤9 座的小客车	25	22.5
1566	8703.2319	1.5 升 < 排气量≤2.5 升的其他车辆	25	22.5
1567	8703.2334	2.5 升 < 排气量≤3 升的小轿车	25	22.5
1568	8703.2335	2.5 升 < 排气量≤3 升的越野车	25	22.5
1569	8703.2336	2.5 升 < 排气量≤3 升，≤9 座的小客车	25	22.5
1570	8703.2339	2.5 升 < 排气量≤3 升的其他车辆	25	22.5
1571	8703.2430	排气量 > 3000 毫升的小轿车	25	22.5
1572	8703.2440	排气量 > 3000 毫升的越野车	25	22.5

序号	税则号列	商品名称（简称）	最惠国税率（%）	协定税率（%）
1573	8703.2450	排气量>3升，≤9座的小客车	25	22.5
1574	8703.2490	排气量>3000毫升的其他车辆	25	22.5
1575	8703.3230	1.5升<排气量≤2.5升的柴油型小轿车	25	22.5
1576	8703.3240	1.5升<排气量≤2.5升的柴油型越野车	25	22.5
1577	8703.3250	1.5升<排气量≤2.5升，≤9座的柴油型小客车	25	22.5
1578	8703.3290	1.5升<排气量≤2.5升的柴油型其他车辆	25	22.5
1579	8703.3330	排气量>2500毫升柴油型的小轿车	25	22.5
1580	8703.3340	排气量>2500毫升的柴油型越野车	25	22.5
1581	8703.3350	排气量>2.5升，≤9座的柴油型小客车	25	22.5
1582	8703.3390	排气量>2500毫升的柴油型其他车辆	25	22.5
1583	8703.9000	装有压燃式内燃发动机的其他载人机动车辆	25	22.5
1584	8704.2230	柴油型其他中型货车	20	18
1585	8704.2240	柴油型其他重型货车	20	18
1586	8705.4000	机动混凝土搅拌车	15	13.5
1587	8705.9010	无线电通信车	9	8.1
1588	8705.9020	机动放射线检查车	9	8.1
1589	8705.9030	机动环境监测车	12	10.8
1590	8705.9040	机动医疗车	12	10.8
1591	8705.9051	航空电源车（频率为400赫兹）	12	10.8
1592	8705.9059	其他机动电源车	12	10.8
1593	8705.9060	飞机加油车、调温车、除冰车	12	10.8
1594	8705.9070	道路（包括跑道）扫雪车	12	10.8
1595	8705.9080	石油测井车、压裂车、混沙车	12	10.8
1596	8705.9090	其他特殊用途的机动车辆	12	10.8
1597	8707.9010	税号 8702.1092、8702.1093、8702.9020 及 8702.9030 所列车辆用车身	10	9
1598	8707.9090	其他车辆用车身（含驾驶室）	10	9
1599	8708.1000	缓冲器（保险杠）及其零件	10	9.6
1600	8708.2920	机动车辆的安全气囊装置	10	9
1601	8708.2930	车窗玻璃升降器	10	9
1602	8708.2955	行李箱盖（或背门）	10	9
1603	8708.2959	车身的其他覆盖件	10	9
1604	8708.2990	车身的未列名零部件	10	9
1605	8708.2957	翼子板（或叶子板）	10	9
1606	8708.2956	后围	10	9

序号	税则号列	商品名称（简称）	最惠国税率（%）	协定税率（%）
1607	8708.2953	发动机罩盖	10	9
1608	8708.2952	车门	10	9
1609	8708.2951	侧围	10	9
1610	8708.2942	汽车手动天窗	10	9
1611	8708.2941	汽车电动天窗	10	9
1612	8708.2954	前围	10	9
1613	8708.3910	牵引车、拖拉机用制动器及其零件	6	5.4
1614	8708.3920	大型客车用制动器及其零件	10	9
1615	8708.3930	非公路自卸车用制动器及其零件	6	5.4
1616	8708.3940	柴、汽油轻型货车用制动器及零件	10	9
1617	8708.3950	柴油型重型货车用制动器及其零件	10	9
1618	8708.3960	特种车用制动器及其零件	10	9
1619	8708.3991	防抱死制动系统（ABS）	10	9
1620	8708.3999	其他未列名机动车辆用制动器及零件	10	9
1621	8708.5010	牵引车、拖拉机用驱动桥	6	5.4
1622	8708.5020	其他大型客车用驱动桥	10	9
1623	8708.5030	非公路自卸车用驱动桥	6	5.4
1624	8708.5040	柴、汽油型轻型货车用驱动桥	10	9
1625	8708.5050	其他柴油型重型货车用驱动桥	10	9
1626	8708.5060	特种车用驱动桥	10	9
1627	8708.5090	未列名机动车辆用驱动桥	10	9
1628	8708.8010	税号 87.03 所列车辆用的悬挂减震器	10	9
1629	8708.8090	机动车辆用的其他悬挂减震器	10	9
1630	8711.3010	汽油型中小马力摩托车及脚踏两用车	45	32.8
1631	8711.3020	汽油型中大马力摩托车及脚踏两用车	45	32.8
1632	8712.0020	竞赛型自行车	13	9.1
1633	8712.0030	山地自行车	13	9.1
1634	8712.0041	16、18、20 英寸自行车	13	9.1
1635	8712.0049	其他越野自行车	13	9.1
1636	8712.0081	≤16 英寸的未列名自行车	13	9.1
1637	8712.0089	其他未列名自行车	13	9.1
1638	8712.0090	其他非机动脚踏车	23	16.1
1639	8714.9900	非机动脚踏车的其他零附件	12	8.4
1640	8802.4010	大型飞机及其他航空器	5	3.5
1641	8802.4020	特大型飞机及其他航空器	1	0.7

序号	税则号列	商品名称（简称）	最惠国税率（%）	协定税率（%）
1642	9001.1000	光导纤维束及光缆	5	4.5
1643	9001.2000	偏振材料制的片及板	8	7.6
1644	9001.9000	税号90.01未列名的其他光学元件	8	7.6
1645	9002.2010	照相机用滤色镜	15	14.3
1646	9002.2090	其他光学仪器或装置滤色镜	15	14.3
1647	9006.9110	特种用途照相机的零附件	8	5.6
1648	9006.9120	一次成像照相机的零附件	5	3.5
1649	9006.9191	照相机自动调焦组件	10	7
1650	9006.9192	其他照相机的快门组件	10	7
1651	9006.9199	其他照相机的其他零附件	10	7
1652	9009.9100	文件自动送入器	0	0
1653	9009.9200	送纸器	0	0
1654	9009.9300	分页器	0	0
1655	9013.8010	放大镜	12	8.4
1656	9013.8020	光学门眼	12	8.4
1657	9015.8000	其他大地测量仪器及装置	5	3.5
1658	9018.1210	B型超声波诊断仪	7	6
1659	9018.1291	彩色超声波诊断仪	5	4.5
1660	9018.1299	其他超声扫描装置	5	4.5
1661	9018.1930	病员监护仪	4	3.5
1662	9018.1949	其他听力诊断装置	4	3.5
1663	9018.1990	其他电气诊断装置	4	3.5
1664	9018.1941	听力计	4	3.5
1665	9018.3100	注射器	8	7.6
1666	9018.3210	管状金属针头	8	7
1667	9018.3220	缝合用针	4	3.5
1668	9018.5000	眼科用其他仪器及器具	4	3.5
1669	9018.9010	听诊器	4	3.5
1670	9018.9020	血压测量仪器及器具	4	3.5
1671	9018.9030	内窥镜	4	3.5
1672	9018.9040	肾脏透析设备（人工肾）	4	3.5
1673	9018.9050	透热疗法设备	4	3.5
1674	9018.9060	输血设备	4	3.5
1675	9018.9070	麻醉设备	4	3.5
1676	9018.9080	宫内节育器	4	2

序号	税则号列	商品名称（简称）	最惠国税率（%）	协定税率（%）
1677	9018.9090	税号90.18中未列名的医疗仪器	4	3.5
1678	9022.1200	X射线断层检查仪	4	2.8
1679	9024.1000	金属材料的试验用机器及器具	7	6.5
1680	9025.1910	非液体的工业用温度计及高温计	8.4	8
1681	9025.1990	非液体的其他温度计、高温计	8.4	8
1682	9025.9000	比重计、温度计等类似仪器的零件	8	7.6
1683	9027.8011	集成电路生产用氦质谱检漏台	0	0
1684	9027.8019	其他质谱仪	0	0
1685	9027.8090	其他理化分析仪器及装置	0	0
1686	9030.4010	测试频率<12.4千兆赫兹数字式频率计	0	0
1687	9030.4090	其他无线电通讯专用仪器及装置	0	0
1688	9031.1000	机械零件平衡试验机	7	6.5
1689	9031.8010	光纤通信及光纤性能测试仪	5	4
1690	9031.8090	未列名测量、检验仪器器具及机器	5	4
1691	9032.8100	液压或气压的其他仪器及装置	7	6.5
1692	9101.1100	机械指示式的贵金属电子手表	11	9.9
1693	9102.1100	机械指示式的其他电子手表	12.5	11.1
1694	9108.1900	其他已组装的完整电子表芯	16	12
1695	9111.2000	贱金属制的表壳	14	10
1696	9401.3000	可调高度的转动坐具	0	0
1697	9403.1000	办公室用金属家具	0	0
1698	9403.3000	办公室用木家具	0	0
1699	9404.2900	其他材料制褥垫	20	14
1700	9406.0000	活动房屋	10	7
1701	9503.2000	缩小（按比例缩小）的全套模型组件	0	0
1702	9503.4100	填充的玩具动物	0	0
1703	9503.4900	其他玩具动物	0	0
1704	9506.7010	溜冰鞋	14	12
1705	9506.7020	旱冰鞋	14	12
1706	9507.9000	其他钓鱼用品	21	18.9
1707	9603.2900	剃须刷、发刷、睫毛刷等人体化妆用刷	15	13.5
1708	9603.3010	画笔	25	15
1709	9603.3020	毛笔	20	18
1710	9603.3090	化妆用的类似笔	25	22.5
1711	9603.9010	羽毛掸	21	18.9

序号	税则号列	商品名称（简称）	最惠国税率（%）	协定税率（%）
1712	9607.1900	其他拉链	21	14.7
1713	9608.1000	圆珠笔	15	13.5
1714	9615.1100	硬质橡胶或塑料制梳子、发夹及类似品	18	16.2
1715	9615.9000	其他发夹、卷发器等及其零件	18	16.2
1716	9616.1000	香水喷雾器或类似的化妆用喷雾器	18	16.2
1717	9616.2000	施敷脂粉或化妆品用粉扑及粉拍		

附件2

亚太贸易协定特惠商品税目税率表（老挝、孟加拉）

序号	税则号列	商品名称（简称）	最惠国税率（%）	特惠税率（%）
1	0303.7910	冻带鱼	10	0
2	0303.7920	冻黄鱼	10	0
3	0303.7930	冻鲳鱼	10	0
4	0303.7940	冻罗非鱼	10	0
5	0303.7950	冻剑鱼	10	0
6	0303.7990	其他未列名冻鱼	10	0
7	0304.9000	其他冻鱼肉	10	0
8	0305.3000	干或盐制的鱼片	10	0
9	0305.4900	其他熏鱼及鱼片	14	0
10	0305.5910	干海马、干海龙	2	0
11	0305.5920	干鱼翅	15	0
12	0305.5990	其他干鱼	16	0
13	0305.6910	盐腌及盐渍的带鱼	16	0
14	0305.6920	盐腌及盐渍的黄鱼	16	0
15	0305.6930	盐腌及盐渍的鲳鱼	16	0
16	0305.6940	盐腌及盐渍的罗非鱼	16	0
17	0305.6990	盐腌及盐渍的其他鱼	16	0
18	0306.1410	冻梭子蟹	10	0
19	0306.1490	其他冻蟹	10	0
20	1905.3100	甜饼干	15	7.5
21	1905.3200	华夫饼干及圣餐饼	15	7.5
22	1905.9000	其他面包、糕点、饼干及其焙烘糕饼	20	10

序号	税则号列	商品名称（简称）	最惠国税率（%）	特惠税率（%）
23	2001.9010	用醋制作的大蒜	25	12.5
24	2001.9090	用醋制作的其他果、菜及食用植物	25	12.5
25	2007.9910	烹煮制成的其他果酱、果冻罐头	5	2.5
26	2007.9990	烹煮制成的其他果酱、果冻	5	2.5
27	2009.3110	白利糖度不超过20的柠檬汁	18	9
28	2009.3190	其他未混合的白利糖度值不超过20的桔汁属水果汁	18	9
29	2009.3910	白利糖度超过20的柠檬汁	18	9
30	2009.3990	其他未混合的柑桔属水果汁，白利糖度值不超过20	18	9
31	2009.5000	番茄汁	30	15
32	2009.9010	混合水果汁	20	10
33	2009.9090	混合蔬菜汁、水果与蔬菜的混合汁	20	10
34	3401.1100	盥洗用肥皂及有机表面活性产品，条状、块状或模制形状的，以及用肥皂或洗涤剂浸渍、涂面或包覆的纸、絮胎、毡呢及无纺织物	10	0
35	3401.2000	其他形状的肥皂	15	0
36	3924.1000	塑料制餐具及厨房用具	10	0
37	4104.1111	全粒面未剖层或粒面剖层蓝湿牛皮	7	1.4
38	4104.1119	其他全粒面未剖层或粒面剖层湿牛皮革	8	2
39	4104.1120	全粒面未剖层或粒面剖层马皮革	5	2
40	4104.1911	其他蓝湿牛皮	7	1.4
41	4104.1919	其他湿牛皮革	7	1.8
42	4104.1920	其他湿马皮革	7	2.1
43	4104.4100	全粒面未剖层或粒面剖层干革（坯革）	5	2
44	4104.4910	其他机器带用干革（坯革）	5	0
45	4104.4990	其他干革（坯革）	7	2.1
46	4105.1010	蓝湿绵羊或羔羊皮	14	2.1
47	4105.1090	其他绵羊或羔羊湿皮革	10	2
48	4105.3000	绵羊或羔羊干革（坯革）	8	4.8
49	4106.2100	山羊或小山羊皮湿革	14	2.1
50	4106.2200	山羊或小山羊皮干革（坯革）	14	8.4
51	4106.3110	蓝湿猪皮	14	4.2

序号	税则号列	商品名称（简称）	最惠国税率（%）	特惠税率（%）
52	4106.3190	其他猪皮湿革	14	4.2
53	4106.3200	猪皮干革（坯革）	14	4.2
54	4106.4000	爬行动物皮革	14	0
55	4106.9100	其他未列名动物皮湿革（包括蓝湿皮革）	14	0
56	4106.9200	其他未列名动物皮干革（坯革）	14	0
57	4115.2000	皮革或再生皮革边角料；皮革粉末	14	4.2
58	4201.0000	各种材料制成的鞍具及挽具，适合各种动物用	20	8
59	4202.1110	以皮革、再生皮革或漆皮作面的衣箱	15	8.3
60	4202.1190	以皮革、再生皮革或漆皮作面的箱包	10	8
61	4202.1900	其他材料制箱包	20	8
62	4202.2900	以钢纸或纸板作面的手提包	20	8
63	4202.3900	以钢纸或纸板作面的钱包等物品	20	8
64	4203.1000	皮革或再生皮革制的衣服	10	8
65	4203.2910	皮革或再生皮革制的劳保手套	20	8
66	4203.2990	皮革或再生皮革制的其他手套	20	8
67	4203.3010	皮革或再生皮革制腰带	10	8
68	4203.3020	皮革或再生皮革制的腰带及子弹带	10	8
69	4203.4000	皮革或再生皮革制的其他衣着附件	20	8
70	4205.0010	皮革或再生皮革制坐具套	12	7.8
71	4205.0090	皮革或再生皮革的其他制品	12	7.8
72	4303.1010	毛皮衣服	23	10.4
73	4303.1020	毛皮衣着附件	18	9.9
74	4303.9000	毛皮制其他物品	18	9.9
75	4304.0010	人造毛皮	18	10.8
76	4304.0020	人造毛皮制品	18	10.8
77	5303.1000	生或沤制黄麻，其他纺织用韧皮纤维	5	0
78	5307.1000	黄麻及其他纺织用韧皮纤维单纱	6	3
79	5307.2000	黄麻及其他纺织用韧皮纤维多股纱或缆线	6	3
80	5310.1000	未漂白黄麻或其他韧皮纤维织物	10	5
81	5310.9000	其他黄麻机织物或韧皮鲜为纤维织物	10	5
82	5607.1000	黄麻或韧皮纤维纺制线、绳、索、缆	5	2.5
83	5609.0000	用纱线、扁条、绳、索、缆制其他物品	10	0
84	5702.1000	“开来姆”等手织地毯	14	0

序号	税则号列	商品名称（简称）	最惠国税率（%）	特惠税率（%）
85	5702.3900	未制成其他纺织材料起绒铺地制品	14	0
86	5703.9000	其他纺织材料簇绒地毯及其他簇绒铺地制品	14	0
87	5705.0010	毛制其他地毯及其他铺地制品	14	0
88	5705.0020	化纤制其他地毯及其他铺地制品	10	0
89	5705.0090	其他纺织材料制其他地毯及铺地制品	14	0
90	5802.1100	未漂白棉毛巾织物及类似毛圈机织物	12	0
91	5802.2010	丝及绢丝毛巾织物及类似毛圈机织物	12	0
92	5802.2020	羊毛等毛巾织物及类似毛圈机织物	12	0
93	5802.2030	化纤毛巾织物及类似毛圈机织物	14	0
94	5802.2090	其他纺织材料毛巾织物及类似毛圈织物	12	0
95	6103.4100	毛制针织或钩编男长裤、工装裤等	16	0
96	6103.4200	棉制针织或钩编男长裤、工装裤等	16	6.4
97	6103.4300	合纤制针织或钩编男长裤等	17.5	0
98	6103.4900	其他纺织材料制针织或钩编男长裤等	16	0
99	6104.6200	棉制针织或钩编女长裤、工装裤等	16	6.4
100	6104.6900	其他纺织材料制针织或钩编女长裤等	16	0
101	6105.1000	棉制针织或钩编男衬衫	16	11.2
102	6105.2000	化纤制针织或钩编男衬衫	17.5	0
103	6105.9000	其他纺织材料制针织或钩编男衬衫	16	0
104	6106.1000	棉制针织或钩编女衬衫	16	6.4
105	6106.2000	化纤制针织或钩编女衬衫	17.5	0
106	6106.9000	其他纺织材料制针织或钩编女衬衫	16	0
107	6107.1100	棉制针织或钩编男内裤及三角裤	14	5.6
108	6107.2100	棉制针织或钩编男长睡衣及睡衣裤	14	5.6
109	6107.2200	化纤制针织或钩编男睡衣裤	16	0
110	6107.2910	丝及绢丝制针织或钩编男长睡衣及睡衣裤	14	0
111	6107.2990	其他纺织材料制针织或钩编男长睡衣及睡衣裤	14	0
112	6108.3100	棉制针织或钩编女睡衣及睡衣裤	14	5.6
113	6108.3200	化纤制针织或钩编女睡衣及睡衣裤	16	0
114	6108.3910	丝及绢丝制针织或钩编女睡衣及睡衣裤	14	0
115	6108.3990	其他纺织材料制针织或钩编女睡衣及睡衣裤	14	0
116	6109.9010	丝及绢丝制针织或钩编T恤衫、汗衫等	14	0
117	6109.9090	其他纺织材料制针织或钩编T恤衫、汗衫等	14	0

序号	税则号列	商品名称（简称）	最惠国税率（%）	特惠税率（%）
118	6110.1100	羊毛制针织或钩编套头衫等	14	0
119	6110.2000	棉制针织或钩编套头衫等	14	5.6
120	6110.3000	化纤制针织或钩编套头衫等	16	0
121	6110.9010	丝及绢丝制针织或钩编套头衫等	14	0
122	6110.9090	其他纺织材料制针织或钩编套头衫等	14	0
123	6113.0000	涂层经处理针织或钩编织物制服装	16	0
124	6114.2000	棉制针织或钩编的其他服装	16	6.4
125	6115.2000	单丝 <67 分特制针织或钩编女统袜	14	0
126	6203.3100	毛制男式上衣	16	9.6
127	6203.3200	棉制男式上衣	16	11.2
128	6203.3910	丝及绢丝制男式上衣	16	9.6
129	6203.3990	其他纺织材料制男式上衣	16	9.6
130	6203.4100	毛制男式长裤、工装裤等	16	0
131	6203.4210	棉制男式阿拉伯裤	16	11.2
132	6203.4290	棉制男式长裤、工装裤等	16	11.2
133	6203.4910	其他纺织材料制男式阿拉伯裤	16	0
134	6203.4990	其他纺织材料制男童裤、工装裤	16	0
135	6204.3200	棉制女式上衣	16	6.4
136	6204.3300	合纤制女式上衣	17.5	0
137	6204.3910	丝及绢丝制女式上衣	16	0
138	6204.3990	其他纺织材料制女式上衣	16	0
139	6204.6200	棉制女式长裤、工装裤等	16	11.2
140	6205.1000	毛制男衬衫	16	0
141	6205.2000	棉制男衬衫	16	6.4
142	6205.3000	化纤制男衬衫	16	0
143	6205.9010	丝及绢丝制男衬衫	16	0
144	6205.9090	其他纺织材料制男衬衫	16	0
145	6206.3000	棉制女衬衫	16	6.4
146	6206.9000	其他纺织材料制女衬衫	16	0
147	6210.1010	毛制毡呢或无纺织物服装	16	0
148	6210.1020	棉或麻制毡呢或无纺织物服装	16	6.4
149	6210.1030	化纤制毡呢或无纺织物服装	17.5	0
150	6210.1090	其他纺织材料制毡呢或无纺织物服装	16	0

序号	税则号列	商品名称（简称）	最惠国税率（%）	特惠税率（%）
151	6210. 2000	用塑料、橡胶等处理的织物制男大衣等	16	0
152	6210. 4000	用塑料、橡胶等处理的织物制的其他男式服装	16	0
153	6210. 5000	用塑料、橡胶等处理的织物制的其他女式服装	16	0
154	6305. 1000	黄麻或其他韧皮纤维制货物包装袋	10	0
155	8507. 9010	铅酸蓄电池零件	10	5
156	8507. 9090	其他蓄电池零件	8	4
157	8548. 1000	电池废碎料及废电池	8	4
158	9006. 9110	特种用途照相机的零附件	8	0
159	9006. 9120	一次成像照相机的零附件	5	0
160	9006. 9191	照相机自动调焦组件	10	0
161	9006. 9192	其他照相机的快门组件	10	0
162	9006. 9199	其他照相机的其他零附件	10	0

中华人民共和国海关总署公告

2006 年第 50 号

根据国务院关税税则委员会的决定，自 2004 年 2 月 1 日起，对原产于日本、韩国、美国和我国台湾地区的进口苯酚征收反倾销税，海关总署为此发布了 2004 年第 3 号公告。2005 年 12 月，商务部决定对原产于韩国 LG 石油化学株式会社（LG Petrochemical Co.，Ltd.）的进口苯酚所适用的反倾销措施进行新出口商复审调查，海关总署为此发布了 2005 年第 60 号公告，规定在复审调查期间海关对申报进口的原产于韩国 LG 石油化学株式会社的苯酚征收反倾销保证金。根据商务部新出口商复审调查结果，国务院关税税则委员会决定调整原产于韩国 LG 石油化学株式会社的进口苯酚反倾销税税率，现根据商务部 2006 年第 64 号公告（详见附件），就海关执行中的有关问题公告如下：

一、自 2006 年 9 月 5 日起，对申报进口的原产于韩国 LG 石油化学株式会社的苯酚，不再按照海关总署 2005 年第 60 号公告的规定征收反倾销保证金。

二、自 2006 年 9 月 5 日起，海关对申报进口的原产于韩国 LG 石油化学株式会社的苯酚征收反倾销税的税率，由海关总署 2004 年第 3 号公告规定的 16% 调整为 0%。对于按照海关总署 2005 年第 60 号公告的规定已经缴纳的反倾销保证金超出按本公告规定的税率计算的反倾销税及相应的进口环节增值税的部分，有关单位可自 2006 年 9 月 5 日起 6 个月内向征收地海关申请退还。

三、对原产于日本、韩国、美国和我国台湾地区的进口苯酚征收反倾销税的其他事宜，仍按照海关总署 2004 年第 3 号公告的规定执行。

特此公告。

附件　中华人民共和国商务部 2006 年第 64 号公告

海关总署

2006 年 9 月 1 日

附件

中华人民共和国商务部公告

2006年第64号

中华人民共和国商务部于2004年2月1日发布该年度第2号公告，决定对原产于日本、韩国、美国和台湾地区的进口苯酚征收反倾销税。其中对其他韩国公司征收的反倾销税税率为16%。

2005年10月25日，韩国LG石油化学株式会社（LG Petrochemical Co.，Ltd.）向商务部提出新出口商复审申请。商务部经审查认为其申请基本符合新出口商复审的立案条件，于2005年12月5日发布该年度第88号公告，决定对原产于韩国LG石油化学株式会社的进口苯酚所适用的反倾销措施进行新出口商复审调查。

本次复审调查产品范围与原反倾销调查的产品范围一致，即苯酚，该产品归在《中华人民共和国进出口税则》税则号：2907.1110。

商务部对韩国LG石油化学株式会社的新出口商资格及倾销幅度进行了复审调查，并根据调查结果向国务院关税税则委员会提出修改反倾销税的建议。

根据《中华人民共和国反倾销条例》第五十条、商务部《反倾销新出口商复审暂行规则》第二十五条规定及国务院关税税则委员会的决定，现将有关事项公告如下：

一、经新出口商复审确定原产于韩国LG石油化学株式会社的进口苯酚产品所适用的反倾销税税率为0%。

二、在本次复审调查期间，有关进口经营者依立案公告规定向中华人民共和国海关提交的保证金，按本次复审裁决所确定的反倾销税税率计征反倾销税，差额部分应予退还。

三、在对原产于韩国的进口苯酚实施反倾销措施期间，韩国LG石油化学株式会社应参加相关复审。

本决定由中华人民共和国海关自2006年9月5日起执行。

特此公告。

附件　中华人民共和国商务部关于对原产于韩国LG石油化学株式会社进口苯酚的新出口商复审裁定（略）

商务部

2006年9月5日

中华人民共和国海关总署公告

2006年第51号

为使进出口货物的收发货人及其代理人准确理解和掌握2006年版《中华人民共和国进出口税则》新增及调整子目的商品范围，正确申报，方便货物通关，现将《2006年部分新增本国子目注释》（详见附件）予以公布。《2006年部分新增本国子目注释》作为海关和有关政府部门以及从事与进出口贸易有关工作的企（事）业单位或个人进行商品归类的法律依据。

特此公告。

附件　2006年部分新增本国子目注释（略）

海关总署

2006年9月11日

中华人民共和国海关总署
财　　政　　部
商　　务　　部
中国人民银行
国家税务总局
公　　告

2006年第52号

为进一步规范加工贸易管理，为企业创造公平竞争的市场环境，经国务院批准，现就加工贸易保税货物内销征收缓税利息适用利息率进行调整的有关问题公告如下：

一、缓税利息的利息率

加工贸易保税货物内销征收缓税利息适用的利息率调整为参照中国人民银行公布的6个月至1年（含1年）的短期贷款年利率（以下简称“短期贷款年利率”）执行。现行的缓税利息率参照中国人民银行最新公布的“短期贷款年利率”6.12%执行。今后，海关总署将参照中国人民银行公布的“短期贷款年利率”适时调整缓税利息率并公告执行。

对因加工贸易政策调整导致到期合同不予延期、按内销处理的，根据填发海关税款缴款书的上一年度中国人民银行公布的活期存款利率征收缓税利息；对逾期未核销手册项下的加工贸易保税货物内销征税，缓税利息的征收仍按前款规定办理。

二、缓税利息的征收及计算公式

加工贸易缓税利息应根据填发海关税款缴款书时海关总署公布的最新缓税利息率按日征收。缓税利息计算公式如下：

应征缓税利息＝应征税额×计息期限×缓税利息率/360

有关加工贸易保税货物内销缓税利息征收的具体办法由海关总署另行公告。

本公告自2006年10月10日起实施。

特此公告。

海关总署
财政部
商务部
中国人民银行
国家税务总局
2006年9月20日

中华人民共和国海关总署公告

2006年第53号

根据《中华人民共和国进出口关税条例》（国务院令第392号，以下简称《关税条例》）和《国务院办公厅转发国家经贸委等部门〈关于进一步完善加工贸易银行保证金台账制度的意见〉的通知》（国办发〔1999〕35号）等有关规定，现就加工贸易保税货物利息征收和退还的有关问题公告如下：

一、加工贸易保税货物在规定的有效期限内（包括经批准延长的期限）全部出口的，由海关通知中国银行将保证金及其活期存款利息全部退还。

二、加工贸易保税料件或制成品内销的，海关除依法征收税款外，还应加征缓税利息。缓税利息具体征收办法如下：

（一）缓税利息的利率为中国人民银行公布的6个月至1年（含1年）短期贷款年利率（以下简称“短期贷款年利率”），海关根据中国人民银行最新公布的“短期贷款年利率”随时调整并公布执行。现行“短期贷款年利率”为6.12%。

对因加工贸易政策调整导致到期合同不予延期、按内销处理的，根据填发海关税款缴款书的上一年度中国人民银行公布的活期存款利率征收缓税利息；对逾期未核销手册项下的加工贸易货物内销征税，缓税利息的征收仍按前款规定办理，即按“短期贷款年利率”计息。

（二）利率的适用：

海关根据填发税款缴款书时的利率计征缓税利息，即按上述第（一）款确定的利率。

（三）缓税利息的征收及计算公式：

加工贸易缓税利息应根据填发海关税款缴款书时海关总署公布的最新缓税利息率按日征收。缓税利息计算公式如下：

应征缓税利息＝应征税额×计息期限×缓税利息率/360

（四）计息期限的确定：

1. 加工贸易保税料件或制成品经批准内销的，缓税利息计息期限的起始日期为内销料件或制成品所对应的加工贸易合同项下首批料件进口之日；加工贸易E类电子账册项下的料件或制成品内销时，起始日期为内销料件或制成品所对应电子账册的最近一次核销之日（若没有核销日期的，则为电子账册的首批料件进口之日）。

对上述货物征收缓税利息的终止日期为海关填发税款缴款书之日。

2. 加工贸易保税料件或制成品未经批准擅自内销，违反海关监管规定的，缓税利息计息期限的起始日期为内销料件或制成品所对应的加工贸易合同项下首批料件进口之日；若内销涉及多本合同，且内销料件或制成品与合同无法一一对应的，则计息的起始日期为最近一本合同项下首批料件进口之日；若加工贸易E类电子账册项下的料件或制成品擅自内销的，则计息的起始日期为内销料件或制成品所对应电子账册的最近一次核销之日（若没有核销日期的，则为电子账册的首批料件进口之日）；按照前述方法仍无法确定计息的起始日期的，则不再征收缓税利息。

违规内销计息的终止日期为保税料件或制成品内销之日。内销之日无法确定的，终止日期为海关发现之日。

加工贸易保税料件或制成品等违规内销的，还应根据《关税条例》的有关规定按2004年第39号公告第二条的规定征收滞纳金。

3. 加工贸易保税货物需要后续补税，但海关未按违规处理的，缓税利息计息的起止日期比照本条第（二）款规定办理。

4. 加工贸易边角料、剩余料件、残次品、副产品和受灾保税货物等内销需征收缓税利息的，亦应比照上述规定办理。

（五）对于实行保证金台账实转（包括税款保付保函）管理的加工贸易手册项下的保税货物，在办理内销征税手续时，如果海关征收的缓税利息大于对应台账保证金的利息，应由中国银行在海关税款缴款书上签注后退单，由海关重新开具两份缴款书，一份将台账保证金利息全额转为缓税利息，另一份将台账保证金利息不足部分单开海关税款缴款书，企业另行缴纳。

三、经审核准予内销的，海关应当做出准予内销的决定，签发《加工贸易货物内销征税联系单》并批注相关意见，同时，加注征收缓税利息的适用利率种类：“活期存款”或“短期贷款”，交经营企业办理通关手续。

经营企业凭上述纸质或电子数据办理通关手续。在填制内销报关单时，若适用短期贷款利率，无需在备注栏中标注；若适用活期存款利率，则需在备注栏注明“活期”字样。

海关核对《加工贸易货物内销征税联系单》纸质或电子数据内容和内销报关单数据并确认无误后，按现行有关规定办理内销货物审单、征税、放行等海关手续。

四、《海关总署关于加工贸易保税货物内销补税征收缓税利息问题的通知》（署税〔1999〕452号）、《海关总署关于2003年加工贸易内销补税征收缓税利息适用利率的通知》（署税发〔2003〕126号）、海关总署2004年第39号公告第一条的有关规定同时废止。

五、本公告自2006年10月10日起施行。

特此公告。

海关总署
2006 年 9 月 20 日

中华人民共和国海关总署公告

2006 年第 54 号

根据《中华人民共和国反倾销条例》的规定，国务院关税税则委员会决定自 2003 年 2 月 3 日起对原产于韩国的进口聚酯切片征收反倾销税，期限为 5 年。原对外贸易经济合作部和海关总署于 2003 年分别发布了第 3 号公告和第 10 号公告，决定对原产于韩国的进口聚酯切片征收 5% –52% 的反倾销税。其中，原产于韩国 SK 化学株式会社（英文名称为“SK Chemical”）的进口聚酯切片适用的反倾销税税率为 13%。最近，韩国 SK 化学株式会社正式向商务部提出，将韩国 SK 化学株式会社的原英文名称改为“SK Chemicals Co., Ltd.”，经审查，商务部同意其申请并发布了 2006 年第 72 号公告（详见附件）。现将执行中的有关问题公告如下：

自 2006 年 9 月 22 日起，进口原产于韩国，由韩国 SK 化学株式会社（英文名称为“SK Chemicals Co., Ltd.”）生产的聚酯切片，适用 13% 的反倾销税税率；进口原产于韩国，且原产厂商英文名称为“SK Chemical”的聚酯切片，适用 52% 的反倾销税率。

特此公告。

附件　中华人民共和国商务部 2006 年第 72 号公告

海关总署
2006 年 9 月 21 日

附件

中华人民共和国商务部公告

2006 年第 72 号

原对外贸易经济合作部公告（2003 年第 3 号）决定对原产于韩国的进口聚酯切片征收税率为 5% –52% 不等的反倾销税，其中，韩国 SK 化学株式会社的税率为 13%，其英文名称列为“SK Chemical”。

近日，韩国 SK 化学株式会社向商务部申请，将该终裁公告中该公司的英文名称“SK Chemical”更正为“SK Chemicals Co., Ltd.”。经审查，商务部决定同意其申请，自 2006 年 9 月 22 日起，以“SK Chemicals Co., Ltd.”英文名称报关进口的韩国 SK 化学株式会社生产的聚酯切片适用该终裁公告确定的反倾销税税率 13%；以“SK Chemical”英文名称报关进口的原产于韩国的聚酯切片适用该终裁公告确定的其他公司的反倾销税税率 52%。

特此公告。

商务部
2006 年 9 月 19 日

中华人民共和国商务部
海　　关　　总　　署
国家质量监督检验检疫总局
公　　告

2006年第55号

为执行联合国安理会2006年6月20日通过的关于取消利比里亚木材禁运的第1689号决议，根据《中华人民共和国对外贸易法》，现就有关问题公告如下：

一、自本公告公布之日起，解除从利比里亚进口原木和木材制品的禁令，恢复进口。

二、由于利比里亚已对外宣布，在本国森林立法通过之前，仍暂时中止木材出口和发放木材经营许可证，因此解禁后尚不能立即与利方进行木材交易。

特此公告。

商务部
海关总署
国家质检总局
2006年8月4日

中华人民共和国海关总署公告

2006年第56号

经国务院批准，《中国—智利自由贸易协定》（以下简称《协定》）将于2006年10月1日起正式实施，现将有关事宜公告如下：

一、自2006年10月1日起，对原产于智利的7391个税目（详见附件）项下的进口货物实施附件所列的协定税率。

二、按照中国和智利两国政府达成的一致意见，对2006年8月1日后，已从智利启运在途的或已在中国海关监管仓库或保税区暂存的货物，海关可凭进口经营单位提交的智利签证机构在2006年10月1日起4个月内补发的原产地证书，对进口货物按照协定税率计征关税。

三、自2006年10月1日起，进口经营单位申报进口原产于智利并享受协定税率的货物时，应按照海关总署2005年第69号公告的规定填制进口货物报关单。

特此公告。

附件　中国—智利自由贸易协定税目税率表（略）

海关总署
2006年9月29日

中华人民共和国海关总署公告

2006 年第 57 号

《亚洲及太平洋经济和社会委员会发展中成员国关于贸易谈判的第一协定修正案》已经各成员国政府批准生效，原协定（即《曼谷协定》）内容已修正并更名为《亚太贸易协定》，自 2006 年 9 月 1 日起正式实施。经与各成员国政府商定，《亚太贸易协定》原产地规则将于 2006 年 10 月 1 日起实施，现将原产地规则予以公告。

自 2006 年 10 月 1 日起，对于我国从该协定成员国（孟加拉、印度、老挝、韩国、斯里兰卡）进口及我国出口到成员国的协定项下货物，海关依照本公告的原产地规则确定其原产地。

海关总署

2006 年 9 月 29 日

《亚太贸易协定》原产地规则

按照《亚太贸易协定》（以下简称《协定》）第八条规定享受关税减让优惠的货物，其原产地应遵循下列条款确定：

第一条 原产货物。按照下述第五条的要求，从一成员国直接运输进口到另一成员国的《协定》项下优惠贸易货物，符合下列条件之一的，应当享受关税减让优惠：

（一）符合第二条规定，在出口成员国完全获得或者生产的；

（二）符合第三条或者第四条，在出口成员国非完全获得或者生产的。

第二条 完全获得或者生产。第一条第（一）项所称的“在出口成员国完全获得或者生产”是指：

（一）在该国的领土、领水或者海床中开采或者提取的原材料或者矿产品（见注释 1）；

（二）在该国收获的农产品（见注释 2）；

（三）在该国出生并饲养的动物；

（四）在该国从上述第（三）项所指的动物获得的产品；

（五）在该国狩猎或者捕捞所获得的产品；

（六）由该国船只（见注释 3、4）在公海捕捞获得的渔产品和其他海产品；

（七）在该国的加工船（见注释 4、5）上仅由上述第（六）项的产品加工和（或者）制造所得的产品；

（八）在该国从既不具有原用途也不能再使用的旧物品回收的零件或者原材料；

（九）在该国收集的既不能用于原用途，也不能修复或修理，仅适用于弃置或者回收零件或者原材料的旧物品；

（十）在该国生产制造过程中产生的废碎料；

（十一）在该国仅由上述第（一）至第（十）项所列产品加工获得的产品。

第三条 非完全获得或者生产。

（一）第一条第（二）项所指应当享受关税减让优惠的非完全获得或者生产货物，是指在生产过程中所使用的非成员国原产的或者不明原产地的材料、零件或产物（以下简称材料）的总价值不超过该货物船上交货价格的 55%，且最后生产工序在该出口成员国境内完成，同时符合本条第（三）、（四）、（五）项规定的；

（二）部门协议（见注释 6）；

（三）用于计算非原产材料成分，符合第三条第（一）项要求的原产资格的公式如下：

$$\frac{\text{进口非原产材料价值}+\text{不明原产地材料价值}}{\text{船上交货价格（FOB）}}\times 100\% \leqslant 55\%$$

（四）非原产材料价值应为：

1. 能够证实的原材料、零件或产物进口时的成本、运费和保险费（CIF 价格）；

2. 最早可以确定的在生产或加工的成员国境内为不明原产地材料支付的价格。

（五）无论是否满足第一条第（二）项的要求，下列加工或处理不能够赋予货物原产资格：

1. 为运输或贮存货物使其保持良好状态而做的处理（通风、摊开、干燥、冷冻、盐渍、硫化或其他水溶液处理、去除坏损部分等类似处理）；

2. 除尘、筛选、分类、分级、匹配（包括部件的组拼）的简单处理，洗涤、油漆和切碎；

3. 包装改换、拆解和包裹；

4. 简单的切片、剪切和再包装，或者装瓶、装袋、装盒、固定于纸板或者木板等；

5. 在产品或者其包装上粘贴标志、标签或其他类似的用于区别的标记；

6. 简单混合；

7. 将产品的各部件简单组装成一个完整品；

8. 屠宰动物；

9. 去皮、皮革粒面处理、去骨；

10. 上述各项中两项或多项加工或者处理的组合。

第四条 累积原产地规则。符合第一条要求的原产货物，在一成员国境内用作生产享受关税减让优惠的制成品的原材料，如果各成员国材料的累积成分在该最终产品中不低于其船上交货价格的60%，则可视为制造或加工该最终产品的成员国的原产货物（见注释7）。

第五条 直接运输。下列情况应视为从出口成员国至进口成员国的直接运输：

（一）货物运输未经任何非成员国境内；

（二）货物运输经过一个或多个非成员国，无论是否在这些国家转换运输工具或作临时储存，如果：

1. 可以证明过境运输是由于地理原因或仅出于运输需要的考虑；

2. 产品未在这些国家进入贸易或消费领域；

3. 除装卸或其他为了保持产品良好状态的处理外，产品在这些国家未经其他任何加工。

第六条 包装。在确定货物的原产地时，包装与其所装产品应当视为一个整体。成员国国内法律有另外规定时，可以单独确定包装的原产地。

第七条 原产地证书。享受关税减让优惠的货物应当提交出口成员国政府授权机关按附表所附原产地证书样本以及背页填制说明签发的原产地证书（见注释8），该机构应事先通知其他成员国。

第八条 禁止和合作。

（一）任何成员国可以禁止进口使用了与其无经济和商业关系的其他国家的原产材料生产的货物；

（二）各成员国间应当尽力协作以明确原产地证书填制所需的各项原材料的原产地。

第九条 审议。本原产地规则可在必要时，应1/3成员国的要求进行审议。经同意后可以进行修订。

第十条 特殊比例标准。在适用第三条和第四条规定的百分比时，最不发达成员国的原产货物可享受10个百分点的优惠。因此，适用第三条时，百分比为不超过65%；适用第四条时，百分比为不低于50%。

注释：

1. 包括矿物燃料、润滑剂和相关材料，以及矿砂和金属矿石。

2. 包括林业产品。

3. “船只”是指从事商业捕捞作业的渔船，其在一成员国注册并由本协定各成员国的一个或多个公民和（或者）政府部门经营，或由在该成员国注册的合伙人、企业、社团经营。该成员国的公民和（或者）政府部门应当至少拥有该船只60%的资产净值；或者本协定各成员国的公民和（或者）政府部门应当至少拥有该船只75%的资产净值。但是在成员国间按照双边协议租借船只和（或者）分享捕捞产品时，从商业捕捞船只上获得的产品也应当享受关税减让优惠。

4. 由政府机构经营的船只或加工船不受悬挂成员国国旗要求限制。

5. 本《协定》中，“加工船”是指在船上仅对第（六）项中的产品进行加工和（或者）生产的船只。

6. 按照本《协定》项下部门协议进行贸易的产品，可制定特定的原产地标准。其具体标准将在部门协议谈判时确定。

7. 第四条中的“部分”累积是指在一成员国境内已获得原产资格的产品，当其按照第三条第（五）项的规定作为另一成员国境内享受关税减让优惠的制成品的原材料时，可予考虑。

8. 经过各成员国同意并适用于各成员国的标准原产地证书为本《协议》的附表。

附表 原产地证书样本（略）

中华人民共和国海关总署公告

2006 年第 58 号

根据《中华人民共和国反倾销条例》的规定，国务院关税税则委员会决定自 2006 年 10 月 13 日起，对原产于日本、新加坡、韩国、台湾地区和美国的进口氨纶征收反倾销税，期限为 5 年。商务部为此发布了中华人民共和国商务部 2006 年第 74 号公告（详见附件 1）。现将执行中的有关问题公告如下：

一、自 2006 年 10 月 13 日起，对申报进口原产于日本、新加坡、韩国、台湾地区和美国的氨纶（税则号列：5402.4920、5402.6920），除按现行规定征收进口关税外，还应区别不同的供货厂商，按照本公告附件 2 所列的适用税率和下述计算公式征收反倾销税及进口环节增值税。

反倾销税税额 = 海关完税价格 × 反倾销税税率

进口环节增值税税额 = （海关完税价格 + 关税税额 + 反倾销税税额） × 进口环节增值税税率

对应征收反倾销税产品的详细描述详见本公告附件 1。

二、凡申报进口氨纶的，必须向海关提交原产地证明，如果原产地为日本、新加坡、韩国、台湾地区或美国的，还需提供原厂商发票。

对于申报进口氨纶时不能提供原产地证明，且经查验也无法确定货物的原产地不是日本、新加坡、韩国、台湾地区或美国的，海关将按照本公告附件 2 所列的最高反倾销税税率征收反倾销税；对于能够确定货物的原产地是日本、新加坡、韩国、台湾地区或美国，但进口经营单位不能提供原厂商发票的，海关将按照本公告附件 2 所列的相应国家或地区其他公司适用的反倾销税税率征收反倾销税。

三、有关加工贸易保税进口原产于日本、新加坡、韩国、台湾地区和美国的氨纶如何征收反倾销税等方面的问题，海关按照中华人民共和国海关总署 2001 年第 9 号公告和中华人民共和国海关总署令第 111 号的规定执行。

四、对于实施临时反倾销措施之后进口原产于日本、新加坡、韩国、台湾地区或美国的氨纶已经缴纳的反倾销保证金，按本公告规定的征收反倾销税的商品范围和反倾销税税率计征并转为反倾销税，与之同时缴纳的进口环节增值税保证金一并转为进口环节增值税。上述保证金超出按本公告规定的税率计算的反倾销税及相应的进口环节增值税的部分，有关单位可自 2006 年 10 月 13 日起 6 个月内向征收地海关申请退还，不足部分，不再补征。

五、在对进口氨纶征收反倾销税期间，出现相同或类似货物而海关无法确定是否应对其征收反倾销税时，有关单位应向商务部提出申请，由商务部商有关部门作出裁定。海关将根据商务部的裁定执行。

特此公告。

附件 1　中华人民共和国商务部 2006 年第 74 号公告

附件 2　氨纶反倾销税税率表

海关总署

2006 年 10 月 12 日

附件 1

中华人民共和国商务部公告

2006 年第 74 号

根据《中华人民共和国反倾销条例》的规定，中华人民共和国商务部于 2005 年 4 月 13 日发布公告，决定对原产于日本、新加坡、韩国、台湾地区和美国的进口氨纶进行反倾销调查。

商务部对倾销和倾销幅度、损害及损害程度，以及倾销和损害之间的因果关系进行了调查。根据调查结果和《中华人民共和国反倾销条例》第二十四条的规定，商务部于 2006 年 5 月 24 日发布初裁公告，认定被调查产品存在倾销，中国大陆产业受到了实质损害，而且倾销与实质损害之间存在因果关系。

初步裁定后，商务部继续对倾销和倾销幅度、损害和损害程度，以及倾销和损害之间的因果关系进行调查。现本案调查结束，根据本案调查结果，并依据《中华人民共和国反倾销条例》第二十五条的规定，商务部做出终裁决定（见附件）。现将有关事项公告如下：

一、最终裁定

经过调查，商务部最终裁定，原产于日本、新加坡、韩国、台湾地区和美国的进口氨纶存在倾销，中国大陆氨纶产业受到了实质损害，同时倾销和实质损害之间存在因果关系。

二、征收反倾销税

根据《中华人民共和国反倾销条例》的有关规定，国务院关税税则委员会决定，自2006年10月13日起，对原产于日本、新加坡、韩国、台湾地区和美国的氨纶征收反倾销税。

该被调查产品归在《中华人民共和国进出口税则》税则号：5402.4920、5402.6920。

对该被调查产品的描述如下：

产品名称：氨纶（或称聚氨基甲酸酯纤维、聚氨脂弹性纤维、斯潘得克斯）。

英文名称：polyurethane；或 spandex；或 elastane。

规格：未加捻或捻度每米不超过50转的单纱，以及多股纱线或缆线。

物理化学特性：氨纶是一种主要成分为聚氨基甲酸酯的，具有线性链段结构的合成弹性纤维。氨纶具有纤度细、强度高、比重小、弹性模量大等特点，并有优良的耐化学药品、耐疲劳性、耐热性、耐光老化等性能。

主要用途：主要用于高级休闲服、游泳衣、运动装、针织衫、内衣裤、袜子、医用绑带等领域。

对各公司征收的反倾销税税率如下：

（一）日本公司

1. 日本 OPELONTEX 公司（OPELONTEX Co., Ltd.）　12.87%；

2. 其他日本公司（All Others）　61.00%。

（二）新加坡公司

1. 英威达（新加坡）（INVISTA（Singapore）Fibres Pte. Ltd.）　10.85%；

2. 其他新加坡公司（All Others）　61.00%。

（三）韩国公司

1. 韩国晓星株式会社（Hyosung Corporation）　0%；

2. 韩国东国贸易公司（TongKook Corporation）　2.86%；

3. 韩国泰光产业株式会社（Taekwang Industrial Co., Ltd.）　2.31%；

4. 其他韩国公司（All Others）　61.00%。

（四）台湾地区公司

1. 台湾台塑旭弹性纤维股份有限公司（FORMOSA ASAHI SPANDEX CO., LTD.）　5.19%；

2. 其他台湾公司（All Others）　61.00%；

（五）美国公司　61.00%。

三、征收反倾销税的方法

自2006年10月13日起，进口经营者在进口原产于日本、新加坡、韩国、台湾地区和美国的氨纶时，应向中华人民共和国海关缴纳相应的反倾销税。反倾销税以海关审定的完税价格从价计征，计算公式为：

反倾销税额＝海关完税价格×反倾销税税率

进口环节增值税以海关审定的完税价格加上关税和反倾销税作为计税价格从价计征。

四、反倾销税的追溯征收

对自2006年5月24日起至本决定公告之日止，有关进口经营者依初裁决定向中华人民共和国海关所提供的保证金，按终裁所确定的征收反倾销税的商品范围和反倾销税税率计征并转为反倾销税，并按相应的增值税税率计征进口环节增值税。对在此期间有关进口经营者所提供的保证金超出反倾销税和与之相应的进口环节增值税的部分，海关予以退还，少征部分则不再征收。

对实施临时反倾销措施决定公告之日前进口的原产于日本、新加坡、韩国、台湾地区和美国的氨纶不再追溯征收反倾销税。

五、征收反倾销税的期限

对原产于日本、新加坡、韩国、台湾地区和美国的氨纶征收反倾销税，实施期限自2006年10月13日起5年。

六、新出口商复审

对于上述国家和地区在调查期内未向中华人民共和国出口被调查产品的新出口经营者，符合条件的，可依据《中华人民共和国反倾销条例》第四十七条的规定，向调查机关书面申请新出口商复审。

七、期中复审

在征收反倾销税期间，有关利害关系方可根据《中华人民共和国反倾销条例》第四十九条的规定，向调查机关书面申请期中复审。

八、行政复议和行政诉讼

对本案终裁决定及征收反倾销税的决定不服的，根据《中华人民共和国反倾销条例》第五十三条的规定，可以依法申请行政复议，也可以依法向人民法院提起诉讼。

特此公告。

附件　中华人民共和国商务部关于对原产于日本、新加坡、韩国、台湾地区和美国的进口氨纶反倾销调查的终裁决定（略）

商务部

2006 年 10 月 13 日

附件 2

氨纶反倾销税税率表

原产国（地区）	厂商名称	反倾销税税率
日本	日本 OPELONTEX 公司（OPELONTEX Co.，Ltd.）	12.87%
	其他日本公司（All Others）	61.00%
新加坡	英威达（新加坡）［INVISTA（Singapore） Fibres Pte. Ltd.］	10.85%
	其他新加坡公司（All Others）	61.00%
韩国	韩国晓星株式会社（Hyosung Corporation）	0%
	韩国东国贸易公司（TongKook Corporation）	2.86%
	韩国泰光产业株式会社（Taekwang Industrial Co.，Ltd.）	2.31%
	其他韩国公司（All Others）	61.00%
台湾地区	台湾台塑旭弹性纤维股份有限公司（FORMOSA ASAHI SPANDEX CO.，LTD.）	5.19%
	其他台湾公司（All Others）	61.00%
美国	所有美国公司	61.00%

中华人民共和国海关总署公告

2006 年第 59 号

根据《中华人民共和国反倾销条例》的规定和对原产于日本的进口电解电容器纸（未经浸渍或涂布电解质，也称电解电容器原纸，下同）反倾销调查结果，商务部决定对原产于日本的进口电解电容器纸实施临时反倾销措施并对外公告（中华人民共和国商务部公告 2006 年第 80 号，详见附件 1）。现就海关实施上述临时反倾销措施的有关事项公告如下：

一、自 2006 年 10 月 20 日起，对原产于日本的进口电解电容器纸（税则号列：4805.9110），海关除按现行规定征收关税和进口环节增值税外，还应区别不同的供货厂商，按照反倾销保证金征收比率表（详见附件 2）所列的征收比率征收反倾销保证金。

反倾销保证金的计算公式为：

反倾销保证金金额 =（海关完税价格 × 反倾销保证金征收比率）×（1 + 进口环节增值税税率）

对实施临时反倾销措施产品的详细描述详见本公告附件 1。

二、凡申报进口电解电容器纸的，应当向海关提交原产地证明，如果原产地为日本的，还需提供原厂商发票。对于申报进口电解电容器纸时不能提供原产地证明，且经查验也无法确定货物的原产地不是日本的，海关按照本公告附件2所列的最高反倾销保证金征收比率征收保证金；对于能够确定货物的原产地是日本，但进口货物的收货人不能提供原厂商发票，且通过其他合法、有效的单证也无法确定原生产厂商的，海关按照本公告附件2所列的其他日本公司适用的反倾销保证金征收比率征收保证金。

三、关于对加工贸易保税进口原产于日本的电解电容器纸征收反倾销保证金的问题，按照海关总署2001年第9号公告和海关总署令第111号的有关规定执行。

四、对于所征收的反倾销保证金的处理，海关总署将根据终裁结果另行公告。

五、在实施临时反倾销措施期间，如果出现与实施临时反倾销措施产品类似的进口货物，而海关无法确定是否属于实施临时反倾销措施的产品时，有关企业可向商务部提出申请，由商务部商有关部门作出裁定，海关将根据商务部的裁定执行。

特此公告。

附件1　中华人民共和国商务部公告2006年第80号
附件2　电解电容器纸反倾销保证金征收比率表

海关总署
2006年10月18日

附件1

中华人民共和国商务部公告

2006年第80号

根据《中华人民共和国反倾销条例》的规定，中华人民共和国商务部（以下简称“调查机关”）于2006年4月18日发布2006年第28号公告，决定对原产于日本的进口电解电容器纸（以下简称“被调查产品”）进行反倾销调查。

调查机关对被调查产品是否存在倾销和倾销幅度、被调查产品是否对中国国内产业造成损害及损害程度，以及倾销与损害之间的因果关系进行了调查。根据调查结果和《中华人民共和国反倾销条例》第二十四条的规定，调查机关作出初裁决定（见附件）。

现将有关事项公告如下：

一、初裁决定

调查机关初裁决定，原产于日本的进口电解电容器纸存在倾销，中国电解电容器纸产业遭受了实质损害，同时倾销和实质损害之间存在因果关系。

二、征收保证金

根据《中华人民共和国反倾销条例》第二十八条和第二十九条的规定，调查机关决定采用现金保证金形式实施临时反倾销措施。自2006年10月20日起，进口经营者在进口原产于日本的电解电容器纸时，应根据本初裁决定所确定的各公司的倾销幅度向中华人民共和国海关提供相应的保证金。

对该被调查产品和调查范围描述如下：

被调查产品：电解电容器纸（未经浸渍或涂布电解质），也称电解电容器原纸；

英文名称为：paper for electrolytic capacitor；列在《中华人民共和国海关进出口税则（2006年版）》4805.9110税号项下。

被调查产品是每平方米重量在150克及以下的一种特种纸，一般用于电解电容器中吸附电解液的基础材料，并与电解液一起构成电解电容器的阴极。

调查范围：原产于日本的进口被调查产品。

对各公司征收的保证金比率如下：

日本高度纸工业株式会社（NIPPON KODOSHI CORPORATION）　26%；

大福制纸株式会社（Daifuku Seishi Co., Ltd.）　15%；

其他日本公司（All Others）　40.83%。

三、征收保证金的方法

自2006年10月20日起，进口经营者在进口原产于日本的电解电容器纸时，应向中华人民共和国海关提供相应的保证金。保证金以海关审定的完税价格从价计征，计算公式为：

保证金金额＝（关税完税价格×保证金征收比率）×（1＋进口环节增值税税率）

四、评论

各利害关系方在本公告发布之日起20天内，可向调查机关提出书面评论并附相关证据，调查机关将依法予以考虑。

特此公告。

附件　中华人民共和国商务部关于对原产于日本的进口电解电容器纸反倾销调查的初裁决定（略）

商务部
2006年10月16日

附件 2

电解电容器纸反倾销保证金征收比率表

原产国	厂商名称	征收比率
日本	日本高度纸工业株式会社（NIPPON KODOSHI CORPORATION）	26%
	大福制纸株式会社（Daifuku Seishi Co.，Ltd.）	15%
	其他日本公司	40.83%

中华人民共和国海关总署公告

2006 年第 60 号

自 2003 年 10 月 11 日起，中国与利比里亚共和国恢复大使级外交关系。根据《中华人民共和国政府和利比里亚共和国政府贸易协定》，经商商务部，自上述时间起，中国对原产于利比里亚的进口货物恢复适用最惠国关税税率。此前已征收税款准予按本公告规定予以调整。

特此公告。

海关总署

2006 年 10 月 27 日

中华人民共和国海关总署公告

2006 年第 61 号

经国务院批准，国家发展改革委、商务部联合发布了《辽宁省外商投资优势产业目录》（国家发展改革委、商务部令第 47 号，以下简称《辽宁省外资目录》，详见附件），同时明确《辽宁省外资目录》属于《中西部地区外商投资优势产业目录（2004 年修订）》（国家发展改革委、商务部令第 13 号）的一部分，自 2006 年 9 月 25 日起施行。现就海关执行中的有关问题公告如下：

一、自 2006 年 9 月 25 日起，对属于《辽宁省外资目录》中的辽宁省外商投资项目（包括增资项目），在投资总额内进口自用设备，除《外商投资项目不予免税的进口商品目录》所列商品外，可凭国务院投资主管部门或辽宁省投资主管部门出具的项目确认书，按照《国务院关于调整进口设备税收政策的通知》（国发〔1997〕37 号）及其他相关规定办理免征进口关税和进口环节增值税手续。

二、符合《辽宁省外资目录》规定的辽宁省外商投资在建项目，可按有关规定向国务院投资主管部门或辽宁省投资主管部门申请补办国家鼓励发展的内外资项目确认书，取得国家鼓励发展的内外资项目确认书之后，在建项目进口的自用设备可按照本公告的第一条规定享受有关进口税收优惠政策，但进口设备已经征收的税款不予退还。

三、《辽宁省外资目录》实施后，项目确认书中的

“项目产业政策审批条目”编码继续沿用“G”，例如，《辽宁省外资目录》中第3项应填写为：退耕还林还草等国家重点生态工程后续产业开发（G2103）。

四、《辽宁省外资目录》中有关条目所述“经批准允许外方控股”或“经批准可享受鼓励类政策”，是指经国务院投资主管部门批准。

五、本公告未提及的其他问题，仍按照《国务院关于调整进口设备税收政策的通知》（国发〔1997〕37号）以及其他现行的相关规定执行。

特此公告。

附件　辽宁省外商投资优势产业目录（略）

海关总署

2006年10月30日

中华人民共和国海关总署公告

2006年第62号

经国务院批准，自2003年9月17日起，对原产于东帝汶的进口货物适用最惠国关税税率。本公告发布前已征收税款准予按本公告规定予以调整。

特此公告。

海关总署

2006年10月30日

中华人民共和国海关总署公告

2006年第64号

为进一步规范进口汽车零部件的申报，便利企业通关和海关管理，根据《中华人民共和国海关法》、《中华人民共和国海关进出口货物申报管理规定》等相关规定，现就汽车零部件规范申报问题公告如下：

一、本公告所称汽车零部件是指用于生产汽车的零部件（以下简称生产件）和用于维修汽车的零部件（以下简称维修件），不含构成整车特征的汽车零部件。

二、进口货物收货人以一般贸易方式申报进口属于需要详细列名申报的汽车零部件清单（见附件1）范围内的汽车零部件时，应当按照本公告的规定逐项进行申报，不得进行简化或者合并归类。

三、进口货物收货人申报进口生产件应当符合以下填报要求：

（一）在报关单“商品名称”栏内，应当填报进口汽车零部件的详细中文商品名称和品牌，中文商品名称与品牌之间用“/”相隔，必要时加注英文商业名称；进口的成套散件或者毛坯件应在品牌后加注“成套散件”、“毛坯”等字样，并与品牌之间用“/”相隔。

（二）在报关单“规格型号”栏内，应当填报汽车零部件的完整编号。在零部件编号前应当加注“S”字样，并与零部件编号之间用“/”相隔，零部件编号之后应当依次加注该零部件适用的汽车品牌和车型。

汽车零部件属于可以适用于多种汽车车型的通用零部件的，零部件编号后应当加注“TY”字样，并用“/”与零部件编号相隔。

与进口汽车零部件规格型号相关的其他需要申报的要素，或者海关规定的其他需要申报的要素，如“功率”、“排气量”等，应当在车型或“TY”之后填报，并用“/”与之相隔。

汽车零部件报验状态是成套散件的，不在“规格型号”栏内填写零部件编号，应当在“备注”栏内填报该成套散件装配后的最终完整品的零部件编号。

（三）“单价”和“数量及单位”栏目，除了按照规定填报法定计量单位外，还应该严格按照实际成交单价和实际成交计量单位填报并打印在第三行。

四、进口货物收货人申报进口维修件应当符合以下填报要求：

在填写报关单“规格型号”一栏时，应当在零部件编号前加注“W”，并与零部件编号之间用“/”相隔；进口维修件的品牌与该零部件适用的整车厂牌不一致的，应当在零部件编号前加注“WF”，并与零部件编号之间用“/”相隔。其余申报要求比照本公告第三条执行。

五、需要详细列名申报的汽车零部件清单由海关总署发布，并根据需要不定期调整、公布。

六、未列入需要详细列名申报的汽车零部件清单的进口汽车零部件，仍按照海关的相关规定申报。

七、本公告自2006年12月1日起施行。

特此公告。

附件1　需要详细列名申报的汽车零部件清单

附件2　汽车零部件规范申报报关单参考样本仅供参考

海关总署

2006年11月3日

附件1

需要详细列名申报的汽车零部件清单

序号	商品	税则号列（商品编号）
1	汽油发动机（规格型号中还需申报排量）	8407.3100、8407.3200、8407.3300、8407.3410、8407.3420
2	柴油发动机（规格型号中还需申报排量）	8408.2010、8408.2090
3	火花塞	8511.1000
4	机动车用照明装置	8512.2010
5	机动车辆用车身	8707.1000、8707.9010、8707.9090
6	缓冲器	8708.1000
7	安全气囊装置	8708.2920
8	车装玻璃升降器	8708.2930
9	汽车天窗	8708.2941、8708.2942
10	装在蹄片上的制动摩擦片	8708.3100
11	牵引车、拖拉机用制动器	8708.3910
12	大型客车用制动器	8708.3920
13	非公路自卸车用制动器	8708.3930
14	柴、汽油轻型货车用制动器	8708.3940
15	柴油型重型货车用制动器	8708.3950

序号	商品	税则号列（商品编号）
16	特种车用制动器	8708.3960
17	防抱死制动器（ABS）	8708.3991
18	其他机动车辆用制动器（包括助力制动器）	87083999.10
19	车用变速箱	8708.4010、8708.4020、8708.4030、8708.4040、8708.4050、8708.4060、8708.4091、8708.4099
20	驱动桥	8708.5010、8708.5020、8708.5030、8708.5040、8708.5050、8708.5060、8708.5090
21	非驱动桥	8708.6010、8708.6020、8708.6030、8708.6040、8708.6050、8708.6060、8708.6090
22	车轮	8708.7010、8708.7020、8708.7030、8708.7040、8708.7050、8708.7060、8708.7090
23	悬挂减震器	8708.8010、8708.8090
24	机动车辆的散热器（水箱）	8708.9100
25	机动车辆的消声器及排气管	8708.9200
26	离合器	8708.9310、8708.9320、8708.9330、8708.9340、8708.9350、8708.9360、8708.9390
27	转向盘、转向柱及转向器	8708.9410、8708.9420、8708.9430、8708.9440、8708.9450、8708.9460、8708.9490
28	子目号8702.1091及8702.9010所列车辆用车架	8708.9921
29	子目号8704.1030及8704.1090所列车辆用车架	8708.9931
30	子目号8704.2100、8704.2230、8704.3100及8704.3230所列车辆用车架	8708.9941
31	子目号8704.2240、8704.2300及8704.3240所列车辆用车架	8708.9951
32	其他8701至8704所列车辆用车架	8708.9991

附件 2

汽车零部件规范申报报关单参考样本（仅供参考）

表 1：生产件的规范申报报关单参考样本

中华人民共和国海关进口货物报关单（样本）

预录入编号：　　　　　　　　　　　　　　　　　　　　　　　　　海关编号：

进口口岸	备案号		进口日期	申报日期
经营单位	运输方式	运输工具名称		提运单号
收货单位	贸易方式		征免性质	征税比例
许可证号	启运国（地区）		装货港	境内目的地
批准文号	成交方式	运费	保费	杂费
合同协议号	件数	包装种类	毛重（千克）	净重（千克）
集装箱号	随附单据			用途
标记唛码及备注				

项号	商品编码	商品名称、规格型号	数量及单位	原产国（地区）	单价	总价	币制	征免
1.	8407. 3410	发动机总成/日产 S/101009Y4AW/日产天籁 2. 3L	××	××	××	××	××	
2.								
3.								
4.								
5.								

税费征收情况		
录入员　　　录入单位	兹声明以上申报无讹并承担法律责任	海关审单批注及放行日期（签章）
报关员		审单　　　　审价
单位地址	申报单位（签章）	征税　　　　统计
邮编　　　电话	填制日期	查验　　　　放行

表 2：以成套散件形式进口生产件的规范申报报关单参考样本

中华人民共和国海关进口货物报关单（样本）

预录入编号：　　　　　　　　　　　　　　　　　　　　　　　　　海关编号：

进口口岸	备案号	进口日期	申报日期	
经营单位	运输方式	运输工具名称	提运单号	
收货单位	贸易方式	征免性质	征税比例	
许可证号	启运国（地区）	装货港	境内目的地	
批准文号	成交方式	运费	保费	杂费
合同协议号	件数	包装种类	毛重（千克）	净重（千克）
集装箱号	随附单据	用途		

标记唛码及备注

前减震器成套散件的完整零件号为：52119－0N901

项号	商品编码	商品名称、规格型号	数量及单位	原产国（地区）	单价	总价	币制	征免
1.	8708.1000	缓冲器/丰田/成套散件 S/丰田皇冠 3.0L	××	××	××	××	××	
2.								
3.								
4.								
5.								

税费征收情况

录入员　　录入单位	兹声明以上申报无讹并承担法律责任	海关审单批注及放行日期（签章）	
报关员		审单	审价
单位地址	申报单位（签章）	征税	统计
邮编　　电话	填制日期	查验	放行

表3：通用零部件（生产件）的规范申报报关单参考样本

中华人民共和国海关进口货物报关单（样本）

预录入编号：　　　　　　　　　　　　　　　　　　　　　　　　海关编号：

进口口岸	备案号	进口日期	申报日期

经营单位	运输方式	运输工具名称	提运单号

收货单位	贸易方式	征免性质	征税比例

许可证号	启运国（地区）	装货港	境内目的地

批准文号	成交方式	运费	保费	杂费

合同协议号	件数	包装种类	毛重（千克）	净重（千克）

集装箱号	随附单据	用途

标记唛码及备注
前减震器成套散件的完整零件号为：52119－0N901

项号	商品编码	商品名称、规格型号	数量及单位	原产国（地区）	单价	总价	币制	征免
1.	8708.1000	缓冲器/亨福 S/FD11038/　TY	××	××	××	××	××	
2.								
3.								
4.								
5.								

税费征收情况

录入员　　录入单位	兹声明以上申报无讹并承担法律责任	海关审单批注及放行日期（签章）
报关员		审单　　审价
单位地址	申报单位（签章）	征税　　统计
邮编　　电话	填制日期	查验　　放行

表4：实际成交计量单位与法定计量单位不同的生产件规范申报报关单参考样本

中华人民共和国海关进口货物报关单（样本）

预录入编号：　　　　　　　　　　　　　　　　　　　　　　　　　　海关编号：

进口口岸	备案号	进口日期	申报日期	
经营单位	运输方式	运输工具名称	提运单号	
收货单位	贸易方式	征免性质	征税比例	
许可证号	启运国（地区）	装货港	境内目的地	
批准文号	成交方式	运费	保费	杂费
合同协议号	件数	包装种类	毛重（千克）	净重（千克）
集装箱号	随附单据	用途		

标记唛码及备注

前减震器成套散件的完整零件号为：52119－0N901

项号	商品编码	商品名称、规格型号	数量及单位	原产国（地区）	单价	总价	币制	征免
1.	8708.2920	安全气囊/宝马 S/72127072628/宝马5系	××（个）	××	××	××	××	
2.								
3.								
4.								
5.								

税费征收情况

录入员　　录入单位	兹声明以上申报无讹并承担法律责任	海关审单批注及放行日期（签章）
报关员		审单　　审价
单位地址	申报单位（签章）	征税　　统计
邮编　　电话	填制日期	查验　　放行

表5：维修件的规范申报报关单参考样本

中华人民共和国海关进口货物报关单（样本）

预录入编号：　　　　　　　　　　　　　　　　　　　　　　　　　海关编号：

进口口岸	备案号	进口日期	申报日期
经营单位	运输方式	运输工具名称	提运单号
收货单位	贸易方式	征免性质	征税比例
许可证号	启运国（地区）	装货港	境内目的地
批准文号	成交方式	运费	保费	杂费
合同协议号	件数	包装种类	毛重（千克）	净重（千克）
集装箱号	随附单据	用途	

标记唛码及备注
前减震器成套散件的完整零件号为：52119－0N901

项号	商品编码	商品名称、规格型号	数量及单位	原产国（地区）	单价	总价	币制	征免
1.	8708.8090	悬挂减震器/本田 W/51450S04023/本田雅阁	××	××	××	××	××	
2.								
3.								
4.								
5.								

税费征收情况

录入员　　录入单位	兹声明以上申报无讹并承担法律责任	海关审单批注及放行日期（签章）
报关员		审单　　审价
单位地址	申报单位（签章）	征税　　统计
邮编　　电话	填制日期	查验　　放行

表6：品牌与适用的整车厂牌不一致的维修件规范申报报关单参考样本

中华人民共和国海关进口货物报关单（样本）

预录入编号：　　　　　　　　　　　　　　　　　　　　　　　　　　海关编号：

进口口岸	备案号	进口日期	申报日期
经营单位	运输方式	运输工具名称	提运单号
收货单位	贸易方式	征免性质	征税比例
许可证号	启运国（地区）	装货港	境内目的地

批准文号	成交方式	运费	保费	杂费
合同协议号	件数	包装种类	毛重（千克）	净重（千克）

集装箱号	随附单据	用途

标记唛码及备注
前减震器成套散件的完整零件号为：52119－0N901

项号	商品编码	商品名称、规格型号	数量及单位	原产国（地区）	单价	总价	币制	征免
1.	8708.9100	散热器总成（水箱）/恩迪 WF/ND4221327850/本田雅阁	××	××	××	××	××	
2.								
3.								
4.								
5.								

税费征收情况

录入员　　录入单位	兹声明以上申报无讹并承担法律责任	海关审单批注及放行日期（签章）
报关员		审单　　审价
单位地址	申报单位（签章）	征税　　统计
邮编　　电话	填制日期	查验　　放行

中华人民共和国海关总署公告

2006 年第 65 号

《中华人民共和国政府和伊朗伊斯兰共和国政府商船海运协定》已生效，根据《中华人民共和国船舶吨税暂行办法》的有关规定，经商交通部，自本公告发布之日起，对伊朗船舶适用优惠船舶吨税税率。

特此公告。

海关总署
2006 年 11 月 7 日

中华人民共和国海关总署公告

2006 年第 66 号

根据《中华人民共和国反倾销条例》的规定，商务部发布 2006 年第 45 号公告，决定对原产于美国和欧盟的进口耐磨纸实施临时反倾销措施，海关总署就具体实施的有关问题发布了 2006 年第 34 号公告。本案调查过程中，应有关利害关系方申请，商务部经调查并经国务院关税税则委员会和海关总署认定，被调查产品在《中华人民共和国进出口税则》（下同）中应归入税则号列 4804.3900，而不应归入税则号列 4806.4000，商务部为此发布 2006 年第 89 号公告（详见附件）。现就实施临时反倾销措施的有关事项公告如下：

一、符合商务部 2006 年第 89 号公告中耐磨纸产品描述（详见附件）的产品，应归入税则号列 4804.3900。自 2006 年 11 月 10 日起，对原产于美国和欧盟的耐磨纸（税则号列：4804.3900），按照海关总署 2006 年第 34 号公告规定的反倾销保证金征收比率，区分不同供货厂商征收反倾销保证金。

二、进口经营单位在申报进口 4804.3900 项下“添加了耐磨材料三氧化二铝的成卷或成张的耐磨纸原纸”时，商品编号应填报为 48043900.01；申报进口税则号列 4804.3900 项下“每平方米重量不超过 150 克的其他牛皮纸及纸板”时，商品编号应填报为 48043900.09。

三、自 2006 年 11 月 10 日起，海关对税则号列 4806.4000 项下产品不再按照海关总署 2006 年第 34 号公告征收反倾销保证金。进口经营单位在申报进口税则号列 4806.4000 项下产品时，商品编号应填报为 48064000.00。2006 年 11 月 10 日前，进口经营者按税则号列 4804.3900 申报进口的原产于美国和欧盟的耐磨纸，海关没有征收反倾销保证金的不再追征；2006 年 11 月 10 日前，进口经营单位申报进口税则号列 4806.4000 项下产品所缴纳的反倾销保证金，可自 2006 年 11 月 10 日起 6 个月内向征收地海关申请退还。

四、对原产于美国和欧盟的进口耐磨纸征收反倾销保证金的其他事项，仍按照海关总署 2006 年第 34 号公告的有关规定执行。

特此公告。

附件　中华人民共和国商务部 2006 年第 89 号公告

海关总署
2006 年 11 月 9 日

附件

中华人民共和国商务部公告

2006 年第 89 号

耐磨纸反倾销案税则号调整公告

2005 年 6 月 13 日商务部发布第 34 号公告，决定对美国和欧盟的进口耐磨纸（以下简称被调查产品）进行反倾销调查。

在本案的调查过程中，有利害关系方向调查机关提出：本案的被调查产品正确的税则号应当是4804.3900，而不是立案公告中的4806.4000。

经调查并经国务院关税税则委员会、中华人民共和国海关总署的认定，该产品在《中华人民共和国进出口税则》中的税号为4804.3900。现将有关事项公告如下：

一、本案被调查产品归在《中华人民共和国进出口税则》税则号：4804.3900。

该被调查产品的描述为：耐磨纸是一种添加了耐磨材料三氧化二铝的成卷或成张的原纸。经浸胶后成为高光泽透明或半透明纸。

二、自本公告执行之日起，进口经营者在进口原产于美国和欧盟的耐磨纸时，应根据商务部2006年第45号公告决定的对各公司征收的保证金比率，按税则号4804.3900向中华人民共和国海关提供相应的现金保证金。

对自2006年商务部发布第45号公告起至本公告执行之日前，进口经营者按税则号4804.3900进口原产于美国和欧盟的耐磨纸不再追征现金保证金。

三、对自2006年商务部发布第45号公告起至本公告执行之日止，进口经营者在进口原产于美国和欧盟的耐磨纸时，已按税则号4806.4000向中华人民共和国海关提供的现金保证金，海关予以退还。

四、本公告自2006年11月10日起执行。

特此公告。

商务部

2006年10月30日

中华人民共和国海关总署公告

2006年第67号

《中华人民共和国政府和巴哈马国政府海运协定》已生效，根据《中华人民共和国海关船舶吨税暂行办法》的有关规定，自2003年8月17日起，对巴哈马籍船舶适用优惠船舶吨税税率。此前已征吨税准予按本公告规定予以调整。

特此公告。

海关总署

2006年11月13日

中华人民共和国海关总署公告

2006年第68号

为配合我驻外使领馆车辆管理制度改革，根据执行中的实际情况，现就我驻外使领馆人员离任回国进境自用车辆有关具体事宜公告如下：

对2005年2月1日前外派任职的馆员，如在2007年1月1日前离任回国，并且在本任期内任职时间为2年以上的，准其进境1辆小轿车，同时不受车辆在外使用1年年限的限制；如在2007年1月1日（含本日）后离任回国，其运回的车辆应受在外使用1年以上的限制。

馆员在外任职时间未满2年的，离任回国时不准进境车辆，但其在外任职时间与本人下一任期（第二任期）任职时间累计计算在2年以上的，准其于第二任期期满回国时进境1辆小轿车，有关车辆受在外使用1年年限的限制。

对于进境自用车辆的其他要求，仍按照海关总署2005年第41号公告的有关内容执行。

特此公告。

海关总署
2006年11月13日

中华人民共和国海关总署公告

2006年第69号

为便于进出口货物的收发货人、经营单位及其代理人正确确定进出口货物的商品归类，减少商品归类争议，加速通关，保障海关商品归类执法的统一及顺利实施，海关总署决定整理并公开出版发行《中华人民共和国海关总署商品归类决定汇编（中国海关1999－2006年归类决定Ⅰ）》（以下简称《汇编》）。

该《汇编》中所列商品归类决定自本公告发布之日起执行。

因国家法律、行政法规及规章修改或者废止，影响某项归类决定的，以法律、行政法规及规章的规定为准。

特此公告。

海关总署
2006年11月22日

中华人民共和国海关总署公告

2006年第70号

根据《内地与香港关于建立更紧密经贸关系的安排》和《内地与澳门关于建立更紧密经贸关系的安排》及其补充协议，现将《2007年1月1日起新增加的香港享受零关税货物原产地标准表》（以下简称《香港标准表》，见附件1）和《2007年1月1日起新增加的澳门享受零关税货物原产地标准表》（以下简称《澳门标准表》，见附件2）予以公布，自2007年1月1日起执行。

《香港标准表》和《澳门标准表》中使用了简化的货物名称，其范围与2006年《中华人民共和国进出口税则》中相应税号的货品一致。

特此公告。

附件1　2007年1月1日起新增加的香港享受零关税货物原产地标准表

附件2　2007年1月1日起新增加的澳门享受零关税货物原产地标准表

海关总署
2006年11月30日

附件1

2007年1月1日起新增加的香港享受零关税货物原产地标准表

序号	内地2006年税则号列	货物名称	原产地标准
1	0410.0010	燕窝	喷湿处理、清除杂毛、风干及定型，且符合从价百分比标准。
2	1517.9000	动、植物油、脂混合制成的食用油、脂	从植物毛油或动物油脂制造。主要制造工序为脱胶、离心、除色、除臭、精炼、搅拌、灭菌及混合，其中棕榈油、豆油、菜子油三种油脂中的一种或多种油脂总比例（按重量计）不超过50%，且符合从价百分比标准。
3	1602.3991	其他方法制作或保藏的鸭	从鸭制造。主要制造工序为切割、蒸煮、油炸及消毒或防腐。
4	3209.9090	溶于水介质其他聚合物油漆及清漆（以合成聚合物或化学改性天然聚合物为基本成分的）	从并非油漆、瓷漆或同类产品的原料制造。主要制造工序为（a）混合原料；及（b）乳化（如适用）；及（c）合成。
5	3215.9010	书写墨水（不论是否固体或浓缩）	从颜料和化学溶剂制造。主要制造工序为溶解及混合。
6	3215.9090	绘图墨水及其他墨类（不论是否固体或浓缩）	从颜料和化学溶剂制造。主要制造工序为溶解及混合。如工序涉及组装，组装亦须在香港完成。
7	3307.4900	其他室内除臭制品（不论是否加香水或消毒剂）	从化学成分制造。主要制造工序为混合及溶化。
8	3814.0000	有机复合溶剂及稀释剂，除漆剂（指其他编号未列名的）	从并非油漆、瓷漆或同类产品的原料制造。主要制造工序为（a）混合原料；及（b）乳化（如适用）；及（c）合成。
9	5208.2100	棉机织物，按重量计含棉量在85%及以上，经漂白，平纹机织物，每平方米重量不超过100克	（1）从纱线制造。主要制造工序为纺织或针织；或（2）整理进口或本地制造的坯布。主要制造工序为（a）煮炼；及（b）漂白或丝光处理；及（c）印花或染色（包括光白漂染）；及（d）以下任何一种工序：树脂整理，预缩，刮布，刷毛，上光，电光处理，织上云纹，压印永久浮雕花纹。
10	5208.2200	棉机织物，按重量计含棉量在85%及以上，经漂白，平纹机织物，每平方米重量超过100克	（1）从纱线制造。主要制造工序为纺织或针织；或（2）整理进口或本地制造的坯布。主要制造工序为（a）煮炼；及（b）漂白或丝光处理；及（c）印花或染色（包括光白漂染）；及（d）以下任何一种工序：树脂整理，预缩，刮布，刷毛，上光，电光处理，织上云纹，压印永久浮雕花纹。
11	5208.2300	棉机织物，按重量计含棉量在85%及以上，经漂白，三线或四线斜纹机织物，包括双面斜纹机织物	（1）从纱线制造。主要制造工序为纺织或针织；或（2）整理进口或本地制造的坯布。主要制造工序为（a）煮炼；及（b）漂白或丝光处理；及（c）印花或染色（包括光白漂染）；及（d）以下任何一种工序：树脂整理，预缩，刮布，刷毛，上光，电光处理，织上云纹，压印永久浮雕花纹。

序号	内地2006年税则号列	货物名称	原产地标准
12	5208.4100	棉机织物，按重量计含棉量在85%及以上，色织，平纹机织物，每平方米重量不超过100克	（1）从纱线制造。主要制造工序为纺织或针织；或（2）整理进口或本地制造的坯布。主要制造工序为（a）煮炼；及（b）漂白或丝光处理；及（c）印花或染色（包括光白漂染）；及（d）以下任何一种工序：树脂整理，预缩，刮布，刷毛，上光，电光处理，织上云纹，压印永久浮雕花纹。
13	5208.4300	棉机织物，按重量计含棉量在85%及以上，色织，三线或四线斜纹机织物，包括双面斜纹机织物	（1）从纱线制造。主要制造工序为纺织或针织；或（2）整理进口或本地制造的坯布。主要制造工序为（a）煮炼；及（b）漂白或丝光处理；及（c）印花或染色（包括光白漂染）；及（d）以下任何一种工序：树脂整理，预缩，刮布，刷毛，上光，电光处理，织上云纹，压印永久浮雕花纹。
14	5209.2100	棉机织物，按重量计含棉量在85%及以上，每平方米重量超过200克，漂白，平纹机织物	（1）从纱线制造。主要制造工序为纺织或针织；或（2）整理进口或本地制造的坯布。主要制造工序为（a）煮炼；及（b）漂白或丝光处理；及（c）印花或染色（包括光白漂染）；及（d）以下任何一种工序：树脂整理，预缩，刮布，刷毛，上光，电光处理，织上云纹，压印永久浮雕花纹。
15	5209.2200	棉机织物，按重量计含棉量在85%及以上，每平方米重量超过200克，漂白，三线或四线斜纹机织物，包括双面斜纹机织物	（1）从纱线制造。主要制造工序为纺织或针织；或（2）整理进口或本地制造的坯布。主要制造工序为（a）煮炼；及（b）漂白或丝光处理；及（c）印花或染色（包括光白漂染）；及（d）以下任何一种工序：树脂整理，预缩，刮布，刷毛，上光，电光处理，织上云纹，压印永久浮雕花纹。
16	5210.4100	棉机织物，按重量计含棉量在85%以下，主要或仅与化学纤维混纺，每平方米重量不超过200克，色织，平纹机织物	（1）从纱线制造。主要制造工序为纺织或针织；或（2）整理进口或本地制造的坯布。主要制造工序为（a）煮炼；及（b）漂白或丝光处理；及（c）印花或染色（包括光白漂染）；及（d）以下任何一种工序：树脂整理，预缩，刮布，刷毛，上光，电光处理，织上云纹，压印永久浮雕花纹。
17	5211.4100	棉机织物，按重量计含棉量在85%以下，主要或仅与化学纤维混纺，每平方米重量超过200克，色织，平纹机织物	（1）从纱线制造。主要制造工序为纺织或针织；或（2）整理进口或本地制造的坯布。主要制造工序为（a）煮炼；及（b）漂白或丝光处理；及（c）印花或染色（包括光白漂染）；及（d）以下任何一种工序：树脂整理，预缩，刮布，刷毛，上光，电光处理，织上云纹，压印永久浮雕花纹。
18	5513.3100	合成纤维短纤纺制的机织物，按重量计合成纤维短纤含量在85%以下，主要或仅与棉混纺，每平方米重量不超过170克，色织，聚酯短纤纺制的平纹机织物	（1）从纱线制造。主要制造工序为纺织或针织；或（2）整理进口或本地制造的坯布。主要制造工序为（a）煮炼；及（b）漂白或丝光处理；及（c）印花或染色（包括光白漂染）；及（d）以下任何一种工序：树脂整理，预缩，刮布，刷毛，上光，电光处理，织上云纹，压印永久浮雕花纹。

序号	内地2006年税则号列	货物名称	原产地标准
19	5513.3200	合成纤维短纤纺制的机织物，按重量计合成纤维短纤含量在85%以下，主要或仅与棉混纺，每平方米重量不超过170克，聚酯短纤纺制的三线或四线斜纹机织物，包括双面斜纹机织物	（1）从纱线制造。主要制造工序为纺织或针织；或（2）整理进口或本地制造的坯布。主要制造工序为（a）煮炼；及（b）漂白或丝光处理；及（c）印花或染色（包括光白漂染）；及（d）以下任何一种工序：树脂整理，预缩，刮布，刷毛，上光，电光处理，织上云纹，压印永久浮雕花纹。
20	5514.2100	合成纤维短纤纺制的机织物，按重量计合成纤维短纤含量在85%以下，主要或仅与棉混纺，每平方米重量超过170克，染色，聚酯短纤纺制的平纹机织物	（1）从纱线制造。主要制造工序为纺织或针织；或（2）整理进口或本地制造的坯布。主要制造工序为（a）煮炼；及（b）漂白或丝光处理；及（c）印花或染色（包括光白漂染）；及（d）以下任何一种工序：树脂整理，预缩，刮布，刷毛，上光，电光处理，织上云纹，压印永久浮雕花纹。
21	5514.3100	合成纤维短纤纺制的机织物，按重量计合成纤维短纤含量在85%以下，主要或仅与棉混纺，每平方米重量超过170克，色织，聚酯短纤纺制的平纹机织物	（1）从纱线制造。主要制造工序为纺织或针织；或（2）整理进口或本地制造的坯布。主要制造工序为（a）煮炼；及（b）漂白或丝光处理；及（c）印花或染色（包括光白漂染）；及（d）以下任何一种工序：树脂整理，预缩，刮布，刷毛，上光，电光处理，织上云纹，压印永久浮雕花纹。
22	5514.3200	合成纤维短纤纺制的机织物，按重量计合成纤维短纤含量在85%以下，主要或仅与棉混纺，每平方米重量超过170克，色织，聚酯短纤纺制的三线或四线斜纹机织物，包括双面斜纹机织物	（1）从纱线制造。主要制造工序为纺织或针织；或（2）整理进口或本地制造的坯布。主要制造工序为（a）煮炼；及（b）漂白或丝光处理；及（c）印花或染色（包括光白漂染）；及（d）以下任何一种工序：树脂整理，预缩，刮布，刷毛，上光，电光处理，织上云纹，压印永久浮雕花纹。
23	5516.1100	人造纤维短纤纺制的机织物，按重量计人造纤维短纤含量在85%及以上，未漂白或漂白	（1）从纱线制造。主要制造工序为纺织或针织；或（2）整理进口或本地制造的坯布。主要制造工序为（a）煮炼；及（b）漂白或丝光处理；及（c）印花或染色（包括光白漂染）；及（d）以下任何一种工序：树脂整理，预缩，刮布，刷毛，上光，电光处理，织上云纹，压印永久浮雕花纹。
24	5516.1300	人造纤维短纤纺制的机织物，按重量计人造纤维短纤含量在85%及以上，色织	（1）从纱线制造。主要制造工序为纺织或针织；或（2）整理进口或本地制造的坯布。主要制造工序为（a）煮炼；及（b）漂白或丝光处理；及（c）印花或染色（包括光白漂染）；及（d）以下任何一种工序：树脂整理，预缩，刮布，刷毛，上光，电光处理，织上云纹，压印永久浮雕花纹。
25	5516.2100	人造纤维短纤纺制的机织物，按重量计人造纤维短纤含量在85%以下，主要或仅与化学纤维长丝混纺，未漂白或漂白	（1）从纱线制造。主要制造工序为纺织或针织；或（2）整理进口或本地制造的坯布。主要制造工序为（a）煮炼；及（b）漂白或丝光处理；及（c）印花或染色（包括光白漂染）；及（d）以下任何一种工序：树脂整理，预缩，刮布，刷毛，上光，电光处理，织上云纹，压印永久浮雕花纹。

序号	内地2006年税则号列	货物名称	原产地标准
26	5516.2200	人造纤维短纤纺制的机织物，按重量计人造纤维短纤含量在85%以下，主要或仅与化学纤维长丝混纺，染色	(1) 从纱线制造。主要制造工序为纺织或针织；或 (2) 整理进口或本地制造的坯布。主要制造工序为 (a) 煮炼；及 (b) 漂白或丝光处理；及 (c) 印花或染色（包括光白漂染）；及 (d) 以下任何一种工序：树脂整理，预缩，刮布，刷毛，上光，电光处理，织上云纹，压印永久浮雕花纹。
27	5516.2300	人造纤维短纤纺制的机织物，按重量计人造纤维短纤含量在85%以下，主要或仅与化学纤维长丝混纺，色织	(1) 从纱线制造。主要制造工序为纺织或针织；或 (2) 整理进口或本地制造的坯布。主要制造工序为 (a) 煮炼；及 (b) 漂白或丝光处理；及 (c) 印花或染色（包括光白漂染）；及 (d) 以下任何一种工序：树脂整理，预缩，刮布，刷毛，上光，电光处理，织上云纹，压印永久浮雕花纹。
28	5516.2400	人造纤维短纤纺制的机织物，按重量计人造纤维短纤含量在85%以下，主要或仅与化学纤维长丝混纺，印花	(1) 从纱线制造。主要制造工序为纺织或针织；或 (2) 整理进口或本地制造的坯布。主要制造工序为 (a) 煮炼；及 (b) 漂白或丝光处理；及 (c) 印花或染色（包括光白漂染）；及 (d) 以下任何一种工序：树脂整理，预缩，刮布，刷毛，上光，电光处理，织上云纹，压印永久浮雕花纹。
29	5516.3100	人造纤维短纤纺制的机织物，按重量计人造纤维短纤含量在85%以下，主要或仅与羊毛或动物细毛混纺，未漂白或漂白	(1) 从纱线制造。主要制造工序为纺织或针织；或 (2) 整理进口或本地制造的坯布。主要制造工序为 (a) 煮炼；及 (b) 漂白或丝光处理；及 (c) 印花或染色（包括光白漂染）；及 (d) 以下任何一种工序：树脂整理，预缩，刮布，刷毛，上光，电光处理，织上云纹，压印永久浮雕花纹。
30	5516.3200	人造纤维短纤纺制的机织物，按重量计人造纤维短纤含量在85%以下，主要或仅与羊毛或动物细毛混纺，染色	(1) 从纱线制造。主要制造工序为纺织或针织；或 (2) 整理进口或本地制造的坯布。主要制造工序为 (a) 煮炼；及 (b) 漂白或丝光处理；及 (c) 印花或染色（包括光白漂染）；及 (d) 以下任何一种工序：树脂整理，预缩，刮布，刷毛，上光，电光处理，织上云纹，压印永久浮雕花纹。
31	5516.3300	人造纤维短纤纺制的机织物，按重量计人造纤维短纤含量在85%以下，主要或仅与羊毛或动物细毛混纺，色织	(1) 从纱线制造。主要制造工序为纺织或针织；或 (2) 整理进口或本地制造的坯布。主要制造工序为 (a) 煮炼；及 (b) 漂白或丝光处理；及 (c) 印花或染色（包括光白漂染）；及 (d) 以下任何一种工序：树脂整理，预缩，刮布，刷毛，上光，电光处理，织上云纹，压印永久浮雕花纹。
32	5516.3400	人造纤维短纤纺制的机织物，按重量计人造纤维短纤含量在85%以下，主要或仅与羊毛或动物细毛混纺，印花	(1) 从纱线制造。主要制造工序为纺织或针织；或 (2) 整理进口或本地制造的坯布。主要制造工序为 (a) 煮炼；及 (b) 漂白或丝光处理；及 (c) 印花或染色（包括光白漂染）；及 (d) 以下任何一种工序：树脂整理，预缩，刮布，刷毛，上光，电光处理，织上云纹，压印永久浮雕花纹。

序号	内地2006年税则号列	货物名称	原产地标准
33	5516.4100	人造纤维纺制的机织物，按重量计人造纤维短纤含量在85%以下，主要或仅与棉混纺，未漂白或漂白	(1)从纱线制造。主要制造工序为纺织或针织；或(2)整理进口或本地制造的坯布。主要制造工序为(a)煮炼；及(b)漂白或丝光处理；及(c)印花或染色(包括光白漂染)；及(d)以下任何一种工序：树脂整理，预缩，刮布，刷毛，上光，电光处理，织上云纹，压印永久浮雕花纹。
34	5516.4200	人造纤维纺制的机织物，按重量计人造纤维短纤含量在85%以下，主要或仅与棉混纺，染色	(1)从纱线制造。主要制造工序为纺织或针织；或(2)整理进口或本地制造的坯布。主要制造工序为(a)煮炼；及(b)漂白或丝光处理；及(c)印花或染色(包括光白漂染)；及(d)以下任何一种工序：树脂整理，预缩，刮布，刷毛，上光，电光处理，织上云纹，压印永久浮雕花纹。
35	5516.4300	人造纤维纺制的机织物，按重量计人造纤维短纤含量在85%以下，主要或仅与棉混纺，色织	(1)从纱线制造。主要制造工序为纺织或针织；或(2)整理进口或本地制造的坯布。主要制造工序为(a)煮炼；及(b)漂白或丝光处理；及(c)印花或染色(包括光白漂染)；及(d)以下任何一种工序：树脂整理，预缩，刮布，刷毛，上光，电光处理，织上云纹，压印永久浮雕花纹。
36	5516.4400	人造纤维纺制的机织物，按重量计人造纤维短纤含量在85%以下，主要或仅与棉混纺，印花	(1)从纱线制造。主要制造工序为纺织或针织；或(2)整理进口或本地制造的坯布。主要制造工序为(a)煮炼；及(b)漂白或丝光处理；及(c)印花或染色(包括光白漂染)；及(d)以下任何一种工序：树脂整理，预缩，刮布，刷毛，上光，电光处理，织上云纹，压印永久浮雕花纹。
37	5516.9100	人造纤维纺制的机织物，按重量计人造纤维短纤含量在85%以下，其他，未漂白或漂白	(1)从纱线制造。主要制造工序为纺织或针织；或(2)整理进口或本地制造的坯布。主要制造工序为(a)煮炼；及(b)漂白或丝光处理；及(c)印花或染色(包括光白漂染)；及(d)以下任何一种工序：树脂整理，预缩，刮布，刷毛，上光，电光处理，织上云纹，压印永久浮雕花纹。
38	5516.9200	人造纤维纺制的机织物，按重量计人造纤维短纤含量在85%以下，其他，染色	(1)从纱线制造。主要制造工序为纺织或针织；或(2)整理进口或本地制造的坯布。主要制造工序为(a)煮炼；及(b)漂白或丝光处理；及(c)印花或染色(包括光白漂染)；及(d)以下任何一种工序：树脂整理，预缩，刮布，刷毛，上光，电光处理，织上云纹，压印永久浮雕花纹。
39	5516.9300	人造纤维纺制的机织物，按重量计人造纤维短纤含量在85%以下，其他，色织	(1)从纱线制造。主要制造工序为纺织或针织；或(2)整理进口或本地制造的坯布。主要制造工序为(a)煮炼；及(b)漂白或丝光处理；及(c)印花或染色(包括光白漂染)；及(d)以下任何一种工序：树脂整理，预缩，刮布，刷毛，上光，电光处理，织上云纹，压印永久浮雕花纹。

序号	内地2006年税则号列	货物名称	原产地标准
40	5516.9400	人造纤维纺制的机织物，按重量计人造纤维短纤含量在85%以下，其他，印花	(1) 从纱线制造。主要制造工序为纺织或针织；或 (2) 整理进口或本地制造的坯布。主要制造工序为 (a) 煮炼；及 (b) 漂白或丝光处理；及 (c) 印花或染色（包括光白漂染）；及 (d) 以下任何一种工序：树脂整理，预缩，刮布，刷毛，上光，电光处理，织上云纹，压印永久浮雕花纹。
41	8202.3900	圆锯片（包括切条或切槽锯片），其他，包括部件	从金属制造。主要制造工序为切割及装配。
42	8307.9000	其他贱金属软管，不论是否有附件	从金属制造。主要制造工序为塑形及切割。
43	8413.5020	电动式往复排液泵	在香港进行金属制作（对进口组合零件进行的金属制作工序亦适用）及装配，且符合从价百分比标准。主要制造工序为切割、烧焊、磨削、磨光、装配及测试。
44	8477.3000	吹塑机	在香港进行金属制作（对进口组合零件进行的金属制作工序亦适用）及装配，且符合从价百分比标准。主要制造工序为镗、钻孔、装配、烧焊、加工配件及测试。
45	9020.0000	其他呼吸器具及防毒面具，但不包括既无机械零件又无可互换过滤器的防护面具	税号改变标准。

附件2

2007年1月1日起新增加的澳门享受零关税货物原产地标准表

序号	内地2006年税则号列	货物名称	原产地标准
1	0901.9020	含咖啡的咖啡代用品	从咖啡豆及咖啡代用品制造。主要制造工序为混合、烘焙、调配及研磨。
2	2914.1200	丁酮［甲基乙基（甲）酮］	蒸馏、分离、冷却及液化。
3	3208.9090	分散或溶于非水介质其他油漆、清漆溶液	从并非油漆、瓷漆或同类产品的原料制造。主要制造工序为 (a) 混合原料；及 (b) 乳化（如适用）；及 (c) 合成。
4	3402.2090	零售包装的其他清洁剂	从天然物质或化学原料经化学反应制得。
5	9704.0010	使用过或未使用过的邮票	设计及/或切割。
6	9704.0090	邮戳印记、首日封、邮政信笺（印有邮票的纸品）及类似品	设计及/或切割。

中华人民共和国海关总署公告

2006 年第 71 号

根据《中华人民共和国反倾销条例》的规定，国务院关税税则委员会决定自 2006 年 12 月 13 日起，对原产于美国和欧盟的进口耐磨纸征收反倾销税，期限为 5 年。商务部为此发布了中华人民共和国商务部 2006 年第 93 号公告（详见附件 1）。现将执行中的有关问题公告如下：

一、自 2006 年 12 月 13 日起，对申报进口原产于美国和欧盟的耐磨纸（税则号列：4804.3900），除按现行规定征收进口关税外，还应区别不同的供货厂商，按照本公告附件 2 所列的适用税率和下述计算公式征收反倾销税及进口环节增值税。

反倾销税税额 = 海关完税价格 × 反倾销税税率

进口环节增值税税额 = （海关完税价格 + 关税税额 + 反倾销税税额） × 进口环节增值税税率

对应征收反倾销税产品的详细描述详见本公告附件 1。

进口经营单位在申报进口税则号列 4804.3900 项下“添加了耐磨材料三氧化二铝的成卷或成张的耐磨纸原纸”时，商品编号应填报为 48043900.01；申报进口税则号列 4804.3900 项下“每平方米重量不超过 150 克的其他牛皮纸及纸板”时，商品编号应填报为 48043900.90。

二、凡申报进口耐磨纸的，必须向海关提交原产地证明，如果原产地为美国或欧盟的，还需提供原厂商发票。对于申报进口耐磨纸时不能提供原产地证明，且经查验也无法确定货物的原产地不是美国或欧盟的，海关将按照本公告附件 2 所列的最高反倾销税税率征收反倾销税；对于能够确定货物的原产地是美国或欧盟，但进口经营单位不能提供原厂商发票的，海关将按照本公告附件 2 所列的相应国家或地区中“其他公司”适用的反倾销税税率征收反倾销税。

三、有关加工贸易保税进口原产于美国和欧盟的耐磨纸如何征收反倾销税等方面的问题，海关按照中华人民共和国海关总署 2001 年第 9 号公告和中华人民共和国海关总署令第 111 号的规定执行。

四、对自 2006 年 11 月 10 日海关总署 2006 年第 66 号公告执行之日起至本公告执行之日止，有关进口经营单位进口原产于美国和欧盟的耐磨纸已经缴纳的反倾销保证金，按本公告规定的征收反倾销税的商品范围和反倾销税税率计征并转为反倾销税，与之同时缴纳的进口环节增值税保证金一并转为进口环节增值税。上述保证金超出按本公告规定的税率计算的反倾销税及相应的进口环节增值税的部分，有关单位可自 2006 年 12 月 13 日起 6 个月内向征收地海关申请退还，不足部分，不再补征。

五、在对进口耐磨纸征收反倾销税期间，出现相同或类似货物而海关无法确定是否应对其征收反倾销税时，有关单位应向商务部提出申请，由商务部商有关部门作出裁定。海关将根据商务部的裁定执行。

特此公告。

附件 1　中华人民共和国商务部 2006 年第 93 号公告

附件 2　耐磨纸反倾销税税率表

海关总署

2006 年 12 月 12 日

附件

中华人民共和国商务部公告

2006 年第 93 号

根据《中华人民共和国反倾销条例》的规定，中华人民共和国商务部于 2005 年 6 月 13 日发布公告，决定对原产于美国和欧盟的进口耐磨纸进行反倾销调查。

商务部对倾销和倾销幅度、损害和损害程度以及倾销和损害之间的因果关系进行了调查。根据调查结果和《中华人民共和国反倾销条例》第二十四条的规定，商务部于 2006 年 6 月 16 日发布初裁公告，认定被调查产品存在倾销，中国产业遭受了实质损害，而且倾销与实质损害之间存在因果关系。

初步裁定后，商务部继续对倾销和倾销幅度、损害和损害程度以及倾销和损害之间的因果关系进行调查。现本案调查结束，根据本案调查结果，并依据《中华人民共和国反倾销条例》第二十五条的规定，商务部做出终裁决定（见附件）。现将有关事项公告如下：

一、最终裁定

经过调查，商务部最终裁定，原产于美国和欧盟的进口耐磨纸存在倾销，中国耐磨纸产业遭受了实质损害，同时倾销和实质损害之间存在因果关系。

二、征收反倾销税

根据《中华人民共和国反倾销条例》的有关规定，国务院关税税则委员会决定，自2006年12月13日起，对进口原产于美国和欧盟的耐磨纸征收反倾销税。

本案征收反倾销税的产品归在《中华人民共和国进出口税则》税则号：4804.3900

对该被调查产品的描述如下：

产品名称：耐磨纸。

英文名称：Wear Resistant Overlay。

产品描述：耐磨纸是一种添加了耐磨材料三氧化二铝的成卷或成张的原纸。经浸胶后成为高光泽透明或半透明纸。

主要用途：主要用于强化木地板、防火板等装饰板材表层。

对各公司征收的反倾销税税率如下：

美国公司

美国美德维实伟克造纸有限公司（MW Custom Paper LLC）　4.1%；

其他美国公司（All Others）　42.8%。

欧盟公司

德国舒豪纸业有限公司（Papierfabrik Schoeller & Hoesch GmbH & Co. KG）　10.0%；

其他欧盟公司（All Others）　42.8%。

三、征收反倾销税的方法

自2006年12月13日起，进口经营者在进口原产于美国和欧盟的耐磨纸时，应向中华人民共和国海关缴纳相应的反倾销税。反倾销税以海关审定的完税价格从价计征，计算公式为：

反倾销税额＝海关完税价格×反倾销税税率

进口环节增值税以海关审定的完税价格加上关税和反倾销税作为计税价格从价计征。

四、反倾销税的追溯征收

对自2006年6月16日至商务部2006年第89号公告执行之日前，有关进口经营者依商务部2006年第45号公告向中华人民共和国海关所提供的保证金，按商务部2006年第89号公告执行。对自2006年11月10日商务部2006年第89号公告执行之日起至本公告执行之日止，有关进口经营者按调整后的税则号依初裁决定向中华人民共和国海关所提供的保证金，按终裁所确定的征收反倾销税的商品范围和反倾销税税率计征并转为反倾销税，并按相应的增值税税率计征进口环节增值税。对在此期间有关进口经营者所提供的保证金超出反倾销税和与之相应的进口环节增值税的部分，海关予以退还，少征部分则不再征收。

对实施临时反倾销措施决定公告之日前，原产于美国和欧盟的进口耐磨纸不再追溯征收反倾销税。

五、征收反倾销税的期限

对原产于美国和欧盟的耐磨纸征收反倾销税，实施期限自2006年12月13日起5年。

六、新出口商复审

对于上述国家在调查期内未向中华人民共和国出口被调查产品的新出口经营者，符合条件的，可依据《中华人民共和国反倾销条例》第四十七条的规定，向商务部书面申请新出口商复审。

七、期中复审

在征收反倾销税期间，有关利害关系方可根据《中华人民共和国反倾销条例》第四十九条的规定，向商务部书面申请期中复审。

八、行政复议和行政诉讼

对本案终裁决定及征收反倾销税的决定不服的，根据《中华人民共和国反倾销条例》第五十三条的规定，可以依法申请行政复议，也可以依法向人民法院提起诉讼。

九、本公告自2006年12月13日起执行。

特此公告。

附件　中华人民共和国商务部关于对原产于美国和欧盟的进口耐磨纸产品反倾销调查的终裁决定（略）

商务部

2006年12月12日

附件2

耐磨纸反倾销税税率表

原产国（地区）	厂商名称	反倾销税税率
美国	美国美德维实伟克造纸有限公司（MW Custom Papers，LLC）	4.1%
	其他美国公司	42.8%
欧盟	德国舒豪纸业有限公司（Papierfabrik Schoeller &Hoesch GmbH & Co. KG）	10.0%
	其他欧盟公司	42.8%

中华人民共和国海关总署公告

2006年第72号

根据《中华人民共和国反倾销条例》的规定，国务院关税税则委员会决定自2005年6月17日起对原产于日本、韩国、美国和法国的进口水合肼征收反倾销税，期限为5年。为此，海关总署根据国务院关税税则委员会的决定和商务部发布的相关公告，发布了2005年第26号公告，明确了实施上述反倾销措施的有关规定。最近，国内水合肼部分下游企业和国外主要出口商法国阿科玛公司（法国ARKEMA公司，下同）向商务部提出申请，请求对100%浓度水合肼产品不征收反倾销税。经调查后，商务部与法国阿科玛公司签订了价格承诺协议，并发布了2006年第94号公告（详见附件）。现将执行中的有关问题公告如下：

一、自2006年12月15日起，对进口原产于法国阿科玛公司的100%浓度水合肼，如果申报价格不低于价格承诺协议参考价格（以下简称协议参考价格），并符合本公告第二条有关规定的，海关按照现行规定征收关税和进口环节增值税，不再征收反倾销税。如果申报价格低于协议参考价格，海关除征收关税和进口环节增值税外，还将按照海关总署2005年第26号公告规定的反倾销税税率征收反倾销税。

二、凡进口原产于法国阿科玛公司的100%浓度水合肼，进口经营单位除需提交原产地证明及原厂商发票外，还需向海关提交由法国阿科玛公司出具的出口证明信。对虽能提供原产地证明和原厂商发票，但不能提供出口证明信的，无论申报价格是否低于协议参考价格，海关都将按照海关总署2005年第26号公告规定的反倾销税税率征收反倾销税。

三、有关加工贸易保税进口原产于法国阿科玛公司的100%浓度水合肼如何征收反倾销税等方面的问题，海关按照中华人民共和国海关总署2001年第9号公告和中华人民共和国海关总署令第111号的规定执行。

四、对进口原产于法国阿科玛公司其他浓度水合肼的，仍按照海关总署2005年第26号公告的有关规定执行。

特此公告。

附件　中华人民共和国商务部2006年第94号公告

海关总署

2006年12月12日

附件

中华人民共和国商务部公告

2006年第94号

根据《中华人民共和国反倾销条例》的规定，商务部于2003年12月17日发布公告，决定对原产于日本、韩国、美国和法国的进口水合肼进行反倾销调查。2005年6月17日，商务部对本案作出最终裁定，认定原产于日本、韩国、美国和法国的进口水合肼存在倾销，中国水合肼产业遭受了实质损害，同时倾销和实质损害之间存在因果关系。

本案终裁后，国内水合肼部分下游企业和国外主要出口商法国阿科玛公司向商务部提出申请，请求不对100%浓度水合肼产品征收反倾销税。

根据《中华人民共和国反倾销条例》相关规定，商务部对有关问题进行了调查，召开了水合肼反倾销案上下游意见陈述会，分别听取了国内水合肼生产企业和下游用户意见。同时，对不同行业有代表性的100%浓度水合肼产品下游企业进行了实地调查。

经调查，商务部认为，我国国内产业在理论上能够生产100%浓度的水合肼产品，但目前尚未实现商业化生产；同时，国内水合肼下游企业中的部分新型高附加值行业，由于产品的特殊生产要求，企业对100%浓度水合肼产品确有需求。

调查还表明，100%浓度水合肼产品可以容易地稀释成各种浓度的水合肼产品，排除100%浓度水合肼产品需要采取必要措施防止规避现行针对其他浓度水合肼产品的反倾销措施。

为妥善解决有关问题，商务部决定就水合肼反倾销案中100%浓度水合肼产品与国外出口商法国阿科玛公司签订价格承诺协议。经协商一致，双方于2006年11月30日签订了该协议。

本协议于2006年12月15日开始执行。自执行之日起，中止对该协议规定的原产于法国阿科玛公司的100%浓度水合肼产品征收反倾销税，对于法国阿科玛公司生产的其他浓度水合肼产品仍按照商务部2005年第36号公告征收反倾销税。

特此公告。

附件　中华人民共和国商务部与法国阿科玛公司关于100%浓度水合肼产品的价格承诺协议

商务部

2006年12月7日

附件

中华人民共和国商务部与法国阿科玛公司关于100%浓度水合肼产品的价格承诺协议

总　则

为了维护水合肼产品的公平贸易，保证正常市场供给，建立并维护正常的市场秩序，根据《中华人民共和国反倾销条例》的规定，中华人民共和国商务部（下称“商务部”）和法国阿科玛公司签定本承诺协议（下称“本协议”）。

根据本协议，法国阿科玛公司同意按本协议第二条确定的价格向中国销售本协议项下的产品。

从本协议生效之日起，中止自2005年6月17日起根据商务部2005年第36号公告对法国阿科玛公司生产的100%浓度水合肼产品征收反倾销税的措施。

第一条　产品范围

一、本协议所述产品范围系指2005年6月17日商务部2005年第36号公告所述、原产于法国、由法国阿科玛公司生产的100%浓度水合肼产品，该产品归在《中华人民共和国进出口税则》税则号：2825.1010。

二、本协议只适用于上述税则号下的100%浓度水合肼产品，对于法国阿科玛公司生产的其他浓度水合肼产品应按照商务部2005年第36号公告征收反倾销税。

三、100%浓度水合肼产品的进口价格受本协议第二条及附件Ⅰ所确定的协议参考价格的约束，但该参考价格不适用于下列情形的产品：

（1）用于加工贸易保税进口的产品；

（2）进入保税区和保税仓库的产品。

第二条　出口价格底限

一、法国阿科玛公司保证以不低于附件Ⅰ所确定的协议参考价格对中国销售本协议项下产品。协议参考价格以CIF中国港口价格或EX（中国保税仓库）为基础。

二、本协议签订并生效后，当100%浓度水合肼产品市场价格发生剧烈变化的情况下，协议双方可要求对协议参考价格进行调整。商务部可在本协议有效期内对协议参考价格进行必要调整。

第三条　出口用途和数量

一、法国阿科玛公司承诺在销售时审核客户用途，保证只将100%浓度水合肼产品自行销售或通过中国分销商销售给直接使用该产品进行生产的中国用户。

二、从协议生效日起至水合肼反倾销措施终止之日（2010年6月17日），法国阿科玛公司承诺每年度向中国出口100%浓度水合肼产品不超过附件Ⅱ中约定的数量，在到达附件Ⅱ所约定数量时将不再出口，或由中国进口商缴纳反倾销税后向中国出口。

三、根据市场情况，商务部可以对附件Ⅱ中所约定数量进行必要调整。

四、商务部发现法国阿科玛公司出口的100%浓度水合肼产品低于协议参考价格，或有擅自改变用途或转售的，经调查属实，商务部将终止本协议执行。

第四条 书面评论及协商

商务部应对法国阿科玛公司提出的调整协议参考价格的建议及时予以答复，并在收到调整协议参考价格的书面建议之日起30天内作出调整或不调整的决定，并通知法国阿科玛公司，法国阿科玛公司可以在收到商务部的调整通知后10天内递交书面评论。调整后的协议参考价格应于商务部发出调整通知之日起开始生效。

第五条 监督

一、法国阿科玛公司承诺对中国下游用户的使用情况进行跟踪监督，定期向商务部提供有关本协议项下产品必要的信息，以利于商务部监督本协议的实施。

二、法国阿科玛公司应向商务部提供关于执行本协议有关销售的详细数量和价格等信息。

三、自本协议生效之日起，法国阿科玛公司应每季度提供一次有关过去3个月销售数量、价格、客户等资料，并应根据本协议附件Ⅲ表格中的要求，以软盘、磁盘或商务部要求的其他形式向商务部提供所需的信息。这些信息应在每季度结束后的20天之内向商务部提交。

四、如商务部有理由怀疑存在与法国阿科玛公司有关的本协议项下产品以规避本协议为目的的第三国转口、再出口或瞒报品名等方式出口到中国国内市场，法国阿科玛公司应向商务部提供有关向该第三国销售的具体数据，该数据在商务部提出要求后的15天内提供。

特殊情况下，经申请同意可延期15天提交。

五、为有效监督本协议的实施，法国阿科玛公司除提供上述情况外，还应提供商务部要求的其他与本协议有关的信息。上述有关信息应在收到商务部通知之日起20天内提交。

六、商务部将审核法国阿科玛公司提供的信息，确定是否存在与本协议不符的进口，并有权对法国阿科玛公司提交的数据的相关证据进行抽样调查。该抽样调查的要求将以书面形式通知法国阿科玛公司。

第六条 核查

在本协议有效期内，商务部可以在其认为适当的任何时候对法国阿科玛公司向中国出口本协议项下产品的销售数据进行实地核查。法国阿科玛公司应积极配合该核查。

第七条 保密

商务部对法国阿科玛公司提交的保密信息予以保密处理。除非法国阿科玛公司书面通知商务部同意公布其提交的信息，否则在本协议到期之后或被提前终止后，不披露这些信息。

第八条 反规避

一、商务部将采取必要措施防止对本协议的规避行为，并对所有规避情形进行调查。法国阿科玛公司应积极配合该调查。

二、法国阿科玛公司同意所销售的本协议项下产品不得以任何规避本协议的方式进入中国国内市场。

三、法国阿科玛公司保证对第三国销售的本协议项下产品不以规避本协议为目的再出口、转口或瞒报品名等方式出口到中国国内市场。

四、根据商务部的要求，法国阿科玛公司在销售本协议项下产品时应依据附件Ⅳ出具证明信，保证出口产品符合本协议的规定。国内进口商应向中国海关提供该证明信等相关文件，办理通关手续。如未能提供该证明信，将依据终裁确定的倾销幅度征收反倾销税。

五、如进口商提供虚假证明信，或有其他规避行为时，商务部将对此进行调查，并采取必要措施。

六、本条所述规避行为包括反倾销意义上的规避行为和吸收行为。

第九条 违反和撤回承诺

一、违反协议，指法国阿科玛公司存在包括但不限于与本协议规定不符的行为，如以低于协议参考价格出口，或接到商务部通知后的不作为、忽略、疏漏和规避行为。不按时提供有关资料也属于违反协议，但如果有正当理由，应提前通知商务部，并应在商务部同意的时间内提交。

二、若发现法国阿科玛公司的出口价格低于协议参考价格、出口的100%浓度水合肼产品有擅自改变用途或转售的情况，或者对超过本协议约定出口数量的部分未缴纳相应反倾销税，商务部可以通知中国海关依照终裁确定的倾销幅度征收反倾销税，或通知中国海关追缴相关税款。

三、商务部应将其知道的或有理由认为存在的违反本协议的情况通知法国阿科玛公司，并开始相应调查。

四、在对违反协议的行为开始调查时，商务部应书面通知法国阿科玛公司。法国阿科玛公司在收到该通知后，应对商务部的调查工作予以积极配合，并作出答辩。

五、如果商务部经调查属实，认定法国阿科玛公司违反协议，商务部可终止本协议的执行，重新实施相应的反倾销措施。

六、法国阿科玛公司可以在本协议有效期内的任何时候通知商务部撤回承诺，终止本协议。本协议终止后，商务部可依据有关法律程序重新实施相应的反倾销措施。

第十条 生效和期限

一、本协议自商务部公告执行之日正式生效，除非提前终止，有效期至水合肼反倾销措施终止之日（2010年6月17日）。

二、附件Ⅰ中的参考价格于本协议生效之日起执行。法国阿科玛公司签定出口合同时，合同价格不得低于当时有效的协议参考价格。

三、本协议一式两份，用中文写成，于2006年11月30日在北京签订。

四、附件为本协议的组成部分。

中华人民共和国商务部　　法国阿科玛公司
授权代表　　授权代表

中华人民共和国海关总署公告

2006年第73号

为保证报关员资格全国统一考试（以下简称考试）的公平、公正，维护考生合法权益，现就考试分数核查有关问题公告如下：

一、考试成绩合格者名单公布后，对本人考试分数有异议的考生（以下称申请人），可以依法向海关申请分数核查。

二、分数核查的范围，仅限于对申请人试卷卷面各题已得分数的计算、合计、登录是否有误进行核查。

三、申请分数核查的期限为考试成绩合格者名单公布之日起15个工作日内。

申请人应当在核查期限内，向原报名海关递交书面的分数核查申请。逾期申请分数核查的，海关不再受理。

四、申请人申请分数核查，应当向海关提交下列材料：

（一）报关员资格全国统一考试分数核查单（见附件，以下简称核查单）一式两联；

（二）本人有效身份证件复印件；

（三）准考证主证复印件。

提交复印件的，申请人应当在复印件上签署复印件与原件相符的声明，并签注日期，同时向海关交验原件。

五、申请人委托他人代为提出分数核查申请的，应当出具授权委托书。

被委托人应当同时向海关交验本人的有效身份证件原件及复印件。

六、直属海关对申请材料的真实性、完整性进行审查后，进行登记汇总，在申请核查期限届满之日起5个工作日内，报海关总署统一实施分数核查。

海关总署不直接受理分数核查申请。

七、海关总署在申请核查期限届满之日起15个工作日内完成分数核查，并根据核查结果制发核查单。

八、核查结果与已公布的成绩有异的，最终考试成绩以核查单上的成绩为准。海关总署将在中国海关报关员资格考试网中对考试成绩予以调整。

九、申请人可以在接到原报名海关的通知后，领取本人的核查单。

十、核查结果通知申请人后，不进行再次核查。

本公告自发布之日起执行。

特此公告。

附件　报关员资格全国统一考试分数核查单（略）

海关总署
2006年12月25日

中华人民共和国海关总署公告

2006 年第 74 号

根据《商品名称及编码协调制度公约》对缔约国权利义务的有关规定，现公告如下：

自 2007 年 1 月 1 日起，我国将采用以世界海关组织 2007 版《商品名称及编码协调制度》（以下简称《协调制度》）为基础的进出口税则。世界海关组织为确保各缔约国统一理解、执行 2007 版《协调制度》，编制了《进出口税则商品及品目注释》，该注释是关于《协调制度》各品目的商品范围及所涉及商品的法定解释。海关总署组织翻译出版了《商品名称及编码协调制度注释》，该注释是中国海关实施进出口税则商品归类的法律依据之一。

特此公告。

海关总署

2006 年 12 月 27 日

中华人民共和国海关总署公告

2006 年第 75 号

经国务院批准，《中华人民共和国进出口税则》的税目、税率自 2007 年 1 月 1 日起进行调整（调整后的 2007 年版《中华人民共和国进出口税则》将由中国海关出版社出版）。现将有关调整情况公告如下：

一、进口关税调整

（一）根据我国加入世界贸易组织承诺的关税减让义务，对进口关税作如下调整：

1. 降低"进口税则"中聚乙烯等 44 个税目的最惠国税率（见附件 1），其余税目的最惠国税率维持不变；

2. 对 9 个非全税目信息技术产品继续实行海关核查管理（见附件 2）；

3. 对小麦等 8 类 45 个税目的商品实行关税配额管理。对尿素、复合肥、磷酸氢二铵三种化肥的配额税率执行 1% 的税率。对配额外进口的一定数量棉花实行 6% -40% 滑准税，其他商品的税率维持不变（见附件 3）；

4. 调整部分商品的从量税税率。对感光材料等 55 种商品实行从量税、复合税（见附件 4）。

（二）对棉花采摘机等部分进口商品实行暂定税率（见附件 5）。

（三）根据我国与有关国家或地区签署的贸易或关税优惠协定，对有关国家或地区实施协定税率：

1. 对原产于韩国、印度、斯里兰卡、孟加拉和老挝的部分商品实行《亚太贸易协定》协定税率（见附件 6 [1]）；

2. 对原产于文莱、印度尼西亚、马来西亚、新加坡、泰国、菲律宾、越南、缅甸、老挝和柬埔寨的部分商品实施中国—东盟自由贸易协定税率（见附件 6 [2]）；

3. 对原产于智利的部分商品实施"中国—智利自由贸易协定"协定税率（见附件 6 [3]）；

4. 对原产于巴基斯坦的部分商品实施"中国—巴基斯坦自贸区'早期收获'协定税率"（见附件 6 [4]）；

5. 对原产于中国香港的已完成原产地标准核准的产品实施零关税（见附件 6 [5]）；

6. 对原产于中国澳门的已完成原产地标准核准的产品实施零关税（见附件 6 [6]）。

（四）根据我国与有关国家或地区签署的贸易或关税优惠协定以及国务院有关决定，实施特惠税率：

1. 对原产于老挝、柬埔寨和缅甸的部分产品实施特惠税率（见附件7［1］）；

2. 对原产于老挝和孟加拉的部分产品实施特惠税率（见附件7［2］）；

3. 对原产于安哥拉共和国、贝宁共和国、布隆迪共和国、佛得角共和国、中非共和国、科摩罗联盟、刚果民主共和国、吉布提共和国、厄立特里亚国、埃塞俄比亚联邦民主共和国、几内亚共和国、几内亚比绍共和国、莱索托王国、利比里亚共和国、马达加斯加共和国、马里共和国、毛里塔尼亚伊斯兰共和国、莫桑比克共和国、尼日尔共和国、卢旺达共和国、塞内加尔共和国、塞拉利昂共和国、苏丹共和国、坦桑尼亚联合共和国、多哥共和国、乌干达共和国、赞比亚共和国和赤道几内亚共和国等28个非洲最不发达国家的部分商品实施特惠税率（见附件7［3］）；

4. 对原产于也门共和国、马尔代夫共和国、萨摩亚独立国、瓦努阿图共和国、阿富汗伊斯兰共和国等5个最不发达国家的部分商品实施特惠税率（见附件7［4］）；

（五）普通税率维持不变。

二、出口关税调整

（一）“出口税则”的出口税率维持不变（见附件8）；

（二）对钢坯等部分出口商品实行暂定税率（见附件9），其中，对一般贸易和边境小额贸易出口尿素征收季节性暂定税率。

三、税则税目调整

（一）根据《协调制度》的转版情况，结合我国实际，对进出口税则进行相应转换（见附件10）。

（二）对部分税则税目进行调整（见附件11），调整后，2007年版税则税目共计7646个。

四、进境物品进口税政策调整

根据2006年国务院调整消费税政策的有关精神，调整进境物品进口税政策（见附件12）。

特此公告。

附件1　进口商品最惠国税率调整表（略）
附件2　非全税目信息技术产品进口税率表（略）
附件3　关税配额商品进口税率表（略）
附件4　从量税、复合税商品进口税率表（略）
附件5　进口商品暂定税率表（略）
附件6　协定税目税率表（［1］－［6］）（略）
附件7　特惠税目税率表（［1］－［4］）（略）
附件8　出口商品税率表（略）
附件9　出口商品暂定税率表（略）
附件10　2006－2007税则转版对应表（略）
附件11　税则税目调整表（略）
附件12　进境物品进口税率表（略）

海关总署
2006年12月30日

中华人民共和国海关总署公告

2006年第76号

为加强海关统计的信息、咨询与服务工作，方便公众对海关统计数据的使用，根据《中华人民共和国海关统计条例》有关规定，现向社会公布《2007年中国海关统计数据发布时间表》，并就有关事宜公告如下：

一、中国海关统计是中国进出口货物贸易统计。统计数据的收集、整理、编制和发布均由中国海关负责。中国海关采用国际通用的贸易统计标准，其数据具有全面性、可靠性和国际可比性。

二、2002年4月，我国正式加入由国际货币基金组织（IMF）建立并推行的“国际数据公布通用系统（General Data Dissemination System）”（以下简称GDDS）。作为中国对外贸易统计数据编制和发布的主管部门，我署按照GDDS的要求，就我国对外贸易统计数据的概念、数据质量、数据的完整性、公众对数据的可获得性及改进计划等方面作出解释并予以公布。公众可在我署政府网站（www. customs. gov. cn）及国际货币基金组织网站（www. imf. org）上查询有关详细内容。

三、我署已开通海关统计资讯网（www. chinacustomsstat. com），为社会提供更便捷的海关统计咨询服务。

特此公告。

附件　2007年中国海关统计数据发布时间表

海关总署

2006年12月30日

附件

2007年中国海关统计数据发布时间表

时间	快讯	月度咨询数据	中文月报	英文月报	中文年鉴	英文年鉴
1月	11日	22日	25日	30日		
2月	12日	22日	25日	28日		
3月	12日	22日	25日	30日		
4月	10日	22日	25日	30日		
5月	15日	25日	28日	30日		
6月	12日	22日	25日	30日	30日	
7月	10日	22日	25日	30日		30日
8月	10日	22日	25日	30日		
9月	11日	22日	25日	30日		
10月	15日	25日	28日	30日		
11月	12日	22日	25日	30日		
12月	11日	22日	25日	30日		

注：发布的月度数据指上一个月的当月数据及累计数据。

说明

1. 快讯（月度初步汇总数据）：
   由海关总署通过政府网站（www. customs. gov. cn）及新闻媒体对外公布
2. 月度咨询数据：
   海关总署对外咨询服务部提供数据咨询
   电话：010－65195623，传真：010－65195884，
   网址：www. chinacustomsstat. com，www. hgtj. cn，邮箱：service@ hgtj. cn
3. 中文月报、中文年鉴：
   发行单位：海关总署杂志社
   联系地址：中国北京朝阳区东土城路甲9号中国海关杂志社
   电话：010－64281003，传真：010－64227190，邮编：100013，邮箱：fx@ zghgzz. sina. net
4. 英文月报：
   发行单位：香港经济导报社
   联系地址：香港轩尼诗道342号16字楼
   电话：852－25722289，传真：852－28342985，网址：www. eiahk. com，邮箱：eiaet@ pacific. net. hk
5. 英文年鉴：
   发行单位：香港方誉信息有限公司
   联系地址：香港轩尼诗道139号中国海外大厦四楼B室
   电话：852－29739133，传真：852－25309820，网址：www. b2bchina. com. hk，邮箱：info@ goodwill. com. hk

中华人民共和国海关总署公告

2006 年第 77 号

经商国家环境保护总局、国家质量监督检验检疫总局，现将2006年度固体废物进口许可证延期使用有关具体事宜公告如下：

国家环境保护总局签发的于2006年12月31日到期的固体废物进口许可证（含自动类和限制类），其有效期自动延期至2007年3月31日。其中，已签发的海关商品编码为45019000.00和74012000.00项下商品的固体废物进口许可证不予延期。

在自动延期时效内，有关企业可直接凭已领取的2006年度有效固体废物进口许可证办理海关通关手续。

特此公告。

海关总署

2006年12月30日

中华人民共和国海关总署公告

2006 年第 78 号

上海世界博览会事务协调局就中国2010年上海世界博览会的名称、口号、徽标以及申办机构的名称（以上4项包括全称、简称、译名和缩写）向我署提出的海关保护备案申请，我署已核准。现将备案情况公告如下：

权利人：上海世界博览会事务协调局。

权利名称：上海世界博览会名称、口号、徽标以及申办机构的名称（见附件）。

进出口侵犯上述中国2010年上海世界博览会标志专有权的货物的，海关将根据《世界博览会标志保护条例》以及相关法律法规予以查处。

特此公告。

附件 上海世界博览会名称、口号、徽标以及申办机构的名称

海关总署

2006年12月30日

附件

上海世界博览会名称、口号、徽标以及申办机构的名称

1. 中国2010年上海世界博览会
2. 2010年上海世界博览会
3. 中国2010年上海世博会
4. 2010年上海世博会
5. 上海世博会
6. 上海世博
7. 上海2010
8. 城市，让生活更美好
9. 2010年上海世界博览会组织委员会
10. 2010年上海世界博览会执行委员会
11. 中国2010年上海世博会申办委员会
12. 中国2010年上海世博会申办工作领导小组
13. 中国2010年上海世博会申办工作领导小组办公室
14. 上海世博会事务协调局
15. 上海世博局

16. The World Exposition Shanghai China 2010
17. Expo 2010 Shanghai China
18. Expo 2010 Shanghai
19. Expo Shanghai
20. Shanghai Expo
21. Shanghai 2010
22. Better City，Better Life
23. Meilleure Ville，Meilleure Vie
24. Expo 2010 Shanghai China State Bidding Commission
25. Expo 2010 Shanghai China Municipal Bidding Committee
26. Expo 2010 Shanghai China Bidding Office
27. Shanghai 2010 World Expo National Organizing Committee
28. Shanghai 2010 World Expo Executive Committee
29. Bureau of Shanghai World Expo Coordination
30. 上海世博会会徽（图形加文字）（略）
31. 申博徽标（图形加文字）（略）
32. 上海世博土地储备中心
33. 2010世博会
34. 上海世博会组委会
35. 上海世博会执委会
36. 上海申博办
37. 上海世博办
38. Expo 2010
39. 2010 Expo

中华人民共和国海关总署公告

2006年第79号

根据《内地与香港关于建立更紧密经贸关系的安排》和《内地与澳门关于建立更紧密经贸关系的安排》（以下简称《安排》）及其补充协议，现将按照2007年《中华人民共和国进出口税则》（以下简称《税则》）调整的《享受货物贸易优惠措施的香港货物原产地标准表》和《享受货物贸易优惠措施的澳门货物原产地标准表》（以下简称《标准表》）及有关事宜公告如下：

一、《标准表》（见附件1、2）使用了简化的货品名称，其范围与2007年《税则》中相应税则号列的货品名称一致。该《标准表》自2007年1月1日起执行，我署此前公布的2004年版《标准表》、2005年版《标准表》和2006年版《标准表》同时停止使用。

进口货物收货人及其代理人持有2006年版《标准表》签发的原产地证书的，可以在证书有效期内继续使用。

二、对海关总署2005年第70号公告所公布的《享受货物贸易优惠措施的香港货物原产地标准表》和《享受货物贸易优惠措施的澳门货物原产地标准表》中的“香水及花露水”（税号3303.0000）、“唇用化妆品”（税号3304.1000）、“眼用化妆品”（税号3304.2000）、“指（趾）甲化妆品”（税号3304.3000）、“其他美容品或化妆品及护肤品”（税号3304.9900）的原产地标准修改为“从天然或化学成分制造。主要制造工序为按特定配方进行混合、搅拌或乳化，使基本化学品产生实质变化”。上述修改已在《标准表》列明，并自2007年1月1日起执行。

特此公告。

附件1　享受货物贸易优惠措施的香港货物原产地标准表（2007年版）（略）

附件2　享受货物贸易优惠措施的澳门货物原产地标准表（2007年版）（略）

海关总署

2006年12月31日

中华人民共和国海关总署公告

2006年第80号

近年来，根据《中华人民共和国反倾销条例》的规定，国务院关税税则委员会（以下简称税委会）先后裁决了几十起反倾销案件，海关总署根据税委会的决定相应发布了一系列执行反倾销措施的公告（以下简称反倾销公告）。在上述部分反倾销公告中，对应征收反倾销税的进口货物申报问题，除列明了相关货物的税则号列外，还具体列明了应当填报的10位数商品编码。由于2007年版《中华人民共和国进出口税则》（以下简称《税则》）的税目设置及其相应的税则号列与2006年版《税则》相比有较大的变化，因此，对部分进出口货物应填报的商品编码也相应进行了调整，其中涉及到有关反倾销公告中规定应填报的商品编码。为此，现就正在执行的反倾销措施中的有关问题公告如下：

一、自2007年1月1日起，进口经营单位进口本公告附件所列属于应征收反倾销税的货物时，应按照本公告附件列明的调整后的商品编码进行申报。

二、进口经营单位申报进口应归入与本公告附件所列货物同一税则号列但不属于应征收反倾销税的其他货物时，应按照海关的有关规定填报商品编码。

三、对本公告附件所列进口货物征收反倾销税的其他事项，仍按照相关反倾销公告中的规定执行。

特此公告。

附件　部分征收反倾销税进口货物的商品编码调整对照表

海关总署

2006年12月31日

附件

部分征收反倾销税进口货物的商品编码调整对照表

序号	征收反倾销税货物	公告号	调整前商品编码	调整后商品编码
1	铜版纸	海关总署2003年第48号	48101300.10	48101300.01
			48101400.10	48101400.01
			48101900.10	48101900.01
2	聚氯乙烯纯粉	海关总署2003年第56号	39041000.10	39041000.01
3	乙醇胺	海关总署2004年第36号	29221100.10	29221100.01
			29221200.10	29221200.01
4	非色散位移单模光纤	海关总署2004年第47号	90011000.11	90011000.01
5	二甲基环体硅氧烷	海关总署2006年第3号	29310000.50	29310000.01
		海关总署2006年第5号	38249090.40	38249090.04
6	核苷酸类食品添加剂	海关总署2006年第23号	29349990.40	29349990.01
			38249090.50	38249090.05
7	未经增强或改性的PBT树脂	海关总署2006年第41号	39079900.10	39079910.01

2007 年度公告

中华人民共和国海关总署公告

2007 年第 1 号

为进一步完善海关对加工贸易联网企业的管理，现就《中华人民共和国海关加工贸易企业联网监管办法》（署令第150号，以下简称《办法》）执行中有关问题公告如下：

一、在商务部门对企业申请联网监管进行前置审批的基础上，主管海关对申请企业是否具备联网监管条件进行审核。经审核符合联网监管条件的，主管海关应向企业制发海关实施加工贸易联网监管通知书。

二、主管海关以企业分类管理为基础，并根据企业实际情况确定实施联网监管的模式。

采用电子账册模式进行联网监管的，不实行银行保证金台账制度；采用电子手册模式进行联网监管的，仍实行银行保证金台账制度。

三、联网企业管理类别下调的，应按调整后的企业管理类别确定联网监管模式或采取风险管理措施。

联网企业能够缴纳风险担保金或提供银行担保的，主管海关可继续对其按电子账册模式实施联网监管；企业不能缴纳风险担保金或不能提供银行担保的，主管海关应将其电子账册模式调整为电子手册模式实施联网监管。风险担保金或银行担保的金额按照银行保证金台账“实转”的有关规定办理。

四、联网企业需备案、变更电子底账的，应向商务主管部门申领相应批准文件。

主管海关凭商务主管部门制发的批准文件办理联网企业电子底账的备案、变更手续。

五、联网企业因故内销保税料件或其制成品的，应事先向商务主管部门申领加工贸易保税进口料件内销批准证。

联网企业凭商务主管部门制发的加工贸易保税进口料件内销批准证，按加工贸易监管规定向主管海关办理内销缴税手续；经海关批准在加工贸易保税进口料件内销批准证范围内先行内销保税料件或其制成品的，联网企业应在内销当月内向海关集中办理内销缴税的申报手续。

六、联网企业属于《办法》第十六条第（一）项所列情形的，按本公告第三条规定办理。

联网企业属于《办法》第十六条所列其他情形或涉嫌走私违规已立案调查的，主管海关可根据实际情况，要求企业缴纳风险担保金或提供银行担保；联网企业不缴纳风险担保金或不提供银行担保的，主管海关对其电子底账设置为停账状态，待联网企业办理海关相关手续或按要求整改后予以恢复。

七、联网企业由于身份识别卡丢失而申请停账的，主管海关可为其办理停账手续。

八、联网企业已不具备加工贸易经营资格的，主管海关相应注销其电子底账。

九、联网企业应根据监管核查要求，向主管海关动态报送单耗、深加工结转、外发加工、保税转内销和库存等联网核查数据，海关按规定进行核查。

十、本公告自下发之日起执行。

特此公告。

海关总署

2007年1月8日

中华人民共和国海关总署公告

2007年第2号

根据《中华人民共和国反倾销条例》的规定和对原产于印度的进口磺胺甲噁唑（也称磺胺甲基异噁唑、新诺明、新明磺，下同）反倾销调查结果，商务部决定对原产于印度的进口磺胺甲噁唑实施临时反倾销措施并对外公告（中华人民共和国商务部公告2007年第2号，详见附件1）。现就海关实施上述临时反倾销措施的有关事项公告如下：

一、自2007年2月1日起，对原产于印度的进口磺胺甲噁唑（税则号列：2935.0030），海关除按现行规定征收关税和进口环节增值税外，还应区别不同的供货厂商，按照反倾销保证金征收比率表（详见附件2）所列的征收比率征收反倾销保证金。

反倾销保证金的计算公式为：

反倾销保证金金额＝（海关完税价格×反倾销保证金征收比率）×（1＋进口环节增值税税率）

对实施临时反倾销措施产品的详细描述详见本公告附件1。

二、凡申报进口磺胺甲噁唑的，应当向海关提交原产地证明。如果原产地为印度的，还需提供原厂商发票。对于申报进口磺胺甲噁唑时不能提供原产地证明，且经查验也无法确定货物的原产地不是印度的，海关按照本公告附件2所列的最高反倾销保证金征收比率征收保证金；对于能够确定货物的原产地是印度，但进口货物的收货人不能提供原厂商发票，且通过其他合法、有效的单证也无法确定原生产厂商的，海关按照本公告附件2所列的其他印度公司适用的反倾销保证金征收比率征收保证金。

三、关于对加工贸易保税进口原产于印度的磺胺甲噁唑征收反倾销保证金的问题，按照海关总署2001年第9号公告和海关总署令第111号的有关规定执行。

四、对于所征收的反倾销保证金的处理，海关总署将根据终裁结果另行公告。

五、在实施临时反倾销措施期间，如果出现与实施临时反倾销措施产品类似的进口货物，而海关无法确定是否属于实施临时反倾销措施的产品时，有关企业可向商务部提出申请，由商务部商有关部门作出裁定，海关将根据商务部的裁定执行。

特此公告。

附件1　中华人民共和国商务部公告2007年第2号

附件2　磺胺甲噁唑反倾销保证金征收比率表

海关总署

2007年1月31日

附件1

中华人民共和国商务部公告

2007年第2号

根据《中华人民共和国反倾销条例》的规定，中华人民共和国商务部于2006年6月16日发布立案公告，决定对原产于印度的进口磺胺甲噁唑（以下称被调查产品）进行反倾销调查。

商务部对被调查产品是否存在倾销和倾销幅度、被调查产品是否对中国磺胺甲噁唑产业造成损害及损害程度以及倾销与损害之间的因果关系进行了调查。根据调查结果和《中华人民共和国反倾销条例》第二十四条的规定，商务部作出初裁决定（见附件）。现将有关事项公告如下：

一、初步裁定

商务部初步裁定，被调查产品存在倾销，中国磺胺甲噁唑产业遭受了实质损害，而且倾销与实质损害之间存在因果关系。

二、征收保证金

根据《中华人民共和国反倾销条例》第二十八条和二十九条的规定，商务部决定采用保证金形式实施临时反倾销措施。自2007年2月1日起，进口经营者在进口原产于印度的进口磺胺甲噁唑时，应依据本初裁决定所确定的各公司的倾销幅度向中华人民共和国海关提供相应的保证金。

本案征收保证金的产品列在《中华人民共和国进出口税则》税则号2935.0030。具体描述如下：

调查范围：原产于印度的进口磺胺甲噁唑。

被调查产品名称：磺胺甲噁唑，也称磺胺甲基异噁唑、新诺明、新明磺（英文名为 Sulfamethoxazole，或 Sulphamethoxazole，简称 SMZ）。

税则号：本案被调查产品归在《中华人民共和国进出口税则》税则号：2935.0030。

产品种类：磺胺类抗菌药。

分子式：$C_{10}H_{11}O_3N_3S$。

化学结构式：（略）。

物理化学特征：磺胺甲噁唑为白色或几乎白色结晶性粉末，无臭、味微苦。在水中几乎不溶，在稀盐酸、氢氧化钠试液或氨试液中易溶，熔点168℃－172℃。

主要用途：磺胺甲噁唑是生产磺胺类药的重要原料药，其抗菌谱广，抗菌作用强，主要用于生产片剂、颗粒剂等药物制剂，用于大肠杆菌和变形杆菌引起的急性、慢性尿路感染，脑膜炎球菌所致流行性脑脊髓、流感杆菌所致的中耳炎、呼吸道感染、皮肤化脓性感染、扁桃体炎等。

对各公司征收的保证金比率如下：

1. Virchow Laboratories Limited 公司和 Andhra Organics Limited 公司　15.2%；

2. 其他印度公司　37.7%。

三、征收保证金的方法

自2007年2月1日起，进出口经营者在进口原产于印度的进口磺胺甲噁唑时，应依据本初裁决定所确定的各公司的倾销幅度向中华人民共和国海关提供相应的保证金。保证金以海关审定的完税价格从价计征，计算公式为：

保证金金额＝（海关审定的完税价格×保证金征收比率）×（1＋进口环节增值税税率）

四、评论

各利害关系方在本公告发布之日起20天内，可向商务部提出书面评论并附相关证据，商务部将依法予以考虑。

特此公告。

附件　中华人民共和国商务部关于原产于印度的进口磺胺甲噁唑反倾销调查的初步裁定（略）

商务部

2007年2月1日

附件2

磺胺甲噁唑反倾销保证金征收比率表

原产国	厂商名称	征收比率
印度	Virchow Laboratories Limited	15.2%
	Andhra Organics Limited	15.2%
	其他印度公司	37.7%

中华人民共和国海关总署公告

2007 年第 3 号

《海关标准编写规则》和《H2000 通关系统软件开发规范》两项海关标准业经海关总署标准化管理委员会批准通过，根据《中华人民共和国海关行业标准管理办法（试行）》有关规定，现予以公布（见附件，标准文本由中国海关出版社出版），自 2007 年 2 月 1 日起实施。

特此公告。

附件　海关标准编号名称表

海关总署

2007 年 2 月 1 日

附件

海关标准编号名称表

序号	海关标准编号	海关标准名称	批准日期	实施日期
1	HS/T1－2006	《海关标准编写规则》	2007 年 1 月 22 日	2007 年 2 月 1 日
2	HS/T2－2006	《H2000 通关系统软件开发规范》	2007 年 1 月 22 日	2007 年 2 月 1 日

中华人民共和国海关总署公告

2007 年第 4 号

根据《中华人民共和国反倾销条例》的规定，国务院关税税则委员会决定自 2007 年 2 月 6 日起，对原产于欧盟的进口马铃薯淀粉征收反倾销税，期限为 5 年。商务部为此发布了中华人民共和国商务部 2007 年第 8 号公告（详见附件 1）。现将执行中的有关问题公告如下：

一、自 2007 年 2 月 6 日起，对原产于欧盟的进口马铃薯淀粉（税则号列：1108.1300），除按现行规定征收进口关税外，还应区别不同的供货厂商，按照本公告附件 2 所列的适用税率和下述计算公式征收反倾销税及进口环节增值税。

反倾销税税额＝海关完税价格×反倾销税税率

进口环节增值税税额＝（海关完税价格＋关税税额＋反倾销税税额）×进口环节增值税税率

对应征收反倾销税产品的详细描述详见本公告附件 1。

二、凡申报进口马铃薯淀粉的，应当向海关提交原产地证明，如果原产地为欧盟的，还需提供原厂商发票。对于申报进口马铃薯淀粉时不能提供原产地证明，且经查验也无法确定货物的原产地不是欧盟的，海关将按照本公告附件 2 所列的最高反倾销税税率征收反倾销税；对于能够确定货物的原产地是欧盟，但进口经营单位不能提供原厂商发票的，海关将按照本公告附件 2 所列的“其他欧盟公司”适用的反倾销税税率征收反倾销税。

三、有关加工贸易保税进口原产于欧盟的马铃薯淀粉如何征收反倾销税等方面的问题，海关按照中华人民共和国海关总署2001年第9号公告和中华人民共和国海关总署令第111号的规定执行。

四、对于实施临时反倾销措施之后进口原产于欧盟的马铃薯淀粉已经缴纳的反倾销保证金，按本公告规定的征收反倾销税的商品范围和反倾销税税率计征并转为反倾销税，与之同时缴纳的进口环节增值税保证金一并转为进口环节增值税。上述保证金超出按本公告规定的税率计算的反倾销税及相应的进口环节增值税的部分，有关单位可自2007年2月6日起6个月内向征收地海关申请退还，不足部分，不再补征。

五、在对原产于欧盟的进口马铃薯淀粉征收反倾销税期间，出现相同或类似货物而海关无法确定是否应对其征收反倾销税时，有关单位应向商务部提出申请，由商务部商有关部门作出裁定。海关将根据商务部的裁定执行。

特此公告。

附件1　中华人民共和国商务部2007年第8号公告

附件2　马铃薯淀粉反倾销税税率表

海关总署

2007年2月2日

附件1

中华人民共和国商务部公告

2007年第8号

根据《中华人民共和国反倾销条例》的规定，中华人民共和国商务部于2006年2月6日发布立案公告，决定对原产于欧盟的进口马铃薯淀粉（以下简称被调查产品）进行反倾销调查。

商务部对被调查产品是否存在倾销和倾销幅度、被调查产品是否对国内产业造成损害及损害程度以及倾销与损害之间的因果关系进行了调查。根据调查结果和《中华人民共和国反倾销条例》第二十四条的规定，商务部于2006年8月18日发布初裁公告，认定原产于欧盟的进口马铃薯淀粉存在倾销，中国马铃薯淀粉产业遭受了实质损害，而且倾销与实质损害之间存在因果关系。

初步裁定后，商务部对倾销和倾销幅度、损害和损害程度进行了进一步的调查。现本案调查结束，根据本案调查结果，并依据《中华人民共和国反倾销条例》第二十五条的规定，商务部作出最终裁定（见附件）。现将有关事项公告如下：

一、最终裁定

经过调查，商务部最终裁定，原产于欧盟的进口马铃薯淀粉存在倾销，中国马铃薯淀粉产业遭受了实质损害，而且倾销与实质损害之间存在因果关系。

二、征收反倾销税

根据《中华人民共和国反倾销条例》的有关规定，国务院关税税则委员会决定，自2007年2月6日起，对原产于欧盟的进口马铃薯淀粉征收反倾销税。

征收反倾销税的产品为马铃薯淀粉，也称马铃薯原淀粉、马铃薯精制淀粉、马铃薯生粉、土豆淀粉或洋芋淀粉等；英文名称为Potato Starch；归在《中华人民共和国进出口税则》：1108.1300。

马铃薯淀粉是以马铃薯为原料加工而成的由多葡萄糖分子组成的一种白色粉状物，其理化指标为：白度（457nm蓝光反射率）≥90%，水分≤20%，粘度（4%浓度，700cmg）≥1100BU，蛋白质（干物质中含量）≤0.15%。主要用于食品、医药、石油化工、造纸、纺织、饲料、发酵、铸造、建材等各工业领域。

对各公司征收的反倾销税税率如下：

1. 荷兰艾维贝公司（AVEBE U.A.）　18%；
2. 德国艾维贝马铃薯淀粉工厂（Avebe Kartoffelstarkefabrik Prignitz/Wendland GmbH）　18%；
3. 法国罗盖特公司（ROQUETTE FRERES）17%；
4. 其他欧盟公司（All Others）　35%。

三、征收反倾销税的方法

自2007年2月6日起，进口经营者在进口原产于欧盟的马铃薯淀粉时，应向中华人民共和国海关缴纳相应的反倾销税。反倾销税以海关审定的完税价格作为计税价格从价计征，计算公式为：

反倾销税额＝海关审定的完税价格×反倾销税税率

进口环节增值税以海关审定的完税价格加上关税和反倾销税作为计税价格从价计征。

四、反倾销税的追溯征收

对自2006年8月18日起至本决定公告之日止，有关进口经营者依初裁决定向中华人民共和国海关所提供的保证金，按终裁所确定的征收反倾销税的商品范围和反倾销税税率计征并转为反倾销税，并按相应的增值税税率计征进口环节增值税。对在此期间有关进口经营者所提供的保证金超出反倾销税和与之相应的进口环节增值税的部分，海关予以退还，不足部分则不再补征。

对实施临时反倾销措施决定公告之日前，原产于欧盟的进口马铃薯淀粉不再追溯征收反倾销税。

五、征收反倾销税的期限

对原产于欧盟的进口马铃薯淀粉征收反倾销税，实施期限为自2007年2月6日起5年。

六、新出口商复审

对于上述国家在调查期内未向中华人民共和国出口被调查产品的新出口经营者，符合条件的，可依据《中华人民共和国反倾销条例》第四十七条的规定，向商务部书面申请新出口商复审。

七、期中复审

在征收反倾销税期间，有关利害关系方可以根据《中华人民共和国反倾销条例》第四十九条的规定，向商务部书面申请期中复审。

八、行政复议和行政诉讼

对本案终裁决定及征收反倾销税的决定不服的，根据《中华人民共和国反倾销条例》第五十三条的规定，可以依法申请行政复议，也可以依法向人民法院提起诉讼。

特此公告。

附件　中华人民共和国商务部关于原产于欧盟的进口马铃薯淀粉反倾销调查的最终裁定（略）

商务部

2007年2月5日

附件2

马铃薯淀粉反倾销税税率表

原产国（地区）	厂商名称	税率
欧盟	荷兰艾维贝公司（AVEBE U. A.）	18%
	德国艾维贝马铃薯淀粉工厂（Avebe Kartoffelstarkefabrik Prignitz/Wendland GmbH）	18%
	法国罗盖特公司（ROQUETTE FRERES）	17%
	其他欧盟公司（All Others）	35%

中华人民共和国海关总署公告

2007年第5号

为落实国家振兴东北的战略部署，应黑龙江省人民政府关于内贸货物借道俄罗斯海运至我国东南沿海的请求，海关总署决定对此给予积极支持并开展试点运作。现对有关试点事宜公告如下：

一、本公告所称“内贸货物跨境运输”系指国内贸易货物由我国关境内一口岸启运，通过境外运至我国关境内另一口岸的业务。

二、本公告仅适用于黑龙江省内贸货物经俄罗斯口岸过境运至我国东南沿海港口的管理。试点阶段的出境口岸限绥芬河，进境口岸限上海、宁波、黄埔，所经俄罗斯口岸限海参崴港（符拉迪沃斯托克）、东方港、纳霍德卡港。

三、试点阶段允许开展内贸货物跨境运输业务的经营企业（以下简称经营企业），仅限于黑龙江省资信好、规模大、已在海关注册登记的企业。

四、经营企业到哈尔滨海关办理内贸货物跨境运输备案手续，应当提交下列材料：

（一）黑龙江省人民政府出具的认可文件；

（二）内贸货物跨境运输业务申请表（见附件1）；

（三）中华人民共和国海关进出口货物收发货人报关注册登记证书；

（四）符合海关规定的银行保函等担保；

（五）海关需要的其他材料。

五、有关内贸货物仅限于除国家禁止进出境货物及许可证管理货物外的货物。内贸货物限使用集装箱装载，由海关在绥芬河口岸施加关锁，经铁路直接运送至俄罗斯口岸，使用中国籍船舶整箱（不拆、不换集装箱）承运至我东南沿海港口。集装箱箱体必须符合《中华人民共和国海关对用于装载海关监管货物的集装箱和集装箱式货车车厢的监管办法》（海关总署令第110号）规定的标准。

六、承运跨境运输货物的运输工具进出境时应当在海关监管区内装卸作业，内贸货物与运输工具应接受海关监管。

七、开展内贸货物跨境运输业务的口岸应属于国家对外开放口岸。港口企业应按照海关对监管场所的管理要求，实施封闭式卡口管理，并与海关计算机联网传输相关数据；在港口堆场内设立内贸货物专用区域和设有明显标识。

八、海关增设“内贸货物跨境运输”监管方式，代码为9600。

九、经营企业或其代理人须根据《中华人民共和国海关进出口货物申报管理规定》的要求向海关申报。在跨境运输货物出境前，填制中华人民共和国海关内贸货物跨境运输出境备案清单（见附件2）和中华人民共和国海关内贸货物跨境运输联系单（见附件3）向出境地海关申报。跨境运输货物进境后，经营企业或其代理人须填制中华人民共和国海关内贸货物跨境运输进境备案清单（见附件4）向进境地海关申报，具体填制说明见附件5、6。

十、单票中华人民共和国海关内贸货物跨境运输出境备案清单项下的货物，应由同一船舶、同一航次、同一提单，运抵同一目的港。

十一、跨境运输的内贸货物应自运输工具离开口岸出境起3个月内运抵进境口岸。逾期未运抵进境口岸的，除不可抗力的外，视同出口货物处理，由纳税义务人向海关办理相关的申报纳税手续；海关将取消该经营企业继续从事内贸货物跨境运输资格，并根据情况进行调查处理。

十二、经营企业如有违反本公告有关规定情事的，海关依法进行处理。

十三、凡突破上述规定的，需由直属海关报海关总署批准。

十四、本公告自2007年3月1日起施行。

特此公告。

附件1　内贸货物跨境运输业务申请表

附件2　中华人民共和国海关内贸货物跨境运输出境备案清单

附件3　中华人民共和国海关内贸货物跨境运输联系单

附件4　中华人民共和国海关内贸货物跨境运输进境备案清单

附件5　中华人民共和国海关内贸货物跨境运输进（出）境备案清单填制说明

附件6　中华人民共和国海关内贸货物跨境运输联系单填制说明

海关总署

2007年2月14日

附件1

内贸货物跨境运输业务申请表

经营单位名称		经营单位地址	
经营单位代码		法定代表人及电话	
预计年货运量		预计年货运值	
境外中转港口		目的港	
担保方式		担保金额	
其他说明事项			
本公司承诺内贸货物在跨境运输过程中不拆、换集装箱，保证单货相符和运输安全，依法承担相应法律责任。		（企业法定代表人签名） （企业公章） 年　月　日	

附件 2

中华人民共和国海关内贸货物跨境运输出境备案清单

预录入编号：__________ 海关编号：__________

进境口岸		出境日期	备案日期	
经营单位		运输方式	运输工具名称	提运单号
发货单位		贸易方式	运抵国（地区）	
境内货源地	成交方式	运费	保费	杂费
合同协议号	毛重（千克）	净重（千克）	随附单据	
备注：				

项号	商品编码	商品名称、规格型号	数量及单位	最终目的国（地区）	单价	总价	币制

录入员 录入单位	兹声明以上申报无讹并承担法律责任	海关备案审核
申报人		
单位地址	申报单位（签章）	
邮编 电话	填制日期	审核日期

附件3

中华人民共和国海关内贸货物跨境运输联系单

预录入号：____________ 编号：____________

<table>
<tr><td colspan="8">出境运输工具名称： 航次（航班）号： 监管方式： 境内运输方式：</td></tr>
<tr><td colspan="8">提（运）单总数： 货物总件数： 货物总重量： 集装箱总数： 运输工具：</td></tr>
<tr><td>境内运输工具名称</td><td>提（运）单号</td><td>集装箱号</td><td>货名</td><td>件数</td><td>重量</td><td>关锁号</td><td>个数</td></tr>
<tr><td></td><td></td><td></td><td></td><td></td><td></td><td></td><td></td></tr>
<tr><td colspan="3">以上申报属实，并承担法律责任，保证在 日内将上述货物完整运抵 海关。
申报人：
年 月 日</td><td colspan="2">启运地海关批注：
经办关员：
（签章）
年 月 日</td><td colspan="3">运抵地海关批注：
经办关员：
（签章）
年 月 日</td></tr>
</table>

附件4

中华人民共和国海关内贸货物跨境运输进境备案清单

预录入编号：__________　　　　海关编号：__________

进境口岸		进境日期	备案日期	
经营单位		运输方式	运输工具名称	提运单号
收货单位		贸易方式	启运国（地区）	
境内目的地	成交方式	运费	保费	杂费
合同协议号	毛重（千克）	净重（千克）	随附单据	
备注：				

项号	商品编码	商品名称、规格型号	数量及单位	原产国（地区）	单价	总价	币制

录入员	录入单位	兹声明以上申报无讹并承担法律责任	海关备案审核
申报人			
单位地址		申报单位（签章）	
邮编	电话	填制日期	审核日期

附件 5

中华人民共和国海关内贸货物跨境运输进（出）境备案清单填制说明

中华人民共和国海关内贸货物跨境运输进（出）境备案清单一式四联，分别为：海关存查联、海关统计联、海关作业联、企业存查联。

——进（出）境口岸：按照试点期间限定的进出境口岸填报；

——经营单位：填报开展内贸货物跨境运输业务的经营企业；

——备案日期：填报申报日期；

——监管方式：填报 9600；

——启运国（运抵国）：进出口均填报中国；

——随附单据：进口时填报联系单预录入号；

——收（发）货单位、成交方式、运费、保费、杂费、单价、总价、币制均为空；

备注：填报集装箱号，电子数据录入在“集装箱数”项下。

除上述栏目外，其他栏目按照《中华人民共和国海关进出口货物报关单填制规范》的要求填报。

附件 6

中华人民共和国海关内贸货物跨境运输联系单填制说明

中华人民共和国海关内贸货物跨境运输联系单一式三联，分别为海关存查联、海关作业联、企业存查联。

——出境运输工具名称：实际离境的运输工具名称填报；

——监管方式：填报 9600；

——境内运输工具名称、运输工具：为空。

除上述栏目外，其他栏目按照《中华人民共和国海关进出口转关运输货物申报填制规范》的要求填报。

中华人民共和国海关总署公告

2007 年第 6 号

经国务院批准，自 2007 年 3 月 20 日起对原产于台湾地区的 19 种进口农产品免征关税（详见附件）。现就执行中的有关事宜公告如下：

一、免征关税的原产于台湾地区的农产品（以下简称台湾原产农产品）共涉及《中华人民共和国进出口税则》中的 27 个税则号列，本公告附件清单所列标有“ex”的税则号列，表示该税则号列包括多项商品，其中，只有清单中的列名产品为免征关税的农产品。

二、海关凭台湾地区有关机构和民间组织（详见海关总署 2005 年第 37 号公告）签发的产地证明文件，办理免征关税的验放手续。

三、台湾原产农产品的原产地标准为在台湾地区完全获得，即水产品为在台湾地区养殖或由台湾籍渔船在远洋、近海捕捞，蔬菜为在台湾地区收获、采摘或采集。

四、进口货物的收货人或其代理人在申报进口免征关税的台湾原产农产品时，应按照本公告附件所列的对应商品编码填报，报关单“随附单据”栏的“优惠贸易协定代码”应填报为“06”，其他填报要求，按照海关总署 2005 年第 69 号公告的规定执行。

五、享受免征关税的台湾原产农产品，应符合海关总署 2005 年第 37 号公告的相关运输要求。

特此公告。

附件　部分原产于台湾地区的进口农产品免征关税的产品清单

海关总署

2007 年 3 月 19 日

附件

部分原产于台湾地区的进口农产品免征关税的产品清单

序号	税则号列	商品编码	商品名称	最惠国税率（%）	对台湾地区税率（%）
1	0302.2900	03022900.00	其他未列名鲜、冷比目鱼	12	0
	0303.3900	03033900.00	其他未列名冻比目鱼	10	0
2	0302.4000	03024000.00	鲜、冷鲱鱼	12	0
	0303.5100	03035100.00	冻鲱鱼	10	0
03	0302.6400	03026400.00	鲜、冷鲭鱼	12	0
	0303.7400	03037400.00	冻鲭鱼	10	0
4	0302.6910	03026910.00	鲜、冷带鱼	12	0
	0303.7910	03037910.00	冻带鱼	10	0
5	0302.6930	03026930.00	鲜、冷鲳鱼	12	0
	0303.7930	03037930.00	冻鲳鱼	10	0
6	ex 0302.6990	03026990.01	鲜、冷鲈鱼	12	0
	0303.7700	03037700.00	冻尖吻鲈鱼	12	0
	ex 0303.7990	03037990.01	其他冻鲈鱼	10	0
7	0306.1319	03061319.00	其他未列名冻小虾	5	0
	ex 0306.2399	03062399.01	鲜、冷小虾	12	0
8	ex 0307.3190	03073190.01	鲜、冷贻贝	14	0
	ex 0307.3900	03073900.01	冻贻贝	14	0
9	0703.1010	07031010.00	鲜、冷洋葱	13	0
10	ex 0704.1000	07041000.01	鲜、冷硬花甘蓝	10	0
	0704.2000	07042000.00	鲜、冷抱子甘蓝	13	0
	0704.9010	07049010.00	鲜、冷卷心菜	13	0
	ex 0704.9090	07049090.01	鲜、冷其他甘蓝	13	0
11	ex 0704.1000	07041000.02	鲜、冷花椰菜	10	0
12	0705.1100	07051100.00	鲜、冷结球莴苣	10	0
	0705.1900	07051900.00	鲜、冷其他莴苣	10	0
13	ex 0706.1000	07061000.01	鲜、冷胡萝卜	13	0
14	ex 0709.9090	07099090.01	鲜、冷丝瓜	13	0
15	ex 0709.9090	07099090.02	鲜、冷青江菜	13	0
16	ex 0709.9090	07099090.03	鲜、冷小白菜	13	0
17	ex 0709.9090	07099090.04	鲜、冷苦瓜	13	0
18	ex 0709.9090	07099090.05	鲜、冷山葵	13	0
19	ex 0714.9030	07149030.01	鲜、冷芋头	13	0

中华人民共和国海关总署公告

2007 年第 7 号

根据《中华人民共和国反倾销条例》的规定和对原产于日本、韩国、新加坡和台湾地区的进口双酚 A 反倾销调查结果，商务部决定自 2007 年 3 月 22 日起对原产于日本、韩国、新加坡和台湾地区的进口双酚 A 实施临时反倾销措施，并为此发布了中华人民共和国商务部 2007 年第 24 号公告（详见本公告附件 1）。现将执行中的有关问题公告如下：

一、自 2007 年 3 月 22 日起，对原产于日本、韩国、新加坡和台湾地区的进口双酚 A（税则号列：2907.2300），除按现行规定征收关税和进口环节增值税外，还应区别不同的供货厂商，按照本公告附件 2 所列的适用征收比率和下述计算公式征收反倾销保证金及相应的进口环节增值税保证金。

反倾销保证金及进口环节增值税保证金合计计算公式为：

保证金总额 =（海关完税价格 × 反倾销保证金征收比率）×（1 + 进口环节增值税税率）

对实施临时反倾销措施产品的详细描述详见本公告附件 1。

二、自 2007 年 3 月 22 日起，进口经营单位在申报进口税则号列 2907.2300 项下“双酚 A”时，商品编号应填报为 29072300.01；申报进口税则号列 2907.2300 项下“双酚 A 盐”时，商品编号应填报为 29072300.90。

三、凡申报进口双酚 A 的，应当向海关提交原产地证明。如果原产地为日本、韩国、新加坡或台湾地区的，还需提供原厂商发票。对于申报进口双酚 A 时不能提供原产地证明，且经查验也无法确定货物的原产地不是日本、韩国、新加坡或台湾地区的，海关按照本公告附件 2 所列的最高反倾销保证金征收比率征收保证金；对于能够确定货物的原产地是日本、韩国、新加坡或台湾地区，但进口经营单位不能提供原厂商发票，且通过其他合法、有效的单证也无法确定原生产厂商的，海关将按照本公告附件 2 所列的相应国家或地区“其他公司”适用的反倾销保证金征收比率征收保证金。

四、有关加工贸易保税进口原产于日本、韩国、新加坡或台湾地区的双酚 A 如何征收反倾销保证金等方面的问题，海关按照中华人民共和国海关总署 2001 年第 9 号公告和中华人民共和国海关总署令第 111 号的规定执行。

五、对于所征收的反倾销保证金及进口环节增值税保证金的处理，海关总署将根据终裁结果另行公告。

六、在对原产于日本、韩国、新加坡和台湾地区的进口双酚 A 实施临时反倾销措施期间，出现相同或类似货物而海关无法确定是否应对其征收反倾销保证金及相应的进口环节增值税保证金时，有关单位应向商务部提出申请，由商务部商有关部门作出裁定，海关将根据商务部的裁定执行。

特此公告。

附件 1　中华人民共和国商务部公告 2007 年第 24 号

附件 2　双酚 A 反倾销保证金征收比率表

海关总署

2007 年 3 月 21 日

附件 1

中华人民共和国商务部公告

2007 年第 24 号

根据《中华人民共和国反倾销条例》的规定，中华人民共和国商务部于 2006 年 8 月 30 日发布第 69 号公告，决定对原产于日本、韩国、新加坡和台湾地区的进口双酚 A（以下称被调查产品）进行反倾销调查。

商务部对被调查产品是否存在倾销和倾销幅度、被调查产品是否对中国大陆产业造成损害及损害程度以及倾销与损害之间的因果关系进行了调查。根据调查结果和《中华人民共和国反倾销条例》第二十四条的规定，商务部作出初裁决定（见附件）。

现将有关事项公告如下：

一、初裁决定

商务部初裁决定，原产于日本、韩国、新加坡和台湾地区的进口双酚 A 存在倾销，中国大陆双酚 A 产业遭受了实质损害，同时倾销和实质损害之间存在因果关系。

二、征收保证金

根据《中华人民共和国反倾销条例》第二十八条和第二十九条的规定，商务部决定采用现金保证金形式实施临时反倾销措施。自 2007 年 3 月 22 日起，进口经营者在进口原产于日本、韩国、新加坡和台湾地区的双酚 A 时，应根据本初裁决定所确定的各公司的倾销幅度向中华人民共和国海关提供相应的保证金。

对该被调查产品的描述如下：

调查范围：原产于日本、韩国、新加坡和台湾地区的进口双酚 A。

产品名称：双酚 A。

英文名称：Bisphenol－A（简称 BPA）。

化学名称：二酚基丙烷或 2，2－二（4－羟基苯基）丙烷或 4，4－异亚丙基联苯酚等。

分子式：$C_{15}H_{16}O_2$

化学结构式：

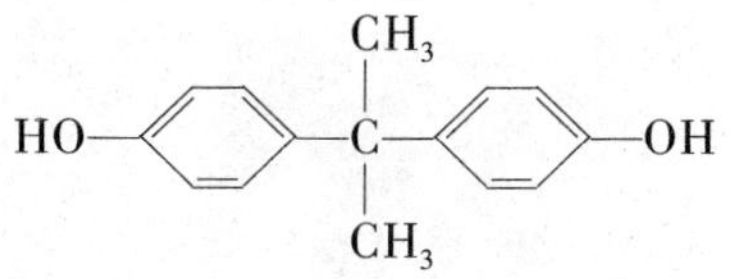

产品种类：有机化工产品。

税则号：本案被调查产品归在《中华人民共和国进出口税则》：2907.2300。该税则号项下的双酚 A 盐不在本案调查范围之内。

被调查产品是采用苯酚和丙酮为原料，在催化剂作用下反应生成的一种有机化工产品。外观在常温下是白色固体，形状有粉状、粒状、结晶状和片状等。

主要用途：双酚 A 可用于制造高分子材料如环氧树脂、聚碳酸酯、聚砜树脂、酚醛不饱和树脂、聚醚酰亚胺等，也可用来制造聚氯乙烯热稳定剂、增塑剂、橡胶防老剂、农用杀菌剂、油漆、紫外线吸收剂等。

对各公司征收的保证金比率如下：

（一）日本公司

1. 三井化学株式会社（Mitsui Chemicals，Inc.） 6.2%；

2. 三菱化学株式会社（Mitsubishi Chemical Corporation） 8.6%；

3. 其他日本公司（All Others） 37.1%。

（二）韩国公司

1. 锦湖 P&B 化学株式会社（KUMHO P&B CHEMICALS，INC.） 6.9%；

2. LG 石油化学株式会社（LG Petrochemical Co.，Ltd.） 7.9%；

3. 其他韩国公司（All Others） 37.1%。

（三）新加坡公司

1. 三井酚类新加坡公司（MITSUI PHENOLS SINGAPORE PTE. LTD.） 6.0%；

2. 其他新加坡公司（All Others） 37.1%。

（四）台湾地区公司

1. 南亚塑胶工业股份有限公司（Nan Ya Plastics Corporation） 6.0%；

2. 长春人造树脂厂股份有限公司（CHANG CHUN PLASTICS CO.，LTD.） 6.0%；

3. 信昌化学工业股份有限公司（Taiwan Prosperity Chemical Corporation） 5.3%；

4. 其他台湾地区公司（All Others） 37.1%。

三、征收保证金的方法

自 2007 年 3 月 22 日起，进口经营者在进口原产于日本、韩国、新加坡和台湾地区的双酚 A 时，应向中华人民共和国海关提供相应的保证金。反倾销保证金以海关审定的完税价格从价计征，计算公式为：

反倾销保证金金额＝海关完税价格×保证金征收比率

相应的进口环节增值税保证金计算公式为：

进口环节增值税保证金金额＝海关完税价格×保证金征税比率×进口环节增值税率

四、评论

各利害关系方在本公告发布之日起 20 天内，可向商务部提出书面评论并附相关证据，商务部将依法予以考虑。

特此公告。

附件　中华人民共和国商务部关于原产于日本、韩国、新加坡和台湾地区的进口双酚 A 反倾销调查的初裁决定公告（略）

商务部

2007 年 3 月 21 日

附件 2

双酚 A 反倾销保证金征收比率表

原产国（地区）	厂商名称	征收比率
日本	三井化学株式会社（Mitsui Chemicals，Inc.）	6.2%
	三菱化学株式会社（Mitsubishi Chemical Corporation）	8.6%
	其他日本公司（All Others）	37.1%
韩国	锦湖 P&B 化学株式会社（KUMHO P&B CHEMICALS，INC.）	6.9%
	LG 石油化学株式会社（LG Petrochemical Co.，Ltd.）	7.9%
	其他韩国公司（All Others）	37.1%
新加坡	三井酚类新加坡公司（MITSUI PHENOLS SINGAPORE PTE. LTD.）	6.0%
	其他新加坡公司（All Others）	37.1%
台湾地区	南亚塑胶工业股份有限公司（Nan Ya Plastics Corporation）	6.0%
	长春人造树脂厂股份有限公司（CHANG CHUN PLASTICS CO.，LTD.）	6.0%
	信昌化学工业股份有限公司（Taiwan Prosperity Chemical Corporation）	5.3%
	其他台湾地区公司（All Others）	37.1%

中华人民共和国海关总署公告

2007 年第 8 号

接外交部通知，2006 年 6 月 3 日黑山共和国宣布独立后，6 月 5 日塞尔维亚共和国宣布继承塞尔维亚和黑山（简称“塞黑”）的国际法主体地位，6 月 14 日中国政府宣布中国同“塞黑”之间有效的双边条约和协定在中塞间继续有效，双方享有和承担的各项权利和义务不变。7 月 6 日，中国政府与黑山共和国政府商定，在中国与“塞黑”间的所有双边条约和协定在中国和黑山共和国之间继续有效。

鉴此，自 2006 年 6 月 14 日起，对进口原产于塞尔维亚共和国的货物适用最惠国税率；自 2006 年 7 月 6 日起，对进口原产于黑山共和国的货物适用最惠国税率。“塞黑”的国别及统计代码“349”停止使用。增设国别塞尔维亚（the Republic of Serbia），其统计代码为“358”。增设国别黑山（the Republic of Montenegro），其统计代码为“359”。

本公告发布前已征收税款应按本公告规定予以调整。

特此公告。

海关总署

2007 年 3 月 21 日

中华人民共和国海关总署公告

2007 年第 9 号

根据《中华人民共和国反倾销条例》的规定，国务院关税税则委员会决定自 2007 年 3 月 29 日起，对原产于印度和台湾地区的进口壬基酚征收反倾销税，期限为 5 年。商务部为此发布了中华人民共和国商务部 2007 年第 11 号公告（详见附件 1）。现将执行中的有关问题公告如下：

一、自 2007 年 3 月 29 日起，对原产于印度和台湾地区的进口壬基酚（税则号列：2907.1310），除按现行规定征收进口关税外，还应区别不同的供货厂商，按照本公告附件 2 所列的适用税率和下述计算公式征收反倾销税及进口环节增值税。

反倾销税税额 = 海关完税价格 × 反倾销税税率

进口环节增值税税额 = （海关完税价格 + 关税税额 + 反倾销税税额） × 进口环节增值税税率

对应征收反倾销税产品的详细描述详见本公告附件 1。

二、凡申报进口壬基酚的，应当向海关提交原产地证明，如果原产地为印度或台湾地区的，还需提供原厂商发票。对于申报进口壬基酚时不能提供原产地证明，且经查验也无法确定货物的原产地不是印度或台湾地区的，海关按照本公告附件 2 所列的最高反倾销税税率征收反倾销税；对于能够确定货物的原产地是印度或台湾地区，但进口经营单位不能提供原厂商发票，且通过其他合法、有效的单证也无法确定原生产厂商的，海关按照本公告附件 2 所列的“其他印度公司”或“其他台湾地区公司”适用的反倾销税税率征收反倾销税。

三、有关加工贸易保税进口原产于印度或台湾地区的壬基酚如何征收反倾销税等方面的问题，海关按照中华人民共和国海关总署 2001 年第 9 号公告和中华人民共和国海关总署令第 111 号的规定执行。

四、对于实施临时反倾销措施之后进口原产于印度或台湾地区的壬基酚已经缴纳的反倾销保证金，按本公告规定的征收反倾销税的商品范围和反倾销税税率计征并转为反倾销税，与之同时缴纳的进口环节增值税保证金一并转为进口环节增值税。上述保证金超出按本公告规定的税率计算的反倾销税及相应的进口环节增值税的部分，有关单位可自 2007 年 3 月 29 日起 6 个月内向征收地海关申请退还，不足部分，不再补征。

五、印度十拿－赫蒂利亚有限公司的英文名称自 2006 年 9 月 13 日由 Schenectady Herdillia Limited 变更为 SI GROUP－INDIA LIMITED，商务部已接受该公司名称变更的申请。对于实施临时反倾销措施之后进口原产于印度十拿－赫蒂利亚有限公司（英文名称为 Schenectady Herdillia Limited 或 SI GROUP－INDIA LIMITED）的壬基酚已经缴纳的反倾销保证金，按本公告附件 2 所列的印度十拿－赫蒂利亚有限公司（SI GROUP－INDIA LIMITED）适用的反倾销税税率计征并转为反倾销税，与之同时缴纳的进口环节增值税保证金一并转为进口环节增值税，超出反倾销税及相应的进口环节增值税的部分，有关单位可按本公告第四条的规定申请退还。

六、在对原产于印度或台湾地区的进口壬基酚征收反倾销税期间，出现相同或类似货物而海关无法确定是否应对其征收反倾销税时，有关单位应向商务部提出申请，由商务部商有关部门作出裁定。海关将根据商务部的裁定执行。

特此公告。

附件 1　中华人民共和国商务部 2007 年第 11 号公告

附件 2　壬基酚反倾销税税率表

海关总署

2007 年 3 月 28 日

附件 1

中华人民共和国商务部公告

2007 年第 11 号

根据《中华人民共和国反倾销条例》的规定，中华人民共和国商务部于 2005 年 12 月 29 日发布公告，决定对原产于印度和台湾地区的进口壬基酚进行反倾销调查。

商务部对倾销和倾销幅度、损害及损害程度，以及倾销和损害之间的因果关系进行了调查。根据调查结果和《中华人民共和国反倾销条例》第二十四条的规定，商务部于2006年7月10日发布初裁公告，认定被调查产品存在倾销，中国大陆产业受到了实质损害，而且倾销与实质损害之间存在因果关系。

初步裁定后，商务部继续对倾销和倾销幅度、损害和损害程度，以及倾销和损害之间的因果关系进行调查。现本案调查结束，根据本案调查结果，并依据《中华人民共和国反倾销条例》第二十五条的规定，商务部做出终裁决定（见附件）。现将有关事项公告如下：

一、最终裁定

经过调查，商务部最终裁定，原产于印度和台湾地区的进口壬基酚存在倾销，中国大陆壬基酚产业受到了实质损害，同时倾销和实质损害之间存在因果关系。

二、征收反倾销税

根据《中华人民共和国反倾销条例》的有关规定，国务院关税税则委员会决定，自2007年3月29日起，对原产于印度和台湾地区的壬基酚征收反倾销税。

征收反倾销税的产品为壬基酚，也称壬基苯酚；英文名称为Nonyl Phenol（简称NP）；分子式为：$C_{15}H_{24}O$ 归在《中华人民共和国进出口税则》：2907.1310。

壬基酚的物理化学特性：壬基酚是一种重要的精细化工原料和中间体，外观在常温下为无色或淡黄色液体，略带苯酚气味，不溶于水，溶于丙酮。

壬基酚的主要用途：主要用于生产表面活性剂，也用于抗氧剂、纺织印染助剂、润滑油添加剂、农药乳化剂、树脂改性剂、树脂及橡胶稳定剂等领域。

对各公司征收的反倾销税税率如下：

（一）印度公司

印度十拿－赫蒂利亚有限公司（SI GROUP－INDIA LIMITED）　12.22%；

其他印度公司（All Others）　20.38%。

（二）台湾地区公司

和益化学工业股份有限公司（Formosan Union Chemical Corporation）　6.87%；

中国人造纤维股份有限公司（China Man－Made Fiber Corporation）　4.08%；

其他台湾地区公司（All Others）　20.38%。

三、征收反倾销税的方法

自2007年3月29日起，进口经营者在进口原产于印度和台湾地区的壬基酚时，应向中华人民共和国海关缴纳相应的反倾销税。反倾销税以海关审定的完税价格从价计征，计算公式为：

反倾销税额＝海关完税价格×反倾销税税率

进口环节增值税以海关审定的完税价格加上关税和反倾销税作为计税价格从价计征。

四、反倾销税的追溯征收

对自2006年7月10日起至本决定公告之日止，有关进口经营者依初裁决定向中华人民共和国海关所提供的保证金，按终裁所确定的征收反倾销税的商品范围和反倾销税税率计征并转为反倾销税，并按相应的增值税税率计征进口环节增值税。对在此期间有关进口经营者所提供的保证金超出反倾销税的部分，以及由此多征的进口环节增值税部分，海关予以退还，少征部分则不再征收。

印度十拿－赫蒂利亚有限公司的英文名称自2006年9月13日由Schenectady Herdillia Limited变更为SI GROUP－INDIA LIMITED，并已获得印度政府的批准。鉴于商务部已接受该公司名称变更的申请，因此，自2006年7月10日起至本决定公告之日止，从印度十拿－赫蒂利亚有限公司（Schenectady Herdillia Limited）/（SI GROUP－INDIA LIMITED）进口被调查产品的进口经营者依初裁决定向中华人民共和国海关所提供的现金保证金，按照终裁所确定的印度十拿－赫蒂利亚有限公司（SI GROUP－INDIA LIMITED）的税率计征并转为反倾销税，超过部分海关按照上述方法予以退还。

对实施临时反倾销措施决定公告之日前进口的原产于印度和台湾地区的壬基酚不再追溯征收反倾销税。

五、征收反倾销税的期限

对原产于印度和台湾地区的壬基酚征收反倾销税，实施期限自2007年3月29日起5年。

六、新出口商复审

对于上述国家和地区在调查期内未向中华人民共和国出口被调查产品的新出口经营者，符合条件的，可依据《中华人民共和国反倾销条例》第四十七条的规定，向调查机关书面申请新出口商复审。

七、期中复审

在征收反倾销税期间，有关利害关系方可根据《中华人民共和国反倾销条例》第四十九条的规定，向调查机关书面申请期中复审。

八、行政复议和行政诉讼

对本案终裁决定及征收反倾销税的决定不服的，根据《中华人民共和国反倾销条例》第五十三条的规定，可以依法申请行政复议，也可以依法向人民法院提起诉讼。

九、本公告自2007年3月29日起执行。

特此公告。

附件 中华人民共和国商务部关于原产于印度和台湾地区的进口壬基酚反倾销调查的终裁决定（略）

商务部

2007年3月28日

附件2

壬基酚反倾销税税率表

原产国（地区）	厂商名称	反倾销税税率
印度	印度十拿－赫蒂利亚有限公司（SI GROUP－INDIA LIMITED）	12.22%
	其他印度公司（All Others）	20.38%
台湾	和益化学工业股份有限公司（Formosan Union Chemical Corporation）	6.87%
	中国人造纤维股份有限公司（China Man－Made Fiber Corporation）	4.08%
	其他台湾地区公司（All Others）	20.38%

中华人民共和国海关总署公告

2007年第10号

根据《内地与香港关于建立更紧密经贸关系的安排》、《内地与澳门关于建立更紧密经贸关系的安排》（CEPA），经CEPA联合指导委员会同意，现将《海关总署关于公布2007年版〈享受货物贸易优惠措施的香港货物原产地标准表〉和〈享受货物贸易优惠措施的澳门货物原产地标准表〉及相关事宜的公告》（海关总署公告2006年第79号）中“未浸除咖啡碱的已焙炒咖啡”的原产地标准修改事项公告如下：

一、《享受货物贸易优惠措施的香港货物原产地标准表》项下“未浸除咖啡碱的已焙炒咖啡”（内地税号0901.2100）原产地标准修改为：

（1）从咖啡豆制造。主要制造工序为烘焙及碾磨。如制造工序中涉及混合，则混合亦须在香港进行；或（2）从咖啡豆制造，且符合从价百分比标准。主要制造工序为烘焙。

二、《享受货物贸易优惠措施的澳门货物原产地标准表》项下“未浸除咖啡碱的已焙炒咖啡”（内地税号0901.2100）原产地标准修改为：

（1）从咖啡豆制造。主要制造工序为烘焙及碾磨。如制造工序中涉及混合，则混合亦须在澳门进行；或（2）从咖啡豆制造，且符合从价百分比标准。主要制造工序为烘焙。

上述原产地标准自2007年4月1日起执行。

特此公告。

海关总署

2007年3月28日

中华人民共和国海关总署公告

2007 年第 11 号

根据《中华人民共和国海关行业标准管理办法（试行）》，海关总署批准《硅铝处理的金红石型钛白粉的鉴定方法》和《有机表面处理的二氧化硅的鉴定方法》等 14 项海关化验标准，现予以公布（标准名称见附件，标准文本由中国海关出版社出版），自 2007 年 4 月 1 日起实施。

特此公告。

附件 海关标准编号名称表

海关总署

2007 年 3 月 28 日

附件

海关标准编号名称表

序号	海关标准编号	海关标准名称	批准日期	实施日期
1	HS/T 3－2006	《硅铝处理的金红石型钛白粉的鉴定方法》	2007 年 3 月 28 日	2007 年 4 月 1 日
2	HS/T 4－2006	《有机表面处理的二氧化硅的鉴定方法》	2007 年 3 月 28 日	2007 年 4 月 1 日
3	HS/T 5－2006	《有机改性碳酸钙的鉴定方法》	2007 年 3 月 28 日	2007 年 4 月 1 日
4	HS/T 6－2006	《复合纸及纸板的鉴别方法》	2007 年 3 月 28 日	2007 年 4 月 1 日
5	HS/T 7－2006	《柴油中 1，4－二羟基蒽醌的定性分析分光光度法》	2007 年 3 月 28 日	2007 年 4 月 1 日
6	HS/T 8－2006	《2－甲基－1－丁烯与 2－甲基－2－丁烯的定量分析气相色谱法》	2007 年 3 月 28 日	2007 年 4 月 1 日
7	HS/T 9－2006	《乙烯－乙酸乙烯酯共聚物中乙酸乙烯酯的含量分析热重法》	2007 年 3 月 28 日	2007 年 4 月 1 日
8	HS/T 10－2006	《初级形状线性低密度聚乙烯的鉴别方法》	2007 年 3 月 28 日	2007 年 4 月 1 日
9	HS/T 11－2006	《低熔点复合涤纶短纤维的鉴别方法》	2007 年 3 月 28 日	2007 年 4 月 1 日
10	HS/T 12－2006	《滑石、绿泥石、菱镁石混合相的定量分析 X 射线衍射仪法》	2007 年 3 月 28 日	2007 年 4 月 1 日
11	HS/T 13－2006	《牛、羊、鹿源性成分鉴定方法　实时荧光 PCR 方法》	2007 年 3 月 28 日	2007 年 4 月 1 日
12	HS/T 14－2006	《人造刚玉的鉴定方法》	2007 年 3 月 28 日	2007 年 4 月 1 日
13	HS/T 15－2006	《微化锆英砂的鉴定方法》	2007 年 3 月 28 日	2007 年 4 月 1 日
14	HS/T 16－2006	《无尘纸与绒毛浆的鉴别方法》	2007 年 3 月 28 日	2007 年 4 月 1 日

中华人民共和国海关总署公告

2007年第12号

根据《中华人民共和国反倾销条例》的规定，国务院关税税则委员会决定自2003年8月6日起对原产于韩国、日本的进口铜版纸征收反倾销税，期限为5年。为此，商务部发布了2003年第35号公告，海关总署就具体实施的有关问题发布了2003年第48号公告。最近，商务部根据韩国茂林制纸株式会社、韩国茂林特殊制纸株式会社的申请，经审查后决定，由韩国茂林制纸株式会社（MOORIM PAPER CO.，LTD.）继承原韩国新茂林制纸株式会社（Shin Moorim Paper Mfg. CO.，Ltd.）所适用的反倾销税税率，由韩国茂林特殊制纸株式会社（MOORIM SP CO.，LTD.）继承原韩国茂林制纸株式会社（Moorim Paper Mfg. CO.，Ltd.）所适用的反倾销税税率，并为此发布了2007年第29号公告（详见附件）。现将海关执行中的有关问题公告如下：

一、自2007年3月30日起，对原产于韩国茂林制纸株式会社（MOORIM PAPER CO.，LTD.）和韩国茂林特殊制纸株式会社（MOORIM SP CO.，LTD.）的进口铜版纸，海关按照4%的税率征收反倾销税。

二、自2007年3月30日起，对以韩国新茂林制纸株式会社（Shin Moorim Paper Mfg. CO.，Ltd.）和韩国茂林制纸株式会社（Moorim Paper Mfg. CO.，Ltd.）为原产厂商名称申报进口的铜版纸，海关按照“其他韩国公司”51%的税率征收反倾销税。

三、对原产于韩国、日本的进口铜版纸征收反倾销税的其他事项，仍按照中华人民共和国海关总署2003年第48号公告的有关规定执行。

特此公告。

附件　中华人民共和国商务部2007年第29号公告

海关总署

2007年3月29日

附件

中华人民共和国商务部公告

2007年第29号

中华人民共和国商务部（以下称商务部）于2003年8月6日发布2003年第35号公告，决定对原产于韩国、日本的进口铜版纸征收反倾销税。

2007年2月1日，韩国茂林制纸株式会社、韩国茂林特殊制纸株式会社向商务部提交申请，称原韩国新茂林制纸株式会社（Shin Moorim Paper Mfg. Co.，Ltd.）已于2006年7月21日更名为韩国茂林制纸株式会社（MOORIM PAPER CO.，LTD.），原韩国茂林制纸株式会社（Moorim Paper Mfg. Co.，Ltd.）已于2006年6月8日更名为韩国茂林特殊制纸株式会社（MOORIM SP CO.，LTD.）。公司申请由更名后的韩国茂林制纸株式会社、韩国茂林特殊制纸株式会社继承其更名前相应公司的反倾销税税率。

商务部审查了两公司提交的申请材料，并向国内原申请人提供了更名申请材料的公开部分，国内产业作为原申请人表示对该申请无异议。经调查，商务部认为，现有证据材料表明两公司确已进行了名称变更，且两公司仅为名称变更，更名前后的经营管理、原材料供应、生产设备和销售客户等均未发生变化。

据此，商务部决定：

1. 由韩国茂林制纸株式会社（MOORIM PAPER CO.，LTD.）继承原韩国新茂林制纸株式会社（Shin Moorim Paper Mfg. Co.，Ltd.）所适用的4%反倾销税税率；

2. 由韩国茂林特殊制纸株式会社（MOORIM SP CO.，LTD.）继承原韩国茂林制纸株式会社（Moorim Paper Mfg. Co.，Ltd.）所适用的4%反倾销税税率；

3. 自本公告执行之日起，以韩国新茂林制纸株式会社（Shin Moorim Paper Mfg. Co.，Ltd.）、韩国茂林制纸株式会社（Moorim Paper Mfg. Co.，Ltd.）名称出口的公司，将采用“其他韩国公司”所适用的51%反倾销税税率。

本公告自2007年3月30日起执行。

特此公告。

商务部

2007年3月29日

中华人民共和国海关总署公告

2007年第13号

根据《科学研究和教学用品免征进口税收规定》（财政部、海关总署、税务总局令第45号，以下简称《科教用品免税规定》）和《科技开发用品免征进口税收暂行规定》（财政部、海关总署、税务总局令第44号，以下简称《科技用品免税暂行规定》）的有关规定，现就海关实施《科教用品免税规定》和《科技用品免税暂行规定》的有关办法和相关事宜公告如下：

一、《科教用品免税规定》和本公告所称科学研究机构和学校是指：

（一）国务院各部委、直属机构和省、自治区、直辖市、计划单列市所属专门从事科学研究工作的各类科研院所；

（二）国家承认学历的大专及以上学历教育的高等学校，其中包括成人高等学校（广播电视大学、职工大学、教育学院、管理干部学院、农民高等学校、独立设置的函授学院等）；高等职业学校；中央党校及省、自治区、直辖市、计划单列市党校；

（三）财政部会同国务院有关部门核定的其他科研机构和学校。

二、《科技用品免税暂行规定》和本公告所称科学研究、技术开发机构（以下简称科技开发机构）是指：

（一）科技部会同财政部、海关总署和税务总局核定的科技体制改革过程中转制为企业和进入企业的主要从事科学研究和技术开发工作的机构；

（二）国家发展改革委会同财政部、海关总署和税务总局核定的国家工程研究中心；

（三）国家发展改革委会同财政部、海关总署、税务总局和科技部核定的企业技术中心；

（四）科技部会同财政部、海关总署和税务总局核定的国家重点实验室和国家工程技术研究中心；

（五）财政部会同国务院有关部门核定的其他科学研究、技术开发机构。

三、科学研究机构、学校进口《科教用品免税规定》附件“免税进口科学研究和教学用品清单”所列商品和科技开发机构进口《科技用品免税暂行规定》附件“免税进口科技开发用品清单”中所列商品均可予免征进口关税和进口环节增值税、消费税，其中：

（一）“免税进口科学研究和教学用品清单”和“免税进口科技开发用品清单”（以下统称“清单”）第（一）项包括进行分析、测量、检查、计量、观测等工作必需的传感器或类似装置及其附件；

（二）“清单”第（二）项的“实验室设备”只限于为科学研究、教学和科技开发提供必要条件或与仪器、仪表配套使用的小型实验室设备、装置、专用器具和器械（国家规定不予免税的20种商品除外），如超低温设备、小型超纯水设备、小型发酵设备等，但不包括中试设备（详见附件1）；

（三）“清单”第（三）项包括网络设备，如数据交换仪、路由器、集成器、防火墙；

（四）“清单”第（四）项所列用于维修、改进或扩充功能的零部件及配件只限用于原享受科教用品、科技开发用品优惠政策免税进口并在海关监管期内的仪器、仪表和设备等的专用件；

（五）“免税进口科学研究和教学用品清单”第（八）项和“免税进口科技开发用品清单”第（七）项所列实验用材料是指科学研究、教学和科技开发实验中所需的试剂、生物中间体和制品、药物、同位素等特殊专用材料（详见附件2）；

（六）“免税进口科学研究和教学用品清单”第（十）项和“免税进口科技开发用品清单”第（九）项所列的医疗检测、分析仪器及其附件是指医药类院校、专业和医药类科学研究机构及科技开发机构为科学研究、科学试验、教学和科技开发进口的医疗检测、分析仪器，但不包括用于手术、治疗的仪器设备，例如呼吸机、监护仪、心脏起搏器、牙科椅等；

（七）“免税进口科学研究和教学用品清单”第（十二）项和“免税进口科技开发用品清单”第（十一）项所列“专业级乐器”是指艺术类院校、专业和艺术类科学研究机构及科技开发机构进行创作、教学、科学研究和科技开发所需的弦乐类、管乐类、打击乐与弹拨乐类、键盘乐类、电子乐类等方面的专用乐器；“音像资料”是指上述院校、科学研究机构及科技开发机构进行教学、科学研究和科技开发专用的音像资料。

四、符合上述第一条、第二条规定的科学研究机构、学校和科技开发机构，首次申请免税进口科教用品或科技开发用品前，应持凭有关批准文件向单位所在地直属海关申请办理资格备案手续。其中：

（一）高等学校（包括成人高等学校，师范、医药类高等职业学校以及由国务院有关部门和单位主办的高等职业学校）持凭教育部批准设立的文件；国务院授权省、自治区、直辖市人民政府审批设立的高等职业学校，持凭省级人民政府批准设立的文件；

（二）国务院各部委、直属机构设立的科学研究机构持凭主管部门批准成立的文件、事业单位法人证书和科技部认定该单位为科学研究机构的有关文件；

（三）省、自治区、直辖市、计划单列市设立的科学研究机构持凭主管部门批准成立的文件、事业单位法人证书和同级科技主管部门认定该单位为科学研究机构的有关文件。其中，省、自治区、直辖市、计划单列市设立的厅局级科学研究机构还需持凭国家机构编制主管部门批准成立的文件；

（四）科技开发机构持凭国务院有关部门的核定文件。

经海关审核认定申请单位符合条件的，海关予以办理科教用品、科技开发用品免税资格备案。

五、经批准免税进口的科教用品和科技开发用品，应当直接用于本单位的科学研究、教学和科技开发活动，未经海关许可不得擅自转让、移作他用或进行其他处置。

六、免税进口科教用品、科技开发用品的单位，经海关核准后，其免税进口的仪器、设备可用于其他单位的科学研究、教学和科技开发活动，但不得移出本单位。

七、医药类院校、专业和医药类科学研究机构为从事科学研究、教学活动，需将免税进口的医疗检测、分析仪器放置于其经省级或省级以上的教育或卫生主管部门批准的附属医院临床使用的，须事先向海关提出申请并经海关核准。上述仪器经海关核准进口后，应由医药类院校、医药类专业所在院校和医药类科学研究机构进行登记管理。

前款规定的上述单位进口放置在附属医院使用的大中型医疗检测、分析仪器，按照主要功能和用途，限每所附属医院每种每 5 年 1 台；放置在附属医院使用的其他小型医疗检测、分析仪器应限制在合理数量内。

本科院校的附属医院一般应达到三级甲等水平，专科学校的附属医院一般应达到二级甲等以上水平。

八、违反有关规定，将免税进口的科教用品和科技开发用品擅自转让、移作他用或进行其他处置，依法被追究刑事责任的，有关单位自违法行为发现之日起 3 年内不得享受本税收优惠政策；按照有关规定被处罚但未被追究刑事责任的，有关单位自违规行为发现之日起 1 年内不得享受本税收优惠政策。

九、接受捐赠进口科教用品和科技开发用品按照本公告的规定办理。

十、上述规定自公告之日起实施。

特此公告。

附件 1　为科学研究、教学和科技开发提供必要条件的实验设备、装置和器械（不包括中试设备）

附件 2　实验用材料

2007 年 3 月 30 日

附件 1

为科学研究、教学和科技开发提供必要条件的实验设备、装置和器械（不包括中试设备）

一、实验环境方面

（一）教学实验仪器及装置；

（二）教学示教、演示仪器及装置；

（三）超净设备（如换气、灭菌、纯水、净化设备等）；

（四）特殊实验环境设备（如超低温、超高温、高压、低压、强腐蚀设备等）；

（五）特殊电源、光源（如电极、开关、线圈、各种光源等）；

（六）清洗循环设备；

（七）恒温设备（如水浴、恒温箱、灭菌仪等）；

（八）小型粉碎、研磨制备设备；

（九）其他。

二、样品制备设备和装置

（一）特种泵类（如分子泵、离子泵、真空泵、蠕动泵、蜗轮泵、干泵等）；

（二）培养设备（如培养箱、发酵罐等）；

（三）微量取样设备（如移液管、取样器、精密天平等）；

（四）分离、纯化、浓缩设备（如离心机、层析、色谱、萃取、结晶设备、旋转蒸发器等）；

（五）气体、液体、固体混合设备（如旋涡混合器等）；

（六）制气设备、气体压缩设备；

（七）专用制样设备（如切片机、压片机、镀膜机、减薄仪、抛光机等），实验用注射、挤出、造粒、膜压设备；实验室样品前处理设备；

（八）实验室专用小器具（如分配器、量具、循环器、清洗器、工具等）；

（九）其他。

三、实验室专用设备

（一）特殊照相和摄影设备（如水下、高空、高温、低温等）；

（二）科研飞机、船舶用关键设备和部件；

（三）特种数据记录设备及材料（如大幅面扫描仪、大幅面绘图仪、磁带机、光盘机等）；

（四）特殊电子部件（如电路板、特种晶体管、专用集成电路等）；

（五）材料科学专用设备（如干胶仪、特种坩埚、陶瓷、图形转换设备、制版用干板、特种等离子体源、离子源、外延炉、扩散炉、溅射仪、离子刻蚀机，材料实验机等），可靠性试验设备，微电子加工设备，通信模拟仿真设备，通信环境试验设备；

（六）小型熔炼设备（如真空、粉末、电渣等），特殊焊接设备；

（七）小型染整、纺丝试验专用设备；

（八）电生理设备；

（九）其他。

附件 2

实验用材料

一、无机试剂、有机试剂、生化试剂。

二、新合成或新发现的化学物质或化学材料。

三、研究用的矿石、矿物燃料、矿物油及其副产品。

四、科研用的电子材料、特种金属材料、膜材料，各种分析用的标准物、固定相。

五、实验或研究用的水（超纯水、导电水、去离子水等），空气（液态空气、压缩空气、已除去惰性气体的空气等），超纯氮、氦（包括液氮、液氦等）。

六、科研用的各种催化剂、助剂及添加剂（防老化剂、防腐剂、促进剂、粘合剂、硫化剂、光吸收剂、发泡剂、消泡剂、乳化剂、破乳剂、分散剂、絮凝剂、抗静电剂、引发剂、渗透剂、光稳定剂、再生活化剂等）。

七、高分子化合物：特种塑料、树脂、橡胶（耐高、低温，耐强酸碱腐蚀、抗静电、高机械强度，或易降解等）。

八、其他。

中华人民共和国海关总署公告

2007年第14号

2003年，为贯彻国务院关于黄金体制改革的决定要求，海关总署发布了关于免征进口黄金（含标准黄金）和黄金矿砂（含伴生矿）进口环节增值税的公告（海关总署2003年第29号公告）。其中明确黄金伴生矿仅指《中华人民共和国进出口税则》中税则号列2603.0000（铜矿砂及其精矿）的黄金伴生矿，同时作出了相关管理规定。

根据上述关于黄金和黄金矿砂的进口税收政策和近年来我国铅工业发展的情况及存在的问题，经研究，自2007年4月1日起，进口铅矿砂及其精矿享受黄金伴生矿税收优惠政策，即进口铅矿砂及其精矿中所含的黄金价值部分免征进口环节增值税，非黄金价值部分照章征收进口环节增值税。现就有关事项公告如下：

一、上述享受进口税收优惠政策的铅矿砂及其精矿是指税则号列2607.0000项下的货物。

二、进口货物收货人在向海关申报进口上述铅矿砂及其精矿时，其中所含黄金价值部分的商品编码应填报为26070000.01，非黄金价值部分的商品编码应填报为26070000.90。

三、其他相关事项，按照海关总署2003年第29号公告的有关规定办理。

特此公告。

海关总署

2007年3月30日

中华人民共和国海关总署公告

2007年第15号

根据财政部和国家税务总局的通知，自2007年4月1日起，对生皮和生毛皮等动物皮张类商品（详见附件）的进口环节增值税按13%的税率计征。

特此公告。

附件　按13%税率计征进口环节增值税的动物皮张类商品

海关总署

2007年3月30日

附件

按13%税率计征进口环节增值税的动物皮张类商品

税目	商品名称
41.01	生牛皮（包括水牛皮）、生马皮（鲜的、盐腌的、干的、石灰浸渍的、浸酸的或以其他方法保藏，但未鞣制、未经羊皮纸化处理或进一步加工的），不论是否去毛或剖层：
4101.2011	经退鞣处理的，完全干燥的每张重量不超过8千克，干盐腌的不超过10千克，鲜的、湿盐腌的或以其他方法保藏的不超过16千克的整张牛皮
4101.2019	完全干燥的每张重量不超过8千克，干盐腌的不超过10千克，鲜的、湿盐腌的或以其他方法保藏的不超过16千克的整张其他牛皮
4101.2020	完全干燥的每张重量不超过8千克，干盐腌的不超过10千克，鲜的、湿盐腌的或以其他方法保藏的不超过16千克的整张马皮
4101.5011	经退鞣处理的，重量超过16千克的整张牛皮
4101.5019	重量超过16千克的整张其他牛皮
4101.5020	重量超过16千克的整张马皮
4101.9011	经退鞣处理的其他牛皮，包括整张或半张的背皮及腹皮
4101.9019	其他牛皮，包括整张或半张的背皮及腹皮
4101.9020	其他马皮，包括整张或半张的背皮及腹皮
41.02	绵羊或羔羊生皮（鲜的、盐腌的、干的、石灰浸渍的、浸酸的或经其他方法保藏，但未鞣制、未经羊皮纸化处理或进一步加工的），不论是否带毛或剖层，但本章注释一（三）所述不包括的生皮除外：
4102.1000	带毛的绵羊或羔羊生皮
4102.2110	经退鞣处理的，浸酸的不带毛的绵羊或羔羊生皮
4102.2190	其他浸酸的不带毛的绵羊或羔羊生皮
4102.2910	经退鞣处理的，不带毛的绵羊或羔羊生皮
4102.2990	其他不带毛的绵羊或羔羊生皮
41.03	其他生皮（鲜的、盐腌的、干的、石灰浸渍的、浸酸的或以其他方法保藏，但未鞣制、未经羊皮纸化处理或进一步加工的），不论是否去毛或剖层，但本章注释一（二）或（三）所述不包括的生皮除外：
4103.2000	爬行动物生皮
4103.3000	生猪皮
4103.9011	经退鞣处理的山羊板皮
4103.9019	其他山羊板皮
4103.9021	经退鞣处理的其他山羊或小山羊生皮
4103.9029	其他山羊或小山羊生皮
4103.9090	其他动物生皮
43.01	生毛皮（包括适合加工皮货用的头、尾、爪及其他块、片），但税号41.01，41.02或41.03的生皮除外：
4301.1000	整张水貂皮，不论是否带头、尾或爪

中华人民共和国海关总署公告

2007 年第 16 号

根据《中华人民共和国知识产权海关保护条例》（以下简称《条例》）第二十七条的规定，被没收的侵犯知识产权的货物（以下简称侵权货物）无法用于社会公益事业且知识产权权利人无收购意愿的，海关可以在消除侵权特征后依法拍卖。为了规范海关拍卖侵权货物工作，增加海关执法的透明度，保障知识产权权利人的知情权，现就有关事项公告如下：

一、海关拍卖没收的侵权货物，应当严格按照《条例》第二十七条的规定，完全清除有关货物以及包装的侵权特征，包括清除侵权商标、侵犯著作权、侵犯专利权以及侵犯其他知识产权的特征。对不能完全清除侵权特征的货物，应当予以销毁，一律不得拍卖。

二、海关拍卖侵权货物前应当征求有关知识产权权利人的意见。

特此公告。

海关总署

2007 年 4 月 2 日

中华人民共和国海关总署公告

2007 年第 17 号

根据《中华人民共和国反倾销条例》的规定，国务院关税税则委员会决定自 2007 年 4 月 18 日起，对原产于日本的进口电解电容器纸征收反倾销税，期限为 5 年。商务部为此发布了中华人民共和国商务部 2007 年第 30 号公告（详见附件 1）。现将执行中的有关问题公告如下：

一、自 2007 年 4 月 18 日起，对原产于日本的进口电解电容器纸（税则号列：4805.9110），除按现行规定征收进口关税外，还应区别不同的供货厂商，按照本公告附件 2 所列的适用税率和下述计算公式征收反倾销税及进口环节增值税。

反倾销税税额＝海关完税价格×反倾销税税率

进口环节增值税税额＝（海关完税价格＋关税税额＋反倾销税税额）×进口环节增值税税率

对应征收反倾销税产品的详细描述详见本公告附件 1。

二、凡申报进口电解电容器纸的，应当向海关提交原产地证明，如果原产地为日本的，还需提供原厂商发票。对于申报进口电解电容器纸时不能提供原产地证明，且经查验也无法确定货物的原产地不是日本的，海关按照本公告附件 2 所列的最高反倾销税税率征收反倾销税；对于能够确定货物的原产地是日本，但进口经营单位不能提供原厂商发票，且通过其他合法、有效的单证也无法确定原生产厂商的，海关按照本公告附件 2 所列的“其他日本公司”适用的反倾销税税率征收反倾销税。

三、有关加工贸易保税进口原产于日本的电解电容器纸如何征收反倾销税等方面的问题，海关按照中华人民共和国海关总署 2001 年第 9 号公告和中华人民共和国海关总署令第 111 号的规定执行。

四、对于实施临时反倾销措施之后进口原产于日本的电解电容器纸已经缴纳的反倾销保证金，按本公告规定的征收反倾销税的商品范围和反倾销税税率计征并转为反倾销税，与之同时缴纳的进口环节增值税保证金一并转为进口环节增值税。上述保证金超出按本公告规定的税率计算的反倾销税及相应的进口环节增值税的部分，有关单位可自 2007 年 4 月 18 日起 6

个月内向征收地海关申请退还，不足部分，不再补征。

五、在对原产于日本的进口电解电容器纸征收反倾销税期间，出现相同或类似货物而海关无法确定是否应对其征收反倾销税时，有关单位应向商务部提出申请，由商务部商有关部门作出裁定。海关将根据商务部的裁定执行。

特此公告。

附件1　中华人民共和国商务部2007年第30号公告
附件2　电解电容器纸反倾销税税率表

海关总署
2007年4月17日

附件1

中华人民共和国商务部公告

2007年第30号

根据《中华人民共和国反倾销条例》的规定，中华人民共和国商务部于2006年4月18日发布立案公告，决定对原产于日本的进口电解电容器纸（以下称被调查产品）进行反倾销调查。

商务部对被调查产品是否存在倾销和倾销幅度、被调查产品是否对国内产业造成损害及损害程度以及倾销与损害之间的因果关系进行了调查。根据调查结果和《中华人民共和国反倾销条例》第二十四条的规定，商务部于2006年10月16日发布初裁公告，认定原产于日本的进口电解电容器纸存在倾销，中国电解电容器纸产业遭受了实质损害，而且倾销与实质损害之间存在因果关系。

初步裁定后，商务部对倾销和倾销幅度、损害和损害程度进行了进一步的调查。现本案调查结束，根据本案调查结果，并依据《中华人民共和国反倾销条例》第二十五条的规定，商务部作出最终裁定（见附件）。现将有关事项公告如下：

一、最终裁定

经过调查，商务部最终裁定，原产于日本的进口电解电容器纸存在倾销，中国电解电容器纸产业遭受了实质损害，而且倾销与实质损害之间存在因果关系。

二、征收反倾销税

根据《中华人民共和国反倾销条例》的有关规定，国务院关税税则委员会决定，自2007年4月18日起，对原产于日本的进口电解电容器纸征收反倾销税。

征收反倾销税的产品为电解电容器纸（未经浸渍或涂布电解质），也称电解电容器原纸；英文名称为：Paper for Electrolytic Capacitor。归在《中华人民共和国进出口税则》：4805.9110。

电解电容器纸是每平方米重量在150克及以下的一种特种纸，一般用于电解电容器中吸附电解液的基础材料，并与电解液一起构成电解电容器的阴极。

对各公司征收的反倾销税税率如下：

1. 日本高度纸工业株式会社（NIPPON KODOSHI CORPORATION）　22%；
2. 大福制纸株式会社（Daifuku Seishi Co.，Ltd.）　15%；
3. 其他日本公司（All Others）　40.83%。

三、征收反倾销税的方法

自2007年4月18日起，进口经营者在进口原产于日本的电解电容器纸时，应向中华人民共和国海关缴纳相应的反倾销税。反倾销税以海关审定的完税价格作为计税价格从价计征，计算公式为：

反倾销税额＝海关审定的完税价格×反倾销税税率

进口环节增值税以海关审定的完税价格加上关税和反倾销税作为计税价格从价计征。

四、反倾销税的追溯征收

对自2006年10月20日起至本决定公告之日止，有关进口经营者依初裁决定向中华人民共和国海关所提供的保证金，按终裁所确定的征收反倾销税的商品范围和反倾销税税率计征并转为反倾销税，并按相应的增值税税率计征进口环节增值税。对在此期间有关进口经营者所提供的保证金超出反倾销税和与之相应的进口环节增值税的部分，海关予以退还，不足部分则不再补征。

对实施临时反倾销措施决定公告之日前，原产于日本的进口电解电容器纸不再追溯征收反倾销税。

五、征收反倾销税的期限

对原产于日本的进口电解电容器纸征收反倾销税，实施期限为自2007年4月18日起5年。

六、新出口商复审

对于上述国家在调查期内未向中华人民共和国出口被调查产品的新出口经营者，符合条件的，可依据《中华人民共和国反倾销条例》第四十七条的规定，向商务部书面申请新出口商复审。

七、期中复审

在征收反倾销税期间，有关利害关系方可以根据《中华人民共和国反倾销条例》第四十九条的规定，向商务部书面申请期中复审。

八、行政复议和行政诉讼

对本案终裁决定及征收反倾销税的决定不服的，根据《中华人民共和国反倾销条例》第五十三条的规定，可以依法申请行政复议，也可以依法向人民法院提起诉讼。

特此公告。

附件 中华人民共和国商务部关于原产于日本的进口电解电容器纸反倾销调查的最终裁定（略）

商务部

2007年4月17日

附件2

电解电容器纸反倾销税税率表

原产国	厂商名称	反倾销税税率
日本	日本高度纸工业株式会社（NIPPON KODOSHI CORPORATION）	22%
	大福制纸株式会社（Daifuku Seishi Co.，Ltd.）	15%
	其他日本公司（All Others）	40.83%

中华人民共和国海关总署公告

2007年第18号

《中华人民共和国海关进出口货物商品归类管理规定》（以下简称《规定》）已以海关总署令第158号予以公布，将自2007年5月1日起实施。根据《规定》内容，《海关总署关于中华人民共和国海关进出口货物的“报验状态”认定的规定有关事宜公告》（公告〔2002〕37号）和《海关总署关于解决因商品归类错误引起的关税及其他进口环节税的退、补税问题的公告》（公告〔2003〕40号）自《规定》实施之日起废止。

特此公告。

海关总署

2007年4月19日

中华人民共和国海关总署公告

2007 年第 19 号

经国务院有关部门共同研究修订的《国内投资项目不予免税的进口商品目录（2006 年修订）》已经财政部对外发布，并于 2007 年 3 月 1 日起实施。为保证相关政策的平稳过渡，对 2007 年 2 月 28 日及以前批准的国内投资项目项下在 2007 年 12 月 31 日及以前申报进口的设备，仍按照 2002 年调整后的《国内投资项目不予免税的进口商品目录（2000 年修订）》（以下简称《2000 年不予免税商品目录》）执行。为此，根据 2007 年版《中华人民共和国进出口税则》的税目调整情况，针对原《2000 年不予免税商品目录》在实施中存在的问题，对原《2000 年不予免税商品目录》进行了调整（详见附件 1、2）。经商财政部，现将有关事宜公告如下：

一、此次调整，除根据上述税则税目的调整及原《2000 年不予免税商品目录》所列税则号列不够准确等情况调整了相关商品的税则号列外，同时对其中个别商品的名称等内容进行了适当修正。

二、自 2007 年 5 月 25 日起，对于仍需按照《2000 年不予免税商品目录》执行的，应以此次调整后的《2000 年不予免税商品目录》为准。对于本公告发布前海关已出具的进出口货物征免税证明尚在有效期内的，仍然继续有效。货物已经征税或免税进口的，不再予以调整。

三、执行此次调整后的《2000 年不予免税商品目录》的有关问题，仍按照《国务院关于调整进口设备税收政策的通知》（国发〔1997〕37 号）、《海关总署关于贯彻〈国务院关于调整进口设备税收政策的通知〉的紧急通知》（署税〔1997〕1062 号）和《海关总署关于执行〈国内投资项目不予免税的进口商品目录（2006 年修订）〉的有关问题的通知》（署税发〔2007〕90 号）的有关规定执行。

四、自 2007 年 5 月 25 日起，原《2000 年不予免税商品目录》同时废止。

特此公告。

附件 1　《国内投资项目不予免税的进口商品目录（2000 年修订）》2007 年调整对照表（略）

附件 2　《国内投资项目不予免税的进口商品目录（2000 年修订）》（2007 年调整）（略）

海关总署

2007 年 5 月 16 日

中华人民共和国海关总署公告

2007 年第 20 号

根据《中华人民共和国海关关于报关员资格考试及资格证书管理办法》的规定，海关总署决定于 2007 年 11 月 4 日举行 2007 年度报关员资格全国统一考试（下称考试）。现就考试有关事项公告如下：

一、考试内容

考试主要测试考生从事报关业务必备的基础知识和技能，考试内容包括报关专业知识、报关专业技能、报关相关知识以及与报关工作相关的法律、行政法规和海关规章。

二、考试方式与应试规则

考试全部采用客观性试题，以闭卷笔试方式进行，考试试卷和答题卡均以简体中文字印刷；考试时限为 180 分钟，不分场次（考试具体起讫时间见准考证副证）。

考生应试时，应当使用 2B 铅笔将选定的试题答案填涂在答题卡对应位置上；未按规定填涂的，后果自负。

考生应当携带考试工具书（《进出口商品名称与编码》）应试，但不得在书中做任何文字记录或者标记。鉴于我国已经根据2007年版《商品名称及编码协调制度》对进出口税则进行了相应转换并对部分税则税目进行了调整，要求考生统一使用中国海关出版社2007年版《进出口商品名称与编码》应试，否则后果自负。

考生不得携带手机、传呼机等任何通讯工具或者具有信息存储、读取功能的电子产品以及其他无关物品进入考场。

考生应试的具体要求，详见《报关员资格全国统一考试应试规则》（海关总署2006年第28号公告），考生应当认真阅读、知悉。

三、考区设置

考试以直属海关为单位，设41个考区；各考区以隶属海关、办事处为单位，分设若干个报考点。

考试不限考生户籍、居住、学习及工作所在地，考生可以按照各考区的报考点设置，自主选择报考点。

四、报名条件

（一）报名参加考试的人员应当符合下列条件：

1. 具有中华人民共和国国籍；

2. 年满18周岁，具有完全民事行为能力；

3. 具有大专及以上学历。

具有高中或者中等专业学校毕业学历，并且符合《中华人民共和国海关关于报关员资格考试及资格证书管理办法》规定的其他条件的人员，可以按照海关总署2006年第22号公告的规定，报名参加考试。

（二）有下列情形之一的，不得报名参加考试：

1. 因故意犯罪，受到刑事处罚的；

2. 因在报关活动中发生走私或严重违反海关规定的行为，被海关依法取消报关从业资格的；

3. 因向海关工作人员行贿，被海关依法撤销报关注册登记、取消报关从业资格的；

4. 曾被宣布考试成绩无效，并被撤销报关员资格、吊销资格证书，不满3年的。

五、报名方式

（一）网上预报名

1. 中国海关报关员资格考试网自2007年6月4日至23日接受考生网上预报名。

中国海关报关员资格考试网网址：

http://www.customs.gov.cn/default.aspx?tabid=5393

2. 考生报名前应先行登陆中国海关报关员资格考试网，进行用户注册。用户注册信息将自动转入报名信息中，有关信息一经提交，即不得再行更改，因此要求考生务必准确、如实填写，虚假或者失实信息将导致报名失败。

3. 考生应当在规定的预报名期限内，登录中国海关报关员资格考试网，选定考区和报考点海关，输入个人报名信息，打印报关员资格全国统一考试报名表并签署本人承诺。

考生报名前，应当仔细阅读报名表填写说明，完整、准确地填写个人报名信息。报名表一经提交，任何虚假或者失实信息，均有可能导致考生报名无效或者考试成绩无效。

注册和报名信息中的中文信息，均应使用简体中文字输入。

香港、澳门特别行政区居民中的中国公民（下称港澳居民）以及台湾居民报考报关员资格，如使用非简体中文Windows操作系统进行网上注册、预报名的，应当在注册前对操作系统作如下设置：

（1）安装简体中文（GB2312）字库；

（2）打开Internet Explorer“查看”下拉菜单，“编码”项选择“简体中文（GB2312）”。

4. 考生提交报名信息后，即可自行打印准考证主证。

5. 考生应当准备3张本人照片，分别贴在报名表贴照片处、报名表右下角，以及准考证主证贴照片处，在报名确认时向海关提交。

考生照片应当符合以下要求：

本人近3个月内彩色证件照，小2寸（48mm×33mm），蓝色背景，无边框；照片为正面照，免冠，无头饰，勿着制式服装，常戴眼镜的应佩戴眼镜；所用照片均应以同一底片冲印；拒收一次成像、翻拍或者彩色打印机打印的照片。

6. 考生注册后，遗忘本人注册名称、密码的，可按以下两种方式查询：

（1）回答密码提示问题；

（2）以姓名、身份证件号码和联系电话为密码查询必要条件，3项缺一不可，其中联系电话是考生在注册时填写的；如果注册时填写了两个联系电话，则输入任意一个即可。

（二）现场确认报名

1. 现场确认报名时间为2007年7月2日至16日。

2. 考生本人应当在规定时间内，持下列材料、证件，到选定的报名地海关现场办理确认报名手续：

（1）报关员资格全国统一考试报名表（加贴照片2张）；

（2）准考证主证（加贴照片1张）；

（3）本人有效身份证件（居民身份证、军官证、士兵证）复印件；

（4）本人学历证书复印件。

海关认为必要时，可以要求考生另行提交由教育行政管理部门指定的学历学位认证单位出具的学历学位认证证明复印件，或者由专业性涉外翻译机构出具的学历证书翻译件原件。

港澳居民报考报关员资格的，应当向报考点海关提交港澳居民来往内地通行证或者港澳同胞回乡证（在有效期及有效使用次数内）复印件。

台湾居民报考报关员资格的，应当向报考点海关提交台湾居民来往大陆通行证（即台胞证，5年期并具有效签注）复印件。

3. 2007年应届毕业生在确认报名时，如已经完成学业但由于学制原因尚未取得学历证书，可以凭所在学（院）校出具的毕业证明书或者其他类似证明（须列明学制）原件和本人学生证复印件，办理确认报名手续，考生应当同时签署凭学历证书申领报关员资格证书、否则后果自负的承诺。

按照本项规定参加考试的考生，考试成绩合格后仍须凭学历证书申请报关员资格；在规定的申请期限内未能交验学历证书的，海关不予颁发报关员资格证书。

4. 按照本公告上述规定提交复印件的，考生应当在复印件上签署复印件与原件相符的声明，并签注日期，同时向海关交验原件。复印件均须使用A4纸张，并保证复印效果清晰，供海关留存；原件经现场审验后即行退回。

5. 考生办理确认报名手续时，应当交纳报关员资格考试费人民币90元。

海关签发准考证主证后，无论何种情况，考生所交考试费均不予退还。

6. 考生通过确认报名后，可以在规定的时间内，自行上网打印准考证副证。

7. 以提供虚假材料或者个人信息，办理确认报名手续的，报名无效。

六、考试复习与辅导

海关总署将在适当时候，通过中国海关报关员资格考试网公布《2007年报关员资格全国统一考试大纲》，请考生按照大纲的要求进行复习、备考。

海关总署不组织考前培训，也不授权或者委托任何单位举办任何类型的考前辅导班。

七、违纪行为处理

考生违反考试纪律的，海关根据报关员资格全国统一考试考生违纪行为处理的有关规定，视其情节轻重分别给予相应的处理。

八、阅卷与成绩公布

考试实行统一机读阅卷、核分。

海关总署核定并公布全国统一合格分数线。各直属海关公布考试成绩合格人员名单。

考生可登录中国海关报关员资格考试网查询本人考试成绩。对本人考试分数有异议的，可以向海关申请分数核查。

考试成绩合格者，可以依法向原报名海关申请取得报关员资格证书。

九、考试咨询与监督举报

各直属海关和设立报考点的隶属海关、办事处公布考试咨询和监督举报电话，考生可通过中国海关报关员资格考试网“各考区咨询电话”栏目查询。

海关总署考试监督举报电话：010－65194334。

海关总署举报信箱：中国海关报关员资格考试网“考试举报信箱”。

十、考试信息发布

中国海关报关员资格考试网是海关发布考试公告、通告、动态及其他考试相关信息，提供网上报名及成绩查询业务的唯一官方网站。除中国海关报关员资格考试网外，海关总署未授权或者委托其他任何互联网站发布考试公告、考试大纲及考试相关信息，或者开展考试报名及成绩查询业务。

请考生随时关注中国海关报关员资格考试网“相关政策法规”、“海关总署考试公告”、“考试最新动态”和“各考区最新考试公告”等栏目，获取官方考试资讯。

特此公告。

海关总署

2007年5月22日

中华人民共和国海关总署公告

2007年第21号

经国务院批准，自2007年6月1日至12月31日，对磷酸氢二铵征收出口关税，并调整磷灰石出口暂定税率。现将有关事项公告如下：

一、对一般贸易和边境小额贸易方式出口的磷酸氢二铵（税号为3105.3000）征收季节性出口暂定关税：2007年6月1日至9月30日期间税率为20%，10月1日至12月31日期间税率为10%。

二、自2007年6月1日起至12月31日止，将磷灰石（税号为2510.1010和2510.2010）的出口暂定税率由10%提高至20%。

特此公告。

海关总署

2007年5月22日

中华人民共和国海关总署公告

2007年第22号

经国务院批准，对部分商品进出口暂定税率进行调整。现将有关事项公告如下：

一、调整部分商品进口暂定税率

（一）对煤炭、软木和燃料油等7个税目的资源性产品实施0－3%的进口暂定税率；

（二）对排液泵、密封件、轴承及阀门用零件、空调和冰箱用压缩机及其零件、工程机械零件、照相机零件、电视机零件、摄录一体机镜头等62个税目的零部件实施2%－6%的进口暂定税率；

（三）对婴儿食品、厨房炊具、餐具、食品加工机、视力矫正镜片、建筑材料、装饰用陶瓷、家用电器等140个税目的日用商品实施6%－17%的进口暂定税率。

以上三类商品共209个税目，其中5个税目只涉及该税目中的部分商品（见附件1）。

二、调整部分商品出口暂定税率

（一）对卷材、板材、钢丝等53个税目的钢材产品以及偏钨酸铵、菱镁矿、烧镁等5个税目的资源性产品实施5%的出口暂定税率；

（二）对普碳钢条杆、角型材等30个税目的钢材产品以及煤焦油、天然石墨、稀土金属、精炼铅、氧化镝、氧化铽、未锻轧锌及部分有色金属废碎料等21个税目的产品实施10%的出口暂定税率；

（三）对焦炭、钢坯、钢锭、生铁、部分铁合金、萤石、非针叶木木片以及镍、铬、钨、锰、钼和稀土金属等国内稀缺的金属原矿共33个税目的产品实施15%的出口暂定税率。

以上三类商品共142个税目（见附件2）。

三、本公告自2007年6月1日至2007年12月31日期间执行。

附件1　进口暂定税率调整表（略）

附件2　出口暂定税率调整表（略）

海关总署

2007年5月30日

中华人民共和国海关总署公告

2007 年第 23 号

为进一步完善海关对加工贸易企业（以下简称企业）的单耗管理，现就《中华人民共和国海关加工贸易单耗管理办法》（海关总署令第 155 号，以下简称《办法》）执行中有关问题公告如下：

一、企业向海关申报单耗的常规环节是保税加工的成品出口前、深加工结转前或者内销前。但一些生产工艺流程简单、产品净耗比较稳定、产品单耗关系不太复杂的企业，可以在合同备案环节一并向海关申报单耗，以便海关在合同备案和核销时给予便利。企业确实无法在成品出口前、深加工结转前或者内销前申报单耗，拟按照《办法》第十四条在合同报核前申报的，属于特殊情况，须事先报经主管海关批准。

二、企业应在备案时明确单耗申报环节。在海关 H2000 系统未调整前，企业应在手册或电子账册备注栏目中注明；在海关 H2000 系统调整后，企业应在手册或电子账册相应栏目中注明。

三、企业申报单耗时，应填写中华人民共和国海关加工贸易单耗申报单（见附件）。在海关对 H2000 系统调整后，企业应采取纸质或电子数据形式申报单耗。企业未按规定申报单耗的，将无法办理通关手续。

四、对已公布实施单耗标准的成品，企业也应如实申报单耗。企业申报的单位成品保税料件耗用量（单耗×保税料件比例）超出标准限值的，海关按照标准的上限或下限值对保税料件进行核销。超出部分，不予保税。

五、在计算单耗或工艺损耗率时，同一料件有保税和非保税的，非保税料件所产生的损耗计入工艺损耗。

六、企业按照《办法》第二十六条规定缴纳保证金或提供银行担保的，对需核定单耗的成品所对应的保税料件，海关按应征税款等值收取。

七、海关按照《办法》第二十条、第二十二条和第二十四条规定对企业申报的单耗进行审核、质疑和核定时，企业应履行配合海关工作的义务。海关对企业申报单耗核定的结果，应书面告知企业。

按照《办法》第二十七条规定，企业对隶属海关作出的单耗核定结果有异议，可以在收到核定结果 5 个工作日内向直属海关提出书面复核申请；对直属海关作出的单耗核定结果有异议，可以在收到核定结果 5 个工作日内向海关总署提出书面复核申请。复核海关的复核结果也应书面告知企业。

有关复核的具体程序性规定，海关将另行公告。

八、企业未按《办法》第十四条规定申报，或申报内容不实，经查证的，企业应承担相应的法律责任。

九、本公告自印发之日起实施。

特此公告。

附件　中华人民共和国海关加工贸易单耗申报单（略）

海关总署

2007 年 5 月 30 日

中华人民共和国海关总署公告

2007 年第 24 号

为规范进口减免税货物在后续管理环节中的进出口申报行为，保证企业顺利办理已进口减免税货物的有关通关手续，根据海关通关作业规范化需要和海关减免税后续管理业务计算机管理系统（H2000 减免税后续管理系统）在报关单填制方面的要求，现对减免税货物后续管理的报关单填制要求公告如下：

一、减免税货物退运出口，报关单的“备案号”栏目应填写“减免税进口货物同意退运证明”的编号；“监管方式”栏目应填写 4561（退运货物）。

“减免税进口货物同意退运证明”编号规则为：RT +4 位现场海关代码 +2 位年份代码 +4 位顺序号。“RT”为“减免税进口货物同意退运证明代码”。

二、减免税货物补税进口，报关单的“备案号”栏目应填写“减免税货物补税通知书”的编号；“监管方式”栏目应填写 9700（后续补税）。

“减免税货物补税通知书”编号规则为：RB +4 位现场海关代码 +2 位年份代码 +4 位顺序号。“RB”为“减免税货物补税通知书代码”。

三、减免税货物结转进口（转入），报关单“备案号”栏目应填写“进出口货物征免税证明”的编号；“监管方式”栏目按现行规范填写；“关联备案号”栏目应填写本次减免税货物结转所申请的“减免税进口货物结转联系函”的编号。

相应的结转出口（转出），报关单“备案号”栏目应填写“减免税进口货物结转联系函”的编号；“监管方式”栏目应填写 0500（减免设备结转）；“关联备案号”栏目应填写与该出口（转出）报关单相对应的进口（转入）报关单“备案号”栏目所填写的“进出口货物征免税证明”编号；“关联报关单”栏目应填写对应的进口（转入）报关单号。

“减免税进口货物结转联系函”编号规则为：RZ +4 位现场海关代码 +2 位年份代码 +4 位顺序号。“RZ”为“减免税进口货物结转联系函代码”。

四、上述报关单其他栏目的填制要求，仍按照《中华人民共和国海关进出口货物报关单填制规范》（海关总署 2004 年第 34 号公告）的规定填制。

五、本次对减免税货物后续管理报关单填制的规范要求，自海关减免税货物后续管理业务纳入海关 H2000 减免税后续管理系统管理之日起实施。鉴于按照有关工作的安排，海关 H2000 减免税后续管理系统将分批陆续在各直属海关投入使用，因此，具体的实施日期由各直属海关提前对外公布。尚未将减免税货物后续管理业务纳入 H2000 减免税后续管理系统管理的海关，其关区范围所涉及的有关报关单填制仍按现行规定办理。

特此公告。

海关总署

2007 年 6 月 4 日

中华人民共和国海关总署公告

2007 年第 25 号

为适应形势发展需要，根据国务院 2006 年批准的《进境物品进口税率表》（海关总署公告 2006 年第 75 号），海关总署重新修订了《入境旅客行李物品和个人邮递物品进口税税则归类表》及《入境旅客行李物品和个人邮递物品完税价格表》，现予以公布，自 2007 年 8 月 1 日起执行。2002 年 2 月 9 日海关总署修订的《入境旅客行李物品和个人邮递物品进口税税则归类表》及《入境旅客行李物品和个人邮递物品完税价格表》（海关总署公告 2002 年第 4 号）同时废止。

特此公告。

附件 1　入境旅客行李物品和个人邮递物品进口税税则归类表

附件 2　入境旅客行李物品和个人邮递物品完税价格表

海关总署

2007 年 6 月 11 日

附件 1

入境旅客行李物品和个人邮递物品进口税税则归类表（中华人民共和国海关总署 2007 年 6 月修订）

本表未列明物品的归类原则：

1. 按物品的主要功能（或用途）归类；

2. 物品的主要功能（或用途）无法确定时，按该物品各项功能（或用途）中税率最高的税号归类；

3. 物品不能按照上述 1、2 条归入相应税号时，归入“其他物品”类别中的“其他”；

4. 已归入某一税号的物品按其主要功能（或用途）归入相应项。主要功能（或用途）无法确定时，归入其各功能中所适用完税价格最高的项。

税号	物品类别	范围	税率
0100.0000	食品、饮料	食品：包括水产品、乳制品、糖制品、调味品、食品添加剂，燕窝、冬虫夏草、高丽参、红参、西洋参、人参、鹿茸、阿胶、奶粉及其他保健品、补品等；	10%
		饮料：包括茶叶、咖啡等其他非酒精类饮料。	
0200.0000	酒类	酿造酒：包括啤酒、葡萄酒、黄酒、果酒、日本清酒、米酒、香槟酒等；	50%
		蒸馏酒：包括白兰地、威士忌、伏特加、朗姆酒、金酒、中国白酒等；	
		配制酒：包括药酒、保健酒、鸡尾酒、利口酒、龙舌蓝、柯迪尔酒、日本梅酒等。	
0300.0000	烟草	包括卷烟、雪茄烟、烟丝、烟叶、碎烟、烟梗、烟末等。	50%
0400.0000	纺织原材料及其制成品	纺织原材料：包括棉、麻、毛、真丝、人造丝及其他材料制线、丝、纱、绳，棉、麻、毛、真丝、人造纤维、合成纤维纺织品和针织品等；	20%
		布：包括棉、麻、毛、真丝、人造丝及其他材料制的布；	
		衣着：包括外衣裤、内衣裤、衬衫、T 恤衫等；	
		床上用品：包括毛毯、被子、床罩等；	
		其他：包括棉、麻、毛、真丝制品，头巾、围巾、领带、帽子、手套、袜子、手帕、毛巾、浴巾、桌布、窗帘布等。	

税号	物品类别	范围	税率
0500.0000	皮革、皮毛及其制成品	皮革：包括皮革、皮毛；	20%
		衣着：包括皮革、皮毛制成的衣着；	20%
		其他：包括皮革、皮毛制成的围巾、帽子、手套、皮带、皮钱包、皮手袋、皮箱等。	20%
0600.0000	鞋靴	皮鞋：包括各种皮革、皮毛制成的鞋；	10%
		皮靴：包括各种皮革、皮毛制成的靴；	10%
		运动鞋：包括日常生活中所穿着的各种材料制的具有运动休闲功能的鞋、靴；	10%
		其他：包括鞋面、底、跟、鞋带、鞋油、鞋粉、橡胶及塑胶屐皮等。	10%
0700.0000	表、钟及其配件、附件	高档手表：完税价格在人民币10000元及以上的手表。	30%
		表：包括高档手表外其他各种表；	20%
		钟：包括闹钟、座钟、挂钟、台钟、落地钟等；	20%
		配件附件：包括各种表、钟的配件、附件。	20%
0800.0000	金、银、珠宝及其制品	包括金、银、珠宝及其制品，包金饰品。	10%
0900.0000	化妆品	香水：包括男士香水、古龙水、女士香水、中性香水、情侣香水、运动香水、简装香水、Q版香水、香水套装等；	50%
		清洁类：包括洗面奶、卸妆水（乳）、清洁霜（蜜）、面膜、面膜粉、面膜膏、花露水、痱子粉、爽身粉、剃须膏、洗甲液、唇部卸妆液等；	50%
		护理类：包括护肤膏（霜、乳液）、化妆水、发乳、发油、发蜡、焗油膏、护甲水（霜）、指甲硬化剂、润唇膏等；	50%
		美容/修饰类：包括粉饼、胭脂、眼影、眼线笔（液）、眉笔、定型摩丝、发胶、染发剂、烫发剂、睫毛液（膏）、生发剂、脱毛剂、指甲油、唇膏、唇彩、唇线笔等。	50%
1000.0000	医疗、保健及美容器材	医疗器材：包括呼吸器具、矫形器具、夹板及其他骨折用具，血糖计、血糖试纸、电动洗眼机、红外线耳探热针、空气制氧机、治疗用雾化机、电动血压计、病人用拐杖、病人用轮椅等及上述物品的配件、附件；	10%
		保健器材：包括按摩床、按摩椅等及上述物品的配件、附件；	10%
		美容器材：包括蒸汽仪、喷雾器、化妆/美容专用工具等及上述物品的配件、附件。	10%
1100.0000	厨卫用具	厨房用具：包括各种材料制的餐具、刀具、炊具、灶具，锅、壶、盘、碗、筷子、勺、铲、餐刀、餐叉、切菜刀、案板、削皮刀、手动绞肉机、食品研磨机、搅拌器、煤气灶、煤气点火器等；	10%
		卫生用具、洁具：包括水龙头、淋浴用具等；	10%
		厨房用具：包括微波炉、电磁炉、抽油烟机、家用洗碗机、电烤箱、电炉灶等电器类用具；	20%
		卫生用具、洁具：包括电热水器等电器类用具。	20%
1200.0000	家具	包括各种材料制的沙发、组合式家具、柜、橱、台、桌、椅、书架、床、床垫、坐垫等。	10%

税号	物品类别	范围	税率
1300.0000	空调及其配件、附件	包括空气调节芊榈其配件、附件等。	20%
1400.0000	电冰箱及其配件、附件	压缩式：包括单门式、双门式、三门式、多门式、双门对开式电冰箱等；	20%
		其他：包括其他制冷方式如半导体制冷式电冰箱，各种冰柜等；	
		配件附件：上述物品的配件、附件。	
1500.0000	洗衣设备及其配件、附件	包括波轮式洗衣机、滚筒式洗衣机、干衣机/烘干机、洗衣干衣一体机等及上述物品的配件、附件。	20%
1600.0000	电视机及其配件、附件	包括液晶电视机、等离子电视机、显像管（CRT）电视机、电视收音联合机、电视收音录音联合机、电视录像联合机等及上述物品的配件、附件。	20%
1700.0000	摄影（像）设备及其配件、附件	包括照相机、数码照相机、摄像机、数码摄像机、照相制版机、照相机镜头、放大机，存储卡、胶卷、胶片、感光纸、镜箱、闪光灯、滤色镜、测光表、曝光表、遮光罩、水下摄影罩、半身镜、接镜环、取景器、自拍器、洗像盒、显影罐等。	20%
1800.0000	影音家电及其配件、附件	包括录音笔、录音机、收音机、MP3 播放机、MP4 播放机、收录音机、数码录放音器、电唱机、激光电唱机、放像机、激光视盘机、（单）功能座、音箱、自动伴唱机、卡拉 OK 混音器等及上述物品的配件、附件。	20%
1900.0000	计算机及其外围设备	包括个人计算机及其存储、输入、输出设备和附件、零部件。	20%
2000.0000	书报、刊物及其他各类印刷品	包括书报、刊物及其他各类印刷品。	10%
2100.0000	教育专用的电影片、幻灯片、原版录音带、录像带	包括教育专用的电影片、幻灯片、原版录音带、录像带、地球仪、解剖模型、人体骨骼模型、教育用示意牌等。	10%
2200.0000	文具用品	包括各种书写用具及材料、照像簿、集邮簿、印刷日历、月历、放大镜、绘图用具、绘图用颜料、装订用具、手摇、电动削铅笔器、算盘、誊写钢板等。	10%
2300.0000	邮票	包括中国及境外各种邮票、小型张、纪念封等。	10%
2400.0000	乐器	包括各类键盘弦乐器、风琴、手风琴、管乐器、打击乐器、节拍器、音叉和各种定音器等及上述乐器的配件、附件。	10%
2500.0000	体育用品	高尔夫球及球具：包括高尔夫球杆、高尔夫球、高尔夫球包、高尔夫球手套、高尔夫球鞋。	30%
		包括高尔夫球外各种球类，各种棋类、健身器具，一般体育活动、体操、竞技、游泳、滑冰、滑雪及其他户内外活动用具、鞋及其配件、附件，如航空、航海模型等。	10%

税号	物品类别	范围	税率
2600.0000	自行车、三轮车及其配件、附件	包括不带发动机、电动机的自行车、三轮车、童车及上述物品的配件、附件。	20%
2700.0000	其他物品	包括电话机、传真机、游戏机、缝纫机、编织机、剪草机、润滑油、油漆、室内装修用品、酒精，非皮质手提包、箱，香皂、牙膏、牙粉、牙线、漱口水、洗/护发液、浴液、洗手液，各类玩具、钓鱼用具、手动工具、便携式小型望远镜、眼镜、毛衣编织机，上述物品的配件、附件，艺术品、收藏品等。	10%
		包括便携式复印机、灯具、咖啡机、电动榨汁机、电风扇、电烫斗、电吹风机、电动剃须刀、电动毛发推剪器、地板打蜡机、增湿机、除湿机、增除湿一体机、电暖器、空气清新机、家用吸尘器、电压整流器、电插头、开关、电动工具、家用地毯洗涤机等居家室内常用电器用具，上述物品的配件、附件。	20%

附件2

入境旅客行李物品和个人邮递物品完税价格表
（中华人民共和国海关总署2007年6月修订）

税号	品名及规格	单位	完税价格（人民币：元）	税率
0100.0000	**食品、饮料**			
0101.0000	**-食品**			
0101.0100	--水产品			
0101.0110	---鱼翅	千克	3000	10%
0101.0120	---干鲍鱼	千克	5000	10%
0101.0130	---鲜鲍鱼	千克	1000	10%
0101.0140	---瑶柱	千克	1000	10%
0101.0150	---海参、海马	千克	1500	10%
0101.0160	---花胶	千克	1500	10%
0101.0190	---其他	千克	另行确定	10%
0101.0200	--燕窝			
0101.0210	---燕盏	千克	15000	10%
0101.0220	---燕饼	千克	8000	10%
0101.0230	---燕碎	千克	5000	10%
0101.0300	--冬虫夏草	千克	50000	10%
0101.0400	--参	千克	1500	10%
0101.0500	--鹿茸	千克	2000	10%
0101.0600	--阿胶	千克	250	10%

税号	品名及规格	单位	完税价格（人民币：元）	税率
0101.0700	--奶粉	千克	200	10%
0101.0800	--调味品	千克	200	10%
0101.9900	--其他			
0101.9910	---保健食品	千克	另行确定	10%
0101.9990	---其他	千克	另行确定	10%
0102.0000	**-饮料**			
0102.0100	--茶叶	千克	200	10%
0102.0200	--咖啡	千克	200	10%
0102.9900	--其他			
0102.9910	---保健饮料	千克	另行确定	10%
0102.9990	---其他	千克	另行确定	10%
0200.0000	**酒类**			
0201.0000	**-酿造酒**			
0201.0100	--啤酒	瓶 （不超过750毫升）	5	50%
0201.0200	--葡萄酒（12度及以下）	瓶 （不超过750毫升）	100	50%
0201.0300	--葡萄酒（12度以上）	瓶 （不超过750毫升）	200	50%
0201.9900	--其他	瓶 （不超过750毫升）	另行确定	50%
0202.0000	**-蒸馏酒**			
0202.0100	--白兰地	瓶 （不超过750毫升）	500	50%
0202.0200	--威士忌	瓶 （不超过750毫升）	500	50%
0202.9900	--其他	瓶 （不超过750毫升）	另行确定	50%
0203.0000	**-配制酒**			
0203.0100	--药酒	瓶 （不超过750毫升）	200	50%
0203.9900	--其他	瓶 （不超过750毫升）	另行确定	50%
0300.0000	**烟草**			
0301.0000	**-卷烟**	**支**	**0.5**	**50%**

税号	品名及规格	单位	完税价格（人民币：元）	税率
0302.0000	**-雪茄烟**	**支**	**10**	**50%**
0303.0000	**-烟丝**	**克**	**0.5**	**50%**
0399.0000	**-其他**	**克、支**	**另行确定**	**50%**
0400.0000	**纺织原材料及其制成品**			
0401.0000	**-纺织原材料**			
0401.0100	--棉、麻、毛、人造丝质地的原材料	千克	50	20%
0401.0200	--丝质原材料	千克	100	20%
0401.9900	--其他	千克	另行确定	20%
0402.0000	**-布**			
0402.0100	--棉、麻、毛、人造丝质地的布	米	50	20%
0402.0200	--丝质布	米	80	20%
0402.9900	--其他	千克	另行确定	20%
0403.0000	**-衣着**			
0403.0100	--外衣裤			
0403.0110	---衣	件	300	20%
0403.0120	---裤	条	200	20%
0403.0200	--内衣裤	件、条	100	20%
0403.0300	--衬衫/T恤衫	件	200	20%
0403.9900	--其他	件	另行确定	20%
0404.0000	**-床上用品**			
0404.0100	--毛毯、被子、床罩	条、件	400	20%
0404.9900	--其他	件	另行确定	20%
0499.0000	**-其他**			
0499.0100	--棉制品	条、件	80	20%
0499.0200	--麻、毛、真丝制品	条、件	150	20%
0499.9900	--其他	条、件	另行确定	20%
0500.0000	**皮革、皮毛及其制成品**			
0501.0000	**-皮革**	**千克**	**300**	**20%**
0502.0000	**-衣着**			
0502.0100	--裘皮衣	件	另行确定	20%
0502.9900	--其他	件	1500	20%
0599.0000	**-其他**	**件、条**	**另行确定**	**20%**
0600.0000	**鞋靴**			
0601.0000	**-皮鞋**	**双**	**300**	**10%**
0602.0000	**-皮靴**	**双**	**400**	**10%**

税号	品名及规格	单位	完税价格（人民币：元）	税率
0603.0000	**-运动鞋**	**双**	**200**	**10%**
0699.0000	**-其他**	**双**	**另行确定**	**10%**
0700.0000	**表、钟及其配件、附件**			
0701.0000	**-表**			
0701.0100	--高档手表（完税价格在人民币 10000 元及以上）	块	另行确定	30%
0701.0200	--电子表	块	200	20%
0701.0300	--机械表	块	500	20%
0701.9900	--其他	块	200	20%
0702.0000	**-钟**			
0702.0100	--闹钟、座钟、挂钟、台钟	个、台	200	20%
0702.0200	--落地钟	台	600	20%
0702.9900	--其他	台	另行确定	20%
0703.0000	**-配件、附件**	**件**	**另行确定**	**20%**
0800.0000	**金、银、珠宝及其制品**	**件**	**另行确定**	**10%**
0900.0000	**化妆品**			
0901.0000	**-香水**	**瓶**	**100**	**50%**
0902.0000	**-清洁类**			
0902.0100	--面膜	张	20	50%
0902.9900	--其他	件	另行确定	50%
0903.0000	**-护理类**			
0903.0100	--眼霜	支、瓶	100	50%
0903.0200	--日、晚霜及乳液	支、瓶	100	50%
0903.0300	--精华液/素	支、瓶	150	50%
0903.0400	--润唇膏	支	20	50%
0903.9900	--其他	件	另行确定	50%
0904.0000	**-美容/修饰类**			
0904.0100	--粉底	盒、支	100	50%
0904.0200	--睫毛液（膏）	支、瓶	50	50%
0904.0300	--指甲油	瓶	20	50%
0904.0400	--唇膏	支	50	50%
0904.9900	--其他	件	另行确定	50%
1000.0000	**医疗、保健及美容器材**			
1001.0000	**-医疗器材**			
1001.0100	--血糖计	个	500	10%

税号	品名及规格	单位	完税价格（人民币：元）	税率
1001.0200	--血糖试纸	张	5	10%
1001.0300	--电动洗眼机	台	100	10%
1001.0400	--红外线耳探热针	个	200	10%
1001.0500	--空气制氧机	台	2000	10%
1001.0600	--治疗用雾化机	台	2000	10%
1001.0700	--电动血压计	个	500	10%
1001.9900	--其他	件	另行确定	10%
1002.0000	**-保健器材**			
1002.0100	--按摩床	张	10000	10%
1002.0200	--按摩椅	张	5000	10%
1002.9900	--其他	件	另行确定	10%
1003.0000	**-美容器材**			
1003.0100	--蒸汽仪	台	200	10%
1003.0200	--喷雾器	台	400	10%
1003.0300	--化妆/美容专用工具	件	50	10%
1003.9900	--其他	件	另行确定	10%
1100.0000	**厨卫用具**			
1101.0000	**-厨房用具**			
1101.0100	--餐具/刀具	个、把	20	10%
1101.0200	--炊具	件	100	10%
1101.0300	--灶具	件	1000	10%
1101.0400	--微波炉	台	600	20%
1101.0500	--电磁炉	台	800	20%
1101.0600	--抽油烟机	台	1000	20%
1101.0700	--家用洗碗机	台	1500	20%
1101.9900	--其他			
1101.9910	---电器用具	台	另行确定	20%
1101.9990	---其他	件、个	另行确定	10%
1102.0000	**-卫生用具、洁具**			
1102.0100	--热水器			
1102.0110	---电热水器	台	1000	20%
1102.0190	---其他	台	800	10%
1102.9900	--其他	件	另行确定	10%
1200.0000	**家具**			
1201.0000	**-小件家具（长、宽、高均小于等于70厘米）**			

税号	品名及规格	单位	完税价格（人民币：元）	税率
1201.0100	--实木	件	另行确定	10%
1201.9900	--其他	件	100	10%
1299.0000	**-其他**			
1299.0100	--实木家具	件	另行确定	10%
1299.0200	--金属家具	件	500	10%
1299.0300	--藤、竹家具	件	600	10%
1299.0400	--塑料家具	件	200	10%
1299.0500	--玻璃家具	件	500	10%
1299.0600	--复合家具	件	另行确定	10%
1299.0700	--软体家具			
1299.0710	---真皮	件	1000	10%
1299.0720	---其他	件	600	10%
1299.9900	--其他	件	500	10%
1300.0000	**空调及其配件、附件**			
1301.0000	**-立式**			
1301.0100	--3 匹以下	台	3000	20%
1301.0200	--3 匹及以上	台	5000	20%
1302.0000	**-配件、附件**	**个**	**另行确定**	**20%**
1399.0000	**-其他**			
1399.0100	--家用中央空调（户式中央空调）	台	另行确定	20%
1399.9900	--其他			
1399.9910	---1 匹及以下	台	1000	20%
1399.9920	---1 匹以上 2 匹以下	台	2000	20%
1399.9930	---2 匹	台	3000	20%
1399.9940	---2 匹以上	台	另行确定	20%
1400.0000	**电冰箱及其配件、附件**			
1401.0000	**-压缩式**			
1401.0100	--100 公升及以下	台	1000	20%
1401.0200	--101－200 公升	台	2000	20%
1401.0300	--201－250 公升	台	3000	20%
1401.0400	--251－300 公升	台	5000	20%
1401.0500	--301－400 公升	台	10000	20%
1401.0600	--401－500 公升	台	15000	20%
1401.0700	--501 公升及以上	台	20000	20%
1402.0000	**-配件、附件**	**件**	**另行确定**	**20%**

税号	品名及规格	单位	完税价格（人民币：元）	税率
1499.0000	-其他	台	另行确定	**20%**
1500.0000	**洗衣设备及其配件、附件**			
1501.0000	-洗衣机			
1501.0100	--波轮式	台	1000	20%
1501.0200	--滚筒式	台	2000	20%
1501.9900	--其他	台	另行确定	20%
1502.0000	-干衣机/烘干机	台	**800**	**20%**
1503.0000	-洗衣干衣一体机	台	**3000**	**20%**
1504.0000	-配件、附件	件	另行确定	**20%**
1599.0000	-其他	个	另行确定	**20%**
1600.0000	**电视机及其配件、附件**			
1601.0000	-液晶电视机			
1601.0100	--20英寸及以下	台	1500	20%
1601.0200	--21英寸至32英寸	台	5000	20%
1601.0300	--33英寸至42英寸	台	12000	20%
1601.0400	--43英寸及以上	台	另行确定	20%
1602.0000	-等离子电视机			
1602.0100	--32英寸及以下	台	4000	20%
1602.0200	--33英寸至42英寸	台	8000	20%
1602.0300	--43英寸及以上	台	另行确定	20%
1603.0000	-显像管（CRT）电视机			
1603.0100	--29英寸及以下	台	1000	20%
1603.0200	--29英寸以上	台	2000	20%
1604.0000	-配件、附件	件、个	**50**	**20%**
1699.0000	-其他	台	另行确定	**20%**
1700.0000	**摄影（像）设备及其配件、附件**			
1701.0000	-单镜头反光型照相机机身			
1701.0100	--数码	台	5000	20%
1701.9900	--其他	台	4000	20%
1702.0000	-镜头			
1702.0100	--标准镜头（135相机的标准镜头焦距为50毫米，120相机为75毫米，110相机为20毫米）	个	1000	20%
1702.9900	--其他	个	另行确定	20%
1703.0000	-照相机			

税号	品名及规格	单位	完税价格（人民币：元）	税率
1703.0100	--数码	台	2000	20%
1703.9900	--其他	台	另行确定	20%
1704.0000	**-摄像机**			
1704.0100	--数码			
1704.0110	---200 万像素以下	台	5000	20%
1704.0120	---200 万像素及以上	台	10000	20%
1704.9900	--其他	件	另行确定	20%
1705.0000	**-配件、附件**			
1705.0100	--数码存储卡			
1705.0110	---存储容量 4G 以下	个	300	20%
1705.0120	---存储容量 4G 及以上	个	另行确定	20%
1705.0200	--闪光灯	个	500	20%
1705.0300	--支架	个	300	20%
1705.0400	--胶卷	个	20	20%
1705.9900	--其他	件	另行确定	20%
1800.0000	**影音家电及其附件、配件**			
1801.0000	**-便携式影音设备**			
1801.0100	--录音笔	台	200	20%
1801.0200	--录音机	台	200	20%
1801.0300	--收音机	台	200	20%
1801.0400	--MP3 播放机	台	100	20%
1801.0500	--MP4 播放机			
1801.0510	---显示屏幕 2 英寸及以下	台	500	20%
1801.0520	---显示屏幕 2 英寸以上	台	1000	20%
1801.9900	--其他	台	另行确定	20%
1802.0000	**-音响设备**			
1802.0100	--电唱机（含便携式激光唱机）	台	500	20%
1802.0200	--放像机	台	500	20%
1802.0300	--录像机	台	800	20%
1802.0400	--激光视盘机			
1802.0410	---便携式（VCD 、DVD）	台	800	20%
1802.0490	---其他（LD、VCD、DVD 等）	台	500	20%
1802.0500	--（单）功能座（功放、调谐、均衡等）	台	800	20%

税号	品名及规格	单位	完税价格（人民币：元）	税率
1802.0600	--音箱	个	1000	20%
1802.0700	--组合音响（标准配置型可含功放、调谐、录音、激光唱盘、均衡、LD、VCD、DVD 等视盘功能、处理器及配套的音箱，由功能座组合的音响只能含一个视盘功能座）	套	3000	20%
1802.0800	--收音、录音、激光唱盘一体机	台	1000	20%
1802.9900	--其他	件	另行确定	20%
1803.0000	**-配件、附件**			
1803.0100	--唱片	张	50	20%
1803.0200	--录音带（非教育专用）	盘	10	20%
1803.0300	--录像带（非教育专用）	盘	30	20%
1803.0400	--激光唱盘（CD）	张	30	20%
1803.0500	--激光视盘（LD、VCD、DVD 等）	张	50	20%
1803.9900	--其他	个、件、	另行确定	20%
1899.0000	**-其他**	**个、台**	**另行确定**	**20%**
1900.0000	**计算机及其外围设备**			
1901.0000	**-计算机**			
1901.0100	--台式个人计算机主机	台	2000	20%
1901.0200	--主机、显示器一体机	台	3000	20%
1901.0300	--笔记本电脑	台	5000	20%
1901.0400	--个人数字助理（PDA）	台	1000	20%
1901.0500	--配件			
1901.0510	---主板	块	500	20%
1901.0520	---中央处理器（CPU）	个	500	20%
1901.0530	---内存条			
1901.0531	----512M 及以下	条	300	20%
1901.0532	----1G	条	600	20%
1901.0533	----2G 及以上	条	1800	20%
1901.0540	---功能卡	块	300	20%
1901.0590	---其他	块、个	另行确定	20%
1901.9900	--其他	台	另行确定	20%
1902.0000	**-外围设备**			
1902.0100	--鼠标	个	50	20%
1902.0200	--键盘	个	80	20%
1902.0300	--音箱	套	150	20%

税号	品名及规格	单位	完税价格（人民币：元）	税率
1902.0400	--显示器			
1902.0410	---液晶（LCD）			
1902.0411	----19英寸以下	台	1000	20%
1902.0412	----19英寸	台	2000	20%
1902.0413	----19英寸以上	台	另行确定	20%
1902.0420	---显像管（CRT）			
1902.0421	----17英寸及以下	台	500	20%
1902.0422	----17英寸以上	台	800	20%
1902.0490	---其他	台	另行确定	20%
1902.0500	--打印机			
1902.0510	---激光打印机			
1902.0511	----黑白	台	1000	20%
1902.0512	----彩色	台	3000	20%
1902.0520	---喷墨打印机	台	500	20%
1902.0530	---针式打印机	台	1000	20%
1902.0540	---多功能一体打印机	台	另行确定	20%
1902.0590	---其他	台	另行确定	20%
1902.0600	--扫描仪	台	1000	20%
1902.0700	--视频投影仪	台	15000	20%
1902.0800	--驱动器			
1902.0810	---CD	台	100	20%
1902.0820	---DVD	台	250	20%
1902.0890	---其他	台	另行确定	20%
1902.0900	--存储器			
1902.0910	---硬盘/移动硬盘			
1902.0911	----200G及以下	个	500	20%
1902.0912	----200G以上	个	另行确定	20%
1902.0920	---U盘	个	100	20%
1902.0990	---其他	个、盒	另行确定	20%
1902.9900	--其他	台	另行确定	20%
2000.0000	**书报、刊物及其他各类印刷品**		**另行确定**	**10%**
2100.0000	**教育专用的电影片、幻灯片、原版录音带、录像带**			
2101.0000	**-幻灯片**	**片**	**10**	**10%**
2102.0000	**-录音带**	**盘**	**10**	**10%**

税号	品名及规格	单位	完税价格（人民币：元）	税率
2103.0000	**-录像带**	**盘**	**50**	**10%**
2199.0000	**-其他**	**件**	**另行确定**	**10%**
2200.0000	**文具用品**			
2201.0000	**-电子计算器**	**个**	**200**	**10%**
2202.0000	**-电子字典/记事簿**	**个**	**300**	**10%**
2203.0000	**-钢笔**	**支**	**50**	**10%**
2299.0000	**-其他**	**件**	**另行确定**	**10%**
2300.0000	**邮票**			
2301.0000	**-中国邮票、小型张**	**张**	**另行确定**	**10%**
2302.0000	**-港澳台、外国邮票**	**张**	**5**	**10%**
2303.0000	**-港澳台、外国小型张、纪念封**	**张**	**10**	**10%**
2400.0000	**乐器**			
2401.0000	**-钢琴**			
2401.0100	--三角钢琴	架	90000	10%
2401.0200	--立式钢琴	架	15000	10%
2401.0300	--电子钢琴	架	5000	10%
2401.9900	--其他	架	另行确定	10%
2402.0000	**-电子琴**			
2402.0100	--49键以下	台	800	10%
2402.0200	--49键及以上	台	3000	10%
2499.0000	**-其他**			
2499.0100	--萨克斯	把	10000	10%
2499.0200	--电子吉他	把	2000	10%
2499.0300	--数码小提琴	把	5000	10%
2499.9900	--其他	件	另行确定	10%
2500.0000	**体育用品**			
2501.0000	**-高尔夫球及球具**			
2501.0100	--球杆	根	800	30%
2501.0200	--球	个	30	30%
2501.9900	--其他	件	另行确定	30%
2502.0000	**-运动器具**			
2502.0100	--网球拍	个	1000	10%
2502.0200	--羽毛球拍	个	300	10%
2502.9900	--其他	件	另行确定	10%
2503.0000	**-多功能健身器具**			

税号	品名及规格	单位	完税价格（人民币：元）	税率
2503.0100	--跑步机	件	2000	10%
2503.0200	--健身车	件	1000	10%
2503.0300	--综合训练器	件	3000	10%
2503.9900	--其他	件	另行确定	10%
2599.0000	**-其他**	**件**	**另行确定**	**10%**
2600.0000	**自行车、三轮车及其配件、附件**			
2601.0000	**-自行车**	**辆**	**500**	**20%**
2602.0000	**-三轮车**	**辆**	**500**	**20%**
2603.0000	**-童车**	**辆**	**100**	**20%**
2604.0000	**-配件、附件**	**件**	**30**	**20%**
2699.0000	**-其他**	**件**	**另行确定**	**20%**
2700.0000	**其他物品**			
2701.0000	**-便携式复印机**	**台**	**2000**	**20%**
2702.0000	**-灯具**	**件**	**另行确定**	**20%**
2703.0000	**-咖啡机**	**台**	**4000**	**20%**
2704.0000	**-电动榨汁机**	**台**	**100**	**20%**
2705.0000	**-剪草机**	**台**	**2000**	**10%**
2706.0000	**-电风扇**	**台**	**400**	**20%**
2707.0000	**-电熨斗**	**个**	**200**	**20%**
2708.0000	**-电吹风机**	**个**	**200**	**20%**
2709.0000	**-电动剃须刀**	**个**	**200**	**20%**
2710.0000	**-地板打蜡机**	**台**	**500**	**20%**
2711.0000	**-增/除湿机、增除湿一体机**	**台**	**1500**	**20%**
2712.0000	**-电暖器**	**台**	**1000**	**20%**
2713.0000	**-空气清新机**	**台**	**1000**	**20%**
2714.0000	**-家用吸尘器**			
2714.0100	--400瓦及以下	台	400	20%
2714.0200	--500瓦以上（每增加100瓦加价100元）	台	500	20%
2715.0000	**-电话机**			
2715.0100	--普通电话机	台	200	10%
2715.0200	--手持移动电话	台	1500	10%
2715.0300	--电话传真机	台	1000	10%
2715.0400	--可视电话	台	1000	10%
2715.0500	--配件、附件	件	200	10%
2715.9900	--其他	台	另行确定	10%

税号	品名及规格	单位	完税价格（人民币：元）	税率
2716.0000	**-游戏机**			
2716.0100	--光盘游戏机	台	1500	10%
2716.0200	--卡式游戏机	台	400	10%
2716.0300	--配件、附件			
2716.0310	---游戏盘、卡	张、个	60	10%
2716.0390	---其他	件	另行确定	10%
2716.9900	--其他	件	另行确定	10%
2717.0000	**-缝纫机、编织机**			
2717.0100	--手动	台	400	10%
2717.0200	--电动	台	800	10%
2717.0300	--电子	台	2000	10%
2717.0400	--配件、附件（机头按整机完税价格80%估价）	件	50	10%
2799.0000	**-其他**			
2799.0100	--电器用具	件	另行确定	20%
2799.9900	--其他	件	另行确定	10%

中华人民共和国海关总署公告

2007年第26号

根据《中华人民共和国反倾销条例》的规定，国务院关税税则委员会决定自2007年6月16日起，对原产于印度的进口磺胺甲噁唑（也称磺胺甲基异噁唑、新诺明、新明磺，下同）征收反倾销税，期限为5年。商务部为此发布了中华人民共和国商务部2007年第48号公告（详见附件1）。现将执行中的有关问题公告如下：

一、自2007年6月16日起，对原产于印度的进口磺胺甲噁唑（税则号列：2935.0030），除按现行规定征收进口关税外，还应区别不同的供货厂商，按照本公告附件2所列的适用税率和下述计算公式征收反倾销税及进口环节增值税。

反倾销税税额＝完税价格×反倾销税税率

进口环节增值税税额＝（完税价格＋关税税额＋反倾销税税额）×进口环节增值税税率

对应征收反倾销税产品的详细描述详见本公告附件1。

二、凡申报进口磺胺甲噁唑的，应当向海关提交原产地证明，如果原产地为印度的，还需提供原厂商发票。对于申报进口磺胺甲噁唑时不能提供原产地证明，且经查验也无法确定货物的原产地不是印度的，海关按照本公告附件2所列的最高反倾销税税率征收反倾销税；对于能够确定货物的原产地是印度，但进口经营单位不能提供原厂商发票，且通过其他合法、有效的单证也无法确定原生产厂商的，海关按照本公告附件2所列的“其他印度公司”适用的反倾销税税率征收反倾销税。

三、有关加工贸易保税进口原产于印度的磺胺甲噁唑如何征收反倾销税等方面的问题，海关按照中华人民共和国海关总署2001年第9号公告和中华人民共和国海关总署令第111号的规定执行。

四、对于实施临时反倾销措施之后进口原产于印度的磺胺甲噁唑已经缴纳的反倾销保证金，按本公告规定的征收反倾销税的商品范围和反倾销税税率计征并转为反倾销税，与之同时缴纳的进口环节增值税保证金一并转为进口环节增值税。上述保证金超出按本公告规定的税率计算的反倾销税及相应的进口环节增值税的部分，有关单位可自2007年6月16日起6个月内向征收地海关申请退还，不足部分，不再补征。

五、在对原产于印度的进口磺胺甲噁唑征收反倾销税期间，出现相同或类似货物而海关无法确定是否应对其征收反倾销税时，有关单位应向商务部提出申请，由商务部商有关部门作出裁定。海关将根据商务部的裁定执行。

特此公告。

附件1　中华人民共和国商务部2007年第48号公告

附件2　磺胺甲噁唑反倾销税税率表

海关总署

2007年6月15日

附件1

中华人民共和国商务部公告

2007年第48号

根据《中华人民共和国反倾销条例》的规定，中华人民共和国商务部于2006年6月16日发布立案公告，决定对原产于印度的进口磺胺甲噁唑进行反倾销调查。

商务部对被调查产品是否存在倾销和倾销幅度、被调查产品是否对国内产业造成损害及损害程度以及倾销与损害之间的因果关系进行了调查。根据调查结果和《中华人民共和国反倾销条例》第二十四条的规定，商务部于2007年2月1日发布初裁公告认定原产于印度的进口磺胺甲噁唑存在倾销，国内产业遭受了实质损害，并且倾销与实质损害之间存在因果关系。

初步裁定后，商务部对倾销和倾销幅度、损害和损害程度进行了进一步的调查。现本案调查结束，根据本案调查结果，并依据《中华人民共和国反倾销条例》第二十五条的规定，商务部做出终裁决定（见附件）。现将有关事项公告如下：

一、最终裁定

经过调查，商务部最终裁定，原产于印度的磺胺甲噁唑存在倾销，中国磺胺甲噁唑产业遭受了实质损害，而且倾销与实质损害之间存在因果关系。

二、征收反倾销税

根据《中华人民共和国反倾销条例》的有关规定，国务院关税税则委员会决定，自2007年6月16日起，对原产于印度的进口磺胺甲噁唑征收反倾销税。

征收反倾销税的产品为磺胺甲噁唑，也称磺胺甲基异噁唑、新诺明、新明磺；英文名为Sulfamethoxazole，或Sulphamethoxazole（简称SMZ）。

分子式为：$C_{10}H_{11}O_3N_3S$。

化学结构式为（略）。

归在《中华人民共和国进出口税则》：2935.0030。

磺胺甲噁唑的物理化学特征：磺胺甲噁唑为白色或几乎白色结晶性粉末，无臭、味微苦。在水中几乎不溶，在稀盐酸、氢氧化钠试液或氨试液中易溶，熔点168℃－172℃。

磺胺甲噁唑的主要用途：磺胺甲噁唑是生产磺胺类药的重要原料药，其抗菌谱广，抗菌作用强，主要用于生产片剂、颗粒剂等药物制剂，用于大肠杆菌和变形杆菌引起的急性、慢性尿路感染，脑膜炎球菌所致流行性脑脊髓膜炎、流感杆菌所致的中耳炎、呼吸道感染、皮肤化脓性感染、扁桃体炎等。

对各公司征收的反倾销税税率如下：

1. Virchow Laboratories Limited 和 Andhra Organics Limited　10.1%

2. 其他印度公司　37.7%

三、征收反倾销税的方法

自2007年6月16日起，进口经营者在进口原产于印度的磺胺甲噁唑时，应向中华人民共和国海关缴纳相应的反倾销税。反倾销税以海关审定的完税价格从价计征，计算公式为：

反倾销税额＝海关完税价格×反倾销税税率

进口环节增值税以海关审定的完税价格加上关税和反倾销税作为计税价格从价计征。

四、反倾销税的追溯征收

对自2007年2月1日起至本决定公告之日止，有关进口经营者依初裁决定向中华人民共和国海关所提供的保证金，按终裁所确定的征收反倾销税的商品范围和反倾销税税率计征并转为反倾销税，并按相应的增值税税率计征进口环节增值税。在此期间有关进口经营者所提供的保证金超出反倾销税的部分，以及由此多征的进口环节增值税部分，海关予以退还，少征部分则不再征收。

对实施临时反倾销措施决定公告之日前进口的原产于印度的磺胺甲噁唑不再追溯征收反倾销税。

五、征收反倾销税的期限

对原产于印度的磺胺甲噁唑征收反倾销税，实施期限自 2007 年 6 月 16 日起 5 年。

六、新出口商复审

对于上述国家在调查期内未向中华人民共和国出口被调查产品的新出口经营者，符合条件的，可依据《中华人民共和国反倾销条例》第四十七条的规定，向商务部书面申请新出口商复审。

七、期中复审

在征收反倾销税期间，有关利害关系方可以根据《中华人民共和国反倾销条例》第四十九条的规定，向商务部书面申请期中复审。

八、行政复议和行政诉讼

对本案终裁决定及征收反倾销税的决定不服的，根据《中华人民共和国反倾销条例》第五十三条的规定，可以依法申请行政复议，也可以依法向人民法院提起诉讼。

九、本公告自 2007 年 6 月 16 日起执行。

特此公告。

附件　中华人民共和国商务部关于原产于印度的磺胺甲噁唑反倾销调查的最终裁定（略）

商务部

2007 年 6 月 15 日

附件 2

磺胺甲噁唑反倾销税税率表

原产国	厂商名称	反倾销税税率
印度	Virchow Laboratories Limited	10.1%
	Andhra Organics Limited	10.1%
	其他印度公司	37.7%

中华人民共和国海关总署公告

2007 年第 27 号

根据《中华人民共和国反倾销条例》的规定，国务院关税税则委员会决定自 2004 年 11 月 30 日起对原产于欧盟、韩国、美国、印度的进口三氯甲烷征收反倾销税，期限为 5 年。商务部、海关总署于 2004 年分别发布了商务部 2004 年第 81 号公告和海关总署 2004 年第 37 号公告。2005 年 8 月，商务部根据美国瓦尔坎材料公司（Vulcan Materials Company）变更权利义务的申请，发布 2005 年第 53 号公告，决定由 Basic Chemicals Company，LLC 继承美国瓦尔坎材料公司（Vulcan Materials Company）在三氯甲烷反倾销案中的权利义务，并履行《中华人民共和国商务部与美国瓦尔坎材料公司关于中止三氯甲烷反倾销调查的价格承诺协议》。最近，商务部根据美国 Occidental Chemical Corporation 变更权利义务的申请，发布 2007 年第 53 号公告，决定由美国 Occidental Chemical Corporation 继承 Basic Chemicals Company，LLC 在三氯甲烷反倾销案中的权利义务，并履行《中华人民共和国商务部与美国瓦尔坎材料公司关于中止三氯甲烷反倾销调查的价格承诺协议》。现将海关执行中的有关问题公告如下：

一、自2007年6月22日起，对于进口原产于美国Occidental Chemical Corporation的三氯甲烷，海关按照《中华人民共和国商务部与美国瓦尔坎材料公司关于中止三氯甲烷反倾销调查的价格承诺协议》中规定的美国瓦尔坎材料公司的价格承诺执行。

二、自2007年6月22日起，对以Basic Chemicals Company，LLC为原产厂商名称申报进口的三氯甲烷，海关按照“其他美国公司”96%的税率征收反倾销税。

三、对以美国瓦尔坎材料公司为原产厂商名称申报进口的三氯甲烷，海关仍按照“其他美国公司”96%的税率征收反倾销税。

四、对原产于欧盟、韩国、美国、印度的进口三氯甲烷征收反倾销税的其他事项，仍按照中华人民共和国海关总署2004年第37号公告的有关规定执行。

特此公告。

附件　中华人民共和国商务部2007年第53号公告

海关总署

2007年6月20日

附件

中华人民共和国商务部公告

2007年第53号

根据《中华人民共和国反倾销条例》的规定，商务部于2003年5月30日发布公告，决定对原产于欧盟、韩国、美国、印度的进口三氯甲烷进行反倾销调查。在调查期间内，商务部依法与美国瓦尔坎材料公司（Vulcan Materials Company）等5家企业签署了价格承诺协议，并于2004年11月30日起生效。后经调查，商务部发布公告（2005年第53号），决定由美国Basic Chemicals Company，LLC继承美国瓦尔坎材料公司在三氯甲烷反倾销案中的权利义务。

近日，美国Occidental Chemical Corporation向商务部提交申请，称其于2006年12月31日与Basic Chemicals Company，LLC合并，因此申请由Occidental Chemical Corporation继承Basic Chemicals Company，LLC在三氯甲烷反倾销案中的权利义务。

经审查，商务部决定，自2007年6月22日起，由美国Occidental Chemical Corporation继承Basic Chemicals Company，LLC在三氯甲烷反倾销案中的权利义务，并履行《中华人民共和国商务部与美国瓦尔坎材料公司关于中止三氯甲烷反倾销调查的价格承诺协议》；自同日起，美国Basic Chemicals Company，LLC适用中华人民共和国商务部公告2004年第81号中确定的美国其他公司的反倾销税率。

特此公告。

商务部

2007年6月22日

中华人民共和国海关总署公告

2007年第28号

根据《中华人民共和国反倾销条例》的规定，国务院关税税则委员会决定自2003年2月3日起，对原产于韩国的进口聚酯切片征收反倾销税，期限为5年。为此，原对外贸易经济合作部发布了2003年第3号公告，海关总署就具体实施的有关问题发布了2003年第10号公告。最近，商务部根据韩国SK Chemicals株式会社认定被调查产品范围的申请，经审查后确定，CHDM改性共聚聚酯（CHDM Modified Copolyester，简称“BR切片”，税则号列3907.6011、3907.6019，产品详细描述详见本公告附件）不属于征收反倾销税产品范围，并为此发布了2007年第52号公告（详见附件）。现将海关执行中的有关问题公告如下：

一、自2007年6月22日起，进口经营单位申报进口BR切片时必须经海关取样化验，如果经化验确认为BR切片，则不予征收反倾销税。

二、对原产于韩国的进口聚酯切片征收反倾销税的其他事项，仍按照中华人民共和国海关总署2003年第10号公告、2005年第11号公告以及2006年第54号公告的有关规定执行。

特此公告。

附件　中华人民共和国商务部2007年第52号公告

海关总署

2007年6月21日

附件

中华人民共和国商务部公告

2007年第52号

原对外贸易经济合作部公告（2003年第3号）（以下简称2003年第3号公告）决定对原产于韩国的进口聚酯切片征收反倾销税，并规定了被调查产品范围，以及相应的关税税则号。

近日，韩国SK Chemicals株式会社向商务部（以下称调查机关）提出，CHDM改性共聚聚酯（CHDM Modified Copolyester，简称"BR切片"）不应包括在聚酯切片反倾销案被调查产品范围。BR切片的具体描述为：

BR切片属于高分子化合物，在乙二醇（EG）和对苯二甲酸（PTA）进行缩聚（Condensation Polymerization）时添加CHDM（其含量在4.5摩尔以上）取代一部分乙二醇（EG）后最终生成BR切片，它不包含IPA。BR切片的化学成分构成为TPA + EG + CHDM（与PETG相同）。

BR切片物理特性为半晶体，常温下为扁平（或圆柱）状小颗粒，相比于PET切片更容易挤压输出，熔化温度为238℃左右，结晶化温度为163℃左右，加工温度在243℃左右，撞击强度在45J/M，特性粘度为0.80dl/g左右。

调查机关将有关材料转交反倾销案国内申请人，并发函征求其意见。在规定的时间内，调查机关没有收到国内申请人的评论。

经审查有关资料，调查机关认为，BR切片在化学成分、物理特性、用途等方面与2003年第3号公告描述的被调查产品明显不同，与被调查产品也不构成竞争关系。

因此，调查机关确认原产于韩国的进口BR切片不属于2003年第3号公告确定的被调查产品范围，并决定自2007年6月22日起对BR切片不征收反倾销税。

特此公告。

商务部

2007年6月22日

中华人民共和国海关总署公告

2007年第29号

经国务院批准，自2007年7月1日起至12月31日止，对所有规格的自动络筒机（税则号列为8445.4010）和喷气织机（税则号列为8446.3050）实行税率为零的进口暂定关税税率。

特此公告。

海关总署

2007年6月22日

中华人民共和国海关总署公告

2007 年第 30 号

根据《内地与香港关于建立更紧密经贸关系的安排》和《内地与澳门关于建立更紧密经贸关系的安排》及其相关补充协议，现将有关事宜公告如下：

一、《2007 年 7 月 1 日起新增香港享受零关税货物原产地标准表》（以下简称《香港标准表》，见附件 1）和《2007 年 7 月 1 日起新增澳门享受零关税货物原产地标准表》（以下简称《澳门标准表》，见附件 2）现予以公布，自 2007 年 7 月 1 日起执行。

《香港标准表》和《澳门标准表》中使用了简化的货物名称，其范围与 2007 年《中华人民共和国进出口税则》中相应税号的货品一致。

海关对 2007 年 7 月 1 日起申报进口的《香港标准表》和《澳门标准表》中的货物，准予按照零关税验放。

二、根据海关总署 2005 年第 54 号公告规定的有关确认“香港自有品牌”手表清单的程序，第三批香港自有品牌手表清单（见附件 3）已经确认，一并予以公布。

海关可凭香港工贸署于 2007 年 3 月 12 日起为该品牌手表签发的 CEPA 原产地证书，办理相关的征税验放手续。

特此公告。

附件 1　2007 年 7 月 1 日起新增香港享受零关税货物原产地标准表
附件 2　2007 年 7 月 1 日起新增澳门享受零关税货物原产地标准表
附件 3　第三批香港自有品牌手表清单

海关总署
2007 年 6 月 27 日

附件 1

2007 年 7 月 1 日起新增香港享受零关税货物原产地标准表

序号	内地 2007 年税则号列	货品名称	原产地标准
1	0603.9000	干或染色等加工濒危插花及花蕾；其他干或染色等加工的插花及花蕾（制花束或装饰用，鲜的除外）	从植物制造。主要制造工序为清洗、干燥（或染色、漂白、浸渍）及保存。如保存后的制造工序涉及涂层，则涂层亦须要在香港完成。
2	0604.9900	染色或经加工濒危枝、叶、草等；其他染色或加工的枝、叶、草等（枝、叶或其他部分是指制花束或装饰用并且不带花及花蕾）	从植物制造。主要制造工序为清洗、干燥（或染色、漂白、浸渍）及保存。如保存后的制造工序涉及涂层，则涂层亦须要在香港完成。
3	1704.1000	口香糖，不论是否裹糖	税号改变标准。
4	3004.9010	已配剂量含有磺胺类的药品（包括零售包装）	从化学成分制造。主要制造工序为按比例调控的溶解及混合，以制成药片、乳剂或软膏、内服药液制剂（酏剂、口服剂、悬浮液）、涂剂、胶囊或其他形式的药用制品。
5	3215.1100	黑色印刷油墨（不论是否固体或浓缩）	从颜料和化学溶剂制造。主要制造工序为溶解及混合。

序号	内地 2007 年税则号列	货品名称	原产地标准
6	8207.7000	铣削工具	从金属制造。主要制造工序为切割、按压及测试。
7	8208.1000	金工机械用刀及刀片（金属加工用）	从金属制造。主要制造工序为切割、按压及测试。
8	8407.3300	用于第 87 章所列车辆的往复式活塞发动机，气缸容量超过 250 毫升，但不超过 1000 毫升	税号改变标准，但从税号 84.09 改变除外。
9	8407.3410	用于第 87 章所列车辆的往复式活塞发动机，气缸容量超过 1000 毫升，但不超过 3000 毫升	税号改变标准，但从税号 84.09 改变除外。
10	8407.3420	用于第 87 章所列车辆的往复式活塞发动机，气缸容量超过 3000 毫升	税号改变标准，但从税号 84.09 改变除外。
11	8408.2010	用于第 87 章所列车辆的压燃式活塞内燃发动机，输出功率在 132.39 千瓦（180 马力）及以上	税号改变标准，但从税号 84.09 改变除外。
12	8426.4910	履带式自推进起重机械	在香港进行金属制作（对进口组合零件进行的金属制作工序亦适用）及装配，且符合从价百分比标准。主要制造工序为金属切割、冲压、烧焊、装配及测试。
13	8426.4990	其他不带胶轮的自推进起重机械	在香港进行金属制作（对进口组合零件进行的金属制作工序亦适用）及装配，且符合从价百分比标准。主要制造工序为金属切割、冲压、烧焊、装配及测试。
14	8521.9090	其他视频信号录制或重放设备（不论是否装有高频调谐器）	在香港装配，且符合从价百分比标准，但系统卡软件设计应在香港完成。
15	8528.6910	其他彩色的投影机	在香港装配，且符合从价百分比标准，但系统卡软件设计应在香港完成。
16	9102.2100	其他自动上弦的机械手表	(1) 从手表零件及配件装配成手表。主要工序为将表芯装嵌在表体内，并将零件及配件包括表扣带、表带及表面等装配成手表，并进行测试、校准及质量检定，且符合从价百分比标准；或 (2) 从手表零件及配件装配成手表。主要工序为将表芯装嵌在表体内，并将零件及配件包括表扣带、表带及表面等装配成手表，并进行测试、校准及质量检定，且外观设计在香港完成并属香港与内地主管部门共同认定的香港自有品牌的手表。该香港自有品牌手表须在表壳上刻有明显的香港原产标记，如“香港制造”、“Made in Hong Kong”或“Hong Kong”等字样。

序号	内地 2007 年税则号列	货品名称	原产地标准
17	9102.2900	其他非自动上弦的机械手表	（1）从手表零件及配件装配成手表。主要工序为将表芯装嵌在表体内，并将零件及配件包括表扣带、表带及表面等装配成手表，并进行测试、校准及质量检定，且符合从价百分比标准；或（2）从手表零件及配件装配成手表。主要工序为将表芯装嵌在表体内，并将零件及配件包括表扣带、表带及表面等装配成手表，并进行测试、校准及质量检定，且外观设计在香港完成并属香港与内地主管部门共同认定的香港自有品牌的手表。该香港自有品牌手表须在表壳上刻有明显的香港原产标记，如“香港制造”、“Made in Hong Kong”或“Hong Kong”等字样。

附件 2

2007 年 7 月 1 日起新增澳门享受零关税货物原产地标准表

序号	内地 2007 年税则号列	货品名称	原产地标准
1	3406.0000	各种蜡烛及类似品	熔化及模塑。
2	3824.5000	非耐火的灰泥及混凝土	由天然物质或化学原料经化学反应制得。
3	8428.1010	载客电梯	在澳门进行金属制作（对进口组合零件进行的金属制作工序亦适用）及装配，且符合从价百分比标准。主要制造工序为金属切割、冲压、烧焊、装配及测试。
4	8428.1090	其他升降机及倒卸式起重机	在澳门进行金属制作（对进口组合零件进行的金属制作工序亦适用）及装配，且符合从价百分比标准。主要制造工序为金属切割、冲压、烧焊、装配及测试。
5	9608.6000	圆珠笔芯	（1）从笔芯制造。主要制造工序为填入墨水及装上笔尖；或（2）税号改变标准。
6	9608.9100	钢笔头及笔尖粒	（1）从笔珠制造。主要制造工序为将笔珠放进笔珠载体中，并连接上杆枝；或（2）税号改变标准。
7	9608.9920	蜡纸铁笔；钢笔杆、铅笔杆及类似的笔杆	从笔珠制造。主要制造工序为将笔珠放进笔珠载体中，并连接上杆枝。
8	9608.9990	其他笔零件	（1）从笔珠制造。主要制造工序为将笔珠放进笔珠载体中，并连接上杆枝；或（2）税号改变标准。

附件3

第三批香港自有品牌手表清单

序号	香港自有品牌名称	香港公司名称	品牌性质
1	o. d. m	Sweda Limited	香港原创品牌

中华人民共和国海关总署公告

2007年第31号

根据《中华人民共和国海关法》、《中华人民共和国海关行政处罚实施条例》和《中华人民共和国海关办理行政处罚案件程序规定》的规定，现将海关办理行政处罚案件过程中使用的法律文书格式（见附件）予以公布。

本公告自2007年7月1日起施行。

特此公告。

附件 1－43（略）

海关总署

2007年6月28日

中华人民共和国海关总署公告

2007年第32号

经国务院批准，自2007年7月1日起对巴基斯坦实施《中华人民共和国政府与巴基斯坦伊斯兰共和国政府自由贸易协定》（以下简称《中巴自贸协定》）第一阶段首次降税，现将有关问题公告如下：

一、自2007年7月1日起，对原产于巴基斯坦的3975个8位税目项下的进口货物实行低于最惠国税率的协定税率（详见附件）。

二、海关对申报享受《中巴自贸协定》协定税率且原产地为巴基斯坦的进口货物，将按照《中华人民共和国海关〈中华人民共和国政府与巴基斯坦伊斯兰共和国政府自由贸易协定〉项下进口货物原产地管理办法》（海关总署令第162号）的规定审查确定该进口货物的原产地。

三、自2007年7月1日起，进口货物的收货人或其代理人在申报进口原产于巴基斯坦并享受协定税率的货物时，报关单“随附单据”栏的“优惠贸易协定代码”应填报为“07”；其他填报要求，仍按照海关总署2005年第69号公告的有关规定执行。

四、海关总署2005年第68号公告自2007年7月1日起予以废止。

特此公告。

附件 中国—巴基斯坦自由贸易区2007年协定税率执行表（略）

海关总署

2007年6月29日

中华人民共和国海关总署公告

2007 年第 33 号

经国务院批准，自 2007 年 7 月 1 日起，我国给予非洲部分最不发达国家第二批对华出口商品零关税待遇。现将有关事宜公告如下：

一、对进口原产于下述 26 个非洲国家的 254 个 8 位税目项下的商品实施关税税率为零的特惠税率（详见附件）。

具体国家为：埃塞俄比亚联邦民主共和国、贝宁共和国、布隆迪共和国、赤道几内亚共和国、多哥共和国、厄立特里亚国、佛得角共和国、吉布提共和国、几内亚共和国、几内亚比绍共和国、莱索托王国、利比里亚共和国、卢旺达共和国、马达加斯加共和国、马里共和国、毛里塔尼亚伊斯兰共和国、莫桑比克共和国、尼日尔共和国、塞拉里昂共和国、苏丹共和国 、坦桑尼亚联合共和国、乌干达共和国、赞比亚共和国、中非共和国、乍得共和国和索马里联邦共和国。

二、经国务院批准，上述国家中的乍得共和国和索马里联邦共和国同时享受我国给予非洲部分最不发达国家第一批对华出口商品实施零关税的特惠待遇，具体商品范围详见海关总署 2006 年第 75 号公告附件 7〔3〕。

三、申报进口享受特惠税率的原产于上述非洲国家的货物时，应按照海关总署 2005 年第 69 号公告中“未实行原产地证书联网管理的具体填制要求”填制报关单，其“优惠贸易协定代码”应填报为“05”。

四、本公告自 2007 年 7 月 1 日起执行。

特此公告。

附件 给予非洲部分最不发达国家第二批对华出口商品实施特惠税率执行表

海关总署

2007 年 6 月 29 日

附件

给予非洲部分最不发达国家第二批对华出口商品实施特惠税率执行表

序号	税则号列	商品名称（简称）	最惠国税率（%）	特惠税率（%）
1	0302. 3200	鲜、冷黄鳍金枪鱼	12	0
2	0303. 4300	冻鲣鱼	12	0
3	0303. 5200	冻鳕鱼（大西洋鳕鱼、太平洋鳕鱼、格陵兰鳕鱼），但鱼肝及鱼卵除外	10	0
4	0303. 7600	冻鳗鱼	12	0
5	0305. 5910	干海马、干海龙	2	0
6	0306. 2190	未冻的龙虾	15	0
7	0307. 6090	其他蜗牛及螺	14	0
8	0307. 9990	其他冻、干、盐制软体动物、水生无脊椎动物	10	0
9	0511. 9990	其他编号未列名的动物产品；不适合供人食用的第一章的死动物	12	0

序号	税则号列	商品名称（简称）	最惠国税率（%）	特惠税率（%）
10	0602.9093	菊花	10	0
11	0604.9100	鲜的植物枝、叶或其他部分；草	10	0
12	0709.9090	鲜或冷的其他蔬菜	13	0
13	0901.2200	已浸除咖啡碱的已焙炒咖啡	15	0
14	0902.3090	每件净重≤3千克的其他发酵、半发酵红茶	15	0
15	0902.4090	每件净重>3千克的其他红茶（已发酵）及半发酵茶	15	0
16	1211.9039	其他主要用作药料的鲜或干的植物	6	0
17	1212.9999	鲜、干的其他供人食用的植物产品	30	0
18	1401.1000	竹	10	0
19	1404.2000	棉短绒	4	0
20	1605.4090	制作或保藏的其他甲壳动物	5	0
21	1605.9090	其他制作或保藏的软体动物及其他水生无脊椎动物	5	0
22	1802.0000	可可荚、壳、皮及废料	10	0
23	2101.1100	咖啡浓缩精汁	17	0
24	2103.9090	其他调味品	21	0
25	2301.2010	饲料用鱼粉	2	0
26	2505.1000	硅砂及石英砂，不论是否着色	3	0
27	2505.9000	其他天然砂，不论是否着色	3	0
28	2512.0090	其他硅质化石粗粉及类似的硅质土	3	0
29	2516.9000	其他碑用或建筑用石，不论是否粗加修整或切割成矩形板块	3	0
30	2525.1000	原状云母及劈开的云母片	5	0
31	2529.1000	长石	3	0
32	2713.1190	未煅烧石油焦	3	0
33	2811.2200	二氧化硅	5.5	0
34	2825.9090	其他无机碱；其他金属的氧化物及氢氧化物及过氧化物	5.5	0
35	2826.3000	六氟铝酸钠（人造冰晶石）	5.5	0
36	3307.9000	脱毛剂、其他编号未列名的芳香料制品及化妆盥洗品	9	0
37	3401.1100	盥洗用肥皂及有机表面活性产品，条状、块状或模制形状的，以及用肥皂或洗涤剂浸渍、涂面或包覆的纸、絮胎、毡呢及无纺织物	10	0
38	3402.1100	阴离子型有机表面活性剂	6.5	0
39	3809.9300	制革工业用其他税号未列名整理剂、染料加速着色剂或固色助剂及其他产品和制剂	6.5	0

序号	税则号列	商品名称（简称）	最惠国税率（%）	特惠税率（%）
40	3824.7500	含四氯化碳的含有甲烷、乙烷、丙烷卤化衍生物混合物	6.5	0
41	3824.7600	含1,1,1－三氯乙烷（甲基氯仿）的含有甲烷、乙烷、丙烷卤化衍生物混合物	6.5	0
42	3824.7800	含全氟烃或氢氟烃的，但不含全氯氟烃或氢氯氟烃的含有甲烷、乙烷、丙烷卤化衍生物混合物	6.5	0
43	3824.8100	含环氧乙烷的混合物及制品	6.5	0
44	3824.8200	含多氯联苯、多氯三联苯或多溴联苯的混合物及制品	6.5	0
45	3824.8300	含三（2,3－二溴丙基）磷酸酯的混合物及制品	6.5	0
46	3824.9090	其他税目未列名的化学工业及其相关工业的化学产品及配制品	6.5	0
47	3901.9020	线型低密度聚乙烯	6.5	0
48	3903.3000	丙烯腈－丁二烯－苯乙烯共聚物	7.6	0
49	3907.2000	初级形状的其他聚醚	7.6	0
50	3907.6090	其他初级形状聚对苯二甲酸乙二酯	6.5	0
51	3921.1990	其他泡沫塑料板、片、膜、箔及扁条	6.5	0
52	3923.2900	其他塑料制的袋及包	10	0
53	3926.1000	办公室或学校用塑料制品	10	0
54	4011.9200	农业或林业车辆及机器用非人字形胎面或类似胎面的新充气橡胶轮胎	25	0
55	4016.9390	硫化橡胶制其他用垫片、垫圈及其他密封垫	15	0
56	4016.9990	其他未列名硫化橡胶制品	10	0
57	4104.4990	其他干革（坯革）	7	0
58	4106.2200	山羊或小山羊皮干革（坯革）	14	0
59	4113.9000	其他已鞣进一步加工的不带毛动物皮革	14	0
60	4202.1290	塑料或纺织材料作面的其他箱包	20	0
61	4203.1000	皮革或再生皮革制的衣服	10	0
62	4203.3010	皮革或再生皮革制腰带	10	0
63	4203.3020	皮革或再生皮革制的腰带及子弹带	10	0
64	4205.0090	皮革或再生皮革的其他制品	12	0
65	4601.2990	其他植物材料制席子、席料及帘子	9	0
66	5007.1090	其他绸丝机织物	10	0
67	5007.2011	未漂白或漂白的纯桑蚕丝机织物	10	0
68	5007.2019	其他纯桑蚕丝机织物	10	0
69	5007.2021	未漂白或漂白的纯柞蚕丝机织物	10	0

序号	税则号列	商品名称（简称）	最惠国税率（%）	特惠税率（%）
70	5007.2029	其他纯柞蚕丝机织物	10	0
71	5007.2031	未漂白或漂白的纯绢丝机织物	10	0
72	5007.2039	其他纯绢丝机织物	10	0
73	5007.2090	其他纯丝机织物	10	0
74	5007.9010	未漂白或漂白其他丝机织物	10	0
75	5007.9090	其他丝机织物	10	0
76	5106.1000	非供零售用粗梳纯羊毛纱线	5	0
77	5112.1900	重量 >200 克/平方米精梳全毛布	10	0
78	5205.1100	非零售粗梳粗支纯棉单纱	5	0
79	5205.1200	非零售粗梳中支纯棉单纱	5	0
80	5205.1400	非零售粗梳较细支纯棉单纱	5	0
81	5205.2200	非零售精梳中支纯棉单纱	5	0
82	5205.2400	非零售精梳较细支纯棉单纱	5	0
83	5205.4400	非零售精梳较细支纯棉多股纱	5	0
84	5208.2200	漂白的较轻质全棉平纹布	10	0
85	5208.3300	染色的轻质全棉三、四线斜纹布	10	0
86	5208.4200	色织的较轻质全棉平纹布	10	0
87	5208.4900	色织的轻质其他全棉机织物	10	0
88	5208.5100	印花的轻质全棉平纹布	10	0
89	5209.3100	染色的重质全棉平纹布	10	0
90	5209.3200	染色的重质全棉三、四线斜纹布	10	0
91	5209.3900	染色的重质其他全棉机织物	10	0
92	5209.4200	色织的重质全棉粗斜纹布（劳动布）	10	0
93	5209.5100	印花的重质全棉平纹布	10	0
94	5303.1000	生或沤制黄麻，其他纺织用韧皮纤维	5	0
95	5303.9000	经加工、未纺的黄麻及其他纺织用韧皮纤维	5	0
96	5305.0092	加工、未纺的椰壳纤维及椰壳纤维废料	5	0
97	5307.1000	黄麻及其他纺织用韧皮纤维单纱	6	0
98	5307.2000	黄麻及其他纺织用韧皮纤维多股纱或缆线	6	0
99	5310.1000	未漂白黄麻或其他韧皮纤维织物	10	0
100	5310.9000	其他黄麻机织物或韧皮鲜为纤维织物	10	0
101	5407.4200	染色的纯尼龙布	10	0
102	5407.5200	染色的纯聚酯变形长丝布	10	0
103	5407.7200	染色的其他纯合成纤维长丝布	10	0

序号	税则号列	商品名称（简称）	最惠国税率（%）	特惠税率（%）
104	5510.2000	非零售与毛混纺人造纤维短纤纱线	5	0
105	5510.9000	非零售与其他混纺人造纤维短纤纱线	5	0
106	5512.1100	未漂或漂白的纯聚酯布	18	0
107	5512.9900	其他纯合成纤维布	10	0
108	5513.2900	与棉混纺染色的轻质其他合成纤维布	10	0
109	5513.4100	与棉混纺印花的轻质聚酯平纹布	10	0
110	5514.2300	与棉混纺染色的其他重质聚酯布	10	0
111	5603.1110	每平方米≤25克经浸渍化纤长丝无纺织物	10	0
112	5603.1210	25克＜每平方米≤70克浸渍化纤长丝无纺织物	10	0
113	5603.9290	25克＜每平方米≤70克其他无纺织物	10	0
114	5603.9490	每平方米＞150克的其他无纺织物	10	0
115	5604.1000	用纺织材料包覆的橡胶线及绳	5	0
116	5607.9090	其他纺织材料制线、绳、索、缆	5	0
117	5609.0000	用纱线、扁条、绳、索、缆制其他物品	10	0
118	5702.1000	“开来姆”等手织地毯	14	0
119	5702.3900	未制成其他纺织材料起绒铺地制品	14	0
120	5703.9000	其他纺织材料簇绒地毯及其他簇绒铺地制品	14	0
121	5705.0010	毛制其他地毯及其他铺地制品	14	0
122	5705.0020	化纤制其他地毯及其他铺地制品	10	0
123	5705.0090	其他纺织材料制其他地毯及铺地制品	14	0
124	5804.1030	化纤制网眼薄纱及其他网眼织物	12	0
125	5806.3200	化纤制其他狭幅机织物	10	0
126	5806.3990	其他材料制其他狭幅机织物	10	0
127	5807.9000	非机织非绣制纺织材料标签、徽章等	10	0
128	5911.9000	其他专门技术用途纺织产品及制品	8	0
129	6103.2200	棉制针织或钩编男式便服套装	20	0
130	6104.2200	棉制针织或钩编女式便服套装	17.5	0
131	6104.3300	合纤制针织女上衣	19	0
132	6104.4200	棉制针织或钩编连衣裙	16	0
133	6104.4300	合纤制针织或钩编连衣裙	17.5	0
134	6104.5300	合纤制针织或钩编裙子及裙裤	16	0
135	6104.6200	棉制针织或钩编女长裤、工装裤等	16	0
136	6105.1000	棉制针织或钩编男衬衫	16	0
137	6105.2000	化纤制针织或钩编男衬衫	17.5	0

序号	税则号列	商品名称（简称）	最惠国税率（%）	特惠税率（%）
138	6106. 2000	化纤制针织或钩编女衬衫	17. 5	0
139	6110. 1200	喀什米尔山羊细毛制针织或钩编套头衫等	14	0
140	6110. 1910	其他山羊细毛制针织或钩编套头衫等	14	0
141	6110. 3000	化纤制针织或钩编套头衫等	16	0
142	6117. 1000	针织或钩编披巾、头巾等	14	0
143	6117. 8010	针织或钩编领带及领结	14	0
144	6202. 1290	棉制女式大衣、斗篷及类似品等	16	0
145	6203. 2200	棉制男式便服套装	17. 5	0
146	6203. 3100	毛制男式上衣	16	0
147	6203. 4290	棉制男式长裤、工装裤等	16	0
148	6204. 3200	棉制女式上衣	16	0
149	6204. 3300	合纤制女式上衣	17. 5	0
150	6204. 4200	棉制连衣裙	16	0
151	6204. 5100	毛制裙子及裙裤	14	0
152	6204. 5200	棉制裙子及裙裤	14	0
153	6204. 6100	毛制女式长裤、工装裤等	16	0
154	6206. 3000	棉制女衬衫	16	0
155	6206. 4000	化纤制女衬衫	17. 5	0
156	6209. 3000	合纤制婴儿服装及衣着附件	16	0
157	6214. 2000	毛制披巾、头巾、围巾及类似品	14	0
158	6214. 9000	其他纺织材料制披巾、头巾及类似品	14	0
159	6215. 1000	丝及绢丝制领带及领结	14	0
160	6216. 0000	非针织非钩编手套	14	0
161	6302. 5190	棉制其他餐桌用织物制品	14	0
162	6302. 9100	棉制其他盥洗及厨房织物制品	14	0
163	6307. 9000	其他纺织材料制成品	14	0
164	6406. 2000	橡胶或塑料制的外底及鞋跟	15	0
165	6505. 9090	针织或成匹织物制成的帽类	20	0
166	6506. 9990	其他材料制的未列名帽类	24	0
167	6601. 9100	折叠伞	10	0
168	6704. 1900	合成纺织材料制其他假发、须等	25	0
169	6802. 2990	具有一个平面的其他石及制品	15	0
170	6812. 8000	青石棉或青石棉混合物制品	10. 5	0
171	6812. 9900	其他石棉或石棉混合物制品	10	0

序号	税则号列	商品名称（简称）	最惠国税率（%）	特惠税率（%）
172	6913.1000	瓷塑像及其他装饰用瓷制品	15	0
173	7007.2190	车辆用层压安全玻璃	20	0
174	7009.1000	车辆后视镜	10	0
175	7103.9100	经其他加工的红、蓝、绿宝石	8	0
176	7302.1000	钢轨	6	0
177	7305.2000	其他钻探石油、天然气用粗套管	7	0
178	7306.2100	不锈钢焊缝钻探石油天然气用套、导管	3	0
179	7306.2900	其他钻探石油天然气用套、导管	3	0
180	7310.1000	容积50升－300升钢铁制盛物容器	10.5	0
181	7315.8200	其他焊接链	12	0
182	7318.2100	弹簧垫圈及其他防松垫圈	10	0
183	7318.2900	其他无螺纹紧固件	10	0
184	7319.2000	安全别针	10	0
185	7320.1020	汽车用片簧及弹簧	10	0
186	7320.1090	其他片簧及簧片	10	0
187	7321.9000	非电热家用器具零件	12	0
188	7326.9010	其他工业用钢铁制品	10.5	0
189	7326.9090	其他非工业用钢铁制品	8	0
190	7403.2900	未锻轧的其他铜合金	1	0
191	7409.1900	其他精炼铜板、片、带	4	0
192	7415.2100	铜垫圈（包括弹簧垫圈）	10	0
193	7419.9110	工业用铸造、模压、冲压其他铜制品	10	0
194	7601.2000	未锻轧铝合金	7	0
195	7616.1000	铝钉、螺钉、螺母、垫圈等紧固件	10	0
196	7801.1000	未锻轧精炼铅	3	0
197	7902.0000	锌废碎料	1.5	0
198	8201.9000	其他农业、园艺、林业用手工工具	8	0
199	8203.1000	钢锉、木锉及类似工具	10.5	0
200	8208.2000	木工机械用刀及刀片	8	0
201	8208.3000	厨房或食品加工机器用刀及刀片	8	0
202	8301.4000	其他锁	14	0
203	8304.0000	贱金属档案柜、文件箱等办公用具	10.5	0
204	8306.2990	其他雕塑像及其他装饰品	8	0
205	8413.3029	其他燃油泵	3	0

序号	税则号列	商品名称（简称）	最惠国税率（%）	特惠税率（%）
206	8413.7090	转速<10000转/分离心泵	8	0
207	8421.2990	其他液体的过滤、净化机器及装置	5	0
208	8421.3990	其他气体的过滤、净化机器及装置	5	0
209	8421.9990	其他过滤、净化装置用零件	5	0
210	8431.4320	其他钻探机用零件	4	0
211	8466.2000	工件夹具	7	0
212	8479.8200	其他混合、研磨、筛选、均化等机器	7	0
213	8481.8010	其他阀门	7	0
214	8481.8090	未列名龙头、旋塞及类似装置	5	0
215	8483.3000	未装滚珠或滚子轴承的轴承座	6	0
216	8484.1000	金属片密封垫或类似接合衬垫	8	0
217	8484.2000	机械密封件	8	0
218	8487.9000	本章其他税号未列名机器零件	8	0
219	8504.4099	其他未列名静止式变流器	10	0
220	8504.9019	其他变压器零件	8	0
221	8504.9090	其他静止式变流器及电感器零件	8	0
222	8511.3090	其他用途用分电器、点火线圈	8.4	0
223	8516.2990	电气空间加热器	10	0
224	8516.9090	税号85.16所列货品的其他零件	12	0
225	8522.9090	税号85.19至85.21所列设备其他零件	20	0
226	8536.4100	电压≤60伏的继电器	10	0
227	8539.2130	机动车辆用卤钨灯	10	0
228	8607.1990	转向轮及其零件	3	0
229	8607.3000	铁道及电车道机车用钩、联结器、缓冲器及其零件	3	0
230	8708.3091	牵引车、拖拉机用制动器及其零件	6	0
231	8708.8010	税号87.03所列车辆用的悬挂减震器及零件	10	0
232	8708.9100	机动车辆的散热器（水箱）及零件	10	0
233	8716.9000	挂车、半挂车及非机动车用零件	10	0
234	9015.9000	大地测量仪器及装置的零附件	5	0
235	9021.2900	牙齿固定件	4	0
236	9027.1000	气体或烟雾分析仪	7	0
237	9030.3200	带记录装置的万用表	8	0
238	9030.3900	检测电压、电流、电阻或功率的其他仪器，带记录装置	8	0
239	9030.8490	其他电量的测量或检验仪器及装置	8	0

序号	税则号列	商品名称（简称）	最惠国税率（%）	特惠税率（%）
240	9032.1000	恒温器	7	0
241	9206.0000	打击乐器	17.5	0
242	9209.9990	本章其他编号未列名的乐器零件	17.5	0
243	9405.2000	电气台灯、床头灯、落地灯	20	0
244	9507.2000	钓鱼钩	21	0
245	9601.9000	其他已加工动物质雕刻料及其制品	20	0
246	9606.2100	塑料制钮扣，未用纺织材料包裹	21	0
247	9606.2900	其他钮扣	15	0
248	9608.3910	自来水笔	21	0
249	9608.3990	其他钢笔	21	0
250	9609.1010	铅笔	21	0
251	9612.1000	打字机色带或类似色带	10.5	0
252	9615.1100	硬质橡胶或塑料制梳子、发夹及类似品	18	0
253	9701.1010	手绘油画、粉画及其他画的原件	12	0
254	9701.9000	拼贴画及类似装饰板	14	0

中华人民共和国海关总署公告

2007年第34号

《中华人民共和国政府与巴基斯坦伊斯兰共和国政府自由贸易协定》（以下简称《中巴自贸协定》）已经双方政府批准，自2007年7月1日起正式实施。我国从巴基斯坦进口及我国出口到巴基斯坦的《中巴自贸协定》项下货物，将按照《中巴自贸协定》中的原产地规则及签证操作程序确定原产地，并适用《中巴自贸协定》规定的关税优惠。

现将《中巴自贸协定》原产地规则及签证操作程序予以公告。

附件1　中巴自贸协定原产地规则

附件2　中巴自贸协定原产地规则签证操作程序

海关总署

2007年6月29日

附件1

《中华人民共和国政府与巴基斯坦伊斯兰共和国政府自由贸易协定》原产地规则

规则一：定义

本规则中：

（一）“一方”是指中华人民共和国（中国）或者巴基斯坦伊斯兰共和国（巴基斯坦）。

（二）“成本、保险费加运费价格（CIF）”是指在进口港把货物从运输工具卸下后，实付或者应当付给出口货物发货人的价格。它包括货物的成本和将货物运至指定目的港所需的保险费和运费。

（三）“海关估价协议”指《WTO协议》中《关于

实施1994年关税与贸易总协定第七条的协定》。

（四）“船上交货价格（FOB）”是指在指定出口港把货物装上运输工具后，实付或者应当付给出口货物发货人的价格。它包括货物的成本和将货物运至运输工具所需的所有费用。

（五）“材料”包括组成成分、零件、部件、组件以及（或者）已实际上构成另一货物组成部分或者已用于另一货物生产过程的货物。

（六）“原产货物”是指根据规则二确定为原产的货物。

（七）“产品特定原产地标准”是指材料满足税则归类改变或者特定制造或者加工工序，或者某一从价百分比标准，或者混合使用任何这些标准的规则。

（八）“间接材料”是指用于某一货物的生产、测试或者检查，但没有实际构成该货物的物品，或者用于与该货物生产相关的厂房维护或者设备操作的物品，包括：

1. 燃料与能源；

2. 工具、模具及铸模；

3. 用于设备及厂房维护的零件和材料；

4. 用于生产或设备操作和厂房的润滑剂、润滑油、混合材料及其他材料；

5. 手套、眼镜、鞋、衣服、安全装置及其他所需物品；

6. 用于货物的测试或者检查的设备、装置及其他所需物品；

7. 催化剂和溶剂及其他在货物生产过程中使用，虽然不构成该货物组成部分，但能合理地表明用于该货物生产过程的任何材料。

（九）“非原产材料”是指用于货物生产中的非任何一方原产的材料，以及原产地不明的材料。

（十）“生产”是指获得货物的方法，包括制造、生产、装配、加工、饲养、种植、繁殖、开采、提取、收获、捕捞、诱捕、采集、收集、狩猎和捕获。

规则二：原产地标准

在《中巴自贸协定》中，从一方进口的货物，如符合以下任何一项原产地要求，应视为原产并可以享受优惠关税减让：

（一）规则三明确规定的完全获得或者生产的产品；或者

（二）符合规则四、五或者六规定的非完全获得或者生产的产品。

规则三：完全获得或者生产的产品

下列产品应当视为符合规则二（一）所指的完全在一方获得或者生产：

（一）在一方收获、采摘或收集的植物及植物产品；

（二）在一方出生和饲养的活动物；

（三）在一方从上述第（二）项活动物中获得的产品；

（四）在一方狩猎、诱捕、捕捞、水生养殖、收集或捕获所得的产品；

（五）从一方领土、领水、海床或海床底土开采或者提取的除上述第（一）至（四）项以外的矿物或者其他天然生成物；

（六）在一方领水以外的水域、海床或者海床底土获得的产品，但该方须按照国际法规定有权开发上述水域、海床及海床底土；

（七）在一方注册或者授权悬挂该方国旗的船只在公海捕捞获得的鱼类及其他海产品；

（八）在一方注册或者授权悬挂该方国旗的加工船上仅从第（七）项产品中加工和（或者）制造所得的产品；

（九）在一方从既不能用于原用途，也不能恢复或者修理的物品上回收的零件或者原材料；

（十）在一方收集的既不能用于原用途，也不能恢复或者修理，仅适于弃置或者用作部分原材料的回收，或者仅适于再生用途的物品；

（十一）在一方境内生产加工过程中产生的废碎料；及

（十二）仅用上述第（一）至（十一）项所列产品在一方加工获得的产品。

规则四：非完全获得或者生产的产品

（一）规则二（二）中，如果产品中原产于一方的成分所占比例不少于40%，则该产品应视为该方原产。

（二）原产价值成分计算公式如下：

$$\frac{\text{非原产材料的价格}}{\text{船上交货价格（FOB）}} \times 100\% < 60\%$$

（三）非原产材料价格应为：

1. 材料进口时的成本、保险费加运费价格（CIF）；或者

2. 最早确定的在一方境内为使用不明原产地材料进行制造或者加工支付的价格。

规则五：累计原产地规则

除另有规定外，符合规则二原产地要求的产品在一方境内用作生产享受《中巴自贸协定》优惠待遇制成品的原材料，如果制成品中的中国—巴基斯坦累计成分

不少于40%，则该产品应视为原产于制造或者加工该制成品的成员方境内。

规则六：产品特定原产地标准

在一方经过实质性加工的产品应视为该方的原产货物。符合本规则附件所列产品特定原产地标准的产品，应视为在一方经过了实质性加工。

规则七：微小加工及处理

下列的加工或者处理均视为微小加工及处理，在按照规则二确定货物原产地时，应不予考虑：

（一）为使货物在运输或者贮存中保持良好状态而进行的处理，例如干燥、冷冻、通风、晾晒、冷却、置于盐或者二氧化硫中、用盐水或者其他水溶液保存、去除已毁坏部分等类似处理；

（二）除尘、筛选、分类、分级、匹配（指成套物品的组合）、洗涤、上漆和切割；

（三）为便于装运货物而进行的改换包装、分拆或者装配；

（四）简单的切割、切片及再包装，或者装瓶、装袋、装箱、固定在硬纸板或者木板上，及其他简单包装；

（五）在产品或者其包装上粘贴标志、标签或者其他类似的区别标记；

（六）对产品进行的简单混合，不论其是否为同类产品，且该混合物的一个或者多个组成部分不得因满足本规则规定的条件而获得原产资格；

（七）将物品零部件简单组装成完整品；

（八）完整品的拆解；

（九）屠宰动物；

（十）仅用水或者其他物质稀释而不改变货物的性质；及

（十一）上述（一）到（十）项中的两项或者多项加工或者处理的组合。

规则八：直接运输

下列情况应视为从出口方直接运输至进口方：

（一）货物未经过中国和巴基斯坦以外的国家（或者地区）境内运输的；

（二）货物经过中国和巴基斯坦之外的一个或者多个国家（或者地区）境内运输，在这些国家（或者地区）不论是否转运或者临时存储，但是同时符合下列条件的：

1. 仅由于地理原因或者运输需要；

2. 货物未在这些国家（或者地区）进入贸易或者消费领域；以及

3. 除装卸或者其他为使货物保持良好状态的处理外，货物在这些国家（或者地区）未经任何其他加工。

规则九：包装

（一）一方如果对货物及其包装分别计征关税，就可以对从另一方进口的货物及其包装分别确定原产地。

（二）在上述第（一）款不适用的情况下，包装应与货物视为一个整体，运输或者贮藏所需的包装在确定货物原产地时应与货物一并考虑，而不应将其视为从中国—巴基斯坦自由贸易区外进口。

规则十：附件、备件及工具

与货物一起申报进口的附件、备件、工具及指导性或其他介绍说明性材料，如进口国将其与货物一并归类和征收关税，在确定该货物的原产地时，应忽略不计。

规则十一：间接材料

除另有规定外，在确定货物原产地时，规则一（八）中定义的间接材料的原产地，以及在制造过程中未保留在货物里或者未构成货物一部分的材料的原产地应不考虑。

规则十二：原产地证书

申请享受优惠关税减让的产品，申报时应提交由出口方指定的政府机构签发的原产地证书并按《〈中巴自贸协定〉原产地规则签证操作程序》的规定通知《中巴自贸协定》另一方。

规则十三：审议及修改

应一方的要求并经双方同意，本规则可以进行审议和修改。

附件2

《中华人民共和国政府与巴基斯坦伊斯兰共和国政府自由贸易协定》原产地规则签证操作程序

签发机构

规则一

原产地证书应由出口方的政府机构签发。

规则二

（一）双方应将其签发原产地证书的政府机构名称及地址通知对方，并提供该政府机构使用的签名式样及签证印鉴样本；

（二）双方应互相提供上述资料及样本。名称、地址或者印章如有任何变化，应以双方同意的方式立即通知对方。

规则三

为核查享受优惠待遇的情况，签发原产地证书的指定政府机构有权要求提供任何相关的证明文件或者进行适当的核查。如果通过现行本国法律法规无法获得该权力，应在以下规则四及五所指的申请表格中作为条款列出。

原产地证书的申请

规则四

符合享受优惠待遇的货物，其出口人及（或者）厂商应以书面形式向政府机构申请货物出口前的原产地核实。对核实结果应定期或者适时地进行复核，并将此作为核定该待出口货物原产地的相关证明文件。上述预核实程序不适用于通过自然属性容易被确定原产地的货物。

规则五

出口人或者其代理人在办理享受优惠待遇货物出口手续时，应提交书面的原产地证书申请，并随附相关证明文件，证明待出口货物符合原产地证书签发要求。

出口前检查

规则六

签发原产地证书的政府机构应尽其所能对每份原产地证书的申请进行适当检查以确保：

（一）申请书及原产地证书正确填写并经授权签署人签名；

（二）货物的原产地符合《〈中巴自贸协定〉原产地规则》；

（三）所提交的相关证明文件与原产地证书中的其他说明相符；

（四）所列明的货品名称、数量及重量、唛头及件号、件数及包装与待出口货物相符。

原产地证书的签发

规则七

（一）原产地证书必须依据附件所列格式用国际标准A4纸印制，所用文字为英语；

（二）原产地证书应由一份正本及两份副本组成；

（三）每份原产地证书应注明由签证单位给出的唯一编号。

（四）出口人应向进口人提供原产地证书正本，以便呈交给进口海关。第一副本由出口方签证机构留存。第二副本由出口人留存。

正本——米黄色

第一副本——白色

第二副本——白色

规则八

为实施《〈中巴自贸协定〉原产地规则》规则四、五及六的规定，出口方所签发原产地证书的第8栏内应注明相关的规则及所适用的中国—巴基斯坦自由贸易区成分的百分比。

规则九

原产地证书不得涂改及叠印。任何更正必须先将错误项目划去，然后作必要的增改。所作更正应由原签发人认可，并由有关政府机构核定。所有空白之处应予划去，以防事后填写。

规则十

（一）根据《〈中巴自贸协定〉原产地规则》，原产地证书应由出口方的相关政府机构在货物出口前、出口时或者在出口后15天内签发。

（二）在特殊情况下，如果由于非主观故意的差错、疏忽或者其他合理原因没有在货物出口前、出口时或者出口后立即签发原产地证书，原产地证书可以在货物装运之日起1年内补发，但要注明“补发”字样。

规则十一

如原产地证书被盗、遗失或者毁坏，出口人可以向原签发证书的政府机构书面申请签发原证正本及第二副本的经证实的真实复制本。该复制本应根据签证机构存档的有关出口文件签发，并在第12栏中注明“经证实的真实复制本”字样，且注明原证正本的签发日期。原产地证书的经证实的真实复制本应在出口人向原签证机构提供了原证第二副本的情况下，并在其原证正本签发之日起1年之内方可补发。

原产地证书的提交

规则十二

在向进口方海关申报货物进口时，进口人应主动向海关申明要求享受优惠待遇。原产地证书的正本应在有关货物进境报关时向海关提交。

规则十三

原产地证书应按下列期限提交：

（一）原产地证书应在出口方有关政府机构签发之日起6个月内向进口方海关提交；

（二）按照《〈中巴自贸协定〉原产地规则》规则八第（二）款的规定，如果货物经过一个或者多个非成员方境内，上述第（一）款所规定的原产地证书提交期限延长至8个月；

（三）如因不可抗力或者其他出口人无法控制的合理原因致使不能按期提交的，进口方海关仍应接受已经超出提交期限的原产地证书；以及

（四）在任何情况下，如果货物在原产地证书提交期限内已经进口，进口方有关政府机构可接受该原产地证书。

规则十四

如果原产于出口方的每批货物的船上交货价格（FOB）不超过200美元，则无需提交原产地证书，由出口人提供有关货物原产于该出口方的简要声明即可。船上交货价格（FOB）不超过200美元的邮递品也应照此办理。

规则十五

如果发现原产地证书内容与为办理货物进口手续而提交给进口方海关的单证内容略有不符，只要原产地证书内容与所报验的货物相符，原产地证书仍应当有效。

规则十六

（一）进口成员方可以要求进行后续随机核查，也可在有理由怀疑有关文件的真实性或者有关货物原产地的准确性时，要求进行后续核查；

（二）核查要求应随附相关原产地证书，并阐明原因及其他详细情况，列出该原产地证书中可能有问题的内容，但后续随机抽查请求不受此限；

（三）在等待核查结果期间，进口方海关可以暂缓给予关税优惠待遇。如果该货物不属于禁止或者限制进口，且无瞒骗嫌疑，在履行必要的管理手续后，海关可以将货物放行；

（四）收到后续核查请求的政府签发机构应及时作出回应，并在收到请求后6个月之内作出答复。

规则十七

（一）原产地证书的申请书及其所有相关文件应由签发机构自签发原产地证书之日起至少保留2年；

（二）应进口方的请求，应提供与原产地证书有效性相关的资料；

（三）双方之间交流的任何资料应予以保密，只能用于原产地证书的确认。

特殊情况

规则十八

如出口到一方的全部或者部分货物的目的地发生变化，在货物到达该方之前或者之后，应按下列规则办理：

（一）如果货物已经向指定的进口方海关申报，进口人应向海关提出书面申请，由海关对全部或者部分货物改变目的地的情况在原产地证书上签注认可，然后将正本交还进口人，第二副本应返还签证机构；

（二）如果货物在运往原产地证书所指定的进口方途中，目的地发生变化，出口人应提出书面申请，并随附已签发的原产地证书，要求对全部或者部分货物重新发证。

规则十九

为实施《〈中巴自贸协定〉原产地规则》规则八第（二）款的规定，对经过一个或者多个中国和巴基斯坦以外国家或者地区的境内运输的货物，应向进口方政府机构提交下列单证：

（一）在出口方签发的联运提单；

（二）出口方有关政府机构签发的原产地证书；

（三）货物的原始商业发票；以及

（四）符合《〈中巴自贸协定〉原产地规则》规则八第（二）款的第1、2及3项所规定的证明文件。

规则二十

（一）由出口方运至另一方展览并在展览期间或者展览后销售给一方的货物，如果该货物符合《〈中巴自贸协定〉原产地规则》的规定，应享受中国—巴基斯坦自由贸易区优惠关税待遇，但应满足进口方相关政府机构的下列要求：

1. 出口人已将货物从出口方境内运送到展览会举办国并已在该国展出；

2. 出口人已将货物出售或者转让给进口方的收货人；以及

3. 该货物已经以送展时的状态在展览期间或者展览后立即运到进口方。

（二）为实施以上规定，必须向进口方的有关政府机构提交原产地证书。还必须注明展览会名称及地址，提供展览举办地方有关政府机构签发的证明书以及规则十九第（四）款所列的证明文件。

（三）上述第（一）款的规定适用于任何以出售外国货物为目的的商贸、农业或者手工业展览会、交易会或者在商店或者商业场所举办的类似展览或者展示。展览期间货物应处于海关的监管之下。

反欺诈行为

规则二十一

（一）当怀疑存在与原产地证书相关的欺诈行为时，有关政府机构应相互合作，对涉嫌人员在各自境内采取行动；

（二）各方均应对涉及原产地证书的欺诈行为实施法律制裁。

争端磋商

规则二十二

如果发生关于原产地确定、货物归类或者其他方面的争议，进出口双方的有关政府机构应本着解决争议的目的相互协商，并将最终结果通报对方。

附件　原产地证书

附件

原产地证书

1. Exporter's Name and Address, country	CERTIFICATE NO. CERTIFICATE OF ORIGIN CHINA – PAKISTAN FTA (Combined Declaration and Certificate) Issued in _______ (Country) See Instructions Overleaf
2. Consignee's Name and Address, country	
3. Producer's Name and Address, country	
4. Means of transport and route (as far as known) Departure Date Vessel /Flight/Train/Vehicle No. Port of loading Port of discharge	5. For Official Use Only Preferential Treatment Given Under China – Pakistan FTA ☐ Free Trade Area Preferential Tariff ☐ Preferential Treatment Not Given (Please state reason/s Signature of Authorized Signatory of the Importing Country

6. Item number	7. Marks and numbers on packages; Number and kind of packages; description of goods; HS code of the importing country	8. Origin Criterion	9. Gross Weight, Quantity and FOB value	10. Number and date of invoices	11. Remarks

12. Declaration by the exporter The undersigned hereby declares that the above details and statement are correct; that all the goods were produced in (Country) and that they comply with the origin requirements specified for these goods in the China – Pakistan Free Trade Area Preferential Tariff for the goods exported to (Importing country) Place and date, signature of authorized signatory	13. Certification It is hereby certified, on the basis of control carried out, that the declaration by the exporter is correct. Place and date, signature and stamp of Certifying authority

China – Pakistan FTA Certificate of Origin Instructions

Box 1: State the full legal name, address (including country) of the exporter.

Box 2: State the full legal name, address (including country) of the consignee.

Box 3: State the full legal name, address (including country) of the producer. If more than one producer's goods is included in the certificate, list the additional producers, including name, address (including country). If the exporter or the producer wishes the information to be confidential, it is acceptable to state "Available to Customs upon request". If the producer and the exporter are the same, complete field with "SAME".

Box 4: Complete the means of transport and route and specify the departure date, transport vehicle No., port of loading and discharge.

Box 5: The Customs Authority of the importing Party must indicate in the relevant boxes whether or not preferential treatment is accorded.

Box 6: State the item number.

Box7: Provide a full description of each goods. The description should be sufficiently detailed to enable the products to be identified by the Customs Officers examining them and relate it to the invoice description and to the HS description of the goods. Shipping Marks and numbers on the packages, number and kind of package shall also be specified. For each goods, identify the HS tariff classification to 6 digits, using the HS tariff classification of the country into whose territory the goods is imported.

Box 8: For exports from one Party to the other Party to be eligible for preferential treatment under China – Pakistan FTA, the requirement is that either: (to be adjusted according to the specific rules of origin)

i. The products wholly obtained in the exporting Party as defined in China – Pakistan FTA Rules of Origin;

ii. Subject to sub-paragraph (i) above, for the purpose of implementing the provisions of China – Pakistan FTA Rules of Origin, products worked on and processed as a result of which the total value of material originating from non – China – Pakistan FTA member states or of undetermined origin used is less than 60% of the FOB value of the product produced or obtained and the final process of the manufacture is performed within territory of the exporting Party;

iii. Products which comply with origin requirements provided for in Article 16 of this Agreement and which are used in a Party as inputs for a finished product eligible for preferential treatment in the other Party shall be considered as a product originating in the Party where working or processing of the finished product has taken place provided that the aggregate China – Pakistan FTA content of the final product is not less than 40%; or

iv. Products that satisfy the Product Specific Rules provided for in Attachment B of the China – Pakistan FTA Rules of Origin shall be considered as goods to which sufficient transformation has been carried out in a Party.

If the goods qualify under the above criteria, the exporter must indicate in Field 8 of this form the origin criteria on the basis of which he claims that his goods qualify for preferential treatment, in the manner shown in the following table:

Circumstances of production or manufacture in the first country named in Field 12 of this form	Insert in Field 8
(a) Products wholly produced in the country of exportation [see paragraph 8 (i) above]	"P"
(b) Products worked upon but not wholly produced in the exporting Party which were produced in conformity with the provisions of paragraph 8 (ii) above	Percentage of single country content, example 40%
(c) Products worked upon but not wholly produced in the exporting Party which were produced in conformity with the provisions of paragraph 8 (iii) above	Percentage of China – Pakistan FTA cumulative content, example 40%
(d) Products satisfied the Product Specific Rules	"PSR"

Box 9: Gross weight in Kilos should be shown here. Other units of measurement e. g. volume or number of items which would indicate exact quantities may be used when customary; the FOB value shall be the invoiced value declared by exporter to the issuing authority.

Box 10: Invoice number and date of invoices should be shown here.

Box 11: Customer's Order Number, Letter of Credit Number, and etc. may be included if required.

Box 12: The field must be completed, signed and dated by the exporter. Insert the place, date of signature.

Box 13: The field must be completed, signed, dated and stamped by the authorized person of the certifying authority.

附件

原产地证书

1. 出口人名称、地址、国家： 2. 收货人名称、地址、国家： 3. 生产商名称、地址、国家：	编号 签发日期 中国—巴基斯坦自由贸易区 原产地证书 （申报与证书合一） 签发在： 详见背页说明
4. 运输工具及路线（如已知）： 离港日期 船舶/飞机/火车/汽车　编号 装货口岸 卸货口岸	5. 官方使用 根据中国—巴基斯坦自由贸易区项下优惠待遇 ☐ 给予优惠待遇 ☐ 不给予优惠待遇（请注明原因） 进口国有权签字人签字

6. 项目编号	7. 包装唛头及编号；包装件数及种类；货物名称；进口国HS编码	8. 原产地标准	9. 毛重、数量、船上交货价格（FOB）	10. 发票编号及日期	11. 备注

12. 出口人声明 下列签字人声明上述资料及申报正确无讹，所有货物产自 ________________（国家） 且符合中国—巴基斯坦自由区优惠关税项下所规定的原产地要求，该货物出口至 ________________（进口国） ________________ 地点和日期 授权签字人的签字	13. 证明 根据所实施的监管，兹证明出口人所做申报正确无讹。 地点和日期 签字和签证机构印章

中国—巴基斯坦自由贸易区原产地证书说明

第 1 栏：注明出口人的合法的全称、地址（包括国家）。

第 2 栏：注明收货人的合法的全称、地址（包括国家）。

第 3 栏：注明生产商的合法的全称、地址（包括国家）。如果证书上的货物生产商不止一个时，其他的生产商的全称、地址（包括国家）也必须列明。如果出口人或者生产商希望该信息保密时，也可以接受在该栏注明“应要求向海关提供” （Available to Customs upon Request）。如果生产商与出口人相同时，该栏只须填写“相同”（SAME）。

第 4 栏：注明运输方式和路线，并详细说明离港日期、运输工具编号、装货港和卸货港。

第 5 栏：由进口成员方海关在该栏简要说明根据协议是否给予优惠待遇。

第 6 栏：注明项目编号。

第 7 栏：该栏的货品名称必须详细，以使验货的海关官员可以识别，并使其能与发票上的货名及 HS 编码的货名对应。包装上的运输唛头及编号、包装件数和种类也应当列明。每一项货物的 HS 编码应当为货物进口国的 6 位 HS 编码。

第 8 栏：从一成员方出口到另一成员方可享受优惠待遇的货物必须符合下列要求之一：（根据特定原产地规则可做调整）

1. 符合原产地规则规定，在出口成员方内完全获得的产品；

2. 为实施中国—巴基斯坦自由贸易区原产地规则的规定，使用非原产于中国、巴基斯坦或者无法确定原产地的原材料生产和加工产品时，所用这种原材料的总价值小于由此生产或者获得的产品的离岸价格的 60%，且最后生产工序在该出口成员方境内完成；

3. 符合中国—巴基斯坦自由贸易区协定第十六条规定的产品，且该产品在一成员方被用于生产可享受另一成员方优惠待遇的最终产品时，如在最终产品中原产于中国、巴基斯坦成分总计不少于最终产品的 40%，则该产品应当视为原产于对最终产品进行生产或者加工的成员方；或者

4. 符合原产地规则产品特定原产地标准的产品，应当视为在一成员方进行了充分加工的货物

若货物符合上述标准，出口人必须按照下列表格中规定的格式，在本证书第八栏中标明其货物申报享受优惠待遇所根据的原产地标准：

本表格第 12 栏列名的原产国生产或者制造的详情	填入第 8 栏
出口国完全生产的产品（见上述第 8 款 1 项）	“P”
符合上述第 8 款 2 项的规定，在出口成员方加工但并非完全生产的产品	单一国家成分的百分比，例如 40%
符合上述第 8 款 3 项的规定，在出口成员方加工但并非完全生产的产品	中国—巴基斯坦自由贸易区累计成分的百分比，例如 40%
符合产品特定原产地标准的产品	“PSR”

第 9 栏：该栏应当注明毛重的公斤数。其他的按惯例能准确表明数量的计量单位，如体积、件数也可用于该栏。离岸价格应该是出口人向签证机构申报的发票价格。

第 10 栏：该栏应当注明发票号和发票日期。

第 11 栏：如有要求，该栏可注明订单号、信用证号等。

第 12 栏：该栏必须由出口人填制、签名、签署日期和加盖印章。

第 13 栏：该栏必须由签证机构经授权的签证人员签名、签署日期和加盖签证印章。

中华人民共和国海关总署
国家发展和改革委员会
财　　　政　　　部
商　　　务　　　部
公　　告

2007 年第 35 号

为保证外商投资项目进口税收优惠政策的正确实施，营造规范、统一、公平的贸易环境，保障外商投资企业的合法权益，针对海关在执行相关进口税收优惠政策中遇到的问题，经研究，现将有关政策适用问题明确如下：

一、关于外商投资项目适用进口税收优惠政策问题

根据外商投资的法律法规规定，在中国境内依法设立，并领取中华人民共和国外商投资企业批准证书和外商投资企业营业执照等有关法律文件的中外合资经营企业、中外合作经营企业和外资企业（以下统称外商投资企业），所投资的项目符合《外商投资产业指导目录》中鼓励类或《中西部地区外商投资优势产业目录》的产业条目的，其在投资总额内进口的自用设备及随设备进口的配套技术、配件、备件（以下简称自用设备），除《外商投资项目不予免税的进口商品目录》所列商品外，免征关税和进口环节增值税。

2002 年 4 月 1 日以前批准的外商投资限制乙类项目，以及 1996 年 4 月 1 日以前批准的外商投资项目，仍可享受上述外商投资项目进口税收优惠政策。但以上外商投资项目（包括鼓励类项目），其项目单位须于 2007 年 12 月 31 日前按照现行规定持项目确认书或其他相关资料向海关申请办理减免税备案手续，并于 2010 年 12 月 31 日前向海关申请办理项目项下进口自用设备的减免税审批手续。逾期，海关不再受理上述减免税备案和审批申请。个别投资规模大，建设期长的外商投资项目，经海关总署商原出具项目确认书的国务院有关主管部门同意，可适当延长办理减免税审批手续的时限。

二、关于外商投资股份有限公司适用进口税收优惠政策问题

（一）中外投资者采取发起或募集方式在境内设立外商投资股份有限公司，或已设立的外商投资有限责任公司转变为外商投资股份有限公司，并且外资股比不低于 25%，所投资的项目符合《外商投资产业指导目录》中鼓励类或《中西部地区外商投资优势产业目录》的产业条目的，其在投资总额内进口的自用设备，可以享受外商投资项目进口税收优惠政策。

（二）内资有限责任公司和股份有限公司转变为外资股比不低于 25% 的外商投资股份有限公司并且同时增资，所投资的项目符合《外商投资产业指导目录》中鼓励类或《中西部地区外商投资优势产业目录》的产业条目的，其增资部分对应的进口自用设备可享受外商投资项目进口税收优惠政策。但原项目（不含增资部分）项下进口的自用设备不能享受外商投资项目进口税收优惠政策。

（三）境内内资企业发行 B 股或发行海外股（H 股、N 股、S 股、T 股或红筹股）转化为外商投资股份有限公司，其投资项目一般不享受外商投资项目进口税收优惠政策。此类外商投资股份有限公司所投资的项目符合《外商投资产业指导目录》中鼓励类或《中西部地区外商投资优势产业目录》的产业条目的，其在投资总额内进口的自用设备，除《国内投资项目不予免税的进口商品目录》所列商品外，可以免征关税和进口环节增值税。此前已经国务院特别批准按国内投资产业政策管理的此类外商投资股份有限公司，仍按原规定执行。

三、关于外国投资者的投资比例低于 25% 的外商投资企业的进口税收政策适用问题

（一）外国投资者的投资比例低于 25% 的外商投资企业，所投资的项目符合《外商投资产业指导目录》中鼓励类或《中西部地区外商投资优势产业目录》的

产业条目的，其在投资总额内进口的自用设备，除《国内投资项目不予免税的进口商品目录》所列商品外，可以免征关税和进口环节增值税。

（二）持有外商投资企业批准证书的A股上市公司（以下简称外商投资上市公司）股权分置改革方案实施后，因增发新股或原外资法人股股东出售股份，使外资股比低于25%的，其投资项目不能享受外商投资项目进口税收优惠政策；之后即使原外资法人股股东通过回购股份等方式，使外资股比再次不低于25%的，其投资项目仍然不能享受外商投资项目进口税收优惠政策。对于股权分置改革方案实施后，外商投资上市公司增发新股，或原外资法人股股东出售股份，但外资股比不低于25%，所投资的项目符合《外商投资产业指导目录》中鼓励类或《中西部地区外商投资优势产业目录》的产业条目的，其在投资总额内进口的自用设备仍可享受外商投资项目进口税收优惠政策。

（三）外国投资者的投资比例低于25%的外商投资企业不能享受外商投资项目进口税收优惠政策，因此，此类企业不属于《海关总署关于进一步鼓励外商投资有关进口税收政策的通知》（署税〔1999〕791号）中规定的可享受有关税收优惠政策范围，不能利用自有资金免税进口自用设备。

四、关于外商投资企业境内再投资项目的进口税收政策适用问题

（一）外商投资企业向中西部地区再投资设立的企业或其通过投资控股的公司，注册资本中外资比例不低于25%，并取得外商投资企业批准证书，所投资的项目符合《外商投资产业指导目录》中鼓励类或《中西部地区外商投资优势产业目录》的产业条目的，其在投资总额内进口的自用设备，可享受外商投资项目进口税收优惠政策。

（二）外商投资企业向中西部以外地区再投资设立的企业，以及向中西部地区再投资设立的外资比例低于25%的企业（上述企业包括直接或间接含有外资成分的公司），所投资的项目仍按外商投资产业政策管理，其中符合《外商投资产业指导目录》中鼓励类或《中西部地区外商投资优势产业目录》的产业条目的，其在投资总额内进口的自用设备，除《国内投资项目不予免税的进口商品目录》所列商品外，可以免征关税和进口环节增值税。

五、本公告自2007年7月20日起执行。此前有关文件规定与本公告不一致的，以本公告为准。

特此公告。

海关总署
发展和改革委员会
财政部
商务部
2007年7月13日

中华人民共和国海关总署公告

2007年第36号

根据《财政部、国家发展改革委、海关总署、国家税务总局关于落实国务院加快振兴装备制造业的若干意见有关进口税收政策的通知》（财关税〔2007〕11号）的有关规定，自2007年1月1日起（以海关接受企业申报的日期为准），对国内企业为开发、制造高速喷气织机和自动络筒机而进口的部分关键零部件所缴纳的进口关税和进口环节增值税实行先征后退。现将有关执行问题公告如下：

一、本公告所称喷气织机是指入维率在1500米/分钟及以上的高速喷气织机；自动络筒机是指最高卷绕速度在1800米/分钟及以上的自动络筒机。向财政部提出享受上述税收优惠政策申请的企业必须具有一定的销售业绩，具体为：年销售符合上述条件的喷气织机至少100台或年销售符合上述条件的自动络筒机至少50台。

二、享受退税政策的进口零部件目录

（一）自动络筒机进口关键零部件退税商品目录

商品名称	技术规格	税则号列	进口关税税率	进口环节增值税税率
电子清纱器	所有规格	8448.3920	6%（暂定税率3%）	17%
空气捻结器	所有规格	8448.3930	6%（暂定税率3%）	17%
机械捻结器	所有规格	ex8448.3990	6%（暂定税率3%）	17%
槽筒	所有规格	ex8448.3990	6%（暂定税率3%）	17%

（二）喷气织机进口关键零部件退税商品目录

商品名称	技术规格	税则号列	进口关税税率	进口环节增值税税率
电子多臂装置	转速指标：650转/分以上	ex8448.1100	8%（暂定税率4%）	17%
积极凸轮开口装置	转速指标：650转/分以上	ex8448.1100	8%	17%
电子提花装置	转速指标：650转/分以上	ex8448.1100	8%（暂定税率4%）	17%
棕框	所有规格	ex8448.4200	6%	17%
钢筘	所有规格	ex8448.4200	6%	17%
综丝	钢片综	ex8448.4200	6%	17%

上述退税商品目录中的进口关键零部件实行年度暂定税率的，按暂定税率执行。今后退税商品清单将根据企业申请、政策实施效果、国内配套能力等情况适时进行调整。

三、符合本公告第一条规定条件的企业，为享受喷气织机或自动络筒机的部分进口关键零部件退税政策，在申报进口上述退税商品目录范围内的零部件时，应当单独报关。上述企业在2007年1月1日至本公告发布前单独报关进口的符合退税条件的零部件也可以享受退税政策。

四、对取得财政部出具的重大装备制造企业退税确认书（以下简称确认书）的企业，凭确认书直接到相关零部件的进口地海关申请办理退税手续。具体退税程序按照现行有关规定办理。

五、对2007年7月1日及以后审批、核准或备案（以下简称批准）的内外资投资项目（以项目的审批、核准或备案日期为准），进口所有规格的自动络筒机（细络联形式的除外）和喷气织机一律停止执行进口免税政策。

对2007年7月1日以前批准的内外资投资项目，其项目单位于2008年1月1日前持项目确认书等相关资料向海关申请办理项目项下进口自动络筒机或喷气织机的减免税审批手续，且海关予以受理的，其进口的符合原免税条件的自动络筒机和喷气织机仍可按照《国务院关于调整进口设备税收政策的通知》（国发〔1997〕37号）的有关规定执行。自2008年1月1日起，各海关不得再受理上述内外资投资项目项下进口自动络筒机（细络联形式的除外）或喷气织机的减免税备案和审批申请。

特此公告。

海关总署

2007年7月17日

中华人民共和国海关总署公告

2007 年第 37 号

《进出口税则商品及品目注释》（以下简称《注释》）是中国海关实施进出口税则商品归类的法律依据之一。现根据世界海关组织发布的2007版《协调制度注释》第一期修订内容对2007版《注释》进行了修订，修订内容（见附件）自发布之日起生效。

特此公告。

附件 2007版《进出口税则商品及品目注释》修订本（第一期）

海关总署

2007 年 7 月 23 日

附件

2007版《进出口税则商品及品目注释》修订本
（第一期）

注：本期中所标识的页码为《进出口税则商品及品目注释》中的页码。

第170页，品目26.20，注释条文，本页倒数第9行

在本页倒数第9行的下面，插入以下新的第十四项：

“十四、从生产、配制及使用油墨、染料、颜料、油漆、大漆及清漆所产生的废物中得到的、用于回收金属及其化合物的矿渣、矿灰及残渣。”

第177页，品目27.10，注释条文，第二部分，本页倒数第16行

在本页倒数第16行的下面，插入以下新的第（四）项：

“（四）生产、配制及使用油墨、染料、颜料、油漆、大漆及清漆所产生的废油。”

第379页，在第二十九章注释中述及的某些产品的化学结构表，注释描述第1行，将原文修改为：

“酯类、盐类、配位化合物及某些卤化物的归类”。

第404页，第二十九章注释中述及的某些产品的化学结构表

一、删除倒数第2行；

二、将倒数第1行的“三”改为“二”。

第500页，品目38.25，注释条文，第四部分第（四）项，本页倒数第7行

将原文修改为：

“（四）化学工业及其相关工业的其他废物。本组主要包括生产、配制及使用油墨、染料、颜料、油漆、大漆及清漆所产生的废物，城市垃圾及废有机溶剂除外。它们通常为多相混合物，可呈液态，也可呈半固态分散体，分散于水介质或非水介质中，粘度各有不同。它们在报验时不适合继续作为原产品使用。

然而，本品目不包括从生产、配制及使用油墨、染料、颜料、油漆、大漆及清漆所产生的废物中得到的、用于回收金属及其化合物的矿渣、矿灰及残渣（品目26.20），以及主要含有石油或从沥青矿物提取的油类的废油（品目27.10）。”

第1132页，品目84.81，注释条文，本页倒数第3行

将原文修改为：

“……以及非自动油脂喷嘴（品目84.87）。”

第1144页，第八十五章，总注释条文，本页倒数第13行将原文修改为：

“（三）其他非电气零件应归入品目84.87。”

第1153页，品目85.08，注释条文，本页第22－23行

将原文修改为：

“本品目也不包括用于医疗、外科、牙科或兽医的真空设备（品目90.18）。”

第1158页，品目85.13，注释条文，本页倒数第5行

将原文修改为：

本品目所称“手提式电灯”，仅指使用时握在手中或随身携带，或附属在手提物品或物体上的电灯（即电灯及其电源）。

第1258页，品目90.10，注释条文，本页第21行

将原文修改为：

“一、本章其他品目未列名的照相（包括电影）洗印用装置及设备”

第1350页，品目95.04，注释条文，本页第11－13行

将原文修改为：

“但是，符合第八十四章注释五（三）所列条件，并能将视频游戏控制板连接到其他系统上的选配外围设备（键盘、鼠标、盘（片）式存储部件等）不包括在内（第十六类）。”

中华人民共和国海关总署公告

2007年第38号

经国务院批准，自2007年8月1日起至12月31日止，对部分铝产品进出口关税税率进行调整。现将有关事项公告如下：

一、以暂定税率形式，将税号7601.1090项下的未锻轧非合金铝的进口关税税率由5%下调至0%。

二、对非铝合金制铝条、杆（税号：ex7604.1000）开征出口暂定关税，暂定关税税率为15%。

特此公告。

海关总署

2007年7月24日

中华人民共和国海关总署公告

2007年第39号

为便于进出口货物的收发货人、经营单位或其代理人正确确定其申报进出口货物的商品归类，保证《商品名称及编码协调制度公约》有效实施，减少因商品归类差异引发的国际贸易纠纷，海关总署于2005年为公布《中华人民共和国海关总署商品归类决定汇编（世界海关组织1988－2000年归类决定）》（以下简称《汇编》）发布了海关总署2005年第63号公告。根据2007年版《商品名称及编码协调制度公约》，现对《汇编》公布的部分归类决定进行修订（详见附件），修订后的归类决定自本公告发布之日起施行。

特此公告。

附件　中华人民共和国海关总署商品归类决定汇编（世界海关组织1988－2000年归类决定）2007版修订目录（略）

海关总署

2007年7月27日

中华人民共和国海关总署公告

2007 年第 40 号

经国务院批准，自 2006 年 6 月 19 日起，对进口原产于阿富汗伊斯兰共和国的货物适用最惠国关税税率。对 2006 年 6 月 19 日以后、本公告发布前已按普通税率征收的税款准予按最惠国税率予以调整。

特此公告。

海关总署

2007 年 7 月 27 日

中华人民共和国海关总署公告

2007 年第 41 号

根据《中华人民共和国反倾销条例》的规定和对原产于日本、台湾地区和新加坡的进口甲乙酮反倾销调查结果，商务部决定自 2007 年 8 月 9 日起对原产于日本、台湾地区和新加坡的进口甲乙酮实施临时反倾销措施，并为此发布了中华人民共和国商务部 2007 年第 67 号公告（详见附件 1）。现将执行中的有关问题公告如下：

一、自 2007 年 8 月 9 日起，对原产于日本、台湾地区和新加坡的进口甲乙酮［即甲基乙基（甲）酮，又名丁酮或 2 - 丁酮，税则号列：2914.1200］，除按现行规定征收关税和进口环节增值税外，还应区别不同的供货厂商，按照本公告附件 2 所列的适用征收比率和下述计算公式征收反倾销保证金及相应的进口环节增值税保证金。

反倾销保证金及进口环节增值税保证金合计计算公式为：

保证金总额 =（海关完税价格 × 反倾销保证金征收比率）×（1 + 进口环节增值税税率）

对实施临时反倾销措施产品的详细描述详见本公告附件 1。

二、凡申报进口甲乙酮的，应当向海关提交原产地证明。如果原产地为日本的，还需提供原厂商发票。对于申报进口甲乙酮时不能提供原产地证明，且经查验也无法确定货物的原产地不是日本、台湾地区或新加坡的，海关按照本公告附件 2 所列的最高反倾销保证金征收比率征收保证金。对于能够确定货物的原产地是日本，但进口经营单位不能提供原厂商发票，且通过其他合法、有效的单证也无法确定原生产厂商的，海关将按照本公告附件 2 所列的“其他日本公司”适用的反倾销保证金征收比率征收保证金。

三、有关加工贸易保税进口原产于日本、台湾地区和新加坡的甲乙酮如何征收反倾销保证金等方面的问题，海关按照中华人民共和国海关总署 2001 年第 9 号公告和中华人民共和国海关总署令第 111 号的规定执行。

四、对于所征收的反倾销保证金及进口环节增值税保证金的处理，海关总署将根据终裁结果另行公告。

五、在对原产于日本、台湾地区和新加坡的进口甲乙酮实施临时反倾销措施期间，出现相同或类似货物而海关无法确定是否应对其征收反倾销保证金及相应的进口环节增值税保证金时，有关单位应向商务部提出申请，由商务部商有关部门作出裁定，海关将根据商务部的裁定执行。

特此公告。

附件 1　中华人民共和国商务部公告 2007 年第 67 号
附件 2　甲乙酮反倾销保证金征收比率表

海关总署

2007 年 8 月 8 日

附件 1

中华人民共和国商务部公告

2007 年第 67 号

根据《中华人民共和国反倾销条例》的规定，中华人民共和国商务部（以下称调查机关）于 2006 年 11 月 22 日发布 2006 年第 92 号公告，决定对原产于日本、台湾地区和新加坡的进口甲乙酮（以下称被调查产品）进行反倾销调查。

调查机关对被调查产品是否存在倾销和倾销幅度、被调查产品是否对中国大陆产业造成损害及损害程度以及倾销与损害之间的因果关系进行了调查。根据调查结果和《中华人民共和国反倾销条例》第二十四条的规定，调查机关作出初裁决定（见附件）。

现将有关事项公告如下：

一、初裁决定

调查机关初裁决定，原产于日本、台湾地区和新加坡的进口甲乙酮存在倾销，中国大陆甲乙酮产业遭受了实质损害，同时倾销和实质损害之间存在因果关系。

二、征收保证金

根据《中华人民共和国反倾销条例》第二十八条和第二十九条的规定，调查机关决定采用现金保证金形式实施临时反倾销措施。自 2007 年 8 月 9 日起，进口经营者在进口原产于日本、台湾地区和新加坡的进口甲乙酮时，应根据本初裁决定所确定的各公司的倾销幅度向中华人民共和国海关提供相应的保证金。

对该被调查产品和调查范围描述如下：

被调查产品名称：甲乙酮，即甲基乙基（甲）酮，又名丁酮或 2－丁酮，英文名称为 Methyl Ethyl Ketone（称 MEK），或 Butanone，或 2－Butanone。

分子式：C_4H_8O。

化学结构式：（略）。

税则号：本案被调查产品归在《中华人民共和国进出口税则（2006 年版）》税则号：2914.1200。

甲乙酮是一种有机溶剂，用于炼油、染料、涂料、香料、粘合剂、医药、电子元件清洗、磁记录材料、合成革等行业，还可用于制备某些抗氧剂、硫化促进剂及硝化纤维素、醋酸纤维素、聚氨腊树脂、乙烯树脂、丙烯树脂、醇酸树脂、酚醛树脂、油墨等。

调查范围：原产于日本、台湾地区和新加坡的进口甲乙酮。

对各公司征收的保证金比率如下：

日本公司

1. 东燃化学株式会社（Tonen Chemical Corporation） 32.3%；

2. 丸善石油化学株式会社（Maruzen Petrochemical Co.，Ltd.） 9.6%；

3. 其他日本公司（All Others） 66.45%。

台湾地区公司 25.07%。

新加坡公司 17.01%。

三、征收保证金的方法

自 2007 年 8 月 9 日起，进口经营者在进口原产于日本、台湾地区和新加坡的甲乙酮时，应向中华人民共和国海关提供相应的保证金。保证金以海关审定的完税价格从价计征，计算公式为：

保证金金额＝（关税完税价格×保证金征收比率）×（1＋进口环节增值税税率）

四、评论

各利害关系方在本公告发布之日起 20 天内，可向调查机关提出书面评论并附相关证据，调查机关将依法予以考虑。

特此公告。

附件 中华人民共和国商务部关于原产于日本、台湾地区和新加坡的进口甲乙酮反倾销调查的初裁决定（略）

商务部

2007 年 8 月 8 日

附件 2

甲乙酮反倾销保证金征收比率表

原产国（地区）	厂商名称	征收比率
日本	东燃化学株式会社（Tonen Chemical Corporation）	32.3%
	丸善石油化学株式会社（Maruzen Petrochemical Co.，Ltd.）	9.6%
	其他日本公司（All Others）	66.45%
台湾地区	台湾地区公司	25.07%
新加坡	新加坡公司	17.01%

中华人民共和国海关总署公告

2007 年第 42 号

根据《中华人民共和国反倾销条例》的规定，国务院关税税则委员会决定自 2006 年 4 月 8 日起对原产于日本、韩国的进口不锈钢冷轧薄板继续征收反倾销税，期限为 5 年。商务部、海关总署于 2006 年分别发布了商务部 2006 年第 18 号公告和海关总署 2006 年第 18 号公告。最近，商务部根据日本冶金工业株式会社、韩国大韩 ST 株式会社变更权利义务的申请，发布 2007 年第 64 号公告，决定由株式会社 YAKIN 川崎继承原日本冶金工业株式会社在不锈钢冷轧薄板反倾销措施中的权利和义务；由韩国大韩 ST 株式会社继承原韩国大韩电线株式会社在不锈钢冷轧薄板反倾销措施中的权利和义务。现将海关执行中的有关问题公告如下：

一、自 2007 年 8 月 1 日起，对进口原产于株式会社 YAKIN 川崎（YAKIN KAWASAKI CO.，LTD.）的不锈钢冷轧薄板，海关按照 27% 的反倾销税税率征收反倾销税；对以日本冶金工业株式会社（NIPPO YAKIN KOGYO CO.，LTD.）为原产厂商名称申报进口的不锈钢冷轧薄板，海关按照“其他日本公司”58% 的反倾销税税率征收反倾销税。

二、自 2007 年 8 月 1 日起，对进口原产于韩国大韩 ST 株式会社（TAIHAN ST CO.，LTD.）的不锈钢冷轧薄板，海关按照原韩国大韩电线株式会社（TAIHAN ELECTRIC WIRE CO.，LTD.）与商务部达成的价格承诺协议执行；对以韩国大韩电线株式会社（TAIHAN ELECTRIC WIRE CO.，LTD.）为原产厂商名称申报进口的不锈钢冷轧薄板，海关按照“其他韩国公司”57% 的反倾销税税率征收反倾销税。

三、自 2007 年 8 月 1 日起至本公告发布之日前，由于上述日本、韩国企业在不锈钢冷轧薄板反倾销案中权利、义务的变更，造成的多征或少征反倾销税税款，海关应予以退还或补征。

四、对原产于日本、韩国的进口不锈钢冷轧薄板征收反倾销税的其他事项，仍按照中华人民共和国海关总署相关公告的规定执行。

特此公告。

海关总署

2007 年 8 月 10 日

中华人民共和国海关总署公告

2007年第43号

为进一步规范境内承运海关监管货物运输企业及其运输车辆的管理，促进物流业的健康发展。现就《中华人民共和国海关关于境内公路承运海关监管货物的运输企业及其车辆、驾驶员的管理办法》（海关总署令第88号发布，海关总署令第121号修正，以下简称《办法》）执行中的有关问题公告如下：

一、海关对已取得境内公路载运海关监管货物资格的运输企业所属分支机构（以下简称分支机构）采取备案登记管理，即：由运输企业向其注册地直属海关（以下简称注册地海关）提出书面申请，经注册地海关审核同意后，由运输企业向分支机构所在地直属海关（以下简称所在地海关）申请办理分支机构备案登记手续。具体如下：

（一）符合下列条件的运输企业，可为其分支机构申请跨关区备案登记：

1. 取得海关核发的境内公路运输企业载运海关监管货物注册登记证书；

2. 资信良好，在从事运输业务中没有违法记录；

3. 所设立的分支机构须符合国家有关境内企业法人分支机构设立条件的规定。

（二）运输企业为其分支机构申请跨关区备案登记，需先向其注册地海关提供书面申请，并提供下列文件：

1. 承运海关监管货物境内运输企业跨关区分支机构及车辆办理海关手续申请表（见附件1）；

2. 运输企业所属分支机构名册；

3. 运输企业公司章程；

4. 运输企业出具的承诺对其分支机构的行为承担全部法律责任的担保书。

经注册地海关审核同意，运输企业方可向所在地海关申请办理分支机构的备案登记手续。

（三）运输企业为其分支机构申请跨关区备案登记的，应当向所在地海关提交下列文件：

1. 运输企业境内公路运输企业载运海关监管货物注册登记证书复印件；

2. 注册地海关批注审核意见的运输企业跨关区分支机构及车辆办理海关手续申请表；

3. 承运海关监管货物境内运输企业跨关区分支机构备案登记申请表（见附件2）；

4. 运输企业出具的承诺对其分支机构的行为承担全部法律责任的担保书；

5. 分支机构的营业执照副本复印件、组织机构代码证复印件、道路运输经营许可证件复印件。

提交本款第1项和第5项文件时，应同时出示原件供海关审核。

（四）所在地海关比照运输企业注册登记程序对运输企业跨关区分支机构进行备案登记及相关数据的录入维护、年审、变更、注销等工作，并将有关情况反馈注册地海关。

（五）运输企业自注册登记许可被撤销或注销之日起，其跨关区分支机构备案登记自动终止。

二、已取得境内公路载运海关监管货物资格的运输企业，可为其所属分支机构运输车辆向注册地海关申请注册登记。所在地海关根据注册地海关的审批意见及分支机构的备案情况，办理分支机构运输车辆备案登记数据的录入维护及相关监管证簿的核、换、补发等相关事宜。具体如下：

（一）运输企业分支机构的运输车辆应当具备符合《办法》第八条规定的条件。

（二）运输企业为其分支机构的运输车辆向注册地海关申请注册登记时应当提交《办法》第九条规定的文件。

（三）注册地海关按照《办法》规定对有关文件进行审核，对申请文件齐全，符合法定形式，并具备海关监管条件的，准予注册登记，并颁发中华人民共和国境内汽车载运海关监管货物车辆准载证。

注册地海关认为必要时，可委托所在地海关对运输企业分支机构运输车辆的监管条件进行验核。

（四）运输企业分支机构经所在地海关备案登记，且分支机构所属车辆已经注册地海关注册登记的，可向所在地海关申请跨关区备案登记。办理运输车辆备案登记时，分支机构应当向所在地海关提交下列文件：

1. 注册地海关颁发的中华人民共和国境内汽车载运海关监管货物车辆准载证；

2. 承运海关监管货物境内运输车辆备案登记申请表（见附件3）；

3. 公安交通管理部门核发的机动车行驶证复印件；

4. 符合《办法》规定的车辆彩色照片2张。

提交本条第1项和第3项文件时，还应同时出示原件供所在地海关审核。

所在地海关对上述文件审核无误后，根据注册地海关对运输车辆做出注册登记及分支机构给予备案的意见，办理相关监管证簿的核、换、补发等事宜。分支机构所属运输车辆驾驶员在所在地海关办理备案手续。

三、运输企业分支机构运输车辆的更换、年审、注销。

运输企业分支机构所属车辆的更换、年审、注销由运输企业向注册地海关申请，在取得注册地海关同意后，运输企业应通知分支机构到所在地海关办理相关手续。

（一）分支机构运输车辆更换。

分支机构运输车辆更换（包括更换车辆、更换发动机、更换车辆牌照号码）、改装车体等，由注册地海关负责许可和办理重新注册登记手续，所在地海关协助核实相关情况。

（二）分支机构运输车辆的年审。

注册地海关负责审核运输企业递交的分支机构运输车辆年审申请。所在地海关于每年4月15日前，将分支机构运输车辆上年度的运营情况和验核情况函告注册地海关。

（三）分支机构运输车辆备案的暂停、注销。

分支机构运输车辆备案的暂停、注销决定均由注册地海关负责作出。所在地海关负责收回有关证簿，并作相应的数据维护。

四、对于违反上述有关规定，构成走私、违规行为的，由海关依法追究责任。

五、本公告自2007年8月20日起施行。

特此公告。

附件1　承运海关监管货物境内运输企业跨关区分支机构及车辆办理海关手续申请表（略）

附件2　承运海关监管货物境内运输企业跨关区分支机构备案登记申请表（略）

附件3　承运海关监管货物境内运输车辆备案登记申请表（略）

海关总署

2007年8月13日

中华人民共和国海关总署公告

2007年第44号

根据《中华人民共和国反倾销条例》的规定，商务部对原产于英国、美国、荷兰、德国、韩国的进口二氯甲烷所适用的反倾销措施进行了期终复审调查。根据调查结果，国务院关税税则委员会决定对原产于上述国家的进口二氯甲烷继续征收反倾销税，征税时间自2007年8月15日开始，期限为5年。商务部为此发布了中华人民共和国商务部2007年第63号公告（见附件）。现就海关执行问题公告如下：

自2007年8月15日起，海关对申报进口原产于英国、美国、荷兰、德国、韩国的二氯甲烷（税则号列：2903.1200），继续按照中华人民共和国海关总署2006年第44号公告规定的产品范围、税率和公式等征收反倾销税。

特此公告。

附件　中华人民共和国商务部2007年第63号公告

海关总署

2007年8月14日

附件

中华人民共和国商务部公告

2007年第63号

依据《中华人民共和国反倾销条例》的规定，商务部于2006年8月15日发布2006年第56号公告，决定对原产于英国、美国、荷兰、德国、韩国的进口二氯甲烷所适用的反倾销措施进行期终复审立案调查。

复审产品范围与原对外贸易经济合作部2002年第20号公告规定的产品范围一致。

依据《中华人民共和国反倾销条例》第四十八条、第五十条规定，商务部对如果终止二氯甲烷反倾销措施，倾销和损害继续或再度发生的可能性进行了调查，并根据调查结果向国务院关税税则委员会提出了继续征收反倾销税的建议。

根据调查结果及国务院关税税则委员会的决定，现将有关事项公告如下：

一、裁定

经调查，商务部裁定，如果终止原反倾销措施，原产于英国、美国、韩国的进口二氯甲烷对中国的倾销可能继续发生，原产于德国、荷兰的进口二氯甲烷对中国的倾销可能再度发生；原产于英国、美国、荷兰、德国、韩国的进口二氯甲烷对中国国内产业造成的损害有可能再度发生。

二、反倾销措施

依据《中华人民共和国反倾销条例》第五十条规定，根据商务部的建议，国务院关税税则委员会决定，自本公告生效之日起，继续按照原对外贸易经济合作部2002年第20号公告规定的产品范围和反倾销税率，对原产于英国、美国、荷兰、德国、韩国的进口二氯甲烷继续征收反倾销税，实施期限为5年。

三、本公告自2007年8月15日起执行。

四、行政复议和行政诉讼

根据《中华人民共和国反倾销条例》第五十三条规定，对本复审决定不服的，利害关系方可以依法申请行政复议，也可以依法向人民法院提起诉讼。

特此公告。

附件　中华人民共和国商务部关于原产于英国、美国、荷兰、德国、韩国的进口二氯甲烷所适用的反倾销措施的期终复审裁定（略）

商务部

2007年8月14日

中华人民共和国海关总署公告

2007年第45号

为了更好地适应加快建设法治海关、全面推进依法行政的要求，保障海关执法依据的明确、统一和协调，海关总署对2001年至2007年4月制发的公告进行了清理，其中部分公告已被新的法律、行政法规、规章、公告所代替，或者适用期已过，或者与现行的规定不相一致，现决定对该部分公告（目录见附件）予以废止。废止的公告自本公告发布之日起停止执行。

特此公告。

附件　废止的海关公告目录

海关总署

2007年8月16日

附件

废止的海关公告目录

序号	公告编号	文件名称
1	2001 年第 12 号	《海关总署关于严厉查处利用运输工具走私情况的公告》
2	2001 年第 20 号	《海关总署关于发布〈2002 年入境旅客行李物品和个人邮递物品征收进口税税率表〉的公告》
3	2001 年第 22 号	《海关总署关于 2002 年进口税则调整情况的公告》
4	2002 年第 1 号	《海关总署关于实行海关估价告知书的公告》
5	2002 年第 4 号	《海关总署关于重新修订发布〈入境旅客行李物品和个人邮递物品进口税税则归类表和完税价格表〉的公告》
6	2002 年第 22 号	《海关总署关于批准出口加工区外发加工的公告》
7	2002 年第 39 号	《海关总署关于调整海关进出口税则有关事项的公告》
8	2003 年第 12 号	《海关总署关于发布“适用船舶吨税优惠税率的国家和地区名单”的公告》
9	2003 年第 18 号	《海关总署关于对暂准进口货物在延长期内征税的有关问题公告》
10	2003 年第 36 号	《海关总署关于报关付汇的公告》
11	2003 年第 45 号	《海关总署关于加工贸易联网监管企业内销可集中办理补税手续的公告》
12	2003 年第 50 号	《海关总署关于边境贸易进口部分商品仍按原边贸进口税收政策执行的公告》
13	2003 年第 84 号	《海关总署关于对〈中华人民共和国进出口税则〉的税目、税率调整情况及实行区域性或双边协议税率有关事项的公告》
14	2004 年第 17 号	《海关总署关于数码相机零件和磨煤机用行星齿轮减速器的进口关税实行暂定税率及调整天然黑珍珠进口暂定税率的公告》
15	2004 年第 31 号	《海关总署关于修改〈中华人民共和国海关对暂时进口货物监管办法〉的公告》
16	2004 年第 32 号	《海关总署关于继续执行〈中华人民共和国海关对暂时进口货物监管办法〉的公告》
17	2004 年第 39 号	《海关总署关于公布加工贸易内销缓税利息和违反海关监管规定漏缴税款滞纳金征收的有关问题的公告》
18	2004 年第 44 号	《海关总署关于对部分服装征收出口关税的公告》
19	2004 年第 46 号	《海关总署关于 2005 年进出口税则调整问题的公告》
20	2005 年第 5 号	《海关总署关于对尿素继续征收临时性出口关税的公告》
21	2005 年第 7 号	《海关总署关于进口烟煤实行暂定关税税率的公告》
22	2005 年第 13 号	《海关总署关于 2005 年度报关员资格全国统一考试有关事项的公告》
23	2005 年第 15 号	《海关总署关于调整黄磷、硅铁出口暂定税率的公告》

序号	公告编号	文件名称
24	2005年第16号	《海关总署关于进口棉花实施暂定进口关税税率的公告》
25	2005年第19号	《海关总署关于调整尿素出口暂定关税税率的公告》
26	2005年第22号	《海关总署关于纺织品出口关税调整问题的公告》
27	2005年第24号	《海关总署关于港澳运往内地进行加工的纺织品出口免税问题的公告》
28	2005年第27号	《海关总署关于未锻轧铝合金停止征收出口暂定关税的公告》
29	2005年第61号	《海关总署关于2006年海关统计数据发布时间的公告》
30	2005年第64号	《海关总署关于2006年进出口税则调整问题的公告》
31	2006年第13号	《海关总署关于发布铜及铜材出口暂定税率调整表的公告》
32	2006年第29号	《海关总署关于2006年度报关员资格全国统一考试有关事项的公告》
33	2006年第33号	《海关总署关于港澳台居民报考报关员资格的公告》
34	2006年第63号	《海关总署关于调整部分商品进出口暂定税率的公告》

中华人民共和国海关总署公告

2007年第46号

为进一步规范对限制类商品加工贸易的管理，现就商务部、海关总署2007年第44号公告（以下简称44号公告）的有关执行问题公告如下：

一、关于台账保证金征收环节的问题

对限制类商品加工贸易业务，企业应按44号公告规定，在办理纸质手册、电子账册、电子手册、电子化手册（以下简称手册）备案（变更）时，缴纳台账保证金。

二、关于台账保证金计征方法的问题

根据44号公告第二条规定，对A类（包括AA类）、B类企业，应缴纳的台账保证金计征方法如下：

（一）“限制进口类商品应缴纳台账保证金＝全部限制类进口商品应缴进口关税和进口环节增值税之和×50%”的计算公式中，以深加工结转方式转入的限制类料件不计入“全部限制类进口商品”。

（二）“限制出口类商品应缴纳台账保证金＝保税进口料件备案总金额×（限制类商品出口备案金额/加工贸易出口商品备案总金额）×综合税率×50%”的计算公式中，以深加工结转方式转出的限制类制成品的备案金额不计入“限制类商品出口备案金额”；“加工贸易出口商品备案总金额”是指全部制成品的备案金额；综合税率暂定为22%。

（三）“当进口料件为限制进口类商品，且加工制造成品为限制出口类商品时，只按限制进口类商品计征台账保证金，计征方法同第（一）项”，是指当商务主管部门出具的加工贸易业务批准证中进口料件包含非深加工结转转入的限制进口类商品且出口制成品包含非深加工结转转出的限制出口类商品时，企业在向海关申请备案（变更）时，只须缴纳按限制进口类料件计征的台账保证金，而不须再缴纳对限制出口类制成品计征的台账保证金。限制类进口料件台账保证金的计征方法同本条第（一）项。

三、关于深加工结转限制类商品管理的问题

自2007年8月23日起，企业应按照商务主管部门出具的加工贸易业务批准证的标注内容要求，在申请备案（变更）时将深加工结转的限制类进口料件及出口制成品予以单项备案，并在“商品名称”栏首字节起注明“［深］”（注：中括号为半角字符）字样。该部分加工贸易业务不得以来料加工和进料加工方式直接进、出口。

中西部地区符合44号公告“空转”管理规定的，不适用本条规定。

四、关于以企业为单元管理的电子账册问题

44号公告第四条中“以企业为单元管理的”，是指企业实施电子账册联网监管的情况（以下简称电子账册企业）。

（一）电子账册企业开设台账手册

1. 自2007年8月23日起，电子账册企业申请新的电子账册（或变更电子账册）涉及限制类商品且需按规定征收台账保证金的，主管海关将在办理电子账册备案的同时，为企业备案专门用于计征保证金台账的手册（以下简称台账手册）。

2. 若企业备案商品项涉及非深加工结转方式进出口限制类商品的，应根据批准证备案台账手册内容，对不论是否以深加工结转方式进出口的限制类料件和制成品均予单项备案并加以区分，其中，在台账手册中备案的非深加工结转限制类商品项应与批准证对应的商品项一致，其他非限制类料件、非限制类制成品则分别合并为一项料件、制成品金额予以备案。同时，按照44号公告第二条规定缴纳台账手册保证金。

3. 台账手册不能用于进出口通关。

（二）电子账册变更新增限制类商品

1. 若新增商品项涉及非深加工结转方式进出口限制类商品的，企业应按照加工贸易业务批准证内容在电子账册中一次性、逐项备案新增的非深加工结转限制类料件和制成品的数量、单价、金额等内容。

2. 对不属于上述情况变更的，可按原规定办理电子账册变更手续。

（三）有关后续管理问题

1. 主管海关对电子账册的后续管理模式不变，仍按设定的核销周期办理电子账册的核销手续。

2. 主管海关在核销周期到期、电子账册正式报核通过之后直接核销台账手册。

新开设的电子账册涉及限制类商品的，比照本条规定办理。

五、关于电子手册的问题

商务主管部门在2007年8月23日前审批并向海关申请备案的电子手册仍按原规定执行。

部分地方商务主管部门审批内容为经营范围，主管海关对其电子手册实行分段备案的，自2007年8月23日起，原电子手册不得新增涉及限制类商品项目。

商务主管部门自2007年8月23日起审批的加工贸易业务，采用电子手册管理的，企业应按照批准证内容一次性备案电子手册的料件和制成品，需要征收台账保证金的，按规定计征台账保证金。

六、关于信息化系统调整期的业务执行问题

海关总署将根据加工贸易限制类商品政策调整的要求，对H2000系统和电子口岸预录入系统进行调整，修改完善有关系统程序。在信息化系统调整完成（另行通知，下同）前，企业应按照以下要求办理保证金台账手续：

（一）关于采取手工方式简易计征保证金台账的问题

自2007年8月23日起，在H2000系统调整完成之前，计征手册台账保证金的方式如下：

1. 深加工结转限制类商品需按照本公告第三条规定办理。

2. 对手册涉及限制进口类商品的，H2000系统将对所有手册（不包含C类企业的手册）按照B类企业计算规则（剔除深加工结转部分）自动计算应缴纳台账保证金，主管海关根据本公告规定调整为应征保证金金额，打印台账联系单后交由企业办理有关台账手续。

3. 对手册涉及限制出口类商品且不涉及限制进口类商品的，台账保证金计征方法如下：

应缴纳台账保证金 = 保税进口料件备案总金额（限制类商品出口备案金额/加工贸易出口商品备案总金额）×综合税率×汇率×50%

其中，“保税进口料件备案总金额”为所有备案料件金额；“限制类商品出口备案金额”为所有非深加工结转限制类制成品的备案金额；“加工贸易出口商品备案总金额”包含所有备案制成品金额。系统在备案环节将自动开设空转台账联系单，主管海关手工计算限制出口类商品的应缴纳台账保证金，打印台账联系单后交由企业办理有关台账手续。

信息化系统调整完成之前，手册和台账手册变更时产生台账变更联系单的，参照上述要求办理台账手续。属于上述第3种情况的手册和台账手册变更时，企业应变更料件备案金额，以产生台账联系单供人工修改。

（二）关于对 AA 类企业银行保证金台账管理的问题

对非限制类商品的加工贸易业务，海关仍按原加工贸易银行保证金台账制度进行管理。其中，AA 类企业免开保证金台账。手册备案时，系统自动产生空转保证金台账联系单。

对 AA 类企业，主管海关打印台账开设联系单（00 单）并直接办理回执登记手续（回执编号为“0”）后交由企业留存，企业无须到银行开设保证金台账。

上述手册变更不涉及限制类商品的，参照上述要求办理保证金台账变更手续；手册变更涉及限制类商品的，主管海关打印保证金台账变更联系单交给企业，企业持同一手册所有未办理银行台账手续的联系单，一并到银行办理台账开设和变更手续。

七、关于 H2000 系统修改情况

H2000 系统在纸质手册、电子手册和电子化手册表头增加限制类标志，标志类型包括 3 种：

（一）第 1 种标志表示手册由商务主管部门在 2007 年 8 月 23 日前审批的（含所有已备案手册），H2000 系统审核界面显示的选项是“调整前旧手册”；系统按原规定计征台账保证金。

（二）第 2 种标志表示手册由商务主管部门自 2007 年 8 月 23 日起审批的，H2000 系统审核界面显示的选项是“调整后新手册”；系统按 44 号公告规定计征台账保证金。

（三）第 3 种标志表示手册专门用于联网监管台账管理的，H2000 系统审核界面显示的选项是“台账专用手册”；系统按 44 号公告规定计征台账保证金。

企业在向主管海关办理手册备案（变更）手续时，应正确填报手册限制类标志。对限制类标志填报不正确的，将被退单。

对批准证的限制类标注与提示内容不一致的，企业应按照规定向商务主管部门办理变更手续。

八、已征收的台账保证金一律待有关加工贸易业务核销结案后予以退还。

特此公告。

海关总署

2007 年 8 月 22 日

中华人民共和国海关总署公告

2007 年第 47 号

根据《中华人民共和国反倾销条例》的规定，国务院关税税则委员会决定自 2007 年 8 月 30 日起，对原产于日本、韩国、新加坡和台湾地区的进口双酚 A 征收反倾销税，期限为 5 年。商务部为此发布了 2007 年第 68 号公告（详见附件 1）。现将执行中的有关问题公告如下：

一、自 2007 年 8 月 30 日起，对原产于日本、韩国、新加坡和台湾地区的进口双酚 A［化学名称：二酚基丙烷或 2，2－二（4－羟基苯基）丙烷或 4，4－异亚丙基联苯酚等，税则号列：2907.2300］，除按现行规定征收进口关税外，还应区别不同的供货厂商，按照本公告附件 2 所列的适用税率和下述计算公式征收反倾销税及进口环节增值税。

反倾销税税额＝完税价格×反倾销税税率

进口环节增值税税额＝（完税价格＋关税税额＋反倾销税税额）×进口环节增值税税率

对应征收反倾销税产品的详细描述详见本公告附件 1。进口经营单位在申报进口税则号列 2907.2300 项下“双酚 A”时，商品编号应填报为 29072300.01；申报进口税则号列 2907.2300 项下“双酚 A 盐”时，商品编号应填报为 29072300.90。

二、凡申报进口双酚 A 的，应当向海关提交原产地证明。如果原产地为日本、韩国、新加坡或台湾地区的，还需提供原厂商发票。对于申报进口双酚 A 时不能提供原产地证明，且经查验也无法确定货物的原产地不是日本、韩国、新加坡或台湾地区的，海关按照本公告附件 2 所列的最高反倾销税税率征收反倾销税；对于能够确定货物的原产地是日本、韩国、新加坡或台湾地区，但进口经营单位不能提供原厂商发票，且通过其他合法、有效的单证也无法确定原生产厂商的，海关按照本公告附件2所列相应国家或地区中的其他公司适用的反倾销税税率征收反倾销税。

三、有关加工贸易保税进口原产于日本、韩国、新加坡和台湾地区的双酚A如何征收反倾销税等方面的问题，海关按照中华人民共和国海关总署2001年第9号公告和中华人民共和国海关总署令第111号的规定执行。

四、对于实施临时反倾销措施之后进口原产于日本、韩国、新加坡和台湾地区的双酚A已经缴纳的反倾销保证金，按本公告规定的征收反倾销税的商品范围和反倾销税税率计征并转为反倾销税，与之同时缴纳的进口环节增值税保证金一并转为进口环节增值税。上述保证金超出按本公告规定的税率计算的反倾销税及相应的进口环节增值税的部分，有关单位可自2007年8月30日起6个月内向征收地海关申请退还，不足部分，不再补征。

五、在对原产于日本、韩国、新加坡和台湾地区的进口双酚A征收反倾销税期间，出现相同或类似货物而海关无法确定是否应对其征收反倾销税时，有关单位应向商务部提出申请，由商务部商有关部门作出裁定。海关将根据商务部的裁定执行。

特此公告。

附件1　中华人民共和国商务部2007年第68号公告
附件2　双酚A反倾销税税率表

海关总署
2007年8月29日

附件1

中华人民共和国商务部公告

2007年第68号

根据《中华人民共和国反倾销条例》的规定，中华人民共和国商务部于2006年8月30日发布公告，决定对原产于日本、韩国、新加坡和台湾地区的进口双酚A进行反倾销调查。

商务部对倾销和倾销幅度、损害和损害程度以及倾销和损害之间的因果关系进行了调查。根据调查结果和《中华人民共和国反倾销条例》第二十四条的规定，商务部于2007年3月21日发布初裁公告，认定被调查产品存在倾销，中国大陆双酚A产业遭受了实质损害，而且倾销与实质损害之间存在因果关系。

初步裁定后，商务部继续对倾销和倾销幅度、损害和损害程度以及倾销和损害之间的因果关系进行调查。现本案调查结束，根据本案调查结果，并依据《中华人民共和国反倾销条例》第二十五条的规定，商务部做出终裁决定（见附件）。现将有关事项公告如下：

一、终裁决定

经过调查，商务部终裁决定，原产于日本、韩国、新加坡和台湾地区的进口双酚A存在倾销，中国大陆双酚A产业遭受了实质损害，同时倾销和实质损害之间存在因果关系。

二、征收反倾销税

根据《中华人民共和国反倾销条例》的有关规定，国务院关税税则委员会决定，自2007年8月30日起，对进口原产于日本、韩国、新加坡和台湾地区的进口双酚A征收反倾销税。

对该被调查产品的描述如下：

调查范围：原产于日本、韩国、新加坡和台湾地区的进口双酚A。

产品名称：双酚A。

英文名称：Bisphenol－A（简称BPA）。

化学名称：二酚基丙烷或2，2－二（4－羟基苯基）丙烷或4，4－异亚丙基联苯酚等。

分子式：$C_{15}H_{16}O_2$

化学结构式：

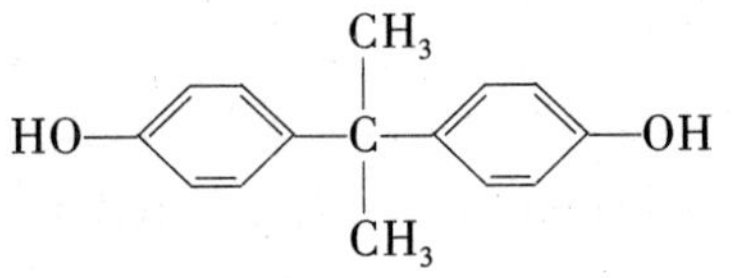

产品种类：有机化工产品。

税则号：本案被调查产品归在《中华人民共和国进出口税则》：2907.2300。该税则号项下的双酚A盐不在本案调查范围之内。

被调查产品是采用苯酚和丙酮为原料，在催化剂作用下反应生成的一种有机化工产品。外观在常温下是白色固体，形状有粉状、粒状、结晶状和片状等。

主要用途：双酚A可用于制造高分子材料如环氧树脂、聚碳酸酯、聚砜树脂、酚醛不饱和树脂、聚醚酰亚胺等，也可用来制造聚氯乙烯热稳定剂、增塑剂、橡胶防老剂、农用杀菌剂、油漆、紫外线吸收剂等。

对各公司征收的反倾销税税率如下：

日本公司

1. 三井化学株式会社（Mitsui Chemicals, Inc.） 6.1%；

2. 三菱化学株式会社（Mitsubishi Chemical Corporation） 7.9%；

3. 其他日本公司（All Others） 37.1%。

韩国公司

1. 锦湖P&B化学株式会社（KUMHO P&B CHEMICALS, INC.） 5.8%；

2. LG石油化学株式会社（LG Petrochemical Co., Ltd.） 6.4%；

3. 其他韩国公司（All Others） 37.1%。

新加坡公司

1. 三井酚类新加坡公司（MITSUI PHENOLS SINGAPORE PTE. LTD.） 5.0%；

2. 其他新加坡公司（All Others） 37.1%。

台湾地区公司

1. 南亚塑胶工业股份有限公司（Nan Ya Plastics Corporation） 6.0%，

2. 长春人造树脂厂股份有限公司（CHANG CHUN PLASTICS CO., LTD.） 6.0%；

3. 信昌化学工业股份有限公司（Taiwan Prosperity Chemical Corporation） 5.3%；

4. 其他台湾地区公司（All Others） 37.1%。

三、征收反倾销税的方法

自2007年8月30日起，进口经营者在进口原产于日本、韩国、新加坡和台湾地区的进口双酚A时，应向中华人民共和国海关缴纳相应的反倾销税。反倾销税以海关审定的完税价格从价计征，计算公式为：

反倾销税额＝海关完税价格×反倾销税税率

进口环节增值税以海关审定的完税价格加上关税和反倾销税作为计税价格从价计征。

四、反倾销税的追溯征收

对自2007年3月22日至本公告执行之日止，有关进口经营者依初裁决定向中华人民共和国海关所提供的保证金，按终裁所确定的征收反倾销税的商品范围和反倾销税税率计征并转为反倾销税，并按相应的增值税税率计征进口环节增值税。对在此期间有关进口经营者所提供的保证金超出反倾销税和与之相应的进口环节增值税的部分，海关予以退还，少征部分则不再征收。

对实施临时反倾销措施决定公告之日前，原产于日本、韩国、新加坡和台湾地区的进口双酚A不再追溯征收反倾销税。

五、征收反倾销税的期限

对原产于日本、韩国、新加坡和台湾地区的进口双酚A征收反倾销税，实施期限自2007年8月30日起5年。

六、新出口商复审

对于上述国家（地区）在调查期内未向中华人民共和国出口被调查产品的新出口经营者，符合条件的，可依据《中华人民共和国反倾销条例》第四十七条的规定，向商务部书面申请新出口商复审。

七、期中复审

在征收反倾销税期间，有关利害关系方可根据《中华人民共和国反倾销条例》第四十九条的规定，向商务部书面申请期中复审。

八、行政复议和行政诉讼

对本案终裁决定及征收反倾销税的决定不服的，根据《中华人民共和国反倾销条例》第五十三条的规定，可以依法申请行政复议，也可以依法向人民法院提起诉讼。

九、本公告自2007年8月30日起执行。

特此公告。

附件　中华人民共和国商务部关于原产于日本、韩国、新加坡和台湾地区的进口双酚A反倾销调查的终裁决定（略）

商务部

2007年8月29日

附件2

双酚A反倾销税税率表

原产国（地区）	厂商名称	反倾销税税率
日本	三井化学株式会社（Mitsui Chemicals，Inc.）	6.1%
	三菱化学株式会社（Mitsubishi Chemical Corporation）	7.9%
	其他日本公司（All Others）	37.1%
韩国	锦湖P&B化学株式会社（KUMHO P&B CHEMICALS，INC.）	5.8%
	LG石油化学株式会社（LG Petrochemical Co.，Ltd.）	6.4%
	其他韩国公司（All Others）	37.1%
新加坡	三井酚类新加坡公司（MITSUI PHENOLS SINGAPORE PTE. LTD.）	5.0%
	其他新加坡公司（All Others）	37.1%
台湾地区	南亚塑胶工业股份有限公司（Nan Ya Plastics Corporation）	6.0%
	长春人造树脂厂股份有限公司（CHANG CHUN PLASTICS CO.，LTD.）	6.0%
	信昌化学工业股份有限公司（Taiwan Prosperity Chemical Corporation）	5.3%
	其他台湾地区公司（All Others）	37.1%

中华人民共和国海关总署公告

2007年第48号

根据《中华人民共和国海关暂时进出境货物管理办法》（海关总署令第157号发布，以下简称《办法》），现就暂时进出境货物监管有关事宜公告如下：

一、暂时进出境货物范围

《办法》第三条第一款第六项所称货样是指用于展示、操作演示、供订货参考，以及被检测、测试的货物样品。但不包括同一收发货人进出口超过合理数量的相同货物。

国家重点工程项目和国家重点科研项目指经国务院批准的工程项目和科研项目。

二、关于暂时进出境货物行政许可办理程序

（一）ATA单证册项下暂时进出境货物行政许可办理程序

ATA单证册持证人向海关提交ATA单证册视为提交货物暂时进出境申请。海关关员对提交的ATA单证册进行审核，确认真实有效并且接受ATA单证册的，视为受理；在ATA单证册上做相应签注的，视为批准。

（二）非ATA单证册项下暂时进出境展览品行政许可办理程序

1. 暂时进境展览品行政许可办理程序

在境内举办的展览会，办展人应当向展览会举办地海关提交相关批准文件或者证明文件和货物暂时进/出境申请书及相关材料，经核准后，由直属海关或经直属海关授权的隶属海关一次性对该展览会项下暂时进境展览品作出行政许可决定。

2. 暂时出境展览品行政许可办理程序

在境外举办的展览会，参展人应当向出境地海关提交相关批准文件或者证明文件（原件或复印件）和货物暂时进/出境申请书及相关材料，经核准后，由直属海关或经直属海关授权的隶属海关对申请暂时出境的展览品作出行政许可决定。

3. 巡展展览品行政许可办理程序

进境巡展展品的暂时进境申请由首个主管地海关核准。展品转至下一个主管地海关后，由该主管地海关监管，凭首个主管地海关签章的行政许可文书和海关单证，免于再次提出暂时进境申请。

进境巡展展品需要延期复运出境的，办展人、参展人可向当时展出地主管海关或者原核准地海关提出延期申请。受理申请的海关根据首个主管地海关签章的行政许可文书和海关单证以及申请人提交的申请材料进行审核，并办理相关手续。

三、关于暂时进出境货物分批、异地复运出境、进境

非ATA单证册项下暂时进出境货物异地复运出境、进境，暂时进出境货物收发货人、展览会主办方应当持复运出境或者复运进境地海关签章的报关单证向原进境、出境地海关办理核销结案手续。

非ATA单证册项下暂时进出境货物分批复运进出境的，在全部复运出境、进境后，暂时进出境货物收发货人、展览会主办方应当持全部分批复运出境或者复运进境地海关签章的报关单证向原进境、出境地海关办理核销结案手续。

ATA单证册项下暂时进出境货物分批、异地复运进出境的，持证人在每次复运出境、进境时都应当向进出境地海关提交ATA单证册。

四、非ATA单证册进境展览品监管

进境展览品从非展出地海关进境的，应当转关监管至展出地海关办理相关手续；进境展览品从非展出地海关出境的，应当转关监管至出境地海关办理出境手续。

旅客携带从非展出地海关进境的展览品，原则上应当转关监管至展出地海关办理相关手续，不便于转关监管的，按照其他暂时进出境货物办理暂时进境手续。

五、关于旅游用自驾交通工具进出境监管

组织进出境自驾旅游的旅行社应当填制报关单，向进出境地海关申报进出境旅游用自驾交通工具。对外国人自驾进境旅游的，相关旅行社应当根据《办法》和国家有关部门的规定，提交相关批准文件。

六、续签ATA单证册和补发ATA单证册的确认

（一）续签单证册的确认

进境单证册项下暂时进境货物需要延期复运出境，且延长期限超过ATA单证册有效期的，持证人应当向原出证机构申请续签单证册。经原出证机构签发，持证人应当向原进境、出境地直属海关提交原ATA单证册、续签ATA单证册、货物暂时进/出境延期申请书和原进境或者出境凭证联进行审核确认。

续签的ATA单证册只能变更单证册有效期限，其他项目均应当与原单证册一致。续签的ATA单证册启用时，原ATA单证册失效。

（二）补发单证册的确认

进境ATA单证册在进境后发生毁坏、灭失等情况的，ATA单证册的持证人应当向原出证机构申请补发ATA单证册。经出证机构签发，持证人应当向原进境、出境地直属海关提交补发的ATA单证册、证明文件和原进境或者出境凭证联进行审核确认。补发的ATA单证册所填项目应当与原ATA单证册相同。

出境单证册经中国国际商会续签或补发后，持证人应当向原出境地直属海关提交新签发的单证册，经出境地海关审核后按原出境情况给予相关签注。

七、关于暂时进出境货物的限制

（一）为落实《汽车产业发展政策》和海关总署、国家发展改革委、商务部2005年第44号联合公告的有关规定，作为货样暂时进境的车辆，自进境之日起6个月内必须复运出境，不得留购，不得延期。测试用车辆及其零配件无论是否损毁，期满必须复运出境。

（二）二手（旧）汽车、右舵车禁止进口。对经审核符合暂时进出境货物管理办法并提交国家主管部门相关证明文件的，可以办理暂时进境手续，但期满必须复运出境。

八、暂时进出境货物的担保

经海关批准的暂时进出境货物，在货物收发货人向海关缴纳相当于税款的保证金或者海关依法认可的其他担保后，准予暂时免纳关税。对不征收进出口关税的暂时进出境货物，可凭货物收发货人或其代理人提交的保证函验放。

九、对临时进口（限期在半年以内）加工贸易生

产所需不作价设备（限模具、单台设备），仍按《外经贸部、海关总署关于加工贸易进口设备有关问题的通知》（〔1998〕外经贸政发第383号）的有关规定，按暂时进口货物办理，逾期补征税款。

特此公告。

海关总署
2007年8月31日

中华人民共和国海关总署公告

2007年第49号

根据《财政部、国家税务总局关于调整工业盐和食用盐进口环节增值税税率的通知》（财关税〔2007〕61号），自2007年9月1日起，将食用盐、其他盐和纯氯化钠（税号：2501.0011、2501.0019、2501.0020）的进口环节增值税税率调整为13%。

对9月1日起至本公告发布前已经按原税率征收进口环节增值税的食用盐、其他盐和纯氯化钠，准予退还多征部分的税款。

特此公告。

海关总署
2007年9月4日

中华人民共和国海关总署公告

2007年第50号

为了规范进出口企业申报行为，提高申报数据质量，促进贸易便利化，海关总署于2006年制定了《中华人民共和国海关进出口商品规范申报目录》（以下简称《目录》），并以海关总署公告2006年第16号对外公布。由于2007年版《中华人民共和国进出口税则》中税目与此前版本相比发生了较大变化。为适应贸易发展以及海关监管需要，现对2006年版《目录》进行修订并形成2007年版《目录》（正式文本由中国商务出版社出版）。

2007年版《目录》自2007年10月1日起施行。进出口货物收发货人及其代理人在报关时应当严格按照2007年版《目录》中关于规范申报商品品名、规格的要求，认真填制报关单并依法办理通关手续。

特此公告。

海关总署
2007年9月4日

中华人民共和国海关总署公告

2007 年第 51 号

为规范进出口货物商品归类争议处置程序，依法保障进出口收发货人及其代理人的合法权益，现就商品归类磋商与质疑程序公告如下：

一、进出口货物收发货人及其代理人因进出口货物的商品归类与海关发生争议，可以向海关申请进行磋商。海关对商品归类有疑问的，可以提出质疑，由进出口货物收发货人及其代理人作进一步说明。

二、对于通过商品归类磋商与质疑程序无法解决的商品归类争议，应当依照有关法律、行政法规及海关规章的规定处理。

三、进出口货物的收发货人及其代理人在货物实际进出口前，对直属海关作出的预归类决定存有异议的，应向该海关提交中华人民共和国海关商品归类磋商申请书（格式文本见附件 1），并随附相关资料。海关对上述材料进行审核后，认为有必要进行磋商的，应当通知申请人进行磋商。对于不需要进行磋商的，应当告知理由。

四、海关与收发货人及其代理人在通关过程中对进出口货物的商品归类存有争议的，可采取口头磋商形式处理，必要时参照本程序第三条处理。

五、海关对已放行货物的商品归类存在疑问时，应当制发中华人民共和国海关商品归类质疑通知书（以下简称质疑通知书，格式文本见附件 2），将质疑内容告知收发货人及其代理人。收发货人及其代理人应自收到质疑通知书之日起 10 个工作日内以书面形式作进一步说明，并提供相关资料或其他证据。收发货人及其代理人未能在规定期限内做出说明，或者海关在审核相关资料或证据后仍有理由怀疑其原归类准确性的，海关可以根据所掌握资料，依法重新审定商品归类。

收发货人及其代理人对已放行货物的商品归类存在疑问的，参照本实施程序中第三条的规定处理。

本公告自发布之日起实施。

特此公告。

附件 1　中华人民共和国海关商品归类磋商申请书

附件 2　中华人民共和国海关商品归类质疑通知书

海关总署

2007 年 9 月 14 日

附件 1

中华人民共和国海关商品归类磋商申请书

致______海关：

我公司/单位不接受海关对我公司/单位于______（时间）申报，报关单号为______的______（商品名称）商品归类审核结果。现向海关提请进行商品归类磋商。

特此申请。

______公司/单位

（签章）

联系人（签字）：

联系电话：

联系地址：

年　月　日

附件 2

中华人民共和国海关商品归类质疑通知书

______公司：

你公司于______（时间）向海关申报的______（商品名称）（报关单号______），因______（原因），海关需对商品归类情况进行核实。请自收到本通知书之日起 10 日内提供书面说明以及下列单证资料。你公司若未在规定期限内提供书面说明及相关单证资料，或者海关在审核有关书面说明和单证资料后仍有理由怀疑原商品归类准确性的，海关可根据所掌握的资料，依法重新审定商品归类。

□合同、协议或订单　□业务函电　□商检证　□货物说明书

□成分及比例　□原料及组成　□　生产/加工工艺　□构成

□技术参数　□具体规格　□工作原理　□车型、排量

□功能　□用途　□加工程度　□性能指标

□其他信息：

海关印章

年　月　日

中华人民共和国海关总署公告

2007 年第 52 号

经国务院批准，自 2007 年 9 月 15 日起，音像制品和电子出版物的进口环节增值税税率由 17% 下调至 13%。现将有关问题公告如下：

一、自 2007 年 9 月 15 日起，海关将按照 13% 的税率对进口音像制品和电子出版物征收进口环节增值税。

二、本公告所称“音像制品”，是指录有内容的录音带、录像带、唱片、激光唱盘和激光视盘。音像制品的商品名称、税则号列，以及申报进口时应填报的商品编码详见本公告附件 1。

三、本公告所称“电子出版物”，是指以数字代码方式将图文声像等内容信息编辑加工后存储在具有确定的物理形态的磁、光、电等介质上，通过计算机或者具有类似功能的设备读取使用，用以表达思想、普及知识和积累文化的大众传播媒体。电子出版物的商品名称、税则号列，以及申报进口时应填报的商品编码见附件 2。

四、申报进口本公告附件 1 或 2 所列带有“ex”标记的税则号列项下的其他商品时，其商品编码的第 9、10 位应填报为“90”。

特此公告。

附件 1　音像制品的商品名称、税则号列及商品编码表

附件 2　电子出版物的商品名称、税则号列及商品编码表

海关总署

2007 年 9 月 14 日

附件1

音像制品的商品名称、税则号列及商品编码表

进口商品名称	税则号列	商品编码
已录制的录音带、录像带	8523.2928	8523292.800
已录制的唱片	8523.8011	85238011.00
已录制的激光唱盘、激光视盘	8523.4010	85234010.00
	ex8523.4090	85234090.01

注："ex"标记表示该税则号列还包括未调整进口环节增税税率的其他商品。

附件2

电子出版物的商品名称、税则号列及商品编码表

进口商品名称	税则号列	商品编码
已录有内容的各种光盘	8523.4010	85234010.00
	8523.4020	85234020.00
	ex8523.4090	85234090.01
已录有内容的软磁盘、硬磁盘	ex8523.2910	85232910.01
已录有内容的集成电路卡以及其他半导体媒体	8523.5120	85235120.00
	ex8523.5200	85235200.01
	8523.5920	85235920.00
已录有内容的磁条卡以及其他媒体	8523.2120	85232120.00
	ex8523.8020	85238020.01
	ex8523.8090	85238090.01

注："ex"标记表示该税则号列还包括未调整进口环节增税税率的其他商品。

中华人民共和国海关总署公告

2007 年第 54 号

根据《财政部、国家发展改革委、海关总署、国家税务总局关于落实国务院加快振兴装备制造业的若干意见有关进口税收政策的通知》（财关税〔2007〕11号）的有关规定，自2007年1月1日起（以海关接受企业申报的日期为准），对国内企业为开发、制造大型全断面隧道掘进机而进口的部分关键零部件所缴纳的进口关税和进口环节增值税实行先征后退。现将有关执行问题公告如下：

一、本公告所称大型全断面隧道掘进机是指刀盘直径≥5米的大型全断面隧道掘进机，包括土压平衡式盾构机、硬岩掘进机（TBM）、泥土平衡式盾构机和复合盾构掘进机等四种类型。

二、享受先征后退政策的进口关键零部件清单（简称“先征后退清单”）详见附件。先征后退清单所列进口关键零部件实行暂定关税税率的，按暂定关税税率执行。

有关部委（署、局）将根据企业申请、政策实施效果、国内配套能力等情况对先征后退清单适时进行调整。

三、享受先征后退政策的企业进口上述关键零部件时，应向海关单独申报进口，并凭财政部出具的重大装备制造企业退税确认书直接向进口地海关申请办理先征后退手续。具体操作程序按照现行有关规定办理。

四、对今年1月1日起至本公告发布前已经进口的关键零部件准予按本公告规定办理先征后退手续。

特此公告。

附件　大型全断面隧道掘进机进口关键零部件退税商品清单（略）

海关总署

2007 年 10 月 15 日

中华人民共和国海关总署公告

2007 年第 55 号

为规范海关对来往粤港澳公路车辆的监管，进一步明确管理相对人的权利和义务，根据《中华人民共和国海关法》和《中华人民共和国海关关于来往香港、澳门公路货运企业及其车辆和驾驶员的管理办法》（海关总署令第118号）的有关规定，现就来往粤港澳公路货运车辆的有关事项公告如下：

一、已在海关办理备案手续的来往粤港澳公路货运车辆，属于海关监管对象，车辆运营人对其负有保管义务，有责任保证车辆符合海关监管要求，履行海关手续，承担缴纳税款责任。

二、对于在境外灭失的香港籍、澳门籍来往粤港澳公路货运车辆，如有合法证明材料证实有关车辆已履行正常手续出境，并在境外灭失，可视为正常脱离海关监管。海关可为其办理注销手续，无需补纳税款和提供进口许可证件。

三、对于因不可抗力在境内灭失的来往粤港澳的香港籍、澳门籍公路货运车辆，海关可凭事发地政府主管部门出具的证明文件为其办理注销备案等手续；对于被法院判决没收，拍卖款项上缴国库的，海关可凭相关证明文件办理注销备案等手续；对于其他在境内灭失的，不免除车辆运营人办理海关手续、缴纳税款、提交进口许可证件的责任。

四、违反上述有关规定，构成走私、违规行为的，由海关依法追究责任。

五、来往粤港澳公路客运车辆比照本公告办理。来往粤港澳公路客运车辆涉及法律责任问题的，根据《中华人民共和国海关法》和《中华人民共和国海关行政处罚实施条例》有关规定处理。

特此公告。

海关总署
2007 年 10 月 22 日

中华人民共和国海关总署公告

2007 年第 56 号

根据《中华人民共和国行政复议法》、《中华人民共和国行政复议法实施条例》和《中华人民共和国海关行政复议办法》的规定，现将海关办理行政复议案件过程中使用的法律文书格式（见附件）予以公布。

本公告自 2007 年 11 月 1 日起施行。

特此公告。

海关总署
2007 年 10 月 26 日

附件 1　中华人民共和国海关行政复议申请笔录（略）

附件 2　中华人民共和国海关补正行政复议申请材料通知书（略）

附件 3　中华人民共和国海关行政复议申请受理通知书（略）

附件 4　中华人民共和国海关行政复议申请不予受理决定书（略）

附件 5　中华人民共和国海关第三人参加行政复议通知书（一）——主动通知（略）

附件 6　中华人民共和国海关第三人参加行政复议通知书（二）——应申请通知（略）

附件 7　中华人民共和国海关行政复议告知书（一）——告知变更被申请人（略）

附件 8　中华人民共和国海关行政复议告知书（二）——告知变更复议机关（略）

附件 9　中华人民共和国海关行政复议告知书（三）——告知提交申请材料原件（略）

附件 10　中华人民共和国海关行政复议告知书（四）——告知视为放弃复议申请（略）

附件 11　中华人民共和国海关行政复议告知书（五）——告知合并审理（略）

附件 12　中华人民共和国海关行政复议告知书（六）——告知有关回避决定（略）

附件 13　中华人民共和国海关行政复议告知书（七）——告知不予同意和解协议（略）

附件 14　中华人民共和国海关行政复议调查笔录（略）

附件 15　中华人民共和国海关具体行政行为停止执行决定书（略）

附件 16　中华人民共和国海关行政复议抽象行政行为审查告知书（略）

附件 17　中华人民共和国海关行政复议听证通知书（略）

附件 18　中华人民共和国海关行政复议听证笔录（略）

附件 19　中华人民共和国海关延长行政复议审查期限通知书（略）

附件 20　中华人民共和国海关行政复议中止决定书（略）

附件 21　中华人民共和国海关恢复行政复议审理通知书（略）

附件 22　中华人民共和国海关驳回行政复议申请决定书（略）

附件 23　中华人民共和国海关行政复议决定书（略）

附件 24　中华人民共和国海关行政复议决定补正通知书（略）

附件 25　行政复议和解协议书（建议格式）（略）

附件 26　中华人民共和国海关行政复议调解书

（略）

附件27　中华人民共和国海关行政复议终止决定书（一）——一般终止（略）

附件28　中华人民共和国海关行政复议终止决定书（二）——因和解终止（略）

附件29　中华人民共和国海关送达回证（略）

中华人民共和国海关总署公告

2007年第57号

根据国务院关税税则委员会通知，自2007年11月1日起，对进口原产于圣马力诺共和国的货物适用最惠国关税税率。

特此公告。

海关总署

2007年10月31日

中华人民共和国海关总署公告

2007年第58号

为适应区域经济发展的要求，进一步简化海关手续，提高粤港地区跨境公路运输通关效率，海关总署决定在粤港地区实施来往香港公路车辆快速通关改革，现将有关事项公告如下：

一、来往香港公路车辆快速通关是指从事来往香港公路货物运输业务的承运人或其代理人，在车辆进境前或出口货物报关单申报前，向海关申报载货清单电子数据，海关应用卫星定位管理设备和电子封志等监控手段实施途中监控，实现对车辆及其所载货物在公路口岸自动快速核放的一种通关方式。

二、经海关备案并使用海关认可的卫星定位管理设备和电子封志的车辆，其承运人或其代理人可选择来往香港公路车辆快速通关方式办理，具体包括以下三种：

（一）进出口货物收发货人或其代理人在车辆及所载货物运抵指运地或启运地海关监管场所前，向海关申报货物进出口的，按转关提前报关方式办理；

（二）进出口货物收发货人或其代理人在车辆及所载货物运抵指运地或启运地海关监管场所后，向海关申报货物进出口的，按直转方式办理；

（三）过境货物采用过境方式办理。

三、选择来往香港公路车辆快速通关方式的承运人或其代理人，在车辆抵达海关监管场所卡口通道时，应将纸质载货清单投入单证申报箱供海关核查，海关卡口控制与联网管理系统进行自动核放。正常情况下，海关人员不在相关纸质单证上批注、盖章；异常情况下，按海关提示操作。

四、选择来往香港公路车辆快速通关方式的承运人或其代理人，应当在车辆进境前或出口货物报关单申报前向海关申报载货清单电子数据，并在车辆抵达进境地或启运地海关监管场所1小时前进行车次确认，同一车次应当只对应一份载货清单。

五、承运人或其代理人未进行车次确认或车次提前确认不足1小时的，禁止入境或进入启运地海关监管场所。特殊情况经海关批准对车辆做滞后处理的，要求车辆等待至1小时之后，由海关对载货清单电子数据进行人工审核、放行操作。

六、已作车次确认的车辆抵达进境地或启运地海关监管场所前，承运人或其代理人如对载货清单进行修改，必须重新办理车次确认，海关重新计算载货清单提前申报时间。

七、自载货清单电子数据申报之日起超过5日，如该载货清单所对应的货物未运抵进境地或启运地海关监管场所办理手续，载货清单电子数据将被自动撤销。

八、除海关特准外，车辆经进境地海关放行后，指运地海关方可办理进口货物报关单接单手续。

对涉税货物，必须在车辆进境后，方可办理进口货物报关单接单手续。

车辆运抵指运地或启运地海关监管场所后方可办理进出口货物放行手续。

对采用转关提前报关方式的，同一车次对应的货物报关单，应一次性办理报关单接单手续。

九、进出口货物运抵进境地或出口启运地海关监管场所前，且海关尚未受理审核相对应的进出口货物报关单的，承运人或其代理人可自行修改或者撤销载货清单电子数据，但必须重新办理车次确认，海关重新计算载货清单提前申报时间。

十、货物已运抵进境地或启运地海关监管场所，或海关已办理了相对应的进出口货物报关单接单手续，承运人或其代理人如需修改纸质载货清单的，应向海关提出书面申请，经海关审核同意后，方可修改，提前向海关申报载货清单的时间将从修改载货清单电子数据后重新计算。其中：

（一）承运进口货物时，在车辆离开进境地海关前，向进境地海关申请；离开进境地海关后，向指运地海关申请。

（二）承运出口货物时，向启运地海关申请；

（三）承运过境货物时，向进境地海关申请。

十一、货物入境后、运抵指运地海关监管场所前；出口货物的车辆启运后、运抵出境地海关监管场所前，承运人或其代理人如确需作废纸质载货清单电子数据的，应向海关提出书面申请，经海关审核同意后，方可作废，并重新申报载货清单电子数据。如对应的出口货物报关单已通过海关审核的，须在撤销对应的出口货物报关单后，方可办理纸质载货清单的作废手续。其中：

（一）承运进口货物或过境货物时，向进境地海关申请；

（二）承运出口货物时，向启运地海关申请。

货物运抵指运地或出境地海关监管场所后，海关不接受承运人或其代理人作废纸质载货清单的申请。

十二、转关提前报关、直转方式下，海关对含有《中华人民共和国海关关于转关货物监管办法》（海关总署令第89号）附件1《限制转关物品清单》范围物品的载货清单不接受申报。

过境方式下，海关对含有《中华人民共和国海关对过境货物监管办法》（海关总署令第38号）规定禁止过境货物的载货清单不接受申报。

十三、来往香港公路车辆快速通关方式下，来往内地与香港的货运车辆使用的纸质载货清单为《内地海关及香港海关陆路进/出境载货清单》。纸质载货清单必须经海关确认后方可打印，内容应与向海关申报的载货清单电子数据完全一致。

十四、对同一车次载运多个集装箱或使用多个电子封志的，所施加的全部电子封志号应在载货清单上列明。

十五、进口货物运抵指运地海关监管场所后，因故需要退运的，需经书面申请及指运地海关核准，按转关货物的退运方式办理。

十六、出口货物运抵出境地海关监管场所后，因故需要退运的，需经书面申请及出境地海关核准，按转关货物的退运方式办理。

十七、对因电脑系统故障，货物在进境地或启运地海关无法按来往香港公路车辆快速通关方式通关的，承运人或其代理人应当改按转关方式办理。承运人或其代理人必须在电脑系统恢复正常后的一个工作日内，向海关补预录入相应的载货清单电子数据。

十八、选择来往香港公路车辆快速通关方式的承运人或其代理人，应当按海关要求将货物运抵指定的场所。货物运输途中因交通意外等原因需更换运输工具或驾驶员的，承运人或其代理人应及时报告附近海关。经附近海关核实同意后，监管换装并通知进境地、指运地海关或启运地、出境地海关。

十九、本公告中未明确事项按《中华人民共和国海关关于转关货物监管办法》等有关规定办理。

二十、本公告适用于广东省内具备来往香港公路车辆快速通关条件的各类监管区域或场所。

二十一、本公告由海关总署负责解释。

二十二、本公告自2007年11月10日起施行。

特此公告。

海关总署

2007年11月1日

中华人民共和国海关总署
国家发展和改革委员会
公　　告

2007 年第 59 号

海关总署和国家发展改革委批准《冻鲽鱼制品加工贸易单耗标准》等 26 项加工贸易单耗标准（标准名称、文本见附件），自 2007 年 12 月 15 日起执行。

特此公告。

附件 1　26 项加工贸易单耗标准名称列表（略）

附件 2　26 项加工贸易单耗标准文本（略）

海关总署
国家发展和改革委员会
2007 年 10 月 31 日

附件 1

26 项加工贸易单耗标准列表

序号	标准号	标准名称	批准日期	实施日期
1	HDB/NY003 - 2007	冻鲽鱼制品加工贸易单耗标准	2007 年 10 月 31 日	2007 年 12 月 15 日
2	HDB/LY002 - 2007	针叶树普通锯材加工贸易单耗标准	2007 年 10 月 31 日	2007 年 12 月 15 日
3	HDB/LY003 - 2007	实木地板加工贸易单耗标准	2007 年 10 月 31 日	2007 年 12 月 15 日
4	HDB/QB015 - 2007	常规伞用槽骨加工贸易单耗标准	2007 年 10 月 31 日	2007 年 12 月 15 日
5	HDB/QB016 - 2007	一次性使用输液器（普通型）加工贸易单耗标准	2007 年 10 月 31 日	2007 年 12 月 15 日
6	HDB/QB017 - 2007	充气用具用软质 PVC 薄膜加工贸易单耗标准	2007 年 10 月 31 日	2007 年 12 月 15 日
7	HDB/QB018 - 2007	包装用双向拉伸聚酯薄膜加工贸易单耗标准	2007 年 10 月 31 日	2007 年 12 月 15 日
8	HDB/QB019 - 2007	射程 100 米直筒式手电筒加工贸易单耗标准	2007 年 10 月 31 日	2007 年 12 月 15 日
9	HDB/QB020 - 2007	羊毛簇绒地毯加工贸易单耗标准	2007 年 10 月 31 日	2007 年 12 月 15 日
10	HDB/QB021 - 2007	硬脂酸加工贸易单耗标准	2007 年 10 月 31 日	2007 年 12 月 15 日
11	HDB/QB022 - 2007	半硬质聚氯乙烯块状塑料地砖加工贸易单耗标准	2007 年 10 月 31 日	2007 年 12 月 15 日
12	HDB/FZ024 - 2007	腈纶毛毯加工贸易单耗标准	2007 年 10 月 31 日	2007 年 12 月 15 日
13	HDB/FZ025 - 2007	羊绒纱加工贸易单耗标准	2007 年 10 月 31 日	2007 年 12 月 15 日
14	HDB/FZ026 - 2007	化纤制领带加工贸易单耗标准	2007 年 10 月 31 日	2007 年 12 月 15 日
15	HDB/FZ027 - 2007	化纤制针织手套加工贸易单耗标准	2007 年 10 月 31 日	2007 年 12 月 15 日
16	HDB/FZ028 - 2007	棉制盥洗及厨房用毛巾制品加工贸易单耗标准	2007 年 10 月 31 日	2007 年 12 月 15 日
17	HDB/SH024 - 2007	家用乳胶手套加工贸易单耗标准	2007 年 10 月 31 日	2007 年 12 月 15 日

序号	标准号	标准名称	批准日期	实施日期
18	HDB/SH025－2007	VHS格式未录制盒式录像磁带加工贸易单耗标准	2007年10月31日	2007年12月15日
19	HDB/SH026－2007	未录制磁条卡加工贸易单耗标准	2007年10月31日	2007年12月15日
20	HDB/SH027－2007	纯胶管加工贸易单耗标准	2007年10月31日	2007年12月15日
21	HDB/HJ004－2007	黄金电铸摆件加工贸易单耗标准	2007年10月31日	2007年12月15日
22	HDB/HJ005－2007	足银、925银、925银镶嵌首饰制品加工贸易单耗标准	2007年10月31日	2007年12月15日
23	HDB/YD004－2007	接入网同轴电缆加工贸易单耗标准	2007年10月31日	2007年12月15日
24	HDB/YD005－2007	以ABS树脂为原料生产电视机、DVD类遥控器外壳的加工贸易单耗标准	2007年10月31日	2007年12月15日
25	HDB/JB005－2007	铝合金车轮加工贸易单耗标准	2007年10月31日	2007年12月15日
26	HDB/YB005－2007	中碳钢棒加工贸易单耗标准	2007年10月31日	2007年12月15日

中华人民共和国海关总署公告

2007年第60号

2003年，为贯彻国务院关于黄金体制改革的决定要求，海关总署发布了关于免征进口黄金（含标准黄金）和黄金矿砂（含伴生矿）进口环节增值税的公告（海关总署2003年第29号公告）。其中明确黄金伴生矿仅指《中华人民共和国进出口税则》中税则号列2603.0000（铜矿砂及其精矿）的黄金伴生矿，同时作出了相关管理规定。2007年3月，海关总署发布了2007年第14号公告，明确进口税则号列2607.0000项下的铅矿砂及其精矿，也可以享受黄金伴生矿税收优惠政策。

根据上述关于黄金和黄金矿砂的进口税收政策和近年来我国镍、钴及锑工业发展的情况，经研究决定，自2007年12月1日起，进口镍矿砂、钴矿砂、锑矿砂及它们的精矿享受黄金伴生矿税收优惠政策，即进口上述货物中所含的黄金价值部分免征进口环节增值税，非黄金价值部分照章征收进口环节增值税。现就有关事项公告如下：

一、上述享受进口税收优惠政策的镍矿砂及其精矿是指税则号列2604.0000项下的货物；钴矿砂及其精矿是指税则号列2605.0000项下的货物；锑矿砂及其精矿是指税则号列2617.1090项下的货物，不包括税则号列2617.1010所列的生锑。

二、进口货物收货人在向海关申报进口上述镍矿砂及其精矿时，其中所含黄金价值部分的商品编码应填报为26040000.01，非黄金价值部分的商品编码应填报为26040000.90。

进口上述钴矿砂及其精矿时，其中所含黄金价值部分的商品编码应填报为26050000.01，非黄金价值部分的商品编码应填报为26050000.90。

进口上述锑矿砂及其精矿时，其中所含黄金价值部分的商品编码应填报为26171090.01，非黄金价值部分的商品编码应填报为26171090.90。

三、其他相关事项，按照海关总署2003年第29号公告的有关规定办理。

特此公告。

海关总署

2007年11月16日

中华人民共和国海关总署公告

2007 年第 61 号

关于外商投资企业出口应税商品是否征收出口关税的问题，经商财政部、商务部同意，现公告如下：

除法律法规有明确规定可以免征出口关税外，对外商投资企业出口的应税商品，一律照章征收出口关税。

特此公告。

海关总署

2007 年 11 月 16 日

中华人民共和国海关总署公告

2007 年第 62 号

为进一步推进中华人民共和国海关与哈萨克斯坦共和国海关间的有效合作，方便两国贸易往来，促进双边经济发展，两国海关决定协调并简化有关监管模式。为此，两国海关共同制定了统一的“载货清单”（试行），作为相关承运人向两国海关申报的单证，并决定自 2007 年 12 月 15 日起在中国的都拉塔、哈萨克斯坦的卡勒加特口岸试点启用。现就有关事项公告如下：

一、“载货清单”是进、出境货物承运人向海关申报的必需单证，货物进出境通过上述口岸时，承运人应当采用中俄双语填写，并向中国海关申报。其中“价格”栏由承运人或其代理人自愿填写。

二、“载货清单”一式 3 联，为无碳复写纸。第一联交出境地海关，第二联交入境地海关，第三联由承运人留存。

三、“载货清单”使用中如有疑问，可向乌鲁木齐海关监管通关处咨询，电话：0991－3627531。

四、“载货清单”样本及填写规范见本公告附件 1、2。

特此公告。

附件 1　“载货清单”（样本）（略）

附件 2　“载货清单”填写规范

海关总署

2007 年 11 月 19 日

附件 2

“载货清单”填写规范

一、载货清单编号

该编号为 12 位英文字母与数字组合。第一位为国别代码（自中方出境，代码为“C”），第二、三位为年份，第四至七位为关区代码，第八至十二位为流水号。

例如：C07940600001，表示伊宁海关（9406）2007 年出口哈方的第一份载货清单。

二、中国车牌号、哈国车牌号

本栏目分别填写货运车辆的中国和哈萨克斯坦车牌号码。

三、拖车号

本栏目填写拖挂在头车后的拖车号码。

四、集装箱编号

本栏目填写车辆承载的集装箱的编号。一车载运多个集装箱时，集装箱号以“；”间隔。如为厢式货车，可不填本栏目。

五、装货地点

本栏目填写本车次装载货物的地点，如：生产工厂、货物包装地、海关监管场站等。

六、卸货地点

本栏目填写本车次卸载货物的地点，如：工厂、海关监管场站等。

七、出境日期

第一联的“出境”与第二联的“进境”相对应。本栏目填写的进出境日期以午夜0时为界。如在午夜0时之前向哈方海关递单，午夜0时之后向中方海关递单，必须在向中方海关递交的单证上注明不同的日期。

八、编号

一辆货运车载运2种以上的货物时，货物名称必须分别填写。此栏填写阿拉伯数字，即“1、2……”，按顺序填写。

如多票货物拼装同一运输工具，栏目空间不足，按商品的类别和实际成交价格（或货值）从高至低依次填写前6项，并随附货运清表（装箱明细表或装箱清单），并需在备注栏目注明。

九、货物名称及规格

此栏目填写规范的中俄双语商品名称，同时必须填写货物的规格或型号。商品名称及规格型号应据实填写，并与商业发票相符。

十、唛头及编号

本栏目填写货物包装上的唛头或标记及编号，包括除图形以外的文字、数字。

十一、包装方式及件数

本栏目按实际外包装方式填写，数量按包装的数量填写，使用阿拉伯数字。散装货物填写“1”。

十二、净重（千克）

“净重（千克）”指货物的毛重减去外包装材料后的重量，即商品本身的实际重量，使用阿拉伯数字，计量单位为千克，不足1千克的填写时保留2位小数。

十三、价格（币种）

本栏目按商品项目逐一填写货物实际成交的商品总价，使用阿拉伯数字。无实际成交价格的，本栏目填报货值。同时写明币种。

本栏目由承运人或其代理人自愿填写。

十四、发货人

本栏目填写向运输公司交付货物的企业的名称及地址。本栏目内容一行填写空间不足的，可逐行填写。

十五、收货人

本栏目填写最终收取货物的企业名称及地址。本栏目内容一行填写空间不足的，可逐行填写。

十六、合计

填写有外包装的货物的实际件数，使用中文大写，并用阿拉伯数字附注。特殊情况，如为托盘装入集装箱的，可填写托盘数；散装货物填写为“1”。

填写所载货物的净重之和，单位为千克，使用中文大写，并用阿拉伯数字附注。

填写所载货物的总价值，使用中文大写，并用阿拉伯数字附注，写明币种。

十七、承运人声明

本栏目填写承运人正式全称，表明向海关承担相关责任。

十八、承运车辆进出境许可证号码

本栏目填写本车辆此次运输使用的有效的国际道路运输许可证号码。

十九、驾驶员姓名、签名、日期

“姓名”栏目以正楷中文和俄文印刷字体填写驾驶员全名，“签名”栏目由驾驶员本人填写其惯用签名，“日期”为签名日期。

二十、合同号

本栏目填写进出口货物合同（协议）的全部字头和号码。加工贸易货物填写合同手册号。

二十一、海关监管方式

本栏目根据实际情况，选择“过境”或“其他”，并在方格中标记“√”。

二十二、备注

本栏目用于填写必要的相关信息，如因商品项目较多、随附货运清表的，在此填写“随附……页货运清表”。

二十三、各栏目填写后不得涂改。

中华人民共和国海关总署公告

2007 年第 63 号

根据《中华人民共和国反倾销条例》的规定，国务院关税税则委员会决定自 2007 年 11 月 22 日起，对原产于日本、台湾地区和新加坡的进口甲乙酮征收反倾销税，期限为 5 年。商务部为此发布了 2007 年第 81 号公告（详见附件 1）。现将执行中的有关问题公告如下：

一、自 2007 年 11 月 22 日起，对原产于日本、台湾地区和新加坡的进口甲乙酮（即甲基乙基（甲）酮，又名丁酮或 2 - 丁酮，税则号列：2914.1200），海关除按现行规定征收进口关税外，还应区别不同的供货厂商，按照本公告附件 2 所列的适用税率和下述计算公式征收反倾销税及进口环节增值税。

反倾销税税额 = 完税价格 × 反倾销税税率

进口环节增值税税额 = （完税价格 + 关税税额 + 反倾销税税额） × 进口环节增值税税率

应征收反倾销税产品的详细描述，详见本公告附件 1。

二、凡申报进口甲乙酮的进口经营单位，应当向海关提交原产地证明。如果原产地为日本的，还需提供原厂商发票。对于申报进口甲乙酮时不能提供原产地证明，且经查验也无法确定货物的原产地不是日本、台湾地区或新加坡的，海关应当按照本公告附件 2 所列的最高反倾销税税率征收反倾销税。对于能够确定货物的原产地是日本，但进口经营单位不能提供原厂商发票，且通过其他合法、有效的单证也无法确定原生产厂商的，海关应当按照本公告附件 2 所列的“其他日本公司”适用的反倾销税税率征收反倾销税。

三、有关加工贸易保税进口原产于日本、台湾地区和新加坡的甲乙酮如何征收反倾销税等方面的问题，按照中华人民共和国海关总署 2001 年第 9 号公告和中华人民共和国海关总署令第 111 号的规定执行。

四、对于实施临时反倾销措施之后进口原产于日本、台湾地区和新加坡的甲乙酮已经缴纳的反倾销保证金，按本公告规定的征收反倾销税的商品范围和反倾销税税率计征并转为反倾销税，与之同时缴纳的进口环节增值税保证金一并转为进口环节增值税。上述保证金超出按本公告规定的税率计算的反倾销税及相应的进口环节增值税的部分，可自 2007 年 11 月 22 日起 6 个月内向征收地海关申请退还，不足部分不再补征。

五、在对原产于日本、台湾地区和新加坡的进口甲乙酮征收反倾销税期间，进口相同或类似货物而海关无法确定是否应对其征收反倾销税时，有关经营单位应向商务部提出申请，由商务部商有关部门作出裁定，海关依据商务部的裁定执行。

特此公告。

附件 1　中华人民共和国商务部 2007 年第 81 号公告

附件 2　甲乙酮反倾销税税率表

海关总署

2007 年 11 月 21 日

附件 1

中华人民共和国商务部公告

2007 年第 81 号

根据《中华人民共和国反倾销条例》的规定，中华人民共和国商务部于 2006 年 11 月 22 日发布立案公告，决定对原产于日本、台湾地区和新加坡的进口甲乙酮（以下称被调查产品）进行反倾销调查。

商务部对被调查产品是否存在倾销和倾销幅度、被调查产品是否对国内产业造成损害及损害程度以及倾销与损害之间的因果关系进行了调查。根据调查结果和《中华人民共和国反倾销条例》第二十四条的规定，商务部于 2007 年 8 月 8 日发布初裁公告，认定原产于日本、台湾地区和新加坡的进口甲乙酮存在倾销，中国大陆甲乙酮产业遭受了实质损害，而且倾销与实质损害之间存在因果关系。

初裁决定后，商务部对倾销和倾销幅度、损害和损害程度进行了进一步的调查。现本案调查结束，根据本案调查结果，并依据《中华人民共和国反倾销条例》

第二十五条的规定，商务部作出终裁决定（见附件）。现将有关事项公告如下：

一、终裁决定

经过调查，商务部终裁决定，原产于日本、台湾地区和新加坡的进口甲乙酮存在倾销，中国大陆甲乙酮产业遭受了实质损害，而且倾销与实质损害之间存在因果关系。

二、征收反倾销税

根据《中华人民共和国反倾销条例》的有关规定，国务院关税税则委员会决定，自2007年11月22日起，对原产于日本、台湾地区和新加坡的进口甲乙酮征收反倾销税。

对该被调查产品和调查范围描述如下：

被调查产品名称：甲乙酮，即甲基乙基（甲）酮，又名丁酮或2－丁酮，英文名称为Methyl Ethyl Ketone（简称MEK），或Butanone，或2－Butanone。

税则号：本案被调查产品归在《中华人民共和国进出口税则》：2914.1200。

甲乙酮是一种有机溶剂，用于炼油、染料、涂料、香料、粘合剂、医药、电子元件清洗、磁记录材料、合成革等行业，还可用于制备某些抗氧剂、硫化促进剂及硝化纤维素、醋酸纤维素、聚氨脂树脂、乙烯树脂、丙烯树脂、醇酸树脂、酚醛树脂、油墨等。

调查范围：原产于日本、台湾地区和新加坡的进口甲乙酮。

对各公司征收的反倾销税税率如下：

日本公司

1. 东燃化学株式会社（Tonen Chemical Corporation）27.3%

2. 丸善石油化学株式会社（Maruzen Petrochemical Co.，Ltd.）9.6%

3. 其他日本公司（All Others）66.4%

台湾地区公司25.0%

新加坡公司17.0%

三、征收反倾销税的方法

自2007年11月22日起，进口经营者在进口原产于日本、台湾地区和新加坡的甲乙酮时，应向中华人民共和国海关缴纳相应的反倾销税。反倾销税以海关审定的完税价格作为计税价格从价计征，计算公式为：

反倾销税额＝海关完税价格×反倾销税税率

进口环节增值税以海关审定的完税价格加上关税和反倾销税作为计税价格从价计征。

四、反倾销税的追溯征收

对自2007年8月9日起至本决定公告之日止（含公告日），有关进口经营者依初裁决定向中华人民共和国海关所提供的保证金，按终裁所确定的征收反倾销税的商品范围和反倾销税税率计征并转为反倾销税，并按相应的增值税税率计征进口环节增值税。对在此期间有关进口经营者所提供的保证金超出反倾销税和与之相应的进口环节增值税的部分，海关予以退还，少征部分则不再补征。

对初裁决定公告执行之日前，原产于日本、台湾地区和新加坡的进口甲乙酮不再追溯征收反倾销税。

五、征收反倾销税的期限

对原产于日本、台湾地区和新加坡的进口甲乙酮征收反倾销税，实施期限为自2007年11月22日起5年。

六、新出口商复审

对于上述国家（地区）在调查期内未向中华人民共和国出口被调查产品的新出口经营者，符合条件的，可依据《中华人民共和国反倾销条例》第四十七条的规定，向商务部书面申请新出口商复审。

七、期中复审

在征收反倾销税期间，有关利害关系方可以根据《中华人民共和国反倾销条例》第四十九条的规定，向商务部书面申请期中复审。

八、行政复议和行政诉讼

对本案终裁决定及征收反倾销税的决定不服的，根据《中华人民共和国反倾销条例》第五十三条的规定，可以依法申请行政复议，也可以依法向人民法院提起诉讼。

九、本公告自2007年11月22日起执行。

特此公告。

附件　中华人民共和国商务部关于原产于日本、台湾地区和新加坡的进口甲乙酮反倾销调查的终裁决定（略）

商务部

2007年11月21日

附件2

甲乙酮反倾销税税率表

原产国（地区）	厂商名称	反倾销税税率
日本	东燃化学株式会社（Tonen Chemical Corporation）	27.3%
	丸善石油化学株式会社（Maruzen Petrochemical Co.，Ltd.）	9.6%
	其他日本公司（All Others）	66.4%
台湾地区	台湾地区公司	25.0%
新加坡	新加坡公司	17.0%

中华人民共和国海关总署公告

2007年第64号

根据国务院关税税则委员会的决定，自2003年9月9日起，对原产于俄罗斯、韩国和日本的丁苯橡胶征收反倾销税，海关总署相应发布了2003年第53号公告。根据商务部对该案期中复审调查结果，国务院关税税则委员会决定调整部分韩国企业生产的进口丁苯橡胶反倾销税税率。现就执行中的有关问题公告如下：

一、自2007年11月22日起，对申报进口原产于韩国锦湖石油化学株式会社（Kumho Petrochemical Co.，Ltd.）的丁苯橡胶（涉及海关商品编号40021911.00、40021912.00、40021919.00和40021990.01），海关按照2.9%的反倾销税税率征收反倾销税。

二、对原产于俄罗斯、韩国和日本的进口丁苯橡胶征收反倾销税的其他事项，仍按照海关总署相关公告的规定执行。

特此公告。

附件　中华人民共和国商务部2007年第86号公告

海关总署

2007年11月21日

附件1

中华人民共和国商务部公告

2007年第86号

中华人民共和国商务部于2003年9月9日发布2003年第49号公告，决定对原产于俄罗斯、韩国和日本的进口丁苯橡胶征收反倾销税。其中，韩国锦湖石油化学株式会社所适用的反倾销税税率为7%。

2006年9月28日，韩国锦湖石油化学株式会社就其所适用的丁苯橡胶反倾销措施向商务部提出倾销及倾销幅度的期中复审申请。

商务部经审查认为，申请书提出了倾销幅度降低的初步证据。2006年11月30日商务部发布立案公告，决定对韩国锦湖石油化学株式会社所适用的丁苯橡胶反倾销措施进行复审。

复审调查范围是申请人的正常价值、出口价格和倾销幅度。复审调查的被调查产品与原反倾销调查相同，即初级形状未作任何加工的丁苯橡胶、初级形状充油丁苯橡胶、其他未列名初级形状丁苯橡胶及羧基丁苯橡胶（初级形状包括为便于运输，对初级形状进行压缩、挤压等简单成形处理）。该产品归在《中华人民共和国进出口税则》税则号为：4002.1911、4002.1912、4002.1990、4002.1919。

商务部对韩国锦湖石油化学株式会社倾销及倾销幅度进行了复审调查，依据《中华人民共和国反倾销条例》第五十条和《商务部倾销及倾销幅度期中复审暂行规则》的规定，根据调查结果，向国务院关税税则委员会提出修改反倾销税的建议。现将有关事项公告如下：

一、裁定

经过调查，商务部裁定韩国锦湖石油化学株式会社（Kumho Petrochemical Co., Ltd.）的倾销幅度为2.9%。

二、征收反倾销税

根据《中华人民共和国反倾销条例》的有关规定，国务院关税税则委员会决定，自2007年11月22日起，将原产于韩国锦湖石油化学株式会社的进口丁苯橡胶的反倾销税税率调整为2.9%。

三、征收反倾销税的方法

自2007年11月22日起，进口经营者在进口原产于韩国锦湖石油化学株式会社生产的丁苯橡胶时，应向中华人民共和国海关缴纳相应的反倾销税。反倾销税以海关审定的完税价格从价计征，计算公式为：

反倾销税额＝海关完税价格×反倾销税税率

进口环节增值税以海关审定的完税价格加上关税和反倾销税作为计税价格从价计征。

四、行政复议和行政诉讼

根据《中华人民共和国反倾销条例》第五十三条的规定，利害关系方可以依法申请行政复议，也可以依法向人民法院提起诉讼。

五、本公告自2007年11月22日起执行。

特此公告。

附件　中华人民共和国商务部关于原产于韩国锦湖石油化学株式会社的进口丁苯橡胶的期中复审裁定（略）

商务部

2007年11月21日

中华人民共和国海关总署公告

2007年第65号

根据《中华人民共和国反倾销条例》的规定，国务院关税税则委员会已先后决定对进口苯酚及进口双酚A实施反倾销措施。其中，韩国LG石油化学株式会社（LG Petrochemical Co., Ltd.）在进口苯酚反倾销案中适用的反倾销税税率为0%（海关总署2006年第50号公告和商务部2006年第64号公告），在进口双酚A反倾销案中适用的反倾销税税率为6.4%（海关总署2007年第47号公告和商务部2007年第68号公告）。现决定由（株）LG化学（LG Chem, Ltd.）继承韩国LG石油化学株式会社在苯酚反倾销案和双酚A反倾销案中适用的反倾销税税率，并将执行中有关事项公告如下：

一、自2007年11月23日起，对以（株）LG化学为原产厂商名称申报进口的苯酚，海关按照0%的反倾销税税率征收反倾销税；对以LG石油化学株式会社为原产厂商名称申报进口的苯酚，海关按照“其他韩国公司”16%的反倾销税税率征收反倾销税。

二、自2007年11月23日起，对以（株）LG化学为原产厂商名称申报进口的双酚A，海关按照6.4%的反倾销税税率征收反倾销税；对以LG石油化学株式会社为原产厂商名称申报进口的双酚A，海关按照“其他韩国公司”37.1%的反倾销税税率征收反倾销税。

三、对原产于日本、韩国、美国和台湾地区的进口苯酚及原产于日本、韩国、新加坡和台湾地区的进口双酚A征收反倾销税的其他事项，仍按照中华人民共和国海关总署相关公告的规定执行。

特此公告。

附件　中华人民共和国商务部2007年第96号公告

海关总署

2007年11月22日

附件 1

中华人民共和国商务部公告

2007 年第 96 号

2006 年 9 月 5 日，中华人民共和国商务部发布 2006 年第 64 号公告，公布了对原产于韩国 LG 石油化学株式会社进口苯酚的新出口商复审裁定，决定韩国 LG 石油化学株式会社（LG Petrochemical Co.，Ltd.）的进口苯酚产品所适用的反倾销税税率为 0%。

2007 年 8 月 29 日，中华人民共和国商务部发布 2007 年第 68 号公告，决定对原产于日本、韩国、新加坡和台湾地区的进口双酚 A 采取反倾销措施。其中，LG 石油化学株式会社（LG Petrochemical Co.，Ltd.）的反倾销税税率为 6.4%。

近日，LG 石油化学株式会社向调查机关提出申请，称该公司已于 2007 年 11 月 1 日被其母公司（株）LG 化学吸收合并，且吸收合并前后关于苯酚、双酚 A 的生产、销售、经营等方面未发生变化。据此，LG 石油化学株式会社申请由（株）LG 化学继承 LG 石油化学株式会社所适用的苯酚反倾销案和双酚 A 反倾销案的反倾销措施。

经调查，调查机关认为现有证据材料表明 LG 石油化学株式会社已被（株）LG 化学吸收合并，且合并前后关于苯酚、双酚 A 的经营管理、生产设备、供应商关系以及客户基础未发生变化。

调查机关就此征求了国内申请人的意见，国内申请人未表示异议。

因此，调查机关决定：

一、由（株）LG 化学（LG Chem，Ltd.）继承 LG 石油化学株式会社（LG Petrochemical Co.，Ltd.）所适用的苯酚反倾销案的 0% 的反倾销税税率，以 LG 石油化学株式会社名称出口的公司适用“其他韩国公司”所适用的 16% 的反倾销税税率。

二、由（株）LG 化学（LG Chem，Ltd.）继承 LG 石油化学株式会社（LG Petrochemical Co.，Ltd.）所适用的双酚 A 反倾销案的 6.4% 的反倾销税税率，以 LG 石油化学株式会社名称出口的公司适用“其他韩国公司”所适用的 37.1% 的反倾销税税率。

本公告自 2007 年 11 月 23 日起执行。

特此公告。

商务部
2007 年 11 月 22 日

中华人民共和国海关总署公告

2007 年第 66 号

根据《中华人民共和国反倾销条例》的规定和对原产于日本、新加坡、韩国和台湾地区的进口丙酮反倾销调查结果，决定自 2007 年 11 月 23 日起对原产于日本、新加坡、韩国和台湾地区的进口丙酮实施临时反倾销措施。现将执行中有关事项公告如下：

一、自 2007 年 11 月 23 日起，对原产于日本、新加坡、韩国和台湾地区的进口丙酮（又称二甲基甲酮，简称二甲酮，或称醋酮、木酮，税则号列：2914.1100），除按现行规定征收关税和进口环节增值税外，还应区别不同的供货厂商，按照本公告附件 2 所列的适用征收比率和下述计算公式征收反倾销保证金及相应的进口环节增值税保证金。

反倾销保证金及进口环节增值税保证金合计计算公式为：

保证金总额 =（海关完税价格 × 反倾销保证金征收比率）×（1 + 进口环节增值税税率）

实施临时反倾销措施产品的详细描述详见本公告附件 1。

二、凡申报进口丙酮的进口经营单位，应当向海关提交原产地证明。如果原产地为日本、新加坡、韩国或台湾地区的，还需提供原厂商发票。对于申报进口丙酮时不能提供原产地证明，且经查验也无法确定货物的原产地不是日本、新加坡、韩国或台湾地区的，海关应当按照本公告附件 2 所列的最高反倾销保证金征收比率征收保证金。对于能够确定货物的原产地是日本、新加坡、韩国或台湾地区，但进口经营单位不能提供原厂商发票，且通过其他合法、有效的单证也无法确定原生产厂商的，海关将按照本公告附件 2 所列的相应国家或地区中的其他公司适用的反倾销保证金征收比率征收保证金。

三、有关加工贸易保税进口原产于日本、新加坡、韩国和台湾地区的丙酮如何征收反倾销保证金等方面的问题，海关按照中华人民共和国海关总署 2001 年第 9 号公告和中华人民共和国海关总署令第 111 号的规定执行。

四、对于所征收的反倾销保证金及进口环节增值税保证金的处理，海关总署将根据终裁结果另行公告。

五、在对原产于日本、新加坡、韩国和台湾地区的进口丙酮实施临时反倾销措施期间，进口相同或类似货物而海关无法确定是否应对其征收反倾销保证金及相应的进口环节增值税保证金时，有关进口经营单位应向商务部提出申请，由税委会、商务部和海关总署研究作出裁定。

特此公告。

附件 1　中华人民共和国商务部公告 2007 年第 95 号

附件 2　丙酮反倾销保证金征收比率表

海关总署

2007 年 11 月 22 日

附件 1

中华人民共和国商务部公告

2007 年第 95 号

根据《中华人民共和国反倾销条例》的规定，商务部（以下称调查机关）于 2007 年 3 月 9 日发布公告，决定对原产于日本、新加坡、韩国和台湾地区的进口丙酮（以下称被调查产品）进行反倾销调查。被调查产品归在《中华人民共和国进出口税则》税则号：2914. 1100。

调查机关对被调查产品是否存在倾销和倾销幅度、被调查产品是否对中国大陆丙酮产业造成损害及损害程度以及倾销与损害之间的因果关系进行了调查。根据调查结果和《中华人民共和国反倾销条例》第二十四条的规定，商务部做出初裁决定（见附件）。现将有关事项公告如下：

一、初步裁定

调查机关初步裁定，在本案调查期内，原产于日本、新加坡、韩国和台湾地区的进口丙酮存在倾销；中国大陆丙酮产业受到了实质损害，而且倾销与实质损害之间存在因果关系。

二、征收保证金

根据《中华人民共和国反倾销条例》第二十八条和二十九条的规定，商务部决定采用保证金形式实施临时反倾销措施。自 2007 年 11 月 23 日起，进口经营者在进口原产于日本、新加坡、韩国和台湾地区的进口丙酮时，应依据本初裁决定所确定的各公司的倾销幅度向中华人民共和国海关提供相应的保证金。

本案征收保证金的产品列在《中华人民共和国进出口税则》税则号 2914. 1100。具体描述如下：

调查范围：原产于日本、新加坡、韩国和台湾地区的进口丙酮。

被调查产品名称：丙酮（又称二甲基甲酮，简称二甲酮，或称醋酮、木酮），英文名称：Acetone，Dimethyl ketone 或 2 – Propanone。

该产品归在《中华人民共和国进出口税则》税则号：2914. 1100。

分子式：C_3H_6O

化学结构式：（略）

物理化学特征：在常温下为无色透明液体，易挥发、易燃，有芳香气味，微毒、可溶于水，能与水、甲醇、乙醇、乙醚、氯仿和吡啶等混溶，能溶解油、脂肪、树脂和橡胶等。

主要用途：丙酮主要用于制造双酚 A、甲基丙烯酸甲酯（MMA）、丙酮氰醇、甲基异丁基酮等产品，同时可作为有机溶剂，应用于医药、油漆、塑料、火药、树脂、橡胶、照相软片等行业。

对各公司征收的保证金比率如下：

韩国公司

1. （株）LG 化学（LG Chem，Ltd. ）　5. 0%；

2. 锦湖 P&B 化学株式会社（KUMHO P&B CHEMICALS，INC. ）　10. 9%；

3. 其他韩国公司（All Others）　52. 9%。

日本公司

1. 三井化学株式会社（Mitsui Chemicals，Inc. ）　11. 9%；

2. 三菱化学株式会社（MITSUBISHI CHEMICAL

CORPORA-TION） 10.7%；

3. 其他日本公司（All Others） 52.4%。

台湾地区公司

1. 台湾化学纤维股份有限公司（FORMOSA CHEMICALS & FIBRE CORPORATION） 6.2%；

2. 台湾长春人造树脂厂股份有限公司（CHANG CHUN PLASTICS CO.，LTD.） 9.4%；

3. 信昌化学工业股份有限公司（Taiwan Prosperity Chemical Corporation） 6.5%；

4. 其他台湾地区公司（All Others） 51.6%。

新加坡公司

1. 三井酚类新加坡公司（MITSUI PHENOLS SINGAPORE PTE. LTD.） 7.8%；

2. 其他新加坡公司（All Others） 54.1%。

三、征收保证金的方法

自2007年11月23日起，进口经营者在进口原产于日本、新加坡、韩国和台湾地区的进口丙酮时，应依据本初裁决定所确定的各公司的倾销幅度向中华人民共和国海关提供相应的保证金。保证金以海关审定的完税价格从价计征，计算公式为：

保证金金额 =（海关审定的完税价格×保证金征收比率）×（1+进口环节增值税税率）

四、评论

各利害关系方在本公告发布之日起20天内，可向商务部提出书面评论并附相关证据，商务部将依法予以考虑。

特此公告。

附件　中华人民共和国商务部关于原产于日本、新加坡、韩国和台湾地区的进口丙酮反倾销调查的初步裁定（略）

商务部

2007年11月22日

附件2

丙酮反倾销保证金征收比率表

原产国（地区）	厂商名称	征收比率
韩国	（株）LG化学（LG Chem，Ltd.）	5.0%
	锦湖P&B化学株式会社（KUMHO P&B CHEMICALS，INC.）	10.9%
	其他韩国公司（All Others）	52.9%
日本	三井化学株式会社（Mitsui Chemicals，Inc.）	11.9%
	三菱化学株式会社（MITSUBISHI CHEMICAL CORPORATION）	10.7%
	其他日本公司（All Others）	52.4%
台湾地区	台湾化学纤维股份有限公司（FORMOSA CHEMICALS & FIBRE CORPORATION）	6.2%
	台湾长春人造树脂厂股份有限公司（CHANG CHUN PLASTICS CO.，LTD.）	9.4%
	信昌化学工业股份有限公司（Taiwan Prosperity Chemical Corporation）	6.5%
	其他台湾地区公司（All Others）	51.6%
新加坡	三井酚类新加坡公司（MITSUI PHENOLS SINGAPORE PTE. LTD.）	7.8%
	其他新加坡公司（All Others）	54.1%

中华人民共和国海关总署公告

2007 年第 67 号

国家发展改革委、商务部以第 57 号令联合发布了经国务院批准的《外商投资产业指导目录（2007 年修订）》（以下简称《外资目录（2007 年修订）》，详见附件），自 2007 年 12 月 1 日起执行。现就海关执行中的有关问题公告如下：

一、自 2007 年 12 月 1 日起，经国务院、省、自治区、直辖市、计划单列市的投资主管部门按管理权限核准的外商投资项目（包括增资项目），属于《外资目录（2007 年修订）》鼓励类的，在投资总额内进口的自用设备及按照合同随设备进口的技术和配套件、备件，除《外商投资项目不予免税的进口商品目录》所列商品外，海关继续按照《海关总署关于贯彻〈国务院关于调整进口设备税收政策的通知〉的紧急通知》（署税〔1997〕1062 号，以下简称《通知》）的有关规定办理免征进口关税和进口环节增值税的备案、审批手续。

外商投资主管部门在 2007 年 12 月 1 日及以后核准（以项目申请报告核准日期为准）的外商投资项目，不属于《外资目录（2007 年修订）》所列鼓励类的，海关一律不予受理其项目单位减免税备案申请。

二、为保持政策的连续性，对 2002 年 4 月 1 日以前按照《外商投资产业指导目录（1997 年版）》批准的外商投资鼓励类及限制乙类项目，以及 2002 年 4 月 1 日至 2007 年 11 月 30 日期间分别按照《外商投资产业指导目录（2002 年修订）》、《外商投资产业指导目录（2004 年修订）》批准的外商投资鼓励类项目，海关按照《通知》和海关总署 2007 年第 35 号公告规定，办理免征进口关税和进口环节增值税的备案、审批手续。其中，2002 年 4 月 1 日至 2007 年 11 月 30 日批准的外商投资鼓励类项目，其项目单位须于 2008 年 12 月 31 日前按照规定持项目确认书等有关资料向海关申请办理减免税备案手续。逾期，海关不再受理上述减免税备案申请。

三、《外资目录（2007 年修订）》施行后，项目确认书中的“项目产业政策审批条目”编码为“J”，例如，第一类第 1 项应填写为：中低产农田改造（J0101）；第三类第（一）条第 1 项应填写为：生物饲料、秸秆饲料、水产饲料的开发、生产（J030101）。

特此公告。

附件　外商投资产业指导目录（2007 年修订）（略）

海关总署

2007 年 11 月 26 日

中华人民共和国海关总署
国家质量监督检验检疫总局
公　　告

2007 年第 68 号

为提高口岸通关效率，推进无纸通关改革，有效防范和打击逃漏检行为，方便合法进出，根据相关法律法规和《国务院关于加强产品质量和食品安全工作的通知》的要求，海关总署与质检总局决定实施“通关单联网核查”。现将有关事项公告如下：

一、海关和出入境检验检疫局及其分支机构（以下简称出入境检验检疫机构）对法定检验进出口商品（以下简称法检商品），实行出入境货物通关单（以下简称通关单）电子数据与进出口货物报关单（以下简称报关单）电子数据的联网核查，进一步提高通关效率，实现严密监管。

二、“通关单联网核查”的基本流程是：出入境检验检疫机构根据相关法律法规的规定对法检商品签发通关单，实时将通关单电子数据传输至海关，海关凭以验放法检商品，办结海关手续后将通关单使用情况反馈质检总局。

三、出入境检验检疫机构签发的通关单纸质单证信息与通关单电子数据必须一致。

四、企业在报检、报关时，必须如实申报，并保证通关单与报关单相关申报内容一致，具体要求如下：

（一）报关单的经营单位与通关单的收/发货人一致；

（二）报关单的启运国与通关单的输出国家或地区一致；报关单的运抵国与通关单的输往国家或地区一致；

（三）报关单上法检商品的项数和次序与通关单上货物的项数和次序一致；

（四）报关单上法检商品与通关单上对应商品的HS编码一致；

（五）报关单上每项法检商品的法定第一数量不允许超过通关单上对应商品的数量/重量；

（六）报关单上法检商品的第一计量单位与通关单上的货物数量/重量计量单位相一致；

（七）出口货物报关单上的“申报日期”必须在出境货物通关单的有效期内。

五、企业申领通关单的有关要求：

（一）通关单只能有效报关使用一次，企业应确保已申领通关单项下的进出口货物可一次性报关进出口。

如通关单签发后需要分成多票报关单报关的，企业应向出入境检验检疫机构申请拆分通关单。

（二）每份通关单所列的货物项数不能超过20项（含20项）。

（三）企业报检时提供的“报关地海关”应为报关地海关隶属的直属海关。特殊情况下，可为指定的报关地海关。

（四）临时注册企业应向出入境检验检疫机构提供海关制发的临时注册编码。

六、通关单数据查询：

企业取得通关单后，进出口货物的经营单位或报检企业可通过中国电子检验检疫业务网（www.eciq.cn）查询通关单状态信息，状态信息分为“已发送电子口岸”、“电子口岸已收到”、“海关已入库”、“海关已核注”、“海关已核销”、“海关未能正常核销”、“通关单已过期”，状态信息注释详见附件。

七、企业报关单预录入有关要求：

（一）申报法检商品必须录入通关单编号，并且一票报关单只允许填报一个通关单编号。

（二）涉及加工贸易手册、电子账册、减免税证明的进出口货物，企业选择海关备案数据填制报关单，报关单上法检商品的项号应与通关单项号一致。

（三）报关单涉及法检商品与非法检商品的，必须先录入法检商品，后录入非法检商品。

八、实施通关单联网核查后，报关单和通关单电子数据不一致的，海关将做退单处理，企业根据海关退单信息办理相关手续。

九、商品归类以海关认定为准，报关单上法检商品的HS编码经海关确认归类有误的，企业需向出入境检验检疫机构申请修改通关单。

企业申领通关单后商品HS编码依据国家规定调整的，企业报关时通关单商品HS编码应以调整后的为准，如需修改，需向出入境检验检疫机构申请修改通关单。

十、因特殊情况无法正常实施通关单联网核查的，海关、出入境检验检疫机构应通过公告栏等方式及时告知企业，企业按照告知要求办理通关手续。

十一、本公告自2008年1月1日起正式执行。由海关总署和质检总局负责解释。

附件　通关单状态信息注释

海关总署
质检总局
2007年11月26日

附件

通关单状态信息注释

状态信息为“已发送电子口岸”，是指质检总局已将通关单电子数据发送给电子口岸；

状态信息为“电子口岸已收到”，是指电子口岸已收到质检总局发送的通关单电子数据；

状态信息为“海关已入库”，是指海关已成功接收通关单电子数据，企业可根据通关单电子数据办理报关手续；

状态信息为“海关已核注”，是指该份通关单对应的报关单已申报成功；

状态信息为“海关已核销”，是指该份通关单对应的报关单已结关；

状态信息为“海关未能正常核销”，是指海关核销通关单电子数据不成功；

状态信息为“通关单已过期”，是指该份通关单超过有效期，通关单无法使用。

中华人民共和国海关总署公告

2007 年第 69 号

根据《内地与香港关于建立更紧密经贸关系的安排》及其相关补充协议，现将《2008 年 1 月 1 日起新增香港享受零关税货物原产地标准表》（以下简称《香港原产货物标准表》，见附件）予以公布，自 2008 年 1 月 1 日起执行。

《香港原产货物标准表》中使用了简化的货物名称，其范围与 2007 年《中华人民共和国进出口税则》中相应税号的货品一致。

特此公告。

附件　2008 年 1 月 1 日起新增香港享受零关税货物原产地标准表

附件

2008 年 1 月 1 日起新增香港享受零关税货物原产地标准表

序号	内地 2007 年税则号列	货品名称	原产地标准
1.	1520.0000	粗甘油；甘油水及甘油碱液	从天然物质或化学原料经化学反应制得。
2.	3306.9000	其他口腔及牙齿清洁剂	从化学成分制造。主要制造工序为混合及溶化。
3.	3907.9990	初级形状的其他聚酯	税号改变标准。
4.	4005.9900	其他未硫化的初级形状复合橡胶	税号改变标准，如果含天然橡胶成分，则天然橡胶不高于 40%。
5.	4007.0000	硫化橡胶线及绳	税号改变标准。
6.	7019.5100	宽度不超过 30 厘米的玻璃纤维机织物	税号改变标准。
7.	7019.5200	宽度超过 30 厘米的玻璃纤维长丝平纹织物，每平方米重量不超过 250 克，单根纱线细度不超过 136 特克斯的其他机织物	税号改变标准。
8.	8465.1000	加工木材等材料的不需更换工具即可进行不同机械加工的机床（加工木材、软木、骨、硬质橡胶、硬质塑料或类似硬质材料）	在香港进行金属制作（对进口组合零件进行的金属制作工序亦适用）及装配，且符合从价百分比标准。主要制造工序为冲切、切割、折弯、焊接、车刨及铣削、装配及测试。

序号	内地2007年税则号列	货品名称	原产地标准
9.	8465.9200	加工木材等材料的刨、铣或切削成形机器（加工木材、软木、骨、硬质橡胶、硬质塑料或类似硬质材料）	在香港进行金属制作（对进口组合零件进行的金属制作工序亦适用）及装配，且符合从价百分比标准。主要制造工序为冲切、切割、折弯、焊接、车刨及铣削、装配及测试。
10.	8465.9300	加工木材等材料的研磨、砂磨或抛光机器（加工木材、软木、骨、硬质橡胶、硬质塑料或类似硬质材料）	在香港进行金属制作（对进口组合零件进行的金属制作工序亦适用）及装配，且符合从价百分比标准。主要制造工序为冲切、切割、折弯、焊接、车刨及铣削、装配及测试。
11.	8465.9500	加工木材等材料的钻孔或凿榫机器（加工木材、软木、骨、硬质橡胶、硬质塑料或类似硬质材料）	在香港进行金属制作（对进口组合零件进行的金属制作工序亦适用）及装配，且符合从价百分比标准。主要制造工序为冲切、切割、折弯、焊接、车刨及铣削、装配及测试。
12.	8465.9900	加工木材等材料的其他机床（加工木材、软木、骨、硬质橡胶、硬质塑料或类似硬质材料）	在香港进行金属制作（对进口组合零件进行的金属制作工序亦适用）及装配，且符合从价百分比标准。主要制造工序为冲切、切割、折弯、焊接、车刨及铣削、装配及测试。
13.	8466.9200	税目84.65所列机器用的零附件	税号改变标准。
14.	8547.2000	塑料制绝缘零件	从塑料制造。主要制造工序为模塑。
15.	9704.0010	邮票（使用过的或未使用过但不是指运国流通及新发行的）	设计及（或）切割。
16.	9704.0090	印花税票及类似票证（使用过的或未使用过但不是指运国流通及新发行的）	设计及（或）切割。

中华人民共和国海关总署公告

2007年第70号

为便于进出口货物的收发货人及其代理人正确确定进出口货物的商品归类，减少商品归类争议，保障海关商品归类执法的统一，海关总署决定公开出版发行《中华人民共和国海关总署商品归类决定汇编（第二部分）》（以下简称《汇编》），正式文本由中国海关出版社出版，《汇编》目录见附件。

该《汇编》中所列商品归类决定自本公告发布之日起执行。

商品归类决定所依据的法律、行政法规以及其他相关规定发生变化的，商品归类决定同时失效。

特此公告。

附件　中华人民共和国海关总署商品归类决定汇编（第二部分）目录（略）

海关总署

2007年12月5日

中华人民共和国海关总署公告

2007 年第 71 号

为便于进出口货物的收发货人及其代理人正确确定进出口货物的商品归类，减少商品归类争议，保障海关商品归类执法的统一，根据《中华人民共和国海关进出口货物商品归类管理规定》（海关总署令第 158 号）有关规定，海关总署决定公布 2007 年商品归类决定（见附件）。

该归类决定自本公告发布之日起执行。

商品归类决定所依据的法律、行政法规以及其他相关规定发生变化的，商品归类决定同时失效。

特此公告。

附件　2007 年商品归类决定

海关总署

2007 年 12 月 5 日

附件

2007 年商品归类决定

序号	归类决定编号	商品税则号列	商品名称	英文名称	其他名称	商品描述	归类决定
1	Z2007－0001	0305.1000	鲨鱼软骨粉			商品“鲨鱼软骨粉”为白色粉末，主要成分为鲨鱼软骨粉，是选用普通鲨鱼骨经冷冻、干燥、灭菌及粉碎等简单加工而成。该商品进口后与维生素 D、碳酸钙、微晶纤维素等混合，制粒，压制成片，制成“复合钙片”销售，其中鲨鱼软骨粉占钙片成分的 16.7%。	根据归类总规则一及《税则注释》对品目 03.05 的解释，商品“鲨鱼软骨粉”应归入税则号列 0305.1000。
2	Z2007－0002	0511.9190	丰年虫卵			“丰年虫卵”是丰年虫产的休眠卵。丰年虫也称盐水丰年虫，属于节肢动物门，甲壳动物亚门，鳃足纲，无甲目，丰年虫科，丰年虫属。丰年虫是一种广温耐高盐生物，广泛分布于海岸盐田和内陆盐湖中。丰年虫卵即由丰年虫产的休眠卵，丰年虫卵生活在高盐度的水中。丰年虫含 60%（干重）以上的蛋白质，还含有丰富的胡萝卜素、核黄素、血球蛋白、长链不饱和脂肪酸以及一些激素类物质，是鱼、虾、蟹等仔体良好的开口活饲料。	丰年虫属甲壳动物，根据归类总规则一，“丰年虫卵”应归入税则号列 0511.9190。

序号	归类决定编号	商品税则号列	商品名称	英文名称	其他名称	商品描述	归类决定
3	Z2007－0003	0910.3000	姜黄种苗	Curcuma domestice		“姜黄种苗”为肉质根茎。该商品进口后用于种植，种植时间是每年5月，到第二年的1月时收获，收获后烘干切片出口。种植时，把进口的姜黄种苗切成块茎状，每个小块茎留下一个芽眼作为种块种植。	根据归类总规则一，“姜黄种苗”应归入税则号列0910.3000。
4	Z2007－0004	1512.1100	葵花籽油	Crude sunflower seed oil in bulk		商品“葵花籽油”为黄色液体，经海关化验鉴定，脂肪酸分布符合国家标准中葵花籽油的脂肪酸分布特征；酸度为1.8%（以油酸计），酸价3.5mgKOH/g；水分及挥发物含量为0.07%。该商品是将葵花籽经过浸水、破碎（压片）、升温，压榨而得的油与溶剂浸出油饼中的油分混合而得。进口后再经脱酸、脱色、脱臭等工艺精炼。	“葵花籽油”为进口后需通过脱酸、脱色、脱臭等工艺精炼加工的初榨油脂。根据归类总规则一，应归入税则号列1512.1100。
5	Z2007－0005	第16章	冻鱼及冻软体动物			商品“冻鱼及冻软体动物”采用鱼及软体动物为原料，生产流程包括原料验收—清洁—软化、杀菌（在添加食用添加剂的水溶液中浸泡2－3小时）—分级—沥水—称重—排盘—速冻—脱盘—镀冰衣—包装—保藏。商品加工需在添加食用添加剂的水溶液中浸泡2－3小时，食用添加剂主要为两种：1. CAFODOS C（增白保鲜剂），含柠檬酸钠、柠檬酸、活性氧等，主要用于增白、防腐保鲜、防止肉质变红、保持水产品原有品质；2. DMP——水产品保鲜剂，含有柠檬酸钠、碳酸钾等，主要用于保鲜、去腥、除污、护色、消毒、杀菌、持水、增白。	该商品经过活性氧等的消毒和杀菌工序，超出《税则》第三章所列的加工范围，根据归类总规则一，“冻鱼及冻软体动物”应归入第十六章相应税则号列。
6	Z2007－0006	2106.9099	胶原蛋白肽	Nippi Collagen Peptide	水解胶原蛋白	商品“胶原蛋白肽”为水溶性白色至淡黄褐色粉末，成分为100%纯胶原蛋白肽，分子量约为3000－5000，包括两个型号：PS－1－G（原料为食品级猪皮），FCP－G（原料为食品级鱼鳞）。	该商品是由胶原蛋白经酶水解后制得，根据归类总规则一，应归入税则号列2106.9099。

序号	归类决定编号	商品税则号列	商品名称	英文名称	其他名称	商品描述	归类决定
						是以从猪皮或鱼鳞提炼出的胶原蛋白为原料，加酶水解为胶原蛋白肽后，经过滤、离子交换、浓缩、干燥等工艺制得。用作食品，可单独冲饮，或与饮料、料理等调和食用。	
7	Z2007－0007	2106.9099	红曲米提取物	Red Yeast Rice		商品“红曲米提取物”为红色粉末，是将功能红曲中有效成分提取而成，其中有效成分主要为洛伐他汀、角固醇、氨基丁酸及天然植物激素。生产工艺为大米经加水浸泡，洗净蒸熟后接种发酵，再经提取、过滤、浓缩、喷雾干燥等工艺制得。可作为药品及保健品的原料。	该商品是大米经发酵后制得的产品，根据归类总规则一，“红曲米提取物”应归入税则号列2106.9099。
8	Z2007－0008	2508.4000	脱色白土	Fuller Earth		商品“脱色白土”外观为白色结块固体。经海关化验鉴定，结果按氧化物归一计，该商品中氧化硅56%、氧化铝13%、氧化镁5%、氧化铁17%、氧化钾2%、氧化钛2%。该商品的生产工艺为：矿山采矿—晾晒—破碎—热处理（加热温度为200℃左右）—包装。该商品用于水质净化处理及污水处理。	根据《税则注释》，品目25.08包括各种由硅酸铝为基本成分的沉积土或沉积岩组成的天然粘土物质，这些粘土物质即使经加热以去除其所含的某些或大部分水分或完全煅烧，仍归入品目25.08。商品“脱色白土”的成分和生产工艺符合上述规定，根据归类总规则一，该商品应归入税则号列2508.4000。
9	Z2007－009	2515.1100	大理石荒料			商品“大理石荒料”，晚寿红，C级，其修整面伴有少数凹凸不平的情况，有的还残留有开采时的钻痕。该商品通过电钻打孔并用机械撬开的方式开采，开采后表面太过突出的部分被修整掉，并锯成矩形形状。	该商品符合《税则注释》对子目2515.12的解释，根据归类总规则一，应归入税则号列2515.1200。
10	Z2007－0010	26.20	锌矿砂（粉）	Zinc ore in sand form		该“锌矿砂”为两种商品：一种外观为灰褐色粉末，ZnO含量为28.52%，Fe_2O_3含量为38.28%，CaO含量为7.70%，SiO_2含量为5.32%，MnO含量为3.34%；另一种外观为灰褐	根据《税则注释》对品目26.20的规定：品目26.20包括含有金属或其化合物，以及用于提取或生产金属及其化合物的矿

序号	归类决定编号	商品税则号列	商品名称	英文名称	其他名称	商品描述	归类决定
						色颗粒，ZnO 含量为 38.42%，Fe_2O_3 含量为 28.35%，CaO 含量为 5.88%，SiO_2 含量为 4.47%，MnO 含量为 3.38%。该商品来源于锌矿砂冶炼过程，主要为：原矿锌矿砂与添加剂（煤炭）混合后，送进回转窖中冶炼，冶炼燃烧需要鼓风给氧，由于窖自身较长，需要大功率鼓风机，鼓风过程将小目数的细锌矿粉吹走，于是在窖尾安装回收装置进行回收。为了减少回收过程中粉尘飞扬，故喷雾喷水，接触到水的便成为颗粒，没有接触到水的部分仍然是粉状。该商品经过了回转窖内的高温过程，发生的部分反应，其中的锌含量比原始锌矿砂有所降低。该商品进口后用于提取氧化锌。	渣、矿灰及残渣。这些矿渣、矿灰及残渣是处理矿砂或冶金中间产品时所得或从不属机械加工金属的电解、化学或其他工序所得，在工业上，它们用于提取金属或作为生产金属化合物的基本原料。该商品的来源及用途符合《税则注释》对品目 26.20 的规定，根据归类总规则一，应归入税目 26.20。
11	Z2007 – 0011	2920.9090	乙基氯化物	Diethyl Thiophosphoryl Chloride	二乙基硫代磷酰氯	商品“乙基氯化物”化学名称为：O，O – 二乙基硫代磷酰氯，分子式为 $C_4H_{10}ClO_2PS$。纯品为无色透明液体，有特殊的酯气味，比重 1.191（25/4℃），沸点 71.5℃ – 72℃（7 毫米汞柱），折射率 1.4684（25℃），熔点低于 – 75℃，工业品微带黄色。不溶于水，易溶于苯、乙醚、脂肪等多数有机溶剂。该商品用作有机磷农药和医药中间体，与三甲胺催化下与对硝基酚钠可以合成对硫磷。	根据归类总规则一，商品“乙基氯化物”应归入税则号列 2920.9090。
12	Z2007 – 0012	2938.9000	三七总皂甙			商品“三七总皂甙”为淡黄色无定形粉末，味苦，微甘。成分含量为：人参皂甙 Rb1 45%、人参皂甙 Rg1 40%、三七皂甙 R1 15%。规格：10 千克/箱。是三七原料粗粉经多次乙醇回流提取，层析，再经多次水溶液提取后，经过滤、浓缩等工艺制得。该商品为原料药，主治功能为活血祛瘀，通脉活络，具有抑制血小板聚集和增加心脑血流量的作用，用于心脑血管疾病。	该商品属于各种苷的天然混合物，根据归类总规则一，商品“三七总皂甙”应归入税则号列 2938.9000。

序号	归类决定编号	商品税则号列	商品名称	英文名称	其他名称	商品描述	归类决定
13	Z2007－0013	2941.9090	吗替麦考酚酯	Mycophenolate Mofetil，MMF	骁悉	商品“吗替麦考酚酯”是霉酚酸（Mycophenolic Acid，MPA）的2－乙基酯类衍生物，是由几种青霉素发酵而得的产品。作为一种免疫抑制剂用于预防同种肾移植患者排斥反应及治疗难治性排斥反应，其药理作用是在体内经脱酯形成MPA，MPA是次黄嘌呤单核苷酸脱氢酶（IMPDH）抑制剂，可抑制鸟嘌呤核苷酸的起始合成途径，使鸟嘌呤核苷酸耗竭，进而阻断DNA的合成。	霉酚酸及吗替麦考酚酯具有抗菌性能，根据归类总规则一，“吗替麦考酚酯”应作为抗菌素归入税则号列2941.9090。
14	Z2007－0014	3506.9190	木工用热熔胶粒	Jowatherm 282.30	乙烯乙酸乙烯酯塑料粒282.30	商品“木工用热熔胶粒”为黄色颗粒，型号为：Jowatherm282.30，规格：纸袋包装、每包25千克，加热易熔。该商品基础材料为乙烯－乙酸乙烯酯共聚物，并添加有萜烯树脂（增强胶合力、增大初粘性）、松香（调节粘度）、石蜡（改善流平性、提高粘合速度、改善胶条刚韧性）、色精（调节胶线颜色）及白碳黑（增加填充性）。用途为：木工用热熔胶。	根据归类总规则一，该商品应归入税则号列3506.9190。
15	Z2007－0015	3824.9090	铬添加剂	Cr80 Tablets		商品“铬添加剂”由80%铬粉（铬元素99%）与20%的助熔剂（成分：氟铝酸钾、氟硅酸钾、氟钛酸钾、铝粉）混合搅拌均匀，每1千克为一单位，通过压力机压制成的直径68毫米、高120毫米的圆柱体。用于铝合金冶炼过程中调整铝合金中金属铬的含量，减少铝液的损耗和能源消耗。	“铬添加剂”为金属铬粉和多种化合物经定量混合配制而得的一种产品，根据归类总规则一，该“铬添加剂”应归入税则号列3824.9090。
16	Z2007－0016	3824.9090	混合金刚石粉末			商品“混合金刚石粉末”为颗粒状，平均直径为0.8毫米，未经烧结，主要成分为：钴97%－98%，金刚石2%左右，其表面附有极少量的石蜡。该商品生产采用滚动造粒工艺，将钴粉末和金刚石细颗粒加入粘结剂石蜡与一定量溶剂，放	根据归类总规则一，“混合金刚石粉末”应归入税则号列3824.9090。

序号	归类决定编号	商品税则号列	商品名称	英文名称	其他名称	商品描述	归类决定
						入造粒剂里，混合后形成微核；团聚的微核经过多次滚动，最后成为一定大小的球形颗粒；然后将整批的颗粒放入干燥机进行烘干，再经过筛选，形成最终进口商品。该商品进口后与辛诺醇按一定比例充分混合、调配、烘干后进行预压成形，其中附着的石蜡会随着温度升高而融化，使粉末更易于粘结。之后放入氢气炉预烧结，最后使用金属模具组模后置于烧结机中在大约900℃的高温下进行烧结，烧制过程中，因钴的特性与金刚石更易于均匀结合，可以很好地支撑金刚石，经过5-6小时的烧结后，最终形成坚硬的可供焊接使用的金属刀头。	
17	Z2007-0017	3824.9090	催化剂（钢铁脱硫用）	Accel	铝粉剂	商品“催化剂”是灰黑色粉末，第一种（ACCEL-200）中含有Al：18%-23%、Al_2O_3：50%-70%、SiO_2：5%；第二种（ACCEL-100）中含有Al：8%-13%、Al_2O_3：55%-80%、SiO_2：5%。原料的主要来源是废杂铝，生产流程是将废杂铝加入反射炉熔炼，生成含铝物料，再经过粉碎分选，最后制成作为生产钢铁冶金用含铝粉剂。该商品主要用于钢铁冶金中精炼脱硫。	根据归类总规则一，“催化剂”应归入税则号列3824.9090。
18	Z2007-0018	3824.9090	双环戊二烯			商品“双环戊二烯”为淡黄色透明液体。成分为：双环戊二烯78%-86%，C9、C10烃基降冰片烯12%-15%，其他为苯、甲苯和环戊二烯等。该商品以乙烯裂解后的C5为生产原料，蒸馏出环戊二烯后经聚合反应生成双环戊二烯粗制品，然后再经减压蒸馏分离生成双环戊二烯成品。该批商品为聚酯级双环戊二烯，其中的双环戊二烯及烃基降冰片烯均为参与下一步化学反应的有效成分，用于合成聚酯。	一般的工业粗双环戊二烯组成中双环戊二烯含量为85%-95%，高纯度双环戊二烯含量达99%。该商品中的烃基降冰片烯是作为参与下一步化学反应的有效成分，不符合《税则注释》第二十九章总注释一关于“允许含有的杂质”的规定。该商品属于混合物，并非单独已有化学定义

序号	归类决定编号	商品税则号列	商品名称	英文名称	其他名称	商品描述	归类决定
							的化合物。根据归类总规则一，商品“双环戊二烯”应归入税则号列3824.9090。
19	Z2007－0019	3825.6100	对苯二甲酸等外品水池料			商品“对苯二甲酸等外品水池料”为灰白色或浅黄色粉末或黑色泥状物质、气味浓烈刺鼻。中国环境科学研究所固体废物污染控制技术研究所出具的《进口废物特性鉴别报告》结论为：该商品是对苯二甲酸生产过程中产生的固体废物。	根据归类总规则一，商品“对苯二甲酸等外品水池料”应归入税则号列3825.6100。
20	Z2007－0020	3825.9000	邻甲苯二胺	Ortho Toluenediamine 90.67% min		“邻甲苯二胺”外观为红色固体，是在制备甲苯二异氰酸酯（TDI）工艺过程中分离出来的。该商品需再经加工将其中邻甲苯二胺提纯到99%以上才能使用。用途：为制造甲基苯并三氮唑（汽车机油、不动液、工业水处理添加剂）和橡胶促进剂的原料。	该商品属于化学工业副产品，需再经提纯后使用，根据归类总规则一，应归入税则号列3825.9000。
21	Z2007－0021	3906.9090	皮革助剂	Curious ip		“皮革助剂”型号为Curious ip，经海关化验鉴定，主要成分为水、丙烯酸聚合物和表面活性剂，可用作皮革涂饰剂。该商品需与其他制剂进行调制成底涂浆料后，才能用于皮革的底涂工序。	根据归类总规则一，“皮革助剂”应归入税则号列3906.9090。
22	Z2007－0022	3920.6100	手机天线贴片半制成品		聚碳酸酯薄膜	“手机天线贴片半制成品”为卷状聚碳酸酯塑料薄膜，印有拟裁剪的图案或手机型号标识，进口后需经涂背胶、冲切后制成手机天线贴片。粘贴在手机主板支架的天线位置上起保护手机片状天线的作用。	该商品为成卷塑料膜，尚需进一步加工制成成品，不构成零件特征。根据归类总规则一，“手机天线贴片半制成品”应归入税则号列3920.6100。
23	Z2007－0023	4004.0000	未硫化复合橡胶			商品“未硫化复合橡胶”为橡胶的片、条、带，已混有碳黑，内部有加强的纤维线，主要成分为天然橡胶、碳黑、纤维线等。条、带的宽幅不一，而且部分橡胶带的加强纤维层已经外露。进口后主要用于生产自行车外胎、人力车外胎、实心	根据归类总规则一，商品“未硫化复合橡胶”应归入税则号列4004.0000。

序号	归类决定编号	商品税则号列	商品名称	英文名称	其他名称	商品描述	归类决定
						胎和小型输送带，进口后的生产加工流程为：把原料用 70℃ －80℃热水加热 30 分钟 －40 分钟后展开，用压平机压平后待用；然后根据原料的长、短、宽、窄程度不同进行合理使用，按照产品对长短要求的不同逐一进行增长、剪短的相应处理，并配以其他材料经过一些工艺流程，生产出用户所需的合格产品。	
24	Z2007 －0024	4004. 0000	未硫化绿轮胎	Unvulcanized Green Tires		商品“未硫化绿轮胎”是在轮胎生产过程中，帘布经过叠压成形后（硫化工序前）因存在瑕疵而未继续加工的半成品，其外形、规格、型号同市场销售的新轮胎，由天然胶、碳黑、钢丝（或尼龙）、配料等物质组成。该商品进口后，如瑕疵能修补的则通过修补进入下一步的轮胎生产；如不能修补的则将橡胶和钢丝（或尼龙线）分离，其中的橡胶部分用于生产传送带等橡胶制品。	根据归类总规则一，商品“未硫化绿轮胎”应归入税则号列 4004. 0000。
25	Z2007 －0025	4401. 3000	木材边角料		板皮、板头	该商品主要来源于原木加工中的边角料，外观为：不规则的板、条、木块中夹杂着原木段，其中木块均为粗锯的两端大小不一、上下两面为不规则平面，侧面有些为圆面；原木段均为直径细小，类似薪材。	根据归类总规则一，该商品应归入税则号列 4401. 3000。
26	Z2007 －0026	4409. 2910	红埋嘎地板条、水红花地板条			该商品由红埋嘎（拉丁名：绒毛番龙眼）、水红花（拉丁名：多果榄仁）地板条毛板加工而成，其规格为长：45 厘米 －93 厘米、宽：10 厘米 － 13.5 厘米、厚：2 厘米。其加工流程为锯解—烤干—断料—刨光—加工舌榫、槽榫—打包。主要用于建筑物的地板装修、装饰。	根据归类总规则一，该商品应归入税则号列 4409. 2910。
27	Z2007 －0027	4418. 7900	木制脚踏板			型号为 3A063767、3A063765，尺寸为 30 厘米 ×30 厘米，该脚踏板将裁制成长方形的木板条，	根据归类总规则一，该商品应归入税则号列 4418. 7900。

序号	归类决定编号	商品税则号列	商品名称	英文名称	其他名称	商品描述	归类决定
						组合镶嵌在可以相互连接的塑料面架上，该木板条是巨桉木，塑料面架是高低密度聚乙烯。主要用于户外花园草地或游泳池边路面通道上作步级踏板，其表面可以防滑，底面能排水，便于移动组合或分散使用。	
28	Z2007－0028	4707.1000	废纸3号	Waste Paper		该商品为塑料覆膜的牛皮纸，纸和塑料膜的比重各占50%，塑料膜可手工剥离，塑料膜厚度占总厚度的比例约6%－16%不等，该废牛皮纸未经漂白。进口后采取分解工艺将塑料膜去除，用于回收纸浆。进口状态：废碎料，压打成包。	该商品为压打成包的塑料覆膜的牛皮纸废碎料，纸和塑料膜的比重各占50%，塑料膜可手工剥离，经上海海关化验中心对样品进行分析，塑料膜厚度占总厚度的比例约6%－16%不等。根据税则第四十八章章注二（七）的规定，其原纸张应归入税则第四十八章，则该废纸归入税则第四十七章。该废牛皮纸未经漂白，故根据归类总规则一，应将其归入税则号列4707.1000。
29	Z2007－0029	4801.0000	白色号簿纸			该商品为CATALYST牌白色号簿纸，成卷，卷宽876毫米。经海关化验鉴定，由100%的漂白磨木机械针叶木浆构成，每平方米重量为40.3克，灰分为3.85%，印刷表面粗糙度正面为3.96微米，反面为4.49微米。用于印刷电话号簿，如电话黄页等。	该商品的状态符合税则第四十八章章注四关于“新闻纸”的定义，根据归类总规则一，应将其归入税则号列4801.0000。
30	Z2007－0030	4805.1900	瓦楞原纸	Corrugating Medium		该瓦楞原纸使用回收的废纸或纸板制成，其工艺流程为：将回收的废纸及纸板投入水力碎浆机，通过机械的方法将其打碎，进入除渣系统进行净化除渣成浆，再通过流浆系统，利用带有齿轮的磨盘进行纤维帚化，将其打成纸浆，喷浆上成形网进行脱水，利用压榨辊、干燥器进行压榨、干燥，最后	根据《税则注释》关于税目47.05的解释，通过机械和化学联合制浆法生产出来的木浆又称为半化学木浆，而上述瓦楞原纸的制浆工艺属税则注释关于税目47.06的解释中所述的机械法生产废纸纸浆工

序号	归类决定编号	商品税则号列	商品名称	英文名称	其他名称	商品描述	归类决定
						卷取成筒装的瓦楞原纸（芯纸），主要用于包装纸箱衬里。	艺，因此，该商品不符合税则第四十八章子目注释三的规定，根据归类总规则一及六，应将其归入税则号列4805.1900。
31	Z2007－0031	4911.1010	说明书			该商品为单独进口的纸质成册印刷品，内容为叉车技术参数及使用保养说明，叉车生产企业进口后，用于叉车生产、安装和使用。	该商品为单独进口的纸质成册印刷品，内容为叉车技术参数及使用保养说明，叉车生产企业进口后，用于叉车生产、安装和使用，属商业广告、商品目录的类似印刷品，仅起商品介绍之用，不用于出售。根据《本国子目注释》关于税则子目4911.1010的解释规定，应将其归入税则号列4911.1010。
32	Z2007－0032	4911.9900	彩通纺织业标准选色手册	Color Specifier Paper	彩通色卡	该“彩通纺织业标准选色手册”为美国PANTONE公司生产的彩通色卡，每张色卡上印刷有各种色块的色彩图案，并标注该色块图案的通用编号，是在服饰、家具以及室内设计行业中普遍应用于选择和确定色彩的国际化标准工具。在纺织服装行业中，设计师、生产者和贸易商之间相互确定和沟通颜色时，为保证色彩沟通的准确性，多使用这种具有明确数字编号的产品，故彩通色卡的色号在国际上的趋势发布、色彩探讨、确立生产标准和贸易标准时广泛应用。	该商品为已装订成册，但非主要印有文字内容的印刷品，根据归类总规则一应将其按其他印刷品归入税则号列4911.9900。
33	Z2007－0033	7005.1000	镀膜玻璃			“镀膜玻璃”是以透明浮法玻璃为原片，通过真空磁控溅射镀膜生产线离线生产而成的；其镀膜层是多层的金属或金属氧化物，主要用于生产阳光控制玻璃、低辐射玻璃等离线镀膜节能产品。	根据归类总规则一，“镀膜玻璃”应归入税则号列7005.1000。

序号	归类决定编号	商品税则号列	商品名称	英文名称	其他名称	商品描述	归类决定
34	Z2007－0034	7202.9900	镝铁合金			该镝铁合金为银灰色块状金属，在空气中可逐渐氧化，易于粉碎，成分为镝75%－85%、铁15%－25%。生产工艺为在熔融的三元氟盐体系中用自耗铁电极电解氧化镝进行生产。主要用于钕铁硼永磁体的添加剂。	该商品的状态符合税则第七十二章注释一（三）对于铁合金的定义，根据归类总规则一应将其归入税则号列7202.9900。
35	Z2007－0035	7214.9900	热轧方钢	Hot Rolled Steel Billet		外形为长条状，截面为正方形，规格为120毫米×120毫米×12000毫米。按所含化学成分分为两种产品，分别为产品一：碳：0.18% － 0.23%；硅：0.15%－0.35%；锰：0.6%－0.9%；磷：小于0.03%；硫小于0.03%，其余为铁；产品二：碳：0.42% － 0.48%；硅：0.15%－0.35%；锰：0.6%－0.9%；磷：小于0.03%；硫小于0.03%，其余为铁，属非合金钢。生产工艺流程为：钢坯—加热—轧制—锯切—边角修磨—成品入库（锯切是由于棒材的长度很长，需要分段在辊道用热锯锯断，便于运输；修磨是用砂轮对检验出的一些表面缺陷按棒材的标准修磨）。该产品主要用途为机械部件制造，切削加工。	根据《税则》第七十二章章注一（十二）关于条杆的定义、《税则注释》第七十二章章总注释及税目72.14的《税则注释》规定，该二项产品应归入税则号列7214.9900。
36	Z2007－0036	7226.9990	冷轧合金钢带	Cold Rolled Steel（Feran）		该商品规为1.52460毫米，成分为：碳0.5%、硅0.61%、锰1.68%、磷0.12%、硫0.16%、铝0.33%、铬0.35%。加工工艺为：通过冷轧工艺将铝箔延压到合金钢带表面。用途为：用于空调机冷却管。	根据《税则注释》第七十二章总注释四（三）2（5）关于金属包层的规定，该商品为经包层处理的合金钢带材，根据归类总规则一及六，应将其归入税则号列7226.9990。
37	Z2007－0037	7401.0000	冰铜	Copper Mattes		该商品为炼铜的原料，其外观呈黑色、棕色小颗粒状或块状，规格为30毫米45毫米，主要成分：铜11%－15%、铁0.1%－4%、锌6%－8%、铅2%－4%、砷0.002%－0.01%、硫1.5%－5%，加工方法：将粉	该商品生产工艺及外观形态与《税则注释》关于品目74.01注释一的解释相同，根据归类总规则一，应将其按铜锍归入税则号列7401.0000。

序号	归类决定编号	商品税则号列	商品名称	英文名称	其他名称	商品描述	归类决定
						状或颗粒状铜原料（铜矿）与造渣剂、石灰石、石英石混合后，加入鼓风炉进行熔炼，在1000℃－1100℃的高温下，造渣剂与铜矿中的铁、铝、镁、钙、硅等结合，形成炉渣，其余剩下的即为冰铜，以达到铜渣分离、铜含量提高之目的。	
38	Z2007－0038	7402.0000	泡铜	Blister Copper		商品名为“泡铜”，铜含量在99.2%左右，其他成分含量最高为0.05%。为电解铜成品中等级较差的或残次品，可以通过铜火法再次冶炼提纯后得到电解铜。	所询商品铜含量在99.2%左右，其他成分最高含量为0.05%，为电解铜成品中等级较差的或残次品。该商品生产工艺及成分含量不符合税则第七十四章注释名词解释一及《税则注释》关于品目74.03对于精炼铜的定义，故应将其按未精炼铜归入税则号列7402.0000。
39	Z2007－0039	8101.9990	钨切头			该商品直径1厘米左右，长度1厘米－2厘米，含钨量99.95%，经商检报告结果为不规则钨切头。生产工艺：仲钨酸铵—混料—还原—挤压—烧结—高温旋锻—拉伸（90厘米）—热处理—检测—切割，用途：可作为生产硬质合金、炼钢等的原料或添加剂。	该钨切头规格为直径1厘米左右，长度1厘米－2厘米，含钨量99.95%，生产工艺为仲钨酸铵—混料—还原—挤压—烧结—高温旋锻—拉伸（90厘米）—热处理—检测—切割，商检报告认定为不规则钨切头。其用途为炼钢添加剂。该商品为锻制钨棒的切割制品，根据归类总规则一，应将其归入税则号列8101.9990。
40	Z2007－0040	8205.5900	轴承听诊器			轴承听诊器外形类似医疗听诊器，带有金属制探针及听诊端，中间以塑胶管连通。用于机械探伤，根据机械响声和振动来判断机件内腔轴承等部件发生的故障。使用时，机械故障所产生的异响和振动经过塑胶管	该商品非医疗用途，不能归入税目90.18项下，其功能也不符合税目90.31的检测或测量器具。根据《税则注释》第八十二章总注释规定，该

序号	归类决定编号	商品税则号列	商品名称	英文名称	其他名称	商品描述	归类决定
						内腔空气传递到耳朵，通过反复移动，根据异响和振动的强弱变化来判断故障点。	商品应作为一种金属手工工具或器具归入税则号列8205.5900。
41	Z2007－0041	8301.7000	奥迪车发送单元用钥匙座			该奥迪车发送单元用钥匙座型号为：1TO 837 246 ROH，为汽车无线钥匙发送单元的壳体部分，由一个可折叠贱金属钥匙的毛坯和塑料座组成。塑料壳体内置芯片，芯片用于写入并记录汽车的防盗数据，芯片经过写入后，会通过磁感应将信息传给车辆的防盗装置，其写入要在销售使用环节进行。贱金属钥匙的毛坯要通过一系列后续加工，电脑匹配才能用作钥匙。钥匙与芯片同时使用才能打开车门、启动发动机。	该商品实际为开启机动车锁用贱金属钥匙的毛坯，根据《税则注释》关于品目83.01的解释规定，该品目包括贱金属钥匙的锻坯件或压坯件，根据归类总规则一，该商品应归入税则号列8301.7000。
42	Z2007－0042	第八十四章	液化天然气生产线			液化天然气生产线由天然气净化单元、天然气液化单元两部分组成，其中天然气净化单元主要由原料气入口分过滤/分离器、胺洗涤塔和氨气提塔、摩尔分子过滤/分离器等设备构成，主要用途是脱固体颗粒、脱CO_2、脱水、脱苯。天然气液化单元采用的工艺为阶式制冷循环工艺，主要设备是冷剂换热器、冷剂压缩机、冷剂压缩机电机、LNG气/液分离储罐等，净化的天然气首先进入中压丙烷蒸发器预冷，再经低压丙烷蒸发器和中压乙烯蒸发器降温，之后进入苯吸收塔分离重烃和苯，经低压乙烯蒸发器冷却和冷箱深冷形成天然气液态和气态混合物，混合物进入LNG分液储罐，分离液、气形成液态天然气。	从该液化天然气生产线整体来看，其具备气体净化和气体液化两种功能，不符合第十六类类注四有关功能机组“组合后明显具有一种第八十四章或第八十五章某个品目所列功能”的描述，应当分别归类。该生产线中天然气净化单元设备组合后，明显具有品目84.21“气体的过滤、净化装置”所列功能，根据归类总规则一及六，可将天然气净化单元一并归入税则号列8421.3990；天然气液化单元设备组合后，明显具有品目84.19“利用温度变化处理材料的装置”所列功能，根据归类总规则一及六，可将天然气液化单元一并归入税则号列8419.6090。

序号	归类决定编号	商品税则号列	商品名称	英文名称	其他名称	商品描述	归类决定
43	Z2007－0043	8414.8090	重汽12吨以上拖车底盘用空压机	Twin Cylinder Compressor		该商品为供牵引卡车（拖车）制动系统使用的空气压缩机，尺寸在30厘米×20厘米×20厘米左右，与牵引卡车（拖车）发动机直接相连及匹配，且通用于使用相应发动机的各类大型客车和卡车、牵引卡车（拖车）。	该商品为“重汽12吨以上拖车底盘用空压机”，安装在牵引卡车上，供车辆制动系统使用。因税则号列8414.4000“装在拖车底盘上的空气压缩机”，是指安装在供拖行的，带轮底盘的，非供本车使用的大型“移动式空气压缩机”，该商品不属于该税则号列商品范围。上述商品属空气压缩机，符合税则税目84.14及其子目条文的描述，根据归类总规则一及六，应将其按其他空气压缩机归入税则号列8414.8090。
44	Z2007－0044	8414.8090	超净工作台	Vertical Laminar Flow Cabinet		该设备由预过滤器、可变风量送风机组、荧光灯、紫外灯、钢化玻璃移门、插座、不锈钢台面、电源开关、操作面板组成。 工作原理：通过高效过滤器、紫外灯让仪器内部产生一个无菌的环境，便于无菌操作。	超净工作台主要工作部件为送风机组和过滤装置，利用将空气过滤后经风机吹出，在操作台面上形成正压力，保持试验环境的空气清洁。该商品符合《税则注释》有关品目84.14“装有风扇的通风罩或循环气罩，不论其是否装有过滤器”的描述。由于其内部尺寸为1878毫米×518毫米×610毫米，根据归类总规则一及六，应将其按照罩的平面最大边长超过120厘米的通风罩归入税则号列8414.8090。
45	Z2007－0045	8415.9090	空气调节器（申报名）			该商品为挖掘机用空气调节器驾驶室内部分，外表为制成特殊形状的塑胶外壳、空气过滤板，内部为冷媒管路、蒸发器	该商品为挖掘机用空气调节器驾驶室内部分，包括塑胶外壳、空气过滤板、冷媒管

序号	归类决定编号	商品税则号列	商品名称	英文名称	其他名称	商品描述	归类决定
						和热水管路，工作时与驾驶室外的压缩机、风机等组成完整的挖掘机空调系统。 工作原理如下：冷媒管路与压缩机相连接，热水管路与发动机冷却水管路相连接。当空调系统处于制冷状态时，压缩机压缩过的液态冷媒经冷媒管路进入到蒸发器中蒸发吸热，再由风机将冷却后的空气吹入驾驶室；当空调系统处于制热状态时，热水管路中的发动机冷却水散发的热量由风机送入驾驶室。	路、蒸发器和热水管路等。工作时与驾驶室外的压缩机、风机等组成完整的挖掘机空调系统，可以达到改变温度和湿度的目的。整机制冷量大于4000大卡/时。从总体上看，空调的室内机和室外机组成了一个完整的空调系统，符合税目84.15的商品范围。 同时该空气调节器室内机的热交换器只是空调循环的一部分，单独的空调室内机不具备空气调节的功能，根据归类总规则一及六，不能作为具有完整空调功能可以独立运行的未装有制冷装置的空气调节器归入8415.8300，而应作为空调器的零件归入税则号列8415.9090。
46	Z2007－0046	8418.1020	通用牌电冰箱	GE Brand Refrigerator		该商品为GE牌白色双开门冰箱，其门内空间总量（包括冷冻室调温照明装置和冷藏室调温照明装置）为556升（总容积），冰箱的食物保鲜室净容积为354升、冷冻室容积为109升、冷冻食品储藏室容积为24升，即冷冻室和冷藏室可用空间的总量之和为487升（净容积）。	税目84.18项下家用冰箱的容积是指冰箱内部去除各种元件、部件、装置等以及不能储存食品的空间容积后，实际能够用于储存食品的容积（参照国标GB/T 8059.2－1995，以有效容积作为检验标准）。该通用牌电冰箱包括冷冻室和冷藏室，可用空间总量之和为487升，根据归类总规则一及六，应将其按照容积超过200升但不超过500的冷藏－冷冻组合机归入税则号列8418.1020。

序号	归类决定编号	商品税则号列	商品名称	英文名称	其他名称	商品描述	归类决定
47	Z2007－0047	8419.8990	恒温试管架			该设备由主机和可加热的金属槽组成。功能是加热试管，并保持恒温。主机通电加热金属槽，需要加热的试管将放置在金属槽内，通过加热金属槽，使待加热的试管加热，从而保持一个恒定的温度。	该设备由主机和可加热的金属槽组成，用于对试管进行加热，并保持恒温。该商品符合税目84.19的商品描述，根据归类总规则一及六，应将其归入税则号列8419.8990。
48	Z2007－0048	8419.8990	六功能校验炉			该商品可以校准接触和非接触式的温度计，光学高温计、表面温度传感器、水银玻璃温度计，同样可以校准热电偶、电阻温度计、热敏电阻和形状不规则的传感器。	六功能校验炉包括主机、温度探头、容器组件、表面温度传感器校验组件、WTP水三相点瓶等组成，容器组件内可以盛放酒精、水或油等，并通过主机进行加温或低温，并精确控制温度，符合税目84.19的商品描述，根据归类总规则一及六，应将其归入税则号列8419.8990。
49	Z2007－0049	8419.8990	恒温热台			安装在显微镜上，用于加热。此为玻璃恒温热台，可安装在体式显微镜的透视底座上，通过电加热，给在体式显微镜下观察或操作的样品提供恒定的温度。	该商品主要由透明玻璃发热体平板构成，可以精确加温并恒定温度，用于对显微镜观测的样品进行温度控制。该商品符合品目84.19的商品描述，根据归类总规则一及六，应将其按其他利用温度变化处理材料的装置归入税则号列8419.8990。
50	Z2007－0050	8422.3030	全自动锭剂摆药机	Full Automatic Tablet Distributor	全自动锭剂分包机	全自动锭剂摆药机又称“全自动锭剂分包机”，品牌TOSHO，型号xana－4001，用于医院药房或门诊，功能为锭剂药品（包括片剂和胶囊）根据HIS系统传递的医嘱信息（如药品名称、服用时间、服用剂量及患者的相关信息）自动进行分拣、组合和包装，避免人工分药产生的差错。	全自动锭剂摆药机用于医院药房或门诊，可根据系统传送的医嘱信息对药品进行自动分拣和组合，最后包装出来。其药物的分拣和组合功能应当可以认定为附属于其包装功能，根据《税则注释》对品目

序号	归类决定编号	商品税则号列	商品名称	英文名称	其他名称	商品描述	归类决定
							84.22的描述："除包装、捆扎等功能以外，还具有一些附属于包装等的其他附加功能的机器人归入本品目"，该商品应当归入税则号列8422.3030。
51	Z2007－0051	8438.5000	猪屠宰生产线			猪屠宰生产线主要有两类设备构成：加工设备、手工工具及提升输送设备。其中，不锈钢预清洗机、立式冷凝式烫毛机、连续型U形槽打毛机等加工设备共用一条悬挂式输送设备（包括：接收提升机、放血及烫毛输送机、放血轨道及空放血链返回系统、轨道吊架、不锈钢防护轨、气力引入器、用于放血链的下降机、滑动放血吊链、全自动放血吊链卸载系统、用于打毛机的不锈钢进入滑槽等）；立式拍打型干燥机、不锈钢燎毛炉、不锈钢4W型清洗机、不锈钢4S型清洗机与切割直肠末端装置（开肛器）、手持式电动劈半锯等手工工具共用一条悬挂式输送设备（包括：提升机、屠宰输送机、用于红白内脏的检疫输送机、摘白内脏输送机、用于白脏托盘的气力倾翻装置、带PVC的管轨、水平入轨站、自动道岔、管轨道岔等）。猪屠宰生产线的设备还包括有电动开关柜用于全自动控制。	猪屠宰生产线主要包括屠宰加工设备、手工工具及提升输送设备。根据第十六类类注四有关功能机组的描述："由不同独立部件（不论是否分开或由管道……）组成的机器（包括机组），如果组合后明显具有一种第八十四章或第八十五章某个品目所列功能，则全部机器应按其功能归入有关品目"，屠宰生产线的输送设备与加工设备没有连接并不影响其作为功能机组归类。整套生产线用于肉类加工，符合税目84.38的商品描述，根据归类总规则一及六，可作为功能机组一并归入税则号列8438.5000。
52	Z2007－0052	8438.8000	马达（直流）	OKIN Actuator	电动床启动器	品牌OKIN，型号OKIMAT2。申报马达（电动床用），经中国检验认证集团检验，鉴定品名为电动床启动器，基本功能为调节床面的升降，配置遥控器。该商品由马达、蜗轮杆、变压器、控制器、遥控器组成。马达的工作原理：通过有线遥控器接通电源，220伏交流电通过	饲料生产设备用于工业化生产饲料，非直接用于农场、林业、商品菜园、家禽饲养场或类似场所，根据《税则注释》对品目84.36的描述，不应归入该税目项下。整套设备生产的饲料用

序号	归类决定编号	商品税则号列	商品名称	英文名称	其他名称	商品描述	归类决定
						变压器整流转换成24伏直流电，驱动两个直流马达产生转矩，转矩通过涡杆涡轮减速，传递给涡轮螺杆轴，螺杆的传动带动螺母（电机可伸缩的滑块），从而将马达的转拒转换为螺母的直线运动，产生推力。床的工作原理：将电机作直线运动的螺母，推动床架上的推杆，从而使连接在推杆上的连杆产生一个转动度不超过90度的转矩，调节床面的升降（此部分未进口）。	于动物食用，其功能符合《税则注释》对品目84.38的描述："本品目包括未归入本章其他品目的生产或加工食品或饮料用的机器（不论其制品是用于直接消费还是贮藏，也不论是供人食用还是供动物食用）"，根据第十六类类注四有关功能机组的归类规定，直接用于制造饲料的粉碎机系统、配料及混合系统等应一并归入税则号列8438.8000；其他执行辅助功能的设备，如：原料接收系统、包装系统等分别归入相应税号。
53	Z2007－0053	8441.8090	分条机机器零件			该商品申报为分条机机器零件，分条机由发送系统、拨离系统、分切系统三个部分组成。发送系统、拨离系统的关键件和分切系统的数控、修边、卸料等装置均从国内采购，此次进口分切系统的主机和电控箱部分及少量其他部件。	该分条机机器零件实为分切系统的主机和电控箱等零件，已构成分切系统整机特征。分切系统整机功能为将成卷的不干胶纸纵向切割成所需的宽度，修边并重新收卷，符合《税则注释》品目84.41有关"纵切复绕机"的描述，根据归类总规则一及六，应归入税则号列8441.8090。由于该分切系统的主机和电控箱等零件已构成分切系统整机特征，根据归类总规则二（一）应将其作为分切系统整机归入税则号列8441.8090。

序号	归类决定编号	商品税则号列	商品名称	英文名称	其他名称	商品描述	归类决定
54	Z2007－0054	8441.9090	冲压模型			该商品申报名称为冲压型模，是扬声器振动纸筒体成形模，规格为 C－DJ2002A，尺寸椭圆形，长轴 200 毫米，短轴 120 毫米，是压力机的模具。通过该成形模将湿振动纸热压成干振动纸。	该冲压模型为扬声器振动纸筒体成形设备的模具。从其完整的机器来看，包括抄纸、热压成形等功能，符合《税则注释》品目 84.41 有关“纸浆、纸或纸板制品模制成形机器”的描述。冲压模型作为该设备的零件，根据第十六类类注二的规定，应将其归入税则号列 8441.9090。
55	Z2007－0055	8443.3229	生产型黑白高速数字打印设备		单色生产型高速打印机	Nipson Varypress 200 生产型黑白高速数字打印设备，设备规格：长 3310 毫米，宽 1600 毫米，高 1720 毫米。技术指标如下：干燥墨粉，磁性成像，低温闪光固化，分辨率 600×600dpi（从 480 到 600dpi 可调），打印介质可为纸张、合成材料、金属箔、塑料卡、孔材等，打印速度最高 50 米/分钟、无级变速，打印幅面最大 470 毫米。 工作原理：输入的数据信号通过磁头在磁鼓的表面形成潜像，磁性电子油墨与潜像接触，显影后得到影像，再通过高电压转印方式把磁性电子油墨从磁鼓上转印到打印介质上。 适用对象：防伪标签、物流、邮政、银行保险的批量印制。	该商品用于在纸张、合成材料、金属箔、塑料卡、孔材等介质上打印，符合税目 84.43 的商品描述。该设备需同自动数据处理设备连接使用，最大打印幅宽为 470 毫米，打印速度最高为 50 米/分钟（约合 168 页 A4 纸/分钟）。根据海关总署 2006 年第 75 号公告附件：税则税目调整表对数字印刷设备与计算机用打印设备的归类规定，印刷幅面大于 A3（297 毫米×420 毫米）或印刷速度大于 60 页/分的喷墨、激光印刷、打印设备统一归入能“与计算机或网络连接的数字印刷机”。由于其工作方式为磁性打印，根据归类总规则一及六，应将其归入税则号列 8443.3229。

序号	归类决定编号	商品税则号列	商品名称	英文名称	其他名称	商品描述	归类决定
56	Z2007－0056	8443.9990	磁性滚轴			该商品主要由钢轴或铁轴、磁条（磁性材料：80%铁粉及20%尼龙配合混炼的颗粒，经注塑机加工而成）铁合金管、铜轴圈及法兰装配成，具有磁性，安装于碳粉盒内用于复印机或打印机（单色或多色）的显像单元，在机器中启运载碳粉的作用，适用于采用光电显像方式的激光打印机及复印机。 其工作原理如下：工作中，磁性滚筒内的磁芯不旋转，利用自身磁性将碳粉吸附至套管表面，法兰一端安装驱动齿轮，在伺服电机带动下转动时载有碳粉的套管同时转动，当带有静电潜像的感光鼓旋转到载有碳粉磁性滚轴的位置时，带电荷的碳粉即被吸附到感光鼓表面，形成碳粉图像，最后打印或复印出来。	该商品除磁条以外，还包括铁合金管、铜轴圈等，为复印机或打印机的零件，不符合《税则注释》有关品目85.05的商品描述，根据归类总规则一及六，应将其作为复印机或打印机的零件归入税则号列8443.9990。
57	Z2007－0057	8465.9200	CNC PBC成形机			该成形机为印刷电路板的切割成形机器。型号为TL－RU4BⅡ，其主要工作原理为根据事先设置的成形路径和坐标，通过3只配有自动换刀系统的高转速主轴带动刀具对已加工装配完部分电子器件的电路板基板进行铣边和形状切削，不对电路板的线路、铜箔及阻焊基膜进行雕、钻等加工。	CNC PBC成形机对硬质塑料的电路板基板进行铣成形加工，符合税目84.65的商品描述，根据归类总规则一及六，应将其归入税则号列8465.9200。
58	Z2007－0058	84.66	滚动滑轨		直线导轨	该“滚动滑轨”型号：SFC16－4000等，外观为圆型截面长条状，直径为16毫米－35毫米，长度在4.2米－5.6米之间，材质为非合金钢，经冷轧处理。据企业介绍，该商品适用于直接安装在机床的加工平台上，加工平台在滑轨上能来回移动。	“滚动滑轨”，型号“SFC16－4000”，专用于机床，不需进一步加工可直接安装使用，具有明显的零件特征，应按十六类类注二的归类原则确定税号。上述商品属机床零件，符合税则税目84.66及其子目条文的描述，根据归类总规则一及六，应根据其所用机床类型归入84.66项下相关子目。

序号	归类决定编号	商品税则号列	商品名称	英文名称	其他名称	商品描述	归类决定
59	Z2007－0059	8466. 3000	CNC 刀库圆盘式	CNC Automatic Tool Change System (Disk Type)		该商品为圆盘式 CNC 刀库，型号为 BT40，为加工中心的附件，用于数控机床实现自动换刀。其工作原理为：在机床数控系统的控制下，从机床主轴取下使用过的刀柄，将下一工序要使用的刀柄装上去，实现自动交换。	该刀库是加工中心的自动换刀系统，夹持加工中心工作过程中所需的刀具，并根据加工程序对主轴刀具进行更换，为加工中心的附件，符合税目 84. 66 的商品描述，根据归类总规则一及六，应将其归入税则号列 8466. 3000。
60	Z2007－0060	8466. 9300	旧铣头	Milling Head		IFW1A 型加长杆铣头的工作原理是改变镗铣机床的加工方向，体积小且细长，可以加工比滑枕直径小的孔内平行面，还可延长滑枕的可加工距离；IFH1 型双面铣头的工作原理也是改变镗铣机床的加工方向，不同的是双面铣头可以同时加工两个近距离的面，且有扭矩大、稳定性好等特点。	旧铣头用于改变镗铣机床的加工方向，使之具有铣削的功能。商品本身无夹持铣刀的功能，不属于工具夹具。参考机械工业机床产品质量检测中心出具的商品属性认定，该商品属切削金属的镗铣床（品目 84. 59 项下商品）的专用附件。上述商品属切削金属的镗铣床的专用附件，符合税则税目 84. 66 及其子目条文的描述，根据归类总规则一及六，应将其按税号 84. 56 至 84. 61 所列机器用专用附件归入税则子目 8466. 9300。
61	Z2007－0061	8471. 8000	监视器资料通讯测试机			该监视器资料通讯测试机（DDC）主要功能是把 EDID 数据写进监视器的 DDC 集成电路里的 EEPROM（可擦除只读存储器）；并可从监视器读出，验证写入的内容是否正确。	监视器资料通讯测试机为一张 PCI 接口卡，安装于计算机主板 PCI 插槽上。使用时通过连接线与液晶电视机接口相连，将计算机中的程序转录到液晶电视芯片中，并可通过软件监测数据资料是否正确。该商品安装于计算机主板上，用于将计算机

序号	归类决定编号	商品税则号列	商品名称	英文名称	其他名称	商品描述	归类决定
							存储的特定信息按照规定格式传送出去，符合第八十四章注释五（三）有关自动数据处理系统部件的描述，应当归入品目84.71。根据归类总规则一及六，该商品应归入税则号列8471.8000。
62	Z2007－0062	8474.2010	MMD 500型强力分级机			强力分级机主要由电机、液力耦合器、减速器、齿轮联轴器、强力分级机主体等组成，核心部分是强力分级机主体。MMD型轮齿式强力分级机用于露天和井下采矿及采石作业的物料分级。	该商品使用分级齿对矿石材料进行破碎，符合税目84.74的商品描述。根据归类总规则一及六，应将其归入税则号列8474.2010。
63	Z2007－0063	8479.8190	端子插入机			该商品通过PLC电路通过气压步进马达将端子料件传送至机器，通过凸轮将端子切割，并通过杠杆将端子推入壳体。	端子插入机用于将金属端子插入到壳体上，完成壳体对金属端子的包覆装配。该功能在税则其他税号没有明确列名，符合税目84.79的商品描述。该商品是对金属端子的装配，符合“处理金属的机械”的描述，根据归类总规则一及六，应将其归入税则号列8479.8190。
64	Z2007－0064	8479.8990	全自动脱水机（申报名）			该全自动脱水机是智能型的组织处理设备，含有一个处理缸、3个石蜡缸、14个试剂瓶。工作流程如下：首先，科研人员或医生将需镜检的组织标上规范的编号，按顺序放入脱水机的金属组织篮框，并将其放入仪器的处理缸，脱水机编定合适的程序并运行，程序一般设定10步左右试剂和3步石蜡的品名和运行时间、浓度等要素，由仪器按程序将试剂抽入处理	该全自动脱水机实为组织脱水机，型号ASP－300。其内部包括一个处理缸、3个石蜡缸、14个试剂瓶，可根据设定照程序在处理缸内输入不同的试剂和石蜡对组织样本进行浸泡脱水处理，非过滤式脱水机，不符合《税则注释》中品目84.21关

序号	归类决定编号	商品税则号列	商品名称	英文名称	其他名称	商品描述	归类决定
						缸，使组织篮中的标本完全浸在试剂中并发生反应，一种试剂到设定时间后自动排出，再抽入下一种试剂，通过浸泡不同的试剂和不同浓度梯度的试剂，将生物组织的细胞内和细胞间的水分萃取出来，达到脱水目的，最后将脱水后的组织浸入石蜡中并一并取出。	于“离心机”和“液体或气体的过滤或净化机器及装置”的描述。其功能是为组织脱水提供化学反应的环境，在税则中未有具体列名，符合税目84.79的商品范围，根据归类总规则一及六，应将其归入税则号列8479.8990。
65	Z2007－0065	8479.8990	旅客登机桥	Passenger Boarding Bridge		旅客登机桥是连接候机大厅与飞机舱门之间的机坪移动式活动通道。此设备能为旅客提供一个不受恶劣天气条件影响的上下飞机的安全环境，确保旅客在正常或紧急情况下都能登上或离开飞机。整个登机桥由固定端旋转大厅组件、伸缩活动通道、提升立柱、轮架系统、接机舱等五个部分组成，具体情况如下：1. 固定端旋转大厅组件与候机楼连接：由走廊、圆形大厅及支撑立柱构成。 该组件的设计将保证不会有任何负载或振动从登机桥传到候机楼；2. 伸缩活动通道：分为A段（最小）、B段（三节桥的中段，两节桥的最大端）、C段（三节桥的最大端）在横截面部分是长方形的，伸缩活动通道的侧壁可以是玻璃结构，也可以是钢结构。能根据停靠飞机的不同位置，伸缩至相应的长度；3. 垂直提升立柱：是为登机桥提供垂直方向运动的构件，由提升电机及提升构件等部件组成，使登机桥能以最佳的高度泊靠不同的飞机；4. 轮架系统：是为登机桥提供水平方向运动的构件，由行走电机、减速箱和实心橡胶轮胎等部件组成，使登机桥能以最快和最安全的速度泊靠飞机；5. 接机舱：	旅客登机桥一端与候机大厅相连，另一端通过立柱、轮架系统和接机舱可以多方位移动与飞机舱门相连。该商品具有独立功能，且在税则中没有具体列名，符合税目84.79的商品描述，根据归类总规则一及六，应将其归入税则号列8479.8990。

序号	归类决定编号	商品税则号列	商品名称	英文名称	其他名称	商品描述	归类决定
						在登机桥泊靠飞机时，控制登机桥行走、提升并直接与飞机接触的部件即为接机舱。由操控台、接机雨棚、可调节的接机地板等部件组成。保证登机桥与飞机之间只有软接触，并方便旅客的上下。同时，并留有维修人员和机务人员进出的通道和楼梯。	
66	Z2007－0066	8479.8990	卷绕式真空蒸镀机			该套设备用于生产电容器的金属薄膜，主要构成有：真空系统、卷绕系统、蒸发系统等。工作原理：在真空条件下，一边卷绕塑料薄膜，使薄膜紧贴冷却滚筒；一边把蒸发源加热到所需温度，使金属气体化，气体化金属（锌或铝）上升到冷却滚筒与薄膜粘合，实现金属化镀膜。	卷绕式真空蒸镀机主要构成包括：真空槽箱、卷绕滚筒、蒸发源、蒸发源加热系统、油留边系统、静电密着机构等组成。通过电加热使金属气化，在冷薄膜表面静电密着粘合，进行物理气相沉积成膜，实现镀膜功能。根据《税则注释》对品目84.19的商品描述，该设备的加热冷却功能虽然是必不可少的，但辅助于物理气相沉积成膜，因此不能归入税目84.19。该商品在税则中无具体列名，符合税目84.79的商品范围，根据归类总规则一及六，应将其归入税则号列8479.8990。
67	Z2007－0067	8479.8990	BIOMEK 3000 实验室全自动工作站		全自动实验室样品处理工作平台	该商品为液体操作平台。工作站将各种液体操作方式集成为单一的自动化系统，每天能够完成数百例样本的基因组DNA抽提，适用于基因分析和连锁分析。BIOMEK 3000具有适应性、扩展性和良好的性能，可以与其他处理设备及检测器整合后从而具备各种检测功能。此次进口的设备为主机及试剂盘等配件。	BIOMEK 3000实验室全自动工作站集成了各种液体操作方式，用于完成液体样本的抽取。由于其进口状态只有主机，不具备分析功能，故不能归入税目90.27项下。该商品的移液功能在税则中未有列名，符合品目84.79有关

序号	归类决定编号	商品税则号列	商品名称	英文名称	其他名称	商品描述	归类决定
							"独立功能"的描述，根据归类总规则一及六，应将其归入税则号列 8479.8990。
68	Z2007-0068	8479.8990	采油机械封隔器			该产品由封隔器本体、卡瓦、胶筒组成。封隔器本体是一根钢制空心管，上下外围分别连接卡瓦，中间外围位置连接胶筒。用于油气井的井下生产、注水或油气层的封隔，也可作为油气井底的底部生产封隔和永久或临时的桥塞，是一种采油过程中使用的装置。工作原理：封隔器两端分别与油管连接形成一条生产管柱，沿套管（完成钻井后为防止塌方，固定在井壁的管道）由上向下滑动，到达井下设计位置。封隔器坐封后，卡瓦紧咬套管内壁使封隔器固定在指定位置不动，封隔器中间胶筒因压缩变形膨胀紧贴套管内壁隔离上面的水和下面的油，油因受地层压力向上自喷，从油管内向地面输出。	该采油机械封隔器本体为一根钢制空心管，上下外围有两组卡瓦，中间外围是胶筒。使用时上下连接油管，下探到油井套管指定深度（水油界面）后，弹出卡瓦，压缩中间的胶筒使之膨胀，将油井套管内的水油层分隔。该商品为一种油井井下作业密封设备，固定后起到密封（起密封作用的为单一橡胶材质）和导通油管作用而不具备活动件，同时也不直接进行石油的开采，因此不同于税目 84.30 所列采油机械或税目 84.84 所列机械密封件。其功能在税则其他品目中未有列名，符合品目 84.79 的商品描述，根据归类总规则一及六，应将其归入税则号列 8479.8990。
69	Z2007-0069	8480.6000	铁氧体永磁模具			该模具用于电机磁铁成形，分为上模、中模、下模。生产流程：把磁粉（三氧化二铁占 80% 以上）和粘结剂混合后填充到中模，成形机通过上、下模对磁粉施加一定的压力，粘结成瓦形、方刑、环形等形状的压坯（半成品）。成形机所施加的压力是 500-800kgf/cm^2。	铁氧体永磁模具用于把不定形的磁粉和粘结剂的混合物施压，制成模具形状的压坯，符合《税则注释》对品目 84.80 的描述，根据归类总规则一及六，应将其归入税则号列 8480.6000。

序号	归类决定编号	商品税则号列	商品名称	英文名称	其他名称	商品描述	归类决定
70	Z2007－0070	8480.7100	镜面			该商品为光盘生产中模具的一个组成部件，其表面与镜面相似，故称为“镜面”，其背面有水道设计。其主要作用为：塑料粒子加热融化后经注塑孔注塑到由镜面和CD－R母盘共同构成的模具中，其中镜面部分固定在注塑机上，为定模；CD－R母盘部分则作为动模，进行运动。该镜面对成形的光盘进行降温冷却并保证产品在降温过程中不变形，即对产品起到绝对超级平整的效果(像镜面一样)。	该镜面为注塑机配件，用于光盘生产中配合母盘一同对PC料进行挤压成形。该商品符合《税则注释》品目84.80有关型模：“主要作用在于使材料在凝固过程中，保持预定的形状……”的描述，根据归类总规则一及六，应将其作为塑料用注压模归入税则号列8480.7100。
71	Z2007－0071	8502.2000	沼气发电机组			该机组由沼气发动机、发电机组、全电控系统、发电机组冷却水系统、余热利用系统、排气系统、润滑油系统、电气系统等零部件组成。通过内燃方式燃烧沼气，产生电能和余热。	沼气发电机组由沼气发动机、发电机及其他辅助机器组成，利用沼气燃烧使沼气发动机运转，进而带动发电机发电。该商品符合《税则注释》对品目85.02“发电机组”的描述，同时发电机组中的沼气发动机为点燃式活塞内燃发动机，根据归类总规则一及六，应将其归入税则号列8502.2000。
72	Z2007－0072	8514.1090	中温黑体炉			该炉包含一个黑体腔，用于校验辐射高温计。炉腔温度可以设置成30摄氏度到550摄氏度任意一温度点的正负0.1摄氏度内。炉温由控制器设置，同时一个独立指示器显示实际辐射温度，这个独立指示器的传感器安装在黑体腔内的。	中温黑体炉采用电热丝加热方式，可以根据设定精确加温，提供热辐射，用于校验辐射高温计。由于其本身不具备对高温计的直接检测功能，只是提供一个测试环境，因此不能归入税目90.31项下。该产品具备将电能转变为热能的功能，通过加热内部空间辐射热量，符合品目85.14的商品描述，根据归类总规则一及六，应将其按电阻加热的炉归入税则号列8514.1090。

序号	归类决定编号	商品税则号列	商品名称	英文名称	其他名称	商品描述	归类决定
73	Z2007－0073	8517.6239	自动数据处理设备部件	RTU BOX		该设备为远程单元RTU BOX，是Sattline－PCS系统的一部分。该系统包含了控制站（主控制器）、远程单元RTU（BOX）和通信模块三部分，共同完成新工艺系统的控制功能。RTU BOX能够接收变送器和传感器的模拟信号并进行模/数转换后传给控制器，然后它又把从控制器接受的数字控制信号进行数/模转换后再发给执行器——阀门、电机等设备，确保整套系统的数据处理和交换。	该自动数据处理设备部件实为模数转换通信控制柜，由模数转换（AI）模块、数模转换（AO）模块、开关量数字转换（DI）模块、数字开关量转换（DO）模块以及通讯（CAN）模块组成，用于变送器、变频器等设备与PCS控制站之间的信息通信。该商品用于PCS网络中工作设备和控制器之间的信号转换和数字通信，符合税目85.17的描述，根据归类总规则一及六，应将其归入税则号列8517.6239。
74	Z2007－0074	8517.7030	液晶显示模块			该液晶显示模块均为TRULY牌：第一种型号为TFT－GG176220UTSW－14W/1.76英寸，带有背光源、柔性线路板、驱动IC（驱动屏幕显示与色彩控制）和屏蔽罩，不带解码板，用于单屏手机中；第二种型号为TFT－GG1N0370UTSW－W/1.76英寸，带有背光源、柔性线路板、驱动IC（驱动屏幕显示与色彩控制）和屏蔽罩，不带解码板，且将外屏、内屏装配在一起，用于双屏手机。	该液晶显示模块除液晶板以外，还包括背光源、柔性线路板、驱动IC等，用于手机。该商品的构成已经超出了品目90.13的商品范围，根据归类总规则一及六，应将其作为手机零件归入税则号列8517.7030。
75	Z2007－0075	8525.8013	显微镜取景器	Color Mega Pixel Camera		"显微取景器PL－A662"为显微数字摄像头，未与显微镜同时进口。其技术参数为：1/2英寸CMOS，最高分辨率为1280×1024（130万像素），计算机接口：1394火线接口，光学接口：标准光学1/2英寸接口，不具有存储功能（其内置存贮功能仅限于能够储存摄像头的各种	显微镜取景器包括光学接口、CMOS、1394火线接口等部件，本身不具备存储功能，可摄取显微影像并将信号传送到计算机进行显示。其可作为显微镜的附件进行显微拍摄，根据第

序号	归类决定编号	商品税则号列	商品名称	英文名称	其他名称	商品描述	归类决定
						设置）。其主要功能是与显微镜连接使用，将显微影像通过该摄像头摄取下来，并传送到计算机（内装有专门分析软件）进行分析。	九十章章注二（一）的规定：“凡零件、附件本身已构成本章或第八十四章、第八十五章或第九十一章各品目（品目84.87、85.48或90.33除外）所包括的货品，应一律归入其相应的品目。”该商品符合《税则注释》品目85.25有关电视摄像机的描述，根据归类总规则一及六，应将其归入税则号列8525.8013。
76	Z2007－0076	8525.8013	视频展示台	Visual Presenter		主要由视频摄像头、照明装置、视频/音频分配装置及控制装置构成。 功能：为将实物、文字资料、图片、透明胶片等通过摄像头制成视频信号并通过机外连接显示装置或录像装置进行显示或录像。也可将信号输入微机，把模拟信号装换成数字信号后输出。 用途：可用于教学、科研报告会等场所的演示。	视频展示台由数码视频摄像头、照明装置、视频/音频分配装置及控制装置构成，可以将实物、文字资料、图片、透明胶片等通过摄像头制成视频信号并通过机外连接显示装置或录像装置进行显示或录像。也可将信号输入微机，把模拟信号装换成数字信号后输出，图像刷新速率为20帧/秒。该商品具有摄像功能，符合品目85.25的商品描述，但不符合《本国子目注释》有关“特种用途”的范围，根据归类总规则一及六，应将其归入税则号列8525.8013。

序号	归类决定编号	商品税则号列	商品名称	英文名称	其他名称	商品描述	归类决定
77	Z2007－0077	8529.9090	汽车遥控接收器用电路板	Circuits Boards for ASSY		该电路板用于安装在日本本田汽车遥控接收器中，有两大主要功能：1. 解锁发动机控制：可以通过无线通讯的方式两次验证钥匙的合法性，防止发动机被启动，用于防盗。2. 遥控功能：只要按下钥匙上的按钮就可以打开或关上车门。	汽车遥控接收器通过无线电对汽车电路进行遥控，归入税目85.26。汽车遥控接收器用电路板是汽车遥控接收器的专用零件，符合税目85.29的商品范围，根据归类总规则一及六，应将其归入税则号列8529.9090。
78	Z2007－0078	8535.3000	顶部单元、A型双弹簧操作机构、K型单弹簧操作机构	(1) Switch unit 500mm type SFG with (2)/(1) spring device (2) Mechanism for a MEC－for 2 spring (3) Mechanism for k MEC－for 1 spring		1. 顶部单元（ABB牌）由SFG负荷开关加铁框架构成，用于规格500MM中压开关柜，SFG是将3工位开关（合闸、分闸和接地三种功能）密封在内充SF6气体（消灭开关闭合时产生电弧的一种绝缘介质）环氧树脂浇注壳体组合而成的产品，500MM表示支撑顶部单元SFG的铁框架规格，它与组成开关柜的下部单元宽度相同，SFG顶部单元是非具有单一的电路开关或隔离开关功能的产品（一般的电路开关或隔离开关是不允许接地功能存在，否则就会发生严重的电路短路故障事故），SFG产品关键的功能是消灭开关开闭时产生的弧光，一般的电路开关是不具备这个功能，SFG部件占整个电力分配柜体积的20%。 2. A型双弹簧操作机构（ABB牌）和K型单弹簧操作机构（ABB牌）是根据电力分配柜下部单元安装的不同，分别与SFG顶部单元组装而成的配电开关柜上部机构，如进线柜下部单元连接电缆，只需要简单分、合和接地则用K型单弹簧机构；如用于具有保护下端电气设备功能的出线柜，则必须用A型双弹簧机构	该商品包括ABB SFG复合开关顶部单元和其操作机构（A型双弹簧操作机构和K型单弹簧操作机构），两者配套使用，可以一并归类。该商品用于1000伏以上电路的通断（带有防电弧功能），不带有电力分配功能，符合《税则注释》品目85.35有关断续开关的描述，根据归类总规则一及六，应将其归入税则号列8535.3000。

序号	归类决定编号	商品税则号列	商品名称	英文名称	其他名称	商品描述	归类决定
						（一条弹簧简单分、合和接地，另外一弹簧可在下端电器设备发生故障时，通过收集来的信号传输这个弹簧发生作用，使SFG顶部单元内的开关分闸，从而保护整个电网设备）。A型双弹簧操作机构和K型单弹簧操作机构的功能是协助开关的开启及闭合，其占整个电力分配柜体积的5%。	
79	Z2007－0079	8536.5000	压力开关	Pressure Switches	压力仪表	该装置为压力仪，又称压力开关（Pressure Switches），其工作原理如下：该装置受到系统中介质压力作用。当系统中介质的压力大于压力弹簧的标定值时，由弹簧顶压的推杆发生移动，触发压力开关内部的一个电路接通或关断。该内部电路有接线装置，可以对外输出控制电信号。如系统中介质的压力不足时，该压力开关处于静止状态，不发生任何变化。该产品不具备自动调节及操控阀门、开关等装置的功能。	压力开关用于电压小于1000伏的电路中，可以通过系统介质压力推动接通或关断电路，为一种机械式压力开关，符合税目85.36的商品范围，根据归类总规则一及六，应将其按其他开关归入税则号列8536.5000。
80	Z2007－0080	8536.9000	滑环			该滑环用于风力发电设备，触点为铜，机身为碳钢，功能是将活动的受电部件和固定的供电线路连接。	滑环由铜制和碳钢机身组成，用于将活动的受电部件和固定的供电线路连接，工作电压小于1000伏。该商品虽然具有多个滑动触点，但并非用于电气控制或电力分配，不符合税目85.37的商品描述。该商品仅用于电路的连接，符合税目85.36的商品描述，根据归类总规则一及六，应将其归入税则号列8536.9000。

序号	归类决定编号	商品税则号列	商品名称	英文名称	其他名称	商品描述	归类决定
81	Z2007－0081	8537.2090	低压控制器		低压头	低压控制器是由PBE1008C隔爆型低压侧组合开关与移动低压头组成低压控制器系统。其中PBE1008C隔爆型低压侧组合开关（俗称低压头），适用于瓦斯爆炸危险的煤矿井下工作。隔爆壳体内两个腔室可装8个可抽拉的芯体模块。如：接触器模块、绝缘监测和照明模块等。移动低压头是具备漏电保护、绝缘监测、漏电闭锁、中性点绝缘先导回路监测、断相、短路、接地保护等功能的开关系统。	该商品具有电力分配以及漏电保护、绝缘检测等电力保护功能，其低压头、接触器模块等组成件的额定电压为3300伏。该商品不符合《税则》第九十章章注七有关税目90.32的商品描述。其由多个税目85.35、85.36项下商品构成，符合税目85.37的商品描述，根据归类总规则一及六，应当归入税则号列8537.2090。
82	Z2007－0082	8537.2090	环网开关柜单元部件	Parts for vacuum circuit breaker		环网开关柜单元部件（C－GIS）是高压GIS和中压开关柜技术相结合的产品，此类产品的高压元件，诸如母线断路器隔离开关互感器等一起封闭充SF6气体作绝缘，故俗称“充气柜”。GISELA/MINEX系列开关是一个由不锈钢壳制成的完整完全密封的系统，其所带电部件以及开关封闭在不锈钢的壳体内整个开关装置不受外部环境条件的影响，从而可以确保运行可靠性及人身安全，并且实现了免维护。通过选择可扩展母线，可以实现任何组合，达到全模块化设计，扩展母线完全绝缘和屏蔽，确保了高可靠性和安全性。 “环网开关柜单元部件”，型号分别为“K、K＋、V”，工作电压12KV，单元部件是整个环网开关柜生产使用的最核心部件，开关实现分合操作灭弧等主要功能均依靠单元部件来实现。单元部件在整个开关零件中所占的价值比例为65％。	环网开关柜单元部件由母线断路器、隔离开关、互感器等一起封闭在充SF6气体中组成，工作电压12千伏。其为环网开关柜的部件，根据第十六类类注二有关零件的归类规定，该商品由多个85．35、85．36的商品构成，符合税目85．37的商品范围，应当归入税则号列8537．2090。

序号	归类决定编号	商品税则号列	商品名称	英文名称	其他名称	商品描述	归类决定
83	Z2007－0083	8543.2090	血氧模拟仪			该仪器由一台主机和少量连接线组成，通过光传感器模拟输出人体血氧信号。供使用者研究人体血氧曲线的特点。	该商品通过输出电信号和光信号，专门为待测仪器提供标准模拟信号，其符合《税则注释》品目85.43有关“信号发生器”的商品描述，根据归类总规则一及六，应将其归入税则号列8543.2090。
84	Z2007－0084	8543.7099	电子纸（电泳显示器）			该电子纸结构由PET保护膜、ITO薄膜（即导电胶膜，由锡氧化铟材料经过制备工艺沉积到塑料基片上制得）、电子油墨、铝箔、PET保护膜组成。进口后去掉铝箔及其外层PET保护膜，按显示屏大小进行裁剪并加上电路后，制成手机的显示屏。其工作原理为：电子油墨中的带负电黑色粒子和带正电白色粒子在加压后会在被称作微胶囊的球体中移动。微胶囊挟在电极中间，上部的透明电极施加负电压或正电压可使电子纸显示黑白两种颜色。其加工后的产品主要功能/用途为：电源通过ITO薄膜作用于电子油墨后呈现图像，可用来代替相关的液晶显示器。	该电子纸的主要工作层包括导电胶膜和电子油墨。当导电胶膜通电后，电子油墨具有在电场的作用下发生反转，体现出不同的颜色的特性，具有电极显示功能，该功能在税则中无具体列名，符合税目85.43的商品描述，根据归类总规则一及六，应将其归入税则号列8543.7099。
85	Z2007－0085	8543.7099	数码相框			主要功能：播放数码相片、MP3、可插入存储卡（SD/MMC/XD/CF）和U盘直接浏览图片，外带USB连接线，可以通过和电脑连接将电脑中图片复制到数据码相框中或者将数码相框的图片复制到电脑中。	该数码相框具有播放相片（静态图片）、MP3声频的功能，为多功能机器，其主要功能为播放相片。根据第十六类类注三有关多功能机器的描述，应按其主要功能“播放相片”进行归类。该商品播放的相

序号	归类决定编号	商品税则号列	商品名称	英文名称	其他名称	商品描述	归类决定
							片为静态图像，不同于税目 85.28 的视频图像播放，因此不能归入该税目项下。该商品的主要功能“相片播放”在税则其他税目中未有具体列名，符合品目 85.43 的商品描述，根据归类总规则一及六，应将其归入税则号列 8543.7099。
86	Z2007 - 0086	8606.9900	台车	Ceramic Machines	磁砖生产线用储存运输机器	台车是储存、运输磁砖坯体的设备，型号：221ABA：尺寸：2.2 米 2 米 2.8 米组成成分：台车本体、支架、转辊、移动滚轮。该车自身无动力，通过车底部滚轮在固定的轨道上，轨道中央的电机带动链条移动，到达各指定位置。台车工作原理为：1. 储存时通过插销插进转辊两端孔中，顺时针转动带动磁砖向前移动，进坯完成后停止动作。2. 将整个台车移动至下台车位置。3. 反之，逆时针转动将坯体从台车里排出，通过输送线至窑炉烧成。	台车通过车底部滚轮在固定的轨道上运行，用于在厂区内运送货物，符合《税则注释》有关品目 86.06 的商品描述，根据归类总规则一及六，应将其归入税则号列 8606.9900。
87	Z2007 - 0087	87.04	“农友”牌变型拖拉机			“农友”牌 15ZA 单缸变型拖拉机，外形似小型货运汽车，内置单缸柴油发动机，最大时速 >40 公里/小时。整机外型尺寸一般为长 <5 米、宽 <1.7 米、高 <2.2 米。	“农友”牌 15ZA 单缸变型拖拉机，外形与货运汽车相同，前端为发动机舱（带有盖板）和带有车厢的驾驶室，后端为货斗，货斗部分约占整车长度的 2/3。根据《税则》第八十七章章注二对“牵引车、拖拉机”的定义，

序号	归类决定编号	商品税则号列	商品名称	英文名称	其他名称	商品描述	归类决定
							《税则》所称拖拉机的主要用途应该是牵引和推动，所询商品明显是以载货为主要目的，根据归类总规则一，应按货车归入税目 87.04 项下。
88	Z2007－0088	87.04	农友牌变型拖拉机			有 13HZ、180T 两种型号，装有货斗，主要用于拖运粮食、木柴、杂货等。	依照《税则》第八十七章章注二的定义，《税则》所称“牵引车，拖拉机”是指以牵引或推动其他车辆、器具或重物为主要用途的车辆，该商品装有货斗，是以载货为主要目的的农用车，根据归类总规则一，应按货运车辆归入税目 87.04 项下。
89	Z2007－0089	8704.2300	乘龙 LZ 3260M 型自卸车			乘龙 LZ3260M 型自卸车，全长 7560 毫米、总宽 2470 毫米、总高 3110 毫米，整备质量 11430 千克，总质量 26430 千克，最大爬坡度≥25%，最高车速为 75 公里/小时，发动机为直列、六缸、增压、中冷柴油机，排量 7.8 升，额定功率为 188（255）/2300kw（ps）/rpm。	该商品不符合《本国子目注释》中对非公路自卸车的定义，不应归入税则子目 8704.1 项下。根据归类总规则一及六，应归入税则号列 8704.2300。
90	Z2007－0090	9001.9000	超薄玻璃	Thin glass		是由熔融纯净原材料制成的硼硅酸盐玻璃，应用下拉生产工艺，表面经火抛光技术处理，长 420 毫米、宽 400 毫米、厚 0.3 毫米。进口后进行镀膜处理，并切割成小片，用作手机照相机模块的镀膜红外截止滤光片。	该超薄玻璃使用下拉生产工艺，表面经火抛光处理，符合《税则注释》品目 90.01 有关“玻璃制光学元件”的商品描述，由于其未经固定装配，根据归类总规则一及六，应将其归入税则号列 9001.9000。

序号	归类决定编号	商品税则号列	商品名称	英文名称	其他名称	商品描述	归类决定
91	Z2007-0091	9002.9090	振镜			该振镜为激光雕刻机零件，型号 SCANCUBE 10；1064，内部主要包含2个激光调制头、2个驱动板、镜片等，外部由散热外壳封装，带接口。该振镜安装于激光雕刻机上，位于激光腔的前端，振镜口需接装镜头。工作原理为：由激光发生器发出的高能激光束，通过激光腔光导系统传输到振镜内，在振镜内通过X轴及Y轴的摆动将光束分化反射至振镜口，再通过镜头输出作用于物体表面，以达到需要的雕刻效果。	振镜由马达、驱动电路板和镜片固定安装组成，用于安装在激光雕刻机上。使用时驱动电路板控制马达运行，从而带动安装在马达上的镜片一起转动，使激光能够按照需要的光路射出。该商品符合《税则注释》品目90.02“本品目包括已作固定装配，适于安装在仪器或装置上的品目90.01注释中第二、三及四款所列的物品，……”的描述，根据归类总规则一及六，应将其归入税则号列9002.9090。
92	Z2007-0092	9011.2000	徕卡智能型生物显微镜型号 DM 3000B			徕卡智能型生物显微镜，型号 DM 3000B，由显微镜主机、光源（12V30W 卤光灯）、电动聚光镜、六位可转换物镜、三目镜筒组成，其中三目镜筒的一目是为摄像预留的接口，用于连接 CCD 或照相装置，但该设备的照像装置未同时进口。	徕卡智能型生物显微镜有三个目镜筒，其中一目是为摄像预留的接口，从其设计角度来讲已经具备用于显微摄像的特征，根据归类总规则一及六，应将其归入税则号列9011.2000。
93	Z2007-0093	9011.8000	CCD 检测系统			规格型号：DT-1000A。 工作原理：利用光学原理，将工作平台上的受测品放大，通过光学镜头及光纤将放大受测品的模拟讯号传至显示设备呈现出来，最终操作人员目测确认产品是否合格。 用途：观察产品在感光区上方是否有微尘，以及像素点是否被破坏，来判断产品是否合格。	CCD 检测系统，型号：DT-1000A，由显微镜部分、摄像头部分、显示屏等组成，可将被测物放大450倍后通过摄像头传递到显示器上进行观测。该商品符合税目90.11的商品描述，根据归类总规则一及六，应将其归入税则号列9011.8000。

序号	归类决定编号	商品税则号列	商品名称	英文名称	其他名称	商品描述	归类决定
94	Z2007－0094	9015.8000	井下矿藏探测器			该井下矿藏探测器主要用于石油矿藏的勘探，包括地面数据分析系统和井下数据采集设备两部分，通过电缆和管道连接组成。井下部分数据采集部分主要由遥测短节、伽玛探测短节、套管接箍短节、流体密度短节及石英晶体压力探测短节、扶正短节等构成，其中，遥测短节一般位居整个油藏探测器井下采集部分的上部，在其下面可根据需要选择使用伽玛探测短节或套管接箍短节等其他探测短节。 该井下矿藏探测器的工作原理是：井下数据采集部分一方面由遥测短节接收地面通过电缆送来的各种指令信号，经译码后分别送向各个探测短节，另一方面井下各探测短节按时序逻辑和组合逻辑将各自所探测的信号发送至遥测短节的微处理部分，经数/模转换后传输到地面分析系统，地面数据分析部分则通过实时接收由井下遥测短节所传送的其他探测短节所采集的信息（如地层伽玛射线、磁通量的变化情况），进行分析评估，从而对地层油藏检测和剩余油饱和度等情况作出分析判断。	井下矿藏探测器包括地面数据分析系统和井下数据采集设备两部分，可以对井下地层中的伽玛射线、磁通量、流体密度、压力等进行测量，主要用于石油矿藏的勘探。该商品符合《税则注释》有关品目90.15的商品描述，根据归类总规则一及六，应将其归入税则号列9015.8000。
95	Z2007－0095	9018.1291	电子超声内窥镜	Endoscope System	环形扫描超声电子内窥镜	该商品用于通过影像监视器提供上消化道（包括但不仅限于食道、胃和十二指肠）的光学和超声图像并进入该部位进行治疗。该商品实现了高水平的电子内窥镜和实时超声图像两种性能的结合，提供无闪烁、高分辨率的超声图像，同时具有直视型光学系统，可兼做彩色多普勒，提供彩色血流量图。主要部件包括：超声波探头1个、内窥镜探头2个、超声波操作系统、超声波成像系统、超声监视器等。	电子超声内窥镜包括光学内窥镜部分和超声波成像部分，可以同时利用光学和超声图像对人体进行诊断，其中超声波诊断是其主要功能。该商品符合税目90.18的商品描述，根据归类总规则一及六，应将其归入税则号列9018.1291。

序号	归类决定编号	商品税则号列	商品名称	英文名称	其他名称	商品描述	归类决定
96	Z2007－0096	9018.1990	导事件相关电位系统			该商品是利用脑电波（EEG）提取技术，将心理活动产生的微弱脑电信号通过计算叠加技术，从电脑中提取出来形成事件相关脑电位，通过研究该数据，来实现对神经生理和心理学的研究。系统由两部分组成，一是BratnCap电极帽及连接器，二是BratinAmp放大器。此次进口的放大器属标准型，输出信号频率为5000赫兹。BratinAmp是一套可精确采集人体神经生物电信号，并可进行放大和记录的系统。导联数从32、64、128直到256导，可采集脑电图（EEG）、肌电图（EMG）、眼电图（EOG）及诱发电位（包括体感诱发电位SEP）。	导事件相关电位系统使用时直接戴在人体上，通过脑电波提取技术采集人体神经生物电信号，包括脑电图、肌电图、眼电图以及诱发电位等，符合税目90.18的商品描述，根据归类总规则一及六，应将其归入税则号列9018.1990。
97	Z2007－0097	9018.9030	腹腔镜系统			该系统包含：988i型数字化三晶片医用摄像控制器，988i型高分辩率三晶片摄像头，X7000声控兼容300瓦氙灯冷光源，光导纤维，30度腹腔镜。品牌都为STRYKER。该系统通过外接显示器可让医生在进行内窥镜手术时实时看到腹腔内手术部位的状况。摄像控制器负责控制摄像头的变焦、光圈、白平衡等，不包括录像功能。	腹腔镜系统包括成像系统、光源系统和腹腔镜组合而成，用于人体腹腔内器官的观察，明显具备税目90.18的商品功能，符合第九十章章注三（第十六类类注四）有关功能机组的归类规定，根据归类总规则一及六，应将其一并归入9018.9030。
98	Z2007－0098	9022.1400	核通模拟定位机			该“核通模拟定位机”是通过X－线球管、高压发生器产生的低计量X射线获取实时肿瘤状态影像，是CT机、磁共振对肿瘤诊断定位的重要补充手段，获得肿瘤病灶部位的精确数据及影像资料，为肿瘤的诊断提供依据。模拟定位机自身不具备治疗功能，但其通过X线扫描获得的优质图像和相关数据为癌症的诊断、研究及学术交	核通模拟定位机通过X光线对肿瘤进行实时影像，符合税目90.22的商品描述。由于其并非计算机断层摄影装置（CT），根据归类总规则一及六，应将其归入税则号列9022.1400。

序号	归类决定编号	商品税则号列	商品名称	英文名称	其他名称	商品描述	归类决定
						流提供了宝贵的资料。该机具有独特的将已获得的影像资料进行优化、倒转、放大、全屏显示、多幅图像显示，并标示肿瘤病灶的解剖位置、型态、大小、深浅，使临床诊断及教学工作更为方便、直观。	
99	Z2007－099	9024.8000	无转子流变仪			无转子流变仪，品牌为ALPHA，规格型号为（MDR2000）。 该商品工作原理为：在封闭的膜腔（分为上下两个膜腔，无转子）内放入混炼胶，通过对膜腔加热和上下膜腔的转动，输出温度和下膜腔运动的扭矩变化曲线，对橡胶加工特性、硫化特性也就是机械性能进行测试。	该无转子流变仪未配备电脑，不具有数据处理功能。其检测的数据类型仅包括温度、时间、扭矩三种，其中温度和时间为机器本身工作状态，对于被测物体（橡胶母胶或混炼胶）检测其在高温加热环境下的扭矩，符合税目90.24的商品描述，根据归类总规则一及六，应将其归入税则号列9024.8000。
100	Z2007－0100	9024.8000	圆盘振荡流变仪	Oscillating Disc Rheometer		ALPHA牌ODR2000型号圆盘振荡流变仪，可用于胶料特性鉴定、质量控制和产品开发。 工作流程：将待测胶料放在流变仪的铝制模腔中，随着仪器内加热片温度的不断改变，仪器可测定出转子的扭矩，将扭矩和温度数据传输给计算机（计算机本次未进口），由计算机中的特定软件进行处理，可以屏幕显示并打印输出温度与扭矩的曲线，用于检测胶料在硫化前、中、后的弹性变化。 工作原理：通过温度不断改变，待测胶料的物理性质也随之发生变化，使得圆盘转子的扭矩也产生改变，仪器自动记录某段时间内的温度和扭矩并以图形的方式输出。	该圆盘振荡流变仪未配备电脑、打印机和专用软件，不具有数据处理功能。其检测的数据类型仅包括温度、时间、扭矩三种，其中温度和时间为机器本身工作状态，对于被测物体（橡胶母胶或混炼胶）检测其在高温加热环境下的扭矩，符合税目90.24的商品描述，根据归类总规则一及六，应将其归入税则号列9024.8000。

序号	归类决定编号	商品税则号列	商品名称	英文名称	其他名称	商品描述	归类决定
101	Z2007－0101	9027.5000	全自动生化分析仪			结构：由试剂吸量机构、吸样结构、样品盘、反应盘、反应槽、搅拌机构、反应杯清洗机构、试剂盘、分光光度系统（光源、吸收池、单色器、检测器、信号显示器组成）软盘驱动器1，软盘驱动器2，电源线，排水箱，废液箱试剂冷藏库等部分组成。 工作原理：利用待测样本血清和特定试剂混合后进行生化反应形成一种能达到测光要求的待测物质，由卤素灯发射连续光谱，入射光在广泛的光谱区域内发射连续的光谱对吸收池的待测物质进行照射，经单色器将复合光分为单色光，分离出所需要的波段光，检测器将检测到的光信号转变为电信号，电信号被显示器进行数据处理完成整个吸光度的测光检测，本设备采用全反映过程测光方式，即在3－10分钟反应时将不断地按一定时间间隔的测定反应液的吸光度，从而得到待测样品的浓度。 用途：生化常规检查，急诊检查，免疫血清检查，治疗药物的检查。	该商品利用光谱吸收原理对待测物质浓度进行测量，符合税目90.27的商品描述，根据归类总规则一及六，应将其归入税则号列9027.5000。
102	Z2007－0102	9027.8090	TC 600ZC氧氮分析仪			该商品为香港力可仪器有限公司生产的TC600ZC型氧氮分析仪，该机为测量仪器与计算机一起进口，机上自带电极脉冲炉，可用附件为标准石墨坩埚。 其工作原理是：1. 量取标准重量的被测样品粉末（硬质合金）置入高温标准尺寸、质量石墨坩埚中；2. 将装有样品的石墨坩埚装入氮氧分析仪，该分析仪将在惰性气氛中使用电极脉冲炉熔融样品粉末，并使之在坩埚中燃烧，坩埚中的C置换出样品中的O，释放出气体元	TC600ZC氧氮分析仪用于对金属样品中氮、氧元素含量进行测量，符合税目90.27的商品范围。该商品虽然是对样品和石墨坩埚反应后的气体进行分析，但其本身带有电机脉冲炉，从总体来看是对金属样品的分析。根据归类总规则一及六，应将其归入税则号列9027.8090。

序号	归类决定编号	商品税则号列	商品名称	英文名称	其他名称	商品描述	归类决定
						素 CO、CO_2、H_2、N_2，并最终转化为 CO_2、H_2O、N_2。3. 仪器使用自带的红外检测器对 CO_2 含量进行检测，在除去 CO_2、H_2O 后又使用测热导率的方法测出 N_2 含量。4. 计算机收到测量的 CO_2 红外透光数据、N_2 热导数据计算出气体相应含量，再通过积分线性化处理等计算出标转样品重量中氮、氧元素的含量。计算机与分析仪连接，起控制和计算处理作用。	
103	Z2007－0103	9027.8099	门尼粘度仪			门尼粘度仪，品牌为 ALPHA，规格型号为 MV2000。工作原理为：在封闭的膜腔（分为上下两个膜腔，内有转子）内放入橡胶母胶或者混炼胶，通过对膜腔加热和转子的转动，输出温度和转子运动的扭矩变化曲线，从而对橡胶加工性能也就是机械性能进行测试。	该门尼粘度仪未配备电脑，不具有数据处理功能。其检测的数据类型包括温度、时间、门尼粘度三种，其中温度和时间为机器本身工作状态，对于被测物体（橡胶母胶或混炼胶）检测其门尼粘度，符合税目 90.27 测量粘性的仪器描述，根据归类总规则一及六，应将其归入税则号列 9027.8099。
104	Z2007－0104	9031.4990	TSI 立体粒子图像测速仪	Stereo PIV System		该设备主要是通过拍摄并测量流场中跟随流体运动颗粒的速度来反映流场速度的，其测量结果均通过 CCD 拍摄的图像进行分析得出。该商品是利用特殊 CCD 拍摄激光照亮的流场中的跟随颗粒来进行流动速度测量的系统。其中的 CCD 有两个非常特殊的技术指标，使之完全区别于常规 CCD，一是跨帧技术，即在非常短的时间间隔内完成联系两张图像的拍摄，这是常规 CCD 不可能实现的；二是含有防止强光的特殊保护	TSI 立体粒子图像测速仪包括激光源、CCD 图像采集、控制协调系统等部分组成。工作是通过激光源在流场中形成一个很薄的光平面，利用 CCD 图像采集系统快速拍摄连续两张流场粒子图像，并通过计算机进行比对计算，可以得到流场中速度分布。该商品用于流场速度分布的检测，

序号	归类决定编号	商品税则号列	商品名称	英文名称	其他名称	商品描述	归类决定
						技术，普通CCD在激光照明的环境中拍摄非常容易损坏，这种特殊的CCD含有防强光保护系统，使得它可以在非常短的时间内承受强光照射。一套完整的PIV系统包括光源系统（激光器，片光源镜头组，导光臂），图像采集系统（跨帧CCD/CMOS相机，图像数据采集板），控制协调系统（高时间分辨率同步器），示踪粒子发生系统以及专用PIV图像数据处理和流场显示系统等。	符合税目90.31的商品描述，其利用CCD拍摄原理工作，符合《税则注释》9031.49子目注释有关商品的描述，根据归类总规则一及六，应将其归入税则号列9031.4990。
105	Z2007－0105	9032.8100	压力校准仪			该设备由电路板、连接部件、数字压力计组成。精确地设定和控制气体的压力，测量仪器校准和测试。	压力校准仪连接气源系统，可以精确地设定和控制输出气体压力，用于压力传感器的校验。该设备符合《税则》第九十章章注七（一）气体压力自动控制装置的描述，根据归类总规则一及六，应将其归入税则号列9032.8100。
106	Z2007－0106	9032.8900	控制器（渗透机用）	Control Panel System		该控制器包括气体流量控制柜3个、电压电流控制柜4个、温度及炭势控制柜4个、控制柜用空调8个、电脑一套、以及其他散件，主要控制炉膛内温度和炉内炭势，起到温度控制和气体控制的作用。工作原理为计算机根据程序中温度的设定值向温度控制柜发出指令，通过电源开关的打开与闭合使炉膛内达到并保持设定的温度值。温度控制原理为PID控制。当温度超过设定温度时（通过热电偶检测得出的适时数据）计算机发出指令使电源开关断开；实物中的气体控制是计算机炭势设定值向气体控制柜发	该控制器由多种控制柜以及电脑等系统组合而成，用于对炉膛内的温度和气体进行控制，符合税目90.32自动调节或控制仪器的功能。根据第九十章章注三以及第十六类类注四有关功能机组的归类规定，由于该整套设备组合后明显具有税目90.32所列功能，应一并归入税则号列9032.8900。

序号	归类决定编号	商品税则号列	商品名称	英文名称	其他名称	商品描述	归类决定
						出指令，通过电磁开关控制N_2、丙酮、甲醇、空气的流量与供给，控制炉内气氛值。	
107	Z2007－0107	9032. 8900	智能化温室高压雾化装置、温度控制装置、空气循环控制装置			三套装置一批进口，且三套装置共用一台电脑控制主机。 高压雾化装置：由电脑控制主机、室内空气感应器、加压泵和高压喷头组成，工作原理：在温室内安装配套的管道和高压喷头，室内空气感应器会随时记录当时温室内的空气湿度、温度的分析数据，并适时通过信号传输给电脑控制主机，电脑控制主机通过对比数据，来计算喷射出的水量及雾化程度。随后通过数据调节泵压力，喷出喷雾。从而使温室降温。 温度控制装置：由电脑控制主机、室内外气象感应器、风机水帘装置、天窗开启控制器、侧窗开启控制器、加热控制器组成，工作原理：通过设定一个温室适宜温度区间，感应器收集气象数据传输给电脑主机，当数据超出设定范围，电脑主机发出指令控制风机风帘装置进行降温或加热控制器进行升温，完成温室温度的自动控制。 空气循环控制装置：由电脑控制主机、二氧化碳分配系统、二氧化碳室外存储罐、室内空气感应器、空气交换装置、天窗侧窗开启装置组成。 工作原理：电脑主机根据设定二氧化碳浓度、空气含量等气候数据，调节天窗侧窗等结构设施，完成温室的气候条件调节。	该三套设备包括探头、控制器（电脑）以及执行机构组成，共同使用可对温室内空气温度、湿度以及气体成分等进行控制，构成税目 90.32 的自动控制设备，根据《税则》第九十章注释三及第十六类类注四之规定，应当一并作为温室气候控制设备归入税则号列 9032. 8900。
108	Z2007－0108	9032. 9000	氧浓度含量测头	Sensor, Oxygen		该氧浓度含量测头，输出电压 0 伏－1 伏，其作用是测量汽车发动机排气歧管排出气体中氧气的浓度，传输给电控单元，	氧浓度含量测头与汽车自动控制装置相连，可对汽车发动机排出气体中氧气的浓

序号	归类决定编号	商品税则号列	商品名称	英文名称	其他名称	商品描述	归类决定
						电控系统接到电控单元的信号后，调整油气混合比，使三元催化器达到最佳的转换效率。	度进行测量，本身还不具备独立的功能，根据第九十章章注二有关零件的归类规定，该商品应当作为汽车自动控制装置的零件归入税则号列9032.9000。
109	Z2007－0109	9403.2000	牙科技师专用台			牌子：ERIO牌；用途：专用于车粗石膏，切割及打磨金属；工作空间约80厘米，高度可调校，由最低90厘米至最高104厘米；构成：包括1台1000瓦吸尘器“B”（RAR－83）型、1盏36瓦－40千赫兹电光管灯、独立及可调校气压之气仓、两抽屉、指示灯、吸气孔、排气出口、玻璃保护罩21186毫米、高速钻针装位、电插座装置、速度快慢控制器等。	牙科技师专用台包括钢结构台体、吸尘器、照明灯等部件组成，由于其组成后并不构成第八十四章或第八十五章某一列名的功能，不符合第十六类类注四所称的功能机组，应当分别归类。其中吸尘器归入税目85.08项下，工作台作为未列名的金属家具归入税则号列9403.2000；其他未固定安装在工作台上的管道、气枪等应分别归入各自相应的税目。
110	Z2007－0110	分别归类	汽车锁			该商品为东风日产天籁（JA460）车用点火开关装置及方向盘、车门、杂物箱开锁装置联合体。型号为998109W71A，电压12V，主体为钢铁制。其可控制汽车电子点火器和方向盘锁止，其他辅助装置可用配套车钥匙开启。工作原理：其主体点火开关装置安装在汽车方向盘以下的汽车转向轴上。 当开启点火开关时，①接通蓄电池至用电设备的电路，使用电设备可以投入工作；②断开电子点火器熄火线与接地线的连接，使点火系统可以投入工作；③锁头收回，方向盘可以转动。	汽车锁包括车用点火开关及方向盘锁（一体式）、门锁、杂物箱锁头、钥匙组成，锁分装在汽车上的不同部位，用钥匙开启。由于各种锁用于不同的部分，虽然成套进口，但应当分别归类。其中点火开关及方向盘锁包括电气开关和方向盘锁止装置组成，为汽车的专用零件，根据归类总规则一及六，应将其归入税则号列8708.9999；门锁、

序号	归类决定编号	商品税则号列	商品名称	英文名称	其他名称	商品描述	归类决定
						关闭点火开关时，①断开蓄电池至用电设备的电路，使用电设备退出工作；②接通电子点火器熄火线至接地线的连接，使点火系统终止工作；③锁头伸出，方向盘锁死。	杂物箱锁应当归入税则号列 8301.2090 项下。
111	Z2007－0111	分别归类	快速红外成像系统	Varian Excfastlmageir U－image System		该快速红外成像系统由傅立叶变换红外光谱仪、红外显微镜（内置焦平面检测器、摄影机）两部分构成。该系统通过红外光谱仪提供光源，利用焦平面检测器进行红外成像，得到样品的红外图像和红外光谱，通过分析光谱以达到样品定性分析的目的。	快速红外成像系统包括傅立叶变换红外光谱仪、红外显微镜（含内置摄影机）两部分。红外光谱仪具有独立的分析功能，同时也能为红外显微镜提供红外光源。两者组合后，红外光谱仪可以对样品进行光谱分析，小样品也能通过红外显微镜进行观测。该商品组合后具备两种以上的检测分析功能，不符合第九十章章注三（第十六类注释四）功能机组的描述，应当分别归类。其中红外光谱仪归入税则号列 9027.3000，红外显微镜具备摄影功能归入税则号列 9011.2000。
112	Z2007－0112	分别归类	胶印制版生产线			该套设备由下列机器组成：1. 网屏金装彩色平台式扫描仪（型号：FT－S5500）；2. 网屏刀神大幅面高速输出机（型号：DT－R6120）；3. 德国天马晒版机［型号：MONTAKOP 95（3535）Rapid］；4. PROTECK 保迪 PS 版一般用量冲洗机（型号：XPE 85）。设备生产流程：该套设备用平台式扫描仪对放置平台上的原稿进行扫描，并读取和记忆相关信息，转换成数据，经数据传输（线路连接）	整条生产线由扫描仪、电脑、高速输出机、晒版机、PS 板冲洗机组成。其中高速输出机是对胶片进行处理，晒版机和冲洗机是对 PS 板进行处理，不符合第十六类类注四有关功能机组中“明显具有一种第八十四章或第八十五章某个品目所列功能”的描述，应当分别归类。

序号	归类决定编号	商品税则号列	商品名称	英文名称	其他名称	商品描述	归类决定
						到电脑（未进），经电脑处理后数据传输（线路连接或网路连接）到高速输出机（激光照排机和连线冲片机），把经过电脑（未进）处理的图文数据在软件上曝光和显影，再输出软片到电脑晒版机，将有图文的软片置于PS版上进行曝光，输出未显影的PS版到PS版冲洗机，将PS版显影，再输出成品PS版。	

中华人民共和国海关总署公告

2007年第72号

为进一步简化和规范进出境旅客申报手续，方便旅客进出境，迎接2008年北京奥运会及2010年上海世界博览会，海关总署经研究决定，自2008年2月1日起，在全国各对外开放口岸实行新的进出境旅客申报制度。现就有关事项公告如下：

一、进出境旅客没有携带应向海关申报物品的，无需填写中华人民共和国海关进出境旅客行李物品申报单（以下称申报单，式样见附件），选择“无申报通道”（又称“绿色通道”）通关。

二、除海关免于监管的人员以及随同成人旅行的16周岁以下旅客以外，进出境旅客携带有应向海关申报物品的，须填写申报单，向海关书面申报，并选择“申报通道”（又称“红色通道”）通关。

三、进境旅客携带有下列物品的，应在申报单相应栏目内如实填报，并将有关物品交海关验核，办理有关手续：

（一）动、植物及其产品，微生物、生物制品、人体组织、血液制品；

（二）居民旅客在境外获取的总值超过人民币5000元（含5000元，下同）的自用物品；

（三）非居民旅客拟留在中国境内的总值超过2000元的物品；

（四）酒精饮料超过1500毫升（酒精含量12度以上），或香烟超过400支，或雪茄超过100支，或烟丝超过500克；

（五）人民币现钞超过20000元，或外币现钞折合超过5000美元；

（六）分离运输行李，货物、货样、广告品；

（七）其他需要向海关申报的物品。

四、出境旅客携带有下列物品的，应在申报单相应栏目内如实填报，并将有关物品交海关验核，办理有关手续：

（一）文物、濒危动植物及其制品、生物物种资源、金银等贵重金属；

（二）居民旅客需复带进境的单价超过5000元的照相机、摄像机、手提电脑等旅行自用物品；

（三）人民币现钞超过20000元，或外币现钞折合超过5000美元；

（四）货物、货样、广告品；

（五）其他需要向海关申报的物品。

五、非居民旅客返程出境时，如需要选择“申报通道”通关，可在其原进境时填写并经海关批注和签章的申报单上出境栏目内填写相关内容，或者另填写一份申报单，向海关办理出境申报手续。

居民旅客回程进境时，如需要选择“申报通道”通关，可在其原出境时填写并经海关批注和签章的申报单上进境栏目内填写相关内容，或者另填写一份申报单，向海关办理进境申报手续。

六、持有中华人民共和国政府主管部门给予外交、礼遇签证的进出境旅客，通关时应主动向海关出示本人有效证件，海关予以免验礼遇。

七、违反海关规定，逃避海关监管，携带国家禁止、限制进出境或者依法应当缴纳税款的货物、物品进出境的，海关将依据《中华人民共和国海关法》和《中华人民共和国海关行政处罚实施条例》予以处罚。

八、本公告自2008年2月1日起实施，原海关总署2005年第23号公告同时废止。

特此公告。

附件　中华人民共和国海关进出境旅客行李物品申报单（式样）（略）

海关总署

2007年12月11日

中华人民共和国海关总署公告

2007年第73号

根据有关规定，进口经营单位申报进口实施反倾销措施货物的，应按照有关公告的规定在申报时向海关提交货物原产地证明和原厂商发票，以便海关据此确定临时反倾销措施的征收比率或反倾销税税率。对于进口经营单位在申报时未能提交原产地证明或原厂商发票，海关已经执行有关反倾销措施，而进口经营单位事后又向海关补充提交上述证明或发票的，按以下办法处理：

一、进口经营单位在反倾销保证金或其他临时反倾销措施存续期间补交原产地证明或原厂商发票的，海关可以接受，并根据查证核实后的原产地证明或原厂商发票，对征收的反倾销保证金或实施的其他临时反倾销措施予以调整。

二、进口经营单位在海关征收反倾销税后补交原产地证明或原厂商发票的，海关不予接受，对已征税款不予调整。

特此公告。

海关总署

2007年12月21日

中华人民共和国海关总署公告

2007年第74号

经国务院批准，自2008年1月1日至12月31日，对部分化肥及制肥原料调整出口关税税率。现公告如下：

一、对尿素（税则号列：3102.1000）自1月1日至3月31日实行30%的暂定关税；自4月1日至9月30日实行35%的暂定关税；自10月1日至12月31日实行25%的暂定关税。

二、对磷酸氢二铵（税则号列：3105.3000）、磷酸二氢铵及磷酸二氢铵与磷酸氢二铵的混合物（税则号列：3105.4000）自1月1日至3月31日实行20%的暂定关税；自4月1日至9月30日实行30%的暂定关税；自10月1日至12月31日实行20%的暂定关税。

三、对硫酸及有烟硫酸（税则号列：2807.0000）开征税率为5%的出口暂定关税。

特此公告。

海关总署

2007年12月24日

中华人民共和国海关总署公告

2007年第75号

经国务院批准，自2008年1月1日起，进口磷酸氢二铵（税则号列：3105.3000）免征进口环节增值税。现就执行中有关问题公告如下：

一、进口单位在进口磷酸氢二铵前，需持凭有关单证材料向进口地海关申请办理免税审批手续。

二、进口磷酸氢二铵的免税审批手续纳入“海关减免税管理系统”管理，征免性质为“国批减免”（代码：898）。进口地海关按规定审核无误后，应出具进出口货物征免税证明。

特此公告。

海关总署

2007年12月27日

中华人民共和国海关总署公告

2007年第76号

由于2008年版《中华人民共和国进出口税则》（以下简称《税则》）的税目设置及其相应的税则号列与2007年版《税则》相比有所调整，因此，海关相应调整了部分进出口货物应填报的商品编码。现就征收反倾销税的进口货物商品编码填报事项公告如下：

一、自2008年1月1日起，进口经营单位申报进口本公告附件所列属于应征收反倾销税的货物时，应按照本公告附件列明的调整后的商品编码填报。

二、对本公告附件所列进口货物征收反倾销税的其他事项，仍按照相关反倾销公告中的规定执行。

特此公告。

附件　部分征收反倾销税进口货物的商品编码调整对照表

海关总署

2007年12月28日

附件

部分征收反倾销税进口货物商品编码调整对照表

序号	征收反倾销税货物	公告号	调整前商品编码	调整后商品编码
1	聚氯乙烯纯粉	海关总署2003年第56号 海关总署2006年第80号	39041000.01	39041090.01
2	二甲基环体硅氧烷	海关总署2006年第3号 海关总署2006年第5号 海关总署2006年第80号	38249090.04	38249099.04
3	核苷酸类食品添加剂	海关总署2006年第23号 海关总署2006年第80号	38249090.05	38249099.05

中华人民共和国海关总署
商　　务　　部
国家质量监督检验检疫总局
公　　告

2007年第77号

2007年10月，中国、孟加拉、印度、韩国、老挝、斯里兰卡等《亚太贸易协定》成员国通过了《〈亚太贸易协定〉原产地证书签发与核查操作程序》，现予以公告，并自2008年1月1日起实施。

特此公告。

附件　亚太贸易协定原产地证书签发与核查操作程序

海关总署
商务部
质检总局
2007年12月28日

附件

《亚太贸易协定》原产地证书签发与核查操作程序

于2005年11月2日签署的《亚太贸易协定》各成员国（以下简称“成员国”）：

为执行《亚太贸易协定》项下的原产地规则，制定本原产地证书签发与核查及其他相关行政事务操作程序。

就以下内容达成一致：

第一条　签证机构

一、原产地证书应由出口成员国政府指定的一家或多家机构（以下简称“签证机构”）签发。

二、各成员国应将其签证机构的名称和地址，及证明原产地证书有效的签证印章印模通知其他各成员国。上述资料的任何变化应尽快通知其他成员国。

第二条　申请原产地证书

一、符合享受优惠待遇条件的产品，其出口商及/或生产商应书面（以手工或电子方式）向有关签证机构申请出口前的产品原产地核查或登记。对核查或登记结果应定期或者适时进行复查，并将此作为核定该待出口产品原产地的相关证明文件。上述出口前核查可不适用于根据其性质即可容易确定原产地的产品。

二、出口商或其授权的代理人在办理享受优惠待遇产品出口手续时，应书面（以手工或电子方式）向签证机构申请原产地证书，并提交正确填制的原产地证书以及用于证明待出口产品符合原产地证书签发要求的相关随附证明文件。

三、在审核原产地证书申请时，签证机构应有权要求申请人提供任何证明文件，以便确定货物符合《亚太贸易协定》项下原产地规则和本程序的规定。

四、签证机构应详细审查每一份原产地证书的申请，以确保：

（一）申请及原产地证书正确填制，并且经出口商或授权人签名，或者以电子方式提交；

（二）货物的原产地符合《亚太贸易协定》项下原产地规则；

（三）原产地证书中的其他陈述或者条目与所提交的证明文件相符；

（四）所列明的税则号列、货物名称、数量及重量、唛头及件号、包装件数和种类与待出口货物相符。

第三条　原产地证书

一、原产地证书应依据《亚太贸易协定》附件二中所列样本格式用国际标准A4纸印制，所用文字为英语。

二、原产地证书应包括一份正本和由签证机构留存的一份副本。原产地证书的颜色应由各成员国自行确定并通知其他成员国和秘书处。

三、每份原产地证书应注明由各地签证机构单独编排的唯一编号。

四、原产地证书正本应由出口商递交给进口商，以便呈交给进口地海关当局。

第四条　原产地证书的签发

一、只要根据《亚太贸易协定》项下原产地规则，待出口产品可视为该出口成员国原产，出口成员国的签证机构即应在出口时或者装运后3个工作日内，以手工或者电子形式签发原产地证书。原产地证书自签发之日起1年内有效。

二、原产地证书不得涂改和叠印。所有未填空白之处应予划去，以防事后填写。

三、根据《亚太贸易协定》附件二原产地规则第二条、第三条及第四条的规定，出口成员国的签证机构应在原产地证书第8栏内注明相关的原产地标准以及所适用的区域成分百分比。

四、如果原产地证书被盗、遗失或毁坏，出口商可以向原签证机构书面申请经证实的原证书正本的真实复制本。该复制本应根据签证机构存档的相关文件制发，并在原产地证书第3栏中注明“经证实的真实复制本”以及原正本的签发日期。经证实的原产地证书真实复制本应在其正本的有效期内签发。

第五条　原产地证书的提交

一、有关产品申报进口时，应向海关当局提交原产地证书正本，以享受优惠待遇；

二、原产地证书应在其有效期内向进口国海关当局提交；

三、如果因不可抗力或者出口商无法控制的其他合理原因致使不能按期提交原产地证书，有关进口国海关当局仍应接受逾期提交的原产地证书。

四、在任何情况下，如果产品在原产地证书有效期限内已经进口，有关进口国海关当局可以接受该原产地证书。

五、如果对产品原产地无疑问，但发现原产地证书内容与为办理产品进口手续而提交给进口成员国海关当局的单证略有不符，不应据此认定原产地证书无效。

第六条　原产地核查

一、进口成员国海关当局可以随机请求出口成员国签证机构进行追溯性核查，也可以在有理由怀疑有关文件的真实性或者有关货物原产地的准确性时，提出追溯性核查请求。

二、核查请求应随附相关原产地证书，说明请求核查的原因，并列明该原产地证书可能存在不实之处的其他详细情况。

三、在等待核查结果期间，进口成员国海关当局可以暂缓给予优惠待遇。如果货物不属于禁止或者限制进口的货物，且无瞒骗嫌疑，海关可以在履行必要的行政手续后将货物放行。

四、收到核查请求的签证机构应尽快作出回应，并在收到请求后3个月内作出答复。核查期间，应实施上述第三款。如果进口成员国海关当局在发出核查请求后的4个月内没有收到答复，该海关当局可以拒绝给予优惠关税待遇。核查过程，包括实质性程序和确定相关货物是否原产等，应当在6个月内完成并向签证机构通报。如果答复结果未包含确定有关文件的真实性或货物的原产地的充足信息，相关机构应当在3个月内通过双边协商来解决问题。如果协商无法解决，进口成员国海关当局可以拒绝给予优惠关税待遇。

第七条　记录保存要求

一、原产地证书的申请书及其所有相关文件应由签证机构自签发之日起至少保留2年。

二、应进口成员国的请求，签证机构应提供与原产地证书准确性有关的资料。

三、有关成员国之间交流的任何资料应予以保密，只能用于原产地证书的核查。

第八条 特殊情况

如果出口到某成员国指定口岸的全部或者部分货物的目的地发生变化，在货物到达该成员国之前或之后，应按下列规则办理：

一、如果产品已经向指定进口成员国的海关当局报验，进口商应向该海关提出书面申请，由海关当局将全部或者部分产品改变目的地的情况在原产地证书上签注认可，然后将证书正本交还进口商。

二、如果在运往原产地证书所指定的进口成员国途中目的地改变，出口商应提出书面申请，并随附已签发的原产地证书，要求对全部或部分产品重新发证。

第九条 直接运输的相关单证

为实施《亚太贸易协定》附件二规则五（二）的规定，对经过非成员国境内运输的货物，应向进口成员国海关当局提交下列单证：

一、在出口成员国签发的联运提单；

二、出口成员国签证机构签发的原产地证书；

三、货物的原始商业发票；以及

四、符合《亚太贸易协定》附件二规则五（二）所规定条件的证明文件。

第十条 成员国之间的合作

一、当怀疑存在与原产地证书相关的瞒骗行为时，有关成员国政府机构应相互合作，对涉嫌人员采取行动，并依各自国内法律规定实施法律制裁。

二、如果在原产地确定、商品归类、货物或其他方面发生争议，进出口成员国的有关政府机构应本着解决争议的愿望进行协商，并将协商结果通报其他成员国。

三、各成员国应指定一个或多个联络点，以确保有效并高效地实施《亚太贸易协定》原产地规则。

第十一条 展览品

一、由一成员国运至另一成员国展览并在展览期间或展览后销售的产品，如其符合《亚太贸易协定》原产地规则的要求，应享受《亚太贸易协定》项下优惠关税待遇，但应满足进口成员国有关政府机构的下列要求：

（一）出口商已将产品从出口成员国境内运送到展览会举办国并已在该国展出；

（二）出口商已将货物出售或者转让给进口成员国的收货人；以及

（三）产品已经以送展时的状态在展览期间或者展览后立即出售给进口成员国。

二、为实施以上规定，必须向进口成员国有关政府机构提交原产地证书。

三、上述第一款规定适用于展览期间产品处于海关监管之下的展览会、交易会或类似展览或展示。

中华人民共和国海关总署公告

2007 年第 78 号

为加强海关统计的信息、咨询与服务工作，方便公众对海关统计数据的使用，根据《中华人民共和国海关统计条例》有关规定，现向社会公布《2008 年中国海关统计数据发布时间表》，并就有关事宜公告如下：

一、中国海关统计是中国进出口货物贸易统计。统计数据的收集、整理编制和发布均由中国海关负责。中国海关采用国际通用的货物贸易统计标准，其数据具有全面性、可靠性和国际可比性。

二、2002 年 4 月，我国正式加入由国际货币基金组织（IMF）建立并推行的“国际数据公布通用系统（General Data Dissemination System）”（以下简称 GDDS）。作为中国对外货物贸易统计数据编制和发布的主管部门，我署按照 GDDS 的要求，就我国对外货物贸易统计数据的概念、数据质量、数据完整性、公众对数据的可获得性及改进计划等方面做出解释并予以公布。公众可在我署政府网站（www. customs. gov. cn）及国际货币基金组织网站（www. imf. org）上查询有关详细内容。

三、我署已开通海关统计资讯网（www. chinacustomsstat. com），为社会提供更便捷的海关统计咨询服务。

特此公告。

附件 2008 年中国海关统计数据发布时间表

海关总署

2007 年 12 月 28 日

附件

2008年中国海关统计数据发布时间表

时间	快讯	月度咨询数据	中文月报	英文月报	中文年鉴	英文年鉴
1月	11日	22日	25日	30日		
2月	18日	22日	25日	29日		
3月	10日	22日	25日	30日		
4月	11日	22日	25日	30日		
5月	12日	22日	25日	30日		
6月	11日	22日	25日	30日	30日	
7月	10日	22日	25日	30日		30日
8月	11日	22日	25日	30日		
9月	10日	22日	25日	30日		
10月	14日	25日	28日	30日		
11月	11日	22日	25日	30日		
12月	10日	22日	25日	30日		

注：发布的月度数据指上一个月的当月数据及累计数据。

说明：

1. 快讯（月度初步汇总数据）：

由海关总署通过政府网站（www. customs. gov. cn）及新闻媒体对外公布

2. 月度咨询数据：

海关总署对外咨询服务部提供数据咨询

电话：010－65195623，传真：010－65195884，网址：www. chinacustomsstat. com，www. hgtj. cn，邮箱：service@ hgtj. cn

3. 中文月报、中文年鉴：

发行单位：海关总署杂志社

联系地址：中国北京朝阳区东土城路甲9号中国海关杂志社

电话：010－64281003，传真：010－64227190，邮编：100013 邮箱：fx@ zghgzz. sina. net

4. 英文月报：

发行单位：香港经济导报社

联系地址：香港轩尼诗道342号16字楼

电话：852－25722289，传真：852－28342985，网址：www. eiahk. com，邮箱：eiaet@ pacific. net. hk

5. 英文年鉴：

发行单位：香港方誉信息有限公司

联系地址：香港轩尼诗道139号中国海外大厦四楼B室

电话：852－29739133，传真：852－25309820，网址：www. b2bchina. com. hk，邮箱：info@ goodwill. com. hk

中华人民共和国海关总署公告

2007 年第 79 号

《2008 年关税实施方案》已经国务院关税税则委员会第十次全体会议审议通过，并报国务院批准，自 2008 年 1 月 1 日起实施。现将《2008 年关税实施方案》公告如下：

一、进口关税调整

（一）根据我国加入世界贸易组织承诺的关税减让义务，对进口关税作如下调整：

1. 降低“进口税则”中聚乙烯等 45 个税目的最惠国税率（见附件 1），其余税目的最惠国税率维持不变；

2. 对 9 个非全税目信息技术产品继续实行海关核查管理，税目税率不变（其中无线电话电报装置的天线按新增税号 8517. 7070 执行）；

3. 对小麦等 8 类 45 个税目的商品实行关税配额管理。对尿素、复合肥、磷酸氢二铵 3 种化肥的配额税率执行 1% 的税率。对配额外进口的一定数量棉花实行 5% –40% 滑准税，对滑准税率低于 5% 的进口棉花按 0. 57 元/千克从量税计征。其他商品的税率维持不变（见附件 2）；

4. 对感光材料等 55 种商品继续实行从量税、复合税。

（二）对乳品加工机器等部分进口商品实行暂定税率（见附件 3）。

（三）根据我国与有关国家或地区签署的贸易或关税优惠协定，对有关国家或地区实施协定税率：

1. 对原产于韩国、印度、斯里兰卡、孟加拉和老挝的部分商品继续实行《亚太贸易协定》协定税率，其中部分税率进一步下调（见附件 4［1］）；

2. 对原产于文莱、印度尼西亚、马来西亚、新加坡、泰国、菲律宾、越南、缅甸、老挝和柬埔寨的部分商品，继续实施中国—东盟自由贸易区协定税率；

3. 对原产于智利的部分商品继续实施《中国 – 智利自由贸易协定》协定税率，其中部分税目的税率进一步下调（见附件 4［2］）；

4. 对原产于巴基斯坦的部分商品继续实施中国—巴基斯坦自贸区“早期收获”和“全面降税”协定税率，其中部分税目的税率进一步下调（见附件 4［3］）；

5. 对原产于中国香港的已完成原产地标准核准的产品继续实施零关税，其中新近完成的原产地标准核准的产品有 16 项（见附件 4［4］）；

6. 对原产于中国澳门的已完成原产地标准核准的产品继续实施零关税。

上述协定中涉及 2008 年税则税目调整的，以公告中税则税目为准。

（四）根据我国与有关国家或地区签署的贸易或关税优惠协定以及国务院有关决定，实施特惠税率：

1. 在“中国—东盟自由贸易区”框架下，继续对原产于老挝、柬埔寨和缅甸的部分产品实施特惠税率；

2. 在《亚太贸易协定》框架下，继续对原产于老挝和孟加拉的部分产品实施特惠税率；

3. 对原产于贝宁共和国等 30 个非洲最不发达国家的部分商品继续实施特惠税率，其中扩大了安哥拉共和国对华出口零关税商品范围，给予安哥拉共和国第二批零关税待遇的商品清单见附件 5；

4. 对原产于也门共和国等 5 个最不发达国家的部分商品继续实施特惠税率。

上述实施特惠税率的税目涉及 2008 年税则税目调整的，以公告中税则税目为准。

（五）普通税率维持不变。

二、出口关税调整

（一）“出口税则”的出口税率维持不变；

（二）对钢坯等部分出口商品实行暂定税率（见附件 6），其中，对一般贸易和边境小额贸易出口尿素、磷酸铵征收季节性暂定税率，税率按照海关总署公告〔2007〕74 号执行。

三、税则税目调整

对部分税则税目进行调整（见附件 7），调整后，2008 年版税则税目共计 7758 个。

特此公告。

附件 1　进口商品最惠国税率调整表（略）

附件 2　关税配额商品进口税率表（略）

附件 3　进口商品暂定税率表（略）

附件4　协定税目税率表（4［1］－［4］）（略）

附件5　给予安哥拉共和国第二批零关税待遇的商品清单（略）

附件6　出口商品暂定税率表（略）

附件7　税则税目调整表（略）

海关总署

2007年12月29日

2008 年度公告

中华人民共和国海关总署公告

2008 年第 1 号

经国务院批准，自2008 年1 月1 日至2008 年12 月31 日，对粮食原粮及其制粉征收出口暂定关税，具体税目、税率见附件。

特此公告。

附件　粮食原粮及其制粉出口暂定关税税率表

海关总署

2008 年 1 月 4 日

附件

粮食原粮及其制粉出口暂定关税税率表

序号	税则号列（HS2008）	商品名称	出口暂定关税税率（%）
1	1001. 1000	硬粒小麦	20
2	1001. 9010	种用小麦	20
3	1001. 9090	其他小麦及混合麦	20
4	1002. 0010	种用黑麦	20
5	1002. 0090	其他黑麦	20
6	1003. 0010	种用大麦	20
7	1003. 0090	其他大麦	20
8	1004. 0010	种用燕麦	20
9	1004. 0090	其他燕麦	20

序号	税则号列（HS2008）	商品名称	出口暂定关税税率（%）
10	1005.1000	种用玉米	5
11	1005.9000	其他玉米	5
12	1006.1011	种用籼米稻谷	5
13	1006.1019	其他种用稻谷	5
14	1006.1091	其他籼米稻谷	5
15	1006.1099	其他稻谷	5
16	1006.2010	籼米糙米	5
17	1006.2090	其他糙米	5
18	1006.3010	籼米精米（不论是否磨光或上光）	5
19	1006.3090	其他精米（不论是否磨光或上光）	5
20	1006.4010	籼米碎米	5
21	1006.4090	其他碎米	5
22	1007.0010	种用食用高粱	5
23	1007.0090	其他食用高粱	5
24	1008.1000	荞麦	20
25	1008.2000	谷子	5
26	1008.9010	其他种用谷物	5
27	1008.9090	其他谷物	5
28	1101.0000	小麦或混合麦的细粉	25
29	1102.1000	黑麦细粉	25
30	1102.2000	玉米细粉	10
31	1102.9011	籼米大米细粉	10
32	1102.9019	其他大米细粉	10
33	1102.9090	其他谷物细粉	10
34	1103.1100	小麦粗粒及粗粉	25
35	1103.1300	玉米粗粒及粗粉	10
36	1103.1910	燕麦粗粒及粗粉	25
37	1103.1921	籼米大米粗粒及粗粉	10
38	1103.1929	其他大米粗粒及粗粉	10
39	1103.1990	其他谷物粗粒及粗粉	10
40	1103.2010	小麦团粒	25
41	1103.2090	其他谷物团粒	10
42	1104.1200	滚压或制片的燕麦	20
49	1104.1910	滚压或制片的大麦	20

序号	税则号列（HS2008）	商品名称	出口暂定关税税率（%）
44	1104.1990	滚压或制片的其他谷物	5
45	1104.2200	经其他加工的燕麦	20
46	1104.2300	经其他加工的玉米	5
47	1104.2910	经其他加工的大麦	20
48	1104.2990	经其他加工的其他谷物	5
49	1104.3000	整粒城或经加工的谷物胚芽（经加工是指滚压、制片或磨碎）	5
50	1108.1100	小麦淀粉	25
51	1108.1200	玉米淀粉	10
52	1201.0010	种用大豆	5
53	1201.0091	非种用黄大豆（不论是否破碎）	5
54	1201.0092	非种用黑大豆（不论是否破碎）	5
55	1201.0093	非种用青大豆（不论是否破碎）	5
56	1201.0099	非种用其他大豆（不论是否破碎）	5
57	1208.1000	大豆粉	10

中华人民共和国海关总署公告

2008 年第 2 号

根据《中华人民共和国反倾销条例》的规定，国务院关税税则委员会决定自 2006 年 12 月 13 日起对原产于美国和欧盟的进口耐磨纸征收反倾销税。商务部、海关总署于 2006 年分别发布了商务部 2006 年第 93 号公告和海关总署 2006 年第 71 号公告。其中，德国舒豪纸业有限公司（Papierfabrik Schoeller & Hoesch GmbH & Co. KG）适用的反倾销税税率为 10.0%。最近，商务部根据德国格莱富特冈茨巴赫有限两合公司（Glatfelter Gernsbach GmbH & Co. KG）变更权利义务的申请，决定由德国格莱富特冈茨巴赫有限两合公司继承德国舒豪纸业有限公司在耐磨纸反倾销案中适用的反倾销税税率（详见本公告附件）。现将执行中的有关事项公告如下：

一、自 2008 年 1 月 7 日起，对以德国格莱富特冈茨巴赫有限两合公司为原产厂商名称申报进口的耐磨纸，海关按照 10.0% 的反倾销税税率征收反倾销税；对以德国舒豪纸业有限公司为原产厂商名称申报进口的耐磨纸，海关按照“其他欧盟公司”42.8% 的反倾销税税率征收反倾销税。

二、对原产于美国和欧盟的进口耐磨纸征收反倾销税的其他事项，仍按照海关总署 2006 年第 71 号公告的规定执行。

特此公告。

附件　中华人民共和国商务部 2007 年第 111 号公告

海关总署

2008 年 1 月 4 日

附件

中华人民共和国商务部公告

2007 年第 111 号

2006 年 12 月 13 日，中华人民共和国商务部发布 2006 年第 93 号公告，决定对原产于美国和欧盟的进口耐磨纸征收反倾销税。其中，德国舒豪纸业有限公司（Papierfabrik Schoeller & Hoesch GmbH Co. KG）的反倾销税税率为 10.0%。

2007 年 11 月 23 日，德国格莱富特冈茨巴赫有限两合公司（Glatfelter Gernsbach GmbH & Co. KG）函称，德国舒豪纸业有限公司（Papierfabrik Schoeller & Hoesch GmbH Co. KG）已于 2007 年 3 月经股东大会决议变更为格莱富特冈茨巴赫有限两合公司，并完成在德国相关的变更手续。该公司申请继承德国舒豪纸业有限公司在耐磨纸反倾销案中反倾销税税率。

商务部审查了公司提交的申请材料，并向国内产业原申请人提供了更名申请材料的公开部分，国内产业原申请人未表示异议。经调查，商务部认为，现有证据材料表明德国舒豪纸业有限公司已变更为格莱富特冈茨巴赫有限两合公司，在德国变更的相关手续业已经我驻德国使馆商务处的认证，且更名前后关于耐磨纸的经营管理、生产设备、原材料供应以及客户基础等未发生变化。

据此，商务部决定：

一、由德国格莱富特冈茨巴赫有限两合公司（Glatfelter Gernsbach GmbH & Co. KG）继承德国舒豪纸业有限公司（Papierfabrik Schoeller & Hoesch GmbH Co. KG）所适用的耐磨纸反倾销案 10% 的反倾销税税率；

二、自本公告执行之日起，以德国舒豪纸业有限公司名称出口的公司，将适用“其他欧盟公司”所适用的 42.8% 的反倾销税税率。

本公告自 2008 年 1 月 7 日起执行。

特此公告。

商务部

2007 年 12 月 29 日

中华人民共和国海关总署公告

2008 年第 3 号

海关总署于今年 1 月 4 日发布 2008 年第 1 号公告，规定自 2008 年 1 月 1 日起至 12 月 31 日止对原粮及其制粉开征出口暂定关税。经国务院批准，上述出口征税政策不适用于出口至香港、澳门和台湾地区自用的原粮及其制粉，对此前已经征收的出口关税准予退还。经商国家发展改革委和商务部，现就具体操作事宜明确如下：

一、如出口原粮及其制粉属配额管理，且其出口许可证“贸易国（地区）”和“目的国（地区）”栏均注明为香港、澳门或台湾地区的，海关不征收出口关税。

对于已经出口至香港、澳门或台湾地区的属配额管理的原粮及其制粉，纳税义务人可以向出口纳税地海关提出退税申请。海关按照前款规定审核确认后办理退税手续。

二、对出口至港澳台地区的不属配额管理的原粮及其制粉，出口企业应向海关提交全额税款保证金或金融机构保函，出口地海关凭保放行货物。

上述出口到港澳台地区的非配额管理的原粮及其制粉不征税和退税操作办法确定后由海关总署另行公告。

特此公告。

海关总署

2008 年 1 月 14 日

中华人民共和国海关总署公告

2008 年第 4 号

为进一步规范进出口企业申报行为，提高通关效率，根据《中华人民共和国海关进出口货物商品归类管理规定》（海关总署令第 158 号）和海关通关作业规范化管理的要求，现将涉及预归类决定书的进出口货物的报关单填制有关规定公告如下：

进出口企业在制发预归类决定书的直属海关所辖关区进出口预归类决定书所述商品时，除应按照报关单填制规范的要求填报之外，还需在报关单随附单据栏中填写预归类决定书编号，填写方式为：“r：××关预归类书××号”，并将预归类决定书副本与报关单同时提交海关核对。

本公告自发布之日起实施。

特此公告。

海关总署

2008 年 1 月 23 日

中华人民共和国海关总署公告

2008 年第 5 号

《中华人民共和国政府和立陶宛共和国政府海运协定》已生效，根据《中华人民共和国海关船舶吨税暂行办法》的有关规定，自 2007 年 12 月 10 日起，对立陶宛籍船舶适用优惠船舶吨税税率。此前已征吨税准予按本公告规定予以调整。

特此公告。

海关总署

2008 年 1 月 24 日

中华人民共和国海关总署公告

2008 年第 6 号

为规范进口原产国别（地区）的申报与统计，自 2008 年 2 月 1 日起，取消“中性包装原产国别”（代码为“999”）。

以中性包装形式进口的货物，应按照《中华人民共和国进出口货物原产地条例》的规定申报原产国别（地区）；原产国别（地区）确实不详时，应申报为“国别（地区）不详”（代码为“701”）。

特此公告。

海关总署

2008 年 1 月 24 日

中华人民共和国海关总署公告

2008年第7号

按照国务院关税税则委员会的决定，海关总署自2004年11月14日起，对原产于日本、美国、伊朗、马来西亚、墨西哥和我国台湾地区的进口乙醇胺征收反倾销税（详见海关总署2004年第36号公告）。根据期中复审调查结果，国务院关税税则委员会决定调整部分乙醇胺原产厂商适用的反倾销税税率。现就执行中的有关事项公告如下：

一、自2008年2月1日起，对申报进口原产于台湾东联化学股份有限公司（Oriental Union Chemical Corporation）的乙醇胺，海关按照5.3%的反倾销税税率征收反倾销税。

二、对申报进口原产于日本触媒株式会社（NIPPON SHOKUBAI CO.，LTD.）的乙醇胺，海关按照7.3%的反倾销税税率征收反倾销税；对申报进口原产于其他日本公司的乙醇胺，海关仍按照海关总署2004年第36号公告规定的74%的反倾销税税率征收反倾销税。

三、关于对原产于日本、美国、伊朗、马来西亚、墨西哥和我国台湾地区的进口乙醇胺征收反倾销税的其他事项，仍按海关总署2004年第36号公告及海关总署2006年第80号公告的规定执行。

特此公告。

附件　中华人民共和国商务部2008年第3号公告

海关总署

2008年1月31日

附件

中华人民共和国商务部公告

2008年第3号

中华人民共和国商务部于2004年11月14日发布2004年第57号公告，决定自2004年11月14日起，对原产于日本、美国、伊朗、马来西亚、台湾地区和墨西哥的进口乙醇胺（以下称被调查产品）征收反倾销税。

2006年12月6日，台湾东联化学股份有限公司就其所适用的乙醇胺反倾销措施向商务部提出倾销及倾销幅度的期中复审申请。

2006年12月14日，日本触媒株式会社就其所适用的乙醇胺反倾销措施向商务部提出倾销及倾销幅度的期中复审申请。

商务部经审查认为，申请书提出了倾销幅度降低的初步证据。2007年2月1日商务部发布立案公告，决定对台湾东联化学股份有限公司和日本触媒株式会社所适用的乙醇胺反倾销措施进行复审。

复审调查范围是申请人的正常价值、出口价格和倾销幅度。复审调查的被调查产品与原反倾销调查相同，即乙醇胺。该产品归在《中华人民共和国进出口税则》税则号：2922.1100、2922.1200，上述税则号项下的单乙醇胺盐和二乙醇胺盐不在被调查产品范围内。

商务部对台湾东联化学股份有限公司和日本触媒株式会社倾销及倾销幅度进行了复审调查。根据调查结果，商务部向国务院关税税则委员会提出修改反倾销税的建议。依据《中华人民共和国反倾销条例》第五十条和《商务部倾销及倾销幅度期中复审暂行规则》的规定，现将有关事项公告如下：

一、裁定

经过调查，商务部裁定台湾东联化学股份有限公司（Oriental Union Chemical Corporation）的倾销幅度为：5.3%，日本触媒株式会社（NIPPON SHOKUBAI CO.，LTD.）的倾销幅度为：7.3%。

二、征收反倾销税

根据《中华人民共和国反倾销条例》的有关规定，国务院关税税则委员会决定，自2008年2月1日起，将原产于台湾东联化学股份有限公司的进口乙醇胺的反倾销税税率调整为5.3%，将原产于日本触媒株式会社的进口乙醇胺的反倾销税税率调整为7.3%。

三、征收反倾销税的方法

自2008年2月1日起，进口经营者在进口原产于台湾东联化学股份有限公司和日本触媒株式会社生产的乙醇胺时，应向中华人民共和国海关缴纳相应的反倾销税。反倾销税以海关审定的完税价格从价计征，计算公式为：

反倾销税税额 = 海关完税价格 × 反倾销税税率

进口环节增值税以海关审定的完税价格加上关税和反倾销税作为计税价格从价计征。

四、行政复议和行政诉讼

根据《中华人民共和国反倾销条例》第五十三条的规定，利害关系方可以依法申请行政复议，也可以依法向人民法院提起诉讼。

五、本公告自2008年2月1日起执行。

特此公告。

附件　中华人民共和国商务部关于原产于台湾东联化学股份有限公司和日本触媒株式会社的进口乙醇胺的期中复审裁定（略）

商务部

2008年1月31日

中华人民共和国海关总署公告

2008年第8号

经国务院批准，自2008年2月15日至12月31日，对部分化肥产品出口关税税率进行调整。现公告如下：

一、调整磷酸氢二铵（税则号列：3105.3000）、磷酸二氢铵及磷酸二氢铵与磷酸氢二铵的混合物（税则号列：3105.4000）的出口暂定关税税率，自2月15日至9月30日税率提高至35%；自10月1日至12月31日仍实行20%的税率。

二、对部分含磷复合肥（税则号列：3105.2000、3105.5900、3105.6000）开征出口暂定关税，自2月15日至9月30日实行35%的税率；自10月1日至12月31日实行20%的税率。

特此公告。

海关总署

2008年2月14日

中华人民共和国海关总署公告

2008年第9号

根据《财政部、国家发展改革委、海关总署、国家税务总局关于落实国务院加快振兴装备制造业的若干意见有关进口税收政策的通知》（财关税〔2007〕11号）的有关规定，自2008年1月1日起（以海关接受企业申报的日期为准），对国内企业为开发、制造大型煤炭采掘设备而进口的部分关键零部件及原材料所缴纳的进口关税和进口环节增值税实行先征后退。现将有关执行问题公告如下：

一、公告所称大型煤炭采掘设备主要包括：电牵引采煤机、刮板输送机、刮板转载机、液压支架、提升设备、大型破碎站（具体技术规格要求详见附件）。

二、享受先征后退政策的进口关键零部件、原材料清单（简称先征后退清单）详见附件。先征后退清单所列进口关键零部件、原材料实行年度暂定关税税率的，按暂定关税税率执行。今后对先征后退清单所列品种将根据企业申请、政策实施效果、国内配套能力等情况适时进行调整。

三、享受先征后退政策的企业进口上述关键零部件、原材料时，应向海关单独申报进口，并凭财政部出具的重大装备制造企业退税确认书直接向进口地海关申请办理先征后退手续。具体操作程序按现行有关先征后退规定办理。

四、对今年1月1日起至本公告发布前已经进口的关键零部件、原材料准予按照本公告规定办理先征后退手续。

五、自今年1月1日起，对新批准的内外资投资项目（以项目的审批、核准或备案日期为准，下同）进口装机功率≤2200千瓦的电牵引采煤机、单电机功率≤1000千瓦的刮板输送机和刮板转载机、卷筒直径≤5.5米的提升机和所有规格的液压支架、大型破碎站、固定式带式输送机，一律停止执行进口免税政策。

2008年1月1日以前批准的内外资投资项目，其项目单位于2008年7月1日前持项目确认书等相关资料向海关申请办理减免税审批手续，且海关予以受理的，其进口符合原免税条件的大型煤炭采掘设备仍可按照《国务院关于调整进口设备税收政策的通知》（国发〔1997〕37号）的有关规定执行；自2008年7月1日起，各海关不得再受理上述内外资投资项目项下进口本条第一款限定的大型煤炭采掘设备的减免税备案和审批申请。

特此公告。

附件　大型煤炭采掘设备进口关键零部件、原材料退税商品清单

海关总署

2008年2月14日

附件

大型煤炭采掘设备进口关键零部件、原材料退税商品清单

序号	一级部件	二级部件	数量	单位	税则号列（供参考）	退税年限
一、电牵引采煤机（技术规格：装机功率≥900千瓦）						
1	摇臂外牵引传动箱破碎装置用	滚动轴承（规格说明附后）	74－86	件/台	8482.1000 8482.3000 8482.5000	3
2	摇臂牵引传动箱用	轴承滚柱	712－960	套/台	8482.9100	3
3	摇臂外牵引传动箱	油封、浮动密封	8－10	套/台	8482.1000 8484.9000 8484.2000	5
4	牵引传动箱	支承环	2	套/台	8431.4990	5
5		外离合器板	26	套/台	8431.4990	5
6	泵站用	真空表	1	套/台	9025.1910	5
7		温度表	1	套/台	9025.1910	5
8		高压表	1	套/台	9025.1910	5
9		低压表	1	套/台	9025.1910	5
10		调高泵（齿轮泵）	1	套/台	8413.8100	5

序号	一级部件	二级部件	数量	单位	税则号列（供参考）	退税年限
11	辅助部件	低压安全阀	1	套/台	8481.4000	5
12		减压阀	1	套/台	8481.1000	5
13		反冲洗过滤器	1	套/台	8481.8090	5
14		文丘里喷嘴	6	套/台	8481.8090	5
15		紧凑防爆压力开关	1	套/台	8535.3000	5
16		高压安全阀	1	套/台	8481.4000	5
17		流量/压力表	1	套/台	9026.2090	5
18	高压箱用	隔离开关	1	套/台	8535.3000	3
19		接触器	2	套/台	8536.9000	3
21	控制系统用	可编程控制器	3	套/台	8537.1011	3
22		触摸屏	3	套/台	8537.1090	3
23	滚筒用	滚筒齿座零备件	150－180	件/台	8431.4990	4
二、刮板输送机（技术规格：装机功率≥800 千瓦） 刮板转载机（技术规格：装机功率≥800 千瓦）						
1	传动装置用	减速器	3	套/台	8483.4090 8483.4020	3
2		可控传输装置（CST）	3	套/台	8483.4090	5
3		限矩器	2	套/台	8483.4090	5
4		液压马达	2	套/台	8412.2910	5
5		偶合器	1－3	套/台	8483.6000	5
6	机头、尾架用链轮组件	轴承	4－8	套/台	8482.2000 8482.5000	3
7		浮动油封	6－22	套/台	8484.1000 8484.2000	3
8		链轮	2－8	件/台	8483.9000	5
9	中部槽用	中板	60－150	吨/台	7225.4000	3
10		底板	45－100			
11	刮板链用	圆环链	100－800	米/台	7315.8200	3
12		接链环	10－50	件/台	7315.9000	3
三、液压支架 （技术规格：工作阻力 4600 千牛顿以上支撑掩护式支架、5000 千牛顿以上薄煤层双柱式掩护支架、6400 千牛顿以上大采高支架和 6400 千牛顿以上放顶煤支架）						
1	手动反冲洗高压过滤站/自动反冲洗高压过滤站		1	台/面（每个工作面 80－240 架支架）	8421.2990	3

序号	一级部件	二级部件	数量	单位	税则号列（供参考）	退税年限
2	电液控系统（含电源装置、支架控制器、传感器和耦合器和主机及其配套电缆）		1	套/面	9032.9000 8431.1000 8471.4940	3
3	主控阀（电液控制换向阀）		1	组/架	8481.2010	3
4	主控阀（电液控制换向阀）用	阀芯	10 - 22	件/组	8481.9010	3
		过滤器	1	件/组	8421.2990	3
		电磁先导阀	5 - 11	件/组	8481.8010	3
5	推移千斤顶		1	根/架	8425.4210	3
6	高压胶管总成		40 - 80	根/架（与架型有关）	4009.2200	3
7	安全阀用	阀芯	1 - 10	个/架	8481.9010	3
四、提升设备 （技术规格：多绳摩擦式提升机，最大静张力≥960 千牛顿，最大静张力差≥180 千牛顿，电动机功率≥2200 千瓦）						
1	主轴装置和天轮装置用	圆柱滚子轴承	4	个/台（平均）	8482.5000	3
2	电控系统用	可编程控制器	1	套/台	8537.1090	3
3		大功率变频器	1	套/台	8504.4099	3
五、大型破碎站 （技术规格：生产能力≥500 吨/小时；装机功率≥300 千瓦）						
1	电控系统用	程序控制器	1	套/台	8537.1090	3
2		变频调速器	1	套/台	8504.4099	3
3		软启动综合保护器	1	套/台	8536.3000	3
4		轴承	4	套/台	8482.1000	3

附

电牵引采煤机用轴承规格说明

	具体零部件名称	数量	单位	税则号列（供参考）
摇臂	轴承 100×180×46	4	套/台	8482.3000
	轴承 120×215×40	4	套/台	8482.5000
	轴承 120×215×58	2	套/台	8482.5000
	轴承 130×230×64	2	套/台	8482.5000

	具体零部件名称	数量	单位	税则号列（供参考）
摇臂	轴承 140×250×88	6	套/台	8482.3000
	轴承 180×280×74	2	套/台	8482.3000
	轴承 320×480×74	2	套/台	8482.5000
	轴承 360×540×180	2	套/台	8482.3000
	轴承 90×140×37	12	套/台	8482.5000
	轴承 90×190×64	12	套/台	8482.3000
	轴承 100×180×34	4	套/台	8482.5000
	轴承 110×200×38	2	套/台	8482.5000
	轴承 140×225×68	8	套/台	8482.3000
	轴承 75×130×31	12	套/台	8482.3000
	轴承 90×160×40	2	套/台	8482.5000
	轴承 75×160×55	12	套/台	8482.3000
	轴承 90×160×40	2	套/台	8482.5000
	轴承 100×180×34	4	套/台	8482.5000
	轴承 110×200×38	2	套/台	8482.5000
	轴承 140×225×68	6	套/台	8482.3000
	轴承 180×250×52	2	套/台	8482.3000
	轴承 260×400×65	2	套/台	8482.5000
	轴承 300×460×160	2	套/台	8482.3000
外牵引	轴承 140×225×85	4	套/台	8482.3000
	轴承 160×270×86	4	套/台.	8482.3000
	轴承 140×225×85	2	套/台	8482.3000
	轴承 160×270×86	2	套/台	8482.3000
	轴承 160×240×80	4	套/台	8482.3000
	滚子轴承 220×300×60	4	套/台	8482.3000
	轴承 200×310×82	2	套/台	8482.3000
	轴承 260×360×75	4	套/台	8482.3000
牵引传动箱	轴承 110×170×28	2	套/台	8482.1000
	轴承 110×240×50	2	套/台	8482.5000
	轴承 160×240×60	2	套/台	8482.3000
	轴承 260×320×28	2	套/台	8482.1000
	轴承 280×350×33	2	套/台	8482.1000
	轴承 50×110×27	2	套/台	8482.5000
	轴承 55×120×29	2	套/台	8482.3000

	具体零部件名称	数量	单位	税则号列（供参考）
牵引传动箱	轴承 65×120×31	4	套/台	8482.3000
	轴承 75×130×31	2	套/台	8482.3000
	轴承 80×140×26	2	套/台	8482.1000
破碎装置	轴承 440×540×46	2	套/台	8482.1000
	轴承 480×600×56	2	套/台	8482.1000
	轴承 100×150×24	2	套/台	8482.1000
	轴承 50×110×27	6	套/台	8482.5000

中华人民共和国海关总署公告

2008 年第 10 号

根据《财政部、国家发展改革委、海关总署、国家税务总局关于落实国务院加快振兴装备制造业的若干意见有关进口税收政策的通知》（财关税〔2007〕11 号）的有关规定，自 2007 年 1 月 1 日起（以海关接受企业申报的日期为准），对国内企业为开发、制造大型露天矿用机械正铲式挖掘机而进口的部分关键零部件及原材料所缴纳的进口关税和进口环节增值税实行先征后退。现将有关执行问题公告如下：

一、本公告所称大型露天矿用机械正铲式挖掘机是指标准斗容≥20 立方米（测定标准斗容的物料密度为 1.8 吨/立方米，下同）的正铲式挖掘机（又称“矿用电铲”）。

二、享受先征后退政策的进口关键零部件、原材料清单（简称先征后退清单）详见附件。先征后退清单所列进口关键零部件、原材料实行年度暂定关税税率的，按暂定关税税率执行。今后对先征后退清单所列品种将根据企业申请、政策实施效果、国内配套能力等情况适时进行调整。

三、享受先征后退政策的企业进口上述关键零部件、原材料时，应向海关单独申报进口，并凭财政部出具的重大装备制造企业退税确认书直接向进口地海关申请办理先征后退手续。具体操作程序按照现行有关先征后退规定办理。

四、对 2007 年 1 月 1 日起至本公告发布前已经进口的关键零部件、原材料准予按照本公告规定办理先征后退手续。

五、自 2008 年 1 月 1 日起，对新批准的内外资投资项目（以项目的审批、核准或备案日期为准，下同）进口标准斗容≤60 立方米的正铲式矿用挖掘机（税号 8530.5020）一律停止执行进口免税政策。

2008 年 1 月 1 日以前批准的内外资投资项目，其项目单位于 2008 年 7 月 1 日前持项目确认书等相关资料向海关申请办理减免税审批手续，且海关予以受理的，其进口符合原免税条件的标准斗容≤60 立方米的正铲式矿用挖掘机，仍按照《国务院关于调整进口设备税收政策的通知》（国发〔1997〕37 号）的有关规定执行；2008 年 7 月 1 日以后（含 7 月 1 日），各海关不再受理上述内外资投资项目项下进口标准斗容≤60 立方米的正铲式矿用挖掘机的减免税备案和审批申请。

特此公告。

附件　大型露天矿用机械正铲式挖掘机进口关键零部件及原材料退税商品清单

海关总署

2008 年 2 月 14 日

附件

大型露天矿用机械正铲式挖掘机进口关键零部件及原材料退税商品清单

序号	零部件及原材料名称	技术参数	单机用量	税则号列（供参考）	暂定退税年限
1	低合金高强度调质钢板	厚度 6 毫米 - 178 毫米，屈服强度：690 兆帕斯卡，抗拉强度：780 - 930 兆帕斯卡	135 吨/台	7225.5000	5 年
2	重载滚动轴承	单、双列圆锥滚子轴承；单、双列调心滚珠轴承；单列圆柱滚子轴承，具体规格见附后	84 件/台	8482.1000 8482.2000 8482.5000	5 年
3	气动盘式制动器（气室式，弹簧紧闸，气动松闸）	制动力矩：40000 牛·米 - 450000 牛·米；最大转速：2500 转/分钟	5 - 8 套/台	8431.4910	3 年
4	强力动力联组传动皮带（由上下两层含氯丁橡胶的横向纤维混合物、聚酯张力线、橡胶芯和耐磨损的包布外层等组成）	抗拉强度≥22.5 千牛顿、环境温度：- 30℃ - 100℃、最大带速：42 米/秒	1 - 3 套/台	4010.3900	3 年
5	气动润滑泵	压缩比：75∶1； 流量：2.4 升/分钟	4 个/台	8413.5010	3 年
6	润滑分配器	给油量：0 - 3 毫升/循环 0 - 15 毫升/循环	12 个/台	8481.3000	3 年
7	喷射控制阀	最大工作压力：1.6 兆帕斯卡	12 个/台	8481.8010	3 年
8	气路控制阀	最大工作压力：1.6 兆帕斯卡	43 个/台	8481.8010	3 年
9	绷绳（开式索具，两端带开式索头）	钢丝绳直径大于 ϕ90 毫米以上，单根最小破断拉力大于 6380 - 8220 千牛顿以上的镀锌、涂塑钢丝绳。	4 套/台	7312.1000	3 年
10	高强度药芯焊丝	强度级别：大于 490 兆帕斯卡	20 吨/台	8311	3 年

中华人民共和国海关总署公告

2008年第11号

根据《中华人民共和国海关行业标准管理办法（试行）》，海关总署批准《海关业务基础数据元目录》和《海关业务代码集》2项海关行业标准，现予以公布（标准名称见附件，标准文本由中国海关出版社出版），并自2008年4月1日起实施。

特此公告。

附件　海关标准编号名称表

海关总署

2008年2月25日

附件

海关标准编号名称表

序号	海关标准编号	海关标准名称	批准日期	实施日期
1	HS/T 17－2006	《海关业务基础数据元目录》	2008年2月25日	2008年4月1日
2	HS/T 18－2006	《海关业务代码集》	2008年2月25日	2008年4月1日

中华人民共和国海关总署公告

2008年第12号

根据《中华人民共和国海关暂时进出境货物管理办法》，现就暂时进境测试车辆监管有关事宜公告如下：

一、测试用暂时进境车辆，按照国家相关规定实施必检项目的，如不能在6个月内复运出境，货物收发货人或其代理人应当向暂时进境核准地海关提出延期申请，并提交车辆测试部门出具的相关证明，经直属海关审核同意后，可以延期。在18个月延长期届满后仍需要延期的，由主管地直属海关报海关总署审批；对于非国家相关主管部门规定实施必检项目的暂时进境车辆，不能申请延期，期满必须复运出境。

二、国内客户定制的车辆，在完成国家有关部门规定必检项目测试后，如需进口，货物收发货人或其代理人应当向暂时进境申请核准地海关申请办理进口手续，并提交相关定制合同、发票及进口许可证件等单证和证明文件，经暂时进境核准地直属海关审批同意后，转关至国家指定整车进口口岸办理进口手续。

三、暂时进境测试用车辆的其他有关监管事宜仍按照《海关总署关于暂时进出境货物监管有关问题的公告》（2007年第48号公告）执行。

特此公告。

海关总署

2008年2月26日

中华人民共和国海关总署公告

2008 年第 13 号

为促进国际民航运输便利，保障国际民航运输安全，规范海关对进出境航空旅客舱单的管理，提高旅客通关效率，适应 2008 年北京奥运会有关要求，海关总署制定了《中华人民共和国海关进出境航空旅客舱单电子数据传输暂行规定》。现予以公告，自 2008 年 6 月 1 日起施行。

特此公告。

附件　中华人民共和国海关进出境航空旅客舱单电子数据传输暂行规定

海关总署
2008 年 2 月 29 日

附件

中华人民共和国海关进出境航空旅客舱单电子数据传输暂行规定

第一条　为了规范海关对进出境航空旅客舱单的管理，促进国际民航运输便利，保障国际民航运输安全，根据《中华人民共和国海关法》（以下简称《海关法》）以及有关法律、行政法规的规定，制定本规定。

第二条　本规定所称航空旅客舱单（以下简称“舱单”）是指反映进出境航空器所载旅客（包括机组人员）信息的载体，包括原始舱单、预配舱单、乘载舱单。

第三条　海关对进出境航空旅客舱单的管理适用本规定。

第四条　进出境航空器负责人（以下称“民用航空企业”）应当按照海关备案的范围在规定时限向海关传输舱单电子数据。

对未按照规定传输舱单电子数据的，海关可以暂不予办理航空器进出境申报手续。

因计算机故障等特殊情况无法向海关传输舱单电子数据的，经海关同意，可以采用纸质形式在规定时限向海关递交有关单证。

第五条　海关以接受原始舱单电子数据传输的时间为进口舱单电子数据传输时间；海关以接受预配舱单电子数据传输的时间为出口舱单电子数据传输的时间。

第六条　民用航空企业应当在 2008 年 5 月 1 日前一次性向其业务量最大航空港所在地直属海关或者经授权的隶属海关进行备案，办理备案手续时应当向海关提交下列文件：

（一）备案登记表（见附表 1）；

（二）企业印章以及相关业务印章的印模；

（三）行政主管部门核发的许可证件或者资格证件的复印件；

（四）本航空企业全国各航空港国际航班计划。

提交复印件的，应当同时出示原件供海关验核。

在海关备案的有关内容如果发生改变的，民用航空企业应当持书面申请和有关文件到海关办理备案变更手续。

第七条　原始舱单电子数据传输以前，民用航空企业应当将航空器预计抵达境内目的港的时间通知海关。

航空器抵达境内目的港以前，民用航空企业应当将航空器确切的抵达时间通知海关；抵港时应当向海关进行航空器进境申报。

第八条　民用航空企业应当在下列时限向海关传输原始舱单电子数据：

（一）航程在 1 小时以下的，航空器抵达境内第一目的港的 30 分钟以前；

（二）航程在 1 小时至 2 小时的，航空器抵达境内第一目的港的 1 小时以前；

（三）航程在 2 小时以上的，航空器抵达境内第一目的港的 2 小时以前。

第九条　海关接受原始舱单电子数据传输后，对决定不准予下客的，应当以电子数据方式及时通知民用航空企业，并告知不准予下客的理由。

海关因故无法以电子数据方式通知的，应当派员实地办理本条第一款规定的相关手续。

第十条 民用航空企业或者海关监管场所经营人应当在航空器下客完毕后3小时以内向海关提交进境旅客及其行李物品结关申请，并提供实际下客人数、托运行李物品提取数量以及未运抵行李物品数量。经海关核对无误的，可以办理结关手续；原始舱单与结关申请不相符的，民用航空企业或者海关监管场所经营人应当在进境航空器下客完毕后24小时以内向海关报告不相符的原因。

民用航空企业或者海关监管场所经营人应当将无人认领的托运行李物品转交海关处理。

第十一条 民用航空企业应当在出境旅客开始办理登机手续的1小时以前向海关传输预配舱单电子数据，并在旅客办理登机手续后、航空器上客以前向海关传输乘载舱单电子数据。

第十二条 海关接受乘载舱单电子数据传输后，对决定不准予上客的，应当以电子数据方式及时通知民用航空企业，并告知不准予上客理由。

海关因故无法以电子数据方式通知的，应当派员实地办理本条第一款规定的相关手续。

第十三条 民用航空企业应当在航空器驶离出境始发港的2小时以前将驶离时间通知海关。

第十四条 出境航空器在旅客全部登机后，民用航空企业应当向海关提交结关申请，经海关办结手续后，出境航空器方可离境。

第十五条 海关应当将乘载舱单与结关申请进行核对，对二者不相符的，以电子数据方式通知民用航空企业。民用航空企业应在出境航空器结关完毕后的24小时以内向海关报告不相符的原因。

第十六条 已经传输的舱单电子数据需要变更的，民用航空企业可以在原始舱单和预配舱单规定的传输时限以前直接予以变更。

舱单电子数据传输时间以海关接受舱单电子数据变更的时间为准。

第十七条 在原始舱单和预配舱单规定的传输时限后，需要变更海关已经接受的舱单电子数据的，民用航空企业应当向海关递交舱单变更书面申请，经海关审核同意后，可以进行变更。

第十八条 民用航空企业办理相关变更旅客舱单手续时，应向海关提交舱单变更申请表（见附表2）、加盖有舱单传输人公章的正确的纸质舱单、其他能够证明舱单变更合理性的文件。

提交复印件的，应当同时出示原件供海关验核。

第十九条 本规定下列用语的含义是：

“原始舱单”，是指民用航空企业向海关传输的反映进境航空器乘载旅客（包括机组人员）信息的舱单。

“预配舱单”，是指反映出境航空器预计乘载旅客（包括机组人员）信息的舱单。

“乘载舱单”，是指反映出境航空器实际载有旅客（包括机组人员）信息的舱单。

“以上”、“以下”、“以内”，均包括本数在内。

第二十条 自海关接受舱单电子数据之日起3年内，民用航空企业应当妥善保管纸质舱单等相关资料。

第二十一条 本规定所列原始舱单、预配舱单、乘载舱单电子数据的项目由海关总署制定（见附表3），电子数据的格式及传输报文标准另行公告。

第二十二条 违反本规定，构成走私行为、违反海关监管规定行为或者其他违反《海关法》行为的，由海关依照《海关法》和《中华人民共和国海关行政处罚实施条例》的有关规定予以处理；构成犯罪的，依法追究刑事责任。

第二十三条 本规定由海关总署负责解释。

第二十四条 本规定自2008年6月1日起施行。

附表1 备案登记表

附表2 舱单变更申请表

附表3 舱单项目

附表 1

备案登记表

海关编号：□□□□□□□□□□□□□□

<table>
<tr><td rowspan="2">单位全称</td><td>（中文）</td><td rowspan="2">简称</td><td colspan="2"></td></tr>
<tr><td>（英文）</td><td colspan="2"></td></tr>
<tr><td>备案类型</td><td>□ 舱单传输人</td><td>□ 理货报告提交人</td><td colspan="2">□ 运抵报告提交人</td></tr>
<tr><td>单位类型</td><td>□进出境运输工具负责人或其代理人
□相关主管部门批准营运资格企业
□其他签发提（运）单资格企业</td><td>□ 理货公司
□ 监管场所经营人
□ 其他</td><td colspan="2">□ 疏港分流运抵
□ 分拨运抵</td></tr>
<tr><td>传输类型</td><td colspan="4">□ 总提（运）单　□原始舱单　□运输工具理货报告
□ 分提（运）单　□预配舱单　□拼箱理货报告
□ 旅客舱单　□装载舱单　□装箱清单
□ 其他________________________</td></tr>
<tr><td>运输方式</td><td colspan="4">□船舶　□航空器　□铁路列车　□公路车辆　□其他______</td></tr>
<tr><td>联系人</td><td>姓　名</td><td></td><td>联系方式</td><td></td></tr>
<tr><td rowspan="2">其他</td><td>组织机构代码</td><td></td><td>行业批准文号</td><td></td></tr>
<tr><td>税务登记证代码</td><td></td><td>企业国际通用代码及授予组织</td><td></td></tr>
<tr><td>提交单证</td><td colspan="4">□提（运）单和装货单的样本；
□企业公章以及相关业务印章的印模；
□行政主管部门核发的许可证件或者资格证件的复印件；
□海关需要的其他文件。</td></tr>
<tr><td rowspan="3">海关批注栏</td><td colspan="2">备案意见</td><td colspan="2">复核意见</td></tr>
<tr><td colspan="2"></td><td colspan="2"></td></tr>
<tr><td colspan="2">办理情况：</td><td colspan="2"></td></tr>
</table>

附表 2

舱单变更申请表

海关编号：□□□□□□□□□□□□□□□□□□□□

<table>
<tr><td>变更舱单类型</td><td colspan="4">□原始舱单　□预配舱单　□装载舱单　□其他</td></tr>
<tr><td>变更数据类型</td><td colspan="4">□总提（运）单　□分提（运）单　□旅客舱单　□其他</td></tr>
<tr><td rowspan="2">运输工具情况</td><td>运输工具名称（中文）</td><td>运输工具名称（英文）</td><td>航　次</td><td>进/出港时间</td></tr>
<tr><td></td><td></td><td></td><td></td></tr>
<tr><td rowspan="2">需变更舱单</td><td colspan="2">总提（运）单号</td><td colspan="2">分提（运）单号</td></tr>
<tr><td colspan="2"></td><td colspan="2"></td></tr>
<tr><td rowspan="4">变更项目</td><td>项　目</td><td>代　码</td><td>更改前内容</td><td>更改后内容</td></tr>
<tr><td></td><td></td><td></td><td></td></tr>
<tr><td></td><td></td><td></td><td></td></tr>
<tr><td></td><td></td><td></td><td></td></tr>
<tr><td>变更原因</td><td colspan="4">□货物因不可抗力灭失、短损，造成舱单数据不准确；
□装载舱单中的出口货物，由于装运、配载等原因造成部分或者全部货物退关、变更运输工具；
□大宗散装货物溢短装数量在规定范围之内；
□集装箱载运的散装货物，独立箱体内溢短装数量在规定范围之内；
□由于计算机、网络系统等方面原因导致传输舱单数据错误；
□已经接受海关处罚，申请变更；
□其他原因(请简要说明或附表说明)________</td></tr>
<tr><td>随附单据</td><td colspan="4">□签发的提（运）单（副本、复印件）
□加盖有舱单传输人印章的正确的纸质舱单；
□行政处罚决定书（正本、复印件）
□其他能够证明舱单更改合理性的文件：①________ ②________ ③________ ④________</td></tr>
<tr><td>批注栏</td><td colspan="2">企业签章栏：

本公司保证以上更正内容真实、正确、有效，否则由此更正所引起的一切后果、责任及费用由我司承担。</td><td colspan="2">海关批注
初核：
复核：
办理情况：</td></tr>
</table>

附表 3

舱单项目

原始舱单

序号	中文名称	说明
		表头项目（运输工具信息）
1	运输工具名称	旅客乘坐何种运输工具，按照（船舶/航空器/铁路列车/公路车辆）申报
2	航次（班）号	运输工具执行两地间运输的任务代码，按照各类运输工具标准申报
3	进境日期	运输工具抵达海关监管场所的日期，按照 YY/MM/DD 格式申报
4	运输工具始发地	运输工具执行本次航次（班）任务的境外第一个出发地，按照（国别、城市）申报
5	运输工具进境地	运输工具抵达中国境内的第一站点，按照（国别、城市）申报
6	运输工具中转地	运输工具执行本次航次（班）任务的中转停留地，按照（国别、城市）申报
7	航次（班）旅客总人数	运输工具此次任务所搭载的旅客总人数
		表体项目（旅客信息）
1	旅客姓名	运输工具此次任务所搭载的旅客姓名，按照国际惯例申报
2	性别	男、女（按照国际惯例 M、F 格式申报）
3	出生日期	运输工具此次任务所搭载的旅客的出生日期，按照 YY/MM/DD 格式申报
4	国籍（地区）	运输工具此次任务所搭载的旅客的国籍，按照国别代码表申报
5	进境证件号码	旅客所持合法有效的证明身份的进境证件号码
6	证件类型	旅客所持合法有效的证明身份的进境证件，包括护照、通行证、旅行证、其他证件等
7	进境证件签发日期	旅客所持合法有效的证明身份的进境证件的核发日期，按照 YY/MM/DD 格式申报
8	进境证件有效期	旅客所持合法有效的证明身份的进境证件的有效期，按照 YY/MM/DD 格式申报

预配舱单

（出境运输工具预计乘载已付款购票的旅客信息数据项目）

序号	中文名称	说明
		表头项目（运输工具信息）
1	运输工具名称	旅客乘坐何种运输工具，按照（船舶/航空器/铁路列车/公路车辆）申报
2	航次（班）号	运输工具执行两地间运输的任务代码，按照各类运输工具标准申报
3	出境日期	运输工具驶离海关监管场所的日期，按照 YY/MM/DD 格式申报

序号	中文名称	说明
4	运输工具出境地	运输工具驶离中国境内前的最后一个站点，按照（国别、城市）申报
5	运输工具目的地	运输工具执行本次航次（班）任务的境外最后一个到达地，按照（国别、城市）申报
6	运输工具中转地	运输工具执行本次航次（班）任务的中转停留地，按照（国别、城市）申报
7	航次（班）旅客总人数	运输工具此次任务所搭载的旅客总人数
		表体项目（旅客信息）
1	旅客姓名	运输工具此次任务所搭载的旅客姓名，按照国际惯例申报
2	性别	男、女（按照国际惯例M、F格式申报）
3	出生日期	运输工具此次任务所搭载的旅客的出生日期，按照YY/MM/DD格式申报
4	国籍（地区）	运输工具此次任务所搭载的旅客的国籍，按照国别代码表申报
5	出境证件号码	旅客所持合法有效的证明身份的出境证件号码
6	证件类型	旅客所持合法有效的证明身份的出境证件，包括护照、通行证、旅行证、其他证件等
7	出境证件签发日期	旅客所持合法有效的证明身份的出境证件的核发日期，按照YY/MM/DD格式申报
8	出境证件有效期	旅客所持合法有效的证明身份的出境证件的有效期，按照YY/MM/DD格式申报

乘载舱单

序号	中文名称	说明
		表头项目（运输工具信息）
1	运输工具名称	旅客乘坐何种运输工具，按照（船舶/航空器/铁路列车/公路车辆）申报
2	航次（班）号	运输工具执行两地间运输的任务代码，按照各类运输工具标准申报
3	出境日期	运输工具驶离海关监管场所的日期，按照YY/MM/DD格式申报
4	运输工具出境地	运输工具驶离中国境内前的最后一个站点，按照（国别、城市）申报
5	运输工具目的地	运输工具执行本次航次（班）任务的境外最后一个到达地，按照（国别、城市）申报
6	运输工具中转地	运输工具执行本次航次（班）任务的中转停留地，按照（国别、城市）申报
7	航次（班）旅客总人数	运输工具此次任务所搭载的旅客总人数
		表体项目（旅客信息）
1	旅客姓名	运输工具此次任务所搭载的旅客姓名，按照国际惯例申报
2	性别	男、女（按照国际惯例M、F格式申报）
3	出生日期	运输工具此次任务所搭载的旅客的出生日期，按照YY/MM/DD格式申报

序号	中文名称	说明
4	国籍（地区）	运输工具此次任务所搭载的旅客的国籍，按照国别代码表申报
5	出境证件号码	旅客所持合法有效的证明身份的出境证件号码
6	证件类型	旅客所持合法有效的证明身份的出境证件，包括护照、通行证、旅行证、其他证件等
7	出境证件签发日期	旅客所持合法有效的证明身份的出境证件的核发日期，按照 YY/MM/DD 格式申报
8	出境证件有效期	旅客所持合法有效的证明身份的出境证件的有效期，按照 YY/MM/DD 格式申报

中华人民共和国海关总署公告

2008 年第 14 号

经国务院批准，对部分成品油消费税政策进行调整。现就有关问题公告如下：

一、自 2008 年 3 月 5 日起，对进口溶剂油、石脑油、润滑油、燃料油（蜡油除外）恢复按法定税率征收消费税，具体税目税率见附件。

二、自 2008 年 3 月 5 日起至 2010 年 12 月 31 日止，对石脑油暂免征收消费税。

特此公告。

附件　成品油进口环节消费税税目税率表

海关总署

2008 年 3 月 4 日

附件

成品油进口环节消费税税目税率表

税则号列	商品名称	税率	备注
2710. 1120	石脑油	0. 2 元/升	1 千克 = 1. 385 升
2710. 1130	橡胶溶剂油、油漆溶剂油、抽提溶剂油	0. 2 元/升	1 千克 = 1. 282 升
2710. 1991	润滑油	0. 2 元/升	1 千克 = 1. 126 升
2710. 1922	5 – 7 号燃料油	0. 1 元/升	1 千克 = 1. 015 升
ex 2710. 1929	其他燃料油（蜡油除外）	0. 1 元/升	蜡油：350°C 以下镏出物体积百分比小于 20%，550°C 以下镏出物体积百分比大于 20%

注：标识“ex”表示非全税目商品。

中华人民共和国海关总署公告

2008 年第 15 号

根据《财政部、国家发展改革委、海关总署、国家税务总局关于落实国务院加快振兴装备制造业的若干意见有关进口税收政策的通知》（财关税〔2007〕11号）的有关规定，自2008年1月1日起（以海关接受企业申报的日期为准），对国内企业为开发、制造新型大马力农业装备而进口的部分关键零部件所缴纳的进口关税和进口环节增值税实行先征后退。现将有关执行问题公告如下：

一、公告所称新型大马力农业装备主要包括：大马力轮式拖拉机、半喂入水稻联合收割机、马铃薯联合收获机、自走式青贮饲料收获机、马铃薯种植机、大型小麦免耕播种机、水稻覆土直播机、采棉机。具体技术规格要求详见附件。

二、享受先征后退政策的进口关键零部件清单（简称先征后退清单）详见附件。先征后退清单所列进口关键零部件实行年度暂定关税税率的，按暂定关税税率执行。今后对先征后退清单所列品种将根据企业申请、政策实施效果、国内配套能力等情况适时进行调整。

三、享受先征后退政策的企业进口上述关键零部件时，应向海关单独申报进口，并凭财政部出具的重大装备制造企业退税确认书直接向进口地海关申请办理先征后退手续。具体操作程序按现行有关先征后退规定办理。

四、对今年1月1日起至本公告发布前已经进口的关键零部件，经海关审核无误的准予按照本公告规定办理先征后退手续。

五、自今年3月1日起，对新批准的内外资投资项目（以项目的审批、核准或备案日期为准，下同），进口履带式拖拉机（技术规格：额定功率不大于88千瓦）、轮式拖拉机（技术规格：额定功率不大于132千瓦）、半喂入水稻联合收割机（技术规格：行数不大于4行）、马铃薯联合收获机（技术规格：收获行数不大于2行）、自走式青贮饲料收获机（技术规格：额定功率不大于260千瓦）、马铃薯种植机（技术规格：播种行数不大于4行）、大型小麦免耕播种机（技术规格：播种行数不大于19行）、水稻覆土直播机（技术规格：播种行数范围不大于6行）、采棉机（技术规格：采收行数不大于4行），一律停止执行进口免税政策。

今年3月1日以前批准的内外资投资项目，其项目单位于今年9月1日前持项目确认书等相关资料向海关申请办理减免税审批手续，且海关予以受理的，其进口符合原免税条件的农业装备仍可按照《国务院关于调整进口设备税收政策的通知》（国发〔1997〕37号）的有关规定执行；自今年9月1日起，各海关不得再受理上述内外资投资项目项下进口本公告第一款限定的新型大马力农业装备的减免税备案和审批申请。

特此公告。

附件　新型大马力农业装备进口关键零部件退税商品清单

海关总署

2008年3月4日

附件

新型大马力农业装备进口关键零部件退税商品清单

序号	类别名称	技术参数	一级部件	二级部件	单机用量	暂定退税年限	税则号列（供参考）
1	大马力轮式拖拉机	发动机额定功率大于74千瓦	前驱动桥总成		1件	3年	8708.5071
			变速箱总成		1件	3年	8708.4010
			离合器		1件	3年	8708.9310
			液压提升器		1件	3年	8413.8200
			变量泵		1件	3年	8413.5039
2	半喂入水稻联合收割机	配用动力不小于29千瓦，行数不小于4行，立式割台，履带式	收割部件（割台总成）		1件	3年	8433.9010
			脱粒部件（脱谷总成）		1件	3年	8433.9010
				割刀组件	1件	5年	8433.9010
				三角带	2－3套	5年	4010.3
				液压无级变速（HST）	1件	3年	8413.8100
				电液控制阀	1件	2年	8481
3	马铃薯联合收获机	牵引或悬挂式，收获行数不小于2行		输送分离链	2－3件	3年	7315
				升运链	1件	3年	7315
4	自走式青贮饲料收获机	功率不小于197千瓦	割台总成		1件	3年	8433.9010
				三角带	2－3套	3年	4010.3
				方向控制阀	1件	3年	8481.2010
				液压马达	1件	3年	8412.2910
				变量泵	1件	3年	8413.5039
5	马铃薯种植机	播种行数不小于4行	播种施肥部件		每行1件	3年	8432.9000
6	大型小麦免耕种播种机	播种行数不小于15行		波纹圆盘	每行1件	5年	8432.9000

序号	类别名称	技术参数	一级部件	二级部件	单机用量	暂定退税年限	税则号列（供参考）
7	水稻覆土直播机	播种行数大于6行，拖拉机全悬挂，可在湿水田作业	齿轮箱		2件	3年	8483.4090
				与齿轮箱连接花键套	4件		8483.9000
				引导器	6－12件		8432.9000
				排种器	6－12件		8432.9000
				排肥器	6－12件		8432.9000
				种子箱	6－12件		3923.1000
				底肥箱	6－12件		3923.1000
				显示盒	1件		8517.7090
				传感器	1件		9033.0000
				液压阀	1件		8481
				液压泵	1件		8412.2910
				液压马达	1件		8481.2010
8	采棉机	自走式，采收行数大于4行	摘锭座杆总成		120套	5年	8433.9090
				脱棉盘装配	10套	5年	8433.9090
				切刀	20件	3年	8433.9090
				水刷盘	180件	3年	8433.9090

中华人民共和国海关总署公告

2008年第16号

经国务院批准，2008年黄大豆（税则号列：1201.0091）1%进口暂定关税的实施终止期从2008年3月31日延长至2008年9月30日。

特此公告。

海关总署

2008年3月12日

中华人民共和国海关总署公告

2008 年第 17 号

2005 年 5 月 13 日，海关总署印发了 2005 年第 18 号公告（以下简称第 18 号公告），对报关单位的双重身份问题作了规定。考虑到海关特殊监管区域企业（以下称区内企业）的特殊性，为了进一步规范其管理，方便其经营，现就区内企业管理的有关事宜公告如下：

一、今后区内同一企业只拥有一个海关注册登记编码（10 位数）。目前区内企业已经拥有“进出口货物收发货人”和“报关企业”两个编码的，只能从中选择一个作为自己唯一的编码，另一个由海关注销。

二、选择保留“报关企业”编码的，海关保留其“报关企业”登记证书，其可以在区内和区外继续开展代理报关业务，但不得开展自理报关业务；如需跨直属关区开展异地代理报关业务，应当办理跨关区报关注册登记许可手续。

三、选择保留“进出口收发货人”编码的，由海关重新核发新的 10 位数编码，其中第 1 - 6 位号码保持不变，第 7 位统一编号为英文大写字母“K”，颁发新的“报关企业”登记证书，并按照“报关企业”实施分类管理。

对经海关审核完成上述变更后的区内企业，海关视为拥有代理报关和“自理”报关双重功能的报关单位，并按下列规定进行管理：在区内可以同时开展代理和“自理”报关业务；在区外可以开展代理报关业务，但不得开展“自理”报关业务。区外代理报关业务范围和方式同本公告第二条“报关企业”。

四、今后区内无论是首次注册登记的企业，还是已经海关注册登记的企业，申请注册或者变更成为具有代理报关和“自理”报关双重功能报关单位的，海关按照“报关企业”有关规定办理注册或变更登记手续。对此类具有双重功能的报关单位，海关按照本公告第三条规定核发海关编码和报关证书，并进行相应管理。申请变更注册的企业原海关编码和登记证书由海关注销。

五、本公告所称的海关特殊监管区域包括保税区、出口加工区、保税物流园区、保税港区、综合保税区、跨境工业区和国际边境经济合作中心配套区等。

本公告所称的区内企业，是指海关注册登记编码第 5 位为“4”、“5”、“6”、“7”的企业。

在保税物流中心（B 型）开展业务的物流企业，可以比照本公告规定执行。

六、第 18 号公告与本公告规定不一致的，以本公告规定为准。

七、本公告自 2008 年 5 月 1 日起开始施行。

特此公告。

海关总署

2008 年 3 月 12 日

中华人民共和国海关总署公告

2008 年第 18 号

经国务院批准，自 2008 年 4 月 1 日起至 2008 年 12 月 31 日止，对过磷酸钙（税号：3103.1010、3103.1090）和钾肥（税号：2834.2110、3104.2090、3104.3000、3104.9010、3104.9090）征收 30% 的出口暂定关税。

特此公告。

海关总署

2008 年 3 月 26 日

中华人民共和国海关总署公告

2008 年第 19 号

根据《中华人民共和国海关企业分类管理办法》（海关总署令第 170 号）的规定，现将企业分类管理过程中使用的法律文书及相关报表格式予以公布。

本公告自 2008 年 4 月 1 日起施行。

特此公告。

附件 1　适用 AA 类管理申请书

附件 2　适用 A 类管理申请书

附件 3　企业管理类别调整申请书

附件 4　中华人民共和国××海关企业分类管理申请受理决定书

附件 5　中华人民共和国××海关适用 AA 类管理决定书

附件 6　中华人民共和国××海关适用 A 类管理决定书

附件 7　中华人民共和国××海关不予适用 AA 类管理决定书

附件 8　中华人民共和国××海关不予适用 A 类管理决定书

附件 9　中华人民共和国××海关企业管理类别调整决定书（向上调整）

附件 10　中华人民共和国××海关企业管理类别调整决定书（向下调整）

附件 11　中华人民共和国××海关企业管理类别不予调整决定书

附件 12　送达回证

附件 13　经营管理状况报告（进出口货物收发货人）

附件 14　经营管理状况报告（报关企业）

海关总署

2008 年 3 月 27 日

附件 1

适用 AA 类管理申请书

企业类型	□进出口货物收发货人　□报关企业		
企业名称			
海关注册编码		组织机构代码	
法定代表人		联系电话、传真	
联系人		联系电话、传真	

______海关：

本单位于　　年　　月　　日经海关审定适用 A 类管理。经自我评估，认为符合《中华人民共和国海关企业分类管理办法》第（□六/□十二）条第（一）项、第（二）项的规定，现通过注册地海关向你关提出适用 AA 类管理申请。

本单位知悉并同意遵守《中华人民共和国海关企业分类管理办法》及相关海关规定，保证所提交的所有申请材料真实、齐全、有效，并存有相关文件、资料备查。

本单位承诺适用 AA 类管理后，按照海关规定每年 4 月 30 日前报送经营管理状况报告、会计师事务所出具的上一年度审计报告和上一年度下半年的（□进出口业务情况表/□报关代理业务情况表），每年 7 月 31 日前报送本年度上半年的（□进出口业务情况表/□报关代理业务情况表）。

附：□ 经营管理状况报告　　□ 会计师事务所出具的上一年度审计报告

□ 适用 A 类管理决定书（复印件）　　□ 报关注册登记证书（复印件）

法定代表人签章：

申请单位（盖章）

年　　月　　日

《中华人民共和国海关企业分类管理办法》第六条规定AA类进出口货物收发货人，应当同时符合下列条件：

（一）已适用A类管理1年以上；

（二）上一年度进出口总值3000万美元（中西部1000万美元）以上；

（三）经海关验证稽查，符合海关管理、企业经营管理和贸易安全的要求；

（四）每年报送经营管理状况报告和会计师事务所出具的上一年度审计报告；每半年报送进出口业务情况表。

《中华人民共和国海关企业分类管理办法》第十二条规定AA类报关企业，应当同时符合下列条件：

（一）已适用A类管理1年以上；

（二）上一年度代理申报的进出口报关单及进出境备案清单总量在2万票（中西部5000票）以上；

（三）经海关验证稽查，符合海关管理、企业经营管理和贸易安全的要求；

（四）每年报送经营管理状况报告和会计师事务所出具的上一年度审计报告；每半年报送报关代理业务情况表。

附件2

适用A类管理申请书

企业类型	□进出口货物收发货人　□报关企业		
企业名称			
海关注册编码		组织机构代码	
法定代表人		联系电话、传真	
联系人		联系电话、传真	

______海关：

本单位已适用B类管理1年以上，经自我评估，认为符合《中华人民共和国海关企业分类管理办法》（□第七条/□第十三条）的规定，现通过注册地海关　　向你关提出适用A类管理申请。

本单位知悉并同意遵守《中华人民共和国海关企业分类管理办法》及相关海关规定，保证所提交的所有申请材料真实、齐全、有效，并存有相关文件、资料备查。

本单位承诺适用A类管理后，按照海关规定每年4月30日前报送经营管理状况报告。

附：□ 经营管理状况报告

□ 报关注册登记证书（复印件）

□ 企业管理类别调整决定书（复印件）

法定代表人签章：

申请单位（盖章）

年　月　日

《中华人民共和国海关企业分类管理办法》第七条规定A类进出口货物收发货人，应当同时符合下列条件：

（一）已适用B类管理1年以上；

（二）连续1年无走私罪、走私行为、违反海关监管规定的行为；

（三）连续1年未因进出口侵犯知识产权货物而被海关行政处罚；

（四）连续1年无拖欠应纳税款、应缴罚没款项情事；

（五）上一年度进出口总值50万美元以上；

（六）上一年度进出口报关差错率3%以下；

（七）会计制度完善，业务记录真实、完整；

（八）主动配合海关管理，及时办理各项海关手续，向海关提供的单据、证件真实、齐全、有效；

（九）每年报送经营管理状况报告；

（十）按照规定办理“中华人民共和国海关进出口货物收发货人报关注册登记证书”的换证手续和相关

变更手续；

（十一）在商务、人民银行、工商、税务、质检、外汇、监察等行政管理部门和机构无不良记录。

《中华人民共和国海关企业分类管理办法》第十三条规定A类报关企业，应当同时符合下列条件：

（一）已适用B类管理1年以上；

（二）企业以及所属执业报关员连续1年无走私罪、走私行为、违反海关监管规定的行为；

（三）1年内代理报关的货物未因侵犯知识产权而被海关没收；

（四）连续1年无拖欠应纳税款、应缴罚没款项情事；

（五）上一年度代理申报的进出口报关单及进出境备案清单等总量在3000票以上；

（六）上一年度代理申报的进出口报关差错率在3%以下；

（七）依法建立账簿和营业记录，真实、正确、完整地记录受委托办理报关业务的所有活动；

（八）每年报送经营管理状况报告；

（九）按照规定办理注册登记许可延续及“中华人民共和国海关报关企业报关注册登记证书”的换证手续和相关变更手续；

（十）在商务、人民银行、工商、税务、质检、外汇、监察等行政管理部门和机构无不良记录。

附件3

企业管理类别调整申请书

企业类型	□进出口货物收发货人　□报关企业		
企业名称			
海关注册编码		组织机构代码	
法定代表人		联系电话、传真	
联系人		联系电话、传真	

______海关：

本单位现管理类别为　　类。自海关于　　年　　月　　日作出类别调整决定之日起满1年未再发生《中华人民共和国海关企业分类管理办法》第（□八/□九）条或者第（□十四/□十五）条所列情形，符合《中华人民共和国海关企业分类管理办法》第二十一条第（□一/□二）款之规定，现通过注册地海关　　向你关提出调整为适用　　类管理的申请。

本单位知悉并同意遵守《中华人民共和国海关企业分类管理办法》及相关海关规定，保证所提交的所有申请材料真实、齐全、有效，并存有相关文件、资料备查。

附：□ 企业管理类别调整决定书（复印件）

□ 报关注册登记证书（复印件）

法定代表人签章：

申请单位（盖章）

年　　月　　日

《中华人民共和国海关企业分类管理办法》第二十一条规定：

C类企业自海关作出类别调整决定之日起满1年未再发生本办法第八条或者第十四条所列情形的，经企业申请，海关将其调整为B类。

D类企业自海关作出类别调整决定之日起满1年未再发生本办法第九条或者第十五条所列情形的，经企业申请，海关将其调整为C类。

《中华人民共和国海关企业分类管理办法》第八条规定：

进出口货物收发货人有下列情形之一的，适用C类管理：

（一）有走私行为的；

（二）1年内有3次以上违反海关监管规定行为，或者1年内因违反海关监管规定被处罚款累计总额人民币50万元以上的；

（三）1年内有2次因进出口侵犯知识产权货物而被海关行政处罚的；

（四）拖欠应纳税款、应缴罚没款项人民币50万元以下的。

《中华人民共和国海关企业分类管理办法》第九条规定：

进出口货物收发货人有下列情形之一的，适用D类管理：

（一）有走私罪的；

（二）1年内有2次以上走私行为的；

（三）1年内有3次以上因进出口侵犯知识产权货物而被海关行政处罚的；

（四）拖欠应纳税款、应缴罚没款项人民币50万元以上的。

《中华人民共和国海关企业分类管理办法》第十四条规定：

报关企业有下列情形之一的，适用C类管理：

（一）有走私行为的；

（二）1年内有3次以上违反海关监管规定的行为，或者1年内因违反海关监管规定被处罚款累计总额人民币50万元以上的；

（三）1年内代理报关的货物因侵犯知识产权而被海关没收达3次的；

（四）上一年度代理申报的进出口报关差错率在10%以上的；

（五）拖欠应纳税款、应缴罚没款项人民币50万元以下的；

（六）代理报关的货物涉嫌走私、违反海关监管规定拒不接受或者拒不协助海关进行调查的；

（七）被海关暂停从事报关业务的。

《中华人民共和国海关企业分类管理办法》第十五条规定：

报关企业有下列情形之一的，适用D类管理：

（一）有走私罪的；

（二）1年内有2次以上走私行为的；

（三）1年内代理报关的货物因侵犯知识产权而被海关没收达4次以上的；

（四）拖欠应纳税款、应缴罚没款项人民币50万元以上的。

附件4

中华人民共和国××海关
企业分类管理申请受理决定书

关分受（　　）号

企业名称：

海关注册编码：

你单位提出的适用（□AA类/□A类/□C类调整为B类/□D类调整为C类）管理申请，我关于　　年　　月　　日收悉。经审核，材料齐全，符合法定形式，根据《中华人民共和国企业分类管理办法》（□第十九条/□第二十二条）的规定，我关予以受理。

年　　月　　日

附件5

中华人民共和国××海关
适用AA类管理决定书

关分决（　　）号

企业名称：

海关注册编码：

你单位提出的适用AA类管理申请，我关于　　年　　月　　日予以受理。经审核，我关认为符合《中华人民共和国海关企业分类管理办法》第（六/十二）条之规定，根据《中华人民共和国海关企业分类管理办法》第十九条第二款之规定，我关决定对你单位适用AA类管理。

年　　月　　日

附件6

中华人民共和国××海关
适用A类管理决定书

关分决（　　）号

企业名称：

海关注册编码：

你单位提出的适用A类管理申请，我关于　　年　　月　　日予以受理。经审核，我关认为符合《中华人民共和国海关企业分类管理办法》第（七/十三）条之规定，根据《中华人民共和国海关企业分类管理办法》第十九条第三款之规定，我关决定对你单位适用A类管理。

年　月　日

附件7

中华人民共和国××海关
不予适用AA类管理决定书

关分决（　）号

企业名称：

海关注册编码：

你单位提出的适用AA类管理申请，我关于　年　月　日予以受理。经审核，你单位（事实描述）

我关认为上述事实属于《中华人民共和国海关企业分类管理办法》第二十条第（　）项规定的情形。根据该条规定，我关决定对你单位不予适用AA类管理。

如不服本决定，依照《中华人民共和国行政复议法》第九条、第十二条，《中华人民共和国行政诉讼法》第三十九条之规定，可在本决定书送达之日起60日内向海关总署申请行政复议，或者在本决定书送达之日起3个月内，向人民法院起诉。行政复议或者诉讼期间，不影响本决定的执行。

年　月　日

附件8

中华人民共和国××海关
不予适用A类管理决定书

关分决（　）号

企业名称：

海关注册编码：

你单位提出的适用A类管理申请，我关于　年　月　日予以受理。经审核，你单位（事实描述）

我关认为上述事实属于《中华人民共和国海关企业分类管理办法》第二十条第（　）项规定的情形。根据该条规定，我关决定对你单位不予适用A类管理。

如不服本决定，依照《中华人民共和国行政复议法》第九条、第十二条，《中华人民共和国行政诉讼法》第三十九条之规定，可在本决定书送达之日起60日内向海关总署申请行政复议，或者在本决定书送达之日起3个月内，向人民法院起诉。行政复议或者诉讼期间，不影响本决定的执行。

年　月　日

附件9

中华人民共和国××海关
企业管理类别调整决定书

关分决（　）号

企业名称：

海关注册编码：

你单位提出的C类调整为B类/D类调整为C类管理的申请，我关于　年　月　日予以受理。经审核，你单位符合《中华人民共和国海关企业分类管理办法》第二十一条第（　）款规定的条件，我关决定对你单位由　类调整为　类管理。

年　月　日

附件10

中华人民共和国××海关
企业管理类别调整决定书

关分决（　）号

企业名称：

海关注册编码：

你单位现管理类别为　类。经审核，你单位（事实描述）

我关认为上述事实属于《中华人民共和国海关企业分类管理办法》第二十三条第（　）项规定的情形。根据《中华人民共和国海关企业分类管理办法》第（　）条之规定，我关决定对你单位由　类管理调整为　类管理。

如不服本决定，依照《中华人民共和国行政复议法》第九条、第十二条，《中华人民共和国行政诉讼法》第三十九条之规定，可在本决定书送达之日起60日内向海关总署申请行政复议，或者在本决定书送达之日起3个月内，向人民法院起诉。行政复议或者诉讼期间，不影响本决定的执行。

年　月　日

附件11

中华人民共和国××海关
企业管理类别不予调整决定书

关分决（　）号

企业名称：

海关注册编码：

你单位提出的C类调整为B类/D类调整为C类管理的申请，我关于　年　月　日予以受理。经审核，你单位（事实描述）

由于你单位不符合《中华人民共和国海关企业分类管理办法》第二十一条第　款规定的条件，我关决定不予调整管理类别，继续适用　类管理。

如不服本决定，依照《中华人民共和国行政复议法》第九条、第十二条，《中华人民共和国行政诉讼法》第三十九条之规定，可在本决定书送达之日起60日内向海关总署申请行政复议，或者在本决定书送达之日起3个月内，向人民法院起诉。行政复议或者诉讼期间，不影响本决定的执行。

年　月　日

附件12

送达回证

受送达人：____________________

代 理 人：____________________

送达方式：____________________

____________________（具体列明送达方式）

送达地点：____________________

送达文书：____________________

____________（具体列明法律文书名称及文号）

签收人：____________________

年　月　日

签收人非受送达人的，请注明与受送达人关系：____________________

经办关员：____________________

年　月　日

受送达人拒签情况：（此处由经办关员填写）____________________

见证人：____________________

年　月　日

附件13

经营管理状况报告
（进出口货物收发货人）

企业名称：____________________

海关注册编码：____________________

填报日期：____________________

一、企业基本情况（必填）

1. 企业成立时间：______年；

2. 企业营业类型（按下列选择顺序，以序号在前为优先序，作唯一选择）：______；

（1）生产型　（2）贸易型　（3）生产贸易混合型　（4）服务型（通讯、饮食、房地产、运输等）　（5）其他

3. 企业主要贸易方式（按下列选择顺序，以序号在前为优先，作唯一选择）：______；

（1）一般贸易（2）加工贸易（3）一般贸易和加工贸易混合型

4. 企业类别：______；（可多项选择）

（1）国务院直属部级企业及国家部属企业（含国家控股公司）　（2）省（直辖市、计划单列市）属企业（含省级国家控股公司）　（3）上市股份公司　（4）非上市股份公司　（5）有限责任公司　（6）外商独资企业　（7）中外合资企业　（8）中外合作企业　（9）集体企业　（10）民营企业　（11）合伙企业　（12）个体工商户　（13）装配服务公司　（14）其他

5. 企业有无直接对外投资参股及控股的企业：______；

（1）有　（2）无

如填写有，请具体列明（可添加附页）

企业名称：____________，参股或控股______；

企业名称：______________，参股或控股______；

企业名称：______________，参股或控股______；

企业名称：______________，参股或控股______；

企业名称：______________，参股或控股______；

6. 企业是否有多个经营场所、分公司或子公司：______；

（1）是　　　（2）否

如果是，请具体说明公司名称、经营场所地址、负责人。（可添加附页）

二、企业的财务情况（按企业上一年度会计报表数目填报，必填）

1. 企业上一年的年度投资状况（按人民币计，外币按填写当日汇率折算为人民币）指在上一年度内，企业以增加股本和增加负债两种形式，所计划取得和实际得到的全部的年度内的资金投入。

本企业上一年度（______年）应投资总额______万元；

实际到位资金总额（包括实物、无形资产等）______万元；

投资实际到位比例是______%

注：实际到位比例 =（实际到位资金总额/应投资总额）×100%

2. 本企业的外方应投资（计划投资）总额（无境外投资方企业，填0）______万元；

外方实际到位资金总额（包括实物、无形资产等）______万元；

外方投资实际到位比例是______%

注：实际到位比例 =（实际到位资金总额/应投资总额）×100%

3. 企业工商注册资金（万元人民币，外币按填写当日汇率折算）

本企业的工商注册资金总额为______万元

4. 企业上一年度（______年度）的流动比率______%

流动比率 =（流动资产/流动负债）×100%

注：资产与负债均按［（年初数 + 年末数）/2］填写

5. 企业上一年度（______年度）的资产负债率______%

资产负债率 =（负债总额/资产总额）×100%

注：资产与负债均按［（年初数 + 年末数）/2］填写

6. 企业上一年度（______年度）的总资产报酬率______%

总资产报酬率 =［（税后利润 + 所得税 + 利息支出）/平均资产总额］×100%

注：平均资产总额按［（年初数 + 年末数）/2］填写

7. 企业上一年度（______年度）固定资产净值余额为______万元（万元人民币，按企业上一年度会计结算报表数目填报）。

三、企业的员工状况（必填）

1. 企业员工总人数：______；

2. 企业外籍员工人数；______；

外籍员工的国籍（全部具体列明）：

______、______、______、______、______、______、______、______；

3. 企业法定代表人有无刑事犯罪记录：______；

（1）有　　　（2）无

有刑事犯罪记录的请填写：

（1）犯罪时间：______；

（2）罪名：______；

（3）刑罚种类及刑期：______；

4. 企业海关事务负责人情况：

姓名：______；　　国籍：______；

身份证号码或护照号：______________；

有无刑事犯罪记录：______；

（1）有　　　（2）无

有刑事犯罪记录的请填写：

（1）犯罪时间：______；

（2）罪名：______；

（3）刑罚种类及刑期：______；

5. 企业财务负责人情况：

姓名：______；　　国籍：______；

身份证号码或护照号：______________；

有无刑事犯罪记录：______；

（1）有　　　（2）无

有刑事犯罪记录的请填写：

（1）犯罪时间：______；

（2）罪名：______；

（3）刑罚种类及刑期：______；

6. 企业报关员情况（有多名报关员的可添加附页）：

姓名：______；

身份证件号码：______________；

有无刑事犯罪记录：______；

（1）有　　　（2）无

有刑事犯罪记录的请填写：

（1）犯罪时间：______；

（2）罪名：______；

（3）刑罚种类及刑期：______；

上一年度，报关员的流动记录：

（1）新注册：______ （2）注销：______

四、企业内部管理情况

1. 财务账簿建立至今的时间（正规财务账册指贴有印花税票的明细分类账及总账）：______年；

计算公式＝当年年份－贴有印花税票的明细分类账建立年份

2. 是否有健全的财务管理制度：______；

（1）有 （2）无

3. 是否有仓库、物料管理制度：______；

（1）有 （2）无

4. 是否按规定按时接受中介机构审计：______；

（1）是 （2）否

5. 是否有专门部门负责进出口业务及海关事务：______；

（1）有 （2）无

如果有，请填写：

部门名称：______；

员工人数：______；

内设岗位（具体列明岗位名称）：______________________________；

6. 是否有明文的进出口业务操作规程（或制度）：______；

（1）有 （2）无

7. 是否建立进出口商务资料档案：______；

（1）是 （2）否

8. 是否通过相关认证体系的认证：______；

（1）是 （2）否

如果通过，请填写（如通过多项认证，请添加附页）：

认证体系名称：______________；

认证机构名称：______________；

认证时间：______；

9. 是否记录货物的内部流转过程：______；

（1）是 （2）否

如果是，说明记录时间、人员及记录方法（书面还是电子）

10. 是否建立对代理人处理的海关事务进行核查的内部程序、制度：______；

（1）是 （2）否

11. 是否有涉及进出口许可证件的货物：______；

（1）是 （2）否

如果有，具体说明其商品名称、商品编码、原产地（可添加附页）

12. 是否建立进出口证件管理制度：______；

（1）是 （2）否

13. 企业与贸易相关的文件资料和数据记录是否予以保存：______；

（1）是 （2）否

如果是，保存期限为：______________

14. 是否对上述保存设置保密限制和查看权限：______；

（1）是 （2）否

15. 对上述文件记录的处理是否有特定的程序：______；

（1）是 （2）否

16. 是否指定专门的联络员，以便发生影响海关执法情事时，海关能与其及时取得联系：______；

（1）是 （2）否

17. 报关部门是否根据实际的进口采购信息进行报关：______。

（1）是 （2）否

五、企业进出口情况（根据企业情况选择填写）

1. 上一年度（______年度）进口商品中列前五位的境外供货人名单（不足五位的全部填写）：

供货人名称：______________，国别：______；

供货人名称：______________，国别：______；

供货人名称：______________，国别：______；

供货人名称：______________，国别：______；

供货人名称：______________，国别：______；

2. 上一年度（______年度）出口商品中列前五位的境外收货人名单（不足五位的全部填写）：

收货人名称：______________，国别：______；

收货人名称：______________，国别：______；

收货人名称：______________，国别：______；

收货人名称：______________，国别：______；

收货人名称：______________，国别：______；

3. 企业最主要十种进口商品（按商品税号加商品名称填写）是：

__________；__________；__________；__________；

__________；__________；__________；__________；

__________；__________；

4. 企业最主要十种出口商品（按商品税号加商品名称填写）是：

________；________；________；________；
________；________；________；________；
________；________；

5. 主要进出口的纳税商品（按商品税号加商品名称填写）：

________；________；________；________；
________；________；________；________；
________；________；

6. 上一年度（______年度）境外销售总额占总销售额的比例______%；

7. 上一年度（______年度）缴纳的进出口关税、进出口环节海关代征税之和______；

8. 企业为自行报关还是委托报关：

（1）自行报关　　（2）委托报关　　（3）并存

如果不是自行报关，是否向报关企业提供反映贸易活动的资料______；

（1）是　　　　（2）否

报关企业的名称及管理类别：

报关企业名称：____________管理类别：______；
报关企业名称：____________管理类别：______；
报关企业名称：____________管理类别：______。

六、企业资信状况

1. 企业近三年来是否因单位犯罪被依法追究刑事责任：______；

（1）是　　　　（2）否

如果是，请填写（如有多起，请添加附页）：

（1）犯罪时间：______________；
（2）罪名：______________；
（3）刑罚情况：______________；

2. 企业近三年来是否因走私行为或违反海关监管规定的行为被海关处罚：______；

（1）是　　　　（2）否

如果是，请填写（如有多起，请添加附页）

（1）下达处罚决定的海关：______________；
（2）处罚时间：______________；
（3）处罚事由：______________；
（4）处罚结果：______________；

3. 企业近三年来是否因行政违法行为被其他行政机关实施行政处罚：______；

（1）是　　　　（2）否

如果是，请填写（如有多起，请添加附页）

（1）下达处罚决定的机关：______________；
（2）处罚时间：______________；
（3）处罚事由：______________；
（4）处罚结果：______________；

4. 企业目前是否有人民法院在审或处于执行阶段，且标的在人民币100万元以上的债务纠纷：______；

（1）有　　　　（2）无

如果有，请填写（如有多起，请添加附页）

（1）受案法院：______________；
（2）债务标的额：______________；

5. 企业目前是否有被人民法院或其他行政机关依法查封、扣押或冻结的财产和权利：______；

（1）有　　　　（2）无

如果有，请填写被查封、扣押或冻结的财产和权利总标的额：______________。

七、安全标准

（一）基本信息

1. 企业是否建立安全制度？

（1）是　　　　（2）否

2. 是否采取适当的方法让员工和来访人员知晓这些安全制度？

（1）是　　　　（2）否

3. 是否设立专门部门负责企业的安全？

（1）是　　　　（2）否

4. 是否建立发生安全事故时的报告、记录制度？

（1）是　　　　（2）否

5. 是否制订了在紧急安全情况下和用于灾难或恐怖事件防御的应急方案？

（1）是　　　　（2）否

6. 是否定期对员工进行紧急事件应急方案的培训和测试？

（1）是　　　　（2）否

（二）货物安全

1. 对进出口货物是否有特殊的安全要求？

（1）是　　　　（2）否

如果有，请具体说明。

2. 是否对货物进行全程监控、存放于特定的封闭场所或采取其他方式以防止其被提取、调换、灭失或损坏？

（1）是　　　　（2）否

3. 进口货物和出口货物是否有区分标志？

（1）是　　　　（2）否

4. 危险货物是否有标志？

（1）是　　（2）否

5. 是否建立禁止、限制进出口货物的管理制度？

（1）是　　（2）否

6. 空集装箱在装货前是否进行检查？

（1）是　　（2）否

（三）经营场所安全

1. 企业经营场所有无防盗报警系统、闭路电视监控系统或其他安全保障系统？

（1）有　　（2）无

2. 企业有无对进入经营场所的人员、车辆进行授权并予以监控？

（1）有　　（2）无

3. 是否定期对经营场所的安全设施进行检查？

（1）是　　（2）否

4. 是否有安全管理人员监控出入口？

（1）是　　（2）否

5. 是否使用闭路电视来监控货物仓库内部？

（1）是　　（2）否

6. 企业是否有限制人员出入的区域，如报关进出口货物的仓库？

（1）是　　（2）否

7. 相关区域是否有限制标识？

（1）是　　（2）否

8. 是否有人监督挪移货物？

（1）是　　（2）否

9. 当货物从仓库搬走时，是否要验证发票/运送单据？

（1）是　　（2）否

（四）人员安全

1. 是否对所有员工都进行背景调查？

（1）是　　（2）否

2. 是否由专门部门决定申请人是否是合格的雇佣对象？

（1）是　　（2）否

3. 企业是否按照人员管理等级、工作区域、授权等级等对身份标识系统进行分别设置？

（1）是　　（2）否

4. 是否对访客和送货商、取货人员进行登记？

（1）是　　（2）否

5. 是否对所有与供应链相关的人员，如安全、货物处理、单证制作人员以及在发货、收货区域的员工，进行识别可疑货物培训？

（1）是　　（2）否

（五）贸易伙伴安全

1. 进行合同谈判时，是否对贸易伙伴进行安全评估？

（1）是　　（2）否

2. 在签订合同前，是否对贸易伙伴的商业信息进行审核？

（1）是　　（2）否

3. 在合同履行过程中，是否对供应链的安全进行评估？

（1）是　　（2）否

4. 是否有相关评估和审核记录备查？

（1）是　　（2）否

（六）信息安全

1. 企业是否有书面的信息安全政策、程序和相关制度，如防火墙、密码等，以保护计算机系统？

（1）是　　（2）否

2. 企业是否有相应制度确保货物通关信息清楚、完整和准确，避免信息缺失和错误信息的录入？

（1）是　　（2）否

3. 是否有防止信息丢失的制度和备份系统？

（1）是　　（2）否

（七）自我评估本企业存在的安全风险。

本单位保证此报告的真实准确有效，并存有相关文件备查。如有不实，自愿承担海关不适用 AA 类/A 类管理的法律后果。

法定代表人签字：　　　　单位公章

年　　月　　日

附件14

经营管理状况报告
（报关企业）

企业名称：______________________________
海关注册编码：____________________________
填报日期：______________________________

一、企业基本情况

1. 企业成立时间：______年；

2. 企业所有制的类别：______；（可以多项选择）

（1）国务院直属部级企业及国家部属企业（含国家控股公司）

（2）省（直辖市、计划单列市）属企业（含省级国家控股公司）

（3）上市股份公司

（4）非上市股份公司

（5）有限责任公司

（6）外商独资企业

（7）中外合资

（8）中外合作企业

（9）集体企业

（10）民营企业

（11）其他

3. 企业有无直接对外投资参股及控股的企业：______；

（1）有　　　　　　（2）无

如填写有，请具体列明（可添加附页）

企业名称：______________，参股或控股______；

企业名称：______________，参股或控股______；

企业名称：______________，参股或控股______；

4. 企业是否有多个经营场所、分公司或子公司：

（1）是　　　　　　（2）否

如果是，请具体说明公司名称、经营场所地址、负责人。（可加附页）

二、企业的财务情况（按企业上一年度会计报表数目填报）

1. 企业上一年的年度投资状况（按人民币计，外币按填写当日汇率折算为人民币）指在上一年度内，企业以增加股本和增加负债两种形式，所计划取得和实际得到的全部的年度内的资金投入。

本企业上一年度（______年）应投资总额______万元；

实际到位资金总额（包括实物、无形资产等）______万元；

投资实际到位比例是______%

注：实际到位比例＝（实际到位资金总额/应投资总额）×100%

2. 本企业的外方应投资（计划投资）总额（无境外投资方企业，填0）______万元；

外方实际到位资金总额（包括实物、无形资产等）______万元；

外方投资实际到位比例是______%

注：实际到位比例＝（实际到位资金总额/应投资总额）×100%

3. 企业工商注册资金（万元人民币，外币按填写当日汇率折算）

本企业的工商注册资金总额为______万元

4. 企业上一年度（______年度）的流动比率______%

流动比率＝（流动资产/流动负债）×100%

注：资产与负债均按［（年初数＋年末数）/2］

5. 企业上一年度（______年度）的资产负债率______%

资产负债率＝（负债总额/资产总额）×100%

注：资产与负债均按［（年初数＋年末数）/2］填写

6. 企业上一年度（______年度）的总资产报酬率______%

总资产报酬率＝［（税后利润＋所得税＋利息支出）/平均资产总额］×100%

注：平均资产总额按［（年初数＋年末数）/2］填写

7. 企业上一年度（______年度）固定资产净值余额为______万元（万元人民币，按企业上一年度会计结算报表数目填报）。

三、企业的员工状况

1. 企业员工总人数：______；

2. 企业外籍员工人数；______；

外籍员工的国籍（全部具体列明）：

______、______、______、______、______、______、______、______；

3. 企业法定代表人有无刑事犯罪记录：______；

（1）有　　　　　　（2）无

有刑事犯罪记录的请填写：

（1）犯罪时间：______；

（2）罪名：______；

（3）刑罚种类及刑期：______；

4. 企业报关事务负责人情况：

姓名：______；国籍：______；

身份证号码或护照号：____________________；

有无刑事犯罪记录：______；

（1）有　　　　（2）无

有刑事犯罪记录的请填写：

（1）犯罪时间：______；

（2）罪名：______；

（3）刑罚种类及刑期：______；

5. 企业财务负责人情况：

姓名：______；国籍：______；

身份证号码或护照号：____________________；

有无刑事犯罪记录：______；

（1）有　　　　（2）无

有刑事犯罪记录的请填写：

（1）犯罪时间：______；

（2）罪名：______；

（3）刑罚种类及刑期：______；

6. 企业报关员情况（有多名报关员的可添加附页）：

姓名：______；

身份证件号码：____________________；

有无刑事犯罪记录：______；

（1）有　　　　（2）无

有刑事犯罪记录的请填写：

（1）犯罪时间：______；

（2）罪名：______；

（3）刑罚种类及刑期：______；

上一年度，报关员的流动记录：

（1）新注册______　　（2）注销______

四、企业内部管理情况

1. 财务账簿建立至今的时间（正规财务账册指贴有印花税票的明细分类账及总账）：______年；

计算公式＝当年年份－贴有印花税票的明细分类账建立年份

2. 是否有健全的财务管理制度：______；

（1）有　　　　（2）无

3. 是否按规定按时接受中介机构审计：______；

（1）是　　　　（2）否

4. 是否有报关业务操作规程（或制度）：______；

（1）是　　　　（2）否

5. 是否建立报关业务台账：______；

（1）是　　　　（2）否

如果是，保存期限为：______

6. 是否有特定的保存场所：______；

（1）是　　　　（2）否

7. 是否对业务台账设置保密限制和查看权限：______；

（1）是　　　　（2）否

8. 是否指定专门的联络员，以便发生影响海关执法情事时，海关能与其及时取得联系：______；

（1）是　　　　（2）否

9. 是否建立报关从业人员人事管理制度及完备的人事档案：______；

（1）是　　　　（2）否

10. 是否建立报关从业人员业务定期培训管理制度：______；

（1）是　　　　（2）否

11. 是否通过相关认证体系的认证：______；

（1）是　　　　（2）否

如果通过，请填写（如通过多项认证，请添加附页）：

认证体系名称：____________________；

认证机构名称：____________________；

认证时间：______________。

五、企业报关情况

1. 上一年度（______年度）代理申报的进出口报关单（含进出境备案清单）总票数：______；

2. 上一年度（______年度）报关业务收入占总业务收入比例______%；

3. 上一年度（______年度）前五位的委托企业名单（按报关业务收取计算）：

企业名称：____________________；

企业名称：____________________；

企业名称：____________________；

企业名称：____________________；

企业名称：____________________；

4. 企业代理报关业务中最主要十种进口商品（按商品税号加商品名称填写）是：______；______；______；______；______；______；______；

5. 企业代理报关业务中最主要十种出口商品（按商品税号加商品名称填写）是：______；______；______；______；______；______；______；

6. 是否对委托单位提供反映贸易活动的资料进行合理审查：______；

（1）是　　　　（2）否

7. 是否根据所掌握的进出口贸易信息如实报关：______。

（1）是　　　　　　　（2）否

六、企业资信状况

1. 企业近三年来是否因单位犯罪被依法追究刑事责任：______；

（1）是　　　　　　　（2）否

如果是，请填写（如有多起，请添加附页）：

（1）犯罪时间：______；

（2）罪名：______；

（3）刑罚情况：______；

2. 企业近三年来是否因走私行为或违反海关监管规定的行为被海关处罚：______；

（1）是　　　　　　　（2）否

如果是，请填写（如有多起，请添加附页）

（1）下达处罚决定的海关：______；

（2）处罚时间：______；

（3）处罚事由：______；

（4）处罚结果：______；

3. 企业近三年来是否因行政违法行为被其他行政机关实施行政处罚：______；

（1）是　　　　　　　（2）否

如果是，请填写（如有多起，请添加附页）

（1）下达处罚决定的机关：______；

（2）处罚时间：______；

（3）处罚事由：______；

（4）处罚结果：______；

4. 企业目前是否有人民法院在审或处于执行阶段，且标的在人民币 50 万元以上的民事纠纷：______；

（1）有　　　　　　　（2）无

如果有，请填写（如有多起，请添加附页）

（1）受案法院：______；

（2）债务标的额：______；

5. 企业目前是否有被人民法院或其他行政机关依法查封、扣押或冻结的财产和权利：______；

（1）有　　　　　　　（2）无

如果有，请填写被查封、扣押或冻结的财产和权利总标的额：______。

七、安全标准

（一）基本信息

1. 企业是否建立安全制度？

（1）是　　　　　　　（2）否

2. 是否采取适当的方法让员工和来访人员知晓这些安全制度？

（1）是　　　　　　　（2）否

3. 是否设立专门部门负责企业的安全？

（1）是　　　　　　　（2）否

4. 是否建立发生安全事故时的报告、记录制度？

（1）是　　　　　　　（2）否

5. 是否制订了在紧急安全情况下和用于灾难或恐怖事件防御的应急方案？

（1）是　　　　　　　（2）否

6. 是否定期对员工进行紧急事件应急方案的培训和测试？

（1）是　　　　　　　（2）否

（二）货物安全

1. 对进出口货物是否有特殊的安全要求？

（1）是　　　　　　　（2）否

如果有，请具体说明。

2. 收发、运输货物时，所有的包裹是否都经过称重、做标志和清点数量的程序？

（1）是　　　　　　　（2）否

3. 危险货物是否有标志？

（1）是　　　　　　　（2）否

4. 装货与卸货时，是否对封条号码进行校验？

（1）是　　　　　　　（2）否

5. 是否有适当的封条管理记录和程序？

（1）是　　　　　　　（2）否

（三）经营场所安全

1. 企业经营场所有无防盗报警系统、闭路电视监控系统或其他安全保障系统？

（1）有　　　　　　　（2）无

2. 企业有无对进入经营场所的人员、车辆进行授权并予以监控？

（1）有　　　　　　　（2）无

3. 是否定期对经营场所的安全设施进行检查？

（1）是　　　　　　　（2）否

4. 是否有安全管理人员监控出入口？

（1）是　　　　　　　（2）否

5. 企业是否有限制人员出入的区域，如报关进出口货物的仓库？

（1）是　　　　　　　（2）否

6. 相关区域是否有限制标识？

（1）是　　　　　　　（2）否

7. 是否有人监督挪移货物？

（1）是　　　　　　（2）否

8. 当货物从仓库搬走时，是否要验证发票/运送单据？

（1）是　　　　　　（2）否

（四）人员安全

1. 是否对所有员工都进行背景调查？

（1）是　　　　　　（2）否

2. 是否由专门部门决定申请人是否是合格的雇佣对象？

（1）是　　　　　　（2）否

3. 企业是否按照人员管理等级、工作区域、授权等级等对身份标识系统进行分别设置？

（1）是　　　　　　（2）否

4. 是否对访客和送货商、取货人员进行登记？

（1）是　　　　　　（2）否

5. 是否对所有与供应链相关的人员，如安全、货物处理、单证制作人员以及在发货、收货区域的员工，进行识别可疑货物培训？

（1）是　　　　　　（2）否

（五）贸易伙伴安全

1. 进行合同谈判时，是否对贸易伙伴进行安全评估？

（1）是　　　　　　（2）否

2. 在签订合同前，是否对贸易伙伴的商业信息进行审核？

（1）是　　　　　　（2）否

3. 在合同履行过程中，是否对供应链的安全进行评估？

（1）是　　　　　　（2）否

4. 是否有相关评估和审核记录备查？

（1）是　　　　　　（2）否

（六）信息安全

1. 企业是否有书面的信息安全政策、程序和相关制度，如防火墙、密码等，以保护计算机系统？

（1）是　　　　　　（2）否

2. 企业是否有相应制度确保货物通关信息清楚、完整和准确，避免信息缺失和错误信息的录入？

（1）是　　　　　　（2）否

3. 是否有防止信息丢失的制度和备份系统？

（1）是　　　　　　（2）否

（七）自我评估本企业存在的安全风险

本单位保证此报告的真实准确有效，并存有相关文件备查。如有不实，自愿承担海关不适用 AA 类/A 类管理的法律后果。

法定代表人签字：　　　　　　　　单位公章

年　　月　　日

中华人民共和国海关总署公告

2008 年第 20 号

新修订的《中华人民共和国海关企业分类管理办法》（以下简称《办法》）已于 2008 年 1 月 30 日以海关总署令第 170 号予以公布，并将自 2008 年 4 月 1 日起实施。根据《办法》内容，现决定对部分海关公告和规范性文件（目录见附件）自《办法》实施之日起予以废止。

特此公告。

附件　废止的海关公告和规范性文件目录

海关总署

2008 年 3 月 27 日

附件

废止的海关公告和规范性文件目录

序号	文件字号	文件名称
1	署监〔1999〕345号	《海关总署关于印发〈中华人民共和国海关对企业实施分类管理办法实施细则〉的通知》
2	署监〔1999〕817号	《海关总署、国家经贸委、外经贸部关于企业分类管理标准若干问题的补充通知》
3	公告〔2001〕5号	《海关总署关于对企业分类管理评审标准进行调整的公告》
4	公告〔2002〕5号	《海关总署关于对〈中华人民共和国海关对企业实施分类管理办法实施细则〉进行修改有关事项的公告》
5	署监发〔2002〕57号	《海关总署关于修改〈海关取消A类管理通知书〉的通知》

中华人民共和国海关总署公告

2008年第21号

经国务院批准，国务院关税税则委员会决定，自2008年2月15日起，对部分进入海关特殊监管区域的产品不征收出口关税。现就有关问题公告如下：

一、对境内区外进入所有海关特殊监管区域用于建区和企业厂房基础建设的，属于取消出口退税或加征出口关税的基建物资（以下简称基建物资），入区时不予退税，海关办理登记手续，不征收出口关税。上述基建物资不得离境出口，如在区内未使用完毕的，由海关监管退出区外。

自境外进入区内的基建物资，如运往境内区外的，应按海关对海关特殊监管区域管理的有关规定办理报关纳税手续。

二、对具有保税加工功能的出口加工区、保税港区、综合保税区、珠澳跨境工业区（珠海园区）和中哈霍尔果斯国际边境合作中心（中方配套区域）的区内生产企业在国内（境内区外，下同）采购用于生产出口产品的原材料（清单详见附件，以下简称上述原材料），进区时不征收出口关税。上述原材料未经实质性加工的，不得转让或销售给区内非生产企业（如保税物流、仓储、贸易等企业，下同）、直接出境或以保税方式出区；如出区销往境内区外的，一律照章征收进口关税和进口环节增值税。

以上所称“实质性加工”的标准，按照《中华人民共和国海关关于执行〈非优惠原产地规则中实质性改变标准〉的规定》（海关总署令第122号）执行。

区内非生产企业在境内区外采购进区的上述原材料，不适用上述税收政策。

三、区内生产企业在境内区外采购上述原材料，由区外企业持凭其与区内生产企业签订的原材料正式购销合同，向区内生产企业所在特殊监管区域海关申请办理出口报关手续，并在出口报关单备注栏内注明海关审批可不征收出口关税的证明文书编号，由区内生产企业负责办理进区备案手续。

四、自2008年2月15日至本公告发布之日前，符合本公告规定不征收出口关税的产品，其已征收的出口关税，按照本公告规定补办相关手续后准予退还。

特此公告。

附件　海关特殊监管区内生产企业国内采购入区不征出口关税原材料清单

海关总署

2008年3月31日

附件

海关特殊监管区内生产企业国内采购入区不征出口关税原材料清单

序号	税则号列	货品名称（简称）
1	7205.1000	生铁、镜铁及钢铁颗粒
2	7208.1000	轧压花纹的热轧卷材
3	7208.2500	厚度≥4.75 毫米其他经酸洗的热轧卷材
4	7208.2610	屈服强度大于 355 牛顿/平方毫米，3 毫米≤厚度<4.75 毫米其他经酸洗热轧卷材
5	7208.2690	其他 3 毫米≤厚度<4.75 毫米其他经酸洗热轧卷材
6	7208.2710	厚度<1.5 毫米的其他经酸洗的热轧卷材
7	7208.2790	其他厚度<3 毫米的其他经酸洗的热轧卷材
8	7208.3600	厚度>10 毫米的其他热轧卷材
9	7208.3700	4.75 毫米≤厚度≤10 毫米的其他热轧卷材
10	7208.3810	屈服强度>355 牛顿/平方毫米，3 毫米≤厚度<4.75 毫米的其他卷材
11	7208.3890	其他 3 毫米≤厚度<4.75 毫米的其他卷材
12	7208.3910	厚度<1.5 毫米的其他热轧卷材
13	7208.3990	其他厚度<3 毫米的其他热轧卷材
14	7208.4000	轧有凸起花纹的热轧非卷材
15	7208.5110	厚度>50 毫米的其他热轧非卷材
16	7208.5120	厚度>20 毫米，但不超过 50 毫米的其他热轧非卷材
17	7208.5190	其他厚度>10 毫米的其他热轧非卷材
18	7208.5200	4.75 毫米≤厚度≤10 毫米的热轧非卷材
19	7208.5310	屈服强度>355 牛顿/平方毫米，31 毫米≤厚度<4.75 毫米的热轧非卷材
20	7208.5390	其他 3 毫米≤厚度<4.75 毫米的热轧非卷材
21	7208.5410	厚度<1.5 毫米的热轧非卷材
22	7208.5490	其他厚度<3 毫米的热轧非卷材
23	7208.9000	其他热轧铁或非合金钢宽平板轧材
24	7211.1300	未轧花纹的四面轧制的热轧非卷材
25	7211.1400	厚度≥4.75 毫米的其他热轧板材
26	7211.1900	其他热轧铁或非合金钢窄板材
27	7211.2300	冷轧含炭量<0.25%的板材
28	7211.2900	冷轧其他铁或非合金钢窄板材
29	7211.9000	冷轧的铁或非合金钢其他窄板材
30	7212.1000	镀或涂锡的铁或非合金钢窄板材
31	7212.2000	电镀锌的铁或非合金钢窄板材
32	7212.3000	其他镀或涂锌的铁窄板材
33	7212.4000	涂漆或涂塑的铁或非合金钢窄板材

序号	税则号列	货品名称（简称）
34	7212.5000	涂镀其他材料铁或非合金钢窄板材
35	7212.6000	经包覆的铁或非合金钢窄板材
36	7213.1000	带有轧制花纹的热轧盘条
37	7213.2000	其他易切削钢制热轧盘条
38	7213.9100	直径<14毫米圆截面的其他热轧盘条
39	7213.9900	其他热轧盘条
40	7214.2000	热加工带有轧制花纹的条、杆
41	7214.3000	热加工易切削钢的条、杆
42	7214.9100	热加工其他矩形截面的条、杆
43	7214.9900	热加工其他条、杆
44	7215.1000	冷加工其他易切削钢制条、杆
45	7215.5000	冷加工或冷成形的其他条、杆
46	7215.9000	铁及非合金钢的其他条、杆
47	7216.1010	截面高度<80毫米的H型钢
48	7216.1020	截面高度低于80毫米的工字钢
49	7216.1090	截面高度<80毫米U型钢
50	7216.2100	热加工截面高度<80毫米角钢
51	7216.2200	热加工截面高度<80毫米丁字钢
52	7216.3100	热加工截面高度≥80毫米槽型钢
53	7216.3210	截面高度在200毫米以上的工字钢
54	7216.3290	热加工截面高度≥80毫米工字型钢
55	7216.3311	截面高度在800毫米以上的H型钢
56	7216.3319	截面高度≥200毫米H型钢
57	7216.3390	其他截面高度≥80毫米H型钢
58	7216.4010	热加工截面高度≥80毫米角钢
59	7216.4020	热加工截面高度≥80毫米丁字钢
60	7216.5010	热加工乙字钢
61	7216.5090	热加工其他角材、型材及异型材
62	7216.6100	冷加工板材制的角材、型材及异型材
63	7216.6900	冷加工其他角材、型材及异型材
64	7216.9100	冷加工其他板材制角材、型材及异型材
65	7216.9900	其他角材、型材及异型材
66	7217.1000	未镀或涂层的铁或非合金钢丝
67	7217.2000	镀或涂锌的铁或非合金钢丝
68	7217.3010	镀或涂铜的铁丝和非合金钢丝
69	7217.3090	镀或涂其他贱金属的铁丝和非合金钢丝

序号	税则号列	货品名称（简称）
70	7217.9000	其他铁丝或非合金钢丝
71	7219.1312	按重量计含锰量在5.5%及以上的未经酸洗3毫米≤厚度<4.75毫米铬锰系不锈钢
72	7219.1322	按重量计含锰量在5.5%及以上的经酸洗3毫米≤厚度<4.75毫米铬锰系不锈钢
73	7219.1329	厚度在3毫米及以上，但小于4.75毫米的经酸洗的其他不锈钢卷板
74	7219.1412	按重量计含锰量在5.5%及以上的未经酸洗厚度<3毫米的铬锰系不锈钢
75	7219.1422	按重量计含锰量在5.5%及以上的经酸洗厚厦<3毫米的铬锰系不锈钢
76	7225.9100	电镀锌的其他合金钢宽平板轧材
77	7225.9200	其他镀或涂锌的其他合金钢宽板材
78	7225.9910	宽度≥600毫米的高速钢平板轧材
79	7225.9990	宽度≥600毫米的其他合金钢平板轧材
80	7226.9200	宽度<600毫米冷轧其他合金钢板材
81	7226.9910	电镀锌的其他合金钢窄平板轧材
82	7226.9920	其他镀或涂锌的其他合金钢窄板材
83	7227.2000	硅锰钢的热轧盘条
84	7228.2000	其他硅锰钢的条、杆
85	7228.6000	其他合金钢条、杆
86	7305.3100	纵向焊接的其他粗钢铁管
87	7305.3900	其他方法焊接其他粗钢铁管
88	7305.9000	未列名圆形截面粗钢铁管
89	7306.3000	其他铁或非合金刚圆形截面焊缝管
90	7306.4000	不锈钢其他圆形截面细焊缝管
91	7306.5000	其他合金钢的圆形截面细焊缝管
92	7306.6100	矩形或正方形截面的其他焊缝管
93	7306.6900	其他非圆形截面的其他焊缝管
94	7604.1010	非合金铝条、杆
95	7604.2910	铝合金条、杆

中华人民共和国海关总署公告

2008年第22号

2003年，国务院关税税则委员会根据商务部反倾销调查结果，决定对原产于韩国、马来西亚、新加坡和印度尼西亚的进口丙烯酸酯征收反倾销税，征税时间从2003年4月10日起，期限为5年。在征税时间届满之际，应国内相关企业的申请，商务部决定对原产于韩国、马来西亚、新加坡和印度尼西亚的进口丙烯酸酯所适用的反倾销措施进行期终复审调查。国务院关税税则委员会决定，在反倾销措施期终复审期间，对原产于韩国、马来西亚、新加坡和印度尼西亚的进口丙烯酸酯继续征收反倾销税。现就执行中的有关事项公告如下：

自2008年4月10日起，海关对申报进口原产于韩国、马来西亚、新加坡和印度尼西亚的进口丙烯酸酯，继续按照中华人民共和国海关总署2003年第24号公告和2005年第29号公告规定的产品范围、税率和公式等征收反倾销税。

特此公告。

附件 中华人民共和国商务部2008年第25号公告

海关总署

2008年4月8日

附件

中华人民共和国商务部公告

2008年第25号

中华人民共和国商务部于2003年4月10日发布该年度第3号公告，公布对原产于韩国、马来西亚、新加坡和印度尼西亚的进口丙烯酸酯征收反倾销税，实施期限自2003年4月10日起，为期5年。

2007年10月10日，商务部发布2007年第77号公告，自该公告发布之日起，国内产业可在原反倾销措施终止日60天前，向商务部提出书面复审申请。

2008年2月1日，商务部收到上海华谊丙烯酸有限公司等8家企业代表中国丙烯酸酯产业正式递交的反倾销期终复审调查申请，申请人请求商务部对原产于韩国、马来西亚、新加坡和印度尼西亚的进口丙烯酸酯所适用的反倾销措施进行期终复审并裁定维持该反倾销措施。

2008年4月9日，商务部发布立案公告，决定对原产于韩国、马来西亚、新加坡和印度尼西亚的进口丙烯酸酯所适用的反倾销措施进行期终复审调查。

依据《中华人民共和国反倾销条例》第五十二条的规定，根据商务部建议，国务院关税税则委员会决定，在反倾销期终复审调查期间，对原产于韩国、马来西亚、新加坡和印度尼西亚的进口丙烯酸酯仍然按照中华人民共和国商务部2003年第3号和2005年第40号公告公布的征税范围和反倾销税税率，继续征收反倾销税。

特此公告。

商务部

2008年4月7日

中华人民共和国海关总署公告

2008年第23号

根据《中华人民共和国海关行业标准管理办法（试行）》，海关总署批准《海关计算机系统软硬件选型规范》和《海关信息系统安全等级保护系列标准》两项海关行业标准，现予以公布（标准名称见附件，标准文本由中国海关出版社出版），自2008年6月1日起实施。

特此公告。

附件 海关标准编号名称表

海关总署

2008年4月8日

附件

海关标准编号名称表

序号	海关标准编号	海关标准名称	批准日期	实施日期
1	HS/T 19－2006	《海关计算机系统软硬件选型规范》	2008年4月8日	2008年6月1日
2	HS/T 20.1－2006	《海关信息系统安全等级保护　通用技术要求》	2008年4月8日	2008年6月1日
	HS/T 20.2－2006	《海关信息系统安全等级保护　管理要求》	2008年4月8日	2008年6月1日
	HS/T 20.3－2006	《海关信息系统安全等级保护　网络安全技术要求》	2008年4月8日	2008年6月1日
	HS/T 20.4－2006	《海关信息系统安全等级保护　操作系统安全使用技术要求》	2008年4月8日	2008年6月1日
	HS/T 20.5－2006	《海关信息系统安全等级保护　数据库管理系统安全使用技术要求》	2008年4月8日	2008年6月1日

中华人民共和国海关总署公告

2008年第24号

根据《财政部、国家发展改革委、海关总署、国家税务总局关于落实国务院加快振兴装备制造业的若干意见有关进口税收政策的通知》（财关税〔2007〕11号）的有关规定，自2008年1月1日起（以海关接受企业申报的日期为准），对国内企业为开发、制造大型非公路矿用自卸车而进口部分关键零部件、原材料所缴纳的进口关税和进口环节增值税实行先征后退。现将有关执行问题公告如下：

一、公告所称大型非公路矿用自卸车主要包括：额定装载质量不小于108吨的大型电动轮非公路矿用自卸车和额定装载质量不小于85吨的大型机械传动非公路矿用自卸车。

二、享受先征后退政策的进口关键零部件、原材料清单（简称先征后退清单）详见附件。先征后退清单所列进口关键零部件、原材料实行年度暂定关税税率的，按暂定关税税率执行。今后对先征后退清单所列品种将根据企业申请、政策实施效果、国内配套能力等情况适时进行调整。

三、享受先征后退政策的企业进口上述关键零部件、原材料时，应向海关单独申报进口，并凭财政部出具的重大装备制造企业退税确认书直接向进口地海关申请办理先征后退手续。具体操作程序按现行有关先征后退规定办理。

四、对2008年1月1日起至本公告发布前已经进口的关键零部件、原材料，经海关审核无误的准予按照本公告规定办理先征后退手续。

五、自2008年4月1日起，对新批准的内外资投资项目（以项目的审批、核准或备案日期为准，下同），进口额定装载质量不大于328吨的非公路电动轮自卸车（税号：8704.1030）、额定装载质量不大于40吨的非公路铰接式自卸车（税号：8704.1090）和所有规格的机械传动非公路刚性自卸车（税号：8704.1090），一律停止执行进口免税政策。

2008年4月1日以前批准的内外资投资项目，其项目单位于2008年10月1日前持项目确认书等相关资料向海关申请办理减免税审批手续，且海关予以受理的，其进口符合原免税条件的上述装备仍可按照《国务院关于调整进口设备税收政策的通知》（国发〔1997〕37号）的有关规定执行；自2008年10月1日起，各海关不再受理上述内外资投资项目项下进口额定装载质量不大于328吨的非公路电动轮自卸车、额定装载质量不大于40吨的非公路铰接式自卸车和所有规格的机械传动非公路刚性自卸车的减免税备案和审批申请。

特此公告。

附件　大型非公路矿用自卸车进口关键零部件、原材料退税商品清单

海关总署

2008年4月11日

附件

大型非公路矿用自卸车进口关键零部件、原材料退税商品清单

额定装载质量不小于108吨的大型电动轮非公路矿用自卸车

序号	一级部件	二级部件	数量	单位	税则号列（供参考）	暂定退税年限
1	发动机		1	套/台	8408.2010	5年
2	轮胎		6	条/台	4011.6200 4011.9900	5年
3	耐磨钢板		15-40	吨/台	7209.2500 7225.4000	3年
4	液压泵		2-3	件/台	8413	3年
5	交流传动系统（限额定装载质量大于210吨的交流传动电动轮自卸车）	发电机	1	套/台	8708.7030 8501.6410	3年
6		控制柜	1	套/台	8537.2090	3年
7		电阻箱	1	套/台	8501.6410 8533.4000	3年
8		电动轮	2	套/台	8533.3900	3年
9	制动系统用	前稍动器	6	件/台	8708.3093	3年
10		后制动器	6	件/台	8708.3093	3年

额定装载质量不小于85吨的大型机械传动非公路矿用自卸车

序号	一级部件	二级部件	数量	单位	税则号列（供参考）	暂定退税年限
1	发动机		1	个/台	8408.2010	5年
2	传动箱		1	个/台	8708.4030	3年
3	耐磨钢材		14-23	吨/台	7225.4000	3年
4	转向系统用	转向多路阀	1	吨/台	8481.8010	5年
5	制动系统用	阀	6	个/台	8481.8010	3年
6		前制动器	2	个/台	8708.3093	3年
7		盾制动器	2	套/台	8708.3093	3年

序号	一级部件	二级部件	数量	单位	税则号列（供参考）	暂定退税年限
8	后桥用	齿轮	3	套/台	8483.4090	3年
9		锥形滚子轴承	2	套/台	8482.2000	3年
10	前桥用	锥形滚子轴承	4	套/台	8482.2000	3年
11	后轮用	锥形滚子轴承	4	套/台	8482.2000	3年

中华人民共和国海关总署公告

2008年第25号

按照国务院关税税则委员会的决定，海关总署自2005年1月1日起，对原产于美国、日本、韩国的进口非色散位移单模光纤征收反倾销税（详见海关总署、质检总局2004年第47号公告）。近日，根据期中复审调查结果，国务院关税税则委员会决定调整部分非色散位移单模光纤原产厂商适用的反倾销税税率。现就执行中的有关事项公告如下：

一、自2008年4月15日起，对申报进口原产于韩国株式会社OPTOMAGIC（OPTOMAGIC CO.，LTD.）的非色散位移单模光纤，海关按照2.3%的反倾销税税率征收反倾销税。

二、关于对原产于美国、日本、韩国的进口非色散位移单模光纤征收反倾销税的其他事项，仍按海关总署、质检总局2004年第47号公告及海关总署2006年第80号公告的规定执行。

特此公告。

附件　中华人民共和国商务部2008年第19号公告

海关总署

2008年4月11日

附件

中华人民共和国商务部公告

2008年第19号

中华人民共和国商务部于2005年1月1日发布2004年第96号公告，决定自2005年1月1日起，对原产于美国、日本、韩国的进口非色散位移单模光纤（以下称被调查产品）征收反倾销税。

2007年1月31日，韩国株式会社OPTOMAGIC就其所适用的被调查产品反倾销措施向商务部提出倾销及倾销幅度的期中复审申请。

商务部经审查认为，申请书提出了倾销幅度降低的初步证据。2007年4月16日商务部发布立案公告，决定对韩国株式会社OPTOMAGIC所适用的被调查产品反倾销措施进行复审。

复审调查范围是申请人的正常价值、出口价格和倾销幅度。复审调查的被调查产品与原反倾销调查相同，即非色散位移单模光纤。该产品归在《中华人民共和国进出口税则》税则号：9001.1000，不包括该税则号项下的其他型号的光纤以及光导纤维束及光缆。

商务部对韩国株式会社OPTOMAGIC倾销及倾销幅度进行了复审调查。根据调查结果，商务部向国务院关税税则委员会提出修改反倾销税的建议。依据《中华人民共和国反倾销条例》第五十条和《商务部倾销及倾销幅度期中复审暂行规则》的规定，现将有关事项公告如下：

一、裁定

经过调查，商务部裁定韩国株式会社OPTOMAGIC（OPTOMAGIC CO.，LTD.）的倾销幅度为：2.3%。

二、征收反倾销税

根据《中华人民共和国反倾销条例》的有关规定，国务院关税税则委员会根据商务部的建议作出决定，自

2008年4月15日起，将原产于韩国株式会社OPTOMAGIC的进口非色散位移单模光纤的反倾销税税率调整为2.3%。

三、征收反倾销税的方法

自2008年4月15日起，进口经营者在进口原产于韩国株式会社OPTOMAGIC的被调查产品时，应向中华人民共和国海关缴纳相应的反倾销税。反倾销税以海关审定的完税价格从价计征，计算公式为：

反倾销税税额＝海关完税价格×反倾销税税率

进口环节增值税以海关审定的完税价格加上关税和反倾销税作为计税价格从价计征。

四、行政复议和行政诉讼

根据《中华人民共和国反倾销条例》第五十三条的规定，利害关系方可以依法申请行政复议，也可以依法向人民法院提起诉讼。

五、本公告自2008年4月15日起执行。

特此公告。

附件 中华人民共和国商务部关于原产于韩国株式会社OPTOMAGIC的进口非色散位移单模光纤的期中复审裁定（略）

商务部

2008年4月14日

中华人民共和国海关总署公告

2008年第26号

经国务院批准，在国内用肥旺季，对化肥类产品及部分原料加征特别出口关税。现就有关问题公告如下：

自2008年4月20日至9月30日，对所有贸易形式、地区、企业出口的化肥类产品及部分原料，在现有出口关税税率的基础上，加征特别出口关税，税率为100%。

加征特别出口关税后，出口关税的计算公式为：

应纳税款＝完税价格×（出口关税税率＋特别出口关税税率）

加征特别出口关税的化肥类产品及部分原料范围见附件。

特此公告。

附件 加征特别出口关税的化肥类产品及部分原料范围

海关总署

2008年4月18日

附件

加征特别出口关税的化肥类产品及部分原料范围

商品名称	税号	现行税率%	特别关税税率%
磷酸	2809.2019	0	100
氨	2814.1000 2814.2000	0 0	100

商品名称	税号	现行税率%	特别关税税率%
氮肥	2827.1010	0	100
	2827.1090	0	
	3102.1000	35	
	3102.2100	0	
	3102.2900	0	
	3102.3000	0	
	3102.4000	0	
	3102.5000	0	
	3102.6000	0	
	3102.8000	0	
	3102.9010	0	
	3102.9090	0	
磷肥	3103.1010	30	100
	3103.1090	30	
	3103.9000	0	
钾肥	2834.2110	30	100
	2834.2190	0	
	3104.2090	30	
	3104.3000	30	
	3104.9010	30	
	3104.9090	30	
复合肥及其他化肥	3105.1000	0	100
	3105.2000	35	
	3105.3000	35	
	3105.4000	35	
	3105.5100	0	
	3105.5900	35	
	3105.6000	35	
	3105.9000	0	

注：产品范围以税号为准。

中华人民共和国海关总署公告

2008年第27号

海关总署和国家发展改革委批准《聚酯长丝坯布加工贸易单耗标准》等32项加工贸易单耗标准（标准名称、文本见附件），自2008年5月21日起执行。

特此公告。

附件1　32项加工贸易单耗标准名称列表
附件2　32项加工贸易单耗标准文本

海关总署
2008年4月21日

附件1

32项加工贸易单耗标准名称列表

序号	标准号	标准名称	批准日期	实施日期
1	HDB/FZ029－2008	聚酯长丝坯布加工贸易单耗标准	2008年4月21日	2008年5月21日
2	HDB/FZ030－2008	聚酯弹力丝加工贸易单耗标准	2008年4月21日	2008年5月21日
3	HDB/FZ031－2008	聚酯短纤加工贸易单耗标准	2008年4月21日	2008年5月21日
4	HDB/FZ032－2008	苎麻混纺漂白、染色纱线加工贸易单耗标准	2008年4月21日	2008年5月21日
5	HDB/FZ033－2008	毛巾布制浴衣加工贸易单耗标准	2008年4月21日	2008年5月21日
6	HDB/FZ034－2008	机制床单加工贸易单耗标准	2008年4月21日	2008年5月21日
7	HDB/FZ035－2008	女式长裤加工贸易单耗标准	2008年4月21日	2008年5月21日
8	HDB/FZ036－2008	棉及化纤制针织男三角裤加工贸易单耗标准	2008年4月21日	2008年5月21日
9	HDB/FZ037－2008	精梳毛与化纤制男式西服上装加工贸易单耗标准	2008年4月21日	2008年5月21日
10	HDB/FZ038－2008	精梳毛与化纤制男式西服马甲加工贸易单耗标准	2008年4月21日	2008年5月21日
11	HDB/FZ039－2008	棉及化纤制短袖针织T恤衫加工贸易单耗标准	2008年4月21日	2008年5月21日
12	HDB/FZ040－2008	棉制与化学纤维制非绒类针织染整布加工贸易单耗标准	2008年4月21日	2008年5月21日
13	HDB/SH028－2008	丁苯橡胶加工贸易单耗标准	2008年4月21日	2008年5月21日
14	HDB/SH029－2008	甲基乙烯基硅橡胶混炼胶加工贸易单耗标准	2008年4月21日	2008年5月21日
15	HDB/SH030－2008	水杨酸甲酯加工贸易单耗标准	2008年4月21日	2008年5月21日
16	HDB/SH031－2008	酚醛模塑料加工贸易单耗标准	2008年4月21日	2008年5月21日
17	HDB/SH032－2008	十溴二苯醚加工贸易单耗标准	2008年4月21日	2008年5月21日
18	HDB/SH033－2008	癸二酸加工贸易单耗标准	2008年4月21日	2008年5月21日
19	HDB/QB023－2008	LR14、LR20、LR1碱性锌锰干电池加工贸易单耗标准	2008年4月21日	2008年5月21日
20	HDB/QB024－2008	R14、R03碳性锌锰干电池加工贸易单耗标准	2008年4月21日	2008年5月21日
21	HDB/QB025－2008	锂离子电池加工贸易单耗标准	2008年4月21日	2008年5月21日
22	HDB/QB026－2008	家用自动面包机加工贸易单耗标准	2008年4月21日	2008年5月21日
23	HDB/QB027－2008	白砂糖加工贸易单耗标准	2008年4月21日	2008年5月21日
24	HDB/QB028－2008	聚丙烯薄膜加工贸易单耗标准	2008年4月21日	2008年5月21日
25	HDB/QB029－2008	聚乙烯塑料袋加工贸易单耗标准	2008年4月21日	2008年5月21日
26	HDB/QB030－2008	LR44碱性锌锰扣式电池加工贸易单耗标准	2008年4月21日	2008年5月21日
27	HDB/QB031－2008	糖精钠加工贸易单耗标准	2008年4月21日	2008年5月21日
28	HDB/CY004－2008	PS版加工贸易单耗标准	2008年4月21日	2008年5月21日
29	HDB/JB006－2008	弹簧垫圈加工贸易单耗标准	2008年4月21日	2008年5月21日
30	HDB/JB007－2008	不锈钢钻头加工贸易单耗标准	2008年4月21日	2008年5月21日
31	HDB/YS010－2008	精炼铜管材加工贸易单耗标准	2008年4月21日	2008年5月21日
32	HDB/YB006－2008	六角型金属网加工贸易单耗标准	2008年4月21日	2008年5月21日

附件 2

32 项加工贸易单耗标准文本

1. 聚酯长丝坯布加工贸易单耗标准

序号	成品				原料				净耗（千克/千克）	工艺损耗率（%）
	名称	单位	商品编号	规格	名称	单位	商品编号	规格		
1	聚酯长丝坯布	千克	54075100.10 54075100.20 54076100.31 54076100.32 54076900.11 54076900.12	聚酯长丝坯布应符合国家标准 GB/T 17253 对产品品质的规定	聚酯长丝	千克	54023310.00 54023390.00 54024700.00 54025200.00 54026200.00	1. 30D－300D 2. 聚酯长丝应符合国家标准 GB/T 8960、GB/T 14460 对原料品质的规定	1	5

注：本标准数据已按公定回潮率计算。

2. 聚酯弹力丝加工贸易单耗标准

序号	成品				原料				净耗（千克/千克）	工艺损耗率（%）
	名称	单位	商品编号	规格	名称	单位	商品编号	规格		
1	聚酯弹力丝	千克	54023310.00	1. 30D－300D 2. 聚酯弹力丝成品应符合国家标准 GB/T 14460 的规定	聚酯切片	千克	39076019.00	1. 纤维级切片，粘度 0.62－0.68 2. 聚酯切片原料应符合国家标准 GB/T 14189 的规定	0.98	3

注：本标准数据已按公定回潮率计算。

3. 聚酯短纤加工贸易单耗标准

序号	成品				原料				净耗（千克/千克）	工艺损耗率（%）
	名称	单位	商品编号	规格	名称	单位	商品编号	规格		
1	聚酯短纤	千克	55032000.00	1. 1.4D－20D 2. 聚酯短纤成品应符合国家标准GB/T 14494和纺织行业标准FZ/T 52004的规定	聚酯切片（切片纺丝）	千克	39076019.00	1. 纤维级切片，粘度0.62－0.68 2. 聚酯切片原料应符合国家标准GB/T 14189的规定	1	1.5

注：本标准数据已按公定回潮率计算。

4. 苎麻混纺漂白、染色纱线加工贸易单耗标准

序号	成品				原料				净耗（千克/千克）	工艺损耗率（%）
	名称	单位	商品编号	规格	名称	单位	商品编号	规格		
1	苎麻/天然纤维混纺漂白、染色纱线	千克	53089013.00 53089014.00	≤11英支	苎麻混纺纱线	千克	53089013.00	≤11英支	0.99	12.2
2	苎麻/天然纤维混纺漂白、染色纱线		53089013.00 53089014.00	>11英支	苎麻混纺纱线		53089013.00	>11英支	0.99	9.7
3	苎麻/化学纤维混纺漂白、染色纱线	千克	53089013.00 53089014.00	≤11英支	苎麻混纺纱线	千克	53089013.00	≤11英支	0.99	4.0
4	苎麻/化学纤维混纺漂白、染色纱线		53089013.00 53089014.00	>11英支	苎麻混纺纱线		53089013.00	>11英支	0.99	3.5

注：1. 本标准的苎麻混纺纱线原料应符合纺织行业标准FZ/T 32005、FZ/T 32007的规定。
2. 本标准的苎麻混纺漂白、染色纱线成品应符合国家标准GB 18401的规定。
3. 本标准数据已按照公定回潮率计算。

5. 毛巾布制浴衣加工贸易单耗标准

序号	成品					原料				净耗（千克/千克）	工艺损耗率（%）
	名称		单位	商品编号	规格	名称	单位	商品编号	规格（克/平方米）		
1	插肩浴衣	单色	千克	62079100.91 62079910.91 62079920.21 62079920.29 62079990.19 62079990.99	各种规格	毛巾布	千克	58021900.00 58022010.10 58022010.90 58022020.00 58022030.00 58022090.00	≤320	1	21.0
									>320		25.0
		对格（花）							≤320		25.5
									>320		33.8
2	普通浴衣	单色	千克	62089100.90 62089200.90 62089910.91 62089910.99 62089990.19 62089990.99	各种规格	毛巾布	千克		≤320	1	17.8
									>320		20.0
		对格（花）							≤320		23.0
									>320		29.0

注：1. 本标准的毛巾布原料应符合纺织行业标准 FZ/T 62006－2004 的规定。

2. 本标准的毛巾布制浴衣成品应符合纺织行业标准 FZ/T 62006－2004 的规定。

3. 本标准数据已按公定回潮率计算。

6. 机制床单加工贸易单耗标准

序号	成品				原料				净耗（米/条）	工艺损耗率（%）
	名称	单位	商品编号	规格（厘米）	名称	单位	商品编号	规格		
1	丝及绢丝制床单	条	63022910.10 63022910.90 63023910.10 63023910.90	各种宽度和长度	丝或绢丝机织物	米	50071010.10、50071010.20、50071010.31、50071010.39、50071010.91、50071010.99、50071090.10、50071090.21、50071090.29、50071090.99、50072011.00、50072019.00、50072021.00、50072029.00、50072031.00、50072039.00、50072090.10、50072090.90、50079010.10、50079010.20、50079010.31、50079010.39、50079010.91、50079010.99、50079090.10、50079090.21、50079090.29、50079090.99	各种门幅（独幅）		3.40
2	棉制床单	条	63022110.00 63023191.00	各种宽度和长度	棉机织物	米	52081100.10、52081100.20、52081100.40、52081100.60、52081200.10、52081200.20、52081200.40、52081300.00、52081900.10、52081900.20、52081900.30、52081900.90、52082100.10、52082100.20、52082100.40、52082200.10、52082200.20、52082200.40、52082300.00、52082900.10、52082900.20、52082900.30、52082900.90、52083100.91、52083100.92、52083100.94、52083200.91、52083200.92、52083200.94、52083300.00、52083900.10、52083900.20、52083900.30、52083900.90、52084100.90、52084200.90、52084300.00、52084900.10、52084900.90、52085100.91、52085100.92、52085100.94、52085200.91、52085200.92、52085200.94、52085910.00、52085990.10、52085990.20、52085990.30、52085990.90、52091100.10、52091100.20、52091200.00、52091900.10、52091900.20、52091900.90、52092100.10、	各种门幅（独幅）		3.40

序号	成品				原料				净耗（米/条）	工艺损耗率（%）
	名称	单位	商品编号	规格（厘米）	名称	单位	商品编号	规格		
2	棉制床单	条	63022110.00 63023191.00	各种宽度和长度	棉机织物	米	52092100.20、52092200.00、52092900.10、52092900.20、52092900.90、52093100.91、52093100.92、52093200.00、52093900.10、52093900.20、52093900.90、52094100.90、52094300.00、52094900.10、52094900.90、52095100.91、52095100.92、52095200.00、52095900.10、52095900.20、52095900.90、52101100.11、52101100.12、52101100.14、52101100.91、52101100.92、52101100.94、52101910.10、52101910.90、52101990.11、52101990.12、52101990.13、52101990.19、52101990.91、52101990.92、52101990.93、52101990.99、52102100.11、52102100.12、52102100.14、52102100.21、52102100.22、52102100.24、52102100.91、52102100.92、52102100.94、52102910.10、52102910.20、52102910.90、52102990.11、52102990.12、52102990.13、52102990.19、52102990.21、52102990.22、52102990.23、52102990.29、52102990.91、52102990.92、52102990.93、52102990.99、52103100.11、52103100.12、52103100.14、52103100.21、52103100.22、52103100.24、52103100.91、52103100.92、52103100.94、52103200.10、52103200.20、52103200.90、52103900.11、52103900.12、52103900.13、52103900.19、52103900.21、52103900.22、52103900.23、52103900.29、52103900.91、52103900.92、52103900.93、52103900.99、52104100.10、52104100.20、52104100.90、52104910.10、52104910.20、52104910.90、52104990.11、52104990.19、52104990.21、52104990.29、52104990.91、	各种门幅（独幅）		3.40

序号	成品				原料				净耗（米/条）	工艺损耗率（%）
	名称	单位	商品编号	规格（厘米）	名称	单位	商品编号	规格		
2	棉制床单	条	63022110.00 63023191.00	各种宽度和长度	棉机织物	米	52104990.99、52105100.11、52105100.12、52105100.14、52105100.21、52105100.22、52105100.24、52105100.91、52105100.92、52105100.94、52105910.10、52105990.23、52105990.29、52105990.91、52105990.92、52105910.20、52105910.90、52105990.11、52105990.12、52105990.13、52105990.19、52105990.21、52105990.22、52105990.93、52105990.99、52111100.11、52111100.12、52111100.91、52111100.92、52111200.10、52111200.90、52111900.11、52111900.12、52111900.19、52111900.91、52111900.92、52111900.99、52112000.00、52113100.11、52113100.12、52113100.21、52113100.22、52113100.91、52113100.92、52113200.10、52113200.20、52113200.90、52113900.11、52113900.12、52113900.19、52113900.21、52113900.22、52113900.29、52113900.91、52113900.92、52113900.99、52114100.10、52114100.20、52114100.90、52114300.10、52114300.20、52114300.90、52114900.11、52114900.19、52114900.21、52114900.29、52114900.91、52114900.99、52115100.11、52115100.12、52115100.21、52115100.22、52115100.91、52115100.92、52115200.10、52115200.20、52115200.90、52115900.11、52115900.12、52115900.19、52115900.21、52115900.22、52115900.29、52115900.91、52115900.92、52115900.99、52121100.19、52121100.29、52121100.30、52121100.40、52121100.50、52121100.70、52121100.81、52121100.89、52121100.90、52121200.19、	各种门幅（独幅）		3.40

序号	成品				原料				净耗（米/条）	工艺损耗率（%）
	名称	单位	商品编号	规格（厘米）	名称	单位	商品编号	规格		
2	棉制床单	条	63022110.00 63023191.00	各种宽度和长度	棉机织物	米	52121200.29、52121200.30、52121200.40、52121200.50、52121200.71、52121200.72、52121200.79、52121200.90、52121300.19、52121300.29、52121300.30、52121300.40、52121300.50、52121300.71、52121300.72、52121300.79、52121300.90、52121400.19、52121400.29、52121400.30、52121400.90、52121500.19、52121500.29、52121500.30、52121500.40、52121500.50、52121500.71、52121500.72、52121500.79、52121500.90、52122100.19、52122100.29、52122100.30、52122100.40、52122100.60、52122100.70、52122100.90、52122200.19、52122200.29、52122200.30、52122200.40、52122200.60、52122200.70、52122200.90、52122300.19、52122300.29、52122300.30、52122300.40、52122300.60、52122300.70、52122300.90、52122400.19、52122400.29、52122400.40、52122400.90、52122500.19、52122500.29、52122500.30、52122500.40、52122500.60、52122500.70、52122500.90	各种门幅（独幅）		3.40
3	麻制床单	条	63022920.10 63022920.90 63023929.10 63023929.90	各种宽度和长度	麻机织物	米	53091110.00、53091120.00、53091900.00、53092110.21、53092110.22、53092110.23、53092110.24、53092110.25、53092110.26、53092110.27、53092110.28、53092110.29、53092110.99、53092120.21、53092120.22、53092120.23、53092120.24、53092120.25、53092120.26、53092120.27、53092120.28、53092120.29、53092120.99、53092900.21、53092900.22、53092900.23、53092900.24、53092900.25、53092900.26、53092900.27、	各种门幅（独幅）		3.40

序号	成品				原料				净耗（米/条）	工艺损耗率（%）
	名称	单位	商品编号	规格（厘米）	名称	单位	商品编号	规格		
3	麻制床单	条	63022920.10 63022920.90 63023929.10 63023929.90	各种宽度和长度	麻机织物	米	53092900.28、53092900.29、53092900.99、53110012.11、53110012.21、53110012.22、53110012.23、53110012.29、53110012.31、53110012.32、53110012.33、53110012.39、53110012.40、53110012.99、53110013.19、53110013.21、53110013.22、53110013.23、53110013.29、53110013.31、53110013.32、53110013.33、53110013.39、53110013.40、53110013.91、53110013.99、53110014.21、53110014.22、53110014.23、53110014.29、53110014.31、53110014.32、53110014.33、53110014.39、53110014.40、53110014.99、53110015.21、53110015.22、53110015.23、53110015.29、53110015.31、53110015.32、53110015.33、53110015.39、53110015.40、53110015.99、53110090.22、53110090.23、53110090.29、53110090.31、53110090.32、53110090.33、53110090.39、53110090.40、53110090.99	各种门幅（独幅）		3.40
4	化纤制床单	条	63022210.00 63023290.10	各种宽度和长度	化学纤维机织物	米	54075100.10、54075100.20、54075200.10、54075200.91、54075200.92、54075300.10、54075300.91、54075300.92、54075400.10、54075400.20、54076100.11、54076100.12、54076100.20、54076100.31、54076100.32、54076100.41、54076100.42、54076100.51、54076100.52、54076100.61、54076100.62、54076900.11、54076900.12、54076900.21、54076900.22、54076900.31、54076900.32、54076900.33、54076900.41、54076900.42、54077100.00、54077200.00、54077300.00、54077400.00、54078100.10、54078100.20、	各种门幅（独幅）		3.40

序号	成品				原料				净耗（米/条）	工艺损耗率（%）
	名称	单位	商品编号	规格（厘米）	名称	单位	商品编号	规格		
4	化纤制床单	条	63022210.00 63023290.10	各种宽度和长度	化学纤维机织物	米	54078100.30、54078100.40、54078100.90、 54078200.10、54078200.20、54078200.30、 54078200.40、54078200.90、54078300.10、 54078300.20、54078300.30、54078300.40、 54078300.90、54078400.10、54078400.20、 54078400.30、54078400.40、54078400.90、 54079100.21、54079100.29、54079100.30、 54079100.91、54079100.92、54079100.93、 54079100.94、54079100.99、54079200.21、 54079200.29、54079200.91、54079200.92、 54079200.93、54079200.94、54079200.99、 54079300.21、54079300.29、54079300.30、 54079300.91、54079300.92、54079300.93、 54079300.94、54079300.99、54079400.21、 54079400.29、54079400.91、54079400.92、 54079400.93、54079400.94、54079400.99、 54082120.00、54082190.00、54082210.00、 54082220.00、54082290.00、54082310.00、 54082320.00、54082390.00、54082410.00、 54082420.00、54082490.00、54083100.21、 54083100.29、54083100.30、54083100.91、 54083100.92、54083100.93、54083100.94、 54083100.99、54083200.21、54083200.29、 54083200.30、54083200.40、54082110.00、 54082120.00、54082190.00、54082210.00、 54082220.00、54082290.00、54082310.00、 54082320.00、54082390.00、54082410.00、 54082420.00、54082490.00、54083100.21、 54083100.29、54083100.30、54083100.91、 54083100.92、54083100.93、54083100.94、 54083100.99、54083200.21、54083200.29、 54083200.30、54083200.40、54083200.91、	各种门幅（独幅）		3.40

序号	成品				原料				净耗（米/条）	工艺损耗率（%）
	名称	单位	商品编号	规格（厘米）	名称	单位	商品编号	规格		
4	化纤制床单	条	63022210.00 63023290.10	各种宽度和长度	化学纤维机织物	米	54083200.92、54083200.93、54083200.94、 54083200.99、54083300.21、54083300.29、 54083300.30、54083300.40、54083300.50、 54083300.91、54083300.92、54083300.93、 54083300.94、54083300.99、54083400.21、 54083400.29、54083400.30、54083400.40、 54083400.91、54083400.92、54083400.93、 54083400.94、54083400.99、55121100.10、 55121100.20、55121100.30、55121100.50、 55121100.60、55121100.70、55121100.90、 55121900.10、55121900.31、55121900.32、 55121900.33、55121900.36、55121900.37、 55121900.90、55122100.10、55122100.20、 55122100.30、55122100.60、55122100.70、 55122100.90、55122900.10、55122900.31、 55122900.32、55122900.33、55122900.36、 55122900.37、55122900.90、55129100.10、 55129100.20、55129100.30、55129100.60、 55129100.70、55129100.90、55129900.10、 55129900.31、55129900.32、55129900.33、 55129900.36、55129900.39、55129900.90、 55131110.10、55131110.20、55131110.30、 55131120.10、55131120.20、55131120.30、 55131210.00、55131220.00、55131310.10、 55131310.20、55131310.90、55131320.10、 55131320.20、55131320.90、55131900.10、 55131900.20、55131900.30、55131900.50、 55131900.60、55131900.90、55132100.10、 55132100.20、55132100.30、55132310.00、 55132390.00、55132900.10、55132900.20、 55132900.30、55132900.50、55132900.60、 55132900.90、55133100.00、55133910.00、	各种门幅（独幅）		3.40

序号	成品				原料				净耗（米/条）	工艺损耗率（%）
	名称	单位	商品编号	规格（厘米）	名称	单位	商品编号	规格		
4	化纤制床单	条	63022210.00 63023290.10	各种宽度和长度	化学纤维机织物	米	55133920.00、55133990.00、55134100.10、55134100.20、55134100.30、55134910.00、55134920.00、55134990.00、55141110.10、55141110.20、55141120.10、55141120.20、55141210.00、55141220.00、55141911.00、55141912.00、55141990.00、55142100.10、55142100.20、55142200.00、55142300.10、55142300.90、55142900.10、55142900.20、55142900.40、55142900.90、55143010.00、55143020.00、55143030.00、55143090.00、55144100.10、55144100.20、55144200.00、55144300.10、55144300.90、55144900.10、55144900.20、55144900.40、55144900.90、55151100.19、55151100.21、55151100.22、55151100.23、55151100.26、55151100.27、55151100.29、55151100.31、55151100.32、55151100.33、55151100.36、55151100.37、55151100.39、55151200.11、55151200.12、55151200.13、55151200.14、55151200.19、55151200.21、55151200.22、55151200.23、55151200.24、55151200.29、55151300.13、55151300.19、55151300.23、55151300.29、55151900.19、55151900.21、55151900.22、55151900.23、55151900.26、55151900.27、55151900.29、55151900.31、55151900.32、55151900.33、55151900.36、55151900.37、55151900.39、55152100.11、55152100.12、55152100.13、55152100.14、55152100.19、55152100.21、55152100.22、55152100.23、55152100.24、55152100.29、55152200.13、55152200.19、55152200.23、55152200.29、55152900.19、55152900.21、55152900.22、	各种门幅（独幅）		3.40

序号	成品				原料				净耗（米/条）	工艺损耗率（%）
	名称	单位	商品编号	规格（厘米）	名称	单位	商品编号	规格		
4	化纤制床单	条	63022210.00 63023290.10	各种宽度和长度	化学纤维机织物	米	55152900.23、55152900.26、55152900.27、 55152900.29、55152900.31、55152900.32、 55152900.33、55152900.36、55152900.37、 55152900.39、55159100.11、55159100.12、 55159100.13、55159100.14、55159100.19、 55159100.21、55159100.22、55159100.23、 55159100.24、55159100.29、55159900.19、 55159900.21、55159900.22、55159900.23、 55159900.26、55159900.27、55159900.29、 55159900.31、55159900.32、55159900.33、 55159900.36、55159900.37、55159900.39、 55161100.00、55161200.00、55161300.00、 55161400.00、55162100.10、55162100.20、 55162100.30、55162100.40、55162100.90、 55162200.10、55162200.20、55162200.30、 55162200.40、55162200.90、55162300.10、 55162300.20、55162300.30、55162300.40、 55162300.90、55162400.10、55162400.20、 55162400.30、55162400.40、55162400.90、 55163100.21、55163100.29、55163200.21、 55163200.29、55163300.21、55163300.29、 55163400.21、55163400.29、55164100.10、 55164100.20、55164100.30、55164100.60、 55164100.70、55164100.90、55164200.10、 55164200.20、55164200.30、55164200.60、 55164200.70、55164200.90、55164300.20、 55164300.90、55164400.10、55164400.20、 55164400.30、55164400.60、55164400.70、 55164400.90、55169100.10、55169100.20、 55169100.30、55169100.60、55169100.70、 55169100.90、55169200.10、55169200.20、 55169200.30、55169200.60、55169200.70、	各种门幅（独幅）		3.40

序号	成品				原料				净耗（米/条）	工艺损耗率（%）
	名称	单位	商品编号	规格（厘米）	名称	单位	商品编号	规格		
4	化纤制床单	条	63022210.00 63023290.10	各种宽度和长度	化学纤维机织物	米	55169200.90、55169300.20、55169300.90、55169400.10、55169400.20、55169400.30、55169400.60、55169400.70、55169400.90	各种门幅（独幅）		3.40
5	起绒床单	条	63023191.00 63023290.10 63023910.10 63023910.90 63023929.10 63023929.90	各种宽度和长度	起绒机织物及绳绒织物	米	58012200.00、58012300.10、58012300.90、58012500.10、58012500.90、58012600.90、58013200.00、58013300.00、58013500.00、58013600.00、58019010.00、58019090.10、58019090.90	各种门幅（独幅）		3.40

注：1. 本标准的机织物原料应符合国家标准 GB/T 411、GB/T 5326、GB/T 20039 和纺织行业标准 FZ/T 14007、FZ/T 13007、FZ/T 34001、FZ/T 34002、FZ/T 33004、FZ/T 33009、FZ/T 43001、FZ/T 43006、FZ/T 43009、FZ/T 43010、FZ/T 43011 的规定。

2. 本标准的机制床单成品应符合纺织行业标准 FZ/T62007 的规定。

3. 本标准数据已按公定回潮率计算。

4. 净耗：是指每条机制床单的开片长度的米数。

5. 开片长度：机织物平摊在台上时，单条机制床单长度加上机制床单两端卷边和折边的长度。卷边是指卷进毛头的布边。折边是指为装饰产品将布折叠的部分。

7. 女式长裤加工贸易单耗标准

序号	成品					原料				单耗（米/条）
	名称		单位	商品编号	规格（平均裤长）	名称	单位	商品编号	规格（幅宽：米）	
1	羊毛或动物细毛制女式长裤	非对花、对条格及单色	条	62046100.90	亚码	毛及混纺机织物	米	51111100.91、51111100.99、51111900.91、51111900.99、51112000.90、51113000.90、51119000.11、51119000.19、51119000.91、51119000.99、51121100.90、51121900.90、51122000.90、51123000.90、51129000.10、51129000.90	1.44	1.37
					欧码					1.44
		对花、对条格			亚码					1.52
					欧码					1.60
2	棉制女式长裤	非对花、对条格及单色	条	62046200.29 62046200.99	亚码	纯棉及混纺机织物	米	52082100.10、52082100.20、52082200.10、52082200.20、52082300.00、52082900.10、52082900.20、52082900.30、52082900.90、52083100.91、52083100.92、52083200.91、52083200.92、52083300.00、52083900.10、52083900.20、52083900.30、52083900.90、52084100.90、52084200.10、52084200.90、52084300.00、52084900.10、52084900.90、52085100.91、52085100.92、52085200.91、52085200.92、52085910.00、52085990.10、52085990.20、52085990.30、52085990.90、52092100.10、52092100.20、52092100.30、52092200.00、52092900.10、52092900.20、52092900.90、52093100.91、52093100.92、52093200.00、52093900.10、52093900.20、52093900.90、52094100.90、52094200.10、52094200.90、52094300.00、52094900.10、52094900.90、52095100.91、52095100.92、52095200.00、52095900.10、52095900.20、	1.44	1.33
					欧码					1.40
		对花、对条格			亚码					1.45
					欧码					1.52

序号	成品					原料				单耗（米/条）
	名称		单位	商品编号	规格（平均裤长）	名称	单位	商品编号	规格（幅宽：米）	
2	棉制女式长裤	非对花、对条格及单色	条	62046200.29 62046200.99	亚码	纯棉及混纺机织物	米	52095900.90、52102100.11、52102100.12、52092100.21、52102100.22、52102100.91、52102100.92、52102910.10、52102910.20、52102910.90、52102990.11、52102990.12、52102990.13、52102990.19、52102990.21、52102990.22、52102990.23、52102990.29、52102990.91、52102990.92、52102990.93、52102990.99、52103100.11、52103100.12、52103100.21、52103100.22、52103100.91、52103100.92、52103200.10、52103200.20、52103200.90、52103900.11、52103900.12、52103900.13、52103900.19、52103900.21、52103900.22、52103900.23、52103900.29、52103900.91、52103900.92、52103900.93、52103900.99、52104100.10、52104100.20、52104100.90、52104910.10、52104910.20、52104910.90、52104990.11、52104990.19、52104990.21、52104990.29、52104990.91、52104990.99、52105100.11、52105100.12、52105100.21、52105100.22、52105100.91、52105100.92、52105910.10、52105910.20、52105910.90、52105990.11、52105990.12、52105990.13、52105990.19、52105990.21、52105990.22、52105990.23、52105990.29、52105990.91、52105990.92、52105990.93、52105990.99、52112000.00、52113100.11、52113100.12、52113100.13、52113100.21、52113100.22、52113100.91、52113100.92、	1.44	1.33
					欧码					1.40
		对花、对条格			亚码					1.45
					欧码					1.52

<table>
<tr><th rowspan="2">序号</th><th colspan="5">成品</th><th colspan="4">原料</th><th rowspan="2">单耗
（米/条）</th></tr>
<tr><th colspan="2">名称</th><th>单位</th><th>商品编号</th><th>规格
（平均裤长）</th><th>名称</th><th>单位</th><th>商品编号</th><th>规格
（幅宽：米）</th></tr>
<tr><td rowspan="4">2</td><td rowspan="4">棉制女式长裤</td><td rowspan="2">非对花、对条格及单色</td><td rowspan="4">条</td><td rowspan="4">62046200.29
62046200.99</td><td>亚码</td><td rowspan="4">纯棉及混纺机织物</td><td rowspan="4">米</td><td rowspan="4">52113100.93、52113200.10、52113200.20、52113200.90、52113900.11、52113900.12、52113900.19、52113900.21、52113900.22、52113900.29、52113900.91、52113900.92、52113900.99、52114100.10、52114100.20、52114100.90、52114200.10、52114200.90、52114300.10、52114300.20、52114300.90、52114900.11、52114900.19、52114900.21、52114900.29、52114900.91、52114900.99、52115100.11、52115100.12、52115100.21、52115100.22、52115100.91、52115100.92、52115200.10、52115200.20、52115200.90、52115900.11、52115900.12、52115900.19、52115900.21、52115900.22、52115900.29、52115900.91、52115900.92、52115900.99、52121200.11、52121200.19、52121200.21、52121200.29、52121200.30、52121200.40、52121200.71、52121200.72、52121200.79、52121200.90、52121300.11、52121300.19、52121300.21、52121300.29、52121300.30、52121300.40、52121300.71、52121300.72、52121300.79、52121300.90、52121400.11、52121400.19、52121400.21、52121400.29、52121400.30、52121400.90、52121500.11、52121500.19、52121500.21、52121500.29、52121500.30、52121500.40、52121500.71、52121500.72、52121500.79、52121500.90、52122200.11、52122200.19、52122200.21、</td><td rowspan="4">1.44</td><td>1.33</td></tr>
<tr><td>欧码</td><td>1.40</td></tr>
<tr><td rowspan="2">对花、对条格</td><td>亚码</td><td>1.45</td></tr>
<tr><td>欧码</td><td>1.52</td></tr>
</table>

序号	成品 名称		成品 单位	成品 商品编号	成品 规格（平均裤长）	原料 名称	原料 单位	原料 商品编号	原料 规格（幅宽：米）	单耗（米/条）
2	棉制女式长裤	非对花、对条格及单色	条	62046200.29 62046200.99	亚码	纯棉及混纺机织物	米	52122200.29、52122200.30、52122200.40、52122200.60、52122200.70、52122200.90、52122300.11、52122300.19、52122300.21、52122300.29、52122300.30、52122300.40、52122300.60、52122300.70、52122300.90、52122400.11、52122400.19、52122400.21、52122400.29、52122400.30、52122400.40、52122400.90、52122500.11、52122500.19、52122500.21、52122500.29、52122500.30、52122500.40、52122500.60、52122500.70、52122500.90	1.44	1.33
					欧码					1.40
		对花、对条格			亚码					1.45
					欧码					1.52
3	化纤制女式长裤	非对花、对条格及单色	条	62046300.22 62046300.24 62046300.29 62046900.12 62046900.16	亚码	化纤及混纺机织物	米	54074200.00、54074300.00、54074400.00、54075100.10、54075100.20、54075200.91、54075200.92、54075300.91、54075300.92、54075400.10、54075400.20、54076100.20、54076100.31、54076100.32、54076100.41、54076100.42、54076100.51、54076100.52、54076100.61、54076100.62、54076900.11、54076900.12、54076900.21、54076900.22、54076900.31、54076900.32、54076900.33、54076900.41、54076900.42、54077100.00、54077200.00、54077300.00、54077400.00、54078100.10、54078100.20、54078100.40、54078100.90、54078200.10、54078200.20、54078200.40、54078200.90、54078300.10、54078300.20、54078300.40、54078300.90、54078400.10、54078400.20、54078400.40、54078400.90、54079100.11、54079100.19、	1.44	1.28
					欧码					1.35
		对花、对条格			亚码					1.40
					欧码					1.47

<table>
<tr><th rowspan="2">序号</th><th colspan="5">成　品</th><th colspan="4">原　料</th><th rowspan="2">单耗（米/条）</th></tr>
<tr><th colspan="2">名称</th><th>单位</th><th>商品编号</th><th>规格（平均裤长）</th><th>名称</th><th>单位</th><th>商品编号</th><th>规格（幅宽：米）</th></tr>
<tr><td rowspan="4">3</td><td rowspan="4">化纤制女式长裤</td><td rowspan="2">非对花、对条格及单色</td><td rowspan="4">条</td><td rowspan="4">62046300. 22
62046300. 24
62046300. 29
62046900. 12
62046900. 16</td><td>亚码</td><td rowspan="4">化纤及混纺机织物</td><td rowspan="4">米</td><td rowspan="4">54079100. 21、54079100. 29、54079100. 30、
54079100. 91、54079100. 92、54079100. 94、
54079100. 99、54079200. 11、54079200. 19、
54079200. 21、54079200. 29、54079200. 30、
54079200. 91、54079200. 92、54079200. 94、
54079200. 99、54079300. 11、54079300. 19、
54079300. 21、54079300. 29、54079300. 30、
54079300. 40、54079300. 91、54079300. 92、
54079300. 94、54079300. 99、54079400. 11、
54079400. 19、54079400. 21、54079400. 29、
54079400. 30、54079400. 91、54079400. 92、
54079400. 94、54079400. 99、54082110. 00、
54082120. 00、54082190. 00、54082210. 00、
54082220. 00、54082290. 00、54082310. 00、
54082320. 00、54082390. 00、54082410. 00、
54082420. 00、54082490. 00、54083100. 11、
54083100. 19、54083100. 21、54083100. 29、
54083100. 30、54083100. 91、54083100. 92、
54083100. 94、54083100. 99、54083200. 11、
54083200. 19、54083200. 21、54083200. 29、
54083200. 30、54083200. 40、54083200. 91、
54083200. 92、54083200. 94、54083200. 99、
54083300. 11、54083300. 19、54083300. 21、
54083300. 29、54083300. 30、54083300. 40、
54083300. 50、54083300. 91、54083300. 92、
54083300. 94、54083300. 99、54083400. 11、
54083400. 19、54083400. 21、54083400. 29、
54083400. 30、54083400. 40、54083400. 91、</td><td rowspan="4">1. 44</td><td>1. 28</td></tr>
<tr><td>欧码</td><td>1. 35</td></tr>
<tr><td rowspan="2">对花、对条格</td><td>亚码</td><td>1. 40</td></tr>
<tr><td>欧码</td><td>1. 47</td></tr>
</table>

序号	成品					原料				单耗（米/条）
	名称		单位	商品编号	规格（平均裤长）	名称	单位	商品编号	规格（幅宽：米）	
3	化纤制女式长裤	非对花、对条格及单色	条	62046300.22 62046300.24 62046300.29 62046900.12 62046900.16	亚码	化纤及混纺机织物	米	54083400.92、54083400.94、54083400.99、55121100.10、55121100.20、55121100.60、55121100.70、55121100.90、55121900.10、55121900.20、55121900.31、55121900.32、55121900.36、55121900.37、55121900.90、55122100.10、55122100.20、55122100.60、55122100.70、55122100.90、55122900.10、55122900.20、55122900.31、55122900.32、55122900.36、55122900.37、55122900.90、55129100.10、55129100.20、55129100.60、55129100.70、55129100.90、55129900.10、55129900.20、55129900.31、55129900.32、55129900.36、55129900.39、55129900.90、55131120.10、55131120.20、55131220.00、55131320.10、55131320.20、55131320.90、55131900.10、55131900.20、55131900.30、55131900.40、55131900.50、55131900.60、55131900.90、55132100.10、55132100.20、55132310.00、55132390.00、55132900.10、55132900.20、55132900.30、55132900.40、55132900.50、55132900.60、55132900.90、55133100.00、55133910.00、55133920.00、55133990.00、55134100.10、55134100.20、55134100.40、55134910.00、55134920.00、55134990.00、55141120.10、55141120.20、55141220.00、55141912.00、55141990.00、55142100.10、55142100.20、55142200.00、55142300.10、55142300.90、55142900.10、	1.44	1.28
					欧码					1.35
		对花、对条格			亚码					1.40
					欧码					1.47

序号	成品					原料				单耗（米/条）
	名称		单位	商品编号	规格（平均裤长）	名称	单位	商品编号	规格（幅宽：米）	
3	化纤制女式长裤	非对花、对条格及单色	条	62046300.22 62046300.24 62046300.29 62046900.12 62046900.16	亚码	化纤及混纺机织物	米	55142900.20、55142900.40、55142900.90、55143010.00、55143020.00、55143030.00、55143090.00、55144100.10、55144100.20、55144200.00、55144300.10、55144300.90、55144900.10、55144900.20、55144900.40、55144900.90、55151100.11、55151100.19、55151100.21、55151100.22、55151100.26、55151100.27、55151100.29、55151100.31、55151100.32、55151100.36、55151100.37、55151100.39、55151200.11、55151200.12、55151200.14、55151200.19、55151200.21、55151200.22、55151200.24、55151200.29、55151300.11、55151300.12、55151300.13、55151300.19、55151300.21、55151300.22、55151300.23、55151300.29、55151900.11、55151900.19、55151900.21、55151900.22、55151900.26、55151900.27、55151900.29、55151900.31、55151900.32、55151900.36、55151900.37、55151900.39、55152100.11、55152100.12、55152100.14、55152100.19、55152100.21、55152100.22、55152100.24、55152100.29、55152200.11、55152200.12、55152200.13、55152200.19、55152200.21、55152200.22、55152200.23、55152200.29、55152900.11、55152900.19、55152900.21、55152900.22、55152900.26、55152900.27、55152900.29、55152900.31、55152900.32、55152900.36、55152900.37、55152900.39、	1.44	1.28
					欧码					1.35
		对花、对条格			亚码					1.40
					欧码					1.47

序号	成品					原料				单耗（米/条）
	名称		单位	商品编号	规格（平均裤长）	名称	单位	商品编号	规格（幅宽：米）	
3	化纤制女式长裤	非对花、对条格及单色	条	62046300.22 62046300.24 62046300.29 62046900.12 62046900.16	亚码	化纤及混纺机织物	米	55159100.11、55159100.12、55159100.14、55159100.19、55159100.21、55159100.22、55159100.24、55159100.29、55159900.11、55159900.19、55159900.21、55159900.22、55159900.26、55159900.27、55159900.29、55159900.31、55159900.32、55159900.36、55159900.37、55159900.39、55161100.00、55161200.00、55161300.00、55161400.00、55162100.10、55162100.20、55162100.40、55162100.90、55162200.10、55162200.20、55162200.40、55162200.90、55162300.10、55162300.20、55162300.40、55162300.90、55162400.10、55162400.20、55162400.40、55162400.90、55163100.11、55163100.19、55163100.21、55163100.29、55163200.11、55163200.19、55163200.21、55163200.29、55163300.11、55163300.19、55163300.21、55163300.29、55163400.11、55163400.19、55163400.21、55163400.29、55164100.10、55164100.20、55164100.60、55164100.70、55164100.90、55164200.10、55164200.20、55164200.60、55164200.70、55164200.90、55164300.10、55164300.20、55164300.90、55164400.10、55164400.20、55164400.60、55164400.70、55164400.90、55169100.10、55169100.20、55169100.60、55169100.70、55169100.90、55169200.10、55169200.20、55169200.60、55169200.70、55169200.90、	1.44	1.28
					欧码					1.35
		对花、对条格			亚码					1.40
					欧码					1.47

序号	成品					原料				单耗（米/条）
	名称		单位	商品编号	规格（平均裤长）	名称	单位	商品编号	规格（幅宽：米）	
3	化纤制女式长裤	非对花、对条格及单色	条	62046300.22 62046300.24 62046300.29 62046900.12 62046900.16	亚码	化纤及混纺机织物	米	55169300.10、55169300.20、55169300.90、55169400.10、55169400.20、55169400.60、55169400.70、55169400.90	1.44	1.28
					欧码					1.35
		对花、对条格			亚码					1.40
					欧码					1.47
4	丝制女式长裤	非对花、对条格及单色	条	62046900.25 62046900.29	亚码	丝及混纺机织物	米	50071010.10、50071010.20、50071010.31、50071010.39、50071010.91、50071010.99、50071090.10、50071090.21、50071090.29、50071090.31、50071090.39、50071090.91、50071090.99、50072019.00、50072029.00、50072039.00、50072090.90、50079090.10、50079090.21、50079090.29、50079090.31、50079090.39、50079090.91、50079090.99	1.44	1.29
					欧码					1.36
		对花、对条格			亚码					1.41
					欧码					1.48
5	起绒制女式长裤	非对花、对条格及单色	条	62046900.93 62046900.94 62046900.95 62046900.99	亚码	起绒机织物	米	58011000.00、58012100.90、58012200.00、58012300.90、58012400.90、58012500.90、58012600.90、58013100.00、58013200.00、58013300.00、58013400.00、58013500.00、58013600.00、58019010.00、58019090.10、58019090.90	1.44	1.45
					欧码					1.52
		对花、对条格			亚码					1.55
					欧码					1.63
6	其他纺织材料制女式长裤	非对花、对条格及单色	条	62046900.93 62046900.94 62046900.95 62046900.99	亚码	其他材料机织物	米	53091120.00、53091900.00、53092120.11、53092120.19、53092120.21、53092120.22、53092120.24、53092120.25、53092120.26、53092120.28、53092120.29、53092120.91、53092120.99、53092900.11、53092900.19、53092900.21、53092900.22、53092900.24、53092900.25、53092900.26、53092900.28、	1.44	1.29
					欧码					1.36
					亚码					1.41
		对花、对条格			欧码					1.48

序号	成品					原料				单耗（米/条）
	名称		单位	商品编号	规格（平均裤长）	名称	单位	商品编号	规格（幅宽：米）	
6	其他纺织材料制女式长裤	非对花、对条格及单色	条	62046900.93 62046900.94 62046900.95 62046900.99	亚码	其他材料机织物	米	53092900.29、53092900.91、53092900.99、53109000.11、53109000.19、53109000.91、53109000.99、53110013.11、53110013.19、53110013.21、53110013.22、53110013.23、53110013.29、53110013.31、53110013.32、53110013.33、53110013.39、53110013.40、53110013.91、53110013.99、53110015.11、53110015.19、53110015.21、53110015.22、53110015.29、53110015.31、53110015.32、53110015.39、53110015.40、53110015.91、53110015.99、53110090.11、53110090.19、53110090.21、53110090.22、53110090.29、53110090.31、53110090.32、53110090.39、53110090.40、53110090.91、53110090.99	1.44	1.29
					欧码					1.36
		对花、对条格			亚码					1.41
					欧码					1.48

注： 非常规款式女式长裤单耗标准及特殊情况的处理

1. 如在常规款式的基础上加袋、加兜盖等结构上的差异，按以下公式核定单耗：

   单耗标准（非常规款式）＝单耗标准（常规款式）＋增加部分用料面积/标准幅宽×（1＋10%）

2. 六分裤、七分裤、八分裤、九分裤等非常规长度女式长裤，按以下公式核定单耗（标准幅宽）：

   单耗标准（非常规款式）＝单耗标准（常规款式）－（平均裤长－非常规款式裤长）/2

3. 平均裤长超过规格以外的非常规款式女式长裤，按以下公式核定单耗（标准幅宽）：

   单耗标准（非常规款式）＝单耗标准（常规款式）＋超出平均裤长部分的用料长度

4. 配码和批量对单耗标准的影响：一个合同中，大码的数量超过50%或批量小于50打的，在相应的单耗标准基础上增加6%。

5. 面料幅宽小于标准幅宽的单耗标准的换算：

   单耗标准（小于标准幅宽）＝单耗标准×标准幅宽/实际幅宽×（1＋10%）

8. 棉及化纤制针织男三角裤加工贸易单耗标准

序号	成品				原料				净耗（千克/千克）	工艺损耗率（%）
	名称	单位	商品编号	规格	名称	单位	商品编号	规格		
1	棉及化纤制针织男三角裤	千克	61071100.00 61071200.00	各种规格	棉及化纤制圆筒针织面料	千克	60041010.00、60041030.00、60041040.00、60062100.00、60062200.00、60062300.00、60062400.00、60063100.00、60063200.00、60063300.00、60063400.00、60064100.00、60064200.00、60064300.00、60064400.00	54 英寸－80 英寸	1	14
2					棉及化纤制平幅针织面料				1	16

注：上述净耗值为无辅料净耗值。

9. 精梳毛与化纤制男式西服上装加工贸易单耗标准

序号	成品					原料				单耗（米/件）
	名称	颜色	单位	商品编号	规格	名称	单位	商品编号	规格（幅宽：米）	
1	精梳毛与化纤制男式西服上装（非大挂面）	素色	件	62031100.00 62031200.10 62031200.90 62031990.21 62031990.29 62031990.92 62031990.93 62031990.99 62033100.10 62033300.11 62033300.19 62033990.11 62033990.19	亚码	精梳毛与化纤制（包括纯纺和混纺）机织物	米	51121100.90、51121900.90、51122000.90、51123000.90、51129000.90、54074200.00、54074300.00、54074400.00、54075100.10、54075100.20、54075200.91、54075200.92、54075300.91、54075300.92、54075400.10、54075400.20、54076100.20、54076100.31、54076100.41、54076100.51、54076100.61、54076900.11、54076900.21、54076900.31、54076900.32、54076900.41、54077100.00、54077200.00、54077300.00、5407400.00、54079100.11、54079100.19、54079100.21、54079100.29、54079100.30、54079100.91、54079100.92、54079100.94、54079100.99、54079200.11、54079200.19、54079200.21、54079200.29、54079200.30、54079200.91、54079200.92、54079200.94、54079200.99、54079300.11、54079300.19、54079300.21、54079300.29、54079300.30、54079300.40、54079300.91、54079300.92、54079300.94、54079300.99、54079400.11、54079400.19、54079400.21、54079400.29、54079400.30、54079400.91、54079400.92、54079400.94、54079400.99、54082110.00、54082120.00、54082190.00、54082210.00、54082220.00、54082290.00、54082310.00、54082320.00、54082390.00、54082410.00、54082420.00、54082490.00、54083100.11、54083100.19、54083100.21、54083100.29、54083100.30、	1.44	1.82
					亚码				1.50	1.75
					欧码				1.44	1.86
					欧码				1.50	1.79

序号	成品					原料				单耗（米/件）
	名称	颜色	单位	商品编号	规格	名称	单位	商品编号	规格（幅宽：米）	
2	精梳毛与化纤制男式西服上装（大挂面）	素色	件	62031100.00 62031200.10 62031200.90 62031990.21 62031990.29 62031990.92 62031990.93 62031990.99 62033100.10 62033300.11 62033300.19 62033990.11 62033990.19	亚码	精梳毛与化纤制（包括纯纺和混纺）机织物	米	54083100.91、54083100.92、54083100.94、 54083100.99、54083200.11、54083200.19、 54083200.21、54083200.29、54083200.30、 54083200.40、54083200.91、54083200.92、 54083200.94、54083200.99、54083300.11、 54083300.19、54083300.21、54083300.29、 54083300.30、54083300.50、54083300.91、 54083300.92、54083300.94、54083300.99、 54083400.11、54083400.19、54083400.21、 54083400.29、54083400.40、54083400.91、 54083400.92、54083400.94、54083400.99、 55121100.10、55121100.20、55121100.60、 55121100.70、55121100.90、55121900.10、 55121900.20、55121900.31、55121900.32、 55121900.36、55121900.37、55121900.90、 55122100.10、55122100.20、55122100.60、 55122100.70、55122100.90、55122900.10、 55122900.20、55122900.31、55122900.32、 55122900.36、55122900.37、55122900.90、 55129100.10、55129100.20、55129100.60、 55129100.70、55129100.90、55129900.10、 55129900.20、55129900.31、55129900.32、 55129900.36、55129900.39、55129900.90、 55151100.11、55151100.19、55151100.21、 55151100.22、55151100.26、55151100.27、 55151100.29、55151100.31、55151100.32、 55151100.36、55151100.37、55151100.39、 55151200.11、55151200.12、55151200.14、 55151200.19、55151200.21、55151200.22、 55151200.24、55151200.29、55151300.11、	1.44	1.90
					亚码				1.50	1.82
					欧码				1.44	1.93
					欧码				1.50	1.79

序号	成品					原料				单耗（米/件）
	名称	颜色	单位	商品编号	规格	名称	单位	商品编号	规格（幅宽：米）	
2	精梳毛与化纤制男式西服上装（大挂面）	素色	件	62031100.00 62031200.10 62031200.90 62031990.21 62031990.29 62031990.92 62031990.93 62031990.99 62033100.10 62033300.11 62033300.19 62033990.11 62033990.19	亚码	精梳毛与化纤制（包括纯纺和混纺）机织物	米	55151300.13、55151300.21、55151300.23、 55151900.11、55151900.19、55151900.21、 55151900.22、55151900.26、55151900.27、 55151900.29、55151900.31、55151900.32、 55151900.36、55151900.37、55151900.39、 55152100.11、55152100.12、55152100.14、 55152100.19、55152100.21、55152100.22、	1.44	1.90
					亚码			55152100.24、55152100.29、55152200.11、 55152200.13、55152200.21、55152200.23、 55152900.11、55152900.19、55152900.21、 55152900.22、55152900.26、55152900.27、 55152900.29、55152900.31、55152900.32、 55152900.36、55152900.37、55152900.39、 55159100.11、55159100.12、55159100.14、 55159100.19、55159100.21、55159100.22、	1.50	1.82
					欧码			55159100.24、55159100.29、55159900.11、 55159900.19、55159900.21、55159900.22、 55159900.26、55159900.27、55159900.29、 55159900.31、55159900.32、55159900.36、 55159900.37、55159900.39、55161100.00、 55161200.00、55161300.00、55161400.00、 55162100.10、55162100.20、55162100.40、 55162100.90、55162200.10、55162200.20、	1.44	1.93
					欧码			55162200.40、55162200.90、55162300.10、 55162300.20、55162300.40、55162300.90、 55162400.10、55162400.20、55162400.40、 55162400.90、55163100.11、55163100.21、 55163200.11、55163200.21、55163300.11、 55163300.21、55163400.11、55163400.21、 55163400.29、55164100.10、55164100.20、	1.50	1.79

序号	成品					原料				单耗（米/件）
	名称	颜色	单位	商品编号	规格	名称	单位	商品编号	规格（幅宽：米）	
2	精梳毛与化纤制男式西服上装（大挂面）	素色	件	62031100.00 62031200.10 62031200.90	亚码	精梳毛与化纤制（包括纯纺和混纺）机织物	米	55169100.10、55169100.20、55169100.60、55169100.70、55169100.90、55169200.10、55169200.20、55169200.60、55169200.70、55169200.90、55169300.10、55169300.20、55169300.90、55169400.10、55169400.20、55169400.40、55169400.50、55169400.60、55169400.70、55169400.90	1.44	1.90
				62031990.21 62031990.29 62031990.92	亚码				1.50	1.82
				62031990.93 62031990.99 62033100.10 62033300.11	欧码				1.44	1.93
				62033300.19 62033990.11 62033990.19	欧码				1.50	1.79

注：1. 如果面料为格料，格子大小在3厘米以下，需要在其对应的单耗标准基础上增加3%；格子大小在6厘米以下，需要在其对应的单耗标准基础上增加8%；格子大小在9厘米以下，需要在其对应的单耗标准基础上增加15%；格子大小在10厘米以上，需要在其对应的单耗标准基础上增加20%。

2. 如果面料为条料，西服上装的单耗，需要在其对应的单耗标准基础上增加2%。

3. 特殊情况的处理：配码和批量对单耗标准的影响。一个合同中，大码的数量超50%或批量小于500件的，在相应的单耗标准基础上增加3%。因为本单耗标准是根据亚码、欧码中不同规格的平均尺寸进行排料测算的，企业在实际生产中也会按亚码、欧码中的不同规格进行搭配裁剪。因此如果大码的数量超过50%，在排料时就会超出单耗定额标准。另外，如批量小，号型全，排料中的比例搭配会有相应的变化，企业在实际生产中就要划多个样，这样相应地就会增加用料量。因此在大码的数量超过50%或批量小于500件的，在相应的单耗标准基础上需要增加3%。

10. 精梳毛与化纤制男式西服马甲加工贸易单耗标准

序号	成品					原料				单耗（米/件）
	名称	颜色	单位	商品编号	规格	名称	单位	商品编号	规格（幅宽：米）	
1	精梳毛与化纤制男式西服马甲（后背用里料）	素色	件	62031100.00 62031200.10 62031200.90 62031990.21 62031990.29 62031990.92 62031990.93 62031990.99 62113390.99 62113920.90	亚码	精梳毛与化纤制（包括纯纺和混纺）机织物	米	51121100.90、51121900.90、51122000.90、51123000.90、51129000.90、54074200.00、54074300.00、54074400.00、54075100.10、54075100.20、54075200.91、54075200.92、54075300.91、54075300.92、54075400.10、54075400.20、54076100.20、54076100.31、54076100.41、54076100.51、54076100.61、54076900.11、54076900.21、54076900.31、54076900.32、54076900.41、54077100.00、54077200.00、54077300.00、54077400.00、54079100.11、54079100.19、54079100.21、54079100.29、54079100.30、54079100.91、54079100.92、54079100.94、54079100.99、54079200.11、54079200.19、54079200.21、54079200.29、54079200.30、54079200.91、54079200.92、54079200.94、54079200.99、54079300.11、54079300.19、54079300.21、54079300.29、54079300.30、54079300.40、54079300.91、54079300.92、54079300.94、54079300.99、54079400.11、54079400.19、54079400.21、54079400.29、54079400.30、54079400.91、54079400.92、54079400.94、54079400.99、54082110.00、54082120.00、54082190.00、54082210.00、54082220.00、54082290.00、54082310.00、54082320.00、54082390.00、54082410.00、54082420.00、54082490.00、54083100.11、54083100.19、54083100.21、54083100.29、54083100.30、54083100.91、54083100.92、54083100.94、	1.44	0.50
					亚码				1.50	0.48
					欧码				1.44	0.60
					欧码				1.50	0.58

序号	成品名称	颜色	单位	商品编号	规格	原料名称	单位	商品编号	规格（幅宽：米）	单耗（米/件）
1	精梳毛与化纤制男式西服马甲（后背用里料）	素色	件	62031100.00 62031200.10 62031200.90 62031990.21 62031990.29 62031990.92 62031990.93 62031990.99 62113390.99 62113920.90	亚码	精梳毛与化纤制（包括纯纺和混纺）机织物	米	54083100.99、54083200.11、54083200.19、 54083200.21、54083200.29、54083200.30、 54083200.40、54083200.91、54083200.92、 54083200.94、54083200.99、54083300.11、 54083300.19、54083300.21、54083300.29、 54083300.30、54083300.50、54083300.91、 54083300.92、54083300.94、54083300.99、	1.44	0.50
					亚码			54083400.11、54083400.19、54083400.21、 54083400.29、54083400.40、54083400.91、 54083400.92、54083400.94、54083400.99、 55121100.10、55121100.20、55121100.60、 55121100.70、55121100.90、55121900.10、 55121900.20、55121900.31、55121900.32、 55121900.36、55121900.37、55121900.90、	1.50	0.48
					欧码			55122100.10、55122100.20、55122100.60、 55122100.70、55122100.90、55122900.10、 55122900.20、55122900.31、55122900.32、 55122900.36、55122900.37、55122900.90、 55129100.10、55129100.20、55129100.60、 55129100.70、55129100.90、55129900.10、 55129900.20、55129900.31、55129900.32、 55129900.36、55129900.39、55129900.90、	1.44	0.60
					欧码			55151100.11、55151100.19、55151100.21、 55151100.22、55151100.26、55151100.27、 55151100.29、55151100.31、55151100.32、 55151100.36、55151100.37、55151100.39、 55151200.11、55151200.12、55151200.14、 55151200.19、55151200.21、55151200.22、 55151200.24、55151200.29、55151300.11、 55151300.13、55151300.21、55151300.23、 55151900.11、55151900.19、55151900.21、	1.50	0.58

序号	成品					原料				单耗（米/件）
	名称	颜色	单位	商品编号	规格	名称	单位	商品编号	规格（幅宽：米）	
2	精梳毛与化纤制男式西服马甲（前后身均用面料）	素色	件	62031100.00 62031200.10 62031200.90 62031990.21 62031990.29 62031990.92 62031990.93 62031990.99 62113390.99 62113920.90	亚码	精梳毛与化纤制（包括纯纺和混纺）机织物	米	55151900.22、55151900.26、55151900.27、 55151900.29、55151900.31、55151900.32、 55151900.36、55151900.37、55151900.39、 55152100.11、55152100.12、55152100.14、 55152100.19、55152100.21、55152100.22、 55152100.24、55152100.29、55152200.11、 55152200.13、55152200.21、55152200.23、	1.44	0.68
					亚码			55152900.11、55152900.19、55152900.21、 55152900.22、55152900.26、55152900.27、 55152900.29、55152900.31、55152900.32、 55152900.36、55152900.37、55152900.39、 55159100.11、55159100.12、55159100.14、 55159100.19、55159100.21、55159100.22、 55159100.24、55159100.29、55159900.11、	1.50	0.65
					欧码			55159900.19、55159900.21、55159900.22、 55159900.26、55159900.27、55159900.29、 55159900.31、55159900.32、55159900.36、 55159900.37、55159900.39、55161100.00、 55161200.00、55161300.00、55161400.00、 55162100.10、55162100.20、55162100.40、 55162100.90、55162200.10、55162200.20、 55162200.40、55162200.90、55162300.10、	1.44	0.76
					欧码			55162300.20、55162300.40、55162300.90、 55162400.10、55162400.20、55162400.40、 55162400.90、55163100.11、55163100.21、 55163200.11、55163200.21、55163300.11、 55163300.21、55163400.11、55163400.21、 55163400.29、55164100.10、55164100.20、 55169100.10、55169100.20、55169100.60、 55169100.70、55169100.90、55169200.10、 55169200.20、55169200.60、55169200.70、	1.50	0.73

序号	成品					原料				单耗（米/件）
	名称	颜色	单位	商品编号	规格	名称	单位	商品编号	规格（幅宽：米）	
2	精梳毛与化纤制男式西服马甲（前后身均用面料）	素色	件	62031100.00 62031200.10 62031200.90 62031990.21 62031990.29 62031990.92 62031990.93 62031990.99 62113390.99 62113920.90	亚码	精梳毛与化纤制（包括纯纺和混纺）机织物	米	55169200.90、55169300.10、55169300.20、55169300.90、55169400.10、55169400.20、55169400.40、55169400.50、55169400.60、55169400.70、55169400.90	1.44	0.68
					亚码				1.50	0.65
					欧码				1.44	0.76
					欧码				1.50	0.73

注：1. 如果面料为格料，格子大小在 3 厘米以下，需要在其对应的单耗标准基础上增加 3%；格子大小在 6 厘米以下，需要在其对应的单耗标准基础上增加 8%；格子大小在 9 厘米以下，需要在其对应的单耗标准基础上增加 15%；格子大小在 10 厘米以上，需要在其对应的单耗标准基础上增加 20%。

2. 如果面料为条料，西服马甲的单耗，需要在其对应的单耗标准基础上增加 2%。

3. 特殊情况的处理：配码和批量对单耗标准的影响。一个合同中，大码的数量超 50% 或批量小于 500 件的，在相应的单耗标准基础上增加 3%。本单耗标准的测算，是根据亚码、欧码中不同规格的平均尺寸进行排料测算的。企业在实际生产中也会按亚码、欧码中的不同规格进行搭配裁剪。因此如果大码的数量超过 50%，在排料时就会超出单耗定额标准。另外因批量小，号型全，排料中的比例搭配会有相应的变化。企业在实际生产中就要划多个样，这样相应地就会增加用料量。因此在大码的数量超过 50% 或批量小于 500 件的，在相应的单耗标准基础上应增加 3%。

11. 棉及化纤制短袖针织 T 恤衫加工贸易单耗标准

序号	成品				原料				净耗（千克/千克）	工艺损耗率（%）
	名称	单位	商品编号	规格	名称	单位	商品编号	规格		
1	棉及化纤制素色短袖针织 T 恤衫	千克	61091000.10 61091000.21 61091000.22 61099090.51 61099090.52 61099090.91	各种规格	棉及化纤制素色针织面料	千克	60041010.00、60041030.00、60041040.00、60062100.00、60062200.00、60063100.00、60063200.00、60064100.00、60064200.00	54 英寸－80 英寸	1	14
2	棉及化纤制间色、横条短袖针织 T 恤衫	千克	61091000.10 61091000.21 61091000.22 61099090.51 61099090.52 61099090.91	各种规格	棉及化纤制间色横条针织面料	千克	60041010.00、60041030.00、60041040.00、60062100.00、60062200.00、60063100.00、60063200.00、60064100.00、60064200.00	54 英寸－80 英寸	1	21
3	棉及化纤制印花、提花短袖针织 T 恤衫	千克	61091000.10 61091000.21 61091000.22 61099090.51 61099090.52 61099090.91	各种规格	棉及化纤制（印花）提花针织面料	千克	60041010.00、60041030.00、60041040.00、60062100.00、60062200.00、60062300.00、60062400.00、60063100.00、60063200.00、60063300.00、60063400.00、60064100.00、60064200.00、60064300.00、60064400.00	54 英寸－80 英寸	1	24

注：印花包括匹布、裁片、成衣印花。

12. 棉制与化学纤维制非绒类针织染整布加工贸易单耗标准

序号	成品					原料				净耗（千克/千克）	工艺损耗率（%）
	名称		单位	商品编码	规格	名称	单位	商品编码	规格		
1	棉制弹力针织染整布	不切边	千克	60041010.00	各纱支、门幅及平方米克重	棉制弹力针织未整理布	千克	60041010.00	各纱支、门幅及平方米克重	1	11.0
2		切边	千克	60041010.00	各纱支、门幅及平方米克重		千克	60041010.00	各纱支、门幅及平方米克重	1	13.7
3	化学纤维制弹力针织染整布	不切边	千克	60041030.00、60041040.00	各纱支、门幅及平方米克重	化学纤维制弹力针织未整理布	千克	60041030.00 60041040.00	各纱支、门幅及平方米克重	1	7.9
4		切边	千克	60041030.00、60041040.00	各纱支、门幅及平方米克重		千克	60041030.00 60041040.00	各纱支、门幅及平方米克重	1	10.7
5	棉制与化学纤维制弹力针织色织整理布	不切边	千克	60041010.00、60041030.00、60041040.00	各纱支、门幅及平方米克重	棉制与化学纤维制弹力针织色织未整理布	千克	60041010.00 60041030.00 60041040.00	各纱支、门幅及平方米克重	1	5.5
6		切边	千克	60041010.00、60041030.00、60041040.00	各纱支、门幅及平方米克重		千克		各纱支、门幅及平方米克重	1	8.0
7	棉制非弹力针织染整布	不切边	千克	60052100.00、60052200.00、60052400.00、60062100.00、60062200.00、60062400.00	各纱支、门幅及平方米克重	棉制非弹力针织未整理布	千克	60052100.00 60062100.00	各纱支、门幅及平方米克重	1	9.0
8		切边	千克		各纱支、门幅及平方米克重		千克	60052100.00 60062100.00	各纱支、门幅及平方米克重	1	11.5

序号	成品					原料				净耗（千克/千克）	工艺损耗率（%）
	名称		单位	商品编码	规格	名称	单位	商品编码	规格		
9	化学纤维制非弹力针织染整布	不切边	千克	60053100.10、60053100.90、60053200.10、60053200.90、60053400.10、60053400.90、60054100.10、60054100.90、60054200.10、60054200.90、60054400.10、60054400.90、60063100.00、60063200.00、60063400.00、60064100.00、60064200.00、60064400.00	各纱支、门幅及平方米克重	化学纤维制非弹力针织未整理布	千克	60053100.10 60053100.90 60054100.10 60054100.90 60063100.00 60064100.00	各纱支、门幅及平方米克重	1	6.5
10		切边	千克		各纱支、门幅及平方米克重		千克		各纱支、门幅及平方米克重	1	9.4
11	棉制与化学纤维制非弹力针织色织整理布	不切边	千克	60052300.00、60053300.10、60053300.90、60054300.10、60054300.90、60062300.00、60063300.00、60064300.00	各纱支、门幅及平方米克重	棉制与化学纤维制非弹力针织色织未整理布	千克	60052300.00 60053300.10 60053300.90 60054300.10 60054300.90 60062300.00 60063300.00 60064300.00	各纱支、门幅及平方米克重	1	4.0
12		切边	千克		各纱支、门幅及平方米克重		千克		各纱支、门幅及平方米克重	1	7.0

注：本标准数据已按公定回潮率计算。

13. 丁苯橡胶加工贸易单耗标准

序号	成品				原料				净耗（千克/千克）	工艺损耗率（%）
	名称	单位	商品编码	规格	名称	单位	商品编码	规格		
1	丁苯橡胶1500	千克	4002.1911 4002.1990		丁二烯	千克	2901.2400		0.718	2.74
					苯乙烯	千克	2902.5000		0.221	2.82
2	丁苯橡胶1502	千克	4002.1911 4002.1990		丁二烯	千克	2901.2400		0.722	2.74
					苯乙烯	千克	2902.5000		0.222	2.82
3	丁苯橡胶1712	千克	4002.1912 4002.1990		丁二烯	千克	2901.2400		0.516	2.74
					苯乙烯	千克	2902.5000		0.158	2.82
					橡胶填充油	千克	2707.9990		0.278	0.35

注：1. 丁二烯应符合国家工业用丁二烯标准（GB 13291－91 对该产品品质的认定，苯乙烯应符合国家工业用苯乙烯标准（GB 3915－1998）对该产品品质的认定。

2. 丁苯橡胶1500应符合国家标准（GB/T 8655－2006）对该产品品质的认定，丁苯橡胶1502应符合国家标准（GB/T 12824－2002）对该产品品质的认定，丁苯橡胶1712应符合石油化工行业标准（SH/T 1626－2005）对该产品品质的认定。

3. 在丁苯橡胶生产工艺中，若存在丁二烯原料精制工序，则丁二烯的损耗率在表中损耗率的基础上增加0.1%，为2.84%。

14. 甲基乙烯基硅橡胶混炼胶加工贸易单耗标准（1）

序号	成品				原料				单耗（千克/千克）
	名称	单位	商品编号	规格	名称	单位	商品编号	规格	
1	甲基乙烯基硅橡胶混炼胶（沉淀法）	千克	3910.0000	20℃	二甲基环硅氧烷	千克	38249090.04		0.8435
					沉淀法白炭黑	千克	28112200.00		0.18
2				30℃	二甲基环硅氧烷	千克	38249090.04		0.7927
					沉淀法白炭黑	千克	28112200.00		0.23
3				40℃	二甲基环硅氧烷	千克	38249090.04		0.7724
					沉淀法白炭黑	千克	28112200.00		0.25
4				50℃	二甲基环硅氧烷	千克	38249090.04		0.7216
					沉淀法白炭黑	千克	28112200.00		0.30
5				60℃	二甲基环硅氧烷	千克	38249090.04		0.6809
					沉淀法白炭黑	千克	28112200.00		0.33
6				70℃	二甲基环硅氧烷	千克	38249090.04		0.6301
					沉淀法白炭黑	千克	28112200.00		0.37
7				80℃	二甲基环硅氧烷	千克	38249090.04		0.5691
					沉淀法白炭黑	千克	28112200.00		0.43

甲基乙烯基硅橡胶混炼胶加工贸易单耗标准（2）

序号	成品				原料				单耗（千克/千克）
	名称	单位	商品编号	规格	名称	单位	商品编号	规格	
8	甲基乙烯基硅橡胶混炼胶（气相法）	千克	3910.0000	20℃	二甲基环硅氧烷	千克	38249090.04		0.9045
					气相法白炭黑	千克	28112200.00		0.13
9				30℃	二甲基环硅氧烷	千克	38249090.04		0.8435
					气相法白炭黑	千克	28112200.00		0.18
10				40℃	二甲基环硅氧烷	千克	38249090.04		0.7825
					气相法白炭黑	千克	28112200.00		0.25
11				50℃	二甲基环硅氧烷	千克	38249090.04		0.7419
					气相法白炭黑	千克	28112200.00		0.29
12				60℃	二甲基环硅氧烷	千克	38249090.04		0.6911
					气相法白炭黑	千克	28112200.00		0.33
13				70℃	二甲基环硅氧烷	千克	38249090.04		0.6504
					气相法白炭黑	千克	28112200.00		0.37
14				80℃	二甲基环硅氧烷	千克	38249090.04		0.5996
					气相法白炭黑	千克	28112200.00		0.39

注：1. 本标准中二甲基环硅氧烷品质应符合《中华人民共和国国家标准－二甲基硅氧烷混合环体》（GB/T 20436－2006）、沉淀法白炭黑品质应符合《化工部颁标准》（HG/T 3061）、气相法白炭黑品质应符合《中华人民共和国国家标准－气相法白炭黑》（GB/T 20020－2005）技术标准规定。

2. 本标准中的甲基乙烯基硅橡胶混炼胶应符合下表中的技术要求：

项目	质量指标
外观	半透明、透明或乳白色固体
硬度 邵尔（A）	20－80
密度（g/cm^3）	1.08－1.50
拉伸强度 MPa	4.0－11.0
伸长率（%）≥	150
撕裂强度 kN/m≥	10

15. 水杨酸甲酯加工贸易单耗标准

序号	成品				原料				单耗（千克/千克）
	名称	单位	商品编号	规格	名称	单位	商品编号	规格	
1	水杨酸甲酯	千克	29182300.00	含量≥99.0% 150PPm＜含酚量≤300PPm	苯酚	千克	29071110.00	含量≥99.5%	0.700
2	水杨酸甲酯	千克	29182300.00	含量≥99.7% 含酚量≤150PPm	苯酚	千克	29071110.00	含量≥99.5%	0.715

注：1. 本标准中的苯酚品质应符合国家标准《GB/T 339－2001　工业用合成苯酚》技术标准规定。
2. 本标准中的水杨酸甲酯品质规格应符合《化药部颁标准》［WS1－07（B）－89］对产品质级的认定。

16. 酚醛模塑料加工贸易单耗标准（通用类常规产品）

序号	成品					原料				单耗（千克/千克）
	名称	单位	商品编号	规格（型号）	树脂含量（%）	名称	单位	商品编号	规格	
1	酚醛模塑料	千克	3909.4000	PF2A1－131（J） PF2A2－131（J）	36	苯酚	千克	2907.1110	符合国家标准《GB/T 339－2001 工业用合成苯酚》的要求	0.341
					37					0.351
					38					0.360
					39					0.370
					40					0.379
2				PF2A1－141（J） PF2A2－141（J）	41					0.389
					42					0.398
					43					0.408
					44					0.417
					45					0.427
3				PF2A2－151（J） PF2A3－151（J） PF2A4－151（J）	46					0.436
					47					0.446
					48					0.455
					49					0.465
					50					0.474
4				PF2A2－161（J） PF2A3－161（J） PF2A4－161（J）	51					0.483
					52					0.493
					53					0.502
					54					0.512
					55					0.521

注：本标准中的酚醛模塑料应符合国家标准 GB 1404－1995《酚醛模塑料》的规定。

17. 十溴二苯醚加工贸易单耗标准

序号	成品				原料				单耗（千克/千克）
	名称	单位	商品编号	规格	名称	单位	商品编号	规格	
1	十溴二苯醚	千克	2909.3000	纯度≥97%	溴素	千克	2801.3020	纯度≥99.7%	0.947

18. 癸二酸加工贸易单耗标准

序号	成品				原料				单耗（千克/千克）
	名称	单位	商品编号	规格	名称	单位	商品编号	规格	
1	癸二酸	千克	2917.1310	滴定含量≥99.5%	蓖麻油	千克	1515.3000	羟基值≥155mgkoh/g	2.12

注：1. 本单耗标准中的蓖麻油应符合《中华人民共和国国家标准－工业用蓖麻油》（GB/T 8234－1987）技术标准规定，本单耗标准中的癸二酸应符合《中华人民共和国国家标准－工业用癸二酸》（GB 2092－1992）技术标准规定。

2. 羟基值：用滴定方法测定蓖麻油中羟基的含量。

3. 滴定含量：用滴定分析方法测定的癸二酸的含量。

19. LR14、LR20、LR1 碱性锌锰干电池加工贸易单耗标准

序号	成品				原料				净耗（千克/千只）	工艺损耗率（%）
	名称	单位	商品编号	品质规格	名称	单位	商品编号	规格		
1	LR14 碱性锌锰干电池	千只	85061012.00	参照中华人民共和国国家标准 GB 8897.2－2005《原电池第 2 部分：外形尺寸和技术要求》，电池开路电压应满足 1.5 伏 ± 0.15 伏。	合金钢板	千克	72269990.90	宽度 154 毫米（双排冲制），厚度 0.3 毫米	8.2	40
								宽度 84 毫米（单排冲制），厚度 0.3 毫米	8.2	40
					二氧化锰	千克	28201000.00	电解级、二氧化锰含量 >91%	30	5
					合金锌粉	千克	79039000.10	锌含量 >99.5%	13	6
					无纺布（隔离纸）	千克	56039290.00	宽度为 53 毫米；<70 克/平方米	0.44	9
2	LR20 碱性锌锰干电池	千只	85061012.00		合金钢板	千克	72269990.90	宽度 191 毫米（双排冲制），厚度 0.3 毫米	15.9	36
					二氧化锰	千克	28201000.00	电解级、二氧化锰含量 >91%	65	4
					合金锌粉	千克	79039000.10	锌含量 >99.5%	25	5
					无纺布（隔离纸）	千克	56039290.00	宽度为 67 毫米；<70 克/平方米	0.79	6
3	LR1 碱性锌锰干电池	千只	85061012.00		合金钢板	千克	72269990.90	宽度 <600 毫米，厚度 0.25 毫米	2.3	36
					二氧化锰	千克	28201000.00	电解级、二氧化锰含量 >91%	3	5
					合金锌粉	千克	79039000.10	锌含量 >99.5%	1.1	5
					无纺布（隔离纸）	千克	56039290.00	宽度为 28 毫米；<70 克/平方米	0.072	6

20. R14、R03 碳性锌锰干电池加工贸易单耗标准

序号	成品				原料						净耗（千克/千只）	工艺损耗率（%）
	名称	单位	商品编号	规格	名称	单位	商品编号	规格（单位：毫米）长	宽	厚		
1	R14 碳性锌锰干电池	千只	85061090.00	符合 GB 8897.2－2005（mod IEC60086－2：2001）标准对品质的认定	牛皮原纸	千克	48043100.90	—	360	0.07	0.18	4
					镀锡片状马口铁（商标壳用）	千克	72101200.00	712	508	0.2	6.76	8
					镀锡片状马口铁（底板用）	千克	72101200.00	712	508	0.2	0.82	29
					镀锡带状马口铁（底板用）	千克	72101200.00	—	850	0.2	0.82	29
					镀锡带状马口铁（帽盖用）	千克	72101200.00	—	850	0.2	0.78	29
2	R03 碳性锌锰干电池	千只	85061090.00		牛皮原纸	千克	48043100.90	—	360	0.07	0.09	4
					镀锡片状马口铁（商标壳用）	千克	72101200.00	712	508	0.2	2.47	10
					镀锡片状马口铁（底板用）	千克	72101200.00	712	508	0.2	0.2	30
					镀锡带状马口铁（底板用）	千克	72101200.00	—	850	0.2	0.2	22
					镀锡带状马口铁（帽盖用）	千克	72101200.00	—	850	0.2	0.21	28

21. 锂离子电池加工贸易单耗标准

序号	成品				原料				净耗（千克）/（1Ah·千只）	工艺损耗率（%）
	名称	单位	商品编号	规格	名称	单位	商品编号	规格		
1	锂离子电池	千只	85078020.00	方型 1000mAh	钴酸锂（$LiCoO_2$）	千克	28419000.10		7.843	12
					中间相碳微珠 MCMB	千克	28030000.00		3.90	12
					聚偏二氟乙烯 PVDF	千克	39046900.00		0.557	12
					铜箔	千克	74101100.90	0.01 毫米 ±0.001 毫米	2.0	17
					铝箔	千克	76071190.00	0.02 毫米 ±0.001 毫米	1.24	19
					隔膜	平方米	39202010.00	（PP/PE/PP）0.025 毫米 ±0.002 毫米	51.4	3
					电解液	千克	38249090.20	（$LiPF_6$ + 溶剂）	3.85	3

注： 随着用电器具产品增多，规格较多，在缺少指定规格锂离子电池产品加工贸易单耗标准时，可按每1Ah锂离子电池原材料单耗折算类推。

22. 家用自动面包机加工贸易单耗标准

序号	成品				原料				工艺损耗率（%）
	名称	单位	商品编号	品质规格	名称	单位	商品编号	规格	
1	家用自动面包机	个	85167210.00	1. 参照中华人民共和国国家标准 GB 4706.1－1998《家用和类似用途电器的安全 第一部分：通用要求》及中华人民共和国国家标准 GB 4706.14－1999《家用和类似用途电器的安全 面包片烘烤架、烤架、电烤炉及类似用途器具的特殊要求》，在欧盟销售的产品要符合欧盟标准 EN 60335－1：2002《家用和类似用途电器的安全第一部分：通用要求》及 EN 60335－2－9：2003＋A1：2004《家用和类似用途电器的安全 烤面包器、烤炉、烘烤器及类似器具的特殊要求》，在北美销售的产品要符合 UL1026 V4 和 UL982 V5 的要求 2. 1.0 Lb－3.0 Lb	聚丙烯（PP）	千克	39021000.90	颗粒状树脂	3.0
					聚酰胺（PA）	千克	39089000.00	颗粒状树脂	4.0
					聚碳酸酯（PC）	千克	39074000.00	颗粒状树脂	5.0
					聚对苯二甲酸丁二酯（PBT）	千克	39079910.01	颗粒状树脂	4.0
					丙烯腈－丁二烯－苯乙烯共聚物（ABS）	千克	39033000.00	颗粒状树脂	4.0

23. 白砂糖加工贸易单耗标准

序号	成品				原料				净耗（千克/千克）	工艺损耗率（%）
	名称	单位	商品编号	品质规格	名称	单位	商品编号	品质规格		
1	白砂糖	千克	17019910.10	1. 应符合白砂糖的国家标准 GB 317－2006 规定 2. 50 千克袋装，糖度≥99.6%	原糖	千克	17011100.01	1. 应符合国际贸易标准，即纽约期货交易所 11 号原糖期货合约中关于原糖旋光度的规定 2. 散装，糖度≥96%	1.0375	4.55

24. 聚丙烯薄膜加工贸易单耗标准

序号	成品				原料			净耗（千克/千克）	工艺损耗率（%）
	名称	规格	单位	商品编号	名称	单位	商品编号		
1	吹塑聚丙烯薄膜		千克	39202090. 90 39202090. 10	聚丙烯粒子（吹膜级）	千克	39021000. 90	<1	2
2	流延聚丙烯薄膜		千克	39202090. 90	聚丙烯粒子	千克	39021000. 90	<1	10
3	双向拉伸聚丙烯薄膜	普通膜 厚度≦12 微米	千克	39202090. 90	聚丙烯粒子（薄膜级）	千克	39021000. 90	<1	10
		普通膜 12 微米<厚度≦18 微米	千克	39202090. 90	聚丙烯粒子（薄膜级）	千克	39021000. 90	<1	7
		普通膜 厚度>18 微米	千克	39202090. 90	聚丙烯粒子（薄膜级）	千克	39021000. 90	<1	5
		香烟膜	千克	39202090. 90	聚丙烯粒子（薄膜级）	千克	39021000. 90	<1	12
		珠光膜	千克	39202090. 90	聚丙烯粒子（薄膜级）	千克	39021000. 90	<1	10
		热封膜	千克	39202090. 90	聚丙烯粒子（薄膜级）	千克	39021000. 90	<1	10
		电容膜	千克	39202090. 90	聚丙烯粒子（电工级）	千克	39021000. 10	<1	30

注：1. 不同的薄膜规格添加的母料规格、数量也各不相同，净耗按其具体添加的母料比例计算：净耗＝聚丙烯薄膜质量×（1－添加剂含量（%）；

2. 损耗为不考虑回料的情况；

3. 相应聚丙烯薄膜应符合 BB/T 0002－1994《双向拉伸聚丙烯珠光薄膜中华人民共和国包装行业标准》；GB/T 120262000《热封型双向拉伸聚丙烯薄膜中华人民共和国国家标准》；QB/ 11252000《未拉伸聚乙烯、聚丙烯薄膜（CPP）中华人民共和国行业标准》；GB/T 100031996《普通型双向拉伸聚丙烯薄膜中华人民共和国国家标准》的规定。

25. 聚乙烯塑料袋加工贸易单耗标准

序号	成品				原料				净耗（千克/千克）	工艺损耗率（%）
	名称	单位	商品编号	品质规格	名称	单位	商品编号	品质规格		
1	聚乙烯塑料袋	千克	39232100.00	1. 应符合国家标准GB/T 12025 - 1989《高密度聚乙烯吹塑薄膜》、GB/T 4456 - 1996《包装用聚乙烯吹塑薄膜规定》 2. 各种规格	高密度聚乙烯 低密度聚乙烯 线型低密度聚乙烯	千克	39012000.90 39011000.90 39019020.00	高密度聚乙烯应符合国家标准GB 11116 - 1989《高密度聚乙烯树脂》规定；低密度聚乙烯应符合国家标准 GB 11115 - 1989《低密度聚乙烯树脂》规定；线型低密度聚乙烯应符合国家标准GB/T 15182 - 1994《线型低密度聚乙烯树脂》规定	≤1	1.0（边角废料回收）
				1. 应符合国家标准GB/T 12025 - 1989《高密度聚乙烯吹塑薄膜》、GB/T 4456 - 1996《包装用聚乙烯吹塑薄膜规定》 2. 食品级或医用级						3.0（边角废料不回收）

注：1. 净耗包括了添加剂，通常其含量≤40%；

2. 本标准不包括含淀粉等可降解材料的聚乙烯塑料袋。

26. LR44 碱性锌锰扣式电池加工贸易单耗标准

序号	成品				原料				净耗	单位	工艺损耗率（%）
	名称	单位	商品编号	品质规格	名称	单位	商品编号	品质规格			
1	LR44 碱性锌锰扣式电池	千粒	85061011.00	1. 应符合国家标准 GB 8897 规定 2. 1.5V	锌粉	千克	79039000.90	Hg2.7 - 3.3%	0.20738	（千克/千粒）	2.7
					初级形状羧甲基纤维素及其盐（电池负极添加剂）	千克	39123100.00	NaCL≤1%	0.00012	（千克/千粒）	2.7
					聚丙烯酸及其盐（电池负极添加剂）	千克	39069090.00	重金属含量≤0.02%	0.00040	（千克/千粒）	2.7
					氧化锌	千克	28170010.00	ZnO≥99.9%	0.00419	（千克/千粒）	2.7
					氢氧化钾	千克	28152000.00	KOH≥87.8%	0.08485	（千克/千粒）	2.7
					氢氧化钠	千克	28151100.00	NaOH≥99%	0.00852	（千克/千粒）	2.7
					初级形状的聚四氟乙烯（铁弗龙）	千克	39046100.00	堆积密度 0.56 克/毫升	0.00947	（千克/千粒）	5.4
					石墨粉	千克	38011000.90	灰份<0.1%	0.03471	（千克/千粒）	5.4
					二氧化锰	千克	28201000.00	MnO_2≥91%	0.58689	（千克/千粒）	5.4
					无纺布（隔膜纸）	平方米	56039290.00	厚度 0.18 - 0.22 毫米	0.16304	（平方米/千粒）	1.3
					宽度<600 毫米冷轧其他合金钢板材（杯铁料）	千克	72269200.00	厚度 0.24 - 0.26 毫米	0.60213	（千克/千粒）	26.2
					宽度<600 毫米冷轧其他合金钢板材（顶铁料）	千克	72269200.00	厚度 0.24 - 0.26 毫米	0.35154	（千克/千粒）	26.2
					胶圈	千只	39219090.10		1	（千只/千粒）	3.0

27. 糖精钠加工贸易单耗标准

序号	成品				原料				单耗	单位
	名称	单位	商品编号	品质规格	名称	单位	商品编号	品质规格		
1	糖精钠	千克	29251100.00	1. 应符合国家标准GB－4578－84及BP 2004、USP 28钠规定 2. 含量≥99%	苯酐	千克	29173500.00	1. 应符合国家标准HG2－319－79（工业品）规定 2. 酸度≥99.2% 酐值≥98%	0.99	千克/千克

28. PS 版加工贸易单耗标准

序号	成品				原料				净耗（千克/平方米）	工艺损耗率（%）
	名称	单位	商品编号	规格	名称	单位	商品编号	品质规格		
				长×宽×厚（毫米）				厚度（毫米）		
1	PS版	平方米	37013022.00	920×760×0.20	PS版版基用铝卷	千克	76069100.00	0.20	0.542	17.00
2	PS版	平方米	37013022.00	920×760×0.24	PS版版基用铝卷	千克	76069100.00	0.24	0.650	17.00
3	PS版	平方米	37013022.00	920×760×0.27	PS版版基用铝卷	千克	76069100.00	0.27	0.732	17.00
4	PS版	平方米	37013022.00	920×760×0.28	PS版版基用铝卷	千克	76069100.00	0.28	0.759	17.00
5	PS版	平方米	37013022.00	920×760×0.30	PS版版基用铝卷	千克	76069100.00	0.30	0.813	17.00

注：铝的密度＝2.71吨/立方米＝2710千克/立方米。

29. 弹簧垫圈加工贸易单耗标准

序号	成品				原料				净耗	工艺损耗率
	名称	单位	商品编号	规格	名称	单位	商品编号	规格（φ mm）	（吨/吨）	（%）
1	弹簧垫圈	吨	73182100. 00	各种规格	盘圆线材	吨	72139100. 00	5. 50 ~ 13. 5	1	5

30. 不锈钢钻头加工贸易单耗标准

序号	成品				原料				净耗	工艺损耗率
	名称	单位	商品编号	规格（φ mm）	名称	单位	商品编号	规格（φ mm）	（千克/千克）	（%）
1	不锈钢钻头	千克	82075090. 00	0. 3	不锈钢条	千克	72224000. 00	3. 25	0. 86	27. 5
					金属陶瓷碳化钨	千克	81130000. 10	1. 5	0. 14	69. 6

31. 精炼铜管材加工贸易单耗标准

序号	成品				原料				净耗（千克/千克）	工艺损耗率（%）
	名称	单位	商品编号	品质规格（Cu+Ag）/%	名称	单位	商品编号	品质规格（Cu+Ag）/%		
1	精炼铜管材	千克	7411.1000	≥99.99（TU0）	阴极铜（电解精炼铜）	千克	7403.1100	≥99.95	1.0004	1－2.5
				≥99.97（TU1）					1.0002	
				≥99.95（T1、TU2）					1	
				≥99.90（T2、TP1、TP2）					0.9995	
				≥99.70（T3）					0.9975	

32. 六角型金属网加工贸易单耗标准

序号	成品				原料				净耗（吨/吨）	工艺损耗率（%）
	名称	单位	商品编号	规格 线径×孔径×宽×长	名称	单位	商品编号	规格 直径		
1	六角型金属网（水湿式拔丝/转线、停车缠锌驳利镀锌工艺）	吨	73144100.00	0.40毫米×16毫米×910毫米×25米	盘条	吨	72139100.00	5.50毫米	1	5.60
				0.40毫米×16毫米×1000毫米×25米						5.60
2	六角型金属网（干拔式拔丝/提线、开车缠锌驳利镀锌工艺）	吨	73144100.00	0.40毫米×16毫米×910毫米×25米	盘条	吨	72139100.00	5.50毫米	1	12.46
				0.40毫米×16毫米×1000毫米×25米						12.46

中华人民共和国海关总署公告

2008 年第 28 号

按照国务院关税税则委员会的决定，海关总署自2006年1月16日起，对原产于日本、美国、英国和德国的进口初级形态二甲基环体硅氧烷征收反倾销税（详见海关总署2006年第3号公告）。近日，根据期中复审调查结果，国务院关税税则委员会决定调整部分初级形态二甲基环体硅氧烷原产厂商适用的反倾销税税率。现就执行中的有关事项公告如下：

一、自2008年4月25日起，对申报进口原产于英国道康宁有限公司（Dow Corning Limited）的初级形态二甲基环体硅氧烷，海关按照5.4%的反倾销税税率征收反倾销税。

二、关于对原产于日本、美国、英国和德国的进口初级形态二甲基环体硅氧烷征收反倾销税的其他事项，仍按海关总署2006年第3号公告、海关总署2006年第80号公告及海关总署2007年第76号公告的规定执行。

特此公告。

附件　中华人民共和国商务部2008年第24号公告

海关总署

2008年4月24日

附件

中华人民共和国商务部公告

2008 年第 24 号

中华人民共和国商务部于2006年1月16日发布公告，决定自2006年1月16日起，对原产于日本、美国、英国和德国的进口初级形态二甲基环体硅氧烷征收反倾销税。

2007年2月15日，英国道康宁有限公司就其所适用的反倾销措施向商务部提出倾销及倾销幅度的期中复审申请。

商务部经审查认为，申请书提出了倾销幅度降低的初步证据。2007年4月25日商务部发布立案公告，决定对英国道康宁有限公司所适用的反倾销措施进行复审。

复审调查范围是申请人的正常价值、出口价格和倾销幅度。复审调查的被调查产品与原反倾销调查相同，即初级形态二甲基环体硅氧烷。该产品归在《中华人民共和国进出口税则》税则号：2931.0000、3824.9090①。

商务部对英国道康宁有限公司的倾销及倾销幅度进行了复审调查。根据调查结果，商务部向国务院关税税则委员会提出修改反倾销税的建议。依据《中华人民共和国反倾销条例》第五十条和《商务部倾销及倾销幅度期中复审暂行规则》的规定，现将有关事项公告如下：

一、裁定

经调查，商务部裁定英国道康宁有限公司（Dow Corning Limited）的倾销幅度为：5.4%。

二、征收反倾销税

根据《中华人民共和国反倾销条例》的有关规定，国务院关税税则委员会决定，自2008年4月25日起，将原产于英国道康宁有限公司的进口初级形态二甲基环体硅氧烷的反倾销税税率调整为5.4%。

三、征收反倾销税的方法

自2008年4月25日起，进口经营者在进口原产于英国道康宁有限公司的初级形态二甲基环体硅氧烷时，应向中华人民共和国海关缴纳相应的反倾销税。反倾销税以海关审定的完税价格从价计征，计算公式为：

反倾销税税额＝海关完税价格×反倾销税税率

进口环节增值税以海关审定的完税价格加上关税和反倾销税作为计税价格从价计征。

① 根据《中华人民共和国进出口税则》（2008），商务部2005年第123号公告中被调查产品的税则号已由2931.0000，3824.9090调整为2931.0000，3824.9099。

四、行政复议和行政诉讼

根据《中华人民共和国反倾销条例》第五十三条的规定，利害关系方可以依法申请行政复议，也可以依法向人民法院提起诉讼。

五、本公告自 2008 年 4 月 25 日起执行。

特此公告。

附件　中华人民共和国商务部关于原产于英国道康宁有限公司的进口初级形态二甲基环体硅氧烷的期中复审裁定（略）

商务部

2008 年 4 月 24 日

中华人民共和国海关总署公告

2008 年第 29 号

根据《财政部、国家发展改革委、海关总署、国家税务总局关于落实国务院加快振兴装备制造业的若干意见有关进口税收政策的通知》（财关税〔2007〕11 号）的有关规定，自 2008 年 1 月 1 日起（以海关接受企业申报的日期为准），对国内企业为开发、制造大型、精密、高速数控设备及其功能部件而进口部分关键零部件所缴纳的进口关税和进口环节增值税实行先征后退。现将有关执行问题公告如下：

一、本公告所称大型、精密、高速数控设备主要包括：立式或卧式加工中心、龙门式加工中心（含龙门镗铣床）、数控车床（含车削中心）、重型数控卧式车床（含车削中心）、大型数控立式车床（含车削中心）、数控铣镗床（含铣镗加工中心）、数控滚齿机、数控插齿机、数控剃齿机、数控磨齿机、数控闭式机械压力机及大型多工位压力机、数控激光冲压切割复合机、数控不落轮车床、柔性制造系统，功能部件包括数控装置、高速电工轴（加工中心）、数控动力刀架、数控回转工作台、滚珠丝杠副、直线滚动导轨、自动换刀装置。上述数控设备及其功能部件的具体技术规格和要求见附件。

二、享受先征后退政策的进口关键零部件清单（简称先征后退清单）详见附件。先征后退清单所列进口关键零部件实行年度暂定关税税率的，按暂定关税税率执行。今后对先征后退清单所列品种将根据企业申请、政策实施效果、国内配套能力等情况适时进行调整。

三、享受先征后退政策的企业进口上述关键零部件时，应向海关单独申报进口，并凭财政部出具的重大装备制造企业退税确认书直接向进口地海关申请办理先征后退手续。具体操作程序按现行有关先征后退规定办理。

四、对 2008 年 1 月 1 日起至本公告发布前已经进口的本公告附件所列关键零部件，经海关审核无误的，准予按照本公告规定办理先征后退手续。

五、自 2008 年 5 月 1 日起，对新批准的符合《外商投资产业指导目录》鼓励类的外商投资项目（以项目审批、核准或备案日期为准，下同），在投资总额内进口《国内投资项目不予免税的进口商品目录（2006 年修订）》（财政部 2007 年第 2 号公告，以下简称《2006 年版内资不予免税商品目录》）中通用设备第十类第（一）、（二）、（三）项所列的自用机床和压力成形机械，一律征收进口关税，仍可免征进口环节增值税。

2008 年 5 月 1 日以前批准的可按照《国务院关于调整进口设备税收政策的通知》（国发〔1997〕37 号）规定享受进口税收优惠政策的外商投资项目，在投资总额内进口《2006 年版内资不予免税商品目录》中通用设备第十类第（一）、（二）、（三）项所列的自用机床和压力成形机械，其项目单位于 2008 年 11 月 1 日前持项目确认书等相关资料向海关申请办理减免税审批手续，且海关予以受理的，仍可以按照国发〔1997〕37 号文件规定免征进口关税和进口环节增值税；在 2008 年 11 月 1 日及以后向海关申请办理减免税审批手续的上述外商投资项目，在投资总额内进口上述范围的自用设备，一律征收进口关税，仍可免征进口环节增值税。

中西部外商投资优势产业项目、外国政府贷款项目和国际金融组织贷款项目进口上述自用设备，以及加工贸易外商提供的不作价进口设备，比照以上两款规定执行。

六、按照国发〔1997〕37号文件规定可享受进口税收优惠政策的外商投资项目和国内投资项目，在投资总额内进口《2006年版内资不予免税商品目录》所列商品以外的自用机床和压力成形机械，可以免征进口关税和进口环节增值税。

特此公告。

附件　大型、精密、高速数控设备关键零部件退税商品清单（略）

海关总署

2008年4月28日

中华人民共和国海关总署公告

2008年第30号

根据《财政部、国家发展改革委、海关总署、国家税务总局关于落实国务院加快振兴装备制造业的若干意见有关进口税收政策的通知》（财关税〔2007〕11号）的有关规定，自2008年1月1日起（以海关接受企业申报的日期为准），对国内企业为开发、制造大功率风力发电机组而进口部分关键零部件、原材料所缴纳的进口关税和进口环节增值税实行先征后退。现将有关执行问题公告如下：

一、本公告所称大功率风力发电机组主要包括单机额定功率不小于1.2兆瓦的风力发电机组。

二、享受先征后退政策的进口关键零部件、原材料清单（简称先征后退清单）详见附件。先征后退清单所列进口关键零部件、原材料实行年度暂定关税税率的，按暂定关税税率执行。今后对先征后退清单所列品种将根据企业申请、政策实施效果、国内配套能力等情况适时进行调整。

三、享受先征后退政策的企业进口上述关键零部件、原材料时，应向海关单独申报进口，并凭财政部出具的重大装备制造企业退税确认书直接向进口地海关申请办理先征后退手续。具体操作程序按现行有关先征后退规定办理。

四、对2008年1月1日起至本公告发布前已经进口的关键零部件、原材料，经海关审核无误的准予按照本公告规定办理先征后退手续。

五、自2008年5月1日起，对新批准的内外资投资项目（以项目的审批、核准或备案日期为准，下同），进口单机额定功率不大于2.5兆瓦的风力发电机组（税则号列：8502.3100），一律停止执行进口免税政策。

2008年5月1日以前批准的内外资投资项目，其项目单位于2008年11月1日前持项目确认书等相关资料向海关申请办理减免税审批手续，且海关予以受理的，其进口符合原免税条件的上述风力发电机组仍可按照《国务院关于调整进口设备税收政策的通知》（国发〔1997〕37号）的有关规定执行；自2008年11月1日起，各海关不再受理上述内外资投资项目项下进口单机额定功率不大于2.5兆瓦的风力发电机组（税则号列：8502.3100）的减免税备案和审批申请。

中西部外商投资优势产业项目、外国政府贷款和国际金融组织贷款项目进口上述自用设备、加工贸易外商提供的上述不作价进口设备，比照本条前两款规定执行。

特此公告。

附件　大功率风力发电机组进口关键零部件、原材料退税商品清单（略）

海关总署

2008年4月30日

中华人民共和国海关总署公告

2008 年第 31 号

根据《中华人民共和国海关进出境航空旅客舱单电子数据传输暂行规定》（海关总署公告 2008 年第 13 号公告），为保证航空旅客舱单电子数据传输测试及试运行工作如期开展，海关总署决定临时使用 SITA 网地址 BJSHGCA 接收传输报文。报文格式为世界海关组织与国际航空运输协会制定的 PAXLST 报文标准，具体详见附件。请各航空公司按照上述要求，做好相应系统改造工作，尽快与全国海关信息中心联系系统测试，并于 2008 年 5 月 30 日前完成测试。

信息中心联系人：张贺，联系电话：010－85193321。

特此公告。

附件　中国海关进出境航空旅客舱单电子数据报文格式

海关总署

2008 年 5 月 12 日

附件

中国海关进出境航空旅客舱单电子数据报文格式

版本 1.0

2008－4－22

1. 遵循标准

报文结构遵循世界海关组织、国际航空运输协会等相关组织机构制定的报文标准，数据元定义遵循 WCO、UN、ISO 的数据元定义标准。

报文制定中主要参考了以下文档：

1. 《WCO/IATA PASSENGER LIST MESSAGE (PAXLST) IMPLEMENTATION GUIDE》

2. 《Airport Handing Manual 28th Edition》

3. 《UNTDED 2005（ISO 7372：2005）》

4. 《ISO 3166－1－alpha－2》

5. 《UN/LOCODE CODES FOR PORTS AND OTHER LOCATIONS》

2. 报文格式

2.1　旅客舱单报文

旅客舱单报文采用世界海关组织与国际航空运输协会制定的 PAXLST 报文标准，具体报文定义参见《WCO/IATA PASSENGER LIST MESSAGE (PAXLST) IMPLEMENTATION GUIDE》。除了以上定义外，中国海关对报文中的 UNB 和 UNH 段中的数据元素有进一步的规定，具体如下：

UNB 段

元素	描述
发件人标识	航空公司 IATA 两位代码，如中国国际航空公司为“CA”
收件人标识	中国海关的收件人标识为“CNCUSTOMS”
交换控制参考	航班号＋报文发送的日期和时间，其中日期格式采用 YYMMDDhhmm，日期时间值为报文发送时间，如“CA701303031705”
通用访问引用	航班号＋报文发送的日期和时间，其中日期格式采用 YYMMDDhhmm，日期时间值为报文发送时间，如“CA701303031705”

2.2　航空动态报文

航空动态报文采用国际航空运输协会制定的 MVT 报文标准。具体报文定义参见《Airport Handing Manual 28th Edition》。数据范围限于进出境的航空动态报文。报文类型包括：

1. 起飞报（AD）
2. 延误报（DL、ED、NI）
3. 降落报（AA）
4. 取消报（CNL）

中华人民共和国海关总署公告

2008 年第 32 号

为规范加工贸易单耗复核程序，依法保障加工贸易企业的合法权益，根据《中华人民共和国海关加工贸易单耗管理办法》（海关总署令第 155 号）的有关规定，现就加工贸易单耗复核程序公告如下：

一、加工贸易企业对隶属海关作出的单耗核定结果有异议，可以在收到单耗核定结果之日起 5 个工作日内向直属海关提出书面复核申请；对直属海关作出的单耗核定结果有异议，可以在收到单耗核定结果之日起 5 个工作日内向海关总署提出书面复核申请。

加工贸易企业对海关作出的单耗核定结果有异议，也可以在收到单耗核定结果之日起 60 日内直接向作出单耗核定海关的上一级海关申请行政复议。

二、直属海关受理单耗复核的部门为保税监管职能管理部门；海关总署受理单耗复核的部门为海关总署加工贸易及保税监管司。

单耗复核的申请人是提出单耗复核申请的加工贸易经营企业；单耗复核的被申请人是作出单耗核定结论的海关。

三、申请人申请单耗复核，应填写加工贸易单耗复核申请表（附件 1），并提供相关资料。

四、单耗复核决定作出前，申请人提出撤回单耗复核书面申请，经单耗复核部门审查同意后，制发“中华人民共和国海关加工贸易单耗复核撤销通知书”（附件 2），告知申请人和被申请人。

五、单耗复核机关应在收到复核申请之日起 45 日内作出单耗复核决定，并制发“中华人民共和国海关加工贸易单耗复核决定书”（附件 3），告知申请人和被申请人。

申请人对单耗复核结果不服，可以在收到复核决定书之日起 60 日内向海关总署申请行政复议。

本公告自发布之日起实施。

特此公告。

附件 1　加工贸易单耗复核申请表

附件 2　中华人民共和国海关加工贸易单耗复核撤销通知书

附件 3　中华人民共和国海关加工贸易单耗复核决定书

附件1

加工贸易单耗复核申请表

编号：

企业名称		企业编码	
法人代表		地址	
经 办 人		联系方式	

手册号（或账册号）：

单耗争议成品：

作出单耗核定结论的海关名称：

单耗核定结果：

申请同时提供如下资料：

（1）海关加工贸易单耗核定结论书；

（2）其他相关资料（加工贸易项下料件、成品的样品、影像、图片、图样、品质、成分、规格型号以及加工合同、订单、加工计划、加工报表、成本核算等账册和资料；工艺流程图、排料图、工料单、配料表、质量检测标准等能反映成品的技术要求、加工工艺过程以及相应耗料的有关资料；核定单耗的计算方法、计算公式）。

企业是否被海关缉私部门立案调查　是 □　否 □　（在对应的□内打“√”）

此单耗争议是否已向海关提起行政复议　是 □　否 □

（企业印章）

年　月　日

注：本申请表一式两联，第一联海关留存，第二联企业留存。

附件2

中华人民共和国海关
加工贸易单耗复核撤销通知书

编号：

______海关：

______________企业单耗复核申请（编号　　　　），现因：

根据《海关总署2008年第32号公告》的规定，决定撤销该单耗复核。

特此通知。

（复核部门印章）

年　　月　　日

注：本通知书一式三联，第一联复核被申请人留存，第二联复核申请人留存，第三联复核部门留存。

附件3

中华人民共和国海关
加工贸易单耗复核决定书

编号：

__________：

根据《中华人民共和国海关法》和《中华人民共和国海关加工贸易单耗管理办法》的有关规定，对你企业的单耗复核申请（编号________）进行复核，决定如下：

一、被申请人答复的理由、依据：

二、复核认定的事实、依据、理由：

三、复核机关的复核决定和依据：

（复核机关印章）

年　　月　　日

对此单耗复核决定不服，可在收到此决定书之日起60日内向海关总署提起行政复议。

注：本决定书一式三联，第一联复核申请人留存，第二联复核被申请人留存，第三联复核部门留存。

中华人民共和国海关总署公告

2008年第33号

根据国务院决定，自2008年5月20日起至12月31日止，对所有贸易形式、地区和企业出口的磷产品，在现行出口税率的基础上，以海关审定的出口完税价格为基础，加征100%的特别出口关税。加征特别出口关税的磷产品范围详见本公告附件。

特此公告。

附件　加征特别出口关税的磷产品范围

海关总署

2008年5月16日

附件

加征特别出口关税的磷产品范围

商品名称	税则号列	现行出口税率	特别出口关税税率
未碾磨磷灰石	2510.1010	20%	100%
未碾磨天然磷酸钙、天然磷酸铝钙及磷酸盐白垩，磷灰石除外	2510.1090	10%	100%
已碾磨磷灰石	2510.2010	20%	100%
已碾磨天然磷酸钙、天然磷酸铝钙及磷酸盐白垩，磷灰石除外	2510.2090	10%	100%
黄磷（白磷）	2804.7010	20%	100%
其他磷	2804.7090	10%	100%

中华人民共和国海关总署公告

2008 年第 34 号

根据《海关总署关于部分进入海关特殊监管区域的产品不征收出口关税的公告》（海关总署公告〔2008〕21 号，以下简称《公告》）和《财政部、海关总署、国家税务总局关于国内采购材料进入出口加工区等海关特殊监管区域适用退税政策的通知》（财税〔2008〕10 号，以下简称《通知》），自 2008 年 2 月 15 日起，对部分进入海关特殊监管区域的产品不征收出口关税和按增值税法定征税率予以退税，现就有关事项公告如下：

一、属于《公告》和《通知》规定进入海关特殊监管区域不征收出口关税或按增值税法定征税率退税的货物，区外企业在办理出口报关手续前，由区内企业按照《海关特殊监管区域不征收出口关税及审批表填制规范》（见附件 1）填写“海关特殊监管区域不征收出口关税及退税货物审批表”（见附件 2，以下简称审批表）报主管海关审批，主管海关审批同意，生成审批表编号并交区内企业，区内企业将审批表交区外企业，区外企业持审批表办理出口报关手续；主管海关审批不同意的，不生成审批表编号并交区内企业。

二、对于进入海关特殊监管区域不征收出口关税或按增值税法定征税率退税的货物，区外企业单独填报出口报关单。审批表和出口报关单一一对应。

三、区外企业办理上述货物出口报关手续时，在出口报关单备注栏目填写审批表编号，并向海关特殊监管区域主管海关递交审批后的审批表，主管海关审核无误后留存，并按规定不征收出口关税或出具出口退税报关单。

四、如海关对出口报关单审核后，需要对出口报关单中的出口口岸、发货单位、经营单位、商品编号、商品名称、规格型号、数量及单位、单价、总价、币制进行修改的，区内企业需根据修改后的内容重新填写审批表报主管海关审批。原审批表作废，由区外企业交原区内企业，再由原区内企业将其与重新填写的审批表一并交主管海关，海关不再退还。

特此公告。

附件1　海关特殊监管区域不征收出口关税及退税货物审批表填制规范

附件2　海关特殊监管区域不征收出口关税及退税货物审批表

海关总署

2008年5月16日

附件1

海关特殊监管区域不征收出口关税及退税货物审批表填制规范

为统一“海关特殊监管区域不征收出口关税及退税货物审批表”（以下简称审批表）填制要求，根据《中华人民共和国海关法》、《海关总署关于部分进入海关特殊监管区域的产品不征收出口关税的公告》（海关总署公告〔2008〕21号）和《财政部、海关总署、国家税务总局关于国内采购材料进入出口加工区等海关特殊监管区域适用退税政策的通知》（财税〔2008〕10号）及有关法律法规，制定本规范。审批表各栏目的填制规范如下：

一、审批表编号（海关填写）

指海关特殊监管区域不征收出口关税及退税货物审批表的编号，由4位关区号+T+2位年份+5位顺序号组成。

二、出口口岸（企业填报）

指货物实际出口至海关特殊监管区域海关的名称及代码。

三、收货单位/发货单位（企业填报）

（一）收货单位

指已知的出口货物在海关特殊监管区域内的最终消费、使用单位，包括：

1. 自行从境内区外采购货物的单位；

2. 委托进出口企业从境内区外采购货物的单位。

（二）发货单位

指出口货物在境内的生产或销售单位，包括：

1. 自行出口货物至海关特殊监管区域的单位；

2. 委托进出口企业出口货物至海关特殊监管区域的单位。

（三）备有海关注册编号或加工生产企业编号的收、发货单位，本栏目必须填报其经营单位编码或加工生产企业编号；否则填报其中文名称。

（四）发货单位应与对应的出口报关单中的发货单位一致；收货单位应与对应的进境备案清单中的收货单位一致。

四、经营单位（企业填报）

本栏目应填报出口货物至海关特殊监管区域的经营单位的名称及经营单位编码。

经营单位编码是经营单位在海关办理注册登记手续时，海关给予的注册登记10位编码。

经营单位应与对应的出口报关单中的经营单位一致。

五、项号（企业填报）

填报报关单中的商品排列序号。

六、商品编号（企业填报）

指按商品分类编码规则确定的进出口货物的商品编号。此栏目分为商品编号和附加编号两栏，其中商品编号栏应填报《中华人民共和国海关进出口税则》8位税则号列，附加编号栏应填报商品编号附加的第9、10位附加编号。“加工贸易手册”中商品编号与实际商品编号不符的，应按实际商品编号填报。

商品编号应与对应的出口报关单中的商品编号一致。

七、商品名称、规格型号（企业填报）

本栏目分两行填报。

第一行填报进出口货物规范的中文商品名称，第二行填报规格型号，必要时可加注原文。

具体填报要求如下：

（一）商品名称及规格型号应据实填报，并与所提供的商业发票相符。

（二）商品名称应当规范，规格型号应当足够详细，以能满足海关归类、审价及许可证件管理要求为准。根据商品属性，本栏目填报内容包括：品名、牌名、规格、型号、成分、含量、等级、用途、功能等。

（三）加工贸易等已备案的货物，本栏目填报录入的内容必须与备案登记中同项号下货物的名称与规格型号一致。

（四）商品名称、规格型号应与对应的出口报关单中的商品名称、规格型号一致。

八、数量及单位（企业填报）

指出口商品的实际数量及计量单位。

本栏目分三行填报。

具体填报要求如下：

（一）必须按海关法定计量单位填报，法定第一计量单位及数量填报在本栏目第一行。

（二）凡海关列明第二计量单位的，必须报明该商品第二计量单位及数量，填报在本栏目第二行。无第二计量单位的，本栏目第二行为空。

（三）成交计量单位及数量应当填报在第三行。

（四）法定计量单位为“千克”的数量填报，特殊情况下填报要求如下：

1. 装入可重复使用的包装容器的货物，按货物的净重填报，如罐装同位素、罐装氧气及类似品等，应扣除其包装容器的重量；

2. 使用不可分割包装材料和包装容器的货物，按货物的净重填报（即包括内层直接包装的净重重量）；

3. 按照商业惯例以公量重计价的商品，应按公量重填报；

4. 采用以毛重作为净重计价的货物，可按毛重填报；

5. 根据 HS 归类规则，零部件按整机归类的，法定第一数量填报“0.1”，有法定第二数量的，按照货物实际净重申报；

6. 具有完整品或制成品基本特征的不完整品、未制成品，按照 HS 归类规则应按完整品归类的，申报数量按照构成完整品的实际数量申报。

（五）加工贸易等已备案的货物，成交计量单位必须与“加工贸易手册”中同项号下货物的计量单位一致。

（六）数量及单位应与对应的出口报关单中的数量及单位一致。

九、单价（企业填报）

本栏目应填报同一项号下出口货物实际成交的商品单位价格。

无实际成交价格的，本栏目填报货值。

单价应与对应的出口报关单中的单价一致。

十、总价（企业填报）

本栏目应填报同一项号下出口货物实际成交的商品总价。

无实际成交价格的，本栏目填报货值。

总价应与对应的出口报关单中的总价一致。

十一、币制（企业填报）

指出口货物实际成交价格的币种。

本栏目应根据实际成交情况按海关规定的“货币代码表”选择填报相应的货币名称或代码，如“货币代码表”中无实际成交币种，需转换后填报。

币制应与对应的出口报关单中的币值一致。

十二、进区用途（企业填报）

指上述货物出口至海关特殊监管区域的实际用途。

十三、海关审单批注栏（海关填写）

本栏目指供海关内部作业时签注的总栏目，由海关关员手工填写在审批表上。

附件 2

海关特殊监管区域不征收出口关税及退税货物审批表

审批表编号：□□□□□□□□□□□□□□（4 位关区号 + T + 2 位年份 +5 位顺序号）

出口口岸			发货单位			
经营单位			收货单位			
项号	商品编号	商品名称、规格型号	数量及单位	单价	总价	币制
进区用途						

现场海关初审意见	□ 不征收出口关税 □ 照章征收出口关税 □ 出口关税为零	□ 按增值税法定税率予以退税 □ 不退税
现场海关复审意见		
现场海关分管关长意见		

中华人民共和国海关总署公告

2008 年第 35 号

经国务院批准，自 2008 年 5 月 20 日起，免征硫磺（税则号列：2503.0000、2802.0000）进口环节增值税。

有关单位进口硫磺无需事先向海关申请办理免税审批手续，直接向海关申报进口即可享受上述进口环节增值税优惠政策。

特此公告。

海关总署

2008 年 5 月 19 日

中华人民共和国海关总署公告

2008 年第 36 号

为便于进出口货物的收发货人及其代理人正确确定其申报进出口货物的商品归类，减少商品归类争议，保障海关商品归类执法的统一，根据《中华人民共和国海关进出口货物商品归类管理规定》（海关总署令第 158 号）的有关规定，海关总署现公布海关协调制度商品归类技术委员会第十一次会议商品归类决定。

该归类决定自本公告发布之日起执行。

因国家法律、行政法规及规章修改或者废止，影响某项归类决定的，以法律、行政法规及规章的规定为准。

特此公告。

附件　海关总署商品归类决定

海关总署

2008 年 5 月 20 日

附件

海关总署商品归类决定

（协调制度商品归类技术委员会第十一次会议通过）

序号	归类决定编号	发布日期	商品税则号列	技术委员会议题编号	商品名称	英文名称	其他名称	商品描述	归类决定
1	J2008 - 0001		09.10	11 - 1 - 2008	牛至叶香料	Oregano		属牛至唇形科多种多年生草本植物（尤其是牛至属的普通牛至 origanum vulgare），其干燥的叶和开花的顶枝用于调味。在北欧和中欧广泛用于多种食品调味，长久以来，是地中海地区菜肴的基本成分。各种牛至均含有香精油，主要成分是麝香草酚或香芹酚。	会议决定，牛至叶用于添加到食品中增加食品口感和香味的，根据归类总规则一，应归入《税则》税目 09.10。
2	J2008 - 0002		09.10	11 - 2 - 2008	欧当归香料	Lovage	独活草	属伞形科草本植物，原产于南欧。其茎和叶可制茶、用做蔬菜及用于食品（尤其是肉类）调味。其根茎可作为驱风药，种子常作糖果和利口酒的调味品。有相似于芹菜的香甜味，从其开花顶枝提取的香精油可用于香料和调味料。	会议决定，欧当归用于添加到食品中增加食品口感和香味的，根据归类总规则一，应归入《税则》税目 09.10。
3	J2008 - 0003		16.05	11 - 3 - 2008	干海参			海参从捕捞到最后加工成成品干海参，其制作工艺有两种： 1. 捕捞—剖肚—过水—饱和盐水浸渍—滚盐—盐湿海参—烘干—盐干海参。 2. 捕捞—剖肚—过水—草木灰揉—烘干—淡干海参。 其中的“过水”工艺是将海参在开水中煮 10 - 15 分钟不等，否则海参接触空气会化掉，不易保存。	根据《税则注释》关于品目 03.07 的排除条款“本品目不包括用非本品目所列方法制作或保藏的软体动物及其他水生无脊椎动物（例如，用水煮过或用醋腌制的软体动物）（品目 16.05）”，该商品应归入《税则》税目 16.05 项下。

序号	归类决定编号	发布日期	商品税则号列	技术委员会议题编号	商品名称	英文名称	其他名称	商品描述	归类决定
4	J2008－0004		32.15	11－4－2008	紫外光固型阻焊油墨			涂布在已形成铜导线的印刷电路板上，以免在电路板上焊接各种器件时使导线损坏。其作用为：1. 防焊，防止波焊时造成的短路，并节省焊锡的用量；2. 护板，防止线路被湿气、各种电解质及外来的机械力所伤害；3. 绝缘。紫外光固型阻焊油墨主要成分是光敏树脂、光引发剂、活性稀释剂着色剂等。在一定波长范围的紫外光照射下，其光敏树脂能迅速发生交联反应而固化形成保护层。其应用特点为：只印刷在将需要保护线路的部分，需要露出铜导线的部分不印，基材在曝光后无需清洗。工艺流程：将需要保护线路的部分直接通过丝网印刷印在基材上—UV照射—固化得到绝缘层。	会议决定将紫外光固型阻焊油墨归入《税则》税目32.15项下。
5	J2008－0005		3801.9000	11－5－2008	人造石墨为基本成分的产品			该产品为灰黑色粉末，主要成分为人造石墨75%－77%，环氧树脂9%－11%，聚酯9%－11%，二硫化钨2%－4%。该产品是用于生产碳刷的原料，进口后通过模制的方式利用其中塑料的粘合性制得成品碳刷。	根据《税则注释》，税目38.01的人造石墨不包括该类人造石墨粉，该“人造石墨粉”应归入税则号列3801.9000。

序号	归类决定编号	发布日期	商品税则号列	技术委员会议题编号	商品名称	英文名称	其他名称	商品描述	归类决定
6	J2008 - 0006		3926.9090	11 - 6 - 2008	自动闭门器外壳			该商品为弹簧式自动闭门器的外壳部分，材质为塑料。弹簧式自动闭门器的其他部分材质为贱金属。	根据《税则》第八十三章章注一，与第八十三章贱金属制品一同归类的零件必须是贱金属制，第八十三章贱金属制品的塑料制零配件应按照本身材质确定归类。由于该商品属专用于自动闭门器的零件，其材质为塑料，故应按塑料制品归入税则号列3926.9090。
7	J2008 - 0007		44.05	11 - 7 - 2008	塑木粒			塑木粒是由69%的木粉，23%的聚氯乙烯（PVC），5%的碳酸钙，3%的其他成分组成。它是由木粉和PVC粉，碳酸钙粉和其他粉末状的材料放入挤出机中，通过180℃左右的高温和高压后挤出而成的棕黄色圆木豆颗粒。进口后需将其调色—干燥—挤出机挤出—模具成型—冷却原型—切割—包装，用于加工成各种门框、窗框、踢脚线及各装饰线条等塑木制品。	根据《税则》归类总规则三（二），塑木粒归入税则号列4405.0000。

序号	归类决定编号	发布日期	商品税则号列	技术委员会议题编号	商品名称	英文名称	其他名称	商品描述	归类决定
8	J2008－0008		71.01	11－8－2008	珍珠粉			天然珍珠磨制成粉，散装，无任何添加剂，可内服，也可以添加在化妆品中，起到美容、保健的作用。	会议决定，参照《税则》第七十一章钻石的列目及《税则注释》品目71.02的排他条款中将钻石粉尘排除，而在71.05专门列出粉末，说明“加工”的含义如不做特殊说明，应包括粉末。根据《税则》归类总规则一，将散装珍珠粉归入税目71.01。 同时，技术委员会决定，其他用途的珍珠粉如已制成特定商品应按具体列名归类，如已经配定剂量的，具有药用特征，应归入《税则》第三十章。
9	J2008－0009		第72章	11－9－2008	未裁切复合材料密封垫			“未裁切复合材料密封垫”为“三明治”结构，外层是厚度为0.2毫米带冲刺的镀锌钢板，中间夹层由芳纶纤维、玻璃纤维、陶瓷纤维、碳纤维等无机填充物和耐高温的人造橡胶混合滚压而成，其中芳纶纤维含量：5%－6%，玻璃纤维含量：17%，陶瓷纤维含量：19%，碳纤维含量：21%，无机填充物含量：8%，硫化橡胶含量：30%。其制造过程为：镀锌钢板先冲孔，然后在两层钢板中间放入耐高温的非金属混合层滚压而成。该产品进口时成卷状，进口后根据具体应用的需要再裁切成相应的形状。	根据“未裁切复合材料密封垫”的构成及状态，应按材料进行归类，根据《税则》归类总规则三（二），该商品应归入第七十二章相应税目。 又见W2005－315号归类决定对类似复合材料的归类意见。

序号	归类决定编号	发布日期	商品税则号列	技术委员会议题编号	商品名称	英文名称	其他名称	商品描述	归类决定
10	J2008 - 0010		84.19	11 - 10 - 2008	地暖用太阳能热水器			太阳能热水器由热交换器、集热器、介质交换管、热导介质闭合循环系统管体、阀门、连接件、热导介质（油）及自动辅助控制装置等组成。用于地暖设备中水的加热，工作时介质在集热器中受太阳光照升温，后通过热交换器将热能交换给待加热的水，利用水的温度升高实现地暖。	该商品虽然直接被太阳加热的媒介是油，但其最终是通过热交换器加热水，且符合《税则注释》关于“贮备式热水器”的定义，故应按热水器归类。会议决定将该商品按非电热贮备式热水器归入《税则》税目84.19项下。
11	J2008 - 0011		84.19	11 - 11 - 2008	热风枪			热风枪用于对塑料产品（如塑料板、塑料管等）进行热熔、热焊、热缩等操作。产品主要由发热芯、电机、温控开关、开关、电缆线、外壳、前护套等几部分组成，通过将送入的冷风加热至450℃或600℃的高温风送出使用，从而达到工作用途。产品参数：230伏，50赫兹，2000瓦。两档风温设置：微风档450℃、强风档600℃。	该商品是利用温度变化处理材料的机器，根据《税则》归类总规则一，按具体列名归入税目84.19项下。

序号	归类决定编号	发布日期	商品税则号列	技术委员会议题编号	商品名称	英文名称	其他名称	商品描述	归类决定
12	J2008－0012		84.71	11－12－2008	袖珍硬盘			该商品用于MP3、MP4等产品中，结构是由盘片、磁头堆、磁阻浮动块、弹性臂、磁盘旋转电动机、线路模板等组成。该产品的优点是制造成本低、存储量大。缺点是存储反应速度慢，防磁化、防静电、防撞击性差。该类商品的成品状态有两种：其中一种外观为硬盘状、以软性线路为接口；另一种外观为存储卡状、与CF卡的接口和外观相同。	该商品带有驱动电路，是驱动器的一种，会议决定将该商品按硬盘驱动器归入《税则》税目84.71项下。
13	J2008－0013		84.79	11－13－2008	个人坠落制动器			该商品由尼龙制带子、滑轮、制动器等组成，装于直径9厘米的带钩环的钢铁制圆形铁盒中，无动力装置。工作原理：该个人坠落限制器内装有一定长度的尼龙制带子，作业时可随意拉尼龙制带子使用，当坠落时，该个人坠落限制器可根据速度的变化停止坠落。主要应用在工人进行高空作业时，而造成严重的人身伤害。	该商品的结构超出了《税则》税目63.07的商品范围，起作用的是机械装置（制动器），因此决定将该商品按其他税目未列名的具有独立功能的设备归入《税则》税目84.79项下。

序号	归类决定编号	发布日期	商品税则号列	技术委员会议题编号	商品名称	英文名称	其他名称	商品描述	归类决定
14	J2008 - 0014		85. 21	11 - 14 - 2008	Sony A800 MP4			该商品体积纤巧，重53克，带2英寸彩色液晶屏，该产品在使用前先将附带的Sonic Stage软件安装到电脑中，通过软件的信号转换，将音乐、照片、视频从计算机导入至本播放器，并随时随地地进行欣赏。其中，音频处理是通过电脑安装的Sonic Stage软件把音频文件转化为可接受的AAC的信号，经过USB线存储在机内，由耳机输出。视频播放及显示是通过电脑安装的Image Converter软件把视频文件转化为可接受的MPEG - 4和AVC的信号，过USB线在机内存储和播放，并通过显示屏输出。存取管理是通过内置的2G或4G闪速存储器存储音频/视频文件，经过内置的同一处理器释放音频/视频功能。电源管理是通过USB线对机内锂电池充电。该商品可以录制/重放MP3音频文件和录制/重放MP4视频文件，同时由于带屏幕，也可以视频显示MP4格式的视频图像。	会议决定将该MP4归入《税则》税目85. 21项下。

序号	归类决定编号	发布日期	商品税则号列	技术委员会议题编号	商品名称	英文名称	其他名称	商品描述	归类决定
15	J2008 －0015		8536. 5000	11 －15 －2008	开关熔断器组			品牌：ABB，型号OESA（可提供额定电流为 250A － 800A）、OS 系列（可供额定电流为 32A －400A 的产品），开关熔断器组一般作为工厂低压开关柜（不超过 1000 伏）中的主开关，具有接通、分断正常负载与过载电流和短路电流的保护功能。开关熔断器组进口时未装有熔断体，配用相应的熔断体获得选择保护的要求。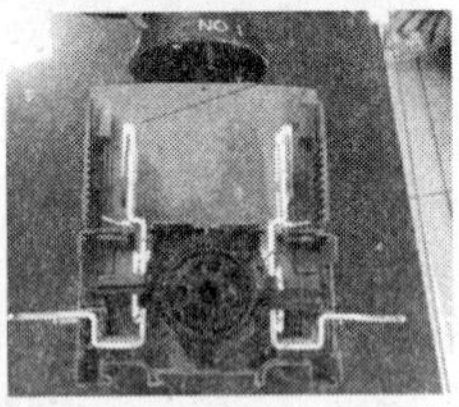	会议决定将该商品归入税则号列8536. 5000。
16	J2008 －0016		85. 48	11 －16 －2008	电磁干扰滤波器		EMI（Electric Magnetic Interference）滤波器	电磁干扰滤波器常用于电源与电网之间，以消除电网带来的干扰信号对设备的干扰，同时也消除设备中产生的各种信号进入电网去干扰其他设备。	该商品是一种零件，可用于《税则》第八十四章、第八十五章多个税目项下的商品，具有通用性，故会议决定将该商品按未列名的电气零件归入《税则》税目85. 48 项下。

序号	归类决定编号	发布日期	商品税则号列	技术委员会议题编号	商品名称	英文名称	其他名称	商品描述	归类决定
17	J2008－0017		86.09	11－17－2008	特种集装箱			该商品是由耐高压大口径钢管及汇流排组成，再由框架将其固定到一起，无法拆除，使其成为一个整体，用来储存、运输大量的高压气体，每根束管可以独立控制，也可通过汇流排串联使用。使用时直接与工厂的供气管道相连。产品制成标准集装箱尺寸，其框架结构与普通集装箱相同，每个集装箱上都有箱号，作国际运输装载工具之用。	该商品带有适合集装箱卡车、轮船运输的特殊结构，还标有标准箱号，应视为集装箱，将其归入《税则》税目86.09项下。
18	J2008－0018		92.07	11－18－2008	乐器合成器			乐器合成器，外形似电子琴，带有数据接口，可以连接电脑配合相应软件进行创作、编辑、记录音乐，也可以单独连接功放进行演奏。	电子乐器合成器是带拓展功能的乐器，应归入《税则》税目92.07项下。

序号	归类决定编号	发布日期	商品税则号列	技术委员会议题编号	商品名称	英文名称	其他名称	商品描述	归类决定
19	J2008－0019		分别归类	11－19－2008	网真1000型视频会议系统			网真1000型视频会议系统（思科牌）是一套完整的视频会议设备，由一台等离子显示屏、一台编解码器、一台摄像头、一台扬声器、控制器、一台独立外置的麦克风等多个设备与相关的安装框架组合而成，所有设备均通过缆线连接在一起。该商品利用IP技术，实现了实时网络电视会议，通过一块65英寸的等离子显示屏虚拟出真实的会议环境。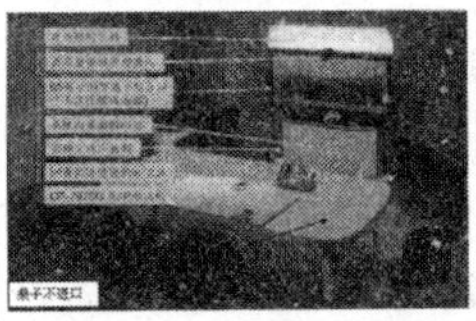	该商品并不完全组装在同一机壳内，不符合组合机器的定义，且通过缆线连接后并无84章或85章某一章节列名的功能，故应分别归类。
20	J2008－0020		分别归类	11－20－2008	网真3000型视频会议系统			网真3000型视频会议系统（思科牌）是一套完整的视频会议设备，由三台等离子显示屏、三台编解码器、三台摄像头、三台扬声器、控制器、三台独立外置的麦克风、专门设计的木制会议桌等多个设备与相关的安装框架组合而成，所有设备均通过缆线连接在一起。该商品利用IP技术，实现了实时网络电视会议，通过三块65英寸的等离子显示屏与会议桌相配合，虚拟出真实的会议环境。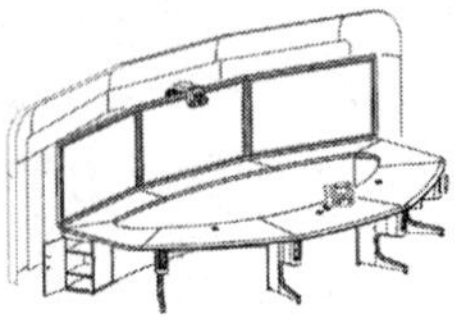	该商品并不完全组装在同一机壳内，不符合组合机器的定义，且通过缆线连接后并无84章或85章某一章节列名的功能，故应分别归类。

中华人民共和国海关总署公告

2008 年第 37 号

上海世界博览会事务协调局就中国 2010 年上海世界博览会标志之一的吉祥物向我署提出海关保护备案申请，我署已核准。现将备案情况公告如下：

权利人：上海世界博览会事务协调局。

权利名称：上海世界博览会吉祥物（见附件）。

进出口侵犯上述中国 2010 年上海世界博览会标志专有权的货物的，海关将根据《世界博览会标志保护条例》以及相关法律法规予以查处。

特此公告。

附件　上海世博会吉祥物（略）

海关总署

2008 年 5 月 20 日

中华人民共和国海关总署公告

2008 年第 38 号

根据《中华人民共和国反倾销条例》的规定，国务院关税税则委员会决定自 2006 年 10 月 13 日起，对原产于日本、新加坡、韩国、美国和台湾地区的进口氨纶征收反倾销税。其中，韩国东国贸易公司（TongKook Corporation）适用的反倾销税税率为 2.86%（海关总署 2006 年第 58 号公告和商务部 2006 年第 74 号公告）。经调查机关确认，决定由韩国 TK 化学株式会社（TK Chemical Corporation）继承韩国东国贸易公司在氨纶反倾销案中适用的反倾销税税率。现将执行中有关事项公告如下：

一、自 2008 年 5 月 23 日起，对以韩国 TK 化学株式会社为原产厂商名称申报进口的氨纶，海关按照 2.86% 的反倾销税税率征收反倾销税；对以韩国东国贸易公司为原产厂商名称申报进口的氨纶，海关按照“其他韩国公司”61.00% 的反倾销税税率征收反倾销税。

二、对日本、新加坡、韩国、美国和台湾地区的进口氨纶征收反倾销税的其他事项，仍按照海关总署 2006 年第 58 号公告的规定执行。

特此公告。

附件　中华人民共和国商务部 2008 年第 39 号公告（略）

海关总署

2008 年 5 月 22 日

中华人民共和国海关总署公告

2008 年第 39 号

四川省汶川县特大地震灾害波及数省，部分地区灾情严重。为支持抗震救灾，防范次生灾害，确保考生安全，维护考生利益，海关总署经慎重研究，决定推迟 2008 年报关员资格考试的报名和考试时间，具体时间另行公告。

特此公告。

海关总署

2008 年 5 月 29 日

中华人民共和国海关总署公告

2008 年第 40 号

为促进加工贸易转型升级，进一步简化海关手续、提高办事效率，海关在推行了 H2000 电子手册系统的基础上，开发应用了 H2000 电子化手册系统（以下简称系统）。现决定在全国范围面向广大中小型企业推广应用该系统，并就推广应用中的有关事项公告如下：

一、原“电子手册”和“纸质手册电子化”统称为“电子化手册”。统一后的保税加工企业电子底账管理，包括电子账册、电子化手册（含分段式管理和以合同为单元常规管理）两种模式。原第二代标准版联网监管 H2000 电子手册的分段式手册模式仍然保留，形成分段式管理的电子化手册；原第二代标准版联网监管 H2000 电子手册的非分段式手册模式将不再使用，各海关对已核发的非分段式电子手册核销完毕后，切换到电子化手册模式进行管理。

二、在“电子化手册”模式下，企业向海关发送申请合同备案、变更等业务的电子数据并凭商务主管部门的批件到主管海关业务现场办理合同备案、变更等业务。海关根据商务主管部门的批件审核企业申报的合同备案、变更等资料，通过后即可生成电子化手册，不再签发纸质登记手册。在电子化手册备案、变更、通关、核查、核销环节，海关凭电子底账和其他有关单证办理有关手续，不再验凭纸质登记手册，也不再进行手册核注。

三、企业可采取自行预录入和代理预录入的方式申报电子数据。企业采取代理预录入方式申报的，由各企业使用当地电子口岸数据分中心核发的身份认证卡，通过电子口岸平台授权管理系统，自行对电子化手册备案、变更、通关、核销等数据的预录入和申报操作权限进行授权。在授权操作过程中如遇问题，可咨询当地电子口岸分中心或电子口岸数据中心服务热线。

四、因系统运行不畅而出现影响企业通关等重大故障时，由企业提出申请并经主管海关处级领导批准后，可启用纸质登记手册作应急使用，并与电子化手册一并报核、核销。

五、为保障企业办理其他相关业务需要，系统中仍保留备案底账的打印功能。主管海关可根据具体情况，为企业临时核发纸质登记手册；或由企业根据需要自行在预录入端打印电子化手册备案的纸质单证，到主管海关现场盖章后使用。

特此公告。

海关总署

2008 年 5 月 29 日

中华人民共和国海关总署公告

2008 年第 41 号

根据《内地与香港关于建立更紧密经贸关系的安排》和《内地与澳门关于建立更紧密经贸关系的安排》及其相关补充协议，现将《2008 年 7 月 1 日起新增香港享受零关税货物原产地标准表》（以下简称《香港原产货物标准表》，见附件 1）和《2008 年 7 月 1 日起新增澳门享受零关税货物原产地标准表》（以下简称《澳门原产货物标准表》，见附件 2）予以公布，自 2008 年 7 月 1 日起执行。

《香港原产货物标准表》和《澳门原产货物标准表》中使用了简化的货物名称，其范围与 2008 年《中华人民共和国进出口税则》中相应税号的货品一致。

特此公告。

附件 1　2008 年 7 月 1 日起新增香港享受零关税货物原产地标准表

附件 2　2008 年 7 月 1 日起新增澳门享受零关税货物原产地标准表

海关总署

2008 年 5 月 30 日

附件 1

2008 年 7 月 1 日起新增香港享受零关税货物原产地标准表

序号	内地 2008 年税则号列	货品名称	原产地标准
1	2710.1999	其他润滑油、润滑脂及其他重油（含石油或沥青矿物油重量不低于 70%）	以化学变化处理工业用油。主要制造工序为石油提炼程序，包括分隔、脱水、蒸馏及混合其他添加物。
2	2826.9010	氟硅酸盐	从天然物质或化学原料经化学反应制得。
3	3403.1900	其他含有石油或从沥青矿物提取的油类（重量 <70%）的制剂	从天然物质或化学原料经化学反应制得。
4	3907.9910	聚对苯二甲酸丁二酯	税号改变标准。
5	3916.9010	其他横截面尺寸超过 1 毫米的单根连续长纤维，成杆状、条状及仿形状，无论是否经表面加工，但未经其他加工的塑料	（1）从橡胶或塑料制造。主要制造工序为模塑；或（2）从塑料粒料或塑料片制造。主要制造工序为压制及切割。
6	8460.3900	其他以磨石、磨料或磨光材料，把金属、或金属陶瓷进行修边、磨刃、研磨、搪磨、精研、磨光或用其他方法修整的工作母机	在香港进行金属制作（对进口组合零件进行的金属制作工序亦适用）及装配，且符合从价百分比标准。主要制造工序为车床刨削、铣削、烧焊、研磨、装配及测试。
7	8477.5900	其他加工橡胶或塑料的机械或以这些材料制造产品的机械	在香港进行金属制作（对进口组合零件进行的金属制作工序亦适用）及装配，且符合从价百分比标准。主要制造工序为镗、钻孔、装配、烧焊、加工配件及测试。
8	8518.4000	音频电动扩音器	在香港装配，且符合从价百分比标准。

附件 2

2008 年 7 月 1 日起新增澳门享受零关税货物原产地标准表

序号	内地 2008 年税则号列	货品名称	原产地标准
9	1520.0000	粗甘油；甘油水及甘油碱液	从天然物质或化学原料经化学反应制得。
10	2905.4500	丙三醇（甘油）	从天然物质或化学原料经化学反应制得。

中华人民共和国海关总署公告

2008 年第 42 号

经国务院批准，决定对 6 类共 26 个税目商品进口税率进行调整。现将有关调整情况公告如下：

一、食品类

（一）对冻猪肉执行 6% 的进口暂定税率；

（二）对冻鳕鱼、开心果、婴幼儿食品以及乳清和酵母等 9 个税目商品执行 2% –10% 的进口暂定税率。

二、植物油

从 2008 年 6 月 1 日至 9 月 30 日，对橄榄油和椰子油执行 5% 的进口暂定税率。

三、饲料

对豆粕和花生粕执行 2% 的进口暂定税率。

四、血液白蛋白和人用疫苗

对血液白蛋白和人用疫苗共 4 个税目商品执行 0% 的进口暂定税率。

五、棉花

从 2008 年 6 月 5 日至 10 月 5 日，对配额外进口的一定数量棉花实施临时滑准税，将进口价格较高的高品质棉花适用的从量税从 570 元/吨降低至 357 元/吨，并从 10 月 6 日起恢复目前的滑准税。

六、其他 3 个税目商品进口暂定税率调整

（一）对“用锯或其他方法切割成矩形的大理石及石灰华”执行 0% 的进口暂定税率；

（二）对税目 3824.9099 项下适用进口暂定税率的电极浆料的产品范围作适当调整；

（三）对广播级磁带录像机进口暂定税率作适当调整。

上述调整（除棉花、植物油外）执行期为 2008 年 6 月 1 日至 12 月 31 日。具体调整情况详见附件 1 和 2。

特此公告。

附件 1　前 5 类商品进口暂定税率调整表（略）

附件 2　部分商品进口暂定税率调整表（略）

海关总署

2008 年 5 月 30 日

中华人民共和国海关总署公告

2008年第43号

根据《中华人民共和国反倾销条例》的规定，国务院关税税则委员会决定自2008年6月9日起，对原产于日本、新加坡、韩国和台湾地区的进口丙酮征收反倾销税，期限为5年。现将执行中的有关事项公告如下：

一、自2008年6月9日起，对原产于日本、新加坡、韩国和台湾地区的进口丙酮（又称二甲基甲酮，简称二甲酮，或称醋酮、木酮，税则号列：2914.1100），海关除按现行规定征收进口关税外，还应区别不同的供货厂商，按照本公告计算公式和附件2所列的适用税率征收反倾销税及进口环节增值税。

反倾销税税额＝完税价格×反倾销税税率

进口环节增值税税额＝（完税价格＋关税税额＋反倾销税税额）×进口环节增值税税率

应征收反倾销税产品的详细描述，详见本公告附件1。

二、凡申报进口丙酮的进口经营单位，应当向海关提交原产地证明。如果原产地为日本、新加坡、韩国或台湾地区的，还需提供原厂商发票。对于申报进口丙酮时不能提供原产地证明，且经查验也无法确定货物的原产地不是日本、新加坡、韩国或台湾地区的，海关应当按照本公告附件2所列的最高反倾销税税率征收反倾销税。对于能够确定货物的原产地是日本、新加坡、韩国或台湾地区，但进口经营单位不能提供原厂商发票，且通过其他合法、有效的单证也无法确定原生产厂商的，海关应当按照本公告附件2所列的相应国家或地区其他公司适用的反倾销税税率征收反倾销税。

三、台湾长春人造树脂厂股份有限公司（CHANG CHUN PLASTICS CO.，LTD.）此前已与商务部签署了价格承诺协议。在价格承诺协议执行期间，自该公司进口的丙酮，海关仍按现行规定征收关税及进口环节增值税，不再征收反倾销税；但如出现违反价格承诺协议或其他终止价格承诺协议的情况，海关按9.4%的反倾销税税率征收反倾销税。

对于申报进口原产于台湾长春人造树脂厂股份有限公司的丙酮，进口经营单位除需提交原产地证明及原厂商发票外，还需向海关提交由该公司按照价格承诺协议的规定出具的出口证明信。对虽能提供原产地证明和原厂商发票，但不能提供出口证明信的，无论申报价格是否高于协议参考价格，海关都将按照9.4%的反倾销税税率征收反倾销税。

四、对实施临时反倾销措施期间（2007年11月23日至2008年6月8日，下同）进口原产于日本、新加坡、韩国和台湾地区的丙酮已经缴纳的反倾销保证金，按本公告规定的征收反倾销税的商品范围和反倾销税税率计征并转为反倾销税，与之同时缴纳的进口环节增值税保证金一并转为进口环节增值税。上述保证金不足税款部分不再补征，超出税款部分可自2008年6月9日起6个月内向征收地海关申请退还。

对于实施临时反倾销措施期间进口原产于台湾长春人造树脂厂股份有限公司的丙酮已缴纳的反倾销保证金及进口环节增值税保证金，应全额转为反倾销税及进口环节增值税。

五、有关加工贸易保税进口原产于日本、新加坡、韩国和台湾地区的丙酮如何征收反倾销税等方面的问题，按照中华人民共和国海关总署2001年第9号公告和中华人民共和国海关总署令第111号的规定执行。

六、在对原产于日本、新加坡、韩国和台湾地区的进口丙酮征收反倾销税期间，进口相同或类似货物而海关无法确定是否应对其征收反倾销税时，有关进口经营单位应向商务部提出申请，由海关总署会同国务院关税税则委员会、商务部研究作出裁定。

特此公告。

附件1　中华人民共和国商务部2008年第40号公告（略）

附件2　丙酮反倾销税税率表

海关总署

2008年6月5日

附件 2

丙酮反倾销税税率表

原产国（地区）	厂商名称	反倾销税税率
日本	三井化学株式会社（Mitsui Chemicals，Inc.）	7.2%
	三菱化学株式会社（MITSUBISHI CHEMICAL CORPORATION）	12.1%
	其他日本公司（All Others）	51.6%
新加坡	三井酚类新加坡公司（MITSUI PHENOLS SINGAPORE PTE. LTD.）	6.7%
	其他新加坡公司（All Others）	51.6%
韩国	（株）LG 化学（LG Chem，Ltd.）	5.0%
	锦湖 P&B 化学株式会社（KUMHO P&B CHEMICALS，INC.）	8.9%
	其他韩国公司（All Others）	51.6%
台湾地区	台湾化学纤维股份有限公司（FORMOSA CHEMICALS & FIBRE CORPORATION）	6.2%
	信昌化学工业股份有限公司（Taiwan Prosperity Chemical Corporation）	6.5%
	其他台湾地区公司（All Others）	51.6%

中华人民共和国海关总署公告

2008 年第 44 号

为规范和保障海关保税核查人员依法履行职责，促进依法行政，根据《中华人民共和国海关保税核查办法》的规定，“中华人民共和国海关核查证”（以下简称“核查证”）于 2008 年 7 月 1 日起启用。

“核查证”由海关总署统一制发，是海关工作人员依法行使核查职权的专门执法证件。“核查证”形式为横式双面彩色防伪证卡。证卡正面上部印有“中华人民共和国海关”中英文字样；中部左侧为持证人员着海关春秋制服的小二寸彩色免冠照片，右侧基底为淡黄色海关徽志图案，上印有“核查证”中英文字样及持证人员姓名、单位、证件编号等内容；下部印有“海关保税核查人员持此证依法执行公务，请予协助”字样。证卡背面中央位置印有海关徽志图案，图案下方标有“中华人民共和国海关总署”中英文字样及持证人员注意事项。“核查证”编号由大写字母“HG”及 7 位数字组成，7 位数字与持证人员的海关胸牌编号相同。“核查证”外套为横式黑色皮夹和带透明窗口的挂脖式牛皮卡套两种样式，供不同情况和场合选用。

特此公告。

附件 “中华人民共和国海关核查证”式样（略）

海关总署

2008 年 6 月 5 日

中华人民共和国海关总署公告

2008 年第 45 号

经国务院批准，国务院关税税则委员会决定，自 2008 年 7 月 1 日起，我国给予马拉维共和国部分对华出口商品零关税待遇。现将有关事宜公告如下：

一、对进口原产于马拉维的 466 个 8 位税目项下的商品实施关税税率为零的特惠税率（详见附件）。

二、申报进口享受特惠税率的原产于马拉维的货物时，应按照海关要求填制报关单，其“优惠贸易协定代码”应填报为“05”。

三、《给予马拉维共和国零关税待遇的商品清单》使用了简化的货物名称，其准确的名称以《中华人民共和国进出口税则》的货品名称描述为准。

四、本公告自 2008 年 7 月 1 日起执行。

特此公告。

附件 给予马拉维共和国零关税待遇的商品清单（略）

海关总署

2008 年 6 月 13 日

中华人民共和国海关总署公告

2008 年第 46 号

为方便来往于香港与深圳大铲湾的小型船舶办理进出境手续，海关总署决定，自 2008 年 7 月 1 日零时起，来往于香港与深圳大铲湾的小型船舶比照《中华人民共和国海关关于来往香港、澳门小型船舶及所载货物、物品管理办法》（海关总署令第 112 号）第四条第二款的规定，直接在口岸海关办理进出境申报手续。

特此公告。

海关总署

2008 年 6 月 20 日

中华人民共和国海关总署公告

2008 年第 47 号

为便于进出口货物的收发货人、经营单位及其代理人正确确定进出口货物的商品归类，保证《商品名称及编码协调制度公约》（以下简称《协调制度公约》）顺利执行，根据《协调制度公约》的有关规定及世界海关组织（WCO）的要求，海关总署现公布《中华人民共和国海关总署商品归类决定（世界海关组织 2001－2007 年商品归类决定）》（详见附件）。

附件中的商品归类决定自本公告发布之日起执行，海关总署 2005 年第 63 号公告中商品归类决定 W2005－028、W2005－317、W2005－368、W2005－369、

W2005 - 370、W2005 - 377、W2005 - 408、W2005 - 418 号同时废止。

特此公告。

附件 中华人民共和国海关总署商品归类决定（世界海关组织 2001 - 2007 年商品归类决定）（略）

海关总署

2008 年 7 月 3 日

中华人民共和国海关总署公告

2008 年第 48 号

海关总署决定于 2008 年 12 月 14 日举行 2008 年度报关员资格全国统一考试。现就考试有关事项公告如下：

一、考试内容

考试主要测试考生从事报关业务必备的知识和技能，考试内容包括报关专业知识、报关专业技能、报关相关知识以及与报关工作相关的法律、行政法规和海关规章。

二、考试方式与应试规则

考试全部采用客观性试题，以闭卷笔试方式进行。考试试卷和答题卡均以简体中文字印刷。考试时限为 180 分钟，不分场次（考试具体起讫时间见准考证副证）。

考生凭本人有效身份证件和准考证主、副证参加考试。

考生应试时，应当使用 2B 铅笔将选定的试题答案填涂在答题卡对应位置上；未按规定填涂的，后果自负。

考生应试时，应当携带考试工具书（中国海关出版社 2008 年版《进出口商品名称与编码》），但不得在书中做任何文字记录或者标记。

考生不得携带手机、传呼机等通讯工具或者具有信息接收功能的其他装置，以及具有信息存储和读取功能的电子产品和其他无关物品进入考场。

考生应试的具体要求详见《报关员资格全国统一考试应试规则》（海关总署 2006 年第 28 号公告），考生应当认真阅读、知悉。

三、考区设置

考试以直属海关为单位，设 41 个考区；各考区以隶属海关、办事处为单位，分设若干个报考点。

考试不限考生户籍、居住、学习及工作所在地，考生可以按照各考区的报考点设置，自主选择报考点。

四、报名条件

（一）报名参加考试的人员应当符合下列条件：

1. 具有中华人民共和国国籍；

2. 年满 18 周岁，具有完全民事行为能力；

3. 具有大学专科毕业及以上学历。

普通高等学校 2009 年应届毕业生可以报名参加考试。

（二）有下列情形之一的，不得报名参加考试：

1. 未取得报关员资格，因故意犯罪受过刑事处罚的；

2. 在报关活动中发生走私或违反监管规定的行为，被海关依法取消报关从业资格的；

3. 向海关工作人员行贿构成犯罪，被海关依法取消报关从业资格的；

4. 在考试中发生作弊行为，被海关取消考试成绩，或者有其他违规行为，被海关以作弊论处，不满 3 年的；

5. 已经取得有效报关员资格的。

五、报名方式

考试实行网上预报名与现场确认报名相结合。

（一）网上预报名

1. 中国海关报关员资格考试网自 2008 年 7 月 18 日至 8 月 6 日接受考生网上预报名。

中国海关报关员资格考试网网址：

http：//bgy. customs. gov. cn

2. 考生报名前应先行登陆中国海关报关员资格考

试网，进行用户注册。用户注册信息将自动转入报名信息中，有关信息一经提交，即不得再行更改，因此要求考生务必准确、如实填写，虚假或者失实信息将导致报名失败。

3. 考生应当在规定的预报名时间内，登录中国海关报关员资格考试网，选定考区和报考点海关，输入个人报名信息，上传个人照片，打印“报关员资格全国统一考试报名表”（彩色打印）并签署本人承诺。

考生报名前，应当仔细阅读报名表填写说明，确保知悉各栏目的指标含义，完整、准确地填写个人报名信息，并按照规定格式上传电子照片。报名表一经提交，任何虚假或者失实信息，均有可能导致考生报名无效或者考试成绩无效。

注册和报名信息中的中文信息，均应使用简体中文字输入。

香港、澳门特别行政区居民中的中国公民（下称港澳居民）以及台湾居民，如使用非简体中文 windows 操作系统进行网上注册、预报名的，应当在注册前对操作系统作如下设置：

（1）安装简体中文（GB2312）字库；

（2）打开 Internet Explorer“查看”下拉菜单，“编码”项选择“简体中文（GB2312）”。

4. 考生上传的电子照片应当符合以下要求：

（1）考生本人近 3 个月内的彩色证件照，淡蓝色或者白色背景，无边框；正面照，免冠，无头饰。勿着制式服装，常戴眼镜的应佩戴眼镜。

（2）JPEG 格式，567×390 像素，100KB 以下，分辨率 300dpi。

5. 考生提交报名信息后，即可自行打印准考证主证，并在准考证主证贴照片处加贴本人小二寸证件照片 1 张，供报名确认时向海关提交。

加贴的照片应当以报名时上传的电子照片同底版冲印，不得使用翻拍或者打印机打印的照片。

6. 考生注册后，遗忘本人注册名称、密码的，可按以下两种方式查询：

（1）回答密码提示问题；

（2）以姓名、身份证件号码和联系电话为密码查询必要条件，三项缺一不可，其中联系电话是考生在注册时填写的；如果注册时填写了两个联系电话，则输入任意一个即可。

（二）现场确认报名

1. 现场确认报名期限为 2008 年 9 月 1 日至 15 日。

各直属海关可以根据本考区或者所辖报考点报名工作的实际需要，在上述规定的期限内确定具体的现场确认报名时间。

各直属海关应当将本考区及所辖各报考点办理现场确认的具体时间、地点、程序、要求等，予以公告。

2. 考生本人应当在规定时间内，持下列材料、证件，到选定的报名地海关现场办理确认报名手续：

（1）报关员资格全国统一考试报名表；

（2）准考证主证；

（3）本人有效身份证件（中华人民共和国居民身份证、军官证、士兵证）原件及复印件；

港澳居民报考报关员资格的，应当向报考点海关提交“港澳居民来往内地通行证”原件及复印件。

台湾居民报考报关员资格的，应当向报考点海关提交“台湾居民来往大陆通行证”（即台胞证，5 年期并具有效签注）原件及复印件。

（4）本人学历证书原件及复印件。

海关认为必要时，可以要求考生另行提交由教育行政管理部门指定的学历学位认证单位出具的学历学位认证证明原件及复印件，或者由专业性涉外翻译机构出具的学历证书翻译件原件。

普通高等学校 2009 年应届毕业生凭所在学校学生（教务）处或者毕业生就业指导机构出具的应届毕业生证明和本人签署的承诺书，办理确认报名手续。中国海关报关员资格考试网提供应届毕业生证明和承诺书格式文本下载。

按照本公告规定参加考试的 2009 年应届毕业生，考试成绩合格后仍须凭毕业证书申请报关员资格；在规定的申请期限内未能交验毕业证书的，海关不予颁发报关员资格证书。

3. 按照本公告上述规定提交复印件的，考生应当在复印件上签署复印件与原件相符的声明，并签注日期。复印件均须使用 A4 纸张，并保证复印效果清晰，供海关留存；原件经现场审验后即行退回。

4. 考生办理确认报名手续时，应当交纳报关员资格考试费人民币 90 元。

海关签发准考证主证后，无论何种情况，考生所交考试费均不予退还。

5. 考生通过确认报名后，可以在规定的时间内，自行上网打印准考证副证。

考试起讫时间，以及考生所在的考点、考场和座位号，均以准考证副证为准，不再另行通知。

6. 以提供虚假材料或者个人信息，办理确认报名手续的，报名无效。

六、考试复习与辅导

海关总署将在适当时候，通过中国海关报关员资格考试网公布《2008 年报关员资格全国统一考试大纲》，请考生按照大纲的要求进行复习、备考。

海关总署不组织考前培训，也不授权或者委托任何单位举办任何类型的考前辅导班。

七、违纪行为处理

考生违反考试纪律的，海关根据报关员资格全国统一考试考生违纪行为处理的有关规定，视其情节轻重分别给予取消本次考试成绩或者 3 年内不得报名参加考试的处理。

八、阅卷与成绩公布

考试实行统一机读阅卷、核分。

海关总署核定并公布合格分数线。

考生可登录中国海关报关员资格考试网查询本人考试成绩。对本人考试成绩有异议的，可以向海关申请分数核查。

考试成绩合格者，可以依法向原报名海关申请取得报关员资格证书。

九、考试咨询与监督举报

各直属海关和设立报考点的隶属海关、办事处公布考试咨询和监督举报电话，考生可通过中国海关报关员资格考试网“各考区咨询电话”栏目查询。

海关总署考试监督举报电话：010－65194334。

海关总署举报信箱：中国海关报关员资格考试网“考试举报信箱”。

十、考试信息发布

中国海关报关员资格考试网是报关员资格考试唯一官方网站，考试公告、通告、通知、动态及其他考试相关信息均在该网站发布。

请考生随时关注中国海关报关员资格考试网“相关政策法规”、“海关总署考试公告”、“考试最新动态”和“各考区最新考试公告”等栏目，获取官方考试资讯。

特此公告。

海关总署

2008 年 7 月 4 日

中华人民共和国海关总署公告

2008 年第 49 号

国际奥林匹克委员会及第 29 届奥林匹克运动会组织委员会于 2008 年 7 月 8 日向我署提出海关保护备案申请，经审核，我署已核准。现将备案情况公告如下：

权利人：国际奥林匹克委员会，第 29 届奥林匹克运动会组织委员会。

权利名称：奥林匹克标志（详见附件）。

进出口侵犯上述奥林匹克标志专有权货物的，海关将根据《奥林匹克标志保护条例》以及相关法律法规予以查处。

特此公告。

附件 1　国际奥林匹克委员会申请备案的奥林匹克标志（略）

附件 2　第 29 届奥林匹克运动会组织委员会申请备案的奥林匹克标志（略）

海关总署

2008 年 7 月 15 日

中华人民共和国海关总署公告

2008年第50号

2008年3月12日，海关总署下发了2008年第17号公告，从2008年5月1日起施行。由于奥运会安保工作需要，第17号公告执行中涉及到的H2000系统的修改工作要在奥运会后才能完成和上线。因此，17号公告推迟到2008年12月1日才能执行。相应地，目前全国所有海关特殊监管区域内已经取得“进出口收发货人”和“报关企业”双重身份的企业，双重身份继续保留到2008年12月10日。

特此公告。

海关总署

2008年7月23日

中华人民共和国海关总署公告

2008年第51号

为规范进出口企业申报行为，提高申报数据质量，促进贸易便利化，海关总署于2006年制定了《中华人民共和国海关进出口商品规范申报目录》（以下简称《目录》），并于2007年对《目录》进行了修订。上述目录分别以海关总署公告2006年第16号和2007年第50号对外公布。根据当前海关监管的需要，海关总署制定了2008年版《目录》，该《目录》自2008年8月1日起施行。《目录》由中国海关出版社出版。

进出口货物收发货人及其代理人在报关时应当严格按照2008年版《目录》中关于规范申报商品品名、规格的要求，认真填制报关单并依法办理通关手续。

特此公告。

海关总署

2008年7月24日

中华人民共和国海关总署公告

2008年第52号

为规范进出口收发货人的申报行为，统一进出口货物报关单填制要求，总署对原《中华人民共和国海关进出口货物报关单填制规范》（海关总署2004年第34号公告）再次进行了修订。现将本次修订后的规范文本及有关内容公告如下：

一、本次修订补充了2004年以来散落在相关文件中的关于报关单填制的内容。主要根据环保总局、海关总署、质检总局2005年第47号公告，环保总局、海关总署2005年第46号公告，海关总署2005年第69号公告，海关总署2006年第16、37、43、64号公告，海关总署2007年第24号公告，海关总署2008年第4号公告，海关总署令第156号等相关文件，对“中华人民共和国海关进（出）口货物报关单”中的“备案号”、“运输方式”、“随附单据”和“标记唛码及备注”等相关栏目的填制要求作了相应调整。

二、鉴于海关H883系统逐步退出运行，本次修订撤销了涉及H883系统报关单的填制要求，对“中华人民共和国海关进（出）口货物报关单”中的“海关编号”、“进口日期/出口日期”、“申报日期”、“运输工具名称”、“提运单号”、“集装箱号”、“运费”、“保费”、“杂费”、“随附单据”、“标记唛码及备注”和“填制日期”的填制分别作出了规范。

修订后的《中华人民共和国海关进出口货物报关单填制规范》自2008年10月1日起执行，海关总署2004年第34号公告、2005年第69号公告、2008年第4号公告同时废止。原已印制的纸质“中华人民共和国海关进（出）口货物报关单”仍可继续使用。

特此公告。

附件　中华人民共和国海关进出口货物报关单填制规范

海关总署

2008年8月4日

附件

中华人民共和国海关进出口货物报关单填制规范

为规范进出口货物收发货人的申报行为，统一进出口货物报关单填制要求，保证报关单数据质量，根据《中华人民共和国海关法》及有关法规，制定本规范。

“中华人民共和国海关进（出）口货物报关单”在本规范中采用“报关单”、“进口报关单”、“出口报关单”的提法。

报关单各栏目的填制规范如下：

一、预录入编号

本栏目填报预录入报关单的编号，预录入编号规则由接受申报的海关决定。

二、海关编号

本栏目填报海关接受申报时给予报关单的编号，一份报关单对应一个海关编号。

报关单海关编号为18位，其中第1－4位为接受申报海关的编号（海关规定的《关区代码表》中相应海关代码），第5－8位为海关接受申报的公历年份，第9位为进出口标志（“1”为进口，“0”为出口；集中申报清单“I”为进口，“E”为出口），后9位为顺序编号。在海关H883/EDI通关系统向H2000通关系统过渡期间，后9位的编号规则同H883/EDI通关系统的要求，即1－2位为接受申报海关的编号（海关规定的《关区代码表》中相应海关代码的后2位），第3位为海关接受申报公历年份4位数字的最后1位，后6位为顺序编号。

三、进口口岸/出口口岸

本栏目应根据货物实际进出境的口岸海关，填报海关规定的《关区代码表》中相应口岸海关的名称及代码。特殊情况填报要求如下：

进口转关运输货物应填报货物进境地海关名称及代码，出口转关运输货物应填报货物出境地海关名称及代码。按转关运输方式监管的跨关区深加工结转货物，出口报关单填报转出地海关名称及代码，进口报关单填报转入地海关名称及代码。

在不同海关特殊监管区域或保税监管场所之间调拨、转让的货物，填报对方特殊监管区域或保税监管场所所在的海关名称及代码。

其他无实际进出境的货物，填报接受申报的海关名称及代码。

四、备案号

本栏目填报进出口货物收发货人在海关办理加工贸易合同备案或征、减、免税备案审批等手续时，海关核发的“中华人民共和国海关加工贸易手册”、电子账册及其分册（以下统称“加工贸易手册”）、“进出口货物征免税证明”（以下简称“征免税证明”）或其他备案审批文件的编号。

一份报关单只允许填报一个备案号。具体填报要求如下：

（一）加工贸易项下货物，除少量低值辅料按规定不使用“加工贸易手册”及以后续补税监管方式办理内销征税的外，填报“加工贸易手册”编号。

使用异地直接报关分册和异地深加工结转出口分册在异地口岸报关的，本栏目应填报分册号；本地直接报关分册和本地深加工结转分册限制在本地报关，本栏目应填报总册号。

加工贸易成品凭“征免税证明”转为减免税进口货物的，进口报关单填报“征免税证明”编号，出口报关单填报“加工贸易手册”编号。

对加工贸易设备之间的结转，转入和转出企业分别填制进、出口报关单，在报关单“备案号”栏目填报

"加工贸易手册"编号。

（二）涉及征、减、免税备案审批的报关单，填报"征免税证明"编号。

（三）涉及优惠贸易协定项下实行原产地证书联网管理（香港CEPA、澳门CEPA，下同）的报关单，填报原产地证书代码"Y"和原产地证书编号。

（四）减免税货物退运出口，填报"减免税进口货物同意退运证明"的编号；减免税货物补税进口，填报"减免税货物补税通知书"的编号；减免税货物结转进口（转入），填报"征免税证明"的编号；相应的结转出口（转出），填报"减免税进口货物结转联系函"的编号。

（五）涉及构成整车特征的汽车零部件的报关单，填报备案的Q账册编号。

五、合同协议号

本栏目填报进出口货物合同（包括协议或订单）编号。

六、进口日期/出口日期

进口日期填报运载进口货物的运输工具申报进境的日期。

出口日期指运载出口货物的运输工具办结出境手续的日期，本栏目供海关签发打印报关单证明联用，在申报时免予填报。

无实际进出境的报关单填报海关接受申报的日期。

本栏目为8位数字，顺序为年（4位）、月（2位）、日（2位）。

七、申报日期

申报日期指海关接受进出口货物收发货人、受委托的报关企业申报数据的日期。以电子数据报关单方式申报的，申报日期为海关计算机系统接受申报数据时记录的日期。以纸质报关单方式申报的，申报日期为海关接受纸质报关单并对报关单进行登记处理的日期。

申报日期为8位数字，顺序为年（4位）、月（2位）、日（2位）。本栏目在申报时免予填报。

八、经营单位

本栏目填报在海关注册登记的对外签订并执行进出口贸易合同的中国境内法人、其他组织或个人的名称及海关注册编码。

特殊情况下填制要求如下：

（一）进出口货物合同的签订者和执行者非同一企业的，填报执行合同的企业。

（二）外商投资企业委托进出口企业进口投资设备、物品的，填报外商投资企业，并在标记唛码及备注栏注明"委托某进出口企业进口"。

（三）有代理报关资格的报关企业代理其他进出口企业办理进出口报关手续时，填报委托的进出口企业的名称及海关注册编码。

九、收货单位/发货单位

（一）收货单位填报已知的进口货物在境内的最终消费、使用单位的名称，包括：

1. 自行从境外进口货物的单位。

2. 委托进出口企业进口货物的单位。

（二）发货单位填报出口货物在境内的生产或销售单位的名称，包括：

1. 自行出口货物的单位。

2. 委托进出口企业出口货物的单位。

（三）有海关注册编码或加工企业编码的收、发货单位，本栏目应填报其中文名称及编码；没有编码的应填报其中文名称。使用"加工贸易手册"管理的货物，报关单的收、发货单位应与"加工贸易手册"的"经营企业"或"加工企业"一致；减免税货物报关单的收、发货单位应与"征免税证明"的"申请单位"一致。

十、申报单位

自理报关的，本栏目填报进出口企业的名称及海关注册编码；委托代理报关的，本栏目填报经海关批准的报关企业名称及海关注册编码。

本栏目还包括报关单左下方用于填报申报单位有关情况的相关栏目，包括报关员、报关单位地址、邮政编码和电话号码等栏目。

十一、运输方式

运输方式包括实际运输方式和海关规定的特殊运输方式，前者指货物实际进出境的运输方式，按进出境所使用的运输工具分类；后者指货物无实际进出境的运输方式，按货物在境内的流向分类。

本栏目应根据货物实际进出境的运输方式或货物在境内流向的类别，按照海关规定的《运输方式代码表》选择填报相应的运输方式。

（一）特殊情况填报要求如下：

1. 非邮件方式进出境的快递货物，按实际运输方式填报；

2. 进出境旅客随身携带的货物，按旅客所乘运输工具填报；

3. 进口转关运输货物，按载运货物抵达进境地的运输工具填报；出口转关运输货物，按载运货物驶离出境地的运输工具填报；

4. 不复运出（入）境而留在境内（外）销售的进出境展览品、留赠转卖物品等，填报“其他运输”（代码9）；

（二）无实际进出境货物在境内流转时填报要求如下：

1. 境内非保税区运入保税区货物和保税区退区货物，填报“非保税区”（代码0）；

2. 保税区运往境内非保税区货物，填报“保税区”（代码7）；

3. 境内存入出口监管仓库和出口监管仓库退仓货物，填报“监管仓库”（代码1）；

4. 保税仓库转内销货物，填报“保税仓库”（代码8）；

5. 从境内保税物流中心外运入中心或从中心运往境内中心外的货物，填报“物流中心”（代码W）；

6. 从境内保税物流园区外运入园区或从园区运往境内园区外的货物，填报“物流园区”（代码X）；

7. 从境内保税港区外运入港区（不含直通）或从港区运往境内港区外（不含直通）的货物，填报“保税港区”（代码Y），综合保税区比照保税港区填报；

8. 从境内出口加工区、珠澳跨境工业区珠海园区（以下简称珠海园区）外运入加工区、珠海园区或从加工区、珠海园区运往境内区外的货物，区外企业填报“出口加工区”（代码Z），区内企业填报“其他运输”（代码9）；

9. 境内运入深港西部通道港方口岸区的货物，填报“边境特殊海关作业区”（代码H）；

10. 其他境内流转货物，填报“其他运输”（代码9），包括特殊监管区域内货物之间的流转、调拨货物，特殊监管区域、保税监管场所之间相互流转货物，特殊监管区域外的加工贸易余料结转、深加工结转、内销等货物。

十二、运输工具名称

本栏目填报载运货物进出境的运输工具名称或编号。填报内容应与运输部门向海关申报的舱单（载货清单）所列相应内容一致。具体填报要求如下：

（一）直接在进出境地或采用“属地申报，口岸验放”通关模式办理报关手续的报关单填报要求如下：

1. 水路运输：填报船舶编号（来往港澳小型船舶为监管簿编号）或者船舶英文名称。

2. 公路运输：填报该跨境运输车辆的国内行驶车牌号，深圳提前报关模式的报关单填报国内行驶车牌号+“/”+“提前报关”。

3. 铁路运输：填报车厢编号或交接单号。

4. 航空运输：填报航班号。

5. 邮件运输：填报邮政包裹单号。

6. 其他运输：填报具体运输方式名称，例如：管道、驮畜等。

（二）转关运输货物的报关单填报要求如下：

1. 进口

（1）水路运输：直转、提前报关填报“@”+16位转关申报单预录入号（或13位载货清单号）；中转填报进境英文船名。

（2）铁路运输：直转、提前报关填报“@”+16位转关申报单预录入号；中转填报车厢编号。

（3）航空运输：直转、提前报关填报“@”+16位转关申报单预录入号（或13位载货清单号）；中转填报“@”。

（4）公路及其他运输：填报“@”+16位转关申报单预录入号（或13位载货清单号）。

（5）以上各种运输方式使用广东地区载货清单转关的提前报关货物填报“@”+13位载货清单号。

2. 出口

（1）水路运输：非中转填报“@”+16位转关申报单预录入号（或13位载货清单号）。如多张报关单需要通过一张转关单转关的，运输工具名称字段填报“@”。

中转货物，境内水路运输填报驳船船名；境内铁路运输填报车名（主管海关4位关别代码+“TRAIN”）；境内公路运输填报车名（主管海关4位关别代码+“TRUCK”）。

（2）铁路运输：填报“@”+16位转关申报单预录入号（或13位载货清单号），如多张报关单需要通过一张转关单转关的，填报“@”。

（3）航空运输：填报“@”+16位转关申报单预录入号（或13位载货清单号），如多张报关单需要通过一张转关单转关的，填报“@”。

（4）其他运输方式：填报“@”+16位转关申报单预录入号（或13位载货清单号）。

（三）采用“集中申报”通关方式办理报关手续的，报关单本栏目填报“集中申报”。

（四）无实际进出境的报关单，本栏目免予填报。

十三、航次号

本栏目填报载运货物进出境的运输工具的航次编号。

具体填报要求如下：

（一）直接在进出境地或采用“属地申报，口岸验放”通关模式办理报关手续的报关单

1. 水路运输：填报船舶的航次号。

2. 公路运输：填报运输车辆的8位进出境日期〔顺序为年（4位）、月（2位）、日（2位），下同〕。

3. 铁路运输：填报列车的进出境日期。

4. 航空运输：免予填报。

5. 邮件运输：填报运输工具的进出境日期。

6. 其他运输方式：免予填报。

（二）转关运输货物的报关单

1. 进口

（1）水路运输：中转转关方式填报“@”+进境干线船舶航次。直转、提前报关免予填报。

（2）公路运输：免予填报。

（3）铁路运输：“@”+8位进境日期。

（4）航空运输：免予填报。

（5）其他运输方式：免予填报。

2. 出口

（1）水路运输：非中转货物免予填报。中转货物：境内水路运输填报驳船航次号；境内铁路、公路运输填报6位启运日期〔顺序为年（2位）、月（2位）、日（2位）〕。

（2）铁路拼车拼箱捆绑出口：免予填报。

（3）航空运输：免予填报。

（4）其他运输方式：免予填报。

（三）无实际进出境的报关单，本栏目免予填报。

十四、提运单号

本栏目填报进出口货物提单或运单的编号。

一份报关单只允许填报一个提单或运单号，一票货物对应多个提单或运单时，应分单填报。

具体填报要求如下：

（一）直接在进出境地或采用“属地申报，口岸验放”通关模式办理报关手续的

1. 水路运输：填报进出口提单号。如有分提单的，填报进出口提单号+“*”+分提单号。

2. 公路运输：免予填报。

3. 铁路运输：填报运单号。

4. 航空运输：填报总运单号+“_”+分运单号，无分运单的填报总运单号。

5. 邮件运输：填报邮运包裹单号。

（二）转关运输货物的报关单

1. 进口

（1）水路运输：直转、中转填报提单号。提前报关免予填报。

（2）铁路运输：直转、中转填报铁路运单号。提前报关免予填报。

（3）航空运输：直转、中转货物填报总运单号+“_”+分运单号。提前报关免予填报。

（4）其他运输方式：免予填报。

（5）以上运输方式进境货物，在广东省内用公路运输转关的，填报车牌号。

2. 出口

（1）水路运输：中转货物填报提单号；非中转货物免予填报；广东省内汽车运输提前报关的转关货物，填报承运车辆的车牌号。

（2）其他运输方式：免予填报。广东省内汽车运输提前报关的转关货物，填报承运车辆的车牌号。

（三）采用“集中申报”通关方式办理报关手续的，报关单填报归并的集中申报清单的进出口起止日期〔按年（4位）月（2位）日（2位）年（4位）月（2位）日（2位）〕。

（四）无实际进出境的，本栏目免予填报。

十五、贸易方式（监管方式）

本栏目应根据实际对外贸易情况按海关规定的《监管方式代码表》选择填报相应的监管方式简称及代码。一份报关单只允许填报一种监管方式。

特殊情况下加工贸易货物监管方式填报要求如下：

（一）进口少量低值辅料（即5000美元以下，78种以内的低值辅料）按规定不使用“加工贸易手册”的，填报“低值辅料”。使用“加工贸易手册”的，按“加工贸易手册”上的监管方式填报。

（二）外商投资企业为加工内销产品而进口的料件，属非保税加工的，填报“一般贸易”。

外商投资企业全部使用国内料件加工的出口成品，填报“一般贸易”。

（三）加工贸易料件结转或深加工结转货物，按批准的监管方式填报。

（四）加工贸易料件转内销货物以及按料件办理进口手续的转内销制成品、残次品、半成品，应填制进口报关单，填报“来料料件内销”或“进料料件内销”；加工贸易成品凭“征免税证明”转为减免税进口货物的，应分别填制进、出口报关单，出口报关单本栏目填报“来料成品减免”或“进料成品减免”，进口报关单本栏目按照实际监管方式填报。

（五）加工贸易出口成品因故退运进口及复运出口的，填报“来料成品退换”或“进料成品退换”；加工

贸易进口料件因换料退运出口及复运进口的，填报“来料料件退换”或“进料料件退换”；加工贸易过程中产生的剩余料件、边角料退运出口，以及进口料件因品质、规格等原因退运出口且不再更换同类货物进口的，分别填报“来料料件复出”、“来料边角料复出”、“进料料件复出”、“进料边角料复出”。

（六）备料“加工贸易手册”中的料件结转转入加工出口“加工贸易手册”的，填报“来料加工”或“进料加工”。

（七）保税工厂加工贸易进出口货物，根据“加工贸易手册”填报“来料加工”或“进料加工”。

（八）加工贸易边角料内销和副产品内销，应填制进口报关单，填报“来料边角料内销”或“进料边角料内销”。

（九）加工贸易进口料件不再用于加工成品出口，或生产的半成品（折料）、成品因故不再出口，主动放弃交由海关处理时，应填制进口报关单，填报“料件放弃”或“成品放弃”。

十六、征免性质

本栏目应根据实际情况按海关规定的《征免性质代码表》选择填报相应的征免性质简称及代码，持有海关核发的“征免税证明”的，应按照“征免税证明”中批注的征免性质填报。一份报关单只允许填报一种征免性质。

加工贸易货物报关单应按照海关核发的“加工贸易手册”中批注的征免性质简称及代码填报。特殊情况填报要求如下：

（一）保税工厂经营的加工贸易，根据“加工贸易手册”填报“进料加工”或“来料加工”。

（二）外商投资企业为加工内销产品而进口的料件，属非保税加工的，填报“一般征税”或其他相应征免性质。

（三）加工贸易转内销货物，按实际情况填报（如一般征税、科教用品、其他法定等）。

（四）料件退运出口、成品退运进口货物填报“其他法定”（代码0299）。

（五）加工贸易结转货物，本栏目免予填报。

十七、征税比例/结汇方式

进口报关单本栏目免予填报。

出口报关单填报结汇方式，按海关规定的《结汇方式代码表》选择填报相应的结汇方式名称或代码。

十八、许可证号

本栏目填报以下许可证的编号：进（出）口许可证、两用物项和技术进（出）口许可证、两用物项和技术出口许可证（定向）、纺织品临时出口许可证、出口许可证（加工贸易）、出口许可证（边境小额贸易）。

一份报关单只允许填报一个许可证号。

十九、启运国（地区）/运抵国（地区）

启运国（地区）填报进口货物启始发出直接运抵我国或者在运输中转国（地）未发生任何商业性交易的情况下运抵我国的国家（地区）。

运抵国（地区）填报出口货物离开我国关境直接运抵或者在运输中转国（地区）未发生任何商业性交易的情况下最后运抵的国家（地区）。

不经过第三国（地区）转运的直接运输进出口货物，以进口货物的装货港所在国（地区）为启运国（地区），以出口货物的指运港所在国（地区）为运抵国（地区）。

经过第三国（地区）转运的进出口货物，如在中转国（地区）发生商业性交易，则以中转国（地区）作为启运/运抵国（地区）。

本栏目应按海关规定的《国别（地区）代码表》选择填报相应的启运国（地区）或运抵国（地区）中文名称及代码。

无实际进出境的，填报“中国”（代码142）。

二十、装货港/指运港

装货港填报进口货物在运抵我国关境前的最后一个境外装运港。

指运港填报出口货物运往境外的最终目的港；最终目的港不可预知的，按尽可能预知的目的港填报。

本栏目应根据实际情况按海关规定的《港口航线代码表》选择填报相应的港口中文名称及代码。装货港/指运港在《港口航线代码表》中无港口中文名称及代码的，可选择填报相应的国家中文名称或代码。

无实际进出境的，本栏目填报“中国境内”（代码142）。

二十一、境内目的地/境内货源地

境内目的地填报已知的进口货物在国内的消费、使用地或最终运抵地，其中最终运抵地为最终使用单位所在的地区。最终使用单位难以确定的，填报货物进口时预知的最终收货单位所在地。

境内货源地填报出口货物在国内的产地或原始发货地。出口货物产地难以确定的，填报最早发运该出口货物的单位所在地。

本栏目按海关规定的《国内地区代码表》选择填报相应的国内地区名称及代码。

二十二、批准文号

进口报关单中本栏目免予填报。

出口报关单中本栏目填报出口收汇核销单编号。

二十三、成交方式

本栏目应根据进出口货物实际成交价格条款，按海关规定的《成交方式代码表》选择填报相应的成交方式代码。

无实际进出境的报关单，进口填报 CIF，出口填报 FOB。

二十四、运费

本栏目填报进口货物运抵我国境内输入地点起卸前的运输费用，出口货物运至我国境内输出地点装载后的运输费用。进口货物成交价格包含前述运输费用或者出口货物成交价格不包含前述运输费用的，本栏目免予填报。

运费可按运费单价、总价或运费率三种方式之一填报，注明运费标记（运费标记“1”表示运费率，“2”表示每吨货物的运费单价，“3”表示运费总价），并按海关规定的《货币代码表》选择填报相应的币种代码。

运保费合并计算的，填报在本栏目。

二十五、保费

本栏目填报进口货物运抵我国境内输入地点起卸前的保险费用，出口货物运至我国境内输出地点装载后的保险费用。进口货物成交价格包含前述保险费用或者出口货物成交价格不包含前述保险费用的，本栏目免予填报。

保费可按保险费总价或保险费率两种方式之一填报，注明保险费标记（保险费标记“1”表示保险费率，“3”表示保险费总价），并按海关规定的《货币代码表》选择填报相应的币种代码。

运保费合并计算的，本栏目免予填报。

二十六、杂费

本栏目填报成交价格以外的、按照《中华人民共和国进出口关税条例》相关规定应计入完税价格或应从完税价格中扣除的费用。可按杂费总价或杂费率两种方式之一填报，注明杂费标记（杂费标记“1”表示杂费率，“3”表示杂费总价），并按海关规定的《货币代码表》选择填报相应的币种代码。

应计入完税价格的杂费填报为正值或正率，应从完税价格中扣除的杂费填报为负值或负率。

二十七、件数

本栏目填报有外包装的进出口货物的实际件数。特殊情况填报要求如下：

（一）舱单件数为集装箱的，填报集装箱个数。

（二）舱单件数为托盘的，填报托盘数。

本栏目不得填报为零，裸装货物填报为“1”。

二十八、包装种类

本栏目应根据进出口货物的实际外包装种类，按海关规定的《包装种类代码表》选择填报相应的包装种类代码。

二十九、毛重（千克）

本栏目填报进出口货物及其包装材料的重量之和，计量单位为千克，不足1千克的填报为“1”。

三十、净重（千克）

本栏目填报进出口货物的毛重减去外包装材料后的重量，即货物本身的实际重量，计量单位为千克，不足1千克的填报为“1”。

三十一、集装箱号

本栏目填报装载进出口货物（包括拼箱货物）集装箱的箱体信息。一个集装箱填一条记录，分别填报集装箱号（在集装箱箱体上标示的全球唯一编号）、集装箱的规格和集装箱的自重。非集装箱货物填报为“0”。

三十二、随附单证

本栏目根据海关规定的《监管证件代码表》选择填报除本规范第十八条规定的许可证件以外的其他进出口许可证件或监管证件代码及编号。

本栏目分为随附单证代码和随附单证编号两栏，其中代码栏应按海关规定的《监管证件代码表》选择填报相应证件代码；编号栏应填报证件编号。

（一）加工贸易内销征税报关单，随附单证代码栏填写“c”，随附单证编号栏填写海关审核通过的内销征税联系单号。

（二）含预归类商品报关单，随附单证代码项下填写“r”，随附单证编号项下填写××关预归类书××号。

（三）优惠贸易协定项下进出口货物

“Y”为原产地证书代码。优惠贸易协定代码选择“01”、“02”、“03”、“04”、“05”、“06”、“07”、“08”、“09”填报：

“01”为“亚太贸易协定”项下的进口货物；

“02”为“中国—东盟自贸区”项下的进口货物；

“03”为“内地与香港紧密经贸关系安排”（香港CEPA）项下的进口货物；

“04”为“内地与澳门紧密经贸关系安排”（澳门CEPA）项下的进口货物；

“05”为“对非洲特惠待遇”项下的进口货物；

“06”为“台湾农产品零关税措施”项下的进口货物；

“07”为“中巴自贸区”项下的进口货物；

“08”为“中智自贸区”项下的进口货物；

“09”为“对也门等国特惠待遇”项下的进口货物。

具体填报要求如下：

1. 实行原产地证书联网管理的，随附单证代码栏填写“Y”，随附单证编号栏的“< >”内填写优惠贸易协定代码。例如，香港CEPA项下进口商品，应填报为：“Y”和“<03>”。一票进口货物中如涉及多份原产地证书或含有非原产地证书商品，应分单填报。

2. 未实行原产地证书联网管理的，随附单证代码栏填写“Y”，随附单证编号栏“< >”内填写优惠贸易协定代码+“：”+需证商品序号。例如，“亚太贸易协定”项下进口报关单中第1到第3项和第5项为优惠贸易协定项下商品，应填报为：“<01：1-3，5>”。

优惠贸易协定项下出口货物，本栏目填报原产地证书代码和编号。

三十三、用途/生产厂家

进口货物本栏目填报用途，应根据进口货物的实际用途按海关规定的《用途代码表》选择填报相应的用途代码。

出口货物本栏目填报其境内生产企业。

三十四、标记唛码及备注

本栏目填报要求如下：

（一）标记唛码中除图形以外的文字、数字。

（二）受外商投资企业委托代理其进口投资设备、物品的进出口企业名称。

（三）与本报关单有关联关系的，同时在业务管理规范方面又要求填报的备案号，填报在电子数据报关单中“关联备案”栏。

加工贸易结转货物及凭“征免税证明”转内销货物，其对应的备案号应填报在“关联备案”栏。

减免税货物结转进口（转入），报关单“关联备案”栏应填写本次减免税货物结转所申请的“减免税进口货物结转联系函”的编号。

减免税货物结转出口（转出），报关单“关联备案”栏应填写与其相对应的进口（转入）报关单“备案号”栏中“征免税证明”的编号。

（四）与本报关单有关联关系的，同时在业务管理规范方面又要求填报的报关单号，填报在电子数据报关单中“关联报关单”栏。

加工贸易结转类的报关单，应先办理进口报关，并将进口报关单号填入出口报关单的“关联报关单”栏。

办理进口货物直接退运手续的，除另有规定外，应当先填写出口报关单，再填写进口报关单，并将出口报关单号填入进口报关单的“关联报关单”栏。

减免税货物结转出口（转出），应先办理进口报关，并将进口（转入）报关单号填入出口（转出）报关单的“关联报关单”栏。

（五）办理进口货物直接退运手续的，本栏目填报“准予直接退运决定书”或者“责令直接退运通知书”编号。

（六）申报时其他必须说明的事项填报在本栏目。

三十五、项号

本栏目分两行填报及打印。第一行填报报关单中的商品顺序编号；第二行专用于加工贸易、减免税等已备案、审批的货物，填报和打印该项货物在“加工贸易手册”或“征免税证明”等备案、审批单证中的顺序编号。

优惠贸易协定项下实行原产地证书联网管理的报关单，第一行填报报关单中的商品顺序编号，第二行填报该项商品对应的原产地证书上的商品项号。

加工贸易项下进出口货物的报关单，第一行填报报关单中的商品顺序编号，第二行填报该项商品在“加工贸易手册”中的商品项号，用于核销对应项号下的料件或成品数量。其中第二行特殊情况填报要求如下：

（一）深加工结转货物，分别按照“加工贸易手册”中的进口料件项号和出口成品项号填报。

（二）料件结转货物（包括料件、制成品和半成品折料），出口报关单按照转出“加工贸易手册”中进口料件的项号填报；进口报关单按照转进“加工贸易手册”中进口料件的项号填报。

（三）料件复出货物（包括料件、边角料、来料加工半成品折料），出口报关单按照“加工贸易手册”中进口料件的项号填报；如边角料对应一个以上料件项号时，填报主要料件项号。料件退换货物（包括料件、不包括半成品），进出口报关单按照“加工贸易手册”中进口料件的项号填报。

（四）成品退换货物，退运进境报关单和复运出境报关单按照“加工贸易手册”原出口成品的项号填报。

（五）加工贸易料件转内销货物（以及按料件办理进口手续的转内销制成品、半成品、残次品）应填制进口报关单，填报“加工贸易手册”进口料件的项号；

加工贸易边角料、副产品内销，填报“加工贸易手册”中对应的进口料件项号。如边角料或副产品对应一个以上料件项号时，填报主要料件项号。

（六）加工贸易成品凭“征免税证明”转为减免税货物进口的，应先办理进口报关手续。进口报关单填报“征免税证明”中的项号，出口报关单填报“加工贸易手册”原出口成品项号，进、出口报关单货物数量应一致。

（七）加工贸易料件放弃或成品放弃，本栏目应填报“加工贸易手册”中的进口料件或出口成品项号。半成品放弃的应按单耗折回料件，以料件放弃申报，本栏目填报“加工贸易手册”中对应的进口料件项号。

（八）加工贸易副产品退运出口、结转出口或放弃，本栏目应填报“加工贸易手册”中新增的变更副产品的出口项号。

（九）经海关批准实行加工贸易联网监管的企业，按海关联网监管要求，企业需申报报关清单的，应在向海关申报进出口（包括形式进出口）报关单前，向海关申报“清单”。一份报关清单对应一份报关单，报关单上的商品由报关清单归并而得。加工贸易电子账册报关单中项号、品名、规格等栏目的填制规范比照“加工贸易手册”。

三十六、商品编号

本栏目应填报由《中华人民共和国进出口税则》确定的进出口货物的税则号列和《中华人民共和国海关统计商品目录》确定的商品编码，以及符合海关监管要求的附加编号组成的10位商品编号。

三十七、商品名称、规格型号

本栏目分两行填报及打印。第一行填报进出口货物规范的中文商品名称，第二行填报规格型号。

具体填报要求如下：

（一）商品名称及规格型号应据实填报，并与进出口货物收发货人或受委托的报关企业所提交的合同、发票等相关单证相符。

（二）商品名称应当规范，规格型号应当足够详细，以能满足海关归类、审价及许可证件管理要求为准，可参照《中华人民共和国海关进出口商品规范申报目录》中对商品名称、规格型号的要求进行填报。

（三）加工贸易等已备案的货物，填报的内容必须与备案登记中同项号下货物的商品名称一致。

（四）对需要海关签发“货物进口证明书”的车辆，商品名称栏应填报“车辆品牌＋排气量（注明cc）＋车型（如越野车、小轿车等）”。进口汽车底盘不填报排气量。车辆品牌应按照《进口机动车辆制造厂名称和车辆品牌中英文对照表》中“签注名称”一栏的要求填报。规格型号栏可填报“汽油型”等。

（五）由同一运输工具同时运抵同一口岸并且属于同一收货人、使用同一提单的多种进口货物，按照商品归类规则应当归入同一商品编号的，应当将有关商品一并归入该商品编号。商品名称填报一并归类后的商品名称；规格型号填报一并归类后商品的规格型号。

（六）加工贸易边角料和副产品内销，边角料复出口，本栏目填报其报验状态的名称和规格型号。

（七）进口货物收货人以一般贸易方式申报进口属于《需要详细列名申报的汽车零部件清单》（海关总署2006年第64号公告）范围内的汽车生产件的，应按以下要求填报：

1. 商品名称填报进口汽车零部件的详细中文商品名称和品牌，中文商品名称与品牌之间用“/”相隔，必要时加注英文商业名称；进口的成套散件或者毛坯件应在品牌后加注“成套散件”、“毛坯”等字样，并与品牌之间用“/”相隔。

2. 规格型号填报汽车零部件的完整编号。在零部件编号前应当加注“S”字样，并与零部件编号之间用“/”相隔，零部件编号之后应当依次加注该零部件适用的汽车品牌和车型。

汽车零部件属于可以适用于多种汽车车型的通用零部件的，零部件编号后应当加注“TY”字样，并用“/”与零部件编号相隔。

与进口汽车零部件规格型号相关的其他需要申报的要素，或者海关规定的其他需要申报的要素，如“功率”、“排气量”等，应当在车型或“TY”之后填报，并用“/”与之相隔。

汽车零部件报验状态是成套散件的，应当在“标记唛码及备注”栏内填报该成套散件装配后的最终完整品的零部件编号。

（八）进口货物收货人以一般贸易方式申报进口属于《需要详细列名申报的汽车零部件清单》（海关总署2006年第64号公告）范围内的汽车维修件的，填报规格型号时，应当在零部件编号前加注“W”，并与零部件编号之间用“/”相隔；进口维修件的品牌与该零部件适用的整车厂牌不一致的，应当在零部件编号前加注“WF”，并与零部件编号之间用“/”相隔。其余申报要求同上条执行。

三十八、数量及单位

本栏目分三行填报及打印。

（一）第一行应按进出口货物的法定第一计量单位填报数量及单位，法定计量单位以《中华人民共和国海关统计商品目录》中的计量单位为准。

（二）凡列明有法定第二计量单位的，应在第二行按照法定第二计量单位填报数量及单位。无法定第二计量单位的，本栏目第二行为空。

（三）成交计量单位及数量应填报并打印在第三行。

（四）法定计量单位为“千克”的数量填报，特殊情况下填报要求如下：

1. 装入可重复使用的包装容器的货物，应按货物扣除包装容器后的重量填报，如罐装同位素、罐装氧气及类似品等。

2. 使用不可分割包装材料和包装容器的货物，按货物的净重填报（即包括内层直接包装的净重重量），如采用供零售包装的罐头、化妆品、药品及类似品等。

3. 按照商业惯例以公量重计价的商品，应按公量重填报，如未脱脂羊毛、羊毛条等。

4. 采用以毛重作为净重计价的货物，可按毛重填报，如粮食、饲料等大宗散装货物。

5. 采用零售包装的酒类、饮料，按照液体部分的重量填报。

（五）成套设备、减免税货物如需分批进口，货物实际进口时，应按照实际报验状态确定数量。

（六）根据《商品名称及编码协调制度》归类规则，零部件按整机或成品归类的，法定计量单位是非重量的，其对应的法定数量填报“0.1”。

（七）具有完整品或制成品基本特征的不完整品、未制成品，根据《商品名称及编码协调制度》归类规则应按完整品归类的，按照构成完整品的实际数量填报。

（八）加工贸易等已备案的货物，成交计量单位必须与“加工贸易手册”中同项号下货物的计量单位一致，加工贸易边角料和副产品内销、边角料复出口，本栏目填报其报验状态的计量单位。

（九）优惠贸易协定项下进出口商品的成交计量单位必须与原产地证书上对应商品的计量单位一致。

（十）法定计量单位为立方米的气体货物，应折算成标准状况（即摄氏0度及1个标准大气压）下的体积进行填报。

三十九、原产国（地区）/最终目的国（地区）

原产国（地区）应依据《中华人民共和国进出口货物原产地条例》、《中华人民共和国海关关于执行〈非优惠原产地规则中实质性改变标准〉的规定》以及海关总署关于各项优惠贸易协定原产地管理规章规定的原产地确定标准填报。同一批进口货物的原产地不同的，应分别填报原产国（地区）。进口货物原产国（地区）无法确定的，填报“国别不详”（代码701）。

最终目的国（地区）填报已知的出口货物的最终实际消费、使用或进一步加工制造国家（地区）。不经过第三国（地区）转运的直接运输货物，以运抵国（地区）为最终目的国（地区）；经过第三国（地区）转运的货物，以最后运往国（地区）为最终目的国（地区）。同一批出口货物的最终目的国（地区）不同的，应分别填报最终目的国（地区）。出口货物不能确定最终目的国（地区）时，以尽可能预知的最后运往国（地区）为最终目的国（地区）。

本栏目应按海关规定的《国别（地区）代码表》选择填报相应的国家（地区）名称及代码。

四十、单价

本栏目填报同一项号下进出口货物实际成交的商品单位价格。无实际成交价格的，本栏目填报单位货值。

四十一、总价

本栏目填报同一项号下进出口货物实际成交的商品总价格。无实际成交价格的，本栏目填报货值。

四十二、币制

本栏目应按海关规定的《货币代码表》选择相应的货币名称及代码填报，如《货币代码表》中无实际成交币种，需将实际成交货币按申报日外汇折算率折算成《货币代码表》列明的货币填报。

四十三、征免

本栏目应按照海关核发的“征免税证明”或有关政策规定，对报关单所列每项商品选择海关规定的《征减免税方式代码表》中相应的征减免税方式填报。

加工贸易货物报关单应根据“加工贸易手册”中备案的征免规定填报；“加工贸易手册”中备案的征免规定为“保金”或“保函”的，应填报“全免”。

四十四、税费征收情况

本栏目供海关批注进（出）口货物税费征收及减免情况。

四十五、录入员

本栏目用于记录预录入操作人员的姓名。

四十六、录入单位

本栏目用于记录预录入单位名称。

四十七、填制日期

本栏目填报申报单位填制报关单的日期。本栏目为

8 位数字，顺序为年（4 位）、月（2 位）、日（2 位）。

四十八、海关审单批注及放行日期（签章）

本栏目供海关作业时签注。

本规范所述尖括号（ < > ）、逗号（,）、连接符（-）、冒号（:）等标点符号及数字，填报时都必须使用非中文状态下的半角字符。

相关用语的含义：

报关单录入凭单：指申报单位按报关单的格式填写的凭单，用作报关单预录入的依据。该凭单的编号规则由申报单位自行决定。

预录入报关单：指预录入单位按照申报单位填写的报关单凭单录入、打印由申报单位向海关申报，海关尚未接受申报的报关单。

报关单证明联：指海关在核实货物实际进出境后按报关单格式提供的，用作进出口货物收发货人向国税、外汇管理部门办理退税和外汇核销手续的证明文件。

中华人民共和国海关总署公告

2008 年第 53 号

2003 年，国务院关税税则委员会根据商务部反倾销调查结果，决定对原产于日本和韩国的进口铜版纸征收反倾销税，征税时间自 2003 年 8 月 6 日起，期限为 5 年。在征税期限届满之际，应国内相关企业的申请，商务部决定对原产于日本和韩国的进口铜版纸所适用的反倾销措施进行期终复审调查。国务院关税税则委员会决定，在反倾销措施期终复审调查期间，对原产于日本和韩国的进口铜版纸继续征收反倾销税。现就执行中的有关事项公告如下：

自 2008 年 8 月 6 日起，海关对申报进口原产于日本和韩国的铜版纸，继续按照中华人民共和国海关总署 2003 年第 48 号公告和 2007 年第 12 号公告规定的产品范围、税率和公式等征收反倾销税。

特此公告。

附件 中华人民共和国商务部 2008 年第 49 号公告（略）

海关总署

2008 年 8 月 5 日

中华人民共和国海关总署公告

2008 年第 54 号

根据《中华人民共和国海关进出境运输工具舱单管理办法》（海关总署令第 172 号）的规定，海关总署制定了进出境水运和空运运输工具货运舱单等电子数据格式，包括“原始舱单数据项”（见附件 1）、“理货报告数据项”和“分拨货物、物品理货报告数据项”（见附件 2）、“分拨货物、物品申请数据项”和“疏港分流申请数据项”（见附件 3）、“运抵报告数据项”和“疏港分流货物、物品运抵报告数据项”（见附件 4）、“装箱清单数据项”（见附件 5）、“预配舱单数据项”（见附件 6）、“装载舱单数据项”（见附件 7），现予以公布。

特此公告。

附件 1 原始舱单数据项

附件 2 理货报告数据项和分拨货物、物品理货报告数据项

附件3　分拨货物、物品申请数据项和疏港分流申请数据项

附件4　运抵报告数据项和疏港分流货物、物品运抵报告数据项

附件5　装箱清单数据项

附件6　预配舱单数据项

附件7　装载舱单数据项

海关总署

2008年8月15日

附件1

原始舱单数据项

序号	中国海关数据元名称	WCO DATA MODEL 或 UNTDED 编号	填制条件			
			水运主要数据	水运其他数据	空运主要数据	空运其他数据
1	舱单传输人名称	256 Representative person name	必填	—	必填	—
2	运输工具离境地海关代码	047 Customs office of exit, coded	必填	—	必填	—
3	运输工具代理企业代码	061 Agent, coded	条件	—	条件	—
4	承运人代码	050 Carrier identification	必填	—	必填	—
5	航次航班编号	149 Conveyance reference number	必填	必填	必填	必填
6	运输方式代码	183 Mode/type of means of transport crossing the border, coded	必填	—	必填	—
7	运输工具代码	167 Identification of means of transport crossing the border, coded	必填	必填	*	选填
8	运输工具名称	160 Identification of means of transport crossing the border	必填	—	*	选填
9	货物装载运输工具时间	031 Consignment loading date	必填	—	选填	—
10	运输工具抵达关境内第一个目的港代码	085 First port of arrival, coded	*	必填	*	必填
11	运输工具抵达关境内第一个目的港的日期和时间	172 Date and time of arrival at first port of arrival in Customs territory	*	必填	*	选填
12	运输工具启运日期和时间	156 Departure date and time	必填	—	必填	—
13	总提运单号	015 Transport document number	必填	必填	必填	必填
14	分提运单号	189 Associated transport document number	条件	条件	条件	条件
15	货物体积	134 Cube	*	选填	*	选填
16	托运货物价值	110 Consignment value	*	选填	选填	—
17	金额类型代码	135 Currency, coded	*	选填	*	选填
18	卸货地代码	080 Place of discharge, coded	必填	—	必填	—
19	到达卸货地日期	173 Date of arrival at place of discharge	*	必填	*	选填

序号	中国海关数据元名称	WCO DATA MODEL 或 UNTDED 编号	填制条件			
			水运主要数据	水运其他数据	空运主要数据	空运其他数据
20	收货地点代码	055 Goods receipt place, coded	*	选填	*	选填
21	收货地点名称	054 Goods receipt place	*	选填	*	选填
22	中转地点代码	084 Transshipment place, coded	条件	—	条件	—
23	中转目的地代码	182 Place of destination of the transit, coded	*	条件	*	条件
24	装货地代码	070 Place of loading, coded	*	必填	*	必填
25	途经的国家代码	064 Country (ies) of routing, coded	*	必填	*	选填
26	货物托运的地点或者国家代码	202 Place or country whence consigned, coded	*	必填	*	必填
27	更改原因代码	099 Amendment code	*	条件	*	条件
28	货物海关状态代码	094 Customs status of goods, coded	*	选填	*	选填
29	承运人货物分批到/发货标识	011 Carrier split consignment indicator	—	—	*	条件
30	运费支付方法代码	098 Transport charges method of payment, coded	必填	—	必填	—
31	托运货物件数	146 Total number of packages	必填	—	必填	—
32	包装种类代码	141 Type of packages identification	必填	—	选填	—
33	货物总毛重	131 Total gross weight	必填	—	必填	—
34	前一海关单证类型代码	186 Previous Customs document type, coded	*	选填	*	选填
35	前一海关单证号	007 Previous Customs document number	*	选填	*	选填
36	运输条款代码	091 Contract and carriage condition, coded	*	必填	*	选填
37	码头作业指令代码	093 Handling instructions, coded	*	选填	—	—
38	中间承运人标识	199 Intermediate Carrier identification	*	选填	—	—
39	中间承运人联系号码	240 Communication number	*	选填	*	选填
40	通讯方式类别代码	253 Communication number Type	*	选填	*	选填
41	收货人代码	052 Consignee, coded	*	选填	*	选填
42	收货人名称	051 Consignee name	*	必填	*	必填
43	收货人地址(街道,邮箱)	239 Street and number/P. O. Box	*	必填	*	必填
44	城市名称	241 City name	*	选填	*	选填
45	省份代码	244 Country sub - entity	*	选填	*	选填
46	省份名称	243 Country sub - entity, name	*	选填	*	选填
47	邮政编码	245 Postcode identification	*	选填	*	选填
48	国家代码	242 Country, coded	*	选填	*	选填
49	收货人联系号码	240 Communication number	*	选填	*	选填
50	通讯方式类别代码	253 Communication number Type	*	选填	*	选填
51	收货人具体联系人名称	246 Department or employee contact name	*	选填	*	选填
52	收货人具体联系人联系号码	240 Communication number	*	选填	*	选填

序号	中国海关数据元名称	WCO DATA MODEL 或 UNTDED 编号	填制条件			
			水运主要数据	水运其他数据	空运主要数据	空运其他数据
53	通讯方式类别代码	253 Communication number Type	*	选填	*	选填
54	发货人代码	072 Consignor，coded	*	选填	*	选填
55	发货人名称	071 consignor – name	必填	—	必填	—
56	发货人地址（街道，邮箱）	239 Street and number/P. O. Box	*	必填	必填	—
57	城市名称	241 City name	*	选填	*	选填
58	省份代码	244 Country sub – entity	*	选填	*	选填
59	省份名称	243 Country sub – entity，name	*	选填	*	选填
60	邮政编码	245 Postcode identification	*	选填	*	选填
61	国家代码	242 Country，coded	*	选填	*	选填
62	发货人联系号码	240 Communication number	*	选填	*	选填
63	通讯方式类别代码	253 Communication number Type	*	选填	*	选填
64	拆箱人代码	195 Deconsolidator，coded	*	条件	—	—
65	货物交付目的地地址（街道，邮箱）	239 Street and number/P. O. Box	*	选填	—	—
66	城市名称	241 City name	*	选填	—	—
67	省份代码	244 Country sub – entity	*	选填	—	—
68	省份名称	243 Country sub – entity，name	*	选填	—	—
69	邮政编码	245 Postcode identification	*	选填	—	—
70	国家代码	242 Country，coded	*	选填	—	—
71	通知人代码	058 Notify party，coded	*	选填	*	选填
72	通知人名称	057 Notify party	*	条件	*	选填
73	通知人地址（街道，邮箱）	239 Street and number/P. O. Box	*	条件	*	选填
74	城市名称	241 City name	*	选填	*	选填
75	省份代码	244 Country sub – entity	*	选填	*	选填
76	省份名称	243 Country sub – entity，name	*	选填	*	选填
77	邮政编码	245 Postcode identification	*	选填	*	选填
78	国家代码	242 Country，coded	*	选填	*	选填
79	通知人联系号码	240 Communication number	*	选填	*	选填
80	通讯方式类别代码	253 Communication number Type	*	选填	*	选填
81	危险品联系人姓名	045 Dangerous goods contact details	*	条件	*	条件
82	危险品联系人联系号码	240 Communication number	*	条件	*	条件
83	通讯方式类别代码	253 Communication number Type	*	条件	*	条件
84	集装箱（器）编号	159 Equipment identification number	条件	—	条件	—

序号	中国海关数据元名称	WCO DATA MODEL 或 UNTDED 编号	填制条件			
			水运主要数据	水运其他数据	空运主要数据	空运其他数据
85	集装箱（器）尺寸和类型	152 Equipment size and type identification	条件	—	—	—
86	集装箱（器）来源代码	151 Equipment supplier type，coded	*	条件	—	—
87	重箱或者空箱标识代码	154 Transport equipment loaded status	*	条件	—	—
88	封志号码，类型和施加封志人	165 Seal number	条件	—	选填	—
89	托运货物序号	006 Consignment item sequence number	必填	—	必填	—
90	货物包装种类	141 Type of packages identification	必填	—	选填	—
91	货物件数	139 Number of packages per commodity	必填	—	必填	—
92	货物简要描述	138 Brief cargo description	必填	—	必填	—
93	货物描述补充信息	105 Free text	*	选填	*	选填
94	货物毛重	126 Gross weight item level	必填	—	必填	—
95	危险品编号	143 UNDG Number（Dangerous Goods Code）	*	条件	*	条件
96	唛头	142 Shipping marks	*	必填	*	选填
97	海关手续代码	166 Customs procedure，coded	*	选填	*	选填
98	海关税则编号（6 位 HS CODE）	145 Tariff code number	*	选填	*	选填
99	原产地代码	063 Country of origin，coded	*	选填	*	选填
100	唯一托运编号	016 Unique consignment reference number	*	选填	*	选填
101	备注	105 Free text	选填	选填	选填	选填

注：1. “必填” =必须填报；
2. “选填” =可以填报；
3. “条件” =根据是否符合要求填报；
4. “—” =可以不填报；
5. “*” =可以根据对应的其他数据相关栏目的填报要求，在主要数据项填报时一并提前填报。

附件 2

理货报告数据项和分拨货物、物品理货报告数据项

序号	中国海关数据元名称	WCO DATA MODEL 或 UNTDED 编号	填制条件	
			水运	空运
1	航次航班编号	149 Conveyance reference number	必填	必填
2	运输方式代码	183 Mode/type of means of transport crossing the border，coded	必填	必填
3	运输工具代码	167 Identification of means of transport crossing the border，coded	必填	选填
4	运输工具名称	160 Identification of means of transport crossing the border	必填	选填

序号	中国海关数据元名称	WCO DATA MODEL 或 UNTDED 编号	填制条件	
			水运	空运
5	装卸开始时间	UNTDED 2380 Date/time/period	必填	选填
6	装卸结束时间	UNTDED 2380 Date/time/period	必填	必填
7	申报地海关代码	065 Customs office of declaration，coded	必填	必填
8	理货部门代码	238 Party ID identification	必填	必填
9	理货责任人名称	246 Department or employee contact name	选填	选填
10	理货责任人联系号码	240 Communication number	选填	选填
11	通讯方式类别代码	253 Communication number Type	选填	选填
12	船长/大副名称	246 Department or employee contact name	选填	选填
13	船长/大副联系号码	240 Communication number	选填	选填
14	通讯方式类别代码	253 Communication number Type	选填	选填
15	总提运单号	015 Transport document number	必填	必填
16	分提运单号	189 Associated transport document number	条件	条件
17	装货地代码	070 Place of loading，coded	条件	条件
18	卸货地代码	080 Place of discharge，coded	条件	条件
19	集装箱（器）编号	159 Equipment identification number	条件	选填
20	集装箱（器）尺寸和类型	152 Equipment size and type identification	条件	选填
21	重箱或者空箱标识代码	154 Transport equipment loaded status	条件	选填
22	封志号码，类型和施加封志人	165 Seal number	条件	选填
23	船舶贝位	UNTDED 8043 Stowage place onboard，coded	条件	选填
24	残损类型代码	UNTDED 7501 Damage type description code	条件	选填
25	残损类型	UNTDED 7500 Damage type description	选填	选填
26	残损范围代码	UNTDED 7503 Damage area description code	条件	选填
27	残损范围	UNTDED 7502 Damage area description	选填	选填
28	残损程度	UNTDED 7508 Damage severity description	条件	选填
29	包装种类代码	141 Type of packages identification	条件	选填
30	托运货物件数	146 Total number of packages	条件	必填
31	货物总毛重	131 Total gross weight	条件	必填
32	货物体积	134 Cube	条件	选填
33	备注	105 Free text	选填	选填

附件3

分拨货物、物品申请数据项和疏港分流申请数据项

序号	中国海关数据元名称	WCO DATA MODEL 或 UNTDED 编号	填制条件	
			水运	空运
1	航次航班编号	149 Conveyance reference number	必填	必填
2	运输方式代码	183 Mode/type of means of transport crossing the border，coded	必填	必填
3	运输工具代码	167 Identification of means of transport crossing the border，coded	必填	选填
4	运输工具名称	160 Identification of means of transport crossing the border	必填	选填
5	卸货开始时间	UNTDED 2113	必填	选填
6	卸货地代码	080 Place of discharge，coded	必填	必填
7	疏港分流分拨到达地点	204 Cargo Facility Location name	必填	必填
8	疏港分流起始时间	UNTDED 2380 Date/time/period	必填	选填
9	总提运单号	015 Transport document number	必填	必填
10	分提运单号	189 Associated transport document number	条件	条件
11	集装箱（器）编号	159 Equipment identification number	条件	选填
12	集装箱（器）尺寸和类型	152 Equipment size and type identification	条件	选填
13	重箱或者空箱标识代码	154 Transport equipment loaded status	条件	选填
14	封志号码，类型和施加封志人	165 Seal number	条件	选填
15	特种箱标记代码	UNTDED 8053	条件	选填
16	设备交接单号	UNTDED 1154	选填	选填
17	进出场目的	UNTDED 4441	选填	选填
18	运输方式代码	183 Mode/type of means of transport crossing the border，coded	必填	必填
19	拖车牌号/车次	149 Conveyance reference number	必填	必填
20	承运人名称	049 Carrier - name	必填	必填
21	包装种类代码	141 Type of packages identification	条件	选填
22	托运货物件数	146 Total number of packages	条件	必填
23	货物总毛重	131 Total gross weight	条件	必填
24	货物体积	134 Cube	条件	选填
25	备注	105 Free text	选填	选填

附件4

运抵报告数据项和疏港分流货物、物品运抵报告数据项

序号	中国海关数据元名称	WCO DATA MODEL 或 UNTDED 编号	填制条件	
			水运	空运
1	航次航班编号	149 Conveyance reference number	必填	必填
2	运输方式代码	183 Mode/type of means of transport crossing the border，coded	必填	必填
3	运输工具代码	167 Identification of means of transport crossing the border，coded	必填	选填
4	运输工具名称	160 Identification of means of transport crossing the border	必填	选填
5	集装箱（器）编号	159 Equipment identification number	条件	选填
6	集装箱（器）尺寸和类型	152 Equipment size and type identification	条件	选填
7	重箱或者空箱标识代码	154 Transport equipment loaded status	条件	选填
8	封志号码，类型和施加封志人	165 Seal number	条件	选填
9	总提运单号	015 Transport document number	必填	必填
10	分提运单号	189 Associated transport document number	条件	条件
11	托运货物序号	006 Consignment item sequence number	必填	必填
12	托运货物包装种类	141 Type of packages identification	条件	选填
13	托运货物件数	146 Total number of packages	条件	必填
14	货物简要描述	138 Brief cargo description	选填	必填
15	货物描述补充信息	105 Free text	选填	选填
16	货物总毛重	131 Total gross weight	条件	必填
17	唛头	142 Shipping marks	选填	选填
18	卸货地代码	080 Place of discharge，coded	必填	必填
19	到达卸货地时间	208 Itinerary arrival date and time	必填	必填
20	申报地海关代码	065 Customs office of declaration，coded	必填	必填
21	备注	105 Free text	选填	选填

附件5

装箱清单数据项

序号	中国海关数据元名称	WCO DATA MODEL 或 UNTDED 编号	填制条件
1	航次航班编号	149 Conveyance reference number	必填
2	运输方式代码	183 Mode/type of means of transport crossing the border，coded	必填
3	运输工具代码	167 Identification of means of transport crossing the border，coded	必填
4	运输工具名称	160 Identification of means of transport crossing the border	必填
5	装箱清单传输人名称	256 Representative person name	必填

序号	中国海关数据元名称	WCO DATA MODEL 或 UNTDED 编号	填制条件
6	装箱单编号	UNTDED 1154	必填
7	装货地代码	070 Place of loading, coded	必填
8	货物装载时间	031 Consignment loading date	必填
9	申报地海关代码?	065 Customs office of declaration, coded	必填
10	集装箱（器）编号	159 Equipment identification number	必填
11	集装箱（器）尺寸和类型	152 Equipment size and type identification	必填
12	集装箱（器）来源代码	151 Equipment supplier type, coded	必填
13	封志号码，类型和施加封志人	165 Seal number	必填
14	总提运单号	015 Transport document number	必填
15	分提运单号	189 Associated transport document number	条件
16	货物海关状态代码	094 Customs status of goods, coded	选填
17	收货人代码	052 Consignee, coded	选填
18	收货人名称	051 Consignee name	必填
19	收货人地址（街道，邮箱）	239 Street and number/P. O. Box	必填
20	城市名称	241 City name	选填
21	省份代码	244 Country sub - entity	选填
22	省份名称	243 Country sub - entity, name	选填
23	邮政编码	245 Postcode identification	选填
24	国家代码	242 Country, coded	选填
25	收货人联系号码	240 Communication number	选填
26	通讯方式类别代码	253 Communication number Type	选填
27	收货人具体联系人名称	246 Department or employee contact name	选填
28	收货人具体联系人联系号码	240 Communication number	选填
29	通讯方式类别代码	253 Communication number Type	选填
30	拼箱人代码	193 Consolidator, coded	条件
31	通知人代码	058 Notify party, coded	选填
32	通知人名称	057 Notify party	条件
33	通知人地址（街道，邮箱）	239 Street and number/P. O. Box	条件
34	城市名称	241 City name	选填
35	省份代码	244 Country sub - entity	选填
36	省份名称	243 Country sub - entity, name	选填
37	邮政编码	245 Postcode identification	选填
38	国家代码	242 Country, coded	选填
39	通知人联系号码	240 Communication number	选填
40	通讯方式类别代码	253 Communication number Type	选填

序号	中国海关数据元名称	WCO DATA MODEL 或 UNTDED 编号	填制条件
41	危险品联系人姓名	045 Dangerous goods contact details	条件
42	危险品联系人联系号码	240 Communication number	条件
43	通讯方式类别代码	253 Communication number Type	条件
44	托运货物序号	006 Consignment item sequence number	必填
45	货物包装种类	141 Type of packages identification	必填
46	货物件数	139 Number of packages per commodity	必填
47	货物简要描述	138 Brief cargo description	必填
48	货物描述补充信息	105 Free text	选填
49	货物毛重	126 Gross weight item level	必填
50	危险品编号	143 UNDG Number（Dangerous Goods Code）	条件
51	唛头	142 Shipping marks	必填
52	海关税则编号（6 位 HS CODE）	145 Tariff code number	选填
53	唯一托运编号	016 Unique consignment reference number	选填
54	备注	105 Free text	选填

附件 6

预配舱单数据项

序号	中国海关数据元名称	WCO DATA MODEL 或 UNTDED 编号	水运主要数据	水运其他数据	空运主要数据	空运其他数据
1	舱单传输人名称	256 Representative person name	必填	—	必填	—
2	运输工具离境地海关代码	047 Customs office of exit，coded	必填	—	必填	—
3	运输工具代理企业代码	061 Agent，coded	条件	—	条件	—
4	承运人代码	050 Carrier identification	必填	—	必填	—
5	航次航班编号	149 Conveyance reference number	必填	必填	*	必填
6	运输方式代码	183 Mode/type of means of transport crossing the border，coded	必填	—	必填	—
7	运输工具代码	167 Identification of means of transport crossing the border，coded	必填	必填	*	选填
8	运输工具名称	160 Identification of means of transport crossing the border	必填	—	*	选填
9	货物装载运输工具时间	031 Consignment loading date	必填	—	选填	—
10	运输工具抵达关境外第一个停靠港代码	085 First port of arrival，coded	*	选填	*	选填

序号	中国海关数据元名称	WCO DATA MODEL 或 UNTDED 编号	水运主要数据	水运其他数据	空运主要数据	空运其他数据
11	运输工具抵达关境外第一个停靠港的日期和时间	172 Date and time of arrival at first port of arrival in Customs territory	*	选填	*	选填
12	运输工具启运日期和时间	156 Departure date and time	*	选填	*	选填
13	总提运单号	015 Transport document number	必填	必填	必填	必填
14	分提运单号	189 Associated transport document number	条件	条件	条件	条件
15	货物体积	134 Cube	*	必填	*	选填
16	托运货物价值	110 Consignment value	*	选填	*	选填
17	金额类型代码	135 Currency，coded	*	选填	*	选填
18	卸货地代码	080 Place of discharge，coded	*	选填	*	选填
19	到达卸货地日期	173 Date of arrival at place of discharge	*	选填	*	选填
20	收货地点代码	055 Goods receipt place，coded	*	选填	*	选填
21	收货地点名称	054 Goods receipt place	*	选填	*	选填
22	中转启运地点代码	084 Transshipment place，coded	*	条件	*	条件
23	中转目的地代码	182 Place of destination of the transit，coded	条件	—	条件	—
24	装货地代码	070 Place of loading，coded	必填	—	必填	—
25	途经的国家代码	064 Country（ies）of routing，coded	*	选填	*	选填
26	货物托运的地点或者国家代码	202Place or country whence consigned，coded	选填	—	选填	—
27	更改原因代码	099Amendment code	*	条件	*	条件
28	货物海关状态代码	094 Customs status of goods，coded	*	选填	*	选填
29	承运人货物分批到/发货标识	011 Carrier split consignment indicator	—	—	*	条件
30	运费支付方法代码	098 Transport charges method of payment，coded	必填	—	必填	选填
31	托运货物件数	146 Total number of packages	必填	—	必填	选填
32	包装种类代码	141 Type of packages identification	必填	—	选填	选填
33	货物总毛重	131 Total gross weight	必填	—	必填	选填
34	前一海关单证类型代码	186 Previous Customs document type，coded	*	选填	*	选填
35	前一海关单证号	007 Previous Customs document number	*	选填	*	选填
36	运输条款代码	091 Contract and carriage condition，coded	*	必填	*	选填
37	码头作业指令代码	093 Handling instructions，coded	*	选填	—	—
38	中间承运人标识	199 Intermediate Carrier identification	*	选填	—	—
39	中间承运人联系号码	240 Communication number	*	选填	*	选填
40	通讯方式类别代码	253 Communication number Type	*	选填	*	选填
41	收货人代码	052 Consignee，coded	*	选填	*	选填

序号	中国海关数据元名称	WCO DATA MODEL 或 UNTDED 编号	水运主要数据	水运其他数据	空运主要数据	空运其他数据
42	收货人名称	051 Consignee name	*	必填	*	必填
43	收货人地址（街道，邮箱）	239 Street and number/P. O. Box	*	必填	*	选填
44	城市名称	241 City name	*	选填	必填	—
45	省份代码	244 Country sub - entity	*	选填	选填	—
46	省份名称	243 Country sub - entity，name	*	选填	选填	—
47	邮政编码	245 Postcode identification	*	选填	选填	—
48	国家代码	242 Country，coded	*	选填	必填	—
49	收货人联系号码	240 Communication number	*	选填	*	选填
50	通讯方式类别代码	253 Communication number Type	*	选填	*	选填
51	收货人具体联系人名称	246 Department or employee contact name	*	选填	*	选填
52	收货人具体联系人联系号码	240 Communication number	*	选填	*	选填
53	通讯方式类别代码	253 Communication number Type	*	选填	*	选填
54	发货人代码	072 Consignor，coded	*	选填	*	选填
55	发货人名称	071 consignor - name	必填	—	必填	—
56	发货人地址（街道，邮箱）	239 Street and number/P. O. Box	必填	—	必填	—
57	城市名称	241 City name	*	选填	必填	—
58	省份代码	244 Country sub - entity	*	选填	选填	—
59	省份名称	243 Country sub - entity，name	*	选填	选填	—
60	邮政编码	245 Postcode identification	*	选填	选填	—
61	国家代码	242 Country，coded	*	选填	选填	—
62	发货人联系号码	240 Communication number	*	选填	*	选填
63	通讯方式类别代码	253 Communication number Type	*	选填	*	选填
64	拼箱人代码	193 Consolidator，coded	条件	—	—	—
65	货物交付目的地地址（街道，邮箱）	239 Street and number/P. O. Box	*	选填	—	—
66	城市名称	241 City name	*	选填	—	—
67	省份代码	244 Country sub - entity	*	选填	—	—
68	省份名称	243 Country sub - entity，name	*	选填	—	—
69	邮政编码	245 Postcode identification	*	选填	—	—
70	国家代码	242 Country，coded	*	选填	—	—
71	通知人代码	058 Notify party，coded	*	选填	*	选填
72	通知人名称	057 Notify party	*	条件	*	选填

序号	中国海关数据元名称	WCO DATA MODEL 或 UNTDED 编号	水运主要数据	水运其他数据	空运主要数据	空运其他数据
73	通知人地址（街道，邮箱）	239 Street and number/P. O. Box	*	条件	*	选填
74	城市名称	241 City name	*	选填	*	选填
75	省份代码	244 Country sub – entity	*	选填	*	选填
76	省份名称	243 Country sub – entity，name	*	选填	*	选填
77	邮政编码	245 Postcode identification	*	选填	*	选填
78	国家代码	242 Country，coded	*	选填	*	选填
79	通知人联系号码	240 Communication number	*	选填	*	选填
80	通讯方式类别代码	253 Communication number Type	*	选填	*	选填
81	危险品联系人姓名	045 Dangerous goods contact details	*	条件	*	条件
82	危险品联系人联系号码	240 Communication number	*	条件	*	条件
83	通讯方式类别代码	253 Communication number Type	*	条件	*	条件
84	集装箱（器）编号	159 Equipment identification number	条件	—	—	—
85	集装箱（器）尺寸和类型	152 Equipment size and type identification	条件	—	—	—
86	集装箱（器）来源代码	151 Equipment supplier type，coded	*	条件	—	—
87	重箱或者空箱标识代码	154 Transport equipment loaded status	*	条件	—	—
88	封志号码，类型和施加封志人	165 Seal number	条件	—	—	—
89	托运货物序号	006 Consignment item sequence number	必填	—	必填	—
90	货物包装种类	141 Type of packages identification	必填	—	选填	—
91	货物件数	139 Number of packages per commodity	必填	—	选填	—
92	货物简要描述	138 Brief cargo description	必填	—	*	必填
93	货物描述补充信息	105 Free text	*	选填	*	选填
94	货物毛重	126 Gross weight item level	必填	—	选填	—
95	危险品编号	143 UNDG Number（Dangerous Goods Code）	条件	—	*	条件
96	唛头	142 Shipping marks	*	必填	*	选填
97	海关手续代码	166 Customs procedure，coded	*	选填	*	选填
98	海关税则编号（6 位 HS CODE）	145 Tariff code number	*	选填	*	选填
99	原产地代码	063 Country of origin，coded	*	选填	*	选填
100	唯一托运编号	016 Unique consignment reference number	*	选填	*	选填
101	备注	105 Free text	选填	选填	选填	选填

附件 7

装载舱单数据项

序号	中国海关数据元名称	WCO DATA MODEL 或 UNTDED 编号	水运装载	空运装载
1	承运人代码	050 Carrier identification	必填	必填
2	航次航班编号	149 Conveyance reference number	必填	必填
3	运输方式代码	183 Mode/type of means of transport crossing the border，coded	必填	必填
4	运输工具代码	167 Identification of means of transport crossing the border，coded	必填	选填
5	运输工具名称	160 Identification of means of transport crossing the border	必填	选填
6	货物装载运输工具时间	031 Consignment loading date	必填	必填
7	总提运单号	015 Transport document number	必填	必填
8	装货地代码	070 Place of loading，coded	必填	必填
9	托运货物件数	146 Total number of packages	必填	必填
10	包装种类代码	141 Type of packages identification	必填	选填
11	货物总毛重	131 Total gross weight	必填	必填
12	承运人货物分批到/发货标识	011 Carrier split consignment indicator	—	必填
13	集装箱（器）编号	159 Equipment identification number	条件	选填
14	集装箱尺寸和类型	152 Equipment size and type identification	条件	选填
15	重箱或者空箱标识代码	154 Transport equipment loaded status	条件	选填
16	封志号码，类型和施加封志人	165 Seal number	条件	选填
17	货物简要描述	138 Brief cargo description	选填	选填
18	备注	105 Free text	选填	选填

中华人民共和国海关总署公告

2008 年第 55 号

根据《中华人民共和国反倾销条例》的规定，国务院关税税则委员会决定自 2006 年 1 月 16 日起，对原产于日本、美国、英国和德国的进口初级形态二甲基环体硅氧烷征收反倾销税。其中，日本通用电气东芝有机硅有限公司（GE Toshiba Silicones Co.，Ltd.）适用的反倾销税税率为 14%（海关总署 2006 年第 3 号公告和商务部 2005 年第 123 号公告）。近据商务部确认，决定由迈图高新材料日本有限公司（Momentive Performance Materials Japan LLC）继承日本通用电气东芝有机硅有限公司在初级形态二甲基环体硅氧烷反倾销案中适用的反倾销税税率。现将执行中有关事项公告如下：

一、自 2008 年 8 月 19 日起，对以迈图高新材料日本有限公司为原产厂商名称申报进口的初级形态二甲基环体硅氧烷，海关按照 14% 的反倾销税税率征收反倾销税；对以日本通用电气东芝有机硅有限公司为原产厂商名称申报进口的初级形态二甲基环体硅氧烷，海关按照“其他日本公司”22%的反倾销税税率征收反倾销税。

二、对日本、美国、英国和德国的进口初级形态二甲基环体硅氧烷征收反倾销税的其他事项，仍按照海关总署相关公告的规定执行。

特此公告。

附件 中华人民共和国商务部 2008 年第 57 号公告（略）

海关总署

2008 年 8 月 18 日

中华人民共和国海关总署公告

2008 年第 56 号

经国务院批准，自 2008 年 8 月 20 日起至 2008 年 12 月 31 日，对部分商品出口关税税率进行调整，现将有关事项公告如下：

一、对一般贸易项下出口的铝合金（税号：7601.2000）征收出口暂定关税，暂定税率为 15%；

二、将焦炭（税号：2704.0010）的出口暂定税率由 25% 提高至 40%；

三、将炼焦煤（税号：2701.1210）出口暂定税率由 5% 提高至 10%；

四、对其他烟煤等（税号：2701.1100、2701.1290、2701.1900、2701.2000、2702.1000、2702.2000、2703.0000）征收出口暂定关税，暂定税率为 10%。

特此公告。

海关总署

2008 年 8 月 19 日

中华人民共和国海关总署公告

2008 年第 57 号

经国务院批准，自 2008 年 9 月 1 日起，对部分乘用车进口环节消费税进行调整，现将有关事项公告如下：

一、将气缸容量（排气量，下同）1.0 升以下（含 1.0 升）的乘用车进口环节消费税税率由 3% 下调至 1%；

二、将气缸容量 3.0 升以上（不含 3.0 升）至 4.0 升（含 4.0 升）的乘用车进口环节消费税税率由 15% 上调至 25%；

三、将气缸容量 4.0 升以上的乘用车进口环节消费税税率由 20% 上调至 40%。

乘用车进口环节消费税税目、税率调整对照表详见本公告附件。

特此公告。

附件 乘用车进口环节消费税税目、税率调整对照表

海关总署

2008 年 8 月 20 日

附件

乘用车进口环节消费税税目、税率调整对照表

税则号列	商品名称 （简称）	调整前税率 （%）	调整后税率 （%）	备注
ex8702. 1092	20≤座≤23 柴油客车	5	5	*
8702. 1093	10≤座≤19 柴油客车	5	5	*
ex8702. 9020	20≤座≤23 非柴油客车	5	5	*
8702. 9030	10≤座≤19 非柴油客车	5	5	*
8703. 2130	排气量≤1 升的小轿车	3	1	降低税率
8703. 2190	排气量≤1 升的其他车辆	3	1	降低税率
8703. 2230	1 升 < 排气量≤1. 5 升的小轿车	3	3	*
8703. 2240	1 升 < 排气量≤1. 5 升的越野车	3	3	*
8703. 2250	1 升 < 排气量≤1. 5 升，≤9 座的小客车	3	3	*
8703. 2290	1 升 < 排气量≤1. 5 升的其他载人车辆	3	3	*
8703. 2314	1. 5 升 < 排气量≤2 升的小轿车	5	5	*
	2 升 < 排气量≤2. 5 升的小轿车	9	9	*
8703. 2315	1. 5 升 < 排气量≤2 升的越野车	5	5	*
	2 升 < 排气量≤2. 5 升的越野车	9	9	*
8703. 2316	1. 5 升 < 排气量≤2 升，≤9 座的小客车	5	5	*
	2 升 < 排气量≤2. 5 升，≤9 座的小客车	9	9	*
8703. 2319	1. 5 升 < 排气量≤2 升的其他载人车辆	5	5	*
	2 升 < 排气量≤2. 5 升的其他载人车辆	9	9	*
8703. 2334	2. 5 升 < 排气量≤3 升的小轿车	12	12	*
8703. 2335	2. 5 升 < 排气量≤3 升的越野车	12	12	*
8703. 2336	2. 5 升 < 排气量≤3 升，≤9 座的小客车	12	12	*
8703. 2339	2. 5 升 < 排气量≤3 升的其他载人车辆	12	12	*
8703. 2430	3 升 < 排气量≤4 升的小轿车	15	25	提高税率
	排气量 >4 升的小轿车	20	40	提高税率

税则号列	商品名称（简称）	调整前税率（%）	调整后税率（%）	备注
8703.2440	3 升 < 排气量≤4 升的越野车	15	25	提高税率
	排气量 >4 升的越野车	20	40	提高税率
8703.2450	3 升 < 排气量≤4 升，≤9 座的小客车	15	25	提高税率
	排气量 >4 升，≤9 座的小客车	20	40	提高税率
8703.2490	3 升 < 排气量≤4 升的其他载人车辆	15	25	提高税率
	排气量 >4 升的其他载人车辆	20	40	提高税率
8703.3130	排气量≤1 升的小轿车	3	1	降低税率
	1 升 < 排气量≤1.5 升的小轿车	3	3	*
8703.3140	排气量≤1 升的越野车	3	1	降低税率
	1 升 < 排气量≤1.5 升的越野车	3	3	*
8703.3150	排气量≤1 升，≤9 座的小客车	3	1	降低税率
	1 升 < 排气量≤1.5 升，≤9 座的小客车	3	3	*
8703.3190	排气量≤1 升的其他载人车辆	3	1	降低税率
	1 升 < 排气量≤1.5 升的其他载人车辆	3	3	*
8703.3230	1.5 升 < 排气量≤2 升的小轿车	5	5	*
	2 升 < 排气量≤2.5 升的小轿车	9	9	*
8703.3240	1.5 升 < 排气量≤2 升的越野车	5	5	*
	2 升 < 排气量≤2.5 升的越野车	9	9	*
8703.3250	1.5 升 < 排气量≤2 升，≤9 座的小客车	5	5	*
	2 升 < 排气量≤2.5 升，≤9 座的小客车	9	9	*
8703.3290	1.5 升 < 排气量≤2 升的其他载人车辆	5	5	*
	2 升 < 排气量≤2.5 升的其他载人车辆	9	9	*
8703.3330	2.5 升 < 排气量≤3 升的小轿车	12	12	*
	3 升 < 排气量≤4 升的小轿车	15	25	提高税率
	排气量 >4 升的小轿车	20	40	提高税率
8703.3340	2.5 升 < 排气量≤3 升的越野车	12	12	*
	3 升 < 排气量≤4 升的越野车	15	25	提高税率
	排气量 >4 升的越野车	20	40	提高税率

税则号列	商品名称 （简称）	调整前税率 （%）	调整后税率 （%）	备注
8703.3350	2.5 升＜排气量≤3 升，≤9 座的小客车	12	12	*
	3 升＜排气量≤4 升，≤9 座的小客车	15	25	提高税率
	排气量＞4 升，≤9 座的小客车	20	40	提高税率
8703.3390	2.5 升＜排气量≤3 升的其他载人车辆	12	12	*
	3 升＜排气量≤4 升的其他载人车辆	15	25	提高税率
	排气量＞4 升的其他载人车辆	20	40	提高税率
8703.9000	其他型排气量≤1 升的其他载人车辆	3	1	降低税率
	其他型 1 升＜排气量≤1.5 升的其他载人车辆	3	3	*
	其他型 1.5 升＜排气量≤2 升的其他载人车辆	5	5	*
	其他型 2 升＜排气量≤2.5 升的其他载人车辆	9	9	*
	其他型 2.5 升＜排气量≤3 升的其他载人车辆	12	12	*
	其他型 3 升＜排气量≤4 升的其他载人车辆	15	25	提高税率
	其他型排气量＞4 升的其他载人车辆	20	40	提高税率
	电动汽车和其他无法区分排气量的载人车辆	0	0	*
8711.1000	排气量≤50 毫升摩托车及脚踏两用车	3	3	*
8711.2010	50 毫升＜排气量≤100 毫升摩托车及脚踏两用车	3	3	*
8711.2020	100 毫升＜排气量≤125 毫升摩托车及脚踏两用车	3	3	*
8711.2030	125 毫升＜排气量≤150 毫升摩托车及脚踏两用车	3	3	*
8711.2040	150 毫升＜排气量≤200 毫升摩托车及脚踏两用车	3	3	*
8711.2050	200 毫升＜排气量≤250 毫升摩托车及脚踏两用车	3	3	*
8711.3010	250 毫升＜排气量≤400 毫升摩托车及脚踏两用车	10	10	*
8711.3020	400 毫升＜排气量≤500 毫升摩托车及脚踏两用车	10	10	*
8711.4000	500 毫升＜排气量≤800 毫升摩托车及脚踏两用车	10	10	*
8711.5000	排气量＞800 毫升摩托车及脚踏两用车	10	10	*
8711.9010	电动摩托车及脚踏两用车	0	0	*
8711.9090	排气量≤250 毫升摩托车及脚踏两用车	3	3	*
	排气量＞250 毫升摩托车及脚踏两用车	10	10	*
	其他无法区分排气量的摩托车及脚踏两用车	3	3	*

注：1. “ex”标识表示非全税目商品。

2. 备注栏中*号表示税率未做调整。

中华人民共和国海关总署公告

2008 年第 58 号

2003 年，国务院关税税则委员会根据商务部反倾销调查结果，决定对原产于欧盟的进口邻苯二酚征收反倾销税，征税时间自 2003 年 8 月 27 日起，期限为 5 年。在征税期限届满之际，应国内相关企业的申请，商务部决定对原产于欧盟的进口邻苯二酚所适用的反倾销措施进行期终复审调查。国务院关税税则委员会决定，在反倾销措施期终复审调查期间，对原产于欧盟的进口邻苯二酚继续征收反倾销税。现就执行中的有关事项公告如下：

自 2008 年 8 月 27 日起，海关对申报进口原产于欧盟的邻苯二酚，继续按照中华人民共和国海关总署 2003 年第 51 号公告和 2005 年第 51 号公告规定的产品范围、税率和公式征收反倾销税。

特此公告。

附件　中华人民共和国商务部 2008 年第 52 号公告（略）

海关总署

2008 年 8 月 21 日

中华人民共和国海关总署公告

2008 年第 59 号

根据《中华人民共和国反倾销条例》的规定，国务院关税税则委员会决定自 2008 年 8 月 27 日起，对原产于欧盟的进口邻苯二酚继续征收反倾销税。其中，法国罗地亚有机化工股份有限公司（Rhodia Organique SAS）适用的反倾销税税率为 50%（海关总署 2008 年第 58 号公告和商务部 2008 年第 52 号公告）。最近，根据涉案企业申请，决定由法国罗地亚经营管理公司（Rhodia Operations）继承法国罗地亚有机化工股份有限公司在原产于欧盟的邻苯二酚反倾销案中适用的反倾销税税率。现将执行中有关事项公告如下：

一、自 2008 年 8 月 29 日起，对以法国罗地亚经营管理公司为原产厂商名称申报进口的邻苯二酚，海关按照 50% 的反倾销税税率征收反倾销税；对以法国罗地亚有机化工股份有限公司为原产厂商名称申报进口的邻苯二酚，海关按照“其他欧盟公司”79% 的反倾销税税率征收反倾销税。

二、对原产于欧盟的进口邻苯二酚征收反倾销税的其他事项，仍按照海关总署相关公告的规定执行。

特此公告。

附件　中华人民共和国商务部 2008 年第 63 号公告（略）

海关总署

2008 年 8 月 26 日

中华人民共和国海关总署公告

2008 年第 60 号

为鼓励国内外社会各界向汶川特大地震受灾地区捐赠救灾物资，支持和帮助灾区积极开展生产自救、重建家园，经国务院批准，现将有关抗震救灾进口物资的税收政策及相关问题公告如下：

一、对在汶川特大地震发生后 3 个月内（即从 2008 年 5 月 12 日至 2008 年 8 月 12 日），境外捐赠进口直接用于抗震救灾的各类物资，国内有关政府部门、企事业单位、社会团体、个人以及来华或在华的外国公民从境外或海关特殊监管区域进口并直接捐赠给地震灾区用于抗震救灾的各类物资，以及境内加工贸易企业捐赠直接用于抗震救灾的加工贸易货物和国内有关单位直接捐赠给灾区用于抗震救灾的物资中所用的进口原材料和零部件，全部免征进口关税和进口环节增值税、消费税。

二、在 2008 年 5 月 12 日至 2008 年 8 月 12 日期间，民政部、全国妇联、中国红十字会总会、中国地震局及省级地震局、各省、自治区、直辖市的民政部门、中华慈善总会、四川省慈善总会、地方红十字会、地方抗震救灾指挥部以及其他省部级以上（含省部级）单位，均可作为接收单位接受境内外捐赠直接用于抗震救灾的各类进口物资，并享受上述免税政策。

三、在 2008 年 5 月 12 日至 2008 年 8 月 12 日期间，无明确接收方的境外捐赠救灾物资，统一由中国红十字会总会负责接收，并向海关申请办理有关减免税手续。

四、对在 2008 年 5 月 12 日至 2008 年 8 月 12 日期间进口直接用于抗震救灾的各类物资（包括食品、药品、医疗器械等），加工贸易企业捐赠直接用于抗震救灾的加工贸易货物所用的进口原材料、零部件，以及随境外救援队、医疗队或包机进境的旧机电产品、旧汽车、旧医疗器械等，需要提交相关许可证件、通关证明文件或加工贸易内销批准证的，经海关核实确实用于抗震救灾后，准予免予提交有关证件。

五、对在 2008 年 5 月 12 日至 2008 年 8 月 12 日期间进口直接用于抗震救灾的汽车、药品等物资，由非指定口岸进口的，准予在进口口岸办理清关手续。

六、对上述可以免税进口的救灾物资已经缴纳的税款，准予退还。

七、为加强对捐赠进口救灾物资的管理，自 2008 年 8 月 13 日起，恢复按照 1998 年国务院批准的《关于救灾捐赠物资免征进口税收的暂行办法》（署税〔1998〕443 号）的规定执行，同时恢复执行其他各项现行进口相关政策和规定。

八、自 2008 年 7 月 1 日起，对受灾地区企业、单位或支援受灾地区重建的企业、单位进口国内不能满足供应并直接用于灾后恢复重建的大宗物资、设备等，在 3 年内给予进口税收优惠。

享受上述进口税收优惠政策的物资、设备的范围、数量等，由各省、自治区、直辖市、计划单列市人民政府或国务院有关部门负责将所在地企业或归口管理单位提交的进口物资减免税申请汇总后，报财政部会同有关部门共同审核提出处理意见，报请国务院批准。

在享受进口税收优惠政策的物资、设备的范围、数量等确定前，有关企业、单位进口灾后恢复重建物资的，在进口企业、单位提供相关省、自治区、直辖市、计划单列市人民政府办公厅或国务院有关部门办公厅出具的证明函后，进口地海关可凭证明函和进口企业、单位提供的税款担保先予办理货物放行手续，待有关规定明确后再办理进口物资的征免税结关手续。

特此公告。

海关总署

2008 年 8 月 28 日

中华人民共和国海关总署公告

2008 年第 61 号

2003 年，国务院关税税则委员会根据商务部反倾销调查结果，决定对原产于韩国、日本、印度的进口邻苯二甲酸酐征收反倾销税，征税时间自 2003 年 8 月 31 日起，期限为 5 年。在征税期限届满之际，应国内相关企业的申请，商务部决定对原产于韩国、日本、印度的进口邻苯二甲酸酐所适用的反倾销措施进行期终复审调查。国务院关税税则委员会决定，在反倾销措施期终复审调查期间，对原产于韩国、日本、印度的进口邻苯二甲酸酐继续征收反倾销税。现就执行中的有关事项公告如下：

自 2008 年 8 月 31 日起，海关对申报进口原产于韩国、日本、印度的邻苯二甲酸酐，继续按照中华人民共和国海关总署 2003 年第 52 号公告规定的产品范围、税率和公式等征收反倾销税。

特此公告。

附件　中华人民共和国商务部 2008 年第 53 号公告（略）

海关总署

2008 年 8 月 28 日

中华人民共和国海关总署公告

2008 年第 62 号

经国务院批准，从 2008 年 9 月 1 日起至 2008 年 12 月 31 日，对除鸟粪外的动植或植物肥料（税号 3101. 0019、3101. 0090）征收 460 元/吨的出口暂定关税。

特此公告。

海关总署

2008 年 8 月 29 日

中华人民共和国海关总署公告

2008 年第 63 号

经国务院批准，对部分产品出口关税进行调整。现将有关事项公告如下：

一、从 2008 年 9 月 1 日起将氮肥及合成氨的特别出口关税上调之 150%，并实施至 2008 年 12 月 31 日。

二、自 2008 年 10 月 1 日至 12 月 31 日，对除上述两种产品外的其他化肥及化肥原料继续征收 100% 特别出口关税。

特此公告。

附件　化肥类产品特别出口关税税目税率表

海关总署

2008 年 8 月 29 日

附件

化肥类产品特别出口关税税目税率表

商品名称	税号	出口关税税率	特别出口关税税率
磷酸	2809.2019	0	100%
氨	2814.1000 2814.2000	0 0	150%（9月1日起执行）
氮肥	2827.1010 2827.1090 3102.1000 3102.2100 3102.2900 3102.3000 3102.4000 3102.5000 3102.6000 3102.8000 3102.9010 3102.9090	0 0 4月1日－9月30日：35% 10月1日－12月31日：25% 0 0 0 0 0 0 0 0 0	150%（9月1日起执行）
磷肥	3103.1010 3103.1090 3103.9000	30% 30% 0	100%
钾肥	2834.2110 2834.2190 3104.2090 3104.3000 3104.9010 3104.9090	30% 0 30% 30% 30% 30%	100%
复合肥及其他化肥	3105.1000 3105.2000 3105.3000 3105.4000 3105.5100 3105.5900 3105.6000 3105.9000	0 2月15日－9月30日：35% 10月1日－12月31日：20% 2月15日－9月30日：35% 10月1日－12月31日：20% 2月15日－9月30日：35% 10月1日－12月31日：20% 0 2月15日－9月30日：35% 10月1日－12月31日：20% 2月15日－9月30日：35% 10月1日－12月31日：20% 0	100%

中华人民共和国海关总署公告

2008年第64号

自2007年7月起，海关总署陆续发布了一系列重大技术装备专项进口税收政策的公告。为保证统一、规范执行相关政策，现对上述公告中重大技术装备整机进口免税政策调整事宜及有关重大技术装备整机对应的税则号列等相关事项予以进一步明确并公告如下：

一、海关总署2007年第36号公告、海关总署2008年第9号、第10号、第15号、第24号、第29号和第30号公告中对重大技术装备整机进口免税政策的调整，适用于所有国内投资和外商投资项目，以及加工贸易项下外商提供的不作价设备和从海关特殊监管区域出区运往境内区外的设备。其中外商投资项目包括中西部外商投资优势产业项目、外国政府贷款和国际金融组织贷款项目、外商投资企业自有资金项目。

二、海关总署2007年第36号公告、海关总署2008年第9号、第15号公告中涉及进口免税政策调整的重大技术装备整机的税则号列详见本公告附件；海关总署2008年第10号、第24号、第29号和第30号公告中涉及进口免税政策调整的重大技术装备整机的税则号列范围已在相关公告中明确。

遇到因年度税则税目调整，导致实施重大技术装备专项进口税收政策的有关公告以及本公告附件所列的设备名称与其对应的税则号列不一致的，应以设备名称为相关政策执行依据。

三、中西部外商投资优势产业项目、外国政府贷款和国际金融组织贷款项目进口设备中，有海关总署2007年第36号公告、海关总署2008年第9号、第10号、第15号和第24号公告列明技术规格以内的重大技术装备整机，在2008年9月15日前，海关已经按照规定办理免税审批手续的，已出具的有关“进出口货物征免税证明”仍然有效。

四、自2008年9月15日起，外商投资企业自有资金项目进口海关总署2007年第36号公告、海关总署2008年第9号、第10号、第15号、第24号、第29号和第30号公告中列明技术规格以内的重大技术装备整机，申请办理减免税审批手续的，海关一律不予受理。

2008年9月15日前，外商投资企业自有资金项目进口设备中有上述公告中列明技术规格以内的重大技术装备整机，海关已经按照规定办理免税审批手续的，已出具的“进出口货物征免税证明”在有效期内仍然有效，但不得延期。

五、自2008年9月15日起，对加工贸易企业以加工贸易项下外商提供的不作价设备方式进口海关总署2007年第36号公告、海关总署2008年第9号、第10号、第15号、第24号和第30号公告中列明技术规格以内的重大技术装备整机，应按本公告规定予以照章征税；对申请办理加工贸易手册备案或增加商品项变更的，海关一律不予受理。

对加工贸易企业以加工贸易项下外商提供的不作价设备方式进口海关总署2008年第29号公告中列明技术规格以内的重大技术装备整机，按该公告的规定照章征收进口关税，免征进口环节增值税，仍然采用加工贸易手册管理。在进行加工贸易手册备案时，其“征免方式”应填写“特案”。

2008年9月15日前，加工贸易项下外商提供的不作价设备中有本条前两款所述公告中列明技术规格以内的重大技术装备整机，且海关已经按照规定办理加工贸易手册备案的，仍按现行外商提供不作价设备的有关管理规定执行。

特此公告。

附件　调整免税政策的重大技术装备整机税则号列对照表

海关总署

2008年9月2日

附件

调整免税政策的重大技术装备整机税则号列对照表

公告名称	重大装备整机名称	对应税则号列
海关总署 2007 年第 36 号公告	自动络筒机	8445.4010
	喷气织机	8446.3050
海关总署 2008 年第 9 号公告	电牵引采煤机	8430.3100
	刮板输送机	8428.3990
	刮板转载机	8428.3990
	提升机	8425.1100，8425.1900
	液压支架	8479.8990
	大型破碎站	8474.2010，8474.2020，8474.2090
	固定式带式输送机	8428.3300
海关总署 2008 年第 15 号公告	履带式拖拉机	8701.3000
	轮式拖拉机	8701.9011
	半喂入水稻联合收割机	8433.5100
	马铃薯联合收获机	8433.5300
	自走式青贮饲料收获机	8433.5990
	马铃薯种植机	8432.3000
	大型小麦免耕播种机	8432.3000
	水稻覆土直播机	8432.3000
	采棉机	8433.5920

中华人民共和国海关总署公告

2008 年第 65 号

根据 2008 年版《中华人民共和国进出口税则》（以下简称《税则》）的税目调整情况，经商财政部，对此前下发的《外商投资项目不予免税的进口商品目录》（署税发〔2002〕81 号的附件 2）和《停止减免税的 20 种商品税号对照表》、《停止减免税的 20 种商品（餐料）税号对照表》（海关总署 2004 年第 7 号公告的附件 1、2）中的商品税则号列进行调整（详见附件），现就有关问题公告如下：

一、此次调整，主要是根据 2008 年版《税则》税目的调整以及上述目录、商品税号对照表所列有关商品的税则号列不够准确等情况，调整了相关商品的税则号列。

二、《外商投资项目不予免税的进口商品目录》所列商品和经国务院批准一律停止减免关税和进口环节增值税的 20 种商品的税则号列，自 2008 年 9 月 10 日起按照本公告的规定执行。

三、为保持政策的连续性，对于2008年9月10日以前海关按照有关政策规定和本次调整前的税则号列已出具的“进出口货物征免税证明”尚在有效期内的，允许继续使用，但不得延期。货物已经征税或免税进口的，税款不予调整。

四、对今后由于《税则》税目调整而造成有关目录中列名商品的税则号列与该商品当年应当适用的税则号列不一致的情况，进口有关目录中的商品，其税则号列应当按照当年版《税则》予以确定。

五、自2008年9月10日起，《海关总署关于执行〈外商投资产业指导目录〉有关问题的通知》（署税发〔2002〕81号）附件2所列《外商投资项目不予免税的进口商品目录》和海关总署2004年第7号公告停止执行。

特此公告。

附件1　外商投资项目不予免税的进口商品目录
附件2　停止减免税的20种商品（不包括餐料）税则号列表
附件3　停止减免税的20种商品（餐料）税则号列表

海关总署
2008年9月2日

附件1

外商投资项目不予免税的进口商品目录

序号	商品名称	2008年版税则号列	备注
1	电视机	8528.4910、8528.4990、8528.5910、8528.5990、8528.6910、8528.6990、8528.7110、8528.7180、8528.7190、8528.7211、8528.7212、8528.7219、8528.7221、8528.7222、8528.7229、8528.7231、8528.7232、8528.7239、8528.7291、8528.7292、8258.7299、8528.7300	
2	摄像机	8525.8012、8525.8013、8525.8032、8525.8033、8525.8039	
3	录像机	8521.1011、8521.1019、8521.9011、8521.9012、8521.9019、8521.9090	
4	放像机	8521.1020、8521.9011、8521.9012、8521.9019、8521.9090	
5	音响设备	8518.1000、8518.2100、8518.2200、8518.2900、8518.4000、8518.5000、8519.2000、8519.3000、8519.8111、8519.8112、8519.8121、8519.8119、8519.8129、8519.8139、8519.8910、8519.8990、8527.1200、8527.1300、8527.1900、8527.2100、8527.2900、8527.9100、8527.9200、8527.9900	

序号	商品名称	2008 年版税则号列	备注
6	空调器	8415.1010、8415.1021、8415.1022、8415.2000、8415.8110、8415.8120、8415.8210、8415.8220、8415.8300	不包括中央空调： （中央空调的定义：1. 指具有控制系统、空气处理系统和空气分配系统的空调。其主要形式有风机盘管式空调和风道式空调；2. 对于难以判断是否为中央空调，可按其制冷量作为判断标准，即制冷量在10万大卡以上的，可作为中央空调处理。）
7	电冰箱 电冰柜	8418.1010、8418.1020、8418.1030、8418.2110、8418.2120、8418.2130、8418.2910、8418.2920、8418.2990、8418.3021、8418.3029、8418.4021、8418.4029、8418.5000	不包括具有混合、搅拌、制冷功能的现调机。
8	洗衣机	8450.1110、8450.1120、8450.1190、8450.1200、8450.1900、8450.2000、8451.1000	
9	照相机	8525.8022、8525.8029、9006.4000、9006.5100、9006.5300、9006.5990	
10	复印机	8443.3110、8443.3190、8443.3911、8443.3912、8443.3921、8443.3922、8443.3923、8443.3924	包括落地式数码复印机。
11	程控电话交换机	8517.6211、8517.6212、8517.6219	
12	微型计算机及外设	8443.3110、8443.3190、8443.3211、8443.3212、8443.3213、8443.3219、8471.3000、8471.4140、8471.4940、8471.5040、8471.6050、8471.6060、8471.6071、8471.6072、8471.6090、8471.7090、8523.5110、8523.5120、8525.8013、8528.5110、8528.5190、8528.6100、8528.4100	不包括工作站。 税号 8471.6090 仅指 IC 卡读入器； 税号 8471.7090 仅指移动硬盘； 税号 8525.8013 仅指计算机用网络摄像头。
13	电话机	8517.1100、8517.1210、8517.1220、8517.1800、8517.6990	税号 8517.6990 仅指可视电话。
14	无线寻呼系统	8517.6110、8517.6190、8517.6299、8517.6910	税号 8517.6190 仅指无线寻呼基地台和移动通讯的收发讯基站，对移动通信设备中的车载电台（不含端机），应归入税号 8517.6299。
15	传真机	8443.3110、8443.3190、8443.3290	
16	电子计算器	8470.1000、8470.2100、8470.2900	

序号	商品名称	2008 年版税则号列	备注
17	打字机及文字处理机	8469.0011、8469.0012、8469.0020、8469.0030	
18	汽车	税目 87.02、87.03 和 87.04 项下的全部税号	
19	摩托车	税目 87.11 项下的全部税号	
20	其他	《中华人民共和国进出口税则》中第一章至第八十三章、第九十一章至第九十七章的所有税号	不含随项目设备进口的技术及配套件、备件。
说明：对“成套设备”内含的本附件所列设备，如符合“功能机组”规定的，则按税则第十六类类注四和第九十章章注三的规定归类，否则，按具体列名分别归类。			

注：未列入本目录中的商品，但其他政策法规已明确规定不予免税的，应照章征税。

附件 2

停止减免税的 20 种商品（不包括餐料）税则号列表

序号	商品名称	2004 版税则号列	对应 2008 版税则号列	备注
1	电视机	8528.1210、8528.1221、8528.1222、8528.1239、8528.1249、8528.1290、8528.1223、8528.1224、8528.1238、8528.1248、8528.1290、8528.1310、8528.1320、8528.1330、8528.1340、8528.2100、8528.2200、8528.3010、8528.3020	8528.4910、8528.4990、8528.5910、8528.5990、8528.6910、8528.6990、8528.7110、8528.7180、8528.7190、8528.7211、8528.7212、8528.7219、8528.7221、8528.7222、8528.7229、8528.7231、8528.7232、8528.7239、8528.7291、8528.7292、8258.7299、8528.7300	
2	摄像机	8525.3091、8525.3099	8525.8012、8525.8013	
		8525.4042	8525.8033	
		8525.4041、8525.4049	8525.8032、8525.8039	
3	录像机	8521.1011、8521.1019	8521.1011、8521.1019	
		8521.9011、8521.9012、8521.9019、8521.9090	8521.9011、8521.9012、8521.9019、8521.9090	
4	放像机	8521.1020	8521.1020	
		8521.9011、8521.9012、8521.9019、8521.9090	8521.9011、8521.9012、8521.9019、8521.9090	

序号	商品名称	2004 版税则号列	对应 2008 版税则号列	备注
5	音响设备	8518. 1000	8518. 1000	
		8518. 2100	8518. 2100	
		8518. 2200	8518. 2200	
		8518. 2900	8518. 2900	
		8518. 4000	8518. 4000	
		8518. 5000	8518. 5000	
		8519. 1000	8519. 2000	
		8519. 2100	8519. 8910	
		8519. 2900	8519. 8910	
		8519. 3100	8519. 3000	
		8519. 3900	8519. 3000	
		8519. 4000	8519. 8119、8519. 8129、8519. 8139、8519. 8990	
		8519. 9200	8519. 8111	
		8519. 9300	8519. 8111	
		8519. 9910	8519. 2000、8519. 8121	
		8519. 9990	8519. 2000、8519. 8119、8519. 8129、8519. 8139、8519. 8990	
		8520. 3210	8519. 8112	
		8520. 3300	8519. 8112	
		8527. 1200	8527. 1200	
		8527. 1300	8527. 1300	
		8527. 1900	8527. 1900	
		8527. 2100	8527. 2100	
		8527. 2900	8527. 2900	
		8527. 3100	8527. 9100	
		8527. 3200	8527. 9200	
		8527. 3900	8527. 9900	
6	空调器	8415. 1010、8415. 1021、8415. 1022	8415. 1010、8415. 1021、8415. 1022	不包括中央空调（中央空调的定义：1. 指具有控制系统、空气处理系统和空气分配系统的空调。其主要形式有风机盘管式空调和风道式空调；2. 对于难以判断是否为中央空调，可按其制冷量作为判断标准，即制冷量在 10 万大卡以上的，可作为中央空调处理。）
		8415. 2000	8415. 2000	
		8415. 8110	8415. 8110	
		8415. 8120	8415. 8120	
		8415. 8210	8415. 8210	
		8415. 8220	8415. 8220	
		8415. 8300	8415. 8300	

序号	商品名称	2004版税则号列	对应2008版税则号列	备注
7	电冰箱 电冰柜	8418.1010	8418.1010	不包括具有混合、搅拌、制冷功能的现调机。
		8418.1020、8418.1030	8418.1020、8418.1030	
		8418.2110、8418.2120、8418.2130	8418.2110、8418.2120、8418.2130	
		8418.2200	8418.2920	
		8418.2900	8418.2910、8418.2990	
		8418.3021	8418.3021	
		8418.3029	8418.3029	
		8418.4021	8418.4021	
		8418.4029	8418.4029	
		8418.5000	8418.5000	
8	洗衣机	8450.1110、8450.1120、8450.1190	8450.1110、8450.1120、8450.1190	
		8450.1200	8450.1200	
		8450.1900	8450.1900	
		8450.2000	8450.2000	
		8451.1000	8451.1000	
9	照相机	9006.4000	9006.4000	
		9006.5100	9006.5100	
		9006.5300	9006.5300	
		9006.5990	9006.5990	
		8525.4050	8525.8022、8525.8029	
10	复印机	9009.1110	8443.3911	包括落地式数码复印机。
		9009.1190	8443.3911	
		9009.1210	8443.3110、8443.3190、8443.3912	
		9009.1290	8443.3110、8443.3190、8443.3912	
		9009.2110	8443.3921	
		9009.2190	8443.3921	
		9009.2210	8443.3922	
		9009.2290	8443.3922	
		9009.3010	8443.3923、8443.3924	
		9009.3090	8443.3923、8443.3924	
11	程控电话 交换机	8517.3011	8517.6211	
		8517.3013	8517.6212	
		8517.3019	8517.6219	
		8517.3091、8517.3099	8517.6219	

序号	商品名称	2004 版税则号列	对应 2008 版税则号列	备注
12	微型计算机及外设	8471.3000	8471.3000	不包括工作站。 税号 8471.6090 仅指 IC 卡读入器； 税号 8471.7090 仅指移动硬盘； 税号 8525.8013 仅指计算机用网络摄像头。
		8471.4140	8471.4140	
		8471.4940	8471.4940	
		8471.5040	8471.5040	
		8471.6011、8471.6012、8471.6019	8528.5110、8528.4100、8528.5190、8528.6100	
		8471.6031	8443.3211	
		8471.6032	8443.3110、8443.3212	
		8471.6033	8443.3213、8443.3190	
		8471.6039	8443.3219、8443.3190	
		8471.6050	8471.6050	
		8471.6060	8471.6060	
		8471.6070	8471.6071、8471.6072	
		8471.6090	8471.6090	
		8471.7090	8523.5110、8523.5120、8471.7090	
		8525.3099	8525.8013	
13	电话机	8517.1100	8517.1100	税号 8517.6990 仅指可视电话。
		8517.1910	8517.6990	
		8517.1990	8517.1800	
		8525.2022	8517.1210	
		8525.2023	8517.1220	
14	无线寻呼系统	8527.9010	8517.6910	税号 8517.6190 仅指无线寻呼基地台和移动通讯的收发讯基站，对移动通信设备中的车载电台（不含端机），应归入税号 8517.6299。
		8525.1090	8517.6190、8517.6299	
		8525.2092、8525.2099	8517.6110、8517.6190	
15	传真机	8517.2100	8443.3110、8443.3190、8443.3290	
16	电子计算器	8470.1000	8470.1000	
		8470.2100	8470.2100	
		8470.2900	8470.2900	
17	打字机及文字处理机	8469.1100	8469.0011	
		8469.1200	8469.0012	
		8469.2000	8469.0020	
		8469.3000	8469.0030	

序号	商品名称	2004版税则号列	对应2008版税则号列	备注
18	家具	9401.3000	9401.3000	
		9401.4000	9401.4010、9401.4090	
		9401.5000	9401.5100、9401.5900	
		9401.6100	9401.6110、9401.6190	
		9401.6900	9401.6900	
		9401.7100	9401.7110、9401.7190	
		9401.7900	9401.7900	
		9401.8000	9401.8010、9401.8090	
		9403.1000	9403.1000	
		9403.2000	9403.2000	
		9403.3000	9403.3000	
		9403.4000	9403.4000	
		9403.5010	9403.5010	
		9403.5091	9403.5091	
		9403.5099	9403.5099	
		9403.6010	9403.6010	
		9403.6091	9403.6091	
		9403.6099	9403.6099	
		9403.7000	9403.7000	
		9403.8010	9403.8100、9403.8910、9403.8920、9403.8990	
		9403.8090		
		9404.1000	9404.1000	
		9404.2100	9404.2100	
		9404.2900	9404.2900	
		9404.3010	9404.3010	
		9404.3090	9404.3090	
		9404.9010	9404.9010	
		9404.9020	9404.9020	
		9404.9030	9404.9030	
		9404.9040	9404.9040	
		9404.9090	9404.9090	
19	灯具	9405.1000	9405.1000	
		9405.2000	9405.2000	
		9405.3000	9405.3000	

附件3

停止减免税的20种商品（餐料）税则号列表

序号	商品名称	2008年版税则号列
一、酒、饮料		
1	酒、饮料	税目22.01至22.08项下全部税号
2	未发酵及未加酒精的水果汁、蔬菜汁	税目20.09项下全部税号
二、水果		
1	各种干、鲜水果及坚果	第八章全部税号
2	用各种方法制作或保藏的水果、蔬菜	税目20.01至20.08项下全部税号
三、调味品		
1	人造黄油等	税目15.17项下全部税号
2	汤料及其制品	税号2104.1000
3	调味汁及其制品；混合调味品；芥子粉及其调制品	税目21.03项下全部税号
4	胡椒、辣椒粉、肉桂、丁香、肉豆蔻、八角茴香、咖喱等调味香料	税目09.04至09.10项下全部税号
5	天然蜂蜜	税号0409.0000
6	醋	税号2209.0000
四、水产品、肉禽蛋菜		
1	肉及食用杂碎	第二章全部税号
2	鱼、甲壳动物、软体动物等	第三章全部税号
3	食用蔬菜、根及块茎	第七章全部税号
4	肉、鱼、甲壳动物等制品	第十六章全部税号
5	带壳禽蛋等	税目04.07项下全部税号
6	去壳禽蛋及蛋黄等	税目04.08项下全部税号
7	燕窝等其他食用动物产品	税目04.10项下全部税号
8	蔬菜制品及其罐头	税目20.01至20.08项下全部税号
五、乳制品		
1	乳、奶油、乳精黄油等各种乳制品	税目04.01至04.06项下全部税号
2	冰淇淋及其制品	税号2105.0000
3	浓缩蛋白质及人造蛋白物质	税号2106.1000
4	其他以黄油或其他乳脂、乳油为基料的制品	税号2106.9090（不以黄油、乳脂、乳油为基料的制品，不在此范围内）

中华人民共和国海关总署公告

2008年第66号

根据《中华人民共和国海关对外国驻中国使馆和使馆人员进出境物品监管办法》（海关总署令第174号发布）有关规定，现将外国驻中国使馆和使馆人员（以下简称使馆和使馆人员）转让免税进境机动车辆有关手续公告如下：

一、使馆和使馆人员申请将免税进境的机动车辆转让给其他国家驻中国使馆和使馆人员时，应当由双方分别向其主管海关递交照会、“中华人民共和国海关外交公/自用物品转让申请表”（式样见附件）。

二、经主管海关审核批准后，出让方凭其主管海关开具的“中华人民共和国海关监管车辆进/出境领/销牌照通知书”（以下简称“领/销牌照通知书”）向公安交通管理部门办理机动车辆牌照注销手续，并凭“领/销牌照通知书”回执向其主管海关办理机动车辆结案手续。受让方凭其主管海关出具的“领/销牌照通知书”向公安交通管理部门办理机动车辆牌照申领手续。

三、使馆和使馆人员申请将免税进境的机动车辆转让给常驻机构和常驻人员时，比照本公告第一、二条规定办理有关手续。

四、应当补税的机动车辆，由受让方向其主管海关依法补缴税款。

五、使馆和使馆人员将免税进境的机动车辆出售给海关批准的特许经营单位时，应当由使馆和使馆人员向其主管海关递交照会及经使馆和特许经营单位盖章确认的“中华人民共和国海关外交公/自用物品转让申请表”，由使馆和使馆人员参照本公告第二条规定办理机动车辆注销牌照等结案手续。特许经营单位向其主管海关补缴税款后，海关开具“中华人民共和国海关监管车辆解除监管证明书”。

六、外国驻中国领事馆、联合国及其专门机构和其他国际组织驻中国代表机构及其人员转让免税进境机动车辆有关手续，参照上述规定办理。

本公告自2008年10月1日起实施。

特此公告。

附件　中华人民共和国海关外交公/自用物品转让申请表

海关总署

2008年9月3日

附件

海关编号
Customs Serial No. ______

中华人民共和国海关
CUSTOMS OF THE PEOPLE'S REPUBLIC OF CHINA
外交公/自用物品转让申请表
APPLICATION FORM FOR TRANSFER OF ARTICLES FOR OFFICIAL OR PRIVATE USE BY DIPLOMATIC MISSIONS

申请日期：
Date of Application：______________

车架号：
Chassis No.：______________

物品名称 Descriptions	规格/型号 Speci./Model	数量 Quantity	进口（受让）日期 Date of Entry（Transfer）	转让价格 Transfer Price	备注 Remarks

出让方名称：
Name of Transferor：______________

出让方所在机构负责人签字：
Signature of Head of Transferor's Organization：__________

出让方所在机构签章：
Official Seal of Transferor's Organization：__________

受让方信息
Information on Transferee

外交机构及常驻机构 Diplomatic Mission & Resident Organization	外交人员 Diplomatic Staff	常驻人员 Resident Staff
机构名称及海关代码 Organization Name and Customs Code	姓名（中英文） Name：（Chinese and/or English） 身份证件号码 ID No. 所在机构名称及海关代码 Organization Name & Customs Code	姓名（中英文）Name：（Chinese and/or English） 性别 Sex　国籍 Nationality 出生日期　__年__月__日 Date of Birth　Year __ Month __ Date __ 护照或通行证号码 Passport/Pass No. 居留证件号码 Residence Permit No. 身份证件号码 ID No. 所在机构名称及海关代码 Organization Name & Customs Code 电话 Telephone

受让方负责人签字：
Signature of Head of Transferee's Organization：__________

受让方所在机构签章：
Official Seal of Transferee's Organization：__________

上项申请，海关已予批准，并自批准日起7日内有效。
This Customs has granted the approval, which is valid for seven days starting from the date of its issue, of the above application.

海关印章：
Customs Seal：__________

经办关员：
Signature of Customs officer：__________

批准日期：　__年__月__日
Date of Issue：　Year __ Month __ Date __

中华人民共和国海关总署公告

2008 年第 67 号

2003 年，国务院关税税则委员会决定对原产于俄罗斯、日本和韩国的进口丁苯橡胶征收反倾销税，征税时间自 2003 年 9 月 9 日起，期限为 5 年。在征税期限届满之际，应国内相关企业的申请，商务部决定对原产于俄罗斯、日本和韩国的进口丁苯橡胶所适用的反倾销措施进行期终复审调查。国务院关税税则委员会决定，在反倾销措施期终复审调查期间，对原产于俄罗斯、日本和韩国的进口丁苯橡胶继续征收反倾销税。现就执行中的有关事项公告如下：

自 2008 年 9 月 9 日起，海关对申报进口原产于俄罗斯、日本和韩国的丁苯橡胶，继续按照中华人民共和国海关总署 2003 年第 53 号公告、2005 年第 62 号公告、2006 年第 47 号公告、2006 年第 48 号公告、2007 年第 64 号公告以及商务部、海关总署 2006 年第 14 号联合公告规定的产品范围、税率和公式征收反倾销税。

特此公告。

附件　中华人民共和国商务部 2008 年第 61 号公告

海关总署
2008 年 9 月 8 日

附件

中华人民共和国商务部公告

2008 年第 61 号

中华人民共和国商务部于 2003 年 9 月 9 日发布年度第 49 号公告，决定对原产于俄罗斯、日本和韩国的进口丁苯橡胶征收反倾销税，实施期限为自 2003 年 9 月 9 日起 5 年。

该反倾销措施实施期间，应利害关系方申请，商务部分别发布 2005 年第 81 号公告、2006 年第 65 号公告、2006 年第 68 号公告和 2007 年第 86 号公告，依法对措施进行了调整。

中华人民共和国商务部于 2008 年 1 月 15 日发布年度第 2 号公告，根据《中华人民共和国反倾销条例》规定，经复审确定终止征收反倾销税有可能导致倾销和损害的继续或者再度发生的，反倾销税的征收期限可以适当延长；自该公告发布之日起，丁苯橡胶国内产业可在原反倾销措施终止日 90 天前，向商务部提出书面复审申请。

2008 年 6 月 10 日，商务部收到中国石油化工股份有限公司齐鲁分公司、申华化学工业有限公司、中国石油天然气股份有限公司吉林石化分公司、中国石油天然气股份有限公司兰州石化分公司等 4 家企业代表中国丁苯橡胶产业正式递交的反倾销期终复审调查申请书。申请人主张如果终止反倾销措施，原产于俄罗斯、日本和韩国的进口丁苯橡胶对中国的倾销行为可能继续发生，倾销行为给中国丁苯橡胶产业造成的损害将再度发生，请求商务部裁定维持该反倾销措施。2008 年 7 月 24 日，申请人提交了申请书补充材料，对申请书中有关内容进行了解释和补充说明。

依据《中华人民共和国反倾销条例》有关规定，商务部对申请人资格、被调查产品和国内同类产品有关情况、反倾销措施实施期间被调查产品进口情况、倾销继续发生的可能性情况、损害将再度发生的可能性情况及相关证据等进行了审查。申请人提出的证据表明，4 家申请企业丁苯橡胶产量之和占同期全国总产量的 50% 以上，符合《中华人民共和国反倾销条例》第十一条、第十三条和第十七条关于国内产业及产业代表性的规定，申请人有资格代表国内产业提出申请。

根据《中华人民共和国反倾销条例》第四十八条，商务部决定自 2008 年 9 月 9 日起，对原产于俄罗斯、日本和韩国的进口丁苯橡胶所适用的反倾销措施进行期终复审调查。现将有关事项公告如下：

一、继续实施反倾销措施

根据商务部建议，国务院关税税则委员会决定，在反倾销期终复审调查期间，对原产于俄罗斯、日本和韩国的进口丁苯橡胶继续按照中华人民共和国商务部 2003 年第 49 号公告、2005 年第 81 号公告、2006 年第 65 号公告、2006 年第 68 号公告、2007 年第 86 号公告公布的征税范围和反倾销税税率征收反倾销税。

二、复审调查期

本次复审的倾销调查期为2007年7月1日至2008年6月30日，产业损害调查期为2003年1月1日至2008年6月30日。

三、复审调查产品范围

复审产品范围是原反倾销措施所适用的产品，与商务部2003年第49号公告中的产品范围一致，该产品归在《中华人民共和国进出口税则》税则号：4002.1911、4002.1912、4002.1919①。

四、复审程序

（一）登记应诉

就倾销调查，任何利害关系方可于本公告发布之日起20天内，向商务部进出口公平贸易局申请参加应诉，同时被调查国家的有关出口商或生产商应提供调查期内对中国及其他市场出口该产品的数量及金额。倾销调查应诉登记参考格式可在中华人民共和国商务部网站公平贸易局子网站（网址为 http：//gpj. mofcom. gov. cn）“公告”栏目下载。

就损害调查，任何利害关系方可自本公告发布之日起20天内向商务部产业损害调查局申请参加应诉，同时应提供产业损害调查期内的生产能力、产量、库存以及在建和扩建的计划。“参加产业损害调查活动申请表”可在“中国贸易救济信息网”（网址为：www. cacs. gov. cn）“公告”栏目下载。

（二）不登记应诉

如果利害关系方未在本公告规定的时间内向商务部登记应诉，则商务部有权拒绝接受其提交的有关材料，并可以根据已经获得的事实和可获得的最佳信息作出裁定。

（三）利害关系方的权利

如利害关系方对本次调查的产品范围、申请人资格、被调查国家和地区及其他相关问题有异议，可以于本公告发布之日起20天内将意见书面提交商务部。

利害关系方可以到商务部反倾销公开信息查阅室查阅申请人提交的申请书等公开文本。

（四）问卷发放

为获得调查所需信息，商务部将根据需要向相关利害关系方发放调查问卷。利害关系方答卷应当按照调查问卷规定的时间和方式提交。

（五）听证会

利害关系方可以按照商务部《反倾销调查听证会暂行规则》和《产业损害调查听证规则》规定提出举行听证会的书面请求，商务部认为必要时也可主动举行听证会。

（六）实地核查

商务部在必要时将派出工作人员赴境内外进行实地核查；利害关系方提交的任何材料均应包括同意接受核查的声明；核查前，商务部将提前通知有关国家和企业。

（七）调查时限

本次调查自2008年9月9日起开始，通常应在2009年9月9日前结束。

五、不合作

依据《中华人民共和国反倾销条例》第二十一条规定，调查机关进行调查时，利害关系方应当如实反映情况，提供有关资料。利害关系方不如实反映情况、提供有关资料的，或者没有在合理时间内提供必要信息的，或者以其他方式严重妨碍调查的，调查机关可以根据已经获得的事实和可获得的最佳信息作出裁定。

六、商务部联系方式：

商务部进出口公平贸易局

地址：北京市东长安街2号

邮编：100731

联系人：姜成森、李岩、梁杰

电话：（8610）65198439；65198924

传真：（8610）65198915

商务部产业损害调查局

地址：北京市东长安街2号

邮编：100731

联系人：宋岩、兰玉强、杨庆安

电话：（8610）65198408；65198076

传真：（8610）65197586

特此公告。

商务部

2008年9月8日

① 进口货物收货人在办理上述产品进口申报手续时，应按照商务部和海关总署2006年第14号公告的规定执行。

中华人民共和国海关总署公告

2008年第68号

根据《财政部、国家发展改革委、海关总署、国家税务总局关于落实国务院加快振兴装备制造业的若干意见有关进口税收政策的通知》（财关税〔2007〕11号）的有关规定，自2008年1月1日起（以海关接受企业申报的日期为准），对国内企业为开发、制造大型石化设备而进口部分关键零部件、原材料所缴纳的进口关税和进口环节增值税实行先征后退。现将有关执行问题公告如下：

一、本公告所称大型石化设备是指：

（一）年产量不小于80万吨的乙烯成套设备，包括乙烯裂解气压缩机组及其配套用工业汽轮机、乙烯制冷压缩机组及其配套用工业汽轮机、丙烯制冷压缩机组及其配套用工业汽轮机、离心式急冷油泵、离心式急冷水泵、乙烯冷箱、加氢反应器、加氢装置空冷器，年产量不小于40万吨的聚乙烯循环气压缩机和聚乙烯配套用往复式压缩机（迷宫密封式），年产量不小于20万吨的混炼挤压造粒机组；

（二）年产量不小于80万吨的对苯二甲酸（PTA）成套设备，包括PTA氧化反应器、加氢精制装置加氢反应器、蒸汽回转干燥机、PTA工艺空气压缩机组。

二、享受先征后退政策的进口关键零部件、原材料清单（简称先征后退清单）详见附件1。先征后退清单所列进口关键零部件实行年度暂定关税税率的，按暂定关税税率执行。今后对先征后退清单所列品种将根据企业申请、政策实施效果、国内配套能力等情况适时进行调整。

三、享受先征后退政策的企业进口上述关键零部件、原材料时，应向海关单独申报进口，并持财政部出具的重大装备制造企业退税确认书直接向进口地海关申请办理先征后退手续。具体操作程序按现行有关先征后退规定办理。

四、对2008年1月1日起至本公告发布前已经进口的关键零部件、原材料，经海关审核无误的准予按照本公告规定办理先征后退手续。

五、自2008年9月15日起，对新批准的内外资投资项目（以项目的审批、核准或备案日期为准，下同）进口附件2、3所列石化设备，一律停止执行进口免税政策。

2008年9月15日以前批准的内外资投资项目，其项目单位于2009年9月15日前持项目确认书等相关资料向海关申请办理免税审批手续，且海关予以受理的，其进口符合原免税条件的上述设备，仍可按照《国务院关于调整进口设备税收政策的通知》（国发〔1997〕37号）的有关规定执行；自2009年9月15日起，各海关不再受理上述内外资投资项目项下进口附件2、3所列石化设备的免税备案和审批申请。

中西部外商投资优势产业项目、外国政府贷款和国际金融组织贷款项目进口上述自用设备，比照本条前两款规定执行。

自2008年9月15日起，加工贸易企业以加工贸易项下外商提供的不作价设备方式进口附件2、3所列石化设备，一律停止执行进口免税政策，对于申请办理加工贸易手册备案或增加商品项变更的，海关一律不予受理。

自2008年9月15日起，外商投资企业自有资金项目进口附件2、3所列石化设备，一律停止执行进口免税政策，对于申请办理减免税审批手续的，海关一律不予受理。

特此公告。

附件1　大型石化设备进口关键零部件、原材料退税商品清单
附件2　石化设备进口不予免税清单1
附件3　石化设备进口不予免税清单2

海关总署
2008年9月17日

附件1

大型石化设备进口关键零部件、原材料退税商品清单

设备名称	规格要求	一级部件	二级部件	单机用量	暂定退税年限	税号（供参考）
（一）乙烯成套装置						
1. 乙烯裂解气压缩机组	年产量≥80万吨	膜盘联轴器		3套	5	8483.6000
		干气密封		6套	5	8484.2000
		止推轴承		3套	5	8483.3000
		支撑轴承		6套	5	8483.3000
		蒸汽透平（循环泵用小汽轮机）		1套	5	8406.8200
		控制系统		1套	5	8537.1011
		机组测振系统		1套	3	9031.8090
		轴振动、位移探头、延伸电缆、前置器		21路	3	9031.8090
		调节阀		7个	3	8481.3000
2. 乙烯制冷压缩机组	年产量≥80万吨	膜盘联轴器		2套	5	8483.6000
		干气密封		4套	5	8484.2000
		止推轴承		2套	5	8483.3000
		支撑轴承		2套	5	8483.3000
		蒸汽透平		1套	5	8406.8200
		控制系统		1套	5	8537.1011
		机组监控系统		1套	3	9031.8090
		轴振动，位移探头、延伸电缆、前置器		14路	3	9031.8090
		调节阀		5个	3	8481.3000
3. 丙烯制冷压缩机组	年产量≥80万吨	膜盘联轴器		1套	5	8483.6000
		干气密封		2套	5	8484.2000
		止推轴承		1套	3	8483.3000
		支撑轴承		2套	5	8483.3000
		蒸汽透平		1套	5	8406.8200
		控制系统		1套	5	8537.1011
		机组监控系统		1套	3	9031.8090
		轴振动、位移探头、延伸电缆、前置器		7路	3	9031.8090
		调节阀		3个	3	8481.3000

设备名称	规格要求	一级部件	二级部件	单机用量	暂定退税年限	税号（供参考）
4. 工业汽轮机（乙烯裂解气压缩机组、乙烯制冷压缩机组、丙烯制冷压缩机组配套用）	年产量≥80万吨	调节气阀	阀杆（喷涂）	4 根	3	8481. 9010
		电液转换器		2 套	3	8406. 9000
		支撑轴承		16 套	3	8483. 3000
		止推轴承		1 套	3	8483. 3000
		可倾瓦轴承		2 套	3	8483. 3000
5. 聚乙烯循环气压缩机	年产量≥40万吨	干气密封		2 套	5	8484. 2000
6. 聚乙烯配套用往复式压缩机（迷宫密封式）	年产量≥40万吨	气阀		28 – 32 个	3	8481. 2020
7. 离心式急冷油泵	年产量≥80万吨	小汽轮机		1 套	3	8406. 8200
8. 离心式急冷水泵	年产量≥80万吨	小汽轮机		1 套	3	8406. 8200
9. 乙烯冷箱	年产量≥80万吨	钢铝接头		30 个	5	7609. 0000
		钎焊片		6 吨	5	7607. 1190
10. 加氢反应器	年产量≥80万吨	钢材、焊材	钢板	100 – 1000 吨	5	7225. 1000
			焊条、焊带、焊丝	70 – 100 吨	5	8311. 1000 8311. 2000
11. 加氢装置空冷器	年产量≥80万吨	管束	镍合金管	3500 千克	5	7507. 1200
			镍合金板	2500 千克	5	7506. 2000
12. 混炼挤压造粒机组	年产量≥20万吨	摩擦离合器	摩擦片	3 组	5	8483. 9000
			电机	1 套	5	8501. 6430
		减速器	圆柱滚子轴承	25 套	3	8482. 5000
			串列推力轴承	2 套	5	8482. 5000
			四点接触轴承	3 套	3	8482. 1030
			深沟球轴承	8 套	3	8482. 1020
			双列推力调心滚子轴承	20 套	3	8482. 3000
			带差压报警的双筒滤油器	2 套	5	8421. 2990
		在线熔指测量仪		1 套	5	9026. 8000
		离心干燥装置	离心干燥机、大块扑集器、三通取样阀	1 套	5	8421. 1990

设备名称	规格要求	一级部件	二级部件	单机用量	暂定退税年限	税号（供参考）
12. 混炼挤压造粒机组	年产量≥20万吨	振动分筛机		1套	5	8474.1000
		盘车机构	超越离合器	1套	5	8483.6000
			高速旋转接头	2套	5	8481.9090
		主电机		1套	5	8501.5300
		齿轮泵用电机	交流电机	1套	5	8501.5300
			直流电机	1套	5	8501.3400
		螺杆尾部密封		4套	5	8484.2000
		振动监测系统	监控装置	4套	5	9031.8090
			传感器	40个	5	9027.8099
		流变仪		1套	5	
		水下切粒机	切粒刀及刀盘	60个	3	8477.9000
			模板	1套	5	8477.9000
		粒子冷却水系统，热油系统	气动、手动蜗轮对夹式蝶阀	16套	3	8481.8010
			电动气控两通阀、三通阀	6套	3	8481.8010
			止回阀	2套	3	8481.3000
			电动气控比例阀	6套	5	8481.8010
（二）对苯二甲酸（PTA）成套设备						
1. PTA 氧化反应器	年产量≥80万吨	承压壳体（包括筒节、球形封头）	钛复合板	200－300吨	5	7225.1900
			焊丝、焊条、焊剂	1500千克		8311.1000 8311.2000
2. 加氢精制装置加氢反应器	年产量≥80万吨	承压壳体（包括筒节、球形封头）	合金钢（铬钼钢）	100－400吨	5	7225.1900
			哈氏合金钢	10吨		7225.1900
		焊材、焊剂		30－80吨		8311.1000 8311.2000
3. 蒸汽回转干燥机	年产量≥80万吨	机身	不锈钢板材	50－160吨	3	7219.2100 7219.9000
		换热管	不锈钢	40－90吨	3	7306.9000 7306.4000 7304.4190 7304.4990
		焊条		2－5吨	3	8311.1000 8311.2000
		滚动轴承		12件	3	8482.3000
		进/出料端密封填料		18件	3	8484.1000 8484.9000
		手动离合器		1台	3	8483.6000

设备名称	规格要求	一级部件	二级部件	单机用量	暂定退税年限	税号（供参考）
4. PTA 工艺空气压缩机组	年产≥80 万吨级精对苯二甲酸	尾气透平		1 套	3	8406.8200
		尾气透平	锻件	1 个	5	8409.9199
			合金钢	500 个	5	7225.1900
			密封片	20 千克	5	7225.1901
			齿轮箱	1 套	3	8483.4090
		止推轴承		2 套	3	8483.3000
		支撑轴承		2 套		8483.3000
		膜盘联轴器		2 套		8483.6000
		膜片联轴器		2 套		8483.6000
		控制系统		1 套		8537.1011
		机组监控系统		1 套		9031.8090
		轴振动、位移探头、延伸电缆、前置器		20 路		9031.8090

附件 2

石化设备进口不予免税清单 1

序号	设备名称	技术规格	税则号列（供参考）
（一）乙烯成套装置			
1	乙烯裂解气压缩机及配套工业汽轮机	年产量≤100 万吨	8414.8090 8406.81 8406.8200
2	乙烯制冷压缩机及配套工业汽轮机	年产量≤100 万吨	
3	丙烯制冷压缩机及配套工业汽轮机	年产量≤100 万吨	
4	聚乙烯配套用循环气压缩机（离心式）及其膨胀机	年产量≤40 万吨	8414.8090 8479.8990
5	聚乙烯配套用往复式压缩机（迷宫密封式）	年产量≤40 万吨	8414.8090
6	离心式急冷油泵	所有规格	8413.7010
7	离心式急冷水泵	所有规格	8413.7010
8	乙烯冷箱	年产量≤100 万吨	8419.6090 8419.5000
9	加氢装置空冷器	所有规格	7311.0090
10	硝酸装置四合一机组（包括汽轮机、空气压缩机、尾气透平、氮氧合物压缩机）	年产量≤36 万吨	8406.8200 8414.3014 8414.8090

序号	设备名称	技术规格	税则号列（供参考）
（二）精对苯二甲酸（PTA）成套设备			
1	PTA 氧化反应器	单机年产≤80 万吨	7311.0090
2	PTA 工艺空气压缩机机组（包括蒸汽轮机、离心压缩机）	单机年产≤60 万吨	8406.8200 8414.8090
3	蒸汽回转干燥机	单机年产≤100 万吨	8419.3990

附件3

石化设备进口不予免税清单2

序号	设备名称	技术规格	税则号列
1	加氢反应器 精制反应器	所有规格	8419.8910
2	高压冷凝器	所有规格	8419.5000 8479.8990
3	块孔石墨换热器	所有规格	8419.5000
4	阳极保护冷却器	20 万吨/年及以下硫酸生产线用	8419.5000
5	PVC 及烯烃聚合釜	所有规格	8419.8990
6	颗粒体物料包装机	≤500 袋/单秤	8422.3030 8422.3090
7	造粒机（石化用）	产量≤20 万吨/年	8477.2010
8	橡胶螺杆挤出机	螺杆直径≤150 毫米	8477.2090

中华人民共和国海关总署公告

2008 年第 69 号

根据《财政部、国家发展改革委、海关总署、国家税务总局关于落实国务院加快振兴装备制造业的若干意见有关进口税收政策的通知》（财关税〔2007〕11 号）的有关规定，自 2008 年 1 月 1 日起（以海关接受企业申报的日期为准），对国内企业为开发、制造大型煤化工设备而进口部分关键零部件、原材料所缴纳的进口关税和进口环节增值税实行先征后退。现将有关执行问题公告如下：

一、本公告所称大型煤化工设备是指：往复式水煤浆隔膜泵、煤液化加氢反应器、大型空分设备（包括压缩机、空压机、增压机）、大型合成氨设备（包括合成气压缩机、二氧化碳压缩机）、煤化工气化炉。

二、享受先征后退政策的进口关键零部件、原材料清单（简称先征后退清单）详见附件1。先征后退清单所列进口关键零部件、原材料实行年度暂定关税税率的，按暂定关税税率执行。今后对先征后退清单所列品种将根据企业申请、政策实施效果、国内配套能力等情况适时进行调整。

三、享受先征后退政策的企业进口上述关键零部件、原材料时，应向海关单独申报进口，并持财政部出具的重大装备制造企业退税确认书直接向进口地海关申请办理先征后退手续。具体操作程序按现行有关先征后退规定办理。

四、对2008年1月1日起至本公告发布前已经进口的关键零部件、原材料，经海关审核无误的准予按照本公告规定办理先征后退手续。

五、自2008年9月15日起，对新批准的内外资投资项目（以项目的审批、核准或备案日期为准，下同），进口附件2所列煤化工设备，一律停止执行进口免税政策。

2008年9月15日以前批准的内外资投资项目，其项目单位于2009年9月15日前持项目确认书等相关资料向海关申请办理免税审批手续，且海关予以受理的，其进口符合原免税条件的上述煤化工设备，仍可按照《国务院关于调整进口设备税收政策的通知》（国发〔1997〕37号）的有关规定执行；自2009年9月15日起，各海关不再受理上述内外资投资项目项下进口附件2所列煤化工设备的免税备案和审批申请。

中西部外商投资优势产业项目、外国政府贷款和国际金融组织贷款项目进口上述自用设备，比照本条前两款规定执行。

自2008年9月15日起，加工贸易企业以加工贸易项下外商提供的不作价设备方式进口附件2所列煤化工设备，一律停止执行进口免税政策，对于申请办理加工贸易手册备案或增加商品项变更的，海关一律不予受理。

自2008年9月15日起，外商投资企业自有资金项目进口上述煤化工设备，一律停止执行进口免税政策，对于申请办理减免税审批手续的，海关一律不予受理。

特此公告。

附件1　大型煤化工设备进口关键零部件、原材料退税商品清单

附件2　煤化工设备进口不予免税清单

海关总署

2008年9月17日

附件1

大型煤化工设备进口关键零部件、原材料退税商品清单

设备名称	整机规格要求	一级部件	二级部件	单机用量	暂定退税年限	税则号列（供参考）
（一）往复式水煤浆隔膜泵	流量：25－550m³/h 压力：1.5－25MPa	减速机		1台	3	8487.9000
		变频调速电机		1台	5	8501.5300
		液压阀		36件	3	8481.2010
		磁环		4件	5	8505.1110
		氢化丁腈		300千克	3	4002.4990
（二）煤液化加氢反应器	设备自重≥5500吨	法兰		30吨	3	7224.9090
		合金泡帽		1200个	5	8101.9910
		合金钢		50－800吨	5	7225.1900
		焊材、焊剂		100吨	5	8311.2000
		不锈钢焊材		100吨	5	7223.0000

设备名称	整机规格要求	一级部件	二级部件	单机用量	暂定退税年限	税则号列（供参考）
（三）大型空分设备及其压缩机、空压机、增压机						
3.1 大型空分设备	氧产量≥40000Nm³/h	氧气透平压缩机		1台	3	8414.8090
		离心式低温液体泵		2-12台	5	8413.7090
		透平膨胀机		2台	3	8418.6990
		分馏塔系统	钢铝接头	30个	3	7609.0000
			合金铝管	5000米	5	7608.2000
			钎焊片	6吨	5	7607.1190
3.2 双缸氧气压缩机	流量≥30000Nm³/h 压力：8-30bar； 功率：3000-12000kW	多相交流异步电动机（防爆型）		1个	3	8501.5300
		止推轴承		2套	3	8483.3000
		膜盘联轴器		2个	3	8483.6000
		轴承	温度计	12个	3	8483.3000
		机组监控系统		1套	3	9031.8090
		轴振动、位移探头、延伸电缆、前置器、变送器		10路	3	9031.8090
		气动长行程执行机构		1套	3	8481.3000
3.3 大型空分装置用空压机或增压机	为氧产量≥40000Nm³/h的空分装置配套用	止推轴承		3套	3	8483.3000
		支撑轴承		6套	3	8483.3000
		膜盘联轴器		4套	3	8483.6000
		膜片联轴器		4套	3	8483.6000
		碳环密封		5套	3	8484.2000
		蜂窝密封		2套	3	8484.2000
		变速箱		1套	3	8483.4090
		控制系统		1套	3	8537.1011
		机组监控系统		1套	3	9031.8090
		轴振动、位移探头、延伸电缆、前置器		24路	3	9031.8090
（四）大型合成氨设备						
4.1 合成气压缩机	年产量30万吨以上合成氨项目配套用	膜盘联轴器		2套	5	8483.6000
		干气密封		4套	5	8484.2000
		止推轴承		2套	5	8483.3000
		支撑轴承		2套	5	8483.3000
		蒸汽透平		1套	5	8406.8200

设备名称	整机规格要求	一级部件	二级部件	单机用量	暂定退税年限	税则号列（供参考）
4.2 二氧化碳压缩机	年产量 30 万吨以上尿素项目配套用	膜盘联轴器		3 套	5	8483.6000
		干气密封		2 套	5	8484.2000
		止推轴承		2 套	5	8483.3000
		支撑轴承		2 套	5	8483.3000
		蒸汽透平		1 套	5	8406.8200
（五）煤化工气化炉	为 30 万吨及以上合成氨、甲醇配套用；工作压力≥6.5MPa	合金钢板材		210 吨	5	7225.5000
		焊材	焊条	2.2 吨		8311.1000
			焊丝	10 吨		8311.3000
			焊剂	4 吨		8311.9000
			焊带	4.5 吨		8311.1000

附件 2

煤化工设备进口不予免税清单

序号	设备名称	技术规格	税则号列（供参考）
1	往复式水煤浆隔膜泵	流量≤550m³/h；压力≤25MPa	8413.50
2	煤液化加氢反应器	所有规格	7311.0090
3	大型空分设备		
（1）	精馏塔（含冷箱）	制氧量≤65000Nm³/h	8419.4020 7609.0000
（2）	氧气压缩机（含电机或蒸汽轮机）	制氧量≤65000Nm³/h	8414.3014 8406.8200
（3）	空气压缩机组（含蒸汽轮机）	制氧量≤65000Nm³/h	8414.3014 8406.8200
（4）	增压机组（含蒸气轮机或电机）	制氧量≤65000Nm³/h	8414.8030 8406.8200
4	年产 30 万吨合成氨及 52 万吨尿素装置		
（1）	合成气压缩机（含蒸汽轮机）	所有规格	8414.3014 8406.8200
（2）	原料气压缩机（含蒸汽轮机）	所有规格	8414.3014 8406.8200
（3）	氨冷冻压缩机（含蒸汽轮机）	所有规格	8414.3014 8406.8200
（4）	空气压缩机（含蒸汽轮机）	所有规格	8414.3014 8406.8200

序号	设备名称	技术规格	税则号列（供参考）
(5)	尿素（CO_2）压缩机组（含蒸汽轮机）	所有规格	8414.8020 8406.8200
(6)	液氮洗冷箱	所有规格	7609.0000
5	煤化工气化炉	所有规格	8405.1000

中华人民共和国海关总署公告

2008 年第 70 号

根据《财政部、国家发展改革委、海关总署、国家税务总局关于落实国务院加快振兴装备制造业的若干意见有关进口税收政策的通知》（财关税〔2007〕11号）的有关规定，自 2008 年 1 月 1 日起（以海关接受企业申报的日期为准），对国内企业为开发、制造超、特高压输变电设备而进口部分关键零部件所缴纳的进口关税和进口环节增值税实行先征后退。现将有关执行问题公告如下：

一、本公告所称超、特高压输变电设备是指：±500 千伏及以上直流输变电设备和 500 千伏及以上交流输变电设备。

二、享受先征后退政策的进口关键零部件清单（简称先征后退清单）详见附件 1。先征后退清单所列进口关键零部件实行年度暂定关税税率的，按暂定关税税率执行。今后对先征后退清单所列品种将根据企业申请、政策实施效果、国内配套能力等情况适时进行调整。

三、享受先征后退政策的企业进口上述关键零部件时，应向海关单独申报进口，并持财政部出具的重大装备制造企业退税确认书直接向进口地海关申请办理先征后退手续。具体操作程序按现行有关先征后退规定办理。

四、对 2008 年 1 月 1 日起至本公告发布前已经进口的关键零部件，经海关审核无误的准予按照本公告规定办理先征后退手续。

五、自 2008 年 9 月 15 日起，对新批准的内外资投资项目（以项目的审批、核准或备案日期为准，下同）进口附件 2 所列输变电设备，一律停止执行进口免税政策。

2008 年 9 月 15 日以前批准的内外资投资项目，其项目单位于 2009 年 3 月 15 日前持项目确认书等相关资料向海关申请办理免税审批手续，且海关予以受理的，其进口符合原免税条件的上述输变电设备，仍可按照《国务院关于调整进口设备税收政策的通知》（国发〔1997〕37 号）的有关规定执行；自 2009 年 3 月 15 日起，各海关不再受理上述内外资投资项目项下进口附件 2 所列输变电设备的免税备案和审批申请。

中西部外商投资优势产业项目、外国政府贷款和国际金融组织贷款项目进口上述自用设备，比照本条前两款规定执行。

自 2008 年 9 月 15 日起，加工贸易企业以加工贸易项下外商提供的不作价设备方式进口附件 2 所列输变电设备，一律停止执行进口免税政策，对于申请办理加工贸易手册备案或增加商品项变更的，海关一律不予受理。

自 2008 年 9 月 15 日起，外商投资企业自有资金项目进口上述输变电设备，一律停止执行进口免税政策，对于申请办理减免税审批手续的，海关一律不予受理。

特此公告。

附件 1　超、特高压输变电设备进口关键零部件退税清单

附件 2　输变电设备整机进口不予免税清单

海关总署

2008 年 9 月 17 日

附件 1

超、特高压输变电设备进口关键零部件退税清单

一、±500 千伏及以上直流输变电设备							
序号	设备名称	主要技术参数	一级部件	二级部件	单机用量	退税年限	税则号列（供参考）
1	直流换流变压器	额定电压≥500 千伏	瓷套管（网侧套管）		2－4 支	3	8546.2010
			硅胶套管		2－4 支	3	8546.9000
			冷轧晶粒取向电工钢带（片）（又称硅钢片）		100－300 吨	3	7225.1100
			有载开关		2－4 台	3	8537.2090
			绝缘出线装置（包括直流出线和交流出线装置）		1 套	3	8546.2010 8546.9000 8547.9090
			绝缘纸板		13 吨－20 吨/台	3	4811.6010
			绝缘成型件（限 750 千伏及以上，包括角环、绝缘筒、绝缘罩、绝缘槽、绝缘套、绝缘支撑架、端圈压板等）		1 套	3	8546.9000 8547.9090
2	换流阀	额定电压≥500 千伏	电抗器		±500 千伏：288－360 台/站 ±800 千伏：384 台/站	3	8504.5000
			碟形弹簧		±500 千伏：720 片/站 ±800 千伏：960 片/站	3	7318.2900
			散热器		限±800 千伏：3072 个/站	3	8419.5000
			绝缘螺杆		±500 千伏：576 根/站 ±800 千伏：324 根/站	3	3926.9090 8548.9000
			拉紧环		限±800 千伏：768 个/站	3	7306.6900
			ETT 阀底部控制柜		±500 千伏：4 套/站 ±800 千伏：12 套/站	3	8537.9090
			LTT 阀底部控制柜		±500 千伏：2 套/站 ±800 千伏：4 套/站	3	8537.9090
			高绝缘水管（PVDF 水管）		±500 千伏：66480 米/站 ±800 千伏：10368 米/站	3	3926.9090 3920.9910
			阻尼电容（LTT/ETT）		±500 千伏：1872（LTT）个/站或 4320（ETT）个/站 ±800 千伏：2880（LTT）个/站或 6144（ETT）个/站	3	8532.1000

序号	设备名称	主要技术参数	一级部件	二级部件	单机用量	退税年限	税则号列（供参考）
2	换流阀	额定电压≥500千伏	阻尼电阻（LTT/ETT）		±500千伏：1872（LTT）个/站或4320（ETT）个/站 ±800千伏：2880（LTT）个/站或6144（ETT）个/站	3	8533.3900
			晶闸管控制单元（LTT/ETT）		±500千伏：1872（LTT）个/站或2160（ETT）个/站 ±800千伏：2880（LTT）个/站或3072（ETT）个/站	3	9032.8900
			阀避雷器		±500千伏：24个/站 ±800千伏：48个/站	3	8535.4000
3	直流输电用晶闸管	直径≥5英寸 额定电流：3000安-4500安 额定电压：7000伏-8500伏	硅单晶片（ϕ125毫米-ϕ150毫米）		3-6片/只	3	3818.0011
			芯片（额定电压≥7000伏）		1-2片/只	3	8541.9000
			基板（钼片，ϕ105毫米-ϕ150毫米）		2-4片/只	3	8541.9000
			管壳（ϕ115毫米-ϕ200毫米）		1套/只	3	8541.9000
			门极		1套/只	3	8541.9000
4	控制保护设备	±500千伏及以上直流输变电设备用控制保护设备	直流控制保护主机		90-100台	3	8537.2090
				处理器电路板	215-240块/台	3	8542.3900
				光电通讯电路板	100-110块/台	3	8542.3900
				背板	4-5块/台	3	8542.3900
				模拟量测量电路板	25-30块/台	3	8542.3900
				电源板	300-350块/台	3	8542.3900

二、500 千伏及以上交流输变电设备							
序号	设备名称	主要技术参数	一级部件	二级部件	单机用量	退税年限	税则号列（供参考）
1	电力变压器	额定电压：≥500 千伏 容量：200MVA－1200MVA	冷轧晶粒取向电工钢带（片）（又称硅钢片）		100－330 吨/台	3	7225.1100
			有载开关/无载开关		单相变压器需单相开关 1 个/台 三相变压器需三相一体开关 1 台或需单相开关 3 个/台	3	8537.2090
			绝缘纸板		8－45 吨/台	3	4811.6010
				换位导线	15－95 吨/台	3	8544.1100
			套管（220 千伏及以上干式套管；500 千伏及以上油－SF6 套管）		单相自耦变压器：5 只/台 单相发电机变压器：4 只/台 三相发电机变压器：7 只/台	3	8546.2010
			出线装置（包括 800 千伏出线装置；1000 千伏出线装置）		单相：1 套； 三相：3 套	3	8546.2010 8546.9000 8504.9019
				绝缘成型件（限 750 千伏及以上，包括角环、绝缘筒、绝缘罩、绝缘槽、绝缘套、绝缘支撑架、端圈压板等）	单相：1 套； 三相：3 套	3	8546.9000 8547.9090
2	并联电抗器	额定电压≥500 千伏 容量≥30Mvar	冷轧晶粒取向电工钢带（片）（又称硅钢片）		20－150 吨/台	3	7225.1100
			出线装置		单相：1 套/台 三相：3 套/台	3	8546.2010 8546.9000
				绝缘成型件（包括角环、绝缘筒、绝缘罩、绝缘槽、绝缘套、绝缘支撑架、端圈压板等）	单相：1 套/台 三相：3 套/台	3	8546.9000 8547.9090

序号	设备名称	主要技术参数	一级部件	二级部件	单机用量	退税年限	税则号列（供参考）
2	并联电抗器	额定电压≥500 千伏 容量≥30Mvar	套管（包括绝缘水平 500 千伏电压等级及以上）		单相：1 支/台 三相：3 支/台	3	8546.2010
			换位导线（铜材）		3－40 吨/台	3	7409.2100
			绝缘纸板（厚度 0.5－8 毫米）		5－20 吨/台	3	4807.0000 4811.6010
3	六氟化硫断路器	额定电压≥550 千伏 额定电流≥5000 安 额定短路开断电流≥50 千安	套管		6 个/台	3	8546.2010
			绝缘拉杆		550 千伏：3 个/台	3	8547.9090
					800 千伏：12 个/台		
			控制阀		3 个/台	3	8481.2010
				电阻	550 千伏：200－300 个/台（或 1 套）	3	8533.2900
					800 千伏：400－600 个/台（或 1 套）		
				电容器片	550 千伏：600－700 个/台（或 1 套）	3	8532.2300
					800 千伏：1000－1500 个/台（或 1 套）		
				电容器管	550 千伏：10－20 个/台（或 1 套）	3	8532.2900
					800 千伏：15－30 个/台（或 1 套）		
				电容器（纸介质充油）	12 支/台	3	8532.2510 8532.2590
				液压操作机构	3 套/台	3	8412.2990
4	气体绝缘金属封闭开关设备（GIS）	额定电压≥800 千伏	盆式绝缘子		800 千伏：20－40 个/间隔	3	8546.9000
					1100 千伏：30－50 个/间隔		
			出线套管		64 个/间隔	3	8546.2010
			绝缘拉杆		800 千伏：10－30 个/间隔	3	8547.9090
					1100 千伏：100－200 个/间隔		
			绝缘筒（仅限于 1100 千伏及以上）		30－40 个/间隔	3	8547.9090
			弧触头（仅限于 1100 千伏及以上）		30－70/间隔	3	8538.1010

序号	设备名称	主要技术参数	一级部件	二级部件	单机用量	退税年限	税则号列（供参考）
4	气体绝缘金属封闭开关设备（GIS）	额定电压≥800千伏	支柱绝缘子（仅限于1100千伏及以上）		20－40个/间隔	3	8547.9090
			液压工作缸（仅限于1100千伏及以上）		3个/间隔	3	8412.2100
			液压动力操作机构（仅限于1100千伏及以上）		3套/间隔	3	84122990.90
			电动弹簧操作机构（仅限于1100千伏及以上）		16套/间隔	3	8501.3100
			喷口（仅限于1100千伏及以上）		20－40个/间隔	3	8538.9000
			控制阀		3个/间隔	3	8481.2010
			弹簧触头		60件/间隔	3	7419.9920
				电阻	800千伏：500－600个/间隔（或1套）	3	8533.2900
					1100千伏：5000－6000个/司隔（或1套）		
				电容器片	800千伏：1100－1500个/间隔（或1套）	3	8532.2300
					1100千伏：4500－5500个/间隔（或1套）		
				电容器管	800千伏：20－40个/间隔（或1套）	3	8532.2900
				电容器	12支/间隔	3	8532.2900
5	串联补偿装置	额定电压≥500千伏 串补容量：350Mvar－700Mvar	旁路断路器		3台/套	3	8535.2900
			金属氧化物限压器（MOV）		30－80支/套	3	8535.4000
			光纤绝缘子		6－7柱/套	3	8546.9000
			支柱绝缘子（高≥5米）		20－40柱/套	3	8546.2010

附件2

输变电设备整机进口不予免税清单

序号	税则号列	设备名称	技术规格
1	8504	换流变压器	电压≤±500千伏
2	8504.5000	平波电抗器	所有规格
3	8535.2100、8535.2900、8535.1000、8535.9000、8536.1000、8536.2000、8536.3000、8537.1090、8537.2010、8537.2090	控制保护设备	所有规格
4	8535.9000	换流阀装置	所有规格
5	8543.7099	滤波装置	所有规格
6	8544.2000、854442、854449、854460	电缆	所有规格
7	8546.1000、8546.2010、8546.2090、8546.9000	交、直流悬式绝缘子	所有规格
8	8504.4013、8504.4014、8504.4015、8504.4019、8504.4020、8504.4091、8504.4099、8543	整流、调压装置	所有规格
9	8541.3000	晶闸管（包括大功率可控硅元件）	所有规格
10	8543.7099、8504	静止无功补偿装置	所有规格
11	8504	变压器	电压≤1100千伏
12	8504	互感器	电压≤1100千伏
13	8504.5000	电抗器	电压≤1100千伏
14	8532.1000	电力电容器	电压≤1100千伏
15	8535、8536、8537.1010、8537.1090、8537.2090	各类低压电器	所有规格
16	8535、8536、8537	六氟化硫断路器	所有规格
17	8535.2100、8535.2900、8537.2090	高压断路器（油、六氟化硫、真空）	电压≤1100千伏
18	8535.4000	避雷器	所有规格
19	8535.9000、8536.3000	继电保护装置	所有规格
20	8537.1090、8537.2090	船用配电箱、主配电盘、应急配电盘、岸电箱、分配电盘	交流电压≤1100伏
21	8537.1090	其他配电箱、配电盘、配电柜、配电板、配电台等	所有规格
22	8537.1090	充放电盘、电工试验板、组合启动器、单体启动器	所有规格
23	8537.2010、8537.2090	全封闭组合电器（GIS）	电压≤1100千伏
24	8544	电力电缆	交联聚乙烯绝缘电缆：电压220千伏及以下；其他电缆：所有规格（电压220千伏及以上的海底电力电缆除外）
25	8544	电线	所有规格
26	8543.7099、8532	串联补偿装置	所有规格

中华人民共和国海关总署公告

2008 年第 71 号

根据《中华人民共和国反倾销条例》的规定，国务院关税税则委员会决定自 2006 年 10 月 13 日起，对原产于日本、新加坡、韩国、美国和台湾地区的进口氨纶征收反倾销税。最近，经我国调查机关同意，英威达（新加坡）的英文名称修正为 INVISTA SINGAPORE FIBRES PTE. LTD. 。现将有关事项公告如下：

一、自 2008 年 9 月 22 日起，对原产厂商为英威达（新加坡）（英文名称：INVISTA SINGAPORE FIBRES PTE. LTD. ）的进口氨纶，海关按照 10. 85% 的反倾销税税率征收反倾销税；对原产厂商为英威达（新加坡）[英文名称：INVISTA（Singapore）Fibres Pte. Ltd.] 的进口氨纶，海关按照“其他新加坡公司” 61% 的反倾销税税率征收反倾销税。

二、对原产于日本、新加坡、韩国、美国和台湾地区的进口氨纶征收反倾销税的其他事项，仍按照海关总署 2006 年第 58 号公告和 2008 年第 38 号公告的规定执行。

特此公告。

附件　中华人民共和国商务部 2008 年第 68 号公告

海关总署

2008 年 9 月 18 日

附件

中华人民共和国商务部公告

2008 年第 68 号

2006 年 10 月 13 日，中华人民共和国商务部发布 2006 年第 74 号公告，决定对原产于日本、新加坡、韩国、台湾地区和美国的进口氨纶征收反倾销税。其中，英威达（新加坡）[英文名称：INVISTA（Singapore）Fibres Pte. Ltd.] 适用的反倾销税税率为 10. 85% 。

2008 年 7 月 16 日，英威达（新加坡）（以下称公司）向商务部提交申请，请求将终裁公告中该公司的英文名称 INVISTA（Singapore）Fibres Pte. Ltd. 修正为 INVISTA SINGAPORE FIBRES PTE. LTD. 。公司称：在该案报名应诉登记时，该公司向调查机关填写了公司英文名称 INVISTA（Singapore）Fibres Pte. Ltd. ，并在随后的调查答卷中也填写了该名称。因此，调查机关在该案的初裁至终裁公告中确定该公司倾销幅度和反倾销税率时均使用该英文名称，该公司也从来未对英文名称提出任何异议。但在该案反倾销措施实施后，公司发现，由于其工作疏忽，公司报名登记的英文名称与公司注册的英文名称存在字母大小写等差异，为修正这一错误，现公司请求使用其正确的注册英文名称 INVISTA SINGAPORE FIBRES PTE. LTD. 替换终裁公告中使用的英文名称，并继承 10. 85% 的反倾销税率。公司同时提交了公司注册证明等文件。

商务部就上述申请事宜通知了反倾销调查原申请人。在规定时间内，国内氨纶产业作为原申请人未对此发表评论意见。

商务部经审查认为，现有证据材料表明：该公司报名登记的英文名称 INVISTA（Singapore）Fibres Pte. Ltd. 确与公司注册的英文名称 INVISTA SINGAPORE FIBRES PTE. LTD. 存有差异，但所指均为同一家公司；公司名称的差异系因该公司向调查机关报名应诉及填写调查问卷时的疏忽造成；该公司氨纶生产的经营管理、生产设备、原材料供应以及客户基础等未发生变化。

据此，商务部决定：

一、氨纶反倾销案终裁公告中涉案公司——英威达（新加坡）的英文名称由 INVISTA（Singapore）Fibres Pte. Ltd. 改为 INVISTA SINGAPORE FIBRES PTE. LTD. ，并适用 10. 85% 的反倾销税税率。

二、以英威达（新加坡）[INVISTA（Singapore）Fibres Pte. Ltd.] 名称向中国大陆出口的被调查产品，适用氨纶案反倾销措施中“其他新加坡公司”所适用的 61% 的反倾销税税率。

本公告自 2008 年 9 月 22 日起执行。

特此公告。

商务部

2008 年 9 月 8 日

中华人民共和国海关总署公告

2008 年第 72 号

经国务院批准，《中国—新西兰自由贸易协定》将于 2008 年 10 月 1 日起正式实施，现将有关事宜公告如下：

一、自 2008 年 10 月 1 日起，对进口原产于新西兰的 6895 个税目（详见附件）项下的商品实施本公告附件所列的协定税率。

二、进口经营单位申报进口原产于新西兰并享受协定税率的货物时，应按照海关要求填制报关单，其“优惠贸易协定代码”应填报为“10”。

三、进口经营单位申报进口原产于新西兰并享受协定税率的货物时，应按照《〈中国—新西兰自由贸易协定〉原产地规则及相关操作程序》（以下简称《规则》）的规定向海关提交优惠原产地证书。《规则》将由海关总署另行发布。

四、《中国—新西兰自由贸易协定税目税率表》使用了简化的货品名称，其准确的名称以《中华人民共和国进出口税则》的货品名称描述为准。

特此公告。

附件 中国一新西兰自由贸易协定税目税率表（略）

海关总署

2008 年 9 月 24 日

中华人民共和国海关总署公告

2008 年第 73 号

经国务院批准，自 2008 年 10 月 1 日起，我国给予东帝汶民主共和国、科摩罗联盟和刚果民主共和国部分对华出口商品零关税待遇。现将有关事宜公告如下：

一、对进口原产于东帝汶的 290 个 8 位税目项下的商品、进口原产于科摩罗和刚果（金）的 258 个 8 位税目项下的商品实施关税税率为零的特惠税率（详见附件 1、2）。

二、申报进口享受特惠税率的原产于东帝汶、科摩罗和刚果（金）的货物时，应按照海关要求填制报关单，其“优惠贸易协定代码”东帝汶应填报为“09”，科摩罗和刚果（金）应填报为“05”。

三、《给予东帝汶民主共和国零关税待遇的商品清单》和《给予非洲科摩罗联盟和刚果民主共和国第二批零关税待遇的商品清单》使用了简化的货品名称，其准确的名称以《中华人民共和国进出口税则》的货品名称描述为准。

四、本公告自 2008 年 10 月 1 日起执行。

特此公告。

附件 1 给予东帝汶民主共和国零关税待遇的商品清单

附件 2 给予非洲科摩罗联盟和刚果民主共和国第二批零关税待遇的商品清单

海关总署

2008 年 9 月 24 日

附件1

给予东帝汶民主共和国零关税待遇的商品清单

序号	税则号列	商品名称（简称）	最惠国税率（%）	协定税率（%）
1	0210.9900	干、熏、盐制的其他肉及食用杂碎	25	0
2	0303.3200	冻鲽鱼	12	0
3	0303.3300	冻鳎鱼	12	0
4	0303.4200	冻黄鳍金枪鱼	12	0
5	0303.4300	冻鲣鱼	12	0
6	0303.4900	其他冻金枪鱼，但鱼肝及鱼卵除外	12	0
7	0303.6100	冻剑鱼，但鱼肝及鱼卵除外	10	0
8	0303.6200	冻南极犬牙鱼，但鱼肝及鱼卵除外	10	0
9	0303.7700	冻尖吻鲈鱼	12	0
10	0303.7910	冻带鱼	10	0
11	0303.7990	其他未列名冻鱼	10	0
12	0304.1100	鲜、冷剑鱼片及鱼肉	12	0
13	0304.1200	鲜、冷南极犬牙鱼片及鱼肉	12	0
14	0304.1900	其他鲜、冷的鱼片及鱼肉	12	0
15	0304.9100	冻的剑鱼肉	10	0
16	0304.9200	冻的南极犬牙鱼肉	10	0
17	0304.9900	其他冻鱼肉	10	0
18	0307.4190	其他活、鲜或冷墨鱼及鱿鱼	12	0
19	0307.4900	其他冻、干、盐制的墨鱼及鱿鱼	12	0
20	0307.9910	冻、干、盐腌或盐渍的鲍鱼	10	0
21	0307.9920	冻、干、盐腌或盐渍的海参	10	0
22	0504.0029	鲜、冷、冻、干、盐制的其他动物胃	20	0
23	0508.0010	珊瑚及水产品壳、骨的粉末及废料	12	0
24	0508.0090	珊瑚及介、贝、棘皮动物的壳、骨	12	0
25	0709.9090	鲜或冷的其他蔬菜	13	0
26	0813.4040	荔枝干	25	0
27	0910.9900	其他调味香料	15	0
28	1108.1400	木薯淀粉	10	0
29	1211.9036	鲜或干的甘草	6	0
30	1211.9039	其他主要用作药料的鲜或干的植物	6	0
31	1211.9099	其他鲜或干的杀虫、杀菌用植物	9	0

序号	税则号列	商品名称（简称）	最惠国税率（%）	协定税率（%）
32	1212. 2090	鲜、冷、冻或干的其他海草及其他藻类	15	0
33	1212. 9999	鲜、干的其他供人食用的植物产品	30	0
34	1404. 9010	主要供染料或鞣料用的植物原料	5	0
35	1404. 9090	其他植物产品	15	0
36	1702. 9000	其他固体糖；人造蜜；焦糖	30	0
37	1806. 9000	其他巧克力及含可可的食品	8	0
38	1903. 0000	珍粉及淀粉制成的珍粉代用品	15	0
39	2006. 0010	蜜枣	30	0
40	2202. 9000	其他无酒精饮料	35	0
41	2301. 2010	饲料用鱼粉	2	0
42	2507. 0010	不论是否煅烧的高岭土	3	0
43	2509. 0000	白垩	3	0
44	2514. 0000	板岩，不论是否粗加修整或切割成矩形板块	3	0
45	2521. 0000	石灰石助熔剂；通常用于制造石灰或水泥的石灰石及其他钙质石	5	0
46	2529. 1000	长石	3	0
47	2530. 9010	矿物性药材	3	0
48	2811. 2200	二氧化硅	5. 5	0
49	2841. 5000	其他铬酸盐及重铬酸盐；过铬酸盐	5. 5	0
50	3004. 9059	其他中式成药（混合或非混合，治病或防病用已配定剂量或零售包装）	3	0
51	3006. 1000	无菌外科肠线；无菌昆布、无菌粘合胶布、无菌吸收性止血材料、外科或牙科用无菌抗粘连阻隔材料及类似无菌材料	5	0
52	3006. 9100	可确定用于造口术用具	10	0
53	3203. 0019	其他植物质着色料及以其为基本成分的制品，包括染料浸膏（不论是否已有化学定义）；三十二章注释三所述的以植物质着色料为基本成分的制品	6. 5	0
54	3204. 1400	直接染料及以其为基本成分的制品（不论是否已有化学定义）	6. 5	0
55	3204. 1590	其他瓮染料（包括颜料用的）及以其为基本成分的制品（不论是否已有化学定义）	6. 5	0
56	3206. 4900	其他着色料及其制品；三十二章注释三所述的制品，但税目 32. 03，32. 04 及 32. 05 的货品除外面	6. 5	0

序号	税则号列	商品名称（简称）	最惠国税率（%）	协定税率（%）
57	3213.9000	非成套颜料、调色料及类似品（艺术家、学生和广告美工用的，片状、管装、罐装、瓶装、扁盒装等类似形状或包装的）	10	0
58	3302.9000	其他工业用混合香料及以香料为基本成分的混合物和制品	10	0
59	3307.4100	神香及其他通过燃烧散发香气制品	10	0
60	3307.9000	脱毛剂、其他编号未列名的芳香料制品及化妆盥洗品	9	0
61	3506.9120	以环氧树脂为基本成分的粘合剂	10	0
62	3506.9190	以其他橡胶或塑料为基本成分的粘合剂	10	0
63	3605.0000	火柴，但税目 36.04 的烟火制品除外	6	0
64	3915.9010	聚对苯二甲酸乙二酯的塑料废碎料及下脚料	7.6	0
65	3915.9090	其他塑料的废碎料及下脚料	7.6	0
66	3917.2100	乙烯聚合物制的硬管	10	0
67	3917.2900	其他塑料制的硬管	10	0
68	3917.3100	塑料制的软管	10	0
69	3917.4000	塑料制的管子附件	10	0
70	3923.1000	塑料制盒、箱及类似品	10	0
71	3924.1000	塑料制餐具及厨房用具	10	0
72	3924.9000	塑料制其他家庭用具及卫生或盥洗用具	10	0
73	3925.1000	塑料制囤、柜、罐、桶及类似容器	10	0
74	3926.9090	其他塑料制品	10	0
75	4016.9310	硫化橡胶制机器、仪器用垫片、垫圈及其他密封垫	8	0
76	4016.9390	硫化橡胶制其他用垫片、垫圈及其他密封垫	15	0
77	4201.0000	各种材料制成的鞍具及挽具，适合各种动物用	20	0
78	4202.1290	塑料或纺织材料作面的其他箱包	20	0
79	4202.1900	其他材料制箱包	20	0
80	4202.2100	以皮革、再生皮革、漆皮作面的手提包	10	0
81	4202.2200	以塑料片或纺织材料作面的手提包	10	0
82	4202.3100	以皮革、再生皮革作面的钱包等物品	10	0
83	4202.3200	以塑料或纺织品作面的钱包等物品	20	0
84	4205.0020	机器、机械器具或其他专门技术用途的皮革或再生皮革制品	8	0
85	4302.1930	已鞣未缝制阿斯特拉罕等羔羊皮，不论是否带头、尾或爪	20	0

序号	税则号列	商品名称（简称）	最惠国税率（%）	协定税率（%）
86	4302.1990	已鞣未缝制的其他毛皮	10	0
87	5004.0000	非供零售用丝纱线	6	0
88	5007.9010	未漂白或漂白其他丝机织物	10	0
89	5007.9090	其他丝机织物	10	0
90	5102.1920	未梳其他山羊绒	9	0
91	5106.1000	非供零售用粗梳纯羊毛纱线	5	0
92	5107.1000	非供零售用精梳纯羊毛纱线	5	0
93	5112.1900	重量>200 克/平方米精梳全毛布	10	0
94	5112.3000	与化纤短纤混纺精梳毛布	10	0
95	5112.9000	与其他纤维混纺精梳毛布	10	0
96	5202.9100	棉的回收纤维	10	0
97	5204.1100	非供零售用全棉缝纫线	5	0
98	5207.9000	供零售用混纺棉纱线	6	0
99	5208.3100	染色的轻质全棉平纹布	10	0
100	5309.2900	其他混纺亚麻机织物	10	0
101	5310.1000	未漂白黄麻或其他韧皮纤维织物	10	0
102	5310.9000	其他黄麻机织物或韧皮鲜为纤维织物	10	0
103	5311.0013	其他全苎麻机织物	12	0
104	5401.1010	非供零售用合成纤维长丝缝纫线	5	0
105	5401.1020	供零售用合成纤维长丝缝纫线	5	0
106	5508.1000	合成纤维短纤纺制的缝纫线	5	0
107	5602.9000	经浸、涂、包覆或层压的其他毡呢	10	0
108	5607.4900	聚乙烯或聚丙烯制线、绳、索、缆	5	0
109	5609.0000	用纱线、扁条、绳、索、缆制其他物品	10	0
110	5701.1000	羊毛结织栽绒地毯及其他铺地制品	14	0
111	5701.9010	化纤结织栽绒地毯及其他铺地制品	16	0
112	5702.1000	“开来姆”等手织地毯	14	0
113	5702.4100	制成的毛制起绒地毯及铺地制品	10	0
114	5705.0010	毛制其他地毯及其他铺地制品	14	0
115	5705.0020	化纤制其他地毯及其他铺地制品	10	0
116	5705.0090	其他纺织材料制其他地毯及铺地制品	14	0
117	5805.0010	手工针绣嵌花装饰毯	12	0
118	5805.0090	“哥白林”等手织装饰毯	12	0
119	5806.3910	丝及绢丝制其他狭幅机织物	10	0

序号	税则号列	商品名称（简称）	最惠国税率（%）	协定税率（%）
120	5806.3990	其他材料制其他狭幅机织物	10	0
121	5807.9000	非机织非绣制纺织材料标签徽章等	10	0
122	5808.9000	非绣制成匹装饰带、流苏、绒球	10	0
123	5809.0090	其他金属线布及含金属纱线布	10	0
124	5810.9100	棉制见底布的刺绣品	10	0
125	5810.9900	其他纺织材料制见底布刺绣品	10	0
126	5908.0000	纺织材料制灯芯、炉芯等和煤气灯纱筒及纱罩	10	0
127	6001.2100	棉制针织或钩编的毛圈绒头织物	10	0
128	6102.2000	棉制针织或钩编女式大衣、防风衣	17.5	0
129	6104.1910	毛制针织或钩编女式西服套装	17.5	0
130	6104.3200	棉制针织女式上衣	16	0
131	6104.3900	其他纺织材料制针织女上衣	16	0
132	6104.4200	棉制针织或钩编连衣裙	16	0
133	6104.4900	其他纺织材料制针织或钩编连衣裙	16	0
134	6104.5200	棉制针织裙子及裙裤	14	0
135	6104.6200	棉制针织或钩编女长裤、工装裤等	16	0
136	6105.1000	棉制针织或钩编男衬衫	16	0
137	6106.1000	棉制针织或钩编女衬衫	16	0
138	6109.1000	棉制针织或钩编 T 恤衫、汗衫等	14	0
139	6110.2000	棉制针织或钩编套头衫等	14	0
140	6110.3000	化纤制针织或钩编套头衫等	16	0
141	6114.2000	棉制针织或钩编的其他服装	16	0
142	6115.9600	合纤制针织或钩编短袜及其他袜类	16	0
143	6116.9300	合纤制其他针织或钩编手套	16	0
144	6117.1000	针织或钩编披巾、头巾等	14	0
145	6202.1290	棉制女式大衣、斗篷及类似品等	16	0
146	6203.3100	毛制男式上衣	16	0
147	6203.3200	棉制男式上衣	16	0
148	6203.3990	其他纺织材料制男式上衣	16	0
149	6203.4290	棉制男式长裤、工装裤等	16	0
150	6204.3100	毛制女式上衣	16	0
151	6204.3200	棉制女式上衣	16	0
152	6204.3910	丝及绢丝制女式上衣	16	0
153	6204.5200	棉制裙子及裙裤	14	0

序号	税则号列	商品名称（简称）	最惠国税率（%）	协定税率（%）
154	6204. 5910	丝及绢丝制裙子及裙裤	14	0
155	6204. 5990	其他纺织材料制裙子及裙裤	14	0
156	6204. 6200	棉制女式长裤、工装裤等	16	0
157	6205. 2000	棉制男衬衫	16	0
158	6206. 1000	丝及绢丝制女式衬衫	16	0
159	6206. 3000	棉制女衬衫	16	0
160	6206. 9000	其他纺织材料制女衬衫	16	0
161	6207. 9100	棉制男式浴衣、晨衣及类似品	14	0
162	6208. 1920	棉制长衬裙及衬裙	14	0
163	6208. 9200	化纤制女式背心、内衣及类似品	16	0
164	6208. 9990	其他纺织材料制女式背心、内衣及类似	14	0
165	6211. 3220	棉制男式运动服	16	0
166	6211. 3290	棉制其他男式服装	16	0
167	6211. 4210	棉制女式运动服	16	0
168	6211. 4290	棉制其他女式服装	16	0
169	6211. 4990	其他纺织材料制女式运动服及其他服装	16	0
170	6212. 2090	其他纺织材料制束腰带及腹带	14	0
171	6214. 1000	丝制披巾、头巾、围巾及类似品	14	0
172	6214. 2000	毛制披巾、头巾、围巾及类似品	14	0
173	6214. 3000	合纤制披巾、头巾及类似品	16	0
174	6214. 9000	其他纺织材料制披巾、头巾及类似品	14	0
175	6217. 1090	非针织非钩编服装或衣着附件	14	0
176	6217. 9000	非针织非钩编服装或衣着零件	14	0
177	6301. 2000	毛制毯子及旅行毯	16	0
178	6301. 3000	棉制毯子及旅行毯	16	0
179	6301. 4000	合纤制毯子及旅行毯	17. 5	0
180	6301. 9000	其他纺织材料制毯子及旅行毯	16	0
181	6302. 2110	棉制印花床单	14	0
182	6302. 2210	化纤制印花床单	16	0
183	6302. 2290	化纤制印花床上用织物制品	16	0
184	6302. 3191	棉制其他床单	14	0
185	6302. 3199	棉制其他床上用织物制品	14	0
186	6302. 3210	化纤制刺绣其他床上用织物制品	16	0
187	6302. 3999	其他纺织材料制其他床上用织物制品	14	0

序号	税则号列	商品名称（简称）	最惠国税率（%）	协定税率（%）
188	6302.4090	其他针织或钩编的餐桌用织物制品	14	0
189	6302.5190	棉制其他餐桌用织物制品	14	0
190	6302.5390	化纤制其他餐桌用织物制品	16	0
191	6303.1931	棉制针织的窗帘等	14	0
192	6303.9100	棉制非针织非钩编窗帘等	14	0
193	6303.9200	合纤制非针织非钩编窗帘等	16	0
194	6304.1131	手工钩编床罩	14	0
195	6304.1139	非手工钩编床罩	14	0
196	6304.9910	丝制非针织非钩编的装饰制品	14	0
197	6304.9990	其他纺织材料制非针织非钩编装饰制品	14	0
198	6305.1000	黄麻或其他韧皮纤维制货物包装袋	10	0
199	6305.2000	棉制货物包装袋	16	0
200	6306.2990	其他纺织材料制帐篷	14	0
201	6306.4020	化纤制充气褥垫	16	0
202	6307.9000	其他纺织材料制成品	14	0
203	6402.9900	其他橡胶、塑料鞋靴	24	0
204	6505.9010	钩编的帽类	20	0
205	6505.9090	针织或成匹织物制成的帽类	20	0
206	6506.9990	其他材料制的未列名帽类	24	0
207	6603.9000	伞、手杖及鞭子的其他零件及饰品	14	0
208	6704.1100	合成纺织材料制整头假发	25	0
209	6704.9000	其他材料制假发、须眉及类似品	25	0
210	6802.9990	其他石及制品	24	0
211	6815.9910	碳纤维及其制品	17.5	0
212	6815.9990	其他未列名石制品及矿物制品	17.5	0
213	6910.1000	瓷制脸盆、浴缸及类似卫生器具	10	0
214	6912.0010	陶餐具	15	0
215	6913.9000	陶塑像及其他装饰用陶制品	15	0
216	7009.1000	车辆后视镜	10	0
217	7013.1000	玻璃陶瓷制玻璃器皿	24.5	0
218	7103.1000	未加工宝石或半宝石	3	0
219	7113.1190	其他银首饰及其零件	20	0
220	7113.1999	其他贵金属制首饰及其零件	35	0
221	7114.1100	银器及零件	35	0

序号	税则号列	商品名称（简称）	最惠国税率（%）	协定税率（%）
222	7114.2000	以贱金属为底的包贵金属制金银器	35	0
223	7117.1900	其他贱金属制仿首饰	17	0
224	7117.9000	未列名材料制仿首饰	35	0
225	7223.0000	不锈钢丝	10	0
226	7307.9200	未列名钢铁制螺纹肘管、弯管、管套	4	0
227	7308.1000	钢铁制桥梁及桥梁体段	8	0
228	7310.2900	其他容积 <50 升的盛物容器	17.5	0
229	7312.9000	非绝缘钢铁编带、吊索及类似品	4	0
230	7318.1500	其他螺钉及螺栓	8	0
231	7318.1600	螺母	8	0
232	7322.9000	非电热空气加热器、暖气分布器	20	0
233	7323.9300	餐桌、厨房等家用不锈钢器具	12	0
234	7326.9090	其他非工业用钢铁制品	8	0
235	7404.0000	铜废碎料	1.5	0
236	7418.1990	餐桌厨房等家用铜制器具及其零件	18	0
237	7419.9991	工业用其他铜制品	10	0
238	7419.9999	非工业用其他铜制品	20	0
239	7608.2000	铝合金管	8	0
240	7615.1900	餐桌厨房等家用铝制器具及其零件	15	0
241	8201.4000	斧子、钩刀及类似砍伐工具	8	0
242	8202.1000	手工锯	8.4	0
243	8204.1100	固定式的手动扳手及板钳	10.5	0
244	8204.1200	可调式的手动扳手及板钳	10	0
245	8205.2000	手工锤子	10	0
246	8205.4000	手工螺丝刀	10.5	0
247	8211.9200	刃面固定的其他刀	12	0
248	8301.2090	其他机动车用锁	10	0
249	8301.4000	其他锁	14	0
250	8306.1000	非电动铃、钟、锣及其类似品	8	0
251	8306.2100	镀贵金属的雕塑像及其他装饰品	8	0
252	8306.2990	其他雕塑像及其他装饰品	8	0
253	8308.9000	贱金属制珠子及亮晶片	10.5	0
254	8409.9199	其他点燃式活塞内燃发动机用零件	5	0
255	8413.7099	转速 <10000 转/分离心泵	8	0

序号	税则号列	商品名称（简称）	最惠国税率（%）	协定税率（%）
256	8413.9100	液体泵用零件	5	0
257	8414.5990	其他扇，风机	8	0
258	8430.6100	非自推进捣固或压实机械	6	0
259	8452.9091	其他缝纫机用旋梭	14	0
260	8452.9099	其他缝纫机用其他零件	14	0
261	8468.1000	手提喷焊器	12	0
262	8481.2020	气压传动阀	5	0
263	8481.8010	其他阀门	7	0
264	8482.1010	调心球轴承	8	0
265	8482.1020	深沟球轴承	8	0
266	8482.1030	角接触轴承	8	0
267	8482.1040	推力球轴承	8	0
268	8482.1090	其他	8	0
269	8483.1090	其他传动轴及曲柄	6	0
270	8483.9000	单独报验的带齿的轮及其他传动元件；零件	8	0
271	8484.1000	金属片密封垫或类似接合衬垫	8	0
272	8484.9000	其他材料制密封垫及类似接合衬垫	8	0
273	8504.3190	额定容量≤1 千伏安的其他变压器	5	0
274	8505.1190	其他金属的永磁体	7	0
275	8529.9060	收音机及其组合机的其他零件	15	0
276	9021.3900	其他人造的人体部分	4	0
277	9021.9000	税号 90.21 中未列名的矫形器具	4	0
278	9025.1990	非液体的其他温度计、高温计	8.4	0
279	9202.9000	其他弦乐器	17.5	0
280	9206.0000	打击乐器	17.5	0
281	9404.2100	海绵橡胶或泡沫塑料制褥垫	20	0
282	9404.2900	其他材料制褥垫	20	0
283	9404.9040	化纤棉填充的寝具及类似品	20	0
284	9404.9090	其他材料制的寝具及类似品	20	0
285	9405.9900	税号 94.05 所列物品其他材料制零件	20	0
286	9601.9000	其他已加工动物质雕刻料及其制品	20	0
287	9606.2200	金属制钮扣，未用纺织材料包裹	15	0
288	9608.1000	圆珠笔	15	0
289	9615.9000	其他发夹、卷发器等及其零件	18	0

序号	税则号列	商品名称（简称）	最惠国税率（%）	协定税率（%）
290	9701.1020	手绘油画、粉画及其他画的复制品	14	0

附件 2

给予非洲科摩罗联盟和刚果民主共和国第二批零关税待遇的商品清单

序号	税则号列	商品名称（简称）	最惠国税率（%）	协定税率（%）
1	0302.3200	鲜、冷黄鳍金枪鱼	12	0
2	0303.4300	冻鲣鱼	12	0
3	0303.5200	冻鳕鱼（大西洋鳕鱼、太平洋鳕鱼、格陵兰鳕鱼），但鱼肝及鱼卵除外	10	0
4	0303.7600	冻鳗鱼	12	0
5	0305.5910	干海马、干海龙	2	0
6	0306.2190	未冻的龙虾	15	0
7	0307.6090	其他蜗牛及螺	14	0
8	0307.9990	其他冻、干、盐制软体动物、水生无脊椎动物	10	0
9	0511.9990	其他编号未列名的动物产品；不适合供人食用的第一章的死动物	12	0
10	0602.9093	菊花	10	0
11	0604.9100	鲜的植物枝、叶或其他部分；草	10	0
12	0709.9090	鲜或冷的其他蔬菜	13	0
13	0901.2200	已浸除咖啡碱的已焙炒咖啡	15	0
14	0902.3090	每件净重≤3千克的其他发酵、半发酵红茶	15	0
15	0902.4090	每件净重>3千克的其他红茶（已发酵）及半发酵茶	15	0
16	1211.9039	其他主要用作药料的鲜或干的植物	6	0
17	1212.9999	鲜、干的其他供人食用的植物产品	30	0
18	1401.1000	竹	10	0
19	1404.2000	棉短绒	4	0
20	1605.4090	制作或保藏的其他甲壳动物	5	0
21	1605.9090	其他制作或保藏的软体动物及其他水生无脊椎动物	5	0
22	1802.0000	可可荚、壳、皮及废料	10	0
23	2101.1100	咖啡浓缩精汁	17	0
24	2103.9090	其他调味品	21	0

序号	税则号列	商品名称（简称）	最惠国税率（%）	协定税率（%）
25	2301.2010	饲料用鱼粉	2	0
26	2505.1000	硅砂及石英砂，不论是否着色	3	0
27	2505.9000	其他天然砂，不论是否着色	3	0
28	2512.0090	其他硅质化石粗粉及类似的硅质土	3	0
29	2516.9000	其他碑用或建筑用石，不论是否粗加修整或切割成矩形板块	3	0
30	2525.1000	原状云母及劈开的云母片	5	0
31	2529.1000	长石	3	0
32	2713.1190	未煅烧石油焦	3	0
33	2811.2200	二氧化硅	5.5	0
34	2825.9090	其他无机碱；其他金属的氧化物及氢氧化物及过氧化物	5.5	0
35	2826.3000	六氟铝酸钠（人造冰晶石）	5.5	0
36	3307.9000	脱毛剂、其他编号未列名的芳香料制品及化妆盥洗品	9	0
37	3401.1100	盥洗用肥皂及有机表面活性产品，条状、块状或模制形状的，以及用肥皂或洗涤剂浸渍、涂面或包覆的纸、絮胎、毡呢及无纺织物	10	0
38	3402.1100	阴离子型有机表面活性剂	6.5	0
39	3809.9300	制革工业用其他税号未列名整理剂、染料加速着色剂或固色助剂及其他产品和制剂	6.5	0
40	3824.7500	含四氯化碳的含有甲烷、乙烷、丙烷卤化衍生物混合物	6.5	0
41	3824.7600	含1,1,1－三氯乙烷（甲基氯仿）的含有甲烷、乙烷、丙烷卤化衍生物混合物	6.5	0
42	3824.7800	含全氟烃或氢氟烃的，但不含全氯氟烃或氢氯氟烃的含有甲烷、乙烷、丙烷卤化衍生物混合物	6.5	0
43	3824.8100	含环氧乙烷的混合物及制品	6.5	0
44	3824.8200	含多氯联苯、多氯三联苯或多溴联苯的混合物及制品	6.5	0
45	3824.8300	含三（2,3－二溴丙基）磷酸酯的混合物及制品	6.5	0
46	3824.9091	含滑石50%以上的混合物	6.5	0
47	3824.9099	其他税目未列名的化学工业及其相关工业的化学产品及配制品	6.5	0
48	3901.9020	线型低密度聚乙烯	6.5	0
49	3903.3000	丙烯腈－丁二烯－苯乙烯共聚物	6.5	0

序号	税则号列	商品名称（简称）	最惠国税率（%）	协定税率（%）
50	3907.2010	聚四亚甲基醚二醇	6.5	0
51	3907.2090	其他初级形状的聚醚	6.5	0
52	3907.6090	其他初级形状聚对苯二甲酸乙二酯	6.5	0
53	3921.1990	其他泡沫塑料板、片、膜、箔及扁条	6.5	0
54	3923.2900	其他塑料制的袋及包	10	0
55	3926.1000	办公室或学校用塑料制品	10	0
56	4011.9200	农业或林业车辆及机器用非人字形胎面或类似胎面的新充气橡胶轮胎	25	0
57	4016.9390	硫化橡胶制其他用垫片、垫圈、及其他密封垫	15	0
58	4016.9990	其他未列名硫化橡胶制品	10	0
59	4104.4990	其他干革（坯革）	7	0
60	4106.2200	山羊或小山羊皮干革（坯革）	14	0
61	4113.9000	其他已鞣进一步加工的不带毛动物皮革	14	0
62	4202.1290	塑料或纺织材料作面的其他箱包	20	0
63	4203.1000	皮革或再生皮革制的衣服	10	0
64	4203.3010	皮革或再生皮革制腰带	10	0
65	4203.3020	皮革或再生皮革制的腰带及子弹带	10	0
66	4205.0090	皮革或再生皮革的其他制品	12	0
67	4601.2990	其他植物材料制席子、席料及帘子	9	0
68	5007.1090	其他绸丝机织物	10	0
69	5007.2011	未漂白或漂白的纯桑蚕丝机织物	10	0
70	5007.2019	其他纯桑蚕丝机织物	10	0
71	5007.2021	未漂白或漂白的纯柞蚕丝机织物	10	0
72	5007.2029	其他纯柞蚕丝机织物	10	0
73	5007.2031	未漂白或漂白的纯绢丝机织物	10	0
74	5007.2039	其他纯绢丝机织物	10	0
75	5007.2090	其他纯丝机织物	10	0
76	5007.9010	未漂白或漂白其他丝机织物	10	0
77	5007.9090	其他丝机织物	10	0
78	5106.1000	非供零售用粗梳纯羊毛纱线	5	0
79	5112.1900	重量>200克/平方米精梳全毛布	10	0
80	5205.1100	非零售粗梳粗支纯棉单纱	5	0
81	5205.1200	非零售粗梳中支纯棉单纱	5	0
82	5205.1400	非零售粗梳较细支纯棉单纱	5	0

序号	税则号列	商品名称（简称）	最惠国税率（%）	协定税率（%）
83	5205. 2200	非零售精梳中支纯棉单纱	5	0
84	5205. 2400	非零售精梳较细支纯棉单纱	5	0
85	5205. 4400	非零售精梳较细支纯棉多股纱	5	0
86	5208. 2200	漂白的较轻质全棉平纹布	10	0
87	5208. 3300	染色的轻质全棉三、四线斜纹布	10	0
88	5208. 4200	色织的较轻质全棉平纹布	10	0
89	5208. 4900	色织的轻质其他全棉机织物	10	0
90	5208. 5100	印花的轻全棉平纹布	10	0
91	5209. 3100	染色的重质全棉平纹布	10	0
92	5209. 3200	染色的重质全棉三、四线斜纹布	10	0
93	5209. 3900	染色的重质其他全棉机织物	10	0
94	5209. 4200	色织的重质全棉粗斜纹布（劳动布）	10	0
95	5209. 5100	印花的重质全棉平纹布	10	0
96	5303. 1000	生或沤制黄麻，其他纺织用韧皮纤维	5	0
97	5303. 9000	经加工、未纺的黄麻及其他纺织用韧皮纤维	5	0
98	5305. 0092	加工、未纺的椰壳纤维及椰壳纤维废料	5	0
99	5307. 1000	黄麻及其他纺织用韧皮纤维单纱	6	0
100	5307. 2000	黄麻及其他纺织用韧皮纤维多股纱或缆线	6	0
101	5310. 1000	未漂白黄麻或其他韧皮纤维织物	10	0
102	5310. 9000	其他黄麻机织物或韧皮鲜为纤维织物	10	0
103	5407. 4200	染色的纯尼龙布	10	0
104	5407. 5200	染色的纯聚酯变形长丝布	10	0
105	5407. 7200	染色的其他纯合成纤维长丝布	10	0
106	5510. 2000	非零售与毛混纺人造纤维短纤纱线	5	0
107	5510. 9000	非零售与其他混纺人造纤维短纤纱线	5	0
108	5512. 1100	未漂或漂白的纯聚酯布	18	0
109	5512. 9900	其他纯合成纤维布	10	0
110	5513. 2900	与棉混纺染色的轻质其他合成纤维布	10	0
111	5513. 4100	与棉混纺印花的轻质聚酯平纹布	10	0
112	5514. 2300	与棉混纺染色的其他重质聚酯布	10	0
113	5603. 1110	每平方米≤25 克经浸渍化纤长丝无纺织物	10	0
114	5603. 1210	25 克＜每平方米≤70 克浸渍化纤长丝无纺织物	10	0
115	5603. 9290	25 克＜每平方米≤70 克其他无纺织物	10	0
116	5603. 9490	每平方米＞150 克的其他无纺织物	10	0

序号	税则号列	商品名称（简称）	最惠国税率（%）	协定税率（%）
117	5604.1000	用纺织材料包覆的橡胶线及绳	5	0
118	5607.9090	其他纺织材料制线、绳、索、缆	5	0
119	5609.0000	用纱线、扁条、绳、索、缆制其他物品	10	0
120	5702.1000	“开来姆”等手织地毯	14	0
121	5702.3900	未制成其他纺织材料起绒铺地制品	14	0
122	5703.9000	其他纺织材料簇绒地毯及其他簇绒铺地制品	14	0
123	5705.0010	毛制其他地毯及其他铺地制品	14	0
124	5705.0020	化纤制其他地毯及其他铺地制品	10	0
125	5705.0090	其他纺织材料制其他地毯及铺地制品	14	0
126	5804.1030	化纤制网眼薄纱及其他网眼织物	12	0
127	5806.3200	化纤制其他狭幅机织物	10	0
128	5806.3990	其他材料制其他狭幅机织物	10	0
129	5807.9000	非机织非绣制纺织材料标签徽章等	10	0
130	5911.9000	其他专门技术用途纺织产品及制品	8	0
131	6103.2200	棉制针织或钩编男式便服套装	20	0
132	6104.2200	棉制针织或钩编女式便服套装	17.5	0
133	6104.3300	合纤制针织女上衣	19	0
134	6104.4200	棉制针织或钩编连衣裙	16	0
135	6104.4300	合纤制针织或钩编连衣裙	17.5	0
136	6104.5300	合纤制针织或钩编裙子及裙裤	16	0
137	6104.6200	棉制针织或钩编女长裤、工装裤等	16	0
138	6105.1000	棉制针织或钩编男衬衫	16	0
139	6105.2000	化纤制针织或钩编男衬衫	17.5	0
140	6106.2000	化纤制针织或钩编女衬衫	17.5	0
141	6110.1200	喀什米尔山羊细毛制针织或钩编套头衫等	14	0
142	6110.1910	其他山羊细毛制针织或钩编套头衫等	14	0
143	6110.3000	化纤制针织或钩编套头衫等	16	0
144	6117.1000	针织或钩编披巾、头巾等	14	0
145	6117.8010	针织或钩编领带及领结	14	0
146	6202.1290	棉制女式大衣、斗篷及类似品等	16	0
147	6203.2200	棉制男式便服套装	17.5	0
148	6203.3100	毛制男式上衣	16	0
149	6203.4290	棉制男式长裤、工装裤等	16	0
150	6204.3200	棉制女式上衣	16	0

序号	税则号列	商品名称（简称）	最惠国税率（%）	协定税率（%）
151	6204.3300	合纤制女式上衣	17.5	0
152	6204.4200	棉制连衣裙	16	0
153	6204.5100	毛制裙子及裙裤	14	0
154	6204.5200	棉制裙子及裙裤	14	0
155	6204.6100	毛制女式长裤、工装裤等	16	0
156	6206.3000	棉制女衬衫	16	0
157	6206.4000	化纤制女衬衫	17.5	0
158	6209.3000	合纤制婴儿服装及衣着附件	16	0
159	6214.2000	毛制披巾、头巾、围巾及类似品	14	0
160	6214.9000	其他纺织材料制披巾、头巾及类似品	14	0
161	6215.1000	丝及绢丝制领带及领结	14	0
162	6216.0000	非针织非钩编手套	14	0
163	6302.5190	棉制其他餐桌用织物制品	14	0
164	6302.9100	棉制其他盥洗及厨房织物制品	14	0
165	6307.9000	其他纺织材料制成品	14	0
166	6406.2000	橡胶或塑料制的外底及鞋跟	15	0
167	6505.9090	针织或成匹织物制成的帽类	20	0
168	6506.9990	其他材料制的未列名帽类	24	0
169	6601.9100	折叠伞	10	0
170	6704.1900	合成纺织材料制其他假发、须等	25	0
171	6802.2990	具有一个平面的其他石及制品	15	0
172	6812.8000	青石棉或青石棉混合物制品	10.5	0
173	6812.9900	其他石棉或石棉混合物制品	10	0
174	6913.1000	瓷塑像及其他装饰用瓷制品	15	0
175	7007.2190	车辆用层压安全玻璃	20	0
176	7009.1000	车辆后视镜	10	0
177	7103.9100	经其他加工的红、蓝、绿宝石	8	0
178	7302.1000	钢轨	6	0
179	7305.2000	其他钻探石油、天然气用粗套管	7	0
180	7306.2100	不锈钢焊缝钻探石油天然气用套、导管	3	0
181	7306.2900	其他钻探石油天然气用套、导管	3	0
182	7310.1000	容积50升-300升钢铁制盛物容器	10.5	0
183	7315.8200	其他焊接链	12	0
184	7318.2100	弹簧垫圈及其他防松垫圈	10	0

序号	税则号列	商品名称（简称）	最惠国税率（%）	协定税率（%）
185	7318. 2900	其他无螺纹紧固件	10	0
186	7319. 2000	安全别针	10	0
187	7320. 1020	汽车用片簧及弹簧	10	0
188	7320. 1090	其他片簧及簧片	10	0
189	7321. 9000	非电热家用器具零件	12	0
190	7326. 9010	其他工业用钢铁制品	10. 5	0
191	7326. 9090	其他非工业用钢铁制品	8	0
192	7403. 2900	未锻轧的其他铜合金	1	0
193	7409. 1900	其他精炼铜板、片、带	4	0
194	7415. 2100	铜垫圈（包括弹簧垫圈）	10	0
195	7419. 9110	工业用铸造、模压、冲压其他铜制品	10	0
196	7601. 2000	未锻轧铝合金	7	0
197	7616. 1000	铝钉、螺钉、螺母、垫圈等紧固件	10	0
198	7801. 1000	未锻轧精炼铅	3	0
199	7902. 0000	锌废碎料	1. 5	0
200	8201. 9000	其他农业、园艺、林业用手工工具	8	0
201	8203. 1000	钢锉、木锉及类似工具	10. 5	0
202	8208. 2000	木工机械用刀及刀片	8	0
203	8208. 3000	厨房或食品加工机器用刀及刀片	8	0
204	8301. 4000	其他锁	14	0
205	8304. 0000	贱金属档案柜、文件箱等办公用具	10. 5	0
206	8306. 2990	其他雕塑像及其他装饰品	8	0
207	8413. 3029	其他燃油泵	3	0
208	8413. 7099	其他离心泵	8	0
209	8421. 2990	其他液体的过滤、净化机器及装置	5	0
210	8421. 3930	内燃发动机排气过滤及净化装置	5	0
211	8421. 3990	其他气体的过滤、净化机器及装置	5	0
212	8421. 9990	其他过滤、净化装置用零件	5	0
213	8431. 4320	其他钻探机用零件	4	0
214	8466. 2000	工件夹具	7	0
215	8479. 8200	其他混合、研磨、筛选、均化等机器	7	0
216	8481. 8010	其他阀门	7	0
217	8481. 8090	未列名龙头、旋塞及类似装置	5	0
218	8483. 3000	未装滚珠或滚子轴承的轴承座	6	0

序号	税则号列	商品名称（简称）	最惠国税率（%）	协定税率（%）
219	8484.1000	金属片密封垫或类似接合衬垫	8	0
220	8484.2000	机械密封件	8	0
221	8487.9000	本章其他税号未列名机器零件	8	0
222	8504.4099	其他未列名静止式变流器	10	0
223	8504.9019	其他变压器零件	8	0
224	8504.9090	其他静止式变流器及电感器零件	8	0
225	8511.3090	其他用途用分电器、点火线圈	8.4	0
226	8516.2990	电气空间加热器	10	0
227	8516.9090	税号85.16所列货品的其他零件	12	0
228	8522.9091	车载音频转播器或发射器	20	0
229	8522.9099	声音录制或重放设备用其他零件	20	0
230	8536.4100	电压≤60伏的继电器	10	0
231	8539.2130	机动车辆用卤钨灯	10	0
232	8607.1990	转向轮及其零件	3	0
233	8607.3000	铁道及电车道机车用钩、联结器、缓冲器及其零件	3	0
234	8708.3091	牵引车、拖拉机用制动器及其零件	6	0
235	8708.8010	税号87.03所列车辆用的悬挂减震器及零件	10	0
236	8708.9100	机动车辆的散热器（水箱）及零件	10	0
237	8716.9000	挂车、半挂车及非机动车用零件	10	0
238	9015.9000	大地测量仪器及装置的零附件	5	0
239	9021.2900	牙齿固定件	4	0
240	9027.1000	气体或烟雾分析仪	7	0
241	9030.3200	带记录装置的万用表	8	0
242	9030.3900	检测电压、电流、电阻或功率的其他仪器，带记录装置	8	0
243	9030.8490	其他电量的测量或检验仪器及装置	8	0
244	9032.1000	恒温器	7	0
245	9206.0000	打击乐器	17.5	0
246	9209.9990	本章其他编号未列名的乐器零件	17.5	0
247	9405.2000	电气台灯、床头灯、落地灯	20	0
248	9507.2000	钓鱼钩	21	0

序号	税则号列	商品名称（简称）	最惠国税率（%）	协定税率（%）
249	9601.9000	其他已加工动物质雕刻料及其制品	20	0
250	9606.2100	塑料制钮扣，未用纺织材料包裹	21	0
251	9606.2900	其他钮扣	15	0
252	9608.3910	自来水笔	21	0
253	9608.3990	其他钢笔	21	0
254	9609.1010	铅笔	21	0
255	9612.1000	打字机色带或类似色带	10.5	0
256	9615.1100	硬质橡胶或塑料制梳子、发夹及类似品	18	0
257	9701.1010	手绘油画、粉画及其他画的原件	12	0
258	9701.9000	拼贴画及类似装饰板	14	0

中华人民共和国海关总署公告

2008 年第 74 号

2003 年，国务院关税税则委员会决定对原产于美国、韩国、日本、俄罗斯和台湾地区的进口聚氯乙烯征收反倾销税，征税时间自 2003 年 9 月 29 日起，期限为 5 年。在征税期限届满之际，应国内相关企业的申请，商务部决定对原产于美国、韩国、日本、俄罗斯和台湾地区的进口聚氯乙烯所适用的反倾销措施进行期终复审调查。国务院关税税则委员会决定，在反倾销措施期终复审调查期间，对原产于美国、韩国、日本、俄罗斯和台湾地区的进口聚氯乙烯继续征收反倾销税。现就执行中的有关事项公告如下：

自 2008 年 9 月 29 日起，海关对申报进口原产于美国、韩国、日本、俄罗斯和台湾地区的聚氯乙烯，继续按照中华人民共和国海关总署 2003 年第 56 号公告规定的产品范围、税率和公式征收反倾销税。

特此公告。

附件　中华人民共和国商务部 2008 年第 71 号公告

海关总署

2008 年 9 月 26 日

附件

中华人民共和国商务部公告

2008 年第 71 号

中华人民共和国商务部于 2003 年 9 月 29 日发布年度第 48 号公告，决定对原产于美国、韩国、日本、俄罗斯和台湾地区的进口聚氯乙烯征收反倾销税，实施期限为自 2003 年 9 月 29 日起 5 年。其中俄罗斯萨彦斯克化学塑料股份公司与中华人民共和国商务部签订了价格承诺协议。

中华人民共和国商务部于 2008 年 1 月 15 日发布年度第 2 号公告，根据《中华人民共和国反倾销条例》规定，经复审确定终止征收反倾销税有可能导致倾销和损害的继续或者再度发生的，反倾销税的征收期限可以适当延长；自该公告发布之日起，中国大陆聚氯乙烯产业可在原反倾销措施终止日 90 天前，向商务部提出书面复审申请。

2008 年 6 月 30 日，商务部收到中国石油化工股份有限公司齐鲁分公司、宜宾天原集团股份有限公司、新疆中泰化学股份有限公司、四川省金路树脂有限公司、上海氯碱化工股份有限公司、浙江巨化股份有限公司、昊华宇航化工有限责任公司、天津渤天化工有限责任公司代表中国大陆聚氯乙烯产业正式递交的反倾销期终复审调查申请书。申请人主张如果终止反倾销措施，原产于美国、韩国、日本、俄罗斯和台湾地区的进口聚氯乙烯对中国大陆的倾销行为可能继续发生，倾销行为给中国大陆聚氯乙烯产业造成的损害可能继续发生，请求商务部裁定维持该反倾销措施。

商务部依据《中华人民共和国反倾销条例》有关规定对申请人资格、被调查产品和中国大陆同类产品有关情况、反倾销措施实施期间被调查产品进口情况、倾销继续发生的可能性情况、损害继续发生的可能性情况及相关证据等进行了审查。申请人提出的证据表明，申请及支持企业聚氯乙烯产量占同期中国大陆总产量的50%以上，符合《中华人民共和国反倾销条例》第十一条、第十三条和第十七条关于中国大陆产业及产业代表性的规定，申请人有资格代表中国大陆产业提出申请。

根据《中华人民共和国反倾销条例》第四十八条的规定，商务部决定自2008年9月29日起，对原产于美国、韩国、日本、俄罗斯和台湾地区的进口聚氯乙烯所适用的反倾销措施进行期终复审调查。现将有关事项公告如下：

一、继续实施反倾销措施

根据商务部建议，国务院关税税则委员会决定，在反倾销期终复审调查期间，对原产于美国、韩国、日本、俄罗斯和台湾地区的进口聚氯乙烯继续按照中华人民共和国商务部2003年第48号公告公布的征税范围和反倾销税税率征收反倾销税。

对于已签订价格承诺协议的有关出口商，其价格承诺协议在复审调查期间继续有效。

二、复审调查期

本次复审的倾销调查期为2007年7月1日至2008年6月30日，产业损害调查期为2003年1月1日至2008年6月30日。

三、复审调查产品范围

复审产品范围是原反倾销措施所适用的产品，与商务部2003年第48号公告中的产品范围一致，该产品归在《中华人民共和国进出口税则》税则号：2002年至2007年为3904.1000，2008年为3904.1090。

四、复审程序

（一）登记应诉

就倾销调查，任何利害关系方可于本公告发布之日起20天内，向商务部进出口公平贸易局申请参加应诉，同时被调查国家和地区的有关出口商或生产商应提供调查期内对中国大陆及其他市场出口该产品的数量及金额。“倾销调查应诉登记参考格式”可在中华人民共和国商务部网站的公平贸易局子网站（网址为 http://gpj. mofcom. gov. on）“公告”栏目下载。

对于已签订价格承诺协议的有关出口商，如愿意在复审调查期间继续执行原价格承诺协议，则应于本公告发布之日起20天内向商务部进出口公平贸易局提出明确的书面表示。

就损害调查，任何利害关系方可自本公告发布之日起20天内向商务部产业损害调查局申请参加应诉，同时应提供产业损害调查期内的生产能力、产量、库存以及在建和扩建的计划。“产业损害调查应诉登记表”可在“中国贸易救济信息网”（网址为：www. cacs. gov. cn）“应诉登记”栏目下载。

（二）不登记应诉

如果利害关系方未在本公告规定的时间内向商务部登记应诉，则商务部有权拒绝接受其提交的有关材料，并可以根据已经获得的事实和可获得的最佳信息作出裁定。

（三）利害关系方的权利

如利害关系方对本次调查的产品范围、申请人资格、被调查国家和地区及其他相关问题有异议，可以于本公告发布之日起20天内将意见书面提交商务部。

利害关系方可以到商务部反倾销公开信息查阅室查阅申请人提交的申请书公开文本。

（四）问卷发放

为获得调查所需信息，商务部将根据需要向相关利害关系方发放调查问卷。利害关系方答卷应当按照调查问卷规定的时间和方式提交。

（五）听证会

利害关系方可以按照商务部《反倾销调查听证会暂行规则》和《产业损害调查听证规则》规定提出举行听证会的书面请求，商务部认为必要时也可主动举行听证会。

（六）实地核查

商务部在必要时将派出工作人员赴境内外进行实地核查；利害关系方提交的任何材料均应包括同意接受核查的声明；核查前，商务部将提前通知有关国家和企业。

（七）调查时限

本次调查自2008年9月29日起开始，通常应在2009年9月29日前结束。

五、不合作

依据《中华人民共和国反倾销条例》第二十一条规定，调查机关进行调查时，利害关系方应当如实反映情况，提供有关资料。利害关系方不如实反映情况、提供有关资料的，或者没有在合理时间内提供必要信息的，或者以其他方式严重妨碍调查的，调查机关可以根据已经获得的事实和可获得的最佳信息作出裁定。

六、商务部联系方式：

商务部进出口公平贸易局

地址：北京市东长安街2号

邮编：100731

联系人：林洪、李国刚

电话：（8610）65198412；65198747

传真：（8610）65198172

商务部产业损害调查局

地址：北京市东长安街2号

邮编：100731

联系人：孙玉、吴锋

电话：（8610）65198073；65198069

传真：（8610）65197579

特此公告。

商务部

2008年9月28日

中华人民共和国海关总署公告

2008年第75号

为便于进出口货物的收发货人、经营单位及其代理人正确确定进出口货物的税则号列，保证《商品名称及编码协调制度公约》（以下简称《协调制度公约》）顺利执行，根据《协调制度公约》的有关规定及世界海关组织（WCO）的要求，海关总署现公布《中华人民共和国海关总署商品归类决定（世界海关组织2008年商品归类决定）》（详见附件）。

附件中的商品归类决定自本公告发布之日起执行。

特此公告。

附件　中华人民共和国海关总署商品归类决定（世界海关组织2008年商品归类决定）

海关总署

2008年10月13日

附件

中华人民共和国海关总署商品归类决定
（世界海关组织2008年商品归类决定）

序号	1	归类决定编号	W2008－108	发布日期	见相关公告
子目号	2103.90	子目序号	5	文件号	NC12488E1b/P/2 NC1248E1b/E/1
商品名称	一种包含精选的香料、种子、香草、水果、盐和调料的组合物				
英文名称	A composite good consisting of a selection of spices, seeds, herbs, fruit, salt and seasonings				

其他名称	
商品描述	放置在沙漏型的玻璃瓶中，每瓶包含两种不同的产品。这些瓶子被放在一个特制的金属框架中。瓶内的每种产品都被分层放置，由于瓶子的沙漏形状可以防止产品混合，或者由于一些产品（如整月桂叶或肉桂束）颗粒大小的原因，使得两层产品不会被混合，而且只有将顶部的产品去除，才能接触到底部的产品。每个单独瓶子中分别含有如下产品： ——迷迭香和一种包含干草本类欧芹、芝麻籽和碎辣椒的调料； ——黑胡椒粒和碎辣椒； ——切片的苹果干和肉桂束； ——整月桂叶和一种包含芝麻籽、芥末籽和碎辣椒的调料； ——海盐（大颗粒）和一种包含黑胡椒粉和盐（普通晶体）的调料； ——碎洋葱干和孜然芹籽； ——整辣椒和芫荽籽； ——茴芹籽和一种包含加盐辣椒粉的调料。 
归类依据	根据归类总规则一、二（二）、三（二）及六
备注	协调制度归类意见汇编（第二版）增补第 10 号（NG0135E1a） （WCO 协调制度委员会第 40 次会议通过）

序号	2	归类决定编号	W2008－109	发布日期	见相关公告
子目号	2202.90	子目序号	5	文件号	NC1248E1b/P/3
商品名称	无酒精饮料（肠痛水）				
英文名称	Non-alcoholic beverage（gripe “water”）				
其他名称	BETA gripe water（肥仔水、宝宝水）				
商品描述	100 毫升瓶装用于零售，成分：碳酸氢钠（50 毫克/5 毫升），无萜莳萝子油（2.15 毫克/5 毫升）。按配定剂量使用，无需再配制或稀释。用于减轻小儿腹痛、胃酸过多及腹胀。根据小儿年龄不同建议用量为每日 2.5 毫升至 15 毫升，一日服用最多不超过 8 次。				
归类依据	根据归类总规则一及六				
备注	协调制度归类意见汇编（第二版）增补第 10 号（NG0135E1a） （WCO 协调制度委员会第 40 次会议通过）				

<table>
<tr><td>序号</td><td>3</td><td>归类决定编号</td><td>W2008－110</td><td>发布日期</td><td>见相关公告</td></tr>
<tr><td>子目号</td><td>2209.00</td><td>子目序号</td><td>1</td><td>文件号</td><td>NC1248E1b/P/4
NC1248E1b/E3</td></tr>
<tr><td>商品名称</td><td colspan="5">含有添加成分的精选植物油、醋、油醋混合物组合套件</td></tr>
<tr><td>英文名称</td><td colspan="5">A selection vegetable oil，vinegar and an oil and vinegar combination，each with added ingredients</td></tr>
<tr><td>其他名称</td><td colspan="5"></td></tr>
<tr><td>商品描述</td><td colspan="5">分别装于沙漏形的玻璃瓶中，三个瓶子一并摆放在特设的金属支架上，成套供零售。每瓶均为组合品，是如下三种组合之一：
——Canola 油（低芥籽酸油菜籽油）、辣椒和黑胡椒；
——Canola 油，香醋，白醋和迷迭香；
——白醋、辣椒、迷迭香、杏、盐、抗氧化剂和防腐剂。
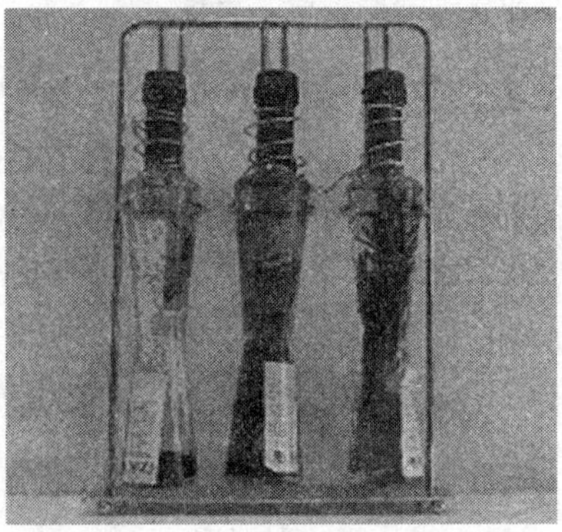</td></tr>
<tr><td>归类依据</td><td colspan="5">根据归类总规则一、三（三）和六</td></tr>
<tr><td>备注</td><td colspan="5">协调制度归类意见汇编（第二版）增补第 10 号（NG0135E1a）
（WCO 协调制度委员会第 40 次会议通过）</td></tr>
</table>

<table>
<tr><td>序号</td><td>4</td><td>归类决定编号</td><td>W2008－111</td><td>发布日期</td><td>见相关公告</td></tr>
<tr><td>子目号</td><td>3307.90</td><td>子目序号</td><td>1</td><td>文件号</td><td>NC1248E1b/P/5
NC1248E1b/E/4</td></tr>
<tr><td>商品名称</td><td colspan="5">不含防腐剂的无菌氯化钠水溶液</td></tr>
<tr><td>英文名称</td><td colspan="5">Sterile solution of sodium chloride with no preservatives</td></tr>
<tr><td>其他名称</td><td colspan="5">Physiodose</td></tr>
<tr><td>商品描述</td><td colspan="5">产品含 0.9% 的氯化钠，推荐用作婴儿、儿童和成人的滴鼻、滴眼剂或用来清洁鼻、眼和洗眼。该产品被盛放在包含 12 个小塑料瓶（每个 5 毫升）的盒子里。</td></tr>
<tr><td>归类依据</td><td colspan="5">根据归类总规则一及六</td></tr>
<tr><td>备注</td><td colspan="5">协调制度归类意见汇编（第二版）增补第 10 号（NG0135E1a）
（WCO 协调制度委员会第 40 次会议通过）</td></tr>
</table>

序号	5	归类决定编号	W2008－112	发布日期	见相关公告
子目号	3307.90	子目序号	2	文件号	NC1248E1b/P/5 NC1248E1b/E/4
商品名称	生理的、无菌的海水微分散溶液				
英文名称	Physiological, sterilized and micro-diffused solution of sea water				
其他名称	Marimer				
商品描述	该商品天然含有丰富的矿物盐和海洋微量元素，是一种含31.82%海水且不含防腐剂的等压溶液，带有惰性推进剂（氮），装在一个顶部有喷嘴的100毫升的金属喷雾罐中并包装在一个纸盒中。该产品推荐用作婴儿、儿童和成年人日常清洁鼻腔或湿润干燥鼻腔的喷剂，或者用作耳、鼻、咽喉疾病的辅助治疗。				
归类依据	根据归类总规则一及六				
备注	协调制度归类意见汇编（第二版）增补第10号（NG0135E1a） （WCO协调制度委员会第40次会议通过）				

序号	6	归类决定编号	W2008－113	发布日期	见相关公告
子目号	5603.12或 5603.13	子目序号	1	文件号	NC1248E1b/P/6 NC1248E1b/E/5
商品名称	非织造布				
英文名称	Nonwovens				
其他名称	Tamlon Ⓡ K622－60, Trinitex Ⓡ K804－80, Trinitex Ⓡ K804－60				
商品描述	商品使用湿法成网工艺制造，由不同厚度的化学纤维与纤维素纤维（10%－35%）混合后用丙烯酸酯粘合剂浸渍而成，重量为每平方米60克至80克，并且呈宽度100毫米至1500毫米卷状。这些产品可以广泛应用于制造一次性牛奶过滤器、服装腰带、刺绣衬背材料和鞋底材料。				
归类依据	根据归类总规则一及六				
备注	协调制度归类意见汇编（第二版）增补第10号（NG0135E1a） （WCO协调制度委员会第40次会议通过）				

中华人民共和国

海关法规汇编

附录

FULU

海关总署公告索引

公告编号	主　要　内　容	备　注
2003年第64号	海关总署关于对原产于日本、韩国、美国的进口甲苯二异氰酸酯征收反倾销税的公告 ……	第50页
2003年第65号	海关总署关于对申报进口的原产于中国台湾地区的上述热轧普薄板按照9.5%的加征关税税率加征关税的公告 ……	已废止
2003年第66号	海关总署关于对软件数据处理设备完税价格估价的公告 ……	已废止
2003年第67号	海关总署关于对完税价格利息费用估价的公告 ……	已废止
2003年第68号	海关总署关于对申报进口的原产于俄罗斯的冷轧普薄板（带）按照20.6%的加征关税税率加征关税的公告 ……	已废止
2003年第69号	海关总署关于调整"非典"防治工作税收优惠政策有关问题的公告 ……	第51页
2003年第70号	海关总署关于对原产于基里巴斯的进口货物一律适用普通关税税率征税的公告 ……	第52页
2003年第71号	海关总署关于对申报进口的原产于我国台湾地区的冷轧普薄板（带）按照20.6%的加征关税税率加征关税的公告 ……	已废止
2003年第72号	海关总署关于优惠贸易协定项下进口货物的报关单填制规范的公告 ……	已废止
2003年第73号	海关总署关于《内地海关及香港海关陆路进/出境载货清单》在内地、香港同时启用有关事项的公告 ……	第52页
2003年第74号	海关总署关于对原产于巴基斯坦的进口货物将按照《中华人民共和国进出口税则》中列明的税目所对应的《曼谷协定》税率征收关税的公告 ……	已废止
2003年第75号	海关总署关于对原产于印度的进口货物将按照《中华人民共和国进出口税则》中列明的税目所对应的《曼谷协定》税率征收关税的公告 ……	第54页
2003年第76号	海关总署关于不再对保障措施项下的进口钢铁产品加征关税的公告 ……	第54页
2003年第77号	海关总署关于为使我国出口到东盟有关国家的"早期收获"方案项下的产品享受东盟给予的关税优惠待遇有关事宜的公告 ……	第55页
2003年第78号	海关总署关于按照其他优惠贸易协定项下原产地规则中的直接运输标准的规定，经第三方转运的进口货物，进口申报时须向海关交验在转运地未再进行加工的证明文件的公告 ……	第55页
2003年第79号	海关总署关于为使我国出口到巴基斯坦的《中巴优惠安排》项下产品享受巴基斯坦给予的关税优惠待遇的公告 ……	已废止
2003年第80号	海关总署关于为保证《中华人民共和国进出口关税条例》顺利实施执行中有关问题的公告 ……	第56页
2003年第81号	海关总署关于对《中华人民共和国与东南亚国家联盟全面经济合作框架协议》项下的《中国—东盟自由贸易区原产地规则》将于2004年1月1日起实施的公告 ……	第57页
2003年第82号	海关总署关于自2004年1月1日起向原产于柬埔寨、缅甸或老挝的部分产品提供特别优惠关税待遇的公告 ……	第63页
2003年第83号	海关总署关于对《享受货物贸易优惠措施的香港货物原产地标准表（2004年版）》和《享受货物贸易优惠措施的澳门货物原产地标准表（2004年版）》予以公布的公告 ……	已失效
2003年第84号	海关总署关于对《中华人民共和国进出口税则》的税目、税率调整情况及实行区域性或双边协议税率有关事项的公告 ……	已废止

注：备注中的“已废止”是指该公告已被新的公告或其他规范性文件明文废止。“已失效”是指公告内容在特定时期有效，特定时期已过，或相关的上位法依据已失效而自动失效。“已修订”是指该公告的部分条文内容已被新的公告或其他规范性文件明确废止或修改，但该公告继续有效。

2008年

ZHONGHUA RENMIN GONGHEGUO
HAIGUAN FAGUI
HUIBIAN

中华人民共和国

海关法规汇编

海关总署政策法规司　编

（上册）

中国海关出版社

图书在版编目（CIP）数据

中华人民共和国海关法规汇编．2008年/海关总署政策法规司编．
—北京：中国海关出版社，2008.10

ISBN 978-7-80165-549-3

Ⅰ．中…　Ⅱ．海…　Ⅲ．海关法-汇编-中国　Ⅳ．D922.221.9

中国版本图书馆CIP数据核字（2008）第108449号

中华人民共和国海关法规汇编（2008年）

ZHONGHUA RENMIN GONGHEGUO HAIGUAN FAGUI HUIBIAN（2008 NIAN）

作　　者：海关总署政策法规司

责任编辑：高传杰　普娜　黄华莉　左桂月　沈楚铃　冯菲

出版发行：中国海关出版社

社　　址：北京朝阳区东土城路14号　　邮政编码：100013

网　　址：www.haiguanbook.com

编 辑 部：01085271833-681（电话）　01085271536（传真）

发 行 部：01085271608/09/10（电话）　01085271611（传真）

社办书店：01065195616（电话）　01065195127（传真）

北京市建国门内大街6号海关总署东配楼一层

印　　刷：北京市白帆印务有限公司　　经　　销：新华书店

开　　本：880mm×1230mm　1/16

印　　张：163.25　　字　　数：5260千字

印　　数：1—10000册

版　　次：2008年10月第1版

印　　次：2008年10月第1次印刷

ISBN 978-7-80165-549-3

定　　价：300.00元（上、中、下册）

编写说明

为了进一步增强海关执法依据透明度，提高海关依法行政水平，便于广大进出口企业及时、全面了解海关最新规定，促进进出口贸易的发展，海关总署政策法规司结合海关总署近年来全面清理规范性文件的成果，编写了2008年版《中华人民共和国海关法规汇编》（以下简称《汇编》）一书。编写并及时再版《汇编》既是海关法制部门整理海关执法依据，方便海关工作人员学法、用法的途径，也是海关总署全面推进政务公开工作的一项重要举措。本书收录的海关规范性文件很多是首次对外公开，体现了海关推动政务公开工作的决心和力度，也为建设法治海关夯实了制度建设的基础。

2005年版《汇编》收录海关执法依据242件。3年来，海关总署共制定（修订）规章45部，发布海关总署公告289件；部分海关总署规章和公告被废止或者失效，2005年版《汇编》逐渐不能反映海关立法工作的现状。与此同时，海关行政相对人不了解海关实际执行的大量内部文件，既影响通过法律途径维护其合法权益，也不利于海关执法监督。2008年上半年，海关总署政策法规司开始着手2008年版《汇编》的编撰准备工作，在各方的大力支持下，历时半年成书。本书汇编了现行有效、作为海关直接执法依据的法律、行政法规、海关总署规章以及其他规范性文件901件，收录的截止日期为2008年10月15日。

全书共分为上、中、下三册：上册包括法律、行政法规、海关总署规章三部分内容；中册为海关总署公告；下册为海关公告以外的其他规范性文件。上册收录法律2部，分别是《中华人民共和国海关法》和《中华人民共和国海关关衔条例》；行政法规15部，体现了2007年国务院行政法规清理工作的成果；海关总署规章107部，包括以署令形式发布的规章和少数过去以文件形式印发但具有规章效力的规定。中册收录海关总署公告375件。下册收录海关公告以外的其他规范性文件402件。2003年以后，海关总署制定规范性文件要求行政相对人遵守或者执行的，必须以海关总署公告形式对外发布，不以公告等形式对外发布的不得作为海关执法依据。在这以前，有很多作为海关执法依据的规范性文件不是以海关总署公告形式发布，这部分规范性文件此次经过整理，汇编为下册。已被明文废止的行政法规、海关总署规章、其他规范性文件以及虽未明文废止，但由于相关法律、政策的调整不再执行，实际上已经失效的文件均未收录。

为了便于读者依署令编号查找规章，以及便于读者按照主要内容检索海关总署公告，我们编制了海关总署令和海关总署公告两个索引。海关总署令索引从海关总署令第1号开始，列出了到目前为止所有以署令形式发布的规章和行政法规。《中华人民共和国立法法》出台以前，主要规范海关事务的行政法规是以国务院批准、海关总署令的形式对外发布的，因此署令索引中不仅包括海关总署规章，还有少部分行政法规。海关总署公告由于没有标题，单纯从编号难以看出内容，因此我们编制了公告索引，将公告的编号与主要内容相对照，以便于查找。此外，两个索引在备注栏中还对修订、废止和失效的情况作了标注。另外，还编制了“与海关执法相关的法律目录”和“与海关执法相关的行政法规目录”。

本书收录文件数量较多，年代跨度也较大，虽经我司组织人员反复审核，仍难免存在不尽如人意之处，欢迎广大读者提出批评意见和建议。今后，我们准备结合法律、行政法规、海关总署规章和其他规范性文件制定、修订、废止、清理的最新结果，每两年对《汇编》再版一次，以期及时、准确地反映海关执法依据的变化情况。本书中内容如有与法律、行政法规、海关总署规章的正式文本或其他规范性文件的正式文件不一致之处，均以正式文本或正式文件为准。

海关总署政策法规司

2008年10月15日

目　录

中华人民共和国

海关法规汇编

法律

FALÜ

中华人民共和国海关法

（1987年1月22日第六届全国人民代表大会常务委员会第十九次会议通过，根据2000年7月8日第九届全国人民代表大会常务委员会第十六次会议《关于修改〈中华人民共和国海关法〉的决定》修正）

目　录

第一章　总　则

第一条　为了维护国家的主权和利益，加强海关监督管理，促进对外经济贸易和科技文化交往，保障社会主义现代化建设，特制定本法。

第二条　中华人民共和国海关是国家的进出关境（以下简称进出境）监督管理机关。海关依照本法和其他有关法律、行政法规，监管进出境的运输工具、货物、行李物品、邮递物品和其他物品（以下简称进出境运输工具、货物、物品），征收关税和其他税、费，查缉走私，并编制海关统计和办理其他海关业务。

第三条　国务院设立海关总署，统一管理全国海关。

国家在对外开放的口岸和海关监管业务集中的地点设立海关。海关的隶属关系，不受行政区划的限制。

海关依法独立行使职权，向海关总署负责。

第四条　国家在海关总署设立专门侦查走私犯罪的公安机构，配备专职缉私警察，负责对其管辖的走私犯罪案件的侦查、拘留、执行逮捕、预审。

海关侦查走私犯罪公安机构履行侦查、拘留、执行逮捕、预审职责，应当按照《中华人民共和国刑事诉讼法》的规定办理。

海关侦查走私犯罪公安机构根据国家有关规定，可以设立分支机构。各分支机构办理其管辖的走私犯罪案件，应当依法向有管辖权的人民检察院移送起诉。

地方各级公安机关应当配合海关侦查走私犯罪公安机构依法履行职责。

第五条　国家实行联合缉私、统一处理、综合治理的缉私体制。海关负责组织、协调、管理查缉走私工作。有关规定由国务院另行制定。

各有关行政执法部门查获的走私案件，应当给予行政处罚的，移送海关依法处理；涉嫌犯罪的，应当移送海关侦查走私犯罪公安机构、地方公安机关依据案件管辖分工和法定程序办理。

第六条　海关可以行使下列权力：

（一）检查进出境运输工具，查验进出境货物、物品；对违反本法或者其他有关法律、行政法规的，可以扣留。

（二）查阅进出境人员的证件；查问违反本法或者其他有关法律、行政法规的嫌疑人，调查其违法行为。

（三）查阅、复制与进出境运输工具、货物、物品有关的合同、发票、账册、单据、记录、文件、业务函电、录音录像制品和其他资料；对其中与违反本法或者其他有关法律、行政法规的进出境运输工具、货物、物品有牵连的，可以扣留。

（四）在海关监管区和海关附近沿海沿边规定地区，检查有走私嫌疑的运输工具和有藏匿走私货物、物品嫌疑的场所，检查走私嫌疑人的身体；对有走私嫌疑的运输工具、货物、物品和走私犯罪嫌疑人，经直属海关关长或者其授权的隶属海关关长批准，可以扣留；对走私犯罪嫌疑人，扣留时间不超过24小时，在特殊情况下可以延长至48小时。

在海关监管区和海关附近沿海沿边规定地区以外，海关在调查走私案件时，对有走私嫌疑的运输工具和除公民住处以外的有藏匿走私货物、物品嫌疑的场所，经直属海关关长或者其授权的隶属海关关长批准，可以进行检查，有关当事人应当到场；当事人未到场的，在有见证人在场的情况下，可以径行检查；对其中有证据证明有走私嫌疑的运输工具、货物、物品，可以扣留。

海关附近沿海沿边规定地区的范围，由海关总署和国务院公安部门会同有关省级人民政府确定。

（五）在调查走私案件时，经直属海关关长或者其授权的隶属海关关长批准，可以查询案件涉嫌单位和涉嫌人员在金融机构、邮政企业的存款、汇款。

（六）进出境运输工具或者个人违抗海关监管逃逸的，海关可以连续追至海关监管区和海关附近沿海沿边规定地区以外，将其带回处理。

（七）海关为履行职责，可以配备武器。海关工作人员佩带和使用武器的规则，由海关总署会同国务院公安部门制定，报国务院批准。

（八）法律、行政法规规定由海关行使的其他权力。

第七条 各地方、各部门应当支持海关依法行使职权，不得非法干预海关的执法活动。

第八条 进出境运输工具、货物、物品，必须通过设立海关的地点进境或者出境。在特殊情况下，需要经过未设立海关的地点临时进境或者出境的，必须经国务院或者国务院授权的机关批准，并依照本法规定办理海关手续。

第九条 进出口货物，除另有规定的外，可以由进出口货物收发货人自行办理报关纳税手续，也可以由进出口货物收发货人委托海关准予注册登记的报关企业办理报关纳税手续。

进出境物品的所有人可以自行办理报关纳税手续，也可以委托他人办理报关纳税手续。

第十条 报关企业接受进出口货物收发货人的委托，以委托人的名义办理报关手续的，应当向海关提交由委托人签署的授权委托书，遵守本法对委托人的各项规定。

报关企业接受进出口货物收发货人的委托，以自己的名义办理报关手续的，应当承担与收发货人相同的法律责任。

委托人委托报关企业办理报关手续的，应当向报关企业提供所委托报关事项的真实情况；报关企业接受委托人的委托办理报关手续的，应当对委托人所提供情况的真实性进行合理审查。

第十一条 进出口货物收发货人、报关企业办理报关手续，必须依法经海关注册登记。报关人员必须依法取得报关从业资格。未依法经海关注册登记的企业和未依法取得报关从业资格的人员，不得从事报关业务。

报关企业和报关人员不得非法代理他人报关，或者超出其业务范围进行报关活动。

第十二条 海关依法执行职务，有关单位和个人应当如实回答询问，并予以配合，任何单位和个人不得阻挠。

海关执行职务受到暴力抗拒时，执行有关任务的公安机关和人民武装警察部队应当予以协助。

第十三条 海关建立对违反本法规定逃避海关监管行为的举报制度。

任何单位和个人均有权对违反本法规定逃避海关监管的行为进行举报。

海关对举报或者协助查获违反本法案件的有功单位和个人，应当给予精神的或者物质的奖励。

海关应当为举报人保密。

第二章 进出境运输工具

第十四条 进出境运输工具到达或者驶离设立海关的地点时，运输工具负责人应当向海关如实申报，交验单证，并接受海关监管和检查。

停留在设立海关的地点的进出境运输工具，未经海关同意，不得擅自驶离。

进出境运输工具从一个设立海关的地点驶往另一个设立海关的地点的，应当符合海关监管要求，办理海关手续，未办结海关手续的，不得改驶境外。

第十五条 进境运输工具在进境以后向海关申报以前，出境运输工具在办结海关手续以后出境以前，应当按照交通主管机关规定的路线行进；交通主管机关没有规定的，由海关指定。

第十六条 进出境船舶、火车、航空器到达和驶离时间，停留地点，停留期间更换地点以及装卸货物、物品时间，运输工具负责人或者有关交通运输部门应当事先通知海关。

第十七条 运输工具装卸进出境货物、物品或者上下进出境旅客，应当接受海关监管。

货物、物品装卸完毕，运输工具负责人应当向海关递交反映实际装卸情况的交接单据和记录。

上下进出境运输工具的人员携带物品的，应当向海关如实申报，并接受海关检查。

第十八条 海关检查进出境运输工具时，运输工具负责人应当到场，并根据海关的要求开启舱室、房间、车门；有走私嫌疑的，并应当开拆可能藏匿走私货物、物品的部位，搬移货物、物料。

海关根据工作需要，可以派员随运输工具执行职务，运输工具负责人应当提供方便。

第十九条 进境的境外运输工具和出境的境内运输工具，未向海关办理手续并缴纳关税，不得转让或者移作他用。

第二十条 进出境船舶和航空器兼营境内客、货运输，需经海关同意，并应当符合海关监管要求。

进出境运输工具改营境内运输，需向海关办理手续。

第二十一条 沿海运输船舶、渔船和从事海上作业的特种船舶，未经海关同意，不得载运或者换取、买卖、转让进出境货物、物品。

第二十二条 进出境船舶和航空器，由于不可抗力的原因，被迫在未设立海关的地点停泊、降落或者抛掷、起卸货物、物品，运输工具负责人应当立即报告附近海关。

第三章 进出境货物

第二十三条 进口货物自进境起到办结海关手续止，出口货物自向海关申报起到出境止，过境、转运和通运货物自进境起到出境止，应当接受海关监管。

第二十四条 进口货物的收货人、出口货物的发货人应当向海关如实申报，交验进出口许可证件和有关单证。国家限制进出口的货物，没有进出口许可证件的，不予放行，具体处理办法由国务院规定。

进口货物的收货人应当自运输工具申报进境之日起14日内，出口货物的发货人除海关特准的外应当在货物运抵海关监管区后、装货的24小时以前，向海关申报。

进口货物的收货人超过前款规定期限向海关申报的，由海关征收滞报金。

第二十五条 办理进出口货物的海关申报手续，应当采用纸质报关单和电子数据报关单的形式。

第二十六条 海关接受申报后，报关单证及其内容不得修改或者撤销；确有正当理由的，经海关同意，方可修改或者撤销。

第二十七条 进口货物的收货人经海关同意，可以在申报前查看货物或者提取货样。需要依法检疫的货物，应当在检疫合格后提取货样。

第二十八条 进出口货物应当接受海关查验。海关查验货物时，进口货物的收货人、出口货物的发货人应当到场，并负责搬移货物，开拆和重封货物的包装。海关认为必要时，可以径行开验、复验或者提取货样。

经收发货人申请，海关总署批准，其进出口货物可以免验。

第二十九条 除海关特准的外，进出口货物在收发货人缴清税款或者提供担保后，由海关签印放行。

第三十条 进口货物的收货人自运输工具申报进境之日起超过3个月未向海关申报的，其进口货物由海关提取依法变卖处理，所得价款在扣除运输、装卸、储存等费用和税款后，尚有余款的，自货物依法变卖之日起1年内，经收货人申请，予以发还；其中属于国家对进口有限制性规定，应当提交许可证件而不能提供的，不予发还。逾期无人申请或者不予发还的，上缴国库。

确属误卸或者溢卸的进境货物，经海关审定，由原运输工具负责人或者货物的收发货人自该运输工具卸货之日起3个月内，办理退运或者进口手续；必要时，经海关批准，可以延期3个月。逾期未办手续的，由海关按前款规定处理。

前两款所列货物不宜长期保存的，海关可以根据实际情况提前处理。

收货人或者货物所有人声明放弃的进口货物，由海关提取依法变卖处理；所得价款在扣除运输、装卸、储存等费用后，上缴国库。

第三十一条 经海关批准暂时进口或者暂时出口的货物，应当在6个月内复运出境或者复运进境；在特殊情况下，经海关同意，可以延期。

第三十二条 经营保税货物的储存、加工、装配、展示、运输、寄售业务和经营免税商店，应当符合海关监管要求，经海关批准，并办理注册手续。

保税货物的转让、转移以及进出保税场所，应当向海关办理有关手续，接受海关监管和查验。

第三十三条 企业从事加工贸易，应当持有关批准文件和加工贸易合同向海关备案，加工贸易制成品单位耗料量由海关按照有关规定核定。

加工贸易制成品应当在规定的期限内复出口。其中使用的进口料件，属于国家规定准予保税的，应当向海关办理核销手续；属于先征收税款的，依法向海关办理退税手续。

加工贸易保税进口料件或者制成品因故转为内销的，海关凭准予内销的批准文件，对保税的进口料件依法征税；属于国家对进口有限制性规定的，还应当向海关提交进口许可证件。

第三十四条 经国务院批准在中华人民共和国境内设立的保税区等海关特殊监管区域，由海关按照国家有关规定实施监管。

第三十五条 进口货物应当由收货人在货物的进境

地海关办理海关手续，出口货物应当由发货人在货物的出境地海关办理海关手续。

经收发货人申请，海关同意，进口货物的收货人可以在设有海关的指运地、出口货物的发货人可以在设有海关的启运地办理海关手续。上述货物的转关运输，应当符合海关监管要求；必要时，海关可以派员押运。

经电缆、管道或者其他特殊方式输送进出境的货物，经营单位应当定期向指定的海关申报和办理海关手续。

第三十六条 过境、转运和通运货物，运输工具负责人应当向进境地海关如实申报，并应当在规定期限内运输出境。

海关认为必要时，可以查验过境、转运和通运货物。

第三十七条 海关监管货物，未经海关许可，不得开拆、提取、交付、发运、调换、改装、抵押、质押、留置、转让、更换标记、移作他用或者进行其他处置。

海关加施的封志，任何人不得擅自开启或者损毁。

人民法院判决、裁定或者有关行政执法部门决定处理海关监管货物的，应当责令当事人办结海关手续。

第三十八条 经营海关监管货物仓储业务的企业，应当经海关注册，并按照海关规定，办理收存、交付手续。

在海关监管区外存放海关监管货物，应当经海关同意，并接受海关监管。

违反前两款规定或者在保管海关监管货物期间造成海关监管货物损毁或者灭失的，除不可抗力外，对海关监管货物负有保管义务的人应当承担相应的纳税义务和法律责任。

第三十九条 进出境集装箱的监管办法、打捞进出境货物和沉船的监管办法、边境小额贸易进出口货物的监管办法，以及本法未具体列明的其他进出境货物的监管办法，由海关总署或者由海关总署会同国务院有关部门另行制定。

第四十条 国家对进出境货物、物品有禁止性或者限制性规定的，海关依据法律，行政法规，国务院的规定或者国务院有关部门依据法律、行政法规的授权作出的规定实施监管。具体监管办法由海关总署制定。

第四十一条 进出口货物的原产地按照国家有关原产地规则的规定确定。

第四十二条 进出口货物的商品归类按照国家有关商品归类的规定确定。

海关可以要求进出口货物的收发货人提供确定商品归类所需的有关资料；必要时，海关可以组织化验、检验，并将海关认定的化验、检验结果作为商品归类的依据。

第四十三条 海关可以根据对外贸易经营者提出的书面申请，对拟作进口或者出口的货物预先作出商品归类等行政裁定。

进口或者出口相同货物，应当适用相同的商品归类行政裁定。

海关对所作出的商品归类等行政裁定，应当予以公布。

第四十四条 海关依照法律、行政法规的规定，对与进出境货物有关的知识产权实施保护。

需要向海关申报知识产权状况的，进出口货物收发货人及其代理人应当按照国家规定向海关如实申报有关知识产权状况，并提交合法使用有关知识产权的证明文件。

第四十五条 自进出口货物放行之日起 3 年内或者在保税货物、减免税进口货物的海关监管期限内及其后的 3 年内，海关可以对与进出口货物直接有关的企业、单位的会计账簿、会计凭证、报关单证以及其他有关资料和有关进出口货物实施稽查。具体办法由国务院规定。

第四章 进出境物品

第四十六条 个人携带进出境的行李物品、邮寄进出境的物品，应当以自用、合理数量为限，并接受海关监管。

第四十七条 进出境物品的所有人应当向海关如实申报，并接受海关查验。

海关加施的封志，任何人不得擅自开启或者损毁。

第四十八条 进出境邮袋的装卸、转运和过境，应当接受海关监管。邮政企业应当向海关递交邮件路单。

邮政企业应当将开拆及封发国际邮袋的时间事先通知海关，海关应当按时派员到场监管查验。

第四十九条 邮运进出境的物品，经海关查验放行后，有关经营单位方可投递或者交付。

第五十条 经海关登记准予暂时免税进境或者暂时免税出境的物品，应当由本人复带出境或者复带进境。

过境人员未经海关批准，不得将其所带物品留在境内。

第五十一条 进出境物品所有人声明放弃的物品、在海关规定期限内未办理海关手续或者无人认领的物品，以及无法投递又无法退回的进境邮递物品，由海关依照本法第三十条的规定处理。

第五十二条　享有外交特权和豁免的外国机构或者人员的公务用品或者自用物品进出境，依照有关法律、行政法规的规定办理。

第五章　关　税

第五十三条　准许进出口的货物、进出境物品，由海关依法征收关税。

第五十四条　进口货物的收货人、出口货物的发货人、进出境物品的所有人，是关税的纳税义务人。

第五十五条　进出口货物的完税价格，由海关以该货物的成交价格为基础审查确定。成交价格不能确定时，完税价格由海关依法估定。

进口货物的完税价格包括货物的货价、货物运抵中华人民共和国境内输入地点起卸前的运输及其相关费用、保险费；出口货物的完税价格包括货物的货价、货物运至中华人民共和国境内输出地点装载前的运输及其相关费用、保险费，但是其中包含的出口关税税额，应当予以扣除。

进出境物品的完税价格，由海关依法确定。

第五十六条　下列进出口货物、进出境物品，减征或者免征关税：

（一）无商业价值的广告品和货样；

（二）外国政府、国际组织无偿赠送的物资；

（三）在海关放行前遭受损坏或者损失的货物；

（四）规定数额以内的物品；

（五）法律规定减征、免征关税的其他货物、物品；

（六）中华人民共和国缔结或者参加的国际条约规定减征、免征关税的货物、物品。

第五十七条　特定地区、特定企业或者有特定用途的进出口货物，可以减征或者免征关税。特定减税或者免税的范围和办法由国务院规定。

依照前款规定减征或者免征关税进口的货物，只能用于特定地区、特定企业或者特定用途，未经海关核准并补缴关税，不得移作他用。

第五十八条　本法第五十六条、第五十七条第一款规定范围以外的临时减征或者免征关税，由国务院决定。

第五十九条　经海关批准暂时进口或者暂时出口的货物，以及特准进口的保税货物，在货物收发货人向海关缴纳相当于税款的保证金或者提供担保后，准予暂时免纳关税。

第六十条　进出口货物的纳税义务人，应当自海关填发税款缴款书之日起15日内缴纳税款；逾期缴纳的，由海关征收滞纳金。纳税义务人、担保人超过3个月仍未缴纳的，经直属海关关长或者其授权的隶属海关关长批准，海关可以采取下列强制措施：

（一）书面通知其开户银行或者其他金融机构从其存款中扣缴税款；

（二）将应税货物依法变卖，以变卖所得抵缴税款；

（三）扣留并依法变卖其价值相当于应纳税款的货物或者其他财产，以变卖所得抵缴税款。

海关采取强制措施时，对前款所列纳税义务人、担保人未缴纳的滞纳金同时强制执行。

进出境物品的纳税义务人，应当在物品放行前缴纳税款。

第六十一条　进出口货物的纳税义务人在规定的纳税期限内有明显的转移、藏匿其应税货物以及其他财产迹象的，海关可以责令纳税义务人提供担保；纳税义务人不能提供纳税担保的，经直属海关关长或者其授权的隶属海关关长批准，海关可以采取下列税收保全措施：

（一）书面通知纳税义务人开户银行或者其他金融机构暂停支付纳税义务人相当于应纳税款的存款；

（二）扣留纳税义务人价值相当于应纳税款的货物或者其他财产。

纳税义务人在规定的纳税期限内缴纳税款的，海关必须立即解除税收保全措施；期限届满仍未缴纳税款的，经直属海关关长或者其授权的隶属海关关长批准，海关可以书面通知纳税义务人开户银行或者其他金融机构从其暂停支付的存款中扣缴税款，或者依法变卖所扣留的货物或者其他财产，以变卖所得抵缴税款。

采取税收保全措施不当，或者纳税义务人在规定期限内已缴纳税款，海关未立即解除税收保全措施，致使纳税义务人的合法权益受到损失的，海关应当依法承担赔偿责任。

第六十二条　进出口货物、进出境物品放行后，海关发现少征或者漏征税款，应当自缴纳税款或者货物、物品放行之日起1年内，向纳税义务人补征。因纳税义务人违反规定而造成的少征或者漏征，海关在3年以内可以追征。

第六十三条　海关多征的税款，海关发现后应当立即退还；纳税义务人自缴纳税款之日起1年内，可以要求海关退还。

第六十四条　纳税义务人同海关发生纳税争议时，

应当缴纳税款，并可以依法申请行政复议；对复议决定仍不服的，可以依法向人民法院提起诉讼。

第六十五条 进口环节海关代征税的征收管理，适用关税征收管理的规定。

第六章 海关事务担保

第六十六条 在确定货物的商品归类、估价和提供有效报关单证或者办结其他海关手续前，收发货人要求放行货物的，海关应当在其提供与其依法应当履行的法律义务相适应的担保后放行。法律、行政法规规定可以免除担保的除外。

法律、行政法规对履行海关义务的担保另有规定的，从其规定。

国家对进出境货物、物品有限制性规定，应当提供许可证件而不能提供的，以及法律、行政法规规定不得担保的其他情形，海关不得办理担保放行。

第六十七条 具有履行海关事务担保能力的法人、其他组织或者公民，可以成为担保人。法律规定不得为担保人的除外。

第六十八条 担保人可以以下列财产、权利提供担保：

（一）人民币、可自由兑换货币；

（二）汇票、本票、支票、债券、存单；

（三）银行或者非银行金融机构的保函；

（四）海关依法认可的其他财产、权利。

第六十九条 担保人应当在担保期限内承担担保责任。担保人履行担保责任的，不免除被担保人应当办理有关海关手续的义务。

第七十条 海关事务担保管理办法，由国务院规定。

第七章 执法监督

第七十一条 海关履行职责，必须遵守法律，维护国家利益，依照法定职权和法定程序严格执法，接受监督。

第七十二条 海关工作人员必须秉公执法，廉洁自律，忠于职守，文明服务，不得有下列行为：

（一）包庇、纵容走私或者与他人串通进行走私；

（二）非法限制他人人身自由，非法检查他人身体、住所或者场所，非法检查、扣留进出境运输工具、货物、物品；

（三）利用职权为自己或者他人谋取私利；

（四）索取、收受贿赂；

（五）泄露国家秘密、商业秘密和海关工作秘密；

（六）滥用职权，故意刁难，拖延监管、查验；

（七）购买、私分、占用没收的走私货物、物品；

（八）参与或者变相参与营利性经营活动；

（九）违反法定程序或者超越权限执行职务；

（十）其他违法行为。

第七十三条 海关应当根据依法履行职责的需要，加强队伍建设，使海关工作人员具有良好的政治、业务素质。

海关专业人员应当具有法律和相关专业知识，符合海关规定的专业岗位任职要求。

海关招收工作人员应当按照国家规定，公开考试，严格考核，择优录用。

海关应当有计划地对其工作人员进行政治思想、法制、海关业务培训和考核。海关工作人员必须定期接受培训和考核，经考核不合格的，不得继续上岗执行职务。

第七十四条 海关总署应当实行海关关长定期交流制度。

海关关长定期向上一级海关述职，如实陈述其执行职务情况。海关总署应当定期对直属海关关长进行考核，直属海关应当定期对隶属海关关长进行考核。

第七十五条 海关及其工作人员的行政执法活动，依法接受监察机关的监督；缉私警察进行侦查活动，依法接受人民检察院的监督。

第七十六条 审计机关依法对海关的财政收支进行审计监督，对海关办理的与国家财政收支有关的事项，有权进行专项审计调查。

第七十七条 上级海关应当对下级海关的执法活动依法进行监督。上级海关认为下级海关作出的处理或者决定不适当的，可以依法予以变更或者撤销。

第七十八条 海关应当依照本法和其他有关法律、行政法规的规定，建立健全内部监督制度，对其工作人员执行法律、行政法规和遵守纪律的情况，进行监督检查。

第七十九条 海关内部负责审单、查验、放行、稽查和调查等主要岗位的职责权限应当明确，并相互分离、相互制约。

第八十条 任何单位和个人均有权对海关及其工作人员的违法、违纪行为进行控告、检举。收到控告、检举的机关有权处理的，应当依法按照职责分工及时查处。收到控告、检举的机关和负责查处的机关应当为控告人、检举人保密。

第八十一条 海关工作人员在调查处理违法案件时，遇有下列情形之一的，应当回避：

（一）是本案的当事人或者是当事人的近亲属；

（二）本人或者其近亲属与本案有利害关系；

（三）与本案当事人有其他关系，可能影响案件公正处理的。

第八章 法律责任

第八十二条 违反本法及有关法律、行政法规，逃避海关监管，偷逃应纳税款、逃避国家有关进出境的禁止性或者限制性管理，有下列情形之一的，是走私行为：

（一）运输、携带、邮寄国家禁止或者限制进出境货物、物品或者依法应当缴纳税款的货物、物品进出境的；

（二）未经海关许可并且未缴纳应纳税款、交验有关许可证件，擅自将保税货物，特定减免税货物以及其他海关监管货物、物品、进境的境外运输工具，在境内销售的；

（三）有逃避海关监管，构成走私的其他行为的。

有前款所列行为之一，尚不构成犯罪的，由海关没收走私货物、物品及违法所得，可以并处罚款；专门或者多次用于掩护走私的货物、物品，专门或者多次用于走私的运输工具，予以没收，藏匿走私货物、物品的特制设备，责令拆毁或者没收。

有第一款所列行为之一，构成犯罪的，依法追究刑事责任。

第八十三条 有下列行为之一的，按走私行为论处，依照本法第八十二条的规定处罚：

（一）直接向走私人非法收购走私进口的货物、物品的；

（二）在内海、领海、界河、界湖，船舶及所载人员运输、收购、贩卖国家禁止或者限制进出境的货物、物品，或者运输、收购、贩卖依法应当缴纳税款的货物，没有合法证明的。

第八十四条 伪造、变造、买卖海关单证，与走私人通谋为走私人提供贷款、资金、账号、发票、证明、海关单证，与走私人通谋为走私人提供运输、保管、邮寄或者其他方便，构成犯罪的，依法追究刑事责任；尚不构成犯罪的，由海关没收违法所得，并处罚款。

第八十五条 个人携带、邮寄超过合理数量的自用物品进出境，未依法向海关申报的，责令补缴关税，可以处以罚款。

第八十六条 违反本法规定有下列行为之一的，可以处以罚款，有违法所得的，没收违法所得：

（一）运输工具不经设立海关的地点进出境的；

（二）不将进出境运输工具到达的时间、停留的地点或者更换的地点通知海关的；

（三）进出口货物、物品或者过境、转运、通运货物向海关申报不实的；

（四）不按照规定接受海关对进出境运输工具、货物、物品进行检查、查验的；

（五）进出境运输工具未经海关同意，擅自装卸进出境货物、物品或者上下进出境旅客的；

（六）在设立海关的地点停留的进出境运输工具未经海关同意，擅自驶离的；

（七）进出境运输工具从一个设立海关的地点驶往另一个设立海关的地点，尚未办结海关手续又未经海关批准，中途擅自改驶境外或者境内未设立海关的地点的；

（八）进出境运输工具，未经海关同意，擅自兼营或者改营境内运输的；

（九）由于不可抗力的原因，进出境船舶和航空器被迫在未设立海关的地点停泊、降落或者在境内抛掷、起卸货物、物品，无正当理由，不向附近海关报告的；

（十）未经海关许可，擅自将海关监管货物开拆、提取、交付、发运、调换、改装、抵押、质押、留置、转让、更换标记、移作他用或者进行其他处置的；

（十一）擅自开启或者损毁海关封志的；

（十二）经营海关监管货物的运输、储存、加工等业务，有关货物灭失或者有关记录不真实，不能提供正当理由的；

（十三）有违反海关监管规定的其他行为的。

第八十七条 海关准予从事有关业务的企业，违反本法有关规定的，由海关责令改正，可以给予警告，暂停其从事有关业务，直至撤销注册。

第八十八条 未经海关注册登记和未取得报关从业资格从事报关业务的，由海关予以取缔，没收违法所得，可以并处罚款。

第八十九条 报关企业、报关人员非法代理他人报关或者超出其业务范围进行报关活动的，由海关责令改正，处以罚款，暂停其执业；情节严重的，撤销其报关注册登记、取消其报关从业资格。

第九十条 进出口货物收发货人、报关企业、报关人员向海关工作人员行贿的，由海关撤销其报关注册登记，取消其报关从业资格，并处以罚款；构成犯罪的，依法追究刑事责任，并不得重新注册登记为报关企业和取得报关从业资格证书。

第九十一条 违反本法规定进出口侵犯中华人民共和国法律、行政法规保护的知识产权的货物的，由海关依法没收侵权货物，并处以罚款；构成犯罪的，依法追究刑事责任。

第九十二条 海关依法扣留的货物、物品、运输工具，在人民法院判决或者海关处罚决定作出之前，不得处理。但是，危险品或者鲜活、易腐、易失效等不宜长期保存的货物、物品以及所有人申请先行变卖的货物、物品、运输工具，经直属海关关长或者其授权的隶属海关关长批准，可以先行依法变卖，变卖所得价款由海关保存，并通知其所有人。

人民法院判决没收或者海关决定没收的走私货物、物品、违法所得、走私运输工具、特制设备，由海关依法统一处理，所得价款和海关决定处以的罚款，全部上缴中央国库。

第九十三条 当事人逾期不履行海关的处罚决定又不申请复议或者向人民法院提起诉讼的，作出处罚决定的海关可以将其保证金抵缴或者将其被扣留的货物、物品、运输工具依法变价抵缴，也可以申请人民法院强制执行。

第九十四条 海关在查验进出境货物、物品时，损坏被查验的货物、物品的，应当赔偿实际损失。

第九十五条 海关违法扣留货物、物品、运输工具，致使当事人的合法权益受到损失的，应当依法承担赔偿责任。

第九十六条 海关工作人员有本法第七十二条所列行为之一的，依法给予行政处分；有违法所得的，依法没收违法所得；构成犯罪的，依法追究刑事责任。

第九十七条 海关的财政收支违反法律、行政法规规定的，由审计机关以及有关部门依照法律、行政法规的规定作出处理；对直接负责的主管人员和其他直接责任人员，依法给予行政处分；构成犯罪的，依法追究刑事责任。

第九十八条 未按照本法规定为控告人、检举人、举报人保密的，对直接负责的主管人员和其他直接责任人员，由所在单位或者有关单位依法给予行政处分。

第九十九条 海关工作人员在调查处理违法案件时，未按照本法规定进行回避的，对直接负责的主管人员和其他直接责任人员，依法给予行政处分。

第九章 附 则

第一百条 本法下列用语的含义：

直属海关，是指直接由海关总署领导，负责管理一定区域范围内的海关业务的海关；隶属海关，是指由直属海关领导，负责办理具体海关业务的海关。

进出境运输工具，是指用以载运人员、货物、物品进出境的各种船舶、车辆、航空器和驮畜。

过境、转运和通运货物，是指由境外启运、通过中国境内继续运往境外的货物。其中，通过境内陆路运输的，称过境货物；在境内设立海关的地点换装运输工具，而不通过境内陆路运输的，称转运货物；由船舶、航空器载运进境并由原装运输工具载运出境的，称通运货物。

海关监管货物，是指本法第二十三条所列的进出口货物，过境、转运、通运货物，特定减免税货物，以及暂时进出口货物、保税货物和其他尚未办结海关手续的进出境货物。

保税货物，是指经海关批准未办理纳税手续进境，在境内储存、加工、装配后复运出境的货物。

海关监管区，是指设立海关的港口、车站、机场、国界孔道、国际邮件互换局（交换站）和其他有海关监管业务的场所，以及虽未设立海关，但是经国务院批准的进出境地点。

第一百零一条 经济特区等特定地区同境内其他地区之间往来的运输工具、货物、物品的监管办法，由国务院另行规定。

第一百零二条 本法自 1987 年 7 月 1 日起施行。1951 年 4 月 18 日中央人民政府公布的《中华人民共和国暂行海关法》同时废止。

中华人民共和国海关关衔条例

（2003年2月28日第九届全国人民代表大会常务委员会第三十二次会议通过，
2003年2月28日中华人民共和国主席令第85号公布，自公布之日起施行）

目　录

第一章　总　则

第一条　为了加强海关队伍建设，增强海关工作人员的责任感、荣誉感和组织纪律性，有利于海关工作人员依法履行职责，根据宪法，制定本条例。

第二条　海关实行关衔制度。海关总署、分署、特派员办公室、各直属海关、隶属海关和办事处的国家公务员可以授予海关关衔。

海关缉私警察实行人民警察警衔制度。

第三条　关衔是区分海关工作人员等级、表明海关工作人员身份的称号、标志和国家给予海关工作人员的荣誉。

第四条　海关工作人员实行职务等级编制关衔。

第五条　关衔高的海关工作人员对关衔低的海关工作人员，关衔高的为上级。当关衔高的海关工作人员在职务上隶属于关衔低的海关工作人员时，职务高的为上级。

第六条　海关总署主管关衔工作。

第二章　关衔等级的设置

第七条　海关关衔设下列五等十三级：

（一）海关总监、海关副总监；

（二）关务监督：一级、二级、三级；

（三）关务督察：一级、二级、三级；

（四）关务督办：一级、二级、三级；

（五）关务员：一级、二级。

第八条　海关工作人员实行下列职务等级编制关衔：

（一）署级正职：海关总监；

（二）署级副职：海关副总监；

（三）局级正职：一级关务监督至二级关务监督；

（四）局级副职：二级关务监督至三级关务监督；

（五）处级正职：三级关务监督至二级关务督察；

（六）处级副职：一级关务督察至三级关务督察；

（七）科级正职：二级关务督察至二级关务督办；

（八）科级副职：三级关务督察至三级关务督办；

（九）科员职：一级关务督办至一级关务员；

（十）办事员职：二级关务督办至二级关务员。

第三章　关衔的授予

第九条　关衔的授予以海关工作人员现任职务、德才表现、任职时间和工作年限为依据。

第十条　海关招考录用海关工作人员或者从其他部门调任海关工作人员，在确定职务后授予相应的关衔。

第十一条　关衔按照下列规定权限批准授予：

（一）海关总监、海关副总监、一级关务监督、二级关务监督由国务院总理批准授予；

（二）三级关务监督至三级关务督察，由海关总署署长批准授予；

（三）海关总署机关及海关总署派出机构的一级关务督办以下的关衔由海关总署政治部主任批准授予；

（四）各直属海关、隶属海关的一级关务督办以下的关衔由各直属海关关长批准授予。

第四章　关衔的晋级

第十二条　二级关务督察以下关衔的海关工作人员，在其职务等级编制关衔幅度内，按照下列期限晋级：

二级关务员至一级关务督办，每三年晋升一级；一级关务督办至一级关务督察，每四年晋升一级。

第十三条　二级关务督察以下关衔的海关工作人员，晋级期限届满，经考核具备晋级条件的，应当逐级晋升；不具备晋级条件的，应当延期晋升。在工作中有突出功绩的，经批准可以提前晋升。

第十四条　一级关务督察以上关衔的海关工作人员晋级，在职务等级编制关衔幅度内，根据其德才表现和工作实绩实行选升。

第十五条　海关工作人员提升职务，其关衔低于新任职务等级编制关衔的最低关衔的，应当晋升至新任职务等级编制关衔的最低关衔。

第十六条　关务员晋升关务督办，关务督办晋升关务督察，关务督察晋升关务监督，经培训合格后，方可晋升。

第十七条　关衔晋级的批准权限适用本条例第十一条的规定。

第五章　关衔的保留、降级、取消

第十八条　海关工作人员退休后，其关衔予以保留，但不得佩带标志。

海关工作人员调离、辞职或者被辞退的，其关衔不予保留。

第十九条　海关工作人员因不胜任现任职务被调任下级职务的，其关衔高于新任职务等级编制关衔的最高关衔的，应当降级至新任职务等级编制关衔的最高关衔。关衔降级的批准权限与原关衔的批准权限相同。

第二十条　海关工作人员受到降级、撤职行政处分的，应当相应降低关衔。关衔降级的批准权限与原关衔的批准权限相同。关衔降级后，其关衔晋级的期限按照降级后的关衔等级重新计算。

关衔降级不适用于二级关务员。

第二十一条　海关工作人员受到开除行政处分的，因犯罪被依法判处剥夺政治权利或者有期徒刑以上刑罚的，其关衔相应取消，并且不再履行批准手续。

退休的海关工作人员犯罪的，适用前款规定。

第六章　附　则

第二十二条　海关关衔标志式样和佩带办法，由国务院规定。

第二十三条　本条例自公布之日起施行。

中华人民共和国

海关法规汇编

行政法规

XINGZHENG FAGUI

海关关衔标志式样和佩带办法

（2003 年 7 月 8 日国务院第 14 次常务会议通过，
2003 年 7 月 15 日国务院令第 384 号公布，自公布之日起施行）

第一条 根据《中华人民共和国海关关衔条例》的规定，制定本办法。

第二条 海关工作人员佩带的关衔标志必须与所授予的关衔相符。

第三条 海关关衔标志：海关总监、海关副总监关衔标志由橄榄叶环绕的海关关徽和五角星下衬五边型的星花组成；关务监督关衔标志由橄榄叶、星花和海关关徽组成；关务督察、关务督办、关务员关衔标志由横杠、星花和海关关徽组成∈钦关关衔标志为金色。

第四条 关衔标志缀钉在肩章上，肩章为剑形，版面为黑色，分为硬肩章和软肩章。

海关工作人员着制式上衣、制式大衣时，佩带硬肩章；着制式短袖衫、制式长袖衫、查验服时，佩带软肩章。

第五条 海关总监关衔标志为 1 枚橄榄叶环绕的海关关徽和 3 枚星花；海关副总监关衔标志为 1 枚橄榄叶环绕的海关关徽和 2 枚星花。

关务监督关衔标志为 1 枚橄榄叶和 1 枚海关关徽，一级关务监督关衔标志为 3 枚星花；二级关务监督关衔标志为 2 枚星花；三级关务监督关衔标志为 1 枚星花。

关务督察关衔标志为 3 道横杠和 1 枚海关关徽，一级关务督察关衔标志为 3 枚星花；二级关务督察关衔标志为 2 枚星花；三级关务督察关衔标志为 1 枚星花。

关务督办关衔标志为 2 道横杠和 1 枚海关关徽，一级关务督办关衔标志为 3 枚星花；二级关务督办关衔标志为 2 枚星花；三级关务督办关衔标志为 1 枚星花。

关务员关衔标志为 1 道横杠和 1 枚海关关徽，一级关务员关衔标志为 3 枚星花；二级关务员关衔标志为 2 枚星花。

第六条 海关工作人员晋升或者降低关衔的，由批准机关更换其关衔标志；取消或者不予保留关衔的，由批准机关收回其关衔标志。

第七条 海关关衔标志由海关总署负责制作和管理。其他单位和个人不得制作、仿造、伪造、变造和买卖、使用关衔标志，也不得使用与关衔标志相类似的标志。

第八条 本办法自公布之日起施行。

附件　海关关衔标志式样

附件

海关关衔标志式样

海关总监

海关副总监

一级关务监督

二级关务监督

三级关务监督

一级关务督察

二级关务督察

三级关务督察

一级关务督办

二级关务督办

三级关务督办

一级关务员

二级关务员

国务院关于口岸开放的若干规定

（1985年9月18日国务院国发〔1985〕113号发布，自发布之日起施行）

随着我国对外贸易、国际交往和旅游事业的发展，将进一步开放新的口岸。为加强口岸开放的审批工作，特制定本规定。

一、本规定所指口岸是供人员、货物和交通工具出入国境的港口、机场、车站、通道等。口岸分为一类口岸和二类口岸。一类口岸是指由国务院批准开放的口岸（包括中央管理的口岸和由省、自治区、直辖市管理的部分口岸）；二类口岸是指由省级人民政府批准开放并管理的口岸。

二、口岸的开放和关闭，由国务院或省级人民政府审批后公布执行。

三、凡开放口岸，应根据需要设立边防检查、海关、港务监督、卫生检疫、动植物检疫、商品检验等检查检验机构，以及国家规定的其他口岸机构。

四、两类口岸的具体划分。

（一）以下为一类口岸：

1. 对外国籍船舶、飞机、车辆等交通工具开放的海、陆、空客货口岸；

2. 只允许我国籍船舶、飞机、车辆出入国境的海、陆、空客货口岸；

3. 允许外国籍船舶进出我国领海内的海面交货点。

（二）以下为二类口岸：

1. 依靠其他口岸派人前往办理出入境检查检验手续的国轮外贸运输装卸点、启运点、交货点；

2. 同毗邻国家地方政府之间进行边境小额贸易和人员往来的口岸；

3. 只限边境居民通行的出入境口岸。

五、报批程序。

（一）一类口岸：由有关部（局）或港口、码头、车站、机场和通道所在地的省级人民政府会商大军区后，报请国务院批准，同时抄送国务院口岸领导小组、总参谋部和有关主管部门。

（二）二类口岸：由口岸所在地的人民政府征得当地大军区和海军的同意，并会商口岸检查检验等有关单位后，报请省级人民政府批准。批文同时送国务院口岸领导小组和有关主管部门备案。

六、报批开放口岸应附具下列资料：

（一）对口岸开放进行的可行性研究报告，以及口岸的基本条件、近三年客货运量、经济效益和发展前景的资料。

（二）根据客货运输任务提出的有关检查检验单位、口岸办公室、中国银行等机构设置和人员编制方案。

（三）检查检验场地和办公、生活设施等规划，以及投资预算和资金来源。

七、对外开放前的验收：

（一）新开放的口岸，在开放前必须对其交通安全设施、通信设施、联检场地、检查检验等单位的机构设置和人员配备，以及办公、生活设施等进行验收。验收合格后，才能宣布开放。

（二）一类口岸，由国务院口岸领导小组办公室负责组织验收；二类口岸，由所在省、自治区、直辖市口岸办公室或其他主管口岸工作的部门负责组织验收。

八、临时进出我国非开放区域的审批权限：

（一）临时从我国非开放的港口或沿海水域进出的中、外国籍船舶，由交通部审批，并报国务院口岸领导小组备案。报批前应征得军事主管部门和当地人民政府以及有关检查检验单位的同意，并安排好检查检验工作。

（二）临时从我国非开放机场起降的中、外国籍民用飞机，由中国民用航空局征得军事主管部门同意后审批，非民用飞机由军事主管部门审批，并报国务院口岸领导小组备案。报批前应征得当地人民政府和有关检查检验部门的同意，并安排好检查检验工作。

（三）临时从我国非开放的陆地边界区域进出境的中、外国籍车辆和人员，由省级人民政府审批。报批前应征得当地省军区和公安部门的同意，并安排好检查检验工作。

九、口岸开放应有计划地进行，按隶属关系分别列入国家或地方口岸开放计划。国务院有关部门和省、自治区、直辖市应将口岸开放计划（草案），于计划年度前两个月报国务院口岸领导小组，并抄报国家计委、劳动人事部和检查检验单位的有关主管部门。

十、开放口岸检查检验设施建设资金来源：

（一）中央管理的口岸，由中央负责解决；地方管理的口岸，由地方负责解决。

（二）国家新建开放的港口、码头、车站和机场（含军用改为军民合用的机场）等口岸建设项目（包括利用外资和中外合资项目），以及老口岸新建作业区和经济开发区的新港区等项目，所需联检场地应与港口、码头、车站、机场等主体工程统一规划。所需投资包括在主体工程之内。检查检验单位办公、生活土建设施（包括宿舍）的投资，由口岸建设项目的主管部门组织有关单位研究，统一汇总报国家计委审批。批准后，投资划拨给口岸所在地的省、自治区、直辖市，由地方统一规划，统一设计施工。军用改建为军民合用机场的口岸项目，应事先征得空军或海军同意，如在机场内建设，建设单位可提出要求，由空军或海军统一规划。

（三）各部（局）直属的原有港口、码头、车站和机场需要对外开放时，所需联检场地，原则上要利用原有建筑设施。如确需扩建、新建，应由港口、码头、车站和机场的主管部门投资建设。检查检验单位的办公、生活土建设施（包括宿舍）的投资，原则上由各自主管部门解决。对确有困难的，国家或地方给予适当补助，由地方统一建设，投资交地方包干使用。

（四）地方新开口岸，所需联检场地和检查检验单位的办公、生活土建设施（包括宿舍），由地方统一投资，统一建设。

（五）国际海员俱乐部的建设规划和投资来源，比照（二）、（三）、（四）项规定解决。

（六）检查检验单位所需的交通工具、仪器设备等，由各自主管部门解决。

（七）联检场地内，划给检查检验单位的办公和业务用房（包括水、电、市内电话），应由港口、码头、车站和机场（包括军民使用的机场）的经营单位免费提供。

十一、本规定由国务院口岸领导小组办公室负责解释。

十二、本规定自发布之日起施行。

中华人民共和国海关行政处罚实施条例

（2004年9月1日国务院第62次常务会议通过，
2004年9月19日国务院令第420号公布，自2004年11月1日起施行）

第一章　总　则

第一条　为了规范海关行政处罚，保障海关依法行使职权，保护公民、法人或者其他组织的合法权益，根据《中华人民共和国海关法》（以下简称海关法）及其他有关法律的规定，制定本实施条例。

第二条　依法不追究刑事责任的走私行为和违反海关监管规定的行为，以及法律、行政法规规定由海关实施行政处罚的行为的处理，适用本实施条例。

第三条　海关行政处罚由发现违法行为的海关管辖，也可以由违法行为发生地海关管辖。

2个以上海关都有管辖权的案件，由最先发现违法行为的海关管辖。

管辖不明确的案件，由有关海关协商确定管辖，协商不成的，报请共同的上级海关指定管辖。

重大、复杂的案件，可以由海关总署指定管辖。

第四条　海关发现的依法应当由其他行政机关处理的违法行为，应当移送有关行政机关处理；违法行为涉嫌犯罪的，应当移送海关侦查走私犯罪公安机构、地方公安机关依法办理。

第五条　依照本实施条例处以警告、罚款等行政处罚，但不没收进出境货物、物品、运输工具的，不免除有关当事人依法缴纳税款、提交进出口许可证件、办理有关海关手续的义务。

第六条　抗拒、阻碍海关侦查走私犯罪公安机构依法执行职务的，由设在直属海关、隶属海关的海关侦查走私犯罪公安机构依照治安管理处罚的有关规定给予处罚。

抗拒、阻碍其他海关工作人员依法执行职务的，应当报告地方公安机关依法处理。

第二章　走私行为及其处罚

第七条　违反海关法及其他有关法律、行政法规，逃避海关监管，偷逃应纳税款、逃避国家有关进出境的禁止性或者限制性管理，有下列情形之一的，是走私行为：

（一）未经国务院或者国务院授权的机关批准，从未设立海关的地点运输、携带国家禁止或者限制进出境的货物、物品或者依法应当缴纳税款的货物、物品进出境的；

（二）经过设立海关的地点，以藏匿、伪装、瞒报、伪报或者其他方式逃避海关监管，运输、携带、邮寄国家禁止或者限制进出境的货物、物品或者依法应当缴纳税款的货物、物品进出境的；

（三）使用伪造、变造的手册、单证、印章、账册、电子数据或者以其他方式逃避海关监管，擅自将海关监管货物、物品、进境的境外运输工具，在境内销售的；

（四）使用伪造、变造的手册、单证、印章、账册、电子数据或者以伪报加工贸易制成品单位耗料量等方式，致使海关监管货物、物品脱离监管的；

（五）以藏匿、伪装、瞒报、伪报或者其他方式逃避海关监管，擅自将保税区、出口加工区等海关特殊监管区域内的海关监管货物、物品，运至区外的；

（六）有逃避海关监管，构成走私的其他行为的。

第八条　有下列行为之一的，按走私行为论处：

（一）明知是走私进口的货物、物品，直接向走私人非法收购的；

（二）在内海、领海、界河、界湖，船舶及所载人员运输、收购、贩卖国家禁止或者限制进出境的货物、物品，或者运输、收购、贩卖依法应当缴纳税款的货物，没有合法证明的。

第九条　有本实施条例第七条、第八条所列行为之一的，依照下列规定处罚：

（一）走私国家禁止进出口的货物的，没收走私货物及违法所得，可以并处100万元以下罚款；走私国家禁止进出境的物品的，没收走私物品及违法所得，可以并处10万元以下罚款；

（二）应当提交许可证件而未提交但未偷逃税款，走私国家限制进出境的货物、物品的，没收走私货物、物品及违法所得，可以并处走私货物、物品等值以下罚款；

（三）偷逃应纳税款但未逃避许可证件管理，走私依法应当缴纳税款的货物、物品的，没收走私货物、物品及违法所得，可以并处偷逃应纳税款3倍以下罚款。

专门用于走私的运输工具或者用于掩护走私的货物、物品，2年内3次以上用于走私的运输工具或者用于掩护走私的货物、物品，应当予以没收。藏匿走私货物、物品的特制设备、夹层、暗格，应当予以没收或者责令拆毁。使用特制设备、夹层、暗格实施走私的，应当从重处罚。

第十条　与走私人通谋为走私人提供贷款、资金、账号、发票、证明、海关单证的，与走私人通谋为走私人提供走私货物、物品的提取、发运、运输、保管、邮寄或者其他方便的，以走私的共同当事人论处，没收违法所得，并依照本实施条例第九条的规定予以处罚。

第十一条　报关企业、报关人员和海关准予从事海关监管货物的运输、储存、加工、装配、寄售、展示等业务的企业，构成走私犯罪或者1年内有2次以上走私行为的，海关可以撤销其注册登记、取消其报关从业资格。

第三章　违反海关监管规定的行为及其处罚

第十二条　违反海关法及其他有关法律、行政法规和规章但不构成走私行为的，是违反海关监管规定的行为。

第十三条　违反国家进出口管理规定，进出口国家禁止进出口的货物的，责令退运，处100万元以下罚款。

第十四条　违反国家进出口管理规定，进出口国家限制进出口的货物，进出口货物的收发货人向海关申报时不能提交许可证件的，进出口货物不予放行，处货物价值30%以下罚款。

违反国家进出口管理规定，进出口属于自动进出口许可管理的货物，进出口货物的收发货人向海关申报时不能提交自动许可证明的，进出口货物不予放行。

第十五条　进出口货物的品名、税则号列、数量、规格、价格、贸易方式、原产地、启运地、运抵地、最终目的地或者其他应当申报的项目未申报或者申报不实的，分别依照下列规定予以处罚，有违法所得的，没收违法所得：

（一）影响海关统计准确性的，予以警告或者处1000元以上1万元以下罚款；

（二）影响海关监管秩序的，予以警告或者处1000元以上3万元以下罚款；

（三）影响国家许可证件管理的，处货物价值5%以上30%以下罚款；

（四）影响国家税款征收的，处漏缴税款30%以上2倍以下罚款；

（五）影响国家外汇、出口退税管理的，处申报价格10%以上50%以下罚款。

第十六条 进出口货物收发货人未按照规定向报关企业提供所委托报关事项的真实情况，致使发生本实施条例第十五条规定情形的，对委托人依照本实施条例第十五条的规定予以处罚。

第十七条 报关企业、报关人员对委托人所提供情况的真实性未进行合理审查，或者因工作疏忽致使发生本实施条例第十五条规定情形的，可以对报关企业处货物价值10%以下罚款，暂停其6个月以内从事报关业务或者执业；情节严重的，撤销其报关注册登记、取消其报关从业资格。

第十八条 有下列行为之一的，处货物价值5%以上30%以下罚款，有违法所得的，没收违法所得：

（一）未经海关许可，擅自将海关监管货物开拆、提取、交付、发运、调换、改装、抵押、质押、留置、转让、更换标记、移作他用或者进行其他处置的；

（二）未经海关许可，在海关监管区以外存放海关监管货物的；

（三）经营海关监管货物的运输、储存、加工、装配、寄售、展示等业务，有关货物灭失、数量短少或者记录不真实，不能提供正当理由的；

（四）经营保税货物的运输、储存、加工、装配、寄售、展示等业务，不依照规定办理收存、交付、结转、核销等手续，或者中止、延长、变更、转让有关合同不依照规定向海关办理手续的；

（五）未如实向海关申报加工贸易制成品单位耗料量的；

（六）未按照规定期限将过境、转运、通运货物运输出境，擅自留在境内的；

（七）未按照规定期限将暂时进出口货物复运出境或者复运进境，擅自留在境内或者境外的；

（八）有违反海关监管规定的其他行为，致使海关不能或者中断对进出口货物实施监管的。

前款规定所涉货物属于国家限制进出口需要提交许可证件，当事人在规定期限内不能提交许可证件的，另处货物价值30%以下罚款；漏缴税款的，可以另处漏缴税款1倍以下罚款。

第十九条 有下列行为之一的，予以警告，可以处物品价值20%以下罚款，有违法所得的，没收违法所得：

（一）未经海关许可，擅自将海关尚未放行的进出境物品开拆、交付、投递、转移或者进行其他处置的；

（二）个人运输、携带、邮寄超过合理数量的自用物品进出境未向海关申报的；

（三）个人运输、携带、邮寄超过规定数量但仍属自用的国家限制进出境物品进出境，未向海关申报但没有以藏匿、伪装等方式逃避海关监管的；

（四）个人运输、携带、邮寄物品进出境，申报不实的；

（五）经海关登记准予暂时免税进境或者暂时免税出境的物品，未按照规定复带出境或者复带进境的；

（六）未经海关批准，过境人员将其所带物品留在境内的。

第二十条 运输、携带、邮寄国家禁止进出境的物品进出境，未向海关申报但没有以藏匿、伪装等方式逃避海关监管的，予以没收，或者责令退回，或者在海关监管下予以销毁或者进行技术处理。

第二十一条 有下列行为之一的，予以警告，可以处10万元以下罚款，有违法所得的，没收违法所得：

（一）运输工具不经设立海关的地点进出境的；

（二）在海关监管区停留的进出境运输工具，未经海关同意擅自驶离的；

（三）进出境运输工具从一个设立海关的地点驶往另一个设立海关的地点，尚未办结海关手续又未经海关批准，中途改驶境外或者境内未设立海关的地点的；

（四）进出境运输工具到达或者驶离设立海关的地点，未按照规定向海关申报、交验有关单证或者交验的单证不真实的。

第二十二条 有下列行为之一的，予以警告，可以处5万元以下罚款，有违法所得的，没收违法所得：

（一）未经海关同意，进出境运输工具擅自装卸进出境货物、物品或者上下进出境旅客的；

（二）未经海关同意，进出境运输工具擅自兼营境内客货运输或者用于进出境运输以外的其他用途的；

（三）未按照规定办理海关手续，进出境运输工具擅自改营境内运输的；

（四）未按照规定期限向海关传输舱单等电子数据、传输的电子数据不准确或者未按照规定期限保存相关电子数据，影响海关监管的；

（五）进境运输工具在进境以后向海关申报以前，出境运输工具在办结海关手续以后出境以前，不按照交通主管部门或者海关指定的路线行进的；

（六）载运海关监管货物的船舶、汽车不按照海关指定的路线行进的；

（七）进出境船舶和航空器，由于不可抗力被迫在未设立海关的地点停泊、降落或者在境内抛掷、起卸货物、物品，无正当理由不向附近海关报告的；

（八）无特殊原因，未将进出境船舶、火车、航空器到达的时间、停留的地点或者更换的时间、地点事先通知海关的；

（九）不按照规定接受海关对进出境运输工具、货物、物品进行检查、查验的。

第二十三条 有下列行为之一的，予以警告，可以处3万元以下罚款：

（一）擅自开启或者损毁海关封志的；

（二）遗失海关制发的监管单证、手册等凭证，妨碍海关监管的；

（三）有违反海关监管规定的其他行为，致使海关不能或者中断对进出境运输工具、物品实施监管的。

第二十四条 伪造、变造、买卖海关单证的，处5万元以上50万元以下罚款，有违法所得的，没收违法所得；构成犯罪的，依法追究刑事责任。

第二十五条 进出口侵犯中华人民共和国法律、行政法规保护的知识产权的货物的，没收侵权货物，并处货物价值30%以下罚款；构成犯罪的，依法追究刑事责任。

需要向海关申报知识产权状况，进出口货物收发货人及其代理人未按照规定向海关如实申报有关知识产权状况，或者未提交合法使用有关知识产权的证明文件的，可以处5万元以下罚款。

第二十六条 报关企业，报关人员和海关准予从事海关监管货物的运输、储存、加工、装配、寄售、展示等业务的企业，有下列情形之一的，责令改正，给予警告，可以暂停其6个月以内从事有关业务或者执业：

（一）拖欠税款或者不履行纳税义务的；

（二）报关企业出让其名义供他人办理进出口货物报关纳税事宜的；

（三）损坏或者丢失海关监管货物，不能提供正当理由的；

（四）有需要暂停其从事有关业务或者执业的其他违法行为的。

第二十七条 报关企业，报关人员和海关准予从事海关监管货物的运输、储存、加工、装配、寄售、展示等业务的企业，有下列情形之一的，海关可以撤销其注册登记、取消其报关从业资格：

（一）1年内3人次以上被海关暂停执业的；

（二）被海关暂停从事有关业务或者执业，恢复从事有关业务或者执业后1年内再次发生本实施条例第二十六条规定情形的；

（三）有需要撤销其注册登记或者取消其报关从业资格的其他违法行为的。

第二十八条 报关企业、报关人员非法代理他人报关或者超出海关准予的从业范围进行报关活动的，责令改正，处5万元以下罚款，暂停其6个月以内从事报关业务或者执业；情节严重的，撤销其报关注册登记、取消其报关从业资格。

第二十九条 进出口货物收发货人、报关企业、报关人员向海关工作人员行贿的，撤销其报关注册登记、取消其报关从业资格，并处10万元以下罚款；构成犯罪的，依法追究刑事责任，并不得重新注册登记为报关企业和取得报关从业资格。

第三十条 未经海关注册登记和未取得报关从业资格从事报关业务的，予以取缔，没收违法所得，可以并处10万元以下罚款。

第三十一条 提供虚假资料骗取海关注册登记、报关从业资格的，撤销其注册登记、取消其报关从业资格，并处30万元以下罚款。

第三十二条 法人或者其他组织有违反海关法的行为，除处罚该法人或者组织外，对其主管人员和直接责任人员予以警告，可以处5万元以下罚款，有违法所得的，没收违法所得。

第四章　对违反海关法行为的调查

第三十三条 海关发现公民、法人或者其他组织有依法应当由海关给予行政处罚的行为的，应当立案调查。

第三十四条 海关立案后，应当全面、客观、公正、及时地进行调查、收集证据。

海关调查、收集证据，应当按照法律、行政法规及其他有关规定的要求办理。

海关调查、收集证据时，海关工作人员不得少于2人，并应当向被调查人出示证件。

调查、收集的证据涉及国家秘密、商业秘密或者个人隐私的，海关应当保守秘密。

第三十五条 海关依法检查走私嫌疑人的身体，应当在隐蔽的场所或者非检查人员的视线之外，由2名以上与被检查人同性别的海关工作人员执行。

走私嫌疑人应当接受检查，不得阻挠。

第三十六条 海关依法检查运输工具和场所，查验货物、物品，应当制作检查、查验记录。

第三十七条 海关依法扣留走私犯罪嫌疑人，应当制发扣留走私犯罪嫌疑人决定书。对走私犯罪嫌疑人，扣留时间不超过24小时，在特殊情况下可以延长至48小时。

海关应当在法定扣留期限内对被扣留人进行审查。排除犯罪嫌疑或者法定扣留期限届满的，应当立即解除扣留，并制发解除扣留决定书。

第三十八条 下列货物、物品、运输工具及有关账册、单据等资料，海关可以依法扣留：

（一）有走私嫌疑的货物、物品、运输工具；

（二）违反海关法或者其他有关法律、行政法规的货物、物品、运输工具；

（三）与违反海关法或者其他有关法律、行政法规的货物、物品、运输工具有牵连的账册、单据等资料；

（四）法律、行政法规规定可以扣留的其他货物、物品、运输工具及有关账册、单据等资料。

第三十九条 有违法嫌疑的货物、物品、运输工具无法或者不便扣留的，当事人或者运输工具负责人应当向海关提供等值的担保，未提供等值担保的，海关可以扣留当事人等值的其他财产。

第四十条 海关扣留货物、物品、运输工具以及账册、单据等资料的期限不得超过1年。因案件调查需要，经直属海关关长或者其授权的隶属海关关长批准，可以延长，延长期限不得超过1年。但复议、诉讼期间不计算在内。

第四十一条 有下列情形之一的，海关应当及时解除扣留：

（一）排除违法嫌疑的；

（二）扣留期限、延长期限届满的；

（三）已经履行海关行政处罚决定的；

（四）法律、行政法规规定应当解除扣留的其他情形。

第四十二条 海关依法扣留货物、物品、运输工具、其他财产以及账册、单据等资料，应当制发海关扣留凭单，由海关工作人员、当事人或者其代理人、保管人、见证人签字或者盖章，并可以加施海关封志。加施海关封志的，当事人或者其代理人、保管人应当妥善保管。

海关解除对货物、物品、运输工具、其他财产以及账册、单据等资料的扣留，或者发还等值的担保，应当制发海关解除扣留通知书、海关解除担保通知书，并由海关工作人员、当事人或者其代理人、保管人、见证人签字或者盖章。

第四十三条 海关查问违法嫌疑人或者询问证人，应当个别进行，并告知其权利和作伪证应当承担的法律责任。违法嫌疑人、证人必须如实陈述、提供证据。

海关查问违法嫌疑人或者询问证人应当制作笔录，并当场交其辨认，没有异议的，立即签字确认；有异议的，予以更正后签字确认。

严禁刑讯逼供或者以威胁、引诱、欺骗等非法手段收集证据。

海关查问违法嫌疑人，可以到违法嫌疑人的所在单位或者住处进行，也可以要求其到海关或者海关指定的地点进行。

第四十四条 海关收集的物证、书证应当是原物、原件。收集原物、原件确有困难的，可以拍摄、复制，并可以指定或者委托有关单位或者个人对原物、原件予以妥善保管。

海关收集物证、书证，应当开列清单，注明收集的日期，由有关单位或者个人确认后签字或者盖章。

海关收集电子数据或者录音、录像等视听资料，应当收集原始载体。收集原始载体确有困难的，可以收集复制件，注明制作方法、制作时间、制作人等，并由有关单位或者个人确认后签字或者盖章。

第四十五条 根据案件调查需要，海关可以对有关货物、物品进行取样化验、鉴定。

海关提取样品时，当事人或者其代理人应当到场；当事人或者其代理人未到场的，海关应当邀请见证人到场。提取的样品，海关应当予以加封，并由海关工作人员及当事人或者其代理人、见证人确认后签字或者盖章。

化验、鉴定应当交由海关化验鉴定机构或者委托国家认可的其他机构进行。

化验人、鉴定人进行化验、鉴定后，应当出具化验报告、鉴定结论，并签字或者盖章。

第四十六条 根据海关法有关规定，海关可以查询案件涉嫌单位和涉嫌人员在金融机构、邮政企业的存款、汇款。

海关查询案件涉嫌单位和涉嫌人员在金融机构、邮政企业的存款、汇款，应当出示海关协助查询通知书。

第四十七条 海关依法扣留的货物、物品、运输工具，在人民法院判决或者海关行政处罚决定作出之前，不得处理。但是，危险品或者鲜活、易腐、易烂、易失效、易变质等不宜长期保存的货物、物品以及所有人申请先行变卖的货物、物品、运输工具，经直属海关关长或者其授权的隶属海关关长批准，可以先行依法变卖，变卖所得价款由海关保存，并通知其所有人。

第四十八条 当事人有权根据海关法的规定要求海关工作人员回避。

第五章 海关行政处罚的决定和执行

第四十九条 海关作出暂停从事有关业务，暂停报关执业，撤销海关注册登记，取消报关从业资格，对公民处1万元以上罚款，对法人或者其他组织处10万元以上罚款，没收有关货物、物品、走私运输工具等行政处罚决定之前，应当告知当事人有要求举行听证的权利；当事人要求听证的，海关应当组织听证。

海关行政处罚听证办法由海关总署制定。

第五十条 案件调查终结，海关关长应当对调查结果进行审查，根据不同情况，依法作出决定。

对情节复杂或者重大违法行为给予较重的行政处罚，应当由海关案件审理委员会集体讨论决定。

第五十一条 同一当事人实施了走私和违反海关监管规定的行为且二者之间有因果关系的，依照本实施条例对走私行为的规定从重处罚，对其违反海关监管规定的行为不再另行处罚。

同一当事人就同一批货物、物品分别实施了2个以上违反海关监管规定的行为且二者之间有因果关系的，依照本实施条例分别规定的处罚幅度，择其重者处罚。

第五十二条 对2个以上当事人共同实施的违法行为，应当区别情节及责任，分别给予处罚。

第五十三条 有下列情形之一的，应当从重处罚：

（一）因走私被判处刑罚或者被海关行政处罚后在2年内又实施走私行为的；

（二）因违反海关监管规定被海关行政处罚后在1年内又实施同一违反海关监管规定的行为的；

（三）有其他依法应当从重处罚的情形的。

第五十四条 海关对当事人违反海关法的行为依法给予行政处罚的，应当制作行政处罚决定书。

对同一当事人实施的2个以上违反海关法的行为，可以制发1份行政处罚决定书。

对2个以上当事人分别实施的违反海关法的行为，应当分别制发行政处罚决定书。

对2个以上当事人共同实施的违反海关法的行为，应当制发1份行政处罚决定书，区别情况对各当事人分别予以处罚，但需另案处理的除外。

第五十五条 行政处罚决定书应当依照有关法律规定送达当事人。

依法予以公告送达的，海关应当将行政处罚决定书的正本张贴在海关公告栏内，并在报纸上刊登公告。

第五十六条 海关作出没收货物、物品、走私运输工具的行政处罚决定，有关货物、物品、走私运输工具无法或者不便没收的，海关应当追缴上述货物、物品、走私运输工具的等值价款。

第五十七条 法人或者其他组织实施违反海关法的行为后，有合并、分立或者其他资产重组情形的，海关应当以原法人、组织作为当事人。

对原法人、组织处以罚款、没收违法所得或者依法追缴货物、物品、走私运输工具的等值价款的，应当以承受其权利义务的法人、组织作为被执行人。

第五十八条 罚款、违法所得和依法追缴的货物、物品、走私运输工具的等值价款，应当在海关行政处罚决定规定的期限内缴清。

当事人按期履行行政处罚决定、办结海关手续的，海关应当及时解除其担保。

第五十九条 受海关处罚的当事人或者其法定代表人、主要负责人应当在出境前缴清罚款，违法所得和依法追缴的货物、物品、走私运输工具的等值价款。在出境前未缴清上述款项的，应当向海关提供相当于上述款项的担保。未提供担保，当事人是自然人的，海关可以通知出境管理机关阻止其出境；当事人是法人或者其他组织的，海关可以通知出境管理机关阻止其法定代表人或者主要负责人出境。

第六十条 当事人逾期不履行行政处罚决定的，海关可以采取下列措施：

（一）到期不缴纳罚款的，每日按罚款数额的3%加处罚款；

（二）根据海关法规定，将扣留的货物、物品、运输工具变价抵缴，或者以当事人提供的担保抵缴；

（三）申请人民法院强制执行。

第六十一条 当事人确有经济困难，申请延期或者分期缴纳罚款的，经海关批准，可以暂缓或者分期缴纳罚款。

当事人申请延期或者分期缴纳罚款的，应当以书面形式提出，海关收到申请后，应当在10个工作日内作出决定，并通知申请人。海关同意当事人暂缓或者分期缴纳的，应当及时通知收缴罚款的机构。

第六十二条 有下列情形之一的，有关货物、物品、违法所得、运输工具、特制设备由海关予以收缴：

（一）依照《中华人民共和国行政处罚法》第二十五条、第二十六条规定不予行政处罚的当事人携带、邮寄国家禁止进出境的货物、物品进出境的；

（二）散发性邮寄国家禁止、限制进出境的物品进出境或者携带数量零星的国家禁止进出境的物品进出境，依法可以不予行政处罚的；

（三）依法应当没收的货物、物品、违法所得、走私运输工具、特制设备，在海关作出行政处罚决定前，作为当事人的自然人死亡或者作为当事人的法人、其他组织终止，且无权利义务承受人的；

（四）走私违法事实基本清楚，但当事人无法查清，自海关公告之日起满3个月的；

（五）有违反法律、行政法规，应当予以收缴的其他情形的。

海关收缴前款规定的货物、物品、违法所得、运输工具、特制设备，应当制发清单，由被收缴人或者其代理人、见证人签字或者盖章。被收缴人无法查清且无见证人的，应当予以公告。

第六十三条 人民法院判决没收的走私货物、物品、违法所得、走私运输工具、特制设备，或者海关决定没收、收缴的货物、物品、违法所得、走私运输工具、特制设备，由海关依法统一处理，所得价款和海关收缴的罚款，全部上缴中央国库。

第六章 附 则

第六十四条 本实施条例下列用语的含义是：

“设立海关的地点”，指海关在港口、车站、机场、国界孔道、国际邮件互换局（交换站）等海关监管区设立的卡口，海关在保税区、出口加工区等海关特殊监管区域设立的卡口，以及海关在海上设立的中途监管站。

“许可证件”，指依照国家有关规定，当事人应当事先申领，并由国家有关主管部门颁发的准予进口或者出口的证明、文件。

“合法证明”，指船舶及所载人员依照国家有关规定或者依照国际运输惯例所必须持有的证明其运输、携带、收购、贩卖所载货物、物品真实、合法、有效的商业单证，运输单证及其他有关证明、文件。

“物品”，指个人以运输、携带等方式进出境的行李物品，邮寄进出境的物品，包括货币、金银等。超出自用、合理数量的，视为货物。

“自用”，指旅客或者收件人本人自用、馈赠亲友而非为出售或者出租。

“合理数量”，指海关根据旅客或者收件人的情况、旅行目的和居留时间所确定的正常数量。

“货物价值”，指进出口货物的完税价格、关税、进口环节海关代征税之和。

“物品价值”，指进出境物品的完税价格、进口税之和。

“应纳税款”，指进出口货物、物品应当缴纳的进出口关税、进口环节海关代征税之和。

“专门用于走私的运输工具”，指专为走私而制造、改造、购买的运输工具。

“以上”、“以下”、“以内”、“届满”，均包括本数在内。

第六十五条 海关对外国人、无国籍人、外国企业或者其他组织给予行政处罚的，适用本实施条例。

第六十六条 国家禁止或者限制进出口的货物目录，由国务院对外贸易主管部门依照《中华人民共和国对外贸易法》的规定办理；国家禁止或者限制进出境的物品目录，由海关总署公布。

第六十七条 依照海关规章给予行政处罚的，应当遵守本实施条例规定的程序。

第六十八条 本实施条例自2004年11月1日起施行。1993年2月17日国务院批准修订、1993年4月1日海关总署发布的《中华人民共和国海关法行政处罚实施细则》同时废止。

中华人民共和国知识产权海关保护条例

（2003 年 11 月 26 日国务院第 30 次常务会议通过，
2003 年 12 月 2 日国务院令第 395 号公布，自 2004 年 3 月 1 日起施行）

第一章　总　则

第一条　为了实施知识产权海关保护，促进对外经济贸易和科技文化交往，维护公共利益，根据《中华人民共和国海关法》，制定本条例。

第二条　本条例所称知识产权海关保护，是指海关对与进出口货物有关并受中华人民共和国法律、行政法规保护的商标专用权、著作权和与著作权有关的权利、专利权（以下统称知识产权）实施的保护。

第三条　国家禁止侵犯知识产权的货物进出口。

海关依照有关法律和本条例的规定实施知识产权保护，行使《中华人民共和国海关法》规定的有关权力。

第四条　知识产权权利人请求海关实施知识产权保护的，应当向海关提出采取保护措施的申请。

第五条　进口货物的收货人或者其代理人、出口货物的发货人或者其代理人应当按照国家规定，向海关如实申报与进出口货物有关的知识产权状况，并提交有关证明文件。

第六条　海关实施知识产权保护时，应当保守有关当事人的商业秘密。

第二章　知识产权的备案

第七条　知识产权权利人可以依照本条例的规定，将其知识产权向海关总署申请备案；申请备案的，应当提交申请书。申请书应当包括下列内容：

（一）知识产权权利人的名称或者姓名、注册地或者国籍等；

（二）知识产权的名称、内容及其相关信息；

（三）知识产权许可行使状况；

（四）知识产权权利人合法行使知识产权的货物的名称、产地、进出境地海关、进出口商、主要特征、价格等；

（五）已知的侵犯知识产权货物的制造商、进出口商、进出境地海关、主要特征、价格等。

前款规定的申请书内容有证明文件的，知识产权权利人应当附送证明文件。

第八条　海关总署应当自收到全部申请文件之日起 30 个工作日内作出是否准予备案的决定，并书面通知申请人；不予备案的，应当说明理由。

有下列情形之一的，海关总署不予备案：

（一）鋼请文件不齐全或者无效的；

（二）申请人不是知识产权权利人的；

（三）知识产权不再受法律、行政法规保护的。

第九条　海关发现知识产权权利人申请知识产权备案未如实提供有关情况或者文件的，海关总署可以撤销其备案。

第十条　知识产权海关保护备案自海关总署准予备案之日起生效，有效期为 10 年。

知识产权有效的，知识产权权利人可以在知识产权海关保护备案有效期届满前 6 个月内，向海关总署申请续展备案。每次续展备案的有效期为 10 年。

知识产权海关保护备案有效期届满而不申请续展或者知识产权不再受法律、行政法规保护的，知识产权海关保护备案随即失效。

第十一条　备案知识产权的情况发生改变的，知识产权权利人应当自发生改变之日起 30 个工作日内，向海关总署办理备案变更或者注销手续。

第三章　扣留侵权嫌疑货物的申请及其处理

第十二条　知识产权权利人发现侵权嫌疑货物即将进出口的，可以向货物进出境地海关提出扣留侵权嫌疑货物的申请。

第十三条　知识产权权利人请求海关扣留侵权嫌疑货物的，应当提交申请书及相关证明文件，并提供足以证明侵权事实明显存在的证据。

申请书应当包括下列主要内容：

（一）知识产权权利人的名称或者姓名、注册地或者国籍等；

（二）知识产权的名称、内容及其相关信息；

（三）侵权嫌疑货物收货人和发货人的名称；

（四）侵权嫌疑货物名称、规格等；

（五）侵权嫌疑货物可能进出境的口岸、时间、运输工具等。

侵权嫌疑货物涉嫌侵犯备案知识产权的，申请书还应当包括海关备案号。

第十四条 知识产权权利人请求海关扣留侵权嫌疑货物的，应当向海关提供不超过货物等值的担保，用于赔偿可能因申请不当给收货人、发货人造成的损失，以及支付货物由海关扣留后的仓储、保管和处置等费用；知识产权权利人直接向仓储商支付仓储、保管费用的，从担保中扣除。具体办法由海关总署制定。

第十五条 知识产权权利人申请扣留侵权嫌疑货物，符合本条例第十三条的规定，并依照本条例第十四条的规定提供担保的，海关应当扣留侵权嫌疑货物，书面通知知识产权权利人，并将海关扣留凭单送达收货人或者发货人。

知识产权权利人申请扣留侵权嫌疑货物，不符合本条例第十三条的规定，或者未依照本条例第十四条的规定提供担保的，海关应当驳回申请，并书面通知知识产权权利人。

第十六条 海关发现进出口货物有侵犯备案知识产权嫌疑的，应当立即书面通知知识产权权利人。知识产权权利人自通知送达之日起3个工作日内依照本条例第十三条的规定提出申请，并依照本条例第十四条的规定提供担保的，海关应当扣留侵权嫌疑货物，书面通知知识产权权利人，并将海关扣留凭单送达收货人或者发货人。知识产权权利人逾期未提出申请或者未提供担保的，海关不得扣留货物。

第十七条 经海关同意，知识产权权利人和收货人或者发货人可以查看有关货物。

第十八条 收货人或者发货人认为其货物未侵犯知识产权权利人的知识产权的，应当向海关提出书面说明并附送相关证据。

第十九条 涉嫌侵犯专利权货物的收货人或者发货人认为其进出口货物未侵犯专利权的，可以在向海关提供货物等值的担保金后，请求海关放行其货物。知识产权权利人未能在合理期限内向人民法院起诉的，海关应当退还担保金。

第二十条 海关发现进出口货物有侵犯备案知识产权嫌疑并通知知识产权权利人后，知识产权权利人请求海关扣留侵权嫌疑货物的，海关应当自扣留之日起30个工作日内对被扣留的侵权嫌疑货物是否侵犯知识产权进行调查、认定；不能认定的，应当立即书面通知知识产权权利人。

第二十一条 海关对被扣留的侵权嫌疑货物进行调查，请求知识产权主管部门提供协助的，有关知识产权主管部门应当予以协助。

知识产权主管部门处理涉及进出口货物的侵权案件请求海关提供协助的，海关应当予以协助。

第二十二条 海关对被扣留的侵权嫌疑货物及有关情况进行调查时，知识产权权利人和收货人或者发货人应当予以配合。

第二十三条 知识产权权利人在向海关提出采取保护措施的申请后，可以依照《中华人民共和国商标法》、《中华人民共和国著作权法》或者《中华人民共和国专利法》的规定，在起诉前就被扣留的侵权嫌疑货物向人民法院申请采取责令停止侵权行为或者财产保全的措施。

海关收到人民法院有关责令停止侵权行为或者财产保全的协助执行通知的，应当予以协助。

第二十四条 有下列情形之一的，海关应当放行被扣留的侵权嫌疑货物：

（一）海关依照本条例第十五条的规定扣留侵权嫌疑货物，自扣留之日起20个工作日内未收到人民法院协助执行通知的；

（二）海关依照本条例第十六条的规定扣留侵权嫌疑货物，自扣留之日起50个工作日内未收到人民法院协助执行通知，并且经调查不能认定被扣留的侵权嫌疑货物侵犯知识产权的；

（三）涉嫌侵犯专利权的收货人或者发货人在向海关提供与货物等值的担保金后，请求海关放行其货物的；

（四）海关认为收货人或者发货人有充分的证据证明其货物未侵犯知识产权权利人的知识产权的。

第二十五条 海关依照本条例的规定扣留侵权嫌疑货物，知识产权权利人应当支付有关仓储、保管和处置等费用。知识产权权利人未支付有关费用的，海关可以从其向海关提供的担保金中予以扣除，或者要求担保人履行有关担保责任。

侵权嫌疑货物被认定为侵犯知识产权的，知识产权权利人可以将其支付的有关仓储、保管和处置等费用计入其为制止侵权行为所支付的合理开支。

第二十六条 海关实施知识产权保护发现涉嫌犯罪案件的，应当将案件依法移送公安机关处理。

第四章　法律责任

第二十七条　被扣留的侵权嫌疑货物，经海关调查后认定侵犯知识产权的，由海关予以没收。

海关没收侵犯知识产权货物后，应当将侵犯知识产权货物的有关情况书面通知知识产权权利人。

被没收的侵犯知识产权货物可以用于社会公益事业的，海关应当转交给有关公益机构用于社会公益事业；知识产权权利人有收购意愿的，海关可以有偿转让给知识产权权利人。被没收的侵犯知识产权货物无法用于社会公益事业且知识产权权利人无收购意愿的，海关可以在消除侵权特征后依法拍卖；侵权特征无法消除的，海关应当予以销毁。

第二十八条　个人携带或者邮寄进出境的物品，超出自用、合理数量，并侵犯本条例第二条规定的知识产权的，由海关予以没收。

第二十九条　海关接受知识产权保护备案和采取知识产权保护措施的申请后，因知识产权权利人未提供确切情况而未能发现侵权货物、未能及时采取保护措施或者采取保护措施不力的，由知识产权权利人自行承担责任。

知识产权权利人请求海关扣留侵权嫌疑货物后，海关不能认定被扣留的侵权嫌疑货物侵犯知识产权权利人的知识产权，或者人民法院判定不侵犯知识产权权利人的知识产权的，知识产权权利人应当依法承担赔偿责任。

第三十条　进口或者出口侵犯知识产权货物，构成犯罪的，依法追究刑事责任。

第三十一条　海关工作人员在实施知识产权保护时，玩忽职守、滥用职权、徇私舞弊，构成犯罪的，依法追究刑事责任；尚不构成犯罪的，依法给予行政处分。

第五章　附　则

第三十二条　知识产权权利人将其知识产权向海关总署备案的，应当按照国家有关规定缴纳备案费。

第三十三条　本条例自2004年3月1日起施行。1995年7月5日国务院发布的《中华人民共和国知识产权海关保护条例》同时废止。

中华人民共和国进出口关税条例

（2003年10月29日国务院第26次常务会议通过，
2003年11月23日国务院令第392号公布，自2004年1月1日起施行）

第一章　总　则

第一条　为了贯彻对外开放政策，促进对外经济贸易和国民经济的发展，根据《中华人民共和国海关法》（以下简称《海关法》）的有关规定，制定本条例。

第二条　中华人民共和国准许进出口的货物、进境物品，除法律、行政法规另有规定外，海关依照本条例规定征收进出口关税。

第三条　国务院制定《中华人民共和国进出口税则》（以下简称《税则》）、《中华人民共和国进境物品进口税税率表》（以下简称《进境物品进口税税率表》），规定关税的税目、税则号列和税率，作为本条例的组成部分。

第四条　国务院设立关税税则委员会，负责《税则》和《进境物品进口税税率表》的税目、税则号列和税率的调整和解释，报国务院批准后执行；决定实行暂定税率的货物、税率和期限；决定关税配额税率；决定征收反倾销税、反补贴税、保障措施关税、报复性关税以及决定实施其他关税措施；决定特殊情况下税率的适用，以及履行国务院规定的其他职责。

第五条　进口货物的收货人、出口货物的发货人、进境物品的所有人，是关税的纳税义务人。

第六条　海关及其工作人员应当依照法定职权和法定程序履行关税征管职责，维护国家利益，保护纳税人合法权益，依法接受监督。

第七条　纳税义务人有权要求海关对其商业秘密予

以保密，海关应当依法为纳税义务人保密。

第八条　海关对检举或者协助查获违反本条例行为的单位和个人，应当按照规定给予奖励，并负责保密。

第二章　进出口货物关税税率的设置和适用

第九条　进口关税设置最惠国税率、协定税率、特惠税率、普通税率、关税配额税率等税率。对进口货物在一定期限内可以实行暂定税率。

出口关税设置出口税率。对出口货物在一定期限内可以实行暂定税率。

第十条　原产于共同适用最惠国待遇条款的世界贸易组织成员的进口货物，原产于与中华人民共和国签订含有相互给予最惠国待遇条款的双边贸易协定的国家或者地区的进口货物，以及原产于中华人民共和国境内的进口货物，适用最惠国税率。

原产于与中华人民共和国签订含有关税优惠条款的区域性贸易协定的国家或者地区的进口货物，适用协定税率。

原产于与中华人民共和国签订含有特殊关税优惠条款的贸易协定的国家或者地区的进口货物，适用特惠税率。

原产于本条第一款、第二款和第三款所列以外国家或者地区的进口货物，以及原产地不明的进口货物，适用普通税率。

第十一条　适用最惠国税率的进口货物有暂定税率的，应当适用暂定税率；适用协定税率、特惠税率的进口货物有暂定税率的，应当从低适用税率；适用普通税率的进口货物，不适用暂定税率。

适用出口税率的出口货物有暂定税率的，应当适用暂定税率。

第十二条　按照国家规定实行关税配额管理的进口货物，关税配额内的，适用关税配额税率；关税配额外的，其税率的适用按照本条例第十条、第十一条的规定执行。

第十三条　按照有关法律、行政法规的规定对进口货物采取反倾销、反补贴、保障措施的，其税率的适用按照《中华人民共和国反倾销条例》、《中华人民共和国反补贴条例》和《中华人民共和国保障措施条例》的有关规定执行。

第十四条　任何国家或者地区违反与中华人民共和国签订或者共同参加的贸易协定及相关协定，对中华人民共和国在贸易方面采取禁止、限制、加征关税或者其他影响正常贸易的措施的，对原产于该国家或者地区的进口货物可以征收报复性关税，适用报复性关税税率。

征收报复性关税的货物、适用国别、税率、期限和征收办法，由国务院关税税则委员会决定并公布。

第十五条　进出口货物，应当适用海关接受该货物申报进口或者出口之日实施的税率。

进口货物到达前，经海关核准先行申报的，应当适用装载该货物的运输工具申报进境之日实施的税率。

转关运输货物税率的适用日期，由海关总署另行规定。

第十六条　有下列情形之一，需缴纳税款的，应当适用海关接受申报办理纳税手续之日实施的税率：

（一）保税货物经批准不复运出境的；

（二）减免税货物经批准转让或者移作他用的；

（三）暂准进境货物经批准不复运出境，以及暂准出境货物经批准不复运进境的；

（四）租赁进口货物，分期缴纳税款的。

第十七条　补征和退还进出口货物关税，应当按照本条例第十五条或者第十六条的规定确定适用的税率。

因纳税义务人违反规定需要追征税款的，应当适用该行为发生之日实施的税率；行为发生之日不能确定的，适用海关发现该行为之日实施的税率。

第三章　进出口货物完税价格的确定

第十八条　进口货物的完税价格由海关以符合本条第三款所列条件的成交价格以及该货物运抵中华人民共和国境内输入地点起卸前的运输及其相关费用、保险费为基础审查确定。

进口货物的成交价格，是指卖方向中华人民共和国境内销售该货物时买方为进口该货物向卖方实付、应付的，并按照本条例第十九条、第二十条规定调整后的价款总额，包括直接支付的价款和间接支付的价款。

进口货物的成交价格应当符合下列条件：

（一）对买方处置或者使用该货物不予限制，但法律、行政法规规定实施的限制、对货物转售地域的限制和对货物价格无实质性影响的限制除外；

（二）该货物的成交价格没有因搭售或者其他因素的影响而无法确定；

（三）卖方不得从买方直接或者间接获得因该货物进口后转售、处置或者使用而产生的任何收益，或者虽有收益但能够按照本条例第十九条、第二十条的规定进行调整；

（四）买卖双方没有特殊关系，或者虽有特殊关系但未对成交价格产生影响。

第十九条 进口货物的下列费用应当计入完税价格：

（一）由买方负担的购货佣金以外的佣金和经纪费；

（二）由买方负担的在审查确定完税价格时与该货物视为一体的容器的费用；

（三）由买方负担的包装材料费用和包装劳务费用；

（四）与该货物的生产和向中华人民共和国境内销售有关的，由买方以免费或者以低于成本的方式提供并可以按适当比例分摊的料件、工具、模具、消耗材料及类似货物的价款，以及在境外开发、设计等相关服务的费用；

（五）作为该货物向中华人民共和国境内销售的条件，买方必须支付的、与该货物有关的特许权使用费；

（六）卖方直接或者间接从买方获得的该货物进口后转售、处置或者使用的收益。

第二十条 进口时在货物的价款中列明的下列税收、费用，不计入该货物的完税价格：

（一）厂房、机械、设备等货物进口后进行建设、安装、装配、维修和技术服务的费用；

（二）进口货物运抵境内输入地点起卸后的运输及其相关费用、保险费；

（三）进口关税及国内税收。

第二十一条 进口货物的成交价格不符合本条例第十八条第三款规定条件的，或者成交价格不能确定的，海关经了解有关情况，并与纳税义务人进行价格磋商后，依次以下列价格估定该货物的完税价格：

（一）与该货物同时或者大约同时向中华人民共和国境内销售的相同货物的成交价格；

（二）与该货物同时或者大约同时向中华人民共和国境内销售的类似货物的成交价格；

（三）与该货物进口的同时或者大约同时，将该进口货物、相同或者类似进口货物在第一级销售环节销售给无特殊关系买方最大销售总量的单位价格，但应当扣除本条例第二十二条规定的项目；

（四）按照下列各项总和计算的价格：生产该货物所使用的料件成本和加工费用，向中华人民共和国境内销售同等级或者同种类货物通常的利润和一般费用，该货物运抵境内输入地点起卸前的运输及其相关费用、保险费；

（五）以合理方法估定的价格。

纳税义务人向海关提供有关资料后，可以提出申请，颠倒前款第（三）项和第（四）项的适用次序。

第二十二条 按照本条例第二十一条第一款第（三）项规定估定完税价格，应当扣除的项目是指：

（一）同等级或者同种类货物在中华人民共和国境内第一级销售环节销售时通常的利润和一般费用以及通常支付的佣金；

（二）进口货物运抵境内输入地点起卸后的运输及其相关费用、保险费；

（三）进口关税及国内税收。

第二十三条 以租赁方式进口的货物，以海关审查确定的该货物的租金作为完税价格。

纳税义务人要求一次性缴纳税款的，纳税义务人可以选择按照本条例第二十一条的规定估定完税价格，或者按照海关审查确定的租金总额作为

第二十四条 运往境外加工的货物，出境时已向海关报明并在海关规定的期限内复运进境的，应当以境外加工费和料件费以及复运进境的运输及其相关费用和保险费审查确定完税价格。

第二十五条 运往境外修理的机械器具、运输工具或者其他货物，出境时已向海关报明并在海关规定的期限内复运进境的，应当以境外修理费和料件费审查确定完税价格。

第二十六条 出口货物的完税价格由海关以该货物的成交价格以及该货物运至中华人民共和国境内输出地点装载前的运输及其相关费用、保险费为基础审查确定。

出口货物的成交价格，是指该货物出口时卖方为出口该货物应当向买方直接收取和间接收取的价款总额。

出口关税不计入完税价格。

第二十七条 出口货物的成交价格不能确定的，海关经了解有关情况，并与纳税义务人进行价格磋商后，依次以下列价格估定该货物的完税价格：

（一）与该货物同时或者大约同时向同一国家或者地区出口的相同货物的成交价格；

（二）与该货物同时或者大约同时向同一国家或者地区出口的类似货物的成交价格；

（三）按照下列各项总和计算的价格：境内生产相同或者类似货物的料件成本、加工费用，通常的利润和一般费用，境内发生的运输及其相关费用、保险费；

（四）以合理方法估定的价格。

第二十八条 按照本条例规定计入或者不计入完税价格的成本、费用、税收，应当以客观、可量化的数据

为依据。

第四章 进出口货物关税的征收

第二十九条 进口货物的纳税义务人应当自运输工具申报进境之日起14日内，出口货物的纳税义务人除海关特准的外，应当在货物运抵海关监管区后、装货的24小时以前，向货物的进出境地海关申报。进出口货物转关运输的，按照海关总署的规定执行。

进口货物到达前，纳税义务人经海关核准可以先行申报。具体办法由海关总署另行规定。

第三十条 纳税义务人应当依法如实向海关申报，并按照海关的规定提供有关确定完税价格、进行商品归类、确定原产地以及采取反倾销、反补贴或者保障措施等所需的资料；必要时，海关可以要求纳税义务人补充申报。

第三十一条 纳税义务人应当按照《税则》规定的目录条文和归类总规则、类注、章注、子目注释以及其他归类注释，对其申报的进出口货物进行商品归类，并归入相应的税则号列；海关应当依法审核确定该货物的商品归类。

第三十二条 海关可以要求纳税义务人提供确定商品归类所需的有关资料；必要时，海关可以组织化验、检验，并将海关认定的化验、检验结果作为商品归类的依据。

第三十三条 海关为审查申报价格的真实性和准确性，可以查阅、复制与进出口货物有关的合同、发票、账册、结付汇凭证、单据、业务函电、录音录像制品和其他反映买卖双方关系及交易活动的资料。

海关对纳税义务人申报的价格有怀疑并且所涉关税数额较大的，经直属海关关长或者其授权的隶属海关关长批准，凭海关总署统一格式的协助查询账户通知书及有关工作人员的工作证件，可以查询纳税义务人在银行或者其他金融机构开立的单位账户的资金往来情况，并向银行业监督管理机构通报有关情况。

第三十四条 海关对纳税义务人申报的价格有怀疑的，应当将怀疑的理由书面告知纳税义务人，要求其在规定的期限内书面作出说明、提供有关资料。

纳税义务人在规定的期限内未作说明、未提供有关资料的，或者海关仍有理由怀疑申报价格的真实性和准确性的，海关可以不接受纳税义务人申报的价格，并按照本条例第三章的规定估定完税价格。

第三十五条 海关审查确定进出口货物的完税价格后，纳税义务人可以以书面形式要求海关就如何确定其进出口货物的完税价格作出书面说明，海关应当向纳税义务人作出书面说明。

第三十六条 进出口货物关税，以从价计征、从量计征或者国家规定的其他方式征收。

从价计征的计算公式为：

应纳税额＝完税价格×关税税率

从量计征的计算公式为：

应纳税额＝货物数量×单位税额

第三十七条 纳税义务人应当自海关填发税款缴款书之日起15日内向指定银行缴纳税款。纳税义务人未按期缴纳税款的，从滞纳税款之日起，按日加收滞纳税款万分之五的滞纳金。

海关可以对纳税义务人欠缴税款的情况予以公告。

海关征收关税、滞纳金等，应当制发缴款凭证，缴款凭证格式由海关总署规定。

第三十八条 海关征收关税、滞纳金等，应当按人民币计征。

进出口货物的成交价格以及有关费用以外币计价的，以中国人民银行公布的基准汇率折合为人民币计算完税价格；以基准汇率币种以外的外币计价的，按照国家有关规定套算为人民币计算完税价格。适用汇率的日期由海关总署规定。

第三十九条 纳税义务人因不可抗力或者在国家税收政策调整的情形下，不能按期缴纳税款的，经海关总署批准，可以延期缴纳税款，但是最长不得超过6个月。

第四十条 进出口货物的纳税义务人在规定的纳税期限内有明显的转移、藏匿其应税货物以及其他财产迹象的，海关可以责令纳税义务人提供担保；纳税义务人不能提供担保的，海关可以按照《海关法》第六十一条的规定采取税收保全措施。

纳税义务人、担保人自缴纳税款期限届满之日起超过3个月仍未缴纳税款的，海关可以按照《海关法》第六十条的规定采取强制措施。

第四十一条 加工贸易的进口料件按照国家规定保税进口的，其制成品或者进口料件未在规定的期限内出口的，海关按照规定征收进口关税。

加工贸易的进口料件进境时按照国家规定征收进口关税的，其制成品或者进口料件在规定的期限内出口的，海关按照有关规定退还进境时已征收的关税税款。

第四十二条 经海关批准暂时进境或者暂时出境的下列货物，在进境或者出境时纳税义务人向海关缴纳相当于应纳税款的保证金或者提供其他担保的，可以暂不缴纳关税，并应当自进境或者出境之日起6个月内复运出境或者复运进境；经纳税义务人申请，海关可以根据海关总署的规定延长复运出境或者复运进境的期限：

（一）在展览会、交易会、会议及类似活动中展示或者使用的货物；

（二）文化、体育交流活动中使用的表演、比赛用品；

（三）进行新闻报道或者摄制电影、电视节目使用的仪器、设备及用品；

（四）开展科研、教学、医疗活动使用的仪器、设备及用品；

（五）在本款第（一）项至第（四）项所列活动中使用的交通工具及特种车辆；

（六）货样；

（七）供安装、调试、检测设备时使用的仪器、工具；

（八）盛装货物的容器；

（九）其他用于非商业目的的货物。

第一款所列暂准进境货物在规定的期限内未复运出境的，或者暂准出境货物在规定的期限内未复运进境的，海关应当依法征收关税。

第一款所列可以暂时免征关税范围以外的其他暂准进境货物，应当按照该货物的完税价格和其在境内滞留时间与折旧时间的比例计算征收进口关税。具体办法由海关总署规定。

第四十三条 因品质或者规格原因，出口货物自出口之日起1年内原状复运进境的，不征收进口关税。

因品质或者规格原因，进口货物自进口之日起1年内原状复运出境的，不征收出口关税。

第四十四条 因残损、短少、品质不良或者规格不符原因，由进出口货物的发货人、承运人或者保险公司免费补偿或者更换的相同货物，进出口时不征收关税。被免费更换的原进口货物不退运出境或者原出口货物不退运进境的，海关应当对原进出口货物重新按照规定征收关税。

第四十五条 下列进出口货物，免征关税：

（一）关税税额在人民币50元以下的一票货物；

（二）无商业价值的广告品和货样；

（三）外国政府、国际组织无偿赠送的物资；

（四）在海关放行前损失的货物；

（五）进出境运输工具装载的途中必需的燃料、物料和饮食用品。

在海关放行前遭受损坏的货物，可以根据海关认定的受损程度减征关税。

法律规定的其他免征或者减征关税的货物，海关根据规定予以免征或者减征。

第四十六条 特定地区、特定企业或者有特定用途的进出口货物减征或者免征关税，以及临时减征或者免征关税，按照国务院的有关规定执行。

第四十七条 进口货物减征或者免征进口环节海关代征税，按照有关法律、行政法规的规定执行。

第四十八条 纳税义务人进出口减免税货物的，除另有规定外，应当在进出口该货物之前，按照规定持有关文件向海关办理减免税审批手续。经海关审查符合规定的，予以减征或者免征关税。

第四十九条 需由海关监管使用的减免税进口货物，在监管年限内转让或者移作他用需要补税的，海关应当根据该货物进口时间折旧估价，补征进口关税。

特定减免税进口货物的监管年限由海关总署规定。

第五十条 有下列情形之一的，纳税义务人自缴纳税款之日起1年内，可以申请退还关税，并应当以书面形式向海关说明理由，提供原缴款凭证及相关资料：

（一）已征进口关税的货物，因品质或者规格原因，原状退货复运出境的；

（二）已征出口关税的货物，因品质或者规格原因，原状退货复运进境，并已重新缴纳因出口而退还的国内环节有关税收的；

（三）已征出口关税的货物，因故未装运出口，申报退关的。

海关应当自受理退税申请之日起30日内查实并通知纳税义务人办理退还手续。纳税义务人应当自收到通知之日起3个月内办理有关退税手续。

按照其他有关法律、行政法规规定应当退还关税的，海关应当按照有关法律、行政法规的规定退税。

第五十一条 进出口货物放行后，海关发现少征或者漏征税款的，应当自缴纳税款或者货物放行之日起1年内，向纳税义务人补征税款。但因纳税义务人违反规定造成少征或者漏征税款的，海关可以自缴纳税款或者货物放行之日起3年内追征税款，并从缴纳税款或者货物放行之日起按日加收少征或者漏征税款万分之五的滞纳金。

海关发现海关监管货物因纳税义务人违反规定造成少征或者漏征税款的，应当自纳税义务人应缴纳税款之日起3年内追征税款，并从应缴纳税款之日起按日加收少征或者漏征税款万分之五的滞纳金。

第五十二条 海关发现多征税款的，应当立即通知纳税义务人办理退还手续。

纳税义务人发现多缴税款的，自缴纳税款之日起1年内，可以以书面形式要求海关退还多缴的税款并加算银行同期活期存款利息；海关应当自受理退税申请之日起30日内查实并通知纳税义务人办理退还手续。

纳税义务人应当自收到通知之日起3个月内办理有关退税手续。

第五十三条 按照本条例第五十条、第五十二条的规定退还税款、利息涉及从国库中退库的，按照法律、行政法规有关国库管理的规定执行。

第五十四条 报关企业接受纳税义务人的委托，以纳税义务人的名义办理报关纳税手续，因报关企业违反规定而造成海关少征、漏征税款的，报关企业对少征或者漏征的税款、滞纳金与纳税义务人承担纳税的连带责任。

报关企业接受纳税义务人的委托，以报关企业的名义办理报关纳税手续的，报关企业与纳税义务人承担纳税的连带责任。

除不可抗力外，在保管海关监管货物期间，海关监管货物损毁或者灭失的，对海关监管货物负有保管义务的人应当承担相应的纳税责任。

第五十五条 欠税的纳税义务人，有合并、分立情形的，在合并、分立前，应当向海关报告，依法缴清税款。纳税义务人合并时未缴清税款的，由合并后的法人或者其他组织继续履行未履行的纳税义务；纳税义务人分立时未缴清税款的，分立后的法人或者其他组织对未履行的纳税义务承担连带责任。

纳税义务人在减免税货物、保税货物监管期间，有合并、分立或者其他资产重组情形的，应当向海关报告。按照规定需要缴税的，应当依法缴清税款；按照规定可以继续享受减免税、保税待遇的，应当到海关办理变更纳税义务人的手续。

纳税义务人欠税或者在减免税货物、保税货物监管期间，有撤销、解散、破产或者其他依法终止经营情形的，应当在清算前向海关报告。海关应当依法对纳税义务人的应缴税款予以清缴。

第五章 进境物品进口税的征收

第五十六条 进境物品的关税以及进口环节海关代征税合并为进口税，由海关依法征收。

第五十七条 海关总署规定数额以内的个人自用进境物品，免征进口税。

超过海关总署规定数额但仍在合理数量以内的个人自用进境物品，由进境物品的纳税义务人在进境物品放行前按照规定缴纳进口税。

超过合理、自用数量的进境物品应当按照进口货物依法办理相关手续。

国务院关税税则委员会规定按货物征税的进境物品，按照本条例第二章至第四章的规定征收关税。

第五十八条 进境物品的纳税义务人是指，携带物品进境的入境人员、进境邮递物品的收件人以及以其他方式进口物品的收件人。

第五十九条 进境物品的纳税义务人可以自行办理纳税手续，也可以委托他人办理纳税手续。接受委托的人应当遵守本章对纳税义务人的各项规定。

第六十条 进口税从价计征。

进口税的计算公式为：进口税税额 = 完税价格 × 进口税税率

第六十一条 海关应当按照《进境物品进口税税率表》及海关总署制定的《中华人民共和国进境物品归类表》、《中华人民共和国进境物品完税价格表》对进境物品进行归类、确定完税价格和确定适用税率。

第六十二条 进境物品，适用海关填发税款缴款书之日实施的税率和完税价格。

第六十三条 进口税的减征、免征、补征、追征、退还以及对暂准进境物品征收进口税参照本条例对货物征收进口关税的有关规定执行。

第六章 附 则

第六十四条 纳税义务人、担保人对海关确定纳税义务人、确定完税价格、商品归类、确定原产地、适用税率或者汇率、减征或者免征税款、补税、退税、征收滞纳金、确定计征方式以及确定纳税地点有异议的，应当缴纳税款，并可以依法向上一级海关申请复议。对复议决定不服的，可以依法向人民法院提起诉讼。

第六十五条 进口环节海关代征税的征收管理，适用关税征收管理的规定。

第六十六条 有违反本条例规定行为的，按照《海关法》、《中华人民共和国海关法行政处罚实施细则》和其他有关法律、行政法规的规定处罚。

第六十七条 本条例自2004年1月1日起施行。1992年3月18日国务院修订发布的《中华人民共和国进出口关税条例》同时废止。

中华人民共和国进出口货物原产地条例

（2004年8月18日国务院第61次常务会议通过，
2004年9月3日国务院令第416号公布，自2005年1月1日起施行）

第一条　为了正确确定进出口货物的原产地，有效实施各项贸易措施，促进对外贸易发展，制定本条例。

第二条　本条例适用于实施最惠国待遇、反倾销和反补贴、保障措施、原产地标记管理、国别数量限制、关税配额等非优惠性贸易措施以及进行政府采购、贸易统计等活动对进出口货物原产地的确定。

实施优惠性贸易措施对进出口货物原产地的确定，不适用本条例。具体办法依照中华人民共和国缔结或者参加的国际条约、协定的有关规定另行制定。

第三条　完全在一个国家（地区）获得的货物，以该国（地区）为原产地；两个以上国家（地区）参与生产的货物，以最后完成实质性改变的国家（地区）为原产地。

第四条　本条例第三条所称完全在一个国家（地区）获得的货物，是指：

（一）在该国（地区）出生并饲养的活的动物；

（二）在该国（地区）野外捕捉、捕捞、搜集的动物；

（三）从该国（地区）的活的动物获得的未经加工的物品；

（四）在该国（地区）收获的植物和植物产品；

（五）在该国（地区）采掘的矿物；

（六）在该国（地区）获得的除本条第（一）项至第（五）项范围之外的其他天然生成的物品；

（七）在该国（地区）生产过程中产生的只能弃置或者回收用作材料的废碎料；

（八）在该国（地区）收集的不能修复或者修理的物品，或者从该物品中回收的零件或者材料；

（九）由合法悬挂该国旗帜的船舶从其领海以外海域获得的海洋捕捞物和其他物品；

（十）在合法悬挂该国旗帜的加工船上加工本条第（九）项所列物品获得的产品；

（十一）从该国领海以外享有专有开采权的海床或者海床底土获得的物品；

（十二）在该国（地区）完全从本条第（一）项至第（十一）项所列物品中生产的产品。

第五条　在确定货物是否在一个国家（地区）完全获得时，不考虑下列微小加工或者处理：

（一）为运输、贮存期间保存货物而作的加工或者处理；

（二）为货物便于装卸而作的加工或者处理；

（三）为货物销售而作的包装等加工或者处理。

第六条　本条例第三条规定的实质性改变的确定标准，以税则归类改变为基本标准；税则归类改变不能反映实质性改变的，以从价百分比、制造或者加工工序等为补充标准。具体标准由海关总署会同商务部、国家质量监督检验检疫总局制定。

本条第一款所称税则归类改变，是指在某一国家（地区）对非该国（地区）原产材料进行制造、加工后，所得货物在《中华人民共和国进出口税则》中某一级的税目归类发生了变化。

本条第一款所称从价百分比，是指在某一国家（地区）对非该国（地区）原产材料进行制造、加工后的增值部分，超过所得货物价值一定的百分比。

本条第一款所称制造或者加工工序，是指在某一国家（地区）进行的赋予制造、加工后所得货物基本特征的主要工序。

世界贸易组织《协调非优惠原产地规则》实施前，确定进出口货物原产地实质性改变的具体标准，由海关总署会同商务部、国家质量监督检验检疫总局根据实际情况另行制定。

第七条　货物生产过程中使用的能源、厂房、设备、机器和工具的原产地，以及未构成货物物质成分或者组成部件的材料的原产地，不影响该货物原产地的确定。

第八条　随所装货物进出口的包装、包装材料和容器，在《中华人民共和国进出口税则》中与该货物一并归类的，该包装、包装材料和容器的原产地不影响所装货物原产地的确定；对该包装、包装材料和容器的原产地不再单独确定，所装货物的原产地即为该包装、包装材料和容器的原产地。

随所装货物进出口的包装、包装材料和容器，在《中华人民共和国进出口税则》中与该货物不一并归类的，依照本条例的规定确定该包装、包装材料和容器的原产地。

第九条 按正常配备的种类和数量随货物进出口的附件、备件、工具和介绍说明性资料，在《中华人民共和国进出口税则》中与该货物一并归类的，该附件、备件、工具和介绍说明性资料的原产地不影响该货物原产地的确定；对该附件、备件、工具和介绍说明性资料的原产地不再单独确定，该货物的原产地即为该附件、备件、工具和介绍说明性资料的原产地。

随货物进出口的附件、备件、工具和介绍说明性资料在《中华人民共和国进出口税则》中虽与该货物一并归类，但超出正常配备的种类和数量的，以及在《中华人民共和国进出口税则》中与该货物不一并归类的，依照本条例的规定确定该附件、备件、工具和介绍说明性资料的原产地。

第十条 对货物所进行的任何加工或者处理，是为了规避中华人民共和国关于反倾销、反补贴和保障措施等有关规定的，海关在确定该货物的原产地时可以不考虑这类加工和处理。

第十一条 进口货物的收货人按照《中华人民共和国海关法》及有关规定办理进口货物的海关申报手续时，应当依照本条例规定的原产地确定标准如实申报进口货物的原产地；同一批货物的原产地不同的，应当分别申报原产地。

第十二条 进口货物进口前，进口货物的收货人或者与进口货物直接相关的其他当事人，在有正当理由的情况下，可以书面申请海关对将要进口的货物的原产地作出预确定决定；申请人应当按照规定向海关提供作出原产地预确定决定所需的资料。

海关应当在收到原产地预确定书面申请及全部必要资料之日起150天内，依照本条例的规定对该进口货物作出原产地预确定决定，并对外公布。

第十三条 海关接受申报后，应当按照本条例的规定审核确定进口货物的原产地。

已作出原产地预确定决定的货物，自预确定决定作出之日起3年内实际进口时，经海关审核其实际进口的货物与预确定决定所述货物相符，且本条例规定的原产地确定标准未发生变化的，海关不再重新确定该进口货物的原产地；经海关审核其实际进口的货物与预确定决定所述货物不相符的，海关应当按照本条例的规定重新审核确定该进口货物的原产地。

第十四条 海关在审核确定进口货物原产地时，可以要求进口货物的收货人提交该进口货物的原产地证书，并予以审验；必要时，可以请求该货物出口国（地区）的有关机构对该货物的原产地进行核查。

第十五条 根据对外贸易经营者提出的书面申请，海关可以依照《中华人民共和国海关法》第四十三条的规定，对将要进口的货物的原产地预先作出确定原产地的行政裁定，并对外公布。

进口相同的货物，应当适用相同的行政裁定。

第十六条 国家对原产地标记实施管理。货物或者其包装上标有原产地标记的，其原产地标记所标明的原产地应当与依照本条例所确定的原产地相一致。

第十七条 出口货物发货人可以向国家质量监督检验检疫总局所属的各地出入境检验检疫机构、中国国际贸易促进委员会及其地方分会（以下简称签证机构），申请领取出口货物原产地证书。

第十八条 出口货物发货人申请领取出口货物原产地证书，应当在签证机构办理注册登记手续，按照规定如实申报出口货物的原产地，并向签证机构提供签发出口货物原产地证书所需的资料。

第十九条 签证机构接受出口货物发货人的申请后，应当按照规定审查确定出口货物的原产地，签发出口货物原产地证书；对不属于原产于中华人民共和国境内的出口货物，应当拒绝签发出口货物原产地证书。

出口货物原产地证书签发管理的具体办法，由国家质量监督检验检疫总局会同国务院其他有关部门、机构另行制定。

第二十条 应出口货物进口国（地区）有关机构的请求，海关、签证机构可以对出口货物的原产地情况进行核查，并及时将核查情况反馈进口国（地区）有关机构。

第二十一条 用于确定货物原产地的资料和信息，除按有关规定可以提供或者经提供该资料和信息的单位、个人的允许，海关、签证机构应当对该资料和信息予以保密。

第二十二条 违反本条例规定申报进口货物原产地的，依照《中华人民共和国对外贸易法》、《中华人民共和国海关法》和《中华人民共和国海关行政处罚实施条例》的有关规定进行处罚。

第二十三条 提供虚假材料骗取出口货物原产地证书或者伪造、变造、买卖或者盗窃出口货物原产地证书的，由出入境检验检疫机构、海关处5000元以上10万元以下的罚款；骗取、伪造、变造、买卖或者盗窃作为海关放行凭证的出口货物原产地证书的，处货值金额等值以下的罚款，但货值金额低于5000元的，处5000元罚款。有违法所得的，由出入境检验检疫机构、海关没收违法所得。构成犯罪的，依法追究刑事责任。

第二十四条 进口货物的原产地标记与依照本条例所确定的原产地不一致的，由海关责令改正。

出口货物的原产地标记与依照本条例所确定的原产地不一致的，由海关、出入境检验检疫机构责令改正。

第二十五条 确定进出口货物原产地的工作人员违反本条例规定的程序确定原产地的，或者泄露所知悉的商业秘密的，或者滥用职权、玩忽职守、徇私舞弊的，依法给予行政处分；有违法所得的，没收违法所得；构成犯罪的，依法追究刑事责任。

第二十六条 本条例下列用语的含义：

获得，是指捕捉、捕捞、搜集、收获、采掘、加工或者生产等。

货物原产地，是指依照本条例确定的获得某一货物的国家（地区）。

原产地证书，是指出口国（地区）根据原产地规则和有关要求签发的，明确指出该证中所列货物原产于某一特定国家（地区）的书面文件。

原产地标记，是指在货物或者包装上用来表明该货物原产地的文字和图形。

第二十七条 本条例自2005年1月1日起施行。1992年3月8日国务院发布的《中华人民共和国出口货物原产地规则》、1986年12月6日海关总署发布的《中华人民共和国海关关于进口货物原产地的暂行规定》同时废止。

中华人民共和国海关统计条例

（2005年12月25日国务院令第454号公布，自2006年3月1日起施行）

第一条 为了科学、有效地开展海关统计工作，保障海关统计的准确性、及时性、完整性，根据《中华人民共和国海关法》和《中华人民共和国统计法》的有关规定，制定本条例。

第二条 海关统计是海关依法对进出口货物贸易的统计，是国民经济统计的组成部分。

海关统计的任务是对进出口货物贸易进行统计调查、统计分析和统计监督，进行进出口监测预警，编制、管理和公布海关统计资料，提供统计服务。

第三条 海关总署负责组织、管理全国海关统计工作。

海关统计机构、统计人员应当依照《中华人民共和国统计法》、《中华人民共和国统计法实施细则》及本条例的规定履行职责。

第四条 实际进出境并引起境内物质存量增加或者减少的货物，列入海关统计。

进出境物品超过自用、合理数量的，列入海关统计。

第五条 下列进出口货物不列入海关统计：

（一）过境、转运和通运货物；

（二）暂时进出口货物；

（三）货币及货币用黄金；

（四）租赁期1年以下的租赁进出口货物；

（五）因残损、短少、品质不良或者规格不符而免费补偿或者更换的进出口货物；

（六）海关总署规定的不列入海关统计的其他货物。

第六条 进出口货物的统计项目包括：

（一）品名及编码；

（二）数量、价格；

（三）经营单位；

（四）贸易方式；

（五）运输方式；

（六）进口货物的原产国（地区）、启运国（地区）、境内目的地；

（七）出口货物的最终目的国（地区）、运抵国（地区）、境内货源地；

（八）进出口日期；

（九）关别；

（十）海关总署规定的其他统计项目。

根据国民经济发展和海关监管需要，海关总署可以对统计项目进行调整。

第七条 进出口货物的品名及编码，按照《中华人民共和国海关统计商品目录》归类统计。

进出口货物的数量，按照《中华人民共和国海关统计商品目录》规定的计量单位统计。

《中华人民共和国海关统计商品目录》由海关总署公布。

第八条 进口货物的价格，按照货价、货物运抵中华人民共和国境内输入地点起卸前的运输及其相关费用、保险费之和统计。

出口货物的价格，按照货价、货物运抵中华人民共和国境内输出地点装卸前的运输及其相关费用、保险费之和统计，其中包含的出口关税税额，应当予以扣除。

第九条 进口货物，应当分别统计其原产国（地区）、启运国（地区）和境内目的地。

出口货物，应当分别统计其最终目的国（地区）、运抵国（地区）和境内货源地。

第十条 进出口货物的经营单位，按照在海关注册登记、从事进出口经营活动的法人、其他组织或者个人统计。

第十一条 进出口货物的贸易方式，按照海关监管要求分类统计。

第十二条 进出口货物的运输方式，按照货物进出境时的运输方式统计，包括水路运输、铁路运输、公路运输、航空运输及其他运输方式。

第十三条 进口货物的日期，按照海关放行的日期统计；出口货物的日期，按照办结海关手续的日期统计。

第十四条 进出口货物由接受申报的海关负责统计。

第十五条 海关统计资料包括海关统计原始资料以及以原始资料为基础采集、整理的相关统计信息。

前款所称海关统计原始资料，是指经海关确认的进出口货物报关单及其他有关单证。

第十六条 海关总署应当定期、无偿地向国务院有关部门提供有关综合统计资料。

直属海关应当定期、无偿地向所在地省、自治区、直辖市人民政府有关部门提供有关综合统计资料。

第十七条 海关应当建立统计资料定期公布制度，向社会公布海关统计信息。

海关可以根据社会公众的需要，提供统计服务。

第十八条 海关统计人员对在统计过程中知悉的国家秘密、商业秘密负有保密义务。

第十九条 当事人有权在保存期限内查询自己申报的海关统计原始资料及相关信息，对查询结果有疑问的，可以向海关申请核实，海关应当予以核实，并解答有关问题。

第二十条 海关对当事人依法应当申报的项目有疑问的，可以向当事人提出查询，当事人应当及时作出答复。

第二十一条 依法应当申报的项目未申报或者申报不实影响海关统计准确性的，海关应当责令当事人予以更正，需要予以行政处罚的，依照《中华人民共和国海关行政处罚实施条例》的规定予以处罚。

第二十二条 本条例自2006年3月1日起施行。

中华人民共和国海关对出口加工区监管的暂行办法

（2000年4月27日国务院批准，2000年5月24日海关总署令第81号公布，2002年6月21日国务院批准修订，根据2003年9月2日《国务院关于修改〈中华人民共和国海关对出口加工区监管的暂行办法〉的决定》修订）

第一章 总 则

第一条 为加强与完善加工贸易管理，规范海关对出口加工区的监管，促进出口加工区的健康发展，鼓励扩大外贸出口，根据《中华人民共和国海关法》和国家有关法律、法规，制定本办法。

第二条 为防止重复建设，在中华人民共和国境内设立出口加工区（以下简称加工区），只能设在已经国务院批准的现有经济技术开发区内，并由省（自治区、直辖市）人民政府报国务院批准。

第三条 加工区是海关监管的特定区域。海关在加工区内设立机构，并依照本办法，对进、出加工区的货物及区内相关场所实行24小时监管。

第四条 加工区与中华人民共和国境内的其他地区（以下简称区外）之间，须设置符合海关监管要求的隔离设施及闭路电视监控系统。经海关总署对加工区的隔离设施验收合格后，方可开展加工区有关业务。

第五条 区内设置加工区管理委员会和出口加工企业、专为出口加工企业生产提供服务的仓储企业以及经海关核准专门从事加工区内货物进、出的运输企业。

除安全保卫人员和企业值班人员外，其他人员不得在加工区内居住。不得建立营业性的生活消费设施。

第六条 区内不得经营商业零售、一般贸易、转口贸易及其他与加工区无关的业务。

第七条 在加工区内设立的企业（以下简称区内企业），应向海关办理注册手续。

第八条 区内企业应当依据《中华人民共和国会计法》及国家有关法律、法规的规定，设置符合海关监管要求的账簿、报表。凭合法、有效凭证记账并进行核算，记录本企业有关进、出加工区货物和物品的库存、转让、转移、销售、加工、使用和损耗等情况。

第九条 加工区实行计算机联网管理和海关稽查制度。

区内企业应建立符合海关监管要求的电子计算机管理数据库，并与海关实行电子计算机联网，进行电子数据交换。

第十条 区内企业开展加工贸易业务不实行加工贸易银行保证金台账制度，海关不实行加工贸易登记手册管理。

第十一条 海关对进、出加工区的货物、物品、运输工具、人员及区内有关场所，有权依照《中华人民共和国海关法》的规定进行检查、查验。

第十二条 国家对区内加工产品不征收增值税。

第十三条 国家禁止进、出口的货物、物品，不得进、出加工区。

第二章 对加工区与境外之间进出货物的监管

第十四条 加工区与境外之间进、出的货物，由货主或其代理人根据加工区管理委员会的批件，填写进、出境货物备案清单，向主管海关备案。备案清单由海关总署统一制发。

第十五条 海关对加工区与境外之间进、出的货物，按照直通式或转关运输的办法进行监管。

第十六条 加工区与境外之间进、出的货物，除实行出口被动配额管理的外，不实行进出口配额、许可证件管理。

第十七条 从境外进入加工区的货物，其进口关税和进口环节税，除法律、法规另有规定外，按照下列规定办理：

（一）区内生产性的基础设施建设项目所需的机器、设备和建设生产厂房、仓储设施所需的基建物资，予以免税；

（二）区内企业生产所需的机器、设备、模具及其维修用零配件，予以免税；

（三）区内企业为加工出口产品所需的原材料、零部件、元器件、包装物料及消耗性材料，予以保税；

（四）区内企业和行政管理机构自用合理数量的办

公用品，予以免税；

（五）区内企业和行政管理机构自用的交通运输工具、生活消费用品，按进口货物的有关规定办理报关手续，海关予以照章征税。

第十八条 除法律、法规另有规定外，区内企业加工的制成品及其在加工生产过程中产生的边角料、余料、残次品、废品等销往境外的，免征出口关税。

第三章 对加工区与区外之间进出货物的监管

第十九条 对加工区运往区外的货物，海关按照对进口货物的有关规定办理报关手续，并按照制成品征税。如属许可证件管理商品，还应向海关出具有效的进口许可证件。

第二十条 区内企业的加工产品和在加工生产过程中产生的边角料、残次品、废品等应复运出境。因特殊情况需要运往区外时，由企业申请，经主管海关核准后，按内销时的状态确定归类并征税。如属进口许可证件管理商品，免领进口许可证件。如属《限制进口类可用作原料的废物目录》所列商品，应按现行规定向环保部门申领进口许可证件。对无商业价值的边角料和废品，需运往区外销毁的，应凭加工区管理委员会和环保部门的批件，向主管海关办理出区手续，海关予以免进口许可证件、免税。

第二十一条 区内企业在确有需要时，可将有关模具、半成品等运往区外进行加工。经加工区主管海关关长批准，由接受委托的区外企业向加工区主管海关缴纳货物应征关税和进口环节增值税等值保证金或保函后办理出区手续。

委托区外企业加工的期限由加工区主管海关参照合同期限核定。货物加工完毕后应按期运回区内。区内企业凭出区时填写的委托区外加工申请书及有关单证，向加工区主管海关办理验放核销手续。加工区主管海关在办理验放核销手续后，应及时退还保证金或保函。

第二十二条 区内企业销往区外的机器、设备、模具等，按照国家现行进口政策結招关规定办理。

第二十三条 区内企业经主管海关批准，可在区外进行产品的测试、检验和展示活动。测试、检验和展示的产品，应比照海关对暂时进口货物的管理规定办理出区手续。

第二十四条 区内使用的机器、设备、模具和办公用品等，须运往区外进行维修、测试或检验时，区内企业或管理机构应填写出口加工区货物运往区外维修查验联系单，向主管海关提出申请，并经主管海关核准、登记、查验后，方可将机器、设备、模具和办公用品等运往区外维修、测试或检验。

区内企业将模具运往区外维修、测试或检验时，应留存模具所生产产品的样品，以备海关对运回区内的模具进行核查。

运往区外维修、测试或检验的机器、设备、模具和办公用品等，不得用于区外加工生产和使用。

第二十五条 运往区外维修、测试或检验的机器、设备、模具和办公用品等，应自运出之日起2个月内运回加工区。因特殊情况不能如期运回的，区内企业应于期限届满前7天内，向主管海关说明情况，并申请延期。申请延期以1次为限，延长期限不得超过1个月。

第二十六条 运往区外维修的机器、设备、模具和办公用品等，运回区内时，要以海关能辨认其为原物或同一规格的新零件、配件或附件为限，但更换新零件、配件或附件的，原零件、配件或附件应一并运回区内。

第二十七条 从区外进入加工区的货物视同出口，办理出口报关手续。其出口退税，除法律、法规另有规定外，按照以下规定办理：

（一）从区外进入加工区供区内企业使用的国产机器、设备、原材料、零部件、元器件、包装物料以及建造基础设施，加工企业和行政管理部门生产、办公用房所需合理数量的基建物资等，海关按照对出口货物的有关规定办理报关手续，并签发出口退税报关单。区外企业凭报关单出口退税联向税务部门申请办理出口退（免）税手续，具体退（免）税管理办法由国家税务总局另行下达。

（二）从区外进入加工区供区内企业和行政管理机构使用的生活消费用品、交通运输工具等，海关不予签发出口退税报关单。

（三）从区外进入加工区的进口机器、设备、原材料、零部件、元器件、包装物料、基建物资等，区外企业应当向海关提供上述货物或物品的清单，并办理出口报关手续，经海关查验后放行。上述货物或物品，已经缴纳的进口环节税，不予退还。

（四）因国内技术无法达到产品要求、须将国家禁止出口或统一经营商品运至加工区内进行某项工序加工的，应报经商务部批准，海关比照出料加工管理办法进行监管，其运入加工区的货物，不予签发出口退税报关单。

第二十八条 从区外进入加工区的货物、物品，应运入加工区内海关指定仓库或地点，区外企业填写出口报关单，并持境内购货发票、装箱单，向加工区的主管海关办理报关手续。

第二十九条 从区外进入加工区的货物，须经区内企业进行实质性加工后，方可运出境外。

第四章 对加工区内货物的监管

第三十条 区内企业进、出加工区的货物须向其主管海关如实申报，海关依据备案清单及有关单证，对区内企业进、出加工区的货物进行查验、放行和核销。

海关对进、出加工区货物的备案、报关、查验、放行、核销手续应在区内办理。

第三十一条 加工区内的货物可在区内企业之间转让、转移，双方当事人须事先将转让、转移货物的具体品名、数量、金额等有关事项向海关备案。

第三十二条 区内加工企业，不得将未经实质性加工的进口原材料、零部件销往区外。区内从事仓储服务的企业，不得将仓储的原材料、零部件提供给区外企业。

第三十三条 区内企业自开展出口加工业务或仓储业务之日起，每半年持本企业账册和有关单据，向其主管海关办理一次核销手续。

第三十四条 进入加工区的货物，在加工、储存期间，因不可抗力造成短少、损毁的，区内加工企业或仓储企业应自发现之日起10日内报告主管海关，并说明理由。经海关核实确认后，准其在账册内减除。

第五章 对加工区之间往来货物的监管

第三十五条 加工区之间货物的往来，应由收、发货物双方联名向转出区主管海关提出申请。经海关核准后，按照转关运输的有关规定办理。

第三十六条 货物转关至其他加工区时，转入区主管海关在核对封志完整及单货相符后，即予放行入厂或入库。

第三十七条 加工区之间往来的货物不能按照转关运输办理的，转入区主管海关应向收货企业收取货物等值的担保金。货物运抵转入区并经海关核对无误后，主管海关应在10个工作日内，将担保金退还企业。

第六章 对进、出加工区运输工具和个人携带物品的监管

第三十八条 运输工具和人员应经海关指定的专用通道进、出加工区。

第三十九条 从加工区运往境外的加工产品及由加工区运往区外的货物，经海关查验放行后，应交由经海关核准、并由设立于区内的专营运输企业承运。下列货物经主管海关查验后，可由企业指派专人携带或自行运输：

（一）价值1万美元及以下的小额物品；

（二）因品质不合格复运区外退换的物品；

（三）已办理进口纳税手续的物品；

（四）其他经海关核准的物品。

第四十条 进、出加工区货物的运输工具的负责人，应持企业法人营业执照和运输工具的名称、数量、牌照号码及驾驶员姓名等清单，向海关办理登记备案手续。

承运加工区货物进、出加工区或转关运输的所有运输企业的经营人，应遵守海关有关运输工具及其所载货物的管理规定，并承担相关的法律责任。

第四十一条 未经海关批准，从加工区到区外的运输工具和人员不得运输、携带加工区内货物出区。

第七章 附 则

第四十二条 从境外运入加工区的货物和从加工区运出境外的货物列入进、出口统计。从区外运入加工区和从加工区运往区外的货物，实施单项统计。统计办法由海关总署另行制定。

第四十三条 违反本办法规定的，由海关依照《中华人民共和国海关法》及《中华人民共和国海关法行政处罚实施细则》的有关规定进行处理。

第四十四条 本办法自2000年5月24日起施行。

保税区海关监管办法

（1997 年 6 月 10 日国务院批准，1997 年 8 月 1 日海关总署令第 65 号发布，自发布之日起施行）

第一章 总 则

第一条 为了加强与完善海关对保税区的监管，促进保税区的健康发展，根据海关法和其他有关法律的规定，制定本办法。

第二条 在中华人民共和国境内设立保税区，必须经国务院批准。

第三条 保税区是海关监管的特定区域。海关依照本办法对进出保税区的货物、运输工具、个人携带物品实施监管。

保税区与中华人民共和国境内的其他地区（以下简称非保税区）之间，应当设置符合海关监管要求的隔离设施。

第四条 保税区内仅设置保税区行政管理机构和企业。除安全保卫人员外，其他人员不得在保税区内居住。

第五条 在保税区内设立的企业（以下简称区内企业），应当向海关办理注册手续。

区内企业应当依照国家有关法律、行政法规的规定设置账簿、编制报表，凭合法、有效凭证记账并进行核算，记录有关进出保税区货物和物品的库存、转让、转移、销售、加工、使用和损耗等情况。

第六条 保税区实行海关稽查制度。

区内企业应当与海关实行电子计算机联网，进行电子数据交换。

第七条 海关对进出保税区的货物、物品、运输工具、人员及区内有关场所，有权依照海关法的规定进行检查、查验。

第八条 国家禁止进出口的货物、物品，不得进出保税区。

第二章 对保税区与境外之间进出货物的监管

第九条 海关对保税区与境外之间进出的货物，实施简便、有效的监管。

第十条 保税区与境外之间进出的货物，由货物的收货人、发货人或其代理人向海关备案。

第十一条 对保税区与境外之间进出的货物，除实行出口被动配额管理的外，不实行进出口配额、许可证管理。

第十二条 从境外进入保税区的货物，其进口关税和进口环节税收，除法律、行政法规另有规定外，按照下列规定办理：

（一）区内生产性的基础设施建设项目所需的机器、设备和其他基建物资，予以免税；

（二）区内企业自用的生产、管理设备和自用合理数量的办公用品及其所需的维修零配件，生产用燃料，建设生产厂房、仓储设施所需的物资、设备，予以免税；

（三）保税区行政管理机构自用合理数量的管理设备和办公用品及其所需的维修零配件，予以免税；

（四）区内企业为加工出口产品所需的原材料、零部件、元器件、包装物件，予以保税。

前款第（一）项至第（四）项规定范围以外的货物或者物品从境外进入保税区，应当依法纳税。

转口货物和在保税区内储存的货物按照保税货物管理。

第三章 对保税区与非保税区之间进出货物的监管

第十三条 从保税区进入非保税区的货物，按照进口货物办理手续；从非保税区进入保税区的货物，按照出口货物办理手续，出口退税按照国家有关规定办理。

海关对保税区与非保税区之间进出的货物，按照国家有关进出口管理的规定实施监管。

第十四条 从非保税区进入保税区供区内使用的机器、设备、基建物资和物品，使用单位应当向海关提供上述货物或者物品的清单，经海关查验后放行。

前款货物或者物品，已经缴纳进口关税和进口环节税收的，已纳税款不予退还。

第十五条 保税区的货物需从非保税区口岸进出口或者保税区内的货物运往另一保税区的，应当事先向海关提出书面申请，经海关批准后，按照海关转关运输及有关规定办理。

第四章 对保税区内货物的监管

第十六条 保税区内的货物可以在区内企业之间转让、转移；双方当事人应当就转让、转移事项向海关备案。

第十七条 保税区内的转口货物可以在区内仓库或者区内其他场所进行分级、挑选、刷贴标志、改换包装形式等简单加工。

第十八条 区内企业在保税区内举办境外商品和非保税区商品的展示活动，展示的商品应当接受海关监管。

第五章 对保税区加工贸易货物的管理

第十九条 区内加工企业应当向海关办理所需料、件进出保税区备案手续。

第二十条 区内加工企业生产属于被动配额管理的出口产品，应当事先经国务院有关主管部门批准。

第二十一条 区内加工企业加工的制成品及其在加工过程中产生的边角余料运往境外时，应当按照国家有关规定向海关办理手续；除法律、行政法规另有规定外，免征出口关税。

区内加工企业将区内加工的制成品、副次品或者在加工过程中产生的边角余料运往非保税区时，应当按照国家有关规定向海关办理进口报关手续，并依法纳税。

第二十二条 区内加工企业全部用境外运入料、件加工的制成品销往非保税区时，海关按照进口制成品征税。

用含有境外运入料、件加工的制成品销往非保税区时，海关对其制成品按照所含境外运入料、件征税；对所含境外运入料、件的品名、数量、价值申报不实的，海关按照进口制成品征税。

第二十三条 区内加工企业委托非保税区企业或者接受非保税区企业委托进行加工业务，应当事先经海关批准，并符合下列条件：

（一）在区内拥有生产场所，并已经正式开展加工业务。

（二）委托非保税区企业的加工业务，主要工序应当在区内进行。

（三）委托非保税区企业加工业务的期限为6个月；有特殊情况需要延长期限的，应当向海关申请展期，展期期限为6个月。在非保税区加工完毕的产品应当运回保税区；需要从非保税区直接出口的，应当向海关办理核销手续。

（四）接受非保税区企业委托加工的，由区内加工企业向海关办理委托加工料、件的备案手续，委托加工的料、件及产品应当与区内企业的料、件及产品分别建立账册并分别使用。加工完毕的产品应当运回非保税区企业，并由区内加工企业向海关销案。

第二十四条 海关对区内加工企业进料加工、来料加工业务，不实行加工贸易银行保证金台账制度。

委托非保税区企业进行加工业务的，由非保税区企业向当地海关办理合同登记备案手续，并实行加工贸易银行保证金台账制度。

第六章 对进出保税区运输工具和个人携带物品的监管

第二十五条 运输工具和人员进出保税区，应当经由海关指定的专用通道，并接受海关检查。

第二十六条 进出保税区的运输工具的负责人，应当持保税区主管机关批准的证件连同运输工具的名称、数量、牌照号码及驾驶员姓名等清单，向海关办理登记备案手续。

第二十七条 未经海关批准，从保税区到非保税区的运输工具和人员不得运输、携带保税区内的免税货物、物品，保税货物，以及用保税料、件生产的产品。

第七章 附 则

第二十八条 违反本办法规定的，由海关依照《中华人民共和国海关法》及《中华人民共和国海关行政处罚实施细则》的规定处理；情节严重的，海关可以取消区内企业在海关的注册资格。

第二十九条 本办法规定的有关备案的具体办法，由海关总署制定。

第三十条 本办法自发布之日起施行。《中华人民共和国海关对进出上海外高桥保税区货物、运输工具和个人携带物品的管理办法》同时废止。

中华人民共和国海关总署关于外国驻中国使馆和使馆人员进出境物品的规定

（1986年10月31日国务院批准，1986年12月1日海关总署发布）

第一条 根据《中华人民共和国外交特权与豁免条例》，制定本规定。

第二条 外国驻中国使馆（以下简称使馆）运进运出公务用品，使馆人员运进运出自用物品，除有双边协议按协议执行外，应当按照本规定办理。

前款中，“公务用品”系指使馆执行职务直接需用的物品，包括家具、陈设品、办公用品、招待用品和机动车辆等；“自用物品”系指使馆人员和与其共同生活的配偶及未成年子女在中国居留期间直接需用的生活用品，包括家具、家用电器和机动车辆等。

第三条 使馆运进运出公务用品，外交代表以托运或者邮寄方式运进运出自用物品，应当书面向海关申报。

外交代表进出境时有随身携带的或者附载于同一运输工具上的私人行李物品，应当口头向海关申报，海关予以免验放行。但具有重大理由推定其中装有非公务用品、非自用物品，或者装有中国法律和规章禁止进出口的物品时，海关有权查验。查验时，必须有外交代表或者其授权人员在场。

第四条 使馆申报运进的公务用品和外交代表申报运进的自用物品，经海关审核在直接需用数量范围内的，予以免税。

申报运出公务用品和自用物品，由海关审核后予以放行。

第五条 使馆和使馆人员不得携运中华人民共和国法律和规章禁止进出口的物品进出境。因特殊情况需要运进运出上述物品，必须事先得到中国政府有关部门的批准，并按中国政府有关规定办理。

运进无线电收发信机及其器材，必须事先以书面申请报经中国外交部批准。使馆和使馆人员应当向海关申报并提供有关批准文件，海关予以审核放行。

携运文物出境，必须事先向海关申报，经国家文化行政管理部门指定的省、自治区、直辖市文化行政管理部门鉴定，并发给许可出境凭证。使馆和使馆人员应当向海关提供有关凭证，海关予以审核放行。

携运枪支、子弹进出境，按照《中华人民共和国枪支管理办法》的规定办理。携运属于中国检疫法规规定管制的物品进出境，海关按有关法规办理。

第六条 使馆和使馆人员申报属于中国法律和规章禁止进出口的物品，除经中国政府有关部门批准的以外，海关予以扣留，有关使馆或者使馆人员应当在90天内退运。逾期未退运的，由海关变价上缴国库。

第七条 使馆和使馆人员免税运进的物品，不得转让。确有特殊原因需要转让的，必须报经海关批准。

经批准转让的物品，应当由受让人或者出让人按规定向海关办理纳税或者免税手续。

第八条 使馆发送或者收受的外交邮袋，海关予以免验放行。外交邮袋应予加封，附有可资识别的外部标记，并以装载外交文件或者公务用品为限。

外交邮袋由外交信使转递时，必须持有派遣国主管机关出具的信使证明书。商业飞机机长可以受委托为使馆转递外交邮袋，但机长必须持有委托国的官方证明文件（注明邮袋件数）。由商业飞机机长转递或者托运的外交邮袋，应当由使馆派使馆人员办理接交、提取或者发运手续。

第九条 使馆的行政技术人员和服务人员，如非中国公民或者在中国的永久居留者，携运进境自用物品，包括到任后半年内运进安家物品，应当书面向海关申报。上述物品经海关审核在直接需用数量范围内（其中汽车每户限一辆）的，海关予以查验免税放行。申报携运出境的自用物品，海关予以审核查验放行。

前款所述人员寄进或者寄出的个人自用物品，海关按照个人邮递物品的有关规定办理。

本条第一款所述人员任职期间托运进境的自用物品，海关比照本条第二款办理。

第十条 联合国及其专门机构和其他国际组织驻中国代表机构运进运出公务用品和邮袋，代表机构的代表、行政技术人员、服务人员和与其共同生活的配偶及未成年子女运进运出自用物品，海关根据中国已加入的有关国际公约和中国与有关国际组织签订的协议办理；

遇有公约和协议未涉及的情况，参照本规定有关条款办理。

第十一条 外国驻中国领事馆运进运出公务用品和领事邮袋，领事官员、领馆工作人员和与其共同生活的配偶及未成年子女运进运出自用物品，海关根据中国已加入的有关国际公约和中国与有关国家签订的协议办理；遇有公约和协议未涉及的情况，根据互惠的原则，参照本规定有关条款办理。

第十二条 本规定自发布之日起施行。

外国在华常驻人员携带进境物品进口税收暂行规定

（经国务院批准，1999年3月10日海关总署发布，自1999年4月1日起施行）

第一条 为了贯彻对外开放政策、加强对外交流、促进对外经济贸易的发展，特制定本规定。

第二条 经中华人民共和国主管部门批准的境外企业、新闻、经贸机构、文化团体及境外法人在我国境内设立的常驻机构（以下简称“常驻机构”），其获准进境并在我国境内居留1年以上的外国公民，华侨和港、澳、台居民（包括与其共同生活的配偶及未成年子女）等常驻人员（以下简称“常驻人员”），进口的自用物品，适用于本规定。这些人员具体是指：

（一）外国企业和其他经济贸易及文化等组织在华常驻机构的常驻人员；

（二）外国民间经济贸易和文化团体在华常驻机构的常驻人员；

（三）外国在华常驻新闻机构的常驻记者；

（四）在华的中外合资、合作企业及外方独资企业的外方常驻人员；

（五）长期来华工作的外籍专家（含港、澳、台地区专家）和华侨专家；

（六）长期来华学习的外国留学生和华侨留学生。

第三条 上述6类常驻人员在华居住1年以上者（工作或留学签证有效期超过1年的），在签证有效期内初次来华携带进境的个人自用的家用摄像机、照相机、便携式收录机、便携式激光唱机、便携式计算机，报经所在地主管海关审核，在每个品种一台的数量限制内，予以免征进口税，超出部分照章征税。

第四条 对符合第二条规定的外籍专家（含港、澳、台地区专家）或华侨专家携运进境的图书资料、科研仪器、工具、样品、试剂等教学、科研物品，在自用合理数量范围内，免征进口税。

第五条 以上外国人员在华生活、学习、工作期间携带进境的第三条、第四条规定以外的行李物品，按《中华人民共和国海关对进出境旅客行李物品监管办法》执行。

第六条 以上规定进口的免税物品，按海关对免税进口物品的有关规定接受海关监管。

第七条 外国（包括地区）驻华使（领）馆、联合国专门机构及国际组织常驻（代表）机构的常驻人员（包括与其同行来华居住的配偶及未成年子女）携带进境的物品，仍按现行有关规定执行。

第八条 此前的有关政策、规定，凡与本规定不符的，按本规定执行。

第九条 中华人民共和国海关总署依据本规定，制定实施细则。

第十条 本规定自1999年4月1日起执行。

中华人民共和国海关稽查条例

（1997年1月3日国务院令第209号发布，自发布之日起施行）

第一章　总　则

第一条　为了建立、健全海关稽查制度，加强海关监督管理，维护正常的进出口秩序和当事人的合法权益，保障国家税收收入，促进对外贸易的发展，制定本条例。

第二条　本条例所称海关稽查，是指海关自进出口货物放行之日起3年内或者在保税货物、减免税进口货物的海关监管期限内，对被稽查人的会计账簿、会计凭证、报关单证以及其他有关资料（以下统称账簿、单证等有关资料）和有关进出口货物进行核查，监督被稽查人进出口活动的真实性和合法性。

第三条　海关对下列与进出口活动直接有关的企业、单位实施海关稽查：

（一）从事对外贸易的企业、单位；

（二）从事对外加工贸易的企业；

（三）经营保税业务的企业；

（四）使用或者经营减免税进口货物的企业、单位；

（五）从事报关业务的企业；

（六）海关总署规定的从事与进出口活动直接有关的其他企业、单位。

第四条　海关和海关工作人员执行海关稽查职务，应当客观公正，实事求是，廉洁奉公，保守被稽查人的商业秘密，不得侵犯被稽查人的合法权益。

第二章　账簿、单证等有关资料的管理

第五条　与进出口活动直接有关的企业、单位所设置、编制的会计账簿、会计凭证、会计报表和其他会计资料，应当真实、准确、完整地记录和反映进出口业务的有关情况。

第六条　与进出口活动直接有关的企业、单位应当依照有关法律、行政法规规定的保管期限，保管会计账簿、会计凭证、会计报表和其他会计资料。

报关单证、进出口单证、合同以及与进出口业务直接有关的其他资料，应当自进出口货物放行之日起保管3年。

第七条　与进出口活动直接有关的企业、单位会计制度健全，能够通过计算机正确、完整地记账、核算的，其计算机储存和输出的会计记录视同会计资料，但是应当打印成书面记录并依照本条例的规定完整保管。

第八条　与进出口活动直接有关的企业、单位应当按照海关要求，报送有关进出口货物的购买、销售、加工、使用、损耗和库存情况的资料。

第三章　海关稽查的实施

第九条　海关应当按照海关监管的要求，根据进出口企业、单位和进出口货物的具体情况，确定海关稽查重点，制定年度海关稽查工作计划。

第十条　海关进行稽查时，应当在实施稽查的3日前，书面通知被稽查企业、单位（以下简称被稽查人）。在特殊情况下，经海关关长批准，海关可以不经事先通知进行稽查。

第十一条　海关进行稽查时，应当组成稽查组。稽查组的组成人员不得少于2人。

第十二条　海关进行稽查时，海关工作人员应当出示海关稽查证。

海关稽查证，由海关总署统一制发。

第十三条　海关进行稽查时，海关工作人员与被稽查人有直接利害关系的，应当回避。

第十四条　海关进行稽查时，可以行使下列职权：

（一）查阅、复制被稽查人的账簿、单证等有关资料；

（二）进入被稽查人的生产经营场所、货物存放场所，检查与进出口活动有关的生产经营情况和货物；

（三）询问被稽查人的法定代表人、主要负责人员和其他有关人员与进出口活动有关的情况和问题；

（四）经海关关长批准，查询被稽查人在商业银行或者其他金融机构的存款账户。

第十五条　海关进行稽查时，发现被稽查人有可能转移、隐匿、篡改、毁弃账簿、单证等有关资料的，经海关关长批准，可以暂时封存其账簿、单证等有关资料。采取该项措施时，不得妨碍被稽查人正常的生产经

营活动。

海关对有关情况经查明或者取证后，应当立即解除对账簿、单证等有关资料的封存。

第十六条 海关进行稽查时，发现被稽查人的进出口货物有违反海关法和其他有关法律、行政法规规定的嫌疑的，经海关关长批准，可以封存有关进出口货物。

第十七条 被稽查人应当配合海关稽查工作，并提供必要的工作条件。

第十八条 被稽查人应当接受海关稽查，如实反映情况，提供账簿、单证等有关资料，不得拒绝、拖延、隐瞒。

被稽查人使用计算机记账的，应当向海关提供记账软件、使用说明书及有关资料。

第十九条 海关查阅、复制被稽查人的账簿、单证等有关资料或者进入被稽查人的生产经营场所、货物存放场所检查时，被稽查人的法定代表人或者主要负责人员或其指定的代表应当到场，并按照海关的要求清点账簿、打开货物存放场所、搬移货物或者开启货物包装。

第二十条 海关进行稽查时，与被稽查人有财务往来或者其他商务往来的企业、单位应当向海关如实反映被稽查人的有关情况，提供有关资料和证明材料。

第二十一条 海关稽查组实施稽查后，应当向海关提出稽查报告。稽查报告报送海关前，应当征求被稽查人的意见。被稽查人应当自收到稽查报告之日起7日内，将其书面意见送交海关。

第二十二条 海关应当自收到稽查报告之日起30日内，作出海关稽查结论并送达被稽查人。

第四章 海关稽查的处理

第二十三条 经海关稽查，发现关税或者其他进口环节的税收少征或者漏征的，由海关依照海关法和有关税收法律、行政法规的规定向被稽查人补征；因被稽查人违反规定而造成少征或者漏征的，由海关依照海关法和有关税收法律、行政法规的规定追征。

被稽查人在海关规定的期限内仍未缴纳税款的，海关可以依照海关法第三十七条第一款的规定采取强制执行措施。

第二十四条 依照本条例第十六条的规定封存的有关进出口货物，经海关稽查排除违法嫌疑的，海关应当立即解除封存；经海关稽查认定违法的，由海关依照海关法和海关法行政处罚实施细则的规定处理。

第二十五条 经海关稽查，认定被稽查人有违反海关监管的行为的，由海关依照海关法和海关法行政处罚实施细则的规定处理。

第二十六条 经海关稽查，发现被稽查人有走私行为，构成犯罪的，依法追究刑事责任；尚不构成犯罪的，由海关依照海关法和海关法行政处罚实施细则的规定处理。

第二十七条 海关通过稽查决定补征或者追征的税款、没收的走私货物和违法所得以及收缴的罚款，全部上缴国库。

第二十八条 被稽查人同海关发生纳税争议的，依照海关法第四十六条的规定办理。

第五章 法律责任

第二十九条 被稽查人有下列行为之一的，由海关责令限期改正，逾期不改正的，处1万元以上3万元以下的罚款；情节严重的，取消其报关资格；对负有直接责任的主管人员和其他直接责任人员处1000元以上5000元以下的罚款：

（一）向海关提供虚假情况或者隐瞒重要事实的；

（二）拒绝、拖延向海关提供账簿、单证等有关资料的；

（三）转移、隐匿、篡改、毁弃账簿、单证等有关资料的。

第三十条 被稽查人未按照规定设置或者编制账簿、单证等有关资料的，由海关责令限期改正，逾期不改正的，处1万元以上5万元以下的罚款；情节严重的，取消其报关资格；对负有直接责任的主管人员和其他直接责任人员处1000元以上5000元以下的罚款。

第三十一条 海关工作人员在稽查中玩忽职守、徇私舞弊、滥用职权，或者利用职务上的便利，收受、索取被稽查人的财物，构成犯罪的，依法追究刑事责任；尚不构成犯罪的，依法给予行政处分。

第六章 附 则

第三十二条 本条例由海关总署组织实施。

第三十三条 本条例自发布之日起施行。

海关工作人员使用武器和警械的规定

（1989 年 5 月 11 日国务院批准，1989 年 6 月 19 日海关总署、公安部令第 7 号发布，自 1989 年 6 月 19 日起施行）

第一条 为保证海关工作人员依法使用武器和警械，履行职责，根据《中华人民共和国海关法》第四条的规定，制定本规定。

第二条 海关工作人员使用的武器和警械，经当地公安机关同意后由海关总署统一配发。海关工作人员执行缉私任务时，应当依照本规定使用武器和警械。

海关工作人员使用的武器和警械包括：轻型枪支、电警棍、手铐及其他经批准列装的武器和警械。

第三条 配发给海关的武器和警械一律公用，不配发个人专用的武器和警械。

海关工作人员持枪执行缉私任务时，应当随身携带当地公安机关核发的持枪证或者持枪通行证。

第四条 海关工作人员执行缉私任务，遇有下列情形之一的，可以开枪射击：

（一）追缉逃跑的走私团伙或者遭遇武装掩护走私，非开枪不足以制服时；

（二）走私分子或者走私嫌疑人以暴力抗拒检查，抢夺武器或者警械，威胁海关工作人员生命安全，非开枪不能自卫时；

（三）走私分子或者走私嫌疑人以暴力劫夺查扣的走私货物、物品和其他证据，非开枪不能制止时。

第五条 海关工作人员执行缉私任务，遇有下列情形之一的，可以使用警械：

（一）走私分子或者走私嫌疑人以暴力抗拒检查或者逃跑时；

（二）走私分子或者走私嫌疑人以暴力抗拒查扣走私货物、物品和其他证据时；

（三）执行缉私任务受到袭击需要自卫时；

（四）遇有其他需要使用警械的情形时。

第六条 海关工作人员使用武器或者警械时，应当以制服对方为限度。海关工作人员依照本规定第四条的规定开枪射击时，除特别紧迫的情况外，应当先口头警告或者鸣枪警告，对方一有畏服表现，应当立即停止射击。开枪射击造成人员伤亡的，应当保护现场，并立即向上级海关和当地公安机关报告。

第七条 海关工作人员违反本规定，滥用武器或者警械的，应当根据情节，依法追究有关人员的责任。

第八条 本规定自 1989 年 6 月 19 日施行。

残疾人专用品免征进口税收暂行规定

（1997 年 1 月 22 日国务院批准，1997 年 4 月 10 日海关总署令第 61 号发布，自发布之日起施行）

第一条 为了支持残疾人康复工作，有利于残疾人专用品进口，制定本规定。

第二条 进口下列残疾人专用品，免征进口关税和进口环节增值税、消费税：

（一）肢残者用的支辅具，假肢及其零部件，假眼，假鼻，内脏托带，矫形器，矫形鞋，非机动助行器，代步工具（不包括汽车、摩托车），生活自助具，特殊卫生用品；

（二）视力残疾者用的盲杖，导盲镜，助视器，盲人阅读器；

（三）语言、听力残疾者用的语言训练器；

（四）智力残疾者用的行为训练器，生活能力训练用品。

进口前款所列残疾人专用品，由纳税人直接在海关办理免税手续。

第三条 有关单位进口的国内不能生产的下列残疾

人专用品，按隶属关系经民政部或者中国残疾人联合会批准，并报海关总署审核后，免征进口关税和进口环节增值税、消费税：

（一）残疾人康复及专用设备，包括床旁监护设备、中心监护设备、生化分析仪和超声诊断仪；

（二）残疾人特殊教育设备和职业教育设备；

（三）残疾人职业能力评估测试设备；

（四）残疾人专用劳动设备和劳动保护设备；

（五）残疾人文体活动专用设备；

（六）假肢专用生产、装配、检测设备，包括假肢专用铣磨机、假肢专用真空成形机、假肢专用平板加热器和假肢综合检测仪；

（七）听力残疾者用的助听器。

第四条 本规定第三条规定的有关单位，是指：

（一）民政部直属企事业单位和省、自治区、直辖市民政部门所属福利机构、假肢厂和荣誉军人康复医院（包括各类革命伤残军人休养院、荣军医院和荣军康复医院）；

（二）中国残疾人联合会（中国残疾人福利基金会）直属事业单位和省、自治区、直辖市残疾人联合会（残疾人福利基金会）所属福利机构和康复机构。

第五条 依据本规定免税进口的残疾人专用品，不得擅自移作他用。

违反前款规定，将免税进口的物品移作他用，构成走私罪的，依法追究刑事责任；尚不构成犯罪的，按走私行为或者违反海关监管规定的行为论处。

第六条 海关总署根据本规定制定实施办法。

第七条 本规定自发布之日起施行。

中华人民共和国海关船舶吨税暂行办法

（1952年9月16日政务院财政经济委员会批准，1952年9月29日海关总署发布，1991年交通部对税率表进行修订，1994年2月25日交通部再次对税率表进行修订）

第一条 在中华人民共和国港口行驶的外国籍船舶和外商租用的中国籍船舶，以及中外合营企业使用的中外国籍船舶（包括专在港内行驶的上项船舶），均按本办法由海关征收船舶吨税（以下简称吨税）。

前项应完吨税船舶，毋庸另向税务机关完纳车船使用牌照税。

第二条 吨税分3个月期缴纳与30天期缴纳两种，由纳税人于申请完税时自行选报，其税级税率列明如下：

（一）按3个月期缴纳者：

船舶种类		净吨位	一般吨税（元/吨）	
			90天	30天
机动船	轮船 汽船 拖船	500吨及以下	3.15	1.50
		501－1500吨	4.65	2.25
		1501－3000吨	7.05	3.45
		3001－10000吨	8.10	3.90
		10001吨及以上	9.30	4.65
非机动船	各种人力驾驶船及驳船、帆船	30吨及以下	1.50	0.60
		31－150吨	1.65	0.90
		151吨及以上	2.10	1.05

（二）按30天期缴纳者，照前表税率减半征收。

进口船舶应自申报进口之日起征，如所领吨税执照满期后尚未驶离中国，则应自原照满期次日起续征。

第三条 应征吨税船舶的国籍，如属于同中华人民共和国签有条约或协定，规定对船舶的税费相互给予最惠国待遇的国家，该船舶的吨税按优惠税率计征，其按3个月期缴纳的吨税税率如下：

船舶种类		净吨位	一般吨税（元/吨）	
			90天	30天
机动船	轮船 汽船 拖船	500吨及以下	2.25	1.20
		501－1500吨	3.30	1.65
		1501－3000吨	4.95	2.55
		3001－10000吨	5.85	3.00
		10001吨及以上	6.60	3.30
非机动船	各种人力驾驶船及驳船、帆船	30吨及以下	1.05	0.45
		31－150吨	1.35	0.60
		151吨及以上	1.50	0.90

按本条规定纳税之船舶，如申请按照前条办法按30天期缴纳，照上表减半征收。

第四条 外国籍及外商租用的中国籍船舶，在到达及驶离设关港口，按海关规定须向海关申报进口与结关者，应将船舶吨税执照一并交验。如进口时原照已经满期或之前未完纳吨税者，应在申报进口时填送申报单，交验：

（一）船舶国籍证书（或港务机关签发的收存此项证书之证明书）；

（二）船舶吨位证明，向海关申报完税。

第五条 前项船舶，其吨税执照之有效期间在申报进口后满期者，及专在港内行驶者，均应于原照满期时按前条规定向海关申报纳税领照。倘自满期次日起5日内不向海关申报完税，应按本办法第十四条规定论罚。

第六条 特准行驶至未设海关地方之外国籍船舶，应同按本办法第四条规定在到达或驶离港口时向当地港务机关交验船舶吨税执照（无港务机关地方应向当地边防公安机关或部队交验），在原照满期时，并应按照本办法第四、五条规定报由当地税务局依本办法代征吨税发给执照，逾期不报按第十四条论罚。

第七条 纳税人应自海关（或税务局）签发吨税缴款书之次日起5日内（星期日及规定放假日除外）缴清税款，由海关（或税务局）填发船舶吨税执照，逾期由海关（或税务局）自第6天起至缴清税款之日止按日征收应纳税额千分之一的滞纳金，作为海关罚款入库。

第八条 外商租用的中国籍船舶及中国公私营企业租用的外国籍船舶，在租用关系开始或解除时，其原纳车船使用牌照税或船舶吨税，如尚未满期，得仍继续有效。惟期满后应即按照当时使用关系向海关报完吨税或向税务局报完车船使用牌照税。

第九条 船舶因经修理，原净吨位有所增减，在原领吨税执照有效期内，不再调整税额。惟于下期完纳吨税时应按吨位变更后的吨位证书，申请核定税额。如吨位增高而匿不申报，企图漏税者，按本办法第十四条规定处罚。

第十条 已完吨税之船舶，具有下列情形之一者，海关得验凭所交港务机关证明文件，按其实际日数，将执照有效日期，批注延长：

（一）船舶驶入我国港口避难、修理者；

（二）船舶因防疫隔离不能上下客货者；

（三）船舶经中央或地方人民政府征用或租用者。

第十一条 下列各种外籍船舶，免征吨税：

（一）与我国建立外交关系国家之大使馆、公使馆、领事馆使用的船舶。

（二）有当地港务机关证明之避难、修理、停驶或拆毁的船舶，并不上下客货者。

（三）专供上下客货及存货之泊定趸船、浮桥趸船及浮船。

（四）中央或地方人民政府征用或租用的船舶。

（五）合于暂行海关法第二十七条规定毋庸向海关申报进口的国际航行船舶。

第十二条 船舶使用人如于该船未到达港口以前办理结关手续者，须向海关递送书面保证，担保俟船舶驶入港口后交验吨税执照，或遵章完纳吨税请领执照。此项执照的有效日期，亦应自船舶申报进口之日起算。

第十三条 船舶使用人所领吨税执照，在有效期间内，如有毁损或遗失时，得向原发执照海关（或税务局）书面声明，并请另发吨税执照副本，不再补税。

第十四条 不按本办法规定申报纳税领照者，除限期办理外，并处以应纳税额3倍以下之罚金，以海关罚款入库。

第十五条 本办法自发布之日起施行。

中华人民共和国

海关法规汇编

海关总署规章

HAIGUAN ZONGSHU GUIZHANG

综　合　类

中华人民共和国海关立法工作管理规定

（2005 年 10 月 24 日海关总署令第 131 号公布，自 2006 年 1 月 1 日起施行）

第一章　总　则

第一条　为了加强对海关规章及其他规范性文件制定工作（以下简称海关立法工作）的管理，规范程序，保证质量，根据《中华人民共和国立法法》和国家有关行政法规的规定，结合海关工作实际，制定本规定。

第二条　本规定适用于海关总署、直属海关在职权范围内依法按照规定程序对规章及其他规范性文件进行的立项、起草、审查、决定、公布、备案、解释、修订、废止等立法活动。

海关总署与国务院有关部门联合制定、公布规章以及以公告形式发布其他规范性文件，适用本规定。

第三条　本规定所称规章，是指海关总署依照《规章制定程序条例》及本规定制定、公布的规章。

本规定所称其他规范性文件，是指海关总署及各直属海关制定并以海关总署公告或直属海关公告形式对外发布的涉及行政管理相对人权利、义务，具有普遍约束力的文件。

第四条　完整、全面规范某一类海关行政管理关系，并涉及行政管理相对人权利义务的，应当由海关总署制定规章。

制定规章应当经过立项、起草、征求意见、法制部门审查、提交审议、署务会审议、公布等程序。

第五条　海关总署可以按照本规定对涉及行政管理相对人权利义务的具体事项作出规定，以公告形式对外发布。

直属海关可以按照本规定对本关区内涉及行政管理相对人权利义务的事项作出规定、制定管理规范，以公告形式对外发布。

发布公告应当依照公文管理的有关程序进行。

第六条　海关立法工作应当符合下列原则：

（一）符合宪法、法律、行政法规和其他上位法的规定；

（二）保障行政管理相对人的合法权益；

（三）体现海关的职权与责任相一致；

（四）科学规范行政行为，正确履行政府职能；

（五）实事求是，切实可行，便于操作；

（六）公开透明；

（七）符合精简、统一、效能的要求。

第七条　海关规章和其他规范性文件在公布、发布前应当经过海关法制部门审查。

第八条　海关规章和其他规范性文件应当结构严谨、内容完备、形式规范、条理清楚、用词准确、文字简洁。

第九条　海关规章和其他规范性文件公布、发布后应当通过海关互联网站、海关公告栏等途径向社会公开。

第十条 文件有下列情形之一的不得在海关行政执法过程中作为执行依据，对行政管理相对人没有约束力：

（一）与宪法、法律、行政法规、海关规章及其他上位法相抵触的；

（二）海关公文中有涉及行政管理相对人权利义务内容但未按规定制定规章或以公告形式公开的。

第十一条 海关总署法制部门负责对全国海关立法工作进行指导、监督，承担海关总署负责起草的法律、行政法规草案、海关总署制定的规章及其他规范性文件的计划、组织起草、审查、监督等工作，负责与全国人大法制部门、国务院法制部门进行联系、协调及规章备案等工作，负责与国家有关部门法制机构就法规管理工作进行联系。

广东分署法制部门负责协助海关总署法制部门指导、协调广东地区海关的立法工作，根据海关总署的授权行使立法监督职能。

直属海关法制部门负责对本关区的规范性文件进行组织起草、审查、协调、备案等工作，负责组织在本关区内对总署下发的法律、行政法规、规章及其他规范性文件的草案征求意见，并向总署反馈，负责了解收集基层执法情况，提出立法建议。

第二章　规　章

第一节　立　项

第十二条 海关总署实行立法年度制度，每年的3月1日起至次年2月最后一日为一个立法年度，按照立法年度制定年度立法计划，确定需要制定、修订规章的项目。

第十三条 海关总署法制部门负责年度立法计划的拟定、报审、检查工作。

第十四条 海关总署各业务部门认为需要制定、修订规章的，应当在新的立法年度开始前提出立项申请，报海关总署法制部门。

第十五条 报送制定、修订规章的立项申请，应当包括必要性、可行性、拟解决的主要问题、拟确立的主要制度以及起草单位项目负责人、经办人、拟完成起草的时间等内容的说明。

有关项目涉及海关总署多个部门或者国务院其他部门业务的，立项申请部门在拟订立项申请时应当征求相关部门的意见。

第十六条 广东分署和直属海关认为需要制定、修订规章的，应当在新的立法年度开始前向海关总署法制部门提出本年度的立法建议，并抄报有关业务部门。海关总署法制部门应当主动征求广东分署和各直属海关的立法建议。

立法建议的内容参照立项申请的有关内容。

第十七条 海关总署法制部门对制定、修订规章的立项申请进行汇总、协调，确定本年度的立法项目以及负责起草的部门，拟定海关总署的年度立法计划，经署务会审议通过后印发全国海关。

第十八条 海关总署法制部门应当根据年度立法计划，并征求各有关业务部门的意见，制定立法计划实施方案，内容包括规章的名称、起草部门、项目负责人、联系人、拟完成时间和各阶段时间安排等。

第十九条 年度立法计划应当严格执行。海关总署法制部门负责对年度立法计划执行情况进行检查、督促，并定期通报计划执行的情况。署务会审议新的年度立法计划以前，海关总署法制部门应当就上一年度立法计划的执行情况进行汇报。

第二十条 有以下情形之一的，总署有关部门可以申请对立法项目进行调整：

（一）由于情况紧急，需要立即制定、公布规章但未能列入年度立法计划的；

（二）由于客观情况发生重大变化，原已列入年度立法计划的项目不能按照原定计划完成的。

第二十一条 需要调整立法项目的，按照以下程序办理：

（一）有关起草部门向海关总署法制部门提出需要增加立法项目或立法项目需要延期完成的书面申请；

（二）海关总署法制部门对有关起草部门的申请进行复核，确属本规定第二十条规定的情形的，起草关于变更立法计划的签报，报署领导审批；

（三）署领导批准对立法计划进行调整的，由海关总署法制部门重新编制立法计划实施方案。

第二节　起　草

第二十二条 综合性规章由海关总署法制部门负责起草或组织起草，其他规章由有关业务主管部门负责起草。

起草部门可以根据情况委托有关直属海关从事具体的起草工作。必要时，可以邀请有关单位、社会团体参与起草工作。

第二十三条 负责起草的部门应当确定一名行政领

导为项目负责人，并至少确定一名既熟悉海关业务，同时又熟悉法律知识的人员具体负责起草工作。

起草的规章涉及多个部门时，由主要起草部门负责牵头组织，有关部门共同派人组成联合起草小组。

第二十四条 起草规章应当根据情况进行立法调研，了解实践中存在的问题，研究国内外的先进经验，并完成调研报告。

第二十五条 规章应当根据情形明确规定下列内容：

（一）制定的目的和依据；

（二）适用范围；

（三）主管机关或部门；

（四）管理原则；

（五）具体管理措施和办事程序；

（六）海关和行政管理相对人的权利和义务；

（七）法律责任；

（八）施行日期；

（九）需要废止的文件或文件中的条款；

（十）其他需要规定的内容。

第二十六条 规章的层次结构依次为条、款、项、目。内容复杂的规章可分章、节。

规章在起草时应当归纳条文的主要内容并在每一条的条文前标注条标。

第二十七条 起草的规章根据下列情形区分稿次：

（一）起草部门起草完成拟征求各方面意见的，称为“司征求意见稿”；

（二）起草部门修改完成送海关总署法制部门审查的，称为“送审稿”；

（三）海关总署法制部门对送审稿进行修改后征求各方面意见的，称为“政策法规司征求意见稿”；

（四）海关总署法制部门送署内各部门进行立法复核的，称为“立法复核稿”；

（五）海关总署法制部门拟提交署务会审议的，称为“草案”。

第二十八条 规章起草完毕后，应当征求有关单位、署内有关部门、直属海关及行政管理相对人等各方面的意见。听取意见可以采取书面征求意见、座谈会、论证会、听证会等多种形式。

第二十九条 有以下情形之一的，起草部门应当将规章征求意见稿向社会公布，必要时可举行听证会：

（一）涉及行政管理相对人切身利益的；

（二）征求意见时存在重大分歧的；

（三）其他需要向社会公布的情形。

第三十条 听证会应当公开举行，并依照下列程序组织：

（一）举行听证会的30日前应当公布听证会的时间、地点和内容；

（二）根据情况通过社会公开报名、邀请等形式确定参加听证会的有关机关、组织和公民代表；

（三）向参加听证会的代表就起草的规章进行解释和说明；

（四）参加听证会的代表对起草的规章，有权提问和发表意见；

（五）听证会应当制作笔录，如实记录发言人的主要观点和理由；

（六）起草部门应当认真研究听证会反映的各种意见。

第三十一条 起草规章的同时应当撰写起草说明。起草说明应当包括下列内容：

（一）立法的必要性；

（二）立法的主要依据；

（三）现行的有关规范性文件规定，是否需要修改或废止；

（四）起草过程；

（五）拟采取的管理措施及可行性分析；

（六）征求意见情况及采纳、协调情况；

（七）需要说明的其他问题。

有不同意见经协商不能达成一致的，起草部门应当在起草说明中注明。举行听证会的，起草说明中应当说明对听证会意见的处理情况及其理由。

第三节 审 查

第三十二条 报送审查的规章送审稿及起草说明应当由起草部门负责人签署后报法制部门审查。

几个部门共同起草的规章送审稿及起草说明，应当由起草部门负责人共同签署后报法制部门审查。

第三十三条 法制部门可以要求起草部门将下列材料与规章送审稿、起草说明送审稿一并报送法制部门审查：

（一）与起草规章内容有关的规范性文件；

（二）各方意见的原始材料及关于采纳情况的说明；

（三）国内外有关立法的背景材料；

（四）听证会笔录；

（五）有关调研报告；

（六）其他需要报送的材料。

第三十四条 法制部门应当从以下方面对送审稿进行审查：

（一）是否符合宪法、法律、行政法规和其他上位法的规定；

（二）是否符合法定权限和程序；

（三）是否符合立法原则；

（四）是否与其他规章相协调、衔接；

（五）是否已对有关不同意见进行协调；

（六）是否具有法律可行性；

（七）是否符合立法技术要求；

（八）需要审查的其他内容。

第三十五条 海关总署法制部门在审查过程中应当与起草部门充分进行沟通，了解起草的意图、背景、业务流程、要解决的主要问题。起草部门应当主动配合海关总署法制部门的审查工作，介绍有关情况，提供有关资料。

法制部门审查过程中提出重大修改意见的，应当与起草部门协商。

第三十六条 海关总署法制部门在审查过程中应当将规章送审稿和起草说明送署内各部门征求意见，必要时可以征求有关直属海关单位的意见。征求意见应当以书面方式进行，必要时以召开座谈会的方式进行。海关总署法制部门可以根据需要进行立法调研，并可以按照规定的程序举行听证会。

第三十七条 规章送审稿有下列情形之一的，海关总署法制部门可以予以缓办或退回起草单位：

（一）制定规章的基本条件尚不成熟的；

（二）起草单位未与有关部门进行协商的；

（三）有关部门对送审稿的内容有较大争议且理由较为充分的；

（四）送审稿所附材料不齐全的；

（五）未按规定程序办理的；

（六）其他不宜提交署务会审议的情况。

被缓办或退回的规章送审稿经起草单位按要求改正符合报审条件的，可以按照规定程序重新报送法制部门审查。

第三十八条 海关总署法制部门应当在提请署务会审议前，将规章立法复核稿送署内各部门复核。署内各部门无不同意见的，部门主要负责人应当在复核单上签名。

有重大修改意见的，应当另行出具书面意见，并由部门主要负责人签名。

第三十九条 海关总署法制部门完成对规章立法复核稿的审查修改工作后，形成规章草案和起草说明。

第四节　审议与公布

第四十条 规章应当经海关总署署务会审议决定。

第四十一条 海关总署法制部门经过审查认为规章草案已经成熟，可以提交署务会审议的，应当申请召开署务会。

第四十二条 署务会审议规章草案时，海关总署法制部门负责人对规章草案作起草说明，起草部门负责人可以就具体问题进行补充说明。

第四十三条 规章草案经署务会审议并原则通过后，海关总署法制部门应当根据审议中提出的修改意见会同起草部门对草案进行修改，按照立法技术要求进行删除条标等文字处理，并起草署令，按照公文办理程序以海关总署令形式予以公布。

除特殊情况外，规章应当在署务会审议通过后30日内公布。

对审议中存在重大原则性分歧意见未予通过的草案，由海关总署法制部门根据署务会要求，会同起草部门、有关业务部门与有分歧意见的部门再次协调、讨论，提出修改稿，提交署务会再次审议。

第四十四条 海关总署与国务院其他部门联合公布的规章应当在草案经署务会讨论原则通过并按照公文办理程序由署长签发后送联合公布的部门签发。

由国务院其他部门主办并与海关总署联合公布的规章经海关总署法制部门及有关业务主管部门提出意见后，原则上应由海关总署法制部门提交署务会审议通过，特殊情况下，经署长批准，由主管署领导签发。

第四十五条 海关总署令应当载明序号、规章名称、署务会审议通过日期、有关规定的废止情况、施行日期、署长署名、公布日期等内容。

海关总署与国务院其他部门联合公布的规章由署长及联合制定部门的首长共同署名公布，使用主办机关的命令序号。

第四十六条 除特殊情况外，规章应当自公布之日起至少30日后施行。

第四十七条 规章公布后30日内，由海关总署法制部门按照有关行政法规规定的程序和要求具体办理规章备案手续。

第四十八条 规章签署公布后应当在《海关总署文告》上刊登。

规章的文本以《海关总署文告》刊登的文本为标准文本。

第四十九条 规章的外文正式译本，应当由海关总署法制部门组织翻译，或进行审定。

第五节 修改与废止

第五十条 遇有下列情形之一的，规章应当及时修改：

（一）因有关法律、行政法规的修改或废止，需要作相应修改的；

（二）因实际情况发生变化，需要增减或者改变内容的；

（三）其他应当予以修改的情况。

第五十一条 规章修改的篇幅较小，未改变条文顺序和结构的，可以由起草部门起草修改规章的决定，比照制定规章的程序，经法制部门审查并提交署务会审议后，以署令形式公布，同时重新公布修改后的规章全文。

规章修改的篇幅较大或对条文顺序和结构有重大修改的，应当按照制定规章的程序重新公布新的规章。原规章应当明文废止。

第五十二条 遇有下列情形之一的，规章应当及时废止：

（一）因有关法律、行政法规废止或者修改，失去制定依据或者没有必要继续执行的；

（二）因规定的事项已执行完毕或者因实际情况变化，没有必要继续执行的；

（三）新的规章已取代了旧的规章的；

（四）其他应当予以废止的情况。

第五十三条 对需要废止或者已经失效的规章由海关总署明文废止或者宣布失效。

对新制定的规章可以替代旧的规章的，应当在新的规章中列出详细目录，明文废止被替代的规章。

第六节 解 释

第五十四条 规章的解释权归海关总署，海关总署各部门及直属海关均无权对规章进行解释。

第五十五条 规章有下列情形之一的，可以进行解释：

（一）规章的规定需要进一步明确具体含义的；

（二）规章制定后出现新的情况，需要明确适用规章依据的。

第五十六条 广东分署、直属海关可以向海关总署提出对规章进行解释的请示，海关总署也可主动对规章进行解释。

第五十七条 规章解释可以由规章的原起草部门起草，也可由海关总署法制部门起草。规章解释起草完毕后应当连同起草说明一并报海关总署法制部门进行审查。海关总署法制部门审查同意的，提交署务会审议决定，并参照公布规章的程序以海关总署令形式予以公布。

第五十八条 海关总署对规章作出的解释与规章具有同等效力。

第五十九条 法律、行政法规授权海关总署进行解释的比照上述程序办理。

涉及海关行政管理的法律、行政法规的有关条文、规定不够具体，立法机关又没有作出解释的，海关总署可以进行行政解释。行政解释比照上述程序办理，并与海关规章具有同等效力。

第三章 其他规范性文件

第六十条 海关总署制定规范性文件要求行政管理相对人遵守或执行的，应当以海关总署公告形式对外发布，但不得设定对行政管理相对人的行政处罚。

第六十一条 以海关总署公告形式发布的规范性文件（以下简称为海关总署公告）应当按照公文程序办理。起草部门完成起草后应当连同起草说明一并送海关总署法制部门审查。

第六十二条 海关总署法制部门在对海关总署公告草案进行审查时应当注意审查以下方面：

（一）合法性，是否有与法律、行政法规、规章相抵触的内容，是否符合规定的程序，是否超越法定权限；

（二）公开性，对外公告内容是否与对内通知分开；

（三）规范性，发文形式、用语等方面是否规范；

（四）协调性，与其他规范性文件是否协调、衔接；

（五）其他应当审查的方面。

第六十三条 海关总署法制部门在审查中对海关总署公告草案有不同意见的，应当与起草部门协商。

第六十四条 以公告形式发布的规范性文件如需要修改或废止，应当以公告形式重新发布，不得以制发其他公文形式予以代替。

第六十五条 直属海关制定的关于本关区某一方面行政管理关系的涉及行政管理相对人权利义务的规范，应当以公告形式对外发布，有关的管理规范可作为公告的附件。直属海关制发的公文中有涉及行政管理相对人权利义务内容的，应当就有关内容以公告形式对外发布。

第六十六条 直属海关依照本规定以公告形式发布的规范性文件（以下简称为直属海关公告）应当限于下列情形：

（一）本关区特有的情况；

（二）根据海关总署规范性文件制定的涉及行政管理相对人权利、义务的具体操作规程。

直属海关公告的内容属于海关总署尚未明确事项的，应经海关总署批准。有关内容经海关总署批准的直属海关公告应当以直属海关名义对外发布。

第六十七条 直属海关公告应当由本关法制部门或业务部门起草。起草部门在起草过程中应当听取本关区有关部门的意见，也可以听取有关单位及行政管理相对人的意见。听取意见可以采取书面征求意见、座谈会、论证会等多种形式。

第六十八条 直属海关业务部门起草的公告在起草完毕后应当将公告文稿连同起草说明一并送法制部门审查。直属海关法制部门审查业务部门起草的公告参照海关总署法制部门审查公告的要求办理，并提出书面审查报告。必要时可再次征求本关区各有关部门及行政管理相对人的意见。

第六十九条 直属海关公告的内容属于需报海关总署批准的或属于其他重要事项的，应当经关务会或关长办公会议审议决定。

第七十条 直属海关公告应当自发布之日起 15 日内报送海关总署备案。

第七十一条 报送备案的直属海关应当以关发文形式将备案报告及直属海关公告径送海关总署法制部门，并按规定报送电子文本，同时抄报总署有关业务主管部门。

第七十二条 直属海关的法制部门负责本关直属海关公告的报送备案工作。海关总署法制部门对备案工作进行检查监督。

第七十三条 对于报送备案的直属海关公告，符合形式要求的，海关总署法制部门予以备案登记，不符合规定的，不予备案登记，并可以要求报送海关重新报送。

第七十四条 经备案登记的直属海关公告由海关总署法制部门定期公布目录。

第七十五条 海关总署法制部门对报送备案的直属海关公告，就下列事项进行审查：

（一）是否超越权限；

（二）是否违反上位法的规定；

（三）其他应当审查的内容。

第七十六条 海关总署法制部门可以请求与报送备案的直属海关公告内容相关的业务部门协助提出审核意见，有关业务部门应当予以协助。

第七十七条 经审查，报送备案的直属海关公告超越权限、违反上位法的规定或有其他重大问题的，由海关总署法制部门建议直属海关自行纠正，或者由海关总署法制部门提出处理意见，报署领导决定。

第四章　附　则

第七十八条 海关总署起草法律、行政法规比照本规定所规定的程序办理。

第七十九条 对于违反本规定制定的规范性文件，海关总署可以责令限期改正、对有关规范性文件予以撤销，并可以根据情况对有关单位和责任人员给予通报批评或者行政处分。

第八十条 本规定自 2006 年 1 月 1 日起施行。2002 年 10 月 28 日公布的《海关规范性文件制定管理办法》同时废止。

中华人民共和国海关关徽使用管理办法

（1997年5月27日海关总署令第64号发布，自1997年7月1日起施行）

第一条 为了保证中华人民共和国海关关徽（以下简称关徽）的正确使用，维护关徽的尊严，特制定本办法。

第二条 关徽是中华人民共和国海关的专用标志。

关徽由商神手杖与金色钥匙交叉组成。商神手杖代表国际贸易，钥匙象征海关为祖国把关。关徽寓意着中国海关依法实施进出境监督管理，维护国家的主权和利益，促进对外经济贸易发展和科技文化交往，保障社会主义现代化建设。

第三条 海关及其工作人员应当尊重、爱护并依本办法正确使用关徽及其图案。

非海关单位和非海关工作人员不得使用本办法所指之关徽。

第四条 下列场所可以悬挂关徽：

（一）各级海关的办公场所；

（二）进出境口岸的海关监管场所；

（三）海关举行重要会议和活动的场所；

（四）海关院校；

（五）海关总署认为应当悬挂关徽的其他场所。

第五条 关徽应当端正地悬挂在海关办公地点正门上方的正中处、会场主席台上方的正中处或者其他显著位置，其背景应为庄重的纯色。

不得悬挂破损、污损或者不符合规格的关徽。

关徽悬挂后应予以适当的维护。

第六条 下列物品可以使用关徽图案：

（一）海关制发的业务单证、封志、标记；

（二）海关人员的执法或者身份证件，如调查证、稽查证、工作证等；

（三）海关制服上的标志和配饰；

（四）海关车辆、船艇和专用设备；

（五）海关在公务活动中使用的物品，如证书、奖状、奖品、信封、信笺、图片、名片、礼品等；

（六）以海关的名义出版、拍摄、印刷的书籍、报纸、杂志、音像制品等作品；

（七）海关总署认为可以使用关徽图案的其他物品。

第七条 关徽及其图案不得用于：

（一）商标、广告、商品的装饰和标志；

（二）日常生活陈设、用品和装饰（海关在公务活动中制作的礼品除外）及其他非海关用品；

（三）以个人名义出版、印刷或制作的出版物、印刷品和音像制品等作品；

（四）海关总署规定不得使用关徽图案的其他物品。

第八条 经海关总署决定或批准，海关可使用关徽图案与其他图案组合而成的徽记、标志或图案。

第九条 关徽及其图案由海关指定的单位按照本办法所附的《中华人民共和国海关关徽制作说明》规定的标准制作。

第十条 海关对关徽的使用有权利和义务实施监督检查。

海关或海关工作人员不按本规定使用关徽及其图案的，由上级海关或本级海关责令其限期改正；对逾期拒不改正的，由海关对有关责任人予以行政处分。

非海关单位和非海关工作人员使用本规定所称之海关关徽的，由该单位所在地海关责令限期改正；对逾期拒不改正的，由海关提请有关部门依法处理。

第十一条 本办法自1997年7月1日起施行。

附件 中华人民共和国海关关徽制作说明

附件

中华人民共和国海关关徽制作说明

一、中华人民共和国海关关徽方格墨线图（略）。

二、制作的关徽及其图案，可以根据方格墨线图的比例放大或者缩小；用于海关制服肩章的关徽，可以对称使用。

三、关徽必须为金黄色，关徽图案可以使用金黄色或者其他庄重、鲜明的纯色。

中华人民共和国海关实施《中华人民共和国行政许可法》办法

（2004 年 6 月 18 日海关总署令第 117 号公布，自 2004 年 7 月 1 日起施行）

目　录

第一章　总　则

第一条　为了规范海关行政许可，保护公民、法人和其他组织的合法权益，维护公共利益和社会秩序，保障和监督海关有效实施行政管理，根据《中华人民共和国行政许可法》（以下简称行政许可法）、《中华人民共和国海关法》（以下简称海关法）及有关法律、行政法规的规定，制定本办法。

第二条　本办法所称的海关行政许可，是指海关根据公民、法人或者其他组织（以下简称申请人）的申请，经依法审查，准予其从事与海关进出关境监督管理相关的特定活动的行为。

第三条　海关行政许可的规定、管理、实施、监督检查，适用本办法。

上级海关对下级海关的人事、财务、外事等事项的审批，海关对其他机关或者对其直接管理的事业单位的人事、财务、外事等事项的审批，不适用本办法。

第四条　海关实施行政许可，应当遵循公开、公平、公正、便民的原则。

海关有关行政许可的规定应当公开。海关行政许可的实施和结果，除涉及国家秘密、商业秘密或者个人隐私以外，应当公开。

第五条　海关实施行政许可应当在法律、行政法规、国务院决定和海关总署规章规定的范围内进行。

第二章　海关行政许可的规定

第六条　海关在实施法律、行政法规和国务院决定设定的海关行政许可过程中需要对实施的程序、条件、期限等进行具体规定的，由海关总署依法制定海关总署规章作出规定。

海关总署、直属海关在实施海关行政许可过程中可以根据法律、行政法规、国务院决定和海关总署规章以规范性文件的形式对有关执行中的具体问题进行明确。

第七条　海关总署制定的海关总署规章和其他规范性文件以及各直属海关制定的规范性文件不得设定海关行政许可。

第八条　直属海关认为需要增设新的海关行政许可或者认为海关行政许可的设定、规定不合理、需要修改或者废止的，可以向海关总署提出立法建议。

海关总署认为需要增设新的海关行政许可或者认为海关行政许可的设定、规定不合理、需要修改或者废止的，可以适时向国务院法制部门提出立法建议，或者根据立法计划在代为起草法律、行政法规草案时纳入有关条文。

第九条　直属海关在实施海关行政许可时应当及时收集海关工作人员、公民、法人或者其他组织对于海关行政许可的反映，并根据海关总署的要求对海关行政许可的实施作出评价，报告海关总署。

海关总署根据直属海关的报告适时提出海关行政许可实施评价报告，按照规定程序上报国务院或者全国人大常委会。

第三章　海关行政许可的管理

第十条　海关行政许可的归口管理部门是海关法制部门。

第十一条 海关总署法制部门是海关总署关于海关行政许可的归口管理部门，具体承办下列事项：

（一）对海关行政许可项目进行审查、登记、评估；

（二）根据法律、行政法规、海关总署规章的规定，收集、汇总、处理关于海关行政许可的立法建议；

（三）受理、核实公民、法人、其他组织关于海关行政许可的申诉、举报、意见建议，解答咨询；

（四）承办公民、法人、其他组织关于海关总署行政许可的行政复议、行政应诉案件，指导各级海关有关海关行政许可的行政复议、行政应诉事宜；

（五）对各级海关实施海关行政许可的情况进行监督检查；

（六）指导、协调各级海关实施海关行政许可的工作；

（七）法律、行政法规、海关总署规章规定的其他应由海关总署负责的海关行政许可综合管理事项。

第十二条 各直属海关法制部门是各级海关关于海关行政许可的归口管理部门，具体承办下列事项：

（一）根据法律、行政法规、海关总署规章的规定，承办收集、汇总、上报关于海关行政许可的立法建议、本关区关于海关行政许可的实施情况等事宜；

（二）受理、核实公民、法人、其他组织关于本关区实施海关行政许可的申诉、举报、意见建议，解答咨询；

（三）受理公民、法人、其他组织关于隶属海关实施海关行政许可的行政复议；

（四）承办或指导公民、法人、其他组织关于本关区实施海关行政许可的行政应诉事宜；

（五）对本关区实施海关行政许可的情况进行监督检查；

（六）组织本关区关于海关行政许可的听证事宜；

（七）指导、协调本关区海关行政许可的实施工作；

（八）法律、行政法规、海关总署规章规定的其他应由直属海关负责的海关行政许可综合管理事项。

第十三条 海关总署法制部门对规范性文件进行日常审查时或在办理行政复议案件过程中对规范性文件进行审查时，发现有下列情形之一的应当及时纠正：

（一）擅自设定海关行政许可的；

（二）对海关行政许可作出规定时超出上位法设定的海关行政许可的范围的；

（三）规定了超出上位法设定的海关行政许可条件的；

（四）其他违反行政许可法规定的。

第十四条 直属海关法制部门在对本关制定的规范性文件进行审查过程中，发现规范性文件有违法规定海关行政许可内容的，应当提出纠正的建议。

第十五条 海关总署法制部门发现直属海关报送备案的规范性文件中有违反行政许可法规定，擅自设定、规定海关行政许可内容的，应当责令直属海关自行纠正。

第十六条 公民、法人或者其他组织发现海关总署规章及其他规范性文件有违反行政许可法规定的，可以向海关总署或各级海关反映；对规章以外的有关海关行政许可的规范性文件有异议的，在对不服海关行政许可具体行政行为申请复议时，可以一并申请审查。

第四章 海关行政许可的实施

第一节 海关行政许可的实施机关

第十七条 海关应当在法定权限内，以本海关的名义统一实施海关行政许可。

海关内设机构和海关派出机构不得以自己的名义实施海关行政许可。

海关根据法律、行政法规和海关总署规章的规定，可以委托其他海关或者其他行政机关实施海关行政许可。委托海关应当将受委托海关或者其他行政机关以及受委托实施海关行政许可的内容予以公告。委托海关对委托行为的后果依法承担法律责任。受委托海关或者其他行政机关不得转委托。

第十八条 需要海关内设的多个机构办理的海关行政许可事项，该海关应当确定一个机构以海关的名义统一受理海关行政许可申请，统一送达海关行政许可决定。

第二节 申请与受理

第十九条 公民、法人或者其他组织从事与海关进出境监督管理相关的特定活动，依法需要取得海关行政许可的，应当向海关提出申请。

第二十条 申请海关行政许可应当以书面形式提出。申请书需要采用格式文本的，海关应当向申请人提供海关行政许可申请书格式文本，并将示范文本和填制说明在办公场所公示。申请书格式文本中不得包含与申请海关行政许可事项没有直接关系的内容。

第二十一条 海关行政许可申请可以由申请人到海

关办公场所提出，也可以通过信函、电报、电传、传真、电子数据交换和电子邮件等方式提出。

海关行政许可申请以电报、电传、传真、电子数据交换和电子邮件等方式提出的，申请人应当提供能够证明其申请文件效力的材料。

第二十二条 申请人可以委托代理人提出海关行政许可申请。但是，依据法律、行政法规的规定，应当由申请人到海关办公场所提出海关行政许可申请的除外。

申请人委托代理人代为提出海关行政许可申请的，应当出具授权委托书。授权委托书应当具体载明下列事项，由委托人签章并注明委托日期：

（一）委托人及代理人的简要情况。委托人或代理人是法人或其他组织的，应载明名称、地址、电话、邮政编码、法定代表人或负责人的姓名、职务；委托人或代理人是自然人的，应载明姓名、性别、年龄、职业、地址、电话及邮政编码。

（二）代为提出海关行政许可申请、递交证据材料、收受法律文书等委托事项及权限。

（三）委托代理起止日期。

（四）法律、行政法规及海关总署规章规定应当载明的其他事项。

第二十三条 申请人申请海关行政许可，应当按照法律、行政法规、海关总署规章规定向海关提交有关材料，并对申请材料内容的真实性负责。

海关不得要求申请人提交与其申请的海关行政许可事项无关的技术资料和其他材料。

第二十四条 对申请人提出的海关行政许可申请，应当根据下列情况分别作出处理：

（一）申请事项依法不需要取得海关行政许可的，应当即时告知申请人；

（二）申请事项依法不属于本海关职权范围的，应当即时作出不予受理的决定，并告知申请人向其他海关或者有关行政机关申请；

（三）申请人不具备海关行政许可申请资格的，应当作出不予受理的决定；

（四）申请材料不齐全或者不符合法定形式的，应当当场或者在签收申请材料后5日内一次告知申请人需要补正的全部内容，逾期不告知的，自收到申请材料之日起即为受理；

（五）申请材料仅存在文字性、技术性或者装订等可以当场更正的错误的，应当允许申请人当场更正，并由申请人对更正内容予以签章确认；

（六）申请事项属于本海关职权范围，申请材料齐全、符合法定形式，或者申请人按照本海关的要求提交全部补正申请材料的，应当受理海关行政许可申请。

依据前款第（一）、（四）项规定作出告知，以及决定受理或者不予受理海关行政许可申请的，应当制发相应的海关行政许可申请告知书（样式见附件1）、海关行政许可申请受理决定书（样式见附件2）、海关行政许可申请不予受理决定书（样式见附件3），并加盖本海关行政许可专用印章，注明日期。

对有数量限制的海关行政许可事项，应当在海关行政许可申请受理决定书中注明受理的先后顺序。

第二十五条 海关负责海关行政许可事项的机构或者依照本办法第十八条规定负责统一受理海关行政许可申请的机构收到海关行政许可申请之日，即为海关受理海关行政许可申请之日；以信函申请的，海关收到信函之日为申请之日；以电报、电传、传真、电子数据交换和电子邮件等方式提出申请的，海关收到有证明效力材料之日为申请之日。

第二十六条 海关在申请人全部补正申请材料后受理海关行政许可申请的，收到全部补正申请材料之日为受理海关行政许可申请之日。

第二十七条 依法作出不予受理海关行政许可申请决定的，应当说明理由，并告知申请人享有依法申请行政复议或者提起行政诉讼的权利。

第三节　审查与决定

第二十八条 海关受理海关行政许可申请后，应当对申请人提交的申请材料进行审查。

根据法律、行政法规、海关总署规章规定的条件和程序，需要对申请材料的实质内容进行核实，或者需要对申请人是否具备准予海关行政许可的其他条件进行实际核查的，海关可以就有关内容进一步进行核查。

对海关行政许可申请进行核查的，海关应当指派两名以上工作人员共同进行。核查人员应当根据核查的情况制作核查记录，并由核查人员与被核查方共同签字确认。被核查方拒绝签字的，核查人员应予注明。

第二十九条 申请人提交的申请材料齐全、符合法定形式，能够当场作出决定的，应当当场作出书面的海关行政许可决定。

当场作出海关行政许可决定的，应当当场制发决定书，并加盖本海关印章，注明日期，同时不再制发海关行政许可申请受理决定书。

第三十条 海关对行政许可申请进行审查时，发现行政许可事项直接关系他人重大利益的，应当告知申请人、利害关系人，申请人、利害关系人有权进行陈述和申辩。

能够确定具体利害关系人的，应当直接向有关利害关系人制发加盖本海关行政许可专用印章的海关行政许可利害关系人告知书（样式见附件4），利害关系人为不确定多数人的，可以公告告知。

告知利害关系人，应当同时随附申请人的申请书及申请材料，涉及国家秘密、商业秘密或者个人隐私的材料除外。

海关应当听取申请人、利害关系人的意见。申请人、利害关系人的陈述和申辩意见应当纳入海关行政许可审查范围。

第三十一条 法律、行政法规、海关总署规章规定实施海关行政许可应当听证的事项，或者海关认为需要听证的涉及公共利益的其他重大海关行政许可事项，海关应当向社会公告，并举行听证。

海关行政许可直接涉及申请人与他人之间重大利益关系的，海关在作出海关行政许可决定前，应当告知申请人、利害关系人享有要求听证的权利。

海关应当根据听证笔录作出海关行政许可决定。

海关行政许可听证的具体办法由海关总署另行制定。

第三十二条 除当场作出海关行政许可决定的外，海关应当自受理海关行政许可申请之日起20日内作出决定。20日内不能作出决定的，经本海关负责人批准，可以延长10日，并应当制发延长海关行政许可审查期限通知书（样式见附件5），将延长期限的理由告知申请人。

法律、行政法规另有规定的，依照其规定。

第三十三条 依法应当先经下级海关审查后报上级海关决定的海关行政许可，下级海关应当根据法定条件和程序进行全面审查，并于受理海关行政许可申请之日起20日内审查完毕，将审查意见和全部申请材料直接报送上级海关。上级海关应当自收到下级海关报送的审查意见之日起20日内作出决定。法律、行政法规另有规定的，依照其规定。

第三十四条 申请人的申请符合法定条件、标准的，应当依法作出准予海关行政许可的决定；申请人的申请不符合法定条件、标准的，应当依法作出不予海关行政许可的决定。

作出准予或者不予海关行政许可的决定，应当制发相应的决定书，并加盖本海关印章，注明日期。

依法作出不予海关行政许可决定的，应当说明理由，并告知申请人享有依法申请行政复议或者提起行政诉讼的权利。

第三十五条 申请人在海关作出海关行政许可决定之前，可以向海关书面申请撤回海关行政许可申请。

第三十六条 海关作出准予海关行政许可的决定，需要颁发海关行政许可证件的，应当自作出决定之日起10日内向申请人颁发加盖本海关印章的下列海关行政许可证件：

（一）许可证、执照或者其他许可证书；

（二）资格证、资质证或者其他合格证书；

（三）准予海关行政许可的批准文件或者证明文件；

（四）法律、行政法规规定的其他海关行政许可证件。

第三十七条 海关行政许可的适用范围没有地域限制的，申请人取得的海关行政许可在全关境范围内有效；海关行政许可的适用范围有地域限制的，海关作出的准予海关行政许可决定应当注明。

海关行政许可的适用有期限限制的，海关在作出准予海关行政许可的决定时，应当注明其有效期限。

第四节　变更、延续与撤回

第三十八条 被许可人在取得海关行政许可后，因拟从事活动的部分内容超过准予海关行政许可决定或者海关行政许可证件规定的活动范围，或者是发生其他变化需要改变海关行政许可的有关内容的，可以向作出准予海关行政许可决定的海关申请变更原海关行政许可。

海关应当将有关海关行政许可的变更条件、变更程序予以公布，便于被许可人依法办理变更手续。

第三十九条 被许可人要求变更海关行政许可的，应当在该行政许可的有效期内，以书面形式向作出准予海关行政许可决定的海关提出申请，并按规定提交有关材料。

第四十条 对被许可人提出的要求变更海关行政许可事项的申请，作出准予海关行政许可决定的海关应当依法进行审查，对符合法定条件、标准的，应当准予变更，并依法办理变更手续。

海关对变更申请进行审查，并作出是否准予变更决定的，应当及时、准确，最长不得超过作出海关行政许可决定的法定期限。

第四十一条 申请变更的事项如属于另一海关行政许可的，申请人应当依法重新申请海关行政许可，海关不得以变更海关行政许可的形式办理。

第四十二条 被许可人需要延续依法取得的海关行政许可的有效期的，应当在该行政许可有效期届满30日前向作出海关行政许可决定的海关提出书面申请，并说明理由。但是，法律、行政法规、海关总署规章另有规定的，依照其规定。

第四十三条 对被许可人提出的要求延续海关行政许可有效期的申请，作出准予海关行政许可决定的海关应当依法进行审查，对仍符合取得海关行政许可的条件，并且符合法律、行政法规、海关总署规章规定的延续海关行政许可应当具备的其他条件的，应当依法作出准予延续的决定；对不再具备取得海关行政许可的条件，或者不符合法律、行政法规、海关总署规章规定的延续海关行政许可应当具备的其他条件的，应当依法作出不予延续的决定。

第四十四条 海关应当在海关行政许可有效期届满前作出是否准予延续的决定；逾期未作决定的，视为准予延续。

第四十五条 海关不得擅自改变已生效的海关行政许可。

海关行政许可所依据的法律、行政法规、海关总署规章修改或者废止，或者准予海关行政许可所依据的客观情况发生重大变化，为了公共利益的需要，海关依法变更或者撤回已经生效的海关行政许可，由此给公民、法人或者其他组织造成财产损失的，应当依法给予补偿。

补偿程序和补偿金额由海关总署根据国家有关规定另行制定。

第四十六条 海关依法不予办理海关行政许可变更手续，不予延续海关行政许可的有效期或者依法变更、撤回已经生效的海关行政许可的，应当制发加盖本海关印章的决定书，注明日期，并说明具体理由，告知申请人享有依法申请行政复议或者提起行政诉讼的权利。

第五节 特别程序

第四十七条 海关行政许可的实施，本节有规定的，适用本节规定；本节没有规定的，适用本章其他有关规定。

第四十八条 对在进出境活动中提供公众服务并且直接关系公共利益的职业、行业，需要确定具备特殊信誉、特殊条件或者特殊技能等资格、资质事项实施海关行政许可的，应当依照以下规定办理：

（一）赋予公民从事报关业务或者其他与进出境活动有关的特定活动的资格，应当举行全国统一资格考试，根据考试成绩和其他法定条件作出海关行政许可决定；

（二）赋予法人或者其他组织从事与进出境活动有关的特定活动的资格、资质的，应当根据对申请人的专业人员构成、技术条件、经营业绩和管理水平等的考核、审查、评定结果，作出海关行政许可决定。

法律、行政法规另有规定的，依照其规定。

第四十九条 全国统一资格考试应当公开举行。海关应当事先公布资格考试的报名条件、报考办法、考试科目以及考试大纲。但是，不得组织强制性的资格考试的考前培训，不得指定教材或者其他助考材料。

第六节 回 避

第五十条 办理海关行政许可事项的海关工作人员是申请人、利害关系人的近亲属，或者与申请人、利害关系人有其他关系可能影响公正办理海关行政许可的，应当申请回避。

申请人认为办理海关行政许可事项的海关工作人员是海关行政许可事项的利害关系人或者是利害关系人的近亲属，或者与利害关系人有其他关系可能影响公正办理海关行政许可的，有权申请其回避。

利害关系人认为办理海关行政许可事项的海关工作人员是申请人的近亲属，或者与申请人有其他关系可能影响公正办理海关行政许可的，有权申请其回避。

第五十一条 办理海关行政许可事项的海关工作人员的回避由海关行政许可审批机构负责人决定，海关行政许可审批机构负责人的回避由海关行政许可审批机关负责人决定。

第五章 监督检查

第五十二条 上级海关应当加强对下级海关实施海关行政许可的监督检查，及时纠正海关行政许可实施中的违法行为。

海关法制、监察、督察部门负责对违法实施海关行政许可的行为进行监督检查。

第五十三条 海关应当建立健全监督检查制度，通过核查反映被许可人从事海关行政许可事项活动情况的有关材料，履行监督检查责任。

海关可以对被许可人生产经营场所依法进行实地检查。检查时，海关可以依法查阅或者要求被许可人报送有关材料，被许可人应当如实提供有关情况和材料。

海关依法对被许可人从事海关行政许可事项的活动

进行监督检查时，应当将监督检查的情况和处理结果予以记录，由监督检查人员签字，并归档。

公众有权查阅海关的监督检查记录，但涉及国家秘密、商业秘密和海关工作秘密的除外。

第五十四条 海关实施监督检查，不得妨碍被许可人正常的生产经营活动，不得索取或者收受被许可人的财物，不得谋取其他利益。

第五十五条 被许可人在作出海关行政许可决定的海关管辖区域外违法从事海关行政许可事项活动的，违法行为发生地的海关应当依法将被许可人的违法事实、处理结果抄告作出海关行政许可决定的海关。

第五十六条 公民、法人和其他组织发现违法从事海关行政许可事项的活动，有权向海关举报，海关应当及时核实、处理。

第五十七条 有下列情形之一的，作出海关行政许可决定的海关或者其上级海关，根据利害关系人的请求或者依据职权，可以撤销海关行政许可：

（一）海关工作人员滥用职权、玩忽职守作出准予海关行政许可决定的；

（二）超越法定职权作出准予海关行政许可决定的；

（三）违反法定程序作出准予海关行政许可决定的；

（四）对不具备申请资格或者不符合法定条件的申请人准予海关行政许可的；

（五）依法可以撤销海关行政许可的其他情形。

被许可人以欺骗、贿赂等不正当手段取得海关行政许可的，应当予以撤销。

依照前两款的规定撤销海关行政许可，可能对公共利益造成重大损害的，不予撤销。

第五十八条 被许可人取得海关行政许可后从事违法活动，依法需要吊销其取得的海关行政许可证件的，海关应当依法吊销其海关行政许可证件。

第五十九条 撤销海关行政许可、吊销海关行政许可证件应当依据法律、行政法规或者海关总署规章规定的程序办理。

第六十条 海关依照行政许可法及本办法第五十七条第一款规定撤销海关行政许可，致使被许可人的合法权益受到损害的，海关应当依法对其直接损失给予赔偿。

依照本办法第五十七条第二款的规定撤销海关行政许可的，被许可人基于海关行政许可取得的利益不受保护。

第六十一条 有下列情形之一的，海关应当依法办理有关海关行政许可的注销手续：

（一）海关行政许可有效期届满未延续的；

（二）赋予公民特定资格的行政许可，该公民死亡或者丧失行为能力的；

（三）法人或者其他组织依法终止的；

（四）海关行政许可依法被撤销、撤回，或者海关行政许可证件依法被吊销的；

（五）因不可抗力导致海关行政许可事项无法实施的；

（六）法律、行政法规规定的应当注销海关行政许可的其他情形。

第六章　法律责任

第六十二条 海关及海关工作人员违反有关规定的，按照行政许可法第七章的有关规定处理。

第六十三条 被许可人违反行政许可法及有关法律、行政法规、海关总署规章规定的，海关依照有关法律、行政法规规定给予行政处罚；构成犯罪的，依法追究刑事责任。

第六十四条 海关工作人员违反有关规定依法应当给予行政处分的，由所在海关单位的人事、监察部门提出处理意见，报所在单位负责人做出处理决定并向上级主管部门报告。对依法应当追究刑事责任的移交有关机关处理。

第七章　附　则

第六十五条 海关提供海关行政许可申请书格式文本，不得收费。

海关实施海关行政许可和对海关行政许可事项进行监督检查，不得收取任何费用。法律、行政法规另有规定的除外。

海关实施海关行政许可所需经费应当列入海关预算，由财政予以保障，按照批准的预算使用经费。

第六十六条 海关实施海关行政许可，依照法律、行政法规收取费用的，应当按照公布的法定项目和标准收费；所收取的费用必须全部上缴国库，不得以任何形式截留、挪用、私分或者变相私分。

第六十七条 本办法规定的海关实施海关行政许可的期限以工作日计算，不含法定节假日。

第六十八条 本办法由海关总署负责解释。

第六十九条 本办法自2004年7月1日起施行。

附件1　中华人民共和国____海关行政许可申请告知书
附件2　中华人民共和国____海关行政许可申请受理决定书
附件3　中华人民共和国____海关行政许可申请不予受理决定书
附件4　中华人民共和国____海关行政许可利害关系人告知书
附件5　中华人民共和国____延长海关行政许可审查期限通知书

附件1

中华人民共和国____海关行政许可申请告知书

海关许可（　　）号

：

你（单位）关于　　　　　　的行政许可申请，我关于　　年　　月　　日收悉。经审查，有下列第　　项情形，

（1）申请事项依法不需要取得海关行政许可；

（2）申请材料不齐全；

（3）申请材料不符合法定形式。

根据《中华人民共和国行政许可法》和《中华人民共和国海关实施〈中华人民共和国行政许可法〉办法》的规定，

（具体告知事项）

特此告知。

（印）

年　　月　　日

附件2

中华人民共和国____海关行政许可申请受理决定书

海关许可（　　）号

：

你（单位）关于　　　　　　的行政许可申请，我关于　　年　　月　　日收悉。经审查，根据《中华人民共和国行政许可法》和《中华人民共和国海关实施〈中华人民共和国行政许可法〉办法》的规定，我关予以受理。

特此通知。

注：行政许可申请受理序号为　　号。

（印）

年　　月　　日

附件3

中华人民共和国____海关行政许可申请不予受理决定书

海关许可（　　）号

：

你（单位）关于　　　　　　的行政许可申请，我关于　　年　　月　　日收悉。经审查，

（此处写明属于哪种不应受理的情形）

根据《中华人民共和国行政许可法》和《中华人民共和国海关实施〈中华人民共和国行政许可法〉办法》的规定，我关决定不予受理。

你（单位）对本决定不服，可以自收到本“不予受理决定书”之日起60日内向　　海关（海关总署）申请行政复议，也可以自知道海关作出不予行政许可决定之日起3个月内向　　中级人民法院起诉。

（印）

年　　月　　日

附件 4

中华人民共和国____海关
行政许可利害关系人告知书

海关许可（　　）号

：

我关在审查　　（单位）关于　　　　的行政许可申请过程中，发现该申请事项与　　有直接重大利益关系，根据《中华人民共和国行政许可法》和《中华人民共和国海关实施〈中华人民共和国行政许可法〉办法》的规定，

（具体告知事项）

特此告知。

附　申请书及申请材料

（印）

年　　月　　日

附件 5

中华人民共和国____海关
延长海关行政许可审查期限通知书

海关许可（　　）号

：

你（单位）关于　　　　的行政许可申请，我关已于　　年　　月　　日受理。由于以下原因

（说明延长期限的理由）

根据《中华人民共和国行政许可法》和《中华人民共和国海关实施〈中华人民共和国行政许可法〉办法》的规定，经我关　　负责人批准，延长审查期限　　日，并将于　　年　　月　　日前作出决定。

特此通知。

中华人民共和国海关行政裁定管理暂行办法

（2001 年 12 月 24 日海关总署令第 92 号发布，自 2002 年 1 月 1 日起施行）

第一条　为便利对外贸易经营者办理海关手续，方便合法进出口，提高通关效率，根据《中华人民共和国海关法》的有关规定，特制定本办法。

第二条　海关行政裁定是指海关在货物实际进出口前，应对外贸易经营者的申请，依据有关海关法律、行政法规和规章，对与实际进出口活动有关的海关事务作出的具有普遍约束力的决定。

行政裁定由海关总署或总署授权机构作出，由海关总署统一对外公布。

行政裁定具有海关规章的同等效力。

第三条　本办法适用于以下海关事务：

（一）进出口商品的归类；

（二）进出口货物原产地的确定；

（三）禁止进出口措施和许可证件的适用；

（四）海关总署决定适用本办法的其他海关事务。

第四条　海关行政裁定的申请人应当是在海关注册登记的进出口货物经营单位。

申请人可以自行向海关提出申请，也可以委托他人向海关提出申请。

第五条　除特殊情况外，海关行政裁定的申请人，应当在货物拟作进口或出口的 3 个月前向海关总署或者直属海关提交书面申请。

一份申请只应包含一项海关事务。申请人对多项海关事务申请行政裁定的，应当逐项提出。

申请人不得就同一项海关事务向两个或者两个以上海关提交行政裁定申请。

第六条 申请人应当按照海关要求填写行政裁定申请书（格式见附件），主要包括下列内容：

（一）申请人的基本情况；

（二）申请行政裁定的事项；

（三）申请行政裁定的货物的具体情况；

（四）预计进出口日期及进出口口岸；

（五）海关认为需要说明的其他情况。

第七条 申请人应当按照海关要求提供足以说明申请事项的资料，包括进出口合同或意向书的复印件、图片、说明书、分析报告等。

申请书所附文件如为外文，申请人应同时提供外文原件及中文译文。

申请书应当加盖申请人印章，所提供文件与申请书应当加盖骑缝章。

申请人委托他人申请的，应当提供授权委托书及代理人的身份证明。

第八条 海关认为必要时，可要求申请人提供货物样品。

第九条 申请人为申请行政裁定向海关提供的资料，如果涉及商业秘密，可以要求海关予以保密。除司法程序要求提供的以外，未经申请人同意，海关不应泄露。

申请人对所提供资料的保密要求，应当书面向海关提出，并具体列明需要保密的内容。

第十条 收到申请的直属海关应当按照本办法第六、七、八条规定对申请资料进行初审。对符合规定的申请，自接受申请之日起3个工作日内移送海关总署或总署授权机构。

申请资料不符合有关规定的，海关应当书面通知申请人在10个工作日内补正。申请人逾期不补正的，视为撤回申请。

第十一条 海关总署或授权机构应当自收到申请书之日起15个工作日内，审核决定是否受理该申请，并书面告知申请人。对不予受理的应当说明理由。

第十二条 有下列情形之一的，海关不予受理：

（一）申请不符合本办法第三、四、五条规定的；

（二）申请与实际进出口活动无关的；

（三）就相同海关事务，海关已经作出有效行政裁定或者其他明确规定的；

（四）经海关认定不予受理的其他情形。

第十三条 海关在受理申请后，作出行政裁定以前，可以要求申请人补充提供相关资料或货物样品。

申请人在规定期限内未能提供有效、完整的资料或样品，影响海关作出行政裁定的，海关可以终止审查。

申请人主动向海关提供新的资料或样品作为补充的，应当说明原因。海关审查决定是否采用。

海关接受补充材料的，根据补充的事实和资料为依据重新审查，作出行政裁定的期限自收到申请人补充材料之日起重新计算。

第十四条 申请人可以在海关作出行政裁定前以书面形式向海关申明撤回其申请。

第十五条 海关对申请人申请的海关事务应当根据有关事实和材料，依据有关法律、行政法规、规章进行审查并作出行政裁定。

审查过程中，海关可以征求申请人以及其他利害关系人的意见。

第十六条 海关应当自受理申请之日起60日内作出行政裁定。

海关作出的行政裁定应当书面通知申请人，并对外公布。

第十七条 海关作出的行政裁定自公布之日起在中华人民共和国关境内统一适用。

进口或者出口相同情形的货物，应当适用相同的行政裁定。

对于裁定生效前已经办理完毕裁定事项有关手续的进出口货物，不适用该裁定。

第十八条 海关作出行政裁定所依据的法律、行政法规及规章中的相关规定发生变化，影响行政裁定效力的，原行政裁定自动失效。

海关总署应当定期公布自动失效的行政裁定。

第十九条 有下列情形之一的，由海关总署撤销原行政裁定：

（一）原行政裁定错误的；

（二）因申请人提供的申请文件不准确或者不全面，造成原行政裁定需要撤销的；

（三）其他需要撤销的情形。

海关撤销行政裁定的，应当书面通知原申请人，并对外公布。撤销行政裁定的决定，自公布之日起生效。

经海关总署撤销的行政裁定对已经发生的进出口活动无溯及力。

第二十条 进出口活动的当事人对于海关作出的具体行政行为不服，并对该具体行政行为依据的行政裁定持有异议的，可以在对具体行政行为申请复议的同时一并提出对行政裁定的审查申请。复议海关受理该复议申请后应将其中对于行政裁定的审查申请移送海关总署，由总署作出审查决定。

第二十一条 行政裁定的申请人应对申请内容及所提供资料的真实性、完整性负责。向海关隐瞒真实情况或提供虚假材料的，应当承担相应的法律责任。

第二十二条 本办法由海关总署负责解释。

第二十三条 本办法自2002年1月1日起实施。

附件 中华人民共和国海关行政裁定申请书（格式1、2、3）

附件（格式1）

中华人民共和国海关行政裁定申请书
（商品归类）

申请人：		
海关报关注册登记代码：		
通讯地址：		
联系人及联系电话：		
申请行政裁定事项：		
商品名称：	中文	
	英文	
	其他名称	
商品价格、数量/重量：		
商品详细描述： （规格、型号、结构原理、性能指标、功能、用途、成分、加工方法、分析方法、化验结论等）		
进出口计划（进出口日期、口岸、数量等）：		
随附资料清单：		
需要保护的商业秘密：		
其他补充说明：		
申请人声明： 以上情况资料真实无讹。 申请人（印章）： 日期： 提交人：	海关受理部门（印章）： 接受日期： 年 月 日 签收人： 申请书编号： 关〔 〕第 号	

注：1. 申请行政裁定应遵守《中华人民共和国海关行政裁定管理暂行办法》的有关规定。

2. 本申请书一式两份（随附资料两套），申请人和海关各一份。

3. 本申请书由申请人和海关签章方为有效。

附件（格式2）

中华人民共和国海关行政裁定申请书
（原产地确定）

<table>
<tr><td colspan="3">申请人：</td></tr>
<tr><td colspan="3">海关报关注册登记代码：</td></tr>
<tr><td colspan="3">通讯地址：</td></tr>
<tr><td colspan="3">联系人及联系电话：</td></tr>
<tr><td colspan="3">申请行政裁定事项：</td></tr>
<tr><td rowspan="3">商品名称：</td><td>中文</td><td></td></tr>
<tr><td>英文</td><td></td></tr>
<tr><td>其他名称</td><td></td></tr>
<tr><td colspan="3">商品价格、数量/重量：</td></tr>
<tr><td colspan="3">海关商品编码：</td></tr>
<tr><td colspan="3">商品描述（规格、型号、结构原理、功能、成分、制造加工工序等）：</td></tr>
<tr><td colspan="3">商品中所含进口原材料或零部件的名称、税号及原产地：</td></tr>
<tr><td colspan="3">进出口计划（进出口日期、口岸、数量等）：</td></tr>
<tr><td colspan="3">随附资料清单：</td></tr>
<tr><td colspan="3">需要保护的商业秘密：</td></tr>
<tr><td colspan="3">其他补充说明：</td></tr>
<tr><td>申请人声明：
以上情况资料真实无讹。

申请人（印章）：

日期：
提交人：</td><td colspan="2">海关受理部门（印章）：

接受日期：　　年　　月　　日
签收人：

申请书编号：
关〔　　〕第　　号</td></tr>
</table>

注：1. 申请行政裁定应遵守《中华人民共和国海关行政裁定管理暂行办法》的有关规定。

2. 本申请书一式两份（随附资料两套），申请人和海关各一份。

3. 本申请书由申请人和海关签章方为有效。

附件（格式3）

中华人民共和国海关行政裁定申请书
（禁止进出口措施和许可证件的适用）

申请人：		
海关报关注册登记代码：		
通讯地址：		
联系人及联系电话：		
申请行政裁定事项：		
商品名称：	中文	
	英文	
	其他名称	
商品价格、数量/重量：		
海关商品编码：		
商品描述（规格、型号、成分、状态、功能、用途、原产国/地区等）：		
商品在国家有关主管部门登记、备案情况：		
进出口计划（进出口日期、口岸、数量等）：		
随附资料清单：		
需要保护的商业秘密：		
其他补充说明：		
申请人声明： 以上情况资料真实无讹。 申请人（印章）： 日期： 提交人：	海关受理部门（印章）： 接受日期：　年　月　日 签收人： 申请书编号： 关〔　〕第　号	

注：1. 申请行政裁定应遵守《中华人民共和国海关行政裁定管理暂行办法》的有关规定。

2. 本申请书一式两份（随附资料两套），申请人和海关各一份。

3. 本申请书由申请人和海关签章方为有效。

中华人民共和国海关行政处罚听证办法

（2006年1月26日海关总署令第145号公布，自2006年3月1日起施行）

第一章　总　则

第一条　为了规范海关行政处罚听证程序，保护公民、法人和其他组织的合法权益，根据《中华人民共和国行政处罚法》、《中华人民共和国海关行政处罚实施条例》及其他有关法律、行政法规的规定，制定本办法。

第二条　海关作出行政处罚决定前，当事人申请举行听证的，适用本办法。

第三条　海关作出暂停从事有关业务，暂停报关执业，撤销海关注册登记，取消报关从业资格，对公民处1万元以上罚款，对法人或者其他组织处10万元以上罚款，没收有关货物、物品、走私运输工具等行政处罚决定之前，应当告知当事人有要求举行听证的权利；当事人要求听证的，海关应当组织听证。

第四条　海关行政处罚听证应当遵循公开、公平、公正、便民的原则。海关行政处罚听证应当公开举行，但涉及国家秘密、商业秘密或者个人隐私的除外。

第二章　组织听证的机构、人员

第五条　海关行政处罚案件的听证由海关行政处罚案件审理部门负责组织。涉及知识产权处罚案件的听证，由海关法制部门负责组织；涉及资格罚案件的听证，由海关作出资格罚处罚决定的部门负责组织。

第六条　组织听证应当指定1名听证主持人和1名记录员，必要时可以另外指定1至4名听证员协助听证主持人组织听证。

涉及海关专业知识的听证案件，听证组织机构可以邀请海关有关业务专家担任听证员。

第七条　听证主持人履行下列职权：

（一）决定延期、中止听证；

（二）就案件的事实、拟作出行政处罚的依据与理由进行提问；

（三）要求听证参加人提供或者补充证据；

（四）主持听证程序并维持听证秩序，对违反听证纪律的行为予以制止；

（五）决定有关证人、鉴定人是否参加听证。

第八条　听证主持人、听证员、记录员有下列情形之一的，应当自行回避，当事人及其代理人也有权申请其回避：

（一）是本案调查人员；

（二）是当事人、本案调查人员的近亲属；

（三）担任过本案的证人、鉴定人；

（四）与本案的处理结果有利害关系。

前款规定，适用于翻译人员、鉴定人。

听证员、记录员、翻译人员、鉴定人的回避，由听证主持人决定；听证主持人的回避，由听证组织机构负责人决定，听证主持人为听证组织机构负责人的，其回避由举行听证海关的负责人决定。

第三章　听证参加人及其他人员的权利、义务

第九条　听证参加人包括当事人及其代理人、第三人及其代理人、案件调查人员；其他人员包括证人、翻译人员、鉴定人。

第十条　当事人享有下列权利：

（一）使用本民族的语言文字参加听证；

（二）申请或者放弃听证；

（三）申请不公开听证；

（四）委托律师或者其他人员为听证代理人；

（五）进行陈述、申辩、举证和质证；

（六）查阅听证笔录，并进行修改和签字确认。

第十一条　与案件处理结果有直接利害关系的公民、法人或其他组织要求参加听证的，可以作为第三人参加听证。

第十二条　当事人、第三人可以委托1至2名代理人参加听证。代理人在代理权限内享有与委托人同等的权利，并履行同等的义务。

第十三条　当事人、第三人委托代理人参加听证的，应当在举行听证前向海关提交授权委托书，授权委托书应当列明下列事项：

（一）委托人及其代理人的简要情况；

（二）代理人的代理权限；

（三）代理权的起止日期；

（四）委托日期及委托人签章。

委托人提前解除委托的，应当书面告知听证组织机构。

第十四条 案件调查人员是指海关承担行政处罚案件调查取证并参加听证的工作人员。

在听证过程中，案件调查人员陈述当事人违法的事实、证据、拟作出的行政处罚决定及其法律依据，并同当事人进行质证、辩论。

第十五条 经听证主持人同意，案件调查人员、当事人和第三人可以要求证人参加听证，并在举行听证的1日以前提供证人的基本情况。

第十六条 对不通晓当地语言文字的听证参加人及其他人员，海关应当为其聘请翻译人员。

涉及专业技术问题需要鉴定的，海关应当将其交由海关化验鉴定机构或者委托国家认可的其他机构进行鉴定。经听证主持人同意，当事人及其代理人、第三人及其代理人、案件调查人员可以要求鉴定人参加听证。

第十七条 当事人及其代理人、第三人及其代理人、案件调查人员、证人、翻译人员、鉴定人应当按时参加听证，遵守听证纪律，如实回答听证主持人的提问。

第四章 听证的申请和决定

第十八条 当事人应当在海关告知其听证权利之日起3日以内，以书面形式向海关提出听证申请。以邮寄方式提出申请的，以寄出的邮戳日期为申请日期。

当事人因不可抗力或者其他特殊情况不能在规定期限内提出听证申请的，经海关同意，可以在障碍消除后3日以内提出听证申请。

第十九条 海关决定组织听证的，应当自收到听证申请之日起30日以内举行听证，并在举行听证的7日以前将海关行政处罚听证通知书（见附件1）送达当事人。

海关行政处罚听证通知书应当列明当事人姓名或者名称、听证案件的名称以及举行听证的时间、地点，加盖海关行政案件专用章，并可以列明下列事项：

（一）是否公开举行听证，不公开听证的，应当说明理由；

（二）听证主持人、听证员、记录员的姓名；

（三）要求当事人报送参加听证的人员名单、身份证明以及准备有关证据材料、通知证人等事项；

（四）当事人及其代理人的权利、义务；

（五）其他有关事项。

第二十条 有下列情形之一的，海关应当作出不举行听证的决定：

（一）申请人不是本案当事人或者其代理人；

（二）未在本办法第十八条规定的期限内提出听证申请的；

（三）不属于本办法第三条规定范围的。

决定不予听证的，海关应当在收到听证申请之日起5日以内制作海关行政处罚不予听证通知书（见附件2），并及时送达申请人。

第二十一条 2个以上当事人分别对同一行政案件提出听证申请的，可以合并举行听证。

案件有2个以上当事人，其中部分当事人提出听证申请的，海关可以通知其他当事人参加听证。

只有部分当事人参加听证的，可以只对涉及该部分当事人的案件事实、证据、法律适用举行听证，但海关应当在听证后一并作出处罚决定。

第五章 听证的举行

第二十二条 在听证过程中，听证参加人及其他人员应当遵守以下听证纪律：

（一）听证参加人及其他人员应当遵守听证秩序，经听证主持人同意后，才能进行陈述和辩论；

（二）旁听人员不得影响听证的正常进行；

（三）准备进行录音、录像、摄影和采访的，应当事先报经听证主持人批准。

第二十三条 听证应当按照下列程序进行：

（一）听证主持人核对当事人及其代理人、第三人及其代理人、案件调查人员的身份；

（二）听证主持人宣布听证参加人、翻译人员、鉴定人员名单，询问当事人及其代理人、第三人及其代理人、案件调查人员是否申请回避；

（三）宣布听证纪律；

（四）听证主持人宣布听证开始并介绍案由；

（五）案件调查人员陈述当事人违法事实，出示相关证据，提出拟作出的行政处罚决定和依据；

（六）当事人及其代理人陈述、申辩，提出意见和主张；

（七）第三人及其代理人陈述，提出意见和主张；

（八）听证主持人就案件事实、证据、处罚依据进行提问；

（九）当事人及其代理人、第三人及其代理人、案件调查人员相互质证、辩论；

（十）当事人及其代理人、第三人及其代理人、案件调查人员作最后陈述；

（十一）宣布听证结束。

第二十四条 当事人及其代理人、第三人及其代理人、案件调查人员应当围绕证据的合法性、真实性和关联性，针对证据有无证明效力以及证明效力大小进行质证。

经听证主持人同意，当事人及其代理人、第三人及其代理人、案件调查人员可以就证据问题相互发问，也可以向证人、鉴定人发问；发问不得采用引诱、威胁、侮辱等语言或者方式，发问的内容应当与案件事实有关联。

第二十五条 对书证、物证和视听资料进行质证时，当事人及其代理人、第三人及其代理人、案件调查人员应当出示证据的原件或者原物；有下列情行之一的，可以不出示原件或者原物：

（一）出示原件或者原物确有困难，经听证主持人同意可以出示复制件或者复制品的；

（二）原件或者原物已经不存在，但能够证明复制件、复制品与原件、原物一致的。

视听资料应当在听证会上播放或者显示，并进行质证后认定。

第二十六条 有下列情形之一的，应当延期举行听证：

（一）当事人或者其代理人因不可抗力或者有其他正当理由无法到场的；

（二）临时决定听证主持人、听证员或者记录员回避，不能当场确定更换人选的；

（三）作为当事人的法人或者其他组织有合并、分立或者其他资产重组情形，需要等待权利义务承受人的；

（四）其他依法应当延期举行听证的情形。

延期听证的原因消除后，由听证主持人重新确定举行听证的时间，并书面告知听证参加人及其他人员。

第二十七条 有下列情形之一的，应当中止举行听证：

（一）需要通知新的证人到场或者需要重新鉴定、补充证据的；

（二）当事人因不可抗力或者有其他正当理由暂时无法继续参加听证的；

（三）听证参加人及其他人员不遵守听证纪律，造成会场秩序混乱的；

（四）其他依法应当中止举行听证的情形。

中止听证的原因消除后，由听证主持人确定恢复举行听证的时间，并书面告知听证参加人及其他人员。

第二十八条 有下列情形之一的，应当终止举行听证：

（一）当事人撤回听证申请的；

（二）当事人无正当理由未按时参加听证的；

（三）当事人无正当理由中途退场的；

（四）当事人死亡或者作为当事人的法人、其他组织终止，没有权利义务承受人的；

（五）其他依法应当终止听证的情形。

第二十九条 听证应当制作笔录。听证笔录应当列明下列事项：

（一）案由；

（二）听证参加人及其他人员的姓名或者名称；

（三）听证主持人、听证员、记录员的姓名；

（四）举行听证的时间、地点和方式；

（五）案件调查人员提出的本案的事实、证据和拟作出的行政处罚决定及其依据；

（六）陈述、申辩和质证的内容；

（七）证人证言；

（八）按规定应当列明的其他事项。

第三十条 听证笔录应当由听证参加人及其他人员确认无误后逐页进行签字或者盖章。对记录内容有异议的可以当场更正后签字或者盖章确认。

听证参加人及其他人员拒绝签字或者盖章的，由记录员在听证笔录上注明。

第六章 附 则

第三十一条 听证主持人、听证员、记录员违反本办法的有关规定，情节严重的，由所在单位按照有关规定依法给予行政处分。

第三十二条 本办法所规定的法律文书的送达，参照《中华人民共和国民事诉讼法》的规定执行。

第三十三条 本办法所称“日”指工作日，“以上”、“以内”及“以前”等均包含本数。

第三十四条 组织海关行政处罚听证的费用由海关承担。

第三十五条 本办法由海关总署负责解释。

第三十六条 本办法自2006年3月1日起施行。1996年11月12日海关总署发布的《中华人民共和国海关行政处罚听证暂行办法》同时废止。

附件1 中华人民共和国____海关行政处罚听证通知书

附件2 中华人民共和国____海关行政处罚不予听证通知书

附件1

中华人民共和国　　海关
行政处罚听证通知书

关　字〔　〕号

__________：

经审查，你（单位）提出的听证申请符合《中华人民共和国行政处罚法》第四十二条以及《中华人民共和国海关行政处罚实施条例》第四十九条的规定，我关决定就一案举行听证，请你（单位）于　　年　　月　　日　　时到　　参加听证。

特此通知。

（印章）

年　　月　　日

附件2

中华人民共和国　　海关
行政处罚不予听证通知书

关　字〔　〕号

__________：

经审查，你（单位）提出的听证申请属于以下第项情形：

（一）申请人不是本案当事人或者其代理人；

（二）未在规定期限内提出听证申请；

（三）不属于依法应当听证的范围。

（四）__________。

根据《中华人民共和国行政处罚法》第四十二条、《中华人民共和国海关行政处罚实施条例》第四十九条的规定，我关决定不予听证。

特此通知。

（印章）

年　　月　　日

中华人民共和国海关行政复议办法

（2007年8月29日海关总署令第166号发布，自2007年11月1日起施行）

第一章　总　则

第一条　为了规范海关行政复议，发挥行政复议制度在解决行政争议、建设法治海关、构建社会主义和谐社会中的作用，根据《中华人民共和国行政复议法》（以下简称行政复议法）、《中华人民共和国海关法》（以下简称海关法）和《中华人民共和国行政复议法实施条例》（以下简称行政复议法实施条例）的规定，制定本办法。

第二条　公民、法人或者其他组织认为海关具体行政行为侵犯其合法权益向海关提出行政复议申请，海关办理行政复议事项，适用本办法。

第三条　各级海关行政复议机关应当认真履行行政复议职责，领导并且支持本海关负责法制工作的机构（以下简称海关行政复议机构）依法办理行政复议事项，依照有关规定配备、充实、调剂专职行政复议人员，为行政复议工作提供财政保障，保证海关行政复议机构的办案能力与工作任务相适应。

第四条　海关行政复议机构履行下列职责：

（一）受理行政复议申请；

（二）向有关组织和人员调查取证，查阅文件和资料，组织行政复议听证；

（三）审查被申请行政复议的具体行政行为是否合法与适当，拟定行政复议决定，主持行政复议调解，审查和准许行政复议和解；

（四）办理海关行政赔偿事项；

（五）依照行政复议法第三十三条的规定，办理海关行政复议决定的依法强制执行或者申请人民法院强制执行事项；

（六）处理或者转送申请人依照本办法第三十一条提出的对有关规定的审查申请；

（七）指导、监督下级海关的行政复议工作，依照规定提出复议意见；

（八）对下级海关及其部门和工作人员违反行政复议法、行政复议法实施条例和本办法规定的行为依照规定的权限和程序提出处理建议；

（九）办理或者组织办理不服海关具体行政行为提起行政诉讼的应诉事项；

（十）办理行政复议、行政应诉、行政赔偿案件统计和备案事项；

（十一）研究行政复议过程中发现的问题，及时向有关机关和部门提出建议，重大问题及时向行政复议机关报告；

（十二）其他与行政复议工作有关的事项。

第五条 专职从事海关行政复议工作的人员（以下简称行政复议人员）应当具备下列条件：

（一）具有国家公务员身份；

（二）有良好的政治、业务素质；

（三）高等院校法律专业毕业或者高等院校非法律专业毕业具有法律专业知识；

（四）从事海关工作2年以上；

（五）经考试考核合格取得海关总署颁发的调查证。

各级海关行政复议机关应当支持并且鼓励行政复议人员参加国家司法考试；取得律师资格或者法律职业资格的海关工作人员可以优先成为行政复议人员。

第六条 行政复议人员享有下列权利：

（一）依法履行行政复议职责的行为受法律保护；

（二）获得履行职责应当具有的工作条件；

（三）对行政复议工作提出建议；

（四）参加培训；

（五）法律、行政法规和海关规章规定的其他权利。

行政复议人员应当履行下列义务：

（一）严格遵守宪法和法律；

（二）以事实为根据，以法律为准绳审理行政复议案件；

（三）忠于职守，尽职尽责，清正廉洁，秉公执法；

（四）依法保障行政复议参加人的合法权益；

（五）保守国家秘密、商业秘密、海关工作秘密和个人隐私；

（六）维护国家利益、社会公共利益，维护公民、法人或者其他组织的合法权益；

（七）法律、行政法规和海关规章规定的其他义务。

第七条 海关行政复议机关履行行政复议职责，应当遵循合法、公正、公开、及时、便民的原则，坚持依法行政、有错必纠，保障法律、行政法规和海关规章的正确实施。

第八条 海关行政复议机关应当通过宣传栏、公告栏、海关门户网站等方便查阅的形式，公布本海关管辖的行政复议案件受案范围、受理条件、行政复议申请书样式、行政复议案件审理程序和行政复议决定执行程序等事项。

海关行政复议机关应当建立和公布行政复议案件办理情况查询机制，方便申请人、第三人及时了解与其行政复议权利、义务相关的信息。

海关行政复议机构应当对申请人、第三人就有关行政复议受理条件、审理方式和期限、作出行政复议处理决定的理由和依据、行政复议决定的执行等行政复议事项提出的疑问予以解释说明。

第二章　海关行政复议范围

第九条 有下列情形之一的，公民、法人或者其他组织可以向海关申请行政复议：

（一）对海关作出的警告，罚款，没收货物、物品、运输工具和特制设备，追缴无法没收的货物、物品、运输工具的等值价款，没收违法所得，暂停从事有关业务或者执业，撤销注册登记，取消报关从业资格及其他行政处罚决定不服的；

（二）对海关作出的收缴有关货物、物品、违法所得、运输工具、特制设备决定不服的；

（三）对海关作出的限制人身自由的行政强制措施不服的；

（四）对海关作出的扣留有关货物、物品、运输工具、账册、单证或者其他财产，封存有关进出口货物、账簿、单证等行政强制措施不服的；

（五）对海关收取担保的具体行政行为不服的；

（六）对海关采取的强制执行措施不服的；

（七）对海关确定纳税义务人、确定完税价格、商品归类、确定原产地、适用税率或者汇率、减征或者免征税款、补税、退税、征收滞纳金、确定计征方式以及确定纳税地点等其他涉及税款征收的具体行政行为有异议的（以下简称纳税争议）；

（八）认为符合法定条件，申请海关办理行政许可事项或者行政审批事项，海关未依法办理的；

（九）对海关检查运输工具和场所，查验货物、物品或者采取其他监管措施不服的；

（十）对海关作出的责令退运、不予放行、责令改正、责令拆毁和变卖等行政决定不服的；

（十一）对海关稽查决定或者其他稽查具体行政行为不服的；

（十二）对海关作出的企业分类决定以及按照该分类决定进行管理的措施不服的；

（十三）认为海关未依法采取知识产权保护措施，或者对海关采取的知识产权保护措施不服的；

（十四）认为海关未依法办理接受报关、放行等海关手续的；

（十五）认为海关违法收取滞报金或者其他费用，违法要求履行其他义务的；

（十六）认为海关没有依法履行保护人身权利、财产权利的法定职责的；

（十七）认为海关在政府信息公开工作中的具体行政行为侵犯其合法权益的；

（十八）认为海关的其他具体行政行为侵犯其合法权益的。

前款第（七）项规定的纳税争议事项，公民、法人或者其他组织应当依据海关法的规定先向海关行政复议机关申请行政复议，对海关行政复议决定不服的，再向人民法院提起行政诉讼。

第十条 海关工作人员不服海关作出的处分或者其他人事处理决定，依照有关法律、行政法规的规定提出申诉的，不适用本办法。

第三章 海关行政复议申请

第一节 申请人和第三人

第十一条 依照本办法规定申请行政复议的公民、法人或者其他组织是海关行政复议申请人。

第十二条 有权申请行政复议的公民死亡的，其近亲属可以申请行政复议。

第十三条 有权申请行政复议的法人或者其他组织终止的，承受其权利的公民、法人或者其他组织可以申请行政复议。

法人或者其他组织实施违反海关法的行为后，有合并、分立或者其他资产重组情形，海关以原法人、组织作为当事人予以行政处罚并且以承受其权利义务的法人、组织作为被执行人的，被执行人可以以自己的名义申请行政复议。

第十四条 行政复议期间，海关行政复议机构认为申请人以外的公民、法人或者其他组织与被审查的具体行政行为有利害关系的，应当通知其作为第三人参加行政复议。

行政复议期间，申请人以外的公民、法人或者其他组织认为与被审查的海关具体行政行为有利害关系的，可以向海关行政复议机构申请作为第三人参加行政复议。申请作为第三人参加行政复议的，应当对其与被审查的海关具体行政行为有利害关系负举证责任。

通知或者同意第三人参加行政复议的，应当制作第三人参加行政复议通知书，送达第三人。

第三人不参加行政复议，不影响行政复议案件的审理。

第十五条 申请人、第三人可以委托 1 至 2 名代理人参加行政复议。

委托代理人参加行政复议的，应当向海关行政复议机构提交授权委托书。授权委托书应当载明下列事项：

（一）委托人姓名或者名称，委托人为法人或者其他组织的，还应当载明法定代表人或者主要负责人的姓名、职务；

（二）代理人姓名、性别、年龄、职业、地址及邮政编码；

（三）委托事项和代理期间；

（四）代理人代为提起、变更、撤回行政复议申请、参加行政复议调解、达成行政复议和解、参加行政复议听证、递交证据材料、收受行政复议法律文书等代理权限；

（五）委托日期及委托人签章。

公民在特殊情况下无法书面委托的，可以口头委托。公民口头委托的，海关行政复议机构应当核实并且记录在卷。

申请人、第三人解除或者变更委托的，应当书面报告海关行政复议机构。

第二节 被申请人和行政复议机关

第十六条 公民、法人或者其他组织对海关作出的具体行政行为不服，依照本办法规定申请行政复议的，作出该具体行政行为的海关是被申请人。

第十七条 对海关具体行政行为不服的，向作出该具体行政行为的海关的上一级海关提出行政复议申请。

对海关总署作出的具体行政行为不服的，向海关总署提出行政复议申请。

第十八条 两个以上海关以共同的名义作出具体行政行为的，以作出具体行政行为的海关为共同被申请人，向其共同的上一级海关申请行政复议。

第十九条 海关与其他行政机关以共同的名义作出具体行政行为的，海关和其他行政机关为共同被申请人，向海关和其他行政机关的共同上一级行政机关申请行政复议。

申请人对海关总署与国务院其他部门共同作出的具体行政行为不服，向海关总署或者国务院其他部门提出行政复议申请，由海关总署、国务院其他部门共同作出处理决定。

第二十条 依照法律、行政法规或者海关规章的规定，下级海关经上级海关批准后以自己的名义作出具体行政行为的，以作出批准的上级海关为被申请人。

根据海关法和有关行政法规、海关规章的规定，经直属海关关长或者其授权的隶属海关关长批准后作出的具体行政行为，以直属海关为被申请人。

第二十一条 海关设立的派出机构、内设机构或者其他组织，未经法律、行政法规授权，对外以自己名义作出具体行政行为的，以该海关为被申请人，向该海关的上一级海关申请行政复议。

第三节 行政复议申请期限

第二十二条 海关对公民、法人或者其他组织作出具体行政行为，应当告知其申请行政复议的权利、行政复议机关和行政复议申请期限。

对于依照法律、行政法规或者海关规章的规定，下级海关经上级海关批准后以自己的名义作出的具体行政行为，应当告知以作出批准的上级海关为被申请人以及相应的行政复议机关。

第二十三条 公民、法人或者其他组织认为海关具体行政行为侵犯其合法权益的，可以自知道该具体行政行为之日起60日内提出行政复议申请。

前款规定的行政复议申请期限依照下列规定计算：

（一）当场作出具体行政行为的，自具体行政行为作出之日起计算；

（二）载明具体行政行为的法律文书直接送达的，自受送达人签收之日起计算；

（三）载明具体行政行为的法律文书依法留置送达的，自送达人和见证人在送达回证上签注的留置送达之日起计算；

（四）载明具体行政行为的法律文书邮寄送达的，自受送达人在邮政签收单上签收之日起计算；没有邮政签收单的，自受送达人在送达回执上签名之日起计算；

（五）具体行政行为依法通过公告形式告知受送达人的，自公告规定的期限届满之日起计算；

（六）被申请人作出具体行政行为时未告知有关公民、法人或者其他组织，事后补充告知的，自公民、法人或者其他组织收到补充告知的通知之日起计算；

（七）被申请人作出具体行政行为时未告知有关公民、法人或者其他组织，但是有证据材料能够证明有关公民、法人或者其他组织知道该具体行政行为的，自证据材料证明其知道具体行政行为之日起计算。

具体行政行为具有持续状态的，自该具体行政行为终了之日起计算。

海关作出具体行政行为，依法应当向有关公民、法人或者其他组织送达法律文书而未送达的，视为该有关公民、法人或者其他组织不知道该具体行政行为。

申请人因不可抗力或者其他正当理由耽误法定申请期限的，申请期限自障碍消除之日起继续计算。

第二十四条 公民、法人或者其他组织认为海关未依法履行法定职责，依照本办法第九条第一款第（八）项、第（十六）项的规定申请行政复议的，行政复议申请期限依照下列规定计算：

（一）履行职责的期限有法律、行政法规或者海关规章的明确规定的，自规定的履行期限届满之日起计算；

（二）履行职责的期限没有明确规定的，自海关收到公民、法人或者其他组织要求履行职责的申请满60日起计算。

公民、法人或者其他组织在紧急情况下请求海关履行保护人身权、财产权的法定职责，海关不及时履行的，行政复议申请期限不受前款规定的限制。

第二十五条 本办法第九条第一款第（七）项规定的纳税争议事项，申请人未经行政复议直接向人民法院提起行政诉讼的，人民法院依法驳回后申请人再向海关申请行政复议的，从申请人起诉之日起至人民法院驳回的法律文书生效之日止的期间不计算在申请行政复议的期限内，但是海关作出有关具体行政行为时已经告知申请人应当先经海关行政复议的除外。

第四节 行政复议申请的提出

第二十六条 申请人书面申请行政复议的，可以采取当面递交、邮寄、传真、电子邮件等方式递交行政复议申请书。

海关行政复议机关应当通过海关公告栏、互联网门户网站公开接受行政复议申请书的地址、传真号码、互联网邮箱地址等，方便申请人选择不同的书面申请方式。

第二十七条 申请人书面申请行政复议的，应当在行政复议申请书中载明下列内容：

（一）申请人基本情况，包括：公民的姓名、性别、年龄、工作单位、住所、身份证号码、邮政编码；法人或者其他组织的名称、住所、邮政编码和法定代表人或者主要负责人的姓名、职务；

（二）被申请人的名称；

（三）行政复议请求、申请行政复议的主要事实和理由；

（四）申请人签名或者盖章；

（五）申请行政复议的日期。

第二十八条 申请人口头申请行政复议的，海关行政复议机构应当依照本办法第二十七条规定的内容，当场制作行政复议申请笔录交申请人核对或者向申请人宣读，并且由其签字确认。

第二十九条 有下列情形之一的，申请人应当提供相应的证明材料：

（一）认为被申请人不履行法定职责的，提供曾经申请被申请人履行法定职责的证明材料；

（二）申请行政复议时一并提出行政赔偿申请的，提供受具体行政行为侵害而造成损害的证明材料；

（三）属于本办法第二十三条第五款情形的，提供发生不可抗力或者有其他正当理由的证明材料；

（四）法律、行政法规规定需要申请人提供证据材料的其他情形。

第三十条 申请人提出行政复议申请时错列被申请人的，海关行政复议机构应当告知申请人变更被申请人。

申请人变更被申请人的期间不计入行政复议审理期限。

第三十一条 申请人认为海关的具体行政行为所依据的规定不合法，可以依据行政复议法第七条的规定，在对具体行政行为申请行政复议时一并提出对该规定的审查申请。

申请人在对具体行政行为提起行政复议申请时尚不知道该具体行政行为所依据的规定的，可以在海关行政复议机关作出行政复议决定前提出。

第四章 海关行政复议受理

第三十二条 海关行政复议机关收到行政复议申请后，应当在5日内进行审查。行政复议申请符合下列规定的，应当予以受理：

（一）有明确的申请人和符合规定的被申请人；

（二）申请人与具体行政行为有利害关系；

（三）有具体的行政复议请求和理由；

（四）在法定申请期限内提出；

（五）属于本办法第九条第一款规定的行政复议范围；

（六）属于收到行政复议申请的海关行政复议机构的职责范围；

（七）其他行政复议机关尚未受理同一行政复议申请，人民法院尚未受理同一主体就同一事实提起的行政诉讼。

对符合前款规定决定受理行政复议申请的，应当制作行政复议申请受理通知书和行政复议答复通知书分别送达申请人和被申请人。行政复议申请受理通知书应当载明受理日期、合议人员或者案件审理人员，告知申请人申请回避和申请举行听证的权利。行政复议答复通知书应当载明受理日期、提交答复的要求和合议人员或者案件审理人员，告知被申请人申请回避的权利。

对不符合本条第一款规定决定不予受理的，应当制作行政复议申请不予受理决定书，并且送达申请人。行政复议申请不予受理决定书应当载明不予受理的理由和法律依据，告知申请人主张权利的其他途径。

第三十三条 行政复议申请材料不齐全或者表述不清楚的，海关行政复议机构可以自收到该行政复议申请之日起5日内书面通知申请人补正。补正通知应当载明以下事项：

（一）行政复议申请书中需要修改、补充的具体内容；

（二）需要补正的有关证明材料的具体类型及其证明对象；

（三）补正期限。

申请人应当在收到补正通知之日起10日内向海关行政复议机构提交需要补正的材料。补正申请材料所用时间不计入行政复议审理期限。

申请人无正当理由逾期不补正的，视为其放弃行政复议申请。申请人有权在本办法第二十三条规定的期限内重新提出行政复议申请。

第三十四条 申请人以传真、电子邮件方式递交行政复议申请书、证明材料的，海关行政复议机构不得以其未递交原件为由拒绝受理。

海关行政复议机构受理申请人以传真、电子邮件方式提出的行政复议申请后，应当告知申请人自收到行政复议申请受理通知书之日起10日内提交有关材料的原件。

第三十五条 对符合本办法规定，且属于本海关受理的行政复议申请，自海关行政复议机构收到之日起即为受理。

海关行政复议机构收到行政复议申请的日期，属于申请人当面递交的，由海关行政复议机构经办人在申请书上注明收到日期，并且由递交人签字确认；属于直接从邮递渠道收取或者其他单位、部门转来的，由海关行政复议机构签收确认；属于申请人以传真或者电子邮件方式提交的，以海关行政复议机构接收传真之日或者海关互联网电子邮件系统记载的收件日期为准。

第三十六条 对符合本办法规定，但是不属于本海关管辖的行政复议申请，应当在审查期限内转送有管辖权的海关行政复议机关，并且告知申请人。口头告知的，应当记录告知的有关内容，并且当场交由申请人签字或者盖章确认；书面告知的，应当制作行政复议告知书，并且送达申请人。

第三十七条 申请人就同一事项向两个或者两个以上有权受理的海关申请行政复议的，由最先收到行政复议申请的海关受理；同时收到行政复议申请的，由收到行政复议申请的海关在10日内协商确定；协商不成的，由其共同上一级海关在10日内指定受理海关。协商确定或者指定受理海关所用时间不计入行政复议审理期限。

第三十八条 申请人依法提出行政复议申请，海关行政复议机关无正当理由不予受理的，上一级海关可以根据申请人的申请或者依职权先行督促其受理；经督促仍不受理的，应当责令其限期受理，并且制作责令受理行政复议申请通知书；必要时，上一级海关也可以直接受理，并且制作直接受理行政复议申请通知书，送达申请人和原海关行政复议机关。上一级海关经审查认为海关行政复议机关不予受理行政复议申请的决定符合本办法规定的，应当向申请人做好说明解释工作。

第三十九条 下列情形不视为申请行政复议，海关行政复议机关应当给予答复，或者转由其他机关处理并且告知申请人：

（一）对海关工作人员的个人违法违纪行为进行举报、控告或者对海关工作人员的态度作风提出异议的；

（二）对海关的业务政策、作业制度、作业方式和程序提出异议的；

（三）对海关工作效率提出异议的；

（四）对行政处罚认定的事实、适用的法律及处罚决定没有异议，仅因经济上不能承受而请求减免处罚的；

（五）不涉及海关具体行政行为，只对海关规章或者其他规范性文件有异议的；

（六）请求解答法律、行政法规、规章的。

第四十条 行政复议期间海关具体行政行为不停止执行；但是有行政复议法第二十一条规定情形之一的，可以停止执行。决定停止执行的，应当制作具体行政行为停止执行决定书，并且送达申请人、被申请人和第三人。

第四十一条 有下列情形之一的，海关行政复议机关可以决定合并审理，并且以后一个申请行政复议的日期为正式受理的日期：

（一）两个以上的申请人对同一海关具体行政行为分别向海关行政复议机关申请行政复议的；

（二）同一申请人对同一海关的数个相同类型或者具有关联性的具体行政行为分别向海关行政复议机关申请行政复议的。

第五章 海关行政复议审理与决定

第一节 行政复议答复

第四十二条 海关行政复议机构应当自受理行政复议申请之日起7日内，将行政复议申请书副本或者行政复议申请笔录复印件以及申请人提交的证据、有关材料的副本发送被申请人。

第四十三条 被申请人应当自收到申请书副本或者行政复议申请笔录复印件之日起10日内，向海关行政复议机构提交行政复议答复书，并且提交当初作出具体行政行为的证据、依据和其他有关材料。

行政复议答复书应当载明下列内容：

（一）被申请人名称、地址、法定代表人姓名及职务；

（二）被申请人作出具体行政行为的事实、证据、理由及法律依据；

（三）对申请人的行政复议申请要求、事实、理由逐条进行答辩和必要的举证；

（四）对有关具体行政行为建议维持、变更、撤销或者确认违法，建议驳回行政复议申请，进行行政复议调解等答复意见；

（五）作出答复的时间。

行政复议答复书应当加盖被申请人印章。

被申请人提交的有关证据、依据和其他有关材料应当按照规定装订成卷。

第四十四条 海关行政复议机构应当在收到被申请人提交的行政复议答复书之日起7日内，将行政复议答复书副本发送申请人。

第四十五条 行政复议案件的答复工作由被申请人负责法制工作的机构具体负责。

对海关总署作出的具体行政行为不服向海关总署申请行政复议的，由原承办具体行政行为有关事项的部门或者机构具体负责提出书面答复，并且提交当初作出具体行政行为的证据、依据和其他有关材料。

第二节 行政复议审理

第四十六条 海关行政复议案件实行合议制审理。合议人员为不得少于3人的单数。合议人员由海关行政复议机构负责人指定的行政复议人员或者海关行政复议机构聘任或者特邀的其他具有专业知识的人员担任。

被申请人所属人员不得担任合议人员。对海关总署作出的具体行政行为不服向海关总署申请行政复议的，原具体行政行为经办部门的人员不得担任合议人员。

对于事实清楚、案情简单、争议不大的海关行政复议案件，也可以不适用合议制，但是应当由2名以上行政复议人员参加审理。

第四十七条 海关行政复议机构负责人应当指定一名行政复议人员担任主审，具体负责对行政复议案件事实的审查，并且对所认定案件事实的真实性和适用法律的准确性承担主要责任。

合议人员应当根据复议查明的事实，依据有关法律、行政法规和海关规章的规定，提出合议意见，并且对提出的合议意见的正确性负责。

第四十八条 申请人、被申请人或者第三人认为合议人员或者案件审理人员与本案有利害关系或者有其他关系可能影响公正审理行政复议案件的，可以申请合议人员或者案件审理人员回避，同时应当说明理由。

合议人员或者案件审理人员认为自己与本案有利害关系或者有其他关系的，应当主动申请回避。海关行政复议机构负责人也可以指令合议人员或者案件审理人员回避。

行政复议人员的回避由海关行政复议机构负责人决定。海关行政复议机构负责人的回避由海关行政复议机关负责人决定。

第四十九条 海关行政复议机构审理行政复议案件应当向有关组织和人员调查情况，听取申请人、被申请人和第三人的意见；海关行政复议机构认为必要时可以实地调查核实证据；对于事实清楚、案情简单、争议不大的案件，可以采取书面审查的方式进行审理。

第五十条 海关行政复议机构向有关组织和人员调查取证时，可以查阅、复制、调取有关文件和资料，向有关人员进行询问。

调查取证时，行政复议人员不得少于2人，并且应当主动向有关人员出示调查证。被调查单位和人员应当配合行政复议人员的工作，不得拒绝或者阻挠。

调查情况、听取意见应当制作笔录，由被调查人员和行政复议人员共同签字确认。

第五十一条 行政复议期间涉及专门事项需要鉴定的，申请人、第三人可以自行委托鉴定机构进行鉴定，也可以申请行政复议机构委托鉴定机构进行鉴定。鉴定费用由申请人、第三人承担。鉴定所用时间不计入行政复议审理期限。

海关行政复议机构认为必要时也可以委托鉴定机构进行鉴定。

鉴定应当委托国家认可的鉴定机构进行。

第五十二条 需要现场勘验的，现场勘验所用时间不计入行政复议审理期限。

第五十三条 申请人、第三人可以查阅被申请人提出的书面答复、提交的作出具体行政行为的证据、依据和其他有关材料，除涉及国家秘密、商业秘密、海关工作秘密或者个人隐私外，海关行政复议机关不得拒绝，并且应当为申请人、第三人查阅有关材料提供必要条件。

有条件的海关行政复议机关应当设立专门的行政复议接待室或者案卷查阅室，配备相应的监控设备。

第五十四条 申请人、第三人查阅有关材料依照下列规定办理：

（一）申请人、第三人向海关行政复议机构提出阅卷要求；

（二）海关行政复议机构确定查阅时间后提前通知申请人或者第三人；

（三）查阅时，申请人、第三人应当出示身份证件；

（四）查阅时，海关行政复议机构工作人员应当在场；

（五）申请人、第三人可以摘抄查阅材料的内容；

（六）申请人、第三人不得涂改、毁损、拆换、取走、增添查阅的材料。

第五十五条 行政复议期间有下列情形之一，影响行政复议案件审理的，行政复议中止，海关行政复议机构应当制作行政复议中止决定书，并且送达申请人、被申请人和第三人：

（一）作为申请人的自然人死亡，其近亲属尚未确定是否参加行政复议的；

（二）作为申请人的自然人丧失参加行政复议的能力，尚未确定法定代理人参加行政复议的；

（三）作为申请人的法人或者其他组织终止，尚未确定权利义务承受人的；

（四）作为申请人的自然人下落不明或者被宣告失踪的；

（五）申请人、被申请人因不可抗力，不能参加行政复议的；

（六）案件涉及法律适用问题，需要有权机关作出解释或者确认的；

（七）案件审理需要以其他案件的审理结果为依据，而其他案件尚未审结的；

（八）申请人依照本办法第三十一条提出对有关规定的审查申请，有权处理的海关、行政机关正在依法处理期间的；

（九）其他需要中止行政复议的情形。

行政复议中止的原因消除后，海关行政复议机构应当及时恢复行政复议案件的审理，制作行政复议恢复审理通知书，并且送达申请人、被申请人和第三人。

第三节 行政复议听证

第五十六条 有下列情形之一的，海关行政复议机构可以采取听证的方式审理：

（一）申请人提出听证要求的；

（二）申请人、被申请人对事实争议较大的；

（三）申请人对具体行政行为适用依据有异议的；

（四）案件重大、复杂或者争议的标的价值较大的；

（五）海关行政复议机构认为有必要听证的其他情形。

第五十七条 海关行政复议机构决定举行听证的，应当制发行政复议听证通知书，将举行听证的时间、地点、具体要求等事项事先通知申请人、被申请人和第三人。

第三人不参加听证的，不影响听证的举行。

第五十八条 听证可以在海关行政复议机构所在地举行，也可以在被申请人或者申请人所在地举行。

第五十九条 行政复议听证应当公开举行，涉及国家秘密、商业秘密、海关工作秘密或者个人隐私的除外。

公开举行的行政复议听证，因听证场所等原因需要限制旁听人员数量的，海关行政复议机构应当作出说明。

对人民群众广泛关注、有较大社会影响或者有利于法制宣传教育的行政复议案件的公开听证，海关行政复议机构可以有计划地组织群众旁听，也可以邀请有关立法机关、司法机关、监察部门、审计部门、新闻单位以及其他有关单位的人员参加旁听。

第六十条 行政复议听证人员为不得少于 3 人的单数，由海关行政复议机构负责人确定，并且指定其中一人为听证主持人。听证可以另指定专人为记录员。

第六十一条 行政复议听证应当按照以下程序进行：

（一）由主持人宣布听证开始、核对听证参加人身份、告知听证参加人的权利和义务；

（二）询问听证参加人是否申请听证人员以及记录员回避，申请回避的，按照本办法第四十八条的规定办理；

（三）申请人宣读复议申请并且阐述主要理由；

（四）被申请人针对行政复议申请进行答辩，就作出原具体行政行为依据的事实、理由和法律依据进行阐述，并且进行举证；

（五）第三人可以阐述意见；

（六）申请人、第三人对被申请人的举证可以进行质证或者举证反驳，被申请人对申请人、第三人的反证也可以进行质证和举证反驳；

（七）要求证人到场作证的，应当事先经海关行政复议机构同意并且提供证人身份等基本情况；

（八）听证主持人和其他听证人员进行询问；

（九）申请人、被申请人和第三人没有异议的证据和证明的事实，由主持人当场予以认定；有异议的并且与案件处理结果有关的事实和证据，由主持人当场或者事后经合议予以认定；

（十）申请人、被申请人和第三人可以对案件事实、证据、适用法律等进行辩论；

（十一）申请人、被申请人和第三人进行最后陈述；

（十二）由申请人、被申请人和第三人对听证笔录内容进行确认，并且当场签名或者盖章；对听证笔录内容有异议的，可以当场更正并且签名或者盖章。

行政复议听证笔录和听证认定的事实应当作为海关行政复议机关作出行政复议决定的依据。

第六十二条 行政复议参加人无法在举行听证时当场提交有关证据的，由主持人根据具体情况限定时间事后提交并且另行进行调查、质证或者再次进行听证；行政复议参加人提出的证据无法当场质证的，由主持人当场宣布事后进行调查、质证或者再次进行听证。

行政复议参加人在听证后的举证未经质证或者未经海关行政复议机构重新调查认可的，不得作为作出行政复议决定的证据。

第四节 行政复议附带抽象行政行为审查

第六十三条 申请人依照本办法第三十一条提出对有关规定的审查申请的，海关行政复议机关对该规定有权处理的，应当在30日内依照下列程序处理：

（一）依法确认该规定是否与法律、行政法规、规章相抵触；

（二）依法确认该规定能否作为被申请人作出具体行政行为的依据；

（三）书面告知申请人对该规定的审查结果。

海关行政复议机关应当制作抽象行政行为审查告知书，并且送达申请人、被申请人。

第六十四条 海关行政复议机关对申请人申请审查的有关规定无权处理的，应当在7日内按照下列程序转送有权处理的上级海关或者其他行政机关依法处理：

（一）转送有权处理的上级海关的，应当报告行政复议有关情况、执行该规定的有关情况、对该规定适用的意见；

（二）转送有权处理的其他行政机关的，在转送函中应当说明行政复议的有关情况、请求确认该规定是否合法。

第六十五条 有权处理的上级海关应当在60日内依照下列程序处理：

（一）依法确认该规定是否合法、有效；

（二）依法确认该规定能否作为被申请人作出具体行政行为的依据；

（三）制作抽象行政行为审查告知书，并且送达海关行政复议机关、申请人和被申请人。

第六十六条 海关行政复议机关在对被申请人作出的具体行政行为进行审查时，认为需对该具体行政行为所依据的有关规定进行审查的，依照本办法第六十三条、第六十四条、第六十五条的规定办理。

第五节 行政复议决定

第六十七条 海关行政复议机构提出案件处理意见，经海关行政复议机关负责人审查批准后，作出行政复议决定。

第六十八条 海关行政复议机关应当自受理申请之日起60日内作出行政复议决定。但是有下列情况之一的，经海关行政复议机关负责人批准，可以延长30日：

（一）行政复议案件案情重大、复杂、疑难的；

（二）决定举行行政复议听证的；

（三）经申请人同意的；

（四）有第三人参加行政复议的；

（五）申请人、第三人提出新的事实或者证据需进一步调查的。

海关行政复议机关延长复议期限，应当制作延长行政复议审查期限通知书，并且送达申请人、被申请人和第三人。

第六十九条 具体行政行为认定事实清楚，证据确凿，适用依据正确，程序合法，内容适当的，海关行政复议机关应当决定维持。

第七十条 被申请人不履行法定职责的，海关行政复议机关应当决定其在一定期限内履行法定职责。

第七十一条 具体行政行为有下列情形之一的，海关行政复议机关应当决定撤销、变更或者确认该具体行政行为违法：

（一）主要事实不清、证据不足的；

（二）适用依据错误的；

（三）违反法定程序的；

（四）超越或者滥用职权的；

（五）具体行政行为明显不当的。

第七十二条 海关行政复议机关决定撤销或者确认具体行政行为违法的，可以责令被申请人在一定期限内重新作出具体行政行为。

被申请人应当在法律、行政法规、海关规章规定的期限内重新作出具体行政行为；法律、行政法规、海关规章未规定期限的，重新作出具体行政行为的期限为60日。

公民、法人或者其他组织对被申请人重新作出的具体行政行为不服，可以依法申请行政复议或者提起行政诉讼。

第七十三条 被申请人未按照本办法第四十三条的规定提出书面答复、提交当初作出具体行政行为的证据、依据和其他有关材料的，视为该具体行政行为没有证据、依据，海关行政复议机关应当决定撤销该具体行政行为。

第七十四条 具体行政行为有下列情形之一，海关行政复议机关可以决定变更：

（一）认定事实清楚，证据确凿，程序合法，但是明显不当或者适用依据错误的；

（二）认定事实不清，证据不足，但是经海关行政复议机关审理查明事实清楚，证据确凿的。

第七十五条 海关行政复议机关在申请人的行政复议请求范围内，不得作出对申请人更为不利的行政复议决定。

第七十六条 海关行政复议机关依据本办法第七十二条规定责令被申请人重新作出具体行政行为的，除以下情形外，被申请人不得作出对申请人更为不利的具体行政行为：

（一）不作出对申请人更为不利的具体行政行为将损害国家利益、社会公共利益或者他人合法权益的；

（二）原具体行政行为适用法律依据错误，适用正确的法律依据需要依法作出对申请人更为不利的具体行政行为的；

（三）被申请人查明新的事实，根据新的事实和有关法律、行政法规、海关规章的强制性规定，需要作出对申请人更为不利的具体行政行为的；

（四）其他依照法律、行政法规或者海关规章规定应当作出对申请人更为不利的具体行政行为的。

第七十七条 海关行政复议机关作出行政复议决定，应当制作行政复议决定书，送达申请人、被申请人和第三人。

行政复议决定书应当载明下列内容：

（一）申请人姓名、性别、年龄、职业、住址（法人或者其他组织的名称，地址，法定代表人或者主要负责人的姓名、职务）；

（二）第三人姓名、性别、年龄、职业、住址（法人或者其他组织的名称，地址，法定代表人或者主要负责人的姓名、职务）；

（三）被申请人名称、地址、法定代表人姓名；

（四）申请人申请复议的请求、事实和理由；

（五）被申请人答复的事实、理由、证据和依据；

（六）行政复议认定的事实和相应的证据；

（七）作出行政复议决定的具体理由和法律依据；

（八）行政复议决定的具体内容；

（九）不服行政复议决定向人民法院起诉的期限和具体管辖法院；

（十）作出行政复议决定的日期。

行政复议决定书应当加盖海关行政复议机关的印章。

行政复议决定书一经送达，即发生法律效力。

行政复议决定书直接送达的，行政复议人员应当就行政复议认定的事实、证据、作出行政复议决定的理由、依据向申请人、被申请人和第三人作出说明；申请人、被申请人和第三人对行政复议决定书提出异议的，除告知其向人民法院起诉的权利外，应当就有关异议作出解答。行政复议决定书以其他方式送达的，申请人、被申请人和第三人就行政复议决定书有关内容向海关行政复议机构提出异议的，行政复议人员应当向申请人、被申请人和第三人作出说明。

经申请人和第三人同意，海关行政复议机关可以通过出版物、海关门户网站、海关公告栏等方式公布生效的行政复议法律文书。

第七十八条 行政复议决定书送达申请人、被申请人和第三人后，海关行政复议机关发现行政复议决定书有需要补充、更正的内容，但是不影响行政复议决定的实质内容的，应当制发行政复议决定补正通知书，并且送达申请人、被申请人和第三人。

第七十九条 有下列情形之一的，海关行政复议机关应当决定驳回行政复议申请：

（一）申请人认为海关不履行法定职责申请行政复议，海关行政复议机关受理后发现被申请人没有相应法定职责或者被申请人在海关行政复议机关受理该行政复议申请之前已经履行法定职责的；

（二）海关行政复议机关受理行政复议申请后，发现该行政复议申请不符合受理条件的。

海关行政复议机关的上一级海关认为该行政复议机关驳回行政复议申请的理由不成立的，应当责令其恢复审理。

第八十条 申请人在行政复议决定作出前自愿撤回行政复议申请的，经海关行政复议机构同意，可以撤回。

申请人撤回行政复议申请的，不得再以同一事实和理由提出行政复议申请。但是，申请人能够证明撤回行政复议申请违背其真实意思表示的除外。

第八十一条 行政复议期间被申请人改变原具体行政行为，但是申请人未依法撤回行政复议申请的，不影响行政复议案件的审理。

第八十二条 行政复议期间有下列情形之一的，行政复议终止：

（一）申请人要求撤回行政复议申请，海关行政复议机构准予撤回的；

（二）作为申请人的自然人死亡，没有近亲属或者其近亲属放弃行政复议权利的；

（三）作为申请人的法人或者其他组织终止，其权利义务的承受人放弃行政复议权利的；

（四）申请人与被申请人达成和解，并且经海关行政复议机构准许的；

（五）申请人对海关限制人身自由的行政强制措施不服申请行政复议后，因申请人同一违法行为涉嫌犯罪，该限制人身自由的行政强制措施变更为刑事拘留的，或者申请人对海关扣留财产的行政强制措施不服申请行政复议后，因申请人同一违法行为涉嫌犯罪，该扣留财产的行政强制措施变更为刑事扣押的；

（六）依照本办法第五十五条第一款第（一）项、第（二）项、第（三）项规定中止行政复议，满60日行政复议中止的原因仍未消除的；

（七）申请人以传真、电子邮件形式递交行政复议申请书后未在规定期限内提交有关材料的原件的。

行政复议终止，海关行政复议机关应当制作行政复议终止决定书，并且送达申请人、被申请人和第三人。

第六节　行政复议和解和调解

第八十三条　公民、法人或者其他组织对海关行使法律、行政法规或者海关规章规定的自由裁量权作出的具体行政行为不服申请行政复议，在海关行政复议机关作出行政复议决定之前，申请人和被申请人可以在自愿、合法基础上达成和解。

第八十四条　申请人和被申请人达成和解的，应当向海关行政复议机构提交书面和解协议。和解协议应当载明行政复议请求、事实、理由和达成和解的结果，并且由申请人和被申请人签字或者盖章。

第八十五条　海关行政复议机构应当对申请人和被申请人提交的和解协议进行审查，和解确属申请人和被申请人的真实意思表示，和解内容不违反法律、行政法规或者海关规章的强制性规定，不损害国家利益、社会公共利益和他人合法权益的，应当准许和解，并且终止行政复议案件的审理。

准许和解并且终止行政复议的，应当在行政复议终止决定书中载明和解的内容。

第八十六条　经海关行政复议机关准许和解的，申请人和被申请人应当履行和解协议。

第八十七条　经海关行政复议机关准许和解并且终止行政复议的，申请人以同一事实和理由再次申请行政复议的，不予受理。但是，申请人提出证据证明和解违反自愿原则或者和解内容违反法律、行政法规或者海关规章的强制性规定的除外。

第八十八条　有下列情形之一的，海关行政复议机关可以按照自愿、合法的原则进行调解：

（一）公民、法人或者其他组织对海关行使法律、行政法规或者海关规章规定的自由裁量权作出的具体行政行为不服申请行政复议的；

（二）行政赔偿、查验赔偿或者行政补偿纠纷。

第八十九条　海关行政复议机关主持调解应当符合以下要求：

（一）调解应当在查明案件事实的基础上进行；

（二）海关行政复议机关应当充分尊重申请人和被申请人的意愿；

（三）组织调解应当遵循公正、合理原则；

（四）调解结果应当符合有关法律、行政法规和海关规章的规定，不得违背法律精神和原则；

（五）调解结果不得损害国家利益、社会公共利益或者他人合法权益。

第九十条　海关行政复议机关主持调解应当按照下列程序进行：

（一）征求申请人和被申请人是否同意进行调解的意愿；

（二）经申请人和被申请人同意后开始调解；

（三）听取申请人和被申请人的意见；

（四）提出调解方案；

（五）达成调解协议。

调解期间申请人或者被申请人明确提出不进行调解的，应当终止调解。终止调解后，申请人、被申请人再次请求海关行政复议机关主持调解的，应当准许。

第九十一条　申请人和被申请人经调解达成协议的，海关行政复议机关应当制作行政复议调解书。行政复议调解书应当载明下列内容：

（一）申请人姓名、性别、年龄、职业、住址（法人或者其他组织的名称，地址，法定代表人或者主要负责人的姓名、职务）；

（二）被申请人名称、地址、法定代表人姓名；

（三）申请人申请行政复议的请求、事实和理由；

（四）被申请人答复的事实、理由、证据和依据；

（五）行政复议认定的事实和相应的证据；

（六）进行调解的基本情况；

（七）调解结果；

（八）申请人、被申请人履行调解书的义务；

（九）日期。

行政复议调解书应当加盖海关行政复议机关的印章。行政复议调解书经申请人、被申请人签字或者盖章，即具有法律效力。

第九十二条 申请人和被申请人提交书面和解协议，并且要求海关行政复议机关按照和解协议内容制作行政复议调解书的，行政复议机关应当进行审查，申请人和被申请人达成的和解协议符合本办法第八十九条第（四）项、第（五）项规定的，海关行政复议机关可以根据和解协议的内容按照本办法第九十一条的规定制作行政复议调解书。

第九十三条 调解未达成协议或者行政复议调解书生效前一方反悔的，海关行政复议机关应当及时作出行政复议决定。

第七节 行政复议决定的执行

第九十四条 申请人认为被申请人不履行或者无正当理由拖延履行行政复议决定书、行政复议调解书的，可以申请海关行政复议机关责令被申请人履行。

海关行政复议机关发现被申请人不履行或者无正当理由拖延履行行政复议决定书、行政复议调解书的，应当责令其限期履行，并且制作责令限期履行行政复议决定通知书，送达被申请人。

第九十五条 申请人在法定期限内未提起行政诉讼又不履行海关行政复议决定的，按照下列规定分别处理：

（一）维持具体行政行为的海关行政复议决定，由作出具体行政行为的海关依法强制执行或者申请人民法院强制执行；

（二）变更具体行政行为的海关行政复议决定，由海关行政复议机关依法强制执行或者申请人民法院强制执行；海关行政复议机关也可以指定作出具体行政行为的海关依法强制执行，被指定的海关应当及时将执行情况上报海关行政复议机关。

第九十六条 申请人不履行行政复议调解书的，由作出具体行政行为的海关依法强制执行或者申请人民法院强制执行。

第六章 海关行政复议指导和监督

第九十七条 海关行政复议机关应当加强对行政复议工作的领导。

海关行政复议机构按照职责权限对行政复议工作进行督促、指导。

第九十八条 上级海关应当加强对下级海关履行行政复议职责的监督，通过定期检查、抽查等方式，对下级海关的行政复议工作进行检查，并且及时反馈检查结果。

海关发现本海关或者下级海关作出的行政复议决定有错误的，应当予以纠正。

第九十九条 海关行政复议机关在行政复议期间发现被申请人的具体行政行为违法或者需要做好善后工作的，可以制作行政复议意见书，对被申请人纠正执法行为、改进执法工作提出具体意见。

被申请人应当自收到行政复议意见书之日起60日内将纠正相关行政违法行为或者做好善后工作的情况报告海关行政复议机构。

第一百条 海关行政复议机构在行政复议期间发现法律、行政法规、规章的实施中带有普遍性的问题，可以向有关机关提出完善立法的建议。

海关行政复议机构在行政复议期间发现海关执法中存在的普遍性问题，可以制作行政复议建议书，向本海关有关业务部门提出改进执法的建议；对于可能对本海关行政决策产生重大影响的问题，海关行政复议机构应当将行政复议建议书报送本级海关行政首长；属于上一级海关处理权限的问题，海关行政复议机关可以向上一级海关提出完善制度和改进执法的建议。

第一百零一条 各级海关行政复议机关办理的行政复议案件中，申请人与被申请人达成和解协议后海关行政复议机关终止行政复议，或者申请人与被申请人经调解达成协议，海关行政复议机关制作行政复议调解书的，应当向海关总署行政复议机构报告，并且将有关法律文书报该部门备案。

第一百零二条 海关行政复议机构在办理行政复议案件的过程中，应当及时将制发的有关法律文书在海关行政复议信息系统中备案。

第一百零三条 海关行政复议机构应当每半年向本海关和上一级海关行政复议机构提交行政复议工作状况分析报告。

第一百零四条 海关总署行政复议机构应当每半年组织一次对行政复议人员的业务培训，提高行政复议人员的专业素质。

其他海关行政复议机构可以根据工作需要定期组织对本海关行政复议人员的培训。

第一百零五条 海关行政复议机关对于在办理行政

复议案件中依法保障国家利益，维护公民、法人或者其他组织的合法权益，促进海关依法行政和社会和谐、成绩显著的单位和人员，应当依照《海关系统奖励规定》给予表彰和奖励。

海关行政复议机关应当定期总结行政复议工作，对在行政复议工作中做出显著成绩的单位和个人，应当依照《海关系统奖励规定》给予表彰和奖励。

第七章　法律责任

第一百零六条　海关行政复议机关、海关行政复议机构、行政复议人员有行政复议法第三十四条，第三十五条，行政复议法实施条例第六十四条规定情形的，依照行政复议法、行政复议法实施条例的有关规定处理。

第一百零七条　被申请人有行政复议法第三十六条、第三十七条，行政复议法实施条例第六十二条规定情形的，依照行政复议法、行政复议法实施条例的有关规定处理。

第一百零八条　上级海关发现下级海关及有关工作人员有违反行政复议法、行政复议法实施条例和本办法规定的，应当制作处理违法行为建议书，向有关海关提出建议，该海关应当依照行政复议法和有关法律、行政法规的规定作出处理，并且将处理结果报告上级海关。

海关行政复议机构发现有关海关及其工作人员有违反行政复议法、行政复议法实施条例和本办法规定的，应当制作处理违法行为建议书，向人事、监察部门提出对有关责任人员的处分建议，也可以将有关人员违法的事实材料直接转送人事、监察部门处理；接受转送的人事、监察部门应当依法处理，并且将处理结果通报转送的海关行政复议机构。

第八章　附　则

第一百零九条　海关行政复议期间的计算和行政复议法律文书的送达，依照民事诉讼法关于期间、送达的规定执行。

本办法关于行政复议期间有关“5 日”、“7 日”的规定是指工作日，不含节假日。

第一百一十条　海关行政复议机关受理行政复议申请，不得向申请人收取任何费用。

海关行政复议活动所需经费，办公用房以及交通、通讯、监控等设备由各级海关予以保障。

第一百一十一条　外国人、无国籍人、外国组织在中华人民共和国境内向海关申请行政复议，适用本办法。

第一百一十二条　海关行政复议机关可以使用行政复议专用章。在海关行政复议活动中，行政复议专用章和行政复议机关的印章具有同等法律效力。

第一百一十三条　海关行政复议机关办理行政复议案件、海关作为被申请人参加行政复议活动，该海关行政复议机构应当对有关案件材料进行整理，按照规定立卷归档。

第一百一十四条　本办法由海关总署负责解释。

第一百一十五条　本办法自 2007 年 11 月 1 日起施行。1999 年 8 月 30 日海关总署令第 78 号发布的《中华人民共和国海关实施〈行政复议法〉办法》同时废止。

中华人民共和国海关行政赔偿办法

（2003 年 3 月 24 日海关总署令第 101 号发布，自 2003 年 5 月 1 日起施行）

目　录

第一章　总　则

第一条　为保护公民、法人和其他组织依法取得行政赔偿的权利，促进海关及其工作人员依法行使职权，保证各级海关依法、正确、及时处理行政赔偿案件，根据《中华人民共和国国家赔偿法》（以下简称《国家赔偿法》）、《中华人民共和国海关法》（以下简称《海关法》）以及有关法律、行政法规，制定本办法。

第二条　各级海关办理行政赔偿案件，包括因海关及其工作人员违法行使行政职权导致的行政赔偿和依法对进出境货物、物品实施查验而发生的查验赔偿，适用本办法。

第三条　海关负责法制工作的机构是海关行政赔偿主管部门，履行下列职责：

（一）受理行政赔偿申请；

（二）审理行政赔偿案件，提出赔偿意见；

（三）拟定行政赔偿决定书等有关法律文书；

（四）办理行政复议附带行政赔偿案件、行政赔偿复议案件；

（五）执行生效的行政赔偿法律文书；

（六）对追偿提出处理意见；

（七）办理行政赔偿诉讼的应诉事项；

（八）办理与行政赔偿案件有关的其他事项。

第四条　办理赔偿案件应当遵循合法、公正、公开、及时的原则，坚持有错必纠。

第二章　赔偿范围

第一节　行政赔偿

第五条　海关及其工作人员有下列违法行使行政职权，侵犯公民人身权情形之一的，受害人有取得赔偿的权利：

（一）违法扣留公民的，具体包括：

1. 对没有走私犯罪嫌疑的公民予以扣留的；

2. 未经直属海关关长或者其授权的隶属海关关长批准实施扣留的；

3. 扣留时间超过法律规定期限的；

4. 有其他违法情形的。

（二）违法采取其他限制公民人身自由的行政强制措施的。

（三）非法拘禁或者以其他方法非法剥夺公民人身自由的。

（四）以殴打等暴力行为或者唆使他人以殴打等暴力行为造成公民身体伤害或者死亡的。

（五）违法使用武器、警械造成公民身体伤害或者死亡的。

（六）造成公民身体伤害或者死亡的其他违法行为。

第六条　海关及其工作人员有下列违法行使行政职权，侵犯公民、法人或者其他组织财产权情形之一的，受害人有取得赔偿的权利：

（一）违法实施罚款，没收货物、物品、运输工具或其他财产，追缴无法没收的货物、物品、运输工具的等值价款，暂停或者撤销企业从事有关海关业务资格及其他行政处罚的；

（二）违法对生产设备、货物、物品、运输工具等财产采取扣留、封存等行政强制措施的；

（三）违法收取保证金、风险担保金、抵押物、质押物的；

（四）违法收取滞报金、监管手续费等费用的；

（五）违法采取税收强制措施和税收保全措施的；

（六）擅自使用扣留的货物、物品、运输工具或者其他财产，造成损失的；

（七）对扣留的货物、物品、运输工具或者其他财产不履行保管职责，严重不负责任，造成财物毁损、灭失的，但依法交由有关单位负责保管的情形除外；

（八）违法拒绝接受报关、核销等请求，拖延监管，故意刁难，或不履行其他法定义务，给公民、法人或者其他组织造成财产损失的；

（九）变卖财产应当拍卖而未依法拍卖，或者有其他违法处理情形造成直接损失的；

（十）造成财产损害的其他违法行为。

第七条　属于下列情形之一的，海关不承担行政赔偿责任：

（一）海关工作人员与行使职权无关的个人行为；

（二）因公民、法人和其他组织自己的行为致使损害发生的；

（三）因不可抗力造成损害后果的；

（四）法律规定的其他情形。

因公民、法人和其他组织的过错致使损失扩大的，对扩大部分海关不承担赔偿责任。

第二节　查验赔偿

第八条　根据《海关法》第九十四条的规定，海关在依法查验进出境货物、物品时，损坏被查验的货物、物品的，应当赔偿当事人的实际损失。

第九条　有下列情形之一的，海关不承担赔偿责任：

（一）属于本办法第七条规定的情形的；

（二）由于当事人或其委托的人搬移、开拆、重封包装或保管不善造成的损失；

（三）易腐、易失效货物、物品在海关正常工作程序所需要时间内（含代保管期间）所发生的变质或失效，当事人事先未向海关声明或者海关已采取了适当的措施仍不能避免的；

（四）海关正常检查产生的不可避免的磨损和其他损失；

（五）在海关查验之前所发生的损坏和海关查验之后发生的损坏；

（六）海关为化验、取证等目的而提取的货样。

第三章　赔偿请求人和赔偿义务机关

第十条　受害的公民、法人和其他组织有权要求赔偿。

受害的公民死亡，其继承人和其他有扶养关系的亲属以及死者生前扶养的无劳动能力的人有权要求赔偿。

受害的法人或者其他组织终止，承受其权利的法人或者其他组织有权要求赔偿。

第十一条　赔偿请求人为无民事行为能力人或者限制民事行为能力人的，由其法定代理人或指定代理人代为要求赔偿。

第十二条　海关及其工作人员违法行使行政职权侵犯公民、法人和其他组织的合法权益造成损害的，该海关为赔偿义务机关。

两个以上海关共同行使行政职权时侵犯公民、法人和其他组织的合法权益造成损害的，共同行使行政职权的海关为共同赔偿义务机关。

海关依法设立的派出机构行使行政职权侵犯公民、法人和其他组织的合法权益造成损害的，设立该派出机构的海关为赔偿义务机关。

受海关委托的组织或者个人在行使受委托的行政权力时侵犯公民、法人和其他组织的合法权益造成损害的，委托的海关为赔偿义务机关。

第十三条　海关查验进出境货物、物品时，损坏被查验的货物、物品的，实施查验的海关为赔偿义务机关。

第十四条　赔偿义务机关被撤销的，继续行使其职权的海关为赔偿义务机关；没有继续行使其职权的海关的，该海关的上一级海关为赔偿义务机关。

第十五条　经行政复议机关复议的，最初造成侵权行为的海关为赔偿义务机关，但复议机关的复议决定加重损害的，复议机关对加重的部分履行赔偿义务。

第四章　赔偿程序

第一节　行政赔偿程序

第十六条　赔偿义务机关对依法确认有本办法第五条、第六条规定的情形之一，侵犯公民、法人或者其他组织合法权益的，应当给予赔偿。

第十七条　赔偿请求人要求行政赔偿应当先向赔偿义务机关提出，也可以在申请行政复议和提起行政诉讼时一并提出。

赔偿请求人可以向共同赔偿义务机关中的任何一个赔偿义务机关要求赔偿，该赔偿义务机关应当先予赔偿。

赔偿请求人根据受到的不同损害，可以同时提出数项赔偿要求。

第十八条　赔偿请求人要求赔偿应当递交申请书，申请书应当载明下列事项：

（一）赔偿请求人的姓名、性别、年龄、工作单位和住所，赔偿请求人为法人或者其他组织的，应当写明法人或者其他组织的名称、住所和法定代表人或者主要负责人的姓名、职务；

（二）具体的要求、事实根据和理由；

（三）申请的年、月、日。

赔偿请求人书写申请书确有困难的，可以委托他人代书；赔偿请求人也可以口头申请。口头申请的，赔偿义务机关应当制作行政赔偿口头申请记录，并当场交由赔偿请求人签章确认。

第十九条　赔偿请求人委托代理人代为参加赔偿案件处理的，应当向海关出具委托书，委托书应当具体载明下列事项：

（一）委托人姓名（法人或者其他组织的名称，法定代表人的姓名、职务）、代理人姓名、性别、年龄、职业、地址及邮政编码；

（二）代理人代为提起、变更、撤回赔偿请求，递交证据材料，收受法律文书等代理权限；

（三）代理人参加赔偿案件处理的期间；

（四）委托日期及委托人、代理人签章。

第二十条 同赔偿案件处理结果有利害关系的其他公民、法人或者其他组织，可以作为第三人参加赔偿案件处理。

申请以第三人身份参加赔偿案件处理的，应当以书面形式提出，并对其与赔偿案件处理结果有利害关系负举证责任。赔偿义务机关认为必要时，也可以通知第三人参加。

第三人参加赔偿案件处理的，赔偿义务机关应当制作第三人参加行政赔偿案件处理通知书，并送达第三人、赔偿请求人。

第二十一条 赔偿请求人要求赔偿时，应当提供符合受理条件的相应的证据材料。

本办法第十条第二款规定的赔偿请求人要求赔偿的，还应当提供公民死亡的证明及赔偿请求人与死亡公民之间的关系证明；本办法第十条第三款规定的赔偿请求人要求赔偿的，还应当提供原法人或者其他组织终止的证明，以及承受其权利的证明。

第二十二条 赔偿义务机关收到赔偿申请后，应当在5个工作日内进行审查，分别作出以下处理：

（一）对不符合本办法规定，有下列情形之一的，决定不予受理，制作行政赔偿申请不予受理决定书，并送达赔偿请求人：

1. 赔偿请求人不是本办法第十条规定的有权要求赔偿的公民、法人和其他组织；

2. 不属于本办法第五条、第六条规定的行政赔偿范围；

3. 超过法定请求赔偿的期限，且无本办法第六十一条第二款规定情形的；

4. 已向复议机关申请复议或者已向人民法院提起行政诉讼，复议机关或人民法院已经依法受理的；

5. 以海关制定发布的行政规章或者具有普遍约束力的规定、决定侵犯其合法权益造成损害为由，请求赔偿的。

（二）对未经依法确认违法的具体行政行为请求赔偿的，如该具体行政行为尚在法定的复议、诉讼期限内，应当书面告知申请人有权依法向上一级海关申请行政复议或者向人民法院提起行政诉讼，并可以一并提出赔偿请求；经告知后，申请人要求赔偿义务机关直接对侵权行为的违法性予以确认并作出赔偿决定的，赔偿义务机关应当予以受理。如该具体行政行为已超过法定的复议、诉讼期限，应当作为申诉案件处理，并书面通知当事人，原具体行政行为经申诉确认违法后，可以依法请求赔偿。

（三）对材料不齐备的，应当在审查期限内书面告知赔偿请求人补正材料。

（四）对符合本办法规定，但是本海关不是赔偿义务机关的，应当在审查期限内书面告知申请人向赔偿义务机关提出。

（五）对符合本办法有关规定且属于本海关受理的赔偿申请，决定受理，制作行政赔偿申请受理决定书并送达赔偿请求人。

决定受理的，赔偿主管部门收到申请之日即为受理之日；经赔偿请求人补正材料后决定受理的，赔偿主管部门收到补正材料之日为受理之日。

第二十三条 两个以上赔偿请求人对赔偿义务机关的同一行为分别提出赔偿申请的，赔偿义务机关可以并案审理，并以收到后一个申请的日期为正式受理的日期。

第二十四条 对赔偿请求人依法提出的赔偿申请，赔偿义务机关无正当理由不予受理的，上一级海关应当责令其受理，并制作责令受理行政赔偿申请通知书。

第二十五条 赔偿案件审理原则上采用书面审查的办法。赔偿请求人提出要求或者赔偿主管部门认为有必要时，可以向有关组织和人员调查情况，听取赔偿请求人、第三人的意见。

第二十六条 审理赔偿案件实行合议制。

实行合议制参照《中华人民共和国海关实施〈行政复议法〉办法》以及海关审理行政复议案件实行合议制的有关规定执行。

第二十七条 合议人员与赔偿案件有利害关系或者有其他关系可能影响案件公正处理的，应当回避。

有前款所述情形的，合议人员应当申请回避，赔偿请求人、第三人及其代理人也有权申请合议人员回避。

赔偿义务机关合议人员的回避由赔偿主管部门的负责人决定，赔偿主管部门负责人的回避由赔偿义务机关负责人决定。

第二十八条 赔偿请求人向赔偿义务机关提出行政赔偿请求的，如海关及其工作人员行使职权的行为已经依法确认违法或者不违法的，赔偿义务机关应当根据已经确认的结果依法作出赔偿或者不予赔偿的决定；如未经依法确认的，赔偿义务机关应当先对海关及其工作人员行使职权的行为是否违法予以确认，再依法作出赔偿或者不予赔偿的决定。

第二十九条 有下列生效法律文书或证明材料的，

应当视为被请求赔偿的海关及其工作人员行使行政职权的行为已被依法确认违法：

（一）赔偿义务机关对本海关及其工作人员行使行政职权的行为认定为违法的文书；

（二）赔偿义务机关以本海关及其工作人员行使行政职权的行为违法为由决定予以撤销、变更的文书；

（三）复议机关确认原具体行政行为违法或者以原具体行政行为违法为由予以撤销、变更的复议决定书；

（四）上级海关确认原具体行政行为违法或者以原具体行政行为违法为由予以撤销、变更的其他法律文书；

（五）人民法院确认原具体行政行为违法或者以原具体行政行为违法为由予以撤销、变更的行政判决书、裁定书。

第三十条 赔偿请求人对其主张及造成财产损失和人身损害的事实负有举证责任，应当提供相应的证据。

第三十一条 在赔偿义务机关受理赔偿申请之后，赔偿决定作出之前，有下列情形之一的，应当终止赔偿案件审理，制作行政赔偿案件终止决定书，并送达赔偿请求人、第三人：

（一）赔偿请求人申请撤回赔偿申请的；

（二）发现在受理赔偿申请之前赔偿请求人已向复议机关申请复议或者已向人民法院提起行政诉讼，并且复议机关或人民法院已经依法受理的；

（三）有其他应当终止的情形的。

第三十二条 海关行政赔偿主管部门应当对行政赔偿案件进行审查，提出处理意见。处理意见经赔偿义务机关负责人同意或者经赔偿义务机关案件审理委员会讨论通过后，按照下列规定作出决定：

（一）有下列情形之一的，依法作出不予赔偿的决定：

1. 海关及其工作人员行使行政职权的行为是依法作出，没有违法情形的；

2. 海关及其工作人员行使职权的行为虽然已被依法确认为违法，但未造成公民、法人或其他组织直接财产损失或公民人身损害的；

3. 已经确认违法的行为与公民、法人或其他组织受到的财产损失或公民人身损害没有直接因果关系的；

4. 属于本办法第七条第一款规定的情形之一的。

（二）对已被确认为违法的海关及其工作人员行使行政职权的行为直接造成了公民、法人或其他组织财产损失或公民人身损害的，依法作出赔偿的决定。

赔偿义务机关依据以上规定作出赔偿或者不予赔偿决定，应当分别制作行政赔偿决定书或者不予行政赔偿决定书，并送达赔偿请求人和第三人。

第三十三条 赔偿请求人向共同赔偿义务机关要求赔偿的，最先收到赔偿申请的赔偿义务机关为赔偿案件的办理机关。

办理机关收到赔偿申请后，应当将赔偿申请书副本送达其他赔偿义务机关，经与其他赔偿义务机关取得一致意见后，依法作出赔偿或者不予赔偿决定，并制作决定书。决定赔偿的，同时开具赔偿金额分割单。决定书和赔偿金额分割单应当由共同赔偿义务机关签章确认。共同赔偿义务机关不能取得一致意见的，由共同赔偿义务机关报请它们的共同上级海关作出决定。

第三十四条 侵权行为已经确认违法的，赔偿义务机关也可以在合法、自愿的前提下，就赔偿范围、赔偿方式和赔偿数额与赔偿请求人进行协商，协商成立的，应当制作行政赔偿协议书，并由双方签章确认。

达成赔偿协议后，赔偿请求人以同一事实和理由再次请求赔偿的，不予受理。

第三十五条 赔偿义务机关应当自受理赔偿申请之日起 2 个月内依法作出赔偿或者不予赔偿的决定。但有下列情形之一的，期间中止，从中止期间的原因消除之日起，赔偿义务机关作出决定的期间继续计算：

（一）赔偿请求人死亡，需要等待其继承人或其他有扶养关系的亲属以及死者生前扶养的无劳动能力的人表明是否参加赔偿案件处理的；

（二）作为赔偿请求人的法人或者其他组织终止，需要等待其权利承受人的确定以及其权利承受人表明是否参加赔偿案件处理的；

（三）赔偿请求人丧失行为能力，尚未确定其法定代理人或指定代理人的；

（四）赔偿请求人因不可抗拒的事由，不能参加赔偿案件处理的；

（五）需要依据司法机关，其他行政机关、组织的决定或者结论作出决定的；

（六）其他应当中止的情形。

赔偿义务机关违反上述规定逾期不作出决定的，赔偿请求人可以自期间届满之日起 60 日内向赔偿义务机关的上一级海关申请行政复议，赔偿请求人对不予赔偿的决定或对赔偿数额、赔偿方式等有异议的，可以自收到决定书之日起 60 日内向赔偿义务机关的上一级海关申请行政复议；赔偿请求人也可以自期间届满之日或者收到决定书之日起 3 个月内向人民法院提起诉讼。

第三十六条 申请人在申请行政复议时一并提出赔

偿请求的，复议机关应当根据《中华人民共和国行政复议法》、《中华人民共和国海关实施〈行政复议法〉办法》的有关规定办理。

复议机关对原具体行政行为确认违法或者合法的，应当依据本办法的有关规定在行政复议决定书中一并作出赔偿或者不予赔偿的决定。

申请人对复议决定不服的，可以在收到复议决定书之日起15日内向人民法院提起诉讼；复议机关逾期不作决定的，申请人可以在复议期满之日起15日内向人民法院提起诉讼。

第三十七条 赔偿义务机关应当履行行政赔偿决定，行政赔偿协议，行政复议决定以及发生法律效力的行政赔偿判决、裁定或调解书。

赔偿义务机关不履行或者无正当理由拖延履行的，上一级海关应当责令其限期履行。

第二节 查验赔偿程序

第三十八条 海关关员在查验货物、物品时损坏被查验货物、物品的，应当如实填写中华人民共和国海关查验货物、物品损坏报告书（以下简称海关查验货物、物品损坏报告书）一式两份，由查验关员和当事人双方签字，一份交当事人，一份留海关存查。

海关依法径行开验、复验或者提取货样时，应当会同有关货物、物品保管人员共同进行。如造成货物、物品损坏，查验关员应当请在场的保管人员作为见证人在海关查验货物、物品损坏报告书上签字，并及时通知当事人。

第三十九条 实施查验的海关应当自损坏被查验的货物、物品之日起两个月内确定赔偿金额，并填制海关损坏货物、物品赔偿通知单（以下简称通知单）送达当事人。

第四十条 当事人应当自收到通知单之日起3个月内凭通知单向海关领取赔款，或将银行账号通知海关划拨。逾期无正当理由不向海关领取赔款、不将银行账号通知海关划拨的，不再赔偿。

第四十一条 当事人对赔偿有异议的，可以在收到通知单之日起60日内向作出赔偿决定的海关的上一级海关申请行政复议，对复议决定不服的，可以在收到复议决定之日起15日内向人民法院提起诉讼；也可以自收到通知单之日起3个月内直接向人民法院提起诉讼。

第五章 赔偿方式和计算标准

第四十二条 有本办法第六条规定情形，侵犯公民、法人和其他组织的财产权造成损害的，按照以下规定予以赔偿：

（一）能够返还财产或者恢复原状的，予以返还财产或者恢复原状；

（二）造成财产损坏的，赔偿修复所需费用或者按照损害程度予以赔偿；

（三）造成财产灭失的，按违法行为发生时当地市场价格予以赔偿，灭失的财产属于尚未缴纳税款的进境货物、物品的，按海关依法审定的完税价格予以赔偿；

（四）财产已依法拍卖或者变卖的，给付拍卖或者变卖所得的价款；

（五）扣留的财产因海关保管不当或不依法拍卖、变卖造成损失的，对直接损失部分予以赔偿；

（六）导致仓储费、运费等费用增加的，对增加部分予以赔偿；

（七）造成停产停业的，赔偿停产停业期间的职工工资、税金、水电费等必要的经常性费用；

（八）对财产造成其他损害的，按照直接损失确定赔偿金额。

第四十三条 侵害公民人身权利的，依照《国家赔偿法》第四章的有关规定，确定赔偿方式及赔偿金额。

第四十四条 海关依法查验进出境货物、物品时，损坏被查验的货物、物品的，应当在货物、物品受损程度确定后，以海关依法审定的完税价格为基数，确定赔偿金额。

赔偿的金额，应当根据被损坏的货物、物品或其部件受损耗程度或修理费用确定，必要时，可以凭公证机构出具的鉴定证明确定。

第六章 赔偿费用

第四十五条 依据生效的赔偿决定或者其他法律文书，需要返还财产的，依照下列规定返还：

（一）尚未上交财政的财产，由赔偿义务机关负责返还；

（二）已经上交财政的款项，由赔偿义务机关逐级向海关总署财务主管部门上报，由海关总署向国家财政部门申请返还。

第四十六条 需要支付赔偿金的，由赔偿义务机关先从本单位缉私办案费中垫支，并向海关总署财务主管部门作专项申请，由海关总署向国家财政部门申请核拨国家赔偿费用。

第四十七条 申请核拨国家赔偿费用或者申请返还

已经上交财政的财产，应当根据具体情况，提供下列有关文件或者文件副本：

（一）赔偿请求人请求赔偿的申请书；

（二）赔偿义务机关作出的赔偿决定书或者赔偿协议书；

（三）复议机关的复议决定书；

（四）人民法院的判决书、裁定书或者行政赔偿调解书；

（五）赔偿义务机关对有故意或者重大过失的责任者依法进行行政处分和实施追偿的意见或者决定；

（六）财产已经上交财政的有关凭据；

（七）国家财政部门要求提供的其他文件或者文件副本。

第四十八条 赔偿义务机关向赔偿请求人支付国家赔偿费用或者返还财产，赔偿请求人应当出具合法收据或者其他有效凭证，收据或者其他凭证的副本应当报送国家财政部门备案。

第四十九条 海关依法查验进出境货物、物品时，损坏被查验的货物、物品而发生的查验赔偿，其赔偿费用由各海关从缉私办案费中支付。

第七章 责任追究与追偿

第一节 责任追究

第五十条 对有本办法第五条、第六条所列行为导致国家赔偿的有故意或者重大过失的责任人员，由有关部门依法给予行政处分；有违法所得的，依法没收违法所得；构成犯罪的，依法追究刑事责任。

第二节 追 偿

第五十一条 行政赔偿义务机关赔偿损失后，应当责令有故意或者重大过失的工作人员或者受委托的组织、个人承担部分或者全部赔偿费用。

第五十二条 对责任人员实施追偿时，应当根据其责任大小和造成的损害程度确定追偿的金额。

追偿的金额一般应当在其月基本工资的1－10倍之间。特殊情况下作相应调整。

第五十三条 赔偿义务机关应当在赔偿决定、复议决定作出或者行政赔偿判决、裁定、行政赔偿调解书等法律文书发生法律效力之日起2个月内作出追偿的决定。

第五十四条 国家赔偿费用由国家财政部门核拨的，赔偿义务机关向责任者追偿的国家赔偿费用应当上缴国家财政部门。

第五十五条 有关责任人员对追偿有申辩的权利。

第八章 法律责任

第五十六条 赔偿义务机关违反本办法规定，无正当理由不予受理赔偿申请、经责令受理仍不受理或者不按照规定期限作出赔偿决定的，由有关部门对直接负责的主管人员和其他直接责任人员依法给予行政处分。

第五十七条 赔偿义务机关工作人员在办理赔偿案件中，有徇私舞弊或者其他渎职、失职行为的，由有关主管部门依法给予行政处分；构成犯罪的，依法追究刑事责任。

第五十八条 赔偿义务机关不履行或者无正当理由拖延履行赔偿决定，以及经责令限期履行仍不履行的，由有关部门对直接负责的主管人员和其他直接责任人员依法给予行政处分。

第五十九条 复议机关及其工作人员在行政复议活动中的法律责任适用《中华人民共和国行政复议法》的有关规定。

第九章 附 则

第六十条 对造成受害人名誉权、荣誉权损害的，应当在侵权行为影响的范围内，为受害人消除影响，恢复名誉，赔礼道歉。

第六十一条 赔偿请求人请求国家赔偿的时效为2年，自海关及其工作人员行使职权的行为被依法确认为违法之日起计算，但被羁押期间不计算在内。

赔偿请求人在赔偿请求时效的最后6个月内，因不可抗力或者其他障碍不能行使请求权的，时效中止。从中止时效的原因消除之日起，赔偿请求时效期间继续计算。

第六十二条 赔偿请求人要求赔偿的，赔偿义务机关和复议机关不得向赔偿请求人收取任何费用。

第六十三条 各海关受理行政赔偿申请，受理对赔偿决定不服的复议申请或者一并请求行政赔偿的复议申请，作出赔偿或者不予赔偿的决定或者复议决定，达成行政赔偿协议，决定给予查验赔偿，以及发生行政赔偿诉讼的，应当及时逐级向海关总署行政赔偿主管部门报告，并将有关法律文书报该部门备案。

第六十四条 本办法由中华人民共和国海关总署负责解释。

第六十五条 本办法所称海关包括海关总署。

第六十六条 本办法自2003年5月1日起施行，

《中华人民共和国海关关于查验货物、物品造成损坏的赔偿办法》（〔1987〕署货字650号）、《海关总署关于转发〈国务院办公厅关于实施中华人民共和国国家赔偿法的通知〉的通知》（署法〔1995〕57号）同时废止。

中华人民共和国海关办理申诉案件暂行规定

（2004年11月30日海关总署令第120号公布，自2005年1月1日起施行）

第一条 为了规范海关申诉案件的办理，保护公民、法人或者其他组织的合法权益，保障和监督海关依法行使职权，依据《中华人民共和国海关法》、《中华人民共和国行政处罚法》及其他有关法律、行政法规，制定本规定。

第二条 公民、法人或者其他组织不服海关作出的具体行政行为但在法定期限内未申请行政复议或提起行政诉讼，或者是不服海关行政复议决定但在法定期限内未提起行政诉讼的，可以向海关提出申诉。

申诉人提出申诉，海关受理申诉、作出处理决定，适用本规定。

第三条 海关办理申诉案件，应当遵循合法、公正、公开、及时、便民原则，坚持实事求是，有错必纠。

第四条 申诉人可以向作出原具体行政行为或者复议决定的海关提出申诉，也可以向其上一级海关提出申诉。

对海关总署作出的具体行政行为或者复议决定不服的，应当向海关总署提出申诉。

第五条 对海关调查、缉私部门经办的具体行政行为不服的申诉案件由调查、缉私部门具体负责办理；对其他海关具体行政行为和复议决定不服的申诉案件由负责法制工作的机构具体负责办理。

上述具体负责办理申诉案件的部门以下简称申诉审查部门。

第六条 海关总署认为必要时，可以将不服广东省内直属海关作出的具体行政行为或者行政复议决定向海关总署提出申诉的案件，交由广东分署办理。

第七条 海关有关部门接到的信访、投诉，如涉及海关具体行政行为或者行政复议决定的合法性问题，并符合本规定第八条规定的申诉要求的，应当转送申诉审查部门作为申诉案件办理。

第八条 申诉人提出申诉应当递交书面申诉材料，申诉材料中应写明申诉人的基本情况，明确要求撤销或者变更海关原具体行政行为的申诉请求、具体事实和理由。

第九条 海关申诉审查部门收到申诉人的书面申诉材料后，应当在5个工作日内进行审查，分别作出以下处理：

（一）对符合本规定要求的，决定予以受理，并制发受理申诉决定书；

（二）对不符合本规定，有下列情形之一的，决定不予受理，并书面告知申诉人不予受理的理由：

1. 申诉针对的具体行政行为或者复议决定不是海关作出的；

2. 申诉事项已经人民法院或者行政复议机关受理，正在审查处理中的；

3. 申诉事项已经人民法院作出判决的；

4. 申诉事项已经其他海关作为申诉案件受理或者处理的；

5. 申诉事项已经海关申诉程序处理，申诉人重复申诉的；

6. 仅对海关制定发布的行政规章或者具有普遍约束力的规定、决定提出不服的；

7. 请求事项已超过法律、行政法规规定的办理时限的；

8. 其他依法不应受理的情形。

（三）具体行政行为尚在行政复议、诉讼期限内，或者行政复议决定尚在行政诉讼期限内的，应当及时告知申诉人有权依法申请行政复议或者向人民法院提起行政诉讼。

（四）符合本规定，但需要转送其他海关处理的，应当将申诉材料转送相应海关，同时书面通知申诉人；接受转送的海关应当按照本条其他规定办理。

第十条 决定受理申诉的，海关申诉审查部门收到书面申诉材料之日为受理之日。

第十一条 海关在受理申诉之后，作出处理决定之前，发现有本规定第九条第（二）项所列情形的，应当撤销申诉案件，并书面告知申诉人。

第十二条 申诉审查部门应当对原具体行政行为、行政复议决定是否合法进行审查。

申诉案件的审查原则上采取书面审查的办法。申诉人提出要求或者申诉审查部门认为有必要时，可以向有关组织和人员调查情况，听取申诉人、与申诉案件有利害关系的第三人的意见，听取作出原具体行政行为或者复议决定的海关或者原经办部门的意见。

调查情况、听取意见必要时可以采用听证的方式。

第十三条 申诉审查部门认为需要向作出原具体行政行为或者复议决定的海关或者原经办部门了解情况的，可以在受理申诉之日起7个工作日内，将申诉材料副本发送该海关或者经办部门，该海关或者经办部门应当自收到申诉材料副本之日起10日内，书面说明有关情况，并提交当初作出具体行政行为或者复议决定的有关证据材料。

第十四条 原具体行政行为、复议决定的经办人员不得担任申诉案件的审理人员。

申诉人认为申诉案件的审理人员与本案有利害关系或者有其他关系可能影响公正审理的，有权申请该审理人员回避。审理人员认为自己与本案有利害关系或者有其他关系的，应当申请回避。

审理人员的回避由申诉审查部门负责人决定；申诉审查部门负责人的回避由其所属海关负责人决定。

第十五条 申诉案件处理决定作出前，申诉人可以撤回申诉，撤回申诉应当以书面形式提出。

申诉人撤回申诉的，应当终止申诉案件的审查。

第十六条 海关应当在受理申诉之日起60日内作出处理决定，情况复杂的案件，经申诉审查部门负责人批准，可以适当延长，但延长期限最多不超过30日。

延长审查期限应当书面通知申诉人。

第十七条 海关经对申诉案件进行审查，应当分下列情况作出处理决定：

（一）原具体行政行为、复议决定认定事实清楚，证据确实充分，适用依据正确，程序合法，内容适当的，决定维持，驳回申诉人的申诉请求。

（二）海关有不履行法定职责情形的，决定在一定期限内履行或者责令下级海关在一定期限内履行。

（三）原具体行政行为有下列情形之一的，决定撤销、变更或者确认违法；需要重新作出具体行政行为的，由原作出具体行政行为的海关重新作出：

1. 主要事实不清，证据不足的；

2. 适用依据错误的；

3. 违反法定程序，可能影响公正处理的；

4. 超越或者滥用职权的；

5. 具体行政行为明显不当的。

（四）原复议决定有第（三）项所列情形之一的，决定撤销，由原复议机关重新作出复议决定。

第十八条 申诉审查部门应当对申诉案件提出处理意见，经所属海关负责人批准，按照本规定第十七条的规定作出处理决定。重大、复杂案件应当经案件审理委员会讨论通过。

对原经上级海关审批作出的具体行政行为或复议决定，下级海关办理申诉案件应当提出处理意见，逐级报原审批的上级海关批准，作出处理决定。

第十九条 对申诉案件作出处理决定应当制发法律文书，加盖海关行政印章，并在7个工作日内将法律文书送达申诉人。

上级海关办理的对下级海关的具体行政行为或者复议决定不服的申诉案件，处理决定应当同时送达下级海关。

第二十条 由海关内部其他部门转送的申诉案件，应当将处理决定副本抄送该部门。

由其他机关转送的申诉案件，应当将处理决定副本抄送该机关。

第二十一条 申诉人对经申诉程序改变后的具体行政行为或者重新作出的具体行政行为仍不服的，可以依法申请行政复议、提起行政诉讼。

第二十二条 海关办理申诉案件，不得向申诉人收取任何费用。

第二十三条 审结的申诉案件，应当立申诉卷归档。

第二十四条 本规定由海关总署负责解释。

第二十五条 本规定自2005年1月1日起施行。

中华人民共和国海关关于《中华人民共和国知识产权海关保护条例》的实施办法

（2004年5月25日海关总署令第114号公布，自2004年7月1日起施行）

第一章　总　则

第一条　为了有效实施《中华人民共和国知识产权海关保护条例》（以下简称《条例》），根据《中华人民共和国海关法》以及其他法律、行政法规，制定本办法。

第二条　知识产权权利人请求海关采取知识产权保护措施或者向海关总署办理知识产权海关保护备案的，境内知识产权权利人可以直接或者委托境内代理人提出申请，境外知识产权权利人可以委托其在境内设立的办事机构或者境内代理人提出申请。

知识产权权利人按照前款规定委托境内代理人提出申请的，应当出具规定格式的授权委托书。

第三条　知识产权权利人及其代理人（以下统称知识产权权利人）发现侵权嫌疑货物即将进出口的，可以根据本办法第三章的规定向海关提出扣留侵权嫌疑货物的申请。有关货物涉嫌侵犯已经在海关总署备案的知识产权的，知识产权权利人可以向海关举报，并根据本办法第四章的规定向海关提出扣留侵权嫌疑货物的申请。

第四条　进出口货物的收发货人或其代理人（以下统称收发货人）应当在合理的范围内了解其进出口货物的知识产权状况。需要申报其进出口货物的知识产权状况的，收发货人应当向海关如实申报并提交有关证明文件。

第五条　知识产权权利人或者收发货人向海关提交的有关文件或者证据涉及商业秘密的，知识产权权利人或者收发货人应当向海关书面说明。

海关实施知识产权保护，应当保守有关当事人的商业秘密。但是，海关应当依法公开的信息除外。

第二章　知识产权备案

第六条　知识产权权利人办理知识产权海关保护备案，应当向海关总署提交规定格式的申请书。

知识产权权利人应当就其申请备案的每一项知识产权单独提交一份申请书。知识产权权利人申请国际注册商标备案的，应当就其申请的每一类商品单独提交一份申请书。

第七条　知识产权权利人向海关总署提交备案申请书，应当随附以下文件、证据：

（一）知识产权权利人个人身份证件的复印件、工商营业执照的复印件或者其他注册登记文件的复印件。

（二）国务院工商行政管理部门商标局签发的商标注册证的复印件。申请人经核准变更商标注册事项、续展商标注册、转让注册商标或者申请国际注册商标备案的，还应当提交国务院工商行政管理部门商标局出具的有关商标注册的证明；著作权登记部门签发的著作权自愿登记证明的复印件和经著作权登记部门认证的作品照片。申请人未进行著作权自愿登记的，提交可以证明申请人为著作权人的作品样品以及其他有关著作权的证据；国务院专利行政部门签发的专利证书的复印件。专利授权自公告之日起超过1年的，还应当提交国务院专利行政部门在申请人提出备案申请前6个月内出具的专利登记簿副本。申请实用新型专利或者外观设计专利备案的，还应当提交国务院专利行政部门作出的实用新型专利检索报告的复印件或者国务院专利行政部门发布的外观设计专利公告的复印件。

（三）知识产权权利人许可他人使用注册商标、作品或者实施专利，签订许可合同的，提供许可合同的复印件；未签订许可合同的，提交有关被许可人、许可范围和许可期间等情况的书面说明。

（四）知识产权权利人合法行使知识产权的货物及其包装的照片。

（五）已知的侵权货物进出口的证据。知识产权权利人与他人之间的侵权纠纷已经人民法院或者知识产权主管部门处理的，还应当提交有关法律文书的复印件。

（六）海关总署认为需要提交的其他文件或者证据。

知识产权权利人根据前款规定向海关总署提交的文件和证据应当齐全、真实和有效。有关文件和证据为外文的，应当另附中文译本。海关总署认为必要时，可以要求知识产权权利人提交有关文件或者证据的公证、认证文书。

第八条 知识产权权利人应当在向海关总署申请办理知识产权海关保护备案的同时缴纳备案费。知识产权权利人向海关总署提交备案申请书，应当随附备案费汇款凭证的复印件。

备案费的收取标准由海关总署会同国家有关部门制定并予以公布。

第九条 知识产权海关保护备案自海关总署核准备案之日起生效，有效期为10年。自备案生效之日起知识产权的有效期不足10年的，备案的有效期以知识产权的有效期为准。

《条例》施行前经海关总署核准的备案或者核准续展的备案的有效期仍按原有效期计算。

第十条 在知识产权海关保护备案有效期届满前6个月内，知识产权权利人可以向海关总署提出续展备案的书面申请并随附有关文件。海关总署准予续展备案的，应当书面通知知识产权权利人；不予续展的，应当书面通知知识产权权利人并说明理由。

续展备案的有效期自上一届备案有效期满次日起算，有效期为10年。知识产权的有效期自上一届备案有效期满次日起不足10年的，续展备案的有效期以知识产权的有效期为准。

第十一条 下列备案知识产权的情况发生改变的，知识产权权利人应当自发生改变之日起30个工作日内向海关总署提出变更知识产权海关保护备案的申请并随附有关文件：

（一）知识产权权利人的名称；

（二）注册商标核定使用商品；

（三）许可使用注册商标、作品或者实施专利的情况；

（四）知识产权权利人的通讯地址、联系人、联系电话等；

（五）《条例》第七条规定的其他情况。

第十二条 有下列情形之一的，知识产权权利人应当自备案的知识产权发生改变之日起30个工作日内向海关总署提出注销知识产权海关保护备案的申请并随附有关文件：

（一）知识产权在备案有效期届满前不再受法律、行政法规保护的；

（二）备案的知识产权发生转让的。

对属于前款规定情形的，海关总署可以主动或者根据有关利害关系人的申请注销有关知识产权的备案。

知识产权权利人在备案有效期内放弃备案的，可以向海关总署申请注销备案。

海关总署注销备案，应当书面通知有关知识产权权利人。备案自海关总署注销之日起失效。

第十三条 海关总署根据《条例》第九条的规定撤销知识产权海关保护备案的，应当书面通知知识产权权利人。

海关总署撤销备案的，知识产权权利人自知识产权备案被撤销之日起1年内就被撤销备案的知识产权再次申请备案的，海关总署可以不予受理。

第三章　依申请扣留

第十四条 知识产权权利人发现侵权嫌疑货物即将进出口并要求海关予以扣留的，应当根据《条例》第十三条的规定向货物进出境地海关提交申请书。有关知识产权未在海关总署备案的，知识产权权利人还应当随附本办法第七条第一款第（一）、（二）项规定的文件、证据。

知识产权权利人请求海关扣留侵权嫌疑货物，还应当向海关提交足以证明侵权事实明显存在的证据。知识产权权利人提交的证据，应当能够证明以下事实：

（一）请求海关扣留的货物即将进出口；

（二）在货物上未经许可使用了侵犯其商标专用权的商标标志、作品或者实施了其专利。

第十五条 知识产权权利人请求海关扣留侵权嫌疑货物，应当在海关规定的期限内向海关提供相当于货物价值的担保。

第十六条 知识产权权利人按照本办法第十四条的规定提出申请并且按照第十五条的规定提供担保的，可以在海关扣留侵权嫌疑货物前向海关请求查看有关货物。

经海关同意，知识产权权利人可以在海关扣留侵权嫌疑货物前修改或者撤回其申请。

知识产权权利人提出的申请不符合本办法第十四条的规定或者未按照第十五条的规定提供担保的，海关应当驳回其申请并书面通知知识产权权利人。

第十七条 海关扣留侵权嫌疑货物的，应当将货物的名称、数量、价值、收发货人名称、申报进出口日期、海关扣留日期等情况书面通知知识产权权利人。

知识产权权利人可以根据《条例》第二十三条的规定向人民法院申请采取责令停止侵权行为或者财产保全的措施。自海关扣留侵权嫌疑货物之日起20个工作日内，海关收到人民法院协助执行有关裁定的书面通知的，海关应当予以协助；未收到通知的，海关应当放行货物。

第十八条 海关扣留侵权嫌疑货物，应当将扣留侵权嫌疑货物的书面通知及扣留凭单送达收发货人。经海关同意，收发货人可以查看有关货物。

收发货人认为其进出口货物未侵犯有关知识产权的，应当自海关扣留货物之日起20个工作日内向海关提出书面说明并随附必要的证据。收发货人请求海关放行涉嫌侵犯专利权的货物的，还应当向海关提交放行货物的书面申请和相当于货物价值的担保金。

第十九条 收发货人请求海关放行涉嫌侵犯专利权货物，符合本办法第十八条第二款规定的，海关应当放行货物并书面通知知识产权权利人。

知识产权权利人就有关专利侵权纠纷向人民法院起诉的，应当在前款规定的海关书面通知送达之日起30个工作日内向海关提交人民法院受理案件通知书的复印件。

第四章 依职权调查处理

第二十条 海关对进出口货物实施监管，发现进出口货物涉嫌侵犯在海关总署备案的知识产权的，应当立即书面通知知识产权权利人。

第二十一条 知识产权权利人应当在本办法第二十条规定的海关书面通知送达之日起3个工作日内按照下列规定予以回复：

（一）认为有关货物侵犯其在海关总署备案的知识产权并要求海关予以扣留的，向海关提出扣留侵权嫌疑货物的书面申请并根据本办法第二十二条的规定提供担保；

（二）认为有关货物未侵犯其在海关总署备案的知识产权或者不要求海关扣留侵权嫌疑货物的，向海关书面说明理由。

经海关同意，知识产权权利人可以查看有关货物。

第二十二条 知识产权权利人根据本办法第二十一条第一款第（一）项的规定请求海关扣留侵权嫌疑货物的，应当按照以下规定向海关提供担保：

（一）货物价值不足人民币2万元的，提供相当于货物价值的担保；

（二）货物价值为人民币2万至20万元的，提供相当于货物价值50%的担保，但担保金额不得少于人民币2万元；

（三）货物价值超过人民币20万元的，提供人民币10万元的担保。

经海关同意，知识产权权利人可以向海关提供总担保。总担保金额不得低于人民币20万元。

第二十三条 知识产权权利人根据本办法第二十一条第一款第（一）项的规定提出申请并根据第二十二条的规定提供担保的，海关应当扣留侵权嫌疑货物并书面通知知识产权权利人；未提出申请或者未提供担保的，海关应当放行货物。

第二十四条 海关扣留侵权嫌疑货物，应当将扣留侵权嫌疑货物的书面通知及扣留凭单送达收发货人。经海关同意，收发货人可以查看有关货物。

收发货人认为其进出口货物未侵犯有关知识产权的，应当在海关对侵权嫌疑货物进行调查期间向海关提出书面说明并随附必要的证据。请求海关放行涉嫌侵犯专利权的货物的，还应当自海关扣留货物之日起50个工作日内向海关提交放行货物的书面申请和相当于货物价值的担保金。

收发货人请求海关放行涉嫌侵犯专利权的货物，符合前款规定的，按照本办法第十九条的规定处理。但是，海关在调查期间认定货物侵犯有关专利权的，按照《条例》第二十七条的规定处理。

第二十五条 海关扣留侵权嫌疑货物后，应当依法对侵权嫌疑货物以及其他有关情况进行调查。

收发货人和知识产权权利人应当对海关调查予以配合，如实提供有关情况和证据。

海关对侵权嫌疑货物进行调查，可以请求有关知识产权主管部门提供咨询意见。

第二十六条 自扣留侵权嫌疑货物之日起30个工作日内，海关应当将下列调查结果之一书面通知知识产权权利人：

（一）认定货物侵犯有关知识产权；

（二）认为收发货人有充分的证据证明其货物未侵犯有关知识产权；

（三）不能认定货物是否侵犯有关知识产权。

第二十七条 对海关不能认定有关货物是否侵犯其知识产权的，知识产权权利人可以根据《条例》第二十三条的规定向人民法院申请采取责令停止侵权行为或者财产保全的措施。

自扣留侵权嫌疑货物之日起50个工作日内收到人民法院有关责令停止侵权行为或者财产保全的协助执行通知的，海关应当予以协助；未收到通知的，海关应当放行货物。

第二十八条 海关作出没收侵权货物决定的，应当将下列已知的情况书面通知知识产权权利人：

（一）侵权货物的名称和数量；

（二）收发货人名称；

（三）侵权货物申报进出口日期、海关扣留日期和处罚决定生效日期；

（四）侵权货物的启运地和指运地；

（五）海关可以提供的其他与侵权货物有关情况。

人民法院或者知识产权主管部门处理有关当事人之间的侵权纠纷，需要海关协助调取与进出口货物有关的证据的，海关应当予以协助。

第二十九条 对个人携带或者邮寄进出境的物品，超出自用、合理数量并涉嫌侵犯《条例》第二条规定的知识产权的，海关应当扣留；对经调查认定为侵权的，由海关予以没收。

海关对侵权物品进行调查，知识产权权利人应当予以协助。

第五章 货物处置和费用

第三十条 对海关没收的侵权货物，海关应当依照下列规定处置：

（一）有关货物可以直接用于社会公益事业或者知识产权权利人有收购意愿的，将货物转交给有关公益机构用于社会公益事业或者有偿转让给知识产权权利人；

（二）有关货物不能按照第（一）项的规定处置且侵权特征能够消除的，在消除侵权特征后依法拍卖，拍卖货物所得款项上交国库；

（三）有关货物不能按照第（一）、（二）项规定处置的，应当予以销毁。

海关销毁侵权货物，知识产权权利人应当提供必要的协助。有关公益机构将海关没收的侵权货物用于社会公益事业以及知识产权权利人协助海关销毁侵权货物的，海关应当进行必要的监督。

第三十一条 海关协助执行人民法院有关责令停止侵权行为或者财产保全的裁定或者放行被扣留货物的，知识产权权利人应当支付货物在海关扣留期间的仓储、保管和处置等费用。

海关没收侵权货物的，知识产权权利人应当按照货物在海关扣留后的实际存储时间支付仓储、保管和处置等费用。但海关自没收侵权货物的决定送达收发货人之日起3个月内不能完成货物处置，且非因收发货人申请行政复议、提起行政诉讼或者货物处置方面的其他特殊原因导致的，知识产权权利人不需支付3个月后的有关费用。

海关按照本办法第三十条第一款第（二）项的规定拍卖侵权货物的，拍卖费用的支出按照有关规定办理。

第三十二条 知识产权权利人未按照本办法第三十一条的规定支付有关费用的，海关有权自知识产权权利人提交的担保金中扣除有关费用或者要求担保人履行担保义务。

海关没收侵权货物的，应当于货物处置完毕并结清有关费用后向知识产权权利人退还担保或解除担保责任。

海关协助执行人民法院有关责令停止侵权行为或者财产保全的裁定或者放行被扣留货物的，自海关协助执行人民法院有关裁定或者放行货物之日起20个工作日内，未收到人民法院关于知识产权权利人提供的担保的协助执行通知的，海关应当向知识产权权利人退还担保；收到协助执行通知的，海关应当予以协助。

第三十三条 海关根据本办法第十九条第一款的规定放行被扣留的涉嫌侵犯专利权的货物后，知识产权权利人按照本办法第十九条第二款的规定向海关提交人民法院受理案件通知书复印件的，海关根据人民法院协助执行有关判决或者裁定的通知处理收发货人提交的担保金；未提交人民法院受理案件通知书复印件的，海关应当退还收发货人提交的担保金。

第六章 附 则

第三十四条 在本办法中，“担保”指担保金、银行或者非银行金融机构保函。

第三十五条 本办法中货物的价值由海关以该货物的成交价格为基础审查确定。成交价格不能确定时，货物价值由海关依法估定。

第三十六条 知识产权权利人和收发货人根据本办法向海关提交有关文件的复印件，应当将复印件与文件原件进行核对。经核对无误的，应当在复印件上加注“与原件核对无误”字样并予以签章确认。

第三十七条 本办法自2004年7月1日起施行。《中华人民共和国海关关于知识产权保护的实施办法》（海关总署令第54号）同时废止。

附件1　商标权海关保护备案申请书（格式）（略）

附件2　专利权海关保护备案申请书（格式）（略）

附件3　著作权海关保护备案申请书（格式）（略）

附件4　知识产权海关保护授权委托书（格式）（略）

中华人民共和国海关关于进出口货物申请担保的管理办法

（1987年6月30日〔1987〕署货字第667号发布，自1987年7月1日起施行）

第一条 为促进对外经济贸易和科技文化交流，严密海关监管制度，保证国家税收，方便货物合法进出，根据《中华人民共和国海关法》，制定本办法。

第二条 本办法中下列用语的含义：

担保——以向海关缴纳保证金或提交保证函的方式，保证在一定期限内履行其承诺的义务的法律行为。

担保人——对货物的进出口或税款的缴纳承担法律责任的法人。

保证金——由担保人向海关缴纳现金的一种担保方式。

销案——在规定期限内履行了事先规定的义务后，海关退还担保人已缴纳的保证金或注销已提交的保证函，以终止所承担的义务的海关手续。

第三条 在下列情况下，经海关审核同意，可接受担保申请：

（一）暂时进出口货物；

（二）国家限制进出口货物，已领取了进出口许可证件，因故不能及时提供的；

（三）进出口货物不能在报关时交验有关单证（如发票、合同、装箱清单等），而货物已运抵口岸，亟待提取或发运，要求海关先放行货物，后补交有关单证的；

（四）正在向海关申请办理减免税手续，而货物已运抵口岸，亟待提取或发运，要求海关缓办进出口纳税手续的；

（五）经海关同意，将海关未放行的货物暂时存放海关监管区之外的场所的；

（六）因特殊情况经海关总署批准的。

第四条 对下列情况，海关不接受但保：

（一）进出口国家限制进出口的货物，未领到进出口货物许可证件的；

（二）进出口金银、濒危动植物、文物、中西药品、食品、体育及狩猎用枪支弹药和民用爆破器材、无线电器材、保密机等受国家有关规定管理的进出口货物，不能向海关交验有关主管部门批准文件或证明的。

第五条 担保人应向办理有关货物进出口手续的海关申请担保，并在该关办理销案手续。

第六条 担保方式分缴纳保证金和提交保证函两种。

出具保证函的担保人必须是中国法人。

对暂时进口货物报关人申请出具保证函担保的，按照《中华人民共和国海关对暂时进口货物监管办法》的有关规定办理。

第七条 对要求减免税的进口货物在未办结有关海关手续前，报关人申请担保要求先期放行货物，应支付保证金，保证金的金额应相当于有关货物的进口税费之和。

在担保期限内要求办理有关货物的进口手续的，经海关同意，可将保证金抵作税费，并向报关人补征不足部分或退还多余部分。

海关收取保证金后向报关人出具中华人民共和国海关保证金收据，报关人凭以在销案时向海关办理退还保证金手续。

对于应纳税货物，如要求用保证函缓缴税款，应由缓税单位的上级机构或开户银行担保。

第八条 凡采用保证函方式申请担保的，担保人应按照海关规定的格式填写保证函一式两份，并加盖印章，一份留海关备案，另一份交由报关人留存，凭以办理销案手续。

第九条 报关人必须于担保期满时向海关办理销案手续。

对未能在担保期限内向海关办理销案手续的，海关可区分不同情况，按下列规定处理：

（一）将保证金抵作税款，责令报关人按规定补办进出口手续，并处以罚款；

（二）责令担保人缴纳税款或通知银行扣缴税款，并处以罚款；

（三）暂停或取消报关人的报关资格。

第十条 进出境物品所有人申请提供担保的，可比照本办法办理有关手续。

第十一条 本办法自1987年7月1日起实行。

中华人民共和国海关行业标准管理办法（试行）

（2005 年 12 月 29 日海关总署令第 140 号公布，自 2006 年 2 月 1 日起施行）

第一章　总　则

第一条　为了加强海关行业标准的管理，建立科学、完整的海关标准体系，根据《中华人民共和国海关法》、《中华人民共和国标准化法》以及其他有关法律、行政法规的规定，制定本办法。

第二条　海关行业标准是在海关行业范围内，对需要进行统一规范的业务和信息技术要求所制定的标准。

第三条　海关行业标准分为海关业务标准和海关信息技术标准。

海关业务标准指海关各项业务工作所涉及的规范性操作程序、定量管理方法以及为此而采取的技术手段和要求，主要包括单证格式与代码标准、化验指标、业务规范等标准。

海关信息技术标准是指海关各项信息资源使用及管理规范，主要包括信息与网络技术、通信技术、信息系统安全等标准。

第四条　海关行业标准的编号由海关行业标准代号、年代号及标准顺序号组成。海关行业标准代号为 HS。

第五条　海关行业标准的制定应当依据国家有关海关工作和标准工作的法律、行政法规，符合科学、合理、可行的原则。

海关执行强制性国家标准并积极采用相应的国际标准和推荐性国家标准。

海关行业标准与其他行业标准应当保持协调。

第二章　标准的管理

第六条　海关总署标准化管理委员会是海关行业标准的最高决策管理机构，承担下列职责：

（一）审批海关行业标准化工作的中长期发展规划；

（二）审批具有基础性、全局性的海关行业标准；

（三）协调解决海关行业标准工作中出现的重大问题。

第七条　海关总署法制部门是海关行业标准的主管部门，负责统一管理海关行业标准，承担下列职责：

（一）制定并组织实施海关行业标准管理办法和相关管理制度；

（二）组织制定海关行业标准化工作的规划和年度计划，建立和完善海关行业标准体系；

（三）组织审查海关行业标准；

（四）审批、发布海关行业标准并报国家标准化主管部门备案；

（五）组织海关行业标准的实施并对实施情况进行指导、监督和检查，协调处理标准化工作的有关问题；

（六）组织海关行业标准的复审；

（七）组织海关标准化工作的培训、宣传和对外交流。

海关总署科技部门负责海关行业标准中海关信息技术标准的制定、审查、实施、培训等工作。

第八条　海关总署各部门承担下列职责：

（一）提出本部门业务范围内海关行业标准的立项申请；

（二）起草本部门业务范围内海关行业标准；

（三）在本部门业务范围内负责海关行业标准的具体实施及监督检查。

第九条　直属海关承担下列职责：

（一）提出制定海关行业标准的需求；

（二）根据海关总署委托，参与海关行业标准的制定；

（三）在本关区内负责海关行业标准的实施和监督检查。

第三章　海关行业标准的立项

第十条　海关行业标准工作实行年度立项制度，每年的 3 月 1 日起至次年 2 月最后一日为一个标准化工作年度。

海关总署各部门应当于新的工作年度开始前向海关总署法制部门报送制定或者修订海关行业标准的立项申请。

立项申请应当包括拟确立的标准内容、项目负责人、经办人、拟完成起草的时间等内容的说明。

第十一条 海关总署法制部门负责组织对上报的海关行业标准立项申请进行审核，确定本年度的海关行业标准项目以及负责起草的部门，拟定海关总署的标准项目年度计划，经海关总署标准化管理委员会审议通过后，于每年3月公布标准的工作年度计划。

在确定年度工作计划过程中，海关总署法制部门应当与海关行业标准立项申请部门进行充分沟通和协调。

第十二条 申请立项制定、修订的海关行业标准应当符合以下条件：

（一）海关实际工作需要；

（二）无符合相应需求的国家标准或者行业标准，或者现行的行业标准应当予以修改；

（三）属于海关行业标准体系管理的范围。

第十三条 海关行业标准年度计划应当严格执行。

确有特殊原因需要在年中补充立项的，经海关总署法制部门审查合格并报分管署领导批准，可以补充列入标准项目年度计划。

第十四条 列入标准项目年度计划的海关行业标准，起草部门应当在年度内完成海关行业标准的报批稿，并送海关总署法制部门审批。

因特殊原因不能在年度内完成的标准项目，可以向海关总署法制部门书面申请转入下一工作年度。

第四章 海关行业标准的制定、修订、发布与实施

第十五条 根据标准项目年度计划的安排，海关总署各部门负责组织海关行业标准制定与修订的起草工作。

第十六条 海关行业标准应当按照国家标准GB/T1《标准化工作导则》的有关规定编写。

第十七条 负责海关行业标准起草工作的部门应当成立标准起草小组。起草小组成员应当具备相应的法律、业务、技术和标准化等专业知识。

起草小组负责标准的草拟、提出标准征求意见稿和标准编制或者修订说明。

起草部门负责将标准征求意见稿送相关部门和单位征求意见，同时编制意见汇总表。标准中有涉及海关管理相对人权利义务事项的，起草过程中应当以适当方式征求有关管理相对人的意见。

第十八条 起草部门完成起草工作后，应当将标准送审稿、标准编制或者修订说明、标准审查会议纪要、意见汇总表和其他有关附件及时报送审查。

第十九条 海关行业标准送审稿由海关总署法制部门组织审查小组进行审查。

海关行业标准审查小组的成员应当包括相关的法律专家、业务专家、具有高级技术职称的技术人员和熟悉标准化工作的管理人员。

第二十条 对海关行业标准的审查应当采用审查会议的方式进行，出席审查会议的成员不得少于7人。

审查会议应当进行充分讨论，需要表决时，应当有不少于出席会议成员人数的四分之三同意为通过。

审查会议的结果应当编写会议纪要，如实反映各方面的意见。

第二十一条 起草部门应当将经审查小组审查的海关行业标准整理成报批稿，并连同审查会议纪要及时报送海关总署法制部门。

第二十二条 海关行业标准由海关总署法制部门负责审批。具有基础性、全局性的核心标准由海关总署法制部门审核后报海关总署标准化管理委员会批准。

海关总署法制部门在审核中认为需要作重大修改或者有重要意见分歧的，应当退起草部门再次征求意见并予修改。

第二十三条 海关行业标准在制定过程中应当充分发挥行业协会、科研机构和学术团体的作用，并充分听取各方意见。

第二十四条 经审核批准的海关行业标准应当由海关总署法制部门统一编号，并以海关总署公告的形式对外发布。

第二十五条 海关总署法制部门应当在海关行业标准发布后30日内，将已发布的海关行业标准及编制或者修订说明连同发布文件送国家标准化主管部门备案。

第二十六条 海关行业标准发布后，应当严格执行。

海关总署各部门和各直属海关对在标准实施过程中发现的问题应当及时报告海关总署法制部门和标准起草部门。

第五章 附 则

第二十七条 海关行业标准实施后，海关总署法制部门应当根据业务的变化和科学技术的发展适时组织起草部门进行复审，复审周期一般不超过5年。

第二十八条 出现下列情况时，相关的海关行业标准应当废止：

（一）标准的适用环境或者条件已不复存在；

（二）相应的国家标准或者新的行业标准已经发布；

（三）与新发布的法律、法规、制度相违背；

（四）其他应当修改和废止的情况。

第二十九条 本办法由海关总署负责解释。

第三十条 本办法自2006年2月1日起施行。

附件1 海关行业标准化体系表

附件2 海关行业标准立项申请表

附件3 ____年海关行业标准立项计划

附件4 海关行业标准征求意见汇总表

附件1

海关行业标准化体系表（表一）

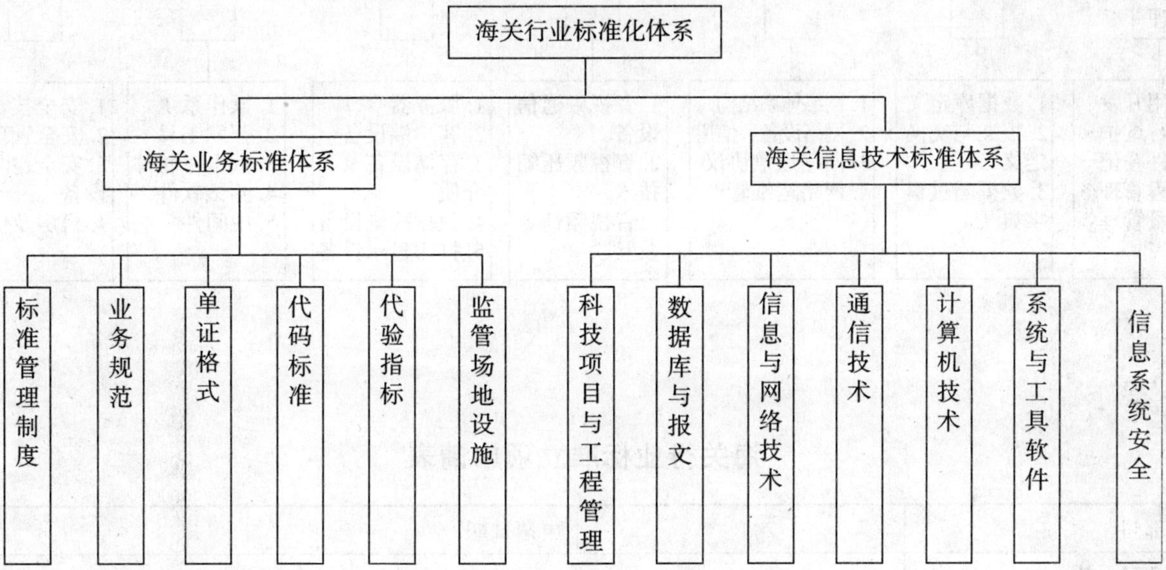

海关行业标准化体系表（表二）

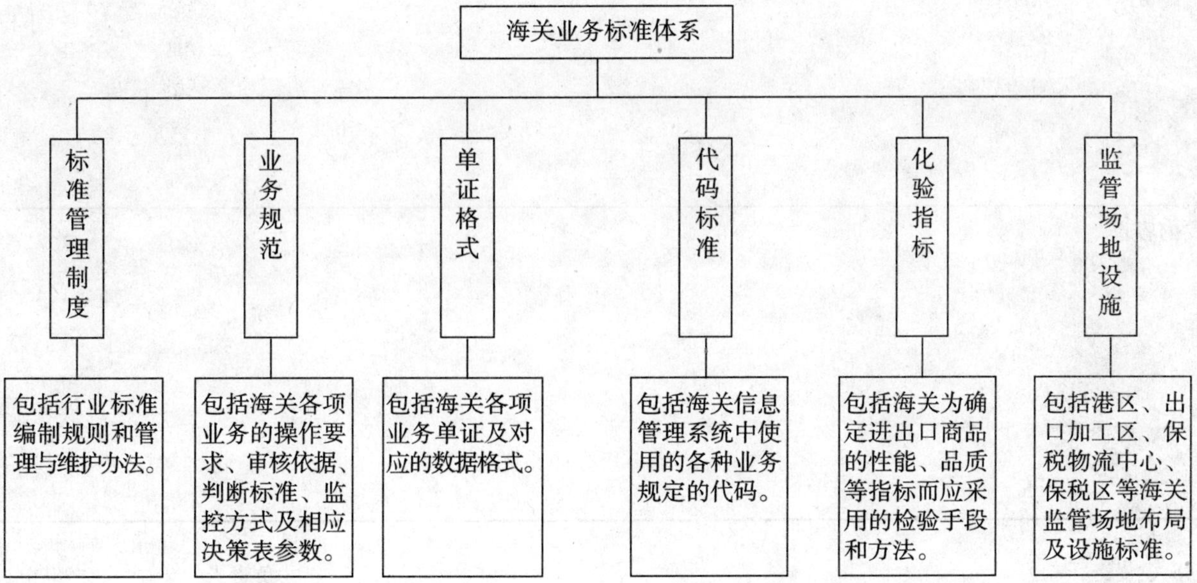

海关行业标准化体系表（表三）

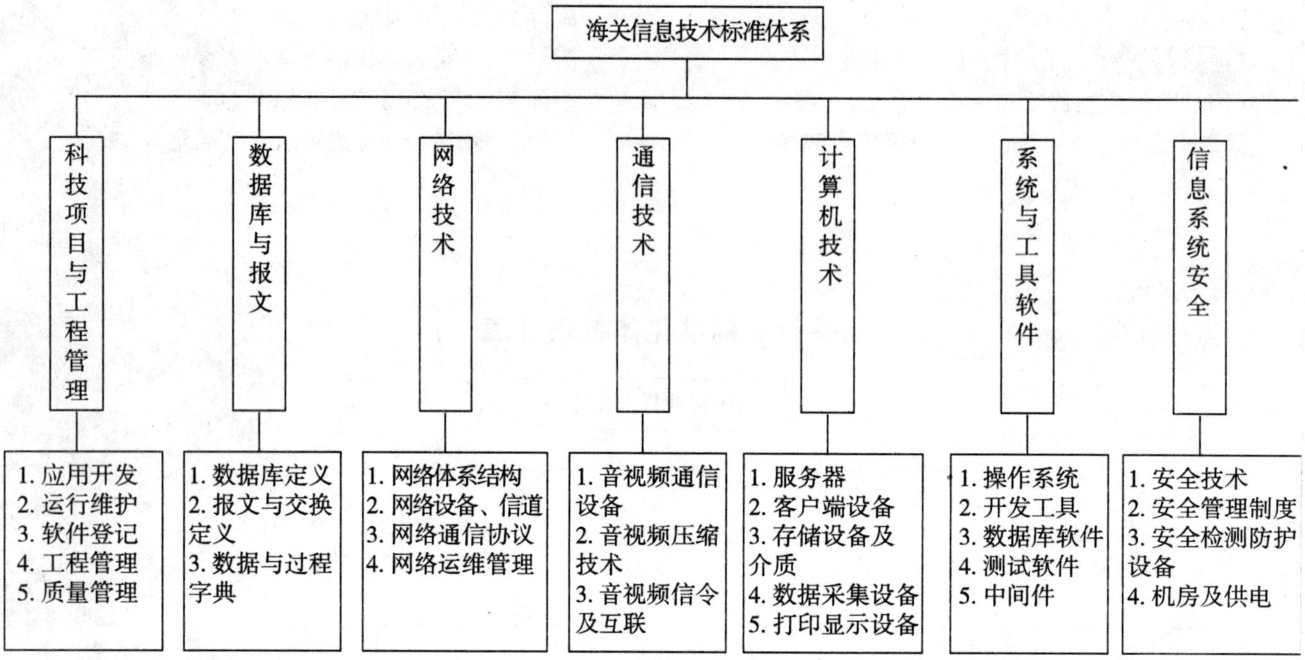

附件 2

海关行业标准立项申请表

申请部门		申请日期	
申请项目名称			
申请立项的原因：			
主要内容：			

经办人：　　　　　　　　　　　　　　　　　　　　负责人：

附件3

____年海关行业标准立项计划

项目编号	申请部门	项目名称	起草单位	负责人	参加单位

附件4

海关行业标准征求意见汇总表

标准名称：　　　　　　　　　　　　　　　　起草单位：　　　　　　　　联系电话：

序号	标准章条编号	意见提出部门	修改意见	处理结果	理由

负责人：　　　　　　　　日期：

中华人民共和国海关关务公开办法

（2007 年 8 月 29 日海关总署令第 165 号公布，自 2008 年 5 月 1 日起施行）

第一条 为了保障公民、法人和其他组织的知情权、参与权和监督权，增强海关工作透明度，促进依法行政，充分发挥海关信息对人民群众生产、生活和经济社会活动的服务作用，根据《中华人民共和国海关法》、《中华人民共和国政府信息公开条例》以及其他法律、行政法规的规定，制定本办法。

第二条 本办法所称的关务公开，是指海关在依法履行职责过程中，对涉及公民、法人和其他组织权利义务事项的内容、程序以及其他依法应当公开或者可以公开的海关信息，予以公开并接受监督的行为或者措施。

本办法所称的海关信息，是指海关在履行职责过程中制作或者获取的，以一定形式记录、保存的信息。

第三条 关务公开应当遵循公正、公平、便民、客观的原则。

第四条 海关应当及时、准确地公开海关信息。海关发现影响或者可能影响社会稳定、扰乱社会管理秩序的虚假或者不完整信息的，应当在其职责范围内发布准确的信息予以澄清。

第五条 关务公开由海关总署、直属海关、隶属海关和各派出机构依照法律、行政法规以及本办法的要求组织实施。

第六条 海关应当加强对关务公开工作的组织领导。

海关总署办公厅是全国海关关务公开工作的主管部门，负责推进、指导、协调、监督全国海关的关务公开工作。直属海关、隶属海关和各派出机构办公室或者承担办公室职能的其他机构是海关关务公开工作主管部门，负责推进、指导、协调、监督本关区关务公开工作。

海关关务公开工作主管部门的具体职责是：

（一）组织制定关务公开的规章制度、工作规则，研究制定关务公开方案，确定关务公开的具体范围、形式、程序等事宜；

（二）组织协调本单位各业务机构的关务公开工作；

（三）组织维护和更新关务公开信息；

（四）受理向海关提出的关务公开申请；

（五）组织编制关务公开指南、关务公开目录和关务公开工作年度报告；

（六）负责对拟公开海关信息的保密审查；

（七）与关务公开有关的其他职责。

海关其他业务主管部门应当主动公开本部门应当公开的海关信息，积极协助关务公开工作主管部门开展相应工作。

第七条 海关应当加强对关务公开工作的监督和检查。

监察部驻海关总署监察局是全国海关关务公开工作的监督部门，负责对全国海关关务公开的实施情况进行监督、检查。

直属海关、隶属海关和各派出机构的监察部门，负责对本关区关务公开的实施情况进行监督、检查。

第八条 海关应当建立健全关务公开协调机制。海关发布的海关信息涉及其他行政机关的，应当与有关行政机关进行沟通、确认，保证海关信息准确发布。

海关发布的海关信息依照国家有关规定需要批准的，未经批准不得发布。

第九条 海关应当主动公开以下海关信息：

（一）海关规章以及以海关总署公告、直属海关公告形式发布的其他规范性文件；

（二）海关行政许可的事项、依据、条件、数量、程序、期限以及申请行政许可需要提交的全部材料目录及办理情况；

（三）海关作出具体行政行为的依据、程序、时限和救济途径等；

（四）海关的机构设置、职责权限以及办公地点、办公时间和联系电话；

（五）业务现场海关人员的姓名、职务、职责、工号、办公电话；

（六）涉及进出口货物贸易的海关综合统计资料；

（七）海关集中采购项目的目录、标准及实施情况；

（八）海关行政事业性收费的项目、依据、标准；

（九）海关职业纪律、工作纪律和行为规范；

（十）其他涉及公民、法人或者其他组织切身利益、需要社会公众广泛知晓或者参与以及法律、行政法规、海关总署规定应当主动公开的事项。

海关拟作出的决策，制定的规定或者编制的规划、计划、方案等，涉及公民、法人或者其他组织的重大利益或者有重大社会影响的，应当将有关草案向社会公开，充分听取公众意见。

第十条 属于主动公开范围的海关信息，应当自该海关信息形成或者变更之日起20个工作日内予以公开。法律、行政法规对关务公开的期限另有规定的，从其规定。

第十一条 除本办法第九条规定的应当主动公开的海关信息外，公民、法人或者其他组织还可以根据自身生产、生活、科研等特殊需要，向海关申请获取相关海关信息。

第十二条 海关信息有下列情形之一的，不予公开：

（一）涉及国家秘密以及危及国家安全、公共安全、经济安全和社会稳定的；

（二）属于商业秘密或者公开后可能导致商业秘密被泄露的；

（三）属于个人隐私或者公开后可能导致对个人隐私权造成不当侵害的；

（四）属于海关工作秘密的；

（五）公开后可能会损害公共利益或者公民、法人、其他组织合法权益的；

（六）法律、行政法规和海关总署规定不予公开的其他情形。

涉及商业秘密、个人隐私的海关信息，经权利人同意公开的，海关可以予以公开。

第十三条 海关应当建立健全海关信息发布保密审查机制，明确审查的程序和责任。

海关在公开海关信息前，应当依照《中华人民共和国保守国家秘密法》以及其他法律、行政法规和国家有关规定对拟公开的海关信息进行审查。

不能确定海关信息是否可以公开时，海关应）依照法律、行政法规和国家有关规定报有关主管部门或者同级保密工作部门确定。

第十四条 海关应当将主动公开的海关信息，通过海关门户网站、新闻发布会以及报刊、广播、电视等便于公众知晓的方式公开。

以海关总署令形式公布的海关规章以及以海关总署公告形式发布的其他海关规范性文件还应当在《海关总署文告》上刊登。

海关可以根据需要，在海关业务现场等办公地点设立关务公开资料提供点、信息公告栏、电子信息屏等设施，公开海关信息。

第十五条 海关制作的信息，由制作该信息的海关负责公开；海关从公民、法人或者其他组织获取的信息，由保存该海关信息的海关负责公开。法律、行政法规对海关关务公开的权限另有规定的，从其规定。

第十六条 海关应当编制、公布海关关务公开指南或者关务公开手册和海关关务公开目录，并及时更新。

海关关务公开指南，应当包括海关信息的分类、编排体系、获取方式，海关关务公开工作主管部门的名称、办公地址、办公时间、联系电话、传真号码、电子邮箱等内容。

海关关务公开目录，应当包括海关信息的索引、名称、内容概述、生成日期等内容。

第十七条 公民、法人或者其他组织依照本办法第十一条规定申请获取海关信息的，应当填制海关信息公开申请表，以书面形式（包括数据电文形式）向海关提出申请；采用书面形式确有困难的，申请人可以口头提出申请，由受理该申请的海关代为填写海关信息公开申请表，并交由申请人签字确认。

第十八条 对申请公开的海关信息，海关根据下列情况分别作出答复：

（一）属于公开范围的，应当告知申请人获取该海关信息的方式和途径；

（二）属于不予公开范围的，应当告知申请人并说明理由；

（三）依法不属于本单位公开或者该海关信息不存在的，应当告知申请人，对能够确定该信息的公开机关的，应当告知申请人该行政机关的名称、联系方式；

（四）申请内容不明确的，应当告知申请人作出更改、补充。

申请公开的海关信息中含有不应当公开的内容，但是能够作区分处理的，海关应当向申请人提供可以公开的信息内容。

第十九条 海关认为申请公开的海关信息涉及商业秘密、个人隐私，公开后可能损害第三方合法权益的，应当书面征求第三方的意见；第三方不同意公开的，不得公开。但是，海关认为不公开可能对公共利益造成重大损害的，应当予以公开，并将决定公开的海关信息内容和理由书面通知第三方。

第二十条 收到海关信息公开申请，能够当场答复的，海关应当当场予以答复。

不能当场答复的，海关应当自收到申请之日起15个工作日内予以答复；如需延长答复期限的，应当经海关关务公开工作主管部门负责人同意，并告知申请人，延长答复的期限最长不得超过15个工作日。

申请公开的海关信息涉及第三方权益的，海关征求第三方意见所需时间不计算在本条第二款规定的期限内。

第二十一条 公民、法人或者其他组织向海关申请提供与其自身相关的海关信息的，应当出示有效身份证件或者证明文件。

公民、法人或者其他组织有证据证明海关提供的与其自身相关的海关信息记录不准确的，有权要求海关予以更正。该海关无权更正的，应当转送有权更正的海关或者其他行政机关处理，并告知申请人。

第二十二条 海关依申请公开海关信息，应当按照申请人要求的形式予以提供；无法按照申请人要求的形式提供的，可以通过安排申请人查阅相关资料、提供复制件或者其他适当形式提供。

申请公开海关信息的公民存在阅读困难或者视听障碍的，海关应当为其提供必要的帮助。

第二十三条 海关依申请提供海关信息，除可以收取检索、复制、邮寄等成本费用外，不得收取其他费用。海关不得通过其他组织、个人以有偿服务方式提供海关信息。

海关收取检索、复制、邮寄等成本费用的标准由国务院价格主管部门会同国务院财政部门制定。

第二十四条 申请公开海关信息的公民确有经济困难的，经本人申请、海关关务公开工作主管部门负责人审核同意，可以减免相关费用。

第二十五条 海关应当建立健全海关关务公开工作考核制度、社会评议制度和责任追究制度，定期对关务公开工作进行考核、评议。

第二十六条 海关应当在每年3月31日前公布本单位上一年度的关务公开工作年度报告。

关务公开工作年度报告应当包括下列内容：

（一）海关主动公开海关信息的情况；

（二）海关依申请公开海关信息和不予公开海关信息的情况；

（三）海关关务公开的收费及减免情况；

（四）因关务公开申请行政复议、提起行政诉讼的情况；

（五）关务公开工作存在的主要问题及改进情况；

（六）其他需要报告的事项。

第二十七条 公民、法人或者其他组织认为海关不依法履行关务公开义务的，可以向海关监察部门、关务公开工作主管部门或者上一级海关举报。收到举报的海关或者部门应当予以调查处理。

公民、法人或者其他组织认为海关在关务公开工作中的具体行政行为侵犯其合法权益的，可以依法申请行政复议或者提起行政诉讼。

第二十八条 海关及其工作人员违反本办法的规定，有下列情形之一的，由海关监察部门或者上一级海关责令改正；情节严重的，对海关直接负责的主管人员和其他直接责任人员依法给予处分；构成犯罪的，依法追究刑事责任：

（一）不依法履行海关信息公开义务的；

（二）不及时更新公开的海关信息内容、海关信息公开指南和海关信息公开目录的；

（三）违反规定收取费用的；

（四）通过其他组织、个人以有偿服务方式提供海关信息的；

（五）公开不应当公开的海关信息的；

（六）违反本办法规定的其他行为。

第二十九条 海关缉私部门适用警务公开的有关规定。警务公开规定没有明确的，适用本办法。

第三十条 本办法由海关总署负责解释。

第三十一条 本办法自2008年5月1日起施行。2005年12月27日海关总署令第137号发布的《中华人民共和国海关关务公开办法》同时废止。

附件 海关信息公开申请表

附件

海关信息公开申请表

<table>
<tr><td rowspan="12">申请人信息</td><td rowspan="5">公民</td><td>姓　名</td><td></td><td>工作单位</td><td></td></tr>
<tr><td>证件名称</td><td></td><td>证件号码</td><td></td></tr>
<tr><td>联系地址</td><td></td><td>邮政编码</td><td></td></tr>
<tr><td>联系电话</td><td></td><td>传　真</td><td></td></tr>
<tr><td>电子邮箱</td><td colspan="3"></td></tr>
<tr><td rowspan="5">法人或其他组织</td><td>名　称</td><td></td><td>组织机构代码</td><td></td></tr>
<tr><td>法人代表</td><td></td><td>联系人姓名</td><td></td></tr>
<tr><td>联系人电话</td><td></td><td>传　真</td><td></td></tr>
<tr><td>联系地址</td><td colspan="3"></td></tr>
<tr><td>电子邮箱</td><td colspan="3"></td></tr>
<tr><td colspan="2">申请时间</td><td colspan="3"></td></tr>
<tr><td colspan="2">申请人签名或者盖章</td><td colspan="3"></td></tr>
<tr><td rowspan="4">所需信息情况</td><td colspan="2">所需信息的内容描述</td><td colspan="3"></td></tr>
<tr><td colspan="2">所需信息的用途</td><td colspan="3"></td></tr>
<tr><td colspan="3">所需信息的形式要求（可选可填）</td><td colspan="2">获取信息的方式（可选可填）</td></tr>
<tr><td colspan="3">□ 纸本
□ 电子文本
□</td><td colspan="2">□ 邮寄
□ 电子邮件
□ 传真
□ 自行领取
□</td></tr>
</table>

中华人民共和国海关行政许可听证办法

（2005年12月15日海关总署令第136号公布，自2006年2月1日起施行）

第一章 总 则

第一条 为了规范海关实施行政许可活动，保护公民、法人和其他组织的合法权益，根据《中华人民共和国行政许可法》的有关规定，制定本办法。

第二条 海关在依法作出行政许可决定前举行听证的，适用本办法。

第三条 法律、行政法规、海关总署规章规定海关实施行政许可应当听证的，海关应当举行听证。

对直接关系公共资源配置、提供公共服务等涉及公共利益的重大行政许可事项，海关认为需要举行听证的，可以举行听证。

海关根据前两款规定举行听证的，应当在听证前向社会公告。

第四条 海关行政许可直接涉及行政许可申请人与他人之间重大利益关系，行政许可申请人、利害关系人依法提出听证申请的，海关应当举行听证。

第五条 海关行政许可听证应当遵循公开、公平、公正、便民的原则。

第六条 具体办理海关行政许可事项的部门负责实施海关行政许可听证活动。

海关法制部门负责海关行政许可听证活动的指导、协调等工作。

第七条 听证应当在便利海关管理相对人和社会公众参加的海关办公地点举行。

第八条 除涉及国家秘密、商业秘密或者海关工作秘密外，听证应当公开举行。

第九条 海关应当根据听证笔录中认定的事实作出海关行政许可决定。

第二章 海关公告后举行的听证

第十条 海关按照本办法第三条的规定在听证前向社会进行公告的，公告应当载明下列内容：

（一）海关行政许可事项名称；

（二）行政许可申请人基本情况；

（三）行政许可申请的主要内容；

（四）申请参加海关行政许可听证的申请人应当具备的条件；

（五）提出申请的方式；

（六）其他需要在公告中列明的事项。

第十一条 举行听证的公告期一般为30日。

举行听证的海关行政许可事项有特殊时间要求的，其听证公告期按照有关规定确定。

第十二条 申请参加海关经公告举行的听证活动的人员应当符合下列条件：

（一）具有完全民事行为能力；

（二）未被依法剥夺或者限制政治权利。

举行听证的海关行政许可事项对参加听证的人员有特殊要求的，应当在听证公告中列明。

第十三条 申请参加海关经公告举行的听证活动的，应当在听证公告期届满之前向海关提交下列相应材料：

（一）《海关行政许可听证参加申请书》；

（二）法人或者其他组织的注册登记证件复印件；

（三）参加人员的有效身份证件复印件；

（四）符合参加听证条件的其他证明材料。

提交复印件的，应当同时交验原件。

第十四条 海关应当根据拟进行听证的海关行政许可事项的内容、性质及其他客观条件，合理确定参加听证的人员。

经海关确定参加听证的人员（以下简称听证参加人）应当能够保证听证的广泛性和代表性。

第十五条 海关应当在听证公告期届满之日起20日内组织听证。

第三章 依申请举行的听证

第十六条 对本办法第四条所规定的行政许可事项，海关在作出行政许可决定之前应当告知海关行政许可申请人、利害关系人享有要求听证的权利。

第十七条 告知海关行政许可申请人、利害关系人享有听证权利的，海关应当向行政许可申请人、利害关系人制发海关行政许可听证告知书（以下简称听证告知书，见附件2），并加盖海关行政许可专用印章。

听证告知书应当载明下列内容：

（一）有关海关行政许可事项及其设定依据；

（二）海关行政许可申请人及行政许可申请的主要内容；

（三）海关行政许可申请人、利害关系人的听证权利及提出听证要求的期限。

第十八条 海关行政许可申请人、利害关系人要求听证的，应当在收到听证告知书之日起5日内向海关提交海关行政许可听证申请书（以下简称听证申请书），列明听证要求和理由，并予以签字或者盖章。

第十九条 海关行政许可申请人、利害关系人逾期未提出听证要求的，视为放弃听证的权利。

行政许可申请人、利害关系人明确放弃听证权利的，海关应当将可以表明行政许可申请人或者利害关系人已经明确放弃听证权利的证明材料归入有关行政许可档案，或者在有关行政许可档案中进行书面记载。

第二十条 海关行政许可申请人或者利害关系人依照本办法第十八条规定提出听证申请的，海关应当在收到听证申请书之日起20日内组织听证。

第二十一条 海关行政许可申请人或者利害关系人无正当理由超过本办法第十八条规定的期限提出听证申请，或者海关行政许可申请人、利害关系人以外的公民、法人或者其他组织提出听证申请的，海关可以不组织听证。

不组织听证应当制发海关行政许可不予听证通知书，载明理由，并加盖海关行政许可专用印章。

第二十二条 申请听证的利害关系人人数众多的，由利害关系人推选代表或者通过抽签等方式确定参加听证会的代表。

第四章　听证程序

第二十三条 海关应当于举行听证的7日前将下列事项通知海关行政许可申请人、利害关系人或者听证参加人：

（一）听证事由；

（二）举行听证的时间、地点；

（三）听证主持人、听证人员及记录员的姓名、身份；

（四）有关委托代理人、申请回避等程序权利。

海关通知上述事项应当制发海关行政许可听证通知书，并加盖海关行政许可专用印章，必要时予以公告。

第二十四条 海关行政许可申请人、利害关系人或者听证参加人应当按照海关通知的时间、地点参加听证。

第二十五条 海关行政许可申请人、利害关系人或者听证参加人可以委托1至2名代理人代为参加听证，但是资格授予、资质审查等行政许可事项不得委托他人代为参加听证。

第二十六条 委托代理人代为参加听证的，应当在举行听证之前向海关提交授权委托书。

授权委托书应当具体载明下列事项：

（一）委托人及代理人的简要情况。委托人或者代理人是法人或者其他组织的，应当载明名称，地址，电话，邮政编码，法定代表或者负责人的姓名、职务，委托人或者代理人是自然人的，应当载明姓名、性别、年龄、职业、地址、电话以及邮政编码。

（二）代理人代为提出听证申请、递交证据材料、参加听证、撤回听证申请、收受法律文书等权限。

（三）委托的起止日期。

（四）委托日期和委托人签章。

第二十七条 海关行政许可申请人、利害关系人或者听证参加人无正当理由未按照海关告知的时间、地点参加听证，经海关通知仍不参加的，视为放弃听证权利，海关应当在有关行政许可档案中进行书面记载。

第二十八条 海关行政许可听证实施部门应当指定1名听证主持人，负责组织听证活动。

听证主持人可以根据需要指定1至2名听证人员协助工作，并指定专人为记录员。

第二十九条 听证主持人、听证人员及记录员应当在审查该行政许可申请的人员以外的工作人员中指定。

听证主持人、听证人员及记录员与行政许可事项有利害关系的，应当申请回避；海关行政许可申请人、利害关系人或者听证参加人及其代理人也可以申请其回避。

第三十条 听证主持人的回避由海关行政许可听证实施部门负责人决定，听证主持人为听证实施部门负责人的，其回避由举行听证的海关负责人决定。

听证人员和记录员的回避由听证主持人决定。

第三十一条 有下列情形之一的，海关可以决定延期举行听证：

（一）因不可抗力或者其他客观原因导致听证无法按期举行的；

（二）海关行政许可申请人、利害关系人申请延期举行听证，有正当理由的；

（三）临时决定听证主持人、听证人员或者记录员回避，当场不能确定更换人选的。

延期举行听证的，海关应当书面通知海关行政许可申请人、利害关系人或者听证参加人，并说明理由。

海关应当在延期听证的原因消除之日起 5 日内举行听证，并书面通知海关行政许可申请人、利害关系人或者听证参加人。

第三十二条 听证按照下列程序进行：

（一）听证主持人宣布听证开始，并宣布听证事由；

（二）听证主持人介绍本人、听证人员、记录员的身份、职务；

（三）听证主持人宣布海关行政许可申请人、利害关系人或者听证参加人，并核对其身份；

（四）告知海关行政许可申请人、利害关系人或者听证参加人有关的听证权利和义务；

（五）海关行政许可申请人、利害关系人或者听证参加人申请听证主持人回避的，听证主持人应当宣布暂停听证，报请有关负责人决定；申请听证人员、记录员回避的，由听证主持人当场决定；

（六）宣布听证秩序；

（七）审查海关行政许可申请的工作人员陈述审查意见和依据、理由，并提供相应的证据；

（八）海关行政许可申请人、利害关系人或者听证参加人可以陈述自己的观点，提出证据，可以进行申辩和质证；

（九）听证主持人可以对审查海关行政许可申请的工作人员、海关行政许可申请人、利害关系人或者听证参加人进行询问；

（十）审查海关行政许可申请的工作人员、海关行政许可申请人、利害关系人或者听证参加人可以进行总结性陈述；

（十一）听证主持人宣布听证结束。

第三十三条 在听证过程中，因不可抗力或者其他客观原因不能继续举行听证，听证主持人应当决定中止听证。

中止听证的，海关应当在听证笔录中作书面记载。

海关应当在中止听证的原因消除之日起 5 日内恢复听证，并书面通知海关行政许可申请人、利害关系人或者听证参加人。

第三十四条 在听证过程中，海关行政许可申请人、利害关系人未经听证主持人同意中途退出听证会场的，海关应当终止听证。

第三十五条 经公告举行的听证，具有下列情形之一，但不影响听证参加人广泛性、代表性的，听证不予延期、中止或者终止：

（一）部分听证参加人申请延期；

（二）部分听证参加人无正当理由未按照公告规定的时间、地点参加听证；

（三）部分听证参加人未经听证主持人同意，中途退出听证会场的。

第三十六条 听证应当制作笔录。

听证笔录应当记载下列事项：

（一）听证事由；

（二）举行听证的时间、地点；

（三）海关行政许可申请人、利害关系人或者听证参加人的姓名或者名称；

（四）听证主持人、听证人员、记录员和审查海关行政许可申请的工作人员的姓名；

（五）申请回避的情况；

（六）审查海关行政许可申请的工作人员的审查意见、依据、理由及相应的证据；

（七）海关行政许可申请人、利害关系人陈述、申辩和质证的内容；

（八）其他需要记载的事项。

听证笔录应当由海关行政许可申请人、利害关系人或者听证参加人确认无误后签字或者盖章。对记录内容有异议的可以当场更正后签字或者盖章确认。

海关行政许可申请人、利害关系人或者听证参加人无正当理由拒绝签字或者盖章的，由听证主持人在听证笔录上注明。

第五章 附 则

第三十七条 依照本办法的规定进行公告的，应当将有关文书的正本张贴在海关公告栏内，并在报纸上刊登公告。

第三十八条 组织听证的时间不计入海关作出行政许可决定的期限内。

第三十九条 组织海关行政许可听证的费用由海关承担。

海关行政许可申请人、利害关系人或者听证参加人不承担组织听证的费用。

第四十条 本办法规定的“5 日”、“7 日”、“20 日”以工作日计算。

第四十一条 本办法由海关总署负责解释。

第四十二条 本办法自 2006 年 2 月 1 日起施行。

附件 1　海关行政许可听证参加申请书
附件 2　中华人民共和国______海关行政许可听证告知书
附件 3　海关行政许可听证申请书
附件 4　中华人民共和国______海关行政许可不予听证通知书
附件 5　中华人民共和国______海关行政许可听证通知书

附件 1

海关行政许可听证参加申请书

______海关：

根据《中华人民共和国行政许可法》第四十六条规定，现就贵关正在审查的____________________行政许可事项申请参加行政许可听证。

附　有效证件复印件

申请人：

年　　月　　日

附件 2

中华人民共和国　　海关
行政许可听证告知书

（　　）关（　　）年许可听告字第（　　）号

申请人____________________：
利害关系人____________________：

申请人____________________于____年____月____日向我关申请____________________海关行政许可（设定依据是　　　　　　　　　）。经审查，该行政许可事项直接涉及申请人与利害关系人__________之间的重大利益关系。根据《中华人民共和国行政许可法》第四十七条的规定，现就有关事项告知如下：

申请人和利害关系人享有要求听证的权利。申请人和利害关系人要求听证的，应当在收到本告知书之日起 5 日内向我关提交“海关行政许可听证申请书”。

（印）

年　　月　　日

附件 3

海关行政许可听证申请书

______海关：

你关于　　年　　月　　日制发的《海关行政许可听证告知书》〔（　　）关（　　）年许可听告字第（　　）号〕已收悉。现根据《中华人民共和国行政许可法》规定，申请举行听证会，理由如下：

申请人：

年　　月　　日

附件 4

中华人民共和国　　海关
行政许可不予听证通知书

（　　）关（　　）年许可听不字第（　　）号

____________________：

你/你单位递交的“行政许可听证申请书”，我关已于　　年　　月　　日收悉，经审查，该申请不符合

《中华人民共和国行政许可法》规定，现决定不就申请所涉及的海关行政许可事项举行听证。

对上述决定不服的，可以自收到本通知书之日起60日内向______海关（海关总署）申请行政复议，也可以自收到本通知书之日起3个月内向__________中级人民法院提起行政诉讼。

（印）

年　　月　　日

附件5

中华人民共和国　　海关
行政许可听证通知书

（　　）关（　　）年许可听通字第（　　）号

申请人____________________：

利害关系人（听证参加人）____________________：

根据《中华人民共和国行政许可法》第四十六条/第四十七条的规定，我关决定就____________________海关行政许可事项举行听证，现就有关事项通知如下：

1. 听证定于　　年　　月　　日在　　　　举行；

2. 本次听证的听证主持人为：　　　　职务：

听证人员为：　　　　职务：

记录员为：　　　　职务：

如认为听证主持人、听证人员及记录员与行政许可事项有利害关系的，可以申请其回避。

3. 委托他人代为参加听证的，应当在举行听证之前向我关提交授权委托书。

特此通知。

（印）

年　　月　　日

进出口货物监管类

中华人民共和国海关进出口货物申报管理规定

（2003 年 9 月 18 日海关总署令第 103 号公布，自 2003 年 11 月 1 日起施行）

第一章　总　则

第一条　为规范进出口货物的申报行为，依据《中华人民共和国海关法》（以下简称《海关法》）及国家进出口管理的有关法律、行政法规，制定本规定。

第二条　本规定中的“申报”是指进出口货物的收发货人、受委托的报关企业，依照《海关法》以及有关法律、行政法规和规章的要求，在规定的期限、地点，采用电子数据报关单和纸质报关单形式，向海关报告实际进出口货物的情况，并接受海关审核的行为。

第三条　除另有规定外，进出口货物的收发货人或其委托的报关企业向海关办理各类进出口货物的申报手续，均适用本规定。

第四条　进出口货物的收发货人，可以自行向海关申报，也可以委托报关企业向海关申报。

向海关办理申报手续的进出口货物的收发货人、受委托的报关企业应当预先在海关依法办理登记注册。

第五条　申报采用电子数据报关单申报形式和纸质报关单申报形式。电子数据报关单和纸质报关单均具有法律效力。

电子数据报关单申报形式是指进出口货物的收发货人、受委托的报关企业通过计算机系统按照《中华人民共和国海关进出口货物报关单填制规范》的要求向海关传送报关单电子数据并备齐随附单证的申报方式。

纸质报关单申报形式是指进出口货物的收发货人、受委托的报关企业，按照海关的规定填制纸质报关单，备齐随附单证，向海关当面递交的申报方式。

进出口货物的收发货人、受委托的报关企业应当以电子数据报关单形式向海关申报，与随附单证一并递交的纸质报关单的内容应当与电子数据报关单一致；特殊情况下经海关同意，允许先采用纸质报关单形式申报，电子数据事后补报，补报的电子数据应当与纸质报关单内容一致。在向未使用海关信息化管理系统作业的海关申报时可以采用纸质报关单申报形式。

第六条　为进出口货物的收发货人、受委托的报关企业办理申报手续的人员，应当是取得报关员资格并在海关注册的报关员。未取得报关员资格且未在海关注册的人员不得办理进出口货物申报手续。

报关员应当按照国家和海关的法律法规规定和要求开展报关活动。除法律、行政法规和规章另有规定外，报关员及其所属企业应对报关员的申报行为承担相应的法律责任。

第二章　申报要求

第七条　进出口货物的收发货人、受委托的报关企业应当依法如实向海关申报，对申报内容的真实性、准确性、完整性和规范性承担相应的法律责任。

第八条 进口货物的收货人、受委托的报关企业应当自运输工具申报进境之日起 14 日内向海关申报。

进口转关运输货物的收货人、受委托的报关企业应当自运输工具申报进境之日起 14 日内，向进境地海关办理转关运输手续，有关货物应当自运抵指运地之日起 14 日内向指运地海关申报。

出口货物发货人、受委托的报关企业应当在货物运抵海关监管区后、装货的 24 小时以前向海关申报。

超过规定时限未向海关申报的，海关按照《中华人民共和国海关征收进口货物滞报金办法》征收滞报金。

第九条 本规定中的申报日期是指申报数据被海关接受的日期。不论以电子数据报关单方式申报或以纸质报关单方式申报，海关以接受申报数据的日期为接受申报的日期。

以电子数据报关单方式申报的，申报日期为海关计算机系统接受申报数据时记录的日期，该日期将反馈给原数据发送单位，或公布于海关业务现场，或通过公共信息系统发布。

以纸质报关单方式申报的，申报日期为海关接受纸质报关单并对报关单进行登记处理的日期。

第十条 电子数据报关单经过海关计算机检查被退回的，视为海关不接受申报，进出口货物收发货人、受委托的报关企业应当按照要求修改后重新申报，申报日期为海关接受重新申报的日期。

海关已接受申报的报关单电子数据，经人工审核后，需要对部分内容修改的，进出口货物收发货人、受委托的报关企业应当按照海关规定进行修改并重新发送，申报日期仍为海关原接受申报的日期。

第十一条 进出口货物的收发货人以自己的名义，向海关申报的，报关单应当由进出口货物收发货人签名盖章，并随附有关单证。

报关企业接受进出口货物的收发货人委托，以自己的名义或以委托人的名义向海关申报的，应当向海关提交由委托人签署的授权委托书，并按照委托书的授权范围办理有关海关手续。

第十二条 报关企业接受进出口货物收发货人委托办理报关手续的，应当与进出口货物收发货人签订有明确委托事项的委托协议，进出口货物收发货人应当向报关企业提供委托报关事项的真实情况。

报关企业接受进出口收发货人的委托，办理报关手续时，应当对委托人所提供情况的真实性、完整性进行合理审查，审查内容包括：

（一）证明进出口货物的实际情况的资料，包括进出口货物的品名、规格、用途、产地、贸易方式等；

（二）有关进出口货物的合同、发票、运输单据、装箱单等商业单据；

（三）进出口所需的许可证件及随附单证；

（四）海关要求的加工贸易手册（纸质或电子数据的）及其他进出口单证。

报关企业未对进出口货物的收发货人提供情况的真实性、完整性履行合理审查义务或违反海关规定申报的，应当承担相应的法律责任。

第十三条 进口货物的收货人，向海关申报前，因确定货物的品名、规格、型号、归类等原因，可以向海关提出查看货物或者提取货样的书面申请。海关审核同意的，派员到场实际监管。

查看货物或提取货样时，海关开具取样记录和取样清单；提取货样的货物涉及动植物及产品以及其他须依法提供检疫证明的，应当按照国家的有关法律规定，在取得主管部门签发的书面批准证明后提取。提取货样后，到场监管的海关关员与进口货物的收货人在取样记录和取样清单上签字确认。

第十四条 海关接受进出口货物的申报后，申报内容不得修改，报关单证不得撤销；确有如下正当理由的，收发货人、受委托的报关企业向海关递交书面申请，经海关审核批准后，可以进行修改或撤销：

（一）由于计算机、网络系统等方面的原因导致电子数据申报错误的；

（二）海关在办理出口货物的放行手续后，由于装运、配载等原因造成原申报货物部分或全部退关需要修改或撤销报关单证及其内容的；

（三）报关人员由于操作或书写失误造成申报差错，但未对国家贸易管制政策的实施、税费征收及海关统计指标等造成危害的；

（四）海关审价、归类审核或专业认定后需对原申报数据进行修改的；

（五）根据贸易惯例先行采用暂时价格成交、实际结算时按商检品质认定或国际市场实际价格付款方式需要修改原申报数据的；海关已经决定布控、查验进出口货物的，进出口货物的收发货人、受委托的报关企业不得修改报关单内容或撤销报关单证。

第十五条 海关审核电子数据报关单时，需要进出口货物的收发货人、受委托的报关企业解释、说明情况或补充材料的，收发货人、受委托的报关企业应当在接到海关通知后及时进行说明或提供完备材料。

第十六条 海关审结电子数据报关单后，进出口货物的收发货人、受委托的报关企业应当自接到海关“现场交单”或“放行交单”通知之日起10日内，持打印出的纸质报关单，备齐规定的随附单证并签名盖章，到货物所在地海关递交书面单证并办理相关海关手续。

确因节假日或转关运输等其他特殊原因需要逾期向海关递交书面单证并办理相关海关手续的，进出口货物的收发货人、受委托的报关企业应当事先向海关提出书面申请说明原因，经海关核准后在核准的期限内办理。其中，进出口货物收发货人自行报关的，由收发货人在申请书上签章；委托报关企业报关的，由报关企业和进出口货物收发货人双方共同在申请书上签章。

未在规定期限或核准的期限内递交纸质报关单的，海关删除电子数据报关单，进出口货物的收发货人、受委托的报关企业应当重新申报。由此产生的滞报金按照《中华人民共和国海关征收进口货物滞报金办法》的规定办理。

现场交单审核时，进出口货物的收发货人、受委托的报关企业应向海关递交与电子数据报关单内容一致的纸质报关单及随附单证。特殊情况下，个别内容不符的，经海关审核确认无违法情形的，由进出口货物收发货人、受委托的报关企业重新提供与报关单电子数据相符的随附单证或提交有关说明的申请，电子数据报关单可不予删除。其中，实际交验的进出口许可证件与申报内容不一致的，经海关认定无违反国家进出口贸易管制政策和海关有关规定的，可以重新向海关提交。

第十七条 企业可以通过计算机网络向海关进行联网实时申报。具体办法由海关总署另行制定。

第三章 特殊申报

第十八条 经海关批准，进出口货物的收发货人、受委托的报关企业可以在取得提（运）单或载货清单（舱单）数据后，向海关提前申报。

在进出口货物的品名、规格、数量等已确定无误的情况下，经批准的企业可以在进口货物启运后、抵港前或出口货物运入海关监管场所前3日内，提前向海关办理报关手续，并按照海关的要求交验有关随附单证、进出口货物批准文件及其他需提供的证明文件。

验核提前申报的进出口货物许可证件有效期以海关接受申报之日为准。提前申报的进出口货物税率、汇率的适用，按照《中华人民共和国进出口关税条例》（以下简称《关税条例》）的有关规定办理。

第十九条 特殊情况下，经海关批准，进出口货物的收发货人、受委托的报关企业可以自装载货物的运输工具申报进境之日起1个月内向指定海关办理集中申报手续。

集中申报企业应当向海关提供有效担保，并在每次货物进、出口时，按照要求向海关报告货物的进出口日期、运输工具名称、提（运）单号、税号、品名、规格型号、价格、原产地、数量、重量、收（发）货单位等海关监管所必需的信息，海关可准许先予查验和提取货物。集中申报企业提取货物后，应当自装载货物的运输工具申报进境之日起1个月内向海关办理集中申报及征税、放行等海关手续。超过规定期限未向海关申报的，按照《中华人民共和国海关征收进口货物滞报金办法》征收滞报金。

集中申报采用向海关进行电子数据报关单申报的方式。

集中申报的进出口货物税率、汇率的适用，按照《关税条例》的有关规定办理。

第二十条 经电缆、管道、输送带或者其他特殊运输方式输送进出口的货物，经海关同意，可以定期向指定海关申报。

第二十一条 需要向海关申报知识产权状况的进出口货物，收发货人、受委托的报关企业应当按照海关要求向海关如实申报有关知识产权状况，并提供能够证明申报内容真实的证明文件和相关单证。海关按规定实施保护措施。

第二十二条 海关对进出口货物申报价格、税则归类进行审查时，进出口货物的收发货人、受委托的报关企业应当按海关要求提交相关单证和材料。

第二十三条 需要进行补充申报的，进出口货物的收发货人、受委托的报关企业应当如实填写补充申报单，并向海关递交。

第二十四条 转运、通运、过境货物及快件的申报规定，由海关总署另行制定。

第四章 申报单证

第二十五条 进出口货物的收发货人、受委托的报关企业到海关现场办理接单审核、征收税费及验放手续时，应当递交与电子数据报关单内容相一致的纸质报关单、国家实行进出口管理的许可证件以及海关要求的随附单证等。

第二十六条 向海关递交纸质报关单可以使用事先

印制的规定格式报关单或直接在A4型空白纸张上打印。

进口货物纸质报关单一式五联：海关作业联、海关留存联、企业留存联、海关核销联、证明联（进口付汇用）。

出口货物纸质报关单一式六联：海关作业联、海关留存联、企业留存联、海关核销联、证明联（出口收汇用）、证明联（出口退税用）。

第二十七条 进、出口货物报关单应当随附的单证包括：

（一）合同；

（二）发票；

（三）装箱清单；

（四）载货清单（舱单）；

（五）提（运）单；

（六）代理报关授权委托协议；

（七）进出口许可证件；

（八）海关要求的加工贸易手册（纸质或电子数据的）及其他进出口有关单证。

海关应当留存进出口许可证件的正本，其余单证可以留存副本或复印件。

第二十八条 货物实际进出口前，海关已对该货物做出预归类决定的，进出口货物的收发货人、受委托的报关企业在货物实际进出口申报时应当向海关提交预归类决定书。

第五章 报关单证明联、核销联的签发和补签

第二十九条 根据国家外汇、税务、海关对加工贸易等管理的要求，进出口货物的收发货人、受委托的报关企业办结海关手续后，可以向海关申请签发下列报关单证明联：

（一）用于办理出口退税的出口货物报关单证明联；

（二）用于办理付汇的进口货物报关单证明联；

（三）用于办理收汇的出口货物报关单证明联；

（四）用于办理加工贸易核销的海关核销联。

海关签发报关单证明联应当在打印出的报关单证明联的右下角规定处加盖已在有关部门备案的“验讫章”。

进出口货物的收发货人、受委托的报关企业在申领报关单证明联、海关核销联时，应当提供海关要求的有效证明。

第三十条 海关已签发的报关单证明联、核销联因遗失、损毁等特殊情况需要补签的，进出口货物的收发货人、受委托的报关企业应当自原证明联签发之日起1年内向海关提出书面申请，并随附有关证明材料，海关审核同意后，可予以补签。海关在证明联、核销联上注明“补签”字样，并按规定收取工本费。

第六章 附 则

第三十一条 保税区、出口加工区进出口的货物及进出保税区、出口加工区货物，加工贸易后续管理环节的内销、余料结转、深加工结转等，除另有规定外，按照本规定的规定在主管海关办理申报手续。

第三十二条 采用转关运输方式的进出口货物，按照《中华人民共和国海关关于转关货物的监管办法》办理申报手续。

第三十三条 进出口货物的收发货人、受委托的报关企业、报关员违反本规定的，依照《海关法》及《中华人民共和国海关法行政处罚实施细则》等有关规定处罚。

第三十四条 本规定由海关总署负责解释。

第三十五条 本规定自2003年11月1日起施行。

中华人民共和国海关关于转关货物监管办法

（2001 年 9 月 30 日海关总署令第 89 号公布，自 2001 年 10 月 15 日起施行）

第一章　总　则

第一条　为了加强对转关货物的监管，方便收发货人办理海关手续，根据《中华人民共和国海关法》制定本办法。

第二条　转关货物是海关监管货物，除另有规定外（见附件 1），进出口货物均可办理转关手续。海关对进出口转关货物施加海关封志。（注）

第三条　转关货物应由已在海关注册登记的承运人承运。海关对转关限定路线范围，限定途中运输时间，承运人应当按海关要求将货物运抵指定的场所。

海关根据工作需要，可以派员押运转关货物，货物收发货人或其代理人、承运人应当按规定向海关缴纳规费，并提供方便。

第四条　转关货物的指运地或启运地应当设有经海关批准的监管场所。转关货物的存放、装卸、查验应在海关监管场所内进行。特殊情况需要在海关监管场所以外存放、装卸、查验货物的，应向海关事先提出申请，海关按规定监管。

第五条　海关对转关货物的查验，由指运地或启运地海关实施。进、出境地海关认为必要时也可查验或者复验。

第六条　转关货物未经海关许可，不得开拆、提取、交付、发运、调换、改装、抵押、质押、留置、转让、更换标记、移作他用或者进行其他处置。

第七条　转关货物的收发货人或代理人，可采取以下三种方式办理转关手续：

（一）在指运地或启运地海关以提前报关方式办理；

（二）在进境地或启运地海关以直接填报转关货物申报单的直转方式办理；

（三）以由境内承运人或其代理人统一向进境地或启运地海关申报的中转方式办理。

第八条　转关货物申报的电子数据与书面单证具有同等的法律效力。对确因填报或传输错误的数据，有正当理由并经海关同意，可作修改或者撤销。对海关已决定查验的转关货物，不再允许修改或撤销申报内容。

广东省内公路运输的进境汽车载货清单（附件 2）或出境汽车载货清单（附件 3）视同转关申报书面单证，具有法律效力。

第九条　提前报关的转关货物，进境地海关因故无法调阅进口转关数据时，可以按直转货物的规定办理转关手续。

第十条　从一个设关地运往另一个设关地的海关监管货物，除另有规定外，应按进口转关方式监管。

第十一条　转关货物运输途中因交通意外等原因需更换运输工具或驾驶员的，承运人或驾驶员应通知附近海关；附近海关核实同意后，监管换装并书面通知进境地、指运地海关或出境地、启运地海关。

第十二条　转关货物在国内储运中发生损坏、短少、灭失情事时，除不可抗力外，承运人、货物所有人、存放场所负责人应承担税赋责任。

第二章　进口转关货物的监管

第十三条　转关货物应当自运输工具申报进境之日起 14 日内向进境地海关办理转关手续，在海关限定期限内运抵指运地海关之日起 14 日内，向指运地海关办理报关手续。逾期按规定征收滞报金。

第十四条　进口转关货物，按货物到达指运地海关之日的税率和汇率征税。提前报关的，其适用的税率和汇率是指运地海关接收到进境地海关传输的转关放行信息之日的税率和汇率。如货物运输途中税率和汇率发生重大调整的，以转关货物运抵指运地海关之日的税率和汇率计算。

第十五条　提前报关的转关货物，进口货物收货人或其代理人在进境地海关办理进口货物转关手续前，向指运地海关录入进口货物报关单电子数据，指运地海关提前受理电子申报，货物运抵指运抵海关监管场所后，办理转关核销和接单验放等手续。

第十六条 提前报关的转关货物，其收货人或代理人向指运地海关填报录入进口货物报关单后，计算机自动生成进口转关货物申报单（见附件4）并传输至进境地海关。

第十七条 提前报关的转关货物收货人或代理人，应向进境地海关提供进口转关货物申报单编号，并提交下列单证办理转关手续：

（一）进口转关货物核放单（见附件5）；广东省内公路运输的，交验进境汽车载货清单；

（二）中华人民共和国海关境内汽车载运海关监管货物载货登记簿（以下简称汽车载货登记簿）或船舶监管簿；

（三）提货单。

第十八条 提前报关的进口转关货物应在电子数据申报之日起的5日内，向进境地海关办理转关手续。超过期限仍未到进境地海关办理转关手续的，指运地海关撤销提前报关的电子数据。

第十九条 直转的转关货物，货物收货人或代理人在进境地录入转关申报数据，直接办理转关手续。

第二十条 直转的转关货物，货物收货人或代理人应持以下单证向进境地海关办理转关手续：

（一）进口转关货物申报单；广东省内公路运输的，交验进境汽车载货清单；

（二）汽车载货登记簿或船舶监管簿。

第二十一条 具有全程提运单、需换装境内运输工具的中转转关货物，收货人或其代理人向指运地海关办理进口报关手续后，由境内承运人或其代理人，批量办理货物转关手续。

第二十二条 中转的转关货物，运输工具代理人应持以下单证向进境地海关办理转关手续：

（一）进口转关货物申报单；

（二）进口货物中转通知书（见附件6）；

（三）进口中转货物的按指运地目的港分列的纸质舱单；

以空运方式进境的中转货物，提交联程运单。

第三章　出口转关货物的监管

第二十三条 出口提前报关的转关货物，由货物发货人或其代理人在货物未运抵启运地海关监管场所前，向启运地海关填报录入出口货物报关单电子数据，启运地海关提前受理电子申报。货物应于电子数据申报之日起5日内，运抵启运地海关监管场所，办理转关和验放等手续。超过期限的，启运地海关撤销提前报关的电子数据。

第二十四条 出口直转的转关货物，由货物发货人或其代理人在货物运抵启运地海关监管场所后，向启运地海关填报录入出口货物报关单电子数据，启运地海关受理电子申报，办理转关和验放等手续。

第二十五条 提前报关和直转的出口转关货物，其发货人或代理人应在启运地填报录入出口货物报关单，在启运地海关办理出口通关手续后，计算机自动生成出口转关货物申报单（附件7）数据，传送至出境地海关。

第二十六条 提前报关和直转的出口转关货物发货人或代理人应持以下单证在启运地海关办理出口转关手续：

（一）出口货物报关单；

（二）汽车载货登记簿或船舶监管簿；

（三）广东省内公路运输的，还应递交出境汽车载货清单。

第二十七条 提前报关和直转的出口转关货物到达出境地后，发货人或代理人应持汽车载货登记簿或船舶监管簿和启运地海关签发的出口货物报关单和出口转关货物申报单或出境汽车载货清单（广东省内公路运输），向出境地海关办理转关货物的出境手续。

第二十八条 具有全程提运单、需换装境内运输工具的出口中转货物，发货人向启运地海关办理出口报关手续后，由承运人或其代理人按出境运输工具分列舱单，批量办理货物转关手续。

第二十九条 出口中转货物，其发货人或代理人向启运地海关办理出口通关手续后，运输工具代理人向启运地海关录入并提交下列单证：

（一）出口转关货物申报单；

（二）按出境运输工具分列的电子或纸质舱单；

（三）汽车载货登记簿或船舶监管簿。

经启运地海关核准后，签发出口货物中转通知书（见附件8）。出境地海关验核上述单证，办理中转货物的出境手续。

第三十条 对需运抵出境地后才能确定出境运输工具，或原定的运输工具名称、航班（次）、提单号发生变化的，可在出境地补录或修改相关数据，办理出境手续。

第四章 核 销

第三十一条 进口转关货物在运抵指运地海关监管场所后，指运地海关方可办理转关核销。

对于进口大宗散装转关货物分批运输的，在第一批货物运抵指运地海关监管场所后，指运地海关办理整批货物的转关核销手续，发货人或代理人同时办理整批货物的进口报关手续。指运地海关按规定办理余下货物的验放。最后一批货物到齐后，指运地海关完成整批货物核销。

第三十二条 出口转关货物在运抵出境地海关监管场所后，出境地海关方可办理转关核销。货物实际离境后，出境地海关核销清洁舱单并反馈启运地海关，启运地海关凭以签发有关报关单证明联。

第三十三条 转关工具未办结转关核销的，不得再次承运转关货物。

第五章 附 则

第三十四条 本办法下列用语的含义是：

（一）转关货物系指：

1. 由进境地入境，向海关申请转关、运往另一设关地点办理进口海关手续的货物；

2. 在启运地已办理出口海关手续运往出境地，由出境地海关监管放行的货物；

3. 从境内一个设关地点运往境内另一个设关地点，需经海关监管的货物。

（二）进境地：指货物进入关境的口岸。

（三）出境地：指货物离开关境的口岸。

（四）指运地：指进口转关货物运抵报关的地点。

（五）启运地：指出口转关货物报关发运的地点。

（六）承运人：指经海关核准，承运转关货物的企业。

第三十五条 本办法由海关总署负责解释。

第三十六条 本办法自2001年10月15日起实施。原《海关总署关于发布〈中华人民共和国海关广东地区陆路转关运输货物监管办法〉的通知》（署监〔2001〕21号）、《海关总署关于发布〈中华人民共和国海关关于长江沿线进出口转关运输货物监管办法〉的通知》（署监〔2001〕22号）、《关于发布〈中华人民共和国海关关于转关运输货物监管办法的〉通知》（署监一〔1992〕1377号）同时废止。

附件1　限制转关物品清单
附件2　中华人民共和国海关进境汽车载货清单
附件3　中华人民共和国海关出境汽车载货清单
附件4　中华人民共和国海关进口转关货物申报单
附件5　进口转关货物核放单
附件6　中华人民共和国海关进口货物中转通知书
附件7　中华人民共和国海关出口转关货物申报单
附件8　中华人民共和国海关出口货物中转通知书

（**注：**海关总署公告2002年第7号对第二条中不施封的情形作了补充规定）

附件 1

限制转关物品清单

类别	种类	商品编码	商品名称
废物	第一类动物废料	0506. 9010	骨废料
	第二类冶炼渣	2619. 0000	冶炼钢铁产生的溶渣、浮渣
	第三类木、木制品废料	4401. 3000	锯末、木废料等
		4501. 9000	软木废料
	第五类纺织品废物	5202. 1000	废棉纱线（包括废棉线）
		5202. 9900	其他废棉
废物	第六类贱金属及其制品的废料	7204. 1000	铸铁废碎料
		7204. 2100	不锈钢废碎料
		7204. 2900	其他合金钢废碎料
		7204. 3000	镀锡钢铁废碎料
		7204. 4100	车、刨、铣、磨、锯、锉、剪、冲加工过程中产生的钢铁废料，不论是否成捆
		7204. 4900	未列名钢铁废碎料（含废铁轨、废钢轨等）
		7204. 5000	供再熔的碎料钢铁锭（含废机床、废机车、废机车头等）
		7401. 1000	铜锍
		7401. 2000	沉积铜（泥铜）
		7404. 0000	铜废碎料
		7503. 0000	镍废碎料
		7602. 0000	铝废碎料
		7902. 0000	锌废碎料
		8002. 0000	锡废碎料
		8103. 1000	钽废碎料
	第七类各种废旧五金、电机、电器产品等		
	第八类废运输设备	8908. 0000	供拆卸的船舶及其他浮动结构体
	第九类特殊需进口的废物		
	第十类废塑料碎料及下脚料	3915. 1000	乙烯聚合物的废碎料及下脚料
		3915. 2000	苯乙烯聚合物的废碎料及下脚料
		3915. 3000	氯乙烯聚合物的废碎料及下脚料
		3915. 9000	其他塑料的废碎料及下脚料

类别	种类	商品编码	商品名称
化工	监控化学品可作为化学武器的化学品	2921.1930	N,N－二（2－氯乙基）乙胺
		2921.1940	N,N－二（2－氯乙基）甲胺
		2921.1950	三（2－氯乙基）胺
		29309090.13	2－氯乙基氯甲基硫醚
		29309090.14	芥子气：二（2－氯乙基）硫醚
		29309090.15	二（2－氯乙硫基）甲烷
		29309090.16	倍半芥气：1,2－二（2－氯乙硫基）乙烷
		29309090.17	1,3－二（2－氯乙硫基）正丙烷
		29309090.18	1,4－二（2－氯乙硫基）正丁烷
		29309090.19	1,5－二（2－氯乙硫基）正戊烷
		29309090.21	二（2－氯乙硫基甲基）醚
		29309090.22	氧芥气：二（2－氯乙硫基乙基）醚；路易氏剂
		29309090.26	烷基（甲基、乙基、正丙基或异丙基） 硫代膦酸烷基（氢或少于或等于10个原子的碳链，包括环烷基） －S－2－二烷（甲、乙、正丙或异丙）氨基乙酯及相应烷基化盐或质子化盐， 例如，VX：甲基硫代膦酸乙基－S－2－二异丙氨基乙酯 硫芥气
		29310000.13	2－氯乙烯基二氯胂
		29310000.14	二（2－氯乙烯基）氯胂
		29310000.15	三（2－氯乙烯基）胂
		29310000.16	烷基（甲基、乙基、正丙基或异丙基） 氟膦酸烷（少于或等于10个碳原子的链，包括环烷）酯，例如，沙林：甲基氟膦酸异丙酯，梭曼：甲基氟膦酸频那酯
		29310000.17	二烷（甲、乙正丙或异丙）氨基氰磷酸烷（少于或等于10个碳原子的碳链，包括环烷）酯，例如，塔崩：二甲氨基氰膦酸乙酯
		29310000.18	烷基（甲基、乙基、正丙基或异丙基）膦酸二氟，例如，DF：甲基膦酰二氟
		29310000.19	烷基（甲基、乙基、正丙基或异丙基）亚膦酸烷基（氢或少于或等于10个碳原子的碳链，包括环烷基） －2－二烷（甲、乙、正丙或异丙） 氨基乙酯及相应烷基化盐或质子化盐 例如，QL：甲基亚膦酸乙基－2－二异丙氨基乙酯
		29310000.21	氯沙林：甲基氯膦酸异丙酯 氯梭曼：甲基氯膦酸频那酯
		3002.9010	石房蛤毒素
		3002.9020	蓖麻毒素

类别	种类	商品编码	商品名称
化工	消耗臭氧层物质	2903.4100	三氯氟甲烷（CFC－11）
		2903.4200	二氯二氟甲烷（CFC－12）
		2903.4300	三氯三氟乙烷（CFC－113），用于清洗剂除外
		29034400.10	二氯四氟乙烷（CFC－114）
		29034400.90	氯五氟乙烷（CFC－115）
		2903.4510	氯三氟甲烷（CFC－13）
		29034600.10	溴氯二氟甲烷（Halon－1211）
		29034600.20	溴三氟甲烷（Halon－1301）
		2903.1910	1,1,1－三氯乙烷（甲基氯仿，TCA）
	化学武器关键前体	2812.1044	三氯化砷
		2903.3010	PFIB：1,1,3,3,3,－五氟－2－三氟甲基－1－丙烯（又名：全氟异丁烯；八氟异丁烯）
		2905.1910	频那基醇：3,3－二甲基丁－2－醇
		2918.1910	2,2－二苯基－2－羟基乙酸：二苯羟乙酸；二苯乙醇酸
		2921.1960	二烷（甲，乙，正丙或异丙）氨基乙基－2－氯及相应质子化盐
		2922.1929	二烷（正丙或异丙）氨基乙－2－醇及相应质子化盐 例如，二甲氨基乙醇及相应质子化盐 二乙氨基乙醇及相应质子化盐
		2929.9020	二烷（甲，乙，正丙或异丙）氨基膦酰二卤
		2929.9030	二烷（甲，乙，正丙或异丙）氨基膦酸二烷（甲，乙，正丙或异丙）酯
		29309090.23	胺吸膦：硫代膦酸二乙基－S－2－二乙氨基乙酯及相应烷基化盐或质子化盐
		29309090.24	烷基（甲，乙，正丙或异丙）氨基乙－2－硫醇及相应质子化盐
		29309090.25	硫二甘醇；二（2－羟乙基）硫醚；硫代双乙醇
		29309090.27	含有一个磷原子并有一个甲基，乙基或（正或异）丙基原子团与该磷原子结合的化学品，不包括含有更多碳原子的情形，但第一类名录所列者除外。例如，甲基膦酰二氯；甲基膦酸二甲酯，例如，地虫磷：二硫代乙基膦酸－S－苯基乙酯
		2933.3910	BZ；二苯乙醇酸－3－奎宁环酯
		2933.3920	奎宁环－3－醇
	化学武器原料	2811.1910	氢氰酸，包括氰化氢
		2812.1010	亚硫酰氯：氯化亚砜，氧氯化硫
		2812.1020	氧氯化磷，即膦酰氯，三氯氧磷
		2812.1030	碳酰二氯（光气）
		2812.1041	一氯化硫（氯化硫）
		2812.1042	二氯化硫
		2812.1043	三氯化磷

类别	种类	商品编码	商品名称
化工	化学武器原料	2812.1045	五氯化磷
		28139000.10	五硫化二磷
		2837.1110	氰化钠
		2837.1910	氰化钾
		2851.0020	氯化氰
		2904.9030	三氯硝基甲烷（氯化苦，硝基氯仿）
		29141900.10	频哪酮
		29181990.10	二苯乙醇酸甲酯，包括其酸酐、酰卤化物、过氧化物和过氧酸及该号的衍生物
		2920.9011	亚磷酸三甲酯
		2920.9012	亚磷酸三乙酯
		2920.9013	亚磷酸二甲酯
		2920.9014	亚磷酸二乙酯
		29211100.10	二甲胺
		29211100.20	二甲胺盐酸盐
		2922.1310	三乙醇胺
		29221320.20	三乙醇胺盐酸盐
		2922.1930	乙基二乙醇胺
		2922.1940	甲基二乙醇胺
		29333990.30	3－羟基－1－甲基哌啶
		29333990.40	3－奎宁环酮
	易制毒化学品	2806.1000	氯气氢（盐酸）
		28070000.10	硫酸
		2841.6100	高锰酸钾
		2902.3000	甲苯
		2909.1100	乙醚
		2914.1100	丙酮
		2914.1200	丁酮［甲基乙基（甲）酮］
		2914.3100	苯丙酮（苯基丙－2－丙酮）
		2915.2400	乙酸酐（醋酸酐）
		29163400.10	苯乙酸
		2922.4310	邻氨基苯甲酸（氨茴酸）
		29242990.20	N－乙酰邻氨基苯酸
		2932.9100	4－丙烯基－1，2－亚甲二氧基苯（异黄樟脑）
		2932.9400	4－烯丙基－1，2－亚甲二氧基苯（黄樟脑）

类别	种类	商品编码	商品名称
化工	易制毒化学品	2932.9200	1－（1,3－苯并二恶茂－5－基）丙－2－酮,3,4－亚甲基二氧苯基－2－丙酮
		2933.3210	哌啶（六氢吡啶）
		29394100.10	麻黄碱（麻黄素，盐酸麻黄碱）
		29394100.30	消旋盐酸麻黄碱
		29394100.40	草酸麻黄碱
		29394200.10	伪麻黄碱（伪麻黄素，盐酸伪麻黄碱）
		29394100.20	硫酸麻黄碱
		29394200.20	硫酸伪麻黄碱
		29394900.10	盐酸甲基麻黄碱
		29394900.20	消旋盐酸甲基麻黄碱
		13021990.11	供制农药用麻黄浸膏粉
		13021990.12	供制农药用麻黄浸膏
		13021990.91	供制医药用麻黄浸膏粉
		13021990.92	供制医药用麻黄浸膏
		13021990.93	其他麻黄浸膏粉
		13021990.94	其他麻黄浸膏
		12119049.10	药料用麻黄草粉
		12119050.10	香料用麻黄草粉
		12119099.10	其他用麻黄草粉
		30044090.10	麻黄碱盐类单方制剂（指盐酸麻黄碱片、盐酸麻黄碱注射剂、盐酸伪麻黄碱片、硫酸麻黄碱片）
		2932.9300	3,4－亚甲二氧基甲醛（胡椒醛），别名洋茉莉醛、天芥菜精
		29396100.10	麦角新碱
		29396200.10	麦角胺
		29396300.10	麦角酸
	氰化钠	2837.1110	氰化钠
汽车	汽车	8701.2000	半挂车用的公路牵引车
		8702.1020	机坪客车（机场专用车）
		8702.1091	30座及以上的大型客车（柴油型）（指装有柴油发动机的30座及以上的客运车）
		87021092.11	20≤座≤22的柴油客车（装有柴油或半柴油发动机的中型客车，排气量＜2000毫升）
		87021092.19	20≤座≤22的柴油客车（装有柴油或半柴油发动机的中型客车，排气量≥2000毫升）
		87021092.90	其他23≤座＜30的柴油型中型客车（装有柴油或半柴油发动机的客车）

类别	种类	商品编码	商品名称
汽车	汽车	87021093.10	排气量<2000毫升的10≤座≤19客车（装有柴油或半柴油发动机的中型客车）
		87021093.90	排气量≥2000毫升的10≤座≤19客车（装有柴油或半柴油发动机的中型客车）
		8702.9010	30座及以上的大型客车（其他型）（指装有其他发动机的30座及以上的客运车）
		87029020.11	20≤座≤22的非柴油客车（指装有其他发动机的中型客车，排气量<2000毫升）
		87029020.19	20≤座≤22的非柴油客车（指装有其他发动机的中型客车，排气量≥2000毫升）
		87029020.90	其他23≤座<30的非柴油客车（指装有其他发动机的中型客车）
		87029030.10	排气量<2000毫升的10≤座≤19客车（装有其他发动机的中型客车）
		87029030.90	排气量≥2000毫升的10≤座≤19客车（装有其他发动机的中型客车）
		87032130.11	汽油型微马力小轿车（指装有点燃往复式活塞内燃机，排气量<1000毫升）
		87032130.19	汽油型微马力小轿车（指装有点燃往复式活塞内燃机，排气量=1000毫升）
		87032130.90	8703.2130车辆的成套散件
		87032190.11	汽油型超微马力小轿车、越野车（指装有点燃往复式活塞内燃机的，排气量<1000毫升）
		87032190.19	汽油型超微马力小轿车、越野车（指装有点燃往复式活塞内燃机的，排气量=1000毫升）
		87032190.90	8703.2190车辆的成套散件
		87032230.10	汽油型小马力小轿车（装点燃往复式活塞内燃机，小马力指1000毫升<排气量≤1500毫升）
		87032230.90	汽油型小马力小轿车的成套散件
		87032240.10	汽油型小马力四轮驱动越野车（装点燃往复式活塞内燃机，小马力指1000毫升<排气量≤1500毫升）
		87032240.90	8703.2240车辆的成套散件
		87032250.10	汽油型小马力小客车（≤9座）（装点燃往复式活塞内燃机，小马力指1000毫升<排气量≤1500毫升）
		87032250.90	8703.2250车辆的成套散件
		87032290.11	汽油型小马力其他小客车（≤9座）（装点燃往复式活塞内燃机，小马力指1000毫升<排气量≤1500毫升）
		87032290.19	汽油型小马力其他载人车辆（≤9座）（装点燃往复式活塞内燃机，小马力指1000毫升<排气量≤1500毫升）
		87032290.90	8703.2290车辆的成套散件
		87032314.11	1500毫升<排气量<2200毫升的小轿车（指汽油型，装点燃往复式活塞内燃机）
		87032314.19	2200毫升≤排气量≤2500毫升的小轿车（指汽油型，装点燃往复式活塞内燃机）
		87032314.90	8703.2314车辆的成套散件

类别	种类	商品编码	商品名称
汽车	汽车	87032315.11	1500 毫升 < 排气量 < 2400 毫升的四轮驱动越野车（指汽油型，装点燃往复式活塞内燃机）
		87032315.19	2400 毫升≤排气量≤2500 毫升的四轮驱动越野车（指汽油型，装点燃往复式活塞内燃机）
		87032315.90	8703.2315 车辆的成套散件
		87032316.11	1500 毫升 < 排气量 < 2000 毫升的小客车（指≤9 座，汽油型的，装点燃往复式活塞内燃机）
		87032316.19	2000 毫升≤排气量≤2500 毫升的小客车（指≤9 座，汽油型的，装点燃往复式活塞内燃机）
		87032316.90	8703.2316 车辆的成套散件
		87032319.11	1500 毫升 < 排气量 < 2000 毫升的汽油型其他小客车（装点燃往复式活塞内燃机）
		87032319.12	2000 毫升≤排气量≤2500 毫升的汽油型其他小客车（装点燃往复式活塞内燃机）
		87032319.19	1500 毫升 < 排气量≤2500 毫升的汽油型其他载人车辆（装点燃往复式活塞内燃机）
		87032319.90	8703.2319 车辆的成套散件
		87032334.10	汽油型中马力小轿车（装点燃往复式活塞内燃机，指 2500 毫升 < 排气量≤3000 毫升）
		87032334.90	8703.2334 车辆的成套散件
		87032335.10	汽油型中马力越野车（装点燃往复式活塞内燃机，指 2500 毫升 < 排气量≤3000 毫升）
		87032335.90	8703.2335 车辆成套散件
		87032336.10	汽油型中马力旅行小客车（≤9 座）（装点燃往复式活塞内燃机，指 2500 毫升 < 排气量≤3000 毫升）
		87032336.90	8703.2336 车辆的成套散件
		87032339.11	汽油型中马力其他小客车（≤9 座）（装点燃往复式活塞内燃机，指 2500 毫升 < 排气量≤3000 毫升）
		87032339.19	汽油型中马力其他载人车辆（装点燃往复式活塞内燃机，指 2500 毫升 < 排气量≤3000 毫升）
		87032339.90	8703.2339 车辆的成套散件
		87032430.10	汽油型大马力小轿车（≤9 座）（装有点燃往复式活塞内燃机，大马力指排气量 > 3000 毫升）
		87032430.90	8703.2430 车辆的成套散件

类别	种类	商品编码	商品名称
汽车	汽车	87032440.10	汽油型大马力越野车（装有点燃往复式活塞内燃机，大马力指排气量>3000毫升）
		87032440.90	8703.2440车辆的成套散件
		87032450.10	汽油型大马力旅行小客车（≤9座）（装有点燃往复式活塞内燃机，大马力指排气量>3000毫升）
		87032450.90	8703.2450车辆的成套散件
		87032490.11	汽油型大马力其他小客车（装有点燃往复式活塞内燃机，大马力指排气量>3000毫升）
		87032490.19	汽油型大马力其他载人车辆（装有点燃往复式活塞内燃机，大马力指排气量>3000毫升）
		87032490.90	8703.2490车辆的成套散件
		87033130.11	排气量<1000毫升的柴油型小轿车（装有压燃式活塞内燃发动机，9座及以下的）
		87033130.19	1000毫升≤排气量≤1500毫升的柴油型小轿车（装有压燃式活塞内燃发动机，9座及以下的）
		87033130.90	8703.3130车辆的成套散件
		87033140.10	柴油型小马力越野车（装有压燃式活塞内燃发动机，小马力指排气量≤1500毫升）
		87033140.90	8703.3140车辆的成套散件
		87033150.10	柴油型小马力小客车（≤9座）（装有压燃式活塞内燃发动机，小马力指排气量≤1500毫升）
		87033150.90	8703.3150车辆的成套散件
		87033190.11	柴油型小马力其他小客车（≤9座）（装有压燃式活塞内燃发动机，小马力指排气量≤1500毫升）
		87033190.19	柴油型小马力其他载人车辆（装有压燃式活塞内燃发动机，小马力指排气量≤1500毫升）
		87033190.90	8703.3190车辆的成套散件
		87033230.11	1500毫升<排气量<2200毫升的柴油型小轿车（指≤9座，装压燃式活塞内燃发动机）
		87033230.19	2200毫升≤排气量≤2500毫升的柴油型小轿车（指≤9座，装压燃式活塞内燃发动机）
		87033230.90	8703.3230车辆的成套散件

类别	种类	商品编码	商品名称
汽车	汽车	87033240.11	1500 毫升 < 排气量 < 2400 毫升的四轮驱动越野车（指≤9 座，柴油型，装压燃式活塞内燃发动机的）
		87033240.19	2400 毫升≤排气量≤2500 毫升的四轮驱动越野车（指≤9 座，柴油型，装压燃式活塞内燃发动机的）
		87033240.90	8703.3240 车辆的成套散件
		87033250.11	1500 毫升 < 排气量 < 2000 毫升的小客车（指≤9 座，柴油型，装压燃式活塞内燃发动机的）
		87033250.19	2000 毫升≤排气量≤2500 毫升的小客车（指≤9 座，柴油型，装压燃式活塞内燃发动机的）
		87033250.90	8703.3250 车辆的成套散件
		87033290.11	柴油型中马力其他小客车（≤9 座）（指 1500 毫升 < 排气量 < 2000 毫升）
		87033290.12	2000 毫升≤排气量≤2500 毫升的其他小客车（指≤9 座，柴油型，装压燃式活塞内燃发动机的）
		87033290.19	柴油型中马力其他载人车辆（指 1500 毫升 < 排气量≤2500 毫升）
		87033290.90	8703.3290 车辆的成套散件
		87033330.10	排气量 > 2500 毫升的柴油型小轿车（指≤9 座，装有压燃式活塞内燃发动机）
		87033330.90	8703.3330 车辆成套散件
		87033340.10	排气量 > 2500 毫升的四轮驱动越野车（指≤9 座，柴油型，装有压燃式活塞内燃发动机）
		87033340.90	8703.3340 车辆的成套散件
		87033350.10	排气量 > 2500 毫升的小客车（≤9 座）（指柴油型，装有压燃式活塞内燃发动机）
		87033350.90	8703.3350 车辆的成套散件
		87033390.11	柴油型大马力其他小客车（≤9 座）（装有压燃式活塞内燃发动，大马力指排气量 > 2500 毫升）
		87033390.19	柴油型大马力其他载人车辆（装有压燃式活塞内燃发动，大马力指排气量 > 2500 毫升）
		87033390.90	8703.3390 车辆的成套散件
		87039000.11	其他型排气量 < 1000 毫升的小轿车
		87039000.12	其他型 1000 毫升≤排气量 < 2200 毫升的小轿车
		87039000.13	其他型排气量≥2200 毫升的小轿车
		87039000.14	其他型排气量 < 2000 毫升的面包车（≤9 座）
		87039000.15	其他型排气量≥2000 毫升的面包车（≤9 座）
		87039000.16	其他型排气量 < 2400 毫升的越野车
		87039000.17	其他型排气量≥2400 毫升的越野车
		87039000.19	装有其他发动机的其他型车（指 9 座及以下，包括旅行小客车及赛车）

类别	种类	商品编码	商品名称
汽车	汽车	87039000.90	8703.9000 车辆的成套散件
		8704.2100	柴油型其他小型货车（装有压燃式活塞内燃发动机，小型指车辆总重量≤5 吨）
		8704.2230	柴油型其他中型货车（装有压燃式活塞内燃发动机，中型指 5 吨 < 车辆总重量 < 14 吨）
		87042240.10	混凝土泵车、混凝土搅拌车用底盘（装有压燃式活塞内燃发动机，重型指 14 吨≤车辆总重≤20 吨）
		87042240.90	柴油型其他重型货车（装有压燃式活塞内燃发动机，重型指 14 吨≤车辆总重≤20 吨）
		87042300.10	起重≥25 吨汽车起重机用底盘（装有压燃式活塞内燃发动机，超重型指车辆总重量 > 20 吨）
		87042300.20	混凝土泵车、搅拌车用底盘（装有压燃式活塞内燃发动机，超重型指车辆总重量 > 20 吨）
		87042300.90	柴油型的其他超重型货车（装有压燃式活塞内燃发动机，超重型指车辆总重量 > 20 吨）
		87043100	汽油型≤5 吨的其他货车（装有点燃式活塞内燃发动机，车辆总重量不超过 5 吨）
		87043230	5 吨 < 汽油型≤8 吨的其他货车（装有点燃式活塞内燃发动机，车辆总重量超过 5 吨）
		87043240	汽油型 > 8 吨的其他货车（装有点燃式活塞内燃发动机，车辆总重量超过8 吨）
		8704.9000	装有其他发动机的货车
		8705.2000	机动钻探车
		8705.3010	装有云梯的机动救火车
		8705.3090	其他机动救火车
		8705.4000	机动混凝土搅拌车
		8705.9020	机动放射线检查车
		8705.9030	机动环境监测车
		8705.9040	机动医疗车
		8705.9051	航空电源车（频率为 400 赫兹）
		8705.9059	其他机动电源车
		8705.9060	飞机加油车，调温车，除冰车
		8705.9070	道路（包括跑道）扫雪车
		8705.9080	石油测井车，压裂车，混沙车
		87059090.10	跑道除冰车
		87059090.90	其他特殊用途的机动车辆（主要用于载人或运货的车辆除外）

附件 2

中华人民共和国海关进境汽车载货清单

进境日期：　　　　　　　　　　　　　　　　　　　　　　　　清单编号：1000000000013

<table>
<tr><td colspan="3">发货人：（盖章）</td><td colspan="3">贸易性质：</td></tr>
<tr><td colspan="3">收货人：</td><td colspan="3">贸易国别（地区）</td></tr>
<tr><td colspan="3">合同（协议）号：</td><td colspan="3">原产国别（地区）</td></tr>
<tr><td rowspan="2">货名及规格</td><td rowspan="2">件数</td><td rowspan="2">重量</td><td colspan="2">成交价格</td><td rowspan="2">进境地/指运地</td></tr>
<tr><td>单价</td><td>价值</td></tr>
<tr><td></td><td></td><td></td><td></td><td></td><td rowspan="3"></td></tr>
<tr><td></td><td></td><td></td><td></td><td></td></tr>
<tr><td></td><td></td><td></td><td></td><td></td></tr>
<tr><td rowspan="2">车辆牌号</td><td colspan="2">境内：</td><td colspan="3" rowspan="3">海关关锁号（条形码）No.：</td></tr>
<tr><td colspan="2">境外：</td></tr>
<tr><td colspan="3">货柜箱体号 No.：</td></tr>
<tr><td colspan="3">上列货物总计＿＿＿＿件＿＿＿＿千克，由＿＿＿＿公司委托我公司承运，保证无讹。
此致
＿＿＿海关
运输公司（盖章）
驾驶员：　　　　海关编号＿＿＿</td><td colspan="3">海关批注：
关员签名：
海关签章：
年　月　日</td></tr>
</table>

说明：1. 此表“车辆牌号”以上项目由货主填写，以下部分由运输公司填写；

2. 此表不够填写，可附货物清单；

3. 此表为一式两份向海关申报。

附件3

中华人民共和国海关出境汽车载货清单

进境日期： 清单编号：5000000000013

<table>
<tr><td colspan="3">发货人：（盖章）</td><td colspan="4">贸易性质：</td></tr>
<tr><td colspan="3">收货人：</td><td colspan="4">贸易国别（地区）</td></tr>
<tr><td colspan="3">合同（协议）号：</td><td colspan="4">消费国别（地区）</td></tr>
<tr><td colspan="2" rowspan="2">货名及规格</td><td rowspan="2">件数</td><td rowspan="2">重量</td><td colspan="2">成交价格</td><td rowspan="2">启运地/出境地</td></tr>
<tr><td>单价</td><td>价值</td></tr>
<tr><td colspan="2"></td><td></td><td></td><td></td><td></td><td rowspan="3"></td></tr>
<tr><td colspan="2"></td><td></td><td></td><td></td><td></td></tr>
<tr><td colspan="2"></td><td></td><td></td><td></td><td></td></tr>
<tr><td rowspan="2">车辆牌号</td><td colspan="2">境内：</td><td colspan="4" rowspan="3">海关关锁号（条形码）No.：</td></tr>
<tr><td colspan="2">境外：</td></tr>
<tr><td colspan="3">货柜箱体号 No.：</td></tr>
<tr><td colspan="3">上列货物总计＿＿＿＿件＿＿＿＿千克，由＿＿＿＿公司委托我公司承运，保证无讹。
此致
＿＿＿海关
运输公司（盖章）
驾驶员： 海关编号＿＿＿</td><td colspan="4">海关批注：
关员签名：
海关签章：
年 月 日</td></tr>
</table>

附件 4

中华人民共和国海关进口转关货物申报单

预录入号：　　　　　　　　　　　　　　　　　　　　　　海关编号：

<table>
<tr><td colspan="3">进境运输工具名称：</td><td colspan="4">航次（航班）号：</td></tr>
<tr><td colspan="3">转关方式：</td><td colspan="4">境内运输方式：</td></tr>
<tr><td>提运单总数：</td><td colspan="2">货物总件数：</td><td colspan="2">货物总重量：</td><td colspan="2">集装箱总数：</td></tr>
<tr><td>境内运输工具名称</td><td>提（运）单号</td><td>集装箱号</td><td>货名</td><td>件数</td><td>重量</td><td>起始关锁号/个数</td></tr>
<tr><td></td><td></td><td></td><td></td><td></td><td></td><td></td></tr>
<tr><td colspan="2">以上申报属实，并承担法律责任，保证在　　日内将上述货物完整运抵　　海关。

（盖章）
申报人：
年　月　日</td><td colspan="3">进境地海关批注：

（盖章）
经办关员：
年　月　日</td><td colspan="2">指运地海关批注：

（盖章）
经办关员：
年　月　日</td></tr>
</table>

附件 5

进口转关货物核放单

转关申报单编号：

申请人：	
进境运输工具名称：	航次（航班）：
提运单号（分/总）：	
进境日期：	件数：　　　　重量：
集装箱规格及数量：	
指运地：	预计运抵时间：
承运人：	
境内运输工具名称及编号：	
备注：	
以上申报属实，并承担法律责任。 （申请人盖章） 报关员： 年　月　日	进境地海关： 经办关员： 年　月　日

附件 6

中华人民共和国海关进口货物中转通知书

至：　　　　码头

<table>
<tr><td rowspan="2">境内运输工具名称及编号</td><td>停靠地点</td><td>离港日期</td><td rowspan="2">集装箱货物总重量</td><td rowspan="2"></td><td rowspan="2">标箱总数</td><td rowspan="2"></td></tr>
<tr><td></td><td></td></tr>
</table>

干线船船名及航次	指运港	装货港	提单号	件数	重量	集装箱箱号	箱型	港区	备注

<table>
<tr><td>代理单位

盖章

经办人：

年　月　日</td><td>未经海关同意，以上内容不得更改。

海关放行

（盖章）

经办人：

年　月　日</td></tr>
</table>

附件7

中华人民共和国海关出口转关货物申报单

预录入号：　　　　　　　　　　　　　　　　　　　　海关编号：

出境运输工具名称：	航次（航班）号：	转关方式：	境内运输方式：
提运单总数：	货物总件数：	货物总重量：	集装箱总数：

境内运输工具名称	提（运）单号	集装箱号	货名	件数	重量	起始关锁号/个数

以上申报属实，并承担法律责任，保证在　　日内将上述货物完整运抵　　海关。 （盖章） 申报人： 年　月　日	启运地海关批注： （盖章） 经办关员： 年　月　日	出境地海关批注： （盖章） 经办关员： 年　月　日

附件 8

中华人民共和国海关出口货物中转通知书

至：　　　　码头

<table>
<tr><td rowspan="2">干线船船名及航次</td><td>停靠地点</td><td>离港日期</td><td rowspan="2">集装箱货物总重量</td><td rowspan="2"></td><td rowspan="2">标箱总数</td><td rowspan="2"></td></tr>
<tr><td></td><td></td></tr>
</table>

境内运输工具名称及编号	启运港	卸货港	提单号	件数	重量	集装箱箱号	箱型	港区	条形码

<table>
<tr><td>预录入单位

盖章

录入人：

年　月　日</td><td>代理单位

盖章

经办人：

年　月　日</td><td>未经海关同意，以上内容不得更改。
海关放行

（盖章）

经办人：

年　月　日</td></tr>
</table>

中华人民共和国海关对过境货物监管办法

（1992年9月1日海关总署令第38号公布，自1992年12月1日起施行）

第一条 为维护国家的主权和利益，促进我国对外开放，加强海关对过境货物的监督管理，根据《中华人民共和国海关法》，特制定本办法。

第二条 本办法所称“过境货物”系指由境外启运，通过中国境内陆路继续运往境外的货物。

“经营人”，指经国家经贸主管部门批准、认可具有国际货物运输代理业务经营权并拥有过境货物运输代理业务经营范围（国际多式联运）的企业。

“承运人”指经国家运输主管部门批准从事过境货物运输业务的企业。

第三条 对同我国签有过境货物协定的国家的过境货物，或属于同我国签有铁路联运协定国家收、发货的，按有关协定准予过境；对于同我国未签有上述协定国家的过境货物，应当经国家经贸、运输主管部门批准并向入境地海关备案后准予过境。

第四条 过境货物自进境起到出境止属海关监管货物，应当接受海关监管。未经海关许可，任何单位和个人不得开拆、提取、交付、发运、调换、改装、抵押、转让，或者更换标记。

第五条 装载过境货物的运输工具，应当具有海关认可的加封条件和装置。海关认为必要时，可以对过境货物及其装载装置加封。运输部门和经营人，应当负责保护海关封志的完整，任何人不得擅自开启或损毁。

第六条 经营人应当持主管部门的批准文件和工商行政管理部门颁发的营业执照，向海关申请办理报关注册登记手续。经海关核准后，才能负责办理报关事宜。上述企业的报关员应当经海关考核认可。

第七条 下列货物禁止过境：

（一）来自或运往我国停止或禁止贸易的国家和地区的货物。

（二）各种武器、弹药、爆炸物品及军需品（通过军事途径运输的除外）。

（三）各种烈性毒药，麻醉品和鸦片、吗啡、海洛因、可卡因等毒品。

（四）我国法律、法规禁止过境的其他货物、物品。

第八条 过境货物进境时，经营人应当向进境地海关如实申报，并递交下列单证：

（一）中华人民共和国海关过境货物报关单（一式四份）；

（二）过境货物运输单据（运单、装载清单、载货清单等）；

（三）海关需要的其他单证（发票、装箱清单等）。

第九条 海关认为必要时，可以查验过境货物。海关在查验过境货物时，经营人或承运人应当到场，按照海关的要求负责搬移货物，开拆和重封货物的包装，并在海关查验记录上签字。

第十条 过境货物经进境地海关审核无讹后，海关在运单上加盖“海关监管货物”戳记，并将两份过境货物报关单和过境货物清单制作关封后加盖“海关监管货物”专用章，连同上述运单一并交经营人。

经营人或承运人应当负责将进境地海关签发的关封完整及时地带交出境地海关。

第十一条 过境货物自进境之日起超过3个月未向海关申报的，海关视其为进口货物，按《中华人民共和国海关法》第二十一条的有关规定处理。

第十二条 过境货物应当自进境之日起6个月内运输出境；在特殊情况下，经海关同意，可以延期，但延长期不得超过3个月。

过境货物在规定时间内不能出境的，海关按《中华人民共和国海关法行政处罚实施细则》的有关规定处罚。

第十三条 过境货物在进境以后、出境之前，应当按照运输主管部门规定的路线运输，运输主管部门没有规定的，由海关指定。

根据实际情况，海关需要派员押运过境货物时，经营人或承运人应免费提供交通工具和执行监管任务的便利，并按照规定缴纳规费。

第十四条 过境货物进境后因换装运输工具等原因需卸地储存时，应当经海关批准并在海关监管下存入经海关指定或同意的仓库或场所。

第十五条 过境货物出境时，经营人应当向出境地海关申报，并交验进境地海关签发的关封和海关需要的其他单证。如货物有变动情况，经营人还应当提交书面证明。

第十六条 过境货物经出境地海关审核有关单证、关封或货物无讹后，由海关在运单上加盖放行章，在海关监管下出境。

第十七条 过境货物，由于不可抗力的原因，被迫在运输途中换装运输工具，起卸货物或遇有意外情况时，经营人或承运人应当立即报告所在地海关或附近海关，接受海关监管。

第十八条 过境货物在境内发生灭失和短少时（除不可抗力的原因外），应当由经营人负责向出境地海关补办进口纳税手续。

第十九条 对违反本办法有关规定情事的，海关依照《中华人民共和国海关法》和《中华人民共和国海关法行政处罚实施细则》的有关规定处理。

第二十条 本办法由海关总署负责解释。

第二十一条 本办法自1992年12月1日起实施。

中华人民共和国海关对出口退税报关单管理办法

（1991年3月6日海关总署令第16号发布，自1991年4月1日起施行）

第一条 为了正确执行国家对出口产品的退税政策，支持外贸发展，加强对出口退税报关单的管理，特制定本办法。

第二条 出口企业应本办法的规定向海关办理申领出口退税报关单手续。海关按规定收取签证费。

第三条 出口企业申领出口退税报关单，应于海关放行货物之日起15日内（第15日为法定节假日时顺延）办理完毕。海关放行货物之日指装载出口货物的运输工具办结海关手续之日。

第四条 出口企业向税务机关办理出口产品退税时，必须提供盖有海关验讫章的出口退税报关单。

第五条 出口企业必须认真填写出口退税报关单，并编填申报企业编号。

第六条 海关在接受出口企业报关时，对企业申报出口的高税率产品，严格审核后应将出口退税报关单封入关封，交出口企业送交退税地税务机关。如报关单位为代理报关企业，则由代理报关企业在关封上注明出口企业名称、地址，交海关封入关封后，由代理报关企业转交出口企业送交退税地税务机关。

第七条 对海关已签发出口退税报关单的货物，如遇特殊情况发生退关或退运，报关单位应向原报关出口地海关出示当地主管出口退税的县级以上税务机关的证明，证明其货物未办理出口退税或所退税款已退回税务机关，海关方予办理该批货物的退关手续。

第八条 有关单位或企业丢失海关已签发的出口退税报关单，要求海关补办时，应由主管出口退税的税务机关出具该批货物未办理出口产品退税的证明，并经海关查对核实货物确已出口，可补签出口退税报关单。海关应签注“补办”字样，并按规定收签证费。

第九条 对出口企业报关时采取以少报多，以次（废）充好，以低税率产品冒充高税率产品等企图骗取出口退税行为的，在现场发现部分由海关按《中华人民共和国海关法》及有关规定处理；对出口企业向税务机关申报退税后，发现骗取退税行为的由税务机关按《关于加强出口产品退税管理的联合通知》［国税发〔1991〕003号］的有关规定处理。

第十条 对来料加工复出口的产品，三资企业出口的产品以及按海关对保税工厂监管方式生产的出口产品，海关不签发出口退税报关单。

第十一条 对进料加工复出口的产品，海关应在退税报关单上加盖“进料加工”戳记。

第十二条 出口退税报关单由海关总署统一印制。该报关单采用浅黄色纸张，按现行出口货物报关单格式印制，并注明“出口退税专用”字样。

第十三条 本办法自1991年4月1日施行。

中华人民共和国海关关于超期未报关进口货物、误卸或者溢卸的进境货物和放弃进口货物的处理办法

（2001年12月20日海关总署令第91号发布，自发布之日起施行）

第一条 为加强对超期未报关进口货物、误卸或者溢卸的进境货物和放弃进口货物的处理，根据《中华人民共和国海关法》第三十条的规定，制定本办法。

第二条 进口货物的收货人应当自运输工具申报进境之日起14日内向海关申报。进口货物的收货人超过上述规定期限向海关申报的，由海关按照《中华人民共和国海关征收进口货物滞报金办法》的规定，征收滞报金；超过3个月未向海关申报的，其进口货物由海关提取依法变卖处理。

第三条 由进境运输工具载运进境并因故卸至海关监管区或者其他经海关批准的场所，未列入进口载货清单、运单向海关申报进境的误卸或者溢卸的进境货物，经海关审定确实的，由载运该货物的原运输工具负责人，自该运输工具卸货之日起3个月内，向海关申请办理退运出境手续；或者由该货物的收发货人，自该运输工具卸货之日起3个月内，向海关申请办理退运或者申报进口手续。

前款所列货物，经载运该货物的原运输工具负责人，或者该货物的收发货人申请，海关批准，可以延期3个月办理退运出境或者申报进口手续。

本条第一款所列货物，超过前两款规定的期限，未向海关办理退运出境或申报进口手续的，由海关提取依法变卖处理。

第四条 进口货物的收货人或其所有人声明放弃的进口货物，由海关提取依法变卖处理。

国家禁止或限制进口的废物、对环境造成污染的货物不得声明放弃。除符合国家规定，并办理申报进口手续，准予进口的外，由海关责令货物的收货人或其所有人、载运该货物进境的运输工具负责人退运出境；无法退运的，由海关责令其在海关和有关主管部门监督下予以销毁或者进行其他妥善处理，销毁和处理的费用由收货人承担，收货人无法确认的，由相关运输工具负责人及承运人承担；违反国家有关法律法规的，由海关依法予以处罚，构成犯罪的，依法追究刑事责任。

第五条 保税货物、暂时进口货物超过规定的期限3个月，未向海关办理复运出境或者其他海关有关手续的；过境、转运和通运货物超过规定的期限3个月，未运输出境的，按照本办法第二条的规定处理。

第六条 超期未报关进口货物、误卸或者溢卸的进境货物和放弃进口货物属于《出入境检验检疫机构实施检验检疫的进出境商品目录》范围的，由海关在变卖前提请出入境检验检疫机构进行检验、检疫，检验、检疫的费用与其他变卖处理实际支出的费用从变卖款中支付。

第七条 按照本办法第二条、第三条、第五条规定由海关提取依法变卖处理的超期未报、误卸或者溢卸等货物的所得价款，在优先拨付变卖处理实际支出的费用后，按照下列顺序扣除相关费用和税款：

（一）运输、装卸、储存等费用；

（二）进口关税；

（三）进口环节海关代征税；

（四）滞报金。

所得价款不足以支付同一顺序的相关费用的，按照比例支付。

扣除上述第（二）项进口关税的完税价格按照下列公式计算：

$$完税价格=\frac{变卖所得价款-变卖费用-运储费用}{1+关税率+增值税率+\dfrac{关税率\times增值税率}{1-消费税率}}$$

实行从量、复合或者其他方式计征税款的货物，按照有关征税的规定计算和扣除税款。

按照本条第一款规定扣除相关费用和税款后，尚有余款的，自货物依法变卖之日起1年内，经进口货物收货人申请，予以发还。其中属于国家限制进口的，应当提交许可证件而不能提供的，不予发还；不符合进口货物收货人资格、不能证明对进口货物享有权利的，申请不予受理。逾期无进口货物收货人申请、申请不予受理或者不予发还的，余款上缴国库。

第八条 按照本办法第四条规定由海关提取依法变卖处理的放弃进口货物的所得价款，优先拨付变卖处理

实际支出的费用后，再扣除运输、装卸、储存等费用。

所得价款不足以支付上述运输、装卸、储存等费用的，按比例支付。

按照本条第一款规定扣除相关费用后尚有余款的，上缴国库。

第九条 按照本办法第七条规定申请发还余款的，申请人应当提供证明其为该进口货物收货人的相关资料。经海关审核同意后，申请人应当按照海关对进口货物的申报规定，补办进口申报手续，并提交有关进口许可证件和其他有关单证。不能提交有效进口许可证件的，由海关按照《中华人民共和国海关法行政处罚实施细则》对“无证进口”的规定处理。

第十条 进口货物的收货人自运输工具申报进境之日起3个月后、海关决定提取依法变卖处理前申请退运或者进口超期未报进口货物的，应当经海关审核同意，并按照有关规定向海关申报。申报进口的，应按照《中华人民共和国海关征收进口货物滞报金办法》的规定，缴纳滞报金（滞报期间的计算，自运输工具申报进境之日的第15日起至货物申报进口之日止）。

第十一条 本办法第二条、第三条、第五条所列货物属于危险品或者鲜活、易腐、易烂、易失效、易变质、易贬值等不宜长期保存的货物的，海关可以根据实际情况，提前提取依法变卖处理。所得价款按照本办法第七条、第九条的规定办理。

第十二条 “进口货物收货人”，指经对外经济贸易主管部门登记或者核准有货物进口经营资格，并经海关报关注册登记的中华人民共和国关境内法人或者其他组织。

第十三条 进出境物品所有人声明放弃的物品，在海关规定期限内未办理海关手续或者无人认领的物品，以及无法投递又无法退回的进境邮递物品，由海关按照本办法第二条、第四条等有关规定处理。

第十四条 本办法由海关总署解释。

第十五条 本办法自2001年12月20日起实施。

中华人民共和国海关征收进口货物滞报金办法

（2005年3月3日海关总署令第128号公布，自2005年6月1日起施行）

第一章 总 则

第一条 为加强海关对进口货物的通关管理，加快口岸货物运输，促使进口货物收货人（包括受委托的报关企业，下同）及时申报，根据《中华人民共和国海关法》（以下简称《海关法》）以及有关法律、行政法规规定，制定本办法。

第二条 进口货物收货人超过规定期限向海关申报产生滞报，海关依法应当征收滞报金的，适用本办法。

第三条 滞报金应当由进口货物收货人于当次申报时缴清。进口货物收货人要求在缴清滞报金前先放行货物的，海关可以在其提供与应缴纳滞报金等额的保证金后放行。

第二章 滞报金的计算与征收

第四条 征收进口货物滞报金应当按日计征，以自运输工具申报进境之日起第15日为起征日，以海关接受申报之日为截止日，起征日和截止日均计入滞报期间，另有规定的除外。

第五条 征收下列进口货物滞报金应当按照下列规定计算起征日：

（一）邮运进口货物应当以自邮政企业向海关驻邮局办事机构申报总包之日起第15日为起征日；

（二）转关运输货物在进境地申报的，应当以自载运进口货物的运输工具申报进境之日起第15日为起征日；在指运地申报的，应当以自货物运抵指运地之日起第15日为起征日；

邮运进口转关运输货物在进境地申报的，应当以自运输工具申报进境之日起第15日为起征日；在指运地申报的，应当以自邮政企业向海关驻邮局办事机构申报总包之日起第15日为起征日。

第六条 进口货物收货人在向海关传送报关单电子数据申报后，未在规定期限或核准的期限内递交纸质报关单，海关予以撤销电子数据报关单处理、进口货物收货人重新向海关申报，产生滞报的，按照本办法第四条规定计算滞报金起征日。

进口货物收货人申报并经海关依法审核，必须撤销原电子数据报关单重新申报的，经进口货物收货人申请并经海关审核同意，以撤销原报关单之日起第15日为起征日。

第七条 进口货物因收货人在运输工具申报进境之日起超过3个月未向海关申报，被海关提取作变卖处理后，收货人申请发还余款的，比照本办法第四条规定计征滞报金。滞报金的截止日为该3个月期限的最后一日。

第八条 进口货物因被行政扣留或者刑事扣押不能按期申报而产生滞报的，其扣留或者扣押期间不计算在滞报期间内。扣留或者扣押期间起止日根据决定行政扣留或者刑事扣押部门签发的有关文书确定。

第九条 滞报金的日征收金额为进口货物完税价格的0.5‰，以人民币“元”为计征单位，不足人民币1元的部分免予计征。

征收滞报金的计算公式为：

进口货物完税价格×0.5‰×滞报期间

滞报金的起征点为人民币50元。

第十条 海关征收进口货物滞报金时，应当向收货人出具滞报金缴款通知书。海关收取滞报金后，应当向收货人出具财政部统一印（监）制的票据。

不属于本办法第十二条所列的减免滞报金情形的，海关可以直接向收货人出具财政部统一印（监）制的票据，收货人持票据到海关指定的部门或者开户银行缴款，海关凭指定部门或者银行加盖收讫章的票据予以核注。

属于本办法第十二条所列的减免滞报金情形的，进口货物收货人收到滞报金缴款通知书后，应当按照本办法第十三条规定向海关申请减免进口货物滞报金。经海关审核批准免予征收滞报金的，由现场关员凭有关批复在系统中予以核注；如经海关审核仍需征收部分或者全部滞报金的，海关向收货人出具财政部统一印（监）制的票据，收货人持票据到海关指定的部门或者开户银行缴款，海关凭指定部门或者银行加盖收讫章的票据予以核注。

若通过中国电子口岸“网上税费支付”系统缴纳滞报金的，按照“网上税费支付”的操作程序办理滞报金的征收手续。

第十一条 转关运输货物在进境地产生滞报的，由进境地海关征收滞报金；在指运地产生滞报的，由指运地海关征收滞报金。

第三章 滞报金的减免

第十二条 有下列情形之一的，进口货物收货人可以向海关申请减免滞报金：

（一）政府主管部门有关贸易管理规定变更，要求收货人补充办理有关手续或者政府主管部门延迟签发许可证件，导致进口货物产生滞报的；

（二）产生滞报的进口货物属于政府间或国际组织无偿援助和捐赠用于救灾、社会公益福利等方面的进口物资或其他特殊货物的；

（三）因不可抗力导致收货人无法在规定期限内申报，从而产生滞报的；

（四）因海关及相关执法部门工作原因致使收货人无法在规定期限内申报，从而产生滞报的；

（五）其他特殊情况经海关批准的。

第十三条 进口货物收货人申请减免滞报金的，应当自收到海关滞报金缴款通知书之日起30个工作日内，以书面形式向申报地海关提交申请书，申请书应当加盖公章。

进口货物收货人提交申请材料时，应当同时提供政府主管部门或相关部门出具的相关证明材料。

收货人应当对申请书及相关证明材料的真实性、合法性、有效性承担法律责任。

第十四条 现场海关负责受理减免滞报金的申请，核实情况并提出初步意见；直属海关及海关总署按照各自的审批权限负责审批。

第十五条 有下列情形之一的，海关不予征收滞报金：

（一）收货人在运输工具申报进境之日起超过3个月未向海关申报，进口货物被依法变卖处理，余款按《海关法》第三十条规定上缴国库的；

（二）进口货物收货人在申报期限内，根据《海关法》有关规定向海关提供担保，并在担保期限内办理有关进口手续的；

（三）进口货物收货人申报并经海关依法审核，必须撤销原电子数据报关单重新申报，因删单重报产生滞报的；

（四）进口货物经海关批准直接退运的；

（五）进口货物应征收滞报金金额不满人民币50元的。

第四章　附　则

第十六条　从境外进入保税区、出口加工区等海关特殊监管区域，以备案清单方式向海关申报的进口货物产生滞报的，比照本办法第九条计征滞报金。

第十七条　本办法规定的滞报金起征日如遇法定节假日，则顺延至其后第一个工作日。

第十八条　本办法所指的进口货物完税价格是指《中华人民共和国进出口关税条例》第十八条规定的完税价格。

第十九条　本办法规定的滞报金缴款通知书采用统一格式，具体格式见附件。

第二十条　本办法由海关总署负责解释。

第二十一条　本办法自2005年6月1日起施行。

附件　______海关滞报金缴款通知

附件

______海关滞报金缴款通知

编号：

公司：

你公司于____年____月____日在我关报关进口的________，报关单号________，已滞报____天，产生滞报金____元人民币。请你公司收到此通知后，速到海关办理缴纳滞报金手续。

经办人：

中华人民共和国______海关（印章）

年____月____日

中华人民共和国海关对出口监管仓库及所存货物的管理办法

（2005年11月28日海关总署令第133号公布，自2006年1月1日起施行）

第一章　总　则

第一条　为规范海关对出口监管仓库及所存货物的管理，根据《中华人民共和国海关法》和其他有关法律、行政法规，制定本办法。

第二条　本办法所称出口监管仓库，是指经海关批准设立，对已办结海关出口手续的货物进行存储、保税物流配送、提供流通性增值服务的海关专用监管仓库。

第三条　出口监管仓库的设立、经营管理以及对出口监管仓库所存货物的管理适用本办法。

第四条　出口监管仓库分为出口配送型仓库和国内结转型仓库。

出口配送型仓库是指存储以实际离境为目的的出口货物的仓库。

国内结转型仓库是指存储用于国内结转的出口货物的仓库。

第五条　出口监管仓库的设立应当符合区域物流发展和海关对出口监管仓库布局的要求，符合国家土地管理、规划、交通、消防、安全、环保等有关法律、行政法规的规定。

第六条　出口监管仓库的设立，由出口监管仓库所在地主管海关受理，报直属海关审批。

第七条　经海关批准，出口监管仓库可以存入下列货物：

（一）一般贸易出口货物；

（二）加工贸易出口货物；

（三）从其他海关特殊监管区域、场所转入的出口货物；

（四）出口配送型仓库可以存放为拼装出口货物而进口的货物，以及为改换出口监管仓库货物包装而进口的包装物料；

（五）其他已办结海关出口手续的货物。

第八条 出口监管仓库不得存放下列货物：

（一）国家禁止进出境货物；

（二）未经批准的国家限制进出境货物；

（三）海关规定不得存放的其他货物。

第二章 出口监管仓库的设立

第九条 申请设立出口监管仓库的经营企业，应当具备下列条件：

（一）已经在工商行政管理部门注册登记，具有企业法人资格；

（二）具有进出口经营权和仓储经营权；

（三）注册资本在300万元人民币以上；

（四）具备向海关缴纳税款的能力；

（五）具有专门存储货物的场所，其中出口配送型仓库的面积不得低于5000平方米，国内结转型仓库的面积不得低于1000平方米。

第十条 企业申请设立出口监管仓库，应当向仓库所在地主管海关递交以下书面材料和证件：

（一）出口监管仓库申请书；

（二）出口监管仓库申请事项表；

（三）申请设立出口监管仓库企业的申请报告及可行性报告；

（四）申请设立出口监管仓库企业成立批文或者有关主管部门批准开展有关业务的批件复印件；

（五）申请设立出口监管仓库企业工商营业执照和税务登记证复印件；

（六）申请设立出口监管仓库企业的进出口货物收发货人注册登记证书或者报关企业注册登记证书复印件；

（七）出口监管仓库库址土地使用权证明文件或者租赁仓库的租赁协议复印件；

（八）仓库地理位置示意图及平面图。

前款所列文件凡提供复印件的，应当同时提交原件以供海关核对。

第十一条 海关依据《中华人民共和国行政许可法》和《中华人民共和国海关实施〈中华人民共和国行政许可法〉办法》的规定，受理、审查设立出口监管仓库的申请。对于符合条件的，作出准予设立出口监管仓库的行政许可决定，并出具批准文件；对于不符合条件的，作出不予设立出口监管仓库的行政许可决定，并应当书面告知申请企业。

第十二条 申请设立出口监管仓库的企业应当自海关出具批准文件之日起1年内向海关申请验收出口监管仓库。

申请验收应当符合以下条件：

（一）符合本办法第九条第（五）项规定的条件；

（二）具有符合海关监管要求的安全隔离设施、监管设施和办理业务必需的其他设施；

（三）具有符合海关监管要求的计算机管理系统，并与海关联网；

（四）建立了出口监管仓库的章程、机构设置、仓储设施及账册管理和会计制度等仓库管理制度；

（五）自有仓库的，具有出口监管仓库的产权证明；租赁仓库的，具有租赁期限5年以上的租赁合同；

（六）消防验收合格。

企业无正当理由逾期未申请验收或者验收不合格的，该出口监管仓库的批准文件自动失效。

第十三条 出口监管仓库验收合格后，经直属海关注册登记并核发中华人民共和国海关出口监管仓库注册登记证书，可以投入运营。中华人民共和国海关出口监管仓库注册登记证书有效期为3年。

第三章 出口监管仓库的管理

第十四条 出口监管仓库必须专库专用，不得转租、转借给他人经营，不得下设分库。

第十五条 海关对出口监管仓库实施计算机联网管理。

第十六条 海关可以随时派员进入出口监管仓库检查货物的进、出、转、存情况及有关账册、记录。

海关可以会同出口监管仓库经营企业共同对出口监管仓库加锁或者直接派员驻库监管。

第十七条 海关对出口监管仓库实行分类管理及延期审查制度，具体办法由海关总署另行制定。

第十八条 出口监管仓库经营企业负责人和出口监管仓库管理人员应当熟悉和遵守海关有关规定，并接受海关培训。

第十九条 出口监管仓库经营企业应当如实填写有关单证、仓库账册、真实记录并全面反映其业务活动和财务状况，编制仓库月度进、出、转、存情况表和年度财务会计报告，并定期报送主管海关。

第二十条 出口监管仓库经营企业需变更企业名称、注册资本、组织形式、法定代表人等事项的，应当在变更前向直属海关提交书面报告，说明变更事项、事由和变更时间。变更后，主管海关按照本办法第九条的规定对其进行重新审核。出口监管仓库变更类型的，按照本办法第二章出口监管仓库的设立的有关规定办理。

出口监管仓库需变更名称、地址、仓储面积等事项的，应当经直属海关批准。

第二十一条 出口监管仓库有下列行为之一的，海关注销其注册登记，并收回出口监管仓库注册登记证书：

（一）无正当理由连续6个月未开展业务的；

（二）无正当理由逾期未申请延期审查或者延期审查不合格的；

（三）仓库经营企业书面申请变更出口监管仓库类型的；

（四）仓库经营企业书面申请终止出口监管仓库仓储业务的；

（五）仓库经营企业，丧失本办法第九条规定的条件的。

第四章 出口监管仓库货物的管理

第二十二条 出口监管仓库所存货物存储期限为6个月。经主管海关同意可以延期，但延期不得超过6个月。

货物存储期满前，仓库经营企业应当通知发货人或者其代理人办理货物的出境或者进口手续。

第二十三条 存入出口监管仓库的货物不得进行实质性加工。

经主管海关同意，可以在仓库内进行品质检验、分级分类、分拣分装、加刷唛码、刷贴标志、打膜、改换包装等流通性增值服务。

第二十四条 对经批准享受入仓即予退税政策的出口监管仓库，海关在货物入仓结关后予以签发出口货物报关单证明联。

对不享受入仓即予退税政策的出口监管仓库，海关在货物实际离境后签发出口货物报关单证明联。

第二十五条 经转入、转出方所在地主管海关批准，并按照规定办理相关手续后，出口监管仓库之间，出口监管仓库与保税港区、保税区、出口加工区、保税物流园区、保税物流中心、保税仓库等特殊监管区域、场所之间可以进行货物流转。

货物流转涉及出口退税的，按照国家有关规定办理。

第二十六条 存入出口监管仓库的出口货物，按照国家规定应当提交许可证件或者缴纳出口关税的，发货人或者其代理人应当提交许可证件或者缴纳税款。

第二十七条 出口货物存入出口监管仓库时，发货人或者其代理人应当向主管海关申报。发货人或者其代理人除按照海关规定提交有关单证外，还应当提交仓库经营企业填制的出口监管仓库货物入仓清单（见附件1）。

海关对报关入仓货物的品种、数量、金额等进行审核、核注和登记。

经主管海关批准，对批量少、批次频繁的入仓货物，可以办理集中报关手续。

第二十八条 出仓货物出口时，仓库经营企业或者其代理人应当向主管海关申报。仓库经营企业或者其代理人除按照海关规定提交有关单证外，还应当提交仓库经营企业填制的出口监管仓库货物出仓清单（见附件2）。

出仓货物出境口岸不在仓库主管海关的，经海关批准，可以在口岸所在地海关办理相关手续，也可以在主管海关办理相关手续。

第二十九条 出口监管仓库货物转进口的，应当经海关批准，按照进口货物有关规定办理相关手续。

第三十条 对已存入出口监管仓库因质量等原因要求更换的货物，经仓库所在地主管海关批准，可以更换货物。被更换货物出仓前，更换货物应当先行入仓，并应当与原货物的商品编码、品名、规格型号、数量和价值相同。

第三十一条 出口监管仓库货物，因特殊原因确需退运、退仓，应当经海关批准，并按照有关规定办理相关手续。

第五章 法律责任

第三十二条 出口监管仓库所存货物在存储期间发生损毁或者灭失的，除不可抗力外，仓库应当依法向海关缴纳损毁、灭失货物的税款，并承担相应的法律责任。

第三十三条 企业以隐瞒真实情况、提供虚假资料等不正当手段取得设立出口监管仓库行政许可的，由海关依法予以撤销。

第三十四条 出口监管仓库经营企业有下列行为之一的，海关责令其改正，可以给予警告，或者处1万元以下的罚款；有违法所得的，处违法所得3倍以下的罚款，但最高不得超过3万元：

（一）未经海关批准，在出口监管仓库擅自存放非出口监管仓库货物；

（二）出口监管仓库货物管理混乱，账目不清的；

（三）违反本办法第十四条规定的；

（四）经营事项发生变更，未按照本办法第二十条的规定办理海关手续的。

第三十五条 违反本办法的其他违法行为，由海关依照《中华人民共和国海关法》、《中华人民共和国海关行政处罚实施条例》予以处理。构成犯罪的，依法追究刑事责任。

第六章 附 则

第三十六条 出口监管仓库经营企业应当为海关提供办公场所和必要的办公条件。

第三十七条 本办法由海关总署负责解释。

第三十八条 本办法自2006年1月1日起施行。1992年5月1日起实施的《中华人民共和国海关对出口监管仓库的暂行管理办法》同时废止。

附件1 出口监管仓库货物入仓清单

附件2 出口监管仓库货物出仓清单

附件1

出口监管仓库货物入仓清单

监

仓库编号： 入仓单编号：

<table>
<tr><td colspan="2">仓库名称</td><td colspan="4"></td><td>报关单号</td><td colspan="2"></td></tr>
<tr><td>序号</td><td>商品编码</td><td>货物名称、规格型号</td><td>数量</td><td>单位</td><td>毛重/净重</td><td>币制</td><td>单价</td><td>总价</td></tr>
<tr><td></td><td></td><td></td><td></td><td></td><td></td><td></td><td></td><td></td></tr>
<tr><td></td><td></td><td></td><td></td><td></td><td></td><td></td><td></td><td></td></tr>
<tr><td></td><td></td><td></td><td></td><td></td><td></td><td></td><td></td><td></td></tr>
<tr><td></td><td></td><td></td><td></td><td></td><td></td><td></td><td></td><td></td></tr>
<tr><td></td><td></td><td></td><td></td><td></td><td></td><td></td><td></td><td></td></tr>
<tr><td>发货单位</td><td colspan="3"></td><td colspan="3">合计重量：</td><td>合计总价</td><td></td></tr>
<tr><td>存放地点</td><td>出口
国别</td><td></td><td>是否
退税</td><td></td><td>贸易
方式</td><td></td><td>入仓
方式</td><td></td></tr>
<tr><td colspan="9">上述货物存入我仓，申报无误。

致______海关　　报关员______货主______仓管员______申报日期　　仓库（盖章）：</td></tr>
<tr><td colspan="2">转关条形码</td><td colspan="7"></td></tr>
<tr><td colspan="2" rowspan="2">备　注</td><td colspan="5" rowspan="2"></td><td>海关审核</td><td></td></tr>
<tr><td>海关查验</td><td></td></tr>
</table>

附件 2

出口监管仓库货物出仓清单

监

仓库编号：　　　　　　　　　　　　　　　　　　　　出仓单编号：

仓库名称		报关单号		装船单号	
收货单位		出口口岸		封誌号	

原入仓单号	入仓单序号	出仓序号	商品编码	货物名称、规格型号	数量	单位	毛重/净重	币制	单价	总价

司机本海关编号		出口国别		合计重量		合计总价	
车牌号		出仓方式					

以上货物申报无误。

致______海关　　　报关员______货主______仓管员______申报日期　　　仓库（盖章）：

集装箱号			
备　　注		海关审核	
		海关查验	

第　　联：

中华人民共和国海关进口货物直接退运管理办法

（2007年2月2日海关总署令第156号公布，自2007年4月1日起施行）

第一条 为了加强对进口货物直接退运的管理，保护公民、法人或者其他组织的合法权益，根据《中华人民共和国海关法》及其他有关法律、行政法规的规定，制定本办法。

第二条 在货物进境后、办结海关放行手续前，进口货物收发货人、原运输工具负责人或者其代理人（以下统称当事人）申请将全部或者部分货物直接退运境外的，或者海关根据国家有关规定责令直接退运的，适用本办法。

进口转关货物在进境地海关放行后，当事人申请办理退运手续的，不适用本办法，应当按照一般退运手续办理。

第三条 进口货物直接退运由直属海关或者其授权的隶属海关决定。

第四条 在货物进境后、办结海关放行手续前，有下列情形之一的，当事人可以向海关申请办理直接退运手续：

（一）因国家贸易管理政策调整，收货人无法提供相关证件的；

（二）属于错发、误卸或者溢卸货物，能够提供发货人或者承运人书面证明文书的；

（三）收发货人双方协商一致同意退运，能够提供双方同意退运的书面证明文书的；

（四）有关贸易发生纠纷，能够提供法院判决书、仲裁机构仲裁决定书或者无争议的有效货物所有权凭证的；

（五）货物残损或者国家检验检疫不合格，能够提供国家检验检疫部门根据收货人申请而出具的相关检验证明文书的。

第五条 申请进口货物直接退运应当在载运该批货物的运输工具申报进境后、海关放行货物前，由当事人以书面形式向货物所在地海关提出申请。

第六条 当事人向海关申请直接退运，应当按照海关要求提交进口货物直接退运申请书（格式见附件1）、证明进口实际情况的合同、发票、装箱清单、已报关货物的原报关单、提运单或者载货清单等相关单证，符合申请条件的相关证明文书以及海关要求当事人提供的其他文件。

第七条 对当事人提出的进口货物直接退运申请，海关应当根据下列情况分别作出处理：

（一）当事人不具备进口货物直接退运申请资格的，应当作出不予受理的决定；

（二）申请材料不齐全或者不符合法定形式的，应当当场或者在签收申请材料后5日内一次告知当事人需要补正的全部内容，逾期不告知的，自收到申请材料之日起即为受理；

（三）申请材料仅存在文字性、技术性或者装订等可以当场更正的错误的，应当允许当事人当场更正，并由当事人对更正内容予以签章确认；

（四）申请材料齐全、符合法定形式，或者当事人按照海关的要求提交全部补正申请材料的，应当受理进口货物直接退运申请。

依据前款第（二）项规定作出告知，以及决定受理或者不予受理进口货物直接退运申请的，应当制发相应的中华人民共和国海关进口货物直接退运申请告知书（格式见附件2）、中华人民共和国海关进口货物直接退运申请受理决定书（格式见附件3）、中华人民共和国海关进口货物直接退运申请不予受理决定书（格式见附件4），并加盖本海关行政许可专用印章，注明日期。

第八条 除当场作出直接退运决定的外，直属海关应当自受理直接退运申请之日起20日内作出决定，对于经审查决定予以直接退运的，应当向当事人制发中华人民共和国海关准予进口货物直接退运决定书（以下简称准予直接退运决定书，格式见附件5）；对于经审查决定不予直接退运的，应当向当事人制发中华人民共和国海关不予进口货物直接退运决定书（格式见附件6）。

20日内不能作出决定的，经直属海关负责人批准，可以延长10日，并应当制发中华人民共和国海关延长直接退运审查期限通知书（格式见附件7），将延长期限的理由告知当事人。

第九条 对在当事人申请直接退运前，海关已经确定查验或者认为有走私违规嫌疑的货物，不予办理直接退运，待查验或者案件处理完毕后，按照海关有关规定处理。

第十条 本办法未明确规定的进口货物直接退运程序，依照《中华人民共和国海关实施〈中华人民共和国行政许可法〉办法》的有关规定办理。

第十一条 在货物进境后、办结海关放行手续前，有下列情形之一依法应当退运的，由海关责令当事人将进口货物直接退运境外：

（一）进口国家禁止进口的货物，经海关依法处理后的；

（二）违反国家检验检疫政策法规，经国家检验检疫部门处理并且出具检验检疫处理通知书或者其他证明文书后的；

（三）未经许可擅自进口属于限制进口的固体废物用作原料，经海关依法处理后的；

（四）违反国家有关法律、行政法规，应当责令直接退运的其他情形。

第十二条 对需要责令进口货物直接退运的，由海关根据相关政府行政主管部门出具的证明文书，向当事人制发中华人民共和国海关责令进口货物直接退运通知书（以下简称责令直接退运通知书，格式见附件8）。

第十三条 当事人收到准予直接退运决定书或者责令直接退运通知书后应当按照海关要求向海关办理进口货物直接退运的申报手续。

第十四条 当事人办理进口货物直接退运的申报手续时，除另有规定外，应当先填写出口报关单向海关申报，再填写进口报关单，并在进口报关单“关联报关单”栏填报出口报关单号。

第十五条 进口货物直接退运的，应当按照《中华人民共和国海关进出口货物报关单填制规范》填制进出口货物报关单，并符合下列要求：

（一）“备注”栏填写准予直接退运决定书或者责令直接退运通知书编号；

（二）“监管方式”栏均填写“直接退运”（代码“4500”）。

第十六条 经海关批准或者责令直接退运的货物不需要验凭进出口许可证或者其他监管证件，免予征收各种税费及滞报金，不列入海关统计。

第十七条 对货物进境申报后经海关批准直接退运的，在办理进口货物直接退运出境申报手续前，海关应当将原进口报关单或者转关单数据予以撤销。

第十八条 因进口货物收发货人或者承运人的责任造成货物错发、误卸或者溢卸，经海关批准或者责令直接退运的，当事人免予填制报关单，凭准予直接退运决定书或者责令直接退运通知书向海关办理直接退运手续。

第十九条 进口货物直接退运应当从原进境地口岸退运出境。对因运输原因需要改变运输方式或者由另一口岸退运出境的，应当经由原进境地海关批准后，以转关运输方式出境。

第二十条 保税区、出口加工区及其他海关特殊监管区域和保税监管场所进口货物的直接退运参照本办法有关规定办理。

第二十一条 违反本办法，构成走私或者违反海关监管规定行为的，由海关依照《中华人民共和国海关法》和《中华人民共和国海关行政处罚实施条例》的有关规定予以处理；构成犯罪的，依法追究刑事责任。

第二十二条 本办法由海关总署负责解释。

第二十三条 本办法自2007年4月1日起施行。

附件1　进口货物直接退运申请书
附件2　中华人民共和国海关进口货物直接退运申请告知书
附件3　中华人民共和国海关进口货物直接退运申请受理决定书
附件4　中华人民共和国海关进口货物直接退运申请不予受理决定书
附件5　中华人民共和国海关准予进口货物直接退运决定书
附件6　中华人民共和国海关不予进口货物直接退运决定书
附件7　中华人民共和国海关延长直接退运审查期限通知书
附件8　中华人民共和国海关责令进口货物直接退运通知书

附件1

进口货物直接退运申请书

海关退申（　　）号

海关：

我（单位）拟对进口的____________________货物（详见附表）办理直接退运手续，特向贵关提出申请。请予批准。

附　进口货物直接退运申请表

（印）

年　　月　　日

进口货物直接退运申请表

申请单位：	联系人及电话：
申请日期：	货物进口日期：
货物品名：	需何种许可证件：
数（重）量：	申请退运数（重）量：
货物查验情况：	货物存放地点：
运单号：	是否已申报（报关单号）：
申请直接退运原因：	
现场通关部门关员审核意见： 签名： 年 月 日	现场通关部门科长审核意见： 签名： 年 月 日
物流监控/查验部门意见： 签名： 年 月 日	缉私部门意见： 签名： 年 月 日
关长（或其授权人）审批意见： 签名： 年 月 日	
备注：	

附件2

中华人民共和国　　海关
进口货物直接退运申请告知书

海关许可（　　）号

：

你（单位）关于　　　　　　　　的行政许可申请，我关于　　年　　月　　日收悉。经审查，有下列第　　项情形：

（1）申请事项依法不需要取得海关行政许可；

（2）申请材料不齐全；

（3）申请材料不符合法定形式。

根据《中华人民共和国海关法》和《中华人民共和国海关进口货物直接退运管理办法》的规定，

（具体告知事项）

特此告知。

（印）

年　　月　　日

附件3

中华人民共和国　　海关
进口货物直接退运申请受理决定书

海关许可（　　）号

：

你（单位）关于　　　　　　　　的行政许可申请，我关于　　年　　月　　日收悉。经审查，根据《中华人民共和国海关法》和《中华人民共和国海关进口货物直接退运管理办法》的规定，我关予以受理。

注：行政许可申请受理序号为　　号。

（印）

年　　月　　日

附件4

中华人民共和国　　海关
进口货物直接退运申请不予受理决定书

海关许可（　　）号

：

你（单位）关于　　　　　　　　的行政许可申请，我关于　　年　　月　　日收悉。经审查，

（此处写明属于哪种不应受理的情形）

根据《中华人民共和国海关法》和《中华人民共和国海关进口货物直接退运管理办法》的规定，我关决定不予受理。

你（单位）对本决定不服，可以自收到本“不予受理决定书”之日起60日内向　　海关（海关总署）申请行政复议，也可以自知道海关作出不予行政许可决定之日起3个月内向　　中级人民法院起诉。

（印）

年　　月　　日

附件5

中华人民共和国　　海关
准予进口货物直接退运决定书

海关许可（　　）号

：

你（单位）关于____________________行政许可

申请（申请书编号： ），经审查，符合法定条件、标准。根据《中华人民共和国海关法》和《中华人民共和国海关进口货物直接退运管理办法》的规定，我关同意申请。

请你（单位）在收到本决定书之日起 日内，到海关办理货物直接退运出境手续。

（印）

年 月 日

附件 6

中华人民共和国 海关
不予进口货物直接退运决定书

海关许可（ ）号

：

你（单位）关于__________________行政许可申请（申请书编号： ），经审查，由于以下原因：

根据《中华人民共和国海关法》和《中华人民共和国海关进口货物直接退运管理办法》的规定，我关决定不予直接退运。

若你（单位）对本决定不服，可以自收到本“不予行政许可决定书”之日起60日内向 海关（海关总署）申请行政复议，也可以在3个月内向 中级人民法院起诉。

（印）

年 月 日

附件 7

中华人民共和国 海关
延长直接退运审查期限通知书

海关许可（ ）号

：

你（单位）关于 的行政许可申请，我关已于 年 月 日受理。由于以下原因（说明延长期限的理由）

根据《中华人民共和国行政许可法》和《中华人民共和国海关实施〈中华人民共和国行政许可法〉办法》的规定，经我关 负责人批准，延长审查期限 日，并将于 年 月 日前作出决定。特此通知。

（印）

年 月 日

附件 8

中华人民共和国 海关
责令进口货物直接退运通知书

海关退通（ ）号

：

根据__________________的决定（证明文书编号： ），你（单位）进口的______________违反了《中华人民共和国海关法》和《中华人民共和国海关进口货物直接退运管理办法》的有关规定，现责令你（单位）在收到该通知书之日起 日内持有关材料到海关办理该货物的直接退运手续。

特此通知。

（印）

年 月 日

中华人民共和国海关暂时进出境货物管理办法

（2007年3月1日海关总署令第157号公布，自2007年5月1日起施行）

第一章　总　则

第一条　为了规范海关对暂时进出境货物的监管，根据《中华人民共和国海关法》（以下简称《海关法》）及有关法律、行政法规的规定，制定本办法。

第二条　经海关批准，暂时进出关境并且在规定的期限内复运出境、进境的货物适用本办法。

第三条　本办法所称暂时进出境货物包括：

（一）在展览会、交易会、会议及类似活动中展示或者使用的货物；

（二）文化、体育交流活动中使用的表演、比赛用品；

（三）进行新闻报道或者摄制电影、电视节目使用的仪器、设备及用品；

（四）开展科研、教学、医疗活动使用的仪器、设备和用品；

（五）在本款第（一）项至第（四）项所列活动中使用的交通工具及特种车辆；

（六）货样；

（七）慈善活动使用的仪器、设备及用品；

（八）供安装、调试、检测、修理设备时使用的仪器及工具；

（九）盛装货物的容器；

（十）旅游用自驾交通工具及其用品；

（十一）工程施工中使用的设备、仪器及用品；

（十二）海关批准的其他暂时进出境货物。

使用货物暂准进口单证册（以下称ATA单证册）暂时进境的货物限于我国加入的有关货物暂准进口的国际公约中规定的货物。

第四条　除我国缔结或者参加的国际条约、协定及国家法律、行政法规和海关总署规章另有规定外，暂时进出境货物可以免于交验许可证件。

第五条　暂时进出境货物除因正常使用而产生的折旧或者损耗外，应当按照原状复运出境、进境。

第六条　暂时进出境货物的进境、出境申请由直属海关或者经直属海关授权的隶属海关核准。

第七条　暂时进出境货物应当在进出境之日起6个月内复运出境或者复运进境。

因特殊情况需要延长期限的，ATA单证册持证人、非ATA单证册项下暂时进出境货物收发货人应当向主管地海关提出延期申请，经直属海关批准可以延期，延期最多不超过3次，每次延长期限不超过6个月。延长期届满应当复运出境、进境或者办理进出口手续。

国家重点工程、国家科研项目使用的暂时进出境货物以及参加展期在24个月以上展览会的展览品，在18个月延长期届满后仍需要延期的，由主管地直属海关报海关总署审批。

第八条　ATA单证册项下暂时出境货物，由中国国际商会向海关总署提供总担保。

除另有规定外，非ATA单证册项下暂时进出境货物收发货人应当按照海关要求向主管地海关提交相当于税款的保证金或者海关依法认可的其他担保。

在海关指定场所或者海关派专人监管的场所举办展览会的，经主管地直属海关批准，可以就参展的展览品免于向海关提交担保。

第九条　暂时进出境货物因不可抗力的原因受损，无法原状复运出境、进境的，ATA单证册持证人、非ATA单证册项下暂时进出境货物收发货人应当及时向主管地海关报告，可以凭有关部门出具的证明材料办理复运出境、进境手续；因不可抗力的原因灭失或者失去使用价值的，经海关核实后可以视为该货物已经复运出境、进境。

暂时进出境货物因不可抗力以外其他原因灭失或者受损的，ATA单证册持证人、非ATA单证册项下暂时进出境货物收发货人应当按照货物进出口的有关规定办理海关手续。

第十条　异地复运出境、进境的暂时进出境货物，ATA单证册持证人、非ATA单证册项下暂时进出境货物收发货人应当持主管地海关签章的海关单证向复运出境、进境地海关办理手续。货物复运出境、进境后，主管地海关凭复运出境、进境地海关签章的海关单证办理核销结案手续。

第十一条 除本办法另有规定外，海关按照《中华人民共和国行政许可法》及《中华人民共和国海关实施〈中华人民共和国行政许可法〉办法》规定的程序和期限办理暂时进出境货物行政许可事项。

第二章 暂时进出境货物的核准

第十二条 货物暂时进出境申请应当向主管地海关提出。

ATA 单证册持证人向海关提出货物暂时进出境申请时，应当提交真实有效的 ATA 单证册正本、准确的货物清单以及其他相关商业单据或者证明。

非 ATA 单证册项下的暂时进出境货物收发货人向海关提出货物暂时进出境申请时，应当按照海关要求提交货物暂时进/出境申请书（格式文本见附件 1）、暂时进出境货物清单、发票、合同或者协议以及其他相关单据。

第十三条 海关就 ATA 单证册项下暂时进出境货物的暂时进出境申请批准同意的，应当在 ATA 单证册上予以签注，否则不予签注。

海关就非 ATA 单证册项下暂时进出境货物的暂时进出境申请作出是否批准的决定后，应当制发中华人民共和国海关货物暂时进/出境申请批准决定书（格式文本见附件 2）或者中华人民共和国海关货物暂时进/出境申请不予批准决定书（格式文本见附件 3）。

第十四条 暂时进出境货物申请延长复运出境、进境期限的，ATA 单证册持证人、非 ATA 单证册项下暂时进出境货物收发货人应当在规定期限届满 30 日前向货物暂时进出境申请核准地海关提出延期申请，并提交货物暂时进/出境延期申请书（格式文本见附件 4）以及相关申请材料。

直属海关受理延期申请的，应当于受理申请之日起 20 日内制发中华人民共和国海关货物暂时进/出境延期申请批准决定书（格式文本见附件 5）或者中华人民共和国海关货物暂时进/出境延期申请不予批准决定书（格式文本见附件 6）。

隶属海关受理延期申请的，应当于受理申请之日起 10 日内根据法定条件和程序对申请进行全面审查，并将审查意见和全部申请材料及时报送直属海关。直属海关应当于收到审查意见之日起 10 日内作出决定并制发相应的决定书。

属于本办法第七条第三款规定情形的，ATA 单证册持证人、非 ATA 单证册项下暂时进出境货物收发货人应当向主管地直属海关提出申请。直属海关应当于受理延期申请之日起 10 日内根据法定条件和程序对申请进行全面审查，并将审查意见和全部申请材料及时报送海关总署。海关总署应当自收到审查意见之日起 10 日内作出决定。

第三章 暂时进出境货物的监管

第十五条 ATA 单证册项下暂时进出境货物申报时，ATA 单证册持证人应当向海关提交有效的 ATA 单证册。

非 ATA 单证册项下暂时进出境货物申报时，货物收发货人应当填制海关进出口报关单，并向海关提交货物清单、中华人民共和国海关货物暂时进/出境申请批准决定书和其他相关单证。

第十六条 境内展览会的办展人以及出境举办或者参加展览会的办展人、参展人（以下简称办展人、参展人）应当在展览品进境或者出境 20 日前，向主管地海关提交有关部门备案证明或者批准文件及展览品清单等相关单证办理备案手续。

展览会不属于有关部门行政许可项目的，办展人、参展人应当向主管地海关提交展览会邀请函、展位确认书等其他证明文件以及展览品清单办理备案手续。

第十七条 展览会需要在我国境内两个或者两个以上关区内举办的，进境展览品应当按照转关监管的有关规定办理转关手续。进境展览品由最后展出地海关负责核销，由出境地海关办理复运出境手续。

第十八条 展览会需要延期的，办展人、参展人应当在展期届满前持原批准部门同意延期的批准文件向备案地海关办理有关手续。

展览会不属于有关部门行政许可项目的，办展人、参展人应当在展期届满前持相关证明文件在备案地海关办理有关手续。

第十九条 办展人、参展人应当于进出境展览品办结海关手续后 30 日内向备案地海关申请展览会结案。

第二十条 下列在境内展览会期间供消耗、散发的用品（以下简称展览用品），由海关根据展览会的性质、参展商的规模、观众人数等情况，对其数量和总值进行核定，在合理范围内的，按照有关规定免征进口关税和进口环节税：

（一）在展览活动中的小件样品，包括原装进口的或者在展览期间用进口的散装原料制成的食品或者饮料的样品；

（二）为展出的机器或者器件进行操作示范被消耗

或者损坏的物料；

（三）布置、装饰临时展台消耗的低值货物；

（四）展览期间免费向观众散发的有关宣传品；

（五）供展览会使用的档案、表格及其他文件。

前款第（一）项所列货物，应当符合以下条件：

（一）由参展人免费提供并在展览期间专供免费分送给观众使用或者消费的；

（二）单价较低，作广告样品用的；

（三）不适用于商业用途，并且单位容量明显小于最小零售包装容量的；

（四）食品及饮料的样品虽未按照本款第（三）项规定的包装分发，但确实在活动中消耗掉的。

第二十一条 展览用品中的酒精饮料、烟草制品及燃料不适用有关免税的规定。

展览用品属于国家实行许可证件管理的，应当向海关交验相关证件，办理进口手续。

本办法第二十条第一款第（一）项所列展览用品超出限量进口的，超出部分应当依法征税；第一款第（二）项、第（三）项、第（四）项所列展览用品，未使用或者未被消耗完的，应当复运出境，不复运出境的，应当按照规定办理进口手续。

第二十二条 进境展览品在非展出期间应当存放在海关指定的监管场所，未经海关批准，不得移出。因特殊原因确需移出的，应当经主管地直属海关批准。

进境展览品经海关批准同意移出指定监管场所，但是进境时未向海关提交担保的，应当另外提供相应担保。

第二十三条 海关派员进驻展览场所执行监管任务时，展览会主办人或者承办人应当提供办公场所和必需的办公设备，为海关工作人员执行公务提供便利。

第二十四条 为了举办交易会、会议或者类似活动而暂时进出境的货物，按照本办法对展览品监管的有关规定进行监管。

第二十五条 暂时进出境货物确需进出口的，暂时进出境货物收发货人应当在货物复运出境、进境期限届满30日前向主管地海关申请，经主管地直属海关批准后，按照规定办理进出口手续。

第四章　ATA 单证册的管理

第二十六条 中国国际商会是我国 ATA 单证册的出证和担保机构，负责签发出境 ATA 单证册，向海关报送所签发单证册的中文电子文本，协助海关确认 ATA 单证册的真伪，并且向海关承担 ATA 单证册持证人因违反暂时进出境规定而产生的相关税费、罚款。

第二十七条 海关总署在北京海关设立 ATA 核销中心。ATA 核销中心对 ATA 单证册的进出境凭证进行核销、统计以及追索，应成员国担保人的要求，依据有关原始凭证，提供 ATA 单证册项下暂时进出境货物已经进境或者从我国复运出境的证明，并且对全国海关 ATA 单证册的有关核销业务进行协调和管理。

第二十八条 ATA 核销中心在业务活动中统一使用 ATA 单证册追索通知书、ATA 单证册核销通知书、ATA 单证册缴款通知书（格式文本见附件7、8、9）。

第二十九条 海关只接受用中文或者英文填写的 ATA 单证册。

第三十条 进境 ATA 单证册在进境后发生毁坏、灭失等情况的，ATA 单证册持证人应当持原出证机构补发的 ATA 单证册到主管地直属海关进行确认。

补发的 ATA 单证册所填项目应当与原 ATA 单证册相同。

第三十一条 ATA 单证册项下暂时进境货物申请延长期限超过 ATA 单证册有效期的，ATA 单证册持证人应当向原出证机构申请续签 ATA 单证册。续签的 ATA 单证册经主管地直属海关确认后可替代原 ATA 单证册。

续签的 ATA 单证册只能变更单证册有效期限，其他项目均应当与原单证册一致。续签的 ATA 单证册启用时，原 ATA 单证册失效。

第三十二条 对 ATA 单证册项下的过境、转运、通运货物，海关凭 ATA 单证册中的过境联办理进出境手续。

ATA 单证册持证人需要对 ATA 单证册项下暂时进出境货物转关的，海关凭 ATA 单证册中的过境联办理转关手续。

第三十三条 ATA 单证册项下暂时进境货物未能按照规定复运出境或者过境的，ATA 核销中心应当向中国国际商会提出追索。自提出追索之日起9个月内，中国国际商会向海关提供货物已经在规定期限内复运出境或者已经办理进口手续证明的，ATA 核销中心可以撤销追索；9个月期满后未能提供上述证明的，中国国际商会应当向海关支付税款和罚款。

第三十四条 ATA 单证册项下暂时进境货物复运出境时，因故未经我国海关核销、签注的，ATA 核销中心凭由另一缔约国海关在 ATA 单证上签注的该批货物从该国进境或者复运进境的证明，或者我国海关认可的能够证明该批货物已经实际离开我国境内的其他文件，作为已经从我国复运出境的证明，对 ATA 单证册予以核销。

发生前款规定情形的，ATA 单证册持证人应当按照规定向海关交纳调整费。在我国海关尚未发出 ATA 单证册追索通知书前，如果持证人凭其他国海关出具的货物已经运离我国关境的证明要求予以核销单证册的，海关免予收取调整费。

第五章 附 则

第三十五条 违反本办法，构成走私行为、违反海关监管规定行为或者其他违反《海关法》行为的，由海关依照《海关法》和《中华人民共和国海关行政处罚实施条例》的有关规定予以处理；构成犯罪的，依法追究刑事责任。

第三十六条 从境外暂时进境的货物转入保税区、出口加工区等海关特殊监管区域和保税监管场所的，不属于复运出境。

第三十七条 海关对用于装载海关监管货物的进出境集装箱以及进出境租赁货物不适用本办法。

享有外交特权和豁免的外国驻华机构或者人员暂时进出境物品不适用本办法。

第三十八条 暂时进出境物品超出自用合理数量的，参照本办法监管。

第三十九条 ATA 单证册持证人、非 ATA 单证册项下暂时进出境货物收发货人、办展人、参展人可以委托代理人代为办理有关海关手续。代理人代为办理的，代理人还应当向海关提供被代理人出具的授权委托书。

第四十条 本办法有关用语的含义：

展览会、交易会、会议及类似活动是指：

（一）贸易、工业、农业、工艺展览会，及交易会、博览会；

（二）因慈善目的而组织的展览会或者会议；

（三）为促进科技、教育、文化、体育交流，开展旅游活动或者民间友谊而组织的展览会或者会议；

（四）国际组织或者国际团体组织代表会议；

（五）政府举办的纪念性代表大会。

在商店或者其他营业场所以销售国外货物为目的而组织的非公共展览会不属于本办法所称展览会、交易会、会议及类似活动。

展览品是指：

（一）展览会展示的货物；

（二）为了示范展览会展出机器或者器具所使用的货物；

（三）设置临时展台的建筑材料及装饰材料；

（四）宣传展示货物的电影片、幻灯片、录像带、录音带、说明书、广告、光盘、显示器材等；

（五）其他用于展览会展示的货物。

主管地海关，指境内展览会、交易会、会议及类似活动所在地海关或者货物进出境地海关。

第四十一条 本办法规定的海关实施海关行政许可的期限以工作日计算，不含法定节假日。

第四十二条 本办法由海关总署负责解释。

第四十三条 本办法自 2007 年 5 月 1 日起施行。1976 年 9 月 20 日发布的《中华人民共和国海关对出口展览品监管办法》、1986 年 9 月 3 日海关总署发布的《中华人民共和国海关对暂时进口货物监管办法》、1997 年 2 月 14 日海关总署令第 59 号发布的《中华人民共和国海关对进口展览品监管办法》、2001 年 12 月 24 日海关总署令第 93 号发布的《中华人民共和国海关暂准进口单证册项下进出口货物监管办法》同时废止。

附件 1　货物暂时进/出境申请书
附件 2　中华人民共和国海关货物暂时进/出境申请批准决定书
附件 3　中华人民共和国海关货物暂时进/出境申请不予批准决定书
附件 4　货物暂时进/出境延期申请书
附件 5　中华人民共和国海关货物暂时进/出境延期申请批准决定书
附件 6　中华人民共和国海关货物暂时进/出境延期申请不予批准决定书
附件 7　ATA 单证册追索通知书
附件 8　ATA 单证册核销通知书
附件 9　ATA 单证册缴款通知书

附件 1

货物暂时进/出境申请书

编号：____________________

______（1）______海关：

我单位拟对____________（2）____________办理暂时进/出境手续，特向贵关提出申请。

______(3)______（公章）

年　月　日

填写规范说明：

（1）海关名称；

（2）申请暂时进/出境货物名称、规格型号、数量、颜色、品牌；

（3）申请单位名称。

附件2

中华人民共和国　　海关
货物暂时进/出境申请批准决定书

编号：____________________

______(1)______：

经审核，你单位《货物暂时进/出境申请书》______(2)______的申请，符合《中华人民共和国海关法》及《中华人民共和国海关暂时进出境货物管理办法》的有关规定，决定予以批准。

______(3)______海关（盖章）

年____月____日

填写规范说明：

（1）被告知单位名称；

（2）单位暂时进出境申请书编号；

（3）海关名称。

附件3

中华人民共和国　　海关
货物暂时进/出境申请不予批准决定书

编号：____________________

______(1)______：

经审核，根据《中华人民共和国海关法》、《中华人民共和国海关暂时进出境货物管理办法》的规定，对你单位“货物暂时进/出境申请书”______(2)______的申请，决定不予批准。

你单位对本决定有异议的，可以按照《中华人民共和国行政复议法》第九条、第十二条，《中华人民共和国行政诉讼法》第三十九条之规定，自本决定书送达之日起60日内向上一级海关申请行政复议，或者自本决定书送达之日起3个月内，直接向主管海关所在地中级人民法院起诉。

______(3)______海关（盖章）

年____月____日

填写规范说明：

（1）告知单位名称；

（2）单位暂时进出境申请书编号；

（3）海关名称。

附件4

货物暂时进/出境延期申请书

编号：____________________

______(1)______海关：

因______(2)______我单位拟对______(3)______办理暂时进/出境延期手续，特向贵关提出申请。

______(4)______（公章）

年____月____日

填写规范说明：

（1）海关名称；

（2）延期原因；

（3）申请暂时进/出境延期的货物名称、规格型号、数量、颜色、品牌；

（4）申请单位名称。

附件5

中华人民共和国　　海关
货物暂时进/出境延期申请批准决定书

编号：____________________

______(1)______：

经审核，你单位“货物暂时进/出境延期申请书”______(2)______的申请，符合《中华人民共和国海关法》及《中华人民共和国海关暂时进出境货物管理办法》的有关规定，决定予以批准。

______(3)______海关（盖章）

年____月____日

填写规范说明：

（1）被告知单位名称；

（2）单位暂时进/出境延期申请书编号；

（3）海关名称。

附件 6

中华人民共和国　　海关
货物暂时进/出境延期申请不予批准决定书

编号：____________

____（1）____：

经审核，根据《中华人民共和国海关法》、《中华人民共和国海关暂时进出境货物管理办法》的规定，对你单位“货物暂时进/出境延期申请书”______（2）______的申请，决定不予批准。

你单位对本决定有异议的，可以按照《中华人民共和国行政复议法》第九条、第十二条，《中华人民共和国行政诉讼法》第三十九条之规定，自本决定书送达之日起60日内向上一级海关申请行政复议，或者自本决定书送达之日起3个月内，直接向主管海关所在地中级人民法院起诉。

____（3）____海关（盖章）

年____月____日

填写规范说明：

（1）告知单位名称；

（2）单位暂时进/出境延期申请书编号；

（3）海关名称。

附件 7

ATA 单证册追索通知书

（　　）追索字（　　）号

中国国际商会：

兹通报，____________（国）签发的________号 ATA 单证册项下货物，于____年____月____日从____海关入境，按进境地海关要求，应于____年____月____日以前从我国出境。现因该单证册项下____________号货物既没有按时复出境，也没有办理任何结关手续，违反了有关国际公约和我国海关的规定，现特对该单证册提起索赔。

你会应自接到本通知之日起 9 个月内，向中华人民共和国海关 ATA 单证册核销中心提交该单证册项下货物复出口或在我国海关合法注销的证据。否则，你会应交纳索赔款。

附件 7－1　被追索单证册的进口凭证（略）

附件 7－2　被追索单证册的货物总清单（略）

中华人民共和国海关

ATA 单证册核销中心

____年____月____日

附件 8

ATA 单证册核销通知书

（　　）撤总字（　　）号

中国国际商会：

有关（　　　）追索字（　　　）号通知提起索赔的____________号 ATA 单证册，你会提交了符合有关国际公约和我国法律的单证册合法注销证明，现该单证册已被核销。且由于该单证册未办理复出境报关手续，持证人应向海关交纳 350 元人民币调整费，你会应在接到通知书之日起 14 个工作日内向核销中心交纳该款项。

中华人民共和国海关

ATA 单证册核销中心

____年____月____日

附件 9

ATA 单证册缴款通知书

（　　）缴字（　　）号

中国国际商会：

有关（　　　）追索字（　　　）号通知提起索赔的____________号 ATA 单证册，你会在规定的 9 个月期限内未向中华人民共和国海关 ATA 核销中心提交该单证册项下货物复出境或在我国海关合法注销的证据，现你会应缴纳索赔款。

该 ATA 单证册预计应纳税费清单如下：

（1）违规货物总金额：__________

（2）汇率：____________

（3）完税价格：¥____________

（4）进口关税税率：____________

（5）消费税税率：____________

（6）增值税税率：____________

（7）税费计算公式：

进口税额＝进口关税＋增值税＋消费税＝［（进口关税率＋消费税税率＋增值税率＋进口关税率×增值税率）/（1－消费税税率）］×关税完税价格

（8）税费税额：____________

（9）罚款：____________

总计：（大写）____________（¥____）

中华人民共和国海关

ATA 单证册核销中心

____年____月____日

中华人民共和国海关对免税商店及免税品监管办法

（2005 年 11 月 28 日海关总署令第 132 号公布，自 2006 年 1 月 1 日起施行）

第一章　总　则

第一条　为规范海关对免税商店及免税品的监管，根据《中华人民共和国海关法》及其他有关法律和行政法规的规定，制定本办法。

第二条　免税商店的设立、终止以及免税品的进口、销售（包括无偿提供）、核销等适用本办法。

第三条　免税品应当由免税商店的经营单位统一进口，并且办理相应的海关手续。

第四条　免税品的维修零配件、工具、展台、货架等，以及免税商店转入内销的库存积压免税品，应当由经营单位按照一般进口货物办理有关手续。

第五条　免税商店所在地的直属海关或者经直属海关授权的隶属海关（以下统称主管海关）应当派员对经营单位和免税商店进行核查，核查内容包括经营资质、免税品进出库记录、销售记录、库存记录等。经营单位及其免税商店应当提供必要的协助。

第六条　主管海关根据工作需要可以派员驻免税商店进行监管，免税商店应当提供必要的办公条件。

第二章　免税商店的设立和终止

第七条　经营单位设立免税商店，应当向海关总署提出书面申请，并且符合以下条件：

（一）具有独立法人资格；

（二）具备符合海关监管要求的免税品销售场所及免税品监管仓库；

（三）具备符合海关监管要求的计算机管理系统，能够向海关提供免税品出入库、销售等信息；

（四）具备一定的经营规模，其中申请设立口岸免税商店的，口岸免税商店所在的口岸年进出境人员应当不少于 5 万人次；

（五）具备包括合作协议、经营模式、法人代表等内容完备的企业章程和完备的内部财务管理制度；

（六）有关法律、行政法规、海关规章规定的其他条件。

第八条　海关总署按照《中华人民共和国行政许可法》及《中华人民共和国海关实施〈中华人民共和国行政许可法〉办法》规定的程序和期限办理免税商店的审批事项。

第九条　免税品销售场所的设立应当符合海关监管要求。口岸免税商店的销售场所应当设在口岸隔离区内；运输工具免税商店的销售场所应当设在从事国际运营的运输工具内；市内免税商店的销售提货点应当设在口岸出境隔离区内。

第十条　免税品监管仓库的设立应当符合以下条件和要求：

（一）具备符合海关监管要求的安全隔离设施；

（二）建立专门的仓库管理制度，编制月度进、出、存情况表，并且配备专职仓库管理员，报海关备案；

（三）只允许存放所属免税商店的免税品；

（四）符合国家有关法律、行政法规、海关规章规定的其他条件和要求。

第十一条 经批准设立的免税商店，应当在开展经营业务1个月前向主管海关提出验收申请。经主管海关验收合格后，向主管海关办理备案手续，并且提交下列材料：

（一）海关总署批准文件的复印件；

（二）工商营业执照正、副本的复印件；

（三）税务登记证的复印件；

（四）免税品经营场所和监管仓库平面图、面积和位置示意图；

（五）免税商店业务专用章印模；

（六）免税商店法定代表人身份证件的复印件。

要求提交复印件的，应当同时提交原件验核。

上述材料所载内容发生变更的，应当自变更之日起10个工作日内到主管海关办理变更手续。

第十二条 经营单位申请暂停、终止或者恢复其免税商店经营需要报经海关总署批准。免税商店应当在经营单位提出暂停或者终止经营申请前办理库存免税品结案等相关海关手续。

经批准设立的免税商店，自批准之日起1年内无正当理由未对外营业的，或者暂停经营1年以上的，或者变更经营合作方的，应当按照本办法第七条规定重新办理有关申请手续。

第十三条 更改免税商店名称、免税品销售场所或者监管仓库地址或者面积，应当由经营单位报经海关总署批准。

第三章　免税品进口、入出库和调拨

第十四条 经营单位为免税商店进口免税品，应当填写中华人民共和国海关进口货物报关单，并且加盖经营单位在主管海关备案的报关专用章，向主管海关办理免税品进口手续。

免税品从异地进口的，经营单位应当按照《中华人民共和国海关对转关运输货物监管办法》的有关规定，将免税品转关运输至主管海关办理进口手续。

第十五条 免税品进入监管仓库，免税商店应当填写免税品入/出监管仓库准单（式样见附件1），并且随附其他有关单证，向主管海关提出申请。主管海关经审核无误，监管免税品入库。

未经海关批准，免税品入库后不得进行加工或者组装。

第十六条 免税商店将免税品调出监管仓库进入经营场所销售前，应当填写免税品入/出监管仓库准单，向主管海关提出申请。主管海关经审核无误，监管有关免税品从监管仓库调出进入销售场所。

第十七条 免税商店之间调拨免税品的，调入地免税商店应当填写免税品调拨准单（式样见附件2），向其主管海关提出申请。经批准后，调出地免税商店按照《中华人民共和国海关对转关运输货物监管办法》的规定，将免税品转关运输至调入地免税商店。

第四章　免税品销售

第十八条 免税商店销售的免税进口烟草制品和酒精饮料内、外包装的显著位置上均应当加印“中国关税未付（China Duty Not Paid）”中、英文字样。

免税商店应当按照海关要求制作免税品销售发货单据，其中口岸免税商店应当在免税品销售发货单据上填写进出境人员搭乘运输工具凭证或者其进出境有效证件信息等有关内容。

第十九条 口岸免税商店的销售对象限于已办结出境手续、即将前往境外的人员，以及尚未办理进境手续的人员。免税商店应当凭其搭乘运输工具的凭证或者其进出境的有效证件销售免税品。

第二十条 运输工具免税商店销售对象限于搭乘进出境运输工具的进出境人员。免税商店销售免税品限运输工具在国际（地区）航行期间经营。免税商店应当向主管海关交验由运输工具负责人或者其代理人签字的免税品销售明细单（式样见附件3）。

第二十一条 市内免税商店的销售对象限于即将出境的境外人员，免税商店凭其出境有效证件及机（船、车）票销售免税品，并且应当在口岸隔离区内将免税品交付购买人员本人携带出境。

第二十二条 外交人员免税商店的销售对象限于外国驻华外交代表和领事机构及其外交人员和领事官员，以及其他享受外交特权和豁免的机构和人员，免税商店应当凭上述机构和人员所在地的直属海关或者经直属海关授权的隶属海关按照有关规定核准的限量、限值销售免税品。

第二十三条 供船免税商店的销售对象限于出境的国际（地区）航行船舶及船员。供船免税商店应当向主管海关提出供船申请，填写免税品供船准单（式样见附件4），在海关监管下进行国际（地区）船舶的供船工作。

第五章 免税品报损和核销

第二十四条 免税品在办理入库手续期间发生溢卸或者短缺的，免税商店应当及时向主管海关书面报告。主管海关核实无误后出具查验记录，准予免税商店修改免税品入/出监管仓库准单相关数据内容。

第二十五条 免税品在储存或者销售期间发生损毁或者灭失的，免税商店应当及时向主管海关书面报告。如果由不可抗力造成的，免税商店应当填写免税品报损准单（式样见附件5），主管海关核实无误后准予免税结案。

免税品在储存或者销售期间由于其他原因发生损毁或者灭失的，免税商店应当依法缴纳损毁或者灭失免税品的税款。

第二十六条 免税品如果发生过期不能使用或者变质的，免税商店应当向主管海关书面报告，并且填写免税品报损准单。主管海关查验核准后，准予退运或者在海关监督下销毁。

第二十七条 免税商店应当建立专门账册，并且在每季度第一个月25日前将上季度免税品入库、出库、销售、库存、调拨、损毁、灭失、过期等情况编制清单，填写免税品明细账（式样见附件6），随附销售发货单、免税品库存数量单（式样见附件7）、货物出口报关单等有关单据，向主管海关办理免税品核销手续。主管海关认为必要时可以派员到免税品经营场所和监管仓库实地检查。

第六章 法律责任

第二十八条 经营单位或者免税商店有下列情形之一的，海关责令其改正，可以给予警告；情节严重的，可以按照《中华人民共和国海关行政处罚实施条例》第二十六条、第二十七条的规定进行处理：

（一）将免税品销售给规定范围以外对象的；

（二）超出海关核准的品种或规定的限量、限值销售免税品的；

（三）未在规定的区域销售免税品的；

（四）未按照规定办理免税品进口报关、入库、出库、销售、核销等手续的；

（五）出租、出让、转让免税商店经营权的。

第二十九条 经营单位或者免税商店违反本规定的其他违法行为，海关将按照《中华人民共和国海关法》、《中华人民共和国海关行政处罚实施条例》予以处理；构成犯罪的，依法追究刑事责任。

第七章 附 则

第三十条 本办法下列用语的含义：

“经营单位”是指经国务院或者其授权部门批准，具备开展免税品业务经营资格的企业。

“免税商店”是指经海关总署批准，由经营单位在中华人民共和国国务院或者其授权部门批准的地点设立符合海关监管要求的销售场所和存放免税品的监管仓库，向规定的对象销售免税品的企业。具体包括：口岸免税商店、运输工具免税商店、市内免税商店、外交人员免税商店和供船免税商店等。

“免税品”是指经营单位按照海关总署核准的经营品种，免税运进专供免税商店向规定的对象销售的进口商品，包括试用品及进口赠品。

“免税品销售场所”是指免税商店销售免税品的专用场所。

“免税品监管仓库”是指免税商店专门用来存放免税品的库房。

第三十一条 本办法由海关总署负责解释。

第三十二条 本办法自2006年1月1日起施行。

附件1 免税品入/出监管仓库准单
附件2 免税品调拨准单
附件3 免税品销售明细单
附件4 免税品供船准单
附件5 免税品报损准单
附件6 免税品明细账
附件7 免税品库存数量单
附件8 废止文件清单

附件 1

免税品入/出监管仓库准单

发货单位：＿＿＿＿＿＿＿＿＿＿＿＿＿＿　　电话：＿＿＿＿＿＿

收货单位：＿＿＿＿＿＿＿＿＿＿＿＿＿＿　　电话：＿＿＿＿＿＿

报关单号：＿＿＿＿＿＿＿＿＿＿＿＿＿＿

商品名称	规格型号	数量	备注
合计			
海关签章		免税店业务专用章	
免税店签字：		仓库负责人签字：	

制单日期：　　年　　月　　日

（该单共两联：第一联为海关留存联，第二联为免税店留存联）

附件 2

免税品调拨准单

调出单位：＿＿＿＿＿＿＿＿＿＿＿＿＿＿＿＿　　电话：＿＿＿＿＿＿＿＿
调入单位：＿＿＿＿＿＿＿＿＿＿＿＿＿＿＿＿　　电话：＿＿＿＿＿＿＿＿
转关单号：＿＿＿＿＿＿＿＿＿＿＿＿＿＿＿＿

<table>
<tr><th>商品名称</th><th>规格型号</th><th>数量</th><th>备注</th></tr>
<tr><td></td><td></td><td></td><td rowspan="9"></td></tr>
<tr><td></td><td></td><td></td></tr>
<tr><td></td><td></td><td></td></tr>
<tr><td></td><td></td><td></td></tr>
<tr><td></td><td></td><td></td></tr>
<tr><td></td><td></td><td></td></tr>
<tr><td></td><td></td><td></td></tr>
<tr><td></td><td></td><td></td></tr>
<tr><td colspan="2">合计</td><td></td></tr>
<tr><td colspan="2">调出地海关签章</td><td colspan="2">调入地海关签章</td></tr>
<tr><td colspan="2">调出地免税店业务专用章</td><td colspan="2">调入地免税店业务专用章</td></tr>
<tr><td colspan="2">调出地仓库负责人签字：</td><td colspan="2">调入地仓库负责人签字：</td></tr>
</table>

制单日期：　　年　　月　　日

（该单共五联：第一联为调出地海关留存联，第二联为调入地海关留存联，第三联为调出地免税店留存联，第四联为调入地免税店留存联，第五联为海关回执联）

附件 3

免税品销售明细单

免税店名称：____

运输工具编号：__________________时间：____年____月____日—____年____月____日

商品名称	规格型号	去程数量	回程数量	销售数量	备注
合计：					
海关签章			免税店业务专用章		
去程运输工具负责人或代理人签字：					
回程运输工具负责人或代理人签字：					

制单日期：　　年　　月　　日

（该单共两联：第一联为海关留存联，第二联为免税店留存联）

附件 4

免税品供船准单

免税店名称：________________________________

船名：________________________________　　　　时间：____年____月____日

商品名称	规格型号	数量	备注

海关签章	免税店业务专用章

船长签字：　　　　仓库负责人签字：　　　　制单日期：　　年　　月　　日

（该单共三联：第一联为海关留存联，第二、三联为免税店留存联）

附件5

免税品报损准单

免税店名称：______________________________

时间段：____年____月____日—____年____月____日

商品名称	规格型号	进口（调入）日期	报损类型	数量	免税店处理意见

海关签章	免税店业务专用章

免税店签字：　　　　仓库负责人签字：　　　　制单日期：　　年　　月　　日

（该单共两联：第一联为海关留存联，第二联为免税店留存联）

附件 6

免税品明细账

免税店名称：____________________________________

时间段：____年____月____日—____年____月____日

商品名称	规格型号	上期结余数量	入库总数量			出库总数量					销售数量					本期结余数量	备注
			进口入库	调拨入库	销售剩余退库	调拨出库	库内损毁	库内灭失	库内过期	转入销售	上期结余	售出	无偿提供	本期结余			
合计																	

法人签字：　　　　免税店业务专用章：　　　　仓库负责人签字：　　　　制表日期：　　年　　月　　日

附件 7

免税品库存数量单

免税店名称：________________________________

时间段：____年____月____日—____年____月____日

商品名称	规格型号	库存数量	备注
合计			
海关签章		免税店业务专用章	

免税店签字：　　　　　　　　　　　　　　　　　　　　制单日期：　　年　　月　　日

（该单共两联：第一联为海关留存联，第二联为免税店留存联）

附件 8

废止文件清单

1.《海关总署关于开办免税品销售业务有关问题的复函》（〔1980〕署货字第 198 号）

2.《海关总署关于免税品商店寄售外国高级商品问题的复函》（〔1980〕署货字第 277 号）

3.《海关总署关于进口免税品商店的货架、柜台等的复函》（〔1980〕署货字第 353 号）

4.《海关总署转发〈北京关对首都机场免税品商店的物品实施监管的意见〉》（〔1980〕署货字第 417 号）

5.《海关总署关于经营免税品业务有关问题的复函》（〔1983〕署货字第 437 号）

6.《海关总署关于同意中国免税品公司扩大供应对象的复函》（〔1985〕署行字第 425 号）

7.《海关总署关于征收免税商品监管手续费有关问题的补充通知》（〔1988〕署行字第 909 号）

8.《海关总署关于中国免税品公司经营市内免税店业务问题的通知》（〔1989〕署监二字第 568 号）

9.《海关总署关于口岸免税店审批权限问题的通知》（署监〔1990〕1167 号）

10.《海关总署关于对口岸免税商店加强管理的通知》（署监〔1995〕86 号）

11.《监管司关于免税国产香烟贴附“专供出口”字样标签的通知》（监综〔1995〕199 号）

12.《监管司关于在免税烟酒上加贴“中国关税未付”标签有关事宜的补充通知》（监行〔1995〕217号）

13.《海关总署关于处理口岸免税店和特区外币免税商店（场）遗留问题的通知》（署监〔1995〕229号）

14.《监管司关于加强对免税品及免税品外汇商品管理问题的通知》（监行传〔1996〕264号）

15.《海关总署关于对口岸免税商店实行计算机管理有关问题的通知》（署监〔1996〕855号）

16.《海关总署关于对口岸免税商店实行年审制度有关事宜的通知》（署监〔1997〕95号）

17.《海关总署关于对免税品业务管理问题的的通知》（署监〔1997〕174号）

18.《海关总署关于明确保税仓库审批权限的通知》（署监〔1998〕525号）

19.《海关总署关于对境内免税外汇商品业务加强管理的通知》（署监〔1999〕387号）

20.《海关总署关于下发〈中华人民共和国海关对上海浦东国际机场外商投资免税店监管办法（试行）〉的通知》（署监〔1999〕708号）

21.《监管司关于中国免税品公司所属市内免税店供应对象有关事宜的通知》（监管函〔2002〕4号）

22.《海关总署关于取消免税店、免税外汇商品进货计划审批制度的通知》（署监发〔2002〕38号）

23.《海关总署关于加强口岸免税品管理的通知》（署监发〔2003〕259号）

24.《监管司关于落实上海市内免税店在隔离区内交付免税品有关问题的批复》（监管函〔2004〕79号）

中华人民共和国海关进出口货物报关单修改和撤销管理办法

（2005年12月30日海关总署令第143号公布，自2006年2月1日起施行）

第一条 为了加强对进出口货物报关单修改和撤销的管理，规范进出口货物收发货人或者其代理人的申报行为，根据《中华人民共和国海关法》以及有关行政法规的规定，制定本办法。

第二条 进出口货物收发货人或者其代理人申请修改或者撤销进出口货物报关单，以及根据海关要求对进出口货物报关单进行修改或者撤销的，适用本办法。

第三条 海关接受进出口货物申报后，电子数据和纸质的进出口货物报关单不得修改或者撤销；确有正当理由的，经海关审核批准，可以修改或者撤销。进出口货物报关单修改或者撤销后，纸质报关单和电子数据报关单应当一致。

第四条 直属海关负责本关区进出口货物报关单修改和撤销的管理工作。经授权的隶属海关和办事处可以办理进出口货物报关单的修改和撤销。

第五条 进出口货物收发货人或者其代理人确有如下正当理由的，可以向原接受申报的海关申请修改或者撤销进出口货物报关单：

（一）由于报关人员操作或者书写失误造成所申报的报关单内容有误，并且未发现有走私违规或者其他违法嫌疑的；

（二）出口货物放行后，由于装运、配载等原因造成原申报货物部分或者全部退关、变更运输工具的；

（三）进出口货物在装载、运输、存储过程中因溢短装、不可抗力的灭失、短损等原因造成原申报数据与实际货物不符的；

（四）根据贸易惯例先行采用暂时价格成交、实际结算时按商检品质认定或者国际市场实际价格付款方式需要修改申报内容的；

（五）由于计算机、网络系统等方面的原因导致电子数据申报错误的；

（六）其他特殊情况经海关核准同意的。

第六条 海关已经决定布控、查验的以及涉案的进出口货物的报关单在办结前不得修改或者撤销。

第七条 进出口货物收发货人或者其代理人申请修改或者撤销进出口货物报关单的，应当提交进出口货物报关单修改/撤销申请表（见附件1），并相应提交下列有关单证：

（一）可以证明进出口实际情况的合同、发票、装箱单等相关单证；

（二）外汇管理、国税、检验检疫、银行等有关部门出具的单证；

（三）应税货物的海关专用缴款书、用于办理收付汇和出口退税的进出口货物报关单证明联等海关出具的相关单证。

第八条 申请修改或者撤销进出口货物报关单并且同时具有下列情形的，海关按照本办法第九条至第十一条规定的审查程序办理：

（一）进口货物放行后或者出口货物办结海关手续后提出申请的；

（二）申请修改或者撤销的内容涉及进出口货物报关单的商品编号、商品名称及规格型号、币制、单价、总价、原产国（地区）、最终目的国（地区）、贸易方式（监管方式）、成交方式之一的。

第九条 海关对于需经审查的修改或者撤销进出口货物报关单申请，应当根据情形分别作出处理：

（一）申请材料齐全的，由海关向进出口货物收发货人或者其代理人制发进出口货物报关单修改/撤销申请受理决定书（见附件2）。能够当场作出审查决定的，应当按照本办法第十一条的规定相应制发准予或者不予修改、撤销的决定书，不再制发进出口货物报关单修改/撤销申请受理决定书。

（二）申请材料存在错误可以当场更正的，应当允许进出口货物收发货人或者其代理人当场更正。

（三）申请材料不齐全或者不符合法定形式的，应当告知进出口货物收发货人或者其代理人需要补正的全部内容，并向进出口货物收发货人或者其代理人制发进出口货物报关单修改/撤销申请告知书（见附件3）。

（四）申请人不属于有关进出口货物的收发货人或者其代理人的，由海关向申请人制发进出口货物报关单修改/撤销申请不予受理决定书（见附件4）。

第十条 海关决定受理进出口货物报关单的修改或者撤销申请的，应当及时对申请材料进行审查。除可以当场决定的外，海关应当自受理进出口货物报关单修改或者撤销申请之日起20日内作出决定并完成相关操作，特殊情况下，海关审查时限可以延长10日。

第十一条 经审查决定予以修改或者撤销的，应当向进出口货物收发货人或者其代理人制发准予修改/撤销进出口货物报关单决定书（见附件5），并完成相关操作；经审查决定不予修改或者撤销的，应当向进出口货物收发货人或者其代理人制发不予修改/撤销进出口货物报关单决定书（见附件6）。

第十二条 申请修改或者撤销进出口货物报关单并且不属于本办法第八条所列情形的，由海关直接决定是否予以修改或者撤销，并且在进出口货物报关单修改/撤销申请表上予以批注。

予以修改或者撤销的，海关应当及时完成相关操作；不予修改或者撤销的，应当及时通知进出口货物收发货人或者其代理人，并且说明理由。

第十三条 海关发现进出口货物报关单需要进行修改或者撤销，但进出口货物收发货人或者其代理人未提出申请的，海关应当通知进出口货物的收发货人或者其代理人。

进出口货物收发货人或者其代理人应当填写进出口货物报关单修改/撤销确认书（见附件7），对进出口货物报关单修改或者撤销的内容进行确认，确认后海关完成对进出口货物报关单的修改或者撤销。

第十四条 因修改或者撤销进出口货物报关单导致需要变更、补办进出口许可证件的，进出口货物收发货人或者其代理人应当向海关提交相应的进出口许可证件。

第十五条 进出境备案清单的修改、撤销，比照本办法执行。

第十六条 违反本办法规定，构成走私或者违反海关监管规定行为的，由海关按照《中华人民共和国海关法》、《中华人民共和国海关行政处罚实施条例》等有关法律、行政法规的规定予以处理；构成犯罪的，依法追究刑事责任。

第十七条 本办法由海关总署负责解释。

第十八条 本办法自2006年2月1日起施行。

附件1　进出口货物报关单修改/撤销申请表

附件2　中华人民共和国海关进出口货物报关单修改/撤销申请受理决定书

附件3　中华人民共和国海关进出口货物报关单修改/撤销申请告知书

附件4　中华人民共和国海关进出口货物报关单修改/撤销申请不予受理决定书

附件5　中华人民共和国海关准予修改/撤销进出口货物报关单决定书

附件6　中华人民共和国海关不予修改/撤销进出口货物报关单决定书

附件7　进出口货物报关单修改/撤销确认书

附件1

进出口货物报关单修改/撤销申请表

编号：××海关〔××××年〕××××号

<table>
<tr><td colspan="2">报关单编号</td><td></td><td>报关单类别</td><td>□进口 □出口</td></tr>
<tr><td colspan="2">经营单位名称</td><td></td><td>申请事项</td><td>□修改 □撤销</td></tr>
<tr><td colspan="5">报关单位名称</td></tr>
<tr><td colspan="5">修改/撤销内容</td></tr>
<tr><td colspan="2">报关单数据项（进口/出口）</td><td colspan="2">原填报内容</td><td>应当填报内容</td></tr>
<tr><td rowspan="8">需按审查程序办理的项目</td><td>商品编号</td><td colspan="2"></td><td></td></tr>
<tr><td>商品名称及规格型号</td><td colspan="2"></td><td></td></tr>
<tr><td>币制</td><td colspan="2"></td><td></td></tr>
<tr><td>单价</td><td colspan="2"></td><td></td></tr>
<tr><td>总价</td><td colspan="2"></td><td></td></tr>
<tr><td>原产国（地区）/最终目的国（地区）</td><td colspan="2"></td><td></td></tr>
<tr><td>贸易方式（监管方式）</td><td colspan="2"></td><td></td></tr>
<tr><td>成交方式</td><td colspan="2"></td><td></td></tr>
<tr><td rowspan="4">其他项目</td><td></td><td colspan="2"></td><td></td></tr>
<tr><td></td><td colspan="2"></td><td></td></tr>
<tr><td></td><td colspan="2"></td><td></td></tr>
<tr><td></td><td colspan="2"></td><td></td></tr>
<tr><td colspan="5">修改或者撤销原因：

兹声明以上申请理由和申请内容无讹，随附证明资料真实有效，如有虚假，愿承担法律责任。

申请人签字： 申请日期： 申请单位（公章）：</td></tr>
<tr><td colspan="5">海关批注：
经审查，上述申请符合/不符合《中华人民共和国海关进出口货物报关单修改和撤销管理办法》第 条第 款的规定，我关同意/不同意 修改/撤销。

海关印章： 年 月 日</td></tr>
</table>

附件 2

中华人民共和国　　海关
进出口货物报关单修改/撤销
申请受理决定书

××海关撤改（××××）××××号

：

你（单位）关于进出口货物报关单修改/撤销的申请（申请表编号为：　　　　　　），我关于　　年　　月　　日收悉。经审查，根据《中华人民共和国海关法》、《中华人民共和国行政许可法》和《中华人民共和国海关进出口货物报关单修改和撤销管理办法》的规定，我关予以受理。

特此通知。

（印）

年　　月　　日

附件 3

中华人民共和国　　海关
进出口货物报关单修改/撤销
申请告知书

××海关撤改（××××）××××号

：

你（单位）关于进出口货物报关单修改/撤销的申请（申请表编号：　　　　　　），我关于　　年　　月　　日收悉。经审查，有下列第　　项情形，

（1）申请材料不齐全；

（2）申请材料不符合法定形式。

根据《中华人民共和国海关法》、《中华人民共和国行政许可法》和《中华人民共和国海关进出口货物报关单修改和撤销管理办法》的规定，（以下写明具体告知事项）。

特此告知。

（印）

年　　月　　日

附件 4

中华人民共和国　　海关
进出口货物报关单修改/撤销申请
不予受理决定书

××海关撤改（××××）××××号

：

你（单位）关于进出口货物报关单修改/撤销的申请（申请表编号为：　　　　　　），我关于　　年　　月　　日收悉。经审查，（以下写明属于哪种不应受理的情形）

根据《中华人民共和国海关法》、《中华人民共和国行政许可法》和《中华人民共和国海关进出口货物报关单修改和撤销管理办法》的规定，我关决定不予受理。

你（单位）对本决定不服，可以自收到本“不予受理决定书”之日起 60 日内向　　海关（海关总署）申请行政复议，也可以自收到本“不予受理决定书”之日起 3 个月内向　　中级人民法院起诉。

（印）

年　　月　　日

附件 5

中华人民共和国　　海关
准予修改/撤销进出口货物
报关单决定书

××海关撤改（××××）××××号

：

你（单位）关于进出口货物报关单修改/撤销的申请（申请表编号为：　　　　　　），我关于　　年　　月　　日受理。经审查，根据《中华人民共和国海关法》、《中华人民共和国行政许可法》和《中华人民共和国海关进出口货物报关单修改和撤销管理办法》的规定，我关决定准予修改/撤销。

（印）

年　　月　　日

附件6

中华人民共和国　　海关
不予修改/撤销进出口货物
报关单决定书

××海关撤改（××××）××××号

：

你（单位）关于进出口货物报关单修改/撤销的申请（申请表编号为：　　　　　），我关于　　　年　　月　　日受理。经审查，（以下写明不予修改/撤销报关单的理由）。

根据《中华人民共和国海关法》、《中华人民共和国行政许可法》和《中华人民共和国海关进出口货物报关单修改和撤销管理办法》的规定，我关决定不予修改/撤销。

你（单位）对本决定不服，可以自收到本“不予修改/撤销进出口货物报关单决定书”之日起60日内向　　　海关（海关总署）申请行政复议，也可以自收到本“不予修改/撤销进出口货物报关单决定书”之日起3个月内向　　　中级人民法院起诉。

（印）

年　　月　　日

附件7

进出口货物报关单修改/撤销确认书

编号：××海关〔××××年〕××××号

报关单编号		申报日期	
经营单位名称		报关单位名称	
修改或撤销原因			
原填报内容			
修改内容			
经营单位或报关单位确认： 同意××海关对上述报关单内容进行修改/撤销。 报关员卡号：　　　　报关人员签名： 经营单位或报关单位：（公章） 日期：			

中华人民共和国海关进出口货物查验管理办法

（2005年12月28日海关总署令第138号公布，自2006年2月1日起施行）

第一条 为了规范海关对进出口货物的查验，依法核实进出口货物的状况，根据《中华人民共和国海关法》以及其他有关法律、行政法规的规定，制定本办法。

第二条 本办法所称进出口货物查验（以下简称查验），是指海关为确定进出口货物收发货人向海关申报的内容是否与进出口货物的真实情况相符，或者为确定商品的归类、价格、原产地等，依法对进出口货物进行实际核查的执法行为。

第三条 查验应当由2名以上海关查验人员共同实施。查验人员实施查验时，应当着海关制式服装。

第四条 查验应当在海关监管区内实施。

因货物易受温度、静电、粉尘等自然因素影响，不宜在海关监管区内实施查验，或者因其他特殊原因，需要在海关监管区外查验的，经进出口货物收发货人或者其代理人书面申请，海关可以派员到海关监管区外实施查验。

第五条 海关实施查验可以彻底查验，也可以抽查。按照操作方式，查验可以分为人工查验和机检查验，人工查验包括外形查验、开箱查验等方式。

海关可以根据货物情况以及实际执法需要，确定具体的查验方式。

第六条 海关在对进出口货物实施查验前，应当通知进出口货物收发货人或者其代理人到场。

第七条 查验货物时，进出口货物收发货人或者其代理人应当到场，负责按照海关要求搬移货物，开拆和重封货物的包装，并如实回答查验人员的询问以及提供必要的资料。

第八条 因进出口货物所具有的特殊属性，容易因开启、搬运不当等原因导致货物损毁，需要查验人员在查验过程中予以特别注意的，进出口货物收发货人或者其代理人应当在海关实施查验前声明。

第九条 实施查验时需要提取货样、化验，以进一步确定或者鉴别进出口货物的品名、规格等属性的，海关依照《中华人民共和国海关对进出口货物实施化验鉴定的规定》等有关规定办理。

第十条 查验结束后，查验人员应当如实填写查验记录并签名。查验记录应当由在场的进出口货物收发货人或者其代理人签名确认。进出口货物收发货人或者其代理人拒不签名的，查验人员应当在查验记录中予以注明，并由货物所在监管场所的经营人签名证明。查验记录作为报关单的随附单证由海关保存。

第十一条 有下列情形之一的，海关可以对已查验货物进行复验：

（一）经初次查验未能查明货物的真实属性，需要对已查验货物的某些性状做进一步确认的；

（二）货物涉嫌走私违规，需要重新查验的；

（三）进出口货物收发货人对海关查验结论有异议，提出复验要求并经海关同意的；

（四）其他海关认为必要的情形。

复验按照本办法第六条至第十条的规定办理，查验人员在查验记录上应当注明“复验”字样。

已经参加过查验的查验人员不得参加对同一票货物的复验。

第十二条 有下列情形之一的，海关可以在进出口货物收发货人或者其代理人不在场的情况下，对进出口货物进行径行开验：

（一）进出口货物有违法嫌疑的；

（二）经海关通知查验，进出口货物收发货人或者其代理人届时未到场的。

海关径行开验时，存放货物的海关监管场所经营人、运输工具负责人应当到场协助，并在查验记录上签名确认。

第十三条 对于危险品或者鲜活、易腐、易烂、易失效、易变质等不宜长期保存的货物，以及因其他特殊情况需要紧急验放的货物，经进出口货物收发货人或者其代理人申请，海关可以优先安排查验。

第十四条 进出口货物收发货人或者其代理人违反本办法的，海关依照《中华人民共和国海关法》、《中华人民共和国海关行政处罚实施条例》等有关规定予以处理。

第十五条 海关在查验进出口货物时造成被查验货

物损坏的，由海关按照《中华人民共和国海关法》、《中华人民共和国海关行政赔偿办法》的规定承担赔偿责任。

第十六条　查验人员在查验过程中，违反规定，利用职权为自己或者他人谋取私利，索取、收受贿赂，滥用职权，故意刁难，拖延查验的，按照有关规定处理。

第十七条　海关在监管区内实施查验不收取费用。对集装箱、货柜车或者其他货物加施海关封志的，按照规定收取封志工本费。

因查验而产生的进出口货物搬移、开拆或者重封包装等费用，由进出口货物收发货人承担。

在海关监管区外查验货物，进出口货物收发货人或者其代理人应当按照规定向海关交纳规费。

第十八条　本办法下列用语的含义：

外形查验，是指对外部特征直观、易于判断基本属性的货物的包装、唛头和外观等状况进行验核的查验方式。

开箱查验，是指将货物从集装箱、货柜车箱等箱体中取出并拆除外包装后，对货物实际状况进行验核的查验方式。

机检查验，是指以利用技术检查设备为主，对货物实际状况进行验核的查验方式。

抽查，是指按照一定比例有选择的对一票货物中的部分货物验核实际状况的查验方式。

彻底查验，是指逐件开拆包装、验核货物实际状况的查验方式。

第十九条　本办法由海关总署负责解释。

第二十条　本办法自2006年2月1日起施行。

中华人民共和国海关关于大嶝对台小额商品交易市场管理办法

（2007年8月29日海关总署令第163号发布，自2007年10月1日起施行）

第一条　为了加强大嶝对台小额商品交易市场（以下简称交易市场）的管理，维护交易市场的正常经营秩序，促进海峡两岸民间商品交流健康发展，根据《中华人民共和国海关法》（以下简称海关法）及其他有关法律、行政法规的规定制定本办法。

第二条　大嶝对台小额商品交易市场是经国家批准在厦门市翔安区大嶝岛内专门设立，用于开展对台民间小额商品交易活动，并且实行封闭管理的海关监管区。

第三条　对进出交易市场的货物、物品、运输工具，以及交易市场的有关场所，海关依法进行监督管理。

第四条　在交易市场内从事经营活动的法人和其他组织应当向海关办理备案登记手续。

第五条　台湾船舶及其人员运输或者携带进入交易市场的货物仅限产于台湾的土特产品、生活日用小商品以及旅游商品（具体清单详见附件）。

国家限制进出口和实行许可证管理的商品，按照国家有关规定办理。从台湾进口到交易市场的台湾产卷烟，可以免于交验自动进口许可证。

国家禁止进出境的货物、物品不得进出交易市场。

第六条　进境运输工具负责人、进口货物收货人及其代理人应当如实向海关申报运进交易市场货物的品名、数量、价格等，并且按照海关要求交验有关单证。

第七条　进入交易市场的人员每日携带出交易市场的台湾商品总值在人民币3000元以下的，免征进口关税和进口环节海关代征税。超过人民币3000元的，超过部分按照一般贸易的管理规定办理进口手续。

从交易市场携带出的台湾商品中，每人每日带出的香烟不得超过4条（800支），酒精度在12度及以上的酒类商品不得超过4瓶。

第八条　从境外运入交易市场的货物和从交易市场运往境外的货物列入进、出口统计。从交易市场内运往市场外的货物，实施单项统计。

第九条　对台小额贸易公司从交易市场采购商品进口、台湾居民从交易市场采购商品出口以及进出交易市场专用码头的船舶，由海关按照原外经贸部、海关总署发布的《对台湾地区小额贸易的管理办法》进行管理。

第十条　在交易市场与专用码头之间运输台湾商品

的运输工具，应当符合海关监管要求，并且办理有关手续。

第十一条 违反本办法，构成走私行为、违反海关监管规定行为或者其他违反海关法行为的，由海关依照海关法和《中华人民共和国海关行政处罚实施条例》的有关规定予以处理；构成犯罪的，依法追究刑事责任。

第十二条 本办法自2007年10月1日起施行。1999年3月3日海关总署批准、1999年3月26日厦门海关公布的《厦门海关对大嶝对台小额商品交易市场的监管办法》同时废止。

附件 大嶝对台小额商品交易市场商品经营范围

大嶝对台小额商品交易市场商品经营范围

一、粮油食品类，包括粮油制品、食用动物及其产品、食用植物及其产品、水产品、食品制成品。

二、土产畜产类，包括茶叶、咖啡、可可、香调料及香料油、山货、畜产品、烟类。

三、纺织服装，包括纺织品、丝织品、服装。

四、工艺品类，包括陶瓷、地毯及装饰挂毯、工艺品。

五、轻工业品类，包括家用电器、箱包及鞋帽、文体用品、日用五金器皿、钟表、家具、日用杂品、纸品。

六、医药品类，包括中成药、药酒。

中华人民共和国海关进出口货物集中申报管理办法

（2008年1月4日海关总署令第169号发布，自2008年5月1日起施行）

第一条 为了便利进出口货物收发货人办理申报手续，提高进出口货物通关效率，规范对进出口货物的申报管理，根据《中华人民共和国海关法》（简称海关法）的有关规定，制定本办法。

第二条 本办法所称的集中申报是指经海关备案，进出口货物收发货人（以下简称收发货人）在同一口岸多批次进出口本办法第三条规定范围内货物，可以先以中华人民共和国海关进口货物集中申报清单或者中华人民共和国海关出口货物集中申报清单（以下统称集中申报清单）申报货物进出口，再以报关单集中办理海关手续的特殊通关方式。

进出口货物收发货人可以委托B类以上管理类别（含B类）的报关企业办理集中申报有关手续。

第三条 经海关备案，下列进出口货物可以适用集中申报通关方式：

（一）图书、报纸、期刊类出版物等时效性较强的货物；

（二）危险品或者鲜活、易腐、易失效等不宜长期保存的货物；

（三）公路口岸进出境的保税货物。

第四条 收发货人应当在货物所在地海关办理集中申报备案手续，加工贸易企业应当在主管地海关办理集中申报备案手续。

第五条 收发货人申请办理集中申报备案手续的，应当向海关提交适用集中申报通关方式备案表（以下简称备案表），同时提供符合海关要求的担保，担保有效期最短不得少于3个月。

海关应当对收发货人提交的备案表进行审核。经审核符合本办法有关规定的，核准其备案。

涉嫌走私或者违规，正在被海关立案调查的收发货人、因进出口侵犯知识产权货物被海关依法给予行政处罚的收发货人、适用C类或者D类管理类别的收发货人进出口本办法第三条所列货物的，不适用集中申报通关方式。

第六条 在备案有效期内，收发货人可以适用集中申报通关方式。备案有效期限按照收发货人提交的担保有效期核定。

申请适用集中申报通关方式的货物、担保情况等发生变更时，收发货人应当向原备案地海关书面申请变更。

备案有效期届满可以延续。收发货人需要继续适用集中申报方式办理通关手续的，应当在备案有效期届满10日前向原备案地海关书面申请延期。

第七条 收发货人有下列情形之一的，停止适用集中申报通关方式：

（一）担保情况发生变更，不能继续提供有效担保的；

（二）涉嫌走私或者违规，正在被海关立案调查的；

（三）进出口侵犯知识产权货物，被海关依法给予行政处罚的；

（四）海关分类管理类别被降为C类或者D类的。

收发货人可以在备案有效期内主动申请终止适用集中申报通关方式。

第八条 收发货人在备案有效期届满前未向原备案地海关申请延期的，备案表效力终止。收发货人需要继续按照集中申报方式办理通关手续的，应当重新申请备案。

第九条 依照本办法规定以集中申报通关方式办理海关手续的收发货人，应当在载运进口货物的运输工具申报进境之日起14日内，出口货物在运抵海关监管区后、装货的24小时前填制集中申报清单向海关申报。

收货人在运输工具申报进境之日起14日后向海关申报进口的，不适用集中申报通关方式。收货人应当以报关单向海关申报。

第十条 海关审核集中申报清单电子数据时，对保税货物核扣加工贸易手册（账册）或电子账册数据；对一般贸易货物核对集中申报备案数据。

经审核，海关发现集中申报清单电子数据与集中申报备案数据不一致的，应当予以退单。收发货人应当以报关单方式向海关申报。

第十一条 收发货人应当自海关审结集中申报清单电子数据之日起3日内，持集中申报清单及随附单证到货物所在地海关办理交单验放手续。属于许可证件管理的，收发货人还应当提交相应的许可证件，海关应当在相关证件上批注并留存复印件。

收发货人未在本条第一款规定期限办理相关海关手续的，海关删除集中申报清单电子数据，收发货人应当重新向海关申报。重新申报日期超过运输工具申报进境之日起14日的，应当以报关单申报。

第十二条 收发货人在清单申报后申请修改或者撤销集中申报清单的，比照《中华人民共和国海关报关单修改和撤销管理办法》的相关规定办理。

第十三条 收发货人应当对一个月内以集中申报清单申报的数据进行归并，填制进出口货物报关单，一般贸易货物在次月10日之前、保税货物在次月底之前到海关办理集中申报手续。

一般贸易货物集中申报手续不得跨年度办理。

第十四条 集中申报清单归并为同一份报关单的，各清单中的进出境口岸、经营单位、境内收发货人、贸易方式（监管方式）、启运国（地区）、装货港、运抵国（地区）、运输方式栏目以及适用的税率、汇率必须一致。

各清单中本条前款规定项目不一致的，收发货人应当分别归并为不同的报关单进行申报。对确实不能归并的，应当填写单独的报关单进行申报。

各清单归并为同一份报关单时，各清单中载明的商品项在商品编号、商品名称、规格型号、单位、原产国（地区）、单价和币制均一致的情况下可以进行数量和总价的合并。

第十五条 收发货人对集中申报清单申报的货物以报关单方式办理海关手续时，应当按照海关规定对涉税的货物办理税款缴纳手续。涉及许可证件管理的，应当提交海关批注过的相应许可证件。

第十六条 对适用集中申报通关方式的货物，海关按照接受清单申报之日实施的税率、汇率计征税费。

第十七条 收发货人办结集中申报海关手续后，海关按集中申报进出口货物报关单签发报关单证明联。“进出口日期”以海关接受报关单申报的日期为准。

第十八条 海关对集中申报的货物以报关单上的“进出口日期”为准列入海关统计。

第十九条 中华人民共和国境内其他地区进出海关特殊监管区域、保税监管场所的货物需要按照集中申报方式办理通关手续的，除海关另有规定以外，比照本办法办理。

第二十条 违反本办法，构成走私行为、违反海关监管规定行为或者其他违反海关法行为的，由海关依照海关法、《中华人民共和国海关行政处罚实施条例》等有关法律、行政法规的规定予以处理；构成犯罪的，依法追究刑事责任。

第二十一条 本办法由海关总署负责解释。

第二十二条 本办法自2008年5月1日起施行。

附件1 中华人民共和国海关进口货物集中申报清单

附件2 中华人民共和国海关出口货物集中申报清单

附件3 适用集中申报通关方式备案表

附件 1

中华人民共和国海关进口货物集中申报清单

海关编号：××××－××××－I－××××××××××

进口口岸	进口日期	申报日期	备案号
经营单位	运输方式	运输工具名称	提运单号
收货单位	贸易方式	许可证号	
集装箱号	启运国（地区）	装货港	
件数	包装种类	毛重（千克）	净重（千克）
随附单据	备注		

项号	商品编码	商品名称、规格型号	数量及单位	原产国（地区）	单价	总价	币制

录入员　录入单位	兹声明以上申报无讹并承担法律责任	海关审单批注及放行日期（签章）
报关员		审单
单位地址	申报单位（签章）	查验
邮编　电话	填制日期	放行

附件 2

中华人民共和国海关出口货物集中申报清单

海关编号：××××－××××－E－×××××××××

出口口岸	出口日期	申报日期	备案号
经营单位	运输方式	运输工具名称	提运单号
发货单位	贸易方式	许可证号	
集装箱号	运抵国（地区）	指运港	
件数　包装种类	毛重（千克）	净重（千克）	
随附单据	备注		

项号	商品编码	商品名称、规格型号	数量及单位	原产国（地区）	单价	总价	币制

录入员　录入单位	兹声明以上申报无讹并承担法律责任	海关审单批注及放行日期（签章）
报关员		审单
单位地址	申报单位（签章）	查验
邮编　电话	填制日期	放行

附件3

适用集中申报通关方式备案表

编号：　　号

申请单位		企业编号		企业适用类别	
□资质申请		□备案更改	□一般贸易货物	□保税货物	

担保情况

担保方式	□保证金	□银行保函	□非银行金融机构保函	
担保额度		担保有效期		进出口批次/月

一般贸易货物备案情况

序号	商品编号	商品名称	规格型号	修改方式

资质申请	备案更改
根据《海关进出口货物集中申报管理办法》，我公司特向贵关申请适用集中申报通关方式。我公司将严格遵守该办法的有关规定并承担相应的法律责任。 申请单位（公章）： 法人代表（签章）： 申请日期：	变更理由： 申请单位（公章）： 法人代表（签章）： 申请日期：

海关核准/确认意见：

签章：　　　　年　　月　　日

申请企业要求：

一、收发货人应当按照《中华人民共和国海关进出口货物集中申报管理办法》（以下简称《管理办法》）第四条、第五条有关规定办理备案手续。

二、申请适用集中申报通关方式办理海关手续的进出口货物应当符合《管理办法》第三条规定的适用范围。

三、申请适用集中申报通关方式的收发货人应当符合《管理办法》第五条规定的条件。

填表说明：

一、编号：12 位，1 -4 位为审批海关的关区代码，5 - 12 位为流水号。本栏目免予填报，由系统自动生成回填表格。

二、申请单位：申请企业在海关办理注册登记手续的中文名称。

三、企业编号：申请单位在海关办理注册登记的 10 位编号。

四、企业适用类别：申请单位适用的海关分类管理类别。

五、企业首次向海关申请集中申报资质的，应在“资质申请”项前打勾；企业需对已经海关核准的集中申报备案的担保方式、担保额度、担保有效期、一般贸易货物情况进行修改的，应在“备案更改”项前打勾。

六、企业根据集中申报货物性质选择“一般贸易货物”或“保税货物”之一。

七、担保情况（保税货物免予填写此项）：

（一）担保方式：根据实际担保情况在“保证金”、“银行保函”、“非银行金融机构保函”三项前打勾。

（二）担保额度：填写担保的人民币金额，单位为万元。

（三）担保有效期：根据实际情况填写，格式为 4 位年、2 位月、2 位日。

八、一般贸易货物备案情况（保税货物免于填写此项）：

（一）序号：备案货物的排列序号。

（二）商品编号：按商品分类编码规则确定的进出口货物的 HS 编码。

（三）商品名称：货物的中文商品名称。

（四）规格型号：货物的规格型号，必要时可加注原文。

（五）修改方式：仅“备案更改”时填写，仅可“新增”或“停用”两种方式。

1. 新增方式下，需填写对应的序号、商品编号、商品名称、规格型号。

2. 停用方式下，仅需填写序号一项，为原备案货物对应的序号。

中华人民共和国海关监管场所管理办法

（2008 年 1 月 4 日海关总署令第 171 号发布，自 2008 年 3 月 1 日起施行）

第一章　总　则

第一条　为了规范海关对监管场所的管理，根据《中华人民共和国海关法》（以下简称海关法）和有关法律、行政法规的规定，制定本办法。

第二条　本办法所称监管场所是指进出境运输工具或者境内承运海关监管货物的运输工具进出、停靠，以及从事进出境货物装卸、储存、交付、发运等活动，办理海关监管业务，符合海关设置标准的特定区域。

第三条　监管场所的设立以及海关对监管场所的监督管理适用本办法。

海关对免税商店的管理另按照有关规定执行。

第四条　海关对监管场所实行统一编码、计算机联网和分类管理。

第五条　监管场所经营企业（以下简称经营企业）或者管理者应当按照《中华人民共和国海关监管场所设置标准》（以下简称《设置标准》，见附件 1）建设监管场所，配备相应设备，并为海关提供查验场地和办公设施。

第二章 监管场所的设立

第六条 申请设立监管场所的企业（以下简称申请企业）应当具备以下条件：

（一）经工商行政管理部门注册登记，具有独立企业法人资格；

（二）注册资本不低于人民币300万元；

（三）具有专门储存货物的营业场所，拥有营业场所的土地使用权；租赁他人土地、场所经营的，租期不得少于5年；

（四）经营液/气体化工品、易燃易爆危险品等特殊许可货物仓储的，应当持有特殊经营许可批件。

第七条 申请企业应当向直属海关提交以下书面材料：

（一）中华人民共和国海关监管场所注册登记申请书（见附件2）；

（二）企业法人营业执照复印件；

（三）税务登记证复印件；

（四）法定代表人身份证件复印件；

（五）场地所有权或者使用权证明复印件；

（六）存放液/气体化工品、易燃易爆危险品等特殊许可货物的，应当提供特殊经营许可批件的复印件；

（七）场所平面图和建筑设计图。

提交上述材料复印件的，应当同时提供原件供海关验核。

第八条 直属海关依据《中华人民共和国行政许可法》和《中华人民共和国海关实施〈中华人民共和国行政许可法〉办法》的有关规定，受理、审查经营监管场所的申请。

申请企业符合法定条件的，直属海关应当制发中华人民共和国海关批准设立监管场所决定书（以下简称批准设立决定书，见附件3）；申请企业不符合法定条件的，直属海关应当制发中华人民共和国海关不予批准设立监管场所决定书（见附件4），并说明理由。

第九条 申请企业应当自海关制发批准设立决定书之日起1年内向直属海关申请验收，直属海关根据设置标准规定的条件对监管场所进行验收。申请企业无正当理由逾期未申请验收或者经验收不合格的，批准设立决定书自动失效。

监管场所验收合格，经直属海关注册登记并制发中华人民共和国海关监管场所注册登记证书（以下简称注册登记证书，见附件5）后，可以投入运营，注册登记证书自制发之日起有效期为3年。

第十条 本办法施行前已经海关批准设立的监管场所，其经营企业应当自本办法施行之日起1年内向直属海关提交本办法第七条规定的申请材料，申领批准设立决定书。

经营企业应当自海关制发批准设立决定书之日起1年内向直属海关申请验收。直属海关根据设置标准规定的条件对监管场所进行验收。验收合格的，直属海关予以注册登记并制发注册登记证书。

经营企业无正当理由逾期没有提交申请材料或者没有申请验收以及验收不合格的，直属海关注销相关企业的监管场所经营资格。

因特殊情况需要申请延期验收的，经营企业应当向直属海关提出延期验收申请，经直属海关同意可以延期验收，但是最长延长期限不得超过1年。

第十一条 经营企业需要变更企业业务范围、监管场所面积等的，应当填写中华人民共和国海关监管场所变更申请书（见附件6），向直属海关提出申请，并提交有关材料。

第十二条 经营企业需要延续注册登记证书有效期的，应当在注册登记证书有效期届满30日前向直属海关提出延续申请，并提交中华人民共和国海关监管场所延续申请书（见附件7）。

符合延续条件的，直属海关应当在注册登记证书有效期届满前作出准予延续的决定，延续注册登记证书有效期3年。

不符合延续条件的，直属海关应当作出不予延续的决定。

第十三条 经营企业终止经营监管场所的，应当向直属海关提出书面申请，并交回注册登记证书。

第十四条 直属海关依据《中华人民共和国行政许可法》和《中华人民共和国海关实施〈中华人民共和国行政许可法〉办法》的有关规定，办理监管场所的变更、延续与注销手续。

第三章 海关对监管场所的监督管理

第十五条 海关采取视频监控、实地核查等方式对进出监管场所的运输工具、货物等实施监管。

第十六条 经营企业应当按照海关规定的样式制作监管场所标志牌（见附件8），悬挂在监管场所入口处显著位置。

第十七条 监管场所内只能存放海关监管货物。

监管场所内液/气体化工品、易燃易爆危险品、有毒及放射性货物应当带有明显标志，并不得与其他类货物一起存放。

第十八条 经营企业应当依据海关监管要求设置相对独立的海关查验场地。

第十九条 经营企业应当按照海关要求发送和接收电子数据。海关有权查阅监管场所的货物进出和存储等情况的纸质单证或者电子账册。

第二十条 根据海关监管需要，经营企业应当在监管场所出入通道设置卡口，派员值守，并配备相应设备，与海关计算机联网。

对集中在同一个封闭区域内分散经营的监管场所，经营企业可以在进出通道设置统一卡口，并设置独立的海关集中查验场地。

海关认为必要时，可以派员实施卡口监管，核实、放行海关监管运输工具、货物。

第二十一条 经营企业应当凭海关纸质放行凭证和电子放行信息放行海关监管的运输工具、货物。

第二十二条 海关检查运输工具或者查验货物时，经营企业应当按照海关要求，将货物移至相应的场地，并应当为海关检查运输工具或者查验货物、提取货样提供条件。

海关径行开验、复验或者提取货样时，经营企业应当派员到场协助，并应当在相关单据上签字。

第二十三条 经营企业应当及时将监管场所内存放超过3个月的货物情况向海关报告，并协助海关办理相关手续。

第二十四条 经营企业终止监管场所经营或者监管场所被海关注销经营资格的，应当按照海关要求对监管场所内存放的海关监管货物作出处置。

第二十五条 经营企业应当建立健全与海关监管有关的人员管理、单证管理、设备管理、安全保卫和值班等制度。

监管场所应当配备相应管理人员，管理人员应当接受海关业务培训，并熟悉海关规定。

除安全保卫人员和值班人员外，其他人员不得在监管场所内居住。

第四章 附 则

第二十六条 违反本办法，构成走私行为、违反海关监管规定行为或者其他违反海关法行为的，由海关依照海关法和《中华人民共和国海关行政处罚实施条例》的有关规定予以处理；构成犯罪的，依法追究刑事责任。

第二十七条 本办法由海关总署负责解释。

第二十八条 本办法自2008年3月1日起施行。

附件1 中华人民共和国海关监管场所设置标准
附件2 中华人民共和国海关监管场所注册登记申请书
附件3 中华人民共和国海关批准设立监管场所决定书
附件4 中华人民共和国海关不予批准设立监管场所决定书
附件5 中华人民共和国海关监管场所注册登记证书
附件6 中华人民共和国海关监管场所变更申请书
附件7 中华人民共和国海关监管场所延续申请书
附件8 中华人民共和国海关监管场所标志牌样式

附件1

中华人民共和国海关监管场所设置标准

一、码头类监管场所设置标准

（一）一般型码头（如：综合货运码头、集装箱码头、散杂货码头等）设置标准

1. 具有独立的封闭区域；

2. 设立隔离围网（墙），高度不低于2.5米；

3. 建立通道出入卡口，配置符合海关监管要求的卡口设备（电子栏杆、电子读写设备、电子识别设备、电子监控设备、电子地磅等）并与海关联网；

4. 配备电子计算机管理系统，并与海关电子计算机联网，能按照海关要求的格式实现相关电子数据的传送、交换，海关可进入监管场所电子计算机管理系统查询、统计运输工具、货物的停靠、存储位置及相关处理情况；

5. 安装具有存储功能（存储时间不少于3个月）的视频监控系统，供海关对监管场所进行监控，监管场所灯光及监控系统应当满足海关实施全方位24小时监控需要；

6. 具有专门储存、堆放、装卸海关监管货物的仓库、场地及设施，并设置明显区分标志；

7. 提供满足海关查验货物要求的场地，并配备便于海关实施查验的相关设备；

8. 根据海关需要，提前预留大型集装箱检查设备等所需的场地和设施；

9. 提供存放海关扣留货物的仓库；

10. 为海关提供必要的办公场所。办公场所应具备网络、通讯、取暖、降温、休息和卫生等条件。

（二）专用型码头（如：化工品专用码头、粮油专用码头、煤炭专用码头、散装水泥专用码头、散装矿产品专用码头、船舶修理专用码头等）设置标准

1. 具有独立的封闭区域；

2. 设立隔离围网（墙），高度不低于2.5米；

3. 建立出入通道卡口，配置符合海关监管要求的设备（电子栏杆、电子监控设备、电子地磅等）并与海关联网；

4. 配备电子计算机管理系统，并与海关电子计算机联网，能按照海关要求的格式实现相关电子数据的传送、交换，海关可进入监管场所电子计算机管理系统查询、统计运输工具、货物的停靠、存储位置及相关处理情况；

5. 安装具有存储功能（储存时间不少于3个月）的视频监控系统，供海关对监管场所进行监控，监管场所灯光及监控系统应当满足海关实施全方位24小时监控需要；

6. 具有储存、堆放、装卸海关监管货物的专用设施，并设置明显区分标志；

7. 为海关监管提供相应的安全防护设备；

8. 为海关提供必要的办公场所。办公场所应具备网络、通讯、取暖、降温、休息和卫生等条件。

二、公路转关监管点（如：陆路口岸车检场、直通式监管点、转关车检场、国际物流中心等）设置标准

（一）具有独立的封闭区域；

（二）设立隔离围网（墙），高度不低于2.5米；

（三）建立通道出入卡口，配置符合海关监管要求的卡口设备（电子栏杆、电子读写设备、电子识别设备、电子监控设备、电子地磅等）并与海关联网；

（四）配备电子计算机管理系统，并与海关电子计算机联网，能按照海关要求的格式实现相关电子数据的传送、交换，海关可进入监管场所电子计算机管理系统查询、统计运输工具、货物的停靠、存储位置及相关处理情况；

（五）安装具有存储功能（储存时间不少于3个月）的视频监控系统，供海关对监管场所进行监控，监管场所灯光及监控系统应当满足海关实施全方位24小时监控需要；

（六）具有专门储存、堆放、装卸海关监管货物的仓库、场地及设施，并设置明显区分标志；

（七）提供满足海关查验货物要求的场地，并配备便于海关实施查验的相关设备；

（八）提供存放海关扣留货物的仓库；

（九）根据海关需要，提前预留大型集装箱检查设备等所需的场地和设施；

（十）为海关提供必要的办公场所。办公场所应具备网络、通讯、取暖、降温、休息和卫生等条件。

三、陆路边境口岸监管场所（如：陆路边境口岸车检场、陆路边境口岸海关监管点、陆路边境口岸海关查验场等）设置标准

（一）设立在国家正式批准对外开放的陆路边境口岸海关监管区内，并具有独立的封闭区域；

（二）建立通道出入卡口，配置符合海关监管要求的卡口设备（电子栏杆、电子监控设备、电子地磅等）并与海关联网；

（三）配备电子计算机管理系统，并与海关电子计算机联网，能按照海关要求的格式实现相关电子数据的传送、交换，海关可进入监管场所电子计算机管理系统查询、统计运输工具、货物的停靠、存储位置及相关处理情况；

（四）具有专门储存、堆放、装卸海关监管货物的仓库、场地及设施，并设置明显区分标志；

（五）提供满足海关查验货物要求的场地，并配备便于海关实施查验的相关设备；

（六）根据海关需要，提前预留大型集装箱检查设备等所需的场地和设施；

（七）安装具有存储功能（储存时间不少于3个月）的视频监控系统，供海关对监管场所进行监控，监管场所灯光及监控系统应当满足海关实施全方位24小时监控需要；

（八）提供存放海关扣留货物的仓库；

（九）为海关提供必要的办公场所。办公场所应具备网络、通讯、取暖、降温、休息和卫生等条件。

四、货栈类监管场所设置标准

（一）空运货栈设置标准

1. 具有独立的封闭区域；

2. 设立隔离围网（墙），高度不低于2.5米；

3. 建立通道出入卡口，配置符合海关监管要求的卡口设备（电子栏杆、电子读写设备、电子识别设备、电子监控设备、电子地磅等）并与海关联网；

4. 配备电子计算机管理系统，并与海关电子计算

机联网，能按照海关要求的格式实现相关电子数据的传送、交换，海关可进入监管场所电子计算机管理系统查询、统计运输工具、货物的停靠、存储位置及相关处理情况；

5. 安装具有存储功能（储存时间不少于3个月）的视频监控系统，供海关对监管场所进行监控，监管场所灯光及监控系统须满足海关实施全方位24小时监控需要；

6. 具有储存、堆放、装卸海关监管货物的仓库、场地及设施，监管货物按照进口、出口、暂扣、特殊库进行分类存放，不同类别货物应当隔离，并设置明显区分标志；

7. 提供满足海关查验货物要求的场地，并配备便于海关实施查验的相关设备；

8. 为海关提供必要的办公场所。办公场所应具备网络、通讯、取暖、降温、休息和卫生等条件。

（二）铁路货栈设置标准

1. 具有独立的封闭区域；

2. 设立隔离围网（墙），高度不低于2.5米；

3. 建立通道出入卡口，配置符合海关监管要求的设备（电子栏杆、电子监控设备、电子地磅等）并与海关联网；

4. 配备电子计算机管理系统，并与海关电子计算机联网，能按照海关要求的格式实现相关电子数据的传送、交换，海关可进入监管场所电子计算机管理系统查询、统计运输工具、货物的停靠、存储位置及相关处理情况；

5. 安装具有存储功能（储存时间不少于3个月）的视频监控系统，供海关对监管场所进行监控，监管场所灯光及监控系统应当满足海关实施全方位24小时监控需要；

6. 具有专门储存、堆放、装卸海关监管货物的仓库、场地及设施，并设置明显区分标志；

7. 提供满足海关查验货物要求的场地，并配备便于海关实施查验的相关设备；

8. 根据海关需要，提前预留大型集装箱检查设备等所需的场地和设施；

9. 提供存放海关扣留货物的仓库；

10. 为海关提供必要的办公场所。办公场所应具备网络、通讯、取暖、降温、休息和卫生等条件。

五、堆场类监管场所设置标准

（一）综合性货运堆场（如：集装箱堆场、散杂货堆场等）设置标准

1. 具有独立的封闭区域；

2. 设立隔离围网（墙），高度不低于2.5米；

3. 建立通道出入卡口，配置符合海关监管要求的卡口设备（电子栏杆、电子读写设备、电子识别设备、电子监控设备、电子地磅等）并与海关联网；

4. 配备电子计算机管理系统，并与海关电子计算机联网，能按照海关要求的格式实现相关电子数据的传送、交换，海关可进入监管场所电子计算机管理系统查询、统计运输工具、货物的停靠、存储位置及相关处理情况；

5. 安装具有存储功能（储存时间不少于3个月）的视频监控系统，供海关对监管场所进行监控，监管场所灯光及监控系统应当满足海关实施全方位24小时监控需要；

6. 具有专门储存、堆放、装卸海关监管货物的仓库、场地及设施，并设置明显区分标志；

7. 提供满足海关查验货物要求的场地，并配备便于海关实施查验的相关设备；

8. 提供存放海关扣留货物的仓库；

9. 根据海关需要，提前预留大型集装箱检查设备等所需的场地和设施。自行安装的货物检查设备应与海关联网；

10. 为海关提供必要的办公场所。办公场所应具备网络、通讯、取暖、降温、休息和卫生等条件。

（二）新造集装箱专用堆场设置标准

1. 具有独立的封闭区域；

2. 设立隔离围网（墙），高度不低于2.5米；

3. 建立通道出入卡口，配置符合海关监管要求的卡口设备（电子栏杆、电子监控设备等）并与海关联网；

4. 配备电子计算机管理系统，并与海关电子计算机联网，能按照海关要求的格式实现相关电子数据的传送、交换，海关可进入监管场所电子计算机管理系统查询、统计运输工具、货物的停靠、存储位置及相关处理情况；

5. 安装具有存储功能（储存时间不少于3个月）的视频监控系统，供海关对监管场所进行监控，监管场所灯光及监控系统应当满足海关实施全方位24小时监控需要；

6. 为海关提供必要的办公场所。办公场所应具备网络、通讯、取暖、降温、休息和卫生等条件。

六、仓库类监管场所（如：综合性仓库、航空食品供应库、进口分拨库、出口拼装库、展览品监管仓库

等）设置标准

（一）具有独立的封闭区域；

（二）建立通道出入卡口，配置符合海关监管要求的卡口设备（电子栏杆、电子读写设备、电子识别设备、电子监控设备、电子地磅等）并与海关联网；

（三）配备电子计算机管理系统，并与海关电子计算机联网，能按照海关要求的格式实现相关电子数据的传送、交换，海关可进入监管场所电子计算机管理系统查询、统计运输工具、货物的停靠、存储位置及相关处理情况；

（四）安装具有存储功能（储存时间不少于3个月）的视频监控系统，供海关对监管场所进行监控，监管场所灯光及监控系统应当满足海关实施全方位24小时监控需要；

（五）提供满足海关查验货物要求的场地，并配备便于海关实施查验的相关设备；

（六）提供存放海关扣留货物的仓库；

（七）为海关提供必要的办公场所。办公场所应具备网络、通讯、取暖、降温、休息和卫生等条件。

七、储罐类监管场所（如液/气体专用储罐堆场等）设置标准

（一）具有独立的封闭区域；

（二）建立通道出入卡口，配置符合海关监管要求的卡口设备（电子栏杆、电子监控设备等）并与海关联网；

（三）配备电子计算机管理系统，并与海关电子计算机联网，能按照海关要求的格式实现相关电子数据的传送、交换，海关可进入监管场所电子计算机管理系统查询、统计运输工具、货物的停靠、存储位置及相关处理情况；

（四）安装具有存储功能（储存时间不少于3个月）的视频监控系统，供海关对监管场所进行监控，监管场所灯光及监控系统应当满足海关实施全方位24小时监控需要；

（五）储罐应当安装符合海关要求的测量仪器，确保采集数据原始、真实、准确，并与海关联网；

（六）为海关监管提供相应的安全防护设备；

（七）为海关提供必要的办公场所。办公场所应具备网络、通讯、取暖、降温、休息和卫生等条件。

八、快件类监管场所设置标准

（一）具有独立的封闭区域；

（二）建立通道出入卡口，配置符合海关监管要求的设备（电子栏杆、电子读写设备、电子识别设备、电子监控设备、小型电子地磅等）并与海关联网；

（三）配备电子计算机管理系统，并与海关电子计算机联网，能按照海关要求的格式实现相关电子数据的传送、交换，海关可进入监管场所电子计算机管理系统查询、统计运输工具、货物的停靠、存储位置及相关处理情况；

（四）具备自动传输和分拣设备；

（五）安装具有存储功能（储存时间不少于3个月）的视频监控系统，供海关对监管场所进行监控，监管场所灯光及监控系统应当满足海关实施全方位24小时监控需要；

（六）具有专门储存、堆放、装卸海关监管货物的仓库、场地及设施，并设置明显区分标志；

（七）提供满足海关查验货物要求的场地，并配备便于海关实施查验的相关设备；

（八）根据海关需要，提前预留海关监管设备所需的场地和设施；

（九）提供存放海关扣留货物的仓库；

（十）为海关提供必要的办公场所。办公场所应具备网络、通讯、取暖、降温、休息和卫生等条件。

九、边民互市贸易类监管场所（如：边民互市点、边民互市区、边贸市场等）设置标准

（一）具有明确的界线，建有隔离围网（墙），高度不低于2.5米；

（二）建立通道出入卡口。具备条件时应当配置符合海关监管要求的卡口设备（电子栏杆、电子地磅、电子监控设备等）并与海关联网；

（三）具备条件时应当安装具有存储功能（储存时间不少于3个月）的视频监控系统，供海关对监管场所进行监控，监管场所灯光及监控系统应当满足海关实施全方位24小时监控需要；

（四）为海关提供适当的办公场所和条件。办公场所应当具备网络、通讯、取暖、降温、休息和卫生等条件。

十、台轮停泊点类监管场所设置标准

（一）具有独立的封闭区域；

（二）设立隔离围网（墙），高度不低于2.5米；

（三）建立通道出入卡口。具备条件时应当配置符合海关监管要求的卡口设备（电子栏杆、电子地磅、电子监控设备等）并与海关联网；

（四）具备条件时应当安装具有存储功能（储存时间不少于3个月）的视频监控系统，供海关对监管场所进行监控，监管场所灯光及监控系统应当满足海关实施

全方位24小时监控需要；

（五）为海关提供相应的办公场所和条件。办公场所应具备网络、通讯、取暖、降温、休息和卫生等条件。

十一、旅客通关类监管场所（如：出入境旅客陆运、海运、空运港站旅检现场）设置标准

（一）具有独立的封闭区域；

（二）在出境或者入境封闭区域建立出入通道，并分别设置“申报通道”、“无申报通道”、“外交礼遇通道”和“工作人员通道”；

（三）各通道之间相互隔离，符合海关监管要求。各通道内应预留必要的电源、网络接口；

（四）“申报通道”和“无申报通道”纵向划分为申报区、查验区和处理区；

（五）安装具有存储功能（储存时间不少于3个月）的视频监控系统，供海关对监管场所进行监控，监管场所灯光及监控系统应当满足海关实施全方位24小时监控需要；

（六）为海关提供旅客行李查验台、海关法规公告栏（包括电子公告屏），安装海关通道标识及现场隔离设施等；

（七）在出港实行开放式布局，配备具有远程判图和操控的行李系统和五级安检系统。建有相应的网络、设备，实时、准确提供中转旅客电子信息；

（八）为海关提供存放扣留货物、物品的库房；

（九）为海关提供专门开展海关征税、询问、视频监控、毒品检测、印刷品音像制品审查的工作场所及设施。办公场所应当具备网络、通讯、取暖、降温、休息和卫生等条件。

十二、国际邮件类监管场所（如：国际邮件互换局、国际邮件交换站等）设置标准

（一）具有独立的封闭区域；

（二）配备电子计算机管理系统，并与海关电子计算机联网，能按照海关要求的格式实现相关电子数据的传送、交换，海关可进入监管场所电子计算机管理系统查询、统计运输工具、货物的停靠、存储位置及相关处理情况；

（三）安装具有存储功能（储存时间不少于3个月）的视频监控系统，供海关对监管场所进行监控，监管场所灯光及监控系统应当满足海关实施全方位24小时监控需要；

（四）具有专门储存、堆放、装卸海关监管邮件的仓库、场地及设施，并设置明显区分标志；

（五）有满足海关查验邮件要求的场地；

（六）邮件分拣及X光机检查设备应当与海关联网；

（七）根据海关需要，提供海关检查设备所需的场地和设施；

（八）为海关提供存放扣留邮件的库房；

（九）为海关提供接受报关、视频监控、毒品检测、印刷品音像制品审查的工作场所。办公场所应当具备网络、通讯、取暖、降温、休息和卫生等条件。

十三、监管场所内查验场地设置标准

（一）封闭式查验场房。地面高度适合集装箱或者集装箱厢式货车的对接，对接门的尺寸能满足封闭对接需要，方便搬运叉车上下作业。

建设有车辆停靠区、掏箱区、货检X光机检查区，并应当配备相应的装卸设备。

（二）平台式查验场地。查验平台高度适合集装箱车或者集装箱厢式货车的停靠，方便搬运叉车上下作业。

建设有车辆停靠区、掏箱区、货检X光机检查区，并应当配备相应的装卸设备。

附件2

中华人民共和国　　海关
监管场所注册登记申请书

______海关：

现我公司拟在__________________________设立__________________，特提出申请。

请批准为盼。

附件2－1　公司基本情况
附件2－2　“工商营业执照”副本复印件（略）
附件2－3　“税务登记证书”副本复印件（略）
附件2－4　其他专业证书（如“防火安全证书”、“危险品、爆炸品装卸存储证明”、“专业计量证书”或者“罐容表”等）（略）
附件2－5　场所平面图及电子文件（略）
附件2－6　监管场所相关管理制度、账册制度（略）

申请企业（公章）

年　　月　　日

附件 2－1

公司基本情况

监管场所名称：________________

所属口岸：________________

批准机关：________________

批准文号：________________

企业名称：________________

场所面积：________________

企业性质：________________

申请业务范围：________________

注册资本：________________（万元）

监管场所地址：________________

邮政编码：________________

场所联系人及其联系电话：________________

企业法定代表人及其联系电话：________________

营业执照编号：________________

税务登记证书编号：________________

组织机构代码：________________

除本申请场所外有无经营其他海关监管场所：________

经营其他海关监管场所名称：________________

场所所有权情况：自有［　　］租赁［　　］（所有人：________）

本公司保证上述所填各项内容属实，向海关递交的相关文件真实无讹，遵守海关法规，并承担相应法律责任。

法定代表人（签名）：

申请单位（公章）：

年　　月　　日

附件 3

中华人民共和国　　海关
批准设立监管场所决定书

编号：____(1)____关所字第____(2)____号

____(3)____：

经审核，你公司关于在____(4)____设立海关监管场所的申请，符合《中华人民共和国海关监管场所管理办法》规定的条件，现批准设立。

中华人民共和国　　海关（印章）

年　　月　　日

填写规范说明：

（1）海关简称；

（2）海关编号；

（3）申请企业名称；

（4）设立监管场所地点。

附件 4

中华人民共和国　　海关
不予批准设立监管场所决定书

编号：____(1)____关所字第____(2)____号

____(3)____：

经审核，你公司关于在____(4)____设立海关监管场所的申请，不符合《中华人民共和国海关监管场所管理办法》____(5)____《中华人民共和国海关监管场所设置标准》____(6)____之规定，不予批准。

你公司对本决定不服，可以自收到“不批准设立监管场所决定书”之日起60日内向海关总署申请行政复议，也可以自收到“不批准设立监管场所决定书”之日起3个月内向　　中级人民法院提起诉讼。

中华人民共和国　　海关（印章）

年　　月　　日

填写规范说明：

（1）海关简称；

（2）海关编号；

（3）申请企业名称；

（4）设立监管场所地点；

（5）《办法》明确规定的条款；

（6）《标准》明确规定的条款。

附件 5

中华人民共和国　　海关
监管场所注册登记证书

编号：____(1)____关所字第____(2)____号

____(3)____：

经审核，你单位申请设立的____(4)____符合《中华人民共和国海关监管场所管理办法》规定的条件，现准予注册登记，海关编码为____(5)____。

本“注册登记证书”有效期至　　年　　月　　日。

中华人民共和国　　海关（印章）
年　　月　　日

填写规范说明：

（1）海关简称；

（2）证书编号；

（3）申请企业名称；

（4）监管场所名称；

（5）海关监管场所编码。

附件 6

中华人民共和国海关监管场所变更申请书

____（1）____关更申____（2）____年第____（3）____号

____（4）____海关：

经海关批准，我公司于　　年　　月　　日办理了____（5）____监管场所的登记手续，注册登记证书的编号为____（6）____。

我公司拟对该监管场所的若干事项进行调整，特提出申请。

请予批准为盼。

附件 6－1　公司基本情况

附件 6－2　“工商营业执照”副本复印件（略）

附件 6－3　“税务登记证书”副本复印件（略）

附件 6－4　其他专业证书（如“防火安全证书”、“危险品、爆炸品装卸存储证明”、“专业计量证书”或者“罐容表”等）（略）

附件 6－5　场所平面图及电子文件（略）

附件 6－6　监管场所相关管理、账册制度（略）

申请企业（公章）
年　　月　　日

填写规范说明：

（1）审批海关简称；

（2）申请时间；

（3）海关流水编号；

（4）海关名称；

（5）监管场所名称；

（6）海关 10 位编码。

注：本申请书一式两份。

附件 6－1

公司基本情况

监管场所名称：____________

所属口岸：____________

批准机关：____________

批准文号：____________

企业名称：____________

场所面积：____________

企业性质：____________

申请业务范围：____________

注册资本：____________（万元）

监管场所地址：____________

邮政编码：____________

场所联系人及其联系电话：____________

企业法定代表人及其联系电话：____________

营业执照编号：____________

税务登记证书编号：____________

组织机构代码：____________

除本监管场所外有无经营其他海关监管场所：______

经营其他海关监管场所名称：____________

监管场所所有权情况：自有［　　］租赁［　　］（所有人：______）

本公司保证上述所填各项内容属实，向海关递交的相关文件真实无讹，遵守海关法规，并承担相应法律责任。

法定代表人（签名）：

申请单位（公章）：
年　　月　　日

海关审核情况

实地验收情况：

经办人：

年　　月　　日

直属海关审核意见：

经办人：

复核人：

年　　月　　日

主管领导：

行政公章

年　　月　　日

附件 7

中华人民共和国海关监管场所延续申请书

______海关：

由我公司经营的____________________在运营期间严格遵守海关各项规章制度，符合《中华人民共和国海关监管场所管理办法》的要求，运营情况良好。

因“中华人民共和国海关监管场所注册登记证书”有效期即将届满，特申请延续“中华人民共和国海关监管场所注册登记证书”有效期。

请批准为盼。

法定代表人（签字）：

申请企业（盖章）

年　　月　　日

附件 8

中华人民共和国海关监管场所标志牌样式

中华人民共和国 海关监管场所

说明：

1. 标志牌长 0.6 米，宽 0.45 米，牌质为不锈钢镀铜板，牌面为哑光黄底，标志牌上字体统一用黑体字书写，字体颜色为黑色；

2. 标志牌上海关名称书写直属海关名称；

3. 根据监管场所海关注册登记编码规则对监管场所予以编号。

运输工具监管类

中华人民共和国海关舱单电子数据传输管理办法

（1999年2月1日海关总署令第70号发布，自1999年3月1日起施行）

第一条 为加强海关对舱单电子数据传输的管理，提高通关效率，便利企业办理海关手续，特制定本办法。

第二条 本办法下列用语的含义是：

舱单电子数据指运输工具代理人按照海关要求的格式，以电子数据交换的方式向海关传输的海运和空运载货清单数据。

运输工具代理人指经海关批准向海关传输舱单电子数据的船舶运输公司、航空公司或者他们的代理公司。

第三条 本办法适用于海关对海运和空运舱单电子数据交换的管理，但来往港澳小型船舶除外。

第四条 除不可抗力外，进境船舶的代理人应当在船舶抵港后24小时内，出境船舶的代理人应当在船舶离港后72小时内，按照海关的要求将舱单电子数据传送到海关。

第五条 进出境船舶代理人应当按照规定的数据格式向海关传输以下舱单电子数据：运输工具名称、运输工具编号、国籍、装货港、指运港、提（运）单号、收货人或者发货人、货物名称、货物件数和重量、集装箱号、集装箱尺寸等。

第六条 进境航空器的代理人应当在到港前将舱单电子数据传输到海关。

出境航空器的代理人应当在航空器离港后24小时内将舱单电子数据传输到海关。

第七条 进出境航空器的代理人应当按照规定的格式向海关传输以下舱单电子数据：航班号、进出口日期、装货港、指运港、运单号、收货人或者发货人、货物名称、货物件数和重量等。

第八条 海关收到舱单电子数据后方予接受进口货物的申报和办理出口退税等有关手续。

第九条 已向海关传输的舱单电子数据需要更改的，运输工具代理人应当向海关提出申请，经海关同意后持书面舱单办理有关手续。

第十条 除特殊情况外，舱单电子数据的保存期限为3年。

第十一条 舱单电子数据应当规范、准确，并与书面舱单的有关内容一致。

向海关传输虚假舱单电子数据，构成走私或者为走私制造条件、提供便利的，海关将按照《中华人民共和国海关法》和《中华人民共和国海关法行政处罚实施细则》有关规定予以处理。

未按规定时限传输电子数据、传输的舱单电子数据不准确或者未按规定的期限保存舱单电子数据，影响海关监管的，海关可以对运输工具代理人处以1000元以下罚款。

第十二条 本办法由海关总署负责解释。

第十三条 本办法自1999年3月1日起实施。

中华人民共和国海关对进出境国际航行船舶及其所载货物、物品监管办法

（1991年8月23日海关总署令第24号发布，自1992年1月1日起施行）

第一条 为促进对外经济贸易发展，方便进出境船舶运输，加强海关对进出境船舶及其所载货物、物品的管理，根据《中华人民共和国共和国海关法》和国家其他有关法律、法规，制定本办法。

第二条 本办法所称“进出境国际航行船舶”（以下简称“船舶”）是指进出我国关境在国际间运营的境内船舶和境外船舶。

对来自和开往香港、澳门的小型船舶，另按有关规定办理。

第三条 船舶应当通过设有海关的港口进境或者出境，应当在设有海关的港口停泊，装卸货物、物品和上下人员，并接受海关监管。船舶在海关监管区内停泊，移泊，装卸货物、物品和上下人员的地点由当地港务局提前通知海关；船舶在非海关监管区停泊，移泊，装卸货物、物品和上下人员须由当地港务局会商海关。

船舶如需通过未设立海关的港口进出境，或者在未设立海关的港口停泊，装卸货物、物品和上下人员，应当经国务院或国务院授权的机关会商海关后批准，接受海关监管，并应当按规定向海关缴纳规费。

第四条 船舶负责人或者其代理人应当将船舶到港和离港的时间提前24小时通知海关，将船舶装卸货物、物品的时间事先通知海关。

第五条 船舶由于不可抗力的原因，被迫在未设立海关的地点停泊，上下人员或者抛掷，起卸货物、物品，船舶负责人或其代理人应当立即报告附近海关。

第六条 进境的境外船舶和出境的境内船舶，未向海关办结手续的，不得转让或者移作他用。

第七条 经交通部批准从事进出境国际客货运输业务的境内船舶，应向船公司所在地海关申领船舶进出境（港）海关监管簿。

第八条 船舶装卸进出口货物、物品或者上下进出境人员，应当向海关如实申报，并接受海关检查。

第九条 船舶进境的时候，船舶负责人应当向海关如实申报，并递交下列单证：

（一）船舶进口报告书一份；

（二）进口载货清单两份（无进口货物的交“无货清单”）；

（三）进境旅客清单一份（包括通运旅客。无旅客的免交）；

（四）船员清单一份；

（五）船员自用和船舶备用物品、货币、金银清单一份；

（六）船员自用和船舶备用烟、酒加封清单一份；

（七）船舶进出境（港）海关监管簿（境外船舶免交）；

（八）海关监管需要的其他单证。

船舶到港时，船舶负责人或其代理人如果不能及时提供齐全的进口载货清单，须向海关出具保证函，并经海关同意后可以先行卸货，但应当在卸货后24小时以内将齐全的进口载货清单补交海关。

船舶进境后驶往境内其他港口前，境外船舶负责人应当向海关递交转港报告书，并将海关关封完整无损地带交下一港口海关。境内船舶离港前，应当由海关在船舶进出境（港）海关监管簿上批注。

第十条 船舶装载出口货物前，货物代理人应当将预装清单报送海关。出口货物发生退载，船舶负责人或其代理人应当于货物装船完毕前向海关报明。

第十一条 船舶出境时，应当向海关如实申报。船舶负责人或其代理应当向海关递交下列单证：

（一）出口载货清单一份（无出口货物的，交无货清单）；

（二）出境旅客名单一份（无更动的免交）；

（三）船员名单一份（无更动的免交）；

（四）船员进出境（港）海关监管簿（境外船舶免交）；

（五）海关监管需要的其他单证。

第十二条 海关检查船舶时，船舶负责人应当到场，并应当按照海关的要求指派人员开启船上的舱室、房间、储存处所；有走私嫌疑的，并应当开拆可能藏匿走私货物、物品的部位，搬移货物、物料等。必要时，

海关有权集中船员和暂时加封船员房间或其他部位。海关检查完毕，船舶负责人应当在海关检查记录上签注。

海关检查船员行李物品时，有关船员应当按照海关的要求准时到场，并且开启行李包件和储存物品的处所。海关在公共处所检查发现的无人承认的违禁和走私物品，由海关进行处理。

海关根据工作需要，可派员在国内随船或驻船执行监管任务，船方应提供方便。

第十三条 船舶停港期间，船舶、船员所有的烟酒应当由海关加封（海关规定留用限量除外）。对船用物料和船舶、船员所有的货币、金银，可以由海关视情予以加封，船舶负责人应当保护海关封志的完整。如需启封，应当由船舶负责人向海关书面申请。必要时，船舶负责人还应提供交通工具。

第十四条 海关监管的进出口货物、物品，应当存放在经海关登记注册的或经海关同意的仓库和场所。

第十五条 进口货物经海关在提单上加盖放行章后，仓储、货运部门方可交付，货物所有人或其代理人方可提运。出口货物经海关在装运单据上加盖放行章后，仓储、货运部门方可装船，船舶负责人方可签收货单。

第十六条 船舶起卸进口货物、物品完毕后，船舶负责人应当将反映实际起卸情况的交接单据和溢、短、误、损记录在24小时内送交海关。

溢、短卸和误卸货物经海关确认由原载船舶负责人或货物所有人从起卸之日起3个月内向海关分别办理退运、进口等手续。必要时，经海关批准，可以延期3个月。逾期不办手续的，由海关处理。

第十七条 船舶添装或起添船用燃料、物料，船舶间调拨船用燃料、物料、物品、公用烟酒、食品，应当由船舶负责人编制清单报请海关核准，并在海关监管下进行。船方如需卸地处理扫舱地脚和废旧物料，船舶负责人应当书面向海关申请，由接收单位委托有经营权的单位向海关办理有关手续。

申报复运出境的垫舱、压舱物料，应当从起卸之日起6个月内运出。不复运出境的垫舱、压舱物料，收货人应当从起卸之日起14日内向海关办理进口手续。

第十八条 进出境的境内船舶兼营或改营境内运输，应按《中华人民共和国海关对我国兼营国际国内运输船舶的监管规定》办理有关手续。

第十九条 凡违反本办法的行为，海关依照《中华人民共和国海关法》和《中华人民共和国海关法行政处罚实施细则》处理。

第二十条 本办法由海关总署负责解释。

第二十一条 本办法自1992年1月1日起实施。

中华人民共和国海关对国际航行船舶船员自用和船舶备用烟、酒的管理规定

（1988年10月27日海关总署令第2号发布，自1988年12月1日起施行）

第一条 为加强海关对进出境国际航行船舶船员自用和船舶备用烟、酒的管理，照顾船员和船舶的合理需要，根据《中华人民共和国海关法》，制定本规定。

第二条 国际航行船舶（以下简称船舶）进境时船舶负责人应在船员自用和船舶备用物品、货币、金银清单（见附件1）中如实填写烟、酒的类别、数量，向海关申报。

第三条 船舶每航次挂港期间，从进境之日起，在港停留每10天准予船舶外留备用香烟3000支、酒5瓶；准予每一外籍船员外留自用香烟400支、酒1瓶（不含啤酒类饮料）。外籍船员携带上岸的烟、酒每次不得超过香烟40支、酒1瓶，累计总数不得超出上述本人外留数量。中国籍船员按照《海关对我国际运输工具服务人员进出境行李物品的管理规定》规定的限量予以外留，并必须经海关办理征免税手续后，方准携带上岸。

第四条 不属本规定第三条核准外留的烟、酒，应全部集中储存，由船舶负责人在船员自用和船舶备用烟、酒加封清单（见附件2）上列明，向海关申报。海关在清单上签注，并对烟、酒实施加封。船舶负责人有

责任为海关加封烟、酒提供方便。

第五条 因特殊原因，船员、船舶外留的烟、酒不敷实际需要的，可由船舶负责人向海关提出书面申请，经海关审核批准后，在海关监管下启封及重封，并在船员自用和船舶备用烟、酒加封清单上相应变更封存烟、酒的数量。

第六条 船舶之间互相调拨的烟、酒，应当由船舶负责人或其代理人开列清单，报经海关核准后，在海关监管下办理调拨及重封手续，海关在船员自用和船舶备用烟、酒加封清单上签注。

第七条 船舶在我港口免税店购买的烟、酒，应在送货上船前由船舶负责人持免税店发票清单向海关申报，办理加封手续。海关变更船员自用和船舶备用烟、酒加封清单中关于烟、酒的封存数量。

第八条 开往我境内下一个岸口的船舶，其加封的烟、酒不得擅自启封，由本口岸海关将船员自用和船舶备用烟、酒加封清单作关封由船舶负责人负责带交下一口岸海关。由下一口岸海关依照本规定继续监管。直驶境外港口的船舶，结关离境后可自行启封。

第九条 对我兼营国际运输的船舶，在经营国际航运期间，海关按本规定对烟、酒加封留存；在改营国内运输期间，海关按《中华人民共和国海关对我国兼营国内运输船舶的监管规定》办理。

第十条 对违反本规定的行为，海关依据《中华人民共和国海关法》及有关法规进行处理。

第十一条 本规定自1988年12月1日起实施。

附件1 船员自用和船舶备用物品、货币、金银清单（略）

附件2 船员自用和船舶备用烟、酒加封清单（略）

中华人民共和国海关对国际铁路联运进出境列车和所载货物、物品监管办法

（1990年3月15日海关总署令第11号发布，自1990年5月1日起施行）

第一条 为促进对外经济贸易和科技文化交往，加强海关监督管理，根据《中华人民共和国海关法》和铁路有关法规，结合铁路运输的实际情况，制定本办法。

第二条 本办法所称“进出境列车”是指进出关境的机车、客车、货车、邮政车、行李车、发电车、守车和轨道车等。

本办法所称“货物、物品”是指进出关境列车载运的货物、行李、包裹、邮递物品和其他物品。

本办法所称“转关运输”是指货物、物品由进境地入境后，在海关监管下运往另一设关地点办理进口海关手续；或在启运地已办理出口海关手续运往出境地，由海关监管放行的货物、物品；或由国内一设关地点转运到另一设关地点的应受海关监管的货物、物品。

第三条 进出境列车必须在进出境车站停留，接受海关的监管和检查。

进境列车自到达进境车站起到海关检查完毕止；出境列车自海关开始检查起到海关放行止，未经海关许可不得移动、解体（客车改轮除外），或擅自驶离进出境车站。

第四条 海关对进出境列车进行检查时，除口岸有关检查、检疫部门和铁路执行职务人员外，其他人员不得上下列车。

第五条 进出境列车装卸进出境货物、物品，上、下进出境旅客，应当接受海关监管。货物、物品装卸交接完毕，车站应当向海关递交反映实际情况的交接单据及商务记录。

海关查验进出境货物、物品，发现有走私情事或走私嫌疑的，可以书面通知车站将货物、物品卸到海关指定地点或将有关车辆调到指定地点进行处理。

第六条 海关监管货物、物品，无论在海关监管区内或区外存放，均应接受海关监管。

海关派往车站、货运监管区仓库、货物换装场所的人员执行监管任务时，应当遵守铁路有关规定，必要时

须出示证件。铁路各部门应予配合。

第七条 进出境列车驶离进出境车站的时间、车次、停发车地点，车站应事先通知海关。

对进出境货物列车，车站应向海关递交列车编组顺序表和货物交接单。

第八条 海关检查列车结束，应及时通知进出境车站。如果在进境旅客列车停留时间内，检查不完，海关可以派员随车继续检查，由进境车站站长按规定提供至最近前方停车站往返免费乘车证和工作条件。

第九条 进出境列车载运的货物、物品，由进出境车站向海关递交下列单据：

（一）货物运单或行李、包裹运行报单及添附文件；

（二）货物交接单或行李、包裹交接单；

（三）海关需要的其他有关文件。

第十条 进口货物（含包裹）的收货人、出口货物（含包裹）的发货人或者他们的代理人办理货物进出口手续时，应当填写进出口货物报关单，向海关申报，并按规定交验下列单据：

（一）货物运单（或包裹运行报单）及添附文件；

（二）进出口货物许可证件；

（三）海关需要的其他文件。

进境的起票行李、出境的托运行李，由行李的所有人向海关办理进出口手续。

第十一条 海关查验货物时，进出境车站应当派人按照海关的要求负责开拆车辆封印、开启车门或揭开篷布，货物的收、发货人或其代理人应当搬移或起卸货物，开拆或重封货物的包装。海关认为必要时，可以自行开验、复验或提取货样。海关应对提取货样的名称、数量出具证明。

第十二条 因不符合我国进口管理规定，海关决定退运境外的货物、物品，车站凭海关书面退运通知办理有关手续，因违反国际铁路联运规定的拒收货物，海关凭铁路部门的拒收记录准予退运。

第十三条 海关对准予放行的进出境货物、物品，在货物运单或行李包裹运行报单上加盖放行章，铁路始可交付或运往境外。

第十四条 转关运输货物启运之前，海关对有关单证、货物、物品查核无讹后，在货物运单上加盖“海关监管货物”戳记，连同关封退还车站凭以启运。海关关封由车站转交列车负责人，边同运单一起带交指运地或出境地海关。

第十五条 海关监管货物，如果变更国内到站或出境站，办理变更的车站应通知海关。变更后的指运站或出境站必须是设有海关的车站。有关车站应当将海关关封转交列车负责人连同运单一起带交变更后的指运地或出境地车站海关。如果指运地车站没有海关，则只有在变更申请人取得指运地车站就近海关同意的情况下，人境地车站才能受理变更。

第十六条 经海关准许在国内到达站完成海关手续的旅客随身携带物品，由海关予以加封，并将关封交列车负责人带交到达地海关。

第十七条 对于为修理进出境车辆用而运进的材料、零部件、工具、轮对、转向架，在海关监管之下确实用于进出境车辆维修的，可予以免征关税和产品税（或增值税）。

对于为车辆施封用的材料和铁路运送用具（包括篷布），车站应当向海关如实申报，由海关查验免税放行。

第十八条 进出境车站工作人员和列车乘务人员携带执行职务所必需的公用物品和生活必需的合理数量自用物品（包括粮食、蔬菜等食品）以及进出境旅客列车所带供应旅客途中食用的饮料、食品等，由海关查验免税放行。

对需要返还的篷布、空容器等，收、发货人或其代理人应当填写收、发货人的篷布或空容器“免税返还证明书”送交进出境海关签印发还车站凭以免税返还。

第十九条 本办法自1990年5月1日起施行。

中华人民共和国海关关于境内公路承运海关监管货物的运输企业及其车辆、驾驶员的管理办法

（2001 年 9 月 27 日海关总署令第 88 号发布，根据 2004 年 11 月 30 日海关总署令第 121 号公布的《海关总署关于修改〈中华人民共和国海关关于境内公路承运海关监管货物的运输企业及其车辆、驾驶员的管理办法〉的决定》修正）

第一章　总　则

第一条　为加强对承运海关监管货物的境内运输企业及其车辆、驾驶员的管理，根据《中华人民共和国海关法》（以下简称《海关法》）及其他相关法规，制定本办法。

第二条　本办法所指的境内运输企业、车辆、驾驶员，是指依据本办法经海关注册登记或者备案登记，在境内从事海关监管货物运输的企业、车辆、驾驶员。

第三条　运输企业、车辆应当向企业所在关区的直属海关申请办理注册登记手续，驾驶员应当办理备案登记手续。

第四条　海关对运输企业、车辆的注册登记资料以及驾驶员的备案登记资料实行计算机联网管理，数据资料共享的，不再办理异地备案手续。

第二章　注册登记

第五条　承运海关监管货物的运输企业，应当具备以下资格条件：

（一）从事货物运输业务 1 年以上，注册资金不低于 200 万元人民币；

（二）按照《海关法》第六十七、六十八条规定，有具有履行海关事务担保能力的法人、其他组织或者公民提供的担保；

（三）企业财务制度和账册管理符合国家有关规定；

（四）企业资信良好，在从事运输业务中没有违法前科。

第六条　运输企业办理注册登记时，应当向海关提交下列文件：

（一）承运海关监管货物境内运输企业注册登记申请表（见附件 1）；

（二）工商行政管理部门核发的营业执照复印件；

（三）交通运输管理部门核发的道路运输经营许可证复印件；

（四）技术监督部门核发的中华人民共和国组织机构代码证（下称组织机构代码证）复印件；

（五）承运海关监管货物车辆的驾驶员名单及备案登记资料；企业更换驾驶员的，应当及时向海关办理驾驶员的变更备案手续。

提交本条（二）、（三）、（四）项文件时，还应同时出示原件供海关审核。

第七条　海关对运输企业的资格条件及递交的有关证件进行审核，合格的，颁发境内公路运输企业载运海关监管货物注册登记证书（见附件 4，以下简称注册登记证书）。

第八条　承运海关监管货物的车辆应为厢式货车或集装箱拖头车，经海关批准也可以为散装货车。上述车辆应当具备以下条件：

（一）用于承运海关监管货物的车辆，必须为运输企业的自有车辆，其机动车辆行驶证的车主列名必须与所属运输企业名称一致；

（二）厢式货车的厢体必须与车架固定一体，厢体必须为金属结构，无暗格，无隔断，具有施封条件，车厢连接的镙丝均须焊死，车厢两车门之间须以钢板相卡，保证施封后无法开启；

有特殊需要，需加开侧门的，须经海关批准，并符合海关监管要求；

（三）集装箱拖头车必须承运符合国际标准的集装箱；

（四）散装货车只能承运不具备加封条件的大宗散装货物，如矿砂、粮食及超大型机械设备等；

（五）从事特种货物运输的车辆须递交主管部门的批准证件。

第九条 办理车辆注册登记时，应当向海关提交下列文件：

（一）承运海关监管货物境内运输车辆注册登记申请表（见附件2）；

（二）公安交通管理部门核发的机动车行驶证复印件；

（三）运载危险品的车辆需提交公安消防部门核发的易燃易爆化学物品准运证复印件；

（四）车辆彩色照片2张（要求：前方左侧面45°，4×3寸；能清楚显示车牌号码；车头及车厢侧面喷写企业名称）。

提交本条（二）、（三）项文件时，还应同时出示原件供海关审核。

第十条 海关对车辆监管条件及相关文件进行审核，合格的，颁发中华人民共和国境内汽车载运海关监管货物车辆准载证（见附件5，以下简称准载证）、中华人民共和国海关境内汽车载运海关监管货物载货登记簿（见附件6，以下简称汽车载货登记簿）。

第十一条 承运海关监管货物的驾驶员应当符合以下条件：

（一）具有中华人民共和国居民身份证；

（二）为运输企业职工；

（三）没有违法犯罪前科；

（四）遵守海关的有关管理规定。

第十二条 驾驶员办理备案登记时，应当向海关提交以下文件：

（一）承运海关监管货物境内运输车辆驾驶员备案登记表（见附件3）；

（二）驾驶员的国内居民身份证、机动车驾驶员驾驶证（复印件）；

（三）驾驶员彩色近照2张（规格：大1寸、免冠、红底）。

提交本条（二）项文件时，还应同时出示原件供海关审核。

第十三条 承运海关监管货物的驾驶员应当了解和熟悉海关相关法规及监管规定，参加海关组织的各种业务培训。

第十四条 注册登记证书、汽车载货登记簿、准载证等相关证件需更新的，可凭原件向注册地海关申请换发新证、簿；如上述证、簿损毁、遗失或被盗的，经注册地海关审核情况属实的，予以补发。

第十五条 运输企业、车辆年审工作于每年5月底前完成，海关按以上所规定的资格条件进行年审。

第十六条 运输企业、车辆、驾驶员不再从事海关监管货物运输业务的，应向注册地海关交回注册登记证书、汽车载货登记簿、准载证等相关证件，办理手续。

第十七条 车辆更换（包括更换车辆、更换发动机、更换车辆牌照号码）、改装车体等，应按本办法规定重新办理注册登记手续。

第三章 海关监管

第十八条 驾驶员在从事海关监管货物运输时，应出示准载证等相关证件，如实填报交验汽车载货登记簿；货物运抵目的地后，必须向目的地海关办理汽车载货登记簿的核销手续。

第十九条 驾驶员应将承运的海关监管货物完整、及时地运抵指定的监管场所，并确保海关封志完好无损，未经海关许可，不得开拆。

第二十条 汽车载货登记簿和准载证由车辆固定使用。

第二十一条 实施卫星定位管理的车辆，卫星定位管理系统配套使用的身份证（IC）卡与汽车载货登记簿具有同等效力。

第二十二条 运输企业、驾驶员应妥善保管海关核发的有关证、簿，不得转借、涂改、故意损毁。

第二十三条 承运海关监管货物的车辆应按海关指定的路线和要求行驶，并在海关规定的时限内运抵目的地海关。不得擅自改变路线、在中途停留并装卸货物。

第二十四条 遇特殊情况，车辆在运输途中出现故障，需换装其他运输工具时，应立即通知附近海关，在海关监管下换装，附近海关负责及时将换装情况通知货物出发地和目的地海关。

第二十五条 海关监管货物在运输途中发生丢失、短少或损坏等情事的，除不可抗力外，运输企业应当承担相应的纳税义务及其他法律责任。

第四章 法律责任

第二十六条 运输企业、驾驶员发生走私违规情事的，由海关按《海关法》和《中华人民共和国海关行政处罚实施条例》的有关规定进行处罚。构成犯罪的，依法追究刑事责任。

第二十七条 运输企业、驾驶员，有下列情形之一的，由海关责令改正，可以给予警告：

（一）承运海关监管货物的车辆不按照海关指定的路线或范围行进的；

（二）承运海关监管货物的车辆到达或者驶离设立

海关的地点，未按照规定向海关如实填报交验汽车载货登记簿或者办理核销手续的；

（三）承运海关监管货物的车辆在运输途中出现故障，不能继续行驶，需换装其他运输工具时，驾驶员或其所属企业不向附近海关或货物主管海关报明情况而无正当理由的；

（四）不按照规定接受海关对车辆及其所载货物进行查验的；

（五）遗失、损毁、涂改、转借海关核发的载货登记簿、准载证等相关证件，妨碍海关监管工作或者影响办理海关有关手续的；

（六）未经海关许可，擅自更换车辆（车辆发动机、车牌号码）、驾驶员；改装车厢、车体的；

（七）运输企业出让其名义供他人承运海关监管货物的。

第二十八条 运输企业、驾驶员，有下列情形之一的，可以给予警告、暂停其6个月以内从事有关业务或者执业：

（一）有走私行为的；

（二）1年内有3次以上重大违反海关监管规定行为的；

（三）管理不善致使保管的海关监管货物多次发生损坏或者丢失的；

（四）未经海关许可，擅自开启或损毁海关加施于车辆的封志的；

（五）未经海关许可，对所承运的海关监管货物进行开拆、调换、改装、留置、转让、更换标志、移作他用或进行其他处理的；

（六）有其他需要暂停从事有关业务或者执业情形的。

第二十九条 运输企业、驾驶员，有下列情形之一的，海关可以撤销其注册登记或者停止其从事有关业务：

（一）构成走私犯罪被司法机关依法处理的；

（二）1年内有2次以上走私行为的；

（三）管理不严，1年内3人次以上被海关暂停执业、取消从业资格的；

（四）因违反规定被海关暂停从事有关业务或者执业，恢复从事有关业务或者执业后1年内再次发生违反本办法规定的暂停从事有关业务或者执业情形的；

（五）其他需要撤销其注册登记或者停止从事有关业务的情形。

第三十条 对逾期不办理年审或年审不合格的运输企业、车辆，海关暂停其办理承运海关监管货物的手续；逾期3个月未年审的，海关视其自动放弃承运海关监管货物资格，并予注销，收回有关证件。

第三十一条 运输企业被工商行政管理部门吊销营业执照或被交通运输管理部门取消道路货物运输资格的，海关注销其承运海关监管货物运输资格。

第五章　附　则

第三十二条 生产型企业自有车辆及其驾驶员，需承运本企业海关监管货物的，按照本办法管理。

第三十三条 承运过境货物境内段公路运输的境内运输企业及其车辆、驾驶员，比照本办法管理。

第三十四条 本办法由海关总署负责解释。

第三十五条 本办法自2005年1月1日起实施。原《中华人民共和国海关关于在广东地区载运海关监管货物的境内汽车运输企业及其车辆的管理办法》（署监〔2001〕19号）、《中华人民共和国海关对境内汽车载运海关监管货物的管理办法》（〔1989〕署货字第950号）、《中华人民共和国海关总署关于对〈中华人民共和国海关对境内汽车载运海关监管货物的管理办法〉适用范围问题的批复》（署监一〔1990〕958号）和《关于转发〈来往港澳货运汽车分流管理工作会议纪要〉的通知》（〔1990〕署监一第345号）同时废止。

附件1　承运海关监管货物境内运输企业注册登记申请表

附件2　承运海关监管货物境内运输车辆注册登记申请表

附件3　承运海关监管货物境内运输车辆驾驶员备案登记表

附件4　境内公路运输企业载运海关监管货物注册登记证书

附件5　中华人民共和国境内汽车司机载运海关监管货物资格证

附件6　中华人民共和国境内汽车载运海关监管货物车辆准载证

附件7　中华人民共和国海关境内汽车载运海关监管货物载货登记簿

附件 1

承运海关监管货物境内运输企业注册登记申请表

海关编号：

<table>
<tr><td colspan="3">中华人民共和国________海关：
本企业经交通运输主管部门和工商行政主管部门批准从事货物运输业务，并具备企业法人资格和公路运输经营资格。现根据《中华人民共和国海关关于境内公路承运海关监管货物的运输企业及其车辆、驾驶员的管理办法》，向贵关申请办理承运海关监管货物企业注册。现将有关情况说明如下：
企业名称：______________　企业性质：______________
法人代表：______________　注册资金：______________
办公地址：______________　邮政编码：______________
联系人：______________　联系电话：______________
组织机构代码：______________　营业执照编号：______________
道路运输经营许可证编号：______________
风险担保金或银行信用保函保额（人民币）：______________万元
担保金收据编码或银行信用保函编码：No. ______________
担保期限：________年________月________日至________年________月________日
本企业保证上述内容及向海关递交的有关文件真实无讹，请批准本企业承运海关监管货物的注册申请，本企业及所属车辆和驾驶员保证自觉遵守海关法规，并承担有关法律责任。

法人代表签名：
（企业公章）

申请日期：</td></tr>
<tr><td rowspan="3">海关审核</td><td>初审意见：</td><td>复审意见：</td></tr>
<tr><td colspan="2">批准意见：</td></tr>
<tr><td colspan="2">备注：</td></tr>
</table>

附件 2

承运海关监管货物境内运输车辆注册登记申请表

车辆海关编号：

<table>
<tr><td>企业名称</td><td></td><td>海关编码</td><td></td></tr>
<tr><td>车牌号</td><td></td><td>发动机号</td><td></td></tr>
<tr><td>车辆牌名</td><td></td><td>车身号码</td><td></td></tr>
<tr><td>车辆类型</td><td></td><td>车辆吨位</td><td>吨</td></tr>
<tr><td>车身颜色</td><td></td><td>车辆自重</td><td>吨</td></tr>
<tr><td>行驶范围</td><td colspan="3"></td></tr>
<tr><td colspan="4">本企业保证以上填写内容真实无讹，并愿加强对该车辆的管理，按海关核定的路线和范围从事承运海关监管货物的运输业务。

法人代表签名：
企业公章（照片骑缝）
申请日期：</td></tr>
<tr><td colspan="4">车辆正侧面 45 度照片</td></tr>
<tr><td rowspan="3">海关审核</td><td colspan="3">初审意见：</td></tr>
<tr><td colspan="3">车辆验核情况（双人作业）：</td></tr>
<tr><td colspan="3">科长意见：</td></tr>
</table>

附件3

承运海关监管货物境内运输车辆驾驶员备案登记表

IC卡号：　　　　　　　　　　　　　　资格证号：

姓名		性别		贴照片处（大1寸免冠近照）
合格证号		籍贯		
常住地址		邮编		
身份证号		电话		

合同期：

________年________月________日至________年________月________日

本人保证遵守海关法规，承担相应法律责任和义务，按海关规定从事承运海关监管货物的运输业务。

驾驶员签名：

申请日期：

本企业保证以上填写内容真实无讹，并愿加强对该驾驶员的管理，对该驾驶员驾驶本企业车辆承运海关监管货物的行为承担有关法律责任。

法人代表签名：

企业公章（照片骑缝）

申请日期：

海关审核	初审意见	复审备注
	备注	

附件 4

境内公路运输企业载运海关监管货物注册登记证书

中华人民共和国海关制

____________________公司：

经审核，你司符合《中华人民共和国海关关于境内公路承运海关监管货物的运输企业及其车辆、驾驶员的管理办法》中关于注册登记的条件，现准予注册登记。自20　　年　　月　　日起，你司可凭此证书办理所属车辆及驾驶员注册登记及相关手续，在海关规定范围内从事载运海关监管货物的业务。

中华人民共和国海关　　海关（签章）

20　　年　　月　　日

注册登记编号：

企业名称：

企业性质：

法人代表：

联系电话：

注册资本：

注册地址：

工商行政部门核发的营业执照编码：

海关年审栏

你公司年审报告收悉，经审核，本注册登记证明书有效期延至20　　年　　月　　日止。 中华人民共和国　　海关（签章） 20　　年　　月　　日
你公司年审报告收悉，经审核，本注册登记证明书有效期延至20　　年　　月　　日止。 中华人民共和国　　海关（签章） 20　　年　　月　　日
你公司年审报告收悉，经审核，本注册登记证明书有效期延至20　　年　　月　　日止。 中华人民共和国　　海关（签章） 20　　年　　月　　日
你公司年审报告收悉，经审核，本注册登记证明书有效期延至20　　年　　月　　日止。 中华人民共和国　　海关（签章） 20　　年　　月　　日

担保情况

20　　年　　月　　日，向海关提供________银行或现金担保，金额：________，有效期至20　　年　　月　　日止。 经办关员： 20　　年　　月　　日
20　　年　　月　　日，向海关提供________银行或现金担保，金额：________，累计担保金额：________，有效期至20　　年　　月　　日止。 经办关员： 20　　年　　月　　日
20　　年　　月　　日，向海关提供________银行或现金担保，金额：________，累计担保金额：________，有效期至20　　年　　月　　日止。 经办关员： 20　　年　　月　　日
20　　年　　月　　日，向海关提供________银行或现金担保，金额：________，累计担保金额：________，有效期至20　　年　　月　　日止。 经办关员： 20　　年　　月　　日

车辆注册登记情况

20　　年　　月　　日，该司办理车辆注册登记____辆。 经办关员： 20　　年　　月　　日
20　　年　　月　　日，该司办理车辆注册登记____辆，累计____辆。 经办关员： 20　　年　　月　　日
20　　年　　月　　日，该司办理车辆注册登记____辆，累计____辆。 经办关员： 20　　年　　月　　日
20　　年　　月　　日，该司办理车辆注册登记____辆，累计____辆。 经办关员： 20　　年　　月　　日

驾驶员注册登记情况

20　　年　　月　　日，该司办理驾驶员注册登记____人。 经办关员： 20　　年　　月　　日
20　　年　　月　　日，该司办理驾驶员注册登记____人，累计____人。 经办关员： 20　　年　　月　　日
20　　年　　月　　日，该司办理驾驶员注册登记____人，累计____人。 经办关员： 20　　年　　月　　日
20　　年　　月　　日，该司办理驾驶员注册登记____人，累计____人。 经办关员： 20　　年　　月　　日

附件 5

中华人民共和国境内汽车司机载运海关监管货物资格证

相片

承运单位＿＿＿＿＿＿司机＿＿＿＿＿＿编号＿＿＿＿＿＿

中华人民共和国　　海关

签发日期　　年　　月　　日

中华人民共和国海关制

资字第＿＿＿＿＿＿＿＿＿＿＿＿＿＿＿＿＿＿＿＿号
承运单位＿＿＿＿＿＿＿＿＿＿＿＿＿＿＿＿＿＿＿＿
发证海关＿＿＿＿＿＿＿＿＿＿＿＿＿＿＿＿＿＿＿＿

说明：

一、此证是载运海关监管货物的上岗证，只限本人使用，不得转借。

二、驾驶载运海关监管货物车辆时需与“载货登记簿”对应使用。

三、此证如有遗失或转换承运单位时，应立即向发证机关报告，申请补发或换发。

附件 6

中华人民共和国境内汽车载运海关监管货物车辆准载证

＿＿＿＿＿＿＿＿关准字第＿＿＿＿＿＿＿＿号
车牌号码＿＿＿＿＿＿＿＿企业名称＿＿＿＿＿＿＿＿
准载证有效期＿＿年＿＿月＿＿日至＿＿年＿＿月＿＿日止

中华人民共和国　　海关
签发日期　　年　　月　　日

中华人民共和国海关制

说明：

“准载证”由原签发海关每年度审核一次，未经审核不再生效。

“准载证”不得转借使用。

“准载证”应张贴在车头挡风玻璃处。

附件 7

载货簿序号：××××××

中华人民共和国海关境内汽车载运海关监管货物载货登记簿

海关编号：（贴条形码） 车牌号：××××××

中华人民共和国海关制

使用须知

1. 本货物登记簿是海关监管的有效凭证，仅限于在海关注册登记备案并经海关核准的国内载运海关监管货物的车辆使用。

2. 本货物登记簿所列项目由驾驶员按海关规定逐项规范填写清楚，如实申报。

3. 除经海关注册登记备案并经海关核准的车辆外，其他车辆不得载运第三地海关监管的货物。

4. 载运海关监管货物进出口时，不得中途换、卸、装货物，并保证将有关货物运达海关指定的地方，保护封志完好。

5. 本货物登记簿应妥善保管，不得转借、转让。本簿用毕向原发证海关换领新簿，如有遗失，应及时向主管海关报告，经批准后才可补发。

6. 本簿由海关统一印制，共 120 页，本簿不得涂改、撕页、移作他用，否则海关按有关规定处理。

7. 如有违反海关规定的，由海关依据《海关法》有关规定处罚。

8. 海关对载运海关监管货物的车辆年审时，须交验“货物登记簿”。

海关编号		准载证号	
车牌号码			
运输企业名称			
运输企业地址			
法人代表		联系电话	
驾驶员姓名		资格证	
车辆情况			
车辆类别		车体自重	
车辆牌名		汽车载重	
车牌号码		发动机号	
运输区域			
有效日期	年 月 日至 年 月 日止		

此处粘贴车辆正则面 3R 彩色相片

中华人民共和国　　海关

签发日期　　年　　月　　日

驾驶员姓名		驾驶证号码	
集装箱号		海关封志号	
起讫地点	由　　至	启运时间	年　　月　　日　　时　　分
货物名称	数量	重量	价值
海关条形码、批注签章：	经办关员：　　年　　月　　日		

进境地、启运地、海关签章	指运地、出境地、海关签章	收货单位签章

车辆异地备案记录栏

<table>
<tr><td>申请日期</td><td></td><td rowspan="3">海关审批情况：

经办人：　　　　海关签章

批准人：　　　　年　月　日</td></tr>
<tr><td>申请异地海关备案名称</td><td></td></tr>
<tr><td colspan="2">经办人：　　　　申请单位签章

联系电话：　　　　年　月　日</td></tr>
<tr><td>申请日期</td><td></td><td rowspan="3">海关审批情况：

经办人：　　　　海关签章

批准人：　　　　年　月　日</td></tr>
<tr><td>申请异地海关备案名称</td><td></td></tr>
<tr><td colspan="2">经办人：　　　　申请单位签章

联系电话：　　　　年　月　日</td></tr>
</table>

海关记事栏

中华人民共和国海关对用于装载海关监管货物的集装箱和集装箱式货车车厢的监管办法

（2004年1月29日海关总署令第110号公布，自2004年3月1日起施行）

第一章　总　则

第一条　为规范海关对用于装载海关监管货物的集装箱和集装箱式货车车厢的监管，根据《中华人民共和国海关法》第三十九条规定，制定本办法。

第二条　用于装载海关监管货物的集装箱和集装箱式货车车厢（以下简称“集装箱和集装箱式货车车厢”），应当按照本办法规定的要求和标准（见附件1）制造、改装和维修，并在集装箱和集装箱式货车车厢指定位置上安装海关批准牌照。

第三条　本办法下列用语的含义：

“营运人”是指对集装箱和集装箱式货车车厢实际控制使用者，不论其是否为该集装箱或者集装箱式货车车厢的所有人。

“承运人”是指承载集装箱和集装箱式货车车厢进出境的运输工具的负责人。

“申请人”是指申请办理海关批准牌照的制造或者维修集装箱和集装箱式货车车厢的工厂。

第四条　集装箱和集装箱式货车车厢应当接受海关监管。不符合本办法规定标准或者未安装海关批准牌照的集装箱和集装箱式货车车厢，不得用于装载海关监管货物。

境内制造、改装和维修集装箱和集装箱式货车车厢的工厂，应当接受海关检查。

第五条　承载集装箱或者集装箱式货车车厢的运输工具在进出境时，承运人、营运人或者其代理人应当向海关如实申报并递交载货清单（舱单）。

载货清单（舱单）上应当列明运输工具名称、航（班）次号或者集装箱式货车车牌号、国籍、卸货港口，集装箱箱号或者集装箱式货车车厢号、尺寸、总重、自重，以及箱（厢）体内装载货物的商品名称、件数、重量，经营人、收发货人、提（运）单或者装货单号等有关内容。

第六条　营运人或者其代理人应当按照海关规定向海关传输相关载货清单（舱单）的电子数据。电子数据应当规范、准确，并与所交验的纸质载货清单（舱单）的有关内容一致。所传输的电子数据与纸质单证均具有法律效力。

第七条　经国务院交通主管部门批准，国际集装箱班轮公司可以在境内沿海港口之间调运其周转空箱及租用空箱。国际集装箱班轮公司或者其代理人凭交通主管部门的批准文件和自制的集装箱调运清单，向调出地和调入地海关申报。调运清单内容应当包括：承运集装箱原进境船舶名称、航（班）次号、日期，承运调运空箱的船舶名称、航（班）次号、集装箱箱号、尺寸、目的口岸、箱体数量等，并向调出地和调入地海关传输相关的电子数据。

其他运输方式在境内调拨或者运输的空集装箱，不需再办理海关手续。

第八条　用于承运装载海关监管货物的厢体与车辆不可分隔的厢式货车，其营运人或者承运人应按照《中华人民共和国海关关于境内公路承运海关监管货物的运输企业及其车辆、驾驶员的管理办法》的有关规定办理海关手续。

第九条　未经海关许可，任何人不得擅自开启或者损毁集装箱和集装箱式货车车厢上的海关封志、更改、涂抹箱（厢）号、取出或者装入货物、将集装箱或者集装箱式货车车厢及其所载货物移离海关监管场所。

第二章　集装箱制造核准

第十条　境内制造集装箱的工厂，应当持有工商行政管理部门核发的企业法人营业执照及中国船级社颁发的工厂认可证书，向其所在地海关申请递交集装箱和集装箱式货车车厢制造、维修工厂海关核准申请书（见附件2），经核准后由海关颁发中华人民共和国海关集装箱和集装箱式货车车厢制造、维修工厂海关核准证书（附件3），方可从事集装箱制造。

第十一条　境内制造的集装箱可以申请我国海关批准牌照，也可以向加入联合国《1972年集装箱关务公约》的境外有关国家当局申请外国海关的批准牌照。

境外制造的集装箱，可以申请我国海关的批准牌照。

第十二条 海关总署授权中国船级社统一办理集装箱我国海关批准牌照。

第十三条 中国船级社应当按照本办法的要求签发批准证明书。

（一）境内制造的集装箱的所有人申请我国海关批准牌照的，中国船级社按照本办法规定的标准，对集装箱图纸进行审查，并按照规定进行实体检验，检验合格的，核发按定型设计批准证明书（见附件4）或者按制成以后批准证明书（见附件5）。

（二）境外制造的集装箱的所有人申请我国海关批准牌照的，制造厂或者所有人应当提交集装箱有关图纸，经中国船级社审查并现场确认后核发按制成以后批准证明书。

第十四条 集装箱的海关批准牌照申请人在取得按定型设计批准证明书或者按制成以后批准证明书后，应当在经批准的集装箱上按照本办法规定安装中国船级社核发的海关批准牌照（式样见附件6），并在箱体外部规定位置标示序列号。

第十五条 海关对中国船级社检验的集装箱有权进行复验，并可以随时对中国船级社办理海关批准牌照的情况进行核查。发现签发批准牌照管理不善的，海关将视情决定是否停止授权其签发海关批准牌照。

第三章 集装箱式货车车厢的制造或者改装

第十六条 境内制造或者改装集装箱式货车车厢的工厂，应当持有工商行政管理部门核发的企业法人营业执照及中国船级社颁发的工厂认可证书，向其所在地海关申请递交集装箱和集装箱式货车车厢制造、维修工厂海关核准申请书，经核准后由海关颁发中华人民共和国海关集装箱和集装箱式货车车厢制造、维修工厂海关核准证书，方可从事集装箱式货车车厢制造或者改装。

第十七条 海关总署授权中国船级社统一办理在境内装载海关监管货物的集装箱式货车车厢的海关批准牌照。

中国船级社按照本办法规定的标准，对申请海关批准牌照的集装箱式货车车厢的图纸进行审查，并按照规定对集装箱式货车车厢进行实体检验，检验合格的，核发集装箱式货车车厢批准证明书（附件9）。

第十八条 集装箱式货车车厢的海关批准牌照申请人在取得集装箱式货车车厢批准证明书后，应当在经批准的集装箱式货车车厢上按照本办法规定安装中国船级社核发的海关批准牌照（式样见附件10），并在厢体外部规定位置标示序列号。

第四章 集装箱和集装箱式货车车厢的维修

第十九条 境内维修集装箱和集装箱式货车车厢的工厂，应当持有工商行政管理部门核发的企业法人营业执照及中国船级社颁发的工厂认可证书，向其所在地海关申请递交集装箱和集装箱式货车车厢制造、维修工厂海关核准申请书，经核准后由海关颁发中华人民共和国海关集装箱和集装箱式货车车厢制造、维修工厂海关核准证书，方可从事集装箱和集装箱式货车车厢的维修。

已取得工厂认可证书并经海关核准的集装箱和集装箱式货车车厢制造或者改装的工厂，可以从事集装箱和集装箱式货车车厢的维修。

第二十条 未经海关许可，任何人不得擅自改变集装箱和集装箱式货车车厢的结构。维修后的集装箱和集装箱式货车车厢结构应保持原状，如发生箱（厢）体特征变更的，集装箱和集装箱式货车车厢的所有人或者申请人必须拆除海关批准牌照，同时应当向中国船级社提出书面检验申请，并重新办理海关批准牌照。

第二十一条 海关可以随时对维修工厂维修的安装海关批准牌照的集装箱和集装箱式货车车厢进行核查。

第五章 对集装箱和集装箱式货车车厢的监管

第二十二条 集装箱和集装箱式货车车厢投入运营时，应当安装海关批准牌照。集装箱和集装箱式货车车厢外部标示的序列号应当与安装的海关批准牌照所标记的序列号一致。

第二十三条 集装箱和集装箱式货车车厢序列号变更的，应当重新申请检验并办理海关批准牌照。序列号模糊不清以及破损的集装箱和集装箱式货车车厢，不得装载海关监管货物。

第二十四条 集装箱和集装箱式货车车厢作为货物进出口时，无论其是否装载货物，有关收发货人或者其代理人应当按照进出口货物向海关办理报关手续。

第二十五条 境内生产的集装箱及我国营运人购买进口的集装箱在投入国际运输前，营运人应当向其所在地海关办理登记手续（见附件7、附件8）。

境内生产的集装箱已经办理出口及国内环节税出口退税手续的，不在海关登记；已经登记的，予以注销。

第二十六条 承运海关监管货物的运输企业在集装箱式货车车厢获得集装箱式货车车厢批准证明书后，应当按照《中华人民共和国海关关于境内公路承运海关监管货物的运输企业及其车辆、驾驶员的管理办法》的规定向其所在地海关申请办理车辆注册。

第二十七条 本办法第二十五条第一款和第二十六条所述集装箱和集装箱式货车车厢报废时，营运人凭登记或者注册资料向所在地海关办理注销手续。

第二十八条 符合本办法规定的集装箱和集装箱式货车车厢，无论其是否装载货物，海关准予暂时进境和异地出境，营运人或者其代理人无需对箱（厢）体单独向海关办理报关手续。

第二十九条 暂时进境的集装箱和集装箱式货车车厢应于入境之日起6个月内复运出境。如因特殊情况不能按期复运出境的，营运人应当向暂时进境地海关提出延期申请，经海关核准后可以延期，但延长期最长不得超过3个月，逾期应按规定向海关办理进口及纳税手续。

对于已经按本办法第二十五条第一款规定在海关登记的集装箱，进出境时不受前款规定的期限限制。

第六章　附　则

第三十条 违反本办法规定，构成走私或者违反海关监管规定行为的，由海关依照《中华人民共和国海关法》和《中华人民共和国海关法行政处罚实施细则》的有关规定予以处理；构成犯罪的，依法追究刑事责任。

第三十一条 本办法由海关总署负责解释。

第三十二条 本办法施行后向海关申请注册登记的运输企业，其承运海关监管货物的集装箱式货车车厢应符合本办法规定标准。

本办法施行前在海关注册登记的运输企业，其承运海关监管货物的集装箱式货车车厢应于2008年5月运输企业年审时起符合本办法规定标准。

第三十三条 本办法自2004年3月1日起施行。1984年1月1日施行的《中华人民共和国海关对进出口集装箱和所载货物监管办法》(〔1983〕署货字第699号)、1986年7月22日施行的《中华人民共和国海关对用于运输海关加封货物的国际集装箱核发批准牌照的管理办法》(〔1986〕署货字第566号) 同时废止。

附件1　集装箱和集装箱式货车车厢结构的技术标准规定

附件2　集装箱和集装箱式货车车厢制造、维修工厂海关核准申请书

附件3　中华人民共和国海关集装箱和集装箱式货车车厢制造、维修工厂海关核准证书

附件4　按定型设计批准证明书

附件5　按制成以后批准证明书

附件6　中华人民共和国海关集装箱批准牌照样式

附件7　集装箱国际运输海关登记申请书

附件8　中华人民共和国海关集装箱国际运输海关登记证书

附件9　集装箱式货车车厢批准证明书

附件10　中华人民共和国海关集装箱式货车车厢批准牌照样式

附件1

集装箱和集装箱式货车车厢结构的技术标准规定

一、基本原则

用于装载海关监管货物的集装箱和集装箱式货车车厢［以下统称“箱（厢）”］应当符合下列标准的规定和要求：

（一）箱（厢）体结构严密、完整，箱（厢）体密封部分可以施加海关封志。如采用非法手段取出或者装入货物，将会损坏海关封志，或者在箱（厢）体外留下开拆痕迹。

1. 箱（厢）体各组成部分（端壁、侧壁、底板、门、顶板、角柱、纵桁、横梁等）的装配方式，应当保证无法从箱（厢）体外面移动或者调换其各组成部分或者改变其结构，否则将会留下明显可见痕迹。

2. 当箱（厢）体顶板、侧壁、底板、门由不同部件组成时，这些部件应当符合上述规定，并且具有足够的强度。

（二）海关封志可以简便而有效地施加在箱（厢）体上。

1. 箱（厢）门和其他关闭部分（包括截止旋塞、人孔盖、法兰等），应当配有可以简便而有效地施加海关封志的装置，其结构设计应当保证无法从箱（厢）体外部打开箱门和其他一切关闭装置，否则将会破坏海关封志。

2. 箱（厢）体的通气孔和排水孔，应当装有防护罩等类似装置，用以防止由通气孔和排水孔进入箱（厢）体内部。该防护罩等类似装置无法从箱（厢）体

外部被移动或者调换，否则将会留下明显可见痕迹。

（三）箱（厢）体应无可供藏匿货物的隐蔽部位。

1. 凡组合部件在结构上必需留有必要空隙的部位（例如双层壁板之间的空隙），但为了防止这些部位用于藏匿货物，箱（厢）体内部的衬板应当无法被移动或者调换，否则将会留下明显可见痕迹。

2. 为便于海关查验，上述留有空隙的结构数量应当控制在最少限度。

（四）箱（厢）体装载货物空间，应当便于海关检查。

二、联接结构的规定

如使用联接紧固配件（如铆钉、螺钉、螺栓和螺帽等）装配箱（厢）体构件（如门板、侧壁等）时，应当采用将联接紧固配件由外向内穿入，在箱（厢）内部紧固的装配方式，并能保证这些联接紧固配件无法从箱（厢）体外部被拆除或者调换（如将螺母焊接在螺栓上）。

凡是可以从一面拆除或者更换而不留下明显痕迹的联接紧固配件（如膨胀螺栓、螺丝和暗钉等），均不得使用。

三、集装箱门铰链结构的规定

用于固定箱（厢）门的对接铰链、板条铰链、铰链钉和其他装置，必须保证箱门一旦关闭并施加海关封志后即无法拆换，否则将会留下明显痕迹。箱（厢）门如具有两个以上铰链的，则只需最靠近箱（厢）门上下两端的两个铰链符合上述要求即可。

附件2

集装箱和集装箱式货车车厢制造、维修工厂海关核准申请书

1. 工厂名称：
2. 工厂地址：
3. 邮政编码：
4. 电话：
5. 传真：
6. 企业法人营业执照号：
7. 中国船级社工厂认可证书号：
8. 企业法人姓名：
9. 经营范围：

我厂将按照《中华人民共和国海关对用于装载海关监管货物的集装箱和集装箱式货车车厢的监管办法》的有关规定从事上述经营业务，请予以审查核准。

呈　　海关

企业法人签字：

工厂盖章

日期：　　　　年　　月　　日

附件3

中华人民共和国海关
集装箱和集装箱式货车车厢制造、维修工厂海关核准证书

海关集字第　　　号

工厂名称：

工厂地址：

根据《中华人民共和国海关对用于装载海关监管货物的集装箱和集装箱式货车车厢的监管办法》的规定，经审查同意你厂从事申报的经营业务，现给予核准登记。

从事申报的经营业务期间，企业法人营业执照及中国船级社工厂认可证书应保持有效。工厂名称或地址更改时，应重新申报及核准。

此证

（关印）

年　　月　　日

本证书发给工厂一份，海关留存一份

附件4

按定型设计批准证书
Certificate of approval by design type

本证书由中华人民共和国海关授权颁发

This Certificate is issued under the authority of the Custom of the People's Republic of China

1. 证明书号码
Certificate No.

2. 兹证明下述集装箱定型设计业经批准，凡按此型号制造的集装箱可准其运输海关加封货物。

This is to certify that the container design type described below has been approved and that containers manufactured to this type can be accepted for the transport of goods under Customs seal.

3. 集装箱类型
Kind of container

4. 定型设计的标志号码或字母
Identification number or letters of the design type

5. 生产图纸的标志号码或字母
Identification number of the working drawings

6. 设计说明书的标志号码
Identification number of the design specifications

7. 净重
Tare weight

8. 外部尺寸（厘米）
External dimensions in centimeters

9. 结构的主要特征（材料性质、构造类型等）
Essential characteristics of structure (nature of materials, kind of construction, etc.)

10. 本证明书对依照上列生产图纸和说明书制造的下述集装箱均属有效

This certificate is valid for specified below containers manufactured in conformity with the drawings and specifications referred to above

11. 发给（制造厂商的名称和地址）
Issued to (manufacturer s name and address)

该厂商有权在其按照批准定型设计制造的每一集装箱上安装一块批准牌照。

Who is authorized to affix an approval plate to each container of the approved design type manufactured by him.

中国船级社
China Classification Society
年（Year）月（Month）日（Day）

附件5

按制成以后批准证明书
Certificate of approval granted at a stage subsequent to manufacture

本证书由中华人民共和国海关授权颁发

This Certificate is issued under the authority of the Custom of the People's Republic of China

1. 核准证号码
Certificate No.

2. 兹证明下述集装箱业经核准其运输海关加封货物。

This is to certify that the container (containers) specified below has (have) been approved for the transport of goods under Customs seal.

3. 集装箱种类
Kind of container(s)

4. 制造厂商编出的集装箱的序列号码
Serial number(s) assigned to the container(s) by the manufacturer

5. 净重
Tare weight

6. 外部尺寸（厘米）
External dimensions in centimeters

7. 发给（申请人的名称和地址）
Issued to (applicant's name and address)

该厂商有权在上列集装箱上安装一块批准牌照。

Who is authorized to affix an approval plate to the above

mentioned container(s).

中国船级社
China Classification Society
年（Year）月（Month）日（Day）

附件6

中华人民共和国海关集装箱批准牌照样式

APPROVED FOR TRANSPORT
UNDER CUSTOMS SEAL
CHN/CCSTJ26/2002
TYPE ________ MANUFACTURER'S No.
OF THE CONTAINER ________

金属牌　　　　　箱体外壳

CHN/CCSTJ26/2002：指2002年由中国船级社天津分社代表中国海关发出的第26号批准证明书。

其中，CHN：指中国；CCSTJ：为中国船级社天津分社缩写；26：为发出的批准证明书顺序号；2002：为年份。

附件7

集装箱国际运输海关登记申请书

公司名称：

公司地址：

集装箱箱主代码：

集装箱序列号：（如内容较多，可另附页说明）

根据《中华人民共和国海关对用于装载海关监管货物的集装箱和集装箱式货车车厢的监管办法》的规定，我公司上述集装箱将投入国际运输，特此申请登记，其中境内生产的集装箱未办理国内环节税出口退税手续。

呈　　海关

公司法人签字：

公司盖章

日期：　　年　　月　　日

附件8

中华人民共和国海关
集装箱国际运输海关登记证书

海关集字第　　号

公司名称：

公司地址：

集装箱箱主代码：

集装箱序列号：

根据《中华人民共和国海关对用于装载海关监管货物的集装箱和集装箱式货车车厢的监管办法》的规定，经审查同意你公司上述集装箱从事国际运输，现给予登记。

此证

（关印）

年　　月　　日

本证书发给申请公司一份，海关留存一份

附件9

集装箱式货车车厢批准证明书
Approval Certificate for Carriage of Container Car

本证书由中华人民共和国海关授权颁发

This Certificate is issued under the authority of the Custom of the People's Republic of China

1. 核准证号码

Certificate No.

2. 兹证明下述集装箱式货车车厢业经核准其运输海关加封货物。

This is to certify that the carriage(s) of container car specified below has (have) been approved for the transport of goods under Customs seal.

3. 制造厂商编出的集装箱式货车车厢的序列号码

Serial number(s) assigned to the container car by the manufacturer

4. 外部尺寸（厘米）

External dimensions in centimeters

5. 发给（申请人的名称和地址）

Issued to (applicant's name and address)

该厂商有权在上列集装箱式货车车厢上安装一块批准牌照。

Who is authorized to affix an approval plate to the above mentioned container car.

中国船级社

China Classification Society

年（Year）月（Month）日（Day）

附件10

中华人民共和国海关集装箱式货车车厢批准牌照样式

APPROVED FOR TRANSPORT
UNDER CUSTOMS SEAL
CHN/CCSTJ28/2002
MANUFACTURER'S NO.
OF THE CONTAINER ________

金属牌　　箱体外壳

CHN/CCSTJ28/2002：指2002年由中国船级社天津分社代表中国海关发出的第28号批准证明书。

其中，CHN：指中国；CCSTJ：为中国船级社天津分社缩写；28：为发出的批准证明书顺序号；2002：为年份。

中华人民共和国海关关于来往香港、澳门小型船舶及所载货物、物品管理办法

（2004年2月6日海关总署令第112号发布，自2004年3月15日起施行）

第一章　总　则

第一条　为规范海关对来往香港、澳门小型船舶（以下简称小型船舶）及所载货物、物品的监管，根据《中华人民共和国海关法》及其他有关法律、行政法规，制定本办法。

第二条　本办法下列用语的含义：

（一）来往香港、澳门小型船舶，是指经交通部或者其授权部门批准，专门来往于内地和香港、澳门之间，在境内注册从事货物运输的机动或者非机动船舶。

（二）小型船舶海关中途监管站（以下简称中途监管站），是指海关设在珠江口大铲岛、珠海湾仔、珠江口外桂山岛、香港以东大三门岛负责监管小型船舶及所载货物、物品，并办理进出境小型船舶海关舱单确认和关封制作手续的海关监管机构。

（三）通航指令，是指中途监管站对小型船舶发出的直航通过中途监管站、停航办理手续等电子指令。

（四）海关指定区域，是指以中途监管站为中心，一定范围内的航行区域。具体区域范围由有关直属海关对外公布。

第三条　小型船舶应当在设有海关的口岸或者经海关批准的可临时派出海关人员实施监管的监管点进出、停泊、装卸货物、物品或者上下人员，并办理相关手续。

第四条　下列小型船舶进出境时，应当向指定的小型船舶中途监管站办理舱单确认和关封制作手续：

（一）来往于香港与珠江水域的小型船舶向大铲岛中途监管站办理；

（二）来往于香港、澳门与磨刀门水道的小型船舶向湾仔中途监管站办理；

（三）来往于香港、澳门与珠江口、磨刀门水道以西，广东、广西、海南沿海各港口的小型船舶向桂山岛中途监管站办理；

（四）来往于香港、澳门与珠江口以东，广东、福建及以北沿海各港口的小型船舶向大三门岛中途监管站办理。

来往于香港与深圳赤湾、蛇口、妈湾、盐田港的小型船舶，直接在口岸海关办理进出境申报手续。

第五条 小型船舶经海关备案后，可以从事进出境货物运输。小型船舶应当由所属的船舶运输企业（以下简称运输企业）向运输企业工商注册所在地的直属海关或者其授权的隶属海关办理备案手续；海关对小型船舶实行联网备案管理，数据资料共享。

第六条 小型船舶应当安装海关认可的船载收发信装置，特殊情况不安装的须经海关同意。

小型船舶不得设置暗格、夹层等可以藏匿货物、物品的处所，船体结构经国家船检部门审定后不得擅自改动。

第二章 备案管理

第七条 小型船舶申请备案时，运输企业应当向海关提交下列文件：

（一）来往港澳小型船舶登记备案表（见附件1）；

（二）交通主管部门的批准文件复印件；

（三）中国船级社或者海事主管部门出具的船舶检验证书复印件；

（四）船舶营业运输证复印件；

（五）船舶国籍证书复印件；

（六）船舶船体结构图；

（七）船舶正面和可以显示船舶名称侧面彩色照片各一式三张。

提交上述（二）、（三）、（四）、（五）项文件，还须同时提供原件供海关核对。

第八条 海关予以备案的，应当在收到备案文件之日起5个工作日内签发来往港澳小型船舶登记备案证书（以下简称备案证书，见附件2）、来往港澳小型船舶进出境（港）海关监管簿（以下简称海关监管簿，见附件3）。

海关经审核决定不予备案的，应当在收到运输企业提交的备案文件之日起3个工作日内制发来往港澳小型船舶不予备案通知书（见附件4）。

第九条 海关对小型船舶实行年审管理。运输企业应当在海关规定的时间内向备案海关提交下列文件，办理小型船舶年审手续：

（一）来往港澳小型船舶年审报告书（见附件5）；

（二）备案证书；

（三）海关监管簿。

未办理年审或者年审不符合本办法规定的小型船舶不得继续从事进出境运输业务。

第十条 在海关备案的小型船舶名称、船体结构、经营航线、法定代表人、地址、企业性质等内容发生变更的，运输企业应当持书面申请和有关批准文件到备案海关办理变更手续。

第三章 海关监管

第十一条 小型船舶进境前，船舶负责人或者其代理人可以自行或者委托舱单录入单位，通过与海关联网的公共数据信息平台向海关发送舱单电子数据。

小型船舶出境前，船舶负责人或者其代理人应当向启运港海关递交纸质舱单、海关监管簿等有关单据、簿册，同时通过与海关联网的公共数据信息平台向海关发送舱单电子数据。

第十二条 舱单电子数据应当包括以下内容：运输工具名称、运输工具编号、航次号、国籍、装货港、指运港、提（运）单号、收货人或者发货人、货物名称、货物件数和重量、集装箱号、集装箱尺寸等。

第十三条 船舶负责人在小型船舶进境或者出境启航时，通过船载收发信装置对舱单电子数据进行确认申报。

进境小型船舶经中途监管站办理舱单确认和关封制作手续后，所载进口货物所有人或者其代理人可以提前向海关申报。

第十四条 已经海关确认的舱单电子数据如需修改，船舶负责人或者其代理人应当向海关提出申请，经海关同意后，可以修改。

第十五条 海关对舱单电子数据和船舶航迹数据的保存期限为确认小型船舶舱单申报之日起3年。

第十六条 小型船舶进境或者出境启航后，应当进入海关指定区域接收并确认通航指令，并按照指令直航通过中途监管站或者停靠中途监管站办理手续。

第十七条 小型船舶接到停航办理手续指令时，应当航行至中途监管站指定的锚地停泊。

小型船舶进境时，应当经中途监管站签批海关监管簿，并办理舱单确认和关封制作手续后，继续驶往境内目的港。

小型船舶出境时，应当将启运港海关签章的舱单等单据递交中途监管站确认，经中途监管站签注海关监管簿后，继续驶往境外目的港。

第十八条 小型船舶进境到达目的港后，船舶负责人或者其代理人应当向海关递交海关监管簿、纸质舱单等单据办理手续。

在中途监管站停航办理手续的小型船舶应当递交关封。

第十九条 进出境小型船舶负责人应当妥善保管经海关确认的纸质舱单、关封等单据。

第二十条 小型船舶装卸进出境货物时，船舶负责人或者其代理人应当按照舱单核对货物，如果发现溢短装（卸）、误装（卸）、残损或者其他差错的，应当作好记录，并按照本办法第十四条的规定办理。

第二十一条 小型船舶公用、船员自用物品进出境，应当如实填写来往港澳小型船舶进/出境公用物品申报单（见附件6）及来往港澳小型船舶船员进/出境自用物品申报单（见附件7）向海关申报，海关按照规定办理验放手续。

第二十二条 小型船舶在香港、澳门装配机器零件或者添装船用燃料、物料和公用物品，应当填写来往港澳小型船舶境外添装燃料物料申报单（见附件8），向海关申报并交验有关购买单据或者发票，办理进口手续。

第二十三条 小型船舶不得同船装载进出口货物与非进出口货物。

第二十四条 经交通部门批准，小型船舶可以兼营境内运输。

小型船舶每次由境外运输变更为境内运输或者由境内运输变更为境外运输前，均应当报告备案海关，由海关在海关监管簿上进行签注并办理有关手续。

第二十五条 进境小型船舶自进境后至办结海关手续前，出境小型船舶自启运港办理海关手续后至出境前，未经海关批准，不得中途停泊、装卸货物、物品或者上下人员。

第二十六条 小型船舶在规定的时间或者地点以外停泊、装卸货物、物品或者上下人员的，应当经海关批准；需海关派员执行监管任务的，应当按照规定交纳规费。

第二十七条 小型船舶由于不可抗力的原因，被迫在未设立海关的地点停泊、抛掷、起卸货物、物品或者上下人员，船舶负责人应当立即报告附近海关。

小型船舶因遇到风浪，致使无法在海关中途监管站停泊办理进出境手续的，经海关中途监管站许可，可以直接驶往目的港。

第二十八条 中途监管站可以对进境小型船舶所载货物、舱室施加封志，必要时可以派员随小型船舶监管至目的港，船舶负责人或者其代理人应当提供便利。

第二十九条 海关检查小型船舶时，船舶负责人或者其代理人应当到场，并按照海关要求开启有关处所、集装箱或者货物包装，搬移货物、物料等。海关认为必要时，可以径行开验、复验或者提取货样。

海关检查船员行李物品时，有关船员应当到场，并且开启行李包件和储存物品的处所。

第四章 法律责任

第三十条 违反《中华人民共和国海关法》及本办法规定，构成走私或者违反海关监管规定行为的，由海关依照《中华人民共和国海关法》、《中华人民共和国海关法行政处罚实施细则》等有关法律、行政法规的规定予以处理；构成犯罪的，依法追究刑事责任。

第五章 附 则

第三十一条 本办法由海关总署负责解释。

第三十二条 本办法自2004年3月15日起施行。1998年10月17日海关总署发布的《中华人民共和国海关关于来往香港、澳门小型船舶及所载货物、物品监管规定》和《中华人民共和国海关关于来往香港、澳门小型船舶登记备案管理办法》同时废止。

附件1 来往港澳小型船舶登记备案表（略）
附件2 来往港澳小型船舶登记备案证书（略）
附件3 来往港澳小型船舶进出境（港）海关监管簿（略）
附件4 来往港澳小型船舶不予备案通知书（略）
附件5 来往港澳小型船舶年审报告书（略）
附件6 来往港澳小型船舶进/出境公用物品申报单（略）
附件7 来往港澳小型船舶船员进/出境自用物品申报单（略）
附件8 来往港澳小型船舶境外添装燃料物料申报单（略）

中华人民共和国海关关于来往香港、澳门公路货运企业及其车辆和驾驶员的管理办法

(2004年8月27日海关总署令第118号公布，自2004年10月1日起施行)

第一章　总　则

第一条　为规范对来往港澳公路货运企业及其车辆和驾驶员的管理，根据《中华人民共和国海关法》及其他相关法律、行政法规，制定本办法。

第二条　本办法下列用语的含义是：

(一) 来往港澳公路货运企业（以下简称货运企业)，是指依照本办法规定在海关备案的从事来往港澳公路货物运输业务的企业，包括专业运输企业和生产型企业；

(二) 来往港澳公路货运车辆（以下简称货运车辆)，是指依照本办法规定在海关备案的来往港澳公路货运车辆，包括专业运输企业的车辆和生产型企业的自用车辆；

(三) 来往港澳公路货运车辆驾驶员（以下简称驾驶员)，是指依照本办法规定在海关备案的驾驶本条第（二）项所称车辆的驾驶员。

第三条　海关对货运企业、车辆、驾驶员实行联网备案管理。

货运企业、车辆、驾驶员的备案、变更备案、注销备案、年审等业务以及相关后续管理工作，由进出境地的直属海关或者其授权的隶属海关按照本办法的规定办理。

第二章　备案管理

第四条　货运企业备案时，应当向进出境地的直属海关或者其授权的隶属海关提交下列文件：

(一) 来往香港/澳门货运企业备案申请表（见附件1)；

(二) 政府主管部门的批准文件；

(三) 工商行政管理部门核发的企业法人营业执照或者营业执照复印件；

(四) 技术监督部门核发的中华人民共和国组织机构代码证复印件；

(五) 专业货运企业提交交通行政管理部门核发的公路运输经营许可证复印件；生产型企业提交海关核发的自理报关企业注册登记证书复印件；

(六) 海关认可的银行或者非银行金融机构出具的担保函。

提交本条（三)、(四)、(五）项文件复印件时，还应当同时出示原件正本供海关核对。

第五条　车辆备案时，应当向进出境地的直属海关或者其授权的隶属海关提交下列文件：

(一) 来往香港/澳门货运车辆及驾驶员备案登记表（见附件2)；

(二) 来往香港/澳门货运车辆海关验车记录表（以下简称验车记录表，见附件3）或者海关认可的公安交通车检部门出具的验车报告；

(三) 公安交通车管部门核发的车辆及驾驶人员进出境批准通知书海关联；

(四) 公安交通车管部门核发的机动车辆行驶证（以下简称行驶证）复印件；

(五) 符合海关要求的车辆彩色照片4张（其中，2张为车辆左前侧面45度角拍摄并可明显看见油箱和粤港/澳两地车牌；2张为后侧面45度角拍摄并可明显看见粤港/澳两地车牌，均为4×3寸)。

在香港/澳门地区办理车辆登记证明文件的进出境车辆（以下简称港/澳籍车辆)，应当同时提交境外有关政府管理机构签发的车辆登记文件复印件；在内地办理车辆登记证明文件的进出境车辆（以下简称内地籍车辆)，应当同时提交机动车辆登记证书复印件。

运载危险品的车辆，应当同时提交主管部门的批准文件复印件。

港/澳籍车辆，应当同时提交来往香港/澳门车辆备案临时进境验车申报表（以下简称临时进境验车申报表，见附件4)。

生产型企业的自用车辆，应当同时提交自理报关企业注册登记证书复印件。

提交本条第一款第（四）项和第二、三、五款文件复印件时，还应当同时出示原件正本供海关核对。

第六条 货运车辆应当为集装箱式货车或者集装箱牵引车，并应当符合下列条件：

（一）车辆的类型、牌名、车身颜色、发动机号码、车身号码、车辆牌号等应当与公安交通车管部门核发的证件所列内容相符。

（二）集装箱式货车的车厢监管标准应当按照《中华人民共和国海关对装载海关监管货物的集装箱及集装箱式货车车厢的监管办法》附件1的有关规定执行；如有特殊需要加开侧门的，应当经海关批准，并符合海关监管要求；

（三）集装箱式货车或者集装箱牵引车应当使用海关的电子关锁，并可以安装符合海关要求的车载收发信装置；

（四）车辆的油箱和备用轮胎等装备以原车出厂时的配置为准，不得擅自改装或者加装。

第七条 经海关批准，散装货车可以作为来往香港/澳门的货运车辆，用于承运不具备施封条件的超大型机械设备或者鲜活水产品等散装货物。

第八条 驾驶员（包括后备驾驶员）备案时，应当向进出境地的直属海关或者其授权的隶属海关提交下列文件：

（一）来往香港/澳门货运车辆及驾驶员备案登记表；

（二）车辆及驾驶人员进出境批准通知书海关联；

（三）公安交通车管部门核发的机动车辆驾驶员驾驶证（以下简称驾驶证）复印件；

（四）驾驶员身份证、回乡证或者护照复印件；

（五）驾驶员彩色近照2张（规格：大一寸、免冠、红底）。

提交本条第（三）、（四）项文件复印件时，还应当同时出示原件正本供海关核对。

第九条 经海关备案的货运企业，海关核发来往香港/澳门货运企业备案登记证（以下简称货运企业备案登记证，见附件5）；

经海关备案的货运车辆、驾驶员，海关核发来往香港/澳门车辆进出境签证簿（以下简称签证簿，见附件6）和用于证明驾驶员和载运进出境货物实际情况的通关证件。

第十条 货运企业备案登记证、签证簿和通关证件需要更新的，可以凭原件向备案海关申请换发；发生损毁或者灭失的，应当及时向海关报告，经备案海关审核情况属实的，予以补发。

第十一条 海关对货运企业、车辆、驾驶员实行年审制度。年审时，海关应当重点审核企业、驾驶员当年度的守法状况，并按本办法第六条规定验核车辆及厢体。

第十二条 货运企业年审时需提交下列文件：

（一）来往香港/澳门货运企业年检报告书（见附件7）；

（二）货运企业备案登记证原件正本；

（三）政府主管部门批准企业成立或者延期的批准文件。

第十三条 货运车辆、驾驶员年审时需提交下列文件：

（一）来往香港/澳门车辆及驾驶员年检报告书（见附件8）；

（二）签证簿原件正本；

（三）验车记录表或者海关认可的公安交通车检部门出具的验车报告；

（四）公安交通车管部门核发准予延期的批准通知书海关联；

（五）海关核发的通关证件。

第十四条 车辆需进行车体、厢体改装的，应当向备案海关申请，经海关同意，按照本办法第六条和《中华人民共和国海关对装载海关监管货物的集装箱及集装箱式货车车厢的监管办法》的规定办理。

改装后的车辆经备案海关重新检验认可后，海关收回原车辆的签证簿和通关证件，注销原车辆的备案资料，按照本办法第五条的规定重新予以核准备案，签发新的签证簿和通关证件。

第十五条 货运企业出现变更企业名称、通行口岸或者更换车辆、驾驶员等情况的，应当持政府有关主管部门的批准文件及相关资料，到备案海关办理变更备案手续。

第十六条 货运企业、车辆、驾驶员在备案有效期内暂停或者停止进出境营运业务的，应当向海关报告，海关收回签证簿和通关证件，对有关备案资料作暂停或者注销处理。

港/澳籍车辆在办结海关手续并已出境后，海关予以办理暂停或者注销手续。

第三章　海关监管

第十七条 货运车辆应当由在海关备案的驾驶员驾驶，特殊情况下可以由后备驾驶员驾驶；驾驶员应当按照海关指定的路线和规定的时限，将所承运的货物完整地运抵指定的监管场所，并确保承运车辆、海关封志、海关监控设备及装载货物的箱（厢）体完好无损。

第十八条 货运车辆进出境时，企业或者驾驶员应当按照海关规定如实申报，交验单证，并接受海关监管和检查。

承运海关监管货物的车辆从一个设立海关地点驶往另一个设立海关地点的，企业或者驾驶员应当按照海关监管要求，办理转关手续。

第十九条 海关检查进出境车辆及查验所载货物时，驾驶员应当到场，并根据海关的要求开启车门，搬移货物，开拆和重封货物包装。

第二十条 货运车辆完成当次运输后，应当由原驾驶员驾驶原车辆复出境。因故需人、车分离出境的，应当经备案地海关或者出境地海关同意。

港/澳籍进出境车辆进境后，应当在3个月内复出境；特殊情况下，经海关同意，可以在车辆备案有效期内予以适当延期。

第二十一条 已进境的港/澳籍车辆，包括集装箱牵引架、集装箱箱体，未经海关同意并办结报关纳税手续，不得在境内转让或者移作他用。

第二十二条 进出境车辆的备用物料和驾驶员携带的物品，应当限于旅途自用合理数量部分；超出自用合理数量，应当向海关如实申报。

第二十三条 未经海关许可，任何人不得拆装运输工具上的海关监控设备，包括海关电子关锁、车载收发信装置等。特殊情况需要拆装的，应当报经备案海关同意；监控设备拆装后，应当报请备案海关验核。

第二十四条 货运企业、驾驶员应当妥善保管签证簿和通关证件，不得转借或者转让他人，不得涂改或者故意损坏。

第二十五条 集装箱牵引车承运的集装箱应当符合《中华人民共和国海关对装载海关监管货物的集装箱及集装箱式货车车厢的监管办法》规定的标准要求。

第二十六条 因特殊原因，车辆在境内运输途中需要更换或者驾驶员需要更换的，驾驶员或者货运企业应当立即报告附近海关，在海关监管下更换。附近海关应当及时将更换情况通知货物进境地和指运地海关或者启运地和出境地海关。

第二十七条 海关监管货物在境内运输途中，发生损坏或者灭失的，驾驶员或者货运企业应当立即向附近海关报告。除不可抗力外，货运企业应当承担相应的税款及其他法律责任。

第四章 法律责任

第二十八条 违反本办法规定，构成走私或者违反海关监管规定行为的，由海关依照《中华人民共和国海关法》、《中华人民共和国海关法行政处罚实施细则》等有关法律、行政法规的规定予以处理；构成犯罪的，依法追究刑事责任。

第五章 附 则

第二十九条 驻港、澳部队的车辆和驾驶员的管理按照国家有关规定办理。

第三十条 本办法由海关总署负责解释。

第三十一条 本办法自2004年10月1日起施行。《中华人民共和国海关对来往香港、澳门汽车及所载货物监管办法》（〔1988〕署货字第6号）同时废止。

附件1 来往香港/澳门货运企业备案申请表（略）
附件2 来往香港/澳门车辆及驾驶员备案登记表（略）
附件3 来往香港/澳门车辆海关验车记录表（略）
附件4 来往香港/澳门车辆备案临时进境验车申报表（略）
附件5 来往香港/澳门货运企业备案登记证（略）
附件6 来往香港/澳门车辆进出境签证簿（略）
附件7 来往香港/澳门货运企业年检报告书（略）
附件8 来往香港/澳门车辆及驾驶员年检报告书（略）

中华人民共和国海关对国际民航机监管办法

（1974年9月10日外贸部〔1974〕贸关货233号文发布，自1974年10月1日起施行）

第一章　总　则

第一条　为了保证国家对外贸易管制政策和海关法令的有效实施，便利国际民用航空运输，特制定本办法。

第二条　本办法所称的国际民航机，系指一切进出国境的民用航空器。国家元首和政府首脑乘坐的专机不包括在内。

第三条　国际民航机，除经特准的以外，只准在设有海关的国际航空站降停或者起飞。

国际航空站应于民航机降停或者起飞前2小时通知海关。

第四条　国际民航机上下旅客，装卸货物、邮件、行李和其他物品，需经海关许可，并且在海关监管下进行。

第二章　飞机的申报、检查和放行

第五条　国际民航机降停后，机长或者他的代理人，应当立即向海关递交下列文件：

（一）入境和过境旅客以及行李舱单一份；

（二）进口和过境的货物、邮件和其他物品舱单一份以及有关货物的运单副本一份；

（三）机组人员及其自用物品、货币、金银清单一份。

第六条　国际民航机起飞前，机长或者他的代理人，应当向海关递交下列文件：

（一）出境旅客以及行李舱单一份；

（二）出口货物、邮件和其他物品舱单一份以及有关货物的运单副本一份；

（三）机组人员及其自用物品、货币、金银清单一份（进站后机组人员没有变动的免交）。

第七条　国际民航机于同一航次在我国领土内的第二、第三个国际航空站降停和起飞的时候，机长或者他的代理人应当按照本办法第五条、第六条的规定向海关提交申报文件。

机长或者他指定的人员应当负责将海关交给他的关封完整无损的带交下一航空站的海关。

第八条　国际民航机，因气候和其他客观原因，经民航管理部门同意在指定的备用机场临时降停的时候，如果不上下旅客、装卸货物等，可不向海关递交申报文件。但是，机长应当采取必要措施，保证机上所有的货物和行李完整无缺。

第九条　国际民航机降停后或者起飞前，应当接受海关检查。

海关检查飞机的时候，机长或者他指定的人员应当在场陪同。海关认为必须开拆机上有关部位和查阅航行记录簿等的时候，机长或者他指定的人员应当照办和交验。

海关检查飞机完毕，机长应当在海关编制的检查记录上签字。

第十条　国际民航机经海关检查完毕，并在出口舱单上签印放行后，方准起飞。

第三章　对旅客、货物、邮件和行李的监管

第十一条　进、出境旅客及其行李物品，办完海关手续后，才可以出站或者登机。

第十二条　进、出口货物、邮件、行李和其他物品办完海关手续由海关在运单或者其他有关单据上签印放行后，航空站才可以交付或者收运。

第十三条　原机过境的旅客、货物、邮件、行李和其他物品，海关认为必要时，可以进行检查。

第十四条　换机过境的旅客，应当按照海关的有关规定办理过境手续。

第十五条　换机过境的货物、邮件、行李和其他物品，应当卸存于海关同意的仓库场所，由海关监管，并且按照海关的有关规定办理过境手续。

第十六条　进、出国境的军用飞机、国家元首和政府首脑乘坐的专机，如果装载有普通客货，有关部门应当通知海关，由海关按照本办法和其他有关规定进行监管。

第四章　对机组人员携带物品的监管

第十七条　机组人员携带自用物品、货币、金银进口或者出口的时候，应当报请海关检查、放行。

第十八条　机组人员携带进出口的物品，应当以个人旅途必需或者零星自用物品为限。进口的物品不准出售或者转让。

外国民航机机组人员购买合理数量的自用物品携带出口的时候，应当向海关交验外币兑换单和售货商店的发票。

第十九条　机组人员不准为其他人员代带物品进口或者出口。

第五章　对机用燃料、油料、零备件、正常设备、供应品及金银、货币的监管

第二十条　留置在国际民航机上的燃料、油料、零备件、正常设备、供应品及金银、货币等，海关认为必要的时候，可以检查或者加封。机长应当保护海关封志的完整。

上述物品在飞机停站期间，不准出售或者移作他用。

第二十一条　卸下飞机的备本民航企业所属飞机使用的燃料、油料、零备件、正常设备及供应品等，应当填具免领许可证验放凭单一份交海关检查，并且存放在海关同意的仓库场所，由海关监管。使用或者运出的时候，应当填具免领许可证验放凭单一份交海关核销。

上述物品免征关税，但是不准出售或者移作他用。

第二十二条　国际民航机添装燃料、油料、零备件、正常设备和供应品的时候，应当报请海关监管。

第六章　对国际民航企业进出口物品的监管

第二十三条　国际民航企业运进供本单位使用的公用物品，以及业务宣传品、纪念品、单据、表格、票证等业务资料，应当开列清单向海关申报，经海关核准后，对公用物品征税放行；对业务宣传品等其他物品免税放行，但不准出售。

第二十四条　国际民航企业收发的“公邮”，限于民航机构往来的信函。“公邮”进出口时，必须列入舱单经海关查验放行。

第七章　附　则

第二十五条　国际民航机因机件发生故障或者其他特殊事故，被迫在国境内空降旅客、抛掷货物；或者因遇险、失事坠落于国境内的时候，机长或者他的代理人或者民航管理机构，应当立即通知海关。

第二十六条　对于违反本办法有关规定的行为，由海关依据有关法令进行处理。

海关对长江驳运船舶转运进出口货物的管理规定

（1985 年 1 月 10 日海关总署〔1984〕署货字 1089 号文发布，自 1985 年 2 月 1 日起施行）

第一条　为适应开发和利用长江，发展外贸运输的需要，加强海关对长江驳运船舶（以下简称“驳运船舶”）转运进出口货物的管理，根据《中华人民共和国海关对国际航行船舶及其所载货物监管办法》，结合长江沿岸有关口岸实际情况，特制定本规定。

第二条　本规定所称的长江驳运船舶是指航行长江驳运进出口转运货物的机动和非机动船舶。

第三条　长江驳运船舶必须具备加封条件的货舱，符合海关监管条件，并由船方或其代理人向船籍港海关申请登记，经批准后方准在海关同意的港口码头从事转运进出口货物运输。

船方必须保证将转运货物及时运至指定港口，并向海关申报。

第四条　长江驳运船舶装、卸进出口转运货物，必须由船方或其代理人向海关预报并经海关核准后进行。驳运船舶在装、卸货物及承载海关监管货物期间应接受海关监督和检查。船方或其代理人不得擅自开启经海关加封的货舱，不得自行装卸、拆包、改装或顶替；非经海关核准，不得自行将转运货物交付受（发）货人或其代理人。

第五条 长江驳运船舶装载的出口货物，应由货物所有人或其代理人填写出口货物报关单一式三份，向启运地海关办理申报纳税手续，由海关在出口货物报关单上和船方装货单据上签盖验证章后，按监管货物监管至出境地海关核查放行。必要时出境地海关对有关出口货物可以进行复验。有关出口货物经出境地海关在装货单上盖印放行后，港务部门、货物所有人（或其代理人）和船方才可换装运输工具。

第六条 长江驳运船舶所载出口货物的货主或其代理人如果需要在出境地办理补货、调货时，应及时向出境地海关报告并按规定办理有关手续。如有应税出口货物退关，货主或其代理人可凭出境地海关签核的退关证明和原货的关税缴款书，在启运地海关办理退税。

第七条 长江驳运船舶装载的进口货物，应由货物所有人或其代理人填写外国货物转运准单一式三份，向入境地海关申请办理货物转运手续。经海关审查符合转运监管条件的，准予按转运货物监管至到达地海关完成海关手续。进口货物运抵到达地后，应即向海关办理报关纳税手续。有关进口货物经海关在提货单上盖印放行后，港务部门、货物所有人或其代理人才可分别交付和提取货物。

第八条 长江驳运船舶于出口货物装毕后，进口货物换装后，由船长分别向海关递交载货清单一式二份，海关在核对清单无讹后，一份留存，一份连同上述第五、七条的有关单证一并封入关封，并对货舱施加海关封志。船长应负责保护海关封志的完整并将海关关封带交出境地或到达地海关。

第九条 长江驳运船舶装载的进口货物，如在运输途中灭失，船方应向到达地海关提出书面报告，由海关查明情况按有关规定进行处理。

第十条 海关派员驻停港驳运船舶监管或随船监管时，运输部门和有关驳运船舶应提供必要的办公条件和工作食宿方便。

第十一条 如有违反本规定的情事，由海关按照《中华人民共和国暂行海关法》和有关规定进行处理。

第十二条 本规定自 1985 年 2 月 1 日起实施。

《海关对长江驳运船舶转运进出口货物的管理规定》实施细则

（1985 年 12 月 13 日海关总署〔1985〕署货字第 1097 号文发布，自 1986 年 2 月 1 日起施行）

第一条 为加强对长江驳运船舶（以下简称“驳船”）进出口货物的监管，方便对外贸易运输，特根据《海关对长江驳运船舶转运进出口货物的管理规定》和其他有关规定制定本实施细则。

第二条 经营进出口货物转运业务的驳船，必须具备海关加封条件的货仓，符合海关监管条件，并由船方或其代理人向船籍港海关申请登记。不符合海关监管条件的，海关不予批准。

第三条 驳船的负责人要经海关培训并考试。未经培训或虽培训但考试不合格的，海关不予批准。

第四条 经海关审核批准并签发注册登记证书后，驳船方可在海关同意的港口码头从事转运进出口货物运输业务。船方要保证将转运货物（即“海关监管货物”）及时、完整地运到指定港口，并向海关申报。

第五条 船籍港海关应将经批准准予注册登记的驳船名单抄告有关海关。

第六条 驳船在航行、停泊期间，必须携带注册登记证书，以备海关核查。

第七条 驳船在口岸过驳前，应将其注册登记证书、关封和有关单证交口岸海关审验，经海关核准后方可装卸货物。除散装大宗等货物并经海关特准的外，如驳船无加封设施口岸海关不准予转运。其货物应由货物所有人或其代理人（以下简称“货主”）在入出境地办理报关纳税手续。

第八条 驳船装载的出口货物，应由货物所有人或其代理人向启运地海关交验出口货物报关单。经海关在装货单据上加盖“验讫章”后，驳船方可装船。货物运抵出境地经海关开拆封志并在装货单上盖印放行后，驳船、货主方可换装运输工具。

出口货物报关单一式三份，一份交启运地海关留存；两份由驳船随货带交出境地海关。转运出口货物由出境地海关统计上报。

第九条　转运出口货物在换装过程中发生溢短卸时，货主应在24小时内向出境地海关交验一式三份更正通知单办理补报或退关手续。更正通知单两份出境地海关留存，一份寄交启运地海关，如属退出口税的，应在该份更正通知单上签证后退交货主凭以向启运地海关办理退税。

第十条　出口转运货物，出境地海关认为必要时可对有关出口货物进行复验，货主应根据海关要求，负责搬移货物、开拆和重封货物的包装。

第十一条　进口货物应由货主填写外国货物运转准单一式三份向入境地海关申请转运，经海关审核同意可转运到达地海关完成进口手续。转运准单一份由入境地海关留存，一份邮寄到达地海关，一份封入关封内交驳船负责人带交到达地海关。进口货物在换装运输工具时，如发生溢、短、残损等情况，入境地海关应在封入关封内的有关单证上批注说明。

进口货物运达目的地后，驳船负责人应即将关封递交到达地海关，经海关审核同意并开拆封志后方可卸货。有关进口货物经货主办理进口手续，海关在提货单上加盖“放行章”放行后，港务部门、货主才可分别交付和提取。

第十二条　转运货物，如属国家限制进口商品，货主还应向入境地海关交验进口许可证或经所在地海关签证的许可证正本复印件。如不能交验的，不得转运，由入境地海关依法进行处理。

第十三条　进口货物，如需转运到未设关地区的，货主应事前报经有关分管海关同意，入境地海关验凭分管海关同意转运的函电办理转运手续。

第十四条　驳船于出口货物装毕后，进口货物换装后，驳船负责人应分别向海关递交载货清单一式二份，海关在核对无讹后，一份留存，一份连同报关单或外国货物转运准单等单证封入关封交驳船负责人签收，并对货舱施加海关封志。在办清上述结关手续后，驳船方可驶离港口。驳船负责人应负责保护海关封志的完整，并将海关关封完整无损地带交出境地或到达地海关。

第十五条　驳船在同一航次中，未经海关同意，不得将“海关监管货物”与非监管货物同舱混装。

驳船在承载海关监管货物期间，未经海关同意，不得在未设海关港口加载、装卸货物。

第十六条　进出口货物转运后，到达地海关应每半年向入出境地海关核对关封编号。

第十七条　驳船装载的进出口货物，在运输途中如遇水损或发生意外事故，船方应向到达地海关书面报告。海关在查明情况后，按有关规定处理。

第十八条　驳船及其工作人员不得为国际航行船舶船员运带未经海关放行的个人物品。

第十九条　海关派员驻驳船或随船监管时，运输部门和有关驳船负责人应提供必要的办公条件和食宿方便。

第二十条　如有违反《海关对长江驳运船舶转运进出口货物的管理规定》和本实施细则的，由海关依法进行处理。

第二十一条　本实施细则自1986年2月1日起实施。

中华人民共和国海关对我国兼营国际国内运输船舶的监管规定

（1986年7月3日海关总署〔1986〕署货字第671号文发布，自1986年9月1日起施行）

第一条　为了加强对我国船舶进出境的管理，便利兼营船舶的运输，特制定本规定。

第二条　本规定所称“兼营船舶”系指：我国经营国际运输兼营国内运输的船舶和我国经营国内运输兼营国际运输的船舶。

第三条　我国兼营船舶的船方或其代理人应向船公司所在地海关书面申请并办理兼营船舶登记手续，经海关核准并签发海关监管签证簿（以下简称签证簿）后，才能兼营国际或国内运输。

第四条　兼营船舶的航行、停泊期间，必须随带签证簿以备海关核查。

第五条　兼营船舶在经营国际运输期间，海关按《中华人民共和国海关对国际航行船舶和所载货物监管办法》进行监管。

第六条 兼营船舶在经营国内运输期间，不得擅自驶往国外。

兼营船舶来往国内外，船方或其代理人应提前24小时通过港务机关向抵达港海关或驶离港海关预报和确报抵离港时间，未办清结关手续，不得擅自离港。

第七条 兼营船舶在卸完进口货物和办完船员携带进口自用物品验放手续后，才能申请改为经营国内运输，由海关在签证簿上批注签章。

兼营船舶在卸完国内运输货物后，才能申请改为经营国际运输，由海关在签证簿上批注签章。

第八条 兼营船舶在经营国内运输期间使用的进口船舶用物料、燃料、烟、酒，不得享受国际航行船舶的免税优惠。

船方或其代理人应在船舶申报改为经营国内运输的同时，在签证簿内向海关报明留存船上的进口船用物料、燃料、烟、酒的名称，如情况正常、数量合理，经海关核准可免税留船继续使用，对超出自用合理数量部分，海关予以征税，如需调拨或作价出售给其他非国际航行船舶，均应事前书面报经海关核准，并照章补征进口税。

第九条 经海关结关改为经营国内运输的船舶，如需再改航国外、经营国际运输时，船方或其代理人应在装出口货物或无货出口结关开航前24小时前向海关提出书面申请，并交验签证簿。

第十条 兼营船舶船员从国外携带进口的自用物品，按《海关对我国际运输工具服务人员进出境行李物品的管理规定》办理。

第十一条 兼营船舶连续经营国内运输满1年，即视作不再经营国际运输业务，船方或其代理人应在期满后1个月内将签证簿交原登记海关注销。

第十二条 海关对兼营船舶进行监管时，船方应予支持和配合。兼营船舶进出设关港口，海关认为必要时，得对其进行检查。

第十三条 兼营船及其船员有违反本办法及其他海关法规的行为，由海关依法进行处理。

第十四条 本办法自1986年9月1日起实施。

中华人民共和国海关进出境运输工具舱单管理办法

（2008年3月10日海关总署〔2008〕署货字第172号文发布，自2009年1月1日起施行）

第一章 总 则

第一条 为了规范海关对进出境运输工具舱单的管理，促进国际贸易便利，保障国际贸易安全，根据《中华人民共和国海关法》（以下简称《海关法》）以及有关法律、行政法规的规定，制定本办法。

第二条 本办法所称进出境运输工具舱单（以下简称舱单）是指反映进出境运输工具所载货物、物品及旅客信息的载体，包括原始舱单、预配舱单、装（乘）载舱单。

进出境运输工具载有货物、物品的，舱单内容应当包括总提（运）单及其项下的分提（运）单信息。

第三条 海关对进出境船舶、航空器、铁路列车以及公路车辆舱单的管理适用本办法。

第四条 进出境运输工具负责人、无船承运业务经营人、货运代理企业、船舶代理企业、邮政企业以及快件经营人等舱单电子数据传输义务人（以下统称“舱单传输人”）应当按照海关备案的范围在规定时限向海关传输舱单电子数据。

海关监管场所经营人、理货部门、出口货物发货人等舱单相关电子数据传输义务人应当在规定时限向海关传输舱单相关电子数据。

对未按照本办法规定传输舱单及相关电子数据的，海关可以暂不予办理运输工具进出境申报手续。

因计算机故障等特殊情况无法向海关传输舱单及相关电子数据的，经海关同意，可以采用纸质形式在规定时限向海关递交有关单证。

第五条 海关以接受原始舱单主要数据传输的时间为进口舱单电子数据传输时间；海关以接受预配舱单主要数据传输的时间为出口舱单电子数据传输的时间。

第六条 舱单传输人、监管场所经营人、理货部门、出口货物发货人应当向其经营业务所在地直属海关或者经授权的隶属海关备案。

舱单传输人办理备案手续时，应当向海关提交下列文件：

（一）备案登记表（附件1）；

（二）提（运）单和装货单的样本；

（三）企业印章以及相关业务印章的印模；

（四）行政主管部门核发的许可证件或者资格证件的复印件；

（五）海关需要的其他文件。

海关监管场所经营人、理货部门、出口货物发货人办理备案手续时，应当向海关提交上述（一）、（四）、（五）项文件。

提交复印件的，应当同时出示原件供海关验核。

在海关备案的有关内容如果发生改变的，舱单传输人、监管场所经营人、理货部门、出口货物发货人应当持书面申请和有关文件到海关办理备案变更手续。

第七条 舱单传输人可以书面向海关提出为其保守商业秘密的要求，并具体列明需要保密的内容。

海关应当按照国家有关规定承担保密义务，妥善保管舱单传输人及相关义务人提供的涉及商业秘密的资料。

第二章 进境舱单的管理

第八条 原始舱单电子数据传输以前，运输工具负责人应当将运输工具预计抵达境内目的港的时间通知海关。运输工具抵港以前，运输工具负责人应当将运输工具确切的抵港时间通知海关。

运输工具抵达设立海关的地点时，运输工具负责人应当向海关进行运输工具抵港申报。

第九条 进境运输工具载有货物、物品的，舱单传输人应当在下列时限向海关传输原始舱单主要数据：

（一）集装箱船舶装船的24小时以前，非集装箱船舶抵达境内第一目的港的24小时以前；

（二）航程4小时以下的，航空器起飞前；航程超过4小时的，航空器抵达境内第一目的港的4小时以前；

（三）铁路列车抵达境内第一目的站的2小时以前；

（四）公路车辆抵达境内第一目的站的1小时以前。

舱单传输人应当在进境货物、物品运抵目的港以前向海关传输原始舱单其他数据。

海关接受原始舱单主要数据传输后，收货人、受委托报关企业方可向海关办理货物、物品的申报手续。

第十条 海关发现原始舱单中列有我国禁止进境的货物、物品，可以通知运输工具负责人不得装载进境。

第十一条 进境运输工具载有旅客的，舱单传输人应当在下列时限向海关传输原始舱单电子数据：

（一）船舶抵达境内第一目的港的2小时以前；

（二）航程在1小时以下的，航空器抵达境内第一目的港的30分钟以前；航程在1小时至2小时的，航空器抵达境内第一目的港的1小时以前；航程在2小时以上的，航空器抵达境内第一目的港的2小时以前；

（三）铁路列车抵达境内第一目的站的2小时以前；

（四）公路车辆抵达境内第一目的站的1小时以前。

第十二条 海关接受原始舱单主要数据传输后，对决定不准予卸载货物、物品或者下客的，应当以电子数据方式通知舱单传输人，并告知不准予卸载货物、物品或者下客的理由。

海关因故无法以电子数据方式通知的，应当派员实地办理本条第一款规定的相关手续。

第十三条 理货部门或者海关监管场所经营人应当在进境运输工具卸载货物、物品完毕后的6小时以内以电子数据方式向海关提交理货报告。

需要二次理货的，经海关同意，可以在进境运输工具卸载货物、物品完毕后的24小时以内以电子数据方式向海关提交理货报告。

第十四条 海关应当将原始舱单与理货报告进行核对，对二者不相符的，以电子数据方式通知运输工具负责人。运输工具负责人应当在卸载货物、物品完毕后的48小时以内向海关报告不相符的原因。

第十五条 原始舱单中未列名的进境货物、物品，海关可以责令原运输工具负责人直接退运。

第十六条 进境货物、物品需要分拨的，舱单传输人应当以电子数据方式向海关提出分拨货物、物品申请，经海关同意后方可分拨。

分拨货物、物品运抵海关监管场所时，海关监管场所经营人应当以电子数据方式向海关提交分拨货物、物品运抵报告。

在分拨货物、物品拆分完毕后的2小时以内，理货部门或者海关监管场所经营人应当以电子数据方式向海关提交分拨货物、物品理货报告。

第十七条 货物、物品需要疏港分流的，海关监管场所经营人应当以电子数据方式向海关提出疏港分流申请，经海关同意后方可疏港分流。

疏港分流完毕后，海关监管场所经营人应当以电子数据方式向海关提交疏港分流货物、物品运抵报告。

第十八条 进口货物、物品和分拨货物、物品提交理货报告后；疏港分流货物、物品提交运抵报告后，海关即可办理货物、物品的查验、放行手续。

第十九条 进境运输工具载有旅客的，运输工具负责人或者海关监管场所经营人应当在进境运输工具下客完毕后3小时以内向海关提交进境旅客及其行李物品结关申请，并提供实际下客人数、托运行李物品提取数量以及未运抵行李物品数量。经海关核对无误的，可以办理结关手续；原始舱单与结关申请不相符的，运输工具负责人或者海关监管场所经营人应当在进境运输工具下客完毕后24小时以内向海关报告不相符的原因。

运输工具负责人或者海关监管场所经营人应当将无人认领的托运行李物品转交海关处理。

第三章 出境舱单的管理

第二十条 以集装箱运输的货物、物品，出口货物发货人应当在货物、物品装箱以前向海关传输装箱清单电子数据。

第二十一条 出境运输工具预计载有货物、物品的，舱单传输人应当在办理货物、物品申报手续以前向海关传输预配舱单主要数据。

海关接受预配舱单主要数据传输后，舱单传输人应当在下列时限向海关传输预配舱单其他数据：

（一）集装箱船舶装船的24小时以前，非集装箱船舶在开始装载货物、物品的2小时以前；

（二）航空器在开始装载货物、物品的4小时以前；

（三）铁路列车在开始装载货物、物品的2小时以前；

（四）公路车辆在开始装载货物、物品的1小时以前。

出境运输工具预计载有旅客的，舱单传输人应当在出境旅客开始办理登机（船、车）手续的1小时以前向海关传输预配舱单电子数据。

第二十二条 出境货物、物品运抵海关监管场所时，海关监管场所经营人应当以电子数据方式向海关提交运抵报告。

运抵报告提交后，海关即可办理货物、物品的查验、放行手续。

第二十三条 舱单传输人应当在运输工具开始装载货物、物品的30分钟以前向海关传输装载舱单电子数据。

装载舱单中所列货物、物品应当已经海关放行。

第二十四条 舱单传输人应当在旅客办理登机（船、车）手续后、运输工具上客以前向海关传输乘载舱单电子数据。

第二十五条 海关接受装（乘）载舱单电子数据传输后，对决定不准予装载货物、物品或者上客的，应当以电子数据方式通知舱单传输人，并告知不准予装载货物、物品或者上客的理由。

海关因故无法以电子数据方式通知的，应当派员实地办理本条第一款规定的相关手续。

第二十六条 运输工具负责人应当在运输工具驶离设立海关的地点的2小时以前将驶离时间通知海关。

对临时追加的运输工具，运输工具负责人应当在运输工具驶离设立海关的地点以前将驶离时间通知海关。

第二十七条 运输工具负责人应当在货物、物品装载完毕或者旅客全部登机（船、车）后向海关提交结关申请，经海关办结手续后，出境运输工具方可离境。

第二十八条 出境运输工具驶离装货港的6小时以内，海关监管场所经营人或者理货部门应当以电子数据方式向海关提交理货报告。

第二十九条 海关应当将装载舱单与理货报告进行核对，对二者不相符的，以电子数据方式通知运输工具负责人。运输工具负责人应当在装载货物、物品完毕后的48小时以内向海关报告不相符的原因。

海关应当将乘载舱单与结关申请进行核对，对二者不相符的，以电子数据方式通知运输工具负责人。运输工具负责人应当在出境运输工具结关完毕后的24小时以内向海关报告不相符的原因。

第四章 舱单变更的管理

第三十条 已经传输的舱单电子数据需要变更的，舱单传输人可以在原始舱单和预配舱单规定的传输时限以前直接予以变更，但是货物、物品所有人已经向海关办理货物、物品申报手续的除外。

舱单电子数据传输时间以海关接受舱单电子数据变更的时间为准。

第三十一条 在原始舱单和预配舱单规定的传输时限后，有下列情形之一的，舱单传输人向海关递交舱单变更书面申请，经海关审核同意后，可以进行变更：

（一）货物、物品因不可抗力灭失、短损，造成舱单电子数据不准确的；

（二）装载舱单中所列的出境货物、物品，因装运、配载等原因造成部分或者全部货物、物品退关或者变更运输工具的；

（三）大宗散装货物、集装箱独立箱体内载运的散装货物的溢短装数量在规定范围以内的；

（四）其他客观原因造成传输错误的。

第三十二条 按照本办法第三十七条的规定处理后，需要变更舱单电子数据的，舱单传输人应当按照海关的要求予以变更。

第三十三条 舱单传输人向海关申请变更货物、物品舱单时，应当提交下列文件：

（一）舱单变更申请表（见附件2）；

（二）提（运）单的复印件；

（三）加盖有舱单传输人公章的正确的纸质舱单；

（四）其他能够证明舱单变更合理性的文件。

舱单传输人向海关申请变更旅客舱单时，应当提交上述（一）、（三）、（四）项文件。

提交复印件的，应当同时出示原件供海关验核。

第五章 附 则

第三十四条 本办法下列用语的含义是：

“原始舱单”，是指舱单传输人向海关传输的反映进境运输工具装载货物、物品或者乘载旅客信息的舱单。

“预配舱单”，是指反映出境运输工具预计装载货物、物品或者乘载旅客信息的舱单。

“装（乘）载舱单”，是指反映出境运输工具实际配载货物、物品或者载有旅客信息的舱单。

“提（运）单”，是指用以证明货物、物品运输合同和货物、物品已经由承运人接收或者装载，以及承运人保证据以交付货物、物品的单证。

“总提（运）单”，是指由运输工具负责人、船舶代理企业所签发的提（运）单。

“分提（运）单”，是指在总提（运）单项下，由无船承运业务经营人、货运代理人或者快件经营人等企业所签发的提（运）单。

“运抵报告”，是指进出境货物、物品运抵海关监管场所时，海关监管场所经营人向海关提交的反映货物、物品实际到货情况的记录。

“理货报告”，是指海关监管场所经营人或者理货部门对进出境运输工具所载货物、物品的实际装卸情况予以核对、确认的记录。

“疏港分流”，是指为防止货物、物品积压、阻塞港口，根据港口行政管理部门的决定，将相关货物、物品疏散到其他海关监管场所的行为。

“分拨”，是指海关监管场所经营人将进境货物、物品从一海关监管场所运至另一海关监管场所的行为。

“装箱清单”，是指反映以集装箱运输的出境货物、物品在装箱以前的实际装载信息的单据。

“以上”、“以下”、“以内”，均包括本数在内。

第三十五条 舱单中的提（运）单编号2年内不得重复。

自海关接受舱单等电子数据之日起3年内，舱单传输人、海关监管场所经营人、理货部门应当妥善保管纸质舱单、理货报告、运抵报告以及相关帐册等资料。

第三十六条 本办法中下列舱单等电子数据的格式，由海关总署另行制定：

（一）原始舱单（包括主要数据和其他数据）；

（二）理货报告；

（三）分拨货物、物品申请；

（四）分拨货物、物品理货报告；

（五）疏港分流申请；

（六）疏港分流货物、物品运抵报告；

（七）装箱清单；

（八）预配舱单（包括主要数据和其他数据）；

（九）运抵报告；

（十）装（乘）载舱单。

第三十七条 违反本办法，构成走私行为、违反海关监管规定行为或者其他违反海关法行为的，由海关依照《海关法》和《中华人民共和国海关行政处罚实施条例》的有关规定予以处理；构成犯罪的，依法追究刑事责任。

第三十八条 本办法由海关总署负责解释。

第三十九条 本办法自2009年1月1日起施行。1999年2月1日海关总署令第70号公布的《中华人民共和国海关舱单电子数据传输管理办法》同时废止。

附件1　备案登记表

附件2　舱单变更申请表

附件 1

备案登记表

海关编号：□□□□□□□□□□□□□□□

<table>
<tr><td rowspan="2">单位全称</td><td colspan="2">（中文）</td><td rowspan="2">简称</td><td rowspan="2" colspan="2"></td></tr>
<tr><td colspan="2">（英文）</td></tr>
<tr><td>备案类型</td><td colspan="2">□ 舱单传输人</td><td colspan="2">□ 理货报告提交人</td><td>□ 运抵报告提交人</td></tr>
<tr><td>单位类型</td><td colspan="2">□ 进出境运输工具负责人或其代理人
□ 相关主管部门批准营运资格企业
□ 其他签发提（运）单资格企业</td><td colspan="2">□ 理货公司
□ 监管场所经营人
□ 其他</td><td>□ 疏港分流运抵
□ 分拨运抵</td></tr>
<tr><td>传输类型</td><td colspan="5">□ 总提（运）单 □ 原始舱单 □ 运输工具理货报告
□ 分提（运）单 □ 预配舱单 □ 拼箱理货报告
□ 旅客舱单 □ 装载舱单 □ 装箱清单
□ 其他____________</td></tr>
<tr><td>运输方式</td><td colspan="5">□ 船舶 □ 航空器 □ 铁路列车 □ 公路车辆 □ 其他</td></tr>
<tr><td>联系人</td><td>姓名</td><td></td><td>联系方式</td><td colspan="2"></td></tr>
<tr><td rowspan="2">其他</td><td>组织机构代码</td><td></td><td>行业批准文号</td><td colspan="2"></td></tr>
<tr><td>税务登记证代码</td><td></td><td>企业国际通用代码及授予组织</td><td colspan="2"></td></tr>
<tr><td>提交单证</td><td colspan="5">□ 提（运）单和装货单的样本；
□ 企业公章以及相关业务印章的印模；
□ 行政主管部门核发的许可证件或者资格证件的复印件；
□ 海关需要的其他文件</td></tr>
<tr><td rowspan="3">海关批注栏</td><td colspan="3">备案意见</td><td colspan="2">复核意见</td></tr>
<tr><td colspan="3"></td><td colspan="2"></td></tr>
<tr><td colspan="5">办理情况：</td></tr>
</table>

附件 2

舱单变更申请表

海关编号：□□□□□□□□□□□□□□

<table>
<tr><td>变更舱单类型</td><td colspan="7">□ 原始舱单　□ 预配舱单　□ 装载舱单　□ 其他</td></tr>
<tr><td>变变更数据类型</td><td colspan="7">□ 总提（运）单　□ 分提（运）单　□ 旅客舱单　□ 其他</td></tr>
<tr><td rowspan="2">运输工具情况</td><td colspan="2">运输工具名称（中文）</td><td colspan="2">运输工具名称（英文）</td><td>航次</td><td colspan="2">进/出港时间</td></tr>
<tr><td colspan="2"></td><td colspan="2"></td><td></td><td colspan="2"></td></tr>
<tr><td rowspan="2">需变更舱单</td><td colspan="4">总提（运）单号</td><td colspan="3">分提（运）单号</td></tr>
<tr><td colspan="4"></td><td colspan="3"></td></tr>
<tr><td rowspan="4">变更项目</td><td>项目</td><td colspan="2">代码</td><td colspan="2">更改前内容</td><td colspan="2">更改后内容</td></tr>
<tr><td></td><td colspan="2"></td><td colspan="2"></td><td colspan="2"></td></tr>
<tr><td></td><td colspan="2"></td><td colspan="2"></td><td colspan="2"></td></tr>
<tr><td></td><td colspan="2"></td><td colspan="2"></td><td colspan="2"></td></tr>
<tr><td>变更原因</td><td colspan="7">□ 货物因不可抗力灭失、短损，造成舱单数据不准确；
□ 装载舱单中的出口货物，由于装运、配载等原因造成部分或者全部货物退关、变更运输工具；
□ 大宗散装货物溢短装数量在规定范围之内；
□ 集装箱载运的散装货物，独立箱体内溢短装数量在规定范围之内；
□ 由于计算机、网络系统等方面原因导致传输舱单数据错误；
□ 已经接受海关处罚，申请变更；
□ 其他原因(请简要说明或附表说明)________________</td></tr>
<tr><td>随附单据</td><td colspan="7">□ 签发的提（运）单（副本、复印件）
□ 加盖有舱单传输人印章的正确的纸质舱单；
□ 行政处罚决定书（正本、复印件）
□ 其他能够证明舱单更改合理性的文件：①____________ ②____________
③____________ ④____________</td></tr>
<tr><td rowspan="3">批注栏</td><td colspan="4" rowspan="3">企业签章栏：
本公司保证以上更正内容真实、正确、有效，否则由此更正所引起的一切后果、责任及费用由我司承担。</td><td colspan="3">海关批注
初核：</td></tr>
<tr><td colspan="3">复核：</td></tr>
<tr><td colspan="3">办理情况：</td></tr>
</table>

进出境物品监管类

《中华人民共和国禁止进出境物品表》和《中华人民共和国限制进出境物品表》

（1993年2月26日海关总署令第43号发布，自1993年3月1日起施行）

中华人民共和国禁止进出境物品表

一、禁止进境物品

1. 各种武器、仿真武器、弹药及爆炸物品；

2. 伪造的货币及伪造的有价证券；

3. 对中国政治、经济、文化、道德有害的印刷品、胶卷、照片、唱片、影片、录音带、录像带、激光视盘、计算机存储介质及其他物品；

4. 各种烈性毒药；

5. 鸦片、吗啡、海洛英、大麻以及其他能使人成瘾的麻醉品、精神药物；

6. 带有危险性病菌、害虫及其他有害生物的动物、植物及其产品；

7. 有碍人畜健康的、来自疫区的以及其他能传播疾病的食品、药品或其他物品。

二、禁止出境物品

1. 列入禁止进境范围的所有物品；

2. 内容涉及国家秘密的手稿、印刷品、胶卷、照片、唱片、影片、录音带、录像带、激光视盘、计算机存储介质及其他物品；

3. 珍贵文物及其他禁止出境的文体；

4. 濒危的和珍贵的动物、植物（均含标本）及其种子和繁殖材料。

中华人民共和国限制进出境物品表

一、限制进境物品

1. 无线电收发信机、通信保密机；

2. 烟、酒；

3. 濒危的和珍贵的动物、植物（均含标本）及其种子和繁殖材料；

4. 国家货币；

5. 海关限制进境的其他物品。

二、限制出境物品

1. 金银等贵重金属及其制品；

2. 国家货币；

3. 外币及其有价证券；

4. 无线电收发信机、通信保密机；

5. 贵重中药村；

6. 一般文物；

7. 海关限制出境的其他物品。

中华人民共和国海关关于进出境旅客通关的规定

（1995年12月25日海关总署令第55号发布，自1996年1月1日起施行）

第一条 根据《中华人民共和国海关法》和其他有关法规、规定，制定本规定。

第二条 本规定所称“通关”系指进出境旅客向海关申报，海关依法查验行李物品并办理进出境物品征税或免税验放手续，或其他有关监管手续之总称。

本规定所称“申报”，系指进出境旅客为履行中华人民共和国海关法规规定的义务，对其携运进出境的行李物品实际情况依法向海关所作的书面申明。

第三条 按规定向海关办理申报手续的进出境旅客通关时，应首先在申报台前向海关递交中华人民共和国海关进出境旅客行李物品申报单或海关规定的其他申报单证，如实申报其所携运进出境的行李物品。

进出境旅客对其携运的行李物品以上述以外的其他任何方式或在其他任何时间、地点所做出的申明，海关均不视为申报。

第四条 申报手续应由旅客本人填写申报单证向海关办理，如委托他人办理，应由本人在申报单证上签字。接受委托办理申报手续的代理人应当遵守本规定对其委托人的各项规定，并承担相应的法律责任。

第五条 旅客向海关申报时，应主动出示本人的有效进出境旅行证件和身份证件，并交验中华人民共和国有关主管部门签发的准许有关物品进出境的证明、商业单证及其他必备文件。

第六条 经海关办理手续并签章交由旅客收执的申报单副本或专用申报单证，在有效期内或在海关监管时限内，旅客应妥善保存，并在申请提取分离运输行李物品或购买征、免税外汇商品或办理其他有关手续时，主动向海关出示。

第七条 在海关监管场所，海关在通道内设置专用申报台供旅客办理有关进出境物品的申报手续。

经中华人民共和国海关总署批准实施双通道制的海关监管场所，海关设置“申报”通道（又称“红色通道”）和“无申报”通道（又称“绿色通道”）供进出境旅客依本规定选择。

第八条 下列进境旅客应向海关申报，并将申报单证交由海关办理物品进境手续：

携带需经海关征税或限量免税的《旅客进出境行李物品分类表》第二、三、四类物品（不含免税限量内的烟酒）者；

非居民旅客及持有前往国家（地区）再入境签证的居民旅客携带途中必需的旅行自用物品超出照相机、便携式收录音机、小型摄影机、手提式摄录机、手提式文字处理机每种一件范围者；

携带人民币现钞6000元以上，或金银及其制品50克以上者；

非居民旅客携带外币现钞折合5000美元以上者；

居民旅客携带外币现钞折合1000美元以上者；

携带货物、货样以及携带物品超出旅客个人自用行李物品范围者；

携带中国检疫法规规定管制的动、植物及其产品以及其他须办理验放手续的物品者。

第九条 下列出境旅客应向海关申报，并将申报单证交由海关办理物品出境手续：

携带需复带进境的照相机、便携式收录音机、小型摄影机、手提式摄录机、手提式文字处理机等旅行自用物品者；

未将应复带出境物品原物带出或携带进境的暂时免税物品未办结海关手续者；

携带外币、金银及其制品未取得有关出境许可证是或超出本次进境申报数额者；

携带人民币现钞6000元以上者；

携带文物者；

携带货物、货样者；

携带出境物品超出海关规定的限值、限量或其他限制规定范围的；

携带中国检疫法规规定管制的动、植物及其产品以及其他须办理验放手续的物品者。

第十条 在实施双通道制的海关监管场所，本规定第八条、第九条所列旅客应当选择“申报”通道通关。

第十一条 不明海关规定或不知如何选择通道的旅客，应选择“申报”通道，向海关办理申报手续。

第十二条 本规定第八条、第九条、第十一条所列旅客以外的其他旅客可不向海关办理申报手续。在海关实施双通道制的监管场所，可选择“无申报”通道进境或出境。

第十三条 持有中华人民共和国政府主管部门给予外交、礼遇签证的进出境非居民旅客和海关给予免验礼遇的其他旅客，通关时应主动向海关出示本人护照（或其他有效进出境证件）和身份证件。

第十四条 旅客进出境时，应遵守本规定和中华人民共和国海关总署授权有关海关为实施本规定所制定并公布的其他补充规定。

第十五条 旅客携带物品、货物进出境未按规定向海关申报的，以及本规定第八条、第九条、第十一条所列旅客未按规定选择通道通关的，海关依据《中华人民共和国海关法》及《中华人民共和国行政处罚实施细则》的有关规定处理。

第十六条 本规定自1996年1月1日起实施。

中华人民共和国海关对进出境旅客行李物品监管办法

（1989年11月1日海关总署令第9号公布，自1989年12月1日起施行）

第一章 总 则

第一条 依照《中华人民共和国海关法》，制定本办法。

第二条 进出境旅客行李物品，必须通过设立海关的地点进境或者出境。

第三条 进出境旅客必须将所带的全部行李物品交海关查验。在交验前，应填写“旅客行李申报单”或海关规定的其他申报单证向海关申报；或按海关规定的申报方式如实向海关申报。

旅客经由实施“红绿通道”验放制度的海关进出境，应按照海关公布的选择“红绿通道”的规定，选择通道，办理行李物品进境或出境手续。

第四条 查验进出境旅客行李物品的时间和场所，由海关指定。海关查验行李物品时，物品所有人应当到场并负责搬移物品，开拆和重封物品的包装。海关认为必要时，可以单独进行查验。海关对进出境行李物品加施的封志，任何人不得擅自开启或者损毁。

第五条 进出境旅客可以自行办理报关纳税手续，也可以委托他人办理报关纳税手续；接受委托办理报关纳税手续的代理人应当按照本办法对其委托人的各项规定办理海关手续，承担各项义务和责任。

第六条 旅客行李物品，应以自用合理数量为限，超出自用合理数量范围的，不准进境或出境。旅客行李物品，经海关审核，按本办法附件《旅客进出境行李物品分类表》（以下简称《分类表》）规定的范围验放。进出境物品的合理数量和准许各类旅客进出境物品的具体限值、限量及征免税规定，另行制定。

第七条 旅客携运《中华人民共和国禁止进出境物品表》所列的物品进出境，在海关检查以前主动报明的，分别予以没收或者责令退回，并可酌情处以罚款。藏匿不报的，按照《中华人民共和国海关法》第四十七条、第四十八条的规定处罚。

旅客携运《中华人民共和国限制进出境物品表》所列物品和中华人民共和国政府特别管制的物品进出境，海关按国家有关法规办理。

第八条 旅客以分离运输方式运进行李物品，应当在进境时向海关申报。经海关核准后，自旅客进境之日起6个月内（含6个月，下同）运进。海关办理验放手续时，连同已经放行的行李物品合并计算。以分离运输方式运出的行李物品，应由物品所有人持有效的出境证件在出境前办妥海关手续。

第九条 经海关核准暂时进出境的旅行自用物品，在旅客行李物品监管时限内，由旅客复带出境或进境。海关依照规定凭担保准予暂时免税放行的其他物品，应由旅客在规定期限内，办结进出境手续或将原物复带出境或进境。

第十条 进出境物品所有人声明放弃的物品和自运输工具申报进境之日起逾期3个月（易腐及易失效的物品可提前处理，下同）未办理海关手续的物品，以及在海关监管区内逾期3个月无人认领的物品，均由海关按照《中华人民共和国海关法》第三十三条的规定处理。

第十一条 旅客携运属下列情形的物品，海关不予放行，予以退运或由旅客存入海关指定的仓库。物品所有人应当在3个月内办理退运、结案手续。逾期不办的，由海关依照本办法第十条的规定处理。

（一）不属自用的；

（二）超出合理数量范围的；

（三）超出海关规定的物品品种、规格、限量、限值的；

（四）未办理海关手续的；

（五）未按章缴税的；

（六）根据规定不能放行的其他物品。

第十二条 旅客应在旅客行李物品监管时限内，依照本办法和根据本办法制定的其他管理规定，办结物品进出境的海关手续。

第十三条 海关依照本办法和根据本办法制定的其他管理规定免税放行的物品，自物品进境之日起2年内，出售、转让、出租或移作他用的，应向海关申请批准并按规定补税。按规定免税或征税进境的汽车，不得出售、转让、出租或移作他用。在汽车运进使用2年后，因特殊原因需要转让的，必须报经海关批准；其中免税运进的，应按规定补税。

第十四条 进境旅客携带“境外售券、境内提货”单据进境，应向海关申报，海关办理物品验放手续时，连同其随身携带的实物合并计入有关征免税限量。

第十五条 涉及特定地区、特定旅客和特定物品进出境的管理规定，由中华人民共和国海关总署授权有关海关依照本办法的原则制定，经海关总署批准后，予以公告实施。

第十六条 进出境旅客未按本办法或根据本办法制定的其他管理规定办理进出境物品的申请、报关、纳税以及其他有关手续的，有关物品不准进境或出境。对违反本办法并构成走私或违反海关监管规定行为的，海关依照《中华人民共和国海关法》和《中华人民共和国海关法行政处罚实施细则》给予处罚。

第二章 短期旅客

第十七条 短期旅客携带进出境的行李物品应以旅行需用物品为限。

短期旅客中的居民和非居民中的中国籍人携带进境属于《分类表》第三、四、五类物品，海关按照规定的限值、限量予以征税或免税放行（注）。短期旅客中的其他非居民携带进境属于《分类表》第三、四、五类物品，海关按本办法第九条规定办理。

经常进出境的边境居民，边境邮政、运输机构工作人员和边境运输工具服务人员，以及其他经常进出境的人员，携带进出境的物品，除另有规定者外，应以旅途必须应用的物品为限。未经海关批准，不准带进属于《分类表》第三、四、五类物品。

持特殊通行证件来往香港、澳门地区的短期旅客进出境行李物品的管理规定，海关依据本办法另行制定的规定办理。

第三章 长期旅客

第十八条 长期旅客中的非居民进境后，在规定期限内报运进境其居留期间自用物品或安家物品，应事先向主管海关提出书面申请，海关凭中华人民共和国政府主管部门签发的长期居留证件（或常驻户口登记证件）、其他批准文件和身份证件，办理审批验放手续。

上述人员在办妥上述手续前进出境或在境内居留期间临时出、进境携带的物品，海关依照本办法第十七条规定办理。

第十九条 长期旅客中的居民进出境行李物品的管理规定，根据本办法另行制定。

第四章 定居旅客

第二十条 获准进境定居的旅客在规定期限内报运进境安家物品，应事先向主管海关提出书面申请，并向海关交验中华人民共和国政府主管部门签发的定居证明或批准文件办理审批手续。经核准，其在境外拥有并使用过的数量合理的自用物品，准予免税进境；自用小汽车准予每户征税进境一辆。旅客持主管海关的书面通知，到物品进境地海关办理验放手续。

进境定居旅客自进境之日起，居留时间不满2年，再次出境定居的，其免税携运进境的安家物品应复运出境，或向海关补税。

第二十一条 获准出境定居的旅客携运出境的安家物品，除国家禁止或限制出境的物品需按有关规定办理外，均可予以放行。

第五章 过境旅客

第二十二条 过境旅客未经海关批准，不得将物品留在境内。

第二十三条 进境后不离开海关监管下的交通工具或海关监管区直接出境的旅客，海关一般不对其行李物品进行查验，但必要时，海关可以查验。

第二十四条 过境旅客获准离开海关监管区，转换交通工具出境的，海关依照本办法第十七条规定办理。

第六章　附　则

第二十五条　享有外交特权和豁免的人员携运进出境的行李物品，另按中华人民共和国海关总署制定的有关规定办理。

第二十六条　本办法的附件，由中华人民共和国海关总署根据具体情况修订发布实行。

第二十七条　本办法下列用语含义：

“非居民”指进境居留后仍回到境外其通常定居地者。

“居民”指出境居留后仍回到境内其通常定居地者。

“旅客”指进出境的居民或非居民。

“短期旅客”指获准进境或出境暂时居留不超过1年的旅客。

“长期旅客”指获准进境或出境连续居留时间在1年以上（含1年）的旅客。

“定居旅客”指取得中华人民共和国主管部门签发的进境或出境定居证明或批准文件，移居境内或境外的旅客。

“过境旅客”指持有效过境签证，从境外某地，通过境内，前往境外另一地的旅客。

“行李物品”指旅客为其进出境旅行或者居留的需要而携运进出境的物品。

“自用”指旅客本人自用、馈赠亲友而非为出售或出租。

“合理数量”指海关根据旅客旅行目的和居留时间所规定的正常数量。

“旅客行李物品监管时限”指非居民本次进境之日始至最近一次出境之日止，或居民本次出境之日始至最近一次进境之日止的时间。

“分离运输行李”指旅客在其进境后或出境前的规定期限内以托运方式运进或运出的本人行李物品。

“征免税”指征收或减免进出口关税（即进口旅客行李物品和个人邮递物品税）。

“担保”指以向海关缴纳保证金或提交保证函的方式，保证在规定期限内履行其承诺的义务的法律行为。

第二十八条　本办法由中华人民共和国海关总署解释。

第二十九条　本办法自1989年12月1日起实施。

原对外贸易部1958年9月29日（58）关行林字第985号命令发布的《海关对进出境旅客行李物品监管办法》同时废止。

附件　旅客进出境行李物品分类表（略）

（**注：**1. 中国籍旅客按照《中华人民共和国海关对中国籍旅客进出境行李物品的管理规定》进行管理。2. 本办法所附《旅客进出境行李物品分类表》已被修订）

旅客进出境行李物品分类表

（1996年8月5日海关总署文件署监〔1996〕652号进行修订，
1996年8月10日各海关对外公告，自1996年8月15日起执行）

第一类物品	第二类物品	第三类物品
衣料、衣着、鞋、帽、工艺美术品和价值人民币1000元以下（含1000元）的其他生活用品	烟草制品 酒精饮料	价值人民币1000元以上，5000元以下（含5000元）的生活用品

注：1. 本表所称进境物品价值以海关审定的完税价格为准，出境物品价值以国内法定商业发票所列价格为准；

2. 准许各类旅客携运本表所列物品进出境的具体征、免税限量由中华人民共和国海关总署另行规定；

3. 本表第一、二类列名物品不再按值归类，除另有规定者外，超出本表所列最高限值的物品不视为旅客行李物品。

中华人民共和国海关对进出境旅客旅行自用物品的管理规定

（1992 年 10 月 15 日海关总署令第 35 号发布，自 1992 年 10 月 15 日起施行）

第一条 为了照顾旅客在旅途中的实际需要，为其进出境提供必要的便利，根据《中华人民共和国海关法》和《中华人民共和国海关对进出境旅客行李物品监管办法》，制定本规定。

第二条 本规定所称“进出境旅客旅行自用物品”系指本次旅行途中海关准予旅客随身携带的暂时免税进境或者复带进境的在境内、外使用的自用物品。

第三条 进出境旅客旅行自用物品的范围：

（一）照像机、便携式收录音机、小型摄影机、手提式摄录机、手提式文字处理机；

（二）经海关审核批准的其他物品。

第四条 进境旅客（包括持有前往国家或地区签发的再入境签证的中国籍居民旅客）携带本规定第三条之物品，每种限一件。旅客应主动向海关申报，海关方可准予暂时免税放行。

第五条 海关准予暂时免税的本次进境物品，须由旅客在回程时复带出境。由于特殊原因不能在本次回程时复带出境的，应事先报请出境地海关办结有关手续。

第六条 中国籍居民、中国籍或外国籍非居民长期旅客携带本规定第三条之物品出境，如需复带进境，应在本次出境时，主动报请海关验核。复带进境时，海关验凭本次出境的有关单、证放行。

第七条 进出境旅客旅行自用物品的具体申报手续、适用单证及本规定未尽事项，按其他有关规定办理。

第八条 本规定不适用于当天或短期内多次往返的进出境旅客旅行自用物品。

第九条 进出境旅客违反本规定或者未将海关暂准免税放行物品复带出境的，海关依照《中华人民共和国海关法行政处罚实施细则》第十五条规定处理。

第十条 本规定自 1992 年 10 月 15 日起实施。

中华人民共和国海关关于过境旅客行李物品管理规定

（1991 年 9 月 10 日海关总署令第 25 号公布，自 1991 年 9 月 10 日起施行）

第一条 根据《中华人民共和国海关法》和《中华人民共和国海关对进出境旅客行李物品监管办法》制定本规定。

第二条 本规定所称过境旅客系指持有效过境签证（与我互免签证国家的旅客，凭其有效护照）从境外某地，通过境内，前往境外另一地的旅客；包括进境后不离开海关监管区或海关监管下的交通工具，直接出境的旅客。

第三条 在进境口岸不离开海关监管区或海关监管下的交通工具的过境旅客，可以免填“旅客行李申报单”，海关对其行李物品均准许过境，一般不予查验，但是海关认为必要时除外。

第四条 在过境期限内离开海关监管区的过境旅客，携带的行李物品应以旅行需用为限，海关依照对进出境非居民短期旅客行李物品的规定办理，其中属于《旅客进出境行李物品分类表》（见附件 1）第三、四、五类的物品在规定范围内的，经海关核准可予登记暂时免税放行，过境旅客出境时必须将原物复带出境。超出规定范围的，除按本规定第五条办理外，均不准进境。

第五条 过境旅客携运物品超出本规定第四条所述准予放行范围的，由旅客自行委托经海关批准或指定的报关运输公司代理承运，比照海关监管货物，按有关规定办理手续，将监管过境物品运交有关海关监管出境；否则，海关不准进境。

第六条 对于不准进境的物品，除经海关总署特准征税或者担保放行的以外，应当自物品申报进境之日起3个月内由物品所有人或其代理人办理退运、结案手续。逾期不办的，由海关按照《中华人民共和国海关法》第三十三条的规定办理。

第七条 海关准予过境的物品及经海关登记暂时免税放行的旅行需用物品未经海关批准，均不得擅自留在境内。因丢失、被盗或其他不可抗力的原因而无法复带出境的，应提供公安部门的证明文件，向海关办理结案手续。不能提供证明文件的，过境旅客应照章补税。

第八条 过境旅客不论其是否离开海关监管区，均不得携带《中华人民共和国禁止进出境的物品表》（见附件2）（注）所列物品。

第九条 对过境旅客违反本规定有关条款的行为，海关将依照《中华人民共和国海关法》和《中华人民共和国海关法行政处罚实施细则》的有关规定予以处罚。

第十条 本规定自1991年9月10日起实施。

附件1 旅客进出境行李物品分类表（略）

附件2 中华人民共和国禁止进出境的物品表（略）

（**注：**附件两表已被修订后的分类表和禁止进出境物品表所取代）

中华人民共和国海关对中国籍旅客进出境行李物品的管理规定

（1996年8月10日海关总署令第58号公布，自1996年8月15日起施行）

第一条 根据《中华人民共和国海关法》及其他有关法规，制定本规定。

第二条 本规定适用于持中华人民共和国护照等有效旅行证件出入境的旅客，包括公派出境工作、考察、访问、学习和因私出境探亲、访友、旅游、经商、学习等中国籍居民旅客和华侨、台湾同胞、港澳同胞等中国籍非居民旅客。

第三条 中国籍旅客携运进境的行李物品，在本规定所附《中国籍旅客带进物品限量表》（简称《限量表》，见附件1）规定的征税或免税物品品种、限量范围内的，海关准予放行，并分别验凭旅客所持有效出入境旅行证件及其他有关证明文件办理物品验放手续。

对不满16周岁者，海关只放行其旅途需用的《限量表》第一类物品。

第四条 中国籍旅客携运进境物品，超出规定免税限量仍属自用的，经海关核准可征税放行。

第五条 中国籍旅客携带旅行自用物品进出境，按照《中华人民共和国海关对进出境旅客旅行自用物品的管理规定》办理验放手续。

第六条 获准进境定居的中国籍非居民旅客携运进境其在境外拥有并使用过的自用物品及车辆，应在获准定居后3个月内持中华人民共和国有关主管部门签发的定居证明，向定居地主管海关一次性提出申请。上述自用物品中，除本规定所附《定居旅客应税自用及安家物品清单》（见附件2）所列物品需征税外，经海关审核在合理数量范围内的准予免税进境。其中完税价格在人民币1000元以上，5000元以下（含5000元）的物品每种限1件。自用小汽车和摩托车准予每户进境各1辆，海关照章征税。

获准进境的自用物品及车辆，应自海关批准之日起6个月内从批准的口岸运进，物品进境地海关凭定居地主管海关的批准文件，对其中的机动交通工具，同时凭旅客填具的进口货物报关单办理验放手续。

第七条 定居旅客自进境之日起，居留时间不满2年，再次出境定居的，其免税携运进境的自用物品应复运出境，或依照《中华人民共和国海关关于入境旅客行李物品和个人邮递物品征收进口税办法》向海关补缴进口税。

再次出境定居的旅客，在外居留不满2年，重新进境定居者，海关对其携运进境的自用物品均按本规定第三条办理。

第八条 进境长期工作、学习的中国籍非居民旅客，在取得长期居留证件之前，海关按照本规定验放其携运进出境的行李物品；在取得长期居留证件之后，另按海关对非居民长期旅客和常驻机构进出境公、私用物品的规定办理。

第九条 对短期内多次来往香港、澳门地区的旅客和经常出入境人员以及边境地区居民，海关只放行其旅途必需物品。具体管理规定授权有关海关制定并报中华人民共和国海关总署批准后公布实施。

前款所述“短期内多次来往”和“经常出入境”指半个月（15 日）内进境超过 1 次。

第十条 除国家禁止和限制出境的物品另按有关规定办理外，中国籍旅客携运出境的行李物品，经海关审核在自用合理数量范围内的，准予出境。

以分离运输方式运出的行李物品，应由本人持有效的出境证件，在本人出境前向所在地海关办理海关手续。

第十一条 中国籍旅客进出境行李物品，超出自用合理数量及规定的限量、限值或品种范围的，除另有规定者外，海关不予放行。除本人声明放弃外，应在 3 个月内由本人或其代理人向海关办理退运手续；逾期不办的，由海关按《中华人民共和国海关法》第二十三条规定处理。

第十二条 旅客进出境时应遵守本规定和中华人民共和国海关总署授权有关海关为实施本规定所公告的其他补充规定。违者，海关将依照《中华人民共和国海关法》和《中华人民共和国海关法行政处罚实施细则》的有关规定处理。

第十三条 本规定由中华人民共和国海关总署负责解释。

第十四条 本规定自 1996 年 8 月 15 日起实施。

附件 1　中国籍旅客带进物品限量表

附件 2　定居旅客应税自用物品及安家物品清单

附件 1

中国籍旅客带进物品限量表

（1996 年 8 月 15 日中华人民共和国海关总署修订）

类别	品种	限量
第一类物品	衣料、衣着、鞋、帽、工艺美术品和价值人民币 1000 元以下（含 1000 元）的其他生活用品	自用合理数量范围内免税，其中价值人民币 800 元以上 1000 元以下的物品每种限 1 件
第二类物品	烟草制品 酒精饮料	（1）香港、澳门地区居民及因私往来香港、澳门地区的内地居民，免税香烟 200 支，或雪茄 50 支，或烟丝 250 克；免税 12 度以上酒精饮料限 1 瓶（0.75 升以下） （2）其他旅客，免税香烟 400 支，或雪茄 100 支，或烟丝 500 克；免税 12 度以上酒精饮料限 2 瓶（1.5 升以下）
第三类物品	价值人民币 1000 元以上 5000 元以下（含 5000 元）的生活用品	（1）驻境外的外交机构人员、我出国留学人员和访问学者、赴外劳务人员和援外人员，连续在外每满 180 天（其中留学人员和访问学者物品验放时间从注册入学之日起算至毕业结业之日止），远洋船员在外每满 120 天任选其中 1 件免税 （2）其他旅客每公历年度内进境可任选其中 1 件征税

注：1. 本表所称进境物品价值以海关审定的完税价格为准；

2. 超出本表所列最高限值的物品，另按有关规定办理；

3. 根据规定可免税带进的第三类物品，同一品种物品公历年度内不得重复；

4. 对不满 16 周岁者，海关只放行其旅途需用的第一类物品；

5. 本表不适用于短期内多次来往香港、澳门地区旅客和经常进出境人员以及边境地区居民。

附件 2

定居旅客应税自用及安家物品清单

序号	物品	序号	物品	序号	物品
1	电视机	7	电冰箱、电冰柜	13	电话机
2	摄像机	8	洗衣机	14	家具
3	录像机	9	照相机	15	灯具
4	放像机	10	传真机	16	餐料（含饮料、酒）
5	音响设备	11	打印机及文字处理机	17	小汽车
6	空调器	12	微型计算机及外设	18	摩托车

中华人民共和国海关进出境印刷品及音像制品监管办法

（2007 年 4 月 18 日海关总署令第 161 号发布，自 2007 年 6 月 1 日起施行）

第一条 为了规范海关对进出境印刷品及音像制品的监管，根据《中华人民共和国海关法》（以下简称《海关法》）及其他有关法律、行政法规的规定，制定本办法。

第二条 本办法适用于海关对运输、携带、邮寄进出境的印刷品及音像制品的监管。

进出境摄影底片、纸型、绘画、剪贴、手稿、手抄本、复印件及其他含有文字、图像、符号等内容的货物、物品的，海关按照本办法有关进出境印刷品的监管规定进行监管。

进出境载有图文声像信息的磁、光、电存储介质的，海关按照本办法有关进出境音像制品的监管规定进行监管。

第三条 进出境印刷品及音像制品的收发货人、所有人及其代理人，应当依法如实向海关申报，并且接受海关监管。

第四条 载有下列内容之一的印刷品及音像制品，禁止进境：

（一）反对宪法确定的基本原则的；

（二）危害国家统一、主权和领土完整的；

（三）危害国家安全或者损害国家荣誉和利益的；

（四）攻击中国共产党，诋毁中华人民共和国政府的；

（五）煽动民族仇恨、民族歧视，破坏民族团结，或者侵害民族风俗、习惯的；

（六）宣扬邪教、迷信的；

（七）扰乱社会秩序，破坏社会稳定的；

（八）宣扬淫秽、赌博、暴力或者教唆犯罪的；

（九）侮辱或者诽谤他人，侵害他人合法权益的；

（十）危害社会公德或者民族优秀文化传统的；

（十一）国家主管部门认定禁止进境的；

（十二）法律、行政法规和国家规定禁止的其他内容。

第五条 载有下列内容之一的印刷品及音像制品，禁止出境：

（一）本办法第四条所列内容；

（二）涉及国家秘密的；

（三）国家主管部门认定禁止出境的。

第六条 印刷品及音像制品进出境，海关难以确定是否载有本办法第四条、第五条规定内容的，依据国务院有关行政主管部门或者其指定的专门机构的审查、鉴定结论予以处理。

第七条 个人自用进境印刷品及音像制品在下列规定数量以内的，海关予以免税验放：

（一）单行本发行的图书、报纸、期刊类出版物每人每次 10 册（份）以下；

（二）单碟（盘）发行的音像制品每人每次20盘以下；

（三）成套发行的图书类出版物，每人每次3套以下；

（四）成套发行的音像制品，每人每次3套以下。

第八条 超出本办法第七条规定的数量，但是仍在合理数量以内的个人自用进境印刷品及音像制品，不属于本办法第九条规定情形的，海关应当按照《中华人民共和国进出口关税条例》有关进境物品进口税的征收规定对超出规定数量的部分予以征税放行。

第九条 有下列情形之一的，海关对全部进境印刷品及音像制品按照进口货物依法办理相关手续：

（一）个人携带、邮寄单行本发行的图书、报纸、期刊类出版物进境，每人每次超过50册（份）的；

（二）个人携带、邮寄单碟（盘）发行的音像制品进境，每人每次超过100盘的；

（三）个人携带、邮寄成套发行的图书类出版物进境，每人每次超过10套的；

（四）个人携带、邮寄成套发行的音像制品进境，每人每次超过10套的；

（五）其他构成货物特征的。

有前款所列情形的，进境印刷品及音像制品的收发货人、所有人及其代理人可以依法申请退运其进境印刷品及音像制品。

第十条 个人携带、邮寄进境的宗教类印刷品及音像制品在自用、合理数量范围内的，准予进境。

超出个人自用、合理数量进境或者以其他方式进口的宗教类印刷品及音像制品，海关凭国家宗教事务局、其委托的省级政府宗教事务管理部门或者国务院其他行政主管部门出具的证明予以征税验放。无相关证明的，海关按照《中华人民共和国海关行政处罚实施条例》（以下简称《实施条例》）的有关规定予以处理。

散发性宗教类印刷品及音像制品，禁止进境。

第十一条 印刷品及音像制品的进口业务，由国务院有关行政主管部门批准或者指定经营。未经批准或者指定，任何单位或者个人不得经营印刷品及音像制品进口业务。

其他单位或者个人进口印刷品及音像制品，应当委托国务院相关行政主管部门指定的进口经营单位向海关办理进口手续。

第十二条 除国家另有规定外，进口报纸、期刊、图书类印刷品，经营单位应当持国务院新闻出版行政主管部门的进口批准文件、目录清单、有关报关单证及其他需要提供的文件向海关办理进口手续。

第十三条 进口音像制品成品或者用于出版的音像制品母带（盘）、样带（盘），经营单位应当持中华人民共和国文化部进口音像制品批准单（以下简称批准单）、有关报关单证及其他需要提供的文件向海关办理进口手续。

第十四条 非经营音像制品性质的单位进口用于本单位宣传、培训及广告等目的的音像制品，应当按照海关的要求交验批准单、合同、有关报关单证及其他需要提供的文件；数量总计在200盘以下的，可以免领批准单。

第十五条 随机器设备同时进口，以及进口后随机器设备复出口的记录操作系统、设备说明、专用软件等内容的印刷品及音像制品进口时，进口单位应当按照海关的要求交验合同、发票、有关报关单证及其他需要提供的文件，但是可以免领批准单等批准文件。

第十六条 境外赠送进口的印刷品及音像制品，受赠单位应当向海关提交赠送方出具的赠送函和受赠单位的接受证明及有关清单。

接受境外赠送的印刷品超过100册或者音像制品超过200盘的，受赠单位除向海关提交上述单证外，还应当提交国务院有关行政主管部门的批准文件。

第十七条 出口印刷品及音像制品，相关单位应当依照有关法律、法规的规定，向海关办理出口手续。

第十八条 用于展览、展示的印刷品及音像制品进出境，主办或者参展单位应当按照国家有关规定向海关办理暂时进出境手续。

第十九条 运输、携带、邮寄国家禁止进出境的印刷品及音像制品进出境，如实向海关申报的，予以收缴，或者责令退回，或者在海关监管下予以销毁或者进行技术处理。

运输、携带、邮寄国家限制进出境的印刷品及音像制品进出境，如实向海关申报，但是不能提交许可证件的，予以退运。

第二十条 下列进出境印刷品及音像制品，由海关按照放弃货物、物品依法予以处理：

（一）收货人、货物所有人、进出境印刷品及音像制品所有人声明放弃的；

（二）在海关规定期限内未办理海关手续或者无人认领的；

（三）无法投递又无法退回的。

第二十一条 违反本办法，构成走私行为、违反海关监管规定行为或者其他违反《海关法》行为的，由海关依照《海关法》和《实施条例》的有关规定予以处理；构成犯罪的，依法追究刑事责任。

第二十二条 进入保税区、出口加工区及其他海关特殊监管区域和保税监管场所的印刷品及音像制品的通关手续，依照有关规定办理。

第二十三条 享有外交特权和豁免的外国驻中国使馆、领馆及人员，联合国及其专门机构以及其他与中国政府签有协议的国际组织驻中国代表机构及人员进出境印刷品及音像制品，依照有关规定办理。

第二十四条 各类境外企业或者组织在境内常设代表机构或者办事处（不包括外国人员子女学校）及各类非居民长期旅客、留学回国人员、短期多次往返旅客进出境公用或者自用印刷品及音像制品数量的核定和通关手续，依照有关规定办理。

第二十五条 本办法下列用语的含义：

印刷品，是指通过将图像或者文字原稿制为印版，在纸张或者其他常用材料上翻印的内容相同的复制品。

音像制品，是指载有内容的唱片、录音带、录像带、激光视盘、激光唱盘等。

散发性宗教类印刷品及音像制品，是指运输、携带、邮寄进境，不属于自用、合理数量范围并且具有明显传播特征，违反国家宗教事务法规及有关政策的印刷品及音像制品。

以下，包括本数在内。

第二十六条 本办法由海关总署负责解释。

第二十七条 本办法自2007年6月1日起施行。1991年6月11日海关总署令第21号发布的《中华人民共和国海关对个人携带和邮寄印刷品及音像制品进出境管理规定》同时废止。

中华人民共和国海关对常驻机构进出境公用物品监管办法

（2004年6月16日海关总署令第115号发布，自2004年8月1日起施行）

第一章 总 则

第一条 为规范海关对常驻机构进出境公用物品的管理，根据《中华人民共和国海关法》和其他有关法律、行政法规，制定本办法。

第二条 常驻机构申请进出境公用物品应当以本机构自用、合理数量为限。

常驻机构进出境公用物品，应当由本机构或其委托的报关企业向主管海关提交书面申请。经主管海关审核批准后，进出境地海关凭主管海关的审批单证和其他相关单证予以验放。

第三条 对于常驻机构进境公用物品，海关按照《中华人民共和国进出口关税条例》的有关规定征收税款。

根据政府间协定免税进境的常驻机构公用物品，海关依法免征税款。

第二章 进境公用物品监管

第四条 常驻机构首次申请进境公用物品前，应当凭下列文件向主管海关办理备案手续：

（一）设立常驻机构审批机关的批准文件正本和复印件；

（二）主管部门颁发的注册证明正本和复印件（以下简称注册证）；

（三）常驻机构报关印章式样；

（四）常驻机构负责人签字式样、身份证件正本和复印件；

（五）常驻机构中常驻人员名册，名册含常驻人员姓名、性别、国籍、有效进出境证件号码、长期居留证件号码、到任时间、任期、职务及在中国境内的住址等内容。

主管海关审核无误后，核发中华人民共和国海关常驻机构备案证（以下简称海关备案证，见附件1）。海关备案证涉及的内容如有变更，应当自变更之日起10个工作日内到主管海关办理变更手续。

第五条 常驻机构申请进境公用物品，应当向主管海关交验下列单证：

（一）海关备案证；

（二）中华人民共和国海关进出境公用物品申请表（以下简称申请表，见附件2）；

（三）提（运）单、发票和装箱单等相关单证。

主管海关自接受申请之日起3个工作日内答复。

常驻机构申请进境机动车辆时，除交验前款规定的单证外，还应当交验本机构所有常驻人员的有效身份证件，主管海关自接受申请之日起5个工作日内答复。

第六条 常驻机构在进境地海关办理公用物品报关手续时，应当填写或委托报关企业填写进口货物报关单，提交经主管海关审批的申请表，并交验提（运）单、发票、装箱单等相关单证。

进境地海关应当将物品验放结果在申请表回执联上批注，并退主管海关备核。

第七条 常驻机构进境机动车辆，海关按照该机构常驻人员的实际人数核定其进境车辆的总数：

（一）常驻人员在5人以下的，进境车辆总数1辆；

（二）常驻人员在6人以上10人以下的，进境车辆总数不超过2辆；

（三）常驻人员在11人以上20人以下的，进境车辆总数不超过3辆；

（四）常驻人员在21人以上30人以下的，进境车辆总数不超过4辆；

（五）常驻人员在31人以上的，进境车辆总数不超过6辆。

第八条 进境机动车辆因事故、不可抗力等原因遭受严重损毁或因损耗、超过使用年限等原因丧失使用价值，经报废处理后，常驻机构凭公安交通管理部门出具的机动车辆注销证明，经主管海关同意办理机动车辆结案手续后，可按结案数量重新申请进境机动车辆。

进境机动车辆有丢失、被盗、转让或出售给他人、超出监管期限等情形的，常驻机构不得重新申请进境机动车辆。

第九条 常驻机构进境机动车辆，应当自海关放行之日起10个工作日内，向主管海关申领中华人民共和国海关监管车辆进/出境领/销牌照通知书（以下简称领/销牌照通知书，见附件3），办理机动车辆牌照申领手续。其中免税进境的机动车辆，常驻机构还应当自取得领/销牌照通知书之日起10个工作日内，持公安交通管理部门颁发的机动车辆行驶证向主管海关申领中华人民共和国海关监管车辆登记证（以下简称监管车辆登记证，见附件4）。

第十条 常驻机构进境的货样、广告品及暂时进口货物，经主管海关核准后，按照《中华人民共和国海关对进出口货样、广告品监管办法》和《中华人民共和国海关对暂时进口货物监管办法》的规定办理验放手续。

第三章 出境公用物品监管

第十一条 常驻机构将原进境的公用物品复运出境，应当持海关备案证、申请表等有关单证向主管海关提出申请，主管海关自接受申请之日起3个工作日内答复。其中，常驻机构申请将原进境机动车辆复运出境的，主管海关在审核批准后开具领/销牌照通知书，常驻机构凭此向公安交通管理部门办理注销牌照手续。主管海关收到领/销牌照通知书回执联后应将牌照注销情况在申请表上批注。

第十二条 常驻机构在出境地海关办理公用物品报关手续时，应当填写出口货物报关单，并提交经主管海关批注的申请表等相关单证。

出境地海关应当将物品验放结果在申请表回执联上批注，并退主管海关备核。

第四章 进境免税机动车辆后续监管

第十三条 常驻机构依据本办法第三条第二款规定免税进境的机动车辆属于海关监管机动车辆，主管海关对其实施后续监管，监管期限为自海关放行之日起6年。

未经海关批准，进境机动车辆在海关监管期限内不得擅自转让、出售、出租、抵押、质押或者进行其他处置。

第十四条 海关对常驻机构进境监管机动车辆实行年审制度。常驻机构应当根据主管海关的公告，在规定时间内，将进境监管机动车辆驶至指定地点，持监管车辆登记证、机动车辆行驶证、海关备案证到主管海关办理机动车辆海关年审手续。年审合格后，主管海关在监管车辆登记证上加盖年审印章。

第十五条 常驻机构监管机动车辆自海关放行之日起超过4年的，经主管海关批准，可以按规定将监管机动车辆转让给其他常驻机构或者常驻人员，或者出售给特许经营单位。受让方机动车辆进境指标相应扣减。

机动车辆受让方同样享有免税进境机动车辆权利的，受让机动车辆予以免税，受让方主管海关在该机动车辆的剩余监管年限内实施后续监管。

第十六条 常驻机构转让进境监管机动车辆时，应当由受让方向主管海关提交经出、受让双方签章确认的中华人民共和国海关公/自用车辆转让申请表（以下简称转让申请表，见附件5）及其他相关单证。受让方主管海关审核批注后，将转让申请表转至出让方主管海关。出让方主管海关批准后，出让方凭其主管海关开具的领/销牌照通知书向公安交通管理部门办理机动车辆牌照注销手续；出让方主管海关办理机动车辆结案手续后，将机动车辆进境原始档案及转让申请表回执联转至受让方主管海关。受让方凭其主管海关出具的领/销牌照通知书向公安交通管理部门办理机动车辆牌照申领手续。应当补税的机动车辆由受让方向其主管海关依法补缴税款。

常驻机构进境监管机动车辆出售时，应当由特许经营单位向常驻机构的主管海关提交经常驻机构盖章确认的转让申请表，主管海关审核无误后，由特许经营单位参照前款规定办理机动车辆注销牌照等结案手续，并依法向主管海关补缴税款。

第十七条 机动车辆海关监管期限届满的，常驻机构应当持中华人民共和国海关公/自用车辆解除监管申请表（见附件6）、监管车辆登记证、机动车辆行驶证和海关备案证向主管海关申请解除监管。主管海关核准后，开具中华人民共和国海关监管车辆解除监管证明书（见附件7），常驻机构凭此向公安交通管理部门办理有关手续。

第十八条 海关监管期限内的机动车辆因法院判决抵偿他人债务或者丢失、被盗的，机动车辆原所有人应当凭有关证明向海关申请办理机动车辆解除监管手续，并依法补缴税款。

第十九条 经批准撤销的常驻机构，应当向主管海关办理海关监管机动车辆结案和其他有关手续。

第五章　法律责任

第二十条 常驻机构未按照本办法规定向海关办理监管机动车辆年审手续，擅自转让、出售监管机动车辆，或者有其他走私、违反海关监管规定行为的，海关依照《中华人民共和国海关法》、《中华人民共和国海关法行政处罚实施细则》予以处罚；构成犯罪的，依法追究刑事责任。

第六章　附　则

第二十一条 本办法下列用语的含义：

“常驻机构”是指境外企业、新闻机构、经贸机构、文化团体及其他境外法人经中华人民共和国政府主管部门批准，在境内设立的常设机构。

“主管海关”是指常驻机构所在地的直属海关或者经直属海关授权的隶属海关。

“公用物品”是指常驻机构开展业务所必需的办公设备、办公用品及机动车辆。

“机动车辆”是指小轿车、越野车、9座及以下的小客车。

本办法第七条中的“以下”、“以上”，均包含本数在内。

第二十二条 外国驻中国使馆、领馆，联合国及其专门机构，以及其他与中国政府签有协议的国际组织驻中国代表机构进出境物品，不适用本办法，另按有关法律、行政法规办理。

第二十三条 本办法由海关总署负责解释。

第二十四条 本办法自2004年8月1日起施行。本办法附件8所列规范性文件同时废止。

附件1　中华人民共和国海关常驻机构备案证（略）

附件2　中华人民共和国海关进出境公用物品申请表（略）

附件3　中华人民共和国海关监管车辆进/出境领/销牌照通知书（略）

附件4　中华人民共和国海关监管车辆登记证（略）

附件5　中华人民共和国海关常驻机构公/自用车辆转让申请表（略）

附件6　中华人民共和国海关常驻机构公/自用车辆解除监管申请表（略）

附件7　中华人民共和国海关监管车辆解除监管证明书（略）

附件8　废止文件清单

附件8

废止文件清单

1.《中华人民共和国海关对外国企业、新闻等常驻机构和常驻人员进出口物品的管理规定》（〔1984〕署行字第325号）

2.《关于启用新修订的〈进出境自用物品申请表〉和〈进出境办公用品申请表〉的通知》［监二（一）〔1991〕770号］

3.《对外商常驻机构及非居民长期旅客进口机动车辆及公私用物品管理年限等问题的通知》（署监二〔1992〕1276号）

中华人民共和国海关对非居民长期旅客进出境自用物品监管办法

（2004年6月16日海关总署令第116号发布，自2004年8月1日起施行）

第一章　总　则

第一条　为规范海关对非居民长期旅客进出境自用物品的管理，根据《中华人民共和国海关法》和其他有关法律、行政法规，制定本办法。

第二条　非居民长期旅客进出境自用物品应当以个人自用、合理数量为限。其中，常驻人员可以进境机动车辆，每人限1辆，其他非居民长期旅客不得进境机动车辆。

非居民长期旅客进出境自用物品，应当由本人或其委托的报关企业向主管海关提交书面申请。经主管海关审核批准后，进出境地海关凭主管海关的审批单证和其他相关单证予以验放。

第三条　非居民长期旅客取得境内长期居留证件后方可申请进境自用物品，首次申请进境的自用物品海关予以免税，但按照本规定准予进境的机动车辆和国家规定应当征税的20种商品除外。再次申请进境的自用物品，一律予以征税。

对于应当征税的非居民长期旅客进境自用物品，海关按照《中华人民共和国进出口关税条例》的有关规定征收税款。

根据政府间协定免税进境的非居民长期旅客自用物品，海关依法免征税款。

第二章　进境自用物品监管

第四条　非居民长期旅客申请进境自用物品，应当向主管海关交验下列单证：

（一）身份证件；

（二）长期居留证件；

（三）中华人民共和国海关进出境自用物品申请表（以下简称申请表，见附件1）；

（四）提（运）单、装箱单等相关单证。

主管海关自接受申请之日起3个工作日内答复。

专家以外的常驻人员申请进境机动车辆时，除交验前款规定的单证外，还应当提交身份证件及长期居留证件的复印件，交验所在常驻机构的中华人民共和国海关常驻机构备案证或者所在外商投资企业的自理报关单位注册登记证明书，主管海关自接受申请之日起5个工作日内答复。

第五条　非居民长期旅客在进境地海关办理自用物品报关手续时，应当由本人或其委托的报关企业提交经主管海关审批的申请表，并交验提（运）单、装箱单等相关单证。

进境地海关应当将物品验放结果在申请表回执联上批注，并退主管海关备核。

第六条　进境机动车辆因事故、不可抗力等原因遭受严重损毁或因损耗、超过使用年限等原因丧失使用价值，经报废处理后，常驻人员凭公安交通管理部门出具的机动车辆注销证明，经主管海关同意办理机动车辆结案手续后，可重新申请进境机动车辆1辆。

进境机动车辆有丢失、被盗、转让或出售给他人、超出监管期限等情形的，常驻人员不得重新申请进境机动车辆。

第七条　常驻人员进境机动车辆，应当自海关放行之日起10个工作日内，向主管海关申领中华人民共和国海关监管车辆进/出境领/销牌照通知书（以下简称领/销牌照通知书，见附件2），办理机动车辆牌照申领手续。其中免税进境的机动车辆，常驻人员还应当自取得领/销牌照通知书之日起10个工作日内，持公安交通管理部门颁发的机动车辆行驶证向主管海关申领中华人民共和国海关监管车辆登记证（以下简称监管车辆登记证，见附件3）。

第三章　出境自用物品监管

第八条　非居民长期旅客将原进境的自用物品复运出境，应当持身份证件、长期居留证件、申请表等有关单证向主管海关提出申请，主管海关自接受申请之日起3个工作日内答复。其中，常驻人员申请将原进境机动车辆复运出境的，主管海关在审核批准后开具领/销牌照通知书，常驻人员凭此向公安交通管理部门办理注销牌照手续。主管海关收到领/销牌照通知书回执联后应将牌照注销情况在申请表上批注。

第九条 非居民长期旅客在出境地海关办理自用物品报关手续时，应当提交经主管海关批注的申请表等相关单证。

出境地海关应当将物品验放结果在申请表回执联上批注，并退主管海关备核。

第四章 进境免税机动车辆后续监管

第十条 常驻人员依据本办法第三条第三款规定免税进境的机动车辆属于海关监管机动车辆，主管海关对其实施后续监管，监管期限为自海关放行之日起6年。

未经海关批准，进境机动车辆在海关监管期限内不得擅自转让、出售、出租、抵押、质押或者进行其他处置。

第十一条 海关对常驻人员进境监管机动车辆实行年审制度。常驻人员应当根据主管海关的公告，在规定时间内，将进境监管机动车辆驶至指定地点，持本人身份证件、长期居留证件、监管车辆登记证、机动车辆行驶证到主管海关办理机动车辆海关年审手续。年审合格后，主管海关在监管车辆登记证上加盖年审印章。

第十二条 常驻人员任期届满后，经主管海关批准，可以按规定将监管机动车辆转让给其他常驻人员或者常驻机构，或者出售给特许经营单位。受让方的机动车辆进境指标相应扣减。

机动车辆受让方同样享有免税进境机动车辆权利的，受让机动车辆予以免税，受让方主管海关在该机动车辆的剩余监管年限内实施后续监管。

第十三条 常驻人员转让进境监管机动车辆时，应当由受让方向主管海关提交经出、受让双方签章确认的中华人民共和国海关公/自用车辆转让申请表（以下简称转让申请表，见附件4）及其他相关单证。受让方主管海关审核批注后，将转让申请表转至出让方主管海关。出让方主管海关批准后，出让方凭其主管海关开具的领/销牌照通知书向公安交通管理部门办理机动车辆牌照注销手续；出让方主管海关办理机动车辆结案手续后，将机动车辆进境原始档案及转让申请表回执联转至受让方主管海关。受让方凭其主管海关出具的领/销牌照通知书向公安交通管理部门办理机动车辆牌照申领手续。应当补税的机动车辆由受让方向其主管海关依法补缴税款。

常驻人员进境监管机动车辆出售时，应当由特许经营单位向常驻人员的主管海关提交经常驻人员签字确认的转让申请表，主管海关审核无误后，由特许经营单位参照前款规定办理机动车辆注销牌照等结案手续，并依法向主管海关补缴税款。

第十四条 机动车辆海关监管期限届满的，常驻人员应当持中华人民共和国海关公/自用车辆解除监管申请表（见附件5）、本人身份证件、长期居留证件、监管车辆登记证和机动车辆行驶证向主管海关申请解除监管。主管海关核准后，开具中华人民共和国海关监管车辆解除监管证明书（见附件6），常驻人员凭此向公安交通管理部门办理有关手续。

第十五条 海关监管期限内的机动车辆因法院判决抵偿他人债务或者丢失、被盗的，机动车辆原所有人应当凭有关证明向海关申请办理机动车辆解除监管手续，并依法补缴税款。

第十六条 任期届满的常驻人员，应当在离境前向主管海关办理海关监管机动车辆的结案手续。

第五章 法律责任

第十七条 非居民长期旅客未按照本办法规定向海关办理监管机动车辆年审手续，擅自转让、出售监管机动车辆，或者有其他走私、违反海关监管规定行为的，海关依照《中华人民共和国海关法》、《中华人民共和国海关法行政处罚实施细则》予以处罚；构成犯罪的，依法追究刑事责任。

第六章 附 则

第十八条 本办法下列用语的含义：

“非居民长期旅客”是指经公安部门批准进境并在境内连续居留1年以上（含1年），期满后仍回到境外定居地的外国公民、港澳台地区人员、华侨。

“常驻人员”是指非居民长期旅客中的下列人员：

（一）境外企业、新闻机构、经贸机构、文化团体及其他境外法人经中华人民共和国政府主管部门批准，在境内设立的并在海关备案的常设机构内的工作人员；

（二）在海关注册登记的外商投资企业内的人员；

（三）入境长期工作的专家。

“身份证件”是指中华人民共和国主管部门颁发的外国（地区）企业常驻代表机构工作证、中华人民共和国外国人就业证、中华人民共和国外国专家证等证件，以及进出境使用的护照、港澳居民来往内地通行证、台湾居民往来大陆通行证等。

“长期居留证件”是指中华人民共和国主管部门签发的中华人民共和国外国人长期居留证、华侨、港澳地区人员暂住证等准予在境内长期居留的证件。

"主管海关"是指非居民长期旅客境内居留所在地的直属海关或者经直属海关授权的隶属海关。

"自用物品"是指非居民长期旅客在境内居留期间日常生活所必需的《中华人民共和国海关旅客进出境行李物品分类表》所列物品（烟、酒除外）及机动车辆。

"机动车辆"是指摩托车、小轿车、越野车、9座及以下的小客车。

"20种商品"是指电视机、摄像机、录像机、放像机、音响设备、空调器、电冰箱（柜）、洗衣机、照相机、复印机、程控电话交换机、微型计算机、电话机、无限寻呼系统、传真机、电子计算器、打印机及文字处理机、家具、灯具和餐料。

第十九条 外国驻中国使馆、领馆人员，联合国及其专门机构以及其他与中国政府签有协议的国际组织驻中国代表机构人员进出境物品，不适用本办法，另按有关法律、行政法规办理。

第二十条 本办法由海关总署负责解释。

第二十一条 本办法自2004年8月1日起施行。本办法附件7所列规范性文件同时废止。

附件1 中华人民共和国海关进出境自用物品申请表（略）

附件2 中华人民共和国海关监管车辆进/出境领/销牌照通知书（略）

附件3 中华人民共和国海关监管车辆登记证（略）

附件4 中华人民共和国海关公/自用车辆转让申请表（略）

附件5 中华人民共和国海关公/自用车辆解除监管申请表（略）

附件6 中华人民共和国海关监管车辆解除监管证明书（略）

附件7 废止文件清单

附件7

废止文件清单

1.《关于实施〈海关对"引进专家"进出境行李物品的暂行规定〉的函》（〔1984〕署行字72号）

2.《关于对随"中标"项目来华的外方人员待遇问题的通知》（〔1984〕行字94号）

3.《海关对"引进专家"进出境行李物品的暂行规定》（〔1984〕署行字206号）

4.《中华人民共和国海关对外国企业、新闻等常驻机构和常驻人员进出口物品的管理规定》（〔1984〕署行字第325号）

5.《关于与我签订来料加工、补偿贸易协议的中外厂商派驻我方人员进口物品验放问题的通知》（〔1984〕署行字495号）

6.《关于对来华外国专家进出境行李物品管理规定的通知》（〔1984〕署行字596号）

7.《关于经济特区、沿海开放城市和海南岛引进专家办理海关手续的通知》（〔1985〕署行字436号）

8.《关于履行贸易协议的中外厂商派驻人员进出境物品管理问题的通知》（〔1988〕署行字第174号）

9.《外国常驻人员进口小汽车范围的说明》（〔1989〕署监二字第612号）

10.《关于实施〈中华人民共和国海关对非居民学生进出境行李物品管理规定〉的通知》（署监二〔1991〕555号）

11.《关于启用新修订的〈进出境自用物品申请表〉和〈进出境办公用品申请表〉的通知》（监二（一）〔1991〕770号）

12.《关于公布实施〈中华人民共和国海关对非居民学生进出境行李物品管理规定〉的通知》（署监二〔1991〕1492号）

13.《对外商常驻机构及非居民长期旅客进口机动车辆及公私用物品管理年限等问题的通知》（署监二〔1992〕1276号）

14.《关于外国专家进出境自用物品海关手续问题的通知》（署监二〔1993〕1378号）

15.《海关总署关于转发国家外国专家局使用外国专家证明书的通知》（署监二〔1994〕103号）

中华人民共和国海关对我出国人员进出境免验范围的规定

（1985年1月25日海关总署〔1985〕署行字第57号文发布，自1985年2月25日起施行）

第一条 党和国家领导人率领党、政代表团，或全国人民代表大会代表团所乘坐的专机、专车和公私用物品（包括随行人员和专机专车上的服务人员的行李物品），海关可分别根据外交部、中联部、全国人大常委会办公厅等部门的通知免予监管。

上述代表团乘坐的专机、专车内，载有上列人员以外的行李物品、货物时，有关组织出访的部门或者运输部门应当事先通知海关，由海关按照规定办理验放手续。

第二条 其他出访的代表团、组、人员进出境的行李物品，海关一律验凭其所持的外交护照免予查验。

第三条 我常驻国外代表机构中的下列人员进出境行李物品，海关验凭其护照所列职衔免予查验：

（一）我驻外大使馆、领事馆中参赞、武官、副总领事以上人员；

（二）我常驻联合国代表团正、副代表，参赞，军参团团长，陆、海、空军代表以及驻联合国日内瓦办事处，其他国际组织代表处和国际机构代表团正、副代表；

（三）我驻朝鲜军事停战委员会朝中方面中国人民志愿军委员，中国人民志愿军首席参谋；

（四）我驻新加坡商务代表处正、副代表；

（五）我驻香港签证处代表、副代表，新华社香港分社社长、副社长。

第四条 上列免予查验的人员应遵守海关对我出国人员进出境行李物品的有关规定。免予查验的人员行李中如有我国禁止进出口的物品，或者有代他人携带的物品，应当向海关口头申报。对免于查验的人员，海关有权根据情况对其进口的行李物品进行询问。对确有根据证明免验人员行李中有我国禁止进出口物品或有违反海关规定情事的，海关可以进行查验（查验时，行李物品所有人或者代理人必须在场）并做查验记录。

第五条 本规定自1985年2月25日起实行。

中华人民共和国海关关于境外登山团体和个人进出境物品管理规定

（1992年3月10日海关总署令第30号公布，自1992年5月1日起施行）

第一条 为促进我国登山事业的发展，加强对境外登山团体和个人进出境物品管理，根据《中华人民共和国海关法》、《外国人来华登山管理办法》以及国家有关法规，特制定本规定。

第二条 境外登山团体和个人进境从事《外国人来华登山管理办法》所列的登山活动，经有关主管部门审核批准后，其进出境登山用物品，统一由中国登山协会（以下简称“中国登协”）归口管理，负责持有关主管部门的批件向海关办理物品报关、担保、核销、结案等手续。

第三条 境外登山团体和个人运进、运出登山用物品，由登山活动所在地或临近地海关（即主管海关）负责审批验放管理。

第四条 境外登山团体和个人运进、运出登山用食品、急救药品、防寒衣物、高山专用技术设备、燃料、氧气设备、易损的汽车零配件等消耗性物品，属于“特准进口物品”范围，经主管海关审核在自用合理数量范围内的，予以特准免税放行。其中各种食品每人每天共计限10千克，防寒衣物及被褥每人每种限10套。

超出上述自用合理数量范围的物品，以及自用的烟酒，经海关核准后，予以征税放行。

第五条 境外登山团体和个人运进、运出登山用的通讯、摄影、摄像、录像、测绘器材和机动交通工具等非消耗性物品，属于“暂时进口物品”范围，由中国登协按规定向主管海关缴纳保证金后，暂准免税进境。其中运进无线电通讯设备和器材，需交验国家无线电管理委员会的批件；随同登山团体和个人进境的境外记者运进的摄影、摄像器材，需交验外交部新闻司或全国记协的批件。

第六条 境外登山团体和个人以及随行的境外记者随身携带进境的上述“暂时进口物品”（机动交通工具除外），由进境地海关凭有关主管部门的批件和中国登协缴纳的保证金暂予免税放行；或者验凭主管海关出具的联系单，作为转关运输货物，由中国登协负责转运至主管海关办理。

对上述人员携带进境的其他物品，进境地海关按照《中华人民共和国海关对进出境旅客行李物品监管办法》有关规定验放。

第七条 境外团体和个人登山时采集的标本、样品、化石和在境内拍摄的音像资料以及测绘成果，由中国登协负责报国家有关主管部门审查。出境时，海关凭中国登协出具的有关主管部门的审批件查核放行。

第八条 境外登山团体和个人一律不准运进运出中华人民共和国禁止进出境物品。

第九条 经海关核准暂时免税进境的登山物品，不得移作他用，并应在规定的期限内复运出境。如因特殊原因不能复运出境的，应由中国登协在规定暂准进境期限内，办妥正式进口手续，向海关结案。

第十条 登山活动结束后，境外登山团体和个人留赠给中方的登山用物品，由中国登协按本规定第九条办理有关手续。

第十一条 中外联合登山团体进出境登山用物品，海关根据有关主管部门提供的中外登山人员总数合并审批有关登山物品数量。具体手续参照本规定有关条款办理。

第十二条 对违反本规定的，海关将依照《中华人民共和国海关法》和《中华人民共和国海关法行政处罚实施细则》规定予以处罚。

第十三条 本规定自1992年5月1日起施行。

中华人民共和国海关对旅客携带和个人邮寄中药材、中成药出境的管理规定

（1990年6月26日海关总署令第12号发布，自1990年7月1日起施行）

第一条 为了加强对中药材、中成药出境的管理，根据《中华人民共和国海关法》特制定本规定。

第二条 旅客携带中药材、中成药出境，前往港澳地区的，总值限人民币150元，前往国外的，限人民币300元。

第三条 个人邮寄中药材、中成药出境，寄往港澳地区的，总值限人民币100元，寄往国外的，限人民币200元。

第四条 进境旅客出境时携带用外汇购买的、数量合理的自用中药材、中成药，海关验凭盖有国家外汇管理局统一制发的“外汇购买专用章”的发货票放行。超出自用合理数量范围的，不准带出。

第五条 麝香不准携带或邮寄出境。

第六条 本规定自1990年7月1日起执行。

中华人民共和国海关对旅客携运和个人邮寄文物出口的管理规定

（1985年2月15日海关总署〔1985〕署行字第93号文发布，自1985年2月15日起实行，根据监二（一）字〔1989〕167号文修改）

第一条 根据《中华人民共和国文物保护法》第二条、第二十七条和第二十八条的规定，制定本规定。

第二条 旅客携带、托运和个人邮寄文物（含已故现代著名书画家的作品）出口，必须向海关申报，海关凭文化行政管理部门钤盖的鉴定标志及文物外销发货票，或文化部指定的文化行政管理部门开具的许可出口证明查验放行。

第三条 携运、邮寄文物出口，不向海关申报的，不论是否藏匿，均属走私行为。海关根据有关法规处理。

第四条 已向海关申报，但不能交验文化行政管理部门开具的文物许可出口证明和钤盖的鉴定标志或文物外销发货票的，不准出口，应予退运。限3个月内（来往港澳地区的旅客限1个月内）由当事人或其代理人领回；过期不领，海关按有关规定处理。

第五条 本规定自1985年2月15日起实行。

中华人民共和国海关对进出境快件监管办法

（2003年11月18日海关总署令第104号发布，根据2006年3月28日海关总署令第147号公布的《海关总署关于修改〈中华人民共和国海关对进出境快件监管办法〉的决定》修正）

第一章 总 则

第一条 为加强海关对进出境快件的监管，便利进出境快件通关，根据《中华人民共和国海关法》及其他有关法律、行政法规，制定本办法。

第二条 本办法所称进出境快件是指进出境快件运营人以向客户承诺的快速商业运作方式承揽、承运的进出境货物、物品。

第三条 本办法所称进出境快件运营人（以下简称运营人）是指在中华人民共和国境内依法注册，在海关登记备案的从事进出境快件运营业务的国际货物运输代理企业。

第四条 运营人不得承揽、承运《中华人民共和国禁止进出境物品表》所列物品，如有发现，不得擅作处理，应当立即通知海关并协助海关进行处理。

未经中华人民共和国邮政部门批准，运营人不得承揽、承运私人信件。

第五条 运营人不得以任何形式出租、出借、转让本企业的进出境快件报关权，不得代理非本企业承揽、承运的货物、物品的报关。

第六条 未经海关许可，未办结海关手续的进出境快件不得移出海关监管场所，不得进行装卸、开拆、重换包装、更换标记、提取、派送和发运等作业。

第二章 运营人登记

第七条 运营人申请办理进出境快件代理报关业务的，应当按照海关对国际货物运输代理企业的注册管理规定在所在地海关办理登记手续。

第八条 运营人在所在地海关办理登记手续应具备下列条件：

（一）内资国际货物运输代理企业及其分支机构已经获得国务院对外贸易主管部门或者其委托的备案机构办理的国际货运代理企业备案表；外商投资国际货物运输代理企业已经获得国务院对外贸易主管部门

颁发的外商投资企业批准证书，获准经营进出境快件业务；外商投资国际货物运输代理企业分公司已经获得国务院对外贸易主管部门的批准文件，获准经营进出境快件业务。

（二）已经领取工商行政管理部门颁发的企业法人营业执照，准予或者核定其经营进出境快件业务。

（三）已经在海关办理报关企业注册登记手续。

（四）具有境内、外进出境快件运输网络和2个以上境外分支机构或代理人。

（五）具有本企业专用进出境快件标志、运单，运输车辆符合海关监管要求并经海关核准备案。

（六）具备实行电子数据交换方式报关的条件。

（七）快件的外包装上应标有符合海关自动化检查要求的条形码。

（八）与境外合作者（包括境内企业法人在境外设立的分支机构）的合作运输合同或协议。

第九条 进出境快件运营人不再具备本办法第八条所列条件之一或者在1年内没有从事进出境快件运营业务的，海关注销该运营人从事进出境快件报关的资格。

第三章 进出境快件分类

第十条 本办法将进出境快件分为文件类、个人物品类和货物类三类。

第十一条 文件类进出境快件是指法律、法规规定予以免税且无商业价值的文件、单证、票据及资料。

第十二条 个人物品类进出境快件是指海关法规规定自用、合理数量范围内的进出境的旅客分离运输行李物品、亲友间相互馈赠物品和其他个人物品。

第十三条 货物类进出境快件是指第十一条、第十二条规定以外的快件。

第四章 进出境快件监管

第十四条 进出境快件通关应当在经海关批准的专门监管场所内进行，如因特殊情况需要在专门监管场所以外进行的，需事先征得所在地海关同意。

运营人应当在海关对进出境快件的专门监管场所内设有符合海关监管要求的专用场地、仓库和设备。

对进出境快件专门监管场所的管理办法，由海关总署另行制定。

第十五条 进出境快件通关应当在海关正常办公时间内进行，如需在海关正常办公时间以外进行的，需事先征得所在地海关同意。

第十六条 运营人应当按照海关的要求采用纸质文件方式或电子数据交换方式向海关办理进出境快件的报关手续。

第十七条 进境快件自运输工具申报进境之日起14日内，出境快件在运输工具离境3小时之前，应当向海关申报。

第十八条 运营人应向海关传输或递交进出境快件舱单或清单，海关确认无误后接受申报；运营人需提前报关的，应当提前将进出境快件运输和抵达情况书面通知海关，并向海关传输或递交舱单或清单，海关确认无误后接受预申报。

第十九条 海关查验进出境快件时，运营人应派员到场，并负责进出境快件的搬移、开拆和重封包装。

海关对进出境快件中的个人物品实施开拆查验时，运营人应通知进境快件的收件人或出境快件的发件人到场，收件人或发件人不能到场的，运营人应向海关提交其委托书，代理收/发件人的义务，并承担相应法律责任。

海关认为必要时，可对进出境快件予以径行开验、复验或者提取货样。

第二十条 除另有规定外，运营人办理进出境快件报关手续时，应当按本办法第十一条、第十二条、第十三条分类规定分别向海关提交有关报关单证并办理相应的报关、纳税手续。

第二十一条 文件类进出境快件报关时，运营人应当向海关提交中华人民共和国海关进出境快件KJ1报关单（见附件1）、总运单（副本）和海关需要的其他单证。

第二十二条 个人物品类进出境快件报关时，运营人应当向海关提交中华人民共和国海关进出境快件个人物品申报单（见附件2）、每一进出境快件的分运单、进境快件收件人或出境快件发件人身份证件影印件和海关需要的其他单证。

第二十三条 货物类进境快件报关时，运营人应当按下列情形分别向海关提交报关单证：

对关税税额在《中华人民共和国进出口关税条例》规定的关税起征数额以下的货物和海关规定准予免税的货样、广告品，应提交中华人民共和国海关进出境快件KJ2报关单（见附件3）、每一进境快件的分运单、发票和海关需要的其他单证。

对应予征税的货样、广告品（法律、法规规定实行许可证件管理的、需进口付汇的除外），应提交中华人民共和国海关进出境快件 KJ3 报关单（见附件 4）、每一进境快件的分运单、发票和海关需要的其他单证。

第二十四条 对第二十一条、第二十二条、第二十三条规定以外的货物，按照海关对进口货物通关的规定办理。

第二十五条 货物类出境快件报关时，运营人应按下列情形分别向海关提交报关单证：

对货样、广告品（法律、法规规定实行许可证件管理的、应征出口关税的、需出口收汇的、需出口退税的除外），应提交中华人民共和国海关进出境快件 KJ2 报关单、每一出境快件的分运单、发票和海关需要的其他单证。

对上述以外的其他货物，按照海关对出口货物通关的规定办理。

第五章 进出境专差快件

第二十六条 进出境专差快件是指运营人以专差押运方式承运进出境的空运快件。

第二十七条 运营人从事进出境专差快件经营业务，除应当按本办法第二章有关规定办理登记手续外，还应当将进出境专差快件的进出境口岸、时间、路线、运输工具航班、专差本人的详细情况、标志等向所在地海关登记。如有变更，应当于变更前 5 个工作日向所在地海关登记。

对符合上述条件的，所在地海关核发中华人民共和国海关进出境专差快件登记证书（见附件 5）。运营人凭以办理进出境专差快件报关业务。

第二十八条 进出境专差快件应按行李物品方式托运，使用专用包装，并在总包装的显著位置标注运营人名称和“进出境专差快件”字样。

第六章 法律责任

第二十九条 违反本办法有走私违法行为的，海关按照《中华人民共和国海关法》、《中华人民共和国海关法行政处罚实施细则》等有关法律、行政法规进行处理；构成犯罪的，依法追究刑事责任。

第七章 附 则

第三十条 本办法由海关总署负责解释。

第三十一条 本办法自 2004 年 1 月 1 日起施行。

附件 1 中华人民共和国海关进出境快件 KJ1 报关单

附件 2 中华人民共和国海关进出境快件个人物品申报单

附件 3 中华人民共和国海关进出境快件 KJ2 报关单

附件 4 中华人民共和国海关进出境快件 KJ3 报关单

附件 5 中华人民共和国海关专差快件登记备案证书

附件 1

中华人民共和国海关进出境快件 KJ1 报关单

报关单编号：

运营人名称：		进/出口岸：		运输工具航次：		进/出境日期：
总运单号码：						
序号	分运单号码	名称	件数	重量（千克）	收/发件人名称	验放代码

本运营人保证：　　年　　月　　日向 海关申报的上述物品为《中华人民共和国海关对进出境快件监管办法》中的A类范围内的物品，并就申报的真实性和合法性向你关负法律责任。 （运营人报关专用章）　　报关员：　　申报日期：
以 下 由 海 关 填 写
海关签章：　　经办关员：　　日期：　　查验关员：　　日期：

附件2

中华人民共和国海关进出境快件个人物品申报单

报关单编号：

运营人名称：		进/出口岸：			运输工具航次：			进/出境日期：	
总运单号码：									
序号	分运单号码	物品名称	价值（RMB）	件数	税率	税额	收/发件人姓名	国别/地区	证件号码	验放代码

本运营人保证：　　年　　月　　日向 海关申报的上述物品为《中华人民共和国海关对进出境快件监管办法》中的个人物品类范围内的物品，并就申报的真实性和合法性向你关负法律责任。 （运营人报关专用章）　　报关员：　　申报日期：
以 下 由 海 关 填 写
海关签章：　　经办关员：　　日期：　　查验关员：　　日期：

附件 3

中华人民共和国海关进出境快件 KJ2 报关单

报关单编号：

<table>
<tr><td colspan="8">运营人名称：　　进/出口岸：　　运输工具航次：　　进/出境日期：</td></tr>
<tr><td colspan="8">总运单号码：</td></tr>
<tr><td>序号</td><td>分运单号码</td><td>物品名称</td><td>价值（RMB）</td><td>重量（千克）</td><td>件数</td><td>收/发件人姓名</td><td>验放代码</td></tr>
<tr><td></td><td></td><td></td><td></td><td></td><td></td><td></td><td></td></tr>
<tr><td colspan="8">本运营人保证：　年　月　日向 海关申报的上述物品为《中华人民共和国海关对进出境快件监管办法》中的 B 类范围内的物品，并就申报的真实性和合法性向你关负法律责任。
（运营人报关专用章）　　报关员：　　申报日期：</td></tr>
<tr><td colspan="8">以 下 由 海 关 填 写</td></tr>
<tr><td colspan="8">海关签章：　　经办关员：　　日期：　　查验关员：　　日期：</td></tr>
</table>

附件 4

中华人民共和国海关进出境快件 KJ3 报关单

报关单编号：

<table>
<tr><td colspan="18">运营人名称：　　进/出口岸：　　运输工具航次：　　进/出境日期：　　总运单号码：</td></tr>
<tr><td>序号</td><td>分运单号码</td><td>经营单位</td><td>货物名称</td><td>价值（RMB）</td><td>重量（千克）</td><td>件数</td><td>商品编号（HS）</td><td>关税税率</td><td>关税税额</td><td>增值税税率</td><td>增值税税额</td><td>消费税税率</td><td>消费税税额</td><td>收/发件人名称</td><td>验放代码</td></tr>
<tr><td></td><td></td><td></td><td></td><td></td><td></td><td></td><td></td><td></td><td></td><td></td><td></td><td></td><td></td><td></td><td></td></tr>
<tr><td colspan="16">本运营人保证：　年　月　日向 海关申报的上述物品为《中华人民共和国海关对进出境快件监管办法》中的 C 类范围内的物品，并就申报的真实性和合法性向你关负法律责任。
（运营人报关专用章）　　报关员：　　申报日期：</td></tr>
<tr><td colspan="16">以 下 由 海 关 填 写</td></tr>
<tr><td colspan="16">海关签章：　　经办关员：　　日期：　　查验关员：　　日期：</td></tr>
</table>

附件5

中华人民共和国海关专差快件登记备案证书

中华人民共和国海关总署制

编号：________关第________号

运营人名称：____________________　　地址：____________________

专差姓名：____________________　　性别：____________________

护照号码：____________________　　国籍：____________________

经审核，同意你公司办理进出境专差快件业务的登记手续。自____年____月____日起，准予按照《中华人民共和国海关对进出境快件监管办法》的规定，在本关区________口岸办理承运路线为自____至____的进出境专差运营业务。

中华人民共和国____海关（印）

年　　月　　日

中华人民共和国海关对进口遗物的管理规定

（1984年5月8日海关总署〔1984〕署行字第285号文发布，自1984年6月1日起施行）

一、从国外或香港、澳门地区进口的遗物，应由物主在国内的继承人向海关申请并交验物主的死亡证明书原件和国内公证机关出具的继承权公证书，经海关核准后，方可一次进口。这项申请，以物主死亡后1年为期，逾期不予受理。

二、遗物系指物主生前使用过的物品。日常生活用品在合理数量范围内，准予免税进口；耐用消费品（不包括汽车、录像机），由国外进口的，准予免税放行4件；由香港澳门地区进口的，准予免税放行2件。

三、不属于物主生前使用过的物品以及超出上述范围的遗物，予以退运。

四、本规定自1984年6月1日起实施。

《入境旅客行李物品和个人邮递物品进口税税则归类表》、《入境旅客行李物品和个人邮递物品完税价格表》

（1996年7月30日海关总署令第57号发布，2002年海关总署公告第4号修订，自2002年3月1日起施行）

根据国务院关税税则委员会审议通过的《2002年入境旅客行李物品和个人邮递物品征收进口税税率表》，海关总署重新修订了《入境旅客行李物品和个人邮递物品进口税税则归类表》和《入境旅客行李物品和个人邮递物品完税价格表》，现予以公布，自2002年3月1日起施行。

对2002年3月1日前已携运或邮递进境、3月1日后办理海关征税手续的物品，按从低原则执行。

特此公告。

附件1　入境旅客行李物品和个人邮递物品进口税税则归类表（略）

附件2　入境旅客行李物品和个人邮递物品完税价格表（略）

中华人民共和国海关对高层次留学人才回国和海外科技专家来华工作进出境物品管理办法

（2006年12月26日海关总署令第154号发布，自2007年1月1日起施行）

第一条　为了鼓励高层次留学人才回国和海外科技专家来华工作，推动国家科学、技术进步，根据《中华人民共和国海关法》和国家有关法律、行政法规及其他有关规定，制定本办法。

第二条　由人事部、教育部或者其授权部门认定的高层次留学人才和海外科技专家（以下统称高层次人才），以随身携带、分离运输、邮递、快递等方式进出境科研、教学和自用物品，适用本办法。

第三条　回国定居或者来华工作连续1年以上（含1年，下同）的高层次人才进境本办法所附清单（见附件1）范围内合理数量的科研、教学物品，海关依据有关规定予以免税验放。

第四条　回国定居或者来华工作连续1年以上的高层次人才进境本办法所附清单（见附件2）范围内合理数量的自用物品，海关依据有关规定予以免税验放。

上述人员可以依据有关规定申请从境外运进自用机动车辆1辆（限小轿车、越野车、9座及以下的小客车），海关依据有关规定予以征税验放。

第五条　高层次人才进境本办法第三条、第四条所列物品，除应当向海关提交人事部、教育部或者其授权部门出具的高层次人才身份证明外，还应当按照下列规定办理海关手续：

（一）以随身携带、分离运输方式进境科研、教学物品的，应当如实向海关书面申报，并提交本人有效入出境身份证件；

（二）以邮递、快递方式进境科研、教学用品的，应当如实向海关申报，并提交本人有效入出境身份证件；

（三）回国定居或者来华工作连续1年以上的高层次人才进境自用物品的，应当填写中华人民共和国海关进出境自用物品申请表，并提交本人有效入出境身份证件、境内长期居留证件或者回国（来华）定居专家证，由本人或者委托他人向主管海关提出书面申请。

经主管海关审核批准后，进境地海关凭主管海关的审批单证和其他相关单证对上述物品予以验放。

第六条　高层次人才回国、来华后，因工作需要从境外运进少量消耗性的试剂、原料、配件等，应当由其所在单位按照《科学研究和教学用品免征进口税收暂行规定》办理有关手续。

上述人员因工作需要从境外临时运进少量非消耗性科研、教学物品的，可以由其所在单位向海关出具保函，海关按照暂时进境物品办理有关手续，并监管其按期复运出境。

第七条 已获人事部、教育部或者其授权部门批准回国定居或者来华工作连续1年以上，但尚未取得境内长期居留证件或者回国（来华）定居专家证的高层次人才，对其已经运抵口岸的自用物品，海关可以凭人事部、教育部或者其授权部门出具的书面说明文件先予放行。

上述高层次人才应当在物品进境之日起6个月内补办有关海关手续。

第八条 高层次人才依据有关规定从境外运进的自用机动车辆，属于海关监管车辆，依法接受海关监管。

自海关放行之日起1年后，高层次人才可以向主管海关申请解除监管。

对高层次人才进境自用机动车辆的其他监管事项，按照《中华人民共和国海关对非居民长期旅客进出境自用物品监管办法》有关规定办理。

第九条 高层次人才在华工作完毕返回境外时，以随身携带、分离运输、邮递、快递等方式出境原进境物品的，应当按照规定办理相关海关手续。

第十条 高层次人才因出境参加各种学术交流等活动需要，以随身携带、分离运输、邮递、快递等方式出境合理数量的科研、教学物品，除国家禁止出境的物品外，海关按照暂时出境物品办理有关手续。

第十一条 高层次人才进出境时，海关给予通关便利。对其随身携带的进出境物品，除特殊情况外，海关可以不予开箱查验。

海关在办理高层次人才进出境物品审批、验放等手续时，应当由指定的专门机构和专人及时办理。对在节假日或者非正常工作时间内以分离运输、邮递或者快递方式进出境的物品，有特殊情况需要及时验放的，海关可以预约加班，在约定的时间内为其办理物品通关手续。

第十二条 违反本办法，构成走私或者违反海关监管规定行为的，由海关依照《中华人民共和国海关法》和《中华人民共和国海关行政处罚实施条例》的有关规定予以处理；构成犯罪的，依法追究刑事责任。

第十三条 本办法由海关总署负责解释。

第十四条 本办法自2007年1月1日起施行。

附件1 免税科研、教学物品清单

附件2 免税自用物品清单

附件1

免税科研、教学物品清单

一、科学研究、科学试验和教学用的少量的小型检测、分析、测量、检查、计量、观测、发生信号的仪器、仪表及其附件；

二、为科学研究和教学提供必要条件的少量的小型实验设备；

三、各种载体形式的图书、报刊、讲稿、计算机软件；

四、标本、模型；

五、教学用幻灯片；

六、实验用材料。

附件2

免税自用物品清单

一、首次进境的个人生活、工作自用的家用摄像机、照相机、便携式收录机、便携式激光唱机、便携式计算机每种1件；

二、日常生活用品（衣物、床上用品、厨房用品等）；

三、其他自用物品（国家规定应当征税的20种商品除外）。

中华人民共和国海关对外国驻中国使馆和使馆人员进出境物品监管办法

（2008年3月10日海关总署令第174号发布，自2008年10月1日起施行）

第一章　总　则

第一条　为了规范海关对外国驻中国使馆（以下简称使馆）和使馆人员进出境公务用品和自用物品（以下简称公用、自用物品）的监管，根据《中华人民共和国海关法》（以下简称《海关法》）、《中华人民共和国外交特权与豁免条例》和《中华人民共和国海关总署关于外国驻中国使馆和使馆人员进出境物品的规定》制定本办法。

第二条　使馆和使馆人员进出境公用、自用物品适用本办法。

第三条　使馆和使馆人员进出境公用、自用物品应当以海关核准的直接需用数量为限。

第四条　使馆和使馆人员因特殊需要携运中国政府禁止或者限制进出境物品进出境的，应当事先得到中国政府有关主管部门的批准，并按照有关规定办理。

第五条　使馆和使馆人员首次进出境公用、自用物品前，应当持下列资料到主管海关办理备案手续：

（一）中国政府主管部门出具的证明使馆设立的文件原件及其复印件；

（二）用于报关文件的使馆馆印印模、馆长或者馆长授权的外交代表的签字样本一式五份；

（三）外交邮袋的加封封志实物和外交信使证明书样本一式五份。

使馆如从主管海关关区以外发送或者接收外交邮袋，还应当向主管海关提出申请，并提供外交邮袋的加封封志实物和外交信使证明书样本，由主管海关制作关封，交由使馆人员向进出境地海关备案。

（四）使馆人员和与其共同生活的配偶及未成年子女的进出境有效证件、中国政府主管部门核发的身份证件原件及其复印件，以及使馆出具的证明上述人员职衔、到任时间、住址等情况的文件原件及其复印件。

以上备案内容如有变更，使馆或者使馆人员应当自变更之日起10个工作日内向海关办理备案变更手续。

第六条　使馆和使馆人员进出境公用、自用物品，应当按照海关规定以书面或者口头方式申报。其中以书面方式申报的，还应当向海关报送电子数据。

第七条　外交代表携运进出境自用物品，海关予以免验放行。海关有重大理由推定其中装有本办法规定免税范围以外的物品、中国政府禁止进出境或者检疫法规规定管制的物品的，有权查验。海关查验时，外交代表或者其授权人员应当在场。

第八条　有下列情形之一的，使馆和使馆人员的有关物品不准进出境：

（一）携运进境的物品超出海关核准的直接需用数量范围的；

（二）未依照本办法第五条、第六条的规定向海关办理有关备案、申报手续的；

（三）未经海关批准，擅自将已免税进境的物品进行转让、出售等处置后，再次申请进境同类物品的；

（四）携运中国政府禁止或者限制进出境物品进出境，应当提交有关许可证件而不能提供的；

（五）违反海关关于使馆和使馆人员进出境物品管理规定的其他情形。

使馆和使馆人员应当在海关禁止进出境之日起3个月内向海关办理相关物品的退运手续。逾期未退运的，由海关依照《海关法》第三十条规定处理。

第九条　使馆和使馆人员免税运进的公用、自用物品，未经主管海关批准，不得进行转让、出售等处置。经批准进行转让、出售等处置的物品，应当按照规定向海关办理纳税或者免税手续。

使馆和使馆人员转让、出售按照本办法第十条、第十一条规定免税进境的机动车辆以及接受转让的机动车辆的，按照本办法第五章有关规定办理。

第二章　进境物品监管

第十条　使馆运进（含在境内外交人员免税店购买以及依法接受转让）烟草制品、酒精饮料和机动车辆等公用物品，海关在规定数量范围内（见附件1）予以免税。

第十一条 外交代表运进（含在境内外交人员免税店购买以及依法接受转让）烟草制品、酒精饮料和机动车辆等自用物品，海关在规定数量范围内（见附件2）予以免税。

第十二条 使馆行政技术人员和服务人员，如果不是中国公民并且不在中国永久居留的，其到任后6个月内运进的安家物品，经主管海关审核在直接需用数量范围内的（其中自用小汽车每户限1辆），海关予以免税验放。超出规定时限运进的物品，经海关核准仍属自用的，按照《中华人民共和国海关对非居民长期旅客进出境自用物品监管办法》的规定办理。

第十三条 使馆和使馆人员运进公用、自用物品，应当填写“中华人民共和国海关外交公/自用物品进出境申报单”（以下简称申报单，见附件3），向主管海关提出申请，并附提（运）单、发票、装箱单、身份证件复印件等有关单证材料。其中，运进机动车辆的，还应当递交使馆照会。

使馆运进由使馆主办或者参与的非商业性活动所需物品，应当递交使馆照会，并就物品的所有权、活动地点、日期、活动范围、活动的组织者和参加人、物品的最后处理向海关作出书面说明。活动在使馆以外场所举办的，还应当提供与主办地签订的合同副本。

海关应当自接受申报之日起10个工作日内作出是否准予进境的决定。

第十四条 经海关批准进境的物品，使馆和使馆人员可以委托报关企业到主管海关办理海关手续。

进境地不在主管海关关区的，使馆和使馆人员应当委托报关企业办理海关手续。受委托的报关企业应当按照海关对转关运输货物的规定，将有关物品转至主管海关办理海关手续。

第十五条 外交代表随身携带（含附载于同一运输工具上的）自用物品进境时，应当向海关口头申报，但外交代表每次随身携带进境的香烟超过400支、雪茄超过100支、烟丝超过500克、酒精含量12度及以上的酒精饮料超过2瓶（每瓶限750毫升）的，应当按照本办法第十三条的规定向海关提出书面申请，有关物品数量计入本办法第十一条规定的限额内。

第十六条 使馆和使馆人员进境机动车辆，应当自海关放行之日起10个工作日内，向海关申领“中华人民共和国海关监管车辆进/出境领/销牌照通知书”（以下简称“领/销牌照通知书”，见附件4），办理机动车辆牌照申领手续。

第三章 出境物品监管

第十七条 使馆和使馆人员运出公用、自用物品，应当填写申报单，并附提（运）单、发票、装箱单、身份证件复印件等有关单证材料，向主管海关提出申请。其中，运出机动车辆的，还应当递交使馆照会。

主管海关应当自接受申请之日起10个工作日内作出是否准予出境的决定。

第十八条 经海关批准出境的物品，使馆和使馆人员应当委托报关企业在出境地海关办理海关手续，如出境地不在主管海关关区，受委托企业应当按照海关对转关运输货物的规定，将有关物品转至出境地海关办理海关手续。

第十九条 外交代表随身携带（含附载于同一运输工具的）自用物品出境时，应当向海关口头申报。

第二十条 使馆和使馆人员申请将原进境机动车辆复运出境的，应当经主管海关审核批准。使馆和使馆人员凭海关开具的“领/销牌照通知书”向公安交通管理部门办理注销牌照手续。主管海关凭使馆和使馆人员交来的“领/销牌照通知书”回执联，办理结案手续。

拥有免税进境机动车辆的使馆人员因离任回国办理自用物品出境手续的，应当首先向主管海关办结自用车辆结案手续。

第四章 外交邮袋监管

第二十一条 使馆发送或者接收的外交邮袋，应当以装载外交文件或者公务用品为限，并符合中国政府关于外交邮袋重量、体积等的相关规定，同时施加使馆已在海关备案的封志。

第二十二条 外交信使携带（含附载于同一运输工具的）外交邮袋进出境时，必须持有派遣国主管机关出具的载明其身份和所携外交邮袋件数的信使证明书。海关验核信使证明书无误后予以免验放行。

第二十三条 外交邮袋由商业飞机机长转递时，机长必须持有委托国的官方证明文件，注明所携带的外交邮袋的件数。使馆应当派使馆人员向机长交接外交邮袋。海关验核外交邮袋和使馆人员身份证件无误后予以免验放行。

第二十四条 使馆以本办法第二十二条、第二十三条规定以外的其他方式进出境外交邮袋的，应当将外交邮袋存入海关监管仓库，并由使馆人员提取或者发运。海关验核使馆人员身份证件无误后予以免验放行。

第五章　机动车辆后续监管

第二十五条　使馆和使馆人员按照本办法第十条、第十一条规定免税进境的机动车辆以及接受转让的机动车辆属于海关监管车辆，主管海关对其实施后续监管。公用机动车辆的监管年限为自海关放行之日起6年，自用进境机动车辆的监管年限为自海关放行之日起3年。

未经海关批准，上述机动车辆在海关监管年限内不得进行转让、出售。

第二十六条　除使馆人员提前离任外，使馆和使馆人员免税进境的机动车辆，自海关放行之日起2年内不准转让或者出售。

根据前款规定可以转让或者出售的免税进境机动车辆，在转让或者出售时，应当向主管海关提出申请，经批准后方可以按规定转让给其他国家驻中国使馆和使馆人员、常驻机构和常驻人员或者海关批准的特许经营单位。其中需要征税的，应当由受让方向海关办理补税手续。受让方为其他国家驻中国使馆和使馆人员的，其机动车辆进境指标相应扣减。

机动车辆受让方同样享有免税运进机动车辆权利的，受让机动车辆予以免税。受让方主管海关在该机动车辆的剩余监管年限内实施后续监管。

第二十七条　使馆和使馆人员免税进境的机动车辆海关监管期限届满后，可以向海关申请解除监管。

申请解除监管时，应当出具照会，并持“中华人民共和国海关公/自用车辆解除监管申请表”（见附件5）、机动车辆行驶证向主管海关申请办理解除监管手续。

主管海关核准后，使馆和使馆人员凭海关开具的“中华人民共和国海关监管车辆解除监管证明书”（以下简称解除监管证明书，见附件6）向公安交通管理部门办理有关手续。

第二十八条　免税进境的机动车辆在监管期限内因事故、不可抗力遭受严重损毁；或者因损耗、超过使用年限等原因丧失使用价值的，使馆和使馆人员可以向主管海关申请报废车辆。海关审核同意后，开具“领/销牌照通知书”和“解除监管证明书”，使馆和使馆人员凭此向公安交通管理部门办理机动车辆注销手续，并持“领/销牌照通知书”回执到主管海关办理机动车辆结案手续。

第二十九条　免税进境的机动车辆有下列情形的，使馆和使馆人员可以按照相同数量重新申请进境机动车辆：

（一）按照本办法第二十六条规定被依法转让、出售，并且已办理相关手续的；

（二）因事故、不可抗力原因遭受严重损毁；或者因损耗、超过使用年限等原因丧失使用价值，已办理结案手续的。

第六章　附　则

第三十条　本办法下列用语的含义：

公务用品，是指使馆执行职务直接需用的进出境物品，包括：

（一）使馆使用的办公用品、办公设备、车辆；

（二）使馆主办或者参与的非商业性活动所需物品；

（三）使馆使用的维修工具、设备；

（四）使馆的固定资产，包括建筑装修材料、家具、家用电器、装饰品等；

（五）使馆用于免费散发的印刷品（广告宣传品除外）；

（六）使馆使用的招待用品、礼品等。

自用物品，是指使馆人员和与其共同生活的配偶及未成年子女在中国居留期间生活必需用品，包括自用机动车辆（限摩托车、小轿车、越野车、9座以下的小客车）。

直接需用数量，是指经海关审核，使馆为执行职务需要使用的数量，以及使馆人员和与其共同生活的配偶及未成年子女在中国居留期间仅供使馆人员和与其共同生活的配偶及未成年子女自身使用的数量。

主管海关，是指使馆所在地的直属海关。

第三十一条　外国驻中国领事馆、联合国及其专门机构和其他国际组织驻中国代表机构及其人员进出境公用、自用物品，由海关按照《中华人民共和国领事特权与豁免条例》、中国已加入的国际公约以及中国与有关国家或者国际组织签订的协议办理。有关法规、公约、协议不明确的，海关参照本办法有关条款办理。

第三十二条　外国政府给予中国驻该国的使馆和使馆人员进出境物品的优惠和便利，低于中国政府给予该国驻中国的使馆和使馆人员进出境物品的优惠和便利的，中国海关可以根据对等原则，给予该国驻中国使馆和使馆人员进出境物品相应的待遇。

第三十三条　本办法由海关总署负责解释。

第三十四条　本办法自2008年10月1日起施行。

1986 年 12 月 1 日海关总署发布的《外国驻中国使馆和使馆人员进出境物品报关办法》同时废止。

附件 1　使馆公用烟酒及机动车辆限量表
附件 2　外交代表自用烟酒及机动车辆限量表
附件 3　中华人民共和国海关外交公/自用物品进出境申报单
附件 4　中华人民共和国海关监管车辆进/出境领/销牌照通知书
附件 5　中华人民共和国海关公/自用车辆解除监管申请表
附件 6　中华人民共和国海关监管车辆解除监管证明书

附件 1

使馆公用烟酒及机动车辆限量表

使馆外交代表总数	香烟（每年）	酒精饮料（每年）	公用机动车辆
不超过 10 人	50 条	1000 瓶	公用机动车辆总数应当以不超过使馆外交代表总人数为限。
10 人以上至 20 人（含 20 人）	100 条	2000 瓶	
20 人以上	200 条	4000 瓶	

附件 2

外交代表自用烟酒及机动车辆限量表

类别	品种	限量	备注
烟草制品	香烟	15000 支	每人每年
	雪茄	1000 支	
	烟丝	5000 克	
酒精饮料	酒精含量 12 度至 22 度的酒精饮料	300 瓶	
	酒精含量 22 度以上的烈性酒	100 瓶	
自用机动车辆	摩托车、小轿车、越野车、9 座以下的小客车（限从以上车型中选择一种）	每人 1 辆	外交代表自用车辆总数不能超出使馆外交代表总人数

附件3

海关编号
Customs Serial No. ________

中华人民共和国海关
CUSTOMS OF THE PEOPLE'S REPUBLIC OF CHINA
外交公/自用物品进出境申报单
DECLARATION FORM OF ARTICLES FOR OFFICIAL OR PRIVATE USE IMPORTED OR EXPORTED BY DIPLOMATIC MISSIONS

所在机构及海关代码
Organization Name & Customs Code ________________________

物品所有人
Name of Owner ____________　物品所有人证件号码
ID No. of Owner ____________　用途（公用/自用）
Purpose（Official/Private）____________

物品批文号
Permit No. of Article ________　电话
Telephone ________　进/出境
Entry/Exit ________　进出境口岸
Entry/Exit Port ________

启运/运抵国（地区）
Departure/Destination Country（Region）______________　装货/指运港
Port of Loading/Delivery ______________

运输方式（水路 铁路 公路 航空 邮件 其他）
Means of Transport:（water rail road air mail other）　运输工具名称
Carrier's Name ________　航次（班）号
Voyage/Flight No. ________

提运单号
Bill of Lading No. ______　件数
Number of Piece（s）______　毛重（千克）
Gross Weight（kg）______　备注
Remarks ______

以下内容可由受托方填写
The following may be completed by the party entrusted

进/出境日期 __年__月__日
Date of Entry/Exit __Year __Month __Date　包装种类
Type of Package ______　体积
Volume ______　标箱数
Number of TEU ______

内包装件数
Quantity of Inside Packages ______　受托方名称及海关代码（身份证件号码）
Agency/Agent and Customs Code/ID No. ______________

本人（机构）申请进/出境下列公用/自用物品，并保证所有申报属实。
We, the undersigned organization, hereby apply for the import/export of the following articles for personal use or for official use and guarantee that all our declaration is true.

项号 Item No.	物品税号 Tariff Code	物品名称 Descriptions	规格/型号 Speci. / Model	数量 Quantity	单位 Unit	币制 Currency	总价 Total Value	备注 Remarks

馆长、机构负责人签名 Signature of Head of the Diplomatic Mission/Organization 馆印、机构印鉴 Seal of Mission/Organization 申报日期 __年__月__日 Date of Declaration Year __Month __Date __ 附__页 __Pages Attached	海关批注 Customs Remarks 海关签章 Customs Seal

填表说明：（带＊项目必须填写）

＊1. 所在机构及海关代码：机构中文全称及机构的海关代码。

2. 物品所有人：申报个人自用物品的，填本人中英文姓名。

3. 物品所有人证件号码：申报个人自用物品的，填本人证件号码。

＊4. 用途：在下列用途中选择一项。公用；自用。

5. 物品批文号：相关部门出具的批准文号。

6. 电话：境内联系电话。

＊7. 进出境：进境、出境、其他（写明原因，如报废等）。

以下内容按提货单填写（进口物品带＊项目必须填写，如尚未取得提货单可暂缓填写；出口物品如已取得场站收据等货运单据必须填写，如尚未取得相关货运单据可暂缓填写）

＊8. 进出境口岸：物品实际进出我国关境口岸海关的名称。

＊9. 启运/运抵国（地区）：启运国（地区）指进口货物直接运抵我国的起始发出的国家（地区）；运抵国（地区）指出口货物离开我国关境直接运抵的国家。无实际进出境的，本栏目填报中国。请按海关规定的《国别（地区）代码表》选择填报相应的启运/运抵国（地区）的中文名称。

＊10. 装货/指运港：装货港指进口物品在运抵我国关境前的最后一个境外装运港；指运港指出口物品运往境外的最终目的港。无实际进出境的，本栏目填报“中国境内”。请按海关规定的《港口航线代码表》选择填报相应的港口中文名称。

＊11. 运输方式：水路运输；铁路运输；公路运输；航空运输；邮件运输；其他运输（须注明具体方式）。

注：非邮件运输方式进出口的快递物品，按实际运输方式填报，如航空运输；进出境旅客随身携带的公用物品、免税店购买的物品，应填报其他运输。

＊12. 运输工具名称：水路运输填报船舶编号或船舶英文名称；铁路运输填报车厢编号或交接单号；公路运输填报该跨境运输车辆的国内行驶车牌号；航空运输免予填报；邮件运输填报邮政包裹单号；其他运输填报具体运输方式名称；旅客随身携带的公用物品，填报旅客所乘运输工具名称。

＊13. 航次（班）号：水路运输填报船舶的航次号；铁路运输填报进出境日期；公路运输填报该跨境运输车辆的进出境日期（8位）；航空运输免予填报；邮件运输填报进出境日期；旅客随身携带的公用物品，填报旅客所乘运输工具的航次班号；其他各类运输方式免予填报。

＊14. 提运单号：水路运输填报进出口提运单号，如有分提运单的，填报进出口提运单号＋“＊”＋分提运单号；铁路运输填报运单号；公路运输免予填报；航空运输填报总运单号＋“_”（下划线）＋分运单号，无分运单的填报总运单号；邮件运输填报邮运包裹单号；其他各类运输方式免予填报。

＊15. 件数：按提货单或场站收据填写。

＊16. 毛重（千克）：按提货单或场站收据填写。计量单位为千克，不足1千克的填报为“1”。

17. 备注：需向海关说明的其他情况。

18. 进/出境日期：运输工具进/出境的日期。无实际进出境的填申报日期。

19. 包装种类：选择以下一种包装填报。木箱；纸箱；桶装；散装；托盘；包；其他。

20. 体积：按提货单或场站收据填写，计量单位为立方米。

21. 标箱数：标准集装箱数量（散货填报为“0”，1个20英尺集装箱填报为“1”，1个40英尺集装箱填报为“2”，以此类推）。

22. 内包装件数：内包装箱（如纸板箱）件数。

23. 受托方名称及海关代码（身份证件号码）：委托代理公司申请的填报代理公司名称及海关代码；委托他人申请的填报受托人姓名和身份证件号码。

以下内容按装箱清单、发票填写（带＊项目必须填写）：

24. 项号：物品序列号。

＊25. 物品税号：自用物品按《入境旅客行李物品和个人邮递物品进口税税则归类表》归类填写。公用物品按《中华人民共和国海关进出口税则》8位税号填报。

＊26. 物品名称：物品规范的中文商品名称。汽车申报为：车辆牌名（如捷达、佳美等）＋排气量（以“cc”为单位）＋车型（如越野车、小轿车等），旧车应在车辆牌名前加“旧”字，新车不加。

27. 规格/型号：如普通电视机应申报荧幕尺寸，冰箱应申报容积数，汽车申报型号，如E320、750I等。

＊28. 数量：自用物品按携带物品的实际数量填写，如电脑主机1台、CD片20片、家具5件。公用物品按发票所列数量填写。

＊29. 单位：按《中华人民共和国海关统计商品目录》中所列法定计量单位填写。

＊30. 币制：按发票币制填写。

＊31. 总价：该项物品的总价值，须与发票一致。

＊32. 馆长、机构负责人签名：按海关备案的馆长、机构负责人及其授权人的签名样本签名。

＊33. 馆印、机构印鉴：按海关备案的机构印章。

＊34. 申报日期：向海关呈交申报单的日期。

35. 附页数：附页总页数（无附页的填“0”）。

Instructions：（Items marked with " * " must be completed.）

* 1. Organization Name & Customs Code：Full Chinese name of the organization and its Customs code.

2. Name of Owner：The name in Chinese and/or English of the owner who declares articles for personal use.

3. ID No. of Owner：ID No. of the owner who declares articles for personal use.

* 4. Purpose：Select one between the following uses：official or private.

5. Permit No. of Article：No. of permit issued by competent authorities

6. Telephone：Telephone No. in China

* 7. Entry/Exit：Indicate entry，exit and other. If "other" is selected，reasons such as "scrapped" shall be stated.

Complete the following information with reference to the Bill of Lading.（As for the inward articles，the items marked with " * " must be completed，but if the Bill of Lading is not available yet，the completion may be made later. As for the outward articles，if such shipping documents as dock receipts are available，the marked items must also be completed；if not available yet，the completion may be made later.

* 8. Entry/Exit Port：The name of the Customs port within China's Customs territory where the actual importation or exportation of relevant articles is effected

* 9. Departure/Destination Country/Region：Departure country/region refers to the original starting country/region from which the import goods are directly consigned to China's Customs Territory. Destination country/region refers to the country/region to which the export goods are directly consigned from China's Customs territory. In case there is no actual importation or exportation，fill in "China" in this item. Give the corresponding name in Chinese for the departure/destination country/region in conformity with COUNTRY/REGION CODE prescribed by China Customs.

* 10. Port of Loading/Delivery：The port of loading refers to the last overseas port where the import goods are loaded before their arrival in China's Customs Territory. The port of delivery refers to the final foreign destination port to which the export goods are consigned. In case there is no actual importation or exportation，fill in "within China's Customs territory" in this item. Give the corresponding name in Chinese for the port in conformity with PORT AND ROUTE CODE prescribed by China Customs.

* 11. Means of Transport：Transport via water；rail；road；air mail；or other（to be specified）.

Note：For those inward or outward express parcels by non－mail，give the actual means of transport such as "air" . As for articles for official use carried by inward or outward passengers，or articles purchased in duty－free shops，indicate "other".

* 12. Carrie's name：For water transport，give the number or English name of the vessel. For rail transport，give the carriage number or the transit receipt number. For road transport，give the license plate number of the cross－border vehicle running in China. For air transport，no record is needed. For mail consignment，give the number of the mail parcel form. And，for "other"，give the specific means of transport. As for the office appliances carried by inward/outward passengers，indicate the means of transport that the passenger takes.

* 13. Voyage/Flight No.：For water transport，give the voyage number of the vessel. For rail transport，give the date of entry or exit of the territory. For road transport，give the numeric eight－digit date of entry or exit of the cross－border vehicle. For air transport，no record is needed. For mail consignment，give the date of entry or exit of the territory. As for the office appliances carried by inward/outward passengers，indicate the means of transport that the passenger takes. No entry of this item is needed for various other means of transport.

* 14. B/L No.：For water transport，give the B/L No.. If there is a house B/L，give the import or export B/L No. plus " * " plus house B/L No.. For rail transport，give the waybill No.. For road transport，no entry is needed. For air transport，give "MAWB No. plus " —— "（underline）plus HAWB No." . Give MAWB No. if HAWB is not available. For mail consignment，give the number of the mail parcel form. No entry of this item is needed for various other means of transport.

* 15. Number of pieces：Give the number of pieces as shown in the B/L or Dock Receipt.

* 16. Gross Weight（kg）：Give the number of pieces as shown in the B/L or Dock Receipt. The unit of measurement is kilogram. Indicate "1" for the weight less than one kilogram.

17. Remarks：Other explanations necessary for the Customs.

18. Date of Entry/Exit：Give the date of entry or exit of the territory of the carrier. In case there is no actual entry or exit，give the date of declaration.

19. Type of Package：Indicate one of the following inside packages：wooden case，carton，barrel，bulk，pallet，bag or other.

20. Volume：Give the number of pieces as shown in the B/L or Dock Receipt. The unit of measurement is cubic metre.

21. Number of TEU：The number of standard containers（"0" for bulk cargo；"1" for one twenty－foot container and "2" for one forty－foot container，and so on.）

22. Number of Inside Package：The number of inside packing cases such as cartons.

23. Name of the Party Entrusted and Customs Code（ID No.）：The name and Customs code of the agency entrusted to make the declaration or the name and ID No. of the person entrusted to make the declaration.

Complete the following information with reference to the packing list and invoice. Items marked with " * " must be

completed.

24. Item No. : The Serial number of the article.

* 25. Tariff Code: For articles for personal use, complete this item with the classification according to the CLASSIFICATION AND NOMENCLATURE OF IMPORT CUSTOMS TARIFF ON INWARD PASSENGER'S LUGGAGE AND POSTAL ITEMS FOR PERSONAL USE Complete this item with the 8 - digit tariff code of the article for official use according to CUSTOMS TARIFF NOMENCLATURE FOR IMPORTS AND EXPORTS OF THE P. R. C.

* 26. Descriptions: The standard Chinese commercial name of the article. Automobiles are required to be declared as "brand" (e. g. Jetta, Camry etc.) + exhaust capacity (measured by "cc") + type (e. g. cross country vehicle, sedan car, etc.) As for used automobiles, indicate "used" before the brand whereas for new ones, no indication is needed.

27. Specifications/Model: For the common TV set, the screen size shall be declared, for the refrigerator, its capacity measured by litre, and for the automobile, its model such as "E320" or "7501" etc..

* 28. Quantity: For articles for personal use, give the quantity in conformity with the actual amount to be imported e. g. 1 set of computer mainframe, 20 discs of CD, 5 pieces of furniture. For articles for official use give the quantity as shown in the invoice.

* 29. Unit: Give the quantity of unit in accordance with the official measuring system.

* 30. Currency: Complete the item in conformity with the currency applied in the invoice.

* 31. The total value of the article in conformity with that on the invoice.

* 32. Signature of Head of the Diplomatic Mission/Organization: Signed by the head of the diplomatic mission/organization or the agent authorizd by him/her in conformity with the signature specimen recorded with the Customs.

* 33. Seal of Mission/Organization: The seal of the diplomatic mission/organization in conformity with the seal specimen recorded with the Customs.

* 34. Date of Declaration: The date of submission of this declaration form to the Customs.

35. Page (s) Attached: The total pages of the attachment, not including the page of the application form. If there is no attachment, indicate "0".

印制：

1. 单联（背面印《填表说明（中文）》）的供申请人填写；

2.《填表说明（英文）》单独印制。

附件4

中华人民共和国海关　　　　（　　）关______号

监管车辆 进/出 境 领/销 牌照通知书

单位名称______________________　　牌名、型号______________________

所有人______________________　　发动机号______________________

职务______________________　　车架号码______________________

以下由车管所批注

海关编号______________　　海关签章　　牌照号码______________

批准日期______________　　　　　　　牌照日期______________

关员印章______________　　　　　　　车管所印章______________

一式三联　　第一联　　车管部门留存

中华人民共和国海关　　　　　　（　　）关＿＿＿号

监管车辆 进/出 境 领/销 牌照通知书

单位名称＿＿＿＿＿＿＿＿＿＿＿＿＿＿＿　　牌名、型号＿＿＿＿＿＿＿＿＿＿＿＿＿＿＿

所有人＿＿＿＿＿＿＿＿＿＿＿＿＿＿＿＿　　发动机号＿＿＿＿＿＿＿＿＿＿＿＿＿＿＿＿

职务＿＿＿＿＿＿＿＿＿＿＿＿＿＿＿＿＿　　车架号码＿＿＿＿＿＿＿＿＿＿＿＿＿＿＿＿

以下由车管所批注

海关编号＿＿＿＿＿＿＿＿　　海关签章　　牌照号码＿＿＿＿＿＿＿＿

批准日期＿＿＿＿＿＿＿＿　　　　　　　　牌照日期＿＿＿＿＿＿＿＿

关员印章＿＿＿＿＿＿＿＿　　　　　　　　车管所印章＿＿＿＿＿＿＿＿

一式三联　　第二联　　由车管部门签注后退签发通知书的海关存查

中华人民共和国海关　　　　　　（　　）关＿＿＿号

监管车辆 进/出 境 领/销 牌照通知书

单位名称＿＿＿＿＿＿＿＿＿＿＿＿＿＿＿　　牌名、型号＿＿＿＿＿＿＿＿＿＿＿＿＿＿＿

所有人＿＿＿＿＿＿＿＿＿＿＿＿＿＿＿＿　　发动机号＿＿＿＿＿＿＿＿＿＿＿＿＿＿＿＿

职务＿＿＿＿＿＿＿＿＿＿＿＿＿＿＿＿＿　　车架号码＿＿＿＿＿＿＿＿＿＿＿＿＿＿＿＿

以下由车管所批注

海关编号＿＿＿＿＿＿＿＿　　海关签章　　牌照号码＿＿＿＿＿＿＿＿

批准日期＿＿＿＿＿＿＿＿　　　　　　　　牌照日期＿＿＿＿＿＿＿＿

关员印章＿＿＿＿＿＿＿＿　　　　　　　　车管所印章＿＿＿＿＿＿＿＿

一式三联　　第三联　　由签发海关留存

附件5

中华人民共和国海关
公/自用车辆解除监管申请表

申请日期：____________　　　　海关注册号码：____________

车辆牌照	厂牌型号	发动机号	车架号码
申请方： 签字或印章			
海关批注：	经办关员： 批准日期： 海关印章		

附件 6

中华人民共和国海关
监管车辆解除监管证明书存根

海关编号：（　　）__关____号

车辆牌名		发动机号	
车辆型号		车架号	
车辆颜色		行驶证号码	
进口日期		进口批件号	

海关签章：　　　　　　　经办人：　　　　　　　年　　月　　日

骑缝章处

中华人民共和国海关
监管车辆解除监管证明书

海关编号：（　　）__关____号

根据海关现行规定，______________________经我关批准进境的机动车辆已满海关监管期限，现准予解除监管，特此证明。

车辆牌名		发动机号	
车辆型号		车架号	
车辆颜色		行驶证号码	
进口日期		进口批件号	

经办关员签章：_______________　海关印章：_______________

年　　月　　日

关税征收管理类

中华人民共和国海关进出口货物征税管理办法

（2005 年 1 月 4 日海关总署令第 124 号发布，自 2005 年 3 月 1 日起施行）

第一章　总　则

第一条　为了保证国家税收政策的贯彻实施，加强海关税收管理，确保依法征税，保障国家税收，维护纳税义务人的合法权益，根据《中华人民共和国海关法》（以下简称《海关法》）、《中华人民共和国进出口关税条例》（以下简称《关税条例》）及其他有关法律、行政法规的规定，制定本办法。

第二条　海关征税工作，应当遵循准确归类、正确估价、依率计征、依法减免、严肃退补、及时入库的原则。

第三条　进出口关税、进口环节海关代征税的征收管理适用本办法。

进境物品进口税和船舶吨税的征收管理按照有关法律、行政法规和部门规章的规定执行，有关法律、行政法规、部门规章未作规定的，适用本办法。

第四条　海关应当按照国家有关规定承担保密义务，妥善保管纳税义务人提供的涉及商业秘密的资料，除法律、行政法规另有规定外，不得对外提供。

纳税义务人可以书面向海关提出为其保守商业秘密的要求，并具体列明需要保密的内容，但不得以商业秘密为理由拒绝向海关提供有关资料。

第二章　进出口货物税款的征收

第一节　申报与审核

第五条　纳税义务人进出口货物时应当依法向海关办理申报手续，按照规定提交有关单证。海关认为必要时，纳税义务人还应当提供确定商品归类、完税价格、原产地等所需的相关资料。提供的资料为外文的，海关需要时，纳税义务人应当提供中文译文并对译文内容负责。

进出口减免税货物的，纳税义务人还应当提交主管海关签发的进出口货物征免税证明（以下简称征免税证明，格式详见附件 1），但本办法第七十二条所列减免税货物除外。

第六条　纳税义务人应当按照法律、行政法规和海关规章关于商品归类、审定完税价格和原产地管理的有关规定，如实申报进出口货物的商品名称、税则号列（商品编号）、规格型号、价格、运保费及其他相关费用、原产地、数量等。

第七条　为审核确定进出口货物的商品归类、完税价格、原产地等，海关可以要求纳税义务人按照有关规定进行补充申报。纳税义务人认为必要时，也可以主动要求进行补充申报。

第八条 海关应当按照法律、行政法规和海关规章的规定，对纳税义务人申报的进出口货物商品名称、规格型号、税则号列、原产地、价格、成交条件、数量等进行审核。

海关可以根据口岸通关和货物进出口的具体情况，在货物通关环节仅对申报内容作程序性审核，在货物放行后再进行申报价格、商品归类、原产地等是否真实、正确的实质性核查。

第九条 海关为审核确定进出口货物的商品归类、完税价格及原产地等，可以对进出口货物进行查验，组织化验、检验或者对相关企业进行核查。

经审核，海关发现纳税义务人申报的进出口货物税则号列有误的，应当按照商品归类的有关规则和规定予以重新确定。

经审核，海关发现纳税义务人申报的进出口货物价格不符合成交价格条件，或者成交价格不能确定的，应当按照审定进出口货物完税价格的有关规定另行估价。

经审核，海关发现纳税义务人申报的进出口货物原产地有误的，应当通过审核纳税义务人提供的原产地证明、对货物进行实际查验或者审核其他相关单证等方法，按照海关原产地管理的有关规定予以确定。

经审核，海关发现纳税义务人提交的减免税申请或者所申报的内容不符合有关减免税规定的，应当按照规定计征税款。

纳税义务人违反海关规定，涉嫌伪报、瞒报的，应当按照规定移交海关调查或者缉私部门处理。

第十条 纳税义务人在货物实际进出口前，可以按照有关规定向海关申请对进出口货物进行商品预归类、价格预审核或者原产地预确定。海关审核确定后，应当书面通知纳税义务人，并在货物实际进出口时予以认可。

第二节 税款的征收

第十一条 海关应当根据进出口货物的税则号列、完税价格、原产地、适用的税率和汇率计征税款。

第十二条 海关应当按照《关税条例》有关适用最惠国税率、协定税率、特惠税率、普通税率、出口税率、关税配额税率或者暂定税率，以及实施反倾销措施、反补贴措施、保障措施或者征收报复性关税等适用税率的规定，确定进出口货物适用的税率。

第十三条 进出口货物，应当适用海关接受该货物申报进口或者出口之日实施的税率。

进口货物到达前，经海关核准先行申报的，应当适用装载该货物的运输工具申报进境之日实施的税率。

进口转关运输货物，应当适用指运地海关接受该货物申报进口之日实施的税率；货物运抵指运地前，经海关核准先行申报的，应当适用装载该货物的运输工具抵达指运地之日实施的税率。

出口转关运输货物，应当适用启运地海关接受该货物申报出口之日实施的税率。

经海关批准，实行集中申报的进出口货物，应当适用每次货物进出口时海关接受该货物申报之日实施的税率。

因超过规定期限未申报而由海关依法变卖的进口货物，其税款计征应当适用装载该货物的运输工具申报进境之日实施的税率。

因纳税义务人违反规定需要追征税款的进出口货物，应当适用违反规定的行为发生之日实施的税率；行为发生之日不能确定的，适用海关发现该行为之日实施的税率。

第十四条 已申报进境并放行的保税货物、减免税货物、租赁货物或者已申报进出境并放行的暂时进出境货物，有下列情形之一需缴纳税款的，应当适用海关接受纳税义务人再次填写报关单申报办理纳税及有关手续之日实施的税率：

（一）保税货物经批准不复运出境的；

（二）保税仓储货物转入国内市场销售的；

（三）减免税货物经批准转让或者移作他用的；

（四）可暂不缴纳税款的暂时进出境货物，经批准不复运出境或者进境的；

（五）租赁进口货物，分期缴纳税款的。

第十五条 补征或者退还进出口货物税款，应当按照本办法第十三条和第十四条的规定确定适用的税率。

第十六条 进出口货物的价格及有关费用以外币计价的，海关按照该货物适用税率之日所适用的计征汇率折合为人民币计算完税价格。完税价格采用四舍五入法计算至分。

海关每月使用的计征汇率为上一个月第三个星期三（第三个星期三为法定节假日的，顺延采用第四个星期三）中国人民银行公布的外币对人民币的基准汇率；以基准汇率币种以外的外币计价的，采用同一时间中国银行公布的现汇买入价和现汇卖出价的中间值（人民币元后采用四舍五入法保留4位小数）。如果上述汇率发生重大波动，海关总署认为必要时，可另行规定计征汇率，并对外公布。

第十七条 海关应当按照《关税条例》的规定，

以从价、从量或者国家规定的其他方式对进出口货物征收关税。

海关应当按照有关法律、行政法规规定的适用税种、税目、税率和计算公式对进口货物计征进口环节海关代征税。

除另有规定外，关税和进口环节海关代征税按照下述计算公式计征。

从价计征关税的计算公式为：

应纳税额＝完税价格×关税税率

从量计征关税的计算公式为：

应纳税额＝货物数量×单位关税税额

计征进口环节增值税的计算公式为：

应纳税额＝（完税价格＋实征关税税额＋实征消费税税额）×增值税税率

从价计征进口环节消费税的计算公式为：

应纳税额＝［（完税价格＋实征关税税额）/（1－消费税税率）］×消费税税率

从量计征进口环节消费税的计算公式为：

应纳税额＝货物数量×单位消费税税额

第十八条 除另有规定外，海关应当在货物实际进境，并完成海关现场接单审核工作之后及时填发税款缴款书。需要通过对货物进行查验确定商品归类、完税价格、原产地的，应当在查验核实之后填发或者更改税款缴款书。

纳税义务人收到税款缴款书后应当办理签收手续。

第十九条 海关税款缴款书一式六联（格式详见附件2），第一联（收据）由银行收款签章后交缴款单位或者纳税义务人；第二联（付款凭证）由缴款单位开户银行作为付出凭证；第三联（收款凭证）由收款国库作为收入凭证；第四联（回执）由国库盖章后退回海关财务部门；第五联（报查）国库收款后，关税专用缴款书退回海关，海关代征税专用缴款书送当地税务机关；第六联（存根）由填发单位存查。

第二十条 纳税义务人应当自海关填发税款缴款书之日起15日内向指定银行缴纳税款。逾期缴纳税款的，由海关自缴款期限届满之日起至缴清税款之日止，按日加收滞纳税款万分之五的滞纳金。纳税义务人应当自海关填发滞纳金缴款书之日起15日内向指定银行缴纳滞纳金。滞纳金缴款书的格式与税款缴款书相同。

缴款期限届满日遇星期六、星期日等休息日或者法定节假日的，应当顺延至休息日或者法定节假日之后的第一个工作日。国务院临时调整休息日与工作日的，海关应当按照调整后的情况计算缴款期限。

第二十一条 关税、进口环节海关代征税、滞纳金等，应当按人民币计征，采用四舍五入法计算至分。

滞纳金的起征点为50元。

第二十二条 银行收讫税款日为纳税义务人缴清税款之日。纳税义务人向银行缴纳税款后，应当及时将盖有证明银行已收讫税款的业务印章的税款缴款书送交填发海关验核，海关据此办理核注手续。

海关发现银行未按照规定及时将税款足额划转国库的，应当将有关情况通知国库。

第二十三条 纳税义务人缴纳税款前不慎遗失税款缴款书的，可以向填发海关提出补发税款缴款书的书面申请。海关应当自接到纳税义务人的申请之日起2个工作日内审核确认并重新予以补发。海关补发的税款缴款书内容应当与原税款缴款书完全一致。

纳税义务人缴纳税款后遗失税款缴款书的，可以自缴纳税款之日起1年内向填发海关提出确认其已缴清税款的书面申请，海关经审查核实后，应当予以确认，但不再补发税款缴款书。

第二十四条 纳税义务人因不可抗力或者国家税收政策调整不能按期缴纳税款的，应当在货物进出口前向办理进出口申报纳税手续的海关所在的直属海关提出延期缴纳税款的书面申请并随附相关材料，同时还应当提供缴税计划。

货物实际进出口时，纳税义务人要求海关先放行货物的，应当向海关提供税款担保。

第二十五条 直属海关应当自接到纳税义务人延期缴纳税款的申请之日起10日内审核情况是否属实，情况属实的，应当立即将有关申请材料报送海关总署。海关总署接到申请材料后，应当在20日内作出是否同意延期缴纳税款的决定以及延期缴纳税款的期限，并通知报送申请材料的直属海关。因特殊情况在20日内不能作出决定的，可以延长10日。

延期缴纳税款的期限，自货物放行之日起最长不超过6个月。

纳税义务人在批准的延期缴纳税款期限内缴纳税款的，不征收滞纳金；逾期缴纳税款的，自延期缴纳税款期限届满之日起至缴清税款之日止按日加收滞纳税款万分之五的滞纳金。

第二十六条 经海关总署审核未批准延期缴纳税款的，直属海关应当自接到海关总署未批准延期缴纳税款的决定之日起3个工作日内通知纳税义务人，并填发税款缴款书。

纳税义务人应当自海关填发税款缴款书之日起15日内向指定银行缴纳税款。逾期缴纳税款的，海关应当自缴款期限届满之日起至缴清税款之日止，按日加收滞纳税款万分之五的滞纳金。

第二十七条 散装进出口货物发生溢短装的，按照以下规定办理：

（一）溢装数量在合同、发票标明数量3%以内的，或者短装的，海关应当根据审定的货物单价，按照合同、发票标明数量计征税款。

（二）溢装数量超过合同、发票标明数量3%的，海关应当根据审定的货物单价，按照实际进出口数量计征税款。

第二十八条 纳税义务人、担保人自缴款期限届满之日起超过3个月仍未缴纳税款或者滞纳金的，海关可以按照《海关法》第六十条的规定采取强制措施。

纳税义务人在规定的缴纳税款期限内有明显的转移、藏匿其应税货物以及其他财产迹象的，海关可以责令纳税义务人向海关提供税款担保。纳税义务人不能提供税款担保的，海关可以按照《海关法》第六十一条的规定采取税收保全措施。

采取强制措施和税收保全措施的具体办法另行规定。

第三章　特殊进出口货物税款的征收

第一节　无代价抵偿货物

第二十九条 进口无代价抵偿货物，不征收进口关税和进口环节海关代征税；出口无代价抵偿货物，不征收出口关税。

前款所称无代价抵偿货物是指进出口货物在海关放行后，因残损、短少、品质不良或者规格不符原因，由进出口货物的发货人、承运人或者保险公司免费补偿或者更换的与原货物相同或者与合同规定相符的货物。

第三十条 纳税义务人应当在原进出口合同规定的索赔期内且不超过原货物进出口之日起3年，向海关申报办理无代价抵偿货物的进出口手续。

第三十一条 纳税义务人申报进口无代价抵偿货物，应当提交下列单证：

（一）原进口货物报关单；

（二）原进口货物退运出境的出口报关单或者原进口货物交由海关处理的货物放弃处理证明；

（三）原进口货物税款缴款书或者征免税证明；

（四）买卖双方签订的索赔协议。

因原进口货物短少而进口无代价抵偿货物，不需要提交前款第（二）项所列单证。

海关认为需要时，纳税义务人还应当提交具有资质的商品检验机构出具的原进口货物残损、短少、品质不良或者规格不符的检验证明书或者其他有关证明文件。

第三十二条 纳税义务人申报出口无代价抵偿货物，应当提交下列单证：

（一）原出口货物报关单；

（二）原出口货物退运进境的进口报关单；

（三）原出口货物税款缴款书或者征免税证明；

（四）买卖双方签订的索赔协议。

因原出口货物短少而出口无代价抵偿货物，不需要提交前款第（二）项所列单证。

海关认为需要时，纳税义务人还应当提交具有资质的商品检验机构出具的原出口货物残损、短少、品质不良或者规格不符的检验证明书或者其他有关证明文件。

第三十三条 纳税义务人申报进出口的无代价抵偿货物，与退运出境或者退运进境的原货物不完全相同或者与合同规定不完全相符的，应当向海关说明原因。

海关经审核认为理由正当，且其税则号列未发生改变的，应当按照审定进出口货物完税价格的有关规定和原进出口货物适用的计征汇率、税率，审核确定其完税价格、计算应征税款。应征税款高于原进出口货物已征税款的，应当补征税款的差额部分。应征税款低于原进出口货物已征税款，且原进出口货物的发货人、承运人或者保险公司同时补偿货款的，海关应当退还补偿货款部分的相应税款；未补偿货款的，税款的差额部分不予退还。

纳税义务人申报进出口的免费补偿或者更换的货物，其税则号列与原货物的税则号列不一致的，不适用无代价抵偿货物的有关规定，海关应当按照一般进出口货物的有关规定征收税款。

第三十四条 纳税义务人申报进出口无代价抵偿货物，被更换的原进口货物不退运出境且不放弃交由海关处理的，或者被更换的原出口货物不退运进境的，海关应当按照接受无代价抵偿货物申报进出口之日适用的税率、计征汇率和有关规定对原进出口货物重新估价征税。

第三十五条 被更换的原进口货物退运出境时不征

收出口关税。

被更换的原出口货物退运进境时不征收进口关税和进口环节海关代征税。

第二节 租赁进口货物

第三十六条 纳税义务人进口租赁货物，除另有规定外，应当向其所在地海关办理申报进口及申报纳税手续。

纳税义务人申报进口租赁货物，应当向海关提交租赁合同及其他有关文件。海关认为必要时，纳税义务人应当提供税款担保。

第三十七条 租赁进口货物自进境之日起至租赁结束办结海关手续之日止，应当接受海关监管。

一次性支付租金的，纳税义务人应当在申报租赁货物进口时办理纳税手续，缴纳税款。

分期支付租金的，纳税义务人应当在申报租赁货物进口时，按照第一期应当支付的租金办理纳税手续，缴纳相应税款；在其后分期支付租金时，纳税义务人向海关申报办理纳税手续应当不迟于每次支付租金后的第15日。纳税义务人未在规定期限内申报纳税的，海关按照纳税义务人每次支付租金后第15日该货物适用的税率、计征汇率征收相应税款，并自本款规定的申报办理纳税手续期限届满之日起至纳税义务人申报纳税之日止按日加收应缴纳税款万分之五的滞纳金。

第三十八条 海关应当对租赁进口货物进行跟踪管理，督促纳税义务人按期向海关申报纳税，确保税款及时足额入库。

第三十九条 纳税义务人应当自租赁进口货物租期届满之日起30日内，向海关申请办结监管手续，将租赁进口货物复运出境。需留购、续租租赁进口货物的，纳税义务人向海关申报办理相关手续应当不迟于租赁进口货物租期届满后的第30日。

海关对留购的租赁进口货物，按照审定进口货物完税价格的有关规定和海关接受申报办理留购的相关手续之日该货物适用的计征汇率、税率，审核确定其完税价格、计征应缴纳的税款。

续租租赁进口货物的，纳税义务人应当向海关提交续租合同，并按照本办法第三十六条和第三十七条的有关规定办理申报纳税手续。

第四十条 纳税义务人未在本办法第三十九条第一款规定的期限内向海关申报办理留购租赁进口货物的相关手续的，海关除按照审定进口货物完税价格的有关规定和租期届满后第30日该货物适用的计征汇率、税率，审核确定其完税价格、计征应缴纳的税款外，还应当自租赁期限届满后30日起至纳税义务人申报纳税之日止按日加收应缴纳税款万分之五的滞纳金。

纳税义务人未在本办法第三十九条第一款规定的期限内向海关申报办理续租租赁进口货物的相关手续的，海关除按照本办法第三十七条的规定征收续租租赁进口货物应缴纳的税款外，还应当自租赁期限届满后30日起至纳税义务人申报纳税之日止按日加收应缴纳税款万分之五的滞纳金。

第四十一条 租赁进口货物租赁期未满终止租赁的，其租期届满之日为租赁终止日。

第三节 暂时进出境货物

第四十二条 经海关批准暂时进境或者暂时出境的货物，海关按照有关规定实施管理。

第四十三条 《关税条例》第四十二条第一款所列的暂时进出境货物，在海关规定期限内，可以暂不缴纳税款。

前款所述暂时进出境货物在规定期限届满后不再复运出境或者复运进境的，纳税义务人应当在规定期限届满前向海关申报办理进出口及纳税手续。海关按照有关规定征收税款。

第四十四条 《关税条例》第四十二条第一款所列范围以外的其他暂时进出境货物，海关按照审定进出口货物完税价格的有关规定和海关接受该货物申报进出境之日适用的计征汇率、税率，审核确定其完税价格、按月征收税款，或者在规定期限内货物复运出境或者复运进境时征收税款。

计征税款的期限为60个月。不足一个月但超过15天的，按一个月计征；不超过15天的，免予计征。计征税款的期限自货物放行之日起计算。

按月征收税款的计算公式为：

每月关税税额＝关税总额×（1/60）

每月进口环节代征税税额＝进口环节代征税总额×（1/60）

本条第一款所述暂时进出境货物在规定期限届满后不再复运出境或者复运进境的，纳税义务人应当在规定期限届满前向海关申报办理进出口及纳税手续，缴纳剩余税款。

第四十五条 暂时进出境货物未在规定期限内复运出境或者复运进境，且纳税义务人未在规定期限届满前向海关申报办理进出口及纳税手续的，海关除按照规定征收应缴纳的税款外，还应当自规定期限届满之日起至纳税义务人申报纳税之日止按日加收应缴纳税款万分之五的滞纳金。

第四十六条 本办法第四十三条至第四十五条中所称“规定期限”均包括经海关批准的暂时进出境货物延长复运出境或者复运进境的期限。

第四节 进出境修理货物和出境加工货物

第四十七条 纳税义务人在办理进境修理货物的进口申报手续时，应当向海关提交该货物的维修合同（或者含有保修条款的原出口合同），并向海关提供进口税款担保或者由海关按照保税货物实施管理。进境修理货物应当在海关规定的期限内复运出境。

进境修理货物需要进口原材料、零部件的，纳税义务人在办理原材料、零部件进口申报手续时，应当向海关提交进境修理货物的维修合同（或者含有保修条款的原出口合同）、进境修理货物的进口报关单（与进境修理货物同时申报进口的除外），并向海关提供进口税款担保或者由海关按照保税货物实施管理。进口原材料、零部件只限用于进境修理货物的修理，修理剩余的原材料、零部件应当随进境修理货物一同复运出境。

第四十八条 纳税义务人在办理进境修理货物及剩余进境原材料、零部件复运出境的出口申报手续时，应当向海关提交该货物及进境原材料、零部件的原进口报关单和维修合同（或者含有保修条款的原出口合同）等单证。海关凭此办理解除修理货物及原材料、零部件进境时纳税义务人提供税款担保的相关手续；由海关按照保税货物实施管理的，按照有关保税货物的管理规定办理。

因正当理由不能在海关规定期限内将进境修理货物复运出境的，纳税义务人应当在规定期限届满前向海关说明情况，申请延期复运出境。

第四十九条 进境修理货物未在海关允许期限（包括延长期，下同）内复运出境的，海关对其按照一般进出口货物的征税管理规定实施管理，将该货物进境时纳税义务人提供的税款担保转为税款。

第五十条 纳税义务人在办理出境修理货物的出口申报手续时，应当向海关提交该货物的维修合同（或者含有保修条款的原进口合同）。出境修理货物应当在海关规定的期限内复运进境。

第五十一条 纳税义务人在办理出境修理货物复运进境的进口申报手续时，应当向海关提交该货物的原出口报关单和维修合同（或者含有保修条款的原进口合同）、维修发票等单证。

海关按照审定进口货物完税价格的有关规定和海关接受该货物申报复运进境之日适用的计征汇率、税率，审核确定其完税价格、计征进口税款。

因正当理由不能在海关规定期限内将出境修理货物复运进境的，纳税义务人应当在规定期限届满前向海关说明情况，申请延期复运进境。

第五十二条 出境修理货物超过海关允许期限复运进境的，海关对其按照一般进口货物的征税管理规定征收进口税款。

第五十三条 纳税义务人在办理出境加工货物的出口申报手续时，应当向海关提交该货物的委托加工合同；出境加工货物属于征收出口关税的商品的，纳税义务人应当向海关提供出口税款担保。出境加工货物应当在海关规定的期限内复运进境。

第五十四条 纳税义务人在办理出境加工货物复运进境的进口申报手续时，应当向海关提交该货物的原出口报关单和委托加工合同、加工发票等单证。

海关按照审定进口货物完税价格的有关规定和海关接受该货物申报复运进境之日适用的计征汇率、税率，审核确定其完税价格、计征进口税款，同时办理解除该货物出境时纳税义务人提供税款担保的相关手续。

因正当理由不能在海关规定期限内将出境加工货物复运进境的，纳税义务人应当在规定期限届满前向海关说明情况，申请延期复运进境。

第五十五条 出境加工货物未在海关允许期限内复运进境的，海关对其按照一般进出口货物的征税管理规定实施管理，将该货物出境时纳税义务人提供的税款担保转为税款；出境加工货物复运进境时，海关按照一般进口货物的征税管理规定征收进口税款。

第五十六条 本办法第四十七条至第五十五条中所称“海关规定期限”和“海关允许期限”，由海关根据进出境修理货物、出境加工货物的有关合同规定以及具体实际情况予以确定。

第五节 退运货物

第五十七条 因品质或者规格原因，出口货物自出口放行之日起1年内原状退货复运进境的，纳税义务人在办理进口申报手续时，应当按照规定提交有关单证和证明文件。经海关确认后，对复运进境的原出口货物不予征收进口关税和进口环节海关代征税。

第五十八条 因品质或者规格原因，进口货物自进口放行之日起1年内原状退货复运出境的，纳税义务人在办理出口申报手续时，应当按照规定提交有关单证和证明文件。经海关确认后，对复运出境的原进口货物不予征收出口关税。

第四章 进出口货物税款的退还与补征

第五十九条 海关发现多征税款的，应当立即通知纳税义务人办理退税手续。纳税义务人应当自收到海关通知之日起3个月内办理有关退税手续。

第六十条 纳税义务人发现多缴纳税款的，自缴纳税款之日起1年内，可以向海关申请退还多缴的税款并加算银行同期活期存款利息。

纳税义务人向海关申请退还税款及利息时，应当提交下列材料：

（一）退税申请书（格式详见附件3）；

（二）原税款缴款书和可以证明应予退税的材料。

第六十一条 已缴纳税款的进口货物，因品质或者规格原因原状退货复运出境的，纳税义务人自缴纳税款之日起1年内，可以向海关申请退税。

纳税义务人向海关申请退税时，应当提交下列材料：

（一）退税申请书；

（二）原进口报关单、税款缴款书、发票；

（三）货物复运出境的出口报关单；

（四）收发货人双方关于退货的协议。

第六十二条 已缴纳出口关税的出口货物，因品质或者规格原因原状退货复运进境，并已重新缴纳因出口而退还的国内环节有关税收的，纳税义务人自缴纳税款之日起1年内，可以向海关申请退税。

纳税义务人向海关申请退税时，应当提交下列材料：

（一）退税申请书；

（二）原出口报关单、税款缴款书、发票；

（三）货物复运进境的进口报关单；

（四）收发货人双方关于退货的协议和税务机关重新征收国内环节税的证明。

第六十三条 已缴纳出口关税的货物，因故未装运出口申报退关的，纳税义务人自缴纳税款之日起1年内，可以向海关申请退税。

纳税义务人向海关申请退税时，应当提交下列材料：

（一）退税申请书；

（二）原出口报关单和税款缴款书。

第六十四条 散装进出口货物发生短装并已征税放行的，如果该货物的发货人、承运人或者保险公司已对短装部分退还或者赔偿相应货款，纳税义务人自缴纳税款之日起1年内，可以向海关申请退还进口或者出口短装部分的相应税款。

纳税义务人向海关申请退税时，应当提交下列材料：

（一）退税申请书；

（二）原进口或者出口报关单、税款缴款书、发票；

（三）具有资质的商品检验机构出具的相关检验证明书；

（四）已经退款或者赔款的证明文件。

第六十五条 进出口货物因残损、品质不良、规格不符原因，或者发生本办法第六十四条规定以外的货物短少的情形，由进出口货物的发货人、承运人或者保险公司赔偿相应货款的，纳税义务人自缴纳税款之日起1年内，可以向海关申请退还赔偿货款部分的相应税款。

纳税义务人向海关申请退税时，应当提交下列材料：

（一）退税申请书；

（二）原进口或者出口报关单、税款缴款书、发票；

（三）已经赔偿货款的证明文件。

第六十六条 海关收到纳税义务人的退税申请后应当进行审核。纳税义务人提交的申请材料齐全且符合规定形式的，海关应当予以受理，并以海关收到申请材料之日作为受理之日；纳税义务人提交的申请材料不全或者不符合规定形式的，海关应当在收到申请材料之日起5个工作日内一次告知纳税义务人需要补正的全部内容，并以海关收到全部补正申请材料之日为海关受理退税申请之日。

纳税义务人按照本办法第六十一条、第六十二条或者第六十五条的规定申请退税的，海关认为需要时，可以要求纳税义务人提供具有资质的商品检验机构出具的原进口或者出口货物品质不良、规格不符或者残损、短少的检验证明书或者其他有关证明文件。

海关应当自受理退税申请之日起30日内查实并通知纳税义务人办理退税手续或者不予退税的决定。纳税义务人应当自收到海关准予退税的通知之日起3个月内办理有关退税手续。

第六十七条 海关办理退税手续时，应当填发收入退还书（格式详见附件4），并按照以下规定办理：

（一）按照本办法第六十条规定应当同时退还多征税款部分所产生的利息的，应退利息按照海关填发收入退还书之日中国人民银行规定的活期储蓄存款利息率计算。计算应退利息的期限自纳税义务人缴纳税款之日起至海关填发收入退还书之日止。

（二）进口环节增值税已予抵扣的，该项增值税不予退还，但国家另有规定的除外。

（三）已征收的滞纳金不予退还。

退还税款、利息涉及从国库中退库的，按照法律、行政法规有关国库管理的规定以及有关规章规定的具体实施办法执行。

第六十八条 进出口货物放行后，海关发现少征税款的，应当自缴纳税款之日起1年内，向纳税义务人补征税款；海关发现漏征税款的，应当自货物放行之日起1年内，向纳税义务人补征税款。

第六十九条 因纳税义务人违反规定造成少征税款的，海关应当自缴纳税款之日起3年内追征税款；因纳税义务人违反规定造成漏征税款的，海关应当自货物放行之日起3年内追征税款。海关除依法追征税款外，还应当自缴纳税款或者货物放行之日起至海关发现违规行为之日止按日加收少征或者漏征税款万分之五的滞纳金。

因纳税义务人违反规定造成海关监管货物少征或者漏征税款的，海关应当自纳税义务人应缴纳税款之日起3年内追征税款，并自应缴纳税款之日起至海关发现违规行为之日止按日加收少征或者漏征税款万分之五的滞纳金。

前款所称“应缴纳税款之日”是指纳税义务人违反规定的行为发生之日；该行为发生之日不能确定的，应当以海关发现该行为之日作为应缴纳税款之日。

第七十条 海关补征或者追征税款，应当制发海关补征税款告知书（格式详见附件5）。纳税义务人应当自收到海关补征税款告知书之日起15日内到海关办理补缴税款的手续。

纳税义务人未在前款规定期限内办理补税手续的，海关应当在规定期限届满之日填发税款缴款书。

第七十一条 根据本办法第三十七、四十、四十五、六十九条的有关规定，因纳税义务人违反规定需在征收税款的同时加收滞纳金的，如果纳税义务人未在规定的15天缴款期限内缴纳税款，海关依照本办法第二十条的规定另行加收自缴款期限届满之日起至缴清税款之日止滞纳税款的滞纳金。

第五章 进出口货物税款的减征与免征

第七十二条 纳税义务人进出口减免税货物，应当在货物进出口前，按照规定持有关文件向海关办理减免税审批手续。下列减免税进出口货物无需办理减免税审批手续：

（一）关税、进口环节增值税或者消费税税额在人民币50元以下的一票货物；

（二）无商业价值的广告品和货样；

（三）在海关放行前遭受损坏或者损失的货物；

（四）进出境运输工具装载的途中必需的燃料、物料和饮食用品；

（五）其他无需办理减免税审批手续的减征或者免征税款的货物。

第七十三条 对于本办法第七十二条第（三）项所列货物，纳税义务人应当在申报时或者自海关放行货物之日起15日内书面向海关说明情况，提供相关证明材料。海关认为需要时，可以要求纳税义务人提供具有资质的商品检验机构出具的货物受损程度的检验证明书。海关根据实际受损程度予以减征或者免征税款。

第七十四条 除另有规定外，纳税义务人应当向其主管海关申请办理减免税审批手续。海关按照有关规定予以审核，并签发征免税证明。

第七十五条 特定地区、特定企业或者有特定用途的特定减免税进口货物，应当接受海关监管。

特定减免税进口货物的监管年限为：

（一）船舶、飞机：8年；

（二）机动车辆：6年；

（三）其他货物：5年。

监管年限自货物进口放行之日起计算。

第七十六条 在特定减免税进口货物的监管年限内，纳税义务人应当自减免税货物放行之日起每年一次向主管海关报告减免税货物的状况；除经海关批准转让给其他享受同等税收优惠待遇的项目单位外，纳税义务人在补缴税款并办理解除监管手续后，方可转让或者进行其他处置。

特定减免税进口货物监管年限届满时，自动解除海关监管。纳税义务人需要解除监管证明的，可以自监管年限届满之日起1年内，持有关单证向海关申请领取解除监管证明。海关应当自接到纳税义务人的申请之日起20日内核实情况，并填发解除监管证明。

第六章 进出口货物的税款担保

第七十七条 有下列情形之一，纳税义务人要求海关先放行货物的，应当按照海关初步确定的应缴税款向海关提供足额税款担保：

（一）海关尚未确定商品归类、完税价格、原产地等征税要件的；

（二）正在海关办理减免税审批手续的；

（三）申请延期缴纳税款的；

（四）暂时进出境的；

（五）进境修理和出境加工的，按保税货物实施管理的除外；

（六）因残损、品质不良或者规格不符，纳税义务人申报进口或者出口无代价抵偿货物时，原进口货物尚未退运出境或者尚未放弃交由海关处理的，或者原出口货物尚未退运进境的；

（七）其他按照有关规定需要提供税款担保的。

第七十八条 除另有规定外，税款担保期限一般不超过6个月，特殊情况经直属海关关长或者其授权人批准可以酌情延长。

税款担保一般应为保证金、银行或者非银行金融机构的保函，但另有规定的除外。

银行或者非银行金融机构的税款保函，其保证方式应当是连带责任保证。税款保函明确规定保证期间的，保证期间应当不短于海关批准的担保期限。

第七十九条 在海关批准的担保期限内，纳税义务人履行纳税义务的，海关应当自纳税义务人履行纳税义务之日起5个工作日内办结解除税款担保的相关手续。

在海关批准的担保期限内，纳税义务人未履行纳税义务，对收取税款保证金的，海关应当自担保期限届满之日起5个工作日内完成保证金转为税款的相关手续；对银行或者非银行金融机构提供税款保函的，海关应当自担保期限届满之日起6个月内或者在税款保函规定的保证期间内要求担保人履行相应的纳税义务。

第七章 附 则

第八十条 纳税义务人、担保人对海关确定纳税义务人、确定完税价格、商品归类、确定原产地、适用税率或者计征汇率、减征或者免征税款、补税、退税、征收滞纳金、确定计征方式以及确定纳税地点有异议的，应当按照海关作出的相关行政决定依法缴纳税款，并可以依照《中华人民共和国行政复议法》和《中华人民共和国海关实施〈行政复议法〉办法》向上一级海关申请复议。对复议决定不服的，可以依法向人民法院提起诉讼。

第八十一条 违反本办法规定，构成违反海关监管规定行为、走私行为的，按照《海关法》、《中华人民共和国海关行政处罚实施条例》和其他有关法律、行政法规的规定处罚。构成犯罪的，依法追究刑事责任。

第八十二条 保税货物和进出保税区、出口加工区、保税仓库及类似的海关监管场所的货物的税收管理，按照本办法规定执行。本办法未作规定的，按照有关法律、行政法规和海关规章的规定执行。

第八十三条 通过电子数据交换方式申报纳税和缴纳税款的管理办法，另行制定。

第八十四条 本办法由海关总署负责解释。

第八十五条 本办法自2005年3月1日起施行。1986年9月30日由中华人民共和国海关总署发布的《海关征税管理办法》同时废止。

附件1 进出口货物征免税证明（格式）（略）

附件2 ______海关专用缴款书（格式）（略）

附件3 退税申请书（格式）（略）

附件4 收入退还书（海关专用）（格式）（略）

附件5 海关补征税款告知书（格式）（略）

中华人民共和国海关关于《扶贫、慈善性捐赠物资免征进口税收暂行办法》的实施办法

（2001年12月13日海关总署令第90号发布，自2002年1月1日起施行）

第一条 根据《中华人民共和国海关法》和《扶贫、慈善性捐赠物资免征进口税收暂行办法》（以下简称《暂行办法》）及国家有关法律、法规的规定，特制定本实施办法。

第二条 《暂行办法》所称的受赠人，是指国务院有关部门和各省、自治区、直辖市人民政府，以及从事人道救助和发展扶贫、慈善事业为宗旨的全国性的社会团体。包括中国红十字会总会、全国妇女联合会、中国残疾人联合会、中华慈善总会、中国初级卫生保健基金会和宋庆龄基金会。

本实施办法所称的使用人（使用单位），是指捐赠物资的直接使用者或负责分配该捐赠物资的单位或个人。

第三条 《暂行办法》所称的“公共图书馆和公共博物馆”是指：

（一）经省级以上文化行政管理部门认定、向社会开放的县（市）级以上单位管理的公益性图书馆。

（二）经省级以上文物行政管理部门认定、向公众开放的县（市）级以上单位管理的各类公益性博物馆。

第四条 《暂行办法》第六条各项所列的用于扶贫、慈善公益性事业的捐赠物资可予免税，其中：

（一）“基本医疗药品”是指用于急救、治疗、防疫、消毒、抗菌等用途的药品和人体移植用的器官，但不包括保健药和营养药。

（二）“基本医疗器械”是指诊疗器械、手术器械、卫生检测器械、伤残修复器械、防疫防护器械、消毒灭菌器械。

（三）“教学仪器”是指《暂行办法》规定的学校、幼儿园专用于教学的检验、观察、计量、演示用的仪器和器具。

（四）“一般学习用品”是指《暂行办法》规定的学校、幼儿园教学和学生专用的文具、教具、婴幼儿玩具、标本、模型、切片、各类学习软件、实验室用器皿和试剂、学生服装（含鞋帽）和书包等。

（五）“直接用于环境保护的专用仪器”是指环保系统专用的空气质量与污染源废气监测仪器及治理设备、环境水质与污水监测仪器及治理设备、环境污染事故应急监测仪器、固体废物监测仪器及处置设备、辐射防护与电磁辐射监测仪器及设备、生态保护监测仪器及设备、噪声及振动监测仪器和实验室通用分析仪器及设备。

第五条 国际和外国医疗机构在我国从事慈善和人道医疗救助活动，供免费使用的医疗药品和器械及在治疗过程中使用的消耗性的医用卫生材料比照本规定办理。

第六条 扶贫、慈善捐赠进口物资由本规定第二条所述的受赠人接受捐赠并向海关出具接受捐赠物资进口证明申请免税。具体免税手续由最终使用人（使用单位）向项目所在地直属海关办理。国务院有关部门、本规定第二条所述的全国性的社会团体等受赠人接受境外捐赠的项目，由受赠人统一向北京海关申请免税。

第七条 扶贫、慈善捐赠进口物资的进口按以下规定办理免税手续：

（一）扶贫、慈善捐赠进口物资的使用人向其所在地直属海关申请免税时应当向海关提供如下单证：

1. 境外捐赠函正本；

2. 由受赠人出具的政府部门或社会团体接受境外扶贫、慈善性捐赠物资进口证明，并应随附捐赠物资分配使用清单（均为正本）；

3. 属于国家规定限制进口商品应提交的有关许可证件（或其他单证）的复印件；

4. 海关规定应提交的其他单证。

（二）有关项目所在地直属海关凭前款所述的单证、对照《暂行办法》规定的免税物品范围进行审批后，办理扶贫、慈善性捐赠物资免税手续，出具进出口货物征免税证明，对超出《暂行办法》免税物资范围的，应照章征税。

由北京海关统一办理捐赠物资免税手续的，应将项目审批情况书面通知使用人（使用单位）所在地直属海关。

（三）有关直属海关对上述免税审批工作要运用减免税管理系统进行，并与有关进口地海关加强联系，密切配合。

（四）海关对上述减免税审批工作，应在受理申请之日起 10 个工作日内办结。如提交的有关材料不齐全或不准确的，海关应在接到申请之日起 5 个工作日内通知受赠人或使用人补充有关材料后再予受理。

第八条 对免税进口的扶贫、慈善捐赠物资，免征海关监管手续费。

第九条 上述免税进口物资属海关监管货物，在海关监管期限内，未经海关许可，不得抵押、质押、转让、移作他用或者进行其他处置。有关项目所在地海关应按现行规定做好后续监管工作。对违反本办法的，海关将依照《中华人民共和国海关法》及国家有关法律、法规的规定予以处罚。

第十条 本办法由海关总署负责解释。

第十一条 本办法自 2002 年 1 月 1 日起实施。

附件1　扶贫、慈善性捐赠物资免征进口税收的暂行办法

附件2　受赠人（政府部门或社会团体）接受境外扶贫、慈善性捐赠物资进口证明

附件1

扶贫、慈善性捐赠物资免征进口税收的暂行办法

（2001年1月15日经国务院批准，财政部、国家税务总局、海关总署发布）

第一条　为促进公益事业的健康发展，规范对扶贫、慈善事业捐赠物资的进口管理，根据《中华人民共和国公益事业捐赠法》有关规定，制定本办法。

第二条　对境外捐赠人无偿向受赠人捐赠的直接用于扶贫、慈善事业的物资，免征进口关税和进口环节增值税。

第三条　本办法所称扶贫、慈善事业是指非营利的扶贫济困、慈善救助等社会慈善和福利事业。

第四条　本办法所称境外捐赠人是指中华人民共和国关境外的自然人、法人或者其他组织。

第五条　本办法所称受赠人是指：

（一）经国务院主管部门依法批准成立的，以人道救助和发展扶贫、慈善事业为宗旨的社会团体。

（二）国务院有关部门和各省、自治区、直辖市人民政府。

第六条　本办法所称用于扶贫、慈善公益性事业的物资是指：

（一）新的衣服、被褥、鞋帽、帐篷、手套、睡袋、毛毯及其他维持基本生活的必需用品等；

（二）食品类及饮用水（调味品、水产品、水果、饮料、烟酒等除外）；

（三）医疗类包括直接用于治疗特困患者疾病或贫困地区治疗地方病及基本医疗卫生、公共环境卫生所需的基本医疗药品、基本医疗器械、医疗书籍和资料；

（四）直接用于公共图书馆、公共博物馆、中等专科学校、高中（包括职业高中）、初中、小学、幼儿园教育的教学仪器、教材、图书、资料和一般学习用品；

（五）直接用于环境保护的专用仪器；

（六）经国务院批准的其他直接用于扶贫、慈善事业的物资。

前款物资不包括国家明令停止减免进口税收的20种商品、汽车、生产性设备、生产性原材料及半成品等。捐赠物资应为新品，在捐赠物资内不得夹带有害环境、公共卫生和社会道德及政治渗透等违禁物品。

第七条　进口的捐赠物资，由受赠人向海关提出免税申请，海关按规定负责审批并进行后续管理。经批准免税进口的捐赠物资，由海关进行专项统计。

第八条　进口的捐赠物资按国家规定属配额、特定登记和进口许可证管理的商品，受赠人应向有关部门申请配额、登记证明和进口许可证，海关凭证验放。

第九条　经批准免税进口的捐赠物资，依照《中华人民共和国公益事业捐赠法》第三章有关条款进行使用和管理。

第十条　免税进口的扶贫、慈善性捐赠进口物资，不得以任何形式转让、出售、出租或移作他用。如有违反，按国家有关法律、法规处理。

第十一条　（一）外国政府、国际组织无偿捐赠的扶贫、慈善性物资按《中华人民共和国海关法》第五十六条和《中华人民共和国增值税暂行条例》第十六条有关规定继续执行，不适用本办法。

（二）经国务院特别批准的免征进口税的捐赠物资，不适用本办法。

第十二条　本办法由财政部会同国家税务总局、海关总署解释。

第十三条　海关总署根据本办法制定具体实施办法。

第十四条　本办法自发布之日起施行。

附件 2

受赠人（政府部门或社会团体）接受境外扶贫、慈善性捐赠物资进口证明

（第一联：海关留存） 编号（ ）字 号

<table>
<tr><td>主管海关</td><td></td><td>物资到货口岸</td><td></td></tr>
<tr><td>境外捐赠人名称</td><td colspan="3"></td></tr>
<tr><td>捐赠物资品种
（详见随附清单）</td><td colspan="3"></td></tr>
<tr><td>物资数量</td><td></td><td>物资金额</td><td></td></tr>
<tr><td colspan="4">受赠人审批盖章

经办人姓名： 电话： 年 月 日</td></tr>
</table>

备注：

1. 本证明由受赠人按样式自行印制，一次性使用，自审批之日起半年内有效，允许跨年度使用，并附盖有公章的物品清单。
2. 物资进口前，受赠单位或项目执行单位应持证明正本向所在地直属海关申请办理免税手续。证明内容不得更改，复印件无效。
3. 证明一式两联，第一联由海关留存，第二联由出具证明的单位留存。
4. 受赠人为国务院有关部门和各省、自治区、直辖市人民政府的，由各有关部门和政府办公厅出具证明；对受赠人为本《实施办法》所述的社会团体的，由该团体出具证明。

捐赠物资分配使用清单

（第一联：海关留存）

序号	使用人（使用单位）名称	物资数量捐赠物资品名	数量	金额	使用单位或使用人地址

备注： 本“捐赠物资分配使用清单”有关管理规定与“政府部门或社会团体接受境外扶贫、慈善性捐赠物资进口证明”管理规定一致。	受赠人（政府部门或社会团体）审批盖章 年　月　日

中华人民共和国海关计核涉嫌走私的货物、物品偷逃税款暂行办法

（2002年10月8日海关总署令第97号发布，自2002年11月10日起施行）

第一章　总　则

第一条　为加强海关对涉嫌走私的货物、物品偷逃税款的计核工作，保障计核工作的公正性、科学性和权威性，根据《中华人民共和国海关法》、《中华人民共和国进出口关税条例》及有关法律、行政法规，制定本办法。

第二条　海关办理走私案件，涉嫌走私的货物、物品偷逃税款的计核工作适用本办法。

第三条　走私毒品、武器、弹药、核材料、伪造的货币、国家禁止出口的文物，国家禁止进出口的珍贵动物及其制品、珍稀植物及其制品、淫秽物品，国家禁止进境的固体废物和危险性废物等不以偷逃税额作为定罪量刑及认定走私行为、作出行政处罚标准的货物、物品，不适用本办法。

第四条　中华人民共和国海关是负责涉嫌走私的货物、物品偷逃税款计核工作的法定主管机关，其授权计核税款的部门（以下简称“计核部门”）是负责计核工作的主管部门。

第五条　海关出具的计核结论，经海关走私犯罪侦查机关、人民检察院和人民法院审查确认，可以作为办案的依据和定罪量刑的证据。

第二章　计核程序

第六条　因办理走私案件需要计核偷逃税款的，海关走私犯罪侦查机关、海关调查部门（以下简称“送核单位”）应当持涉嫌走私的货物、物品偷逃税款送核表（以下简称送核表）送交其所在海关的计核部门。

送核表应当包括以下内容：

（一）走私案件的名称；

（二）走私方式；

（三）涉嫌走私的货物、物品已缴纳税款情况；

（四）涉嫌走私的货物、物品的品名、牌号、规格、型号、原产地、数量以及进出口日期等；

（五）查获的时间、地点；

（六）其他需要说明的情况。

第七条　送核单位送交送核表，应当根据计核部门的要求和案件的性质随附下列单据或材料：

（一）涉嫌走私的货物、物品的报关单、合同、商业发票、提（运）单、保险单、加工贸易备案登记手册、国内增值税发票以及其他商业单证；

（二）涉嫌走私的货物、物品的说明书及其他技术资料；

（三）涉嫌走私的货物、物品的使用、损坏程度的记录以及照片；

（四）涉嫌走私的货物、物品的价格、规格、市场行情等有关的材料；

（五）有关计核所需的其他单证或者材料。

对于上述所列的单据、材料，因故无法提供的，送核单位应当向计核部门作出书面说明。

第八条　海关计核部门接到送核单位送交的送核表及随附的单证、材料时，应当认真审核，对于填制不清楚或者随附的单证或者材料有遗漏的，可以要求送核单位补充。

第九条　海关计核部门在计核过程中，需要送核单位进行以下工作的，送核单位应当予以配合：

（一）对涉嫌走私的货物、物品进行查验取样；

（二）提供与计核工作有关的账册、文件等资料；

（三）提留货样送海关化验机构或者其他法定或者国家授权的专业部门，出具品名、成分、用途、质量、等级、新旧程度、价值等项的鉴定结论报告；

（四）委托国内有资质的价格鉴证机构等单位出具对涉嫌走私的货物、物品的国内市场批发价格、出厂价格的评估资料；

（五）需要送核单位进行的其他工作。

第十条　送核单位送交的送核表及随附单证、材料符合计核要求的，除第九条规定的情况以外，海关计核部门应当自接受计核之日起7个工作日内作出计核结论，向送核单位出具涉嫌走私的货物、物品偷逃税款海关核定证明书（以下简称证明书），加盖海关税款核定

专用章，并随附涉嫌走私的货物、物品偷逃税款计核资料清单（以下简称计核资料清单）。

第十一条 证明书应当包括以下内容：

（一）计核事项；

（二）计核结论；

（三）计该依据和计核方法要述；

（四）计核人员签名。

计核资料清单应当包括涉案货物、物品的品名、原产地、规格、数量、税则号列、计税价格、税率、汇率等内容。

第十二条 走私犯罪侦查机关、海关调查部门、人民检察院、人民法院对海关出具的证明书有异议，或者因核定偷逃税额的事实发生变化，认为需要补充核定或者重新核定的，应由原送核单位向出具证明书的海关计核部门重新送交送核表并附书面说明。海关计核部门接到要求补充核定的送核表后，应当依照本办法第十条规定进行补充核定或者重新核定。

第十三条 走私犯罪嫌疑人、被告人或其辩护人对海关出具的证明书有异议的，应当向办案机关提出重新核定的申请，经海关走私犯罪侦查机关、人民检察院或者人民法院审查同意后，由原送核单位按照本办法第十二条规定的程序重新核定。

第十四条 海关进行补充核定或者重新核定的，应当另行指派计核人员进行。

第十五条 海关税款计核部门的计核人员，遇有下列情形之一的，应当回避：

（一）计核人员是计核案件当事人的近亲属；

（二）计核人员本人及其近亲属与计核案件当事人有利害关系的；

（三）与计核案件当事人有其他关系，可能影响计核工作的公正性的。

第三章 计核方法

第十六条 涉嫌走私的货物能够确定成交价格的，其计税价格应当以该货物的成交价格为基础审核确定。

第十七条 涉嫌走私的货物成交价格经审核不能确定的，其计税价格应当依次以下列价格为基础确定：

（一）海关所掌握的相同进口货物的正常成交价格；

（二）海关所掌握的类似进口货物的正常成交价格；

（三）海关所掌握的相同或者类似进口货物在国际市场的正常成交价格；

（四）国内有资质的价格签证机构评估的涉嫌走私货物的国内市场批发价格减去进口关税和其他进口环节税以及进口后的利润和费用后的价格，其中进口后的各项费用和利润综合计算为计税价格的20%，其计算公式为：

$$\text{计税价格}=\frac{\text{国内市场批发价格}}{1+\dfrac{\text{进口关税率}+\text{消费税率}+\text{增值税率}+\text{进口关税率}\times\text{增值税率}}{1-\text{消费税率}}+20\%}$$

（五）涉嫌走私的货物或者相同、类似货物在国内依法拍卖的价格减去拍卖费用后的价格；

（六）按其他合理方法确定的价格。

第十八条 对于已陈旧但尚有使用价值的涉嫌走私的货物，如不能按照本办法第十六条规定核定其计税价格且海关难以认定其新旧程度，应当根据国家质量监督检验检疫机构出具的新旧程度的鉴定结论报告按照本办法第十七条的规定核定其计税价格。

第十九条 涉嫌走私进口的黄金、白银和其他贵重金属及其制品、珠宝制品以及其他有价值的收藏品，应当按国家定价或者国家有关鉴定部门确定的价值核定其计税价格。

第二十条 对于无法确定成交价格的涉嫌走私的非淫秽音像制品，应当以固定的价格作为计税价格。具体价格由海关总署另行确定。

第二十一条 对于涉嫌走私的假冒品牌货物，其计税价格由海关总署另行确定。

第二十二条 涉嫌走私的国产品牌货物，应当以相同或者类似货物正常的出口价格核定其计税价格；出口价格不能确定的，其计税价格应当以相同或者类似货物在国内的正常的出厂价格（不含增值税）为基础核定。

第二十三条 擅自内销保税货物涉嫌走私的，能够确定原申报进口货物成交价格的，其计税价格应当以原申报进口货物的成交价格为基础核定；原申报进口货物的成交价格不能确定的，应当按照本办法第十七条的规定核定的原申报进口货物的价格作为计税价格。

第二十四条 擅自内销特定减免税货物涉嫌走私的，其计税价格应当以该货物原进口时的成交价格为基础核定，计算公式为：

$$\text{计税价格}=\text{原进口时的海关完税价格}\times\left(1-\frac{\text{擅自内销时已进口时间（月）}}{\text{监管年限}\times 12}\right)$$

成交价格不能确定的，应当按照本办法第十七条的规定，并按上述公式计算计税价格。

第二十五条 涉嫌通过携带、托运和邮递方式走私的货物、物品，应当按本办法第十六条和第十七条的规定核定其计税价格。

第二十六条 在核定涉嫌走私的货物计税价格时，应当包括货物运抵境内的运费、保险费。

第二十七条 对于涉嫌走私的货物或者物品，应当按照《中华人民共和国海关进出口税则》规定的归类原则，归入合适的税则号列，并按照《中华人民共和国进出口关税条例》及其他有关税率适用的规定采用正确的税率确定偷逃税款。

第二十八条 在计核涉嫌走私的货物或者物品偷逃税款时，应当以走私行为案发时所适用的税则、税率、汇率和按照本办法第十六条至第二十五条的规定审定的计税价格计算。具体计算办法如下：

（一）有证据证明走私行为发生时间的，以走私行为发生之日计算；

（二）走私行为的发生呈连续状态的，以连续走私行为的最后终结之日计算；

（三）证据无法证明走私行为发生之日或者连续走私行为终结之日的，以走私案件的受案之日（包括刑事和行政受案之日）计算；同一案件因办案部门转换出现不同受案日期的，以最先受案的部门受案之日为准。

第二十九条 在计核涉嫌走私的货物偷逃税款时，应扣除海关按照走私犯罪嫌疑人的申报计算的应缴税款。

第三十条 违反海关监管规定的其他违法行为涉及税款计核的，如不能确定涉嫌违规的货物或者物品的接受申报进口之日的，可以比照本办法办理。

第四章 附 则

第三十一条 本办法由海关总署负责解释。

第三十二条 本办法自2002年11月10日起实施。

中华人民共和国海关对外国政府、国际组织无偿赠送及我国履行国际条约规定进口物资减免税的审批和管理办法

（1999年8月5日海关总署令第77号发布，自1999年9月15日起施行）

第一条 根据《中华人民共和国海关法》和《中华人民共和国进出口关税条例》的有关规定，为加强海关对外国政府、国际组织无偿赠送及我国履行国际条约规定进口物资减免税的审批和管理工作，特制定本办法。

第二条 本办法下列用语的含义是：

外国政府是指外国国家的中央政府；

国际组织是指联合国各专门机构以及长期与我国有合作关系的其他国际组织（见附件1）；

国际条约是指依据《中华人民共和国缔结条约程序法》（见附件2）以“中华人民共和国”、“中华人民共和国政府”以及“中华人民共和国政府部门”名义同外国缔结协定或协议以及参加的国际条约。

第三条 外国政府、国际组织无偿赠送及我国履行国际条约规定进口物资的减免税范围包括：

（一）根据中国与外国政府、国际组织间的协定或协议，由外国政府、国际组织直接无偿赠送的物资或由其提供无偿赠款，由我国受赠单位按照协定或协议规定用途自行采购进口的物资；

（二）外国地方政府或民间组织受外国政府委托无偿赠送进口的物资；

（三）国际组织成员受国际组织委托无偿赠送进口的物资；

（四）我国履行国际条约规定减免税进口的物资。

第四条 外国政府、国际组织无偿赠送及我国履行国际条约规定进口物资减免税的审批单位：

（一）由受赠单位或项目执行单位向其所在地直属海关申请办理，经所在地直属海关审批。

（二）对于受赠单位或项目执行单位是多个且跨省、市、自治区的，可由我国政府主管部委统一向海关

总署申请办理。经海关总署审批后，通知有关直属海关和进口地海关执行。

第五条 外国政府、国际组织无偿赠送及我国履行国际条约规定进口物资减免税的办理程序如下：

（一）受赠单位或项目执行单位应于首批物资进口前向所在地直属海关提交外国政府、国际组织的赠送函或含有减免税条款的协定、协议、国际条约的复印件备案。

（二）外国政府、国际组织临时无偿赠送进口的物资，如不能及时提交外国政府、国际组织的赠送函，也可提交外国驻我国大使馆、国际组织驻中国代表处的证明函。

（三）外国地方政府或民间组织受外国政府委托无偿赠送进口的物资，受赠单位或项目执行单位应向所在地直属海关提交外国政府的委托书，或外国驻我国大使馆的证明函。

（四）国际组织成员受国际组织委托无偿赠送进口的物资，受赠单位或项目执行单位应向所在地直属海关提交国际组织的委托书，或国际组织驻中国代表处的证明函。

（五）受赠单位或项目执行单位应于上述无偿赠送物资进口前，向所在地直属海关提出申请，除提交上述协定、协议和证明函外，应同时提交我国政府主管部委出具的外国政府、国际组织无偿赠送及我国履行国际条约进口物资证明（见附件3）和进口物资清单，经所在地直属海关审核无误后出具进口货物征免税证明，进口地海关凭以减免税验放。

第六条 海关对上述减免税审批工作，一般应在接到申请单位的申请之日起10个工作日内办结。如申请单位提交的有关材料不完整或不准确的，海关应在接到申请之日起5个工作日内通知申请单位补办。

第七条 上述减免税进口物资属海关监管货物，未经批准不得擅自转让、出售或移作他用。对违反本规定的，海关将依照《中华人民共和国海关法》及国家有关法律、法规的规定予以处罚。

第八条 本办法由海关总署负责解释。

第九条 本办法自1999年9月15日起实施。

附件1 国际组织（部分）

附件2 中华人民共和国缔结条约程序法（略）

附件3 外国政府、国际组织无偿赠送及我国履行国际条约进口物资证明（略）

附件1

国际组织（部分）

一、联合国有关组织

1. 联合国开发计划署

（United Nations Development Programme，UNDP）

2. 联合国环境规划署

（United Nations Environment Programme，UNEP）

3. 联合国贸易和发展会议

（United Nations Conference on Trade and Development，UNCTAD）

4. 联合国人口基金

（United Nations Population Fund，UNFPA）

5. 联合国儿童基金会

（United Nations Children's Fund，UNICEF）

6. 联合国难民事务高级专员公署

（Office of the United Nations High Commissioner for Refugees，UNHCR）

7. 联合国欧洲经济委员会

（United Nation's Economic Commission for Europe，UN/ECE）

8. 世界粮食计划署

（World Food Programme，WFP）

9. 亚洲及太平洋经济社会委员会

（Economic and Social Commission for Asia and the Pacific，ESCAP）

10. 和平利用外层空间委员会

（The Committee on the Peaceful Uses of Outer Space，COPUOS）

二、同联合国建立关系的政府间机构

1. 国际劳工组织

（International Labour Organization，ILO）

2. 联合国粮食及农业组织

（Food and Agriculture Organization of the United Nations，FAO）

3. 联合国教育、科学及文化组织

（United Nations Educational，Scientific and Cultural Organization，UNESCO）

4. 世界卫生组织

（World Health Organization，WHO）

5. 国际货币基金组织

（International Monetary Fund，IMF）

6. 国际开发协会

（International Development Association，IDA）

7. 国际复兴开发银行（世界银行）

（International Bank for Reconstruction and Development，IBRD）（World Bank）

8. 国际金融公司

（International Finance Corporation，IFC）

9. 国际民用航空组织

（International Civil Aviation Organization，ICAO）

10. 万国邮政联盟

（Universal Postal Union，UPU）

11. 国际电信联盟

（International Telecommunication Union，ITU）

12. 世界气象组织

（World Meteorological Organization，WMO）

13. 国际海事组织

（International Maritime Organisation，IMO）

14. 世界知识产权组织

（World Intellectual Property Organization，WIPO）

15. 国际农业发展基金会

（International Fund for Agricultural Development，IFAD）

16. 联合国工业发展组织

（United Nations Industrial Development Organization，UNIDO）

17. 国际原子能机构

（International Atomic Energy Agency，IAEA）

18. 世界贸易组织

（World Trade Organization，WTO）

三、其他有关国际组织和金融机构

1. 红十字会与红新月会国际联合会（简称国际联合会）

（The International Federation of Red Cross And Red Crescent Societies，IFRCS）

2. 红十字国际委员会

（The International Committee of The Red Cross，ICRC）

3. 欧洲联盟

（European Union，EU）

4. 亚太经济合作组织

（Asia Pacific Economic Cooperation，APEC）

5. 亚洲开发银行

（Asia Development Bank，ADB）

6. 日本协力团

（Japan International Cooperation Agency，JICA）

7. 韩国协力团

（Korea International Cooperation Agency，KOICA）

8. 国际计生联组织

（International Planned Parenthood Federation，IPPF）

9. 国际移动卫星组织

（Intetnational Mobile Satelite Organization，INMARSAT）

10. 阿拉伯国家联盟

（League of Arab States，LAS）

国家限制进口机电产品进口零件、部件构成整机主要特征的确定原则和审批、征税的试行规定

（1987年6月1日海关总署、国家经济委员会、对外经济贸易部〔1987〕署税字448号文发布，自1987年6月1日起施行）

一、为有利于国家加强对进口机电产品的管理，防止盲目进口，鼓励和促进机电产品的国产化，特制定本规定。

二、对于电冰箱、洗衣机、照相机、摩托车、汽车、空调器、汽车起重机等7种国家限制进口的机电产品，如其进口的零件、部件中包括以下所列各个部分，因其已具有整机特征，即应视同整机。

（一）电冰箱的箱体、压缩机、蒸发器、冷凝器；

（二）洗衣机的内胆、外壳、电动机；

（三）照相机的机壳、快门、取景器、镜头；

（四）摩托车的动力部分、承载部分；

（五）汽车的发动机总成、驱动桥总成、驾驶室（车身）总成、前桥总成、变速箱总成、车架总成（进口其中四部分，即应视同整机）；

（六）空调器的压缩机、热交换器、电动机、风扇；

（七）汽车起重机的下车、上车。

三、进口第二项所列的7种机电产品，即使所列的零件、部件未全部进口，但进口的零件、部件每套价格总和达到同型号产品整机到岸价格的60%及以上的，也应视为已构成整机特征。

上款百分比的计算公式为：

$$\frac{\text{进口每套零件、部件到岸价格的总和}}{\text{同型号产品整机到岸价格}}\times 100\%$$

四、对于电子计算机、电视机、录音机、手表、电视机显像管、电子显微镜、复印机、电子分色机、X射线断层检查仪（CT装置）、气流纺纱机、录（放）象机和录音录像磁带复制设备等12种机电产品，如其进口零件、部件每套价格总和达到同型号产品整机到岸价格的60%及以上的，应视为构成整机特征。

上款百分比的计算公式与第三项的公式相同。

五、其他机电产品进口零件、部件构成整机主要特征的确定原则，参照第三项规定执行。

六、凡进口零件、部件已构成整机主要特征的，应按整机办理审批手续和申领进口许可证，海关凭经贸部核发的进口许可证放行，并按整机税率（订有成套散件税率的产品按成套散件税率）征收进口关税、增值税和进口调节税。

七、下列7种机电产品，进口所列部件之一者，虽构不成整机特征，应按国家限制进口机电产品的规定，办理审批手续，申领进口许可证，海关凭经贸部核发的许可证放行。

（一）电冰箱的压缩机；

（二）照相机的机身（包括机壳、快门、取景器三项）；

（三）摩托车的发动机、车架；

（四）汽车的发动机、驱动桥、驾驶室（或车身）；

（五）空调器的压缩机；

（六）汽车起重机的下车（包括底盘）；

（七）16位以下微型机的CPU板。

八、为便于审批单位和口岸海关执行本规定，进口单位在进口上述机电产品的零件、部件时，需向海关申报同型号产品的整机进口价格，对于未申报整机到岸价格的，审批单位和海关都可对照同类商品的进口到岸价格自行核定。

九、对于伪报价格或伪报、瞒报规格、品种，借以逃避国家审批或偷漏关税的，应由主管部门按《中华人民共和国海关法》或其他有关规定论处。

构成整车特征的汽车零部件进口管理办法

（2005年2月28日海关总署、国家发展和改革委员会、财政部、商务部令第125号发布，自2005年4月1日起施行）

第一章　总　则

第一条　为规范和加强对汽车零部件的进口管理，促进汽车产业健康发展，依据有关法律法规规定，制定本办法。

第二条　本办法适用于对经国家有关部门核准或备案的汽车生产企业，生产组装汽车所需的构成整车特征的汽车零部件进口的监督管理。

汽车生产企业进口全散件（CKD）或半散件（SKD）的，可在企业所在地海关办理报关手续并缴纳税款，不适用本办法。

第三条　本办法所称汽车，是指《机动车辆及挂车分类》（中华人民共和国国家标准GB/T　15089—2001）中规定的M类和N类机动车辆。

M类机动车辆是指，至少有4个车轮并且用于载客的机动车辆；N类机动车辆是指，至少有4个车轮并且用于载货的机动车辆。

第四条　本办法所称汽车总成（系统），包括车身

（含驾驶室）总成、发动机总成、变速器总成、驱动桥总成、非驱动桥总成、车架总成、转向系统、制动系统等。

第五条 本办法所称构成整车特征和构成总成（系统）特征，是指汽车生产企业使用的进口汽车零部件在装车状态时已经构成整车特征或在装机状态时已经构成总成（系统）特征。

第六条 海关总署、国家发展和改革委员会（以下简称发展改革委）、商务部、财政部按照本办法规定对构成整车特征的进口汽车零部件实施管理。

海关总署、发展改革委、商务部、财政部成立构成整车特征的汽车零部件进口管理领导小组（以下简称领导小组）。领导小组办公室设在海关总署，负责领导小组的日常事务。整车特征国家专业核定中心（以下简称核定中心）接受海关总署委托，负责对进口零部件是否构成整车或总成（系统）特征进行核定。

第二章　备案管理

第七条 汽车生产企业以在国内市场销售为目的使用进口汽车零部件生产汽车，应当依据本办法对所生产车型中使用的进口零部件是否构成整车特征进行自测。经自测确定构成整车特征的，生产企业应当在汽车零部件进口前，将有关车型向海关总署备案。同一汽车生产企业的不同车型，应当分别备案。

生产企业自测后认为不构成整车特征的，应当向海关总署申请复审。海关总署应当委托核定中心进行简单复审或现场复审。经复审，构成整车特征的，由生产企业补充备案；不构成整车特征的不需备案。

汽车生产企业在向发展改革委申请《道路机动车辆生产企业及产品公告》和向商务部申请自动进口许可证时，应当提供有关车型的自测结果；如进口零部件不构成整车特征，还应提供海关总署的复审意见。

发展改革委在《道路机动车辆生产企业及产品公告》中对使用构成整车特征的进口零部件生产的车型标注“整车特征”字样，商务部在构成整车特征的进口零部件的自动进口许可证上标注“整车特征”字样。

第八条 备案车型应当是已经列入发展改革委《道路机动车辆生产企业及产品公告》的产品。

第九条 生产企业在申请备案时应当提供以下材料：

（一）企业基本概况；

（二）备案车型年度生产计划；

（三）备案车型的零部件分类和价格比例清单；备案车型的总价和国产件、进口件的分项价格（均以不含税价格计算）；

（四）备案车型全部采购件的国内和国外供应商及供货品种清单；

（五）列入《道路机动车辆生产企业及产品公告》的证明。

第十条 海关总署在收到申请备案的材料后向发展改革委、商务部和企业所在地直属海关分送有关备案材料。发展改革委、商务部和企业所在地海关在收到备案材料后分别按各自职责实施备案管理。

第十一条 企业所在地直属海关收到海关总署发来的企业备案材料后，应当进行审核，对符合条件的汽车生产企业及生产车型给予登记备案，并通知该汽车生产企业。

第十二条 汽车生产企业在登记备案后，应当根据汽车零部件的进口计划，在汽车零部件进口前向企业所在地海关提供税款总担保。税款总担保的担保数额应当不低于企业月平均进口零部件需缴纳的税款总额。

汽车生产企业应当根据备案车型数量及进口计划的调整，及时向其所在地海关申请变更税款总担保的担保数额，经核实无误后，海关办理相关的担保数额变更手续。

第三章　通关管理

第十三条 汽车生产企业进口构成整车特征的汽车零部件，应当在企业所在地海关办理报关手续并缴纳税款。

汽车生产企业从其所在地以外口岸进口构成整车特征的汽车零部件，须在完成备案登记和税款总担保手续后，向企业所在地海关申请办理转关运输，海关按照转关运输的有关规定办理转关手续。

其他未构成整车特征的汽车零部件进口，不适用前款规定。

第十四条 企业在办理报关手续时应当向海关递交进口货物报关单、标明“整车特征”的汽车零部件自动进口许可证、其他有关许可证件以及海关要求的随附单证等。

第十五条 构成整车特征的汽车零部件进口时，涉及许可证件的，在通关环节验核证件。进口货物报关单征免性质栏应当填写“整车特征”；收货单位栏应当填写汽车生产企业名称。

不同车型的汽车零部件，应当分别填写报关单。

第十六条 构成整车特征的汽车零部件进口时，海关比照保税货物管理的有关规定办理相关进口手续，并按照进口状态列入海关统计。

第四章　整车特征核定标准及核定

第十七条　整车特征核定由汽车生产企业向海关总署提出申请，海关总署委托核定中心核定。海关依据核定中心出具的核定报告确定适用税率和完税价格，办理征税手续。进口汽车零部件整车特征核定办法由海关总署另行制定发布。

第十八条　核定中心依据海关总署的指令，对汽车生产企业的有关车型开展核定工作，出具核定报告。

第十九条　备案车型生产组装成第一批整车后10日内，汽车生产企业应当向海关总署申请进行整车特征核定。核定中心应当在接受海关总署指令后的1个月内，完成对有关车型的核定并出具核定报告。

本办法实施前已经投产的车型，汽车生产企业应当在本办法实施后1个月内完成自测，并将自测结果报海关总署。自测结果为构成整车特征的，汽车生产企业应当在完成自测后10日内向海关总署备案，并向海关总署申请进行整车特征核定；不构成整车特征的，应当向海关总署申请复审。复审结果为构成整车特征的，汽车生产企业应当在复审结果公布后10日内向海关总署补充备案，并向海关总署申请进行整车特征核定。核定中心依据海关总署的指令，应当在3个月内完成对已经投产的备案车型的核定，并出具核定报告。

第二十条　核定中心核定的车型为基型车。在经过核定的基型车基础上选装进口部件的，汽车生产企业应当向所在地海关和核定中心提供选装类型，并在实际选装时如实申报。经核定中心复核并提出报告后，海关在核定完税价格计税时作出调整。

汽车生产企业在生产过程中，构成整车特征的状况发生改变的，可向海关总署申请对基型车重新核定。海关根据核定中心出具的新的核定报告，确定计税的完税价格。经核定，不再构成整车特征的，海关不再按照本办法对该车型实施管理。

第二十一条　有下列情形之一的，进口汽车零部件构成整车特征：

（一）进口全散件（CKD）或半散件（SKD）组装汽车的。

（二）在本办法第四条规定的认定范围内：

1. 进口车身（含驾驶室）、发动机两大总成装车的；

2. 进口车身（含驾驶室）和发动机两大总成之一及其他3个总成（系统）（含）以上装车的；

3. 进口除车身（含驾驶室）和发动机两大总成以外其他5个总成（系统）（含）以上装车的。

（三）进口零部件的价格总和达到该车型整车总价格的60%及以上的。本项整车特征核定标准自2006年7月1日起开始生效。

第二十二条　有下列情形之一的，进口汽车零部件构成汽车总成（系统）特征：

（一）进口整套散件组装总成（系统）的；

（二）进口关键零部件或分总成组装总成（系统），其进口关键零部件或分总成达到及超过规定数量标准的（详见附件1、2）；

（三）进口零部件的价格总和达到该总成（系统）总价格的60%及以上的。

第二十三条　国内汽车总成（系统）生产企业生产的总成（系统）所使用的进口零部件不构成总成（系统）特征的，该总成（系统）视为国产总成（系统）。

第二十四条　国内汽车及零部件生产企业，对进口零部件（不含总成、分总成）及生产零部件用的毛坯件进行实质性加工的，所生产的配套零部件视为国产件。

所称“实质性加工”是指，产品加工后，达到《中华人民共和国进出口货物原产地条例》规定的实质性改变确定标准。

第二十五条　核定中心对备案车型进行整车特征核定时，汽车生产企业应当积极配合，并提交以下单证：

（一）核定申请报告；

（二）企业自测报告；

（三）备案车型零部件采购清单（详见附件3）；

（四）核定中心认为需要的其他资料。

第二十六条　汽车生产企业应当申请备案或者整车特征核定而未申请的，海关总署可以指令核定中心进行核定。

第五章　征税原则及税款计征

第二十七条　构成整车特征的进口汽车零部件从报关放行到纳税前，由企业所在地海关比照保税货物实施监管。为提高管理效能，有条件的汽车生产企业，应当与所在地海关进行电子联网。

第二十八条　进口汽车零部件生产组装成整车后，汽车生产企业向海关作纳税申报，海关按照《中华人民共和国海关法》（以下简称《海关法》）、《中华人民共和国进出口关税条例》及《中华人民共和国进出口税则》的有关规定，进行归类和征税。

对经核定中心核定为构成整车特征的进口零部件，海关按照整车归类，并按照整车税率计征关税和进口环节增值税；对核定为不构成整车特征的，海关按照零部件归类，并按照相应的适用税率计征关税和进口环节增值税。

第二十九条 海关在对构成整车特征的进口零部件按照整车归类征税时，如果其中由配套厂家提供的零部件在进口时已经缴纳了进口关税和进口环节增值税，并且汽车生产企业能够提供进口纳税证明的，已经缴纳的税款应当扣除。

企业按照本办法规定进口的汽车零部件，1 年之内未用于生产汽车整车的，应当在 1 年届满之日起 30 日内向海关作纳税申报，海关按照有关规定办理征税手续。

第三十条 加工贸易项下生产的汽车转内销的，适用本办法。

加工贸易汽车生产企业在申请对其使用构成整车特征的进口汽车零部件生产组装的汽车产品内销前，应当按照本办法的规定向海关总署补办备案手续，并接受核定中心的核定。海关根据核定的结果，对构成整车特征的，凭企业提交的加工贸易保税进口料件内销批准证和相应的进口许可证件，按照本办法规定适用的税率计征税款，并补征全部进口零部件的缓税利息。

保税区、出口加工区等海关特殊监管区域汽车生产企业在申请对其使用构成整车特征的进境入区汽车零部件生产组装的汽车产品内销前，应当按照本办法的规定向海关总署补办备案手续，并接受核定中心的核定。海关根据核定的结果，对构成整车特征的，凭相关进口许可证件办理有关手续，按照内销实际状态征税。

第三十一条 汽车生产企业应当自核定中心出具构成整车特征的核定报告后的次月起，每月第 10 个工作日前，向企业所在地海关作纳税申报。海关对汽车生产企业上个月生产有关车型所使用的进口零部件按照整车税率集中计征关税和进口环节增值税。

汽车生产企业在作首次纳税申报时，应当将核定报告出具前已用于生产整车的进口零部件一并向海关申报纳税。

第三十二条 汽车生产企业应当自核定中心出具不构成整车特征的核定报告后 30 日内，向所在地海关申报其已进口但尚未缴纳税款的汽车零部件。海关按照汽车零部件税率计征关税和进口环节增值税，并对有关车型不再按照本办法规定实施管理。

第三十三条 汽车生产企业的所有备案车型经核定中心核定均不构成整车特征，并且企业缴清有关税款的，海关应当通知企业办理解除税款总担保手续。

第三十四条 汽车生产企业向所在地海关申报纳税时应当提交以下单证和资料：

（一）核定中心的核定报告；

（二）企业上月有关车型的整车生产数量（核定结果为不构成整车特征的除外）；

（三）企业上月进口的已用于生产组装整车的有关车型汽车零部件清单（核定结果为不构成整车特征的除外）；

（四）海关认为需要提供的其他单证。

第三十五条 企业向海关申报构成整车特征的汽车零部件时，征免性质栏填报“整车征税”，成交方式栏填报“CIF”；企业向海关申报不构成整车特征的汽车零部件时，征免性质栏填报“零部件征税”，成交方式栏填报“CIF”。

第六章　法律责任

第三十六条 对违反本办法规定，构成走私或者违反海关监管规定行为的，海关依照《海关法》、《中华人民共和国海关行政处罚实施条例》予以处罚。构成犯罪的，依法追究刑事责任。

第三十七条 汽车生产企业申报《道路机动车辆生产企业及产品公告》和备案时，违反本办法的有关规定，未如实申报进口零部件构成整车特征的，或者采用分散进口方式进口的零部件构成整车特征，进口前未向海关总署申请备案的，由发展改革委暂停有关车型的《道路机动车辆生产企业及产品公告》，待汽车生产企业纠正后，再予以恢复。

第七章　附　则

第三十八条 本办法自 2005 年 4 月 1 日起施行。

附件 1　总成（系统）界定表

附件 2　汽车总成（系统）所属零部件界定范围

附件 3　备案车型零部件采购清单

附件 1

总成（系统）界定表

总成名称			关键件或分总成名称	进口件界定数量（单位：件）		备注
				A 类件	总界定数量	
车身（驾驶室）	M_1 类	A 类件	侧围、车门、发动机罩盖	2	5	M_1 类分总成中，如有进口的外覆盖件冲压件，则该分总成视为进口分总成
		B 类件	顶盖、前围、座舱地板、行李箱盖（或背门）、后围、翼子板	–		
	M_2 类	A 类件	顶盖、侧围	2	4	
		B 类件	发动机罩盖、前围、车门、后围、地板	–		
	M_3 类	A 类件	顶盖、侧围、车身骨架	2	4	
		B 类件	前围、车门、后围、地板	–		
	N 类	A 类件	顶盖、车门、侧围	2	5	
		B 类件	发动机罩盖、前围、后围、翼子板、地板	–		
发动机总成	柴油机	A 类件	缸体、缸盖、高压油泵	2	6	不含散热器、风扇、空滤器、消声器、燃油箱、离合器
		B 类件	曲轴、增压器、凸轮轴、连杆、起动机、发电机、柴油喷射器	–		
	汽油机	A 类件	缸体、缸盖、EFI 装置（包括 ECU、节流阀体、喷油器、传感器）	2	6	
		B 类件	曲轴、凸轮轴、燃油泵、连杆、起动机、发电机、增压器	–		
变速器总成	手动变速器	A 类件	壳体、齿轮、离合器	2	4	1. 不含远程变速操纵系统 2. 全轮驱动车辆的分动器单列为总成考核时，变速器总成总界定数量相应的变为 3
		B 类件	轴类、换挡机构组件、同步器、分动器	–		
	自动变速器	A 类件	壳体、离合器（自动变速器用液体耦合器）、自动变速器控制模块（ECU）	2	4	
		B 类件	分动器、齿轮（或摩擦轮与钢带）、轴类、换挡机构组件	–		
M_1 类车桥	驱动桥		壳体、左右半轴（含等速万向节）、转向节、差速器、摆臂、轮毂、轴承、主减速器、悬架弹簧、减振器	–	6	
	非驱动桥		车轴（含拖臂总成）、轮毂、轴承、悬架弹簧、减振器	–	4	
M_2、M_3、N 类车桥	驱动桥		桥壳、差速器、半轴、传动轴、主减速器、轮毂、轴承、减振器、悬架弹簧	–	5	独立悬架的前桥增加摆臂、转向节，总界定数为 6
	非驱动桥		转向节、减振器、前轴、悬架弹簧、轮毂、轴承	–	4	

总成名称		关键件或分总成名称	进口件界定数量（单位：件）		备注
			A 类件	总界定数量	
车架		纵梁（或前副车架及发动机托架）、横梁（或后副车架）	–	2	
制动系统		制动主缸（或气制动阀）、助力器总成、前制动器总成、后制动器总成、防抱死制动系统（ABS）的阀体和 ECU 总成	–	4	
转向器系统	动力转向	转向器总成、转向控制阀总成、转向助力油泵、转向盘、转向轴及万向节	–	3	转向盘中包括气囊
	非动力转向	转向器总成、转向轴及万向节、转向盘	–	2	

注：1. 进口 A 类件、B 类件之和达到或超过进口件总界定数量即视为构成总成（系统）特征；但是，如果进口 A 类件的数量达到或超过 A 类件界定数量亦视为构成总成（系统）特征。

2. 当关键零部件或分总成的进口价格比率超过 60% 时，则该关键零部件或分总成按进口件计算。关键件或分总成原则上只计算到整车厂的第二级供应商。

3. 全轮驱动车辆的分动器单列为总成，代替非驱动桥，分动器的 A 类件为壳体、齿轮（或链条）、接合器，界定数量为 2；B 类件为轴类、轴承、同步器、电控装置，总界定数量为 4。

4. 两个驱动桥及多桥车辆按照实际桥数分别判定总成特征，并相应增加总成和构成整车特征界定数量。

5. 从 2005 年 4 月 1 日至 2006 年 6 月 30 日，A、B 类关键件合并在一起按照总界定数量进行考核。自 2006 年 7 月 1 日起，所有车型均按照区分了 A、B 类关键件的标准进行考核。

6. 如果某车型确实没有在本总成（系统）界定表中规定的功能相符的关键件或分总成，则相应地减少其界定数量或总成（系统）数量。

附件 2

汽车总成（系统）所属零部件界定范围

本总成（系统）所属零部件范围界定主要用于汽车整车特征认定的总成和系统，总成（系统）所属零部件范围界定的原则：一、功能的完整性；二、装配阶段划分明确。同时参照标准 QC/T265 –2004《汽车产品零部件编号规则》、QC/T514 – 1999《轿车车身名词术语》、GB/T4780 –2000《汽车车身术语》、GB/T5727 –1985《汽车液力变速器术语及定义》、GB/T5333 –1985《汽车驱动桥术语及定义》、GB5620. 2 –1985《汽车和挂车制动名词术语及其定义》、GB/T5179 –1985《汽车转向系术语和定义》。

车身（驾驶室）：油漆工艺前的车身本体（白车身），不包括车身附件及装饰件。主要由车身结构件及覆盖件（非承载式车身）焊接组成。

M_1 类包括前围、侧围、后围、顶盖、车身地板、翼子板、车门、发动机罩盖、行李箱盖（或背门总成）等。

M_1 以外的其他类包括前围、侧围、后围、顶盖、车身地板、地板盖板（金属件）、顶盖通风窗、翼子板、车门、发动机罩盖、车身骨架（非承载式车身）等。

发动机总成：

包括气缸体、气缸盖、正时齿轮室、气门罩、曲轴、飞轮、连杆、活塞、轴瓦、凸轮轴、正时机构、进排气门、驱动机构、进排气歧管、点火系统、水泵、润滑油泵、机油滤清器、曲轴箱通风装置、燃油泵、EFI 装置（含 ECU、节流阀体、喷油器、传感器）、增压器、起动机、发电机、燃油管路、燃油滤清器、传感器及报警装置等；

柴油发动机还包括高压油泵、中冷器等。

不含散热器、风扇、空气滤清器、消声器、风扇离合器、排放污染物控制装置（微粒捕集器、三元催化器等）。

变速器总成：

自动变速器包括壳体、齿轮机构（或磨擦轮与钢带）、轴类、轴承、换挡机构组件、液力变矩器、自动变速器控制模块（ECU）、油泵、液力控制盒、传感器、分动器等。

手动变速器包括壳体、齿轮、同步器、轴类、轴承、换挡机构组件、传感器、离合器、分动器等。

不含远程操纵机构。

驱动桥总成：

包括主减速器、差速器、桥壳、半轴（含等速万向节）、转向节、摆臂、轮毂、轴承、悬架弹簧、减震器等。

非驱动桥总成：

包括车轴（拖臂总成）、轮毂、轴承、悬架弹簧、减震器等。

车架总成：

包括纵梁（或承载式车身的前副车架及发动机托架）、横梁（或承载式车身的后副车架）等。

制动系统：

包括制动踏板、回位弹簧、制动主缸、轮缸、助力器、制动器、ABS 系统（ECU、阀体、传感器）、制动管路、储液罐、缓速器、制动力调节装置、行车制动踏板装置、驻车制动操纵装置、三通路控制阀、传感器、报警装置等。

气压制动系统还包括制动气室、制动蹄促动器、空压机、储气筒、滤清器、气制动阀、双止回阀、继动阀、快放阀等。

转向系统：

包括转向盘（含安全气囊）、转向管柱、转向柱支架、转向轴、万向节、转向器、转向器支架、转向摇臂、转向拉杆、转向节臂、梯形机构等。

助力转向还包括转向控制阀、转向动力缸、转向油泵、转向动力油罐、转向电机及控制模块等。

分动器总成：

包括壳体、轴类、轴承、齿轮（或链条）、接合器、换挡机构组件、电控装置等。

说明：

1. 由于各总成结构的多样性，上述的界定范围并不是唯一的，不同的结构将主要依据其零部件的功能来判定。

2. 对于有一种以上功能的部件，将以其最主要的功能划分到所属的总成。

3. 对于构成总成（除车身总成、车架总成）、分总成完整性的连接件（如管线、螺栓、螺母、螺钉、卡箍、粘接剂等）、密封件和固定件等包含在总成内。

4. 各总成不包括与其加工、装配过程无关的燃油、润滑油、润滑脂、冷却液、制动液、动力油等。

附件 3

备案车型零部件采购清单

序号	商品HS 税号	总成编码	所属总成名称	零部件号	品名	单价	每车用量	每车零部件价格	占整车比例	零部件来源	国内外生产厂家名称

注：零部件来源指进口件或国产配套件。

中华人民共和国海关审定进出口货物完税价格办法

（2006 年 3 月 28 日海关总署令第 148 号公布，自 2006 年 5 月 1 日起施行）

第一章　总　则

第一条　为了正确审查确定进出口货物的完税价格，根据《中华人民共和国海关法》、《中华人民共和国进出口关税条例》的规定，制定本办法。

第二条　海关审查确定进出口货物的完税价格，应当遵循客观、公平、统一的原则。

第三条　海关审查确定进出口货物的完税价格，应当适用本办法。

准许进口的进境旅客行李物品、个人邮递物品以及其他个人自用物品的完税价格和涉嫌走私的进出口货物、物品的计税价格的核定，不适用本办法。

第四条　海关应当按照国家有关规定，妥善保管纳税义务人提供的涉及商业秘密的资料，除法律、行政法规另有规定外，不得对外提供。

纳税义务人可以书面向海关提出为其保守商业秘密的要求，并具体列明需要保密的内容，但是不得以商业秘密为理由拒绝向海关提供有关资料。

第二章　进口货物的完税价格

第一节　进口货物完税价格确定方法

第五条　进口货物的完税价格，由海关以该货物的成交价格为基础审查确定，并应当包括货物运抵中华人民共和国境内输入地点起卸前的运输及其相关费用、保险费。

第六条　进口货物的成交价格不符合本章第二节规定的，或者成交价格不能确定的，海关经了解有关情况，并与纳税义务人进行价格磋商后，依次以下列方法审查确定该货物的完税价格：

（一）相同货物成交价格估价方法；

（二）类似货物成交价格估价方法；

（三）倒扣价格估价方法；

（四）计算价格估价方法；

（五）合理方法。

纳税义务人向海关提供有关资料后，可以提出申请，颠倒前款第（三）项和第（四）项的适用次序。

第二节　成交价格估价方法

第七条　进口货物的成交价格，是指卖方向中华人民共和国境内销售该货物时买方为进口该货物向卖方实付、应付的，并且按照本章第三节的规定调整后的价款总额，包括直接支付的价款和间接支付的价款。

第八条　进口货物的成交价格应当符合下列条件：

（一）对买方处置或者使用进口货物不予限制，但是法律、行政法规规定实施的限制、对货物销售地域的限制和对货物价格无实质性影响的限制除外；

（二）进口货物的价格不得受到使该货物成交价格无法确定的条件或者因素的影响；

（三）卖方不得直接或者间接获得因买方销售、处置或者使用进口货物而产生的任何收益，或者虽然有收益但是能够按照本办法第十一条第一款第（四）项的规定作出调整；

（四）买卖双方之间没有特殊关系，或者虽然有特殊关系但是按照本办法第十七条的规定未对成交价格产生影响。

第九条　有下列情形之一的，应当视为对买方处置或者使用进口货物进行了限制：

（一）进口货物只能用于展示或者免费赠送的；

（二）进口货物只能销售给指定第三方的；

（三）进口货物加工为成品后只能销售给卖方或者指定第三方的；

（四）其他经海关审查，认定买方对进口货物的处置或者使用受到限制的。

第十条　有下列情形之一的，应当视为进口货物的价格受到了使该货物成交价格无法确定的条件或者因素的影响：

（一）进口货物的价格是以买方向卖方购买一定数量的其他货物为条件而确定的；

（二）进口货物的价格是以买方向卖方销售其他货物为条件而确定的；

（三）其他经海关审查，认定货物的价格受到使该货物成交价格无法确定的条件或者因素影响的。

第三节　成交价格的调整项目

第十一条　以成交价格为基础审查确定进口货物的完税价格时，未包括在该货物实付、应付价格中的下列费用或者价值应当计入完税价格：

（一）由买方负担的下列费用：

1. 除购货佣金以外的佣金和经纪费；

2. 与该货物视为一体的容器费用；

3. 包装材料费用和包装劳务费用。

（二）与进口货物的生产和向中华人民共和国境内销售有关的，由买方以免费或者以低于成本的方式提供，并可以按适当比例分摊的下列货物或者服务的价值：

1. 进口货物包含的材料、部件、零件和类似货物；

2. 在生产进口货物过程中使用的工具、模具和类似货物；

3. 在生产进口货物过程中消耗的材料；

4. 在境外进行的为生产进口货物所需的工程设计、技术研发、工艺及制图等相关服务。

（三）买方需向卖方或者有关方直接或者间接支付的特许权使用费，但是符合下列情形之一的除外：

1. 特许权使用费与该货物无关；

2. 特许权使用费的支付不构成该货物向中华人民共和国境内销售的条件。

（四）卖方直接或者间接从买方对该货物进口后销售、处置或者使用所得中获得的收益。

纳税义务人应当向海关提供本条所述费用或者价值的客观量化数据资料。纳税义务人不能提供的，海关与纳税义务人进行价格磋商后，按照本办法第六条列明的方法审查确定完税价格。

第十二条　在根据本办法第十一条第一款第（二）项确定应当计入进口货物完税价格的货物价值时，应当按照下列方法计算有关费用：

（一）由买方从与其无特殊关系的第三方购买的，应当计入的价值为购入价格；

（二）由买方自行生产或者从有特殊关系的第三方获得的，应当计入的价值为生产成本；

（三）由买方租赁获得的，应当计入的价值为买方承担的租赁成本；

（四）生产进口货物过程中使用的工具、模具和类似货物的价值，应当包括其工程设计、技术研发、工艺及制图等费用。

如果货物在被提供给卖方前已经被买方使用过，应当计入的价值为根据国内公认的会计原则对其进行折旧后的价值。

第十三条　符合下列条件之一的特许权使用费，应当视为与进口货物有关：

（一）特许权使用费是用于支付专利权或者专有技术使用权，且进口货物属于下列情形之一的：

1. 含有专利或者专有技术的；

2. 用专利方法或者专有技术生产的；

3. 为实施专利或者专有技术而专门设计或者制造的。

（二）特许权使用费是用于支付商标权，且进口货物属于下列情形之一的：

1. 附有商标的；

2. 进口后附上商标直接可以销售的；

3. 进口时已含有商标权，经过轻度加工后附上商标即可以销售的。

（三）特许权使用费是用于支付著作权，且进口货物属于下列情形之一的：

1. 含有软件、文字、乐曲、图片、图像或者其他类似内容的进口货物，包括磁带、磁盘、光盘或者其他类似介质的形式；

2. 含有其他享有著作权内容的进口货物。

（四）特许权使用费是用于支付分销权、销售权或者其他类似权利，且进口货物属于下列情形之一的：

1. 进口后可以直接销售的；

2. 经过轻度加工即可以销售的。

第十四条　买方不支付特许权使用费则不能购得进口货物，或者买方不支付特许权使用费则该货物不能以合同议定的条件成交的，应当视为特许权使用费的支付构成进口货物向中华人民共和国境内销售的条件。

第十五条　进口货物的价款中单独列明的下列税收、费用，不计入该货物的完税价格：

（一）厂房、机械或者设备等货物进口后发生的建设、安装、装配、维修或者技术援助费用，但是保修费用除外；

（二）进口货物运抵中华人民共和国境内输入地点起卸后发生的运输及其相关费用、保险费；

（三）进口关税、进口环节海关代征税及其他国内税；

（四）为在境内复制进口货物而支付的费用；

（五）境内外技术培训及境外考察费用。

同时符合下列条件的利息费用不计入完税价格：

（一）利息费用是买方为购买进口货物而融资所产生的；

（二）有书面的融资协议的；

（三）利息费用单独列明的；

（四）纳税义务人可以证明有关利率不高于在融资当时当地此类交易通常应当具有的利率水平，且没有融资安排的相同或者类似进口货物的价格与进口货物的实付、应付价格非常接近的。

第四节　特殊关系

第十六条　有下列情形之一的，应当认为买卖双方存在特殊关系：

（一）买卖双方为同一家族成员的；

（二）买卖双方互为商业上的高级职员或者董事的；

（三）一方直接或者间接地受另一方控制的；

（四）买卖双方都直接或者间接地受第三方控制的；

（五）买卖双方共同直接或者间接地控制第三方的；

（六）一方直接或者间接地拥有、控制或者持有对方5%以上（含5%）公开发行的有表决权的股票或者股份的；

（七）一方是另一方的雇员、高级职员或者董事的；

（八）买卖双方是同一合伙的成员的。

买卖双方在经营上相互有联系，一方是另一方的独家代理、独家经销或者独家受让人，如果符合前款的规定，也应当视为存在特殊关系。

第十七条　买卖双方之间存在特殊关系，但是纳税义务人能证明其成交价格与同时或者大约同时发生的下列任何一款价格相近的，应当视为特殊关系未对进口货物的成交价格产生影响：

（一）向境内无特殊关系的买方出售的相同或者类似进口货物的成交价格；

（二）按照本办法第二十二条的规定所确定的相同或者类似进口货物的完税价格；

（三）按照本办法第二十四条的规定所确定的相同或者类似进口货物的完税价格。

海关在使用上述价格进行比较时，应当考虑商业水平和进口数量的不同，以及买卖双方有无特殊关系造成的费用差异。

第五节　除成交价格估价方法以外的其他估价方法

第十八条　相同货物成交价格估价方法，是指海关以与进口货物同时或者大约同时向中华人民共和国境内销售的相同货物的成交价格为基础，审查确定进口货物的完税价格的估价方法。

第十九条　类似货物成交价格估价方法，是指海关以与进口货物同时或者大约同时向中华人民共和国境内销售的类似货物的成交价格为基础，审查确定进口货物的完税价格的估价方法。

第二十条　按照相同或者类似货物成交价格估价方法的规定审查确定进口货物的完税价格时，应当使用与该货物具有相同商业水平且进口数量基本一致的相同或者类似货物的成交价格。使用上述价格时，应当以客观量化的数据资料，对该货物与相同或者类似货物之间由于运输距离和运输方式不同而在成本和其他费用方面产生的差异进行调整。

在没有前款所述的相同或者类似货物的成交价格的情况下，可以使用不同商业水平或者不同进口数量的相同或者类似货物的成交价格。使用上述价格时，应当以客观量化的数据资料，对因商业水平、进口数量、运输距离和运输方式不同而在价格、成本和其他费用方面产生的差异作出调整。

第二十一条　按照相同或者类似货物成交价格估价方法审查确定进口货物的完税价格时，应当首先使用同一生产商生产的相同或者类似货物的成交价格。

没有同一生产商生产的相同或者类似货物的成交价格的，可以使用同一生产国或者地区其他生产商生产的相同或者类似货物的成交价格。

如果有多个相同或者类似货物的成交价格，应当以最低的成交价格为基础审查确定进口货物的完税价格。

第二十二条　倒扣价格估价方法，是指海关以进口货物、相同或者类似进口货物在境内的销售价格为基础，扣除境内发生的有关费用后，审查确定进口货物完税价格的估价方法。该销售价格应当同时符合下列条件：

（一）是在该货物进口的同时或者大约同时，将该货物、相同或者类似进口货物在境内销售的价格；

（二）是按照货物进口时的状态销售的价格；

（三）是在境内第一销售环节销售的价格；

（四）是向境内无特殊关系方销售的价格；

（五）按照该价格销售的货物合计销售总量最大。

第二十三条 按照倒扣价格估价方法审查确定进口货物完税价格的，下列各项应当扣除：

（一）同等级或者同种类货物在境内第一销售环节销售时，通常的利润和一般费用（包括直接费用和间接费用）以及通常支付的佣金；

（二）货物运抵境内输入地点起卸后的运输及其相关费用、保险费；

（三）进口关税、进口环节海关代征税及其他国内税。

如果该货物、相同或者类似货物没有按照进口时的状态在境内销售，应纳税义务人要求，可以在符合本办法第二十二条规定的其他条件的情形下，使用经进一步加工后的货物的销售价格审查确定完税价格，但是应当同时扣除加工增值额。

前款所述的加工增值额应当依据与加工成本有关的客观量化数据资料、该行业公认的标准、计算方法及其他的行业惯例计算。

按照本条的规定确定扣除的项目时，应当使用与国内公认的会计原则相一致的原则和方法。

第二十四条 计算价格估价方法，是指海关以下列各项的总和为基础，审查确定进口货物完税价格的估价方法：

（一）生产该货物所使用的料件成本和加工费用；

（二）向境内销售同等级或者同种类货物通常的利润和一般费用（包括直接费用和间接费用）；

（三）该货物运抵境内输入地点起卸前的运输及相关费用、保险费。

按照前款的规定审查确定进口货物的完税价格时，海关在征得境外生产商同意并提前通知有关国家或者地区政府后，可以在境外核实该企业提供的有关资料。

按照本条第一款的规定确定有关价值或者费用时，应当使用与生产国或者地区公认的会计原则相一致的原则和方法。

第二十五条 合理方法，是指当海关不能根据成交价格估价方法、相同货物成交价格估价方法、类似货物成交价格估价方法、倒扣价格估价方法和计算价格估价方法确定完税价格时，海关根据本办法第二条规定的原则，以客观量化的数据资料为基础审查确定进口货物完税价格的估价方法。

第二十六条 海关在采用合理方法确定进口货物的完税价格时，不得使用以下价格：

（一）境内生产的货物在境内的销售价格；

（二）可供选择的价格中较高的价格；

（三）货物在出口地市场的销售价格；

（四）以本办法第二十四条规定之外的价值或者费用计算的相同或者类似货物的价格；

（五）出口到第三国或者地区的货物的销售价格；

（六）最低限价或者武断、虚构的价格。

第三章　特殊进口货物的完税价格

第二十七条 加工贸易进口料件或者其制成品应当征税的，海关按照以下规定审查确定完税价格：

（一）进口时应当征税的进料加工进口料件，以该料件申报进口时的成交价格为基础审查确定完税价格；

（二）进料加工进口料件或者其制成品（包括残次品）内销时，海关以料件原进口成交价格为基础审查确定完税价格。料件原进口成交价格不能确定的，海关以接受内销申报的同时或者大约同时进口的与料件相同或者类似的货物的进口成交价格为基础审查确定完税价格；

（三）来料加工进口料件或者其制成品（包括残次品）内销时，海关以接受内销申报的同时或者大约同时进口的与料件相同或者类似的货物的进口成交价格为基础审查确定完税价格；

（四）加工企业内销加工过程中产生的边角料或者副产品，以海关审查确定的内销价格作为完税价格。

加工贸易内销货物的完税价格按照前款规定仍然不能确定的，由海关按照合理的方法审查确定。

第二十八条 出口加工区内的加工企业内销的制成品（包括残次品），海关以接受内销申报的同时或者大约同时进口的相同或者类似货物的进口成交价格为基础审查确定完税价格。

出口加工区内的加工企业内销加工过程中产生的边角料或者副产品，以海关审查确定的内销价格作为完税价格。

出口加工区内的加工企业内销制成品（包括残次品）、边角料或者副产品的完税价格按照本条前两款规定不能确定的，由海关按照合理的方法审查确定。

第二十九条 保税区内的加工企业内销的进口料件或者其制成品（包括残次品），海关以接受内销申报的同时或者大约同时进口的相同或者类似货物的进口成交价格为基础审查确定完税价格。

保税区内的加工企业内销的进料加工制成品中，如果含有从境内采购的料件，海关以制成品所含从境外购入的料件原进口成交价格为基础审查确定完税价格。料件原进口成交价格不能确定的，海关以接受内销申报的同时或者大约同时进口的与料件相同或者类似货物的进口成交价格为基础审查确定完税价格。

保税区内的加工企业内销的来料加工制成品中，如果含有从境内采购的料件，海关以接受内销申报的同时或者大约同时进口的与制成品所含从境外购入的料件相同或者类似货物的进口成交价格为基础审查确定完税价格。

保税区内的加工企业内销加工过程中产生的边角料或者副产品，以海关审查确定的内销价格作为完税价格。

保税区内的加工企业内销制成品（包括残次品）、边角料或者副产品的完税价格按照本条前四款规定仍然不能确定的，由海关按照合理的方法审查确定。

第三十条 从保税区、出口加工区、保税物流园区、保税物流中心等区域、场所进入境内，需要征税的货物，海关应当参照本办法第二章的有关规定，以从上述区域、场所进入境内的销售价格为基础审查确定完税价格，加工贸易进口料件及其制成品除外。

如果前款所述的销售价格中未包括上述区域、场所发生的仓储、运输及其他相关费用的，应当按照客观量化的数据资料予以计入。

第三十一条 运往境外修理的机械器具、运输工具或者其他货物，出境时已向海关报明，并在海关规定的期限内复运进境的，应当以境外修理费和料件费为基础审查确定完税价格。

出境修理货物复运进境超过海关规定期限的，由海关按照本办法第二章的规定审查确定完税价格。

第三十二条 运往境外加工的货物，出境时已向海关报明，并在海关规定期限内复运进境的，应当以境外加工费和料件费以及该货物复运进境的运输及其相关费用、保险费为基础审查确定完税价格。

出境加工货物复运进境超过海关规定期限的，由海关按照本办法第二章的规定审查确定完税价格。

第三十三条 经海关批准的暂时进境货物，应当缴纳税款的，由海关按照本办法第二章的规定审查确定完税价格。经海关批准留购的暂时进境货物，以海关审查确定的留购价格作为完税价格。

第三十四条 租赁方式进口的货物，按照下列方法审查确定完税价格：

（一）以租金方式对外支付的租赁货物，在租赁期间以海关审查确定的租金作为完税价格，利息应当予以计入；

（二）留购的租赁货物以海关审查确定的留购价格作为完税价格；

（三）纳税义务人申请一次性缴纳税款的，可以选择申请按照本办法第六条列明的方法确定完税价格，或者按照海关审查确定的租金总额作为完税价格。

第三十五条 减税或者免税进口的货物应当补税时，应当以海关审查确定的该货物原进口时的价格，扣除折旧部分价值作为完税价格，其计算公式如下：

$$\text{完税价格} = \text{海关审查确定的该货物原进口时的价格} \times \left(1 - \frac{\text{补税时实际已进口的时间（月）}}{\text{监管年限} \times 12}\right)$$

上述计算公式中“补税时实际已进口的时间”按月计算，不足1个月但是超过15日的，按照1个月计算；不超过15日的，不予计算。

第三十六条 易货贸易、寄售、捐赠、赠送等不存在成交价格的进口货物，海关与纳税义务人进行价格磋商后，按照本办法第六条列明的方法审查确定完税价格。

第三十七条 进口载有专供数据处理设备用软件的介质，具有下列情形之一的，应当以介质本身的价值或者成本为基础审查确定完税价格：

（一）介质本身的价值或者成本与所载软件的价值分列；

（二）介质本身的价值或者成本与所载软件的价值虽未分列，但是纳税义务人能够提供介质本身的价值或者成本的证明文件，或者能提供所载软件价值的证明文件。

含有美术、摄影、声音、图像、影视、游戏、电子出版物的介质不适用前款规定。

第四章 进口货物完税价格中的运输及其相关费用、保险费的计算

第三十八条 进口货物的运费，应当按照实际支付的费用计算。如果进口货物的运费无法确定的，海关应当按照该货物的实际运输成本或者该货物进口同期运输行业公布的运费率（额）计算运费。

运输工具作为进口货物，利用自身动力进境的，海关在审查确定完税价格时，不再另行计入运费。

第三十九条 进口货物的保险费，应当按照实际支付的费用计算。如果进口货物的保险费无法确定或者未实际发生，海关应当按照“货价加运费”两者总额的3‰计算保险费，其计算公式如下：

保险费 =（货价 + 运费）×3‰

第四十条 邮运进口的货物，应当以邮费作为运输及其相关费用、保险费。

第四十一条 以境外边境口岸价格条件成交的铁路或者公路运输进口货物，海关应当按照境外边境口岸价格的1%计算运输及其相关费用、保险费。

第五章 出口货物的完税价格

第四十二条 出口货物的完税价格由海关以该货物的成交价格为基础审查确定，并应当包括货物运至中华人民共和国境内输出地点装载前的运输及其相关费用、保险费。

第四十三条 出口货物的成交价格，是指该货物出口销售时，卖方为出口该货物应当向买方直接收取和间接收取的价款总额。

第四十四条 下列税收、费用不计入出口货物的完税价格：

（一）出口关税；

（二）在货物价款中单独列明的货物运至中华人民共和国境内输出地点装载后的运输及其相关费用、保险费；

（三）在货物价款中单独列明由卖方承担的佣金。

第四十五条 出口货物的成交价格不能确定的，海关经了解有关情况，并与纳税义务人进行价格磋商后，依次以下列价格审查确定该货物的完税价格：

（一）同时或者大约同时向同一国家或者地区出口的相同货物的成交价格；

（二）同时或者大约同时向同一国家或者地区出口的类似货物的成交价格；

（三）根据境内生产相同或者类似货物的成本、利润和一般费用（包括直接费用和间接费用）、境内发生的运输及其相关费用、保险费计算所得的价格；

（四）按照合理方法估定的价格。

第六章 完税价格的审查确定

第四十六条 纳税义务人向海关申报时，应当按照本办法的有关规定，如实向海关提供发票、合同、提单、装箱清单等单证。

根据海关要求，纳税义务人还应当如实提供与货物买卖有关的支付凭证以及证明申报价格真实、准确的其他商业单证、书面资料和电子数据。

货物买卖中发生本办法第二章第三节所列的价格调整项目的，纳税义务人应当如实向海关申报。

前款所述的价格调整项目如果需要分摊计算的，纳税义务人应当根据客观量化的标准进行分摊，并同时向海关提供分摊的依据。

第四十七条 海关为审查申报价格的真实性、准确性，可以行使下列职权进行价格核查：

（一）查阅、复制与进出口货物有关的合同、发票、账册、结付汇凭证、单据、业务函电、录音录像制品和其他反映买卖双方关系及交易活动的商业单证、书面资料和电子数据；

（二）向进出口货物的纳税义务人及与其有资金往来或者有其他业务往来的公民、法人或者其他组织调查与进出口货物价格有关的问题；

（三）对进出口货物进行查验或者提取货样进行检验或者化验；

（四）进入纳税义务人的生产经营场所、货物存放场所，检查与进出口活动有关的货物和生产经营情况；

（五）经直属海关关长或者其授权的隶属海关关长批准，凭“中华人民共和国海关账户查询通知书”（见附件1）及有关海关工作人员的工作证件，可以查询纳税义务人在银行或者其他金融机构开立的单位账户的资金往来情况，并向银行业监督管理机构通报有关情况；

（六）向税务部门查询了解与进出口货物有关的缴纳国内税情况。

海关在行使前款规定的各项职权时，纳税义务人及有关公民、法人或者其他组织应当如实反映情况，提供有关书面资料和电子数据，不得拒绝、拖延和隐瞒。

第四十八条 海关对申报价格的真实性、准确性有疑问时，或者认为买卖双方之间的特殊关系影响成交价格时，应当制发“中华人民共和国海关价格质疑通知书”（以下简称“价格质疑通知书”，见附件2），将质疑的理由书面告知纳税义务人或者其代理人，纳税义务人或者其代理人应当自收到“价格质疑通知书”之日起5个工作日内，以书面形式提供相关资料或者其他证据，证明其申报价格真实、准确或者双方之间的特殊关系未影响成交价格。

纳税义务人或者其代理人确有正当理由无法在规定时间内提供前款资料的，可以在规定期限届满前以书面形式向海关申请延期。

除特殊情况外，延期不得超过10个工作日。

第四十九条 海关制发“价格质疑通知书”后，

有下列情形之一的，海关与纳税义务人进行价格磋商后，按照本办法第六条或者第四十五条列明的方法审查确定进出口货物的完税价格：

（一）纳税义务人或者其代理人在海关规定期限内，未能提供进一步说明的；

（二）纳税义务人或者其代理人提供有关资料、证据后，海关经审核其所提供的资料、证据，仍然有理由怀疑申报价格的真实性、准确性的；

（三）纳税义务人或者其代理人提供有关资料、证据后，海关经审核其所提供的资料、证据，仍然有理由认为买卖双方之间的特殊关系影响成交价格的。

第五十条　海关经过审查认为进口货物无成交价格的，可以不进行价格质疑，经与纳税义务人进行价格磋商后，按照本办法第六条列明的方法审查确定完税价格。

海关经过审查认为出口货物无成交价格的，可以不进行价格质疑，经与纳税义务人进行价格磋商后，按照本办法第四十五条列明的方法审查确定完税价格。

第五十一条　海关按照本办法规定通知纳税义务人进行价格磋商时，纳税义务人应当自收到“中华人民共和国海关价格磋商通知书”（见附件3）之日起5个工作日内与海关进行价格磋商。纳税义务人未在规定的时限内与海关进行磋商的，视为其放弃价格磋商的权利，海关可以直接使用本办法第六条或者第四十五条列明的方法审查确定进出口货物的完税价格。

海关按照本办法规定与纳税义务人进行价格磋商时，应当制作“中华人民共和国海关价格磋商记录表”（见附件4）。

第五十二条　对符合下列情形之一的，经纳税义务人书面申请，海关可以不进行价格质疑以及价格磋商，按照本办法第六条或者第四十五条列明的方法审查确定进出口货物的完税价格：

（一）同一合同项下分批进出口的货物，海关对其中一批货物已经实施估价的；

（二）进出口货物的完税价格在人民币10万元以下或者关税及进口环节海关代征税总额在人民币2万元以下的；

（三）进出口货物属于危险品、鲜活品、易腐品、易失效品、废品、旧品等的。

第五十三条　进口货物属于本办法第二十七条、第二十八条、第二十九条所列情形的，海关可以不进行价格质疑，经与纳税义务人进行价格磋商后，按照本办法第六条列明的方法审查确定完税价格。

进口货物属于本办法第二十七条、第二十八条、第二十九条所列情形的，经纳税义务人书面申请，海关可以不进行价格磋商，按照本办法第六条列明的方法审查确定进口货物的完税价格。

第五十四条　海关审查确定进出口货物的完税价格期间，纳税义务人可以在依法向海关提供担保后，先行提取货物。

第五十五条　海关审查确定进出口货物的完税价格后，纳税义务人可以提出书面申请，要求海关就如何确定其进出口货物的完税价格做出书面说明。海关应当根据要求出具《中华人民共和国海关估价告知书》（见附件5）。

第七章　附　则

第五十六条　本办法下列用语的含义是：

“境内”，指中华人民共和国关境内。

“完税价格”，指海关在计征关税时使用的计税价格。

“买方”，指通过履行付款义务，购入货物，并为此承担风险，享有收益的自然人、法人或者其他组织。其中进口货物的买方是指向中华人民共和国境内购入进口货物的买方。

“卖方”，指销售货物的自然人、法人或者其他组织。其中进口货物的卖方是指向中华人民共和国境内销售进口货物的卖方。

“向中华人民共和国境内销售”，指将进口货物实际运入中华人民共和国境内，货物的所有权和风险由卖方转移给买方，买方为此向卖方支付价款的行为。

“实付、应付价格”，指买方为购买进口货物而直接或者间接支付的价款总额，即作为卖方销售进口货物的条件，由买方向卖方或者为履行卖方义务向第三方已经支付或者将要支付的全部款项。

“间接支付”，指买方根据卖方的要求，将货款全部或者部分支付给第三方，或者冲抵买卖双方之间的其他资金往来的付款方式。

“购货佣金”，指买方为购买进口货物向自己的采购代理人支付的劳务费用。

“经纪费”，指买方为购买进口货物向代表买卖双方利益的经纪人支付的劳务费用。

“相同货物”，指与进口货物在同一国家或者地区生产的，在物理性质、质量和信誉等所有方面都相同的货物，但是表面的微小差异允许存在。

“类似货物”，指与进口货物在同一国家或者地区生产的，虽然不是在所有方面都相同，但是却具有相似的特征，相似的组成材料，相同的功能，并且在商业中可以互换的货物。

“大约同时”，指海关接受货物申报之日前后45天内。按照倒扣价格法审查确定进口货物的完税价格时，如果进口货物、相同或者类似货物没有在海关接受进口货物申报之日前后45天内在境内销售，可以将在境内销售的时间延长至接受货物申报之日前后90天内。

“公认的会计原则”，指在有关国家或者地区会计核算工作中普遍遵循的原则性规范和会计核算业务的处理方法。包括对货物价值认定有关的权责发生制原则、配比原则、历史成本原则、划分收益性与资本性支出原则等。

“特许权使用费”，指进口货物的买方为取得知识产权权利人及权利人有效授权人关于专利权、商标权、专有技术、著作权、分销权或者销售权的许可或者转让而支付的费用。

“技术培训费用”，指基于卖方或者与卖方有关的第三方对买方派出的技术人员进行与进口货物有关的技术指导，进口货物的买方支付的培训师资及人员的教学、食宿、交通、医疗保险等其他费用。

“软件”，指《计算机软件保护条例》规定的用于数据处理设备的程序和文档。

“专有技术”，指以图纸、模型、技术资料和规范等形式体现的尚未公开的工艺流程、配方、产品设计、质量控制、检测以及营销管理等方面的知识、经验、方法和诀窍等。

“轻度加工”，指稀释、混合、分类、简单装配、再包装或者其他类似加工。

“同等级或者同种类货物”，指由特定产业或者产业部门生产的一组或者一系列货物中的货物，包括相同货物或者类似货物。

“介质”，指《中华人民共和国进出口税则》中税则号列85.24项下的商品。

“价格核查”，指海关为确定进出口货物的完税价格，依法行使本办法第四十七条规定的职权，通过审查单证、核实数据、核对实物及相关账册等方法，对进出口货物申报成交价格的真实性、准确性以及买卖双方之间是否存在特殊关系影响成交价格进行的审查。

“价格磋商”，指海关在使用除成交价格以外的估价方法时，在保守商业秘密的基础上，与纳税义务人交换彼此掌握的用于确定完税价格的数据资料的行为。

第五十七条 纳税义务人对海关的估价决定有异议的，应当按照海关作出的相关行政决定依法缴纳税款，并可以依法向上一级海关申请复议。对复议决定不服的，可以依法向人民法院提起行政诉讼。

第五十八条 违反本办法规定，构成走私或者违反海关监管规定行为的，由海关依照《中华人民共和国海关法》和《中华人民共和国海关行政处罚实施条例》的有关规定予以处理；构成犯罪的，依法追究刑事责任。

第五十九条 本办法由海关总署负责解释。

第六十条 本办法自2006年5月1日起施行。2001年12月31日海关总署令第95号发布的《中华人民共和国海关审定进出口货物完税价格办法》和2003年5月30日海关总署令第102号发布的《中华人民共和国海关关于进口货物特许权使用费估价办法》同时废止。

附件1 中华人民共和国____海关账户查询通知书
附件2 中华人民共和国____海关价格质疑通知书
附件3 中华人民共和国____海关价格磋商通知书
附件4 中华人民共和国____海关价格磋商记录表
附件5 中华人民共和国____海关估价告知书（样式）

附件1

中华人民共和国
______海关账户查询通知书

____关账户查询［200　］号

________银行：

因核查进口/出口货物申报价格的真实性和准确性的需要，现根据《中华人民共和国进出口关税条例》第三十三条之规定，特派我关核查人员________前往你处查询________（企业/当事人）的银行账户的资金往来情况，请予以协助。

（关印）

年　月　日

附件 2

中华人民共和国
______海关价格质疑通知书

____关编号：______

贵公司/单位于____年____月____日向海关申报的________________________（报关单号______________），因有下列原因：

[ ] 货物的申报价格与海关掌握的价格存在差异；

[ ] 买卖双方存在特殊关系，并且可能对成交价格有影响；

[ ] 单证之间与价格有关的项目存在矛盾或者疑问；

[ ] 其他怀疑申报价格真实性或者准确性的理由。

详细
说明

按照《中华人民共和国进出口关税条例》第三十四条规定，海关需对成交情况进行核实。请自收到本通知之日起 5 个工作日内提供下列单证资料，并协助我关进一步了解与进/出口货物成交价格相关的信息。若明确不能提供、逾期不提供资料、所提供的资料不足以证明申报价格的真实性或者准确性以及不足以证明买卖双方间的特殊关系对成交价格没有造成影响的，海关将依法另行估价。

☐ 有关成交的书面情况说明（如提供价格偏低的理由、价格构成情况、交易各方作用）

☐ 中华人民共和国海关进口货物价格申报单

☐ 合同、协议或者订单	☐ 业务函电
☐ 厂商发票	☐ 运费发票
☐ 保险单	☐ 信用证
☐ 进口付汇核销单（付汇备案表）	☐ 结付汇凭证
☐ 会计账册	☐ 国内销售单据
☐ 商检证	☐ 货物说明书

☐ 其他有关单证：

______关（处）盖章　　经办人（签字）：______　　____年____月____日

受送达人（签字）：______　　____年____月____日

第一联：企业留存

中华人民共和国
______海关价格质疑通知书

____关编号：________

贵公司/单位于____年____月____日向海关申报的________________________（报关单号______________），因有下列原因：

[ ] 货物的申报价格与海关掌握的价格存在差异；

[ ] 买卖双方存在特殊关系，并且可能对成交价格有影响；

[ ] 单证之间与价格有关的项目存在矛盾或者疑问；

[ ] 其他怀疑申报价格真实性或者准确性的理由。

详细
说明

按照《中华人民共和国进出口关税条例》第三十四条规定，海关需对成交情况进行核实。请自收到本通知之日起5个工作日内提供下列单证资料，并协助我关进一步了解与进/出口货物成交价格相关的信息。若明确不能提供、逾期不提供资料、所提供的资料不足以证明申报价格的真实性或者准确性以及不足以证明买卖双方间的特殊关系对成交价格没有造成影响的，海关将依法另行估价。

☐ 有关成交的书面情况说明（如提供价格偏低的理由、价格构成情况、交易各方作用）

☐ 中华人民共和国海关进口货物价格申报单

☐ 合同、协议或者订单　　☐ 业务函电

☐ 厂商发票　　☐ 运费发票

☐ 保险单　　☐ 信用证

☐ 进口付汇核销单（付汇备案表）　　☐ 结付汇凭证

☐ 会计账册　　☐ 国内销售单据

☐ 商检证　　☐ 货物说明书

☐ 其他有关单证：

______关（处）盖章　　经办人（签字）：______　　____年____月____日

受送达人（签字）：______　　____年____月____日

第二联：海关留存

附件3

中华人民共和国
______海关价格磋商通知书

______关编号：

________公司/单位：

经审核，海关不接受你公司/单位于____年____月____日向海关申报的____________________（报关单号________________）的申报价格，拟重新估价。为保障进出口货物纳税义务人的合法权益，根据《中华人民共和国进出口关税条例》第二十一条、第二十七条规定，海关依法与你公司/单位进行价格磋商，请自收到本通知书之日起5个工作日内至________与海关进行磋商，磋商内容将成为海关的估价依据。如在规定期限内不与海关进行磋商的，海关将根据海关掌握的资料审查确定进出口货物的完税价格。

________海关

受送达人（签字）：　　　　年　　月　　日

第一联：企业留存

中华人民共和国
______海关价格磋商通知书

______关编号：

________公司/单位：

经审核，海关不接受你公司/单位于____年____月____日向海关申报的____________________（报关单号________________）的申报价格，拟重新估价。为保障进出口货物纳税义务人的合法权益，根据《中华人民共和国进出口关税条例》第二十一条、第二十七条规定，海关依法与你公司/单位进行价格磋商，请自收到本通知书之日起5个工作日内至________与海关进行磋商，磋商内容将成为海关的估价依据。如在规定期限内不与海关进行磋商的，海关将根据海关掌握的资料审查确定进出口货物的完税价格。

________海关

受送达人（签字）：　　　　年　　月　　日

第二联：海关留存

附件 4

中华人民共和国
______海关价格磋商记录表

关编号：________

经审核，海关不接受申报价格，拟重新估价。为充分获取信息，依法审定货物的完税价格，保障进出口货物纳税义务人的合法权益，根据《中华人民共和国进出口关税条例》第二十一条、第二十七条规定，海关依法与你公司/单位进行价格磋商。磋商内容将成为海关的估价依据。如你公司/单位提供不实资料，将承担相应法律责任。

<table>
<tr><td>磋商地点</td><td colspan="2"></td><td>磋商时间</td><td></td></tr>
<tr><td>报关单编号</td><td colspan="2"></td><td>进/出口日期</td><td></td></tr>
<tr><td>商品名称</td><td colspan="4"></td></tr>
<tr><td colspan="5">纳税义务人情况</td></tr>
<tr><td>姓名</td><td></td><td>性别</td><td></td><td>职务</td></tr>
<tr><td>身份证号码</td><td colspan="2"></td><td>联系电话</td><td></td></tr>
<tr><td>纳税义务人地址</td><td colspan="4"></td></tr>
<tr><td>相同或者类似货物成交价格估价方法</td><td colspan="4">纳税义务人能否提供该进/出口货物的相同或者类似货物的成交价格
能 □　　　　否 □</td></tr>
<tr><td>倒扣价格估价方法</td><td colspan="4">纳税义务人能否提供该进口货物或者相同/类似货物在境内第一销售环节销售的价格
能 □　　　　否 □
纳税义务人能否提供与该进口货物同等级或者同种类货物在境内销售时通常的利润和一般费用
能 □　　　　否 □</td></tr>
<tr><td>计算价格估价方法</td><td colspan="4">纳税义务人能否提供该进/出口货物的生产成本
能 □　　　　否 □
纳税义务人能否提供向境内销售与该进口货物同等级或者同种类货物通常的利润和一般费用或者在境内生产该出口货物的相同或者类似货物的利润和一般费用
能 □　　　　否 □</td></tr>
<tr><td>合理方法</td><td colspan="4">纳税义务人能否提供进一步的信息
能 □　　　　否 □</td></tr>
<tr><td colspan="5">纳税义务人提供的价格信息资料：</td></tr>
<tr><td colspan="5">海关所掌握的价格信息资料：</td></tr>
<tr><td colspan="5">价格磋商结果</td></tr>
<tr><td></td><td colspan="2">海关经办人：（签名）</td><td colspan="2">年　　月　　日</td></tr>
<tr><td></td><td colspan="2">纳税义务人授权人：（签名）</td><td colspan="2">年　　月　　日</td></tr>
</table>

第一联：企业留存

中华人民共和国
______海关价格磋商记录表

关编号：________

经审核，海关不接受申报价格，拟重新估价。为充分获取信息，依法审定货物的完税价格，保障进出口货物纳税义务人的合法权益，根据《中华人民共和国进出口关税条例》第二十一条、第二十七条规定，海关依法与你公司/单位进行价格磋商。磋商内容将成为海关的估价依据。如你公司/单位提供不实资料，将承担相应法律责任。

<table>
<tr><td>磋商地点</td><td colspan="3"></td><td>磋商时间</td><td></td></tr>
<tr><td>报关单编号</td><td colspan="3"></td><td>进/出口日期</td><td></td></tr>
<tr><td>商品名称</td><td colspan="5"></td></tr>
<tr><td colspan="6">纳税义务人情况</td></tr>
<tr><td>姓名</td><td></td><td>性别</td><td></td><td>职务</td><td></td></tr>
<tr><td>身份证号码</td><td colspan="3"></td><td>联系电话</td><td></td></tr>
<tr><td>纳税义务人地址</td><td colspan="5"></td></tr>
<tr><td>相同或者类似货物成交价格估价方法</td><td colspan="5">纳税义务人能否提供该进/出口货物的相同或者类似货物的成交价格
能 □　　　　否 □</td></tr>
<tr><td>倒扣价格估价方法</td><td colspan="5">纳税义务人能否提供该进口货物或者相同/类似货物在境内第一销售环节销售的价格
能 □　　　　否 □
纳税义务人能否提供与该进口货物同等级或者同种类货物在境内销售时通常的利润和一般费用
能 □　　　　否 □</td></tr>
<tr><td>计算价格估价方法</td><td colspan="5">纳税义务人能否提供该进/出口货物的生产成本
能 □　　　　否 □
纳税义务人能否提供向境内销售与该进口货物同等级或者同种类货物通常的利润和一般费用或者在境内生产该出口货物的相同或者类似货物的利润和一般费用
能 □　　　　否 □</td></tr>
<tr><td>合理方法</td><td colspan="5">纳税义务人能否提供进一步的信息
能 □　　　　否 □</td></tr>
<tr><td colspan="6">纳税义务人提供的价格信息资料：</td></tr>
<tr><td colspan="6">海关所掌握的价格信息资料：</td></tr>
<tr><td colspan="6">价格磋商结果</td></tr>
<tr><td></td><td colspan="3">海关经办人：（签名）</td><td colspan="2">年　　月　　日</td></tr>
<tr><td></td><td colspan="3">纳税义务人授权人：（签名）</td><td colspan="2">年　　月　　日</td></tr>
</table>

第二联：海关留存

附件 5

中华人民共和国
______海关估价告知书（样式）

经营单位：　　　　　　　　　　　　　　　　　　　　　　　　______关估价告知书编号：

<table>
<tr><td>进出口岸</td><td colspan="2">海关编号</td><td>申报日期</td></tr>
<tr><td>商品名称</td><td colspan="2">商品编号</td><td>贸易方式</td></tr>
<tr><td colspan="2">规格型号</td><td colspan="2">原产国（地区）</td></tr>
<tr><td>申报单价</td><td colspan="2">成交方式</td><td>数量及单位</td></tr>
<tr><td colspan="2">收（发）货单位</td><td colspan="2">合同协议号</td></tr>
<tr><td colspan="4">海关根据《中华人民共和国海关审定进出口货物完税价格办法》以下简称《审价办法》______的规定，不接受进/出口货物的申报价格；同时根据《审价办法》______的规定，对所进/出口货物按照______进行估价。

年　月　日　（盖章）</td></tr>
</table>

中华人民共和国海关进出口货物商品归类管理规定

（2007 年 3 月 2 日公布，自 2007 年 5 月 1 日起施行）

第一条 为了规范进出口货物的商品归类，保证商品归类结果的准确性和统一性，根据《中华人民共和国海关法》（以下简称《海关法》）、《中华人民共和国进出口关税条例》（以下简称《关税条例》）及其他有关法律、行政法规的规定，制定本规定。

第二条 本规定所称的商品归类是指在《商品名称及编码协调制度公约》商品分类目录体系下，以《中华人民共和国进出口税则》为基础，按照《进出口税则商品及品目注释》、《中华人民共和国进出口税则本国子目注释》以及海关总署发布的关于商品归类的行政裁定、商品归类决定的要求，确定进出口货物商品编码的活动。

第三条 进出口货物收发货人或者其代理人（以下简称收发货人或者其代理人）对进出口货物进行商品归类，以及海关依法审核确定商品归类，适用本规定。

第四条 进出口货物的商品归类应当遵循客观、准确、统一的原则。

第五条 进出口货物的商品归类应当按照收发货人或者其代理人向海关申报时货物的实际状态确定。以提前申报方式进出口的货物，商品归类应当按照货物运抵海关监管场所时的实际状态确定。法律、行政法规和海关总署规章另有规定的，按照有关规定办理。

第六条 收发货人或者其代理人应当按照法律、行政法规规定以及海关要求如实、准确申报其进出口货物的商品名称、规格型号等，并且对其申报的进出口货物进行商品归类，确定相应的商品编码。

第七条 由同一运输工具同时运抵同一口岸并且属于同一收货人、使用同一提单的多种进口货物，按照商品归类规则应当归入同一商品编码的，该收货人或者其代理人应当将有关商品一并归入该商品编码向海关申报。法律、行政法规和海关总署规章另有规定的，按照有关规定办理。

第八条 收发货人或者其代理人向海关提供的资料涉及商业秘密，要求海关予以保密的，应当事前向海关提出书面申请，并且具体列明需要保密的内容，海关应当依法为其保密。

收发货人或者其代理人不得以商业秘密为理由拒绝向海关提供有关资料。

第九条 海关应当依法对收发货人或者其代理人申报的进出口货物商品名称、规格型号、商品编码等进行审核。

第十条 海关在审核收发货人或者其代理人申报的商品归类事项时，可以依照《海关法》和《关税条例》的规定行使下列权力，收发货人或者其代理人应当予以配合：

（一）查阅、复制有关单证、资料；

（二）要求收发货人或者其代理人提供必要的样品及相关商品资料；

（三）组织对进出口货物实施化验、检验，并且根据海关认定的化验、检验结果进行商品归类。

第十一条 海关可以要求收发货人或者其代理人提供确定商品归类所需的资料，必要时可以要求收发货人或者其代理人补充申报。

收发货人或者其代理人隐瞒有关情况，或者拖延、拒绝提供有关单证、资料的，海关可以根据其申报的内容依法审核确定进出口货物的商品归类。

第十二条 海关经审核认为收发货人或者其代理人申报的商品编码不正确的，可以根据《中华人民共和国海关进出口货物征税管理办法》有关规定，按照商品归类的有关规则和规定予以重新确定，并且根据《中华人民共和国海关进出口货物报关单修改和撤销管理办法》等有关规定通知收发货人或者其代理人对报关单进行修改、删除。

第十三条 收发货人或者其代理人申报的商品编码需要修改的，应当按照《中华人民共和国海关进出口货物报关单修改和撤销管理办法》等规定向海关提出申请。

第十四条 海关对货物的商品归类审核完毕前，收发货人或者其代理人要求放行货物的，应当按照海关事务担保的有关规定提供担保。

国家对进出境货物有限制性规定，应当提供许可证件而不能提供的，以及法律、行政法规规定不得担保的其他情形，海关不得办理担保放行。

第十五条 在海关注册登记的进出口货物经营单位（以下简称申请人），可以在货物实际进出口的45日前，向直属海关申请就其拟进出口的货物预先进行商品归类（以下简称预归类）。

第十六条 申请人申请预归类的，应当填写并且提交“中华人民共和国海关商品预归类申请表”（格式文本见附件1）。

预归类申请应当向拟实际进出口货物所在地的直属海关提出。

第十七条 直属海关经审核认为申请预归类的商品归类事项属于《中华人民共和国进出口税则》、《进出口税则商品及品目注释》、《中华人民共和国进出口税则本国子目注释》以及海关总署发布的关于商品归类的行政裁定、商品归类决定有明确规定的，应当在接受申请之日起15个工作日内制发“中华人民共和国海关商品预归类决定书”（以下简称“预归类决定书”，格式文本见附件2），并且告知申请人。

第十八条 申请人在制发“预归类决定书”的直属海关所辖关区进出口“预归类决定书”所述商品时，应当主动向海关提交“预归类决定书”。

申请人实际进出口“预归类决定书”所述商品，并且按照“预归类决定书”申报的，海关按照“预归类决定书”所确定的归类意见审核放行。

第十九条 “预归类决定书”内容存在错误的，作出“预归类决定书”的直属海关应当立即制发“中华人民共和国海关商品预归类决定书撤销通知单”（以下简称“通知单”，格式文本见附件3），通知申请人停止使用该“预归类决定书”。

作出“预归类决定书”所依据的有关规定发生变化导致有关的“预归类决定书”不再适用的，作出“预归类决定书”的直属海关应当制发“通知单”，或者发布公告，通知申请人停止使用有关的“预归类决定书”。

第二十条 直属海关经审核认为申请预归类的商品归类事项属于《中华人民共和国进出口税则》、《进出口税则商品及品目注释》、《中华人民共和国进出口税则本国子目注释》以及海关总署发布的关于商品归类的行政裁定、商品归类决定没有明确规定的，应当在接受申请之日起7个工作日内告知申请人按照规定申请行政裁定。

第二十一条 海关总署可以依据有关法律、行政法规规定，对进出口货物作出具有普遍约束力的商品归类决定。

进出口相同货物，应当适用相同的商品归类决定。

第二十二条 商品归类决定由海关总署对外公布。

第二十三条 作出商品归类决定所依据的法律、行政法规以及其他相关规定发生变化的，商品归类决定同时失效。

商品归类决定失效的，应当由海关总署对外公布。

第二十四条 海关总署发现商品归类决定存在错误的，应当及时予以撤销。

撤销商品归类决定的，应当由海关总署对外公布。被撤销的商品归类决定自撤销之日起失效。

第二十五条 因商品归类引起退税或者补征、追征税款以及征收滞纳金的，按照有关法律、行政法规以及海关总署规章的规定办理。

第二十六条 违反本规定，构成走私行为、违反海关监管规定行为或者其他违反《海关法》行为的，由海关依照《海关法》和《中华人民共和国海关行政处罚实施条例》的有关规定予以处理；构成犯罪的，依法追究刑事责任。

第二十七条 本规定由海关总署负责解释。

第二十八条 本规定自2007年5月1日起施行。2000年2月24日海关总署令第80号发布的《中华人民共和国海关进出口商品预归类暂行办法》同时废止。

附件1 中华人民共和国海关商品预归类申请表

附件2 中华人民共和国海关商品预归类决定书

附件3 中华人民共和国海关商品预归类决定书撤销通知单

附件1

中华人民共和国海关商品预归类申请表

（　　）关预归类申请________号

申请人：	
企业代码：	
通讯地址：	
联系电话：	
商品名称（中、英文）：	
其他名称：	
商品描述（规格、型号、结构原理、性能指标、功能、用途、成分、加工方法、分析方法等）：	
进出口计划（进出口日期、口岸、数量等）：	
随附资料清单（有关资料请附后）：	
此前如就相同商品持有海关商品预归类决定书的，请注明决定书编号：	
申请人（章） 年　月　日	海关（章）： 签收人： 接受日期：　年　月　日

注： 1. 填写此申请表前应阅读《中华人民共和国进出口货物商品归类管理规定》；

2. 本申请表一式两份，申请人和海关各一份；

3. 本申请表加盖申请人和海关印章方为有效。

附件2

中华人民共和国海关商品预归类决定书

（　　）关预归类申请________号

申请人：	
企业代码：	
通讯地址：	
联系电话：	
商品名称（中、英文）：	
其他名称：	
申请表编号：（　　）关预归类申请________号　　受理日期：　年　月　日	
此前就相同商品持有海关商品预归类决定书的，请注明决定书编号：	
商品描述：	
商品归类编码：	海关（章）： 年　月　日

注：1. 本决定书一式两份，申请人和海关各一份；

2. 本决定书加盖海关印章有效。

3. 本决定书涂改无效。

附件 3

中华人民共和国海关商品预归类决定书撤销通知单

________单位（公司）：

根据《中华人民共和国海关进出口货物商品归类管理规定》的规定，海关现通知你单位（公司），由于________________________调整的原因，________________商品预归类决定书撤销。你单位（公司）应当停止使用上述预归类决定书进行申报，并且可以依照《中华人民共和国海关进出口货物商品归类管理规定》的规定到相关海关另行申请预归类。

海关（章）

____年____月____日

中华人民共和国海关化验管理办法

第一条　为了规范海关化验工作，保障行政相对人合法权益，根据《中华人民共和国海关法》和《中华人民共和国进出口关税条例》的有关规定，制定本办法。

第二条　本办法所称海关化验是指海关对进出口货物的属性、成分、含量、结构、品质、规格等进行检测分析，并根据《中华人民共和国进出口税则》、《进出口税则商品及品目注释》和《中华人民共和国进出口税则本国子目注释》等有关规定作出鉴定结论的活动。

第三条　海关对进出口货物进行化验，适用本办法。

第四条　海关化验工作应当遵循科学、公正、准确、及时的原则。

第五条　海关化验中心在海关总署指定区域内承担海关化验及相关工作。

海关委托的化验机构（以下简称委托化验机构）应当在授权范围内承担对进出口货物的化验工作。

第六条　海关化验人员是指在海关化验中心从事化验的海关工作人员。

海关化验人员应当取得海关化验从业资格。

第七条　海关化验中心应当按照《检测和校准实验室能力的通用要求》（GB/T 15481）进行质量体系管理。

第八条　海关对进出口货物的属性、成分、含量、结构、品质、规格等无法确认的，可以组织化验。

海关组织化验时，应当提取货物样品。

第九条　海关取样时，收发货人或者其代理人应当到场协助，负责搬移货物，开拆和重封货物的包装，并在“中华人民共和国海关进出口货物化验取样记录单”（以下简称“取样记录单”，格式文本见附件1）上签字确认。

第十条　收发货人或者其代理人拒不到场或者海关认为必要时，可以径行取样，存放货物的海关监管场所经营人、运输工具负责人应当到场协助，并在“取样记录单”上签字确认。

第十一条　海关应当按照有关操作规范取样，当场封存样品，同时填制“取样记录单”。样品一式两份，一份送抵海关化验中心或者委托化验机构，另一份留存海关备查。

第十二条　海关对进出口货物取样化验的，收发货人或者其代理人应当按照海关要求及时提供样品的相关单证和技术资料，并对其真实性和有效性负责。

第十三条　海关应当指派专人或者通过邮递等方式将所取样品送抵海关化验中心或者委托化验机构。

第十四条　除特殊情况外，海关化验中心和委托化验机构应当自收到送验样品之日起 15 日内作出鉴定结论，出具“中华人民共和国海关进出口货物化验鉴定书”（以下简称“鉴定书”，格式文本见附件 2），并送达送验海关。

第十五条　除特殊情况外，海关化验中心应当在“鉴定书”签发次日，将“鉴定书”相关信息通过海关门户网站等途径对外公布。收发货人或者其代理人要求提供“鉴定书”纸本的，海关应当提供。

第十六条 海关化验中心和委托化验机构的鉴定结论是海关执法的依据。

其他化验机构作出的化验结果和鉴定结论与海关化验中心或者委托化验机构不一致的，以海关化验中心或者委托化验机构的化验结果和鉴定结论为准。

第十七条 收发货人或者其代理人对鉴定结论有异议的，可以自鉴定结论公布之日起15日内向送验海关提出复验申请，并说明理由。送验海关应当自收到复验申请之日起3日内通过“海关化验信息管理系统”将复验申请转送海关化验中心。送验海关对鉴定结论有异议的，可以自收到“鉴定书”之日起15日内向海关化验中心提出复验申请。

海关化验中心应当自收到复验申请之日起15日内对送验样品重新化验，出具“中华人民共和国海关进出口货物鉴定书（复验）”（格式文本见附件3），并按照本办法第十五条的规定公布鉴定结论。

收发货人或者其代理人、送验海关对同一样品只能提出一次复验申请。

第十八条 除危险品或者鲜活、易腐、易失效等不宜长期保存的样品外，海关化验样品自海关化验中心或者委托化验机构出具“鉴定书”之日起保存6个月。

行政复议、行政诉讼以及尚未结案的走私、违反海关监管规定等违法案件涉及的海关化验样品，应当相应延长保存期限。

第十九条 海关对过境、转运、通运货物和进出境物品的化验比照本办法执行。

第二十条 本办法由海关总署负责解释。

第二十一条 本办法自2008年12月1日起施行。1993年9月20日海关总署令第46号发布的《中华人民共和国海关对进出口货物实施化验鉴定的规定》同时废止。

附件1 中华人民共和国海关进出口货物化验取样记录单

附件2 中华人民共和国海关进出口货物化验鉴定书

附件3 中华人民共和国海关进出口货物化验鉴定书（复验）

海关总署

2008年10月13日

附件1

中华人民共和国海关进出口货物化验取样记录单

货物申报名称			报关单号：________
取样海关		取样时间	年 月 日 时
取样目的			
货物包装描述：			
货物外观特征描述：			
取样过程描述：			
备注：			
取样关员签字	年 月 日	收发货人或者其代理人或者协助人签字	年 月 日

附件 2

中华人民共和国海关进出口货物化验鉴定书

鉴定书编号：____________　　报关单号：____________

<table>
<tr><td>货物申报名称</td><td colspan="5"></td></tr>
<tr><td>送验海关及部门</td><td></td><td>收样日期</td><td></td><td>完成日期</td><td></td></tr>
<tr><td colspan="6">样品特征及有关描述：</td></tr>
<tr><td colspan="6">化验项目及化验方法：</td></tr>
<tr><td colspan="6">化验结果：</td></tr>
<tr><td colspan="6">鉴定结论及说明：</td></tr>
</table>

<table>
<tr><td>化验人</td><td></td><td rowspan="3">负责人（签字）：

海关化验中心或者委托化验机构（章）：

签发日期：　　年　　月　　日</td></tr>
<tr><td>复核人</td><td></td></tr>
<tr><td>备注</td><td></td></tr>
</table>

注：本“鉴定书”仅适用于送验样品。

附件3

中华人民共和国海关进出口货物化验鉴定书（复验）

鉴定书编号：____________ 报关单号：____________

<table>
<tr><td>货物申报名称</td><td colspan="5"></td></tr>
<tr><td>送验海关及部门</td><td></td><td>收样日期</td><td></td><td>完成日期</td><td></td></tr>
<tr><td colspan="6">样品特征及有关描述：</td></tr>
<tr><td colspan="6">化验项目及化验方法：</td></tr>
<tr><td colspan="6">化验结果：</td></tr>
<tr><td colspan="6">鉴定结论及说明：</td></tr>
<tr><td>化验人</td><td></td><td colspan="4" rowspan="3">负责人（签字）：
海关化验中心（章）：
签发日期：　　年　　月　　日</td></tr>
<tr><td>复核人</td><td></td></tr>
<tr><td>备注</td><td></td></tr>
</table>

注：本“鉴定书”仅适用于送验样品。

原产地规则类

中华人民共和国海关关于执行《内地与香港关于建立更紧密经贸关系的安排》项下《关于货物贸易的原产地规则》的规定

（2003年12月30日海关总署令第106号公布，
根据2006年12月30日公布的海关总署令第141号修正）

第一条 为了促进内地与香港的经贸往来，正确确定《内地与香港关于建立更紧密经贸关系的安排》（以下简称《安排》）项下进口货物的原产地，根据《海关法》和《安排》，制定本规定。

第二条 本规定适用于从香港进口的《安排》项下货物（产品清单详见《中华人民共和国进出口税则》），但以加工贸易方式进口的货物除外。

第三条 对于直接从香港进口的《安排》项下货物，应当根据下列原则确定其原产地：

（一）完全在香港获得的货物，其原产地为香港；

（二）非完全在香港获得的货物，只有在香港进行了实质性加工的，其原产地才可以认定为香港。

第四条 本规定第三条第（一）项所称“完全在香港获得的货物”是指：

（一）在香港开采或者提取的矿产品；

（二）在香港收获或者采集的植物或者植物产品；

（三）在香港出生并饲养的活动物；

（四）在香港从本条第（三）项所述动物获得的产品；

（五）在香港狩猎或者捕捞所获得的产品；

（六）持香港牌照并悬挂香港特别行政区区旗的船只在公海捕捞获得的鱼类和其他海产品；

（七）在持香港牌照并悬挂香港特别行政区区旗的船只上加工本条第（六）项所述产品获得的产品；

（八）在香港收集的香港消费过程中产生的仅适于原材料回收的废旧物品；

（九）在香港加工制造过程中产生的仅适于原材料回收的废碎料；

（十）利用本条第（一）项至第（九）项所述产品在香港加工所获得的产品。

第五条 下列加工或者处理，无论是单独完成还是相互结合完成，均视为微小加工处理，在确定货物是否完全获得时应当不予考虑：

（一）为运输或者贮存货物而进行的加工或者处理；

（二）为便于货物装运而进行的加工或者处理；

（三）为货物销售而进行的包装、展示等加工或者处理。

第六条 本规定第三条第（二）项所称“实质性加工”，应当采用“制造或者加工工序”标准、“税号改变”标准、“从价百分比”标准、“其他标准”或者“混合标准”，在规定的情形下可以采用其他附加条件认定。具体按照《安排》项下“享受货物贸易优惠措施的香港货物原产地标准表”的规定执行。该表是本规定的组成部分，由海关总署另行公布。

“制造或者加工工序”是指赋予加工后所得货物基本特征的主要工序。在香港境内完成该工序的视为进行了实质性加工。

“税号改变”是指非香港原产材料在香港境内加工生产后，所得产品在《中华人民共和国进出口税则》中4位数级的税目归类发生了变化，并且该产品不再在香港以外的国家或者地区进行任何改变4位数级税目归类的生产、加工或者制造。

“从价百分比”是指完全在香港获得的原料、组合零件、劳工价值和产品开发支出价值的总和与出口制成品船上交货价格（FOB）的比值。该比值大于或者等于30%，并且产品的最后制造或者加工工序在香港境内完成的，视为进行了实质性加工。用公式表示如下：

$$\frac{\text{原料价值}+\text{组合零件价值}+\text{劳工价值}+\text{产品开发支出价值}}{\text{出口制成品的船上交货价格（FOB）}}\times 100\% \geqslant 30\%$$

公式中的“产品开发”是指在香港境内为生产或者加工有关出口制成品而实施的产品开发。产品开发支出价值应当与该出口制成品有关，包括生产加工者自行开发、委托香港境内的自然人或者法人开发以及购买香港境内的自然人或者法人拥有的设计、专利权、专有技术、商标权或者著作权而支付的费用。该价值应当能够依据公认的会计准则和《关于实施1994年关税与贸易总协定第7条的协定》的有关规定明确确定。

“从价百分比”的计算应当符合公认的会计准则和《关于实施1994年关税与贸易总协定第7条的协定》的有关规定。

“其他标准”是指除上述“制造或者加工工序”标准、“税号改变”标准和“从价百分比”标准之外，内地与香港主管部门一致同意采用的确定原产地的其他方法。

“混合标准”是指确定原产地时同时使用的上述两个或者两个以上的标准。

其他附加条件是指当上述“实质性加工”有关认定标准不足以确认原产地时，经内地与香港主管部门一致同意，可以采用品牌要求等附加条件。

第七条 简单的稀释、混合、包装、装瓶、干燥、装配、分类或者装饰不应当视为实质性加工。

以规避本规定为目的的加工或者定价措施不应当视为实质性加工。

第八条 货物制造过程中使用的能源、工厂、设备、机器、工具的产地，以及不构成货物组成成分或者组成部件的材料的产地，在确定货物原产地时不予考虑。

第九条 随货物一起报关进口，并在《中华人民共和国进出口税则》中与该货物一并归类的包装、包装材料、容器以及附件、备件、工具、介绍说明性材料，在确定货物原产地时应当忽略不计。

第十条 《安排》项下的进口货物应当从香港直接运输至内地口岸。

第十一条 《安排》项下的进口货物报关时，收货人应当主动向申报地海关申明该货物适用零关税，并提交符合《安排》项下《关于原产地证书的签发和核查程序》规定的有效原产地证书。原产地证书经海关联网核对无误的，海关准予按照零关税办理货物进口手续。经海关核对确认证书无效的，不适用零关税。

申报地海关因故无法进行联网核对，且收货人要求放行货物的，海关可以按照非《安排》项下该货物适用的税率征收相当于应缴税款的等值保证金后先予放行货物，并按规定办理进口手续，进行海关统计。申报地海关应当自该货物放行之日起90天内核定其原产地证书真实情况，根据核定结果办理退还保证金手续或者保证金转为进口关税手续，海关统计数据应当作相应修改。

第十二条 申报地海关对原产地证书内容的真实性产生怀疑时，可以经海关总署或者其授权的海关向香港海关提出协助核查的请求。在等待香港海关核查结果并确认有关原产地证书期间，申报地海关可以按照非《安排》项下该货物适用的税率征收相当于应缴税款的等值保证金后先予放行货物，并按规定办理进口手续，进行海关统计。香港海关核查完毕后，申报地海关应当根据核查结果，立即办理退还保证金手续或者保证金转为进口关税手续，海关统计数据应当作相应修改。

第十三条 海关对进口货物收货人提供的用于原产地证书核查的资料负有保密义务。未经收货人同意，海关不得泄露或者用于其他用途，但法律、行政法规及相关司法解释另有规定的除外。

第十四条 违反本规定的行为，海关按照《中华人民共和国海关法》和《中华人民共和国海关行政处罚实施条例》的规定处理；构成犯罪的，依法追究刑事责任。

第十五条 本规定由海关总署负责解释。

第十六条 本规定自2004年1月1日起施行。

中华人民共和国海关关于执行《内地与澳门关于建立更紧密经贸关系的安排》项下《关于货物贸易的原产地规则》的规定

(2003 年 12 月 30 日海关总署令第 107 号公布，
根据 2006 年 12 月 30 日公布的海关总署令第 142 号修正)

第一条 为了促进内地与澳门的经贸往来，正确确定《内地与澳门关于建立更紧密经贸关系的安排》(以下简称《安排》)项下进口货物的原产地，根据《海关法》和《安排》，制定本规定。

第二条 本规定适用于从澳门进口的《安排》项下货物(产品清单详见《中华人民共和国进出口税则》)，但以加工贸易方式进口的货物除外。

第三条 对于直接从澳门进口的《安排》项下货物，应当根据下列原则确定其原产地：

(一) 完全在澳门获得的货物，其原产地为澳门；

(二) 非完全在澳门获得的货物，只有在澳门进行了实质性加工的，其原产地才可以认定为澳门。

第四条 本规定第三条第(一)项所称“完全在澳门获得的货物”是指：

(一) 在澳门开采或者提取的矿产品；

(二) 在澳门收获或者采集的植物或者植物产品；

(三) 在澳门出生并饲养的活动物；

(四) 在澳门从本条第(三)项所述动物获得的产品；

(五) 在澳门狩猎或者捕捞所获得的产品；

(六) 持澳门牌照并悬挂澳门特别行政区区旗的船只在公海捕捞获得的鱼类和其他海产品；

(七) 在持澳门牌照并悬挂澳门特别行政区区旗的船只上加工本条第(六)项所述产品获得的产品；

(八) 在澳门收集的澳门消费过程中产生的仅适于原材料回收的废旧物品；

(九) 在澳门加工制造过程中产生的仅适于原材料回收的废碎料；

(十) 利用本条第(一)项至第(九)项所述产品在澳门加工所得的产品。

第五条 下列加工或者处理，无论是单独完成还是相互结合完成，均视为微小加工处理，在确定货物是否完全获得时应当不予考虑：

(一) 为运输或者贮存货物而进行的加工或者处理；

(二) 为便于货物装运而进行的加工或者处理；

(三) 为货物销售而进行的包装、展示等加工或者处理。

第六条 本规定第三条第(二)项所称“实质性加工”，应当采用“制造或者加工工序”标准、“税号改变”标准、“从价百分比”标准、“其他标准”或者“混合标准”认定，在规定的情形下可以采用其他附加条件认定。具体按照《安排》项下“享受货物贸易优惠措施的澳门货物原产地标准表”的规定执行。该表是本规定的组成部分，由海关总署另行公布。

“制造或者加工工序”是指赋予加工后所得货物基本特征的主要工序。在澳门境内完成该工序的视为进行了实质性加工。

“税号改变”是指非澳门原产材料在澳门境内加工生产后，所得产品在《中华人民共和国进出口税则》中 4 位数级的税目归类发生了变化，并且该产品不再在澳门以外的国家或者地区进行任何改变 4 位数级税目归类的生产、加工或者制造。

“从价百分比”是指完全在澳门获得的原料、组合零件、劳工价值和产品开发支出价值的总和与出口制成品船上交货价格(FOB)的比值。该比值大于或者等于 30%，并且产品的最后制造或者加工工序在澳门境内完成的，视为进行了实质性加工。用公式表示如下：

$$\frac{\text{原料价值}+\text{组合零件价值}+\text{劳工价值}+\text{产品开发支出价值}}{\text{出口制成品的船上交货价格(FOB)}}\times 100\% \geq 30\%$$

公式中的“产品开发”是指在澳门境内为生产或者加工有关出口制成品而实施的产品开发。产品开发支出价值应当与该出口制成品有关，包括生产加工者自行开发、委托澳门境内的自然人或者法人开发以及购买该方境内的自然人或者法人拥有的设计、专利权、专有技术、商标权或者著作权而支付的费用。该价值应当能够依据公认的会计准则和《关于实施 1994 年关税与贸易总协定第7条的协定》的有关规定明确确定。

“从价百分比”的计算应当符合公认的会计准则和《关于实施1994年关税与贸易总协定第7条的协定》的有关规定。

“其他标准”是指除上述“制造或者加工工序”标准、“税号改变”标准和“从价百分比”标准之外，内地与澳门主管部门一致同意采用的确定原产地的其他方法。

“混合标准”是指确定原产地时同时使用的上述两个或者两个以上的标准。

其他附加条件是指当上述“实质性加工”有关认定标准不足以确认原产地时，经内地与澳门主管部门一致同意，可以采用品牌要求等附加条件。

第七条 简单的稀释、混合、包装、装瓶、干燥、装配、分类或者装饰不应当视为实质性加工。

以规避本规定为目的的加工或者定价措施不应当视为实质性加工。

第八条 货物制造过程中使用的能源、工厂、设备、机器、工具的产地，以及不构成货物组成成分或者组成部件的材料的产地，在确定货物原产地时不予考虑。

第九条 随货物一起报关进口，并在《中华人民共和国进出口税则》中与该货物一并归类的包装、包装材料、容器以及附件、备件、工具、介绍说明性材料，在确定货物原产地时应当忽略不计。

第十条 《安排》项下的进口货物应当从澳门直接运输至内地口岸。

进口货物从澳门经过香港运输至内地口岸，并且同时符合下列条件的，视为从澳门直接运输：

（一）仅是由于地理原因或者运输需要；

（二）未在香港进行贸易或者消费；

（三）除装卸或者保持货物处于良好状态所需的加工外，在香港未进行其他任何加工。

第十一条 《安排》项下的进口货物报关时，收货人应当主动向申报地海关申明该货物适用零关税，并提交符合《安排》项下《关于原产地证书的签发和核查程序》规定的有效原产地证书。

从澳门经过香港运输至内地口岸的进口货物，除符合前款规定外，收货人还应当向申报地海关补充提供下列单证：

（一）在澳门签发的联运提单；

（二）货物的原厂商发票；

（三）符合本规定第十条第二款规定的相关证明文件。

第十二条 原产地证书经海关联网核对无误的，海关准予按照零关税办理货物进口手续。经海关核对确认证书无效的，不适用零关税。

申报地海关因故无法进行联网核对，且收货人要求放行货物的，海关可以按照非《安排》项下该货物适用的税率征收相当于应缴税款的等值保证金后先予放行货物，并按规定办理进口手续，进行海关统计。申报地海关应当自该货物放行之日起90天内核定其原产地证书真实情况，根据核定结果办理退还保证金手续或者保证金转为进口关税手续，海关统计数据应当作相应修改。

第十三条 申报地海关对原产地证书内容的真实性产生怀疑时，可以通过海关总署或者其授权的海关向澳门海关或者澳门经济局提出协助核查的请求。在等待澳门海关或者澳门经济局核查结果并确认有关原产地证书期间，申报地海关可以按照非《安排》项下该货物适用的税率征收相当于应缴税款的等值保证金后先予放行货物，并按规定办理进口手续，进行海关统计。澳门海关或者澳门经济局核查完毕后，申报地海关应当根据核查结果，立即办理退还保证金手续或者保证金转为进口关税手续，海关统计数据应当作相应修改。

第十四条 海关对进口货物收货人提供的用于原产地证书核查的资料负有保密义务。未经收货人同意，海关不得泄露或者用于其他用途，但法律、行政法规及相关司法解释另有规定的除外。

第十五条 违反本规定的行为，海关按照《中华人民共和国海关法》和《中华人民共和国海关行政处罚实施条例》的规定处理；构成犯罪的，依法追究刑事责任。

第十六条 本规定由海关总署负责解释。

第十七条 本规定自2004年1月1日起施行。

中华人民共和国海关关于执行《中华人民共和国与东南亚国家联盟全面经济合作框架协议》项下《中国—东盟自由贸易区原产地规则》的规定

（2003 年 12 月 30 日海关总署令第 108 号公布，自 2004 年 1 月 1 日起施行）

第一条 为了促进我国与东南亚国家联盟的经贸往来，正确确定《中华人民共和国与东南亚国家联盟全面经济合作框架协议》（以下简称《协议》）项下进口货物的原产地，根据《海关法》和《协议》，制定本规定。

第二条 本规定适用于从东盟国家进口的《协议》项下货物（产品清单详见《中华人民共和国进出口税则》），但以加工贸易方式进口的货物除外。

第三条 从东盟国家直接运输进口的下列货物，视为东盟原产货物，适用中国—东盟协定税率：

（一）完全在一个东盟国家获得或者生产的产品；

（二）符合本规定第五条至第六条规定的非完全获得或者生产的产品。

第四条 本规定第三条第（一）项所称"完全在一个东盟国家获得或者生产的产品"是指：

（一）在该东盟国家收获、采摘或者收集的植物和植物产品；

（二）在该东盟国家出生并饲养的活动物；

（三）在该东盟国家从本条第（二）项所述动物获得的未经进一步加工的产品；

（四）在该东盟国家狩猎、诱捕、捕捞、水生养殖、采集或者捕获所得的产品；

（五）在该东盟国家领土、领水、海床或者海床底土开采或者提取的除上述第（一）至（四）项产品以外的矿物质或者其他天然生成的物质；

（六）在该东盟国家领水以外的水域、海床或者海床底土获得的产品，但该国须按照国际法规定有权开发上述水域、海床及海床底土；

（七）在该东盟国家注册或者悬挂该国国旗的船只在公海捕捞获得的鱼类及其他海产品；

（八）在该东盟国家注册或者悬挂该国国旗的加工船上加工、制造上述第（七）项所述产品获得的产品；

（九）在该东盟国家收集的既不能用于原用途，也不能恢复或者修理，仅适于废弃或者原材料回收，或者仅适于作再生用途的废旧物品；

（十）仅用上述第（一）至（九）项所列产品在该东盟国家加工获得的产品。

第五条 本规定第三条第（二）项所称"非完全获得或者生产产品"应当满足下列条件之一：

（一）原产于任一东盟国家的中国—东盟自由贸易区（以下简称"自由贸易区"）成分不少于40%的；

（二）原产于非自由贸易区的材料、零件或者产物的总价值不超过所生产或者获得产品离岸价格的60%，并且最后生产工序在东盟国家境内完成。

第六条 本规定第五条所称"中国—东盟自由贸易区成分"用公式表示如下：

$$100\% - \frac{\begin{matrix}\text{非自由贸易区}\\\text{材料价值}\end{matrix} + \begin{matrix}\text{不明原产地}\\\text{材料价值}\end{matrix}}{\text{离岸价格}} \times 100\% \geqslant 40\%$$

公式中的"非自由贸易区或者不明原产地的材料价值"是指该材料的进口到岸价格或者最早确定的在进行制造或者加工的东盟国家境内为不明原产地材料支付的价格。

第七条 除另有规定外，符合本规定第三条规定的原产于东盟国家的产品在任一东盟国家境内被用于制造、加工成其他制成品，并且该制成品中自由贸易区各成员国成分累计值不少于40%的，该制成品的原产国为进行制造或者加工的东盟国家，该制成品应当适用中国—东盟协定税率。

第八条 在东盟国家加工、制造的产品符合《中国—东盟自由贸易区原产地规则》项下的产品特定原产地标准规定的，加工制造国为其原产国。该标准是本规定的组成部分，由海关总署另行公布。

第九条 下列加工或者处理，无论是单独完成还是相互结合完成，均视为微小加工处理，在确定货物是否完全获得时应当不予考虑：

（一）为运输或者贮存货物使货物保持良好状态而进行的加工或者处理；

（二）为便于货物装运而进行的加工或者处理；

（三）为货物销售而进行的包装、展示等加工或者处理。

第十条 本规定第三条所称“直接运输”是指《协议》项下的进口货物从某一东盟国家直接运输至我国境内，或者从某一东盟国家经过其他自由贸易区成员国境内运输至我国，但途中没有经过任何非自由贸易区成员国境内。

进口货物运输途中经过非自由贸易区成员国境内（包括转换运输工具或者作临时储存）运输至我国，并且同时符合下列条件的，视为从东盟国家直接运输：

（一）仅是由于地理原因或者运输需要；

（二）产品经过上述国家时未进行贸易或者消费；

（三）除装卸或者为保持产品良好状态而进行的加工外，产品在上述国家未进行其他任何加工。

第十一条 货物的包装、包装材料、容器以及附件、备件、工具、介绍说明性材料与货物一起报关进口，并在《中华人民共和国进出口税则》中与该货物一并归类的，在确定货物原产地时应当忽略不计。

第十二条 除另有规定的外，在确定货物原产地时，产品生产制造过程中使用的能源、燃料、厂房、设备、机器和工具的原产地，以及未构成货物物质成分或者组成部件的材料的原产地，应当不予考虑。

第十三条 《协议》项下进口货物申报时，收货人应当主动向申报地海关申明该货物适用中国—东盟协定税率，并向海关提交由东盟出口国指定政府机构签发的原产地证书（包括正本和第三联）。

进口货物经过非自由贸易区成员国境内运输的，除符合前款规定外，进口货物收货人还应当向海关补充提供下列单证：

（一）在东盟出口国签发的联运提单；

（二）货物的原始商业发票副本；

（三）符合本规定第十条第二款规定的相关证明文件。

经申报地海关核对，原产地证书符合《关于原产地证书的签发和核查程序》的规定，其内容与进口货物一致的，视为有效。

第十四条 原产于东盟国家的进口货物，其离岸价格不超过200美元的，无需提交原产地证书。

第十五条 东盟国家进口货物的原产地证书应当自东盟国家有关政府机构签发之日起4个月之内向我国境内申报地海关提交。

进口货物按照本规定第十条第二款规定经过非自由贸易区成员国境内运输的，该货物的原产地证书提交期限延长为6个月。

进口货物的收货人因不可抗力或者其他正当理由超过上述规定期限提交原产地证书的，申报地海关审核情况后可以接受。

进口货物在本条第一、二款规定期限内已经实际进口的，原产地证书的提交期限可以不受第一、二款规定的限制。

第十六条 申报地海关对原产地证书内容的真实性产生怀疑时，可以请求东盟国家有关政府机构对原产地证书进行核查，收到核查请求的机构在6个月内作出答复。在等待核查结果期间，申报地海关可以按照非《协议》项下该货物适用的税率征收相当于应缴税款的等值保证金后先予放行货物，并按规定办理进口手续，进行海关统计。核查完毕后，申报地海关应当根据核查结果，立即办理退还保证金手续或者保证金转为进口关税手续，海关统计数据应当作相应修改。

进口货物属于国家禁止或者限制进口货物，或者有违法嫌疑的，海关在原产地证书核查完毕前不得放行货物。

第十七条 海关对与东盟国家之间交流的用于原产地证书核查的资料应当予以保密，海关进出口贸易统计数据除外。

第十八条 东盟国家进口货物在向海关申报之后，海关放行之前，目的地发生变化需要运往其他国家的，进口货物的收货人应当向海关提出书面申请。

海关将货物运输目的地变化情况在原产地证书上签注确认后，将证书正本返还进口货物收货人，证书第三联返还发证机构。

第十九条 原产于任一东盟国家的产品，运往其他东盟国家或者我国境内展览，在展览期间或者展览结束后销售至我国境内，并且同时符合下列条件的，可以适用中国—东盟协定税率：

（一）出口人已将产品从东盟出口国运至举办展览会的东盟国家并且已在该国实际展出；

（二）出口人已将货物转让给我国境内收货人；

（三）在展览期间或者展览结束后销售至我国境内的产品，其状态与展出时的状态保持一致。

符合前款规定的展览会产品进口报关时，收货人应当向海关提交该东盟出口国的原产地证书，同时还应当提供展览举办国有关政府机构签发的注明展览会名称及地址的证明书，以及符合本规定第十条第二款规定的相关证明文件。

本条所称“展览会”包括为出售外国产品而专门举办的商业、农业、手工业展览会或交易会，以及在商店、商业场所举办的类似展览或者展示。展览期间，产品应当处于海关的监管之下。

第二十条 本规定中下列用语的定义是指：

（一）“东盟国家”是指与中国共同签订《协议》的其他成员国，即：文莱达鲁萨兰国、柬埔寨王国、印度尼西亚共和国、老挝人民民主共和国、马来西亚、缅甸联邦、菲律宾共和国、新加坡共和国、泰王国和越南社会主义共和国。

（二）“材料”应当包括组分、零件、部件、半组装件、已实际上构成另一产品组成部分或者已用于另一产品生产过程的产物。

（三）“原产货物”是指根据第三条的规定确定为符合原产条件的产品。

（四）“生产”是指获得产品的方法，包括产品的种植、开采、收获、饲养、繁殖、提取、收集、采集、捕获、捕捞、诱捕、狩猎、制造、生产、加工或者装配。

（五）“植物”是指果实、花、蔬菜、树木、海藻、真菌及活植物等所有植物。

（六）“动物”是指哺乳动物、鸟、鱼、甲壳动物、软体动物、爬行动物、细菌及病毒等所有动物。

（七）“废旧物品”是指在工业、采矿、农业、建筑、冶炼、污水处理等各行业的加工、制造、消耗过程中产生的所有废机器、废弃包装、废碎料等。

（八）“产品特定原产地标准”是指规定材料已经过税号改变、完成特定加工或者制造工序、满足某一从价百分比标准，或者混合使用上述标准的规则。

第二十一条 违反本规定的行为，海关按照《中华人民共和国海关法》和《中华人民共和国海关法行政处罚实施细则》的规定处理。构成犯罪的，依法追究刑事责任。

第二十二条 本规定由海关总署负责解释。

第二十三条 本规定自2004年1月1日起施行。

中华人民共和国海关关于《亚洲及太平洋经济和社会理事会发展中国家成员国关于贸易谈判的第一协定》项下进口货物原产地的暂行规定

（2001年12月30日海关总署令第94号发布，自2002年1月1日起施行）

第一条 为实施《中华人民共和国海关进出口税则》对《亚洲及太平洋经济和社会理事会发展中国家成员国关于贸易谈判的第一协定》（以下简称《曼谷协定》）项下进口货物的优惠税率和特惠税率（以下统称为曼谷协定税率），正确确定《曼谷协定》项下进口货物的原产地，特制定本规定。

第二条 本规定适用于从与中国签有双边协议的《曼谷协定》成员国（以下简称受惠国，名单见附件1）进口的《曼谷协定》项下产品（产品清单详见《中华人民共和国海关进出口税则》）。

第三条 适用曼谷协定税率的进口货物的原产地应按以下规则确定：

（一）对完全在某一受惠国获得或生产的货物，获得或生产该货物的受惠国即为该货物的原产国。

“完全在某一受惠国获得或生产的货物”是指：

1. 在该国领土或领海开采的矿产品；
2. 在该国领土或领海收获或采集的植物产品；
3. 在该国领土出生和饲养的活动物及从其所得产品；
4. 在该国领土或领海狩猎或捕捞所得的产品；
5. 由该国船只在公海捕捞的水产品和其他海洋产品；
6. 该国加工船加工的前述第5项所列物品所得的产品；
7. 在该国收集的仅适于原材料回收的废旧物品；
8. 该国加工制造过程中产生的废碎料；
9. 该国利用上述1－8项所列产品加工所得的产品。

（二）对于非完全在某一受惠国获得或生产的货物，如果对货物进行的最后加工制造工序在该国境内完成，且用于加工制造的非原产于受惠国及产地不明的原材料、零部件等成分的价值占进口货物离岸价的比例不超过50%，则进行最后加工制造的受惠国即为该进口货物的原产国。

第四条 享受曼谷协定税率的进口货物应由受惠国直接运输进入中华人民共和国关境。

“直接运输”是指下列情况之一：

（一）货物运输未经非受惠国关境；

（二）货物虽经一个或多个非受惠国关境，但其有充分理由证明过境运输完全出于地理原因或商业运输的要求，并能证明货物在运输过程中未在非受惠国关境内使用、交易或消费，及除装卸和为保持货物良好状态而接受的简单处理外，未经任何其他处理。

经非受惠国运输进口的货物适用曼谷协定税率时，应进口地海关要求，进口货物收货人应提交过境海关签发的对上述事项的证明或其他证明材料。

第五条 对于非直接运输进境的货物，不能适用曼谷协定税率，海关依法确定进口货物的原产地，并据以确定适用税率。

第六条 适用曼谷协定税率的货物应取得出口该货物的受惠国政府指定机构签发的原产地证明书（原产地证明书的签发机构、签章和格式见附件2）。

海关有理由怀疑货物原产地或原产地证明书的真实性时，可对进口货物按曼谷协定税率开具税款缴纳书，并按最惠国税率或公开暂定税率与曼谷协定税率的差额征收税款保证金，待核实情况后，按适用税率转税或退还保证金。

第七条 进口货物收货人在《曼谷协定》项下货物进口报关时，应向海关提交受惠国政府指定机构签发的原产地证明书作为报关单随附单证。如不能提交原产地证明书的，由海关依法确定进口货物原产地，并据以确定适用税率。货物征税放行后，收货人在货物进境之日起90日内提交原产地证明书的，经海关核实，仍应对原进口货物实施曼谷协定税率的，对按原税率多征的部分应予以退还。

第八条 原产于最不发达受惠国（见附件1）的产品适用本规定第三条规定的百分比时，享受10个百分点的特别优惠，即第三条中的百分比为不超过60%。

第九条 进口货物收货人可申请对进口货物的原产地进行预确定。

第十条 对违反本规定的，海关按中华人民共和国《中华人民共和国海关法》和《中华人民共和国海关法行政处罚实施细则》的规定处理。

第十一条 本规定由中华人民共和国海关总署负责解释。

第十二条 本规定自2002年1月1日起执行。

附件1 适用曼谷协定税率的受惠国名单

附件2 受惠国原产地证明书的签发机构、签章和格式（略）

附件1

适用曼谷协定税率的受惠国名单

适用曼谷协定税率的受惠国为韩国、孟加拉国、斯里兰卡，其中孟加拉国为最不发达国家。

关于非优惠原产地规则中实质性改变标准的规定

（2004年12月6日海关总署令第122号公布，自2005年1月1日起施行）

第一条 为正确确定进出口货物的原产地，根据《中华人民共和国进出口货物原产地条例》的有关规定，制定本规定。

第二条 本规定适用于非优惠性贸易措施项下确定两个以上国家（地区）参与生产货物的原产地。

第三条 进出口货物实质性改变的确定标准，以税则归类改变为基本标准，税则归类改变不能反映实质性改变的，以从价百分比、制造或者加工工序等为补充标准。

第四条 “税则归类改变”标准，是指在某一国家（地区）对非该国（地区）原产材料进行制造、加工后，所得货物在《中华人民共和国进出口税则》中的四位数级税目归类发生了变化。

第五条 “制造、加工工序”标准，是指在某一国家（地区）进行的赋予制造、加工后所得货物基本特征的主要工序。

第六条 “从价百分比”标准，是指在某一国家（地区）对非该国（地区）原产材料进行制造、加工后的增值部分超过了所得货物价值的30%。用公式表示如下：

$$\frac{\text{工厂交货价} - \begin{matrix}\text{非该国（地区）}\\ \text{原产材料价值}\end{matrix}}{\text{工厂交货价}} \times 100\% \geqslant 30\%$$

“工厂交货价”是指支付给制造厂生产的成品的价格。

“非该国（地区）原产材料价值”是指直接用于制造或装配最终产品而进口原料、零部件的价值（含原产地不明的原料、零配件），以其进口“成本、保险费加运费”价格（CIF）计算。

上述“从价百分比”的计算应当符合公认的会计原则及《中华人民共和国进出口关税条例》。

第七条 以制造、加工工序和从价百分比为标准判定实质性改变的货物在“适用制造或者加工工序及从价百分比标准的货物清单”（见附件）中具体列明，并按列明的标准判定是否发生实质性改变。未列入“适用制造或者加工工序及从价百分比标准的货物清单”货物的实质性改变，应当适用税则归类改变标准。

第八条 “适用制造或者加工工序及从价百分比标准的货物清单”由海关总署会同商务部、国家质量监督检验检疫总局根据实施情况修订并公告。

第九条 本规定自2005年1月1日起施行。

附件 适用制造或者加工工序及从价百分比标准的货物清单

附件

适用制造或者加工工序及从价百分比标准的货物清单

说明：本清单是根据《中华人民共和国进出口税则》（简称《税则》）的类、章和税则号列进行编排。

“税则号列”中除具体列出四位数级税目号外，对包含《税则》中某章全部四位数级税目号的货物，只列出该章的标题；对特指四位数级税目号中的某一货物，在该税目号前加注“*”标记。

“实质性改变标准”为其所对应的货物适用的制造或者加工工序、从价百分比的标准。

“裁剪”是指对全部衣片（或工料）的裁剪。

税则号列	货物描述	实质性改变标准
第一类 活动物；动物产品		
第3章		
*03.03	冻鱼卵	取卵、分选和冷冻
03.04	鲜、冷、冻鱼片及其他鱼肉（不论是否绞碎）	清除内脏和剔骨刺
*03.06	虾仁、蟹肉	去皮壳和冷冻
*03.07	冷冻的或干的墨鱼、鱿鱼及章鱼	清除内脏、冷冻或干燥
第5章		
*05.04	动物肠衣	清洗、分拣、盐渍或干燥
第二类 植物产品		
第8章		
*08.01	腰果仁	去壳和去皮
第四类 食品；饮料、酒及醋；烟草、烟草及烟草代用品的制品		
第17章		
*17.01	砂糖和绵白糖	由原糖制成

税则号列	货物描述	实质性改变标准
第 18 章		
18.04	可可脂、可可油	由可可豆制成；或满足从价百分比标准
18.05	未加糖或其他甜物质的可可粉	由可可豆制成；或满足从价百分比标准
18.06	巧克力及其他含有可可的食品	由可可豆制成；或满足从价百分比标准
第 24 章		
*24.02	雪茄烟及卷烟	由烟草制成
*24.03	其他烟草制品	由烟草制成
	第六类　化学工业及其相关工业的产品	
第 28 章	无机化学品；贵金属、稀土金属、放射性元素及其同位素的有机及无机化合物	使用货物本身税目号以外的原料制成；或满足从价百分比标准
第 29 章	有机化学品	使用货物本身税目号以外的原料制成；或满足从价百分比标准
第 30 章		
30.03	两种或两种以上成分混合而成的治病或防病用药品（不包括税号 30.02、30.05 或 30.06 的货品），未配定剂量或制成零售包装	使用货物本身税目号以外的原料制成；或满足从价百分比标准
30.04	由混合或非混合产品构成的治病或防病用药品（不包括税号 30.02、30.05，或 30.06 的货品），已配定剂量或（包括制成皮肤摄入形式的）制成零售包装	使用货物本身税目号以外的原料制成；或满足从价百分比标准
第 31 章	肥料	使用货物本身税目号以外的原料制成；或满足从价百分比标准
第 32 章	鞣料浸膏及染料浸膏；鞣酸及其衍生物；染料、颜料及其他着色料；油漆及清漆；油灰及其他类似胶粘剂；墨水、油墨	使用货物本身税目号以外的原料制成；或满足从价百分比标准
第 33 章	精油及香膏；芳香料制品及化妆盥洗品	使用货物本身税目号以外的原料制成；或满足从价百分比标准
第 34 章	肥皂、有机表面活性剂、洗涤剂、润滑剂、人造蜡、调制蜡、光洁剂、蜡烛及类似品、塑形用膏、“牙科用蜡”及牙科用熟石膏制剂	使用货物本身税目号以外的原料制成；或满足从价百分比标准
第 38 章	杂项化学产品	使用货物本身税目号以外的原料制成；或满足从价百分比标准
	第七类　塑料及其制品；橡胶及其制品	
第 39 章		
39.17	塑料制的管子及其附件（例如，接头、肘管、法兰）	由 39.01－39.14 的原料加工成形
39.18	块状或成卷的塑料铺地制品，不论是否胶粘；本章注释九所规定的塑料糊墙品	由 39.01－39.14 的原料加工成形

税则号列	货物描述	实质性改变标准
39.19	自粘的塑料板、片、膜、箔、带、扁条及其他扁平形状材料，不论是否成卷	由39.01－39.14的原料加工成形
39.20	其他非泡沫塑料的板、片、膜、箔及扁条，未用其他材料强化、层压、支撑或用类似方法合制	由39.01－39.14的原料加工成形
39.21	其他塑料板、片、膜、箔、扁条	由39.01－39.14的原料加工成形
39.22	塑料浴缸、淋浴盘、洗涤槽、盥洗盆、坐浴盆、便盆、马桶坐圈及盖、抽水箱及类似卫生洁具	由39.01－39.14的原料加工成形
39.23	供运输或包装货物用的塑料制品；塑料制的塞子、盖子及类似品	由39.01－39.14的原料加工成形
39.24	塑料制的餐具、厨房用具、其他家庭用具及盥洗用具	由39.01－39.14的原料加工成形
39.25	其他税号未列名的建筑用塑料制品	由39.01－39.14的原料加工成形
39.26	其他塑料制品及税号39.01－39.14所列其他材料的制品	由39.01－39.14的原料加工成形
第40章		
40.07	硫化橡胶线及绳	由橡胶板、片、条材料制成；或满足从价百分比标准
40.08	硫化橡胶（硬质橡胶除外）制的板、片、带、杆或型材及异型材	由橡胶板、片、条材料制成；或满足从价百分比标准
40.09	硫化橡胶（硬质橡胶除外）制的管子，不论是否装有附件（例如，接头、肘管、法兰）	由橡胶板、片、条材料制成；或满足从价百分比标准
40.10	硫化橡胶制的传动带或输送带及带料	由橡胶板、片、条材料制成；或满足从价百分比标准
40.11	新的充气橡胶轮胎	由橡胶板、片、条材料制成；或满足从价百分比标准
40.12	翻新的或旧的充气橡胶轮胎；实心或半实心橡胶轮胎、橡胶胎面及橡胶轮胎衬带	由橡胶板、片、条材料制成；或满足从价百分比标准
40.13	橡胶内胎	由橡胶板、片、条材料制成；或满足从价百分比标准
40.14	硫化橡胶（硬质橡胶除外）制的卫生及医疗用品（包括奶嘴），不论是否装有硬质橡胶制的附件	由橡胶板、片、条材料制成；或满足从价百分比标准
40.15	硫化橡胶（硬质橡胶除外）制的衣着用品及附件（包括手套）	由橡胶板、片、条材料制成；或满足从价百分比标准
40.16	硫化橡胶（硬质橡胶除外）制的其他制品	由橡胶板、片、条材料制成；或满足从价百分比标准
40.17	各种形状的硬质橡胶（例如，纯硬质胶），包括废碎料；硬质橡胶制品	由橡胶板、片、条材料制成；或满足从价百分比标准

税则号列	货物描述	实质性改变标准
第八类　生皮、皮革、毛皮及其制品；鞍具及挽具；旅行用品、手提包及类似容器；动物肠线（蚕胶丝除外）制品		
第41章		
41.04	经鞣制的不带毛牛皮（包括水牛皮）、马皮及其坯革，不论是否剖层，但未经进一步加工	鞣制或复鞣，整饰
41.05	经鞣制的不带毛绵羊或者羔羊皮及其坯革，不论是否剖层，但未经进一步加工	鞣制或复鞣，整饰
41.06	经鞣制的其他不带毛动物皮及其坯革，不论是否剖层，但未经进一步加工	鞣制或复鞣，整饰
41.07	经鞣制或半硝处理后进一步加工的不带毛的牛皮革（包括水牛皮革）及马皮革，包括羊皮纸化处理的皮革，不论是否剖层，但税目41.14的皮革除外	鞣制或复鞣，整饰
41.12	经鞣制或半硝处理后进一步加工的不带毛的绵羊或羔羊皮革，包括羊皮纸化处理的，不论是否剖层，但税目41.14的皮革除外	鞣制或复鞣，整饰
41.13	经鞣制或半硝处理后进一步加工的不带毛的其他动物皮革，包括羊皮纸化处理的，不论是否剖层，但税目41.14的皮革除外	鞣制或复鞣，整饰
第42章		
*42.02	皮革或再生皮革、塑料薄膜、纺织材料、钢纸或纸板制成或全部或主要以此材料覆盖的衣箱、提箱、小手提箱、公文包、公务包、书包、眼镜盒、望远镜盒、乐器盒、照相机盒、枪套及类似的盒套；钱夹、地图盒、烟盒、工具盒、运动袋、珠宝盒、刀叉餐具及类似盛具	裁剪、缝制、成形
42.03	皮革或再生皮革制的衣服及衣着附件	裁剪、缝制
第43章		
43.02	未缝制或已缝制的已鞣毛皮	鞣制
43.03	毛皮制的衣服、衣着附件及其他物品	裁剪、缝制
*43.04	人造毛皮制品	裁剪、缝制
第十类　木浆及其他纤维状纤维素浆、回收（废碎）纸或纸板；纸、纸板及其制品		
第48章		
48.17	纸或纸板制的信封、封缄信片、素色明信片及通信卡片；纸或纸板制的盒子、袋子及夹子，内装各种纸制文具	裁切，装订或印刷
48.18	卫生纸及类似纸，家庭或卫生用纤维素絮纸及纤维素纤维网纸，成卷宽度不超过36厘米或切成一定尺寸或形状的；纸浆、纸、纤维素絮纸或纤维素纤维网纸制的手帕、面巾、台布、餐巾、尿布、止血塞、床单及类似的家庭、卫生或医院用品、衣服及衣着附件	裁切，消毒

税则号列	货物描述	实质性改变标准
48.19	纸、纸板、纤维素絮纸或纤维素纤维网纸制的箱、盒、匣、袋及其他包装容器；纸或纸板制的卷宗盒、信件盘及类似品，供办公室、商店及类似场所使用的	裁切，装订或印刷
48.20	纸或纸板制的登记本、账本、笔记本、定货本、收据本、信笺本、记事本、日记本及类似品、练习本、吸墨纸本、活动封面（活页及非活页）、文件夹、卷宗皮、多联商业表格纸、页间夹有复写纸的本及其他文具用品；纸或纸板制的样品簿、粘贴簿及书籍封面	裁切，装订或印刷
48.21	纸或纸板制的各种标签，不论是否印制	裁切，装订或印刷
48.22	纸浆、纸或纸板（不论是否穿孔或硬化）制的筒管、卷轴、纡子及类似品	裁切，装订或印刷
48.23	切成一定尺寸或形状的其他纸、纸板、纤维素絮纸及纤维素纤维网纸；纸浆、纸、纸板、纤维素絮纸及纤维素纤维网纸制的其他制品	裁切，装订或印刷
	第十一类　纺织原料及纺织制品	
第51章		
51.06	粗梳羊毛纱线，非供零售用	由毛纤维或毛条经纺制
51.07	精梳羊毛纱线，非供零售用	由毛纤维或毛条经纺制
51.08	动物细毛（粗梳或精梳）纱线，非供零售用	由毛纤维或毛条经纺制
51.09	羊毛或动物细毛的纱线，供零售用	由毛纤维或毛条经纺制
51.10	动物粗毛或马毛的纱线（包括马毛粗松螺旋花线），不论是否供零售用	由毛纤维或毛条经纺制
51.11	粗梳羊毛或粗梳动物细毛的机织物	织造
51.12	精梳羊毛或精梳动物细毛的机织物	织造
51.13	动物粗毛或马毛的机织物	织造
第52章		
52.04	棉制缝纫线，不论是否供零售用	由两股或以上纱捻制
52.05	棉纱线（缝纫线除外），按重量计含棉量在85%及以上，非供零售用	由纤维经纺制
52.06	棉纱线（缝纫线除外），按重量计含棉量在85%以下，非供零售用	由纤维经纺制
52.07	棉纱线（缝纫线除外），供零售用	由纤维经纺制
52.08	棉机织物，按重量计含棉量在85%及以上，每平方米重量不超过200克	织造或印染
52.09	棉机织物，按重量计含棉量在85%及以上，每平方米重量超过200克	织造或印染

税则号列	货物描述	实质性改变标准
52.10	棉机织物，按重量计含棉量在85%以下，主要或仅与化学纤维混纺，每平方米重量不超过200克	织造或印染
52.11	棉机织物，按重量计含棉量在85%以下，主要或仅与化学纤维混纺，每平方米重量超过200克	织造或印染
52.12	其他棉机织物	织造或印染
第53章		
53.06	亚麻纱线	由纤维经纺制
53.07	黄麻纱线或税号53.03的其他纺织用韧皮纤维纱线	由纤维经纺制
53.08	其他植物纺织纤维纱线；纸纱线	由纤维经纺制
53.09	亚麻机织物	织造
53.10	黄麻或税号53.03的其他纺织用韧皮纤维机织物	织造
53.11	其他纺织用植物纤维机织物；纸纱线机织物	织造
第54章		
54.01	化学纤维长丝纺制的缝纫线，不论是否供零售用	由两股或以上长丝捻制
54.02	合成纤维长丝纱线（缝纫线除外），非供零售用，包括细度在67分特以下的合成纤维单丝	纺丝
54.03	人造纤维长丝纱线（缝纫线除外），非供零售用，包括细度在67分特以下的人造纤维单丝	纺丝
54.04	截面尺寸不超过1毫米，细度在67分特及以上的合成纤维单丝；表观宽度不超过5毫米的合成纤维纺织材料制扁条及类似品（例如人造草）	纺丝
54.05	截面尺寸不超过1毫米，细度在67分特及以上的人造纤维单丝；表观宽度不超过5毫米的人造纤维纺织材料制扁条及类似品（例如人造草）	纺丝
54.06	化学纤维长丝纱线（缝纫线除外），供零售用	纺丝
54.07	合成纤维长丝纱线的机织物，包括税号54.04所列材料的机织物	织造
54.08	人造纤维长丝纱线的机织物，包括税号54.05所列材料的机织物	织造
第55章		
55.08	化学纤维短纤纺制的缝纫线，不论是否供零售用	由两股或以上纱捻制
55.09	合成纤维短纤纺制的纱线（缝纫线除外），非供零售用	由纤维或化纤毛条经纺制
55.10	人造纤维短纤纺制的纱线（缝纫线除外），非供零售用	由纤维或化纤毛条经纺制
55.11	化学纤维短纤纺制的纱线（缝纫线除外），供零售用	由纤维或化纤毛条经纺制

税则号列	货物描述	实质性改变标准
55.12	合成纤维短纤纺制的机织物，按重量计合成纤维短纤含量在85%及以上	织造
55.13	合成纤维短纤纺制的机织物，按重量计合成纤维短纤含量在85%以下，主要或仅与棉混纺，每平方米重量不超过170克	织造
55.14	合成纤维短纤纺制的机织物，按重量计合成纤维短纤含量在85%以下，主要或仅与棉混纺，每平方米重量超过170克	织造
55.15	合成纤维短纤纺制的其他机织物	织造
55.16	人造纤维短纤纺制的机织物	织造
第56章		
56.03	无纺织物，不论是否浸渍、涂布、包覆或层压	成网至成品
*56.07	麻或合成纤维纺制的线、绳、索、缆	由两股或以上纱、线捻制或编织
56.08	线、绳或索结制的网料；纺织材料制成的渔网及其他网	编结或织造
第57章		
57.01	结织栽绒地毯及纺织材料的其他结织栽绒铺地制品，不论是否制成的	由纤维或纱、线经织造
57.02	机织地毯及纺织材料的其他机织铺地制品，未簇绒或未植绒，不论是否制成的，包括“开来姆”、“苏麦克”、“卡拉马尼”及类似的手织地毯	由纤维或纱、线经织造
57.03	簇绒地毯及纺织材料的其他簇绒铺地制品，不论是否制成的	由纤维或纱、线经织造
57.04	毡呢地毯及纺织材料的其他毡呢铺地制品，未簇绒或未植绒，不论是否制成的	由纤维或纱、线经织造
57.05	其他地毯及纺织材料的其他铺地制品，不论是否制成的	由纤维或纱、线经织造
第58章		
58.01	起绒机织物及绳绒织物，但税号58.02或58.06的织物除外	织造或编结或粘合或簇绒
58.02	毛巾织物及类似的毛圈机织物，但税号58.06的狭幅织物除外；簇绒织物，但税号57.03的产品除外	织造或编结或粘合或簇绒
58.03	纱罗，但税号58.06的狭幅织物除外	织造或编结或粘合或簇绒
58.04	网眼薄纱及其他网眼织物，但不包括机织物、针织物或钩编织物；成卷、成条或成小块图案的花边，但税号60.02的织物除外	织造或编结或粘合或簇绒
58.05	“哥白林”、“弗朗德”、“奥步生”、“波微”及类似式样的手织装饰毯，以及手工针绣嵌花装饰毯（例如，小针脚或十字绣），不论是否制成的	织造或编结或粘合或簇绒

税则号列	货物描述	实质性改变标准
58.06	狭幅机织物，但税号58.07的货品除外；用粘合剂粘合制成的有经纱而无纬纱的狭幅织物（包扎匹头用带）	织造或编结或粘合或簇绒
58.07	非绣制的纺织材料制标签、徽章及类似品，成匹、成条或裁成一定形状或尺寸	织造或编结或粘合或簇绒
58.08	成匹的编带；非绣制的成匹装饰带，但针织或钩编的除外；流苏、绒球及类似品	织造或编结或粘合或簇绒
58.09	其他税号未列名的金属线机织物及税号56.05所列含金属纱线的机织物，用于衣着、装饰及类似用途	织造或编结或粘合或簇绒
58.10	成匹、成条或成小块图案的刺绣品	经刺绣，并满足从价百分比标准
*58.11	用一层或几层纺织材料与胎料经绗缝制成的被褥状纺织品	裁剪、缝纫、绗缝
第59章		
59.01	用胶或淀粉物质涂布的纺织物，作书籍封面及类似用途的；描图布；制成的油画布；作帽里的硬衬布及类似硬挺纺织物	由机织或编织物制成
59.02	尼龙或其他聚酰胺，聚酯或粘胶纤维高强力纱制的帘子布	由机织或编织物制成
59.03	用塑料浸渍、涂布、包覆或层压的纺织物，但税号59.02的货品除外	由机织或编织物制成
59.04	列诺伦（亚麻油地毡），不论是否剪切成形；以织物为底布经涂布或覆面的铺地制品，不论是否剪切成形	由机织或编织物制成
59.05	糊墙织物	由机织或编织物制成
59.06	用橡胶处理的纺织物，但税号59.02的货品除外	由机织或编织物制成
59.07	用其他材料浸渍、涂布或包覆的纺织物；作舞台、摄影布景或类似用途的已绘制画布	由机织或编织物制成
59.09	纺织材料制的水龙软管及类似的管子，不论有无其他材料作衬里、护套或附件	织造或针刺
59.10	纺织材料制的传动带或输送带及带料，不论是否用塑料浸渍、涂布、包覆或层压，也不论是否用金属或其他材料加强	织造或针刺
59.11	本章注释七所规定的作专门技术用途的纺织产品及制品	织造或针刺
第60章	针织物及钩编织物	针织或编结
第61章		
61.01	针织或钩编的男式大衣、短大衣、斗篷、短斗篷、带风帽的防寒短上衣（包括滑雪短上衣）、防风衣、防风短上衣及类似品，但税号61.03的货品除外	裁剪，缝纫至成衣或针织或编结
61.02	针织或钩编的女式大衣、短大衣、斗篷、短斗篷、带风帽的防寒短上衣（包括滑雪短上衣）、防风衣、防风短上衣及类似品，但税号61.04的货品除外	裁剪，缝纫至成衣或针织或编结

税则号列	货物描述	实质性改变标准
61.03	针织或钩编的男式西服套装、便服套装、上衣、长裤、护胸背带工装裤、马裤及短裤（游泳裤除外）	裁剪，缝纫至成衣或针织或编结
61.04	针织或钩编的女式西服套装、便服套装、上衣、连衣裙、裙子、裙裤、长裤、护胸背带工装裤、马裤及短裤（游泳服除外）	裁剪，缝纫至成衣或针织或编结
61.15	针织或钩编的连裤袜、紧身裤袜、长统袜、短袜及其他袜类，包括用以治疗静脉曲张的长统袜和无外绱鞋底的鞋类	裁剪，缝制或针织或编结
61.16	针织或钩编的分指手套、连指手套及露指手套	裁剪，缝制或针织或编结
61.17	其他制成的针织或钩编的衣着附件；服装或衣着附件的针织或钩编的零件	裁剪，缝制或针织或编结
第62章		
62.01	男式大衣、短大衣、斗篷、短斗篷、带风帽的防寒短上衣（包括滑雪短上衣）、防风衣、防风短上衣及类似品，但税号62.03的货品除外	裁剪，缝纫至成衣
62.02	女式大衣、短大衣、斗篷、短斗篷、带风帽的防寒短上衣（包括滑雪短上衣）、防风衣、防风短上衣及类似品，但税号62.04的货品除外	裁剪，缝纫至成衣
62.03	男式西服套装、便服套装、上衣、长裤、护胸背带工装裤、马裤及短裤（游泳裤除外）	裁剪，缝纫至成衣
62.04	女式西服套装、便服套装、上衣、连衣裙、裙子、裙裤、长裤、护胸背带工装裤、马裤及短裤（游泳服除外）	裁剪，缝纫至成衣
62.05	男衬衫	裁剪，缝纫至成衣
62.06	女衬衫	裁剪，缝纫至成衣
62.07	男式背心及其他内衣、内裤、三角裤、长睡衣、睡衣裤、浴衣、晨衣及类似品	裁剪，缝纫至成衣
62.08	女式背心及其他内衣、长衬裙、衬裙、三角裤、短衬裤、睡衣、睡衣裤、浴衣、晨衣及类似品	裁剪，缝纫至成衣
62.09	婴儿服装及衣着附件	裁剪，缝纫至成衣
62.10	用税号56.02、56.03、59.03、59.06或59.07的织物制成的服装	裁剪，缝纫至成衣
62.11	运动服、滑雪服及游泳服；其他服装	裁剪，缝纫至成衣
62.12	胸罩、束腰带、紧身胸衣、吊裤带、吊袜带、束袜带和类似品及其零件，不论是否针织或钩编的	钩编的经编结；其他的经裁剪、缝制或针织，并满足从价百分比标准
62.13	手帕	裁剪、缝制，并满足从价百分比标准
62.14	披巾、领巾、围巾、披纱、面纱及类似品	裁剪、缝制，并满足从价百分比标准

税则号列	货物描述	实质性改变标准
62.15	领带及领结	裁剪、缝制，并满足从价百分比标准
62.16	分指手套、连指手套及露指手套	裁剪、缝制
62.17	非针织或非钩编的衣着附件和零件	裁剪、缝制，并满足从价百分比标准
第63章		
63.01	毯子及旅行毯	织造
63.02	床上、餐桌、盥洗及厨房用的织物制品	裁剪、缝制或针织或编结，并满足从价百分比标准
63.03	窗帘（包括帷帘）及帐幔；帘帷或床帷	裁剪、缝制或针织或编结，并满足从价百分比标准
63.04	其他装饰用织物制品，但税号94.04的货品除外	裁剪、缝制或针织或编结，并满足从价百分比标准
63.05	货物包装用袋	编织或织造，裁剪，缝合
*63.06	天篷及遮阳篷；帐篷；风帆；充气褥垫	裁剪，缝制或粘合，装配
63.08	由机织物及纱线构成的零售包装成套物品，不论是否带有附件，用以制作小地毯、装饰毯，绣花台布、餐布或类似的纺织物品	裁剪、缝制或针织或编结
第十二类　鞋、帽、伞、杖、鞭及其零件；已加工的羽毛及其制品；人造花；人发制品		
第64章		
64.01	橡胶或塑料制外底及鞋面的防水鞋靴，其鞋面不是用缝、铆、钉、旋、塞或类似方法固定在鞋底上	制鞋面或鞋底，合成
64.02	橡胶或塑料制外底及鞋面的其他鞋靴	制鞋面或鞋底，合成
64.03	橡胶、塑料、皮革或再生皮革制外底，皮革制鞋面的鞋靴	制鞋面或鞋底，合成
64.04	橡胶、塑料、皮革或再生皮革制外底，用纺织材料制鞋面的鞋靴	制鞋面或鞋底，合成
64.05	其他鞋靴	制鞋面或鞋底，合成
第65章		
65.03	用税号65.01的帽身、帽兜或圆帽片制成的毡呢帽类，不论有无衬里或装饰物	热压定型
65.04	编结帽或用任何材料的条带拼制而成的帽类，不论有无衬里或装饰物	裁剪，缝制或编结
*65.05	针织或钩编，或用花边或其他细片状纺织物制成的帽子	针织或钩编或缝制
*65.06	安全帽、橡胶或塑料制帽类	裁料，成形
第66章		
66.01	雨伞、阳伞（包括手杖伞、庭园伞及类似的伞）	裁切伞面，装配

税则号列	货物描述	实质性改变标准
第 67 章		
67.02	人造花、叶、果实及其零件；用人造花、叶或果实制成的物品	成形，组合
*67.04	假发	编结，缝制或粘结
第十三类　玻璃及其制品		
第 70 章		
*70.09	镶框的玻璃镜，包括后视镜	裁镜片，制框，装配
*70.18	玻璃珠、仿珍珠，仿宝石或仿半宝石	切割，琢磨或包镶，镶装
第十四类　天然或养殖珍珠，宝石或半宝石，贵金属，包镀贵金属及其制品；仿首饰；硬币		
第 71 章		
*71.13	贵金属或包贵金属制的首饰	制模或倒模，镶嵌或成形，抛光，电镀
*71.16	珍珠及宝石制品	钻孔或切割，琢磨或镶嵌或穿串
71.17	仿制首饰	倒模或切割，胶粘或包镀，抛光
第十五类　贱金属及其制品		
第 73 章		
*73.23	钢铁制的桌子、炊具及其他家用制品及其零件	切料、成形、表面处理
第 82 章	贱金属工具、器具、利口器、餐匙和餐叉及其零件	切料或铸造，机械加工，表面处理
第 83 章	贱金属杂项制品	切料、成形、表面处理
第十六类　机电类		
第 84 章		
*84.14	电风扇	经全部组装工序，并满足从价百分比标准
84.15	空气调节器，装有电扇及调温、调湿装置，包括不能单独调湿的空调器	制造壳体、总装，并满足从价百分比标准
*84.18	冰箱、冷藏箱及其他冷冻及冷藏设备	制造壳体、组装，并满足从价百分比标准
*84.23	衡量器（人体秤及其他秤）	制造壳体、组装，并满足从价百分比标准
84.50	家用型或洗衣房用洗衣机，包括洗涤干燥两用机	制造壳体、组装，并满足从价百分比标准
*84.52	非家用缝纫机	制造壳体、组装，并满足从价百分比标准
*84.67	自带电机的电动手工工具	经全部组装工序，并满足从价百分比标准
*84.70	计算器	焊接、装配，并满足从价百分比标准
第 85 章		
*85.01	输出功率 37.5 瓦以下的电动机	绕线、装配，并满足从价百分比标准
85.04	变压器、静止式变流器（例如整流器）及电感器	绕线、装配，并满足从价百分比标准
*85.09	自带电机的家用电动器具（吸尘器、打蜡机、搅拌机、磨碎机等）	经全部组装工序，并满足从价百分比标准
*85.10	电动剃须刀及电动毛发推	经全部组装工序，并满足从价百分比标准

税则号列	货物描述	实质性改变标准
*85.12	机动车辆的照明和信号装置	制外壳、装配，并满足从价百分比标准
85.13	自供能源（例如，使用干电池、蓄电池、永磁发电机）的手提式电灯，但税号 85.12 的照明装置除外	制外壳、组装，并满足从价百分比标准
*85.16	电热水器、电热理发用具（电吹风、电卷发器）和干手器；电熨斗；其他家用电热器具（面包炉、制咖啡器）	制外壳、组装，并满足从价百分比标准
85.17	有线电话、电报设备，包括无绳电话机、有线载波通讯设备及有线数字通信设备；可视电话	插件、焊接、装配，并满足从价百分比标准
85.18	传声器（麦克风）及其座架；扬声器，不论是否装成音箱；耳机、耳塞机，不论是否装有传声器，由传声器及一个或多个扬声器组成的组合机；音频扩大器；电气扩音机组	经全部组装工序，并满足从价百分比标准
*85.19	唱机、盒式磁带放音机及其他声音重放设备	制外壳、装配，并满足从价百分比标准
85.20	磁带录音机及其他声音录制设备，不论是否装有声音重放装置	插件、焊接、装配，并满足从价百分比标准
*85.21	录像机和放像机	插件、焊接、装配，并满足从价百分比标准
*85.23	未录制的录音带、录像带磁盘	制外壳、裁切、绕带、装配，并满足从价百分比标准
*85.24	已录制的录音带、录像带磁盘	制外壳、裁切、绕带、装配，并满足从价百分比标准
*85.25	无线电话、对讲机	插件、焊接、装配，并满足从价百分比标准
*85.27	收音机、收录机、汽车接收机、钟控收音机	插件、焊接、装配，并满足从价百分比标准
*85.28	电视机	插件、焊接、装配，并满足从价百分比标准
85.34	印刷电路	制版、腐蚀、打孔，并满足从价百分比标准
*85.41	二极管、晶体管；光敏半导体器件；发光二极管	焊接、封装，并满足从价百分比标准
第十七类　车辆		
第 87 章		
87.12	自行车及其他非机动脚踏车（包括运货三轮脚踏车）	经全部组装工序，并满足从价百分比标准
*87.14	鞍座	裁切或模压，装配
第十八类　光学、照相、计量、医疗仪器及设备；钟表；乐器		
第 90 章		
90.04	矫正视力、保护眼睛或其他用途的眼镜、挡风镜及类似品	制镜片、制框架和装配，并满足从价百分比标准
90.06	照相机（电影摄像机除外）；照相闪光灯装置及闪光灯泡，但税号 85.39 的放电灯泡除外	经全部组装工序，并满足从价百分比标准
90.09	装有光学系统的或接触式的感光式复印设备及热敏复印设备	经全部组装工序，并满足从价百分比标准

税则号列	货物描述	实质性改变标准
*90.19	按摩器	经全部组装工序，并满足从价百分比标准
*90.28	工业用电量计	经全部组装工序，并满足从价百分比标准
*90.30	万用表	经全部组装工序，并满足从价百分比标准
第91章		
91.01	手表、怀表及其他表，包括秒表，表壳用贵金属或包贵金属制成的	经全部组装工序，并满足从价百分比标准
91.02	手表、怀表及其他表，包括秒表，但税号91.01的货品除外	经全部组装工序，并满足从价百分比标准
91.03	以表芯装成的钟，但不包括税号91.04的钟	制钟壳和装配
91.04	仪表板钟及车辆、航空器、航天器或船舶用的类似钟	制钟壳和装配
91.05	其他钟	制钟壳和装配
91.08	已组装的完整表芯	经全部组装工序，并满足从价百分比标准
第92章		
92.07	通过电产生或扩大声音的乐器（例如，电风琴、电吉他、电手风琴）	插件、焊接和装配，并满足从价百分比标准
	第二十类　杂项制品	
第94章		
*94.04	睡袋	裁剪和缝制
*94.05	其他税号未列明的灯具及照明装置，包括探照灯、聚光灯及其零件	制灯架和装配
第95章		
95.02	玩偶	经全部组装工序，并满足从价百分比标准
95.03	其他玩具；缩小的（按比例缩小）的模型，及类似的娱乐用模型，无论是否活动；各种智力玩具	经全部组装工序，并满足从价百分比标准
*95.04	室内游戏用品	经全部组装工序，并满足从价百分比标准
*95.05	圣诞节用品	经全部组装工序，并满足从价百分比标准
*95.06	室外运动及游戏用品	经全部组装工序，并满足从价百分比标准
*95.07	渔具	经全部组装工序，并满足从价百分比标准
第96章		
*96.01	动物雕刻材料制品	雕刻
*96.02	植物或矿物质雕刻材料制品	雕刻
96.05	个人梳妆、缝纫或清洁鞋靴、衣服用的成套旅行用具	从价百分比标准
*96.06	钮扣	由金属片、板、条或塑料颗料制成
*96.07	拉链	制链带和装链齿
*96.13	纸烟打火机及其他打火机，不论是否机械还是电气的	制外壳和装配
*96.17	带壳的真空瓶和其他真空器皿	外壳由金属片、板或塑料颗粒经冲压或模塑料制成和装配

中华人民共和国海关《中华人民共和国政府与巴基斯坦伊斯兰共和国政府自由贸易协定》项下进口货物原产地管理办法

（2007年5月29日海关总署令第162号公布，自2007年7月1日起施行）

第一条 为正确确定《中华人民共和国政府与巴基斯坦伊斯兰共和国政府自由贸易协定》（以下简称《中巴自贸协定》）项下进口货物的原产地，促进双方的经贸往来，根据《中华人民共和国海关法》（以下简称《海关法》）、《中华人民共和国进出口货物原产地条例》、《中巴自贸协定》的规定，制定本办法。

第二条 本办法适用于从巴基斯坦进口的《中巴自贸协定》项下货物，但以加工贸易方式保税进口和内销的货物不适用本办法。

第三条 从巴基斯坦直接运输进口的货物，符合下列条件之一的，其原产地为巴基斯坦，适用《中华人民共和国进出口税则》（以下简称《税则》）中的《中巴自贸协定》税率：

（一）在巴基斯坦完全获得或者生产的；

（二）符合本办法第五条、第六条或者第七条规定的在巴基斯坦非完全获得或者生产的。

第四条 本办法第三条第（一）项所称“在巴基斯坦完全获得或者生产”的货物是指：

（一）在巴基斯坦收获、采摘或者收集的植物及植物产品；

（二）在巴基斯坦出生和饲养的活动物；

（三）在巴基斯坦从本条第（二）项活动物获得的产品；

（四）在巴基斯坦狩猎、诱捕、捕捞、水生养殖、收集或者捕获所得的产品；

（五）从巴基斯坦领土、领水、海床或者海床底土开采、提取的除本条第（一）项至第（四）项以外的矿物质或者其他天然生成的物质；

（六）从巴基斯坦按照国际法规定有权开发的该国领水以外的水域、海床或者海床底土获得的产品；

（七）在巴基斯坦注册的船只或者合法悬挂该国国旗的船只在公海捕捞获得的鱼类及其他海产品；

（八）在巴基斯坦注册的加工船或者合法悬挂该国国旗的加工船上仅使用本条第（七）项产品加工、制造的产品；

（九）在巴基斯坦从既不能用于原用途、也不能恢复或者修理的物品上回收的零件或者原材料；

（十）在巴基斯坦收集的既不能用于原用途、也不能恢复或者修理，仅适合弃置或者用做部分原材料的回收，或者仅适合作再生用途的物品；

（十一）在巴基斯坦境内生产加工过程中产生的废碎料；

（十二）仅用本条第（一）项至第（十一）项所列产品在巴基斯坦加工获得的产品。

第五条 本办法第三条第（二）项所称“在巴基斯坦非完全获得或者生产的货物”是指，巴基斯坦原产成分的比例不低于40%的货物。

在计算原产成分时，应当适用下列公式：

$$\frac{\text{货物的船上交货价格（FOB）}-\text{非原产材料的价格}}{\text{货物的船上交货价格（FOB）}}\times 100\% \geq 40\%$$

上述公式中，非原产材料的价格应当为下列两种价格之一：

（一）材料进口时的成本、保险费加运费价格（CIF）；

（二）最早确定的在巴基斯坦境内为使用不明原产地材料进行制造或者加工支付的价格。

第六条 除另有规定外，在巴基斯坦境内使用符合本办法第三条的货物作为生产适用《中巴自贸协定》税率的制成品的材料，并且其制成品中原产于中国、巴基斯坦的成分累计不低于40%，则该制成品应当视为原产于巴基斯坦。

第七条 在巴基斯坦加工、制造的货物，符合《中国—巴基斯坦自由贸易区原产地规则》（以下简称《中巴原产地规则》）项下产品特定原产地标准的，应当视为原产于巴基斯坦。该标准是本办法的组成部分，由海关总署另行公告。

第八条 在按照本办法第三条确定货物原产地时，

下列微小加工及处理不影响货物原产地的确定：

（一）为使货物在运输或者贮存中保持良好状态而进行的处理，例如干燥、冷冻、通风、晾晒、冷却，置于盐或者二氧化硫中、用盐水或其他水溶液保存，去除已毁坏部分等类似处理；

（二）除尘、筛选、分类、分级、搭配（即成套物品的组合），清洗、上漆和切割；

（三）为便于装运货物而进行的改换包装、分拆或装配；

（四）简单的切割、切片和再包装，或者装瓶、装袋、装箱、固定于硬纸板或者木板上，以及其他简单包装；

（五）在产品或者其包装上粘贴标志、标签或者其他类似的区别标记；

（六）对产品进行的简单混合，不论其是否为同类产品，但混合所用成分应当不属于本办法第三条规定的产品；

（七）将物品的零部件简单组装成完整品；

（八）完整品的拆解；

（九）屠宰动物；

（十）仅用水或者其他物质稀释而不改变货物的性质；

（十一）本条第（一）项到第（十）项中的两项或者多项加工、处理的组合。

第九条 本办法第三条所称“直接运输”是指《中巴自贸协定》项下的进口货物从巴基斯坦直接运输到我国。

进口货物运输至我国，并且符合下列条件之一的，视为从巴基斯坦直接运输：

（一）货物未经过任何中国和巴基斯坦之外的国家或者地区境内运输；

（二）货物运输途中经过一个或者多个中国和巴基斯坦之外的国家或者地区，在这些国家或者地区不论是否转换运输工具或者作临时储存，但是同时符合下列条件：

1. 仅由于地理原因或者运输需要；

2. 货物未在这些国家或者地区进入贸易或者消费领域；

3. 除装卸或者其他为使货物保持良好状态的处理外，货物在这些国家或者地区未经任何其他加工。

第十条 与货物一起申报进口并且按照《税则》应当与该货物一并归类的包装、包装材料、容器以及附件、备件、工具、介绍说明材料，其原产地不影响货物原产地的确定。

第十一条 除另有规定外，在确定货物的原产地时，货物生产过程中使用的、本身不构成货物物质成分、也不成为货物组成部件的下列材料，其原产地不影响货物原产地的确定：

（一）燃料与能源；

（二）工具、模具及铸模；

（三）用于维护设备及厂房的备件和材料；

（四）在生产中使用的，或者用于运行设备和厂房的润滑剂、润滑油、复合材料及其他材料；

（五）手套、眼镜、鞋、衣服、安全设备和用品；

（六）用于测试或者检验货物的设备、装置和用品；

（七）催化剂和溶剂；

（八）在货物生产过程中使用，虽然不构成该货物组成部分，但能合理地表明其参与了该货物生产过程的任何材料。

第十二条 货物申报进口时，进口货物收货人应当主动向海关提交由巴基斯坦指定的政府机构签发的原产地证书正本（格式见附件），并且按照海关的申报规定填制“中华人民共和国海关进口货物报关单”（以下简称报关单），申明适用《中巴自贸协定》税率。

进口货物收货人向海关提交的巴基斯坦原产地证书必须符合本办法附件所列格式，用国际标准 A4 纸印制，所用文字为英文。原产地证书不得涂改及叠印。

原产地证书上所列的一项或者多项货物应当为同一批次进口到中国的原产于巴基斯坦的货物，一份原产地证书应当对应一份报关单。

第十三条 进口货物经过一个或者多个中国和巴基斯坦以外的国家或者地区运输的，进口货物收货人应当向海关提交下列文件：

（一）在巴基斯坦签发的联运提单；

（二）巴基斯坦有关政府机构在货物出口前、出口时，或者在货物实际出口后 15 日内签发的原产地证书；

（三）货物的原始商业发票；

（四）货物经过其他国家或者地区运输至我国境内的，进口货物收货人还应当按照海关的要求提交该国家或者地区海关出具的证明文件。

第十四条 在特殊情况下，由于非主观过错、过失或者其他合理原因，原产地证书未能按照本办法第十三条第（二）项规定的日期签发的，进口货物收货人可以向海关提交补发的原产地证书，但该补发的原产地证书应当是在货物装运之日起 1 年内签发的，并注明“补发”字样。

第十五条 原产地证书被盗、遗失或者毁坏的，进口货物收货人可以要求出口货物发货人向原签证机构申请在原证书签发之日起1年之内签发经证实的原产地证书真实复制本。该复制本应当注明“经证实的真实复制本”，并注明原证书正本的签发日期。

第十六条 除不可抗力外，原产地证书应当自签发之日起6个月之内向我国海关提交；符合本办法第九条第二款第（二）项规定，货物经过一个或者多个中国和巴基斯坦之外的国家或者地区运输的，其原产地证书提交期限延长至8个月。进口货物在本款规定期限内已经实际进口的，原产地证书的提交期限可以不受本款规定的限制。

货物申报进口时，进口货物收货人虽然申明适用《中巴自贸协定》税率，但是未能提交符合规定的原产地证书及相关文件或者提交的原产地证书及相关文件不符合本办法规定的，海关应当按照规定收取保证金后放行货物，并且按照规定办理进口手续、进行海关统计。

未按照本条第一款规定提交的原产地证书，海关不予接受。

第十七条 原产于巴基斯坦的进口货物，每批船上交货价格（FOB）不超过200美元的，免于提交原产地证书。

第十八条 海关对巴基斯坦原产地证书的真实性或者相关货物是否原产于巴基斯坦产生怀疑时，可以向巴基斯坦有关政府机构提出原产地核查请求。

在等待核查结果期间，海关可以依法选择按照该货物适用的最惠国税率、普通税率以及其他税率收取相当于应缴税款的等值保证金后放行货物，并且按照规定办理进口手续，进行海关统计。核查完毕后，海关应当根据核查结果，立即办理保证金退还手续或者保证金转为进口税款手续。

在提出核查请求之日起6个月内，海关未收到巴基斯坦有关政府机构核查结果，或者核查结果未包含足以确定原产地证书真实性或者货物真实原产地信息的，有关货物不享受关税优惠待遇，海关应当立即办理保证金转为进口税款手续。海关统计数据同时作相应修改。

进口货物属于国家限制进口的，或者有违法嫌疑的，在原产地证书核查完毕前海关不得放行货物。

第十九条 除海关进出口贸易统计数据外，海关应当对用于双方交流的原产地证书核查资料予以保密。

第二十条 从巴基斯坦进口适用《中巴自贸协定》税率的货物在向海关申报之后、海关放行之前，目的地发生变化需要运往其他国家的，进口货物收货人应当向海关提出书面申请。

海关将货物运输目的地变化情况在原产地证书上签注确认后，将原产地证书正本返还进口货物收货人。

第二十一条 原产于巴基斯坦的货物，在其他国家或者地区展览并且于展览期间或者展览后售往中国，同时满足下列条件的，在进口时可以享受《税则》中的《中巴自贸协定》税率：

（一）该货物已经从巴基斯坦实际运送到展览所在国家或者地区展出；

（二）该货物已经实际卖给或者转让给中国的进口货物收货人；

（三）该货物已经以送展时的状态在展览期间或者展览后由展览举办国立即发运至中国；

（四）该货物在展览期间处于展览所在国家或者地区海关的监管之下。

上述展览货物进口时，进口货物收货人应当向海关提交原产地证书，并且提供展览所在国家或者地区有关政府机构签发的注明展览会名称及地址的证明书，以及本办法第十三条第（四）项所列的证明文件。

本条中“展览”是指任何以出售外国产品为目的的商贸、农业或者手工业展览会、交易会或者在商店或者商业场所举办的类似展览、展示。

第二十二条 违反本办法，构成走私行为、违反海关监管规定行为或者其他违反《海关法》行为的，由海关依照《海关法》和《中华人民共和国海关行政处罚实施条例》的有关规定予以处理；构成犯罪的，依法追究刑事责任。

第二十三条 本办法中，下列用语的定义是：

“成本、保险费加运费价格（CIF）”，是指在进口港把货物从运输工具卸下后，实付或者应当付给出口货物发货人的价格。它包括货物的成本和将货物运至指定目的港所需的保险费和运费。

“船上交货价格（FOB）”，是指在指定出口港把货物装上运输工具后，实付或者应当付给出口货物发货人的价格。它包括货物的成本和将货物运至运输工具上所需的所有成本。

“海关估价协议”，是指WTO协议中《关于实施1994年关税与贸易总协定第七条的协定》。

“材料”，包括组成成分、零件、部件、组装件、已经实际上构成另一个货物部分或者已用于另一货物生产过程的货物。

“产品特定原产地标准”，是指规定材料已经发生税则归类改变或者特定制造或者加工工序，或者满足某一从价百分比标准，或者混合使用任何这些标准的规则。

“非原产材料”，是指用于货物生产中的非中国-巴基斯坦自贸区原产的材料，以及不明原产地的材料。

“生产”，是指获得货物的方法，包括制造、生产、装配、加工、饲养、种植、繁殖、开采、提取、收获、捕捞、诱捕、采集、收集、狩猎和捕获。

第二十四条 本办法由海关总署负责解释。

第二十五条 本办法自2007年7月1日起施行。2005年12月29日海关总署令第139号公布的《中华人民共和国海关关于执行〈中国—巴基斯坦自由贸易区原产地规则〉的规定》同时废止。

附件 原产地证书格式（略）

中华人民共和国海关特别优惠关税待遇进口货物原产地管理办法

（2006年5月31日海关总署令第149号公布，自2006年7月1日起施行）

第一条 为了正确确定享受特别优惠关税待遇进口货物的原产地，促进我国与有关国家间的经贸往来，根据《中华人民共和国海关法》、《中华人民共和国进出口货物原产地条例》、我国关于享受特别优惠关税待遇货物原产地规则及有关法律、行政法规的规定，制定本办法。

第二条 本办法适用于从受惠国（名单见附件1）进口的享受特别优惠关税待遇货物，但是以加工贸易方式保税进口和内销的货物不适用本办法。

附件1所列受惠国名单发生变化时，由海关总署另行公告。

第三条 从受惠国直接运输进口的货物，符合下列条件之一的，其原产地为该受惠国，适用《中华人民共和国进出口税则》（以下简称《税则》）中相应的特惠税率：

（一）完全在受惠国获得或者生产的；

（二）非完全在受惠国获得或者生产，但在该国完成货物最后的实质性改变的。

第四条 本办法第三条第（一）项所称“完全在受惠国获得或者生产”的货物是指：

（一）在该受惠国采掘的矿产品；

（二）在该受惠国收获的植物和植物产品；

（三）在该受惠国出生并饲养的活动物；

（四）在该受惠国从本条第（三）项所指的动物中获得的产品；

（五）在该受惠国狩猎或者捕捞所获得的产品；

（六）在该受惠国注册或者合法悬挂该受惠国国旗的船只在其领海捕捞获得的鱼类和其他海产品；

（七）在该受惠国注册或者合法悬挂该受惠国国旗的加工船上加工本条第（六）项所列产品获得的产品；

（八）在该受惠国收集的该受惠国消费过程中产生的仅适于原材料回收的废旧物品；

（九）在该受惠国加工制造过程中产生的仅适于回收原材料的废碎料；

（十）利用本条第（一）项至第（九）项所列产品在该受惠国加工所得的产品。

第五条 下列微小加工或者处理，无论是单独完成还是相互结合完成，在确定货物是否为完全获得或者生产时不影响货物原产地的确定：

（一）为运输或者贮存期间保存货物而进行的加工或者处理；

（二）为货物便于装卸而进行的加工或者处理；

（三）为货物销售而进行的包装、展示等加工或者处理。

第六条 本办法第三条第（二）项中“实质性改变”的认定标准，为“税则归类改变”标准或者“从价百分比”标准。

（一）“税则归类改变”标准，是指在受惠国生产或者加工的货物所使用的非该国原产材料在《税则》中的税号均为该货物所在4位级税号之外的其他税号。

（二）“从价百分比”标准，是指在受惠国对非该国原产材料进行制造、加工后的增值部分不小于所得货物价值的40%。其计算公式如下：

$$\frac{\text{货物价格}-\text{非原产材料的价格}}{\text{货物价格}}\times 100\% \geqslant 40\%$$

“货物价格”，是指该货物的船上交货价格，无论货物以何种方式运输，该价格为其在最终装运港口或者地点的价格。

“非原产材料的价格”，是指生产商所使用的非原产材料价格，包括其进口成本、运至目的港口或者地点的保险费和运费。

上述“从价百分比”的计算应当符合公认的会计准则及《海关估价协定》。

第七条 简单的稀释、混合、包装、装瓶、干燥、装配、分类或者装饰不应当视为实质性改变。

企业以规避本办法为目的的生产或者定价措施，不应当视为实质性改变。

第八条 在确定货物原产地时，货物制造过程中使用的能源、工厂、设备、机器和工具的原产地，以及未构成货物物质成分或者组成部件的材料的原产地，不影响货物原产地的确定。

第九条 与货物一起申报进口并在《税则》中与该货物一并归类的包装、包装材料和容器的原产地，以及正常配备的附件、备件、工具及介绍说明性材料的原产地，不影响货物原产地的确定。

第十条 申报享受特别优惠关税待遇的进口货物，应当直接从受惠国运输至我国境内，途中未经过中国和该受惠国以外的其他国家或者地区（以下简称“其他国家或者地区”）。

货物经过其他国家或者地区运输至我国境内，同时符合下列条件的，应当视为直接运输：

（一）经过其他国家或者地区是由于地理原因或者运输需要；

（二）该货物在经过其他国家或者地区时，未做除装卸和为使货物保持良好状态或者运输所必需的处理以外的其他处理；

（三）未进入该国家或者地区进行贸易或者消费。

第十一条 进口货物收货人申报享受特别优惠关税待遇的进口货物的，应当向海关提交以下文件：

（一）出口受惠国原产地证书签发机构签发的，并由该国海关于出口时加盖印章的原产地证书（格式见附件2）；

（二）在出口受惠国签发的联运提单，或者国际联运始发的其他国家或者地区签发的联运提单；

（三）来自出口受惠国的原始商业发票。

经过其他国家或者地区运输的进口货物，还应当提交中国海关认为必要的能证明符合第十条第（二）项规定的有关文件。

第十二条 进口货物收货人向海关提交的原产地证书，应当由受惠国官方机构签发，其有效期为自签发之日起180日。

原产地证书用A4纸印制，所用文字为英文；原产地证书应当由下列颜色的一份正本和三份副本组成：正本为米黄色，副本为浅绿色。副本包括第二副本、第三副本和第四副本，其中第二副本为海关认为必要时核查之用，第三副本应当由出口国发证机构留存，第四副本由出口人留存。进口货物收货人向海关申报时应当提交正本及第二副本。

原产地证书签发机构的名称和地址及签发原产地证书的印章和签章式样应当在中华人民共和国海关总署备案。

第十三条 货物进口报关时，进口货物收货人应当主动向海关申明有关货物享受特别优惠关税，并提交经出口国海关于出口时加盖印章的原产地证书。海关应当根据受惠国备案资料对相关货物的原产地证书予以审核，原产地证书及相关文件验凭有效的，准予进口货物享受特别优惠关税。

第十四条 在对原产地证书内容的真实性产生怀疑时，海关总署或者其授权的机构可以通过中国驻相关受惠国使领馆经济商务参赞处（室）向受惠国海关或者原产地证书发证机构提出核查要求，并要求其在自收到核查要求之日起的90日内予以答复。如果海关未能在上述期限内收到答复，则该货物不得享受特别优惠关税优惠。

在等待受惠国原产地证书核查结果期间，应进口货物收货人要求，海关可以按照该货物适用的最惠国税率收取应缴税款的等值保证金后放行货物，并按规定办理进口手续、进行海关统计。待出口国海关或者原产地证书签发机构核查完毕后，海关应当根据核查结果，立即办理退还保证金手续或者办理保证金转为进口税款手续，海关统计数据应当作相应修改。

进口货物属于国家限制进口的，或者有违法嫌疑的，在原产地证书核查完毕前海关不得放行货物。

第十五条 海关对依照本办法规定获得的商业秘密依法负有保密义务。未经收货人同意，海关不得泄露或者用于其他用途，但是法律、行政法规及相关司法解释另有规定的除外。

第十六条 违反本办法，构成走私或者违反海关监管规定行为的，由海关依照《中华人民共和国海关法》和《中华人民共和国海关行政处罚实施条例》等有关法律、行政法规的规定予以处理；构成犯罪的，依法追究刑事责任。

第十七条 本办法下列用语的含义：

"受惠国"，是指与中国签有特别优惠关税待遇换文的国家或者地区。

"海关估价协定"，是指作为《马拉喀什建立世贸组织协定》一部分的《关于履行1994年关税与贸易总协定第7条的协定》。

"材料"，是指已实际上构成另一货物组成部分或者已用于另一货物生产过程的零件、部件、成分、半组装件等。

"生产"，是指货物获得的方法，包括：种植、饲养、开采、收获、捕捞、诱捕、狩猎、制造、加工或者装配等。

第十八条 本办法由海关总署负责解释。

第十九条 本办法自2006年7月1日起施行。2004年12月30日海关总署令第123号公布的《中华人民共和国海关关于执行〈中华人民共和国给予非洲最不发达国家特别优惠关税待遇的货物原产地规则〉的规定》同时废止。

附件1 受惠国名单

附件2 原产地证书格式

附件1

受惠国名单

苏丹、安哥拉、赤道几内亚、利比里亚、赞比亚、莫桑比克、贝宁、刚果（金）、几内亚、马达加斯加、毛里塔尼亚、坦桑尼亚、乌干达、多哥、卢旺达、埃塞俄比亚、马里、中非、布隆迪、塞拉利昂、吉布提、厄立特里亚、佛得角、尼日尔、莱索托、科摩罗、几内亚比绍、塞内加尔、阿富汗、马尔代夫、也门、萨摩亚、瓦努阿图。

附件2

原产地证书格式

1. Exporter（full name，address and country）	2. CERTIFICATE NO. DATE OF ISSUE （VALID FOR 180 DAYS FROM THE DATE OF ISSUE）
3. Consignee（full name，address and country）	**CERTIFICATE OF ORIGIN** **SPECIAL PREFERENTIAL TARIFF PROGRAM** **Granted by China** （Combined Declaration and Certificate）
4. Manufactory（full name，address and country）	
5. Departure Date	------------------------------------ Issued in （country） See instructions overleaf

6. Vessel/Flight/Train/Vehicle No.	7. Place of Loading	8. For official use only
9. Port of Discharge		

10. Item number	11. Marks & numbers on packages;	12. Container No.; No. and Kind of Packages; Description of goods (including quantity where appropriate and HS Code of China);	13. Gross weight or other quantity (Quantity unit) and value (FOB)	14. Number and date of invoice
		15. Please select the following origin criteria where appropriate: ☐ Wholly Obtained ☐ 4 – digit Tariff Heading Change ☐ Ad Valorem Percentage (40%)		

16. Declaration by the exporter	17. Certification	18. Customs verification
The undersigned hereby declares that the above details and statements are correct, that all the goods were produced in -------------------------------------- (country) and that they comply with the origin requirements specified for these goods under the SPT Program exported to China.	It is hereby certified, on the basis of control carried out, that the declaration by the exporter is correct.	This is to certify that the goods declared for exportation correspond to what is stated under this certificate
-------------------------------------- Place and date, signature of authority signatory	-------------------------------------- Place and date, signature and stamp of certifying authority	-------------------------------------- Place, date, signature and stamp of exporting customs authority.

Instruction for filling in the form

1. The main conditions for admission to preference are that goods exported to the People's Republic of China:

(a) shall fall within a description of goods eligible for preference under the Special Preferential Tariff Program; and

(b) shall comply with the origin criteria specified in the Rules of Origin.

2. If the goods qualify under the origin criteria as stipulated in Rule 4 or Rule 6, the exporter shall indicate in Box 15 of the form.

3. A declaration on the certificate of origin form shall be performed by the exporter of the goods and submitted in duplicate to the certifying authority of country of exportation, which will, if satisfied, certify the original copy of the certificate of origin and return it to the exporter for transmission to the importer in China. The certifying authority will keep the duplicate duly completed and signed by the exporters.

4. Any unused space in the certificate of origin form should be struck through in such a manner as to make any later addition impossible. Any alternation shall be endorsed by certifying authority. The description of goods should be sufficiently detailed to enable the goods to be identified by the customs officer examining them at port of importation.

中文文本仅供参考

<table>
<tr><td colspan="4">1. 出口商（名称、地址及国家）</td><td colspan="3">2. 证书编号
签发日期
（自签发之日起 180 天内有效）</td></tr>
<tr><td colspan="4">3. 收货人（名称、地址及国家）</td><td colspan="3" rowspan="3">中国给予特别优惠关税待遇
原产地证书
（申报与证书合一）

------------------------------签发
（国家）

填制方法见背面说明</td></tr>
<tr><td colspan="4">4. 生产商（名称、地址及国家）</td></tr>
<tr><td colspan="4">5. 离港日期</td></tr>
<tr><td colspan="2">6. 船舶/飞机/火车/货车编号</td><td colspan="2">7. 装货地</td><td colspan="3" rowspan="2">8. 供官方使用</td></tr>
<tr><td colspan="4">9. 卸货口岸</td></tr>
<tr><td>10. 项目编号</td><td>11. 包装唛头及编号</td><td colspan="2">12. 货柜编号；包装件数及种类；货品名称（包括相应数量及中国 HS 编码）</td><td colspan="2">13. 毛重或其他数量（数量单位）及价格（FOB）</td><td>14. 发票编号及日期</td></tr>
<tr><td></td><td></td><td colspan="2">15. 请选择适用的原产地标准：
☐ 完全获得
☐ 4 位数级品目改变
☐ 从价百分比（40%）</td><td colspan="2"></td><td></td></tr>
<tr><td colspan="3">16. 出口商声明
下列签字人声明上述资料及申报正确无讹，所有货物产自

（国家）
且符合出口至中国的特别优惠关税待遇货物所适用的原产地要求。

地点和日期，有权签字人的签字</td><td colspan="2">17. 证明
根据所实施的监管，兹证明出口商所做申报正确无讹。

地点和日期，签字和签证机构印章</td><td colspan="2">18. 海关验核
兹证明申报出口的货物与此证书之描述相符。

地点、时间、签字和出口国海关当局的印章</td></tr>
</table>

表格填制说明

1. 准许享受优惠待遇的主要条件是：出口至中华人民共和国的货物：

1）应在享受特别优惠关税待遇的产品范围之内；以及

2）应符合原产地规则中规定的原产地标准。

2. 如果货物符合规则 4 或规则 6 规定的原产地标准，出口商应在表格栏目 15 中加以注明。

3. 出口商负责对原产地证书上的内容进行申报，并将证书一式两份提交给出口国签证机构。如符合要求，签证机构将在原产地证书的正本上予以签注并将其返还给出口商，以便将正本交给中国的进口商。签证机构应保留由出口商正确填制和签字的副本。

4. 所有未填空白之处应予划去，以防事后填写。任何更正必须由签证机构认可。货品名称必须足够详细，以便在进口口岸验货的海关官员可以借此识别货物。

中华人民共和国海关《中华人民共和国与智利共和国政府自由贸易协定》项下进口货物原产地管理办法

（2006 年 8 月 30 日海关总署令第 151 号公布，自 2006 年 10 月 1 日起施行）

第一条 为了正确确定《中华人民共和国与智利共和国政府自由贸易协定》（以下简称《中智自贸协定》）项下进口货物的原产地，促进我国与智利的经贸往来，根据《中华人民共和国海关法》、《中华人民共和国进出口货物原产地条例》、《中智自贸协定》有关原产地规则及有关法律法规的规定，制定本办法。

第二条 本办法适用于从智利进口的《中智自贸协定》项下货物，但是以加工贸易方式保税进口和内销的货物不适用本办法。

第三条 从智利直接运输进口的货物，符合下列条件之一的，其原产地为智利，适用《中华人民共和国进出口税则》（以下简称《税则》）中的中智自贸协定税率：

（一）在智利完全获得或者生产的；

（二）在智利一方或者中国、智利双方的境内生产，并且全部使用符合本办法规定的原产材料的；

（三）在智利一方或者中国、智利双方的境内生产，使用了非原产材料，并且符合本办法第六条规定的产品特定原产地标准，或者符合本办法第七条规定的区域价值成分标准的。

第四条 本办法第三条所称的“直接运输”是指《中智自贸协定》项下的进口货物从智利直接运输至我国境内，途中未经过中国、智利以外的其他国家或者地区（以下简称“其他国家或者地区”）。

原产于智利的进口货物，经过其他国家或者地区运输至我国境内，同时符合下列条件的，应当视为“直接运输”：

（一）由于地理原因或者运输需要；

（二）该货物在经过其他国家或者地区时，未做除装卸和为使货物保持良好状态或者运输所必须处理以外的其他处理；

（三）未进入该国家或者地区进行贸易或者消费。

不论该货物是否换装运输工具，其进入所经过的其他国家或者地区停留时间最长不得超过 3 个月。

第五条 本办法第三条第（一）项所称“在智利完全获得或者生产”的货物是指：

（一）在智利领土或者海床采掘的矿产品；

（二）在智利收获的植物和植物产品；

（三）在智利出生并饲养的活动物；

（四）由在智利饲养的活动物获得的产品；

（五）在智利狩猎、诱捕或者在内陆水域捕捞所获得的产品；

（六）在智利的领海或者专属经济区捕捞获得的渔产品和其他产品，以及由悬挂智利国旗的船只在智利专属经济区海域捕捞获得的渔产品和其他产品；

（七）悬挂智利国旗的船只在智利专属经济区以外的海域捕捞获得的鱼类和其他产品；

（八）在悬挂智利国旗的加工船上仅由第（六）项和第（七）项的产品加工所得的产品；

（九）在智利收集的仅适于回收原材料的旧物品；

（十）在智利生产加工过程中产生并且仅适于回收原材料的废碎料；

（十一）在智利领海以外，智利独享开发权的海床或者海床底土提取的产品；

（十二）在智利仅由第（一）项至第（十一）项所列产品加工获得的产品。

第六条 从智利进口本办法附件1所列货物，符合“章改变标准”、“4位级税号改变标准”、“区域价值成分不少于50%标准”的，其原产地为智利。

“章改变标准”，是指在智利生产或者加工的货物所使用的非原产材料均为《税则》中该货物所在章之外的任何其他章所列的材料。

“4位级税号改变标准”，是指在智利生产或者加工的货物所使用的非原产材料均为《税则》中该货物所在4位级税号之外的任何其他税号所列的材料。

“区域价值成分不少于50%标准”，是指在智利生产或者加工的货物不仅符合本办法的相关条款规定，而且按照第八条规定计算的区域价值成分不少于50%。

第七条 除适用本办法第五条、第六条的货物外，货物的区域价值成分不得少于40%。

第八条 区域价值成分应当按照下列方法计算：

$$区域价值成分=\frac{货物价格-非原产材料价格}{货物价格}\times 100\%$$

“货物价格”，是指该货物的船上交货价格，无论货物以何种方式运输，该价格为其在最终装运港口或者地点的价格。

“非原产材料的价格”，是指生产商所使用的非原产材料价格，包括其进口成本、运至目的港口或者地点的保险费和运费，不包括在生产过程中为生产原产材料而使用的非原产材料价值。如果非原产材料是由货物生产商在智利境内获得的，则该材料从供应商的仓库运到生产商厂址的过程中所产生的运费、保险费、包装费以及任何其他费用不包括在内。

本条规定中的区域价值成分的计算应符合公认的会计准则及《海关估价协定》。

第九条 原产于中国的货物或者材料，在智利境内用于生产另一货物，并构成另一货物组成部分的，应当视为原产于智利。

第十条 下列微小加工或者处理不影响货物原产地的确定：

（一）为运输或者贮存期间保存货物而作的加工或者处理；

（二）包装的拆解和包裹；

（三）洗涤、清洁、除尘，去除氧化物、油、漆以及其他涂层；

（四）纺织品的熨烫或者压平；

（五）简单的上漆及磨光工序；

（六）谷物及大米的去壳，部分或者完全的漂白、抛光及上光；

（七）食糖上色或者制成糖块的加工或者处理；

（八）水果、坚果及蔬菜的去皮、去核及去壳；

（九）削尖、简单研磨或者简单切割；

（十）过滤、筛选、挑选、分类、分级、匹配，包括成套物品的组合；

（十一）简单的装瓶、装罐、装袋、装箱、装盒，固定于纸板或者木板以及其他任何简单包装的加工或者处理；

（十二）在产品或者其包装上粘贴或者印刷标志、标签及其他类似的用于区别的标记；

（十三）对产品进行的简单混合，无论其是否为不同种类的产品；

（十四）把物品零部件装配成完整品的简单装配或者将产品拆成零部件的简单拆卸；

（十五）仅为方便港口装卸所进行的加工或者处理；

（十六）第（一）项至第（十五）项中的两项或者多项加工或者处理的组合；

（十七）屠宰动物。

第十一条 在适用章改变、4位级税号改变标准确定货物的原产地时，在生产过程中所使用的部分非原产材料虽然未能满足该标准的要求，但是按照本办法第八条确定的价值未超过该货物价值8%的，该货物的原产地仍应当视为智利。

第十二条 属于《税则》归类总规则三所规定的成套货品，其中全部货品均原产于智利的，该成套货品即为原产于智利；其中部分货品非原产于智利，但是按照本办法第八条确定的价值未超过该成套货品价值15%的，该成套货品仍应当视为原产于智利。

第十三条 在确定货物的原产地时，与货物一起申报进口的附件、备件或者工具，同时符合下列条件的，不影响货物原产地的确定：

（一）附件、备件或者工具在《税则》中与货物一并归类并且不单独开具发票；

（二）附件、备件或者工具的配备均在正常数量和价值之内。

第十四条 在确定本办法附件1所列应当适用章改变、4位级税号改变标准的货物原产地时，零售用包装材料和容器与所包装的货物一并归类的，其原产地不影响货物原产地的确定。

在确定适用区域价值成分标准的货物原产地时，其零售用包装材料和容器的价值应当予以计算。

运输期间用于保护货物的包装材料和容器的原产地不影响货物原产地的确定。

第十五条 在确定货物的原产地时，货物生产过程中使用的本身不构成货物的物质成分、也不成为货物组成部件的下列材料，其原产地不影响货物原产地的确定：

（一）燃料、能源、催化剂和溶剂；

（二）用于测试或者检验货物的设备、装置和用品；

（三）手套、眼镜、鞋靴、衣服、安全设备和用品；

（四）工具、模具和模子；

（五）用于维护设备和厂房建筑的备件和材料；

（六）在生产中使用的，或者用于运行设备和厂房建筑的润滑剂、油脂、化合材料和其他材料；

（七）在货物生产过程中使用，虽然不构成该货物组成成分，但能合理地表明其参与了该货物生产过程的其他任何材料。

第十六条 原产于智利的货物，在其他国家或者地区展览并于展览后售往中国，并且同时满足下列条件的，在进口时可以享受《税则》中的中智自贸协定税率：

（一）该货物以送展时的状态已经在展览期间或者预定在展览后立即发运至中国；

（二）该货物送展后，除用于展览会展示外，未作他用；

（三）该货物在展览期间处于展览所在国家或者地区的海关监管之下。

在商店或者商业场所以出售外国产品为目的的展销活动不属于本条规定的展览范围。

第十七条 货物申报进口时，进口货物收货人应当主动向海关提交智利外交部国际经济关系总司签发的原产地证书正本（格式见附件2），并按照海关的申报规定填制“中华人民共和国海关进口货物报关单”（以下简称报关单），申明适用中智自贸协定税率。

进口货物收货人向海关提交的智利原产地证书必须符合本办法附件2所列格式，所用文字应当为英文，并且加盖有“正本（ORIGINAL）”字样的印章。

原产地证书上所列的一项或者多项货物应当为同一批次进口到中国的原产于智利的货物。一份原产地证书应当仅对应一份报关单。

第十八条 进口货物收货人在申明适用中智自贸协定税率时，应当向海关提交以下文件：

（一）货物出口前签发或者出口后30天内签发的原产地证书；

（二）在智利境内签发的提单；

（三）进口货物的原始商业发票。

进口货物的原始商业发票由其他国家或者地区开具的，该货物原产地证书的“备注”栏内应当注明智利生产商的名称、地址。该原产地证书中的收货人应当为中国境内收货人。

货物经过其他国家或者地区运输至我国境内的，进口货物收货人还应当按照海关的要求提交该国家或者地区海关出具的证明文件。货物经过香港或者澳门运输至内地口岸的，应当向海关提交中国检验（香港）有限公司或者澳门中国检验有限公司加注“未再加工证明”的原产地证书。

申报货物为展览货物的，进口收货人应当在提交的原产地证书上注明展览的名称及地点，并且同时向海关提交与展览相关的证明文件。

第十九条 原产地证书自签发之日起一年内有效。进口货物收货人应当向海关提交在有效期内的原产地证书。

第二十条 货物申报进口时，进口货物收货人虽然申明适用中智自贸协定税率，但是未能提供本办法规定的原产地证书以及相关文件或者提供的原产地证书以及相关文件不符合本办法规定的，海关应当按照规定收取保证金后放行货物，并按规定办理进口手续、进行海关统计。海关可以应进口货物收货人的申请在保证金收取的期限内，根据进口货物收货人提供的下列材料退还保证金：

（一）原产地申报为智利的报关单；

（二）符合本办法第十七条规定的原产地证书；

（三）海关要求提供的与货物进口相关的其他文件。

在保证金收取的期限内，进口货物收货人未能提供上述材料的，海关应当立即办理保证金转为进口税款手续。

货物申报进口时，进口货物收货人未申明适用中智自贸协定税率的，海关不得按照该协定税率计征税款。

第二十一条 原产于智利的货物，价格不超过600美元的，免予提交原产地证书。

属于为规避本办法第十七条而实施或者安排的一次或者多次进口货物的，不适用前款规定。

第二十二条 海关对智利原产地证书的真实性和相关货物是否原产于智利产生怀疑时，可以向智利有关部门提出原产地核查请求。

在核查期间，海关可以按照该货物适用的其他种类税率征收相当于应缴税款的等值保证金后放行货物，并按规定办理进口手续、进行海关统计。核查结束后，海关应当根据核查结果，立即办理退还保证金手续或者办理保证金转为进口税款手续。

在提出核查请求之日起6个月内，海关未收到智利有关部门核查结果，或者核查结果未包含足以确定原产地证书真实性或者货物真实原产地信息的，有关货物不享受关税优惠待遇，海关应当立即办理保证金转为进口税款手续。海关统计数据同时作相应修改。

进口货物属于国家限制进口的，或者有违法嫌疑的，在原产地证书核查完毕前海关不得放行货物。

第二十三条 海关对依照本办法规定获得的商业秘密依法负有保密义务。未经收货人同意，海关不得泄露或者用于其他用途，但是法律、行政法规及相关司法解释另有规定的除外。

第二十四条 违反本办法，构成走私或者违反海关监管规定行为的，由海关依照《中华人民共和国海关法》和《中华人民共和国海关行政处罚实施条例》的有关规定予以处理；构成犯罪的，依法追究刑事责任。

第二十五条 本办法下列用语的含义：

“海关估价协定”，是指作为《马拉喀什建立世贸组织协定》一部分的《关于履行1994年关税与贸易总协定第7条的协定》。

“材料”，是指已实际上构成另一货物组成部分或者已用于另一货物生产过程的零件、部件、成分、半组装件等。

“非原产材料”，是指按照本办法规定，原产地不能确定为中国或者智利的材料或者货物。

“生产”，是指货物获得的方法，包括：种植、饲养、开采、收获、捕捞、诱捕、狩猎、制造、加工或者装配等。

第二十六条 本办法由海关总署负责解释。

第二十七条 本办法自2006年10月1日起施行。

附件1 产品特定原产地标准

附件2 原产地证书格式

附件1

产品特定原产地标准

一、章改变标准的适用范围

《中华人民共和国进出口税则》第1－16章和第22章。

二、4位级税号改变标准的适用范围

《中华人民共和国进出口税则》第17－19章。

三、区域价值成分不少于50%标准的适用范围

《中华人民共和国进出口税则》中下列章、4位或者6位级税号。

第20章	29.16	39.09	第44章	70.08	84.31
第21章	29.17	39.10	第48章	70.09	84.50
第23章	29.18	39.11	第49章	70.10	84.51
第24章	29.21	39.12	第51章	70.11	84.74
第25章	29.30	39.13	52.04	70.13	84.81
第26章	29.33	39.14	52.05	72.08	85.09
28.01	29.36	39.15	52.06	72.09	85.16

28. 04	29. 37	39. 16	52. 07	72. 10	85. 44
28. 06	29. 41	39. 17	52. 08	72. 13	87. 02
28. 08	29. 42	3920. 10	52. 09	72. 14	87. 04
28. 09	30. 02	3920. 20	52. 10	72. 16	87. 07
28. 10	30. 03	3920. 43	52. 11	72. 17	87. 08
28. 11	30. 04	3920. 59	52. 12	72. 28	87. 12
28. 12	30. 05	3920. 92	53. 01	72. 29	89. 01
28. 15	30. 06	3921. 12	53. 06	73. 06	89. 02
28. 17	31. 02	3921. 13	53. 09	73. 12	89. 04
28. 18	31. 03	3921. 90	53. 11	73. 13	92. 01
28. 19	31. 04	39. 22	第 54 章	73. 14	92. 02
28. 20	31. 05	3923. 21	第 55 章	73. 17	92. 04
28. 21	第 32 章	3923. 29	第 56 章	73. 18	92. 07
28. 22	33. 02	3923. 30	第 57 章	73. 20	第 93 章
28. 25	33. 03	40. 06	第 58 章	73. 21	第 94 章
28. 26	33. 04	40. 07	第 59 章	74. 08	95. 01
28. 27	33. 05	40. 08	第 60 章	74. 09	95. 02
28. 28	33. 06	4009. 11	第 61 章	74. 12	95. 03
28. 29	33. 07	4009. 12	第 62 章	74. 13	95. 06
28. 30	第 34 章	4009. 22	第 63 章	74. 15	
28. 33	第 35 章	4010. 11	第 64 章	74. 19	
28. 34	36. 01	4010. 12	69. 05	76. 04	
28. 35	36. 02	4010. 13	69. 07	76. 08	
28. 36	36. 03	4010. 19	69. 08	76. 10	
28. 39	36. 05	4010. 31	69. 09	83. 02	
28. 40	39. 01	4010. 32	69. 10	83. 08	
28. 41	39. 02	4011. 10	69. 11	83. 11	
28. 47	39. 03	4011. 99	69. 12	84. 18	
28. 48	39. 04	40. 12	69. 13	84. 19	
29. 01	39. 05	4013. 10	69. 14	84. 21	
29. 05	39. 06	40. 15	70. 05	84. 24	
29. 08	39. 07	4016. 93	70. 06	84. 26	
29. 15	39. 08	4016. 95	70. 07	84. 29	

附件 2

原产地证书格式

1. Exporter's name, address, country:	Certificate No.: CERTIFICATE OF ORIGIN Form F for China—Chile FTA Issued in ______ (see Instruction overleaf)
2. Producer's name and address, if known:	
3. Consignee's name, address, country:	
4. Means of transport and route (as far as known) Departure Date Vessel /Flight/Train/Vehicle No. Port of loading Port of discharge	5. For Official Use Only ☐ Preferential Tariff Treatment Given Under ________ ☐ Preferential Treatment Not Given (Please state reasons) ______________________________ Signature of Authorized Signatory of the Importing Country 6. Remarks

7. Item number (Max 20)	8. Marks and numbers on packages	9. Number and kind of packages; description of goods	10. HS code (Six digit code)	11. Origin criterion	12. Gross weight, quantity (Quantity Unit) or other measures (liters, m3, etc)	13. Number, date of invoice and invoiced value

14. Declaration by the exporter The undersigned hereby declares that the above details and statement are correct, that all the goods were produced in ______________ (Country) and that they comply with the origin requirements specified in the FTA for the goods exported to ______________ (Importing country) __________ Place and date, signature of authorized signatory	15. Certification It is hereby certified, on the basis of control carried out, that the declaration of the exporter is correct. Place and date*, signature and stamp of certifying authority Certifying authority Tel: Fax: Address:

* A Certificate of Origin under China—Chile Free Trade Agreement shall be valid for one year from the date of issue in the exporting country.

Overleaf Instruction

Box 1：State the full legal name，address（including country）of the exporter.

Box 2：State the full legal name，address（including country）of the producer. If more than one producer's good is included in the certificate，list the additional producers，including name，address（including country）. If the exporter or the producer wishes the information to be confidential，it is acceptable to state "Available to the competent governmental authority upon request". If the producer and the exporter are the same，please complete field with "SAME". If the producer is unknown，it is acceptable to state "UNKNOWN".

Box 3：State the full legal name，address（including country）of the consignee.

Box 4：Complete the means of transport and route and specify the departure date，transport vehicle No.，port of loading and discharge.

Box 5：The customs authorities of the importing country must indicate（√）in the relevant boxes whether or not preferential tariff treatment is accorded.

Box 6：Customer's Order Number，Letter of Credit Number，and etc. may be included if required. If the invoice is issued by a non－Party operator，the name，address of the producer in the originating Party shall be stated herein.

Box 7：State the item number，and item number should not exceed 20.

Box 8：State the shipping marks and numbers on the packages.

Box 9：Number and kind of package shall be specified. Provide a full description of each good. The description should be sufficiently detailed to enable the products to be identified by the Customs Officers examining them and relate it to the invoice description and to the HS description of the good. If goods are not packed，state "in bulk". When the description of the goods is finished，add " * * * "（three stars）or " \ "（finishing slash）.

Box 10：For each good described in Box 9，identify the HS tariff classification to six digits.

Box 11：If the goods qualify under the Rules of Origin，the exporter must indicate in Box 11 of this form the origin criteria on the basis of which he claims that his goods qualify for preferential tariff treatment，in the manner shown in the following table：

The origin criteria on the basis of which the exporter claims that his goods qualify for preferential tariff treatment	Insert in Box 11
Goods wholly obtained	P
General rule as ≥ 40% regional value content	RVC
Products specific rules	PSR

Box 12：Gross weight in Kilos should be shown here. Other units of measurement e. g. volume or number of items which would indicate exact quantities may be used when customary.

Box 13：Invoice number，date of invoices and invoiced value should be shown here.

Box 14：The field must be completed，signed and dated by the exporter. Insert the place，date of signature.

Box 15：The field must be completed，signed，dated and stamped by the authorized person of the certifying authority. The telephone number，fax and address of the certifying authority shall be given

中文文本仅供参考

正本

<table>
<tr><td colspan="3">1. 出口商名称、地址、国家：</td><td colspan="4" rowspan="3">证书号：
原产地证书
中国—智利自贸区 FORM F
签发国______
（填制方法详见证书背面注释）</td></tr>
<tr><td colspan="3">2. 生产商的名称、地址，在已知情况下</td></tr>
<tr><td colspan="3">3. 收货人的名称、地址、国家</td></tr>
<tr><td colspan="3" rowspan="2">4. 运输方式及路线（就所知而言）
离港日期
船只/飞机/火车/货车编号
装货口岸
到货口岸</td><td colspan="4">5. 官方使用
☐ 可享受________自贸区优惠待遇
☐ 不能享受________自贸区优惠待遇
理由：................................
进口国官方机构的授权人手签</td></tr>
<tr><td colspan="4">6. 备注：</td></tr>
<tr><td>7. 项目号（最多20项）</td><td>8. 唛头及包装号</td><td>9. 包装数量及种类，商品名称</td><td>10. HS 编码（以六位编码为准）</td><td>11. 原产地标准</td><td>12. 毛重、数量（数量单位）或其它计量单位（升、立方米等）</td><td>13. 发票号、发票日期及发票价格</td></tr>
<tr><td></td><td></td><td></td><td></td><td></td><td></td><td></td></tr>
<tr><td colspan="3">14. 出口商申明
下列签字人证明上述资料及申明正确无误，所有货物产自
__________________（国家）
且符合自贸区原产地规则的相关规定，该货物出口至
__________________（进口国）
__________________申报地点、日期及授权签字人的手签</td><td colspan="4">15. 证明
根据所实施的监管，兹证明上述出口商的申报正确。
地点、日期*、签字及签证机构印章
签证机构
电话　　　　　　　　传真
地址</td></tr>
</table>

中国—智利自贸区协定项下的原产地证书应在自出口方签发之日起 1 年内有效。

背面说明

第 1 栏：应填写出口商详细的依法登记的名称、地址（包括国家）。

第 2 栏：在已知的情况下填写生产商详细的依法登记的名称、地址（包括国家）。如果证书包含一个以上生产商的商品，应该列出其他生产商的详细名称、地址（包括国家）。如果出口商或生产商希望对信息予以保密，可以填写“应要求提供给签证机构（Available to competent governmental authority upon request）”。如果生产商和出口商相同，应填写“相同（SAME）”。如果不知道生产商，可填写“不知道（UNKNOWN）”。

第 3 栏：应填写收货人详细的依法登记的名称、地址（包括国家）。

第 4 栏：应据所知填写运输方式及路线、详细说明离港日期、运输交通工具的编号、装货口岸和到货口岸。

第 5 栏：不论是否给予优惠待遇，进口方海关必须在相应栏目标注（√）。

第 6 栏：如有要求可以填写顾客顺序号、信用证号等。如果发票是由非缔约方开出的，应在此栏标注原产国生产商的名称、地址和国家。

第 7 栏：应填写项目号，但不得超过 20 项。

第 8 栏：应填写唛头及包装号。

第 9 栏：应详细列明包装数量及种类。对每种货物提供详细的货物描述，以便于查验的海关关员可以识别。货物描述应与发票描述及货物的协调制度编码相符。如果是散装货，应注明“散装”。当货物描述结束时，加上“＊＊＊”（三颗星）或“\”（结束斜线符号）。

第 10 栏：应对应第 9 栏中的每种货物填写协调制度编码，以 6 位编码为准。

第 11 栏：若货物符合原产地规则，出口商必须按照下列表格中规定的格式，在本证书第 11 栏中标明其货物申报享受优惠待遇所根据的原产地标准。

出口商申报其货物享受优惠待遇所根据的原产地标准	填入第 11 栏
（1）在出口方完全获得的产品	“P”
（2）符合基本标准，即区域价值成分大于等于 40% 的产品	“RVC”
（3）符合产品特定原产地规则的产品	“PSR”

第 12 栏：毛重应填写“千克”，可依照惯例，使用其他计量单位例如体积、数量等来精确地反映量。

第 13 栏：应填写发票号、发票日期及发票价。

第 14 栏：本栏必须由出口商填写、签名并填写日期。且应该填写签名的地点及日期。

第 15 栏：本栏必须由签证机构的授权人员填制、签名、填写签证日期并盖章，并应提供签证机构的电话号码，传真及地址。

中华人民共和国海关《中华人民共和国政府和新西兰政府自由贸易协定》项下进出口货物原产地管理办法

第一条 为了正确确定《中华人民共和国政府和新西兰政府自由贸易协定》(以下简称《中新自贸协定》)项下进出口货物原产地，促进我国与新西兰的经贸往来，根据《中华人民共和国海关法》(以下简称《海关法》)、《中华人民共和国进出口货物原产地条例》、《中新自贸协定》的规定，制定本办法。

第二条 本办法适用于我国与新西兰之间的《中新自贸协定》项下进出口货物的原产地管理，但是以加工贸易方式保税进口和内销的货物不适用本办法。

第三条 从新西兰直接运输进口的货物，符合下列条件之一的，其原产国为新西兰，适用《中华人民共和国进出口税则》(以下简称《税则》)中的《中新自贸协定》协定税率：

(一)在新西兰完全获得或者生产的；

(二)在新西兰一方或者中国、新西兰双方境内生产，并且全部使用符合本办法规定的原产材料的；

(三)新西兰非完全获得或者生产，但符合《中新自贸协定》项下产品特定原产地规则(见附件1)规定的税则归类改变、区域价值成分、工序等要求的。

附件1所列《中新自贸协定》项下产品特定原产地规则发生变化时，由海关总署另行公告。

第四条 本办法第三条第(一)项所述“在新西兰完全获得或者生产”的货物是指：

(一)在新西兰境内收获、采摘或者采集的植物产品；

(二)在新西兰境内出生并饲养的活动物；

(三)从新西兰境内饲养的活动物获得的货物；

(四)在新西兰境内狩猎、诱捕、捕捞、耕种、采集或者捕获获得的货物；

(五)从新西兰领土、领水、海床或者海床底土提取或者得到的，未包括在上述第(一)项至第(四)项的矿物质及其他天然生成物质；

(六)新西兰的自然人或者法人从其领水以外的水域、海床或者海床底土提取或者得到的货物，提取或者得到该货物的水域、海床或者海床底土应当是新西兰根据符合其缔结的相关国际协定可适用的国内法，有权开发的水域、海床或者海床底土；

(七)在新西兰注册或者登记，并悬挂或者有权悬挂其国旗的船只，在新西兰根据符合其缔结的相关国际协定可适用的国内法确定的领水、领海外的专属经济区或者公海得到的货物(鱼类、甲壳类动物、植物及其他海洋生物)；

(八)在新西兰注册或者登记，并悬挂或者有权悬挂其国旗的加工船上，完全用上述第(七)项所述货物加工或者制造的货物；

(九)在新西兰境内加工过程中产生的，仅适用于原材料回收的废碎料，或者在新西兰境内收集的仅适用于原材料回收的旧货；

(十)在新西兰境内完全从上述第(一)项至第(九)项所指货物获得或者生产的货物。

第五条 在新西兰境内，使用非新西兰原产材料生产的货物，其非原产材料符合《中新自贸协定》项下产品特定原产地规则中该货物所对应的税则归类改变标准的，应当视为原产于新西兰的货物。

第六条 在新西兰境内，使用非新西兰原产材料生产的货物，符合《中新自贸协定》项下产品特定原产地规则中该货物所对应的区域价值成分的，应当视为原产于新西兰的货物。

本条第一款中的区域价值成分应当按照下列方法计算：

$$\text{区域价值成分}=\frac{\text{货物船上交货价格(FOB)}-\text{非原产材料价格}}{\text{货物船上交货价格(FOB)}}\times 100\%$$

其中，“非原产材料价格”，是指非新西兰原产材料的进口成本、运至目的港口或者地点的运费和保险费(CIF)。原产地不明的材料按照最早可以确定的在新西兰境内为该材料实付或者应付的价格，计入非原产材料价格；该原产地不明材料由货物生产商在新西兰境内获得时，从供应商仓库运抵生产商所在地的运费、保费、包装费及任何其他费用均不计入非原产材料价格。

本条规定中货物船上交货价格和非原产材料价格的计算应当符合《海关估价协定》。

第七条 原产于中国的货物或者材料在新西兰境内被用于生产另一货物，并构成另一货物的组成部分的，该货物或者材料应当视为原产于新西兰境内。

第八条 适用《中新自贸协定》项下产品特定原产地规则税则归类改变标准确定原产地的货物，其生产过程中所使用的部分非新西兰原产材料未能满足该税则归类改变标准，但是这部分非新西兰原产材料按照第六条确定的价格未超过该货物船上交货价格10%的，该货物的原产地应当为新西兰。

第九条 下列微小加工或者处理不影响货物原产地确定：

（一）为确保货物在运输或者贮存期间保持良好状态而进行的操作，如干燥、冷冻、通风、冷却及类似操作；

（二）包括过滤、挑选、分级、筛选、分类、洗涤、切割、纵切、弯曲、卷绕或者展开在内的简单操作；

（三）托运货物的拆解和组装；

（四）包装、拆包或者重新打包的操作；

（五）简单的装瓶、装罐、入瓶、入袋、进箱、装盒以及固定于硬纸板或者木板上等简单包装操作；

（六）在产品或者其包装上粘贴或者印刷标志、标签、标识及其他类似的区别标记；

（七）仅用水或者其他物质稀释，未实质改变货物的性质；

（八）除大米外的谷物去壳、部分或者全部漂白、磨光及上光；

（九）食糖上色或者形成糖块的操作。

第十条 运输期间用于保护货物的包装材料及容器不影响货物原产地的确定。

适用《中新自贸协定》项下产品特定原产地规则中税则归类改变标准确定原产地的货物，其零售用包装材料及容器与该货物在《税则》中一并归类的，该零售用包装材料及容器的原产地不影响货物原产地的确定。

适用《中新自贸协定》项下产品特定原产地规则中区域价值成分标准确定原产地的货物，其零售用包装材料和容器的价格应当作为原产材料或者非原产地材料予以计算。

第十一条 适用《中新自贸协定》项下产品特定原产地规则中税则归类改变标准确定原产地的货物，与该货物一起申报进出口的附件、备件、工具、说明书或者其他信息材料，在《税则》中与该货物一并归类，并且不单独开具发票的，其原产地不影响货物原产地的确定。

适用《中新自贸协定》项下产品特定原产地规则中区域价值成分标准确定原产地的货物，与该货物一起申报进出口的附件、备件、工具、说明书或者其他信息材料在正常数量和价格之内的，该附件、备件、工具、说明书或者其他信息材料的价格应当作为原产材料或者非原产地材料予以计算。

第十二条 在确定货物的原产地时，货物生产、测试或者检验过程中使用，本身不构成该货物物质成分的下列材料或者货品，其原产地不影响货物原产地的确定：

（一）燃料、能源、催化剂及溶剂；

（二）用于测试或者检验货物的设备、装置及用品；

（三）手套、眼镜、鞋靴、衣服、安全设备及用品；

（四）工具、模具及型模；

（五）用于维护设备和建筑的备件及材料；

（六）在生产中使用或者用于运行设备和维护厂房建筑的润滑剂、油（滑）脂、合成材料及其他材料；

（七）在货物生产过程中使用，未构成该货物物质成分，但能够合理表明其参与了该货物生产过程的任何其他货物。

第十三条 在确定货物原产地时，对性质相同，为商业目的可互换的货物或者材料，仅靠视觉观察无法加以区分的，应当通过下列方法加以区分：

（一）货物的物理分离；

（二）出口方公认会计原则承认的库存管理方法。

第十四条 本办法第三条所称的“直接运输”是指《中新自贸协定》项下进口货物从新西兰直接运输至我国境内，途中未经过中国、新西兰以外的其他国家或者地区（以下简称“其他国家或者地区”）。

原产于新西兰的货物，经过其他国家或者地区运输至我国，不论在运输中是否转换运输工具或者作临时储存，同时符合下列条件的，应当视为“直接运输”：

（一）未进入这些国家或者地区进行贸易或者消费；

（二）该货物在经过其他国家或者地区时，未做除装卸或者其他为使货物保持良好状态所必需处理以外的其他处理。

本条第二款规定情况下，相关货物进入其他国家或者地区停留时间最长不得超过6个月。

第十五条 货物申报进口时，进口货物收货人应当按照海关的申报规定填制“中华人民共和国海关进口货物报关单”（以下简称进口报关单），申明适用《中新自贸协定》协定税率，并同时提交下列单证：

（一）由新西兰授权机构签发的有效原产地证书正本（格式见附件2）。

符合本办法第十七条所列情形的，进口货物收货人应当向海关提交原产地声明（格式见附件3）。

原产地申报为新西兰的进口货物，收货人或者其代理人未提交原产地证书、原产地声明的，应当就该进口货物是否具备新西兰原产资格向海关进行补充申报（格式见附件4）。

（二）货物的商业发票正本、装箱单及其相关运输单证。

货物经过其他国家或者地区运输至我国境内的，应当提交在新西兰境内签发的联运提单、货物的商业发票正本以及其他国家或者地区海关出具的证明文件，或者其他证明符合本办法第十四条第二款、第三款规定的相关文件。

货物申报进口时，进口货物收货人未提交新西兰授权机构签发的原产地证书正本、原产地声明或者其他原产地证明文件，也未就该进口货物是否具备新西兰原产资格向海关进行补充申报的，其申报进口的货物不适用《中新自贸协定》协定税率，海关应当依法选择按照该货物适用的最惠国税率、普通税率或者其他税率计征关税及进口环节海关代征税，或者收取相当于应缴税款的等值保证金。

第十六条 同时具备下列条件的，进口货物收货人或者其代理人可以自缴纳税款或者保证金之日起1年内，向海关申请退还已缴纳的关税及进口环节海关代征税或者等值保证金：

（一）进口时已就进口货物具备新西兰原产资格向海关进行补充申报，申明适用《中新自贸协定》协定税率；

（二）提交有效原产地证书、原产地声明、其他原产地证明文件及海关要求提供的与货物进口相关的其他文件。

进口货物收货人或者其代理人未在缴纳保证金之日起1年内提出退还保证金申请的，海关应当立即办理保证金转为进口税款手续。

本办法实施之日起1年内，进口货物收货人或者其代理人未在进口时就进口货物具备新西兰原产资格向海关进行补充申报的，也可以向海关提交有效原产地证书、原产地声明、其他原产地证明文件及海关要求提供的与货物进口相关的其他文件，申请退还已缴纳的关税及进口环节海关代征税或者等值保证金。

第十七条 符合下列条件之一的，进口货物收货人或者其代理人可以向海关提交原产地声明：

（一）经海关依法审定的货物完税价格总值不超过1000美元的；

（二）海关已经依法就相同货物作出原产地行政裁定，确认货物原产地为新西兰，该行政裁定尚未失效或者被撤销的。

第十八条 出口货物申报时，出口货物发货人应当按照海关的申报规定填制《中华人民共和国海关出口货物报关单》，并向海关提交《中新自贸协定》项下原产地证书电子格式，不能提交电子格式的，出口货物发货人应向海关提交原产地证书正本的复印件。

第十九条 具有下列情形之一的，该进口货物不适用《中新自贸协定》协定税率：

（一）进口货物的原产地不符合本办法第三条至第十四条规定的；

（二）进口货物收货人或者其代理人提交的原产地证书或者原产地声明未正确填写，或者原产地证书所用的安全特征与海关备案资料不一致的；

（三）原产地证书所列内容与其他申报单证不符的；

（四）原产地证书所列货品名称、数量及重量、包装唛头及号码、包装件数及种类与进口货物不相符的；

（五）自提出原产地核查请求之日起6个月内，海关没有收到进口商、制造商或者生产商提交的符合第二十六条第一款第（一）项、第（二）项规定信息的，或者新西兰海关答复结果未包含足以确定原产地证书真实性或者货物真实原产地信息的；

（六）新西兰未将相关授权机构的名称、授权机构使用的相关表格和文件所用的安全特征或者上述信息的任何变化通知中国海关的；

（七）进口货物收货人或者其代理人提交原产地证明有规避本办法有关原产地证书管理规定嫌疑的。

海关认定进口货物不适用《中新自贸协定》协定税率的，应当向进口货物收货人或者其代理人出具“进口货物不予适用协定税率告知书”（见附件5）。

第二十条 《中新自贸协定》项下进出口货物及其包装上标有原产地标记的，其原产地标记应当与依照本办法确定的货物原产地相一致。

第二十一条 进口货物收货人或者其代理人向海关提交的原产地证书应当同时符合下列条件：

（一）由新西兰授权机构签发，并加盖“正本”字样印章；

（二）符合本办法附件2所列格式，并以英文填制；

（三）含有包括新西兰通知中国海关的印章样本等内容的安全特征；

（四）具有不重复的原产地证书编号；

（五）所列的一项或者多项货物应当为同一批次的进口货物，并且仅对应一份进口报关单；

（六）注明确定货物具有原产资格的依据。

第二十二条 原产地证书被盗、遗失或者损毁，并且未经使用的，进口货物收货人或者其代理人可以要求进口货物的出口商或者制造商向原签证机构书面申请在原证书正本有效期内签发经核准的原产地证书副本。该副本应当注明“原产地证书正本（编号____日期____）经核准的真实副本”字样。经核准的原产地证书副本向海关提交后，原产地证书正本失效。

原产地证书正本已经使用的，经核准的原产地证书副本无效。

第二十三条 进口货物收货人或者其代理人向海关提交的原产地声明应当同时符合下列条件：

（一）由货物的制造商、生产商、供应商、出口商作出；

（二）符合本办法附件3所列格式，并以英文填制；

（三）在其有效期内；

（四）所列的一项或者多项货物应当为同一批次的进口货物，并且仅对应一份进口报关单。

第二十四条 原产地证书及原产地声明自签发之日起1年内有效。

第二十五条 原产地证书、原产地声明或者其他原产地证明文件不得涂改或者叠印。任何更正必须先将错误信息划去，然后做必要的增补，更正内容应当由更正人员加以签注。

原产地证书、原产地声明或者其他原产地证明文件未填写的空白处应予划去，以防发证后添加内容。

第二十六条 海关对《中新自贸协定》项下原产地证书的真实性，相关进口货物是否原产于新西兰，或者是否符合本办法其他规定产生怀疑时，可以通过以下方式进行核实：

（一）书面要求进口货物的收货人或者其代理人提供补充信息；

（二）书面要求新西兰境内的出口商或者生产商提供补充信息；

（三）要求新西兰海关对货物原产地进行核查；

（四）与新西兰海关商定的其他程序。

第二十七条 进出口货物收发货人可以依照《中华人民共和国海关行政裁定管理暂行办法》的规定，向海关申请《中新自贸协定》项下进出口货物原产地行政裁定。

《中新自贸协定》项下进口货物新西兰境内出口商以及与该进口货物有利害关系的其他主体也可以按照《中华人民共和国海关行政裁定管理暂行办法》规定的程序，向海关申请《中新自贸协定》项下进出口货物原产地行政裁定。

与该进口货物有利害关系的其他主体应当在向海关申请原产地行政裁定的同时，提交足以证明利害关系存在的证明材料，供海关审查。

《中新自贸协定》项下进出口货物原产地行政裁定应当自受理申请之日起90日内做出。

第二十八条 海关对依照本办法规定获得的商业秘密依法负有保密义务。未经进出口货物收发货人同意，海关不得泄露或者用于其他用途，但是法律、行政法规及相关司法解释另有规定的除外。

第二十九条 违反本办法，构成走私行为、违反海关监管规定行为或者其他违反《海关法》行为的，由海关依照《海关法》和《中华人民共和国海关行政处罚实施条例》的有关规定予以处理；构成犯罪的，依法追究刑事责任。

第三十条 本办法下列用语的含义：

“材料”，是指在生产或者转变为另一货物的过程中所使用的任何物体或者物质，包括零件或者成分；

“非原产材料”，是指用于货物生产中的非新西兰原产的材料，以及不明原产地的材料；

“生产”，是指获得货物的方法，包括货物的种植、饲养、开采、收获、捕捞、耕种、诱捕、狩猎、捕获、采集、收集、养殖、提取、制造、加工或者装配；

“简单”，是指不需要专门技能，也不需要专门生产或者安装专用机器、仪器或者设备，进行的加工或者处理；

“海关估价协定”，是指作为《马拉喀什建立世贸组织协定》一部分的《关于实施1994年关税与贸易总协定第7条的协定》；

"公认会计原则"，是指有关记录收入、支出、成本、资产及负债、信息披露以及编制财务报表的会计原则，既包括普遍适用的广泛性指导原则，也包括详细的标准、惯例及程序；

"其他原产地证明文件"，是指能充分证明货物原产地的其他文件。

第三十一条 本办法由海关总署负责解释。

第三十二条 本办法自2008年10月1日起施行。

附件1 产品特定原产地规则

附件2 原产地证书

附件3 原产地声明

附件4 《中华人民共和国政府和新西兰政府自由贸易协定》项下进口货物申明

附件5 进口货物不予适用协定税率告知书

附件1

产品特定原产地规则

说　明

一、适用于某一特定品目（4位税目）或子目（6位税目）的特定规则或特定的系列规则紧接于该品目或子目之后。

二、下列定义适用于本附件：

（一）本附件所列产品特定规则以协调制度为基础制定，包括其总规则、类注和章注；

（二）类是指协调制度的类；

（三）章是指协调制度的章；

（四）品目是指协调制度中税则分类号的前4位码；

（五）子目指协调制度中税则分类号的前6位码。

产品特定原产地规则

税号		品名	产品特定规则
第一章		**活动物**	
0101		马、驴、骡	如果动物在成员方境内出生并饲养，可赋予原产地。
0102		牛	如果动物在成员方境内出生并饲养，可赋予原产地。
0103		猪	如果动物在成员方境内出生并饲养，可赋予原产地。
0104		绵羊、山羊	如果动物在成员方境内出生并饲养，可赋予原产地。
0105		家禽，即鸡、鸭、鹅、火鸡及珍珠鸡	如果动物在成员方境内出生并饲养，可赋予原产地。
0106		其他活动物	如果动物在成员方境内出生并饲养，可赋予原产地。
第二章		**肉及食用杂碎**	

税号		品名	产品特定规则
			章注： 屠宰不赋予品目 0201、0202、0204 及 0210 产品原产地。
0201		鲜、冷牛肉	从任何其他章改变到品目 0201
0202		冻牛肉	从任何其他章改变到品目 0202
0203		鲜、冷、冻猪肉	从任何其他章改变到品目 0203
0204		鲜、冷、冻绵羊肉或山羊肉	从任何其他章改变到品目 0204
0205		鲜、冷、冻马、驴、骡肉	从任何其他章改变到品目 0205
0206		鲜、冷、冻牛、猪、绵羊、山羊、马、驴、骡食用杂碎	从任何其他章改变到品目 0206
0207		品目 0105 所列家禽的鲜、冷、冻肉及食用杂碎	从任何其他章改变到品目 0207
0208		其他鲜、冷、冻肉及食用杂碎	从任何其他章改变到品目 0208
0209		未炼制或用其他方法提取的不带瘦肉的肥猪肉、猪脂肪及家禽脂肪，鲜、冷、冻、干、熏、盐腌或盐渍的	从任何其他章改变到品目 0209
0210		肉及食用杂碎，干、熏、盐腌或盐渍的；可供食用的肉或杂碎的细粉、粗粉	从任何其他章改变到品目 0210
第三章		**鱼、甲壳动物、软体动物及其他水生无脊椎动物**	
0301		活鱼	从任何其他章改变到品目 0301
0302		鲜、冷鱼，但品目 0304 的鱼片及其他鱼肉除外	从任何其他章改变到品目 0302
0303		冻鱼，但品目 0304 的鱼片及其他鱼肉除外	从任何其他章改变到品目 0303
0304		鲜、冷、冻鱼片及其他鱼肉（不论是否绞碎）	从任何其他品目改变到品目 0304
0305		干、盐腌或盐渍的鱼；熏鱼，不论在熏制前或熏制过程中是否烹煮；适合供人食用的鱼的细粉、粗粉及团粒	从任何其他品目改变到品目 0305
0306		带壳或去壳的甲壳动物，活、鲜、冷、冻、干、盐腌或盐渍的；蒸过或用水煮过的带壳甲壳动物，不论是否冷、冻、干、盐腌或盐渍的；适合供人食用的甲壳动物的细粉、粗粉及团粒	从任何其他章改变到品目 0306
0307		带壳或去壳的软体动物，活、鲜、冷、冻、干、盐腌或盐渍的；不属于甲壳动物和软体动物的水生无脊椎动物，活、鲜、冷、冻、干、盐腌或盐渍的；适合供人食用的水生无脊椎动物（甲壳动物除外）的细粉、粗粉及团粒	从任何其他章改变到品目 0307
第四章		**乳品；蛋品；天然蜂蜜；其他食用动物产品**	
0401		未浓缩及未加糖或其他甜物质的乳及奶油	从任何其他章改变到品目 0401
0402		浓缩、加糖或其他甜物质的乳及奶油	从任何其他章改变到品目 0402
0403		酪乳、结块的乳及奶油、酸乳、酸乳酒及其他发酵或酸化的乳和奶油，不论是否浓缩、加糖、加其他甜物质、加香料、加水果、加坚果或加可可	从任何其他章改变到品目 0403

税号		品名	产品特定规则
0404		乳清，不论是否浓缩、加糖或其他甜物质；其他品目未列名的含天然乳的产品，不论是否加糖或其他甜物质	从任何其他章改变到品目0404
0405		黄油及其他从乳提取的脂和油；乳酱	从任何其他章改变到品目0405
0406		乳酪及凝乳	从任何其他章改变到品目0406
0407		带壳禽蛋，鲜、腌制或煮过的	从任何其他章改变到品目0407
0408		去壳禽蛋及蛋黄，鲜、干、冻、蒸过或水煮、制成型或用其他方法保藏的，不论是否加糖或其他甜物质	从任何其他章改变到品目0408
0409		天然蜂蜜	从任何其他章改变到品目0409
0410		其他品目未列名的食用动物产品	从任何其他章改变到品目0410
第五章		**其他动物产品**	
0501		未经加工的人发，不论是否洗涤；废人发	从任何其他章改变到品目0501
0502		猪鬃、猪毛；獾毛及其他制刷用兽毛；上述鬃毛的废料	从任何其他章改变到品目0502
0504		整个或切块的动物（鱼除外）的肠、膀胱及胃，鲜、冷、冻、干、熏、盐腌或盐渍的	从任何其他章改变到品目0504
0505		带有羽毛或羽绒的鸟皮及鸟体其他部分；羽毛及不完整羽毛（不论是否修边）、羽绒，仅经洗涤、消毒或为了保藏而作过处理，但未经进一步加工；羽毛或不完整羽毛的粉末及废料	从任何其他章改变到品目0505
0506		骨及角柱，未经加工或经脱脂、简单整理（但未切割成形）、酸处理或脱胶；上述产品的粉末及废料	从任何其他章改变到品目0506
0507		兽牙、龟壳、鲸须、鲸须毛、角、鹿角、蹄、甲、爪及喙，未经加工或仅简单整理但未切割成形；上述产品的粉末及废料	从任何其他章改变到品目0507
0508		珊瑚及类似品，未经加工或仅简单整理但未经进一步加工；软体动物壳、甲壳动物壳、棘皮动物壳、墨鱼骨，未经加工或仅简单整理但未切割成形，上述壳、骨的粉末及废料	从任何其他章改变到品目0508
0510		龙涎香、海狸香、灵猫香及麝香；斑蝥；胆汁，不论是否干制；供配制药用的腺体及其他动物产品，鲜、冷、冻或用其他方法暂时保藏的	从任何其他章改变到品目0510
0511		其他品目未列名的动物产品；不适合供人食用的第一章或第三章的死动物	从任何其他章改变到品目0511
第六章		**活树及其他活植物；鳞茎、根及类似品；插花及装饰用簇叶**	
0601		鳞茎、块茎、块根、球茎、根颈及根茎，休眠、生长或开花的；菊苣植物及其根，但品目1212的根除外	

税号		品名	产品特定规则
	0601.10	休眠的鳞茎、块茎、块根、球茎、根颈及根茎，	从任何其他子目改变到子目 0601.10
	0601.20	生长或开花的鳞茎、块茎、块根、球茎、根颈及根茎；菊苣植物及其根	从任何其他子目改变到子目 0601.20
0602		其他活植物（包括其根）、插枝及接穗；蘑菇菌丝	
	0602.10	无根插枝及接穗	从任何其他子目改变到子目 0602.10
	0602.20	食用水果或食用坚果的树、灌木，不论是否嫁接	从任何其他子目改变到子目 0602.20
	0602.30	杜鹃，不论是否嫁接	从任何其他子目改变到子目 0602.30
	0602.40	玫瑰，不论是否嫁接	从任何其他子目改变到子目 0602.40
	0602.90	其他	从任何其他子目改变到子目 0602.90
0603		制花束或装饰用的插花及花蕾，鲜、干、染色、漂白、浸渍或用其他方法处理的	从任何其他品目改变到品目 0603
0604		制花束或装饰用的不带花及花蕾的植物枝、叶或其他部分，草、苔藓及地衣，鲜、干、染色、漂白、浸渍或用其他方法处理的	从任何其他品目改变到品目 0604
第七章		**食用蔬菜、根及块茎**	
0701		鲜或冷藏的马铃薯	从任何其他章改变到品目 0701
0702		鲜或冷藏的番茄	从任何其他章改变到品目 0702
0703		鲜或冷藏的洋葱、青葱、大蒜、韭葱及其他葱属蔬菜	从任何其他章改变到品目 0703
0704		鲜或冷藏的卷心菜、菜花、球茎甘蓝、羽衣甘蓝及类似的食用芥菜类蔬菜	从任何其他章改变到品目 0704
0705		鲜或冷藏的莴苣及菊苣	从任何其他章改变到品目 0705
0706		鲜或冷藏的胡萝卜、萝卜、色拉甜菜根、婆罗门参、块根芹、小萝卜及类似的食用根茎	从任何其他章改变到品目 0706
0707		鲜或冷藏的黄瓜及小黄瓜	从任何其他章改变到品目 0707
0708		鲜或冷藏的豆类蔬菜，不论是否脱荚	从任何其他章改变到品目 0708
0709		鲜或冷藏的其他蔬菜	从任何其他章改变到品目 0709
0710		冷冻蔬菜（不论是否蒸煮）	从任何其他品目改变到品目 0710
0711		暂时保藏（例如，使用二氧化硫气体、盐水、亚硫酸水或其他防腐液）的蔬菜，但不适于直接食用的	从任何其他品目改变到品目 0711
0712		干蔬菜，整个、切块、切片、破碎或制成粉状，但未经进一步加工的	从任何其他品目改变到品目 0712
0713		脱荚的干豆，不论是否去皮或分瓣	从任何其他品目改变到品目 0713
0714		鲜、冷、冻或干的木薯、竹芋、兰科植物块茎、菊芋、甘薯及含有高淀粉或菊粉的类似根茎，不论是否切片或制成团粒；西谷茎髓	从任何其他章改变到品目 0714

税号		品名	产品特定规则
第八章		食用水果及坚果；柑桔属水果或甜瓜的果皮	
0801		鲜或干的椰子、巴西果及腰果，不论是否去壳或去皮	从任何其他章改变到品目 0801
0802		鲜或干的其他坚果，不论是否去壳或去皮	从任何其他章改变到品目 0802
0803		鲜或干的香蕉，包括芭蕉	从任何其他章改变到品目 0803
0804		鲜或干的椰枣、无花果、菠萝、鳄梨、番石榴、芒果及山竹果	从任何其他章改变到品目 0804
0805		鲜或干的柑桔属水果	从任何其他章改变到品目 0805
0806		鲜或干的葡萄	从任何其他章改变到品目 0806
0807		鲜的甜瓜（包括西瓜）及木瓜	从任何其他章改变到品目 0807
0808		鲜的苹果、梨及榅桲	从任何其他章改变到品目 0808
0809		鲜的杏、樱桃、桃（包括油桃）、梅及李	从任何其他章改变到品目 0809
0810		其他鲜果	从任何其他章改变到品目 0810
0811		冷冻水果及坚果，不论是否蒸煮，加糖或其他甜物质	从任何其他章改变到品目 0811
0812		暂时保藏（例如，使用二氧化硫气体、盐水、亚硫酸水或其他防腐液）的水果及坚果，但不适于直接食用的	从任何其他章改变到品目 0812
0813		品目 0801 至 0806 以外的干果；本章的什锦坚果或干果	从任何其他品目改变到品目 0813
0814		柑桔属水果或甜瓜（包括西瓜）的果皮，鲜、冻、干或用盐水、亚硫酸水或其他防腐液暂时保藏的	从任何其他品目改变到品目 0814
第九章		啡、茶、马黛茶及调味香料	
0901		咖啡，不论是否焙炒或浸除咖啡碱；咖啡豆荚及咖啡豆皮；含咖啡的咖啡代用品	
		-未焙炒的咖啡：	
	0901. 11	--未浸除咖啡碱	从任何其他章改变到子目 0901. 11
	0901. 12	--已浸除咖啡碱	从任何其他章改变到子目 0901. 12
		-已焙炒的咖啡：	
	0901. 21	--未浸除咖啡碱	从任何其他子目改变到子目 0901. 21，且区域价值成分不能低于 40%
	0901. 22	--已浸除咖啡碱	从任何其他子目改变到子目 0901. 22，且区域价值成分不能低于 40%
	0901. 90	-其他	从任何其他子目改变到子目 0901. 90，且区域价值成分不能低于 40%
0902		茶，不论是否加香料	从任何其他章改变到品目 0902
0903		马黛茶	从任何其他章改变到品目 0903
0904		胡椒；辣椒干及辣椒粉	

税号		品名	产品特定规则
		-胡椒：	
	0904. 11	--未磨	从任何其他章改变到子目 0904. 11
	0904. 12	--已磨	从任何其他子目改变到子目 0904. 12
	0904. 20	辣椒干及辣椒粉	从任何其他章改变到子目 0904. 20
0905		香子兰豆	从任何其他章改变到品目 0905
0906		肉桂及肉桂花	
		-未磨：	
	0906. 11	--锡兰肉桂	从任何其他章改变到子目 0906. 11
	0906. 19	--其他	从任何其他章改变到子目 0906. 19
	0906. 20	-已磨	从任何其他子目改变到子目 0906. 20
0907		丁香（母丁香、公丁香及丁香梗）	从任何其他章改变到品目 0907
0908		肉豆蔻、肉豆蔻衣及豆蔻	从任何其他章改变到品目 0908
0909		茴芹子、八角茴香、小茴香子、芫荽子、枯茗子及蒿子；杜松果	从任何其他章改变到品目 0909
0910		姜、番红花、姜黄、麝香草、月桂叶、咖喱及其他调味香料	从任何其他章改变到品目 0910
第十章		**谷物**	
1001		小麦及混合麦	本品目货物必须在成员方境内完全获得
1002		黑麦	本品目货物必须在成员方境内完全获得
1003		大麦	本品目货物必须在成员方境内完全获得
1004		燕麦	本品目货物必须在成员方境内完全获得
1005		玉米	本品目货物必须在成员方境内完全获得
1006		稻谷、大米	本品目货物必须在成员方境内完全获得
1007		食用高粱	本品目货物必须在成员方境内完全获得
1008		荞麦、谷子及加那利草子；其他谷物	本品目货物必须在成员方境内完全获得
第十一章		**制粉工业产品；麦芽；淀粉；菊粉；面筋**	
1101		小麦或混合麦的细粉	从任何其他章改变到品目 1101

税号		品名	产品特定规则
1102		其他谷物细粉，但小麦或混合麦的细粉除外	从任何其他章改变到品目 1102
1103		谷物的粗粒、粗粉及团粒	从任何其他章改变到品目 1103
1104		经其他加工的谷物（例如，去壳、滚压、制片、制成粒状、切片或粗磨），但品目 1006 的稻谷、大米除外；谷物胚芽，整粒、滚压、制片或磨碎的	从任何其他章改变到品目 1104
1105		马铃薯的细粉、粗粉、粉末、粉片、颗粒及团粒	从任何其他章改变到品目 1105
1106		用品目 0713 的干豆或品目 0714 的西谷茎髓及植物根茎、块茎制成的细粉、粗粉及粉末；用第八章的产品制成的细粉、粗粉及粉末	从任何其他章改变到品目 1106
1107		麦芽，不论是否焙制	从任何其他章改变到品目 1107
1108		淀粉；菊粉	从任何其他章改变到品目 1108
1109		面筋，不论是否干制	从任何其他章改变到品目 1109
第十二章		**含油子仁及果实；杂项子仁及果实；工业用或药用植物；稻草、秸秆及饲料**	
1201		大豆，不论是否破碎	从任何其他章改变到品目 1201
1202		未焙炒或未烹煮的花生，不论是否去壳或破碎	从任何其他章改变到品目 1202
1203		干椰子肉	从任何其他章改变到品目 1203
1204		亚麻子，不论是否破碎	从任何其他章改变到品目 1204
1205		油菜子，不论是否破碎	从任何其他章改变到品目 1205
1206		葵花子，不论是否破碎	从任何其他章改变到品目 1206
1207		其他含油子仁及果实，不论是否破碎	从任何其他章改变到品目 1207
1208		含油子仁或果实的细粉及粗粉，但芥子粉除外	从任何其他章改变到品目 1208
1209		种植用的种子、果实及孢子	从任何其他章改变到品目 1209
1210		鲜或干的啤酒花，不论是否研磨或制成团粒；蛇麻腺	从任何其他章改变到品目 1210
1211		主要用作香料、药料、杀虫、杀菌或类似用途的植物或这些植物的某部分（包括子仁及果实），鲜或干的，不论是否切割、压碎或研磨成粉	从任何其他章改变到品目 1211
1212		鲜、冷、冻或干的刺槐豆、海草及其他藻类、甜菜及甘蔗，不论是否碾磨；主要供人食用的其他品目未列名的果核、果仁及植物产品（包括未焙制的菊苣根）	从任何其他章改变到品目 1212
1213		未经处理的谷类植物的茎、秆及谷壳，不论是否切碎、碾磨、挤压或制成团粒	从任何其他章改变到品目 1213
1214		芜菁甘蓝、饲料甜菜、饲料用根、干草、紫苜蓿、三叶草、驴喜豆、饲料羽衣甘蓝、羽扇豆、巢菜及类似饲料，不论是否制成团粒	从任何其他章改变到品目 1214
第十三章		**虫胶；树胶、树脂及其他植物液、汁**	

税号		品名	产品特定规则
1301		虫胶；天然树胶、树脂、树胶脂及油树脂（例如，香树脂）	从任何其他章改变到品目 1301
1302		植物液汁及浸膏；果胶、果胶酸盐及果胶酸酯；从植物产品制得的琼脂、其他胶液及增稠剂，不论是否改性	从任何其他章改变到品目 1302
第十四章		**编结用植物材料；其他植物产品**	
1401		主要作编结用的植物材料（例如，竹、藤、芦苇、灯芯草、柳条、酒椰叶，已净、漂白或染色的谷类植物的茎秆，椴树皮）	从任何其他章改变到品目 1401
1404		其他品目未列名的植物产品	从任何其他章改变到品目 1404
第十五章		**动、植物油、脂及其分解产品；精制的食用油脂；动、植物蜡**	
1501		猪脂肪（包括已炼制的猪油）及家禽脂肪，但品目 0209 及 1503 的货品除外	从任何其他章改变到品目 1501
1502		牛、羊脂肪，但品目 1503 的货品除外	从任何其他章改变到品目 1502
1503		猪油硬脂、液体猪油、油硬脂、食用或非食用脂油，未经乳化、混合或其他方法制作	从任何其他章改变到品目 1503
1504		鱼或海生哺乳动物的油、脂及其分离品，不论是否精制，但未经化学改性	从任何其他章改变到品目 1504
1505		羊毛脂及从羊毛脂制得的脂肪物质（包括纯净的羊毛脂）	从任何其他章改变到品目 1505
1506		其他动物油、脂及其分离品，不论是否精制，但未经化学改性	从任何其他章改变到品目 1506
1507		豆油及其分离品，不论是否精制，但未经化学改性	从任何其他章改变到品目 1507
1508		花生油及其分离品，不论是否精制，但未经化学改性	从任何其他章改变到品目 1508
1509		油橄榄油及其分离品，不论是否精制，但未经化学改性	从任何其他章改变到品目 1509
1510		其他橄榄油及其分离品，不论是否精制，但未经化学改性，包括掺有品目 1509 的油或分离品的混合物	从任何其他章改变到品目 1510
1511		棕榈油及其分离品，不论是否精制，但未经化学改性	从任何其他章改变到品目 1511
1512		葵花油、红花油或棉子油及其分离品，不论是否精制，但未经化学改性	从任何其他章改变到品目 1512
1513		椰子油、棕榈仁油或巴巴苏棕榈果油及其分离品，不论是否精制，但未经化学改性	从任何其他章改变到品目 1513
1514		菜子油或芥子油及其分离品，不论是否精制，但未经化学改性	从任何其他章改变到品目 1514
1515		其他固定植物油、脂（包括希蒙得木油）及其分离品，不论是否精制，但未经化学改性	从任何其他章改变到品目 1515

税号		品名	产品特定规则
1516		动、植物油、脂及其分离品，全部或部分氢化、相互酯化、再酯化或反油酸化，不论是否精制，但未经进一步加工	从任何其他章改变到品目 1516
1517		人造黄油；本章各种动、植物油、脂及其分离品混合制成的食用油、脂或制品，但品目 1516 的食用油、脂及其分离品除外	从任何其他章改变到品目 1517
1518		动、植物油、脂及其分离品，经过熟炼、氧化、脱水、硫化、吹制或在真空、惰性气体中加热聚合及用其他化学方法改性的，但品目 1516 的产品除外；本章各种油、脂及其分离品混合制成的其他品目未列名的非食用油、脂或制品	从任何其他章改变到品目 1518
1520		粗甘油；甘油水及甘油碱液	从任何其他章改变到品目 1520
1521		植物蜡（甘油三酯除外）、蜂蜡、其他虫蜡及鲸蜡，不论是否精制或着色	从任何其他章改变到品目 1521
1522		油鞣回收脂；加工处理油脂物质及动、植物蜡所剩的残渣	从任何其他章改变到品目 1522
第十六章		**肉、鱼、甲壳动物、软体动物及其他水生无脊椎动物的制品**	
1601		肉、食用杂碎或动物血制成的香肠及类似产品；用香肠制成的食品	从任何其他章改变到品目 1601
1602		其他方法制作或保藏的肉、食用杂碎或动物血	从任何其他章改变到品目 1602
1603		肉、鱼、甲壳动物、软体动物或其他水生无脊椎动物的精及汁	从任何其他章改变到品目 1603
1604		制作或保藏的鱼；鲟鱼子酱及鱼卵制的鲟鱼子酱代用品	从任何其他章改变到品目 1604
1605		制作或保藏的甲壳动物、软体动物及其他水生无脊椎动物	从任何其他章改变到品目 1605
第十七章		**糖及糖食**	
1701		固体甘蔗糖、甜菜糖及化学纯蔗糖	从任何其他章改变到品目 1701
1702		其他固体糖，包括化学纯乳糖、麦芽糖、葡萄糖及果糖；未加香料或着色剂的糖浆；人造蜜，不论是否掺有天然蜂蜜；焦糖	从任何其他品目改变到品目 1702
1703		制糖后所剩的糖蜜	从任何其他品目改变到品目 1703
1704		不含可可的糖食（包括白巧克力）	从任何其他品目改变到品目 1704
第十八章		**可可及可可制品**	
1801		整颗或破碎的可可豆，生的或焙炒的	从任何其他章改变到品目 1801
1802		可可荚、壳、皮及废料	从任何其他品目改变到品目 1802

税号		品名	产品特定规则
1803		可可膏，不论是否脱脂	从任何其他品目改变到品目 1803
1804		可可脂、可可油	从任何其他品目改变到品目 1804
1805		未加糖或其他甜物质的可可粉	从任何其他品目改变到品目 1805
1806		巧克力及其他含可可的食品	从任何其他品目改变到品目 1806
第十九章		**谷物、粮食粉、淀粉或乳的制品；糕饼点心**	
1901		麦精；细粉、粗粒、粗粉、淀粉或麦精制的其他品目未列名的食品，不含可可或按重量计全脱脂可可含量低于40%；品目 0401 至 0404 所列货品制的其他品目未列名的食品，不含可可或按重量计全脱脂可可含量低于 5%	从任何其他章改变到品目 1901
1902		面食，不论是否煮熟、包馅（肉馅或其他馅）或其他方法制作，例如，通心粉、面条、汤团、馄饨、饺子、奶油面卷；古斯古斯面食，不论是否制作	从任何其他章改变到品目 1902
1903		珍粉及淀粉制成的珍粉代用品，片、粒、珠、粉或类似形状的	从任何其他章改变到品目 1903
1904		谷物或谷物产品经膨化或烘炒制成的食品（例如，玉米片）；其他品目未列名的预煮或经其他方法制作的谷粒（玉米除外），谷物片或经其他加工的谷粒（细粉、粗粒及粗粉除外）	从任何其他章改变到品目 1904
1905		面包、糕点、饼干及其他烘焙糕饼，不论是否含可可；圣餐饼、装药空囊、封缄、糯米纸及类似制品	从任何其他章改变到品目 1905
第二十章		**蔬菜、水果、坚果或植物其他部分的制品**	
2001		蔬菜、水果、坚果及植物的其他食用部分，用醋或醋酸制作或保藏的	从任何其他章改变到品目 2001
2002		番茄，用醋或醋酸以外的其他方法制作或保藏的	从任何其他章改变到品目 2002
2003		蘑菇及块菌，用醋或醋酸以外的其他方法制作或保藏的	从任何其他章改变到品目 2003
2004		其他冷冻蔬菜，用醋或醋酸以外的其他方法制作或保藏的，但品目 2006 的产品除外	从任何其他章改变到品目 2004
2005		其他未冷冻蔬菜，用醋或醋酸以外的其他方法制作或保藏的，但品目 2006 的产品除外	从任何其他章改变到品目 2005
2006		糖渍蔬菜、水果、坚果、果皮及植物的其他部分（沥干、糖渍或裹糖的）	从任何其他章改变到品目 2006
2007		烹煮的果酱、果冻、柑桔酱、果泥及果膏，不论是否加糖或其他甜物质	从任何其他品目改变到品目 2007
2008		用其他方法制作或保藏的其他品目未列名水果、坚果及植物的其他食用部分，不论是否加酒、加糖或其他甜物质	从任何其他章改变到品目 2008

税号		品名	产品特定规则
2009		未发酵及未加酒精的水果汁（包括酿酒葡萄汁）、蔬菜汁，不论是否加糖或其他甜物质	从任何其他章改变到品目 2009
第二十一章		**杂项食品**	
2101		咖啡、茶、马黛茶的浓缩精汁及以其为基本成分或以咖啡、茶、马黛茶为基本成分的制品；烘焙菊苣和其他烘焙咖啡代用品及其浓缩精汁	从任何其他章改变到品目 2101
2102		酵母（活性或非活性）；已死的其他单细胞微生物（不包括品目 3002 的疫苗）；发酵粉	从任何其他品目改变到品目 2102
2103		调味汁及其制品；混合调味品；芥子粉及其调制品	从任何其他品目改变到品目 2103
2104		汤料及其制品；均化混合食品	从任何其他品目改变到品目 2104
2105		冰淇淋及其他冰制食品，不论是否含可可	从任何其他品目改变到品目 2105
2106		其他品目未列名的食品	从任何其他品目改变到品目 2106
第二十二章		**饮料、酒及醋**	
		章注： 如果仅仅通过用水或其他物质进行稀释得到品目 2208（子目 2208.90 除外）的货物，但没有从本质上改变该货物的特征，则品目 2208（子目 2208.90 除外）的货物不应视为原产。	
2201		未加糖或其他甜物质及未加味的水，包括天然或人造矿泉水及汽水；冰及雪	本品目货物必须在成员方境内完全获得。
2202		加味、加糖或其他甜物质的水，包括矿泉水及汽水，其他无酒精饮料，但不包括品目 2009 的水果汁或蔬菜汁	从任何其他品目改变到品目 2202
2203		麦芽酿造的啤酒	从任何其他品目改变到品目 2203
2204		鲜葡萄酿造的酒，包括加酒精的；品目 2009 以外的酿酒葡萄汁	从任何其他章改变到品目 2204
2205		味美思酒及其他加植物或香料的用鲜葡萄酿造的酒	从任何其他品目改变到品目 2205
2206		其他发酵饮料（例如，苹果酒、梨酒、蜂蜜酒）；其他品目未列名的发酵饮料的混合物及发酵饮料与无酒精饮料的混合物	从任何其他品目改变到品目 2206
2207		未改性乙醇，按容量计酒精浓度在 80% 及以上；任何浓度的改性乙醇及其他酒精	从任何其他品目改变到品目 2207
2208		未改性乙醇，按容量计酒精浓度在 80% 以下；蒸馏酒、利口酒及其他酒精饮料	从任何其他品目改变到品目 2208
2209		醋及用醋酸制得的醋代用品	从任何其他品目改变到品目 2209
第二十三章		**食品工业的残渣及废料；配制的动物饲料**	
2301		不适于供人食用的肉、杂碎、鱼、甲壳动物、软体动物或其他水生无脊椎动物的渣粉及团粒；油渣	从任何其他章改变到品目 2301

税号		品名	产品特定规则
2302		谷物或豆类植物在筛、碾或其他加工过程中所产生的糠、麸及其他残渣，不论是否制成团粒	从任何其他品目改变到品目 2302
2303		制造淀粉过程中的残渣及类似的残渣，甜菜渣、甘蔗渣及制糖过程中的其他残渣，酿造及蒸馏过程中的糟粕及残渣，不论是否制成团粒	从任何其他章改变到品目 2303
2304		提炼豆油所得的油渣饼及其他固体残渣，不论是否碾磨或制成团粒	从任何其他品目改变到品目 2304
2305		提炼花生油所得的油渣饼及其他固体残渣，不论是否碾磨或制成团粒	从任何其他品目改变到品目 2305
2306		品目 2304 或 2305 以外的提炼植物油脂所得的油渣饼及其他固体残渣，不论是否碾磨或制成团粒	从任何其他品目改变到品目 2306
2307		葡萄酒渣；粗酒石	从任何其他品目改变到品目 2307
2308		动物饲料用的其他品目未列名的植物原料、废料、残渣及副产品，不论是否制成团粒	从任何其他品目改变到品目 2308
2309		配制的动物饲料	从任何其他品目改变到品目 2309
第二十四章		**烟草、烟草及烟草代用品的制品**	
2401		烟草；烟草废料	从任何其他章改变到品目 2401
2402		烟草或烟草代用品制成的雪茄烟及卷烟	从任何其他品目改变到品目 2402
2403		其他烟草及烟草代用品的制品；“均化”或“再造”烟草；烟草精汁	从任何其他品目改变到品目 2403
第二十五章		**盐；硫磺；泥土及石料；石膏料、石灰及水泥**	
2501		盐（包括精制盐及变性盐）及纯氯化钠，不论是否为水溶液，也不论是否添加抗结块剂或松散剂；海水	从任何其他章改变到品目 2501
2502		未焙烧的黄铁矿	从任何其他章改变到品目 2502
2503		各种硫磺，但升华硫磺、沉淀硫磺及胶态硫磺除外	从任何其他品目改变到品目 2503
2504		天然石墨	从任何其他章改变到品目 2504
2505		各种天然砂，不论是否着色，但第二十六章的含金属矿砂除外	从任何其他品目改变到品目 2505
2506		石英（天然砂除外）；石英岩，不论是否粗加修整或仅用锯或其他方法切割成矩形（包括正方形）的板、块	从任何其他章改变到品目 2506
2507		高岭土及类似土，不论是否锻烧	从任何其他章改变到品目 2507
2508		其他粘土（不包括品目 6806 的膨胀粘土）、红柱石、蓝晶石及硅线石，不论是否锻烧；富铝红柱石；火泥及第纳斯土	从任何其他章改变到品目 2508
2509		白垩	从任何其他章改变到品目 2509
2510		天然磷酸钙、天然磷酸铝钙及磷酸盐白垩	从任何其他章改变到品目 2510

税号		品名	产品特定规则
2511		天然硫酸钡（重晶石）；天然碳酸钡（毒重石），不论是否煅烧，但品目2816的氧化钡除外	从任何其他品目改变到品目2511
2512		硅质化石粗粉（例如各钟硅藻土）及类似的硅质土，不论是否煅烧，其表观比重不超过1	从任何其他品目改变到品目2512
2513		浮石；刚玉岩；天然刚玉砂；天然石榴石及其他天然磨料，不论是否热处理	从任何其他章改变到品目2513
2514		板岩，不论是否粗加修整或仅用锯或其他方法切割成钜形（包括正方形）的板、块	从任何其他章改变到品目2514
2515		大理石、石灰华及其他石灰质碑用或建筑用石，表观比重为2.5及以上，蜡石，不论是否粗加修整或仅用锯或其他方法切割成矩形（包括正方形）的板、块	从任何其他章改变到品目2515
2516		花岗岩、斑岩、玄武岩、砂岩以及其他碑用或建筑用石，不论是否粗加修整或仅用锯或其他方法切割成矩形（包括正方形）的板、块	从任何其他章改变到品目2516
2517		通常作混凝土粒料、铺路、铁道路基或其他路基用的卵石、砾石及碎石，圆石子及燧石，不论是否热处理；矿渣、浮渣及类似的工业残渣不论是否混有本品目第一部分所列的材料；沥青碎石，品目2515、2516所列各种石料的碎粒、碎屑及粉末，不论是否热处理	从任何其他品目改变到品目2517
2518		白云石，不论是否煅烧或烧结、粗加修整或仅用锯或其他方法切割成矩形（包括正方形）的板、块；夯混白云石	
	2518.10	-未煅烧或烧结的白云石	从任何其他章改变到子目2518.10
	2518.20	-已煅烧或烧结的白云石	从任何其他子目改变到子目2518.20
	2518.30	-夯混白云石	从任何其他子目改变到子目2518.30
2519		天然碳酸镁（菱镁矿）；熔凝镁氧矿；烧结镁氧矿，不论烧结前是否加入少量其他氧化物；其他氧化镁，不论是否纯净	
	2519.10	-天然碳酸镁（菱镁矿）	从任何其他章改变到子目2519.10
	2519.90	-其他	从任何其他子目改变到子目2519.90
2520		生石膏；硬石膏；熟石膏（由煅烧的生石膏或硫酸钙构成），不论是否着色，也不论是否带有少量促凝剂或缓凝剂	
	2520.10	-生石膏；硬石膏	从任何其他章改变到子目2520.10
	2520.20	-熟石膏	从任何其他子目改变到子目2520.20
2521		石灰石助熔剂；通常用于制造石灰或水泥的石灰石及其他钙质石	从任何其他章改变到品目2521

税号		品名	产品特定规则
2522		生石灰、熟石灰及水硬石灰，但品目 2825 的氧化钙及氢氧化钙除外	从任何其他品目改变到品目 2522
2523		硅酸盐水泥、矾土水泥、矿渣水泥、富硫酸盐水泥及类似的水凝水泥，不论是否着色，包括水泥熟料	
	2523.10	-水泥熟料	从任何其他品目改变到子目 2523.10
		-硅酸盐水泥：	
	2523.21	--白水泥，不论是否人工着色	从任何其他子目改变到子目 2523.21，从子目 2523.29 到 2523.90 改变的除外
	2523.29	--其他	从任何其他子目改变到子目 2523.29，从子目 2523.21 到 2523.90 改变的除外
	2523.30	-矾土水泥	从任何其他品目改变到子目 2523.30
	2523.90	-其他水凝水泥	从任何其他品目改变到子目 2523.90
2524		石棉	从任何其他章改变到品目 2524
2525		云母，包括云母片；云母废料	
	2525.10	-原状云母及劈开的云母片	从任何其他章改变到子目 2525.10
	2525.20	-云母粉	从任何其他章改变到子目 2525.20
	2525.30	-云母碎料	原产国应为获得本子目货物的国家
2526		天然冻石，不论是否粗加修整或仅用锯或其他方法切割成矩形（包括正方形）的板、块；滑石	
	2526.10	-未破碎及未研粉	从任何其他章改变到子目 2526.10
	2526.20	-已破碎或已研粉	从任何其他子目改变到子目 2526.20
2528		天然硼酸盐及其精矿（不论是否煅烧），但不包括从天然盐水析离的硼酸盐；天然粗硼酸，含硼酸干重不超过 85%	从任何其他章改变到品目 2528
2529		长石；白榴石；霞石及霞石正长岩；萤石（氟石）	从任何其他章改变到品目 2529
2530		其他品目未列名的矿产品	从任何其他品目改变到品目 2530
第二十六章		**矿砂、矿渣及矿灰**	
2601		铁矿砂及其精矿，包括焙烧黄铁矿	从任何其他品目改变到品目 2601
2602		锰矿砂及其精矿，包括以干重计含锰量在 20% 及以上的锰铁矿及其精矿	从任何其他品目改变到品目 2602
2603		铜矿砂及其精矿	从任何其他品目改变到品目 2603
2604		镍矿砂及其精矿	从任何其他品目改变到品目 2604
2605		钴矿砂及其精矿	从任何其他品目改变到品目 2605
2606		铝矿砂及其精矿	从任何其他品目改变到品目 2606
2607		铅矿砂及其精矿	从任何其他品目改变到品目 2607

税号		品名	产品特定规则
2608		锌矿砂及其精矿	从任何其他品目改变到品目 2608
2609		锡矿砂及其精矿	从任何其他品目改变到品目 2609
2610		铬矿砂及其精矿	从任何其他品目改变到品目 2610
2611		钨矿砂及其精矿	从任何其他品目改变到品目 2611
2612		铀或钍矿砂及其精矿	从任何其他品目改变到品目 2612
2613		钼矿砂及其精矿	从任何其他品目改变到品目 2613
2614		钛矿砂及其精矿	从任何其他品目改变到品目 2614
2615		铌、钽、钒或锆矿砂及其精矿	从任何其他品目改变到品目 2615
2616		贵金属矿砂及其精矿	从任何其他品目改变到品目 2616
2617		其他矿砂及其精矿	从任何其他品目改变到品目 2617
2618		冶炼钢铁所产生的粒状熔渣（熔渣砂）	原产国应为获得本品目货物的国家
2619		冶炼钢铁所产生的熔渣、浮渣（粒状熔渣除外）、氧化皮及其他废料	原产国应为获得本品目货物的国家
2620		含有金属、砷及其化合物的矿渣、矿灰及残渣（冶炼钢铁所产生的灰、渣除外）	原产国应为获得本品目货物的国家
2621		其他矿渣及矿灰，包括海藻灰（海草灰）；焚化城市垃圾所产生的灰、渣	原产国应为获得本品目货物的国家
第二十七章		**矿物燃料、矿物油及其蒸馏产品；沥青物质；矿物蜡**	
			章注： 在品目 2707 和 2710 中，“化学反应”是指通过分子键断裂并形成新的分子键，或者通过改变原子的空间排列而形成新结构分子的过程（包括生化过程）。根据上述定义，下列过程不视为化学反应： (1) 溶解于水或其他溶剂； (2) 去除溶剂，包括作为溶剂的水；或 (3) 添加或去除结晶水。 对于品目 2710，下列加工赋予原产地： (1) 常压蒸馏-在蒸馏塔中，将石油转化为沸点不同的成分，再将蒸汽浓缩成不同的液化馏分的分离过程。石油蒸馏的产物包括液化石油汽、石脑油、汽油、煤油、柴油/热油、轻油及润滑油等。 (2) 真空蒸馏-在低于常压的压力(尚未低至分子蒸馏的压力）下蒸馏。真空蒸馏用于蒸馏石油中的重馏分等

税号		品名	产品特定规则
			高沸点热敏材料，以生产轻重程度不同的真空汽油及残渣。一些炼油厂将汽油进一步加工成润滑油。真空蒸馏必须在550℃以上进行，且馏出体积比小于70%。
2701		煤；煤砖、煤球及用煤制成的类似固体燃料	
		-煤，不论是否粉化，但未制成型：	
	2701.11	--无烟煤	本子目货物必须在成员方境内完全获得
	2701.12	--烟煤	本子目货物必须在成员方境内完全获得
	2701.19	--其他煤	本子目货物必须在成员方境内完全获得
	2701.20	-煤砖、煤球及用煤制成的类似固体燃料	从任何其他子目改变到子目2701.20
2702		褐煤，不论是否制成型，但不包括黑玉	本品目货物必须在成员方境内完全获得
2703		泥煤（包括肥料用泥煤），不论是否制成型	本品目货物必须在成员方境内完全获得
2704		煤、褐煤或泥煤制成的焦炭及半焦炭，不论是否制成型；甑炭	从任何其他品目改变到品目2704
2705		煤气、水煤气、炉煤气及类似气体，但石油气及其他烃类气除外	从任何其他品目改变到品目2705
2706		从煤、褐煤或泥煤蒸馏所得的焦油及其他矿物焦油，不论是否脱水或部分蒸留，包括再造焦油	从任何其他品目改变到品目2706
2707		蒸馏高温煤焦油所得的油类及其他产品；芳族成分重量超过非芳族成分的类似产品	从任何其他品目改变到品目2707
2708		从煤焦油或其他矿物焦油所得的沥青及沥青焦	从任何其他品目改变到品目2708
2709		石油原油及从沥青矿物提取的原油	从任何其他品目改变到品目2709
2710		石油及从沥青矿物提取的油类，但原油除外；以上述油为基本成分（按重量计不低于70%）的其他品目未列名制品；废油	从任何其他品目改变到品目2710；或者从品目2710任何其他货物改变到品目2710任何货物，但该货物须经过化学反应、常压蒸馏或真空蒸馏获得
2711		石油气及其他烃类气	从任何其他品目改变到品目2711
2712		凡士林；石蜡、微晶石蜡、疏松石蜡、地蜡、褐煤蜡、泥煤蜡、其他矿物蜡及用合成或其他方法制得的类似产品，不论是否着色	从任何其他品目改变到品目2712

税号		品名	产品特定规则
2713		石油焦、石油沥青及其他石油或从沥青矿物提取的油类的残渣	从任何其他品目改变到品目2713
2714		天然沥青（地沥青）、沥青页岩、油页岩及焦油砂；沥青岩	本品目货物必须在成员方境内完全获得
2715		以天然沥青（地沥青）、石油沥青、矿物焦油或矿焦油沥青为基本成分的沥青混合物（例如，沥青胶粘剂、稀释沥青）	从任何其他品目改变到品目2715
2716		电力	本品目货物必须在成员方境内完全获得
第二十八章		**无机化学品；贵金属、稀土金属、放射性元素及其同位素的有机及无机化合物**	
			章注： 1. 化学反应原产地规则 如经化学反应得到二十八至三十八章的产品（品目3823除外），且该化学反应发生在双方境内，则该产品应视为原产。除各税号对应的特定原产地标准外，“化学反应”规则也适用于归入上述章节的所有产品。 注释：在本部分中，“化学反应”是指通过分子键断裂并形成新的分子键，或者通过改变分子的空间排列而形成新结构分子的过程（包括生化过程）。在确定产品是否原产时，下列过程不视为化学反应： （1）溶解于水或其他溶剂； （2）去除溶剂，包括作为溶剂的水；或 （3）添加或去除结晶水。
			2. 提纯原产地规则 对于二十八章至三十五章及三十八章的产品，如提纯工序满足下列标准之一，则该工序可以赋予上述产品原产地： （1）提纯使产品的杂质含量减少80%；或 （2）因降低产品的杂质含量或清除产品含有的杂质，该产品适用于下列一项或多项用途： 1）用于制药、医疗、化妆品、兽医或食品分级的物质； 2）用于分析、诊断或实验室的化学产品和试剂；

税号		品名	产品特定规则
			3）用作微电子的元素和组分； 4）用于特定光学用途； 5）用于健康和安全的无毒物质； 6）用于生物技术； 7）用于分离过程中的载体；或 原子核级用途。
			3. 混合原产地规则 对于第三十、三十一章、品目 3302、子目 3502.20、品目 3506 至 3507 及品目 3707 的产品，根据预定的要求，将数种材料有目的地按比例控制进行混合（包括分散），使产品具有一定的目的或用途，且不同于初始投料的物理或化学特性，这样的混合工序可赋予产品原产地。
			4. 改变颗粒尺寸原产地规则 对于第三十、三十一章的产品： （一）有目的地控制性减小货品的颗粒尺寸，不包括简单破碎（或挤压），使货品具有规定的颗粒尺寸、规定的颗粒尺寸分布或规定的表面积，并使之具有相应的目的及与初始投料不同的物理或化学特性，这样的改变可赋予产品原产地；或（二）有目的地控制性改变货品的颗粒尺寸，不包括简单破碎（或挤压），使货品具有规定的颗粒尺寸、规定的颗粒尺寸分布或规定的表面积，并使之具有相应的目的及与初始投料不同的物理或化学特性，这样的改变可赋予产品原产地。
			5. 标准物质原产地规则 对于第二十八至三十二章、第三十五章及第三十八章的产品，标准物质的生产可赋予上述产品的原产地。本标准物质（包括标准溶液）规则是指适用于分析、校准或参照的配制品，并具有制造商认定的精确的纯度或配比。
			6. 异构体分离原产地规则 对于第二十八至第三十二章及第三十五章的产品，从异构体的混合物中离析或分离异构体，可赋予上述产品的原产地。

税号		品名	产品特定规则
			7. 分离限制 仅仅由于从人造混合物中分离出单独的材料（或成分），导致非原产材料（或成分）的税则归类发生改变，这样的非原产材料（或成分）不能视为符合相应的原产地标准，但如果分离出的材料或者成分自身发生了化学反应，则可视为符合原产地标准。
2801		氟、氯、溴及碘	
	2801.10	-氯	从任何其他子目改变到子目 2801.10 标准物质原产地规则不赋予本子目货物原产地。
	2801.20	-碘	从任何其他子目改变到子目 2801.20 标准物质原产地规则不赋予本子目货物原产地
	2801.30	-氟；溴	从任何其他子目改变到子目 2801.30 标准物质原产地规则不赋予本子目货物原产地。
2802		升华硫磺、沉淀硫磺；胶态硫磺	从任何其他品目改变到品目 2802
2803		碳（碳黑及其他品目未列名的其他形态的碳）	从任何其他品目改变到品目 2803
2804		氢、稀有气体及其他非金属	从任何其他品目改变到品目 2804
2805		碱金属、碱土金属；稀土金属、钪及钇，不论是否相互混合或相互熔合；汞	从任何其他品目改变到品目 2805
2806		氯化氢（盐酸）；氯磺酸	
	2806.10	-氯化氢（盐酸）	从任何其他子目改变到子目 2806.10 提纯原产地规则不赋予本子目货物原产地
	2806.20	-氯磺酸	从任何其他子目改变到子目 2806.20 提纯原产地规则不赋予本子目货物原产地
2807		硫酸；发烟硫酸	从任何其他品目改变到品目 2807 提纯原产地规则不赋予本品目货物原产地
2808		硝酸；磺硝酸	从任何其他品目改变到品目 2808 提纯原产地规则不赋予本品目货物原产地
2809		五氧化二磷；磷酸；多磷酸，不论是否已有化学定义	
	2809.10	-五氧化二磷	从任何其他子目改变到子目 2809.10
	2809.20	-磷酸及多磷酸	从任何其他子目改变到子目 2809.20

税号		品名	产品特定规则
2810		硼的氧化物；硼酸	从任何其他品目改变到品目 2810
2811		其他无机酸及非金属无机氧化物	
	2811.11	-其他无机酸：氟化氢（氢氟酸）	从任何其他子目改变到子目 2811.11
	2811.19	-其他无机酸，除氟化氢（氢氟酸）外	从任何其他子目改变到子目 2811.19
	2811.21	-二氧化碳	从任何其他子目改变到子目 2811.21
	2811.22	-二氧化硅	从任何其他品目改变到子目 2811.22
	2811.29	-其他非金属无机氧化物	从任何其他品目改变到子目 2811.29
2812		非金属卤化物及卤氧化物	从任何其他品目改变到品目 2812
2813		非金属硫化物；商品三硫化二磷	从任何其他品目改变到品目 2813
2814		氨及氨水	从任何其他品目改变到品目 2814 化学章注不赋予本品目产品原产地
2815		氢氧化钠（烧碱）；氢氧化钾（苛性钾）；过氧化钠及过氧化钾	
	2815.11	-固体氢氧化钠（烧碱）	从任何其他品目改变到子目 2815.11
	2815.12	-水溶液（氢氧化钠浓溶液及液体烧碱）	从任何其他品目改变到子目 2815.12
	2815.20	-氢氧化钾（苛性钾）	从任何其他子目改变到子目 2815.20
	2815.30	-过氧化钠及过氧化钾	从任何其他子目改变到子目 2815.30
2816		氢氧化镁及过氧化镁；锶或钡的氧化物、氢氧化物及过氧化物	从任何其他品目改变到品目 2816
2817		氧化锌及过氧化锌	从任何其他品目改变到品目 2817 化学章注不赋予本品目产品原产地
2818		人造刚玉，不论是否已有化学定义；氧化铝；氢氧化铝	从任何其他品目改变到品目 2818 化学章注不赋予本品目产品原产地
2819		铬的氧化物及氢氧化物.	
	2819.10	-三氧化铬	从任何其他子目改变到子目 2819.10
	2819.90	-其他	从任何其他子目改变到子目 2819.90
2820		锰的氧化物	
	2820.10	-锰的氧化物	从任何其他子目改变到子目 2820.10 标准物质原产地规则不赋予本子目货物原产地
	2820.90	-其他	从任何其他子目改变到子目 2820.90 标准物质原产地规则不赋予本子目货物原产地
2821		铁的氧化物及氢氧化物；土色料，按重量计三氧化二铁含量在 70% 及以上	

税号		品名	产品特定规则
	2821.10	-铁的氧化物及氢氧化物	从任何其他子目改变到子目 2821.10
	2821.20	-土色料	从任何其他子目改变到子目 2821.20
2822		钴的氧化物及氢氧化物；商品氧化钴	从任何其他品目改变到品目 2822
2823		钛的氧化物	从任何其他品目改变到品目 2823
2824		铅的氧化物；铅丹及铅橙	
	2824.10	-氧化铅（铅黄、黄丹）	从任何其他子目改变到子目 2824.10
	2824.90	-其他	从任何其他子目改变到子目 2824.90
2825		肼（联氨）、胲（羟胺）及其无机盐；其他无机碱；其他金属氧化物、氢氧化物及过氧化物	从任何其他品目改变到品目 2825 化学章注不赋予本品目产品原产地
2826		氟化物；氟硅酸盐、氟铝酸盐及其他氟络盐	
		-氟化物：	
	2826.12	--氟化铝	从任何其他子目改变到子目 2826.12
	2826.19	--其他	从任何其他子目改变到子目 2826.19
	2826.30	-六氟铝酸钠（人造冰晶石）	从任何其他子目改变到子目 2826.30
	2826.90	-其他	从任何其他品目改变到子目 2826.90
2827		氯化物、氯氧化物及氢氧基氯化物；溴化物及溴氧化物；碘化物及碘氧化物	
	2827.10	-氯化铵	从任何其他子目改变到子目 2827.10
	2827.20	-氯化钙	从任何其他子目改变到子目 2827.20
		-其他氯化物：	
	2827.31	--氯化镁	从任何其他子目改变到子目 2827.31
	2827.32	--氯化铝	从任何其他子目改变到子目 2827.32
	2827.35	--氯化镍	从任何其他子目改变到子目 2827.35
	2827.39	--其他	从任何其他子目改变到子目 2827.39
		-氯氧化物及氢氧基氯化物：	
	2827.41	--铜的氯氧化物及氢氧基氯化物	从任何其他子目改变到子目 2827.41
	2827.49	--其他	从任何其他子目改变到子目 2827.49
		-溴化物及溴氧化物：	
	2827.51	--溴化钠及溴化钾	从任何其他子目改变到子目 2827.51
	2827.59	--其他	从任何其他子目改变到子目 2827.59
	2827.60	-碘化物及碘氧化物	从任何其他子目改变到子目 2827.60
2828		次氯酸盐；商品次氯酸钙；亚氯酸盐；次溴酸盐	
	2828.10	-商品次氯酸钙及其他钙的次氯酸盐	从任何其他子目改变到子目 2828.10
	2828.90	-其他	从任何其他子目改变到子目 2828.90

税号		品名	产品特定规则
2829		氯酸盐及高氯酸盐；溴酸盐及过溴酸盐；碘酸盐及高碘酸盐.	
		-氯酸盐：	
	2829. 11	--氯酸钠	从任何其他子目改变到子目 2829. 11
	2829. 19	--其他	从任何其他子目改变到子目 2829. 19
	2829. 90	-其他	从任何其他子目改变到子目 2829. 90
2830		硫化物；多硫化物，不论是否已有化学定义	
	2830. 10	-钠的硫化物	从任何其他子目改变到子目 2830. 10
	2830. 90	-其他	从任何其他子目改变到子目 2830. 90
2831		连二亚硫酸盐及次硫酸盐	
	2831. 10	-酸盐	从任何其他子目改变到子目 2831. 10
	2831. 90	-其他	从任何其他子目改变到子目 2831. 90
2832		亚硫酸盐；硫代硫酸盐	
	2832. 10	-钠的亚硫酸盐	从任何其他子目改变到子目 2832. 10
	2832. 20	-其他亚硫酸盐	从任何其他子目改变到子目 2832. 20
	2832. 30	-硫代硫酸盐	从任何其他子目改变到子目 2832. 30
2833		硫酸盐；矾；过硫酸盐	
		-钠的硫酸盐：	
	2833. 11	--硫酸钠	从任何其他子目改变到子目 2833. 11
	2833. 19	--其他	从任何其他子目改变到子目 2833. 19
		-其他硫酸盐：	
	2833. 21	--硫酸镁	从任何其他子目改变到子目 2833. 21
	2833. 22	--硫酸铝	从任何其他子目改变到子目 2833. 22
	2833. 24	--镍的硫酸盐	从任何其他子目改变到子目 2833. 24
	2833. 25	--铜的硫酸盐	从任何其他子目改变到子目 2833. 25
	2833. 27	--硫酸钡	从任何其他子目改变到子目 2833. 27
	2833. 29	--其他	从任何其他子目改变到子目 2833. 29
	2833. 30	-矾	从任何其他子目改变到子目 2833. 30
	2833. 40	-过硫酸盐	从任何其他子目改变到子目 2833. 40
2834		亚硝酸盐；硝酸盐	
	2834. 10	-亚硝酸盐	从任何其他子目改变到子目 2834. 10
		-硝酸盐：	
	2834. 21	--硝酸钾	从任何其他子目改变到子目 2834. 21
	2834. 29	--除硝酸钾外	从任何其他品目改变到子目 2834. 29

税号		品名	产品特定规则
2835		次磷酸盐、亚磷酸盐及磷酸盐；多磷酸盐，不论是否已有化学定义	
	2835.10	-次磷酸盐及亚磷酸盐	从任何其他子目改变到子目 2835.10
		-磷酸盐：	
	2835.22	--磷酸一钠及磷酸二钠	从任何其他子目改变到子目 2835.22
	2835.24	--钾的磷酸盐	从任何其他子目改变到子目 2835.24
	2835.25	--正磷酸氢钙（磷酸二钙）	从任何其他子目改变到子目 2835.25
	2835.26	--其他磷酸钙	从任何其他子目改变到子目 2835.26
	2835.29	--其他	从任何其他子目改变到子目 2835.29
		-多磷酸盐：	
	2835.31	--三磷酸钠（三聚磷酸钠）	从任何其他子目改变到子目 2835.31
	2835.39	--其他	从任何其他子目改变到子目 2835.39
2836		碳酸盐；过碳酸盐；含氨基甲酸铵的商品碳酸铵	
	2836.20	-碳酸钠（纯碱）	从任何其他子目改变到子目 2836.20
	2836.30	-碳酸氢钠（小苏打）	从任何其他子目改变到子目 2836.30
	2836.40	-钾的碳酸盐	从任何其他子目改变到子目 2836.40
	2836.50	-碳酸钙	从任何其他子目改变到子目 2836.50
	2836.60	-碳酸钡	从任何其他子目改变到子目 2836.60
	2836.91	-锂的碳酸盐	从任何其他子目改变到子目 2836.91
	2836.92	-锶的碳酸盐	从任何其他子目改变到子目 2836.92
	2836.99	-其他	从任何其他子目改变到子目 2836.99
2837		氰化物、氧氰化物及氰络合物	
		-氰化物及氧氰化物：	
	2837.11	--氰化钠及氧氰化钠	从任何其他子目改变到子目 2837.11
	2837.19	--其他	从任何其他子目改变到子目 2837.19
	2837.20	-氰络合物	从任何其他子目改变到子目 2837.20
2839		硅酸盐；商品碱金属硅酸盐	
	2839.11	-钠盐：偏硅酸钠	从任何其他子目改变到子目 2839.11
	2839.19	-钠盐：除偏硅酸钠外	从任何其他子目改变到子目 2839.19
	2839.90	-其他	从任何其他子目改变到子目 2839.90
2840		硼酸盐及过硼酸盐	
		-四硼酸钠（精炼硼砂）	
	2840.11	--无水四硼酸钠	从 2840.19 之外任何其他子目改变到子目 2840.11

税号		品名	产品特定规则
	2840.19	--其他	从2840.11之外任何其他子目改变到子目2840.19
	2840.20	-其他硼酸盐	从任何其他子目改变到子目2840.20
	2840.30	-过硼酸盐	从任何其他子目改变到子目2840.30
2841		金属酸盐及过金属酸盐	
	2841.30	-重铬酸钠	从任何其他子目改变到子目2841.30
	2841.50	-其他铬酸盐及重铬酸盐；过铬酸盐	从任何其他子目改变到子目2841.50
	2841.61	-亚锰酸盐、锰酸盐及其他高锰酸盐：高锰酸钾	从任何其他子目改变到子目2841.61
	2841.69	-亚锰酸盐、锰酸盐及高锰酸盐：除高锰酸钾外	从任何其他子目改变到子目2841.69
	2841.70	-钼酸盐	从任何其他子目改变到子目2841.70
	2841.80	-钨酸盐	从任何其他子目改变到子目2841.80
	2841.90	-其他	从任何其他子目改变到子目2841.90
2842		其他无机酸盐及过氧酸盐（包括不论是否已有化学定义的硅铝酸盐），但迭氮化物除外：	
	2842.10	-硅酸复盐及硅酸络盐，包括不论是否已有化学定义的硅铝酸盐	从任何其他子目改变到子目2842.10
	2842.90	-其他	从任何其他子目改变到子目2842.90
2843		胶态贵金属；贵金属的无机或有机化合物，不论是否已有化学定义；贵金属汞齐：	
	2843.10	-胶态贵金属	从7106、7108、7110或7112之外任何其他子目改变到子目2843.10；标准物质原产地规则不赋予本子目货物原产地
		-银化合物：	
	2843.21	--硝酸银	从任何其他子目改变到子目2843.21标准物质原产地规则不赋予本子目货物原产地
	2843.29	--其他	从任何其他子目改变到子目2843.29；标准物质原产地规则不赋予本子目货物原产地
	2843.30	-金化合物	从任何其他子目改变到子目2843.30；标准物质原产地规则不赋予本子目货物原产地
	2843.90	-其他贵金属化合物；贵金属汞齐	从任何其他子目改变到子2843.90；标准物质原产地规则不赋予本子目货物原产地

税号		品名	产品特定规则
2844		放射性化学元素及放射性同位素（包括可裂变或可转换的化学元素及同位素）及其化合物；含上述产品的混合物及残渣	
	2844.10	-天然铀及其化合物；含天然铀或天然铀化合物的合金、分散体（包括金属陶瓷）陶瓷产品及混合物	从任何其他子目改变到子目 2844.10
	2844.20	-U235 浓缩铀及其化合物；钚及其化合物；含 U235 浓缩铀、钚或它们的化合物的合金、分散体（包括金属陶瓷）、陶瓷产品及混合物	从任何其他子目改变到子目 2844.20
	2844.30	-U235 贫化铀及其化合物；钍及其化合物；含 U235 贫化铀、钍或它们的化合物的合金、分散体（包括金属陶瓷）、陶瓷产品及混合物	从任何其他子目改变到子目 2844.30
	2844.40	-除子目 2844.10、2844.20 或 2844.30 以外的放射性元素、同位素及其化合物：含这些元素、同位素及其化合物的合金、分散体（包括金属陶瓷）、陶瓷产品及混合物	从任何其他子目改变到子目 284440
	2844.50	-核反应堆已耗尽（已辐照）的燃料元件（释热元件）	从任何其他子目改变到子目 2844.50
2845		品目 2844 以外的同位素；这些同位素的无机或有机化合物，不论是否已有化学定义	从任何其他品目改变到品目 2845
2846		稀土金属、钇、钪及其混合物的无机或有机化合物	从子目 2530.90 之外的任何其他品目改变到品目 2846
2847		过氧化氢，不论是否用尿素固化	从任何其他品目改变到品目 2847
2848		磷化物，不论是否已有化学定义，但不包括磷铁	从任何其他品目改变到品目 2848
2849		碳化物，不论是否已有化学定义	
	2849.10	-碳化钙	从任何其他子目改变到子目 2849.10
	2849.20	-碳化硅	从任何其他子目改变到子目 2849.20
	2849.90	-其他	从任何其他子目改变到子目 2849.90
2850		氢化物、氮化物、叠氮化物、硅化物及硼化物，不论是否已有化学定义，但可归入品目 2849 的碳化物除外	从任何其他品目改变到品目 2850
2852		汞的无机或有机化合物，汞齐除外	从任何其他品目改变到品目 2852
2853		其他无机化合物（包括蒸馏水、导电水及类似的纯净水）；液态空气（不论是否除去稀有气体）；压缩空气；汞齐，但贵金属汞齐除外	从任何其他品目改变到品目 2853
第二十九章		**有机化学品**	
2901		无环烃	从任何其他品目改变到品目 2901
2902		环烃	从任何其他品目改变到品目 2902 提纯原产地规则不赋予本品目货物的原产地

税号		品名	产品特定规则
2903		烃的卤化衍生物	从任何其他品目改变到品目 2903 标准物质原产地规则不赋予本品目货物原产地
2904		烃的磺化、硝化或亚硝化衍生物，不论是否卤化	从任何其他品目改变到品目 2904
2905		无环醇及其卤化、磺化、硝化或亚硝化衍生物	从任何其他品目改变到品目 2905 化学章注不赋予本品目货物原产地
2906		环醇及其卤化、磺化、硝化或亚硝化衍生物	从任何其他品目改变到品目 2906
2907		酚；酚醇	从任何其他品目改变到品目 2907 标准物质原产地规则不赋予本品目货物原产地
2908		酚及酚醇的卤化、磺化、硝化或亚硝化衍生物	从任何其他品目改变到品目 2908
2909		醚、醚醇、醚酚、醚醇酚、过氧化醇、过氧化醚、过氧化酮（不论是否已有化学定义）及其卤化、磺化、硝化或亚硝化衍生物	从任何其他品目改变到品目 2909 标准物质原产地规则不赋予本品目货物原产地
2910		三节环环氧化物、环氧醇、环氧酚、环氧醚及其卤化、磺化、硝化或亚硝化衍生物	从任何其他品目改变到品目 2910
2911		缩醛及半缩醛，不论是否含有其他含氧基，及其卤化、磺化、硝化或亚硝化衍生物	从任何其他品目改变到品目 2911
2912		醛，不论是否含有其他含氧基；环聚醛；多聚甲醛	从任何其他品目改变到品目 2912
2913		品目 2912 所列产品的卤化、磺化、硝化或亚硝化衍生物	从任何其他品目改变到品目 2913
2914		酮及醌，不论是否含有其他含氧基，及其卤化、磺化、硝化或亚硝化衍生物	从任何其他品目改变到品目 2914
2915		饱和无环一元羧酸及其酸酐、酰卤化物、过氧化物和过氧酸以及它们的卤化、磺化、硝化或亚硝化衍生物	从任何其他品目改变到品目 2915
2916		不饱和无环一元羧酸、环一元羧酸及其酸酐、酰卤化物、过氧化物和过氧酸以及它们的卤化、磺化、硝化或亚硝化衍生物	从任何其他品目改变到品目 2916
2917		多元羧酸及其酸酐、酰卤化物、过氧化物和过氧酸以及它们的卤化、磺化、硝化或亚硝化衍生物	从任何其他品目改变到品目 2917 化学章注不赋予子目 291736 货物原产地
2918		含附加含氧基的羧酸及其酸酐、酰卤化物、过氧化物和过氧酸以及它们的卤化、磺化、硝化或亚硝化衍生物	从任何其他品目改变到品目 2918
2919		磷酸脂及其盐，包括乳磷酸盐，以及它们的卤化、磺化、硝化或亚硝化衍生物	从任何其他品目改变到品目 2919

税号		品名	产品特定规则
2920		其他非金属无机酸酯（不包括卤化氢的酯）及其盐以及它们的卤化、磺化、硝化或亚硝化衍生物	从任何其他品目改变到品目 2920
2921		氨基化合物	从任何其他品目改变到品目 2921
2922		含氧基氨基化合物	从任何其他品目改变到品目 2922
2923		季铵盐及季铵碱；卵磷脂及其他磷氨基类脂，不论是否已有化学定义	从任何其他品目改变到品目 2923
2924		羧基酰胺基化合物；碳酸酰胺基化合物	从任何其他品目改变到品目 2924
2925		羧基酰亚胺化合物（包括糖精及其盐）及亚胺基化合物	从任何其他品目改变到品目 2925
2926		腈基化合物	从任何其他品目改变到品目 2926
2927		重氮化合物、偶氮化合物及氧化偶氮化合物	从任何其他品目改变到品目 2927
2928		肼（联氨）及胲（羟胺）的有机衍生物	从任何其他品目改变到品目 2928
2929		其他含氮基化合物	从任何其他品目改变到品目 2929
2930		有机硫化合物	从任何其他品目改变到品目 2930
2931		其他有机-无机化合物	从任何其他品目改变到品目 2931
2932		仅含有氧杂原子的杂环化合物	从任何其他品目改变到品目 2932
2933		仅含有氮杂原子的杂环化合物	从任何其他品目改变到品目 2933
2934		核酸及其盐，不论是否已有化学定义；其他杂环化合物	从任何其他品目改变到品目 2934
2935		磺（酰）胺	从任何其他品目改变到品目 2935
2936		天然或合成再制的维生素原和维生素（包括天然浓缩物）及其主要用作维生素的衍生物，上述产品的混合物，不论是否溶于溶剂	从任何其他品目改变到品目 2936
2937		天然或合成再制的激素、前列腺素、血栓烷、白细胞三烯及其衍生物和结构类似物，包括主要用作激素的改性链多肽	从任何其他品目改变到品目 2937
2938		天然或合成再制的苷（配糖物）及其盐、醚、酯和其他衍生物	从任何其他品目改变到品目 2938
2939		天然或合成再制的生物碱及其盐、醚、酯和其他衍生物	从任何其他品目改变到品目 2939
2940		化学纯糖，但蔗糖、乳糖、麦芽糖、葡萄糖、及果糖除外；糖醚、糖缩醛、糖酯及其盐，但不包括品目 2937、2938、2939 的产品	从任何其他品目改变到品目 2940
2941		抗菌素	从任何其他品目改变到品目 2941
2942		其他有机化合物	从任何其他品目改变到品目 2942

税号		品名	产品特定规则
第三十章		药品	
3001		已干燥的器官疗法用腺体及其他器官，不论是否制成粉末；器官疗法用腺体、其他器官及其分泌物的提取物；肝素及其盐；其他供治疗或预防疾病用的其他税目未列名的人体或动物制品	从任何其他品目改变到品目 3001
3002		人血；治病、防病或诊断用的动物血制品；抗血清、其他血份及修饰免疫制品，不论是否通过生物工艺加工制得；疫苗、毒素、培养微生物（不包括酵母）及类似产品	
	3002. 10	-抗血清、其他血份及修饰免疫制品，不论是否通过生物工艺加工制得	从任何其他子目改变到子目 3002. 10
	3002. 20	-人用疫苗	从任何其他子目改变到子目 3002. 20
	3002. 30	-兽用疫苗	从任何其他子目改变到子目 3002. 30
	3002. 90	-其他	从任何其他子目改变到子目 3002. 90
3003		两种或两种以上成分混合而成的治病或防病用药品（不包括税目 3002、3005 或 3006 的货品），未配定剂量或制成零售包装	
	3003. 10	-含有青霉素及具有青霉烷酸结构的青霉素衍生物或链霉素及其衍生物	从任何其他子目改变到子目 3003. 10
	3003. 20	-含有其他抗菌素	从任何其他子目改变到子目 3003. 20
		-含有激素或税目 2937 的其他产品，但不含抗菌素：	
	3003. 31	--含有胰岛素	从任何其他子目改变到子目 3003. 31
	3003. 39	--其他	从任何其他子目改变到子目 3003. 39
	3003. 40	-含有生物碱及其衍生物，但不含抗菌素及税目 2937 的激素或其他产品	从任何其他子目改变到子目 3003. 40
	3003. 90	-其他	从任何其他子目改变到子目 3003. 90
3004		由混合或非混合产品构成的治病或防病用药品（不包括税目 3002、3005 或 3006 的货品），已配定剂量（包括制成皮肤摄入形式的）或制成零售包装	
	3004. 10	-含有青霉素及具有青霉烷酸结构的青霉素衍生物或链霉素及其衍生物	从任何其他子目改变到子目 3004. 10
	3004. 20	-含有其他抗菌素	从任何其他子目改变到子目 3004. 20
		-含有激素或税目 2937 的其他产品，但不含抗菌素：	
	3004. 31	--含有胰岛素	从任何其他子目改变到子目 3004. 31
	3004. 32	--含有皮质甾类激素及其衍生物或结构类似物	从任何其他子目改变到子目 3004. 32
	3004. 39	--其他	从任何其他子目改变到子目 3004. 39

税号		品名	产品特定规则
	3004.40	-含有其他生物碱及其衍生物，但不含抗菌素及税号2937的激素或其他产品产品，包括零售包装）	从任何其他子目改变到子目3004.40
	3004.50	-含有维生素或税目2936所列产品的其他药品	从任何其他子目改变到子目3004.50
	3004.90	-其他	从任何其他子目改变到子目3004.90
3005		软填料、纱布、绷带及类似物品（例如，敷料、橡皮膏、混罨剂），经过药物浸涂或制成零售包装供医疗、外科、牙科或兽医用	从任何其他品目改变到品目3005
3006		本章注释四所规定的医药用品	
	3006.10	-无菌外科肠线、类似的无菌缝合材料（包括外科或牙科用无菌可吸收缝线）及外伤创口闭合用的无菌粘合胶布；无菌昆布及无菌昆布塞条；外科或牙科用无菌抗粘连阻隔材料，不论是否可吸收：	从任何其他品目改变到子目3006.10
	3006.20	-血型试剂	从任何其他品目改变到子目3006.20
	3006.30	-X光检查造影剂；用于病人的诊断试剂	从任何其他品目改变到子目3006.30
	3006.40	-牙科粘固剂及其他牙科填料；骨骼粘固剂	从任何其他品目改变到子目3006.40
	3006.50	-急救药箱、药包	从任何其他品目改变到子目3006.50
	3006.60	-以激素，税目2937的其他产品或余精子剂为基本成分的化学避孕药物	从任何其他品目改变到子目3006.60
	3006.70	-专用于人类或作兽药用的凝胶制品，作为外科手术或体检时躯体部位的润滑剂，或者作为躯体和医疗器械之间的偶合剂	从任何其他品目改变到子目3006.70
		-其他：	
	3006.91	--可确定用于造口术的用具	从任何其他品目改变到子目3006.91
	3006.92	--废药物	原产国应为获得本子目货物的国家
第三十一章		**肥料**	
3101		动物或植物肥料，不论是否相互混合或经化学处理；动植物产品经混合或化学处理制成的肥料	从任何其他品目改变到品目3101，从子目2301.20、子目0506.90、品目0508、子目0511.91或子目0511.99的粉末改变的除外
3102		矿物氮肥及化学氮肥	从任何其他品目改变到品目3102 化学章注不赋予本品目货物原产地
3103		矿物磷肥及化学磷肥	从任何其他品目改变到品目3103 化学章注不赋予本品目货物原产地
3104		矿物钾肥及化学钾肥	
	3104.20	-氯化钾	从任何其他品目改变到子目3104.20 改变颗粒尺寸原产地规则不赋予本子目货物原产地

税号		品名	产品特定规则
	3104. 30	-硫酸钾	从任何其他品目改变到子目 3104. 30 改变颗粒尺寸原产地规则不赋予本子目货物原产地
	3104. 90	-其他	从任何其他品目改变到子目 3104. 90
3105		含氮、磷、钾中两种或三种肥效元素的矿物肥料或化学肥料；其他肥料；制成片及类似形状或每包毛重不超过10 千克的本章各项货品	从任何其他品目改变到品目 3105 化学章注不赋予本品目货物原产地
第三十二章		**鞣料浸膏及染料浸膏；鞣酸及其衍生物；染料、颜料及其他着色料；油漆及清漆；油灰及其他胶粘剂；墨水、油墨**	
3201		植物鞣料浸膏；鞣酸及其盐、醚、酯和其他衍生物	从任何其他品目改变到品目 3201
3202		有机合成鞣料；无机鞣料；鞣料制剂，不论是否含有天然鞣料；预鞣用酶制剂	
	3202. 10	-有机合成鞣料	从任何其他品目改变到子目 3202. 10
	3202. 90	-其他	从任何其他子目改变到子目 3202. 90
3203		动植物质着色料（包括染料浸膏，但动物碳黑除外），不论是否已有化学定义；本章注释三所述的以动植物质着色料为基本成分的制品	从任何其他品目改变到品目 3203
3204		有机合成着色料，不论是否已有化学定义；本章注释三所述的以有机合成着色料为基本成分的制品；用作荧光增白剂或发光体的有机合成产品，不论是否已有化学定义	从任何其他品目改变到品目 3204
3205		色淀；本章注释三所述的以色淀为基本成分的制品	从任何其他品目改变到品目 3205
3206		其他着色料；本章注释三所述的制品，但品目 3203、3204 及 3205 的货品除外；用作发光体的无机产品，不论是否已有化学定义：	
		-以二氧化钛为基本成分的颜料及制品：	
	3206. 11	--以干物质计二氧化钛含量在 80% 及以上	区域价值成分不少于 50% 化学章注不赋予本子目货物原产地
	3206. 19	--其他	从子目 3206. 11 之外任何其他子目改变到子目 3206. 19
	3206. 20	-以铬化合物为基本成分的颜料及制品	从任何其他子目改变到子目 3206. 20
		-其他着色料及其他制品：	
	3206. 41	--群青及以其为基本成分的制品	从任何其他子目改变到子目 3206. 41
	3206. 42	--锌钡白及以硫化锌为基本成分的其他颜料和制品	从任何其他子目改变到子目 3206. 42
	3206. 49	--其他	从任何其他子目改变到子目 3206. 49
	3206. 50	-用作发光体的无机产品	从任何其他子目改变到子目 3206. 50

税号		品名	产品特定规则
3207		陶瓷、搪瓷及玻璃工业用的调制颜料、遮光剂、着色剂、珐琅和釉料、釉底料（泥釉）、光瓷釉以及类似产品；搪瓷玻璃料及其他玻璃，呈粉、粒或粉片状的	从任何其他品目改变到品目3207
3208		以合成聚合物或化学改性天然聚合物为基本成分的油漆及清漆（包括瓷漆及大漆），分散于或溶于非水介质的；本章注释四所述的溶液	从任何其他品目改变到品目3208
3209		以合成聚合物或化学改性天然聚合物为基本成分的油漆及清漆（包括瓷漆及大漆），分散于或溶于水介质的	从任何其他品目改变到品目3209 化学章注不赋予本品目货物原产地
3210		其他油漆及清漆（包括瓷漆、大漆及水浆涂料）；加工皮革用的水性颜料	从任何其他品目改变到品目3210
3211		配制的催干剂	从任何其他品目改变到品目3211
3212		制造油漆（含瓷漆）用的颜料（包括金属粉末或金属粉片），分散于非水介质中呈液状或浆状的；压印箔；零售形状及零售包装的染料或其他着色料	从任何其他品目改变到品目3212 化学章注不赋予本品目货物原产地
3213		艺术家、学生和广告美工用的颜料、调色料、文娱颜料及类似品，片状、管装、罐装、瓶装、扁盒装以及类似形状或包装的	从任何其他品目改变到品目3213
3214		安装玻璃用油灰、接缝用油灰、树脂胶泥、嵌缝胶及其他类似胶粘剂；漆工用填料；非耐火涂面制剂，涂门面、内墙、地板、天花板等用	从子目3824.50之外任何其他品目改变到品目3214
3215		印刷油墨、书写或绘图墨水及其他墨类，不论是否固体或浓缩	从任何其他品目改变到品目3215
第三十三章		**精油及香膏；芳香料制品及化妆盥洗品**	
3301		精油（无萜或含萜），包括浸膏及净油；香膏；提取的油树脂；用花香吸取法或浸渍法制成的含浓缩精油的脂肪、固定油、蜡及类似品；精油脱萜时所得的萜烯副产品；精油水馏液及水溶液	
		-柑桔属果实的精油：	
	3301.12	--橙油	区域价值成分不少于50%
	3301.13	--柠檬油	从任何其他子目改变到子目3301.13
	3301.19	--其他	从任何其他子目改变到子目3301.19
		-非柑桔属果实的精油：	
	3301.24	--胡椒薄荷油	从任何其他子目改变到子目3301.24
	3301.25	--其他薄荷油	区域价值成分不少于30%
	3301.29	--其他	从任何其他子目改变到子目3301.29
	3301.30	-香膏	从任何其他品目改变到子目3301.30

税号		品名	产品特定规则
	3301.90	-其他	从任何其他品目改变到子目 3301.90
3302		工业原料用的混合香料以及以一种或多种香料为基本成分的混合物（包括酒精溶液）；生产饮料用的以香料为基本成分的其他制品	从子目 2106.90 或品目 2207、2208、或 3301 之外的任何其他品目改变到品目 3302
3303		香水及花露水	从任何其他品目改变到品目 3303
3304		美容品或化妆品及护肤品（药品除外），包括防晒油或晒黑油，指（趾）甲化妆品	从任何其他品目改变到品目 3304
3305		护发品	从任何其他品目改变到品目 3305
3306		口腔及牙齿清洁剂，包括假牙模膏及粉；清洁牙缝用的纱线（牙线），单独零售包装的	
	3306.10	-洁齿品	从任何其他品目改变到子目 3306.10
	3306.20	-清洁牙缝用的纱线（牙线）	从第五十四章子目之外任何其他子目改变到子目 3306.20
	3306.90	-其他	从任何其他品目改变到子目 3306.90
3307		剃须用制剂、人体除臭剂、沐浴用制剂、脱毛剂和其他品目未列名的芳香料制品及化妆盥洗品；室内除臭剂，不论是否加香水或消毒剂	从任何其他品目改变到品目 3307
第三十四章		**肥皂、有机表面活性剂、洗涤剂、润滑剂、人造蜡、调制蜡、光洁剂、蜡烛及类似品、塑型用膏、“牙科用蜡”及牙科用熟石膏制剂**	
3401		肥皂；作肥皂用的有机表面活性产品及制品，条状、块状或模制形状的，不论是否含有肥皂；洁肤用的有机表面活性产品及制品，液状或膏状并制成零售包装的，不论是否含有肥皂；用肥皂或洗涤剂浸渍、涂面或包覆的纸、絮胎、毡呢及无纺织物	从任何其他品目改变到品目 3401
3402		有机表面活性剂（肥皂除外）；表面活性剂制品、洗涤剂（包括助洗剂）及清洁剂，不论是否含有肥皂，但品目 3401 的产品除外	
		-有机表面活性剂，不论是否零售包装：	
	3402.11	--阴离子型	从任何其他品目改变到子目 3402.11 化学章注不赋予本子目货物原产地
	3402.12	--阳离子型	从任何其他品目改变到子目 3402.12 化学章注不赋予本子目货物原产地
	3402.13	--非离子型	区域价值成分不少于 40% 化学章注不赋予本子目货物原产地
	3402.19	--其他	从任何其他品目改变到子目 3402.19 化学章注不赋予本子目货物原产地

税号		品名	产品特定规则
	3402. 20	-零售包装的制品	从任何其他子目改变到子目 3402. 20 化学章注不赋予本子目货物原产地
	3402. 90	-其他	从任何其他子目改变到子目 3402. 90 化学章注不赋予本子目货物原产地
3403		润滑剂（包括以润滑剂为基本成分的切削油制剂、螺栓或螺母松开剂、防锈或防腐蚀制剂及脱模剂）及用于纺织材料、皮革、毛皮或其他材料油脂处理的制剂，但不包括以石油或从沥青矿物提取的油类为基本成分（按重量计不低于 70%）的制剂	
		-含有石油或从沥青矿物提取的油类：	
	3403. 11	--处理纺织材料、皮革、毛皮或其他材料的制剂	从品目 2710 或 2712 之外任何其他子目改变到子目 3403. 11
	3403. 19	--其他	从品目 2710 或 2712 之外任何其他子目改变到子目 3403. 19
		-其他：	
	3403. 91	--处理纺织材料、皮革、毛皮或其他材料的制剂	从任何其他子目改变到子目 3403. 91
	3403. 99	--其他	从任何其他子目改变到子目 3403. 99
3404		人造蜡及调制蜡	
	3404. 20	-聚氧乙烯（聚乙二醇）蜡	从任何其他子目改变到子目 3404. 20
	3404. 90	-其他	从品目 1521、子目 2712. 20 或 2712. 90 之外任何其他子目改变到子目 3404. 90
3405		鞋靴、家具、地板、车身、玻璃或金属用的光洁剂、擦洗膏、去污粉及类似制品（包括用这类制剂浸渍、涂面或包覆的纸、絮胎、毡呢、无纺织物、泡沫塑料或海绵橡胶），但不包括品目 3404 的蜡	从任何其他品目改变到品目 3405
3406		各种蜡烛及类似品	从任何其他品目改变到品目 3406
3407		塑型用膏，包括供儿童娱乐用的在内；通称为“牙科用蜡”或“牙科造形膏”的制品，成套、零售包装或制成片状、马蹄形、	从任何其他品目改变到品目 3407
第三十五章		**蛋白类物质；改性淀粉；胶；酶**	
3501		酪蛋白、酪蛋白酸盐及其他酪蛋白衍生物；酪蛋白胶	从任何其他品目改变到品目 3501 化学章注不赋予本品目货物原产地
3502		白蛋白（包括按重量计干质成分的乳清蛋白含量超过 80% 的两种或两种以上的乳清蛋白浓缩物）、白蛋白盐及其他白蛋白衍生物	从任何其他品目改变到品目 3502 化学章注不赋予本品目货物原产地
3503		明胶（包括长方形、正方形明胶薄片，不论是否表面加工或着色）及其衍生物；鱼鳔胶；其他动物胶，但不包括品目 3501 的酪蛋白胶	从任何其他品目改变到品目 3503

税号		品名	产品特定规则
3504		蛋白胨及其衍生物；其他品目未列名的蛋白质及其衍生物；皮粉，不论是否加入铬矾	从任何其他品目改变到品目 3504
3505		糊精及其他改性淀粉（例如，预凝化淀粉或酯化淀粉）；以淀粉、糊精或其他改性淀粉为基本成分的胶	
	3505.10	-糊精及其他改性淀粉	从任何其他子目改变到子目 3505.10
	3505.20	-胶	从任何其他子目改变到子目 3505.20
3506		其他品目未列名的调制胶及其他调制粘合剂；适于作胶或粘合剂用的产品，零售包装每件净重不超过 1 千克	从任何其他品目改变到品目 3506
3507		酶；其他品目未列名的酶制品	从任何其他品目改变到品目 3507
第三十六章		**炸药；烟火制品；火柴；引火合金；易燃材料制品**	
3601		发射药	从任何其他品目改变到品目 3601
3602		配制炸药，但发射药除外	从任何其他品目改变到品目 3602
3603		安全导火索；导爆索；火帽或雷管；引爆器；电雷管	从任何其他品目改变到品目 3603
3604		烟花、爆竹、信号弹、降雨火箭、浓雾信号弹及其他烟火制品	从任何其他品目改变到品目 3604
3605		火柴，但品目 3604 的烟火制品除外	从任何其他品目改变到品目 3605
3606		各种形状的铈铁及其他引火合金；本章注释二所述的易燃材料制品	从任何其他品目改变到品目 3606
第三十七章		**照相及电影用品**	
3701		未曝光的摄影感光硬片及平面软片，用纸、纸板及纺织物以外任何材料制成；未曝光的一次成像感光平片，不论是否分装	从任何其他品目改变到品目 3701，如果成品涂有感光乳剂或其他涂层溶剂，则该感光乳剂或其他涂层溶剂须在成员方生产；如果需要干燥、涂层、剪切及包装工序，则上述工序也应在成员方内完成。
3702		成卷的未曝光摄影感光胶片，用纸、纸板及纺织物以外任何材料制成；未曝光的一次成像感光卷片	从任何其他品目改变到品目 3702，如果成品涂有感光乳剂或其他涂层溶剂，则该感光乳剂或其他涂层溶剂须在成员方生产；如果需要干燥、涂层、剪切及包装工序，则上述工序也应在成员方内完成。
3703		未曝光的摄影感光纸、纸板及纺织物	从任何其他品目改变到品目 3703，如果成品涂有感光乳剂或其他涂层溶剂，则该感光乳剂或其他涂层溶剂须在成员方生产；如果需要干燥、涂层、剪切及包装工序，则上述工序也应在成员方内完成。
3704		已曝光未冲洗的摄影硬片、软片、纸、纸板及纺织物	从任何其他品目改变到品目 3704

税号		品名	产品特定规则
3705		已曝光已冲洗的摄影硬片及软片，但电影胶片除外	从任何其他品目改变到品目 3705
3706		已曝光已冲洗的电影胶片，不论是否配有声道或仅有声道	从任何其他品目改变到品目 3706
3707		摄影用化学制剂（不包括上光漆、胶水、粘合剂及类似制剂）；摄影用未混合产品；定量包装或零售包装可立即使用的	从任何其他品目改变到品目 3707
第三十八章		**杂项化学产品**	
3801		人造石墨；胶态或半胶态石墨；以石墨或其他碳为基本成分的糊状、块状、板状制品或半制品	
	3801.10	-人造石墨	从任何其他子目改变到子目 3801.10
	3801.20	-胶态或半胶态石墨	从品目 2504 或子目 3801.10 之外任何其他子目改变到子目 3801.20
	3801.30	-电极用碳糊及炉衬用的类似糊	从任何其他子目改变到子目 3801.30
	3801.90	-其他	从品目 2504 之外任何其他子目改变到子目 3801.90
3802		活性碳；活性天然矿产品；动物炭黑，包括废动物炭黑	从任何其他品目改变到品目 3802
3803		妥尔油，不论是否精炼	从任何其他品目改变到品目 3803
3804		木浆残余碱液，不论是否浓缩、脱糖或经化学处理，包括木素磺酸盐，但不包括品目 3803 的妥尔油	从任何其他品目改变到品目 3804
3805		脂松节油、木松节油和硫酸盐松节油及其他萜烯油，用蒸馏或其他方法从针叶木制得；粗制二聚戊烯；亚硫酸盐松节油及其他粗制对异丙基苯甲烷；以 α 萜品醇为基本成分的松油	从任何其他品目改变到品目 3805
3806		松香和树脂酸及其衍生物；松香精及松香油；再熔胶	
	3806.10	-松香及树脂酸	从任何其他子目改变到子目 3806.10
	3806.20	-松香盐、树脂酸盐及松香或树脂酸衍生物的盐，但松香加合物的盐除外	从任何其他子目改变到子目 3806.20
	3806.30	-酯胶	从任何其他子目改变到子目 3806.30
	3806.90	-其他	从任何其他子目改变到子目 3806.90
3807		木焦油；精制木焦油；木杂酚油；粗木精；植物沥青；以松香、树脂酸或植物沥青为基本成分的啤酒桶沥青及类似制品	从任何其他品目改变到品目 3807
3808		杀虫剂、杀鼠剂、杀菌剂、除草剂、抗萌剂、植物生长调节剂、消毒剂及类似产品，零售形状、零售包装或制成制剂及成品（例如，经硫磺处理的带子、杀虫灯芯、蜡烛及捕蝇纸）	

税号		品名	产品特定规则
	3808.50	-本章子目注释一所规定的货品	从任何其他子目改变到子目 3808.50
		-其他：	
	3808.91	--杀虫剂	从任何其他子目改变到子目 3808.91
	3808.92	--杀菌剂	从任何其他子目改变到子目 3808.92
	3808.93	--除草剂、抗菌剂及植物生长调节剂	从任何其他子目改变到子目 3808.93
	3808.94	--消毒剂	从任何其他子目改变到子目 3808.94
	3808.99	--其他	从任何其他子目改变到子目 3808.99
3809		纺织、造纸、制革及类似工业用的其他品目未列名的整理剂、染料加速着色或固色助剂及其他产品和制剂（例如，修整剂及媒染剂）	
	3809.10	-以淀粉物质为基本成分	从任何其他品目改变到子目 3809.10
		-其他：	
	3809.91	--纺织工业及类似工业用	从任何其他子目改变到子目 3809.91
	3809.92	--造纸工业及类似工业用	从任何其他子目改变到子目 3809.92
	3809.93	--制革工业及类似工业用	从任何其他子目改变到子目 3809.93
3810		金属表面酸洗剂；焊接用的焊剂及其他辅助剂；金属及其他材料制成的焊粉或焊膏；作焊条芯子或焊条涂料用的制品	从任何其他品目改变到品目 3810
3811		抗震剂、抗氧剂、防胶剂、粘度改良剂、防腐蚀制剂及其他配制添加剂，用于矿物油（包括汽油）或与矿物油同样用途的其他液体	从任何其他品目改变到品目 3811
3812		配制的橡胶促进剂；其他品目未列名的橡胶或塑料用复合增塑剂；橡胶或塑料用抗氧制剂及其他复合稳定剂	从任何其他品目改变到品目 3812
3813		灭火器的装配药；已装药的灭火弹	从任何其他品目改变到品目 3813
3814		其他品目未列名的有机复合溶剂及稀释剂；除漆剂	从任何其他品目改变到品目 3814
3815		其他品目未列名的反应引发剂、反应促进剂、催化剂	从任何其他品目改变到品目 3815
3816		耐火的水泥、灰泥、混凝土及类似耐火混合制品，但品目 3801 的产品除外	从任何其他品目改变到品目 3816
3817		混合烷基苯及混合烷基萘，但品目 2707 及 2902 的货品除外	从任何其他品目改变到品目 3817
3818		经掺杂用于电子工业的化学元素，已切成圆片、薄片或类似形状；经掺杂用于电子工业的化合物	从任何其他品目改变到品目 3818
3819		闸用液压油及其他液压传动用液体，不含石油或从沥青矿物提取的油类，或者按重量计石油或从沥青矿物提取的油类含量低于 70%	从品目 2710 之外任何其他品目改变到品目 3819
3820		防冻剂及解冻剂	从任何其他品目改变到品目 3820

税号		品名	产品特定规则
3821		制成的供微生物（包括病毒及类似品）或植物、人体、动物细胞生长或维持用的培养基	从任何其他品目改变到品目 3821
3822		附于衬背上的诊断或实验用试剂及不论是否附于衬背上的诊断或实验用配制试剂，但品目 3002 及 3006 的货品除外；检定参照物	从任何其他品目改变到品目 3822
3823		工业用单羧脂肪酸；精炼所得的酸性油；工业用脂肪醇	
		-工业用单羧脂肪酸；精炼所得的酸性油：	
	3823.11	--硬脂酸	从品目 1520 之外任何其他子目改变到子目 3823.11；化学章注不赋予本子目货物原产地
	3823.12	--油酸	从品目 1520 之外任何其他子目改变到子目 3823.12；化学章注不赋予本子目货物原产地
	3823.13	--妥尔油脂肪酸	从品目 1520 之外任何其他子目改变到子目 3823.13；化学章注不赋予本子目货物原产地
	3823.19	--其他	从任何其他子目改变到子目 3823.19 化学章注不赋予本子目货物原产地
	3823.70	-工业用脂肪醇	从品目 1520 之外任何其他子目改变到子目 3823.70；化学章注不赋予本子目货物原产地
3824		铸模及铸芯用粘合剂；其他处未列名的化学工业及其相关工业的化学产品及配制品（包括由天然产品混合组成的）	
	3824.10	-铸模及铸芯用粘合剂	从任何其他子目改变到子目 3824.10
	3824.30	-自身混合或与金属粘合剂混合的未烧结金属碳化物	从任何其他子目改变到子目 3824.30
	3824.40	-水泥、灰泥及混凝土用添加剂	从任何其他子目改变到子目 3824.40
	3824.50	-非耐火的灰泥及混凝土	从任何其他子目改变到子目 3824.50
	3824.60	-子目 2905.44 以外的山梨醇	从任何其他子目改变到子目 3824.60
		-含有甲烷、乙烷或丙烷的全卤化衍生物的混合物：	
	3824.71	--含全氯氟烃（CFCs）的不论是否含氢氯氟烃（HCFCs）、全氟烃（PFCs）或氢氟烃（HFCs）	从任何其他子目改变到子目 3824.71
	3824.72	--含溴氯二氟甲烷、溴三氟甲烷或二溴四氟乙烷的混合物	从任何其他子目改变到子目 3824.72
	3824.73	--含氢溴氟烃（HBFCs）	从任何其他子目改变到子目 3824.73
	3824.74	--含氢氯氟烃（HCFCs）的不论是否含全氟烃（PFCs）或氢氟烃（HFCs），但不含全氯氟烃（CFCs）	从任何其他子目改变到子目 3824.74

税号		品名	产品特定规则
	3824.75	--含四氯化碳的	从任何其他子目改变到子目3824.75
	3824.76	--含1，1，1-三氯乙烷（甲基氯仿）的	从任何其他子目改变到子目3824.76
	3824.77	--含溴化甲烷（甲基溴）或溴氯甲烷的	从任何其他子目改变到子目3824.77
	3824.78	--含全氟烃（PFCs）或氢氟烃（HFCs）的，但不含全氯氟烃（CFCs）或氢氯氟烃（HCFCs）的	从任何其他子目改变到子目3824.78
	3824.79	--其他	从任何其他子目改变到子目3824.79
		-含环氧乙烷（氧化乙烯）、多溴联苯（PBBs）、多氯联苯（PCBs）、多氯三联苯（PCTs）或三（2，3-二溴丙基）磷酸酯的混合物及制品：	
	3824.81	--含环氧乙烷（氧化乙烯）	从任何其他子目改变到子目3824.81
	3824.82	--含多氯联苯（PCBs）、多氯三联苯（PCTs）或多溴联苯（PBBs）	从任何其他子目改变到子目3824.82
	3824.83	--含三（2，3-二溴丙基）磷酸酯的	从任何其他子目改变到子目3824.83
	3824.90	-其他	从任何其他子目改变到子目3824.90
3825		其他品目未列名的化学工业及其相关工业的副产品；城市垃圾；下水道淤泥；本章注释六所规定的其他废物	原产国应为获得本品目货物的国家
第三十九章		**塑料及其制品**	
			章注： 1. 化学反应原产地规则 如经化学反应得到三十九至四十章的产品，且该化学反应发生在中国或新西兰，则该产品应视为原产。除各税号对应的特定原产地标准外，“化学反应”规则也适用于归入上述章节的所有产品。 注释：在本部分中，“化学反应”是指通过分子键断裂并形成新的分子键，或者通过改变分子的空间排列而形成新结构分子的过程（包括生化过程）。在确定产品是否原产时，下列过程不不视为化学反应： （一）溶解于水或其他溶剂； （二）去除溶剂，包括作为溶剂的水；或 （三）添加或去除结晶水。
3901		初级形状的乙烯聚合物	从任何其他品目改变到品目3901 化学反应原产地规则不赋予本品目货物原产地
3902		初级形状的丙烯或其他烯烃聚合物	从任何其他品目改变到品目3902 化学反应原产地规则不赋予本品目货物原产地

税号		品名	产品特定规则
3903		初级形状的苯乙烯聚合物	从任何其他品目改变到品目 3903
3904		初级形状的氯乙烯或其他卤化烯烃聚合物	从任何其他品目改变到品目 3904
3905		初级形状的乙酸乙烯酯或其他乙烯酯聚合物；初级形状的其他乙烯基聚合物	从任何其他品目改变到品目 3905
3906		初级形状的丙烯酸聚合物	从任何其他品目改变到品目 3906
3907		初级形状的聚缩醛、其他聚醚及环氧树脂；初级形状的聚碳酸酯、醇酸树脂、聚烯丙基酯及其他聚酯	从任何其他品目改变到品目 3907 化学反应原产地规则不赋予本品目货物原产地
3908		初级形状的聚酰胺：	从任何其他品目改变到品目 3908
3909		初级形状的氨基树脂、酚醛树脂及聚氨酯类	从任何其他品目改变到品目 3909
3910		初级形状的聚硅氧烷	从任何其他品目改变到品目 3910
3911		初级形状的石油树脂、苯并呋喃-茚树脂、多萜树脂、多硫化物、聚砜及本章注释三所规定的其他品目未列名产品	从任何其他品目改变到品目 3911
3912		初级形状的其他品目未列名的纤维素及其化学衍生物	从任何其他品目改变到品目 3912
3913		初级形状的其他品目未列名的天然聚合物（例如藻酸）及改性天然聚合物（例如，硬化蛋白、天然橡胶的化学衍生物）	从任何其他品目改变到品目 3913
3914		初级形状的离子交换剂，以品目 3901 至 3913 的聚合物为基本成分的	从任何其他品目改变到品目 3914
3915		塑料的废碎料及下脚料	原产国应为获得本品目货物的国家 化学反应原产地规则不赋予本品目货物原产地
3916		塑料制的单丝（截面直径超过 1 毫米）、条、杆、型材及异型材，不论是否经表面加工，但未经其他加工	从任何其他品目改变到品目 3916
3917		塑料制的管子及其附件（例如，接头、肘管、法兰）	从任何其他品目改变到品目 3917
3918		块状或成卷的塑料铺地制品，不论是否胶粘；本章注释九所规定的塑料糊墙品	从任何其他品目改变到品目 3918
3919		自粘的塑料板、片、膜、箔、带、扁条及其他扁平形状材料，不论是否成卷	从任何其他品目改变到品目 3919
3920		其他非泡沫塑料的板、片、膜、箔及扁条，未用其他材料强化、层压、支撑或用类似方法合制	从任何其他品目改变到品目 3920 化学反应原产地规则不赋予本品目货物原产地
3921		其他塑料板、片、膜、箔、扁条	从任何其他品目改变到品目 3921
3922		塑料浴缸、淋浴盘、洗涤槽、盥洗盆、坐浴盆、便盆、马桶座圈及盖、抽水箱及类似卫生洁具	从任何其他品目改变到品目 3922

税号		品名	产品特定规则
3923		供运输或包装货物用的塑料制品；塑料制的塞子、盖子及类似品	从任何其他品目改变到品目 3923
3924		塑料制的餐具、厨房用具、其他家庭用具及卫生或盥洗用具	从任何其他品目改变到品目 3924
3925		其他品目未列名的建筑用塑料制品	从任何其他品目改变到品目 3925
3926		其他塑料制品及品目 3901 至 3914 所列其他材料的制品	从任何其他品目改变到品目 3926 化学反应原产地规则不赋予本品目货物原产地
第四十章		橡胶及其制品	
4001		天然橡胶、巴拉塔胶、古塔波胶、银胶菊胶、糖胶树胶及类似的天然树胶，初级形状或板、片、带	从任何其他章改变到品目 4001
4002		合成橡胶及从油类提取的油膏，初级形状或板、片、带；品目 4001 所列产品与本品目所列产品的混合物，初级形状或板、片、带	从任何其他品目改变到品目 4002
4003		再生橡胶，初级形状或板、片、带	从任何其他品目改变到品目 4003
4004		橡胶（硬质橡胶的除外）的废碎料、下脚料及其粉、粒	原产国应为获得本品目货物的国家
4005		未硫化的复合橡胶，初级形状或板、片、带	从品目 4001 或 4003 之外的任何其他品目改变到品目 4005
4006		其他形状（例如，杆、管或型材及异型材）的未硫化橡胶及未硫化橡胶制品（例如，盘、环	从任何其他品目改变到品目 4006
4007		硫化橡胶线及绳	从任何其他品目改变到品目 4007
4008		硫化橡胶（硬质橡胶除外）制的板、片、带、杆或型材及异型材	从任何其他品目改变到品目 4008
4009		硫化橡胶（硬质橡胶除外）制的管子，不论是否装有附件（例如，接头、肘管、法兰）	从任何其他品目改变到品目 4009
4010		硫化橡胶制的传动带或输送带及带料	从任何其他品目改变到品目 4010
4011		新的充气橡胶轮胎	从任何其他品目改变到品目 4011
4012		翻新的或旧的充气橡胶轮胎；实心或半实心橡胶轮胎、橡胶胎面及橡胶轮胎衬带	从任何其他品目改变到品目 4012
4013		橡胶内胎	从任何其他品目改变到品目 4013
4014		硫化橡胶（硬质橡胶除外）制的卫生及医疗用品（包括奶嘴），不论是否装有硬质橡胶制的附件	从任何其他品目改变到品目 4014
4015		硫化橡胶（硬质橡胶除外）制的衣着用品及附件（包括手套）	从任何其他品目改变到品目 4015

税号		品名	产品特定规则
4016		硫化橡胶（硬质橡胶除外）的其他制品	从任何其他品目改变到品目 4016
4017		各种形状的硬质橡胶（例如纯硬质胶），包括废碎料；硬质橡胶制品	从任何其他品目改变到品目 4017
第四十一章		**生皮（毛皮除外）及皮革**	
			章注： 屠宰不赋予品目 4101、4102 及 4103 货物原产地
4101		生牛皮（包括水牛皮）、生马皮（鲜的、盐腌的、干的、石灰浸渍的、浸酸的或以其他方法保藏，但未鞣制、未经羊皮纸化处理或进一步加工的），不论是否去毛或刨层	从任何其他章改变到品目 4101
4102		绵羊或羔羊生皮（鲜的、盐渍的、干的、石灰浸渍的、浸酸的或经其他方法保藏，但未鞣制、未经羊皮纸化处理或进一步加工的），不论是否带毛或剖层，但本章注释一（三）所述不包括的生皮除外	从任何其他章改变到品目 4102
4103		其他生皮（鲜的、盐渍的、干的、石灰浸渍的、浸酸的或以其他方法保藏，但未鞣制、未经羊皮纸化处理或进一步加工的），不论是否去毛或剖层，但本章注释一（二）或（三）所述不包括的生皮除外	从任何其他章改变到品目 4103
4104		经鞣制的不带毛牛皮（包括水牛皮）、马皮及其坯革，不论是否剖层，但未经进一步加工	从任何其他品目改变到品目 4104
4105		经鞣制的不带毛绵羊或羔羊皮及其坯革，不论是否剖层，但未经进一步加工	从任何其他品目改变到品目 4105
4106		经鞣制的其他不带毛动物皮及其坯革，不论是否剖层，但未经进一步加工	从任何其他品目改变到品目 4106
4107		经鞣制或半硝处理后进一步加工的牛皮革（包括水牛皮革）及马皮革，包括羊皮纸化处理的皮革，不论是否剖层，但品目 4114 的皮革除外	从任何其他品目改变到品目 4107
4112		经鞣制或半硝处理后进一步加工的不带毛的绵羊或羔羊皮革，包括羊皮纸化处理的，不论是否剖层，但品目 4114 的皮革除外	从任何其他品目改变到品目 4112
4113		经鞣制或半硝处理后进一步加工的不带毛的其他动物皮革，包括羊皮纸化处理的，不论是否剖层，但品目 4114 的皮革除外	从任何其他品目改变到品目 4113
4114		油鞣皮革（包括结合鞣制的油鞣皮革）；漆皮及层压漆皮；镀金属皮革	从任何其他品目改变到品目 4114

税号		品名	产品特定规则
4115		以皮革或皮革纤维为基本成分的再生皮革，成块、成张或成条，不论是否成卷；皮革或再生皮革的边角废料，不适宜作皮革制品用；皮革粉末	
	4115.10	-以皮革或皮革纤维为基本成分的再生皮革，成块、成张或成条，不论是否成卷	从任何其他品目改变到子目 4115.10
	4115.20	-皮革或再生皮革的边角废料，不适宜作皮革制品用；皮革粉末	原产国应为获得本子目货物的国家
第四十二章		**皮革制品；鞍具及挽具；旅行用品、手提包及类似容器；动物肠线（蚕胶丝除外）制品**	
4201		各种材料制成的鞍具及挽具（包括缰绳、挽绳、护膝垫、口套、鞍褥、马褡裢、狗外套及类似品），适合各种动物用	从任何其他品目改变到品目 4201
4202		衣箱、提箱、小手袋、公文箱、公文包、书包、眼镜盒、望远镜盒、照相机套、乐器盒、枪套及类似容器；旅行包、食品或饮料保温包、化妆包、帆布包、手提包、购物袋、钱夹、钱包、地图盒、烟盒、烟袋、工具包、运动包、瓶盒、首饰盒、粉盒、刀叉餐具盒及类似容器，用皮革或	从任何其他品目改变到品目 4202
4203		皮革或再生皮革制的衣服及衣着附件	从任何其他品目改变到品目 4203
4205		皮革或再生皮革的其他制品	从任何其他品目改变到品目 4205
4206		肠线（蚕胶丝除外）、肠膜、膀胱或筋腱制品	从任何其他品目改变到品目 4206
第四十三章		**毛皮、人造毛皮及其制品**	
4301		生毛皮（包括适合加工皮货用的头、尾、爪及其他块、片），但品目 4101、4102 或 4103 的生皮除外	从任何其他品目改变到品目 4301
4302		未缝制或已缝制（不加其他材料）的已鞣毛皮（包括头、尾、爪及其他块、片），但品目 4303 的货品除外	从任何其他品目改变到品目 4302
4303		毛皮制的衣服、衣着附件及其他物品	从任何其他品目改变到品目 4303
4304		人造毛皮及其制品	从任何其他品目改变到品目 4304
第四十四章		**木及木制品；木炭**	
4401		薪柴（圆木段、块、枝、成捆或类似形状）；木片或木粒；锯末、木废料及碎片，不论是否粘结成圆木段、块、片或类似形状.	
	4401.10	-薪柴（圆木段、块、枝、成捆或类似形状）	从任何其他品目改变到子目 4401.10
		-木片或木粒：	
	4401.21	--针叶木	从任何其他品目改变到子目 4401.21
	4401.22	--非针叶木	从任何其他品目改变到子目 4401.22

税号		品名	产品特定规则
	4401.30	-锯末、木废料及碎片，不论是否粘结成圆木段、块、片或类似形状	原产国应为获得本子目货物的国家
4402		木炭（包括果壳炭及果核炭），不论是否结块	从任何其他章改变到品目 4402
4403		原木，不论是否去皮、去边材或粗锯成方	从任何其他品目改变到品目 4403
4404		箍木；木劈条；已削尖但未经纵锯的木桩；粗加修整但未经车圆、弯曲或其他方式加工的木棒，适合制手杖、伞柄、工具把柄及类似品；木片条及类似品	从任何其他品目改变到品目 4404
4405		木丝；木粉	从任何其他章改变到品目 4405
4406		铁道及电车道枕木	从任何其他品目改变到品目 4406
4407		经纵锯、纵切、刨切或旋切的木材，不论是否刨平、砂光或指榫接合，厚度超过 6 毫米	从任何其他品目改变到品目 4407
4408		饰面用单板（包括刨切积层木获得的单板）、制胶合板或类似多层板用单板以及其他经纵锯、刨切或旋切的木材，不论是否刨平、砂光、拼接或端部接合，厚度不超过 6 毫米	从任何其他品目改变到品目 4408
4409		任何一边端或面制成连续形状（舌榫、槽榫、半槽榫、斜角、V 形接头、珠榫、缘饰、刨圆及类似形状）的木材（包括未装拼的拼花地板用板条及缘板），不论是否刨平、砂光或端部接合	从任何其他品目改变到品目 4409
4410		碎料板、定向刨花板（OSB）及类似板（例如，华夫板），木或其他木质材料制，不论是否用树脂或其他有机粘合剂粘合	从任何其他品目改变到品目 4410
4411		木纤维板或其他木质材料纤维板，不论是否用树脂或其他有机粘合剂粘合	从任何其他品目改变到品目 4411
4412		胶合板、单板饰面板及类似的多层板	从任何其他品目改变到品目 4412
4413		强化木，成块、板、条或异型的	从任何其他品目改变到品目 4413
4414		木制的画框、相框、镜框及类似品	从任何其他品目改变到品目 4414
4415		包装木箱、木盒、板条箱、圆桶及类似的包装容器；木制电缆卷筒；木托板、箱形托盘及其他装载用木板；木制的托盘护框	从任何其他品目改变到品目 4415
4416		木制大桶、琵琶桶、盆和其他木制箍桶及其零件，包括桶板	从任何其他品目改变到品目 4416
4417		木制的工具、工具支架、工具柄、扫帚及刷子的身及柄；木制鞋靴楦及楦头	从任何其他品目改变到品目 4417
4418		建筑用木工制品，包括蜂窝结构木镶板、已装拼的地板、木瓦及盖屋板	从任何其他品目改变到品目 4418

税号		品名	产品特定规则
4419		木制餐具及厨房用具	从任何其他品目改变到品目 4419
4420		镶嵌木（包括细工镶嵌木）；装珠宝或刀具用的木制盒子和小匣子及类似品；木制小雕像及其他装饰品；第九十四章以外的木制家具	从任何其他品目改变到品目 4420
4421		其他木制品	从任何其他品目改变到品目 4421
第四十五章		**软木及软木制品**	
4501		未加工或简单加工的天然软木；软木废料；碎的、粒状的或粉状的软木	从任何其他品目改变到品目 4501
4502		天然软木，除去表皮或粗切成方形，或成长方块、正方块、板、片或条状（包括作塞子用的方块坯料）	从任何其他品目改变到品目 4502
4503		天然软木制品	从任何其他品目改变到品目 4503
4504		压制软木（不论是否使用粘合剂压成）及其制品	从任何其他品目改变到品目 4504
第四十六章		**稻草、秸秆、针茅或其他编结材料制品；篮筐及柳条编结品**	
4601		用编结材料编成的缏条及类似产品，不论是否缝合成宽条；平行连结或编结的成片材料、缏条或类似的编结材料产品，不论是否制成品（例如，席子、席料、帘子）	从任何其他章改变到品目 4601
4602		用编结材料直接编成或用品目 4601 所列货品制成的篮筐、柳条编结品及其他制品；丝瓜络制品	从任何其他品目改变到品目 4602
第四十七章		**木浆及其他纤维状纤维素浆；纸及纸板的废碎品**	
4701		机械木浆	从任何其他章改变到品目 4701
4702		化学木浆、溶解级	从任何其他品目改变到品目 4702
4703		碱木浆或硫酸盐木浆，但溶解级的除外：	从任何其他品目改变到品目 4703
4704		亚硫酸盐木浆，但溶解级的除外	从任何其他品目改变到品目 4704
4705		用机械与化学联合制浆法制得的木浆	从任何其他品目改变到品目 4705
4706		从回收（废碎）纸或纸板提取的纤维浆或其他纤维状纤维素浆	从任何其他品目改变到品目 4706
4707		回收（废碎）纸或纸板	从任何其他品目改变到品目 4707
第四十八章		**纸及纸板；纸浆、纸或纸板制品**	
4801		成卷或成张的新闻纸	从任何其他章改变到品目 4801
4802		书写、印刷或类似用途的未经涂布的纸及纸板、未打孔的穿孔卡片纸及穿孔纸带纸，成卷或成张矩形（包括正方形），任何尺寸，但品目 4801 或 4803 的纸除外；手工制纸及纸板	从任何其他章改变到品目 4802

税号		品名	产品特定规则
4803		卫生纸、面巾纸、餐巾纸以及家庭或卫生用的类似纸、纤维素絮纸和纤维素纤维网纸，不论是否起纹、压花、打孔、染面、饰面或印花，成卷或成张的	从任何其他章改变到品目 4803
4804		成卷或成张的未经涂布的牛皮纸及纸板，但不包括品目 4802 或 4803 的货品	从任何其他章改变到品目 4804
4805		成卷或成张的其他未经涂布的纸及纸板，加工程度不超过本章注释三所列范围	从任何其他章改变到品目 4805
4806		成卷或成张的植物羊皮纸、防油纸、描图纸、半透明纸及其他高光泽透明或半透明纸	从任何其他品目改变到品目 4806
4807		成卷或成张的复合纸及纸板（用粘合剂粘合各层纸或纸板制成），未经表面涂布或未浸渍，不论内层是否有加强材料	从任何其他品目改变到品目 4807
4808		成卷或成张的瓦楞纸及纸板（不论是否与平面纸胶合）、皱纹纸及纸板、压纹纸及纸板、穿孔纸及纸板，但品目 4803 的纸除外	
	4808. 10	-瓦楞纸及纸板，不论是否穿孔	从任何其他品目改变到子目 4808. 10
	4808. 20	-袋用皱纹牛皮纸，不论是否压花或穿孔	从品目 4804 之外的任何其他品目改变到子目 4808. 20
	4808. 30	-其他皱纹牛皮纸，不论是否压花或穿孔	从品目 4804 之外的任何其他品目改变到子目 4808. 30
	4808. 90	-其他	从任何其他章改变到子目 4808. 90
4809		复写纸、自印复写纸及其他拷贝或转印纸（包括涂布或浸渍的油印蜡纸或胶印版纸），不论是否印制，成卷或成张的	从任何其他品目改变到品目 4809
4810		成卷或成张矩形（包括正方形）的任何尺寸的单面或双面涂布高岭土或其他无机物质（不论是否加粘合剂）的纸及纸板，但未涂布其他涂料，不论是否染面、饰面或印花	从任何其他品目改变到品目 4810
4811		成卷或成张矩形（包括正方形）的任何尺寸的经涂布、浸渍、覆盖、染面、饰面或印花的纸、纸板、纤维素絮纸及纤维素纤维网纸，但品目 4803、4809 或 4810 的货品除外	从任何其他品目改变到品目 4811
4812		纸浆制的滤块、滤板及滤片	从任何其他品目改变到品目 4812
4813		卷烟纸，不论是否切成一定尺寸、成小本或管状	从任何其他品目改变到品目 4813
4814		壁纸及类似品；窗用透明纸	从任何其他品目改变到品目 4814
4816		复写纸、自印复写纸及其他拷贝或转印纸（不包括品目 4809 的纸），油印蜡纸或胶印版纸，不论是否盒装	从品目 4809 之外的任何其他品目改变到品目 4816

税号		品名	产品特定规则
4817		纸或纸板制的信封、封缄信片、素色明信片及通信卡片；纸或纸板制的盒子、袋子及夹子，内装各种纸制文具	从任何其他品目改变到品目 4817
4818		卫生纸及类似纸，家庭或卫生用纤维素絮纸及纤维素纤维网纸，成卷宽度不超过 36 厘米或切成一定尺寸或形状的；纸浆、纸、纤维素絮纸或纤维素纤维网纸制的手帕、面巾、台布、餐巾、尿布、止血塞、床单及类似的家庭、卫生或医院用品、衣服及衣着附件	
	4818.10	-卫生纸	从品目 4803 之外的任何其他品目改变到子目 4818.10
	4818.20	-纸手帕及纸面巾	从品目 4803 之外的任何其他品目改变到子目 4818.20
	4818.30	-纸台布及纸餐巾	从品目 4803 之外的任何其他品目改变到子目 4818.30
	4818.40	-纸卫生巾及止血塞、婴儿纸尿布、尿布衬里及类似的卫生用品	从任何其他品目改变到子目 4818.40
	4818.50	-衣服及衣着附件	从任何其他品目改变到子目 4818.50
	4818.90	-其他	从任何其他品目改变到子目 4818.90
4819		纸、纸板、纤维素絮纸或纤维素纤维网纸制的箱、盒、匣、袋及其他包装容器；纸或纸板制的卷宗盒、信件盘及类似品，供办公室、商店及类似场所使用的	从任何其他品目改变到品目 4819
4820		纸或纸板制的登记本、帐本、笔记本、定货本、收据本、信笺本、记事本、日记本及类似品、练习本、吸墨纸本、活动封面（活页及非活页）、文件夹、卷宗皮、多联商业表格纸、页间夹有复写纸的本及其他文具用品；纸或纸板制的样品簿、粘贴簿及书籍封面	从任何其他品目改变到品目 4820
4821		纸或纸板制的各种标签，不论是否印制	从任何其他品目改变到品目 4821
4822		纸浆、纸或纸板（不论是否穿孔或硬化）制的筒管、卷轴、纡子及类似品	从任何其他品目改变到品目 4822
4823		切成一定尺寸或形状的其他纸、纸板、纤维素絮纸及纤维素纤维网纸；纸浆、纸、纸板、纤维素絮纸及纤维素纤维网纸制的其他物品	
	4823.20	-滤纸及纸板	从任何其他章改变到子目 4823.20
	4823.40	-已印制的自动记录器用打印纸卷、纸张及纸盘	从任何其他章改变到子目 4823.40
		-纸或纸板制的盘、碟、盆、杯及类似品：	
	4823.61	-竹的将纸制的	从任何其他品目改变到子目 4823.61
	4823.69	-其他	从任何其他品目改变到子目 4823.69

税号		品名	产品特定规则
	4823. 70	-压制或模制纸浆制品	从任何其他品目改变到子目 4823. 70
	4823. 90	-其他	从任何其他品目改变到子目 4823. 90
第四十九章		**书籍、报纸、印刷图画及其他印刷品；手稿、打字稿及设计图纸**	
4901		书籍、小册子、散页印刷品及类似印刷品，不论是否单张	从任何其他品目改变到品目 4901
4902		报纸、杂志及期刊，不论有无插图或广告材料	从任何其他品目改变到品目 4902
4903		儿童图画书、绘画或涂色书	从任何其他品目改变到品目 4903
4904		乐谱原稿或印本，不论是否装订或印有插图	从任何其他品目改变到品目 4904
4905		各种印刷的地图、水道图及类似图表，包括地图册、挂图、地形图及地球仪、天体仪	从任何其他品目改变到品目 4905
4906		手绘的建筑、工程、工业、商业、地形或类似用途的设计图纸原稿；手稿；用感光纸照相复印或用复写纸誊写的上述物品复制件	从任何其他品目改变到品目 4906
4907		在承认或将承认其面值的国家流通或新发行并且未经使用的邮票、印花税票及类似票证；印有邮票或印花税票的纸品；钞票；空白支票；股票、债券及类似所有权凭证	从任何其他品目改变到品目 4907
4908		转印贴花纸（移画印花法用图案纸）	从任何其他品目改变到品目 4908
4909		印刷或有图画的明信片；印有个人问候、祝贺、通告的卡片，不论是否有图画、带信封或饰边	从任何其他品目改变到品目 4909
4910		印刷的各种日历，包括日历芯	从任何其他品目改变到品目 4910
4911		其他印刷品，包括印刷的图片及照片	从任何其他品目改变到品目 4911
第五十章		**蚕丝**	
5001		适于缫丝的蚕茧	本品目货物应以其自然或未经加工状态在成员方获得。
5002		生丝（未加捻）	本品目货物应以其自然或未经加工状态在成员方获得。
5003		废丝（包括不适于缫丝的蚕茧、废纱及回收纤维）	本品目货物应以其自然或未经加工状态在成员方获得。
5004		丝纱线（绢纺纱线除外），非供零售用	从任何其他品目改变到品目 5004
5005		绢纺纱线，非供零售用	从任何其他品目改变到品目 5005
5006		丝纱线及绢纺纱线，供零售用；蚕胶丝	从品目 5004 或 5005 之外的任何其他品目改变到品目 5006
5007		丝或绢丝机织物	从任何其他品目改变到品目 5007

税号		品名	产品特定规则
第五十一章		羊毛、动物细毛或粗毛；马毛纱线及其机织物	
5101		未梳的羊毛	从任何其他章改变到品目 5101
5102		未梳的动物细毛或粗毛	从任何其他章改变到品目 5102
5103		羊毛或动物细毛或粗毛的废料，包括废纱线，但不包括回收纤维	原产国应为获得本品目货物的国家
5104		羊毛或动物细毛或粗毛的回收纤维	从任何其他章改变到品目 5104
5105		已梳的羊毛及动物细毛或粗毛（包括精梳片毛）	从任何其他章改变到品目 5105
5106		粗梳羊毛纱线，非供零售用	从任何其他品目改变到品目 5106
5107		精梳羊毛纱线，非供零售用	从任何其他品目改变到品目 5107
5108		动物细毛（粗梳或精梳）纱线，非供零售用	从任何其他品目改变到品目 5108
5109		羊毛或动物细毛的纱线，供零售用	从品目 5106、5107 或 5108 之外任何其他品目改变到品目 5109
5110		动物粗毛或马毛的纱线（包括马毛粗松螺旋花线），不论是否供零售用	从任何其他品目改变到品目 5110
5111		粗梳羊毛或粗梳动物细毛的机织物	从任何其他品目改变到品目 5111
5112		精梳羊毛或精梳动物细毛的机织物	从任何其他品目改变到品目 5112
5113		动物粗毛或马毛的机织物	从任何其他品目改变到品目 5113
第五十二章		棉花	
5201		未梳的棉花	从任何其他章改变到品目 5201，且区域价值成分不少于 50%
5202		废棉（包括废棉纱线及回收纤维）	原产国应为获得本品目货物的国家
5203		已梳的棉花	从任何其他章改变到品目 5203，且区域价值成分不少于 50%
5204		棉制缝纫线，不论是否供零售用	从任何其他品目改变到品目 5204
5205		棉纱线（缝纫线除外），按重量计含棉量在 85% 及以上，非供零售用	从任何其他品目改变到品目 5205
5206		棉纱线（缝纫线除外），按重量计含棉量在 85% 以下，非供零售用	从任何其他品目改变到品目 5206
5207		棉纱线（缝纫线除外），供零售用	从品目 5205 或 5206 之外的任何其他品目改变到品目 5207
5208		棉机织物，按重量计含棉量在 85% 及以上，每平方米重量不超过 200 克	从任何其他品目改变到品目 5208
5209		棉机织物，按重量计含棉量在 85% 及以上，每平方米重量超过 200 克	从任何其他品目改变到品目 5209

税号		品名	产品特定规则
5210		棉机织物，按重量计含棉量在85%以下，主要或仅与化学纤维混纺，每平方米重量不超过200克	从任何其他品目改变到品目5210
5211		棉机织物，按重量计含棉量在85%以下，主要或仅与化学纤维混纺，每平方米重量超过200克	从任何其他品目改变到品目5211
5212		其他棉机织物	从任何其他品目改变到品目5212
第五十三章		**其他植物纺织纤维；纸纱线及其机织物**	
5301		亚麻，生的或经加工但未纺制的；亚麻短纤及废麻（包括废麻纱线及回收纤维）	从任何其他章改变到品目5301
5302		大麻，生的或经加工但未纺制的；大麻短纤及废麻（包括废麻纱线及回收纤维）	从任何其他章改变到品目5302
5303		黄麻及其他纺织用韧皮纤维（不包括亚麻、大麻及苎麻），生的或经加工但未纺制的；上述纤维的短纤及废麻（包括废纱线及回收纤维）	从任何其他章改变到品目5303
5305		椰壳纤维、蕉麻（马尼拉麻）、苎麻及其他品目未列名的纺织用植物纤维，生的或经加工但未纺制的；上述纤维的短纤、落麻及废料（包括废纱线及回收纤维）	从任何其他章改变到品目5305
5306		亚麻纱线	从任何其他品目改变到品目5306
5307		黄麻纱线或品目5303的其他纺织用韧皮纤维纱线	从任何其他品目改变到品目5307
5308		其他植物纺织纤维纱线；纸纱线	从任何其他品目改变到品目5308
5309		亚麻机织物	从任何其他品目改变到品目5309
5310		黄麻或品目5303的其他纺织用韧皮纤维机织物	从任何其他品目改变到品目5310
5311		其他纺织用植物纤维机织物；纸纱线机织物	从任何其他品目改变到品目5311
第五十四章		**化学纤维长丝**	
5401		化学纤维长丝纺制的缝纫线，不论是否供零售用	从任何其他章改变到品目5401
5402		合成纤维长丝纱线（缝纫线除外），非供零售用，包括细度在67分特以下的合成纤维单丝	从任何其他章改变到品目5402
5403		人造纤维长丝纱线（缝纫线除外），非供零售用，包括细度在67分特以下的人造纤维单丝	从任何其他章改变到品目5403
5404		截面尺寸不超过1毫米，细度在67分特及以上的合成纤维单丝；表观宽度不超过5毫米的合成纤维纺织材料制扁条及类似品（例如人造草）	从任何其他章改变到品目5404
5405		截面尺寸不超过1毫米，细度在67分特及以上的人造纤维单丝；表观宽度不超过5毫米的人造纤维纺织材料制扁条及类似品（例如人造草）	从任何其他章改变到品目5405
5406		化学纤维长丝纱线（缝纫线除外），供零售用	从任何其他章改变到品目5406

税号		品名	产品特定规则
5407		合成纤维长丝纱线的机织物，包括品目 5404 所列材料的机织物	从任何其他品目改变到品目 5407
5408		人造纤维长丝纱线的机织物，包括品目 5405 所列材料的机织物	从任何其他品目改变到品目 5408
第五十五章		**化学纤维短纤**	
5501		合成纤维长丝丝束	从任何其他章改变到品目 5501
5502		人造纤维长丝丝束	从任何其他章改变到品目 5502
5503		合成纤维短纤，未梳或未经其他纺前加工	从任何其他章改变到品目 5503
5504		人造纤维短纤，未梳或未经其他纺前加工	从任何其他章改变到品目 5504
5505		化学纤维废料（包括落绵、废纱及回收纤维）	原产国应为获得本品目货物的国家
5506		合成纤维短纤，已梳或经其他纺前加工	从任何其他品目改变到品目 5506
5507		人造纤维短纤，已梳或经其他纺前加工	从任何其他品目改变到品目 5507
5508		化学纤维短纤纺制的缝纫线，不论是否供零售用	从任何其他品目改变到品目 5508
5509		合成纤维短纤纺制的纱线（缝纫线除外），非供零售用	从任何其他品目改变到品目 5509
5510		人造纤维短纤纺制的纱线（缝纫线除外），非供零售用	从任何其他品目改变到品目 5510
5511		化学纤维短纤纺制的纱线（缝纫线除外），供零售用	从品目 5509 或 5510 之外的任何其他品目改变到品目 5511
5512		合成纤维短纤纺制的机织物，按重量计合成纤维短纤含量在 85% 及以上	从任何其他品目改变到品目 5512
5513		合成纤维短纤纺制的机织物，按重量计合成纤维短纤含量在 85% 以下，主要或仅与棉混纺，每平方米重量不超过 170 克	从任何其他品目改变到品目 5513
5514		合成纤维短纤纺制的机织物，按重量计合成纤维短纤含量在 85% 以下，主要或仅与棉混纺，每平方米重量超过 170 克	从任何其他品目改变到品目 5514
5515		合成纤维短纤纺制的其他机织物	从任何其他品目改变到品目 5515
5516		人造纤维短纤纺制的机织物	从任何其他品目改变到品目 5516
第五十六章		**絮胎、毡呢及无纺织物；特种纱线；线、绳、索、缆及其制品**	
5601		纺织材料絮胎及其制品；长度不超过 5 毫米的纺织纤维（纤维屑）、纤维粉末及球结	从任何其他品目改变到品目 5601
5602		毡呢，不论是否浸渍、涂布、包覆或层压	从任何其他品目改变到品目 5602
5603		无纺织物，不论是否浸渍、涂布、包覆或层压	从任何其他品目改变到品目 5603
5604		用纺织材料包覆的橡胶线及绳；用橡胶或塑料浸渍、涂布、包覆或套裹的纺织纱线及品目 5404 或 5405 的扁条及类似品	从任何其他品目改变到品目 5604

税号		品名	产品特定规则
5605		含金属纱线，不论是否螺旋花线，由纺织纱线或品目5404或5405的扁条及类似品与金属线，扁条或粉末混合制得或用金属包覆制得	从任何其他品目改变到品目5605
5606		粗松螺旋花线，品目5404或5405的扁条及类似品制的螺旋花线（品目5605的货品及马毛粗松螺旋花线除外）；绳绒线（包括植绒绳绒线）；纵行起圈纱线	从任何其他品目改变到品目5606
5607		线、绳、索、缆，不论是否编织或编结而成，也不论是否用橡胶或塑料浸渍、涂布、包覆或套裹	从任何其他品目改变到品目5607
5608		线、绳或索结制的网料；纺织材料制成的渔网及其他网	从任何其他品目改变到品目5608
5609		用纱线、品目5404或5405的扁条及类似品或线、绳、索、缆制成的其他品目未列名物品	从任何其他品目改变到品目5609
第五十七章		**毯及纺织材料的其他铺地制品**	
5701		结织栽绒地毯及纺织材料的其他结织栽绒铺地制品，不论是否制成的	从任何其他品目改变到品目5701
5702		机织地毯及纺织材料的其他机织铺地制品，未簇绒或未植绒，不论是否制成的，包括“开来姆”、“苏麦克”、“卡拉马尼”及类似的手织地毯	从任何其他品目改变到品目5702
5703		簇绒地毯及纺织材料的其他簇绒铺地制品，不论是否制成的	从任何其他品目改变到品目5703
5704		毡呢地毯及纺织材料的其他毡呢铺地制品，未簇绒或未植绒，不论是否制成的	从品目5602之外的任何其他品目改变到品目5704
5705		其他地毯及纺织材料的其他铺地制品，不论是否制成的	从任何其他品目改变到品目5705
第五十八章		**特种机织物；簇绒织物；花边；装饰毯；装饰带；刺绣品**	
5801		起绒机织物及绳绒织物，但品目5802或5806的织物除外	从任何其他章改变到品目5801
5802		毛巾织物及类似的毛圈机织物，但品目5806的狭幅织物除外；簇绒织物，但品目5703的产品除外	从任何其他章改变到品目5802
5803		纱罗，但品目5806的狭幅织物除外	从任何其他章改变到品目5803
5804		网眼薄纱及其他网眼织物，但不包括机织物、针织物或钩编织物；成卷、成条或成小块图案的花边，但品目6002的织物除外	从任何其他章改变到品目5804
5805		“哥白林”、“弗朗德”、“奥步生”、“波威”及类似式样的手织装饰毯，以及手工针绣嵌花装饰毯（例如，小针脚或十字绣），不论是否制成的	从任何其他章改变到品目5805
5806		狭幅机织物，但品目5807的货品除外；用粘合剂粘合制成的有经纱而无纬纱的狭幅织物（包扎匹头用带）	从任何其他章改变到品目5806

税号		品名	产品特定规则
5807		非绣制的纺织材料制标签、徽章及类似品，成匹、成条或裁成一定形状或尺寸	从任何其他章改变到品目 5807
5808		成匹的编带；非绣制的成匹装饰带，但针织或钩编的除外；流苏、绒球及类似品	从任何其他章改变到品目 5808
5809		其他品目未列名的金属线机织物及品目 5605 所列含金属纱线的机织物，用于衣着、装饰及类似用途	从任何其他章改变到品目 5809
5810		成匹、成条或成小块图案的刺绣品	从任何其他品目改变到品目 5810
5811		用一层或几层纺织材料与胎料经绗缝或其他方法组合制成的被褥状纺织品，但品目 5810 的刺绣品除外	从任何其他品目改变到品目 5811
第五十九章		**浸渍、涂布、包覆或层压的织物；工业用纺织制品**	
5901		用胶或淀粉物质涂布的纺织物，作书籍封面及类似用途的；描图布；制成的油画布；作帽里的硬衬布及类似硬挺纺织物	从任何其他章改变到品目 5901
5902		尼龙或其他聚酰胺、聚酯或粘胶纤维高强力纱制的帘子布	从任何其他章改变到品目 5902
5903		用塑料浸渍、涂布、包覆或层压的纺织物，但品目 5902 的货品除外	从任何其他章改变到品目 5903
5904		列诺伦（亚麻油地毡），不论是否剪切成形；以织物为底布经涂布或覆面的铺地制品，不论是否剪切成形	从任何其他章改变到品目 5904
5905		糊墙织物	从任何其他章改变到品目 5905
5906		用橡胶处理的纺织物，但品目 5902 的货品除外	从任何其他章改变到品目 5906
5907		用其他材料浸渍、涂布或包覆的纺织物；作舞台、摄影布景或类似用途的已绘制画布	从任何其他章改变到品目 5907
5908		用纺织材料机织、编结或针织而成的灯芯、炉芯、打火机芯、烛芯或类似品；煤气灯纱筒及纱罩，不论是否浸渍	从任何其他章改变到品目 5908
5909		纺织材料制的水龙软管及类似的管子，不论有无其他材料作衬里、护套或附件	从任何其他章改变到品目 5909
5910		纺织材料制的传动带或输送带及带料，不论是否用塑料浸渍、涂布、包覆或压层，也不论是否用金属或其他材料加强	从任何其他章改变到品目 5910
5911		本章注释七所规定的作专门技术用途的纺织产品及制品	从任何其他章改变到品目 5911
第六十章		**针织物及钩编织物**	
6001		针织或钩编的起绒织物，包括“长毛绒”织物及毛圈织物	从任何其他章改变到品目 6001

税号	品名	产品特定规则
6002	宽度不超过30厘米，按重量计弹性纱线或橡胶线含量在5%及以上的针织物或钩编织物，但品目6001的货品除外	从任何其他章改变到品目6002
6003	宽度不超过30厘米的针织或钩编织物，但品目6001或6002的货品除外	从任何其他章改变到品目6003
6004	宽度超过30厘米，按重量计弹性纱线或橡胶线含量在5%及以上的针织物或钩编织物，但品目6001的货品除外	从任何其他章改变到品目6004
6005	经编织物（包括由花边针织机织成的），但品目6001至6004的货品除外	从任何其他章改变到品目6005
6006	其他针织或钩编织物	从任何其他章改变到品目6006
第六十一章	**针织或钩编的服装及衣着附件**	
6101	针织或钩编的男式大衣、短大衣、斗蓬、短斗蓬、带风帽的防寒短上衣（包括滑雪短上衣）、防风衣、防风短上衣及类似品，但品目6103的货品除外	从任何其他章改变到品目6101，但产品的裁剪（或缝制成形）及车缝或其他缝制工序需在一方或双方境内完成。
6102	针织或钩编的女式大衣、短大衣、斗蓬、短斗蓬、带风帽的防寒短上衣（包括滑雪短上衣）、防风衣、防风短上衣及类似品，但品目6104的货品除外	从任何其他章改变到品目6102，但产品的裁剪（或缝制成形）及车缝或其他缝制工序需在一方或双方境内完成。
6103	针织或钩编的男式西服套装、便服套装、上衣、长裤、护胸背带工装裤、马裤及短裤（游泳裤除外）	从任何其他章改变到品目6103，但产品的裁剪（或缝制成形）及车缝或其他缝制工序需在一方或双方境内完成。
6104	针织或钩编的女式西服套装、便服套装、上衣、连衣裙、裙子、裙裤、长裤、护胸背带工装裤、马裤及短裤（游泳服除外）	从任何其他章改变到品目6104，但产品的裁剪（或缝制成形）及车缝或其他缝制工序需在一方或双方境内完成。
6105	针织或钩编的男衬衫	从任何其他章改变到品目6105，但产品的裁剪（或缝制成形）及车缝或其他缝制工序需在一方或双方境内完成。
6106	针织或钩编的女衬衫	从任何其他章改变到品目6106，但产品的裁剪（或缝制成形）及车缝或其他缝制工序需在一方或双方境内完成。
6107	针织或钩编的男式内裤、三角裤、长睡衣、睡衣裤、浴衣、晨衣及类似品	从任何其他章改变到品目6107，但产品的裁剪（或缝制成形）及车缝或其他缝制工序需在一方或双方境内完成。

税号		品名	产品特定规则
6108		针织或钩编的女式长衬裙、衬裙、三角裤、短衬裤、睡衣、睡衣裤、浴衣、晨衣及类似品	从任何其他章改变到品目6108，但产品的裁剪（或缝制成形）及车缝或其他缝制工序需在一方或双方境内完成。
6109		针织或钩编的T恤衫、汗衫及其他背心	从任何其他章改变到品目6109，但产品的裁剪（或缝制成形）及车缝或其他缝制工序需在一方或双方境内完成。
6110		针织或钩编的套头衫、开襟衫、背心及类似品	从任何其他章改变到品目6110，但产品的裁剪（或缝制成形）及车缝或其他缝制工序需在一方或双方境内完成。
6111		针织或钩编的婴儿服装及衣着附件	从任何其他章改变到品目6111，但产品的裁剪（或缝制成形）及车缝或其他缝制工序需在一方或双方境内完成。
6112		针织或钩编的运动服、滑雪服及游泳服	从任何其他章改变到品目6112，但产品的裁剪（或缝制成形）及车缝或其他缝制工序需在一方或双方境内完成。
6113		用品目5903、5906或5907的针织物或钩编织物制成的服装	从任何其他章改变到品目6113，但产品的裁剪（或缝制成形）及车缝或其他缝制工序需在一方或双方境内完成。
6114		针织或钩编的其他服装	从任何其他章改变到品目6114，但产品的裁剪（或缝制成形）及车缝或其他缝制工序需在一方或双方境内完成。
6115		针织或钩编的连裤袜、紧身裤袜、长统袜、短袜及其他袜类，包括渐紧压袜类（例如用以治疗静脉曲张的长统袜）和无外绱鞋底的鞋类	从任何其他章改变到品目6115，但产品的裁剪（或缝制成形）及车缝或其他缝制工序需在一方或双方境内完成。
6116		针织或钩编的分指手套、连指手套及露指手套	从任何其他章改变到品目6116，但产品的裁剪（或缝制成形）及车缝或其他缝制工序需在一方或双方境内完成。
6117		其他制成的针织或钩编的衣着附件；服装或衣着附件的针织或钩编的零件	从任何其他章改变到品目6117，但产品的裁剪（或缝制成形）及车缝或其他缝制工序需在一方或双方境内完成。

税号	品名	产品特定规则
第六十二章	**非针织或非钩编的服装及衣着附件**	
6201	男式大衣、短大衣、斗蓬、短斗蓬、带风帽的防寒短上衣（包括滑雪短上衣）、防风衣、防风短上衣及类似品，但品目6203的货品除外	从任何其他章改变到品目6201，但产品的裁剪（或缝制成形）及车缝或其他缝制工序需在一方或双方境内完成。
6202	女式大衣、短大衣、斗蓬、短斗蓬、带风帽的防寒短上衣（包括滑雪短上衣）、防风衣、防风短上衣及类似品，但品目6204的货品除外	从任何其他章改变到品目6202，但产品的裁剪（或缝制成形）及车缝或其他缝制工序需在一方或双方境内完成。
6203	男式西服套装、便服套装、上衣、长裤、护胸背带工装裤、马裤及短裤（游泳裤外）	从任何其他章改变到品目6203，但产品的裁剪（或缝制成形）及车缝或其他缝制工序需在一方或双方境内完成。
6204	女式西服套装、便服套装、上衣、连衣裙、裙子、裙裤、长裤、护胸背带工装裤、马裤及短裤（游泳服除外）	从任何其他章改变到品目6204，但产品的裁剪（或缝制成形）及车缝或其他缝制工序需在一方或双方境内完成。
6205	男衬衫	从任何其他章改变到品目6205，但产品的裁剪（或缝制成形）及车缝或其他缝制工序需在一方或双方境内完成。
6206	女衬衫	从任何其他章改变到品目6206，但产品的裁剪（或缝制成形）及车缝或其他缝制工序需在一方或双方境内完成。
6207	男式背心及其他内衣、内裤、三角裤、长睡衣、睡衣裤、浴衣、晨衣及类似品	从任何其他章改变到品目6207，但产品的裁剪（或缝制成形）及车缝或其他缝制工序需在一方或双方境内完成。
6208	女式背心及其他内衣、长衬裙、衬裙、三角裤、短衬裤、睡衣、睡衣裤、浴衣、晨衣及类似品	从任何其他章改变到品目6208，但产品的裁剪（或缝制成形）及车缝或其他缝制工序需在一方或双方境内完成。
6209	婴儿服装及衣着附件	从任何其他章改变到品目6209，但产品的裁剪（或缝制成形）及车缝或其他缝制工序需在一方或双方境内完成。
6210	用品目5602、5603、5903、5906或5907的织物制成的服装	从任何其他章改变到品目6210，但产品的裁剪（或缝制成形）及车缝或其他缝制工序需在一方或双方境内完成。

税号		品名	产品特定规则
6211		运动服、滑雪服及游泳服；其他服装	从任何其他章改变到品目6211，但产品的裁剪（或缝制成形）及车缝或其他缝制工序需在一方或双方境内完成。
6212		胸罩、束腰带、紧身胸衣、吊裤带、吊袜带、束袜带和类似品及其零件，不论是否针织或钩编的	从任何其他章改变到品目6212，但产品的裁剪（或缝制成形）及车缝或其他缝制工序需在一方或双方境内完成。
6213		手帕	从任何其他章改变到品目6213，但产品的裁剪（或缝制成形）及车缝或其他缝制工序需在一方或双方境内完成。
6214		披巾、领巾、围巾、披纱、面纱及类似品	从任何其他章改变到品目6214，但产品的裁剪（或缝制成形）及车缝或其他缝制工序需在一方或双方境内完成。.
6215		领带及领结	从任何其他章改变到品目6215，但产品的裁剪（或缝制成形）及车缝或其他缝制工序需在一方或双方境内完成。
6216		分指手套、连指手套及露指手套	从任何其他章改变到品目6216，但产品的裁剪（或缝制成形）及车缝或其他缝制工序需在一方或双方境内完成。
6217		其他制成的衣着附件；服装或衣着附件的零件，但品目6212的货品除外	从任何其他章改变到品目6217，但产品的裁剪（或缝制成形）及车缝或其他缝制工序需在一方或双方境内完成。
第六十三章		**其他纺织制成品；成套物品；旧衣着及旧纺织品；碎织物**	
6301		毯子及旅行毯	从任何其他章改变到品目6301，但产品的裁剪（或缝制成形）及车缝或其他缝制工序需在一方或双方境内完成。
6302		床上、餐桌、盥洗及厨房用的织物制品	从任何其他章改变到品目6302，但产品的裁剪（或缝制成形）及车缝或其他缝制工序需在一方或双方境内完成。

税号		品名	产品特定规则
6303		窗帘（包括帷帘）及帐幔；帘帷或床帷	从任何其他章改变到品目 6303，但产品的裁剪（或缝制成形）及车缝或其他缝制工序需在一方或双方境内完成。
6304		其他装饰用织物制品，但品目 9404 的货品除外	从任何其他章改变到品目 6304，但产品的裁剪（或缝制成形）及车缝或其他缝制工序需在一方或双方境内完成。
6305		货物包装用袋	从任何其他章改变到品目 6305，但产品的裁剪（或缝制成形）及车缝或其他缝制工序需在一方或双方境内完成。
6306		油苫布、天蓬及遮阳蓬；帐蓬；风帆；野营用品	从任何其他章改变到品目 6306，但产品的裁剪（或缝制成形）及车缝或其他缝制工序需在一方或双方境内完成。
6307		其他制成品，包括服装裁剪样	从任何其他章改变到品目 6307，但产品的裁剪（或缝制成形）及车缝或其他缝制工序需在一方或双方境内完成。
6308		由机织物及纱线构成的零售包装成套物品，不论是否带附件，用以制作小地毯、装饰毯、绣花台布、餐巾或类似的纺织物品	从任何其他章改变到品目 6308，但产品的裁剪（或缝制成形）及车缝或其他缝制工序需在一方或双方境内完成。
6309		旧衣物	从第五十章至第六十三章原产货物改变至品目 6309
6310		纺织材料的新的或旧的碎织物及废线、绳、索、缆及其制品	从第五十章至第六十三章原产货物改变至品目 6310
第六十四章		**鞋靴、护腿和类似品及其零件**	
6401		橡胶或塑料制外底及鞋面的防水鞋靴，其鞋面不是用缝、铆、钉、旋、塞或类似方法固定在鞋底上的	从任何其他品目改变到品目 6401
6402		橡胶或塑料制外底及鞋面的其他鞋靴	从任何其他品目改变到品目 6402
6403		橡胶、塑料、皮革或再生皮革制外底，皮革制鞋面的鞋靴	从任何其他品目改变到品目 6403
6404		橡胶、塑料、皮革或再生皮革制外底，用纺织材料制鞋面的鞋靴	从任何其他品目改变到品目 6404
6405		其他鞋靴	从任何其他品目改变到品目 6405

税号		品名	产品特定规则
6406		鞋靴零件（包括鞋面，不论是否带有除外底以外的其他鞋底）；活动式鞋内底、跟垫及类似品；护腿、裹腿和类似品及其零件	从任何其他章改变到品目 6406
第六十五章		**帽类及其零件**	
6501		毡呢制的帽坯、帽身及帽兜，未楦制成形，也未加帽边；毡呢制的圆帽片及制帽用的毡呢筒（包括裁开的毡呢筒）	从任何其他章改变到品目 6501
6502		编结的帽坯或用任何材料的条带拼制而成的帽坯，未楦制成形，也未加帽边、衬里或装饰物	从任何其他章改变到品目 6502
6504		编结帽或用任何材料的条带拼制而成的帽类，不论有无衬里或装饰物	从任何其他品目改变到品目 6504
6505		针织或钩编的帽类，用成匹的花边、毡呢或其他纺织物（条带除外）制成的帽类，不论有无衬里或装饰物；任何材料制的发网，不论有无衬里或装饰物	从任何其他品目改变到品目 6505
6506		其他帽类，不论有无衬里或装饰物	从任何其他品目改变到品目 6506
6507		帽圈、帽衬、帽套、帽帮、帽骨架、帽舌及帽颏带	从任何其他品目改变到品目 6507
第六十六章		**雨伞、阳伞、手杖、鞭子、马鞭及其零件**	
6601		雨伞及阳伞（包括手杖伞、庭园用伞及类似伞	从任何其他品目改变到品目 6601
6602		手杖、带座手杖、鞭子、马鞭及类似品	从任何其他品目改变到品目 6602
6603		品目 6601 或 6602 所列物品的零件及装饰品	
	6603. 20	-伞骨，包括装在伞柄上的伞骨	从任何其他子目改变到子目 6603. 20
	6603. 90	-其他	从任何其他品目改变到子目 6603. 90
第六十七章		**已加工羽毛、羽绒及其制品；人造花；人发制品**	
6701		带羽毛或羽绒的鸟皮及鸟体其他部分、羽毛、部分羽毛、羽绒及其制品（品目 0505 的货品和经加工的羽管及羽轴除外）	从任何其他品目改变到品目 6701
6702		人造花、叶、果实及其零件；用人造花、叶或果实制成的物品	从任何其他品目改变到品目 6702
6703		经梳理、稀疏、脱色或其他方法加工的人发；作假发及类似品用的羊毛、其他动物毛或其他纺织材料	从任何其他品目改变到品目 6703
6704		人发、动物毛或纺织材料制的假发、假胡须、假眉毛、假睫毛及类似品；其他品目未列名的人发制品	从任何其他品目改变到品目 6704
第六十八章		**石料、石膏、水泥、石棉、云母及类似材料的制品**	
6801		天然石料（不包括板岩）制的长方砌石、路缘石、扁平石	从任何其他品目改变到品目 6801

税号		品名	产品特定规则
6802		已加工的碑石或建筑用石（不包括板岩）及其制品，但品目6801的货品除外；天然石料（包括板岩）制的镶嵌石（马赛克）及类似品，不论是否有衬背；天然石料（包括板岩）制的人工染色石粒、石片及石粉	从任何其他章改变到品目6802
6803		已加工的板岩及板岩或粘聚板岩的制品	从任何其他品目改变到品目6803
6804		未装支架的石磨、石碾、砂轮和类似品及其零件，用于研磨、磨刃、抛光、整形或切割，以及手用磨石、抛光石及其零件，用天然石料、粘聚的天然磨料、人造磨料或陶瓷制成，不论是否装有由其他材料制成的零件	从任何其他品目改变到品目6804
6805		砂布、砂纸及以其他材料为底的类似品，不论是否裁切、缝合或用其他方法加工成形	从任何其他品目改变到品目6805
6806		矿渣棉、岩石棉及类似的矿质棉；页状蛭石、膨胀粘土、泡沫矿渣及类似的膨胀矿物材料；具有隔热、隔音或吸音性能的矿物材料的混合物及制品，但品目6811、6812或第六十九章的货品除外	从任何其他品目改变到品目6806
6807		沥青或类似原料（例如，石油沥青或煤焦油沥青）的制品	从任何其他品目改变到品目6807
6808		镶板、平板、瓦、砖及类似品，用水泥、石膏及其他矿物粘合材料粘合植物纤维、稻草、刨花、木片屑、木粉、锯末或木废料制成	从任何其他品目改变到品目6808
6809		石膏制品及以石膏为基本成分的混合材料制品	从任何其他品目改变到品目6809
6810		水泥、混凝土或人造石制品，不论是否加强	
		-砖、瓦、扁平石及类似品：	
	6810.11	--建筑用砖及石砌快	从任何其他品目改变到子目6810.11
	6810.19	--其他	从任何其他品目改变到子目6810.19
		-其他制品：	
	6810.91	--建筑或土木工程用的预制结构件	从任何其他子目改变到子目6810.91
	6810.99	--其他	从任何其他品目改变到子目6810.99
6811		石棉水泥、纤维素水泥或类似材料的制品	从任何其他品目改变到品目6811
6812		已加工的石棉纤维；以石棉为基本成分或以石棉和碳酸镁为基本成分的混合物；上述混合物或石棉的制品（例如，纱线、机织物、服装、帽类、鞋靴、衬垫），不论是否加强，但品目6811或6813的货品除外	
	6812.80	-青石棉的	从任何其他子目改变到子目6812.80
		-其他：	
	6812.91	--服装、衣着附件、帽类及鞋靴	从任何其他子目改变到子目6812.91
	6812.92	--纸、麻丝板及毡子	从任何其他子目改变到子目6812.92

税号		品名	产品特定规则
	6812. 93	--成片或成卷的压缩石棉纤维接合材料	从任何其他子目改变到子目 6812. 93
	6812. 99	--其他	从任何其他子目改变到子目 6812. 99
6813		以石棉、其他矿物质或纤维素为基本成分的未装配磨擦材料及其制品（例如，片、卷、带、盘、圈、垫及扇形），适于作制动器、离合器及类似品，不论是否与织物或其他材料结合而成	从任何其他品目改变到品目 6813
6814		已加工的云母及其制品，包括粘聚或复制的云母，不论是否附于纸、纸板或其他材料上	
	6814. 10	-粘聚或复制云母制的板、片、带，不论是否附于其他材料上	从任何其他章改变到子目 6814. 10
	6814. 90	-其他	从任何其他子目改变到子目 6814. 90
6815		其他品目未列名的石制品及其他矿物制品（包括碳纤维及其制品和泥煤制品）	
	6815. 10	-非电器用的石墨或其他碳精制品	从任何其他章改变到子目 6815. 10
	6815. 20	-泥煤制品	从任何其他品目改变到子目 6815. 20
		-其他制品：	
	6815. 91	--含有菱镁矿、白云石或铬铁矿的	从任何其他品目改变到子目 6815. 91
	6815. 99	--其他	从任何其他子目改变到子目 6815. 99
第六十九章		**陶瓷产品**	
6901		硅质化石粉（例如各种硅藻土）或类似硅土制的砖、块、瓦及其他陶瓷制品	从任何其他章改变到品目 6901
6902		耐火砖、块、瓦及类似耐火陶瓷建材制品，但硅质化石粉及类似硅土制的除外	从任何其他章改变到品目 6902
6903		其他耐火陶瓷制品（例如、甑、坩埚、马弗罩、喷管、栓塞、支架、烤钵、管子、护套及棒条），但硅质化石粉及类似硅土制的除外	从任何其他章改变到品目 6903
6904		陶瓷制建筑用砖、铺地砖、支撑或填充用砖及类似品	从任何其他章改变到品目 6904
6905		屋顶瓦、烟囱罩、通风帽、烟囱衬壁、建筑装饰及其他建筑用陶瓷制品	从任何其他章改变到品目 6905
6906		陶瓷套管、导管、槽管及管子附件	从任何其他章改变到品目 6906
6907		未上釉的陶瓷贴面砖、铺面砖，包括炉面砖及墙面砖；未上釉的陶瓷镶嵌砖（马赛克）及类似品，不论是否有衬背	从任何其他章改变到品目 6907
6908		上釉的陶瓷贴面砖、铺面砖，包括炉面砖及墙面砖；上釉的陶瓷镶嵌砖（马赛克）及类似品，不论是否有衬背	从任何其他章改变到品目 6908

税号		品名	产品特定规则
6909		实验室、化学或其他专门技术用途的陶瓷器；农业用陶瓷槽、缸及类似容器；通常供运输及盛装货物用的陶瓷罐、坛及类似品	从任何其他章改变到品目 6909
6910		陶瓷洗涤槽、脸盆、脸盆座、浴缸、坐浴盆，抽水马桶、水箱、小便池及类似的固定卫生设备	从任何其他章改变到品目 6910
6911		瓷餐具、厨房器具及其他家用或盥洗用瓷器	从任何其他章改变到品目 6911
6912		陶餐具、厨房器具及其他家用或盥洗用陶器	从任何其他章改变到品目 6912
6913		塑像及其他装饰用陶瓷制品	从任何其他章改变到品目 6913
6914		其他陶瓷制品	从任何其他章改变到品目 6914
第七十章		**玻璃及其制品**	
7001		碎玻璃及废玻璃；玻璃块料	从任何其他品目改变到品目 7001
7002		未加工的玻璃球、棒及管（品目 7018 的微型玻璃球除外）	从任何其他品目改变到品目 7002
7003		铸制或轧制玻璃板、片或型材及异型材，不论是否有吸收、反射或非反射层，但未经其他加工	从任何其他品目改变到品目 7003
7004		拉制或吹制玻璃板、片，不论是否有吸收、反射或非反射层，但未经其他加工	从任何其他品目改变到品目 7004
7005		浮法玻璃板、片及表面研磨或抛光玻璃板、片，不论是否有吸收、反射或非反射层，但未经其他加工	从任何其他品目改变到品目 7005
7006		经弯曲、磨边、镂刻、钻孔、涂珐琅或其他加工的品目 7003，7004 或 7005 的玻璃，但未用其他材料镶框或装配	从任何其他品目改变到品目 7006
7007		钢化或层压玻璃制的安全玻璃	从任何其他品目改变到品目 7007
7008		多层隔温、隔音玻璃组件	从任何其他品目改变到品目 7008
7009		玻璃镜（包括后视镜），不论是否镶框	从任何其他品目改变到品目 7009
7010		玻璃制的坛、瓶、缸、罐、安瓿及其他容器，用于运输或盛装货物；玻璃制保藏罐；玻璃塞、盖及类似的封口器	从任何其他品目改变到品目 7010
7011		制灯泡、阴极射线管及类似品用的未封口玻璃外壳（包括玻璃泡及管）及其玻璃零件，但未装有配件	从任何其他品目改变到品目 7011
7013		玻璃器，供餐桌、厨房、盥洗室、办公室、室内装饰或类似用途（品目 7010 或 7018 的货品除外）	从任何其他品目改变到品目 7013
7014		未经光学加工的信号玻璃器及玻璃制光学元件（品目 7015 的货品除外）	从任何其他品目改变到品目 7014
7015		钟表玻璃及类似玻璃、视力矫正或非视力矫正眼镜用玻璃，呈弧面、弯曲、凹形或类似形状但未经光学加工的；制造上述玻璃用的凹面圆形及扇形玻璃	从任何其他品目改变到品目 7015

税号		品名	产品特定规则
7016		建筑用压制或模制的铺面用玻璃块、砖、片、瓦及其他制品，不论是否夹丝；供镶嵌或类似装饰用的玻璃马赛克及其他小件玻璃品，不论是否有衬背；花饰铅条窗玻璃及类似品；多孔或泡沫玻璃块、板、片及类似品	从任何其他品目改变到品目 7016
7017		实验室、卫生及配药用的玻璃器，不论有无刻度或标量	从任何其他品目改变到品目 7017
7018		玻璃珠、仿珍珠、仿宝石或仿半宝石和类似小件玻璃品及其制品，但仿首饰除外；玻璃假眼，但医用假眼除外；灯工方法制作的玻璃塑像及其他玻璃装饰品，但仿首饰除外；直径不超过 1 毫米的微型玻璃球	从任何其他品目改变到品目 7018
7019		玻璃纤维（包括玻璃棉）及其制品（例如，玻璃纤维纱线及其织物）	从任何其他品目改变到品目 7019
7020		其他玻璃制品	从任何其他品目改变到品目 7020
第七十一章		**天然或养殖珍珠、宝石或半宝石、贵金属、包贵金属及其制品；仿首饰；硬币**	
7101		天然或养殖珍珠，不论是否加工或分级，但未成串或镶嵌；天然或养殖珍珠，为便于运输而暂穿成串	本品目货物必须在成员方境内完全获得
7102		钻石，不论是否加工，但未镶嵌	
	7102. 10	-未分级	本子目货物必须在成员方境内完全获得
		-工业用：	
	7102. 21	--未加工或经简单锯开、劈开或粗磨	从任何其他章改变到子目 7102. 21
	7102. 29	--其他	从任何其他子目改变到子目 7102. 29
		-非工业用：	
	7102. 31	--未加工或经简单锯开、劈开或粗磨	从任何其他章改变到子目 7102. 31
	7102. 39	--其他	从任何其他子目改变到子目 7102. 39
7103		宝石（钻石除外）或半宝石，不论是否加工或分级，但未成串或镶嵌，未分级的宝石（钻石除外）或半宝石，为便于运输而暂穿成串	
	7103. 10	-未加工或经简单锯开或粗制成形	本子目货物必须在成员方境内完全获得
		-经其他加工：	
	7103. 91	--红宝石、蓝宝石、绿宝石	从任何其他子目改变到子目 7103. 91
	7103. 99	--其他	从任何其他子目改变到子目 7103. 99
7104		合成或再造的宝石或半宝石，不论是否加工或分级，但未成串或镶嵌的；未分级的合成或再造的宝石或半宝石，为便于运输而暂穿成串 .	

税号		品名	产品特定规则
	7104.10	-压电石英	从任何其他品目改变到子目 7104.10
	7104.20	-其他，未加工或经简单锯开或粗制成形	从任何其他品目改变到子目 7104.20
	7104.90	-工业用	从任何其他子目改变到子目 7104.90
7105		天然或合成的宝石或半宝石的粉末	从任何其他品目改变到品目 7105
7106		银（包括镀金、镀铂的银），未锻造、半制成或粉末状	从任何其他章改变到品目 7106
7107		以贱金属为底的包银材料	从任何其他章改变到品目 7107
7108		金（包括镀铂的金），未锻造、半制成或粉末状	从任何其他章改变到品目 7108
7109		以贱金属或银为底的包金材料	从任何其他章改变到品目 7109
7110		铂，未锻造、半制成或粉末状	从任何其他章改变到品目 7110
7111		以贱金属、银或金为底的包铂材料	从任何其他章改变到品目 7111
7112		贵金属或包贵金属的废碎料；含有贵金属或贵金属化合物的其他废碎料，主要用于回收贵金属	原产国应为获得本品目货物的国家
7113		贵金属或包贵金属制的首饰及其零件	从任何其他品目改变到品目 7113
7114		贵金属或包贵金属制的金银器及其零件	从任何其他品目改变到品目 7114
7115		贵金属或包贵金属的其他制品	从任何其他品目改变到品目 7115
7116		用天然或养殖珍珠、宝石或半宝石（天然、合成或再造）制成的物品	从任何其他品目改变到品目 7116
7117		仿首饰	从任何其他品目改变到品目 7117
7118		硬币	从任何其他品目改变到品目 7118
第七十二章		**钢铁**	
7201		生铁及镜铁，锭、块或其他初级形状	从任何其他品目改变到品目 7201
7202		铁合金	从任何其他品目改变到品目 7202
7203		直接从铁矿还原所得的铁产品及其他海绵铁产品，块、团、团粒及类似形状；按重量计纯度在 99.94% 及以上的铁，块、团、团粒及类似形状	从任何其他品目改变到品目 7203
7204		钢铁废碎料；供再熔的碎料钢铁锭	原产国应为获得本品目货物的国家
7205		生铁、镜铁及钢铁的颗粒和粉末	从任何其他品目改变到品目 7205
7206		铁及非合金钢，锭状或其他初级形状（品目 7203 的铁除外）	从任何其他品目改变到品目 7206
7207		铁及非合金钢的半制成品	从品目 7206 之外任何其他品目改变到品目 7207
7208		宽度在 600 毫米及以上的铁或非合金钢平板轧材，经热轧，但未经包覆、镀层或涂层	从任何其他品目改变到品目 7208
7209		宽度在 600 毫米及以上的铁或非合金钢平板轧材，经冷轧，但未经包覆、镀层或涂层	从品目 7208 之外任何其他品目改变到品目 7209

税号		品名	产品特定规则
7210		宽度在600毫米及以上的铁或非合金钢平板轧材，经包覆、镀层或涂层	从任何其他品目改变到品目7210
7211		宽度小于600毫米的铁或非合金钢平板轧材，但未经包覆、镀层或涂层	从品目7208或7209之外任何其他品目改变到品目7211
7212		宽度小于600毫米的铁或非合金钢平板轧材，经包覆、镀层或涂层	从品目7210之外任何其他品目改变到品目7212
7213		不规则盘卷的铁及非合金钢的热轧条、杆	从任何其他品目改变到品目7213
7214		铁或非合金钢的其他条、杆，除锻造、热轧、热拉拔或热挤压外未经进一步加工，包括轧制后扭曲的	从品目7213之外任何其他品目改变到品目7214
7215		铁及非合金钢的其他条、杆	从品目7213或7214之外任何其他品目改变到品目7215
7216		铁或非合金钢的角材、型材及异型材	从任何其他品目改变到品目7216
7217		铁丝或非合金钢丝	从任何其他品目改变到品目7217
7218		不锈钢，锭状或其他初级形状；不锈钢半制成品	从任何其他品目改变到品目7218
7219		不锈钢平板轧材，宽度在600毫米及以上	从任何其他品目改变到品目7219
7220		不锈钢平板轧材，宽度小于600毫米	从品目7219之外任何其他品目改变到品目7220
7221		不规则盘卷的不锈钢热轧条、杆	从任何其他品目改变到品目7221
7222		不锈钢其他条、杆；不锈钢角材、型材及异型材	从品目7221之外任何其他品目改变到品目7222
7223		不锈钢丝	从任何其他品目改变到品目7223
7224		其他合金钢，锭状或其他初级形状；其他合金钢制的半制成品	从任何其他品目改变到品目7224
7225		其他合金钢平板轧材，宽度在600毫米及以上	从任何其他品目改变到品目7225
7226		其他合金钢平板轧材，宽度小于600毫米	从品目7225之外任何其他品目改变到品目7226
7227		不规则盘卷的其他合金钢热轧条、杆	从品目7228之外任何其他品目改变到品目7227
7228		其他合金钢条、杆；其他合金钢角材、型材及异型材；合金钢或非合金钢制的空心钻钢	从品目7227之外任何其他品目改变到品目7228
7229		其他合金钢丝	从任何其他品目改变到品目7229
第七十三章		**钢铁制品**	
7301		钢铁板桩，不论是否钻孔、打眼或组装；焊接的钢铁角材、型材及异型材	从任何其他品目改变到品目7301

税号		品名	产品特定规则
7302		铁道及电车道铺轨用钢铁材料（钢轨、护轨、齿轨、道岔尖轨、辙叉、尖轨拉杆及其他叉道段体、轨枕、鱼尾板、轨座、轨座楔、钢轨垫板、钢轨夹、底板、固定板及其他专门用于连接或加固路轨的材料）	从任何其他品目改变到品目 7302
7303		铸铁管及空心异型材	从任何其他品目改变到品目 7303
7304		无缝钢铁管及空心异型材（铸铁的除外）	从任何其他品目改变到品目 7304
7305		其他圆形截面钢铁管（例如，焊、铆及用类似方法接合的管），外径超过 406. 4 毫米	从任何其他品目改变到品目 7305
7306		其他钢铁管及空心异型材（例如，辊缝、焊、铆及类似方法接合的）	从任何其他品目改变到品目 7306
7307		钢铁管子附件（例如，接头、肘管、管套）	从任何其他品目改变到品目 7307
7308		钢铁结构体（品目 9406 的活动房屋除外）及其部件（例如，桥梁及桥梁体段、闸门、塔楼、格构杆、屋顶、屋顶框架、门窗及其框架、门槛、百叶窗、栏杆、支柱及立柱）；上述结构体用的已加工钢铁板、杆、角材、型材、异型材、管子及类似品	从任何其他品目改变到品目 7308
7309		盛装物料用的钢铁囤、柜、罐、桶及类似容器（装压缩气体或液化气体的除外），容积超过 300 升，不论是否衬里或隔热，但无机械或热力装置	从任何其他品目改变到品目 7309
7310		盛装物料用的钢铁柜、桶、罐、听、盒及类似容器（装压缩气体或液化气体的除外），容积不超过 300 升，不论是否衬里或隔热，但无机械或热力装置	从任何其他品目改变到品目 7310
7311		装压缩气体或液化气体用的钢铁容器	从任何其他品目改变到品目 7311
7312		非绝缘的钢铁绞股线、绳、缆、编带、吊索及类似品	
	7312. 10	-绞股线、绳、缆	从任何其他品目改变到子目 7312. 10
	7312. 90	-其他	从任何其他子目改变到子目 7312. 90
7313		带刺钢铁丝；围篱用的钢铁绞带或单股扁丝（不论是否带刺）及松绞的双股丝	从任何其他品目改变到品目 7313
7314		钢铁丝制的布（包括环形带）、网、篱、格栅；网眼钢铁板	从任何其他品目改变到品目 7314
7315		钢铁链及其零件	从任何其他品目改变到品目 7315
7316		钢铁锚、多爪锚及其零件	从任何其他品目改变到品目 7316
7317		钢铁制的钉、平头钉、图钉、波纹钉、U 形钉（品目 8305 的货品除外）及类似品，不论钉头是否用其他材料制成，但不包括铜头钉	从任何其他品目改变到品目 7317
7318		钢铁制的螺钉、螺栓、螺母、方头螺钉、钩头螺钉、铆钉、销、开尾销、垫圈（包括弹簧垫圈）及类似品	从任何其他品目改变到品目 7318

税号		品名	产品特定规则
7319		钢铁制的手工缝针、编织针、引针、钩针、刺绣穿孔锥及类似制品；其他品目未列名的钢铁制安全别针及其他别针	从任何其他品目改变到品目 7319
7320		钢铁制弹簧及弹簧片	从任何其他品目改变到品目 7320
7321		非电热的钢铁制家用炉、灶（包括附有集中供暖用的热水锅的炉）、烤肉架、烤炉、煤气灶、加热板和类似非电热的家用器具及其零件	
		-炊事器具及加热板：	
	7321. 11	--使用气体燃料或可使用气体燃料及其他燃料的	从任何其他子目改变到子目 7321. 11
	7321. 12	--使用液体燃料的	从任何其他子目改变到子目 7321. 12
	7321. 19	--其他，包括器具使用固体燃料的	从任何其他子目改变到子目 7321. 19
		-其他器具：	
	7321. 81	--使用气体燃料或可使用气体燃料及其他燃料的	从任何其他子目改变到子目 7321. 81
	7321. 82	--使用液体燃料的	从任何其他子目改变到子目 7321. 82
	7321. 89	--其他，包括器具使用固体燃料的	从任何其他子目改变到子目 7321. 89
	7321. 90	-零件	从任何其他品目改变到子目 7321. 90
7322		非电热的钢铁制集中供暖用散热器及其零件；非电热的钢铁制空气加热器、暖气分布器（包括可分布新鲜空气或调节空气的）及其零件，装有电动风扇或鼓风机	从任何其他品目改变到品目 7322
7323		餐桌、厨房或其他家用钢铁器具及其零件；钢铁丝绒；钢铁制擦锅器、洗刷擦光用的块垫、手套及类似品	从任何其他品目改变到品目 7323
7324		钢铁制卫生器具及其零件	从任何其他品目改变到品目 7324
7325		其他钢铁铸造制品	从任何其他品目改变到品目 7325
7326		其他钢铁制品	从任何其他品目改变到品目 7326
第七十四章		**铜及其制品**	
7401		铜锍；沉积铜（泥铜）	从任何其他品目改变到品目 7401
7402		未精炼铜；电解精炼用的铜阳极	从任何其他品目改变到品目 7402
7403		未锻轧的精炼铜及铜合金	从任何其他品目改变到品目 7403
7404		铜废碎料	原产国应为获得本品目货物的国家
7405		铜母合金	从任何其他品目改变到品目 7405
7406		铜粉及片状粉末	从任何其他品目改变到品目 7406
7407		铜条、杆、型材及异型材	从任何其他品目改变到品目 7407
7408		铜丝	从任何其他品目改变到品目 7408
7409		铜板、片及带，厚度超过 0. 15 毫米	从任何其他品目改变到品目 7409
7410		铜箔（不论是否印花或用纸、纸板、塑料或类似材料衬背），厚度（衬背除外）不超过 0. 15 毫米	从任何其他品目改变到品目 7410

税号		品名	产品特定规则
7411		铜管	从任何其他品目改变到品目 7411
7412		铜制管子附件（例如，接头、肘管、管套）	从任何其他品目改变到品目 7412
7413		非绝缘的铜丝绞股线、缆、编带及类似品	从任何其他品目改变到品目 7413
7415		铜制或钢铁制带铜头的钉、平头钉、图钉、U 形钉（品目 8305 的货品除外）及类似品；铜制螺钉、螺栓、螺母、钩头螺钉、铆钉、销、开尾销、垫圈（包括弹簧垫圈）及类似品	从任何其他品目改变到品目 7415
7418		餐桌、厨房或其他家用铜制器具及其零件；铜制刷锅器、洗刷擦光用的块垫、手套及类似品；铜制卫生器具及其零件	从任何其他品目改变到品目 7418
7419		其他铜制品	从任何其他品目改变到品目 7419
第七十五章		**镍及其制品**	
7501		镍锍、氧化镍烧结物及镍冶炼的其他中间产品	从任何其他品目改变到品目 7501
7502		未锻轧镍	从任何其他品目改变到品目 7502
7503		镍废碎料	原产国应为获得本品目货物的国家
7504		镍粉及片状粉末	从任何其他品目改变到品目 7504
7505		镍条、杆、型材及异型材或丝	从任何其他品目改变到品目 7505
7506		镍板、片、带、箔	从任何其他品目改变到品目 7506
7507		镍管及管子附件（例如，接头、肘管、管套）	从任何其他品目改变到品目 7507
7508		其他镍制品	从任何其他品目改变到品目 7508
第七十六章		**铝及其制品**	
7601		未锻轧铝	从任何其他品目改变到品目 7601
7602		铝废碎料	原产国应为获得本品目货物的国家
7603		铝粉及片状粉末	从任何其他品目改变到品目 7603
7604		铝条、杆、型材及异型材	从任何其他品目改变到品目 7604
7605		铝丝	从任何其他品目改变到品目 7605
7606		铝板、片及带，厚度超过 0.2 毫米	从任何其他品目改变到品目 7606
7607		铝箔（不论是否印花或用纸、纸板、塑料或类似材料衬背），厚度（衬背除外）不超过 0.2 毫米	从任何其他品目改变到品目 7607
7608		铝管	从任何其他品目改变到品目 7608
7609		铝制管子附件（例如，接头、肘管、管套）	从任何其他品目改变到品目 7609
7610		铝制结构体（品目 9406 的活动房屋除外）及其部件（例如，桥梁及桥梁体段、塔、格构杆、屋顶、屋顶框架、门窗及其框架、门槛、栏杆、支柱及立柱）；上述结构体用的已加工铝板、杆、型材、异型材、管子及类似品	从任何其他品目改变到品目 7610

税号		品名	产品特定规则
7611		盛装物料用的铝制囤、柜、罐、桶及类似容器（装压缩气体或液化气体的除外），容积超过 300 升，不论是否衬里或隔热，但无机械或热力装置	从任何其他品目改变到品目 7611
7612		盛装物料用的铝制桶、罐、听、盒及类似容器包括软管容器及硬管容器（装压缩气体或液化气体的除外），容积不超过 300 升，不论是否衬里或隔热，但无机械或热力装置	从任何其他品目改变到品目 7612
7613		装压缩气体或液化气体用的铝制容器	从任何其他品目改变到品目 7613
7614		非绝缘的铝制绞股线、缆、编带及类似品	
	7614.10	带钢芯的	从任何其他品目改变到子目 7614.10
	7614.90	其他	从品目 7605 之外任何其他品目改变到子目 7614.90
7615		餐桌、厨房或其他家用铝制器具及其零件；铝制擦锅器、洗刷擦光用的块垫、手套及类似品；铝制卫生器具及其零件	从任何其他品目改变到品目 7615
7616		其他铝制品	从任何其他品目改变到品目 7616
第七十八章		**铅及其制品**	
7801		未锻轧铅	从任何其他品目改变到品目 7801
7802		铅废碎料	原产国应为获得本品目货物的国家
7804		铅板、片、带、箔；铅粉及片状粉末	从任何其他品目改变到品目 7804
7806		其他铅制品	从任何其他品目改变到品目 7806
第七十九章		**锌及其制品**	
7901		未锻轧锌	从任何其他章改变到品目 7901
7902		锌废碎料	原产国应为获得本品目货物的国家
7903		锌末、锌粉及片状粉末	
	7903.10	锌末	从任何其他章改变到子目 7903.10
	7903.90	其他	从任何其他品目改变到子目 7903.90
7904		锌条、杆、型材及异型材或丝	从任何其他品目改变到品目 7904
7905		锌板、片、带、箔	从任何其他品目改变到品目 7905
7907		其他锌制品	从任何其他品目改变到品目 7907
第八十章		**锡及其制品**	
8001		未锻轧锡	从任何其他品目改变到品目 8001
8002		锡废碎料	原产国应为获得本品目货物的国家
8003		锡条、杆、型材及异型材或丝	从任何其他品目改变到品目 8003
8007		其他锡制品	从任何其他品目改变到品目 8007
第八十一章		**其他贱金属、金属陶瓷及其制品**	

税号		品名	产品特定规则
8101		钨及其制品，包括废碎料	
	8101.10	粉末	从任何其他子目改变到子目8101.10
		其他	
	8101.94	未锻轧钨，包括简单烧结而成的条、杆	从任何其他子目改变到子目8101.94
	8101.96	丝	从任何其他子目改变到子目8101.96
	8101.97	废碎料	原产国应为获得本子目货物的国家
	8101.99	其他	从任何其他子目改变到子目8101.99
8102		钼及其制品，包括废碎料	
	8102.10	粉末	从任何其他子目改变到子目8102.10
		其他	
	8102.94	未锻轧钼，包括简单烧结而成的条、杆	从任何其他子目改变到子目8102.94
	8102.95	条、杆，但简单烧结而成的除外；型材及异型材、板、片、带、箔	从任何其他子目改变到子目8102.95
	8102.96	丝	从任何其他子目改变到子目8102.96
	8102.97	废碎料	原产国应为获得本子目货物的国家
	8102.99	其他	从任何其他子目改变到子目8102.99
8103		钽及其制品，包括废碎料	
	8103.20	未锻轧钽，包括简单烧结而成的条、杆；粉末	从任何其他子目改变到子目8103.20
	8103.30	废碎料	原产国应为获得本子目货物的国家
	8103.90	其他	从任何其他子目改变到子目8103.90
8104		镁及其制品，包括废碎料	
		未锻轧镁	
	8104.11	按重量计含镁量至少为99.8%	从任何其他子目改变到子目8104.11
	8104.19	其他	从任何其他子目改变到子目8104.19
	8104.20	废碎料	原产国应为获得本子目货物的国家
	8104.30	锉屑、车屑及颗粒，已按规格分级的；粉末	从任何其他子目改变到子目8104.30
	8104.90	其他	从任何其他子目改变到子目8104.90
8105		钴锍及其他冶炼钴时所得的中间产品；钴及其制品，包括废碎料	
	8105.20	钴锍及其他冶炼钴时所得的中间产品；未锻轧钴；粉末	从任何其他子目改变到子目8105.20
	8105.30	废碎料	原产国应为获得本子目货物的国家
	8105.90	其他	从任何其他子目改变到子目8105.90
8106		铋及其制品，包括废碎料	铋及其制品：从任何其他品目改变到品目8106；废碎料：原产国应为获得本品目货物的国家

税号		品名	产品特定规则
8107		镉及其制品，包括废碎料	
	8107.20	未锻轧镉；粉末	从任何其他品目改变到子目 8107.20
	8107.30	废碎料	原产国应为获得本子目货物的国家
	8107.90	其他	从任何其他子目改变到子目 8107.90
8108		钛及其制品，包括废碎料	
	8108.20	未锻轧钛；粉末：	从任何其他子目改变到子目 8108.20
	8108.30	废碎料	原产国应为获得本子目货物的国家
	8108.90	其他	从任何其他子目改变到子目 8108.90
8109		锆及其制品，包括废碎料	
	8109.20	未锻轧锆；粉末	从任何其他子目改变到子目 8109.20
	8109.30	废碎料	原产国应为获得本子目货物的国家
	8109.90	其他	从任何其他子目改变到子目 8109.90
8110		锑及其制品，包括废碎料：	
	8110.10	未锻轧锑；粉末	从任何其他品目改变到子目 8110.10
	8110.20	废碎料	原产国应为获得本子目货物的国家
	8110.90	其他	从任何其他子目改变到子目 8110.90
8111		锰及其制品，包括废碎料	锰及其制品：从任何其他品目改变到品目 8111；废碎料：原产国应为获得本品目货物的国家
8112		铍、铬、锗、钒、镓、铪、铟、铼、铌、铊及其制品，包括废碎料	
		铍	
	8112.12	未锻轧铍；粉末	从任何其他品目改变到子目 8112.12
	8112.13	废碎料	原产国应为获得本子目货物的国家
	8112.19	其他	从任何其他品目改变到子目 8112.19
		铬	
	8112.21	未锻轧铬；粉末	从任何其他品目改变到子目 8112.21
	8112.22	废碎料	原产国应为获得本子目货物的国家
	8112.29	其他	从任何其他品目改变到子目 8112.29
		铊	
	8112.51	未锻轧铊；粉末	从任何其他品目改变到子目 8112.51
	8112.52	废碎料	原产国应为获得本子目货物的国家
	8112.59	其他	从任何其他品目改变到子目 8112.59
		其他	

税号		品名	产品特定规则
	8112.92	未锻轧的；废碎料；粉末	未锻轧的：从任何其他品目改变到子目8112.92；废碎料：原产国应为获得本子目货物的国家
	8112.99	其他	从任何其他品目改变到子目8112.99
8113		金属陶瓷及其制品，包括废碎料	金属陶瓷及其制品：从任何其他品目改变到品目8113；废碎料：原产国应为取得该品目货物所在的国家
第八十二章		**贱金属工具、器具、利口器、餐匙、餐叉及其零件**	
8201		锹、铲、镐、锄、叉及耙；斧子、钩刀及类似砍伐工具；各种修枝用剪刀；镰刀、秣刀、树篱剪、伐木楔子及其他农业、园艺或林业用手工工具	从任何其他章改变到品目8201
8202		手工锯；各种锯的锯片（包括切条、切槽或无齿锯片）	从任何其他章改变到品目8202
8203		钢锉、木锉、钳子（包括剪钳）、镊子、白铁剪、切管器、螺栓切头器、打孔冲子及类似手工工具	从任何其他章改变到品目8203
8204		手动扳手及扳钳（包括转矩扳手，但不包括丝锥板手）；可互换的扳手套筒，不论是否带手柄	从任何其他章改变到品目8204
8205		其他品目未列名的手工工具（包括玻璃刀）；喷灯；台钳、夹钳及类似品，但作为机床附件或零件的除外；砧；轻便锻炉；带支架的手摇或脚踏砂轮	从任何其他章改变到品目8205
8206		由品目8202至8205中两个或多个品目所列工具组成的零售包装成套货品	从任何其他章改变到品目8206
8207		手工工具（不论是否有动力装置）及机床（例如，锻压、冲压、攻丝、钻孔、镗孔、铰孔及铣削、车削或上螺丝用的机器）的可互换工具，包括金属拉拔或挤压用模以及凿岩或钻探工具	从任何其他章改变到品目8207
8208		机器或机械器具的刀及刀片	从任何其他章改变到品目8208
8209		未装配的工具用金属陶瓷板、杆、刀头及类似品	从任何其他章改变到品目8209
8210		用于加工或调制食品或饮料的手动机械器具，重量不超过10千克	从任何其他章改变到品目8210
8211		有刃口的刀及其刀片，不论是否有锯齿（包括整枝刀），但品目8208的刀除外	从任何其他章改变到品目8211
8212		剃刀及其刀片（包括未分开的刀片条）	从任何其他章改变到品目8212
8213		剪刀、裁缝剪刀及类似品、剪刀片	从任何其他章改变到品目8213
8214		其他利口器（例如，理发推剪、屠刀、砍骨刀、切肉刀、切菜刀、裁纸刀）；修指甲及修脚用具（包括指甲锉）	从任何其他章改变到品目8214

税号		品名	产品特定规则
8215		餐匙、餐叉、长柄勺、漏勺、糕点夹、鱼刀、黄油刀、糖块夹及类似的厨房或餐桌用具	从任何其他章改变到品目 8215
第八十三章		贱金属杂项制品	
8301		贱金属制的锁（钥匙锁、数码锁及电动锁）；贱金属制带锁的扣环及扣环框架；上述锁的贱金属制钥匙	
	8301. 10	挂锁	从任何其他子目改变到子目 8301. 10
	8301. 20	机动车用锁	从任何其他子目改变到子目 8301. 20
	8301. 30	家具用锁	从任何其他子目改变到子目 8301. 30
	8301. 40	其他锁	从任何其他子目改变到子目 8301. 40
	8301. 50	带锁的扣环及扣环框架	从任何其他子目改变到子目 8301. 50
	8301. 60	零件	从任何其他品目改变到子目 8301. 60
	8301. 70	钥匙	从任何其他品目改变到子目 8301. 70
8302		用于家具、门窗、楼梯、百叶窗、车厢、鞍具、衣箱、盒子及类似品的贱金属附件及架座；贱金属制帽架、帽钩、托架及类似品；用贱金属做支架的小脚轮；贱金属制的自动闭门器	从任何其他品目改变到品目 8302
8303		装甲或加强的贱金属制保险箱、保险柜及保险库的门和带锁保险储存橱、钱箱、契约箱及类似品	从任何其他品目改变到品目 8303
8304		贱金属制的档案柜、卡片索引柜、文件盘、文件篮、笔盘、公章架及类似的办公用具，但税目 94. 03 的办公室家具除外	从任何其他品目改变到品目 8304
8305		活页夹、卷宗夹的贱金属附件，贱金属制的信夹、信角、文件夹、索引标签及类似的办公用品；贱金属制的成条钉书钉（例如，供办公室、室内装饰或包装用）	
	8305. 10	活页夹或卷宗夹的附件	从任何其他子目改变到子目 8305. 10
	8305. 20	成条钉书钉	从任何其他子目改变到子目 8305. 20
	8305. 90	其他，包括零件	从任何其他品目改变到子目 8305. 90
8306		非电动的贱金属铃、钟、锣及类似品；贱金属雕塑像及其他装饰品；贱金属相框或画框及类似框架；贱金属镜子	从任何其他品目改变到品目 8306
8307		贱金属软管，不论是否有附件	从任何其他品目改变到品目 8307
8308		贱金属制的扣、钩、环、眼及类似品，用于衣着、鞋靴、天篷、提包、旅行用品或其他制品；贱金属制的管形铆钉及开口铆钉；贱金属制的珠子及亮晶片	从任何其他品目改变到品目 8308
8309		贱金属制的塞子、盖子（包括冠形瓶塞、螺口盖及倒水塞）、瓶帽、螺口塞、塞子帽、封志及其他包装用附件	从任何其他品目改变到品目 8309

税号		品名	产品特定规则
8310		贱金属制的标志牌、铭牌、地名牌及类似品、号码、字母及类似标志，但税目94.05的货品除外	从任何其他品目改变到品目8310
8311		贱金属或硬质合金制的丝、条、管、板、电极及类似品，以焊剂涂面或以焊剂为芯，用于焊接或沉积金属、硬质合金；贱金属粉粘聚而成的丝或条，供金属喷镀用	从任何其他品目改变到品目8311
第八十四章		**核反应堆、锅炉、机器、机械器具及其零件**	
8401		核反应堆；核反应堆的未辐照燃料元件（释热元件）；同位素分离机器及装置	
	8401.10	核反应堆	从任何其他子目改变到子目8401.10
	8401.20	同位素分离机器、装置及其零件	从任何其他子目改变到子目8401.20
	8401.30	未辐照燃料元件（释热元件）	从任何其他子目改变到子目8401.30
	8401.40	核反应堆零件	从任何其他品目改变到子目8401.40
8402		蒸汽锅炉（能产生低压水蒸汽的集中供暖用的热水锅炉除外）；过热水锅炉	
	8402.11	蒸发量超过45吨/时的水管锅炉	从任何其他子目改变到子目8402.11
	8402.12	蒸发量不超过45吨/时的水管锅炉	从任何其他子目改变到子目8402.12
	8402.19	其他蒸汽锅炉，包括混合式锅炉	从任何其他子目改变到子目8402.19
	8402.20	过热水锅炉	从任何其他子目改变到子目8402.20
	8402.90	零件	从任何其他品目改变到子目8402.90
8403		集中供暖用的热水锅炉，但税目84.02的货品除外	
	8403.10	热水锅炉	从任何其他子目改变到子目8403.10
	8403.90	零件	从任何其他品目改变到子目8403.90
8404		税目84.02或84.03所列锅炉的辅助设备（例如，节热器、过热器、除灰器、气体回收器）；水蒸汽或其他蒸汽动力装置的冷凝器	
	8404.10	税目84.02或84.03所列锅炉的辅助设备	从任何其他子目改变到子目8404.10
	8404.20	水蒸汽或其他蒸汽动力装置的冷凝器	从任何其他子目改变到子目8404.20
	8404.90	零件	从任何其他品目改变到子目8404.90
8405		煤气发生器，不论有无净化器；乙炔发生器及类似的水解气体发生器，不论有无净化器	
	8405.10	煤气发生器，不论有无净化器；乙炔发生器及类似的水解气体发生器，不论有无净化器	从任何其他子目改变到子目8405.10
	8405.90	零件	从任何其他品目改变到子目8405.90
8406		汽轮机	
	8406.10	船舶动力用汽轮机	从任何其他子目改变到子目8406.10

税号		品名	产品特定规则
		其他汽轮机	
	8406.81	输出功率超过40兆瓦的	从任何其他子目改变到子目8406.81
	8406.82	输出功率不超过40兆瓦的	从任何其他子目改变到子目8406.82
	8406.90	零件	从任何其他品目改变到子目8406.90
8407		点燃往复式或旋转式活塞内燃发动机	从任何其他品目改变到品目8407，且区域价值成分不低于40%
8408		压燃式活塞内燃发动机（柴油或半柴油发动机）	从任何其他品目改变到8408，且区域价值成分不低于40%
8409		专用于或主要用于税目84.07或84.08所列发动机的零件	从任何其他品目改变到品目8409
8410		水轮机、水轮及其调节器	
	8410.11	功率不超过1000千瓦	从任何其他子目改变到子目8410.11
	8410.12	功率超过1000千瓦，但不超过10000千瓦	从任何其他子目改变到子目8410.12
	8410.13	功率超过10000千瓦	从任何其他子目改变到子目8410.13
	8410.90	零件，包括调节器	从任何其他品目改变到子目8410.90
8411		涡轮喷气发动机，涡轮螺桨发动机及其他燃气轮机	
		涡轮喷气发动机	
	8411.11	推力不超过25千牛顿	从任何其他子目改变到子目8411.11
	8411.12	推力超过25千牛顿	从任何其他子目改变到子目8411.12
		涡轮螺桨发动机	
	8411.21	功率不超过1100千瓦	从任何其他子目改变到子目8411.21
	8411.22	功率超过1100千瓦	从任何其他子目改变到子目8411.22
		其他燃气轮机	
	8411.81	功率不超过5000千瓦	从任何其他子目改变到子目8411.81
	8411.82	功率超过5000千瓦	从任何其他子目改变到子目8411.82
		零件	
	8411.91	涡轮喷气发动机或涡轮螺桨发动机用	从任何其他品目改变到子目8411.91
	8411.99	其他	从任何其他品目改变到子目8411.99
8412		其他发动机及动力装置	
	8412.10	喷气发动机，但涡轮喷气发动机除外	从任何其他子目改变到子目8412.10
		液压动力装置	
	8412.21	直线作用（液压缸）的	从任何其他子目改变到子目8412.21
	8412.29	其他	从任何其他子目改变到子目8412.29
		气压动力装置	
	8412.31	直线作用（液压缸）的	从任何其他子目改变到子目8412.31

税号		品名	产品特定规则
	8412.39	其他	从任何其他子目改变到子目 8412.39
	8412.80	其他	从任何其他子目改变到子目 8412.80
	8412.90	零件	从任何其他品目改变到子目 8412.90
8413		液体泵，不论是否装有计量装置；液体提升机	
		装有或可装计量装置的泵	
	8413.11	分装燃料或润滑油的泵，用于加油站或车库	从任何其他子目改变到子目 8413.11
	8413.19	其他	从任何其他子目改变到子目 8413.19
	8413.20	手泵，但子目 8413.11 或 8413.19 的货品除外	从任何其他子目改变到子目 8413.20
	8413.30	活塞式内燃发动机用的燃油泵、润滑油泵或冷却剂泵	从任何其他子目改变到子目 8413.30
	8413.40	混凝土泵	从任何其他子目改变到子目 8413.40
	8413.50	其他往复式排液泵	从任何其他子目改变到子目 8413.50
	8413.60	其他回转式排液泵	从任何其他子目改变到子目 8413.60
	8413.70	其他离心泵	从任何其他子目改变到子目 8413.70
	8413.81	其他泵	从任何其他子目改变到子目 8413.81
	8413.82	液体提升机	从任何其他子目改变到子目 8413.82
		零件	
	8413.91	泵用	从任何其他品目改变到子目 8413.91
	8413.92	液体提升机用	从任何其他品目改变到子目 8413.92
8414		空气泵或真空泵、空气及其他气体压缩机、风机、风扇；装有风扇的通风罩或循环气罩，不论是否装有过滤器	
	8414.10	真空泵	从任何其他子目改变到子目 8414.10
	8414.20	手动或脚踏式空气泵	从任何其他子目改变到子目 8414.20
	8414.30	用于制冷设备的压缩机	从任何其他子目改变到子目 8414.30
	8414.40	装在拖车底盘上的空气压缩机	从任何其他子目改变到子目 8414.40
		风机、风扇	
	8414.51	台扇、落地扇、壁扇、换气扇或吊扇，包括风机，本身装有一个输出功率不超过 125 瓦的电动机	从任何其他子目改变到子目 8414.51
	8414.59	其他	从任何其他子目改变到子目 8414.59
	8414.60	罩的平面最大边长不超过 120 厘米的通风罩或循环气罩	从任何其他子目改变到子目 8414.60
	8414.80	其他	从任何其他子目改变到子目 8414.80
	8414.90	零件	从任何其他品目改变到子目 8414.90
8415		空气调节器，装有电扇及调温、调湿装置，包括不能单独调湿的空调器	
	8415.10	窗式或壁式，独立的或分体的	从任何其他子目改变到子目 8415.10

税号		品名	产品特定规则
	8415. 20	机动车辆上供人使用的	从任何其他子目改变到子目 8415. 20
		其他	
	8415. 81	装有制冷装置及一个冷热循环换向阀的（可逆式热泵）	从任何其他子目改变到子目 8415. 81
	8415. 82	其他，装有制冷装置的	从任何其他子目改变到子目 8415. 82
	8415. 83	未装有制冷装置的	从任何其他子目改变到子目 8415. 83
	8415. 90	零件	从任何其他品目改变到子目 8415. 90
8416		使用液体燃料、粉状固体燃料或气体燃料的炉用燃烧器；机械加煤机，包括其机械炉篦、机械出灰器及类似装置	
	8416. 10	使用液体燃料的炉用燃烧器	从任何其他子目改变到子目 8416. 10
	8416. 20	其他炉用燃烧器，包括复式燃烧器	从任何其他子目改变到子目 8416. 20
	8416. 30	机械加煤机，包括其机械炉篦、机械出灰器及类似装置	从任何其他子目改变到子目 8416. 30
	8416. 90	零件	从任何其他品目改变到子目 8416. 90
8417		非电热的工业或实验室用炉及烘箱，包括焚烧炉	
	8417. 10	矿砂、黄铁矿或金属的焙烧、熔化或其他热处理用炉及烘箱	从任何其他子目改变到子目 8417. 10
	8417. 20	面包房用烤炉及烘箱，包括做饼干用的	从任何其他子目改变到子目 8417. 20
	8417. 80	其他	从任何其他子目改变到子目 8417. 80
	8417. 90	零件	从任何其他品目改变到子目 8417. 90
8418		电气或非电气的冷藏箱、冷冻箱及其他制冷设备；热泵，但税目 84. 15 的空气调节器除外	
	8418. 10	冷藏-冷冻组合机，各自装有单独外门的	从任何其他子目改变到子目 8418. 10
		家用型冷藏箱	
	8418. 21	压缩式	从任何其他子目改变到子目 8418. 21
	8418. 29	其他	从任何其他子目改变到子目 8418. 29
	8418. 30	柜式冷冻箱，容积不超过 800 升	从任何其他子目改变到子目 8418. 30
	8418. 40	立式冷冻箱，容积不超过 900 升	从任何其他子目改变到子目 8418. 40
	8418. 50	装有冷藏或冷冻装置的其他设备（柜、箱、展示台、陈列箱及类似品）用于存储及展示	从任何其他子目改变到子目 8418. 50
		其他制冷设备；热泵	
	8418. 61	热泵，税目 84. 15 的空气调节器除外	从任何其他子目改变到子目 8418. 61
	8418. 69	其他	从任何其他子目改变到子目 8418. 69
		零件	
	8418. 91	冷藏或冷冻设备专用的特制家具	从任何其他品目改变到子目 8418. 91
	8418. 99	其他	从任何其他品目改变到子目 8418. 99

税号		品名	产品特定规则
8419		利用温度变化处理材料的机器、装置及类似的实验室设备，例如，加热、烹煮、烘炒、蒸馏、精馏、消毒、灭菌、汽蒸、干燥、蒸发、气化、冷凝、冷却的机器设备，不论是否电热的（不包括税目85.14的炉，烘箱及其他设备），但家用的除外；非电热的快速热水器或贮备式热水器	
		非电热的快速热水器或贮备式热水器	
	8419.11	燃气快速热水器	从任何其他子目改变到子目8419.11
	8419.19	其他	从任何其他子目改变到子目8419.19
	8419.20	医用或实验室用消毒器具	从任何其他子目改变到子目8419.20
		干燥器	
	8419.31	农产品干燥用	从任何其他子目改变到子目8419.31
	8419.32	木材、纸浆、纸或纸板干燥用	从任何其他子目改变到子目8419.32
	8419.39	其他	从任何其他子目改变到子目8419.39
	8419.40	蒸馏或精馏设备	从任何其他子目改变到子目8419.40
	8419.50	热交换装置	从任何其他子目改变到子目8419.50
	8419.60	液化空气或其他气体的机器	从任何其他子目改变到子目8419.60
		其他机器设备	
	8419.81	加工热饮料或烹调、加热食品用	从任何其他子目改变到子目8419.81
	8419.89	其他	从任何其他子目改变到子目8419.89
	8419.90	零件	从任何其他品目改变到子目8419.90
8420		研光机或其他滚压机器及其滚筒，但加工金属或玻璃用的除外	
	8420.10	研光机或其他滚压机器	从任何其他子目改变到子目8420.10
		零件	
	8420.91	滚筒	从任何其他品目改变到子目8420.91
	8420.99	其他	从任何其他品目改变到子目8420.99
8421		离心机，包括离心干燥机；液体或气体的过滤、净化机器及装置	
		离心机，包括离心干燥机；	
	8421.11	--奶油分离器	从任何其他子目改变到子目8421.11
	8421.12	--离心干衣机	从任何其他子目改变到子目8421.12
	8421.19	--其他	从任何其他子目改变到子目8421.19
		-液体的过滤、净化机器及装置	
	8421.21	--过滤或净化水用	从任何其他子目改变到子目8421.21
	8421.22	--过滤或净化饮料（水除外）用	从任何其他子目改变到子目8421.22

税号		品名	产品特定规则
	8421.23	--内燃发动机的滤油器	从任何其他子目改变到子目 8421.23
	8421.29	--其他	从任何其他子目改变到子目 8421.29
		-气体的过滤、净化机器及装置	
	8421.31	--内燃发动机的进气过滤器	从任何其他子目改变到子目 8421.31
	8421.39	--其他	从任何其他子目改变到子目 8421.39
		-零件	
	8421.91	--离心机用，包括离心干燥机用	从任何其他品目改变到子目 8421.91
	8421.99	--其他	从任何其他品目改变到子目 8421.99
8422		洗碟机；瓶子及其他容器的洗涤或干燥机器；瓶、罐、箱、袋或其他容器装填、封口、密封、贴标签的机器；瓶、罐、管、筒或类似容器的包封机器；其他包装或打包机器（包括热缩包装机器）；饮料充气机：	
		-洗碟机：	
	8422.11	--家用型	从任何其他子目改变到子目 8422.11
	8422.19	--其他	从任何其他子目改变到子目 8422.19
	8422.20	-瓶子或其他容器的洗涤或干燥机器	从任何其他子目改变到子目 8422.20
	8422.30	-瓶、罐、箱、袋或其他容器的装填、封口、密封、贴标签的机器；瓶、罐、管、筒或类似容器的包封机器；饮料充气机：	从任何其他子目改变到子目 8422.30
	8422.40	-其他包装或打包机器（包括热缩包装机器）	从任何其他子目改变到子目 8422.40
	8422.90	-零件：	从任何其他品目改变到子目 8422.90
8423		衡器（感量为 PQ 毫克或更精密的天平除外），包括计数或检验用的衡器；衡器用的各种砝码、秤砣：	
	8423.10	-体重计，包括婴儿秤；家用秤	从任何其他子目改变到子目 8423.10
	8423.20	-输送带上连续称货的秤：	从任何其他子目改变到子目 8423.20
	8423.30	-恒定秤、物料定量装袋或装容器用的秤，包括库秤：	从任何其他子目改变到子目 8423.30
		-其他衡器：	
	8423.81	--最大称量不超过 30 千克：	从任何其他子目改变到子目 8423.81
	8423.82	--最大称量超过 30 千克，但不超过 5000 千克：	从任何其他子目改变到子目 8423.82
	8423.89	--其他：	从任何其他子目改变到子目 8423.89
	8423.90	-衡器用的各种砝码、秤砣；衡器的零件	从任何其他品目改变到子目 8423.90
8424		液体或粉末的喷射、散布或喷雾的机械器具（不论是否手工操作）；灭火器，不论是否装药；喷枪及类似器具；喷汽机、喷砂机及类似的喷射机器：	
	8424.10	-灭火器，不论是否装药	从任何其他子目改变到子目 8424.10
	8424.20	-喷枪及类似器具	从任何其他子目改变到子目 8424.20

税号		品名	产品特定规则
	8424.30	-喷汽机、喷砂机及类似的喷射机器	从任何其他子目改变到子目 8424.30
		-其他器具：	
	8424.81	--农业或园艺用	从任何其他子目改变到子目 8424.81
	8424.89	--其他	从任何其他子目改变到子目 8424.89
	8424.90	-零件	从任何其他品目改变到子目 8424.90
8425		滑车及提升机，但倒卸式提升机除外；卷扬机及绞盘；千斤顶：	从任何其他品目改变到品目 8425
8426		船用桅杆式起重机；起重机，包括缆式起重机；移动式吊运架、跨运车及装有起重机的工作车：	从任何其他品目改变到品目 8426 且区域价值成分不能低于 40%
8427		叉车；其他装有升降或搬运装置的工作车：	从任何其他品目改变到品目 8427
8428		其他升降、搬运、装卸机械（例如，升降机、自动梯、输送机、缆车）：	从任何其他品目改变到品目 8428
8429		机动推土机、侧铲推土机、筑路机、平地机、铲运机、机械铲、挖掘机、机铲装载机、捣固机械及压路机：	从任何其他品目改变到品目 8429
8430		泥土、矿物或矿石的运送、平整、铲运、挖掘、捣固、压实、开采或钻探机械；打桩机及拔桩机；扫雪机及吹雪机：	从任何其他品目改变到品目 8430
8431		专用于或主要用于税目 84.25 至 84.30 所列机械的零件：	从任何其他品目改变到品目 8431
8432		农业、园艺及林业用整地或耕作机械；草坪及运动场地滚压机：	
	8432.10	犁	从任何其他子目改变到子目 8432.10
		耙、松土机、中耕机、除草机及耕耘机	
	8432.21	--圆盘耙	从任何其他子目改变到子目 8432.21
	8432.29	--其他	从任何其他子目改变到子目 8432.29
	8432.30	-播种机、种植机及移植机	从任何其他子目改变到子目 8432.30
	8432.40	-施肥机	从任何其他子目改变到子目 8432.40
	8432.80	-其他机械：	从任何其他子目改变到子目 8432.80
	8432.90	-零件	从任何其他品目改变到子目 8432.90
8433		收割机、脱粒机，包括草料打包机；割草机；蛋类、水果或其他农产品的清洁、分选、分级机器，但税目 84.37 的机器除外：	
		-草坪、公园或运动场地用的割草机：	
	8433.11	--机动的，切割装置在同一水平面上旋转的	从任何其他子目改变到子目 8433.11
	8433.19	--其他	从任何其他子目改变到子目 8433.19

税号		品名	产品特定规则
	8433. 20	-其他割草机，包括牵引装置用的刀具杆	从任何其他子目改变到子目 8433. 20
	8433. 30	-其他干草切割、翻晒机器	从任何其他子目改变到子目 8433. 30
	8433. 40	-草料打包机，包括收集打包机	从任何其他子目改变到子目 8433. 40
		-其他收割机；脱粒机：	
	8433. 51	--联合收割机	从任何其他子目改变到子目 8433. 51
	8433. 52	--其他脱粒机	从任何其他子目改变到子目 8433. 52
		-其他收割机；脱粒机：	
	8433. 53	--根茎或块茎收获机	从任何其他子目改变到子目 8433. 53
	8433. 59	--其他	从任何其他子目改变到子目 8433. 59
	8433. 60	-蛋类、水果或其他农产品的清洁、分选、分级机器	从任何其他子目改变到子目 8433. 60
	8433. 90	-零件	从任何其他品目改变到子目 8433. 90
8434		挤奶机及乳品加工机器：	
	8434. 10	-挤奶机	从任何其他子目改变到子目 8434. 10
	8434. 20	-乳品加工机器：	从任何其他子目改变到子目 8434. 20
	8434. 90	-零件	从任何其他品目改变到子目 8434. 90
8435		制酒、制果汁或制类似饮料用的压榨机、轧碎机及类似机器：	
	8435. 10	-机器	从任何其他子目改变到子目 8435. 10
	8435. 90	-零件	从任何其他品目改变到子目 8435. 90
8436		农业、园艺、林业、家禽饲养业或养蜂业用的其他机器，包括装有机械或热力装置的催芽设备；家禽孵卵器及育雏器：	
	8436. 10	-动物饲料配制机	从任何其他子目改变到子目 8436. 10
		-家禽饲养用的机器；家禽孵卵器及育雏器：	
	8436. 21	--家禽孵卵器及育雏机	从任何其他子目改变到子目 8436. 21
	8436. 29	--其他	从任何其他子目改变到子目 8436. 29
	8436. 80	-其他机器	从任何其他子目改变到子目 8436. 80
		-零件	
	8436. 91	--家禽饲养用机器的零件或家禽孵卵器及育雏器的零件	从任何其他品目改变到子目 8436. 91
	8436. 99	--其他	从任何其他品目改变到子目 8436. 99
8437		种子、谷物或干豆的清洁、分选或分级机器；谷物磨粉业加工机器或谷物、干豆加工机器，但农业用机器除外：	
	8437. 10	-种子、谷物或干豆的清洁、分选或分级机器	从任何其他子目改变到子目 8437. 10
	8437. 80	-其他机器	从任何其他子目改变到子目 8437. 80

税号		品名	产品特定规则
	8437.90	-零件	从任何其他品目改变到子目8437.90
8438		本章其他税目未列名的食品、饮料工业用的生产或加工机器，但提取、加工动物油脂或植物固定油脂的机器除外：	
	8438.10	-糕点加工机器及生产通心粉、面条或类似产品的机器	从任何其他子目改变到子目8438.10
	8438.20	-生产糖果、可可粉、巧克力的机器	从任何其他子目改变到子目8438.20
	8438.30	-制糖机器	从任何其他子目改变到子目8438.30
	8438.40	-酿酒机器	从任何其他子目改变到子目8438.40
	8438.50	-肉类或家禽加工机器	从任何其他子目改变到子目8438.50
	8438.60	-水果、坚果或蔬菜加工机器	从任何其他子目改变到子目8438.60
	8438.80	-其他机器	从任何其他子目改变到子目8438.80
	8438.90	-零件	从任何其他品目改变到子目8438.90
8439		纤维素纸浆、纸及纸板的制造或整理机器：	
	8439.10	-制造纤维素纸浆的机器	从任何其他子目改变到子目8439.10
	8439.20	-纸或纸板的抄造机器	从任何其他子目改变到子目8439.20
	8439.30	-纸或纸板的整理机器	从任何其他子目改变到子目8439.30
		-零件	
	8439.91	--制造纤维素纸浆的机器用	从任何其他品目改变到子目8439.91
	8439.99	--其他	从任何其他品目改变到子目8439.99
8440		书本装订机器，包括锁线订书机：	
	8440.10	-机器	从任何其他子目改变到子目8440.10
	8440.90	-零件	从任何其他品目改变到子目8440.90
8441		其他制造纸浆制品、纸制品或纸板制品的机器，包括各种切纸机：	
	8441.10	-切纸机	从任何其他子目改变到子目8441.10
	8441.20	-制造包、袋或信封的机器	从任何其他子目改变到子目8441.20
	8441.30	-制造箱、盒、管、桶或类似容器的机器，但模制成型机器除外：	从任何其他子目改变到子目8441.30
	8441.40	-纸浆、纸或纸板制品模制成型机器	从任何其他子目改变到子目8441.40
	8441.80	-其他机器：	从任何其他子目改变到子目8441.80
	8441.90	-零件	从任何其他品目改变到子目8441.90
8442		铸字、排字或制版用的机器、器具及设备（税目84.56至84.65的机床除外）；活字、印刷用版、片、滚筒及其他部件；制成供印刷用（例如，刨平、压纹或抛光）的板、片、滚筒及石板：	

税号		品名	产品特定规则
	8442. 30	-机器、器具及设备	从任何其他子目改变到子目 8442. 30
	8442. 40	-上述机器、器具及设备的零件	从任何其他品目改变到子目 8442. 40
	8442. 50	-印刷用版、滚筒及其他印刷部件；制成供印刷用（例如，刨平、压纹或抛光）的板、滚筒及石板	从任何其他品目改变到子目 8442. 50
8443		用于税目 84. 42 的印刷用版（片）、滚筒及其他印刷部件进行印刷的机器；其他打印机、复印机及传真机，不论是否组合式；上述机器的零件及附件：	
		-用税目 84. 42 的印刷用版（片）、滚筒及其他印刷部件进行印刷的机器：	
	8443. 11	--卷取进料式胶印机	从任何其他子目改变到子目 8443. 11
	8443. 12	--办公室用片取进料式胶印机（展开片尺寸一边不超过 22 厘米，另一边不起过 36 厘米）	从任何其他子目改变到子目 8443. 12
	8443. 13	--其他胶印机：	从任何其他子目改变到子目 8443. 13
	8443. 14	--卷取进料式凸版印刷机，但不包括苯胺印刷机	从任何其他子目改变到子目 8443. 14
	8443. 15	--除卷取进料式以外的凸版印刷机，但不包括笨胺印刷机	从任何其他子目改变到子目 8443. 15
	8443. 16	--苯胺印刷机	从任何其他子目改变到子目 8443. 16
	8443. 17	--凹版印刷机	从任何其他子目改变到子目 8443. 17
	8443. 19	--其他	从任何其他子目改变到子目 8443. 19
		-其他打印机、复印机及传真机，不论是否组合式：	
	8443. 31	--具有打印、复印或传真中两种及以上功能的机器，可与自动数据处理设备功网络连接：	从任何其他子目改变到子目 8443. 31
	8443. 32	--其他，可与自动数据处理设备或网络连接：	从任何其他子目改变到子目 8443. 32
	8443. 39	--其他	从任何其他子目改变到子目 8443. 39
		-零件和附件	
	8443. 91	--用税目 84. 42 的印刷版、滚筒及其他印刷部件进行印刷的机器零件及附件：	从任何其他品目改变到子目 8443. 91
	8443. 99	--其他	从任何其他品目改变到子目 8443. 99
8444		化学纺织纤维挤压、拉伸、变形或切割机器：	从任何其他品目改变到品目 8444
8445		纺织纤维的预处理机器；纺纱机、并线机、加捻机及其他生产纺织纱线的机器；摇纱机、络纱机（包括卷纬机）及处理税目 84. 46 或 84. 47 所列机器用的纺织纱线的机器：	从任何其他品目改变到品目 8445
8446		织机：	从任何其他品目改变到品目 8446
8447		针织机、缝编机及制粗松螺旋花线、网眼薄纱、花边、刺绣品、装饰带、编织带或网的机器及簇绒机：	从任何其他品目改变到品目 8447

税号		品名	产品特定规则
8448		税目 84.44、84.45、84.46 或 84.47 所列机器的辅助机器 （例如，多臂机、提花机、自停装置及换梭装置）；专用于或主要用于税目 84.44、84.45、84.46 或 84.47 所列机器的零件、附件（例如，锭子、锭壳、钢丝针布、梳、喷丝头、梭子、综丝、综框、针织机用针）：	
		-税目 84.44、84.45、84.46 或 84.47 所列机器的辅助机器：	
	8448.11	--多臂机或提花机及其所用的卡片缩小、复制、穿孔或汇编机器	从任何其他子目改变到子目 8448.11
	8448.19	--其他	从任何其他子目改变到子目 8448.19
	8448.20	-税目 84.44 所列机器及其辅助机器的零件、附件：	从任何其他品目改变到子目 8448.20
		-税目 84.45 所列机器及其辅助机器的零件、附件：	
	8448.31	--钢丝针布	从任何其他品目改变到子目 8448.31
	8448.32	--纺织纤维预处理机器的零件、附件，但钢丝针布除外	从任何其他品目改变到子目 8448.32
	8448.33	--锭子、锭壳、纺丝环、钢丝圈：	从任何其他品目改变到子目 8448.33
	8448.39	--其他	从任何其他品目改变到子目 8448.39
		-织机及其辅助机器的零件、附件	
	8448.42	--织机用筘、综丝及综框	从任何其他品目改变到子目 8448.42
	8448.49	--其他	从任何其他品目改变到子目 8448.49
		-税目 84.47 所列机器及其辅助机器的零件、附件：	
	8448.51	--沉降片、织针及其他成圈机件：	从任何其他品目改变到子目 8448.51
	8448.59	--其他	从任何其他品目改变到子目 8448.59
8449		成匹、成形的毡呢或无纺织物制造或整理机器，包括制毡呢帽机器；帽模：	从任何其他品目改变到品目 8449
8450		家用型或洗衣房用洗衣机，包括洗涤干燥两用机：	
		-干衣量不超过 10 千克的洗衣机	
	8450.11	--全自动的：	从任何其他子目改变到子目 8450.11
	8450.12	--其他机器，装有离心甩干机	从任何其他子目改变到子目 8450.12
	8450.19	--其他	从任何其他子目改变到子目 8450.19
	8450.20	-干衣量超过 10 千克的洗衣机	从任何其他子目改变到子目 8450.20
	8450.90	-零件	从任何其他品目改变到子目 8450.90
8451		纱线、织物及纺织制品的洗涤、清洁、绞拧、干燥、熨烫、挤压、（包括熔压）、漂白、染色、上浆、整理、涂布或浸渍机器（税目 84.50 的机器除外）；列诺伦（亚麻油地毡）及类似铺地制品的布基或其他底布的浆料涂布机器；纺织物的卷绕、退绕、折叠、剪切或剪齿边机器：	

税号		品名	产品特定规则
	8451.10	-干洗机	从任何其他子目改变到子目 8451.10
		-干燥机	
	8451.21	--干衣量不超过 10 千克	从任何其他子目改变到子目 8451.21
	8451.29	--其他	从任何其他子目改变到子目 8451.29
	8451.30	-熨烫机及挤压机（包括熔压机）	从任何其他子目改变到子目 8451.30
	8451.40	-洗涤、漂白或染色机器	从任何其他子目改变到子目 8451.40
	8451.50	-纺织物的卷绕、退绕、折叠、剪切或剪齿边机器	从任何其他子目改变到子目 8451.50
	8451.80	-其他机器	从任何其他子目改变到子目 8451.80
	8451.90	-零件	从任何其他品目改变到子目 8451.90
8452		缝纫机，但税目 84.40 的锁线订书机除外；缝纫机专用的特制家具、底座及罩盖；缝纫机针：	
	8452.10	-家用型缝纫机：	从任何其他子目改变到子目 8452.10
		-其他缝纫机：	
	8452.21	--自动的：	从任何其他子目改变到子目 8452.21
	8452.29	--其他	从任何其他子目改变到子目 8452.29
	8452.30	-缝纫机针	从任何其他品目改变到子目 8452.30
	8452.40	-缝纫机专用的特制家具、底座和罩盖及其零件	从任何其他品目改变到子目 8452.40
	8452.90	-缝纫机的其他零件：	从任何其他品目改变到子目 8452.90
8453		生皮、皮革的处理、鞣制或加工机器，鞋靴、毛皮及其他皮革制品的制作或修理机器，但缝纫机除外：	
	8453.10	-生皮、皮革的处理、鞣制或加工机器	从任何其他子目改变到子目 8453.10
	8453.20	-鞋靴制作或修理机器	从任何其他子目改变到子目 8453.20
	8453.80	-其他机器	从任何其他子目改变到子目 8453.80
	8453.90	-零件	从任何其他品目改变到子目 8453.90
8454		金属冶炼及铸造用的转炉、浇包、锭模及铸造机：	
	8454.10	-转炉	从任何其他子目改变到子目 8454.10
	8454.20	-锭模及浇包：	从任何其他子目改变到子目 8454.20
	8454.30	-铸造机：	从任何其他子目改变到子目 8454.30
	8454.90	-零件	从任何其他品目改变到子目 8454.90
8455		金属轧机及其轧辊：	
	8455.10	-轧管机：	从任何其他子目改变到子目 8455.10
		-其他轧机：	
	8455.21	--热轧机或冷热联合轧机：	从任何其他子目改变到子目 8455.21
	8455.22	--冷轧机：	从任何其他子目改变到子目 8455.22
	8455.30	-轧机用轧辊	从任何其他子目改变到子目 8455.30

税号		品名	产品特定规则
	8455. 90	-其他零件	从任何其他品目改变到子目 8455. 90
8456		用激光、其他光、光子束、超声波、放电、电化学法、电子束、离子束或等离子弧处理各种材料的加工机床：	从任何其他品目改变到品目 8456 且区域价值成分不能低于 40%
8457		加工金属的加工中心、单工位组合机床及多工位组合机床：	从任何其他品目改变到品目 8457 且区域价值成分不能低于 40%.
8458		切削金属的车床（包括车削中心）：	从任何其他品目改变到品目 8458 且区域价值成分不能低于 40%
8459		切削金属的钻床、镗床、铣床、攻丝机床（包括直线移动式动力头钻床），但税目 84. 58 的车床（包括车削中心）除外：	从任何其他品目改变到品目 8459 且区域价值成分不能低于 40%
8460		用磨石、磨料或抛光材料对金属或金属陶瓷进行去毛刺、刃磨、磨削、珩磨、研磨、抛光或其他精加工的机床，但税目 84. 61 的切齿机、齿轮磨床或齿轮精加工机床除外：	从任何其他品目改变到品目 8460 且区域价值成分不能低于 40%
8461		切削金属或金属陶瓷的刨床、牛头刨床、插床、拉床、切齿机、齿轮磨床或齿轮精加工机床、锯床、切断机及其他税目未列名的切削机床：	从任何其他品目改变到品目 8461 且区域价值成分不能低于 40%
8462		加工金属的锻造（包括模锻）或冲压机床；加工金属的弯曲、折叠、矫直、矫平、剪切、冲孔或开槽机床；其他加工金属或硬质合金的压力机：	从任何其他品目改变到品目 8462 且区域价值成分不能低于 40%
8463		金属或金属陶瓷的其他非切削加工机床：	从任何其他品目改变到品目 8463 且区域价值成分不能低于 40%
8464		石料、陶瓷、混凝土、石棉水泥或类似矿物材料的加工机床、玻璃冷加工机床：	从任何其他品目改变到品目 8464 且区域价值成分不能低于 40%
8465		木材、软木、骨、硬质橡胶、硬质塑料或类似硬质材料的加工机床（包括用打钉或打 U 形钉、胶粘或其他方法组合前述材料的机器）：	从任何其他品目改变到品目 8465 且区域价值成分不能低于 40%
8466		专用于或主要用于税目 84. 56 至 84. 65 所列机器的零件、附件，包括工件或工具的夹具、自启板牙切头、分度头及其他专用于机床的附件；各种手提工具的工具夹具：	从任何其他品目改变到品目 8466
8467		手提式风动或液压工具及本身装有电动或非电动动力装置的手提式工具：	
		-风动的	
	8467. 11	--旋转式（包括旋转冲击式的）	从任何其他子目改变到子目 8467. 11
	8467. 19	--其他	从任何其他子目改变到子目 8467. 19

税号		品名	产品特定规则
		-本身装有电动动力装置的：	
	8467.21	--各种钻	从任何其他子目改变到子目 8467.21
	8467.22	--锯：	从任何其他子目改变到子目 8467.22
	8467.29	--其他	从任何其他子目改变到子目 8467.29
		-其他工具	
	8467.81	--链锯	从任何其他子目改变到子目 8467.81
	8467.89	--其他	从任何其他子目改变到子目 8467.89
		-零件	
	8467.91	--链锯用	从任何其他品目改变到子目 8467.91
	8467.92	--风动工具用	从任何其他品目改变到子目 8467.92
	8467.99	--其他	从任何其他品目改变到子目 8467.99
8468		焊接机器及装置，不论是否兼有切割功能，但税目 85.15 的货品除外；气体加温表面回火机器及装置：	
	8468.10	-手提喷焊器	从任何其他子目改变到子目 8468.10
	8468.20	-其他气体焊接或表面回火机器及装置	从任何其他子目改变到子目 8468.20
	8468.80	-其他机器及装置	从任何其他子目改变到子目 8468.80
	8468.90	-零件	从任何其他品目改变到子目 8468.90
8469		打字机，但税目 84.43 的打印机除外；文字处理机	从任何其他品目改变到品目 8469
8470		计算机器及具有计算功能的袖珍式数据记录、重现及显示机器；装有计算装置的会计计算机、邮资盖戳机、售票机及类似机器；现金出纳机：	从任何其他品目改变到品目 8470
8471		自动数据处理设备及其部件；其他税目未列名的磁性或光学阅读机、将数据以代码形式转录到数据记录媒体的机器及处理这些数据的机器：	从任何其他品目改变到品目 8471
8472		其他办公室用机器（例如，胶版复印机、油印机、地址印写机、自动付钞机、硬币分类、计数及包装机、削铅笔机、打洞机或订书机）：	从任何其他品目改变到品目 8472
8473		专用于或主要用于税目 84.69 至 84.72 所列机器的零件、附件（罩套、提箱及类似品除外）：	从任何其他品目改变到品目 8473
8474		泥土、石料、矿石或其他固体（包括粉状、浆状）矿物质的分类、筛选、分离、洗涤、破碎、磨粉、混合或搅拌机器；固体矿物燃料、陶瓷坯泥、未硬化水泥、石膏材料或其他粉状、浆状矿产品的粘聚或成形机器；铸造用砂模的成形机器：	
	8474.10	-分类、筛选、分离或洗涤机器	从任何其他子目改变到子目 8474.10
	8474.20	-破碎或磨粉机器：	从任何其他子目改变到子目 8474.20

税号		品名	产品特定规则
		-混合或搅拌机器：	
	8474.31	--混凝土或砂浆混合机器	从任何其他子目改变到子目8474.31
	8474.32	--矿物与沥青的混合机器	从任何其他子目改变到子目8474.32
	8474.39	--其他	从任何其他子目改变到子目8474.39
	8474.80	-其他机器	从任何其他子目改变到子目8474.80
	8474.90	-零件	从任何其他品目改变到子目8474.90
8475		白炽灯泡、灯管、放电灯管、电子管、闪光灯泡及类似品的封装机器；玻璃或玻璃制品的制造或热加工机器：	
	8475.10	-白炽灯泡、灯管、放电灯管、电子管、闪光灯泡及类似品的封装机器	从任何其他子目改变到子目8475.10
		-玻璃或玻璃制品的制造或热加工机器：	
	8475.21	--制造光导纤维及其预制棒的机器	从任何其他子目改变到子目8475.21
	8475.29	--其他	从任何其他子目改变到子目8475.29
	8475.90	-零件	从任何其他品目改变到子目8475.90
8476		自动售货机（例如，出售邮票、香烟、食品或饮料的机器），包括钱币兑换机：	
		-饮料自动销售机：	
	8476.21	--装有加热或制冷装置的	从任何其他子目改变到子目8476.21
	8476.29	--其他	从任何其他子目改变到子目8476.29
		-其他机器	
	8476.81	--装有加热或制冷装置的	从任何其他子目改变到子目8476.81
	8476.89	--其他	从任何其他子目改变到子目8476.89
	8476.90	-零件	从任何其他品目改变到子目8476.90
8477		本章其他税目未列名的橡胶或塑料及其产品的加工机器：	
	8477.10	-注射机：	从任何其他子目改变到子目8477.10
	8477.20	-挤出机：	从任何其他子目改变到子目8477.20
	8477.30	-吹塑机	从任何其他子目改变到子目8477.30
	8477.40	-真空模塑机器及其他热成型机器：	从任何其他子目改变到子目8477.40
		-其他模塑或成型机器：	
	8477.51	--用于充气轮胎模塑或翻新的机器及内胎模塑或用其他方法成型的机器	从任何其他子目改变到子目8477.51
	8477.59	--其他	从任何其他子目改变到子目8477.59
	8477.80	-其他机器	从任何其他子目改变到子目8477.80
	8477.90	-零件	从任何其他品目改变到子目8477.90

税号		品名	产品特定规则
8478		本章其他税目未列名的烟草加工及制作机器：	
	8478.10	-机器	从任何其他子目改变到子目 8478.10
	8478.90	-零件	从任何其他品目改变到子目 8478.90
8479		本章其他税目未列名的具有独立功能的机器及机械器具：	
	8479.10	-公共工程用机器：	从任何其他子目改变到子目 8479.10
	8479.20	-提取、加工动物油脂或植物固定油脂的机器	从任何其他子目改变到子目 8479.20
	8479.30	-木碎料板或木纤维板的挤压机及其他木材或软木处理机	从任何其他子目改变到子目 8479.30
	8479.40	-绳或缆的制造机器	从任何其他子目改变到子目 8479.40
	8479.50	-未列名工业机器人：	从任何其他子目改变到子目 8479.50
	8479.60	-蒸发式空气冷却器	从任何其他子目改变到子目 8479.60
		-其他机器及机械器具：	
	8479.81	--处理金属的机械，包括线圈绕线机：	从任何其他子目改变到子目 8479.81
	8479.82	--混合、搅拌、轧碎、研磨、筛选、均化或乳化机器	从任何其他子目改变到子目 8479.82
	8479.89	--其他	从任何其他品目改变到子目 8479.89 且区域价值成分不能低于 40%
	8479.90	-零件	从任何其他品目改变到品目 8479.90
8480		金属铸造用型箱；型模底板；阳模；金属用型模（锭模除外）、硬质合金、玻璃、矿物材料、橡胶或塑料用型模：	从任何其他品目改变到品目 8480
8481		用于管道、锅炉、罐、桶或类似品的龙头、旋塞、阀门及类似装置，包括减压阀及恒温控制阀：	
	8481.10	-减压阀	从任何其他子目改变到子目 8481.10
	8481.20	-油压或气压传动阀：	从任何其他子目改变到子目 8481.20
	8481.30	-止回阀	从任何其他子目改变到子目 8481.30
	8481.40	-安全阀或溢流阀；	从任何其他子目改变到子目 8481.40
	8481.80	-其他器具：	从任何其他子目改变到子目 8481.80
	8481.90	-零件	从任何其他品目改变到子目 8481.90
8482		滚动轴承：	
	8482.10	-滚珠轴承	从任何其他子目改变到子目 8482.10
	8482.20	-锥形滚子轴承，包括锥形滚子组件	从任何其他子目改变到子目 8482.20
	8482.30	-鼓形滚子轴承	从任何其他子目改变到子目 8482.30
	8482.40	-滚针轴承	从任何其他子目改变到子目 8482.40

税号		品名	产品特定规则
	8482.50	-其他圆柱形滚子轴承	从任何其他子目改变到子目 8482.50
	8482.80	-其他，包括球、柱混合轴承	从任何其他子目改变到子目 8482.80
		-零件	
	8482.91	--滚珠、滚针及滚柱	从任何其他品目改变到子目 8482.91
	8482.99	--其他	从任何其他品目改变到子目 8482.99
8483		传动轴（包括凸轮轴及曲柄轴）及曲柄；轴承座及滑动轴承；齿轮及齿轮传动装置；滚珠或滚子螺杆传动装置；齿轮箱及其他变速装置，包括扭矩变换器；飞轮及滑轮，包括滑轮组；离合器及联轴器（包括万向节）：	
	8483.10	-传动轴（包括凸轮轴及曲柄轴）及曲柄：	从任何其他子目改变到子目 8483.10
	8483.20	-装有滚珠或滚子轴承的轴承座	从任何其他子目改变到子目 8483.20
	8483.30	-未装有滚珠或滚子轴承的轴承座；滑动轴承	从任何其他子目改变到子目 8483.30
	8483.40	-齿轮及齿轮传动装置，但单独进口或出口的带齿的轮、链轮及其他传动元件除外；滚珠或滚子螺杆传动装置；齿轮箱及其他变速装置，包括扭矩变换器：	从任何其他子目改变到子目 8483.40
	8483.50	-飞轮及滑轮，包括滑轮组	从任何其他子目改变到子目 8483.50
	8483.60	-离合器及联轴器（包括万向节）	从任何其他子目改变到子目 8483.60
	8483.90	-单独报验的带齿的轮、链轮及其他传动元件；零件	从任何其他品目改变到子目 8483.90
8484		密封垫或类似接合衬垫，用金属片与其他材料制成或用双层或多层金属片制成；成套或各种不同材料的密封垫或类似接合衬垫，装于袋、套或类似包装内；机械密封件：	
	8484.10	-密封垫或类似接合衬垫，用金属片与其他材料制成或用双层或多层金属片制成	从任何其他子目改变到子目 8484.10
	8484.20	-机械密封件	从任何其他子目改变到子目 8484.20
	8484.90	-其他	从任何其他子目改变到子目 8484.90
8486		专用于或主要用于制造半导体单晶柱或晶圆、半导体器件、集成电路或平板显示器的机器及装置；本章注释九（三）规定的机器及装置，零件及附件：	
	8486.10	-制造单晶柱或晶圆用的机器及装置：	从任何其他子目改变到子目 8486.10
	8486.20	-制造半导体器件或集成电路用的机器及装置：	从任何其他子目改变到子目 8486.20
	8486.30	-制造平板显示器用的机器及装置：	从任何其他子目改变到子目 8486.30
	8486.40	-本章注释九（三）规定的机器及装置：	从任何其他子目改变到子目 8486.40
	8486.90	-零件及附件	从任何其他品目改变到子目 8486.90
8487		本章其他税目未列名的机器零件，不具有电气接插件、绝缘体，线圈、触点，或其他电气器材特征的：	从任何其他品目改变到品目 8487

税号		品名	产品特定规则
第八十五章		**电机、电气设备及其零件；声音的录制和重放设备及其零件、附件**	
8501		电动机及发电机（不包括发电机组）：	从任何其他品目改变到品目 8501
8502		发电机组及旋转式变流机：	从任何其他品目改变到品目 8502
8503		专用于或主要用于税目 85.01 或 85.02 所列机器的零件：	从任何其他品目改变到品目 8503
8504		变压器、静止式变流器（例如整流器）及电感器：	
	8504.10	-放电灯或放电管用镇流器：	从任何其他子目改变到子目 8504.10
		-液体介质变压器：	
	8504.21	--额定容量不超过 650 千伏安	从任何其他子目改变到子目 8504.21
	8504.22	--额定容量超过 650 千伏安，但不超过 10 兆伏安	从任何其他子目改变到子目 8504.22
	8504.23	--额定容量超过 10 兆伏安：	从任何其他子目改变到子目 8504.23
		-其他变压器：	
	8504.31	--额定容量不超过 1 千伏安：	从任何其他品目改变到子目 8504.31
	8504.32	--额定容量超过 1 千伏安，但不超过 16 千伏安：	从任何其他子目改变到子目 8504.32
	8504.33	--额定容量超过 16 千伏安，但不超过 500 千伏安	从任何其他子目改变到子目 8504.33
	8504.34	--额定容量超过 500 千伏安	从任何其他子目改变到子目 8504.34
	8504.40	-静止式变流器	从任何其他子目改变到子目 8504.40
	8504.50	-其他电感器	从任何其他子目改变到子目 8504.50
	8504.90	-零件	从任何其他品目改变到子目 8504.90
8505		电磁铁；永磁铁及磁化后准备制永磁铁的物品；电磁铁或永磁铁卡盘、夹具及类似的工件夹具；电磁联轴节、离合器及制动器；电磁起重吸盘：	
	8505.11	-永磁铁及磁化后准备制永磁铁的物品：金属的	从任何其他子目改变到子目 8505.11
	8505.19	-永磁铁及磁化后准备制永磁铁的物品：其他	从任何其他子目改变到子目 8505.19
	8505.20	-电磁联轴节、离合器及制动器	从任何其他子目改变到子目 8505.20
	8505.90	-其他，包括零件：	从任何其他品目改变到子目 8505.90
8506		原电池及原电池组：	
	8506.10	-二氧化锰的：	从任何其他子目改变到子目 8506.10
	8506.30	-氧化汞的	从任何其他子目改变到子目 8506.30
	8506.40	-氧化银的	从任何其他子目改变到子目 8506.40
	8506.50	-锂的	从任何其他子目改变到子目 8506.50
	8506.60	-锌空气的	从任何其他子目改变到子目 8506.60
	8506.80	-其他原电池及原电池组	从任何其他子目改变到子目 8506.80
	8506.90	-零件	从任何其他品目改变到子目 8506.90

税号		品名	产品特定规则
8507		蓄电池，包括隔板，不论是否矩形（包括正方形）：	
	8507.10	-铅酸蓄电池，用于起动活塞式发动机	从任何其他子目改变到子目 8507.10
	8507.20	-其他铅酸蓄电池	从任何其他子目改变到子目 8507.20
	8507.30	-镍镉蓄电池	从任何其他子目改变到子目 8507.30
	8507.40	-镍铁蓄电池	从任何其他子目改变到子目 8507.40
	8507.80	-其他蓄电池：	从任何其他子目改变到子目 8507.80
	8507.90	-零件	从任何其他品目改变到子目 8507.90
8508		真空吸尘器：	
		-电动的	
	8508.11	--功率不超过 1500 瓦，且带有容积不超过 20 升的集尘袋或其他集尘容积器	从任何其他子目改变到子目 8508.11
	8508.19	--其他	真空吸尘器，包括这个子目项下的干式和湿式真空吸尘器：从任何其他子目改变到子目 8508.19；机器及带有独立功能的机器附件，没有在本子目外包括或具体列名的：从任何其他品目改变到子目 8508.19，且其区域价值成分不低于 40%。
	8508.60	-其他真空吸尘器	从任何其他品目改变到子目 8508.60，且其区域价值成分不低于 40%。
	8508.70	-零件	从任何其他品目改变到子目 8508.70
8509		家用电动器具：除品目 85.08 的真空吸尘器外	
	8509.40	-食品研磨机及搅拌器；水果或蔬菜的榨汁器：	从任何其他子目改变到子目 8509.40
	8509.80	-其他器具	从任何其他子目改变到子目 8509.80
	8509.90	-零件	从任何其他品目改变到子目 8509.90
8510		电动剃须刀、电动毛发推剪及电动脱毛器：	
	8510.10	-剃须刀	从任何其他子目改变到子目 8510.10
	8510.20	-毛发推剪	从任何其他子目改变到子目 8510.20
	8510.30	-脱毛器	从任何其他子目改变到子目 8510.30
	8510.90	-零件	从任何其他品目改变到子目 8510.90
8511		点燃式或压燃式内燃发动机用的电点火及电起动装置（例如，点火磁电机、永磁直流发电机、点火线圈、火花塞、电热塞及起动电机）；附属于上述内燃发动机的发电机（例如，直流发电机、交流发电机）及断流器：	从任何其他品目改变到品目 8511
8512		自行车或机动车辆用的电气照明或信号装置（税目 85.39 的物品除外）、风挡刮水器、除霜器及去雾器：	

税号		品名	产品特定规则
	8512.10	-自行车用照明或视觉信号装置	从任何其他子目改变到子目 8512.10
	8512.20	-其他照明或视觉信号装置：	从任何其他子目改变到子目 8512.20
	8512.30	-音响信号装置：	从任何其他子目改变到子目 8512.30
	8512.40	-风挡刮水器、除霜器及去雾器	从任何其他子目改变到子目 8512.40
	8512.90	-零件	从任何其他品目改变到子目 8512.90
8513		自供能源（例如，使用干电池、蓄电池、永磁发电机）的手提式电灯，但税目 85.12 的照明装置除外：	
	8513.10	-灯	从任何其他子目改变到子目 8513.10
	8513.90	-零件	从任何其他品目改变到子目 8513.90
8514		工业或实验室用电炉及电烘箱（包括通过感应或介质损耗工作的）；工业或实验室用其他通过感应或介质损耗对材料进行热处理的设备：	
	8514.10	-电阻加热的炉及烘箱：	从任何其他子目改变到子目 8514.10
	8514.20	-通过感应或介质损耗工作的炉及烘箱	从任何其他子目改变到子目 8514.20
	8514.30	-其他炉及烘箱	从任何其他子目改变到子目 8514.30
	8514.40	-其他通过感应或介质损耗对材料进行热处理的设备	从任何其他子目改变到子目 8514.40
	8514.90	-零件：	从任何其他品目改变到子目 8514.90
8515		电气（包括电热气体）、激光、其他光、光子束、超声波、电子束、磁脉冲或等离子弧焊接机器及装置，不论是否兼有切割功能；用于热喷金属或金属陶瓷的电气机器及装置：	
		-钎焊机器及装置：	
	8515.11	--烙铁及焊枪	从任何其他子目改变到子目 8515.11
	8515.19	--其他	从任何其他子目改变到子目 8515.19
		-电阻焊接机器及装置	
	8515.21	--全自动或半自动的：	从任何其他子目改变到子目 8515.21
	8515.29	--其他	从任何其他子目改变到子目 8515.29
		-电弧（包括等离子弧）焊接机器及装置：	
	8515.31	--全自动或半自动的：	从任何其他子目改变到子目 8515.31
	8515.39	--其他	从任何其他子目改变到子目 8515.39
	8515.80	-其他机器及装置	从任何其他子目改变到子目 8515.80
	8515.90	-零件	从任何其他品目改变到子目 8515.90
8516		电热的快速热水器、储存式热水器、浸入式液体加热器；电气空间加热器及土壤加热器；电热的理发器具（例如，电吹风机、电卷发器、电热发钳）及干手器；电熨斗；其他家用电热器具；加热电阻器，但税目 85.45 的货品除外：	

税号		品名	产品特定规则
	8516.10	-电热的快速热水器、储存式热水器、浸入式液体加热器	从任何其他子目改变到子目 8516.10
		-电气空间加热器及土壤加热器：	
	8516.21	--储存式散热器	从任何其他子目改变到子目 8516.21
	8516.29	--其他	从任何其他子目改变到子目 8516.29
		-电热的理发器具及干手器：	
	8516.31	--吹风机	从任何其他子目改变到子目 8516.31
	8516.32	--其他理发器具	从任何其他子目改变到子目 8516.32
	8516.33	--干手器	从任何其他子目改变到子目 8516.33
	8516.40	-电熨斗	从任何其他子目改变到子目 8516.40
	8516.50	-微波炉 0/G2	从任何其他子目改变到子目 8516.50
	8516.60	-其他炉；电锅、电热板、加热环、烧烤炉及烘烤器：	从任何其他子目改变到子目 8516.60
		-其他电热器具：	
	8516.71	--咖啡壶或茶壶：	从任何其他子目改变到子目 8516.71
	8516.72	--烤面包器：	从任何其他子目改变到子目 8516.72
	8516.79	--其他：	从任何其他子目改变到子目 8516.79
	8516.80	-加热电阻器	从任何其他子目改变到子目 8516.80
	8516.90	-零件	从任何其他品目改变到子目 8516.90
8517		电话机，包括用于蜂窝网络或其他无线网络的电话机；其他发送或接收声音、图像或其他数据用的设备，包括有线或无线网络（例如，局域网或广域网）的通信设备，税目 84.43、85.25、85.27 或 85.28 的发送或接收设备除外：	
		-电话机，包括用于蜂窝网络或其他无线网络的电话机：	
	8517.11	--无绳电话机	从任何其他子目改变到子目 8517.11
	8517.12	--用于蜂窝网络或其他无线网络的电话机	从任何其他子目改变到子目 8517.12
	8517.18	--其他	从任何其他子目改变到子目 8517.18
		-其他发送或接收声音、图像或其他数据用的设备，包括有线或无线网络（例如，局域网或广域网）的通信设备：	
	8517.61	--基站：	从任何其他子目改变到子目 8517.61
	8517.62	--接收、转换并且发送或再生声音、图像或其他数据用的设备，包括交换及路由设备：	从任何其他子目改变到子目 8517.62
	8517.69	--其他：	从任何其他子目改变到子目 8517.69
	8517.70	-零件	从任何其他品目改变到子目 8517.70

税号		品名	产品特定规则
8518		传声器（麦克风）及其座架；扬声器，不论是否装成音箱；耳机、耳塞，不论是否装有传声器，由传声器及一个或多个扬声器组成的组合机，音频扩大器；电气扩音机组：	
	8518.10	-传声器（麦克风）及其座架	从任何其他子目改变到子目 8518.10
		-扬声器，不论是否装成音箱：	
	8518.21	--单喇叭音箱	从任何其他子目改变到子目 8518.21
	8518.22	--多喇叭音箱	从任何其他子目改变到子目 8518.22
	8518.29	--其他	从任何其他子目改变到子目 8518.29
	8518.30	-耳机、耳塞机，不论是否装有传声器，由传声器及一个或多个扬声器组成的组合机	从任何其他子目改变到子目 8518.30
	8518.40	-音频扩大器 H	从任何其他子目改变到子目 8518.40
	8518.50	-电气扩音机组	从任何其他子目改变到子目 8518.50
	8518.90	-零件	从任何其他品目改变到子目 8518.90
8519		声音录制或重放设备：	从任何其他品目改变到品目 8519
8521		视频信号录制或重放设备，不论是否装有高频调谐器：	从任何其他品目改变到品目 8521
8522		专用于或主要用于税目 85.19 至 85.21 所列设备的零件、附件：	从任何其他品目改变到品目 8522
8523	85.23	录制声音或其他信息用的圆盘、磁带、固态非易失性数据存储器件、“智能卡”及其他媒体，不论是否已录制，包括供复制圆盘用的母片及母带，但不包括第三十七章的产品：	从任何其他品目改变到品目 8523
8525	85.25	无线电广播、电视发送设备，不论是否装有接收装置或声音的录制、重放装置；电视摄像机、数字照相机及视频摄录一体机：	从任何其他品目改变到品目 8525
8526	85.26	雷达设备、无线电导航设备及无线电遥控设备：	从任何其他品目改变到品目 8526
8527	85.27	无线电话、电报、无线电广播接收设备，不论是否与声音的录制、重放装置或时钟组合在同一机壳内：	从任何其他品目改变到品目 8527
8528	85.28	监视器及投影机，未装电视接收装置；电视接收装置，不论是否装有无线电收音装置或声音、图像的录制或重放装置：	从任何其他品目改变到品目 8528
8529	85.29	专用于或主要用于税目 85.25 至 85.28 所列装置或设备的零件：	从任何其他品目改变到品目 8529
8530	85.30	铁道、电车道、道路或内河航道、停车场、港口或机场用的电气信号、安全或交通管理设备（税目 86.08 的货品除外）：	

税号		品名	产品特定规则
	8530.10	-铁道或电车道用的设备	从任何其他子目改变到子目8530.10
	8530.80	-其他设备	从任何其他子目改变到子目8530.80
	8530.90	-零件	从任何其他品目改变到子目8530.90
8531	85.31	电气音响或视觉信号装置（例如，电铃、电笛、显示板、防盗或防火报警器），但税目85.12或85.30的货品除外：	
	8531.10	-防盗或防火报警器及类似装置：	从任何其他子目改变到子目8531.10
	8531.20	-装有液晶装置（LCD）或发光二极管（LED）的显示板	从任何其他子目改变到子目8531.20
	8531.80	-其他装置	从任何其他子目改变到子目8531.80
	8531.90	-零件	从任何其他品目改变到子目8531.90
8532		固定、可变或可调（微调）电容器：	
	8532.10	-固定电容器，用于50/60赫兹电路，其额定无功功率不低于0.5千瓦（电力电容器）	从任何其他子目改变到子目8532.10
		-其他固定电容器：	
	8532.21	--钽电容器：	从任何其他子目改变到子目8532.21
	8532.22	--铝电解电容器	从任何其他子目改变到子目8532.22
	8532.23	--单层瓷介电容器	从任何其他子目改变到子目8532.23
	8532.24	--多层瓷介电容器：	从任何其他子目改变到子目8532.24
	8532.25	--纸介质或塑料介质电容器：	从任何其他子目改变到子目8532.25
	8532.29	--其他	从任何其他子目改变到子目8532.29
	8532.30	-可变或可调（微调）电容器	从任何其他子目改变到子目8532.30
	8532.90	-零件	从任何其他品目改变到子目8532.90
8533		电阻器（包括变阻器及电位器），但加热电阻器除外：	
	8533.10	-固定碳质电阻器，合成或薄膜式	从任何其他子目改变到子目8533.10
		-其他固定电阻器：	
	8533.21	--额定功率不超过20瓦：	从任何其他子目改变到子目8533.21
	8533.29	--其他	从任何其他子目改变到子目8533.29
		-线绕可变电阻器，包括变阻器及电位器：	
	8533.31	--额定功率不超过20瓦	从任何其他子目改变到子目8533.31
	8533.39	--其他	从任何其他子目改变到子目8533.39
	8533.40	-其他可变电阻器，包括变阻器及电位器	从任何其他子目改变到子目8533.40
	8533.90	-零件	从任何其他品目改变到子目8533.90
8534		印刷电路：	从任何其他品目改变到品目8534

税号		品名	产品特定规则
8535		电路的开关、保护或连接用的电气装置（例如，开关、熔断器、避雷器、电压限幅器、电涌抑制器、插头及其他连接器、接线盒），用于电压超过1000伏的线路：	从任何其他品目改变到品目8535
8536		电路的开关、保护或连接用的电气装置（例如，开关、继电器、熔断器、电涌抑制器、插头、插座、灯座及其他连接器、接线盒），用于电压不超过1000伏的线路；光导纤维、光导纤维束或光缆用连接器：	从任何其他品目改变到品目8536
8537		用于电气控制或电力分配的盘、板、台、柜及其他基座，装有两个或多个税目85.35或85.36所列的装置，包括装有第九十章所列的仪器或装置，以及数控装置，但税目85.17的交换机除外：	从任何其他品目改变到品目8537
8538		专用于或主要用于税目85.35、85.36或85.37所列装置的零件：	从任何其他品目改变到品目8538
8539		白炽灯泡、放电灯管，包括封闭式聚光灯及紫外线灯管或红外线灯泡；弧光灯：	
	8539.10	-封闭式聚光灯	从任何其他子目改变到子目8539.10
		-其他白炽灯泡，但不包括紫外线灯管或红外线灯泡：	
	8539.21	--卤钨灯：	从任何其他子目改变到子目8539.21
	8539.22	--其他灯，功率不超过200瓦，但额定电压超过100伏：	从任何其他子目改变到子目8539.22
	8539.29	--其他	从任何其他子目改变到子目8539.29
		-放电灯管，但紫外线灯管除外：	
	8539.31	--热阴极荧光灯：	从任何其他子目改变到子目8539.31
	8539.32	--汞或钠蒸汽灯；金属卤化物灯：	从任何其他子目改变到子目8539.32
	8539.39	--其他	从任何其他子目改变到子目8539.39
		-紫外线灯管或红外线灯泡；弧光灯：	
	8539.41	--弧光灯	从任何其他子目改变到子目8539.41
	8539.49	--其他	从任何其他子目改变到子目8539.49
	8539.90	-零件	从任何其他品目改变到子目8539.90
8540		热电子管、冷阴极管或光阴极管（例如，真空管或充气管、汞弧整流管、阴极射线管、电视摄像管）：	
		-阴极射线电视显像管，包括视频监视器用阴极射线管：	
	8540.11	--彩色的	从任何其他子目改变到子目8540.11
	8540.12	--黑白的或其他单色的	从任何其他子目改变到子目8540.12
	8540.20	-电视摄像管；变像管及图像增强管；其他光阴极管：	从任何其他子目改变到子目8540.20
	8540.40	-彩色的数据/图形显示管，屏幕荧光点间距小于0.4毫米	从任何其他子目改变到子目8540.40

税号		品名	产品特定规则
	8540.50	-黑白的或其他单色的数据/图形显示管	从任何其他子目改变到子目 8540.50
	8540.60	-其他阴极射线管：	从任何其他子目改变到子目 8540.60
		-微波管（例如，磁控管、速调管、行波管、返波管），但不包括栅控管：	
	8540.71	--磁控管	从任何其他子目改变到子目 8540.71
	8540.72	--速调管	从任何其他子目改变到子目 8540.72
	8540.79	--其他	从任何其他子目改变到子目 8540.79
		-其他管：	
	8540.81	--接收管或放大管	从任何其他子目改变到子目 8540.81
	8540.89	--其他	从任何其他子目改变到子目 8540.89
		-零件	
	8540.91	--阴极射线管用	从任何其他品目改变到子目 8540.91
	8540.99	--其他	从任何其他品目改变到子目 8540.99
8541		二极管、晶体管及类似的半导体器件；光敏半导体器件，包括不论是否装在组件内或组装成块的光电池；发光二极管；已装配的压电晶体：	
	8541.10	-二极管，但光敏二极管或发光二极管除外	从任何其他子目改变到子目 8541.10
		-晶体管，但光敏晶体管除外	
	8541.21	--耗散功率小于 1 瓦	从任何其他子目改变到子目 8541.21
	8541.29	--其他	从任何其他子目改变到子目 8541.29
	8541.30	-半导体开关元件、两端交流开关元件及三端双向可控硅开关元件，但光敏器件除外	从任何其他子目改变到子目 8541.30
	8541.40	-光敏半导体器件，包括不论是否装在组件内或组装成块的光电池；发光二极管	从任何其他子目改变到子目 8541.40
	8541.50	-其他半导体器件	从任何其他子目改变到子目 8541.50
	8541.60	-已装配的压电晶体	从任何其他子目改变到子目 8541.60
	8541.90	-零件	从任何其他品目改变到子目 8541.90
8542		集成电路：	
		-集成电路：	
	8542.31	--处理器及控制器，不论是否带有存储器、转换器、逻辑电路、放大器、时钟及时序电路或其他电路	从任何其他子目改变到子目 8542.31
	8542.32	--存储器	从任何其他子目改变到子目 8542.32
	8542.33	--放大器	从任何其他子目改变到子目 8542.33
	8542.39	--其他	从任何其他子目改变到子目 8542.39
	8542.90	-零件	从任何其他品目改变到子目 8542.90

税号		品名	产品特定规则
8543		本章其他税目未列名的具有独立功能的电气设备及装置：	
	8543.10	-粒子加速器：	从任何其他子目改变到子目 8543.10
	8543.20	-信号发生器：	从任何其他子目改变到子目 8543.20
	8543.30	-电镀、电解或电泳设备及装置	从任何其他子目改变到子目 8543.30
	8543.70	-其他设备及装置：	从任何其他子目改变到子目 8543.70
	8543.90	-零件	从任何其他品目改变到子目 8543.90
8544		绝缘（包括漆包或阳极化处理）电线、电缆（包括同轴电缆）及其他绝缘电导体，不论是否有接头；由每根被覆光纤组成的光缆，不论是否与电导体装配或装有接头：	从任何其他品目改变到品目 8544
8545		碳电极、碳刷、灯碳棒、电池碳棒及电气设备用的其他石墨或碳精制品，不论是否带金属：	从任何其他品目改变到品目 8545
8546		各种材料制的绝缘子：	从任何其他品目改变到品目 8546
8547		电气机器、器具或设备用的绝缘零件，除了为装配需要而在模制时装入的小金属零件（例如螺纹孔）以外，全部用绝缘材料制成，但税目 85.46 的绝缘子除外；内衬绝缘材料的贱金属制线路导管及其接头：	从任何其他品目改变到品目 8547
8548		原电池、原电池组及蓄电池的废碎料；废原电池、废原电池组及废蓄电池；机器或设备的本章其他税目未列名的电气零件	
	8548.10	-原电池、原电池组及蓄电池的废碎料；废原电池、废原电池组及废蓄电池	原产国应为获得本子目货物的国家
	8548.90	-其他	从任何其他品目改变到子目 8548.90
第八十六章		**铁道及电车道机车、车辆及其零件；铁道及电车道轨道固定装置及其零件、附件；各种机械（包括电动机械）交通信号设备**	
8601		铁道电力机车，由外部电力或蓄电池驱动：	从任何其他品目改变到品目 8601
8602		其他铁道机车；机车煤水车：	从任何其他品目改变到品目 8602
8603		铁道及电车道用的机动客车、货车、敞车，但税目 86.04 的货品除外：	从任何其他品目改变到品目 8603
8604		铁道及电车道用的维修或服务车，不论是否机动（例如，工场车、起重机车、道碴捣固车、轨道校正车、检验车及查道车）：	从任何其他品目改变到品目 8604
8605		铁道及电车道用的非机动客车；行李车、邮政车和其他铁道及电车道用的非机动特殊用途车辆（税目 86.04 的货品除外）：	从任何其他品目改变到品目 8605

税号		品名	产品特定规则
8606		铁道及电车道用的非机动有篷及无篷货车：	从任何其他品目改变到品目 8606
8607		铁道及电车道机车或其他车辆的零件：	从任何其他品目改变到品目 8607
8608		铁道及电车道轨道固定装置及附件；供铁道、电车道、道路、内河航道、停车场、港口或机场用的机械（包括电动机械）信号、安全或交通管理设备；上述货品的零件：	从任何其他品目改变到品目 8608
8609		集装箱（包括运输液体的集装箱），经特殊设计、装备适用于各种运输方式：	从任何其他品目改变到品目 8609
第八十七章		**车辆及其零件、附件，但铁道及电车道车辆除外**	
8701		牵引车、拖拉机（税目 87.09 的牵引车除外）：	从任何其他品目改变到品目 8701 且区域价值成分不少于 45%
8702		客运机动车辆，10 座及以上（包括驾驶座）：	从任何其他品目改变到品目 8702 且区域价值成分不少于 45%
8703		主要用于载人的机动车辆（税目 87.02 的货品除外），包括旅行小客车及赛车：	从任何其他品目改变到品目 8703 且区域价值成分不少于 45%
8704		货运机动车辆：	从任何其他品目改变到品目 8704 且区域价值成分不少于 45%
8705		特殊用途的机动车辆（例如，抢修车、起重车、救火车、混凝土搅拌车、道路清洁车、喷洒车、流动工场车及流动放射线检查车），但主要用于载人或运货的车辆除外：	从任何其他品目改变到品目 8705 且区域价值成分不少于 45%
8706		装有发动机的机动车辆底盘，税目 87.01 至 87.05 所列车辆用：	从任何其他品目改变到品目 8706 且区域价值成分不少于 45%
8707		机动车辆的车身（包括驾驶室），税目 87.01 至 87.05 所列车辆用：	从任何其他品目改变到品目 8707 且区域价值成分不少于 45%
8708		机动车辆的零件、附件，税目 87.01 至 87.05 所列车辆用：	从任何其他品目改变到品目 8708
8709		短距离运输货物的机动车辆，未装有提升或搬运设备，用于工厂、仓库、码头或机场；火车站台上用的牵引车；上述车辆的零件：	
		-车辆：	
	8709.11	--电动的：	从任何其他子目改变到子目 8709.11
	8709.19	--其他：	从任何其他子目改变到子目 8709.19
	8709.90	-零件	从任何其他品目改变到子目 8709.90
8710		坦克及其他机动装甲战斗车辆，不论是否装有武器；上述车辆的零件：	从任何其他品目改变到品目 8710

税号		品名	产品特定规则
8711		摩托车（包括机器脚踏两用车）及装有辅助发动机的脚踏车，不论有无边车；边车：	从任何其他品目改变到品目 8711 且区域价值成分不少于 45%
8712		自行车及其他非机动脚踏车（包括运货三轮脚踏车）：	从任何其他品目改变到品目 8712
8713		残疾人用车，不论是否机动或其他机械驱动：	从任何其他品目改变到品目 8713
8714		零件、附件，税目 87.11 至 87.13 所列车辆用：	从任何其他品目改变到品目 8714
8715		婴孩车及其零件：	从任何其他品目改变到品目 8715
8716		挂车及半挂车或其他非机械驱动车辆及其零件：	从任何其他品目改变到品目 8716 且区域价值成分不少于 45%
第八十八章		**航空器、航天器及其零件**	
8801		气球及飞艇；滑翔机、悬挂滑翔机及其他无动力航空器：	从任何其他品目改变到品目 8801
8802		其他航空器（例如，直升机、飞机）；航天器（包括卫星）及其运载工具、亚轨道运载工具：	从任何其他品目改变到品目 8802
8803		税目 88.01 或 88.02 所列货品的零件	从任何其他品目改变到品目 8803
8804		降落伞（包括可操纵降落伞及滑翔伞）、旋翼降落伞及其零件、附件：	从任何其他品目改变到品目 8804
8805		航空器的发射装置、甲板停机装置或类似装置和地面飞行训练器及其零件：	从任何其他品目改变到品目 8805
第八十九章		**船舶及浮动结构体**	
8901		巡航船、游览船、渡船、货船、驳船及类似的客运或货运船舶：	从任何其他章改变到品目 8901；或不要求税则归类改变但区域价值成分需不少于 45%
8902		捕鱼船；加工船及其他加工保藏鱼类产品的船舶：	从任何其他章改变到品目 8902；或不要求税则归类改变但区域价值成分需不少于 45%
8903		娱乐或运动用快艇及其他船舶；划艇及轻舟：	从任何其他章改变到品目 8903；或不要求税则归类改变但区域价值成分需不少于 45%
8904		拖轮及顶推船	从任何其他章改变到品目 8904；或不要求税则归类改变但区域价值成分需不少于 45%
8905		灯船、消防船、挖泥船、起重船及其他不以航行为主要功能的船舶；浮船坞；浮动或潜水式钻探或生产平台：	从任何其他章改变到品目 8905；或不要求税则归类改变但区域价值成分需不少于 45%
8906		其他船舶，包括军舰及救生船，但划艇除外：	从任何其他章改变到品目 8906；或不要求税则归类改变但区域价值成分需不少于 45%

税号		品名	产品特定规则
8907		其他浮动结构体（例如，筏、柜、潜水箱、浮码头、浮筒及航标）：	从任何其他章改变到品目 8907；或不要求税则归类改变但区域价值成分需不少于 45%
8908		供拆卸的船舶及其他浮动结构体	从任何其他章改变到品目 8908
第九十章		**光学、照相、电影、计量、检验、医疗或外科用仪器及设备、精密仪器及设备；上述物品的零件、附件**	
9001		光导纤维及光导纤维束；光缆，但税目 85.44 的货品除外；偏振材料制的片及板；未装配的各种材料制透镜（包括隐形眼镜片）、棱镜、反射镜及其他光学元件，但未经光学加工的玻璃制上述元件除外：	
	9001.10	-光导纤维、光导纤维束及光缆	从任何其他章改变到子目 9001.10
	9001.20	-偏振材料制的片及板	从任何其他品目改变到子目 9001.20
	9001.30	-隐形眼镜片	从任何其他品目改变到子目 9001.30
	9001.40	-玻璃制眼镜片：	从任何其他品目改变到子目 9001.40
	9001.50	-其他材料制眼镜片：	从任何其他品目改变到子目 9001.50
	9001.90	-其他	从任何其他品目改变到子目 9001.90
9002		已装配的各种材料制透镜、棱镜、反射镜及其他光学元件，作为仪器或装置的零件、配件，但未经光学加工的玻璃制上述元件除外：	从任何其他品目改变到品目 9002
9003		眼镜架及其零件：	
		-眼镜架：	
	9003.11	--塑料制	从任何其他子目改变到子目 9003.11
	9003.19	--其他材料制	从任何其他子目改变到子目 9003.19
	9003.90	-零件	从任何其他品目改变到子目 9003.90
9004		矫正视力、保护眼睛或其他用途的眼镜、挡风镜及类似品：	从任何其他品目改变到品目 9004
9005		双筒望远镜、单筒望远镜、其他光学望远镜及其座架；其他天文仪器及其座架，但不包括射电天文仪器：	
	9005.10	-双筒望远镜	从任何其他子目改变到子目 9005.10
	9005.80	-其他仪器：	从任何其他子目改变到子目 9005.80
	9005.90	-零件、附件（包括座架）：	从任何其他品目改变到子目 9005.90
9006		照相机（电影摄影机除外）；照相闪光灯装置及闪光灯泡，但税目 85.39 的放电灯泡除外：	
	9006.10	-制版照相机：	从任何其他子目改变到子目 9006.10 且区域价值成分不少于 30%

税号		品名	产品特定规则
	9006.30	-水下、航空测量或体内器官检查用的特种照相机；法庭或犯罪学用的比较照相机	从任何其他子目改变到子目 9006.30
	9006.40	-一次成像照相机	从任何其他子目改变到子目 9006.40
		-其他照相机：	
	9006.51	--通过镜头取景（单镜头反光式（SLR）），使用胶片宽度不超过 35 毫米	从任何其他子目改变到子目 9006.51
	9006.52	--其他，使用胶片宽度小于 35 毫米	从任何其他子目改变到子目 9006.52
	9006.53	--其他，使用胶片宽度为 35 毫米	从任何其他子目改变到子目 9006.53
	9006.59	--其他	从任何其他子目改变到子目 9006.59
		照相闪光灯装置及闪光灯	
	9006.61	放电式（电子式）闪光灯装置	从任何其他子目改变到子目 9006.61
	9006.69	--其他	从任何其他子目改变到子目 9006.69
		-零件、附件	
	9006.91	--照相机用	从任何其他品目改变到子目 9006.91
	9006.99	--其他	从任何其他品目改变到子目 9006.99
9007		电影摄影机、放映机，不论是否带有声音的录制或重放装置：	
		-摄影机：	
	9007.11	--胶片宽度小于 16 毫米或双 8 毫米	从任何其他子目改变到子目 9007.11
	9007.19	--其他	从任何其他子目改变到子目 9007.19
	9007.20	-放映机：	从任何其他子目改变到子目 9007.20
		-零件、附件	
	9007.91	--摄影机用	从任何其他品目改变到子目 9007.91
	9007.92	--放映机用	从任何其他品目改变到子目 9007.92
9008		影像投影仪，但电影用除外；照片（电影片除外）放大机及缩片机：	
	9008.10	-幻灯机	从任何其他子目改变到子目 9008.10
	9008.20	-缩微胶卷、缩微胶片或其他缩微品的阅读机，不论是否可以进行复制	从任何其他子目改变到子目 9008.20
	9008.30	-其他影像投影仪：	从任何其他子目改变到子目 9008.30
	9008.40	-照片（电影片除外）放大机及缩片机	从任何其他子目改变到子目 9008.40
	9008.90	-零件、附件：	从任何其他品目改变到子目 9008.90
9010		本章其他税目未列名的照相（包括电影）洗印用装置及设备；负片显示器；银幕及其他投影屏幕：	

税号		品名	产品特定规则
	9010.10	-照相（包括电影）胶卷或成卷感光纸的自动显影装置及设备或将已冲洗胶卷自动曝光到成卷感光纸上的装置及设备：	从任何其他子目改变到子目 9010.10 且区域价值成分不少于 30%
	9010.50	-照相（包括电影）洗印用其他装置及设备；负片显示器：	从任何其他子目改变到子目 9010.50
	9010.60	-银幕及其他投影屏幕	从任何其他子目改变到子目 9010.60
	9010.90	-零件、附件：	从任何其他品目改变到子目 9010.90
9011		复式光学显微镜，包括用于缩微照相、显微电影摄影及显微投影的：	
	9011.10	-立体显微镜	从任何其他子目改变到子目 9011.10
	9011.20	-缩微照相、显微电影摄影及显微投影用的其他显微镜	从任何其他子目改变到子目 9011.20
	9011.80	-其他显微镜	从任何其他子目改变到子目 9011.80
	9011.90	-零件、附件	从任何其他品目改变到子目 9011.90
9012		显微镜，但光学显微镜除外；衍射设备：	
	9012.10	-显微镜，但光学显微镜除外；衍射设备	从任何其他子目改变到子目 9012.10
	9012.90	-零件、附件	从任何其他品目改变到子目 9012.90
9013		其他税目未列名的液晶装置；激光器，但激光二极管除外；本章其他税目未列名的光学仪器及器具：	
	9013.10	-武器用望远镜瞄准具；潜望镜式望远镜；作为本章或第十六类的机器、设备、仪器或器具部件的望远镜	从任何其他子目改变到子目 9013.10
	9013.20	-激光器，但激光二极管除外	从任何其他子目改变到子目 9013.20
	9013.80	-其他装置、仪器及器具：	从任何其他子目改变到子目 9013.80
	9013.90	-零件、附件	从任何其他品目改变到子目 9013.90
9014		定向罗盘；其他导航仪器及装置：	
	9014.10	-定向罗盘	从任何其他子目改变到子目 9014.10
	9014.20	-航空或航天导航仪器及装置（罗盘除外）	从任何其他子目改变到子目 9014.20
	9014.80	-其他仪器及装置	从任何其他子目改变到子目 9014.80
	9014.90	-零件、附件	从任何其他品目改变到子目 9014.90
9015		大地测量（包括摄影测量）、水道测量、海洋、水文、气象或地球物理用仪器及装置，不包括罗盘；测距仪：	
	9015.10	-测距仪	从任何其他子目改变到子目 9015.10
	9015.20	-经纬仪及视距仪	从任何其他子目改变到子目 9015.20
	9015.30	-水平仪	从任何其他子目改变到子目 9015.30
	9015.40	-摄影测量用仪器及装置	从任何其他子目改变到子目 9015.40
	9015.80	-其他仪器及装置	从任何其他子目改变到子目 9015.80

税号		品名	产品特定规则
	9015. 90	-零件、附件	从任何其他品目改变到子目 9015. 90
9016		感量为 50 毫克或更精密的天平，不论是否带有砝码：	从任何其他品目改变到品目 9016
9017		绘图、划线或数学计算仪器及器具（例如，绘图机、比例缩放仪、分度规、绘图工具、计算尺及盘式计算器）；本章其他税目未列名的手用测量长度的器具（例如，量尺、量带、千分尺及卡尺）：	
	9017. 10	-绘图台及绘图机，不论是否自动	从任何其他子目改变到子目 9017. 10
	9017. 20	-其他绘图、划线或数学计算器具	从任何其他子目改变到子目 9017. 20
	9017. 30	-千分尺、卡尺及量规	从任何其他子目改变到子目 9017. 30
	9017. 80	-其他仪器及器具	从任何其他子目改变到子目 9017. 80
	9017. 90	-零件、附件	从任何其他品目改变到子目 9017. 90
9018		医疗、外科、牙科或兽医用仪器及器具，包括闪烁扫描装置、其他电气医疗装置及视力检查仪器：	从任何其他品目改变到品目 9018；或不要求税则归类改变但区域价值成分需不少于 45%
9019		机械疗法器具；按摩器具；心理功能测验装置；臭氧治疗器；氧气治疗器、喷雾治疗器、人工呼吸器及其他治疗用呼吸器具	从任何其他品目改变到品目 9019 或不要求税则归类改变但区域价值成分需不少于 45%
9020		其他呼吸器具及防毒面具，但不包括既无机械零件又无可互换过滤器的防护面具	从任何其他品目改变到品目 9020 或不要求税则归类改变但区域价值成分需不少于 45%
9021		矫形器具，包括支具、外科手术带、疝气带；夹板及其他骨折用具；人造的人体部分；助听器及为弥补生理缺陷或残疾而穿戴、携带或植入人体内的其他器具：	从任何其他品目改变到品目 9021
9022		X 射线或 α 射线、β 射线、伽马射线的应用设备，不论是否用于医疗、外科、牙科或兽医，包括射线照相及射线治疗设备，x 射线管及其他 x 射线发生器、高压发生器、控制板及控制台、荧光屏、检查或治疗用的桌、椅及类似品：	
		-X 射线的应用设备，不论是否用于医疗、外科、牙科或兽医，包括射线照相或射线治疗设备：	
	9022. 12	--X 射线断层检查仪	从任何其他子目改变到子目 9022. 12
	9022. 13	--其他，牙科用	从任何其他子目改变到子目 9022. 13
	9022. 14	--其他，医疗、外科或兽医用	从任何其他子目改变到子目 9022. 14
	9022. 19	--其他：	从任何其他子目改变到子目 9022. 19
		-α 射线、β 射线、伽马射线的应用设备，不论是否用于医疗、外科、牙科或兽医，包括射线照相或射线治疗设备：	

税号		品名	产品特定规则
	9022.21	--医疗、外科、牙科或兽医用	从任何其他子目改变到子目 9022.21
	9022.29	--其他	从任何其他子目改变到子目 9022.29
	9022.30	-X 射线管	从任何其他子目改变到子目 9022.30
	9022.90	-其他，包括零件、附件：	从任何其他品目改变到子目 9022.90
9023		专供示范（例如，教学或展览）而无其他用途的仪器、装置及模型：	从任何其他品目改变到品目 9023
9024		各种材料（例如，金属、木材、纺织材料、纸张、塑料）的硬度、强度、压缩性、弹性或其他机械性能的试验机器及器具：	
	9024.10	-金属材料的试验用机器及器具	从任何其他子目改变到子目 9024.10
	9024.80	-其他机器及器具	从任何其他子目改变到子目 9024.80
	9024.90	-零件、附件	从任何其他品目改变到子目 9024.90
9025		记录式或非记录式的液体比重计及类似的浮子式仪器、温度计、高温计、气压计、湿度计、干湿球湿度计及其组合装置：	
		-温度计及高温计，未与其他仪器组合：	
	9025.11	--液体温度计，可直接读数	从任何其他子目改变到子目 9025.11
	9025.19	--其他	从任何其他子目改变到子目 9025.19
	9025.80	-其他仪器	从任何其他子目改变到子目 9025.80
	9025.90	-零件、附件	从任何其他品目改变到子目 9025.90
9026		液体或气体的流量、液位、压力或其他变化量的测量或检验仪器及装置（例如，流量计、液位计、压力表、热量计），但不包括税目 90.14、90.15、90.28 或 90.32 的仪器及装置：	
	9026.10	-测量、检验液体流量或液位的仪器及装置	从任何其他子目改变到子目 9026.10
	9026.20	-压力/差压变送器	从任何其他子目改变到子目 9026.20
	9026.80	-其他仪器及装置	从任何其他子目改变到子目 9026.80
	9026.90	-零件、附件	从任何其他品目改变到子目 9026.90
9027		理化分析仪器及装置（例如，偏振仪、折光仪、分光仪、气体或烟雾分析仪）；测量或检验粘性、多孔性、膨胀性、表面张力及类似性能的仪器及装置；测量或检验热量、声量或光量的仪器及装置（包括曝光表）；检镜切片机：	
	9027.10	-气体或烟雾分析仪	从任何其他子目改变到子目 9027.10
	9027.20	-色谱仪及电泳仪：	从任何其他子目改变到子目 9027.20
	9027.30	-使用光学射线（紫外线、可见光、红外线）的分光仪、分光光度计及摄谱仪	从任何其他子目改变到子目 9027.30

税号		品名	产品特定规则
	9027.50	-使用光学射线（紫外线、可见光、红外线）的其他仪器及装置	从任何其他子目改变到子目 9027.50
	9027.80	-其他仪器及装置：	从任何其他子目改变到子目 9027.80
	9027.90	-检镜切片机；零件、附件	从任何其他品目改变到子目 9027.90
9028		生产或供应气体、液体及电力用的计量仪表，包括它们的校准仪表	
	9028.10	-气量计：	从任何其他子目改变到子目 9028.10
	9028.20	-液量计：	从任何其他子目改变到子目 9028.20
	9028.30	-电量计：	从任何其他子目改变到子目 9028.30
	9028.90	-零件、附件：	从任何其他品目改变到子目 9028.90
9029		转数计、产量计数器、车费计、里程计、步数计及类似仪表；速度计及转速表，税目 90.14 及 90.15 的仪表除外；频闪观测仪：	
	9029.10	-转数计、产量计数器、车费计、里程计、步数计及类似仪表：	从任何其他子目改变到子目 9029.10
	9029.20	-速度计及转速表，频闪观测仪：	从任何其他子目改变到子目 9029.20
	9029.90	-零件、附件	从任何其他品目改变到子目 9029.90
9030		示波器、频谱分析仪及其他用于电量测量或检验的仪器和装置，但不包括税目 90.28 的各种仪表；α 射线、β 射线、伽马射线、x 射线、宇宙射线或其他离子射线的测量或检验仪器及装置：	
	9030.10	-离子射线的测量或检验仪器及装置	从任何其他子目改变到子目 9030.10
	9030.20	-示波器：	从任何其他子目改变到子目 9030.20
		-检测电压、电流、电阻或功率的其他仪器及装置：	
	9030.31	--万用表，不带记录装置：	从任何其他子目改变到子目 9030.31
	9030.32	--万用表，带记录装置	从任何其他子目改变到子目 9030.32
	9030.33	--其他，不带记录装置：	从任何其他子目改变到子目 9030.33
	9030.39	--其他，带记录装置	从任何其他子目改变到子目 9030.39
	9030.40	-通信专用的其他仪器及装置（例如，串音测试器、增益测量仪、失真度表、噪声计）：	从任何其他子目改变到子目 9030.40
		-其他仪器及装置：	
	9030.82	--测试或检验半导体晶片或器件用	从任何其他子目改变到子目 9030.82
	9030.84	--其他，带有记录装置：	从任何其他子目改变到子目 9030.84
	9030.89	--其他：	从任何其他子目改变到子目 9030.89
	9030.90	-零件、附件	从任何其他品目改变到子目 9030.90

税号		品名	产品特定规则
9031		本章其他税目未列名的测量或检验仪器、器具及机器；轮廓投影仪：	
	9031.10	-机械零件平衡试验机	从任何其他子目改变到子目 9031.10
	9031.20	-试验台	从任何其他子目改变到子目 9031.20
		-其他光学仪器及器具：	
	9031.41	--制造半导体器件时检验半导体晶片、器件或检测光掩模或光栅用	从任何其他子目改变到子目 9031.41
	9031.49	--其他：	从任何其他子目改变到子目 9031.49
	9031.80	-其他仪器、器具及机器：	从任何其他子目改变到子目 9031.80
	9031.90	-零件、附件	从任何其他品目改变到子目 9031.90
9032		自动调节或控制仪器及装置：	
	9032.10	-恒温器	从任何其他子目改变到子目 9032.10
	9032.20	-恒压器	从任何其他子目改变到子目 9032.20
		-其他仪器及装置：	
	9032.81	--液压或气压的	从任何其他子目改变到子目 9032.81
	9032.89	--其他	从任何其他子目改变到子目 9032.89
	9032.90	-零件、附件	从任何其他品目改变到子目 9032.90
9033		第九十章所列机器、器具、仪器或装置用的本章其他税目未列名的零件、附件：	从任何其他品目改变到品目 9033
第九十一章		**钟表及其零件**	
9101		手表、怀表及其他表，包括秒表，表壳用贵金属或包贵金属制成的：	从任何其他品目改变到品目 9101
9102		手表、怀表及其他表，包括秒表，但税目 91.01 的货品除外：	从任何其他品目改变到品目 9102
9103		以表芯装成的钟，但不包括税目 91.04 的钟：	从任何其他品目改变到品目 9103
9104		仪表板钟及车辆、航空器、航天器或船舶用的类似钟：	从任何其他品目改变到品目 9104
9105		其他钟：	从任何其他品目改变到品目 9105
9106		时间记录器以及测量、记录或指示时间间隔的装置，装有钟、表机芯或同步电动机的（例如，考勤钟、时刻记录器）：	从任何其他品目改变到品目 9106
9107		装有钟、表机芯或同步电动机的定时开关	从任何其他品目改变到品目 9107
9108		已组装的完整表芯：	从任何其他品目改变到品目 9108 且区域价值成分不少于 30%
9109		已组装的完整钟芯：	从任何其他品目改变到品目 9109 且区域价值成分不少于 30%

税号		品名	产品特定规则
9110		未组装或部分组装的完整钟、表机芯（机芯套装件）；已组装的不完整钟、表机芯；未组装的不完整钟、表机芯：	从任何其他品目改变到品目 9110
9111		表壳及其零件：	
	9111.10	-贵金属表壳或包贵金属表壳	从任何其他子目改变到子目 9111.10
	9111.20	-贱金属表壳，不论是否镀金或镀银	从任何其他子目改变到子目 9111.20
	9111.80	-其他表壳	从任何其他子目改变到子目 9111.80
	9111.90	-零件	从任何其他品目改变到子目 9111.90
9112		钟壳和本章所列其他货品的类似外壳及其零件：	从任何其他品目改变到品目 9112
9113		表带及其零件：	从任何其他品目改变到品目 9113
9114		钟、表的其他零件：	从任何其他品目改变到品目 9114
第九十二章		**乐器及其零件、附件**	
9201		钢琴，包括自动钢琴、拨弦古钢琴及其他键盘弦乐器：	从任何其他品目改变到品目 9201
9202		其他弦乐器（例如，吉他、小提琴、竖琴）：	从任何其他品目改变到品目 9202
9205		其他管乐器（例如，单簧管、小号、风笛）：	从任何其他品目改变到品目 9205
9206		打击乐器（例如，鼓、木琴、铙、钹、响板、响葫芦）：	从任何其他品目改变到品目 9206
9207		通过电产生或扩大声音的乐器（例如，电风琴、电吉他、电手风琴）：	从任何其他品目改变到品目 9207
9208		百音盒、游艺场风琴、手摇风琴、机械鸣禽、乐锯及本章其他税目未列名的其他乐器；各种媒诱音响器、哨子、号角、口吹音响信号器：	从任何其他品目改变到品目 9208
9209		乐器的零件（例如百音盒的机械装置）、附件（例如，机械乐器用的卡片、盘及带卷）；节拍器、音叉及各种定音管：	从任何其他品目改变到品目 9209
第九十三章		**武器、弹药及其零件、附件**	
9301		军用武器，但左轮手枪、其他手枪及税目 93.07 的兵器除外：	从任何其他品目改变到品目 9301
9302		左轮手枪及其他手枪，但税目 93.03 或 93.04 的货品除外：	从任何其他品目改变到品目 9302
9303		靠爆炸药发射的其他火器及类似装置（例如，运动用猎枪及步枪、前装枪、维利式信号枪及其他专为发射信号弹的装置、发射空包弹的左轮手枪和其他手枪、弩枪式无痛捕杀器、抛缆枪）：	从任何其他品目改变到品目 9303

税号		品名	产品特定规则
9304		其他武器（例如，弹簧枪、气枪、气手枪、警棍），但不包括税目93.07的货品：	从任何其他品目改变到品目9304
9305		税目93.01至93.04所列物品的零件、附件：	从任何其他品目改变到品目9305
9306		炸弹、手榴弹、鱼雷、地雷、水雷、导弹及类似武器及其零件；子弹、其他弹药和射弹及其零件，包括弹丸及弹垫：	从任何其他品目改变到品目9306
9307		剑、短弯刀、刺刀、长矛和类似的武器及其零件；刀鞘、剑鞘：	从任何其他品目改变到品目9307
第九十四章		**家具；寝具、褥垫、弹簧床垫、软座垫及类似的填充制品；未列名灯具及照明装置；发光标志、发光铭牌及类似品；活动房屋**	
9401		坐具（包括能作床用的两用椅，但税目94.02的货品除外）及其零件：	
	9401.10	-飞机用坐具	从任何其他子目改变到子目9401.10
	9401.20	-机动车辆用坐具：	从任何其他子目改变到子目9401.20
	9401.30	-可调高度的转动坐具	从任何其他子目改变到子目9401.30
	9401.40	-能作床用的两用椅，但庭园坐具或野营设备除外：	从任何其他子目改变到子目9401.40
		-藤、柳条、竹及类似材料制的坐具：	
	9401.51	--竹制或藤制的	从任何其他子目改变到子目9401.51
	9401.59	--其他	从任何其他子目改变到子目9401.59
		-木框架的其他坐具：	
	9401.61	--装软垫的：	从任何其他子目改变到子目9401.61
	9401.69	--其他	从任何其他子目改变到子目9401.69
		-金属框架的其他坐具：	
	9401.71	--装软垫的：	从任何其他子目改变到子目9401.71
	9401.79	--其他	从任何其他子目改变到子目9401.79
	9401.80	-其他坐具：	从任何其他子目改变到子目9401.80
	9401.90	-零件：	从任何其他品目改变到子目9401.90
9402		医疗、外科、牙科或兽医用家具（例如，手术台、检查台、带机械装置的病床、牙科用椅）；有旋转、倾斜、升降装置的理发用椅及类似椅；上述物品的零件：	从任何其他品目改变到品目9402
9403		其他家具及零件：	
	9403.10	-办公室用金属家具	从任何其他子目改变到子目9403.10

税号		品名	产品特定规则
	9403.20	-其他金属家具	从任何其他子目改变到子目9403.20
	9403.30	-办公室用木家具	从任何其他子目改变到子目9403.30
	9403.40	-厨房用木家具	从任何其他子目改变到子目9403.40
	9403.50	-卧室用木家具：	从任何其他子目改变到子目9403.50
	9403.60	-其他木家具：	从任何其他子目改变到子目9403.60
	9403.70	-塑料家具	从任何其他子目改变到子目9403.70
		-其他材料制的家具，包括藤、柳条、竹或类似材料制的：	
	9403.81	--竹制或藤制的	从任何其他子目改变到子目9403.81
	9403.89	--其他	从任何其他子目改变到子目9403.89
	9403.90	-零件	从任何其他品目改变到子目9403.90
9404		弹簧床垫；寝具及类似用品，装有弹簧、内部用任何材料填充、衬垫或用海绵橡胶、泡沫塑料制成，不论是否包面（例如，褥垫、棉被、羽绒被、靠垫、座垫及枕头）：	从任何其他品目改变到品目9404
9405		其他税目未列名的灯具及照明装置，包括探照灯、聚光灯及其零件；装有固定光源的发光标志、发光铭牌及类似品，以及其他税目未列名的这些货品的零件：	
	9405.10	-枝形吊灯及天花板或墙壁上的其他电气照明装置，但不包括公共露天场所或街道上的电气照明装置	从任何其他子目改变到子目9405.10
	9405.20	-电气的台灯、床头灯或落地灯	从任何其他子目改变到子目9405.20
	9405.30	-圣诞树用的成套灯具	从任何其他子目改变到子目9405.30
	9405.40	-其他电灯及照明装置：	从任何其他子目改变到子目9405.40
	9405.50	-非电气的灯具及照明装置	从任何其他子目改变到子目9405.50
	9405.60	-发光标志、发光铭牌及类似品	从任何其他子目改变到子目9405.60
		-零件：	
	9405.91	--玻璃制	从任何其他品目改变到子目9405.91
	9405.92	--塑料制	从任何其他品目改变到子目9405.92
	9405.99	--其他	从任何其他品目改变到子目9405.99
9406		活动房屋：	从任何其他品目改变到品目9406
第九十五章		**玩具、游戏品、运动用品及其零件、附件**	
9503		三轮车、踏板车、踏板汽车和类似的带轮玩具；玩偶车；玩偶；其他玩具；缩小（按比例缩小）的模型及类似的娱乐用模型，不论是否活动；各种智力玩具：	从任何其他章改变到品目9503

税号		品名	产品特定规则
9504		游艺场所、桌上或室内游戏用品，包括弹球机、台球、娱乐专用桌及保龄球自动球道设备：	从任何其他品目改变到品目 9504
9505		节日（包括狂欢节）用品或其他娱乐用品，包括魔术道具及嬉戏品：	从任何其他品目改变到品目 9505
9506		一般的体育活动、体操、竞技及其他运动（包括乒乓球运动）或户外游戏用的本章其他税目未列名用品及设备；游泳池或戏水池：	从任何其他品目改变到品目 9506
9507		钓鱼竿、钓鱼钩及其他钓鱼用品；捞鱼网、捕蝶网及类似网；囮子“鸟”（税目 92.08 或 97.05 的货品除外）以及类似的狩猎用品：	从任何其他章改变到品目 9507
9508		旋转木马、秋千、射击用靶及其他游乐场的娱乐设备；流动马戏团及流动动物园；流动剧团：	从任何其他品目改变到品目 9508
第九十六章		**杂项制品**	
9601		已加工的兽牙、骨、玳瑁壳、角、鹿角、珊瑚、珍珠母及其他动物质雕刻材料及其制品（包括塑模制品）：	从任何其他章改变到品目 9601
9602		已加工的植物质或矿物质雕刻材料及其制品；蜡、硬脂、天然树胶、天然树脂或塑型膏制成的模塑或雕刻制品以及其他税目未列名的模塑或雕刻制品；已加工的未硬化明胶（税目 35.03 的明胶除外）及未硬化明胶制品：	从任何其他章改变到品目 9602
9603		帚、刷（包括作为机器、器具、车辆零件的刷）、非机动的手工操作地板清扫器、拖把及毛掸；供制帚、刷用的成束或成簇的材料；油漆块垫及滚筒；橡皮扫帚（橡皮辊除外）：	从任何其他章改变到品目 9603
9604		手用粗筛、细筛：	从任何其他章改变到品目 9604
9605		个人梳妆、缝纫或清洁鞋靴、衣服用的成套旅行用具：	从任何其他章改变到品目 9605
9606		钮扣、揿扣、钮扣芯及钮扣和揿扣的其他零件；钮扣坯：	从任何其他章改变到品目 9606
9607		拉链及其零件：	从任何其他品目改变到品目 9607
9608		圆珠笔；毡尖和其他渗水式笔尖笔及唛头笔；自来水笔、铁笔型自来水笔及其他钢笔；蜡纸铁笔；活动铅笔；钢笔杆、铅笔套及类似的笔套；上述物品的零件（包括帽、夹），但税目 96.09 的货品除外：	从任何其他品目改变到品目 9608
9609		铅笔（税目 96.08 的铅笔除外）、颜色铅笔、铅笔芯、蜡笔、图画碳笔、书写或绘画用粉笔及裁缝划粉：	从任何其他品目改变到品目 9609

税号		品名	产品特定规则
9610		具有书写或绘画面的石板、黑板及类似板，不论是否镶框：	从任何其他品目改变到品目 9610
9611		手用日期戳、封缄戳、编号戳及类似印戳（包括标签压印器）；手工操作的排字盘及有排字盘的手印器：	从任何其他品目改变到品目 9611
9612		打字机色带或类似色带，已上油或经其他方法处理能着色的，不论是否装轴或装盒；印台，不论是否已加印油或带盒子：	从任何其他品目改变到品目 9612
9613		香烟打火机和其他打火器（不论是机械的，还是电气的）及其零件，但打火石及打火机芯除外：	从任何其他品目改变到品目 9613
9614		烟斗（包括烟斗头）和烟嘴及其零件：	从任何其他品目改变到品目 9614
9615		梳子、发夹及类似品；发卡、卷发夹、卷发器或类似品及其零件，但税目 85.16 的货品除外：	从任何其他品目改变到品目 9615
9616		香水喷雾器或类似的化妆用喷雾器及其座架、喷头；粉扑及粉拍，施敷脂粉或化妆品用：	从任何其他品目改变到品目 9616
9617		带壳的保温瓶和其他真空容器及其零件，但玻璃瓶胆除外：	从任何其他品目改变到品目 9617
9618		裁缝用人体模型及其他人体活动模型；橱窗装饰用的自动模型及其他活动陈列品：	从任何其他品目改变到品目 9618
第九十七章		**艺术品、收藏品及古物**	
9701		油画、粉画及其他手绘画，但带有手工绘制及手工描饰的制品或税目 49.06 的图纸除外；拼贴画及类似装饰板：	从任何其他品目改变到品目 9701
9702		雕版画、印制画、石印画的原本：	从任何其他品目改变到品目 9702
9703		各种材料制的雕塑品原件：	从任何其他品目改变到品目 9703
9704		使用过或未使用过的邮票、印花税票、邮戳印记、首日封、邮政信笺（印有邮票的纸品）及类似品，但税目 49.07 的货品除外：	从任何其他品目改变到品目 9704
9705		具有动物学、植物学、矿物学、解剖学、历史学、考古学、古生物学、人种学或钱币学意义的收集品及珍藏品：	从任何其他品目改变到品目 9705
9706		超过一百年的古物：	从任何其他品目改变到品目 9706

附件 2

CERTIFICATE OF ORIGIN
ORIGINAL

1. Exporter's name, address, country:	Certificate No.: CERTIFICATE OF ORIGIN Form for the Free Trade Agreement between the Government of the People's Republic of China and the Government of New Zealand Issued in ______ (see Instruction overleaf)
2. Producer's name and address, if known:	
3. Consignee's name, address, country:	
4. Means of transport and route (as far as known) Departure date Vessel /Flight/Train/Vehicle No. Port of loading Port of discharge	5. For official use only ☐ Preferential Tariff Treatment Given Under ______ ☐ Preferential Treatment Not Given (Please state reasons) Signature of Authorized Signatory of the Importing Country
	6. Remarks

7. Item number (Max 20)	8. Marks and numbers on packages	9. Number and kind of packages; description of goods	10. HS code (Six digit code)	11. Origin criterion	12. Gross weight, quantity (quantity unit) or other measures (litres, m3, etc)	13. Number, date of invoice and invoiced value

14. Declaration by the exporter The undersigned hereby declares that the above details and statement are correct, that all the goods were produced in ____________________ (Country) and that they comply with the origin requirements specified in the FTA for the goods exported to ____________________ (Importing country) __________ Place and date, signature of authorized signatory	15. Certification On the basis of control carried out, it is hereby certified that the information herein is correct and that the goods described comply with the origin requirements specified in the Free Trade Agreement between the Government of the People's Republic of China and the Government of New Zealand. Place and date, signature and stamp of authorized body

Overleaf Instruction

Box 1: State the full legal name, address (including country) of the exporter.

Box 2: State the full legal name, address (including country) of the producer. If more than one producer's good is included in the certificate, list the additional producers, including name, address (including country). If the exporter or the producer wishes the information to be confidential, it is acceptable to state "Available to the authorized body upon request". If the producer and the exporter are the same, please complete field with "SAME". If the producer is unknown, it is acceptable to state " UNKNOWN".

Box 3: State the full legal name, address (including country) of the consignee.

Box 4: Complete the means of transport and route and specify the departure date, transport vehicle No., port of loading and discharge.

Box 5: The customs administration of the importing country must indicate (√) in the relevant boxes whether or not preferential tariff treatment is accorded.

Box 6: Any additional information such as Customer's Order Number, Letter of Credit Number, etc. may be included.

Box 7: State the item number, and item number should not exceed 20.

Box 8: State the shipping marks and numbers on the packages.

Box 9: Number and kind of package shall be specified. Provide a full description of each good. The description should be sufficiently detailed to enable the products to be identified by the Customs Officers examining them and relate it to the invoice description and to the HS description of the good. If goods are not packed, state "in bulk". When the description of the goods is finished, add "* * *" (three stars) or " \ " (finishing slash).

Box 10: For each good described in Box 9, identify the HS tariff classification to six digits.

Box 11: If the goods qualify under the Rules of Origin, the exporter must indicate in Box 11 of this form the origin criteria on the basis of which he claims that his goods qualify for preferential tariff treatment, in the manner shown in the following table:

The origin criteria on the basis of which the exporter claims that his goods qualify for preferential tariff treatment	Insert in Box 11
The good is wholly obtained or produced in the territory of a Party as set out and defined in Article 20, including where required to be so under Annex 5	WO
The good is produced entirely in the territory of one or both Parties, exclusively from materials whose origin conforms to the provisions of Section 1 of Chapter 4.	WP
The good is produced in the territory of one or both Parties, using non – originating materials that conform to a change in tariff classification, a regional value content, a process requirement or other requirements specified in Annex 5, and the good meets the other applicable provisions of Section 1 of Chapter 4.	PSR①

Box 12: Gross weight in kilograms should be shown here. Other units of measurement e. g. volume or number of items which would indicate exact quantities may be used when customary.

Box 13: Invoice number, date of invoices and invoiced value should be shown here.

Box 14: The field must be completed, signed and dated by the exporter for exports from China. It is not required for New Zealand exports to China. Insert the place, date of signature.

Box 15: The field must be completed, signed, dated and stamped by the authorized person of the authorized body.

① When the good is subject to a regional value content (RVC) requirement stipulated in Annex 5, indicate the percentage

中文文本仅供参考

原产地证书

正本

<table>
<tr><td colspan="4">1. 出口商的名称、地址、国家：</td><td colspan="3" rowspan="3">证书号：
中华人民共和国政府和新西兰政府自由贸易协定
原产地证书
签发国________
（填制方法详见证书背面注释）</td></tr>
<tr><td colspan="4">2. 生产商的名称、地址，在已知情况下：</td></tr>
<tr><td colspan="4">3. 收货人的名称、地址、国家：</td></tr>
<tr><td colspan="4" rowspan="2">4. 运输方式及路线（就所知而言）
离港日期
船只/飞机/火车/货车编号
装货口岸
到货口岸</td><td colspan="3">5. 官方使用
☐ 可以享受________自由贸易协定优惠待遇
☐ 不能享受________自由贸易协定优惠待遇
理由：------------------------------
进口国官方机构的授权人签字</td></tr>
<tr><td colspan="3">6. 备注：</td></tr>
<tr><td>7. 项目号（最多20项）</td><td>8. 唛头及包装号</td><td>9. 包装数量及种类；商品名称</td><td>10. HS 编码（以6位编码为准）</td><td>11. 原产地标准</td><td>12. 毛重、数量（数量单位）或其它计量单位（升、立方米等）</td><td>13. 发票号、发票日期及发票价格</td></tr>
<tr><td colspan="4">14. 出口商申明

下列签字人证明上述资料及申明正确无误，所有货物产自

____________________（国家）

且符合自由贸易协定原产地规则的相关规定。该货物出口至

____________________（进口国）

____________________申报地点、日期及授权签字人的签字</td><td colspan="3">15. 证明

根据所实施的监管，兹证明上述信息正确无误，且所述货物符合《中华人民共和国政府和新西兰政府自由贸易协定》原产地要求。

地点、日期、签字及授权机构印章</td></tr>
</table>

背页说明

第 1 栏：填写出口商详细的依法登记的名称、地址（包括国家）。

第 2 栏：填写生产商详细的依法登记的名称、地址（包括国家）。如果证书包含一家以上生产商的商品，应列出其他生产商的详细名称、地址（包括国家）。如果出口商或生产商希望对信息予以保密，可以填写“应要求提供给授权机构”。如果生产商和出口商相同，应填写“同上”。如果不知道生产商，可填写“不知道”。

第 3 栏：填写收货人详细的依法登记的名称、地址（包括国家）。

第 4 栏：填写运输方式及路线，详细说明离港日期、运输工具的编号、装货口岸和卸货口岸。

第 5 栏：不论是否给予优惠待遇，进口国海关当局必须在相应栏目标注（√）。

第 6 栏：可以填写顾客订货单号、信用证号等其他信息。

第 7 栏：填写项目号，但不得超过 20 项。

第 8 栏：填写唛头及包装号。

第 9 栏：详细列明包装数量及种类。详列每种货物的货品名称，以便于海关关员查验时加以识别。货品名称应与发票上的描述及货物的协调制度编码相符。如果是散装货，应注明“散装”。当商品描述结束时，加上“＊＊＊”（三颗星）或“\”（结束斜线符号）。

第 10 栏：对应第 9 栏中的每种货物填写协调制度税则归类编码，以 6 位数编码为准。

第 11 栏：若货物符合原产地规则，出口商必须按照下表所示方式，在本证书第 11 栏中标明 其货物申明享受优惠待遇所依据的原产地标准：

出口商申明其货物享受优惠待遇所根据的原产地标准	填入第 11 栏
该货物符合第二十条规定（包括附件五所列规定），在一方境内完全获得或生产；	WO
该货物是在一方或双方境内，完全由其原产地符合第四章第一节规定的材料生产	WP
该货物是在一方或双方境内生产，所使用的非原产材料满足附件五所规定的税则归类改变、区域价值成分、工序要求或其他要求，且该货物符合其所适用的第四章第一节的其他规定。	PSR①

第 12 栏：毛重应填写“千克”。可依照惯例，采用其他计量单位（例如体积、件数等）来精确地反映数量。

第 13 栏：应填写发票号、发票日期及发票价格。

第 14 栏：填写签字的地点及日期。对于中国出口的货物，本栏必须由货物出口商填写、签字并填写日期，对于新西兰出口至中国的货物，不必填写此栏。

第 15 栏：本栏必须由授权机构的授权人员填写、签字、填写签证日期并盖章。

---

① 如果货物适用附件 1 所规定的区域价值成分（RVC）要求，应注明百分比。

附件 3

DECLARATION OF ORIGIN

Free Trade Agreement between the Government of the People's Republic of China and the Government of New Zealand

I ____ being the

(print name and position)

EXPORTER / PRODUCER / EXPORTER AND PRODUCER

(strike out that which does not apply)

hereby declare that the goods enumerated on this invoice ______________________ (insert invoice number) are originating from

CHINA / NEW ZEALAND

(strike out that which does not apply)

In that they comply with the rules of origin requirements of The Free Trade Agreement between the Government of the People's Republic of China and the Government of New Zealand.

If applicable: These goods are covered by advance ruling __________________ (insert reference number) that deems the goods to qualify as originating in accordance with the rules of origin under Free Trade Agreement between the Government of the People's Republic of China and the Government of New Zealand.

Signed: ____

Date: ____

Note: This declaration must be printed and presented as a separate document accompanying the commercial invoice. The maximum number of items covered by should not exceed 20.

中文样本仅供参考

原产地声明

中华人民共和国政府和新西兰政府自由贸易协定

原产地声明

本人____为

（打印姓名及职务）

出口商/生产商/出口商及生产商

（不适用的部分请划去）

兹声明发票__________________________（填写发票号）所列货物原产自

中国/新西兰

（不适用的部分请划去）

且货物符合《中华人民共和国政府和新西兰政府自由贸易协定》原产地规则的要求。

如适用： 根据《中华人民共和国政府和新西兰政府自由贸易协定》原产地规则，上述货物经行政裁定__________________________（填写裁定编号）视为具备原产资格。

签名：____

日期：____

注：该声明必须打印，并以商业发票随附的单独文件提交。本声明所涉货物最多不得超过20项。

附件 4

《中华人民共和国政府和新西兰政府自由贸易协定》项下进口货物申明

本人________（姓名及职务）为进口货物收货人/进口货物收货人代理人（不适用的部分请划去），兹声明编号为________的报关单所列第________项货物原产自新西兰，且货物符合《中华人民共和国政府和新西兰政府自由贸易协定》原产地规则的要求。

本人申请对上述货物适用《中华人民共和国政府和新西兰政府自由贸易协定》协定税率，并申请缴纳保证金后放行货物。本人承诺在自货物进口之日起 1 年内补交《中华人民共和国政府和新西兰政府自由贸易协定》原产地证书。

签名：________

日期：________

附件 5

中华人民共和国________海关
进口货物不予适用协定税率告知书

________关编号：________

公司/单位：

经审核，你公司/单位于____年____月____日向海关申报的编号为__________________________的报关单所列第________项货物，按照《中华人民共和国海关〈中华人民共和国政府和新西兰政府自由贸易协定〉项下进出口货物原产地管理办法》规定（第 175 号署令），因下列原因不适用《中华人民共和国政府和新西兰政府自由贸易协定》协定税率：

[ ] 原产地证书或者原产地声明不符合第 175 号署令要求

[ ] 报关单、原产地证书或者原产地声明、合同、商业发票、提单、装箱单等单证不相符

[ ] 报关单、原产地证书或者原产地声明、合同、商业发票、提单、装箱单等单证与实际申报进口货物不相符

[ ] 不符合第 175 号署令规定的新西兰原产货物要求

[ ] 不符合第 175 号署令规定的直接运输要求

[ ] 不符合第 175 号署令其他规定

其他说明

________关（处）盖章　　经办人（签字）：________

年　　月　　日

受送达人（签字）：________

年　　月　　日

第一联：企业留存

中华人民共和国________海关
进口货物不予适用协定税率告知书

________关编号：________

公司/单位：

经审核，你公司/单位于____年____月____日向海关申报的编号为__________________________的报关单所列第________项货物，按照《中华人民共和国海关〈中华人民共和国政府和新西兰政府自由贸易协定〉项下进出口货物原产地管理办法》规定（第 175 号署令），因下列原因不适用《中华人民共和国政府和新西兰政府自由贸易协定》协定税率：

[ ] 原产地证书或者原产地声明不符合第 175 号署令要求

[ ] 报关单、原产地证书或者原产地声明、合同、商业发票、提单、装箱单等单证不相符

[ ] 报关单、原产地证书或者原产地声明、合同、商业发票、提单、装箱单等单证与实际申报进口货物不相符

[ ] 不符合第 175 号署令规定的新西兰原产货物要求

[ ] 不符合第 175 号署令规定的直接运输要求

[ ] 不符合第 175 号署令其他规定

其他说明

________关（处）盖章　　经办人（签字）：________

年　　月　　日

受送达人（签字）：________

年　　月　　日

第二联：海关留存

加工贸易保税监管类

中华人民共和国海关对加工贸易货物监管办法

（2004 年 2 月 26 日海关总署令第 113 号发布，自 2004 年 4 月 1 日起施行）

第一章　总　则

第一条　为了促进加工贸易健康发展，规范海关对加工贸易货物管理，根据《中华人民共和国海关法》及其他有关法律、行政法规，制定本办法。

第二条　本办法适用于办理加工贸易货物备案、进出口报关、加工、监管、核销手续。加工贸易货物的备案、进出口报关、核销，应当采用纸质单证和电子数据的形式。

第三条　本办法下列用语的含义：

加工贸易，是指经营企业进口全部或者部分原辅材料、零部件、元器件、包装物料（以下简称料件），经加工或者装配后，将制成品复出口的经营活动，包括来料加工和进料加工。

来料加工，是指进口料件由境外企业提供，经营企业不需要付汇进口，按照境外企业的要求进行加工或者装配，只收取加工费，制成品由境外企业销售的经营活动。

进料加工，是指进口料件由经营企业付汇进口，制成品由经营企业外销出口的经营活动。

加工贸易货物，是指加工贸易项下的进口料件、加工成品以及加工过程中产生的边角料、残次品、副产品等。

加工贸易企业，包括经海关注册登记的经营企业和加工企业。

经营企业，是指负责对外签订加工贸易进出口合同的各类进出口企业和外商投资企业，以及经批准获得来料加工经营许可的对外加工装配服务公司。

加工企业，是指接受经营企业委托，负责对进口料件进行加工或者装配，且具有法人资格的生产企业，以及由经营企业设立的虽不具有法人资格，但实行相对独立核算并已经办理工商营业证（执照）的工厂。

单位耗料量，是指加工贸易企业在正常生产条件下加工生产单位出口成品所耗用的进口料件的数量，简称单耗。

深加工结转，是指加工贸易企业将保税进口料件加工的产品转至另一加工贸易企业进一步加工后复出口的经营活动。

承揽企业，是指与经营企业签订加工合同，承接经营企业委托的外发加工业务的生产企业。承揽企业须经海关注册登记，具有相应的加工生产能力。

外发加工，是指加工贸易企业因受自身生产工序限制，经海关批准并办理有关手续，委托承揽企业对加工贸易货物的某道工序进行加工，在规定期限内将加工后的产品运回本企业并最终复出口的行为。

核查，是指海关通过核实数据、审查单证、核对实物及相关账册等方法检查核实加工贸易企业申报的加工生产能力以及进口、运输、存储、加工、装配、转让、转移、销售或者出口加工贸易货物等情况，是否与实际相符，是否符合有关法律、行政法规、规章规定的行为。

核销，是指加工贸易经营企业加工复出口或者办理内销等海关手续后，凭规定单证向海关申请解除监管，海关经审查、核查属实且符合有关法律、行政法规、规章的规定，予以办理解除监管手续的行为。

第四条 除国家另有规定外，加工贸易进口料件属于国家对进口有限制性规定的，经营企业免于向海关提交进口许可证件；加工贸易出口制成品属于国家对出口有限制性规定的，经营企业应当向海关提交出口许可证件。

第五条 经海关批准，加工贸易项下进口料件实行保税监管的，待加工成品出口后，海关根据核定的实际加工复出口的数量予以核销；对按照规定进口时先征收税款的，待加工成品出口后，海关根据核定的实际加工复出口的数量退还已征收的税款。

加工贸易项下的出口产品属于应当征收出口关税的，海关按照有关规定征收出口关税。

第六条 海关按照国家规定对加工贸易货物实行担保制度。

第七条 加工贸易货物不得抵押、质押、留置。

第八条 海关根据监管需要，可以对加工贸易企业进行核查，企业应当予以配合。海关核查不得影响企业的正常经营活动。

第九条 加工贸易企业应当根据《中华人民共和国会计法》及国家有关法律、行政法规、规章的规定，设置符合海关监管要求的账簿、报表及其他有关单证，记录与本企业加工贸易货物有关的进口、存储、转让、转移、销售、加工、使用、损耗和出口等情况，凭合法、有效凭证记账并进行核算。

加工贸易企业应当按照规定向海关提交上年度企业生产经营活动的年度报表等资料。

第二章 加工贸易货物备案

第十条 经营企业应当向加工企业所在地主管海关办理加工贸易货物备案手续。

经营企业与加工企业不在同一直属海关管辖的区域范围的，应当按照海关对异地加工贸易的管理规定办理货物备案手续。

第十一条 经营企业办理加工贸易货物备案手续，应当如实申报贸易方式、单耗、进出口口岸，以及进口料件和出口成品的商品名称、商品编号、规格型号、价格和原产地等。

第十二条 经营企业办理加工贸易货物备案手续，应当提交下列单证：

（一）主管部门签发的同意开展加工贸易业务的有效批准文件；

（二）经营企业自身有加工能力的，应当提交主管部门签发的“加工贸易加工企业生产能力证明”；

（三）经营企业委托加工的，应当提交经营企业与加工企业签订的委托加工合同、主管部门签发的加工企业的“加工贸易加工企业生产能力证明”；

（四）经营企业对外签订的合同；

（五）海关认为需要提交的其他证明文件和材料。

第十三条 经海关审核，单证齐全有效，并且符合本办法第十条至第十二条规定的，海关应当自接受企业备案申请之日起5个工作日内予以备案，并核发加工贸易手册。

需要办理担保手续的，经营企业按照规定办理担保手续后，海关核发加工贸易手册。

第十四条 有下列情形之一的，海关不予备案并且书面告知经营企业：

（一）进口料件或者出口成品属于国家禁止进出口的；

（二）加工产品属于国家禁止在我国境内加工生产的；

（三）进口料件属于海关无法实行保税监管的；

（四）经营企业或者加工企业属于国家规定不允许开展加工贸易的；

（五）经营企业未在规定期限内向海关报核已到期的加工贸易手册，又向海关申请备案的。

第十五条 经营企业或者加工企业有下列情形之一的，海关可以在经营企业提供相当于应缴税款金额的保证金或者银行保函后予以备案：

（一）涉嫌走私、违规，已被海关立案调查、侦查，案件未审结的；

（二）因为管理混乱被海关要求整改，在整改期内的。

经营企业或者加工企业有下列情形之一，海关有理由认为其存在较高监管风险的，可以比照前款规定办理，并书面告知有关企业：

（一）租赁厂房或者设备的；

（二）首次开展加工贸易业务的；

（三）加工贸易手册申请两次或者两次以上延期的；

（四）办理加工贸易异地备案的。

第十六条 海关发现经营企业办理加工贸易货物备案手续提交的单证与事实不符的，应当按照下列规定处理：

（一）货物尚未进口的，海关注销其备案；

（二）货物已进口的，企业可以申请退运，也可以向海关提供相当于应缴税款金额的保证金或者银行保函后继续履行合同。

第十七条 已经办理加工贸易货物备案的经营企业可以向海关申领加工贸易手册分册、续册。

第十八条 加工贸易货物备案内容发生变更的，经营企业应当在加工贸易手册有效期内办理变更手续。需要报原审批机关批准的，还应当报原审批机关批准。

第三章 加工贸易货物进出口、加工

第十九条 经营企业进口加工贸易货物，可以从境外或者海关特殊监管区域、保税仓库进口，也可以通过深加工结转方式转入。

经营企业出口加工贸易货物，可以向境外或者海关特殊监管区域、出口监管仓库出口，也可以通过深加工结转方式转出。

第二十条 经营企业应当持加工贸易手册、加工贸易进出口货物专用报关单等有关单证办理加工贸易货物进出口报关手续。

第二十一条 经营企业以加工贸易方式进出口的货物，列入海关统计。

第二十二条 经营企业经主管部门批准，可以开展深加工结转业务，并按照海关对加工贸易货物深加工结转的管理规定办理有关手续。

第二十三条 经营企业经海关批准可以开展外发加工业务。外发加工应当在加工贸易手册有效期内进行。

经营企业开展外发加工业务，不得将加工贸易货物转卖给承揽企业。承揽企业不得将加工贸易货物再次外发至其他企业进行加工。

第二十四条 经营企业应当将外发加工的成品、边角料、剩余料件、残次品、副产品等加工贸易货物运回本企业。

第二十五条 有下列情形之一的，海关不予批准外发加工业务：

（一）经营企业或者承揽企业涉嫌走私、违规，已被海关立案调查、侦查，案件未审结的；

（二）经营企业将主要工序外发加工的；

（三）经营企业或者承揽企业生产经营管理不符合海关监管要求的。

第二十六条 经营企业和承揽企业应当共同接受海关监管。经营企业应当根据海关要求如实报告外发加工货物的发运、加工、单耗、存储等情况。

第二十七条 因加工出口产品急需，经海关核准，经营企业保税料件与非保税料件之间可以进行串换。

保税料件与非保税料件之间的串换限于同一企业，并应当遵循同品种、同规格、同数量、不牟利的原则。

来料加工保税进口料件不得串换。

第二十八条 经营企业因加工工艺需要，必须使用非保税料件的，应当事先向海关如实申报使用非保税料件的比例、品种、规格、型号、数量，海关核销时在出口成品总耗用量中予以核扣。

第二十九条 经营企业进口料件因质量问题、规格型号与合同不符等原因，需返还原供货商进行退换的，可以直接向口岸海关办理报关手续。已经加工的保税进口料件不得进行退换。

第四章 加工贸易货物核销

第三十条 经营企业应当在规定的期限内将进口料件加工复出口，并自加工贸易手册项下最后一批成品出口或者加工贸易手册到期之日起30日内向海关报核。

经营企业对外签订的合同因故提前终止的，应当自合同终止之日起30日内向海关报核。

第三十一条 经营企业报核时应当向海关如实申报进口料件、出口成品、边角料、剩余料件、残次品、副产品以及单耗等情况，并向海关提交加工贸易手册、加工贸易进出口货物专用报关单以及海关要求提交的其他单证。

第三十二条 经审核单证齐全有效的，海关受理报核；海关不予受理的，应当书面告知企业原因，企业应当按照规定重新报核。

第三十三条 海关核销可以采取纸质单证核销和电子数据核销的方式，必要时可以下厂核查，企业应当予以配合。

海关应当自受理报核之日起30日内予以核销。特殊情况需要延长的，经直属海关关长或者其授权的隶属海关关长批准可延长30日。

第三十四条 加工贸易保税进口料件或者成品因故转为内销的，海关凭主管部门准予内销的有效批准文件，对保税进口料件依法征收税款并加征缓税利息；进口料件属于国家对进口有限制性规定的，经营企业还应当向海关提交进口许可证件。

第三十五条 经营企业因故将加工贸易进口料件退运出境的，海关凭有关退运单证核销。

经海关批准，经营企业放弃加工贸易货物的，按照海关对放弃进口货物的管理规定办理，海关凭接受放弃的有关单证核销。

第三十六条 经营企业在生产过程中产生的边角料、剩余料件、残次品、副产品和受灾保税货物，按照海关对加工贸易边角料、剩余料件、残次品、副产品和受灾保税货物的管理规定办理，海关凭有关单证核销。

第三十七条 经营企业遗失加工贸易手册的，应当及时向海关报告。

海关在按照有关规定处理后对遗失的加工贸易手册予以核销。

第三十八条 对经核销准予结案的加工贸易手册，海关向经营企业签发《核销结案通知书》。

第三十九条 经营企业已经办理担保的，海关在核销结案后按照规定解除担保。

第四十条 加工贸易货物备案和核销单证自加工贸易手册核销结案之日起留存3年。

第四十一条 加工贸易企业出现分立、合并、破产的，应当及时向海关报告，并办结海关手续。

加工贸易货物被人民法院或者有关行政执法部门封存的，加工贸易企业应当自加工贸易货物被封存之日起5个工作日内向海关报告。

第五章 法律责任

第四十二条 违反本办法的规定，构成走私或者违反海关监管规定行为的，由海关按照《中华人民共和国海关法》和《中华人民共和国海关法行政处罚实施细则》的有关规定予以处理；构成犯罪的，依法追究刑事责任。

第六章 附 则

第四十三条 保税工厂开展加工贸易业务，按照海关对加工贸易保税工厂的管理规定办理。

第四十四条 进料加工保税集团开展加工贸易业务，按照海关对进料加工保税集团的管理规定办理。

第四十五条 实施联网监管的加工贸易企业开展加工贸易业务，按照海关对加工贸易企业实施计算机联网监管的管理规定办理。

第四十六条 加工贸易企业在保税区、出口加工区等海关特殊监管区域内开展加工贸易业务，按照海关对保税区、出口加工区等海关特殊监管区域的管理规定办理。

第四十七条 单耗的申报与核定，按照海关对加工贸易单耗的管理规定办理。

第四十八条 海关对加工贸易货物进口时先征收税款出口后予以退税的管理规定另行制定。

第四十九条 本办法由海关总署负责解释。

第五十条 本办法自2004年4月1日起施行。

中华人民共和国海关对保税仓库及所存货物的管理规定

（2003年12月5日海关总署令第105号公布，自2004年2月1日起施行）

第一章 总 则

第一条 为了加强海关对保税仓库及所存货物的监管，规范保税仓库的经营管理行为，促进对外贸易和经济发展，根据《中华人民共和国海关法》和国家有关法律、行政法规，制定本规定。

第二条 本规定所称保税仓库，是指经海关批准设立的专门存放保税货物及其他未办结海关手续货物的仓库。

第三条 保税仓库按照使用对象不同分为公用型保税仓库、自用型保税仓库。

公用型保税仓库由主营仓储业务的中国境内独立企业法人经营，专门向社会提供保税仓储服务。

自用型保税仓库由特定的中国境内独立企业法人经营，仅存储供本企业自用的保税货物。

第四条 保税仓库中专门用来存储具有特定用途或

特殊种类商品的称为专用型保税仓库。

专用型保税仓库包括液体危险品保税仓库、备料保税仓库、寄售维修保税仓库和其他专用型保税仓库。

液体危险品保税仓库，是指符合国家关于危险化学品仓储规定的，专门提供石油、成品油或者其他散装液体危险化学品保税仓储服务的保税仓库。

备料保税仓库，是指加工贸易企业存储为加工复出口产品所进口的原材料、设备及其零部件的保税仓库，所存保税货物仅限于供应本企业。

寄售维修保税仓库，是指专门存储为维修外国产品所进口寄售零配件的保税仓库。

第五条 下列货物，经海关批准可以存入保税仓库：

（一）加工贸易进口货物；

（二）转口货物；

（三）供应国际航行船舶和航空器的油料、物料和维修用零部件；

（四）供维修外国产品所进口寄售的零配件；

（五）外商暂存货物；

（六）未办结海关手续的一般贸易货物；

（七）经海关批准的其他未办结海关手续的货物。

保税仓库应当按照海关批准的存放货物范围和商品种类开展保税仓储业务。

第六条 保税仓库不得存放国家禁止进境货物，不得存放未经批准的影响公共安全、公共卫生或健康、公共道德或秩序的国家限制进境货物以及其他不得存入保税仓库的货物。

第二章 保税仓库的设立

第七条 保税仓库应当设立在设有海关机构、便于海关监管的区域。

第八条 经营保税仓库的企业，应当具备下列条件：

（一）经工商行政管理部门注册登记，具有企业法人资格；

（二）注册资本最低限额为300万元人民币；

（三）具备向海关缴纳税款的能力；

（四）具有专门存储保税货物的营业场所；

（五）经营特殊许可商品存储的，应当持有规定的特殊许可证件；

（六）经营备料保税仓库的加工贸易企业，年出口额最低为1000万美元；

（七）法律、行政法规、海关规章规定的其他条件。

第九条 保税仓库应当具备下列条件：

（一）符合海关对保税仓库布局的要求；

（二）具备符合海关监管要求的安全隔离设施、监管设施和办理业务必需的其他设施；

（三）具备符合海关监管要求的保税仓库计算机管理系统并与海关联网；

（四）具备符合海关监管要求的保税仓库管理制度、符合会计法要求的会计制度；

（五）符合国家土地管理、规划、交通、消防、安全、质检、环保等方面法律、行政法规及有关规定；

（六）公用保税仓库面积最低为2000平方米；

（七）液体危险品保税仓库容积最低为5000立方米；

（八）寄售维修保税仓库面积最低为2000平方米；

（九）法律、行政法规、海关规章规定的其他条件。

第十条 保税仓库由直属海关审批，报海关总署备案。

第十一条 企业申请设立保税仓库的，应当向仓库所在地主管海关提交书面申请，并备齐本规定第八条、第九条规定的相关证明材料。

申请材料齐全有效的，主管海关予以受理。申请材料不齐全或者不符合法定形式的，主管海关应当在5个工作日内一次告知申请人需要补正的全部内容。主管海关应当自受理申请之日起20个工作日内提出初审意见并将有关材料报送直属海关审批。

直属海关应当自接到材料之日起20个工作日内审查完毕，对符合条件的，出具批准文件，批准文件的有效期为1年；对不符合条件的，应当书面告知申请人理由。

第十二条 申请设立保税仓库的企业应当自海关出具保税仓库批准文件1年内向海关申请保税仓库验收，由直属海关按照本规定第八条、第九条规定的条件进行审核验收。申请企业无正当理由逾期未申请验收或者保税仓库验收不合格的，该保税仓库的批准文件自动失效。

第十三条 保税仓库验收合格后，经海关注册登记并核发“中华人民共和国海关保税仓库注册登记证书”（以下简称“保税仓库注册登记证书”），方可投入运营。

第三章 保税仓库的管理

第十四条 保税仓库不得转租、转借给他人经营，不得下设分库。

第十五条 海关对保税仓库实施计算机联网管理，

并可以随时派员进入保税仓库检查货物的收、付、存情况及有关账册。海关认为必要时，可以会同保税仓库经营企业双方共同对保税仓库加锁或者直接派员驻库监管，保税仓库经营企业应当为海关提供办公场所和必要的办公条件。

第十六条　海关对保税仓库实行分类管理及年审制度，具体办法由海关总署另行制定。

第十七条　保税仓库经营企业负责人和保税仓库管理人员应当熟悉海关有关法律法规，遵守海关监管规定，接受海关培训。

第十八条　保税仓库经营企业应当如实填写有关单证、仓库账册，真实记录并全面反映其业务活动和财务状况，编制仓库月度收、付、存情况表和年度财务会计报告，并定期以计算机电子数据和书面形式报送主管海关。

第十九条　保税仓库经营企业需变更企业名称、注册资本、组织形式、法定代表人等事项的，应当在变更前向直属海关提交书面报告，说明变更事项、事由和变更时间；变更后，海关按照本规定第八条的规定对其进行重新审核。

保税仓库需变更名称、地址、仓储面积（容积）、所存货物范围和商品种类等事项的，应当经直属海关批准。

直属海关应当将保税仓库经营企业及保税仓库的变更情况报海关总署备案。

第二十条　保税仓库无正当理由连续6个月未经营保税仓储业务的，保税仓库经营企业应当向海关申请终止保税仓储业务。经营企业未申请的，海关注销其注册登记，并收回“保税仓库注册登记证书”。

保税仓库不参加年审或者年审不合格的，海关注销其注册登记，并收回“保税仓库注册登记证书”。

保税仓库因其他事由终止保税仓储业务的，由保税仓库经营企业提出书面申请，经海关审核后，交回“保税仓库注册登记证书”，并办理注销手续。

第四章　保税仓库所存货物的管理

第二十一条　保税仓储货物入库时，收发货人或其代理人持有关单证向海关办理货物报关入库手续，海关根据核定的保税仓库存放货物范围和商品种类对报关入库货物的品种、数量、金额进行审核，并对入库货物进行核注登记。

入库货物的进境口岸不在保税仓库主管海关的，经海关批准，按照海关转关的规定或者在口岸海关办理相关手续。

第二十二条　保税仓储货物可以进行包装、分级分类、加刷唛码、分拆、拼装等简单加工，不得进行实质性加工。

保税仓储货物，未经海关批准，不得擅自出售、转让、抵押、质押、留置、移作他用或者进行其他处置。

第二十三条　下列保税仓储货物出库时依法免征关税和进口环节代征税：

（一）用于在保修期限内免费维修有关外国产品并符合无代价抵偿货物有关规定的零部件；

（二）用于国际航行船舶和航空器的油料、物料；

（三）国家规定免税的其他货物。

第二十四条　保税仓储货物存储期限为1年。确有正当理由的，经海关同意可予以延期；除特殊情况外，延期不得超过1年。

第二十五条　下列情形的保税仓储货物，经海关批准可以办理出库手续，海关按照相应的规定进行管理和验放：

（一）运往境外的；

（二）运往境内保税区、出口加工区或者调拨到其他保税仓库继续实施保税监管的；

（三）转为加工贸易进口的；

（四）转入国内市场销售的；

（五）海关规定的其他情形。

第二十六条　保税仓储货物出库运往境内其他地方的，收发货人或其代理人应当填写进口报关单，并随附出库单据等相关单证向海关申报，保税仓库向海关办理出库手续并凭海关签印放行的报关单发运货物。

从异地提取保税仓储货物出库的，可以在保税仓库主管海关报关，也可以按照海关规定办理转关手续。

出库保税仓储货物批量少、批次频繁的，经海关批准可以办理集中报关手续。

第二十七条　保税仓储货物出库复运往境外的，发货人或其代理人应当填写出口报关单，并随附出库单据等相关单证向海关申报，保税仓库向海关办理出库手续并凭海关签印放行的报关单发运货物。

出境货物出境口岸不在保税仓库主管海关的，经海关批准，可以在口岸海关办理相关手续，也可以按照海关规定办理转关手续。

第五章　法律责任

第二十八条　保税仓储货物在存储期间发生损毁或者灭失的，除不可抗力外，保税仓库应当依法向海关缴纳损毁、灭失货物的税款，并承担相应的法律责任。

第二十九条 保税仓储货物在保税仓库内存储期满，未及时向海关申请延期或者延长期限届满后既不复运出境也不转为进口的，海关应当按照《中华人民共和国海关关于超期未报关进口货物、误卸或者溢卸的进境货物和放弃进口货物的处理办法》第五条的规定处理。

第三十条 海关在保税仓库设立、变更、注销后，发现原申请材料不完整或者不准确的，应当责令经营企业限期补正，发现企业有隐瞒真实情况、提供虚假资料等违法情形的，依法予以处罚。

第三十一条 保税仓库经营企业有下列行为之一的，海关责令其改正，可以给予警告，或者处1万元以下的罚款；有违法所得的，处违法所得3倍以下的罚款，但最高不得超过3万元：

（一）未经海关批准，在保税仓库擅自存放非保税货物的；

（二）私自设立保税仓库分库的；

（三）保税货物管理混乱，账目不清的；

（四）经营事项发生变更，未按第十九条规定办理海关手续的。

第三十二条 违反本规定的其他违法行为，海关依照《中华人民共和国海关法》、《中华人民共和国海关法行政处罚实施细则》予以处罚。构成犯罪的，依法追究刑事责任。

第六章 附 则

第三十三条 本规定由海关总署负责解释。

第三十四条 本规定自2004年2月1日起施行。1988年5月1日起实施的《中华人民共和国海关对保税仓库及所存货物的管理办法》同时废止。

中华人民共和国海关关于加工贸易保税货物跨关区深加工结转的管理办法

（2004年1月19日海关总署令第109号发布，自2004年3月1日起施行）

第一条 为促进加工贸易健康发展，加强和规范海关对加工贸易跨关区深加工结转的管理，根据《中华人民共和国海关法》和有关法律、行政法规的规定，制定本办法。

第二条 本办法中的加工贸易保税货物跨关区深加工结转是指加工贸易企业将保税进口料件加工的产品转至另一直属海关关区内的加工贸易企业进一步加工后复出口的经营活动（以下简称“结转”）。

第三条 加工贸易企业开展结转的，转入、转出企业应当向各自主管海关申报结转计划，经双方主管海关备案后，可以办理实际收发货及报关手续。海关对加工贸易深加工结转货物实施单项统计。

第四条 转出、转入企业向海关申报结转计划时应当提交“中华人民共和国海关加工贸易保税货物深加工结转申请表”（以下简称“申请表”，见附件1），并如实填写申请表的各项内容。一份申请表只能对应一个转出企业和一个转入企业；一份申请表只能对应转出企业一本加工贸易手册（包括联网监管电子账册，以下简称手册），但可对应转入企业多本手册。结转双方填写的商品编号、数量、计量单位应当一致。

第五条 加工贸易企业开展结转的，应当按照海关规定填制“结转货物收发货单”（见附件3，企业按格式自行印制），“结转货物收发货单”应当包括下列内容：

（一）标注“保税结转货物”字样；

（二）列明转出、转入企业名称、商品名称、规格、数量、收发货时间、收发货单编号等内容；

（三）每批次收发货记录加盖经主管海关备案的企业结转专用名章。

第六条 申请结转的加工贸易企业有下列情形之一的，海关不予受理：

（一）不符合海关监管要求，被海关责令限期整改，在整改期内的；

（二）有逾期未报核手册的；

（三）未按照本办法第五条规定填制结转货物收发货单的；

（四）涉嫌走私已被海关立案调查，尚未结案的。

第七条 转入、转出企业应当按照以下规定办理结转计划备案手续：

（一）转出企业在申请表（一式四联）中填写本企业的转出计划，凭申请表向转出地海关备案；

（二）转出地海关备案后，留存申请表第一联，其余三联退转出企业交转入企业；

（三）转入企业自转出地海关备案之日起 20 日内，持申请表其余三联，填写本企业的相关内容后，向转入地海关办理报备手续。转入企业在 20 日内未递交申请表，或者虽向海关递交但因申请表的内容不符合海关规定而未获准的，该份申请表作废。转出、转入企业应当重新填报和办理备案手续；

（四）转入地海关审核后，将申请表第二联留存，第三、第四联交转入、转出企业凭以办理结转收发货登记及报关手续。

第八条 转出、转入企业办理结转备案手续后，应当按照经双方海关核准后的申请表进行实际收发货。转入、转出企业的每批次收发货记录应当在“保税货物实际结转情况登记表”（以下简称“登记表”，见附件2）上进行如实登记，并加盖企业结转专用名章。结转货物退货的，转入、转出企业应当将实际退货情况在登记表中进行登记，同时注明“退货”字样，并加盖企业结转专用名章。

第九条 转出、转入企业实际收发货后，应当按照以下规定办理结转报关手续：

（一）转出、转入企业应当分别在转出地、转入地海关办理结转报关手续。转出、转入企业可以凭一份申请表分批或者集中办理报关手续。转出（入）企业每批实际发（收）货后，应当在 90 日内办结该批货物的报关手续；

（二）转入企业凭申请表、登记表等单证向转入地海关办理结转进口报关手续，并在结转进口报关后的第二个工作日内将报关情况通知转出企业；

（三）转出企业自接到转入企业通知之日起 10 日内，凭申请表、登记表等单证向转出地海关办理结转出口报关手续；

（四）结转进口、出口报关的申报价格为结转货物的实际成交价格；

（五）一份结转进口报关单对应一份结转出口报关单，两份报关单之间对应的申报序号、商品编号、数量、价格和手册号应当一致；

（六）结转货物分批报关的，企业应当同时提供申请表和登记表的原件及复印件；

（七）企业超过规定时限申请办理结转报关手续的，海关按照本办法第十二条规定处理后，可以补办有关手续。

第十条 结转企业以外汇结算的，海关按照有关规定签发报关单外汇核销证明联。

第十一条 主管海关对加工贸易跨关区结转实行计算机管理的，企业可以通过网络办理结转备案、登记及报关手续。

第十二条 转出、转入企业违反本办法，海关按照《中华人民共和国海关法》及《中华人民共和国海关法行政处罚实施细则》的规定处理；构成犯罪的，依法追究其刑事责任。

第十三条 同一直属关区内企业之间的深加工结转比照本办法办理，经直属海关同意可以简化备案手续，具体办法由各直属海关制定。

第十四条 本办法由海关总署负责解释。

第十五条 本办法自 2004 年 3 月 1 日起施行。1999 年 9 月 22 日发布的《中华人民共和国海关关于加工贸易保税货物跨关区深加工结转的管理办法》（第 75 号海关总署令发布）同时废止。

附件 1　中华人民共和国海关加工贸易保税货物深加工结转申请表

附件 2　保税货物实际结转情况登记表

附件 3　保税结转化物专用结转货物收发货单

附件 1

中华人民共和国海关加工贸易保税货物深加工结转申请表

申请表编号：

<table>
<tr><td colspan="8">________海关：
我__________________公司（企业）需与__________________公司（企业）结转保税货物，特向你关申请，并保证遵守海关法律和有关监管规定。</td></tr>
<tr><td rowspan="5">结转出口货物情况</td><td>项号</td><td>商品编号</td><td>品名</td><td>规格型号</td><td>数量</td><td>单位</td><td>转出手册号</td></tr>
<tr><td>1</td><td></td><td></td><td></td><td></td><td></td><td rowspan="4"></td></tr>
<tr><td>2</td><td></td><td></td><td></td><td></td><td></td></tr>
<tr><td>3</td><td></td><td></td><td></td><td></td><td></td></tr>
<tr><td>4</td><td></td><td></td><td></td><td></td><td></td></tr>
<tr><td>说明</td><td colspan="7"></td></tr>
<tr><td rowspan="5">结转进口货物情况</td><td>项号</td><td>商品编号</td><td>品名</td><td>规格型号</td><td>数量</td><td>单位</td><td>转出手册号</td></tr>
<tr><td>1</td><td></td><td></td><td></td><td></td><td></td><td rowspan="4"></td></tr>
<tr><td>2</td><td></td><td></td><td></td><td></td><td></td></tr>
<tr><td>3</td><td></td><td></td><td></td><td></td><td></td></tr>
<tr><td>4</td><td></td><td></td><td></td><td></td><td></td></tr>
<tr><td colspan="4">转出企业法定代表：　　电话：
报关员：　　电话：
（企业盖章）
年　月　日</td><td colspan="4">转入企业法定代表：　　电话：
报关员：　　电话：
（企业盖章）
年　月　日</td></tr>
<tr><td colspan="4">转出地海关：　　（海关盖章）
年　月　日</td><td colspan="4">转出地海关：　　（海关盖章）
年　月　日</td></tr>
<tr><td>海关批注</td><td colspan="7"></td></tr>
</table>

注：1. 本表一式四联，第一、二联海关留存，第三、四联企业办理报关手续；
2. 企业须经双方海关同意后，方可进行实际收发货；
3. 结转双方的商品编号必须一致；
4. 企业必须按申请表内容进行实际收发货后，方可办理结转报关手续；
5. 结转进出报关单对应的商品项号顺序必须一致；
6. 每批收发货后应在 90 天内办结该批货物的报关手续。

附件 2

保税货物实际结转情况登记表

（转入/出）企业名称：　　　　　　　　转出企业手册号：　　　　　　　　对应结转申请表编号：

日期	结转商品内容						转入企业手册号	（转入/出）企业签章
	序号	商品编号	品名	规格、型号	数量	单位		

注： 1. 此表与对应的申请表一起使用。

2. 企业按申请表内容实际收发货和登记后，方可办理进出口结转报关手续。
3. 企业签章栏加盖经主管海关备案的企业结转专用名章。
4. 序号填顺序号。
5. 本表不够填写的可续表。

附件 3

保税结转货物专用结转货物收发货单

收发货单编号：　　　　　　　　　　　　　　　　　　　　　　　　对应结转申请表号：

转出企业名称				转入企业名称：					
发货日期	商品名称	规格型号	数量	单位	发货人签名	发货人盖章	收货日期	收货人签名	收货人盖章
购销合同号、订单号或发票号：				运输工具类别及编号：					

（企业根据各自需要自行设计的栏目和内容）

中华人民共和国海关对进料加工保税集团管理办法

（1993 年 1 月 5 日海关总署令第 41 号发布，自 1993 年 2 月 10 日起施行）

第一条 为适应改革开放和对外经济贸易发展的需要，支持和促进国家鼓励出口产品的深加工业务，加强海关管理，根据《中华人民共和国海关法》和有关法规，特制定本办法。

第二条 进料加工保税集团是指经海关批准，由一个具有进出口经营权的企业牵头，组织关区内同行业若干个加工企业，对进口料、件进行多层次、多道工序连续加工，并享受全额保税的企业联合体。

第三条 牵头企业代表保税集团向海关负责，其应具备向海关缴纳税费的能力，并承担有关法律责任；集团内各生产成员企业应承担有关连带责任。各成员企业间因纳税所造成的纠纷自行解决。

第四条 保税集团及各成员企业应具备下列条件：

（一）设立专门的管理机构，制定集团管理章程和符合海关对保税货物监管要求的管理制度；

（二）生产的产品应为国家鼓励出口商品或重点出口创汇商品；

（三）具备加工出口产品的设备、技术和能力；

（四）具备符合海关监管条件的专门储存、堆放进口货物及加工成品、半成品的仓库，并有相应的安全设施；

（五）应按会计法规建立有关进口料、件的储存、调拨、加工、销售等情况的账册；

（六）配备经海关培训认可的熟悉海关规定的专职管理人员。

第五条 申请建立保税集团时，其牵头企业应向海关交验以下证件：

（一）保税集团申请书；

（二）集团牵头企业及其组成成员企业的营业执照和税务登记证书的影印件；

（三）集团内各生产企业出口产品的加工工艺流程图和各加工环节准确合理的耗料定额等有关资料；

（四）集团协议及相应的管理制度；

（五）海关需要的其他证件、资料。

第六条 经海关实地勘察并确认符合海关监管条件的，海关予以核发“进料加工保税集团登记证书”。

第七条 保税集团经批准成立后，如有增加或撤销集团成员企业等情况时，其牵头企业应事先向海关提出申请并办理有关登记或撤销手续。

第八条 保税集团在为加工出口产品所需进口料、件前，其牵头企业应持凭经贸主管部门颁发的“进料加工批准书”连同合同副本或订货卡片向海关办理合同登记备案手续。海关审核无误后，向其签发“进料加工登记手册”（以下简称“登记手册”），并在右上角加盖“保税集团货物”戳记。

第九条 料、件进口和加工成品出口时，保税集团的报关员或其报关代理人应按海关规定填写进料加工进（出）口专用报关单，并在右上角加盖“保税集团货物”戳记，连同登记手册等有关单证向进出地海关办理进出口手续。

第十条 海关对保税集团进口的料、件予以全额保税，集团的牵头企业应按规定向海关交纳监管手续费。进口的料、件应存入指定的保税仓库，料、件出库加工时，海关按对保税仓库及所存货物的管理办法进行监管。保税进口料、件进入加工环节时，海关按对保税工厂的管理办法进行监管。加工的成品出口，免征出口关税，如属出口许可证管理商品，还应向海关交验出口货物许可证。

第十一条 保税进口的料、件，应专料专用。如需将进口料、件与国内料、件混合加工时，保税集团的牵头企业应事先向海关申报投入进口料、件的比例和数（重）量。

第十二条 保税集团内各生产环节和工序所使用的进口料件的消耗定额每年向海关报核，海关根据已核定的消耗定额分段核销。

保税集团的牵头企业应于每季度第一个月的 15 日前将上季度进口料、件的储存、使用加工以及有关产品的实际流向等情况制表报送海关核查。

最终产品出口后一个月内，保税集团的牵头企业应持凭登记手册以及经海关签章的出口专用报关单等有关单证向海关办理核销手续。

第十三条 加工产品因故不能出口而需转内销的，

保税集团的牵头企业在报经经贸主管部门批准，并经海关核准，缴纳原进口料、件的关税、产品（增值）税或工商统一税后，方准内销。属于进口许可证管理商品的，还应向海关交验进口货物许可证。

第十四条 保税进口的料、件，应自进口之日起一年内加工成品返销出口。如有特殊情况需要延长期限的，保税集团的牵头企业应向海关提出书面申请，但延期最长不得超过一年。如期满仍未加工成品复出口或转为进口的，由海关按《海关法》有关规定处理。

第十五条 保税集团进口的料、件及加工的产品均属海关监管的保税货物，未经海关许可，任何单位和个人不得将其出售、转让、调换、抵押或移作他用。

第十六条 保税集团进口的料、件及加工的产品，如在储存、加工、运输过程中发生短少，除不可抗力的原因外，其短少部分应由保税集团的牵头企业承担交纳税款的责任，并由海关按有关规定进行处理。

第十七条 海关认为必要时，可派员进驻保税集团及其成员企业进行监管或随时派员检查保税进口料件、加工产品的储存、加工、出口等情况以及查阅有关单据、账册。保税集团及其成员企业应按规定提供办公场所和交通、食宿方便。

第十八条 海关对保税集团每年进行一次审核，如发现有经营管理混乱或有违反海关规定等情事的，可令其限期整顿或吊销其保税集团证书，直至终止集团保税待遇。

对有违反本办法规定，构成走私行为或者其他违反海关监管行为的，海关根据《中华人民共和国海关法》及有关法规分别对保税集团的牵头企业及其有关成员企业进行处理；情节严重，构成犯罪的，由司法机关追究其刑事责任。

第十九条 本办法未列事宜，按海关其他有关法规办理。

第二十条 本办法自1993年2月10日起实施。

中华人民共和国海关对加工贸易保税工厂管理办法

（1988年4月6日海关总署〔1988〕署货字第343号文发布，自1988年5月1日起实行）

第一条 为了适应对外经济贸易发展的需要，鼓励和促进加工贸易的开展，根据《中华人民共和国海关法》，特制定本办法。

第二条 经海关特准专为生产出口产品进行保税加工的企业为加工贸易保税工厂（以下简称保税工厂）。

第三条 保税工厂进口的货物属海关保税货物，自进口之日起至全部出口之日止受海关监管。未经海关许可，不得出售、转让、调换或移作他用。

第四条 凡经国家批准有权经营进出口业务的企业或具有法人资格和承接进口料、件加工复出口的出口生产企业（以下简称经营加工单位），均可向主管地海关申请建立保税工厂。

第五条 建立保税工厂，须具备以下条件：

1. 具有专门加工、制造出口产品的设施；
2. 拥有专门贮存、堆放进口货物和出口成品的仓库；
3. 建立专门记录出口产品生产、销售、库存等情况的账册；
4. 有专人管理保税货物、仓库和账册。

具备上述条件的经营加工单位，经提交“加工贸易保税工厂申请书”（见附件1）向海关申请，经海关实地勘查批准后，发给“加工贸易保税工厂登记证书”（见附件2），并在核发的登记手册上加盖加工贸易保税工厂戳记，始准进行保税加工。

第六条 保税工厂为外商加工、装配成品和为制造出口产品而进口的原料、材料、元器件、零部件、配套件、辅料、包装物料和加工过程中直接消耗的数量合理的化学物品（以下简称料、件），准予缓办进口纳税手续，按实际加工出口成品所耗用的进口料、件免征关税及产品（增值）税或工商统一税。

第七条 保税工厂进口料、件的登记备案和核销，按对来料加工或进料加工管理的有关规定办理。

第八条 保税工厂进口料、件和出口成品时，由经营人或其代理人填写专用进出口货物报关单一式四份，并在右上角加盖“保税工厂货物”戳记，随附有关单证和来料加工或进料加工登记手册，向进出境地海关报关。经海关审核后，将其中一份寄送主管海关，另一份由海关签印后，退回申报人交保税工厂留存备查。

第九条 有关经营加工单位必须于每季度第一个月15日前将上一季度进口的原材料储存保管、使用加工、加工成品库存和成品出口以及特准内销等情况，列表报送主管海关核查。

保税工厂如将进口料、件同国产原材料混合加工时，必须如实向海关报明投入进口料、件的比例和数（重）量。

第十条 海关认为必要时，可派关员驻厂或随时派遣关员对保税工厂的料、件、成品的库存、出口情况和单据、账册等进行监督检查，保税工厂应按规定提供办公场所和食宿方便。

如保税工厂要求海关派员到工厂办理验放手续，可向主管海关提出申请，并照章交纳规费。

第十一条 保税工厂在失去海关严密监管条件时或者有违反海关规定的行为，海关可随时吊销其保税工厂证书，并对其发生的违反海关规定行为，按《中华人民共和国海关法》进行处理。

第十二条 本规定自1988年5月1日起实行。

中华人民共和国海关关于加工贸易边角料、剩余料件、残次品、副产品和受灾保税货物的管理办法

（2004年5月25日海关总署令第111号发布，自2004年7月1日起施行）

第一条 为了规范对加工贸易保税进口料件在加工过程中产生的边角料、剩余料件、残次品、副产品和受灾保税货物的内销审批和海关监管，根据《中华人民共和国海关法》及有关法律、行政法规，制定本办法。

第二条 本办法下列用语的含义：

边角料，是指加工贸易企业从事加工复出口业务，在海关核定的单位耗料量内（以下简称单耗）、加工过程中产生的、无法再用于加工该合同项下出口制成品的数量合理的废、碎料及下脚料。

剩余料件，是指加工贸易企业在从事加工复出口业务过程中剩余的、可以继续用于加工制成品的加工贸易进口料件。

残次品，是指加工贸易企业从事加工复出口业务，在生产过程中产生的有严重缺陷或者达不到出口合同标准，无法复出口的制品（包括完成品和未完成品）。

副产品，是指加工贸易企业从事加工复出口业务，在加工生产出口合同规定的制成品（即主产品）过程中同时产生的，且出口合同未规定应当复出口的一个或者一个以上的其他产品。

受灾保税货物，是指加工贸易企业从事加工出口业务中，因不可抗力原因或者其他经海关审核认可的正当理由造成灭失、短少、损毁等导致无法复出口的保税进口料件和制品。

第三条 加工贸易保税进口料件加工后产生的边角料、剩余料件、残次品、副产品及受灾保税货物属海关监管货物，未经海关许可，任何企业、单位、个人不得擅自销售或者移作他用。

第四条 加工贸易企业申请内销边角料的，商务主管部门免予审批，企业直接报主管海关核准并办理内销有关手续。

（一）海关按照加工贸易企业向海关申请内销边角料的报验状态归类后适用的税率和审定的边角料价格计征税款，免征缓税利息；

（二）海关按照加工贸易企业向海关申请内销边角料的报验状态归类后，属于发展改革委员会、商务部、环保总局及其授权部门进口许可证件管理范围的，免于提交许可证件。

第五条 加工贸易企业申请将剩余料件结转到另一个加工贸易合同使用，限同一经营单位、同一加工厂、同样进口料件和同一加工贸易方式。凡具备条件的，海关按规定核定单耗后，准予企业办理该合同核销及其剩余料件结转手续。剩余料件转入合同已经商务主管部门审批的，由原审批部门按变更方式办理相关手续，如剩余料件的转入量不增加已批合同的进口总量，则免于办

理变更手续；转入合同为新建合同的，由商务主管部门按现行加工贸易审批管理规定办理。

同一经营单位申请将剩余料件结转到另一加工厂的，应当经主管海关同意并缴纳相当于结转保税料件应缴税款金额的风险担保金；对已实行台账实转的合同，台账实转金额不低于结转保税料件应缴税款金额的，经主管海关同意，可以免予缴纳风险担保金。

第六条 加工贸易企业申请内销剩余料件或者内销用剩余料件生产的制成品，按照下列情况办理：

（一）剩余料件金额占该加工贸易合同项下实际进口料件总额3%以内（含3%）、且总值在人民币1万元以下（含1万元）的，商务主管部门免予审批，企业直接报主管海关核准，由主管海关对剩余料件按照规定计征税款和税款缓税利息后予以核销。剩余料件属于发展改革委、商务部、环保总局及其授权部门进口许可证件管理范围的，免于提交许可证件。

（二）剩余料件金额占该加工贸易合同项下实际进口料件总额3%以上或者总值在人民币1万元以上的，由商务主管部门按照有关内销审批规定审批，海关凭商务主管部门批件对合同内销的全部剩余料件按照规定计征税款和缓税利息。剩余料件属于进口许可证件管理的，企业还须按照规定向海关提交有关进口许可证件。

（三）使用剩余料件生产的制成品需内销的，海关根据其对应的进口料件价值，按照本条第（一）项或者第（二）项的规定办理。

第七条 加工贸易企业需内销残次品的，根据其对应的进口料件价值，比照本办法第六条第（一）项或者第（二）项的规定办理。

第八条 加工贸易企业在加工生产过程中产生或者经回收能够提取的副产品，未复出口的，加工贸易企业在向海关备案或者核销时应当如实申报。

加工贸易企业需内销的副产品，由商务主管部门按照副产品实物状态列明内销商品名称，并按加工贸易有关内销规定审批，海关凭商务主管部门批件办理内销有关手续。对需内销的副产品，海关按照加工贸易企业向海关申请内销副产品的报验状态归类后的适用税率和审定的价格，计征税款和缓税利息。

海关按照加工贸易企业向海关申请内销副产品的报验状态归类后，如属进口许可证件管理的，企业还须按照规定向海关提交有关进口许可证件。

第九条 加工贸易受灾保税货物（包括边角料、剩余料件、残次品、副产品）在运输、仓储、加工期间发生灭失、短少、损毁等情事的，加工贸易企业应当及时向主管海关报告，海关可以视情派员核查取证。

（一）因不可抗力因素造成的加工贸易受灾保税货物，经海关核实，对受灾保税货物灭失或者虽未灭失，但完全失去使用价值且无法再利用的，海关予以免税核销；对受灾保税货物虽失去原使用价值，但可以再利用的，海关按照审定的受灾保税货物价格、其对应进口料件适用的税率计征税款和税款缓税利息后核销。受灾保税货物对应的原进口料件，属于发展改革委、商务部、环保总局及其授权部门进口许可证件管理范围的，免于提交许可证件。企业在规定的核销期内报请核销时，应当提供下列证明材料：

1. 商务主管部门的签注意见；

2. 保险公司出具的保险赔款通知书或者检验检疫部门出具的有关检验检疫证明文件；

3. 海关认可的其他有效证明文件。

（二）除不可抗力因素外，加工贸易企业因其他经海关审核认可的正当理由导致加工贸易保税货物在运输、仓储、加工期间发生灭失、短少、损毁等情事的，海关凭商务主管部门的签注意见、有关主管部门出具的证明文件和保险公司出具的保险赔款通知书或者检验检疫部门出具的有关检验检疫证明文件，按照规定予以计征税款和缓税利息后办理核销手续。本款所规定的受灾保税货物对应的原进口料件，如属进口许可证件管理范围的，企业须按照规定向海关提交有关进口许可证件。本办法第四条、第六条、第七条规定免于提交进口许可证件的除外。

第十条 加工贸易企业因故申请将边角料、剩余料件、残次品、副产品或者受灾保税货物退运出境的，海关按照退运的有关规定办理，凭有关退运证明材料办理核销手续。

第十一条 加工贸易企业因故无法内销或者退运而申请放弃边角料、剩余料件、残次品、副产品或者受灾保税货物的，凭企业放弃该批货物的申请和海关受理企业放弃货物的有关单证经海关核实无误后办理核销手续。放弃的货物按照下列情况办理：

（一）经海关核定有使用价值的，由主管海关依照《中华人民共和国海关法》第三十条第四款的规定变卖处理；

（二）经主管海关核定无使用价值的，由企业自行处理；

（三）对按照规定需进行销毁处理的，由企业负责销毁，海关凭有关销毁的证明材料办理核销手续。

第十二条 对实行进口关税配额管理的边角料、剩余料件、残次品、副产品和受灾保税货物，按照下列情况办理：

（一）边角料按照加工贸易企业向海关申请内销的报验状态归类属于实行关税配额管理商品的，海关按照关税配额税率计征税款。

（二）副产品按照加工贸易企业向海关申请内销的报验状态归类属于实行关税配额管理的，企业如能按照规定向海关提交有关进口配额许可证件，海关按照关税配额税率计征税款；企业如未按照规定向海关提交有关进口配额许可证件，海关按照有关规定办理。

（三）剩余料件、残次品对应进口料件属于实行关税配额管理的，企业如能按照规定向海关提交有关进口配额许可证件，海关按照关税配额税率计征税款；企业如未按照规定向海关提交有关进口配额许可证件，海关按照有关规定办理。

（四）因不可抗力因素造成的受灾保税货物，其对应进口料件属于实行关税配额管理商品的，海关按照关税配额税率计征税款；因其他经海关审核认可的正当理由造成的受灾保税货物，其对应进口料件属于实行关税配额管理的，企业如能按照规定向海关提交有关进口配额许可证件，海关按照关税配额税率计征税款；企业如未按照规定向海关提交有关进口配额许可证件，按照有关规定办理。

第十三条 属于加征反倾销税、反补贴税、保障措施关税或者报复性关税（以下统称特别关税）的，按照下列情况办理：

（一）边角料按照加工贸易企业向海关申请内销的报验状态归类属于加征特别关税的，海关免于征收需加征的特别关税；

（二）副产品按照加工贸易企业向海关申请内销的报验状态归类属于加征特别关税的，海关按照规定征收需加征的特别关税；

（三）剩余料件、残次品对应进口料件属于加征特别关税的，海关按照规定征收需加征的特别关税；

（四）因不可抗力因素造成的受灾保税货物，如失去原使用价值的，其对应进口料件属于加征特别关税的，海关免于征收需加征的特别关税；因其他经海关审核认可的正当理由造成的受灾保税货物，其对应进口料件属于加征特别关税的，海关按照规定征收需加征的特别关税。

第十四条 加工贸易企业办理边角料、剩余料件、残次品、副产品和受灾保税货物内销的进出口通关手续时，应当按照下列情况办理：

（一）加工贸易剩余料件、残次品以及受灾保税货物内销，企业按照其加工贸易的原进口料件品名进行申报；

（二）加工贸易边角料以及副产品，企业按照向海关申请内销的报验状态申报。

第十五条 保税区、出口加工区内加工贸易企业的加工贸易保税进口料件加工后产生的边角料、剩余料件、残次品、副产品等的内销审批和海关监管，按照保税区、出口加工区的规定办理。

第十六条 违反《中华人民共和国海关法》及本办法规定，构成走私或者违反海关监管规定行为的，由海关依照《中华人民共和国海关法》、《中华人民共和国海关法行政处罚实施细则》等有关法律、行政法规的规定予以处理；构成犯罪的，依法追究刑事责任。

第十七条 本办法由海关总署负责解释。

第十八条 本办法自 2004 年 7 月 1 日起施行，2001 年 9 月 13 日发布的《关于加工贸易边角料、节余料件、残次品、副产品和受灾保税货物的管理办法》（海关总署令第 87 号）同时废止。

中华人民共和国海关关于异地加工贸易的管理办法

（1999年9月22日海关总署令第74号发布，自1999年10月1日起施行）

第一条 为了促进加工贸易健康发展，加强和规范海关对异地加工贸易的管理，根据《中华人民共和国海关法》和国务院批准的国家经贸委等部门《关于进一步完善加工贸易银行保证金台账制度的意见》及其他有关规定，制定本办法。

第二条 本办法中的"异地加工贸易"是指加工贸易经营单位（以下简称经营单位）将进口料件委托另一直属海关关区内加工生产企业（以下简称加工企业）开展的加工业务。不包括加工出口产品过程中某一加工工序的外发加工业务（外发加工业务管理办法另行制定）。

第三条 经营单位与加工企业开展异地加工业务，双方须签订符合《中华人民共和国合同法》规定的"委托加工合同"。

第四条 经营单位与加工企业双方必须遵守国家对加工贸易管理的有关规定，经营单位不得将保税进口料件转卖给加工企业。

第五条 经营单位开展异地加工贸易，须凭其所在地外经贸主管部门核发的"加工贸易业务批准证"和加工企业所在地外经贸主管部门出具的"加工贸易加工企业生产能力证明"，填制"中华人民共和国海关异地加工贸易申请表"（格式见附件1，以下简称申请表），向经营单位主管海关提出异地加工申请。

第六条 经营单位主管海关在核准其异地加工申请时，对于办理过异地加工贸易业务的经营单位，须查阅由加工企业主管海关反馈的"中华人民共和国海关异地加工贸易回执"（格式见附件2，以下简称回执）。经核实合同执行情况正常的，在申请表（一式二联）内批注签章，与"加工贸易业务批准证"、"加工贸易加工企业生产能力证明"一并制作关封，交经营单位凭以向加工企业主管海关办理合同登记备案。

第七条 加工企业主管海关凭经营单位提供的"加工贸易业务批准证"、"委托加工合同"、"加工贸易加工企业生产能力证明"、申请表及其他有关单证办理合同登记备案。如由加工企业向海关办理合同备案手续的，必须持有经营单位出具的委托书。

第八条 海关对开展异地加工贸易的经营单位和加工企业实行分类管理，如果两者的管理类别不相同，按其中较低类别采取监管措施。如需实行保证金台账"实转"的，经营单位应按规定交付备案进口料件税款等额的台账保证金。经营单位不得委托按D类管理的加工企业开展异地加工贸易。

第九条 异地加工贸易合同执行过程中，如有走私违规行为或无法正常核销结案的，加工企业主管海关应负责将台账保证金转税和罚款。台账保证金转税数额不足的，由加工企业主管海关负责向经营单位追缴税款，经营单位主管海关应予协助。

第十条 对违反本规定，构成走私、违规的，由海关依照《中华人民共和国海关法》及《中华人民共和国海关法行政处罚实施细则》有关规定处理。经营单位和加工企业在执行本办法和海关各项规定时，负有共同责任。对其违法行为，海关可根据实际情况分别追究法律责任。

第十一条 经营单位与加工企业不在同一直属关区，但属同一法人开展异地加工贸易业务的，可比照上述规定办理。

第十二条 本办法由海关总署负责解释。

第十三条 本办法自1999年10月1日起实施。

附件1　中华人民共和国海关异地加工贸易申请表（略）

附件2　中华人民共和国海关异地加工贸易回执（略）

中华人民共和国海关加工贸易单耗管理办法

（2007年1月4日海关总署令第156号公布，自2007年3月1日起施行）

第一章 总 则

第一条 为了规范加工贸易单耗（以下简称单耗）管理，促进加工贸易的健康发展，根据《中华人民共和国海关法》及其他有关法律、行政法规的规定，制定本办法。

第二条 海关对单耗的管理适用本办法。

第三条 单耗是指加工贸易企业在正常加工条件下加工单位成品所耗用的料件量，单耗包括净耗和工艺损耗。

第四条 加工贸易企业应当在加工贸易备案环节向海关进行单耗备案。

第五条 单耗管理应当遵循如实申报、据实核销的原则。

第六条 加工贸易企业向海关提供的资料涉及商业秘密，要求海关保密并向海关提出书面申请的，海关应当依法予以保密。加工贸易企业不得以保密为由，拒绝向海关提供有关资料。

第二章 单耗标准

第七条 单耗标准是指供通用或者重复使用的加工贸易单位成品耗料量的准则。单耗标准设定最高上限值，其中出口应税成品单耗标准增设最低下限值。

第八条 单耗标准由海关根据有关规定会同相关部门制定。

第九条 单耗标准应当以海关公告形式对外发布。

第十条 单耗标准适用于海关特殊监管区域、保税监管场所外的加工贸易企业，海关特殊监管区域、保税监管场所内的加工贸易企业不适用单耗标准。

第十一条 海关特殊监管区域、保税监管场所外的加工贸易企业应当在单耗标准内向海关进行单耗备案或者单耗申报。

海关特殊监管区域、保税监管场所外的加工贸易企业申报的单耗在单耗标准内的，海关按照申报的单耗对保税料件进行核销；申报的单耗超出单耗标准的，海关按照单耗标准的最高上限值或者最低下限值对保税料件进行核销。

第十二条 尚未公布单耗标准的，加工贸易企业应当如实向海关申报单耗，海关按照加工贸易企业的实际单耗对保税料件进行核销。

第三章 申报单耗

第十三条 申报单耗是指加工贸易企业向海关报告单耗的行为。

第十四条 加工贸易企业应当在成品出口、深加工结转或者内销前如实向海关申报单耗。

加工贸易企业确有正当理由无法按期申报单耗的，应当留存成品样品以及相关单证，并在成品出口、深加工结转或者内销前提出书面申请，经主管海关批准的，加工贸易企业可以在报核前申报单耗。

第十五条 加工贸易企业申报单耗应当包括以下内容：

（一）加工贸易项下料件和成品的商品名称、商品编号、计量单位、规格型号和品质；

（二）加工贸易项下成品的单耗；

（三）加工贸易同一料件有保税和非保税料件的，应当申报非保料件的比例、商品名称、计量单位、规格型号和品质。

第十六条 下列情况不列入工艺损耗范围：

（一）因突发停电、停水、停气或者其他人为原因造成保税料件、半成品、成品的损耗；

（二）因丢失、破损等原因造成的保税料件、半成品、成品的损耗；

（三）因不可抗力造成保税料件、半成品、成品灭失、损毁或者短少的损耗；

（四）因进口保税料件和出口成品的品质、规格不符合合同要求，造成用料量增加的损耗；

（五）因工艺性配料所用的非保税料件所产生的损耗；

（六）加工过程中消耗性材料的损耗。

第十七条 加工贸易企业应当采取纸质或者电子数据形式申报单耗。

第十八条 加工贸易企业可以向海关申请办理单耗

变更或者撤销手续，但下列情形除外：

（一）保税成品已经申报出口的；

（二）保税成品已经办理深加工结转的；

（三）保税成品已经申请内销的；

（四）海关已经对单耗进行核定的；

（五）海关已经对加工贸易企业立案调查的。

第四章　单耗审核

第十九条　单耗审核是指海关依据本办法审查核实加工贸易企业申报的单耗是否符合有关规定、是否与加工实际相符的行为。

第二十条　海关为核查单耗的真实性和准确性，可以行使下列职权：

（一）查阅、复制加工贸易项下料件、成品的样品、影像、图片、图样、品质、成分、规格型号以及加工合同、订单、加工计划、加工报表、成本核算等账册和资料；

（二）查阅、复制工艺流程图、排料图、工料单、配料表、质量检测标准等能反映成品的技术要求、加工工艺过程以及相应耗料的有关资料；

（三）要求加工贸易企业提供核定单耗的计算方法、计算公式；

（四）对保税料件和成品进行查验或者提取货样进行检验或者化验；

（五）询问加工贸易企业的法定代表人、主要负责人和其他有关人员涉及单耗的有关情况和问题；

（六）进入加工贸易企业的货物存放场所、加工场所，检查与单耗有关的货物以及加工情况；

（七）对加工产品的单耗情况进行现场测定，必要时，可以留取样品。

第二十一条　海关对加工贸易企业申报的单耗进行审核，符合规定的，接受加工贸易企业的申报。

第二十二条　海关对加工贸易企业申报单耗的真实性、准确性有疑问的，应当制发“中华人民共和国海关加工贸易单耗质疑通知书”（以下简称单耗质疑通知书，格式见附件），将质疑理由书面告知加工贸易企业的法定代表人或者其代理人。

第二十三条　加工贸易企业的法定代表人或者其代理人应当自收到单耗质疑通知书之日起10个工作日内，以书面形式向海关提供有关资料。

第二十四条　加工贸易企业未能在海关规定期限内提供有关资料、提供的资料不充分或者提供的资料无法确定单耗的，海关应当对单耗进行核定。

第二十五条　海关可以单独或者综合使用技术分析、实际测定、成本核算等方法对加工贸易企业申报的单耗进行核定。

第二十六条　单耗核定前，加工贸易企业缴纳保证金或者提供银行担保，并经海关同意的，可以先行办理加工贸易料件和成品的进出口、深加工结转或者内销等海关手续；加工贸易企业实行银行保证金台账实转，且台账实转金额不低于应缴税款金额的，可以免予提供担保。

第二十七条　加工贸易企业对单耗核定结果有异议的，可以向作出单耗核定海关的上一级海关提出书面复核申请，上一级海关应当自收到复核申请后45日内作出复核决定。

第五章　附　则

第二十八条　本办法下列用语的含义：

净耗，是指在加工后，料件通过物理变化或者化学反应存在或者转化到单位成品中的量。

工艺损耗，是指因加工工艺原因，料件在正常加工过程中除净耗外所必需耗用、但不能存在或者转化到成品中的量，包括有形损耗和无形损耗。工艺损耗率，是指工艺损耗占所耗用料件的百分比。单耗＝净耗/（1－工艺损耗率）。

技术分析方法，是指海关通过对成品的结构、成分、配方、工艺要求等影响单耗的各种因素进行分析和计算，核定成品单耗的方法。

实际测定方法，是指海关运用称量和计算等方法，对加工过程中单耗进行测定，通过综合分析核定成品单耗的方法。

成本核算方法，是指海关根据会计账册、加工记录、仓库账册等原料消耗的统计资料，进行对比和分析，计算核定成品单耗的方法。

第二十九条　违反本办法，构成走私或者违反海关监管规定行为的，由海关依照《中华人民共和国海关法》和《中华人民共和国海关行政处罚实施条例》的有关规定予以处理；构成犯罪的，依法追究刑事责任。

第三十条　本办法由海关总署负责解释。

第三十一条　本办法自2007年3月1日起施行。2002年3月11日海关总署令第96号发布的《中华人民共和国海关加工贸易单耗管理办法》同时废止。

附件　中华人民共和国海关加工贸易单耗质疑通知书

附件

中华人民共和国________海关

加工贸易单耗质疑通知书

________关单耗质疑（200　　）________号

________：

你公司/单位于____年____月____日向我关申报的____________________________________（手册/账册号____________________________），因以下原因我关现提出质疑：

【　　】加工企业申报的单耗与海关设定的单耗风险参数存在较大差异；

【　　】加工企业申报的单耗与相同或者类似加工企业产品的单耗存在较大差异；

【　　】加工企业申报的单耗与相同或者类似产品的单耗平均水平存在较大差异；

【　　】____________________________。

根据《中华人民共和国海关加工贸易单耗管理办法》第二十二、二十三、二十四条的规定，请自收到本通知之日起10个工作日内提供下列单证资料。若明确不能提供，或者逾期不提供资料，或者所提供的资料不足以证明申报单耗的真实性或者准确性的，海关将不接受申报单耗，依法另行核定单耗。

【　　】料件、成品的样品、影像、图片、图样、品质、成分、规格型号等相关数据和资料；

【　　】工艺流程图、排料图、工料单、配料表、质量检测标准等能反映成品技术要求、加工工艺过程及相应耗料的有关资料；

【　　】加工合同、订单、加工计划、加工报表、成本核算等有关账册和资料计算方法、计算公式及说明。

海关（签章）

受送达人（签字或者盖章）

年　　月　　日

（本通知书一式两联，第一联送加工贸易企业，第二联由海关留存）

中华人民共和国海关出口加工区货物出区深加工结转管理办法

（2005年3月21日海关总署令第126号公布，自2005年5月1日起施行）

第一条　为进一步完善出口加工区管理，方便区内企业生产经营，鼓励扩大外贸出口，促进加工贸易转型升级，根据《中华人民共和国海关法》、《中华人民共和国海关对出口加工区监管的暂行办法》及其他有关法律、行政法规，制定本办法。

第二条　出口加工区货物出区深加工结转是指区内加工企业（以下简称转出企业）按照《中华人民共和国海关对出口加工区监管的暂行办法》的有关规定办理报关手续，将本企业加工生产的产品直接或者通过保税仓储企业转入其他出口加工区、保税区等海关特殊监管区域内及区外加工贸易企业（以下简称转入企业）进一步加工后复出口的经营活动。

第三条　转出企业未经实质性加工的保税料件不得进行出区深加工结转。

第四条　出口加工区企业加工生产的产品转入其他出口加工区、保税区等海关特殊监管区域企业深加工的，不列入海关统计。

出口加工区企业加工生产的产品转至区外加工贸易企业深加工的，列入海关单项统计。

第五条　转入企业、转出企业有下列情形之一的，不得开展出口加工区货物出区深加工结转：

（一）不符合海关监管要求，被海关责令限期整改，在整改期内的；

（二）涉嫌走私已被海关立案调查、侦查，尚未结案的；

（三）有逾期未报核加工贸易手册的；

（四）专营维修、设计开发的；

（五）其他不符合深加工结转监管条件的。

第六条 出口加工区企业开展深加工结转时，转出企业凭出口加工区管委会的批复，向转出企业所在地的出口加工区海关办理海关备案手续后，方可开展货物的实际结转。

对转入其他出口加工区、保税区等海关特殊监管区域的，转入企业凭其所在区管委会的批复；对转入出口加工区、保税区等海关特殊监管区域外加工贸易企业的，转入企业凭商务（外经贸）主管部门的批复，按照前款规定办理结转手续。

第七条 对结转至其他出口加工区、保税区等海关特殊监管区域外的加工贸易企业的货物，海关按照对加工贸易进口货物的有关规定办理手续，结转产品如果属于加工贸易项下进口许可证件管理商品的，企业应当向海关提供相应的有效进口许可证件。

第八条 转出企业、转入企业可以采用“分批送货、集中报关”的方式办理结转手续。

对转入其他出口加工区、保税区等海关特殊监管区域的，转出企业、转入企业分别在主管海关办理结转手续；对转至其他出口加工区、保税区等海关特殊监管区域外加工贸易企业的，转出企业、转入企业在转出地主管海关办理结转手续。

第九条 出口加工区货物出区深加工结转除特殊情况外，对转入其他出口加工区、保税区等海关特殊监管区域的，比照转关运输等有关规定办理海关手续。

转出企业生产的产品结转至其他出口加工区或者保税区等特殊监管区域，不能比照转关运输监管方式办理结转手续的，在向转出地或者转入地主管海关提供相应的担保后，由企业自行运输。

第十条 出口加工区企业加工生产的产品转至其他出口加工区、保税区等海关特殊监管区域外加工贸易企业的，转出企业、转入企业向海关申报结转计划时应当提交“中华人民共和国海关出口加工区货物出区深加工结转申请表”（以下简称申请表，见附件1），并按照要求如实填写申请表的各项内容。

一份申请表只能对应一个转出企业和一个转入企业，但可对应转入企业多本加工贸易手册。

第十一条 转入企业、转出企业应当按照以下规定办理结转计划备案手续：

（一）转入企业在申请表（一式四联）中填写本企业的转入计划，凭申请表向转入地海关备案；

（二）转入地海关备案后，留存申请表第一联，其余三联退转入企业交转出企业；

（三）转出企业自转入地海关备案之日起30日内，持申请表其余三联，填写本企业的相关内容后，向转出地海关办理备案手续。转出企业向海关递交申请表的内容如果不符合海关规定的，海关应当当场或者在签收申请表后5日内一次告知转出企业需要补正的全部内容。不予受理的应当制发“海关行政许可申请不予受理决定书”，并告知申请人享有依法申请行政复议或者提起行政诉讼的权利。转出企业、转入企业应当重新填报和办理备案手续；

（四）转出地海关审核后，将申请表第二联留存，第三联、第四联交转出企业、转入企业凭以办理结转收发货登记及报关手续。

第十二条 转出企业、转入企业办理结转备案手续后，应当按照经双方海关核准后的申请表进行实际收发货。转出企业的每批次发货记录应当在一式三联的“出口加工区货物实际结转情况登记表”（以下简称登记表，见附件2）上进行如实登记。由海关在转出地卡口签注登记表后货物出区。

第十三条 转出企业、转入企业每批实际发货、收货后，转出企业、转入企业可以凭申请表和转出地卡口签注的登记表分批或者集中办理报关手续。转出、转入企业每批实际发货、收货后，应当在实际发货、收货之日起30日内办结该批货物的报关手续。

一份结转进口报关单对应一份结转出口备案清单。转出、转入企业应当按照海关规定如实、准确地向海关申报结转货物的品名、商品编号、规格、数量、价格等项目。转出地海关、转入地海关应当对申报数据进行审核。

第十四条 区内转出的货物因质量不符等原因发生退运、退换的，转入企业为出口加工区、保税区等海关特殊监管区域外加工贸易企业的，由转出地主管海关按照退运、退换的有关规定办理相关手续，并将实际退运、退换情况在登记表中进行登记，注明“退运”或者“退换”字样；转入企业为其他出口加工区、保税区等海关特殊监管区域内企业的，转入企业、转出企业分别在其主管海关办理退运和退换手续。

区内转出的货物因质量不符等原因需要返回区内维修的，比照上述退换规定办理手续。

第十五条 转出企业对以深加工结转方式出区的货物一律开具出口发票。转入企业、转出企业应当以外币计价结算，海关按照有关规定签发报关单外汇核销证明联。

第十六条 出口加工区出区深加工结转货物应当全部加工复出口，对确有特殊原因需要内销或者转用于生产内销产品的，区外加工贸易企业应当按照国家相关规定办理手续。

第十七条 实行计算机联网管理的企业可以通过网络办理结转手续。

第十八条 转入企业、转出企业违反本办法的，海关按照《中华人民共和国海关法》及《中华人民共和国海关法行政处罚实施条例》的有关规定处理；构成犯罪的，依法追究刑事责任。

第十九条 本办法由海关总署负责解释。

第二十条 本办法自2005年5月1日起施行。

附件1 中华人民共和国海关出口加工区货物出区深加工结转申请表（略）

附件2 出口加工区货物实际结转情况登记表（略）

中华人民共和国海关加工贸易企业联网监管办法

（2006年6月14日海关总署令第150号公布，自2006年8月1日起施行）

第一条 为了规范海关对加工贸易企业的管理，根据《中华人民共和国海关法》及其他有关法律、行政法规的规定，制定本办法。

第二条 海关对加工贸易企业实施联网监管，是指加工贸易企业通过数据交换平台或者其他计算机网络方式向海关报送能满足海关监管要求的物流、生产经营等数据，海关对数据进行核对、核算，并结合实物进行核查的一种加工贸易海关监管方式。

第三条 实施联网监管的加工贸易企业（以下简称联网企业）应当具备以下条件：

（一）具有加工贸易经营资格；

（二）在海关注册；

（三）属于生产型企业。

海关特殊监管区域、保税监管场所内的加工贸易企业不适用本办法。

第四条 加工贸易企业需要实施联网监管的，可以向主管海关提出申请；经审核符合本办法第三条规定条件的，海关应当对其实施联网监管。

第五条 联网企业通过数据交换平台或者其他计算机网络方式向海关报送数据前，应当进行加工贸易联网监管身份认证。

第六条 联网企业应当将开展加工贸易业务所需进口料件、出口成品清单及对应的商品编号报送主管海关，必要时还应当按照海关要求提供确认商品编号所需的相关资料。

主管海关应当根据监管需要，按照商品名称、商品编码和计量单位等条件，将联网企业内部管理的料号级商品与电子底账备案的项号级商品进行归并或者拆分，建立一对多或者多对一的对应关系。

第七条 联网企业应当在料件进口、成品出口前，分别向主管海关办理进口料件、出口成品的备案、变更手续。

联网企业应当根据海关总署的有关规定向海关办理单耗备案、变更手续。

第八条 海关应当根据联网企业报送备案的资料建立电子底账，对联网企业实施电子底账管理。电子底账包括电子账册和电子手册。

电子账册是海关以企业为单元为联网企业建立的电子底账；实施电子账册管理的，联网企业只设立一个电子账册。海关应当根据联网企业的生产情况和海关的监管需要确定核销周期，按照核销周期对实行电子账册管理的联网企业进行核销管理。

电子手册是海关以加工贸易合同为单元为联网企业建立的电子底账；实施电子手册管理的，联网企业的每个加工贸易合同设立一个电子手册。海关应当根据加工贸易合同的有效期限确定核销日期，对实行电子手册管理的联网企业进行定期核销管理。

第九条 联网企业应当如实向海关报送加工贸易货物物流、库存、生产管理以及满足海关监管需要的其他动态数据。

第十条 联网企业的外发加工实行主管海关备案制。加工贸易企业开展外发加工前应当将外发加工承接企业、货物名称和周转数量向主管海关备案。

第十一条 海关可以采取数据核对和下厂核查等方式对联网企业进行核查。下厂核查包括专项核查和盘点核查。

第十二条 经主管海关批准，联网企业可以按照月度集中办理内销补税手续；联网企业内销加工贸易货物后，应当在当月集中办理内销补税手续。

第十三条 联网企业加工贸易货物内销后，应当按照规定向海关缴纳缓税利息。

缴纳缓税利息的起始日期按照以下办法确定：

（一）实行电子手册管理的，起始日期为内销料件或者制成品所对应的加工贸易合同项下首批料件进口之日。

（二）实行电子账册管理的，起始日期为内销料件或者制成品对应的电子账册最近一次核销之日。没有核销日期的，起始日期为内销料件或者制成品对应的电子账册首批料件进口之日。

缴纳缓税利息的终止日期为海关签发税款缴款书之日。

第十四条 联网企业应当在海关确定的核销期结束之日起30日内完成报核。确有正当理由不能按期报核的，经主管海关批准可以延期，但延长期限不得超过60日。

第十五条 联网企业实施盘点前，应当告知海关；海关可以结合企业盘点实施核查核销。

海关结合企业盘点实施核查核销时，应当将电子底账核算结果与联网企业实际库存量进行对比，并分别进行以下处理：

（一）实际库存量多于电子底账核算结果的，海关应当按照实际库存量调整电子底账的当期余额；

（二）实际库存量少于电子底账核算结果且联网企业可以提供正当理由的，对短缺的部分，海关应当责令联网企业申请内销处理；

（三）实际库存量少于电子底账核算结果且联网企业不能提供正当理由的，对短缺的部分，海关除责令联网企业申请内销处理外，还可以按照《中华人民共和国海关行政处罚实施条例》对联网企业予以处罚。

第十六条 联网企业有下列情形之一的，海关可以要求其提供保证金或者银行保函作为担保：

（一）企业管理类别下调的；

（二）未如实向海关报送数据的；

（三）海关核查、核销时拒不提供相关账册、单证、数据的；

（四）未按照规定时间向海关办理报核手续的；

（五）未按照海关要求设立账册、账册管理混乱或者账目不清的。

第十七条 违反本办法，构成走私或者违反海关监管规定行为的，由海关依照《中华人民共和国海关法》和《中华人民共和国海关行政处罚实施条例》的有关规定予以处理；构成犯罪的，依法追究刑事责任。

第十八条 本办法下列用语的含义：

“电子底账”，是指海关根据联网企业申请，为其建立的用于记录加工贸易备案、进出口、核销等资料的电子数据库。

“专项核查”，是指海关根据监管需要，对联网企业就某一项或者多项内容实施的核查行为。

“盘点核查”，是指海关在联网企业盘点时，对一定期间的部分保税货物进行实物核对、数据核查的一种监管方式。

第十九条 本办法由海关总署负责解释。

第二十条 本办法自2006年8月1日起施行。2003年3月19日海关总署令第100号发布的《中华人民共和国海关对加工贸易企业实施计算机联网监管办法》同时废止。

中华人民共和国海关对保税物流园区的管理办法

（2005年11月28日海关总署令第134号令公布，自2006年1月1日起施行）

第一章　总　则

第一条 为了规范海关对保税物流园区及其进出货物、保税物流园区企业及其经营行为的管理，根据《中华人民共和国海关法》和有关法律、行政法规的规定，制定本办法。

第二条 本办法所称的保税物流园区（以下简称园区）是指经国务院批准，在保税区规划面积或者毗邻保税区的特定港区内设立的、专门发展现代国际物流业的海关特殊监管区域。

第三条 海关在园区派驻机构，依照本办法对进出园区的货物、运输工具、个人携带物品及园区内相关场所实行24小时监管。

第四条 园区与中华人民共和国境内的其他地区（以下简称区外）之间，应当设置符合海关监管要求的卡口、围网隔离设施、视频监控系统及其他海关监管所需的设施。

第五条 园区内设立仓库、堆场、查验场和必要的业务指挥调度操作场所，不得建立工业生产加工场所和商业性消费设施。

海关、园区行政管理机构及其经营主体、在园区内设立的企业（以下简称园区企业）等单位的办公场所应当设置在园区规划面积内、围网外的园区综合办公区内。除安全保卫人员和相关部门、企业值班人员外，其他人员不得在园区内居住。

第六条 经海关总署会同国务院有关部门对本办法第四条、第五条第一款规定的有关设施、场所验收合格后，园区可以开展有关业务。

第七条 园区可以开展下列业务：

（一）存储进出口货物及其他未办结海关手续货物；

（二）对所存货物开展流通性简单加工和增值服务；

（三）进出口贸易，包括转口贸易；

（四）国际采购、分销和配送；

（五）国际中转；

（六）检测、维修；

（七）商品展示；

（八）经海关批准的其他国际物流业务。

第八条 园区内不得开展商业零售、加工制造、翻新、拆解及其他与园区无关的业务。

第九条 有下列情形的，园区企业应当在规定的时间内书面报告园区主管海关并办理相关手续：

（一）遭遇不可抗力等灾害；

（二）海关监管货物被行政执法部门或者司法机关采取查封、扣押等强制措施；

（三）海关监管货物被盗窃；

（四）法律、行政法规规定的其他情形。

上述情形的报告时间，第（一）项在发生之日起5个工作日内，第（二）至（四）项在发生之日起3个工作日内。

第十条 对园区与区外之间进出的海关监管货物，园区主管海关可以要求企业提供相应的担保。

第十一条 法律、行政法规禁止进出口的货物、物品不得进出园区。

第二章 海关对园区企业的管理

第十二条 园区企业应当具有企业法人资格。园区企业在开展业务前，应当按照《中华人民共和国海关对报关单位注册登记管理规定》及相关规定向海关办理注册登记手续。

特殊情况下，经直属海关批准，区外法人企业可以依法在园区内设立分支机构。

第十三条 园区企业应当具备下列条件：

（一）具有向海关缴纳税款及履行其他法定义务的能力；

（二）在园区内拥有专门的营业场所。

第十四条 园区企业变更营业场所面积、地址等事项的，应当报经直属海关批准；变更名称、组织机构、性质、法定代表人、注册资本等注册登记内容的，应当在变更后5个工作日内报直属海关备案。

园区企业有前款以外的其他变更情形的，应当按照法律、行政法规的有关规定向园区主管海关报告并办理相关手续。

第十五条 海关对园区企业实行电子账册监管制度和计算机联网管理制度。

园区行政管理机构或者其经营主体应当在海关指导下通过“电子口岸”建立供海关、园区企业及其他相关部门进行电子数据交换和信息共享的计算机公共信息平台。

园区企业应当建立符合海关监管要求的计算机管理系统，提供供海关查阅数据的终端设备，按照海关规定的认证方式和数据标准与海关进行联网。

第十六条 园区企业应当依照《中华人民共和国会计法》及有关法律、行政法规的规定，规范财务管理，设置符合海关监管要求的账簿、报表，记录本企业的财务状况和有关进出园区货物、物品的库存、转让、转移、销售、简单加工、使用等情况，如实填写有关单证、账册，凭合法、有效的凭证记账和核算。

园区企业应当编制月度货物进、出、转、存情况表和年度财务会计报告，并定期报送园区主管海关。

第三章 海关对进出园区货物的监管

第一节 对园区与境外之间进出货物的监管

第十七条 海关对园区与境外之间进、出的货物实行备案制管理，但园区自用的免税进口货物、国际中转货物或者法律、行政法规另有规定的货物除外。境外货物到港后，园区企业（或者其代理人）可以先凭舱单将货物直接运至园区，再凭进境货物备案清单向园区主管海关办理申报手续。

第十八条 园区与境外之间进出的货物应当向园区主管海关申报。园区货物的进出境口岸不在园区主管海关管辖区域的，经园区主管海关批准，可以在口岸海关办理申报手续。

第十九条 园区内开展整箱进出、二次拼箱等国际中转业务的，由开展此项业务的企业向海关发送电子舱单数据，园区企业向园区主管海关申请提箱、集运等，凭舱单等单证办理进出境申报手续。

第二十条 从园区运往境外的货物，除法律、行政法规另有规定外，免征出口关税。

第二十一条 下列货物、物品从境外进入园区，海关予以办理免税手续：

（一）园区的基础设施建设项目所需的设备、物资等；

（二）园区企业为开展业务所需的机器、装卸设备、仓储设施、管理设备及其维修用消耗品、零配件及工具；

（三）园区行政管理机构及其经营主体和园区企业自用合理数量的办公用品。

第二十二条 下列货物从境外进入园区，海关予以办理保税手续：

（一）园区企业为开展业务所需的货物及其包装物料；

（二）加工贸易进口货物；

（三）转口贸易货物；

（四）外商暂存货物；

（五）供应国际航行船舶和航空器的物料、维修用零配件；

（六）进口寄售货物；

（七）进境检测、维修货物及其零配件；

（八）供看样订货的展览品、样品；

（九）未办结海关手续的一般贸易货物；

（十）经海关批准的其他进境货物。

第二十三条 园区行政管理机构及其经营主体和园区企业从境外进口的自用交通运输工具、生活消费用品，按一般贸易进口货物的有关规定向海关办理申报手续。

第二十四条 园区与境外之间进出的货物，不实行进出口许可证件管理，但法律、行政法规、规章另有规定的除外。

第二节 对园区与区外之间进出货物的监管

第二十五条 园区与区外之间进出的货物，由园区企业或者区外收、发货人（或者其代理人）在园区主管海关办理申报手续。

园区企业在区外从事进出口贸易业务且货物不实际进出园区的，可以在收、发货人所在地的主管海关或者货物实际进出境口岸的海关办理申报手续。

第二十六条 园区货物运往区外视同进口，园区企业或者区外收货人（或者其代理人）按照进口货物的有关规定向园区主管海关申报，海关按照货物出园区时的实际监管方式的有关规定办理。

第二十七条 园区企业跨关区配送货物或者异地企业跨关区到园区提取货物的，可以在园区主管海关办理申报手续，也可以按照海关规定办理进口转关手续。

第二十八条 除法律、行政法规、规章规定不得集中申报的货物外，园区企业少批量、多批次进、出货物的，经园区主管海关批准可以办理集中申报手续，并适用每次货物进出口时海关接受该货物申报之日实施的税率、汇率。集中申报的期限不得超过1个月，且不得跨年度办理。

第二十九条 区外货物运入园区视同出口，由园区企业或者区外发货人（或者其代理人）向园区主管海关办理出口申报手续。属于应当征收出口关税的商品，海关按照有关规定征收出口关税；属于许可证件管理的商品，应当同时向海关出具有效的出口许可证件，但法律、行政法规、规章另有规定在出境申报环节提交出口许可证件的除外。

用于办理出口退税的出口货物报关单证明联的签发手续，按照下列规定办理：

（一）从区外进入园区供园区企业开展业务的国产货物及其包装物料，由园区企业或者区外发货人（或者其代理人）填写出口货物报关单，海关按照对出口货物的有关规定办理，签发出口货物报关单证明联；货物转关出口的，启运地海关在收到园区主管海关确认转关货物已进入园区的电子回执后，签发出口货物报关单证明联。

（二）从区外进入园区供园区行政管理机构及其经营主体和园区企业使用的国产基建物资、机器、装卸设备、管理设备等，海关按照对出口货物的有关规定办理，并签发出口货物报关单证明联。

（三）从区外进入园区供园区行政管理机构及其经营主体和园区企业使用的生活消费用品、办公用品、交通运输工具等，海关不予签发出口货物报关单证明联。

（四）从区外进入园区的原进口货物、包装物料、设备、基建物资等，区外企业应当向海关提供上述货物或者物品的清单，按照出口货物的有关规定办理申报手续，海关不予签发出口货物报关单证明联，原已缴纳的关税、进口环节增值税和消费税不予退还。

第三十条 从园区到区外的货物涉及免税的，海关按照进口免税货物的有关规定办理。

第三十一条 经园区主管海关批准，园区企业可以在园区综合办公区专用的展示场所举办商品展示活动。展示的货物应当在园区主管海关备案，并接受海关监管。

园区企业在区外其他地方举办商品展示活动的，应当比照海关对暂时进口货物的管理规定办理有关手续。

第三十二条 园区行政管理机构及其经营主体和园区企业使用的机器、设备和办公用品等，需要运往区外进行检测、维修的，应当向园区主管海关提出申请，经园区主管海关核准、登记后可以运往区外。

第三十三条 运往区外检测、维修的机器、设备和办公用品等不得留在区外使用，并自运出之日起60日内运回园区。因特殊情况不能如期运回的，园区行政管理机构及其经营主体和园区企业应当于期满前10日内，以书面形式向园区主管海关申请延期，延长期限不得超过30日。

第三十四条 检测、维修完毕运回园区的机器、设备等应当为原物。有更换新零配件或者附件的，原零配件或者附件应当一并运回园区。

对在区外更换的国产零配件或者附件，如需退税，由园区企业或者区外企业提出申请，园区主管海关按照出口货物的有关规定办理，并签发出口货物报关单证明联。

第三十五条 区外原进口货物需要退运出境或者原出口货物需要复运进境的，不得经过园区进出境或者进入园区存储。

根据无代价抵偿货物规定进行更换的区外原进口货物，留在区外不退运出境的，也不得进入园区。

第三节 对园区内货物的监管

第三十六条 园区内货物可以自由流转。园区企业转让、转移货物时应当将货物的具体品名、数量、金额等有关事项向海关进行电子数据备案，并在转让、转移后向海关办理报核手续。

第三十七条 未经园区主管海关许可，园区企业不得将所存货物抵押、质押、留置、移作他用或者进行其他处置。

按照本办法第二十一条规定免税进入园区的货物、物品，适用本条前款的规定。

第三十八条 园区企业可以对所存货物开展流通性简单加工和增值服务，包括分级分类、分拆分拣、分装、计量、组合包装、打膜、加刷唛码、刷贴标志、改换包装、拼装等具有商业增值的辅助性作业。

第三十九条 申请在园区内开展维修业务的企业应当具有企业法人资格，并在园区主管海关登记备案。园区企业所维修的产品及其零配件仅限于来自境外，检测维修后的产品、更换的零配件以及维修过程中产生的物料等应当复运出境。

第四十条 园区企业自开展业务之日起，应当每年向园区主管海关办理报核手续。园区主管海关应当自受理报核申请之日起30日内予以核库。企业有关账册、原始数据应当自核库结束之日起至少保留3年。

第四十一条 进入园区的国内出口货物尚未办理退税手续的，因品质或者规格原因需要退还出口企业时，园区企业应当在货物申报进入园区之日起1年内提出申请，并提供出口企业所在地主管税务部门出具的未办理出口退税证明，经园区主管海关批准后，可以办理退运手续，且无需缴纳进口关税、进口环节增值税和消费税；海关已征收出口关税的，应当予以退还。货物以转关方式进入园区的，园区企业出具启运地海关退运联系单后，园区主管海关办理相关手续。

进境货物未经流通性简单加工，需原状退运出境的，园区企业可以向园区主管海关申请办理退运手续。

已办理出口退税的货物或者已经流通性简单加工的货物（包括进境货物）如需退运，按照进出口货物的有关规定办理海关手续。

第四十二条 除已经流通性简单加工的货物外，区外进入园区的货物，因质量、规格型号与合同不符等原因，需原状返还出口企业进行更换的，园区企业应当在货物申报进入园区之日起1年内向园区主管海关申请办理退换手续。海关按照《中华人民共和国海关进出口货物征税管理办法》的有关规定办理。

更换的货物进入园区时，可以免领出口许可证件，免征出口关税，但海关不予签发出口货物报关单证明联。

第四十三条 园区企业需要开展危险化工品和易燃易爆物品存储业务的，应当取得安全生产管理、消防、环保等相关部门的行政许可，并报园区主管海关备案。有关储罐、装置、设备等设施应当符合海关的监管要求。

通过管道进出园区的货物，应当配备计量检测装置和其他便于海关监管的设施、设备。

第四十四条 除法律、行政法规规定不得声明放弃的货物外，园区企业可以申请放弃货物。

放弃货物由园区主管海关依法提取变卖，变卖收入由海关按照有关规定处理。依法变卖后，企业凭放弃该批货物的申请和园区主管海关提取变卖该货物的有关单证办理核销手续；确因无使用价值无法变卖并经海关核准的，由企业自行处理，园区主管海关直接办理核销手续。放弃货物在海关提取变卖前所需的仓储等费用，由企业自行承担。

对按照规定应当销毁的放弃货物，由企业负责销毁，园区主管海关可以派员监督。园区主管海关凭有关主管部门的证明材料办理核销手续。

第四十五条 因不可抗力造成园区货物损坏、损毁、灭失的，园区企业应当及时书面报告园区主管海关，说明理由并提供保险、灾害鉴定部门的有关证明。经园区主管海关核实确认后，按照下列规定处理：

（一）货物灭失，或者虽未灭失但完全失去使用价值的，海关予以办理核销和免税手续。

（二）进境货物损坏、损毁，失去原使用价值但可以再利用的，园区企业可以向园区主管海关办理退运手续。如不退运出境并要求运往区外的，由园区企业提出申请，并经园区主管海关核准，根据受灾货物的使用价值进行估价、征税后运出园区外。

（三）区外进入园区的货物损坏、损毁，失去原使用价值但可以再利用，且需向出口企业进行退换的，可以退换为与损坏货物同一品名、规格、数量、价格的货物，并向园区主管海关办理退运手续。

需退运到区外的，如属于尚未办理出口退税手续的，可以向园区主管海关办理退运手续；如属已经办理出口退税手续的，按照本条第（二）项进境货物运往区外的有关规定办理。

第四十六条 因保管不善等非不可抗力因素造成货物损坏、损毁、灭失的，按下列规定办理：

（一）对于从境外进入园区的货物，园区企业应当按照一般贸易进口货物的规定，以货物进入园区时海关接受申报之日适用的税率、汇率，依法向海关缴纳损毁、灭失货物原价值的关税、进口环节增值税和消费税；

（二）对于从区外进入园区的货物，园区企业应当重新缴纳因出口而退还的国内环节有关税收，海关据此办理核销手续。

第四十七条 园区货物不设存储期限。

第四节　对园区与其他海关特殊监管区域、保税监管场所之间往来货物的监管

第四十八条 海关对于园区与海关特殊监管区域或者保税监管场所之间往来的货物，继续实行保税监管，不予签发出口货物报关单证明联。但货物从未实行国内货物入区（仓）环节出口退税制度的海关特殊监管区域或者保税监管场所转入园区的，按照货物实际离境的有关规定办理申报手续，由转出地海关签发出口货物报关单证明联。

第四十九条 园区与其他海关特殊监管区域、保税监管场所之间的货物交易、流转，不征收进出口环节和国内流通环节的有关税收。

第四章　对进出园区运输工具和人员携带货物、物品的监管

第五十条 运输工具和人员应当经海关指定的专用通道进出园区。

第五十一条 对园区和其他口岸、海关特殊监管区域或者保税监管场所之间进出的货物，应当由经海关备案或者核准的运输工具承运。承运人应当遵守海关有关运输工具及其所载货物的管理规定。

第五十二条 园区与区外非海关特殊监管区域或者保税监管场所之间货物的往来，企业可以使用其他非海关监管车辆承运。承运车辆进出园区通道时应当经海关登记，海关可以对货物和承运车辆进行查验、检查。

第五十三条 下列货物进出园区时，按照海关规定办理相关手续并经园区主管海关查验后，可以由园区企业指派专人携带或者自行运输：

（一）价值 1 万美元及以下的小额货物；

（二）因品质不合格复运区外退换的货物；

（三）已办理进口纳税手续的货物；

（四）企业不要求出口退税的货物；

（五）其他经海关核准的货物。

第五章　附　则

第五十四条 除国际中转货物和其他另有规定的货物外，从境外运入园区的货物和从园区运往境外的货物列入海关进出口统计。从区外运入园区和从园区运往区外的货物，列入海关单项统计。

园区企业之间转让、转移的货物，以及园区与其他海关特殊监管区域或者保税监管场所之间往来的货物，不列入海关统计。

第五十五条 本办法下列用语的含义：

园区综合办公区，是指园区行政管理机构或者其经营主体在园区规划面积内、围网外投资建立，供海关、园区企业和其他有关机构使用的具有办公、商务、报

关、商品展示等功能的场所。

拼箱，是指从境外启运的国际集装箱中转货物，在中转港存放期间由园区企业根据收发货人指令单独进行流通性简单加工和增值服务，或者与中转港所在国、地区的其他进口或者出口货物重新组合拼箱后，再次装船集中运往境外同一目的港的物流活动。

核库，是指经企业申请，由海关盘查企业实际库存，并对海关及企业电子账册进、出、转、存的数据进行比对确认的行为。

海关特殊监管区域，是指经国务院批准设立的保税区、出口加工区、园区、保税港区及其他特殊监管区域。

保税监管场所，是指经海关批准设立的保税物流中心（A、B型）、保税仓库、出口监管仓库及其他保税监管场所。

第五十六条 违反本办法规定，构成走私或者违反海关监管规定行为的，海关按照《中华人民共和国海关法》、《中华人民共和国海关行政处罚实施条例》的有关规定进行处理；构成犯罪的，依法追究刑事责任。

第五十七条 本办法由海关总署负责解释。

第五十八条 本办法自2006年1月1日起施行。

中华人民共和国海关对上海钻石交易所监管办法

（2006年9月11日海关总署令第152号公布，自2006年9月11日起施行）

第一章 总 则

第一条 为了规范海关对上海钻石交易所的监管，根据《中华人民共和国海关法》和其他有关法律、行政法规，制定本办法。

第二条 上海钻石交易所（以下简称交易所）是经国务院批准设立办理钻石进出口和钻石交易手续的海关特殊监管区域。

海关在交易所设立机构，并依法行使职权，对该区域实行封闭式管理。

第三条 交易所内可以开展钻石进出口贸易、存储、展示、委托加工和经海关批准的其他相关业务。

第四条 以一般贸易方式进出口钻石的，应当在交易所海关机构（以下简称交易所海关）办理进出口报关手续。

以加工贸易方式进出口钻石的，应当按照《中华人民共和国海关对加工贸易货物监管办法》办理进出口报关手续。加工贸易项下钻石转内销的，应当参照前款规定在交易所海关办理报关手续。

以一般贸易方式进口工业用钻，即税号7102.2100、7102.2900、7104.9011、7105.1020项下钻石的，不集中在交易所海关办理报关手续，依法征收进口关税和进口环节增值税。

第五条 海关依法对进出交易所的钻石进行查验。查验时，钻石所有人或者受委托随身携带钻石进出口的交易所会员（以下简称会员）应当到场，并负责开拆和重封钻石的包装。查验后，海关应当出具“钻石进/出所核准单”（格式文本见附件），“钻石进/出所核准单”应当分别由钻石所有人或者会员、验核人和海关查验人员签字确认。

第六条 未办理海关手续的钻石以及国家禁止进出口的货物、物品，不得进出交易所。

第二章 对交易所及其会员的管理

第七条 会员应当持有关主管部门的批准文件等材料向交易所海关办理有关登记手续。

会员经登记后，可以办理交易所与所外境内之间的钻石进出口报关手续，也可以办理交易所与境外之间的钻石进出备案手续。

第八条 会员应当依照法律、行政法规等规定建立专门账册，记录钻石的进出口、库存、展示、委托加工等业务开展情况。

第九条 海关可以对交易所内钻石及其存放场所实施检查。

海关可以依法对交易所及其会员实施稽查，可以查阅、复制与进出口或者交易等行为有关的合同、发票、账册、结付汇凭证、业务函电等书面资料和电子数据。

第十条 海关对交易所实行计算机联网管理。交易所及其会员应当建立符合海关监管要求的计算机管理系统并与海关联网。

第三章　对交易所与境外之间钻石进出的监管

第十一条　从境外进入交易所和从交易所出境的钻石，由会员或者由其委托海关准予注册登记的报关企业（以下简称报关企业）向交易所海关备案，填报“中华人民共和国海关进境货物备案清单”或者“中华人民共和国海关出境货物备案清单”（以下简称备案清单），并按照规定交验有关单证。

第十二条　钻石从境外直接进入交易所的，海关不征收进口关税、进口环节增值税、消费税。

第十三条　钻石从交易所出境的，海关不出具办理出口退税手续的有关单证。

第十四条　钻石从境外以货运方式进入交易所的，会员或者报关企业应当向交易所海关办理提前报关手续，向入境地海关办理转关运输手续。未办妥提前报关手续的，应当按照直转方式办理转关运输手续。

第十五条　钻石从交易所以货运方式出境的，应当按照出口转关运输方式办理自交易所至出境地海关的手续。

第十六条　随身携带钻石进境的，应当向交易所海关提前申报，并凭交易所海关出具的备案清单到进境地海关办理钻石入境手续。携带进境的钻石经进境地海关施用关封后，应当到交易所海关办理报关手续。

第四章　对交易所与所外境内之间钻石进出的监管

第十七条　钻石从交易所进入所外境内的，由会员或者报关企业向交易所海关办理进口报关和纳税手续。

钻石从交易所进入所外境内的，免征进口关税，进口环节消费税移至消费环节由国家税务机关征收；毛坯钻石免征进口环节增值税，成品钻石进口环节增值税实际税负超过4%的部分由海关实行即征即退，即征即退具体办法由海关总署授权上海海关制定。

第十八条　钻石因展示等业务需要临时进入所外境内的，应当向交易所海关提出申请，经海关批准后比照海关对暂时进口货物的管理规定办理有关手续。

第十九条　钻石从所外境内进入交易所的，由会员或者报关企业向交易所海关办理出口报关手续。

第二十条　交易所与所外境内之间的钻石进出，由交易所海关作单项统计。

第五章　对钻石加工的管理

第二十一条　会员将交易所内钻石委托海关特殊监管区域企业加工的，由海关按照保税区或者出口加工区的有关规定实施监管。

依照前款规定开展钻石加工业务的，加工期限不得超过6个月；有特殊情况需要延长期限的，可以向交易所海关申请延期一次，延长期限不得超过6个月。

第二十二条　会员将交易所内钻石委托非海关特殊监管区域企业加工的，应当按照加工贸易的有关规定办理海关手续。

第二十三条　国内企业直接承接国外钻石加工业务的，应当按照加工贸易规定办理。

第二十四条　加工贸易项下钻石（包括加工完毕的成品镶嵌钻石饰品）内销的，加工贸易企业凭外经贸主管部门批件，到交易所海关办理内销报关手续。主管海关凭进口报关单及有关单证办理加工贸易核销手续。

加工贸易项下钻石（包括加工完毕的成品镶嵌钻石饰品）出口至交易所的，由加工贸易企业向交易所海关办理出口报关手续，主管海关凭出口报关单及有关单证办理加工贸易核销手续。

第六章　附　则

第二十五条　本办法下列用语的含义：

钻石，是指《中华人民共和国进出口税则》第71章7102、7104项下不论是否加工、但未镶嵌的天然或者合成钻石，及7105项下天然或者合成的钻石粉末。

验核人，是指国家珠宝玉石质量监督检验中心专业工作人员。

第二十六条　公民、法人或者其他组织不得以边境小额贸易方式进口或者出口钻石。

第二十七条　违反本办法，构成走私或者违反海关监管规定行为的，由海关依照《中华人民共和国海关法》和《中华人民共和国海关行政处罚实施条例》的有关规定予以处理；构成犯罪的，依法追究刑事责任。

第二十八条　本办法由海关总署负责解释。

第二十九条　本办法自公布之日起施行。2002年4月29日起实施的《中华人民共和国海关对上海钻石交易所钻石监管办法》同时废止。

附件　钻石进/出所核准单

附件

钻石进/出所核准单
Confirmation On SDE Diamond Entry / Exit

编号：
No.：

<table>
<tr><td colspan="3">所有人（会员）名称
SDE Member</td><td colspan="5"></td></tr>
<tr><td colspan="3">海关报关单号
Customs declaration Form No.</td><td colspan="2"></td><td>进/出所日期
Date</td><td colspan="2"></td></tr>
<tr><td colspan="8">审核情况
Details</td></tr>
<tr><td rowspan="2">序号
No.</td><td rowspan="2">税则号
（HS）Code</td><td rowspan="2">商品名称
Commodity</td><td colspan="2">品质
Description</td><td rowspan="2">重量（克拉）
Weight（CT）</td><td rowspan="2">单价
Unit price In US $</td><td rowspan="2">总金额
Total Amount In US $</td></tr>
<tr><td>净度
Clarity</td><td>颜色
Colour</td></tr>
<tr><td>1</td><td></td><td></td><td colspan="2"></td><td></td><td></td><td></td></tr>
<tr><td>2</td><td></td><td></td><td colspan="2"></td><td></td><td></td><td></td></tr>
<tr><td>3</td><td></td><td></td><td colspan="2"></td><td></td><td></td><td></td></tr>
<tr><td>4</td><td></td><td></td><td colspan="2"></td><td></td><td></td><td></td></tr>
<tr><td>5</td><td></td><td></td><td colspan="2"></td><td></td><td></td><td></td></tr>
<tr><td colspan="5">合计：
Total：</td><td></td><td></td><td></td></tr>
<tr><td colspan="8">备注：
Remarks</td></tr>
<tr><td colspan="2">所有人（会员）签名
SDE Member</td><td></td><td>验核人签名
Inspector</td><td></td><td colspan="2">海关查验人员签名
Customs Officer</td><td></td></tr>
</table>

本单一式五联

说明：

1. 编号由2个字母和7位数字组成：

前面两位为单证类型拼音首个字母缩写，进境备案清单为JB、出境备案清单为CJ、进口报关单为JK、出口报关单为CK。

后面7位数字，前2位为年号，如：2006年为06；后面5位为流水号。

2. 海关查验人员签名栏应当由两名海关关员签名并加盖海关业务印章。

3. 本单一式五联，应加盖海关印章：

第一联 会员留存联。

第二联 银行收/付汇专用联。

第三联 验核部门留存联。

第四联 钻交所留存联。

第五联 海关留存联。

中华人民共和国海关珠澳跨境工业区珠海园区管理办法

（2007 年 3 月 8 日海关总署令第 160 号公布，自 2007 年 4 月 8 日起施行）

第一章　总　则

第一条　为了规范海关对珠澳跨境工业区珠海园区（以下简称珠海园区）的监管，根据《中华人民共和国海关法》（以下简称海关法）和其他有关法律、行政法规的规定，制定本办法。

第二条　珠海园区是经国务院批准设立的海关特殊监管区域。珠海园区实行保税区政策，与中华人民共和国关境内的其他地区（以下称区外）之间进出货物在税收方面实行出口加工区政策。

第三条　海关在珠海园区派驻机构，依照本办法对进出珠海园区的货物、物品、运输工具以及珠海园区内企业、场所实行 24 小时监管。

第四条　珠海园区实行封闭式管理。珠海园区与区外以及澳门园区之间，应当设置符合海关监管要求的围网隔离设施、卡口、视频监控系统以及其他海关监管所需的设施。

珠海园区和澳门园区之间设立专用口岸通道，用于两个园区的货物、物品、运输工具以及人员进出。珠海园区和区外之间设立进出区卡口通道，用于珠海园区与区外之间的货物、物品、运输工具以及人员进出。

第五条　珠海园区内不得建立商业性生活消费设施。除安全保卫人员和企业值班人员外，其他人员不得在珠海园区居住。

第六条　珠海园区可以开展以下业务：

（一）加工制造；

（二）检测、维修、研发；

（三）拆解、翻新；

（四）储存进出口货物以及其他未办结海关手续货物；

（五）进出口贸易，包括转口贸易；

（六）国际采购、分销和配送；

（七）国际中转；

（八）商品展示、展销；

（九）经海关批准的其他加工和物流业务。

第七条　珠海园区内企业（以下简称区内企业）应当具有法人资格，具备向海关缴纳税款以及履行其他法定义务的能力，并且在区内拥有专门的营业场所。特殊情况下，经直属海关批准，区外法人企业可以依法在珠海园区内设立分支机构。

区内企业应当按照《中华人民共和国海关对报关单位注册登记管理规定》以及相关规定向海关办理注册登记、变更、注销、行政许可延续以及换证等手续。

第八条　区内企业应当依据《中华人民共和国会计法》以及国家有关法律、行政法规的规定，设置符合海关监管要求的账簿、报表，记录本企业的财务状况和有关进出珠海园区货物、物品的库存、转让、转移、销售、加工、使用和损耗等情况，如实填写有关单证、账册，凭合法、有效凭证记账并且进行核算。

第九条　海关对区内企业实行电子账册监管制度和计算机联网管理制度。

珠海园区行政管理机构或者其经营主体应当在海关指导下通过“电子口岸”平台建立供海关、区内企业以及其他相关部门进行电子数据交换和信息共享的计算机公共信息平台。

区内企业应当建立符合海关联网监管要求的计算机管理系统，按照海关规定的认证方式，提供符合海关查阅格式的电子数据并且与海关信息系统联网。

第十条　区内企业不实行加工贸易银行保证金台账制度。

第十一条　有下列情形之一的，区内企业应当在情况发生之日起 5 个工作日内书面报告海关，并且办理相关手续：

（一）遭遇不可抗力的；

（二）海关监管货物被盗窃的；

（三）区内企业分立、合并、破产的。

第十二条　法律、行政法规禁止进出口的货物、物品，不得进出珠海园区。

第二章　对珠海园区与境外之间进出货物的监管

第十三条　海关对珠海园区与境外之间进出的货物

实行备案制管理，但法律、行政法规另有规定的货物除外。珠海园区与境外之间进出的货物，由货物的收发货人或者代理人填写进出境货物备案清单，向海关备案。

对于珠海园区与境外之间进出的货物，区内企业提出书面申请并且经海关批准的，可以办理集中申报手续，但法律、行政法规和规章另有规定的除外。

第十四条 珠海园区与境外之间进出的货物应当向珠海园区主管海关申报。珠海园区与境外之间进出货物的进出境口岸不在园区主管海关管辖区域的，区内企业应当办理有关手续。

第十五条 珠海园区与境外之间进出的货物，不实行进出口配额、许可证件管理，但法律、行政法规和规章另有规定的除外。

第十六条 从境外进入珠海园区的货物，除法律、行政法规另有规定外，按照以下规定征收进口关税和进口环节税：

（一）珠海园区生产性的基础设施建设项目所需的机器、设备和其他物资，予以免税；

（二）区内企业自用的生产、管理设备和自用合理数量的办公用品及其所需的维修零配件，建设生产厂房、仓储设施所需的物资、设备，予以免税；

（三）珠海园区行政管理机构自用合理数量的管理设备和办公用品及其所需的维修零配件，予以免税；

（四）区内企业为加工出口产品所需的原材料、零部件、元器件、包装物料，予以保税；

（五）转口货物、在珠海园区储存的货物和展览品、样品，予以保税；

（六）上述规定范围外的货物或者物品从境外进入珠海园区，应当依法纳税。

本条前款规定的从境外免税进入珠海园区的货物出区进入区外的，海关按照货物进口的有关规定办理手续；需要征税的，按照货物出区时的实际状态征税；属于配额、许可证件管理商品的，区内企业或者区外收货人还应当向海关出具进口配额、许可证件。

从珠海园区运往境外的货物免征出口关税，但法律、行政法规另有规定的除外。

第三章 对珠海园区与区外之间进出货物的监管

第十七条 珠海园区内货物运往区外视同进口，海关按照货物进口的有关规定办理手续。需要征税的，按照货物出区时的实际状态征税；属于配额、许可证件管理商品的，区内企业或者区外收货人还应当向海关出具进口配额、许可证件。

以一般贸易方式经珠海园区进入区外，并且获得香港或者澳门签证机构签发的CEPA优惠原产地证书的货物，可以按照规定享受CEPA零关税优惠。

第十八条 区内企业在加工生产过程中产生的边角料、废品，以及加工生产、储存、运输等过程中产生的包装物料，区内企业提出书面申请并且经海关批准的，可以运往区外，海关按出区时的实际状态征税。属于进口配额、许可证件管理商品的，免领进口配额、许可证件；属于列入《禁止进口废物目录》的废物以及其他危险废物需出区进行处置的，有关企业凭珠海园区行政管理机构以及所在地的市级环保部门批件等材料，向海关办理出区手续。

区内企业在加工生产过程中产生的残次品内销出区的，海关按内销时的实际状态征税。属于进口配额、许可证件管理的，企业应当向海关出具进口配额、许可证件。

第十九条 珠海园区内货物运往区外的，由区内企业、区外收货人或者其代理人向海关办理申报手续。

第二十条 区内企业跨关区配送货物或者异地企业跨关区到珠海园区提取货物的，可以在珠海园区主管海关办理申报手续，也可以按照规定在异地企业所在地海关办理申报手续。

第二十一条 区内企业需要将模具、原材料、半成品等运往区外进行加工的，应当在开展外发加工前，凭承揽加工合同或者协议、承揽企业营业执照复印件和区内企业签章确认的承揽企业生产能力状况等材料，向珠海园区主管海关办理外发加工手续。

委托区外企业加工的期限不得超过6个月，加工完毕后的货物应当按期运回珠海园区。在区外开展外发加工产生的边角料、废品、残次品、副产品不运回珠海园区的，海关应当按照实际状态征税。区内企业凭出区时委托区外加工申请书以及有关单证，向海关办理验放核销手续。

第二十二条 经珠海园区主管海关批准，区内企业可以在区外进行商品展示，也可以承接区外商品的展示，并且比照海关对暂时进出境货物的有关规定办理进出区手续。

第二十三条 在珠海园区内使用的机器、设备、模具和办公用品等海关监管货物，区内企业或者珠海园区行政管理机构向珠海园区主管海关提出书面申请，并且经珠海园区主管海关核准、登记后，可以运往区外进行检测、维修。区内企业将模具运往区外进行检测、维修的，应当留存模具所生产产品的样品或者图片资料。

运往区外进行检测、维修的机器、设备、模具和办公用品等，不得在区外用于加工生产和使用，并且应当自运出之日起60日内运回珠海园区。因特殊情况不能如期运回的，区内企业或者珠海园区行政管理机构应当在期限届满前7日内，以书面形式向海关申请延期，延长期限不得超过30日。

检测、维修完毕运回珠海园区的机器、设备、模具和办公用品等应当为原物。有更换新零件、配件或者附件的，原零件、配件或者附件应当一并运回区内。对在区外更换的国产零件、配件或者附件，需要退税的，由区内企业或者区外企业提出申请，园区主管海关按照出口货物的有关规定办理手续，签发出口货物报关单证明联。

第二十四条 货物从区外进入珠海园区视同出口，海关按照货物出口的有关规定办理手续。属于出口应税商品的，按照有关规定进行征税；属于配额、许可证件管理商品的，区内企业或者区外发货人还应当向海关出具出口配额、许可证件。

货物的出口退税，除法律、行政法规另有规定外，按照以下规定办理：

（一）从区外进入珠海园区供区内企业使用的国产机器、设备、原材料、零部件、元器件、包装物料以及建造基础设施、企业和行政管理部门生产、办公用房所需合理数量的基建物资等，海关按照出口货物的有关规定办理手续，签发出口货物报关单证明联；

（二）从区外进入珠海园区供区内企业和行政管理机构使用的生活消费用品、交通运输工具等，海关不予签发出口货物报关单证明联；

（三）从区外进入珠海园区的进口机器、设备、原材料、零部件、元器件、包装物料、基建物资等，有关企业应当向海关提供上述货物或者物品的清单，并且办理出口报关手续；上述货物或者物品已经缴纳的进口环节税，不予退还。

第二十五条 区内企业运往区外进行外发加工的货物，加工生产过程中使用国内料件并且属于出口应税商品的，加工产品运回区内时，所使用的国内料件应当按规定缴纳出口关税。

从区外运到区内供区内企业自用并且不再出区的物资，区内企业应当向海关提供有关物资清单，经海关批准放行。

第二十六条 对于珠海园区与区外之间进出的货物，企业提出书面申请并且经海关批准的，可以办理集中申报手续，并且适用每次货物进出时海关接受该货物申报之日实施的税率、汇率，但法律、行政法规和规章另有规定的除外。集中申报的期限不得超过30日，并且不得跨年度办理。

第四章 对珠海园区内货物的监管

第二十七条 珠海园区内货物可以在区内自由流转。区内企业之间转让、转移货物的，双方企业应当及时将转让、转移货物的品名、数量、金额等有关事项向海关备案。

第二十八条 区内企业可以将本企业加工生产的产品转入其他海关特殊监管区域以及区外加工贸易企业进一步加工后复出口，海关参照出口加工区货物出区深加工结转的有关规定实施监管。

第二十九条 区内企业自开展业务之日起，应当每年向珠海园区主管海关办理报核手续，珠海园区主管海关应当自受理报核申请之日起30日内予以核销。区内企业有关账册、原始单证应当自核销结束之日起至少保留3年。

第三十条 因不可抗力造成珠海园区内货物损坏、灭失的，区内企业应当及时书面报告珠海园区主管海关，并且提供保险、灾害鉴定部门的有关证明。经珠海园区主管海关核实确认后，按照以下规定处理：

（一）货物灭失，或者虽未灭失但完全失去使用价值的，海关依法办理核销和免税手续；

（二）进境货物损坏，失去原使用价值但可以再利用的，区内企业可以向海关办理退运手续。要求运往区外的，由区内企业提出申请，并且经珠海园区主管海关核准后，按照出区时的实际状态办理海关手续；

（三）区外进入珠海园区的货物损坏，失去原使用价值但可以再利用，并且向区外出口企业进行退换的，可以退换为与损坏货物同一品名、规格、数量、价格的货物，并且向珠海园区主管海关办理退运手续。

需要退运到区外的货物，区内企业向珠海园区主管海关提出退运申请，提供注册地税务主管部门证明其货物未办理出口退税或者所退税款已退还税务主管部门的证明材料和出口单证，并且经珠海园区主管海关批准的，可以办理退运手续；属于已经办理出口退税手续并且所退税款未退还税务主管部门的，按照本条第一款第（二）项的有关规定办理。

第三十一条 因保管不善等非不可抗力因素造成货物损坏、灭失的，按照以下规定办理：

（一）对于从境外进入珠海园区的货物，区内企业应当按照一般贸易进口货物的规定，以货物进入珠海园区时海关接受申报之日适用的税率、汇率，依法向海关缴纳损毁、灭失货物原价值的进口环节税；

（二）对于从区外进入珠海园区的货物，区内企业应当重新缴纳出口退还的国内环节有关税款，海关根据有关单证办理核销手续。

第三十二条 区内企业生产属于被动配额管理的出口产品，应当事先报经有关部门批准。

第三十三条 海关对于珠海园区与其他海关特殊监管区域或者海关保税监管场所之间流转的保税货物，实行继续保税监管。

货物从已经实行国内货物入区（仓）环节出口退税制度的海关特殊监管区域或者海关保税监管场所转入珠海园区的，海关不予签发出口货物报关单证明联。货物从未实行国内货物入区（仓）环节出口退税制度的海关特殊监管区域或者海关保税监管场所转入珠海园区的，按照货物实际离境的有关规定办理申报手续，由转出地海关签发出口货物报关单证明联。

第五章 对进出珠海园区运输工具和个人携带货物、物品的监管

第三十四条 运输工具和个人进出珠海园区的，应当经由海关指定的专用通道，并且接受海关监管和检查。

第三十五条 货运车辆、非货运车辆进出珠澳跨境工业区专用口岸通道的，应当经主管部门批准，并且按照《中华人民共和国海关关于来往香港、澳门公路货运企业及其车辆和驾驶员的管理办法》（以下简称港澳车辆管理办法）向珠海园区主管海关办理备案手续。

澳门车辆进出珠澳跨境工业区专用口岸通道的，申请人应当在报经主管部门批准后，持主管部门批文、车主/企业、汽车、驾驶员等有关资料向珠海园区主管海关申请备案，并且提供海关认可的担保，海关签发“来往澳门汽车进出境签证本”。

第三十六条 港/澳籍货运车辆、非货运车辆以及澳门车辆从珠澳跨境工业区专用口岸通道进境后，应当在3个月内复出境；特殊情况下，经珠海园区主管海关同意，可以在车辆备案有效期内予以延期，延长期限不得超过3个月。

第三十七条 对于从珠澳跨境工业区专用口岸通道进境的货运车辆，海关按照港澳车辆管理办法及其有关规定进行监管。

对于从珠澳跨境工业区专用口岸通道进境的非货运车辆、澳门车辆，海关比照港澳车辆管理办法及其有关规定进行监管。

第三十八条 进境的港/澳籍货运车辆、非货运车辆可以从珠海园区进入珠海市区或者从珠海市区进入珠海园区。

从珠澳跨境工业区专用口岸通道进入珠海园区的澳门车辆，不得从珠海园区进入区外。

第三十九条 经珠澳跨境工业区专用口岸通道进出珠海园区、澳门园区人员携带的行李物品，应当以自用合理为限，海关按照进出境旅客行李物品监管的有关规定进行监管。

进出珠澳跨境工业区专用口岸通道车辆的备用物料和驾驶员携带的行李物品，应当以旅途需要为限，超出旅途需要的，海关不予放行。

第四十条 珠海园区与区外之间进出的下列货物，经海关批准，可以由区内企业指派专人携带或者自行运输：

（一）价值1万美元以下的小额货物；

（二）因品质不合格复运区外退换的货物；

（三）已办理进口纳税手续的货物；

（四）企业不要求出口退税的货物；

（五）其他经海关批准的货物。

第六章 附 则

第四十一条 除国际中转货物和其他另有规定的货物外，珠海园区与境外之间进出的货物，列入海关进出口统计。珠海园区与区外之间进出的货物，列入海关单项统计。

区内企业之间转让、转移的货物，以及珠海园区与其他海关特殊监管区域或者海关保税监管场所之间流转的货物，不列入海关统计。

第四十二条 本办法下列用语含义：

澳门园区，是指经国务院批准设立的珠澳跨境工业区的澳门园区。

货运车辆，是指依照港澳车辆管理办法规定在海关备案，从事来往粤澳公路货物运输的粤澳两地牌照车辆。

非货运车辆，是指经主管部门批准，并且按照规定在海关备案、来往粤澳的粤澳两地牌照商务车辆、私人小汽车。

澳门车辆，是指在珠海园区投资设厂的境外商户的澳门籍货运车辆和私人小汽车，以及澳门专业货运公司的货运车辆。

第四十三条 海关对珠海园区管理的其他事项，由拱北海关比照本办法以及国家有关规定予以处理。

第四十四条 违反本办法，构成走私行为、违反海关监管规定行为或者其他违反海关法行为的，由海关依照海关法和《中华人民共和国海关行政处罚实施条例》的有关规定予以处理；构成犯罪的，依法追究刑事责任。

第四十五条 本办法由海关总署负责解释。

第四十六条 本办法自2007年4月8日起施行。

中华人民共和国海关对保税物流中心（A型）的暂行管理办法

（2005年6月23日海关总署令第129号公布，自2005年7月1日起施行）

第一章 总 则

第一条 为适应现代国际物流的发展，规范海关对保税物流中心（A型）及其进出货物的管理和保税仓储物流企业的经营行为，根据《中华人民共和国海关法》和国家有关法律、行政法规，制定本办法。

第二条 本办法所称的保税物流中心（A型）（以下简称物流中心），是指经海关批准，由中国境内企业法人经营、专门从事保税仓储物流业务的海关监管场所。

第三条 物流中心按照服务范围分为公用型物流中心和自用型物流中心。

公用型物流中心是指由专门从事仓储物流业务的中国境内企业法人经营，向社会提供保税仓储物流综合服务的海关监管场所。

自用型物流中心是指中国境内企业法人经营，仅向本企业或者本企业集团内部成员提供保税仓储物流服务的海关监管场所。

第四条 下列货物，经海关批准可以存入物流中心：

（一）国内出口货物；

（二）转口货物和国际中转货物；

（三）外商暂存货物；

（四）加工贸易进出口货物；

（五）供应国际航行船舶和航空器的物料、维修用零部件；

（六）供维修外国产品所进口寄售的零配件；

（七）未办结海关手续的一般贸易进口货物；

（八）经海关批准的其他未办结海关手续的货物。

物流中心经营企业应当按照海关批准的存储货物范围和商品种类开展保税仓储物流业务。

第二章 物流中心的设立

第五条 物流中心应当设在国际物流需求量较大，交通便利且便于海关监管的地方。

第六条 物流中心经营企业应当具备下列资格条件：

（一）经工商行政管理部门注册登记，具有独立的企业法人资格；

（二）注册资本不低于3000万元人民币；

（三）具备向海关缴纳税款和履行其他法律义务的能力；

（四）具有专门存储货物的营业场所，拥有营业场所的土地使用权。租赁他人土地、场所经营的，租期不得少于3年；

（五）经营特殊许可商品存储的，应当持有规定的特殊经营许可批件；

（六）经营自用型物流中心的企业，年进出口金额（含深加工结转）东部地区不低于2亿美元，中西部地区不低于5000万美元；

（七）具有符合海关监管要求的管理制度和符合会计法规定的会计制度。

第七条 物流中心经营企业申请设立物流中心应当具备下列条件：

（一）符合海关对物流中心的监管规划建设要求；

（二）公用型物流中心的仓储面积，东部地区不低于20000平方米，中西部地区不低于5000平方米；

（三）自用型物流中心的仓储面积（含堆场），东部地区不低于4000平方米，中西部地区不低于2000平方米；

（四）建立符合海关监管要求的计算机管理系统，提供供海关查阅数据的终端设备，并按照海关规定的认证方式和数据标准，通过“电子口岸”平台与海关联网，以便海关在统一平台上与国税、外汇管理等部门实现数据交换及信息共享；

（五）设置符合海关监管要求的安全隔离设施、视频监控系统等监管、办公设施；

（六）符合国家土地管理、规划、消防、安全、质检、环保等方面的法律、行政法规、规章及有关规定。

第八条 申请设立物流中心的企业应当向直属海关提出书面申请，并递交以下加盖企业印章的材料：

（一）申请书（样式见附件1）；

（二）市级（设区的市）人民政府意见书（附可行性研究报告）；

（三）企业章程复印件；

（四）企业法人营业执照复印件；

（五）法定代表人的身份证明复印件；

（六）税务登记证复印件；

（七）开户银行证明复印件；

（八）会计师事务所出具的验资报告等资信证明文件；

（九）物流中心内部管理制度；

（十）选址符合土地利用总体规划的证明文件及地理位置图、平面规划图；

（十一）报关单位报关注册登记证书复印件。

第九条 设立物流中心的申请由直属海关受理，报海关总署审批。

第十条 企业自海关总署出具批准其筹建物流中心文件之日起1年内向直属海关申请验收，由直属海关会同省级税务、外汇管理等部门按照本办法的规定进行审核验收。

物流中心验收合格后，由海关总署向企业核发“保税物流中心（A型）验收合格证书”（样式见附件2）和“保税物流中心（A型）注册登记证书”（样式见附件3），颁发保税物流中心（A型）标牌（样式见附件4）。

物流中心在验收合格后方可以开展有关业务。

第十一条 获准设立物流中心的企业确有正当理由未按时申请验收的，经直属海关同意可以延期验收，但延期不得超过6个月。如果有特殊情况需要二次延期的，报海关总署批准。

获准设立物流中心的企业无正当理由逾期未申请验收或者验收不合格的，视同其撤回设立物流中心的申请。

第三章 物流中心的经营管理

第十二条 物流中心不得转租、转借他人经营，不得下设分中心。

第十三条 物流中心经营企业可以开展以下业务：

（一）保税存储进出口货物及其他未办结海关手续货物；

（二）对所存货物开展流通性简单加工和增值服务；

（三）全球采购和国际分拨、配送；

（四）转口贸易和国际中转业务；

（五）经海关批准的其他国际物流业务。

第十四条 物流中心经营企业在物流中心内不得开展下列业务：

（一）商业零售；

（二）生产和加工制造；

（三）维修、翻新和拆解；

（四）存储国家禁止进出口货物，以及危害公共安全、公共卫生或者健康、公共道德或者秩序的国家限制进出口货物；

（五）法律、行政法规明确规定不能享受保税政策的货物；

（六）其他与物流中心无关的业务。

第十五条 物流中心负责人及其工作人员应当熟悉海关有关法律行政法规，遵守海关监管规定。

第四章 海关对物流中心的监管

第十六条 海关采取联网监管、视频监控、实地核查等方式对进出物流中心的货物、物品、运输工具等实施动态监管。

第十七条 海关对物流中心实施计算机联网监管。物流中心应当建立符合海关监管要求的计算机管理系统并与海关联网，形成完整真实的货物进、出、转、存电子数据，保证海关开展对有关业务数据的查询、统计、采集、交换和核查等监管工作。

第十八条 主管海关通过视频监控系统对物流中心实施远程监管。

第十九条 “保税物流中心（A型）注册登记证

书”有效期为2年。

物流中心经营企业应当在“保税物流中心（A型）注册登记证书”每次有效期满30日前向直属海关办理延期审查申请手续。

物流中心经营企业办理延期审查申请需提交以下加盖企业印章的材料：

（一）经会计师事务所审计的本年度资产负债表和损益表复印件；

（二）报关注册登记证书正本；

（三）经工商行政管理部门加贴本年度通过年检标志的营业执照及企业法人营业执照副本复印件；

（四）企业进出口业务情况报告书；

（五）海关要求的其他说明材料。

对审查合格的企业准予延期2年。

第二十条 物流中心需变更经营单位名称、地址、仓储面积等事项的，企业申请并由直属海关报海关总署审批。其他变更事项报直属海关备案。

第二十一条 物流中心经营企业无正当理由连续6个月未开展业务的，视同物流中心经营企业撤回物流中心设立申请。由直属海关报海关总署办理注销手续，并收回“保税物流中心（A型）验收合格证书”和“保税物流中心（A型）注册登记证书”。

物流中心经营企业因故终止业务的，由物流中心提出书面申请，经海关总署审批后，办理注销手续并交回“保税物流中心（A型）验收合格证书”和“保税物流中心（A型）注册登记证书”。

第二十二条 物流中心内货物保税存储期限为1年。确有正当理由的，经主管海关同意可以予以延期，除特殊情况外，延期不得超过1年。

第五章 海关对物流中心进出货物的监管

第一节 物流中心与境外间的进出货物

第二十三条 物流中心与境外间进出的货物，应当在物流中心主管海关办理相关手续。物流中心与口岸不在同一主管海关的，经主管海关批准，可以在口岸海关办理相关手续。

第二十四条 物流中心与境外间进出的货物，除实行出口被动配额管理和中华人民共和国参加或者缔结的国际条约及国家另有明确规定的以外，不实行进出口配额、许可证件管理。

第二十五条 从境外进入物流中心内的货物，其关税和进口环节海关代征税，按照下列规定办理：

（一）本办法第四条中所列的货物予以保税；

（二）物流中心企业进口自用的办公用品、交通、运输工具、生活消费用品等，以及物流中心开展综合物流服务所需进口的机器、装卸设备、管理设备等，按照进口货物的有关规定和税收政策办理相关手续。

第二节 物流中心与境内间的进出货物

第二十六条 物流中心内货物跨关区提取，可以在物流中心主管海关办理手续，也可以按照海关其他规定办理相关手续。

第二十七条 企业根据需要经主管海关批准，可以分批进出货物，并按照海关规定办理月度集中报关，但集中报关不得跨年度办理。

第二十八条 物流中心货物进入境内视同进口，按照货物实际贸易方式和实际状态办理进口报关手续；货物属许可证件管理商品的，企业还应当向海关出具有效的许可证件；实行集中申报的进出口货物，应当适用每次货物进出口时海关接受申报之日实施的税率、汇率。

第二十九条 货物从境内进入物流中心视同出口，办理出口报关手续。如需缴纳出口关税的，应当按照规定纳税；属许可证件管理商品，还应当向海关出具有效的出口许可证件。

从境内运入物流中心的原进口货物，境内发货人应当向海关办理出口报关手续，经主管海关验放；已经缴纳的关税和进口环节海关代征税，不予退还。

除法律、行政法规另有规定外，按照以下规定办理：

（一）以下情况，海关给予签发用于办理出口退税的出口货物报关单证明联：

1. 货物从境内进入物流中心已办结报关手续的；

2. 转关出口货物，启运地海关在已收到物流中心主管海关确认转关货物进入物流中心的转关回执后；

3. 境内运入物流中心供物流中心企业自用的国产的机器设备、装卸设备、管理设备、检验检测设备等。

（二）以下情况，海关不予签发用于办理出口退税的出口货物报关单证明联：

1. 境内运入物流中心供物流中心企业自用的生活消费用品、交通运输工具；

2. 境内运入物流中心供物流中心企业自用的进口的机器设备、装卸设备、管理设备、检验检测设备等；

3. 物流中心之间，物流中心与出口加工区、保税物流园区、物流中心（B型）和已实行国内货物入仓环节出口退税政策的出口监管仓库等海关特殊监管区域或者海关保税监管场所的货物往来。

第三十条 企业按照国家税务总局的有关税收管理办法办理出口退税手续。按照国家外汇管理局有关外汇管理办法办理收付汇手续。

第三十一条 下列货物从物流中心进入境内时依法免征关税和进口环节海关代征税：

（一）用于在保修期限内免费维修有关外国产品并符合无代价抵偿货物有关规定的零部件；

（二）用于国际航行船舶和航空器的物料；

（三）国家规定免税的其他货物。

第三十二条 物流中心与保税区、出口加工区、保税物流园区、物流中心（A型、B型）、保税仓库和出口监管仓库等海关特殊监管区域或者海关保税监管场所之间货物的往来，按照有关规定办理。

第六章 法律责任

第三十三条 保税仓储货物在存储期间发生损毁或者灭失的，除不可抗力外，物流中心经营企业应当依法向海关缴纳损毁、灭失货物的税款，并承担相应的法律责任。

第三十四条 违反本办法规定的，海关依照《中华人民共和国海关法》、《中华人民共和国海关行政处罚实施条例》予以处理；构成犯罪的，依法追究刑事责任。

第七章 附 则

第三十五条 本办法下列用语的含义：

“流通性简单加工和增值服务”是指对货物进行分级分类、分拆分拣、分装、计量、组合包装、打膜、加刷唛码、刷贴标志、改换包装、拼装等辅助性简单作业的总称。

“国际中转货物”是指由境外启运，经中转港换装国际航线运输工具后，继续运往第三国或者地区指运口岸的货物。

第三十六条 本办法由海关总署负责解释。

第三十七条 本办法自2005年 7月1日起施行。

附件1 保税物流中心（A型）申请书

附件2 中华人民共和国保税物流中心（A型）验收合格证书

附件3 中华人民共和国保税物流中心（A型）注册登记证书

附件4 保税物流中心（A型）标牌示意图

附件1

保税物流中心（A型）申请书

________海关：

我单位拟设立____________________保税物流中心（A型），愿遵守《中华人民共和国海关法》和《中华人民共和国海关对保税物流中心（A型）的暂行管理办法》，接受海关监管，承担保税物流中心（A型）的法定义务，按照规定向海关办理相关手续，请予审查批准。

附 保税物流中心（A型）申请事项表

申请单位（印章）：

申请单位法定代表人（签名）：

年 月 日

（申请书样式说明：A4纸大小，标题字为方正小标宋－GBK二号，内容字体为方正仿宋－GBK三号）

附

保税物流中心（A型）申请事项表

物流中心名称			
地址			
物流中心类型		仓储面积/容积	
		堆场面积/容积	
物流中心负责人		联系电话	
主管业务员		联系电话	
营业执照注册号			
税务登记证编号			
开户银行及账号			
申请建立保税物流中心事由			

（申请事项表说明：A4纸大小，标题字为方正小标宋－GBK二号，内容字体为方正仿宋－GBK三号）

附件2

中华人民共和国海关
保税物流中心A型验收合格证书

________：

你单位于____年____月____日申请验收保税物流中心（A型），根据《中华人民共和国海关法》和《中华人民共和国海关对保税物流中心（A型）的暂行管理办法》的规定，经验收合格，准予开展保税物流中心（A型）业务。

此证。

中华人民共和国海关总署（印章）

年　月　日

（证书样式说明：框边外白底，框边红色，框内黄底黑字。证书外套为墨绿色封皮，证书名称为金字，尺寸37.65厘米×25.8厘米）

附件 3

中华人民共和国海关
保税物流中心（A 型）注册登记证书

________：

你单位于____年____月____日申请设立保税物流中心（A 型），根据《中华人民共和国海关法》和《中华人民共和国海关对保税物流中心（A 型）的暂行管理办法》的规定，经审查验收合格，准予注册登记。此证书有效期为 2 年。

此证。

中华人民共和国海关总署（印章）

年　　月　　日

（证书样式说明：框边外白底，框边红色，框内黄底黑字。证书外套为墨绿色封皮，证书名称为金字，尺寸 37.65 厘米 ×25.8 厘米）

附件 4

保税物流中心标牌示意图

中华人民共和国 THE PEOPLE'S REPUBLIC OF CHINA
海关保税物流中心 （A 型）
CUSTOMS BONDED LOGISTICS CENTRE（A） 年　　月　　日

说明：标牌由 0.2 厘米厚的铜板制成。尺寸为 80 厘米 × 65 厘米，裙边宽 3 厘米。牌面上部为“中华人民共和国”及英语译文字样，中部为“×××海关保税物流中心”及英语译文字样，底部为年月日等，标牌字体为宋体。牌面为自然的铜黄色。牌面上的文字由硫酸蚀刻制成，蚀凹部分用油漆涂为红色。

中华人民共和国海关对保税物流中心（B 型）的暂行管理办法

（2005 年 6 月 23 日海关总署令第 130 号公布，自 2005 年 7 月 1 日起施行）

第一章　总　则

第一条　为适应现代国际物流业的发展，规范海关对保税物流中心（B 型）及其进出货物的管理和保税仓储物流企业的经营行为，根据《中华人民共和国海关法》和国家有关法律、行政法规，制定本办法。

第二条　本办法所称保税物流中心（B 型）（以下简称物流中心）是指经海关批准，由中国境内一家企业法人经营，多家企业进入并从事保税仓储物流业务的海关集中监管场所。

第三条　下列货物，经海关批准可以存入物流中心：

（一）国内出口货物；

（二）转口货物和国际中转货物；

（三）外商暂存货物；

（四）加工贸易进出口货物；

（五）供应国际航行船舶和航空器的物料、维修用零部件；

（六）供维修外国产品所进口寄售的零配件；

（七）未办结海关手续的一般贸易进口货物；

（八）经海关批准的其他未办结海关手续的货物。

中心内企业应当按照海关批准的存储货物范围和商品种类开展保税物流业务。

第二章　物流中心及中心内企业的设立

第一节　物流中心的设立

第四条　设立物流中心应当具备下列条件：

（一）物流中心仓储面积，东部地区不低于10万平方米，中西部地区不低于5万平方米；

（二）符合海关对物流中心的监管规划建设要求；

（三）选址在靠近海港、空港、陆路交通枢纽及内陆国际物流需求量较大，交通便利，设有海关机构且便于海关集中监管的地方；

（四）经省级人民政府确认，符合地方经济发展总体布局，满足加工贸易发展对保税物流的需求；

（五）建立符合海关监管要求的计算机管理系统，提供供海关查阅数据的终端设备，并按照海关规定的认证方式和数据标准，通过“电子口岸”平台与海关联网，以便海关在统一平台上与国税、外汇管理等部门实现数据交换及信息共享；

（六）设置符合海关监管要求的安全隔离设施、视频监控系统等监管、办公设施。

第五条　物流中心经营企业应当具备下列资格条件：

（一）经工商行政管理部门注册登记，具有独立企业法人资格；

（二）注册资本不低于5000万人民币；

（三）具备对中心内企业进行日常管理的能力；

（四）具备协助海关对进出物流中心的货物和中心内企业的经营行为实施监管的能力。

第六条　物流中心经营企业具有以下责任和义务：

（一）设立管理机构负责物流中心的日常管理工作；

（二）遵守海关法及有关管理规定；

（三）遵守国家土地管理、规划、消防、安全、质检、环保等方面法律、行政法规及有关规定；

（四）制定完善的物流中心管理制度，协助海关实施对进出物流中心的货物及中心内企业经营行为的监管。

物流中心经营企业不得在本物流中心内直接从事保税仓储物流的经营活动。

第七条　申请设立物流中心的企业应当向直属海关提出书面申请，并递交以下加盖企业印章的材料：

（一）申请书；

（二）省级人民政府意见书（附可行性研究报告）；

（三）企业章程复印件；

（四）企业法人营业执照复印件；

（五）法定代表人的身份证明复印件；

（六）税务登记证复印件；

（七）会计师事务所出具的验资报告等资信证明文件；

（八）物流中心所用土地使用权的合法证明及地理位置图、平面规划图。

第八条　物流中心内只能设立仓库、堆场和海关监管工作区。不得建立商业性消费设施。

第九条　设立物流中心的申请由直属海关受理，报海关总署审批。

企业自海关总署出具批准其筹建物流中心文件之日起1年内向海关总署申请验收，由海关总署会同国家税务总局、国家外汇管理总局等部门或者委托被授权的机构按照本办法的规定进行审核验收。

物流中心验收合格后，由海关总署向物流中心经营企业核发“保税物流中心（B型）验收合格证书”（样式见附件1）和“保税物流中心（B型）注册登记证书”（样式见附件2），颁发标牌（样式见附件5）。

物流中心在验收合格后方可以开展有关业务。

第十条　获准设立物流中心的企业确有正当理由未按时申请验收的，经海关总署同意可以延期验收。

获准设立物流中心的企业无正当理由逾期未申请验收或者验收不合格的，视同其撤回设立物流中心的申请。

第二节　中心内企业的设立

第十一条　中心内企业应当具备下列条件：

（一）具有独立的法人资格或者特殊情况下的中心外企业的分支机构；

（二）具有独立法人资格的企业注册资本最低限额为500万元人民币；属企业分支机构的，该企业注册资本不低于1000万人民币；

（三）具备向海关缴纳税款和履行其他法律义务的能力；

（四）建立符合海关监管要求的计算机管理系统并与海关联网；

（五）在物流中心内有专门存储海关监管货物的

场所。

第十二条 企业申请进入物流中心应当向所在地主管海关提出书面申请，并递交以下加盖企业印章的材料：

（一）申请书（样式见附件3）；

（二）企业内部管理制度；

（三）企业法人营业执照复印件；

（四）法定代表人的身份证明复印件；

（五）税务登记证复印件；

（六）股权结构证明书（合资、合作企业）和投资主体各方的注册登记文件的复印件；

（七）开户银行证明复印件；

（八）会计师事务所出具的验资报告等资信证明文件；

（九）物流中心内所承租仓库位置图、仓库布局图及承租协议；

（十）报关单位报关注册登记证书。

第十三条 主管海关受理后报直属海关审批。

直属海关对经批准的企业核发“中华人民共和国海关保税物流中心（B型）企业注册登记证书”（样式见附件4）。

第三章 物流中心的经营管理

第十四条 物流中心不得转租、转借他人经营，不得下设分中心。

第十五条 中心内企业可以开展以下业务：

（一）保税存储进出口货物及其他未办结海关手续货物；

（二）对所存货物开展流通性简单加工和增值服务；

（三）全球采购和国际分拨、配送；

（四）转口贸易和国际中转；

（五）经海关批准的其他国际物流业务。

第十六条 中心内企业不得在物流中心内开展下列业务：

（一）商业零售；

（二）生产和加工制造；

（三）维修、翻新和拆解；

（四）存储国家禁止进出口货物，以及危害公共安全、公共卫生或者健康、公共道德或者秩序的国家限制进出口货物；

（五）法律、行政法规明确规定不能享受保税政策的货物；

（六）其他与物流中心无关的业务。

第十七条 物流中心经营企业及中心内企业负责人及其工作人员应当熟悉海关有关法律法规，遵守海关监管规定。

第四章 海关对物流中心及中心内企业的监管

第十八条 海关采取联网监管、视频监控、实地核查等方式对进出物流中心的货物、物品、运输工具等实施动态监管。

第十九条 海关对物流中心及中心内企业实施计算机联网监管。物流中心及中心内企业应当建立符合海关监管要求的计算机管理系统并与海关联网，形成完整真实的货物进、出、转、存电子数据，保证海关开展对有关业务数据的查询、统计、采集、交换和核查等监管工作。

第二十条 主管海关通过视频监控系统对物流中心实施远程监管。

第二十一条 “保税物流中心（B型）注册登记证书”有效期为3年。

物流中心经营企业应当在“保税物流中心（B型）注册登记证书”每次有效期满30日前向直属海关办理延期审查申请手续。

物流中心经营企业办理延期审查申请需提交以下加盖企业印章的材料：

（一）经会计师事务所审计的本年度资产负债表和损益表复印件；

（二）经工商行政管理部门加贴本年度通过年检标志的营业执照及企业法人营业执照副本复印件；

（三）海关要求的其他说明材料。

对审查合格的企业准予延期3年。

第二十二条 物流中心需变更名称、地址、面积及所有权等事项的，由直属海关受理报海关总署审批。其他变更事项报直属海关备案。

第二十三条 中心内企业需变更有关事项的，由主管海关受理后报直属海关审批。

第二十四条 物流中心经营企业无正当理由连续1年未开展业务的，视同撤回物流中心设立申请。由直属海关报海关总署办理注销手续并收回标牌和“保税物流中心（B型）验收合格证书”。

物流中心经营企业因故终止业务的，物流中心经营企业向直属海关提出书面申请，经海关总署审批后，办理注销手续并交回标牌和“保税物流中心（B型）验收合格证书”。

第二十五条 中心内企业无正当理由连续6个月未开展业务的，视同其撤回进入保税物流中心的申请，由主管海关报直属海关办理注销并收回“保税物流中心（B型）企业注册登记证书”。

第二十六条 物流中心内货物保税存储期限为2年。确有正当理由的，经主管海关同意可以予以延期，除特殊情况外，延期不得超过1年。

第五章 海关对物流中心进出货物的监管

第一节 物流中心与境外间的进出货物

第二十七条 物流中心与境外间进出的货物，应当在物流中心主管海关办理相关手续。物流中心与口岸不在同一主管海关的，经主管海关批准，可以在口岸海关办理相关手续。

第二十八条 物流中心与境外之间进出的货物，除实行出口被动配额管理和中华人民共和国参加或者缔结的国际条约及国家另有明确规定的以外，不实行进出口配额、许可证件管理。

第二十九条 从境外进入物流中心内的货物，其关税和进口环节海关代征税，按照下列规定办理：

（一）本办法第三条中所列的货物予以保税；

（二）中心内企业进口自用的办公用品、交通、运输工具、生活消费用品等，以及企业在物流中心内开展综合物流服务所需的进口机器、装卸设备、管理设备等，按照进口货物的有关规定和税收政策办理相关手续。

第二节 物流中心与境内间的进出货物

第三十条 物流中心货物跨关区提取，可以在物流中心主管海关办理手续，也可以按照海关其他规定办理相关手续。

第三十一条 中心内企业根据需要经主管海关批准，可以分批进出货物，并按照海关规定办理月度集中报关，但集中报关不得跨年度办理。

第三十二条 物流中心货物进入境内视同进口，按照货物实际贸易方式和实际状态办理进口报关手续；货物属许可证件管理商品的，企业还应当向海关出具有效的许可证件；实行集中申报的进出口货物，应当适用每次货物进出口时海关接受申报之日实施的税率、汇率。

第三十三条 货物从境内进入物流中心视同出口，办理出口报关手续，如需缴纳出口关税的，应当按照规定纳税；属许可证件管理商品，还应当向海关出具有效的出口许可证件。

从境内运入物流中心的原进口货物，境内发货人应当向海关办理出口报关手续，经主管海关验放；已经缴纳的关税和进口环节海关代征税，不予退还。

除法律、行政法规另有规定外，按照以下规定办理：

（一）以下情况，海关给予签发用于办理出口退税的出口货物报关单证明联：

1. 货物从境内进入物流中心已办结报关手续的；

2. 转关出口货物，启运地海关在已收到物流中心主管海关确认转关货物进入物流中心的转关回执后；

3. 境内运入物流中心供中心内企业自用的国产的机器设备、装卸设备、管理设备、检验检测设备等。

（二）以下情况，海关不予签发用于办理出口退税的出口货物报关单证明联：

1. 境内运入物流中心供中心内企业自用的生活消费用品、交通运输工具；

2. 境内运入物流中心供中心内企业自用的进口的机器设备、装卸设备、管理设备、检验检测设备等；

3. 物流中心之间，物流中心与出口加工区、保税物流园区、物流中心（A型）和已实行国内货物入仓环节出口退税政策的出口监管仓库等海关特殊监管区域或者海关保税监管场所的货物往来；

第三十四条 企业按照国家税务总局的有关税收管理办法办理出口退税手续。按照国家外汇管理局有关外汇管理办法办理收付汇手续。

第三十五条 下列货物从物流中心进入境内时依法免征关税和进口环节海关代征税：

（一）用于在保修期限内免费维修有关外国产品并符合无代价抵偿货物有关规定的零部件；

（二）用于国际航行船舶和航空器的物料；

（三）国家规定免税的其他货物。

第三十六条 物流中心与保税区、出口加工区、保税物流园区、物流中心（A型、B型）、保税仓库和已实行国内货物入仓环节出口退税政策的出口监管仓库等海关特殊监管区域或者海关保税监管场所之间货物的往来，按照有关规定办理。

第三节 中心内企业间的货物流转

第三十七条 物流中心内货物可以在中心内企业之

间进行转让、转移并办理相关海关手续。未经海关批准，中心内企业不得擅自将所存货物抵押、质押、留置、移作他用或者进行其他处置。

第六章　法律责任

第三十八条　保税仓储货物在存储期间发生损毁或者灭失的，除不可抗力外，中心内企业应当依法向海关缴纳损毁、灭失货物的税款，并承担相应的法律责任。

第三十九条　违反本办法规定的，海关依照《中华人民共和国海关法》、《中华人民共和国海关行政处罚实施条例》予以处理；构成犯罪的，依法追究刑事责任。

第七章　附　则

第四十条　本办法下列用语的含义：

“中心内企业”是指经海关批准进入物流中心开展保税仓储物流业务的企业。

“流通性简单加工和增值服务”是指对货物进行分级分类、分拆分拣、分装、计量、组合包装、打膜、加刷唛码、刷贴标志、改换包装、拼装等辅助性简单作业的总称。

“国际中转货物”是指由境外启运，经中转港换装国际航线运输工具后，继续运往第三国或地区指运口岸的货物。

第四十一条　本办法由海关总署负责解释。

第四十二条　本办法自2005年7月1日起施行。

附件1　中华人民共和国保税物流中心（B型）验收合格证书

附件2　中华人民共和国保税物流中心（B型）注册登记证书

附件3　保税物流中心（B型）企业设立申请书

附件4　中华人民共和国海关保税物流中心（B型）企业注册登记证书

附件5　保税物流中心（B型）标牌示意图

附件1

中华人民共和国
保税物流中心（B型）验收合格证书

海关编号：(　　）中心B验字第　　号

________：

你单位于____年____月____日申请验收保税物流中心（B型），根据《中华人民共和国海关法》和《中华人民共和国海关对保税物流中心（B型）的暂行管理办法》的规定，经验收合格，准予开展保税物流中心（B型）业务。

此证。

中华人民共和国海关总署（印章）

年　　月　　日

（证书样式说明：框边外白底，框边红色，框内黄底黑字。证书外套为墨绿色封皮，证书名称为金字，尺寸37.65厘米×25.8厘米）

附件2

中华人民共和国
保税物流中心（B型）注册登记证书

海关编号：(　　）中心B册字第　　号

________：

你单位于____年____月____日，向我关申请设立保税物流中心（B型），根据《中华人民共和国海关法》和《中华人民共和国海关对保税物流中心（B型）的暂行管理办法》的规定，经审查验收合格，准予注册登记。此证书有效期为3年。

此证。

中华人民共和国海关总署（印章）

年　　月　　日

（证书样式说明：框边外白底，框边红色，框内黄底黑字。证书外套为墨绿色封皮，证书名称为金字，尺寸37.65厘米×25.8厘米）

附件3

保税物流中心（B型）企业设立申请书

________海关：

我单位拟在____________________保税物流中心（B型）内设立物流企业，愿遵守《中华人民共和国海关法》和《中华人民共和国海关对保税物流中心（B型）的暂行管理办法》，接受海关监管，承担保税物流中心（B型）企业的法定义务，按照规定向海关办理相关手续，请予审查批准。

附　保税物流中心（B型）企业申请事项表

申请单位（印章）：

申请单位法定代表人（签名）：

年 月 日

（申请书样式说明：A4纸大小，标题字为方正小标宋－GBK二号，内容字体为方正仿宋－GBK三号）

附

保税物流中心（B型）企业设立申请事项表

物流中心内企业名称			
地址			
企业主要经营业务		仓储面积/容积	
		堆场面积/容积	
企业负责人		联系电话	
主管业务员		联系电话	
营业执照注册号			
税务登记证编号			
开户银行及账号			
申请设立企业事由			

（申请事项表说明：A4纸大小，标题字为方正小标宋－GBK二号，内容字体为方正仿宋－GBK三号）

附件4

中华人民共和国
保税物流中心（B型）企业注册登记证书

海关编号：（　　）中心B册字第　　号

________：

你单位于____年____月____日申请在 保税物流中心（B型）内设立企业，根据《中华人民共和国海关法》和《中华人民共和国海关对保税物流中心（B型）的暂行管理办法》的规定，经审查验收合格，准予设立。

此证。

中华人民共和国海关总署（印章）

年　　月　　日

（证书样式说明：框边外白底，框边红色，框内黄底黑字。证书外套为墨绿色封皮，证书名称为金字，尺寸37.65厘米×25.8厘米）

附件5

保税物流中心标牌示意图

中华人民共和国 THE PEOPLE'S REPUBLIC OF CHINA
海关保税物流中心 （B型）
CUSTOMS BONDED LOGISTICS CENTRE（B） 年　　月　　日

说明：标牌由0.2厘米厚的铜板制成。尺寸为80厘米×65厘米，裙边宽3厘米。牌面上部为“中华人民共和国”及英语译文字样，中部为“×××海关保税物流中心”及英语译文字样，底部为年月日等，标牌字体为宋体。牌面为自然的铜黄色。牌面上的文字由硫酸蚀刻制成，蚀凹部分用油漆涂为红色。

中华人民共和国海关保税港区管理暂行办法

（2007年8月29日海关总署令第8号发布，自2007年10月3日起施行）

第一章　总　则

第一条　为了规范海关对保税港区的管理，根据《中华人民共和国海关法》（以下简称海关法）和有关法律、行政法规的规定，制定本办法。

第二条　本办法所称的保税港区是指经国务院批准，设立在国家对外开放的口岸港区和与之相连的特定区域内，具有口岸、物流、加工等功能的海关特殊监管区域。

第三条　海关依照本办法对进出保税港区的运输工具、货物、物品以及保税港区内企业、场所进行监管。

第四条　保税港区实行封闭式管理。保税港区与中华人民共和国关境内的其他地区（以下称区外）之间，应当设置符合海关监管要求的卡口、围网、视频监控系统以及海关监管所需的其他设施。

第五条　保税港区内不得居住人员。除保障保税港区内人员正常工作、生活需要的非营利性设施外，保税港区内不得建立商业性生活消费设施和开展商业零售业务。

海关及其他行政管理机构的办公场所应当设置在保税港区规划面积以内、围网以外的保税港区综合办公区内。

第六条　保税港区管理机构应当建立信息共享的计算机公共信息平台，并通过“电子口岸”实现区内企业及相关单位与海关之间的电子数据交换。

第七条 保税港区的基础和监管设施、场所等应当符合《海关特殊监管区域基础和监管设施验收标准》。经海关总署会同国务院有关部门验收合格后，保税港区可以开展有关业务。

第八条 保税港区内可以开展下列业务：

（一）存储进出口货物和其他未办结海关手续的货物；

（二）对外贸易，包括国际转口贸易；

（三）国际采购、分销和配送；

（四）国际中转；

（五）检测和售后服务维修；

（六）商品展示；

（七）研发、加工、制造；

（八）港口作业；

（九）经海关批准的其他业务。

第九条 保税港区内企业（以下简称区内企业）应当具有法人资格，具备向海关缴纳税款以及履行其他法定义务的能力。特殊情况下，经保税港区主管海关核准，区外法人企业可以依法在保税港区内设立分支机构，并向海关备案。

第十条 海关对区内企业实行计算机联网管理制度和海关稽查制度。

区内企业应当应用符合海关监管要求的计算机管理系统，提供供海关查阅数据的终端设备和计算机应用的软件接口，按照海关规定的认证方式和数据标准与海关进行联网，并确保数据真实、准确、有效。

海关依法对区内企业开展海关稽查，监督区内企业规范管理和守法自律。

第十一条 区内企业应当依照《中华人民共和国会计法》及有关法律、行政法规的规定，规范财务管理，设置符合海关监管要求的账册和报表，记录本企业的财务状况和有关进出保税港区货物、物品的库存、转让、转移、销售、加工和使用等情况，如实填写有关单证、账册，凭合法、有效的凭证记账和核算。

第十二条 保税港区内港口企业、航运企业的经营和相关活动应当符合有关法律、行政法规和海关监管的规定。

第十三条 国家禁止进出口的货物、物品不得进出保税港区。

第十四条 区内企业的生产经营活动应当符合国家产业发展要求，不得开展高耗能、高污染和资源性产品以及列入《加工贸易禁止类商品目录》商品的加工贸易业务。

第二章　对保税港区与境外之间进出货物的监管

第十五条 保税港区与境外之间进出的货物应当在保税港区主管海关办理海关手续；进出境口岸不在保税港区主管海关辖区内的，经保税港区主管海关批准，可以在口岸海关办理海关手续。

第十六条 海关对保税港区与境外之间进出的货物实行备案制管理，对从境外进入保税港区的货物予以保税，但本办法第十七条、第十八条和第三十九条规定的情形除外。

按照本条前款规定实行备案制管理的，货物的收发货人或者代理人应当如实填写进出境货物备案清单，向海关备案。

第十七条 除法律、行政法规另有规定外，下列货物从境外进入保税港区，海关免征进口关税和进口环节海关代征税：

（一）区内生产性的基础设施建设项目所需的机器、设备和建设生产厂房、仓储设施所需的基建物资；

（二）区内企业生产所需的机器、设备、模具及其维修用零配件；

（三）区内企业和行政管理机构自用合理数量的办公用品。

第十八条 从境外进入保税港区，供区内企业和行政管理机构自用的交通运输工具、生活消费用品，按进口货物的有关规定办理报关手续，海关按照有关规定征收进口关税和进口环节海关代征税。

第十九条 从保税港区运往境外的货物免征出口关税，但法律、行政法规另有规定的除外。

第二十条 保税港区与境外之间进出的货物，不实行进出口配额、许可证件管理，但法律、行政法规和规章另有规定的除外。

对于同一配额、许可证件项下的货物，海关在进区环节已经验核配额、许可证件的，在出境环节不再要求企业出具配额、许可证件原件。

第三章　对保税港区与区外之间进出货物的监管

第二十一条 保税港区与区外之间进出的货物，区内企业或者区外收发货人按照进出口货物的有关规定向保税港区主管海关办理申报手续。需要征税的，区内企业或者区外收发货人按照货物进出区时的实际状态缴纳税款；属于配额、许可证件管理商品的，区内企业或者区外收货人还应当向海关出具配额、许可证件。对于同一配额、许可证件项下的货物，海关在进境环节已经验核配额、许可证件的，在出区环节不再要求企业出具配额、许可证件原件。

区内企业在区外从事对外贸易业务且货物不实际进出保税港区的，可以在收发货人所在地或者货物实际进出境口岸地海关办理申报手续。

第二十二条 海关监管货物从保税港区与区外之间进出的，保税港区主管海关可以要求提供相应的担保。

第二十三条 区内企业在加工生产过程中产生的边角料、废品，以及加工生产、储存、运输等过程中产生的包装物料，区内企业提出书面申请并且经海关批准的，可以运往区外，海关按出区时的实际状态征税。属于进口配额、许可证件管理商品的，免领进口配额、许可证件；属于列入《禁止进口废物目录》的废物以及其他危险废物需出区进行处置的，有关企业凭保税港区行政管理机构以及所在地的市级环保部门批件等材料，向海关办理出区手续。

区内企业在加工生产过程中产生的残次品、副产品出区内销的，海关按内销时的实际状态征税。属于进口配额、许可证件管理的，企业应当向海关出具进口配额、许可证件。

第二十四条 经保税港区运往区外的优惠贸易协定项下货物，符合海关总署相关原产地管理规定的，可以申请享受协定税率或者特惠税率。

第二十五条 经海关核准，区内企业可以办理集中申报手续。实行集中申报的区内企业应当对1个自然月内的申报清单数据进行归并，填制进出口货物报关单，在次月底前向海关办理集中申报手续。

集中申报适用报关单集中申报之日实施的税率、汇率，集中申报不得跨年度办理。

第二十六条 区外货物进入保税港区的，按照货物出口的有关规定办理缴税手续，并按照下列规定签发用于出口退税的出口货物报关单证明联。

（一）从区外进入保税港区供区内企业开展业务的国产货物及其包装物料，海关按照对出口货物的有关规定办理，签发出口货物报关单证明联。货物转关出口的，启运地海关在收到保税港区主管海关确认转关货物已进入保税港区的电子回执后，签发出口货物报关单证明联。

（二）从区外进入保税港区供保税港区行政管理机构和区内企业使用的国产基建物资、机器、装卸设备、管理设备、办公用品等，海关按照对出口货物的有关规定办理，签发出口货物报关单证明联。

（三）从区外进入保税港区供保税港区行政管理机构和区内企业使用的生活消费用品和交通运输工具，海关不予签发出口货物报关单证明联。

（四）从区外进入保税港区的原进口货物、包装物料、设备、基建物资等，区外企业应当向海关提供上述货物或者物品的清单，按照出口货物的有关规定办理申报手续，海关不予签发出口货物报关单证明联，原已缴纳的关税、进口环节海关代征税不予退还。

第二十七条 经保税港区主管海关批准，区内企业可以在保税港区综合办公区专用的展示场所举办商品展示活动。展示的货物应当在海关备案，并接受海关监管。

区内企业在区外其他地方举办商品展示活动的，应当比照海关对暂时进境货物的管理规定办理有关手续。

第二十八条 保税港区内使用的机器、设备、模具和办公用品等海关监管货物，可以比照进境修理货物的有关规定，运往区外进行检测、维修。区内企业将模具运往区外进行检测、维修的，应当留存模具所生产产品的样品或者图片资料。

运往区外进行检测、维修的机器、设备、模具和办公用品等，不得在区外用于加工生产和使用，并且应当自运出之日起60日内运回保税港区。因特殊情况不能如期运回的，区内企业或者保税港区行政管理机构应当在期限届满前7日内，以书面形式向海关申请延期，延长期限不得超过30日。

检测、维修完毕运回保税港区的机器、设备、模具和办公用品等应当为原物。有更换新零件、配件或者附件的，原零件、配件或者附件应当一并运回保税港区。对在区外更换的国产零件、配件或者附件，需要退税的，由区内企业或者区外企业提出申请，保税港区主管海关按照出口货物的有关规定办理手续，签发出口货物报关单证明联。

第二十九条 区内企业需要将模具、原材料、半成品等运往区外进行加工的，应当在开展外发加工前，凭承揽加工合同或者协议、承揽企业营业执照复印件和区内企业签章确认的承揽企业生产能力状况等材料，向保税港区主管海关办理外发加工手续。

委托区外企业加工的期限不得超过6个月，加工完毕后的货物应当按期运回保税港区。在区外开展外发加工产生的边角料、废品、残次品、副产品不运回保税港区的，海关应当按照实际状态征税。区内企业凭出区时委托区外加工申请书以及有关单证，向海关办理验放核销手续。

第四章　对保税港区内货物的监管

第三十条　保税港区内货物可以自由流转。区内企业转让、转移货物的，双方企业应当及时向海关报送转让、转移货物的品名、数量、金额等电子数据信息。

第三十一条　区内企业不实行加工贸易银行保证金台账和合同核销制度，海关对保税港区内加工贸易货物不实行单耗标准管理。区内企业应当自开展业务之日起，定期向海关报送货物的进区、出区和储存情况。

第三十二条　申请在保税港区内开展维修业务的企业应当具有企业法人资格，并在保税港区主管海关登记备案。区内企业所维修的产品仅限于我国出口的机电产品售后维修，维修后的产品、更换的零配件以及维修过程中产生的物料等应当复运出境。

第三十三条　区内企业需要开展危险化工品和易燃易爆物品生产、经营和运输业务的，应当取得安全监督、交通等相关部门的行政许可，并报保税港区主管海关备案。

有关储罐、装置、设备等设施应当符合海关的监管要求。通过管道进出保税港区的货物，应当配备计量检测装置和其他便于海关监管的设施、设备。

第三十四条　区内企业申请放弃的货物，经海关及有关主管部门核准后，由保税港区主管海关依法提取变卖，变卖收入由海关按照有关规定处理，但法律、行政法规和海关规章规定不得放弃的货物除外。

第三十五条　因不可抗力造成保税港区货物损毁、灭失的，区内企业应当及时书面报告保税港区主管海关，说明情况并提供灾害鉴定部门的有关证明。经保税港区主管海关核实确认后，按照下列规定处理：

（一）货物灭失，或者虽未灭失但完全失去使用价值的，海关予以办理核销和免税手续。

（二）进境货物损毁，失去部分使用价值的，区内企业可以向海关办理退运手续。如不退运出境并要求运往区外的，由区内企业提出申请，经保税港区主管海关核准，按照海关审定的价格进行征税。

（三）区外进入保税港区的货物损毁，失去部分使用价值，且需向出口企业进行退换的，可以退换为与损毁货物相同或者类似的货物，并向保税港区主管海关办理退运手续。

需退运到区外的，属于尚未办理出口退税手续的，可以向保税港区主管海关办理退运手续；属于已经办理出口退税手续的，按照本条第一款第（二）项进境货物运往区外的有关规定办理。

第三十六条　因保管不善等非不可抗力因素造成货物损毁、灭失的，区内企业应当及时书面报告保税港区主管海关，说明情况。经保税港区主管海关核实确认后，按照下列规定办理：

（一）从境外进入保税港区的货物，区内企业应当按照一般贸易进口货物的规定，按照海关审定的货物损毁或灭失前的完税价格，以货物损毁或灭失之日适用的税率、汇率缴纳关税、进口环节海关代征税；

（二）从区外进入保税港区的货物，区内企业应当重新缴纳因出口而退还的国内环节有关税收，海关据此办理核销手续，已缴纳出口关税的，不予退还。

第三十七条　保税港区货物不设存储期限。但存储期限超过2年的，区内企业应当每年向海关备案。

因货物性质和实际情况等原因，在保税港区继续存储会影响公共安全、环境卫生或者人体健康的，海关应当责令企业及时办结相关海关手续，将货物运出保税港区。

第三十八条　海关对于保税港区与其他海关特殊监管区域或者保税监管场所之间往来的货物，实行保税监管，不予签发用于办理出口退税的出口货物报关单证明联。但货物从未实行国内货物入区（仓）环节出口退税制度的海关特殊监管区域或者保税监管场所转入保税港区的，视同货物实际离境，由转出地海关签发用于办理出口退税的出口货物报关单证明联。

保税港区与其他海关特殊监管区域或者保税监管场所之间的流转货物，不征收进出口环节的有关税收。

承运保税港区与其他海关特殊监管区域或者保税监管场所之间往来货物的运输工具，应当符合海关监管要求。

第五章　对直接进出口货物以及进出保税港区运输工具和个人携带货物、物品的监管

第三十九条　通过保税港区直接进出口的货物，海关按照进出口的有关规定进行监管；出口货物的发货人或者其代理人可以在货物运抵保税港区前向海关申报；出口货物运抵保税港区，海关接受申报并放行结关后，按照有关规定签发出口货物报关单证明联。

第四十条 运输工具和个人进出保税港区的，应当接受海关监管和检查。

第四十一条 进出境运输工具服务人员及进出境旅客携带个人物品进出保税港区的，海关按照进出境旅客行李物品的有关规定进行监管。

第四十二条 保税港区与区外之间进出的下列货物，经海关批准，可以由区内企业指派专人携带或者自行运输：

（一）价值1万美元以下的小额货物；

（二）因品质不合格复运区外退换的货物；

（三）已办理进口纳税手续的货物；

（四）企业不要求出口退税的货物；

（五）其他经海关批准的货物。

第六章 附 则

第四十三条 从境外运入保税港区的货物和从保税港区运往境外的货物列入海关进出口统计，但法律、行政法规和海关规章另有规定的除外。从区外运入保税港区和从保税港区运往区外的货物，列入海关单项统计。

区内企业之间转让、转移的货物，以及保税港区与其他海关特殊监管区域或者保税监管场所之间往来的货物，不列入海关统计。

第四十四条 违反本办法，构成走私行为、违反海关监管规定行为或者其他违反海关法行为的，由海关依照海关法和《中华人民共和国海关行政处罚实施条例》的有关规定予以处理；构成犯罪的，依法追究刑事责任。

第四十五条 经国务院批准设立在内陆地区的具有保税港区功能的综合保税区，参照本办法进行管理。

第四十六条 本办法由海关总署负责解释。

第四十七条 本办法自2007年10月3日起施行。

中华人民共和国海关保税核查办法

（2006年12月26日海关总署令第154号发布，自2007年1月1日起施行）

第一章 总 则

第一条 为了规范海关保税核查，加强海关对保税业务的监督管理，根据《中华人民共和国海关法》（以下简称《海关法》）以及其他有关法律、行政法规的规定，制定本办法。

第二条 本办法所称的保税核查，是指海关依法对监管期限内的保税加工货物、保税物流货物进行验核查证，检查监督保税加工企业、保税物流企业和海关特殊监管区域、保税监管场所内保税业务经营行为真实性、合法性的行为。

第三条 保税核查由海关保税监管部门组织实施。

第四条 保税核查应当由两名或者两名以上海关核查人员共同实施。

海关核查人员实施核查时，应当出示海关核查证。海关核查证由海关总署统一制发。

第五条 保税加工企业、保税物流企业以及海关特殊监管区域、保税监管场所经营企业（以下简称被核查人）可以书面向海关提出为其保守商业秘密的要求，并具体列明需要保密的内容。

海关应当按照国家有关规定，妥善保管被核查人提供的涉及商业秘密的资料。

第六条 被核查人应当对保税货物和非保税货物统一记账、分别核算。

被核查人应当按照《中华人民共和国会计法》及有关法律、行政法规的规定，设置规范的财务账簿、报表，记录保税企业的财务状况和有关保税货物的进出口、存储、转移、销售、使用和损耗等情况，如实填写有关单证、账册，凭合法、有效的凭证记账和核算。

被核查人应当在保税货物海关监管期限以及其后3年内保存上述资料。

第七条 海关可以通过数据核实、单证检查、实物盘点、账物核对等形式对被核查人进行实地核查，也可以根据被核查人提交的纸质单证和报送的电子数据进行书面核查。

第二章　保税核查范围

第一节　保税加工业务核查

第八条　海关自保税加工企业向海关申请办理保税加工业务备案手续之日起至海关对保税加工手册核销结案之日止，或者自实施联网监管的保税加工企业电子底账核销周期起始之日起至其电子底账核销周期核销结束之日止，可以对保税加工货物以及相关的保税加工企业开展核查。

第九条　海关对保税加工企业开展核查的，应当核查以下内容：

（一）保税加工企业的厂房、仓库和主要生产设备以及法定代表人、主要负责人等企业基本情况与备案资料是否相符；

（二）保税加工企业账册设置是否规范、齐全；

（三）保税加工企业出现分立、合并或者破产等情形的，是否依照规定办理海关手续；

（四）保税加工企业开展深加工结转、外发加工业务的，是否符合海关对深加工结转或者外发加工条件和生产能力的有关规定。

第十条　海关对保税加工货物开展核查的，应当核查以下内容是否与实际情况相符：

（一）保税加工企业申报的进口料件和出口成品的商品名称、商品编码、规格型号、价格、原产地、数量等情况；

（二）保税加工企业申报的单耗情况；

（三）保税加工企业申报的内销保税货物的商品名称、商品编码、规格型号、价格、数量等情况；

（四）保税加工企业申报的深加工结转以及外发加工货物的商品名称、商品编码、规格型号、数量等情况；

（五）保税加工企业申请放弃的保税货物的商品名称、商品编码、规格型号、数量等情况；

（六）保税加工企业申报的受灾保税货物的商品名称、商品编码、规格型号、数量、破损程度以及价值认定等情况；

（七）保税加工企业的不作价设备的名称、数量等情况。

第二节　保税物流业务核查

第十一条　海关自保税物流货物运入海关特殊监管区域、保税监管场所之日起至运出海关特殊监管区域、保税监管场所之日止，可以对保税物流货物以及相关保税物流企业开展核查。

第十二条　海关对保税物流企业进行核查的，应当核查以下内容：

（一）保税物流企业的厂房、仓库以及法定代表人、主要负责人等企业基本情况与备案资料是否相符；

（二）保税物流企业账册设置是否规范、齐全；

（三）保税物流企业出现分立、合并或者破产等情形的，是否依照规定办理海关手续。

第十三条　海关对保税物流货物开展核查的，应当核查以下内容是否与实际情况相符：

（一）保税物流货物的进出、库存、转移、简单加工、使用等情况；

（二）保税物流货物的出售、转让、抵押、质押、留置、移作他用或者进行其他处置情况；

（三）保税物流企业内销保税货物的商品名称、商品编码、规格型号、价格、数量等情况；

（四）保税物流企业申请放弃的保税货物的商品名称、商品编码、规格型号、数量等情况；

（五）保税物流企业申报的受灾保税货物的商品名称、商品编码、规格型号、数量、破损程度以及价值认定等情况。

第三节　海关特殊监管区域、保税监管场所核查

第十四条　海关自海关特殊监管区域、保税监管场所验收合格之日起至其经营期限结束之日止，可以对海关特殊监管区域、保税监管场所管理和经营情况开展核查。

第十五条　海关对海关特殊监管区域开展核查的，应当核查以下内容是否符合有关规定：

（一）海关特殊监管区域隔离设施、监视监控设施情况；

（二）海关特殊监管区域内人员居住和建立商业性消费设施情况；

（三）海关特殊监管区域管理机构建立计算机公共信息平台情况；

（四）海关特殊监管区域内被核查人应用计算机管理系统情况；

（五）海关特殊监管区域经营企业设置账簿、报表情况。

第十六条　海关应当对保税监管场所开展下列核查：

（一）海关保税监管场所是否专库专用；

（二）海关保税监管场所内被核查人是否应用符合海关监管要求的计算机管理系统，并与海关实行计算机联网；

（三）海关保税监管场所经营企业是否设置符合海关监管要求的账簿、报表等。

第三章 保税核查程序

第一节 核查准备

第十七条 海关实施核查前，应当根据保税企业、保税货物进出口以及海关特殊监管区域、保税监管场所经营情况，确定被核查人，编制海关核查工作方案。

第十八条 海关实施核查前，应当通知被核查人。

特殊情况下，经海关关长批准，海关可以径行核查。

第十九条 被核查人提供经海关认可的中介机构出具的审计报告，并经海关审核认定的，海关可以对被核查人免于实施保税核查；海关认为必要时，可以委托中介机构参与保税核查。

第二节 核查实施

第二十条 海关核查人员开展核查可以行使下列职权：

（一）查阅、复制被核查人与保税业务有关的合同、发票、单据、账册、业务函电和其他有关资料（以下简称账簿、单证）；

（二）进入被核查人的生产经营场所、货物存放场所，检查与保税业务有关的生产经营情况和货物；

（三）询问被核查人的法定代表人、主要负责人或者其他有关人员与保税业务有关的情况。

第二十一条 被核查人应当接受并配合海关实施保税核查，提供必要的工作条件，如实反映情况，提供海关保税核查需要的有关账簿、单证等纸质资料和电子数据，不得拒绝、拖延、隐瞒。

海关查阅、复制被核查人的有关资料或者进入被核查人的生产经营场所、货物存放场所核查时，被核查人的有关负责人或者其指定的代表应当到场，并按照海关的要求清点账簿、打开货物存放场所、搬移货物或者开启货物包装。

被核查人委托其他机构、人员记账的，被委托人应当与被核查人共同配合海关查阅有关会计资料。

第二十二条 海关在核查过程中提取的有关资料、数据等，应当交由被核查人签字确认。

第二十三条 海关核查结束时，核查人员应当填制“海关保税核查工作记录”（见附件1）并签名。

实地核查的，“海关保税核查工作记录”还应当交由被核查人的有关负责人或者其指定的代表签字或者盖章；拒不签字或者盖章的，海关核查人员应当在海关保税核查工作记录上注明。

第三节 核查处理

第二十四条 核查结束后，海关应当对“海关保税核查工作记录”以及相关材料进行归档或者建立电子档案备查。

第二十五条 海关应当在保税核查结束后15个工作日内作出保税核查结论，并告知被核查人。

发现保税核查结论有错误的，海关应当予以纠正。

第二十六条 海关实施保税核查，发现被核查人存在不符合海关监管要求的，可以采取以下处理方式，并填制保税核查处理通知书（见附件2）书面告知被核查人：

（一）责令补办相关手续；

（二）责令限期改正；

（三）责令按照有关规定提供担保。

第二十七条 违反本办法，构成走私行为、违反海关监管规定行为或者其他违反海关法行为的，由海关依照海关法和《中华人民共和国海关行政处罚实施条例》的有关规定予以处理；构成犯罪的，依法追究刑事责任。

第四章 附 则

第二十八条 本办法下列用语的含义：

保税企业，是指经海关备案注册登记，按照保税政策，依法从事保税加工业务、保税物流业务或者经营海关特殊监管区域、保税监管场所的企业。

保税加工业务，是指经海关批准，对以来料加工、进料加工或者其他监管方式进出口的保税货物进行研发、加工、装配、制造以及相关配套服务的生产性经营行为。

保税物流业务，是指经海关批准，将未办理进口纳税手续或者已办结出口手续的货物在境内流转的服务性经营行为。

第二十九条 本办法由海关总署负责解释。

第三十条 本办法自2008年6月1日起施行。

附件1 海关保税核查工作记录

附件2 保税核查处理通知书

附件 1

海关保税核查工作记录

<table>
<tr><td rowspan="4">被核查人情况</td><td>名称（仓库名称）</td><td colspan="3"></td></tr>
<tr><td>海关注册编码</td><td colspan="3"></td></tr>
<tr><td>工商注册地址</td><td colspan="3"></td></tr>
<tr><td>联系人</td><td></td><td>联系电话</td><td></td></tr>
<tr><td rowspan="6">核查情况</td><td>核查时间</td><td colspan="3"></td></tr>
<tr><td>核查地点</td><td colspan="3"></td></tr>
<tr><td>核查项目：</td><td colspan="3"></td></tr>
<tr><td>被核查人提供的资料：</td><td colspan="3"></td></tr>
<tr><td>核查内容：</td><td colspan="3"></td></tr>
<tr><td colspan="2">核查关员签名：

年　月　日</td><td colspan="2">被核查人签名盖章：
本企业保证所提供的资料准确无讹，愿意为之承担法律责任。

（单位印章和代表或者负责人签名）
年　月　日</td></tr>
<tr><td>备注</td><td colspan="4"></td></tr>
</table>

注：本记录一式三份，海关留存两份，被核查人留存一份。

“海关保税核查工作记录”填表说明：

1. 核查时间：核查的起止日期。
2. 核查地点：核查的具体地址。
3. 核查项目：核查的主要目标或者原因。
4. 被核查人提供的资料：被核查人提供的数据、报表、账簿、单证等资料的名称和数量（包括电子资料）。
5. 核查内容：核查的过程、核查的结果等情况。

附件 2

中华人民共和国　　海关
保税核查处理通知书

编号：________

____________________：

根据《中华人民共和国海关保税核查办法》有关规定，我关对你单位进行了保税核查。经核查你单位____________________，现责令你单位自收到本通知书之日起：

□ ________日内补办相关手续：________________________________

□ ________日内限期改正：________________________________

□ ________日内按有关规定提供担保：________________________________

逾期未按海关要求办理，海关将对你单位和负有直接责任人员依法给予相应处理。

特此通知。

（海关印章）

年　　月　　日

此通知书我单位已收到。

（被核查人单位印章或者被核查人代表签名）

年　　月　　日

注：本通知书一式两份，海关和被核查人各留存一份。在“□”内打“√”，同时填写被核查人的办理限期和办理事项。

调查稽查类

中华人民共和国海关对检举或协助查获违反海关法案件有功人员的奖励办法

（1989年8月22日海关总署令第8号发布，自1989年9月1日起施行）

第一条 根据《中华人民共和国海关法》第五十八条的规定，特制定本办法。

第二条 对检举以及协助海关查获走私案件或违反海关监管规定案件的单位或个人，依照本办法，由海关发给奖励金。

前款和本办法第七条所述单位或个人不包括负有经济监督、检查、管理职能和协助海关查缉、处理违反海关法案件任务的机关及其工作人员。

第三条 对走私案件的检举人，海关按实际查获私货变价收入的10%以内掌握发给奖励金，最高不超过人民币10万元。对按规定应将没收物品销毁或无偿移交政府专管机关的走私案件，海关视案情和检举人贡献大小，发给检举人人民币300元以上、5万元以下的奖励金。

第四条 对由于检举而查获的违反海关监管规定的案件，属于补征税款挽回国家经济损失的，按补税和罚款总额的3%以内发给检举人奖励金；对仅给予罚款处罚的违规案件，按罚款额的3%以内发给检举人奖励金。

第五条 同一案件有两个或两个以上检举人的，奖励金额由海关视每个检举人的贡献大小，分别发给。

第六条 对有特殊贡献的案件检举人，经海关总署批准，奖励金不受上述数额的限制。

第七条 对向海关提供案件线索或协助海关查获案件的有关单位和个人，按照贡献大小，酌情给予奖励。

第八条 对居住在境外的检举走私及违反海关监管规定案件的检举人，奖励金之部分或全部可以发给外币。

第九条 受奖的个人或单位，应在海关发出奖励通知之日起6个月内到通知单位领取，逾期不领取的，视为自动放弃。

第十条 海关为检举和协助查获走私及违反海关监管规定案件的个人和单位严格保密。

第十一条 本办法自1989年9月1日起实施。海关总署1985年1月15日发布的《中华人民共和国海关奖励缉私办法》同时废止。

《中华人民共和国海关稽查条例》实施办法

（2000年1月11日海关总署令第79号发布，自2000年3月1日起施行）

第一章　总　则

第一条　为了实施《中华人民共和国海关稽查条例》（以下简称《稽查条例》），制定本办法。

第二条　海关实施稽查应当遵守《稽查条例》和本办法。

第三条　本办法中所称“被稽查人”是指《稽查条例》第三条所列企业、单位。其进出口活动包括：

（一）进出口申报；

（二）进出口关税和其他税、费的缴纳；

（三）进出口许可证、件的交验；

（四）与进出口货物有关的资料记载、保管；

（五）保税货物的进口、使用、储存、加工、销售、运输、展示和复出口；

（六）减免税进口货物的使用、管理；

（七）转关运输货物的承运、管理；

（八）暂时进出口货物的使用、管理；

（九）其他进出口活动。

第四条　海关在下列期限内对被稽查人的会计账簿、会计凭证、报关单证以及其他有关资料和有关进出口货物进行稽查：

（一）减免税进口货物在海关监管期限内；

（二）保税货物在海关规定的监管期限内，或自复运出境放行之日起3年内或经批准转为一般贸易进口放行之日起3年内；

（三）除本条（一）、（二）项所列货物以外的进出口货物在办结海关手续之日起3年内。

第二章　账簿、单证等有关资料的管理

第五条　被稽查人应当根据《中华人民共和国会计法》（以下简称《会计法》）及其他有关法律、法规的规定设置和编制会计账簿、会计凭证、会计报表和其他会计资料，建立健全财务管理制度，真实、准确、完整地记录和反映进出口活动。

第六条　被稽查人应当按照《会计法》和其他有关法律、法规规定的保管期限保管会计账簿、会计凭证、会计报表和其他会计资料。

按照国家财政部门规定实行会计电算化的被稽查人，应当将计算机储存的会计记录打印成中文书面会计记录，与软件说明书、磁盘等介质一起按前款规定保管。

第七条　被稽查人应当按照本办法第四条规定的海关稽查期限保管进出口报关单证、合同以及与进出口业务直接有关的其他资料。

第八条　被稽查人应当按照海关的要求，提供有关进出口货物的购买、销售、加工、使用、损耗、库存情况的书面资料和资产负债表、损益表等会计报表。

第三章　海关稽查的实施

第九条　海关实施稽查3日前，应当制发“海关稽查通知书”（见附件1）通知被稽查人。

第十条　有下列情况之一的，经海关关长批准，海关可以不经事先通知，径行对被稽查人实施稽查：

（一）被稽查人有重大违法嫌疑的；

（二）被稽查人的会计账簿、会计凭证、会计报表、会计电算化资料、报关单证等有关资料（以下统称账簿、单证等有关资料）及进出口货物可能被擅自转移或毁弃的；

（三）情况特殊海关认为有必要的。

海关径行稽查的，应当将“海关稽查通知书”当面送达被稽查人。

第十一条　海关实施稽查应当组成不少于2人的稽查组。

海关工作人员进行稽查时，应当向被稽查人出示“中华人民共和国海关稽查证”。

第十二条　海关工作人员进行稽查时，有下列情况之一的，应当回避：

（一）海关工作人员与被稽查人的法定代表人或主要负责人有近亲属关系的；

（二）海关工作人员或其近亲属与被稽查人有直接利害关系的；

（三）海关工作人员或其近亲属与被稽查人有其他

利害关系，可能影响海关稽查工作正常进行的。

被稽查人有正当理由，可以对海关工作人员提出回避申请。但在海关作出回避决定前，有关海关工作人员不停止执行稽查任务。

第十三条 海关进行稽查时，被稽查人应当配合海关稽查工作，其法定代表人或者主要负责人或其指定代表应当到场，如实反映情况，并提供必要的工作条件。

与被稽查人有财务往来或者其他商务往来的企业、单位应当配合海关工作人员执行职务，如实反映被稽查人的有关情况，提供有关资料和证明材料。

第十四条 海关工作人员查阅、复制被稽查人账薄、单证等有关资料时，被稽查人应当按海关要求提供并协助清点。

被稽查人实行会计电算化管理的，还应当向海关提供记账软件、使用说明书及其他有关资料。

第十五条 被稽查人所在地不具备查阅、复制工作条件的，经被稽查人同意，海关可以在其他场所查阅、复制。

海关需要异地查阅、复制时，应当填写“账簿单证调审单”（见附件2），由双方清点，核对后在“账簿单证调审单”上签字、盖章。

第十六条 海关工作人员复制被稽查人的账簿、单证等有关资料后，被稽查人应当在复制的账簿、单证上签字、盖章。

第十七条 海关工作人员检查被稽查人的生产经营场所和进出口货物存放场所时，被稽查人的法定代表人或主要负责人或其指定的代表人应当到场，按照海关的要求开启场所、搬移货物，开启、重封货物的包装。

检查结果应当由海关工作人员填写检查记录（见附件3），并由双方在检查记录上签字（盖章）。

第十八条 海关工作人员询问被稽查人的法定代表人、主要负责人和其他有关人员时，应当制作询问笔录（见附件4），并由询问人和被询问人签字（盖章）。

第十九条 海关向商业银行或者其他金融机构查询被稽查人的存款账户时，应当持有“协助查询通知书”（见附件5）。

“协助查询通知书”应当经海关关长批准，并加盖海关印章。

第二十条 海关进行稽查时，发现被稽查人有可能转移、隐匿、篡改、毁弃账簿、单证等有关资料的，经海关关长批准，可以暂时封存被稽查人的账簿、单证等有关资料。海关暂时封存被稽查人的账簿、单证等有关资料时，不得妨碍被稽查人正常的生产、经营活动。

海关进行稽查时，发现被稽查人的进出口货物有违反《中华人民共和国海关法》（以下简称《海关法》）和其他有关法律、行政法规规定嫌疑的，经海关关长批准，可以封存被稽查人的有关进出口货物。

海关工作人员对被稽查人的账簿、单证等有关资料实施暂时封存和对被稽查人的进出口货物实施封存时，应当出具“封存通知书”（见附件6）和加贴海关专用封志。海关工作人员和被稽查人对封存物清点后应当在“封存通知书”所附清单上签字（盖章）。

第二十一条 海关按照本办法第二十条的规定封存的账簿、单证等有关资料和货物，经稽查排除违法嫌疑的，应当立即解除封存，并制发“解除封存通知书”（见附件7）通知被稽查人。

第二十二条 海关进行稽查时，发现被稽查人有违反《海关法》和其他有关法律、行政法规行为的，可以扣留被稽查人的账薄、单证等有关资料和进出口货物。

第二十三条 稽查组实施稽查后，应当向海关提出稽查报告。稽查报告报送海关前应当征求被稽查人的意见。

被稽查人应当自收到稽查报告之日起7日内提出书面意见送交海关。逾期未提交的，视为无意见。

第二十四条 海关应当在收到稽查报告之日起30日内作出“海关稽查结论”（见附件8）并送达被稽查人。

第四章 海关稽查的处理

第二十五条 经海关稽查，发现少征或者漏征的税款，应当从缴纳税款或者货物放行之日起1年内，向被稽查人补征。因被稽查人违反规定而造成少征或者漏征的，海关可以在3年内向被稽查人追征。必要时，经海关关长批准，可以通知银行在被稽查人存款内扣缴。

第二十六条 经海关稽查，发现被稽查人有其他违反海关监管规定行为的，由海关依照《海关法》和其他有关法律、行政法规处理。

第二十七条 海关在对被稽查人作出行政处罚决定之前，应当告知被稽查人作出行政处罚决定的事实、理由及依据，并告知被稽查人依法享有的权利。

对于符合《海关行政处罚听证暂行办法》规定的听证申请，海关应当按规定受理。

第二十八条 被稽查人逾期不履行海关行政处罚决定的，海关依照《中华人民共和国行政处罚法》第五十一条和《中华人民共和国海关法行政处罚实施细则》

第三十条的规定处理。

第二十九条 经海关稽查，发现被稽查人涉嫌走私犯罪或者其他犯罪的，移送有关部门处理。不构成走私罪的走私行为，或者构成走私罪但不起诉以及免除刑罚的行为，由海关依照《海关法》和其他有关法律、行政法规处理。

第五章 法律责任

第三十条 被稽查人有《稽查条例》第二十九条和第三十条所列行为之一的，海关应当制发“限期改正通知书”（见附件9）交被稽查人。逾期未改的，海关分别处10000元以上30000元以下和10000元以上50000元以下的罚款。

第三十一条 被稽查人有《稽查条例》第二十九条、第三十条所列行为之一情节严重的，海关取消其报关资格，并对负有直接责任的主管人员和其他直接责任人员处1000元以上5000元以下的罚款。

本条所称负有直接责任的主管人员是指被稽查人的法定代表人及其指定代表、主要负责人以及相关部门负责人；其他直接责任人员是指被稽查人的财务人员、仓库管理人员以及其他直接从事进出口业务的相关人员。

第三十二条 海关工作人员在稽查中玩忽职守、徇私舞弊、滥用职权，或者利用职务上的便利，收受、索取被稽查人的财物，构成犯罪的，依法追究刑事责任；不构成犯罪的，由海关依照《海关法》、《国家公务员暂行条例》和其他有关法律、行政法规予以处理。

第六章 附 则

第三十三条 本办法所规定使用的格式法律文书由海关总署统一制定。

第三十四条 本办法由海关总署负责解释。

第三十五条 本办法自2000年3月1日起实施。

附件1 海关稽查通知书

附件2 账簿单证调审单

附件3 检查记录

附件4 询问记录

附件5 协助查询通知书

附件6 封存通知书

附件7 解除封存通知书

附件8 海关稽查结论

附件9 限期改正通知书

中华人民共和国海关实施人身扣留规定

（2006年1月13日海关总署令第144号公布，自2006年3月1日起施行）

第一章 总 则

第一条 为了规范海关实施人身扣留措施，保证海关依法履行职责，保护公民的合法权益，根据《中华人民共和国海关法》（以下简称海关法）、《中华人民共和国海关行政处罚实施条例》（以下简称实施条例）及其他有关法律、行政法规的规定，制定本规定。

第二条 本规定所称人身扣留（以下简称扣留），是指海关根据海关法第六条第（四）项的规定，对违反海关法以及其他有关法律、行政法规的走私犯罪嫌疑人，依法采取的限制人身自由的行政强制措施。

第三条 海关依法对走私犯罪嫌疑人实施扣留，适用本规定。

第四条 海关实施扣留，应当遵循依法、公正、文明、及时和确保安全的原则，做到适用对象准确、程序合法、处置适当。

第五条 海关实施扣留应当由持有海关查缉证的海关工作人员（以下简称海关工作人员）执行。

第二章 适用对象和时限

第六条 海关工作人员在海关监管区和海关附近沿海沿边规定地区，发现有下列行为涉嫌走私犯罪的，经当场查问、检查，可以对走私犯罪嫌疑人实施扣留：

（一）有实施条例第七条第（一）项至第（五）项所列行为，且数额较大，情节严重的；

（二）直接向走私人非法收购国家禁止进口物品

的，或者直接向走私人非法收购走私进口的其他货物、物品，数额较大的；

（三）在内海、领海、界河、界湖运输、收购、贩卖国家禁止进出口物品的，或者运输、收购、贩卖国家限制进出口货物、物品，数额较大，没有合法证明的；

（四）与走私犯罪嫌疑人通谋，为其提供贷款、资金、账号、发票、证明，或者为其提供运输、保管、邮寄或者其他方便的；

（五）有逃避海关监管，涉嫌走私犯罪的其他行为的。

第七条 对有下列情形之一的人员，不适用扣留：

（一）经过当场查问、检查，已经排除走私犯罪嫌疑的；

（二）所涉案件已经作为刑事案件立案的；

（三）有证据证明患有精神病、急性传染病或者其他严重疾病的；

（四）其他不符合本规定第六条条件的。

第八条 对符合本规定第六条所列条件，同时具有下列情形之一的人员，可以实施扣留，但在实施扣留时应当自被扣留人签字或者捺指印之时起4小时以内查问完毕，且不得送入扣留室：

（一）怀孕或者正在哺乳自己不满1周岁婴儿的妇女；

（二）已满70周岁的老年人。

第九条 对走私犯罪嫌疑人，扣留时间不超过24小时；对符合本规定第十条规定情形的，可以延长至48小时。

前款规定的时限应当自走私犯罪嫌疑人在“中华人民共和国海关扣留走私犯罪嫌疑人决定书”（见附件1，以下简称扣留决定书）上签字或者捺指印之时起，至被海关解除扣留之时止。海关工作人员将走私犯罪嫌疑人带至海关所用路途时间不计入扣留时间。

第十条 海关在实施扣留的24小时内发现具有下列情形之一的，可以对走私犯罪嫌疑人延长扣留时间：

（一）拒不配合海关调查，陈述的事实与海关掌握的走私违法犯罪事实明显不一致的；

（二）经调查发现走私行为具有连续性或者有团伙走私犯罪嫌疑的；

（三）经多名证人指证，仍拒不陈述走私犯罪行为的；

（四）有隐匿、转移、伪造、毁灭其走私犯罪证据或者串供可能的；

（五）未提供真实姓名、住址、单位，身份不明的。

第十一条 对已经排除走私犯罪嫌疑，或者扣留期限、延长扣留期限届满的，海关应当及时解除扣留。

对按照《中华人民共和国刑事诉讼法》（以下简称刑事诉讼法）的有关规定需要采取刑事强制措施的，应当及时解除扣留并按照刑事诉讼法的规定作出处理。

第十二条 海关应当严格按照本规定中的适用范围、期限和程序实施扣留，禁止下列行为：

（一）超出适用范围实施扣留；

（二）超过时限扣留；

（三）未经当场查问、检查实施扣留；

（四）以扣留代替行政处罚；

（五）将扣留作为执行行政处罚、追补征税款的执行手段；

（六）扣留享有外交特权和豁免权的人员。

第三章 审批和执行

第十三条 对符合本规定第六条所列情形，确有必要实施扣留的走私犯罪嫌疑人，经直属海关关长或者其授权的隶属海关关长批准，海关制发扣留决定书实施扣留。扣留决定书应当注明扣留起始时间，并由被扣留人签字或者捺指印。被扣留人拒不签字或者捺指印的，应当予以注明。

在紧急情况下需要当场对走私犯罪嫌疑人实施扣留的，应当经直属海关关长或者其授权的隶属海关关长口头批准，并在返回海关后4个小时内补办手续。扣留起始时间自走私犯罪嫌疑人被带至海关时起算。

第十四条 海关实施扣留时，应当由2名以上海关工作人员执行，出示查缉证并且告知被扣留人享有的救济权利。

第十五条 海关对走私犯罪嫌疑人采取扣留的，应当立即通知其家属或者其所在单位并做好记录。对被扣留人身份不明或者无法通知家属、单位的，应当经其确认后记录在案。

第十六条 有下列情形之一的，海关可以不通知被扣留人的家属或者其所在单位：

（一）同案的走私犯罪嫌疑人可能逃跑、串供或者隐匿、转移、伪造、毁灭其犯罪证据的；

（二）未提供真实姓名、住址、单位，身份不明的；

（三）其他有碍调查或者无法通知的。

上述情形消除后，海关应当立即通知被扣留人的家属或者其所在单位。

第十七条 对本规定第八条规定的人员在晚上9点至次日早上7点之间解除扣留的，海关应当通知其家属领回；或者由当事人提供其认为可以依赖的亲属、朋友或者同事等人将其领回；对身份不明、没有家属或者无人领回的，应当护送至其住地，并由见证人签字确认；在本地无住地的，可以交由当地社会救助机构帮助其返家，并由相关人员签字确认。

第十八条 被扣留人的家属为老年人、残疾人、精神病人、不满16周岁的未成年人或者其他没有独立生活能力的人，因海关实施扣留而使被扣留人的家属无人照顾的，海关应当通知其亲友予以照顾或者采取其他适当办法妥善安排，并且将安排情况及时告知被扣留人。

第十九条 对符合本规定第十条所列条件，确有必要将扣留时间从24小时延长至48小时的，在实施扣留的24小时届满之前，经直属海关关长或者其授权的隶属海关关长批准，海关制发“中华人民共和国海关延长扣留走私犯罪嫌疑人期限决定书”（见附件2，以下简称延长扣留决定书）。由被扣留人在延长扣留决定书上签名或者捺指印，被扣留人拒绝签名或者捺指印的，应当予以注明。

第二十条 对于被扣留人，海关应当在实施扣留后8小时内进行查问。

第二十一条 对被扣留人解除扣留的，海关制发“中华人民共和国海关解除扣留走私犯罪嫌疑人决定书”（见附件3，以下简称解除扣留决定书），并注明解除扣留时间，由被扣留人在解除扣留决定书上签名或者捺指印，被扣留人拒绝签名或者捺指印的，应当予以注明。

第四章　扣留室设置和管理

第二十二条 除本规定第八条所列的情形外，在扣留期间，海关应当将被扣留人送入扣留室。

第二十三条 扣留室的设置应当达到以下标准：

（一）扣留室房屋牢固、安全、通风、透光，单间使用面积不得少于6平方米，层高不低于2.55米；

（二）扣留室内配备固定的坐具、卧具，并保持清洁、卫生；

（三）扣留室内不得有可能被直接用于行凶、自杀、自伤的等物品；

（四）看管被扣留人的值班室与扣留室相通的，应当采用栏杆分隔，以便于观察室内情况；

（五）扣留室应当标明名称，并在明显位置公布有关扣留的规定、被扣留人依法享有的权利和扣留室管理规定。

第二十四条 海关应当建立以下扣留室日常管理制度，依法严格、文明管理：

（一）建立“被扣留人员进出登记表”。载明被扣留人的姓名、性别、年龄、户籍地，以及办案部门、承办人、扣留起止时间、进出扣留室时间及处理结果等情况。

（二）建立值班、看管和巡查制度。扣留室有被扣留人时，应当由海关工作人员如实记录有关情况，并做好交接班工作。

（三）建立档案管理制度。对有关法律文书按照档案管理的要求归档保存。

（四）建立双人看管制度。扣留室应当由2名以上与被扣留人同性别的海关工作人员负责看管，不得将不同性别的被扣留人送入同一个扣留室。

第二十五条 海关工作人员对被扣留人的人身及携带的物品应当进行严格检查，防止带入可疑物品或者可能被用于行凶、自杀、自伤、自残、脱逃的等物品。

在进行人身检查时，发现被扣留人有外伤、严重疾病发作的明显症状的，应当立即报告上级主管部门及监察部门，并做好详细记录。

对被扣留人的人身检查，应当由2名以上与被扣留人同性别的海关工作人员执行。

第二十六条 将被扣留人送入扣留室时，对其随身携带的物品，海关应当制作“中华人民共和国海关暂存物品、文件清单”（见附件4，以下简称暂存物品、文件清单）经被扣留人签名或者捺指印确认后妥善保管，被扣留人拒绝签名或者捺指印的，应当予以注明。

扣留结束后，被扣留人的物品中属于违法犯罪证据或者违禁品的，应当依法随案移交或者依法作出处理，并在暂存物品、文件清单上注明；与案件无关的，应当立即返还被扣留人，并在暂存物品、文件清单上注明，由被扣留人签名或者捺指印，被扣留人拒绝签名或者捺指印的，应当予以注明。

第二十七条 扣留期间，实施扣留的海关应当为被扣留人提供基本的生活条件。

对在扣留期间突患疾病或者受伤的被扣留人，海关工作人员应当立即采取措施救治，并通知被扣留人家属或者单位。无法通知的，应当记录在案，上述治疗费用由被扣留人或者其家属承担。但由于海关工作人员的过错导致被扣留人患病或者受伤的，治疗费用由实施扣留的海关承担。

第五章　执法监督

第二十八条　在扣留期间，海关应当依法保障被扣留人的合法权益，不得有下列行为：

（一）刑讯逼供或者以威胁、引诱、欺骗等非法手段收集证据；

（二）殴打、体罚、虐待、侮辱被扣留人；

（三）敲诈勒索或者索取、收受贿赂；

（四）侵吞、挪用、损毁被扣留人的财物；

（五）违反规定收费或者实施处罚；

（六）其他侵犯被扣留人合法权益的行为。

第二十九条　对海关工作人员在实施扣留中有违反本规定行为的，应当按照相关规定追究有关责任人员的执法过错责任，并按照《中华人民共和国海关法》及有关法律、行政法规的有关规定给予处分。构成犯罪的，依法追究直接负责的主管人员和其他直接责任人员的刑事责任。

第六章　附　则

第三十条　本规定所称“以上”、“以内”，均包含本数。

第三十一条　本规定由海关总署负责解释。

第三十二条　本规定自2006年3月1日起施行。

附件1　中华人民共和国海关扣留走私犯罪嫌疑人决定书

附件2　中华人民共和国海关延长扣留走私犯罪嫌疑人期限决定书

附件3　中华人民共和国海关解除扣留走私犯罪嫌疑人决定书

附件4　中华人民共和国海关暂存物品、文件清单

附件1

中华人民共和国　　海关
扣留走私犯罪嫌疑人决定书

（正本）

关　字［　］　号

根据《中华人民共和国海关法》第六条第（四）项、《中华人民共和国海关行政处罚实施条例》第三十七条的有关规定，现决定对走私犯罪嫌疑人________予以扣留。

如不服本决定，依照《中华人民共和国行政复议法》第九条、第十二条，《中华人民共和国行政诉讼法》第三十九条之规定，可自本决定书送达之日起60日内向________海关（海关总署）申请行政复议，或自本决定书送达之日起3个月内，向________人民法院起诉。

关长：

（关印）

年　月　日

中华人民共和国　　海关
扣留走私犯罪嫌疑人决定书

（副本）

关　字［　］　号

根据《中华人民共和国海关法》第六条第（四）项、《中华人民共和国海关行政处罚实施条例》第三十七条的有关规定，现决定对走私犯罪嫌疑人________予以扣留。

如不服本决定，依照《中华人民共和国行政复议法》第九条、第十二条，《中华人民共和国行政诉讼法》第三十九条之规定，可自本决定书送达之日起60日内向________海关（海关总署）申请行政复议，或自本决定书送达之日起3个月内，向________人民法院起诉。

关长：

（关印）

年　月　日

本决定已于____年____月____日____时____分向我宣布。

被扣留人签字：________

中华人民共和国　　海关
扣留走私犯罪嫌疑人决定书
（存根）

关　字［　］　号

被扣留人姓名________________
性别________　年龄________　籍贯/国籍________
证件名称及号码________________
职业________________
住址________________
扣留原因________________
____
关长批准：________________
执行关员：________________
填表人：________________
填表时间：________________

附件 2

中华人民共和国　　海关
延长扣留走私犯罪嫌疑人期限决定书
（正本）

关　字［　］　号

根据《中华人民共和国海关法》第六条第（四）项、《中华人民共和国海关行政处罚实施条例》第三十七条的有关规定，决定延长对走私犯罪嫌疑人________予以扣留时间。

如不服本决定，依照《中华人民共和国行政复议法》第九条、第十二条，《中华人民共和国行政诉讼法》第三十九条之规定，可自本决定书送达之日起 60 日内向________海关（海关总署）申请行政复议，或自本决定书送达之日起 3 个月内，向________人民法院起诉。

关长：

（关印）

年　月　日

中华人民共和国　　海关
延长扣留走私犯罪嫌疑人期限决定书
（副本）

关　字［　］　号

根据《中华人民共和国海关法》第六条第（四）项、《中华人民共和国海关行政处罚实施条例》第三十七条的有关规定，决定延长对走私犯罪嫌疑人________予以扣留时间。

如不服本决定，依照《中华人民共和国行政复议法》第九条、第十二条，《中华人民共和国行政诉讼法》第三十九条之规定，可自本决定书送达之日起 60 日内向________海关（海关总署）申请行政复议，或自本决定书送达之日起 3 个月内，向________人民法院起诉。

关长：

（关印）

年　月　日

本决定已于____年____月____日____时____分向我宣布。

被扣留人签字：________

中华人民共和国　　海关
延长扣留走私犯罪嫌疑人期限决定书
（存根）

关　字［　］　号

被扣留人姓名________________
性别________　年龄________　籍贯/国籍________
证件名称及号码________________
职业________________
住址________________
延长扣留期限原因________________
____
关长批准：________________
执行关员：________________
填表人：________________
填表时间：________________

附件 3

中华人民共和国　　海关
解除扣留走私犯罪嫌疑人决定书
（正本）

关　　字［　　］　　号

根据《中华人民共和国海关法》第六条第（四）项、《中华人民共和国海关行政处罚实施条例》第三十七条第二款的规定，决定对________予以解除扣留。

关长：

（关印）

年　　月　　日

中华人民共和国　　海关
解除扣留走私犯罪嫌疑人决定书
（副本）

关　　字［　　］　　号

根据《中华人民共和国海关法》第六条第（四）项、《中华人民共和国海关行政处罚实施条例》第三十七条第二款的规定，决定对________予以解除扣留。

关长：

（关印）

年　　月　　日

本决定已于____年____月____日____时____分向我宣布。

被扣留人签字：________

中华人民共和国　　海关
解除扣留走私犯罪嫌疑人决定书
（存根）

关　　字［　　］　　号

被扣留人姓名________________________________
性别________　年龄________　籍贯/国籍________
证件名称及号码________________________________
职业________________________________
住址________________________________
解除扣留原因________________________________
____
关长批准：________________________________
执行关员：________________________________
填表人：________________________________
填表时间：________________________________

附件 4

中华人民共和国　　海关暂存物品、文件清单

编号：

序号	名称	数量	特征	备注
物品、文件持有人： 见证人： 年　　月　　日		暂存单位： 经办人： 年　　月　　日		

本清单一式三份，一份附卷，一份交物品、文件持有人，一份存档。

中华人民共和国海关办理行政处罚案件程序规定

（2007年3月2日海关总署令第159号公布，自2007年7月1日起施行）

第一章 总 则

第一条 为了规范海关办理行政处罚案件程序，保护公民、法人或者其他组织的合法权益，根据《中华人民共和国行政处罚法》、《中华人民共和国海关法》、《中华人民共和国海关行政处罚实施条例》（以下简称海关行政处罚实施条例）及有关法律、行政法规的规定，制定本规定。

第二条 海关办理行政处罚案件的程序适用本规定。法律、行政法规另有规定的除外。

海关侦查走私犯罪公安机构办理治安管理处罚案件的程序依照《中华人民共和国治安管理处罚法》、《公安机关办理行政案件程序规定》执行。

第三条 海关办理行政处罚案件应当遵循公正、公开、及时和便民的原则。

第四条 海关办理行政处罚案件，在少数民族聚居或者多民族共同居住的地区，应当使用当地通用的语言进行查问和询问。

对不通晓当地通用语言文字的当事人，应当为其提供翻译人员。

第五条 海关办理行政处罚案件过程中涉及国家秘密、商业秘密、海关工作秘密或者个人隐私的，应当保守秘密。

第二章 一般规定

第六条 海关发现的依法应当由其他行政机关或者刑事侦查部门处理的违法行为，应当制作案件移送函，及时将案件移送有关行政机关或者刑事侦查部门处理。

第七条 海关在调查、收集证据时，办理行政处罚案件的海关工作人员（以下简称办案人员）不得少于2人，并且应当向当事人或者有关人员出示执法证件。

第八条 办案人员有下列情形之一的，应当回避，当事人及其代理人有权申请其回避：

（一）是本案的当事人或者当事人的近亲属；

（二）本人或者其近亲属与本案有利害关系；

（三）与本案当事人有其他关系，可能影响案件公正处理的。

第九条 办案人员的回避，由其所属的直属海关或者隶属海关关长决定。

第十条 办案人员要求回避的，应当提出书面申请，并且说明理由。

办案人员具有应当回避的情形之一，没有申请回避，当事人及其代理人也没有申请他们回避的，有权决定他们回避的海关关长可以指令他们回避。

当事人及其代理人要求办案人员回避的，应当提出申请，并且说明理由。口头提出申请的，海关应当记录在案。

第十一条 对当事人及其代理人提出的回避申请，海关应当在3个工作日内作出决定并且书面通知申请人。

对海关驳回回避申请有异议的，当事人及其代理人可以在收到书面通知后的3个工作日内向作出决定的海关申请复核1次；作出决定的海关应当在3个工作日内作出复核决定并且书面通知申请人。

第十二条 在海关作出回避决定前，办案人员不停止办理行政处罚案件。在回避决定作出以前，办案人员进行的与案件有关的活动是否有效，由作出回避决定的海关根据案件情况决定。

第十三条 化验人、鉴定人和翻译人员的回避，适用本规定第八条至第十二条的规定。

第十四条 海关办理行政处罚案件的证据种类主要有：

（一）书证；

（二）物证；

（三）视听资料、电子数据；

（四）证人证言；

（五）化验报告、鉴定结论；

（六）当事人的陈述；

（七）查验、检查记录。

证据应当经查证属实，才能作为认定事实的根据。

第十五条 海关收集的物证、书证应当是原物、原件。收集原物、原件确有困难的，可以拍摄、复制足以反映原物、原件内容或者外形的照片、录像、复制件，并且可以指定或者委托有关单位或者个人对原物、原件予以妥善保管。

收集物证、书证的原物、原件的，应当开列清单，注明收集的日期，由有关单位或者个人确认后盖章或者签字。

收集由有关单位或者个人保管书证原件的复制件、影印件或者抄录件的，应当注明出处和收集时间，经提供单位或者个人核对无异后盖章或者签字。

收集由有关单位或者个人保管物证原物的照片、录像的，应当附有关制作过程及原物存放处的文字说明，并且由提供单位或者个人在文字说明上盖章或者签字。

提供单位或者个人拒绝盖章或者签字的，办案人员应当注明。

第十六条 海关收集电子数据或者录音、录像等视听资料，应当收集原始载体。收集原始载体确有困难的，可以收集复制件，注明制作方法、制作时间、制作人、证明对象以及原始载体存放处等，并且由有关单位或者个人确认后盖章或者签字。

海关对收集的电子数据或者录音、录像等视听资料的复制件应当进行证据转换，电子数据能转换为纸质资料的应当及时打印，录音资料应当附有声音内容的文字记录，并且由有关单位或者个人确认后盖章或者签字。

第十七条 违法行为在2年内未被发现的，不再给予行政处罚。法律另有规定的除外。

前款规定的期限，从违法行为发生之日起计算；违法行为有连续或者继续状态的，从行为终了之日起计算。

第十八条 期间以时、日、月、年计算。期间开始的时和日，不计算在期间内。期间届满的最后一日是法定节假日或者法定休息日的，以其后的第一个工作日为期间届满日期。

期间不包括在途时间，法定期满前交付邮寄的，不视为逾期。

第十九条 当事人因不可抗拒的事由或者其他正当理由耽误期限的，在障碍消除后的10日内可以向海关申请顺延期限，是否准许，由海关决定。

第二十条 海关送达行政法律文书，应当直接送交受送达人。受送达人是公民的，本人不在交其同住成年家属签收；受送达人是法人或者其他组织的，应当由法人的法定代表人、其他组织的主要负责人或者该法人、组织负责收标的人签收；受送达人有委托接受送达的代理人的，可以送交代理人签收。

直接送达行政法律文书，由受送达人在送达回证上签字或者盖章，并且注明签收日期。送达回证上的签收日期为送达日期。

第二十一条 受送达人或者与其同住的成年家属拒绝签收行政法律文书，送达人应当邀请见证人到场，说明情况，在送达回证上注明拒收事由和日期，由送达人、见证人签字或者盖章，把行政法律文书留在受送达人的住所，即视为送达。

第二十二条 直接送达行政法律文书有困难的，可以委托其他海关代为送达，或者邮寄送达。

委托其他海关代为送达的，应当向受托海关出具委托手续，并且由受托海关向当事人出示。

邮寄送达的，应当附有送达回证并且以送达回证上注明的收件日期为送达日期；送达回证没有寄回的，以挂号信回执或者查询复单上注明的收件日期为送达日期。

第二十三条 海关对中华人民共和国领域内有住所的外国人、无国籍人、外国企业或者组织送达行政法律文书，适用本规定第二十条至第二十二条规定。

海关对中华人民共和国领域内没有住所的外国人、无国籍人、外国企业或者组织能够直接送交行政法律文书的，应当直接送达。受送达人有委托接受送达的代理人的，海关可以向代理人直接送达，也可以向受送达人在中华人民共和国领域内设立的代表机构或者有权接受送达的分支机构、业务代办人直接送达。海关对授权委托有疑问的，可以要求代理人提供经过公证机关公证的授权委托书。

直接送达行政法律文书有困难并且受送达人所在国的法律允许邮寄送达的，可以邮寄送达。

海关向我国香港、澳门和台湾地区送达法律文书的，比照对中华人民共和国领域内没有住所的外国人、无国籍人、外国企业或者组织送达法律文书的相关规定执行。

第二十四条 受送达人是军人的，通过其所在部队团以上单位的政治机关转交。

受送达人是被监禁的或者被劳动教养的，通过其所在监所、劳动改造单位或者劳动教养单位转交。

受送达人在送达回证上的签收日期，为送达日期。

第二十五条 经采取本规定第二十条至第二十四条规定的送达方式无法送达的，公告送达。

依法予以公告送达的，海关应当将行政法律文书的正本张贴在海关公告栏内。行政处罚决定书公告送达的，还应当在报纸上刊登公告。

公告送达，自发出公告之日起满60日，视为送达；对在中华人民共和国领域内没有住所的当事人进行公告送达，自发出公告之日起满6个月，视为送达。

法律、行政法规另有规定，以及我国缔结或者参加的国际条约中约定有特别送达方式的除外。

第二十六条 违法事实确凿并且有法定依据，对公民处以50元以下、对法人或者其他组织处以1000元以下罚款或者警告的行政处罚的，可以按照《中华人民共和国行政处罚法》第五章第一节的有关规定当场作出行政处罚决定。

第三章 案件调查

第一节 立 案

第二十七条 海关发现公民、法人或者其他组织有依法应当由海关给予行政处罚的行为的，应当立案调查。

第二十八条 海关受理或者发现的违法线索，经核实有下列情形之一的，不予立案：

（一）没有违法事实的；

（二）违法行为超过法律规定的处罚时效的；

（三）其他依法不予立案的情形。

海关决定不予立案的，应当制作不予立案通知书，及时通知举报人、线索移送机关或者主动投案的违法嫌疑人。

第二节 查问、询问

第二十九条 办案人员查问违法嫌疑人、询问证人应当个别进行，并且告知其依法享有的权利和作伪证应当承担的法律责任。

违法嫌疑人、证人应当如实陈述、提供证据。

第三十条 办案人员查问违法嫌疑人，可以到其所在单位或者住所进行，也可以要求其到海关或者指定的地点进行。

办案人员询问证人，可以到其所在单位或者住所进行。必要时，也可以通知证人到海关或者指定地点进行。

第三十一条 查问、询问应当制作查问、询问笔录。

查问、询问笔录上所列项目，应当按照规定填写齐全，并且注明查问、询问开始和结束的时间；办案人员应当在查问、询问笔录上签字。

查问、询问笔录应当当场交给被查问人、被询问人核对或者向其宣读。被查问人、被询问人核对无误后，应当在查问、询问笔录上逐页签字或者捺指印，拒绝签字或者捺指印的，办案人员应当在查问、询问笔录上注明。如记录有误或者遗漏，应当允许被查问人、被询问人更正或者补充，并且在更正或者补充处签字或者捺指印。

第三十二条 查问、询问聋、哑人时，应当有通晓聋、哑手语的人作为翻译人员参加，并且在笔录上注明被查问人、被询问人的聋、哑情况。

查问、询问不通晓中国语言文字的外国人、无国籍人，应当为其提供翻译人员；被查问人、被询问人通晓中国语言文字不需要提供翻译人员的，应当出具书面声明，办案人员应当在查问、询问笔录中注明。

翻译人员的姓名、工作单位和职业应当在查问、询问笔录中注明。翻译人员应当在查问、询问笔录上签字。

第三十三条 海关首次查问违法嫌疑人、询问证人时，应当问明违法嫌疑人、证人的姓名、出生日期、户籍所在地、现住址、身份证件种类及号码、工作单位、文化程度，是否曾受过刑事处罚或者被行政机关给予行政处罚等情况；必要时，还应当问明家庭主要成员等情况。

违法嫌疑人或者证人不满18周岁的，查问、询问时应当通知其父母或者其他监护人到场。确实无法通知或者通知后未到场的，应当记录在案。

第三十四条 被查问人、被询问人要求自行提供书面陈述材料的，应当准许；必要时，办案人员也可以要求被查问人、被询问人自行书写陈述。

被查问人、被询问人自行提供书面陈述材料的，应当在陈述材料上签字并且注明书写陈述的时间、地点和陈述人等。办案人员收到书面陈述后，应当注明收到时间并且签字确认。

第三十五条 查问、询问时，在文字记录的同时，可以根据需要录音、录像。

第三十六条 办案人员对违法嫌疑人、证人的陈述应当认真听取，并且如实记录。

办案人员不得以暴力、威胁、引诱、欺骗以及其他非法手段获取陈述。

第三节 检查、查验

第三十七条 办案人员依法检查运输工具和场所，查验货物、物品，应当制作检查、查验记录。检查、查验记录由办案人员、当事人或者其代理人签字或者盖章；当事人或者其代理人不在场或者拒绝签字或者盖章的，办案人员应当在检查、查验记录上注明，并且由见证人签字或者盖章。

第三十八条 办案人员依法检查走私嫌疑人的身体，应当在隐蔽的场所或者非检查人员视线之外，由2名以上与被检查人同性别的办案人员执行。

检查走私嫌疑人身体可以由医生协助进行，必要时可前往医疗机构作专业检查。

第四节 化验、鉴定

第三十九条 在案件调查过程中，需要对有关货物、物品进行取样化验、鉴定的，由海关或者海关委托的化验、鉴定机构提取样品。提取样品时，当事人或者其代理人应当到场；当事人或者其代理人未到场的，海关应当邀请见证人到场。

提取的样品应当予以加封确认，并且填制提取样品记录，由办案人员或者海关委托的化验、鉴定机构人员、当事人或者其代理人、见证人签字或者盖章。

海关提取的样品应当及时送化验、鉴定机构化验、鉴定。

第四十条 依法先行变卖或者经海关许可先行放行有关货物、物品的，海关应当提取1式2份以上样品；样品份数及每份样品数量以能够认定样品的品质特征为限。

第四十一条 化验、鉴定应当交由海关化验鉴定机构或者委托国家认可的其他机构进行。有关货物、物品持有人或者所有人应当根据化验、鉴定要求提供化验、鉴定所需的有关资料。

第四十二条 化验人、鉴定人进行化验、鉴定后，应当出具化验报告、鉴定结论。

化验报告、鉴定结论应当载明委托人和委托化验、鉴定的事项，向化验、鉴定部门提交的相关材料，化验、鉴定的依据和使用的科学技术手段，化验、鉴定部门和化验、鉴定人资格的说明，并且应当有化验、鉴定人的签字和化验、鉴定部门的盖章。通过分析获得的鉴定结论，应当说明分析过程。

第四十三条 当事人对化验报告、鉴定结论有异议的，可以申请重新化验、鉴定1次；海关经审查确有正当理由的，应当重新进行化验、鉴定。

化验、鉴定费用由海关承担。但是经当事人申请海关重新化验、鉴定的，如果化验、鉴定结论有改变的，化验、鉴定费用由海关承担；如果化验、鉴定结论没有改变的，化验、鉴定费用由重新化验、鉴定申请人承担。

第五节 查询存款、汇款

第四十四条 在调查走私案件时，办案人员查询案件涉嫌单位和涉嫌人员在金融机构、邮政企业的存款、汇款，需要经直属海关关长或者其授权的隶属海关关长批准。

第四十五条 办案人员查询案件涉嫌单位和涉嫌人员在金融机构、邮政企业的存款、汇款，应当表明执法身份，出示海关协助查询通知书。

第六节 扣留和担保

第四十六条 海关依法扣留货物、物品、运输工具、其他财产及账册、单据等资料，应当出示执法证件，制作扣留凭单送达当事人，当场告知其采取扣留的理由、依据及其依法享有的权利。

扣留凭单应当记载被扣货物、物品、运输工具或者其他财产的品名、规格、数量、重量等，品名、规格、数量、重量当场无法确定的，应当尽可能完整地描述其外在特征。扣留凭单应当由办案人员、当事人或者其代理人、保管人签字或者盖章；当事人或者其代理人不在场或者拒绝签字或者盖章的，办案人员应当在扣留凭单上注明，并且由见证人签字或者盖章。

海关依法扣留货物、物品、运输工具、其他财产及账册、单据等资料，可以加施海关封志。加施海关封志的，当事人或者其代理人、保管人应当妥善保管。

第四十七条 海关扣留货物、物品、运输工具、其他财产以及账册、单据等资料的期限不得超过1年。因案件调查需要，经直属海关关长或者其授权的隶属海关关长批准，可以延长，延长期限不得超过1年。但是复议、诉讼期间不计算在内。

第四十八条 在人民法院判决或者海关行政处罚决定作出之前，对扣留的危险品或者鲜活、易腐、易烂、易失效、易变质等不宜长期保存的货物、物品以及所有人申请先行变卖的货物、物品、运输工具，需要依法先行变卖的，应当经直属海关关长或者其授权的隶属海关关长批准。

海关在变卖前，应当通知先行变卖的货物、物品、运输工具的所有人。如果变卖前无法及时通知的，海关应当在货物、物品、运输工具变卖后，通知其所有人。

第四十九条 海关依法解除对货物、物品、运输工具、其他财产及有关账册、单据等资料的扣留，应当制发解除扣留通知书送达当事人。解除扣留通知书由办案人员、当事人或者其代理人、保管人签字或者盖章；当事人或者其代理人不在场，或者当事人、代理人拒绝签字或者盖章的，办案人员应当在解除扣留通知书上注明，并且由见证人签字或者盖章。

第五十条 有违法嫌疑的货物、物品、运输工具无法或者不便扣留的，当事人或者运输工具负责人向海关提供担保时，办案人员应当制作收取担保凭单送达当事人或者运输工具负责人，收取担保凭单由办案人员、当事人、运输工具负责人或者其代理人签字或者盖章。

收取担保后，可以对涉案货物、物品、运输工具进行拍照或者录像存档。

第五十一条 海关依法解除担保的，应当制发解除担保通知书送达当事人或者运输工具负责人。解除担保通知书由办案人员及当事人、运输工具负责人或者其代理人、保管人签字或者盖章；当事人、运输工具负责人或者其代理人不在场或者拒绝签字或者盖章的，办案人员应当在解除担保通知书上注明，并且由见证人签字或者盖章。

第五十二条 依法对走私犯罪嫌疑人实施人身扣留依照《中华人民共和国海关实施人身扣留规定》的程序办理。

第七节 调查中止和终结

第五十三条 海关办理行政处罚案件，在立案后发现当事人的违法行为应当移送其他行政机关或者刑事侦查部门办理的，应当及时移送。

行政处罚案件自海关移送其他行政机关或者刑事侦查部门之日起中止调查。

第五十四条 海关中止调查的行政处罚案件，有下列情形之一的，应当恢复调查：

（一）其他行政机关或者刑事侦查部门已作出处理的海关移送案件，仍需要海关作出行政处罚的；

（二）其他行政机关或者刑事侦查部门不予受理或者不予追究刑事责任，退回海关处理的。

第五十五条 经调查后，行政处罚案件有下列情形之一的，可以终结调查：

（一）违法事实清楚、法律手续完备、据以定性处罚的证据充分的；

（二）没有违法事实的；

（三）作为当事人的自然人死亡的；

（四）作为当事人的法人或者其他组织终止，无法人或者其他组织承受其权利义务，又无其他关系人可以追查的；

（五）其他行政机关或者刑事侦查部门已作出处理的海关移送案件，不需要海关作出行政处罚的；

（六）其他依法应当终结调查的情形。

第四章 行政处罚的决定

第一节 案件审查

第五十六条 海关对已经调查终结的行政处罚案件，应当经过审查；未经审查程序，不得作出撤销案件、不予行政处罚、予以行政处罚等处理决定。

第五十七条 海关对行政处罚案件进行审查时，应当审查案件的违法事实是否清楚，定案的证据是否客观、充分，调查取证的程序是否合法、适当，以及是否存在不予行政处罚或者减轻、从轻、从重处罚的情节，并且提出适用法律和案件处理意见。

有关案件违法事实不清、证据不充分或者调查程序违法的，应当退回补充调查。

第五十八条 不满 14 周岁的人有违法行为的，不予行政处罚，但是应当责令其监护人加以管教。已满 14 周岁不满 18 周岁的人有违法行为的，从轻或者减轻行政处罚。

第五十九条 精神病人在不能辨认或者不能控制自己行为时有违法行为的，不予行政处罚，但应当责令其监管人严加看管和治疗。间歇性精神病人在精神正常时有违法行为的，应当给予行政处罚。

第二节 告知、复核和听证

第六十条 海关在作出行政处罚决定前，应当告知当事人作出行政处罚决定的事实、理由和依据，并且告知当事人依法享有的权利。

作出暂停从事有关业务，暂停报关执业，撤销海关注册登记，取消报关从业资格，对公民处 1 万元以上罚款，对法人或者其他组织处 10 万元以上罚款，没收有关货物、物品、走私运输工具等行政处罚决定之前，应当告知当事人有要求举行听证的权利。

在履行告知义务时，海关应当制发行政处罚告知单，送达当事人。

第六十一条 除因不可抗力或者海关认可的其他正当理由外，当事人应当在收到行政处罚告知单的 3 个工作日内提出书面陈述、申辩和听证申请。逾期视为放弃陈述、申辩和要求听证的权利。

当事人当场口头提出陈述、申辩的，海关应当制作书面记录，并且由当事人签字或者盖章确认。

当事人放弃陈述、申辩和听证权利的，海关可以直接作出行政处罚决定。当事人放弃陈述、申辩和听证权利应当有书面记载，并且由当事人或者其代理人签字或者盖章确认。

第六十二条 海关在收到当事人的书面陈述、申辩意见后，应当进行复核；当事人提出的事实、理由或者证据成立的，海关应当采纳。

第六十三条 海关不得因当事人的申辩而加重处罚，但是海关发现新的违法事实的除外。

第六十四条 经复核后，变更原处罚告知事实、理由、依据、处罚幅度的，应当重新制发海关行政处罚告知单，并且依据本规定第六十条至第六十三条的规定办理。

第六十五条 当事人申请举行听证的，依照《中华人民共和国海关行政处罚听证办法》规定办理。

第三节 处理决定

第六十六条 海关关长应当根据对行政处罚案件审查的不同结果，依法作出以下决定：

（一）确有违法行为，应当给予行政处罚的，根据其情节和危害后果的轻重，作出行政处罚决定；

（二）依法不予行政处罚的，作出不予行政处罚决定；

（三）有本规定第五十五条第（二）至（四）项情形之一的，撤销案件；

（四）符合海关行政处罚实施条例第六十二条第（三）、（四）、（五）项规定的收缴条件的，予以收缴；

（五）违法行为涉嫌犯罪的，移送刑事侦查部门依法办理。

海关作出行政处罚决定，应当做到认定违法事实清楚，定案证据确凿充分，违法行为定性准确，适用法律正确，办案程序合法，处罚幅度合理适当。

第六十七条 对情节复杂或者重大违法行为给予较重的行政处罚，应当由海关案件审理委员会集体讨论决定。

第六十八条 海关依法作出行政处罚决定或者不予行政处罚决定的，应当制发行政处罚决定书或者不予行政处罚决定书。

第六十九条 行政处罚决定书应当载明以下内容：

（一）当事人的基本情况，包括当事人姓名或者名称、海关注册编码、报关员海关注册编码、地址等；

（二）违反法律、行政法规或者规章的事实和证据；

（三）行政处罚的种类和依据；

（四）行政处罚的履行方式和期限；

（五）不服行政处罚决定，申请行政复议或者提起行政诉讼的途径和期限；

（六）作出行政处罚决定的海关名称和作出决定的日期，并且加盖作出行政处罚决定海关的印章。

第七十条 不予行政处罚决定书应当载明以下内容：

（一）当事人的基本情况，包括当事人姓名或者名称、海关注册编码、报关员海关注册编码、地址等；

（二）违反法律、行政法规或者规章的事实和证据；

（三）不予行政处罚的依据；

（四）不服不予行政处罚决定，申请行政复议或者提起行政诉讼的途径和期限；

（五）作出不予行政处罚决定的海关名称和作出决定的日期，并且加盖作出不予行政处罚决定海关的印章。

第七十一条 行政处罚决定书应当在宣告后当场交付当事人；当事人不在场的，海关应当在7日内将行政处罚决定书送达当事人。

第七十二条 根据海关行政处罚实施条例第六十二条的规定收缴有关货物、物品、违法所得、运输工具、特制设备的，应当制作收缴清单送达被收缴人。

走私违法事实基本清楚，但是当事人无法查清的案件，海关在制发收缴清单之前，应当制发收缴公告，公告期限为3个月，并且限令有关当事人在公告期限内到指定海关办理相关海关手续。公告期满后仍然没有当事人到海关办理相关海关手续的，海关可以根据海关行政处罚实施条例第六十二条第一款第（四）项的规定予以收缴。

第七十三条 收缴清单应当载明予以收缴的货物、物品、违法所得、运输工具、特制设备的名称、规格、数量或者重量等。有关货物、物品、走私运输工具、特制设备有重要、明显特征或者瑕疵的，办案人员应当在收缴清单中予以注明。

第七十四条 收缴清单由办案人员、被收缴人或者其代理人签字或者盖章。

被收缴人或者其代理人拒绝签字或者盖章，或者被收缴人无法查清但是有见证人在场的，应当由见证人签字或者盖章。

没有被收缴人签字或者盖章的，办案人员应当在收缴清单上注明原因。

根据海关行政处罚实施条例第六十二条第一款第（四）项的规定而制发的收缴清单应当公告送达。

第五章 行政处罚决定的执行

第七十五条 海关作出行政处罚决定后，当事人应当在行政处罚决定书规定的期限内，予以履行。

海关对当事人依法作出暂停从事有关业务或者执

业、撤销其注册登记、取消其报关从业资格等行政处罚决定的执行程序，由海关总署另行制定。

第七十六条 当事人确有经济困难向海关提出延期或者分期缴纳罚款的，应当以书面方式提出申请。

海关收到当事人申请延期、分期执行申请后，应当在10个工作日内作出是否准予延期、分期缴纳罚款的决定，并且制发通知书送达申请人。

海关同意当事人延期或者分期缴纳的，应当及时通知收缴罚款的机构。

第七十七条 同意当事人延期或者分期缴纳罚款的，执行完毕的期限自处罚决定书规定的履行期限届满之日起不得超过180日。

第七十八条 当事人逾期不履行行政处罚决定的，海关可以采取下列措施：

（一）到期当事人不缴纳罚款的，每日按照罚款数额的3%加处罚款；

（二）当事人逾期不履行海关的处罚决定又不申请复议或者向人民法院提起诉讼的，海关可以将扣留的货物、物品、运输工具变价抵缴，或者以当事人提供的担保抵缴，也可以申请人民法院强制执行。

第七十九条 海关依照本规定第七十八条规定采取加处罚款、抵缴措施之前，应当制发执行通知书并且送达当事人。

第八十条 受海关处罚的当事人或者其法定代表人、主要负责人在出境前未缴清罚款、违法所得和依法追缴的货物、物品、走私运输工具的等值价款的，也未向海关提供相当于上述款项担保的，海关可以制作阻止出境协助函，通知出境管理机关阻止其出境。

阻止出境协助函应当随附行政处罚决定书等相关行政法律文书，并且载明被阻止出境人员的姓名、性别、出生日期、出入境证件种类和号码。被阻止出境人员是外国人、无国籍人员的，应当注明其英文姓名。

第八十一条 当事人或者其法定代表人、主要负责人缴清罚款、违法所得和依法追缴的货物、物品、走私运输工具等值价款的，或者向海关提供相当于上述款项担保的，海关应当及时制作解除阻止出境协助函通知出境管理机关。

第八十二条 将当事人的担保抵缴或者将当事人被扣留的货物、物品、运输工具依法变价抵缴罚款之后仍然有剩余的，应当及时发还或者解除扣留、解除担保。

第八十三条 自海关送达解除扣留通知书之日起3个月内，当事人无正当理由未到海关办理有关货物、物品、运输工具或者其他财产的退还手续的，海关可以将有关货物、物品、运输工具或者其他财产提取变卖，并且保留变卖价款。变卖价款在扣除自海关送达解除扣留通知书之日起算的仓储等相关费用后，尚有余款的，当事人在海关送达解除扣留通知书之日起1年内应当前来海关办理相关手续，逾期海关将余款上缴国库。

第八十四条 自海关送达解除担保通知书之日起1年内，当事人无正当理由未到海关办理财产、权利凭证退还手续的，由海关将相关财产、权利凭证等变卖折价或者兑付，并且上缴国库。

第八十五条 向人民法院申请强制执行的，海关应当填写申请执行书，并且提供人民法院要求提供的其他材料。

第八十六条 申请人民法院强制执行应当符合《最高人民法院关于执行〈中华人民共和国行政诉讼法〉若干问题的解释》的规定并且在下列期限内提起：

（一）行政处罚决定书送达后当事人未申请行政复议或者向人民法院提起诉讼的，在处罚决定书送达之日起3个月后起算的180日内；

（二）复议决定书送达后当事人未提起行政诉讼的，在复议决定书送达之日起15日后起算的180日内；

（三）第一审行政判决后当事人未提出上诉的，在判决书送达之日起15日后起算的180日内；

（四）第一审行政裁定后当事人未提出上诉的，在裁定书送达之日起10日后起算的180日内；

（五）第二审行政判决书送达之日起180日内。

第八十七条 当事人实施违反《中华人民共和国海关法》的行为后，发生企业分立、合并或者其他资产重组等情形，对当事人处以罚款、没收违法所得或者依法追缴走私货物、物品、运输工具等值价款的，应当将承受当事人权利义务的法人、组织作为被执行人。

第八十八条 有下列情形之一的，应当中止执行：

（一）处罚决定可能存在违法或者不当情况的；

（二）申请人民法院强制执行，人民法院裁定中止执行的；

（三）行政复议机关、人民法院认为需要中止执行的；

（四）其他依法应当中止执行的。

根据前款第（一）项情形中止执行的，应当经直属海关关长或者其授权的隶属海关关长批准。

中止执行的情形消失后，应当恢复执行。

第八十九条 有下列情形之一的，应当终结执行：

（一）据以执行的法律文书被撤销的；

（二）作为当事人的自然人死亡的；

（三）作为当事人的法人或者其他组织被依法终止，又无权利义务承受人的，也无其他财产可供执行的；

（四）海关行政处罚决定履行期限届满超过 2 年，海关依法采取各种执行措施后仍无法执行完毕的，但是申请人民法院强制执行情形除外；

（五）申请人民法院强制执行的，人民法院裁定中止执行后超过 2 年仍无法执行完毕的；

（六）申请人民法院强制执行后，人民法院裁定终结执行的；

（七）其他依法应当终结执行的。

第六章　简单案件处理程序

第九十条　海关对行邮、快件、货管、保税监管等业务现场及其他海关监管业务中违法事实清楚，违法情节轻微的案件，可以适用简单案件处理程序。但适用本规定第二十六条规定程序的除外。

第九十一条　适用简单案件处理程序的案件，海关进行现场调查后，可以直接制发行政处罚告知单，当场由当事人或者其代理人签收。

第九十二条　有以下所列情形之一的，海关可以当场作出行政处罚决定：

（一）当事人当场放弃陈述、申辩或者听证权利的；

（二）当事人当场进行陈述、申辩，经海关当场复核后，当事人或者其代理人接受复核意见。

当事人当场放弃陈述、申辩、听证的权利，或者当场进行陈述、申辩以及是否接受复核意见的情况，应当有书面记载，由当事人签字或者盖章确认。

当场作出行政处罚决定的，应当制发行政处罚决定书，并且当场送达当事人。

第九十三条　适用简单案件处理程序过程中，有下列情形之一的，海关不得当场作出行政处罚决定，应当按照一般程序规定办理：

（一）海关对当事人提出的陈述、申辩意见无法当场进行复核的；

（二）海关当场复核后，当事人对海关的复核意见仍然不服的；

（三）当事人当场依法向海关要求听证的；

（四）海关认为需要进一步调查取证的。

第七章　附　则

第九十四条　办案人员玩忽职守、徇私舞弊、滥用职权、索取或者收受他人财物的，依法给予处分；构成犯罪的，依法追究刑事责任。

第九十五条　海关对外国人、无国籍人、外国企业或者组织给予行政处罚的，适用本规定。

第九十六条　本规定由海关总署负责解释。

第九十七条　本规定自 2007 年 7 月 1 日起施行。

企业管理类

中华人民共和国海关对报关员记分考核管理办法

（2004年11月30日海关总署令第119号公布，自2005年1月1日起施行）

第一条 为维护报关秩序，提高报关质量，规范报关员报关行为，保证通关效率，根据《中华人民共和国海关法》及其他有关法律、行政法规，制定本办法。

第二条 本办法适用于取得报关从业资格，并按照规定程序在海关注册登记，持有报关员证件的报关员。

第三条 海关对出现报关单填制不规范、报关行为不规范，以及违反海关监管规定或者有走私行为未被海关暂停执业、撤销报关从业资格的报关员予以记分、考核。

第四条 海关对报关员实施记分考核应当遵循责任明确原则，对差错及差错责任界定不清的不予记分。

第五条 海关企业管理部门负责对报关员记分考核的职能指导、日常监督管理以及相关协调工作。

海关通关业务现场及相关业务职能部门负责具体执行记分工作。

记分的行政行为应当以各级海关名义作出。

第六条 海关对报关员的记分考核，依据其报关单填制不规范、报关行为不规范的程度和行为性质，一次记分的分值分为1分、2分、5分、10分、20分、30分。

第七条 有下列情形之一的，记1分：

（一）电子数据报关单的有关项目填写不规范，海关退回责令更正的；

（二）在海关签印放行前，因为报关员原因造成申报差错，报关单位向海关要求修改申报单证及其内容，经海关同意修改，但未对国家贸易管制政策的实施、税费征收及海关统计指标等造成危害的；

（三）未按照规定在纸质报关单及随附单证上加盖报关专用章及其他印章或者使用印章不规范的；

（四）未按照规定在纸质报关单及随附单证上签名盖章或者由其他人代表签名盖章的。

第八条 有下列情形之一的，记2分：

（一）在海关签印放行前，因为报关员填制报关单不规范，报关单位向海关申请撤销申报单证及其内容，经海关同意撤销，但未对国家贸易管制政策的实施、税费征收及海关统计指标等造成危害的；

（二）海关人员审核电子数据报关单时，要求报关员向海关解释、说明情况、补充材料或者要求提交货物样品等有关内容的，海关告知后报关员拒不解释、说明、补充材料或者拒不提供货物样品等有关内容，导致海关退回报关单的。

第九条 有下列情形之一的，记5分：

（一）报关员自接到海关“现场交单”或者“放行交单”通知之日起10日内，没有正当理由，未按照规定持打印出的纸质报关单，备齐规定的随附单证，到货物所在地海关递交书面单证并办理相关海关手续，导致海关撤销报关单的；

（二）在海关签印放行后，因为报关员填制报关单不规范，报关单位向海关申请修改或者撤销报关单（因出口更换舱单除外），经海关同意且不属于走私、偷逃税等违法违规性质的；

（三）在海关签印放行后，海关发现因为报关员填制报关单不规范，报关单币值或者价格填报与实际不符，且两者差额在100万元人民币以下；数量与实际不符，且有4位数以下差值，经海关确认不属伪报的，但影响海关统计的。

第十条 有下列情形之一的，记10分：

（一）出借本人报关员证件，借用他人报关员证件或者涂改报关员证件内容的；

（二）在海关签印放行后，海关发现因报关员填制报关单不规范，报关单币值或者价格填报与实际不符，且两者差额在100万元人民币以上；数量与实际不符，且有4位数以上差值，经海关确认不属伪报的。

第十一条 因为违反海关监管规定行为被海关予以行政处罚，但未被暂停执业、取消报关从业资格的，记20分。

第十二条 因为走私行为被海关予以行政处罚，但未被暂停执业、取消报关从业资格的，记30分。

第十三条 报关员因为向海关工作人员行贿或有违反海关监管规定、走私行为等其他违法行为，被海关暂停执业、取消报关从业资格的，应按照《中华人民共和国海关行政处罚实施条例》等规定处理。

第十四条 记分周期从每年1月1日至12月31日，报关员在海关注册登记之日起至当年12月31日不足1年的，按一个记分周期计算。

一个记分周期期满后，记分分值累加未达到30分的，该周期内的记分分值予以消除，不转入下一个记分周期。但报关员在一个记分周期内办理变更注册登记报关单位或者注销手续的，已记分值在该记分周期内不予以消除。

第十五条 报关员报关时在同一次报关行为的不同通关环节，或者在非同一次报关行为中出现多次需要记分情况的，应当分别计算，并累加分值。但对于同一通关环节一次性出现多个填制不规范项目的，只按照1次记分，不累加分值。

第十六条 报关员被海关行政处罚需要记分的，处罚决定生效后予以记分。

第十七条 海关人员在记分时，应当将记分原因和记分分值以电子或者纸质告知单的形式告知报关员。

海关应当向社会公布报关员记分情况的查询方式。

报关员应当主动查询自己的记分情况。

第十八条 报关员对记分的行政行为有异议的，应当自收到电子或纸质告知单之日起7日内向作出该记分行政行为的海关部门提出书面申辩；海关应当在接到申辩申请7日内作出答复，对记分错误的应当及时予以更正。报关员对答复不服的，可以依照《中华人民共和国行政复议法》、《中华人民共和国行政诉讼法》的规定提起行政复议或者行政诉讼。

第十九条 记分达到30分的报关员，海关中止其报关员证效力，不再接受其办理报关手续。报关员应当参加注册登记地海关的报关业务岗位考核，经岗位考核合格之后，方可重新上岗。

第二十条 岗位考核由直属海关或者直属海关委托的单位负责组织。

第二十一条 各海关应当结合本关实际，适时或者定期举办岗位考核。每次岗位考核间隔最长不得超过30日。

第二十二条 对需要参加岗位考核的报关员，海关应当提前通知岗位考核的时间、地点等相关事宜。

第二十三条 记分已达30分的报关员应当按照海关通知的时间、地点参加岗位考核。

报关员记分已达30分，拒不参加考核的，直属海关可以将报关员的姓名及所在单位等情况对外公告。

第二十四条 岗位考核内容为海关法律、行政法规、报关单填制规范及相关业务知识和技能。

第二十五条 报关员经岗位考核合格的，可以向注册登记地海关申请将原记分分值予以消除。岗位考核不合格的，应当继续参加下一次考核。

第二十六条 本办法所涉及的记分项目均在报关员记分对照表（见附件）中列明，报关员记分对照表由海关总署统一制定，并对外发布。

第二十七条 本办法由海关总署负责解释。

第二十八条 本办法自2005年1月1日起施行。

附件　报关员记分对照表

附件

报关员记分对照表

顺序号	记分描述	备注
一、下列项目退单记 1 分，结关前改单记 1 分，结关后改单记 5 分，结关前删单记 2 分，结关后删单记 5 分：		
01	进出口标志错误	
02	进出口岸标志错误	
03	装货港或目的港标志错误	
04	运输工具及代码标志错误	
05	提单或运单号标志错误	
06	运输方式错误	
07	企业性质错误	
08	经营单位编号错误	
09	收发货人地区错误	
10	申报单位名称标志错误	
11	合同号错误	
12	征税比错误	
13	启运地错误	
14	贸易方式错误	
15	集装箱个数标志错误	
16	统计逻辑检查标志错误	
17	征税逻辑检查标志错误	
18	征免税性质标志错误	
19	成交方式错误	
20	结汇方式错误	
21	运费错误	
22	杂费错误	
23	保险费错误	
24	件数数量错误	
25	毛重数量错误	
26	净重数量错误	
27	包装种类标志错误	
28	许可证编号错误	
29	海关监管的其他证件代码错误	
30	合同手册备案号错误	
31	减免税表备案号错误	

顺序号	记分描述	备注
32	许可证备案号错误	
33	批文号错误	
34	进出口日期错误	
35	申报日期错误	
36	商品项数错误	
37	电子账册成品版本号错误	
38	抵押金错误	
39	商品序号错误	
40	商品编号错误	
41	商品名称、规格型号错误	
42	原产地与消费地错误	
43	商品项目序号错误	
44	申报数量错误	
45	申报计量单位错误	
46	申报数量与法定数量关系错误	
47	法定数量错误	
48	第二数量错误	
49	申报单价审核标志错误	
50	成交币制错误	
51	成交总价错误	
52	用途标志错误	
53	征减免税方式错误	
54	税费标记错误	
55	电子账册标记错误	
56	报关单与电子监管证件不符	
二、下列项目按次记分：		
57	未加盖报关专用章及其他印章，或者使用印章不规范的，记1分	
58	未按规定在纸质报关单及随附单证上签名盖章或由其他人代表签名盖章的，记1分	
59	拒不解释、说明或补充材料，导致海关退单的记2分	
60	自报关单接到海关“现场交单”或“放行交单”通知之日起10日内，不递交书面单证并办理相关海关手续的，记5分	
61	在海关签印放行后，海关发现因报关员填制报关单不规范，报关单币值或者价格填报与实际不符，且两者差额在100万元人民币以下；数量与实际不符，且有4位数以下差值，经海关确认不属伪报，但影响海关统计的，记5分	
62	将报关员证件出借使用或借用他人报关员证件或涂改报关员证件内容的，记10分	

顺序号	记分描述	备注
63	在海关签印放行后，海关发现因报关员填制报关单不规范，报关单币值或者价格填报与实际不符，且两者差额在100万元人民币以上；数量与实际不符，且有4位数以上差值，经海关确认不属伪报，但影响海关统计的，记10分	
64	因为违反海关监管规定行为被海关予以行政处罚，但未被海关暂停执业、取消报关从业资格的，记20分	
65	因为走私行为被海关予以行政处罚，但未被海关暂停执业、取消报关从业资格的，记30分	

中华人民共和国海关企业分类管理办法

（2008年1月4日海关总署令第170号发布，自2008年4月1日起施行）

第一章　总　则

第一条　为了鼓励企业守法自律，提高海关管理效能，保障进出口贸易的安全与便利，根据《中华人民共和国海关法》及其他有关法律、行政法规的规定，制定本办法。

第二条　在海关注册登记的进出口货物收发货人、报关企业的分类管理，适用本办法。

其他企业的分类管理，由海关总署另行规定。

第三条　海关根据企业遵守法律、行政法规、海关规章、相关廉政规定和经营管理状况，以及海关监管、统计记录等，设置AA、A、B、C、D五个管理类别，对有关企业进行评估、分类，并对企业的管理类别予以公开。

第四条　海关总署按照守法便利原则，对适用不同管理类别的企业，制定相应的差别管理措施，其中AA类和A类企业适用相应的通关便利措施，B类企业适用常规管理措施，C类和D类企业适用严密监管措施。

全国海关实行统一的企业分类标准、程序和管理措施。

海关与企业应当加强合作，开展经常性信息交流和业务联系。

第五条　海关总署对企业分类管理工作进行指导、监督；直属海关负责审定、调整本关区企业适用的管理类别。

第二章　管理类别的设定

第一节　进出口货物收发货人

第六条　AA类进出口货物收发货人，应当同时符合下列条件：

（一）已适用A类管理1年以上；

（二）上一年度进出口总值3000万美元（中西部1000万美元）以上；

（三）经海关验证稽查，符合海关管理、企业经营管理和贸易安全的要求；

（四）每年报送《经营管理状况报告》和会计师事务所出具的上一年度审计报告；每半年报送进出口业务情况表。

第七条　A类进出口货物收发货人，应当同时符合下列条件：

（一）已适用B类管理1年以上；

（二）连续1年无走私罪、走私行为、违反海关监管规定的行为；

（三）连续1年未因进出口侵犯知识产权货物而被海关行政处罚；

（四）连续1年无拖欠应纳税款、应缴罚没款项情事；

（五）上一年度进出口总值50万美元以上；

（六）上一年度进出口报关差错率3%以下；

（七）会计制度完善，业务记录真实、完整；

（八）主动配合海关管理，及时办理各项海关手续，向海关提供的单据、证件真实、齐全、有效；

（九）每年报送《经营管理状况报告》；

（十）按照规定办理“中华人民共和国海关进出口货物收发货人报关注册登记证书”的换证手续和相关变更手续；

（十一）在商务、人民银行、工商、税务、质检、外汇、监察等行政管理部门和机构无不良记录。

第八条 进出口货物收发货人有下列情形之一的，适用C类管理：

（一）有走私行为的；

（二）1年内有3次以上违反海关监管规定行为，或者1年内因违反海关监管规定被处罚款累计总额人民币50万元以上的；

（三）1年内有2次因进出口侵犯知识产权货物而被海关行政处罚的；

（四）拖欠应纳税款、应缴罚没款项人民币50万元以下的。

第九条 进出口货物收发货人有下列情形之一的，适用D类管理：

（一）有走私罪的；

（二）1年内有2次以上走私行为的；

（三）1年内有3次以上因进出口侵犯知识产权货物而被海关行政处罚的；

（四）拖欠应纳税款、应缴罚没款项人民币50万元以上的。

第十条 进出口货物收发货人未发生本办法第八条和第九条所列情形并符合下列条件之一的，适用B类管理：

（一）首次注册登记的；

（二）首次注册登记后，管理类别未发生调整的；

（三）AA类企业不符合原管理类别适用条件，并且不符合A类管理类别适用条件的；

（四）A类企业不符合原管理类别适用条件的。

第十一条 在海关登记的加工企业，按照进出口货物收发货人实施分类管理。

第二节 报关企业

第十二条 AA类报关企业，应当同时符合下列条件：

（一）已适用A类管理1年以上；

（二）上一年度代理申报的进出口报关单及进出境备案清单总量在2万票（中西部5000票）以上；

（三）经海关验证稽查，符合海关管理、企业经营管理和贸易安全的要求；

（四）每年报送《经营管理状况报告》和会计师事务所出具的上一年度审计报告；每半年报送报关代理业务情况表。

第十三条 A类报关企业，应当同时符合下列条件：

（一）已适用B类管理1年以上；

（二）企业以及所属执业报关员连续1年无走私罪、走私行为、违反海关监管规定的行为；

（三）连续1年代理报关的货物未因侵犯知识产权而被海关没收；

（四）连续1年无拖欠应纳税款、应缴罚没款项情事；

（五）上一年度代理申报的进出口报关单及进出境备案清单等总量在3000票以上；

（六）上一年度代理申报的进出口报关差错率在3%以下；

（七）依法建立账簿和营业记录，真实、正确、完整地记录受委托办理报关业务的所有活动；

（八）每年报送《经营管理状况报告》；

（九）按照规定办理注册登记许可延续及“中华人民共和国海关报关企业报关注册登记证书”的换证手续和相关变更手续；

（十）在商务、人民银行、工商、税务、质检、外汇、监察等行政管理部门和机构无不良记录。

第十四条 报关企业有下列情形之一的，适用C类管理：

（一）有走私行为的；

（二）1年内有3次以上违反海关监管规定的行为，或者1年内因违反海关监管规定被处罚款累计总额人民币50万元以上的；

（三）1年内代理报关的货物因侵犯知识产权而被海关没收达3次的；

（四）上一年度代理申报的进出口报关差错率在10%以上的；

（五）拖欠应纳税款、应缴罚没款项人民币50万元以下的；

（六）代理报关的货物涉嫌走私、违反海关监管规定拒不接受或者拒不协助海关进行调查的；

（七）被海关暂停从事报关业务的。

第十五条 报关企业有下列情形之一的，适用D类管理：

（一）有走私罪的；

（二）1年内有2次以上走私行为的；

（三）1年内代理报关的货物因侵犯知识产权而被海关没收达4次以上的；

（四）拖欠应纳税款、应缴罚没款项人民币50万元以上的。

第十六条 报关企业未发生本办法第十四条和第十五条所列情形，并符合下列条件之一的，适用B类管理：

（一）首次注册登记的；

（二）首次注册登记后，管理类别未发生调整的；

（三）AA类企业不符合原管理类别适用条件，并且不符合A类管理类别适用条件的；

（四）A类企业不符合原管理类别适用条件的。

第三章　管理类别的适用与调整

第十七条 企业符合本办法第六条第（一）项、第（二）项或者第十二条第（一）项、第（二）项的规定，可以通过注册地海关向直属海关提出适用AA类管理申请，并提交下列材料：

（一）适用AA类管理申请书；

（二）《经营管理状况报告》；

（三）会计师事务所出具的上一年度审计报告。

第十八条 企业符合本办法第七条或者第十三条的规定，可以通过注册地海关向直属海关提出适用A类管理申请，并提交下列材料：

（一）适用A类管理申请书；

（二）《经营管理状况报告》。

第十九条 注册地海关接受企业适用AA类、A类管理申请后，经审核企业提交的材料齐全，符合法定形式的，应当当场制发企业分类管理申请受理决定书，并报直属海关审定。

对申请AA类的，直属海关应当自受理之日起6个月内作出适用或者不予适用决定。

对申请A类的，直属海关应当自受理之日起3个月内作出适用或者不予适用决定。

第二十条 申请适用AA类、A类管理的企业有下列情形之一的，直属海关对其申请予以退回，并作出不予适用的决定：

（一）申请时不符合本办法所规定的条件的；

（二）审核期间不符合本办法所规定的条件的；

（三）审核期间有涉嫌走私或者违反海关监管规定以及侵犯知识产权的行为尚在侦查或者调查中的。

第二十一条 C类企业自海关作出类别调整决定之日起满1年未再发生本办法第八条或者第十四条所列情形的，经企业申请，海关将其调整为B类。

D类企业自海关作出类别调整决定之日起满1年未再发生本办法第九条或者第十五条所列情形的，经企业申请，海关将其调整为C类。

第二十二条 C类、D类企业申请调整为B类、C类的，应当通过注册地海关向直属海关提交企业管理类别调整申请书。注册地海关经审核，企业提交的材料齐全，符合法定形式的，应当当场制发企业分类管理申请受理决定书，并报直属海关审定。

直属海关应当自受理之日起1个月内作出决定。

第二十三条 企业有下列应当降低类别情形之一的，海关发现后根据本办法第二章的规定，重新决定其适用的管理类别：

（一）AA类、A类企业不符合原管理类别适用条件的；

（二）B类企业有C类、D类管理类别情形之一的；

（三）C类企业有D类管理类别情形之一的。

第二十四条 经直属海关决定调整或者不予调整企业管理类别的，由企业注册地海关在决定作出之日起10个工作日内将相关决定送达企业。

自海关作出调整决定之日起，海关按照调整后的管理类别对企业实施相应的管理措施。

第二十五条 AA类或者A类企业涉嫌走私被立案侦查或者调查的，海关暂停其与管理类别相应的管理措施；暂停期内，按照B类企业的管理措施实施管理。

第二十六条 企业仅名称或者海关注册编码发生变化的，其管理类别可以继续适用，但是有下列情形之一的，按照下列方式调整：

（一）企业发生存续分立，分立后的存续企业承继分立前企业的主要权利义务或者债权债务关系的，其管理类别适用分立前企业的管理类别，其余的分立企业视为首次注册企业；

（二）企业发生解散分立，分立企业视为首次注册企业；

（三）企业发生吸收合并，合并企业管理类别适用合并后存续企业的管理类别；

（四）企业发生新设合并，合并企业视为首次注册企业。

第四章　管理措施的实施

第二十七条 报关企业代理进出口货物收发货人开

展报关业务，海关按照报关企业和进出口货物收发货人各自适用的管理类别分别实施相应的管理措施。

因企业的管理类别不同导致应当实施的管理措施抵触的，海关按照下列方式实施：

（一）报关企业或者进出口货物收发货人为C类或者D类的，按照较低的管理类别实施相应的管理措施；

（二）报关企业和进出口货物收发货人均为B类以上管理类别的，按照报关企业的管理类别实施相应的管理措施。

第二十八条 加工贸易经营企业与承接委托加工的生产企业管理类别不一致的，海关对该加工贸易业务按照较低的管理类别实施相应的管理措施。

第五章 附 则

第二十九条 走私罪的时间认定以人民法院刑事判决书生效时间为准。

走私行为、进出口侵犯知识产权货物行为、违反海关监管规定的行为以海关行政处罚决定书生效时间为准。

第三十条 警告以及罚款额在人民币1万元以下的违反海关监管规定行为，不作为企业分类管理评定记录。

第三十一条 本办法下列用语的含义是：

“其他企业”，指在海关注册登记的进出口货物收发货人、报关企业外，海关总署规定的其他从事与进出口活动直接有关的企业。

“中西部”，指除东部地区以外的其他地区。东部地区包括北京市、天津市、上海市、辽宁省、河北省、山东省、江苏省、浙江省、福建省、广东省。

“拖欠应纳税款”，指自缴纳税款期限届满之日起超过3个月仍未缴纳进出口货物、物品应当缴纳的进出口关税、进出口环节海关代征税之和，包括经海关认定违反海关监管规定，除给予处罚外，尚需缴纳的税款。

“拖欠应缴罚没款项”，指自海关行政处罚决定规定的期限届满之日起超过3个月仍未交付海关罚款、没收的违法所得和追缴走私货物、物品等值价款。

“进出口总值”，包括海关贸易统计与单项统计数据，以海关的统计为准，有关数据仅用于海关企业分类管理。

“报关差错率”，指企业上一年度所有报关员记分的总次数除以报关单总数的百分比。

“1年”，指连续的12个月。

“年度”，指1个公历年度。

“以上”，包含本数。

“以下”，不包含本数。

第三十二条 本办法由海关总署负责解释。

第三十三条 本办法自2008年4月1日起施行。1999年3月31日海关总署令第71号公布的《中华人民共和国海关对企业实施分类管理办法》、2001年7月20日海关总署、对外贸易经济合作部令第86号公布的《关于大型高新技术企业适用便捷通关措施的审批规定》同时废止。

中华人民共和国海关对报关单位注册登记管理规定

（2005年3月31日海关总署令第127号公布，自2005年6月1日起施行）

第一章 总 则

第一条 为规范海关对报关单位的注册登记管理，根据《中华人民共和国海关法》及其他有关法律和行政法规，制定本规定。

第二条 中华人民共和国海关是报关单位注册登记管理的主管机关。

第三条 报关单位办理报关业务应当遵守国家有关法律、行政法规和海关规章的规定，承担相应的法律责任。

报关单位对其所属报关员的报关行为应当承担相应的法律责任。

第四条 除法律、行政法规或者海关规章另有规定外，办理报关业务的报关单位，应当按照本规定到海关办理注册登记。

第五条 报关单位注册登记分为报关企业注册登记

和进出口货物收发货人注册登记。

报关企业应当经直属海关注册登记许可后，方能办理注册登记。

进出口货物收发货人可以直接到所在地海关办理注册登记。

第六条 进出口货物收发货人应当通过本单位所属的报关员办理报关业务，或者委托海关准予注册登记的报关企业，由报关企业所属的报关员代为办理报关业务。

第七条 已经在海关办理注册登记的报关单位，再次向海关提出注册登记申请的，海关不予受理。

第八条 本规定下列用语的含义：

“报关单位“，是指按照本规定在海关注册登记的报关企业和进出口货物收发货人。

“报关企业”，是指按照本规定经海关准予注册登记，接受进出口货物收发货人的委托，以进出口货物收发货人名义或者以自己的名义，向海关办理代理报关业务，从事报关服务的境内企业法人。

“进出口货物收发货人”，是指依法直接进口或者出口货物的中华人民共和国关境内的法人、其他组织或者个人。

“报关业务负责人”，是指具体负责对本企业报关业务进行管理的企业法定代表人或者总经理、部门经理等企业管理人员。

“报关员”，是指依法取得报关员从业资格，并在海关注册登记，向海关办理进出口货物报关业务的人员。

“报关业务”，是指：

（一）按照规定如实申报进出口货物的商品编码、实际成交价格、原产地及相应优惠贸易协定代码等，并办理填制报关单、提交报关单证等与申报有关的事宜；

（二）申请办理缴纳税费和退税、补税事宜；

（三）申请办理加工贸易合同备案、变更和核销及保税监管等事宜；

（四）申请办理进出口货物减税、免税等事宜；

（五）办理进出口货物的查验、结关等事宜；

（六）应当由报关单位办理的其他报关事宜。

第二章 报关企业注册登记许可

第一节 报关企业注册登记许可规定

第九条 报关企业应当具备下列条件：

（一）具备境内企业法人资格条件；

（二）企业注册资本不低于人民币150万元；

（三）健全的组织机构和财务管理制度；

（四）报关员人数不少于5名；

（五）投资者、报关业务负责人、报关员无走私记录；

（六）报关业务负责人具有5年以上从事对外贸易工作经验或者报关工作经验；

（七）无因走私违法行为被海关撤销注册登记许可记录；

（八）有符合从事报关服务所必需的固定经营场所和设施；

（九）海关监管所需要的其他条件。

第十条 申请报关企业注册登记许可，应当提交下列文件材料：

（一）报关企业注册登记许可申请书；

（二）企业法人营业执照副本或者“企业名称预先核准通知书”复印件；

（三）企业章程；

（四）出资证明文件复印件；

（五）所聘报关从业人员的“报关员资格证”复印件；

（六）从事报关服务业可行性研究报告；

（七）报关业务负责人工作简历；

（八）报关服务营业场所所有权证明、租赁证明；

（九）其他与申请注册登记许可相关的材料。

第十一条 申请人应当到所在地海关提出申请并递交申请注册登记许可材料。

直属海关应当对外公布受理申请的场所。

第十二条 申请人可以委托代理人提出注册登记许可申请。

申请人委托代理人代为提出申请的，应当出具授权委托书。授权委托书应当具体载明下列事项，由委托人签章并注明委托日期：

（一）委托人及代理人的简要情况。委托人或者代理人是法人或者其他组织的，应当载明名称、地址、电话、邮政编码、法定代表人或者负责人的姓名、职务；委托人或者代理人是自然人的，应当载明姓名、性别、年龄、职业、地址、电话及邮政编码；

（二）代为提出注册登记许可申请、递交申请材料、收受法律文书等委托事项及权限；

（三）委托代理起止日期；

（四）法律、行政法规及海关规章规定应当载明的其他事项。

第十三条 对申请人提出的申请，海关应当根据下列情况分别作出处理：

（一）申请人不具备报关企业注册登记许可申请资格的，应当作出不予受理的决定；

（二）申请材料不齐全或者不符合法定形式的，应当当场或者在签收申请材料后5日内一次告知申请人需要补正的全部内容，逾期不告知的，自收到申请材料之日起即为受理；

（三）申请材料仅存在文字性、技术性或者装订等可以当场更正的错误的，应当允许申请人当场更正，并且由申请人对更正内容予以签章确认；

（四）申请材料齐全、符合法定形式，或者申请人按照海关的要求提交全部补正申请材料的，应当受理报关企业注册登记许可申请，并作出受理决定。

第十四条 所在地海关受理申请后，应当根据法定条件和程序进行全面审查，并于受理注册登记许可申请之日起20日内审查完毕，将审查意见和全部申请材料报送直属海关。

直属海关应当自收到所在地海关报送的审查意见之日起20日内作出决定。

第十五条 申请人的申请符合法定条件的，海关应当依法作出准予注册登记许可的书面决定，并通知申请人。

申请人的申请不符合法定条件的，海关应当依法作出不准予注册登记许可的书面决定，并且告知申请人享有依法申请行政复议或者提起行政诉讼的权利。

第二节　报关企业跨关区分支机构注册登记许可规定

第十六条 报关企业如需要在注册登记许可区域以外从事报关服务的，应当依法设立分支机构，并且向拟注册登记地海关递交报关企业分支机构注册登记许可申请。

报关企业对其分支机构的行为承担法律责任。

第十七条 申请分支机构注册登记许可的报关企业应当符合下列条件：

（一）报关企业自取得海关核发的“中华人民共和国海关报关企业报关注册登记证书”（见附件1）之日起满2年；

（二）报关企业自申请之日起最近2年未因走私受过处罚。

报关企业每申请一项跨关区分支机构注册登记许可，应当增加注册资本人民币50万元。

第十八条 报关企业跨关区设立的分支机构拟取得注册登记许可的，应当具备下列条件：

（一）符合境内企业法人分支机构设立条件；

（二）报关员人数不少于3名；

（三）有符合从事报关服务所必需的固定经营场所和设施；

（四）分支机构负责人应当具有5年以上从事对外贸易工作经验或者报关工作经验；

（五）报关业务负责人、报关员无走私记录。

第十九条 报关企业申请跨关区分支机构注册登记许可的，应当到分支机构所在地海关提交下列申请材料：

（一）报关企业跨关区分支机构注册登记许可申请书；

（二）“中华人民共和国海关报关企业报关注册登记证书”复印件；

（三）分支机构从事报关服务业可行性研究报告；

（四）拟聘的报关从业人员“报关员资格证书”复印件；

（五）分支机构负责人、报关业务负责人工作简历；

（六）报关服务营业场所所有权证明、租赁证明；

（七）由报关企业注册登记地直属海关出具的该报关企业符合本规定第十七条的证明材料；

（八）申请设立报关企业分支机构注册登记许可的其他材料。

第二十条 海关比照报关企业注册登记许可程序作出是否准予跨关区分支机构注册登记许可的决定。

第三节　报关企业注册登记许可限制

第二十一条 报关企业可以在取得注册登记许可的直属海关关区内各口岸地或者海关监管业务集中地从事报关服务，但是应当在拟从事报关服务的口岸地或者海关监管业务集中的地点依法设立分支机构，并且在开展报关服务前，持本规定第十九条（二）、（三）、（五）、（六）项规定的文件材料和分支机构营业执照向直属海关备案。

取得注册登记许可的跨关区报关企业分支机构应当在所在地口岸或者海关监管业务集中的地点从事报关服务。

第二十二条 报关企业及其跨关区分支机构注册登记许可期限均为2年。被许可人需要延续注册登记许可有效期的，应当办理注册登记许可延续手续。

报关企业未办理注册登记许可延续手续或者海关未准予注册登记许可延续的，自丧失注册登记许可之日起，其跨关区分支机构注册登记许可自动终止。

第四节　报关企业注册登记许可变更和延续

第二十三条　报关企业及其跨关区分支机构注册登记许可中有下列内容变更的，应当持"中华人民共和国海关报关企业报关注册登记证书"、企业变更决议等材料原件及复印件以书面形式到注册地海关申请变更注册登记许可：

（一）企业及其分支机构名称；

（二）企业注册资本；

（三）法定代表人（负责人）。

第二十四条　对被许可人提出的变更注册登记许可申请，注册地海关应当按照注册登记许可程序进行初审，并且上报直属海关决定。直属海关应当依法进行审查，对符合法定条件、标准的，应当准予变更，并且作出准予变更决定。

海关准予变更注册登记的报关企业及其跨关区分支机构，应当到相关管理部门办理变更手续。

第二十五条　报关企业办理注册登记许可延续手续应当在有效期届满40日前向海关提出申请并递交以下材料：

（一）注册登记许可延续申请书；

（二）企业法人营业执照复印件；

（三）报关业务分析、报关差错情况及原因；

（四）报关单位情况登记表（见附件2）；

（五）海关认为应当提交的其他资料。

取得跨关区分支机构注册登记许可的报关企业向分支机构注册地海关申请注册登记许可延续的还应当提交：

（一）分支机构营业执照副本复印件；

（二）所属报关企业的"中华人民共和国海关报关企业报关注册登记证书"复印件。

第二十六条　海关应当比照注册登记许可程序在有效期届满前对报关企业的申请予以审查，对符合注册登记许可条件的，并且符合法律、行政法规、海关规章规定的延续注册登记许可应当具备的其他条件的，应当依法作出准予延续2年有效期的决定。未按照规定申请的，海关不再接受其办理报关业务。

海关应当在注册登记许可有效期届满前作出是否准予延续的决定；逾期未作出决定的，视为准予延续，依法为其办理注册登记许可延续手续。

第二十七条　海关对不再具备注册登记许可的条件，或者不符合法律、行政法规、海关规章规定的延续注册登记许可应当具备的其他条件的报关企业或者其分支机构，不予延长其注册登记许可。

第五节　报关企业注册登记许可撤销、注销和监督

第二十八条　有下列情形之一的，作出注册登记许可决定的直属海关，根据利害关系人的请求或者依据职权，可以撤销注册登记许可：

（一）海关工作人员滥用职权、玩忽职守作出准予注册登记许可决定的；

（二）超越法定职权作出准予注册登记许可决定的；

（三）违反法定程序作出准予注册登记许可决定的；

（四）对不具备申请资格或者不符合法定条件的申请人准予注册登记许可的；

（五）依法可以撤销注册登记许可的其他情形。

被许可人以欺骗、贿赂等不正当手段取得注册登记许可的，应当予以撤销。

依照前两款的规定撤销注册登记许可，可能对公共利益造成重大损害的，不予撤销。

依照本条第一款的规定撤销注册登记许可，被许可人的合法权益受到损害的，海关应当依法对其直接损失给予赔偿。依照本条第二款的规定撤销注册登记许可的，被许可人基于注册登记许可取得的利益不受保护。

第二十九条　有下列情形之一的，海关应当依法注销注册登记许可：

（一）有效期届满未延续的；

（二）报关企业或其跨关区分支机构依法终止的；

（三）注册登记许可依法被撤销、撤回，或者注册登记许可证件依法被吊销的；

（四）因不可抗力导致注册登记许可事项无法实施的；

（五）法律、行政法规规定的应当注销注册登记许可的其他情形。

第三十条　上级海关应当加强对下级海关实施注册登记许可的监督检查，及时纠正许可实施中的违法行为。

第三十一条　报关企业在作出注册登记许可决定的海关管辖区域外，违法从事报关服务的，违法行为发生

地的直属海关应当依法将报关企业的违法事实、处理结果抄告作出注册登记许可决定的直属海关。

第三十二条 海关依法对报关企业从事报关服务活动及其经营场所进行监督和实地检查，依法查阅或者要求报关企业报送有关材料。报关企业应当积极配合，如实提供有关情况和材料。

第三章 报关单位注册登记

第三十三条 报关企业申请人经直属海关注册登记许可后，应当到工商行政管理部门办理许可经营项目登记，并且自工商行政管理部门登记之日起90日内到企业所在地海关办理注册登记手续。逾期海关不予注册登记。

第三十四条 报关企业申请办理注册登记，应当提交下列文件材料：

（一）直属海关注册登记许可文件复印件；

（二）《企业法人营业执照》副本复印件（分支机构提交营业执照）；

（三）税务登记证书副本复印件；

（四）银行开户证明复印件；

（五）组织机构代码证书副本复印件；

（六）报关单位情况登记表、报关单位管理人员情况登记表（见附件3）；

（七）报关企业与所聘报关员签订的用工劳动合同复印件；

（八）其他与报关注册登记有关的文件材料。

第三十五条 进出口货物收发货人应当按照规定到所在地海关办理报关单位注册登记手续。

进出口货物收发货人在海关办理注册登记后可以在中华人民共和国关境内各个口岸地或者海关监管业务集中的地点办理本企业的报关业务。

第三十六条 进出口货物收发货人申请办理注册登记，应当提交下列文件材料：

（一）企业法人营业执照副本复印件（个人独资、合伙企业或者个体工商户提交营业执照）；

（二）对外贸易经营者登记备案表复印件（法律、行政法规或者商务部规定不需要备案登记的除外）；

（三）企业章程复印件（非企业法人免提交）；

（四）本规定第三十四条（三）、（四）、（五）、（六）项规定的文件材料；

（五）其他与注册登记有关的文件材料。

第三十七条 注册地海关依法对申请注册登记材料是否齐全、是否符合法定形式进行核对。

申请材料齐全是指海关按照本规定公布的条件要求申请人提交全部材料完备。

申请材料符合法定形式是指申请材料符合法定时限、记载事项符合法定要求、文书格式符合规范。

申请材料齐全、符合法定形式的申请人由注册地海关核发“中华人民共和国海关报关企业报关注册登记证书”或者“中华人民共和国海关进出口货物收发货人报关注册登记证书”（见附件4），报关单位凭以办理报关业务。

第三十八条 “中华人民共和国海关报关企业报关注册登记证书”有效期限为2年，“中华人民共和国海关进出口货物收发货人报关注册登记证书”有效期限为3年。

报关企业应当在办理注册登记许可延续的同时办理换领“中华人民共和国海关报关企业报关注册登记证书”手续，进出口货物收发货人应当在有效期届满前30日到注册地海关办理换证手续。

逾期未到海关办理换证手续的，“中华人民共和国海关报关企业报关注册登记证书”或者“中华人民共和国海关进出口货物收发货人报关注册登记证书”自动失效。

第三十九条 进出口货物收发货人换证应当向注册地海关递交下列资料：

（一）企业法人营业执照副本复印件（个人独资、合伙企业或者个体工商户提交营业执照）；

（二）对外贸易经营者登记备案表复印件（法律、行政法规或者商务部规定不需要备案登记的除外）；

（三）“中华人民共和国外商投资企业批准证书”、“中华人民共和国台、港、澳、侨投资企业批准证书”复印件（限外商投资企业提交）；

（四）报关单位情况登记表；

（五）报关员情况登记表（见附件5）（无报关员的免提交）；

（六）报关单位管理人员情况登记表。

第四十条 材料齐全、符合法定形式的报关单位由注册地海关换发“中华人民共和国海关报关企业报关注册登记证书”或者“中华人民共和国海关进出口货物收发货人报关注册登记证书”。

第四十一条 下列单位未取得对外贸易经营者备案登记表，按照国家有关规定需要从事非贸易性进出口活动的，可以办理临时注册登记手续：

（一）境外企业、新闻、经贸机构、文化团体等依法在中国境内设立的常驻代表机构；

（二）少量货样进出境的单位；

（三）国家机关、学校、科研院所等组织机构；

（四）临时接受捐赠、礼品、国际援助的单位；

（五）国际船舶代理企业；

（六）其他可以从事非贸易性进出口活动的单位。

第四十二条 临时注册登记单位在向海关申报前，应当向拟进出境口岸地或者海关监管业务集中地海关办理临时注册登记手续。

第四十三条 办理临时注册登记，应当持本单位出具的委派证明或者授权证明及非贸易性活动证明材料。

第四十四条 临时注册登记单位海关不予核发注册登记证书。仅出具临时报关单位注册登记证明。

临时注册登记有效期最长为7日，法律、行政法规、海关规章另有规定的除外。

已经办理报关注册登记的进出口货物收发货人，海关不予办理临时注册登记手续。

第四章 报关单位变更和注销注册登记

第四十五条 报关企业取得变更注册登记许可后或者进出口货物收发货人单位名称、企业性质、企业住所、法定代表人（负责人）等海关注册登记内容发生变更的，应当自批准变更之日起30日内，向注册地海关提交变更后的工商营业执照或者其他批准文件及复印件，办理变更手续。

第四十六条 报关单位有下列情形之一的，应当以书面形式向注册地海关报告。海关在办结有关手续后，应当依法办理注销注册登记手续：

（一）破产、解散、自行放弃报关权或者分立成两个以上新企业的；

（二）被工商行政管理机关注销登记或者吊销营业执照的；

（三）丧失独立承担责任能力的；

（四）报关企业丧失注册登记许可的；

（五）进出口货物收发货人的对外贸易经营者备案登记表或者外商投资企业批准证书失效的；

（六）其他依法应当注销注册登记的情形。

第五章 报关单位的职责和义务

第四十七条 报关企业从事报关服务，应当履行以下义务：

（一）遵守法律、行政法规、海关规章的各项规定，依法履行代理人职责，配合海关监管工作，不得违法滥用报关权；

（二）依法建立账簿和营业记录。真实、正确、完整地记录其受委托办理报关业务的所有活动，详细记录进出口时间、收发货单位、报关单号、货值、代理费等内容，完整保留委托单位提供的各种单证、票据、函电，接受海关稽查；

（三）报关企业应当与委托方签订书面的委托协议，委托协议应当载明受托报关企业名称、地址、委托事项、双方责任、期限、委托人的名称、地址等内容，由双方签章确认；

（四）不得以任何形式出让名义，供他人办理报关业务；

（五）对于代理报关的货物涉及走私违规情事的，应当接受或者协助海关进行调查。

第四十八条 报关单位应当妥善保管海关核发的注册登记证书等相关证明文件。发生遗失的，报关单位应当及时书面向海关说明情况，并在报刊声明作废。海关自收到情况说明和报刊声明证明之日起30日内应当予以补发。在补办期间，报关单位可以办理报关业务。

第四十九条 报关单位向海关递交的纸质进出口货物报关单必须加盖本单位的报关专用章。报关专用章启用前应当向海关备案。

报关专用章应当按照海关总署统一规定的要求刻制。

报关企业的报关专用章仅限在其标明的口岸地或者海关监管业务集中地使用，每一口岸地或者海关监管业务集中地报关专用章应当只有1枚。

进出口货物收发货人的报关专用章可以在全国各口岸地或者海关监管业务集中地通用，有多枚报关专用章的，应当按照次序注明编号。

第五十条 报关单位所属的报关员离职，应当自报关员离职之日起7日内向海关报告并将报关员证件交注册地海关予以注销。报关员未向报关单位交还报关员证件的，报关单位应当在报刊声明作废，并向注册地海关办理注销手续。

第五十一条 进出口货物收发货人不得委托未取得注册登记许可、未在海关办理注册登记的单位或者个人办理报关业务。

第六章 法律责任

第五十二条 报关单位违反本规定的，海关按照《中华人民共和国海关法》、《中华人民共和国海关行政处罚实施条例》等有关规定予以处理；构成犯罪的，依法追究刑事责任。

第五十三条 报关单位有下列情形之一的，海关予以警告，责令其改正，并可以处人民币1000元以上5000元以下罚款：

（一）报关企业取得变更注册登记许可后或者进出口货物收发货人单位名称、企业性质、企业住所、法定代表人（负责人）等海关注册登记内容发生变更，未按照规定向海关办理变更手续的；

（二）未向海关备案，擅自变更或者启用“报关专用章”的；

（三）所属报关员离职，未按照规定向海关报告并办理相关手续的。

第七章 附 则

第五十四条 申请人按照海关规定提交有关文件资料，其中规定提交复印件的，应当将正（副）本原件交海关验核。

第五十五条 “中华人民共和国海关报关企业报关注册登记证书”、“中华人民共和国海关进出口货物收发货人报关注册登记证书”、报关单位情况登记表、报关单位管理人员情况登记表、报关员情况登记表等证书及表格，由海关总署统一样式。

第五十六条 本规定由海关总署负责解释。

第五十七条 本规定自2005年6月1日起施行。海关总署1992年9月9日公布的《中华人民共和国海关对报关单位和报关员的管理规定》（海关总署令第36号）、1994年10月24日公布的《中华人民共和国海关对专业报关企业的管理规定》（海关总署令第50号）、1995年7月6日公布的《中华人民共和国海关对代理报关企业的管理规定》（海关总署令第52号）、《海关总署关于对外贸易经营者办理报关注册登记事项的公告》（〔2004〕25号）、《海关总署关于办理报关企业注册登记事项的公告》（〔2004〕26号）同时废止。

附件1 “中华人民共和国海关报关企业报关注册登记证书”样式（略）

附件2 报关单位情况登记表（略）

附件3 报关单位管理人员情况登记表（略）

附件4 “中华人民共和国海关进出口货物收发货人报关注册登记证书”样式（略）

附件5 报关员情况登记表（略）

中华人民共和国海关关于报关员资格考试及资格证书管理办法

（2005年11月30日海关总署令第135号公布，自2006年1月1日起施行）

第一条 为了规范报关员资格考试、资格申请及取得事项，根据《中华人民共和国海关法》和其他有关法律、行政法规的规定，制定本办法。

第二条 报关员资格考试实行全国统一考试制度。

考试合格者可以向海关申请取得报关员资格。

第三条 海关总署组织报关员资格全国统一考试（以下简称“考试”），确定考试原则，制定考试大纲、规则，统一命题；指导、监督各地海关具体实施考试，处理考试工作中的重大问题；组织阅卷，公布考试成绩；管理各海关审核报关员资格申请、颁发报关员资格证书事宜。

第四条 直属海关在海关总署指导下具体实施考试；受理、审查报关员资格申请，颁发报关员资格证书。

直属海关可以委托隶属海关受理、审核报关员资格申请，并办理颁发证书等事宜。直属海关应当将受委托的隶属海关和委托的内容予以公告。

海关对颁发报关员资格证书的条件、程序等应当依法进行公示。

第五条 报关员资格全国统一考试每年举行一次。特殊情况下，经海关总署决定，可以进行调整。

考试实行公平、公开、公正、诚信的原则，采取全国统一报名、统一命题、统一考试、统一评分标准、统一阅卷核分和统一合格标准的方式进行。

第六条 考试主要测试考生从事报关业务必备的基础知识和技能，考试内容包括报关专业知识、报关专业技能、报关相关知识以及与报关业务相关的法律、行政法规及海关总署规章。

海关总署在考试3个月前对外公告考试事宜。

第七条 报名参加考试的人员应当符合下列条件：

（一）具有中华人民共和国国籍；

（二）年满18周岁，具有完全民事行为能力；

（三）具有大专及以上学历。

第八条 有下列情形之一的，不得报名参加考试，已经办理报名手续的，报名无效：

（一）因故意犯罪，受到刑事处罚的；

（二）因在报关活动中发生走私或严重违反海关规定的行为，被海关依法取消报关从业资格的；

（三）因向海关工作人员行贿，被海关依法撤销报关注册登记、取消报关从业资格的；

（四）曾被宣布考试成绩无效，并被撤销报关员资格、吊销资格证书，不满3年的。

第九条 考试实行网上报名与现场确认相结合。考生应当在网上报名后，自行打印准考证主证，并按照公告规定及时到有关海关进行现场确认。

第十条 考生进行现场确认时，应当如实向海关交验下列证件：

（一）准考证主证；

（二）学历证书原件及复印件；

（三）本人有效身份证件（居民身份证、军官证、士兵证）原件及复印件。

香港、澳门特别行政区居民中的中国公民凭有效香港、澳门身份证可以报名参加考试。

台湾居民报名参加考试的，比照前款规定办理。

第十一条 经现场确认的考生，应当于考试前1个月内自行从网上打印准考证副证。

考生凭准考证主证、副证及身份证件参加考试。

第十二条 海关总署核定并公布全国统一合格分数线。

直属海关及受委托的隶属海关应当根据统一合格分数线，及时公布成绩合格、可以申请报关员资格的考生名单。

第十三条 考生对考试分数有异议的，可以申请对本人试卷卷面各题已得分数的计算、合计、登录是否有误进行核查。核查结果通知本人后，不进行再次核查。

第十四条 根据海关公布的名单可以申请报关员资格的考生，应当自名单公布之日起6个月内向原报名海关申请报关员资格。

第十五条 向海关申请报关员资格的，应当提交下列材料：

（一）报关员资格证书申请表（见附件）；

（二）准考证主证；

（三）学历证书；

（四）身份证件。

第十六条 申请人委托代理人代为提出报关员资格申请的，应当出具授权委托书（见附件2）。授权委托书应当由委托人签章并注明委托日期。

第十七条 海关对申请人授予报关员资格的申请进行受理、审查、作出决定，以及对报关员资格予以撤销、注销等活动，应当依据《中华人民共和国行政许可法》、《中华人民共和国海关行政处罚实施条例》、《中华人民共和国海关实施〈中华人民共和国行政许可法〉办法》等法律、行政法规、海关总署规章规定的程序进行。

第十八条 除当场作出决定的外，海关应当自受理申请之日起20个工作日内作出是否授予报关员资格的决定。

决定不授予报关员资格的，应当向申请人制发不授予报关员资格决定书。

第十九条 海关决定授予报关员资格的，应当自作出决定之日起10个工作日内颁发报关员资格证书。

颁发报关员资格证书的，可以不再制发准予行政许可决定书。

第二十条 报关员资格证书由海关总署统一制作，在全国范围内有效。

取得报关员资格证书者可以按规定向海关申请注册。

第二十一条 取得报关员资格证书后，因故损毁、遗失的，可以按照下列程序向原发证海关申请补发：

（一）申请人向原发证海关书面说明情况，并在省级报刊声明；

（二）海关自收到情况说明和报刊声明之日起30个工作日内予以补发。

第二十二条 考生以伪造文件、冒名代考或者其他欺骗行为参加考试，取得报关员资格的，海关经查实应当宣布成绩无效，并撤销其报关员资格。

第二十三条 海关工作人员有泄漏考题、纵容作弊、篡改考分等行为的，应当给予行政处分，构成犯罪的，依法追究刑事责任。

第二十四条 本办法由海关总署负责解释。

第二十五条 本办法自2006年1月1日起施行，2003年3月18日发布的《中华人民共和国海关关于报关员资格考试的管理规定》同时废止。

本办法施行前通过2005年度报关员资格考试成绩

合格的考生，可以按照本办法规定的程序向原报考海关申请取得报关员资格证书。

附件1　报关员资格证书申请表
附件2　授权委托书

附件1

报关员资格证书申请表

姓　　名：
身份证号：□□□□□□□□□□□□□□□□□□□□□
准考证号：
考试成绩：
学　　历：

特此声明：本人经报关员资格考试成绩合格，符合《中华人民共和国海关关于报关员资格考试及资格证书管理办法》规定要求，特申请报关员资格证书，并对申请时提交文件内容真实性负责。

签　　名：________
申请日期：____年____月____日

附件2

授权委托书

委 托 人：________
身份证号：________
被委托人：________
身份证号：________

委托事项：代为申请颁发委托人的报关员资格证书
委托权限（请在以下方框内打勾）：
□ 代为提交有关材料
□ 代为签收有关法律文书及送达回证
□ 其他：________
____
委托时限：自　　年　　月至　　年　　月

委 托 人：________
被委托人：________
委托日期：____年____月____日

中华人民共和国海关报关员执业管理办法

（2006年3月20日海关总署令第146号公布，自2006年6月1日起施行）

第一章　总　则

第一条　为了加强报关员执业管理，保障报关员合法权益，根据《中华人民共和国海关法》和其他有关法律、行政法规的规定，制定本办法。

第二条　海关对报关员执业管理适用本办法。

第三条　海关对报关员执业管理应当遵循公开、公平、公正、便民、高效的原则。

第四条　取得“报关员资格证书”的人员，应当经海关注册并颁发“报关员证”后执业。

除法律、行政法规另有规定的外，报关业务应当由报关员办理。

第五条　“报关员证”是报关员执业的凭证。

第六条　报关员执业应当遵守有关法律、行政法规、规章和海关的各项规定，恪守报关员职业道德和执业纪律，遵循执业规范，承担相应责任。

报关员应当不断提高自身业务素质和职业技能。海关鼓励报关员加入报关协会，参加相关培训。

第二章　报关员注册

第一节　报关员注册规定

第七条　申请报关员注册，应当具备下列条件：

（一）具有中华人民共和国国籍；

（二）通过报关员资格全国统一考试，取得“报关员资格证书”；

（三）与所在报关单位建立劳动合同关系或者聘用合同关系。

首次申请报关员注册的，应当经过在一个报关单位连续3个月的报关业务实习。

报关员注册有效期届满之日起连续2年未注册再次申请报关员注册的，应当经过海关报关业务岗位考核，考核合格的，可以向海关申请报关员注册。

第八条 有下列情形之一的，不得申请报关员注册：

（一）不具有完全民事行为能力的；

（二）因故意犯罪受到刑事处罚的；

（三）被海关取消报关从业资格的。

第九条 有下列情形之一的，暂不受理报关员注册申请：

（一）被海关暂停执业期间注销报关员注册的；

（二）被海关暂停执业期间注册有效期届满的；

（三）记分达到《中华人民共和国海关对报关员记分考核管理办法》规定分值，未参加海关组织的报关业务岗位考核或者考核不合格，注销报关员注册的；

（四）记分达到《中华人民共和国海关对报关员记分考核管理办法》规定分值，未参加海关组织的报关业务岗位考核或者考核不合格，注册有效期届满的。

第十条 申请人应当到报关单位所在地直属海关提出报关员注册申请（报关单位为报关企业跨关区分支机构的，应当到报关企业跨关区分支机构所在地直属海关提出报关员注册申请）。

直属海关可以委托隶属海关实施报关员注册。

直属海关应当将受理报关员注册的场所予以公告。委托隶属海关实施报关员注册的，应当将受委托隶属海关以及受委托实施报关员注册的内容予以公告。

第十一条 申请报关员注册，应当提交下列文件、材料：

（一）“报关员注册申请书”（见附件1）；

（二）申请人所在报关单位的“中华人民共和国海关报关企业报关注册登记证书”或者“中华人民共和国海关进出口货物收发货人报关注册登记证书”复印件；

（三）“报关员资格证书”复印件；

（四）与所在报关单位签订的合法有效的劳动合同复印件（报关单位为非企业性质的，可以提交聘用合同复印件或者人事证明）；

（五）身份证件复印件；

（六）所在报关单位为其缴纳社会保险证明复印件，但是，法律、行政法规另有规定的，依照其规定。

首次申请报关员注册的，还应当提交报关单位出具的报关业务实习证明材料。

报关员注册有效期届满之日起连续2年未注册再次申请报关员注册的，还应当提交海关报关业务岗位考核合格的证明材料。

台湾居民、香港和澳门居民中的中国公民提出申请的，还应当提交“台港澳人员就业证”复印件。

第十二条 申请报关员注册的，申请人本人应当到海关提出申请。本人不能到海关提出申请的，可以委托所在报关单位提出申请。

申请人委托报关单位代为提出申请的，应当出具授权委托书。授权委托书应当具体载明下列事项，由委托人签章并注明委托日期：

（一）委托报关单位的简要情况。包括报关单位名称、地址、电话、邮政编码、法定代表人或者负责人的姓名、职务；

（二）代为提出报关员注册申请、递交申请材料、收受法律文书等委托事项及权限；

（三）委托代理起止日期。

第十三条 申请人的申请符合法定条件的，海关应当依法作出准予报关员注册的决定，并应当自作出决定之日起10日内向申请人颁发“报关员证”。

可以当场作出决定并颁发“报关员证”的，不再制发受理决定书和准予报关员注册决定书。

申请人的申请不符合法定条件的，海关应当依法作出不准予报关员注册的书面决定。

第二节 报关员注册的变更、延续

第十四条 报关员姓名、身份证件号码等身份资料和所在报关单位名称、海关编码发生变更的，报关员应当在变更事实发生之日起的20日内，持“报关员资格证书”、“报关员证”和变更证明文件等材料的原件及复印件到注册地海关书面申请变更报关员注册。

第十五条 对报关员提出的变更报关员注册申请，注册地海关应当按照报关员注册程序进行审核，对符合法定条件的，应当作出准予变更决定，并于作出准予变更决定后的10日内办结变更手续，换发“报关员证”。

可以当场作出变更决定并换发“报关员证”的，不再制发受理决定书、准予变更报关员注册决定书。

第十六条 报关员注册有效期为2年。报关员需要延续报关员注册有效期的，应当办理报关员注册延续手续。

报关员未办理注册延续手续或者海关未准予报关员注册延续的，自有效期届满之日起，其报关员注册自动终止。

第十七条 报关员办理报关员注册延续手续的，应当在有效期届满30日前向海关提出，并提交下列文件、材料：

（一）“报关员注册延续申请书”（附件2）；

（二）“报关员证”复印件；

（三）本办法第十一条第一款第（二）、（三）、（四）、（五）、（六）项所列文件材料。

台湾居民、香港和澳门居民中的中国公民办理报关员注册延续手续的，还应当提交《台港澳人员就业证》复印件。

第十八条 报关员逾期提出报关员注册延续申请的，海关不予受理。

第十九条 海关应当比照报关员注册程序在有效期届满前对报关员的延续申请予以审查，对符合报关员注册条件的，应当依法作出准予延续2年有效期的决定。

海关应当在报关员注册有效期届满前作出是否准予延续的决定；逾期未作出决定的，视为准予延续，依法为其办理报关员注册延续手续。

海关可以当场作出决定并换领“报关员证”的，不再制发受理决定书、准予延续报关员注册决定书。

海关对不再具备报关员注册条件的，应当依法作出不予延续的决定，说明理由，并告知申请人享有依法申请行政复议或者提起行政诉讼的权利。

第二十条 报关员在被海关暂停执业期间有效期届满，需要延续有效期的，应当在有效期届满30日前到海关申请暂缓办理报关员注册延续，并在暂停执业期满后30日内提出延续报关员注册的申请。

第三节　报关员注册的注销

第二十一条 有下列情形之一的，报关员应当到注册地海关申请报关员注册的注销：

（一）报关员不再从事报关业务的；

（二）报关员辞职的；

（三）报关单位解除与报关员的劳动合同关系的（报关单位为非企业性质的，解除聘用合同关系或者人事关系）；

（四）报关单位申请注销海关注册登记的。

发生前款所列情形报关员未按照规定申请注销的，报关员所在报关单位应当按照《中华人民共和国海关对报关单位注册登记管理规定》第五十条的规定办理。

第二十二条 有下列情形之一的，海关应当依法办理报关员注册的注销手续：

（一）有效期届满未延续的；

（二）报关员死亡或者丧失民事行为能力的；

（三）报关员注册依法被撤销、撤回的；

（四）报关员被海关依法取消从业资格的；

（五）所在报关单位被海关注销注册登记的；

（六）法律、行政法规和规章规定的应当注销的其他情形。

第二十三条 申请注销报关员注册的，应当提交下列文件、材料：

（一）“注销报关员注册申请书”（附件3）；

（二）“报关员证”；

（三）“报关员资格证书”。

不能提交前款第（二）项所列文件的，应当提交在报刊刊登的作废声明。

报关单位按照《中华人民共和国海关对报关单位注册登记管理规定》第五十条的规定办理注销手续，不能提交第一款第（三）项所列文件的，应当提交报刊声明和说明材料。

第二十四条 报关员更换报关单位的，应当注销原报关员注册，重新申请报关员注册。

第二十五条 报关员遗失“报关员证”的，应当及时向注册地海关书面说明情况，并在报刊声明作废。

海关应当自收到情况说明和报刊声明证明之日起20日内予以补发。

第二十六条 海关对申请人提出报关员注册申请的受理、审查、决定、撤销、注销等活动，应当依据本办法进行。本办法没有规定的，应当依据《中华人民共和国行政许可法》、《中华人民共和国海关实施〈中华人民共和国行政许可法〉办法》规定的程序进行。

第三章　报关员权利、义务

第二十七条 报关员有下列权利：

（一）以所在报关单位名义执业，办理报关业务；

（二）向海关查询其办理的报关业务情况；

（三）拒绝海关工作人员的不合法要求；

（四）对海关对其作出的处理决定享有陈述、申辩、申诉的权利；

（五）依法申请行政复议或者提起行政诉讼；

（六）合法权益因海关违法行为受到损害的，依法要求赔偿；

（七）参加执业培训。

第二十八条 报关员应当履行以下义务：

（一）熟悉所申报货物的基本情况，对申报内容和有关材料的真实性、完整性进行合理审查；

（二）提供齐全、正确、有效的单证，准确、清楚、完整填制海关单证，并按照规定办理报关业务及相关手续；

（三）海关查验进出口货物时，配合海关查验；

（四）配合海关稽查和对涉嫌走私违规案件的查处；

（五）按照规定参加直属海关或者直属海关授权组织举办的报关业务岗位考核；

（六）持“报关员证”办理报关业务，海关核对时，应当出示；

（七）妥善保管海关核发的“报关员证”和相关文件；

（八）协助落实海关对报关单位管理的具体措施。

第二十九条 报关员应当在一个报关单位执业。

第三十条 报关企业及其跨关区分支机构的报关员，应当在所在报关企业或者跨关区分支机构的报关服务的口岸地或者海关监管业务集中的地点执业。

进出口货物收发货人的报关员，可以在中华人民共和国关境内的各口岸地或者海关监管业务集中的地点执业。

第三十一条 报关员应当在所在报关单位授权范围内执业。

报关员应当按照报关单位的要求和委托人的委托依法办理下列业务：

（一）按照规定如实申报进出口货物的商品编码、商品名称、规格型号、实际成交价格、原产地及相应优惠贸易协定代码等报关单有关项目，并办理填制报关单、提交报关单证等与申报有关的事宜；

（二）申请办理缴纳税费和退税、补税事宜；

（三）申请办理加工贸易合同备案（变更）、深加工结转、外发加工、内销、放弃核准、余料结转、核销及保税监管等事宜；

（四）申请办理进出口货物减税、免税等事宜；

（五）协助海关办理进出口货物的查验、结关等事宜；

（六）应当由报关员办理的其他报关事宜。

第三十二条 报关员执业不得有以下行为：

（一）故意制造海关与报关单位、委托人之间的矛盾和纠纷；

（二）假借海关名义，以明示或者暗示的方式向委托人索要委托合同约定以外的酬金或者其他财物、虚假报销；

（三）同时在2个或者2个以上报关单位执业；

（四）私自接受委托办理报关业务，或者私自收取委托人酬金及其他财物；

（五）将“报关员证”转借或者转让他人，允许他人持本人“报关员证”执业；

（六）涂改“报关员证”；

（七）其他利用执业之便谋取不正当利益的行为。

第三十三条 海关可以根据管理需要，对报关员的执业情况予以公告。

第四章　法律责任

第三十四条 报关员有下列情形之一的，海关予以警告，责令其改正，并可以处人民币2000元以下罚款：

（一）本办法第三十二条规定情形的；

（二）本办法第十四条所列海关注册内容发生变更，未按照规定向海关办理变更手续的。

第三十五条 报关员违反本办法，构成走私或者违反海关监管规定行为的，由海关依照《中华人民共和国海关法》和《中华人民共和国海关行政处罚实施条例》的有关规定予以处理；构成犯罪的，依法追究刑事责任。

第五章　附　则

第三十六条 本办法规定的海关实施报关员注册的期限以工作日计算，不含法定节假日。

第三十七条 申请人按照海关规定提交复印件的，应当将正（副）本原件交海关验核。

第三十八条 本办法由海关总署负责解释。

第三十九条 本办法自2006年6月1日起施行。海关总署1992年9月9日发布的《中华人民共和国海关对报关单位和报关员管理规定》（海关总署令第36号）、1997年4月8日公布的《中华人民共和国海关对报关员管理规定》（海关总署令第62号）同时废止。

附件1　报关员注册申请书

附件2　报关员注册延续申请书

附件3　注销报关员注册申请书

附件1

报关员注册申请书

________海关：

本人已具备《中华人民共和国海关报关员执业管理办法》（以下简称《管理办法》）所列报关员注册条件，保证不存在《管理办法》第八条所列情形，并备齐申请材料，承诺所提交的材料真实、合法、有效。现向你关提出报关员注册申请，请予以受理。

<table>
<tr><td>姓名</td><td></td><td>性别</td><td></td><td>学历</td><td></td><td rowspan="4">照片</td></tr>
<tr><td>出生日期</td><td colspan="2">年　月　日</td><td>资格证书编号</td><td colspan="2"></td></tr>
<tr><td>身份证件号码</td><td colspan="5">□□□□□□□□□□□□□□□□□□□□□□</td></tr>
<tr><td>报关类别</td><td colspan="5">☐ 报关企业　☐ 进出口货物收发货人</td></tr>
<tr><td>固定电话</td><td colspan="2"></td><td>移动电话</td><td colspan="3"></td></tr>
<tr><td>传真</td><td colspan="2"></td><td>电子邮箱</td><td colspan="3"></td></tr>
<tr><td>报关单位名称</td><td colspan="6"></td></tr>
<tr><td>报关单位地址</td><td colspan="6"></td></tr>
<tr><td>注册编码</td><td colspan="2"></td><td>邮政编码</td><td colspan="3"></td></tr>
</table>

报关单位公章：　　　　　　　　　　　　　　　　　　申请人签章：

年　月　日　　　　　　　　　　　　　　　　　　　　年　月　日

附件 2

报关员注册延续申请书

________海关：

本人已具备《中华人民共和国海关报关员执业管理办法》（以下简称《管理办法》）所列报关员注册延续条件，保证不存在《管理办法》第八条所列情形，并备齐申请材料，承诺所提交的材料真实、合法、有效。现向你关提出报关员注册延续申请，请予以受理。

姓名		性别		学历	
出生日期	年　月　日		资格证书编号		
身份证件号码	□□□□□□□□□□□□□□□□□□				
报关类别	□ 报关企业　□ 进出口货物收发货人				
固定电话			移动电话		
传真			电子邮箱		
报关单位名称					
报关单位地址					
注册编码			邮政编码		

报关单位公章：　　　　　　　　　　　　　　　　　　申请人签章：

年　月　日　　　　　　　　　　　　　　　　　　　　年　月　日

附件 3－1

注销报关员注册申请书
（报关员申请用）

________海关：

本人姓名________，报关员注册号____________
____________，因下列情形，向你关提出注销报关员注册申请，请予以受理。

□ 不再从事报关业务；

□ 辞职；

□ 报关单位解除与本人的劳动合同关系、聘用合同关系或者人事关系；

□ 所在报关单位申请注销海关注册登记；

□ 其他情形。

本人已备齐申请材料，并承诺所提交的材料真实、合法、有效。申请材料如下：

1. 报关员证；
2. 报关员资格证书。

注：不能提交报关员证的，应当提交在报刊刊登的作废声明。

报关单位公章：　　　　　　申请人签章：

年　　月　　日　　　　　　年　　月　　日

附件 3－2

注销报关员注册申请书
（报关单位申请用）

________海关：

我单位报关员离职，报关员注册号，未按规定申请海关注销其报关员注册。因此，我单位按照《中华人民共和国海关报关员执业管理办法》和《中华人民共和国海关对报关单位注册登记管理规定》的规定，备齐申请材料，并承诺所提交的材料真实、合法、有效，现向你关提出注销该报关员注册申请，请予以受理。申请材料如下：

1. 报关员证；
2. 报关员资格证书。

注：不能提交报关员证的，应当提交在报刊刊登的作废声明。不能提交报关员资格证书的，应当提交报刊声明和说明材料。

报关单位公章：

年　　月　　日

其　他

中华人民共和国海关对外商投资企业进出口货物监管和征免税办法

（1992年7月25日海关总署令第29号发布，自1992年9月1日起实施
根据海关总署公告2004年第6号修订）

第一章　总　则

第一条　为了鼓励外国公司、企业和其他经济组织或个人来中国举办中外合资经营企业、中外合作经营企业和外资企业（以下简称外商投资企业），贯彻国家产业政策，发展国民经济，方便合法进出，加强海关监管，依照《中华人民共和国海关法》和有关法律、法规的规定，制定本办法。

第二条　外商投资企业应按中华人民共和国的法律、法规和本办法的规定履行各项义务，其进出口货物应如实向海关申报，接受海关监管并可享受有关优惠。

第三条　对遵守海关规定好的外商投资企业，经审核后，由海关授予“信誉良好企业”称号并在办理海关手续方面给予相应的便利。

第四条　对符合海关监管条件的外商投资企业，可以批准其建立保税仓库、保税工厂。海关认为必要时，可以在外商投资企业中派驻关员进行监管，办理海关手续。有关企业应提供必要的便利。

第五条　外商投资企业进口的货物凡属于《中华人民共和国海关法》规定的海关监管货物，未经海关许可，不得擅自出售、转让、抵押或移作他用。

第二章　备案手续与验放依据

第六条　外商投资企业应当持凭中华人民共和国对外经济贸易管理部门或其授权机构签发的批准证书和中华人民共和国工商行政管理部门或其授权机构签发的营业执照等文件的副本或复印件以及企业章程、合同，向主管地海关办理企业登记备案手续。

第七条　外商投资企业投资各方应当根据合同、章程的规定，按照国家的有关规定缴付出资额，并在验资后的一个月内向海关递交验资报告。

第八条　外商投资企业办理进出口货物报关手续时，应当填写外商投资企业专用的进口或出口货物报关单向海关申报，并交验货物发票、装箱单等有关单据；属于国家规定须申领许可证的商品，还应当向海关递交进（出）口许可证；不属于国家规定申领许可证的商品，海关凭批准成立企业的文件或者进出口合同验放。

外资企业进口本企业自用的、合理数量的货物免予报批，免领进口许可证。

第九条　外商投资企业为解决外汇收支平衡购买非本企业产品出口的，海关应当验凭经贸主管部门的批准文件；其中属于国家实行出口许可证管理的商品，凭批

准文件申领出口许可证，海关凭以验放。

第十条 （废止）（注）

第十一条 为履行产品出口合同的外商投资企业，由海关核发“中华人民共和国海关对外商投资企业履行产品出口合同所需进口料件加工复出口登记手册”（以下简称“登记手册”）。

外商投资企业为履行产品出口合同所需进口的原材料、燃料、散件、零部件、元器件、配套件、辅料和包装物料，由海关按保税货物进行监管，进口时，免领进口许可证，海关凭企业合同或进出口合同验放。

外商投资企业加工出口的产品，凡属于国家实行出口许可证管理的，出口时，海关凭出口许可证验放。

第三章 进出口货物的税收规定

第十二条 外商投资企业按规定在投资总额以及经批准追加的投资额内进口的货物，可以享受海关给予的减免税优惠，对超出投资额进口的货物，应当照章征税。

第十三条 中外合资经营企业进口下列货物，免征关税和工商统一税：

（一）按照合同规定作为外国合营者出资的机器设备、零部件和其他物料（其他物料指建厂（场）以及安装、加固机器所需材料，下同）；

（二）以投资总额内的资金进口的机器设备、零部件和其他物料；

（三）以增加资本进口的国内不能保证生产供应的机器设备、零部件和其他物料。

第十四条 外资企业进口第十三条规定的货物以及生产管理设备，免征进口关税和工商统一税。

第十五条 中外合作开采海洋石油进口直接用于勘探、开发作业的机器、设备、备件和材料；为制造开采作业用的机器、设备所需进口的零部件和材料以及利用外资进口属于能源开发，铁路、公路、港口的基本建设，工业、农业、林业、牧业和养殖业，深海渔业捕捞，科学研究，教育及医疗卫生方面的项目，按照合同规定进口的机器设备以及建厂（场）和安装、加固机器设备所需材料，免征进口关税和工商统一税。

第十六条 中外合作经营的商业、饮食业、照相业和其他服务业、维修中心、职工培训、客货汽车运输、近海渔业捕捞以及其他行业进口的货物，除国家另有规定者外，应当照章征收进口关税和工商统一税。

第十七条 外商投资企业在投资总额内根据国家规定进口本企业自用合理数量的交通工具、生产用车辆、办公用品（设备），免征进口关税和工商统一税。

第十八条 本办法第十三条、第十四条、第十五条、第十七条所列享受海关减免税优惠的进口货物，由海关规定监管年限。监管年限从减免税进口货物的放行之日起计算。

下列享受税收优惠的进口货物监管年限为：

（一）船舶、飞机及建筑材料（包括钢材、木材、胶合板、人造板、玻璃等等）——8 年

（二）机动车辆和家用电器——6 年

（三）机器设备和其他设备、材料等——5 年

对超过海关监管年限的减免税货物，企业可以向海关提出解除监管申请，经主管海关核准后发给“中华人民共和国海关对外商投资企业减免税进口货物解除监管证明”（见附件 1（2））。

在海关监管年限内的减免税进口货物，经原审批部门批准用于在国内转卖或销售的，企业应当按照其使用时间折旧估价，补征进口税款。

未列入海关监管年限内的减免税进口货物，实际处理时，海关根据货物使用情况进行估价，补征税款。

第十九条 外商投资企业为履行产品出口合同进口直接用于加工出口产品而在生产过程中消耗掉的、数量合理的触媒剂、催化剂、磨料、燃料等，海关免征进口关税和工商统一税。

第二十条 （废止）

第二十一条 外商投资企业经经贸主管部门批准进口供加工内销产品的料、件，应当在进口时照章征税。

第二十二条 外商投资企业出口自产产品，除限制出口商品或国家另有规定者外，免征出口关税。

第四章 保税进口料、件的管理与核销

第二十三条 （废止）

第二十四条 （废止）

第二十五条 （废止）

第二十六条 （废止）

第二十七条 （废止）

第五章 抵押与破产、清算

第二十八条 外商投资企业以海关监管货物向国内外的金融机构作贷款抵押的，必须事先向主管海关申请，经核准后方可办理抵押手续。

上述抵押物实际处理时，企业应当按其使用年限折旧补税并办结海关手续。

第二十九条 外商投资企业终止合同或者解除合同

的，应当在审批机关批准进行财产清算的15日内或在法院裁定准予企业破产生效之日起的15日内，持审批机关的批准文件（复印件），进口征免税物资清单、海关核发的征免税证明、登记手册等，向主管海关申请办理减免税进口物资的销案手续。企业应当交回报关注册登记证明书、报关员证等有关证件。

海关在办结上述企业减免税进口物资的销案手续前，应当对有关进口物资予以封存。

第三十条 破产的外商投资企业，在进行财产清偿前，对其享受海关税收优惠的监管货物，应按照国家规定办理纳税手续。

第三十一条 终止或解除合同的外商投资企业，海关对其监管年限内的减免税进口货物，按以下规定办理：

（一）留给合营中方继续使用或转让、出售给国内单位的，海关应当按其使用年限折旧补税。

（二）如转让给国内其他可享受同等优惠待遇的外商投资企业使用的，经审批机关批准并办结海关结转手续后，可以继续享受减免税优惠。

（三）经海关核准，允许合营外方将原免税进口货物退运出境。

第三十二条 上述办结海关手续的外商投资企业，由海关核发“企业办结海关手续通知书”（见附件1(3)）。

第六章 附 则

第三十三条 设在经济特区、经济技术开发区、保税区、高新技术产业开发区、沿海开放城市、沿海开放地区以及实行其他特殊优惠政策地区的外商投资企业，其进出口货物除按本办法规定办理外，还执行国家给予上述地区外商投资企业的有关政策。

第三十四条 台湾、香港、澳门同胞及华侨投资企业除执行《国务院关于鼓励台湾同胞投资的规定》和《国务院关于鼓励华侨港澳同胞投资规定》有关规定外，比照本办法规定执行。

第三十五条 对违反本办法的行为，海关按《中华人民共和国海关法》、《中华人民共和国海关法行政处罚实施细则》和其他有关法规处理。对触犯刑律的，依法由司法机关追究刑事责任。

第三十六条 凡与本办法相抵触的规定，均以本办法为准。

第三十七条 本办法由海关总署负责解释。

第三十八条 本办法自1992年9月1日起实行。

附件1 中华人民共和国海关对外商投资企业进口货物征免税证明（略）

附件2 中华人民共和国海关对外商投资企业减免税进口货物解除监管证明（略）

附件3 企业办结海关手续通知书（略）

（**注：**2004年第6号公告废止本办法第十条、第二十条、第二十三条、第二十四条、第二十五条、第二十六条、第二十七条）

边民互市贸易管理办法

（海关总署、对外贸易经济合作部制定，1996年3月29日海关总署令第56号发布，自1996年4月1日起施行）

第一条 为了促进边境地区居民互市贸易的健康发展，繁荣边境经济，加强海关监督管理，根据《中华人民共和国海关法》和其他有关法律、法规制定本办法。

第二条 边民互市贸易是指边境地区边民在我国陆路边境20公里以内，经政府批准的开放点或指定的集市上，在不超过规定的金额或数量范围内进行的商品交换活动。

开展边民互市贸易应符合以下条件：

（一）互市地点应设在陆路、界河边境线附近；

（二）互市地点应由边境省、自治区人民政府批准；

（三）边民互市贸易区（点）应有明确的界线；

（四）边民互市贸易区（点）的海关监管设施符合海关要求。

第三条 我国边境地区的居民和对方国家边民可进入边民互市贸易区（点）从事互市贸易。

我国边境地区的商店、供销社等企业，如在边民互市贸易区（点）设立摊位，从事商品交换活动的，按照边境贸易进行管理。

第四条 边境地区居民携带物品进出边民互市贸易区（点）或从边境口岸进出境时，应向海关如实申报物品的品种、数量和金额，并接受海关监管和检查。

第五条 边境地区居民每人每日从边境口岸或从边民互市贸易区（点）内带进的物品，价值在人民币1000元以下的，免征进口关税和进口环节税；超过人民币1000元不足5000元的，对超出部分按《对入境旅客行李物品和个人邮递物品征收进口税办法》规定征税；超出人民币5000元的按《中华人民共和国海关进口税则》征收进口关税和进口环节税，并按进出口货物办理有关手续。

第六条 边境双方居民和从事商品交换活动的企业均不得携带或运输国家禁止进出境物品出入边民互市贸易区（点）。

国家限制进出口和实行许可证管理的商品，按国家有关规定办理。

第七条 对具备封闭条件并与对方国家连接的边民互市场所，对方居民携带物品进境时，应向驻区监管的海关申报并接受海关监管。

第八条 对当地未设海关机构的，省、自治区政府可商直属海关委托地方有关部门代管，地方政府应加强管理，并制定实施细则商海关同意后实施，海关应给予指导并会同当地政府不定期检查管理情况。

第九条 各级海关要加强对边民互市贸易的管理，严厉打击利用边民互市贸易进行走私违法的活动。对违反《海关法》和本办法规定的，海关按照《海关法》和《海关法行政处罚实施细则》进行处理。

第十条 本办法由海关总署负责解释。

第十一条 本办法自1996年4月1日起施行。

中华人民共和国海关统计工作管理规定

（2006年9月12日海关总署令第153号公布，自2006年11月1日起施行）

第一条 为了规范海关统计工作，保证统计数据质量，根据《中华人民共和国海关法》、《中华人民共和国海关统计条例》以及有关法律、行政法规的规定，制定本规定。

第二条 海关依法对进出口货物贸易以及进出境物品进行的统计工作，以及涉及进出口货物、进出境物品的其他相关统计工作，适用本规定。

第三条 海关统计工作应当坚持准确及时、科学完整、国际可比的原则。

第四条 海关应当依法开展统计调查，全面收集、审核进出口货物收发货人或者其代理人的原始报关资料，并对统计数据进行汇总、整理。

第五条 海关应当依法对进出口贸易统计数据进行统计分析，研究对外贸易运行特点、趋势和规律。

海关应当根据进出口贸易统计数据以及国内外有关宏观经济统计数据开展进出口实时监测和动态预警工作。

第六条 海关应当利用海关统计数据依法开展统计监督，对企业进出口行为和过程进行监督，对海关执法活动进行分析评估，并检查、纠正虚报、瞒报、伪造、篡改统计资料的行为。

对于海关统计部门发现的问题以及提出的建议，有关部门和单位应当及时处理并作出答复。

第七条 海关应当根据国家有关规定开展统计咨询服务。

除依法公布以及无偿提供的综合统计资料以外，海关提供进出口贸易统计的数据资料实行有偿咨询服务。

第八条 海关统计的范围包括实际进出境并引起境内物质存量增加或者减少的货物，以及依法应当列入统计的物品。

第九条 没有实际进出境或者虽然实际进出境但是没有引起境内物质存量增加或者减少的货物、物品，不列入海关统计。

第十条 下列货物不列入海关统计：

（一）过境货物、转运货物和通运货物；

（二）暂时进出口货物；

（三）用于国际收支手段的流通中的货币以及货币用黄金；

（四）租赁期在1年以下的租赁货物；

（五）由于货物残损、短少、品质不良或者规格不符而由该进出口货物的承运人、发货人或者保险公司免费补偿或者更换的同类货物；

（六）退运货物；

（七）边民互市贸易进出口货物；

（八）中国籍船舶在公海捕获的水产品；

（九）中国籍船舶或者飞机在境内添装的燃料、物料、食品；中国籍或者外国籍的运输工具在境外添装的燃料、物料、食品以及放弃的废旧物料等；

（十）无商业价值的货样或者广告品；

（十一）海关特殊监管区域之间、保税监管场所之间以及海关特殊监管区域和保税监管场所之间转移的货物；

（十二）其他不列入海关统计的货物。

第十一条 下列物品不列入海关统计：

（一）修理物品；

（二）打捞物品；

（三）进出境旅客的自用物品（汽车除外）；

（四）我国驻外国和外国驻我国使领馆进出境的公务物品以及使领馆人员的自用物品；

（五）我国驻香港和澳门特别行政区军队进出境的公务物品以及军队人员的自用物品；

（六）其他不列入海关统计的物品。

第十二条 对于不列入海关统计的货物、物品，海关可以根据管理需要实施单项统计。

单项统计的数量和金额不计入海关统计的数量和总值。

第十三条 根据国民经济发展和海关监管需要，海关可以调整进出口货物以及进出境物品的统计项目；对进出口货物以及进出境物品的部分统计项目进行长期或者阶段性统计。

调整统计项目的，由海关总署发布公告。

第十四条 海关统计项目的商品名称以及编码应当按照《中华人民共和国海关统计商品目录》所列的商品名称以及编码进行归类统计。

《中华人民共和国海关统计商品目录》由海关总署公布。

第十五条 进出口货物应当按照《中华人民共和国海关统计商品目录》规定的计量单位统计数（重）量。

货物在《中华人民共和国海关统计商品目录》中列有第二计量单位的，应当同时按照第二计量单位统计其第二数（重）量。

第十六条 进出口货物的价格以海关审定的完税价格为基础进行统计。

进口货物的价格按照成本、保险费加运费价格（CIF价格）进行统计，出口货物的价格按照船上交货价格（FOB价格）进行统计。

第十七条 进出口货物的价格分别按照美元和人民币统计。进出口货物的价格以其他外币计价的，应当分别按照国家外汇管理部门按月公布的各种外币对美元的折算率以及海关征税适用的中国银行折算价，折算成美元值和人民币值进行统计。

第十八条 进口货物的原产国（地区）按照《中华人民共和国进出口货物原产地条例》以及海关总署有关规定进行统计。

进口货物原产国（地区）无法确定的，按照“国别不详”进行统计。

第十九条 出口货物的最终目的国（地区）按照出口货物已知的消费、使用或者进一步加工制造的国家（地区）进行统计。

不经过第三国（地区）转运的出口直接运输货物，以直接运抵的国家（地区）为最终目的国（地区）。

经过第三国（地区）转运的出口货物，以最后运往国（地区）为最终目的国（地区）。

出口货物不能确定最终目的国（地区）的，按照出口时尽可能预知的最后运往国（地区）进行统计。

第二十条 进口货物的启运国（地区）按照货物起始发出直接运抵我国或者在运输中转国（地区）未发生任何商业交易的情况下运抵我国的国家（地区）进行统计。

不经过第三国（地区）转运的直接运输货物，以进口货物的装货港所在国（地区）为启运国（地区）。

经过第三国（地区）转运的进出口货物，未在中转国（地区）发生商业交易的，以进口货物的始发国（地区）为启运国（地区）；在中转国（地区）发生商业交易的，以中转国（地区）作为启运国（地区）。

第二十一条 出口货物的运抵国（地区）按照出口货物从我国直接运抵或者在运输中转国（地区）未

发生任何商业交易的情况下最后运抵的国家（地区）进行统计。

不经过第三国（地区）转运的直接运输货物，以出口货物的指运港所在国（地区）为运抵国（地区）。

经过第三国（地区）转运的进出口货物，未在中转国（地区）发生商业交易的，以出口货物的最终目的国（地区）为运抵国（地区）；在中转国（地区）发生商业交易的，以中转国（地区）作为运抵国（地区）。

第二十二条 进口货物的境内目的地按照进口货物在我国境内的消费、使用地或者最终运抵地进行统计，其中最终运抵地为最终使用单位所在的地区。

最终使用单位难以确定的，按照货物进口时预知的最终收货单位所在地进行统计。

第二十三条 出口货物的境内货源地按照出口货物在我国境内的产地或者原始发货地进行统计。

出口货物在境内多次转换运输工具、难以确定其生产地的，按照最早发运该出口货物的单位所在地进行统计。

第二十四条 经营单位按照已经在海关注册登记、从事进出口经营活动的境内法人、其他组织或者个人进行统计。

在海关注册登记、有权经营进出口业务的经营单位，注册登记的海关应当为其设置全国通用的经营单位代码。

经营单位代码由经营单位所在地主管海关负责管理。

第二十五条 海关统计的贸易方式及单项统计的货物（见附件）按照进出口货物买卖双方交易形式以及海关监管要求进行分类统计。

海关根据国民经济发展和海关监管需要对贸易方式进行调整的，由海关总署发布公告。

第二十六条 运输方式按照水路运输、铁路运输、公路运输、航空运输、邮件运输和其他运输等方式进行统计。

进境货物的运输方式应当按照货物运抵我国境内第一个口岸时的运输方式进行统计；出境货物的运输方式应当按照货物运离我国境内最后一个口岸时的运输方式进行统计。

进出境旅客随身携带的货物，按照旅客所乘运输工具进行统计。

非邮政方式进出口的快递货物，按照实际运输方式统计。

以人扛、畜驮、管道、电缆、输送带等方式运输的货物，按照其他运输方式进行统计。

第二十七条 进口货物按照海关放行日期进行统计；出口货物按照海关结关日期进行统计。

进口转关运输货物按照指运地海关放行的日期进行统计；出口转关运输货物按照启运地海关的结关日期进行统计。

海关统计月报和年报等统计资料分别按照公历月和公历年汇总编制。

第二十八条 进出口货物按照接受申报的海关进行统计。

进口转关运输货物按照接受申报的指运地海关进行统计；出口转关运输货物按照接受申报的启运地海关进行统计。

第二十九条 海关统计原始资料包括经海关确认的中华人民共和国海关进口货物报关单、中华人民共和国海关出口货物报关单、中华人民共和国海关保税区进境货物备案清单、中华人民共和国海关保税区出境货物备案清单、中华人民共和国海关出口加工区进境货物备案清单、中华人民共和国海关出口加工区出境货物备案清单等报关单证、随附单证及有关的电子数据。

除特殊情况外，海关统计纸质原始资料自进出口货物解除监管之日起保存 3 年；海关统计电子数据长期保存。

全国海关统计资料由海关总署综合统计部门负责管理，各直属海关统计资料由该直属海关的统计部门负责管理。

第三十条 海关统计信息是以海关统计原始资料为基础采集、整理的相关统计信息。

海关应当定期向社会公布统计信息，并于每年的 12 月将下一年度月报、年报等统计资料的公布时间对外公告。

第三十一条 海关总署应当定期、无偿地向国务院有关部门提供有关综合统计资料。直属海关应当定期、无偿地向所在地省、自治区、直辖市人民政府有关部门提供有关综合统计资料。

海关综合统计资料包括下列内容：

（一）各地区进出口总值表；

（二）进出口商品贸易方式总值表；

（三）国别（地区）进出口总值表；

（四）主要商品进出口量值表；

（五）进出口贸易方式企业性质总值表；

（六）运输方式进出口总值表；

（七）反映进出口总体进度的分析报告、进出口监测预警信息等。

第三十二条 海关统计人员对在统计过程中知悉的国家秘密、商业秘密、海关工作秘密负有保密义务。

第三十三条 未经海关授权，任何单位或者个人不得擅自销售海关统计资料和海关统计电子数据。

第三十四条 海关统计部门对统计原始资料中的申报内容有疑问的，可以直接向当事人提出查询，核实有关内容，当事人应当及时据实作出答复。

依法应当申报的统计项目未申报或者申报不实影响海关统计准确性的，除依法予以处理外，海关应当责令当事人予以更正。

第三十五条 海关统计人员应当遵守《中华人民共和国海关法》和《中华人民共和国统计法》的规定，不得自行、参与或者授意篡改海关统计资料、编造虚假数据。

海关统计人员有权拒绝、揭发和制止影响海关统计客观性、真实性的人为干扰。

第三十六条 海关统计人员玩忽职守、滥用职权、徇私舞弊的，依法给予处分；构成犯罪的，依法追究刑事责任。

第三十七条 依法应当申报的项目未申报或者申报不实影响海关统计准确性的，除责令当事人予以更正外，需要予以行政处罚的，依照《中华人民共和国海关行政处罚实施条例》的规定予以处罚。

第三十八条 本规定由海关总署负责解释。

第三十九条 本规定自2006年11月1日起施行。1994年11月21日发布的《中华人民共和国海关统计制度》同时废止。

附件1 海关统计的贸易方式

附件2 单项统计的货物

附件1

海关统计的贸易方式

1. 一般贸易
2. 国家间或者国际组织间无偿援助、赠送的物资
3. 捐赠物资
4. 补偿贸易
5. 来料加工装配贸易
6. 进料加工贸易
7. 寄售、代销贸易
8. 边境小额贸易
9. 加工贸易进口设备
10. 对外承包工程出口货物
11. 租赁贸易
12. 外商投资企业作为投资进口的设备或者物品
13. 出料加工贸易
14. 易货贸易
15. 免税外汇商品
16. 保税仓库进出境仓储转口货物
17. 保税区进出境仓储转口货物
18. 出口加工区进口设备
19. 其他

附件2

单项统计的货物

1. 免税品
2. 加工贸易成品油形式出口复进口
3. 进料加工转内销货物
4. 来料加工转内销货物
5. 加工贸易转内销设备
6. 进料深加工结转货物
7. 来料深加工结转货物
8. 加工贸易结转设备
9. 进料加工结转余料
10. 来料加工结转余料
11. 退运货物
12. 进料加工复出口料件
13. 来料加工复出口料件
14. 加工贸易退运设备
15. 保税区运往非保税区货物
16. 非保税区运入保税区货物
17. 保税区退区货物
18. 保税仓库转内销货物
19. 境内存入出口监管仓库货物
20. 出口监管仓库退仓货物
21. 出口加工区运往区外的货物
22. 区外运入出口加工区的货物
23. 保税物流园区运往区外的货物
24. 从区外运入保税物流园区的货物
25. 从保税物流中心（A、B型）运往中心外的货物
26. 从中心外运入保税物流中心（A、B型）的货物
27. 过境货物
28. 其他需要单项统计的货物

中华人民共和国

海关法规汇编

附录

FULU

海关总署令索引

署令编号	规章（法规）名称	发布日期	备 注
1	中华人民共和国海关对进口减税、免税和保税货物征收海关监管手续费的办法	1988年9月20日	已废止
2	中华人民共和国海关对国际航行船舶船员自用和船舶备用烟、酒的管理规定	1988年10月27日	第194页
3	中华人民共和国海关审定进出口货物完税价格办法	1989年1月3日	已废止
4	对违反进出口许可证管理制度的处罚规定	1989年1月25日	已废止
5	中华人民共和国海关对沿海开放地区进出境货物的管理规定	1989年2月15日	已废止
6	中华人民共和国海关关于进出境旅客选择"红绿通道"通关的规定	1989年5月10日	已废止
7	海关工作人员使用武器和警械的规定	1989年10月20日	第46页
8	中华人民共和国海关对检举或协助查获违反海关法案件有功人员的奖励办法	1989年8月22日	第530页
9	中华人民共和国海关对进出境旅客行李物品监管办法	1989年9月29日	第234页
10	中华人民共和国海关对华侨、港澳台同胞捐赠进口物资监管办法	1989年12月26日	已失效
11	中华人民共和国海关对国际铁路联运进出境列车和所载货物、物品的监管办法	1990年3月15日	第195页
12	中华人民共和国海关对旅客携带和个人邮寄中药材、中成药出境的管理规定	1990年6月26日	第249页
13	中华人民共和国海关对进出上海外高桥保税区货物、运输工具和个人携带物品的管理办法	1990年9月9日	已废止
14	中华人民共和国海关征收进口货物滞报金办法	1990年10月25日	已废止
15	海关对出境旅游人员出入境行李物品的管理规定	1990年12月22日	已废止
16	海关对出口退税报关单管理办法	1991年3月6日	第140页
17	中华人民共和国海关对外商投资企业物资公司进口物资保税管理办法	1991年3月5日	已废止
18	中华人民共和国海关关于入境旅客行李物品和个人邮递物品征收进口税办法	1991年3月5日	已废止

署令编号	规章（法规）名称	发布日期	备 注
19	中华人民共和国海关关于进口货物实行海关估价的规定	1991年4月3日	已废止
20	中华人民共和国海关对免税外汇商品业务的管理规定	1991年4月18日	已废止
21	中华人民共和国海关对个人携带和邮寄印刷品及音像制品进出境管理规定	1991年6月11日	已废止
22	中华人民共和国海关对出口监管仓库的暂行管理办法	1992年3月10日	已废止
23	海关总署、对外经济贸易部关于进口汽车零件、部件试行定点报关纳税的规定	1991年7月26日	已废止
24	中华人民共和国海关对进出境国际航行船舶及其所载货物、物品监管办法	1991年8月23日	第193页
25	中华人民共和国海关关于过境旅客行李物品管理规定	1991年9月2日	第237页
26	中华人民共和国海关对国家高新技术产业开发区进出口货物的管理办法	1991年9月2日	已失效
27	中华人民共和国海关对非居民学生进出境行李物品管理规定	1991年5月30日	已废止
28	海关行政复议实施办法	1991年11月19日	已废止
29	中华人民共和国海关对外商投资企业进出口货物监管和征免税办法	1992年7月25日	已修订
30	中华人民共和国海关关于境外登山团体和个人进出境物品管理规定	1992年2月10日	第248页
31	中华人民共和国海关对中国籍旅客进出境行李物品的管理规定	1992年4月21日	已废止
32	中华人民共和国海关对进出海南省洋浦经济开发区货物、运输工具、个人携带物品和邮递物品的管理办法	1992年7月27日	已失效
33	中华人民共和国海关审定进出口货物完税价格办法	1992年8月11日	已废止
34	中华人民共和国海关关于转关运输货物监管办法	1992年9月5日	已废止
35	中华人民共和国海关对进出境旅客旅行自用物品的管理规定	1992年9月10日	第237页
36	中华人民共和国海关对报关单位和报关员的管理规定	1992年9月9日	已废止
37	中华人民共和国海关对进出上海浦东新区的货物、运输工具、行李物品和邮递物品的管理办法	1992年10月7日	已废止
38	中华人民共和国海关对过境货物监管办法	1992年9月1日	第139页
39	中华人民共和国海关关于进出境旅客向海关申报物品的规定	1992年11月7日	已废止
40	中华人民共和国海关关于进出境旅客选择“红绿通道”通关的规定	1992年11月7日	已废止
41	中华人民共和国海关对进料加工保税集团管理办法	1993年1月5日	第487页
42	中华人民共和国海关对进出境快件监管办法	1993年1月13日	已废止
43	《中华人民共和国禁止进出境物品表》和《中华人民共和国限制进出境物品表》	1993年2月26日	第232页
44	中华人民共和国海关法行政处罚实施细则	1993年4月1日	已废止
45	中华人民共和国海关对国家旅游度假区进出口货物管理规定	1993年2月24日	已失效
46	中华人民共和国海关对进出口货物实施化验鉴定的规定	1993年9月20日	已废止
47	中华人民共和国海关关于入境旅客行李物品和个人邮递物品征收进口税办法	1994年7月1日	已废止
48	中华人民共和国海关关于对出口纺织品非法转口的处罚规定	1994年7月2日	已失效
49	中华人民共和国海关稽查暂行规定	1994年8月29日	已废止
50	中华人民共和国海关对专业报关企业的管理规定	1994年10月24日	已废止

署令编号	规章（法规）名称	发布日期	备　注
51	中华人民共和国海关对出口商品审价暂行办法	1994年12月31日	已废止
52	中华人民共和国海关对代理报关企业的管理规定	1995年7月6日	已废止
53	中华人民共和国海关对苏州工业园区进出口货物的监管办法	1995年7月12日	已废止
54	中华人民共和国海关关于知识产权保护的实施办法	1995年9月28日	已废止
55	中华人民共和国海关关于进出境旅客通关的规定	1995年12月18日	第233页
56	边民互市贸易管理办法	1996年3月29日	第571页
57	《入境旅客行李物品和个人邮递物品征收进口税税率表》、《入境旅客行李物品和个人邮递物品进口税税则归类表》、《入境旅客行李物品和个人邮递物品完税价格表》	1996年10月24日	已废止
58	中华人民共和国海关对中国籍旅客进出境行李物品的管理规定	1996年8月5日	第238页
59	中华人民共和国海关对进口展览品监管办法	1997年2月14日	已废止
60	中华人民共和国海关行政处罚听证暂行办法	1996年11月12日	已废止
61	科学研究与教学用品免征进口税收暂行规定	1997年7月10日	已废止
62	中华人民共和国海关对报关员管理规定	1997年4月8日	已废止
63	报关员资格全国统一考试暂行规定	1997年4月21日	已废止
64	中华人民共和国海关关徽使用管理办法	1997年5月27日	第59页
65	保税区海关监管办法	1997年8月1日	第40页
66	中华人民共和国海关暂准进口单证册项下进出口货物监管办法	1997年10月21日	已废止
67	中华人民共和国海关对进出境快件监管办法	1998年1月25日	已废止
68	中华人民共和国海关关于来往香港、澳门小型船舶及所载货物、物品监管规定	1998年10月19日	已废止
69	中华人民共和国海关关于来往香港、澳门小型船舶登记备案管理办法	1998年10月19日	已废止
70	中华人民共和国海关舱单电子数据传输管理办法	1999年2月1日	已废止
71	中华人民共和国海关对企业实施分类管理办法	1999年3月31日	已废止
72	中华人民共和国海关关于对违反《关于新疆棉花以出顶进管理暂行办法》行政处罚适用法律、法规的规定	1999年5月12日	已失效
73	中华人民共和国海关审定加工贸易进口货物完税价格办法	1999年9月22日	已废止
74	中华人民共和国海关关于异地加工贸易的管理办法	1999年9月22日	第492页
75	中华人民共和国海关关于加工贸易保税货物跨关区深加工结转的管理办法	1999年9月22日	已废止
76	中华人民共和国海关关于违法内销或者转让加工贸易保税货物处罚办法	1999年9月14日	已废止
77	中华人民共和国海关对外国政府、国际组织无偿赠送及我国履行国际条约规定进口物资减免税的审批和管理办法	1999年8月5日	第284页
78	中华人民共和国海关实施《行政复议法》办法	1999年8月30日	已废止
79	《中华人民共和国海关稽查条例》实施办法	2000年1月11日	第531页
80	中华人民共和国海关进出口商品预归类暂行办法	2000年2月24日	已废止
81	中华人民共和国海关对出口加工区监管的暂行办法	2000年5月24日	已修订
82	中华人民共和国海关征收进口货物滞报金办法	2000年11月10日	已废止

署令编号	规章（法规）名称	发布日期	备　注
83	中华人民共和国海关关于在广东地区载运海关监管货物的境内汽车运输企业及其车辆的管理办法	2001年1月8日	已废止
84	中华人民共和国海关广东地区陆路转关运输货物监管办法	2001年1月8日	已废止
85	中华人民共和国海关关于长江沿线进出口转关运输货物监管办法	2001年1月8日	已废止
86	关于大型高新技术企业适用便捷通关措施的审批规定	2001年7月20日	已废止
87	关于加工贸易边角料、节余料件、残次品、副产品和受灾保税货物的管理办法	2001年9月13日	已废止
88	中华人民共和国海关关于境内公路承运海关监管货物的运输企业及其车辆、驾驶员的管理办法	2001年9月27日	已修订
89	中华人民共和国海关关于转关货物监管办法	2001年9月30日	第119页
90	中华人民共和国海关关于《扶贫、慈善性捐赠物资免征进口税收暂行办法》的实施办法	2001年12月13日	第277页
91	中华人民共和国海关关于超期未报关进口货物、误卸或者溢卸的进境货物和放弃进口货物的处理办法	2001年12月20日	第141页
92	中华人民共和国海关行政裁定管理暂行办法	2001年12月24日	第67页
93	中华人民共和国海关暂准进口单证册项下进出口货物监管办法	2001年12月24日	已废止
94	中华人民共和国海关关于《亚洲及太平洋经济和社会理事会发展中国家成员国关于贸易谈判的第一协定》项下进口货物原产地的暂行规定	2001年12月30日	第321页
95	中华人民共和国海关审定进出口货物完税价格办法	2001年12月31日	已废止
96	中华人民共和国海关加工贸易单耗管理办法	2002年3月11日	已废止
97	中华人民共和国海关计核涉嫌走私的货物、物品偷逃税款暂行办法	2002年10月8日	第282页
98	海关规范性文件制定管理办法	2002年10月28日	已废止
99	中华人民共和国海关关于报关员资格考试的管理规定	2003年3月18日	已废止
100	中华人民共和国海关对加工贸易企业实施计算机联网监管办法	2003年3月19日	已废止
101	中华人民共和国海关行政赔偿办法	2003年3月24日	第87页
102	中华人民共和国海关关于进口货物特许权使用费估价办法	2003年5月30日	已废止
103	中华人民共和国海关进出口货物申报管理规定	2003年9月18日	第115页
104	中华人民共和国海关对进出境快件监管办法	2003年11月18日	已修订
105	中华人民共和国海关对保税仓库及所存货物的管理规定	2003年12月5日	第479页
106	中华人民共和国海关关于执行《内地与香港关于建立更紧密经贸关系的安排》项下《关于货物贸易的原产地规则》的规定	2003年12月30日	已修订
107	中华人民共和国海关关于执行《内地与澳门关于建立更紧密经贸关系的安排》项下《关于货物贸易的原产地规则》的规定	2003年12月30日	已修订
108	中华人民共和国海关关于执行《中华人民共和国与东南亚国家联盟全面经济合作框架协议》项下《中国—东盟自由贸易区原产地规则》的规定	2003年12月30日	第319页
109	中华人民共和国海关关于加工贸易保税货物跨关区深加工结转的管理办法	2004年1月19日	第482页

署令编号	规章（法规）名称	发布日期	备　注
139	中华人民共和国海关关于执行《中国—巴基斯坦自由贸易区原产地规则》的规定	2005年12月29日	已废止
140	中华人民共和国海关行业标准管理办法（试行）	2005年12月29日	第101页
141	海关总署关于修改《中华人民共和国海关关于执行〈内地与香港关于建立更紧密经贸关系安排〉项下〈关于货物贸易原产地规则〉的规定》的决定	2005年12月30日	第315页
142	海关总署关于修改《中华人民共和国海关关于执行〈内地与澳门关于建立更紧密经贸关系安排〉项下〈关于货物贸易原产地规则〉的规定》的决定	2005年12月30日	第317页
143	中华人民共和国海关进出口货物报关单修改和撤销管理办法	2005年12月30日	第170页
144	中华人民共和国海关实施人身扣留规定	2006年1月13日	第533页
145	中华人民共和国海关行政处罚听证办法	2006年1月26日	第72页
146	中华人民共和国海关报关员执业管理办法	2006年3月20日	第562页
147	海关总署关于修改《中华人民共和国海关对进出境快件监管办法》的决定	2006年3月28日	第250页
148	中华人民共和国海关审定进出口货物完税价格办法	2006年3月28日	第294页
149	中华人民共和国海关特别优惠关税待遇进口货物原产地管理办法	2006年5月31日	第339页
150	中华人民共和国海关加工贸易企业联网监管办法	2006年6月14日	第497页
151	中华人民共和国海关《中华人民共和国与智利共和国政府自由贸易协定》项下进口货物原产地管理办法	2006年8月30日	第344页
152	中华人民共和国海关对上海钻石交易所监管办法	2006年9月11日	第503页
153	中华人民共和国海关统计工作管理规定	2006年9月12日	第572页
154	中华人民共和国海关对高层次留学人才回国和海外科技专家来华工作进出境物品管理办法	2006年12月26日	第256页
155	中华人民共和国海关加工贸易单耗管理办法	2007年1月4日	第493页
156	中华人民共和国海关进口货物直接退运管理办法	2007年2月2日	第149页
157	中华人民共和国海关暂时进出境货物管理办法	2007年3月1日	第154页
158	中华人民共和国海关进出口货物商品归类管理规定	2007年3月2日	第307页
159	中华人民共和国海关办理行政处罚案件程序规定	2007年3月2日	第539页
160	中华人民共和国海关珠澳跨境工业区珠海园区管理办法	2007年3月8日	第506页
161	中华人民共和国海关进出境印刷品及音像制品监管办法	2007年4月18日	第240页
162	中华人民共和国海关《中华人民共和国政府与巴基斯坦伊斯兰共和国政府自由贸易协定》项下进口货物原产地管理办法	2007年5月30日	第336页
163	中华人民共和国海关关于大嶝对台小额商品交易市场管理办法	2007年8月31日	第176页
164	中华人民共和国海关保税港区管理暂行办法	2007年9月3日	第521页
165	中华人民共和国海关关务公开办法	2007年9月5日	第106页
166	中华人民共和国海关行政复议办法	2007年9月24日	第75页

注：1. 备注中的“已废止”是指有关规章或法规已被新的规章、公告或其他法规明文废止。“已失效”是指有关规章或法规虽未被明文废止，但其内容已被其他规定所取代，在实践中已不再执行而实际失效。“已修订”是指该规章或法规的部分条文内容已被新的规章或法规明确废止或修改，但该规章或法规继续有效。

2. 由于历史的原因，过去的部分行政法规是经国务院批准后以海关总署令的形式发布，因此，索引中列出的条目除包括以海关总署令形式发布的规章以外，还包括个别经国务院批准、以海关总署令形式发布的行政法规。

与海关执法相关的法律目录

法 律 名 称	公布机关及日期
中华人民共和国刑法	1979 年 7 月 1 日第五届全国人民代表大会第二次会议通过，以委员长令第 5 号公布。1997 年 3 月 14 日第八届全国人民代表大会第五次会议修订，以主席令第 83 号公布，自 1997 年 10 月 1 日施行。其后又先后被《刑法修正案》（发布日期：1999 年 12 月 25 日，实施日期：1999 年 12 月 25 日）、《刑法修正案（二）》（发布日期：2001 年 8 月 31 日，实施日期：2001 年 8 月 31 日）、《刑法修正案（三）》（发布日期：2001 年 12 月 29 日，实施日期：2001 年 12 月 29 日）、《刑法修正案（四）》（发布日期：2002 年 12 月 28 日，实施日期：2002 年 12 月 28 日）、《刑法修正案（五）》（发布日期：2005 年 2 月 28 日，实施日期：2005 年 2 月 28 日）、《刑法修正案（六）》（发布日期：2006 年 6 月 29 日，实施日期：2006 年 6 月 29 日）所修正
全国人民代表大会常务委员会关于批准《广东省经济特区条例》的决议	1980 年 8 月 26 日第五届全国人民代表大会常务委员会第十五次会议批准施行
中华人民共和国文物保护法	1982 年 11 月 19 日第五届全国人民代表大会常务委员会第二十五次会议通过，以常务委员会令第 11 号公布。2002 年 10 月 28 日第九届全国人民代表大会常务委员会第三十次会议第二次修订，以主席令第 76 号公布，自公布之日起施行
中华人民共和国森林法	1984 年 9 月 20 日第六届全国人民代表大会常务委员会第七次会议通过，以主席令第 17 号发布，自 1985 年 1 月 1 日施行。1998 年 4 月 29 日第九届全国人民代表大会常务委员会第二次会议修订，以主席令第 3 号发布
中华人民共和国药品管理法	1984 年 9 月 20 日第五届全国人民代表大会常务委员会第七次会议通过，以主席令第 18 号发布。2001 年 2 月 28 日第九届全国人民代表大会常务委员会第二十次会议修订，以主席令第 45 号公布，自 2001 年 12 月 1 日起施行
中华人民共和国邮政法	1986 年 12 月 2 日第六届全国人民代表大会常务委员会第十八次会议通过，以主席令第 47 号发布，自 1987 年 1 月 1 日施行
中华人民共和国档案法	1987 年 9 月 5 日第六届全国人民代表大会常务委员会第二十二次会议通过，以主席令第 58 号公布，自 1988 年 1 月 1 日起施行。1996 年 7 月 5 日第八届全国人民代表大会常务委员会第二十次会议修订，以主席令第 71 号公布

法 律 名 称	公布机关及日期
中华人民共和国保守国家秘密法	1988 年 9 月 5 日第七届全国人民代表大会常务委员会第三次会议通过，以主席令第 6 号公布，自 1989 年 5 月 1 日起施行
中华人民共和国野生动物保护法	1988 年 11 月 8 日第七届全国人民代表大会常务委员会第四次会议通过，以主席令第 9 号公布，自 1989 年 3 月 1 日施行。2004 年 8 月 28 日第十届全国人民代表大会常务委员会第十一次会议修订，以主席令第 24 号发布
中华人民共和国进出口商品检验法	1989 年 2 月 21 日第七届全国人民代表大会常务委员会第六次会议通过，以主席令第 14 号发布，自 1989 年 8 月 1 日施行。2002 年 4 月 28 日第九届全国人民代表大会常务委员会第二十七次会议修订，以主席令第 67 号发布
中华人民共和国行政诉讼法	1989 年 4 月 4 日第七届全国人民代表大会第二次会议通过，以主席令第 16 号公布，自 1990 年 10 月 1 日施行
中华人民共和国归侨侨眷权益保护法	1990 年 9 月 7 日第七届全国人民代表大会常务委员会第十五次会议通过，以主席令第 33 号发布，自 1991 年 1 月 1 日起施行。2000 年 10 月 31 日第九届全国人民代表大会常务委员会第十八次会议修订，以主席令第 39 号公布
全国人民代表大会常务委员会关于禁毒的决定	1990 年 12 月 28 日第七届全国人民代表大会常务委员会第十七次会议通过，以主席令第 38 号公布，自公布之日起施行
全国人民代表大会常务委员会关于惩治走私、制作、贩卖、传播淫秽物品的犯罪分子的决定	1990 年 12 月 28 日第七届全国人民代表大会常务委员会第十七次会议通过，以主席令第 39 号公布，自公布之日起施行
中华人民共和国烟草专卖法	1991 年 6 月 29 日第七届全国人民代表大会常务委员会第二十次会议于通过，以主席令第 46 号公布，自 1992 年 1 月 1 日起施行
中华人民共和国进出境动植物检疫法	1991 年 10 月 30 日第七届全国人民代表大会常务委员会第二十二次会议通过，以主席令第 53 号发布，自 1992 年 4 月 1 日起施行
中华人民共和国领海及毗连区法	1992 年 2 月 25 日第七届全国人民代表大会常务委员会第二十四次会议通过，以主席令第 55 号公布，自公布之日起施行
中华人民共和国税收征收管理法	1992 年 9 月 4 日第七届全国人民代表大会常务委员会第二十七次会议通过，以主席令第 60 号公布。2001 年 4 月 28 日第九届全国人民代表大会常务委员会第二十一次会议第二次修订，以主席令第 49 号公布，自 2001 年 5 月 1 日起施行
中华人民共和国国家安全法	1993 年 2 月 22 日第七届全国人民代表大会常务委员会第三十次会议通过，以主席令第 68 号公布，自公布之日起施行
中华人民共和国对外贸易法	1994 年 5 月 12 日第八届全国人民代表大会常务委员会第七次会议通过，以主席令第 22 号发布。2004 年 4 月 6 日第十届全国人民代表大会常务委员会第八次会议修订，以主席令第 15 号发布，自 2004 年 7 月 1 日起施行
中华人民共和国审计法	1994 年 8 月 31 日第八届全国人民代表大会常务委员会第九次会议通过，以主席令第 32 号公布，自 1995 年 1 月 1 日施行。2006 年 2 月 28 日第十届全国人民代表大会常务委员会第二十次会议修订，以主席令第 48 号公布
中华人民共和国民用航空法	1995 年 10 月 30 日第八届全国人民代表大会常务委员会第十六次会议通过，以主席令第 56 号公布，自 1996 年 3 月 1 日起施行

法律名称	公布机关及日期
中华人民共和国固体废物污染环境防治法	1995年10月30日第八届全国人民代表大会常务委员会第十六次会议通过，以主席令第58号发布。2004年12月29日第十届全国人民代表大会常务委员会第十三次会议修订，以主席令第31号发布，自2005年4月1日起施行
中华人民共和国食品卫生法	1995年10月30日第八届全国人民代表大会常务委员会第十六次会议通过，以主席令第59号发布，自公布之日起施行
中华人民共和国枪支管理法	1996年7月5日第八届全国人民代表大会常务委员会第二十次会议通过，以主席令第72号公布，自1996年10月1日起施行
中华人民共和国行政监察法	1997年5月9日第八届全国人民代表大会常务委员会第二十五次会议通过，以主席令第85号公布，自公布之日起施行
中华人民共和国行政复议法	1999年4月29日第九届全国人民代表大会常务委员会第九次会议通过，以主席令第16号公布，自1999年10月1日施行
中华人民共和国公益事业捐赠法	1999年6月28日第九届全国人民代表大会常务委员会第十次会议通过，以主席令第19号公布，自1999年9月1日起施行
中华人民共和国立法法	2000年3月15日第九届全国人民代表大会第三次会议通过，以主席令第31号公布，自2000年7月1日施行
中华人民共和国种子法	2000年7月8日第九届全国人民代表大会常务委员会第十六次会议通过，以主席令第34号发布，自2000年12月1日施行。2004年8月28日第十届全国人民代表大会常务委员会第十一次会议修订，以主席令第26号发布
中华人民共和国放射性污染防治法	2003年6月28日第十届全国人民代表大会常务委员会第三次会议通过，以主席令第6号公布，自2003年10月1日起施行
中华人民共和国公务员法	2005年4月27日第十届全国人民代表大会常务委员会第十五次会议通过，以主席令第35号公布，自2006年1月1日起施行
中华人民共和国畜牧法	2005年12月29日第十届全国人民代表大会常务委员会第十九次会议通过，以主席令第45号公布，自2006年7月1日起施行
中华人民共和国反洗钱法	2006年10月31日第十届全国人民代表大会常务委员会第二十四次会议通过，以主席令第56号公布，自2007年1月1日起施行

与海关执法相关的行政法规目录

法 律 名 称	公布机关、日期
查检邮件中夹带外币或外币票据暂行处理办法	1950年政务院批准，1950年9月1日中国人民银行、邮电部发布，自发布之日起施行
国境河流外国籍船舶管理办法	1966年3月15日国务院批准，交通部公布
外国民用航空器飞行管理规则	1979年2月23日国务院批准，中国民用航空总局发布施行
国务院关于管理外国企业常驻代表机构的暂行规定	1980年10月30日国务院发布，自发布之日起施行
进口影片管理办法	1981年10月13日国务院批准，文化部、海关总署公布，自公布之日起施行
中华人民共和国对外合作开采海洋石油资源条例	1982年1月30日发布，2001年9月23日国务院令第318号修订公布，自公布之日起施行
对外经济贸易部特派员办事处暂行条例	1982年7月15日国务院批准，1982年7月15日对外贸易部发布，自发布之日起施行
外国企业常驻代表机构登记管理办法	1983年3月5日国务院批准，1983年3月15日国家工商行政管理局发布，自发布之日起施行
中华人民共和国外国籍船舶航行长江水域管理规定	1983年4月9日国务院批准，1983年4月20日交通部发布，1986年2月6日国务院批准修订，1986年3月1日交通部发布
中华人民共和国金银管理条例	1983年6月15日国务院国发［1983］95号发布，自发布之日起施行
中华人民共和国中外合资经营企业法实施条例	1983年9月20日国务院发布，1986年1月15日、1987年12月21日国务院修订，根据2001年7月22日《国务院关于修改〈中华人民共和国中外合资经营企业法实施条例〉的决定》（国务院令第311号）修订公布，自公布之日起施行
国务院关于自费出国留学的暂行规定	1984年12月26日国务院发布，自发布之日起施行
中华人民共和国国家金库条例	1985年7月27日国务院发布，自发布之日起施行
国务院关于中外合资建设港口码头优惠待遇的暂行规定	1985年9月30日国务院发布，自发布之日起施行
地方口岸管理机构职责范围暂行规定	1987年4月15日国务院批准发布

法　律　名　称	公布机关、日期
野生药材资源保护管理条例	1987年10月30日国务院发布，自1987年12月1日起施行
国务院关于鼓励台湾同胞投资的规定	1988年6月25日国务院第十次常务会议通过，1988年7月3日国务院令第7号发布，自发布之日起施行
国务院关于鼓励外商投资的规定	1988年6月25日国务院第10次常务会议通过，1988年7月3日国务院令第7号发布，自发布之日起施行
医疗用毒性药品管理办法	1988年11月15日国务院第25次常务会议通过，1988年12月27日国务院令第23号发布，自发布之日起施行
放射性药品管理办法	1989年1月13日国务院第25号令发布，自发布之日起施行
中华人民共和国国境卫生检疫法实施细则	1989年2月10日国务院函［1989］9号批准，1989年3月6日卫生部令第2号发布，自发布之日起施行
民用航空运输不定期飞行管理暂行规定	1989年3月2日国务院令第29号发布，自发布之日起施行
化妆品卫生监督条例	1989年9月26日国务院批准，1989年11月13日卫生部令第3号发布，1990年1月1日起施行
中华人民共和国进口计量器具监督管理办法	1989年10月11日国务院批准，1989年11月4日国家技术监督局令第3号发布，自发布之日起施行
国务院关于鼓励华侨和香港、澳门同胞投资的规定	1990年8月19日国务院令第64号发布，自发布之日起施行
中华人民共和国外资企业法实施细则	1990年10月28日国务院批准，1990年12月12日对外经济贸易部发布，2001年4月12日国务院令第301号修订公布，自公布之日起施行
中华人民共和国邮政法实施细则	1990年11月12日国务院令第65号发布，自发布之日起施行
中华人民共和国文物保护法实施细则	1992年4月30日国务院批准，1992年5月5日国家文物局令第2号发布
关于外商参与打捞中国沿海水域沉船沉物管理办法	1992年7月12日国务院令第102号发布，自发布之日起施行
中华人民共和国国家货币出入境管理办法	1993年1月20日国务院令第108号发布，自1993年3月1日起施行
卫星电视广播地面接收设施管理规定	1993年8月20日国务院第7次常务会议通过，1993年10月5日国务院令第129号发布，自发布之日起施行
中华人民共和国无线电管理条例	1993年9月11日国务院、中央军委第128号令发布，自发布之日起施行
对外合作开采陆上石油资源条例	1993年10月7日国务院令第131号发布，2001年9月23日国务院令第317号修订
中华人民共和国增值税暂行条例	1993年12月13日国务院令第134号发布，自1994年1月1日起施行
中华人民共和国消费税暂行条例	1993年12月13日国务院令第135号公布，自1994年1月1日起施行
中华人民共和国境内外国人宗教活动管理规定	1994年1月31日国务院令第144号发布，自发布之日起施行
中华人民共和国计算机信息系统安全保护条例	1994年2月18日国务院令第147号发布，自发布之日起施行

法　律　名　称	公布机关、日期
国际航行船舶进出中华人民共和国口岸检查办法	1995年3月21日第175号国务院令公布，自发布之日起施行
中华人民共和国国际货物运输代理业管理规定	1995年6月6日国务院批准，1995年6月29日对外贸易经济合作部令1995年 第5号发布，自发布之日起施行
中央预算执行情况审计监督暂行办法	1995年7月19日国务院令第181号发布，自发布之日起施行
中华人民共和国中外合作经营企业法实施细则	1995年8月7日经国务院批准，1995年9月4日对外贸易经济合作部1995年第6号令发布
中华人民共和国预算法实施条例	1995年11月2日国务院第三十七次常务会议通过
中华人民共和国监控化学品管理条例	1995年12月27日国务院令第190号发布，自发布之日起施行
中华人民共和国外汇管理条例	1996年1月29日国务院令第193号发布，自1996年4月1日起施行。根据1997年1月14日《国务院关于修改〈中华人民共和国外汇管理条例〉的决定》修正
外商投资企业清算办法	1996年6月15日国务院批准，1996年7月8日对外贸易经济合作部令1996年第2号发布，自发布之日起施行
中华人民共和国野生植物保护条例	1996年9月30日国务院令第204号发布，自1997年1月1日起施行
中华人民共和国进出境动植物检疫法实施条例	1996年12月2日国务院令第206号公布，自1997年1月1日起施行
血液制品管理条例	1996年12月6日国务院第五十二次常务会议通过，1996年12月30日国务院第208号令发布，自发布之日起施行
农药管理条例	1997年5月8日国务院令第216号发布，自1997年5月8日起施行。根据2001年11月29日《国务院关于修改〈农药管理条例〉的决定》修订
传统工艺美术保护条例	1997年5月20日国务院令第217号发布，自1997年5月20日施行
中华人民共和国烟草专卖法实施条例	1997年7月3日国务院令第223号发布，自发布之日起施行
中华人民共和国核出口管制条例	1997年9月10日国务院令第230号发布，自发布之日起施行
中华人民共和国军品出口管理条例	1997年10月22日国务院、中央军委第234号令发布，自1998年1月1日起施行
罚款决定与罚款收缴分离实施办法	1997年11月17日国务院令第235号发布，自1998年1月1日起施行
中华人民共和国核两用品及相关技术出口管制条例	1998年6月10日国务院令第245号发布，自发布之日起施行
关于赋予私营生产企业和科研院所自营进出口权的暂行规定	1998年9月2日国务院批准，1998年10月1日对外贸易经济合作部发布，1999年1月1日起施行
外汇管理局关于骗购外汇、非法套汇、逃汇、非法买卖外汇等违反外汇管理规定行为的行政处分或者纪律处分暂行规定	1998年12月16日国务院批准，1999年1月25日监察部、人事部、中国人民银行、海关总署、国家外汇管理局发布，自发布之日起施行

法 律 名 称	公布机关、日期
商用密码管理条例	1999年10月7日国务院令第273号发布，自发布之日起施行
医疗器械监督管理条例	1999年12月28日国务院第二十四次常务会议通过，2000年1月4日国务院令第276号公布，自2000年4月1日起施行
中华人民共和国人民币管理条例	1999年12月28日国务院第二十四次常务会议通过，2000年2月3日国务院令280号发布，自2000年5月1日起施行
农业转基因生物安全管理条例	2001年5月9日国务院第三十八次常务会议通过，2001年5月23日国务院令第304号发布，自发布之日起施行
中华人民共和国反倾销条例	2001年11月26日国务院令第328号公布，2002年1月1日起施行。根据2004年3月31日《国务院关于修改〈中华人民共和国反倾销条例〉的决定》修订
中华人民共和国反补贴条例	2001年11月26日国务院令第329号公布，自2002年1月1日起施行。根据2004年3月31日《国务院关于修改〈中华人民共和国反补贴条例〉的决定》修订
中华人民共和国保障措施条例	2001年11月26日国务院令第330号公布，自2002年1月1日起施行。根据2004年3月31日《国务院关于修改〈中华人民共和国保障措施条例〉的决定》修订
中华人民共和国技术进出口管理条例	2001年10月31日国务院第四十六次常务会议通过，2001年12月10日国务院令第331号发布，自2002年1月1日起施行
中华人民共和国货物进出口管理条例	2001年12月10日国务院令第332号公布，自2002年1月1日起施行
音像制品管理条例	2001年12月12日国务院第五十次常务会议通过，2001年12月25日国务院令第341号发布，自2002年2月1日起施行
电影管理条例	2001年12月12日国务院第五十次常务会议通过，2001年12月25日国务院令第342号发布，自2002年2月1日起施行
出版管理条例	2001年12月12日国务院第五十次常务会议通过，2001年12月25日国务院令第343号发布，自2002年2月1日起施行
奥林匹克标志保护条例	2002年2月4日国务院令第345号公布，自2002年4月1日起施行
指导外商投资方向规定	2002年2月11日国务院令第346号公布，自2002年4月1日起施行
中华人民共和国药品管理法实施条例	2002年8月4日国务院令第360号发布，自2002年9月15日起施行
中华人民共和国导弹及相关物项和技术出口管制条例	2002年8月22日国务院令第361号公布，自公布之日起施行
中华人民共和国生物两用品及相关设备和技术出口管制条例	2002年10月14日国务院令第365号发布，自2002年12月1日起施行
中华人民共和国文物保护法实施条例	2003年5月13日国务院第八次常务会议通过，2003年5月18日国务院令第377号发布，自2003年7月1日起施行
反兴奋剂条例	2003年12月31日国务院第三十三次常务会议通过，2004年1月13日国务院令第398号发布，自2004年3月1日起施行
兽药管理条例	2004年3月24日国务院第四十五次常务会议通过，2004年4月9日国务院令第404号发布，自2004年11月1日起施行

法 律 名 称	公布机关、日期
中华人民共和国归侨侨眷权益保护法实施办法	2004年6月4日国务院第五十三次常务会通过，2004年6月23日国务院令第410号公布，自2004年7月1日起施行
中华人民共和国行政监察法实施条例	2004年9月17日国务院令第419号公布，自2004年10月1日起施行
世界博览会标志保护条例	2004年10月20日国务院令第422号公布，自2004年12月1日起施行
中华人民共和国进出口商品检验法实施条例	2005年8月10日国务院第一百零一次常务会议通过，2005年8月31日国务院令第447号发布，自2005年12月1日起施行
麻醉药品和精神药品管理条例	2005年7月26日国务院第一百次常务会议通过，2005年8月3日国务院令第442号发布，自2005年11月1日起施行
易制毒化学品管理条例	2005年8月17日国务院第一百零二次常务会议通过，2005年8月16日国务院令第445号发布，自2005年11月1日起施行
放射性同位素与射线装置安全和防护条例	2005年8月31日国务院第一百零四次常务会议通过，2005年9月14日国务院令第449号发布，自2005年12月1日起施行
民用爆炸物品安全管理条例	2006年4月26日国务院第一百三十四次常务会议通过，2006年5月10日国务院令第466号发布，自2006年9月1日起施行
北京奥运会及其筹备期间外国记者在华采访规定	2006年11月1日国务院令第477号发布，自2007年1月1日起施行，2008年10月17日自行废止